Niels Klußmann

Lexikon der Kommunikations- und Informationstechnik

Weitere Titel in unserem Telekommunikations-Programm:

Kai-Oliver Detken
Local Area Networks
Grundlagen, Internetworking und Migration
1999. 506 Seiten. Kart. ISBN 3-7785-3911-6

Kai-Oliver Detken
ATM in TCP/IP-Netzen
Grundlagen und Migration zu High Speed Networks
1998. 401 Seiten. Geb. ISBN 3-7785-2611-1

Hans Dodel
Satellitenkommunikation
1999. 258 Seiten. Kart. ISBN 3-7785-3924-8

Wolfgang Frohberg (Hrsg.)
Access-Technologien
für den Zugang zu Telekommunikationsnetzen
2001. 408 Seiten. Kart. ISBN 3-7785-3938-8

Jürgen Göbel
Kommunikationstechnik
Grundlagen und Anwendungen
1999. 950 Seiten. Geb. ISBN 3-7785-3904-3

Detlef Führer
ADSL
High-Speed Multimedia per Telefon
2000. 168 Seiten. Kart. ISBN 3-7785-3914-0

Harald Orlamünder
High-Speed-Netze
Kommunikationsinfrastruktur der Zukunft:
Internet, ATM, Multimedia
2000. 691 Seiten. Geb. ISBN 3-7785-3940-X

Gerd Siegmund
Technik der Netze
4., neu bearb. u. erw. Aufl. 1999. XIX, 1051 Seiten. Geb.
ISBN 3-7785-2637-5

Gerd Siegmund
Intelligente Netze
Technik, Dienste, Vermarktung
2. neu bearb. u. erw. Aufl. 2001. 470 Seiten. Geb.
ISBN 3-7785-3948-5

Gerd Siegmund
ATM – Die Technik
Grundlagen, Netze, Schnittstellen, Protokolle
3., neu bearb. u. erw. Aufl. 1997. XVII, 544 Seiten. Geb.
ISBN 3-7785-2541-7

Christoph P. Wrobel
Optische Übertragungstechnik in der Praxis
Grundlagen, Komponenten, Installation, Anwendungen
2., überarb. u. erw. Aufl. 1990. 307 Seiten. Kart.
ISBN 3-7785-2638-3

Niels Klußmann

Lexikon der Kommunikations- und Informationstechnik

Telekommunikation · Internet · Mobilfunk
Multimedia · Computer · E-Business

3., neu bearbeitete und stark erweiterte Auflage

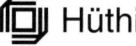

 Hüthig Verlag Heidelberg

Die Deutsche Bibliothek – CIP Einheitsaufnahme

Klußmann, Niels:
Lexikon der Kommunikations- und Informationstechnik:
Telekommunikation, Internet, Mobilfunk, Multimedia, Computer, E-Business /
Niels Klußmann. – 3. Aufl. – Heidelberg:
Hüthig, 2001

ISBN 3-7785-3951-5

Gedruckt auf Papier aus 100% chlorfrei gebleichten Faserstoffen (TCF)
Printed in Germany
Druckerei: Laub GmbH & Co., Elztal-Dallau
Buchbinderei: Schaumann Darmstadt

Vorwort zur 3. Auflage

Die Fachsprache der IT- und TK-Branche wird von deutschsprachigen und englischsprachigen Abkürzungen und Begriffen dominiert. Zusammen mit dem raschen technischen Fortschritt und konvergierenden Technologien erschwert dies dem Branchenneuling wie auch dem erfahrenen Profi die schnelle Orientierung und das tiefergehende Verstehen von Zusammenhängen. Dies ist jedoch nötiger denn je, wenn man sich gegenüber Kunden und Kollegen auf fachlich sicherem Parkett bewegen möchte.

Das Anliegen dieses Werkes ist es daher, neben den umfangreichen Kerngebieten der IT- und TK-Welt die Randgebiete nicht zu vernachlässigen und neben kurzen Definitionen sowie längeren Erläuterungen auch zeitliche Entwicklungen und wirtschaftliche Zusammenhänge aufzuzeigen.

Dass dies offenbar gelungen ist, zeigt die Tatsache, dass die 2. Auflage von Lesern und Rezensenten erfreulich positiv aufgenommen worden ist, so dass sie nach nur kurzer Zeit nachgedruckt werden musste.

Gegenüber den beiden vorangegangenen Auflagen zeichnet sich die 3. Auflage durch einige Neuerungen aus, die den Nutzwert des Buches weiter steigern:

- Verschiedene thematische Register erlauben den schnelleren Einstieg in bestimmte Themengebiete, auch wenn man sich noch nicht in ihnen Zuhause fühlt und dementsprechend die damit verbundenen Begriffe noch nicht kennt. Dies unterstützt insbesondere diejenigen Leser, die das Buch zum gezielten Stöbern oder sogar als Lehrbuch benutzen möchten.
- Der Bestand an Einträgen aus dem nicht-technischen Bereich wurde erheblich erweitert. Zu nennen sind hier weitere Firmenprofile (Amiga, Atari, Cisco Systems, SAP, Worldcom etc.) und marktorientierte Stichworte (New Economy, M-Commerce, Informationszeitalter). Der interessierte Leser kann damit besser als vorher nicht nur die Technik, sondern die Branche und ihre Kultur und Marktmechanismen verstehen.
- Erneut wurde insbesondere der Bestand an WWW-Adressen aufgestockt, so dass noch mehr als bisher zur weiteren, eigenen Recherche angeregt wird.

Düsseldorf, im September 2001

Niels Klußmann

niels_klussmann@hotmail.com

Inhaltsverzeichnis

Anhang

WWW-Adressen

Die hier aufgeführten Listen stellen keinen Anspruch auf Vollständigkeit. Mit der Aufnahme in die Listen ist auch keine wie auch immer geartete Wertung oder Empfehlung verbunden.

Linklisten

Die folgenden Linklisten stellen Einstiegspunkte in das WWW und seine Ressourcen in den Bereichen Telekommunikation, Datenkommunikation und Informatik bereit. Üblicherweise finden sich dort viele Linklisten nach verschiedenen Kategorien geordnet.

→ *http://www.telecom-channel.de/*
→ *http://www.cmpcmm.com/*
→ *http://www.fokus.gmd.de/nthp/telecom-info/*
→ *http://www.analysys.com/vlib/*
→ *http://www.broadband-guide.com/*

Online-Nachschlagewerke

Gedruckte Bücher haben den Vorteil der raschen Verfügbarkeit, die Möglichkeit des Transports und der Erweiterbarkeit um eigene Notizen und Markierungen. Hingegen ist der technische Fortschritt üblicherweise schneller als der Verkauf einer ganzen Auflage und der darauf folgende Druck einer neuen Auflage. Daher sind hier einige Online-Quellen im Internet für den Fall angegeben, dass sich in diesem Buch zu einem gesuchten Stichwort keine oder nur eine zu knapp bemessene Information findet:

- Free Online-Dictionary of Computing (FOLDOC): Eine englischsprachige Übersicht mit Stichworteingabe und ausführlicher Erklärung.
  → *http://www.foldoc.org/*
- IDI Abkürzungsverzeichnis: Der Schwerpunkt ist die Computer-Vernetzung. Leider nur Abkürzungen ohne Erläuterungen.
  → *http://www.idicalif.com/*
- Acronym-Finder: Umfangreiche, englischsprachige Liste mit Abkürzung und Langform, aber keiner weiteren Erläuterung.
  → *http://www.acronymfinder.com/*
- Whatis: Englischsprachige Übersicht mit Abkürzungen, für einen ersten Schritt ausreichende Erläuterungen und einigen weiterführenden Links aus den Bereichen Computer, IT und TK.
  → *http://www.whatis.com/*
- PC Webopaedia: Auf PC-Begriffe konzentrierte, englischsprachige Übersicht.
  → *http://www.pcwebopaedia.com/*
- VERA: Verzeichnis EDV-relevanter Abkürzungen. Eine umfangreiche Sammlung von Abkürzungen aus den Bereichen Computer, PC, IT und TK mit eingen Erläuterungen und weiterführenden Links.
  → *http://userpage.fu-berlin.de/~oheiabbd/veramain.cgi/*

Symbole

@

→ *Klammeraffe.*

#

→ *Raute.*

/

→ *Slash.*

\

→ *Backslash.*

*

→ *Asterisk.*

:-)

→ *Smiley.*

0 ... 9

1000Base-CX, 1000Base-LX, 1000Base-SX

→ *Gigabit Ethernet.*

100BaseFX

Bezeichnung für einen Standard eines schnellen → *LANs*, das mit 100 Mbit/s überträgt und eine Sonderform von → *Fast Ethernet* darstellt.

100BaseT

Bezeichnung für einen Standard eines schnellen → *LANs*, das mit 100 Mbit/s überträgt. Bekannter unter der Bezeichnung → *Fast Ethernet.*

100BaseT2

Bezeichnung für einen Standard eines schnellen → *LANs*, das mit 100 Mbit/s überträgt und eine Sonderform von → *Fast Ethernet* darstellt.

100BaseT4

Bezeichnung für einen Standard eines schnellen → *LANs*, das mit 100 Mbit/s überträgt und eine Sonderform von → *Fast Ethernet* darstellt.

100BaseTX

Bezeichnung für einen Standard eines schnellen → *LANs*, das mit 100 Mbit/s überträgt und eine Sonderform von → *Fast Ethernet* darstellt.

100BaseVG

Eine frühe und heute nicht mehr gebräuchliche Bezeichnung für → *VG-AnyLAN.*

100VG-AnyLAN

Andere Bezeichnung für → *VG-AnyLAN.*

1080i

→ *HDTV.*

10Base2

Bezeichnung eines Kupferkoaxialkabels, das bei einer Variante von → *Ethernet* eingesetzt wird. Da es billiger ist, wird diese Variante auch als Cheapernet oder Thin Coax bezeichnet.

10Base5

Bezeichnung des normalen Kupferkoaxialkabels für → *Ethernet.* Da es im Vergleich zu anderen Ethernet-Kabeln einen großen Durchmesser hat, wird diese Variante auch als Thick-Ethernet oder Thick-Wire bezeichnet.

10BaseF

Bezeichnung eines Glasfaserkabels für → *Ethernet*, bei dem zwei Glasfasern (62,5 µm/125 µm; Wellenlänge im Bereich von 800 nm bis zu 910 nm) zur Übertragung genutzt werden, so dass Senden und Empfangen von Daten gleichzeitig möglich ist. Codiert wird mit → *NRZI.* Ermöglicht eine Bandbreite von 36 Mbit/s.

Es werden verschiedene Optionen unterschieden:

- 10BaseFB: Nur die → *Repeater* des → *Backbones* (FB steht für Fiber Backbone) werden miteinander über Glasfasern verbunden. Dabei dürfen die Repeater max. 2 km voneinander entfernt sein. Bis zu 15 Repeater dürfen hintereinander geschaltet werden.
- 10BaseFL: Betrifft die Verbindung (FL steht für Fiber Link) zwischen Repeater und angeschlossenen Stationen sowie zwischen den Repeatern. Dabei dürfen die Repeater max. 2 km voneinander entfernt sein. Bis zu fünf Repeater dürfen hintereinander geschaltet werden.
- 10BaseFP: Betrifft die passive Verbindung (FP steht für Fiber Passive) zwischen Repeater und angeschlossenen Stationen sowie zwischen den Repeatern. Dabei dürfen die Repeater → *Hubs* sein und max. 0,5 km voneinander entfernt sein.

10BaseT

Auch nur mit 10BT bezeichnet. Bezeichnung eines → *UTP-Kabels* für → *Ethernet.* Genormt als IEEE 802.3i. Zur Übertragung wird → *Manchester-Codierung* verwendet.

10Broad36

Bezeichnung eines Kabels für Breitbandanwendungen über → *Ethernet.*

10BT

→ *10BaseT.*

16550, 16550A

→ *UART.*

1S

Andere Bezeichnung für sonst mit → *SS* gekennzeichnete und einseitig beschreibbare → *Disketten.*

1TR6

Abk. für 1. Technische Richtlinie Nr. 6.

Bezeichnung des nationalen D-Kanal-Protokolls zur → *Zeichengabe* im → *ISDN* in Deutschland. Seine Unterstützung wurde von der Deutschen Telekom zunächst bis zum 31. Dezember 2000 garantiert. Im Dezember 1997 wurde jedoch angekündigt, dass es darüber hinaus bis zum 31. Dezember 2005 unterstützt wird.

Die Verwendung von 1TR6 wird nicht mehr aktiv vermarktet.

Abgelöst wird es seit 1994 durch das Protokoll → *E-DSS1* (→ *Euro-ISDN*).

→ *EAZ.*

1TR67

→ *E-DSS1.*

1TR130

→ *V 5.1.*

24/7/365

Kurzschreibweise dafür, dass eine Einrichtung oder ein technisches System 24 Stunden pro Tag, an 7 Tagen in der Woche und während des gesamten Jahres geöffnet ist bzw. zur Verfügung steht und genutzt werden kann.

2B1Q

Abk. für Two Binary One Quaternary Line Code.
Bezeichnung für ein Verfahren zur → *Leitungscodierung*, das bei → *ADSL* angewendet werden sollte, sich aber nicht für die gleichzeitige Sprachübertragung eignet. Daher ist es auch für → *HDSL* oder → *VHDSL* geeignet.
Ansonsten wird es auch europaweit (bis auf Deutschland und die Deutsche Telekom, die → *4B3T* verwendet) beim → *Euro-ISDN* genutzt (dann wird ein Frequenzbereich bis 80 kHz verwendet). Das Verfahren hat sich bei Übertragungsraten bis 2 Mbit/s über kupferbasierte Leitungen bewährt, gilt aber als empfindlich gegenüber Impulsstörungen. Bei höheren Übertragungsraten werden Verfahren der → *digitalen Modulation* wie z.B. → *QAM* verwendet.
Zwei Bit werden dabei in ein vierstufiges Leitungssignal umgewandelt, was die Schrittgeschwindigkeit auf der Leitung halbiert und auch das benötigte Frequenzspektrum verringert.
Ein zweites Halbieren der Schrittgeschwindigkeit wird durch die Aufteilung des kompletten Datenstroms auf zwei Kanäle erreicht. Gegenüber dem → *HDB3*-Code steigt somit die Reichweite um den Faktor zwei bis drei.
Bei verdrillten Zweidrahtleitungen nimmt die Dämpfung mit der Frequenz zu, so dass man mit möglichst niedrigen Frequenzen übertragen muss, um lange Strecken überbrücken zu können. Diesem Umstand kommt 2B1Q entgegen. Da das benötigte Frequenzspektrum gering ist, können relativ niedrige Frequenzen verwendet werden.
Im Gegensatz zum → *4B3T*-Code existiert nur eine Übersetzungstabelle:

2-Bit-Wort	10	11	01	00
Quaternäres Symbol	+3	+1	-1	-3

In Deutschland eingesetzt von der Deutschen Telekom in Anschlussleitungsmultiplexern zur Übertragung von 2,048 Mbit/s seit 1992.

2S

Andere Bezeichnung für die sonst mit → *DS* gekennzeichneten zweiseitig nutzbaren → *Disketten*.

2W

Abk. für Two Wires.
In technischen Zeichnungen (Netzlayout) die Bezeichnung für eine herkömmliche, kupferbasierte → *Zweidrahtleitung*.

3174

Kurzbezeichnung für einen Terminal-Cluster-Controller aus dem Hause IBM, mit dem mehrere → *IBM 3270*-Terminals, die zusammen ein → *Cluster* ergeben, über nur ein → *Koaxialkabel* an einen → *Mainframe* angeschlossen werden können.

3270

→ *IBM 3270*.

3350, 3370

IBM-interne Bezeichnung für eine frühe fest eingebaute → *Festplatte*.

3964R-Protokoll

Bezeichnung für ein asynchrones Datenübertragungsprotokoll für Punkt-zu-Punkt-Verbindungen zwischen gleichberechtigten Stationen aus dem Hause Siemens, ähnlich dem → *MSV2*-Protokoll. Genutzt wird der Code nach dem → *ASCII*-Standard. Um bei gleichzeitig sendewilligen Stationen den Konflikt zu lösen, werden Prioritäten vergeben, so dass die Station mit der höheren Priorität in diesem Fall ihre Daten senden kann. Die sendewillige Station signalisiert ihren Sendewunsch, was von der Empfangsstation mit einer positiven Quittung beantwortet wird, woraufhin sofort die Daten gesendet werden (Datenübermittlungsphase).
Ist die Empfangsstation nicht bereit, erfolgt eine negative Quittung. Die Sendestation kann dann erneut ihre Bereitschaft signalisieren (Anzahl der Versuche wählbar) oder die Sendeversuche einstellen.
In der Datenübermittlungsphase werden die Zeichenrahmen vom Sender zum Empfänger übertragen. Der Empfänger prüft die Zeit zwischen dem Eintreffen der Zeichenrahmen. Vergehen mehr als 220 ms (Zeichenverzugszeit), so sendet er eine negative Quittung und fordert damit das letzte Zeichen erneut an. Das Ende der Datenübertragung wird vom Sender angezeigt, woraufhin der Empfänger bei Vorliegen von Übertragungsfehlern eine negative Quittung sendet, so dass alle Zeichenrahmen erneut übertragen werden, oder den kompletten Empfang mit einer positiven Quittung bestätigt.
Die Sendestation zeigt nach erfolgreicher Datenübertragung das Ende der kompletten Prozedur mit einem Steuerzeichen an (Abschlussphase).

3D

Abk. für dreidimensional.

3G

Abk. für (Mobilfunksystem der) 3. Generation.
→ *Mobilfunk*.

3PTY

Abk. für 3-Party-Call oder auch -Conference.
→ *Dreierkonferenz*.

3R-Regeneration, 3R-Repeater

Bezeichnung für regenerative Zwischenverstärker (→ *Repeater*) in elektrischen Übertragungssystemen, die drei Funktionen haben:

- Regeneration des Signaltaktes (Retime)
- Regeneration der Signalform (Reshape)
- Verstärkung des Signals (Regeneration der Leistung, Reamplify)

3W

Andere Bezeichnung für → *WWW.*

4004

→ *Intel 4004.*

4040

→ *Intel 4040.*

4B3T

Bezeichnung für ein Verfahren für die → *Leitungscodierung*, bei dem 4 Bit eines binären und zu codierenden Signals in ein ternäres auf der Leitung zu übertragendes Signal abgebildet werden. Auch MMS 43-Code (Modified Monitored Sum) genannt. Es stehen drei Signalpegel (positiv +, negativ - und 0) zur Verfügung. Der Code ist gleichstromfrei.

Um eine möglichst niederfrequente Übertragung zu ermöglichen, gibt es eine Zuordnungstabelle, die den 16 Bitmustern zu je 4 Bit die ternären Symbolfolgen zuordnet. Dabei werden jedem zu codierenden und aus 4 Bit bestehenden Wort vier unterschiedliche Ternärfolgen zugeordnet, so dass die eine ‚große' Tabelle prinzipiell aus vier kleineren Tabellen oder einfach nur Spalten, genannt S1 bis S4, besteht.

Bei der Codierung wird in Abhängigkeit der zuletzt gewählten ternären Folge ein anderes ternäres Symbol für die aktuell zu codierenden 4 Bit gewählt. Diese Abhängigkeit wird durch eine Summenbildung (Running Digital Sum, RDS) erzielt. Die RDS wird fortlaufend über alle positiven Signalpegel (erhöht Summe um 1) und negativen Signalpegel (vermindert Summe um 1) gebildet. RDS nimmt dabei nur Werte von 1 bis 4 an. Die nächste zu verwendende Codiervorschrift, d.h. die nächste zu verwendende Tabelle, ergibt sich dann aus der RDS (RDS = 1 führt zur Tabelle S1, RDS = 2 führt zur Tabelle S2 etc.).

Die Codetabelle ist die folgende:

	S1	S2	S3	S4
0001	0 - +	0 - +	0 - +	0 - +
0111	- 0 +	- 0 +	- 0 +	- 0 +
0100	- + 0	- + 0	- + 0	- + 0
0010	+ - 0	+ - 0	+ - 0	+ - 0
1011	+ 0 -	+ 0 -	+ 0 -	+ 0 -
1110	0 + -	0 + -	0 + -	0 + -
1001	+ - +	+ - +	+ - +	- - -
0011	0 0 +	0 0 +	0 0 +	- - 0
1101	0 + 0	0 + 0	0 + 0	- 0 -
1000	+ 0 0	+ 0 0	+ 0 0	0 - -
0110	- + +	- + +	- - +	- - +
1010	+ + -	+ + -	+ - -	+ - -
1111	+ + 0	0 0 -	0 0 -	0 0 -
0000	+ 0 +	0 - 0	0 - 0	0 - 0
0101	0 + +	- 0 0	- 0 0	- 0 0
1100	+ + +	- + -	- + -	- + -

Das Verfahren wird als Übertragungsverfahren beim Basisanschluss des nationalen → *ISDN* und beim → *Euro-ISDN* in Deutschland von der Deutschen Telekom benutzt, wobei der Frequenzbereich bis 120 kHz auf der Kupferdoppelader verwendet wird.

4B5B

Leitungscodierverfahren, bei dem 4 Datenbit in eine Gruppe von 5 Datenbit codiert werden, um bei bestimmten Übertragungsmedien Effekte durch → *Wander* zu verringern und die Zahl der aufeinander folgenden Nullen zu reduzieren.

Wird oft in Verbindung mit → *NRZ* als Modulationsverfahren genutzt und in der Praxis bei → *TAXI* eingesetzt.

4GL

Abk. für 4th Generation Language.

→ *Programmiersprachen.*

4W

Abk. für Four Wires.

In technischen Zeichnungen (Netzlayout) die Bezeichnung für eine herkömmliche, kupferbasierte Leitung mit vier Kupferadern.

5250

→ *IBM 5250.*

5551213

Eine in Spielfilmen aus Hollywood und in Anzeigen häufig vorkommende Telefonnummer, die deswegen in den USA nicht als normale (echte) Telefonnummer vergeben wird, um Telefonterror zu verhindern.

Die 1213 wird häufig benutzt, ist aber variabel und wird oft durch andere Ziffern ersetzt. Entscheidend ist die 555 am Anfang.

56K, 56K FLEX

→ *Rockwell Technology.*

720p

→ *HDTV.*

8008

→ *Intel 8008.*

801

→ *RISC.*

80286

→ *Intel 80286.*

80386

→ *Intel 80386.*

80486

→ *Intel 80486.*

8080, 8085

→ *Intel 8080.*

8086, 8088

→ *Intel 8086.*

86-DOS

→ *MS-DOS.*

8B10B

Bezeichnung für ein Verfahren der → *Leitungscodierung*, bei dem 8 Datenbit in eine Gruppe von 10 zu übertragenden Bit codiert werden. Vorteile dieses Verfahrens sind:

- Gleiche Anzahl von Nullen und Einsen im Datenstrom
- Fehlererkennung und -korrektur ist möglich
- Taktrückgewinnung durch hohe Zahl von Zustandswechseln leicht möglich

Entwickelt und patentiert im Jahre 1982 von IBM und eingesetzt bei Produkten aus dem Hause IBM.

Eingesetzt im → *Fibre Channel* und bei → *Gigabit Ethernet.*

A

AA

1. Abk. für Auto Answer.
2. Abk. für Auto Attendant.

→ *IVR.*

AAA

Abk. für Authentication, Authorization and Accounting.

AAC

Abk. für Advanced Audio Coding.

Bezeichnung für ein modernes Datenkompressionsverfahren, das von einem deutschen Fraunhoferinstitut speziell für akustische Signale entwickelt worden ist.

→ *AC-3.*

AACCH

Abk. für Auxiliary Analogue Control Channel.

AAE

Abk. für Allgemeine Anschalteerlaubnis.

Bis zum 23. Juli 1991 Allgemeine Benutzungserlaubnis für Endeinrichtungen (ABE) genannt.

Bezeichnung für die Verpflichtung, dass Endgeräte nur von Teilnehmern am Netz der Deutschen Telekom angeschaltet werden können, die gewisse Sorgfaltspflichten einhalten, indem sie sich z.B. beim Kauf von Geräten nach deren Zulassung in Deutschland erkundigen etc.

AAL

Abk. für ATM Adaptation Layer.

→ *ATM.*

AAMSI

Abk. für American Association for Medical Systems Informatics.

AAN

Abk. für All Area Network.

Bezeichnung für Techniken, die sowohl im → *LAN*, im → *MAN* als auch im → *WAN* oder → *GAN* eingesetzt werden können, z.B. → *ATM.*

AAP

Abk. für Alternative Access Provider.

→ *CAP.*

AAV

Abk. für Authentication Algorithm Version.

AB

Abk. für → *Anrufbeantworter.*

a/b-Adapter

→ *a/b-Wandler.*

Abakus

Von griech. abax = die Platte. Bezeichnung eines einfachen, aber – wenn richtig bedient – auch sehr wirkungsvollen weil schnellen mechanischen Rechenhilfsmittels, das in jeder Computerhistorie als erster Entwicklungsschritt genannt wird. Abwertend auch als Idiotenharfe bezeichnet.

Realisiert wurde der Abakus ursprünglich als Brett (Holz, Steinplatte) mit Rillen oder mit einer andersartigen Halterung, in der bewegliche Kugeln, Scheibchen, Steinchen oder Ringe gemäß einem Zahlensystem hin- und hergeschoben werden konnten, wobei verschiedene Rillen oder Halterungen verschiedenwertige Stellen mit verschiedenen Wertigkeiten und die Anzahl der Elemente dort die Gewichtung dieser Wertigkeitsstufe symbolisierten. Das abstrakte Konzept der verschiedenen Wertigkeit der Stellen einer Ziffer war seinerzeit ein entscheidender Schritt für die weitere Entwicklung auf nahezu allen wissenschaftlichen Gebieten.

Die Griechen bezeichneten das Rechenhilfsmittel als Abakion, der Römer nannte es Abacus.

Die exakten Ursprünge des Abakus liegen im dunkeln, werden aber den Babyloniern (3 000 v. Chr.) zugeschrieben. Es wird allgemein angenommen, dass zunächst einfache Furchen im Sand und kleine Steinchen (lat. calculus = Steinchen, Kieselstein; daher die Bezeichnung kalkulieren = rechnen, berechnen) den Ursprung der später mechanischen Konstruktion bildeten.

Der Abakus ist seit dem Altertum als Rechenhilfsmittel bekannt und seit ca. dem 11. Jahrhundert v. Chr. in verschiedenen Formen neben den → *Rechenbrettern* als Rechenhilfsmittel im indo-chinesischen Kulturkreis weit verbreitet. Seinerzeit wurde er in China Suan-Pan genannt.

Um ca. 300 v. Chr. gaben die Römer dem Abakus die noch heute in Asien und Russland gebräuchliche Form. Mit dem Aufkommen mechanischer Rechenmaschinen (ab 17. Jh.) verlor der Abakus in Europa zunehmend an Bedeutung.

Bei einem Wettbewerb in Japan ist noch 1946 ein japanischer Angestellter mit seinem Soroban (japanische Art des Abakus) schneller als ein amerikanischer Soldat mit einer mechanischen Bürorechenmaschine gewesen.

→ *Napier-Stäbchen*, → *Rechenschieber.*

ABC

Abk. für Atanasoff-Berry-Computer.

Oft auch Electronic Linear Equation Solver genannt. Bezeichnung eines frühen, kleinen, digitalen Rechners Anfang der 40er Jahre, benannt nach seinen Entwicklern.

Das Rechenwerk bestand aus 300 Röhren und der Speicher aus zwei Trommeln, die mit 32 Reihen von je 51 Kondensatoren belegt waren (enthielten in codierter Form die Zahlen) und sich mit 1 U/s drehten (Takt von 60 Hz). Das Gerät hatte etwa Schreibtischgröße.

Mit dem ABC konnten Dualzahlen addiert und subtrahiert werden. Lineare Gleichungssysteme mit bis zu 30 Gleichungen und ebensoviel Unbekannten konnten gelöst werden. Dabei wurden die Koeffizienten der Gleichungssysteme auf den Trommeln in dualer Form gespeichert. Das elektromechanische Rechenwerk löste die Gleichungen durch die Anwendung eines Gaussschen Eliminationsverfahrens, wobei pro Durchlauf jeweils eine Unbekannte eliminiert

wurde. Der Bediener des ABC musste daher mehrfach das verdrahtete Programm durchlaufen, um zur endgültigen Lösung zu gelangen.
Der Sohn bulgarischer Einwanderer und Professor für Physik und Mathematik, John Vincent Atanasoff (* 4. Oktober 1903, † 15. Juni 1995) vom Iowa State College in Ames fing 1939, zwei Jahre nach ersten eigenen Ideen, an, auf Grundlage des binären Systems eine digitale Rechenmaschine insbesondere zum Lösen algebraischer Gleichungen für 20 Examenskandidaten zu bauen.
Unterstützung erhielt er durch den Dekan R.E. Buchanan. Die Umgebung reagierte aber auch skeptisch, ablehnend und spöttisch, insbesondere wegen der seinerzeit fortschrittlichen Konzeption als Digitalrechner.
Atanasoffs Rechner war nach drei Jahren Bauzeit 1942 unter Mitwirkung seines Diplomanden Clifford E. Berry fertig. Berry war insbesondere für periphere Geräte wie einen elektrostatischen Stanzmechanismus für Ergebnisausgaben und einen entsprechenden Lesemechanismus sowie deren Anschluss verantwortlich. Der Ausgabemechanismus brannte dabei durch einen Hochspannungsstoss kleine Löcher in Papier, wodurch es im Vergleich zu herkömmlichen, mechanischen Lochkartenstanzern gelang, Ergebnisse besonders schnell auszugeben. Die Ein- und Ausgabeverfahren waren die einzigen Komponenten, die nicht immer zuverlässig arbeiteten.
Atanasoff ließ den Rechner jedoch weitgehend unbenutzt und wandte sich wegen des herannahenden Kriegseintritts der USA anderen Themen zu, weswegen es zu keiner Weiterentwicklung kam.
Bei einem Besuch im Juni 1941 bei Atanasoff hatte John William Mauchly (* 1907, † 1980), der später die → *ENIAC* baute, den zu diesem Zeitpunkt noch nicht fertigen Rechner ABC besichtigt und ein bis dahin unveröffentlichtes Manuskript von Atanasoff eingesehen.
Der ABC geriet später in Vergessenheit und wurde zunächst 1947 zu Transportzwecken und in den frühen 50er Jahren aus Platzgründen vollständig zerlegt. Nur der Trommelspeicher überlebte als Ausstellungsstück und kann heute in der Information Age-Ausstellung der Smithsonian Institution in Washington D.C. besichtigt werden.
Erst 1973 wurde Atanasoff nach langen Diskussionen und einem Patentstreit zwischen Honeywell und Sperry-Univac von einem Gericht zum Erfinder des elektronischen digitalen Computers erklärt, wenngleich sein Rechner, im Gegensatz zu den anderen ‚ersten' Computern, die Weiterentwicklung der Computertechnologie nicht beeinflusst hat.
Atanasoff selbst hatte einen kleineren funktionsfähigen Nachbau zu Demonstrationszwecken angefertigt. Erst am 8. Oktober 1997 wurde im National Press Club in Washington D.C. ein voll funktionsfähiger und transportabler Nachbau des originalen ABC in Betrieb genommen, an dem seit 1995 unter der Leitung von John Gustafson vom IBM Research Lab aus Ames gearbeitet wurde.
→ *http://www.scl.ameslab.gov/ABC/*

ABC-F

Bezeichnung des proprietären Protokolls aus dem Hause Alcatel zur Vernetzung ihrer Nebenstellenanlagen.
→ *Cornet*, → *DPNSS*, → *MCDN*, → *QSIG*.

ABD

Abk. für Abbreviated Dialing.
→ *Kurzwahl*.

ABE

Abk. für Allgemeine Benutzungserlaubnis für Endeinrichtungen.
→ *AAE*.

ABET

Abk. für Accreditation Board for Engineering and Technology.
Bezeichnung einer in den USA staatlich anerkannten Vereinigung, die technische Ausbildungsprogramme zertifiziert und anerkennt, um Berufsabschlüsse vergleichbar zu machen und bestimmte Qualitätsstandards zu erzielen.
→ *http://www.abet.org/*

Abfragestelle

→ *Console*.

ABHC

Abk. für Average Busy Hour Calls.
→ *BHC*.

Abilene

→ *Internet 2*.

ABIOS

Abk. für Advanced Basic Input/Output-System.
Bezeichnung für das → *BIOS* in PCs mit einer Busarchitektur nach dem → *MCA*-Standard.

ABK

Abk. für Arbeitskreis für Bildkommunikation.
Bezeichnung für einen im November 1994 eingerichteten Arbeitskreis von Herstellern beim → *BMPT*. Ziel ist die Förderung des Standards → *H.320* für → *Videokonferenzsysteme*, die Koordinierung von Marketingmaßnahmen, die Definition von Prüfverfahren und die Vergabe eines H.320-Konformitätszeichens nach erfolgreich bestandener Prüfung in einem unabhängigen Testlabor (Tel.: 07 11 / 13 89 60) in Stuttgart.
→ *http://www.testcentre.org/*

Ablaufspeicher

Bezeichnung einer Hardware-Entwicklungshilfe, die in einem Programm an einem Haltepunkt den letzten Zustand der Steuerleitungen und Busse speichert.

ABM

Abk. für Asynchronous Balanced Mode.
Bezeichnung eines Kommunikationsmodus von → *HDLC*. Es wird dabei eine Punkt-zu-Punkt-Verbindung zwischen den an ihr beteiligten Stationen aufgebaut. Beide Stationen können, wie beim → *ARM*, die Übertragung starten.

Abonnement

1. In der Schweiz die gängige Bezeichnung für die dauerhafte Nutzung eines Telekommunikationsdienstes.

2. Neuerdings oft auch in Zusammenhang mit der Form des → *Pay-TV* benutzter Begriff, der die dauerhafte, entgeltliche Nutzung eines Fernsehkanals bezeichnet.

ABR

1. Abk. für Area Border Router.

   → *OSPF.*

2. Abk. für Available Bit Rate.

   Bezeichnung für die einem Teilnehmer an einem → *ATM*-Netz garantierte Bitrate, d.h., der Teilnehmer muss die Bandbreite nicht vorhersagen und sie dem Netz zu Beginn der Inanspruchnahme eines Dienstes mitteilen, damit das Netz entsprechende Bandbreite reserviert, sondern das Netz fährt die Bandbreite bei Überlast bis zur garantierten ABR zurück und verzichtet auf das Verwerfen von Daten (Totalverlust). Dies ist insbesondere für zeitunkritische Anwendungen (Datentransfer) und Anwendungen mit geringer Datenverlustrate interessant.

   Ähnlich dem Mechanismus der → *CIR* beim → *Frame-Relay*-Protokoll.

   Vorteil für Netzbetreiber: Letzte Netzreserven können dem Kunden noch als eigener Dienst angeboten werden.

   → *CBR*, → *VBR.*

ABS

1. Abk. für Acrylnitril-Butadien-Styrol.

   Bezeichnung für einen Kunststoff, der im Rahmen der Telekommunikation häufig als Material für Gehäuse von Endgeräten (Telefon, Fax etc.) Verwendung findet.

   → *PA*, → *PBTP*, → *PE*, → *PF*, → *PVC*, → *SAN.*

2. Abk. für Alternate Billing Service.

a/b-Schnittstelle

Zweidrahtverbindung zum Übertragen von Signalen bei analogen Endgeräten wie Standard-Telefon, → *Fax*- oder → *Btx*-Gerät, → *Modem* oder → *Anrufbeantworter* (über Kupferkabel).

Benannt nach den Bezeichnungen a und b für die zwei Kupferadern einer → *Zweidrahtleitung.*

→ *a/b-Wandler.*

Abschattung

Bezeichnung eines unerwünschten Störeffektes bei der Ausbreitung elektromagnetischer Wellen.

Abschattung entsteht durch Hindernisse im Freien (Berge, Gebäude, Wände, Bauwerke aller Art), die die freie Ausbreitung und den Empfang auf direktem Weg, insbesondere hochfrequenter Wellen, verhindern. Dies führt zu variierenden Signalpegeln über eine bestimmte Entfernung im Bereich des Schattens. Diese Pegeleinbrüche folgen einer logarithmischen Normalverteilung. Daher auch Log-Normal-Fading oder Long-Term-Fading genannt.

→ *Fading.*

Absolute Adresse

Auch direkte Adresse genannt. Bezeichnet die Adresse einer Speicherzelle in einem → *Speicher*, die als direkte, natürliche Zahl angegeben werden kann und nicht errechnet werden muss.

Abstract Syntax (Notation)

→ *ASN.1.*

Absturz

Jargon für den Übergang eines Computersystems in den unkontrollierbaren Zustand. Üblicherweise muss das System mit einem → *Warmstart* neu gestartet werden (→ *Booten*).

Alle im Moment des Absturzes im Hauptspeicher des Rechners befindlichen Daten, die bis zum Absturz noch nicht in einer → *Datei* gesichert waren, gehen durch den Absturz verloren.

Abtasten, Abtastfrequenz

International mit Sampling bezeichnet. Bezeichnung eines Verfahrens, das bei der Analog/Digital-Wandlung (→ *A/D*) von Bedeutung ist. Dabei wird ein zeitkontinuierliches, analoges Signal in ein zeitdiskretes Signal umgewandelt.

Ein analoges Signal wird durch Abtastung zu regelmäßigen Zeitpunkten in eine Folge von einzelnen Impulsen umgewandelt, deren Amplitude der Signalamplitude zum Abtastzeitpunkt entspricht. Das analoge Signal ist damit immer noch wertkontinuierlich, aber durch die Abtastung ist es zeitdiskret geworden.

Der nächste Schritt ist die → *Quantisierung.*

Die Abtast- oder Samplingfrequenz kennzeichnet die Zahl der Abtastungen pro Sekunde, mit denen das analoge Ausgangssignal gemessen und in digitale Werte umgewandelt wird. Zur exakten Darstellung eines Frequenzgemischs mit begrenzter Bandbreite muss die Abtastrate (in s^{-1}) mindestens doppelt so hoch sein wie die höchste vorkommende Frequenz (in Hz). Dieser Zusammenhang wird auch → *Nyquistsches Abtasttheorem* genannt. Ist die Abtastfrequenz kleiner, kommt es zu sog. → *Aliasing*-Störungen. Ein Abtasten mit höherer Frequenz wird Oversampling genannt.

Abtasttheorem

Es besagt, dass ein N-stufiges Datensignal (für Binärsignale gilt $N = 2$) die maximale Bitrate

$$C = 2\,B\,ld\,N$$

hat, wenn B die Bandbreite in Hertz ist. Dieser Zusammenhang bezüglich der → *Shannonschen Kanalkapazität* wird auch Shannonsches Abtasttheorem genannt, obwohl der Zusammenhang schon vorher, 1939 von H. Raabe von der TU Berlin, angegeben wurde.

→ *Nyquistsches Abtasttheorem.*

Abtastung

→ *Abtasten.*

a/b-Wandler

Auch a/b-Adapter genannt. Bezeichnung für ein Bauteil, das eine → *a/b-Schnittstelle* zur Verfügung stellt, so dass herkömmliche analoge Endgeräte (Telefone, Geräte für → *Fax*,

→ *Anrufbeantworter*, → *Modem*) an das digitale → *ISDN* angeschlossen werden können. Üblicherweise verfügt ein a/b-Wandler über zwei Buchsen zum Anschluss analoger Geräte. Der Wandler selbst wird an die Network Termination (NT) des ISDN angeschlossen.

Jeder Buchse des Wandlers kann eine „Multiple Subscribernumber" (→ *MSN*) zugewiesen werden. Darüber hinaus ist oft eine Dienstekennung für jede einzelne Buchse einstellbar, so dass über eine Buchse und das bei ihr angeschlossene Endgerät nur ein Dienst (z.B. nur Telefonie oder nur Fax) abgewickelt werden kann. Dies hat den Vorteil, dass beim Eingehen eines Faxes direkt die Buchse mit der Faxdienstkennung angesprochen wird.

Aufgabe ist die → *A/D*-Wandlung und die Umsetzung der Wählverfahren der analogen Geräte (→ *MFV*, → *IKZ*) auf das Signalisierungsprotokoll im D-Kanal des ISDN-Anschlusses.

Der Übergang vom (leistungsfähigen) a/b-Wandler zur ISDN-Anlage (kleine ISDN-fähige Nebenstellenanlage) ist mittlerweile hinsichtlich der Leistungsmerkmale und des Preises fließend. Viele ISDN-Anlagen stellen einige Anschlüsse für analoge Endgeräte zur Verfügung, d.h., es sind mehrere a/b-Wandler in die ISDN-Anlage integriert.

Faustregel: Eine ISDN-Anlage lohnt sich erst ab mehr als drei analog anzuschaltenden Endgeräten.

Abzweiger

Bezeichnung passiver Verteilkomponenten im → *Breitbandkabelverteilnetz*. International auch Tap-Off genannt. Es wird dabei Signalleistung in einen weiteren Zweig (oder in mehrere) ausgekoppelt. Der Abzweiger wird dazu in eine Stammleitung eingeschleift.

Beim idealen Abzweiger steht die eingespeiste Energie am Eingang abzüglich der Energie am Abzweig auch am Ausgang der Stammleitung wieder zur Verfügung. Real liegen Dämpfungsverluste vor. Ferner verteilt sich bei mehreren Abzweigen die insgesamt abgekoppelte Leistung ungleichmäßig auf die Zweige.

Bei Abzweigen in Richtkopplertechnik ist die Dämpfung richtungsabhängig, d.h., die Dämpfung vom Eingang in einen Zweig ist eine andere als vom Zweig zum Eingang. Dies führt zu einer besseren Entkopplung der einzelnen angeschlossenen Zweige.

→ *Splitter*.

Abzweigmultiplexer

Selten gebrauchte deutsche Bezeichnung für die bei → *SDH*-Netzen benötigten Add-Drop-Multiplexer.

AC

1. Abk. für Alternate Current.

   Englisch für Wechselspannung.

   → *DC*.

2. Abk. für Automatic Callback.

   → *ACB*.

AC-1

Abk. für Atlantic Crossing No. 1.

Bezeichnung für ein → *Unterwasserkabel* unter dem Atlantik, betrieben von Global Telesystems Ltd. Das 14 000 km lange Kabel in Ringtopologie überträgt mit → *WDM*-Technik seit Mai 1998 mit 20 Gbit/s. Eine Erweiterung auf 80 Gbit/s erfolgte später in 1998.

Das Kabel verbindet New York (USA) mit den Anlandungspunkten White Sands (GB), Westerland auf Sylt (Deutschland) und einem weiteren Anlandungspunkt in den Niederlanden.

Deutscher Partner ist die Deutsche Telekom AG. Der Anlandepunkt Westerland ging im Dezember 1998 in Betrieb.

AC-3

Abk. für Audio Codec No. 3.

Auch Dolby AC-3 oder Dolby Digital genannt. Bezeichnung für ein von den → *Dolby*-Laboratories entwickeltes Verfahren zur hochqualitativen Tonaufzeichnung.

Die Abtastrate der Audiokanäle liegt bei 48 kHz, der Tieftonkanal ist bei 150 Hz bandbegrenzt. In einem zweiten Schritt werden die Audiodaten mit einem speziellen Verfahren um den Faktor sechs auf 320 kbit/s komprimiert. Dabei kommt ein verlustbehafteter Algorithmus zum Einsatz, der psychoakustische Eigenschaften des menschlichen Gehörs ausnutzt (→ *Psychoakustik*). Entscheidender ausgenutzter Effekt dabei ist, dass der Mensch bei einem Frequenzgemisch eine Frequenz mit geringer Energie unmittelbar in der Nachbarschaft einer Frequenz hoher Energie nicht wahrnimmt, so dass diese Irrelevanz entfernt werden kann. Nur noch für die Signalanteile hoher Energie müssen also Daten in Form von Koeffizienten, die für bestimmte Frequenzen die Energie angeben, übertragen werden. Welche Frequenzen gewählt werden, wird periodisch festgelegt.

AC-3 unterscheidet verschiedene Varianten in Abhängigkeit von den verwendeten Kanälen (Vorne Links, Mitte und Rechts sowie Hinten Links, Rechts und ein Subwoofer (Tieftonkanal) für Frequenzen unterhalb von 120 Hz):

Ursprünglich wurde das Verfahren zum Einsatz im Bereich des digitalen Tons für Kinofilme (Verfahren Dolby SR-D) konzipiert. AC-3 kommt aber mittlerweile auch im Heimbereich zum Einsatz, da Pioneer Abspielgeräte für LaserDiscs (→ *LD*) mit AC-3-Informationen auf den Markt gebracht hat, die sechs Ausgangssignale zur Verfügung stellen. Ferner ist AC-3 ein mögliches Tonverfahren, das bei der → *DVD* genutzt wird.

Alternativen zu AC-3 sind → *AAC*, → *MP3* und → *TwinVQ*.

ACA

1. Abk. für Adaptive Channel Allocation.
2. Abk. für Australian Communications Authority.

   Bezeichnung der nationalen → *Regulierungsbehörde* des Telekommunikationssektors in Australien.

   → *http://www.aca.gov.au/*

A-Cache

Abk. für Asynchronous Cache.

Andere Bezeichnung ist auch Asynchronous-SRAM. Bezeichnung für → *SRAM*-Bausteine, die ohne Takt arbeiten und nur über Enable-Signale angesteuert werden. Sind schneller als → *DRAMs*.

→ *Cache*.

ACAL

Abk. für Association of Computer Assisted Learning.

ACARS

Abk. für Aircraft Communication Addressing and Reporting System.

ACB

Abk. für Automatic Call Back.

Bezeichnung einer Möglichkeit in → *Modems* und → *Routern* zum automatischen Beenden einer Verbindung und anschließendem Neuaufbau der gleichen Verbindung in umgekehrter Richtung (vom zunächst Angerufenen zum Rufenden). Ziel ist die Verhinderung unerlaubter Verbindungen durch → *Hacker*oder → *Cracker*.

ACBO

Abk. für Automatic Cross Band Operation.

ACC

1. Abk. für Area Communications Controller oder auch Area Control Computer.

   Bezeichnung für einen Teil der Netzinfrastruktur des → *Modacom*-Systems. Ein ACC steuert mehrere → *BS*. Ein ACC besteht im wesentlichen aus den zwei Teilen Radio Network Controller (RNC), auf der Funkseite des ACC zur Kontrolle der BS, und dem Radio Network Gateway (RNG), das die Verbindung zu anderen ACCs oder zum Festnetz über das → *X.25*-Netz herstellt.
2. Abk. für ATM Cross Connector.

   Bezeichnung für → *Cross Connectors* in → *ATM*-Netzen.
3. Abk. für Accumulator.

   → *Akkumulator*.
4. Abk. für Analogue Control Channel.

Access.bus

Bezeichnung eines bidirektionalen Busses zum Anschluss von Peripheriegeräten an PCs. Die Buchse am Gerät (z.B. Monitor) ist eine → *RJ 11*. Bis zu 125 Geräte können gemäß → *Daisy Chain* an einen PC angeschlossen werden.

Vorteil der Access.bus-Installation: Der Nutzer braucht die Geräte nur zu verkabeln, die Identifikation und Konfiguration läuft automatisch ab, indem sich die Geräte über den Bus verständigen und selbständig konfigurieren.

Der Standard wurde 1985 von DEC und Philips entwickelt. Wegen seiner Einfachheit ist er bei industriellen Anwendungen mittlerweile weit verbreitet.

Bei schnellen Anwendungen ist seine direkte Konkurrenz der → *Universal Serial Bus*.

Access Charge

Von engl. access = Zugang, Zugriff und charge = Gebühr. Begriff aus dem Regulierungswesen der USA. Dort die Bezeichnung für die Gebühren bei Ferngesprächen, die von einem Fernnetzbetreiber (Interexchange Carrier, → *IXC*) an den lokalen Betreiber des Ortsnetzes gezahlt werden (Local Exchange Carrier, → *LEC*), über dessen Ortsnetz ein Gespräch von oder zu einem Teilnehmer zu einem Fernnetz durchgeschaltet wird. Der Fernnetzbetreiber erhält über das Ortsnetz sozusagen zugriff auf die Endkunden.

Bis zu 45% der Ferngesprächsgebühren eines Gesprächs werden an den lokalen Ortsnetzbetreiber gezahlt. Für die Ortsnetzbetreiber stellen Access Charges eine Haupteinnahmequelle dar.

Access Charges wurden 1984 eingeführt, als die → *Divestiture* umgesetzt wurde und AT&T seine lokalen und regionalen Unternehmensteile abspalten musste. Diese mussten wiederum allen Fernnetzbetreibern (neben AT&T auch MCI etc.) den Zugriff auf die Endkunden erlauben, wofür sie aber eben auch die Access Charges erheben durften.

Um Access Charges zu umgehen, bieten sich drahtlose Zugangstechniken an (Radio in the Local Loop, → *RLL*).

→ *Charging*.

ACCH

Abk. für Associated Control Channel.

Account

Von engl. account = Konto. Auch Benutzerkennung oder -konto sowie User ID genannt. Begriff aus der Netzwerktechnik. Bezeichnet das Zugangsrecht eines Teilnehmers und die Festlegung aller seiner Rechte im Netz sowie alle Parameter, die dies ermöglichen (Passwörter, Benutzername, Benutzergruppe).

Der Begriff leitet sich davon ab, dass alle seine Rechte in Form einer Tabelle oder eines Kontos aufgeführt werden können.

Accounting

Bezeichnung für eines der fünf in der Empfehlung X.700 der → *ITU* definierten Functional Areas des System- und → *Netzmanagements*.

Ganz allgemein gesprochen die Registrierung der Inanspruchnahme von knappen Ressourcen in einem Netz.

Konkret die Bezeichnung für das Sammeln von abrechnungsrelevanten Daten (→ *Call Detail Record*) in den Netzknoten, die periodisch an das Netzmanagement weitergegeben werden.

→ *Billing*, → *Charging*, → *Commissioning*, → *Provisioning*.

Accounting Rate

→ *International Accounting Rate*.

ACD

Abk. für Automatic Call Distribution (oder auch: Distributor, wenn das die Funktion ausführende Bauteil der Nebenstellenanlage gemeint ist), automatische Anrufverteilung.

Merkmal leistungsfähiger Nebenstellenanlagen in Verbindung mit → *Call Centern* oder auch ein eigenständiges Bauteil in Call Centern ohne weitgehende Nebenstellenanlagenfunktionalität.

Die Grundfunktion der ACD-Anlage ist:

- Entgegennahme von vielen Anrufen, u.U. die Abwicklung vieler gleichzeitig eingehender Anrufe.
- Die Verteilung dieses hohen Anrufvolumens auf die angeschlossenen Mitarbeiter im Call Center, genannt → *Agent*.

Ist die ACD-Funktionalität in die Nebenstellenanlage integriert, dann erkennt die Nebenstellenanlage die Anrufe für den ACD-Block anhand der vom Anrufer gewählten Nummer und gibt den Anruf an den ACD-Block weiter. Dort kann es zu einer weiteren Nummernanalyse kommen, die dabei eventuell vorhandene frei definierbare Prioritäten der Nummern, z.B. für Stammkunden, die immer zu den gleichen Agents im Call Center weitergeleitet werden, berücksichtigt.

ACD leitet den Ruf gezielt zu einem freien (üblicherweise dem am längsten freien) Mitarbeiter weiter (Free-Agent-Routing), um eine gleichmäßige Auslastung der Agents in einem Call Center zu erreichen.

Dabei wird üblicherweise dem Mitarbeiter eine bestimmte Zeit zur Anrufnachbearbeitung nach dem Gesprächsende zugebilligt, bis das nächste Gespräch zu ihm durchgestellt wird.

Als Ziele können beispielsweise definiert werden:

- Innerhalb von 15 Sekunden sollen 80% aller in dieser Zeit eingehenden Anrufe entgegengenommen werden.
- Weitere 15% sollen in der Folgezeit über Warteschlangen weitergegeben werden können.
- Max. 5% der Anrufe dürfen durch zu lange Wartezeiten oder Angst der Anrufer vor automatischen Systemen verloren gehen.

Zu den Leistungsmerkmalen von ACD-Anlagen gehört ferner die Identifikation von speziellen Kunden (VIP- oder Großkunden) anhand von ISDN-Nummern, die dann zu geeigneten Kundenberatern durchgeschaltet werden.

ACD-Systeme erlauben eine statistische Auswertung verschiedener Parameter:

- Wartezeiten der Anrufer (durchschnittlich, maximal)
- Warteschlangenlängen (durchschnittlich, maximal)
- Gesprächsdauer (durchschnittlich, minimal, maximal)
- Gesprächsverluste (aus der Warteschlange ausscheidende Gespräche, die nicht angenommen wurden)
- Erreichungsgrad von Mindest- oder Höchstdauern für Gespräche
- Wiederholungsanrufe
- Verteilung der eingehenden Rufe auf angeschlossene Mitarbeiter
- Anrufgründe (können nach Gesprächen über Telefontastatur oder PC von Mitarbeitern als festeingestellte Aktivitätencodes eingegeben werden)

Diese Statistiken werden üblicherweise als Tages- und Wochenprofile erstellt, können in modernen ACD-Anlagen jedoch nicht nur ex post, sondern auch im laufenden Betrieb erstellt werden. Es ist dann möglich, den Anrufern in einer Warteschlange die voraussichtliche Wartezeit (Expected Wait Time, EWT) anzusagen.

Durch die Auswertung der statistischen Daten ist es möglich, in Abhängigkeit von Werbefeldzügen, Katalogauslieferungen, Rechnungsstellung, Ferienzeiten, Feiertagen und sogar Wetterlagen den Personaleinsatz optimal zu planen und Anrufverhalten von Kunden bis zu 90% und in einzelnen Fällen sogar bis 98% genau vorherzusagen. Der Anteil der bei Anlagen ohne ACD und statistische Auswertung sonst verloren gegangenen Gespräche beträgt erfahrungsgemäß ca. 10 bis 20%.

Statistische Auswertungen sind insbesondere in der Einführungsphase eines Call Centers wichtig, um einen schnellen Übergang zu einem geregelten Betrieb zu gewährleisten. Üblicherweise werden die statistischen Werte in einstellbaren Intervallen (z.B. alle 10 oder 15 Minuten) in einer Datenbank zur langfristigen Analyse abgelegt.

Diese langfristigen Analysen auf Basis der statistischen Daten lassen z.B. grundsätzliche Änderungen des Anruferverhaltens infolge einer demografischen Änderung der Kundschaft etc. ermitteln.

Üblicherweise informieren Wand- oder Geräteanzeigen (→ *Wallboard*) über den aktuellen Zustand der Warteschlangen und erlauben so den Mitarbeitern in Call Centern, situationsbedingt zu reagieren (Gespräche kurz zu fassen etc.). Ferner können die Mitarbeiter eines Call Centers sich per Knopfdruck am Gerät ab- und anmelden oder sich in den sog. Reserve-Status versetzen lassen, d.h. ein Anruf wird nur zu ihnen geleitet, wenn tatsächlich kein anderer Mitarbeiter frei ist. Derartiger Bedienkomfort erhöht die Akzeptanz durch die Mitarbeiter im Call Center ebenso wie deren Motivation.

ACD erlaubt es, die Mitarbeiter des Call Centers in Gruppen zusammenzufassen, die für verschiedene Bereiche zuständig sind (z.B. Reklamationen, Beratung, Neubestellungen, eingehenden und abgehenden Verkehr). Mitarbeiter können dabei je nach Qualifikation zu mehreren Gruppen gehören und verschiedene Prioritäten in den Gruppen besitzen. So können sie einer anderen Gruppe automatisch und nur temporär (z.B. wenn die erste Gruppe nichts zu tun hat) zugeteilt werden.

Es ist üblich, dass die Anrufer in Spitzenzeiten in Warteschlangen geführt werden. Überschreitet die Warteschlangenlänge einen bestimmten Umfang, werden Gruppen für den Outbound-Verkehr kurzfristig zu Gruppen mit Inbound-Aufgaben umgeschaltet.

Mit einem → *IVR* ist es möglich, die Wartezeit des Anrufers sinnvoll zu verkürzen und die richtige ACD-Gruppe oder sogar den richtigen einzelnen Agent herauszufinden (Expert Agent Selection, → *EAS*). Ohne IVR übernimmt eine zentrale ACD-Gruppe die Ermittlung der Anrufergründe und Weitervermittlung zu einem Mitarbeiter der entsprechend qualifizierten ACD-Gruppe.

ACD-Systeme werden zu einer bestimmten Nebenstellenanlage vom Hersteller der Anlage selbst angeboten und häufig auch von unabhängigen Softwarehäusern.

Andere Hersteller bieten ACD-Anlagen unabhängig von Nebenstellenanlagen als eigene Einheit an. Üblicherweise handelt es sich dann um sehr leistungsfähige Anlagen, die mehrere hundert gleichzeitig eintreffende Gespräche verarbeiten können und sich insbesondere für sehr große Call Center mit mehreren hundert Agenten eignen.

ACE

1. Abk. für Automatic Computing Engine.

   Bezeichnung für einen frühen Röhrenrechner aus GB.

   Der Engländer Alan Mathison Turing (* 1912, † 1954), der sich durch Mitarbeit an Dechiffriermaschinen während des Krieges einen Namen gemacht hatte, nahm 1946 eine Stelle am National Physical Laboratory (NPL) in GB an und schlug der Institutsführung den Bau eines Computers vor. Er unterbreitete bereits detaillierte Pläne. Das Budget sollte 11 200 Pfund betragen. Der Zuschlag fiel positiv aus, und die Arbeit am ACE begann auf der Basis eines Papiers von Harry Douglas Huskey, einem Amerikaner, der schon an der → *ENIAC* mitgearbeitet hatte. Bis 1948 wurde allerdings nicht ein Stück zusammengebaut, und Turing gab die Arbeit auf. Nur ein kleiner Prototyp mit 800 Röhren wurde gebaut und am 10. Mai 1950 in Betrieb genommen. Er sah schon ein 32-Bit-Datenformat und einen Speicher für 128 32-Bit-Worte vor.

   Häufig wird dieser Rechner als der erste, frei programmierbare und digitale Computer angesehen.
2. Abk. für Automatic Calibration and Equalization.
3. Abk. für Automatic Calling Equipment.
4. Abk. für Auxiliary Control Element.

ACELP

Abk. für Algebraic Code-Excited Linear Prediction.
→ *CELP*.

ACES

Abk. für Applied Computational Electromagnetics Society.
Bezeichnung einer Vereinigung von Unternehmen und Einzelpersonen mit dem Ziel, die Berechnung elektromagnetischer Felder mit Hilfe von numerischen Simulationen zu fördern.
→ *http://www.emclab.umr.edu/aces/*

ACF

1. Abk. für Access Control Field.
2. Abk. für Authentification Control Function.

ACG

Abk. für Automatic Code Gapping.

ACIA

Abk. für Asynchronous Communication Interface Adapter.

ACID

→ *Transaktion*.

ACIL

Abk. für Association of Independent Scientific and Engineering and Testing Firms.
→ *http://www.acil.org/*

ACIT

Abk. für Adaptive Code Sub-Band Excited Transform.

ACK

Abk. für Acknowledgment.
Von engl. acknowledgment = Quittung, Bestätigung.
Bezeichnet bei der Datenübertragung die Bestätigung eines Empfängers an den Sender, dass die von ihm gesendeten Daten korrekt angekommen sind.
Die Verfahren, dies dem Sender mitzuteilen, sind vielfältig. Teilweise werden einzelne Pakete quittiert, teilweise Folgen von Paketen (z.B. durch → *Schiebefensterprotokolle* wie → *HDLC*) und wiederum ein anderes Mal ganze Nachrichten.
Beim → *Token-Ring*-Protokoll wird im Token ein einziges Bit zur Quittierung genutzt, bei anderen Protokollen sind komplette Bitmuster dafür nötig (z.B. → *Arcnet*).

ACL

1. Abk. für Access Control List.

   Begriff aus der Systemadministration von lokalen Rechnersystemen. Diese vom → *Sysop* definierte Liste legt Rechte für die Nutzer fest; etwa, wer welche Geräte oder Dienste benutzen darf oder wer welche Dateien oder Dateiverzeichnisse einsehen, lesen oder schreiben darf.
2. Abk. für Advanced CMOS Logic.
3. Abk. für Agent Communication Language.

   → *Agent*.

ACM

1. Abk. für Address Complete Message.
2. Abk. für Association for Computing Machinery.

   Bezeichnung einer am 15. September 1947 aus dem Zusammenschluss von Gruppen an der West- und Ostküste der USA gegründeten und damit ältesten technisch-wissenschaftlichen Vereinigung von in den Forschungs- und Entwicklungsabteilungen der Computerindustrie tätigen Personen. Hat rund 80 000 Mitglieder. Sitz ist New York. Verfügt auch über Auslandsgruppen.

   Adresse:

ACM
Church Street Station
P.O. Box 12114
New York, NY 10277-0163
USA
Tel.: (+ 1) 02 12 – 6 26 05 00
Fax: (+ 1) 02 12 – 9 44 13 18

→ *http://www.acm.org/*

ACMS

Abk. für Application Control Management System.

ACOnet

Bezeichnung für das Wissenschaftsnetz in Österreich. Vergleichbar mit dem → *WiN* in Deutschland.
→ *http://www.aco.net/*

ACPI

Abk. für Advanced Configuration (manchmal auch: Control) and Power Interface.

Bezeichnung für eine Schnittstelle, die es einem Netzwerkadministrator ermöglicht, mit Hilfe standardisierter Kommandos bestimmte Funktionen eines an ein → *LAN* angeschlossenen NetworkPC oder Managed-PC (→ *NC*) von einer zentralen Konsole aus zu steuern. Beispiele hierfür sind die Konfiguration von Bussen, Laufwerken aller Art, Ports und der Software auf einem Managed-PC.

ACPI setzt ein ACPI-fähiges Betriebssystem und spezielle Hard- und Softwarekomponenten des PCs voraus.

ACR

1. Abk. für → *Advanced Call Routing*.
2. Abk. für Anonymous Call Rejection.
3. Abk. für Attenuation to Crosstalk Ratio.

   Bezeichnung für ein Qualitätsmaß bei der → *Verkabelung*. ACR ist das Verhältnis von der Störung eines Signals durch längenunabhängiges Nahnebensprechen (XTA) zur normalen, längenabhängigen Kabeldämpfung (ATT) bezogen auf eine bestimmte Frequenz. Aus dieser Beziehung kann abgelesen werden, dass bei kurzen Verbindungsstrecken, z.B. bei der Inhouse-Verkabelung, das Nahnebensprechen genauso die Übertragungsqualität beeinträchtigen kann wie die Kabeldämpfung. Es gilt:

   $$ACR[dB] = XTA[dB] - ATT[dB]$$

   Der Wert selbst sinkt mit steigender Frequenz. Ferner ist zu beachten, dass geschirmte Kabel einen um ca. 20 dB höheren ACR-Wert aufweisen als ungeschirmte. Ein Wert von 10 dB bei 100 MHz und einem ungeschirmten Kabel gilt als erstrebenswert. Mindestwerte für ACR sind für bestimmte Typen der Verkabelung in einschlägigen Normen definiert.

ACS

1. Abk. für Advanced Computer Systems.

   Auch ACS-1 genannt. Bezeichnung für ein Forschungsprojekt im Hause IBM ab 1961, dann noch Project Y genannt, das ab 1965 unter der Bezeichnung ACS-1 aus der Entwicklung der → *IBM/360* hervorging. Ziel war, einen → *Supercomputer* für technisch-wissenschaftliche Zwecke zu entwickeln, der rund 1 000 mal schneller als die damalige IBM 7090 sein sollte und 160 Mio. Befehle pro Sekunde abarbeiten können sollte.

   Es wurden zahlreiche innovative Ideen aus dem Projekt → *Stretch* aufgegriffen und weiter verfeinert, so etwa wurde der Grad der Parallelität weiter erhöht.

   Das Projekt führte jedoch wegen vieler Probleme und immer wieder auftauchender Verzögerungen nicht wie geplant zu einem eigenen Produkt, vielmehr gingen viele Ideen in die Weiterentwicklung der /360 ein, die sich blendend verkaufte. 1968 wurde das Projekt ACS-1 schließlich eingestellt.

   An der Entwicklung der ACS waren u.a. John Cocke (* 25. Mai 1925) und Ed Sussenguth beteiligt.

2. Abk. für Advanced Cellular System.

   Ein in Schweden von der Firma Comvik von August 1987 bis zum 31. März 1996 betriebenes analoges automatisches und zellulares Mobilfunknetz. Die technischen Parameter waren:

Uplink	460 bis 470 MHz
Downlink	450 bis 460 MHz
Anzahl Frequenzkanäle	400
Kanalbandbreite	25 kHz

   Zentraler Unterschied dieses Systems im Vergleich zu anderen Systemen war, dass große Teile der Vermittlungsintelligenz in die Endgeräte verlagert werden, wovon man sich gegenüber vergleichbaren Systemen (→ *NMT*) 25% Investitionsvorteil versprach. Darüber hinaus bestand die Möglichkeit, die → *BS*, die jeweils 16 Kanäle verwaltete, direkt an das lokale Festnetz anzuschließen, was allerdings nur → *MOC* erlaubte. Jedes → *MSC*, an dem mehrere BS hingen, konnte max. 324 Kanäle verwalten.

   Die Mobilstation (→ *MS*) überwachte die Empfangsqualität und leitete → *Handover* ein (dezentrales Handover).

   Die Technik war von Ericsson entwickelt und geliefert worden.

   Ein ähnliches System wurde noch in Hongkong betrieben (833 Kanäle, Downlink: 824 bis 849 MHz, Uplink: 869 bis 894 MHz, 30 kHz Kanalbandbreite).

   Vor der Schließung des ACS-Systems migrierte Comvik die Kunden zu ihrem mittlerweile aufgebauten → *GSM*-Netz. Zu seinen besten Zeiten hatte ACS rund 20 000 Kunden.

ACSE

Abk. für Association Control Service Element.

Ein Service-Element aus der Menge der → *CASE* auf Schicht 7 des → *OSI-Referenzmodells*. Definiert zwischen zwei Teilnehmern den Aufbau, die Durchführung und den Abbau einer Kommunikationssitzung, die eine Anwendung betrifft und die hier mit Assoziation bezeichnet wird.

Es existieren vier einzelne Dienstelemente:

- ASSOCIATE baut eine Assoziation auf.
- RELEASE löst sie auf.
- ABORT bricht sie durch den Benutzer ab.
- P-ABORT bricht sie durch die Anwendung selbst ab.

ACSNET

Abk. für Academic Computing Services NETwork.

ACSSB

Abk. für Amplitude Companded Single Side Band.

Bezeichnung eines Modulationsverfahrens.

ACTA

Abk. für America's Carriers Telecommunication Association.

Bezeichnung einer Vereinigung von 160 mittleren und kleinen → *Carriern* in Nordamerika.

ACTAS

Abk. für Association of Computer Based Telephone Applications Suppliers.
Eine Vereinigung, die → *CTI* fördert.
Im Gegensatz zu → *ECTF* konzentriert sie sich auf Aspekte der PR und des Marketing.

ACTE

Abk. für Approvals Committee for Terminals.

ActiveX, ActiveX-Control

Bezeichnung für eine Programmiersprache und ein Konzept für verteilte Anwendungen in vernetzten Systemen aus dem Hause Microsoft, die dynamische Software z.B. im → *WWW* zulässt. Hat dafür sehr viel von → *OLE* übernommen, als deren Nachfolger es gilt. ActiveX gilt als technisch ausgereift, hatte jedoch bislang trotz intensiver Vermarktungsbemühungen nicht den gewünschten Erfolg. Im September 1996 wurden Teile der ActiveX-Spezifikation der → *Open Group* übergeben, die sie zu einem offenen Standard machen soll.
ActiveX gilt als Gegenstück aus dem Hause Microsoft zu → *Java* von Sun. Dementsprechend versteht man unter ActiveX-Controls das Pendant zu den Applets bzw. zu → *Plug-Ins*. ActiveX-Controls sind dabei → *OCX*-Controls, die im Umfeld des → *Internet* verwendet werden.
→ *http://www.microsoft.com/com/*

Actor

Bezeichnung einer objektorientierten → *Programmiersprache* mit einer → *Syntax* ähnlich der von → *Pascal* für den Einsatz auf PCs. Entwickelt im Hause Whitewater Group mit Sitz in Evanston/Illinois.

ACTS

1. Abk. für Advanced Communications Technologies and Services.

   Bezeichnung für ein 1994 entwickeltes und ab September 1995 laufendes Forschungsprogramm der EU, das mehrere Vorgänger zusammenfasst und nach Grundlagenforschung in diesen Vorläuferprojekten zu Produkten führen soll.

   Es besteht aus 155 Projekten, die in Konsortien ausgeführt werden. Das Gesamtbudget liegt bei 670 Mio. ECU.

   → *ESPRIT*, → *RACE*, → *COST*.

   → *http://www.infowin.org/*
2. Abk. für Automatic Coin Telephone Service.

ACU

1. Abk. für Alarm Control Unit.
2. Abk. für Automatic Calling Unit.

A/D, A/D-Wandler, A/D-Wandlung

Gängige Abkürzung für Analog-Digital-Wandlung, also die Umwandlung eines zeit- und wertkontinuierlichen Signals (analoges Signal, → *Analog*) in ein zeit- und wertdiskretes Signal (digitales Signal, → *Digital*). Die Wandlung besteht aus den Schritten → *Abtasten*, Diskretisieren (→ *Quantisierung*) und Codieren.
Das technische Bauteil, welches diese Schritte vornimmt, wird mit A/D-Wandler bezeichnet. Für verschiedene, analoge Eingangssignale (z.B. Sprache oder Video) gibt es – auch in Abhängigkeit von der gewünschten Qualität – verschiedene A/D-Wandler.

AD

Abk. für Application Development.

ADA

1. Abk. für Average Delay till Abort.

   Englischsprachige Bezeichnung für die durchschnittliche Zeit, die sich Anrufende in Warteschlangen (z.B. bei der Auskunft oder bei Servicetelefonen von Firmen) befinden, bevor sie noch vor ihrer Bedienung auflegen.

   → *ADH*.
2. Name einer universellen höheren → *Programmiersprache* der 3. Generation für die Entwicklung geschlossener und echtzeitfähiger Systeme (Prozessrechner). Von der → *ISO* standardisiert (ISO 8652). Bei der Entwicklung wurde Ada von → *Pascal* beeinflusst.

   Ada geht zurück auf eine Initiative des US-Verteidigungsministeriums (Department of Defense, DoD) im Jahr 1973, welches sich nicht mit zu vielen Programmiersprachen für militärische Anwendungen beschäftigen wollte. Nach der Prüfung von 23 Sprachen, von denen keine die gestellten Anforderungen erfüllte, ging es 1979 auf den Vorschlag von CII Honeywell Bull ein (dort wurde Ada maßgeblich von Jean Ichbiah entwickelt) und akzeptierte die in Frankreich neu entwickelte und bis dahin Green Language genannte Sprache Ada als universelle Sprache. Bis zur endgültigen Definition sollten weitere fünf Jahre vergehen. Die Bedeutung von Ada über das DoD hinaus hält sich seither jedoch in engen Grenzen.

   Ada wird insbesondere im Bereich der Prozesssteuerung und bei Logistik-Software im Militär eingesetzt. In letzter Zeit mehren sich jedoch auch Anzeichen dafür, dass Ada nicht mehr zwingend zur Erstellung von Verteidigungssoftware vom Verteidigungsministerium der USA vorgeschrieben wird, da sich herausgestellt hat, dass in einigen Bereichen die Entwicklung an Ada vorbeigegangen ist und andere Sprachen bei bestimmten Anwendungen besser sind.

   Benannt wurde Ada nach der Tochter von Lord Byron, Ada Byron Gräfin zu Lovelace, die Charles M. Babbage (→ *Analytical Engine*) unterstützte.

ADAAG

Abk. für → *Ada* Accessibility Guidelines.

Adapter

Universell gebrauchter Oberbegriff für ein Gerät, das zur Anpassung zwischen verschiedenen Systemen/Geräten genutzt wird. Manchmal abgewandelt und nicht ganz korrekt auch als Synonym für → *Schnittstelle* oder Schnittstellenkarte benutzt.

Adaptive Cut-Through Switch

→ *Switch.*

Adaptiver Prädiktor

→ *Prädiktor.*

ADB

Abk. für Apple Desktop Bus.
Bezeichnung für den Standardbus des Hauses → *Apple* zum Anschluss von → *Maus* und → *Tastatur* an Rechner aus dem Hause → *Apple.*

Ad Banner

→ *Banner.*

ADC

1. Abk. für engl. American Digital Cellular.
   Andere ältere Bezeichnung für → *D-AMPS.*
2. Abk. für Analog (to) Digital Converter.
   Ein elektronisches Bauteil für eine Analog-Digital-Wandlung.
   → *A/D.*
3. Abk. für Access Deficit Contribution.
4. Abk. für Adaptive Data Compression.

ADCCP

Abk. für Advanced Data Communications Control Protocol (Procedure).
Andere Bezeichnung für → *HDLC.* Bezeichnung eines Protokolls auf Schicht 2 im → *OSI-Referenzmodell.* Von der → *ANSI* standardisiert.

Ad Click

→ *Banner.*

ADCT

Abk. für Adaptive Discrete Cosine Transform Coding.
Bezeichnung eines Verfahrens zur Datenkompression von Videodaten.

Add-Drop-Multiplexer

→ *SDH.*

Additives Farbsystem

→ *Farbsystem.*

Address Spoofing

→ *Spoofing.*

ADE

Abk. für Above Deck Equipment.

ADEC

Abk. für Aiken Dahlgren Electronic Calculator.
→ *Mark III.*

ADF

Abk. für Adapter Description File.
Bezeichnung für eine spezielle Dateiart und beim Dateinamen auch der Dateiendung aus dem Hause IBM.

ADH

Abk. für Average Delay till Handling.
Bezeichnung für die durchschnittliche Zeit, die sich Anrufende bis zu ihrer Bedienung in Warteschlangen von Nebenstellenanlagen aufhalten, z.B. bei telefonischen Servicetelefonen (→ *Hotline*), realisiert durch → *Call Center.*
ADH ist ein Parameter für die Servicequalität.
→ *ACD,* → *ADA.*

Ad-Hoc LAN

→ *Wireless LAN.*

ADI

Abk. für Autodesk Device Interface.

Adidas-Netzwerk

Auch Turnschuh-Netzwerk genannt. Scherzhafte Bezeichnung für jede Art von Datentransport über Offline-Medien wie Disketten und Bänder.
Ironischer Begriff aus der Frühzeit der (noch nicht) miteinander verbundenen Computer, als ein lokales Netzwerk von einem computerbegeisterten und Turnschuhe tragenden Studenten simuliert wurde, der die Disketten oder Bänder von Rechner zu Rechner trug und dadurch für den Datentransport sorgte.
Da derartige Schuhe in den USA mit „Sneaker" (von engl. to sneak = schleichen) bezeichnet werden, ist dort bei einem derartigen Datentransport oft von Sneaker-Net die Rede.
→ *Inselbetrieb.*

ADLC

Abk. für Asynchronous Data Link Control.

ADM

1. Abk. für Adaptive Deltamodulation.
   → *Deltamodulation.*
2. Abk. für Add-Drop-Multiplexer.
   → *SDH.*

ADMD

Abk. für Administrative Management Domain.
Bezeichnet in → *X.400*-Systemen eine → *Domain,* die von einer zentralen Stelle aus verwaltet wird, z.B. einem Service-Provider, einer Telefongesellschaft oder einem Datennetzbetreiber. Es können in einem Land mehrere ADMDs bestehen.
→ *PRMD.*

Administrator

→ *Systemadministration.*

ADN

Abk. für Abbreviated Dialing Number.

ADO

Abk. für Anschlussdose.

Ein von der seinerzeitigen Deutschen Bundespost geprägter Oberbegriff für Buchsen aller Art, an die Endgeräte angeschlossen werden können.

ADP

Abk. für Answerer Detection Pattern.

ADPCM

Abk. für Adaptive differentielle Puls-Code-Modulation.

Bezeichnet einen Sprachcodec, bei dem nicht die absolute Amplitude des Sprachsignals, sondern die Differenz zu dem vorangegangenen Signalwert codiert wird. Entwickelt in den 80er Jahren mit einem Standard der → *ITU* als G.721 im September 1986. Weiterhin definiert in G.726 und G.727 (embedded ADPCM) mit Bitraten von 40, 32, 24 oder 16 kbit/s.

Prinzipiell ist ADPCM eine Weiterentwicklung der Puls-Code-Modulation (→ *PCM*).

Stellt gute Sprachqualität bei 8 000 Abtastwerten zu je 4 Bit (insgesamt 32 kbit/s) sicher.

Der Sender analysiert beispielsweise die letzten zwei Signale und extrapoliert (z.B. linear), wo etwa der nächste zu übertragende Wert liegen müsste. Zu diesem Schätzwert wird dann die Differenz des tatsächlichen Signals gebildet. Diese Differenz (deren Amplitude um ein Vielfaches geringer ist als das ursprüngliche Signal) wird dann codiert und übertragen.

Da die Amplitude der Differenz wesentlich geringer ist als die Amplitude des realen Signals, kann dieser geringere Betrag mit wesentlich weniger Bits codiert werden, was bei gleicher Abtastzahl zu einer niedrigeren Bitrate führt.

Der Empfänger kennt diesen Algorithmus, der den Schätzwert berechnet, und kann ebenfalls extrapolieren, so dass er mit der empfangenen Differenz zum echten Signal zurückrechnen kann.

Eine Variante wird in G.722 beschrieben (1985/86), die z.B. beim ISDN-Bildtelefon angewendet wird. Dabei wird ein 7-kHz-Audiosignal codiert und zusammen mit den Bilddaten über einen B-Kanal geschickt.

Daneben existieren andere Formen der ADPCM, die das grundlegende Prinzip beibehalten, aber nicht mehr mit 4 Bit, sondern mit nur noch 3 Bit oder 2 Bit je Abtastwert codieren, was die Datenmenge nochmals reduziert. In der Bezeichnung wird dies durch eine vorangestellte Zahl erkennbar, z.B. 3ADPCM oder 2ADPCM.

ADPCM wird z.B. bei → *DECT* angewendet und hat auch Eingang in den Standard für die → *CD-i* und für die → *CD-ROM-XA* gefunden. Daneben setzen mehrere digitale → *Anrufbeantworter* diese Technik zur Datenkompression vor der Speicherung aufgenommener Sprache ein.

ADPQH

Abk. für Average of Daily Peak Quarterly Hour.

ADR

Abk. für Astra Digital Radio.

Bezeichnung für die digitale Verbreitung von Hörfunkprogrammen über die Astra-Satelliten 1A, 1B, 1C und 1D, die im Tonunterträger von Fernsehprogrammen übertragen werden. Dabei werden je Fernsehkanal max. 12 Stereo- oder 24 Monokanäle mit → *QPSK* moduliert übertragen, was zu insgesamt 768 Stereoprogrammen für Astra 1A bis 1D führt. Die Programmsignale selbst sind im Studio nach dem Standard → *MUSICAM* quellcodiert (komprimiert um den Faktor 7 bis 8). Kanalabstand im 180-kHz-Raster. Übertra-

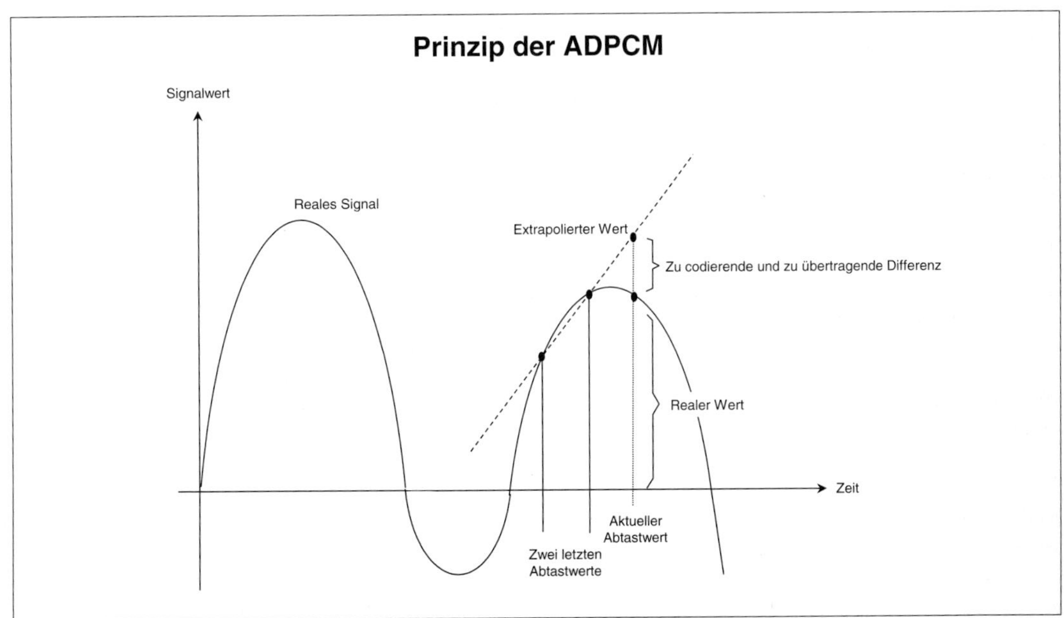

gungsrate 192 kbit/s je Stereokanal, inklusive 9,6 kbit/s Zusatzdaten (→ *RDS* etc.) wie z.B. Name des aktuellen Interpreten und Musikstücks sowie CD-Bestellnummer etc. Unterstützter Audiobereich: 20 Hz bis 20 kHz bei einer Dynamik von 90 dB (CD-Qualität).

Der Empfang erfolgt mittels in Satellitenreceiver integrierten ADR-Empfängern. Entwickelt wurde ADR seit 1989. Start des Dienstes: September 1995 zur → *IFA*.

Das System ist inkompatibel zu → *DAB*, hat aber den Vorteil der früheren und preisgünstigen Verfügbarkeit (62 Spartenkanäle im Januar 1996 für ca. 20 DM).

Initiiert wurde das System vom europäischen Astra-Betreiber SES in Luxemburg und dem amerikanischen Pay-Radio-Anbieter DMX.

→ *DSR*, → *DVB*, → *SARA*.

Adresse

Universell einsetzbarer Oberbegriff. Beschreibt eine logische oder physikalische Lokalität. Dies kann absolut oder relativ (zu einer zweiten Lokalität) erfolgen.

1. Hardwareadressen in Speichermedien setzen sich bei linear organisierten Speichern mit wahlfreiem Zugriff aus einer Nummer (der entsprechenden Speicherzelle) und bei anders organisierten Speichern (z.B. → *Diskette*, → *Festplatte*) aus mehreren Koordinaten (z.B. Zylinder-, Sektor-, Spur- und Blocknummer) zusammen.
2. In verteilten Systemen (→ *LANs*, Telekommunikationsnetze) bezeichnet die Adresse einer Station die eindeutige logische Bezeichnung, die diese Station innerhalb der Menge aller Stationen identifizierbar macht, z.B. die Telefonnummer oder die IP-Adresse (→ *IP*).

Adresskategorien, Adressklassen

→ *NIC*.

Adressmultiplex

Bezeichnung für eine Methode des → *Multiplexing*, bei der auf einem physikalischen Kanal einer Anschlussleitung eines Paketvermittlungssystems verschiedene logische Kanäle realisiert werden, indem die Pakete individuelle Adressen ihrer jeweiligen Empfänger mit sich führen und nur diese erreichen.

Adria 1

Bezeichnung für ein glasfaserbasiertes → *Unterwasserkabel* zur Verbindung von Kroatien, Albanien und Griechenland.

Das Projekt wird gemeinsam getragen von der Deutschen Telekom AG, der OTE (Griechenland), der Albanischen Telecom und der Kroatischen Telecom.

Anlandepunkt in Kroatien ist Dubrovnik. Von dort führt es über einen weiteren Anlandepunkt in Albanien nach Korfu in Griechenland.

ADSI

Abk. für Analogue Display Services Interface.

Bezeichnung eines von → *Bellcore* entwickelten offenen Protokolls zur Kommunikation zwischen einer Teilnehmervermittlung und einem herkömmlichen analogen Endgerät beim Teilnehmer, das mit einem Display ausgestattet ist.

Ziel dieses Protokolls ist, dass neue → *Dienste* und ihre Dienstmerkmale, die mit → *SS#7* und → *IN* problemlos im Netz realisiert werden können, schnell und einfach auch im Teilnehmeranschlussbereich eingeführt werden können, obwohl sie spezieller Bedienelemente (Knöpfe, Anzeigen etc.) und Bedienprozeduren beim Endteilnehmer zur komfortablen Bedienung bedürfen. Diese können als Softwarebausteine nicht in Endgeräten fest eingebaut werden, da dann Endgeräte durch die Einführung neuer Dienste und Dienstmerkmale schnell veralten würden. Daher stellt bei ADSI ein Endgerät nur ein Display und → *Softkeys* zur Verfügung, die kontextabhängig von der Vermittlung gesteuert werden.

Ferner ist Datenübertragung auch während laufender Gespräche mit 1 200 bit/s möglich. Dafür werden von der Ortsvermittlungsstelle für 80 ms zwei Töne mit 2 130 und 2 750 Hz gleichzeitig generiert, welche die Sprachübertragung deaktivieren. Signalisiert das Endgerät Empfangsbereitschaft, erfolgt die Datenübertragung (→ *Download*), dem eine Empfangsbestätigung und eine Freischaltung des Gesprächskanals folgt. Dieser Dienst kann → *Tele-Banking*, → *E-Mail* und ähnliche Dienste ermöglichen.

In den USA sollen insbesondere → *CCS* und → *CLASS* dadurch gefördert werden.

Vorgestellt wurde ADSI von Bellcore im Februar 1992. Es entwickelte sich zum Industriestandard im Laufe der Zeit bis 1994.

ADSL

Abk. für Asymmetrical Digital Subscriber Line; asynchroner digitaler Teilnehmeranschluss.

Bezeichnung für eine mögliche Variante der → x*DSL*-Technologie, bei der die verdrillte Kupferdoppelader der Teilnehmeranschlussleitung im Ortsnetz für die breitbandige Datenübertragung genutzt wird. Dabei wird ein breitbandiger Datenstrom in Richtung Nutzer (Downstream) und ein eher schmalbandiger Datenstrom vom Nutzer weg (Upstream) realisiert. Diese unterschiedlichen Kapazitäten im Hin- und Rückkanal bei jeder dieser Konfigurationen führten zu der Bezeichnung ‚asymmetrisch'.

Es gibt zahlreiche Varianten, die sich in folgenden Punkten unterscheiden:

- Datenraten für Up- und Downstream
- Bei einer vorgegebenen Datenratenkonfiguration die überbrückbare Distanz
- Verwendetes Verfahren der → *digitalen Modulation*

ADSL wurde hauptsächlich von Bellcore entwickelt und von der → *ANSI* 1995 und erneut 1998 (umfassender) in T1E1.4 und auch von der → *ETSI* in TM6 genormt.

Vor dieser Standardisierung waren verschiedene Konfigurationen als ADSL 1, 2 und 3 in der Diskussion:

- ADSL 1 nutzt ein Twisted-Pair-Kabel und → *QAM* für 1,536 Mbit/s (→ *T1*) Übertragungen plus 16 kbit/s Steuerungskanal und analogen → *POTS*. Hiermit können z.B. Videos nach → *MPEG* 1 in reduzierter Qualität über max. 5,5 km übertragen werden.

- ADSL 2 nutzt → *DMT* und kann z.B. mit MPEG 2 codierte Videos für 3,072 und 4,608 Mbit/s Daten übertragen und stellt einen Steuerkanal für 640 kbit/s zur Verfügung. Ferner kann er bis 384 kbit/s vollduplex übertragen. ADSL 2 ist allerdings nur für Distanzen um die 3 km vorgesehen.
- ADSL 3 ist für Distanzen bis lediglich 1,8 km projektiert, wobei dann 6,144 Mbit/s anvisiert werden.

Bei der → *ETSI* wird neben diesen von der amerikanischen ANSI genormten Raten an 2,048, 4,096 und 6,144 Mbit/s mit einem Rückkanal von 16 oder 64 kbit/s gearbeitet.

Duplexverbindungen sind ebenfalls mit 160 kbit/s (ermöglicht ISDN-Basisanschluss), 384 kbit/s und 576 kbit/s im Standard definiert.

Als Übertragungsverfahren sind verschiedene Verfahren der digitalen Modulation in der Diskussion, z.B. → *CAP* oder → *DMT*.

ISDN über ADSL ist ebenfalls möglich, war jedoch bis ca. 1998 nicht kommerziell verfügbar. Es gab Probleme mit der max. zulässigen Zeitverzögerung der Daten (ISDN: max. 1,25 ms, ADSL: 2 ms real bedingt durch digitale Signalverarbeitung bei DMT) und der bei ADSL-Geräten nicht möglichen Fernspeisung, d.h., im Falle eines allgemeinen Stromausfalls fiel auch das ISDN-Telefon aus.

Neben ADSL existieren weitere Techniken der xDSL-Familie, die es erlauben, dass die verdrillte Zweidrahtleitung im Anschlussbereich breitbandig genutzt wird, z.B. insbesondere → *HDSL* und → *VADSL*.

Die benötigte Infrastruktur beim Nutzer besteht aus zwei Komponenten:

- Ein Splitter trennt das ADSL-spezifische Frequenzband mit dem eingebetteten Up- und Downstream vom schmalbandigen Frequenzband des Telefondienstes, so dass am Ausgang des Splitters Telefon und zweite Komponente des ADSL-Systems angeschlossen werden können.
- Durch einen speziellen Netzabschluss NT werden bei ADSL die durch den Splitter bereits vom schmalbandigen Telefonfrequenzband geteilten Breitbanddaten herausgefiltert und in die einzelnen Kanäle zerlegt (Down-/Upstream), so dass angeschlossene Endgeräte wie z.B. der PC oder die → *Set-Top-Box* diese Kanäle nutzen können. Dieser Netzabschluss wird allgemein mit ADSL-Modem oder ADSL Terminal Unit (ATU) bezeichnet.

Unter ‚Splitterless ADSL‘ wird eine Technik verstanden, die entgegen der strengen Bedeutung dieser Vokabel nicht auf die Splitterfunktionalität verzichtet, sondern diese durch Filter in der ATU bzw. vor dem herkömmlichen Telefon ersetzt, d.h. das aus Telefon- und ADSL-Frequenzbandsignal bestehende empfangene Signal wird unverändert an die ATU und das Telefon weitergegeben, wo das jeweils nicht benötigte Frequenzband durch vorgeschaltete Filter ausgeblendet wird. Der Vorteil dieser Konstruktion ist, dass der Konsument die Installation selbst vornehmen kann und weniger Geräte ohne ‚Kabelsalat‘ bei sich stehen hat.

Vorteile der ADSL-Technik, insbesondere gegenüber ‚echter‘ breitbandiger (Glasfaser-) Technik, sind:

- Die verdrillte Zweidrahtleitung steht flächendeckend zur Verfügung.
- Die verdrillte Zweidrahtleitung steht bereits jetzt zur Verfügung.
- ADSL ist technisch ausgereift und steht jetzt zur Verfügung.
- Kompatibilität zum analogen Telefonanschluss besteht, Kompatibilität zu ISDN ist mit bestimmten Technologien ebenfalls möglich.

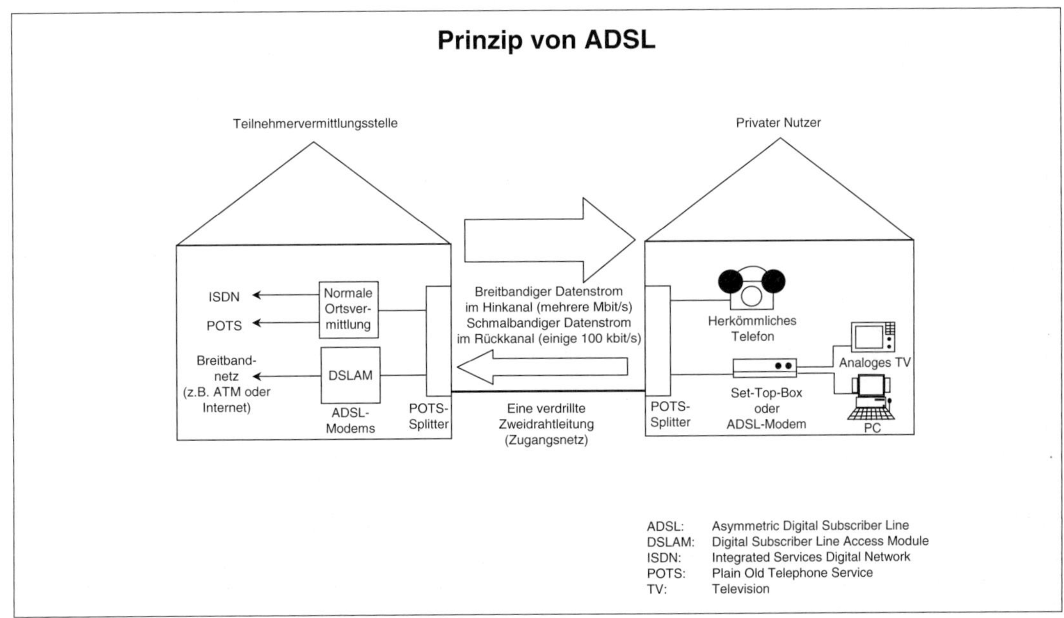

- Es stehen im Standard verschiedene Bitratenkonfigurationen für verschiedene Anwendungen zur Verfügung.
- ADSL-Modems können punktuell auch für einzelne Haushalte oder geringen Versorgungsgrad eingesetzt werden.
- ADSL-Modems können jederzeit eingesetzt, abgebaut und woanders wieder eingesetzt werden.
- ADSL deckt durch Weiterentwicklungen auch in naher und mittelfristiger Zukunft den absehbaren Bandbreitenbedarf eines herkömmlichen Privathaushaltes ab.

Als Nachteile werden genannt:

- Nur ein Videofilm je Haushalt kann über die Leitung übertragen werden (nicht mehrere wie bei → *Breitbandkabelverteilnetzen*).
- ADSL ist nur für die Verkabelung in dicht besiedelten Gebieten (max. 5 km Kabellänge) geeignet.
- Initialisierungsphase von 20 s bei → *DMT*.
- Die weitere Standardisierung verläuft schleppend.
- Es existieren mit CAP und DMT zwei unterschiedliche digitale Modulationsverfahren.
- Bei großflächigem Einsatz könnten Kapazitätsprobleme im breitbandigen Fernnetz entstehen, was durch ein dezentrales, dadurch aber sehr teures Server-Konzept ausgeglichen werden könnte.
- Niemand weiß, wie sich der Bandbreitenbedarf der Privathaushalte wirklich entwickeln wird. Glasfaser bietet nahezu unbegrenzte und damit zukunftssichere Bandbreite bis hin in den Gbit/s-Bereich, wohingegen bei ADSL wegen des verwendeten physikalischen Mediums auch in Zukunft immer eine Obergrenze für die Datenrate bzw. die überbrückbare Distanz bestehen wird.
- Mit → *AO/DI* steht eine Konkurrenztechnologie über den Telefonanschluss und mit → *Kabelmodems* eine Konkurrenztechnologie auf dem Breitbandkabelverteilnetz zur Verfügung.

Von vielen wird ADSL nur als Zwischenlösung und daher unnötige Investition gesehen, bis Glasfaseranschlüsse in einigen Jahren flächendeckend auch für Anschlüsse von Privathaushalten zur Verfügung stehen, was aber, so die ADSL-Befürworter, durchaus noch mehr als 10 Jahre dauern kann.

Andere wiederum sehen in ADSL das System, das zu günstigen Konditionen und auch in kleinen Stückzahlen die Anschlussleitung schnell digitalisiert und dadurch imstande ist, → *ISDN* Konkurrenz zu machen. Insbesondere für neue Wettbewerber in liberalisierten Märkten, die sich mit einem breitbandigen Anschluss für Privatkunden profilieren möchten, ist ADSL eine echte Alternative, sofern sie Zugriff auf die verdrillte Zweidrahtleitung im Anschlussnetz des bisherigen Monopolisten haben (→ *Entbündelung*).

ADSL ist im Vergleich zu → *FITL* ab einem bestimmten Prozentsatz von angeschlossenen Haushalten in einem Versorgungsgebiet günstiger. Je nach Quelle liegt der Prozentsatz bei 20 bis 30%.

ADSL wird insbesondere mit multimedialen Diensten für private Nutzer in Verbindung gebracht. Ursprünglich war ADSL in den frühen 90er Jahren gedacht, insbesondere den Zugang zu → *Video-on-Demand* zu ermöglichen. Als weltweit die Pilotversuche dafür erfolglos blieben, kam als neue Anwendung der breitbandige Zugang zum → *Internet* (insbesondere → *WWW*) in die Diskussion.

Seltener wird ADSL im Zusammenhang mit dem Zugang zu breitbandigen → *Backbone*-Netzen (z.B. → *ATM* oder → *Frame Relay*) für kleinere und mittlere Unternehmen genannt.

Das ADSL-Forum veröffentlichte zu ADSL die folgenden Reports:

Dokument	Datum	Inhalt
TR 001	Mai 1996	Network and System Reference Models
TR 002	März 1997	ATM over ADSL
TR 003	Juni 1997	Encapsulation and Framing for Packet-over-ADSL
TR 004	Dezember 1997	Network Migration
TR 005	März 1998	Network Element Management
TR 006	März 1998	SNMP-based ADSL MIB
TR 007	März 1998	Customer Premises
TR 008	März 1998	FUNI-mode Transport
TR 009	März 1998	Channelization
TR 010	März 1998	Packet Mode
TR 011	März 1998	Access Networks

Die Entwicklung von ADSL nahm folgenden Verlauf:

1989

Die Idee zu ADSL wird von Dr. Joseph L. Lechleider in einem internen Memo vom 4. September 1989 bei → *Bellcore* geboren, und der Start zur ADSL-Entwicklung wird gegeben.

November 1992

ADSL 1 wird öffentlich vorgestellt.

Ende 1992 bis Januar 1993

ADSL 1 wird in diversen Schulen in New Jersey für Sprach-, Daten- und Videoübertragung getestet.

Frühjahr 1993

Es erfolgt ein ausführlicher Test mehrerer Geräte verschiedener Hersteller (sog. ‚ADSL Olympics‘) bei → *Bellcore*, wo die höchste Datenrate über die längste Leitung ermittelt werden sollte. An den Start gehen Geräte aus den Häusern Amati, Reliance/Bellcore, AT&T Paradyne, die in dieser Reihenfolge auch die Wertungsplätze belegen. Als Ergebnis dieses Tests wird das von Amati verwendete DMT-Verfahren im ANSI-Standard festgeschrieben.

ADSL 2 und 3 sind in der Entwicklung bzw. werden angedacht. ETSI arbeitet an einem Standard für ADSL 1 und hat bis zum Abschluss seiner Arbeiten als Anhang zum ANSI-Standard T1.413 (mit DMT als standardisiertem Modulationsverfahren) einen vorläufigen europäischen technischen Report (ETR) verfasst, der europäische Gegebenheiten berücksichtigt.

Jahresende 1994
Das ADSL-Forum wird gegründet. Sein Ziel ist die weltweite Förderung der Entwicklung und Verbreitung dieser Technologie.
Mehrere Hersteller in den USA gründen die → *UAWG* zur Förderung einer einfacheren Version von ADSL, genannt Universal ADSL (UADSL) oder auch ADSL Lite, G.Lite, Splitterless ADSL oder Plug-and-Play-ADSL. Diese Version soll robuster, einfacher und letztlich im Herstellungsprozess auch billiger sein. Der Vorschlag der UAWG basiert auf DMT als Modulationsverfahren (128 untere Frequenzen).
1995 bis 1998
Einige Dutzend Feldversuche mit ADSL-Modems laufen weltweit, in denen einige 10 000 ADSL-Modems verschiedener Hersteller und Standards im Einsatz waren.
1996
Verschiedene → *RBOCs* (Ameritech, BellSouth, Pacific Telesis, SBC) kündigen an, gemeinsam eine größere Zahl von ADSL-Modems bei Alcatel zu kaufen. Das Konsortium rechnet mit rund 1 Mio. ADSL-Nutzern im Jahre 2001.
Mai 1996
Das ADSL-Forum veröffentlicht seinen ersten Technischen Report (TR 001).
Ende 1996
In Deutschland wird ADSL in einem Feldversuch der Deutschen Telekom in Nürnberg mit 100 Haushalten getestet.
1997
Die österreichische Telekom Austria führt einen Feldversuch mit 100 Anschlüssen durch.
Juli 1997
Ein weiterer Test der Deutschen Telekom findet im Raum Köln, Bonn, Düsseldorf statt. Dieser mündet in einen großen Test unter der Bezeichnung ‚Ives‘.
Die ITU bildet eine Standardisierungsgruppe für ADSL.
Oktober 1997
US West kündigt einen Regeldienst für Kunden in Phoenix/Arizona an, dem Seattle/Washington, Denver/Colorado und zehn weitere Großstädte im Westen der USA folgen.
November 1997
Die France Télécom startet einen Feldversuch mit 500 Anschlüssen.
9. Dezember 1997
Ameritech startet sein ADSL-Angebot in Ann Arbor/Michigan.
1. Januar 1998
In Europa startet die belgische Belgacom einen Feldversuch bis Ende Juli 1998 mit 1 000 Haushalten in sieben Städten.
Februar 1998
Siemens testet unabhängig von der Deutschen Telekom in einem Studentenwohnheim in Münster mit 120 Anschlüssen über rund 1,3 km seine ADSL-Technik, wozu sich noch ein Anschluss in der Mensa über 4,3 km Entfernung und zwei in Geschäften der Deutschen Telekom gesellen. Temporär wird auch ein Anschluss über 5,6 km zur Münsterlandhalle aufgebaut.
Die Firma NEC testet an der RWTH Aachen rund 50 Anschlüsse, die später an ‚Ives‘ angebunden werden.
Frühjahr 1998
Die → *UAWG* wird gegründet, um eine einfache ADSL-Lösung für den Massenmarkt der privaten Haushalte zu entwickeln.
Mitte März 1998
‚Ives‘ startet mit rund 450 ausgewählten privaten und geschäftlichen Kunden im Raum NRW (offizieller Start: 15. Juni 1998, Städte Düsseldorf, Köln und Bonn). Dabei wird je nach Konfiguration eine Bandbreite zwischen 1,5 Mbit/s und 8 Mbit/s im Downlink und 768 kbit/s im Uplink angeboten.
Jahresmitte 1998
Der Siemens-Test wird in ‚Ives‘ integriert.
Juli 1998
Pacific Bell startet einen ADSL-Regeldienst in 200 Orten in Kalifornien.
September 1998
Die Deutsche Telekom bestellt für den bevorstehenden ADSL-Rollout rund 70 000 ADSL-Modems bei Orckit/Fujitsu/ECI und Siemens/DeTeWe.
Oktober 1998
Ein Feldversuch mit Universal-ADSL-Geräten verschiedener Hersteller (Intel, GTE, Fujitsu und Orckit) findet in Oregon/USA in zunächst 20 Haushalten (später 40) statt.
Jahreswechsel 1998/99
Die Deutsche Telekom startet ADSL unter der Marke T-DSL als Regeldienst in den Ballungszentren Berlin, Bonn, Düsseldorf, Hamburg, Köln, München und Stuttgart.
1999
Die Deutsche Telekom weitet das Produktangebot im Laufe des Jahres auf 40 Städte aus. Im Januar 1999 wird ein Ziel von 100 000 ADSL-fähigen Anschlüssen bis Ende 1999 angekündigt.
Sommer 1999
Der belgische Internet Service Provider A1 stattet 76 Anschlüsse für Schulen und Bibliotheken mit ADSL-Modems aus.
Juni 1999
‚Ives‘ wird offiziell beendet.
Oktober 1999
Die Telecom Italia führt einen Feldversuch durch.
2. November 1999
France Télécom startet seinen ADSL-Dienst unter der Produktbezeichnung ‚Nettissimo‘ im Regelbetrieb in der Innenstadt von Paris und in drei Vororten. Es werden zwei Versionen angeboten: eine für den privaten Kunden für monatlich 40,40 Euro und eine für den kleinen Geschäftskunden für 106,71 Euro pro Monat.
Die norwegische Telenor startet ihren ADSL-Regeldienst.
30. November 1999
Die niederländische KPN startet ihren ADSL-Regeldienst.
März 2000
BT startet sein ADSL-Produktangebot, nachdem in 1998 ein Feldversuch im Westen Londons stattgefunden hatte.
Jahresende 2000
Die Deutsche Telekom weitet das ADSL-Produktangebot auf insgesamt 220 Städte aus.
→ *http://www.adsl.com/*

→ *http://alumni.caltech.edu/~dank/isdn/adsl.html/*
→ *http://www.t1.org/t1e1/_e14home.htm/*

Ad-Transfer

Bezeichnet das erfolgreiche Weiterleiten eines Nutzers im → *WWW* des → *Internets* zu einer bestimmten, durch ein → *Banner* beworbenen → *Site*, nachdem der Nutzer auf das Banner geklickt hat.
Häufig wird der Nutzer zunächst zu einer → *Portal-Page* geleitet.

Advanced Call Routing

Abgekürzt mit ACR. Vorbearbeitung eingehender Anrufe vor der Durchstellung zum B-Teilnehmer nach bestimmten Kriterien (A-Nummern-Analyse, Tageszeitanalyse, Durchschaltung zum Teilnehmer, Sperrung, Durchschalten zur Mailbox etc.). Allgemein: → *Screening*, → *Forwarding*, → *Barring*.

Advice of Charge

→ *AOC*.

A/D-Wandler

→ *A/D*.

AE

Abk. für Anschlusseinheit.
Andere Bezeichnung für die → *Teilnehmerschaltung* in Vermittlungsstellen.

AEA

Abk. für American Engineering Association.
Bezeichnung eines nordamerikanischen Verbandes von Ingenieuren und Wissenschaftler.
→ *http://www.aea.org/*

AEB

Abk. für Analog Expansion Bus.
Bezeichnung für einen Bus aus dem Hause Dialogic.

AEEC

Abk. für Airlines Electronic Engineering Committee.

AES

1. Abk. für Aircraft Earth Station.
2. Abk. für Advanced Encryption Standard.

   Bezeichnung für einen neuen Verschlüsselungsstandard (→ *Kryptologie*), der vom → *NIST* der USA für den Gebrauch innerhalb der US-Regierung entwickelt wurde und in dieser Funktion → *DES* ersetzen soll.

   Die geplante Schlüssellänge kann bis 256 Bit betragen.

   Rund 15 Verfahren standen zur Auswahl, die im Laufe des Jahres 1999 auf fünf reduziert wurden.
3. Abk. für Application Environment Standard (Service).
4. Abk. für Automatische Emulationsschaltung.

   Bezeichnung für ein → *Utility*, das, auf einem Computer installiert, beim Wechsel von einem über ein Netzwerk angeschlossenen → *Drucker* zu einem anderen angeschlossenen Drucker automatisch auch einen Wechsel der Druckersprache durchführt.

AES/EBU

Abk. für Audio Engineering Society/European Broadcasting Union.
Bezeichnung für einen Standard zur Übertragung digitaler Audiodaten im professionellen Bereich (Tonstudios, TV-Studios). Auf der Schicht 1 des → *OSI-Referenzmodells* wird ein herkömmlicher dreipoliger Stecker verwendet, mit dem auch professionelle Mikrofone angeschlossen werden.
Ein alternativer Standard ist → *S/PDIF*.

AEU

Abk. für Auxiliary Equipment Unit.

AFAIK

Abk. für as far as I know.
→ *Chat Slang*.

AFC

Abk. für Automatic Frequency Control.
Bezeichnung für eine elektronische Schaltung in einem Empfänger, welche die unerwünschten Abweichungen von der Einstellung eines Empfängers als Folge von z.B. Temperaturschwankungen oder Alterungsprozessen automatisch korrigiert, um so den Empfang eines Kanals (= einer Frequenz) stabil zu halten.

Affengriff

Jargon für das gleichzeitige Bedienen der drei Tasten Strg/Alt/Entf (englisch: Ctrl/Alt/Del) zur Auslösung eines → *Warmstarts* von Computern unter dem → *Betriebssystem* → *Windows*.

Affenschaukel

→ *Klammeraffe*.

AFI

Abk. für Authority and Format Identifier.

AFIPS

Abk. für American Federation of Information Processing Societies.
Bezeichnung eines zeitweise existenten, losen Zusammenschlusses von 14 Berufsverbänden aus dem Umfeld der Datenverarbeitung und Telekommunikation in den USA.

AFM

Abk. für Adobe Font Metrics.
Bezeichnung eines speziellen Dateiformats und einer Dateiendung aus dem Hause Adobe.

AFNOR

Abk. für Association Française de Normalisation.
Nationales französisches Normungsgremium. Das Pendant zum deutschen → *DIN*.

AFP

Abk. für Apple Filing Protocol.
Bezeichnung eines Client/Server-Protokolls aus dem Hause Apple für den Zugriff auf Dateien über ein Netz mit Macin-

tosh-Rechnern. Ist Bestandteil der Netzsoftware → *Apple Share*.

Africa ONE

Bezeichnung für ein → *Unterwasserkabel* auf der Basis von → *Glasfasertechnik*, das insgesamt 35 000 km lang ist und einmal den Kontinent Afrika umrundet.
Genutzt wird dabei → *WDM* und → *SONET*.
→ *http://www.africaone.com/*

AFS

Abk. für Advanced Freephone Service.

AFT

Abk. für Anwenderforum Telekommunikation e.V.
Bezeichnung für eine Vereinigung von Anwendern moderner Telekommunikationstechnik, mit dem Ziel, Anwendererfahrungen und -erfordernisse an die herstellende Industrie und die Anbieter von Telekommunikationsdienstleistungen weiterzugeben.
Adresse:

AFT e.V.
Olper Str. 37
51491 Overath
Tel.: 0 22 04 / 7 37 20
Fax: 0 22 04 / 7 46 35

AFTN

Abk. für Aeronautical Fixed Telecommunications Network.

AFuG

Abk. für Amateurfunkgesetz.
Bezeichnung der gesetzlichen Grundlage zum unlizenzierten Betrieb von Amateurfunkstationen in Deutschland.
Das erste AFuG wurde am 14. März 1949 verabschiedet, also noch vor dem Grundgesetz und der Gründung der Bundesrepublik Deutschland. Damit war das AFuG vorkonstitutionelles Recht.
Ein neues AFuG wurde am 25. September 1996 vom Bundeskabinett und am 16. Mai 1997 vom Bundesrat beschlossen. Es wurde im BGBl, Teil I, Nr. 41 vom 27. Juni 1997 veröffentlicht.
Zum AFuG ist zusätzlich die Verordnung zum Gesetz über den Amateurfunk (AFuV) vom 23. Dezember 1997, veröffentlicht im BGBl, Teil I, Nr. 2 vom 13. Januar 1998, erschienen, die teilweise am 13. Januar 1998, vollständig am 1. Mai 1998 in Kraft trat. Die AFuV ersetzte damit die vorangegangene Verordnung über die Durchführung des Gesetzes über den Amateurfunk (DV-AFuG) vom 13. März 1967, von der jedoch einige Passagen über die Vermeidung von Störungen und Anlagen über technische Parameter von Geräten in Kraft bleiben.
Eine weitere rechtliche Grundlage für den Amateurfunk von internationaler Bedeutung ist die Vollzugsordnung für den Funkdienst (VO Funk, → *RR*), die ein Anhang zum Internationalen Fernmeldevertrag (→ *IFV*) ist.
Als Änderung fiel eine Altersbegrenzung für das Ablegen der fachlichen Prüfung für Funkamateure weg, und die → *EMV*-Richtlinien wurden mit einbezogen. Ferner benötigt der Funkamateur kein administratives Zulassungsverfahren für seine Funkstelle mehr. Der Funkamateur ist damit selbst dafür verantwortlich, dass viele technische Bestimmungen eingehalten werden, z.B. die Vorschriften zur → *EMV*. Damit berücksichtigte das neue AFuG viele Forderungen der Funkamateure in Deutschland.
Ein Amateurfunker muss seine fachliche Eignung durch eine Prüfung nachweisen. Nach bestandener Prüfung – welche die → *Regulierungsbehörde* abnimmt – erhält er ein Zeugnis. Das AFuG definiert drei Zeugnisklassen, welche die Zulassung zum Amateurfunkdienst nach Sendeleistung, Frequenzbereich und Sendeart (Modulationsverfahren) differenziert. Ferner ist nicht immer die Fähigkeit zum Senden und Empfangen von Morsezeichen erforderlich. Die Zeugnisklassen sind:

- Klasse 1: Entspricht der internationalen Stufe A der → *CEPT* und berechtigt zum Betrieb einer Amateurfunkstelle in allen Frequenzbereichen.
- Klasse 2: Entspricht der internationalen Stufe B der → *CEPT* und berechtigt zum Betrieb einer Amateurfunkstelle in den Frequenzbereichen oberhalb von 144 MHz.
- Klasse 3: Gibt es erst seit 1997 und hat nur nationale Bedeutung. Es berechtigt zum Betrieb einer Amateurfunkstelle in den Bändern 144 bis 146 MHz und 430 bis 440 MHz.

Nach Erhalt eines Zeugnisses kann der Amateurfunker die Zulassung beantragen und erhält daraufhin sein persönliches Rufzeichen zugeteilt. Er ist dann auch berechtigt, die notwendigen Sende- und Empfangsanlagen im Rahmen der gesetzlichen Bestimmungen selbst zu bauen (fertige Geräte sind im Fachhandel erhältlich).

AFuV

Abk. für Verordnung zum Gesetz über den Amateurfunk.
→ *AFuG*.

AG

Abk. für Access Grant.

AGA

Abk. für Alternative Graphics Adapter.
Bezeichnung eines proprietären Standards für Grafikkarten für frühe PCs aus dem Hause Commodore. Die Grafikkarte unterstützte sowohl den Hercules-Standard (→ *HGC*) als auch beide Betriebsarten des → *CGA*-Standards.

AGB

Abk. für Allgemeine Geschäftsbedingungen.
Speziell gemeint sind in der Telekommunikation häufig die AGB der Deutschen Telekom vom 1. Juli 1991, die die → *TKO* ablöste.
Es handelt sich bei den AGBs um ein umfassendes grundlegendes Regelwerk über die Bedingungen und Gebühren für alle von der Deutschen Telekom angebotenen Dienstleistungen und dem Teilnehmer überlassenen Geräte.
Grundsätzlich werden AGBs automatisch Vertragsbestandteil beim Abschluss von Verträgen. Unternehmen sind jedoch hinweispflichtig, d.h. sie müssen Kunden auf die

AGBs aufmerksam machen, damit diese rechtskräftiger Vertragsbestandteil werden.

AGC

Abk. für Automatic Gain Control.

Ein elektronisches Bauteil, das für eine ausgehende Leistung in konstanter Höhe in Abhängigkeit von einem eingehenden, in seiner Leistung schwankenden Signals sorgt.

AGCH

Abk. für Access Grant Channel.

Agent

1. Allgemein die Bezeichnung einer Software, die auf Anfrage einer anderen Partei bestimmte Informationen zurückliefert, die sie selbständig bei dritten Einheiten gesammelt hat.

   Eine allgemein verbindliche Definition hat sich bis heute nicht entwickelt. Es haben sich aber in Abhängigkeit von Anwendungszweck und Einsatzumgebung verschiedene Definitionen entwickelt.

   Eine umfassende, gleichzeitig aber auch relativ strenge Definition des Begriffs wurde von M. Wooldridge und N. Jennings im Juni 1995 in einem Artikel der ‚The Knowledge-Engineering Review' vorgestellt. Die folgenden Eigenschaften werden demnach für einen Agent als notwendig angesehen:

   - Autonomie: Agenten agieren nach ihrer Einsetzung selbständig ohne weitere Eingriffe des Benutzers.
   - Kooperationsfähigkeit: Agenten können miteinander interagieren und Informationen austauschen.
   - Reaktionsfähigkeit: Agenten können sich an Veränderungen ihrer Umwelt anpassen.
   - Proaktivität: Agenten reagieren nicht nur einfach nach einem bestimmten Schema auf ihre Umwelt, sondern gehen zielorientiert vor und ergreifen die Initiative, d.h., sie lassen die Umwelt auf sich reagieren.
   - Mobilität: Agenten können sich in Computernetzen bewegen und an verschiedenen Stellen im Netz verschiedene Aktivitäten entfalten.

   Man unterscheidet verschiedene Arten von Agenten. Mit Smart Agents oder auch Intelligent Agents beschreibt man solche Agenten, die neben den oberen Eigenschaften noch künstliche Intelligenz (→ *KI*) aufweisen, wobei häufig die letzte der o.a. Eigenschaften (Mobilität) nicht erfüllt wird. Diese Agenten werden dann auch statische Agenten oder kommunizierende Agenten genannt, da sie ihre Fähigkeiten üblicherweise aus der Interaktion mit anderen Agenten ableiten, die jeweils über spezielle Fähigkeiten verfügen. Die Kommunikation zwischen derartigen Agenten erfolgt durch spezielle Agentensprachen (auch: Agentenontologien oder Agent Communication Language, ACL). Beispiele für derartige ACLs sind die Knowledge Query and Manipulation Language (KQML, entwickelt in den späten 80er Jahren, mittlerweile existieren mehrere Dialekte) und die ACL der FIPA (s.u.), die auf einer Entwicklung von France Télécom aus den frühen 90er Jahren basiert, genannt Arcol.

   Mobile Agenten können durch verteilte Systeme (Netze mit für den Agenten möglicherweise relevanten Ressourcen in den Netzknoten) wandern und in den Netzknoten Aktivitäten durchführen. Technische Plattformen für derartige mobile Agenten sind → *Aglets* oder auch → *Telescript*. Wird in diesen Fällen künstliche Intelligenz verwendet, spricht man oft von Distributed Artificial Intelligence (DAI).

   Erste Ideen und Konzepte für derartig selbständig agierende Software gab es bereits 1950 im Zuge eines Projektes des Pentagon, wo Agenten von John McCarthy (Pionier der KI) als kleine, autonom arbeitende Software, die ohne menschliche Kontrolle Aufgaben durchführt, definiert wurden.

   Seit dem Boom des → *WWW*, der 1994 begann, werden Agenten vielfältigste Einsatzmöglichkeiten insbesondere im → *Internet* vorhergesagt, wobei der große Durchbruch bislang ausblieb. Agentenfunktionalität wird jedoch in vielen Bereichen verwendet, ohne dass alle o.a. Faktoren erfüllt sind.

   Eines der ungelösten Probleme beim Einsatz der Agenten ist, dass sie Prozessorkapazität benötigen, die auch bezahlt werden muss. Der Nutzer eines Agenten wird wahrscheinlich kaum gewillt sein, dafür zu bezahlen, da er keine Kontrolle über den Agenten hat und nicht weiß, wo der Agent in welcher Form tätig ist und welche Kosten dafür anfallen. Die Besitzer der Server, auf denen die Agenten Rechenkapazität beanspruchen, werden diese Agenten nur dann tolerieren, wenn ihnen dadurch ein Mehrwert zufließt, z.B. durch anschließenden Kauf eines Artikels, über den der Agent Informationen gesammelt hat. Hierfür muss aber umgekehrt auch die Rechenkapazität unbezahlt in Kauf genommen werden, die andere Agenten, deren Nutzer sich nicht für das Produkt des Server-Betreibers entscheiden, auf ihm verursachen.

   Eine Aktivität zur Standardisierung von Agentenfunktionalitäten und -eigenschaften ist durch das FIPA-Konsortium (Foundation for Intelligent Physical Agents) im Frühjahr 1998 eingeleitet worden, das sich aus verschiedenen Hard- und Softwareherstellern der Computer- und Telekommunikationsbranche zusammensetzt.

   → *http://www.verity.com/*

   → *http://www.cs.umbc.edu/agents/*

   → *http://informant.dartmouth.edu//*

   → *http://www.empirical.com/*

2. In der Netzwerktechnik ein gebräuchlicher Ausdruck für die Software in einem Netzelement, die für die Verwaltung (Konfiguration, Parameter etc.) dieses Elementes und die Kommunikation mit anderen Netzelementen zu verwaltungstechnischen Zwecken zuständig ist. Dann oft auch Software Management Agent genannt.
3. In einem → *Call Center* die Bezeichnung für die Mitarbeiter, die dort mit der Abwicklung der Anrufe beschäftigt sind. Auch Call Center Representative (CCR) oder Customer Service Representative (CSR) genannt.

Agenten, die sich im Rahmen von → *Tele-Working* zu Hause befinden, werden als Home Agents bezeichnet.

Aglets

Bezeichnung einer technischen Plattform zur Erstellung von Systemen mit mobilen → *Agenten* aus dem Hause IBM.

AGOF

Abk. für Arbeitsgemeinschaft Online-Forschung.

Bezeichnung eines losen Zusammenschlusses verschiedener Verbände in Deutschland aus den Bereichen Medien, Werbung und Marketing mit dem Ziel, Werbung und Konsumverhalten im → *WWW* des → *Internets* zu untersuchen.

→ *DMMV.*

→ *http://www.dmmv.de/pgs/agof.htm/*

AGP

Abk. für Accelerated Graphics Port.

Bezeichnung für ein neues, im Hause → *Intel* entwickeltes Buskonzept für PCs, das mit sehr schnellem Datentransport insbesondere multimediale Anwendungen (3-D-Grafiken, Oberflächeneffekte) und entsprechende Grafikkarten unterstützen soll. AGP nutzt, im Vergleich zu herkömmlichen Grafikkarten, zusätzlich den Hauptspeicher des PCs.

Es können verschiedene Datenraten erreicht werden:

- AGP 1x: Dabei werden 266 MByte/s bei einem Takt auf dem Bus von 66 MHz erreicht.
- AGP 2x: Dabei werden 533 MByte/s (im Doppelmodus) bei 133 MHz erreicht.
- AGP 4x bzw. AGP Pro: Im Juli 1998 vorgestellt, ist mit 233 MHz getaktet und überträgt bis zu 1 GByte/s.

→ *http://www.agpforum.org/*

Agt

Abk. der damaligen Deutschen Bundespost für Anschaltgerät.

AGW

Abk. für Access Gateway.

AH

Abk. für Authentication Header.

→ *IPSec.*

AHD/VHD

Abk. für Audio/Video High Density.

Bei AHD handelte es sich um eine mit der heute bekannten → *CD* zur Speicherung von Audio-Informationen konkurrierende Entwicklung aus dem Hause JVC. AHD nutzt hingegen eine im Durchmesser 10 Zoll große Scheibe und konnte sich letztlich nicht durchsetzen.

→ *LD*, → *TED*, → *VLP.*

AI

1. Abk. für Artifical Intelligence.
   Andere Bezeichnung für Künstliche Intelligenz (→ *KI*).
2. Abk. für Analog Input.
3. Abk. für Air Interface.
4. Abk. für Answer Indicator.

AIA

Abk. für Applications Integration Architecture.

Bezeichnung für eine IT-Architektur aus dem Hause → *DEC* zur Ermöglichung einer einheitlichen Anwendungsprogrammierungsschnittstelle (→ *API*) über die → *Betriebssysteme* Ultrix (→ *Unix*) und → *VMS* (→ *VAX*) hinweg.

AIC

Abk. für Advanced Intra Coding.

AIFF

Abk. für Audio Interchange File Format.

Bezeichnung für ein spezielles Datenformat für digitale Audiodaten, das ursprünglich für den Apple → *Macintosh*-PC zur Bearbeitung von Audiodaten entwickelt wurde. Mittlerweile hat es sich als ein Standardformat für den Austausch von digitalen Audiodaten zwischen PC-Anwendungen im Bereich von → *CD-ROM*-Produktion und → *Internet*-Content-Design entwickelt. Entsprechende Dateien sind an der Endung *.aif erkennbar.

Eine Alternative hierzu ist → *SDI.*

AIG

Abk. für Authentication Implementation Guide.

AIIM

Abk. für Association for Information and Image Management.

Bezeichnung einer Vereinigung verschiedener Hard- und Softwarehersteller mit Sitz in Maryland mit dem Ziel der Förderung und Verbreitung von → *Dokumentenmanagementsystemen.*

→ *http://www.aiim.org/*

AIM

1. Abk. für Ascend Inverse Multiplexing.
   → *BONDING.*
2. Abk. für Apple, IBM, Motorola.
   Kurzbezeichnung für die Kooperation bei der Herstellung des → *PowerPC*-Chips.
3. Bezeichnung eines bislang eher selten verwendeten Verfahrens zum Leistungsvergleich von IT-Systemen unter dem → *Betriebssystem* → *Unix*, das jedoch seit 1997 an Bedeutung gewinnt.
   Entwickelt von AIM Technologies aus Santa Clara/Kalifornien.

AIN

→ *IN.*

AINI

Abk. für ATM Internetwork Network Interface.

Bezeichnung für eine Signalisierungsschnittstelle zwischen → *ATM*-Netzen verschiedener Netzbetreiber, entwickelt vom ATM-Forum.

AINI basiert auf der Schnittstelle zu privaten ATM-Netzen (PNNI), ohne jedoch bestimmte Features, wie z.B. das dynamische Routingprotokoll, zu übernehmen.

AIOD

Abk. für Automatic Identified Outward Dialing.

AIP

Abk. für Application Infrastructure Provider.

→ *Application Service Provider.*

AIRA

Abk. für American Internet Registrars Association.

Bezeichnung einer Vereinigung der amerikanischen Registrierungsstellen für Domainnamen (→ *Domain*), wie z.B. → *InterNIC* oder → *CORE.*

Airtime, Airtime Charges

Branchenjargon im → *Mobilfunk.*

1. Die Zeit, die sich ein → *Service-Provider* im Mobilfunk von einem Netzbetreiber einkauft, um sie an seine eigenen Endkunden weiterzuverkaufen.
2. Die Zeit der Nutzung eines Mobilfunkdienstes durch einen Endkunden, bei der ein diesem Endkunden für die Dauer seiner Verbindung zugeteilter Funkkanal tatsächlich belegt wird, Nutzdaten übertragen werden und somit Gebühren (Airtime Charges) anfallen.

AIS

1. Abk. für Alarm Indication Signal.
2. Abk. für (Universal Shipborne) Automatic Identification System.

   Bezeichnung für ein gemeinsam von der → *IMO* und der → *ITU* definiertes System zur automatischen Verbreitung von Informationen per Funk über sich bewegende Schiffe zur Erhöhung der Sicherheit im Schiffsverkehr. Dabei übertragen die Schiffe permanent aktuelle Position, Bewegungsrichtung (Kurs), Geschwindigkeit und weitere, ergänzende Informationen im → *UKW*-Bereich, die von anderen Schiffen empfangen und ausgewertet werden können. Das System befindet sich gegenwärtig in der Definitionsphase.

AISP

Abk. für Association of Information System Professionals.

AIT

Abk. für Advanced Intelligent Tape.

Bezeichnung für eine 1997 vorgestellte, proprietäre Technologie für → *Streamer* aus dem Hause Sony. Dabei können bis zu 25 GByte pro Bandkassette mit einer Datentransferrate von 3 MByte/s (ohne Berücksichtigung von Datenkompression) aufgezeichnet werden.

AIX

Abk. für Advanced Interactive Executive.

Bezeichnung eines Derivates des → *Betriebssystems* → *Unix* aus dem Hause IBM, das für → *Mainframes,* → *Workstations* und PCs verwendet wird.

aka

Abk. für also known as.

→ *Chat Slang.*

Akkumulator

Abgekürzt mit Akku. Aus dem Lateinischen accumulare: etwas anhäufen, speichern, sammeln.

1. Andere Bezeichnung für Arbeitsregister. Bezeichnung eines speziellen → *Registers,* welches praktisch an jeder Operation innerhalb der → *CPU* beteiligt ist und Zwischenergebnisse speichert. Vor der Ausführung eines Befehls steht im Akku üblicherweise ein Operand und nach der Ausführung eines Befehls das Resultat des Befehls.
2. Bezeichnung für eine wiederaufladbare Batterie, eingesetzt z.B. in schnurlosen Telefonen, → *Laptop,* → *PDA,* → *Camcorder* oder → *Handy.* Nachteilig ist, dass es keinen Standard für Akkus (physikalische Abmessungen, Form der Kontakte, elektrische Eigenschaften etc.) gibt, weswegen nicht immer gewährleistet ist, dass entsprechende Akkutypen und Zubehör (z.B. Ladestationen) auf Dauer nachzukaufen sind.

   Akkus sind selbst bei guter Pflege nach einiger Zeit verbraucht. In Abhängigkeit von den elektrischen Eigenschaften sind die Zahl der Ent- und Aufladungen sowie die Schadensanfälligkeit (z.B. durch Überladen oder Temperatureinwirkung) begrenzt.

   Man unterscheidet neben den bekannten wiederaufladbaren Batterien für größere Leistungen (etwa die Auto-Batterie) verschiedene Technologien für den Bereich der Consumer-Electronics, wie z.B. Nickel-Cadmium-Akkus (NiCd), Nickel-Metallhybridakkus (NiMh, auch: NiH_2), Lithium-Metall-Akkus, Lithium-Ion-Akkus (Li/Ion) und Lithium-Polymer-Akkus (Li/Poly). Insbesondere durch die Verwendung des leicht oxidierenden Lithiums sind diese Werkstoffe entwickelt worden. Die von Lithium ausgehenden Gefahren werden durch strenge Vorschriften für den Produktions- und Verpackungsprozess begrenzt. Alle Akkus benötigen eigene Ladestationen.

   - NiCd-Akkus gelten als schwer, durch das Cadmium als umweltschädlich und störanfällig. Sie existieren bereits lange und werden heute kaum noch eingesetzt. Der Akku muss immer vollständig ent- und vollständig wieder geladen werden. Problematisch ist daher der sog. Memory-Effekt. Ist der NiCd-Akku nicht ganz entladen und wird dann wieder komplett geladen, dann steht zur Nutzung nur noch das Niveau bis zum nicht vollständig entladenen Punkt zur Verfügung. Diesem Effekt kann durch mehrmaliges vollständiges Entladen und sofortiges vollständiges Laden entgegengewirkt werden.
   - NiMh-Akkus bieten rund 60% mehr Leistung und einen geringeren Memory-Effekt als NiCd-Akkus. Sie

haben jedoch höhere Ansprüche an die Betriebsbedingungen (Temperatur) und benötigen längere Ladezeiten.

- Lithium-Metall-Akkus waren die erste Generation von Lithium-Akkus, setzten sich jedoch wegen technischer Probleme (u.a. hohe Hitzeentwicklung beim Aufladen, seinerzeit ungelöste Probleme hinsichtlich der Umweltverträglichkeit) nicht durch. Sie wurden in den frühen 80er Jahren entwickelt und ab ca. 1987 in Serie produziert. Eingesetzt wurden sie z.B. in der ersten Handygeneration in Nordamerika.

  Als technologischer Vorreiter auf diesem Gebiet gilt Moli Energy aus Vancouver/Kanada.

- Li/Ion-Akkus besitzen keinen Memory-Effekt, gelten als einigermaßen umweltverträglich und haben eine höhere Energiespeicherfähigkeit, weswegen derartige Akkus im Vergleich zu NiMh- und NiCd-Akkus bei gleichem Energiegehalt platzsparend sind. Gegenüber heutigen NiMh-Akkus ergibt sich bei Li/Ion-Akkus vergleichbarer Leistung eine Volumenverringerung um den Faktor 0,75. Sie sind jedoch teurer.

  Diese Klasse von Akkus ist heute Stand der Technik beim Einsatz in kleinen Geräten der Konsumelektronik, etwa in Handys, Camcordern oder dem Walkman.

  Li/Ion-Akkus wurden seit den späten 80er Jahren aufbauend auf den Erfahrungen der Lithium-Metall-Akkus entwickelt und wurden ab 1992 von einigen wenigen Herstellern in Serie produziert. Japanische Unternehmen galten dabei als Vorreiter. Ab 1995 produzierten zahlreiche Unternehmen derartige Akkus.

- Li/Poly-Akkus sind neue Entwicklungen und haben nochmals eine gesteigerte Energiespeicherfähigkeit. Akkus aus diesem Material können nahezu beliebig geformt werden (gut für Anpassung an Gerätegehäuse). Sie wurden seit 1989 entwickelt und gingen im Laufe des Jahres 2000 in die Serienproduktion.

  Die US-Unternehmen Valence und Ultralife gelten bei dieser Technologie als Vorreiter.

Aktivboxen

Bezeichnung für Lautsprecher, die über einen eigenen eingebauten Verstärker verfügen. Sie müssen an eine externe Spannungsquelle angeschlossen sein.

Moderne → *PCs*, die für → *Multimedia* ausgerüstet sind, verfügen üblicherweise über derartige Lautsprecher.

Aktivierung

Begriff aus dem Betrieb eines Unternehmens, das Telekommunikationsdienstleistungen an Endkunden verkauft.

Bezeichnet den letzten Prozessschritt beim → *Provisioning*. Es handelt sich dabei um die Freischaltung eines Kunden / Nutzers, der damit den von ihm gewünschten → *Dienst* nutzen kann.

Aktivsatellit

→ *Satellit*.

Aktorik

Im Maschinen- und Anlagenbau der Oberbegriff für steuerbare Maschinenteile, die den Betrieb einer Maschine beeinflussen.

Beispiele sind Ventile, Antriebe, Stellglieder, Regler oder Klappen.

Elemente der Aktorik können an einen → *Feldbus* angeschlossen und von einem Leitstand aus gesteuert werden.

→ *Sensorik*.

Akustikkoppler

Auch nur kurz Koppler genannt. Bezeichnung für ein heute nur noch sehr selten verwendetes Gerät zur Datenübertragung über das öffentliche analoge Fernsprechnetz. Wurde durch das → *Modem* ersetzt. Der Akustikkoppler ist eine Funktionseinheit einer → *DCE*, die den Handapparat eines Fernsprechapparates benutzt, um die Kopplung zur Übertragungsleitung mittels akustischer Schwingungen herzustellen.

Im Gegensatz zum Modem besteht keine galvanische Kopplung zwischen dem Netz und der DCE, sondern ein Lautsprecher wandelt digitale Daten in akustische Schwingungen um, die direkt in einen herkömmlichen Telefonhörer eingespeist werden. Dieser wird dazu in eine spezielle Mulde des Akustikkopplers gelegt.

Senden und Empfangen erfolgt über verschiedene Frequenzpaare. Datenrate sehr gering, z.B. 300 oder 1 200 bit/s.

Nachteile gegenüber einem Modem sind:

- Eine laute Umgebung verfälscht den Datentransport und zwingt häufig zu einer Wiederholung der Datenübertragung.
- Verbindungen können nicht selbständig gewählt und entgegengenommen werden.

  Wegen des mechanischen Aufwands recht unkomfortabel.
- Die maximal realisierbare Datenrate ist sehr niedrig.

Akustische Anrufsignalisierung

Merkmal von Endgeräten. Ein eingehender Verbindungswunsch wird dabei durch akustische Signale angezeigt, z.B. durch eine mechanische Klingel (→ *Wecker*), einen Ton oder eine Melodie (→ *Elektronischer Tonruf*). In lauten oder großflächigen Umgebungen (Fabrik, Hof) können leistungsstarke Klingeln oder Lautsprecher das Telefonklingeln überall hörbar machen.

Akustische Anrufsignalisierung ist die häufigste Art der Anrufsignalisierung.

→ *Alert*, → *Optische Anrufsignalisierung*.

Akustische Raumüberwachung

Ein → *Leistungsmerkmal* von Telefonen. Sie können über ein eingebautes Mikrofon auch bei aufgelegtem Hörer einen Anruf entgegennehmen und die Geräusche des Raumes erfassen und übertragen.

Dient in der Praxis z.B. der Überwachung von Kranken, Alten, Babys (daher auch Babysitter-Funktion genannt) oder sicherheitssensitiven Räumlichkeiten.

Aktiver Hub

→ *Hub.*

Aktive ISDN-Karten

→ *ISDN.*

ALC

1. Abk. für Analogue Leased Circuit, engl. für analoge Festverbindung.
2. Abk. für Arithmetic and Logic Circuit.
3. Abk. für Automatic Level (Load) Control.

   Bezeichnung für ein elektronisches Bauteil, dessen Aufgabe eine automatische Anpassung der Signalstärke von analogen Signalen ist, die aus dem → *Zugangsnetz* in das Netz eines Anbieters von Telekommunikationsdiensten kommen. Ziel ist eine Verbesserung verschiedener Qualitätsparameter.

   Heutzutage erfordern diverse übertragungstechnische Komponenten (z.B. → *VAD*, Komprimierer, Analog/Digital-Wandler) einen bestimmten Pegel für Eingangssignale. Da aber in deregulierten Telekommunikationsmärkten die verschiedenen Teile einer Ende-zu-Ende-Verbindung (Endgeräte, Zugangsnetz, lokales Netz, Fernnetz, int. Netz) nicht immer notwendigerweise im Einflussbereich des Carriers liegen, kann dieser nicht immer eine entsprechende Signalqualität sicherstellen.

   ALCs sorgen dafür, dass ein Signal am Eingang in das Netz einen bestimmten Pegel erhält. Im Gegensatz zu einem herkömmlichen Verstärker werden die Signale nicht einfach um einen Faktor, sondern auf ein festes Level verstärkt, d.h. mal mehr und mal weniger.

   Die ALC basiert üblicherweise auf einem digitalen Signalprozessor (→ *DSP*).

Alcatel SEL

Alcatel ist ein multinationaler Konzern (Belgien, Frankreich, Niederlande), der 1987 die SEL (Standard Elektrik Lorenz, Sitz: Stuttgart) aufgekauft hat, die 1956 aus der Firma Lorenz und aus der Firma Mix & Genest hervorgegangen war. Die Aktivitäten der SEL sind dabei in die Telecom-Sparte der Alcatel eingeordnet worden (Alcatel Telecom).

Ein Produkt ist das → *System 12.*

→ *http://www.alcatel.de/*

→ *http://www.alcatel.com/*

Aldrey

Abgekürzt mit AY. Eine Legierung aus Aluminium, Magnesium und Silizium. Sie ist doppelt so zugfest wie Aluminium und wird daher oft für Hochspannungskabel verwendet.

ALE

1. Abk. für Address Latch Enable.
2. Abk. für Automatic Link Establishment.

Alert, Alerting

Bezeichnung für den Zustand beim Aufbau einer Verbindung, in dem der → *B-Teilnehmer* frei und somit potenziell empfangsbereit ist und dies dem → *A-Teilnehmer* entsprechend signalisiert.

Beim Telefon bedeutet dies, dass es klingelt.

Alexander

→ *Comet.*

ALFE

Abk. für Analog Line Front End.

Algol

Abk. für Algorithmic (oriented) Language.

Bezeichnung einer frühen und hauptsächlich in Europa entwickelten höheren, imperativen Programmiersprache, die insbesondere im technisch-wissenschaftlichen Bereich verbreitet ist. Algol war die erste Programmiersprache, die nach informationstheoretischen Gesichtspunkten entwickelt wurde und viele Konzepte enthielt, die in späteren bekannteren Sprachen wieder aufgegriffen wurden. So beeinflusste Algol die Entwicklung von → *Euler*, → *JOVIAL*, → *PL/1*, → *Pascal* und → *C*. Algol verfügte als erste Programmiersprache über sich selbst aktivierende Unterprogramme und forderte die explizite Deklarierung von Variablen getrennt von den auszuführenden Befehlen, weshalb Algol oft auch als Block-strukturierte Sprache beschrieben wird.

Bereits in den 50er Jahren gab es einige Versionen von Algol, so etwa Algol 58, das auch als International Algebraic Language bekannt war (IAL). Erster Standard war 1960 Algol 60, der während einer einwöchigen Tagung in Paris verabschiedet wurde. Förderer von Algol 60 waren u.a. Quicksort-Erfinder C.A.R. Hoare und Nikolaus Wirth. Wirth entwickelte mit Algol W eine weitere Version, die er im Juni 1966 vorstellte.

Nächste bedeutende Entwicklungsstufe nach Algol 58 war im Jahre 1968 die von Adriaan van Wijngaarden (* 2. November 1916) maßgeblich beeinflusste Version Algol 68, die erst 1973 abschließend definiert war. Sie wurde im Rahmen eines Projektes, genannt Algol X, seit Mai 1965 in Princeton entwickelt.

In Europa ist Algol mäßig und in den USA kaum verbreitet.

Der Burroughs B5000 verfügte 1963 als erster Rechner über eine Hardware, die mit Algol speziell auf eine höhere Programmiersprache zugeschnitten war.

Im Vergleich zu → *Fortran* gilt Algol als theoretisch-wissenschaftliche Sprache. Sie wurde weitgehend in akademischen Kreisen entwickelt, die nicht unbedingt Zugriff auf einen der damals in Europa seltenen Computer hatten.

Algorithmus

Von dem Namen Al Chwarismi, einem arabischen Mathematiker (um das Jahr 820), abgeleitete Bezeichnung für die Beschreibung einer endlichen Menge eindeutiger und methodischer Regeln, Arbeitsschritte, Anweisungen und Parameter zur erfolgsorientierten und systematischen

Abwicklung technischer, mathematischer oder wissenschaftlicher Verfahren.

Wohlwollend kann auch die Anwendung einer Formel, etwa zur Bestimmung der Fläche eines Dreiecks, als Algorithmus mit nur einem Schritt angesehen werden, jedoch zeichnet sich der Begriff des Algorithmus gerade durch eine Folge mehrerer Schritte aus.

Ein aufwendiges Rechenverfahren (z.B. zur Lösung quadratischer Gleichungen) ist daher ebenso ein Algorithmus wie ein Datenübertragungsprotokoll (→ *Protokoll*), die Anleitung zum Zusammenbau eines Modellbausatzes oder ein Kochrezept.

Die Dokumentation von Algorithmen und auch Protokollen in der Datenverarbeitung und insbesondere der Telekommunikation erfolgt mittlerweile bevorzugt durch spezielle symbolische Beschreibungssprachen wie → *SDL* oder → *ASN.1*, die den Vorzug haben, dass sie (annähernd) losgelöst von einer lebenden Sprache international verständlich und eindeutig sind.

Alias

Der Begriff wird in verschiedenen Zusammenhängen als eine weitere, zulässige Bezeichnung für etwas verwendet.

1. Im Bereich des → *Internets* und der → *Online-Dienste*: → *Nickname*.
2. Unter dem → *Betriebssystem* → *Unix* die Bezeichnung für abgekürzte Standardbefehle, die u.U. die Ausprägung eines Befehls mit bestimmten Parametern/Optionen symbolisieren, aber nicht so lang sind.

Aliasing

Begriff aus der Technik der Analog-Digital- und Digital-Analog-Wandlung.

Wird ein beliebiges analoges Signal (das als viele einzelne sich ungestört überlagernde Schwingungen verschiedener Frequenzen interpretiert werden kann) abgetastet, so muss die Abtastfrequenz nach dem → *Abtasttheorem* mindestens doppelt so hoch sein wie die höchste im Signal selbst vorkommende Frequenz. Ist dies nicht der Fall, spricht man von Unterabtastung. In diesem Fall kann das ursprüngliche analoge Signal bei der Rückverwandlung vom digitalen Signal zum analogen Signal nicht mehr eindeutig rekonstruiert werden. Vielmehr wird es mit niederfrequenten Oberwellen überlagert (die abgetastet auch das gleiche digitale Signal ergeben wie das ursprüngliche korrekte Signal) und somit verfälscht.

Abhilfe wird durch Filter (Anti-Aliasing-Filter genannt, seltener auch und unkorrekt Aliasing-Filter) geschaffen, die vor der Abtastung beim analogen Signal Frequenzen oberhalb der halben Abtastfrequenz unterdrücken. Auf diese Weise gibt es keine störenden Einflüsse, die zu einer mehrdeutigen Interpretation beim Empfänger führen können.

Alias-Name

→ *Alias*.

ALIS

Abk. für Access Lines in Service.

Bezeichnung für einen Vergleichsparameter. Bezeichnet die Anzahl in Betrieb befindlicher Hauptanschlüsse eines Netzes oder eines Vermittlungssystems, für die von einem Kunden bezahlt wird. Sie kann von der Zahl der installierten Hauptanschlüsse (von denen nicht alle in Betrieb sein müssen) oder der Zahl der installierten Telefone abweichen.

Von ALIS wird oft die volkswirtschaftliche Kennzahl der ALIS pro 100 Einwohner (eines Landes) abgeleitet.

Die Größe ALIS wird von vielen Netzbetreibern oder Herstellern von Vermittlungssystemen zur Darstellung ihrer Leistungskraft oder ihres Marktanteils angegeben.

ALIT

Abk. für Automatic Line Insulation Testing.

Allomorphie

Begriff aus der objektorientierten Lehre (→ *OO*). Bezeichnet die Eigenschaft von Objekten, mehreren Klassen zugehörig zu sein.

Allophon

Begriff aus der Sprachverarbeitung (Sprachanalyse und -synthese, → *Sprachsystem*). Bezeichnung für die verschiedenen Möglichkeiten einen einzelnen Buchstaben in Abhängigkeit von den ihn umgebenden Buchstabenkombinationen und Silben auszusprechen.

So werden z.B. die beiden ‚G' in dem Wort ‚Garage' verschieden ausgesprochen.

All-or-Nothing-Effect

Branchenjargon für den Effekt in allen digitalen Übertragungssystemen, dass es nicht wie in analogen Systemen bei Zunahme von Störungen zu einer allmählichen Verschlechterung der Empfangsqualität kommt, sondern ab einem bestimmten Schwellwert zu einem plötzlichen Totalausfall, weil ab diesem Schwellwert für die Bitfehlerrate (→ *BER*) die Vorwärtsfehlerkorrektur (→ *FEC*) versagt.

Aloha, Alohanet

Bezeichnung für ein Zugriffsprotokoll auf der Schicht 2 des → *OSI-Referenzmodells*. Entwickelt 1970 von Norman Abramson an der University of Hawaii. Es existieren mittlerweile eine ganze Reihe von Varianten. Allen gemein ist die Konkurrenz der beteiligten Stationen (kein → *Token*-Verfahren!) um das Zugriffsrecht auf das Übertragungsmedium und eine feste Paketlänge. Die Aloha-Protokolle wurden häufig bei Satellitenstrecken eingesetzt.

Grundidee bei reinem Aloha ist, dass angeschlossene Stationen senden können, wann immer sie senden möchten. Eventuelle → *Kollisionen* werden erkannt. Zerstörte Daten müssen erneut gesendet werden. Durchschnittlich ist mit 18% Kanalbelegung und korrekt übertragenen Daten zu rechnen.

Das von Roberts entwickelte Slotted-Aloha (S-Aloha) legt hingegen feste und periodische Zeitpunkte fest, zu denen die Stationen senden dürfen. Die Zeitspanne zwischen ihnen reicht aus, um exakt ein Datenpaket zu versenden. Somit ist die Möglichkeit ausgeschlossen, dass sich zwei Datenpakete um nur ein einziges Bit überschneiden und dadurch zerstört werden. Durchschnittlich ist hier mit 36% Kanalbelegung zu rechnen. Slotted-Aloha wird z.B. bei → *Mobitex* eingesetzt.

Das Aloha-Protokoll ist Grundlage der drahtlosen Vernetzung verschiedener Standorte der Universität Hawaii auf verschiedenen Inseln (genannt Alohanet). Maßgeblich wurde das Alohanet von Norman Abramson von der Universität von Hawaii gegen Ende der 60er Jahre entwickelt. Es ging 1970 in Betrieb und inspirierte auch Robert Metcalfe bei der Entwicklung von → *Ethernet.*

Alpha

1. Bezeichnung für eine Serie von → *Mikroprozessoren* aus dem Hause Digital Equipment. Sie verfügen alle über eine → *Wortlänge* von 64 Bit. Es handelt sich um → *RISC*-Prozessoren.

   Digital hatte die Alpha-Serie mit dem Ziel entworfen, eine Prozessorarchitektur für die folgenden 25 Jahre zu entwickeln.

   Alpha-Prozessoren können unter den → *Betriebssystemen* → *VMS,* → *Unix* oder auch → *Windows NT* genutzt werden.

   Zu finden sind Alpha-Prozessoren nicht nur in Produkten aus dem Hause Digital, sondern z.B. auch bei Rechnern von → *Cray.*

   Die Architektur des Prozessors wird auch mit Advanced Extensible Processor (AXP) bezeichnet.

   Der im März 1997 vorgestellte Prototyp des Alpha 21264 ist mit 600 MHz getaktet. Die Serienproduktion startete 1998. Die kleinsten Strukturen auf dem Chip haben ein Ausmaß von 0,35 µm.
2. Bezeichnung für eine von Edward F. Codd entwickelte und 1971 vorgestellte Abfragesprache für relationale Datenbanken.

Alphabet

Ein vereinbarter, fester und einzig allein zulässiger Vorrat von Zeichen (Ziffern, Buchstaben, Sonderzeichen, Symbole etc.), aus welchem die Zeichen bei der → *Codierung* zur Darstellung von → *Information* verwendet werden.

Alphanumerisch

Eigenschaft einer Zeichenfolge. Diese besteht dann aus Buchstaben und Ziffern (evtl. auch noch Satzzeichen) und nicht nur aus Ziffern (numerisch) oder nur aus Buchstaben (alphabetisch).

Alphaversion

Jargon aus der Softwareindustrie. Bezeichnet die erste, öffentlich zugängliche Version einer Software weit vor dem Verkaufsstart, welche die grundlegende Funktionalität und Konzeption demonstriert. Ziel ist ein Echo in der Fachwelt (Medien, potenzielle Nutzer), aus dem das die Software entwickelnde Unternehmen Rückschlüsse auf einen Verkaufserfolg und damit auf eine lohnenswerte Weiterentwicklung ziehen kann.

Eine Alphaversion erhebt dabei nicht den Anspruch, stabil, vollkompatibel, funktional umfassend oder fehlerfrei zu sein. → *Betatest.*

ALRU

Abk. für Automatic Line Record Update.

ALS

Abk. für Adjacent Link Station.

ALT

1. Abk. für Alternate Access Provider.

   In den USA die Bezeichnung für alternative Dienstanbieter, die Kunden durch Service Bypassing (→ *Bypassing*) direkten Zugriff auf ein Fernnetz unter Umgehung des Ortsnetzbetreibers ermöglichen.

   Die Teilnehmer, die hierfür in Frage kommen, sind in erster Linie Großkunden mit einem hohen Anteil an Fernverkehr.
2. Abk. für Automatic Link Transfer.

Alternierende Telearbeit

→ *Tele-Working.*

Altair

1. Name eines der ersten Kleinrechners für den Hobbybereich.

   Der Altair war mit Intel 8080-Prozessor (8 Bit, 2 MHz Takt) ausgestattet und kam mit 256 Byte Speicher auf den Markt. Er verfügte weder über Bildschirm noch Tastatur, die allerdings nachträglich angeschlossen werden konnten, sondern besaß nur eine Reihe Schalter zur Eingabe und Leuchtdioden zur Ausgabe.

   Die 1968 von Edward Roberts und Forest Mims in Albuquerque/New Mexiko gegründete kleine Firma MITS (Micro Instrumentation and Telemetry Systems), die mittlerweile von Jerry Ogdin, Bill Yates und Edward Roberts (alle vom → *MIT*) geführt wird, fing infolge einer geschäftlichen Flaute und der drohenden Zahlungsunfähigkeit 1974 an, über Computerbausätze nachzudenken und konzipierte in der zweiten Jahreshälfte einen solchen.

   Der fertige Bausatz kam als Altair 8800 im Januar 1975 für 397 $ auf den Markt. Ab März kosteten weitere 256 Byte 34 $ extra. Trotz magerer Ausstattung war die Nachfrage enorm. Innerhalb kurzer Zeit bildete sich eine interessierte Gemeinde, so dass im März 1976 die erste Fachkonferenz für Mikrocomputer überhaupt mit einem Schwerpunkt auf dem Altair in Albuquerque/New Mexiko ausgerichtet wurde.

   Der Überlieferung nach ist der Rechner nach einem Stern aus der Fernsehserie ‚Star-Trek' benannt worden. Auf diese Idee war eine Tochter von einem der drei Firmeninhaber gekommen.

   Eine Marktstudie, welche die Bank angefordert hatte, die das Unternehmen finanzierte, ergab zuvor einen Bedarf von 800 Stück für 1975. Das Fachmagazin ‚Popular Electronics' kündigte den Bausatz auf der Titelseite an. Probleme traten jedoch auf, als der bis zu der Veröffentlichung einzige Prototyp des Gerätes bei der Versendung mit ‚Railway Express' auf dem Wege zur Redaktion verloren ging.

Die Nachfrage war nach der Veröffentlichung so enorm, dass MITS zunächst gar nicht so viele Geräte herstellen konnte. 2 000 Stück wurden im ersten Jahr verkauft. Ab 1975 war der Computer mit einem MBASIC-Interpreter, entwickelt von Bill Gates und Paul Allen (→ *Microsoft*), ausgestattet.

Dennoch kam bereits Ende 1977 nach ca. 10 000 verkauften Bausätzen das Aus für MITS und den Altair. MITS wurde 1977 für 6 Mio. $ von Pertec übernommen.

Obwohl Bausätze bereits in vorangegangenen Jahren verkauft wurden (→ *Kenback-1*), gilt der Altair als der erste, kommerziell erfolgreiche Bausatz und damit als der erste → *Home-Computer.*

2. Produktname eines funkgestützten → *LAN*s (→ *Wireless LAN*) aus dem Hause Motorola. Im Richtfunkbereich von 18 GHz wird über 40 m bei Sichtverbindung bzw. über 15 m durch Wände hindurch mit einem → *Aloha*-Protokoll übertragen.

Alternate Access Provider

→ *ALT.*

Alternative Infrastruktur

Begriff aus der Liberalisierung der Telekommunikation (→ *Deregulierung*). Als alternative Infrastruktur bezeichnet man die zu Telekommunikationszwecken nutzbare Infrastruktur von Unternehmen oder öffentlichen Institutionen, die selbst keine Telekommunikationsdienstleister sind, aber über eine ausgedehnte technische Infrastruktur verfügen, die man dazu nutzen könnte.

Beispiele: Feuermeldernetz der Feuerwehr, Netz zur Ampelsteuerung einer Stadtverwaltung, Netz der Energieversorger entlang Hochspannungsleitungen/Pipelines/Autobahnen oder der Bahn etc.

Die Nutzung alternativer Infrastruktur, nicht nur zum eigenen Bedarf, wurde in Deutschland im Zuge der Deregulierung ab dem 1. Juli 1996 möglich.

Mit der vollständigen Liberalisierung des Marktes zum 1. Januar 1998 wurde auch dieser Begriff hinfällig. Seither ist lediglich eine Lizenz notwendig, wenn man eine eigene Infrastruktur unterhält, die als Übertragungsweg genutzt werden kann, und wenn man Kapazitäten dieser Infrastruktur kommerziell vermarktet.

Alto

Name eines der ersten und für seine Zeit sehr fortschrittlichen PCs aus dem Hause Xerox.

Er wurde im → *PARC* um 1972 und 1973 maßgeblich von Douglas C. Englebart, Larry Tesler und Alan Kay entwickelt und 1973 erstmals vorgestellt. Der Überlieferung nach wurde bei der ersten öffentlichen Demonstration der Grafikfähigkeiten des Prototypen im März 1973 das Krümelmonster aus der Sesamstrasse gezeigt. Der PC kam dann 1974 auf den Markt und wurde bis in die frühen 80er Jahre hinein vermarktet. Ein Nachfolger war der → *Star 8010.*

Ausgestattet war der Alto mit 128 KByte → *RAM,* einem 608 * 808 Pixel großen Bildschirm (monochrom), einer 2,5 MByte großen Wechselplatte und einem fest eingebauten → *Ethernet*-Anschluss.

Auf ihm konnte eine Textverarbeitung mit Namen ‚Bravo' laufen.

→ *PC.*

ALTS

Abk. für Association for Local Telecommunications Services.

Bezeichnung eines Verbandes lokaler Anbieter von Telekommunikationsdienstleistungen in den USA mit Sitz in Washington D.C.

→ *http://www.alts.org/*

ALU

Abk. für Arithmetic Logic Unit.

Bezeichnung für den Teil eines → *Mikroprozessors*, in dem grundlegende arithmetische Operationen wie Addition, Subtraktion, Inkrementieren, Dekrementieren und grundlegende logische Operationen wie Links- oder Rechtsschieben, UND, ODER, NICHT, XOR etc. durchgeführt werden.

ALX-Comet

→ *Comet.*

AM

1. Abk. für Amplitudenmodulation.
   → *ASK.*
2. Abk. für Access Manager.
   Bezeichnung eines Teils der technischen Infrastruktur für das drahtlose → *WLL*-System → *PACS.*

Amateurfunk, Amateurfunkdienst

Bezeichnung für einen Funkdienst, der von Funkamateuren unter Berücksichtigung technischer Vorschriften (erlaubte Frequenzen, Sendeleistungen etc.) aus eigenem Vergnügen, zur Ausbildung, für technische Studien oder in Notfällen und nicht aus wirtschaftlichem Interesse zur kommerziellen Nachrichtenübertragung wahrgenommen wird.

Die rechtliche Grundlage in Deutschland ist das → *AFuG*, in dessen § 2 folgende Begriffe definiert werden:

- Funkamateur ist „der Inhaber eines Amateurfunkzeugnisses oder einer harmonisierten Amateurfunkprüfungsbescheinigung auf Grund der Verfügung 9/1995 des BMPT vom 21. Januar 1995 (Amtsblatt S. 21), der sich mit dem Amateurfunkdienst aus persönlicher Neigung und nicht aus gewerblich-wirtschaftlichem Interesse befasst".
- Amateurfunkdienst ist „ein Funkdienst, der von Funkamateuren untereinander, zu experimentellen und technisch-wissenschaftlichen Studien, zur eigenen Weiterbildung, zur Völkerverständigung und zur Unterstützung von Hilfsaktionen in Not- und Katastrophenfällen wahrgenommen wird; der Amateurfunkdienst schließt die Benutzung von Weltraumfunkstellen ein. Der Amateurfunkdienst und

der Amateurfunkdienst über Satellit sind keine Sicherheitsfunkdienste".

- Amateurfunkstelle ist „eine Funkstelle, die aus einer oder mehreren Sendefunkanlagen und Empfangsfunkanlagen einschließlich der Antennenanlagen und der zu ihrem Betrieb erforderlichen Zusatzeinrichtungen besteht und die auf mindestens einer im → *Frequenznutzungsplan* für den Amateurfunkdienst ausgewiesenen Frequenz betrieben werden kann".

Nach bestandener Prüfung wird dem Funkamateur von der → *Regulierungsbehörde* ein Amateurfunkzeugnis ausgestellt, auf Antrag ein personenbezogenes Rufzeichen zugeteilt und das Recht verliehen, die im Frequenzplan dem Amateurfunk zugewiesenen Frequenzen zu nutzen.

Ein Amateurfunker kann unter Beachtung der jeweiligen Vorschriften folgende Dienste nutzen:

- Herkömmlicher Sprechfunk
- Telegrafie (Morse-Telegrafie, → *Morse-Code*)
- Fernschreiben (dann Funkfernschreiben genannt)
- Amateurfunkfernsehen
- Amateurtelevision (ATV)
- Standbildübertragung (→ *SSTV*)
- Fax-Übertragung
- Paketorientierte Datenübertragung (→ *AX.25*)

Die Anfänge des Amateurfunks stellen sich folgendermaßen dar:

Ab ca. 1910

Nach der Entdeckung der elektromagnetischen Wellen und der Entwicklung der notwendigen technischen Anlagen (→ *Funk*) beschäftigen sich in GB erste Amateure mit der Technologie. Hierbei sind insbesondere C.H. Tilsley und G. Tonkin zu nennen, die ab 1910 besondere Lizenzen mit Einschränkungen (Begrenzung der Wellenlänge auf 1000 oder 200 m, Sendung nur am Tage, max. Reichweite von 10 Meilen (ca. 16 km)) erhalten.

Ab ca. 1912

Auch in den USA und Kanada gibt es mittlerweile Amateurfunker. Häufig sind es zu jener Zeit auch Funkamateure, welche erste Rundfunksender betreiben, so etwa Goldsmith in New York (1912 bis 1914).

Von GB, den USA und Kanada aus entwickelte sich der Amateurfunk in den Folgejahren weltweit.

1912

Der erste lokale Amateurfunkverein wird gegründet. Es ist der Radio Club of Hartford, der von Hiram Percy Maxim in Connecticut ins Leben gerufen wird. Er beginnt auch mit der Errichtung von Relaisstationen, so dass größere Entfernungen überbrückt werden können.

1913

In London gründet sich die „Wireless Society of London".

6. April 1914

Aus dem Radio Club Hartford geht in den USA die American Radio Relay League (ARRL) und damit der erste nationale Amateurfunkverband hervor. Maxim wurde ihr erster Präsident und blieb es bis 1936.

Der Besitz/Betrieb funktechnischer Anlagen wurde seinerzeit restriktiv gehandhabt und bedurfte in den USA zunächst einer Genehmigung durch die Marine („United States Navy Issued") und ab dem 13. November 1914 durch die ARRL.

1914 bis 1918

Während des 1. Weltkrieges wird weltweit der Funkbetrieb für Privatpersonen eingeschränkt bzw. komplett eingestellt.

29. September 1919

Die USA geben den Amateurfunk nach dem 1. Weltkrieg wieder frei.

Frühe 20er Jahre

Es finden sich derartig viele private Bastler und experimentierfreudige Funker zusammen, dass die Behörden die Notwendigkeit erkennen, gesonderte und liberalere Verordnungen zu erlassen, um den privaten, nichtkommerziellen Funkverkehr in geordnete Bahnen zu lenken.

Man beginnt, den Funkamateuren eigene Wellenlängenbereiche zuzuweisen. Zunächst waren das in den USA die Bereiche von 150 bis 200 m zur exklusiven Nutzung und zwischen 200 und 275 m zur Nutzung mit anderen Funkdiensten.

1923

Die Strecke von Nizza in die USA nach Hartford wird durch Amateurfunker überbrückt.

1924

In Deutschland wurde Privatpersonen lange Zeit nicht erlaubt, die neue Technik zu nutzen, was einige jedoch nicht davon abhielt. Die erste Sendegenehmigung in Deutschland wurde erst 1924 erlassen, jedoch wurden derartige Genehmigungen nur an Vereine oder andere Institutionen (Unternehmen, Forschungseinrichtungen etc.) vergeben.

Deutsche Vereine von Funkamateuren schließen sich locker im Funkkartell zusammen.

20. Januar 1924

Die mittlerweile in einigen Vereinen organisierten Privatpersonen vertreten auf einer Anhörung im Reichspostministerium (RPM) ihre Ansicht, dass nach dem Start der Ausstrahlung von Tonrundfunkprogrammen auch Amateurfunker größere Freiheiten genießen sollten.

24. März 1924

Die Anhörung vom Januar führt zur „Verordnung zum Schutz des Funkverkehrs" des RPM.

14. Mai 1924

Auf Grundlage der Verordnung vom März erlässt das RPM eine Verfügung, in der die sogenannte Audion-Versuchserlaubnis für die private Errichtung einer Funkempfangsanlage und ihren Betrieb eingeführt wird, die nach einer Prüfung der dafür notwendigen technischen Kenntnisse durch das RPM erteilt wird. Diese Prüfung kann aber schon von den Vereinen eigenverantwortlich durchgeführt werden.

1925

Die erste Amateurfunkverbindung von Deutschland in die USA gelingt.

Juli 1925

Es wird der straffer als das Funkkartell organisierte Deutsche Funktechnische Verband (DFTV) zur Interessenvertretung gegründet.

18. Juli 1925
Mit der → *IARU* wird in Paris auch der int. Verband der Amateurfunker gegründet.

24. August 1925
Der Empfängerbau wird vom RPM allgemein freigegeben. Nach diesen rechtlichen Weichenstellungen wird ab dem 1. September 1925 der Empfang von Funkübertragungen mit Hilfe von zugelassenen (behördlich geprüften) Empfängern freigegeben. Dieser Empfänger war das Audion.

Februar 1926
Als erste organisierte Zusammenkunft wird der erste Deutsche Sendetag veranstaltet.
Es bildete sich der Deutsche Empfangsdienst (DED) und aus einigen wenigen Sendeamateuren der Deutsche Sendedienst (DSD).

Ab 1927
Es gibt Versuche, neben der Amateurtelegrafie auch den Sprechfunk zu nutzen.

20. März 1927
Auf der dritten deutschen Kurzwellentagung in Kassel schließen sich DED und DSD zum Deutschen Amateur-Sende- und Empfangsdienst (DASD) mit 13 Landesgruppen zusammen.

Ab 1928
Während in den 20er Jahren überwiegend der Kurzwellenbereich (→ *Kurzwelle*) verwendet wird, in dem sehr viel experimentiert wird, beginnen die Amateurfunker erstmals damit (intensiv dann ab den frühen 30er Jahren) auch die Ultrakurzwelle (→ *VHF*) zu verwenden.

→ *AMSAT*, → *CB-Funk*, → *Contest*, → *DARC*, → *Fuchsjagd*, → *Ham*, → *HAREC*, → *Kurzstreckenfunk*, → *Oldman*, → *QSL-Karte*, → *Seefunk*.

→ *http://www.qsl.net/*
→ *http://www.sprechfunk.de/*
→ *http://www.arrl.org/*

Amateurfunkgesetz

→ *AFuG*.

Amateurfunkstelle

→ *Amateurfunk*.

AMCP

Abk. für Aeronautical Mobile Communications Panel.

AMD

1. Abk. für Advanced Micro Devices.

   Bezeichnung eines amerikanischen Herstellers elektronischer Bauelemente mit Sitz in Austin/Texas und Sunnyvale/Kalifornien. Gegründet 1969 im → *Silicon Valley* vom ehemaligen Fairchild-Angestellten Jerry Sanders, der zusammen mit sieben weiteren Kollegen Fairchild verlassen hatte. Das Startkapital betrug 1,5 Mio. $.

   AMD stellte beispielsweise im Frühjahr 1996 den → *Mikroprozessor* K5 vor, dem ein Jahr später der K6 folgte. Beide gelten als günstiger und unter bestimmten Bedingungen leistungsfähiger als vergleichbare Mikroprozessoren aus dem Hause → *Intel*.

   Im Mai 1998 wurde der K6-2 mit 9,3 Mio. integrierten Transistoren in 0,25-µm-Technik vorgestellt, der erstmals einige Funktionen (21 Befehle zur Bearbeitung von 3-D-Daten, genannt ‚3-D-Now!') mehr als ein vergleichbarer Intel-Prozessor enthielt und mit 333 MHz getaktet war. Es folgte im August 1998 eine Version mit 350 MHz. Ab Frühjahr 1999 stand auch eine Variante mit 450 MHz bereit, die um einen Prozessor mit 500 MHz ab August 1999 ergänzt wurde.

   Angekündigt wurde zur Jahresmitte 1998 auch ein K6-3, der zusätzlich zur Ausstattung des K6-2 einen 2 MByte großen Level-2-Cache (→ *Cache*) besitzt. Er kam Ende Februar 1999 mit 400 MHz und im März 1999 mit 450 MHz auf den Markt.

   Im Herbst 1998 wurde für Mitte 1999 der K7 unter der Bezeichnung ‚Athlon' angekündigt, mit dem AMD sich von der Intel-Architektur entfernt. Er ist mit einem internen Systembus mit einer Taktrate von 200 MHz ausgestattet und auch multiprozessorfähig. Seine CPU-Taktrate lag im Bereich von über 500 MHz und entwickelte sich bis 2000 auf über 1 GHz.

   Der im Oktober 1999 vorgestellte 64-Bit-Prozessor K8 ist die Konkurrenz zu dem ‚Merced' (→ *EPIC*) aus dem Hause Intel. Er basiert aber – im Gegensatz zum Intel-Produkt – auf der Architektur der x86-Serie.

   → *http://www.amd.com/*

2. Abk. für Active Matrix Display.

Amdahl

Bezeichnung für einen nach ihrem Gründer, dem gebürtigen Norweger Gene M. Amdahl (* 16. November 1922), benannten Hersteller von → *Mainframe*-Computern in den USA.
Das Unternehmen wurde 1970 vom maßgeblichen Entwickler der → *IBM /360* gegründet, um eine Alternative zu diesem Computer zu entwickeln, der jedoch zum IBM-Rechner ‚steckerkompatibel' (plug compatible, → *PCM*) sein sollte.
1974 kündigte Amdahl mit der 470/V6 den ersten steckerkompatiblen Rechner zur IBM /360 an.
Gegen Ende der 70er Jahre verließ der junge Larry Ellison das Unternehmen Amdahl, um Oracle zu gründen, die später eine mittlerweile weit verbreitete Datenbank auf den Markt brachte.
1980 verließ auch Gene Amdahl die Firma seines Namens und gründete Acsys (später Trilogy), um – wie zuvor auch – IBM-kompatible Mainframe-Rechner zu bauen. Amdahl folgte Eugene White, der seine Wurzeln in den 60er Jahren in der Computer Division bei General Electric (GE) hatte.
Mittlerweile ist Amdahl eine 100%ige Tochter von Fujitsu.
→ *http://www.amdahl.com/*

America

Bezeichnung für zwei → *Unterwasserkabel* (America 1 und America 2), welche Südamerika durch den Atlantik mit Nordamerika/USA verbinden.

America Online

→ *AOL*.

Ameritech

Bezeichnung für eine der → *RBOCs* in den USA.

AMI

→ *RZ-Verfahren.*

AMI-BIOS

Bezeichnung für das → *BIOS* des amerikanischen Herstellers American Megatrends International (AMI).

Amiga

Bezeichnung eines Kleincomputers aus dem Hause Commodore, der erstmals multimediale Daten verarbeitete. Es handelt sich neben der Plattform Intel/Microsoft und der → *Apple*-Architektur um die dritte technische Plattform im Bereich der → *PCs* und → *Home-Computer*. Genutzt werden dabei → *Mikroprozessoren* aus dem Hause → *Motorola.*

Die seinerzeit noch kleine Firma Amiga aus dem Silicon Valley/Kalifornien wurde 1984 von Commodore übernommen.

Der ein Jahr später herausgebrachte Amiga 1000 mit 256 KByte RAM konnte 4 096 Farben darstellen und verfügte über eingebaute Videochips und Buchsen für Video-Output auf Fernseher und VCR. Zusätzlich war er mit Sprachsynthese sowie Text-zu-Sprache-Konvertierung ausgerüstet. Die eingebauten Chips trugen die Namen Agnes, Denise und Paula und waren maßgeblich von Jay Miner mitentwickelt worden, der schon zuvor für → *Atari* tätig war. Der Amiga 1000 wurde für rund 1 200 $ auf den Markt gebracht. Erstmals tauchte damit das Wort → *Multimedia* auf, worunter sich zu diesem Zeitpunkt allerdings nur wenige etwas vorstellen konnten. Leider war sein Einführungspreis zu hoch, und er lief nicht unter MS-DOS, weswegen er sich trotz einer beachtlichen eingeschworenen Fangemeinde nicht am Markt durchsetzen konnte.

Heute am weitesten verbreitet ist das Produkt Amiga 4000.

Nach dem Konkurs des Hauses Commodore im Jahre 1994 übernahm der deutsche Computergroßhändler Escom die Amiga-Produktlinie. Nach dem Escom-Konkurs im Juli 1996 wurde im Laufe von 1997 die Amiga-Linie an den amerikanischen Computer-Großhändler Gateway 2000 verkauft. Diese wiederum behielt die Amiga-Patente und verkaufte die Marke im Januar 2000 an Amino Development.

→ *http://www.hard-ware.de/amiga/*

→ *http://www.amiga.de/*

→ *http://www.amiga-news.de/*

Amplitude

Auch Auslenkung genannt. Begriff aus der Schwingungslehre. Beschreibt zusammen mit → *Frequenz* und → *Phase* vollständig eine Schwingung.

Die Amplitude ist dabei die maximale Auslenkung des schwingenden Systems aus seiner Ruhelage und beschreibt die Energie des schwingenden Systems.

Bei einer harmonischen Schwingung ohne Dämpfung bleibt die Amplitude bei jedem Schwingungsvorgang konstant.

Amplitudenmodulation

→ *ASK.*

Amplitudenumtastung

→ *ASK.*

AMPS

Abk. für Advanced Mobile Phone System.

Bezeichnung für ein analoges zellulares Mobilfunksystem in Nordamerika im 850-MHz-Band. AMPS war das erste kommerzielle und → *zellulare System* überhaupt. Mittlerweile ist es weltweit verbreitet. AMPS wurde auch Grundlage für weitere Standards (→ *TACS*). Nach der Nummer ihres Standards wird AMPS auch IS 54 (Interim Standard) genannt.

Die technischen Parameter von AMPS sind:

Uplink	824 bis 849 MHz
Downlink	869 bis 894 MHz
Anzahl Frequenzkanäle	666
Kanalbandbreite	30 kHz
Duplexverfahren	→ *FDD*
Duplexabstand	45 MHz
Modulationsverfahren	→ *PSK* für Signalisierungsinformationen

Die Signalisierungsübertragung erfolgt mit → *Manchester-Codierung* und 10 kbit/s.

Nach Kapazitätsengpässen wurden weitere 2 mal 5 MHz Frequenzbänder von der → *FCC* in den USA zur Verfügung gestellt, wodurch die Kanalzahl auf 832 Kanäle anwuchs.

AMPS wurde (z.B. im Gegensatz zu → *NMT*) für die Benutzung in dichtbesiedelten Gebieten und in Städten entwickelt, was zu kleineren Zellen und höheren Kapazitäten führte. AMPS kann eine Verkehrslast von bis zu 12 Erl/km^2 (→ *Erlang*) abwickeln.

Üblich sind 12er- oder 7er-→ *Cluster* bei den Zellen mit omnidirektionalen Antennen (12er-Cluster) oder Sektorantennen in drei Sektoren je Zelle (7er-Cluster).

Nichtgenutzte Kapazitäten führten zum Datenübertragungsverfahren → *CDPD.*

AMPS wurde ab 1971 von den Bell Labs entwickelt und war bis Mitte der 90er Jahre der weltweit (USA: über 20 Mio. Nutzer) meistgenutzte Mobilfunkstandard.

Ein Frequenzbereich von 40 MHz wurde 1974 zugewiesen. Erste Tests liefen 1977 in Chicago an. Das System ging nach der Frequenzreservierung durch die FCC im Jahre 1981 und der Lizenzvergabe 1982 im Jahre 1983 auf einer Stadt-für-Stadt-Lizenzbasis in 30 Städten mit je zwei Lizenzen pro Stadt in den Wirkbetrieb. Dabei erhielten ein lokaler Betreiber des Festnetzes und ein reiner mobiler Anbieter jeweils 25 MHz (A- und B-Band). Erstes Unternehmen war Ameritech, das sein Netz am 13. Oktober 1983 anschaltete.

AMPS wird nach und nach durch Digitalisierung einzelner Kanäle zu einem digitalen zellularen System (→ *D-AMPS*).

Ferner ist es möglich, → *CDPD* über eine bestehende AMPS-Infrastruktur anzubieten.

Weltweit waren 1996 AMPS-Netze in 82 Ländern mit rund 41 Mio. Nutzern in Betrieb.

AMR, AMR-Codec

Abk. für Adaptive Multirate Codec.

Bezeichnung für einen neuen Sprachcodec für die → *Kanalcodierung* zum Einsatz in digitalen, zellularen Systemen für → *Mobilfunk*, insbesondere → *GSM*.

Kennzeichen des Verfahrens, im Gegensatz zu bislang verwendeten Verfahren, ist die dynamische Anpassung an die aktuell vorliegende Kanalqualität und die zur Verfügung stehende Datenrate.

AMS

1. Abk. für Audio-visual Multimedia Services.

   Bezeichnung für Anforderungen an Multimediadienste und → *APIs*, damit diese über → *ATM* abgewickelt werden können.

   AMS befindet sich in der Definition durch das ATM-Forum.

2. Abk. für Application Management System.

   → *CIM*.

AMSAT

Abk. für Amateur (Radio) Satellite (Organization).

Bezeichnung für einen internationalen Zusammenschluss von Amateurfunkern (→ *Amateurfunk*) mit dem Ziel des Unterhalts von → *Satelliten* für Amateurfunkzwecke.

Beispiele für derartige Satelliten sind → *OSCAR* oder Phase-3D von der deutschen Sektion AMSAT-DL.

→ *http://www.amsat-dl.org/*

AMSC

Bezeichnung eines Konsortiums aus US-amerikanischen und südamerikanischen Unternehmen, das ein System für → *Satellitenmobilfunk* aufbauen will. Das System wird aus 10 Satelliten in → *MEOs* bestehen und rund 3,1 Mrd. $ kosten. Jeder Satellit soll rund 310 Mio. $ kosten.

AMT

Abk. für Asia Mobile Telecommunications.

Bezeichnung eines Firmenkonsortiums asiatischer Unternehmen, die ein System für → *Satellitenmobilfunk* planen. Es soll regional einen Bereich in Asien versorgen. Das System basiert auf Satelliten in der geostationären Umlaufbahn (→ *GEO*).

AMTOR

Abk. für Amateur Telex over Radio.

Bezeichnet die Übertragung von Fernschreibinformationen (→ *Telex*) mit Hilfe von → *Amateurfunk*. Auch RTTY genannt für Radio Teletype.

Amtsanlassung

Amtsdeutsch für die Nummer, die man in einer Nebenstellenanlage wählen muss, um eine Amtsleitung zu bekommen. In der Regel die ‚0'.

Amtsberechtigung

Begriff aus der Nebenstellentechnik. Dabei wird noch zwischen halber, voller und keiner Amtsberechtigung unterschieden.

- Volle Amtsberechtigung bedeutet, dass ein Anschluss an der Nebenstellenanlage sowohl externe Anrufe entgegennehmen als auch heraustelefonieren kann.
- Halbe Amtsberechtigung führt nur zum Empfang ankommender externer Rufe.
- Ohne Amtsberechtigung darf der Teilnehmer nur intern telefonieren.

Amtsholung

Auch spontane Amtsholung genannt. Begriff aus der Nebenstellentechnik. Bezeichnet ein → *Leistungsmerkmal* von Nebenstellenanlagen. Dabei schaltet die Nebenstellenanlage beim Abheben eines Hörers einer Nebenstellenanlage ohne Vorwahl einer Null automatisch eine Amtsleitung zu dieser Nebenstelle, so dass keine Sondernummer vorgewählt werden muss.

AN

1. Abk. für Access Node.
2. Abk. für Access Network.

   → *Zugangsnetz*.

3. Abk. für Anschlussnetz.

   → *Zugangsnetz*.

Analog

Von griech.-lat. „dem Wort/dem Satz entsprechend".

Analoge Signale sind Darstellungen physikalischer Vorgänge. Sie entsprechen damit dem physikalischen Vorgang, der sie hervorgerufen hat und können als ein Signal interpretiert werden, dass den auslösenden, physikalischen Vorgang repräsentiert und ihn in anderer Form, z.B. auf einem anderen Medium, darstellt.

Ein derartiges Signal kann zu einem beliebigen Zeitpunkt innerhalb eines physikalisch möglichen Bereiches einen beliebigen Wert annehmen. Ein analoges Signal ist daher – im Gegensatz zum digitalen Signal (→ *Digital*) – zeit- und wertkontinuierlich.

Analoge Signale können mit Hilfe geeigneter technischer Bauteile/Schaltungen in digitale Signale umgewandelt werden (→ *A/D*).

Beispiele für analoge Signale oder Erscheinungen in der Natur sind Schallwellen in der Luft (geben die Vibration z.B. von Stimmbändern wider) oder Wasserwellen auf dem Meer.

Analog-Digital-Wandlung

→ *A/D*.

Analoge Übertragung

Übertragung eines zeitlich und im Wert kontinuierlich variierenden Signals.

Analogrechner

Im Gegensatz zum Digitalrechner (heute üblicher → *Computer* in allen Formen) ein System, das zeit- und wertkontinuierliche Signale aufnimmt, nach bestimmten Regeln transformiert und in gleicher Form ein Resultat abgibt.

Zahlenwerte werden dabei heute nicht als diskrete mehrstellige und -ziffrige Werte gespeichert und taktweise durch Befehle verarbeitet, sondern als kontinuierliche und real vorliegende physikalische Signale (meistens als elektrischer Spannungswert) über geeignete kombinierte Elemente der analogen Elektrotechnik (Spule, Kondensator, Widerstand) und deren elektromagnetische Eigenschaften abgebildet. Die erreichbare Genauigkeit eines Analogrechners hängt von der Güte der verwendeten Elemente ab.

Vorteil der Analogrechner ist deren Schnelligkeit (Echtzeit), weswegen sie oft in sehr sicherheitssensitiven Bereichen eingesetzt werden (chemische Industrie, Kernkraftwerke).

Nachteilig ist ihre starke Beschränkung im Einsatz auf Fälle, in denen physikalische Messwerte unmittelbar vorliegen.

Analogrechner galten als erste Rechenmaschinen überhaupt. Prinzipiell ist auch der → *Rechenschieber* ein Analogrechner.

1814 schlug der deutsche Ingenieur J.H. Herrmann eine mechanische (analoge) Vorrichtung zur Ermittlung der von einer beliebigen Kurve umschlossenen Fläche vor. In den Folgejahren unterbreiteten viele andere (u.a. Maxwell, die Thomson-Brüder und Lord Kelvin) Pläne für ähnliche Mechanismen als Kurvenscheibenintegrator. Der engl. Mathematiker Charles M. Babbage (* 1792, † 1871) entwickelte 1822 kleine Differenziermaschinen und erdachte das Konzept einer → *Analytical Engine*. Gonella erfand 1824 den Reibrad-Integrator als ein lange Zeit eingesetztes analoges Rechenhilfsmittel. 1870 schließlich entwickelten Thomson und Lord Kelvin einen wesentlich verbesserten Kurvenscheibenintegrator.

1926 erfand der Ingenieur J.H. Niemann einen Drehmomentverstärker, mit dem man mehrere Reibrad-Integratoren zusammenschalten konnte. Mit diesem Drehmomentverstärker baute der amerik. Ingenieur Vannevar Bush (* 1890, † 1974) am → *MIT* 1931, nach ersten Versuchen im Jahr 1926, die leistungsfähigste analoge Rechenanlage seiner Zeit: den Differentialanalysator mit acht Thomson-Integratoren zur Lösung von Differentialgleichungen zweiten Grades. Die Programmierung einer Lösung dauerte noch ein bis zwei Tage.

Dem Amerikaner G.A. Philbrick gelang 1938 die Erfindung des Operationsverstärkers durch eine elektrische Realisierung von Integration und Differentiation in einer Schaltung. Dank Lochstreifenprogrammierung konnte 1942 die Programmierzeit des Differentialanalysators von Bush auf fünf Minuten gesenkt werden. Das neueste Modell bestand aus 18 Integratoren, 2 000 Röhren, 150 Elektromotoren und einigen tausend Relais. Drei verschiedene Probleme konnten mit ihm gleichzeitig bearbeitet werden. Im gleichen Jahr wurde mit dem M-9 erstmals ein analoger elektronischer Rechner mit Operationsverstärkern für Feuerleitzwecke bei der amerikanischen Artillerie eingesetzt. Bereits zwei Jahre später waren zur Ermittlung ballistischer Tabellen für die Artillerie im ballistischen Rechenzentrum der USA insgesamt 24 Differentialanalysatoren im Einsatz.

Mit dem Aufkommen digitaler Rechner in den 40er und 50er Jahren verloren Analogrechner nach und nach an Bedeutung und wurden zu Exoten, die nur noch für Spezialaufgaben eingesetzt wurden.

Analytical Engine

Bezeichnung für einen frühen Versuch im 19. Jahrhundert, eine mechanische Rechenmaschine zu bauen. Allgemein wird in diesem Versuch der erste Ansatz gesehen, systematisch vorzugehen und eine Art programmierbaren Computer zu bauen.

Der engl. Mathematiker und Professor in Cambridge Charles M. Babbage (* 26. Dezember 1791, † 18. Oktober 1871) entwickelte 1822 Differenziermaschinen und berichtete darüber in einem Aufsatz in „Brewster's Journal of Science". Mit drei Achsen zu je fünf Zahnrädern konnte sie Logarithmen und Potenzen berechnen. Angeregt zu dieser Arbeit wurde er von Gaspard Riche, Baron von Prony, der logarithmische und trigonometrische Funktionen berechnete. Zur Erleichterung konzipierte Babbage seine kleine mechanische Differenziermaschine, die er als Modell auch baute.

Mit einem Zuschuss von 1 500 Pfund von einer britischen, wissenschaftlichen Vereinigung, der Royal Society, sollte er auch ein funktionstüchtiges Modell bauen. Ein Dreijahresvertrag mit der britischen Regierung sicherte ihm weitere 17 000 Pfund und führte zu einem Konzept einer Maschine, die sowohl rechnen als auch Tabellen mit Ergebnissen ausdrucken können sollte. Trotz des Geldes aus der Regierungskasse und wohl des gleichen Betrags aus Babbages Privatkasse kam es wegen mechanischer Schwierigkeiten und ständiger konstruktiver Änderungen zu keinem Ergebnis, so dass Babbage 1833 seine Arbeit an den Differenziermaschinen einstellte.

Trotzdem formulierte er 1835, von seinen bisherigen Arbeiten ermutigt, erstmals die Idee einer ‚analytical engine', eines universellen programmgesteuerten Rechenautomaten. Schon im Konzept enthalten ist die Idee der bedingten Verzweigung (also Programmsprünge in Abhängigkeit von Zwischenergebnissen) und sich selbst verändernde Programme (auch in Abhängigkeit der Zwischenergebnisse). Das Konzept wurde nie verwirklicht und geriet jahrzehntelang in Vergessenheit, obwohl Babbage es den Rest seines Lebens in stark unterschiedlichem Maße weiterverfolgte.

1840 hielt Babbage in Italien Vorträge über seine Arbeit. Luigi F. Menabrea schrieb darüber eine Zusammenfassung auf italienisch, die von Lady Ada Augusta Byron Gräfin von Lovelace (* 10. Dezember 1815, † 27. November 1852) – Tochter des Literaten Lord Byron – ins Englische übersetzt und mit eigenen, ergänzenden Anmerkungen versehen wurde. Sie interessierte sich sehr für die Arbeiten von Charles Babbage und fördert sie, wodurch sie seine Vertraute wurde.

Sie schrieb u.a.: „Bei automatischen Rechenmaschinen kann eine sehr umfangreiche Berechnung dadurch geschehen, dass man dafür wiederholt denselben Satz von Rechenanweisungen benutzt" und nahm damit einige Ideen vorweg, die rund 100 Jahre später Alan Turing (→ *Turing-Maschine*) wieder aufgriff. Ferner führt sie den Begriff → *mnemoisch* ein.

1846 stoppte Babbage die Arbeit an seiner Analytical Engine und wandte sich wieder der Konstruktion von Differenziermaschinen zu. 1855 bauten die Schweden Vater und Sohn Georg und Edvard Scheutz in Stockholm nach Babbages Konzepten eine Differenziermaschine mit Druckwerk und zeigten sie Babbage. Darüber hinaus erwarb die britische Regierung ein Gerät. Babbage fing, von diesen Fortschritten ermutigt, noch mal an, an der Analytical Engine zu arbeiten, stellte sie aber bis zu seinem Tod 1871 nicht fertig.

Von der Scheutzschen Maschine wurden jedoch diverse Exemplare gebaut und in verschiedene Länder verkauft, so z.B. 1857 an das Observatorium in Albany im Staate New York in den USA.

Seither hat es verschiedene Versuche gegeben, nach Babbages Aufzeichnungen eine derartige Maschine nachzubauen, doch gelang es nicht, ein voll funktionsfähiges Gerät herzustellen.

Der Spanier Torres Quevedo äußerte jedoch schon 1893 die Vermutung, dass sich Charles Babbages Konzept mit Hilfe von elektromechanischer Technik realisieren lassen könnte, und war damit seiner Zeit ungefähr 40 Jahre voraus.

Wegen seiner Überlegungen, die bereits viele Konzepte späterer funktionsfähiger Rechenmaschinen enthielten, gilt Babbage als Vater des Computers. Lady Lovelace gilt wegen ihrer Zusammenarbeit mit Babbage als erste Programmiererin, und ihr zu Ehren wurde eine Programmiersprache (→ *Ada*) benannt.

Im Science Museum in London wurde 1991 eine von Babbages frühen Differenziermaschinen nachgebaut.

→ *Jacquard-Webstuhl*, → *Schickardsche Rechenuhr*, → *Pascaline*.

→ *http://www.fourmilab.ch/babbage/*

ANATEL

Abk. für Agencia Nacional de Telecomunicacoes.

Bezeichnung für die → *Regulierungsbehörde* in Brasilien.

AND

→ *UND*.

ANDF

Abk. für Architecture Neutral Distribution Format.

Bezeichnung für ein von der → *OSF* erstelltes Konzept zur Entwicklung portabler Anwendungsprogramme.

A-Netz

Erstes analoges und noch handvermitteltes Mobilfunknetz in Deutschland mit bis zu 10 784 Teilnehmern zu seinen besten Zeiten.

Auch öbL-A (öffentlicher bewegter Landfunk Netz A) genannt.

Es war 1971 das weltweit größte zusammenhängende öffentliche Mobilfunknetz. Allein 600 Beschäftigte arbeiteten in der Handvermittlung, was es teuer und dadurch letztlich unwirtschaftlich machte.

Die Technik arbeitete im 150-MHz-Band (156 bis 174 MHz) mit 50 kHz Kanalabstand, Frequenzmodulation (→ *FM*) und 16 Kanälen. Deutschland (alte Bundesländer) war dazu in 136 Funkzonen eingeteilt. Die Sendeleistung betrug 10 W. Der Ruf der mobilen Station (→ *MS*) erfolgte durch Selektivruf. Ein mit gleicher Technik betriebenes A2-Netz versorgte mit weiteren 18 Kanälen Ballungsgebiete und Hauptverkehrsadern. In Hamburg wurde zusätzlich noch ein separates A3-Netz mit einem Kanalabstand von nur 20 kHz installiert. Die Verbindungsaufbauzeit betrug u.U. mehrere Minuten.

In Deutschland wurden erste Mobilfunkteilnehmer bereits seit 1950 in Ballungsgebieten auf Frequenzen im 30-, 80- und 160-MHz-Bereich registriert. Diese Inselnetze wurden ab 1957 zu einem zusammenhängenden Netz mit einheitlicher Technik zusammengefasst.

1958 nahm das A-Netz seinen Betrieb offiziell auf und wurde 1977 bei zuletzt 787 Teilnehmern eingestellt. Die bis dahin genutzten Frequenzen gingen im → *B-Netz* auf. Flächendeckung wurde im A-Netz nie erreicht. Lediglich 80% der Fläche der alten Bundesländer mit allerdings 95% der Bevölkerung wurden versorgt (1968).

ANF

1. Abk. für Automatic Number Forwarding.
2. Abk. für Additional Network Feature.

Anfangstakt

→ *Charging*.

Angebot

Auch Verkehrsangebot genannt. Begriff aus der → *Verkehrstheorie*. Das Angebot bezeichnet den → *Verkehrswert*, der einem System zur Bearbeitung tatsächlich zugeführt wird, unabhängig davon, ob er dann auch bearbeitet wird oder nicht (wie z.B. in einem → *Verlustsystem*, wo streng genommen das Angebot das ist, was dem System zugeführt wird, und der Verkehrswert das ist, was im System verarbeitet wird).

Das Angebot A ergibt sich aus dem Produkt der Anzahl der Belegungsversuche C_a (d.h. dem angebotenen, zugeführten Verkehrswert) und deren potentieller mittlerer Belegungsdauer t_m für die Systemressourcen:

$$A = C_a * t_m$$

Eine andere Definition geht vom Angebot a je Systemressource, z.B. einem einzelnen Kabel innerhalb eines Kabelbündels, und der Zahl der einzelnen Systemressourcen N aus:

$$A = a * N$$

Eine dritte Beziehung setzt die Größen mittlere Belegungsdauer t_B der Systemressource und die gesamte Beobachtungsdauer T zueinander in Beziehung:

$$A = t_B / T$$

→ *Erlang*, → *Überlaufverkehr*.

Anhang

→ *Attachment.*

ANI

1. Abk. für Access Network Interface.

   Bezeichnet die Schnittstelle eines Teilnehmers zu einem Zugangsnetz, über das wiederum ein → *Backbone-* oder → *Core-Network* erreicht werden kann, das viele Zugangsnetze verbindet.

2. Abk. für Automatic Number Identification.

   Scherzhaft und abkürzend im englischen Sprachraum auch ‚Annie' genannt. Andere Bezeichnung für → *CLI.*

ANIF

Abk. für Automatic Number Identification Failure.

Animated GIF

→ *GIF.*

Animation

Ursprünglich der Oberbegriff für tricktechnische Verfahren in der Filmindustrie, bei denen eine fließende Bewegung in einzelne Bilder zerlegt wird (Zeichentrick, Puppentrick, Sach- und Legetrick). Auch das Ergebnis selbst (der Film) wird Animation genannt.

Die künstliche Bildfolge (im Gegensatz zum Realfilm) kann sowohl Zeichentrick sein als auch ausschließlich mit dem Computer und in ihm erzeugt sein, weshalb heute unter einer Animation häufig mit Computerhilfe generierte Videosequenzen verstanden werden.

→ *CGI,* → *Cyberspace,* → *Virtuelle Realität.*

ANIS

Abk. für Analoge Teilnehmer an → *ISDN*-fähigen Vermittlungsstellen.

Bezeichnung der seit Herbst 1993 für entsprechende Teilnehmer von der Deutschen Telekom angebotenen Dienstmerkmale (→ *Dienst*) für den analogen Fernsprechdienst wie → *Forwarding,* → *Anklopfen,* → *Makeln,* → *Dreierkonferenz* und → *Sperre.*

Wurde kurze Zeit auch Butler-Service oder T-Coach genannt und ab Januar 1996 für kurze Zeit allen Teilnehmern kostenlos zur Verfügung gestellt (exklusive Forwarding). Bedingt durch technische Probleme erfolgte eine Rücknahme dieser Maßnahme mit einer kostenfreien Zuteilung auf Anforderung ab September 1996.

Anker

1. → *Hyperlink.*
2. In der Satztechnik die Bezeichnung für die Stelle in einem fortlaufenden Text, an der ein Objekt, z.B. ein Bild, fest eingefügt ist. Dies bedeutet, dass bei einer Einfügung an einer Stelle weiter vorne im Text das Objekt dann auch weiter nach hinten rutscht.

   Das Objekt ist durch den Anker an den Text gebunden und nicht an die Stelle auf der Seite, um die der verlängerte Text herumfließt.

Anklopfen

Auch Call Waiting (CW) genannt. Bezeichnung eines Dienstmerkmales (→ *Dienst*) von Nebenstellenanlagen, des → *ISDN* und → *GSM.* Wird mittlerweile auch an herkömmlichen analogen Anschlüssen und ihm Rahmen von → *Centrex* angeboten.

Führt ein Teilnehmer gerade ein Gespräch, dann wird er durch ein dezentes akustisches Signal (Anklopfton) auf einen eingehenden, vorliegenden zweiten Verbindungswunsch aufmerksam gemacht. Er erkennt, dass jemand weiteres ihn sprechen möchte und kann z.B. den aktuellen Gesprächspartner parken und den neuen fragen, was er möchte, oder kann das laufende Gespräch beenden und sich dem neuen zuwenden.

→ *Makeln.*

Anklopfschutz

Bezeichnung für ein Dienstmerkmal (→ *Dienst*), das das Dienstmerkmal → *Anklopfen* ergänzt. Dabei kann der Ton, der beim Anklopfen eingeblendet wird, abgeschaltet werden. Dies kann nützlich sein, wenn am gleichen Anschluss ein Gerät für → *Fax* betrieben wird, da dann der Ton die Übertragung von Faxdaten verfälschen könnte.

Anklopfton

→ *Anklopfen.*

Anlagenanschluss

Bezeichnung für eine mögliche Anschlussvariante am → *Euro-ISDN,* bei dem nicht mehrere Endgeräte an einem S_0-Bus wie beim → *Mehrgeräteanschluss* betrieben werden können, sondern nur eine einzige (kleine) TK-Anlage, an welche jedoch mehrere Endgeräte (einige ISDN-fähige Geräte und einige wenige analoge Geräte) angeschlossen werden können, da die TK-Anlage u.U. über einen internen S_0-Bus verfügt, so dass die weiteren, einzelnen Endgeräte dort angeschlossen werden können.

Anlagenbus

→ *Feldbus.*

Annie

→ *ANI.*

Anode

→ *CRT.*

Anonymous FTP

→ *FTP.*

Anrufer-Identifikation

→ *CLI.*

Anrufbeantworter

Oft abgekürzt mit AB. International Answering Machine oder Answer Phone genannt.

Bezeichnung für ein Endgerät bei der Telekommunikation zur selbsttätigen Entgegennahme eines Anrufes und zum Abspielen eines vorher aufgenommenen Textes (Outgoing

Message, OGM) und zur Aufnahme einer Nachricht des Anrufers (Incoming Message, ICM). Zur Anwendung kommen dabei häufig zwei verschiedene kleine Kassetten als Speichermedium, vermehrt jedoch auch Halbleiterbausteine.

→ *Leistungsmerkmale* von heutigen Anrufbeantwortern können beinhalten:

- Wahl des Antwortmodus: Nur Ansage oder auch Aufnahme?
- Wahl des Zeitraums der Anrufentgegennahme: sofort, nach drei Rufzeichen oder nach fünf Rufzeichen?
- Benachrichtigungsfunktion: Bei eingegangener Nachricht wird sofort eine vorher einprogrammierte Nummer angerufen und nach Eingabe eines Sicherheitscodes wird die aufgenommene Nachricht abgespielt. Dieses Leistungsmerkmal wird auch mit Anrufweitermeldung bezeichnet.
- → *Fernabfrage*.
- → *Toll Saver*-Funktion.
- → *Ferneinschalten*.
- Abfragefunktionen:
  - Springen (eine Nachricht vor oder zurück).
  - Spulen (innerhalb einer Nachricht vor- oder zurück).
- Löschfunktion:
  - Einzelne Nachrichten.
  - Alle aufgezeichneten Nachrichten.
- Aufzeichnungsfunktion zusätzlicher Daten: Datum und Uhrzeit des Nachrichteneingangs, Länge einer Nachricht.
- Anzeige der Anzahl vorliegender Nachrichten und anderer, zusätzlicher Daten.

Der Anrufbeantworter kann als eigenes Gerät oder integriert in ein anderes (Kombigerät, z.B. Telefon und AB oder Telefon, Fax und AB) ausgeführt sein. Eine neue Variante sind auch Anrufbeantworter direkt im Telekommunikationsnetz (→ *Mailbox*) oder in der Nebenstellenanlage integriert (→ *Voicemail*).

Der Trend bei herkömmlichen Anrufbeantwortern geht hin zur digitalen Speicherung von Ansage- und Aufnahmetext.

Anrufbeantworter wurden in den frühen 50er Jahren entwickelt. So brachte die Firma Örlikon aus der Schweiz bereits 1948 einen vom Allgäuer Ingenieur Willy Müller entwickelten Anrufbeantworter unter der Produktbezeichnung ‚Isophone' auf den Markt. Das Gerät war so groß wie zwei haushaltsübliche Kühlschränke.

Anrufliste

Bezeichnung für ein → *Leistungsmerkmal* von Endgeräten an einem Anschluss mit → *CLI*, wie beispielsweise dem → *ISDN*. Dabei speichert das Endgerät die Nummer des Anrufers im Besetztfall oder für den Fall, dass der Angerufene den Ruf nicht entgegengenommen hat, z.B. weil er abwesend war.

Die Telefonnummern aller Anrufe, die nicht entgegengenommen wurden, können am Gerät angezeigt werden, und der Nutzer kann wählen, ob eine dieser Telefonnummern für einen Rückruf (ohne Eintippen der gesamten Telefonnummer) verwendet werden soll. Beispielsweise wird die aktuell angezeigte oder in der Liste markierte Nummer automatisch gewählt, wenn der Hörer abgenommen wird.

Anrufordner

Begriff aus der Ortsvermittlungstechnik mit elektromechanischen Wählern. Bezeichnet einen kleinen Wähler, der eine Menge von → *Anrufsuchern* (in der Regel zehn Stück) verwaltet und den nächsten freien Anrufsucher markiert.

Anrufschutz

Bezeichnung eines → *Leistungsmerkmals* von Endgeräten oder Nebenstellenanlagen. Mittlerweile auch in öffentlichen Netzen verfügbar. Auch Ruhe vor dem Telefon genannt.

Bezeichnet das Ausschalten der → *akustischen Anrufsignalisierung* am Telefon, um ungestört zu sein. Der → *A-Teilnehmer* erhält für gewöhnlich eine Ansage, dass der gerufene Teilnehmer derzeit nicht erreichbar sei. Je nach Leistungsfähigkeit kann diese Ansage auch individuell vom Angerufenen eingesprochen werden.

Der Anrufschutz kann beliebig ein- und ausgeschaltet werden. Um ein Vergessen des Ausschaltens zu vermeiden, wird der Anrufschutz nach einer bestimmten Zeitspanne (z.B. 12 Stunden) oft automatisch ausgeschaltet.

Abgehende Gespräche sind bei angeschaltetem Anrufschutz weiter ungehindert möglich.

Anrufsucher

Spezieller Wähler, der in elektromechanischen Ortsvermittlungen eingesetzt wird und die Aufgabe des Konzentrierens übernimmt. I.d.R. werden zehn eingehende Anschlussleitungen auf eine abgehende Vermittlungsleitung konzentriert. Sobald er von der → *Teilnehmerschaltung* ein Signal bekommen hat, sucht er die ihm zugeordneten zehn eingehenden Leitungen nach einem bestimmten, von der Teilnehmerschaltung auf die Leitung gelegten Potenzial ab. Nachdem er die Leitung gefunden hat, stellt er den Kontakt her, schaltet den Freiton durch und verbindet zum (ersten) → *Gruppenwähler*. Es werden somit keine vom Teilnehmer gewählten Ziffern ausgewertet.

→ *Anrufordner*, → *Leitungswähler*.

Anrufübergabe

→ *Umlegen*.

Anrufübernahme

→ *Pickup*.

Anrufumleitung

→ *Forwarding*.

Anrufweitermeldung

→ *Anrufbeantworter*.

Anrufweiterschaltung

Auch selten Anrufweiterleitung genannt. Deutsche Bezeichnung für → *Forwarding*.

Anrufzentrale

Seltene, deutsche Bezeichnung für ein → *Call Center*.

ANS

Abk. für Advanced Network and Services.

Bezeichnung einer Non-Profit-Organisation, die in den USA ein breitbandiges → *Backbone* des → *Internets* betreibt.

Anschlussbereich

Der Bereich um eine → *Ortsvermittlung* herum, in dem Teilnehmer problemlos unter Berücksichtigung technischer Rahmenbedingungen (max. Planungsbezugsdämpfung von 8,2 dB, max. Schleifenwiderstand von 1 200 Ohm für die Teilnehmerschaltung, Anzahl der Anschlusseinheiten der Ortsvermittlungsstelle) angeschlossen werden können. In Deutschland ungefähr ein Radius von 5 km um eine Ortsvermittlungsstelle.

In kleinen → *Ortsnetzen* fällt der Anschlussbereich mit dem Ortsnetzbereich zusammen, da alle Teilnehmer an eine Vermittlung angeschlossen sind.

In Deutschland gibt es ca. 8 300 Anschlussbereiche in 5 000 Ortsnetzen der Deutschen Telekom.

Anschlusskennung

Bei dem → *Online-Dienst* → *T-Online* die Bezeichnung für eine 12stellige Zahl, die dort bei jedem Einloggen zur Identifizierung des Nutzers angegeben werden muss.

Anschlussknoten

Netzknoten, an den Teilnehmer eines Dienstes angeschlossen werden können. Auch Teilnehmervermittlung o.Ä. genannt.

Anschlussleitung

Bezeichnung für die Verbindung von der → *Teilnehmervermittlung* zum Netzabschluss (→ *NT*) beim Teilnehmer. In den USA beträgt die durchschnittliche Länge der Anschlussleitung 3,5 km, in Europa ca. 1,8 km.

Anschlussnetz

→ *Zugangsnetz.*

Anschlussnetzbetreiber

→ *Teilnehmernetzbetreiber.*

Anschlussverkabelung

Andere Bezeichnung für die → *Tertiärverkabelung* in einem größeren → *LAN.*

ANSI

Abk. für American National Standards Institute.

Bezeichnung eines 1918 gegründeten nationalen Standardisierungsgremiums der USA. Es handelt sich um das dortige Gegenstück zum → *IN.* Es vertritt die USA in der → *ISO.* Die Gründung der ANSI stärkte seinerzeit die Position der USA auf den Weltmärkten.

Computerhersteller und Anwenderverbände arbeiten in verschiedenen Untergremien der ANSI zu.

In Anlehnung an eines der frühesten Beispiele drahtloser Übermittlungsprotokolle (indianische Rauchzeichen) wird ANSI auch scherzhaft mit American National Smoke Institute übersetzt. Adresse:

ANSI
1430 Broadway
New York 10018
USA
Tel.: (+ 1) 02 12 / 6 42 49 00

→ *http://www.ansi.org/*

Answer-Mode

→ *Originate-Mode.*

Antenne

Oberbegriff für jede Art der Empfangs- oder Sendeeinrichtung für elektromagnetische Wellen. Das grundlegende Prinzip ist die Wandlung einer elektromagnetischen Leitungswelle auf einem drahtgebundenen Medium in eine elektromagnetische Freiraumwelle (bei einer Sendeantenne) oder umgekehrt (Empfangsantenne).

In Abhängigkeit von der genutzten Frequenz und dem Einsatzzweck können Antennen verschiedene Bauformen annehmen.

→ *Antennengewinn,* → *Cassegrainantenne,* → *EIRP,* → *Gregory-Antenne,* → *Helixantenne,* → *Hornparabolantenne,* → *Offset-Antenne,* → *Parabolantenne,* → *Richtantenne,* → *Rundstrahler,* → *Schlitzkabel,* → *Yagi-Antenne.*

Antennendiversity

→ *Diversity.*

Antennengewinn

Bezeichnung einer mathematischen Größe, die für eine gegebene → *Antenne* mit einer speziellen, charakteristischen Bauart angibt, um welchen Faktor sich bei Verwendung dieser Antenne die Sendeleistung in einem bestimmten Punkt des Raumes im Vergleich zu einer Referenzantenne (Referenzstrahler) bei konstanter Eingangsleistung erhöht. Als Referenzstrahler wird üblicherweise ein real nicht existierender punktförmiger Kugelstrahler angenommen, der seine Sendeleistung homogen verteilt in alle Richtungen ausstrahlt (isotroper Strahler). Nimmt man nun an, dass durch bauliche Maßnahmen eine gegebene Antenne ihre Sendeleistung nicht mehr homogen in alle Richtungen abgibt, sondern nur noch bevorzugt in eine Richtung, so liegt erstens eine Richtcharakteristik vor und zweitens gibt die Antenne ihre Sendeleistung bevorzuge (= verstärkt) in diese eine Vorzugsrichtung ab, so dass in diese Richtung gegenüber dem isotropen Strahler bei in beiden Fällen gleich großer zugeführter Sendeleistung ein Gewinn vorliegt.

Der Antennengewinn G wird üblicherweise in dB angegeben.

Ein elektrischer Dipol der Länge $\lambda/2$ hat z.B. gegenüber dem isotropen Strahler einen Antennengewinn von 2,1 dB.

→ *EIRP.*

Anti-Aliasing

→ *Aliasing.*

Antiope

Abk. für Acquisition Numérique et Télévisualisation d'Images Organisées en Pages d'Écriture.

Ein französischer Standard, der beim dortigen System → *Minitel* den Bildschirmaufbau definiert (Zeichen, Grafiken etc.). Pendant zum deutschen → *Btx*-System, nur einfacher.

Antivalenz

→ *XOR*.

Antivirusprogramm

→ *Virenchecker*, → *Virencleaner*, → *Virenscanner*.

Antwortmodus

→ *Originate Mode*.

A-Nummer

Die Nummer des Anrufenden.

→ *B-Nummer*.

Anwendung

Anderes Wort: Applikation (international auch Application). Oberbegriff für problemlösungsorientierte → *Software*, die auf → *Betriebsmittel* des → *Betriebssystems* zurückgreifen muss. Letztlich die Programme, die durch den menschlichen Nutzer eines Rechners oder eines Rechnersystems genutzt werden, z.B. → *Textverarbeitung*, Tabellenkalkulation, CAD-Programm, Datenbankverwaltung oder → *ERP*-Software.

→ *Standardsoftware*.

Anwendungslösung

Bezeichnung für die problemorientierte Nutzung mehrerer Basistechnologien und geeigneter Endgeräte aus dem Bereich der Telekommunikation, Datenkommunikation und Computertechnologie zur konkreten Lösung eines anwendungsorientierten Problems, z.B. Kombination von → *ISDN*, → *PC*, Standardsoftware und Videokonferenztechnologie zu einer Anwendungslösung im Bereich des → *Tele-Working*.

Für große Anwendungslösungen, z.B. Einrichtung von mehreren hundert Tele-Working-Arbeitsplätzen in Großunternehmen, werden neben diesen technischen Komponenten auch andere Gebührenstrukturen berücksichtigt.

→ *Systemgeschäft*.

AOC

1. Abk. für Advice of Charge

   In Deutschland auch Gebührenanzeige genannt. Bezeichnung für ein Dienstmerkmal (→ *Dienst*) in Telekommunikationsnetzen, z.B. bei → *GSM*, → *ISDN* und → *Centrex*. Dabei werden die Verbindungsentgelte für die aktuelle Verbindung (Gebühren, Call Charges) am Endgerät dem Nutzer angezeigt.

   Man unterscheidet dafür zwei Varianten. Entweder werden nach Beendigung einer Verbindung die angefallenen Gebühren in einer Anzeige am Endgerät dem Nutzer angezeigt (AOCE, AOC-E, Advice of Charge at the End) bzw. auch schon während der Verbindung (AOCD, AOC-D, Advice of Charge during the Call).

2. Abk. für Aeronautical Operational Control Communications.

AOCD

Abk. für Advice of Charge during the Call.

→ *AOC*.

AOCE

Abk. für Advice of Charge at the End.

→ *AOC*.

AO/DI

Abk. für Always On/Dynamic ISDN.

Bezeichnung für eine spezielle Anschlussvariante von → *ISDN*, die einen ISDN-Anschluss speziell für die Nutzung als Zugang zum → *Internet* optimiert.

Charakteristisch für die Internet-Nutzung generell ist der stark schwankende Bandbreitenbedarf. Während einer Verbindung zum Internet-Service-Provider (→ *ISP*) schwankt der reale Bandbreitenbedarf zwischen niedrig (z.B. zum Versenden von → *E-Mails* mit Text), mittel (z.B. → *Surfen* im Internet und Download herkömmlicher → *HTML*-Inhalte) bis hin zu hoch (→ *Download* größerer Dateien, → *Streaming* von Audio- oder Videodaten). Zusätzlich kommt es vor, dass beim Betrachten von Informationen durch den User eine Zeit lang gar keine Bandbreite benötigt wird.

AO/DI ist ein Verfahren, das auf die optimierte Nutzung der Fähigkeiten des ISDN-Standards für derartig schwankenden Bandbreitenbedarf abzielt, indem die verschiedenen Kapazitäten des D-Kanals, eines B-Kanals oder mehrerer B-Kanäle zusammengeschaltet werden.

Dabei besteht das System aus zwei Komponenten:

- Always On (AO): Der D-Kanal des Anschlusses ist permanent aktiviert, so dass durch die Nutzung des → *Packet Mode Bearer Service* jederzeit Nutzdaten bis zu 9,6 kbit/s über ihn gesendet werden können, z.B. beim Versenden von E-Mails oder beim Empfangen von schmalbandigen Textinformationen durch → *Push-Dienste*.
- Dynamic ISDN (DI): In Abhängigkeit vom aktuellen Bedarf werden bei bandbreitensensitiven Anwendungen (z.B. Dateidownload, Streaming) während einer Verbindung mehrere B-Kanäle hinzu- und auch wieder abgeschaltet. Für diese dynamische Bandbreitenzuschaltung wird das Multilink Point-to-Point Protocol (ML-PPP, → *PPP*) verwendet.

Ein Vorteil des Verfahrens aus Sicht des Nutzers ist, dass er nicht die Gebühren für die permanente Bereitstellung der maximal benötigten Bandbreite (z.B. zwei B-Kanäle) zahlen muss. Ein Vorteil aus Sicht des Netzbetreibers besteht z.B. in der Nutzung der vorhandenen Netzkapazitäten seines → *X.25*-Netzes.

Allgemeiner Vorteil dieses Verfahrens gegenüber den breitbandigen Konkurrenztechnologien (→ *ADSL*, → *Kabelmodems*) ist das Vorhandensein der Standards und der Netzinfrastrukturen (ISDN und X.25).

AO/DI ist eine Entwicklung von → *Bellcore* und wurde dort maßgeblich von James Gordon und Amir Atai Mitte der 90er Jahre entwickelt. Seit 1998 bieten die → *RBOCs* Pacific Bell und Bell South derartige Dienste an.

AOL

Abk. für America Online.

Bezeichnung eines Online-Dienstes in den USA, der noch vor dem mittlerweile gekauften → *CompuServe* und vor → *Prodigy* der größte in den USA und auch weltweit ist. Sitz ist Vienna/Virginia.

Die Entwicklung von AOL nahm folgenden Verlauf:

Vor 1985

Der Gründer von AOL, Steve Case, hatte verschiedene Versuche mit interaktivem Fernsehen in Cincinnati beobachtet, wo er bei Procter & Gamble beschäftigt war. Von diesen erfolglosen Versuchen nahm er jedoch die Idee mit, dass sich Personen, die weit voneinander entfernt wohnen, anonym miteinander über eine technische Plattform verbinden und kommunizieren.

24. Mai 1985

Case gründet die Quantum Computer Services, um eine derartige Plattform für PCs vom Typ Tandy und Commodore anzubieten, wenig später kamen auch IBM und Apple dazu.

1991

Der Name wird in AOL geändert.

März 1992

AOL geht an die Börse. Die Aktie kostet 18 Cents. Es fällt schwer, Investoren zu finden.

1993

AOL hat 500 000 Nutzer und fängt gezielt an, eigenen Content mit Blick auf den Durchschnittsamerikaner bereitzustellen.

Dezember 1993

Mit Mary Meeker von Morgan Stanley empfiehlt erstmals ein Analyst die Aktie zum Kauf.

1994

Dank der Aufmerksamkeit der Öffentlichkeit, die sich plötzlich mit dem → *Internet* und dem → *WWW* beschäftigt, nimmt ab sofort auch das Wachstum der Nutzerzahlen bei AOL rapide zu

August 1994

Die Anzahl der Nutzer übersteigt erstmals die 1-Mio.-Grenze.

Januar 1995

AOL und Bertelsmann gründen eine gemeinsame Tochter in Europa (AOL Europe) und nationale Gesellschaften in Deutschland, Frankreich und GB.

August 1996

Das AOL-Netz fällt für 19 Stunden komplett aus.

September 1996

AOL Europe expandiert in Westeuropa mit einem Markteintritt in Deutschland.

8. September 1997

CompuServe wird exklusive der Netzinfrastruktur, das für 1,2 Mrd. $ an die Worldcom geht, von AOL gekauft.

17. November 1997

Die Anzahl der Nutzer übersteigt erstmals die 10-Mio.-Grenze, sechs Wochen früher als geplant.

16. Dezember 1997

AOL hat mehr als 1 Mio. Nutzer außerhalb der USA.

1998

AOL übernimmt das kleine Softwarehaus Mirabilis und ersteht damit die Software für das später sehr populäre Programm ICQ für Chat.

Frühjahr 1998

AOL lehnt das Angebot von AT&T ab, von dem Unternehmen aufgekauft zu werden.

Herbst 1998

Die Anzahl der weltweiten Nutzer übersteigt erstmals die 14-Mio.-Grenze.

November 1998

AOL kauft Netscape.

Frühjahr 2000

AOL kündigt ein Zusammengehen mit dem Medienkonzern Time Warner an. Die Transaktion hat einen Wert von 160 Mrd. $.

12. Dezember 2000

Die Anzahl der weltweiten Nutzer übersteigt erstmals die 27-Mio.-Grenze.

Januar 2001

Das Unternehmen benennt sich in AOL Time Warner um.

Februar 2001

Zum Monatsbeginn überspringt AOL Europe in Deutschland die Mitgliederzahl von zwei Millionen.

→ *http://www.aol.de/*

→ *http://www.aol.com/*

AON

Abk. für Active Optical Network, aktives optisches Netz.

Bezeichnet ein → *Zugangsnetz* auf Glasfaserbasis mit aktiven, d.h. eine eigene Spannungsversorgung benötigenden Teilen, die z.B. Signale verstärken oder multiplexen. Dies sichert eine hohe Flexibilität und ermöglicht eine große Ausdehnung derartiger Netze.

Ein AON besteht üblicherweise aus den folgenden Komponenten, die nicht immer alle zusammen in einem gegebenen Netz auftreten müssen:

- Optical Line Termination (→ *OLT*): Der Übergang zwischen elektrischen Signalen und optischen Signalen in der Ortsvermittlungsstelle.
- Optical Line Distributor (→ *OLD*): Eine Art optischer Verteiler, der glasfaserbasierte Leitungen aufteilt bzw. zusammenfasst.
- Optical Network Unit (→ *ONU*): Der Übergang zwischen optischen Signalen und elektrischen Signalen im Anschlussnetz in Teilnehmernähe, wobei die ONU sich komplett in der Hand des Netzbetreibers befindet.
- Optical Network Termination (ONT) und Subscriber Unit (SU) als Teilkomponenten einer verteilten ONU im Einflussbereich eines Nutzers.

→ *PON.*

AOR

Abk. für Atlantic Ocean Region.
Bezeichnet die geografische Region des Atlantiks. Der Begriff wird im Zusammenhang mit der Ausleuchtzone von geostationären Satelliten verwendet.

AOW

Abk. für Asia and Oceanic Workshop.
Bezeichnung eines regionalen Workshops in Asien/Ozeanien der → *ISO* zur Förderung der Verbreitung und Weiterentwicklung des → *OSI-Referenzmodells*.
→ *OIW*, → *EWOS*.

AP

1. Abk. für Access Point.
   → *Wireless LAN*.
2. Abk. für Advanced Prediction.
3. Abk. für Application Protocol.

APC

1. Abk. für Adaptive Predictive Coding.
   Meist ergänzt um Zusätze wie -AB (mit Adaptive Bit Allocation), -HQ (mit Hybrid Quantization) oder -MQL (mit Maximum Likelihood Quantization).
2. Abk. für American Personal Communications.
3. Abk. für Aeronautical Passenger Communications.
4. Abk. für Asynchronous Procedure Call.
5. Abk. für Association for Progressive Communication (Computing).
   Bezeichnung eines weltweiten Zusammenschlusses alternativer, ökologischer oder sozial-progressiver → *Mailbox*-Systeme wie in Deutschland dem → *CL-Netz*. Mittlerweile erstreckt es sich über 94 Länder und hat ca. 15 000 Nutzer (Anfang 1997). Schwerpunktmäßig versucht das System nichtindustrielle Länder zu versorgen und dort eine Mailbox-Infrastruktur aufzubauen.
   Historisch ist das System hervorgegangen aus dem PeaceNet, das sich mit dem EcoNet und dem ConflictNet in den USA zunächst zum → *IGC* vereinigt hat.

APCI

Abk. für Advanced Configuration and Power Interface.
Bezeichnung für ein Verfahren zum Energieversorgungsmanagement von an einen PC angeschlossenen Peripheriegeräten wie z.B. Monitore.
Das System wird seit Ende 1996 gemeinsam von Microsoft, Intel und Toshiba entwickelt.

APCN

Abk. für Asia Pacific Cable Network.
Bezeichnung eines mehrere Länder in Südost-Asien verbindenden → *Unterwasserkabels* auf Glasfaserbasis. Länge: 12 000 km. Es ist 1998 in Betrieb gegangen.

APCO

Abk. für Association of Public Safety Communications Officers.
Name eines Verbandes in den USA. Ein Zusammenschluss von Mitarbeitern von Polizei, Feuerwehr, Hilfsdiensten etc., der → *Standardisierungsgremien* zuarbeitet und Sicherheitsfeatures und Mindestanforderungen in Telekommunikationsnetzen definiert (Notrufnummern, Netzkapazitäten etc.).

APD

Abk. für Avalanche Photo Diode.

APE

1. Abk. für abgesetzte periphere Einheit.
2. Abk. für Application Protocol Entities.
3. Abk. für Application Prototype Environment.

AP GS

Abk. für Airport Groundstation.
Teil der Netzinfrastruktur bei → *TFTS*.

Apertur (-strahl, -winkel)

Von lat. apertum = Öffnung.
Die von einem Punkt gerade noch in ein optisches System eindringenden und dabei sich maximal voneinander entfernenden Strahlen (Randstrahlen, Aperturstrahlen) spannen einen Winkel auf, dessen Halbwinkel mit Aperturwinkel bezeichnet wird.
Der Sinus dieses Aperturwinkels wird abkürzend mit Apertur bezeichnet.
In Analogie zu dieser Definition bei optischen Systemen wird diese Definition auch bei funktechnischen Systemen (z.B. bei Hornantennen) angewendet. Dort geht es um die Einfallswinkel von Antennen.

API

Abk. für Application Programming Interface.
Oberbegriff bei technischen Systemen für veröffentlichte und allgemein zugängliche sowie standardisierte Softwareroutinen, Protokolle und Schnittstellenbeschreibungen, die es freien Entwicklern von Software ermöglichen, Anwendungen auf Basis des technischen Systems zu erstellen. Dabei können vorhandene Routinen und Softwarebibliotheken genutzt werden.
Darüber hinaus ist die Portabilität der Software sichergestellt.
Bekannte APIs sind → *CAPI* und → *TAPI* oder → *TSAPI*.

APL

1. Abk. für Abholpunkt der Leitung.
   Begriffsschöpfung der Deutschen Telekom. Bezeichnet in größeren Gebäuden den Punkt des Übergangs von der Anschlussleitung zur Hausinstallation (Leitung mit den Adern La und Lb).
   Nicht zu verwechseln mit dem Netzabschluss (→ *NT*).
2. Abk. für A Programming Language.
   Bezeichnung einer problemorientierten höheren Programmiersprache. Sie verfügt über keine Schlüsselwörter, sondern über Namen und (viele) Operatoren. Vorteil ist, dass komplexe Probleme, z.B. Matrix- und Vektoroperationen, im Vergleich zu anderen Programmierspra-

chen wesentlich leichter formuliert werden können. Nachteilig ist die schwere Erlernbarkeit, erforderliche Routine und Erfahrung für die Erstellung effizienter Programme. Im praktischen Einsatz nur für kurze Programme geeignet. APL gilt ferner als nicht besonders schnell und effizient.

APL wurde seit 1960 von Kenneth E. Iverson (* 17. Dezember 1920) zusammen mit Adin Falkoff an der Harvard University für anspruchsvolle mathematische Probleme entwickelt und 1966 mit einem → *Interpreter* der Öffentlichkeit vorgestellt. Bei der IBM tagte 1969 eine von 500 Experten besuchte Konferenz über APL. Die Veranstaltung wurde später als ‚Der Marsch auf Armonk' bekannt.

APL wird insbesondere im industriellen Bereich benutzt und ist dort etwa so stark verbreitet wie → *Cobol* im kaufmännischen Bereich. APL beeinflusste seinerseits die Entwicklung der Sprache → *J.*

APM

1. Abk. für Additional Packet Mode.
   Bezeichnung eines neuen paketvermittelnden Dienstes zur Datenübertragung im → *D-Kanal* des → *ISDN* zwischen Ortsvermittlungsstelle und Teilnehmer (spezifiziert durch die → *ITU* in Q.931) oder zwischen Vermittlungsstellen (spezifiziert in Q.731 bis 766).
2. Abk. für Alternierende Pulsmodulation.
   Bezeichnung für ein Verfahren zur → *digitalen Modulation*, das bei der bitseriellen Übertragung im Basisband angewendet wird. Vorteil ist der Gleichstromanteil von Null.
   Angewendet z.B. beim → *ASI.*
3. Abk. für Advanced Power Management.
   Bezeichnung für einen Industriestandard im Bereich der PCs zur Energieeinsparung. Dabei schaltet sich der PC oder Laptop automatisch ab, wenn über eine bestimmte (einstellbare) Zeit keine Aktivität an den Eingabegeräten (Tastatur oder Maus) mehr vorgenommen wird.
4. Abk. für Administration Peripheral Module.

APNIC

Abk. für Asia-Pacific Network Information Center.
→ *NIC.*

Apogäum

Bezeichnung des erdfernsten Punktes bei elliptischen Umlaufbahnen von Satelliten um die Erde.
Satelliten, die auf einer geostationären Umlaufbahn (→ *GEO*) positioniert werden sollen, werden zunächst in eine elliptische Umlaufbahn um die Erde geschossen, deren Apogäum bei rund 36 000 km liegt.
→ *Perigäum*, → *Apsiden.*

Apollo

Bezeichnung für ein rund 13 000 km langes → *Unterwasserkabel* durch den Nordatlantik. Das Kabel gehört Cable & Wireless und wurde von der Alcatel geliefert und verlegt. Die Kosten dafür liegen bei 2,44 Mrd. DM. Das Projekt wurde im Januar 2001 öffentlich angekündigt. Bis zum Sommer 2002 soll das Kabel verlegt werden um dann in Betrieb zu gehen.

APON

Abk. für → *ATM* over Passive Optical Networks.
→ *PON.*

Apothekerschaltung

Traditionelle Bezeichnung für die Kopplung einer Nebenstellenanlage mit einer Gegensprech- und Öffnungsanlage für die Tür.

APPC

Abk. für Advanced Program-to-Program Communications. Begriff aus der → *SNA*-Welt. Vorgestellt 1983. Bezeichnet die direkte Kommunikation zwischen zwei oder mehreren PCs in einem LAN ohne Einschalten von → *Hosts* oder → *Servern* und ohne Terminalemulation.
Im Gegensatz zu → *APPN* wird nicht auf Schicht 3 oder 4 des SNA-Protokollstapels die Verbindung hergestellt, sondern auf Schicht 7, d.h., die auf den PCs laufenden Anwendungsprogramme kommunizieren miteinander. Daher ist APPC eine Art → *API.*

Apple

Bezeichnung eines Unternehmens mit Sitz in Cupertino/Kalifornien, das PCs herstellt, die insbesondere im grafischen Gewerbe weit verbreitet sind.
Hat mit den Modellen → *Apple I* (1976) und → *Apple II* (1977) maßgeblich zur Etablierung und Verbreitung von → *PCs* beigetragen und gilt als einziger verbliebener Hersteller von eigener Hard- und Software im ansonsten von → *Microsoft* und → *Intel* dominierten PC-Lager. 1978 verließ Apple die Garage und zog nach Cupertino.
Dank des zunächst großen Erfolges der Produkte Apple I und II errang Apple die Marktführerschaft im PC-Bereich, die sie bis 1984 auch hielt, und war im Jahre 1980 die am schnellsten wachsende Unternehmung der amerikanischen Industrie. Im Dezember des gleichen Jahres ging Apple auch an die Börse (4,6 Mio. Aktien zu je 22 $).
Für das Geschäftsjahr 1982 konnte ein Jahresumsatz von 1 Mrd. $ verbucht werden. Damit ist Apple die erste Firma, die einen derartigen Umsatz nur mit PCs erzielt.
Nach diesen ersten Produkten und den damit zusammenhängenden Erfolgen gab es mit dem → *Apple III* (1981) und dem → *LISA* (1983) auch Flops bzw. Fehlschläge, so dass Apple im Juni 1985 den ersten Quartalsverlust seiner Firmengeschichte verbuchen musste. Doch mit dem → *Macintosh*, der schon 1984 vorgestellt worden war und dessen Verkauf sehr gut einschlug, gelang es, wieder zum Erfolg zurück zu finden.
Eine erneute Krise gab es mit dem Newton (1993, → *PDA*) und einer verfehlten Diversifizierungsstrategie in den frühen 90er Jahren, die Apple mehrfach an den Rand des Konkurses brachten. Doch auch diesmal gelang es mit dem → *iMac* (1998) wieder, das Ruder herumzureißen.
Ferner war Apple geprägt von charismatischen Persönlichkeiten an seiner Spitze, z.B. Mike Markkula in den frühen

80er Jahren und allen voran Mitgründer Steven Paul Jobs (*24. Februar 1955), der nach wirtschaftlichen Turbulenzen und Streit mit dem erst ein Jahr zuvor von ihm selbst berufenen CEO John Sculley (zuvor CEO bei Pepsi-Cola) im Frühjahr 1985 das Unternehmen verließ um die neue Softwarefirma → *Next* zu gründen.

Apple geriet jedoch in oben beschriebene Schwierigkeiten. Der Marktanteil sank, das Geschäft mit dem → *PDA* Newton entwickelte sich nicht wie vorhergesagt und es gab technische Probleme bei der Entwicklung des neuen Betriebssystems unter dem Codenamen ‚Copland' (→ *MacOS*). Sculley wurde durch den als Sanierer herbeigerufenen Gilbert Amelio ersetzt, der Stellen und Produkte strich und Next im Dezember 1996 durch Apple zurückkaufen ließ, um dem Druck durch → *Windows 95* und den Problemen mit Copland etwas entgegenzusetzen. Jobs schließlich kehrt im Frühjahr 1997 zunächst als Berater und schließlich ab September 1997 nach der Entlassung von Amelio als Chef (‚Interim CEO') zu Apple zurück. In dieser Eigenschaft fällte er Entscheidungen, die das Unternehmen wieder erfolgreich machten, z.B. die Einstellung der Lizenzpolitik, die weitere Ausdünnung der Produktlinien von 14 auf vier und die Entwicklung eines neuen Modells (iMac), gefolgt von einer neuen, massiven Werbekampagne, die durch Lee Chow entwickelt wurde, welche in den 80er Jahren bereits die Kampagne für den Macintosh entwickelt hatte. Auch ein Internet-Shop wurde im November 1997 aufgemacht.

Obwohl es jahrelang Rivalitäten zwischen Apple einerseits und dem → *Wintel*-Lager andererseits gegeben hatte, übernahm Microsoft auf Betreiben von Steve Jobs im August 1997 für rund 150 Mio. $ einen Teil der Apple-Aktien, nachdem Apple in wirtschaftliche Schwierigkeiten gekommen war. Microsoft stellte daraufhin im Januar 1998 seine eigene → *Office-Suite* auf Basis des Apple-→ *Betriebssystems* → *MacOS* vor und kündigte an, die Mac- und die Windows-Versionen künftig im Gleichtakt weiter zu entwickeln.

Apple-Computer gelten insbesondere im Medien- und Ausbildungsbereich als weit verbreitet und haben – trotz des eher geringen Marktanteils – eine hohe Anzahl leidenschaftlicher und treuer Anhänger, die den Microsoft-Einstieg zunächst nicht befürworteten und Apple eher als eigenständiges (und letztes) Gegengewicht zur übermächtigen Intel-Microsoft-Allianz sehen.

→ *http://www.apple.com/*

→ *http://www.apple.de/*

Apple I

Bezeichnung eines frühen PCs für den privaten Nutzer zu Hobby- bzw. Bastlerzwecken aus dem Hause → *Apple*. Das Gerät war spartanischer ausgestattet als der → *Altair* 8800. Besser ausgestattet und erster ‚richtiger' Computer der Firma Apple wurde der → *Apple II*, der bereits kurze Zeit nach dem Apple I auf den Markt kam. Vom Apple I wurden dadurch nur einige wenige 100 Stück verkauft, davon 175 Stück in den ersten 10 Monaten.

Grundlage für den Apple I war der 6502-Prozessor aus dem Hause MOS Technology (1,023 MHz Taktrate), der als Einzelstück seinerzeit 25 $ kostete. Der Apple I enthielt nur eine Platine mit 8 KByte → *RAM* und einem Bildschirmanschluss. Es waren kein Gehäuse, Netzteil oder Peripherie im Preis enthalten.

Am 1. April 1976 gründeten Steven Paul Jobs (*24. Februar 1955; damals 21 und tätig für das Unternehmen → *Atari*, nachdem er nach einem Semester Physik am Reed College in Portland/Oregon das Studentenleben wieder beendet hatte) und Stephen G. Wozniak (damals 26 und tätig für das Unternehmen → *HP*) in Palo Alto in einer Garage von Jobs Eltern im Crist Drive 2066 die Firma Apple und produzierten den ersten Apple I. Die offizielle rechtliche Gründung erfolgte am 3. Januar 1977. Startkapital der Garagen-Firma erhielten beide durch den Verkauf von Jobs altem VW-Bus und Wozniaks programmierbarem HP-Taschenrechner, wodurch 1 700 $ zusammenkamen.

Vorher hatten sie ihre Pläne ihren Arbeitgebern → *Atari* und Hewlett-Packard (→ *HP*) angeboten, die jedoch ablehnten.

Ihre Vision: One Person – One Computer. Erster Abnehmer war Paul Terrell, der in seinem ‚Byte Shop' (Computerelektronik und -zubehör) in Mountain View ab Mai 50 Platinen für 666,66 $ mit dem Slogan „Byte in an Apple" anbot, womit auch das Logo geboren war.

Den Namen erhielt der Rechner dadurch, dass man bewusst vermeiden wollte, einen technisch-wissenschaftlich klingenden Namen zu verwenden, und weil – der Überlieferung nach – Steve Jobs gerade aus gesundheitlichen Gründen nach einem Indien-Aufenthalt eine Apfel-Diät machen musste.

Insgesamt erzielte die junge Firma im ersten Jahr einen Umsatz von rund 700 000 $ mit ihrem ersten Produkt.

Apple II

Name des ersten echten Arbeitsplatzrechners aus dem Hause Apple und neben dem → *TRS 80* oder dem → *PET 2000* einer der ersten Arbeitsplatzrechner überhaupt, der das PC-Zeitalter einläutete.

Der Apple II nutzte (wie der PET 2000 auch) als Prozessor den MCS 6502 aus dem Hause Motorola und das → *Betriebssystem* ProDOS. Er hatte einen Fernsehanschluss oder einen Bildschirm mit einer Auflösung von 280 mal 192 Bildpunkten. Als Speicher nutzte er zuerst einen 16 KByte RAM- und ebensoviel ROM-Speicher (später bis zu 64 KByte).

Der Prototyp des Apple II wird noch eingebaut in eine Pappschachtel im September 1976 auf dem Personal-Computer-Festival, der ersten Computer-Handelsmesse, in Atlantic City vorgestellt.

1977 wurde das Serienprodukt dann auf der West Coast Computer Show in San Francisco offiziell der Öffentlichkeit vorgestellt und für 1 295 $ auf den Markt gebracht. Er wurde, dank der ersten Tabellenkalkulation → *Visicalc*, ein echter Renner. Die Produktionszahlen entwickelten sich folgendermaßen:

Zeitpunkt	Anzahl produzierter Apple II
Oktober 1979	50 000
Dezember 1980	120 000
Juni 1983	1 000 000

Der Apple II war auf Vorschlag des seit Januar 1977 die Firmengeschicke maßgeblich mitbestimmenden Marketing-Managers Michael ‚Mike' Markkula mit einem Diskettenlaufwerk für 143 KByte ausgerüstet und wurde 1983, zum Apple IIe weiterentwickelt, Retter des gesamten Unternehmens, nachdem der → *Apple III* und der → *LISA* floppten, was Apple fast an den Rand des Ruins brachte. Schließlich wurde er durch den → *Macintosh* ersetzt, obwohl er in weiterentwickelten Varianten bis Ende 1993 produziert wurde. Zuletzt waren insgesamt rund 5 Mio. Stück verkauft.
Ab Juni 1977 wurden die ersten Geräte über den Importeur Eurapple nach Europa eingeführt und ab 1980 wurde der Apple II in Cork/Irland für den Markt in Europa produziert.

Apple III

Name eines Arbeitsplatzrechners, der Nachfolger des Apple II werden sollte. Wurde von Apple mit einem Jahr Verspätung 1981 präsentiert. Es sollte ein Business-Computer für 3 450 $ sein. Er war technisch nicht ausgereift und hatte eine sehr hohe Ausfallrate. Apple geriet durch ihn an den Rand des Ruins und wurde nur durch den weiterhin florierenden Verkauf des → *Apple II*gerettet.
→ *Lisa*, → *Macintosh*.

Apple Macintosh

→ *Macintosh*.

AppleShare

Bezeichnung der Netzwerktechnik zur Vernetzung von Rechnern aus dem Hause Apple. AppleShare umfasst die Software für den → *Server* und den Client. Das zwischen ihnen abgewickelte Protokoll ist AppleShare AFP.
Die Anzahl unterstützter Clients ist vom Servertyp abhängig: Es sind 50 beim Macintosh-II-Server und 32 beim Macintosh-Plus und -SE.
→ *AppleTalk*.

AppleTalk

Bezeichnung einer Gruppe von Kommunikationsprotokollen innerhalb von → *AppleShare*. Sie basiert auf dem → *OSI-Referenzmodell* und deckt alle Schichten ab.
Aktuell existieren mit Phase I und Phase II zwei Varianten von AppleTalk.

Applet

→ *Java*.

Application

→ *Anwendung*.

Application Hosting

→ *Application Service Provider*.

Application Infrastructure Provider

→ *Application Service Provider*.

Application Sharing

Bezeichnung eines → *Leistungsmerkmals* bei Desktop-Videokonferenzen (→ *Videokonferenzsystem*) über → *ISDN* und mit dem → *PC* als Endgerät.
Dabei können die Teilnehmer an der Videokonferenz auf die auf einem einzigen PC laufenden Programme zugreifen, ohne dass diese Software auf dem eigenen Rechner installiert sein muss. Der Nutzer, auf dessen persönlichen PC die zu teilende Software installiert ist, kann darüber entscheiden, welchem Gesprächspartner er den Zugriff erteilen möchte.
Ein Standard der → *ITU* hierfür ist → *T.120*.
→ *Joint-Editing*, → *Joint-Viewing*.

Application Service Provider

Abgekürzt mit ASP. Bezeichnet in Anlehnung an Ausdrücke wie Internet Service Provider (→ *ISP*) solche Dienstleistungsunternehmen, deren Geschäftszweck das Bereitstellen von Anwendungsprogrammen für Dritte (→ *Outsourcing*) auf einer dafür geeigneten Infrastruktur ist. Eine scharfe Definition des Begriffes ist jedoch derzeit im Werden begriffen.
Ein ASP hält z.B. auf einem → *Server* (üblicherweise innerhalb einer → *Serverfarm*) eine Software vor (= Application Hosting), auf die von registrierten Nutzern zugegriffen werden kann und die von diesen gegen Gebühr benutzt werden kann. Für die Abrechnung gibt es verschiedene Modelle (Dauer, genutzte Funktionalität, einmalige Gebühr pro Nutzung etc.), jedoch ist ein Vorteil des Geschäftsmodells eines ASPs aus der Sicht des Nutzers, dass er nicht mehr die einmaligen und sofort anfallenden Kosten für den Kauf einer Software mit sämtlichen Funktionalitäten hat, sondern dass die mit der Softwarenutzung verbundenen Kosten direkt mit der Nutzungsintensität verbunden sind. Dies spart zunächst Kapitalkosten.
Damit stellt ein ASP folgende Komponenten zur Verfügung:

- Software (die Application)
- Hardware, auf der die Software läuft (Server)
- Eine Netzplattform (→ *WAN*), welche Zugang zu den Servern erlaubt

Ein ASP muss nicht notwendigerweise selber in diese drei Komponenten investieren, sondern kann diese selbst wieder bei anderen Partnern einkaufen, z.B. bei einem Internet Service Provider (→ *ISP*) oder einem Infrastruktur-Provider, der Infrastruktur speziell für ASPs zur Verfügung stellt. In diesem Fall wird oft auch von einem Application Infrastructure Provider gesprochen (AIP). Die Software kann er von unabhängigen Softwareherstellern (Independent Software Vendors, ISV) zukaufen.
Der ASP übernimmt dabei die Aufgabe der Konzeption, Vermarktung und Abrechnung und stellt mit Hilfe von Service Level Agreements (→ *SLA*) dem Kunden gegenüber die gewünschte Qualität sicher bzw. fordert diese auf dem gleichen Wege von seinen Partnern ein.
Grundidee des ASP-Konzeptes ist, dass Unternehmen als Nutzer von Anwendungsprogrammen üblicherweise Software in Gestalt von Nutzungslizenzen für eine bestimmte Anzahl Nutzer für Programme kaufen und damit die unbegrenzte Nutzung zu jeder Zeit und in vollem funktionalen Umfang bezahlen. Oft ist es jedoch so, dass das Programm nicht zu jeder Zeit und nicht in vollem funktionalen Umfang

von einer zuvor vorhersagbaren Anzahl Nutzer genutzt werden braucht, so dass ein anderes Gebührenmodell wirtschaftliche Vorteile für den Nutzer hätte („Pay as you grow“).

Vorteile dieses Verfahrens aus Sicht der Anwender sind damit:

- Es sind keine hohen Gebühren vor der eigentlichen Nutzung für eine festgelegte Anzahl Lizenzen zu zahlen.
- Es gibt keinen Aufwand für Installation und Wartung.
- Upgrades und auch Backups werden automatisch erstellt.

Ein Beispiele ist, dass ein ASP-Anbieter eine betriebswirtschaftliche Standardanwendung wie z.B. SAP bei sich laufen lässt oder eine Möglichkeit für Remote-Access (Einwahlmodems, Firewall, Server etc.) für den Außendienst eines ASP-Nutzers anbietet.

Als visionäres Konzept wird auch die Möglichkeit diskutiert, das Berechnungsprinzip auf Programme, sondern auf Programmteile auszudehnen. So kann ein ASP-Nutzer für die Inanspruchnahme der Grundfunktionalität einer Textverarbeitung einen sehr günstigen Preis zahlen, sobald er jedoch bestimmte anspruchsvolle Funktionalitäten nutzen möchte (Dateikonvertierung, Serienbrieffunktionalität etc.), kostet ihn das besonders viel Geld.

Prinzipiell ist Application Hosting eine Form des → *Outsourcing*.

→ *http://www.allaboutasp.org/*

→ *http://www.aspnews.com/*

Applikation

Anderes Wort für → *Anwendung*.

APPN

Abk. für Advanced Peer-to-Peer Networking.

Begriff aus der → *SNA*-Welt. Prinzipiell eine Weiterentwicklung, die langfristig als Nachfolger von SNA gilt. Vorgestellt 1983.

Bezeichnet eine Punkt-zu-Punkt-Verbindung auf Ebene 3 oder 4 der SNA-Schichten (im Gegensatz zu → *APPC*) zwischen PCs in einem LAN. Es ist kein → *Host* beteiligt. Zusätzlich werden Verzeichnisdienste und das → *Routing* zwischen mehreren → *APPC*-Systemen unterstützt, d.h., APPN realisiert die physikalische Verbindung im Rahmen von APPC. APPN erleichtert die Integration von Systemen, die auf SNA aufbauen, in herkömmliche → *LAN*-Strukturen mit Clients und → *Servern*.

APPV

Abk. für Advanced Pay-per-View.

Andere, seltenere Bezeichnung für Near Video on Demand (→ *NVoD*).

APPY

→ *YPPA*.

APS

1. Abk. für Automatic Protection Switching.

   In digitalen Übertragungssystemen wie z.B. → *FDDI*, → *SDH* oder bei → *SRP* die Bezeichnung für das automatische, unterbrechungsfreie Umschalten und Rekonfigurieren des Systems, falls das ursprüngliche Übertragungsmedium ausfällt, z.B. als Folge eines Kabelbruchs. Dieses Umschalten erfolgt üblicherweise innerhalb von 50 ms.

2. Abk. für Advanced Photo System.

   Bezeichnung für die Speicherung digitaler Daten auf einem herkömmlichen 35 mm breiten Film für Fotoapparate.

   Dabei wird der Negativfilm mit einer dünnen, transparenten und magnetischen Schicht überzogen, auf der Informationen zu einem bestimmten Bild gespeichert werden können.

   Speicherdaten können sein: Datum und Uhrzeit der Aufnahme, Belichtungszeit, Blendengröße oder auch ganze Buchstaben und Wörter, z.B. wie viele entwickelte Abzüge man von dem Foto haben möchte. Die Daten können im Entwicklungslabor zur Entwicklung und Nachbearbeitung verwendet werden.

   Eine andere Anwendungsmöglichkeit sind Texte über Aufnahmedatum, -uhrzeit, -ort und -anlass, die automatisch auf die Rückseite des entwickelten Bildes gedruckt werden können.

   Ein weiteres Feature von APS ist, dass drei verschiedene Bildgrößen und eine Indexfunktionalität (alle Bilder werden verkleinert auf einem eigenständigen Bild wiedergegeben) unterstützt werden.

   In einem ersten Schritt werden nur die Kanten des Films mit Daten belegt, so dass sich pro Foto ein Speicher von 400 Bytes ergibt. In einem zweiten Schritt können später Daten bis zu 2 KByte auf der gesamten Fläche eines Fotos gespeichert werden.

   Das Verfahren wurde gemeinsam von Canon, Eastman Kodak, Nikon, Minolta und Fuji im Jahr 1996 öffentlich vorgestellt.

   Die technische Evolution der Fotoapparate führte in den darauf folgenden zwei Jahren zu kleineren Kameras (Datenrückwand nicht notwendig), Kameras, die einen Filmwechsel zu jedem Zeitpunkt zulassen und Kameras mit automatischen Filmeinfädelsystemen (nur die Filmpatrone muss noch eingeführt und herausgenommen werden).

Apsiden

Bezeichnung für das → *Apogäum* und das → *Perigäum*, die erdfernsten- und erdnächsten Punkte bei Umlaufbahnen von Raumflugkörpern.

APT

Abk. für Automatic Programming (for) Tools.

Bezeichnung einer → *Programmiersprache* für Werkzeugmaschinen.

AQ

Abk. für Adaptive Quantization.

AR

1. Abk. für Auto-Regressive.
2. Abk. für Automatic Recall.
3. Abk. für Access Register.
4. Abk. für Alarm Report.

ARABSAT

Abk. für Arab Satellite Communications Organization. Bezeichnung einer 1976 von der Arabischen Liga gegründeten Organisation mit Sitz in Riad/Saudi Arabien zum Betrieb von Satelliten. Das Kontrollzentrum befindet sich in Dirab, einer Region südlich von Riad. Mitglieder sind alle Länder der Arabischen Liga. Die ersten zwei Satelliten starteten im Februar 1985 und wurden im Frühjahr 1997 durch zwei weitere Satelliten ergänzt.

Arbeitsauftrag

→ *Job.*

Arbeitsspeicher

Betriebsmittel in einem Rechner. Auch Hauptspeicher, Primärspeicher, Speicherwerk oder Speichersystem genannt. Bezeichnung des Speichers und seiner Ansteuerungslogik in einem Rechner, in dem die Programme laufen und Programme selbst und ihre zu bearbeitenden Daten während des Programmlaufs abgelegt werden. Der Arbeitsspeicher wird vom → *Betriebssystem* verwaltet.

Beim Aufruf eines Programms wird dieses durch das Betriebssystem von einem großen, langsamen und billigen Speicher (→ *Festplatte*, → *Diskette*) in den teureren, kleineren, aber dafür sehr viel schnelleren Arbeits- oder Hauptspeicher eines Rechners geladen. Arbeitsspeicher ist technisch auf Halbleiterbasis in Form eines → *ROM* und eines → *RAM* realisiert. Im RAM-Teil des Arbeitsspeichers befinden sich das Programm und seine Daten, im ROM unveränderbare Systemprogramme.

Daten im RAM sind flüchtig und gehen ohne Extraspeicherung nach Ausschalten des Rechners verloren.

Zwischen dem Arbeitsspeicher und der → *CPU* befindet sich bei modernen Rechnern noch ein → *Cache.*

Arbeitsstation

Selten benutzte, deutschsprachige Bezeichnung für → *Workstation.*

ARC

1. Abk. für Advanced RISC Computing.
   → *RISC.*
2. Abk. für Adaptive Reception Control.
3. Abk. für Audio Response Controller.
4. Abk. für Aiken Relay Calculator.
   → *Mark III.*

ARCH

Abk. für Access Response Channel.

Archer-Group

Bezeichnung für die Verbindung der Häuser AT&T und Sun in den 80er Jahren zur Entwicklung eines auf SunOS und Unix System IV basierenden Standards von → *Unix*, das zu Unix System IV.4 führte. Als Reaktion darauf bildete sich → *OSF.*

Architektur

Allgemein die Bezeichnung für eine abstrahierte Beschreibung von Systemen aller Art, üblicherweise untergliedert in einzelne voneinander unabhängige, aber zusammengehörende Größen, die miteinander über Schnittstellen interagieren. Die Architektur beschreibt die Module, ihre Schnittstellen und die Interaktionsprozesse.

Ein Beispiel für eine derartige Architektur ist das → *OSI-Referenzmodell.*

Archie

Bezeichnung eines Systems, das (mindestens, üblicherweise) einmal im Monat jeden dort registrierten → *FTP*-Server anruft und von diesem die Namen seiner Verzeichnisse und Dateien erhält. Durch Anfragen bei Archie mit → *telnet* kann sich ein Nutzer informieren, welche Dateien wo im → *Internet* auf öffentlich zugänglichen FTP-Servern verfügbar sind. Zusätzliche Informationen zu den einzelnen Dateien sind in einer Software Description Database (SDD) enthalten.

Mitte 1996 befand sich je ein Archie-System auf ca. 20 weltweit verteilten Hosts.

Archie ist für FTP das, was → *Veronica* für → *Gopher* ist. Es wurde von Programmierern der McGill-University in Kanada entwickelt und 1990 veröffentlicht. Maßgeblich haben Peter Deutsch, Alan Emtage und Bill Heelan an der Entwicklung mitgewirkt.

ARCnet

Abk. für Attached Resource Computing Network.

Ein von der Firma Datapoint Corp. Mitte der 70er Jahre entwickeltes Übertragungsprotokoll für den → *LAN*-Bereich. Zugrunde liegt Baum-Topologie und ein → *Token*-Verfahren, da logisch ein Token-Ring nachgebildet wird. Medium ist ein mit 93 Ohm abgeschlossenes Koaxialkabel, das mit 2,5 Mbit/s überträgt, oder für Hochgeschwindigkeitsanwendungen ein Glasfaserkabel für 100 Mbit/s (→ *TCNS*-System). Darüber hinaus existiert eine Variante für 2,5 Mbit/s über → *UTP.*

Maximal dürfen 254 Stationen (von denen jede eine Identifizierungsnummer 1 bis 255 hat) über aktive und passive → *Hubs* angeschlossen werden. Die Stationen dürfen max. 6 000 m auseinander liegen. Passive Hubs versorgen bis zu 30 m entfernt liegende Stationen, aktive Hubs bis zu 600 m entfernte Stationen. Korrekt empfangene Daten werden mittels der Sendung eines Bitmusters quittiert.

ARCnet gilt als billiger (und wesentlich langsamer) als → *Ethernet.*

Eine Variante ist ARCnetPlus, das mit 20 Mbit/s überträgt und seit 1993 → *ANSI*-Standard ist.

Mittlerweile hat ARCnet keine Bedeutung mehr. Kurz nach seiner Vorstellung im Jahre 1977 galt ARCnet jedoch als das bestverkaufte LAN-System weltweit.

ARCnetPlus

→ *ARCnet.*

Arcol

→ *Agent.*

Area

→ *BBS.*

Arento

→ *Telecom Egypt.*

ARI

Abk. für Autofahrer-Rundfunk-Information.

Bezeichnung für ein in Deutschland, der Schweiz und Luxemburg betriebenes System zum gezielten Fernsteuern von Autoradios mit speziellen ARI-Codern zum dortigen Einblenden eines Senders mit Verkehrsfunkinformationen.

Drei Signale ermöglichen ARI:

- Eine Senderkennung, die durch ein zusätzliches, permanent gesendetes und nicht hörbares Trägersignal von 57 kHz im Stereomultiplexsignal erreicht wird und durch die ein Radiosender erkannt werden kann, der grundsätzlich Verkehrsnachrichten aussendet. Diese Senderkennung ermöglicht so das automatische Suchen des Radios nach Sendern mit Verkehrsnachrichten.
- Eine ebenfalls nicht hörbare Bereichskennung legt die Region fest, so dass ein Hörer auch tatsächlich die Informationen empfängt, die für seinen aktuellen Aufenthaltsort relevant sind.
- Die hörbare Durchsagekennung (125 Hz, übertragen durch eine Zweiseitenband-Amplituden-Modulation des 57-kHz-Trägers) zu Beginn und Ende einer wichtigen Durchsage ermöglicht bei Bedarf das gezielte Einblenden von Verkehrsnachrichten, während z.B. die Kassette läuft oder das Radio auf ‚stumm' geschaltet ist.

ARIB

Abk. für Association of Radio Industries and Businesses.

Bezeichnung für ein japanisches → *Standardisierungsgremium* auf dem Gebiet des Mobilfunks. Es erarbeitet z.B. maßgeblich den japanischen Input für → *IMT 2000.*

Aries

Mobiles Satellitenfunksystem (→ *Satellitenmobilfunk*), von der Firma Constellation Communication betrieben. Es soll zur Jahrtausendwende seinen Betrieb aufnehmen.

Besteht aus 48 Satelliten in 1 018 km hohen → *LEOs*. Stellt 50 Kanäle/Satellit zur Verfügung. Ein Satellit soll 7 bis 19 Zellen versorgen. Kosten: 170 bis 290 Mio. $. Kosten je Satellit: 35 Mio. $.

ARIN

Abk. für American Registry for Internet Numbers.

→ *ICANN.*

ARIS

Abk. für Aggregate Route-based IP Switching.

→ *MPLS.*

Arithmomètre

Bezeichnung für ein mechanisches Rechengerät, das von Thomas de Colmar um 1820 entwickelt und in größeren Stückzahlen auch mehrere Jahre produziert wurde. Es gilt damit als erste serienmäßig hergestellte Rechenmaschine der Welt und war ungefähr so groß wie eine Stange Zigaretten.

ARL

Abk. für Adjusted Ring Length.

Bezeichnung einer Komponente, die in die Berechnung der maximalen Ringlänge beim → *Token-Ring* eingeht.

ARLP

Abk. für Acoustic Reference Level Plan.

ARM

1. Abk. für Application Resource Manager (Management).
2. Abk. für Asynchronous Response Mode.

   Bezeichnung eines Kommunikationsmodus von → *HDLC.* Es wird dabei eine Punkt-zu-Punkt-Verbindung zwischen den beteiligten Stationen aufgebaut, wobei eine Station die Rolle des Masters und eine die des Slave (auch Primary bzw. Secondary genannt) übernimmt. Beide Stationen können wie beim → *ABM* die Übertragung starten.

ARP

1. Finnisches analoges Mobilfunknetz aus der vor-zellularen Zeit. Erforderte manuelle Vermittlung. Operierte im 150-MHz-Band (146 bis 165 MHz, 5 MHz Duplexabstand, 25 kHz Kanalbandbreite). In Betrieb seit 1971. Stellt 80 Kanäle in zwei Bändern zu je 2 MHz zur Verfügung. War lange Zeit mit 35 000 Teilnehmern und landesweiter Versorgung eines der größten Mobilfunknetze weltweit.
2. Abk. für Address Resolution Protocol.

   Bezeichnung eines Protokolls aus der Welt des → *Internet*, dessen Aufgabe die Umsetzung von Adressen zwischen Adressierungsräumen verschiedener Standards ist.

   Aufgabe des ARP ist z.B. festzustellen, ob Adressen z.B. im Data-Link-Control-Format (DLC, 48 Bit) oder im Internet-Protocol-Format (→ *IP*, 32 Bit) vorliegen. Ggf. werden sie umgesetzt. Es wird z.B. bei der Verbindung von Netzen nach der → *IEEE-802*-Serie zu auf → *TCP* und → *IP*-basierten Netzen verwendet.

   ARP läuft meistens auf einem eigenen Rechner, dem Address Resolution Server (ARS).

   Eine Variante ist RARP (Reverse ARP), mit Hilfe dessen eine Station z.B. in einem 802-LAN ihre eigene IP-Adresse beim → *Booten* erfragen kann, was besonders wichtig für Stationen ist, die ihre eigene IP-Adresse nicht dauerhaft speichern können. Eine andere Anwendung ist ein Mapping von IP-Adressen auf → *E.164*-Adressen, falls IP-Verbindungen über → *ATM*-Netze realisiert werden.

   ARP ist definiert im RFC 826 und RARP im RFC 903.

ARPA

Abk. für Advanced Research Agency, früher DARPA mit D für Defense (= Verteidigung).

Hochrangige amerikanische Behörde des Verteidigungsministeriums (DoD, Department of Defense). Gegründet Ende der 50er Jahre nach dem Sputnik-Schock zur Förderung innovativer Projekte aller Art, insbesondere für Forschungsprojekte auf dem Gebiet der Verteidigung. Der Sitz ist Arlington und Rosslyn/Virginia.

Die Netzwerkprojekte fingen 1964 mit einem an Paul Baran erteilten Auftrag an. Es folgten eine ganze Reihe von Forschungsprojekten auf dem Gebiet der Computer-Netzwerke. Ergebnis war 1967 die Gründung des Arpanet, das im Dezember 1969 mit vier Knoten probeweise installiert wurde und erstes paketvermitteltes Netz überhaupt war. Seither wuchs es permanent weiter, wurde mit anderen Netzen verbunden usw. Ist seit seiner Deregulierung (1986) einer größeren Öffentlichkeit zugänglich und seither allgemein unter dem Namen → *Internet* bekannt. 1990 ging es im Backbone von NSFnet auf.

→ *http://www.arpanet.com/*

→ *http://www.arpa.mil/*

Arpanet

→ *ARPA*.

ARPU

Abk. für Average Return per User.

Ähnlich wie → *Churn* ein Begriff aus dem Bereich der Vermarktung von Telekommunikationsdiensten, ursprünglich geprägt in der Mobilfunkbranche.

ARPU bezeichnet den pro Kunde in einem Segment generierten durchschnittlichen Umsatz in einem bestimmten Zeitraum. Häufig wird als Zeitraum der Monat oder das Jahr genommen.

Der Begriff ist deshalb von Bedeutung, weil er bei der Segmentierung von Kunden häufig als ein Kriterium verwendet wird. Außerdem hilft er, die Profitabilität einzelner Kunden oder Segmente zu ermitteln.

Im Mobilfunk war z.B. in den späten 90er Jahren zu beobachten, dass die steigende Zahl von Mobilfunknutzern dazu führte, dass auch kommerziell weniger attraktive Kundengruppen Mobiltelefone nutzten (→ *Prepaid Card*). Zusammen mit sinkenden Minutenpreisen (in den USA z.B. im Durchschnitt -25% jährlich) können auch steigende Nutzungslängen und -häufigkeiten (in den USA z.B. im Durchschnitt +20% jährlich; gemessen in Gesprächsminuten) nicht verhindern, dass Ende der 90er Jahre der Durchschnittsumsatz pro Kunde kontinuierlich um 10% gesunken ist.

ARQ

Abk. für Automatic Repeat Request.

Allgemein ein Verfahren zur Datenübertragung, bei dem der Sender Daten sendet und auf deren korrekte Quittierung wartet. Ggf. sendet er die Daten noch einmal. Dieser Vorgang wiederholt sich so lange, bis die Daten korrekt übertragen worden sind.

Das Verfahren benötigt – im Gegensatz zu anderen Verfahren der Fehlererkennung und -korrektur wie z.B. → *CRC* oder → *FEC* – einen Rückkanal vom Empfänger zum Sender.

Es werden drei Verfahren unterschieden:

- Stop-And-Wait-ARQ bei zeichenorientierten Protokollen, bei denen der Sender nach jedem übertragenen Zeichen auf dessen Quittierung durch den Empfänger wartet. Erst wenn das aktuell gesendete Zeichen korrekt quittiert wird, erfolgt die Sendung des nächsten Zeichens.
- Continuous-ARQ (auch Go-Back-n genannt) bei bitorientierten Protokollen, bei denen die Quittierung durch einen Fenstermechanismus (→ *Fensterprotokoll*) geregelt wird, so dass bei richtiger Dimensionierung der Fenstergröße kontinuierlich gesendet werden kann (z.B. → *HDLC*).
- Selective-Repeat: Wie Continuous-ARQ, es wird jedoch nur das eine, fehlerhafte Datenpaket erneut übertragen.

Array Processor

→ *Vektorrechner*.

ARS

Abk. für Adress Resolution Server.

→ *ARP*.

ART

Abk. für Autorité de Régulation des Télécommunications.

Name der im Januar 1997 gegründeten französischen Regulierungsbehörde, vergleichbar mit der deutschen → *Regulierungsbehörde*.

Neben der ART verfügt aber auch das französische Ministerium für Finanzen, Handel und Industrie über Befugnisse im Bereich der Regulierung.

→ *http://www.art-telecom.fr/*

Artikel

→ *Posting*.

ARTS

Abk. für American Radio Telephone System.

Vorläufer von → *AMPS* mit 1989 noch 2 Mio. Teilnehmern.

AS

1. Abk. für Air Station.
   → *TFTS*.
2. Abk. für → *Anrufsucher*.
3. Abk. für Address Space.
4. Abk. für Application Services.
   → *OSI-Referenzmodell*.
5. Abk. für Autonomes System.
   Bei Netzen, die auf → *TCP* und → *IP* aufbauen, die Bezeichnung für Subnetzwerke, die nicht über einen dem gesamten System bekannten IP-Adressraum verfügen bzw. die eventuell sogar ganz andere Adressierungsstrukturen aufweisen. Innerhalb eines derartigen autonomen Systems wird durch die auf den → *Routern* laufenden internen → *Routingprotokolle* eine eigene Routingstrategie

realisiert, die nur Informationen aus dem autonomen System auswertet.

Ein AS muss nicht notwendigerweise einem einzigen Betreiber/Besitzer unterstehen. Es ist denkbar, dass es je Betreiber/Besitzer mehrere AS gibt, ebenso, wie sich ein AS über mehrere Betreiber/Besitzer erstrecken kann.

Ein komplettes Netz kann dabei aus einem, oder aus mehreren autonomen Systemen bestehen. Sinn dieser Aufteilung ist dabei eine bessere Netzauslastung und der Aufbau hierarchischer Netzstrukturen, was das Routing in großen Netzen erleichtert.

Um mit anderen autonomen Systemen dennoch kommunizieren zu können, gibt es die Klasse der externen Routingprotokolle.

6. Abk. für Aktiver Sternkoppler.
   → *Hub.*

AS/400, AS/400e

Abk. für Anwendungssystem.

Gilt als weit verbreitetes und flexibel einsetzbares Computersystem (insbesondere als → *Server* oberhalb von vergleichbaren PC-Systemen unter → *Windows NT*) der → *Minicomputer*-Klasse für den Mittelstand und als Abteilungsrechner für Großunternehmen aus dem Hause IBM. Eingeführt am 21. Juni 1988 für 40 000 bis 300 000 DM.

Es gilt als Nachfolger der /3X-Maschinen wie z.B. der S/32, S/36 und insbesondere der S/38 (→ *IBM S/32*). 2 000 Ingenieure haben drei Jahre daran gearbeitet.

Weltweit wurde es 400 000 mal installiert (bis Mitte 1997), womit es sich um einen großen Erfolg handelt.

Eine größere Modifikation der gesamten Linie erfolgte 1994 und wieder 1997 zur AS/400e, die mit einem 64 Bit → *PowerPC*-Chip ausgerüstet ist und einen RAM von bis zu 20 GByte unterstützen kann.

→ *Betriebssystem* ist das OS/400. Anwender der AS/400 sind in der Anwendervereinigung Common organisiert.

ASAI

Abk. für Adjunct Switch Application Interface.

Bezeichnung für eine Art → *API* aus dem Hause AT&T, die eine definierte Menge von Funktionalität zur Kontrolle einer Nebenstellenanlage durch ein Anwendungsprogramm (d.h. durch einen an die Nebenstellenanlage angeschlossenen PC) zur Verfügung stellt.

ASAM

Abk. für ATM Subscriber Access Multiplexer.

ASAP

Abk. für as soon as possible.

→ *Chat Slang.*

AsB, ASB

1. Abk. für → *Anschlussbereich.*
2. Abk. für Associated Body.

Bezeichnet bei Normungsorganisationen assoziierte Organisationen, die den Normungsprozess, z.B. durch Beratung, beeinflussen können.

ASC

Abk. für Afro-Asian Satellite Corporation.

Bezeichnung eines Firmenkonsortiums afrikanischer und asiatischer Unternehmen, die ein System für → *Satellitenmobilfunk* planen. Es soll regional einen Gürtel von Afrika über Asien bis Australien versorgen. Das System basiert auf Satelliten in der geostationären Umlaufbahn (→ *GEO*).

ASCC

Abk. für Automatic Sequenced Controlled Computer.

Andere Bezeichnung für den → *Mark I.*

ASCI Red

→ *Option Red.*

ASCII

Abk. für American Standard Code for Information Interchange.

Er wird auch 7-Bit-Code, 7-Schritte-Code, → *IA 5* oder Standard-ASCII genannt. Er ist ein weit verbreiteter 7-Bit-Code zur → *Codierung* von Buchstaben und gängigen Sonderzeichen, der, um länderspezifische Buchstaben erweitert, zu einem 8-Bit-Code wird.

Der Extended-ASCII ist der um ein 8. Bit erweiterte Standard-ASCII. Mit ihm können neben den 128 Standardzeichen weitere 128 (z.B. länderspezifische) Sonderzeichen und Grafiksymbole codiert werden.

Der Standard ISO 8859-1 (auch ISO-Latin1 genannt) erweitert den 7-Bit-ASCII-Code um ein weiteres Bit und damit um die wichtigsten Zeichen (Umlaute etc.) der europäischen Sprachen.

Oft wird der Standard-ASCII-Code auch mit einem 8. Bit als Paritätsbit eingesetzt (7-plus-1-Code).

Verabschiedet von der ANSI am 17. Juni 1963. War später auch Grundlage für den Code der → *ISO* (ISO 646) und der → *ECMA* (ECMA-6).

→ *EBCDIC.*

Dezimal	Hexa-Dezimal	Zeichen
0	00	NUL (als Füllzeichen verwendet)
1	01	SOH (Start of Heading)
2	02	STX (Start of Text)
3	03	ETX (End of Text)
4	04	EOT (End of Transmission)
5	05	ENQ (Enquiry, Rückantwortanforderung)
6	06	ACK (Acknowledgement, Bestätigung)
7	07	BEL (Bell; Klingel, Signalton auslösen)
8	08	BS (Backspace, Rückschritt)

Dezimal	Hexa-Dezimal	Zeichen
9	09	HT (ein horizontaler Tabulatorschritt)
10	0A	LF (Line Feed, Zeilenvorschub)
11	0B	VT (ein vertikaler Tabulatorschritt)
12	0C	FF (Form Feed, Seitenvorschub)
13	0D	CR (Carriage Return, Wagenrücklauf)
14	0E	SO (Shift Out, Dauerumschaltung aus)
15	0F	SI (Shift In, Dauerumschaltung ein)
16	10	DLE (Data Link Escape)
17	11	DC1 (Device Control 1, Gerätesteuerzeichen Nr. 1)
18	12	DC2 (Device Control 2, Gerätesteuerzeichen Nr. 1)
19	13	DC3 (Device Control 3, Gerätesteuerzeichen Nr. 1)
20	14	DC4 (Device Control 4, Gerätesteuerzeichen Nr. 1)
21	15	NAK (Negative Acknowledge)
22	16	SYN (Synchronisationszeichen)
23	17	ETB (End of Transmission Block)
24	18	CAN (Cancel, ungültig)
25	19	EM (End of Medium)
26	1A	SUB (Substitute)
27	1B	ESC (Escape; oft als Präfix verwendet)
28	1C	FS (File Separator, Dateitrennzeichen)
29	1D	GS (Group Separator)
30	1E	RS (Record Separator)
31	1F	US (Unit Separator)
32	20	Leerzeichen, Space
33	21	!
34	22	"
35	23	#
36	24	$
37	25	%
38	26	&
39	27	'
40	28	(
41	29	)
42	2A	*
43	2B	+
44	2C	,
45	2D	-
46	2E	.

Dezimal	Hexa-Dezimal	Zeichen
47	2F	/ (→ *Slash*)
48	30	0
49	31	1
50	32	2
51	33	3
52	34	4
53	35	5
54	36	6
55	37	7
56	38	8
57	39	9
58	3A	:
59	3B	;
60	3C	<
61	3D	=
62	3E	>
63	3F	?
64	40	@ (→ *Klammeraffe*)
65	41	A
66	42	B
67	43	C
68	44	D
69	45	E
70	46	F
71	47	G
72	48	H
73	49	I
74	4A	J
75	4B	K
76	4C	L
77	4D	M
78	4E	N
79	4F	O
80	50	P
81	51	Q
82	52	R
83	53	S
84	54	T
85	55	U
86	56	V
87	57	W

Dezimal	Hexa-Dezimal	Zeichen
88	58	X
89	59	Y
90	5A	Z
91	5B	[
92	5C	\ (→ *Backslash)*
93	5D	]
94	5E	^
95	5F	_ (Unterstrich)
96	60	‘
97	61	a
98	62	b
99	63	c
100	64	d
101	65	e
102	66	f
103	67	g
104	68	h
105	69	I
106	6A	j
107	6B	k
108	6C	l
109	6D	m
110	6E	n
111	6F	o
112	70	p
113	71	q
114	72	r
115	73	s
116	74	t
117	75	u
118	76	v
119	77	w
120	78	x
121	79	y
122	7A	z
123	7B	{
124	7C	}
125	7D	|
126	7E	~ (Tilde)
127	7F	DEL (Delete)

ASCII-Grafik

Bezeichnung für eine Zeichnung/ein Bild/eine Grafik, die nur aus den einzelnen Zeichen und Sonderzeichen des ASCII-Codes besteht.
Das einfachste Beispiel für ASCII-Grafiken sind → *Smileys*.

ASE

1. Abk. für Amplified Spontaneous Emission.
   Bezeichnung für das in optischen Verstärkern (→ *OFA*) durch zufällig stimulierte Emission entstehende Rauschen.
2. Abk. für Application Service Elements.

ASF

Abk. für Advanced Streaming Format.
→ *Streaming*.

ASI

Abk. für Aktor-Sensor-Interface.
Bezeichnung für einen → *Feldbus*, das zur Vernetzung im Maschinen- und Anlagenbau von digitalen Elementen der → *Sensorik* und → *Aktorik* mit einer Steuerungseinheit konzipiert ist.
Dabei werden die Nutzinformationen über ein ungeschirmtes und max. 100 m langes → *Flachbandkabel* (Verlängerung durch Nutzung von → *Repeatern* ist möglich) mit zwei Leitern transportiert, über das auch die Energieversorgung (max. 2 A über das Flachbandkabel) der max. 31 angeschlossenen Slaves erfolgt, die wiederum die max. vier Elemente pro Slave der Sensorik und Aktorik versorgen.
Das Zugriffsrecht auf den Feldbus wird durch einen Master in der Steuereinheit durch zyklisches → *Polling* unter allen angeschlossenen Slaves vergeben. Die Dauer zwischen einzelnen Pollings einer Station hängt von der Anzahl aktiver Slaves ab und passt sich an diese Zahl an. Die Zeit liegt zwischen ca. 0,5 und 5 ms, wodurch sich ein relativ gutes Echtzeitverhalten ergibt.
Als Modulationsverfahren zur Datenübertragung auf dem Bus wird → *APM* genutzt.
Der begrenzten Zahl der anschließbaren Slaves und damit der Elemente der Sensorik und Aktorik kann durch das Parallelschalten von mehreren ASI-Bussen von der Steuereinheit aus begegnet werden, die dazu allerdings entsprechend viele Schnittstellen haben muss.

Asia Pacific Cable Network

→ *APCN*.

Asiasat

Bezeichnung einer Serie von Telekommunikationssatelliten die im Auftrag der Asia Satellite Telecommunications (Sitz: Hongkong) von Hughes in Los Angeles/USA gebaut wurden. Genutzt von verschiedenen asiatischen Carriern.

ASIC

Abk. für Application Specific Integrated Circuit.
Bezeichnet einen Baustein aus der Halbleitertechnik, aber kein standardisiertes in sehr großen Serien produziertes

Bauteil wie z.B. Speicherbausteine, Mikrocontroller (→ *Controller*) oder Peripheriebausteine, sondern einen auf eine bestimmte Anwendung eines Kunden gebauten Mikrochip.

Vorteile des ASIC gegenüber einer Schaltung aus anderen Standardbauteilen: geringerer Platzbedarf und Leistungsverbrauch, niedrigere Bestückungskosten.

Eine Alternative sind → *FPGA*s.

→ *Die*.

ASID

Abk. für Access, Searching and Indexing (of Directories).

Eselsbrücke, welche die Grundfunktionen eines → *Verzeichnisdienstes* beschreibt.

ASK

Abk. für Amplitude Shift Keying, Amplitudenmodulation, daher auch mit AM abgekürzt.

Einfachstes Verfahren der → *digitalen Modulation*, bei dem die zu übertragenden digitalen Signale eine Schwingung auf dem Übertragungsmedium an- oder ausschalten. Wegen hohen Bandbreitenbedarfs und großer Störanfälligkeit gegenüber Störsignalen (Rauschen etc.) und Interferenzen wird dieses Verfahren heute kaum verwendet.

Störungen auf einer elektromagnetischen Übertragungsstrecke (= Funkkanal) pflegen sich in der Regel immer auch auf die Amplitude des zu übertragenden Signals auszuwirken, so dass die Sendeleistung groß sein muss (große Amplitude), um Amplitudenveränderungen durch Störungen tolerieren zu können. Ferner können leistungsschwache Signale (geringe Amplitude) selbst ohne externe störende Einwirkungen durch bereits schwache Dämpfung des Übertragungsmediums derart verändert werden, dass eine korrekte Decodierung beim Empfänger nicht möglich ist.

Vorteil ist die einfache Realisierbarkeit.

ASK kann aus den genannten Gründen nur bei relativ störungsfreien Übertragungsmedien eingesetzt werden, weswegen das Verfahren bei Glasfaserübertragungen (Licht an und Licht aus, → *Glasfasertechnik*) weit verbreitet ist. Wird dort auch als On-Off-Keying (OOK) bezeichnet.

Asl, ASL

1. Abk. für → *Anschlussleitung*.
2. Abk. für Adaptive Speed Leveling.

   Bezeichnet bei → *Modems* das → *Fallback* und das → *Fallforward*.

AslMx

Abk. für Anschlussleitungsmultiplexer.

ASM

1. Abk. für Address Space Manager.
2. Abk. für Anschlussmodul.
3. Abk. für Analogue Subscriber Module.

ASME

Abk. für American Society of Mechanical Engineers.

Bezeichnung des amerikanischen Berufsverbandes der Maschinenbauingenieure, in etwa vergleichbar mit dem → *VDI* in Deutschland.

ASN.1

Abk. für Abstract Syntax Notation (Number) One.

Bezeichnung für eine Definitionssprache für Daten aller Art. Ziel bei der Entwicklung von ASN.1 war die Entwicklung einer abstrakten (d.h. soft- und hardwareunabhängigen und somit auch herstellerunabhängigen) Beschreibung der Syntax von Informationen, Daten, Datensätzen und Datenstrukturen oder auch → *Algorithmen* und → *Protokollen* für Kommunikationszwecke.

Konkret ist die ASN.1 ein von → *ISO* in ISO 8824 und von der → *ITU* in X.208 und X.209 genormtes, umfassendes und erweiterbares Werkzeug (ähnlich einer → *Programmiersprache* wie → *C* oder → *Pascal*, auch mit → *PostScript* oder → *SDL* vergleichbar) zur Beschreibung des Datenaustauschs und der Datenübertragung zwischen heterogenen Netzen und Speicherumgebungen, insbesondere auf höheren Ebenen des → *OSI-Referenzmodells*.

Die Grundlagen sind als Basic Encoding Rules (BER) definiert.

ASN.1 wurde in den späten 70er Jahren im Hause Xerox im Palo Alto Research Center (→ *PARC*) entwickelt und 1984 zur Grundlage der Dokumentation der → *X.400*-Empfehlungen.

ISO und → *CCITT* entwickelten zusammen ASN.1 für die Darstellungsschicht des → *OSI-Referenzmodells*. Heute wird ASN.1 bei vielen Standards zur eindeutigen, weil grafischen und damit überwiegend sprachunabhängigen Dokumentation genutzt.

ASO

1. Abk. für Address Supporting Organization.

   → *ICANN*.
2. Abk. für Automated System Operations.

   Bezeichnet beim Betrieb von z.B. Rechenzentren und anderen komplexen, technischen Systemen die Konfiguration des Systems für einen temporären, vollautomatischen Betrieb ohne menschliche Kontrolle.

   Scherzhaft auch ‚Lights-out Operations' genannt.

ASP

1. Abk. für Active Splitting Point.

   Andere Bezeichnung für → *Splitter*.
2. Abk. für Active Server Page.

   Bezeichnung aus der Microsoft-Welt. Bezeichnet dort eine in → *html* definierte Seite, die mehrere → *Skripte* enthält, die alle auf einem Microsoft Internet Information Server bearbeitet werden, bevor die Seite zum abrufenden Nutzer übertragen wird.

   → *http://www.aspin.com/*

   → *http://www.aspalliance.com/*

   → *http://www.aspwelt.com/*
3. Abk. für → *Application Service Provider* (Providing).

ASR

1. Abk. für Automatic Send-Receive Teletype-writer Machine.
   International gängige Bezeichnung für einen Fernschreiber (Teletype) mit Lochstreifensender und -empfänger.
2. Abk. für Automatic Speech Recognition, automatische Spracherkennung.
   → *Sprachsystem*.
3. Abk. für Answered Call Ratio.
   → *Call Completion*.

Assembler, Assemblersprache

Oberbegriff für → *Programmiersprachen* der 2. Generation (2GL). Bezeichnung einer symbolischen Sprache zur Programmierung von Rechenanlagen auf unterer Ebene. Die → *Maschinensprache* des Rechners wird dabei in mnemonische alphanumerische Buchstabenfolgen abgebildet (→ *mnemoisch*), die sich leichter vom Menschen handhaben und referenzieren lassen, als die nur aus Bitfolgen bestehende Maschinensprache des Rechners. Die Umwandlung des Assemblercodes (Quellprogramm) in die vom Rechner verarbeitbare Maschinensprache (Objektprogramm) bleibt einem Programm (Übersetzer) überlassen, das auch Assembler heißt.
Heute wird kaum noch in Assembler programmiert. Ausnahmen sind Programme, bei denen es auf extrem hohe Arbeitsgeschwindigkeit oder die ressourcenschonende Nutzung von anderen knappen Ressourcen, wie etwa dem Hauptspeicher, ankommt.

Assoziativitätsgrad

→ *Cache*.

Asterisk

Bezeichnung für den Stern * auf der Tastatur. Wird oft als → *Wildcard* verwendet.

ASTRA

Bezeichnung einer Klasse von → *Satelliten* für die Verbreitung von Rundfunkprogrammen, die von der Gesellschaft SES (Société Européenne des Satellites) mit Sitz in Luxemburg betrieben werden. Die Satelliten Astra 1A bis 1G stehen zusammen auf der Position 19,2° Ost in ihrer geostationären Umlaufbahn (→ *GEO*), so dass sie mit einer Satellitenantenne empfangen werden können.
Ausgestrahlt werden, im Gegensatz zu den Satelliten von → *EUTELSAT*, insbesondere deutschsprachige TV-Programme.
→ *http://www.astra.lu/*

ASTRAL

Abk. für Alliance for Strategic Token Ring Advancement and Leadership.
Bezeichnung einer aus 16 Herstellern von → *Token*-Ring-Hard- und -Software bestehenden Vereinigung zur Weiterentwicklung des Token-Ring-Standards → *IEEE 802.5*.

Astrolink

Bezeichnung für ein geplantes breitbandiges System für → *Satellitenmobilfunk* aus dem Hause Lockheed-Martin.

ASU

Abk. für Asynchron-Synchron-Umsetzer.
Bezeichnung für ein Gerät, das den Anschluss asynchroner Endgeräte an synchron übertragende Netze wie z.B. das → *IDN* der Deutschen Telekom erlaubt.

ASUT

Abk. für Association suisse d'usagers de télécommunications.
Bezeichnung für den schweizerischen Interessenverband der Anwender und Nutzer von Telekommunikationsdiensten.
Adresse:

asut-Sekretariat
Postfach
8023 Zürich
Schweiz
Tel.: (+ 41) 01 / 7 47 30 60
Fax: (+ 41) 01 / 7 47 30 61

→ *http://www.asut.ch/*

ASVD

Abk. für Asynchronous Simultaneous Voice and Data.
→ *DSVD*.

Asymmetrische Verschlüsselung

→ *Public-Key-Verfahren*.

Asynchrone Übertragung

Ein Übertragungsverfahren, bei dem der Gleichlauf zwischen Sender und Empfänger für eine Folge von Bits (i.A. ein Zeichen) durch die Endeinrichtung hergestellt wird. Der Gleichlauf wird dabei nicht durch einen Datentakt (→ *synchrone Übertragung*), sondern durch spezielle markierte Anfänge und Enden von Datenworten erreicht (z.B. Start-Stopbits).
Bekanntestes Beispiel für asynchrone Übertragung ist die Übertragung über die seriellen asynchronen Schnittstellen COM1 bis COM4 eines PCs.

Asynchronsatellit

→ *Satellit*.

AT

Abk. für Advanced Technology.
Bezeichnung von IBM für ihre → *PC*-Produkte nach der zweiten großen technischen Renovierungswelle, die mit dem 80286-Prozessor aus dem Hause Intel ausgerüstet waren. Vorgänger war die → *XT*-Generation. Nachfolgemodelle mit dem → *Intel 80386* waren die Rechner der → *PS/2*-Serie.
IBM brachte im August 1984 PCs mit dem 80286-Prozessor heraus (→ *Intel 80286*), um besser gegen den Ansturm von XT-Clones gerüstet zu sein. Sie waren angeblich zwei- bis dreimal schneller als XT-Systeme. Neu war der 16-Bit-Bus (AT-Bus, → *ISA*) und ein Takt von 6 MHz, der später über

8 auf 10 MHz anwuchs. Der AT-Rechner war mit dem Betriebssystem MS-DOS Version 3.0 aus dem Hause → *Microsoft* ausgestattet.

Ein plattenloses Einsteigersystem mit 256 KByte Speicher (erweiterbar bis 3 MByte) kostete 10 130 DM. Dazu kamen 1 206 DM für die Tastatur. Ein Komplettsystem mit zwei 20 MB Festplatten und 512 KByte Speicher war für 20 000 DM zu haben, plus Mehrwertsteuer.

ATA-Festplatte

→ *IDE.*

ATAPI

Abk. für AT Attachment Packet Interface.

→ *IDE.*

Atari, Atari 400, Atari 800, Atari ST

Die Bezeichnung stammt vom chinesischen Spiel „Go" und bedeutet dort soviel wie Schachangebot. Andere Versionen sprechen davon, dass Atari in der japanischen Sprache „Ich werde gewinnen" bedeutet.

Bezeichnung für ein Unternehmen, das sehr früh → *Home-Computer* entwickelte.

Der → *pong*-Entwickler Nolan Bushnell gründete im November 1972 im → *Silicon Valley* in Sunnyvale mit überlieferten 500 $ Startkapital die Spielefirma Atari, zunächst, um Spielautomaten für Spielhöllen herzustellen.

1975 hatte der Angestellte Harold Lee die Idee, das Erfolgsspiel pong auch in einer Version für Konsumenten zum Spielen am eigenen Fernseher auf den Markt zu bringen. Zunächst hatte er Schwierigkeiten, das eigene Management davon zu überzeugen, doch die Warenhauskette Sears brachte im Weihnachtsgeschäft 150 000 Geräte unter dem Produktnamen „Sears Telegames" in den Markt und landete damit einen großen Wurf.

Im gleichen Jahr waren für Atari auch die späteren Gründer von → *Apple,* Steven Paul Jobs (*24. Februar 1955) und Stephen G. Wozniak, tätig, die in nur fünf Tagen das Spiel „Breakout" entwickelten.

Atari selbst wurde 1976 von Warner Communications für 26 Mio. $ Bushnell abgekauft, der jedoch in der Firma blieb. Atari fehlten zu diesem Zeitpunkt Mittel, um verschiedene Entwicklungsprojekte weiter vorantreiben zu können. Das wichtigste Projekt war die Spielekonsole VCS 2600 (Video Cartridge System).

Im gleichen Jahr begann man mit der Herstellung von Flippern.

1977 brachte Atari ein tragbares Videospiel („Touch Me") auf den Markt. Ebenfalls 1977 kam nach einer Investition von rund 100 Mio. $ in die Entwicklung die VCS 2600 auf den Markt. Sie wurde ein absoluter Renner und fast 17 Jahre lang unverändert produziert. Sie hatte eine 6507 CPU, war mit 1,18 MHz getaktet, verfügte über 128 KB RAM, eine Auflösung von 320 * 200 Bildpunkten bei theoretisch 256 Farben und drei Stimmen Mono-Sound. Die VCS 2600 kostete 200 $ und war nach 400 000 verkauften Exemplaren erstmals im Dezember 1979 ausverkauft, womit Atari gerade im Weihnachtsgeschäft eine große Umsatzmöglichkeit verloren ging.

1979 wurde die Home-Computer-Division gegründet, als Atari erkannte, dass aus der Konsole heraus ein leistungsstarker Home-Computer zu entwickeln ist. Schon im gleichen Jahr stellte Atari die Modelle 400 für 550 $ und 800 für 1 000 $ vor, die im Oktober 1979 in den Verkauf gingen.

Herausragend waren vor allem die Grafikfähigkeiten dank des Coprozessors ANTIC (Alpha Numeric Television Interface Controller) der von Jay Miner, der später auch für → *Amiga* tätig war, entwickelt wurde, und in allen späteren Modellen vorhanden war; ebenso wie der Soundchip POKEY (POtentiometer and KEYboard Integrated Circuit). Beide Bausteine begründeten den Ruf eines ‚Multimedia-Rechners', auch wenn seinerzeit noch niemand ahnte, was das sein könnte.

Der 400 hatte als Mikroprozessor einen MOS 6502A, wurde mit 1,77 MHz getaktet, verfügte über 8 KByte RAM (später 16 KByte, erweiterbar auf 46 KByte), 10 KByte ROM und eine Folientastatur.

Der 800 hatte einen Mikroprozessor vom Typ MOS 6502, der mit 1,77 MHz getaktet wurde und über 8 KByte RAM (später 48 KByte), 10 KByte ROM, einen zusätzlichen Modulschacht für RAM-Module, einen Monitoranschluss und eine herkömmliche Tastatur verfügte.

Das → *Betriebssystem* hatte die Bezeichnung TOS (The Operating System).

Bushnell verließ Atari 1979, um zunächst seine eigene Roboterfirma zu gründen und kurze Zeit nach deren Erfolglosigkeit Manager beim „Pizza Time Theatre" zu werden.

Nachfolger war der schon 1978 von Warner in das Unternehmen eingeführte Ray Kassar. Er führte ein strengeres und konservativeres Regiment ein, woraufhin verschiedene Entwickler das Unternehmen verließen.

1981 brachte Atari die Spielekonsole VCS 5200 auf den Markt, die eigentlich die VCS 2600 ablösen sollte. Die VCS 5200 floppte jedoch, da sie inkompatibel zur Vorgängerin war und niemand alle seine Spiele wegwerfen möchte.

1984 verkaufte Warner ihrerseits Atari an Jack Tramiel, den Gründer von → *Commodore*, und eine Gruppe von Investoren.

Den erfolgreichen → *Home-Computer* Atari 520ST der ST-Linie, die maßgeblich vom schon beim → *C 64* aktiven Shiraz Shivji entwickelt wurde, brachte Atari 1985 auf den Markt. Er wurde einer treuen und überwiegend jugendlichen Fangemeinde unverzichtbarer Partner bei Computerspielen, obwohl auch ‚ernsthafte' Programme in speziellen Versionen für den Atari ST entwickelt wurden (z.B. Word Perfect 1987). Ein weiteres Kennzeichen der ST-Linie war die → *MIDI*-Fähigkeit.

Aus der ST-Linie ging Ende der 80er Jahre die Falcon-Linie hervor, die 1993 in ein eigenes Unternehmen ausgegründet wurde.

1996 schließlich ging Atari mit verschiedenen Teilen in anderen Unternehmen auf.

→ *http://www.atari.com/*

ATB

1. Abk. für Automated Ticket and Boarding Pass.
   Bezeichnung eines maschinenlesbaren Tickets oder einer entsprechenden Bordkarte.
2. Abk. für Amtliches Telefonbuch.
   → *Teilnehmerverzeichnis.*
3. Abk. für ATM Termination Board.

AT-Befehlssatz

Hat nichts mit der gleichnamigen PC-Klasse zu tun (→ *AT*). Andere Bezeichnung für den → *Hayes-Befehlssatz.*

AT-Bus

→ *ISA.*

ATC

1. Abk. für Adaptive Transform Coding.
   Bezeichnung eines Sprachcodierverfahrens, bei dem die menschliche Sprache mit einer Datenrate zwischen 8 und 16 kbit/s codiert wird. ATC kombiniert die Verfahren Time Domain Harmonic Scaling (TDHS), Linear Predictive Coding (→ *LPC*) und Vector Quantization (VQ) und gilt im Vergleich zu anderen Verfahren als weniger komplex.
   → *IMBE.*
2. Abk. für Air Traffic Control.
   International gebräuchliche Abkürzungen für eine Reihe von Kommunikations- und Detektionstechnologien (z.B. auch → *RADAR*) zu Zwecken der Kontrolle und Führung des militärischen und zivilen Luftverkehrs.

ATDM

Abk. für Asynchronous Time Division (Multiplexing).
Eine Vorläufertechnik zu und Vorläuferbezeichnung für → *ATM*, die sich aus der herkömmlichen Zeitmultiplextechnik → *TDM* ableitet.

ATE

Abk. für Automatic Test Equipment.

A-Teilnehmer

In einer Kommunikationsbeziehung die Partei, die sie initiiert hat. Beispielsweise bei einem Telefonat der Anrufende. International auch A-Party genannt.
→ *B-Teilnehmer.*

ATF

Abk. für Automatic Track Finding.
Bezeichnet bei Datensicherungssystemen, die Bandmedien als Speichermedium nutzen, die Möglichkeit des Suchlaufs. Verschiedene, inhaltlich zusammengehörige Teile, z.B. Dateien, des Bandes werden dabei durch eine spezielle Markierung voneinander abgegrenzt.

ATF 1

Abk. für Autotelefoon Net 1.
Bezeichnung für das erste niederländische automatische analoge Mobilfunknetz.
Es war der Nachfolger von → *OLN* und war seit Ende 1980 in Betrieb.
Allerdings basierte es auf den Verkehrsdaten des vorigen manuellen OLN, was bereits nach einem Jahr Probleme bereitete, da Teilnehmer automatischer und damit komfortablerer Netze erfahrungsgemäß häufiger telefonieren als Teilnehmer manueller Netze. Dies führte zu unerwünschten Überlasteffekten.
Das Netz selbst ist technisch kompatibel zum → *B-Netz* in Deutschland.

Athena

→ *Kerberos.*

Athlon

→ *AMD.*

ATIS

Abk. für Alliance for Telecommunications Industry Solutions.
Bezeichnung eines Verbandes in den USA, der technische Standards und Betriebsvorschriften für Telekommunikationsnetze erarbeitet.
→ *TIA.*
→ *http://www.atis.org/*

Atlantis 2

Bezeichnung eines 11 700 km langen → *Unterwasserkabels* zwischen Europa und Südamerika. Es führt von Lissabon/Portugal über die Stationen El Medano/Kanarische Inseln, Dakar/Senegal, Praia/Kapverdische Inseln, Fortalezza/Brasilien nach Las Toninas/Argentinien.
Deutschland wird über das → *Sea-Me-We 3* angebunden.
Die Vertragsunterzeichnung erfolgte am 23. Juli 1997. Das Kabel wurde im Februar 2000 in Betrieb genommen.

ATLAS

1. Abk. für Abbreviated Test Language for Avionics Systems.
   Eine höhere → *Programmiersprache* für computergestützte Testsysteme. Sie wurde ursprünglich innerhalb der Luftfahrtindustrie eingesetzt, später aber auch in anderen technischen Branchen.
2. Bezeichnung eines 1962 in Betrieb genommenen → *Supercomputers.* Er war seinerzeit der schnellste Computer der Welt und steht an der Universität von Manchester in GB. Es handelt sich um einen Computer, der bereits zahlreiche fortschrittliche Konzepte nutzt. Die Atlas war der erste Computer, der einen → *virtuellen Speicher*verwendete. Er verfügte über getrennte → *CPUs* für Festkomma- und Gleitkommaarithmetik.

ATM

1. Abk. für Automatic Teller Machine.
   Englischsprachige Bezeichnung für Geldautomat. Der Begriff leitet sich von der Bezeichnung für den Kassierer in der Bank ab (‚Teller‘), mit dem man üblicherweise eine

kurze Unterhaltung führte, wenn man seine Bankgeschäfte erledigte.

Erste derartige Geräte wurden 1970 in den USA installiert.

2. Abk. für Asynchronous Transfer Mode.

Wird seltener auch Cell Relay genannt. Eine verbindungsorientierte Hochgeschwindigkeits-Multiplex- und Vermittlungstechnik, der in den frühen 90er Jahren hinsichtlich des Aufbaus globaler Netze als auch des Aufbau multimediafähiger Netze im → *LAN*-Bereich eine große Zukunft prognostiziert wurde. Diese Bedeutung hat ATM jedoch mittlerweile an → *IP* abgegeben.

Die Standardisierung gilt als noch nicht vollständig abgeschlossen. Verschiedene Gremien sind daran beteiligt, z.B. die beiden wichtigsten Gremien → *ITU* und ATM-Forum. Daneben arbeiten Gremien wie → *IETF*, → *Eurescom*, → *ETSI*, → *TTC*, → *ECMA*, → *DAVIC* und → *Bellcore* diesen Gremien zu.

Ziel bei der Entwicklung von ATM war eine Kombination der Vorteile von paket- und leitungsvermittelnden Netzen (→ *Paketvermittlung*, → *Leitungsvermittlung*). ATM ist derzeit Grundlage für die Vermittlung von → *B-ISDN*, bzw. der Dienst B-ISDN wird über ein öffentliches Netz aus ATM-Knoten und → *SDH*-Leitungen realisiert.

ATM wird sowohl in lokalen Netzen (privaten Netzen) als auch in öffentlichen Netzen eingesetzt. Es ist die erste Technologie überhaupt, die das ermöglicht.

ATM ist eine Übertragungstechnik für jede Art von digital codierter Information: Sprache, Stand- und Bewegtbilder, Daten und Texte. Darüber hinaus werden auch Datenströme jeder Kapazität vermittelt, wovon sich im weiten Sinne auch die Eigenschaft ‚asynchron' ableitet. Natürlich ist das genutzte Transportmedium synchron in dem Sinne zu verstehen, dass Sender und Empfänger getaktet sind und die Bit periodisch in genau definierten Abständen auf das Medium geschickt werden. Asynchron hingegen ist ATM deswegen, weil Zellen, die zu dem gleichen virtuellen Kanal gehören, nicht notwendigerweise periodisch auf dem Medium erscheinen. Dieses hingegen ist bei der heute vorhandenen Zeitvielfachtechnik (→ *TDMA*, → *PCM*) der herkömmlichen digitalen Vermittlungen der Fall, die Zeitschlitze verschiedener Zeitmultiplexleitungen für die Dauer der Verbindung in periodischen Abständen miteinander verknüpft.

Beispielsweise ist der → *E1*-Carrier (2,048 Mbit/s, → *PCM 30*) aus 32 Kanälen zu je 64 kbit/s zusammengesetzt. Ein bestimmter Kanal taucht periodisch (in zeitlich konstanten und damit synchronen Abständen) immer wieder auf. Es existiert im Gegensatz dazu beim ATM-Vermittlungsprinzip jedoch keine Bindung an einen periodischen Zeitrahmen.

Ferner wird ATM auch oft als statistisches Zeitmultiplexverfahren bezeichnet. Das liegt daran, dass die Eigenschaft der variablen Bitrate und weitere verkehrstheoretische Parameter bzw. deren statistisches Verhalten zur Netzdimensionierung herangezogen werden können. Dadurch kann vielen Teilnehmern ‚Bandbreite nach Bedarf' zur Verfügung gestellt werden, ohne dass es zu Problemen kommt, wenn jemand die komplette Bandbreite exklusiv nutzen möchte. Beispielsweise wird bei 100 angeschlossenen Stationen, die mit der Last (= benötigte max. Bandbreite) von 1 und mit der Wahrscheinlichkeit p = 0,25 (was die variable Bandbreite symbolisiert) senden, selten eine Last von größer als 40 (= 0,25 * 100) gene-

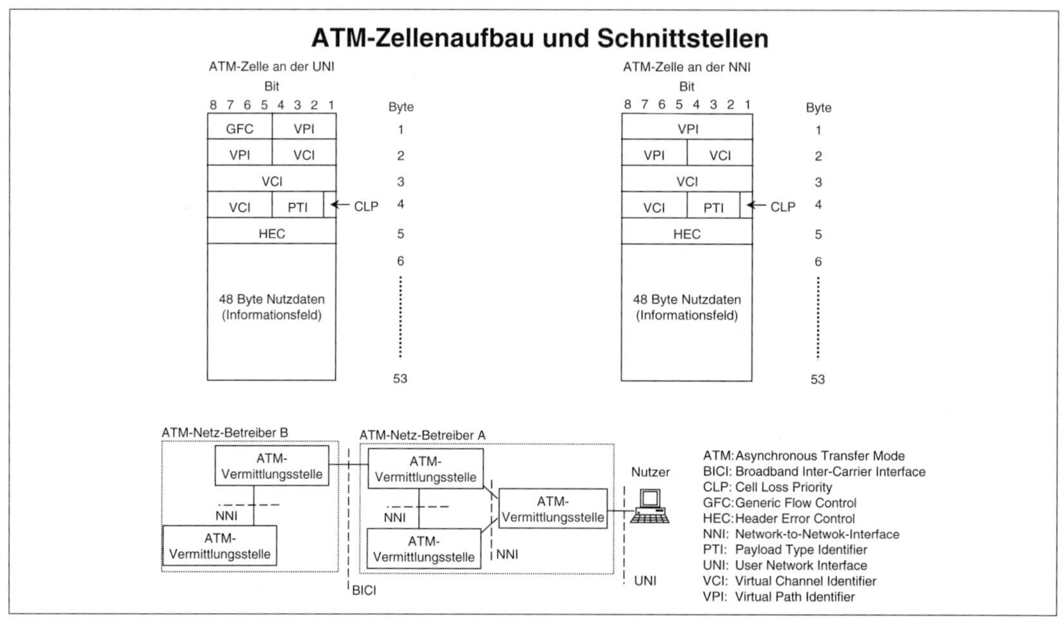

riert. Man benötigt also nicht eine Kapazität von 100, um die Last der 100 Teilnehmer abzufangen.

Permanent geschaltete oder leitungsvermittelte Verbindungen (z.B. beim Telefon) garantieren Echtzeit, bieten aber keine variablen Bitraten. Paketverbindungen hingegen bieten keine Echtzeitbedingungen, aber durchaus variable Bitraten. Nun gibt es aber neue Anwendungen, bei denen variable Bitraten unter Echtzeitbedingungen gewünscht sind: Videoübertragung bei Videokonferenzen oder → *On-Demand-Dienste* zum Beispiel. Sie werden heute noch über breitbandige und teure Mietleitungen sowie das leitungsvermittelte → *ISDN* angeboten. ATM erfüllt die gewünschten Bedingungen.

ATM belegt im → *OSI-Referenzmodell* Schicht 1 und große Teile von Schicht 2.

In einer ATM-Vermittlung werden als Übertragungseinheiten sog. Nachrichtenzellen der festen Länge von 53 Bytes (im Gegensatz zu den Nachrichtenpaketen der Paketvermittlungstechnik, wie z.B. bei → *X.25*), die aus Kopf- (5 Bytes) und Informationsfeld (48 Bytes, sog. → *Payload*) bestehen, anhand der im Kopf enthaltenen Adressierung vermittelt. Es existieren dabei zwei verschiedene Zellenformate, von denen eines an der Teilnehmer-Netzschnittstelle (User Network Interface, UNI) und eines an der Schnittstelle zwischen zwei Netzknoten (Network Node Interface, NNI) zum Einsatz kommt. Sie unterscheiden sich lediglich im Format des ersten Oktetts vom Header. Daneben gibt es als weitere Schnittstelle das BICI (Broadband Intercarrier Interface) als Schnittstelle zwischen den Netzen verschiedener → *Carrier*. An der UNI sind mittlerweile Standards für 2, 34, 140, 155 und 622 Mbit/s definiert. Für die NNI und auch das BICI sind Datenraten von 34, 140, 155 und 622 Mbit/s definiert.

Ein ATM-Knoten analysiert nur den Kopf, um die Nutzdaten transparent zwischen den Endgeräten zu befördern. Diese Analyse geschieht hardwaremäßig ohne den Zugriff auf Softwareroutinen und wird dadurch nochmals effektiver. Dieses wird ermöglicht durch die kleinen Zellen und deren konstante Größe, d.h. die auszuwertenden Informationen stehen immer an den gleichen Stellen.

In der Literatur werden die Zellen auch Container oder Informationscontainer genannt. An die Stelle physikalischer Kanäle treten → *virtuelle Verbindungen*, d.h., im Gegensatz zu reinen verbindungslosen Paketvermittlungsverfahren wie → *IP* nehmen alle Datencontainer den gleichen Weg.

Im Kopf sind das VPI-Feld (Virtual Path Identifier, 1 Byte) und das VCI-Feld (Virtual Channel Identifier, 2 Byte) von Bedeutung. Das VPI-Feld kennzeichnet einen virtuellen Weg, der eine gewisse, jeweils durch das VCI-Feld näher bezeichnete Menge virtueller Kanäle enthält. Das VPI-Feld wird ausgewählt, wenn die Verbindung ein virtueller Pfad ist. Sowohl VPI als auch VCI werden ausgewertet, wenn die Verbindung ein virtueller Kanal ist. Virtuelle Pfade gehören somit zum unteren Teil der ATM-Schicht, virtuelle Kanäle zum oberen Teil.

Weitere Daten im Header sind das Feld Generic Flow Control (GFC, 4 Bit, nur beim UNI), Pay-load Type Identifier (PTI, 3 Bit), Cell Loss Prio- rity (CLP, 1 Bit) und Header Error Control (HEC).

Mittels HEC wird also nur der Header auf Fehler überprüft, nicht jedoch die Nutzdaten! Insbesondere die Felder für VCI und VPI werden durch HEC geschützt, um Zellfehlleitungen innerhalb von ATM-Vermittlungsknoten zu vermeiden.

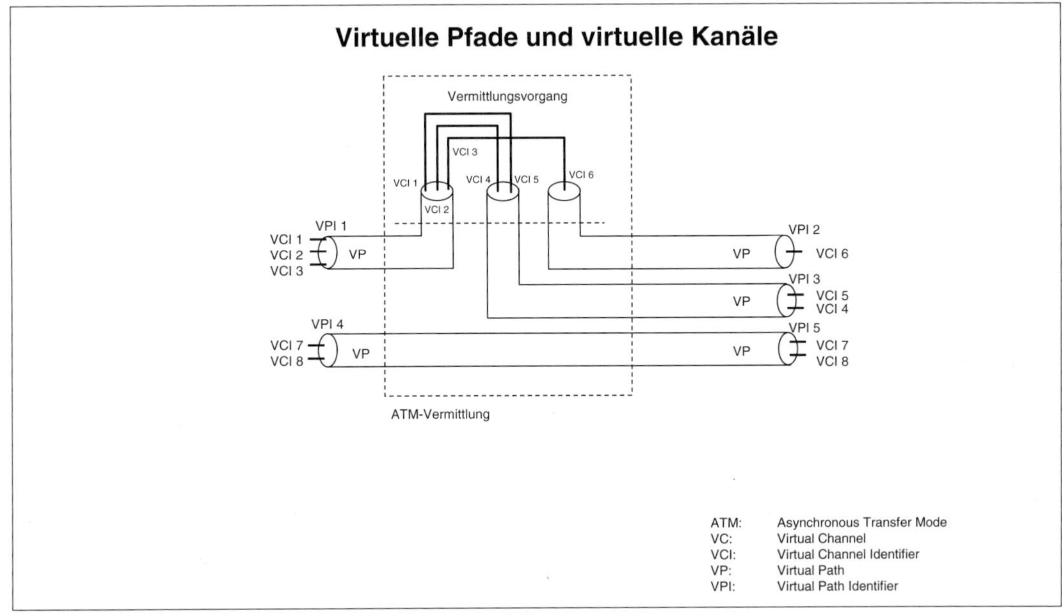

Bei der NNI-Zelle entfällt das GFC-Feld, das statt dessen das VPI-Feld verlängert. Das CLP-Bit zeigt, falls gesetzt, an, dass die Zelle, sofern es von der Vermittlung für nötig befunden (Überlast etc.) wird, zum Verlustverkehr gemacht werden kann, also nicht mehr weitertransportiert, sondern verworfen (bewusst gelöscht) wird. Dieses wird bei der Überlastkontrolle (Congestion Control, → *Congestion*) ausgenutzt.

Obwohl die statistischen Eigenschaften der Signale ausgenutzt werden, ist es keineswegs auszuschließen, dass z.B. von zehn an einem ATM-Switch mit je 34 Mbit/s angeschlossenen Teilnehmern alle ihre maximale Bitrate nutzen, wobei die abgehende 155-Mbit/s-Leitung dies nicht mehr verarbeiten kann. Dieses Problem stellt sich nicht nur beim Teilnehmerswitch, sondern ebenso beim Netzknoten ohne angeschlossenen Teilnehmer.

Die ATM-Schicht sorgt für Überlastkontrolle, indem das CLP-Bit ausgewertet wird. ATM-Netze können so dimensioniert werden, dass Zellverlustraten von 10-8 auftreten. Dieser Wert ist allgemein tolerierbar, z.B. werden dann bei Videokonferenzen einzelne Bildpunkte oder Zeilen gestört, was kaum bemerkt wird. Steigt er jedoch auf 10-6 an, sind bei latenzzeittoleranten Anwendungen merkliche Qualitätseinbussen zu verzeichnen.

Datenverluste können durch genügend große Pufferspeicher (→ *Leaky Bucket*) in ATM-Switchen umgangen werden. Pufferspeicher sind zwar vorgesehen, müssten aber zur alleinigen Überlastkontrolle kostspielig überdimensioniert sein.

Durch den Mechanismus des Closed-Loop Feedback (nur bei einem Dienst mit Available Bitrate, ABR) besteht die Möglichkeit, Netzüberlast an den Teilnehmer zu melden, so dass dieser, sofern er einen Dienst mit variabler Bitrate hat, seine Bitrate zurückfahren kann, um einem Datenverlust vorzubeugen. In der Praxis werden diese Daten beim Nutzer gepuffert. Realisiert wird dies durch EFCI (siehe unten), das zwar zum Empfänger gesendet wird, doch dieser kann eine kurze Nachricht an den Sender weiterleiten (Closed Loop!).

Derartige Mechanismen zur Überlastkontrolle setzen nur ein, wenn der Anwender oberhalb der minimalen für die Verbindung vereinbarten Bitrate Daten in das Netz einspeist (MCR, Minimum Cell Rate). Das Problem der Überlastkontrolle in den zellenvermittelnden ATM-Netzen mit den Stufen Weiterleiten, Zwischenspeichern im Netz, Puffern beim Teilnehmer und vollständiges Verwerfen ist jedoch noch nicht endgültig gelöst. In der Diskussion befinden sich Methoden zum Traffic-Shaping, um burstartig am Eingang von ATM-Netzen auftretenden Verkehr bereits vorher – in Endgeräten beim Nutzer – zu glätten.

Das Feld PTI zeigt im ersten Bit an, welcher AAL-Typ beim Sender genutzt wurde. Das zweite Bit ermöglicht einen Mechanismus für FECN (Forward Explicit Congestion Notification), der hier mit EFCI (Explicit Forward Congestion Control) bezeichnet wird und die Anwendung im Empfänger über mögliche folgende Verzögerungen im aktuellen Zellenstrom einer Verbindung informiert. Das dritte Bit zeigt an, ob die Zelle OAM-Informationen (Operation and Maintenance) zur Netzwartung enthält.

Im Gegensatz zu den synchronen TDM-Verbindungen sind bei ATM die Informationen im Header nötig. In herkömmlichen zeitsynchronen TDM-Systemen bestimmt die Zeitlage einen logischen Kanal, weil ihm periodisch ein Slot innerhalb eines Multiplexsignals immer wieder

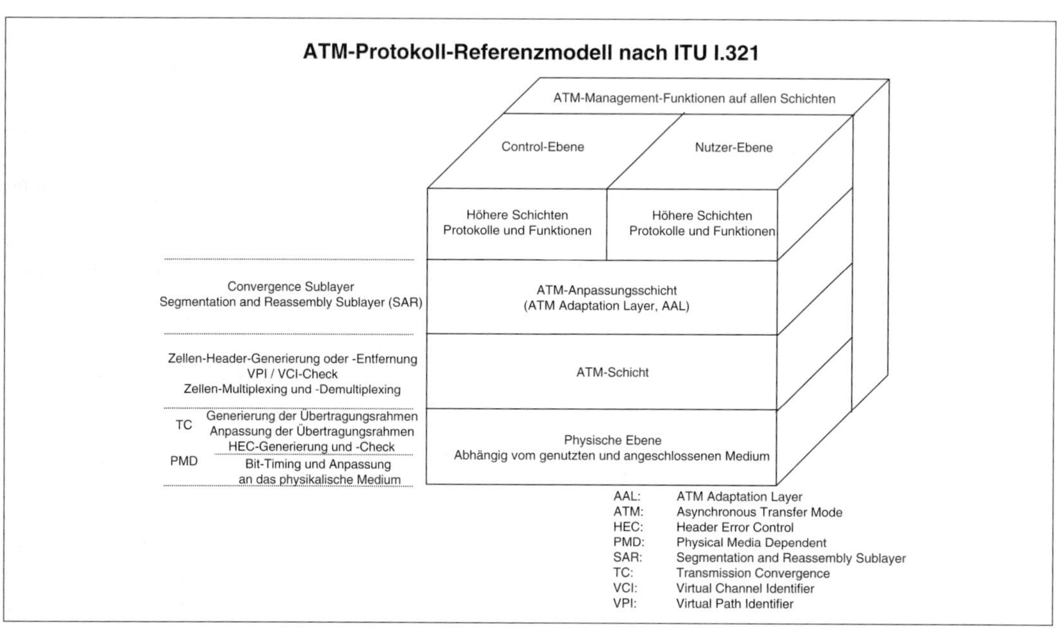

zugeteilt ist. D.h. allein aus der Zeit, zu der Daten eintreffen, kann auf den logischen Kanal, zu dem sie gehören, geschlossen werden.

Bei asynchronen Systemen wie ATM sind die Daten an keine feste Zeitlage innerhalb eines Multiplexsignals gebunden, daher sind zusätzliche Informationen nötig, um sie einem logischen Kanal zuordnen zu können – der Header eben.

Es werden insbesondere in der Anfangsphase von öffentlichen ATM-Netzen festgeschaltete und vermittelnde ATM-Netze unterschieden. In ihnen werden die Betriebsmodi reserviert und semi-permanent unterschieden.

In den vermittelnden Netzen geschieht die Steuerung der Verbindungen durch die Teilnehmer selbst, die mit einem Ruf-Server verbunden sind, der von dem eigentlichen ATM-Switch abgesetzt ist oder in ihn integriert ist.

Die reservierten Pfade (virtuelle Standleitungen) werden fest von einem → *OMC* gesteuert. Eine virtuelle Verbindung von Endpunkt zu Endpunkt wird durch die CAC (Call Admission Control) aufgebaut. Alle Zellen mit der gleichen VCI oder VPI folgen dem dann festgelegten Pfad.

Ein AAL (ATM Adaptation Layer) übernimmt die Funktion, den vom Teilnehmer kommenden binären kontinuierlichen Datenstrom in die ATM-Zellen zu segmentieren. Dabei wird der AAL in zwei Unterschichten geteilt:

- Convergence Sublayer,
- Segmentation and Reassembly Sublayer (SAR).

Der AAL arbeitet in Abhängigkeit von der Art der Anwendungsdaten und definiert verschiedene Parameter, d.h., in Abhängigkeit von den zu verarbeitenden Nutzdaten bzw. der diese erzeugenden Anwendungen wurden fünf verschiedene AALs für verschiedene Arten von Telekommunikationsverkehr mit verschiedenen Ansprüchen an die Übertragungsqualität definiert:

AAL 1:

Verbindungsorientierte Emulation von Standardkanälen konstanter Bitrate (CBR, Constant Bit Rate, z.B. Sprachübertragung mit 64 kbit/s). Ein Zeitbezug zwischen Sender und Empfänger (Echtzeit) wird vorausgesetzt.

AAL 2:

Variable Bitraten bei verbindungsorientierter Echtzeitübertragung (VBR, Variable Bit Rate).

AAL 3:

Verbindungsloser Verkehr ohne Zeitbezug zwischen Sender und Empfänger mit variablen Bitraten, z.B. → *SDLC* und → *HDLC*.

AAL 4:

Beispielsweise für die Dienste → *CBDS* und → *SMDS* zur LAN-LAN-Kopplung (verbindungslos, variable Bitrate).

AAL 5:

Verbindungsloser Verkehr mit variabler Bitrate und ohne Zeitbezug, z.B. für → *Frame Relay*. Es wird erwartet, dass AAL 5 später AAL 3 und 4 mit übernehmen wird, da die nur aus Kompatibilitätsgründen für einige Hersteller definiert wurden.

Unterhalb des AAL liegt der ATM-Layer. In ihm wird die Hauptarbeit der Vermittlung gemacht: Analyse des Headers und Routing von VCs und VPs, Zellen-Multiplex- und -Demultiplexing, Flusskontrolle und Kontrolle der Qualitätsparameter.

Den Zusammenhang von Dienstklassen, AALs und den verschiedenen Parametern zeigt folgende Tabelle:

Klasse	A	B
Zeitbezug	Kontinuierlich	Kontinuierlich
Bitrate	Konstant	Variabel
Art	Verbindungs-orientiert	
Parameter	PCR, CLR	PCR, SCR
	CDVT	CDVT, CLR
Beispiel	Sprache	Video
AAL	1	2

Klasse	C	D
Zeitbezug	Nicht kont.	Nicht kont.
Bitrate	Variabel	Variabel
Art	Verb.-Orient.	Verbindungslos
Parameter	PCR	PCR, MCR
Beispiel	LAN-Kopplung	Paketdaten
AAL	3 oder 5	4 oder 5

Die Dienstklassen wurden vom ATM-Forum definiert.

- Klasse A definiert eine Klasse für alle Dienste mit konstanter Bitrate (CBR).
- Klassen B und C sind Dienste für variable Bitraten für Echtzeitdienste und Nichtechtzeitdienste (VBR).
- Klasse D definiert einen Dienst für zeitunkritische Dienste mit einer nicht näher definierten Bitrate (UBR, Unspecified Bit Rate, z.B. → *E-Mail*-Transfer, → *telnet*). Es handelt sich um eine Art ,best effort'-Dienst, d.h., das Management des ATM-Netzes versucht, die aktuell bestmögliche Übertragungsleistung zu erbringen.
- Als eine neue Klasse gilt die der Available Bit Rate (ABR), bei der keine Bandbreite und Dienstqualität garantiert wird.

Der Zusammenhang zwischen den verschiedenen Klassen für die verschiedenen Bitratenmodelle CBR, VBR für Echtzeitdienste und für Nichtechtzeitdienste (VBR I und II), UBR und ABR und einigen realen Beispielanwendungen ergibt sich aus folgender Tabelle:

Bitratentyp	ABR	UBR	VBR I	VBR II	CBR
Sprache			x		x
Video			x		x
Interaktives Video			x		x
Video- oder Audio-Broadcast			x		x
Transaktionen	x	x		x	
E-Mail, telnet	x	x			

Da die Zellen im ATM-Netz nicht zeitsynchron übermittelt werden, treffen sie in unterschiedlichen Abständen an der Vermittlungseinrichtung ein und werden, um Kollisionen mit Zellen anderer Verbindungen zu vermeiden, einem eingangsseitigen Pufferspeicher zugeführt.

Nach einer belastungsabhängigen Wartezeit gelangen sie dann auf die abgangsseitige Leitung. Wesentlicher Unterschied zur Paketvermittlungstechnik ist, dass die virtuellen Kanäle der Paketvermittlungstechnik noch eine feste Zeitlage haben.

Darüber hinaus liegt die Kapazität bei Paketvermittlungssystemen fest, wohingegen in ATM-Netzen beliebig viele Zellen in das Netz gelangen können.

Dies führt zu flexiblen Bitraten, d.h., während einer Verbindung kann die Bitrate schwanken, was insbesondere bei Videodiensten (Kompression z.B. mit → *MPEG II*) der Fall sein kann.

Der Nutzer schickt dann nur so viele Bit wie gerade benötigt ins Netz (und bezahlt auch nur diese tatsächlich übertragenen Bits, und nicht etwa die ihm zur Verfügung gestellte Maximalleistung).

Dennoch gehören zu den Kennwerten einer ATM-Verbindung folgende Größen:

- Eine obere Grenze für eine Bitrate (PCR, Peak Cell Rate),
- Eine Untergrenze (MCR, Minimum Cell Rate),
- Ein Mittelwert (SCR, Sustainable Cell Rate).

Das Verhältnis der beiden Größen PCR/SCR definiert die Burst-Charakteristik der virtuellen Verbindung. Sie kann für einen Videodienst, bedingt durch die variablen Bitraten und einzelne Bursts, sehr hoch sein, während sie für einen zeitkontinuierlichen Dienst (CBR, Constant Bit Rate, z.B. Transfer großer Dateien, Sprachkommunikation) nahe 1 liegt.

Andere Kennwerte, die vor dem Datentransfer festgelegt werden, sind z.B. die zulässige Zellenverlustrate (CLR, Cell Loss Ratio) und die zulässigen Zeitverzögerungen (CDVT, Cell Delay Variation Tolerance).

Trotz der nicht vorhandenen festen Kanalstruktur ist vorgesehen, feste Kanäle fester Bitraten z.B. für Sprachübertragung durchzuschalten; dafür ist gerade der AAL 1 gedacht. ATM-Verbindungen werden durch einen Satz von Parametern definiert, die die genaue Anwendung (z.B. Daten-, Sprach- oder Bewegtbildübertragung) sowie dazu passende Qualitätsparameter festlegen (max. Verzögerung etc.).

Wichtiges Vermittlungselement in ATM-Netzen sind sog. Add-Drop-Multiplexer, die Bitströme niedriger Raten an Netzknoten in höherratige Bitströme einsortieren. Ein anderes Element sind Cross-Connectoren, die virtuelle Pfade schalten können. Ein intelligenteres Vermittlungselement sind vollwertige ATM-Switches, die auch virtuelle Kanäle schalten können.

Das ATM-Forum hat nur bekannte Kabeltypen und Medien zum Standard erhoben, d.h. als Medien werden Schnittstellen zu → *Koaxialkabeln*, verdrillten Zweidrahtleitungen und zu Multimode- und Monomode-Glasfasern (→ *Glasfasertechnik*) definiert.

Die 100 Mbit/s Multimode-Glasfaser-Schnittstelle, genannt → *TAXI*, ist identisch mit der FDDI-Schnittstelle und wird daher insbesondere im MAN-Bereich verwendet. Die DS-3-Schnittstelle definiert die Übertragung mit 45,736 Mbit/s auf Koaxialkabeln. Ferner gibt es eine SONET/SDH-Schnittstelle zu entsprechenden Netzen mit 155 Mbit/s und höher.

Als Übertragungsverfahren über Fernnetze werden i.d.R. optische Medien oder bei geringen Datenraten bis 155 Mbit/s auch → *Richtfunk* auf Basis von → *SDH*-Netzen in Europa und → *SONET*-Netzen in den USA und Japan genutzt. ATM über → *PDH*-Netze ist auch möglich. So werden in Europa viele nationale ATM-Pilotversuche auf den noch weit verbreiteten PDH-Netzen basieren und erst nach und nach auf SDH-Netze umsteigen. Priorität in der Endkonfiguration hat allerdings SDH, da das → *Metran*-Projekt dies vorsieht.

Die Nutzungskosten von ATM in öffentlichen Netzen können sowohl entfernungs- als auch volumenabhängig sein. Darüber hinaus gehen auch noch weitere Parameter ein, wie z.B. die gewählte Spitzenzellenrate (ATM-Zellen/s), die nicht unbedingt mit der offiziellen Dimensionierung des Anschlusses identisch ist. Dies ist ein Mechanismus ähnlich der → *CIR* bei →*Frame Relay*.

Als ein möglicher Konkurrent im LAN-Bereich gilt auch → *Gigabit Ethernet*.

Es folgt eine Übersicht über vergangene und erwartete zukünftige Entwicklungen auf dem ATM-Sektor:

1983

Erste Ideen über ATM und angrenzende Gebiete werden von den amerikanischen Bell Labs und dem Forschungszentrum der France Télécom Centre National d'Études des Télécommunications (CNET) veröffentlicht. Sie werden als ATD (Asynchronous Time Division (Multiplexing)) bekannt. Zeitschlitze können dabei flexibel den Eingangsports von Multiplexern zugewiesen werden, wodurch sich variable Bitraten realisieren lassen.

1984

Erstmals wird in Standardisierungsgremien allgemein erkannt, dass neue Anwendungen mit entsprechend höheren Breitbandanforderungen ein völlig neues flexibles Technologiekonzept erfordern.

ATM wird als Technik für WANs betrachtet.

Auf der → *ISS* '84 in Florenz werden erstmals die Prinzipien des ATM diskutiert.

Alcatel Bell in Antwerpen beginnt mit der Forschung in Sachen ATM in großem Umfang.

1985

Erste Demonstration des ATM-Prinzips bei der CNET im Projekt Prélude.

1985 bis 1988

Mehrere unterschiedliche zellorientierte Systeme werden diskutiert, die z.B. mit einer Zellgröße von 24 Byte, 32 Byte oder 64 Byte arbeiten. Dabei werden kürzere Zellen von Europa (mit Sprachübertragung im Fokus) und größere Zellen von den USA (mit Datenübertragung im Fokus) favorisiert.

Ende 1985 werden die ersten Proposals für konkrete Standards geschrieben.

1986

Die ITU definiert ATM als Transportsystem für das B-ISDN und verabschiedet erste B-ISDN-Standards.

1988

Die Deutsche Telekom erkennt ATM als Technologie mit Zukunft an und startet eigene Untersuchungen im → *FTZ*.

1989

Erste Breitband-ISDN-Vermittlung mit ATM-Technik im Rahmen des BERKOM-Projektes (Siemens Switch).

1990

ATM wird für den LAN-Bereich entdeckt. Erste Prototypen von LAN-Switches in ATM-Technik kommen auf den Markt (insbesondere in den USA).

Im Sommer wird im historischen Kompromiss zwischen Europa und den USA die Zelllänge auf den arithmetischen Mittelwert beider Vorschläge von 53 Byte festgeschrieben, was zunächst in der Fachwelt auf Unverständnis stößt.

Die ITU verabschiedet im Dezember in Matsuyama (Japan) die ersten 13 ATM-Standards.

1991

Erstellung von Konzepten für B-ISDN-Pilot-projekte.

Im Herbst erfolgt in den USA die Gründung des ATM-Forums (mittlerweile mit Sitz in Brüssel) durch vier Firmen (CISCO, Adaptive/NET, Northern Telecom und Sprint), einer Vereinigung von mittlerweile über 850 Herstellern, Netzbetreibern und Dienstanbietern zur Unterstützung der Einführung von ATM-Technik und -Diensten. Erstes erklärtes Ziel ist die Durchführung von Pilotprojekten zur Förderung der Interoperabilität zwischen privaten und öffentlichen Anwendungen. Erst anschließend engagiert es sich auch in der Normung und arbeitet der ITU zu.

Mit der Gründung des ATM-Forums erkennen verschiedene Hersteller und Anwender, dass auch im LAN-Bereich ein Anwendungspotential liegt.

1992

Pilotanwender in Hochtechnologiebranchen nutzen ATM in speziellen Arbeitsgruppen im LAN-Bereich.

Im Juni veröffentlicht das ATM-Forum mit der User-Network-Schnittstelle seine erste Spezifikation.

Im November dehnt das ATM-Forum seine Aktivitäten nach Europa aus.

1993

ATM-Spezifikation über Signalisierung im LAN-Bereich durch das ATM-Forum wird fertiggestellt.

Erste Demonstrationen der Interoperabilität von ATM mit anderen Übertragungsverfahren sind erfolgreich.

ATM-Adapterkarten für Workstations in LANs kosten rund 2 500 $.

In den USA startet Sprint einen ATM-Dienst.

Die Deutsche Telekom stellt auf der CeBIT ein ATM-Netz vor.

ATM-WAN-Feldversuche beginnen (z.B. erster Feldversuch in Europa in Finnland ab 3. Mai) mit nationalen Festverbindungen.

1994

Das ATM-Forum stellt die ATM-Spezifikationen zur LAN-Emulation fertig.

ATM-WAN-Feldversuche beginnen in Deutschland zur CeBIT 1994 mit nationalen Festverbindungen. Erste internationale Festverbindungen folgen im Juli, offizieller Startschuss für → *PEAN* ist im Dezember.

ATM-Adapterkarten kosten ca. 1500 $.

Im Oktober wird erstmals eine interkontinentale ATM-Verbindung von Berlin zur ITU-Versammlung in Kyoto/Japan geschaltet.

1995

Die Preise für ATM-Adapterkarten sinken weiter, wodurch sich ATM im LAN-Bereich gegenüber Weiterentwicklungen bestehender LAN-Techniken behauptet.

Weitere Interoperabilitätstests werden erfolgreich beendet, und das ATM-Forum verabschiedet relevante Spezifikationen.

1996

British Telecom (→ *BT*) nimmt Ende Januar GBs erstes öffentliches kommerzielles ATM-Netz mit 155 Mbit/s für die Londoner Film- und Fernsehindustrie in Betrieb. 622 Mbit/s und internationale Verbindungen nach Hollywood werden als nächste Schritte geplant.

Die Deutsche Telekom nimmt im März weltweit das größte öffentliche ATM-Netz für das → *DFN* in Betrieb. Gegen Ende des Jahres werden Wählverbindungen in ihrem Netz möglich.

In Deutschland nimmt gegen Jahresende die damalige Vebacom GmbH (heute: o.tel.o communications GmbH) ihr eigenes ATM-Netz in Betrieb.

Feldversuche laufen für nationale Verbindungen sicher und erste Ergebnisse liegen vor.

Feldversuche der meisten öffentlichen Netze werden gegen Jahresende beendet und gehen in den Regelbetrieb über. Gleichzeitig wird nach dem Vorliegen erster Forschungsergebnisse mit der Standardisierung von Wireless ATM begonnen.

1997
Schlüsselstandards für WAN-WAN-Verbindungen (z.B. für SVCs, Switched Virtual Circuits) werden verabschiedet.

Nach ausführlicher Auswertung der Feldversuche startet öffentlicher Netzausbau in Schlüsselzentren (Insellösungen).

April 1997
Das ATM-Netz der Deutschen Telekom wird mit anderen ATM-Netzen in GB, Dänemark, Belgien, Kanada, den USA und der Schweiz verbunden und kann damit global adressiert werden.

Die Deutsche Telekom nutzt im Rahmen des → *ACTS*-Projektes INSIGNIA bis zum September 1997 ihr ATM-Netz für internationale Tests des Signalisierungssystems → *SS#7* für breitbandige Anwendungen und IN-Anwendungen.

September 1997
Das ATM-Netz der Deutschen Telekom verfügt über 14 Netzknoten an 13 Standorten.

1998
Einzelne kommerzielle Anwenderkreise implementieren ATM im LAN- und CN-Bereich in größerem Maßstab.

Öffentlicher Netzausbau kommt voran (Flächendeckung).

Erste Teilstandards für Wireless ATM sind fertig.

Angesichts hoher und längerer Umstellungskosten sowie anderer Alternativtechnologien hat sich ATM noch nicht so weit wie zunächst erwartet im LAN-Bereich durchgesetzt.

Januar 1999
Die Deutsche Telekom bietet als erster Carrier in Europa Wählverbindungen (SVCs) auf ihrem nationalen ATM-Netz an.

GlobalOne bietet internationale ATM-Verbindungen an.

Frühjahr 1999
BT nimmt internationale Wählverbindungen mit seinen europäischen Partnern, in Deutschland der Viag Interkom, in Betrieb.

April 1999
GlobalOne weitet den ATM-Dienst auf 40 Länder weltweit aus.

Sommer 1999
Das ATM-Netz der Deutschen Telekom verfügt über Einwahlknoten in 53 Städten. Ferner ist der Zugang mit der → *ADSL*-Technik möglich.

> 2000
Globale B-ISDN-Anwendungen werden angeboten.

In versorgten Gebieten wird es 5% Breitbandanschlüsse geben.

> 2005
Integration von Sprachübertragung, Datenübertragung und Videobildübertragung in Echtzeit führt zum → *Information Highway*.

→ *http://www.atmforum.com/*

→ *http://www.convergedigest.com/*

→ *http://www.atmreport.com/*

→ *http://www.iol.unh.edu/consortiums/atm/index.html/*

→ *http://www.rad.com/networks/1994/atm/tutorial.htm/*

→ *http://www.npac.syr.edu/users/mahesh/*
→ *homepage/atm_tutorial/*

→ *http://cell-relay.indiana.edu/cell-relay/FAQ/*
→ *dictionary/dictionary.html*

ATMP

Abk. für Ascend Tunnel Management Protocol.
Bezeichnung eines vom Hause Ascend aus Kalifornien entwickelten Protokolls, das es erlaubt, → *IP*-Pakete eines internen Netzes in IP-Pakete des weltweiten → *Internets* zu verpacken (Encapsulation, → *Tunneling*) und damit über das Internet zu einem weiteren internen Netz mit IP-Technologie zu verbinden, ohne dass es zu Adresskonflikten wegen der zwei verwendeten IP-Adressen kommt. Derartige Konstruktionen sind auch als → *Extranet* bekannt.

ATPC

Abk. für Automatic Transmission Power Control.
Deutscher Ausdruck: Automatische Sendepegelregelung.
Bezeichnung für eine automatische, technische Schaltung für → *Richtfunk*strecken zur Verringerung des Einflusses von Gleichkanal- oder Nachbarkanalstörungen, um die gleichen Frequenzen bei nahe beieinander stehenden Sendern (Antennen) verwenden zu können.
Ein weiterer Vorteil dieser Schaltung ist die Einsparung von Energie, da bei guten Sendeverhältnissen die Sendeleistung heruntergefahren werden kann.
ATPC ist mittlerweile bei allen Anbietern von Richtfunksystemen Standard geworden.

ATRAC

Abk. für Adaptive Transform Acoustic Coding.
Bezeichnung eines Kompressionsverfahrens für akustische Signale aus dem Hause Sony, insbesondere Musik, wobei die Charakteristika des menschlichen Ohrs bei der Wahrnehmung von Tönen (→ *Psychoakustik*) ausgenutzt werden.
Der ursprüngliche digitale Datenstrom wird dadurch auf ca. 20% seiner Größe reduziert.
Bei ATRAC wird das Signal mit 44,1 kHz abgetastet. Jeder Abtastwert wird mit 16 Bit codiert. Dieser Datenstrom wird in Einheiten zu je 20 ms unterteilt. Durch eine Fourier-Analyse erhält man für verschiedene Frequenzen die Fourier-Koeffizienten. Das so erzeugte Frequenzspektrum wird nach psychoakustischen Regeln weiter reduziert, da nur noch Frequenzanteile berücksichtigt bleiben, die das menschliche Ohr wahrnehmen kann. Berücksichtigt werden dabei die → *Hörschwelle* und die Tatsache, dass leise Töne in unmittelbarer Nachbarschaft sehr lauter Töne kaum wahrgenommen werden (→ *Maskierungseffekt*).

In einem letzten Schritt werden die übrig gebliebenen Daten passend codiert und mit Fehlerkorrekturdaten versehen.
Der Standard wurde Anfang der 90er Jahre entwickelt und kam 1994 in einer zweiten Version aus dem Hause Sony heraus. Kurz darauf folgte bereits ATRAC 3 und 1995 kam ATRAC 3.5. Seit August 1996 ist ATRAC 4 verfügbar.
Eingesetzt wird dieser Standard bei der Mini-Disc (→ *MD*) und bei dem digitalen Kinotonsystem → *SDDS*.

ATRT

Abk. für Ausschuss für technische Regulierung in der Telekommunikation.
Bezeichnung für ein Gremium, zunächst beim → *BAPT*, ab 1. Januar 1998 bei der → *Regulierungsbehörde*, das sich mit technischen Fragen der Regulierung beschäftigt. Er gliedert sich in vier Arbeitsgruppen.

ATS

1. Abk. für Analoge Teilnehmerschaltung.
   Bezeichnung für die Schnittstelle von ISDN-fähigen Nebenstellenanlagen zum Anschluss analoger Endgeräte.
   → *a/b-Wandler*.
2. Abk. für Air Traffic Services.

ATSC

Abk. für Advanced Television Systems Committee.
Bezeichnung eines Gremiums in den USA, das dort einen Standard für digitales Fernsehen erarbeitet hat. Der Standard erlangte Zustimmung durch die → *FCC* gegen Ende 1996, jedoch entwickelt sich die Umsetzung in marktreife Produktions-, Sende- und Empfangstechnik weitaus zäher als erwartet.
Der Standard nutzt → *MPEG* und → *AC-3*.
Das in Europa entwickelte Gegenstück ist → *DVB*.
→ *http://www.atsc.org/*

AT&T

Abk. für American Telephone & Telegraph.
Name eines amerikanischen Telekommunikationsriesen, der im Konzernverbund sowohl als Hersteller als auch als → *Carrier* aktiv ist. Sitz ist New York.
Er war früher Monopolanbieter in den USA und wurde nach der ersten Deregulierungsentscheidung der → *FCC* Mitte der 80er Jahre in die Babybells (→ *RBOC*, → *Divestiture*) zerlegt, die im regionalen und lokalen Bereich Telefondienste anbieten, wohingegen AT&T weiter für die Fernverbindungen zuständig ist. AT&T ging nach der Divestiture an die Börse. Trotz der auferlegten Handicaps billigte die Divestiture AT&T jedoch den Einstieg in andere Bereiche zu, so z.B. in das Computergeschäft. Dafür kaufte man 1991 für rund 7,4 Mrd. $ die → *NCR* und benannte den Geschäftszweig in AT&T Global Information Solutions um. AT&T sollte mit diesem Geschäft als Folge der Umstrukturierung von NCRs bisherigem Mainframe-Geschäft auf parallele Systeme, plus der gleichzeitigen Eingliederung in die AT&T-Organisation, kein besonders großes Glück haben.
Zu Beginn des Jahres 1996 wurde der gesamte Konzern weiter zerlegt, nachdem er am 20. September 1995 seine eigene Zerteilung in die drei Bereiche Telekommunikationsdienste, Equipment (→ *Lucent Technologies*) und Computer angekündigt hatte. Für die Computer-Sparte wurde der Firmenname NCR wieder reaktiviert. Ein Unternehmen dieses Namens wurde am 30. Dezember 1996 ausgegründet und nahm das Geschäft von AT&T Global Information Solutions mit.
→ *http://www.att.com/*
→ *http://www.research.att.com/*

ATT

Abk. für Attenuation.
→ *Dämpfung*.

Attachment

Bezeichnung für eine → *Datei* beliebigen Formates, die als Datei an eine → *E-Mail* angehängt und mit ihr versendet wird. Daher auch oft Dateianhang oder nur Anhang genannt.

Attribut

Oberbegriff für alle möglichen, charakteristischen Eigenschaften eines Objektes oder von Beziehungen zwischen Objekten. Diese Attribute können oft durch ein geeignetes Managementsystem kontrolliert, beeinflusst und gesteuert werden.

- Ist das Objekt eine → *Datei*, so kann diese z.B. die Attribute ‚Schreibschutz' mit den → *Ausprägungen* ‚Ja' und ‚Nein' oder ‚Dateigröße' haben. Ein Managementsystem wäre der Dateimanager eines → *Betriebssystems*. Beispielsweise werden im Dateisystem des Betriebssystems → *Unix* zu den Dateien die Attribute Lese- und Schreiberlaubnis für den Besitzer, die Gruppe des Besitzers und andere festgelegt.
- Beschreibt in einem Datenbanksystem den Wertebereich, den die zulässigen → *Ausprägungen* der Felder, die dann die Objekte im o.a. Sinne sind, eines → *Datensatzes* annehmen können. Dann oft auch Attributwert oder Attributausprägung genannt.
- Bei relationalen Datenbanken (→ *Datenbank*) die Bezeichnung für eine Spalte einer Relation.

ATU

1. Abk. für Arab Telecommunications Union.
   Zusammenschluss arabischer → *PTT*s mit Sitz in Genf.
2. Abk. für ADSL Terminal Unit.
   → *ADSL*.

Atx, ATX

1. Abk. für → *Audiotext*.
2. Bezeichnung für die offene Spezifikation für den Aufbau eines → *Motherboards* in PCs. Eine derartige Spezifikation definiert z.B. die Größe des Boards, die Positionen von Bohrungen zur Befestigung des Boards im PC-Gehäuse, die maximal erlaubte Höhe von Bauelementen auf dem Board oder die Anordnung der Hauptelemente (Prozessoren, Speicherbausteine, Einsteckplätze etc).

Die ATX-Spezifikation basiert im wesentlichen auf dem → *Baby Board*, ordnet die Einsteckplätze für Prozessoren und Speichererweiterungen jedoch um 90° gedreht an, wodurch sich ein Platzgewinn für große Einsteckkarten ergab.

Im Dezember 1996 erschien die Version 2.0.

Im Dezember 1999 erschien die Version 1.0 des Flex-ATX-Anhangs, die Motherboards beschrieben, die mit 229 * 191 mm noch kleiner als bis dahin definierte Micro-ATX-Boards (244 * 244 mm) waren.

AU

1. Abk. für Administrative Unit.

   Bezeichnet bei → *SDH* die Tributary Units, welche sich unter der Hierarchie des STM-1-Rahmens befinden.
2. Abk. für Access Unit.

   Bezeichnet in → *X.400*-Systemen Schnittstellen zu anderen Übertragungssystemen.
3. Abk. für Audio.

   Bezeichnung für ein Dateiformat für Audiodaten. Entwickelt vom Hause Sun. AU ist gleichzeitig auch die Dateiendung.

Audio-CD

→ *CD-DA*.

Audio-on-Demand

→ *Music-on-Demand*.

Audiotext

Begriff, der in Anlehnung an → *Videotext* geschaffen wurde. Bezeichnet einen Mehrwertdienst (→ *VAS*), der das Telefonnetz nutzt. Dabei werden kostenpflichtige automatische Auskunfts- und Ansagedienste angeboten, erkennbar in Deutschland an der vorangestellten 0190er Nummer (→ *Premium Rate Service*)

Realisiert wird der Dienst innerhalb eines Telekommunikationsnetzes mit Hilfe des → *IN*. Angeschaltet werden verschiedene technische Gerätschaften, z.B. ein → *IVR*-System bzw. ein Voice-Server, üblicherweise eine → *Workstation* unter dem → *Betriebssystem* → *Unix*.

In Deutschland startete Audiotext – im Vergleich zu anderen europäischen Ländern – relativ spät bei der damaligen Deutschen Bundespost Telekom mit einem Feldversuch zur Jahresmitte 1991 im Bereich der damaligen → *Zentralvermittlung* Düsseldorf. Da der Feldversuch sehr erfolgreich verlief, wurde der Versuch rasch auf ganz Deutschland ausgedehnt. Nach der Erprobung verschiedener Techniken ging der Dienst zum 1. Januar 1996 in den Regeldienst über.

Aufholverstärker

Andere deutschsprachige und selten verwendete Bezeichnung für → *Repeater*.

Auflösung

Bezeichnung für ein Maß der grafischen Darstellungsgenauigkeit bei Bildschirmen oder Faxgeräten. Grundlage ist die Definition darstellbarer Bildeinheiten je Flächenmaß, oft unterteilt in eine horizontale und eine vertikale Auflösung, z.B. Linien je cm (lpcm) oder Punkte je Zoll (→ *dpi*, → *Point*).

Aufmerksamkeitston

Akustischer eher dezenter Ton, mit dem ein Ereignis in einer bestehenden Verbindung den Teilnehmern signalisiert wird, z.B. ein eingehender Ruf beim → *Anklopfen* oder beim → *Aufschalten*.

Aufrufbetrieb

Selten benutzte deutsche Bezeichnung für den international gängigeren und häufiger verwendeten Begriff → *Polling*.

Aufschalten

Begriff aus der Nebenstellentechnik. Bezeichnet ein → *Leistungsmerkmal* von Nebenstellenanlagen. Aufschalten ist die Möglichkeit, sich in eine bestehende Verbindung einzuschalten, was den daran bereits Beteiligten mit einem akustischen Signal (dem → *Aufmerksamkeitston*) mitgeteilt wird.

→ *Makeln*, → *Dreierkonferenz*.

Aufschaltschutz

Begriff aus der Nebenstellentechnik. Bezeichnet ein → *Leistungsmerkmal* von Nebenstellenanlagen, die auch das Leistungsmerkmal → *Aufschalten* anbieten. Der Aufschaltschutz verhindert das Aufschalten, z.B. wenn ein vertrauliches Gespräch geführt wird.

Aufsichtsgremium

→ *Regulierungsbehörde*.

Auftragsdienst

→ *Operatordienst*.

AUI

Abk. für Attachment Unit Interface.

Bezeichnung eines speziellen Kabels (basierend auf geschirmter und verdrillter Zweidrahtleitung, → *STP*) mit einem 15-Pin-Stecker (Typ D) zur Verbindung von → *MAU* und einer an → *Ethernet* angeschlossenen Station.

Ausfall, Ausfalldauer

→ *Verfügbarkeit*.

Auskunft

→ *Teilnehmerverzeichnis*.

Auslagerungsdatei

→ *Swapping*.

Auslandszentralleitung

Begriff der Deutschen Telekom. Bezeichnet die Leitungen im Telefonnetz der Deutschen Telekom, mit denen die Auslandsvermittlungsstellen (AVSt) in Düsseldorf, Frankfurt, Stuttgart, München, Hamburg und Berlin untereinander verbunden sind.

Auslösen

Deutsche Bezeichnung für den Abbruch einer Verbindung. International wird von Disconnecting gesprochen.

Das Auflegen des Telefons oder das längere Drücken (> 370 ms) des Gabelschalters wird beim Telefon von der Vermittlungsstelle, an die das Telefon angeschlossen ist, als Signal zum Auslösen der bestehenden Verbindung interpretiert.

→ *Hook Flash*, → *Verbindungsabbau*.

Ausprägung

Auch Feldwert oder Attributwert genannt. Bei Datenbanken die Bezeichnung für einen konkreten Wert eines Feldes in einem → *Datensatz*.

Die Menge aller zulässigen Ausprägungen bezeichnet man als Domäne.

Die Ausprägung des Feldes (Attributes) ‚Vorname' in einem Datensatz ‚Angestellter' könnte z.B. ‚Helmut', ‚Hannelore' oder ‚Gerhard' sein.

Ausscheidungsziffer

Andere offizielle und vollständige Bezeichnung: → *Verkehrsausscheidungsziffer*.

Aussenband-Signalisierung

Ein Verfahren der → *Zeichengabe*. Dabei werden Signalisierungsdaten in einem anderen logischen Kanal (auf einer anderen Frequenz, in einem anderen → *Slot*) als die Nutzdaten in periodischen Abständen übertragen.

Angewendet z.B. im → *ISDN* oder im → *GSM*.

Ein anderes und älteres Verfahren ist die → *In-Band-Signalisierung*.

Aussenkabel

Bezeichnung für jede Art von Kabel, das, im Gegensatz zu → *Innenkabeln*, außerhalb von Gebäuden eingesetzt wird und daher besonderen Belastungen (Witterung, Zug- oder Druckbelastung) ausgesetzt ist.

Aussenleiter

→ *Koaxialkabel*.

Ausschreibung, Ausschreibungsverfahren

Neben dem → *Versteigerungsverfahren* die Bezeichnung für ein zweites Vergabeverfahren, das in Deutschland im Telekommunikationsgesetz für die Nutzung einer begrenzten Ressource durch Vergabe einer → *Lizenz* auf besonderen Antrag hin vorgesehen ist. Die Vergabe wird jeweils durch die → *Regulierungsbehörde*durchgeführt.

Mit einem Ausschreibungsverfahren soll festgestellt werden, welche(r) Bieter ausweislich ihrer Fähigkeiten am besten geeignet ist, die Nachfrage der Nutzer nach der zu lizenzierenden → *Telekommunikationsdienstleistung* für die Öffentlichkeit zu befriedigen.

Inhalt der Ausschreibung können sein:

- Rechtsgrundlage der Ausschreibung
- Der sachlich und räumlich relevante Markt, für den die Lizenz vergeben werden soll (Beschreibung der angebotenen Lizenz)
- Anzahl der zu vergebenden Lizenzen
- Gültigkeitsdauern der Lizenzen
- Die zu erfüllenden Mindestvoraussetzungen für die Zulassung zum Ausschreibungsverfahren
- Abgabefrist für die Bewerbung
- Abgabeort der Bewerbung
- Formvorschriften für die Bewerbung
- Kriterien, nach denen die Eignung der Bewerber bewertet wird (Verfahren der eigentlichen Prüfung)
- Dauer der Prüfung
- Bekanntgabezeit und -ort des Prüfungsergebnisses
- Widerspruchsmöglichkeit gegen das Ergebnis des Prüfverfahrens
- Kosten für die Bewerber

Austastlücke

Bei der → *PAL*- und PAL-Plus-Fernsehnorm die zeitlichen Bereiche des analogen Fernsehsignals, die nicht zum sichtbaren Bild gehören. In ihnen wird z.B. die Information für → *Videotext* übertragen.

Man unterscheidet die vertikale und die horizontale Austastlücke. Erstere wird für den Rücksprung des Elektronenstrahls in der Bildröhre vom Zeilenende zum Zeilenanfang genutzt, letztere zum Rücksprung von der letzten Zeile des kompletten Halbbildes zur ersten Zeile des nächsten Halbbildes. Die vertikale Austastlücke ist 49 von 625 Zeilen groß, d.h. es gibt ein sichtbares Bild von 576 Zeilen.

AUSTEL

Bezeichnung der → *Regulierungsbehörde* für den Telekommunikationssektor in Australien.

→ *http://www.austel.gov.au/*

AUTEX

Abk. für Automatische Telex-Teletex-Auskunft.

Authentifizierung

Bezeichnung für alle Vorgänge, die die Authentizität und den Ursprung, d.h. die sendende Instanz, bei der Übertragung von Informationen feststellen und überprüfen. Unter Authentizität versteht man die Tatsache, dass eine Instanz (eine Person, ein Rechner etc.) tatsächlich die Instanz ist, die sie einer anderen Instanz vorgibt zu sein.

Bestandteil ist immer auch eine → *Identifizierung*, die zunächst aus dem Kreis der theoretisch möglichen Instanzen die eine bestimmt, die die zu authentifizierende Instanz vorgibt zu sein.

In einem zweiten Schritt – der eigentlichen Authentifizierung – wird geprüft, ob die vorgebliche Instanz tatsächlich auch diese eine ist, die sie vorgibt. Dies erfolgt mit Maßnahmen wie z.B. durch Abfrage eines Passwortes oder einer → *PIN*.

Auto Answer

Bezeichnung für das → *Leistungsmerkmal* eines → *Modems*, eingehende Verbindungen selbständig entgegenzunehmen.

Autobaud

Bezeichnung für den automatischen Prozess der Datenratenbestimmung und -anpassung. Angewendet z.B. bei → *Modems*. Dort Voraussetzung für Kompatibilität zum → *Hayes-Standard*.

Auto Call Back

Bezeichnung eines Sicherheitsmerkmals bei Verbindungen zwischen → *Modems*.

Dabei beendet ein angerufenes Modem oder eine andere Einrichtung in einem Netz die Verbindung, um kurz darauf den Verbindungspartner zurückzurufen. Dieses Verfahren dient der Vermeidung unautorisierter Zugriffe.

Auto Login

Bezeichnung für die automatische Eingabe und Übertragung von Identifikations- und/oder Authentifizierungsinformationen durch eine Kommunikationssoftware oder ein → *Modem* an einen → *Host*, z.B. in einem → *Online-Dienst*. Dient der Entlastung des Nutzers von manuellem Eintippen und weiteren Routineaufgaben.

Automatischer Rückruf

→ *Leistungsmerkmal* von Endgeräten an Nebenstellenanlagen. Auch selbsttätiger Rückruf genannt.

Ist der → *B-Teilnehmer* besetzt oder nicht erreichbar, kann der → *A-Teilnehmer*, sofern er dazu berechtigt ist, gezielt durch Tastendruck (→ *Nachwahl* eines Steuerungscodes) auf dem eigenen Endgerät beim Endgerät des B-Teilnehmers einen Rückruf anfordern.

Ist dieser dann anwesend und hebt den Hörer ab, wird automatisch ein Rückruf ohne erneute Rufnummerneingabe vom B-Teilnehmer zum A-Teilnehmer eingeleitet.

Automatische Wahl

→ *Direktruf*.

Automatische Wahlwiederholung

→ *Wahlwiederholung*.

Autonomes System

→ *AS*.

Autoresponder

Bezeichnung für ein Programm zur automatischen Beantwortung von eingehenden → *E-Mails*.

Die Bearbeitung kann dabei aus dem Versenden einer immer gleichen Nachricht (Empfangsbestätigung) bestehen oder aber auch verschieden umfangreiche Anpassung einer Standardvorgabe bestehen, z.B. durch Einfügen von Textbausteinen. Für die eingehende maschinelle Prüfung einer E-Mail ist es entweder notwendig, dass die eingehende E-Mail speziell strukturiert ist oder bestimmte Schlüsselwörter enthält.

Anwendungsbeispiele beinhalten die automatische Auswerung von E-Mails im Bereich des Marketing, wo eingehende E-Mails auf Text durchsucht wird, der auf die Bestellung eines Prospektes oder anderer Informationen hindeutet.

Autoruf

In der Schweiz die Bezeichnung für ein frühes System für → *Mobilfunk*. Dabei konnten Tonsignale unidirektional zu mobilen Empfängern (Autoempfänger) übertragen werden.

Inbetriebnahme 1958.

→ *Natel*.

Autosensing

→ *NIC*.

AV

Abk. für Audio-Visual.

Avatar

Das Wort stammt aus dem Sanskrit und bezeichnet dort eine Gottheit, die sich temporär zu den Menschen herabgelassen hat und dazu ihre Gestalt angenommen hat.

In Systemen für → *virtuelle Realität* die Bezeichnung für eine menschliche Figur, die einen Nutzer des Systems repräsentiert. Der Nutzer kann mit Hilfe von Steuerbefehlen ‚seinen' Avatar durch die virtuelle Realität bewegen und – je nach System – Aktionen ausführen oder sogar mit anderen Avataren interagieren.

Der Avatar wird nur einmalig programmiert und ist so ausgelegt, dass er bei Bedarf von mehreren Nutzern aufgerufen werden kann. Es laufen dann mehrere Instanzen des Avatars auf dem Rechner, der das System realisiert.

Der Begriff ist im Zusammenhang mit → *VRML* entstanden.

→ *Cyberspace*, → *Kyoko Date*, → *Lara Croft*.

AVC

Abk. für Audio Video Connection.

Bezeichnung für sehr frühe Versuche, bislang für Audioinformationen genutzte Speichermedien auch für Videoinformationen zu nutzen. Zum Einsatz kamen dabei Bildplattenspieler und Magnetbandgeräte.

AVI

Abk. für Audio-Video-Interleaved.

Bezeichnung für ein Dateiformat aus dem Hause Microsoft zur Speicherung von Ton- und Bildinformationen. Abgeleitet vom Dateiformat → *RIFF*.

Eine Datei besteht aus einzelnen Frames. Jeder Frame definiert ein Bild und den dazu gehörigen Ton. Hierdurch sind Bild- und Toninformation ineinander verzahnt (= interleaved) in der Datei enthalten und können für den Nutzer simultan erscheinend gelesen und ihm präsentiert werden.

AVI wurde eingeführt mit der Software Video for Windows aus dem Hause Microsoft.

Das gesamte Verfahren kommt ohne zusätzliche Videokarte für einen PC aus, gilt aber auch als qualitativ niedrig, da das Bild klein und die Anzahl Bilder pro Sekunde niedrig ist.

→ *CinePak*.

→ *http://www.daubnet.com/formats/AVI.html/*

AVL, AVI

1. Abk. für Automatic Vehicle Location.

   Bezeichnung für automatische Standortbestimmung von Fahrzeugen, z.B. mit → *GPS* zur Flottensteuerung oder mit GPS in Kombination mit → *GSM* zur Ermittlung gestohlener Fahrzeuge.

2. Abk. für Amtsverbindungsleitung.

   Amtliche Bezeichnung für Leitungen hoher Kapazität zwischen Vermittlungen.

AVMMS

Abk. für Audio-Visual Multimedia Services.
→ *Multimedia*.

AVON

Abk. für Amtliches Verzeichnis der (Fernmelde-) Ortsnetzkennzahlen.
Begriff der Deutschen Telekom. Bezeichnet das Verzeichnis aller nationalen und der wichtigsten internationalen Vorwahlen.
Es wird herausgegeben vom → *FTZ*.

AVRS

Abk. für Automatic Voice Response System.
→ *IVR*.

AVSt, A-Vst

1. Abk. für Auslandsvermittlungsstelle.

   Ein von der Deutschen Telekom geprägter Begriff, der allgemein in der Branche verwendet wird. Bezeichnet eine Vermittlungsstelle, zu der internationaler Verkehr geleitet wird.

   → *Auslandszentralleitung*.

2. Abk. für A-Vermittlungsstelle.

   Bezeichnung der Vermittlungsstelle am Beginn einer Verbindung, an die der → *A-Teilnehmer* angeschlossen ist.

AWaDo

Abk. für Automatische Wechselschalter-An-schlussdose.
Bezeichnung der Deutschen Telekom für eine Anschalteinheit am Telefonanschluss, die den Betrieb mehrerer Endeinrichtungen (Telefon, Anrufbeantworter, Fax) an einem Anschluss ermöglicht. Dafür ist das Gehäuse der Anschalteeinheit mit mehreren Buchsen ausgestattet.

AWAG

Abk. für Automatisches Wähl- und Ansagegerät.

AWC

Abk. für Area Wide Centrex.
→ *Centrex*.

AWD

Abk. für Automatische Wähleinrichtung für Datenverbindungen.
Ein von der damaligen Bundespost geprägter Begriff, der bei → *Modems* eine Baugruppe zum automatischen Aufbau einer Verbindung bezeichnete. Dabei kam ein 5-Bit-Code gemäß → *V.25* zum Einsatz.

AWG

1. Abk. für Arrayed Waveguide Gratings.
2. Abk. für American Wire Gauge.

   Bezeichnung eines nordamerikanischen Kennzeichnungssystems für elektrische Kabel, das ursprünglich als Brown and Shape Wire Gauge (B&S) bekannt wurde.

   Das System kennzeichnet Kabel aus den Materialien Kupfer, Aluminium und anderen leitenden Materialien anhand ihres Durchmessers, ausgedrückt als Anzahl Ziehvorgänge durch eine Drahtziehmaschine.

   AWG X ist daher dünner als AWG Y wenn gilt X > Y (der eine Draht wurde X mal durch die Ziehmaschine gezogen, der andere jedoch nur Y mal).

   AWG 24 bezeichnet z.B. ein für Twisted Pair Kabel verwendetes Material, das 24 mal durch die Ziehmaschine gezogen wurde und einen Durchmesser von 0,511 mm hat.

   AWG 26 wurde zweimal mehr durch die Ziehmaschine gezogen und hat daher nur noch einen Durchmesser von 0,404 mm.

   Grob lassen sich verschiedene Anwendungsklassen unterscheiden:

   - AWG X wobei X einstellig ist: Starkstromkabel für industrielle Anwendungen, etwa Verkabelung elektrischer Maschinen.
   - AWG 12 und 14: Niederspannungsverkabelung in Häusern.
   - AWG 22, 24 und 26: Niederstspannungsverkabelung in Telefonnetzen (Zugangsnetz, → *Zweidrahtleitung*).

   Der Standard definiert zusätzlich zum Durchmesser auch noch das spezifische Gewicht in kg/km, die max. Lastgrenze für Zug (in kg) und den spezifischen Widerstand (in Ohm/km).

3. Abk. für Arrayed Waveguide Grating.

AWGN

Abk. für Additive White Gaussian Noise.

Bezeichnung für die ideale Störung: ein Rauschsignal (Noise), das hinsichtlich seiner Verteilung über die zur Verfügung stehende Bandbreite eines Übertragungskanals einer kontinuierlichen Gaussverteilung ohne bevorzugte Frequenzen entspricht.

awk

Abk. für Aho, Weinberger, Kernighan (Language).

Bezeichnung eines Programms (Reportgenerator) unter dem → *Betriebssystem* → *Unix*, das eine eigene Programmiersprache zur Erstellung sog. Awk-Skripts bereitstellt, mit deren Hilfe → *ASCII*-Dateien auf bestimmte Buchstabenfolgen oder Textmuster durchsucht werden können.

AWS

Abk. für Anrufweiterschaltung.

Deutsche Bezeichnung für → *Forwarding*.

AWT

Abk. für Abstract Windows Toolkit.

AWUG

Abk. für Automatisches Wähl- und Übertragungsgerät.

AX.25

Abk. für Amateur X.25.

Auch Packet Radio genannt. Bezeichnung für eine Variante von → *X.25*, die im → *Amateurfunk* dazu verwendet wird, Daten nach dem Prinzip der → *Paketvermittlung* über Funknetze zu übertragen. Hierfür müssen Sender und Empfänger mit speziellen technischen Geräten ausgestattet sein (u.a. PC mit entsprechender Software und ein → *Controller*, der die Verbindung zur Sende- oder Empfangsanlage herstellt).

Dabei werden nichtnumerierte Informationsrahmen zu Zwecken der Identifizierung der Sende- und Empfangsstationen, genannt Terminal Node Controller (TNC), und Beacon-Rahmen zur Nutzdatenübertragung über Funk gesendet.

In Abhängigkeit von den genutzten Frequenzen werden 300, 1 200, 4 800 oder 9 600 bit/s übertragen.

AXE 10

Digitales Vermittlungssystem der schwedischen Firma Ericsson. Wird in Fest- und Mobilfunknetzen eingesetzt. Vorgestellt in den 70er Jahren, zunächst noch als analoge Vermittlung. Konzipiert für 100 bis 200 000 Anschlüsse und 600 000 → *BHCAs*.

Wird mit → *PLEX* programmiert.

In Deutschland eingesetzt von Mannesmann Mobilfunk und der o.tel.o communications GmbH.

AXP

Abk. für Advanced Extensible Architecture.

→ *Alpha*.

AY

Abk. für → *Aldrey*.

Azimut

Allgemein die Bezeichnung für den Winkel, den ein Punkt in einem auf Kugelkoordinaten basierenden System hinsichtlich seines Winkels von einem Bezugsmeridian abweicht.

In der Praxis z.B. der Winkel, den eine Satellitenempfangsantenne von der exakten Südrichtung (= Bezugsmeridian) nach Osten oder Westen gedreht werden muss, um einen Satelliten anzupeilen.

B

B

→ *C.*

B2-Netz

→ *B-Netz.*

B8ZS

Abk. für Bipolar (oder auch: Binary) Eight Zero Substitution.

Bezeichnung eines bipolaren Leitungscodierungsverfahrens (→ *Leitungscodierung*), bei dem acht aufeinander folgende Nullen durch zwei aufeinander folgende unipolare Pulse ersetzt werden. Der Empfänger wandelt diese umgekehrt in acht Nullen zurück.

BA

Abk. für Basic Access.

Englischsprachige Bezeichnung für den Basisanschluss beim → *ISDN.*

BaAs

Abk. für Basisanschluss.

→ *ISDN.*

BABT

Abk. für British Approvals Board for Telecommunications.

Die oberste Behörde in GB für die Gerätezulassung.

→ *http://www.babt.co.uk/*

Baby Bells

→ *RBOC.*

Baby Board

Bezeichnung einer speziellen, kleineren Platinengröße von → *Motherboards* bei PCs im Gegensatz zur gebräuchlichen Standardgröße beim → *AT* und anderen frühen PCs.

Baby-Phone

→ *Powerline-Communications.*

Babyruf

Andere Bezeichnung für → *Direktruf.*

Babysitter-Funktion

→ *Akustische Raumüberwachung.*

BAC

1. Abk. für Binary Asymmetric Channel.
2. Abk. für Billing, Accounting and Charging.
   Bezeichnung für alle Aufgaben, die mit einer periodischen Rechnungserstellung (→ *Billing*), dem Erfassen von Gebühren und dem Gebührensystem insgesamt (→ *Charging*) sowie dem Einrichten, Verwalten und Beenden von Anschlüssen und der Nutzbarmachung von → *Diensten* und Dienstmerkmalen (→ *Accounting*) zusammenhängen.

BACC

Abk. für Billing and Customer Care.

Backbone

Von engl. backbone = Rückgrat. Auch manchmal → *Datenautobahn* genannt. Seltener mit Basisnetz oder Kernnetz (Core Network) bezeichnet. Der Begriff wird in ähnlicher Bedeutung in jeweils leicht verschiedenen Zusammenhängen verwendet. Allen Interpretationen gemein ist die Tatsache, dass es sich um den Teil eines Netzes handelt, an den keine Teilnehmer oder andere Verkehr generierenden Einheiten angeschlossen sind, sondern das zur Verbindung von → *Zugangsnetzen* (Access Networks) mit an diesen angeschlossenen Teilnehmern dient.

1. Aus Sicht der Übertragungstechnik der Teil eines Übertragungsnetzes, der mit hoher Bandbreite und geringen Ausfallzeiten ausgestattet ist und der bei hierarchisch strukturierten Netzen an oberster Stelle steht.
2. In der sprachorientierten Telekommunikation wird das Fernnetz darunter verstanden.
3. Bezeichnet bei datenorientierten Netzwerken eines einzelnen Betreibers i.d.R. ein → *WAN* oder → *MAN*, welches mehrere → *LANs* miteinander über → *Bridges* oder → *Router* verbindet. Es wird zwischen → *Collapsed Backbone* und → *Distributed Backbone* unterschieden. Beispiel für eine zur Mitte der 90er Jahre häufig verwendete Technik ist → *FDDI.* Mittlerweile wird als Backbonetechnik eher → *ATM* eingesetzt.
4. Bezeichnet bei Netzen zur Datenübertragung mit globalem Blick diejenigen Netze, die Subnetze anderer Betreiber untereinander verbinden.
5. Bezeichnet bei den → *Mailboxen* die hierarchisch am höchsten stehende Mailbox.

   → *Fidonet.*

Backdesk

Andere Bezeichnung für → *Back Office.*

Backend

Bezeichnung des Teilnehmer-fernsten Teils in verteilten Systemen, der → *Server*-Charakter hat.

→ *Front End.*

Backlink

→ *Suchmaschine.*

Back Office

Auch Follow-Up, Backdesk oder Second Level Support genannt. Bezeichnung für Mitarbeiter telefonischer Benutzerservices (→ *Call Center,* → *Hotline,* → *Helpdesk,* → *FAQ*), die nicht unmittelbar am Telefon, sondern im Hintergrund sitzen und für Fragen und Probleme zur Verfügung stehen, die nicht direkt von der den Anruf entgegennehmenden Person im → *Front Office* gelöst werden können.

Das Back Office kann dabei aus folgenden Personen bestehen:

- Einer Gruppe von Spezialisten, die ebenfalls unmittelbar und auf Dauer im Call Center angesiedelt sind. Dieses Verfahren wird üblicherweise in großen Call Centern angewendet, in denen sich der permanente Unterhalt lohnt, da es genügend Anfragen gibt, die das Front Office nicht bearbeiten kann und mit denen man ein eigenes Team permanent beschäftigen kann.

- Einzelnen Spezialisten in Fachabteilungen, die fallweise hinzugezogen werden. Dieses Verfahren wird üblicherweise in kleineren Call Centern angewendet, in denen seltener Fragen auftauchen, die das Back Office nicht bearbeiten kann.
- Externen Spezialisten, z.B. von Partnerunternehmen, die Geräte oder Zusatzausstattung liefern.
- Kombination dieser Möglichkeiten.

Üblicherweise ist das Back Office, im Gegensatz zum Front Office, mit qualifiziertem und teilweise auch hochspezialisiertem Personal ausgestattet. Zu seinen Aufgaben gehören:

- Bearbeitung aller Anfragen, die das Front Office nicht beantworten kann.
- Aufstellen und Pflege von → *FAQ*-Listen bzw. entsprechenden Datenbanken, die Front Office und Back Office zur Verfügung stehen.
- Schulung der Mitarbeiter des Front Office.
- Auswertung der Arbeit von Front Office und Back Office mit anschließender Verwertung der Erkenntnisse z.B. bei der Produktentwicklung oder im Marketing.

Das Back Office befindet sich nicht notwendigerweise am Ort des Front Office. Mehrere Front Offices in geografisch verteilten Call Centern können an einem einzigen, zentralen Back Office hängen, z.B. über → *Standleitungen*.

Backplane

In modular auf der Basis von → *Racks* und Einsteck- oder Einschubkarten aufgebauten Geräten der Telekommunikationstechnik, etwa → *Hubs*, → *Routern* oder → *Switches*, die Bezeichnung für die im hinteren Teil quer über alle Einschübe eingebaute Rückseite, die alle Stecker und auch Kommunikationskanäle zur Kommunikation der Einschübe untereinander zur Verfügung stellt. Oft ist sie mit eigenem Speicher und Mikroprozessor sowie einem Bus zur Abwicklung der Datenübertragung zwischen den Einschüben ausgestattet.

Backpressure

→ *Switch*.

Backslash

Kurzform für Backward Slash. Englischsprachige Bezeichnung für den von oben links nach unten rechts fallenden Schrägstrich (\) im Gegensatz zum ansteigenden Schrägstrich → *Slash* (/).

Backup

1. Bezeichnung für eine Sicherungskopie einer Datei oder eines ganzen Datenträgers (→ *Festplatte* etc.).
2. Der Vorgang selbst, diese Sicherungskopie zu erstellen. Wird in → *LAN*s meistens automatisch in der Nacht gemacht.

Man unterscheidet dabei zwischen einem Zuwachs-Backup (auch inkrementelles Backup genannt), bei dem nur die gegenüber dem letzten Zuwachs-Backup veränderten Dateien gesichert werden, und einem Voll-Backup, bei dem alle Dateien eines Datenträgers gesichert werden. Ein Mittelweg ist das Differenz-Backup (differentielles Backup), bei dem nur die Dateien, die seit dem letzten Voll-Backup geändert worden sind, gesichert werden. Üblicherweise werden mehrere Strategien zu einer Backup-Strategie kombiniert, z.B. wöchentliches Voll-Backup und tägliches Differenz- oder Zusatz-Backup.

Ob sich eine Datei geändert hat, kann anhand eines Datei-Attributes erkannt werden. Vom Betriebssystem wird üblicherweise automatisch das sogenannte Archiv-Bit auf eine 1 gesetzt, wenn es zunächst auf 0 war und die Datei verändert wurde. Ein Backup-Programm führt eine Datensicherung dementsprechend nur bei Dateien durch, bei denen das Archiv-Bit auf 1 steht und setzt dieses Bit dann auf 0 zurück.

Problematisch bei Backups ist, dass verschiedene Systeminformationen in versteckten Dateien abgelegt sind, die nicht automatisch mit gesichert werden. Abhilfe schafft ein Image-Backup des Datenträgers. Dabei werden nicht einzelne logische Dateien und Dateibäume gesichert, sondern von dem Datenträger (üblicherweise eine → *Festplatte*) wird eine Kopie auf der physikalischen Ebene der Sektoren und Spuren gezogen, wodurch automatisch alle Dateien (auch die versteckten) mit gesichert werden.

Daneben muss bei einer Backup-Strategie überlegt werden, ob nur zentrale Datenbestände auf → *Servern* oder auch dezentrale Datenbestände auf den einzelnen (persönlichen) PCs und Workstations gesichert werden sollen. Oft sind dafür die Nutzer der Geräte selbst verantwortlich, wofür ihnen dezentrale Backup-Systeme (z.B. Bandlaufwerke nach den Standards → *Jaz* oder → *ZIP*) zur Verfügung stehen. Als Speichermedien für große Datenmengen bei zentralen Backups bieten sich → *Streamer* an, z.B. → *DAT*, → *QIC*, → *Video-8* oder → *DCC*.

Ein weiterer Parameter einer Backup-Strategie ist die Anzahl der vorrätigen Generationen zurückliegender Backups, d.h. bis wie weit sich Datenbestände in der Vergangenheit rekonstruieren lassen. Weit verbreitet ist das Drei-Generationen-Schema Großvater, Vater und Sohn. Dabei werden ein monatliches Voll-Backup, die Voll-Backups der drei zurückliegenden Wochen sowie die täglichen Differenz- bzw. Zuwachs-Backups einer laufenden Woche gespeichert.

Backups werden üblicherweise durchgeführt, wenn kein anderer Nutzer mehr an Dateien arbeitet, z.B. in der Nacht oder am Wochenende. Mittlerweile bietet Backup-Software jedoch auch Mechanismen zur Datensicherung an für den Fall, dass an den Dateien gerade gearbeitet wird.

Es empfiehlt sich, von Zeit zu Zeit Tests durchzuführen und aus den Backups die tatsächlichen Daten zu rekonstruieren, um zu prüfen, ob die eigene Backup-Strategie funktionsfähig arbeitet und das IT-Personal in der Lage ist, korrekt mit den Backups umzugehen und im Fehlerfall die Daten zu retten.

Ferner empfiehlt sich eine Lagerung der Backup-Medien an einem sehr sicheren Ort, z.B. in einem feuerfesten Safe.

3. In der Telekommunikation eine andere Bezeichnung für → *Rerouting*.

Backus-Naur-Form

→ *BNF*.

BACP

Abk. für Bandwidth Allocation Control Protocol.

Bezeichnung eines Ende 1996 von der → *IETF* verabschiedeten Protokolls im → *Internet*, mit dem wie mit BAP (Bandwidth Allocation Protocol) innerhalb einer → *PPP*-Verbindung durch das Hinzufügen zusätzlicher virtueller Verbindungen (durch BAP) die Bandbreite während der Verbindungsdauer automatisch skaliert oder zwischen Anwendungen neu verteilt (BACP) werden kann. BACP wirkt dadurch auf BAP wie ein Steuerungsprotokoll.

BACP wird dabei erst nach einem erfolgreichen Start einer Verbindung durch PPP aktiviert. Während einer bestehenden Verbindung kann jede der beiden Seiten ein Zu- oder Abschalten weiterer Kanäle initiieren. Entsprechende Produkte können zwischen 2 bis 480 B-Kanäle des ISDN verwalten, wovon 2 bis 30 oder in Einzelfällen 60 Kanäle zu einer logischen Verbindung zusammengeschaltet werden können.

Entwickelt wurde BACP von einem Konsortium aus sieben Herstellern von Geräten für Remote Access (Ascend, Bay Networks, Cisco Systems, Shiva, 3Com, US Robotics, Xylogics).

Ein konkurrierendes Protokoll ähnlicher Funktionalität ist → *MP+*.

BAK

Abk. für Backup.

Unter den Betriebssystemen DOS und → *OS/2* die Dateiendung (*.bak) für Dateien, in denen die Resultate eines → *Backup* abgelegt sind.

Bakelit

Handelsübliche Bezeichnung für eine Klasse von schwer entflammbaren Kunstharzpressstoffen auf der Grundlage von Phenol- und Kresolharzen. Im Gegensatz zu später entwickelten und verwendeten Kunststoffen wirkt es optisch edel, sehr robust, zeitlos und wenig plastikartig.

Benannt ist diese Kunststoffklasse nach dem Chemiker Leo H. Baekeland (* 1863, † 1944), der zu Beginn dieses Jahrhunderts auf der Suche nach einem Ersatzstoff für den teuren Schellack in der Elektroindustrie war. Er entwickelte das Bakelit als ersten vollsynthetischen und duroplastischen Kunststoff überhaupt und meldete es 1908 zum Patent an.

Vorteil des Stoffes war seinerzeit, dass man ihn durch die Verwendung passender Pressformen in viele verschiedene Formen bringen konnte, z.B. für Gehäuse, Schalter, Steckverbindungen. Dadurch war die Industrie in der Lage, relativ preiswert viele Teile für Geräte aller Art (Radios, Haushaltgeräte, Schalter, Steckdosen) in großer Stückzahl herzustellen. Erst in den 60er Jahren wurde Bakelit durch andere Kunststoffe verdrängt.

In der Telekommunikation wurde es lange Zeit für Gehäuse und andere Teile (Wählscheiben, Schalter, Hörer, Griffe etc.) von Telefonen genutzt.

BAkkrV

Abk. für → *Beleihungs- und Akkreditierungsverordnung*.

BAKOM

Abk. für Bundesamt für Kommunikation.

Bezeichnung der → *Regulierungsbehörde* für Telekommunikation in der Schweiz.

→ *http://www.uvek.admin.ch/*

BAKT

Abk. für Basisanschluss-Konzentrator.

→ *Basisanschluss*, → *Konzentrator*.

BAL

Abk. für Basic Assembly Language.

Bezeichnung des → *Assembler* für eine Klasse von → *Mainframe*-Computern aus dem Hause IBM (IBM /370, 3000, 4000).

Balanced Interface

→ *Balun*.

Baltica

Bezeichnung für ein glasfaserbasiertes → *Unterwasserkabel*, das in der Ostsee verlegt ist.

Balun

Abk. für Balanced Unbalanced (Adapter).

Ein Begriff aus der Schicht 1 im → *OSI-Referenzmodell*.

Eine elektrische Schnittstelle wird dann als „balanced" (= gleichberechtigt) definiert, wenn sie aus zwei Leitungen besteht und sich der relevante elektrische Signalwert aus der Spannungsdifferenz dieser beiden Leitungen (und nicht aus deren Wert relativ zu einer Referenzspannung wie etwa der Erdungsleitung) ergibt. Dies führt zu einer höheren Unempfindlichkeit gegenüber Rauschen und externen Störeinflüssen.

Ergibt sich der relevante elektrische Signalwert aus der Spannungsdifferenz zwischen einer Leitung und einem allgemeinen Bezugsniveau (etwa einer Erdungsleitung), dann handelt es sich um eine „unbalanced" (= nicht gleichberechtigte) Schnittstelle.

Ein Balun ist die Bezeichnung für ein Gerät, das ein Kabel mit gleichberechtigten Leitern (balanced) mit einem Kabel nicht gleichberechtigter Leiter (unbalanced) verbindet.

Speziell gemeint ist häufig ein Adapter, der ein Koaxialkabel (unbalanced) mit einer verdrillten Zweidrahtleitung (balanced) verbindet und die elektrischen Eigenschaften beider Kabel durch eine Impedanzanpassung und Symmetrierung berücksichtigt.

BAM

Abk. für Burst Mode Amplitude Modulation.

Bezeichnung eines bitseriellen Wechseltakt-Übertragungsverfahrens über kurze Entfernungen zum Anschluss eines → *Terminal* an einen → *Mainframe*. Bitrate um die 230 kbit/s. Die verwendeten Kabel sind vierdrahtige Kupferkabel.

Bananensoftware

→ *Chiquita-Prinzip.*

Band

1. Bezeichnung von Frequenzbereichen im Ton- und Fernsehrundfunk nach dem Kopenhagener Wellenplan.
2. Kurzform für → *Bandbreite.*
3. Kurzform für → *Frequenzband.*

Bandbreite

1. Streng genommen die Differenz zwischen einer oberen und einer unteren Frequenzgröße (angegeben in Hertz, Hz) und somit ein Maß für die analoge Übertragungskapazität eines Kanals.
2. Allgemeiner Begriff für die Übertragungskapazität eines Systems, nicht notwendigerweise in der Einheit der Frequenz (Hertz, Hz) angegeben, sondern bei digitalen Systemen in bit/s, Mbit/s oder ähnlichen Vielfachen.
   → *Baud,* → *Breitbandübertragung.*

Bandlaufwerk

Auch Streamer genannt. Bezeichnung für ein externes Speichermedium zur zusätzlichen und selteneren Speicherung von Daten, z.B. für → *Backups.* Ein in einer Kassette (→ *Cartridge*) enthaltenes Kunststoffband mit magnetisierbarer Oberfläche ist das eigentliche Speichermedium.

Die Kapazität von Bändern hängt vom verwendeten Standard (→ *DAT,* → *DCC,* → *QIC,* → *Video-8*) ab und reicht von ca. 120 MByte bis hin in den GByte-Bereich. Neben der Aufzeichnungskapazität lassen sich die verschiedenen Formate noch nach der Aufzeichnungstechnik (linear oder schräg, sog. Helical Scan) differenzieren. Die Schrägspuraufzeichnung beansprucht dabei das Bandmaterial stärker, so dass derartiges Material nicht so häufig überspielt werden kann. Dies sollte bei der Kalkulation der Kosten berücksichtigt werden.

Früher waren Bandlaufwerke nur bei Großcomputern üblich, heute auch für PCs zu empfehlen, wenn regelmäßig Sicherungskopien (Backups) großer Datenbestände anzufertigen sind, was bei File- oder Mailservern (→ *Server*) üblicherweise regelmäßig der Fall ist.

Zu den Vorteilen derartiger Speichermedien gehören:

- Hohe Kapazität
- Geringe Kosten
- Geringer Platzbedarf

Zu den Nachteilen gehören:

- Neue Daten lassen sich nur an die alten Daten an einer ganz bestimmten Stelle auf dem Band speichern.
- Üblicherweise lange Zugriffszeit im Minutenbereich auf gewünschte Daten (lange Suchzeit).

Bei der Beschaffung von Bandlaufwerken sollte darauf geachtet werden, ob die Kapazitätsangabe des Herstellers bereits eine Kompression beinhaltet. Dann ist diese Datenkapazität auch nur zu realisieren, wenn unkomprimierte Daten vorliegen, da komprimierte Daten üblicherweise durch eine erneute Komprimierung nicht noch einmal in der Größe abnehmen.

Ansonsten spielt vor allem die zu sichernde Datenmenge die Hauptrolle. Sind die zu sichernden Datenbestände zu groß für eine Speichereinheit, dann muss ein Autoloader (für sechs bis acht Speichereinheiten bis insgesamt in den GByte-Bereich hinein) oder sogar eine Tape-Library (für viele bis sehr viele Speichereinheiten bis in den TByte-Bereich hinein; z.B. in einem Rechenzentrum) angelegt werden.

Bandlaufwerke sollten heute über folgende Features verfügen:

- Eine leistungsstarke Schnittstelle (z.B. → *SCSI*) zum raschen Ein- und Auslesen der Daten.
- Einen genügend großen Pufferspeicher (> 2 MByte) für den Fall, dass das Auslesen der Daten aus der Datenquelle (z.B. über ein → *LAN*) temporär stockt, der gesamte Prozess aber nicht aufhören soll.
- Eine automatische und stufenlose Geschwindigkeitsanpassung für die Bandgeschwindigkeit, falls es bei Überlast im LAN zu einer länger andauernden niedrigen Anlieferungsgeschwindigkeit kommt.
- Eine automatische Kontrolle der gespeicherten Daten auf ihre Fehlerhaftigkeit durch anschließendes Wiederauslesen (Read-after-Write-Verification; → *RAWV*).

Eine Alternative für u.U. nur einmalig und endgültig zu sichernde (= zu archivierende) Datenbestände sind optische Speichermedien wie die → *CD-ROM*, die → *DVD* oder die → *MOD.*

Bandpass

→ *Filter.*

Bandspreiztechnik, Bandspreizverfahren

→ *Spread Spectrum.*

Bangemann-Bericht

Bezeichnung eines im Juni 1994 veröffentlichten Berichtes einer aus Experten der Industrie und der Wissenschaft bestehenden Gremiums, das Anwendungsfelder und -strategien für den Aufbau einer europäischen Informationsinfrastruktur (EII) definieren sollte, um den Weg in die Informationsgesellschaft zu ebnen. Titel des Berichtes: „Europe and the global Information Society".

Dabei wurden zehn Anwendungsfelder identifiziert: Telearbeit, Fernlernen, Netze für Hochschulen und Forschungszentren, Telematik für → *KMU*, Straßenverkehrsmanagement, Flugsicherung, Netze für das Gesundheitswesen, elektronische Ausschreibungen, Netze für öffentliche Verwaltungen und Stadtinformationsnetze für Bürger.

Benannt war das Gremium nach dem seinerzeitigen Kommissar der EU-Kommission für Wirtschaft, Informations-

und Kommunikationstechnik, Martin Bangemann, dem einzigen Politiker in dem Gremium.

Der Bericht geht zurück auf eine Anforderung einer Sitzung in Brüssel des Europäischen Rates vom Dezember 1993.

Bang (-Pfad)

Bezeichnung für die Angabe eines relativen Pfades zur Versendung einer → *E-Mail* im → *Internet*. Die Pfadangabe hat die Form Host1!Host2!...!HostN!Rechnername!Nutzer.

Die damit adressierte E-Mail nimmt genau diesen vorgeschriebenen Weg (sofern er real auch existiert) über den *Host1* zum *Host2* ... bis zum *HostN* mit dem dort angeschlossenen Computer *Rechnername*, an dem der User mit der Bezeichnung *Nutzer* zu finden ist.

Diese Art der Adressierung war die erste Möglichkeit der Adressierung im Internet vor der Einführung der → *Domains* und wird heute nicht mehr verwendet.

Bank

Bezeichnung für eine zusammengehörige Menge an Speicherbausteinen im Hauptspeicher eines PCs, die durch eine gemeinsame Leitung angesprochen wird und die auf der Platine unmittelbar nebeneinander angeordnet sind.

Wird der Hauptspeicher erweitert, so ist immer eine vollständige Bank die kleinste Erweiterungseinheit.

Banner, Banner Burn Out, Bannerwerbung

Von engl. banner = Bande. Auch Ad Banner (Advertisement-Banner) genannt. Bezeichnung für kleine Einblendungen mit Grafik und/oder Text in Seiten im → *WWW*, die Werbung enthalten. Ziel von Bannerwerbung ist Erregung von Aufmerksamkeit beim Betrachter und seine Animation zum Anklicken des Banners, so dass ein mit dem Banner verknüpfter → *Hyperlink* ihn zu einer anderen Website (→ *Site*) leitet. Dies kann direkt die umworbene Website sein, kann aber auch zunächst eine → *Portal Page* sein.

In Abhängigkeit von verschiedenen Parametern (Form, Größe, Funktion) haben sich verschiedene, nicht einheitlich gehandhabte Bezeichnungen herausgebildet. Oft unterscheidet man:

- Banner im strengen Sinn: Eine grafisch und manchmal animiert gestaltete Werbefläche, üblicherweise fast quer über die gesamte Seite und üblicherweise oben auf einer Seite positioniert. Keine Interaktivität. Die Standardgröße liegt bei 468 * 60 Pixeln (→ *Pixel*) und wird mit Full Banner bezeichnet. Diese Größe wurde in den USA festgelegt. In Deutschland definierte der Verband Deutscher Zeitschriftenverleger ein quadratisches Format (75 * 75 Pixel).
- Buttons: Klein, oft einfach gestaltet und üblicherweise unten auf einer Seite positioniert. Durch Anklicken der Buttons gelangt der Nutzer durch Aktivierung des hinter dem Button liegenden → *Hyperlinks* idealerweise zu einer auf den Inhalt des Buttons abgestimmten → *Portal Page*, im einfachsten Fall direkt zur → *Homepage* oder einer anderen, unveränderten Seite der → *Site* des Werbetreibenden.
- In-your-Face-Ads: Beliebig gestaltete grafische Elemente mit einem hohen Anteil an Interaktivität. Oft geht beim Anklicken ein eigenes kleines Fenster auf, und es wird ein Videoclip mit Sound abgespielt oder es erscheint ein besonderes Textfenster.

Hinsichtlich der Inhalte der Banner unterscheidet man ebenfalls verschiedene Arten:

- Als eine Bannerserie bezeichnet man mehrere, inhaltlich und grafisch aufeinander abgestimmte, jedoch verschiedene Banner, die gleichzeitig auf verschiedenen Sites geschaltet werden.
- Ein Fix-Banner ist ein Banner, das unverändert jedes Mal gezeigt wird, wenn die gleiche Page angewählt wird. Derartige Banner gelten mittlerweile als langweilig und störend. Sie führen zu sinkendem Anklicken (Banner Burn Out).
- Rotierende Banner sind mehrere Banner, die abwechselnd auf den Sites gezeigt werden, wenn sie angewählt werden. Sie wechseln, noch während der Nutzer sie betrachtet, ohne dass er etwas angeklickt hat.
- Sie sollen dazu führen, dass sich die Nutzer nicht so schnell an ein Bannermotiv gewöhnen und es übersehen. Dem Banner Burn Out soll damit vorgebeugt werden.
- Animierte Banner sind Banner mit sich bewegenden Grafiken. Sie gelten als interessant und sind dazu geeignet, einen hohen Aufmerksamkeitswert zu erregen.

Banner werden üblicherweise im Grafikformat → *GIF* realisiert, können aber auch in → *HTML* oder anderer Form implementiert sein.

Bannerwerbung ist eine lukrative Einnahmequelle von Informationsanbietern im WWW geworden. Üblicherweise werden Banner wochenweise gebucht. Als statistische Auswertungsgröße zur Werbeerfolgskontrolle können die → *Hits* auf die Seite und weitere Klicks auf das Banner selbst herangezogen werden.

Speziell für Bannerwerbung werden Klicks auf ein Banner oft als Click Through oder als Ad Click bezeichnet. Die Klickrate oder Click-Through-Rate gibt dann an, wie oft in einer bestimmten Zeit (z.B. innerhalb eines Tages oder einer Woche) auf das Banner geklickt wurde bzw. wie hoch der Anteil der klickenden Nutzer im Verhältnis zur totalen Anzahl aller Nutzer steht. Im Vergleich zur herkömmlichen, postbasierten Direktwerbung, bei der eine Responsequote von 2 bis 3% erzielt wird, liegt die Click-Through-Rate mit bis zu 15% wesentlich höher.

Üblicherweise erhält der Bannerkunde am Ende der Laufzeit eine statistische Auswertung der Hits auf die Site mit seinem Banner und der Klicks auf sein Banner. Die Zahl der Impressions gibt an, wie oft das Banner überhaupt auf einer Webseite verschiedenen Nutzern gezeigt wurde.

Die Kosten für Banner können nach unterschiedlichen Methoden berechnet werden. Dabei können verschiedene → *Sites*, auf denen Banner geschaltet werden sollen, anhand des in der Werbung verbreiteten 1000er Kontaktpreises (Cost per Mille, CPM) miteinander verglichen werden. CPMs zwischen 20 und 100 $ sind üblich und variieren gemäß Renommee und Anzahl der Hits des Siteanbieters.

Diese Preise sind jedoch ab Ende 2000 wegen des Überangebots an Werbeflächen und der geringeren Nachfrage stark unter Druck geraten und teilweise um fast 50% gesunken.

Eine andere Berechnungsgröße ist die Basis Cost per Click (CPC), bei der nur die tatsächlich registrierten Klicks auf ein Banner gezählt und zur Grundlage der Berechnung der Kosten für eine Bannerschaltung gemacht werden.

Die dritte Abrechnungsmethode ist eine streng erfolgsorientierte Abrechnung auf der Basis von Cost per Lead oder Cost per Sale. In diesen Fällen wird auf der Basis einer durchgeführten Aktion abgerechnet (z.B. nach dem Klick auf das Banner füllt der Nutzer eine Maske mit seiner Adresse und E-Mail-Adresse aus oder er bestellt etwas).

Banner können beim Siteanbieter direkt oder über Werbeagenturen gebucht werden.

Um einen Erfolg der Bannerwerbung sicherzustellen, haben sich in der Praxis folgende Regeln bewährt:

- Serie von Bannern laufen lassen.
- Rotierende Banner verwenden.
- Animierte Banner verwenden.
- Banner einfach und übersichtlich gestalten.
- Kommunizieren oder zumindest andeuten, was der Nutzer vom Klick auf das Banner hat (Nutzenversprechen).
- Banner nicht direkt mit der eigenen Homepage, sondern mit einer Portal Page verbinden.
- Banner in Design und Inhalt komplementär zu anderen Werbeaktionen einsetzen.
- Nicht zu viele Banner auf einer Seite (max. vier).

Banner wurden von der Online-Publikation ‚HotWired' (→ *Wired*) im Oktober 1994 eingeführt und innerhalb kürzester Zeit weltweit populär gemacht.

BAnstPT

Abk. für Bundesanstalt für Post und Telekommunikation.
→ *BAPT.*

Banyan-Netz

Bezeichnung für ein Netz mit einer Anzahl von Ein- und Ausgängen sowie diversen Knoten dazwischen, bei dem von einem Ein- zu einem Ausgang bzw. von einer angeschlossenen Station zu einer zweiten angeschlossenen Station exakt nur ein möglicher Weg existiert.

Diese Topologie wurde 1972 von Lipovski und Goke eingeführt.

BAP

Abk. für Bandwidth Allocation Protocol.
→ *BACP.*

BAPC

Abk. für Business Applications Performance Corporation.

Bezeichnung einer 1991 gegründeten gemeinnützigen Vereinigung von Softwareherstellern.

Ziel war seinerzeit die Entwicklung von Verfahren zum Leistungsvergleich von Anwendungssoftware für PCs.

→ *http://www.bapco.com/*

BAPT

Abk. für Bundesamt für Post- und Telekommunikation.

Neutrales Ausführungsorgan des → *BMPT* bei hoheitlichen Aufgaben und auch von diesem am 1. August 1990 eingerichtet mit 55 Außenstellen in ganz Deutschland. Sitz ist Mainz, eine Nebenstelle befindet sich in Berlin. Aufgabe ist im Wesentlichen die Genehmigung oder Lizenzierung von Funk- oder privaten Fernmeldeanlagen.

BAPT
Postfach 8001
55003 Mainz

Am 1. September 1996 ging im BAPT das → *BZT* auf. Das BAPT schließlich wurde zum 31. Dezember 1997 in die → *Regulierungsbehörde* überführt.

→ *http://www.regtp.de/*

BAR

Abk. für Backward Adaptive Reencoding.

Barcode

Auch Strichcode genannt. Bezeichnung für einen Code (→ *Codierung*), bei dem ein von Menschen lesbarer Zeichenvorrat (Buchstaben, Ziffern, Sonderzeichen) in eine Folge von mehreren parallelen Strichen abgebildet wird.

Die Codierung der einzelnen Zeichen des Zeichenvorrates erfolgt durch die Dicke der Striche und deren Abstand.

Die Striche können dann mit Licht beschienen werden und reflektieren es in Abhängigkeit vom Strichmuster auf eine bestimmte Art und Weise, so dass dadurch auf den Barcode und auf die in ihm enthaltenen Informationen geschlossen werden kann.

Vorteil dieser Codes ist die preisgünstige Herstellung durch Aufdruck, ihre Anwendbarkeit auf flexiblen Oberflächen (z.B. Tütenverpackungen), der nichtmechanische, weil optische Lesevorgang ohne Verschleiß und die Maschinenlesbarkeit.

Beispiele für derartige Barcodes sind → *EAN* und → *PDF417.*

Entwickelt wurde der Barcode erstmals 1929 von einem Ingenieur aus dem Hause Westinghouse in den USA, der verschiedene Rechnungen nach Regionen sortieren wollte und dafür zur schnelleren Lesbarkeit und Sortierung einen ersten Barcode entwickelte und ihn mit einer Lampe und einem Photodetektor auch las.

→ *OMR*, → *RF-ID.*

→ *http://www.bm-barcode.de/info/white_papers.html/*

Bargain Finder

Bezeichnung für Informationssysteme in → *Online-Services*, die zu einem speziellen Informationsanbieter nicht über seinen Namen führen, sondern über kommerzielle kaufbare Güter oder Dienstleistungen, die von diesem angeboten werden.

Barge-In

→ *Sprachsystem.*

Barring

Begriff von engl. to bar = sperren.

Daher auch Sperre oder Sperren genannt. Bezeichnung eines → *Leistungsmerkmals* von Nebenstellenanlagen oder auch von → *Centrex*. Bestimmte ein- und/oder abgehende Anrufe werden nicht durchgeschaltet (gesperrt). Man unterscheidet zwischen:

- Outgoing Call Barring (OCB): Dabei werden bestimmte abgehende Verbindungen gesperrt, z.B. nach Analyse der → *A-Nummer* oder in Abhängigkeit von der Tageszeit. Mögliche Realisierungsformen sind:
  - alle abgehenden Verbindungen,
  - Verbindungen mit einer bestimmten Vorwahl,
  - alle Verbindungen exklusive derjenigen mit einer bestimmten Vorwahl,
  - Fernverbindungen,
  - Auslandsverbindungen,
  - interkontinentale Verbindungen.
- Incoming Call Barring (ICB): Dabei werden bestimmte ankommende Verbindungen gesperrt, d.h., die Durchwahl (Direct-Dial-In) ist nicht möglich. Die ankommenden Anrufe werden zu einem bestimmten anderen Anschluss umgeleitet, z.B. der Telefonzentrale oder einem Sekretariat.

→ *Berechtigungsklassen.*

BAS

1. Abk. für Base Station.
   In dieser Schreibweise ist die Basisstation als Teil der Netzinfrastruktur von → *Mobitex* gemeint.
   → *BS.*
2. Abk. für Bit Rate Allocation Signal.

BASA

Abk. für Bahnselbstwählanschluss.

Auch Bezeichnung für das Sondernetz der Deutschen Bahn AG (zunächst ausgegliedert in die DBKom, dann in die Mannesmann Arcor) zur Wahrnehmung eigener Telekommunikationszwecke.

→ *GSM-R.*

Base Station

→ *BS.*

Base Station Controller

→ *BSC.*

Basic

Abk. für Beginner's All-purpose Symbolic Instruction Code.

Name einer Programmiersprache für Kleinrechner (→ *PCs*). Ziel der Entwicklung war eine möglichst einfache Sprache, die auch ein Nicht-Techniker oder Geisteswissenschaftler lernen kann. Es wurde auf → *Fortran* und auf Konzepte von → *JOSS* zurückgegriffen, aus dem eine Art Dialekt entwickelt wurde.

Der ursprüngliche Befehlsumfang war nicht besonders groß, so dass viele Hersteller Erweiterungen anboten, wodurch sich mehrere Basic-Dialekte ergaben.

Die Grundlagen für Basic wurden von 1960 bis Herbst 1964 von John G. Kemeny (* 31. Mai 1926) und Thomas Kurtz am Dartmouth College in Hannover (New Hampshire) konzipiert. Sie suchten ursprünglich nach einem → *Betriebssystem* und einer Programmiersprache, die es Studenten erlauben sollte, den Umgang mit Computern zu erlernen. Daher wurde Basic zusammen mit dem → *Time-Sharing*-Betriebssystem DTSS (Dartmouth Time Sharing System) entwickelt.

Basic beeinflusste die Entwicklung der Sprache → *Comal.*

Basisanschluss

Bezeichnung einer Möglichkeit eines Teilnehmeranschlusses beim → *ISDN.*

Basisband

Der Frequenzbereich eines Signals in seiner Ursprungslage (nicht moduliert). Bei → *Basisbandübertragung* ist nur ein Informationskanal vorhanden, der von verschiedenen Stationen anteilig genutzt werden kann. Das Basisband bei der Sprachübertragung über analoge oder digitale Telekommunikationsnetze (herkömmliche Telefonie) liegt zwischen 0,3 und 3,4 kHz.

→ *TDMA.*

Basisbandübertragung

1. Die Übertragung eines unveränderten Signals ohne jede Filterung (Bandbegrenzung) und → *Modulation* in seinem → *Basisband.*
2. Auch Leitungscodierung genannt. Ein Verfahren zur digitalen Nachrichtenübertragung, bei dem, im Gegensatz zur Breitbandübertragung (bei der i.d.R. digital moduliert wird), die zur Übertragung bestimmten digitalen Signale als Rechteckimpulse direkt auf das Übertragungsmedium (i.d.R. Kupferkabel) gegeben werden. Wird im → *LAN*-Bereich eingesetzt. Die Übertragungsgeschwindigkeit kann je nach Medium und Übertragungslänge bis zu 10 Mbit/s betragen. Ein derartiges Verfahren ist bei kupferbasierten Kabeln jedoch nur über kurze Entfernungen (einige 10 m) möglich. Bei größeren Entfernungen kommen Verfahren der → *digitalen Modulation* zum Einsatz.

Basisfestverbindung

Nicht mehr gebräuchliche Produktbezeichnung der Deutschen Telekom für digitale → *Standardfestverbindungen* von 64 oder 128 kbit/s.

Basisnetz

→ *Backbone.*

Basisstation

→ *BS.*

Bastion Host

→ *Firewall.*

BAT

1. Abk. für Bouquet Association Table.
2. Abk. für Batch (-Datei).

   Unter den Betriebssystemen DOS und → *OS/2* die Dateiendung (*.bat) für Dateien, in denen Batchprozeduren basierend auf Kommandos des Betriebssystems abgelegt sind, die vom Betriebssystem seriell abgearbeitet werden können.

Batch, Batch-Datei, Batch-Verarbeitung

Von engl. batch = Stapel, daher oft Batch-Datei oder Batch-Verarbeitung.

Bezeichnung für eine Verarbeitungsart, bei der Programme und Daten in einen Computer eingegeben werden und der Reihe nach (sequentiell, hintereinander), als wenn sie nacheinander von einem Stapel heruntergenommen werden, abgearbeitet werden, ohne dass Nutzer diesen Lauf beeinflussen können.

Das Gegenteil ist das Dialogverfahren, bei dem der Benutzer in den Programmablauf aktiv eingreifen kann.

Baud

Selten auch Signalrate oder Schrittrate genannt. Einheit der Schrittgeschwindigkeit für elektrische Signale. Kehrwert des Sollwertes der Schrittdauer bei impulsweiser Übertragung.

Benannt nach dem Franzosen Emile Baudot (* 1845, † 1903), einem Pionier der → *Telegrafie*.

Die Einheit Baud (für die Schrittgeschwindigkeit elektrischer Signale) wird oft mit der Einheit bit/s (für die Übertragungsgeschwindigkeit von Nutzdaten) verwechselt. Baudrate ist jedoch nicht immer gleich Bitrate.

Zwischen der Bitrate *V(Bit)* und der Baudrate *V(Baud)* gilt der Zusammenhang

$$V(Bit) = V(Baud)\ ld(N)$$

wobei *N* die Anzahl der möglichen diskreten Signalwerte je Schritt ist, die z.B. vom verwendeten Verfahren der → *digitalen Modulation* abhängt. Nur für Binärsignale (Signale mit nur zwei möglichen Zuständen, N = 2) ergibt sich somit wegen N = 2 und ld(2) = 1 die Beziehung V(Bit) = V(Baud).

Faustregel: Bei Datenübertragung mit einer Bitrate unter 1 200 bit/s gilt Bitrate = Baudrate, oberhalb gilt Bitrate > Baudrate.

Beispiele: Die Schnittstelle nach → *V.22* überträgt 2 400 bit/s mit 600 Baud, → *V.32* überträgt 9 600 bit/s mit 2 400 Baud.

Baum

1. Bezeichnung einer → *Netztopologie*. Auch Multibus genannt. Prinzipiell ein → *Bus*, an dem nicht nur Stationen hängen, sondern anstelle einer Station ein weiterer Bus, so dass sich eine verzweigte (Bus-) Struktur ergibt.

   Man spricht von Blättern (Stationen an den, hierarchisch gesehen, untersten Bussen) und einer Wurzel (dem hierarchisch höchstgelegenen Knoten).

2. Bezeichnung für eine nichtlineare → *Datenstruktur*, bei der ein Element keinen, einen oder mehrere Nachfolger haben kann. Ein Element ohne Nachfolger wird Blatt genannt.

   Es gibt in einem Baum exakt ein Element ohne Vorgänger, genannt Wurzel (Root).

   Bäume, bei denen max. zwei Nachfolger erlaubt sind, werden als Binärbäume bezeichnet.

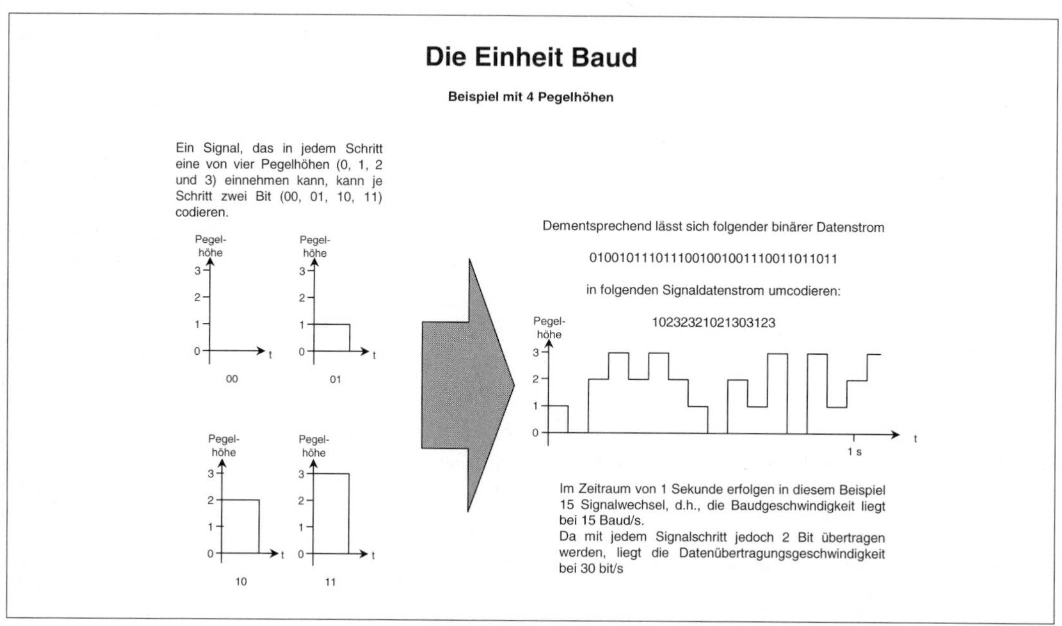

Die Einheit Baud
Beispiel mit 4 Pegelhöhen
Ein Signal, das in jedem Schritt eine von vier Pegelhöhen (0, 1, 2 und 3) einnehmen kann, kann je Schritt zwei Bit (00, 01, 10, 11) codieren.
Pegelhöhe
t
00
01
10
11
Dementsprechend lässt sich folgender binärer Datenstrom
010010111011100100100111001101101 1
in folgenden Signaldatenstrom umcodieren:
102323210213031 23
1 s
Im Zeitraum von 1 Sekunde erfolgen in diesem Beispiel 15 Signalwechsel, d.h., die Baudgeschwindigkeit liegt bei 15 Baud/s.
Da mit jedem Signalschritt jedoch 2 Bit übertragen werden, liegt die Datenübertragungsgeschwindigkeit bei 30 bit/s

BAV

Abk. für Breitband-Anschlussvermittlungsstelle.

Bezeichnung eines Teils der Netzinfrastruktur (Teilnehmeranschlussvermittlung, zweite untere Netzebene) im → *VBN*.

BB

Abk. für Broadband, Breitband.

→ *Breitbandübertragung*.

BBC

Abk. für Broadband Bearer Capability.

BBN

1. Abk. für Bulk Billing Number.
2. Abk. für Bolt, Beranek and Newman Technologies Inc. Bezeichnung für ein 1948 gegründetes und seit Januar 1997 zu GTE gehörendes Unternehmen, das als Ingenieurbüro anfing, das → *Internet* Ende der 60er Jahre entscheidend durch die Erfindung und erste Implementierung der → *Paketvermittlung* mitprägte und später zu einem der größten Internet-Service-Provider (→ *ISP*) wurde.

BBS

Abk. für Bulletin Board System.

Auch Area (so im → *Fidonet*), Brett, Forum, Newsgroup oder Rubrik genannt. Bezeichnung für elektronisch realisierte ‚Schwarze Bretter' für öffentlich zugängliche thematisch sortierte Nachrichten (→ *Posting*) und Informationen aller Art. Praktische Beispiele: die Newsgroups im → *Usenet* und Foren in → *Online-Services* oder auch → *Mailboxen*.

BC

Abk. für Basic Call.

BCC

1. Abk. für Block Check Character.
   → *FCC*.
2. Abk. für Billing (and) Customer Care.
   → *Billing*.
3. Abk. für Blind Carbon Copy.
   → *CC*.
4. Abk. für Binary Control Character.
5. Abk. für Bearer-Channel-Connection Protocol.
   → *V 5.2*.

BCCH

Abk. für Broadcast Control Channel.

Bezeichnung für einen Funkkanal im Mobilfunksystem nach dem → *GSM*-Standard. Er dient zum Aufbau von Punkt-zu-Mehrpunkt-Verbindungen innerhalb einer Zelle (→ *zellulares System*). Dazu sendet die Basisstation (→ *BS*) auf diesem Kanal Daten aus, die von der Mobilstation (→ *MS*) empfangen werden können. Die MS können selber in diesem Kanal nicht senden (nur Downlink, kein Uplink).

BCCS

Abk. für Billing (and) Customer Care System.

Bezeichnung für die in der Telekommunikation manchmal integrierten Systeme für → *Billing* und die Kundenbetreuung.

BCD

Abk. für Binary Coded Decimal.

Bezeichnung für einen Code, bei dem jede Dezimalziffer 0...9 einer natürlichen Zahl durch je einen aus vier Bit bestehenden Code dargestellt wird. Dabei wird für jede Ziffer die normale binäre Darstellung gewählt:

Ziffer	BCD-Wort
0	0000
1	0001
2	0010
3	0011
4	0100
5	0101
6	0110
7	0111
8	1000
9	1001

Eine Erweiterung um Buchstaben ist der → *BCDIC*.

BCDIC

Abk. für Binary Code Decimal Interchange Code.

Bezeichnung eines Sieben-Bit-Codes zur Codierung der Ziffern 0...9, 26 Buchstaben und einigen Sonderzeichen. Abgeleitet vom → *BCD*. Die Erweiterung um ein Paritätsbit führt zum → *EBCDIC*.

BCF

Abk. für Backward Control Field.

BCH-Code

Abk. für Bose-Chadhuri-Hocquenghem-Code.

Bezeichnung für einen linearen, zyklischen Block-Code, der zur Fehlererkennung oder Fehlerkorrektur verwendet werden kann. Benannt nach seinen drei Entwicklern.

BCM

1. Abk. für Back Channel Message.
2. Abk. für Block Code Modulation.

BCNF

Abk. für Boyce-Codd-Normalform.

Bezeichnung für eine Normalform als Folge vom → *Normalisieren* bei relationalen Datenbanken.

Eine relationale Datenbank entspricht der BCNF, wenn sie in dritter Normalform vorliegt und es keine Boyce-Codd-Abhängigkeiten gibt, d.h., der Schlüssel darf nicht ein Nicht-Schlüssel → *Attribut* beinhalten.

Benannt wurde diese Normalform nach ihren Entwicklern, dem Mathematiker Dr. Edward ‚Ted' F. Codd und Raymond ‚Ray' Boyce († 1974), beide aus dem Hause IBM, als sie in den frühen 70er Jahren im Rahmen von → *System R* an dem Thema der relationalen → *Datenbank* arbeiteten.

BCOB

Abk. für Broadband Connection Oriented Bearer.

BCP

1. Abk. für Basic Call Process.
2. Abk. für Bridging Control Protocol.

BCPL

→ *C.*

BCPN

Abk. für Business Customer Premises Network.

BCS

Abk. für British Computer Society.
Bezeichnung eines technisch-wissenschaftlichen Verbandes in GB. Gegründet am 14. Oktober 1957.

BCT 900

→ *CT3.*

Bd

Abk. für → *Baud.*

BDAM

Abk. für Blocked Direct Access Method.
Bezeichnung für ein Verfahren zum Dateimanagement innerhalb von Datenbanken aus dem Hause IBM. Gilt als schnell, aber schwer zu handhaben.

BDE

Abk. für → *Betriebsdatenerfassung.*

BDLS

Abk. für Bidirectional Loop Switching.
Oberbegriff für eine redundante Netzkonfiguration üblicherweise von → *LANs* oder auch von → *MANs* mit Ringtopologie, bei der im Fehlerfall an einer Stelle des Netzes der Rest des Ringes in Gegenrichtung betrieben werden kann, so dass es nicht zum Totalausfall des Netzes kommt.
Realisiert üblicherweise durch eine Ringtopologie mit zwei parallel verlegten Glasfasern.
Beispiele für derartige Systeme sind → *FDDI* oder auch → *SDH*-Ringe.

BDSG

Abk. für Bundesdatenschutzgesetz.
→ *Datenschutz.*

BDV

Abk. für Breitband-Durchgangs-Vermittlungsstelle.
Bezeichnung für die Vermittlungsknoten in der obersten Netzebene im → *VBN.*

Beaconing

Bezeichnet in der Netzwerktechnik bei → *LANs* Hardwarefehler (z.B. gebrochenes Kabel, lockere Steckverbindung, gelöste Lötverbindung).

Beam

Von engl. beam = Strahl. Begriff aus der Satellitentechnik. Bezeichnet den auf die Erde gerichteten Sendestrahl des Satelliten bzw. auch dessen → *Footprint*, auch Ausleuchtzone oder -bereich genannt.
Man unterscheidet → *Spotbeams*, bei denen kleine Footprints mit hoher Leistung konzentriert versorgt werden, und Global Beams, bei denen großflächige Footprints mit geringerer Leistung versorgt werden.
Durch geeignete Antennen kann der ausgeleuchtete Bereich auf der Erdoberfläche z.B. an Landmassen oder nationale Grenzen angepasst werden. Man spricht dann von einem Shaped Beam.

Bearer Service

International übliche Bezeichnung für einen Träger- oder Transportdienst. Bezeichnet die von Netzbetreibern an einem Netzzugangspunkt angebotene Dienstleistung, lediglich die Datenübermittlung nutzen zu können, ohne die Inanspruchnahme z.B. von Datenwandlung in Terminals oder weiteren Zusatzdiensten wie Anrufweiterschaltung etc. Dieser Dienst erstreckt sich somit lediglich über die unteren drei Schichten im → *OSI-Referenzmodell.*
→ *Tele-Service.*

Beat Length

→ *Polarisationsmodendispersion.*

Beauty Contest

→ *Lizenz.*

BeBox

→ *BeOS.*

BECN

Abk. für Backward Explicit Congestion Notification.
Bezeichnung eines Feldes im → *Header* des → *Frame-Relay*-Pakets. Es dient zur Überlastkontrolle, indem von einem Netzknoten direkt eine Nachricht an den Sender geschickt wird, die dem Sender mitteilt, dass es aktuell zu Überlast im Netz kommt.
Der Sender kann dann die Datenrate selbständig herunterfahren, wenn er nicht Datenverluste riskieren möchte.
Üblicherweise wird der Mechanismus durch das Setzen eines einzelnen Bits im Header aktiviert.
→ *FECN.*

BECOM

Bezeichnung eines Gremiums der Koordination zwischen dem Network-Provider KPN und dem Hersteller Philips in den Niederlanden.

Bedienplatz

→ *Console.*

Befehl

1. In einer → *Programmiersprache* ein bestimmtes Wort aus der definierten Menge der Schlüsselwörter dieser Programmiersprache, das eine bestimmte Aktion des programmierten Computers zur Folge hat.
2. Ganz allgemein die Bezeichnung für eine Sequenz von Signalen oder Symbolen zur vorhersehbaren und reproduzierbaren Steuerung eines technischen Systems.

Bel

1. → *Dezibel.*
2. Selten benutzte Abkürzung für Bildelement. International üblicherweise → *Pixel* genannt.

Belastung

→ *Verkehrsmenge.*

Belegung

Begriff aus der → *Verkehrstheorie.* Bezeichnung für den Vorgang, Netzressourcen (z.B. Bandbreite) einer bestimmten Verbindung zuzuweisen und damit für eine bestimmte Dauer (→ *Belegungsdauer*) exklusiv in Anspruch zu nehmen, so dass sie keiner anderen Verbindung mehr zur Verfügung steht.

Belegungsdauer

Begriff aus der → *Verkehrstheorie.* Bezeichnet die zeitliche Dauer, die ein Anruf benötigt und in dieser Zeit Netzressourcen beansprucht (belegt, → *Belegung*). Startzeitpunkt ist das Abheben des Hörers, Endzeitpunkt das Auflegen des Hörers. Es wird also nicht nur die Phase der Nutzdatenübertragung berücksichtigt, sondern das Warten auf das Freizeichen, das Wählen, der Verbindungsaufbau, die hergestellte Verbindung, das Auslösen der Verbindung und das Auflegen des Hörers.

Als mittlere Belegungsdauer t_m wird die in einem Beobachtungszeitraum aufsummierte Gesamtzeit Y (= der → *Verkehrsmenge*) aller beobachteten c Belegungen verstanden:

$$t_m = Y / c$$

Beleihungs- und Akkreditierungsverordnung

Abgekürzt mit BAkkrV. Bezeichnung für eine Verordnung gemäß § 59 des → *Telekommunikationsgesetzes*, die mit zu den → *Rechtsgrundlagen* des Telekommunikationsmarktes in Deutschland gehört. Sie regelt die Wahrnehmung von eigentlich hoheitlichen Aufgaben im Bereich der technischen Geräte- und Anschlussprüfung durch privatwirtschaftliche Unternehmen im Wettbewerb. Dazu können private Unternehmen beliehen werden, die dann entsprechende Aufgaben wahrnehmen dürfen.

Sie ist am 10. Dezember 1997 in Kraft getreten. Die ersten Verleihungen an sieben Unternehmen fanden am 18. Februar 1998 statt.

Prinzipiell wurden damit Aufgaben privatisiert, die zuvor das → *BZT* wahrgenommen hatte.

Belinogramm

→ *Fax.*

Bell 103

Amerikanischer Standard zur Datenübertragung mit 300 bit/s durch die Nutzung von → *FSK.* Er entspricht etwa → *V.21* der → *ITU*, ist mit ihr wegen verschiedener Frequenzen jedoch nicht kompatibel, d.h. ein V.21-Modem kann sich nicht mit einem amerik. Modem nach Bell 103 unterhalten.

Die Trägerfrequenzen für den Anrufer liegen bei 1170 Hz, für den Angerufenen bei 2125 Hz.

Bell 103 wurde bereits im Jahr 1950 von den Bell Laboratories entwickelt und eingeführt. Er war der erste Modemstandard überhaupt und wurde von anderen Herstellern auch übernommen. Mittlerweile ist er ohne jede Bedeutung, wird dennoch in der Literatur öfter erwähnt. Er erwies sich schnell als zu langsam und wurde dann zu → *Bell 212 A* weiterentwickelt.

Bell 201

Amerikanischer Standard zur Datenübertragung mit 2 400 bit/s für synchrone Vollduplex-Verbindungen. Als Verfahren für → *digitale Modulation* wird dabei DPSK (→ *PSK*) genutzt.

Der Standard hat keine Bedeutung für die Welt vernetzter → *PCs* und ist fast ausschließlich in der Großrechnerwelt des Hauses IBM zu finden.

Er ist dem internationalen Standard → *V.26* sehr ähnlich

Varianten sind Bell 201B (genutzt für Standleitungen) und Bell 201C (genutzt für gewählte Halbduplex-Verbindungen).

Bell 202

Amerikanischer Standard zur Datenübertragung mit 1 800 bit/s für asynchrone gewählte Vollduplex-Verbindungen über Vierdrahtleitungen und für gewählte Halbduplex-Verbindungen mit 1 200 bit/s. Als Verfahren für → *digitale Modulation* wird dabei DPSK (→ *PSK*) genutzt.

Bell 208

Amerikanischer Standard zur Datenübertragung mit 4 800 bit/s für synchrone Vollduplex-Verbindungen.

Eine Variante ist Bell 208A für Vollduplex-Verbindungen über Vierdrahtleitungen. Als Verfahren für → *digitale Modulation* wird dabei DPSK (→ *PSK*) genutzt.

Eine weitere Variante ist Bell 208B für gewählte Halbduplex-Verbindungen.

Bell 209

Amerikanischer Standard zur Datenübertragung mit 9 600 bit/s für gewählte Vollduplex-Verbindungen über Vierdrahtleitungen oder auch gewählte Halbduplex-Verbindungen über Zweidrahtleitungen. Als Verfahren für → *digitale Modulation* wird dabei → *QAM* genutzt.

Bell 212 A

Amerikanischer Standard zur Datenübertragung mit 1 200 bit/s. Der Standard wurde in → *Modems* und in → *Akustikkopplern* genutzt. Er war in der Version als Akustikkoppler sehr anfällig für Störgeräusche im Hintergrund.

Bell 212 A ist heute nur noch in den USA von Bedeutung. Entspricht etwa → *V.22* der CCITT, da er sich nur unwesentlich von ihr unterscheidet.

Modemkommunikation von V.22 nach Bell 212 A funktioniert meistens, obwohl sich der Verbindungsaufbau unterscheidet.

Entwickelt von Bell, die das Verfahren an andere Hersteller lizenzierte. Nach einer Zeit der sehr hohen Preise entwickelten Rockwell und andere Chiphersteller integrierte Versionen, was zu einem Preisverfall und zu einer weiten Verbreitung führte.

Bellcore

Abk. für Bell Communications Research.

Benannt nach Alexander Graham Bell (* 1834, † 2. August 1922), dem Erfinder des kommerziell nutzbaren Telefons, 1876.

Bezeichnung für ein hochangesehenes Forschungszentrum in den Bereichen Grundlagenforschung und anwendungsorientierte Forschung auf dem Gebiet der Nachrichtentechnik mit Hauptsitz in Morristown, New Jersey.

Bellcore ist organisatorisch in fünf Divisions gegliedert:

- Applied Research Group für Grundlagenforschung in den Bereichen Informatik, Photonik, Werkstoffwissenschaften und Netze sowie zuständig für Consulting aller Art.
- Die Technologies Resources Division ist für den Aufbau von Netzen und die Standardisierung zuständig.
- Die Customer Solutions Group kümmert sich um alles, was mit dem Ortsnetz zu tun hat (Planung, Aufbau, Wartung, Management).
- Die Software Group erstellt und vermarktet Software.
- Das Technical Education Center ist im Fortbildungssektor aktiv.

Entstanden ist Bellcore unter dieser Bezeichnung ursprünglich im April 1984, nachdem AT&T in den überregionalen Zweig und in die → *RBOC*s aufgespalten wurde. Der Anteil der RBOCs an den vorherigen Bell Laboratories wurde zu Bellcore. In beiden wurde im Laufe der Zeit weltweit wichtige Grundlagenforschung betrieben.

1997 verkauften die RBOCs ihre Anteile an die Science Applications International Corporation (SAIC) mit Sitz in San Diego/Kalifornien. Als Teil dieses Deals wurde im Frühjahr 1999 Bellcore in Telcordia umbenannt.

→ *http://www.telcordia.com/*

Belle

Bezeichnung für ein Computerprogramm, das Schach spielt. Es war das erste Programm, das den Grad eines Meisters erhielt.

1980 gewann es den Weltmeistertitel der World Computer Chess Association.

Maßgeblich entwickelt von Kenneth W. Thompson und Joseph Condon.

→ *Deep Blue*, → *Deep Thought*.

Bell Laboratories, Bell Labs

Ursprünglich auch Bell Telephone Laboratories genannt. Ursprüngliche Bezeichnung für die 1925 durch die Verschmelzung der Entwicklungslabors von AT&T und Western Electric hervorgegangenen Forschungseinrichtung der AT&T aus den USA, aus der wiederum zu einem Teil 1984 die → *Bellcore* hervorging. Danach weiterhin die Bezeichnung für die restlichen Forschungsaktivitäten der AT&T. Elf Nobelpreisträger sind aus diesen Laboratorien hervorgegangen.

Lange Zeit (insbesondere zu Zeiten des Kalten Krieges) wurde in den Bell Labs staatlich unterstützt Grundlagenforschung betrieben. Erst relativ spät wurde versucht, die Grundlagenforschung an die gezielte Produktentwicklung für Telekommunikationszwecke bzw. für AT&T anzukoppeln.

Beispiele für Entwicklungen aus den Bell Labs sind der → *Transistor* und der → *Laser*. Ein anderes Beispiel ist die erste → *SPC*-Vermittlung, die → *ESS 1*. Auf dem Gebiet der Informatik entstanden dort das → *Betriebssystem* → *Unix* oder die Programmiersprache → *C*.

Bis 1999 hat das Bell Lab auch sieben Nobelpreisträger hervorgebracht.

1996 ging das Bell Lab zusammen mit anderen Teilen von AT&T in → *Lucent Technologies* auf. Der Name bleibt jedoch erhalten und bezeichnet weiterhin das Forschungs- und Entwicklungszentrum von Lucent.

Hauptsitz ist Murray Hill/New Jersey.

In Deutschland haben die Bell Labs Teile der → *PKI* in Nürnberg übernommen.

→ *http://www.bell-labs.com/*

Bells and Whistles

Von engl. bell = Glocke und whistle = Pfeife. Es gibt mehrere Interpretationen dieses scherzhaften Begriffes.

1. Bezeichnet in der Softwarebranche der USA eine Software die funktional derart umfangreich ist, dass sie in ihrem Anwendungsgebiet als Alleskönner gilt.
2. Funktionalität einer Software, welche nicht notwendigerweise den ursprünglichen Zweck unterstützt oder die Software besser macht, die Anwendung aus Nutzersicht jedoch angenehmer bis lustiger gestaltet. Böse Zungen referenzieren daher mit Bells and Whistles einen reinen Marketing-Gag, der von der sonst schwachen Funktionalität ablenken soll.

   Beispiele für Bells-and-Whistle-Funktionalität sind ein Überblenden, Signaltöne oder Melodien, farbenfrohe Benutzeroberflächen oder kleine Animationen.

BelWü

Abk. für Baden Württemberg Extended LAN.

Bezeichnung für das Weitverkehrsnetz im Bundesland Baden-Württemberg, das diverse Hochschulen und Forschungseinrichtungen miteinander verbindet.

→ *http://www.belwue.de/*

Benchmarking (Indikatoren)

→ *Leistungskennzahlen.*

Benchmark-Test

Bezeichnung für einen standardisierten Test zur Leistungsermittlung und zum Vergleich von Computerleistungen. Üblicherweise wird dabei versucht, bestimmte, typische Befehlsmixe zusammenzustellen, um einzelne Stärken und Schwächen bestimmter System- oder Prozessorarchitekturen, z.B. im Grafikbereich, auszugleichen und ein ausgewogenes Bild zu bieten.

Neben allgemeingültigen Verfahren gibt es auch welche, die von Herstellern selbst entwickelt und veröffentlicht wurden, um Leistungen innerhalb größerer Rechnerfamilien transparent zu machen.

Beispiele für derartige Tests sind → *AIM* → *Dhrystones,* → *Gibson-Mix,* → *Khornerstones,* → *Linpack,* → *SPEC* oder auch → *Whetstone.*

→ *http://wwwai.wu-wien.ac.at/Publikationen/Janko/paper/main3/node15.html/*

Benutzerführung

Durch die Benutzerführung wird einem Nutzer die Bedienung und die Benutzung eines Endgerätes (z.B. → *Telefon,* → *Fax*gerät, → *Handy*) erleichtert und teilweise erst ermöglicht. Die Benutzerführung wird unter verschiedenen Gesichtspunkten vom Hersteller konzipiert und gruppiert ähnliche oder inhaltlich zusammengehörige Aktionen und Bedienelemente, die dem Nutzer eine leichte und ergonomisch-intuitive Bedienung erlauben.

Der Nutzer erhält im Rahmen der Benutzerführung vom Endgerät Hinweise für Eingaben oder Reaktionen, die von ihm auszuführen sind.

Benutzerführung kann durch verschiedene Hard- und Softwaremechanismen ermöglicht werden, z.B. durch:

- Verwendung eines Displays (mit Hinweistexten und/oder Symbolen),
- Verwendung sonstiger Leuchtanzeigen (LED, etc.),
- Verwendung eines Tongenerators und eines Lautsprechers,
- → *Funktionstasten.*

Teilweise werden, je nach Endgerät und Telekommunikationsdienst, Informationen von der Teilnehmervermittlungsstelle über den aktuellen Zustand einer Verbindung gegeben, z.B. bei → *ADSI.*

Benutzerkennung, -konto

→ *Account.*

BeOS

Bezeichnung für ein 1997 vorgestelltes und seit Anfang 1998 erhältliches → *Betriebssystem* für → *PowerPCs* und mittlerweile auch für → *PCs* mit Prozessoren aus dem Hause → *Intel.* Entwickelt von Jean-Louis Gassee, der zuvor Leiter von Forschung & Entwicklung im Hause → *Apple* war. Ursprünglich wurde es für eine neue Klasse von Multimedia-fähigen PCs, genannt BeBox, entwickelt.

BeOS unterstützt → *Multitasking* (pre-emptive) und → *Multithreading* sowie bis zu acht Prozessoren.

Das System gilt als ideal für multimediale Anwendungen, da bereits im Betriebssystem Funktionen zur Bearbeitung von multimedialen Daten in Echtzeit enthalten sind. Ferner werden die einfache Installation und die Verträglichkeit mit anderen Betriebssystemen (BeOS ist → *Posix*-kompatibel) als Vorteil genannt.

Im September 1998 wurde Version 4.0 vorgestellt, die im Vergleich zur Vorgängerversion 3.0, die eher noch etwas für begeisterte Techniker war, auch für normale Computernutzer gedacht ist. Dennoch konnte auch mit dem eher kleinen Upgrade zur Version 4.5 (Oktober 1999) das Image des „Media-OS" trotz zugegebener anderer Qualitäten nicht ganz abgeschüttelt werden.

Eine von BeOS abgeleitete und nicht so umfangreiche Variante für spezielle kleine Geräte (z.B. einen → *PDA* oder ein → *Screen Phone*) zum Anschluss an das → *Internet* ist ‚Stinger'.

→ *http://www.be.com/*

→ *http://www.beusergroup.de/*

BER, BERT

1. Abk. für Bit Error Rate (Test), Bitfehlerrate (BFR).

   Ein Qualitätsmerkmal digitaler Kanäle (→ *QoS*). Wird angegeben als Verhältnis der Anzahl fehlerhafter Bits zu der Gesamtzahl der betrachteten Bits in einer bestimmten zeitlichen Periode. Die BER gibt damit an, auf wie viele korrekte Bits ein fehlerhaftes (gekipptes) Bit kommt.

   → *Bitfehler.*
2. Abk. für Basic Encoding Rules.

   Grundlegende Regeln zur Datenstrukturbeschreibung mit → *ASN.1.*

Berechtigungsklassen

Bezeichnung für die Zuweisung von Rechten an Anschlüssen in Nebenstellenanlagen. Insbesondere in Nebenstellenanlagen können den einzelnen angeschlossenen Endgeräten eine Vielzahl unterschiedlicher Berechtigungen zugeordnet werden. Üblicherweise unterscheidet man:

- Vollamtsberechtigung: Von der Nebenstelle aus können ohne Einschaltung der Zentrale Amtsleitungen selbsttätig in abgehender Richtung erreicht werden.
- Halbamtsberechtigung: Nebenstellen können mit Amtsleitungen in abgehender Richtung nur durch Vermitteln oder Zuteilen durch die Zentrale verbunden werden. Ankommende Amtsanrufe können problemlos angenommen werden.
- Nichtamtsberechtigung: Von der Nebenstelle aus können nur Innenverbindungen hergestellt werden, eine Verbindung mit Amtsleitungen ist weder abgehend noch ankommend möglich.

Bereitstellung, Bereitstellungszeit

Begriff aus dem Betrieb eines Unternehmens, das Telekommunikationsdienstleistungen an Endkunden verkauft.

International auch Provisioning und selten eingedeutscht daher Provisionierung genannt.

Bezeichnet alle Dinge, die notwendig sind, um einem Kunden die Inanspruchnahme des von ihm gewünschten Dienstes auf Basis eines Telekommunikationsnetzes zu ermöglichen. Insofern ist es eine kundenindividuelle Einstellung von verschiedenen Parametern des Netzmanagements. Bei hoch standardisierten Diensten ohne Varianten, wie etwa dem Telefondienst, ist das Provisioning kaum vorhanden, wohingegen in anderen Fällen (z.B. dem Einrichten eines → *IP*-basierten → *VPN*s) das Provisioning sehr nahe am Projektgeschäft ist.

Der letzte Schritt ist die → *Aktivierung*.

Gemäß des Modells der → *ITU* vom → *Netzmanagement* ist das Provisioning ein Teil des → *Konfigurationsmanagements*.

Die Zeitdauer von dem Eingang einer Kundenbestellung bis zur Übergabe des funktionsfähigen Anschlusses wird Bereitstellungszeit genannt und ist Gegenstand von Vergleichen zwischen verschiedenen → *Carriern*. Es gibt in verschiedenen Ländern auch Bestrebungen von Verbraucherverbänden und Nutzervereinigungen, dass diese Zeit auf alle Fälle von den Carriern ermittelt und veröffentlicht wird, um so ein → *Benchmarking* zu ermöglichen.

Als international erstrebenswert gilt für den analogen Telefondienst (→ *POTS*) und auch für den Basisanschluss an das → *ISDN* eine Zeit von 24 Stunden bzw. in technisch bereits voll erschlossenen Ballungsräumen eine Zeit von 6 Stunden (am Morgen bestellt – am Nachmittag nutzbar). Für den Primärmultiplexanschluss wird oft eine Zeit von einer Woche (= fünf Werktage) gewählt, sofern keine zusätzlichen Verlegearbeiten für Kabel anfallen.

→ *Accounting*, → *Billing*, → *Charging*, → *Commissioning*.

Berkeley Unix

→ *Unix*.

BERKOM

Abk. für Berliner Kommunikationsnetz.

Bezeichnung für ein zunächst rein wissenschaftliches Projekt zur Förderung der Entwicklung von Diensten, Anwendungen und Endsystemen für das auf einem Glasfasernetz basierende → *B-ISDN*.

Den Anstoß zu diesem Projekt gab es dabei im Projekt → *BERNET*. Aufgrund der positiven Erfahrungen des Projektes BERNET wurde rasch klar, dass der nächste Schritt in Richtung mehr Bandbreite und multimedialer Anwendungen (→ *Multimedia*) gehen müsste. Daher wurde dem Berliner Senat im März 1985 ein entsprechender Projektvorschlag für eine glasfaserbasierte, lokale Infrastruktur mit einer Bandbreite von 140 Mbit/s und entsprechende Forschungsprojekte unterbreitet. Im gleichen Jahr wurde das Projekt auf der → *IFA* im August der Öffentlichkeit vorgestellt.

Schließlich wurde am 1. Februar 1986 in Berlin zunächst das zeitlich befristete Projekt von der damaligen Bundespost in Gestalt der Tochtergesellschaft → *Detecon* gestartet.

Nach dem Auslaufen des Projektes führte dies 1993 zur Gründung einer Betreibergesellschaft, genannt DeTeBerkom GmbH, als Forschungsinstitution der Deutschen Telekom auf dem Gebiet innovativer und multimedialer Breitbandanwendungen.

Am 1. Juli 1999 ging die DeTeBerkom in der T-Nova auf (→ *FTZ*).

→ *http://www.deteberkom.de/*

BERNET

Abk. für Berliner (Forschungs-) Netz bzw. Berliner Rechnernetz für die Wissenschaft.

Bezeichnung der Keimzelle des → *WiN*, das in den Jahren 1977 bis 1982 in Berlin im Rahmen eines Projektes zur Erforschung der Kommunikation offener Systeme errichtet wurde, nachdem auf Initiative des Berliner Senats um Ende 1971 herum bereits eine Projektgruppe einen Landesrahmenplan für die effiziente Nutzung vorhandener Datenverarbeitungsanlagen erarbeitet hatte.

Das BERNET auf der Basis von → *X.25* lief ab 1982 im Testbetrieb zwischen drei Rechenzentren mit acht Computeranlagen. Gleichzeitig liefen die Gründungen des WiN und des → *DFN* an.

Ein weiteres Nachfolgeprojekt war → *BERKOM*.

Beschnitt

In der professionellen Drucktechnik die Bezeichnung für den Bereich, um den eine in der Druckmaschine gedruckte Seite größer ist als das, was letztlich das fertige Druckerzeugnis für den Nutzer umfasst.

Der Beschnitt wird nach dem Druck weggeschnitten und dient der Farb- und Maßkontrolle der Druckergebnisse.

→ *Layout*.

Besetztton

Bezeichnung für das akustische Signal, das ein Anrufer (→ *A-Teilnehmer*) in zwei Fällen hört:

- Wenn der gerufene Teilnehmer (→ *B-Teilnehmer*) bereits mit einer dritten Partei verbunden ist und das Gespräch nicht entgegennehmen kann.
- Wenn die Verbindung wegen technischer Störungen oder Überlast nicht durch das Netz zum B-Teilnehmer durchgeschaltet werden kann (→ *Gassenbesetzt*).

Es handelt sich um eine periodische Tonfolge (150 ms Tonsignal, 475 ms Pause), die dem Buchstaben „E“ im Morsealphabet entspricht. Der Ton hat eine Frequenz von 425 oder 450 Hz.

→ *Aufschalteton*, → *Freiton*, → *Wählton*.

Bespulung

→ *Pupin-Spule*.

Bessie

→ *Mark III*.

Bestellfernsehen

→ *Video-on-Demand.*

Beta, Betacam

Bezeichnung eines professionellen Aufzeichnungsverfahrens für Videobilder und dazugehörigen Ton. Weit verbreitet im professionellen TV- und Filmbereich. Das verwendete Magnetband hat eine Breite von ½ Zoll.

Gekennzeichnet durch eine getrennte Signalaufzeichnung für die Helligkeits- und Farbinformation (sogenannte Komponentenaufzeichnung) und eine hohe Aufzeichnungsdichte. Die Farbdifferenzsignale werden komprimiert nach dem Zeitmultiplexverfahren auf einer Spur aufgezeichnet.

Das Beta SP ist ein Verfahren, das zum herkömmlichen Beta kompatibel ist, aber eine deutliche Qualitätsverbesserung ermöglicht, wofür allerdings spezielle Metallbänder notwendig sind.

Betamax

→ *Videorecorder.*

Beta SP

→ *Beta.*

Betatest, Betatester, Betaversion

Branchenjargon in der Softwarebranche für den Test eines neuen Programms in der sog. Betaversion durch ‚echte' Benutzer vor dem Verkaufsstart, um einen Test unter Praxisbedingungen durchzuführen. Willkommener Nebeneffekt dabei ist, dass das neue Produkt potenziellen, späteren Käufern bekannt gemacht wird und üblicherweise die Aufmerksamkeit der Medien auf sich zieht.

Betatester sind die oft speziell ausgewählten Benutzer, die an dem Betatest teilnehmen. Bei ihnen handelt es sich z.B. um große oder langjährige Kunden sowie spezielle Anwender mit einem besonderen Nutzungsprofil.

Bei großen Tests mit hohem Aufwand wird über den Betatest oft ein Vertrag geschlossen, der als Betatest Agreement (BTA) bezeichnet wird

→ *Alphaversion.*

Betreiberkennzahl

→ *Verbindungsnetzbetreiberkennzahlen.*

Betriebsdatenerfassung

Bezeichnung für den Vorgang der Erfassung von Daten wie z.B. Arbeitszeiten etc. durch technische Systeme und gleichzeitig auch die Bezeichnung dieser technischen Systeme (Erfassungssysteme wie Kartenleser und Datenspeicher wie Datenbanken sowie Auswertesoftware).

Betriebsfunk

Bezeichnung für einen Teilbereich innerhalb des → *Mobilfunk*, bei denen einzelnen Betrieben (Behörden oder allgemein: geschlossenen Benutzergruppen) komplette Frequenzen zugeteilt werden, die diese exklusiv nutzen können. Daher handelt es sich um nicht-öffentlichen Mobilfunk. Technische Kennzeichen sind die geringe Reichweite der Funkanlagen und die geringe Kapazität.

Die nur sporadische Nutzung dieses Dienstes und die daraus folgende Verschwendung wertvoller Frequenzen durch Behörden führte zur technischen Weiterentwicklung und damit zum → *Bündelfunk.*

Die für Betriebsfunk eingesetzten technischen Plattformen sind häufig Firmenstandards. Erst seit kurzem gibt es Bemühungen einen herstellerunabhängigen Standard zu etablieren. Ein Beispiel dafür ist → *DIIS.*

Betreiber des weltweit größten Betriebsfunknetzes ist die Deutsche Bahn AG, die rund 80 000 tragbare oder fahrende analoge Endgeräte auf ihrem 44 000 km langen Streckennetz in Betrieb hat. Diese sollen jedoch durch ein System basierend auf → *GSM-R* ersetzt werden.

Insgesamt ist Betriebsfunk insbesondere für die Gruppe der → *BOS* interessant. Diese hat alleine in Deutschland rund 350 000 fest installierte, portable oder mobile Endgeräte in Betrieb.

Nach Angaben der → *Regulierungsbehörde* waren zur Jahresmitte 1998 in Deutschland rund 125 000 Betriebsfunknetze mit rund 1,5 Mio. Endgeräten in Betrieb.

Betriebsmittel

Bezeichnung der elementaren Hardware- und Software-Komponenten, die von einem → *Prozess* zur Durchführung seiner Aktionen auf einem Computer benötigt werden. Sie werden durch das → *Betriebssystem* verwaltet.

Beispiele für Betriebsmittel: Prozessor(en), → *Arbeitsspeicher* (-bereiche), → *Cache*, externe Speicher (→ *Festplatte*), → *Drucker*, → *Datenbanken*, → *Compiler*, Dienstprogramme (→ *Utilities*), andere Peripheriegeräte (→ *Tastatur*, → *Maus*) etc.

Betriebssystem

Abgekürzt mit BS. Auf Englisch auch Operating System (OS) genannt. Oberbegriff für die Programme eines digitalen Rechners, die folgende Aufgaben wahrnehmen:

- Verwaltung der → *Betriebsmittel* wie z.B. → *Arbeitsspeicher*, → *CPU*-Arbeitszeit, Peripheriegeräte (→ *Maus*, → *Tastatur*, Bildschirm, → *Drucker* ...)
- Verwaltung von Dateien
- Durchführung von I/O-Operationen
- Fehlerbehandlung

Es ist in der Regel modular aufgebaut, so dass sich nur die gerade aktuell benötigten Programme des Betriebssystems selber im → *Arbeitsspeicher* befinden und Platz benötigen.

Der Begriff ist auch in DIN 44300 definiert:

Die Programme eines digitalen Rechensystems, die zusammen mit den Eigenschaften der Rechenanlage die Basis der möglichen Betriebsarten des digitalen Rechensystems bilden und insbesondere die Abwicklung von Programmen steuern und überwachen.

Es ist schwierig, eine allgemein gültige Definition für den Begriff Betriebssystem zu finden, da die Grenzen zwischen herkömmlichen Betriebssystemen und Programmpaketen

(z.B. Compiler für Programmiersprachen mit viel Betriebssystemfunktionalität) oft fließend sind.
Der Computerexperte D. Ingalls definierte den Begriff auf eine ironische Art als „all die Dinge, die nicht in eine Programmiersprache passen" und äußerte den Wunsch, dass es Computer ohne Betriebssysteme geben solle.
Daneben existieren Betriebssysteme mit mehr akademischem oder historischem Interesse wie z.B. COS für die → *Cray*, → *Eumel*, → *ExOS*, → *GCOS*, → *MULTICS*, → *JOSS* oder → *TRON*.
Beispiele für Betriebssysteme im oder aus dem Großrechnerbereich sowie auch für Workstations sind → *MVS*, → *OS/390*, → *VMS*, → *VSE*, → *Unix* (und seine zahlreichen Derivate) oder → *VM/SP*.
Im Bereich der → *Minicomputer* gibt es → *OS/400* (für die → *AS/400* aus dem Hause IBM) oder → *OS/8* (für die → *PDP-8* aus dem Hause → *DEC*).
Im PC- und Workstation-Bereich sind → *BeOS*, → *CP/M*, → *DOS*, → *Linux*, → *MacOS*, → *NextStep*, → *OS/2*, → *PC 9800*, → *Plan 9*, → *ProDOS*, → *Solaris*, → *Taligent*, → *Windows CE*, → *Windows NT*, → *Windows 95* und → *Windows 2000* zu nennen.
Im Bereich für Elektrokleingeräte finden → *OS-9* häufig und das von diesem abgeleitete → *CD-RTOS* bei → *CD:i*-Playern Anwendung. Hier ist auch → *Magic Cap* zu nennen. Andere ,kleine' Betriebssysteme sind → *EPOC*, → *GEOS*, → *PalmOS* und → *Windows CE*.
Historisch gesehen entwickelten sich die ersten Betriebssysteme in den späten 50er/frühen 60er Jahren aus dem Wunsch heraus, alle Aufgaben, die nicht anwendungsspezifischer Natur sind, aus den Anwendungsprogrammen herauszuhalten und innerhalb eines permanent laufenden ,Grundprogramms' zusammenzufassen, das seine grundlegende Funktionalität den Anwendungsprogrammen zur Verfügung stellt. Dies ersparte den Programmierern auch zusätzliche Programmierarbeit, da sie nicht für jedes Programm erneut z.B. die Ein- und Ausgaberoutinen oder eine Speicherverwaltung zu schreiben brauchten. Dieses Bestreben wurde seinerzeit noch dadurch verstärkt, dass die Menge an zu verwaltenden Peripheriegeräten (→ *Magnettrommelspeicher*, Magnetbänder) und Programmen (→ *Multitasking*) zunahm. Welches derartige System nun das erste Betriebssystem war, hängt von der genauen Definition ab. Häufig wird jedoch ein Betriebssystem von Gene Amdahl (→ *Amdahl*) für die → *IBM 704* aus dem Jahre 1954 genannt.
→ *http://www2.informatik.uni-erlangen.de/IMMD-II/Lehre/WS96_97/unix/vorl01/node3.html/*
→ *http://www.htw-dresden.de/~htw8936/studium/informatik/mm_betriebssysteme.html/*

Beugung

Bezeichnung für einen Effekt des → *Fading* bei der Ausbreitung elektromagnetischer Wellen. Beugung ist die weitere Ausbreitung von Wellen hinter Hindernissen in deren Schattenbereich hinein, d.h., die Welle dringt in Bereiche ein, in die sie sonst nur auf direktem Weg gelangen könnte. Je größer die Wellenlänge im Verhältnis zu einem Hindernis ist, um so stärker wird die Welle im Bereich hinter dem Hindernis in den Schattenbereich hineinlaufen (um das Hindernis herum gebeugt). Dies trifft für alle Arten von Wellen (auch Wasserwellen) zu.
Dieser Effekt wird bei Frequenzen für elektromagnetische Wellen oberhalb von 1 GHz vernachlässigt.
Dieser Effekt ist auf den Huygens-Fresnelschen Effekt zurückzuführen, nach dem jeder Punkt eines Wellenzuges Ausgangspunkt einer sich gleichförmig in alle Richtungen des Raumes ausbreitenden neuen Welle gleicher Wellenlänge sein kann.

Bezahlfernsehen

Ein nur in wenigen deutschen Tageszeitungen verwendeter, aber ansonsten in der Branche selten gebrauchter Ausdruck für → *Pay-TV*.

BfD

Abk. für Bundesbeauftragter für den → *Datenschutz*.

BFH

Abk. für Bitfehlerhäufigkeit.
Gängigere Bezeichnung ist Bit Error Rate (→ *BER*).

BFI

Abk. für Bad Frame Indicator.

BFOC

Abk. für Bayonet Fibre Optic Connector.

BFR

Abk. für Bitfehlerrate.
→ *BER*.

BFSK

Abk. für Binary Frequency Shift Keying.
→ *FSK*.

BFT

Abk. für Binary File Transfer.
Oberbegriff für verschiedene Verfahren, die digital vorliegende Daten (Dateien) mit Hilfe von Verfahren, die sonst zur Übertragung zwischen Faxgeräten (→ *Fax*) verwendet werden, über analoge Leitungen übertragen.

BGA

Abk. für Ball Grid Array.
Begriff aus der Halbleitertechnik bzw. Elektronik. Bezeichnet einen Träger mit gedruckten leitenden Verbindungen, wobei der Träger auf der einen Seite weitere elektronische Komponenten aufnimmt, die er durch die leitenden Verbindungen mit den Köpfen (Balls) von Kontaktstiften auf der anderen Seite verbindet.

BGN

Abk. für Background Noise Conditions.

BGP

Abk. für Border Gateway Protocol.
Bezeichnung für ein → *Routingprotokoll* im → *Internet*, das zu der Klasse der externen Routingprotokolle (→ *ERP*)

gehört und autonome Systeme (→ *AS*) miteinander verbindet. BGP ist von der Verfahrensweise her ein Distance-Vector-Routingprotokoll und gilt als vielfältig und flexibel.

Es existiert mittlerweile in Version 4 (BGP4). Folgende Standards sind für BGP relevant:

Standard	Inhalt
RFC 1654	BGP (First Version)
RFC 1771	BGP (Version 4)
RFC 1772	Application of the BGP in the Internet
RFC 1773	Experience with the BGP-4 Protocol
RFC 1774	BGP-4 Protocol Analysis
RFC 1863	A BGP / IDRP Route Server Alternative to a Full Mesh Routing
RFC 1930	Guidelines for Creation, Selection and Registration of an Autonomous System
RFC 2283	Multiprotocol Extensions

BGP nutzt → *TCP* zum Austausch von Routinginformationen mit anderen Routern und setzt voraus, dass das Netz in autonome Systeme unterteilt ist, die durch Angabe einer 16 Bit langen Adresse identifiziert werden können, die international von verschiedenen Institutionen vergeben werden, z.B. in Europa durch → *RIPE*.

Ein BGP-Router ist Mitglied in genau einem AS, wobei ein AS mehrere BGP-Router haben kann. Dementsprechend unterscheidet man BGP-Verbindungen zwischen BGP-Routern des gleichen AS (internal BGP, iBGP; auch Intraautonomous System Routing genannt) und zwischen Routern verschiedener AS (external BGP, eBGP; auch Interautonomous System Routing genannt). Ferner ist es mit BGP auch möglich, Routinginformationen durch ein AS auszutauschen, das selbst nicht BGP nutzt. In diesem Fall spricht man vom Pass-Through-Routing.

Die grundlegende Metrik basiert auf einem einfachen Hopcount (Anzahl zu durchlaufender Router). Ein durch mehrere Hops festgelegter Pfad kann jedoch mit lokal gewählten Parametern anders gewichtet werden als ein zweiter Pfad. Ferner ist es möglich, bestimmte Pfade temporär vom Routing auszuschließen (sog. Flap Dampening). Es unterstützt durch dieses Verfahren verschiedene Wege zwischen zwei Systemen und kann anhand vorgegebener Routing-Policies und Filter diese verschiedenen Pfade und eingehende Routinginformationen bewerten und den günstigsten auswählen.

Ein weiterer Vorteil von BGP ist die nahezu unbegrenzte Skalierbarkeit.

BGP wird insbesondere im globalen Internet zwischen den Netzen verschiedener → *Internet Service Provider* eingesetzt. Es kann aber auch in einem großen → *Intranet* zum Einsatz kommen.

→ *http://joe.lindsay.net/bgp.html/*

→ *http://www.netaxs.com/~freedman/bgp.html/*

BHC

Abk. für Busy Hour Calls.

Bezeichnung für die in der Hauptverkehrsstunde (→ *Busy Hour*) tatsächlich zustande gekommenen Verbindungen (im Gegensatz zum → *BHCA*).

Die Größe ABHC (Average BHC) gibt eine Durchschnittsgröße an, z.B. gemessen in immer der gleichen Hauptverkehrsstunde jeden Tag über ein Jahr.

BHCA

Abk. für Busy Hour Call Attempt.

Eine einheitliche genormte Definition existiert nicht, jedoch hat sich ein Branchenverständnis zu diesem Begriff herausgebildet.

Der BHCA-Wert einer Vermittlungsstelle gibt an, wie viele Belegungsversuche in der Hauptverkehrsstunde (→ *Busy Hour*) abgewickelt werden können. Diese Zahl beinhaltet also alle erfolgreich durch diese Vermittlung zustande gekommenen Verbindungen (vermittelt und Verbindung vom → *B-Teilnehmer* entgegengenommen, → *BHC*) sowie alle vermittelten aber nicht entgegengenommenen Verbindungen (Besetztfall, nicht abgenommen, da keiner Zuhause).

Die Größe gilt als ein Leistungsmerkmal von Vermittlungen, daher wird sie häufig in technischen Spezifikationen erwähnt. Hersteller von Vermittlungen können jedoch – von der o.a. Definition leicht abweichend – ein eigenes Verständnis von dem BHCA-Wert haben.

Streng genommen ist der BHCA-Wert eine Größe, die lediglich die Leistungsfähigkeit der mit der Signalisierung (→ *Zeichengabe*) beschäftigten Komponenten beschreibt.

Große Vermittlungsstellen in öffentlichen Netzen (einige 100 000 angeschlossene Teilnehmer) wickeln auch BHCA-Werte von einigen 100 000 ab.

BHLI

Abk. für Broadband High Layer Information.

BIBA

Abk. für → *Bilingualer Basisanschluss*.

BI-Bus

Name eines Bussystems, das in Computern der Serie → *VAX* zum Einsatz kommt.

BICI

Abk. für Broadband Inter-Carrier Interface.

Bezeichnung für eine Schnittstelle zwischen → *ATM*-Netzen verschiedener Netzbetreiber.

BID

1. Abk. für Billing (File) Identification (Number).
2. BID-Gruppe ist ein Branchenjargon aus den 70er und 80er Jahren für die Rechnerhersteller der ersten Reihe: Burroughs, → *IBM* und → *DEC*.

   → *BUNCH*-Gruppe.

Bidirektional

Bezeichnung für die Möglichkeit der Kommunikation in zwei Richtungen (Sender zum Empfänger und auch zurück). Gegensatz: → *Unidirektional.*

Dies besagt jedoch noch nichts über die Gleichzeitigkeit der Kommunikation in beide Richtungen, wie es der Begriff → *Duplex* tut.

BIE

Abk. für Base Station Interface Equipment.

Bezeichnung für die Geräte, die bei einer → *BS* die Schnittstelle zu den anderen Elementen der Netzinfrastruktur zur Verfügung stellen.

BIFF

Abk. für Binary Interchange File Format.

Bezeichnung für ein Dateiformat für Spreadsheets.

Big Blue

Branchenjargon für den Computerriesen → *IBM.* Leitet sich aus einer bei IBM üblichen Praxis in den 50er Jahren ab, die Farbe Blau überall einzusetzen, so z.B. als Gehäusefarbe, als Farbe für das Logo und als dominierende Farbe für alle Printmedien. Ferner sollten die Mitarbeiter durch eine einheitlich blaue Kleidung an einen gemeinsamen Teamgeist gewöhnt werden.

Big Endian

→ *Little Endian.*

BIGFERN

Abk. für Breitbandintegriertes Glasfaser-Fernnetz.

Bezeichnung eines Pilotversuchs der Deutschen Telekom zu Anfang der 80er Jahre mit dem Ziel, den Einsatz von → *Glasfasertechnik* im Fernnetz durch einen kreativen Ideenwettbewerb der Industrie mit anschließender Testphase vorzubereiten. Es kamen dabei Laser bei 1 300 nm zum Einsatz, die Übertragungsraten von 140 Mbit/s ermöglichten.

Im Rahmen von BIGFERN wurden die sieben Inseln der → *BIGFON*-Projekte miteinander vernetzt. Erster Einsatz erfolgte von Hamburg nach Hannover (18 km Regenerator- und 1 km Spleißabstand), wobei drei Inseln mit 60 Fasern verbunden wurden.

Resultat des BIGFERN-Versuchs war die Beherrschung dieser Technik, so dass ab 1983 die Glasfasertechnik im Regeleinsatz im Fernnetz und bei der Verbindung digitaler Vermittlungen in Ortsnetzen mit mehreren Vermittlungsstellen eingeführt wurde.

BIGFON

Abk. für Breitbandintegriertes Fernmeldeortsnetz.

Bezeichnung eines 1983 von der Telekom gestarteten Pilotversuchs in Düsseldorf, Berlin, München, Hannover, Hamburg, Stuttgart und Nürnberg mit insgesamt 350 ausgesuchten Teilnehmern, der auf nur sehr lockere Vorgaben der Telekom hin firmenspezifische Lösungen auf Glasfaserbasis in Inselnetzen realisierte. Ziel war eine vollständige Versorgung der Teilnehmer mit gegenwärtigen und zukünftigen schmal- und breitbandigen Individual- und Verteildiensten. Start am 29. November 1983 in Berlin-Wedding mit 28 Teilnehmern. Nach drei Jahren Versuchsdauer wurde die Versuchsphase um ein Jahr verlängert.

→ *BIGFERN.*

Big Iron

→ *Mainframe.*

Bigpipe

Branchenjargon für alle Breitbandübertragungsnetze und -verfahren mit einer Übertragungsleistung von mehr als 100 Mbit/s.

→ *Link,* → *Trunk.*

BIIS 1200

Abk. für Binary Interchange of Information and Signalling.

Name eines europäischen → *Bündelfunkstandards,* von der → *ETSI* als I-ETS 300.230 genormt. Definiert wurde die Luftschnittstelle zwischen mobilen Terminals und den Anlagen der Infrastruktur wie Relais, Basisstationen und Betreiber- sowie Teilnehmeranschlüssen. Basis ist eine digitale Signalisierung mit 1 200 bit/s und eine → *FFSK*-Modulation. Es umfasst die unteren drei Schichten des → *OSI-Referenzmodells.*

→ *MPT 1327.*

Bildfernsprechen

→ *Bildtelefon.*

Bildplatte

Oberbegriff für unterschiedliche Formen der Speicherung von Bewegtbildinformation auf verschiedenen Speichermedien, die in den 70er und 80er Jahren entwickelt wurden.

1. Erstes System war das vom Firmenkonsortium AEG-Telefunken/Teldec/Decca entwickelte und am 24. Juni 1970 in Deutschland und GB vorgestellte ,TED'-System. Speichermedium war eine schallplattenähnliche Kunststoffplatte (12fach höhere Rillendichte), auf der schwarzweiße Bild- und Tonsignale analog und mechanisch gespeichert wurden. Über das Abspielgerät konnte man sich die gespeicherten Informationen auf einem TV-Gerät ansehen. Die Bildplatte lagerte beim Abspielvorgang auf einem Luftkissen und rotierte mit 45facher herkömmlicher LP-Geschwindigkeit.

   Das TED-System litt unter der Empfindlichkeit der Platten (mechanische Abnutzung wie bei herkömmlichen Vinyl-Platten auch) und der kurzen Spieldauer. Der Verkauf wurde nach rund 400 Tagen wieder eingestellt.

2. Ein anderes System mit gewisser Bedeutung war das im Mai 1973 vorgestellte Selectavision Videodisc aus dem Hause RCA, auch CED genannt. Die Produktion wurde 1984 eingestellt. Es wurden schätzungsweise 500 000 Geräte verkauft, was 25% der geplanten Menge war.
3. Andere Bezeichnung für die verschiedenen Formen der Laser Disc (→ *LD*).

Bildröhre

→ *CRT.*

Bildschirmarbeitsverordnung

Eine Verordnung, die seit 1996 in Kraft ist und in der Mindeststandards für Bildschirmarbeitsplätze ergonomischer und sicherheitstechnischer Art definiert wurden. Als Bildschirmarbeitplatz gelten dabei alle Arbeitsplätze, die mit einem Bildschirmgerät zu den verschiedensten Zwecken ausgestattet sind. Dies trifft nicht nur auf Büroarbeitsplätze mit PCs zu, sondern auch Arbeitsplätze in Labors, in Leitzentralen oder in Werkhallen (Prozesssteuerung).

Ergonomische Bildschirmarbeitsplätze sind detailliert in DIN EN ISO 9241 (Teile 1 bis 17) und in der EU-Richtlinie 90/270 beschrieben.

→ *MPRII*, → *TCO 91, 92, 95.*

Bildschirmschoner

→ *Screensaver.*

Bildschirmtext

→ *T-Online.*

Bildtelefon, Bildtelefonie

Früher auch Bildfernsprechen genannt. Bezeichnung für die gleichzeitige Übertragung von Sprache und eines bewegten Bildes der sprechenden Person sowie Präsentation des Bildes und der Sprache durch ein einziges Endgerät beim Empfänger.

Im Gegensatz zu → *Videokonferenzsystemen* findet dabei eine Kommunikation nur zwischen zwei Teilnehmern statt, die nur Sprache und Bild (keine Daten z.B. zum → *Application Sharing* oder → *Joint-Editing*) austauschen.

Technische Basis für Bildtelefonie ist heute das → *ISDN*, der Standard → *H.320* und ein Bildtelefon oder der → *PC* als Endgerät.

Es hat in der Vergangenheit verschiedene Versuche gegeben, Bildtelefonie in großem Maßstab für geschäftliche und/oder private Anwendungen zu etablieren. Neben diesen Märkten visiert man auch das spezielle Marktsegment der ca. 100 000 Gehörlosen und Hörgeschädigten in Deutschland an, die bislang nur mit Tastentelefonen (auch: Schreibtelefon) oder dem Faxgerät kommunizieren konnten und mit Bildtelefonen ihre Gebärdensprache nutzen können.

Zu Beginn der 90er Jahre existierten mehrere Forschungsvorhaben, Bildtelefonie über das ISDN zu ermöglichen, so u.a. an der Universität Hamburg.

Das Bildtelefon Lisa C (später auch als Desktop-Videokonferenzeinheit S02 genannt) aus dem Hause Alcatel SEL kostete 1992 28 175 DM. Alternativ kostete es 897 DM monatliche Miete. Das Gerät bestand aus der Monitoreinheit und einem zusätzlichen Behälter für die Technik, der ungefähr so groß wie ein Kühlschrank war und unter den Schreibtisch geschoben werden konnte. Beachtlich an dem Gerät war bereits die Lösung für einen optimalen Blickkontakt, da das Bild des Gesprächspartners auf einen halbdurchlässigen Spiegel projiziert wurde, hinter dem sich die eigene Kamera befand. Auf diese Weise befanden sich Gesprächspartner und Aufnahmekamera auf der gleichen optischen Achse.

Weitere Initiativen waren z.B. ein Pilotversuch der Deutschen Telekom 1992 oder das europäische Bildtelefon-Testprojekt. Alle Versuche scheiterten jedoch an den hohen bis sehr hohen Kosten für die Endgeräte (1992 bis zu 38 500 DM, gegen 1995 um die 3 000 bis 5 000 DM für ISDN-basierte Endgeräte, ab 1997 rund 1 000 DM), der geringen Verbreitung derartiger Geräte und dem nur geringen Zusatznutzen für die Verwender.

Mit dem Xitel stellte die Deutsche Telekom um 1995 ein Bildtelefon für das analoge Netz mit winzigem Bildschirm vor.

Auf der CeBIT 1996 zeigte die Alcatel SEL ein Bildtelefon für das ISDN, das bereits seit August 1995 als Alcatel 2838 für 4 850 DM im Verkauf war. Der Preis sank dann aber bis Anfang 1998 auf 1 495 DM.

Grundig entwickelte ebenfalls bis 1998 ein eigenes Gerät (‚Vision'), trat jedoch nicht in den Markt ein.

Im August 1997 startete die Deutsche Telekom eine neue Kampagne für ihr Bildtelefon ‚T-View' und bot das zu → *H.320* kompatible ISDN-Einzelgerät für 998 DM und das Paar für 1 798 DM zum Kauf und auch zur Miete (Einzelgerät: 90,85 DM/Monat, Paar: 160,85 DM/Monat) an. Die Preise sollten zunächst zum 1. Januar 1998 angehoben werden (1 298 DM für das Einzelgerät, 2 298 für das Paar), jedoch erfolgte die Preisanpassung nicht. Das Endgerät bestand dabei aus Komforttelefon, Anrufbeantworter und Videoeinheit (Bildschirm mit einer Diagonale von 17 cm, Videokamera). Es konnte über einen oder über zwei B-Kanäle betrieben werden und verfügte auch über Anschlüsse für einen externen Videorecorder, eine zusätzliche externe Kamera, Verstärker und Lautsprecher. Ziel der Kampagne ist der Verkauf von 250 000 von Siemens gefertigten Geräten.

Um den Verkauf zu pushen, stellte die Telekom Viewpoints genannte Kameras an herausragenden Stellen in Deutschland auf (Wuppertal mit Blick auf Schwebebahn, Zugspitze, Brandenburger Tor in Berlin und Dresden mit Baustelle der Frauenkirche). Von den Viewpoints kann ein Livebild auf dem Bildtelefon empfangen werden. Die Kamera kann auch per Fernsteuerung gedreht werden. Bereits ab der CeBIT im Jahre 1993 baute die Alcatel SEL diese Kameras in Deutschland und bald darauf in Europa und anderen Teilen der Welt auf.

Im März 1998 prognostiziert ein Fachbeitrag aus dem Hause Alcatel SEL in der Fachzeitschrift NTZ für das Jahr 2005 10 Mio. Bildtelefone.

Ein Vorteil des Bildtelefons gegenüber Videokonferenzsystemen besteht darin, dass man keinen teuren PC benötigt und die Bedienung vergleichsweise einfach ist. Es ist jedoch fraglich, ob die geringe Verbreitung und der nicht immer vorhandene Zusatznutzen des kleinen und qualitativ nicht hochwertigen Bildes die hohen Anschaffungs- und Betriebskosten (doppelte Gebühren bei Verwendung von 2 B-Kanälen) zu einem Durchbruch führen werden. Für viele Privatnutzer ist ein Bewegtbild bei der Telefonie ‚nice to have', aber keine notwendige Funktionalität.

Bildwechselfrequenz, -rate

Andere Bezeichnung für → *Bildwiederholfrequenz.*

Bildwiederholfrequenz, -rate

Auch Bildwechselfrequenz, Vertikalfrequenz oder Refreshrate genannt. Parameter bei Monitoren. Sagt aus, wie häufig pro Sekunde das gesamte Bild neu auf den Bildschirm geschrieben wird. Ist ein Maß für die Flimmerfreiheit.

Für die menschlichen Augen gilt eine Bildwiederholrate von 75 Hz und höher als angenehm, die auch von der → *VESA* und der Ergonomienorm ISO 9241-3 gefordert wird, da dann das menschliche Auge eine Darstellung vor weißem Hintergrund ohne störendes Flimmern empfindet.

→ *Zeilenfrequenz.*

Bilingual, Bilingualer Basisanschluss

Abgekürzt mit BIBA (Bilingualer Basisanschluss).

Bezeichnung für einen Basisanschluss im → *ISDN*, der sowohl das nationale D-Kanalprotokoll (in Deutschland → *1TR6*) als auch das europaweit gültige D-Kanalprotokoll → *E-DSS1* beherrscht.

Billing, Billing-System

Bezeichnung für eines der fünf Functional Areas des System- und Netzmanagements, die in der Empfehlung X.700 der → *ITU* definiert sind.

Das Billing ist streng genommen nur die Rechnungsberechnung und Rechnungsversendung, die durch eine Software (Billing-System) vorgenommen wird. Häufig wird unter diesem Namen jedoch der gesamte Billing-Prozess in einer Telco verstanden, der folgende Punkte umfasst:

- Erzeugung eines → *Call Detail Record* (CDR) bei jeder einzelnen Nutzung einer Telekommunikationsdienstleistung durch einen Kunden.
- Zwischenspeicherung der CDRs am Ursprungsort (in einem Netzelement wie z.B. einer Vermittlungsstelle).
- Periodisches Abfragen der Netzelemente durch ein Mediation Device (MD, selten auch: Billing Mediation Device, BMD).

  Das Mediation-Device hat folgende drei Funktionen:

  – Abfragen der Netzelemente und Einsammeln der CDRs: Üblicherweise mit → *FTAM*, häufig auch mit → *FTP*, fragt ein Mediation-Device die Netzelemente periodisch (z.B. alle 30 Minuten oder alle 2 Stunden) ab und transferiert die CDRs in einen Zwischenspeicher.

  – Bearbeiten der CDRs: Prüfen auf Einheitlichkeit, Vollständigkeit und Fehlerfreiheit und Konvertierung in ein einheitliches Datenformat, das vom eigentlichen Billing-System verarbeitet werden kann. Diese Umwandlung passt die von den Netzelementen erzeugten Datensätze an ein Format an, das neben dem Billing-System auch von anderen weiterführenden Anwendungsprogrammen, etwa einem → *Data Warehouse*, verstanden wird.

  – Weiterverteilung: Nach der Bearbeitung werden die CDRs im Mediation Device zwischengespeichert (falls sie an anderer Stelle verloren gehen sollten) und an das Billing-System oder andere Einheiten (Data Warehouse) weiterversendet.

Über alle diese Aktivitäten wird ein → *Log-File* generiert, der die Aktivitäten protokolliert. Darüber hinaus besteht u.U. die Möglichkeit, Reports auf Basis der gespeicherten Daten zu generieren.

Mediation Devices sind häufig Softwareprogramme mit einem hohen Durchsatz, die auf Workstations unter → *Unix* laufen.

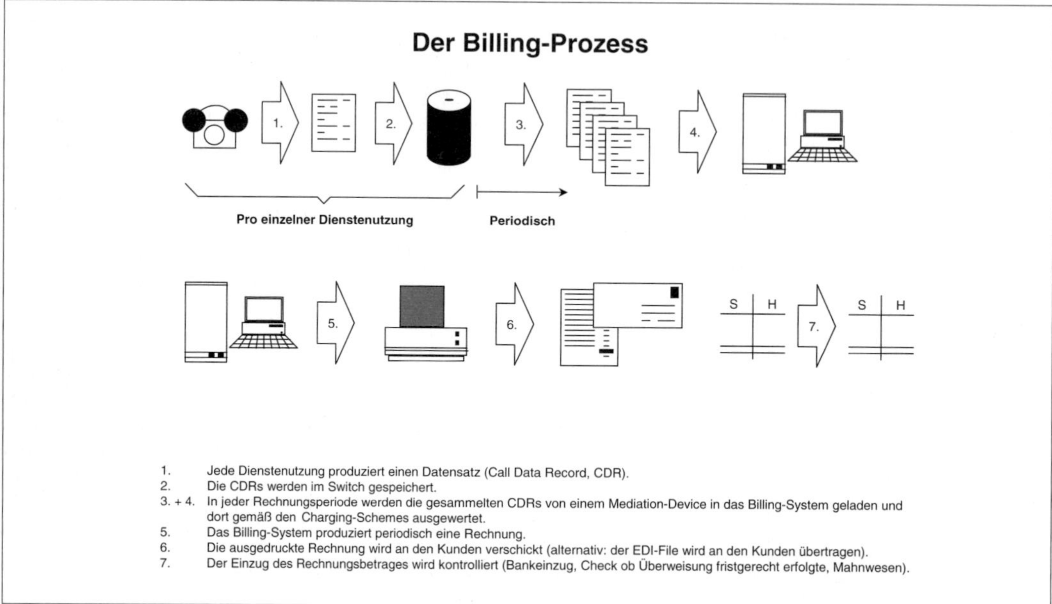

Der Billing-Prozess
1.
2.
3.
4.
Pro einzelner Dienstenutzung
Periodisch
5.
6.
S H
7.
S H
1. Jede Dienstenutzung produziert einen Datensatz (Call Data Record, CDR).
2. Die CDRs werden im Switch gespeichert.
3. + 4. In jeder Rechnungsperiode werden die gesammelten CDRs von einem Mediation-Device in das Billing-System geladen und dort gemäß den Charging-Schemes ausgewertet.
5. Das Billing-System produziert periodisch eine Rechnung.
6. Die ausgedruckte Rechnung wird an den Kunden verschickt (alternativ: der EDI-File wird an den Kunden übertragen).
7. Der Einzug des Rechnungsbetrages wird kontrolliert (Bankeinzug, Check ob Überweisung fristgerecht erfolgte, Mahnwesen).

Das periodische Abfragen wird auch mit User-Data Collection (UDC) bezeichnet.

Die Mediation Devices sind üblicherweise über ein → *X.25*-Netz mit den Netzelementen und dem Billing-System (falls sich das Mediation-Device nicht am gleichen Ort wie das Billing-System befindet) verbunden.

Mediation Devices werden von den Herstellern der Switches, der Billing-Systeme und von unabhängigen Software-Unternehmen hergestellt und haben im Laufe der Zeit immer mehr Funktionen erhalten.

- Einspeisung der CDRs durch das Mediation Device in einem einheitlichen Format in das eigentliche Billing-System. Dort werden folgende Schritte durchgeführt:
  - Berechnung der Gebühren für jede einzelne Inanspruchnahme eines Telekommunikationsdienstes gemäß den aktuellen Charging-Schemes (Tarifen, → *Charging*). Dieser Schritt wird Charging, Metering oder auch Rating genannt. Das Ergebnis sind bepreiste CDRs, die häufiger als unbepreiste CDRs in Data Warehouses eingespeist werden.

    Das Programm oder das Programmteil, welches diese Aufgabe wahrnimmt, bezeichnet man als Rating-Engine (RE).
  - Fraud-Management (→ *Fraud*): Kontrolle der Beträge unter Plausibilitätsgesichtspunkten (z.B. Maximalwerte) mit dem Ziel, Betrügern etc. oder Netzfehlern auf die Spur zu kommen.
  - Zuordnung aller einzelnen ermittelten und nutzungsabhängigen Beträge zu den einzelnen Kunden.
  - Berechnung des Rechnungsbetrages für jeden Kunden durch Aufaddieren der einzelnen Beträge unter Berücksichtigung von Rabatten, Mahngebühren, Verzugszinsen, Gutschriften, monatlichen Festbeträgen etc. Dieser Schritt ist das eigentliche Billing.
  - Wahlweise (je nach Leistungsfähigkeit des Billing-Systems) Druck, Kuvertierung, Adressierung und Versand der Rechnung. Häufig werden jedoch die Rechnungsdaten an ein leistungsstarkes Drucksystem (Druck- und Kuvertierungsstraße) abgegeben.
  - Wahlweise (je nach Leistungsfähigkeit des Billing-Systems und evtl. vorhandenen anderen Systemen) Rechnungsweiterverfolgung (Kreditorenmanagement, Mahnwesen etc.). Üblicherweise werden jedoch die Rechnungsdaten für diesen Zweck an ein anderes System wie z.B. SAP oder Oracle Financials abgegeben.
  - Wahlweise (je nach Leistungsfähigkeit des Billing-Systems und evtl. vorhandenen anderen Systemen) die Abspeicherung und das Zugänglichmachen der Rechnungsdaten für Kundenreklamationen (Customer Care). Üblicherweise werden jedoch die Rechnungsdaten für diesen Zweck an ein anderes System wie z.B. an ein Call-Center-System (Kundenverwaltung, Kontaktverfolgungssystem) abgegeben.

Die Leistungsfähigkeit eines Billing-Systems an dieser Stelle wird durch die Anzahl der CDRs pro Zeiteinheit (pro Tag oder pro Stunde) angegeben. Die Anzahl der abzurechnenden Kunden und deren Nutzungsintensität beeinflussen die Zahl der täglich anfallenden CDRs. Im Durchschnitt geht man heute von 10 CDRs pro Kunde und Tag aus.

Langsamere Billing-Systeme schaffen bei der Abarbeitung der CDRs einige 100 CDRs pro Minute. Bei einer als durchschnittlich anzusehenden Implementierung werden um die 25 000 CDRs/Minute erreicht. Leistungsstarke Systeme schaffen bis zu 50 000 CDRs/Minute.

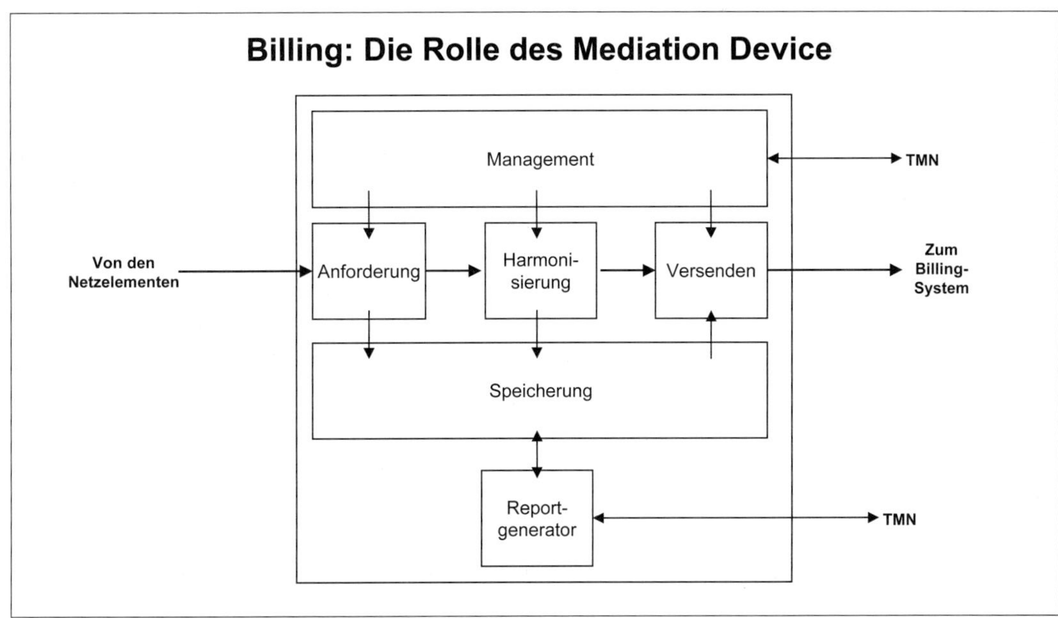

Das eigentliche Billing-System verarbeitet also gemäß den Regeln des → *Charging* die Daten des → *Accounting* und erstellt sowie versendet Rechnungen für und an Kunden. Diese Verarbeitung erfolgt üblicherweise für einen bestimmten Kunden periodisch, d.h. in zeitlichen Abständen (etwa einmal pro Monat) wird der Rechnungsbetrag ermittelt. Unter Hot-Billing versteht man die sofortige Berechnung des aktuellen Rechnungsbetrages nach der Inanspruchnahme einer Telekommunikationsdienstleistung. Hot-Billing wird in Zukunft an Wichtigkeit zunehmen, um z.B. die Abfrage des Rechnungsbestands über das → *Internet* zu ermöglichen. Hot-Billing war in der Vergangenheit nur bei Nischenanwendungen ein Thema, etwa bei Nebenstellenanlagen in Hotels.

Ein Anbieter von Telekommunikationsdienstleistungen sollte seinen Kunden dabei die Möglichkeit anbieten, periodisch lediglich eine einzige Rechnung zukommen zu lassen (Single-Billing), unabhängig davon, wie viele Dienstleistungen der Kunde von ihm bezieht. Auf der einen Rechnung sollten also verschiedene Dienste übersichtlich abgerechnet werden können.

Umgekehrt gibt es Kunden, die aus verschiedenen Gründen keine kombinierte Abrechnung wünschen (Anonymität, steuerliche Gründe, Trennung von Privat- und Geschäftsnutzung).

Dienste zur Abrechnung auf einer Rechnung können sein:

- Sprachtelefonie
- Zusatzdienste wie → *Mailbox* oder andere Dienstmerkmale (→ *Dienst*)
- Dienste des → *Mobilfunks*
- Kabelfernsehen
- Nutzung von → *Online-Diensten*
- Gebühren einer → *Calling Card*
- Mietgebühren von Endgeräten
- Mahn-/Verzugsgebühren
- Korrekturposten aus vorangegangenen Rechnungen

Die o.a. Kernfunktionen des Billings werden von leistungsstarken Softwarepaketen, sog. Billing-Systemen, durchgeführt, die in der Vergangenheit für einen Anbieter von Telekommunikationsdienstleistungen und seine gewachsene Hard- und Softwarelandschaft oft individuell und auch von ihm selbst erstellt wurden. Mittlerweile, insbesondere seit dem Aufkommen der vielen Mobilfunk-Unternehmen, gibt es Billing-Systeme für Standardplattformen wie → *Workstations* unter dem → *Betriebssystem* → *Unix*, die aus vielen (mittlerweile üblicherweise in → *C* oder → *C++* geschriebenen) Komponenten bestehen und an die Bedürfnisse eines Telekommunikationsdienstleisters angepasst werden können. Derartige Pakete werden insbesondere von neuen und kleineren Wettbewerbern im Markt eingesetzt, wohingegen etablierte Telcos mit mehreren Millionen Kunden und einer breiten Produktpalette oft immer noch maßgeschneiderte Billing-Systeme einsetzen.

Seit den frühen 90er Jahren haben sich mehrere Hersteller von Billing-Systemen im Markt etabliert. Nicht alle bieten Programme an, welche in der Lage sind, die hier beschriebenen Features zu ermöglichen, vielmehr haben sich einige Hersteller bewusst speziellen Nischenmärkten verschrieben, etwa bis zu max. 50 000 zu verwaltenden Nutzern (ideal für z.B. City-Carrier, → *Carrier*), Billing-Systeme für Internet-Service-Provider (→ *ISP*) oder für Mobilfunkanbieter.

Ein Billing-System sollte in der Lage sein, eine Vielzahl von Parametern aus Endkundensicht zu berücksichtigen:

- Periodizität der Rechnung (Fakturierungszyklus): Wünscht der Kunde wöchentliche, monatliche, zweimonatliche, quartalsmäßige oder halbjährliche Abrechnung?

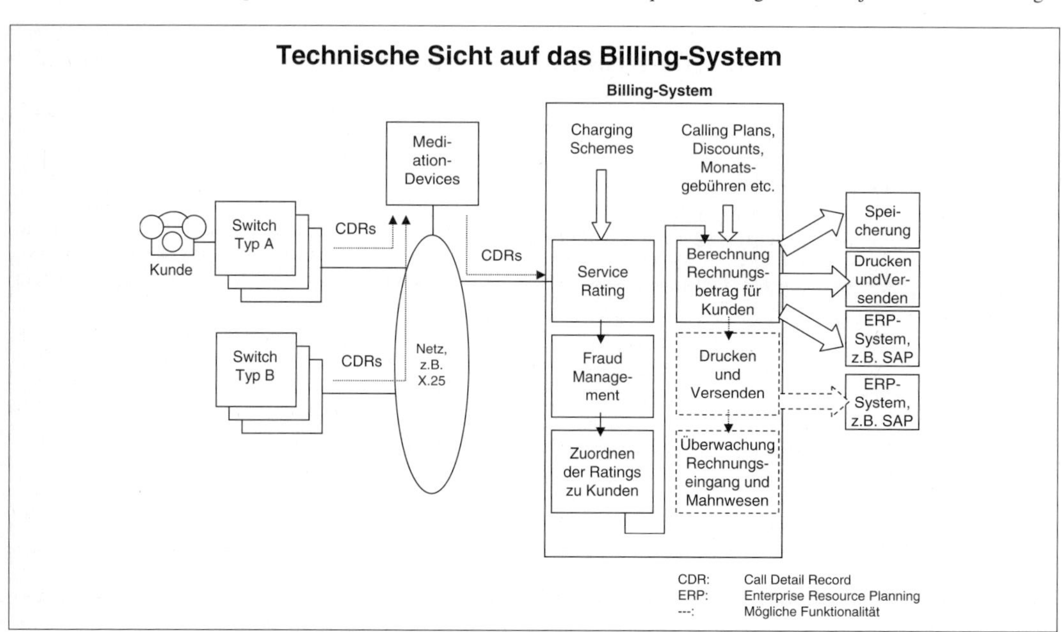

- Rechnungsform: Wünscht der Kunde die Rechnung per Post als Papierausdruck (Hardcopy), per → *E-Mail*, per Fax, auf einer Diskette oder per → *EDI*?
- Rechnungssprache: Insbesondere in westlichen Ballungszentren mit einem hohen Ausländeranteil oder in Ländern mit verschiedenen Sprachen (z.B. Schweiz oder Belgien) kann es aus Servicegründen sinnvoll sein, dem Kunden eine Rechnung in seiner Muttersprache zukommen zu lassen, sofern dies nicht sowieso durch den Regulierer vorgegeben ist.
- Rechnungsschrift: Unter bestimmten Umständen können Kunden einen Ausdruck in einer bestimmten Schrift wünschen, z.B. ausländische Kunden einer Telco in Griechenland oder osteuropäischen Ländern.
- Detaillierungsgrad: Wünscht der Kunde eine Einzelgebührenabrechung (Einzelverbindungsnachweis, Itemized Bill), eventuell unterteilt nach verschiedenen Telefonnummern (z.B. im ISDN mit Mehrfachrufnummer)? Wünschen Firmen Rechnungen, die nach verschiedenen Abteilungen/Standorten etc. unterteilt sind?
- Rechnungsumfang und Rechnungsversendung: Wünscht der Kunde eine einzige Rechnung für alle vom Telekommunikationsdienstleister bezogenen Dienste (Single Bill, Consolidated Billing), die an eine Rechnungsadresse geht, oder sollen einzelne Rechnungen für verschiedene Dienste ausgestellt werden, die u.U. noch an verschiedene Rechnungsadressen versendet werden?

  Ebenfalls könnte der Kunde eine Rechnung für verschiedene Anschlüsse an verschiedenen Standorten (z.B. Filialen) wünschen (Single-end Billing).
- Zahlungsart: Zahlt der Kunde per Überweisung, Bankeinzug, Kreditkarte, Vorkasse oder in Raten?
- Gewünschte Zusatzfunktionalität:
  - Gibt es Software, mit deren Hilfe Kunden, z.B. Großkunden, die Rechnungsdaten selbst nach Belieben analysieren können (Verteilung der Rechnungsbeiträge auf Filialen/Abteilungen)?
  - Ist der Zugriff auf die Rechnungsdaten eines Kunden durch diesen Kunden z.B. über das → *Internet* möglich, so dass sich dieser innerhalb einer Abrechnungsperiode über seinen bislang aufgelaufenen Rechnungsbetrag informieren kann? Kann der Kunde u.U. bestimmte Änderungen im Billing-System selbst vornehmen (neue Adresse, anderer Tarif, anderes Limit)?

Mit diesen Optionen kann ein Telekommunikationsdienstleister das Ziel verfolgen, die Leistungsabrechnung und Rechnungsstellung nicht nur zum Geldeintreiben zu verwenden, sondern darüber hinaus als periodischen und komfortablen Kommunikationskanal zum Kunden zu nutzen bzw. als effektives Differenzierungsmerkmal gegenüber Mitbewerbern. Oft gibt es aber Restriktionen, da wegen des Aufwandes bei bestimmten Billing-Formen (z.B. Versand auf Diskette) hohe Kosten entstehen. Es ist daher die Frage, ob alle diese Optionen allen Kunden angeboten werden oder z.B. nur profitablen Großkunden.

Aus Sicht eines Netzbetreibers sind zusätzlich folgende Punkte von Interesse:

- Flexibilität der Charging-Schemes: Kann das Billing-System verschiedene Charging-Schemes berücksichtigen und auch anspruchsvolle Billing-Aufgaben wie z.B. → *Convergent Billing* bearbeiten?

  Kann das Billing-System die Differenz zwischen dem Standardtarif und eventueller Rabattierung berechnen und auf der Rechnung ausweisen („Dank unseres Spartarifs sparen Sie in diesem Monat ... “)

  Kann das System evtl. sogar aus verschiedenen Charging-Schemes automatisch das für den Kunden bei der aktuellen Rechnungsberechnung günstigste auswählen oder ihm eine Empfehlung auf der Rechnung ausdrucken, aufgrund seiner Nutzungsgewohnheiten in einen anderen Tarif zu wechseln?

  Sind diese Charging-Systeme durch eine leicht zu bedienende Nutzerschnittstelle leicht zu ändern (innerhalb von Stunden), oder ist für die Änderung der Charging-Schemes eine Neuprogrammierung von Tabellen/Datensätze (innerhalb von Tagen) oder sogar des Quellcodes (innerhalb von Wochen) möglich?
- Offenheit des Systems: Kann das Billing-System Rechnungsdaten in anderen Formaten von anderen Systemen übernehmen? Ist z.B. die Abrechnung eines über einen telefonischen Mehrwertdienst bestellten Blumenstraußes oder von bestellten Theaterkarten/Pizzas über die Telefonrechnung möglich (3rd Party Billing)?
- Rechnungskorrekturen: Besteht die Möglichkeit, Rechnungsfehler der Vorperiode im Rahmen der aktuellen Rechnungsstellung zu korrigieren bzw. errechnete Rechnungsbeiträge automatisch durch Rabatte als Folge von temporären, technischen Systemausfällen kulant zu korrigieren?

  Werden diese Korrekturen nachvollziehbar auf der Rechnung ausgewiesen und erläutert?
- Analysemöglichkeit: Kann das Billing-System Analysen der Charging-Daten, d.h. der CDRs, vornehmen und auch periodische Reports generieren, oder benötigt man dafür ein → *Data Warehouse*? Können dann die Daten einfach in Standardformate exportiert werden?

  Können diese Analysen ohne Beeinträchtigung des normalen Billing-Betriebes zusätzlich durchgeführt werden?

  Beispiele für derartige Reports sind die Entwicklung von Auslandsgesprächen (gegliedert nach Regionen/Länder), die durchschnittliche Gesprächszeit oder die Bestimmung der → *Busy Hour*.

  Es ist mittlerweile anerkannt, dass in einem Telekommunikationsunternehmen die meisten Fragen strategischer Art (welche Produkte sind wie erfolgreich, wie sehen die Zielgruppen aus etc.) durch Analyse von im Billing-System gewonnenen Daten beantwortet werden können.
- Netzschnittstellen: Kann das Billing-System mit Hilfe des Mediation Devices die anfallenden Charging-Daten von vielen einzelnen, historisch gewachsenen Netzelementen, z.B. Vermittlungsstellen verschiedener Hersteller, sammeln und ggf. in ein bestimmtes Format konvertieren, oder sind dafür verschiedene Mediation Devices oder andere Arten von Gateways notwendig?

- Nutzerschnittstellen: Kann das Billing-System einfach, z.B. über eine leicht bedienbare → *GUI*, von verschiedenen Nutzern in verschiedenen Abteilungen des Anbieters verwendet werden?
- Systemschnittstellen: Können die Daten des Billing-Systems problemlos in andere Systeme eingespeist werden, z.B. in ein → *Data Warehouse* zu Marketing-Zwecken oder in das → *ERP* zum Zweck des Inkassos?
- Flexibilität: Ist das Billing-System flexibel genug, um in Zukunft geplante Dienste und ihre jeweiligen Charging-Schemes zu bewältigen?
- Skalierbarkeit: Kann das Billing-System bei wachsender Kundenzahl einfach durch Hinzufügen neuer Hardware in seiner Leistungsfähigkeit gesteigert werden?
- Testsystem: Kann das Billing-System neue Tarife oder Dienste im Testbetrieb zusätzlich zum herkömmlichen Billing-Betrieb abwickeln, gibt es evtl. dafür ein eigenes Subsystem?
- Rechnungsweiterverfolgung: Kann das Billing-System ggf. das Mahnwesen abwickeln und risikoreiche Kunden ermitteln?
- Kundendienst: Kann der Kundendienst schnell und zuverlässig auf Rechnungsdaten zurückgreifen, falls sich ein Kunde beschwert oder Erläuterungen zu seiner Rechnung wünscht?

  Dies betrifft sowohl die Rechnungsdaten (Einzelverbindungen und Gebühren) als auch das vollständige Bild der Rechnung, so wie es der Kunde erhält und wahrnimmt.
- Inter Operator Accounting (→ *IOA*): Auch Interconnection-Billing genannt. Kann das Billing-System Input anderer Operator verarbeiten bzw. Output für diese erzeugen, sofern der Endkunde von anderen Operatoren Dienste genutzt hat bzw. ein anderer Operator die Abrechnung mit dem Endkunden vornimmt und die nationale → *Regulierungsbehörde* dies fordert?

In Europa hat sich die European Billing Association (→ *EBA*) als Forum von Herstellern und Netzbetreibern etabliert.

BINAC

Abk. für Binary Automatic Computer.

→ *Univac.*

Binär

Eigenschaft, die ausdrückt, dass ein bestimmter Sachverhalt (ein bestimmtes Zeichen) durch eine Folge von Symbolen beschrieben (codiert) werden kann, die aus einem Symbolvorrat (→ *Alphabet*) von nur zwei Zeichen besteht.

Beispiel für diesen Symbolvorrat sind die Mengen {0, 1}, {LOW, HIGH} oder {AUS, EIN}. Bei der → *digitalen Modulation* werden noch andere Symbole elektrischer Natur verwendet.

→ *Boolesche Algebra*, → *Duales Zahlensystem.*

BIND

Abk. für Berkeley Internet Name Daemon.
Bezeichnung für einen weit verbreiteten → *Daemon* für die Realisierung eines → *DNS*-Servers. Entwickelt und vertrieben von der Universität Berkeley/Kalifornien.

Binder

Bezeichnung für eine Software, die mehrere Objektprogramme (z.B. Funktionen) zu einem lauffähigen und ladefähigen Programm zusammenführt (bindet).

Biometrie

Bezeichnung für die Erfassung und den Vergleich einmaliger, individueller menschlicher (körperlicher) Merkmale mit Hilfe technischer Systeme. Dient neben statistischen Zwecken in der Medizin überwiegend der Identifikation von Personen zu Sicherheitszwecken.
Biometrische Identifikationssysteme haben zwei Vorteile:

- Sie sind durch den hohen Individualitätsgrad extrem sicher.
- Sie sind schwer zu fälschen.
- Aus Nutzersicht sind sie einfach anzuwenden, d.h. das Vergessen eines Passwortes o.Ä. gehört der Vergangenheit an, ebenso wie ein Tippfehler bei der Eingabe.

Anwendungssysteme sind z. Zt. nicht in großem Umfang erhältlich. Es wird damit gerechnet, dass sich in den kommenden Jahren mit einem steigenden Sicherheitsbedürfnis ein Markt bilden wird. Anwendungen sind beispielweise die Bedienung von Geldautomaten, Zugangssystemen, → *Handys* oder der PC-Zugang.
Beispiele für biometrische Muster sind Fingerabdruck, Gestik, Gesichtsmerkmale, Stimme (Frequenzspektrum), Handgeometrie und Iris- oder Netzhautmuster. Im weiteren Sinne gehört jedoch auch das DNA-Muster dazu. Diese Muster, insbesondere wenn sie in Kombination miteinander genutzt werden, gelten als wesentlich schwerer auszuspionieren und zu fälschen als herkömmliche Sicherheitsmerkmale wie → *PIN* oder die Unterschrift.
Auch untereinander verfügen diese Merkmale über unterschiedlich hohe Sicherheitsmöglichkeiten. Das Muster der Iris weist bei einem Menschen mit 266 individuellen Merkmalen mehr als das Zehnfache der individuellen Merkmale eines Fingerabdrucks auf.
→ *http://www.biometrics.org/*
→ *http://www.ibia.org/*

BIOS

Abk. für Basic Input/Output System.
Oberbegriff für eine Gruppe von kleinen Programmen im → *ROM*, die beim → *Booten* eines PCs Selbsttests durchführt und die → *CPU* mit dem → *Speicher*, → *Drucker*, → *Festplatte*, → *Tastatur*, → *Maus* und weiteren Peripheriegeräten zur Ein- und Ausgabe verbindet. Eine wichtige Funktion dabei ist das Ausführen des → *POST*. Wird dieser Test erfolgreich durchgeführt, dann lädt das BIOS anschließend das auf dem PC installierte → *Betriebssystem* in den Arbeitsspeicher und startet es, d.h., das BIOS ist nicht Bestandteil des Betriebssystems. Daher kann das BIOS

eines bestimmten Herstellers mit verschiedenen Betriebssystemen zusammenarbeiten und diese laden.

Üblicherweise ist das BIOS in einem eigenen, speziellen Speicherstein des ROM auf dem → *Motherboard* untergebracht. In neueren PCs handelt es sich um ein Flash-ROM (→ *ROM*) zur einfachen Aktualisierung des BIOS.

BIP-8

Abk. für Bit Interleaved Parity-8.

Bezeichnung eines Prüfsummenalgorithmus zur Bitfehlerüberwachung. Wird z.B. bei → *SDH* angewendet.

Bipolarer Transistor

Neben der → *CMOS*-Technologie die zweite technologische Klasse, in der ein → *Transistor* hergestellt sein kann.

Bipolartechnik war die eigentliche Technologie, in der Transistoren hergestellt wurden. Im Vergleich zur CMOS-Technik ist jedoch die Schaltgeschwindigkeit niedriger, weshalb insbesondere im Hochleistungsbereich (z.B. in einem → *Mainframe*-Computer) lange Zeit noch bipolare Technik eingesetzt wurde.

Die Zusammenschaltung einzelner Bauteile in bipolarer Technik erfolgt entweder in Form von Emitter-Coupled-Logic (→ *ECL*), als weit verbreitete Transistor-Transistor-Logic (→ *TTL*) oder als Integrated Injection Logic (I2L).

Bipolarverfahren

→ *RZ-Verfahren.*

Bird

Branchenjargon für → *Satellit.*

Birdie

→ *Telepoint.*

BIS

Abk. für Border Intermediate System.

B-ISDN

Abk. für Broadband Integrated Services Digital Network.

Auch einfach nur Breitband-ISDN genannt. Bezeichnung für ISDN für Breitbanddienste ab 2 Mbit/s bis 155 Mbit/s, z.B. für hochauflösende Videokonferenzen, Übertragung hochqualitativer Standbilder (Röntgenbilder ...) oder schnelle Datenübertragung.

Die mit B-ISDN avisierten Standarddienste sind in I.211 festgelegt. B-ISDN selbst in I.321. Es gibt zwei Vermittlungstechniken für B-ISDN (→ *ATM* und → *STM*), von denen ATM offiziell als Transportplattform vorgesehen ist.

Ursprünglich sollte B-ISDN eine Erweiterung von ISDN sein. Mittlerweile hat sich infolge technischen Fortschritts die Entwicklung verselbständigt, so dass lediglich noch Gemeinsamkeiten bei den funktionellen Gruppen NT1, NT2, TE, TA und den jeweiligen Referenzpunkten besteht.

Darüber hinaus hat das Interesse an B-ISDN mit der zunehmenden Verbreitung von → *IP* seit Mitte der 90er Jahre merklich nachgelassen.

Die Standardisierung startete 1990.

BISM

Abk. für Bit Interleaved Subrate Multiplexing.

Bezeichnung für ein Multiplexverfahren, bei dem leitungs- und paketvermittelte Daten miteinander gemischt und mit Datenraten zwischen 14,4 kbit/s und 64 kbit/s übertragen werden.

BISON

Abk. für Bull, ICL, Siemens, Olivetti und Nixdorf.

Bezeichnung einer 1984 gegründeten Gruppe von europäischen Unternehmen, die offiziell ihre Derivate des → *Betriebssystems* → *Unix* vereinheitlichen wollten. Eine andere Interpretation spricht davon, dass es darum ging, ein Gegengewicht zur AT&T-Dominanz zu bilden.

Aus ihr ging im Wesentlichen → *X/Open* hervor.

BIST

Abk. für Built-in Self Test.

BISYNC

→ *BSC.*

Bit,
bit,
BIT

1. Großgeschrieben wird das Kunstwort aus engl. binary digit = zweiwertige Zahl. Kleinste Einheit in der Computertechnik zur Codierung (Verschlüsseln) von Zeichen, also Buchstaben oder Zahlen, die den Wert ‚Null' oder ‚Eins' annehmen können. Zur digitalen Übertragung müssen Signale in den logischen Zuständen 0 und 1 dargestellt werden können. Durch ein Bit kann eine Nachricht in der einfachsten Form als Strom/kein Strom oder Spannung/keine Spannung auf drahtgebundenen Medien übertragen werden. Bitfolgen ergeben sich daher im einfachsten und idealen, aber in der Realität eher seltenen Fall als eine Folge von Rechteckimpulsen. Bei Funkstrecken und langen Kabelstrecken mit entsprechender Signalverzerrung erfolgt die Codierung der 0 und 1 durch Verfahren der → *digitalen Modulation*, da sich elektromagnetische Wellen beim Funk nicht rechteckförmig ausbreiten, sondern analog und weil Rechteckimpulse auf längeren drahtgebundenen Übertragungsstrecken verzerrt werden und am Ende nicht mehr als saubere Rechteckimpulse zu erkennen sind.

   In Verbindung mit Präfixen wird Bit mit einem kleinen ‚b' abgekürzt, um einen Unterschied zum Byte, das mit einem großen ‚B' abgekürzt wird, deutlich zu machen. 1 MB sind daher 1 Megabyte.
2. In der Informationstheorie wird bit (klein-geschrieben) häufig als kleinstmögliche Informationsmenge bezeichnet, die bei binären Entscheidungen (entweder/oder) anfällt. Dann leitet sich bit ab von Basic Indissoluble Information Unit.
3. BIT: Abk. für Built-in Test.

Bitbus

Bezeichnung für einen → *Feldbus*. Ein serielles Datenübertragungsverfahren für geringe Übertragungsgeschwindigkeiten aus dem Hause → *Intel*. Vorgestellt 1983.

→ *http://www.elzet80.de/bitbuswieso.htm/*

Bitfehler

Bezeichnung für sog. gekippte Bit, die nicht ihrem ursprünglichen Zustand entsprechen. Bitfehler treten üblicherweise bei der Datenübertragung über unzureichend geschirmte Kanäle (z.B. Funkkanal) auf. Die analytische Untersuchung von Bitfehlern mit Methoden der Statistik und Wahrscheinlichkeitsrechnung gilt als nicht trivial. Der Wissenschaftler H.O. Burton erklärte bereits 1972 in einer Äußerung, die seither nichts an Aktualität verloren hat: „The most precise statement that can be made about errors in data transmission is that they will occur."

→ *Cluster*, → *Bursts*, → *BER*.

Bitfehlerrate

→ *BER*.

BITKOM

Abk. für Bundesverband Informationswirtschaft, Telekommunikation und neue Medien.

Bezeichnung für einen nach langen Verhandlungen am 28. Oktober 1999 in Berlin gegründeten Verbandes für die Informationswirtschaft und Telekommunikation.

An der Gründung waren beteiligt der Bundesverband Informationstechnologien e.V. (BVIT), der Bundesverband Informations- und Kommunikations-Systeme BVB e.V., der Fachverband Informationstechnik im ZVEI/VDMA sowie der Fachverband Kommunikationstechnik.

Ziel dieser Vereinigung ist die Bündelung der bisher als sehr zersplittert geltenden Interessenvertretung im Wachstumsmarkt Telekommunikation, Internet und neue Medien (bislang um die 20 Verbände).

→ *http://www.bitkom.org/*

BITNET

Abk. für ‚Because it's Time Network'.

Ein akademisches Netz in den USA, Südamerika und Japan, das auch an das → *Internet* angeschlossen ist.

Die wichtigste Funktion des BITNET ist das automatische Mailing-Programm Listserv, das auf Listserv-File-Servern automatisch Diskussionsforen verwaltet. Dabei wird eine → *E-Mail*, die an einen Listserver genannten Adressaten gerichtet war, an alle anderen Teilnehmer (Abonnenten) einer dort gespeicherten → *Mailing-List* weiterverbreitet. Prinzipiell versuchte das BITNET schon in den frühen 80er Jahren, damit thematische (manche sprechen auch von: soziale) Gemeinschaften (‚Communities') zu schaffen, die von ‚normalen' Computeranwendern anstelle von Computerspezialisten genutzt werden können. Damit war das BITNET seiner Zeit etwa 15 Jahre voraus.

BITNET unterstützt nicht → *telnet* und → *FTP*.

Die Entwicklung von BITNET nahm folgenden Verlauf:

März 1981

In New York an der City University findet ein von Ira Fuchs organisiertes Treffen der Rechenzentrumsleiter von ungefähr 12 Universitäten der Ostküste statt, die mit → *Mainframes* aus dem Hause IBM unter dem → *Betriebssystem* → *VMS* ausgestattet waren und die vorhaben, diese Zentren miteinander zu verbinden. Aus dieser Gruppe geht später das ‚Bitnet Executive Committee' hervor.

5. Mai 1981

Als Folge des März-Treffens verbinden sich die Universitäten von Yale und der City Universität von New York.

Jahresende 1981

27 Universitäten an der Ostküste sind miteinander verbunden. Genutzt werden überwiegend Modemverbindungen mit 9,6 kbit/s, obwohl auch 4,8 oder nur 2,4 kbit/s vorkommen. Das Übertragungsprotokoll ist RSCS, ein spezielles Verfahren aus dem Hause IBM. Das Netz ist hierarchisch mit Baumstruktur aufgebaut und operiert nach dem Store-and-Forward-Prinzip.

Jahresanfang 1984

157 Hosts sind miteinander verbunden. Das Executive Committee schätzt zu diesem Zeitpunkt, dass ca. 3 000 Personen über BITNET erreichbar sind.

1984

IBM stellt einen Förderbeitrag für dieses Jahr und die Folgejahre bis einschließlich 1987 zur Verfügung. Dies bedingt, dass das gesamte Netz straffer organisiert wird. Das Executive Committee arbeitet eine Satzung und Regeln aus.

1984 bis 1987

Das Netz organisiert sich selbst. Freiwillige schreiben Software, wodurch die Anzahl verfügbarer Dienste rasch zunimmt. Das Netzmanagement greift jedoch (im Gegensatz zum Internet) rascher und härter bei Anwendungen durch, die nicht offiziell genehmigt sind oder die zu viel Bandbreite verschwenden.

Schnittstellen zum → Usenet und zum Arpanet (→ Internet) werden gebaut.

Januar 1987

Listserv, entwickelt vom seinerzeitigen Studenten in Paris Eric Thomas, geht erstmals in Betrieb. Es verbreitet sich rasch über das Netz. Als Folge davon gewinnt BITNET rasch an Popularität. In den folgenden zwei Jahren findet ein enormes Wachstum statt.

Herbst 1989

Listserv ist auf 46 Sites verbreitet und stellt rund 130 thematische Gruppen zur Verfügung.

BITNET ist auf dem höchsten Punkt seiner Popularität und verbindet insgesamt 3 000 Netzknoten von rund 500 Institutionen.

1990 und 1991

Eine ganze Reihe von Institutionen zieht sich aus dem BITNET zurück, da die IBM-Mainframes nach und nach außer Betrieb genommen werden und sich kleinere Unix-Workstations mit der mittlerweile an Popularität erheblich gewonnenen Internet-Technologie durchsetzen.

Das Executive Committee diskutiert verschiedene Ansätze einer Migration auf die Internet-Plattform und experimentiert in Teilen mit dem Einsatz von → *TCP* und → *IP*, kommt jedoch zu keinem endgültigen Ergebnis.

Herbst 1991
Listserv ist auf 200 Sites verbreitet und stellt rund 3 000 thematische Gruppen zur Verfügung.

1991
Das BITNET fusioniert mit dem kleinen Csnet, das schon auf TCP/IP basiert, zum → *CREN*.

1994
Listserv ist mittlerweile auf Unix portiert worden und hat seinen Platz im Internet gefunden.
→ *EARN*, → *NorthNet*, → *Internet*.

Bitrate

Anzahl der übertragenen → *Bit* pro Sekunde, angegeben in bit/s, kbit/s (o.Ä.) oder bps.
→ *Bandbreite*.

Bitronics

Bezeichnung eines proprietären Standards zur parallelen Datenübertragung über eine → *Centronics*-Schnittstelle. Auf den Markt gebracht von Hewlett-Packard zum Anschluss von → *PostScript-Druckern* an → *PCs*.

Bit-Slice-Prozessor

Bezeichnung für → *Mikroprozessoren* mit einer Wortlänge n (üblich: n = 2 oder n = 4), die man k-fach zu einem Prozessor der Wortlänge k * n zusammenschalten kann (üblich: k = 2 oder k = 4). Derartige Prozessoren sind überwiegend in bipolarer Technik ausgeführt und enthalten kein fest verdrahtetes Mikroprogramm. Sie sind im Leistungsvermögen Prozessoren mit fester Wortlänge überlegen und gestatten den Aufbau von Rechnern mit leicht modifizierbarem Befehlssatz.
Bit-Slice-Prozessoren werden speziell für einen besonderen Anwendungszweck hin entwickelt.

Bitstopfen

International Bit Stuffing genannt. Bezeichnung für den Vorgang des Einfügens einzelner Bits in einen zu übertragenden Datenstrom. Die Gründe für das Einfügen können verschieden sein.
Um Anfang und Ende von Nutzdaten innerhalb eines Datenstromes zu kennzeichnen, wird dort üblicherweise ein → *Flag* genanntes Bitmuster 01111110 eingefügt, welches aber auch zufällig im Nutzdatenteil vorkommen kann. Um dem Empfänger aber die Sicherheit der Unterscheidbarkeit zwischen Nutzdaten und Flag zu geben wird beim Sender nach fünf im Nutzdatenstrom aufeinander folgenden Einsen eine 0 eingefügt, so dass ein als Flag empfangenes Bitmuster auch tatsächlich das Flag ist. Dieser Vorgang des Einfügens einzelner → *Bits* heißt Bitstopfen. Er wird von der Schicht 2 im → *OSI-Referenzmodell* vorgenommen.
Andere Gründe können sein, dass grundsätzlich nach einer Folge von gleichartigen Bits (nur Einsen oder Nullen) vom Sender das jeweils andere Zeichen eingefügt wird, um dem Empfänger eine Möglichkeit zur Synchronisation zu geben bzw. ihm anzuzeigen, dass beim Sender keine Fehlfunktion vorliegt.
→ *Zeichenstopfen*.

B-Kanal

Abk. für Bearer-Kanal, Trägerkanal.
Bezeichnung eines digitalen duplexfähigen Übertragungskanals für Nutzdaten im → *ISDN* mit einer Kapazität von 64 kbit/s.
→ *Bearer Service*, → *D-Kanal*.

BK

1. Abk. für → *Breitbandkabelverteilnetz*.
2. Abk. für Breitbandkommunikation.

BK-Netz

Abk. für → *Breitbandkabelverteilnetz*.

BK 450

Abk. für → *Breitbandkabelverteilnetz* bis 450 MHz.

BKS

Abk. für Bundesverband Kabel und Satellit.
Bezeichnung eines Interessenverbandes, der 1990 im → *VPRT* aufging.

BkVtSt

Abk. für Breitbandkabelverteilstelle.
→ *Breitbandkabelverteilnetz*.

Blade

→ *Hub*.

Blank

1. In der Lochkartentechnik die Bezeichnung für Spalten, in denen kein einziges Loch vorkommt.
2. Davon abgeleitet auch in der Neuzeit die Bezeichnung für ein Leerzeichen oder eine Leerstelle als alphanumerisches Zeichen.

Blatt

Begriff aus der Graphentheorie. Bezeichnet in einem hierarchischen Graph einen Knoten, dem keine weiteren Knoten nachgeordnet sind.
→ *Root*.

BLE

Abk. für Blaue Liste Einrichtung.

BLER

Abk. für Block Error Rate.
→ *BER*.

Blind Call Transfer

→ *Umlegen*.

Blindkopie

Beim Versenden von → *E-Mails* die Bezeichnung für das Versenden einer Kopie an einen zweiten Empfänger, so dass der erste Empfänger davon nichts merkt.
Üblicherweise gibt es dazu im Header der E-Mail das Feld ‚bcc' (blind carbon copy). Alle Empfänger, die dort einge-

tragen werden, erhalten eine Kopie der Mail, ohne dass dies, im Gegensatz zum Feld → *cc*, dem Empfänger angezeigt wird.

Blindtext

In der Drucktechnik die Bezeichnung für (meist sinnlose) Texte, die zum Füllen von freien Flächen in einem Vorstadium des → *Layouts* dienen oder die zu Testzwecken, beispielsweise zur Demonstration der Wirkung verschiedener Schriftarten, verwendet werden.

Blind Transfer

→ *Umlegen*.

Bloatware

In Anlehnung an den Begriff der → *Sotware* die Bezeichnung für die Programme oder Programmteile, die in einem anderen Programm enthalten sind, die vom Nutzer jedoch funktional nie in Anspruch genommen werden, von ihm jedoch üblicherweise zu bezahlen sind.

Ein einfaches Beispiel sind die Funktionen der Fußnotenverwaltung oder der Erstellung von Inhaltsverzeichnissen in einer Textverwaltung, die von jemandem, der damit nur einfache Briefe schreibt, nicht benötigt wird.

Unter anderem aus dieser Überlegung heraus ist die Idee des Application Hosting durch einen → *Application Service Provider* entstanden.

→ *Firmware*, → *Hardware*, → *Paperware*, → *Slideware*, → *Vapourware*.

BLOB

Abk. für Binary Large Objects.

IT-Jargon für das Speichern von großen Objekten in einer → *Datenbank*. Bei den Objekten handelt es sich dann üblicherweise um größere Textmengen, Bilder oder andere Formen multimedialer Information (Video), die in relationalen Datenbanken oft selber nicht unmittelbar in einem → *Datensatz* abgelegt werden, sondern in einem Extrabereich der Datenbank, in dem alle Informationen abgelegt werden, die nicht in ein vorgegebenes Raster passen (z.B. weil sie zu groß sind). Im eigentlichen Datensatz wird nur der Verweis (Adresse, Pointer) auf den Extrabereich und die dortige Anfangsadresse abgelegt.

Diese Notlösung wird in objektorientierten Datenbanken umgangen.

Block

Bezeichnung für eine als Einheit behandelte, digitale Datenmenge. Die Blockgröße wird üblicherweise in → *Bit* oder Vielfachen angegeben.

- In der Übertragungstechnik eine Gruppe zusammenhängender Zeichen (Steuer- und/oder Nutzdaten), die für Übertragungszwecke gebildet wurde. In → *TDMA*-Systemen versteht man unter Block (auch → *Frame* genannt) die Gesamtheit aller einem Kanal zugeteilten Zeitschlitze, die periodisch auftauchen.
- In der Speichertechnik die kleinste, bei einer Schreib-Lese-Operation addressierbare Einheit auf einem Speichermedium (→ *Diskette*, → *Festplatte*). Üblicherweise sind dies 512 Byte.

Block Charging

→ *Blocktarif*.

Blockchiffre

→ *Private-Key-Verfahren*.

Blockierung

Begriff aus der → *Verkehrstheorie*. Bei einem Vermittlungssystem (z.B. Netzknoten in einem Telefonnetz) der Zustand, bei dem der Aufbau einer Verbindung unmöglich ist. Entweder weil kein Weg mehr innerhalb der Vermittlung frei ist (z.B. alle Zeitschlitze belegt oder Vermittlung ohne vollständige → *Erreichbarkeit*) oder weil alle abgehenden Leitungen belegt sind. Dieser letzte Fall kann auch bei einer Nebenstellenanlage eintreten, bei der die angeschlossenen Teilnehmer um eine begrenzte Zahl von externen Leitungen konkurrieren.

Erster Fall wird als vermittlungsinterne Blockierung, zweiter als Abnehmerblockierung bezeichnet.

→ *Erlang B*.

Blockierungswahrscheinlichkeit

Begriff aus der → *Verkehrstheorie*. Andere Bezeichnung für die Verlustwahrscheinlichkeit. Kann mit der → *Erlang-B*-Formel ermittelt werden und beschreibt, wie hoch die Wahrscheinlichkeit eines Misserfolgs beim Verbindungsaufbau unter bestimmten Annahmen über die Anzahl der Verbindungswünsche und die der zur Verfügung stehenden Leitungen ist.

→ *QoS*.

Blocking

Andere Bezeichnung für → *Barring*.

Blocktarif

Auch Blockcharging genannt. Bezeichnung für eine Art der Tarifierung (→ *Charging*), bei der die Gebühr nicht nach Zeiteinheiten oder Entfernung berechnet wird, sondern pro Anruf sozusagen en bloc (mit u.U. gleich mehreren Gebühreneinheiten) abgerechnet wird. Wurde in Deutschland erstmals Ende 1994 beim ‚Scall‘ angewendet.

Man unterscheidet verschiedene Blocktarife:

- Beim einmaligen Blocktarif werden zu Beginn einer Verbindung einmalig Gebühren in einer bestimmten Höhe erhoben. Diese Gebühren erhöhen sich nicht weiter mit der Verbindungsdauer.
- Beim periodischen Blocktarif werden in bestimmten periodischen Zeitabständen Gebühren (i.d.R. mehrere Einheiten) erhoben.
- Beim verzögerten Blocktarif kann eine Verbindung eine Zeit lang kostenlos genutzt werden und erst nach einer bestimmten Zeit werden Gebühren erhoben.

Blockwahl

Bezeichnung aus dem Nebenstellenbereich für ein → *Leistungsmerkmal* einer Nebenstellenanlage.

Bei der Blockwahl wird erst die komplette Rufnummer eingegeben, die auf einem Display des Telefons kontrolliert werden kann. Dies erlaubt dem Wählenden die Korrektur seiner eingegebenen Nummer. Erst nach Eingabe der vollständigen Nummer und ggf. dem Betätigen einer Taste (häufig: #) erfolgt der Verbindungsaufbau, d.h., die Nummer wird dem Netz dann en bloc übergeben.

Blowfish

Bezeichnung für ein symmetrisches Verfahren zur Verschlüsselung (→ *Kryptologie*) von Daten mit einer variablen Länge des Schlüssels von 32 bis zu 448 Bit. Der Schlüssel wird auf Nutzdaten mit konstanter Blocklänge von 64 bit angewendet.

Das Verfahren gilt als dem von → *DES* ähnlich, jedoch schneller und leichter zu verstehen.

Entwickelt wurde das Verfahren von Bruce Schneider im Hause Counterpane Internet Security aus San Jose/Kalifornien im Jahre 1993. Sein Ziel war es, ein einfaches und schnelles Verfahren mit skalierbarer Sicherheit zu entwickeln. Er hat den Quellcode veröffentlicht und das Programm zur freien Verfügung gestellt. Seither hat es Einzug in eine Reihe von Anwendungen gefunden.

Die Firma Ultimate Privacy Corp. hat im Oktober 1997 einen Preis in Höhe von 1 Mio. $ für denjenigen ausgelobt, der als erster eine Nachricht knackt, die mit ihrer auch Blowfish nutzenden Verschlüsselungssoftware für Rechner mit dem → *Betriebssystem* → *Windows 95* verschlüsselt wurde.

→ *http://www.counterpane.com/blowfish.html/*

BLQAM

Abk. für Blackman Quadrature Amplitude Modulation.

Bezeichnung einer speziellen → *QAM*.

Blue Book

1. Name eines Standards für → *CD-ROMs* von der US-Firma Optical Disc Corporation. Abtastlaser mit 670 nm und Kapazität 2,5 GByte. Datenübertragungsrate 3 Mbit/s.
2. Bezeichnung der Standards der CCITT, die 1964 (kleine → *FDM*-Systeme, Carriersysteme für Unterwasserkabel) und 1988, dann in Melbourne (→ *MHS*, → *ASN.1*, → *TMN*, → *X.500*, → *B-ISDN*), in einer Serie von Büchern mit blauem Umschlag herausgegeben wurden.

Blue Boxing

Aus den USA kommende Bezeichnung für das bewusste falsche Ansteuern öffentlicher Vermittlungsstellen und die unbefugte sowie kostenlose Aktivierung und Nutzung von für einen Teilnehmer nicht freigegebenen Dienstmerkmalen (→ *Dienst*). Hintergrund war die Einführung des → *MFV*. Im Netz wurden Signalisierungs- und Verwaltungsdaten ebenfalls mit Tönen übertragen, die entweder durch richtige Nutzung des eigenen Wählfeldes oder durch selbstgebaute Tongeneratoren (die üblicherweise in kleinen blauen Kästen untergebracht waren, daher der Name, und vor das Mikrophon des Hörers gehalten wurden) auch von Teilnehmern selbst erzeugt werden konnten. Mittlerweile nicht mehr in den USA möglich.

Andere Länder, die ihrerseits nun bis zu 20 Jahre später ihre Netze auf MFV umstellen, haben mit den gleichen Problemen zu kämpfen.

Ein Entwickler eines derartigen Blue-Boxing-Gerätes war der → *Apple*-Mitbegründer Steven Wozniak.

→ *Fraud.*

Blue Gene

Bezeichnung für ein Projekt zum Bau eines → *Supercomputers* im Hause IBM mit insgesamt einer Milllion Mikroprozessoren, von denen je 32 herkömmliche Prozessoren in einem neuen Mikroprozessorbaustein integriert werden sollen.

Der Rechner soll im Jahre 2005 in Betrieb gehen und eine Rechenleistung von 1 PetaFLOP haben. Als Hauptanwendungsgebiet wird die Genanalyse gesehen.

→ *http://www.research.ibm.com/bluegene/*

Blue Ribbon, Blue Ribbon Campaign

In Anlehnung an das ‚Yellow Ribbon‘ (zum Zeichen der Willkommenheit nach langer Abwesenheit) oder das ‚Red Ribbon‘ (zum Zeichen der Unterstützung der AIDS-Kranken) aus der amerikanischen Kultur geschaffenes Symbol für Protest gegen eine Einschränkung der freien Meinungsäußerung im → *Internet*.

Die Protestwelle, mit schwarzen Seiten im → *WWW* und einer blauen Schleife darauf, protestierte gegen den ‚Computeranstandserlass‘ (→ *CDA*) genannten und später geänderten Teil des Communication Act aus dem Jahr 1996 in den USA.

→ *EFF*, → *GILC*.

→ *http://www.eff.org/blueribbon.html/*

Blue Screen

Jargon aus dem Bereich der → *Systemprogrammierung*. Bezeichnet dort besonders schwere Fehler während der Laufzeit von Programmen, die von → *Betriebssystemen* häufig als Meldung vor einem blauen Hintergrund angezeigt werden.

Bluetooth

Bezeichnung für einen gerade in der Entwicklung befindlichen Standard zur drahtlosen, asymmetrische Datenübertragung über sehr kurze bis kurze Entfernungen (bis zu 10 m) mit dem Ziel, den allgemeinen Kabelsalat bei der Verbindung von Computern oder Geräten der Heimelektronik mit Peripheriegeräten zu verringern.

Ermöglicht werden sollen Bandbreiten von 721 kbit/s für asymmetrische und 432 kbit/s für symmetrische Verbindungen. Es werden auch bis zu drei synchrone 64-kbit/s-Kanäle, z.B. für die Sprachübertragung, unterstützt. Als Sprachcodec wird → *CVSD* genutzt.

Höhere Datenraten bis hinein in den Mbit/s-Bereich sind für kommende Weiterentwicklungen des Standards geplant.

Genutzt werden dabei Frequenzen aus dem → *ISM*-Bereich. Gesendet wird mit einer Sendeleistung von 1 mW bis zu max. 100 mW. Der ISM-Frequenzbereich wird für Bluetooth auf 79 mögliche Kanäle verteilt. Angewendet wird ferner ein → *Frequency-Hopping*-Verfahren mit max. 1 600 Hops/Sekunde und Hops mit einem Frequenzabstand von 1 MHz zwischen den 79 zur Verfügung stehenden Frequenzen. Als Zugriffsverfahren wird Listen Before Talk (→ *LBT*) genutzt. Je Hop steht beim Frequency-Hopping ein Timeslot von 625 µs zur Übertragung von 625 Bit zur Verfügung. Da jedoch ein Bluetooth-Paket länger als 625 Bit sein kann wird in diesem Fall die Sprungfrequenz herabgesetzt, so dass das Paket in drei oder max. fünf aufeinander folgenden Slots übertragen werden kann.

Die Adressierung der Endgeräte erfolgt über eine 48 Bit lange Bluetooth-Adresse.

Fehlersicherung erfolgt durch Vorwärtsfehlerkorrektur (→ *FEC*), die jedoch bei guten Verbindungen für die Nutzdateninformation des Datenpaketes (nicht für dessen → *Header*) ausgeschaltet werden kann. Dies spart Overhead und verbessert den Datendurchsatz. Zusätzlich wird ein → *ARQ*-Mechanismus genutzt. Beide Verfahren zusammen gewährleisten, dass auch bei schlechten Funkbedingungen Daten zuverlässig übertragen werden können.

Anwendungsfälle sollen im Bereich der kurzfristigen Verbindung von PCs und Handys untereinander und mit Peripheriegeräten (z.B. Druckern) liegen. Verschiedene Geräte, die miteinander in Verbindung kommen wollen, bilden Ad-Hoc-Networks, sogenannte Piconets, die über max. acht Geräte verfügen können, weshalb das Adressfeld im Header des Bluetooth-Pakets drei Bit lang ist. Ein Gerät kann dabei Mitglied verschiedener Piconets, die alle ihr eigenes Frequency-Hopping-Schema haben, sein und wirkt dadurch als Bridge. Alle derart zusammenhängenden Netze werden als Scatternet bezeichnet.

Innerhalb dieser Netze sind Punkt-zu-Punkt- und auch Punkt-zu-Mehrpunkt-Übertragungen möglich.

Für den Datenschutz bei einer Übertragung sorgt Datenverschlüsselung und eine Identifikation der Geräte untereinander, so dass die ausgesendeten Daten nur von den Geräten empfangen werden können, denen das ausdrücklich erlaubt ist.

Prinzipiell existierte mit → *IrDA* schon länger ein Standard für den gleichen Zweck, der sich jedoch nicht durchsetzen konnte, da eine Sichtverbindung notwendig ist, die nicht gestört werden darf. Ein weiterer Konkurrenzstandard ist → *SWAP*.

Bluetooth wurde ab 1994 von Ericsson-Ingenieuren im schwedischen Lund entwickelt. Grundidee war die Entwicklung eines einfachen und preisgünstigen Verfahrens zur Datenübertragung über kurze Strecken und per Funk. Ericsson erkannte jedoch, dass man allein nicht würde bestehen können und lud daher 1997 Nokia, IBM, Intel und Toshiba ein, sich im Rahmen einer Special Interest Group an der Weiterentwicklung zu beteiligen. Die Überlegung war, dass man gemeinsam Unternehmen aus verschiedenen Bereichen (mobile Endgeräte, Prozessortechnologie, IT-Branche) an einen Tisch holt, um Expertise und Unterstützung aus diesen konvergierenden Bereichen zu sichern.

Am 20. Mai 1998 wurde das Verfahren von diesem Herstellerkonsortium angekündigt, das bis zum Jahresende 1998 rasch Unterstützung von über 200 weiteren Unternehmen erhielt. Zur Jahresmitte 1999 hatten schon über 500 Unternehmen und bis März 2000 rund 1 300 Unternehmen ihre Unterstützung bekundet.

Die Bluetooth-Initiative stellt allen Mitgliedern die Technologie kostenlos zur Verfügung, sofern sie sich verpflichten, ihrerseits ihre Entwicklungen allen anderen zur Verfügung zu stellen.

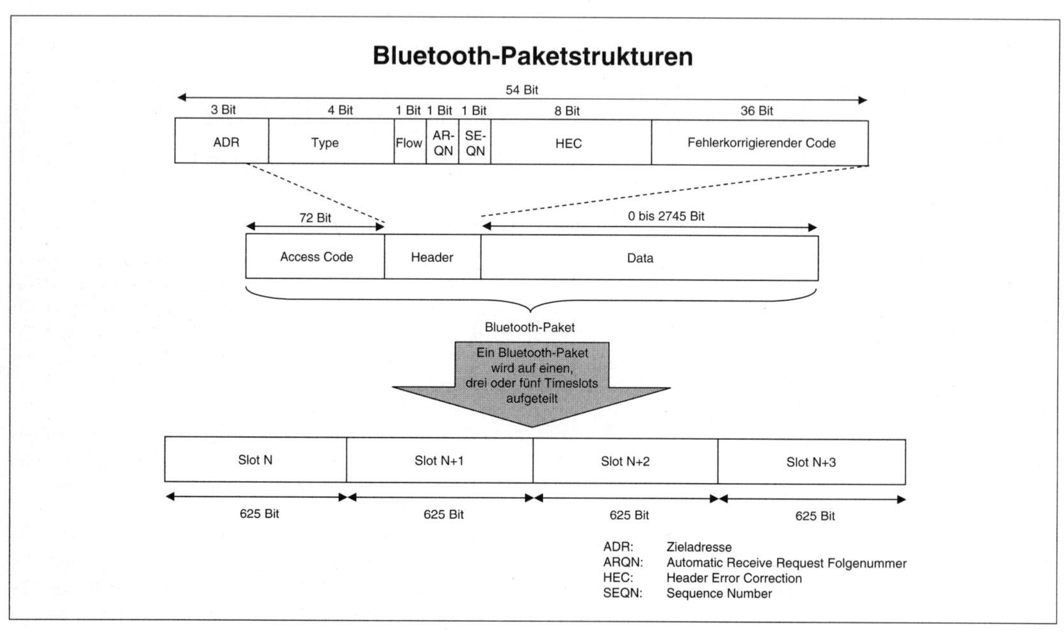

Ein stabiler Standard in der Version 1.0 wurde nach der Verabschiedung eines Vorstandards (Version 0.8) Ende Juli 1999 vorgestellt. Erste Produkte folgten kurz darauf, so z.B. im November 1999 ein Handy aus dem Hause Ericsson, das mit einer drahtlosen Freisprecheinrichtung ausgerüstet war, die auf Bluetooth basierte.

Benannt ist das Verfahren nach einem König der Wikinger aus dem 10. Jahrhundert, Harald Blauzahn (Harald Blatand, * 910, † 986), der verschiedene Stämme in Dänemark einte und dem Land das Christentum brachte. Es wird überliefert, dass der König alles andere als schön gewesen ist und sich bei seinem Vorgehen zur nationalen Einigung nicht durch besondere Friedfertigkeit auszeichnete.

→ *http://www.bluetooth.com/*

→ *http://www.bluetooth.org/*

→ *http://www.ericsson.com/bluetooth/*

Bm

→ *TCH.*

BMBF

Abk. für Bundesministerium für Bildung, Wissenschaft, Forschung und Technologie.

Bezeichnung für das 1994 aus der Zusammenlegung des Bundesministeriums für Forschung und Technologie (BMFT) und des Bundesministeriums für Bildung und Wissenschaft (BMBW) hervorgegangenen ,Zukunftsministeriums'.

→ *http://www.bmbf.de/*

BMD

Abk. für den selten verwendeten Begriff des Billing Mediation Device.

→ *Billing.*

BMFT

Abk. für Bundesministerium für Forschung und Technologie.

Ging im → *BMBF* auf.

BML

Abk. für Business Management Layer.

→ *TMN.*

BMP

Abk. für Bitmap.

Bezeichnung eines Dateiformats für Grafiken aus dem Hause Microsoft. Dabei ist BMP auch die Endung des Dateinamens. Es wird insbesondere in allen → *Windows*- und → *OS/2*-Umgebungen verwendet und codiert Bilder Bildpunkt für Bildpunkt ohne jede Verringerung von Redundanz (→ *Pixelgrafik*).

→ *http://www.daubnet.com/formats/BMP.html/*

BMPT

Abk. für Bundesministerium für Post und Telekommunikation.

Sitz: Bonn/Berlin. Hatte seit der Postreform II 1994 nur noch rein politische und hoheitliche Aufgaben wahrzunehmen (Zuteilung von Frequenzen etc.).

Im Zuge der → *Deregulierung* wurde das BMPT zum 31. Dezember 1997 aufgelöst. Seine dann noch verbliebenen Aufgaben werden seither von der → *Regulierungsbehörde* wahrgenommen (→ *BAPT*).

Letzter Dienstherr war Wolfgang Bötsch von der CSU, der auf Christian Schwarz-Schilling (CDU) folgte.

BNC-Stecker

Abk. für Bayonet-Neill-Concelman oder auch für Bayonet Nut Connector.

Bezeichnung eines speziellen → *Steckers* mit Bajonettverschluß zur Verbindung oder zum Anschluss von → *Koaxialkabeln.* Das Gehäuse des Steckers führt Masse, der Pin das Signal.

Genutzt z.B. für Anschlüsse an ein Thin-Ethernet (→ *Ethernet*), zur Verbindung mehrerer Koaxialkabelsegmente oder von Monitoren mit separaten → *RGB*-Eingängen an Computer. Auch in der professionellen Video- und Studiotechnik verbreitet.

Vorteil dieses Steckers ist, dass durch die Überlappung bis in den Verschlussbereich des Steckers hinein die Verbindung gut geschirmt und damit wenig störempfindlich ist. Ferner ist sie sehr stabil und zugfest.

→ *DB-Stecker*, → *SC-Stecker*, → *ST-Stecker.*

B-Netz

Erstes vollautomatisches analoges Mobilfunknetz in Deutschland für 26 000 Teilnehmer. Auch öbL-B (öffentlicher bewegter Landfunk Netz B) genannt.

Operierte im 150-MHz-Band (146 bis 156 MHz) mit zunächst 37 Duplexsprechkanälen und 20 kHz Kanalabstand bei 4,6 MHz Duplexabstand. Die 158 → *BS* (Funkzonen) versorgten Gebiete mit je rund 25 km Durchmesser. Die BS-Leistung betrug 20 Watt, die → *MS*-Leistung 10 Watt. Das System war nur für den Telefondienst ausgelegt.

Der Teilnehmer musste dem Netz öfter eine ,Positionsmeldung' geben. Der Anrufende musste stets wissen, in welcher Funkzone (von 150 insgesamt) sich der angerufene mobile Teilnehmer befand. Der Durchmesser der Funkrufzonen konnte bis 150 km betragen. Die Verbindungsaufbauzeit lag im Sekundenbereich.

Die Technik des B-Netzes wurde von der Firma → *TEKADE* bis August 1971 entwickelt, im September 1971 auf der IFA in Berlin vorgestellt, ging 1972 vor den Olympischen Spielen in München in Betrieb und wurde dann schrittweise bis 1977 zur Flächendeckung mit 158 Basisstationen ausgebaut.

Es übernahm dann auch die Frequenzen des → *A-Netzes* und wurde, nachdem 1979 die Netzkapazitäten mit 13 000 Teilnehmern fast erschöpft waren, 1982 um weitere 37 Kanäle erweitert und zum B2-Netz mit bis zu 26 000 Teilnehmern (tatsächliche max. Zahl 1986: 26 911).

Das B-Netz ermöglichte ab 1980 auch int. Telefonate nach Österreich, Niederlande und Luxemburg, die voll kompatible Netze errichtet hatten.

Das B-Netz wurde zum 31. Dezember 1994 mit zuletzt 4 400 Teilnehmern außer Betrieb genommen. Die monatlichen Grundgebühren betrugen 120 DM.

BNF

Abk. für Backus-Naur-Form.

Selten auch Backus-Normal-form genannt. Bezeichnung für eine maßgeblich von John Warner Backus (* 3. Dezember 1924) und Peter Naur entwickelte Metasprache zur Beschreibung der → *Syntax* einer → *Programmiersprache*. Beide entwickelten diese Beschreibungssprache in 1959, als sie an der Entwicklung der Programmiersprache → *Algol* arbeiteten.

BNK

1. Abk. für Bereichs-Netzknoten.
   Neue Bezeichnung der Deutschen Telekom für digitale Orts- und Knotenvermittlungen.
   → *WNK*.
2. Abk. für Betriebsnetzknoten.
   Bezeichnung für von der Deutschen Telekom eingeführte Netzknoten für das → *Netzmanagement*. Dabei werden in BNKs mehrere digitale Vermittlungsstellen verwaltet. Dieses Konzept löste bis 1997 proprietäre lokale Managementsysteme der Vermittlungsstellen ab.

B-Nummer

Die Nummer des Angerufenen.

→ *A-Nummer*.

BOC

Abk. für Bell Operating Company.

Bezeichnung für die 22 nach der Zerschlagung (→ *Divestiture*) von AT&T zum 1. Januar 1984 entstandenen lokalen Betreibergesellschaften von Fernmeldenetzen.

BOCs sind für den Netzzugang zuständig und dürfen innerhalb ihres ihnen zugewiesenen Bereichs (Bundesstaat, → *LATA*) vermittelte Dienste anbieten.

Mehrere BOCs einer geografisch zusammenhängenden Region sind jeweils einer → *RBOC* als Holding zugeordnet. Die ursprüngliche Zuordnung nach der Divestiture, die sich mittlerweile durch Fusionen verändert hat, war:

RBOC	BOC
Ameritech	• Illinois Bell • Indiana Bell • Michigan Bell • Ohio Bell • Wisconsin Bell
Bell Atlantic	• Bell of Pennsylvania • Diamond State Telephone • Chesapeake and Potomac Company • Chesapeake and Potomac Company of Maryland • Chesapeake and Potomac Company of Virginia • Chesapeake and Potomac Company of West Virginia
BellSouth	• Southern Bell • Southeastern Bell
Nynex	• New York Telephone • New England Telephone
Pacific Telesis	• Alascom • Pacific Telecom • Nevada Bell
Southwestern Bell Corporation (SBC)	• Southwestern Bell Telephone
US West	• Northwestern Bell • Mountain Bell • Pacific Northwest Bell

Boden-Oberflächenwellen

→ *Bodenwellen*.

Bodensegment

Bezeichnet bei der Beschreibung von Satellitensystemen alle technischen Systeme, die am Boden auf der Erde installiert sind. Hierzu gehören:

- Anzahl, Lokalität und Funktion der Bodenstationen (Kontrollzentren)
- Gateways zu anderen Telekommunikationsnetzen
- Verbindungsleitungen zwischen den Bodenstationen
- Beschaffenheit der am Boden befindlichen und u.U. mobilen Sende- und Empfangsanlagen (Nutzer).

→ *Raumsegment*.

Bodenwellen

Auch Boden-Oberflächenwellen genannt. Bezeichnung einer Klasse elektromagnetischer Wellen, die sich der Erdkrümmung folgend ausbreiten und – im Gegensatz zu den → *Raumwellen* – nicht an der → *Ionosphäre* reflektiert werden.

Es handelt sich um Wellen niedriger Frequenz (bis ca. 3 MHz) und großer Wellenlänge, die eine große Reichweite haben (um die 1 000 km) und z.B. auch in Tunnels eindringen können.

Die Eigenschaft, der Erdkrümmung zu folgen, beruht dabei auf dem physikalischen Effekt der → *Beugung*.

Bodenwellen werden jedoch stark durch Hindernisse (Wald, Gebäude, Berge) und Witterungseinflüsse (Regen, Nebel, Schnee) beeinflusst. Es kommt dann zum → *Fading*.

Body

In einer → *E-Mail* die eigentlichen Nutzdaten, d.h. die vom Sender eingegebene und für den Empfänger bestimmte Nachricht ohne jede Absender- oder Adressierungsinformation.

→ *MIME*.

BOF

Abk. für Begin of File.

Bogus

Jargon im → *Internet*. Bezeichnet illegal eingerichtete Diskussionsgruppen (→ *Newsgroups*) im → *Usenet*.
Das Wort ‚illegal' bezieht sich dabei auf ein Verfahren der Einrichtung der Diskussionsgruppe, das sich nicht an die im Internet üblichen Verfahren hält.
→ *RFD*, → *CFV*.

BOIC

Abk. für Barring of outgoing international Calls.

BOM

Abk. für Beginning of Message.

Bonding

Abk. für Bandwidth on Demand Interoperability Group.
Bezeichnung für eine Gruppe verschiedener Hersteller von → *inversen Multiplexern*, die sich mit dem Ziel des Schaffens eines Standards zusammengeschlossen haben. Grundlage des Standards war dabei die Entwicklung AIM (Ascend Inverse Multiplexing) aus dem Hause Ascend, die seit 1992 auf dem Markt ist. AIM hat zusätzlich auch → *MP+* beeinflusst.
Man unterscheidet fünf Modes, nach denen inverse Multiplexer über das → *ISDN* oder ein → *LAN* zusammenarbeiten können. Dies sind der Transparent Mode und die Modes 0, 1, 2 und 3. Es ist zwingend erforderlich, den Transparent Mode und Mode 1 in den Geräten zu implementieren, wohingegen die anderen Modes freiwillig sind, Mode 0 aber sehr häufig ebenfalls installiert ist.

- Transparent Mode: Zwischen zwei inversen Multiplexern wird eine Verbindung ohne jede Kontrolle des → *Delays* und damit ohne Synchronisation von Sender und Empfänger und auch ohne Fehlerkorrektur aufgebaut.
- Mode 0: Zwischen zwei inversen Multiplexern erfolgt über einen Kanal ein Anruf eines inversen Multiplexers an einen zweiten, um eine Verbindung zu initialisieren.

  Es erfolgt keine Delaykontrolle oder Fehlerkorrektur.
- Mode 1: Zwischen zwei inversen Multiplexern werden auf mehreren voneinander unabhängigen Kanälen Daten ohne jede Synchronisation (Delaykontrolle) und Fehlerkorrektur übertragen.

  Im Falle des Auftretens von Fehlern wird die gesamte Verbindung abgebrochen und neu gestartet.
- Mode 2: Zwischen zwei inversen Multiplexern werden auf mehreren voneinander unabhängigen Kanälen Daten mit Synchronisation (Delaykontrolle) und Fehlerkorrektur übertragen.

  Die erforderlichen Synchronisations- und Fehlererkennungsdaten werden dabei zusammen mit den Nutzdaten als Overhead in den Nutzkanälen mit übertragen.

  Dieses Verfahren lässt die Nutzdatenrate auf ca. 98,44% der Nenndatenrate sinken.
- Mode 3: Zwischen zwei inversen Multiplexern werden auf mehreren voneinander unabhängigen Kanälen Daten mit Synchronisation (Delaykontrolle) und Fehlerkorrektur übertragen.

  Erforderliche Synchronisations- und Fehlererkennungsdaten werden dabei aber nicht als Overhead in den Nutzkanälen mit übertragen, sondern über separate Kanäle geführt, so dass der Nutzkanal zu 100% den Nutzdaten zur Verfügung steht.

BONT

Abk. für Broadband Optical Network Termination.
Bezeichnet in hybriden Breitbandnetzen aus Glasfaser- und Kupferkabel den Netzabschluss, an dem eine optisch-elektrische Wandlung vorgenommen wird und das aus der Glasfaser kommende optische Signal in ein elektrisches Signal verwandelt und als solches in ein Kupferkabelnetz eingespeist wird.

BONU

Abk. für Broadband Optical Network Unit.
→ *ONU*.

Bookmark, -file, -list

Engl. für Lesezeichen. Auch Hotlist oder Favorites genannt. Jargon für von einem → *Browser* verwaltete bevorzugte Netzadressen (→ *URLs*) im → *WWW*. Bookmarks ermöglichen es dem Nutzer, zu interessanten oder häufiger benötigten Seiten später noch einmal zurückzukehren, indem der Browser sich die Adresse der Seite merkt (speichert) und zu ihr durch einfaches Anklicken ohne manuelle und zeitraubende Neueingabe der kompletten Adresse über die Tastatur zurückkehrt.
Mehrere Bookmarks können dabei geordnet durch den Browser in vom Nutzer frei definierte Kategorien gespeichert werden und werden dann als Hotlist oder Bookmarklist bezeichnet. Eine derartige Liste kann auch als eigene Datei gespeichert werden und wird dann als Bookmarkfile bezeichnet.

Boolesche Algebra

Auch Schaltalgebra oder logische Algebra genannt. Bezeichnung für eine auf zweiwertigen Symbolen, üblicherweise 0 und 1, aufbauende Logik. Sie ist prinzipiell eine Methode, um logische Funktionen zweiwertiger (binärer) Variablen mathematisch zu beschreiben. Jeder Aussage und Aussagenverknüpfung wird dabei ein Wert aus einem zwei Werte enthaltenden Wertevorrat zugewiesen.
Ist a eine zweiwertige Variable, so können folgende Theoreme aufgestellt werden
(*: Symbol der → *UND*-Verknüpfung,
+: Symbol der → *ODER*-Verknüpfung,
¬: Symbol der → *NICHT*-Verknüpfung):

$$a + 0 = a$$
$$a + 1 = 1$$
$$a * 0 = 0$$
$$a * 1 = a$$
$$a + a = a$$
$$a + (\neg a) = 1$$
$$a * (\neg a) = 0$$
$$\neg (\neg a) = a$$

Ferner lassen sich davon folgende Formeln ableiten, wenn *a* und *b* zweiwertige (= binäre) Variablen sind:

$$a + a * b = a$$

$$a * (a + b) = a$$

$$a + (\neg a) * b = a + b$$

$$a * ((\neg a) + b) = a * b$$

$$a * b + a * (\neg b) = a$$

$$(a + b) * (a + (\neg b)) = a$$

Da sich die Boolesche Algebra auf nur zwei Zustände stützt, wie sie auch bei der → *binären* Darstellung von Zeichen verwendet werden, können mit ihr Schaltungen entwickelt werden, die helfen, binäre Zusammenhänge schaltungstechnisch zu realisieren. Da sich aus einzelnen Schaltungen ganze Schaltkreise und → *Mikroprozessoren* zusammensetzen lassen, waren die Entwicklung der Booleschen Algebra und später ihre Nutzung bei binären Schaltungen die entscheidenden Schritte bei der Entwicklung des → *Computers.*

Benannt ist die Boolesche Algebra nach dem engl. Mathematiker George Boole (* 2. November 1815, † 8. Dezember 1864). Er veröffentlichte 1847 ein erstes kleines Buch über seine Algebra mit dem Titel „The mathematical analysis of logic, being an essay towards a calculus of deductive reasoning". Er zeigte, dass logische Operationen mit binären Symbolen formuliert werden können. Bis ca. 1854 arbeitete er an seiner Algebra (Aussagenlogik). Die Arbeit brachte ihm 1849 eine Professur ein.

Ab 1930 wurde an der schalttechnischen Umsetzung mit Hilfe von → *Relais* seiner Algebra gearbeitet. Dieser Weg führte letztlich zu unseren heutigen Computern.

→ *de Morgan*, → *XOR.*

Booster

Bezeichnung eines bestimmten, leistungsschwachen Geräten nachgeschalteten Verstärkers zur Erhöhung einer Verstärkerausgangsleistung für Mobilfunk-Endgeräte.

Ein → *Handy* mit z.B. 0,75 W wird dabei in eine Halterung (z.B. im Auto) eingesteckt. Ein Kontakt schließt sich dadurch automatisch und die zu sendenden Daten werden vom Handy über den Kontakt in der Halterung zum Booster weitergeleitet, dort verstärkt und mit einer Außenantenne von z.B. 2 oder 5 W abgestrahlt.

Booten

Bezeichnung für das Hochfahren eines technischen, mikroprozessorgesteuerten Systems durch Laden des → *Betriebssystems* von einem nichtflüchtigen Speicher in den Arbeitsspeicher.

Dabei werden vollautomatisch einfache Rechnerbefehle ausgeführt, um Speicher vorzubesetzen (initialisieren), diverse Bausteine und insbesondere den Hauptspeicher zu testen und Peripheriegeräte anzusprechen.

Ist das Betriebssystem geladen wird es gestartet.

Das Wort ‚Booten' kommt dabei von ‚Bootstrap', bei denen es sich um die kleinen Bänder an den Schäften amerikanischen Cowboystiefel handelt, mit denen man die Stiefel leichter hochziehen und dadurch anziehen kann. Die Analogie ist, dass beim Booten der Computer sich das Betriebssystem mit Hilfe eines kleinen Programms selber ‚anzieht'.

→ *BIOS.*

Bootp

Abk. für → *Bootstrap Protocol.*

Schaltsymbole der Booleschen Algebra

Bezeichnung der Verknüpfung	UND	ODER	NICHT	NAND	NOR	XOR
Schreibweise	Y = A * B	Y = A + B	Y = ¬A $Y = \overline{A}$	Y = ¬ (A * B) $Y = \overline{A * B}$	Y = ¬ (A + B) $Y = \overline{A + B}$	Y = ¬ A * B + A * ¬ B $Y = \overline{A} * B + A * \overline{B}$
Schaltzeichen in alter Schreibweise	A, B – Y	A, B – Y	A – Y	A, B – Y	A, B – Y	A, B ‡ Y
Schaltzeichen in neuer Schreibweise gemäß DIN 40700	A, B & Y	A, B ≥1 Y	A 1 Y	A, B & Y	A, B ≥1 Y	A, B = 1 Y

Bootsektor

Bezeichnung für den speziellen Sektor (meistens in der äußeren Spur) auf einer → *Festplatte* oder → *Diskette*, in welchem das zum → *Booten* benötigte Startprogramm gespeichert ist.

Bootsektor-Virus

→ *Systemvirus.*

Bootstrap

→ *Booten.*

Bootstrap Protocol

Abgekürzt mit Bootp. In der → *Internet*-Welt die Bezeichnung für ein Protokoll das auf → *TCP* und → *IP* aufsetzt und es Stationen ermöglicht, sich automatisch eine IP-Adresse von einem zentralen Server zu besorgen.
Ferner kann automatisch ein → *Betriebssystem* auf der Station gebootet werden (→ *Booten*).
Definiert im RFC 951.
→ *DHCP.*

Bootvirus

→ *Systemvirus.*

BORSCHT

Kunstwort, Eselsbrücke zum leichteren Umschreiben der Funktionen der → *Teilnehmerschaltung* in einer Vermittlungsstelle.
Diese Funktionen bilden mit ihren Anfangsbuchstaben das Wort BORSCHT:

- Battery Feed (→ *Zentralbatteriebetrieb*)
- Overvoltage Protection (Überspannungsschutz)
- Ringing (Ruf des Teilnehmers)
- Signaling (Signalisierung, → *Zeichengabe*)
- Coding (PCM-Wandlung)
- Hybrid (Gabelschaltung)
- Testing (Ermöglichen von Prüf-, Test- und Wartungszwecken)

BOS

Begriff aus dem Marketing von Telekommunikationsprodukten. Beschreibt die Gruppe von Behörden und Organisationen mit Sicherheitsaufgaben.
Beispiele sind Feuerwehr, Polizei, Straßenmeisterei, Zoll, Katastrophen- und Grenzschutz etc.
Nutzer aus diesen Bereichen stellen hinsichtlich Dienstverfügbarkeit, Datensicherheit, Gerätedesign, Systempreis, Lebensdauer, Standardisierung und anderer Parameter spezielle Anforderungen an die Produkte. Bedeutung hat diese Gruppe für den Dienst → *Bündelfunk.*
Insbesondere der Punkt der Standardisierung ist wichtig, um in Not- oder Katastrophenfällen ein funktionierendes Krisenmanagement zu ermöglichen. Als einer der Gründe für die großen Schäden der Waldbrände in der Lüneburger Heide im Sommer des Jahres 1975 gilt die Inkompatibilität der Kommunikationseinrichtungen der herbeigeeilten Rettungskräfte aus verschiedenen Teilen Deutschlands, denen es seinerzeit nicht gelang, eine funktionierende Kommunikationsinfrastruktur aufzubauen.

Bot

Kurzform für Robot.
→ *Roboter*, → *Netbot.*

Bounce

Von engl. bounce = Auf- oder Rückprall.
Bezeichnet in einem → *E-Mail*-System eine bestimmte Art der Fehlerbehandlung. Dabei wird an dem Punkt, an dem der Fehler auftritt, eine neue E-Mail generiert, welche die ursprüngliche E-Mail und eine Fehlermeldung hineinkopiert werden. Beides zusammen wird dann in der neuen E-Mail an den ursprünglichen Sender zurückgeschickt.
Die ursprünglich gesendete E-Mail ist damit am Fehlerort im Netz im übertragenen Sinne aufgeprallt und wurde zum Sender reflektiert.

Bozo Filter

→ *Kill File.*

BPDU

Abk. für Bridge Protocol Data Unit.
→ *Spanning Tree.*

BPI

Abk. für Bit per Inch.
Bezeichnung für die Aufzeichnungsdichte auf einem magnetischen Speichermedium wie z.B. → *Festplatte* oder → *Diskette.*

bpp

Abk. für Bit per Pixel.
Bezeichnet bei der digitalen Bilddarstellung die Farbtiefe, d.h. wie viele Farben je Bildpunkt darstellbar sind.
→ *HiColor*, → *True Color.*

BPR

Abk. für Business Process Reengineering.
Auch Business Process Re-Design genannt. Deutsche Bezeichnung etwa: Geschäftsprozessoptimierung oder Reorganisation (von Organisationseinheiten und Prozessen). Es gibt keine verbindliche Definition, aber allgemein wird unter dem Begriff die Analyse, Veränderung und Implementierung innovativer und effizienter neuer Geschäftsprozesse in Unternehmen und u.U. zwischen mehreren Unternehmen auf der Basis einer diese Prozesse unterstützenden bzw. sie erst ermöglichenden IT-Infrastruktur verstanden. Zentraler Gesichtspunkt ist dabei die Effektivität (Zeit- und Ressourceneinsparung). Es kommen dabei analytische und objektive Methoden einerseits und Hard- und Software der Datenverarbeitung sowie (neuerdings auch) der Telekommunikation (→ *Call Center*, → *E-Business*, → *Intranet*, → *Groupware*, → *Tele-Working*) andererseits zum Einsatz. Insbesondere der Einsatz von Informations- und Telekommunikationstechniken ist hierbei ein wichtiger, zunehmender Faktor, da die Implementierung von Prozessen effektiv nur mit technischer Unterstützung möglich ist.

Dies beinhaltet oft auch eine Veränderung der sie ausführenden Organisation, ihrer Kultur und ihres bisherigen Leistungsvermögens.
BPR wurde 1993 populär durch ein Buch der US-Berater Michael Hammer und James Champy, der 1978 das US-Beratungsunternehmen CSC Index gegründet hatte. Im Unterschied zu Vorgängern propagierten sie beim BPR nicht nur ein Redesign einzelner Funktionsbereiche innerhalb eines Unternehmens, sondern vollständiger Prozessketten durch ein Unternehmen hindurch.
→ *ERP.*

BPRT

→ *VPRT.*

Bps, bps

Abk. für Bit per Second.
Die Datenrate bei i.d.R. serieller Datenübertragung.

BPSK

Abk. für Binary Phase Shift Keying.
→ *PSK.*

BR

Abk. für Bus Request.
Allgemeine Bezeichnung für das Signal, das eine sendewillige Station aussendet, wenn sie an ein → *Shared Medium* angeschlossen ist und dieses für sich exklusiv zugeteilt bekommen oder nutzen möchte.

BRAN

Abk. für Broadband Radio Access Network.
→ *HiperLAN.*

Braunsche Röhre

→ *CRT.*

Bravo

→ *Alto.*

Break In, Break Out

Bezeichnung für den Übergang einer Verbindung im → *VPN,* vom VPN ins öffentliche Netz (oder umgekehrt) im Rahmen von → *Least Cost Routing.*

Brechungsindex

Auch Brechzahl genannt. Bezeichnung für einen Materialkennwert lichtdurchlässiger Stoffe aus der Optik, von praktischer Bedeutung z.B. in der → *Glasfasertechnik.* Ein dimensionsloser Faktor, der beschreibt, um welchen Faktor sich das Licht in einem Medium relativ zum Vakuum langsamer ausbreitet.
Vakuum hat daher den Brechungsindex 1. Für normales Glas nimmt der Brechungsindex n Werte zwischen 1,4 und 1,6 an.

Brechzahl

Andere verkürzte Bezeichnung für → *Brechungsindex.*

Breitbandkabelverteilnetz

In Deutschland auch BK 450, BK-Netz, Kabelfernsehnetz, Breitbandkabelnetz, Kabelverteilnetz, Kabelnetz oder BVN genannt. Bezeichnung der Breitbandkabelnetze für Kabelfernsehen u.Ä. der Deutschen Telekom und anderer Betreiber, wobei → *Koaxialkabel* als Übertragungsmedium genutzt werden.
Das Netz besteht aus folgenden Ebenen:

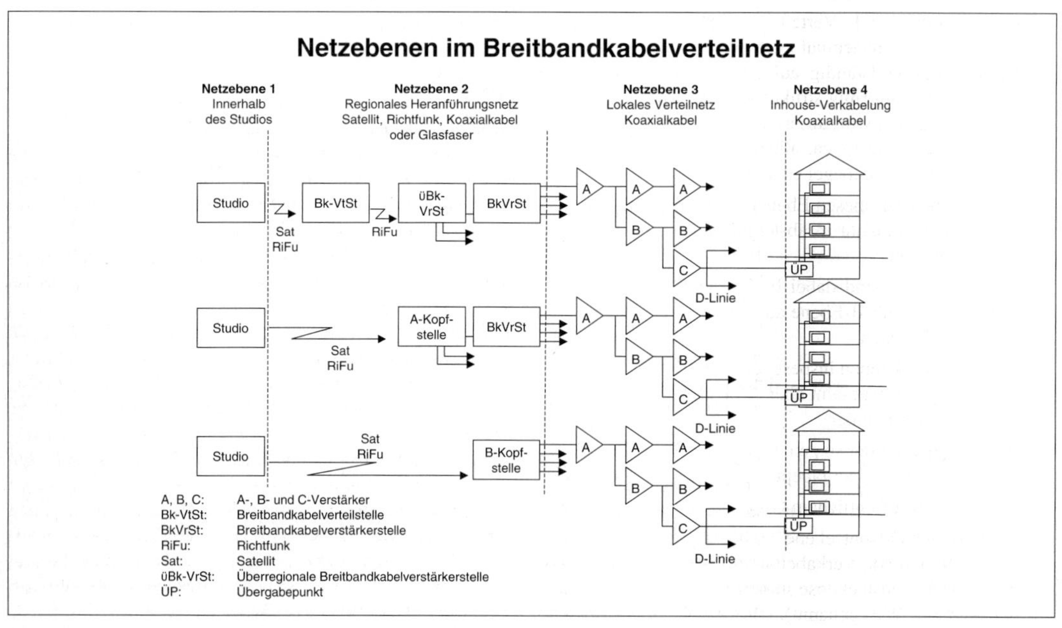

- Ebene 1 (auch Einspeiseebene genannt) ist die Kabelstruktur am Produktionsort (Studio, Sendezentrum eines Fernsehsenders).
- Ebene 2 beginnt am Studioausgang mit der Heranführung (Ebene 2.1.) zum regionalen oder landesweiten Verteilungsnetz zu einer A- oder B-Kopfstelle (insgesamt 33 Stück) oder einer Breitbandkabelverteilstelle (BkVtSt, 101 Stück). Für diese Verteilung auf den Netzebenen 2.2a und 2.2b gibt es prinzipiell folgende Alternativen:
  - Richtfunk
  - Satellit
  - Leitung
  - Herkömmliche, terrestrische Ausstrahlung

  Die Weiterverteilung erfolgt unter Nutzung folgender Möglichkeiten:
  - Per Richtfunk von einer BkVtSt zu einer überregionalen Breitbandkabelverstärkerstelle (üBkVrSt, 1 123 Stück; Netzebene 2.2c) und von dort per Koaxialkabel oder Glasfaser zu einer lokalen BkVrSt (insg. 4 122 Stück; Netzebene 2.2d).

    An einer üBkVrSt sind bis zu acht BkVrSt angeschlossen.

    Auf Netzebene 2.2d werden bis zu 20 Verstärkerstrecken hintereinander geschaltet, wenn Koaxialkabel als Übertragungsmedium verwendet werden. Als Alternative setzen einige Kabelnetzbetreiber auch schon Glasfaser ein.
  - Von einer A-Kopfstelle per Koaxialkabel oder Glasfaser zu einer lokalen BkVrSt.
  - Keine weitere Verteilung, falls Ebene 2 nur aus einer eigenständigen Kopfstelle ohne BkVrSt (dann B-Kopfstelle genannt) besteht.
- Ebene 3 ist das lokale Verteilnetz (daher auch Ortsnetzebene 1 genannt; manchmal auch mit Zuführungsnetz bezeichnet), das vollständig auf Koaxialkabel basiert und stern- bzw. baumförmig strukturiert ist. Es kann in bis zu drei Linienebenen strukturiert werden. Wegen der hohen Dämpfungsverluste ist ca. alle 400 m ein Verstärker zur Anhebung der Signalpegel erforderlich.

  Die Verstärker auf diesen Ebenen werden mit A-, B- oder C-Verstärker (genannt in absteigender Linienebenenordnung) bezeichnet.

  An eine BkVrSt sind dabei bis zu acht A-Linien angeschlossen. Von der B-Ebene aus erstrecken sich ebenfalls bis zu acht C-Linien.

  Die Verstärker können insbesondere auf der C-Ebene kaskadiert werden (insgesamt über A-, B- und C-Ebene bis zu 30 Stück hintereinander).

  Ebene 3 endet mit der so genannten passiven D-Linie vom C-Verstärker zum Übergabepunkt (ÜP) am selbigen.

  Ebene 3 ist auf öffentlichem Grund verlegt.
- Ebene 4 (auch Ortsnetzebene 2 genannt) ist die auf Koaxialkabeln basierende Verkabelung vom Übergabepunkt bis hin zur Antennensteckdose in den Haushalten (allgemein Wohneinheit, WE genannt). Durchschnittlich befinden sich hinter einem ÜP 80 Wohneinheiten. Bei Ebene 4 kann es sich um eine reine Inhouse-Verkabelung innerhalb von Ein- oder Mehrfamilienhäusern oder innerhalb von Wohnblöcken handeln, ebenso wie um die Verkabelung innerhalb einer Straße oder eines anderen abgegrenzten Gebietes z.B. von einer Wohnungsbaugesellschaft.

  Ebene 4 kann also, muss aber nicht, auf privatem Grund liegen.
- Ebene 5 befindet sich erst seit den späten 90er Jahren in der Diskussion und bezeichnet jede Art von weiterer Inhouse-Verkabelung innerhalb der Wohnungen. Der Begriff hat sich als konsequente weitere Durchnummerierung der Ebenen in der Branche gebildet.

  Ebene 5 ist ganz sicher auf privatem Grund verlegt.

Genutzt wird auf dem Kabel der Frequenzbereich oberhalb von 47 MHz. Der schon lange genutzte Frequenzbereich von 47 MHz bis 300 MHz wird mit verschieden breiten Kanälen in verschiedenen Bereichen unterschiedlich genutzt. In den späten 90er Jahren kam auch das sog. Hyperband bis 450 MHz hinzu. Man unterscheidet:

- Fernsehbereich I von 47 MHz bis 68 MHz mit drei analogen Fernsehkanälen K2 bis K4 zu je 7 MHz.

  Seit den späten 90er Jahren wird auch die Nutzung dieses Bereichs für Rückkanäle diskutiert, weshalb es bei der Einführung interaktiver TV-Dienste zu einer Verlagerung der hier verteilten Programme kommen müsste.
- UKW-Bereich von 87,5 MHz bis 108 MHz für 30 analoge Tonrundfunksender.
- Digitaler Rundfunkbereich für 16 Sender nach dem → *DSR*-Standard von 111 MHz bis 125 MHz.
- Unterer Sonderkanalbereich (USB) von 125 MHz bis 174 MHz mit sieben analogen Fernsehkanälen S4 bis S10 zu je 7 MHz.
- Fernsehbereich III von 174 MHz bis 230 MHz mit acht analogen Fernsehkanälen K5 bis K12 zu je 7 MHz.
- Oberer Sonderkanalbereich (OSB) von 230 MHz bis 300 MHz mit zehn analogen Fernsehkanälen zu je 7 MHz.
- Erweiterter Sonderkanalbereich (ESB, Hyperband) von 302 MHz bis 446 MHz mit 18 Kanälen zu je 8 MHz, vorgesehen für digitale Fernsehkanäle.

Im Laufe der Zeit wurden verschiedene Netzebenen an verschiedenen Standorten weiter ausgebaut, so dass weitere Frequenzbänder dazu kamen:

- Band IV von 470 MHz bis 606 MHz mit 17 Kanälen zu je 8 MHz.
- Band V von 606 MHz bis 862 MHz mit 32 Kanälen zu je 8 MHz.

Bundesweit gibt es jedoch für diese Frequenzbereiche kein einheitliches Bild. Es muss davon ausgegangen werden, dass ein Ausbau oberhalb von 606 MHz nicht nur eine Auswechselung der oberirdisch in grauen Kästen montierten Verstärker nach sich zieht, sondern auch den Einbau neuer Verstärker, da die Abstände zwischen den Verstärkern verkürzt werden müssen.

Planungen gehen davon aus, dass mittels digitaler Übertragung und Kompressionstechniken die Netzkapazität je Kanal um den Faktor 4 bis 10 erhöht werden kann. Ein digitalisiertes PAL-Signal ohne Komprimierung erfordert eine Datenrate von ca. 135 Mbit/s.

Ein Problem für Programme im Hyperband war lange Zeit, dass z.B. im Jahre 1994 nur ca. 20% aller Fernseher für den Empfang dieser Programme ausgerüstet waren. Wegen der langen Nutzungszeit von TV-Geräten in Deutschland stieg dieser Anteil nur sehr langsam. Für deren Empfang sind daher spezielle Adaptergeräte nötig, deren Entwicklung läuft.

Bei der Versorgungsdichte in Deutschland gibt es starke regionale Schwankungen. 60% der Anschlussleitungen sind kürzer als 2 km.

Das größte zusammenhängende Kabelfernsehnetz Deutschlands und Europas ist das Berliner Kabelnetz mit 1 Mio. Anschlüsse Ende 1994.

Die Entwicklung der Kabelfernsehtechnik nahm folgenden Verlauf:

1927

Erste Übertragung bewegter Bilder über ein Kabel durch die Bell Telephone Company zwischen Washington und New York.

Ab 1948

In den USA stellt man in entlegenen Dörfern eine einzige, größere Empfangsantenne auf und schließt die umliegenden Gebäude durch oberirdische Verlegung von Dach zu Dach daran an. Als Pionier dieser Technik gilt Edward Parson vom Unternehmen Astoria One.

50er Jahre

Es werden die ersten größeren Kabelfernsehnetze in Kanada in Betrieb genommen.

60er Jahre

In Deutschland werden erste Inhouse-Verkabelungen bei größeren Mietshäusern errichtet.

70er Jahre

In den USA startet die großflächige Verkabelung zur Verbreitung von TV-Programmen.

1972

Nach konzeptionellen Vorarbeiten stimmt der Bundespostminister in Deutschland der Errichtung erster Kabel-Televisionsanlagen (KTV) zu. Idee zu dieser Zeit ist, dass man auf diese Weise Abschattungsgebiete in Tälern oder hinter Hochhäusern mit Fernsehen versorgen kann.

Dezember 1974

In zwei Testgebieten der damaligen Deutschen Bundespost in Hamburg (3 500 Wohneinheiten) und Nürnberg (6 000 Wohneinheiten) werden 12 Fernseh- und Radioprogramme übertragen.

Mitte der 70er Jahre

Insgesamt wird die Kabelfernsehtechnologie auf politischen Druck hin zurückhaltend verfolgt.

Mai 1978

Die Ministerpräsidenten der Bundesländer fassen einen Beschluss über den weiteren Ausbau des Kabelfernsehens und die Förderung der Breitbandkommunikation.

In den Folgejahren entwickelt die Deutsche Bundespost ein Konzept zur vollständigen Verkabelung von elf Großstädten und forciert den Ausbau von Versuchsnetzen.

Ende der 70er Jahre

Es werden ca. 8 Mio. Wohneinheiten über rund 275 000 Gemeinschaftsanlagen mit kabelgestützten TV-Programmen versorgt.

Frühe 80er Jahre

Es gibt Auseinandersetzungen zwischen der Privatwirtschaft (Elektrohandwerk) und der Deutschen Bundespost. Ihr wird vom Handwerk vorgeworfen, nicht nur über die Fernmeldehoheit einschließlich ihrer Funktion als Genehmigungsbehörde für Gemeinschaftsantennenanlagen zu verfügen, sondern zusätzlich auch als monopolistischer Anbieter für Kabelfernsehen aufzutreten und damit den Markteintritt anderer (kleinerer) Unternehmen zu behindern.

Ferner trägt die politische Stimmung zugunsten der öffentlich-rechtlichen Sender dazu bei, dass der Fortschritt auf dem Gebiet des Privatfernsehens gering ist und damit auch der Bedarf für zusätzliche Verbreitungsmedien. Eine von der Deutschen Bundespost seinerzeit geplante flächendeckende Verkabelung Deutschlands ist daher politisch nicht durchsetzbar.

Die Deutsche Bundespost bezieht bei ihren Überlegungen auch schon digitales Fernsehen und die Rückkanalfähigkeit mit in die Planungen ein.

Oktober 1982 und 1983

Die Entwicklung des Privatfernsehens kommt voran und damit auch die Planungen für weitere Versuchsanlagen. Dabei wird das Konzept auf ein Verteilnetz reduziert. Aus volkswirtschaftlicher Sicht wird auf die Wünsche des Handwerks eingegangen und ein Betreibermodell implementiert, bei dem die Deutsche Bundespost die Trägerschaft über die Kabel-TV-Netze behält, Privatunternehmen jedoch Konzessionen für einen Betrieb über 15 bis 20 Jahre erwerben können.

Die Deutsche Bundespost beschränkt sich auf die Errichtung der Netzebenen 1 und 2. Netzaufbau der Ebenen 3 und 4 kann hingegen auch von anderen Unternehmen übernommen werden.

1984

Die Verkabelung startet in großem Maßstab mit der steigenden Anzahl von privaten Fernsehsendern und Hörfunkprogrammen vor Augen, für die man wg. begrenzter Bandbreite für Fernsehen und Hörfunk im terrestrischen Funk neue Übertragungswege suchte. Es nehmen zunächst vier Kabelpilotprojekte ihren Betrieb auf:

Inbetriebnahme	Anzahl Teilnehmer	Ort	Bemerkungen
Januar 1984	1 200	Großraum Ludwigshafen	Ca. 3 000 angeschlossene Haushalte; lief bis 31. 12. 1986 mit 8 TV- und 4 Radiokanälen

Inbetriebnahme	Anzahl Teilnehmer	Ort	Bemerkungen
April 1984	500 am Anfang, 6 200 am Ende	München	Lief bis 31. 12. 1985 mit 16 TV- und 23 Radiokanälen
Juni 1985		Dortmund	Lief bis 1988 mit 24 TV- und 20 Radiokanälen
August 1985	Bis 220 000	Berlin (West)	Lief bis 1990 mit 12 TV- und 5 Radioprogrammen

Ende 1994

Von ca. 36 Mio. Haushalten mit Fernsehgeräten in Deutschland sind rund 23 Mio. an Kabel-TV-Netze anschließbar. Davon sind ca. 15 Mio. Haushalte tatsächlich angeschlossen.

1994 bis 1997

Die Deutsche Bundespost bzw. Deutsche Telekom rüstet die Kabelfernsehnetze derart um, dass auch digitale Signale übertragen werden können.

1997

Die ersten digitalen Fernsehprogramme werden in Kabelfernsehnetze eingespeist.

Ende 1998

Es sind ca. 17,6 Mio. Haushalte tatsächlich an das Kabel-TV-Netz angeschlossen.

Das Kabelfernsehnetz der Deutschen Telekom wird zum Jahresende in die rechtlich selbständige Gesellschaft ‚Kabel Deutschland GmbH' (KDG), ausgegliedert. Die KDG übernimmt Wartung und Ausbau der Infrastruktur sowie die Vermarktung der Anschlüsse an sie. Weitere Planungen sehen die Aufspaltung der KDG in neun Regionalgesellschaften vor, die jeweils über mindestens 1 Mio. Wohneinheiten verfügen und sich an den Zuständigkeiten der Landesmedienanstalten orientieren.

Januar 1999

Die Deutsche Telekom gründet die ‚MediaServices GmbH' (MSG). Gegenstand der Geschäftsaktivität der MSG soll die Vermarktung innovativer Multimedia-Anwendungen unter Nutzung der Infrastruktur der KDG bzw. der einzelnen Regionalgesellschaften sein.

1999 bis 2000

Die Deutsche Telekom verhandelt mit mehreren potenziellen Investoren über die Beteiligung an Teilen der KDG bzw. über den Verkauf von Mehrheiten an den neun Regionalgesellschaften.

25. Februar 2000

Das Kabelfernsehnetz in Nordrhein-Westfalen wird mit Wirkung zum 1. Juli zu 55% an Callahan Associates LLC mit Sitz in Denver und London verkauft.

31. März 2000

Das Kabelfernsehnetz in Hessen wird zu 65% und zum 1. Juli 2000 an die britische Investorenfirma Klesch & Co. verkauft. Die restlichen 35% bleiben bei der Deutschen Telekom.

18. Mai 2000

Das Kabelfernsehnetz in Baden-Württemberg wird mit Wirkung zum 1. Januar 2001 ebenfalls mehrheitlich (zu 55%) an Callahan verkauft.

23. Februar 2001

Das restliche Kabelfernsehnetz in Hamburg, Schleswig-Holstein, Mecklenburg-Vorpommern, Sachsen, Thüringen, Niedersachsen, Bremen, Rheinland-Pfalz und Saarland soll zu 55% an Klesch & Co. sowie die kanadische Liberty Media verkauft werden.

Ende Mai 2001

Zusätzlich zu Liberty Media kündigt Compere Associates aus London ihr Interesse an den sechs Regionalgesellschaften an.

Breitbandübertragung

Der Begriff ‚Breitbandübertragungssystem' ist definiert in der Empfehlung I.113 der → *ITU* und bezeichnet alle Datenraten, die über die Primärmultiplexrate (2,048 Mbit/s) hinausgehen. Für den Bereich 2 Mbit/s bis 45 Mbit/s wird manchmal auch der Begriff ‚Weitband' benutzt. Alles unter 2 Mbit/s ist Schmalbandübertragung.

Breitbandübertragung ist eine Technik zur digitalen Nachrichtenübertragung, bei der durch aufwendige Verfahren (Trägerfrequenztechnik, Frequenzmultiplex) ein Übertragungsmedium hoher Bandbreite (z.B. Koaxialkabel) für die Übertragung großer Informationsmengen (einige hundert Mbit/s) verfügbar gemacht wird. Die Stationen müssen entsprechend aufwendig gestaltet sein.

Analog zu den allmählich wachsenden Möglichkeiten und Bedürfnissen, digitale Daten aller Art schneller zu übertragen, wird der Begriff ‚breitbandig' historisch und anwendungsbezogen bedingt unterschiedlich gebraucht.

Datenübertragung über das normale Telefonnetz (Fernsprechkanal bis heute i.d.R. mit mindestens 28,8 kbit/s oder mehr, → *Modem*) ist schmalbandig. Damit verglichen sind die 64 kbit/s des → *ISDN* durchaus breitbandig.

Diese jedoch verglichen mit den Übertragungsraten zwischen Rechnern an lokalen Netzen (im 5- bis 10-Mbit/s-Bereich) verdienen ebenfalls nur das Prädikat ‚schmalbandig'.

→ *B-ISDN* fängt allerdings erst wieder bei 155 Mbit/s an und geht in den Gbit/s-Bereich.

Es scheint sich jedoch durchzusetzen, dass die Eigenschaft ‚breitbandig' dort beginnt, wo Videoübertragung in akzeptabler Qualität (mindestens VHS) möglich ist. Dies wäre bei 2 Mbit/s (→ *E1*) der Fall.

Typische Breitbandanwendungen sind digitales Fernsehen (→ *HDTV*), → *Videokonferenzsysteme*, Datenübertragung großer Dateien oder hochqualitativer Standbilder.

Als Übertragungstechniken hatten sich zur Mitte der 90er Jahre drei Techniken etabliert: ‚langsames' → *Frame Relay*, ‚mittleres' bis ‚schnelles' → *DQDB* und ‚schnelles' → *ATM*. Mittlerweile dringt jedoch auch → *IP* in diesen Bereich ein und setzt sich durch.

Brett

→ *BBS.*

BRI

1. Abk. für Basic Rate Interface.
   Englische Bezeichnung des Basisanschlusses beim → *ISDN.*
2. Abk. für Bridging (Field).

Bridge

Von engl. bridge = Brücke. Eine Einrichtung, die zwei auf Schicht 1 nach dem → *OSI-Referenzmodell* gleichartige Netze miteinander verbindet.

Es erfolgt keine Protokollumsetzung wie beim Gateway und keine Vermittlung wie beim → *Router.* Die Brücke arbeitet auf der unteren Ebene der Schicht 2 und überträgt Datenpakete von einem Teilnetz ins andere durch Analyse der → *MAC*-Adresse.

Unter Multiport Bridges versteht man Bridges, die nicht nur zwei LANs, sondern mehrere verbinden (→ *Switch*).

Remote Bridges sind Bridges, die aus zwei Geräten bestehen, weil z.B. die Netze nicht unmittelbar aneinander grenzen oder sogar geografisch weit entfernt sind. In diesem Fall werden die beiden Geräte über geeignete, fest installierte Datenleitungen miteinander verbunden.

Bei der Segmentierung eines Netzes durch den Einsatz einer Bridge ist sorgfältig zu planen, wer mit wem über das eigene Netzsegment oder über die Brücke kommuniziert, da sonst (zu viel Verkehr von einem Segment ins andere) die Bridge schnell der Flaschenhals des Systems ist und nichts gegenüber der Situation ohne Brücke gewonnen ist.

Allgemein unterscheidet man Transparent- und Source-Routing-Bridges. Beide Strategien können in einem Gerät implementiert sein. Bei der ersten Variante wird jede einzelne MAC-Adresse geprüft und (anhand einer programmierten oder manuell eingegebenen Tabelle) entschieden, ob die Zielstation im einen oder anderen Segment liegt. Ggf. wird das Datenpaket ins andere Segment weitergeleitet.

Bei der zweiten Art der Brücke (insbesondere bei → *Token-Ring*-LANs eingesetzt) werden vor der eigentlichen Nutzdatenübertragung Pakete ausgesendet, die auf allen möglichen Wegen zum Empfänger gelangen. Der Weg wird im Datenpaket selbst protokolliert. Die Zielstation wertet diese Informationen aus und schickt ein Paket mit dem so ermittelten richtigen Weg zurück an den Sender, so dass dieser Weg nun immer für die Nutzdaten genommen wird. Die Bridge nimmt hierbei die nötigen Übertragungsentscheidungen zwischen den einzelnen Segmenten vor.

Bridges haben durch die von ihnen selbst durchzuführenden Operationen eine Verzögerung (→ *Delay*) von ca. 140 bis 200 ms.

→ *Gateway,* → *Repeater,* → *Router.*

Bridging Router

Bezeichnung von universell einsetzbaren Kopplungselementen heterogener Netze, die sowohl als → *Bridge* als auch als → *Router* arbeiten können.

Üblicherweise werden bestimmte Protokollstapel durch die Router- und andere durch die Bridge-Funktionalitäten bearbeitet.

Oft früher auch als Brouter bezeichnet, was allerdings meistens proprietäre Systeme waren, die heute kaum noch eingesetzt werden.

Brilliant Pebbles

Bezeichnung eines Forschungsprogramms im Rahmen der SDI-Forschung der 80er Jahre in den USA. Ursprüngliches Ziel war der Aufbau eines globalen Schutzschirms aus 1 000 Satelliten, die Interkontinentalraketen rammen sollten. Im Rahmen des Projektes wurden viele Aspekte untersucht (Bahngeometrien, Inter-Satelliten-Links), die jetzt im Projekt → *Teledesic* wieder aufgegriffen werden.

Broadcast

Bezeichnung für das Aussenden einer Nachricht, im Gegensatz zu → *Unicast* oder → *Multicast,* an eine größere Gruppe unbestimmter Empfänger.

1. Allgemein: → *Rundfunk,* unabhängig vom gewählten Verteildienst (Satellit, Kabel, terrestrische Verteilung via Antenne).
2. Unter Broadcast Medium versteht man eine Klasse von Übertragungsmedien, welche allen angeschlossenen Stationen den Empfang eines von einer anderen Station gesendeten Signals ermöglicht. Es werden so Verteildienste möglich. Z.B. Hörfunk.
3. Im LAN-Bereich versteht man unter Broadcast das Senden einer Nachricht an alle angeschlossenen Stationen, z.B. zur Information über Netzlast, Druckerprobleme etc.

Brotkasten

→ *C 64.*

Brotsatz, Brotschrift

→ *Mengensatz.*

Brouter

Abk. für → *Bridging Router.*

Die Bezeichnung Brouter ist heute nicht mehr gebräuchlich.

Browser

Von engl. to browse = schmökern, stöbern, grasen, durchblättern.

Auch Navigator oder Navigationsprogramm genannt. Einfach zu bedienendes und fensterorientiertes Programm mit grafischer Nutzeroberfläche zum bequemen Verschaffen eines Überblicks über große Datenbestände und zur Untersuchung und Bearbeitung einzelner Datensätze im Detail.

Häufig im Zusammenhang mit dem → *WWW* erwähnt (Netbrowser). Dabei integriert der Browser mittlerweile nicht nur die Funktionalität des WWW, sondern ebenso anderer Dienste des → *Internets* wie z.B. → *E-Mail,* → *FTP* und → *Usenet.*

Die Funktionalität von Browsern kann oft durch → *Plug-Ins* erweitert werden.

Zu den am weitesten verbreiteten Browsern für das WWW gehören die Browser von Netscape (Communicator) und Microsoft (Internet Explorer).
→ *Bookmark*, → *Plug-In.*
→ *http://www.netscape.com/comprod/mirror/index.html*
→ *http://www.microsoft.com/*

BRQ

Abk. für Bandwidth Request.

Brücke

→ *Bridge.*

Brute Force Attack

Begriff aus der Szene der → *Hacker*. Bezeichnet einen Angriff auf durch kryptologische Verfahren (→ *Kryptologie*) gesicherte Daten (Dateien, Nachrichten), indem systematisch alle theoretisch möglichen Schlüsselkombinationen durchprobiert werden.
Dieses Verfahren kann auch auf Passwörter (→ *Passwort*) angewendet werden, indem mit Hilfe von Wörterbüchern und einfachen Varianten (Wörter rückwärts geschrieben, Veränderung von Groß- und Kleinschreibung, Einfügen von Sonderzeichen etc.) eine hohe Zahl von möglichen Passwörtern ausprobiert werden.
Eine Verfeinerung dieses Vorgehens beim Passwortknacken ist ein Social Engineering genanntes Verfahren, indem die Passwortauswahl zunächst auf Begriffe aus der persönlichen Umgebung des Opfers (z.B. Namen von Freunden/Verwandten oder Lieblingsfilmstars) begrenzt wird.
Eine einfache Lösung dieses Problems ist die Vorschrift, dass als Passwort keine real existierenden Wörter verwendet werden dürfen.

BS

Abk. für Base Station oder Basisstation.
Auch Fest-, Funk- oder Funkfeststation genannt. Begriff aus der Mobilfunktechnik. Bezeichnet allgemein die eine Funkzelle versorgende Betriebseinheit mit Mast, Antenne, Hochfrequenztechnik und Spannungsversorgung. Es werden lediglich Funktionen der Schichten 1 bis 3 im → *OSI-Referenzmodell* wahrgenommen. Es erfolgt keine Vermittlungsfunktion.
Während BS der allgemeine Begriff ist, werden in technischen Standards manchmal andere Begriffe verwendet, z.B. BAS bei → *Mobitex.*
Mehrere BS werden u.U. durch einen dazugehörigen Controller (→ *BSC*) versorgt.
Die Größe einer BS variiert zwischen den diversen Standards und hängt auch von der Dimensionierung ab (Anzahl zu versorgender Funkkanäle), liegt aber allgemein zwischen einem Kasten in der Größe eines Videorecorders und einem industriellen 19-Zoll-Rack. Technischer Fortschritt sorgt dabei für eine stetige Verkleinerung.
→ *BSS*, → *Funknetzplanung.*

BS 2000

Bezeichnung eines → *Betriebssystems* aus dem Hause Siemens. Vorgestellt 1969. Es ging seinerzeit aus der Kooperation von Siemens mit dem amerikanischen Haus RCA hervor und ist ursprünglich für Großrechner entwickelt worden, seit 1985 aber auch für → *PC*s verfügbar. BS 2000 ist insbesondere auf Dialogbetrieb ausgelegt.

BSA

1. Abk. für Business Software Alliance.
   Bezeichnung eines Schutzverbandes für legale Software mit dem Ziel, durch gezielte Aufklärung, aber auch juristisches Vorgehen, die Verbreitung von Raubkopien (→ *Software-Piraterie*) zu verhindern.
   Herstellern illegaler Software versichert die BSA jedoch den Verzicht auf juristische Schritte, sofern diese sich selbst offenbaren und im Rahmen einer umfassenden Kooperation ihre Kunden benennen. Dies gilt umgekehrt auch für die Kunden, sofern sie ihre Bezugsquellen nennen.
   Mitglieder der Initiative sind die Häuser Adobe, Autodesk, Bentley, Intergraph, Lotus, Microsoft, Novell, SCO und Symantec.
   → *http://www.bsa.org/*
2. Abk. für Basic Service Area.
   → *Wireless LAN.*

BSAM

Abk. für Basic Sequential Access Method.
Bezeichnung einer Datenbank-Zugriffsmethode aus den 60er Jahren zur starren und logisch fortlaufenden Bearbeitung der Daten.

BSC

1. Abk. für engl. Base Station Controller.
   Bezeichnet in manchen → *PLMN* eine i.d.R. mehreren → *BS* vorgeschaltete Einheit, die diese kontrolliert und steuert. Es werden dabei keine Vermittlungsfunktionen wahrgenommen.
   Insbesondere in Mobilfunknetzen nach dem → *GSM*-System werden u.U. mehrere 100 BS an einen BSC angeschlossen. Typischerweise liegt diese Zahl jedoch im Bereich zwischen 10 und 80. Es ist das Ziel dieser Konstruktion und Aufgabenteilung, die BS so einfach (und damit billig) zu halten wie möglich, da ein GSM-Netz üblicherweise aus mehreren 1 000 BS besteht.
   → *LA*, → *MSC.*
2. Abk. für Binary Symmetric Channels.
3. Abk. für Binary Synchronous Communication.
   Auch BISYNC genannt. Bezeichnung eines vom Hause IBM entwickelten bitsynchronen und zeichenorientierten, älteren Kommunikationsprotokolls auf Schicht 2 im → *OSI-Referenzmodell* für → *Polling*. Die Übertragungsgeschwindigkeit liegt bei 9,6 kbit/s. Als Zeichencode wird häufig → *EBCDIC* genutzt.
   Ist in der Industrie für das Polling entfernter Terminals und für andere Anwendungen im Halbduplexbetrieb verbreitet.
   Die Leitstation fordert eine Unterstation auf, Daten zu senden was mit einer negativen Quittung (keine Daten zu senden) oder mit den zu sendenden Daten beantwortet wird.

Nach dem Empfang eines Blockes durch die Leitstation wird dieser auf Fehler überprüft und gegebenenfalls neu angefordert oder positiv quittiert.

Die Leitstation kann eine Unterstation auch auffordern, Daten zu empfangen. Ist die Unterstation bereit zum Empfang, wird eine positive Quittung gesendet, anderenfalls eine negative Quittung. BSC kann für Punkt-zu-Punkt-Verbindungen und für Punkt-zu-Mehrpunkt-Verbindungen genutzt werden.

Entwickelt wurde es bereits ab 1964. Seine Hoch-Zeit hatte das Verfahren Mitte der 70er Jahre zur Kommunikation zwischen → *Terminal* und → *Mainframe*-Rechner.

Später wurde es durch → *SDLC* abgelöst, ist aber heute auch noch verbreitet.

BSD

Abk. für Berkeley Software Distribution.

Bezeichnet die Institution, die mit dem Vertrieb des → *Betriebssystems* → *Unix* in Form eines Derivates der Berkeley-Universität aus Kalifornien betraut ist. Oft wird das Kürzel auch nur für die Unix-Version selbst verwendet.

BSHR

Abk. für Bidirectional Self-healing Ring.

BSI

1. Abk. für engl. British Standards Institute, das dortige Gegenstück zu → *DIN*. Vertritt GB in der → *ISO*. Sitz ist London.
2. Abk. für Bundesamt für Sicherheit in der Informationstechnik.

   Bezeichnung für eine obere Bundesbehörde, die mit zum Zuständigkeitsbereich des Bundesinnenministeriums gehört.

   Das BSI vergibt Zertifikate für sicherheitsfördernde Hard- und Software nach bestandener Prüfung gemäß den Richtlinien der europäischen → *ITSEC* zum Schutz vor unbefugtem Nutzen einer Soft- oder Hardwareeinrichtung.

   Dafür sind Sicherheitsklassen gemäß dem amerikanischen → *Orange Book* definiert worden. Ferner verfügt es über ein → *CERT*.

   Als praktische Anleitung für den Aufbau sicherer IT-Systeme gibt es das ‚IT-Grundschutzhandbuch' heraus.

   Postadresse:

   Bundesamt für Sicherheit in der Informationstechnik
   Postfach 20 03 63
   53133 Bonn

   Hausadresse:

   Godesberger Allee 183
   53175 Bonn
   Tel: 02 28 / 9 58 20
   Hotline: 02 28 / 9 58 21 11
   Fax: 02 28 / 9 58 24 55
   Mailbox: 02 28 / 9 58 09 71

   → *http://www.bsi.bund.de/*
3. Abk. für Boot Sector Infector.

   Andere Bezeichnung für → *Systemvirus*.

   → *Viren*.

BSMC

Abk. für Base Station Manufacturer Code.

BSS

1. Abk. für engl. Base Station Subsystem.

   Bezeichnet in → *PLMN* die Einheit von → *BS* und → *BSC*.
2. Abk. für Basic Service Set.

   → *IEEE 802.11*.

BT

Abk. für British Telecom.

Seit der → *Deregulierung* in GB 1982 der offizielle Name des ehemaligen nationalen und staatlichen britischen → *Carriers*. Privatisiert im Jahre 1984, als mit → *Mercury* erstmals auch Konkurrenz zugelassen wurde.

Gründung der internationalen Allianz Concert zusammen mit MCI (USA) im Jahre 1994 (BT: 75%; MCI: 25%). Die vollständige Übernahme von MCI misslang 1997 durch ein höheres Gebot von Worldcom.

→ *http://www.bt.com/*

BTA

1. Abk. für Beta Test Agreement.

   → *Betatest*.
2. Abk. für Basic Trading Area.

   → *MTA*.
3. Abk. für Business Technology Association.

   Bezeichnung für einen Verband in den USA, in dem sich Hersteller, Händler und Berater aus den Bereichen Office-Automatisation und → *LAN*-/→ *WAN*-Vernetzung zusammengeschlossen haben.

   Die BTA ging aus den Vorgängerorganisationen NOMDA (National Office Machine Dealers Organisation) und LANDA (LAN Dealers Association) hervor.

BTAM

Abk. für Basic Telecommunications Access Method.

Bezeichnung für eine Software aus dem Hause IBM, die in vielen Computerprodukten außerhalb von → *SNA* zum Einsatz kommt, sofern BISYNC (→ *BSC*) genutzt wird.

B-Teilnehmer

In einer Kommunikationsbeziehung die Partei, die nicht die Beziehung angestoßen, sondern sie akzeptiert und angenommen hat. Beim Telefonieren z.B. der Angerufene.

→ *A-Teilnehmer*.

BTL

Abk. für Bell Telephone Laboratories.

Heute nicht mehr gebräuchliche Bezeichnung für → *Bellcore*.

BTLZ

Abk. für British Telecom Lempel Ziv.

→ *V.42bis*.

BTN

Abk. für Basic Telephony Network.
Selten gebrauchte Bezeichnung ähnlich dem Begriff → *POTS* oder → *PSTN*. Bezeichnet das herkömmliche analoge Telefonnetz ohne jedes zusätzliche Dienstmerkmal (→ *Dienst*), wie es z.B. durch → *IN* ermöglicht wird.

BTS

Abk. für Base Transceiver Station.
Andere Bezeichnung für → *BS*.

BTV

Abk. für → *Business-TV*.

BTW

Abk. für by the way.
→ *Chat Slang*.

Btx

Abk. für Bildschirmtext.
Bezeichnung des deutschen → *Videotext*-Systems, das sich zu → *Datex-J* und schließlich zu → *T-Online* weiterentwickelte.

Btx-Decoder

Software, um die über das Modem empfangenen Btx-Daten auf dem Bildschirm darzustellen.
→ *T-Online*.

Btx-StV

Abk. für Btx-Staatsvertrag.
1982 geschlossener Staatsvertrag der Länder als legislative Grundlage von Btx, dem heutigen → *T-Online*.

BU

Abk. für Branching Unit.
→ *Unterwasserkabel*.

Bubble-Ink-Drucker, Bubble-Jet-Drucker

→ *Tintenstrahldrucker*.

Bündelfunk, Bündelfunksystem

Auf kommerzielle Anwendungen in einem räumlich begrenzten Bereich hin optimiertes Mobilfunknetz für geschlossene Anwendergruppen wie z.B. einen Betrieb mit Außendienstmitarbeitern.
Bündelfunk gilt als älteste Form des → *Mobilfunks*, da er schon sehr früh für Behörden und Sicherheitskräfte eingesetzt wurde (→ *BOS*, ÖPNV, Bahn).
Beim Bündelfunk wird Sprach- und/oder Datenkommunikation auf Halbduplexkanälen von der Fest- zur Mobilstation ermöglicht. Im Gegensatz zum → *Betriebsfunk* nutzen aber mehrere Anwender das komplette Frequenzspektrum. Die Trennung der Benutzer erfolgt also auf vermittlungstechnischem Wege, und nicht auf frequenztechnischem Wege.
In Europa hat sich der britische, analoge Standard von 1991 genannt → *MPT 1327* durchgesetzt. In Deutschland zunächst von der Deutschen Telekom unter dem Produktnamen „Chekker" bis 1999 (dann an Dolphin Telecom verkauft) und von anderen privaten Betreibern (Regiokom, Quickfunk, dann auch an Dolphin Telecom verkauft) angeboten. Es ist nur eine monatliche Grundgebühr zu zahlen (keine extra Gesprächsgebühren). Darüber hinaus ist die Gesprächsdauer bei einigen Systemen auf 1 Minute Halbduplexverkehr begrenzt gewesen.
Als Vorteile von Bündelfunksystemen gelten:

- Kurze → *Setup-Time*
- Einfache Bedienung
- Für bestimmte Einsatzzwecke interessante Dienstmerkmale (Gruppenruf)
- Günstige Gebühren (im Vergleich zu Mobilfunksystemen)

Zu den Nachteilen zählen:

- U.U. begrenzte Gesprächsdauer
- U.U. nur regionale Reichweite
- Netzübergänge ins öffentliche Festnetz müssen oft extra bezahlt werden

Ein neuer europäischer und digitaler Standard für die späten 90er Jahre ist → *Tetra* mit dem analogen Konkurrenzstandard → *Tetrapol*.
Die Anzahl Nutzer von Bündelfunksystemen wird in Deutschland für das Jahr 1997 vom Hause Nokia auf ca. 1,5 Mio. geschätzt. Andere Quellen gehen von rund 2 Mio. Nutzern aus, von denen 400 000 im Bereich der → *BOS* zu finden sind.
In Deutschland ist nach dem → *Telekommunikationsgesetz* (TKG) das Anbieten von nicht-grundstücksbezogenem Bündelfunk lizenzpflichtig. Dafür werden zwei Lizenztypen unterschieden:

- Typ A: Bündelfunk in vierzehn von der → *Regulierungsbehörde* definierten großstädtischen Ballungsräumen. Zur Jahresmitte 1998 gab es insgesamt 33 Lizenzen vom Typ A.
- Typ B: Bündelfunk in einem vom Lizenznehmer vorgeschlagenen, beliebigen aber regional begrenzten Gebiet, in dem keine Lizenz vom Typ A erforderlich ist. Zur Jahresmitte 1998 gab es insgesamt 56 Lizenzen vom Typ B.

Seit 1999 liegen die Lizenzen alle bei Dolphin Telecom, der als einziger Anbieter auf dem Markt verblieben ist. Durch Bereinigung der Lizenzgebiete ist seit Anfang 2000 Dolphin auf der Basis von 39 Lizenzen und einem Netz auf der Basis von Tetra aktiv.
Grundstücksbezogener Bündelfunk (Flughäfen, See- und Binnenhäfen) ist lizenzfrei.

Bündelungsgewinn

Ein Begriff aus der → *Verkehrstheorie*. Bezeichnung für die Tatsache, dass sich allgemein größere Bündel von Ressourcen höher auslasten lassen als mehrere kleinere, die in der Summe die gleiche Kapazität haben.
Beispiel: Es stehen 10 Leitungen mit einer Kapazität von je 5 Kanälen zur Verfügung. An jede Leitung werden unter der Annahme, dass max. 10% aller angeschlossenen Einheiten gleichzeitig aktiv sind, jeweils 50 Telefone angeschlossen und der Leitung fest zugeordnet. Sind nun bei einer Leitung

bereits 5 der 50 angeschlossenen Telefone aktiv, ist es nicht möglich, ein sechstes mit zu versorgen, selbst wenn in einer der anderen Leitungen noch Kanäle zur Verfügung stehen sollten.

Der Bündelungsgewinn wird erreicht, indem man alle oder zumindest mehrere Leitungen zu größeren Bündeln zusammenschaltet, so dass sich die Wahrscheinlichkeit einer → *Blockierung* verringert.

Bürofernschreiben

→ *Teletex.*

Buffer

Von engl. buffer = Puffer (-speicher).

→ *Puffer.*

Buffer-Insertion

Von engl. buffer = Puffer.

Ein Zugriffsprotokoll bei Ring-Netzen für den kollisionsfreien Zugang zum gemeinsamen Übertragungsmedium (→ *Shared Medium*).

Empfangene Daten werden in einer Station zwischengespeichert und, wenn nicht für diese bestimmt, im Anschluss an die eigene Datenübertragung wieder eingespeist.

Bug

Von engl. bug = Küchenschabe, Laus, Motte. In der Computerwelt insbesondere die Bezeichnung für unerwünschte Fehler aller Art, sowohl Hard- als auch Softwarefehler (Programmierfehler). Abgeleitet vom Hauptwort finden sich allerlei andere Begriffe wie z.B. die Bezeichnung ‚debuggen' (Entlausen) für das Testen und Korrigieren von Software mit einem → *Debugger* als Werkzeug dafür.

Der Begriff und seine Verwendung im Bereich der Informatik leitet sich bereits aus der Frühzeit der Computerentwicklung ab. Die amerikanische promovierte Mathematikerin Grace Murray Hopper (* 17. Dezember 1906, † 1992), als Leutnant in Diensten der US-Marine, entdeckte nach eigenen Angaben im Sommer 1945 in dem Rechner → *Mark I* eine Küchenschabe, die Relais Nr. 70 in Panel F blockierte. Sie notierte im Logbuch des Rechners, das seinen Betrieb und seine Probleme dokumentierte: „Debugged the computer". Fortan stand ‚Bug' in der Computertechnik für Fehler aller Art. Neuere Untersuchungen hingegen haben festgestellt, dass es sich um den Rechner → *Mark II* handelt, in dessen Logbuch am 9. September 1947 der Entrag zu finden ist.

Hopper, auch genannt „Amazing Grace", wurde später die Mutter von → *Cobol*, entwarf das Konzept des → *Compilers*, stieg zum Konteradmiral bei der US-Marine auf und wurde Präsidentenberaterin.

Bei den Programmierfehlern unterscheidet man üblicherweise:

- Syntaktische Fehler (→ *Syntax*): Sie beziehen sich auf die korrekte Nutzung der jeweils verwendeten → *Programmiersprache* und werden üblicherweise bereits bei der Programmierung während eines Laufs durch den → *Compiler* von diesem entdeckt, der eine entsprechende Fehlermeldung ausgibt, so dass der Programmierer den → *Quellcode* entsprechend ändern kann.
- Logische Fehler: Sie beziehen sich auf den konkreten Einsatzzweck des Programms und werden nicht durch Compiler entdeckt. Oft werden sie erst während der regelmäßigen Benutzung des Programms von den Verwendern gefunden (Laufzeitfehler).

  Beispiel eines logischen Fehlers ist das Verwenden eines falschen Rechenverfahrens oder einer falschen Formel. Ebenfalls fallen alle nicht durch das Programm abgedeckten Sonderfälle, die im realen Leben auftauchen, darunter.

Bulk Encryption

Von engl. bulk = große Menge, Haufen und encryption = Verschlüsselung.

Bezeichnet die Verschlüsselung großer Datenmengen zum Schutz vor unbefugter Benutzung. Damit dies schnell erfolgt, werden zur Verschlüsselung großer Datenmengen, etwa ganzer Dateien, großer Textmengen oder kompletter Datenbanken, spezielle Verschlüsselungsverfahren benötigt.

→ *DES* ist ein Verfahren, das auch für größere Datenmengen geeignet ist.

Bulk Mail

Von engl. bulk = große Menge, Haufen. Bezeichnet eine → *E-Mail*, die zu Werbezwecken unaufgefordert an eine hohe Zahl von Empfängern gesendet wird.

Vom einzelnen Nutzer wird diese Art von E-Mail als → *Spam* wahrgenommen.

Eine Initiative gegen Bulk Mail ist → *CAUCE.*

Bull Gamma 60

→ *Gamma 60.*

Bulletin Board (-System)

→ *BBS.*

Bullet Proof

Von engl. bullet proof = schusssicher. Jargon aus der Softwarebranche. Bezeichnung für komplexe Hard- oder Softwaresysteme, die ihre Tauglichkeit und, vor allen Dingen, ihre Stabilität auch in Sonderfällen (z.B. Hochlastbetrieb) durch millionenfache Installation und täglichen Betrieb bewiesen haben.

Der Gegensatz dazu ist das → *Chiquita-Prinzip.*

BUNCH-Gruppe

Bezeichnung aus den 70er und 80er Jahren für die Rechnerhersteller der zweiten Linie: Burroughs, Univac, NCR, Control Data, Honeywell.

→ *BID-Gruppe.*

Bundling

Bezeichnung für den Verkauf zweier sich sinnvoll ergänzender, aber dennoch nicht notwendig nur zusammen funktionierender Artikel (komplementärer Artikel) im Paket. Dabei kostet das Bundling üblicherweise etwas weniger als beide einzelnen Artikel zusammen. Ziel ist eine leichtere, attraktivere Vermarktung und eine Unterstützung des Diffusionsprozesses im Markt.

Das Bundling wird in Zukunft bei der Vermarktung von Telekommunikationsdienstleistungen an Wichtigkeit zunehmen. Beispiele für mögliche Bundlings im Bereich der Telekommunikation sind:

- PC mit ISDN-Karte
- PC mit Videokonferenzsystem
- PC mit Internetzugang
- ISDN-Anschluss mit ISDN-fähigem Telefon
- Fernseher mit → *Set-Top-Box*
- Neuer Telefonanschluss mit einem Endgerät und einer → *Mailbox*

Aus rechtlicher Sicht ist zu beachten, dass das Bundling kein rechtswidriges Koppelgeschäft darstellen darf, bei dem der Kunde Leistungen abnehmen muss, die er gar nicht wünscht. Die im Bundling enthaltenen Einzelprodukte müssen also auch noch weiterhin einzeln erhältlich sein (Gebot der Entbündelung).

Burn-In-Test

Bezeichnung für Testverfahren in der Halbleiterindustrie. Dabei wird die Tatsache ausgenutzt, dass Halbleiterbausteine als Folge von Produktionsfehlern (Unreinheiten etc.) üblicherweise zu Beginn ihrer Lebensdauer oder gar nicht ausfallen. Daher werden schon beim Hersteller Halbleiterbausteine angeschaltet und angesteuert, um so die Fehlerquote bei ausgelieferten Halbleiterbausteinen zu senken.

Burroughs

→ *Unisys*.

Burst

Von engl. burst = Bündel, Büschel. Ganz allgemein eine Bezeichnung für eine plötzlich gebündelt auftretende Menge von irgend etwas.

1. Burst Errors bezeichnen bei der Datenübertragung das gehäufte Auftreten von durch ein einziges Ereignis hervorgerufenen Fehlern in einem Datenstrom.

   Beispiel ist der Blitz, der in einem Funkkanal eines Mobilfunksystems mehrere benachbarte Bits stört und so zu einem Fehlerbüschel führt.
2. Bursty Traffic ist das plötzliche Auftreten von hohem Verkehr auf einem Medium. Bestimmte Anwendungen (z.B. auftretender Verkehr auf LAN-LAN-Verbindungen oder die Echtzeitübertragung komprimierter Videofilme (→ *VBR*) sind durch Bursty Traffic gekennzeichnet. Sowohl nicht-konstante Datenraten mit kurzzeitigen Spitzen als auch sehr kurze konstante Datenströme fallen unter Bursty Traffic.
3. In der Computertechnik bezeichnet der Begriff Burst mehrere aufeinander folgende Speicherzugriffe, bei denen der erste Zugriff zum Transfer der Adresse der betroffenen Speicherzelle übertragen wird. Alle anderen folgenden Zugriffe betreffen den Datentransfer. Die Anzahl dieser Zugriffe wird als Burst-Zyklus bezeichnet. Oft werden dabei mehrere aufeinander folgende Speicherzellen ausgelesen. Dieses Verfahren erhöht die Arbeitsgeschwindigkeit.

   Der erste Zyklus dauert üblicherweise etwas länger als die folgenden und wird mit Leadoff-Cycle bezeichnet.

Burst-EDO (-DRAM)

Abk. für Burst Extended Data Out (Dynamic Random Access Memory).

Bezeichnung für → *DRAMs*, die sowohl bei Schreib- als auch bei Lesezugriffen höhere Geschwindigkeiten erlauben als herkömmliche DRAMs oder → *EDO*-DRAMs.

Bus

1. Abk. für Binary Utility System oder auch einfach von lat. Omnibus = ‚für alle' abgeleitet.

   Es handelt sich um ein gemeinsames, drahtgebundenes Übertragungsmedium, auf welches alle angeschlossenen Stationen Zugriff haben. Daher wird auch vom → *Shared Medium* gesprochen.

   Im → *LAN*-Bereich die Bezeichnung für eine bestimmte Netztopologie. Ein Beispiel ist → *Ethernet*.

   Kennzeichnende Merkmale sind hier z.B. Bandbreite (gesamte Übertragungsrate in Mbit/s), Busbreite (Anzahl paralleler Datenleitungen), max. Anzahl anschließbarer Stationen und max. Ausdehnung.

   Im Bereich der Rechnerarchitektur ein computerinternes Verbindungssystem, das von den angeschlossenen Einheiten zum Datentransport genutzt werden kann. Beispiele dafür sind → *ISA*, → *EIB*, → *EISA*, → *Local Bus* und → *MCA*. Kennzeichnende Merkmale sind hier Busbreite und Taktfrequenz.

   In Abhängigkeit von den übertragenen Daten ist vom Datenbus oder Adressbus die Rede.

   In der Industrie wird mehr anwendungsorientiert vom → *Feldbus* gesprochen.
2. Abk. für Broadcast and Unknown Server.

BUS-1

Abk. für Bermuda (to) USA (No.) 1.

Bezeichnung für ein glasfaserbasiertes → *Unterwasserkabel*, das die Inselgruppe der Bermudas im Nordatlantik mit den USA verbindet.

Name	BUS-1
Länge	1 348 km
Inbetriebnahme	November 1997
Kapazität	2,5 Gbit/s
Außerbetriebnahme	-
Anlandungspunkte Bermudas	St. David's
Anlandungspunkte Nordamerika	Tuckerton/New Jersey (USA)
Bemerkungen	-

Business Contingency Planning, Business Continuity Planning

→ *Contingency Planning.*

Business Process Reengineering

→ *BPR.*

Business-TV

Oft mit BTV abgekürzt. Bezeichnung für die Ausstrahlung eines mit herkömmlichen TV-Geräten nutzbaren Informationsprogramms für eine geschlossene Benutzergruppe, die üblicherweise einem Unternehmen oder einer anderen, in sich geschlossenen Institution angehört, obwohl auch andere Konfigurationen (z.B. Hersteller und Zulieferer) denkbar sind.

Business-TV ist eine Dienstleistung eines Telekommunikationsdienstanbieters, der dabei auf eigene Ressourcen (Aufnahmetechnik, Sendetechnik, Präsentationstechnik) zugreifen kann oder diese Ressourcen bei einem anderen Ressourcenanbieter dazu anmietet.

Der Anbieter von Business-TV kann dabei verschiedene Leistungen entlang der Wertschöpfungskette von Business-TV in Abhängigkeit von den Bedürfnissen des Kunden modular anbieten:

- Inhaltegenerierung (Programmkonzeption, Einkaufen von Rechten, Live- oder Vorproduktion von Inhalten, Moderatoren, Künstler und andere Programmmitwirkende, Musik, Bühnendekoration)
- Aufnahmetechnik (Kameras, Beleuchtung, Tontechnik, Aufnahmewagen, Bühnentechnik etc.)
- Netztechnik (Sendestation, Satellitenübertragung bei Punkt-zu-Mehrpunkt-Verbindungen, Richtfunk bei Punkt-zu-Punkt-Verbindungen, Kabelfernsehnetzkapazitäten bei lokaler Verbreitung, Empfangsstation)
- Endgeräte- und Präsentationstechnik (Set-Top-Boxen, TV-Geräte, Großbildschirme, Monitorwände, Video-Beamer, Leinwände, Tonanlage)
- Sonstige Mehrwertdienste (Simultandolmetscher, Catering, Reinigungsdienste, Zeltverleih etc.)

Daneben unterscheidet man zwei andere Möglichkeiten von Business-TV:

- Live, d.h. ein aufgenommenes Ereignis wird gleichzeitig ausgestrahlt und empfangen, auch inklusive Zuspielungen aus anderen geografischen Aufnahmeorten
- Vorproduziert, d.h., ein zuvor auf Videokassette aufgenommenes Ereignis wird zu einem späteren Zeitpunkt, z.B. zur Überbrückung von Zeitzonen, ausgestrahlt und empfangen. Hierbei sind → *Video-Server* wichtige Elemente, die auch als Archiv eingesetzt werden können, um einzelne Beiträge oder komplette Sendungen jederzeit für interessierte Mitarbeiter abrufbereit vorzuhalten.

Üblicherweise wird Business-TV unidirektional betrieben, d.h., die Konsumenten des ausgestrahlten Programms haben keine Gelegenheit, interaktiv in das Geschehen einzugreifen. Die Integration von Rückkanälen ist jedoch in verschiedenen Formen denkbar:

- Schmalbandig per → *E-Mail*, → *Fax* oder über das herkömmliche Telefon.
- Multimedial per Videokonferenz, aus der Teile in das laufende Programm eingeblendet werden können.

Anwendungsszenarien für derartige Rückkanäle zur Integration der Zuschauer sind Gewinnspiele bei Produktpräsentationen oder Jubiläumsveranstaltungen sowie Fragen bei

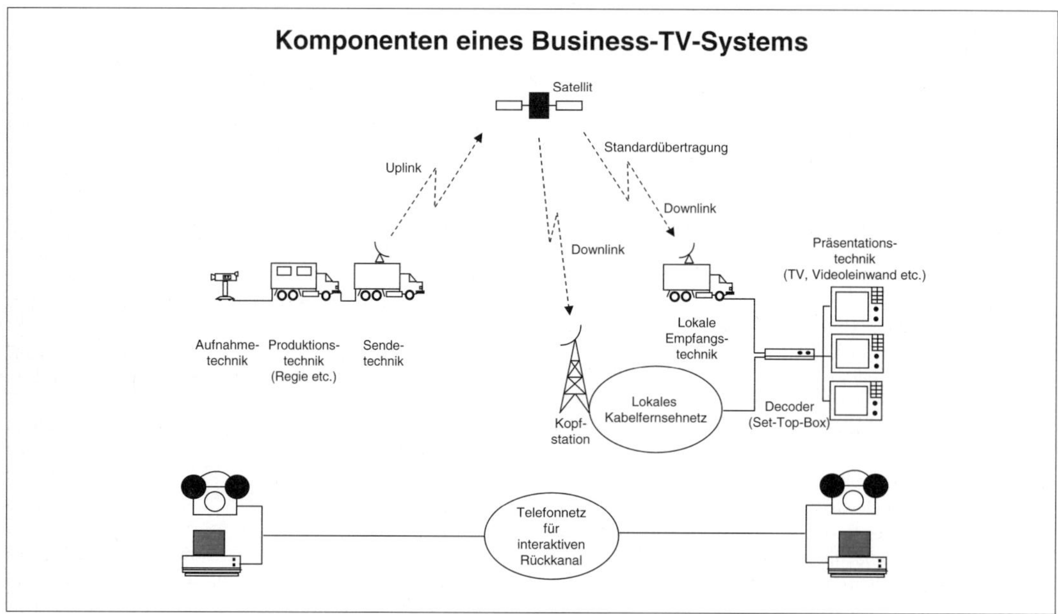

Schulungsveranstaltungen und Bilanz- oder Pressekonferenzen.

Business-TV kann sowohl in herkömmlichen, analogen TV-Formaten als auch in neuen, digitalen Formaten (→ *DVB*) ausgestrahlt werden. In letzterem Falle übernimmt eine → *Set-Top-Box* die Umwandlung des empfangenen Signals in herkömmliche, analoge TV-Signale für die normalen TV-Geräte als Endgerät. Ferner ist es dann auch möglich, bestimmte Zugangsklassen (Closed User Groups, → *CUG*) einzurichten, so dass nur bestimmte geografische oder funktionale Mitarbeiterklassen ausgewählte Business-TV-Inhalte sehen können. Hierzu wird der Datenstrom auf der Übertragungsstrecke verschlüsselt und kann nur mit einem bestimmten Schlüssel in der Set-Top-Box wieder entschlüsselt werden.

Business-TV hat folgende Vorteile:

- Kostenreduktion (Reisezeit und Ausfallzeit): Bei verteilten Unternehmen (mehrere Filialen oder Produktionsstätten) können alle oder sehr viele Mitarbeiter erreicht werden, ohne dass die Mitarbeiter mit der An- und Abreise zu dem Ereignis, der Unterbringung, den Reisekosten und der längeren Abwesenheit vom Arbeitsplatz belastet sind.
- Zeitliche Synchronisation: Alle Mitarbeiter bzw. eine große Menge von ihnen werden gleichzeitig erreicht.
- Aktuelle und schnelle Information: Die zu präsentierenden Informationen erreichen innerhalb kürzester Zeit ihre Adressaten.
- Direkte Information: Die Information geht direkt vom Präsentator im Business-TV zum Zuschauer, ohne erst mehrere (filternde) Hierarchiestufen durchlaufen zu müssen.

Dementsprechend lautet die Faustregel, dass sich Business-TV dann lohnt, wenn alle Mitarbeiter an mehr als ca. 70 Standorten viermal oder häufiger pro Jahr angesprochen werden sollen.

Anwendungsschwerpunkte von Business-TV in der Geschäftswelt sind:

- Schulungen
- Presse- oder Bilanzkonferenzen
- Jubiläumsveranstaltungen
- Messe- oder Kongressauftritte
- Produktpräsentationen, Verkaufsförderung

Daneben gibt es eine Reihe weiterer denkbarer Anwendungen, wie z.B. die Übertragung universitärer Lehrveranstaltungen, von Konzerten oder auch von Operationen zu Lehrzwecken.

In der Vergangenheit waren insbesondere große Unternehmen die hauptsächlichen Anwender, die Business-TV schwerpunktmäßig in der Schulung und im Marketing/Vertrieb nutzten.

Seine Wurzeln hat Business-TV in den USA, wo es ab ca. 1980 insbesondere in der Automobilindustrie zur Schulung und Produktpräsentation bei der Neueinführung von Automodellen angewendet wurde. Vorreiter war dort die Ford Motor Company.

Vorreiter bei der Anwendung von Business-TV in Deutschland war Mercedes-Benz, das schon seit 1990 Business-TV nutzt.

Seither wird Business-TV insbesondere in den Branchen Automobilhersteller und -verkauf, Finanzdienstleistungen (Banken, Versicherungen) und Einzelhandel (große Kaufhausketten) genutzt. Nur langsam migriert Business-TV in andere Bereiche. Wegen der dennoch hohen Kosten je Ereignis wird Business-TV in absehbarer Zeit wohl eine Dienstleistung für große Unternehmen bleiben.

Busy

Von engl. to be busy = beschäftigt sein. In mehreren Varianten gebrauchter Ausdruck.

1. Bei der herkömmlichen Telefonie die internationale Bezeichnung für einen besetzten Anschluss. Es kommt dann keine Verbindung zustande und der → *Carrier* kann für diesen missglückten Verbindungsversuch keine Gebühren erheben.

   → *Call Completion.*
2. Bei der Verwendung von automatischen Wähleinrichtungen, z.B. einem → *Modem*, die Bezeichnung für das Signal, welches die Wähleinrichtung an die sie nutzende Anwendung zurückgibt, um anzuzeigen, dass die gewünschte Verbindung nicht hergestellt werden konnte.

Busy Hour

Von engl. Hauptverkehrsstunde. Ein Begriff aus der → *Verkehrstheorie*. Die aufeinander folgenden 60 Minuten eines Tages mit den höchsten Verkehrswerten. In der Praxis hat sich weltweit durchgesetzt, keine beliebigen 60 Minuten zu wählen, sondern vier aufeinander folgende Viertelstunden anzugeben. Ferner wird nicht ein einziger beliebiger Tag gewählt, sondern es wird an mehreren aufeinanderfolgenden Tagen der Verkehr gemessen, woraufhin jeweils vier aufeinanderfolgende Viertelstunden zusammengefasst und über die Tage gemittelt werden. Die Anzahl der betrachteten Tage schwankt und liegt zwischen 5 und 15.

Im Telefonfernnetz liegt die Busy Hour i.d.R. vormittags zwischen 10.30 und 11.30 Uhr. Am Nachmittag folgt eine weitere Busy Hour, die jedoch nicht so ausgeprägt ist wie die am Vormittag. Die in der Busy Hour abfertigbaren Belegungswünsche kennzeichnen die Leistungsfähigkeit eines Netzes, einer Nebenstellenanlage oder einer Vermittlung.

Betrachtet man hingegen Internet-Service-Provider (→ *ISP*), so kann festgestellt werden, dass die Hauptverkehrsstunde am Abend liegt. Die genaue Zeit ist zwischen einzelnen Ländern (wegen unterschiedlicher Essensgewohnheiten) verschieden, liegt in den USA jedoch zwischen 21 und 23 Uhr, wenn Privatleute üblicherweise ausgedehnt → *Surfen*.

Als Kennwert wird die Last in Erl (→ *Erlang*) oder in der Anzahl der Verbindungswünsche angegeben (→ *BHCA-Wert*).

In der Praxis werden Netze, Nebenstellenanlagen und Vermittlungen nicht so dimensioniert, dass sie den Verkehr der Busy Hour zu 100% abwickeln, da dies zu teuer wäre. In der Regel ist mit einem Verlust (→ *Verlustsystem*) in der Busy Hour von 2% bis 5% zu rechnen.

Neben der Busy Hour gibt es auch die Mean Busy Hour (mittlere Hauptverkehrsstunde), welche die aufeinander folgenden 60 Minuten an einem Tag angibt, in denen über mehrere Tage hinweg durchschnittlich der maximale Verkehrswert gemessen wird.

BVB

Abk. für Bundesverband Büro- und Informationssysteme.

Bezeichnung für einen deutschen Zusammenschluss verschiedener Hersteller von Hard- und Software der Bürokommunikation.

Adresse:

BvB e.V.
Dietrich-Bonhoeffer-Str. 4
61350 Bad Homburg
Tel.: 0 61 72 / 9 38 40
Fax: 0 61 72 / 3 10 10

→ *BITK*.

BVIT

Abk. für Bundesverband Informationstechnologien (und neue Medien e.V.).

Bezeichnung für einen Verband, der zum 1. Januar 2001 mit dem Verband → *BITKOM* verschmolzen wurde.

→ *http://www.bitcom.org/*

BVN

Abk. für → *Breitbandkabelverteilnetz*.

BWC

Abk. für Bandwidth Control.

BWS

Abk. für Building Wiring Standard.

Bypass-Switch

Bei aufwendig in ein → *LAN* integrierten Stationen ein Schalter, der die Station wieder vom Medium entfernt. Wird z.B. bei Glasfasernetzen wie → *FDDI* benutzt oder auch in → *Token-Ring*-LANs. Defekte Stationen können so den Rest des regulär laufenden Netzes nicht beeinträchtigen.

Bypassing

Von engl. bypass = Umgehung.

- Allgemein das Umgehen von Netzen oder Netzteilen in bestimmten Situationen.
- In → *LANs* zumeist das Einrichten alternativer Verbindungen im Fehlerfall (→ *FDDI*, → *Token-Ring*).
- Aufbau einer Verbindung, bei welcher mindestens ein Teil des öffentlichen Telekommunikationsnetzes umgangen wird. Beim Service-Bypassing wird ein öffentlicher Dienst durch einen privaten Dienst auf Mietleitungsbasis umgangen. Beim Facility-Bypassing wird auch ein privater Übertragungsweg benutzt.

Byte

1. Eine Gruppe von acht Bit, auch oft (insbesondere in Standards der → *ITU*) → *Oktett* genannt. Diese Größe wird üblicherweise zur Beschreibung von Speichergrößen verwendet. Dabei wird die Größe eines Speichers in geeigneten Mehrfachen angegeben wie 1 KByte (= 2^{10} Byte = 1 024 Byte) oder 1 MByte (= 2^{20} Byte = 1 024 KByte).

   Das Byte als Größe mit 8 Bit hielt 1964 mit der Vorstellung des Großrechners → *IBM /360* den Einzug als feste Größe der Computertechnik. Die große Verbreitung der IBM /360 im → *Mainframe*-Bereich und die rasche Verbreitung der → *PDP-11* aus dem Hause → *DEC*, die das Byte ebenfalls mit acht Bit definierte, trugen dazu bei.

   Zuvor gab es den Begriff zwar auch schon, jedoch bezeichnete er in Abhängigkeit vom jeweiligen Hersteller und betreffenden Computer auch Gruppen mit nur sieben oder mit sogar neun Bit. Die Wortschöpfung selbst wird Werner Buchholz (*24. Oktober 1922) zugeschrieben, der im Hause IBM zum Entwicklungsteam der → *IBM 701* gehörte und in den 50er Jahren den Begriff entwickelte.

   Eine weitere Variante besagt, dass die in zwei Zeilen übereinander geschriebenen Nullen eines nur aus Nullen bestehenden → *Worts* eines Computers wie ein Gebiss bzw. nur ein Biss (engl. bite) aussehen.

2. Bezeichnung einer zu seinen besten Zeiten sehr populären Computerfachzeitschrift aus den USA. Wurde um 1975 in den USA als eine der ersten Computer-Fachzeitschriften außerhalb des akademischen Sektors gegründet. Die Titelseite der ersten drei Ausgaben zierte die Zeile „Computer – The World's Greatest Toy".

   Wegen wirtschaftlicher Schwierigkeiten wurde das Erscheinen in den späten 90er Jahren eingestellt.

   → *http://www.byte.com/*

BZT

Abk. für Bundesamt für Zulassungen in der Telekommunikation.

Ausführungsbehörde des → *BMPT* mit Sitz in Saarbrücken. Ging im März 1992 aus dem → *ZZF* hervor und ist seit dem 1. September 1996 Bestandteil des → *BAPT*.

Seine Aufgabe war bis zur Liberalisierung des Zulassungssektors ab dem 1. Januar 1998 durch die → *Beleihungs- und Akkreditierungsverordnung* die Prüfung und Zulassung von Endgeräten.

C

C

1. Bezeichnung einer höheren, prozeduralen und maschinennahen → *Programmiersprache*, ursprünglich zur Programmentwicklung von portierbaren → *Betriebssystemen* für Mikrocomputer entwickelt. Im Bereich der Mikrocomputer zunächst auch am weitesten verbreitet. Mittlerweile wird C jedoch im gesamten ingenieurwissenschaftlichen und informatischen Bereich sehr häufig eingesetzt. Einige Quellen sprechen davon, dass C die mittlerweile weit verbreitetste Sprache weltweit ist.

   C führt mit kurzen und knappen Programmcodes zu effizienten Programmen.

   Besonders weit ist C auf Rechnern unter dem Betriebssystem → *Unix* verbreitet, das selbst auch zu großen Teilen in C geschrieben ist. Dies führt zu hoher Portabilität, weswegen C auch in der Entwicklung kommerzieller Software sehr beliebt ist.

   C ist im Prinzip aus zwei anderen Sprachen, B und BCPL, entstanden. Bei der Entwicklung des Betriebssystems Unix entwickelte Kenneth L. Thompson 1969 in den Bell Labs die Sprache B, die auch schon von der von Martin Richards vom MIT 1967 im Rahmen des Multics-Projektes entwickelten Sprache BCPL abgeleitet wurde. Aus ihr entwickelte schließlich Dennis M. Ritchie (* 1941) unter Beteiligung von Richard W. Kernighan 1970 C. 1972 kam C erstmals auf einer → *PDP-11* zum Laufen und wurde ab 1978 durch das Buch „The C Programming Language" von Kernighan und Ritchie sehr populär, woraufhin sich verschiedene Dialekte entwickelten. Die in dem Buch vorgestellte Version ist auch nur kurz unter K&R-C bekannt (Kenighan & Ritchie C). Von der → *ANSI* wurde C ab 1983 im Komitee X3J11 standardisiert mit einem stabilen Standard ANSI/ISO 9899 ab 1989. Anfang der 80er Jahre entwickelten sich die objektorientierten Varianten → *C++* und → *Objective-C*.

2. In Verbindung mit zwei Zahlen (z.B. C11 oder C32) Abk. für Container. Begriff aus der → *SDH*. Bezeichnet dort bestimmte Einheiten, die für verschiedene Nutzlastkapazitäten definiert sind. Um → *POH*-Informationen ergänzt wird aus dem Container ein virtueller Container (VC).

C++

Bezeichnung einer objektorientierten (→ *OO*) höheren Programmiersprache, die eine Obermenge von → *C* darstellt.

1982 hatte Bjarne Stroustrup in den → *Bell Labs* erste Gedanken für die objektorientierte Programmierung und veröffentlichte den Artikel „An Abstract Data Type Facility for the C Language". Ein Jahr später stellte er C++ der Öffentlichkeit vor und veröffentlichte 1986 sein zum Standardwerk gewordenes Buch „The C++ Programming Language", das seit Ende 1997 in der 3. Auflage vorliegt.

C++ wurde von C und → *Smalltalk* beeinflusst und spielte selbst bei der Entwicklung von → *Java* eine Rolle.

Nach rund achtjähriger Arbeit hat die → *ISO* im Dezember 1997 einen Standard vorgestellt. Ursprünglich war geplant, den Standard innerhalb von drei Jahren fertiggestellt zu haben, jedoch war der Fortschritt der proprietären C++-Produkte der Hersteller von → *Compilern* schneller als die Standardisierungsarbeit, so dass deren Zwischenergebnisse häufig überholt waren.

Eine andere Weiterentwicklung ist Synchronous C++ (sC++), entwickelt an der École Polytechnique Fédérale de Lausanne in der Schweiz.

→ *STL*.

→ *http://akpublic.research.att.com/~bs/C++.html/*

C^{3}I

Abk. für Command, Control, Communication and Intelligence System.

Bezeichnet Kommando-, Aufklärungs- und Informationssysteme für das Militär, die Polizei und die Feuerwehr sowie ähnliche Organisationen aus den Bereichen Sicherheit und Verwaltung.

→ *BOS*.

C 64

Auch Commodore 64 genannt. Bezeichnung eines erfolgreichen → *Home-Computers* ohne Festplatte, Diskettenlaufwerk und Monitor (Anschluss an Fernseher) aus dem Hause → *Commodore*. Wegen seiner Form auch manchmal Brotkasten genannt. Er war das Folgemodell des → *VC 20* und wurde maßgeblich vom später auch für → *Atari* tätigen Shiraz Shivji mitentwickelt.

Er verfügte über einen → *RAM*-Speicher von 64 KByte und ein externes Kassettenlaufwerk als dauerhaften Massenspeicher. Ein externes 5 ¼-Zoll-Laufwerk konnte man als zusätzliches Gerät kaufen und anschließen. Ausgestattet war er mit einem Prozessor aus dem Hause Rockwell vom Typ 6510 und einem Synthesizer.

Im → *ROM* (20 KByte) befand sich die Programmiersprache → *Basic* aus dem Hause Microsoft.

Vorgestellt wurde der C 64 im Januar 1982 auf der Consumer Electronics Fair in Las Vegas. Für anfangs 595 $ (Ende 1983 nur noch 200 $) kam er auf den Markt. Ab 1984 war er auch in Deutschland erhältlich.

Er ist wahrscheinlich der meistverkaufte Rechner aller Zeiten (Angaben schwanken: 4 oder 17 bis 22 Mio. Exemplare) und war für sehr viele der Einstieg in die private Beschäftigung mit dem Computer. Gleichzeitig war der C 64 der erste Rechner mit einem eingebauten Synthesizer.

Er war seinerzeit die Grundlage für einfache Kalkulationsprogramme in vielen kleinen und mittleren Unternehmen, die als Innovatoren schon früh Computer einsetzen wollten, denen der echte → *PC* aus dem Hause IBM jedoch zu teuer war.

C 450

→ *C-Netz*.

C&W

Abk. für → *Cable&Wireless*.

CA

1. Abk. für → *Conditional Access.*
2. Abk. für Channel Aggregation.
3. Abk. für Communication Application.
4. Abk. für Conformity Assessment.

CAA

Abk. für Autocommutateur ‡ Autonomie d'Acheminement.
In Frankreich die Bezeichnung für einen Netzknoten der höchsten Hierarchiestufe.
→ *CL.*

Cable Damage Committee

→ *ICPC.*

Cable & Wireless

Abgekürzt mit C&W. Name eines weltweit agierenden Telekommunikationsunternehmens mit eigenem (wahrscheinlich dem größten) globalen privaten Netz und insbesondere vielen eigenen → *Unterwasserkabeln*, die insbesondere nach Asien reichen. Sitz ist London.

Die Gründung von C&W lässt sich bis zur Verlegung des ersten Unterwasserkanals durch den Ärmelkanal zurückverfolgen und basierte lange Zeit auf dem Auftrag, ein Unterwasserkabelnetz und verschiedene int. Telegrafenlinien zur Versorgung des britischen Empiers zu unterhalten. Erst 1934 wurde der Name von ‚Imperial and International Communications Ltd.' zu Cable & Wireless (mit dem Gott Merkur im Logo) geändert. Dieses Vorgängerunternehmen ging 1929 aus einer Fusion von ‚Eastern Telegraph's Submarine Cable' und dem für Funkübertragungen zuständigen Unternehmensteil von Marconi Communications hervor.

Lange Zeit agierte C&W auf dem internationalen Markt und im Feld globaler Geschäftskunden. 1984 wurde schließlich → *Mercury* gegründet, um → *BT* auf dem heimischen Markt nach dessen → *Deregulierung* Konkurrenz zu machen. Im Frühjahr 1997 brachte C&W Mercury in ein Gemeinschaftsunternehmen mit der Nynex Corp. (USA) und Bell Canada ein. Weiterhin verkaufte es seine Kabelfernsehtochter Cable & Wireless Communications (CWC) 1999 an den Konkurrenten NTL (hinter dem seinerzeit die France Télécom stand).

C&W trat im Juni 1995 in den deutschen Markt ein, als es sich mit 45% an der damaligen Vebacom beteiligte. Im Gegenzug beteiligte sich die VEBA zu 10% an C&W. Zuvor schon hatte C&W sich an Mannesmann Mobilfunk beteiligt, doch diese verkaufte man im September 1995. Auch vom Vebacom-Anteil trennte man sich im Februar 1997 wieder, nachdem es eine Änderung in der internationalen Strategie gegeben hatte, da man sich mehr auf asiatische Märkte konzentrieren wollte.

Die VEBA hielt ihren Anteil noch bis März 1999 und verkaufte ihn dann für 5,1 Mrd. DM.

In den vergangenen Jahren ist C&W immer wieder Inhalt von Spekulationen über mögliche Übernahmen gewesen, so z.B. 1996, als über einen Kauf von C&W durch → *BT* spekuliert wurde. Angeblich platzte die Fusion, weil C&W einen zu hohen Preis verlangte.

C&W kaufte im Juni 1998 das Internet-Geschäft von → *MCI* für 625 Mio. $, um MCI die Fusion mit → *Worldcom* zu ermöglichen.

Seinerseits kaufte sich C&W mit 97,69% beim japanischen Anbieter IDC im August 1999 ein, um einen Fuß in den sich gerade auf dem Pfad der Deregulierung befindlichen japanischen Markt zu machen.

→ *http://www.cablewireless.com/*
→ *http://www.cweurope.com/*

Cable Modem

→ *Kabelmodem.*

CAC

1. Abk. für Call Admission Control.
   → *ATM.*
2. Abk. für Customer Access Connection.
3. Abk. für Carrier Access Code.
4. Abk. für Commercial Action Committee.
   Bezeichnung für eine Arbeitsgruppe der → *CEPT.*

Cache, Cache Hit, Cache Miss

Vom französischen Wort cache = Versteck.

Die sehr selten benutzte deutsche Bezeichnung ist Vorhaltespeicher.

Ganz allgemein die Bezeichnung eines Zwischenspeichers, der zwischen zwei verschiedenen Speichersystemen angesiedelt ist und die Transfers zwischen ihnen beschleunigt bzw. vermindert.

Von Cache Hit oder nur Hit spricht man, wenn die von der nachfragenden Seite angeforderten Daten tatsächlich im Cache vorhanden sind, und von Cache Miss oder nur Miss, wenn sie nicht da sind.

Ein Beispiel für die Verwendung eines Caches ist ein Zwischenspeicher zwischen der → *CPU* in einem Computer und dem Hauptspeicher (→ *RAM*).

Parameter, die einen Cache beschreiben, sind:

- Die Ladestrategie (Fetching): Welche Daten werden unter welchen Bedingungen in den Cache geladen? Man kann hier zwei weitere Strategien unterscheiden:
  - On-Demand-Fetching: Daten werden nur dann in den Cache geladen, wenn sie angefordert, aber nicht schon im Cache vorhanden sind. Erst dann werden die angeforderten Daten vom langsamen Hintergrundspeicher in den Cache geladen.
  - Prefetching: Es werden die Daten in den Cache geladen, von denen anzunehmen ist, dass sie im weiteren Programmverlauf benötigt werden. In diesem Fall kann unterschieden werden, ob jedes Mal, wenn auf den Hintergrundspeicher zugegriffen wird, auch ein Prefetch vorgenommen wird, ob nur im Falle eines Miss ein Prefetch vorgenommen wird oder ob nach jedem Zugriff auf den Cache durch einen Prefetch sein Inhalt aktualisiert wird.
- Die Speicherstrategie: Wie werden die geladenen Daten im Cache untergebracht und wie ist der Cache intern organisiert?

Neben den zwei Verfahren Set Mapping und Sector Mapping sind folgende zwei Verfahren am weitesten verbreitet:

- Direct Mapping: In diesem Fall werden in ihm nur Daten eines einzigen Speicherbereiches des RAMs gehalten; dieser RAM-Bereich wird also direkt in den Cache abgebildet. Dieses Verfahren verringert die Geschwindigkeitsvorteile des Caches etwas.
- Das gegensätzliche Verfahren ist das der Assoziativität. Sind im Cache Daten aus mehreren nicht zusammenhängenden RAM-Bereichen enthalten, spricht man von n-facher Assoziativität und von einem Assoziativitätsgrad von n. Dies erhöht den Geschwindigkeitseffekt des Caches, aber auch den Managementaufwand.

  Der → *Intel Pentium* hat einen Level-1-Cache mit doppelter Assoziativität, der Pentium Pro einen Level-1-Cache mit vierfacher Assoziativität.

- Transferdatenmenge: Wie groß ist die Datenmenge, die vom Hintergrundspeicher in den Cache geladen werden kann? Je nach Prozessortyp und Cachegröße variiert diese Größe zwischen einigen wenigen Byte und einigen Hunderten von Bytes.

  Je größer die Datenmenge ist, um so niedriger ist die Geschwindigkeit des Caches, aber desto höher ist die Wahrscheinlichkeit eines Hits.

- Die Löschstrategie (Replacement): Wie werden bei vollem Cache und neuen, zu ladenden Daten alte Daten ersetzt?
  - Einzelstrategien wie am längsten nicht mehr genutzt (Least Recently Used, LRU), am seltensten genutzt (Least Frequently Used, LFU) oder am längsten im Cache (First in - First out, → *FIFO*).
  - Kombinationsstrategien, z.B. von LRU und LFU: Unter den lange nicht mehr genutzten Daten lösche die, die am seltensten genutzt wurden.
- Die Aktualisierungsstrategie (Backstore Update): Wie wird der Hintergrundspeicher bei zwischenzeitlich im Cache veränderten Daten aktualisiert?
  - Write-Back: Daten im Cache, die verändert worden sind, werden erst dann in den Hintergrundspeicher zurückgeschrieben, wenn diese Daten aus dem Cache komplett ausgelagert werden müssen.

    Dieses Verfahren ist schnell und daher weit verbreitet, erfordert jedoch einen hohen technischen Aufwand.

  - Write Through: Alle Daten, die von der CPU im Cache verändert wurden, werden sofort auch im RAM aktualisiert. Dieses Verfahren ist langsamer als Write-Back, jedoch technisch wesentlich einfacher zu implementieren.

Hinsichtlich der Anwendung von Caches lassen sich verschiedene Typen unterscheiden. Die größten Anwendungsfelder sind:

1. Caches in → *Mikroprozessoren* sind sehr schnelle Zwischenspeicher mit niedrigen Zugriffszeiten (< 30 ns) auf Basis von → *SRAM*-Technik, die in der Speicherhierarchie zwischen Registern der → *CPU* und dem → *RAM* als Arbeitsspeicher angesiedelt sind.

   Sie nehmen kurzfristig von der CPU benötigte Daten und Befehle auf, da beim Programmablauf große Sprünge die Ausnahme sind und sich das Programm meistens gemächlich vorwärtsbewegt. Sie dienen der Verkürzung der Zugriffszeiten auf den langsameren Arbeitsspeicher (→ *RAM*). Physikalisch gesehen sind sie in der CPU untergebracht.

   Oft ist der Cache geteilt für Befehle und Daten, z.B. beim → *Intel Pentium* und bei Prozessoren der → *PowerPC*-Familie.

   Man unterscheidet hinsichtlich der Integration des Caches folgende zwei Cache-Arten:

   - First-Level-Caches (Level-1-Cache, L1-Cache, On-Chip Cache) sind direkt auf dem Prozessor integriert und dienen dazu, sehr häufig benötigte Befehle z.B. bei Programmschleifen, in der Nähe des Prozessors zur Verfügung zu halten.

     Dieser Cache enthält üblicherweise nur einige wenige KByte.

   - Second-Level-Caches (Level-2-Cache, L2-Cache) sind dagegen als separate Bausteine (schnelle → *SRAMS*, die keinen Refresh wie die → *DRAMs* benötigen) auf dem → *Motherboard* realisiert und dienen dazu, schnelle CPUs ohne spürbaren Verlust an Geschwindigkeit mit langsameren → *RAMs* (→ *DRAMS*, die einen Refresh benötigen) oder auch mit der → *Festplatte* zu koppeln.

     Dieser Cache enthält üblicherweise 512 KByte bis zu 1 MByte.

   Erste Ideen für einen schnellen Zwischenspeicher reichen zurück bis ins Jahr 1965, als Maurice V. Wilkes (* 1913) auf Anregung von Gordon Scarott das

   Der Begriff ‚Cache' für einen derartigen Speicher wurde von der Herausgeberin des „IBM Systems Journals" Lyle R. Johnson im Jahre 1967 geprägt, die den Begriff ‚High Speed Buffer' in einem Beitrag über den neuen → *IBM/360* zu lang fand.

   Notwendig wurden die Caches durch die gestiegene Taktfrequenz der Prozessoren, die dadurch Daten sehr viel schneller verarbeiten konnten, als der Speicher sie liefern konnte. Um dies auszugleichen, wurde ein schneller, kleiner Pufferspeicher notwendig.

   Erster → *Mikroprozessor*, der einen Cache integrierte, war der MC68020 aus dem Hause Motorola, der 1984 auf den Markt kam und rund 250 000 Transistoren integrierte.

2. Im → *Internet* die Bezeichnung für → *Proxy-Server*, in den die von den Nutzern oft verlangten Seiten geladen werden, um die Anforderung von dem eigentlichen → *Server* zu verhindern. Oft wird dann auch von Cache-Server gesprochen.

3. Bei vielen Peripheriegeräten, z.B. → *Festplatten*, von PCs die Bezeichnung für Zwischenspeicher der Geräte selbst, die Geschwindigkeitsunterschiede zwischen den üblicherweise langsamen Geräten und dem schnellen RAM des Rechners ausgleichen.

CAD

Abk. für Computer Aided Design.

In den 80er Jahren aufgekommene Bezeichnung für die Benutzung von Grafikprogrammen auf → *Workstations*, insbesondere in der Automobilindustrie, dem Maschinenbau und der Architektur. Mittlerweile ist CAD in vielen anderen Formen mit reduzierter Funktionalität zur Selbstverständlichkeit auf nahezu jedem → *PC* geworden.

Caddy

Auch Jewel Box oder Jewel Case genannt. Kurzform für → *Cartridge*. Bezeichnung für ein flaches und stabiles Schutzgehäuse, in das eine → *CD-ROM* eingelegt wird und mit dem diese in das CD-ROM-Laufwerk eines Computers eingeschoben und dort ausgerichtet wird.

Der Caddy dient dem mechanischen Schutz von CD-ROMs, wenn diese häufig eingelegt und wieder herausgenommen werden. Aus Kostengründen werden immer weniger Caddys eingesetzt, weswegen nur noch wenige Laufwerke für Caddys gebaut werden.

CAE

Abk. für Common Applications Environment.

Bezeichnung einer Definition für Hard- und Softwaresysteme der → *X/Open*-Gruppe, die Portabilität von Software zwischen Hardware der X/Open-Gruppe ermöglichen soll.

CAER

Abk. für Conférence Administrative Extraordinaire des Radiocommunications.

Bezeichnung für eine außerordentliche Funkverwaltungskonferenz.

CAFM

Abk. für Computer Aided Facility Management.

Bezeichnet z.B. intelligente Haus- und Gebäudetechnik (Heizung - Klima - Sanitär - Beleuchtung etc.), die vollautomatisch mit Hilfe von Computern geregelt wird.

→ *Facility Management*.

CAGJES

Abk. für Canadian Advisory Group on Joint Electronic Safety.

CAI

Abk. für Common Air Interface.

→ *CT2*.

CAL

1. Abk. für → *CAN* Application Layer.
2. Abk. für Common Application Language.
   → *CEbus*.

Calcomp

Bezeichnung eines speziellen Grafikdateiformats zur Ansteuerung von Vektorplottern (→ *Plotter*).

→ *http://www.calcomp.com/*

Call

Generischer und international üblicher Begriff für Anruf, Gespräch, Verbindung. Nicht notwendigerweise eine Sprachübertragung, obwohl diese meistens damit gemeint ist.

Call-and-Fax-Back

→ *Fax-on-Demand*.

Call Back Service

Bezeichnung für eine Klasse von Diensten, bei denen Telekommunikationsgebühren für internationale Verbindungen gesenkt werden können, indem die Tatsache ausgenutzt wird, dass der → *A-Teilnehmer* die Gebühren zahlt und in bestimmten Ländern die Telefongebühren niedriger sind als im eigenen oder im Zielland (→ *International Accounting Rate*).

Bei Call Back Services, deren Anbieter in einem Land mit niedrigen internationalen Tarifen angesiedelt sind, kann man anrufen und nach einer Identifizierung die Nummer des gewünschten Ziellandes und -ortes per → *MFV* eingeben. Nachdem man aufgelegt hat, wird man automatisch zurückgerufen und ist mit dem gewünschten Teilnehmer verbunden.

Die Call Back Services kamen Anfang der 90er Jahre auf und wurden zunächst von den großen internationalen → *Carriern* vehement bekämpft, da Anbieter von Call Back Services ihnen lukrative Ferngespräche wegnahmen. Nach einiger Zeit gründeten sie selber jedoch, meistens unter einem anderen Namen, eigene Anbieter von Call Back Services in den Ländern mit niedrigen Tarifen, um selbst davon zu profitieren.

Seit der Liberalisierung der wichtigen Telekommunikationsmärkte Ende der 90er Jahre hat die Bedeutung der Call Back Services als Folge der auch gesunkenen internationalen Telefongebühren erheblich nachgelassen.

Call Blending

Der Begriff wird in ähnlichen Zusammenhängen im Umfeld eines → *Call Centers* verwendet. Die Produktivität von Call Centern lässt sich dadurch in beiden Fällen erheblich steigern.

1. Bezeichnet die Umwandlung eines eingehenden Anrufes zu einem bestimmten Zweck in ein aktives Verkaufsgespräch. So können z.B. eingehende Beschwerdeanrufe dazu genutzt werden, dem Anrufer Alternativprodukte anzubieten, oder ein Anruf zur Anfrage nach Information für ein bestimmtes Produkt kann genutzt werden, um dem Anrufer ein weiteres, komplementäres Produkt anzubieten und u.U. sogar zu verkaufen. Dieses Vorgehen wird auch als Cross Selling bezeichnet.
2. Bei einem System der Automatic Call Distribution (→ *ACD*) die Bezeichnung dafür, dass bei einem Sinken der Lastkurve im Call Center für eingehende Gespräche bestimmte, dafür ausdrücklich vorgesehene Mitarbeiter im Call Center (→ *Agent*) nicht mehr eingehende Anrufe bearbeiten, sondern aktive Verkaufsgespräche führen und nach draußen telefonieren, d.h. der Agent, der zunächst

Inbound-Verkehr abwickelte, wird automatisch durch die ACD-Anlage zu einem Agenten, der Outbound-Verkehr abwickelt. Dies wird dem Agenten zunächst auch auf dem Bildschirm seines PCs angezeigt, so dass er sich darauf vorbereiten kann.

Call-by-Call

In einem liberalisierten Telekommunikationsmarkt mit mehreren Anbietern für internationale Verbindungen oder Fernverbindungen die Bezeichnung für die fallweise, d.h. für jedes einzelne Gespräch neu zu treffende Auswahl eines Anbieters von internationalen Verbindungen oder Fernverbindungen. In diesem Fall ist vor jeder Verbindung eine → *Verbindungsnetzbetreiberkennzahl* zu wählen.

Die Festeinstellung eines einzigen Netzbetreibers bezeichnet man als → *Preselection*.

Aus regulatorischer Sicht ist Call-by-Call eine Maßnahme, um unerfahrenen Konsumenten einen Einstieg mit möglichst vielen Freiheitsgraden in den liberalisierten Markt zu eröffnen. Grundannahme ist, dass Konsumenten mit Call-by-Call erste Erfahrungen mit neuen Netzbetreibern, den neuen Abrechnungsmodalitäten und Preisen sammeln, um sich schließlich per Preselection für eine längere Zeit an einen Netzbetreiber zu binden.

Der Vorteil von Call-by-Call für den Nutzer ist, dass er sich nicht dauerhaft an einen Telekommunikationsdienstleister bindet, sondern sich punktuell den günstigsten raussucht (wofür er sich jedoch detailliert informieren muss).

Nachteilig ist, dass er mit diesem Verfahren sein gesamtes Gesprächsaufkommen auf mehrere Netzbetreiber verteilt und dadurch nicht in den Genuss möglicher Volumenrabatte (z.B. ‚Friends & Family‘,→ *Charging*,) kommt.

Aus Sicht des Netzbetreibers hat Call-by-Call den Nachteil, dass es zu keiner dauerhaften Kundenbindung kommt, was die Akquisitionskosten ansteigen lässt (Marketingaufwendungen). Außerdem muss er viele einzelne (kleine) Beträge abrechnen.

Call Center

Selten auch Tele-Center, Tele-Sales-Center, Tele-Marketing-Center oder Telefon-/Anrufzentrale genannt. Begriff aus der Anwendungstechnik der Telekommunikation.

Bezeichnet eine Gruppe von speziellen Mitarbeitern, genannt → *Agents* oder auch Customer Service Representatives (CSR), zur Bearbeitung telefonischer Anfragen, z.B. in Versicherungen, Versandhäusern, beim Home- oder Direkt-Banking, Kartenvorverkauf oder für Computer-Hotlines (Hard- und Software). Im weitesten Sinn beinhaltet ein Call Center alles, was als klar abgegrenzte, organisatorische Einheit innerhalb einer Organisation mit telefonischer Betreuung durch mehrere nur dafür vorgesehene Personen, die über eine entsprechende technische Ausstattung und eine passende Ausbildung verfügen, zu tun hat.

Die Bedeutung dieser seit einigen Jahren im Zuge wachsender Dienstleistungsorientierung immer weiter verbreiteten Systeme lässt sich durch folgende Fakten begründen:

- Die Telefonzentrale ist häufig der erste Kontaktpunkt eines Kunden zu einem Unternehmen.
- Ein mehrminütiges, persönliches Telefongespräch wirkt intensiver als jeder Radio- oder TV-Werbespot.
- Bereits 70% aller Kundenkontakte finden über das Telefon statt.
- Bei Handelsunternehmen mit Privatkunden finden bis zu 80% der Bestellvorgänge per Telefon statt (Versandhäuser).
- Bei Handelsunternehmen mit Geschäftskunden finden bis zu 50% der Bestellvorgänge per Telefon statt.
- Nur 20% aller Anrufer erreichen den gewünschten Gesprächspartner beim ersten Anruf.
- Mehrfaches Weiterverbinden sorgt für ein schlechtes Image (Unorganisiertheit) und Kundenverlust.
- 50% aller Anrufer legen auf, wenn sie länger als eine Minute warten müssen.
- Ab einer Wartezeit von 30 s werden die Anrufer ärgerlich und haben den Eindruck der Unorganisiertheit und Überlastung.
- Ansprechpartner mit Kundenkontakt in einem Unternehmen nennen sehr häufig nicht oder nur undeutlich ihren Namen.
- Ansprechpartner mit Kundenkontakt in einem Unternehmen fragen häufig nicht nach dem Namen des Gesprächspartners oder sprechen ihn nicht mit seinem Namen an.
- Rückrufe nehmen durch gut dimensionierte Call Center für eingehenden Telefonverkehr ab, wodurch sich üblicherweise 10% Gesprächsgebühren für Rückrufe sparen lassen.
- Daten für die Zwecke der Produktentwicklung lassen sich vom Kunden häufig bei geschickter Interviewtechnik durch den Agent bei normalen Kundenkontakten miterfragen. Ferner lassen sich aus den aufgelaufenen Anfragen im Produktsupport auf die Qualität von Bedienungsanleitungen, Handbüchern oder die Bedienungsfreundlichkeit und Zuverlässigkeit der Produkte selbst Rückschlüsse ziehen.
- Daten für Zwecke der Marktforschung lassen sich vom Kunden häufig bei geschickter Interviewtechnik durch den Agent unbemerkt gezielt bei normalen Kundenkontakten miterfragen. Beispiele sind Alter, Geschlecht, Familienstand, Haushaltsgröße, Haushaltsausstattung mit bestimmten Produkten, Wohnort, Telefonnummer, Nutzungsgewohnheiten von bestimmten eigenen Produkten oder Konkurrenzprodukten, geplante Neuanschaffungen in näherer oder fernerer Zukunft etc.

Insgesamt geht es um das Primärziel der Steigerung der Kundenzufriedenheit aus folgenden Gründen:

- Ein unzufriedener Kunde erzählt zwischen neun bis 15 anderen Personen in seinem Umfeld von seiner Unzufriedenheit.
- Jemand, der von einem direkt betroffenen Kunden eine Schilderung seiner Unzufriedenheit gehört hat oder Augenzeuge war, erzählt dies immer noch vier bis sechsmal weiter.
- 80% aller Kunden wechseln den Anbieter einer Ware oder Dienstleistung, weil sie mit dem Service unzufrieden sind

(nicht: weil sie mit dem Produkt oder der Dienstleistung unzufrieden sind!).

- Es kostet ca. sechsmal mehr Geld, einen Neukunden zu gewinnen, als einen Stammkunden zu halten.

Daher ist das Ziel eines Call Centers, die Kundenzufriedenheit durch zwei Maßnahmen zu steigern:

- Einsatz effizienter Technik, die Telefonnebenstellenanlage, PC und Datenbanksystem zusammenführt, um alle relevanten Daten (Kundendaten) sofort durch einen Sachbearbeiter einsehen zu lassen.
- Speziell geschulte Agents, sowohl was das von ihnen betreute Produkt angeht als auch hinsichtlich des Umgang mit dem Telefon als Kommunikationsinstrument.

Das technische System eines Call Centers integriert eine digitale Telekommunikationsanlage mit einer → *ACD*-Anlage, PCs oder Client-Server-Architekturen (→ *Server*) und → *CTI* zur einfachen Handhabung von z.B. Kundendaten oder technischen Unterlagen. Diese technischen Systeme werden üblicherweise auch für Notfälle durch eine unterbrechungsfreie Stromversorgung (→ *USV*) betriebsbereit gehalten.

Man unterscheidet Inbound Call Center, die nur eingehende Anrufe bearbeiten (→ *Hotline*, → *Helpdesk*, Reklamationen, → *DRTV*), und Outbound Call Centers, die ausgehenden Verkehr abwickeln (aktives Telefonmarketing, Vertriebs-Call-Center, Neukundengewinnung). Um die Auslastung von Call Centern zu erhöhen, sind gemischte Systeme möglich, d.h., in verkehrsschwachen Zeiten telefonieren die Mitarbeiter zu Vertriebszwecken nach draußen. Erfolgt die Umwidmung von Outbound-Agenten auf Inbound-Agenten automatisch durch technische Komponenten, spricht man häufig vom → *Call Blending*.

Eine andere Art der Mischung von Inbound- und Outbound-Verkehr wird ebenfalls Call Blending genannt, wobei eingehende Anrufe, die ursprünglich keinen Verkaufshintergrund hatten, zu Verkaufszwecken genutzt werden.

Beurteilungskriterien für Call Center sind:

- Genauigkeit der Anrufvolumenplanung und des darauf abgestimmten Mitarbeitereinsatzes.
- Kundenservicehöhe (Wartezeiten des Anrufers für die Gesprächsannahme und auf die Abwicklung des Anliegens durch einen Mitarbeiter, → *Hold Time* nach der Anrufentgegennahme).
- Auslastung der Mitarbeiter.
- Qualifikation der Mitarbeiter hinsichtlich der Technik bei der Gesprächsführung.
- Motivation der Mitarbeiter, ermittelt durch jährliche Mitarbeiterumfragen oder der jährlichen Kündigungsrate.

Call Center beeinflussen die Verkaufsergebnisse und die Kundenzufriedenheit. Insbesondere die Motivation der Call-Center-Mitarbeiter ist daher für eine freundliche und erfolgreiche Bearbeitung der eingehenden Gespräche notwendig. Intensive Schulung sowohl allgemeiner Art über die Nutzung des Telefons als Verkaufsinstrument als auch spezieller Art über die verkauften/betreuten Produkte/Dienstleistungen, gehört daher zu den Grundlagen des Call-Center-Betriebs.

Die Pausenzeiten der Mitarbeiter und Dienstpläne müssen an die Tagesprofile der Lastkurven angepasst werden, um nicht allzu viele Anrufe zu verlieren und Kundenzufriedenheit sicherzustellen. Umgekehrt hat es sich als sehr nachteilig für die Motivation der Call-Center-Mitarbeiter herausgestellt, Mindestzahlen für zu führende Gespräche festzulegen. Bestandteil von Call Centern ist auf alle Fälle ein → *ACD*, vielleicht auch mit einer → *EAS*, sowie ein System für

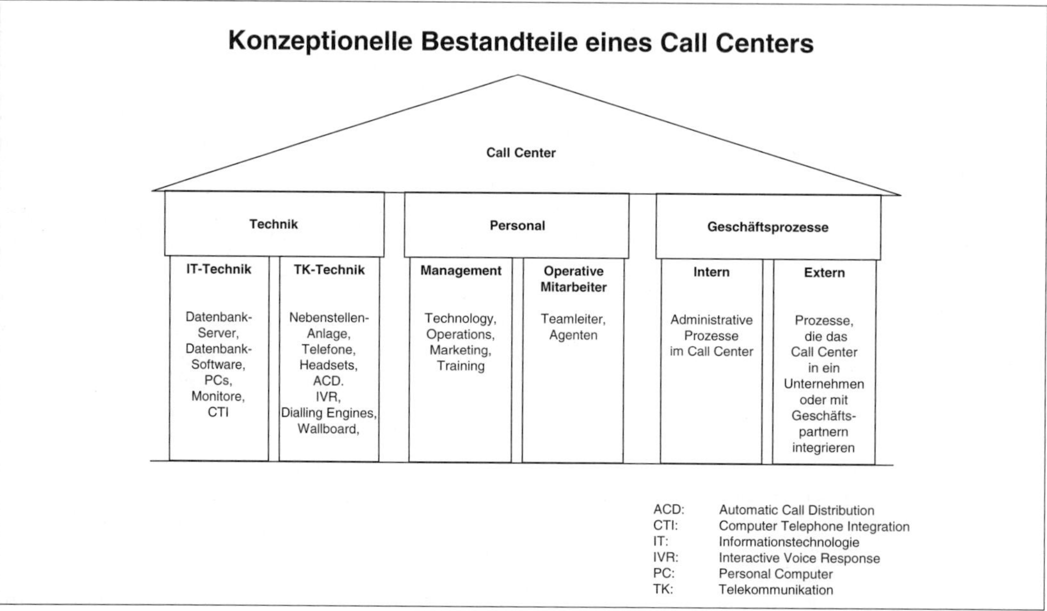

→ *CTI*. Daten des ACD-Systems können den Agenten auch auf → *Wallboards* angezeigt werden. Dies bezeichnet man auch mit → *Call Monitoring*.

Üblicherweise gliedern sich die Agenten in einem Call Center in ein → *Front Office* und ein → *Back Office*, in das alle Anfragen weitergegeben werden, die das Front Office nicht bearbeiten kann.

Das Front Office besteht meistens aus mehreren einzelnen Gruppen (auch Platzgruppen genannt) mit mehreren Agents. Verschiedene Gruppen können dabei verschiedene Aufgaben (z.B. Bestellannahme, Reklamationen und Neukundenwerbung) übernehmen. Zu diesen Gruppen können die eingehenden Anrufe durch Nutzung der EAS oder durch CTI durchgeschaltet werden.

In leistungsfähigen Call Centern können dabei nicht ausgelastete Agenten einer Gruppe temporär anderen Gruppen mit aktuell hoher Last zugeordnet werden.

Um Überlaufverkehr oder Routineanfragen ohne Einschalten eines Agenten abzuwickeln, kann ein → *IVR*-System (Interactive Voice Response) eingesetzt werden. Hierbei kommt es auf die richtige Mischung von unpersönlichen automatischen Systemen und persönlicher Betreuung durch die Agenten an.

Um den Anrufern die Zeit in der Warteschlange zu verkürzen und angenehm zu gestalten, gibt es neben IVR weitere Möglichkeiten:

- Ansage der voraussichtlichen Wartezeit.
- Einspielen von → *Music-on-Hold*.
- Ansage häufig angefragter Daten (Adresse des Call-Center-Betreibers, Telefonnummer, Faxnummer, WWW-Adresse, Öffnungszeiten, Filialadressen).
- Ansage von Produktinformationen.

Organisatorisch ist zu unterscheiden, ob ein Unternehmen selbst ein Call Center einrichten möchte oder sich an einen professionellen Betreiber eines Call Centers wendet (→ *Outsourcing*). Bei dieser Entscheidung spielen folgende Punkte eine Rolle:

- Tatsächliche strategische Bedeutung des Telefonkontakts zum Kunden.
- Vorhandene eigene technische Infrastruktur bzw. nötige Investitionen zum Aufbau eines eigenen Call Centers.
- Vorhandenes eigenes geschultes Personal bzw. Investitionen in neu einzustellendes und zu schulendes Personal.
- Zeithorizont: einmalige kurzfristige PR-Aktion (→ *DRTV*) oder langfristiger Kundenservice?
- Mögliche zu nutzende Zusatzdienstleistungen externer Call Center: Unterlagenversand, Adressdatenbanken, → *Fax-Polling*, → *Fax-on-Demand*.

Auch Mischformen sind möglich, z.B. tagsüber oder bei normalem Geschäft ein eigenes, unternehmensinternes Call Center und außerhalb der Geschäftszeiten und bei großangelegten PR-Feldzügen gemietete Kapazitäten im externen Call Center.

Ferner besteht beim Aufbau von mehreren Call Centern in global tätigen Unternehmen (z.B. Hotelketten oder Fluglinien) die Möglichkeit, die Call Center in verschiedenen Zeitzonen anzuordnen, so dass auf alle Fälle immer ein Call Center in der Region aktiv ist, wo gerade Tag ist. Gespräche aus anderen Zonen mit dann inaktiven Call Centern können an Agenten mit entsprechenden Sprachkenntnissen weitergeleitet werden. Dieses Prinzip wird auch „Follow the Sun" genannt.

Die Einrichtung eines eigenen Call Centers von der Inbetriebnahme bis hin zum erfolgreichen Dauerbetrieb und einer Steigerung der Kundenzufriedenheit dauert ca. 6 bis 9

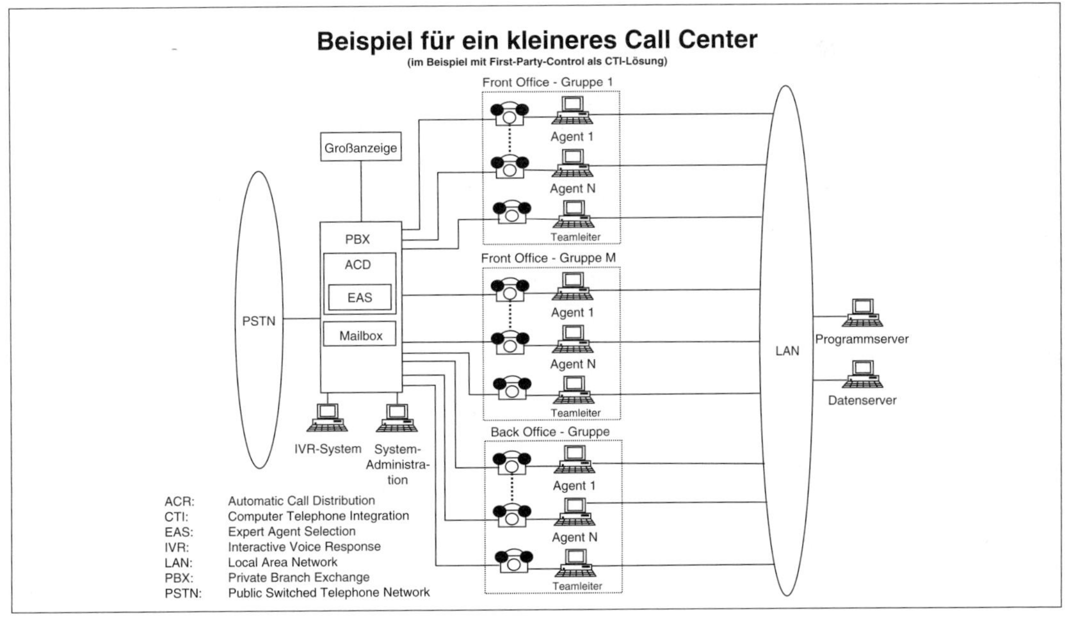

Monate, wobei ca. 3 Monate für Konzeption, Aufbau und Mitarbeiterschulung, d.h. bis zur ersten Inbetriebnahme, vergehen.

Die Einrichtung eines eigenen Call Centers lohnt sich (Daumenregel) ab 10 ausschließlich mit Telefonsupport beschäftigten Mitarbeitern innerhalb eines Unternehmens.

Als große Call Center gelten solche mit mehr als 70 ständig belegten Abfrageplätzen.

Ein Call Center hat typischerweise um die 30 Agenten (USA: ca. 45). Call Center können aber auch 300 bis 400 oder, z.B. im Versandhandel, über 2 000 Agenten haben.

Die Agenten eines Call Centers müssen nicht notwendigerweise in den Räumlichkeiten des Call Centers sitzen, sondern können sich auch in ihrer privaten Wohnung befinden und durch Wählleitungen temporär an ein Call Center angeschlossen sein. So ist es möglich, Call Center mit → *Tele-Working* zu kombinieren.

Zu Beginn sind die Kundenwünsche sorgfältig zu analysieren (Kundenbefragung, Analyse durch Vertriebsmitarbeiter) hinsichtlich:

- Gewünschte Zeiten der Erreichbarkeit
- Gewünschte Qualifikation des Personals
- Gewünschte Funktionalität des Call Centers

Historisch gesehen entstanden die heutigen, modernen Call Center aus verschiedenen Kundendienstzentren bzw. Reservierungszentralen der amerikanischen Fluglinien gegen Ende der 60er und Anfang der 70er Jahre. Einen großen Aufschwung nahm die Call-Center-Technologie in den frühen 90er Jahren, als mit dem vernetzten PC und günstigen, aber auch leistungsstarken Nebenstellenanlagen und ACD-Systemen die Komponenten für moderne Call Center entstanden. Zudem entwickelte sich mit CTI eine Technologie, mit der man die Computerwelt und die Telefonwelt auf dem Schreibtisch miteinander verbinden konnte.

Mittlerweile geht der Trend in Richtung integrierte Call Center, bei denen Call Center nicht nur als Verkaufsinstrument genutzt werden, sondern vielfältige Dienstleistungen rund um den Kunden ermöglichen (‚Customer Interaction Center‘). Die Integration findet dabei auf zwei Ebenen statt:

- Auf der technischen Ebene fließen verschiedene Kommunikationskanäle im Call Center zusammen, so dass dort nicht nur Telefonate abgewickelt werden, sondern ebenso eingehende Faxe, Briefe und → *E-Mails* bearbeitet werden. Dies setzt neben der Telekommunikationstechnik auch andere Technologien voraus, z.B. Fax-Server, Dokumenten-Scanner und Dokumenten-Datenbanken und ein → *Dokumentenmanagementsystem*.
- Auf der funktionalen Ebene werden zahlreiche Funktionen der folgenden Unternehmensbereiche integriert:
  - Marketing
  - Marktforschung
  - Beratung/Consulting
  - Verkauf/Vertrieb
  - Kundendienst (Customer Care)

Die zeitliche Abfolge dieser einzelnen Funktionen im Laufe des Lebenszyklus eines Produktes oder eines Kunden können durch entsprechende Softwaresysteme bzw. Workflowsysteme vollautomatisch im Call Center gesteuert werden.

Volkswirtschaftlich gesehen stellen Call Center mittlerweile einen bedeutenden Wirtschaftsfaktor dar. Die Zahl der Call Center weltweit kann nur schwer geschätzt werden. Nach dem ersten Aufschwung der Branche bis 1997 gab es ca. 60 000 bis 80 000 Call Center weltweit, davon ca. 12 000 bis 20 000 in Europa bei einem Wachstum dort von 25 %. Allein in Deutschland sind in der Zeit von 1991 bis 1996 rund 50 000 Arbeitsplätze durch Call Center geschaffen worden. Eine Umfrage des Deutschen Direktmarketingverbandes ergab rund 1 000 Call Center für Anfang 1997.

In Europa ist der Standort Dublin/Irland wegen der niedrigen Kosten und der vielen ausländischen Studenten in Dublin insbesondere für internationale Call Center beliebt.

→ *Case Based Reasoning*.

→ *http://www.teletalk-direct.de/*

→ *http://www.call-center.de/*

Call Completion, Call Completion Rate

Call Completion ist die Bezeichnung für das erfolgreiche Herstellen einer vermittelten Verbindung zwischen zwei Teilnehmern eines Telekommunikationsnetzes.

Call Completion ist das Hauptziel aller → *Carrier*, da nur dann Gebühren berechnet werden, d.h., Call Completion setzt eine Entgegennahme des Calls durch den Angerufenen voraus. Call Completion beim Telefonieren erfolgt z.B. nicht, wenn der Gerufene besetzt ist oder nicht abhebt. Dies verursacht unerwünschte, weil nicht bezahlte Last im Netz (Signalisierungsverkehr).

Das Verhältnis der Anzahl erfolgreicher Verbindungswünsche zu der gesamten Anzahl von Verbindungswünschen eines Betrachtungszeitraumes bezeichnet man als (Call) Completion Rate, selten auch Answered Call Rate (ASR) genannt. Dabei ist zu beachten, dass die Wahl des Betrachtungszeitraumes wichtig ist, da die Completion Rate einer → *Busy Hour* niedriger sein wird als die Completion Rate eines ganzen Tages, selbst wenn die betrachtete Busy Hour ein Teil des betrachteten Tages sein sollte.

Mittel zur Erhöhung der Completion Rate sind:

- Förderung des Einsatzes von Anrufbeantwortern in Unternehmen und Privathaushalten.
- Anbieten einer → *Mailbox* im Netz.
- Anbieten von → *Music-on-Hold* im öffentlichen Netz.
- Anbieten von Dienstmerkmalen (→ *Dienst*) wie z.B. → *Anklopfen*, → *Forwarding*, → *CCBS* oder → *CCNR*.

Insbesondere das Anbieten einer Mailbox hat sich in den vergangenen Jahren als sehr erfolgreich herausgestellt, da einerseits das Produkt an sich Umsatz generiert (monatliche Grundgebühr etc.) und andererseits die Call Completion Rate erhöht.

Call Detail Record

Abgekürzt mit CDR. Auch Call Data Record, allgemein Event Record oder - sehr selten in Deutschland - Gebührendatensatz, Rufdatensatz bzw. Gesprächsdatensatz genannt.

Der offizielle Ausdruck in der Deutschen Telekom ist Kommunikationsdatensatz (KDS).

Ein CDR ist ein Datensatz der vom → *Billing-System* verarbeitet wird und der genau eine Nutzung eines Telekommunikationsdienstes beschreibt (z.B. Datum und Uhrzeit des Beginns einer Telefonverbindung, Verbindungsdauer, Verbindungsentfernung, → *A-Teilnehmer*, → *B-Teilnehmer*, Datenquelle).

CDRs werden von den technischen Systemen generiert, die eine Verbindung ermöglichen, z.B. Vermittlungsstellen im öffentlichen → *ISDN*. Dabei gibt es keine einheitlichen Formate von CDRs, vielmehr variieren sie von Hersteller zu Hersteller und sogar zwischen einzelnen Software-Releases der Hersteller.

Die Größe eines CDRs variiert zwischen ca. 200 und 400 Byte.

Die Anzahl der CDRs pro Nutzer in einem Telekommunikationsnetz ist vom Netz und Dienst abhängig. Man geht in Telefonnetzen von durchschnittlich 4 CDRs pro Tag und Nutzer aus.

Gespeichert werden CDRs nach ihrer Erzeugung im → *CRJ*.

Call Divertion

→ *Forwarding*.

Call-In

In der TV- und Radio-Szene der Jargon für Sendungen, bei denen Zuschauer während der laufenden Sendung anrufen und sich am Geschehen beteiligen können, sei es durch einfache Fragen bzw. Kommentare oder durch das Fernsteuern z.B. von Videospielen.

Calling Card

Oft abgekürzt mit CC. Bezeichnung für einen Mehrwertdienst (→ *VAS*) von Anbietern von Telekommunikationsdienstleistungen zur einfacheren, bargeldlosen und preislich günstigeren Gebührenverrechnung bei Gesprächen im Ausland.

Der Nutzer einer Calling Card wählt dabei im Ausland zunächst eine bestimmte, für ihn in dem Moment gebührenfreie Nummer an, gibt über die Tastatur seines Telefons eine Identifikations- (→ *PIN*) und seine Kartennummer ein und anschließend die Nummer des gewünschten Gesprächspartners. Die Abrechnung des Gesprächs erfolgt am Monatsende in heimischer Währung, idealerweise über seine dortige Telefonrechnung (falls Festnetz- und Calling-Card-Anbieter identisch sind, was aber nicht zwingend der Fall sein muss). Dies bedeutet, dass bei der Verwendung von Calling Cards prinzipiell auf Kredit telefoniert wird, was sich ein Anbieter von Calling Cards durch, z.B. im Vergleich zu funktional ähnlichen Angeboten wie einer internationalen → *Prepaid Card*, leicht erhöhte Gebühren bezahlen lässt. Aus dem gleichen Grund ist die Anmeldung zur Nutzung einer Calling Card häufig mit einer Bonitätsprüfung verbunden.

Neben der Prepaid Card wird durch zunehmend sinkende int. Gesprächsgebühren auch der herkömmliche → *Mobilfunk* ein ernst zu nehmendes Konkurrenzprodukt mit Substitutionscharakter.

Üblicherweise besteht ferner die Möglichkeit, sich über einen → *Operator* bedienen zu lassen, da viele Nutzer mit der Eingabe langer Zahlenkolonnen Probleme haben.

Vorteile des Verfahrens aus Sicht des Nutzers:

- Der Nutzer benötigt keine ausländische Währung (Bargeld).
- Der Nutzer braucht i.d.R. keine hohen Hoteltelefongebühren/-zuschläge zu zahlen.
- Der Nutzer erhält eine monatliche, genaue Einzelgesprächsabrechnung seiner Gespräche.
- Bei Firmenkarten entfällt die administrativ aufwendige, nur schwer zu kontrollierende Abrechnung der Gebühren über die Reisekostenabrechnung.
- Private und geschäftliche Gespräche können leicht voneinander getrennt werden (Abwicklung geschäftlicher Gespräche vom Privatanschluss aus mit Hilfe der Calling Card).

Manche Anbieter stellen weitere Dienstmerkmale bereit:

- Für eine Calling Card kann ein oder können mehrere Gebührenlimite definiert werden (pro Verbindung, pro Tag, pro Woche, pro Monat).
- Calling Cards können nur für bestimmte Rufnummern zugelassen werden, bzw. es können bestimmte Rufnummern ausgeschlossen werden.
- Mit Calling Cards können Closed User Groups (→ *CUG*) realisiert werden.
- → *Kurzwahlmöglichkeit*.
- Sprachgesteuerter Wählvorgang.
- Einfaches Tarifschema.
- Möglichkeit der Folgegespräche ohne Notwendigkeit des erneuten Durchlaufens der Identifizierungs- und Authentifizierungsprozedur.
- Anbieter von Calling Cards liefern die Daten mehrerer Calling Cards für ein Unternehmen elektronisch aufbereitet (sortiert nach Abteilung, Land oder Mitarbeiter) zur einfachen Einspeisung in das → *MIS* des Unternehmens.
- Weitere, z.T. kostenpflichtige Mehrwertdienste mit Operatoren, wie z.B. Auskunftsdienste in verschiedenen Sprachen, Simultandolmetscherservice, → *Konferenzschaltungen* oder Handvermittlung.

Der Kartenherausgeber kann folgende Gebührenoptionen nutzen:

- Einmalige Freischaltgebühr
- Einmalige Freischaltgebühren für Zusatzkarten (Ehepartner etc., Abrechnung über Konto wie Hauptkarte)
- Monatliche oder jährliche Grundgebühr
- Monatlicher oder jährlicher Mindestumsatz
- Einmalige Gesprächszuschläge je Gespräch (gesprächsbezogene Grundgebühr)
- Verbindungsgebühren gemäß verschiedener int. Tarifzonen
- Gebühren für Ausstellung von Zusatz- oder Ersatzkarten
- Gebühren für Nutzung der Zusatzdienste

Durch Kombination der Gebührenoptionen mit den Zusatzdiensten und evtl. Mindestvertragslaufzeiten kann ein Anbieter die Calling Card im Markt positionieren, z.B. eine Calling Card für private Nutzer (Gelegenheitsreisende) und eine für geschäftliche Nutzer (Vielreisende).

Der Kartenausgeber muss nicht zwangsweise Besitzer eines Telekommunikationsnetzes sein. Vielmehr kann es sich um einen Reseller handeln, der Gesprächsminuten international einkauft und als Service-Provider am Markt für private und geschäftliche Endverwender anbietet. Hieraus lassen sich verschiedene Geschäftsmodelle ableiten.

Die Calling Card ist insbesondere ein ideales Produkt für neu in den Markt eintretende Anbieter von Telekommunikationsdienstleistungen, und zwar aus folgenden Gründen:

- Es ist kein eigenes Netz erforderlich, sondern alle Dienstleistungen können hinzugekauft werden.
- Noch vor dem Aufbau eines eigenen Netzes kann daher die eigene Marke im Markt schon bekannt gemacht werden.
- Reisende mit hohen Umsätzen sind profitable Kunden.

Ein großes Problem bei Calling Cards ist die Sicherheit (→ *Fraud*). Da Calling Cards insbesondere für teure Auslandsgespräche verwendet werden, sollten sinnvollerweise verschiedene Sicherheitsfeatures implementiert werden, wie z.B.:

- Kreditwürdigkeitsprüfung bei Kartenbeantragung.
- → *PIN* (getrennt von Calling Card versendet, nicht auf ihr gespeichert).
- Keine fortlaufenden PINs und Calling-Card-Nummern, sondern Erzeugung mit Zufallsgeneratoren.
- Keine mehreren und gleichzeitigen Verbindungen für eine Calling Card.
- Keine Verbindungen von zwei unterschiedlichen Standorten innerhalb eines bestimmten Zeitraums (z.B. innerhalb von 30 Min.).
- Setzen verschiedener Nutzungslimite (in Währungseinheiten): pro Gespräch, pro Tag, pro Woche, pro Monat.
- Rollierende Nutzungslimite: Sie sind nicht an einen festen Zeitabschnitt wie z.B. eine Woche (Montag bis Sonntag) gebunden, sondern der Zeitraum verschiebt sich jeweils, d.h., ein Limit wird nicht für eine Woche oder einen Monat definiert, sondern für die jeweils letzten 7 Tage oder die letzten 30 Tage.
- Sperren bestimmter Nummernkreise (z.B. von → *Premium Rate Services* oder bestimmter int. Vorwahlen).
- Automatische Kartensperrung bei Betrugsverdacht, z.B. bei mehreren parallelen Verbindungswünschen.
- Automatisches Limitherabsetzen bei Zahlungsverzug oder Betrugsverdacht.
- Online Fraud Prevention: Während einer laufenden Verbindung/Kartennutzung werden diese Tests durchgeführt. Dies setzt - in Abhängigkeit von der Anzahl der von einem Anbieter ausgegebenen Karten - eine entsprechend leistungsfähige Prüfplattform (IT-System) voraus, die entsprechend viele Anfragen schnell bearbeiten kann.

Die Karte selbst ist prinzipiell entbehrlich, dient aber durch die Aufnahme von Kunden- (Name; Kundennummer, die weltweit alle mit 89 beginnen) und Servicedaten (Rufnummern je Land, kurze Bedienungsanleitung) als Gedächtnisstütze für den Nutzer. Darüber hinaus erhält der Nutzer nur durch die Karte etwas physisch Greifbares für sein Geld. Aus Anbietersicht ist wichtig, dass Logo und Anbietername erscheinen. Häufig wird mit der Karte zusammen ein Booklet ausgegeben, das Informationen über das Handling, Nummern und Kundendienstanlaufstellen enthält und kostengünstig ausgetauscht werden kann, wenn sich derartige Informationen ändern, wodurch sich ein Kommunikationskanal zum Kunden eröffnet.

Die Calling Card ist aus der Idee der einfachen → *Telefonkarten* entstanden, indem die Großanbieter ein Verfahren entwickelten, bei dem man als Anbieter von Mehrwertdiensten die gegen Vorkasse mit einer Telefonkarte gekauften Gebühreneinheiten nicht dezentral auf der Karte, sondern zentral für viele Karteninhaber und von überall her abrufbar speichert.

Sinnvollerweise wird als zentrale Rufnummer für die Calling Card eine weltweit einheitliche Rufnummer verwendet, wie z.B. eine → *UIFN*.

→ *ECCSA*, → *Smart Card*.

Calling Plan

→ *Charging*.

Call Monitoring

In einem → *Call Center* die Bezeichnung für die statistische Auswertung der Gesprächsdauern, Wartezeiten, Warteschlangenlängen, Verlustanrufe etc. mit Hilfe eines → *ACD*-Systems.

CallPath

Bezeichnung für einen proprietären Standard für → *CTI* aus dem Hause IBM.

IBM entwickelte die CallPath-Architektur bereits relativ früh in den 80er Jahren. Dies hatte zur Folge, dass diese Architektur mittlerweile von vielen Herstellern von Nebenstellenanlagen und peripheren Geräten unterstützt wird.

CallPath gilt als robust und solide, machte allerdings erst sehr spät den Schritt zu einem allgemein akzeptierten standardisierten Architekturmodell (→ *CSTA*), obwohl es vorher auch schon → *Versit* beeinflusste.

→ *http://www.raleigh.ibm.com/cp/*

→ *http://www.teleman.com.au/ivr/callpath-fr.html/*

Call Pickup

→ *Pickup*.

Call Through

→ *Internet-Telefonie*.

Call Waiting

Bezeichnung eines Dienstmerkmals (→ *Dienst*) moderner Telekommunikationsnetze. Andere Bezeichnung für → *Anklopfen*.

CALS

Abk. für Computer Aided Acquisition and Logistics Support.

CAMA

Abk. für Centralized Automatic Message Accounting.

CAMAC

Abk. für Computer Automated Measurement and Control.

Cambridge Ring

→ *Data Ring*.

CAMC

Abk. für Customer Access Maintenance Center.

Camcorder

Kunstwort, zusammengesetzt aus Camera und Recorder. Bezeichnung für semiprofessionelle, handliche Kameras für Videobänder, mit denen nicht nur eine Aufnahme, sondern auch eine Wiedergabe des aufgenommenen Bild- und Tonmaterials möglich ist, wodurch sich ein → *Videorecorder* einsparen lässt.

Als erster Camcorder für den privaten Bereich gilt ein Gerät aus dem Hause Sony, das 1980 auf den Markt kam.

CAMEL

Abk. für Customized Applications for Mobile Network Enhanced Logic.

Bezeichnung eines Projektes in der EU unter dem Mantel von → *ACTS* mit dem Ziel, ein Konzept zur einfachen, schnellen und kostengünstigen Einführung von Mehrwertdiensten in Mobilfunknetzen zu entwickeln, die auf dem Standard → *GSM* basieren.

Campen, Camper

→ *Surfen*.

Campus-LAN

Bezeichnung für ein Netz, das größer als ein herkömmliches → *LAN*, aber kleiner als ein → *MAN* ist und das z.B. ein Werksgelände oder eine Universität versorgt.

Campusverkabelung

Andere Bezeichnung für → *Primärverkabelung*.

CAN

1. Abk. für Controller Area Network.
   Bezeichnung für einen echtzeitfähigen → *Feldbus*, der gemeinsam in den frühen 80er Jahren von den Unternehmen Bosch und Intel entwickelt wurde.
   Als Übertragungsmedium wird eine verdrillte Zweidrahtleitung genutzt. CAN ermöglicht Buslängen bis zu 1 km und Datenübertragungsraten zwischen 10 kbit/s (bei max. 40 m Buslänge) und 1 Mbit/s (bei max. 1 km Buslänge).
   Auf der Schicht 2 des → *OSI-Referenzmodells* wird als Zugriffsverfahren → *CSMA/CA* verwendet.
   Es werden - ähnlich wie bei → *HDLC* - verschiedene Rahmenformate zur Datenübertragung unterschieden, etwa der Data Frame zur Nutzdatenübertragung, der Remote Frame zur Aufforderung zum Senden von Nutzdaten, der Overload Frame zur Flusssteuerung und der bei der Fehlerbearbeitung eingesetzte Error Frame.
   Das Rahmenformat des Data Frame basiert auf 44 Bit Verwaltungsdaten (→ *Overhead*) und bis zu 64 Bit Nutzdaten.
   Anwendung findet CAN insbesondere in der Automobilindustrie, wo er zur Steuerung und Überwachung kompletter Produktionsanlagen benutzt wird. Neben diesem Einsatz in der Produktion werden zunehmend aber auch Anwendungsfelder in Endprodukten, z.B. in Autos, erschlossen.
   Durch die große Verbreitung existieren mittlerweile viele preisgünstige Komponenten.
   Die Nutzerorganisation CIA e.V. (CAN in Automation) setzt sich für die Weiterentwicklung und Verbreitung ein. Insbesondere ist ihr Ziel, einheitliche Anwendungen auf der Schicht 7 des OSI-Referenzmodells unter der Bezeichnung CAL (CAN Application Layer) zu standardisieren.
   International ist CAN genormt von der → *ISO* als ISO DIS 11898 und 11519.
   → *http://www.can-cia.de/*
2. Abk. für Customer Access Network.

Cannonstecker

Bezeichnung für weit verbreitete Stecker, die es in männlichen und weiblichen Ausführungen (mit Pins oder Hülsen) gibt. Die Stecker sind üblicherweise mittlerweile mit Schraub- oder Klemmverschlüssen ausgestattet, so dass sie auf Dauer zuverlässig zu befestigen sind.

Die bekanntesten Stecker haben 9, 15 oder 25 Pole, wobei jeweils zwei zentrierte Reihen von Polen übereinander angeordnet sind, von denen die obere Reihe einen Pol mehr als die untere Reihe hat.

Die Pole sind durchnummeriert, und zwar bei den Pins von links nach rechts mit der oberen Reihe beginnend. Die Pole bei den Hülsensteckern sind dementsprechend spiegelverkehrt nummeriert.

CANTAT

Abk. für Canadian Trans Atlantic Trunk.

Bezeichnung für eine Reihe von → *Unterwasserkabeln* zwischen Kanada und Europa.

Name	CANTAT-1
Länge	5 195 km
Inbetriebnahme	1961
Kapazität	Erst 60, dann 80 analoge Kanäle
Außerbetriebnahme	1985
Anlandungspunkte Europa	• Oban/Schottland (GB)
Anlandungspunkte Nordamerika	• White Bay/Neufundland (Kanada)

Bemerkungen	• Verlegearbeiten dauerten vier Jahre • Leichte Bauweise durch Verzicht auf starke Armierung • Kupferkabel mit analoger Bandbreite von 240 kHz • Es war geplant, dass das Kabel den Bedarf der nächsten 20 Jahre abdeckt. Tatsächlich waren die Kapazitäten schon drei Jahre später erschöpft.

Name	CANTAT-2
Länge	5 195 km
Inbetriebnahme	1974
Kapazität	-
Außerbetriebnahme	Ja
Anlandungspunkte Europa	• Widemouth (GB)
Anlandungspunkte Nordamerika	• Halifax/Neuschottland (Kanada)
Bemerkungen	• Kupferkabel mit analoger Bandbreite von 5 704 kHz

Name	CANTAT-3
Länge	7 104 km
Inbetriebnahme	Februar 1995
Kapazität	2,5 Gbit/s
Außerbetriebnahme	-
Anlandungspunkte Europa	• Vestmannaeyjar (Island) • Tjornuvik (Faröer Inseln) • Blaabjerg (Dänemark) • Redcar (GB) • Westerland/Sylt (Deutschland)
Anlandungspunkte Nordamerika	• Pennent Point/Neuschottland (Kanada)
Bemerkungen	• Glasfaserbasiert • 87 Repeater

→ *TAT*.

CANUS

Bezeichnung für ein am 15. Oktober 1997 in Betrieb genommenes, glasfaserbasiertes → *Unterwasserkabel* unter dem Nordatlantik, das Kanada mit den USA verbindet. Es verläuft über 1 360 km von Pennant Point/Neuschottland (Kanada) nach Manasquan/New Jersey (USA).

CAP

1. Abk. für Carrierless Amplitude- and Phasemodulation.

   Bezeichnung eines Verfahrens der → *digitalen Modulation*, ein Einträgerverfahren.

   Durch eine bestimmte Wahl der Trägerfrequenz wird verhindert, diese selbst übertragen zu müssen. Es liegt dabei eine spezielle Form der 64-QAM zu Grunde. Modulation im Sender durch zwei FIR-Filter (Finite Impulse Response), die jeweils zueinander orthogonale Impulsantworten besitzen. Demodulation im Empfänger findet in zwei adaptiven, digitalen, entscheidungsrückgekoppelten Filtern statt (Decision Feedback Equalization, DFE).

   Wird wie → *DMT* auch bei → *ADSL* angewendet.

   Entwickelt von Bellcore. Erstmals vorgeschlagen 1988.

2. Abk. für Competitive Access Provider.

   Auch Alternative Access Provider (AAP) genannt. Begriff aus der Regulierung der Telekommunikation in den USA. Dort die Bezeichnung für einen Anfang der 90er Jahre gegründeten und in einem bestimmten Gebiet (→ *LATA*) mit den → *BOCs* konkurrierenden Netzbetreiber, der dort neben den ca. 1 400 lokalen → *Carriern* Zugangsnetze (z.B. zu Fernnetzen) zur Verfügung stellt. Diese Leistung wird z.B. Großkunden in Form von → *Corporate Networks* angeboten.

3. Abk. für Computer Aided Planning.

   Bezeichnung für computerunterstützte betriebswirtschaftliche Planungsmethoden zur Arbeitsvorbereitung und Produktion. Vorteile derartiger Systeme sind:

   - Vermeidung von Fehlern beim Datentransfer
   - Leichtere Archivierbarkeit
   - Leichte Anpassung möglich
   - Implementation automatischer Kontrollmechanismen möglich
   - Höhere Planungsgenauigkeit

   Nachteile können sein:

   - Schwierige Mitarbeiterakzeptanz
   - Investitionen nötig
   - Erhöhter Schulungsaufwand in der Anfangsphase

CAPCS

Abk. für Cellular Auxiliary Personal Communications Service.

CAPI, CAPI-Association

Abk. für Common ISDN Application Programming Interface.

Bezeichnung einer standardisierten und damit herstellerunabhängigen Softwareschnittstelle, über die → *ISDN*-Kommunikationsprogramme von Anwendungsprogrammen auf die in einem Rechner (PC) befindliche ISDN-Karte, unabhängig von deren genauer Hardwareplattform, zugreifen können. CAPI wird mittlerweile durch verschiedene → *Betriebssysteme* genutzt.

Entwickelt 1989 durch deutsche Hersteller (AVM, Stollmann, Systec) von ISDN-Karten zusammen mit dem → *FTZ* während des ISDN-Feldversuches der damaligen Deutschen Bundespost Telekom. Weiterentwickelt und gepflegt von der 1991 gegründeten CAPI-Association (mit Sitz in Berlin).

Mittlerweile liegt Version 2.0 (32-Bit-Treiber) vor, die auch als Standard der → *ETSI* als ETS 300325 verabschiedet wurde.

Die Vorgängerversion CAPI 1.1 ist insbesondere in Deutschland weit verbreitet (und dort, wo einige exportierte Nebenstellenanlagen aus deutscher Produktion eingesetzt werden), unterstützt aber auch nur das ausschließlich in Deutschland bei der Telekom eingesetzte Signalisierungsprotokoll → *1TR6* für den D-Kanal.

Die Dual CAPI vereinigt Version 2 und ihren Vorgänger 1.1 in einem Modul.

In Europa basieren ca. 80% aller ISDN-Anwendungen auf CAPI. CAPI stößt seit 1996 auch zunehmend auf Resonanz außerhalb Europas.

Technisch gesehen ist CAPI im → *OSI-Referenzmodell* in Bereichen von Schicht 2 bis Schicht 4 angesiedelt, wobei es vorkommen kann, dass bei aktiven ISDN-Karten in PCs der PC die Teile der Schicht 2 übernimmt.

CAPI sieht verschiedene Funktionen aus folgenden Bereichen vor:

- Verbindungsauf- und -abbau,
- Anzeige von Kontrollinformationen und Verbindungsparametern,
- Datenübergabe und -übertragung.

Diese Funktionen sind in zwei Gruppen, Mindestfunktionen und Zusatzfunktionen, aufgeteilt. Ca. 90% aller CAPI-Implementationen stützen sich ausschließlich auf die Mindestfunktionen.

→ *http://www.capi.org/*

CAPS

1. Abk. für Call Attempts per Second.

   Bezeichnung für die bei technischen Einheiten in Telekommunikationsnetzen auflaufende Last. Bezeichnet die Anzahl der Verbindungswünsche, die dort bearbeitet werden müssen. Dies sagt nichts über die Leistungsfähigkeit der technischen Einheit aus, die Verbindungswünsche erfolgreich zu bearbeiten.

   → *BHCA*, → *CCS*, → *Erlang*.
2. Abk. für engl. capital letters = Großbuchstaben.

Capture-Effekt

Bezeichnung für den Effekt in Funknetzen, dass aus zwei sich überlagernden Signalen dennoch eines fehlerfrei extrahiert werden kann.

CAR

Abk. für Computer Assisted Radiology.

Bezeichnung für den Einsatz von Computern in der Radiologie zur Bildspeicherung, Archivierung, Weiterleitung und Nachbearbeitung.

Carbon

→ *MacOS*.

CardBus

→ *PC Card 95*.

CARP

Abk. für Cache Array Routing Protocol.

Bezeichnung für ein Protokoll im → *Internet*, das den Austausch von Informationen über den Inhalt von → *Proxy-Servern* unter den Proxy-Servern für Anwendungen im → *WWW* ermöglicht. Ziel ist die Optimierung des Zusammenwirkens von Proxy-Servern in einem lokalen Netz, so dass noch weniger Anfragen an das eigentliche Internet abgegeben werden müssen.

→ *http://squid-docs.sourceforge.net/latest/html/x2503.htm/*

Carrier

1. Auch Network-Provider (NP), Netzbetreiber (NB) oder → *Telco* genannt bzw. in Zeiten vor der → *Deregulierung* mit → *PTT* bezeichnet. International allgemein gängige Bezeichnung eines Netzbetreibers und Dienstanbieters für Übertragungsdienste. Im Gegensatz zum → *PTO* können aber auch private Netzbetreiber gemeint sein.

   Man unterscheidet üblicherweise nach dem Gebiet, in dem der Carrier seine Leistungen anbietet, und der Breite seines Angebots, wobei beide häufig miteinander korrelieren. Ferner hat die Verbreitung von Internet-Technologie dazu geführt, dass es heute eine Vielzahl unterschiedlicher Carrier gibt, so dass insgesamt ein sehr fragmentierter Markt entstanden ist.

   - Internationale Konsortien und Allianzen (→ *Unisource*, → *Global One*, → *Uniworld*, → *Syncordia* bzw. später → *Concert* etc.), die Mitte der 90er Jahre ihre Blütezeit hatten und selten auch Supercarrier genannt werden
   - Nationale Carrier, die aus staatlich organisierten, ehemaligen Monopolanbietern hervorgegangen sind, z.B. die Deutsche Telekom. Häufig auch → *Incumbent* genannt.
   - Neue nationale Wettbewerber mit breitem Sortiment, z.B. Mannesmann Arcor, Mobilcom oder Viag Interkom.
   - Neue nationale Wettbewerber mit Konzentration auf den Telefondienst.
   - Regionalverbund.
   - Großstadtnetze.
   - Städteverbund.
   - Stadtnetze (auch City-Carrier genannt), von denen es im Januar 1998 bei der vollständigen Liberalisierung des TK-Marktes ca. 65 Stück in Deutschland gab.
   - Nationale oder internationale Infrastrukturbetreiber, z.B. Metromedia.
   - Internationale Betreiber von Spezialnetzen, etwa → *Hermes* (Eisenbahn), → *SITA* (Luftverkehrsgesellschaften), oder → *SWIFT* (Banken).
   - Internationale Betreiber von neuen, IP-basierten Netzen, wie z.B. Level3, PSINet oder Qwest (sog. Next Generation Telcos).

Der Vergleich von Carriern untereinander erfolgt oft mit Hilfe von → *Leistungskennzahlen.*
2. Bezeichnet in der Übertragungstechnik einen Kanal (Zeitlage, -schlitz oder -scheibe, → *TDMA*) oder eine Frequenz (→ *FDMA*). Im letzten Fall auch als Träger oder Trägerfrequenz bezeichnet.

Carrier Preselection

→ *Preselection.*

CARS

Abk. für Cable Television Relay Station.
In den USA die Bezeichnung für Mikrowellenverbindungen zum Weiterleiten von Fernsehsignalen zu den Einspeisestationen (Kopfstationen) in → *CATV*-Netzen.

Carterphone Decision

Begriff aus der frühen Liberalisierung des Tk-Marktes in den USA. Bezeichnung einer Entscheidung der → *FCC* aus dem Jahre 1968, nach der auch Nicht-Bell-Endgeräte an das Bell-Telefonnetz angeschlossen werden dürfen, solange diese gewissen technischen Minimalanforderungen genügen und ein Zusatzgerät dazwischengeschaltet war. Diese Entscheidung war ein erster Meilenstein auf dem Gebiet der → *Deregulierung* und der Anfang vom Ende des Endgerätemonopols von AT&T. Ursache für den Rechtsstreit war der Anschluss von im Jahr 1966 erfundenen → *Akustikkopplern* von Tom Carters Firma Carter Electronics (Texas) an das damalige Monopolnetz von Bell. Bell behauptete seinerzeit, der Anschluss dieses Gerätes könne den technischen Betrieb des Netzes stören.
Eine weitere Liberalisierung des Endgerätemarktes in den USA als Folge der Herstellerbeschwerden über das Zusatzgerät ergab sich durch → *Part 68.*

Cartridge

Allgemeine Bezeichnung für eine Schachtel, Kassette oder Gehäuse.

- Im Großrechnerbereich die Bezeichnung für Bandkassetten, die Bänder zur Datenspeicherung enthalten.
- Im PC-Bereich die Bezeichnung für Kassetten, die in einen speziellen Schacht des Druckers gesteckt werden und diesen eine weitere Schrift drucken lassen können.

CAS

1. Abk. für Communication Applications Specifications.
Bezeichnung einer Programmierschnittstelle für die Realisierung von → *Fax* auf dem → *PC* aus dem Hause Intel und DCA. Sie definiert eine Schnittstelle, die Funktionen eines Faxmodems unabhängig von der Hardwareplattform geeigneten Anwendungsprogrammen zur Verfügung stellt, hat sich aber nicht durchsetzen können.
2. Abk. für Channel Associated Signalling.
Internationale Bezeichnung für → *In-Band-Signalisierung.*
3. Abk. für Column Address Strobe.
Bei einem → *DRAM* die Bezeichnung für ein Signal, das anzeigt, dass eine gültige Adresse zur Adressierung einer Spalte anliegt.
→ *RAS.*
4. Abk. für Computerised Autodial System.
Selten verwendete Bezeichnung für → *Dialer.*
5. Abk. für Computer Aided Selling.
Oberbegriff für Computersysteme, die im Vertriebsbereich eingesetzt werden. Üblicherweise handelt es sich um Kontaktverwaltungs- und -verfolgungssysteme, die mit Datenbanken und begrenzten Mechanismen für die

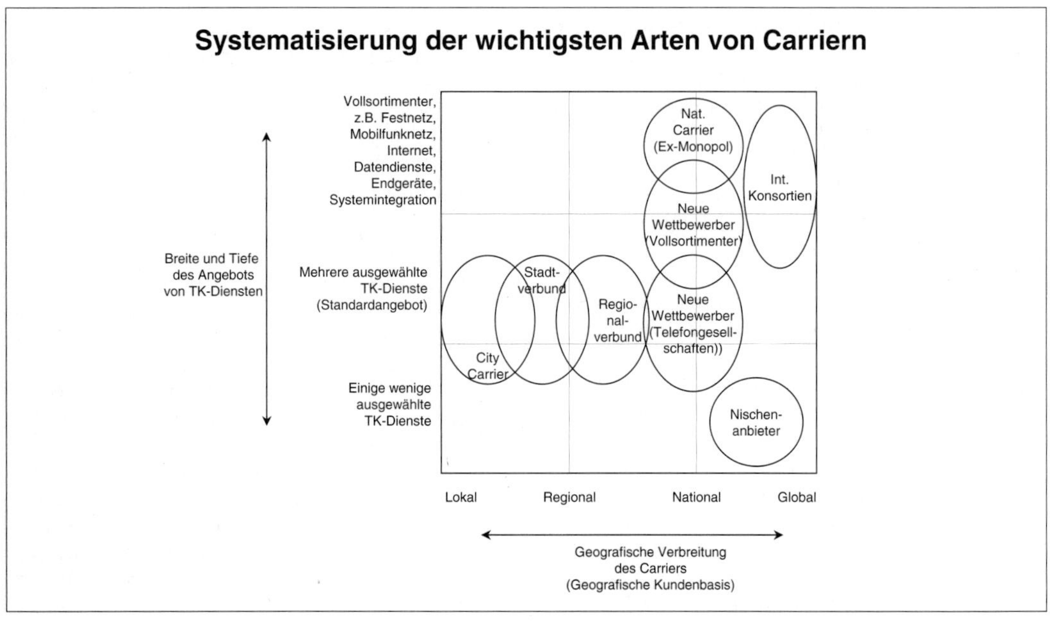

Definition von Abläufen und Geschäftsprozessen ausgestattet sind, ohne jedoch an ein komplettes → *Workflow-Management-System* heranzureichen.
Oft fasst man derartige Systeme auch unter dem Begriff Sales Force Automation (SFA) zusammen.

Cascading Style Sheet

→ *CSS.*

CASE

1. Abk. für Common Application Service Elements.
   Eine Gruppe von Anwendungsdienstelementen auf Schicht 7 des → *OSI-Referenzmodells.* Beispiele sind → *ACSE,* → *RTSE,* → *ROSE,* → *CCRSE,* → *SASE.*
2. Abk. für Computer Aided Software Engineering.
   Begriff aus dem → *Software-Engineering.* Bezeichnung für den Vorgang, mit einer Menge von Programmen (→ *Tools*), die den Entwicklungsprozess von → *Software* unterstützen und effektiver gestalten, selbst Programme zu entwickeln.
   CASE kommt insbesondere bei großen Softwareprojekten mit vielen einzelnen Programmteilen und vielen Analysten, Designern, Programmierern und Testern zum Einsatz, die alle gemeinsam wissen müssen, wie sich ihre Arbeitsumgebung und damit auch das Projekt entwickelt.
   CASE-Tools vereinigen Methoden des Projektmanagements, des → *Repositorys* und häufig auch eine → *Programmiersprache* der 4. Generation in sich.
   CASE-Verfahren existieren ca. seit den 70er Jahren, als große Softwareprogramme entwickelt wurden, deren Entwicklung mit herkömmlichen Methoden der Softwareindustrie nicht mehr zu beherrschen war und man sich über den ‚Produktionsprozess' Gedanken machte und Methoden aus der industriellen Produktionstechnik aufgriff.
   Der Begriff und die Abkürzung wurden durch einen Artikel im Wall Street Journal im Jahr 1986 populär gemacht. Entsprechend fortgeschrittene CASE-Tools mit grafischer Benutzerschnittstelle existieren seit Ende der 80er Jahre, fanden aber erst am Anfang der 90er Jahre breitere Akzeptanz.

Case Based Reasoning

Von engl. fallbasiertes Problemlösen/Problemuntersuchen. Abgekürzt CBR. Bezeichnet eine spezielle Klasse von Programmen, die insbesondere bei Anwendungen im Kundendienst, z.B. in → *Hotlines* von → *Call Centern,* zur schnelleren Fehlerdiagnose und zur schnelleren Beantwortung von Kundenanfragen eingesetzt werden.
Prinzipiell basiert ein CBR-System auf zwei Funktionalitäten:

- Schnelle Fehlerdiagnose durch gezieltes Fragen (gezielte Diagnose).
- Dauerhaftes Speichern und dadurch die Möglichkeit des mehrfachen Anbietens einer bereits einmal gefundenen Lösung, d.h. Aufbau eines Wissenspools.

Ein System für CBR besteht aus einer Datenbank und einem Auswertungsprogramm. Dabei werden Erfahrungen aus früheren Anfragen an das System, z.B. frühere Defekte eines Produktes zusammen mit den spezifischen Symptomen für einen speziellen Defekt, in der Datenbank abgespeichert. Um nun einen Defekt zu diagnostizieren, kann ein erstes, z.B. vom Kunden geäußertes Symptom eingegeben werden. Das CBR-System kann anhand des Symptoms entweder den Defekt bereits eindeutig identifizieren oder es fragt, selbständig aufbauend auf seinen bisherigen, eigenen Daten, gezielt weiter. Ist der Defekt gefunden, bietet das System die bereits einmal gefundene Lösung an.
Prinzipiell wird die Datenbank des Systems nach jeder Eingabe eines Symptoms vollständig durchlaufen, um zu prüfen, ob ein gleiches oder ein ähnliches Problem bereits einmal aufgetreten ist.
Im Laufe der Zeit entsteht innerhalb der Datenbank ein größerer Wissenspool, der üblicherweise auch unstrukturiertes Wissen beinhaltet, das nicht mit einfach strukturierten (verzweigten) Abfragebäumen analysiert werden kann. Daher eignen sich derartige Systeme insbesondere für die Anwendung im Bereich Kundendienst von komplexen Produkten wie z.B. Geräten zur Heimelektronik (Videorecorder, Camcorder, PCs) oder Software.
Eine wesentlich einfachere Form der Unterstützung bei der Fehlersuche ist eine Liste der → *FAQs.*

Cassegrainantenne

Bezeichnung einer bestimmten Bauart einer Parabolantenne. Dabei ist im Fokus der Parabolantenne ein hyperbolischer Subreflektor (auch Fangreflektor genannt) angebracht, der die Strahlen ein zweites Mal auf den eigentlichen Empfänger fokussiert, der sich so z.B. auf oder in dem eigentlichen großen parabolischen Reflektor befindet.
→ *Antenne.*

CAST

Abk. für Computer Aided Software Testing.
Bezeichnung für Methoden und Programme im Rahmen des → *Software-Engineering* zum automatischen Test, zur Fehlerverfolgung, zur Freigabe und zur Qualitätssicherung bei der Erstellung von Computerprogrammen mit Hilfe von speziellen Programmen.

CATT

Abk. für China Academy of Telecommunication Technology.
Bezeichnung für die Institution in China, die neue Techniken auf dem Gebiet der Telekommunikation erforscht und standardisiert.
→ *http://www.catt.ac.cn/*

CATV, CATV-Network

1. Abk. für Community Antenna Television.
   Bezeichnet die Verteilung von mehreren über eine Gemeinschaftsantenne, z.B. bei einem Wohnblock, empfangenen Fernsehprogrammen in eine größere Menge angeschlossener Haushalte im selben Gebäude oder Stadtviertel.

2. Seit Einführung von Kabelfernsehnetzen auch int. übliche Abk. für engl. cable television = Kabelfernsehen oder auch → *Breitbandkabelverteilnetz*.

CAUCE

Abk. für Coalition against Unsolicited Commercial E-Mail.

Bezeichnung einer im Sommer 1997 gegründeten Initiative von Nutzern des → *Internets* zur Verhinderung von → *Bulk Mail* und → *Spam*.

→ *http://www.cauce.org/*

CAV

Abk. für Constant Angular Velocity.

Bezeichnung einer Technik bei Laufwerken für → *CD-ROMs*. Dabei dreht sich die CD-ROM mit konstanter Drehzahl, was in Abhängigkeit von der Position des Lesekopfes (innen/außen) zu unterschiedlichen Datenraten führt.

→ *CLV*.

CAVE

Abk. für Cellular Authentication and Voice Encryption Algorithm.

CB

1. Abk. für → *Crossbar-Switch*.
2. Abk. für Certification Body.
3. Abk. für Control Block
4. Beim → *Betriebssystem* → *MVS* die Bezeichnung für einen Speicherbereich, in dem Daten für das Betriebssystem selbst abgelegt werden.
5. Abk. für Citizen-Band.
   → *CB-Funk*.

C-Band

Bezeichnung für ein Frequenzband von ca. 3 bis 8 GHz, von dem große Teile mit einem Schwerpunkt von 4 bis 6 GHz von Satellitendiensten (→ *Inmarsat*) genutzt werden.

Der Bereich von 3,6 bis 4,2 GHz wird dabei für den → *Downlink* und das Band von 5,8 bis 6,425 GHz für den → *Uplink* genutzt.

Im Vergleich zum → *K-Band* weniger wetteranfällig. Genutzt traditionell für geostationäre Satelliten.

Sende- und Empfangsanlagen erfordern wegen der relativ niedrigen Frequenz und damit großen Wellenlänge auch große Empfangsantennen mit einem Durchmesser von 2 bis 3 m.

CBB

Abk. für Conceptual Building Blocks.

CBC

Abk. für Cipher Block Chaining.

CBDS

→ *SMDS*.

CBEMA

Abk. für Computer and Business Equipment Manufacturers Association.

Ein Branchenverband, der zwar keine Standards festlegt, aber Aktivitäten vorschlägt, die auf Anregung seiner Mitglieder zu Standards führen, und in entsprechenden Gremien sponsert.

Aus der CBEMA ist die → *ITI* hervorgegangen.

CB-Funk

Abk. für Citizen-Band (Radio).

Bezeichnung für den Funkbereich, in dem ohne Amateurfunklizenz von jedermann gesendet werden darf. Betriebsarten und Sendeleistung sind im Vergleich zum echten → *Amateurfunk* begrenzt.

Sendet auf 40 Kanälen im Bereich von 26,960 bis 27,410 MHz und erlaubt Halbduplexverkehr in mäßiger Qualität. Max. zulässige Sendeleistung sind 5 Watt, was üblicherweise für eine Reichweite von 10 bis 15 km sorgt.

CB-Funk hat sich in Deutschland überwiegend als Kommunikationssystem in Fernfahrerkreisen etabliert. Es gibt in Deutschland schätzungsweise 1,8 bis 2 Mio. CB-Funker.

→ *http://www.cb-funk-germany.com/*

CBM

Abk. für Commodore Business Machines.

→ *Commodore*.

CBMS

Abk. für Computer Based Message System.

Früher Begriff für → *E-Mail*-Systeme. Heute ist eher die Abkürzung → *MHS* (Message Handling System) üblich.

CBO

Abk. für Continuous Bitstream Oriented (Application).

Bezeichnung für Anwendungen, die kontinuierlich Bitströme (die aber nicht zwangsläufig von konstanter Höhe sein müssen) erzeugen.

Gegenteil: → *Bursty Traffic*.

CBPCM

Abk. für Coded Block Pattern Chrominance (Signal).

CBQ

Abk. für Class Based Queuing.

CBR

1. Abk. für Constant Bit Rate.
   Bezeichnet Verbindungen mit einer permanent konstanten Bitrate, z.B. für Sprachübertragung (im Gegensatz zur Übertragung von komprimierten Videobildern).
   → *ATM*, → *Burst*, → *Kompression*.
2. Abk. für → *Case Based Reasoning*.
3. Abk. für Content Based Retrieval.
   Bezeichnung für Suchverfahren, die bestimmte zu indizierende Inhalte nicht nur nach bestimmten Schlüsselwörtern (z.B. häufig vorkommende Wörter) oder nach Wörtern in herausgehobenen Textteilen (Überschriften) indizieren, sondern den gesamten Inhalt berücksichtigen (Volltextsuche).

CBS

Abk. für Common Base Station.

→ *BS.*

CBT

Abk. für Computer Based Training.

Bezeichnung für alle Techniken im Schulungs- und Ausbildungsbereich, die den Computer (z.B. zusammen mit Multimedia-Systemen wie → *CD-ROM*-Laufwerken) nutzen. Der Schulungsrechner und der Schüler befinden sich dabei an einem Ort und der Schulungsrechner ist höchstens lokal vernetzt.

Nicht zu verwechseln mit → *Tele-Learning.*

CBX

Abk. für Computerized Branch Exchange.

International gängige, aber selten benutzte Abk. für computergesteuerte und vor allem datenvermittlungstüchtige sowie private → *Nebenstellenanlagen.*

CBX waren bei der Vorstellung des Konzepts Anfang der 80er Jahre für den unteren Geschwindigkeitsbereich als eine billige Alternative zu LANs geplant. Eine CBX übermittelt im Gegensatz zu den Nebenstellenanlagen nicht nur Sprache, sondern auch Daten. Im Gegensatz zu → *LANs* wird dabei leitungsvermittelt (→ *Leitungsvermittlung*) übertragen.

Einst war CBX ein erstes Konzept, als sich die Konvergenz von Nebenstellen- und LAN-Technik am Horizont abzeichnete. Dann blieb es jedoch ohne Erfolg und geriet in Vergessenheit. Den CBXen wurde eine große Zukunft vorausgesagt, doch dann wurde sehr schnell davon ausgegangen, dass LANs selbst sehr günstig sind und Nebenstellenanlagen sowieso digital und computergesteuert werden, so dass sie sich durch nichts mehr von einer CBX unterscheiden.

Neuere, vergleichbare Konzepte sind → *CTI* und in einem gewissen Sinne auch → *Corporate Networks.*

CC

1. Abk. für Call Confirm.

   Bezeichnung für ein bei der Beschreibung von Vermittlungsvorgängen häufig benutztes → *Dienstprimitiv.*
2. Abk. für Country Code.

   Ein bei der Beschreibung von → *Nummerierungsplänen* auftauchender Begriff, der die internationale ein- bis dreistellige Vorwahl eines Landes bezeichnet, für die USA z.B. die 1, für Deutschland die 49. Definiert in → *E.163* und → *E.164.*

   Für Datennetze gibt es den Data Country Code, definiert in → *X.121.*
3. Abk. für → *Cross Connect.*
4. Abk. für Countdown Counter.

   Bezeichnung für einen Zähler zur Verwaltung verteilter Warteschlangen bei → *DQDB.*
5. Abk. für Call Control.
6. Abk. für Carbon Copy.

   Von engl. carbon copy = Durchschlag. Eine Möglichkeit in → *E-Mail*-Systemen, eine Mail nicht nur an den Adressaten, sondern als Kopie auch an (einen) weitere(n) Empfänger zur Kenntnisnahme zu senden, ohne die Mail mehrfach in das System einzugeben und zu verschicken.

   Dabei wird mit einem E-Mail-Editor in der Rubrik cc: des Headers einfach die E-Mail-Adresse des zusätzlichen Empfängers (es können auch mehrere sein) eingetragen.

   Dabei erfährt auch der eigentliche Empfänger, an welche anderen Empfänger die E-Mail weitergeleitet wurde.

   Dies kann mit bcc (Blind Carbon Copy) verhindert werden. Weitere Empfänger, die unter bcc im Header eingetragen werden, werden dem eigentlichen Empfänger nicht angezeigt.
7. Abk. für Computer Communications.

   Oberbegriff für Datenkommunikation zwischen digitalen Rechenanlagen.
8. Abk. für Connection Control.
9. Abk. für Cluster Controller.

   In der → *SNA*-Welt aus dem Hause IBM die Bezeichnung für Hardware, die angeschlossene Terminals und andere Peripheriegeräte (z.B. Drucker) verwaltet.
10. Abk. für → *Calling Card.*
11. Abk. für Central Control.
12. Abk. für Condition Code.
13. Abk. für Common Carrier.
14. Abk. für Conference Call.

    → *Konferenzschaltung.*

CCA

1. Abk. für CENELEC Certification Agreement.

   Bezeichnung des Abkommens der → *CENELEC* über die gegenseitige Anerkennung technischer Prüfungen.
2. Abk. für Common Cryptographic Algorithm.

CCAF

Abk. für Call Control Agent Function.

→ *IN.*

CCBS

1. Abk. für Call Completion to Busy Subscriber.

   Bezeichnung eines Dienstmerkmals (→ *Dienst*) von Nebenstellenanlagen oder auch im → *ISDN* und → *GSM* in Phase 2+, bei dem ein Gespräch auf alle Fälle mit nur einem Versuch zustande kommt (→ *Call Completion*), indem im Besetztfalle das Netz sich die Nummer des → *B-Teilnehmers* merkt und, wenn dieser wieder frei ist, automatisch eine Verbindung zwischen diesem und dem → *A-Teilnehmer* herstellt.
2. Abk. für Customer Care (and) Billing System.

   Oberbegriff für das IT-System, das bei einem Anbieter von Telekommunikationsdienstleistungen für die Rechnungserstellung (→ *Billing*) und die Kundenbetreuung zuständig ist. Üblicherweise eine Kombination aus Billing-System, Kundendatenbank und Kundenkontaktverfolgungssystem, wobei die beiden letztgenannten heute häufig in einem Programm integriert sind.

   Häufig gehört ein → *Call Center* zur Abwicklung der Kundenkontakte mit zum CCBS.

CCC

Abk. für Chaos Computer Club.

Ein 1984 gegründeter Verein aus computerbegeisterten → *Hackern* mit Sitz in Hamburg, der durch verschiedene aufsehenerregende Aktionen und fachliche Stellungnahmen auf Sicherheitslücken in vernetzten Computersystemen aufmerksam gemacht hat.

→ *http://www.ccc.de/*

CCCH

Abk. für Common Control Channel.

Bezeichnung für eine Gruppe von Funkkanälen zur Kontrolle der Zugriffe auf die Nutzdatenkanäle (Traffic Channels, → *TCH*) im Mobilfunksystem nach dem → *GSM*-Standard. Man unterscheidet:

- Random Access Channel (RACH): Auf diesem Kanal können Mobilstationen (→ *MS*) die ihnen aktuell zugeteilte Basisstation (→ *BS*) gezielt ansprechen.
- Access Grant Channel (AGCH): Dient der Kommunikation der Netzsteuerung des GSM-Netzes mit der MS.
- Paging Channel (PCH): Dient der Kommunikation zwischen BS und MS. Wird dazu verwendet, um der MS mitzuteilen, sie solle sich bei der BS melden.

CCD

Abk. für Charge Coupled Devices.

Bezeichnung für ein elektrisches Bauteil, das die Eigenschaften der Lichtempfindlichkeit (Photodetektion) und Speicherung in sich vereint. Realisiert durch eine Fotodiodenzeile (mehrere hintereinander geschaltete Fotodioden, Prinzip des Schieberegisters). Prinzipiell werden dabei elektrische Ladungen zur Speicherung einer Information (und nicht magnetisierbare Partikel wie bei → *Festplatten* oder → *Disketten*) genutzt. Die Menge der in einer einzelnen Fotodiode gespeicherten Ladung ist dabei proportional zum Lichteinfall am Ort der Fotodiode. Alle Fotodioden werden periodisch über einen externen Takt abgefragt, so dass sich durch die Abfrage aller Dioden einer Zeile und aller Zeilen bei einer zweidimensionalen Anordnung ein Bild ergeben kann.

Vorteil dieser Technik ist, dass die CCD-Bausteine sehr lichtempfindlich, platzsparend, justierungs- und wartungsfrei sind sowie einen geringen Stromverbrauch haben.

Einsatzgebiet für zweidimensionale CCD-Bausteine sind Videokameras, bei denen CCD zum Abtasten des einfallenden Lichtes eingesetzt werden.

Ein anderes Einsatzgebiet sind → *Scanner*, wobei ein- und zweidimensionale CCD-Konfigurationen eingesetzt werden.

Erste Bausteine in CCD-Technik wurden 1970 von W.S. Boyle und G.E. Smith in den → *Bell Laboratories* entwickelt.

CCETT

Abk. für Centre Commun d'Étude de Télédiffusion et Télécommunications.

Bezeichnung eines französischen Forschungsinstitutes auf dem Gebiet der Rundfunktechnik.

→ *http://www.ccett.fr/*

CCF

Abk. für Call Control Function.

CCFG

Abk. für Configuration Control Frame Generator.

CCIR

Abk. für Consultative Commitee for Radiocommunication.

Gegründet 1927 in Washington. Bis 1992 ein beratender Ausschuss der → *ITU* mit zwölf Study Groups (SG) für den Bereich des Funkwesens. Nach der Reform der → *ITU* mit dem → *IFBR* zur ITU-R zusammengelegt.

→ *CCITT*, → *CMTT*.

CCIR 601

Norm für die digitale Darstellung eines ursprünglich analogen Videosignals in der → *YUV* oder → *YIQ*-Darstellung in Studioqualität. War die erste derartige Norm überhaupt. Sie erfordert 166 Mbit/s oder 216 Mbit/s bei 8 oder 10 Bit Tiefe und 720 → *Luminanz*-Werten je Zeile bei 50 Halbbildern/s. Mittels → *MPEG II* soll diese Rate für die Sendung des Signals über → *Breitbandkabelverteilnetze* auf 4 bis 5 Mbit/s komprimiert werden.

Mittlerweile nach Auflösung der → *CCIR* umbenannt in ITU-RB T.601.

CCIS

Abk. für Common Channel Interoffice Signalling.

Ein von AT&T in den frühen 70er Jahren entwickeltes außerbandiges Verfahren für → Zeichengabe, angewendet in digitalen Telefonnetzen, das auf dem Vermittlungssystem → *ESS#5* basiert. Die Verbindungsaufbauzeit wurde damit von 10 s auf 2 s verkürzt.

Nutzt ein separates paketorientiertes Netz für Signalisierungsinformationen mit 2,4 kbit/s. Die Pakete sind 28 Bit groß, wovon 8 zu Prüfzwecken genutzt werden.

CCIS wurde international als → *SS#6* genormt. Dieses führte letztlich wiederum zu → *SS#7*.

CCITT

Abk. für Comité Consultatif International Télégraphique et Téléphonique.

Gegründet 1932. Bis zum 28. Februar 1993 beratender Ausschuss als Unterorganisation der → *ITU*, die meistens von nationalen → *PTTs* kontrolliert wurde. Dann ersetzt durch ITU-T.

Aufgabe der CCITT war ursprünglich das Erarbeiten und Veröffentlichen von internationalen technischen Empfehlungen für Telefon, Telegrafie und Datenkommunikation.

Die CCITT gliederte sich in 18 Study Groups (SG). Die Ergebnisse der CCITT wurden am Ende einer Studienperiode alle vier Jahre in andersfarbigen Bücherserien herausgegeben. Daher findet man in der Literatur Hinweise wie „... nach Blaubuch folgt ...“. Es gab folgende Bücher:

1960:	Rot	1980:	Gelb
1964:	Blau	1984:	Rot
1968:	Weiß	1988:	Blau
1972:	Grün	1992:	Weiß
1976:	Orange		

CCK

Abk. für Complimentary Code Keying.

CCL

Abk. für Common Command Language.

Bezeichnung eines europäischen Standards einer Abfragesprache bei Online-Datenbanken. Ziel war, eine einheitliche Abfragesprache zu schaffen, unterhalb derer verschiedene technische Systeme bei den → *Servern* eingesetzt werden können.

Ein Beispiel für eine Datenbank, die eine CCL benutzt, ist → *GRIPS*.

Entwickelt im Rahmen eines von der EU geförderten Projektes.

CCM

Abk. für Cross Connect Multiplexer.

→ *Cross Connect*.

CCN

Abk. für Cordless Communication Network.

Bezeichnung für Netze, bei denen ein zellulares Netz aus → *Picozellen*, basierend auf einer Schnurlostechnik (→ *DECT*), mit einer → *PBX* zur Versorgung eines Unternehmensstandortes gekoppelt wird.

CCNR

Abk. für Completion of Call on no Reply.

Bezeichnung eines → *Dienstmerkmals* des → *ISDN* mit dem Ziel der → *Call Completion*. Dabei merkt sich im Falle eines Anrufes, bei dem der → *B-Teilnehmer* nicht anwesend war und den Anruf nicht entgegengenommen hat, die Teilnehmervermittlungsstelle des B-Teilnehmers die Rufnummer des → *A-Teilnehmers* und signalisiert dem B-Teilnehmer den Anruf des A-Teilnehmers im Display seines Endgerätes. Hebt der B-Teilnehmer ab, wird automatisch eine Verbindung zum A-Teilnehmer hergestellt.

CCP

Abk. für Compression Control Protocol.

CCR

1. Abk. für Commitment, Concurrency, Recovery.
   → *CCRSE*.
2. Abk. für Current Cell Rate.
3. Abk. für Customer Controlled Reconfiguration.
4. Abk. für Call Center Representative.
   → *Agent*.

CCRSE

Abk. für Commitment Concurrency and Recovery Service Element.

Ein Serviceelement auf Schicht 7 des → *OSI-Referenzmodells* aus der Gruppe der → *CASE*. Aufgaben sind die Koordinierung von Interaktionen zwischen mehreren Instanzen unter den Gesichtspunkten zuverlässiger Übergabe von Daten zwischen ihnen, Mehrfachbearbeitung und Maßnahmen zur Wiederherstellung des Originalzustandes von Datenbeständen im Fehlerfall.

CCS

1. Abk. für Common Channel Signalling (System).
   → *SS#7*.
2. Abk. für Custom Calling Services.
   Bezeichnung in den USA für bislang → *ISDN* vorbehaltenen Dienstmerkmalen wie → *Forwarding*, → *Call Waiting* etc. für analoge Anschlüsse.
3. Abk. für Cent Call Seconds.
   In Nordamerika gebräuchliche Einheit für den generierten Verkehr in Telekommunikationsnetzen.
   Bezeichnet die Anzahl von Verbindungseinheiten von 100 Sekunden Länge, d.h. ein 230 Sekunden langes Telefonat entspricht 2,3 ccs. Die Umrechnung in die in Europa gebräuchliche Einheit → *Erlang* erfolgt durch Multiplizierung mit 100 und Division durch 3 600.
   → *HCS*.

CCS#7

Abk. für Common Channel Signalling No. 7.

→ *SS#7*.

CCSN 7

Abk. für Common Channel Signalling Network No. 7.

→ *SS#7*.

CCSRL

Abk. für Control Channel Segmentation and Reassembly Layer.

CCSS

Abk. für Common Channel Signalling System.

→ *Außenband-Signalisierung*, → *SS#6*, → *SS#7*, → *Zeichengabe*.

CCT

Abk. für Channel Check Test.

CD

1. Abk. für Committee Draft.
   Bezeichnung für einen vorläufigen Entwurf eines Standards, der von einem Ausschuss eines Normungsgremiums diesem zu einer ersten Diskussion vorgelegt wurde.
2. Abk. für → *Chromatische Dispersion*.
3. Abk. für Corporate Directory.
   Bezeichnung für ein → *Teilnehmerverzeichnis*, das nur Teilnehmer enthält, die zu einer bestimmten Organisation gehören, z.B. ein Unternehmen oder eine Behörde. CDs

werden üblicherweise nicht veröffentlicht, sondern nur den Mitgliedern der Organisation zur Verfügung gestellt.

4. Abk. für Compact Disc.

   Bezeichnung für einen optischen Speicher, der im Vergleich zu einer Reihe anderer Speichermedien über folgende Vorteile verfügt:

   - Hohe Speicherdichte
   - Unempfindliche Oberfläche
   - Berührungsloser Schreib-/Lesevorgang (kein Verschleiß)
   - Wahlfreier Zugriff auf alle Speicherbereiche innerhalb einer Sekunde
   - Kostengünstige Herstellung durch Pressen (ca. 2 bis 3 DM/CD)

   Die Scheibe selbst ist 12 cm (4,75") im Durchmesser und 1,2 mm dick mit einer Speicherkapazität von insgesamt 682 oder 778 MByte (Mode 1 und 2). Die CD besteht aus Polikarbonat und aus einer dünnen Aluminiumschicht. Ferner ist sie mit einem transparenten Schutzlack überzogen, der vor einfachen Beschädigungen (Kratzern etc.) schützt.

   Die Daten sind spiralförmig von innen nach außen in Form von kleinen unterschiedlich langen Vertiefungen (sog. Pits) in der Aluminiumschicht fixiert. Dort, wo kein Pit ist, wird von Land gesprochen. Eine CD enthält ca. 5 Mrd. Pits, von denen jeder nur 0,6 tausendstel Millimeter breit und 0,12 tausendstel Millimeter tief ist. Pro mm Radius haben 630 Datenspuren Platz. Die einzelnen Pits in den Spuren werden von einem Laser abgetastet. Ein optisches System registriert die Reflexion des Lasers in Abhängigkeit von den Pits (dort, wo ein Pit ist, wird der Laser nicht reflektiert, dort, wo er auf Land trifft, schon), wodurch die Pits ausgewertet und damit der Speicherinhalt gelesen werden kann. Dabei wird ein Wechsel von Pit zu Land und umgekehrt als logisch 1 interpretiert. Erfolgt kein Wechsel, ist dies eine logische 0.

   Um eine konstante Lesegeschwindigkeit von innen nach außen zu erreichen, rotiert die CD mit 500 U/min, wenn am inneren, und mit 200 U/min, wenn am äußeren Rand gelesen wird. Die Veränderung der Rotationsgeschwindigkeit erfolgt automatisch mit Hilfe eines 12 Byte langen Synchronfeldes.

   Ungefähr die Hälfte aller Daten auf einer CD dient der Fehlererkennung und Fehlerkorrektur.

   In der Zeit von 1979 bis 1996 wurden allein in den USA 120 Mio. CD-Player und rund 3 Mrd. CDs verkauft.

   Man unterscheidet verschiedene CD-Formate und verwandte Formate anderer optischer Speichermedien: → *CD+G*, → *CD-DA*, → *CD-MO*, → *CD-Midi*, → *CD-R*, → *CD-ROM*, → *CD-ROM-XA*, → *CD:i*, → *CD-V*, → *CD-WORM*, → *MD*, → *LD*.

CDA

1. Abk. für Communications Decency Act.

   Bezeichnung für ein im Sommer 1996 in den USA in Kraft getretenes und heftig umstrittenes Gesetz, das als Reaktion auf Berichte über insbesondere kinderpornografische Inhalte im → *WWW* des → *Internets* formuliert wurde. Prinzipiell wurden damit „unsittliche und sexuell anstößige" Inhalte verboten. Gegen dieses pauschale Verbot regt sich seither Widerstand, z.B. durch die → *EFF* oder die → *Blue Ribbon Campaign*.

   Das oberste Gericht der USA erklärte jedoch die wichtigsten Passagen des Gesetzes im Juli 1997 für unvereinbar mit dem Recht auf freie Meinungsäußerung.

2. Abk. für Compound Document Architecture.

   Bezeichnung für ein Konzept aus dem Hause → *DEC* zum Austausch verschiedenformatiger Inhalte zwischen Anwendungen. Berücksichtigt werden dabei Text, Grafik, eingescannte Bilder, Videosequenzen und Spreadsheets.

CDC

Abk. für Control Data Corporation.

Ein amerikanischer Hersteller von → *Mainframe-* und → *Supercomputern* mit der Bezeichnung ‚Cyber' für die Hauptproduktlinie. Gegründet 1957 von William Norris und anderen seiner Ex-Kollegen von Sperry-Rand (→ *Univac*) mit Sitz in Minneapolis/Minnesota.

Erstes Produkt war die CDC 1604, die im Januar 1960 auf den Markt kam. Sie war einer der ersten Computer auf der Basis des noch relativ neuen → *Transistors*.

1964 stellte er mit der CDC 6600 (für 16 Mio. $) den ersten kommerziellen Supercomputer vor. Sie wog 7,5 Tonnen, beinhaltete 130 km Draht und 350 000 Transistoren. Ihre Leistung betrug 9 MFLOPs bzw. 1 Mio. Multiplikationen in der Sekunde. Konstruiert wurde sie vom CDC-Mitgründer und späterem Gründer einer eigenen Firma (→ *Cray*), Seymour Cray, der in ihr bereits einige Ideen verwirklichte, die Jahrzehnte später auch bei → *RISC*-Mikroprozessoren verwendet wurden.

1967 hatte CDC einen Auftrag des Lawrence Livermore National Laboratory zum Bau eines Vektorrechners erhalten. Aus diesem Projekt sollte die CDC Star entstehen.

Sie war bei ihrer späten Fertigstellung in den 70er Jahren der erste Vektorrechner überhaupt. Ihre Fertigstellung verzögerte sich aber derartig, dass erste Ideen bereits zuvor in der CDC 7600 eingebaut wurden.

Die CDC 7600 kam zwar schon zuvor, 1968, auf den Markt und leistete 40 MFLOPs, aber ab 1971 wurden Resultate des Star-Projektes durch Frank McMahon bereits bei ihr berücksichtigt.

Gegen Ende 1974 wurde die CDC Star-100 ausgeliefert. Sie verfügte noch über einen 8 MByte großen → *Magnetkernspeicher*.

Die CDC Star wurde allerdings nie in Großserie hergestellt, beeinflusste jedoch viele weitere Superrechner aus dem Hause CDC und der Konkurrenz, z.B. die 1979 vorgestellte Cyber 203 sowie deren Nachfolger 205 (auch in Versionen Cyber 175 und Cyber 176) und ebenfalls die Cray 1.

Die erfolgreichste Zeit lag für CDC in den späten 70er und frühen 80er Jahren mit den Rechnern der Cyber-Serie.

1980 folgte die ebenfalls auf dem Star-Projekt basierende und maßgeblich von Chefdesigner Neil Lincoln konzipierte Cyber 205, die die Leistung selbst der bisherigen Computer des Hauses Cray übertraf.

Sie war seinerzeit der schnellste Rechner der Welt. Gegenüber der 203 war sie mit einer leistungsstärkeren Skalareinheit ausgerüstet. Ihre Leistung lag bei 800 MIPS. Sie sollte der Cray-1 und der Cray XMP Marktanteile abnehmen. Im Laufe der Zeit wurden 30 Stück verkauft, davon vier nach Deutschland.

1983 gründete CDC die ETA Systems Inc. und fing an, die ETA als eine neue Superrechnergeneration zu entwickeln. Sie wurde 1986 als Vektorrechner ETA-10 in → *CMOS*-Technik und Flüssigstickstoff-Kühlung auf den Markt gebracht.

Ihre Leistung lag bei 10 Mio. Rechenoperationen/Sekunde. Sie verfügte über 2 GByte Hauptspeicher und konnte mit 2 bis 8 CPUs ausgerüstet werden. Prinzipiell handelte es sich um ein aus mehreren Vektorrechnern bestehendes Multiprozessor-System.

Trotz aller Erfolge zog sich CDC im April 1989 aus dem Supercomputergeschäft zurück, nachdem absehbar war, dass dieses Marktsegment stark schrumpfen würde.

→ *http://www.cdc.com/*

CDCP

Abk. für Call Detail Collect Point.

CDCS

Abk. für Continuous Dynamic Channel Selection.

CD-DA

Abk. für CD Digital Audio.

Bezeichnet den ursprünglichen Standard der Audio-CD.

Die CD-DA kann 99 logische Stücke (Tracks) auf 74 Minuten speichern. Die Tracks wiederum sind in kleinere Einheiten (Sektoren) zu je 1/75 Sekunde unterteilt. Alle 2 352 Bytes eines Sektors sind Nutzdaten.

Bei der Entwicklung des CD-DA-Standards wurde die analoge Bandbreite aufzuzeichnender Signale mit 22 kHz angenommen. Gemäß des Abtasttheorems (→ *Nyqvistsches Abtasttheorem*) muss dann mit doppelter Frequenz, also 44 kHz, abgetastet werden. Um die Qualität noch ein wenig zu erhöhen, wurde aus Sicherheitsgründen eine weiter leicht erhöhte Abtastfrequenz von 44,1 kHz definiert. Die Abtastwerte werden dann auf 256 Pegelstufen abgebildet. Das → *Red Book* erlaubt 250 korrigierbare Fehler je Sekunde.

Weitere Daten zur CD (Format, Prinzip): → *CD*.

In Entwicklung war die Audio-CD ab 1974 bei Philips nach eigenen Vorarbeiten. Das System wurde seinerzeit DAD (Digital Audio Disc Playback System) genannt. Sony leistete ebenfalls einen wichtigen Beitrag, indem es ab 1979 seine Erfahrungen hinsichtlich der digitalen Codierung von Sprache und Musik (→ *PCM*-Audio-Aufzeichnung auf Videokassetten) einbrachte.

Schon ein Jahr früher, 1978, wurde die Technologie von Philips öffentlich angekündigt und ein Jahr später wurde der erste CD-Player mit laseroptischer Lesevorrichtung vorgestellt. 1982 wurde der Standard von Sony und Philips im sog. Red Book veröffentlicht. Erste Player gab es 1983 bei einem Angebot von zunächst 10 Titeln. Im ersten Jahr wurden rund 35 000 Geräte und im zweiten Jahr 208 000 Geräte verkauft. Seither gab es einen beispiellosen Siegeszug, der die herkömmlichen analogen Vinylplatten fast komplett innerhalb von acht Jahren aus den Läden verbannte und den CD-Player zum Konsumgut machte.

Der Bundesverband der phonografischen Wirtschaft ermittelte folgende Werte für Deutschland:

Jahr	Verkaufte Vinylplatten	Verkaufte Singles	Verkaufte LPs	Verkaufte CDs
1985	124 Mio.	50 Mio.	74 Mio.	7 Mio.
1990	71 Mio.	27 Mio.	44 Mio.	76 Mio.
1996	48,4 Mio.	48 Mio.	0,4 Mio.	181,7 Mio.

Es wird davon ausgegangen, dass im Jahr 1988 erstmals mehr Audio-CDs als Vinyl-Platten verkauft wurden. Ähnlich entwickelte sich die Zahl der CD-Spieler, deren Verkäufe von 60 000 (1983) über 970 000 (1987) auf 2,2 Mio. (1996) stiegen.

Der erste tragbare CD-Spieler kam im Jahre 1985 vom Hause Sony auf den Markt.

Auf Basis der CD-DA entwickelten sich zahlreiche andere Varianten zur Nutzung, insbesondere im Computerbereich. Als letzte Stufe dieser Entwicklung gilt die → *DVD*.

CDDI

Abk. für Copper Distributed Data Interface.

Es handelt sich um eine Variante von → *FDDI* auf Kupferkabeln (→ *UTP*, mit 100 Ohm abgeschlossen) mit Datenraten von 100 Mbit/s.

Basiert allerdings auf einer Sterntopologie (→ *Stern*) und erlaubt lediglich Entfernungen von 100 m zwischen Konzentrator und angeschlossener Station. Demzufolge existieren auch nur Single-Attachment-Stations.

CD-E

Abk. für CD-Erasable.

→ *CD-MO*.

CDE

Abk. für Common Desktop Environment.

Bezeichnung für Aktivitäten der → *X/Open*-Gruppe, eine einheitliche grafische Benutzeroberfläche für Computer auf der Basis von → *Motif* zu definieren.

CDF

1. Abk. für Channel Definition Format.

   Bezeichnung für eine Initiative und einen technischen Standard aus dem Hause Microsoft mit dem Ziel, die divergenten Konzepte der → *Push-Dienste* zu vereinheitlichen.

   Das CDF definiert Channels, die auf → *XML* basieren.
2. Abk. für Common Data Format.

   Bezeichnung für ein von der NASA entwickeltes abstraktes Datenmodell, das die Speicherung von Daten der unterschiedlichsten Formate und Größen erlaubt.

CD+G

Abk. für CD plus Graphic.

Zusätzlich zur Norm der normalen (Musik-) CD aus dem → *Red Book* wurden auf der CD+G 3600 Byte/s für Grafik- bzw. Textinformation untergebracht. Diese Informationen können parallel zur Musik auf einem Fernseher sichtbar gemacht werden. Dieses Verfahren konnte sich jedoch wie → *CD+MIDI* nicht durchsetzen, obwohl es in Fernost für Karaoke-Anwendungen (Videoclip mit Originalmusik, unterlegt mit Liedertexten zum Mitsingen) weit verbreitet ist.

CDG

Abk. für CDMA Development Group.

→ *CDMA*.

CDGP

Abk. für Call Detail Generation Point.

CD:i

Abk. für Compact Disc Interactive.

Interaktives System mit der CD als Speichermedium für simultane Ton- und Bildinformation (→ *Multimedia*). Genormt im so genannten Green-Book-Standard. Technisch gesehen entspricht die CD:i einer → *CD-ROM* mit integriertem Prozessor und eigenem → *Betriebssystem*. Das interne Betriebssystem der CD:i-Prozessoren ist → *OS-9*.

Der Nutzer hat dabei die Möglichkeit, den Lauf der Ereignisse, z.B. eines Spielfilms, zu beeinflussen (vorspulen, Pause, zurückspulen). Eine CD:i kann rund 74 Min. mit → *MPEG1* codierten Videos speichern.

Das System ist insbesondere für Marketing-Einsätze gedacht und kann so z.B. für → *POS* oder→ *POI* eingesetzt werden. Dem Vorteil der geringen Investitionskosten bei den interaktiven Terminals stehen hohe Kosten bei der Erstellung interaktiver Programme entgegen.

Daneben werden Spielfilme auf CD:i veröffentlicht, ergänzt um Zusatzinformationen (Interview mit dem Regisseur etc.), die gezielt mit Steuerbefehlen aufgerufen oder eingeblendet werden können.

Die CD:i wurde 1987 von Philips und Sony im → *Green Book* (enthält Teile des → *Red Book* der → *CD-DA* und des Yellow Book der → *CD-ROM*) definiert und im Oktober 1992 von Philips auf den Markt gebracht.

Seither hat sich das System nur in Nischen etablieren können, insbesondere die Nachfrage im privaten Bereich (Spielfilme, Sprachkurse, sonstige Lernsoftware) hielt sich in Grenzen.

CDIS

Abk. für Call Detail Information Source.

CDL

Abk. für Coded Digital Control Channel Locator.

CDLC

Abk. für engl. Cellular Data Link Control.

Datenkommunikationsprotokoll zum Austausch von Rechnerdaten über das Funktelefonnetz.

CDMA, CDMA2000, CDMAOne

Abk. für Code Division Multiple Access.

Wie → *TDMA*, → *FDMA* und → *SDMA* ist CDMA ein Verfahren zum Kanalzugriff, das z.B. in → *zellularen Systemen* für → *Mobilfunk* oder für → *WLL* genutzt werden kann. CDMA ist dabei neben → *Frequency Hopping* eine mögliche Ausprägung einer → *Spread- Spectrum*-Technik, da es eine reale Anwendung von Direct Sequence Spread Spectrum (→ *DSSS*) ist. CDMA erweitert jedoch das DSSS-Verfahren dahingehend, dass mehrere Verbindungen mit verschiedenen Codes gleichzeitig übertragen werden können.

Man unterscheidet verschiedene CDMA-Verfahren, von denen Direct Sequence CDMA (DS-CDMA) das am häufigsten eingesetzte ist.

Wie bei DSSS wird bei CDMA auch ein schmalbandiges Signal mittels Code zu einem breitbandigen Signal gespreizt. Dies erfolgt dadurch, dass ein zu übertragender digitaler Datenstrom nicht als Folge der Bitwerte 0 und 1 übertragen wird, sondern die digitalen Nutzdatenwerte 0 und 1 im Datenstrom einzeln durch eine Folge (= Codewort) von N ebenfalls binären Symbolen (sog. Codechips oder Sub-Bits) repräsentiert werden. Die N-stellige Folge der Codechips für die 0 und die 1 ist dabei jeweils invertiert.

Die gesamte Folge der Codechips wird dann letztlich übertragen. Resultat dieses Verfahrens ist jedoch, dass sich die benötigte Übertragungskapazität um den Faktor N (Spreizfaktor) erhöht. Dies wird dadurch ausgeglichen, dass jedem Teilnehmer das gesamte Frequenzspektrum zur Nutzung zur Verfügung steht.

Für das CDMA-System sind Spreizfaktoren von N=10 sinnvoll.

Teilt man nun verschiedenen Stationen verschiedene Codes (d.h. spezielle Folgen von Codechips) zu, so kann ein breitbandiger Funkkanal eines Frequenzbandes zu einer Zeit mehrfach von diesen Stationen mit verschiedenen Codes genutzt werden. Die so erhaltenen Signale werden von den Sendern zeitgleich im gleichen Frequenzband übertragen. Die Codiervorschriften müssen dabei so gewählt sein, dass die Interferenzen bei den Empfängern trotz zeitgleicher Übertragung minimal bleiben. Die Anwendung eines sog. Pseudo-Noise-Code zur Trägermodulation der zu übertragenden Daten erfüllt diese Bedingung.

Die Trennung im Empfänger erfolgt durch Korrelationsanalyse des empfangenen Datenstroms der Codechips mit dem beim Empfänger bekannten Code.

CDMA ist störsicherer als → *TDMA* oder → *FDMA*, da es weniger anfällig für → *Fading* ist. Durch das Spreizen aller Nutzdateninformationen auf einem breitbandigen Kanal erfolgt durch Interferenzen nur eine schmalbandige Störung, die in weiten Grenzen toleriert werden kann. Darüber hinaus hat CDMA den Vorteil, dass keine Zeitsynchronisation zwischen Sender und Empfänger nötig ist. Daneben gilt es als extrem abhörsicher.

Der entscheidende Vorteil ist aber, dass CDMA das vorhandene Frequenzspektrum durch den Verzicht auf Guard-Bänder (→ *FDMA*) und Guard-Time (→ *TDMA*) besser ausnutzt. Es wird damit gerechnet, dass CDMA-Systeme dadurch rund das Vier- bis Fünffache an Kapazität abwickeln können wie TDMA-Systeme (anfänglich war sogar von einem Faktor 40 die Rede).

Als Vorteile werden damit zusammenfassend angesehen:

- Größere Kanalkapazität
- Höhere Zuverlässigkeit beim Handover
- Geringere Sendeleistung
- Geringerer Systemaufwand durch Wegfall des Managements einzelner Sende- und Empfangsfrequenzen bzw. des Managements von Zeitschlitzen
- Einfachere Netzplanung, da benachbarte Zellen gleiche Frequenzen nutzen können

Nachteilig ist eine erhöhte Fehlerkorrektur, da Sender pseudozufällig gleiche Sequenzen erzeugen und nicht mehr von verschiedenen Empfängern detektiert werden können.

Anschaulich lässt sich CDMA dadurch erklären, dass sich viele Leute unterhalten, davon die Gesprächspartner jeweils in einer eigenen Sprache. Trotz des Stimmengewirrs ist es für den Menschen möglich, sich auf eine Sprache zu konzentrieren und diese zu verstehen.

Das System gilt insgesamt als technisch schwer beherrschbar und galt bis 1995 als noch nicht ausgereift.

Im Laufe der 90er Jahre wurden verschiedene Verfahren standardisiert, die auf CDMA als Zugriffsverfahren aufbauen. Dabei unterscheiden sich die Standards in diversen Parametern wie z.B. Frequenzbreite des Funkkanals, Anzahl Sprachkanäle je Funkkanal und genutztem Voicecoder:

- CDMAOne: Ein zellularer US-Mobilfunkstandard der 2. Generation. Insbesondere in den USA basieren viele Netze auf diesem Standard, der als → *IS 95* normiert wurde. Seine Wurzeln liegen im originären Verfahren aus dem Hause Qualcomm (daher auch QCDMA genannt).
- RCDMA ist ein alternativ vom Hause Rockwell vorgeschlagenes Verfahren, bei dem der Funkkanal eine Bandbreite von 40 MHz hat, über den simultan 126 Sprachkanäle zu je 16 kbit/s übertragen werden. Das Endgerät sendet mit max. 100 mW und der max. Zellenradius liegt bei 450 m.
- CDMA2000 (auch CDMA2k oder IS 95c genannt): Ein Verfahren, das von der → *TIA* und der → *EIA* bei der → *ITU* als Zugriffsverfahren für den zellularen Mobilfunkstandard der 3. Generation → *IMT 2000* vorgeschlagen wurde. Es handelt sich dabei um eine Weiterentwicklung von IS-95 (also CDMAOne) aus den USA und wird insbesondere vom Hause Qualcomm gefördert. Ziel war die Entwicklung eines Verfahrens, dass die Nutzung von CDMAOne und CDMA2000 im gleichen Frequenzbereich erlaubt, so dass es Netzbetreibern einfach gemacht wird, bedarfsweise auf die neue Technik CDMA2000 zu migrieren.

  In einer ersten Version sieht der Standard (genannt 1XRTT; Kanalbandbreite 1,25 MHz) eine Datenrate von 144 kbit/s vor, eine zweite Version (genannt 3XRTT; Kanalbandbreite 5 MHz) sogar 2 Mbit/s. 3XRTT kann zusammen in einem Netz mit 1XRTT eingesetzt werden, so dass auch hier eine bedarfsweise Migration von 1XRTT zu 3XRTT möglich ist.

  CDMA2000 kann als Duplexverfahren sowohl → *FDD* als auch → *TDD* nutzen.
- → *W-CDMA* und → *TD-CDMA*: Zwei in Europa entwickelte Verfahren, die bei → *UMTS* eingesetzt werden.
- → *TD-SCDMA*: Ein in China entwickeltes Verfahren, das bei IMT 2000 eingesetzt werden soll.

Insbesondere in den USA und mittlerweile auch in Asien wird sehr viel auf CDMA (speziell gepusht von Qualcomm und AT&T, in zweiter Reihe von Nortel Networks und Motorola) als dem möglichen Nachfolger von → *D-AMPS* gesetzt. Aus diesem Grund wird der Begriff CDMA oft auch als Synonym für den D-AMPS-Nachfolger verwendet.

CDMA galt wegen technischer Unausgereiftheit fast als Verlierer im Rennen um die → *PCS*-Technik (deren Lizenzen Ende 1994 versteigert wurden) in den USA, konnte sich aber neben → *PCS 1900* dann doch in einigen Netzen etablieren. Dabei kamen verschiedene Standards zum Einsatz (CDMAOne, CDMA2000), wobei der größte Unterschied in der Signalisierung zu finden ist.

Die Verwendung von CDMA als Zugriffsverfahren für die Mobilfunksysteme der 3. Generation (→ *UMTS* und → *IMT2000*) war lange Zeit in der Schwebe. Jahrelang verhinderten Patentstreitigkeiten zwischen Ericsson und Qualcomm eine Annäherung, doch im März 1999 erreichte man ein Agreement und lizenzierte sich gegenseitig die umstrittenen Patente, so dass CDMA zur Grundlage von IMT2000 und seiner Untermenge UMTS wurde.

Satellitengestützte Mobilfunksysteme planen ebenfalls den Einsatz von CDMA (→ *Odyssey*, → *Globalstar*).

Darüber hinaus gibt es (z.B. von AT&T) Systeme für → *RLL*, die auf CDMA als Zugriffsverfahren setzen.

CDMA wurde ursprünglich von der US-Firma Qualcomm Ende der 80er Jahre für militärische Anwendungen entwickelt. Nach Freigabe der Technik wurde die Lizenz auch anderen Unternehmen zugänglich gemacht. Ein Feldversuch lief Ende 1991 in San Diego, und die kalifornische Firma Airtouch Communications (Tochter von Pacific Bell) betrieb seinerzeit einzelne CDMA-Zellen in Los Angeles und hat dort bis Ende 1996, nach Start des Serienbetriebs 1995, eine Flächendeckung von 80% erreicht.

In Deutschland erprobte die Deutsche Telekom mit eigenen Mitarbeitern in Münster ab Ende 1996 ein aus drei Zellen bestehendes CDMA-System.

Die CDMA Development Group (CDG) versteht sich als Forum bei der Entwicklung von CDMA.

→ *http://www.qualcomm.com/*

→ *http://www.cdg.org/*

CD+MIDI

Abk. für CD plus MIDI-Information.

Bezeichnet wie CD+G eine Erweiterung des normalen CD-Standards aus dem → *Red Book*, bei dem parallel zur eigentlichen Musikinformation → *MIDI*-Informationen abgelegt sind.

CD-MO

Abk. für CD magneto-optical, auch mit CD-E für Erasable (löschbar) bezeichnet.

Bezeichnet CDs, die einmal beschrieben werden können.

Die Oberfläche der CD ist magnetisch und wird beim Schreibvorgang thermisch per Laser an den Curie-Punkt gebracht, wodurch ein Magnetfeld angelegt wird und der Punkt magnetisch polarisiert wird. Nach dem Erkalten innerhalb von Bruchteilen einer Sekunde bleibt die Polarisation erhalten und kann ausgelesen werden, da sie den Laserstrahl in Abhängigkeit von der Polarisationsrichtung unterschiedlich reflektiert (→ *Kerr-Effekt*). Derartige Platten können aber auf normalen CD-ROM-Geräten nicht gelesen werden.

CD-MOs werden heute nur noch selten verwendet.

Beschrieben im Teil 1 des → *Orange Book*, das 1991 von Philips und Sony herausgebracht wurde.

CDN

Abk. für Customer Dedicated (Defined) Network.

Bezeichnung für Netze, die von Telekommunikationsdienstleistern (Netzbetreibern) im Kundenauftrag und an spezielle Kundenwünsche und -anforderungen angepasst, eingerichtet und betrieben werden.

CDPD

Abk. für Cellular Digital Packet Data.

Auch Celluplan II genannt. Die Abkürzung CDPD wird in der Literatur gelegentlich als allgemeine Bezeichnung für mobile paketorientierte Datennetze verwendet, was streng genommen nicht korrekt ist.

Ursprünglich ist CDPD die Bezeichnung für einen Standard zur mobilen, paketorientierten und digitalen Datenübertragung mit 19,2 kbit/s auf Basis von zellularen Mobilfunknetzen. Dabei erfolgt eine Übertragung nach dem → *X.25*-Protokoll, dem Standard für → *Frame Relay* oder mit dem → *PPP*.

Bei CDPD werden die Daten von einem Nutzer, der an einem verbindungslosen CDPD-Backbone-Netz angeschlossen ist, über eigene Basisstationen (MDBS, Mobile Data Base Station) ausgesendet, die über ein zwischengeschaltetes System (MD-IS, Mobile Data Intermediate System) angesteuert werden. Innerhalb des CDPD-Backbone-Netzes werden Netzknoten als Intermediate-System bezeichnet und entsprechen dem, was im → *Internet* als Router bezeichnet wird.

Befindet sich der betreffende mobile Nutzer (MD-ES, Mobile Data End System) nur in Reichweite einer AMPS-Basisstation, die allerdings CDPD-fähig sein muss, dann erfolgt vom MD-IS ein Übergang ins AMPS-Netz, von wo aus der Ruf über eine kombinierte BS+MDBS-Einheit abgesetzt wird.

Zur Lokalisierung des MD-ES und zur Bestimmung der passenden BS wird jede MD-ES einem Home MD-IS zugeordnet, der eine Datenbank unterhält, in der (ähnlich dem → *HLR* im → *GSM*-System) die aktuelle BS des aktuellen MD-IS aufgeführt ist. Der wesentliche Unterschied zwischen den IS und MD-IS besteht darin, dass die MD-IS bereits Teil der Infrastruktur des Mobilfunknetzes sind und daher wissen, wo sich der MD-ES im Mobilfunknetz aufhält.

Die MD-ES besteht aus einem CDPD-Radio-Modem und dem eigentlichen Endgerät.

CDPD kann als eigenständige Netzinfrastruktur oder in Kombination mit einem bestehenden Mobilfunknetz nach dem → *AMPS*-Standard als Overlay-Netz aufgebaut und betrieben werden.

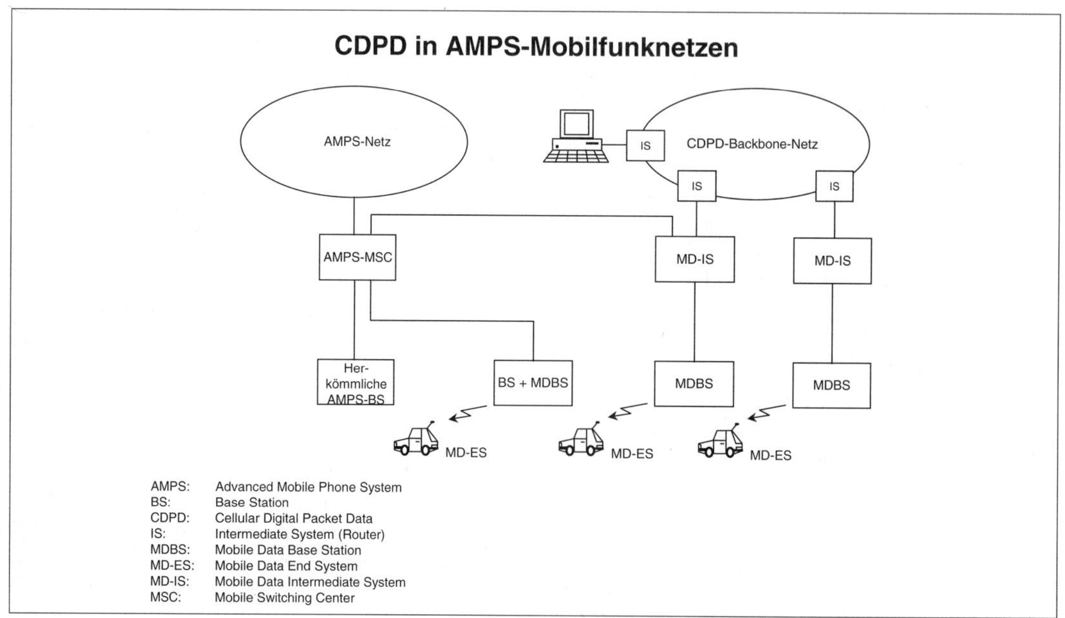

CDPD wurde vom Hause IBM entwickelt und dann ab Ende 1992 von einer Interessengruppe, in der sich diverse CDPD-Service-Provider und Hersteller zusammengeschlossen hatten, gefördert. Resultat war ein CDPD-Standard im Juni 1993 (Release 1.0) und anschließend ein festerer Zusammenschluss der bis dahin losen Interessengruppe von rund 100 Unternehmen im CDPD-Forum Inc. gegen Mitte 1994, das mittlerweile in Wireless Data Forum umbenannt wurde. Nächster Schritt war die Weiterentwicklung des Standards zum Release 1.1 im Januar 1995.

Mittlerweile werden CDPD-Dienste in über 100 Städten der USA angeboten, z.B. von den Unternehmen Alltel, AT&T Wireless, Ameritech, BC Tel, Bell Atlantic Mobile, GTE Wireless, SNET, Telus oder auch Vanguard Cellular. Auch mehrere Betreiber von AMPS-Netzen in Asien und Lateinamerika bieten CDPD an.

In den USA wurde CDPD zunächst nur schleppend angenommen, was zu einem Großteil auf den inselartigen Netzausbau zurückzuführen war. Zum Jahresende 1997 gab es 17 000 und zum Jahresende 1998 rund 70 000 Nutzer. Erst 1999 und 2000 wurden hohe Wachstumsraten erzielt, was zu einem starken Anstieg der Nutzerzahlen führte.

Als Nachfolger von CDPD wird das mit → *GSM* kompatible → *EDGE* gesehen.

In der GSM-Welt ist → *GPRS* das Äquivalent zu CDPD.

→ *Modacom*, → *Mobitex*.

→ *http://www.wirelessdata.org/*

CDR

1. Abk. für → *Call Detail Record*.
2. Abk. für Clock and Data Recovery.

CD-R

Abk. für Compact Disc Recordable, auch CD-WO für Write Once genannt.

Bezeichnet eine einmalig in einem Zug bespielbare CD, die z.B. dann in → *CD:i-* oder → *CD-ROM*-Systemen eingesetzt werden kann. Genormt in Teil 2 des → *Orange Book*. Die Scheiben selbst sind goldfarben. Dieses System eignet sich insbesondere für Kleinserien, bei denen CD-ROMs zu teuer sind. Andere Anwendungen sind Masteraufnahmen in Tonstudios.

Einbrenngeräte sind mittlerweile für deutlich unter 500 DM zu erhalten und daher weit verbreitet.

→ *CD-WORM*, → *CD-MO*.

CD-ROM

Abk. für Compact Disc Read Only Memory.

Genormt von der → *ISO* als ISO 9660 und im Gelbbuch (Yellow Book) der Firmen Philips und Sony 1985 beschrieben. Bezeichnung für eine CD, die über ein CD-ROM-Laufwerk in einem Rechner gelesen werden kann.

Ein CD-ROM-Laufwerk gilt mit dem Aufkommen von → *Multimedia* seit ca. Ende 1995 zur Standardausrüstung eines PCs.

Leistungskenngrößen sind folgende Werte:

- Umdrehungsgeschwindigkeit
- Mittlere → *Zugriffszeit*
- Transferrate

Im Zuge des technischen Fortschritts ergaben sich immer höhere Umdrehungsgeschwindigkeiten, die als Vielfaches der Umdrehungsgeschwindigkeit der ersten am Markt erhältlichen Laufwerke angegeben werden. Dieser Faktor ist mittlerweile die zentrale Typkennung verschiedener Laufwerkklassen.

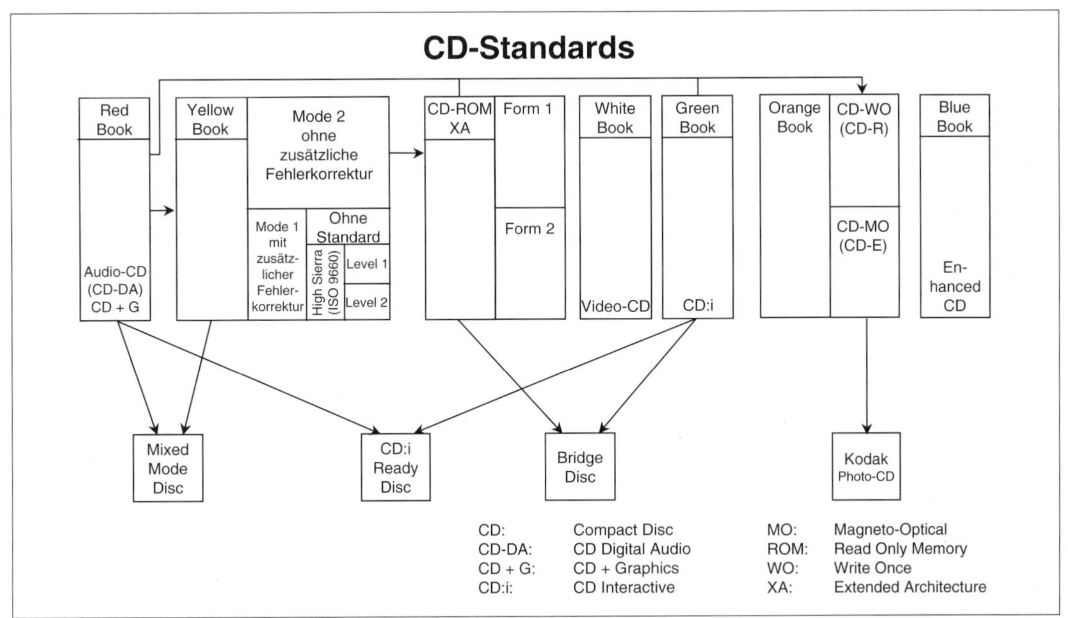

Für die verschiedenen Klassen ergeben sich beispielsweise folgende Werte:

Typ	Transferrate	Zugriffszeit
1x	150 KB/s	400 - 600 ms
2x	300 KB/s	200 - 360 ms
3x	450 KB/s	195 - 250 ms
4x	600 KB/s	140 - 350 ms
6x	900 KB/s	125 - 225 ms
8x	1,2 MB/s	ca. 195 ms

Die mittlere Zugriffszeit einer CD-ROM ist damit erheblich länger als bei → *Festplatten*. Ferner muss zur Leistungsbeurteilung beachtet werden, dass sie von den auf der CD-ROM enthaltenen Informationen abhängt. Software, die direkt von der CD-ROM gelesen wird, ist oft so geschrieben, dass sie kompatibel zu der langsamsten, derzeit noch im Markt vertretenen Technik (üblicherweise 2x-Laufwerke) ist. Dies führt durch die Nutzung mit z.B. 8x-Laufwerken nicht zu entscheidenden Leistungszuwächsen.

Die Wellenlänge des Lasers liegt bei 780 nm; neue Techniken nutzen auch Laser mit einer Wellenlänge von 685 nm.

Bis Anfang 1995 dominierten Laufwerke mit doppelter Geschwindigkeit (2x) den Markt. Es folgten die Laufwerke mit dreifacher (3x) und vierfacher Geschwindigkeit (4x), von denen nur die 4x-Laufwerke eine größere Rolle im Markt spielten. 1996 übernahmen Laufwerke mit sechsfacher Geschwindigkeit (6x) die Führung. Laufwerke mit achtfacher Geschwindigkeit (8x) setzten sich 1997 als Standard durch. Gleichzeitig kamen 10x- und 12x-Laufwerke sowie im Oktober 1997 auch 24x-Laufwerke auf den Markt.

1995 wurden weltweit ungefähr 34 Mio. CD-ROM-Laufwerke verkauft. Für 1996 rechnete man weltweit mit 50 Mio. verkauften Laufwerken.

Es existieren unterschiedliche Sektorenformate (Mode 1 und 2), die zu unterschiedlichen Spiellängen führen, wenn man eine CD-ROM komplett in einem der beiden Modes bespielt.

Mode 1 verfügt über zusätzliche Daten zur Fehlerkorrektur, auf die im Mode 2 verzichtet wird, weswegen im Mode 2 mehr Nutzdaten zur Verfügung stehen.

Die letzten 14 Minuten Spielzeit der CD-ROM belegen die äußeren 5 mm und werden bei Längenangaben oft nicht gerechnet, da hier häufig Produktionsschwierigkeiten entstehen, die zu Fehlern führen. Diese Kapazität wird daher oft nicht genutzt und mit Lead-Out bezeichnet. Das Inhaltsverzeichnis (TOC, Table of Contents) einer CD-ROM befindet sich auf den inneren 4 mm im sog. Lead-In.

Die ursprüngliche Audio-CD (→ *CD-DA*) wurde im → *Red Book* genormt.

→ *CAV*, → *CLV*, → *CD-ROM-XA*, → *EB*, → *MD*.

CD-ROM-XA

Abk. für CD-ROM with Extended Architecture.

Eine Erweiterung des → *CD-ROM*-Standards von 1989, die Audio- und Videodaten verbindet und so eine Bild-Ton-Synchronisation erlaubt. Das System entstand aus einer Übereinkunft von Philips, Sony und Microsoft. Definiert im Green Book, das auch den → *CD:i*-Standard umfasst. Es nutzt → *ADPCM* zur Sprachcodierung. Die im Vergleich zur Audio-CD geringere Klangqualität erlaubt dadurch eine Ausweitung der Spielzeit.

Heutige CD-ROM-Laufwerke sind auch CD-ROM-XA-fähig und werden daher als Multimode-Laufwerke bezeichnet. Für qualitativ befriedigende Multimedia-Anwendungen sind CD-ROM-XA-fähige Laufwerke heute State-of-the-Art. Es stehen drei Qualitätslevel zur Verfügung:

Qualitätsstufe	A	B	C
Abtastfrequenz in kHz	37.8	37.8	18.9
Bit/Kanal	8	4	4
Kompression	1:2	1:4	1:8
Spielzeit Mono Std.:Min.	4:48	9:36	19:12
Spielzeit Mono Std.:Min.	2:24	4:48	9:36

Microsoft pushte die Entwicklung der CD-ROM-XA. Das → *Green Book* der CD:i stand bei der Entwicklung Pate. Kodak nutzte dieses System 1992 bei der Entwicklung der Foto-CD (definiert im Teil 2 des Orange Book).

Photo-CDs sind goldfarben und haben sich zu einer Familie von Anwendungen entwickelt: ‚Portfolio-Standard' zum Erstellen von Bildbänden mit Photos, Text und Ton sowie ‚Catalog Disc Standard' für Kataloge (Bild und Text). Die Photo-CD wurde 1992 erstmals auf der Photokina in Köln vorgestellt. Auf ihr lassen sich bis zu 100 Photos speichern.

CD-RTOS

Abk. für Compact Disk Real Time Operating System.

Bezeichnung des → *Betriebssystems* für die technische Plattform der → *CD:i*. Ist aus → *OS-9* hervorgegangen.

CDS

1. Abk. für Cabin Distribution System.
2. Abk. für Caller Display Signaling.
3. Abk. für Cinema Digital Sound.

   Bezeichnung für ein digitales Tonsystem für Kinofilme im 35-mm-Format aus dem Hause Kodak. Es basiert auf einer Kombination von 70-mm-Film und digitalem Ton auf sechsspurigem Lichtton. Erster Film, der mit diesem System produziert wurde, war ‚Dick Tracy' (USA 1990). Mit großem Werbeaufwand wurden ferner einige Terminator-2-Kopien in die Kinos gebracht. Die Elektronik fiel jedoch häufig aus und da man im Vertrauen auf sie auf eine herkömmliche Tonspur (Lichtton) auf der Kopie verzichtet hatte, kämpfte Schwarzenegger in ungewohnter Stille.

   Das System konnte sich nicht durchsetzen, und alle nachfolgend entwickelten digitalen Tonsysteme (→ *Dolby*, → *DTS*, → *SDDS*) haben zur Vermeidung eines ähnlichen Debakels nach wie vor eine herkömmliche Tonspur auf jeder Kopie.

CDT

Abk. für Center for Democracy and Technology.

Bezeichnung für eine Vereinigung mit dem Ziel des Schutzes der Bürgerrechte im Bereich der Telekommunikation.

→ *http://www.cdt.org/*

CDV, CDVT

Abk. für Cell Delay Variation (Tolerance).

Bezeichnung für die Varianz der Verzögerung bei der Übertragung von Zellen in einem Datenstrom. CDV ist ein Qualitätsparameter in → *ATM*-Netzen und ergibt sich aus der Differenz der maximalen und der minimalen Zellenverzögerung (CTD, Cell Transfer Delay).

→ *Cell Clumping*.

CD-V

Abk. für CD Video.

Nach der → *CD-DA* die erste musikfremde Anwendung der CD. Der Standard wurde im → *Blue Book* festgeschrieben. Er vereint digitalen Ton und analoges Standbild nach dem alten Laserdisc-Verfahren auf einem Träger. Ermöglicht 20 Min. Ton und 6 Min. Bild. Hat nie größere Bedeutung erlangt.

CD-WO

Abk. für CD-Write Once.

Manchmal benutzte andere Bezeichnung für die → *CD-R*. Man beachte den Unterschied zur → *CD-WORM*!

CD-WORM

Abk. für CD-Write Once Read Multiple.

Bezeichnet einen Standard zum einmaligen Beschreiben einer CD. Das Beschreiben kann in mehreren Schritten geschehen (multisession). Kapazität beträgt 128 Mbyte. Diese Technik ist mit der → *CD-R* eng verwandt.

→ *CD-MO*.

CE

1. Abk. für Circuit Emulation.
   → *ATM*.
2. Abk. für Connection Element.

CEA

Abk. für Consumer Electronics Association.

→ *http://www.cemacity.org/*

CeBIT

Abk. für Centrum für Büro- und Informationstechnik.

Bezeichnung für die alljährlich im März stattfindende weltgrößte Investitions- und Konsumentengüterschau für Büro-, Informations- und Telekommunikationstechnik in Hannover, die sich aus der ursprünglichen Hannover Messe Industrie herausbildete, deren Bestandteil sie lange Zeit war.

Die Ursprünge liegen in den 50er Jahren, als erstmals Aussteller aus den Bereichen Bürotechnik (Schreibmaschinen, Diktiergeräte etc.) auf der Hannover Messe Industrie ausstellten. Schon Ende der 50er Jahre waren die Aussteller aus dem seinerzeit so genannten Bereich für Büro-Automatisierung die drittgrößte Ausstellergruppe.

Die Ursprünge als eigenständig abgegrenzter Ausstellungsbereich liegen im Jahr 1970, als auf der Hannover Messe Industrie die Datenverarbeitungsbranche mit 230 Ausstellern erstmals in der neuen, eigens für sie gebauten Halle 1 untergebracht war, wohin sie aus den Hallen 17 und 17a gezogen waren. Die separate Ausstellung bekam den Namen CeBIT für Centrum der Büro- und Informationstechnik. Mit knapper Mehrheit wurde CeBOT (...Organisationstechnik) im Ausstellerbeirat abgelehnt. Halle 1 war seinerzeit mit 70 300 m^2 die größte Messehalle der Welt und kostete 55 Mio. DM. Schon am Tag der Eröffnung war klar, dass sie zu klein war.

Aus dem Jahr 1973 wird berichtet, dass auf der CeBIT der Hannover Messe 650 Aussteller nach Aussage von Kommentatoren „ein schier unüberschaubares Angebot“ präsentierten.

Gegen Ende der 70er Jahre wuchs die CeBIT über Halle 1 in die Hallen 2 und 18 hinaus, von wo aus zu Beginn der 80er Jahre die Ausdehnung auf Halle 3 erfolgte.

Nachdem die Warteliste für Aussteller aus den CeBIT-Bereichen immer länger wurde und rund 870 Interessenten umfasste, entschied sich die Messeleitung nach einem langwierigen Entscheidungsprozess im November 1984 dafür, die CeBIT mit Wirkung ab 1986 von der Messe Industrie abzutrennen.

1985 fand die letzte gemeinsame Messe mit rund 1 300 Ausstellern aus dem IT- und TK-Bereich statt.

Erstmals fand die CeBIT, wie man sie heute kennt, ab dem 12. März 1986 mit 2 142 Ausstellern (bei rund 334 000 Besuchern) unabhängig von der Hannover Messe Industrie statt und integrierte erstmals auch die Telekommunikationsbranche. Die Trennung wurde seinerzeit heftig diskutiert, dennoch wurde die CeBIT im Laufe der Zeit zur zweitgrößten Messe der Welt überhaupt (hinter der Hannover Messe Industrie) und zur größten Messe für Informations- und Kommunikationstechnik.

1987 kam es zwei Tage vor Messebeginn zum Schneesturm auf der CeBIT (rund 1 m Schnee), die von den Medien deswegen scherzhaft in Schneebit umbenannt wurde.

Auch 1992 war das Wetter mit Gewittern, Hagel und Sturm der CeBIT nicht sonderlich wohlgesonnen.

Mitte der 90er Jahre wuchsen die Wartelisten für Aussteller erneut. Teilnehmende Aussteller beklagten sich über den mittlerweile sehr hohen Anteil an Privatleuten unter den Besuchern.

Im Sommer 1995 wurde daher beschlossen, die CeBIT ab 1996 um einen Tag zu kürzen, die Eintrittspreise signifikant zu erhöhen und im zweijährigen Wechsel mit der Berliner Funkausstellung (→ *IFA*) im Herbst eine mehr konsumentenorientierte Messe für PCs, Spiele und sonstige semiprofessionelle Software zu veranstalten (→ *CeBIT Home*). Die erste derartige Veranstaltung fand 1996 statt und erreichte Besucher- und Ausstellerziele knapp.

Als Resultat sanken die Besucherzahlen der CeBIT von 755 300 (1995) auf 606 900 (1996), doch schon im Jahre 2000 war der alte Rekord wieder eingestellt und 2001 wie-

der übertroffen. Ebenfalls beschloss man 2001, dass ab 2002 die CeBIT wieder einen Tag länger sein sollte.
→ *Comdex*, → *Orbit*, → *SIMO*, → *SMAU*, → *Systems*.
→ *http://www.cebit.de/*

CeBIT Home

Bezeichnung für eine aus der → *CeBIT* hervorgegangene und im Jahre 1996 erstmals durchgeführte Messe mit einem Schwerpunkt bei den konsumorientierten Produkten. Offiziell wurde von einer anwenderorientierten Multimedia-Messe gesprochen.
Zunächst als jährliche multimediale Veranstaltung mit Schwerpunkt auf den Bereichen Computer-, Online-, Telekommunikations- und Video-/Audiotechnik geplant, fand sie auf Wunsch der Unterhaltungselektronikindustrie im Wechsel mit der → *IFA* alle zwei Jahre in geraden Jahren statt.
Gedacht war sie für Händler, die ihre Order für das Weihnachtsgeschäft traditionell gegen Ende August platzieren.
Am 11. Dezember 2000 wurde die Entscheidung veröffentlicht, die CeBIT Home wieder einzustellen. Verschiedene wichtige Aussteller hatten angekündigt, sie würden zum nächsten Termin nicht mehr an der CeBIT Home teilnehmen, da sie den Mehrwert nicht mehr erkennen könnten und nicht mehr hinter dem Konzept der Messe stünden.

CEbus

Abk. für Consumer Electronics Bus.
Bezeichnung für eine in den USA entwickelte Technik, hausinterne Energieversorgungsleitungen (Strom) zur Übertragung von digitalen Daten zu nutzen. Primär gedacht zur Steuerung von elektrischen Haushaltskomponenten, z.B. Fernsteuerung von elektrischen Jalousien, Garagentoren oder der Beleuchtung.
Im Standardformat steht eine Datenrate von 10 kbit/s zur Verfügung. Neuere Überlegungen gehen in Bereiche von bis zu 1 Mbit/s, wodurch das im Haus befindliche Stromversorgungsnetz als → *LAN* genutzt wird und z.B. → *PC* und → *Drucker* miteinander verbinden kann.
Die Protokollspezifikation belegt die Schichten 1 bis 4 des → *OSI-Referenzmodells*. Auf Schicht 1 werden verschiedene Medien definiert, z.B. das Spannungsversorgungsnetz (→ *Powerline Communications*), die verdrillte Zweidrahtleitung (Kategorie 5; → *Verkabelungsstandard*) oder das Koaxialkabel. Ferner sind auch drahtlose Systeme auf der Basis von Funk oder infraroter Übertragung vorgesehen.
Als Zugangsprotokoll in der → *MAC*-Teilschicht von Schicht 2 wird → *CSMA/CD* genutzt.
Es stehen zwei Kommunikationskanäle zur Verfügung. Neben einem Control Channel zur Übertragung kurzer Nachrichten in Echtzeit gibt es einen Data Channel zur Übertragung größerer Datenmengen.
CEbus definiert auch eine Common Application Language (CAL). Mit ihr ist es möglich, die angeschlossenen Geräte (hier Context genannt, wobei ein Context aus mehreren seine Funktionalität bestimmenden Objekten bestehen kann) untereinander Informationen auszutauschen und aufeinander reagieren zu lassen. Dafür definiert CAL eine Menge einfacher Regeln und Befehle.
Beispiel für einen Context ist ein Fernsehgerät, das aus den Objekten Lautstärke, Bildhelligkeit, Kontrast, Sendereinstellung etc. besteht.
Standardisiert wurde der CEbus durch die → *EIA* als EIA 600.
Andere konkurrierende Technologien sind → *EIB*, → *HomePNA*, → *LON* und → *X 10*.
→ *http://www.cebus.org/*

CEC

Abk. für Canadian Electric Code.

CECC

Abk. für CENELEC Electronic Components Committee.
Normungsgremium der → *CENELEC* zur Normung elektronischer Bauelemente.
→ *ECQAC*.

CED

→ *Bildplatte*.

CEI

Abk. für Commission Electrotechnique Internationale.
Französische Bezeichnung der → *IEC*.

Celeron

→ *Intel Pentium*.

Celestri

Bezeichnung eines breitbandigen, globalen Systems für → *Satellitenmobilfunk*, initiiert 1997 und öffentlich angekündigt im Juni 1997 vom Hause Motorola mit dem Plan, ein funktionsfähiges System im Jahr 2002 implementiert zu haben. Am 20. November 1997 erfolgte die Frequenzzuweisung durch die → *WRC*. Im Mai 1998 stellte Motorola das System jedoch ein und stieg beim ursprünglichen Konkurrenten → *Teledesic* ein.
Das ursprüngliche Celestri-System bestand aus drei verschiedenen Satellitenfamilien, die zu verschiedenen Zwecken (breitbandige- und schmalbandige Dienste, Punkt-zu-Punkt-Verbindungen und Rundfunk) genutzt werden konnten.
Ein Teil des Celestri-Systems war → *M-Star*, das im Frühjahr 1997 öffentlich angekündigt wurde. Es wurde erwartet, dass 6 Mrd. $ für M-Star investiert werden müssen. Es bestand in seiner Ursprungskonfiguration aus 45 oder - bei Bedarf - mehr Satelliten in niedrigen Umlaufbahnen (→ *LEO*) und nutzte Frequenzen im Bereich von 40 bis 50 GHz.
Ein zweiter Teil sollte das Millennium-System mit vier oder mehr Satelliten auf einer geostationären Umlaufbahn (→ *GEO*) und der Nutzung von Frequenzen im Bereich des → *Ka-Bandes* werden. Ziel war es, mit diesem System → *Multicast*- oder Broadcast-Dienste wie z.B. die Ausstrahlung von TV-Programmen oder → *Business-TV* zu ermöglichen.
Dritter Teil sollte das Celestri-LEO-System mit 63 Satelliten in niedrigen Umlaufbahnen und ebenfalls der Nutzung von Frequenzen im Bereich des Ka-Bandes werden.

Das gesamte System sollte → *ATM*-Vermittlungsfunktionen an Bord des Satelliten und Inter-Satellite-Links nutzen.

Es wurde erwartet, dass insgesamt 13 Mrd. $ investiert werden sollten. Motorola wollte beim Celestri-Projekt allerdings von seiner Erfahrung, die es beim Aufbau des schmalbandigeren → *Iridium*-Systems gesammelt hatte, profitieren.

Als Kunden waren nationale → *Service-Provider* geplant, die Leitungskapazitäten zum Aufbau eigener Netze kaufen oder an nationale Endkunden weitervermitteln.

Konkurrenten des Systems sind → *Skybridge* und → *Spaceway*.

→ *http://www.celestri.com/*

Cell Clumping

In → *ATM*-Netzen die Bezeichnung für den Effekt, dass Zellen bei der Übertragung im Netz durch einen schwankenden → *Delay* mit einer höheren Rate beim Empfänger eintreffen als ursprünglich vorgesehen.

Eine Messgröße hierfür ist die Cell Delay Variation Tolerance (CDVT, → *CDV*), bei der es sich um eine maximal zulässige Größe handelt, bis zu der eine Erhöhung der Datenrate beim Empfänger toleriert werden kann.

Cell Relay

Ursprünglich ein Oberbegriff für asynchrone Übertragungssysteme nach dem Zeitmultiplexsystem mit festen (häufig) oder variablen (selten) Paketgrößen wie → *ATM* oder → *SMDS*. Sehr hohe Übertragungsgeschwindigkeiten ab 34 Mbit/s aufwärts.

Mittlerweile wird Cell Relay jedoch als Bezeichnung für die Ende-zu-Ende-Übertragung von ATM-Zellen verwendet, bei der die Vorteile eines ATM-Netzes ausgenutzt werden und bei der nicht, wie bei vielen ATM-Netzen üblich, ATM nur im Kernnetz (‚Core') verwendet wird, wohingegen die zu übertragenden Daten vom angeschlossenen Nutzer in anderer Form an Zugangsknoten (‚Edge') in das Netz eingespeist werden, z.B. als Frame-Relay-Daten oder als emulierte Standleitung (Circuit Emulation).

Celluplan II.

→ *CDPD*.

CELP

Abk. für Code-Excited Linear Prediction Algorithm.

Ein Half Rate Codec für Sprache mit guter Qualität, der Sprache mit 9,6 kbit/s oder in Zukunft auch mit 4,8 kbit/s codiert. Wird technisch mit Hilfe von → *DSP* realisiert. Delay des Verfahrens beträgt weniger als 100 ms.

Anwendungsgebiete liegen im terrestrischen und im satellitengestützten Mobilfunk (→ *Tetrapol*) sowie bei der Sprachübertragung über paketvermittelte Netze (→ *X.25*, → *Frame Relay*). Daneben verwenden digitale Anrufbeantworter diesen Algorithmus zur Sprachkompression.

Weiterentwicklungen sind:

- ACELP (Algebraic Code Excited Linear Prediction) für 8 kbit/s, definiert in → *G.723*. ACELP liefert in seiner Qualität gleichwertige oder sogar bessere Ergebnisse als → *ADPCM*.
- LD-CELP (Low Delay CELP) für 16 kbit/s, definiert in → *G.728*.
- CS-ACELP (Conjugate Structure Algebraic CELP) für 8 kbit/s, definiert in → *G.729*.

→ *AMR*, → *ATC*, → *IMBE*, → *RELP*, → *Sprachübertragung*, → *Vocoder*, → *VSELP*.

CEMA

Abk. für Consumer Electronics Manufacturers Association.

Bezeichnung für den Zusammenschluss von Herstellern der Unterhaltungsgeräteindustrie in den USA.

Die CEMA ist eine Unterorganisation der → *EIA* mit Sitz in Arlington/Virginia.

CEME

Abk. für Customer Equipment Management Entity.

CEN

Abk. für Comité Européen de Normalisation.

Äquivalent zur internationalen → *ISO* in Europa mit dem Unterschied, dass CEN-Standards verbindlich sind. Man erkennt die Standards der CEN am vorangestellten EN.

→ *CENELEC*.

Adresse:

CEN
Rue de Strassart 36
B-1050 Bruxelles
Belgique
Tel.: (+ 32) 02 / 5 50 09 33
Tel.: (+ 32) 02 / 5 50 09 09

CENELEC

Abk. für Comité Européen de Normalisation Électrotechnique.

Vorgängerorganisation war CENELCOM. Die CENELEC erarbeitet Standards im Bereich der Elektrotechnik und ist das europäische Äquivalent zur internationalen → *IEC*, von der rund 90% aller von der CENELEC verabschiedeten Standards komplett oder mit geringfügigen Änderungen übernommen werden.

Ziel ist der Abbau von Handelshemmnissen innerhalb der EU und der EFTA aufgrund unterschiedlicher Herstellernormen. Die CENELEC hat 18 Mitgliedsländer.

Die von der CENELEC erarbeiteten Standards mit der Kennzeichnung EN müssen als nationale Standards veröffentlicht und angewendet werden, die mit ENV gekennzeichneten können freiwillig angewendet werden.

Adresse wie → *CEN*.

→ *http://www.cenelec.be/*

CENTRE

Abk. für Council of European National Top Level Domain Registries.

Bezeichnung für den europäischen Dachverband der Institutionen, die auf nationaler Ebene → *IP*-Adressen vergeben. Beispiele für Miglieder sind:

Land	Name	Link
Belgien	DNS Belgium	→ *http://www.dns.be/*
Dänemark	DK Hostmaster	→ *http://www.dk-hostmaster.dk/*
Deutsch-land	DE-NIC (→ *NIC*)	→ *http://www.denic.de/*
Frankreich	AFNIC	→ *http://www.nic.fr/*
Großbritannien	Nominet	→ *http://www.nominetrg.uk/*
Italien	IT-NIC	→ *http://www.nic.it/*

→ *http://www.centr.org/*

Centrex

Abk. für Central Office Exchange (Service), seltener auch Centralized Private (Automatic) Branch Exchange.

Bezeichnung eines Dienstes von Netzbetreibern. Oberbegriff für das Bereitstellen von Dienst- und → *Leistungsmerkmalen*, die bislang nur von Nebenstellenanlagen bekannt waren, für Hauptanschlüsse des öffentlichen Netzes. Dabei schließt der Teilnehmer sein Nebenstellenendgerät an den eigenen Hauptanschluss (ohne zwischengeschaltete Nebenstellenanlage) an. Prinzipiell werden mit der Nutzung von Centrex durch ein Unternehmen alle seine mit einer Nebenstellenanlage zusammenhängenden Aufgaben (Wartung, Installation neuer Hard- und Softwarekomponenten, Training des eigenen Wartungspersonals) an ein anderes Unternehmen, nämlich den Network-Provider, vergeben. Dabei handelt es sich um → *Outsourcing*.

Die möglichen Dienstmerkmale beinhalten z.B. die Bereitstellung von Warteschlangen, in die Anrufer eingereiht werden, wenn der Anschluss besetzt ist, das → *Makeln* oder die → *Anrufweiterschaltung* sowie einen eigenen → *Nummerierungsplan* für interne Gespräche.

Vorteile von Centrex aus Sicht des Nutzers sind:

- Der Nutzer braucht nicht in eigene Geräte (z.B. eine Nebenstellenanlage) und in deren Wartung zu investieren.
- Der Nummerierungsplan kann sehr flexibel gestaltet werden (z.B. Telefonnummer = Raumnummer in Hotels).
- Die Anzahl benötigter Nebenstellen wächst mit der Größe des Unternehmens mit, d.h., es braucht keine neue Nebenstellenanlage gekauft zu werden.
- Die anzuschließenden Nutzer können sich an den verschiedensten geografischen Standorten befinden, d.h., die Anbindung einer Person, die → *Tele-Working* in ihrer eigenen Wohnung nutzt, ist problemlos möglich.
- Blockierungsfreiheit: Die Nutzer müssen nicht um eine begrenzte Anzahl von externen Leitungen konkurrieren (→ *Blockierung*). Da Centrex extern in einer Vermittlungsstelle realisiert wird, stehen immer externe Leitungen zur Verfügung.
- Der Nutzer kann automatisch immer den neuesten Stand der Technik im Nebenstellenbereich nutzen, da ihm diese mit der Einführung neuer Dienstmerkmale im Netz sofort zur Verfügung steht.
- Bestehende Nebenstellenanlagen sind oft in Centrex integrierbar. Hierfür ist der Standard → *QSIG* eine Grundlage.
- Integration von Mobilfunkanschlüssen möglich.
- Hohe Dienstqualität und Verfügbarkeit durch permanente Betreuung des Netzes durch den Network-Provider.

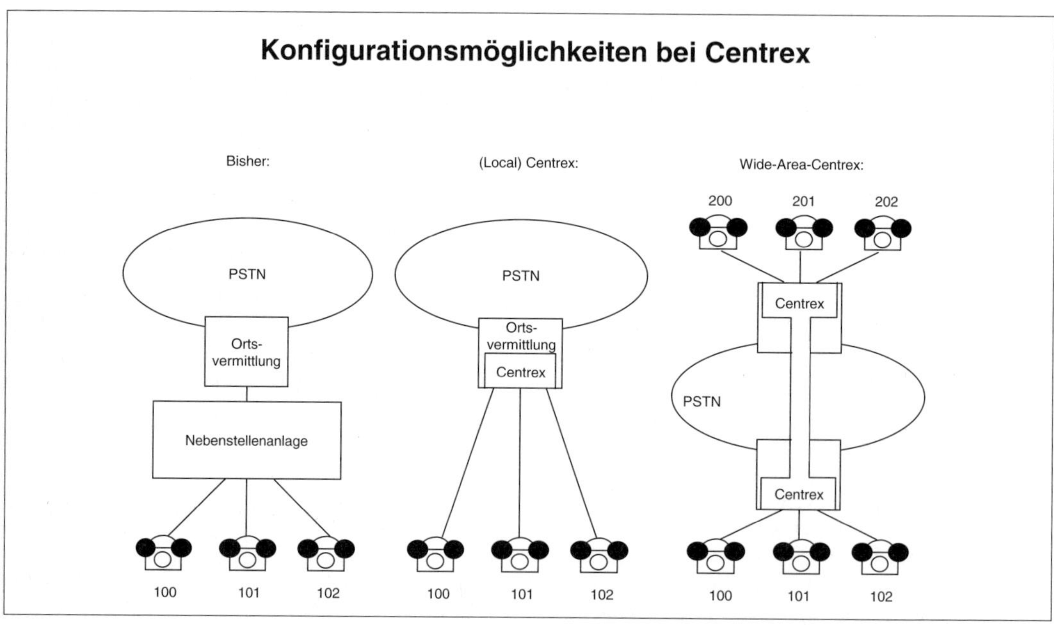

Nachteile von Centrex sind:

- Die Centrex-Lösungen verschiedener Hersteller von Vermittlungsstellen sind wegen fehlender internationaler Normen inkompatibel. D.h. Centrex-Lösungen, die mehrere Vermittlungsstellen integrieren, setzen voraus, dass diese von einem Hersteller kommen. Daher kann auch kein festes Centrex-Profil im Sinne einer Menge von Dienstmerkmalen (→ *Dienst*) angegeben werden.
- Individuelle Kundenlösungen, die über die Leistungsfähigkeit der Centrex-Fähigkeiten der Vermittlungsstelle hinaus gehen, sind nicht oder nur mit extrem hohem Aufwand möglich.
- Analoge Endgeräte benötigen eine Steuertaste (→ *Hook Flash*).
- Bestimmte Centrex-spezifische Dienstmerkmale erfordern u.U. spezielle Centrex-taugliche Endgeräte.

Wenn ein Unternehmen seine verschiedenen Standorte komplett mit einem Centrex-System verbindet, spricht man von einem Private Telecommunication Network (PTN).

Centrex kann sowohl für herkömmliche, analoge Anschlüsse als auch für Anschlüsse am → *ISDN* realisiert werden. Üblicherweise können vorhandene analoge und ISDN-taugliche Endgeräte weiter benutzt werden. In Sonderfällen müssen jedoch, etwa zur Nutzung spezieller Centrex-Dienstmerkmale eines Herstellers, spezielle Endgeräte neu angeschafft werden.

Die Anschlüsse (auch Ports genannt) eines Teilnehmers am Centrex-Dienst werden als Gruppe bezeichnet. Eine Gruppe kann sich über mehrere Vermittlungsstellen erstrecken. In diesem Fall spricht man von Wide Area Centrex (WAC).

Oft ist es auch möglich, mobile Teilnehmer mit in eine Gruppe zu integrieren, d.h., der mobile Anschluss wird dann wie ein herkömmlicher Anschluss der Gruppe über die Eingabe einer → *Kurzwahl* bzw. einer Nummer des internen Nummerierungsplanes angewählt.

Je nach Hersteller der Vermittlungsstelle und Gruppengröße kann eine Vermittlungsstelle eine unterschiedliche Anzahl von Gruppen bedienen.

Aus Sicht eines Anbieters von Centrex ist eine sehr sorgfältige Positionierung im Markt erforderlich, da Centrex sonst Gefahr läuft, ein Substituierungspotenzial zu Nebenstellenanlagen, → *Corporate Networks* oder → *VPN*s darzustellen. Entscheidend für den Erfolg von Centrex als eigenständiges Produkt eines Anbieters sind daher das Spektrum der angebotenen Merkmale im Vergleich zum Angebot der Merkmale durch aktuell am Markt erhältliche Nebenstellenanlagen und insbesondere die Kosten (einmalige Anschlussgebühr, einmalige Anschlussgebühr je Endgerät, Kosten für gruppeninterne Gespräche, Kosten für Endgeräte). Ferner bietet Centrex die Möglichkeit, dass der Anbieter weitere (gebührenpflichtige) Dienstleistungen bereitstellt, wie z.B. einen Einzelgebührennachweis (→ *EGN*) für die einzelnen Anschlüsse, sortiert nach Abteilung oder Standort.

Entwickelt wurde Centrex von den → *Bell Labs* in den USA in den 50er Jahren, als die am Markt erhältlichen Nebenstellenanlagen erst sehr wenige Dienstmerkmale aufwiesen und die zentralen Vermittlungen leistungsfähiger waren. Erste Tests folgten 1958 in Colorado Springs/USA; der Regelbetrieb startete 1959 in Chicago, wobei insbesondere große Geschäftskunden bedient wurden.

In den 60er und 70er Jahren hingegen änderte sich das Bild: Die Nebenstellenanlagen konnten sich rascher fortentwickeln und boten mehr Features als die Vermittlungen im Netz und ihre Centrex-Lösungen, so dass einige Experten dem Produkt Centrex keine Zukunft mehr gaben.

Eine neuen Schub erhielt Centrex ab 1984, als in den USA AT&T zergliedert wurde (→ *Divestiture*) und die dadurch

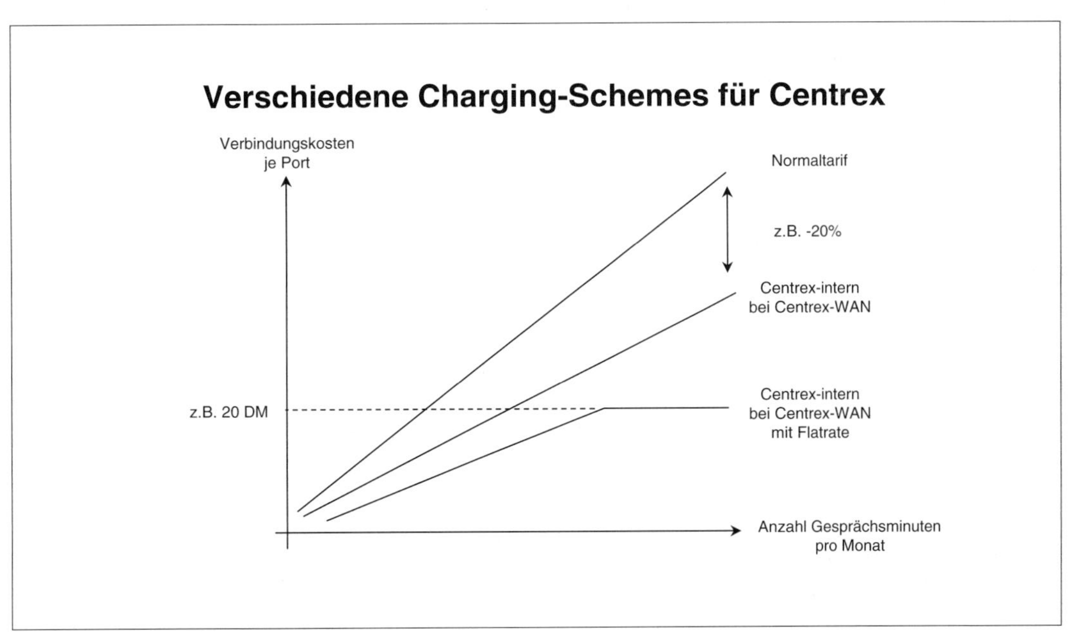

entstandenen → *RBOCs* keine Nebenstellenanlagen anbieten durften, weshalb sie nach einem Weg suchten, die gleiche Funktionalität direkt von ihren Vermittlungsstellen aus anzubieten. Dies führte dazu, dass bis zu 20% des Umsatzes regionaler → *Carrier* durch Centrex entstanden. In den frühen 80er Jahren hatten über 70% der Centrex-Kunden in den USA mehr als 1 000 Nebenstellen.

Erst gegen Ende der 80er und zu Beginn der 90er Jahre gewann Centrex an Bedeutung, u.a. wegen des hohen Digitalisierungsgrades der Netze, seiner Flexibilität, der Bedeutung von Mehrwertdienstanbietern (→ *VAS*) und liberalisierten Märkten mit günstigen Tarifmodellen. Centrex wird heute weniger über die Leistungsmerkmale als vielmehr über die Möglichkeit zum Outsourcing (von Wartungs- und Update-Arbeiten) verkauft.

Die Zielgruppen sind daher mittlerweile nicht so sehr die großen Unternehmen als vielmehr die kleinen und mittleren Unternehmen (→ *KMU*) sowie neu gegründete Unternehmen, die keine eigenen Investitionen in eine Nebenstellenanlage tätigen wollen. Eine weitere, jedoch unbedeutendere Zielgruppe sind Veranstalter von temporären Ereignissen (Konferenzen, Sportveranstaltungen, Ausstellungen).

Ideal ist Centrex für kleine, wachsende Unternehmen (bis 200 Mitarbeiter) mit mehreren Standorten und eher wenigen Mitarbeitern pro Standort.

Prognosen gehen von einem Potenzial von 15 bis 30% der Geschäftsanschlüsse für Centrex aus. In den einzelnen Ländern, die bereits über Carrier verfügen, die Centrex anbieten, werden gegenwärtig Raten zwischen 5 und 22% erreicht.

In den USA vertritt die → *NCUG* die Interessen der Centrex-Nutzer.

In Europa boten bis 1997 nur Netzbetreiber in GB, Schweden, Finnland und der Schweiz Centrex als Dienst an. 1998 folgten mit zurückhaltender Vermarktung die Deutsche Telekom und kleinere City-Carrier wie z.B. KomTel aus Flensburg.

Centronics-Schnittstelle

Andere Bezeichnung für die Schnittstelle → *RS232C*.

CEOC

Abk. für Clear Embedded Operations Channel.

CEPIS

Abk. für Council of European Professional Informatics Societies.

Europäische Dachorganisation von rund 20 nationalen Gesellschaften für → *Informatik*. Ihr angegliedert ist seit März 1995 die → *IFIP*.

Deutsches Mitglied ist die → *ITG*.

→ *http://www.cepis.org/*

CEPT

Abk. für Conférence Européenne des Postes et Télécommunications.

Mitglieder der am 26. Juni 1959 in Montreux/Schweiz gegründeten Organisation waren zunächst europäische → *PTTs* und Telefonnetzbetreiber, nach der Einleitung des Prozesses der → *Deregulierung* schieden die Netzbetreiber aus und bildeten die → *ETNO*. Seither gibt es nationale Unterzeichnerstaaten (1992: 31 Mitglieder; 1998: 43).

Die CEPT war bis 1988 für die Erarbeitung von Standards zuständig. Viele der von ihr ausgearbeiteten Empfehlungen wurden von der seinerzeitigen → *CCITT* in internationale Standards übernommen. Durch die Gründung der → *ETSI* wurden viele Aufgaben der CEPT auf die ETSI übertragen. Die CEPT bleibt jedoch seit einem Transformationsprozess bis 1992 (mit einer Neuformulierung der Ziele in einem

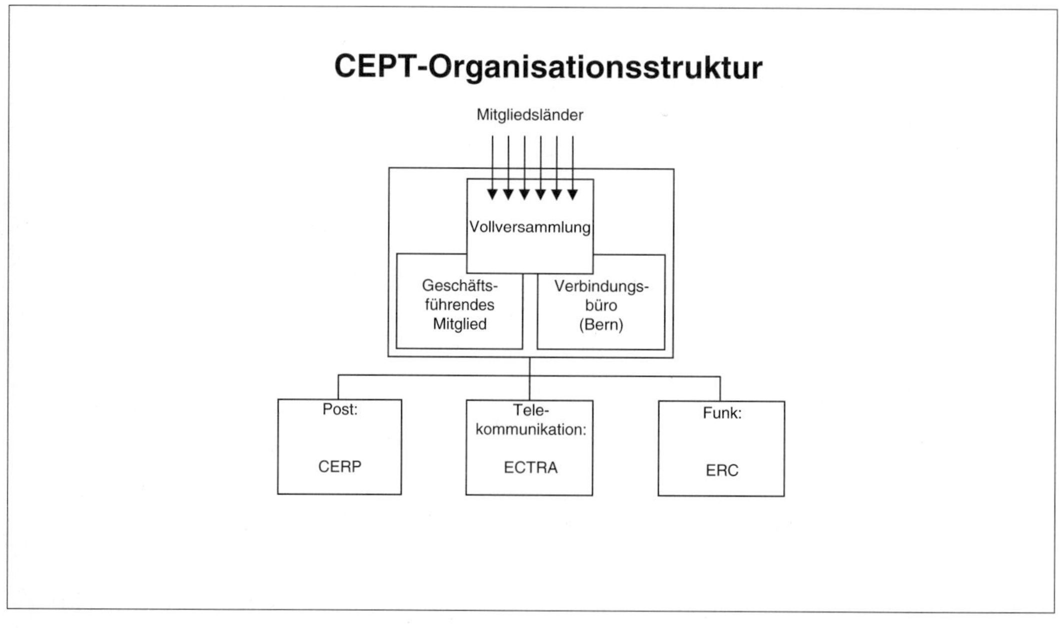

Vertrag vom 7. September 1992) weiter für Fragen der Bereiche Strategie, Planung und insbesondere der → *Deregulierung* zuständig, weshalb heute die nationalen → *Regulierungsbehörden* die eigentlichen ‚Mitglieder' der CEPT sind. Diese Umorganisation war die Reaktion auf die Deregulierung in den Mitgliedsländern, die die Trennung von Netzbetreibern und z.B. technischen Zulassungsbehörden zur Folge hatte.
Heute weist die CEPT drei weitere Unterorganisationen auf:

- → *ECTRA* für Fragen der Telekommunikation.
- → *ERC* für Fragen der Funkübertragung.
- CERP für den Postdienst.

In diesen Unterorganisationen wird die eigentliche Arbeit abgewickelt.
Mittlerweile sind 43 Länder der CEPT beigetreten.
Der Sitz der CEPT wechselt alle zwei Jahre von einer nat. Regulierungsbehörde zu einer anderen.
Zentraler Ansprechpunkt ist:

CEPT Liaison Office
Seilerstraße 22
CH - 3008 Bern
Schweiz
Tel.: (+ 41) 0 31 / 62 20 81
Fax: (+ 41) 0 31 / 62 20 78

→ *ERC.*

CERN

Abk. für Centre Européen pour la Recherche Nucléaire.
Europäisches Kernforschungszentrum. Sitz ist Genf. Beispielweise wurde das → *WWW* dort entwickelt.
→ *http://www.cern.ch/*

CERT

Abk. für Computer Emergency Response Team.

1. Im Speziellen die Bezeichnung eines das → *Internet* mit betreuenden Gremiums von Experten für Sicherheitsfragen für vernetzte Computersysteme. Geleitet von Richard Petthia. Angesiedelt am Software Engineering Institute der Carnegie Mellon University in Pittsburgh/Pennsylvania, USA.

   Gegründet 1988, nachdem mit dem ‚Worm' der erste große Virusbefall des Internet aufgetreten war.
   → *http://www.cert.org/*
2. Im Allgemeinen die Bezeichnung eines Gremiums von Computerexperten einer Firma, einer Universität, einer speziellen Behörde oder einer sonstigen Institution, die sich mit der Sicherheit ihres vernetzten Computersystems beschäftigt. In Deutschland unterhalten das → *BSI* oder auch der → *DFN* ein CERT.

   → *http://www.cert.dfn.de/*

CES

1. Abk. für Coast Earth Station.
   Bezeichnung für die Bodenstationen im → *Inmarsat*-Satellitennetz, auch wenn diese nicht unmittelbar an der Küste stehen. CES in Deutschland ist in Raisting.
2. Abk. für Circuit Emulation Service.
   → *ATM.*

CESID

Abk. für Caller Emergency Station Identification.

CETS

Abk. für Conférence Européenne des Télécommunications Spatiales.
Bezeichnung für eine in den 60er Jahren gegründete europäische Organisation der nationalen Ministerien für das Fernmeldewesen und die jeweiligen Telekommunikationsnetzbetreiber. Ziel war die Bündelung der europäischen Kräfte für ein Engagement zur Errichtung europäischer → *Satelliten* zu Telekommunikationszwecken. Die CETS hat Europa zunächst auch beim Aufbau von → *Intelsat* vertreten.

CEU

Abk. für Coverage Enhancement Unit.
Bezeichnung für eine bestimme Art von → *Repeater* in einer → *DECT*-Systemumgebung für → *RLL.*
Eine CEU dient dazu, mit Hilfe von Richtantennen gezielt schwierig mit Funk zu erreichende Bereiche zu versorgen, z.B. in Hinterhöfen, Straßenschluchten oder im → *Funkschatten* hinter Hochhäusern.
Die CEU ist nicht drahtgebunden an das System angeschlossen, sondern empfängt aus einer geografischen Richtung und sendet in eine andere Richtung per Funk.

CF

1. Abk. für Center Frequencies.
2. Abk. für Confirm.
3. Abk. für Communication Function.
4. Abk. für Coordinating Function.
   → *IEEE 802.11.*
5. Abk. für Call Forwarding.
   → *Forwarding.*

CFA

Abk. für Carrier Failure Alarm.

CFB

1. Abk. für Cipher Feed Back.
2. Abk für Call Forwarding if Busy.
   → *Forwarding.*

CFD

Abk. für Call for Discussion.

CFI

Abk. für Calling Feature Indicator.

CFNR

Abk für Call Forwarding if No Reply.
→ *Forwarding.*

CFO

Abk. für Call for Opinion.

CFP

Abk. für Computer Fax Protocol.

CFR

Abk. für Confirmation to Receive.

CFS

Abk. für Common Functional Specifications.

CFT

Abk. für Cosinusflanken-Tiefpass.

CFU

Abk für Call Forwarding Unconditional.

→ *Forwarding.*

CFV

Abk. für Call for Votes.

Bezeichnung für den Aufruf zu einer Abstimmung über neue Diskussionsgruppen im → *Internet.* Der CFV wird nach fruchtbarer und positiv verlaufener Diskussion (→ *RFD*) in der Diskussionsgruppe news.announce.newsgroups des → *Usenets* veröffentlicht und bestimmt eine E-Mail-Adresse und zeitliche Fristen für eine Abstimmung.

CGA

Abk. für Colour Graphics Array.

Bezeichnung eines Standards für eine → *Grafikkarte*, entwickelt im Hause IBM. Er gehörte zu den ersten Standards für Farbgrafikkarten überhaupt.

Der Standard unterstützte zwei Betriebsarten: erstens einen Modus mit einer Auflösung von 320 * 200 Bildpunkten bei einer Darstellung mit vier von 16 Farben. Dabei können dann 40 Zeichen (8 * 8 Bildpunkte) in 25 Zeilen dargestellt werden.

Der zweite Modus verfügt über 640 * 200 Bildpunkte bei einer Darstellung mit zwei von 16 Farben. Dabei werden 80 Zeichen (8 * 8 Bildpunkte) in 25 Zeilen dargestellt.

Es werden drei digitale Signale getrennt für die Farbanteile (→ *RGB*) und ein Signal für die Farbintensität an einen entsprechenden Monitor gesendet.

CGA verfügt über eine Zeilenfrequenz von 15 750 Hz und eine Bildwiederholfrequenz von 60 Hz. Beides ist so gewählt, dass auch Fernseher als Monitore genutzt werden können.

CGA-Grafikkarten verfügen über einen Bildspeicher von 16 KByte.

Später erweiterte IBM den Standard zu MCGA (Multi Colour Graphics Array). Er konnte dann bei 320 * 200 Bildpunkten insgesamt 256 Farben aus 262 144 möglichen Farben oder 64 Graustufen darstellen; bei einer Auflösung von 640 * 400 Bildpunkten 16 Farben und bei 640 * 480 nur zwei Farben. MCGA erlangte keine große Bedeutung.

Das erste CGA-Produkt wurde von IBM im August 1981 angekündigt. Heute hat CGA keinerlei Bedeutung mehr.

CGI

1. Abk. für Common Gateway Interface.

Bezeichnung einer Technik, die es erlaubt, Daten zwischen → *WWW*-Anwendungen auf → *Servern* und herkömmlichen Programmen auszutauschen. Grundlage dafür sind die in einer Art Sprache erstellten CGI-Skripts. Diese Skripts können in herkömmlichen → *Programmiersprachen* verfasste kleine Programme sein. Sollen diese Programme auf → *Servern* unter dem → *Betriebssystem* → *Unix* laufen, wird oft die Sprache → *Perl* verwendet. Eine zweite, noch relativ häufig dafür verwendete Sprache, ist → *Python.*

CGI stellt dabei kein → *Protokoll* im strengen Sinn dar, sondern definiert einen Satz Parameter und Übergabekonventionen, mit dem Daten zwischen einem → *HTTP*-Server und seiner unmittelbaren Systemumgebung ausgetauscht werden können.

Das Verfahren ist damit einem Funktions-, Prozedur- oder Unterprogrammaufruf in normalen Programmen ähnlich. Es leitet sich vom Prozessmodell von Unix ab, da die meisten WWW-Anwendungen zu der Zeit, als CGI entwickelt wurde, unter Unix liefen. Daher ist die Verwendung von CGI bei WWW-Servern, die unter anderen Betriebssystemen als Unix laufen mitunter problematisch. Einen Ausweg bieten Anwendungsprogrammierschnittstellen (→ *API*) für die betreffenden Betriebssysteme. Beispiele dafür sind:

ISAPI (Internet Server Application Programming Interface) aus dem Hause → *Microsoft.*

NSAPI (Netscape Server Application Programming Interface) aus dem Hause Netscape.

CGI erlaubt es damit, dynamische Seiten im WWW zu erstellen, die bestimmte Daten erhalten, die zum Zeitpunkt der Programmierung und der Ablage der Seite auf einem Server nicht bekannt waren. Ein CGI-Skript wird gestartet, indem ein → *Hyperlink* einer WWW-Seite ausgewertet wird, hinter dem sich das CGI-Skript verbirgt. Das CGI-Skript kann seinerseits die Programme auf dem Server starten und an diese Daten übergeben, die von ihnen ausgewertet werden. Die Rückgabeergebnisse des gestarteten Programms wertet CGI aus und erzeugt dynamisch eine neue, einmalige → *HTML*-Seite, die zum Client übertragen und vom → *Browser* dargestellt wird.

Die gängigsten Anwendungsbeispiele sind Datenbankabfragen über Suchmasken im WWW, beispielsweise bei Universitätsbibliotheken. Weitere Beispiele sind Suchmaschinen, bei denen der Nutzer Suchbegriffe eingibt, woraufhin ihm die Suchergebnisse angezeigt werden, oder das Einblenden des aktuellen Datums, der aktuellen Uhrzeit oder eines zufälligen → *Hyperlinks* aus einer vorgegebenen Liste auf einer Seite.

2. Abk. für Computer Generated Images.
   In der Filmbranche die Bezeichnung für vollständig im Computer entstandene Bilder oder Videosequenzen. Der erste vollständig derartig entstandene und abendfüllende Spielfilm war die US-Produktion ‚Toy Story' aus dem Jahre 1995.
3. Abk. für Cell Generic Identifier (oder auch: Cell Global Identity).
   Im Standard → *GSM* für zellularen → *Mobilfunk* eine weltweit eindeutige Identifikationsnummer für eine Zelle (→ *zellulares System*). Der CGI setzt sich zusammen aus dem Location Area Identifier (LAI, → *LA*) und einer Identifikationsnummer der Zelle, genannt Cell Identifier (CI, 2 Byte).

CGM

Abk. für Computer Graphics Metafile.

Bezeichnung für ein Dateiformat für Grafiken, bei dem bei der Entwicklung das Ziel verfolgt wurde, → *Vektorgrafiken* über verschiedene → *Betriebssysteme* hinweg portabel zu machen.

CGMP

Abk. für Cisco Group Management Protocol.

→ *IGMP*.

CGMS

Abk. für Copy Generation Management System.

Bezeichnung für ein serielles System für Kopierschutz zur Anwendung bei Audio-CDs (→ *CD-DA*). Dabei wird das Kopieren einer Kopie unterbunden. Das Kopieren eines Originals bleibt hingegen möglich.

CHAD

Abk. für Call Handling Device.

Genereller Oberbegriff für Bauteile von Vermittlungseinrichtungen, die einzelne Verbindungen betreffen.

Channelbank

Auch Kanalverteiler genannt. Abgekürzt mit CHB. In Deutschland die Bezeichnung für eine technische Einrichtung zum Anschluss von Basisanschlüssen des → *ISDN* mit dem nationalen D-Kanal-Protokoll und von digitalen Standleitungen mit Kapazitäten bis 64 kbit/s in der → *Teilnehmervermittlungsstelle* an die dortige Vermittlung oder weiterführende Leitungen.

CHAP

Abk. für Challenge Handshake Authentication Protocol.

Bezeichnung der Authentifizierungsprozedur des Protokolls → *PPP*, bei dem ein → *Passwort* nicht nur zum Aufbau einer Verbindung (am Anfang einer Verbindung), sondern auch immer während der Verbindung selbst benötigt wird.

CHAP erlaubt darüber hinaus den Einsatz verschiedener Algorithmen zur Datenverschlüsselung (z.B. → *DES* oder → *RSA*), wodurch die Sicherheit weiter gesteigert werden kann.

Eine andere Möglichkeit, die Sicherheit mit CHAP zu steigern, bezeichnet man als periodisches CHAP.

Mit Hilfe von CHAP kann auf der technischen Ebene überprüft werden, ob das sich authentifizierende Gerät zulässig ist.

Auf einer nächst höheren Ebene kann dann mit → *PAP* überprüft werden, ob der Nutzer, der das authentifizierte Gerät verwendet, dazu berechtigt ist.

Charging

1. Von engl. to charge = belasten, Gebühren erheben.
   Auch mit Tarifierung oder, nicht ganz korrekt, → *Billing* bezeichnet. Ganz allgemein der Oberbegriff für die Kostenabrechnung für die Nutzung eines Dienstes, die als Input für das Billing gilt. Sämtliche Parameter des Chargings für alle Fälle der Nutzung eines bestimmten Dienstes (Tageszeit, Dauer, Entfernung etc.) werden Charging Scheme oder Tarif genannt. Aus dem Charging-Scheme können viele verschiedene Parameter in die Kostenberechnung eingehen, die für eine Telekommunikationsdienstleistung berechnet werden. Beispiele sind:
   - Einmalige, nutzungsunabhängige Gebühren für:
     - Bonitätsprüfung
     - Anschlussbereitstellung
     - Tarifwechsel
     - Endgerätewechsel
     - Wunschrufnummer
     - Rufnummernwechsel
     - Abmeldung
     - feste Monatsgebühr
   - Nutzungsabhängige Gebühren:
     - Nutzungszeitpunkt (Tageszeit, Wochentag, Feiertag etc.)
     - Nutzungsdauer:
       - Länge der Nutzung
       - Einfacher Taktbetrieb
       - Takt wechselt in Abhängigkeit von der Länge
       - Granularität (Takt)
       - Minutengenau
       - 10-Sekunden-Schritte
       - Sekundengenau
     - Event-abhängig:
       - Je Verbindungsversuch
       - Je erfolgreicher Verbindung
       - Genutzte Bandbreite
       - Geografisch überbrückte Entfernung
       - Anzahl adressierter oder verbundener Teilnehmer
       - Festzuschlag je Verbindung
       - Nutzung von Sondernummern
   - Qualitätsabhängige Kosten/Quality of Service (→ *QoS*):
     - Garantierte Datenrate
     - Genutzte Datenrate

– Spitzen-Datenrate

– Fehlerrate

– Systemverfügbarkeit (→ *Verfügbarkeit*)

– Reparaturschnelligkeit (→ *MTTR*, → *Interventionszeit*)

– Sonderbedingungen im Rahmen eines Service Level Agreements (→ *SLA*)

• Rabatte:

– Großkundenrabatt, d.h., der Rabatt ist abhängig vom Rechnungsvolumen (und damit von der Dienstnutzung), evtl. mehrstufig gestaffelt oder für einzelne Dienstleistungen (int. Verbindungen, Fernverbindungen etc.) differenziert.

– Erstkundenrabatt, d.h. der Rabatt wird den Kunden gewährt, die mit als erste einen bestimmten Dienst nutzen und sich ggf. als Referenzkunden zur Verfügung stellen.

– Treuerabatt, d.h., der Rabatt ist abhängig von der bisherigen Vertragslaufzeit in der Vergangenheit.

– Mehrdiensterabatt, d.h., der Rabatt ist abhängig von der Anzahl der von dem Anbieter bezogenen Dienstleistungen Z.B. gibt es je genutztem Dienst einen Rabatt von X % auf die gesamte, monatliche Rechnungssumme.

– Vorkassenrabatt, z.B. bei der Zahlung einer evtl. vorhandenen Monatsgebühr für ein halbes Jahr im Voraus gibt es X % Rabatt.

– Rabatte bei langen, zukünftigen Vertragslaufzeiten, gestaffelt nach der Vertragslänge.

Bei mehreren in Frage kommenden Rabattmöglichkeiten werden üblicherweise nicht alle Rabatte berücksichtigt, sondern nur der höchste.

Die Definition von ‚klassischen' Charging-Parametern aus der Telefonie (Entfernungszonen und Zeitzonen) wird als Verzonung bezeichnet.

Aufgrund dieser Vielzahl an möglichen eingehenden Parametern ist Charging ein erhebliches technisches Problem innerhalb der Vermittlungseinrichtungen bzw. innerhalb des Billing-Systems. Darüber hinaus sind administrative Probleme beim Inkasso nicht zu unterschätzen. Diskutiert werden daher auch Pauschalsysteme (→ *Flat Rate*) mit festen Gebühren für einen Dienst ohne Einbeziehung der tatsächlichen Dienstnutzung, wie es sie z.B. bei → *Pagingdiensten*, Internet-Zugängen (→ *ISP*) oder → *Bündelfunksystemen* gibt.

Als ein Sondertarif kann beispielsweise Vorkasse gelten, d.h., wer größere Kontingente an Gebühreneinheiten im Voraus kauft oder wer langfristige Verträge abschließt, erhält zusätzlich einen Rabatt oder Bonus-Gebühreneinheiten. Dies kann gekoppelt werden mit Systemen, in denen bestimmte (Mindest-) Gebührenkontingente innerhalb bestimmter Zeiten genutzt werden müssen bzw. bei denen meistens sehr geringe monatliche Basispreise gewährt werden, die dann aber voraussetzen, dass ein weiteres nutzungsabhängiges Gebührenkontingent erzeugt wird, um auf einen Mindestbetrag zu kommen. Dies wird aktuell beim Mobilfunk angewendet, wo Service-Provider mit geringen monatlichen Festbeträgen locken, die sich aber automatisch verdoppeln, wenn nicht für die gleiche Menge telefoniert wird.

Ein weiterer Sondertarif ist die Kombination mehrerer dieser Parameter zu einem international meist als ‚Friends & Family' bezeichneten Tarifschema. Dabei

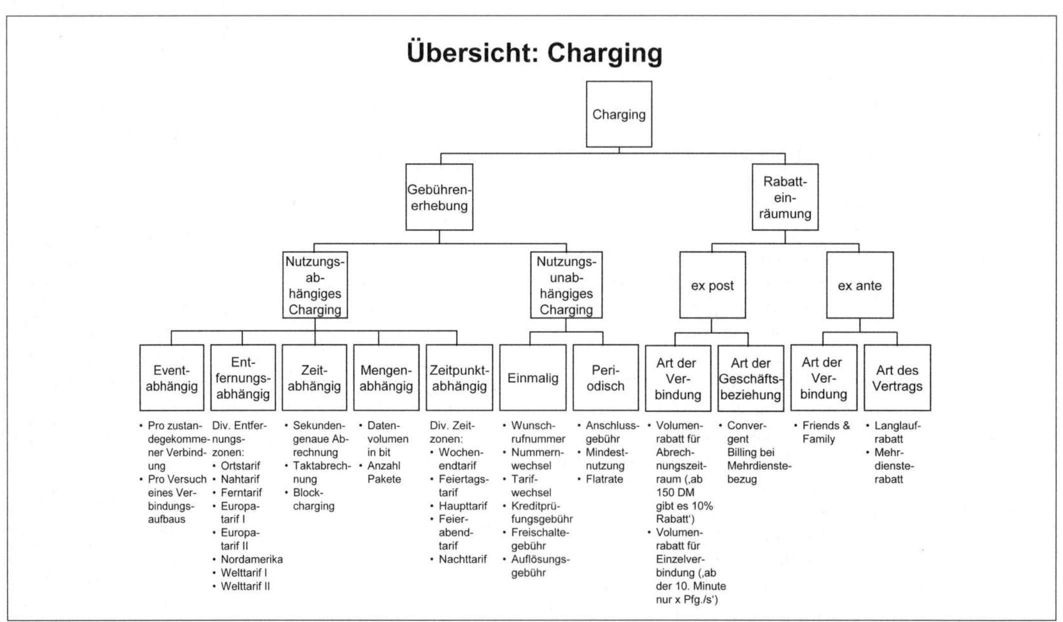

werden die Verbindungen zu einer bestimmten Anzahl (z.B. fünf) häufig angewählter Ziele zu günstigen Preisen abgerechnet, d.h., es gibt darauf einen Rabatt. Die Ziele sind unter Umständen an eine bestimmte, maximal zulässige Entfernungsklasse gebunden, z.B. dürfen sie nur im Ortsbereich liegen. Es kann auch sein, dass die Angerufenen selbst ebenfalls Kunden des ,Friends & Family'-Anbieters sein müssen bzw. es für Anrufer, die Kunden sind, einen noch höheren Rabatt gibt. Dies würde die Nutzer von diesem Charging-Scheme dazu animieren, ihre Freunde und Verwandte ebenfalls zu Kunden des ,Friends & Family'-Anbieters zu machen.

Das ,Friends & Family'-Modell wurde 1993 von der amerikanischen Telefongesellschaft MCI (heute Worldcom) entwickelt und half ihr dabei, innerhalb eines Jahres einen großen Marktanteil bei Fernverbindungen zu erzielen, was dadurch unterstützt wurde, dass das → *Billing-System* der Konkurrenz einen derartigen Tarif nicht zuließ.

Systeme wie ,Friends & Family' werden auch als Calling Plan bezeichnet.

Bei dem sehr häufig genutzten Parameter Verbindungsdauer kann nach der Granularität unterschieden werden, d.h. der Gebührentakt spielt eine Rolle (z.B. 12-Sekunden-Takt oder sekundengenaue Abrechnung). Eine andere Möglichkeit ist die gesprächsdauerabhängige Tarifierung, bei der je Zeiteinheit höhere Gebühren anfallen, je länger man die Verbindung nutzt. Ziel ist eine möglichst kurze Verbindungsdauer, was sich insbesondere bei niedrigkapazitiven Netzen anbietet. Umgekehrt sind aber auch Schema denkbar, bei denen es ab einer bestimmten Gesprächsdauer (z.B. ab der 15. Minute) Rabatt gibt. Dies soll in gut ausgebauten Netzen die Nutzer dazu bringen, die Dienste möglichst lange zu nutzen, um hohen Umsatz zu generieren.

Eine andere Form des gesprächsdauerabhängigen Chargings ist eine pauschale Berechnung für die erste Minute (oder auch ersten Minuten) mit erst anschließend folgender sekunden- oder minutengenauer Abrechnung mit einem festen Satz.

Bei allen diesen Charging-Schemes wird insbesondere dem ersten Takt der Verbindung, dem Anfangstakt, eine besondere Bedeutung geschenkt, da er üblicherweise länger als die Folgetakte ist.

Aus Kundensicht kann allerdings festgestellt werden, dass insbesondere Privatkunden ein einfaches, leicht zu durchschauendes und leicht zu merkendes Schema einem komplizierten System vorziehen (selbst wenn es für sie in bestimmten Fällen einige finanzielle Vorteile birgt).

Seit der → *Deregulierung* des TK-Marktes gewinnt das Charging aus marketingtechnischer Sicht erheblich an Bedeutung, da ein wesentlicher Faktor der Differenzierung im Markt für einen Anbieter von Telekommunikationsdienstleistungen der Preis ist.

Wichtig in diesem Zusammenhang sind Loyalitätsprogramme (auch: Kundenbindungsprogramme), bei denen Kunden unter bestimmten Bedingungen (lange Vertragslaufzeiten, Anreize zur häufigen Benutzung bei gleichzeitig finanziellen Vorteilen) Preisvergünstigungen erhalten.

Aspekte des Charging werden in der Study-Group 3 der → *ITU* untersucht.

→ *Blocktarif*, → *Access Charge*, → *Reverse Charging*, → *Shared Cost Service*, → *Premium Rate Services*.

2. Speziell die Bezeichnung für eine der fünf Functional Areas des Netz- und Systemmanagements, die in der Empfehlung X.700 der → *ITU* definiert sind. Bezeichnet das Verfahren der Leistungsabrechnung (wer zahlt wann für was an wen). Das Charging definiert Verarbeitungsvorschriften für das → *Billing* und Anforderungen an das → *Accounting*.

Chat

Von engl. to chat = plaudern, quatschen, sich locker und ungezwungen unterhalten.

In → *Online-Services* oder im → *Internet* das Zusammenschalten zweier (dann auch Talk genannt) oder mehrerer Leute zum formlosen und inhaltlich nicht fixierten Gespräch durch echtzeitnahe Texteingabe und Textanzeige.

Üblicherweise werden dafür spezielle an Themen orientierte Gruppen geschaffen, bei denen sich ein Teilnehmer erst unter einer fiktiven Bezeichnung (→ *Screenname*) anmelden muss.

Bestandteil der Funktionalität derartiger Chat-Umgebungen sind ferner die Etablierung neuer Gruppen mit neuen Themen oder auch die gezielte Ansprache eines Teilnehmers, ohne dass andere Teilnehmer am öffentlichen Chat davon Kenntnis nehmen können.

→ *IRC*.

Chat Slang

Von engl. chat = Gespräch und slang = Umgangssprache.

Bezeichnung für die in der Nutzergemeinde des → *Internets* verbreitete Umgangssprache, die häufig in → *E-Mails* und → *Chats* verwendet wird. Sie stellt eine Mischung aus englischen Fachbegriffen, Abkürzungen und Kunstworten dar.

Beispiele für Abkürzungen:

Ausdruck	Langform	Bedeutung
AFAIK	as far as I know	soweit ich weiß
AKA	also known as	auch bekannt unter (Alias, → *Nickname*)
ASAP	as soon as possible	sobald wie möglich
AYSOS	Are you stupid or something?	Hast Du noch alle Tassen im Schrank?
BRB	be right back	bin gleich wieder da
BTDT	been there, done that	kenn ich, weiß ich, war ich schon
BTW	by the way	übrigens, bei dieser Gelegenheit, nebenbei bemerkt
CU	see you	man sieht sich, bis bald

Ausdruck	Langform	Bedeutung
DAU	dümmster anzunehmender User	→ *DAU.*
F2F	face to face	persönliches Treffen
FYI	for your information	zu Deiner/Ihrer Information zur Kenntnisnahme
GTG	got to go	ich muss jetzt los
HTH	hope this helps	ich hoffe, das hilft.
IAT	in addition to	zusätzlich, außerdem
IMHO	in my humble opinion	meiner bescheidenen Meinung nach
IMO	in my opinion	meiner Meinung nach
IOU	I owe you (something)	ich schulde Dir (etwas)
JIC	just in case	nur für den Fall, dass ...
L8R	later	später
LOL	laughing out loud	da muss ich aber laut lachen
NIML	not in my lifetime	niemals; das werde ich nicht erleben
OMP	one minute, please	Augenblick, bin gleich zurück
OTOH	on the other hand	andererseits
RL	real life	in der Wirklichkeit/ im echten Leben
ROTFL	rolling on the floor, laughing	ich liege/wälze mich vor Lachen am Boden
RTFM	read the forgotten (eher: f*ck*ng) manual	schlage erst einmal im Handbuch nach
RTFM	regarding the former message	bezüglich der letzten/vorangegangenen Nachricht
THX	Thanks!	Danke!
TIA	thanks in advance	Danke im Voraus
TLC	tender loving care	(Grußformel)
TVMIA	thanks very much in advance	vielen Dank im voraus
WIBNI	wouldn't it be nice if	wäre es nicht schön, wenn ...
YHBT	you have been trolled	du bist auf den Arm genommen worden

Weitere Ausdrücke sind → *Newbie*, → *Signature*, → *TechTalk*, → *TLA* oder → *Wizard*.

Chatten

→ *Chat.*

CHB

Abk. für → *Channelbank.*

Cheapernet

→ *Ethernet.*

Cheat, Cheating

Bei Computerspielen die Bezeichnung für eine undokumentierte Funktionalität bzw. einen undokumentierten Befehl, die oder der einem Spieler einen ungerechtfertigten Vorteil verschafft. Prinzipiell eine Mogelei, wobei zu bemerken ist, dass bei den meisten Spielen ein Parameter vom Spieler so eingestellt werden kann, dass Cheating (= das Verwenden von Cehats) erlaubt ist oder nicht.

Cheats werden im → *Internet* von Anhängern des Spiels (für die es eine Freude ist, die Cheats nach Veröffentlichung des Spiels nach und nach zu entdecken) veröffentlicht und werden von den Programmierern des Spiels als Scherz mit in das Spiel eingebaut.

Chefcat

→ *IEEE 1394.*

Chekker

→ *Bündelfunksysteme.*

Chess

→ *PC.*

CHG

Abk. für Charging (Message).
→ *Charging.*

Chicago

→ *Windows 95.*

Chiffre

→ *Kryptologie.*

CHILL

Abk. für CCITT High Level Language.

Bezeichnung für eine standardisierte und hierarchische Programmiersprache (Hochsprache) mit Blockstruktur für die Entwicklung von Telekommunikationssystemen und zur Programmierung von → *SPC*-Vermittlungen.

Es handelt sich um eine Real-Time-Sprache, die speziell für Prozessrechner konzipiert wurde und entfernte Ähnlichkeiten mit → *Pascal* hat. Sie unterstützt strukturierte Programmierung und anwenderdefinierte Datentypen.

Die Echtzeitfähigkeit wird durch dynamische Prozessverwaltung, Mechanismen zur Prozesssynchronisation und -kommunikation sowie zur wechselseitigen Inhibition (mutual exclusion) sichergestellt.

Die → *CCITT* fing in den frühen 70er Jahren damit an, insgesamt 27 bereits existierende Hochsprachen auf ihre Eignung für den Einsatz in SPC-Systemen zu untersuchen. 1974 kam man zu dem Schluss, dass keine dieser Sprachen die gewünschten Eigenschaften in sich vereinigen konnte und berief ein ‚Specialist Team', aus dem 1977 ein Implementation Forum wurde. Dieses erarbeitete aus acht Sprachen heraus eine Sprache und implementierte sie. Nach ersten Versuchen und Erfahrungen ergaben sich kleinere Bearbeitungen. Im November 1980 wurde das Ergebnis als CHILL von der Vollversammlung der CCITT als Z.200 genormt.

Verschiedene Hersteller von Vermittlungssystemen begannen in den 80er Jahren mit der Implementierung von CHILL-Systemen zur Programmierung ihrer Vermittlungen und nahmen so Abstand von ihren eigenen proprietären Programmiersprachen, obwohl andere Hersteller gleich den Schritt zu mittlerweile anderen weit verbreiteten Programmiersprachen machten.

Mittlerweile zeichnet sich ab, dass CHILL insbesondere die Ziele hinsichtlich der Effektivität nicht erreicht hat und langsam wieder durch modernere und objektorientierte Sprachen wie → *C++* verdrängt wird.

In Gegenrichtung gibt es Bestrebungen, ein objektorientiertes CHILL zu entwickeln.

Nach einer Umfrage der CCITT aus dem Jahr 1980 gab es zu jener Zeit weltweit rund 1 000 CHILL-Programmierer, von denen allein 800 in der ITT-Firmengruppe arbeiteten, deren Vermittlungssystem → *System 12* darin programmiert wird. Darüber hinaus setzte die ITT CHILL auch zur Programmierung von Nebenstellenanlagen und anderen Systemen der Bürokommunikation und zur Programmierung von Systemen der Bahnleittechnik ein.

Chip

Bezeichnung eines aus einem → *Wafer* durch Teilung gewonnenen Halbleiterbausteins mit monolithisch integrierten Schalt- und Speicherfunktionen. Dieser Baustein kann einfachste Schaltungen (z.B. Realisierung von Funktionen der → *Booleschen Algebra*) bis hin zu komplexen, mehrere Funktionen integrierende Schaltungen enthalten (→ *DSP*, → *Mikroprozessor*).

→ *Die*, → *IC*.

Chipkarte

→ *Smart Card*.

Chiquita-Prinzip

Jargon in der Softwarebranche für ein Vorgehen bei der Einführung neuer, unausgereifter Software. Die Bezeichnung leitet sich ab von der Phrase „Grün ernten und beim Käufer reifen lassen".

Gemeint ist damit eine nur kurze und damit billige Testphase von Software, die vom Hersteller verkauft und beim Kunden installiert wird. Ziel ist es, die Software beim Kunden einem Praxistest zu unterziehen und von seinen Fehlermeldungen zu profitieren, indem man die Fehlerquellen beseitigt. Dadurch kann man eine wesentlich bessere Folgeversion auf den Markt bringen, wenngleich diese auch noch nicht als → *Bullet Proof* gelten kann.

Ein Softwareunternehmen kann dieses Prinzip aber auch bewusst als Marketinginstrument verwenden, um Erstkunden mit Preisnachlässen zu gewinnen. Diese Erstkunden haben dafür die Möglichkeit, das Produkt nach ihren Wünschen zu beeinflussen (Launching Customer) und ggf. gegenüber der Konkurrenz einen Wettbewerbsvorteil zu erringen.

→ *Gillette-Prinzip*.

Chirp

Bezeichnung für leichte, aber dennoch unerwünschte Veränderungen der Wellenlänge λ in einem optischen Signal.

Christensen-Protokoll

Andere Bezeichnung für das → *X-Modem*-Protokoll.

Chromatische Dispersion

Bezeichnung für eine bestimmte Art der optischen → *Dispersion*. Grund der chromatischen Dispersion ist die Abhängigkeit der Wellenlänge eines monochromen Lichtimpulses (→ *Monochrom*) von der Geschwindigkeit, mit der sich der Lichtimpuls durch die Glasfaser ausbreitet. Diese Abhängigkeit resultiert aus zwei Effekten, da der Brechungsindex des verwendeten optischen Leiters (Materialdispersion) und auch der optisch effektive Modenquerschnitt (Wellenleiterdispersion) von der Wellenlänge des optischen Impulses abhängen.

Jeder Impuls allerdings besteht aus einem Spektrum von Wellenlängen. Dieses Spektrum durchläuft insgesamt das optische Medium. Dabei wird jede einzelne Wellenlänge anders beeinflusst, was insgesamt zu einer unerwünschten Veränderung des Impulses führt. Resultat ist eine zeitliche Verbreiterung (Zerlaufen, Verschmieren) des Impulses. Dieses wiederum führt zu einer Begrenzung der maximal nutzbaren Bandbreite.

Häufig werden herkömmliche Glasfasern mit einer Wellenlänge von 1 330 nm betrieben, da dann die chromatische Dispersion Null ist. Bei dieser Wellenlänge ist allerdings die → *Dämpfung* höher als bei 1 550 nm, wo wiederum die chromatische Dispersion höher als bei 1 330 nm ist.

Hochbitratige Systeme werden bevorzugt mit 1 550 nm betrieben, da die geringe Dämpfung große Verstärkerabstände erlaubt und optische Verstärker gegenwärtig nur für diese Wellenlänge existieren.

Chrominanz

Bezeichnung für die Farbinformation bei Videosignalen.

→ *Luminanz*, → *YUV*.

CHRP

Abk. für Common Hardware Reference Platform.

Bezeichnung für die Hardware-Basis, die alle → *PowerPCs* verschiedener Hersteller durch den Power-Chip gemeinsam haben.

Churn, Churn-Rate

Auch Customer-Churn-Rate, Kundenfluktuationsrate oder Kundenfluchtrate genannt. Ähnlich wie → *ARPU* ein

Begriff aus dem Bereich der Vermarktung von Telekommunikationsdiensten, ursprünglich geprägt in der Mobilfunkbranche.

Churn bezeichnet dort den Verlust eines Kunden nach Ablauf der Mindestlaufzeit seines Vertrages, d.h., der Kunde wechselt schnellstmöglich zu einem anderen Service-Provider. Die Churn-Rate ist der prozentuale Anteil der wechselnden Kunden an allen Kunden.

Zwar kam der Begriff Churn im Mobilfunk auf, doch im Zuge der Liberalisierung aller Telekommunikationsmärkte und der steigenden Anzahl von Network und Service-Providern wird der Begriff auch in anderen Bereichen der TK verwendet.

So bedeutet die Churn-Rate mittlerweile den Anteil der in einer Geschäftsperiode (z.B. Quartal) verlorenen Kunden im Verhältnis zu der Zahl der Kunden zu Beginn der Geschäftsperiode. Bei der Ermittlung können allerdings verschiedene Methoden angewendet werden. So kann z.B. auch die in der Geschäftsperiode durchschnittliche Kundenanzahl gewählt werden.

Eine Churn-Rate kann für ein Produkt, eine Produktgruppe, eine Vertriebsregion, für ein Kundensegment oder ein gesamtes Unternehmen ermittelt werden.

Eine hohe Churn-Rate deutet entweder auf eine hohe Wettbewerbsintensität oder einen schlechten Kundenservice hin.

Je nach Branche/Marktsegment kann ein Senken der Churn-Rate um nur 5% ein Steigen des Gewinns um 25 bis 35% zur Folge haben.

Gegenmaßnahmen (Churn Prevention) zielen üblicherweise auf eine Erhöhung der Kundenbindung ab und können sein:

- Verbesserung des Kundenservices z.B. durch Einrichten eines → *Call Centers.*
- Einrichten eines Kundenbindungsprogramms (Sammeln von Punkten, Rabatt- oder Bonussystem).
- Anbieten von Produkten, welche die Kundenbindung erhöhen, z.B. Charging Scheme „Friends & Family" (→ *Charging*).
- Bessere Auswertung der Kundenbedürfnisse und Erkennung potenziell abwanderungsgefährdeter Kunden mit Hilfe eines → *Data Warehouses* und mit → *Data Mining.*

CI

1. für Congestion Indicator.
2. Abk. für Cell Identification.
   → *CGI.*
3. Abk. für Computer Interconnect.
   Bezeichnet in → *Clustern* von Computern des Typs → *VAX* das verwendete lokale Netz (LAN).

CIC

1. Abk. für Carrier Identification Code.
2. Abk. für Circuit Identification Code.
   Bezeichnung für eine eindeutige Kennung eines Signalisierungskanals im *SS#7*-Netz, die einer Nutzdatenverbindung zugeordnet ist.

Cicero

→ *Point.*

CID

Abk. für Configuration, Installation (and) Distribution.

Bezeichnung für einen proprietären Standard zur automatischen Ferninstallation und -wartung aus dem Hause IBM.

CIDCW

Abk. für Calling Line Identification on Call Waiting.

Bezeichnung für ein Dienstmerkmal (→ *Dienst*) beim Telefondienst, der die beiden Dienstmerkmale → *CLI* und → *Call Waiting* zusammenfasst. Dabei ertönt bei einem auflaufenden Gespräch während einer bestehenden Verbindung beim *B-Teilnehmer* nicht nur ein Signalton, sondern während der bisherige Gesprächspartner wartet (Call Waiting), wird dem B-Teilnehmer die Nummer des potenziellen neuen *A-Teilnehmers* zur Identifikation noch angezeigt. Der B-Teilnehmer kann dann entscheiden, ob er das Telefonat mit dem bisherigen Gesprächspartner fortsetzen möchte oder sich dem neuen Anrufer zuwendet.

CIDR

Abk. für Classless Inter-Domain Routing (Protocol).

Bezeichnung eines im → *Internet* genutzten Protokolls zur Verringerung der in einem → *Router* gespeicherten Routingtabellen. Definiert im RFC 1519.

Dabei erhält jede *IP*-Adresse ein Präfix, das einen großen Internet-Service-Provider (*ISP*) bzw. Betreiber eines großen Teils des Internet identifiziert. Prinzipiell werden dadurch mehrere darunter liegende Netze zusammengefasst (Supernetting). Da deren Zahl weltweit kleiner ist als die Zahl der Teilnehmer am Internet mit eigener IP-Adresse, brauchen in den Routern nur noch kleinere Routingtabellen der Präfixe und ISPs und nicht mehr alle IP-Adressen weltweit gespeichert zu werden.

Entwickelt und eingesetzt ab 1992.

CIE

1. Abk. für Computer Integrated Enterprise.
2. Abk. für Chinese Institute of Electronics.
   Bezeichnung eines Berufsverbandes chinesischer Wissenschaftler, Ingenieure und Techniker aus dem Bereich der Elektronik, Informatik und Telekommunikation.

CIF

Abk. für Common Intermediate Format.

Bezeichnung eines möglichen Formates eines zu einer Videosequenz zugehörigen Bildes, das nach → *H.261* als Teil von → *H.320* codiert wurde. Auflösung 288 * 352 Pixel (Zeilen * Pixel) bei 30 Bildern je Sekunde. Um den Gegensatz zum weniger auflösenden → *QCIF* zu betonen, wird CIF oft auch Full-CIF genannt.

Im Rahmen des Standards ist CIF - im Gegensatz zum QCIF - als Option definiert.

CIFS

Abk. für Common Internet File System.

Bezeichnung für eine neue Entwicklung aus dem Hause Microsoft mit dem Ziel, verschiedene Anwendungen des Dateitransfers (wie z.B. → *FTP*) im Internet zu verbessern.

CILC

Abk. für Canadian Interconnection Liaison Committee.

CIM

1. Abk. für Computer Integrated Manufacturing.
2. Abk. für CompuServe Information Manager.
   → *CompuServe.*
3. Abk. für Common Information Model.
   Bezeichnung für ein universell nutzbares Format, das Informationen zum Management von Datennetzen beschreibt, unabhängig von der Art und Weise der Erzeugung der Informationen. Ziel ist eine herstellerunabhängige Plattform.
   CIM basiert auf dem Hypermedia-Management-System (→ *HMMS*) und nutzt eine Art Beschreibungssprache (Managed Object Format, MOF) zur Beschreibung der einzelnen zu verwaltenden Objekte im Netz. Es wird jedoch erwartet, dass MOF im Laufe der Jahre durch → *XML*-Formate ersetzt wird.
   Eingesetzt wird CIM insbesondere bei der Verwaltung großer Netze jenseits von → *LAN*s.
   Entwickelt wurde CIM von der → *DMTF*, die im Frühjahr 1998 einen Teil als ein Applikationsmanagementsystem (AMS) definierte.

CIME

Abk. für Customer Installation Maintenance Entity.

Cinch, Cinch-Kabel Cinch-Stecker, Cinch-Verbindung

Bezeichnung für eine zweipolige Steckverbindung für zweiadrige Kabel, welche die bis zu den 80er Jahren üblichen Stecker nach DIN verdrängt haben. Weitverbreitet im Bereich der Verkabelung von Komponenten der Unterhaltungselektronik. Sie sind aber auch im Bereich der Verkabelung von Audioperipheriegeräten für Computer immer mehr zu finden, etwa beim Anschluss eines Mikrophons oder von externen Boxen an eine → *Soundkarte.*

Man unterscheidet:

- Standard-Cinch-Stecker: Weit verbreitet im Hifi-Bereich.
- Mini-Cinch-Stecker: Von den Abmessungen her kleiner als der Standard-Cinch-Stecker und eher im Bereich der → *PCs* und → *Laptops* verbreitet, z.B. beim Anschluss von Kopfhörern an einen Laptop mit → *CD-ROM*-Laufwerk.

Der ursprüngliche Standard für diesen Stecker wurde in Japan entwickelt und verbreitete sich zusammen mit Unterhaltungselektronik aus fernöstlicher Produktion weltweit.

CinePak

Bezeichnung für einen Codec zur Kompression audiovisueller Daten im Datenformat → *AVI.* Entwickelt vom Hause QuickTime.

CIO

Abk. für Chief Information Officer.

In Anlehnung an die Begriffe CEO (Chief Executive Officer; Vorstandsvorsitzender) und CFO (Chief Finance Officer; Finanzvorstand) die Bezeichnung für das Vorstands-/Geschäftsführungsmitglied in der Geschäftsleitung eines Unternehmens, das für alle Angelegenheiten der Informations- und Kommunikationstechnik zuständig ist.

Während in den USA bereits viele Unternehmen die strategische Bedeutung der Informations- und Kommunikationstechnik sowie entsprechender interner (→ *Data Warehouse,* → *Dokumentenmanagementsystem,* → *Knowledge Management,* → *Workflow-Management-System,* →*Groupware,* → *Intranet*) als auch externer (→ *Internet,* → *E-Mail,* → *E-Business*) Anwendungen in verschiedenen Unternehmensbereichen erkannt und einen CIO eingesetzt haben, ist dies bei vielen europäischen Unternehmen (noch) nicht der Fall, da bei ihnen viele IT- und TK-Aufgaben abteilungsspezifisch gelöst werden oder bestenfalls Gegenstand einer Stabsabteilung des Vorstands sind.

Zu den Aufgaben des CIO gehören üblicherweise:

- Definition einer Hard- und Softwarearchitektur zur Bereitstellung von Systemen, welche den Geschäftszweck/die Strategie des Unternehmens unterstützen.
- Koordination interner und externer (Berater, → *Outsourcing*) Ressourcen für den Aufbau, den Betrieb, die Wartung und den Ausbau der o.a. Architektur.
- Koordination von Großprojekten oder von abteilungsübergreifenden Projekten.
- → *Knowledge-Management* (die hierfür zuständige Person wird oft auch Chief Knowledge Officer, CKO, genannt).
- Kostenmanagement
- Personalführung der oberen Leitungsschicht der Projekte oder der EDV-Abteilung.

CIP

Abk. für Channel Interface Processor.

In größeren Rechnersystemen die Bezeichnung für Prozessoren, die nur Kommunikationsverkehr zu anderen angeschlossenen Rechnern (Clients, Terminals) bearbeiten.

CIR

1. Abk. für Carrier to Interference Ratio.
2. Abk. für Committed Information Rate.
   Bezeichnet beim → *Frame-Relay*-Protokoll die vom Netzbetreiber dem Teilnehmer garantierte Datenrate unterhalb der Nennrate seines Anschlusses. Bis zur CIR werden Daten auf jeden Fall entgegen genommen, oberhalb der CIR kurzfristig nur, wenn die Netzlast dies zulässt. Dies dient dem Abfangen von → *Bursts,* wie sie z.B. typischerweise bei LAN-LAN-Kopplungen auftreten.
   Teilnehmer, die eine CIR akzeptieren, können mit niedrigeren Gebühren rechnen.
   Die CIR ist eine statistische Größe, da sie die mittlere Rate in bit/s angibt, die dem jeweiligen Anschluss über eine virtuelle Verbindung durch das Frame-Relay-Netz zur Verfügung gestellt wird.
   → *EIR,* → *SIR.*

CIRC

Abk. für Cross Interleave Reed Solomon Code.
Bezeichnung für ein Fehlerkorrekturverfahren, das z.B. auf → *CD-DA* angewendet wird.

Circuit Emulation

Bezeichnung für die Emulation heute üblicher durchgeschalteter Verbindungen (→ *verbindungsorientierte Datenübertragung*, → *CBR*), wie z.B. 64 kbit/s oder 2 Mbit/s durch → *ATM*-Netze.

CIS

Abk. für CompuServe Information Services.
Offizielle Bezeichnung des → *Online-Dienstes* der Firma → *CompuServe*.

CISC

Abk. für Complex Instruction Set Computer.
Bezeichnet im Gegensatz zu → *RISC* die Rechner, die über einen großen Befehlssatz häufig komplexer Befehle verfügen (u.U. mehrere hundert). Diese sind zwar mächtig und leistungsfähig, bedürfen aber dafür einer längeren Abarbeitungszeit (Takte) durch die → *CPU*.
→ *Harvard-Architektur*.

Cisco

Vollständiger Name: Cisco Systems Inc. Das weltweit führende Unternehmen für Produkte der auf → *IP* basierenden Netzwerktechnik.
Berichten zufolge wurde Cisco deshalb gegründet, weil das Ehepaar Len and Sandy Bosack in den frühen 80er Jahren an der Stanford-Universität an verschiedene von insgesamt 26 E-Mail-Systeme angeschlossen war. Um trotz unterschiedlicher Arbeitszeiten eine reibungslose tägliche Kommunikation - insbesondere über die Fütterzyklen der gemeinsamen Katze - zu ermöglichen, bauten beide in Eigenregie ein Gerät (‚Gateway Server', später einfach → *Router* genannt) zusammen. Sie verwendeten dabei technische Komponenten aus Universitätsbesitz und schalteten das Gerät eigenmächtig in das Universitätsnetz ein. Dabei wurde → *IP* als Protokoll genutzt.
Der Erfolg war derart positiv, dass bald andere Universitäten danach fragten. Im heimischen Wohnzimmer begann um 1984 herum die ‚Serienproduktion'. 1986 wurde cisco Systems (mit kleinem ‚c') gegründet. Im gleichen Jahr besuchte man auch die erste Fachmesse, um den Vertrieb anzukurbeln.
1987 gab es von Sequoia das einzige Venture-Capital-Geld. Im gleichen Jahr zog mit John Morgridge der erste professionelle Manager in den Vorstand ein. Schon 1990 ging Cisco an die Börse.
1992 wurde die Marke in das bekannte Cisco Systems Inc. geändert.
1993 verkaufte man den 100 000. Router. Im gleichen Jahr kam Cisco nach Deutschland.
Cisco ist insbesondere durch aggressive Zukäufe von anderen Unternehmen ab 1991 und die eigene konsequente Nutzung von Internet-Technologien (seit 1994 mit eigener Website) bekannt geworden.
1995 wurde Morgridge durch John Chambers abgelöst, der Cisco zu einer weltweit operierenden, schlanken Firma machte.
→ *http://www.cisco.com/*

CISPR

Abk. für Comité International Spécial des Pertubations Radioélectriques.
Ein int. Gremium der → *IEC*, das sich mit Störungen bei der Funkübertragung beschäftigt.

CIT

Abk. für Computer Integrated Telephony.
→ *CTI*.

CITEL

Abk. für Committee for Inter-American Telecommunications.
Bezeichnung der interamerikanischen Konferenz über das Nachrichten- und Telekommunikationswesen mit Sitz in Buenos Aires.
→ *http://www.oas.org/*

City-Carrier

→ *Carrier*.

Cityruf

Bezeichnung für ein von der Deutschen Telekom eingeführtes Produkt. Seit März 1989 bestehender digitaler Pagingdienst (→ *Paging*) nach dem → *POCSAG*-Standard, bei dem drei verschiedene Rufklassen - mit dann auch drei verschieden hohen monatlichen Gebühren - unterschieden werden:

- Nur vier verschiedene Töne
- Nur Ziffernkombinationen
- Alphanumerische Nachrichten (→ *Alphanumerik*) bis zu einer maximalen Länge

Die Nachrichten werden dabei über eine oder mehrere Funkrufregionen (zunächst 50, seit Herbst 1995 nur noch 16 Regionalbereiche) verbreitet. Es besteht keine Flächendeckung. Gruppenruf ist möglich. In Europa gibt es mehrere dieser Systeme, die entweder im Frequenzband 150 bis 170 MHz oder 440 bis 470 MHz (in Deutschland: um die 466 MHz) arbeiten. Die Übertragungsrate liegt bei 512 bit/s oder 1 200 bit/s. Auf dem Funkkanal wird nach → *DFSK* moduliert. Deutschland wird von gut 500 Sendeanlagen abgedeckt.
Im September 1999 hat die Deutsche Telekom im Zuge der Neuorganisation aller Mobilfunkaktivitäten den Cityruf zusammen mit Scall und Skyper an die Miniruf in Hannover verkauft.

CIX

Abk. für Commercial Internet Exchange.
Bezeichnung für Server und Leitungen im nordamerikanischen → *Internet*, die von kommerziellen Internet-Service-Providern (→ *ISP*) neben der → *NSF* betrieben und finanziert werden, um einen direkten, schnellen und unkomplizierten nationalen Datenaustausch zwischen kommerziellen

(privatwirtschaftlichen) Nutzern des Internet zu ermöglichen.

Wurde 1991 als nichtkommerzielle Commercial Internet Exchange Association Inc. von General Atomics, Performance Systems International (PSINet) und UUNET Technologies gegründet. Es handelte sich dabei um eine Reaktion auf das Bestreben der NSF, die Internet-Nutzung durch kommerzielle Nutzer zu beschränken.

→ *DE-CIX*, → *FIX*, → *HKIX*, → *MAE*, → *NAP*.

→ *http://www.cix.org/*

CKO

Abk. für Chief Knowledge Officer.

→ *CIO*.

CL

1. Abk. für Connectionless.
   → *Verbindungslose Datenübertragung*.
2. Abk. für Commutateur Local.
   In Frankreich die Bezeichnung für eine → *Ortsvermittlung*.

Cladding

→ *Glasfasertechnik*.

CLAN

Abk. für Cordless LAN.

Selten gebrauchte Bezeichnung für drahtlose LANs, die auf Funkübertragung basieren.

Wireless LAN.

ClariNet

Bezeichnung eines kommerziellen, kanadischen Anbieters von Nachrichten und Diskussionsgruppen im → *Internet*.

Clarke-Orbit

Jargon für geostationäre Umlaufbahnen von Satelliten (→ *GEO*), benannt nach dem Offizier im Radardienst der britischen Luftwaffe und späteren Science-Fiction-Autor (2001: A Space Odyssey, 2010: Odyssey Two) Dr. Arthur Charles Clarke (* 16. Dezember 1917).

Er schlug 1945 in dem von ihm im Juli geschriebenen kurzen Artikel „Extra-Terrestrial Relays, Can Radio Stations give world-wide Radio Coverage?“ in der ‚Wireless World‘ vom Oktober unter dem Eindruck deutscher Raketentechnik vor, drei bemannte (!) Vermittlungsstationen in 36 000 km Höhe geostationär über der Erde anzubringen und war damit seiner Zeit um 20 Jahre voraus. Er wiederholte seine Gedanken in der Veröffentlichung „The Exploration of Space“ im Jahr 1952. Dennoch dauerte es bis in die 60er Jahre, bis mit SYNCOM der erste echte geostationäre → *Satellit* im All installiert wurde.

CLASS

Abk. für Custom Local Area Signalling Services.

In Nordamerika gebräuchliche Bezeichnung für → *ISDN*-ähnliche Dienstmerkmale (→ *Dienst*) des Telefondienstes für normale Nicht-ISDN-Anschlüsse wie z.B. → *Anklopfen*, → *Dreierkonferenz*, → *Makeln*, Rückfragen, → *Forwarding*, unterschiedliche Ruftöne und → *Barring*. Realisiert auf der Basis von → *IN*.

→ *ADSI*, → *Centrex*.

Class Licence

Begriff aus der Regulierung. Bezeichnung für eine Lizenz zur Erbringung von Diensten einer bestimmten Kategorie.

Class of Service

→ *QoS*.

CLCC

Abk. für Closed Loop Congestion Control.

Bezeichnung für eine Klasse von Verfahren zur Vermeidung von Überlast in → *ATM*-Netzen.

Clearingstelle

→ *EDIFACT*.

Clear Type

Bezeichnung für eine im November 1998 vorgestellte Entwicklung aus dem Hause → *Microsoft* zur Darstellung von Inhalten des → *WWW* auf kleinen Anzeigen oder Bildschirmen. Prinzipiell eine Konkurrenz zu → *WAP*.

→ *Web Clipping*.

Cleaver

Von engl. to cleave = spalten. Begriff aus der → *Glasfasertechnik*. Bezeichnet spezielle Schneidegeräte, mit denen Glasfasern besonders präzise abgeschnitten werden können, so dass sie in Fassungen zur opto-elektrischen Wandlung eingepasst werden können.

Cleaver wiegen üblicherweise einige 100 g und können mit einer Hand bedient werden. Die Glasfaser wird eingeführt, fixiert und mit einem Diamantschneider abgeschnitten. Zentrale Qualitätsgröße ist der Schnittwinkel, der unter 0,5° liegen sollte.

Vor dem → *Spleißen* ist ein sorgfältiges cleaven notwendig, um die Übergangsdämpfung gering zu halten.

CLEC

Abk. für Competitive Local Exchange Company.

Begriff aus der Regulierung des amerikanischen Marktes für Telekommunikationsdienste. Dort versteht man unter CLECs nach dem Telecommunications Act 1996 (→ *TCA*) neu gegründete, lokale Telefonunternehmen, die nicht zu den aus dem AT&T-Konzern nach der → *Divestiture* hervorgegangenen → *RBOCs* oder → *BOCs* gehören. CLECs bieten auf lokaler Ebene verschiedene Telekommunikationsdienstleistungen an, zu denen Telefonie, der Internet-Zugang und manchmal auch Kabelfernsehen gehören können.

CLECs zeichnen sich in der Regel durch modernen Equipment, eine glasfaserbasierte Infrastruktur und einem auf Geschäftskunden fokussierten Vertrieb aus.

→ *CAP*, → *LEC*, → *IXC*.

→ *http://www.clec.com/*

CLI

1. Abk. für Calling Line Identification oder Identity.

   Manchmal auch mit CLID abgekürzt und in Deutschland auch Anruferidentifikation genannt. Bezeichnet das Dienstmerkmal (→ *Dienst*), bei dem ein eingehender Anruf die Nummer des → *A-Teilnehmers* mitliefert, die beim → *B-Teilnehmer* angezeigt wird und ausgewertet werden kann, so dass dieser schon vor dem Annehmen des Rufes weiß, wer ihn anruft. Die mitgelieferte Nummer wird oft auch als CLI selbst (Identity) bezeichnet.

   In modernen Endgeräten besteht die Möglichkeit, mit CLI in ein eingespeichertes Telefonbuch zu gehen und gleichzeitig mit der Telefonnummer die im Telefonbuch gespeicherte Information (z.B. Name) auf einem Display anzuzeigen.

   Voraussetzung für CLI ganz allgemein ist die Ausrüstung des Endgerätes mit einer Anzeige.

   CLI wird z.B. im → *ISDN*, manchmal auch in analogen Festnetzen oder in Mobilfunknetzen, z.B. → *GSM*, angeboten.

   Zur Unterdrückung der Weitergabe der eigenen Nummer kann am Endgerät eine Taste gedrückt oder eine Einstellung vorgenommen werden (z.B. bei Umfragen). Dies wird mit → *CLIR* (CLI Restriction) bezeichnet.

   Wenn ein technisches System, z.B. die → *ACD*-Anlage eines → *Call Centers*, die Anrufernummer zur weiteren Bearbeitung benötigt, das Dienstmerkmal CLI aber nicht zur Verfügung steht, können die Anrufer ihre Nummer zunächst manuell mit Hilfe eines Systems zum Interactive Voice Response (→ *IVR*) eingeben.

   Eine weitere Möglichkeit der Nutzung von CLI ist ihre Verwendung zur Identifizierung. So kann ein technisches System, etwa ein ISDN-Router, der aus dem öffentlichen Netz angerufen wird, die Nummer des Anrufers prüfen und nach der Prüfung entscheiden, ob der Anruf entgegengenommen wird (und damit der Anrufer Zugang zu dem hinter dem Router liegenden Netz erhält) oder nicht.

2. Abk. für Call Level Interface.

   → *ODBC*.

Click Rate

→ *Banner*.

Clickstream

Bezeichnet den virtuellen Pfad über mehrere untereinander verlinkte Seiten innerhalb einer einzigen → *Website*, den ein Nutzer während seines Aufenthaltes durch das Navigieren über Nutzung der Hyperlinks innerhalb der Website beschreitet.

Der Clickstream dient der Analyse des Nutzerverhaltens und kann durch Auswertung des → *Log-File* auf dem → *Server* oder durch das Lesen eines entsprechenden → *Cookies* erfolgen.

Click Through

→ *Banner*.

CLID

Abk. für Calling Line Identification.

→ *CLI*.

Client

→ *Server*.

CLIP

1. Abk. für Calling Line Identification Presentation.

   Bezeichnung für die Realisierung des Dienstmerkmals (→ *Dienst*) → *CLI* in einem Endgerät (z.B. Telefonapparat oder → *Handy*), in dem die Telefonnummer des Anrufers auf einem Display angezeigt wird.

2. Abk. für Calling Line Identification Parameters.

   Bezeichnung für die technischen Parameter, die über ein Telekommunikationsnetz übertragen werden müssen, um → *CLI* zu ermöglichen.

Clipart

Bezeichnung für eine kleine, frei verfügbare und häufig verwendbare Grafik in einem Präsentationsprogramm. Üblicherweise werden Cliparts zu Illustrationszwecken verwendet und sind thematisch sortiert in Grafikbibliotheken organisiert, auf die über einen Menüpunkt des Präsentationsprogramms zugegriffen werden kann. Derartige Bibliotheken sind entweder im Präsentationsprogramm enthalten oder können zusätzlich vom Nutzer käuflich erworben werden.

CLIR

Abk. für Calling Line Identification Restriction.

Ein Dienstmerkmal (→ *Dienst*) bei dem die Weitergabe der eigenen Rufnummer an den Angerufenen unterdrückt wird.

→ *CLI*.

CLL

Abk. für Cellular Local Loop.

→ *RLL*.

CLLM

Abk. für Consolidate Link Layer Management.

Bezeichnung für einen von der → *ANSI* definierten Signalisierungsmechanismus zur Anzeige von Überlast bei → *Frame Relay*. Wird heute jedoch (noch) nicht verwendet. CLLM kann als Ergänzung zu → *BECN* und → *FECN* bzw. als deren Ersatz eingesetzt werden.

Grundidee ist, dass der Mechanismus → *BECN* nicht greift, wenn keine Daten vom Empfänger in Richtung zurück zum Sender übertragen werden, um ihm Informationen über den Verlauf der Datenübertragung zu geben.

Es ist daher nötig, einen Mechanismus zu definieren, der es dem Empfänger bei unidirektionalem Betrieb dennoch ermöglicht, Steuerungsdaten zu erzeugen.

CLLM erlaubt es Netzknoten, eigene Rahmen zu erzeugen und an den betroffenen Sender zu schicken. Dabei wird der Wert 1023 als → *DLCI* gesetzt, was dem Empfänger dieser Rahmen (der Sender der Nutzdaten) ankündigt, dass die folgenden Daten keine Nutzdaten, sondern Signalisierungsdaten sind. Die Signalisierungsdaten enthalten einen Code, der

den Grund für Netzüberlast und alle betroffenen DLCIs anzeigt.
Der Empfänger kann dann dem Sender mitteilen, dass sich die zu diesen DLCIs gehörenden Verbindungen auf die Überlast einstellen müssen, woraufhin der Sender Gegenmaßnahmen ergreifen kann.

CLNAP

Abk. für Connectionless Network Access Protocol.
CLS.

CL-Netz

Bezeichnung eines dezentral organisierten → *Mailbox*systems in Deutschland, Österreich, Schweiz, Italien und dem ehemaligen Jugoslawien mit ca. 600 Mailboxen. Der Name wurde abgeleitet von ‚Computernetzwerk Linksystem'. Im Gegensatz zu anderen Mailboxsystemen (*Fidonet*, → *MausNet*, *Z-Netz*) stehen gesellschaftlich relevante Themen bei den Diskussionsforen im Mittelpunkt.
Erste Konzepte für dieses System gehen bis 1981 zurück. Die Realisierung erfolgte 1987/88 durch die Gründung von BBS Links in München innerhalb des Z-Netzes. 1991 wurde das CL-Netz durch Zusammenschluss mehrerer Umwelt-Mailboxen selbständig.

CLNIP

Abk. für Connectionless Network Interface Protocol.
CLS.

CLNP

Abk. für Connectionless Network Protocol.
Ein Protokoll auf Schicht 3 des → *OSI-Referenzmodells* zur verbindungslosen Datenkommunikation. Das CLNP ist das Gegenstück der → *ISO* zum → *IP* des → *Internets*. Daher auch oft ISO IP genannt.
Im Gegensatz zum IP haben CLNP-Adressen eine Länge von 20 Bytes.
CLNP wurde in Betracht gezogen als Grundlage für die Weiterentwicklung von IPv4 zu IPv6.

CLNS

Abk. für Connectionless Network Service.
Im Rahmen des → *OSI-Referenzmodells* die Bezeichnung für Dienste über Netze, die auf → *verbindungsloser Datenübertragung* basieren.
CLNS werden auf der Schicht 3 (Netzwerkschicht) realisiert.

Clone

Bezeichnung für kompatible Nachbauten von Computern, die einen De-facto-Standard gesetzt haben. Als standardsetzende Originale gelten die Apple-Rechner und der IBM-PC. Clones sind die entsprechenden dazu kompatiblen Rechner anderer großer Hersteller und vor allem die fernöstlichen Billigrechner.
Nach dem Erscheinen des PC aus dem Hause IBM im Jahr 1981 brachte Columbia Data Products den ersten PC-Clone im Jahr 1982 auf den Markt. Der tragbare und vollkompatible Laptop ‚Portable' aus dem Hause → *Compaq* brachte dann im gleichen Jahr die Welle der Clones richtig zum Rollen. 1983 tauchten schließlich erste PC-Clones aus Fernost auf.
Der erste Apple-Clone erschien 1983 und trug den Namen ‚Orange'.
→ *PCM.*

Closed User Group

→ *CUG.*

CLP

Abk. für Cell Loss Priority.
Bezeichnung für ein Feld im Zellenheader bei → *ATM*-Zellen zum Setzen von Prioritäten (1 = geringe Priorität, 0 = hohe Priorität). Eine niedrige Priorität deutet an, dass die betreffende Zelle im Falle von Überlast im Netz verworfen (gelöscht und nicht weitertransportiert) werden darf.

CLPS

Abk. für Connectionless Packet Service.
Bezeichnung für die Grundform der → *Paketvermittlung*, bei der die zu übertragenden Daten in Form einzelner Datenpakete in das Datenübertragungsnetz eingespeist werden und dort, in Abhängigkeit von der aktuellen Verkehrslast und den darauf basierenden Entscheidungen der → *Router*, verschiedene Wege zum Ziel nehmen können.
→ *COPS.*

CLR

Abk. für Cell Loss Ratio.
Selten auf Deutsch auch Zellenverlustwahrscheinlichkeit genannt.
→ *ATM.*

CLS

Abk. für Connectionless Server.
Bezeichnung für funktionale Einheiten in → *ATM*-Vermittlungen, die verbindungslose Dienste unterstützen, indem sie als Zwischenspeicher fungieren und so nach außen hin einen verbindungslosen Dienst (z.B. → *Frame Relay*) emulieren. Eingegangene Daten vom Nutzer des emulierten Dienstes werden entsprechend gespeichert, aufbereitet und schließlich über die ATM-Vermittlung zum CLS in der Ziel-Vermittlung weitertransportiert. Dort wird dann wieder vom CLS eine Verbindung zum Empfänger hergestellt.
Die Kommunikation mit dem Nutzer wird über das CLNAP (Connectionless Network Access Protocol), die Kommunikation mit den anderen CLS mit dem CLNIP (Connectionless Network Interface Protocol) abgewickelt.

CLSF

Abk. für Connectionless Service Function.

CLTP

Abk. für Connectionless Transport Protocol.
Bezeichnung eines Protokolls auf Schicht 3 des → *OSI-Referenzmodells*. Ist das Gegenstück der *ISO* zu *UDP* aus der *Internet*-Welt.

CLTS

Abk. für Connectionless Transport Service.

CLU

Abk. für Cluster.

Name einer um 1974 vorgestellten → *Programmiersprache*, die sich von → *Pascal* ableitet und nicht besonders weit verbreitet ist.

Cluster

Allgemein die Bezeichnung für eine Menge gleicher Teile, die als eine zusammengehörige Einheit behandelt wird.

1. Bei der Datenübertragung die Bezeichnung für die Häufung von fehlerhaften Bits im Datenstrom.
2. Bei zellularen Mobilfunknetzen (→ *zellulare Systeme*) die Gruppe benachbarter Zellen, die das zur Verfügung stehende Frequenzspektrum einmal komplett ausnutzt. Meistens eine Anordnung von sieben Zellen (z.B. im deutschen → *C-Netz*). Die Anzahl der zu einem Cluster zusammengefassten Zellen wird Cluster-Faktor genannt und kann in Abhängigkeit von den geografischen Gegebenheiten innerhalb eines Netzes variieren.
3. Bei zusammengeschalteten Rechnernetzen die Bezeichnung einer Gruppe von → *Workstations*, die gemeinsam einen Auftrag bearbeiten und durch das Zusammenschalten ihre Leistung optimieren können. Teilweise wird dadurch parallele Verarbeitung ermöglicht. Ein weiterer Grund für ein derartiges Vorgehen kann das Erzielen einer erhöhten Ausfallsicherheit (Redundanz) sein.

   Eine derartige Konfiguration wird, sofern die einzelnen zusammengeschlossenen Computer voneinander entfernt sind und durch ein Weitverkehrsnetz zusammengeschaltet sind, auch als Metacomputing bezeichnet.
4. Bezeichnung für ein Mehrplatzsystem, d.h. ein → *Mainframe* mit angeschlossenen → *Terminals*. Oft ist dann ein Cluster Controller dazwischengeschaltet.
5. Bei magnetischen Speichermedien wie der → *Diskette* oder der → *Festplatte* die Bezeichnung für mehrere Sektoren, die zu der kleinsten von Dateiverwaltungssystemen wie z.B. → *FAT* verwaltbaren logischen Einheit zusammengefasst werden. Ein Cluster kann dabei aus einem oder aus mehreren Sektoren bestehen. Bei einer Diskette hat ein Cluster einen Sektor, bei einer Festplatte üblicherweise mehrere, z.B. zwei, vier, acht oder sechzehn Sektoren.

CLUT

Abk. für Color Lookup Table.

Bezeichnung für eine Tabelle, in welcher bei indizierten → *Pixelgrafiken* die verwendeten Farben gespeichert sind.

CLV

Abk. für Constant Linear Velocity.

Bezeichnung einer Technik bei → *CD-ROM*-Laufwerken. Dabei rotiert die CD-ROM in Abhängigkeit von der Position des Lesekopfes (innen/außen) mit jeweils unterschiedlicher Drehzahl (z.B. zwischen 200 und 500 U/Min.) zum Ausgleich der unterschiedlichen Spurlängen, um bei konstanter Datendichte auf den Spuren eine konstante Lesegeschwindigkeit zu ermöglichen.

→ *CAV*.

CM

1. Abk. für Call Menu.
2. Abk. für Call Mode.
3. Abk. für Channel Management.
4. Abk. für Configuration Management.
5. Abk. für Connection Management.

CMC

Abk. für Common Mail Call.

→ *XAPIA*.

CMC-7-Schrift

Abk. für Caractère Magnétique Code ‡ 7 Bâtonnets.

Bezeichnung einer international durch die → *ISO* standardisierten maschinen- und menschenlesbaren Schrift bestehend aus 10 Ziffern, 26 Buchstaben und 5 Sonderzeichen. Auch in Deutschland als DIN 66 007 genormt.

Dabei werden die einzelnen Zeichen mit sieben senkrechten magnetischen Streifen nachgebildet.

CME

Abk. für Conformant Management Entity.

CMI

1. Abk. für Coded Mark Inversion.
   → *NRZ-Verfahren*.
2. Abk. für Common Management Information.
3. Abk. für Controlled Mode Idle.

CMIP

Abk. für Common Management Information Protocol.

Bezeichnung für ein Protokoll aus der Welt des → *Netzmanagements* von → *LANs* und → *WANs*, das den Transport der Netzmanagementinformationen betrifft und das alle Schichten des → *OSI-Referenzmodells* abdeckt (im Gegensatz zu → *CMOL*, → *CMOT*). Verfügt über eine hierarchische baumartige Struktur, weswegen es eher als → *SNMP* für große und komplexe Netze geeignet ist, wie z.B. öffentliche Telekommunikationsnetze. Aufgrund schleppender Standardisierung von CMIP (in X.711 der → *ITU*) ist jedoch heute → *SNMP* verbreiteter, insbesondere im Bereich der LANs.

Große Netzwerke mit vielen Knoten müssen oft von einer zentralen Stelle aus verwaltet werden. Dies ermöglicht CMIP. Von nur einer Stelle aus lassen sich mit CMIP die Parameter der einzelnen Netzelemente abfragen und auch verändern (Passwörter, Software etc.). Ferner lassen sich automatische Fehlermeldungen empfangen (z.B. Speicherplatz knapp oder nicht mehr vorhanden, Leitungszusammenbruch, Stromausfall etc.).

Dieser Ansatz, ein Netz von einer zentralen Stelle aus zu verwalten, stammt aus dem LAN-Bereich, findet aber auch zunehmend beim Management öffentlicher Netze Anwendung (→ *TMN*).

CMIS, CMISE

Abk. für Common Management Information Services (Element).

Ein Begriff aus der Netzmanagementtechnik. Der Dienst CMIS ist ein Dienst im Rahmen von → *CMIP* und besteht aus zwei Klassen: den Management Operation Services und den Management Notification Services.

CMMV

Abk. für Clearingstelle Multimedia für Verwertungsgesellschaften.

Bezeichnung für den Zusammenschluss von neun Urheberrechtsverwertungsgesellschaften in Deutschland mit dem Ziel, ein Netz von einzelnen Verwertungsstellen von Urheberrechten an Werken in elektronischer Form aufzubauen.

CMN

Abk. für Customer Management Network.

CMOL

Abk. für CMIP over LLC.

Bezeichnet eine Variante von → *CMIP*, die auf dem für die → *IEEE 802*-Serie unabhängigen → *LLC* basiert. Ist geeignet, um → *Ethernet*- und → *Token-Ring*-Netze zu verwalten.

CMOS

Abk. für Complementary Metall Oxyde Semiconductor.

Oberbegriff für eine Halbleiterschaltungstechnik als Nachfolgerin der Bipolartechnik (→ *Bipolarer Transistor*). → *Chips* in CMOS-Technik erlauben feinere Strukturen der integrierten Bauelemente und Leiterbahnen, so dass sich kleinere Chips und mehr Bausteine auf einem Chip ergeben, was insgesamt zu einer Platzersparnis führt.

Die Betriebstemperatur eines CMOS-Chips liegt wegen seiner geringen statischen Verlustleistung (< 10 nW) unter der vergleichbarer Chips in Bipolartechnik, so dass geringere Aufwendungen zur Kühlung gemacht werden müssen (Luft- statt Wasserkühlung). Dies resultiert insgesamt in einer geringeren Leistungsaufnahme.

Die Produktionskosten sind ebenfalls niedriger.

Nachteilig ist die (gegenwärtig noch) geringere Schaltgeschwindigkeit.

CMOT

Abk. für CMIP over TCP/IP.

Bezeichnet eine spezielle → *CMIP*-Variante. Analog zu → *CMOL* basiert CMOT nicht auf allen Schichten des → *OSI-Referenzmodells*, sondern auf der Familie der → *TCP*- und → *IP*-Protokolle. Ziel war eine Nutzung des Netzmanagementansatzes der → *ISO* um TCP/IP-basierte Netze (→ *Internet*) zu managen.

CMP

Abk. für Cluster Management Processor.

CMRS

Abk. für Commercial Mobile Radio Services.

In den USA der Oberbegriff für öffentlichen kommerziellen Mobilfunk (kein Mobilfunk für Feuerwehr, Polizei, Ärzte etc.). Eingeführt durch den Omnibus Budget Reconciliation Act 1993.

CMS

Abk. für Computerised Message Switching.

Bezeichnung für frühe hausinterne → *E-Mail*-Systeme, als Rechner erstmals das Speichern und Weiterleiten von Texten erlaubten.

CMT

1. Abk. für Connection Management.
   Bezeichnung eines Protokolls für → *FDDI*.
2. Abk. für ComisiÛn del Mercado de las Telecomunicaciones.
   Bezeichnung für die nationale → *Regulierungsbehörde* in Spanien.

CMTT

Abk. für franz. Commission Mixte CCIR/CCITT pour les Transmissions Télévisuelles et Sonores.

Bis 1992 die gemeinsame Kommission von → *CCITT* und → *CCIR* für beide Gremien betreffende Angelegenheiten.

CMYK

Abk. für Cyan, Magenta, Yellow, Black.

Bezeichnung für ein subtraktives → *Farbsystem*. Dabei lassen sich alle anderen Farben aus diesen Farben herstellen. Oft verwendet in der Druckindustrie.

Der Buchstabe ‚K' aus dem Black wurde anstelle des B gewählt, um eine Verwechslung mit der Abk. → *RGB* für ein anderes, additives Verfahren auszuschließen.

CN

Abk. für → *Corporate Networks*.

CNC

Abk. für Computer Numerical Controllers.

Bezeichnung für eine Hard- und Softwaretechnik zur automatischen Steuerung von Werkzeugmaschinen (Drehbänke, Bohrer, Fräsmaschinen etc.).

Entwickelt wurde die CNC-Technik in den frühen 50er Jahren am → *MIT*.

CNET

Abk. für Centre National d'Études des Télécommunications.

Ausgesprochen etwa KNET. Bezeichnung für das Forschungszentrum der France Télécom, vergleichbar mit dem → *FTZ* der Deutschen Telekom. Es hat sich z.B. maßgeblich bei der Entwicklung von → *E 10* engagiert.

→ *http://www.cnet.fr/*

C-Netz

Analoges vollautomatisches, zellulares Mobilfunknetz in Deutschland. Dieses auch C 450 genannte System (von Siemens komplett entwickelt und geliefert) fand sonst nur noch in Portugal Verbreitung (dort 1989 eingeführt) und in Südafrika. Im internationalen Vergleich (z.B. mit → *NMT 450*) gilt die Technik des C-Netzes als teuer. C-Netz-Nummern sind an der Vorwahl 0161 zu erkennen. Es wird von der Tochter der Deutschen Telekom T-Mobil-Net GmbH (früher: → *DeTeMobil*) betrieben und unter dem Produktnamen C-Tel vermarktet.

Die technischen Parameter des C-Netzes sind:

Uplink	450 bis 455,74 MHz
Downlink	461 bis 465,74 MHz
Anzahl Frequenzkanäle	222
Kanalbandbreite	20 kHz
Duplexverfahren	→ *FDD*
Duplexabstand	11 MHz
Anzahl Timeslots je Frequenzkanal	Keine, da kein TDMA-Verfahren
Modulationsverfahren	Phasenmodulation für Sprachübertragung

Verbindungsauf- und -abbau wird über einen digitalen Organisationskanal abgewickelt. Daten während des Gesprächs (Gebühren, → *Handover* etc.) werden mittels *In-Band-Signalisierung* übertragen. Dazu wird das analoge Nutzsignal alle 12,5 Sek. so komprimiert (um ca. 10%), dass dadurch ein Zeitschlitz von 1,14 ms entsteht, in dem 4 Bit übertragen werden können. Insgesamt steht eine Datenübertragungskapazität von 5,28 kbit/s zur Verfügung.

Mit dem C-Netz wurde erstmals nationales → *Roaming* und Datenübertragung über ein Mobilfunknetz in Deutschland möglich.

Ein → *Handover* ist möglich. Dafür sendet jede → *BS* Signalisierungsdaten aus, die die → *MS* auswertet und die Signallaufzeit ermittelt. Auf dieser Basis kann auf die Entfernung zur BS geschlossen werden, was zu einem Handover führt oder (noch) nicht.

Innerhalb einer Zelle ist ebenfalls ein Kanalwechsel möglich.

Deutschland gliedert sich in 2 039 Funkzonen (Zellen). Max. 150 dieser Zellen können an ein → *MSC* angeschlossen sein, von denen es insgesamt 34 gibt. Es werden 7er-Cluster genutzt. Je Zelle stehen ca. 30 Kanäle zur Verfügung. Die MSCs sind untereinander mit → *SS#7*-Verbindungen verbunden. Die Sendeanlagen (→ *BS*) verfügen über eine Leistung von 35, 25 oder 8 Watt. *MS* senden mit max. 16 W.

Neben der Sprachübertragung ist Datenübertragung mittels Modem (also kein separater Datenkanal wie bei → *GSM*) mit 2 400 bit/s möglich.

Das System ist wegen seiner fehlenden internationalen Roaming-Möglichkeiten und der hohen Flächendeckung (95% der Fläche mit nahezu 100% der Bevölkerung) ideal für Nutzer, die viel national unterwegs sind. Rund 90% der Nutzer verwenden es mit fest eingebauten Autotelefonen. Es gibt aber auch → *Handys* für das C-Netz, die im Vergleich zu den D- und E-Netz-Handys wegen der analogen Technik etwas größer sind.

Die Nutzer des C-Netzes verwendeten eine Smart Card mit → *PIN*.

Die Entwicklung des C-Netzes nahm folgenden Verlauf:

Späte 70er Jahre

Erste konzeptionelle Überlegungen für ein analoges, zellulares Mobilfunknetz bei der damaligen Deutschen Bundespost.

Ab 1979

Nach einer Ausschreibung startet die Entwicklung bei Siemens.

1983

Erste Feldversuche finden im Raum Darmstadt durch Siemens statt.

1. September 1985

Mit rund zweijähriger Verspätung beginnt der Probebetrieb in 175 Zellen mit zwei → *MSCs* in Frankfurt, Düsseldorf und Hamburg.

1. Mai 1986

Der Probebetrieb geht in den Wirkbetrieb über.

Ende 1986

Das C-Netz hat bereits mehr Nutzer als das zu dieser Zeit noch in Betrieb befindliche → *B-Netz*.

1992

Es wird Flächendeckung mit rund 1 900 Zellen erreicht.

1993

Der Endausbau mit ca. 2 039 Basisstationen und 34 MSCs wird erreicht.

Die max. Teilnehmerzahl wird zum Jahresende mit ca. 794 000 erreicht. Seither sehr langsam sinkende Teilnehmerzahlen durch die Konkurrenz der D-Netze.

Ende Juni 1996

Noch 590 000 registrierte Nutzer.

Ende März 1999

Noch 350 000 registrierte Nutzer.

CNG

1. Abk. für Calling (Tone).

   Bezeichnung eines von (neueren) Faxgeräten (→ *Fax*) ca. 30 bis 120 s lang gesendeten Erkennungstones (0,5 s lang 1 100 Hz +/- 38 Hz, gefolgt von 3 s Pause) beim Aufbau einer Verbindung zu einem anderen Faxgerät. Entsprechende → *Modems* senden mit 1 300 Hz.

   Die Sendedauer des CNG-Signals hängt von der Betriebsart des Faxgerätes ab und kann zwischen 45 und 120 s (selbsttätiger Sendebetrieb) und 30 bis 40 s (manueller Sendebetrieb) liegen.

   Zweck ist die Steuerung von → *Fax-Weichen* beim → *B-Teilnehmer*.

   Das Signal ist von der → *ITU* in der Empfehlung T.30 definiert.

2. Abk. für → *Comfort Noise* Generator.

CNIDR

Abk. für Clearinghouse for Networked Information Discovery and Retrieval.

CNIU

Abk. für Customer Network Interface Unit.

Bezeichnung für die Hardware, die einem Kunden eines Netzbetreibers den Zugang zu dem ihm exklusiv zur Verfügung gestellten Netz (→ *CDN*) ermöglicht.

CNM

Abk. für Customer Network Management.

Bezeichnung für vom Teilnehmer aus steuerbares Netzmanagement für den Teil des öffentlichen Netzes, das ihm z.B. für ein → *VPN* zur Verfügung gestellt wurde.

Beispiele sind die Zuweisung von Bandbreite (im Rahmen der Anschlussbandbreite) oder die Beeinflussung von Qualitätsparametern und Prioritäten.

Unter Teilnehmer wird dabei ein kommerzieller Service-Provider verstanden, der bei einem Network-Provider (Carrier) Netzkapazitäten kauft, um mit diesen Dienste für Endverbraucher anzubieten.

CNM wurde definiert in X.160. Die Realisierung nach Prinzipien des → *TMN* in X.162, die über → *X.400* und *EDI* in X.163.

CNR

Abk. für Carrier (to) Noise Ratio.

CNRI

Abk. für Corporation for National Research Initiatives.

Bezeichnung einer 1985 von Robert Kahn (→ *Internet*) gegründeten US-amerikanischen nichtkommerziellen Koordinierungsstelle mit dem Ziel, alle am Aufbau der → *NII* beteiligten Stellen und alle betroffenen Projekte zu koordinieren und dadurch ihren Aufbau mitzugestalten. Kahn gründete seinerzeit die CNRI, um ein ziviles und akademisches Gegengewicht zur → *ARPA* zu schaffen.

CNS

Abk. für CompuServe Network Services.

→ *CompuServe*.

CO

1. Abk. für Central Office.
   Oft bei Beschreibung von Netzen der USA zu findende Bezeichnung für eine → *Teilnehmervermittlung*, ähnlich wie Central Exchange.
2. Abk. für Connection Oriented.
   Bezeichnung für → *verbindungsorientierte Übertragung*.

Coating

Ganz allgemein eine dünne Schutzschicht als mechanischer Schutz vor einfachen Beschädigungen wie Kratzern und äußeren Einflüssen wie Hitze, Wärme, Feuchtigkeit oder Licht.

Manchmal werden mehrere Schichten zum Schutz aufgetragen, so dass von First oder Second Coating gesprochen wird.

1. Bezeichnung einer dünnen keramischen Schutzschicht auf dem magnetischen Speichermedium von → *Festplatten*.
2. Bezeichnung einer dünnen Schutzschicht aus Kunststoff als Ummantelung einzelner Glasfasern.
3. Bezeichnung einer aus transparentem Lack bestehenden Schutzschicht für CDs.

Cobol

Abk. für Common Business Oriented Language.

Eine frühe und problemorientierte Programmiersprache insbesondere für den kaufmännischen und administrativen Bereich. Für viele ist Cobol die erste ‚benutzerfreundliche' Programmiersprache überhaupt.

Cobol besitzt Sprachelemente für die Bearbeitung großer Datenmengen. Sie ist weltweit die am weitesten verbreitete Sprache im kaufmännischen und administrativen Bereich. Der Programmcode liest sich dank ausführlicher und englischsprachiger Syntax fast wie normaler Text.

Es gibt zwar mehrere Dialekte, jedoch sind die Unterschiede derart gering, dass es eine große → *Portabilität* von Programmen gibt.

Cobol beeinflusste die Entwicklung der Sprache → *PL/1*.

Entwickelt wurde Cobol maßgeblich von der amerikanischen promovierten Mathematikerin Grace Murray Hopper (* 17. Dezember 1906, † 1992) und Robert Berner (* 1920). Erstmals war am 28. Mai 1959 im Rahmen von → *Codasyl* von Cobol in der Version Cobol 58 die Rede. Bei einer weiteren Konferenz im Pentagon im April 1960 einigten sich Vertreter von Industrie und Regierung auf einen Standard von Cobol, der als Cobol 61 (auch Codasyl-Cobol genannt) veröffentlicht wurde. Weitere Versionen sind vorläufige Definitionen durch die → *ANSI* im Jahr 1968 als Cobol 68 und durch die → *ISO* 1974. 1985 schließlich standardisierte die ANSI wiederum Cobol 85, auch bekannt als ANSI Cobol. Seither wird auch strukturierte Programmierung unterstützt. Dieser Standard ist aber nicht in allen Details identisch mit dem bis dahin gebräuchlichen Codasyl-Cobol.

Eine weitere Revision von Cobol wurde für 1997 erwartet.

Im Jahr 1959 war der Computer RCA 501 aus dem Hause RCA der erste Computer, der mit Cobol ausgeliefert wurde.

Codasyl

Abk. für Conference (auch: Committee) on Data Systems Language.

Ein Standardisierungsgremium, gegründet Ende der 50er Jahre noch unter anderem Namen, das im Laufe der Zeit im Wesentlichen durch zwei Entwicklungen von sich reden machte:

- Von Ende der 50er Jahre an entwickelte es bis in die 60er Jahre hinein maßgeblich → *Cobol* mit.
- Von Mitte der 60er bis in die 70er Jahre hinein beschäftigte es sich mit der Normierung von → *DBMS* und trug maßgeblich zu ihrem Erfolg bei.

  Dafür gründete sich die Untergruppe Database Task Group (DBTG) auf Initiative von Charles Bachman aus dem Hause General Electric. Ein Ergebnis der DBTG war 1971 die Veröffentlichung eines formalen Standards für Database Management (→ *DBMS*), der Datenbankprodukte vieler Hersteller in den 70er Jahren beeinflusste.

Ursprünglich war Codasyl unter Einflussnahme des US-Verteidigungsministeriums am 28. Mai 1959 gegründet worden, um für Computer verschiedener Hersteller einheitliche Programmierstandards festzulegen. Das Bedürfnis dazu resultierte aus der sich in den 50er Jahren abzeichnenden Vielfalt von Computersystemen (Hardware), Betriebssystemen und Programmiersprachen (Software). Das Verteidigungsministerium erkannte seinerzeit, dass Kostenvorteile nur durch eine Eindämmung der Zahl dieser Komponenten zu erreichen waren.

Code

→ *Codierung.*

Code 11/12

Bezeichnung für ein international übliches Verfahren zum Aufbau von Sprachverbindungen zwischen Netzbetreibern zu internen Zwecken, z.B. im Bereich Netzmanagement oder Auskunftsdienst.

Codec

Abk. für Coder-Decoder.

Bezeichnung für Bausteine, die die Funktionen eines Coders und Decoders in sich vereinen, da bei der Übertragung von Informationen zwischen zwei Punkten häufig in beide Richtungen übertragen wird. Manchmal ist der Codec speziell auf Charakteristika eines Eingangssignals (z.B. Sprache oder Videosignale) zugeschnitten.

Die praktische Realisierung erfolgt üblicherweise als Hardware durch → *DSPs*.

→ *http://www.codeccentral.com/*

Codemultiplex

→ *CDMA.*

Code-Rate

→ *Faltungscodierer.*

Coderuf

Begriff aus der Nebenstellentechnik. Bezeichnet ein → *Leistungsmerkmal* von Nebenstellenanlagen. Dabei kann ein bestimmtes Signal an allen Endgeräten zeitgleich aktiviert werden. Es dient damit z.B. dem Ankündigen von Pausen oder eines Feueralarms.

Codetransparenz

Begriff aus der Theorie der Übertragungssysteme. Bezeichnet die Forderung, dass ein digitales Übertragungssystem derart konzipiert sein sollte, dass beliebige Bitmuster, die im zu übertragenden Nutzdatenbitstrom auftreten könnten, nicht als Daten zu Steuerzwecken vom Übertragungssystem fehlinterpretiert werden dürfen.

Codierung

Der Vorgang des Umsetzens eines Zeichens eines Alphabets in ein anderes Zeichen eines anderen Alphabets, auch Bildmenge genannt. Die Zuordnungsvorschrift selbst, nach der das geschieht, wird als Code bezeichnet. Oft wird auch die Bildmenge selbst Code genannt.

COFDM

Abk. für Coded Orthogonal Frequency Division Multiplex.

Bezeichnung eines Verfahrens der → *digitalen Modulation*, bei dem ein Signal auf verschiedene Unterträger aufgeteilt und jeder Träger einzeln moduliert wird. Eine Kombination von QPSK (→ *PSK*) und → *QAM*.

Genutzt z.B. beim digitalen Fernsehen *HD-Divine* oder auch bei → *DAB*.

Entwickelt vom → *CCETT*.

→ *FDM.*

COFETEL

Abk. für Comision Federal de Telecomunicaciones de Mexico.

Bezeichnung der nationalen → *Regulierungsbehörde* für den Telekommunikationssektor Mexikos.

COIL

Abk. für Chemical Oxygen Iodine Laser.

→ *Laser.*

COLD

Abk. für Computer Output to Laser Disc.

Bezeichnung für Anwendungen, bei denen eine Laser Disc (→ *LD*) das Speichermedium für digitale Informationen ist, die von Computern ausgegeben werden. Üblicherweise eingesetzt für Archivanwendungen, z.B. im Rahmen eines → *Dokumentenmanagementsystems.*

Cold Calling

Begriff aus dem → *Tele-Marketing*. Bezeichnet das erstmalige Anrufen eines potenziellen Kunden ohne seine vorherige Information oder gar Zustimmung.

Collaborative Work

Bezeichnung für die Unterstützung von Teamwork und kooperativem Arbeiten mit Hilfe von Computertechnik wie z.B. *LAN*, → *Groupware*.

Die Einbeziehung multimedialer Techniken führt zu *CSCW*.

Collapsed Backbone

Von engl. collapsed = zusammengesunken, zusammengeschrumpft und backbone = Rückgrat.

Bezeichnung für ein → *Backbone*, das streng genommen nur aus der Verkabelung auf der → *Backplane* eines → *Hubs* besteht und nicht aus einem physisch über mehrere hundert Meter ausgedehnten → *LAN* oder → *WAN*.

Voraussetzungen sind ein leistungsfähiger Hub als zentraler Knoten und eine sternförmige Verkabelung, d.h., das Backbone wird durch einen einzelnen oder mehrere miteinander verbundene Knoten ersetzt.

Vorteile dieses Konzeptes sind eine leichtere Wartung durch Reduzierung der Netzelemente, eine leichtere Realisierbarkeit der Verbindung der angeschlossenen LANs an ein WAN und eine höhere Gesamtleistung des Systems.

→ *Distributed Backbone.*

Collision Domain

In einem *LAN* nach dem Standard → *Ethernet* die Bezeichnung für alle → *Segmente*, die mit → *Repeatern* untereinander verbunden sind, so dass sich eine → *Kollision* im gesamten Bereich bemerkbar macht. Dies impliziert, dass in einer Collision Domain zu einer Zeit auch nur jeweils ein Datenpaket übertragen werden kann.

Colossus

Bezeichnung eines frühen aus elektromechanischen Teilen und Röhren aufgebauten → *Computers* in GB.

Konstruiert wurde Colossus von Thomas (‚Tommy') H. Flowers (* 22. Dezember 1905, † 28. Oktober 1998) und einem Team aus mehreren Ingenieuren in den Post Office Research Laboratories in Dollis Hill. Max H.A. Newman als Leiter und Alan Mathison Turing (→ *Turing-Maschine*; * 1912, † 7. Juni 1954) waren ebenfalls an den Entwicklungsarbeiten beteiligt.

Ein Vorläufermodell der Colossus war die ‚Heath Robinson', benannt nach einem britischen Grafiker, der phantastische Comic-Strips zeichnete, die seinerzeit sehr beliebt waren. Aus dieser Maschine heraus wurde rasch eine leistungsfähigere entwickelt - die Colossus.

Ein erstes Modell (C I) mit 250 Röhren und dem namengebenden Gewicht von rund 1 t wurde innerhalb von elf Monaten von Frühjahr 1943 bis Januar 1944 fertig gestellt und ab 5. Februar 1944 im geheimen Dechiffrierzentrum der britischen Armee (Government Code and Cypher School, GC&CS) eingesetzt und vom britischen Außenministerium, in Bletchley Park, rund 60 km nordwestlich vor den Toren von London, betrieben.

Ein verändertes Modell (C II) mit rund 2 400 Röhren wurde nach Verbesserungen im deutschen Chiffrierwesen ab März 1944 gebaut und am 1. Juni 1944 in Betrieb genommen. Es konnte bis zu 5 000 Zeichen pro Sekunde vergleichen.

Nach und nach wurden immer mehr derartige Geräte gebaut und eingesetzt, bis am Ende des 2. Weltkrieges insgesamt 10 Colossus-Maschinen in Betrieb waren. Sie galten als erstaunlich zuverlässig und waren 24 Std./Tag im Einsatz. Von ihnen wurden gegen Ende 1945 alle bis auf zwei zerstört. Sie wurden erst nach Eastcote und schließlich nach Cheltenham gebracht (beides andere Standorte des GC&CS in der Nähe von London). Die letzte Maschine war bis in die frühen 60er Jahre in Betrieb.

Genutzt wurden die Rechner zum Codebrechen der von den Deutschen gesendeten verschlüsselten Funksprüche, wobei sie sehr erfolgreich waren. Bedient wurden sie durch Frauen des Women's Royal Naval Service (WRNS). Nach dem Krieg arbeiteten viele Ingenieure, die an der Entwicklung des Colossus beteiligt waren, an weiteren britischen Experimentalrechnern - z.B. dem → *Manchester Mark I* - mit.

Die Colossus kann als digitaler Rechner interpretiert werden, wenngleich er nicht über einen Speicher verfügte. Er war daher nicht flexibel, da seine Aufgabe - und damit auch sein Programm - fest verdrahtet war. Lediglich über einige Steckerleisten konnte diese Verdrahtung in engen Grenzen geändert werden.

Die Existenz und genaue Konstruktion der Rechner blieb jahrzehntelang ein extrem gut gehütetes Geheimnis. 1960 wurden sogar alle originalen Konstruktionsunterlagen vernichtet.

Erst 1970 wurde die Existenz bestätigt und durch einen Zeitungsartikel veröffentlicht. Durch den ehemaligen Bediener Jack Good kamen einige Details ans Licht.

Zwei Jahre später veröffentlichte ein weiterer ehemaliger Bediener, Donald Michie, weitere Informationen.

Bis zu diesem Zeitpunkt waren nur wenige Details und einige Fotos veröffentlicht worden.

1974 schließlich veröffentlichte F.W. Winterbotham das Buch „The Ultra Secret" über den Colossus.

Nach der Freigabe aller bislang geheimen Informationen wurde im November 1993 von Tony Sale, der ehemals beim MI5 gearbeitet hatte und Direktor des Bletchley Park Museums ist, ein Projekt zum möglichst detailgenauen Nachbau am Originalstandort (Block H in Bletchley Park) eines Colossus-Rechners ins Leben gerufen. Am 6. Juni 1996 wurde der zu 90% originalgetreue Nachbau offiziell in Betrieb genommen.

→ *http://www.bletchleypark.org.uk/*

COLP

Abk. für Connected Line Identification Presentation.

Bezeichnung für ein Dienstmerkmal (→ *Dienst*) des Telefondienstes, z.B. im → *ISDN*, bei → *GSM* oder auch → *Centrex*. Bezeichnet die Anzeige der Telefonnummer des Angerufenen beim Anrufer in einer Anzeige im Endgerät. Die Unterdrückung dieses Dienstmerkmals wird mit Connected Line Identification Restriction (COLR) bezeichnet.

COLR

Abk. für Connected Line Identification Presentation.

→ *COLP*.

Columbus

Bezeichnung für eine Serie von → *Unterwasserkabeln* zwischen den USA und der iberischen Halbinsel.

Der Vertrag für das dritte derartige Kabel (Columbus III) ist zum Jahresbeginn 1998 geschlossen worden. Das rund 10 000 km lange Kabel wurde Anfang 2000 in Betrieb genommen und ist mit → *WDM* ausgestattet, so dass es mit 10 Gbit/s läuft.

Es verläuft von Ojus/Florida (USA) über Ponta del Gado/Azoren (Portugal), Lissabon (Portugal) und Conil (Spanien) nach Mazara del Vallo/Sizilien (Italien).

COM

1. Abk. für Continuation of Message.
2. Abk. für Component Object Model.
   Bezeichnung einer Architektur aus dem Hause Microsoft für verteilte und kooperierende Objekte. Vorgestellt 1993.
   → *OLE*.
3. Unter einem COM-Port (für Communications Port) versteht man einen Anschluss für die serielle Datenübertragung von und zu Peripheriegeräten an einem PC, daher wird oft auch nur von der seriellen Schnittstelle gesprochen. Beispiele für derartige Anschlüsse sind die Anschlüsse für die → *Maus* oder ein → *Modem*. Ein PC

verfügt üblicherweise über mehrere derartige Anschlüsse, die dann durchnummeriert sind und über spezielle → *Treiber* angesprochen werden können, so dass sie die Daten, die sie von den an ihnen angeschlossenen Geräten erhalten, korrekt interpretieren und intern weiterleiten können. Oft wird die Maus an einen COM1-Port mit 9 Pins und ein Modem an einen COM2-Port mit 25 Pins angeschlossen, jedoch ist das nicht zwingend vorgeschrieben.

Wie viele COM-Ports unterstützt werden hängt vom verwendeten Betriebssystem ab. So unterstützte → *MS-DOS* bis zur Version 3.2 nur zwei COM-Ports. Höhere Versionen von MS-DOS sowie → *Windows 95* unterstützten vier und → *OS/2* acht COM-Ports.

Es gibt bestimmte Standardadressen für die Speicherblöcke, über die eine Ein-/Ausgabeoperation dieser Ports in einem PC abgewickelt wird, ebenso wie es bestimmte Standardwerte für die verwendeten → *Interrupts* gibt, die ausgelöst werden, wenn der Port eine Operation ausführt. Diese Standardwerte sind:

Port	Standard Adressblock (Hexadezimale Adr.)	Standardinterrupt
COM1	03F8H	IRQ4
COM2	02F8H	IRQ3
COM3	03E8H (MCA: 3220H)	IRQ4
COM4	02E8H (MCA: 3228H)	IRQ3

Da sich mehrere Ports die Interrupts teilen, kann es im praktischen Betrieb vorkommen, dass z.B. eine an COM1 angeschlossene Maus nicht mehr funktioniert, wenn ein an COM3 angeschlossenes Modem gerade benutzt wird.

Aus technischer Sicht wickelt im PC ein → *UART* als elektronischer Baustein die Datenübertragung ab und passt den parallelen Bus des PC an die serielle Datenkommunikation an.

COMAC

Bezeichnung für ein im Dezember 1963 in Betrieb genommenes → *Unterwasserkabel* für Telefonie zwischen Vancouver in Kanada und Sydney in Australien mit weiteren Anlandungspunkten auf den Fidschi-Inseln.

Comal

Abk. für Common Algorithmic Language.

Eine höhere, leicht erlernbare Programmiersprache, die Elemente von → *Pascal* enthält, vor allem aber → *Basic*-ähnlich ist (da sie von Basic abgeleitet wurde) und wie diese auch für den didaktischen Einsatz (Informatikunterricht an Schulen) entwickelt wurde. Einige Mängel von Basic wurden nicht übernommen. Zusätzliche Pascal-Elemente sorgen dafür, dass Comal auch für die → *strukturierte Programmierung* geeignet ist.

Comal wurde 1971 der Öffentlichkeit in Dänemark vorgestellt.

Combiner

Bezeichnung für eine elektronische Schaltung mit zwei Eingängen und einem Ausgang, dessen Aufgabe es ist, die zwei Eingangssignale verschiedener Frequenzbereiche so auf den Ausgang zu legen, dass sich dort die Frequenzbereiche nicht überlappen.

Bestandteil eines Combiners ist daher immer ein → *Konverter*.

Eine praktische Anwendung findet man z.B. innerhalb von Verteilanlagen für Satelliten-TV in der → *Sat-ZF*-Technik. Dort kann ein bestimmter Sat-ZF-Bereich auf einen anderen Frequenzbereich umgesetzt werden, wodurch die gesamte Sat-ZF optimal belegt werden kann. Der Combiner ermöglicht die Einkabelverteilung von zwei Sat-ZF-Bereichen mit unterschiedlicher Polarisationsebene und von z.B. verschiedenen Satelliten.

Andere Combiner ermöglichen auch die Einkabelverteilung von terrestrisch empfangenen TV-Programmen und Sat-ZF-Frequenzen.

Combo-Card

→ *NIC*.

Comdex

Größte Computer- und Telekommunikationsmesse in den USA. Sie findet seit Dezember 1978 alljährlich im Frühjahr und Herbst (Comdex Spring and Fall) in Las Vegas statt und ist mittlerweile zu einer bunten Mischung aus Show, Fachkongress und Marketingveranstaltung geworden.

Zur Ersten Comdex waren 150 Aussteller und 4 000 Besucher angereist.

Comet

Bezeichnung für eine sehr erfolgreiche Standardsoftware aus dem Hause Nixdorf, die in den 70er Jahren auf den Markt gebracht wurde und zusammen mit der technischen Hardwareplattform → *Nixdorf 8870* zum größten Erfolg des Unternehmens wurde. Die in Business-Basic geschriebene Software konnte komplett oder in Form einzelner Module für die Bereiche Rechnungswesen, Personalabrechnung, Lagerwirtschaft, Einkauf, Verkauf und Fertigung installiert werden und automatisierte viele Geschäftsprozesse in kleinen und mittelgroßen Unternehmen der verschiedensten Branchen (Schwerpunkt Handel und Dienstleistungen) mit Schwerpunkt in Deutschland.

Für einige Branchen entwickelten Softwarepartner von Nixdorf eigene Module.

Zu den besten Zeiten war es weltweit 50 000 mal installiert.

Gegen Ende der 80er Jahre startete Nixdorf angesichts des Erfolges von → *Unix* unter dem Namen ‚Alexander‘ ein Projekt mit dem Ziel, Comet in → *C* umzuschreiben.

Im Jahre 1990 fusionierte Siemens seine Computer-Abteilung mit Nixdorf zu Siemens-Nixdorf (→ *SNI*) und entwickelte unter der Bezeichnung ALX-Comet die C-Version für Unix weiter, die für Mitte 1991 angekündigt wurde. Sehr spät, im Juli 1992, wurden erste Teile veröffentlicht.

1995 kam eine Version für → *Windows NT* auf den Markt.

1997 wurden die Comet-Aktivitäten zunächst ausgelagert und im Herbst 1997 als Q4 IBS an die niederländische Baan (→ *ERP*) verkauft.

Comfort Noise

In der Telekommunikation die Bezeichnung für beim Empfänger künstlich erzeugtes und eingespieltes Rauschen für Gesprächspausen, bei denen für Sekundenbruchteile nichts über den Kanal übertragen wird. Dem Empfänger ist vertrautes Rauschen angenehmer als Totenstille.

Prinzipiell wird dieses Verfahren überall dort angewendet, wo sich mehrere Nutzer einen Übertragungskanal teilen müssen, z.B. beim → *Mobilfunk* oder → *Unterwasserkabeln*.

Das elektronische Bauteil, welches Comfort Noise erzeugt, wird als Comfort Noise Generator (CNG) bezeichnet.

→ *VOX*.

Comit

Bezeichnung einer Programmiersprache, die, ähnlich wie → *Lisp* oder → *Snobol*, insbesondere zur Bearbeitung von größeren Mengen gleichförmiger Daten (Listen, Zeichen, Zeichenketten) gedacht ist.

Entwickelt in den 60er Jahren.

Commerce Net

Bezeichnung für einen weltweiten Zusammenschluss von rund 600 Unternehmen der Hard- und Softwareindustrie im Bereich von Electronic Commerce (→ *E-Business*).

Adresse:

Commerce Net Deutschland e.V.
Neubaustr. 66
97070 Würzburg

→ *http://www.commercenet.de/*

Commissioning

Begriff aus dem Betrieb eines Unternehmens, das Telekommunikationsdienstleistungen an Endkunden verkauft.

Bezeichnet alle Aktivitäten, die notwendig sind, um ein Netz zu konzipieren, zu planen und nutzerunabhängig zu erstellen.

Gemäß des Modells der → *ITU* vom → *Netzmanagement* ist das Commissioning ein Teil des → *Konfigurationsmanagements*.

→ *Accounting*, → *Billing*, → *Charging*, → *Provisioning*.

Commodore

Lange Zeit die Bezeichnung für ein Unternehmen, das mit den Modellen → *VC 20* und → *C 64* zwei der populärsten → *Home-Computer* überhaupt hergestellt hat.

Die Wurzeln des Unternehmens liegen weit zurück:

1958

Jack Tramiel gründet in Toronto/Kanada einen kleinen Straßenladen für den Verkauf und die Reparatur von Schreibmaschinen.

1959

Er benennt den Laden in Commodore um.

1962

Das mittlerweile unter Commodore International Limited firmierende Unternehmen geht als Commodore Business Machines (CBM) an die Börse.

Mitte der 60er Jahre

Nach einem inspirierenden Besuch in Japan ist Jack Tramiel und seinem Rechtsanwalt Irvin Gould klar, dass die Zukunft im Bereich elektrischer Rechenmaschinen liegt. Sie fangen damit an, einen Hersteller für elektrische Rechenmaschinen zu suchen, die sie dann unter dem Markennamen Commodore vermarkten können.

1969

Commodore erzielt den ersten großen Produkterfolg mit dem C108, einem der ersten erschwinglichen Taschenrechner. Er besteht hauptsächlich aus Bauteilen aus dem Hause → *TI* und einem Display von Bowmar. Sein Preis liegt bei gut 100 $.

1975

Commodore schrammt knapp an der Insolvenz vorbei, als die Preise für integrierte Halbleiter (nicht zuletzt dank der Serienfertigung der ICs als Folge des von Commodore mit ausgelösten Taschenrechner-Booms) drastisch sinken und Commodore nach wie vor für ihre eigene Produktion teuer eingekaufte Bauteile auf Halde liegen hat.

Oktober 1976

Um unabhängig von derartigen Preisschwankungen zu sein, kauft Commodore kurzerhand für 800 000 $ das Unternehmen MOS Technology. Später kaufen sie auch noch den IC-Hersteller Frontier und den LCD-Hersteller MDSA. Gleichzeitig wird der Firmensitz aus Steuergründen auf die Bahamas verlegt.

Commodore macht den jungen Gründern von → *Apple* ein Übernahmeangebot. Der Deal kommt jedoch nicht zustande, da Jack Tramiel die Forderungen der Apple-Gründer (für 100 000 $ Anteile an Commodore und 36 000 $ Jahresgehalt) für zu hoch hält.

April 1977

Commodore stellt mit dem → *PET 2000* einen der ersten PCs vor, der aus dem → *Kim 1* aus der zugekauften MOS Technology entwickelt wurde.

1978 und 1978

Commodore baut sein Produktportfolio mit den Druckern CBM 2020, CBM 2022 und CBM 2023, und der Floppy CMB 2040 aus.

1979

Als Nachfolgegeräte des PET 2000 kommen die CBM 3000 und 4000 auf den Markt, die mit großzügigerem Speicher und besserer Ausstattung (Schreibmaschinentastatur) den professionellen Nutzer ansprechen sollen.

1980

Chuck Peddle verlässt mit einem ganzen Entwicklerteam Commodore.

1981

Der → *VC 20* wird der Öffentlichkeit präsentiert.

Januar 1982

Der → *C 64* wird der Öffentlichkeit präsentiert und wird ein riesiger Erfolg.

13. Januar 1984
Jack Tramiel verlässt nach diversen Querelen mit Teilen des Managements das Unternehmen.
August 1984
Die Entwicklung des → *Amiga* läuft auf Hochtouren.
Nach langem Ringen zwischen Atari und Commodore kauft Commodore das in wirtschaftliche Schwierigkeiten geratene Unternehmen Amiga Inc. für 27,1 Mio. $.
23. Juli 1985
Commodore stellt den → *Amiga* vor.
1986
Commodore kommt erstmals in wirtschaftliche Schwierigkeiten. Thomas Rattigan aus dem Hause Coca-Cola wird als neuer Top-Manager eingestellt und rettet das Unternehmen vor dem Konkurs.
1990
SUN möchte den stärksten Amiga als Low-End-Unix-Workstation in das eigene Programm aufnehmen. Die Verahandlungen scheitern an Commodore.
1993
Erneut gerät Commodore wegen des zu breiten Produktportfolios und defizitärer Kleinserienprodukte in wirtschaftliche Schwierigkeiten. Erste Produktlinien (darunter die PC-Clones) werden eingestellt.
29. April 1994
Commodore geht nach Schließung der Entwicklungsabteilung und Massenentlassungen in Konkurs.
April 1995
Die deutsche Escom AG kauft den Firmenmantel der Commodore und benennt sie in Amiga Technologies um.
Juli 1996
Escom geht in Konkurs und verkauft das Amiga-Geschäft an Computer 2000.
Januar 2000
Computer 2000 behält die Patente und verkauft die Marke Amiga an Amino Development.

Commodore 64

→ *C 64.*

Common

→ *AS/400.*

Communications Act

Bezeichnung für das grundlegende, regulatorische Rahmenwerk in den USA, das 1934 erstmals das Telekommunikationswesen gesetzlich ordnete.
Dem seinerzeitigen, nationalen Anbieter AT&T wurde das gesetzlich geschützte Monopol als dominierender Carrier eingeräumt.
Gleichzeitig wurde als Folge die → *FCC* gegründet.
1996 wurde ein neuer Communications Act verabschiedet.
→ *Deregulierung*, → *TCA*.

Community

Von engl. community = Gemeinschaft. Bezeichnet im Zuge des Electronic Commerce (→ *E-Business*) den Aufbau elektronisch realisierter informeller Gemeinschaften von Einzelpersonen mit einem gemeinsamen Interessenschwerpunkt.
Nicht ausreichend für eine Community ist die Bereitstellung statischer und von den Nutzern abfragbarer Informationen. Vielmehr kommt der Möglichkeit der Kommunikation der Nutzer untereinander eine entscheidende Bedeutung bei.
Prinzipiell wird damit die Idee des → *Usenet* fortgeführt und um weitere Funktionalitäten aus dem Bereich der Kommunikation erweitert. Beispiele für diese Funktionalitäten sind:

- Bereitstellung eines → *Newsletters* oder einer → *Mailing-List*.
- Bereitstellung von Linklisten.
- Möglichkeit zum → *Chat* mit Gleichgesinnten

Aus Sicht desjenigen, der eine Community aufbaut und betreibt wird erwartet, dass eine Community eine hohe Loyalität zur Folge hat, da eine Person, die sich für ein spezielles Thema interessiert, immer wieder dahin zurückkehrt, wo sie umfassende Informationen zu diesem Thema findet und sich mit Gleichgesinnten austauschen kann.
Communities haben den Vorteil, dass sie sich zur zielgruppengenauen Ansprache von Nutzern durch Werbung mit Hilfe von → *Bannern* bei nur geringen Streuverlusten eignen.
Eine Community kann im Rahmen eines → *Portals* realisiert werden.

Communication Highway

→ *NII.*

Compaq

Abk. für Compatibility and Quality.
Name eines Unternehmens in den USA, das mit dem → *Portable* die Welle der ersten IBM-kompatiblen → *Clones* auslöste und gleichzeitig tragbare PCs pushte. Später wurde es zum Paradebeispiel für den Slogan „Nicht die Großen fressen die Kleinen, sondern die Schnellen die Langsamen".
Der TI-Manager Rod Canion und seine Freunde William Murto und Edward Papajohn, die ebenfalls bei TI arbeiteten, tüftelten im Februar 1982 auf einer Papierserviette im Coffee-Shop ‚House of Pies' in Houston das Konzept eines tragbaren und IBM-kompatiblen PCs aus. Koffer-PCs gab es zwar mittlerweile viele, doch keiner war IBM-kompatibel. Das Trio vermutete gerade in diesem Bereich die höchsten Wachstumsraten. Finanzielle Unterstützung in Form von 400 000 $ für eine Firmengründung kam seinerzeit von Ben Rosen und seinem Partner Sevin, die schon Adam Osborne (→ *Osborne-1*) und wenig später → *Lotus* unterstützt hatten. Die dann auch noch im Februar gegründete Firma Compaq kündigte auf der → *Comdex* in Las Vegas im November als erstes Produkt den tragbaren und zu IBM-PCs kompatiblen PC an: den Portable. Er kam im Folgejahr auf den Markt und wurde sofort ein großer Erfolg. Mit 111 Mio. $ Umsatz stellte Compaq den Rekord des höchsten Umsatzes im ersten Geschäftsjahr einer neu gegründeten Firma auf.
1986 war Compaq das erste Unternehmen, das einen PC mit dem neuen Prozessor → *Intel 80386* auf den Markt brachte (Modell DeskPro 386) und mit diesem PC seinen Ruf als Hersteller hochqualitativer PCs aufbaute.

Schon im November 1987 verkaufte Compaq seinen einmillionsten Computer.
In den Folgejahren entwickelt sich das Unternehmen hervorragend. Insbesondere ab 1991 wurde unter dem Vorstandsvorsitzenden Eckhard Pfeiffer (* 1941), der nach 32-jähriger Tätigkeit von Texas Instruments gekommen war, der Schritt zu einem globalen Unternehmen mit breiter Produktpalette getan.
Im Januar 1998 kam es dann für rund 9 Mrd. $ zum bis dahin größten Übernahmegeschäft der Computerbranche, als Compaq den Konkurrenten → *DEC* übernehmen konnte. Die Integration dieses Unternehmens verlief jedoch weitaus schleppender als erwartet und belastete Compaq in wirtschaftlicher Hinsicht erheblich, weshalb Eckhard Pfeiffer das Unternehmen im April 1999 verließ und im September 1999 Aufsichtsratsvorsitzender bei Intershop wurde.
→ *http://www.compaq.de/*
→ *http://www.compaq.com/*

Compiler

Bezeichnung für ein Programm, welches ein in einer höheren → *Programmiersprache* geschriebenes Programm vom → *Quellcode* in den Maschinencode (→ *Maschinensprache*) eines → *Prozessors* übersetzt. Der generierte Maschinencode wird dabei nicht ausgeführt. Im Gegensatz zum Vorgehen eines → *Interpreters* wird bei dem Vorgang des Kompilierens ein speicherbarer und mehrfach ausführbarer Code generiert.
Das Konzept des Compilers wurde von der promovierten Mathematikerin Grace Murray Hopper (* 17. Dezember 1906, † 1992, genannt ‚Amazing Grace') in Diensten der US-Marine bei der Arbeit mit dem → *Mark I* entwickelt, die auch den Begriff selber schuf.

Completion, Completion-Rate

→ *Call Completion.*

Component

→ *CORBA.*

Componentware

Die Bezeichnung wird in ähnlichen Zusammenhängen verwendet. Allen Interpretationen gemeinsam ist der modulare Aufbau von Software aus Komponenten.

- Bezeichnung für modular aufgebaute → *Software*, bei der nicht das komplette Anwendungsprogramm mit sämtlichen Funktionen in den Speicher eines Rechners geladen und initialisiert wird, sondern nur eine mit den Grundfunktionen ausgestattete Version. Weitergehende Funktionalität wird zwar angeboten, jedoch werden die entsprechenden Programmteile erst bei ihrem expliziten Aufruf geladen und initialisiert.

  Vorteil dieses Verfahrens ist das schnellere Laden der Software, die damit eher betriebsbereit ist, und ein ökonomischerer Umgang mit Speicher.
- Bei der Softwareentwicklung (→ *Software-Engineering*) die Bezeichnung für die Verwendung von Standardkomponenten, die auch von verschiedenen Softwareherstellern definiert sein können. Die verschiedenen Komponenten kommunizieren miteinander durch den Austausch von Nachrichten.

  Vorteil des Verfahrens ist, dass sich die Implementierung einer anwendungsorientierten Lösung, z.B. innerhalb eines Unternehmens, von der Code-Programmierung hin zu einem Lösungsdesign und der Auswahl entsprechender Komponenten entwickelt.

  Das Konzept ist dem objektorientierten Ansatz sehr ähnlich (→ *OO*).

COM-Port

→ *COM.*

CompuServe

Name eines weltweit tätigen, kommerziellen → *Online-Dienst*betreibers aus Columbus/Ohio und Bezeichnung seines Dienstes.
Gestartet seinerzeit noch unter der Bezeichnung MicroNet mit 1 200 Teilnehmern im August 1979 mit → *E-Mail* und einigen Datenbanken. Ging seinerzeit aus einem Versicherungsunternehmen hervor und wurde 1980 von der Steuerberatervereinigung H&R-Block gekauft, die den Namen in CompuServe änderte und daraus ein elektronisches Mehrwertdienstnetz für Steuerberater und andere im Finanzwesen tätige Institutionen entwickeln wollte, das ähnlich der Datev in Deutschland Dienstleistungen anbietet. Systematisch wurde daher in den 80er Jahren das Angebot erweitert.
In Deutschland ist CompuServe seit 1991 vertreten.
Es verfügt über rund 430 Einwahlpunkte weltweit und galt zunächst thematisch als computerlastig bzw. ab Mitte der 90er Jahre als sehr an geschäftlichen Nutzern orientiert. Die Zahl von 1 Mio. Nutzer weltweit wurde 1992 überschritten.
Den Teilnehmern (Members, Mitglieder genannt) wird als Software der CompuServe Information Manager (CIM) zur Verfügung gestellt. Zugang erfolgt über PC mit CIM und Modem mit 9,6, 28,8 oder 56 kbit/s und → *ISDN* zu einem eigenen Netz, das von CompuServe Network Services (CNS) unterhalten und auch anderen Kunden zur Verfügung gestellt wird.
Am 8. September 1997 wurde CompuServe exklusive der Netzinfrastruktur von CNS, das für 1,2 Mrd. $ an die damalige → *Worldcom* ging, von → *AOL* gekauft. Zuvor hatten die Anteile bei H&R Block, Kansas City, gelegen.
→ *http://www.compuserve.com/*
→ *http://www.compuserve.de/*

Computer

Lehnwort aus dem Englischen, dort aus dem Lateinischen eingeführt, von computare für zusammenzählen, abrechnen, berechnen, ermitteln. Bis in die 40er Jahre im angelsächsischen Bereich die Bezeichnung für einfache Angestellte in Büros (Buchhaltung), die Berechnungen mit Hilfe von mechanischen Rechenmaschinen durchführten.
Später der Oberbegriff für den frühen Terminus Elektronenrechner (-gehirn) und für andere Bezeichnungen wie Rechner, elektronische Rechner, Digitalrechner und Datenverarbeitungsanlage. Dabei ist zu beachten, dass eine Datenverarbeitungsanlage üblicherweise auch immer über

verschiedene Peripheriegeräte zur Datenein- und Datenausgabe sowie zur Datenspeicherung verfügt.

Am Anfang stand als erstes Rechenhilfsmittel überhaupt der → *Abakus*, gefolgt vom → *Rechenschieber*. Es entwickelten sich dann im 17. Jahrhundert und später erste, rein mechanische Maschinen, mit denen bestimmte Berechnungen oder Vorgänge automatisiert werden konnten, z.B die → *Schickardsche Rechenuhr*, die → *Leibnizsche Rechenmaschine*, die → *Pascaline*, das → *Arithmètre* und zu Beginn des 19. Jahrhunderts auch der → *Jacquard-Webstuhl*. Erster systematischer Ansatz zu einer Rechenmaschine war die → *Analytical Engine*.

Die Nutzung der → *Lochkarte* ab 1890 erleichterte oft statistische Arbeiten im Bereich der öffentlichen Verwaltung, wofür spezielle Sortier- und Zählmaschinen entwickelt wurden. Aus den Herstellern dieser Apparate gingen später oft die Hersteller der Computer hervor.

Zu Beginn des 20. Jahrhunderts folgten elektronische → *Analogrechner*, bevor ab den 30er Jahren in diesem Jahrhundert ernsthaft an leistungsfähigen und universell einsetzbaren, d.h. programmierbaren, digitalen und elektronischen Rechenanlagen gearbeitet wurde, welche die Grundlage für die heute bekannten Computer bilden. Welches Modell dabei der erste ‚richtige' Computer war ist umstritten und hängt von der Definition des Begriffs ab: Digital oder analog, Verwendung des dualen Zahlensystems oder nicht, programmierbar oder nicht, Programm mit oder ohne Verzweigungen möglich, mit oder ohne Speicher etc.

Bei den modernen, zunächst elektromechanischen und später elektronischen Computern unterscheidet man üblicherweise mehrere Generationen. Die ersten Computer waren Einzelstücke mit Relais und später Röhren (→ *ABC*, → *ACE*, → *Colossus*, → *EDSAC*, → *EDVAC*, → *ENIAC*, → *IAS*, → *Mark I*, → *NORC*, → *Ordvac*, → *PERM*, → *SSEC*, → *SWAC*).

Erster programmgesteuerter Rechner war dabei die → *Z 1* im Jahre 1941, allerdings noch mit einem hohen Anteil an unzuverlässiger Mechanik. Erster programmgesteuerter elektronischer Rechner war 1943 die → *Z 3*. Rechner dieser ersten Generation haben teilweise ihre Wurzeln in den 30er Jahren und wurden während des 2. Weltkrieges oder Ende der 40er Jahre in Betrieb genommen.

Das erste Unternehmen, das ausschließlich Computer herstellte, war die Eckert-Mauchly Computer Corp., die am 8. Dezember 1947 von John Presper Eckert (* 1919, † 1995) und John William Mauchly (* 30. August 1907, † 1980) in Philadelphia nach einem Streit über Patente am → *ENIAC* mit der Universitätsverwaltung der University of Pennsylvania gegründet wurde.

Erster Computer, der kommerziell genutzt wurde und dessen Rechenkapazität von seinen Betreibern anderen zur Verfügung gestellt wurde, war die → *Z4*.

Der serienmäßige Bau erfolgte ab 1951 (→ *Univac*), gefolgt vom Großserienbau mit der → *IBM 650* ab 1953. Erste Computer nur für kaufmännische Zwecke tauchten Anfang der 50er Jahre auf (→ *LEO*), gefolgt von ersten Halbleiterrechnern auf der Basis von → *Transistoren* gegen Mitte der 50er Jahre (→ *TX-O*, → *Tradic*, → *SI 2002*).

Erster Computer auf dem Titelbild eines großen Magazins (‚Time') war 1952 der → *Mark III*.

Eine spezielle Klasse besonders leistungsfähiger Großrechner sind → *Supercomputer* und später → *Vektorrechner*, deren Ära aber auch schon 1951 begann (→ *Whirlwind*, → *Cray*, → *CDC*, → *Atlas*). Die Rechengeschwindigkeit erhöhte sich, und 1960 wurde mit der Univac 1107 der erste digitale kommerzielle Rechner für Echtzeitanwendungen gebaut.

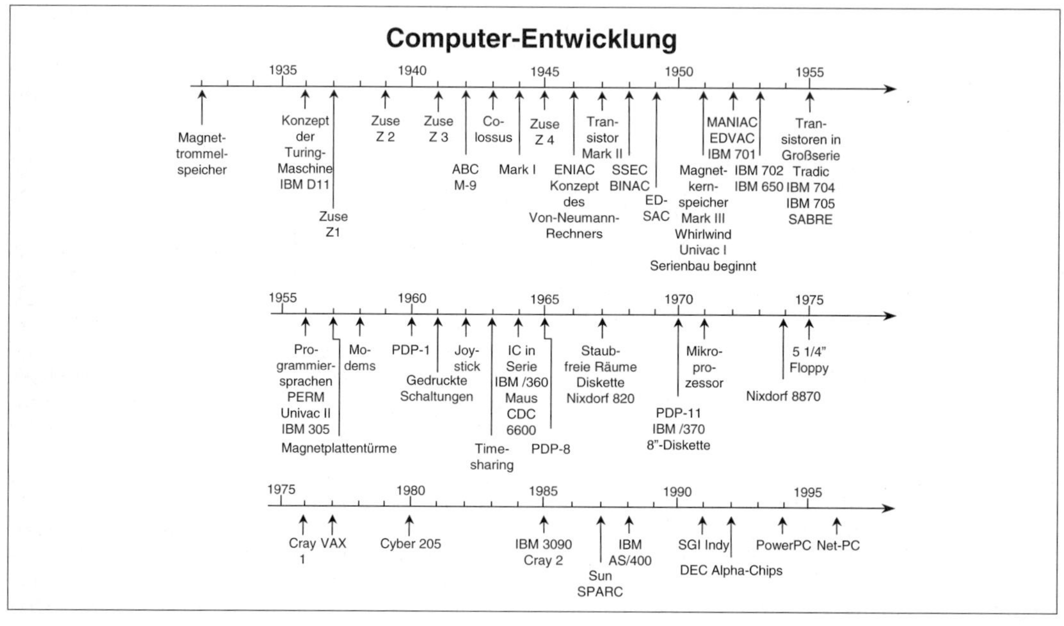

Die Zeit der großen elektronisch gesteuerten → *Mainframes* begann 1964 (→ *IBM /360*).

Erste kritische Stimmen zum Computereinsatz regten sich in den 70er Jahren. Der Club of Rome warnte 1977 in seinem fünften Report „Goals of Mankind“ vor einer übermäßigen Computerisierung.

Im gleichen Jahr wurde der erste Hobby-Computer-Club in Deutschland in Kelkheim/Taunus gegründet.

Ebenfalls in den 70er Jahren entwickelten sich Tischrechner in einer kleineren Klasse, die als → *Minicomputer* (→ *VAX*) bekannt wurden und die im Wesentlichen ihre konzeptionellen Wurzeln in der → *PDP*-Familie aus dem Hause → *DEC* hatte. Ihnen folgten in den späten 70er und frühen 80er Jahren wiederum kleinere Rechner mit der Bezeichnung → *Mikrocomputer* (→ *TRS 80* und *100*, → *PET 2000*, → *PC*, → *XT*, → *AT*, → *Apple I*, *II*, *III*, → *LISA*, → *Macintosh* etc.), die auch Arbeitsplatzrechner genannt wurden. Wegen seiner Dominanz und dem massiven Überschwemmen des Marktes mit → *Clones* wurde diese Klasse auch einfach nur mit PC bezeichnet. Derartige Tischrechner mit besonders hoher Leistung und für spezielle Anwendungen bezeichnet man als → *Workstations*.

Eine Abrundung des Leistungsspektrums nach unten erfolgte durch die Heimcomputer (Home-Computer) gegen Mitte der 80er Jahre. Beispiele sind der → *VC 20*, der → *C 64*, der → *TI 99/4* oder auch der → *Amiga*.

Noch vor den Mikrocomputern und den Homecomputern gab es in den frühen 70er Jahren verschiedene preisgünstige Rechner für Privatpersonen, die zwischen Bausatz und Hobbycomputer rangieren. Beispiele dafür sind der → *Altair*, der → *Kenback-1* oder der → *Kim 1*.

Der PC-Welle folgte in den 80er Jahren die Welle der → *Laptops* (obwohl es auch schon früher tragbare Rechner gab: → *IBM 5100*, → *Osborne 1*) und in den 90er Jahren → *PDAs* sowie → *Organizer*. Das letzte und auch schon wieder in der Versenkung verschwundene Konzept war 1996 schließlich der → *NC*.

In Deutschland widmen sich verschiedene Museen mit Einzelstücken oder kompletten Ausstellungen der Geschichte der Datenverarbeitung und/oder des Computers. So z.B. das Deutsche Museum (München), das Museum für Verkehr und Technik (Berlin) und das Heinz Nixdorf Museumsforum (Paderborn, → *HNF*).

Von diesen real existierenden Computern abgesehen, entwickelten einige fiktive Computer aus der Literatur bzw. der Cineastik eigenständiges Profil, z.B. der → *HAL 9000* oder → *Robbie*.

Die Ausbildung von Personal zur Entwicklung, zum Bau und zum Betrieb von Computern wurde in den 60er Jahren institutionalisiert, als sich die → *Informatik* als selbständige Wissenschaft etablierte.

Zum Vergleich der Leistungsfähigkeit von Computern existieren verschiedene, nicht immer unumstrittene Verfahren, z.B. → *CPW*, → *Dhrystones*, → *GAMM-Mix*, → *Gibson-Mix*, → *Khornerstones*, → *Landmark-Test*, → *Linpack*, → *SPEC* oder → *Whetstone*.

→ *http://grid.let.rug.nl/ahc/welcome/*

COMSAT

Abk. für Communication Satellites Corporation.

Private amerikanische Betreibergesellschaft von → *Satelliten* zu Telekommunikationszwecken mit Sitz in Washington D.C.

Bereits 1961 wurden in den USA Pläne für ein System aus mehreren Satelliten, zunächst auf niedrigen Umlaufbahnen, zu Telekommunikationszwecken entwickelt. Der Staat war jedoch nicht bereit, dafür die auf ca. 170 Mio. $ geschätzten Kosten aufzubringen, andererseits wollte er jedoch eine Privatisierung dieser neuen Technik verhindern, die voraussichtlich dazu geführt hätte, dass AT&T auch das Satellitengeschäft beherrscht hätte. Daher wurde 1964 die COMSAT nach einer Gesetzesnovelle 1962 in den USA (Communication Satellite Act) schon mit Blick auf die internationale Kooperation gegründet.

Sie entschied sich in den 60er Jahren bewusst gegen die seinerzeit ersten Lösungen, Satelliten in niedrigen Umlaufbahnen einzusetzen (→ *Telstar 1*), und wählte ein System von geostationären Satelliten (→ *GEO*).

Bereits kurze Zeit später, am 20. April 1964, ging aus mehreren internationalen Verträgen mit weltweiten Partnern → *INTELSAT* hervor, dessen US-Anteil weiterhin von COMSAT verwaltet wird.

Am 21. September 1998 gab Lockheed bekannt, COMSAT kaufen zu wollen.

→ *http://www.comsat.com/*

ComSoc

Kurzbezeichnung der Communication Society; der Sektion der → *IEEE*, die sich mit der Tele- und Datenkommunikation beschäftigt.

Comstar

→ *Satellit*.

Comvik

→ *ACS*.

Conax

→ *Conditional Access*.

Concert

Bezeichnung einer globalen Allianz von Anbietern von Telekommunikationsdienstleistungen. Wurde als Nachfolger von → *Syncordia* im Sommer 1994 von → *BT* (75%) und → *MCI* (25%) gegründet, um global tätigen Unternehmen Telekommunikationsdienstleistungen aus einer Hand anbieten zu können. Zunächst erwarb BT dabei 20% von MCI, kündigte zum Jahreswechsel 1996/97 die totale Übernahme bei gleichzeitiger Firmierung des neuen Unternehmens als Concert an. Dafür bot BT 19 Mrd. $ in bar und in eigenen Aktien.

Unterdessen kündigte die spanische Telefonica (von → *Unisource* kommend) im Februar 1997 an, Concert beitreten und insbesondere seine mittel- und südamerikanischen Verbindungen einbringen zu wollen.

Die Aktionäre von BT standen der Fusion jedoch skeptisch gegenüber, da der Entschluss von MCI, in das Geschäft mit eigenen aufzubauenden Ortsnetzen im US-Markt einzusteigen, erhebliche Anfangsverluste nach sich ziehen würde. BT verschlechterte daraufhin das Austauschverhältnis der Aktien zuungunsten der MCI-Aktionäre, was wiederum bei diesen für Unmut sorgte.

In zusätzliche Gefahr geriet das gesamte Bündnis im Laufe von 1997, als es Gerüchte gab, der immer noch nicht vollzogene Merger zwischen BT und MCI könne durch die Übernahme von MCI durch → *Worldcom* oder durch die ebenfalls interessierte GTE völlig obsolet werden. Worldcom erhielt schließlich den Zuschlag, wodurch BT zwar seine MCI-Anteile zu einem guten Preis verkaufen konnte und gleichzeitig den 24,9%-Anteil an Concert zurückkaufte, prinzipiell damit aber wieder da stand, wo sie 1991 noch vor den Syncordia-Zeiten zum Aufbau des internationalen Geschäftes angefangen hatte, zumal sich auch Telefonica im Frühjahr 1998 für MCI Worldcom als globalen Partner entschied.

Die Lage verbesserte sich, als sich AT&T im Juni 1998 für BT als globalen Partner entschied und die Unisource-Allianz verließ. Wenig später wurde bekannt gegeben, dass diese neue Allianz ebenfalls unter Concert firmieren soll. Regulatorische Bedenken sorgten dafür, dass auch diese Allianz eher locker gebunden ist.

→ *http://www.concert.com/*

Concurrent CP/M

→ *CP/M.*

Conditional Access

Abgekürzt CA. In Deutschland auch selten Zugangsberechtigungs- oder -kontrollsystem genannt. Oberbegriff für Ver- und Entschlüsselungssysteme für die Ausstrahlung digitaler oder analoger TV-Programme.

Neben der Erschließung von Einnahmequellen für → *Pay-TV* spielen auch Gesichtspunkte des Urheberrechts eine Rolle. Senderechte werden üblicherweise nur für klar abgegrenzte geografische Bereiche verkauft. Um sicherzustellen, dass bei der Ausstrahlung über → *Satellit*, der üblicherweise eine wesentlich größere Fläche bestrahlt, keiner in Gebieten zuschaut, für die das Senderecht nicht gilt, kann das Sendesignal verschlüsselt werden. Die Empfangsberechtigung, d.h. der Zugang über ein Conditional-Access-System, wird dann nur an Zuschauer abgegeben, die nachweislich einen Wohnsitz im rechtlich gesicherten Ausstrahlungsgebiet haben.

Der Schlüssel zur Entschlüsselung wird üblicherweise auf einer Karte gespeichert (→ *Smart Card*), die der potenzielle Nutzer käuflich erwerben und zur Nutzung in den Decoder schieben muss. Die Verschlüsselung erfolgt bei der Sendeanstalt durch einen → *Scrambler.*

Weltweit existieren verschiedene Systeme, so dass ein entsprechender Decoder in einem Land mit verschiedenen verschlüsselt ausgestrahlten oder verbreiteten TV-Programmen unter Umständen mehrere Conditional-Access-Systeme beherrschen muss.

Bekannte Verfahren in Europa sind Conax, Irdeto, Mediaguard, Nagra, Static Scrambling und Viaccess von der France Télécom.

Congestion

Von engl. congestion = Andrang, Stauung oder Überfüllung.

Begriff aus der Speichervermittlungstechnik. Bezeichnet Überlastfälle im Netz bzw. den Konflikt, der durch mangelnde Netzkapazitäten einerseits und dem Teilnehmer garantierte Übertragungsraten und -qualität andererseits entsteht. Wird insbesondere im Zusammenhang mit → *Frame Relay* und → *ATM* diskutiert.

Zwei grundsätzliche Verfahrensklassen, Congestion zu verhindern oder abzubauen, sind → *Traffic Policing* und → *Traffic Shaping.*

Connect Time

Bezeichnet bei → *Online-Diensten* und Internet-Service-Providern (→ *ISP*) die Zeit, die ein Nutzer online ist und dadurch technische Ressourcen sowie Dienstleistungen in Anspruch nimmt.

Die kumulierte Connect Time aller Nutzer und deren Verteilung über den Tag dient der Dimensionierung dieser technischen Ressourcen (Anzahl Einwahlports, Backbone-Leitungen, Serverkapazitäten etc.).

CONP

Abk. für Connection Oriented Network Protocol.

Bezeichnet ein Schicht-4-Protokoll im → *OSI-Referenzmodell.*

CONS

Abk. für Connection Oriented Network Service.

Bezeichnung für Netzdienste, die auf verbindungsorientierten → *Verbindungen* basieren.

Console

Auch Consolenterminal genannt. Allgemein ein mit diversen Möglichkeiten zu Steuerungs- und Kontrollzwecken ausgestatteter Platz zur Kontrolle rechnergesteuerter Anlagen.

Üblicherweise ist die Console der Platz des → *Sysops*, der mit besonderen Rechten im System ausgestattet ist. Oft können bestimmte Befehle zur Systemverwaltung nur von der Console aus und von einem dort besonders autorisierten Nutzer durchgeführt werden.

Man unterscheidet insbesondere folgende Consolen:

1. Zentraler Steuerungsstand von Großcomputern (→ *Mainframe*) mit Bildschirm und Tastatur zur Kontrolle des Rechners und der Peripherie.
2. In → *LANs* der zentrale Platz, von dem aus das Netz gesteuert wird und einzelne Netzelemente konfiguriert werden.
3. Begriff aus der Nebenstellentechnik. Bezeichnet bei Nebenstellenanlagen den Platz mit → *Operator* an der zentralen Vermittlungsstelle, von der aus jedes Telefonat verwaltet und vermittelt werden kann.

   Auch Vermittlung, Zentrale, Telefonzentrale, Rezeption, Abfragestelle, Operatorplatz, Bedienplatz oder international Switchboard genannt.

4. Begriff aus dem Bereich der Videospiele. Daher auch Videoconsole oder Spieleconsole genannt. Dabei werden mit Consolen die Geräte bezeichnet, an welche die eigentlichen Bedieneinheiten (→ *Joystick*) mit Hilfe von Kabelverbindungen angeschlossen werden können. Die Spielconsolen enthalten dabei Aufnahmemöglichkeiten für die Software (→ *CD-ROM*-Laufwerke oder RAM-Einschübe), Schnittstellen zu Peripheriegeräten und die eigentliche Recheneinheit.

   Derartige Videospielgeräte haben sich von einer einfachen 8-Bit-Rechnerarchitektur über 16-Bit- und 32-Bit-hin zu 64-Bit-Architekturen (seit Ende 1996) entwickelt.

Consolidated Billing

→ *Billing.*

Content

Von engl. content = Inhalt. Ein mittlerweile viel verwendeter Begriff, der alle Arten von Medien mit Informationsgehalt für einen Nutzer bezeichnet, auf die über Netze verschiedener Art zugegriffen werden kann. Weiter lässt sich Content reduzieren auf den Grund für die Motivation des Nutzers, das Netz zu benutzen. Bei dieser Definition ist zu bedenken, dass die Motivation sich jedoch auch aus der Nutzung einer Funktionalität (und nicht aus dem Abrufen von Content) speisen kann. Eine derartige Funktionalität könnte beispielsweise → *Unified Messaging* sein.

Beispielsweise ist ein Spielfilm, der im Rahmen eines → *Pay-TV*-Kanals zur Ausstrahlung kommt, genauso Content wie ein statischer Text auf einer Website (→ *Site*) im → *WWW* des → *Internet.*

Content Hosting

→ *Hosting.*

Contention

Bezeichnung für Datenübertragungsverfahren, bei denen nicht, wie beim → *Polling*, eine zentrale Station die angeschlossenen → *Terminals* abfragt, ob sie Daten zu übertragen haben, sondern die Terminals selbst der Zentrale mitteilen, dass sie Daten zum Übertragen vorliegen haben.

Voraussetzung ist eine Sternkonfiguration des Netzes.

Content Management (System)

Noch keine einheitliche Definition existent. Der Begriff bezieht sich auf verschiedene Systeme, denen gleichwohl mehrere Merkmale gemein sind. Kennzeichnend ist, dass bestimmte Inhalte (= Medien wie z.B. Texte, Realbilder, Grafiken, Animationen, Videos etc.; → *Content*) in einer Datenbank zur einfachen Verwaltung vorgehalten werden. Dabei unterstützt ein Content Management System folgende Funktionalitäten:

- Archivierung von Content (Speicherung)
- Zugriffskontrolle und Zugriffsprotokollierung
- Suchen und Finden von Inhalten
- Schnittstellen zu anderen Systemen
- Metadatenmanagement (Urheberrechte, Tantiemenabrechnung, Verwertungsfälle, Versionsmanagement etc.)

Aus Anwendungssicht wird dieses Konzept in zwei Bereichen derzeit konkretisiert:

- Medienumfeld: In diesem Fall wird häufig von einem → *Digital Asset Management* gesprochen.
- Internet-Umfeld: Web-Sites (→ *WWW*, → *Site*) enthalten heute häufig kaum noch Text in Form von in → *HTML* fest codierten Seiten, sondern häufig nur noch Layout-Rahmen (Rubriken etc.), in die aktuelle Inhalte nach Bedarf eingepflegt werden. Diese Inhalte werden in Content-Management-Systemen vorgehalten und verwaltet.

Content-Provider

In Ahnlehnung an Begriffe wie Internet-Service-Provider (→ *ISP*) oder → *Application-Service-Provider* (ASP) spricht man von Content-Provider im Falle von Unternehmen, die Inhalte (→ *Content*) beliebiger Art zum elektronischen Abruf über Telekommunikationsnetze zur Verfügung stellen.

Filmproduzenten, Nachrichtenagenturen, Fotoagenturen, freie Journalisten etc. sind mögliche Content-Provider.

Contest

Unter Amateurfunkern (→ *Amateurfunk*) die Bezeichnung für einen sportlichen Wettbewerb, bei dem innerhalb einer vorgegebenen Zeit möglichst viele Funkverbindungen vorschriftsmäßig abzuwickeln sind.

Dies Funkverbindungen müssen vom Teilnehmer in einem Stationstagebuch aufgeführt werden, das beim Veranstalter zur Auswertung eingereicht wird.

Contingency Planning

In Deutschland auch Ausfall-Vorsorge und international auch Business Contingency/Continuity Planning genannt. Bezeichnung für alle Maßnahmen zur Sicherstellung einer möglichst störungsfreien Weiterführung eines Geschäftsbetriebs oder zumindest der erfolgskritischen Geschäftsprozesse für den unerwarteten und schweren Störungsfall (‚Disaster') als Folge von Naturkatastrophen, Feuer, Wasserschaden, längerem Stromausfall (Netzausfall, Kurzschluss), Vandalismus, Sabotage, Diebstahl, Fehlbedienung oder ähnlichen Ereignissen, wozu aber auch ein einfacher Umzug gehören kann. Ziel ist dabei die Minimierung der Verluste, gemessen als Umsatz, monetärem Aufwand für die Wiederherstellung des ursprünglichen Zustands oder die verlustig gegangene Datenmenge.

Zur Sicherstellung der Fortführung gibt es üblicherweise detaillierte Notpläne (‚Emergency Action Plan', Wiederanlaufplanung o.Ä. genannt) zur Aufrechterhaltung eines minimalen Betriebs. In derartigen Plänen ist für bestimmte Ereignisse (‚Disaster Scenarios') eine Organisation zur Schadensbegrenzung mit Rollen und Verantwortlichkeiten definiert, die festlegt, wer innerhalb dieser Organisation was in welcher Reihenfolge und innerhalb welcher Frist zu tun hat. Einfache, temporäre Lösungen werden in diesem Zusammenhang häufig mit → *Workaround* bezeichnet.

Eine zweite Komponente ist das Disaster Recovery bzw. Disaster Recovery Planning (DRP), was als Teil des Contingency Planning definiert, wie nach einem Notfall der vorherige fehlerfreie Zustand wieder erreicht werden kann.

Im Rahmen der IT-Welt müssen beispielsweise folgende Punkte berücksichtigt werden:

- Berücksichtigung einfacher Maßnahmen der → *Datensicherheit*
- → *Backup*-Policy für Daten
- Bereitstellung von Ersatzkomponenten:
  - Ausweich-Rechenzentrum oder andere IT-Kapazitäten
  - Bereitstellung einer alternativen Vernetzung
  - Gebäude
- Saubere Dokumentation von IT-Strukturen (Systeme und deren Konfiguration, Netze, Gebäudepläne)

Alle derartigen Maßnahmen können trainiert werden, was sowohl eine Sensibilisierung der Mitarbeiter für mögliche Risiken im Rahmen eines kurzen Seminars als auch eine ausgedehnte Übung mit Ersatzschaltung etc. bedeuten kann.
In Deutschland hat das → *BSI* allgemeine Empfehlungen für Vorgehensweisen und Maßnahmen bei verschiedenen Szenarien/Bedrohungen entwickelt.

Controller

Oft auch mit Mikrocontroller bezeichnet. Oberbegriff für eine ganze Gruppe von nicht universell einsetzbaren Peripheriebausteinen in Rechensystemen, die die Steuerung von Peripheriegeräten (→ *Festplatte*, → *Drucker*, → *Speicher*, Ein-/Ausgabesysteme) übernehmen und dafür optimiert sind.
Mikrocontroller sind dabei Bausteine aus einem Chip, die auf diesem alles integrieren, was sie für die Bewältigung ihrer Aufgabe benötigen: Prozessorkern, (kleiner) Datenspeicher, Befehlsspeicher und Anschlüsse für Ein- und Ausgabe.
Beispiele von Einsatzfeldern für Controller außerhalb von Rechnern sind Taschenrechner, Armbanduhren, Waschmaschinen etc. Die Grenzen zwischen Controllern, → *Mikroprozessoren* und Computern sind fließend.

Convergent Billing

Bezeichnung für eine Sonderform des → *Charging*, bei der die angefallenen Gebühren verschiedener Dienste eines Anbieters miteinander im Rahmen eines Rabattschemas verrechnet werden. Man spricht auch von Cross-Discounts. Die Bezeichnung leitet sich davon ab, dass die unterschiedlichen Dienste in der Telekommunikation im Rahmen des → *Billing* zusammengeführt werden.
Dieses Prinzip geht weiter als das Prinzip der ‚Single Bill', bei dem der Kunde eine einzige Rechnung für verschiedene Dienste erhält, die alle einzeln berechnet werden, da beim Convergent Billing die für einen Dienst zu zahlenden Gebühren Auswirkungen auf die für einen anderen Dienst (nicht) zu zahlenden Gebühren haben.
Das Ziel von Convergent Billing ist die Erhöhung der Kundenbindung zur Reduzierung von → *Churn* durch das gezielte Anbieten von attraktiven Rabattschemata für bestimmte Zielgruppen (Familien mit Kindern, Singles, Heavy-User, Freiberufler etc.). Ferner ist es möglich, einen detaillierteren und gleichzeitig ganzheitlicheren Überblick über einen Kunden zu erhalten. Aus Anbietersicht werden auch die Kosten gesenkt, da nur eine Rechnung ausgedruckt, kuvertiert, frankiert, eingezogen oder angemahnt zu werden braucht. Aus Kundensicht ist der Vorteil die Kosteneinsparung als Folge von Discounts und eine Verringerung administrativer Vorgänge (eine Rechnung, ein Abbuchen).
Beispiel: Ein Kunde nutzt von einem TK-Dienstanbieter den Mobilfunkdienst und einen Internet-Zugang. Im Rahmen von Convergent Billing könnte der Kunde ein Kontingent kostenloser Online-Nutzungsstunden erhalten, wenn seine Mobilfunkrechnung eine bestimmte Grenze (z.B. 250 DM/Monat) überschreitet.

COO

Abk. Cell of Origin.
→ *Location Dependent Service.*

Cookie

Von engl. cookie = Keks. Die Bezeichnung leitet sich aus einem Konzept im Rahmen des → *Betriebssystems* → *Unix* ab, wo es als ‚Magic Cookie' bezeichnet wurde. Die weitere Nutzung wurde durch das Haus Netscape populär gemacht.
Bezeichnung für verschlüsselte Dateien, die ein → *Server* des → *Internets* bei der Nutzung des → *WWW* mit Hilfe des → *Browsers* ohne Einbindung des Nutzers auf dessen → *Festplatte* anlegt und in die er Daten über die Nutzung des WWW durch diesen Nutzer schreibt.
Ein Server kann nur die Cookies nutzen, die von ihm selbst mit Hilfe des Browsers angelegt wurden. Dies wird vom Browser sichergestellt, der Daten in den Cookies mit der → *URL* der aktuellen Site vergleicht. Die wichtigsten Browser (ab Netscape Navigator 3.0 und Microsoft Internet Explorer 3.0) können so konfiguriert werden, dass sie Cookies verhindern.
Verschiedene Browser legen die Cookies nach unterschiedlichen Mustern an. Der Navigator aus dem Hause Netscape speichert auf PCs alle Cookies in einer Datei mit dem Namen COOKIES.TXT auf der obersten Ebene seines Dateiverzeichnisses. Der Explorer aus dem Hause Microsoft hingegen legt ein eigenes Verzeichnis ‚COOKIES' an und speichert dort einzelne Dateien ab.
Auf Rechnern vom Typ → *Macintosh* legt der Navigator eine Datei MAGICCOOKIE und der Explorer COOKIE.TXT an.
Optional können Cookies nach einer gewissen Zeit, z.B. wenn der Nutzer längere Zeit nicht mehr das WWW genutzt hat, als ungültig angesehen werden. Sie werden dann bei neuer Nutzung gelöscht und durch einen neuen ersetzt. Eine weitere Möglichkeit ist auch, dass unmittelbar nach der Nutzung eines WWW-Angebotes eines einzelnen Anbieters der Cookie sofort gelöscht wird. In beiden Fällen ist die sog. Lebensdauer der Cookies begrenzt. Auch der Nutzer selbst kann bei Bedarf die entsprechenden Dateien gefahrlos löschen. Mittlerweile gibt es auch Programme, die Cookies auf der Festplatte suchen und löschen.
Cookies können nicht andere Teile der Festplatte überprüfen und von dort aus Daten (Nutzdaten des Besitzers oder Systemdateien) zum Server übertragen.
Der Vorteil von Cookies ist, dass beim erneuten Anwählen einer bestimmten WWW-Site auf dem Server dieser die

Daten im Cookie abfragen und analysieren kann. So kann er den Nutzer gezielt auf Neuerungen oder die ihn interessierenden Inhalte aufmerksam machen. Ferner besteht so die Möglichkeit, Registrierungsprozeduren zu vereinfachen.
Der Betreiber einer WWW-Site hat den Vorteil, dass er den Festplattenplatz beim Nutzer in Anspruch nehmen kann. Er braucht dann nicht selbst teuren Festplattenspeicher vorrätig zu halten. Beispielsweise kann der Anbieter eines Shopping-Services während der Shopping-Tour eines Nutzers auf der Nutzerfestplatte Daten über die gegenwärtig in den (virtuellen) Einkaufskorb gelegten Artikel (Preis, Anzahl, Bestellnummer) speichern. Ferner können mit Hilfe von Cookies die Nutzungsgewohnheiten der Nutzer ausgewertet werden, z.B. wann sie die Site zuletzt aufgesucht haben und wie oft sie sie in einem bestimmten Zeitraum genutzt haben.
Nachteilig ist, dass der Server-Betreiber mit Cookies ohne Wissen des Nutzers nicht nur kurzfristige, sondern auch langfristige Nutzungsprofile anlegen kann.
→ *http://www.cookiecentral.com/*

Copland

→ *MacOS.*

Coppermine

→ *Intel Pentium.*

Coprozessor

Bezeichnung spezialisierter Prozessoren, die in Zusammenarbeit mit dem zentralen Prozessor (→ *CPU*) besondere Aufgaben übernehmen, z.B. Gleitkommaarithmetik.
Beispiel für Coprozessoren sind die 80287 und 80387, die die 80286 und 80386 aus dem Hause Intel ergänzen.
In späteren Prozessormodellen sind die Funktionen des Coprozessors mit im zentralen Prozessor integriert.

COPS

1. Abk. für Connection Oriented Packet Service.
   Bezeichnung für eine spezielle Art der → *Paketvermittlung*, bei der davon ausgegangen wird, dass die zu übertragenden Pakete sowieso nur einen ganz bestimmten Weg (z.B. von einem Hersteller zu einem Zulieferer) nehmen und dieser Weg daher in den → *Routern* des Netzes fest programmiert werden kann. Die Datenübertragung kann daher mit einem maximalen → *Delay* garantiert werden.
   → *CLPS.*
2. Abk. für Common Open Policy Service.
   Bezeichnung für einen Standard aus der Welt des → *Internets*. Er bezeichnet ein Protokoll, das dem Austausch von Informationen über Quality-of-Service-Parameter (→ *QoS*) zwischen Netzelementen, bzw. insbesondere vom → *Netzmanagement* hin zu den Netzelementen dient.

COPSK

Abk. für Coded Octal Phase Shift Keying.
Eine Sonderform der → *PSK*. Bezeichnung eines Verfahrens der → *digitalen Modulation* für hohe Datenraten (z.B. 140 Mbit/s).

CORBA

Abk. für Common Object Request Broker Architecture.
Bezeichnung eines standardisierten Modells zur abstrakten Beschreibung von verteilten, also in Netzen aktiven, objektorientierten Systemen (Distributed Object Computing, DOC) und deren Zusammenwirken.
CORBA wurde von der 1989 gegründeten Object Management Group (→ *OMG*) entwickelt, einem industriellen Standardisierungsgremium. CORBA ist das von der OMG defi-

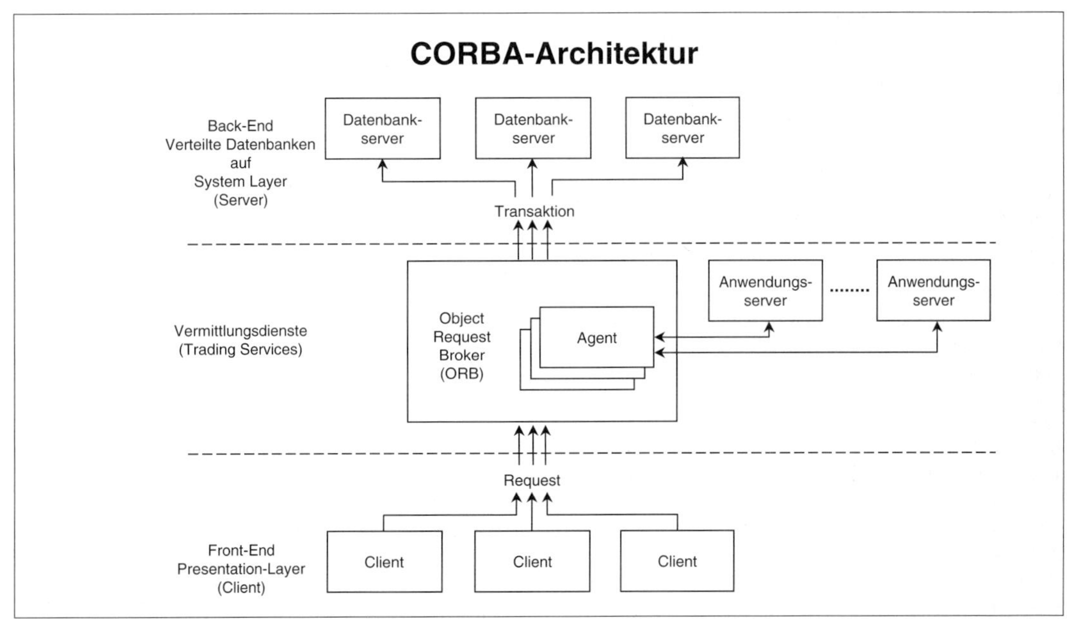

nierte Kommunikationsmodell und erfüllt die Forderungen von → *OMA*.

CORBA unterstützt die Kommunikation zwischen verteilten Objekten, oft auch Komponenten bzw. Components genannt, und definiert eine große Menge von Operationen, die das Arbeiten und Zusammenwirken von verteilten Systemen und verschiedenen Prozessen in ihnen ermöglicht.

Zentrale Idee von CORBA ist, dass Objekte in einer verteilten Umgebung über eine zentrale Instanz, genannt Object Request Broker (ORB), Dienste anderer Objekte in Anspruch nehmen können, ohne genau wissen zu müssen, wo in der verteilten Umgebung sich diese anderen Objekte befinden und wie sie realisiert sind. Durch den ORB können daher Dienste von Dienstnutzern, z.B. existierenden Softwareprogrammen, transparent in Anspruch genommen werden, ohne dass diese die genauen (u.U. objektorientierten) Strukturen des oder der Diensterbringer kennen.

Zwei ORB werden durch ein ORB-Gateway miteinander verbunden.

Die Dienste, die dabei genutzt werden, entsprechen den Object Services und Object Facilities der OMA und werden in den Common Object Service Specifications (COSS, auch CORBAservices genannt) sowie der Common Facilities Architecture (auch CORBAfacilities genannt) definiert.

Die Hauptbestandteile von CORBA sind:

- Statische und dynamische Kommunikationsschnittstellen (Static and Dynamic Invocation Interface, SII und DII)
- Eine Interface Definition Language (IDL)
- Ein Mapping der Beschreibung zur Programmiersprache → *C*
- Eine Menge von Schnittstellen, Schnittstellen zu einem Object Request Broker (ORB) und zu Servern

Mit Hilfe der DII ist es möglich, Objekte aufzurufen, deren Eigenschaft vor dem Aufruf - im Gegensatz zum SII - nicht bekannt sind. Erst zur Laufzeit werden die Eigenschaften des Objektes aus dem sog. Interface Repository des Systems abgefragt. Diese Konstruktion erlaubt eine hohe Flexibilität.

IDL dient der plattform- und implementationsunabhängigen Beschreibung der einzelnen Objekte (Application Objects genannt) des verteilten Systems und ihrer Beziehungen zueinander. Dadurch ist es möglich, verteilte Objekte miteinander agieren zu lassen, auch wenn sie in verschiedenen Programmiersprache geschrieben wurden und aus heterogenen Computersystemen bestehen. IDL-Definitionen können in verschiedene Programmiersprachen umgesetzt werden.

Der ORB stellt Kommunikationsdienste für eine symmetrische Kooperation von Objekten bereit, d.h., ein Objekt, das eine Anfrage an den ORB gestartet hat, wartet auf das Resultat, ohne eine neue Anfrage zu starten. Dabei gibt es zwei Ausnahmen von dieser Regel für die synchrone Kommunikation:

- Oneway-Aufruf: Bei ihm muss die Beendigung des Aufrufs nicht abgewartet werden, da keine Ergebnisse zurückgeliefert werden.
- Deferred Synchronous Operations: Hierbei wird zwar ein Ergebnis zurückgeliefert, jedoch wird es zwischengespeichert und kann zu einem späteren Zeitpunkt abgeholt werden. Zwischenzeitlich kann das sendende Objekt weitere Aktionen unternehmen.

Der ORB übermittelt die Funktionsaufrufe und deren Resultate zwischen den einzelnen Objekten. Dabei ist es seine Aufgabe, die Interaktion zwischen Client- und Server-Objekten zu bewerkstelligen. Dies umfasst alle in verteilten Systemen gestellten Aufgaben zum Suchen, Finden, Zugreifen, Referenzieren und Ordnen der Anfrageparameter und der Resultate dieser Anfragen.

Um einerseits ein hohes Maß an Standardisierung und andererseits eine genügende Implementierungsfreiheit für Hersteller und Entwickler zu ermöglichen, sind verschiedene Schnittstellen zum ORB definiert worden, von denen alle auf verschiedene Weise von unterschiedlichen Herstellern implementiert werden können.

In heterogenen Rechnerumgebungen müssen mehrere ORBs miteinander kommunizieren, was durch ein General Inter-ORB Protocol (GIOP) oder bei der Nutzung des → *Internets* auf → *TCP* und → *IP*-Basis durch das Internet Inter-ORB-Protocol (IIOP) ermöglicht wird.

CORBA in der Version 1.0 ging 1991 aus ihrem Vorgänger → *OMA* hervor und ist weit mehr detailliert. Die Version 2.0 erschien im Juli 1995. Version 2.2 (auch schon mal als CORBA 3.0 angekündigt) vom September 1998 enthielt auch → *Java*-Scripting und einige Attribute von Java Beans. Das echte CORBA 3.0 folgte dann im Jahre 2000.

Lange Zeit war → *Microsoft* Außenseiter und unterstützte CORBA nicht, sondern entwickelte sein eigenes Modell → *DCOM*. Mittlerweile haben sich jedoch Microsoft und die OMG auf einen Gatewaymechanismus verständigt.

→ *DCE*.

Core

1. In der → *Glasfasertechnik* der das Licht führende Kern einer Glasfaser.
2. Bei → *Betriebssystemen* der wichtigste Teil mit den am häufigsten benötigten Programmteilen. Auch → *Kernel* genannt.
3. In der Computertechnik Bezeichnung für den Teil des → *Hauptspeichers*, in dem Teile des → *Betriebssystems* während des Computerbetriebs liegen.
4. Abk. für Council of Registrars.
   → *Domain*.

Core Network

→ *Backbone*.

Cornet

Bezeichnung eines proprietären Signalisierungsprotokolls (→ *Zeichengabe*) aus dem Hause Siemens zur Kopplung von → *Nebenstellenanlagen*.

→ *ABC-F*, → *DPNSS*, → *MCDN*, → *QSIG*.

Corporate Network

Abgekürzt mit CN. Grundsätzlich ein Telekommunikationsnetz innerhalb einer Unternehmung oder einer Organisation mit geografisch verteilten Standorten. Darüber hinaus die Bezeichnung eines Mehrwertdienstes in Telekommunikati-

onsnetzen, dessen Begriffsbestimmung noch nicht abgeschlossen ist.
Waren zunächst CNs nur Datennetze, so ist heute die Integration verschiedener Telekommunikationsdienste in einem CN möglich (Multiservice Network), insbesondere auf der Bais eines → *IP*-Netzes (→ *Intranet*, → *VPN*).
CNs versprechen bei sorgfältigem Aufbau u.U. Kostenreduktionen im Bereich der TK-Kosten eines Unternehmens von 30 bis 40% für die hausinterne Kommunikation bei Großunternehmen im Vergleich zur herkömmlichen Nutzung von Nebenstellenanlagen, der Telefonie über das öffentliche Netz und einem getrennten netz für Daten.
In Deutschland können sprachbasierte CNs seit 1. Januar 1993 nach Angleichung des → *Fernmeldeanlagengesetzes* an das europäische Recht (Europäische Richtlinie 90/388/EWG) durch Verfügungen („Genehmigungskonzept für CN") des → *BMPT* von Dritten und auch für die Vermittlung von Sprache in geschlossenen Benutzergruppen nach Genehmigung durch das BMPT betrieben werden. Somit ist CN ein ordnungspolitischer und weniger ein technischer Begriff. Das Betreiben von Fernmeldeanlagen für die Vermittlung von Sprache für andere zwischen zusammengefassten Unternehmen wurde genehmigt.
Welche Unternehmen dies sind, wurde in der Telekommunikations-Verleihungsordnung vom BMPT vom 19. Oktober 1995 beschrieben, wobei man sich an Begriffe aus dem Aktiengesetz hielt. Diese Regelung wurde an andere Rechtsformen (GmbHs und Einzelkaufleute) angepasst. Der Begriff des ‚zusammengefassten Unternehmens' wurde zunächst nur auf einen Konzern bezogen und schließlich auf Unternehmen, die in „einer gesellschaftlichen oder schuldrechtlichen Beziehung zueinander stehen" erweitert. Diese Auslegung erlaubt das Einrichten von CNs überall, wo langfristige Lieferantenverhältnisse existieren, also z.B. zwischen Automobilherstellern und ihren Zulieferern, auch wenn diese nicht zu einem Konzern gehören. Grundsätzlich wird bei CNs von geografisch über mehrere voneinander getrennte Grundstücke verteilten Teilnehmern eine geschlossene Benutzergruppe gebildet, die sich innerhalb des Netzes nur untereinander erreichen können und somit den Eindruck haben, ihnen stünde ein eigenes Netz zur Verfügung.

Es ist Sprach-, Daten- und Bildkommunikation möglich.

Der Betreiber des CN ist nicht immer auch der Nutzer des CN, da diese Leistung seit der Freigabe von CNs von Dritten erbracht werden darf. Daraus ergeben sich drei grundsätzliche Realisierungsmöglichkeiten:

- Aufbau eines eigenen CNs durch ein Unternehmen und ausschließlich eigene Nutzung.
- Aufbau eines eigenen CNs durch ein Unternehmen und Vermarktung von Überkapazitäten an Dritte.
- Outsourcing, d.h. Einkauf notwendiger Kapazitäten bei Dritten, z.B. kommerziellen Betreibern von CNs.

Prinzipiell sind in einfachen CNs die Nebenstellenanlagen einer Firma an mehreren Standorten über Festverbindungen miteinander verbunden. Dabei ist die Topologie wichtig, die sich bei dem Aufbau eines CNs aus einer ersten Kommunikationsanalyse ergibt. Es sollte davon ausgegangen werden, dass historisch gewachsene Topologien grundsätzlich durch den Aufbau eines CNs geändert werden müssen.

- Ist-Analyse: Welche Dienste (Sprach-, Datenkommunikation) werden an welchen Standorten mit welcher Intensität genutzt?
- Ermittlung der Kommunikationsbeziehungen zwischen den Standorten (Volumen, auch in Abhängigkeit von der Tageszeit und vom Wochentag).

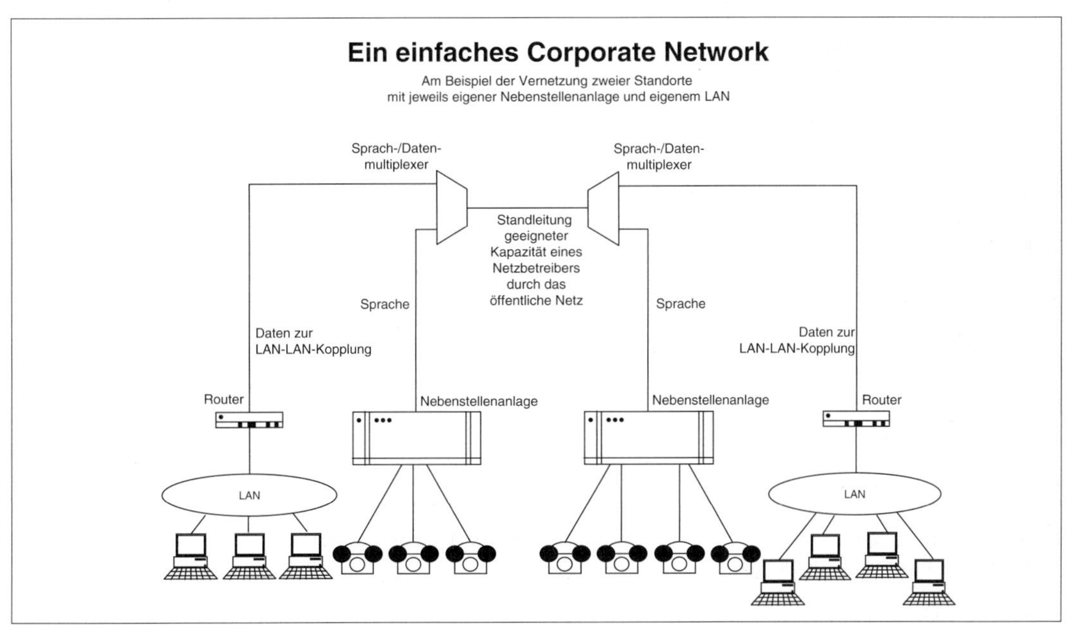

- Daraus ist eine möglichst optimale Topologie abzuleiten (→ *Backbone*-Netz wird gebildet durch breitbandige Leitungen).

Es helfen beim Netzaufbau einige grundsätzliche Regeln:

- Vollvermaschung der Standorte führt zu kleinem → *Bündelungsgewinn*, hat aber niedrige Kosten dank einfacher Multiplexer.
- Teilvermaschung führt zu einem höherem → *Bündelungsgewinn*, wofür aber teureres Gerät benötigt wird (→ *Routing* nötig).
- Offene Netze sollten vermieden werden, da dann bei Störung einer Leitung ein oder sogar mehrere Standorte abgeschnitten sind.
- Große Netze mit vielen Knoten werden üblicherweise hierarchisch aufgebaut.

Gegenüber dem internen Aufbau mit Mietleitungen ist eine andere mögliche Realisierung ein Outsourcing an einen privaten Netzbetreiber, der sein Netz vielen anderen Nutzern zur Einrichtung von CNs zur Verfügung stellt, d.h., es werden nur → *CUGs* auf einem Netz realisiert.

In diesem Fall sollte der Nutzer des CN folgende Punkte beachten:

- Zur Verfügung gestellte Dienste und Dienstmerkmale
- Bedingungen für anschließbare Geräte
- Sicherheitsfeatures
- Zuverlässigkeit im Fehlerfall (Ersatzschaltungen, Verfügbarkeit etc.)
- Quality-of-Service-Garantien
- Aufwand für zukünftige Änderungen hinsichtlich Topologie, Bandbreite, Dienstspektrum
- Eigener Einfluss auf Teile des Netzes (Kapazitätsmanagement etc.)
- Kosten
- Art der Rechnungsdatenübermittlung

Eine weitere Möglichkeit des Outsourcings sind Virtual Private Networks (→ *VPN*), bei denen CNs über öffentliche Netze vom Netzbetreiber oder auf Basis des → *Internets* realisiert werden.

Echte CNs werden in der Regel von großen Firmen genutzt, da für kleine Unternehmen der Aufwand und die Kosten zu hoch sind. Kleine und mittlere Unternehmen nutzen eher VPNs.

COS

1. Abk. für Class of Service.
   → *QoS*.
2. Abk. für Corporation for Open Systems (International).
   Bezeichnung eines Standardisierungsgremiums in den USA, das → *ISDN* fördert.

COSE

Abk. für Common Open Software Environment.

Bezeichnung einer offenen Software-Entwicklungsumgebung für → *Workstations* mit dem → *Betriebssystem* → *Unix*. Entwickelt von einer Vereinigung von Hard- und Softwareherstellern.

Co-Shopping

→ *Power-Shopping*.

COSINE

Abk. für Cooperation for Open System Interconnection Networking in Europe.

Bezeichnung für ein von der EU initiiertes und finanziertes Projekt zur Verbindung verschiedener nationaler Forschungsnetze in Europa auf der Basis von Protokollen, die auf dem → *OSI-Referenzmodell* aufbauen.

COSPAS

→ *GDSS*.

COSS

Abk. für Common Object Services Specification.
→ *CORBA*.

COST

Abk. für engl. Cooperation in the Field of Scientific and Technical Research.

Forschungsprogramm der EU, in dessen Projekten auch Länder von außerhalb der EU mitarbeiten können.
→ *ESPRIT*, → *RACE*, → *ACTS*.

COSY

Abk. für Cell Oriented System.

COTM

Abk. für Circuit Oriented Transfer Mode.

COTS

1. Abk. für Connection Oriented Transport Protocol.
2. Abk. für Commercial off-the-shelf (Software).
   In bestimmten Anwendungsgebieten (z.B. Militär) von Software die Bezeichnung für preisgünstige Standardsoftware, die ohne Anpassung an die extremen Einsatzbedingungen verwendet werden kann und dadurch hilft, Kosten zu sparen.

Council of Registrars

→ *Domain*.

Courier

Auch Leo Sat Courier genannt. Bezeichnung für ein geplantes System für globalen → *Satellitenmobilfunk*. Geplant vom Hause Satcon aus Teltow/Brandenburg und den russischen Unternehmen NPO A.S. Lawotschkin und NPAO ELAS.

Das System besteht aus 72 Satelliten in 9 kreisförmigen Umlaufbahnen mit einer Bahnhöhe von 800 km (→ *LEO*) und einer → *Inklination* von 76°. Das System nutzt → *QPSK*-modulierte Verbindungen zwischen den Satelliten (Inter-Satellite-Links) im → *K-Band* zur Datenübertragung. Jeder Satellit verfügt über 37 Beams.

Zum Übergang in die terrestrischen Festnetze sind 10 bis 20 Gateways weltweit geplant.

Der → *Uplink* liegt bei 1,61 GHz bis 1,6265 GHz, der → *Downlink* bei 2,4835 GHz bis 2,5 GHz. Auf diesen Stre-

cken wird bei Verbindungen zwischen dem Satelliten und mobilen Terminals mit BPSK (→ *PSK*) und bei Verbindungen vom Satelliten zum Gateway QPSK-moduliert.
Folgende Dienste und Anwendungen sind geplant:

- Telefonie (13,6 kbit/s gemäß → *GSM*-Standard), Fax und Datenübertragung (nach → *X.25*) mit Endgeräten einer Sendeleistung von 1 bis 5 W
- Flottensteuerung
- Informations- und Verkehrsleitsysteme
- Objektsicherung, Objektverfolgung, Diebstahlschutz
- Unfall- und Pannenhilfe

Es war ursprünglich geplant, das System in der Zeit von 1998 bis 2001 im Weltraum und auf dem Erdboden zu installieren und in Betrieb zu nehmen. Auf der ILA 2000 wurde im Juni 2000 hingegen der Start der ersten Satelliten für das Jahr 2000 mit Inbetriebnahme im Jahre 2003 und anschließendem Börsengang angekündigt. Zum gleichen Zeitpunkt wurden die Kosten mit 3,5 Mrd. DM angegeben. Die Nutzerbasis wird mit 2,5 Mio. angegeben. Ein erster Satellit ist zu Testzwecken bereits 1993 gestartet.

Covington

→ *Intel Pentium*.

COW

Abk. für Cluster of Workstations.
→ *Cluster*, → *Workstations*.

CP

1. Abk. für Call Pickup.
   → *Pickup*.
2. Abk. für Control Processor.
3. Abk. für Cyclical Prefix.

CPAP

Abk. für Customer Premises Access Profile.

CPB

Abk. für Control Processor Board.

CPC

Abk. für Cost per Click.
→ *Banner*.

CPCS

Abk. für Common Part Convergence Sublayer

CPE

Abk. für Customer Premises Equipment.
Amerik. geprägter Begriff. Ursprünglich nur die Bezeichnung für die Geräte, die ein Teilnehmer nicht von der Telefongesellschaft gekauft hat, an die er angeschlossen war. Mittlerweile werden als CPE alle Geräte bezeichnet, die vom Endteilnehmer auf eigene Rechnung gekauft, hinter dem Netzabschluss (→ *NTU*) angeschlossen und von ihm selbst gewartet werden. I.d.R. handelt es sich dabei um Endgeräte wie Modems, Faxgeräte, Telefone, aber auch u.U. komplette Sub-Netze (Customer Premises Networks, CPN), die über → *Brücken*, → *Router*, → *Gateways* oder → *Hubs* angeschlossen sind.

CPFSK

Abk. für Continuous Phase Frequency Shift Keying.
→ *FSK*.

CPG

Abk. für Conference Preparatory Group.
→ *ERC*, → *ITU*.

CPH

Abk. für Call Party Handling.

CPI

Abk. für Customer Price Index.

CPN

Abk. für Customer Premises Network.
→ *CPE*.

CP/M

Abk. für Control Program (for) Microprocessors.
Bezeichnung eines ersten → *Betriebssystems* für Arbeitsplatzrechner mit 8-Bit-Prozessoren, wie dem Z80 aus dem Hause Zilog (→ *Zilog Z80*) oder dem 8080 aus dem Hause Intel (→ *Intel 8080*). Es ist damit das erste Betriebssystem, das auf Rechnern verschiedener Hersteller läuft.
Der Professor für Compiler-Design und Chef von Digital Research, Gary Kildall, entwickelte CP/M 1975 auf einer → *PDP-10* von DEC und verkaufte es für 70 $/Stück. Für den Vertrieb gründete er ‚Intergalactic Digital Research' - den ersten Teil des Namens strich er später. Kurze Zeit nach der Gründung schwamm er im Geld.
CP/M war Ende der 70er Jahre das am weitesten verbreitete Betriebssystem für 8-Bit-Rechner. Eine Weiterentwicklung war CP/M-86 für den 8086-Prozessor (16-Bit) aus dem Hause Intel.
1980 fragte IBM auf der Suche nach einem Standardbetriebssystem für ihren ersten PC im Privathaus bei Kildall an. Es wird jedoch berichtet, dass Kildall beim Surfen war, so dass dieser Auftrag an Microsoft ging (→ *MS-DOS*).
Letzte PCs mit CP/M kamen um 1985 neu auf den Markt. Concurrent CP/M erlaubte zu dieser Zeit den Einsatz von MS-DOS-Programmen unter CP/M. Außerdem war es multiprogrammingfähig.
Bis Ende der 80er Jahre verschwand CP/M schließlich vollständig.

CPM

Abk. für Continuous Phase Modulation.
→ *PM*.

CPP

Abk. für Calling Party Pays oder auch Caller Party Pays.
Bezeichnung eines Gebührenschemas für numerische → *Paging*dienste, bei dem nicht, wie sonst üblich, der Besitzer des Pagers (der Teilnehmer am Pagingdienst) für den einzelnen Ruf (und zusätzlich noch eine monatliche Pauschale) bezahlt, sondern derjenige, der den Ruf absetzt.

Die Kosten liegen je nach Länge des abgesetzten Rufes und Anbieters zwischen 70 Pf. und 1,50 DM.

Dieses Gebührenschema führte in Europa erst 1994/95 dazu, dass Paging auch für große Kreise von Privatkunden interessant wurde. Zielgruppe sind dabei in erster Linie aktive, junge (18 bis 35 Jahre), trendbewusste, mobile und gesellige Konsumenten, für die ein Mobiltelefon zu teuer und auch unnötig ist, die aber selten zu Hause und daher schwer erreichbar sind.

Vorteil für Netzbetreiber ist, dass nach der Sättigung des Geschäftskundenmarktes ein neues Marktsegment erschlossen wurde und die Netzinfrastruktur durch die Gewohnheiten der Privatkunden (Aktivität nach 17 Uhr) außerhalb der Spitzenverkehrszeiten gleichmäßiger ausgelastet wird. Darüber hinaus nutzen Privatkunden den Pagingdienst ca. dreimal öfter als Geschäftskunden.

Voraussetzung für den Erfolg waren neue Vertriebswege („Verkaufe dort, wo private Konsumenten einkaufen"), einfache Handhabung (kaufen, auspacken, benutzen; kein Papierkrieg zur Anmeldung) und aggressive Marketingstrategien, die auf Trends und Lifestyle setzen.

CPP wurde überwiegend nur für numerisches Paging genutzt, weswegen sich diverse Codes gebildet haben, mit denen Mitteilungen mit Hilfe von Ziffernkombinationen übertragen werden können. Alphanumerisches Paging im Privatkundenbereich wurde für Ende des Jahrzehnts erwartet, jedoch trat dies durch den Erfolg der Kurznachrichtendienste (SMS) in den → *GSM*-Netzen nicht ein.

In Europa erstmals eingesetzt nach zweijährigen Vorstudien durch die schwedische Telia im April 1993, gefolgt von British Telecom und Mercury im September 1994 in GB und der PTT Telecom in den Niederlanden im November 1994. In Deutschland erstmals von der Deutschen Telekom bei Scall eingesetzt. Kurze Zeit danach war es auch bei anderen Anbietern in Deutschland verfügbar.

CPS

Abk. für Character per Second.

- Maßeinheit für die Übertragungsgeschwindigkeit bei der Übertragung alphanumerischer Zeichen.
- Maßeinheit für die Druckgeschwindigkeit zeichenorientierter Drucker, wie dem → *Typenraddrucker* oder dem → *Kettendrucker*.

CPSII

Abk. für Communications Protocol Stack Independent Interface.

CPSR

Abk. für Computer Professionals for Social Responsibility.

Bezeichnung einer Vereinigung sozial engagierter Persönlichkeiten aus der Computerbranche in den USA, die sich mit Fragen der Wirkung von Computern, Datenverarbeitungsanlagen, Telekommunikation und dem technischen Fortschritt allgemein auf die menschliche Gesellschaft beschäftigt.

→ *http://www.cspr.org/*

CPSS

1. Abk. für Control Packet Switching System.
   Bezeichnung für ein proprietäres Datenübertragungsprotokoll aus dem Hause Newbridge. Es ist ähnlich zu → *X.25* aufgebaut und dient dem Austausch von Konfigurationsdaten und Statusinformationen zwischen verschiedenen Netzknoten.
2. Abk. für Call Processing Subsystem.

CPT

1. Abk. für Cooperative Programming Tool.
2. Abk. für Cellular Paging Teleservice.
   → *Paging*.

CPTWG

Abk. für Copyright Protection Technical Working Group.
→ *DVD*.

CPU

Abk. für Central Processing Unit.

Auch Zentraleinheit genannt. Bezeichnung für die zentrale Einheit eines Rechensystems, das wiederum aus den funktionellen Einheiten Steuerwerk, Leitwerk, Rechenwerk (→ *Mikroprozessor*) und Hauptspeicher besteht.

Die Konzepte heutiger CPUs basieren auf dem Konzept des → *Von-Neumann-Rechners*.

→ *Chip*, → *RISC*, → *CISC*.

CPW

Abk. für Commercial Processing Workload.

Bezeichnung einer Sammlung von Programmen zur Bestimmung der Leistungsfähigkeit verschiedener Modelle der Computerlinie → *AS/400* aus dem Hause IBM.

CPW ging dabei aus dem bereits in der Vergangenheit genutzten TPC-C hervor und simuliert neun Datenbankanwendungen und fünf weitere typisch geschäftliche Anwendungen mit bis zu mehreren tausend Anwendern.

Eingeführt wurde die CPW-Skala im Herbst 1996, als sie den Test RAMP-C ablöste.

CR

1. Abk. für Carriage Return.
   International gängige Kurzbezeichnung für das Betätigen der Return-Taste auf Computertastaturen. Der → *Cursor* fügt dann eine neue Zeile ein und wird an ihren Anfang gesetzt.
   Die Bezeichnung leitet sich von frühen elektrischen Schreibmaschinen ab, bei denen das Betätigen der Taste einen Wagenrücklauf (Carriage Return) auslöste.
2. Abk. für Capabilities Request.
3. Abk. für Circuit Reservation.
4. Abk. für → *Cell Relay*.

Cracker

Auch Cyberpunk genannt. Bezeichnung für Personen, die ohne jede Autorisierung in Computersysteme eindringen. Im Gegensatz zu einem → *Hacker*, der dies vorwiegend aus ‚sportlichen' Gründen (zum persönlichen Vergnügen oder aus professioneller Berufung heraus) tut, richtet ein Cracker dabei durch Datenmanipulation oder Veröffentlichung geschützter Daten bewusst Schäden an oder nimmt diese billigend in Kauf.

Aus der Sicht der Hacker verstoßen Cracker damit gegen die ungeschriebene Hackerethik. Sie gelten als weniger gut als Hacker und werden oft als Abstauber angesehen, da sie angeblich oft die Sicherheitslücken ausnutzen, welche die Hacker zuvor herausgefunden und publiziert haben.

→ *Crasher.*

Crasher

Bezeichnung für Personen, die absichtlich ein Computersystem zum Absturz bringen und dabei Datenverluste in Kauf nehmen. Dem Betreiber und/oder den Nutzern des Systems sollen bewusst Schaden zugefügt werden.

→ *Cracker,* → *Hacker.*

Crashmail

In der → *Mailbox*-Szene die Bezeichnung für eine eilige → *E-Mail,* die außerhalb der Zeit des → *Netcalls* vom Sender zum Empfänger übertragen werden muss. Dazu nimmt die Mailbox des Senders direkt mit der Mailbox des Empfängers Kontakt auf, unabhängig von der evtl. vorhandenen hierarchischen Struktur des Netzes oder anderen vorbestimmten Pfaden zur geordneten Weitergabe von Nachrichten.

Cray, Cray Research

Cray Research ist der vollständige Name eines Unternehmens, das → *Supercomputer* für technisch-wissenschaftliche Anwendungen herstellt und diese Rechnerklasse im Prinzip, trotz einiger Vorläufermodelle anderer Unternehmen und Forschungseinrichtungen, erst begründete.

Benannt ist das Unternehmen nach seinem Gründer Seymour Roger Cray (* 1928, † 5. Oktober 1996), der zuvor bei der → *CDC* gearbeitet hatte.

1972 verließ Seymour Cray die von ihm mitgegründete, aber ihm mittlerweile zu groß und schwerfällig gewordene Control Data Corp. (CDC) und gründete Cray Research in Chippewa Falls/Wisconsin über der lokalen Bank und in einer alten Schuhfabrik. Als weiterer Standort kam im Laufe der Zeit Eagan/Minnesota hinzu.

Erstes Modell und erster kommerziell erhältlicher → *Vektorrechner* überhaupt war die Cray-1, vorgestellt 1976 im Los Alamos Scientific Laboratory in New Mexiko. Sie war noch stark von der CDC-Star (→ *CDC*) beeinflusst und hatte wie diese 8 MByte Hauptspeicher, realisiert allerdings durch Halbleiter. Die Leistung betrug zunächst 80 MFLOPS, später 160 oder sogar 200 MFLOPS. Der Preis für eine Anlage mittlerer Größe betrug 13 Mio. DM. Es handelte sich um einen 64-Bit-Vektorrechner mit acht Vektorregistern und parallel arbeitenden, als Pipeline organisierten Funktionseinheiten. Sie verfügte über eine Freon-Flüssigkeitskühlung und war in Bipolartechnik (→ *Bipolarer Transistor*) aufgebaut. Der Takt betrug 20 MHz. Die Cray-1 war fünfmal so schnell wie die → *CDC* 7600 und wog fünf Tonnen. Sie verbrauchte 100 kW. Konstruktionsprinzip war die Vermeidung von langen Strecken für elektrische Signale. Das längste Kabel ist daher 120 cm lang.

1980 erfolgte die erste Cray-1-Installation in Europa bei der Max-Planck-Gesellschaft in Garching für 20 Mio. DM. 1981 waren weltweit 35 Cray-1-Rechner installiert. 1984 wurde die Herstellung der Cray-1 eingestellt. 65 Exemplare wurden bis dahin insgesamt gebaut, fünf davon stehen in Deutschland.

Die Cray-1/S wurde als verbesserte Version der Cray-1 1979 in zwölf Versionen vorgestellt, die immer noch in Bipolartechnik aufgebaut waren. Die Preise reichten von 9 bis 30 Mio. DM. Es folgte die Cray-1/M in MOS-Technologie und in drei Versionen mit verschieden ausgebauten Hauptspeichern.

Bei der 1982 vorgestellten und von der Cray-1 abgeleiteten Cray X-MP handelte es sich prinzipiell um zwei speichergekoppelte Rechner vom Typ Cray-1 mit einem, zwei oder max. vier Prozessoren und bis zu 128 MByte Hauptspeicher. Die maximale theoretische Leistung lag bei 1 412 MFLOPs, wobei als Faustregel galt, dass die Cray X-MP dreimal so schnell war wie zwei vergleichbare Cray-1. Als → *Betriebssystem* wurden das Cray Operating System (COS) oder ein → *Unix*-Derivat Unicos genutzt. Unicos war dabei das erste Unix-Derivat, das speziell für Parallelisierung entwickelt wurde.

Die 1985 vorgestellte Cray-2 mit zwei bis max. vier Prozessoren konnte 1,2 Mrd. Rechenoperationen je Sekunde ausführen (max. 2 GFLOPs bei vier Prozessoren). Sie unterstützte einen Adressraum von 32 GByte und einen Hauptspeicher bis 2 GByte. Zur Kühlung tauchte man die Prozessoren in eine kolorierte Kühlflüssigkeit. Damit war der Rechner auch der erste mit einer Flüssigkeitskühlung. → *Unix* als → *Betriebssystem* war möglich (Unicos).

Die Cray Y-MP von Ende der 80er Jahre mit max. acht speichergekoppelten Prozessoren verfügte über die 30fache Rechenleistung der Cray-1.

1991 wurde die Cray Y-MP C90 mit 16 Prozessoren und einer Leistung von 16 GFLOPs vorgestellt für ca. 20 Mio. DM.

1992 folgte, mit zweijähriger Verspätung, die Cray-3, an der bereits seit 1989 gearbeitet wurde. Sie basiert auf Prozessoren aus Gallium-Arsenid. Bereits feste Bestellungen waren allerdings wegen der Verzögerung mittlerweile storniert worden.

Die Cray T-90 zum Preis von min. 2,5 Mio. $ war 1995 eine weitere Rechnerfamilie. Das Spitzenmodell T-932 mit 32 Prozessoren leistete 60 GFLOPS.

Cray wurde, durch den schrumpfenden Markt für Supercomputer wirtschaftlich angeschlagen, 1996 an → *SGI* verkauft.

Im November 1996 kündigte Cray mit der T3E900 den ersten kommerziell gebauten Supercomputer an, der eine Leistung von 1,196 TFLOPs mit 1 328 → *Alpha*-Prozessoren aus dem Hause Digital Equipment hat. Die T3E900 kostete 500 000 $ und kann auf bis zu 2 048 Prozessoren aufgerüstet werden. Sie wurde ab Mitte 1997 ausgeliefert.

Im Juni 1998 kündigte SGI die neue Linie Cray SV1 mit 32 bis zu 1 024 Prozessoren in → *CMOS*-Technik und einer

Leistung bis zu 1 TFLOP an. Kleinere Systeme kommen mit Luftkühlung aus, wohingegen größere Systeme Wasserkühlung verwenden. Die Preise begannen bei 500 000 $. Erste Exemplare wurden ab August 1998 ausgeliefert.
Im Frühjahr 2000 wurde als nächstes Produkt die Cray SV2 angekündigt.
→ *http://www.cray.com/*

CRC

Abk. für Cyclic Redundancy Check.
Ein Verfahren zur Fehlererkennung und -korrektur, das bei der → *Leitungscodierung* angewendet werden kann. Da es mehrere Verfahren gibt, handelt es sich um eine ganze Gruppe von Algorithmen zur Fehlererkennung und -korrektur, die aus einem Bitmuster nach einer bestimmten mathematischen Vorschrift ein Kontrollbitmuster bilden (üblicherweise 16 oder 32 Bit lang) und dieses zusätzlich den Nutzdaten hinzufügt. Dieses Kontrollmuster wird häufig auch als CRC bezeichnet, obwohl streng genommen CRC der Vorgang und eine Frame Check Sequence (→ *FCS*) das Resultat ist.
Die zu übertragende Bitgruppe (Länge: n Bit) wird dabei als ein Nachrichtenpolynom $M(X)$ (Polynom n-1-ten Grades) aufgefasst und beim Sender modulo 2 (→ *Modulo-Operation*) durch ein Generatorpolynom $P(X)$ (oft auch G(x) genannt) geteilt. Der entstehende Divisionsrest $R(X)$ wird als CRC oder FCS bezeichnet und ebenfalls, z.B. im Header, mit übertragen:

$$R(X) = M(X) \bmod 2\ P(X)$$

Beim Empfänger, dem das Generatorpolynom ebenfalls bekannt ist, wird diese Prozedur wiederholt und der entstehende Rest mit dem übertragenen Rest verglichen. Anhand von Differenzen und dem bei der Prüfung ermittelten Rest können Fehler erkannt und u.U. auch korrigiert werden.
In der Telekommunikation werden häufig die folgenden Generatorpolynome verwendet:

Typ	Generatorpolynom
CRC 12	$X^{12} + X^{11} + X^3 + X^2 + X + 1$
CRC 16	$X^{16} + X^{15} + X^2 + 1$
CRC/ITU	$X^{16} + X^{12} + X^5 + 1$
CRC 32	$X^{32} + X^{26} + X^{23} + X^{22} + X^{16} + X^{12} + X^{11} + X^{10} + X^8 + X^7 + X^5 + X^4 + X^2 + X + 1$

Der CRC wird üblicherweise in speziellen Hardwarebausteinen durchgeführt, die für verschiedene standardisierte Verfahren von der Elektronikindustrie in Großserie produziert und angeboten werden. In den Bausteinen wird der CRC als rückgekoppelte Schieberegisterschaltung realisiert.
Angewendet wird ein CRC z.B. bei → *HDLC*.

CREN

Abk. für (The) Corporation for Research and Educational Networking.
Bezeichnung für ein Netz, das in den USA 1991 aus der Zusammenlegung des → *BITNET* und des → *CSnet* entstanden ist.
Es litt in den Folgejahren, wie zuvor das BITNET auch, an der Abwanderung von Mitgliedern in die ‚normale' Welt des → *Internet* und konnte nicht die Popularität insbesondere des BITNET erreichen.

CRFP

Abk. für Cordless Radio Fixed Parts.

Crippleware

Bezeichnung für ‚verkrüppelte' Testversionen von Software, die zu Marketing- oder Demozwecken kostenlos oder für wenig Geld ausgegeben werden. Ihre volle Funktionsfähigkeit erhält die Software aber erst nach Bezahlung und Registrierung.
Beispiele sind Textverarbeitungen, die das Speichern oder Ausdrucken von Texten in der Crippleware-Version nicht ermöglichen.
→ *Dongleware*, → *Freeware*, → *Public Domain Software*, → *Shareware*.

CRJ

Abk. für Call Record Journal.
International gängige Bezeichnung für die automatische Rufdatenaufzeichnung (RDA). Dient der geordneten Speicherung der Call Data Records (→ *CDR*) für das → *Charging* (Rufdauer, Rufdistanz, Rufzeitpunkt) mit anschließendem → *Billing* und zur Statistik (Verkehrsdatenerfassung; Vermittlungswunsch erfolgreich oder nicht etc.).
Ferner kann nach der Rechnungsstellung mit Hilfe des CRJs auf jeden einzelnen CDR zu Zwecken der Reklamationsbearbeitung oder Rechnungserläuterung zugegriffen werden.

CRM

Abk. für Customer Relationship Management.
Ein aus dem strategischen Marketing kommender Begriff mit mittlerweile auch einer hohen Bedeutung für die Wirtschaftsinformatik (→ *Informatik*).
Es existieren verschiedene und sich aktuell auch noch verändernde Definitionen für CRM mit jeweils unterschiedlichen Schwerpunkten (Strategie, Marketing, Informatik).
Allen Definitionen gemein sind folgende Punkte:

- Ein Unternehmen sollte eine dauerhafte Beziehung zum Kunden aufbauen, und ihm nicht nur einmalig etwas verkaufen. Über die Dauer der Beziehung kann so der Wert des Kunden (Customer Lifetime Value, CLV) maximiert werden.
- Ein Kunde hat üblicherweise mehrere Kontaktpunkte mit einem Unternehmen. Die an den verschiedenen Punkten gesammelten Informationen können in einer Datenbasis zusammengeführt werden, um aus diesem Wissen neue Erkenntnisse über seine individuellen und sich im Laufe der Zeit u.U. ändernden Wünsche/Bedürfnisse zu erzielen. Dies erleichtert ein Erkennen von Kundenwünschen und den Aufbau einer langfristigen Beziehung.

  Ferner kann das Unternehmen auf Basis dieser Kundendaten die bestehende Kundschaft besser segmentieren und erkennen, welche Kundengruppen man bedient, wie profitabel sie sind etc. Idealerweise geht das CRM so weit, dass eben nicht mehr von Kundensegmenten gesprochen wird, sondern jeder einzelne Kunde für sich betrachtet wird (Zielkundenmanagement).

- Obwohl der Kunde verschiedene Kontaktpunkte hat, soll ein einheitliches Management aller seiner Kontakte über geografische und organisatorische Grenzen hinweg möglich sein. Idealerweise stehen alle historischen Kundendaten an allen Kontaktpunkten bereit. Das Unternehmen bietet dem Kunden dadurch ein einheitliches Erscheinungsbild.

Ziel dieser Maßnahmen und damit von CRM sind:

- Erzielung einer hohen Kundenbindung (Verringerung von → *Churn*)
- Erhöhung des Umsatzes pro Kunden durch präzisere und schnellere Erfassung der Kundenbedürfnisse.

Technische Instrumente zum Einsatz im Rahmen eines solchen Konzeptes sind beispielsweise:

- Ein → *Call Center* zur Kundenkontaktpflege.
- Ein → *Data Warehouse* zur systematischen Zusammenführung aller kundenrelevanten Daten aus den verschiedenen Unternehmensbereichen.
- Ein Tool für → *Data Mining* zur Analyse der im Data Warehouse zusammengeführten Kundendaten auf Präferenzen, Verhaltensmuster und deren Veränderungen hin mit dem Ziel einer möglichst genauen Segmentierung der Kunden.
- Neuerdings auch eine → *Website*, die u.U. personalisierte Inhalte für Kunden bereit hält.

→ *http://www.crm-expo.de/*
→ *http://www.crmguru.de/*

CRMA

Abk. für Cyclic Reservation Multiple Access.
Bezeichnung eines Protokolls auf der → *MAC*-Teilschicht von Schicht 2 des → *OSI-Referenzmodells*, das den Zugriff auf ein Transportmedium regelt. CRMA ist eine Weiterentwicklung von → *CSMA/CD* und soll bei → *FFOL* eingesetzt werden.

Cro-Ita 1

Bezeichnung für ein → *Unterwasserkabel*, das Kroatien durch die Adria mit Italien verbindet.
Anlandepunkt in Kroatien ist Umag.

Cross Compiler

Bezeichnung für einen → *Compiler*, der Objekt- oder Maschinencode in einer Sprache erzeugt, die nicht kompatibel zum eigenen → *Prozessor* des Computers ist, auf dem der Cross Compiler läuft, sondern zu einem externen Prozessor eines anderen Computers. Diese Programme können mit Hilfe eines Simulationsprogramms auf dem gleichen Rechner getestet werden.

Crossbar Switch

Elektromechanisches Bauteil aus der Frühzeit der Vermittlungstechnik, auch Koordinatenschalter genannt, bei dem rechtwinklig über Kreuz gelegte Hebelchen mit anmontierten ‚Nasen' durch ein Relais gekippt wurden, wodurch eine Nase den Kontakt zu einer anderen Nase eines zweiten, um 90° zum ersten gedrehten, ebenfalls gekippten Hebelchens herstellte und somit eine Verbindung ermöglichte. Vor allem in den USA sehr weit verbreitete Technik.
Die Crossbar-Technik war nach dem → *Heb-Dreh-Wähler* der nächste große Schritt in der Entwicklung der Vermittlungstechnik.
Erfunden wurde das Crossbar-Prinzip 1913 von J.N. Reynolds. 1919 erst baute G.A. Betulander in Schweden den ersten gebrauchsfähigen Koordinatenschalter. Auf seine Initiative hin wurden derartige Schaltsysteme in Schweden von 1920 bis 1939 in stärkerem Maße eingesetzt. Der Crossbar Switch war zu dieser Zeit der einzige, der edelmetallbeschichtete Kontakte hatte (Silber).
1938 kam die erste große, vollständig auf Crossbar Switches basierende Vermittlung in den USA auf den Markt, die allerdings zunächst nur als Nebenstellenanlage eingesetzt wurde: System #1 Crossbar von Western Electric.
1948 folgte #5 Crossbar für den öffentlichen Bereich.
Das 1953 entstandene System #4A Crossbar (hervorgegangen aus dem #4 Crossbar von 1943) war bis zur Vorstellung von → *ESS 4* im Jahr 1976 das größte Vermittlungssystem weltweit.

Cross Connect

1. Bezeichnung für einen Baustein der Vermittlungstechnik, oft auch mit CC abgekürzt. Deutsche Bezeichnung: Kanalgruppen-Umsetzer oder Kanalumsetzer. Bezeichnung für Vermittlungselemente, die nicht einzelne Kanäle für Teilnehmer schalten, sondern z.B. bei Störungen oder im Überlastfall ganze Gruppen von Nutzdatenkanälen auf andere Übertragungswege umschalten, ohne die komplette Multiplexhierarchie durchlaufen zu müssen. Es werden also nicht Signalisierungsinformationen des Teilnehmers ausgewertet (kein → *Routing*), sondern Befehle eines Steuerprogramms oder eines Operators ausgeführt.
   Vorteil beim Einsatz derartiger Bauteile: Die Kanalzuordnung ist schnell und flexibel per Steuerbefehl änderbar (kein manuelles Schalten von Leitungen mehr durch Ändern der Verdrahtung am Verteiler) und kann aktuellen Betriebserfordernissen angepasst werden. Möglich ist auch die Integration von Funktionen eines → *Multiplexers*. Dann ist von Cross-Connect-Multiplexern die Rede (CCM). Cross Connects werden insbesondere in Fernnetzen auf der Basis von → *SDH* eingesetzt. In z.B. → *ATM*-basierten Netzen schalten Cross Connects lediglich virtuelle Pfade und keine virtuellen Kanäle.
   → *NKÜ 2000*, → *VISYON*, → *Grooming*.
2. Oft auch allgemein als Synonym für ein rechnergesteuertes Koppelfeld (z.B. in → *SPC*-Vermittlungen) benutzt.

Cross Discount

→ *Convergent Billing*.

Crosslinking

Eine sinnvolle Möglichkeit zur Promotion einer → *Site* im → *WWW* des → *Internets*. Die Inhaber einer Site tauschen dabei ihre Adressen ohne weitere Kosten oder Verpflichtungen aus (→ *URL*), d.h., es verweist auf der einen Site ein → *Hyperlink* auf die andere Site, von wo aus ebenfalls ein Hyperlink zurück auf die erste Site verweist. Auf diese Art profitieren beide Inhaber von einer weiteren Verbindung zu ihrer Site.

Crossposting

Jargon im → *Usenet* des → *Internets* für ein → *Posting*, das an mehrere → *Newsgroups* gleichzeitig versendet wird. Handelt es sich nicht nur um einige wenige betroffene Newsgroups, sondern sehr viele, dann wird auch von Excessive Crossposting (ECP) oder im Jargon von Velveeta gesprochen.

Crosspostings werden allgemein nicht gern gesehen (→ *Netiquette*), da sie Newsgroups unnötig aufblähen und dadurch die Trennung zwischen verschiedenen Newsgroups erschweren. Außerdem werden sie bei manchen → *Mailbox*-Systemen für jede Newsgroup extra übertragen, was Zeit und Geld kostet.

Cross Selling

→ *Call Blending*.

CRP

Abk. für Command Repeat.

CRS

Abk. für Computer Reservation System.

Bezeichnung für große weltweite Teilhabersysteme in der Touristik, z.B. Amadeus, Galileo, Sabre.

CRT

Abk. für Cathode Ray Tube.

Englische Bezeichnung für die Kathodenstrahlröhre oder auch nur Bildröhre genannt. Nach ihrem deutschen Erfinder, seinerzeit an der Universität in Straßburg tätig, Karl Ferdinand Braun (* 1850, † 1918) auch mit Braunscher Röhre bezeichnet. Braun entwickelte dieses Gerät 1897. Dabei wurde ein Elektrodenstrahl aus einer Kombination von Kathode und Anode erzeugt und durch eine Anordnung von zwei Magnetfeldern fokussiert. Die durch einen durch sie durchfließenden Strom aufgeheizte (glühende) Kathode ist dabei die Quelle des Elektronenstrahls, wohingegen die Anode gegenüber der Kathode über eine hohe Spannung verfügt und dadurch die Elektronen zum Austritt aus der aufgeheizten Kathode bewegt und sie beschleunigt, wodurch der Elektronenstrahl entsteht.

Durch die Magnetfelder kann die Auslenkung des Elektronenstrahls gesteuert werden. Er trifft auf einen mit einer leuchtenden Schicht überzogenen Glasschirm (= Bildschirm) und erzeugt dort einen Lichtpunkt.

Durch eine systematische Steuerung mit den Magneten kann der Elektronenstrahl über den Bildschirm wandern. Geschieht das so schnell, dass der Punkt Linie für Linie über den gesamten Schirm wandern kann, ohne dass der erste Bildpunkt an Nachleuchtkraft einbüßt, dann hat der Betrachter den Eindruck eines vollständigen und auf dem Bildschirm stehenden Bildes.

Bis in die späten 90er Jahre hinein ein zentraler und platzverbrauchender Bestandteil eines → *Monitors*, sowohl im Fernsehgerät als auch im Computerbildschirm.

CRTC

Abk. für Canadian Radio-Television and Telecommunications Commission.

Bezeichnung für die nationale → *Regulierungsbehörde* in Kanada.

→ *http://www.crtc.gc.ca/*

CRTS

Abk. für Cellular Radio Telecommunications Service.

→ *Zellulares System*.

Crunching

Von engl. crunching = zermahlen, zerkleinern. Bezeichnet ein schnelles Verfahren zur Datenkompression, das nur einen Durchlauf benötigt.

Genutzt wird dabei ein Algorithmus, der von Abraham Lempel und Jacob Ziv entwickelt wurde.

CRV

Abk. für Call Reference Value.

CS

1. Abk. für Circuit Switched.
   → *Leitungsvermittlung*.
2. Abk. für Convergence Sublayer.
3. Abk. für Canadian Standard.

CS 1, 2, 3

Abk. für Capability Set (No.) 1, 2, 3.

→ *IN*.

CSA

1. Abk. für Carrier Serving Area.
2. Abk. für Canadian Standards Association.
3. Abk. für Conseil Supérieur de l'Audiovisuelle.
   Bezeichnung einer → *Regulierungsbehörde* für den Rundfunkbereich in Frankreich.

CSAU

Abk. für Circuit Switched Access Units.

CSCW

Abk. für Computer Supported Cooperative Work.

Bezeichnung für das wissenschaftliche Forschungsgebiet über unterschiedliche Theorien, Methoden und praktische technische Realisierungen zur computergestützten Zusammenarbeit von Personen in Gruppen.

Durch Anwendung von CSCW wird eine Arbeitsumgebung geschaffen, die das Zusammenarbeiten mehrerer unter Umständen über mehrere Standorte geografisch verteilter Mitarbeiter durch den massiven Einsatz von Computern und Telekommunikation ermöglichen. Dabei kommen bei der Realisierung als Hardwareplattform z.B. → *LANs* oder → *ISDN* und als Softwareplattform → *Groupware*, → *Workflow-Management-Systeme* oder auch → *Videokonferenzen* in Frage.

CSCW geht über den Ansatz der einfachen Verbindung von Computern zum Übertragen von Daten hinaus, indem Anwendungen geteilt werden (→ *Application Sharing*) und multimediale Elemente (Audio- und Videokommunikation) hinzukommen.
Geschaffen wurde der Begriff am MIT, wo man sich seit 1984 mit CSCW beschäftigt.

CSD

Abk. für Circuit Switched Data.
→ *GSM 900.*

CSE

Abk. für Cooperative Software Engineering.

CSELT

Abk. für Centro Studi E Laboratori Telecomunicazioni S.p.A.
Bezeichnung der in den 60er Jahren gegründeten Entwicklungs- und Forschungslaboratorien der Telecom Italia (ehemals STET) mit Sitz in Turin.
Zuletzt ist der Name in Telecom Italia Lab (TIL) geändert worden.
→ *http://www.telecomitalialab.com/*

CSLIP

Abk. für Compressed Serial Line Interface Protocol.
Bezeichnung einer Variante von → *SLIP*, die die Kompression von zu übertragenden Daten durchführt. Das verwendete Kompressionsverfahren wird nach seinem Entwickler ‚van Jacobsen Header Compression' genannt.
Definiert im RFC 1441.

CSMA/CA

Abk. für Carrier Sense Multiple Access (with) Collision Avoidance.
Ein Zugangsverfahren für den gleichberechtigten Zugang mehrerer angeschlossener Stationen zu einem gemeinsamen Übertragungsmedium (→ *Bus*) auf der → *MAC*-Schicht von Schicht 2 des → *OSI-Referenzmodells*. Im Gegensatz zu → *CSMA/CD* kommt es bei CSMA/CA erst gar nicht zu einer Kollision. Stattdessen sorgt ein Mechanismus für eine klare Verteilung des Zugriffsrechtes.
Sendewillige Stationen horchen dabei am Medium, ob eine Übertragung aktuell stattfindet, und senden nach einer Zeit mit Zufallslänge ein ‚Ready-to-Send'-Signal (RTS), das alle anderen Stationen im Sendebereich empfangen, woraufhin diese keinen Sendeversuch mehr unternehmen.
Die Empfangsstationen senden ein ‚Clear-to-Send'-Signal (CTS). Daraufhin ist das Medium exklusiv für beide Stationen reserviert und sie tauschen ihre Daten aus, was von der empfangenden Station am Ende mit einem ACK-Signal beendet wird.
Prinzipiell handelt es sich damit fast um ein → *Token*-Verfahren, weil das Senderecht exklusiv an eine Station vergeben wird.
Da Kollisionen vermieden werden, eignet sich CSMA/CA im Gegensatz zu CSMA/CD für Techniken, bei denen die angeschlossene Station eine Kollision selbst nicht detektieren kann, z.B. wenn das Medium ein Funkkanal ist.

CSMA/CD

Abk. für Carrier Sense Multiple Access (with) Collision Detection.
Ein Zugangsverfahren für den gleichberechtigten Zugang zum gemeinsamen Übertragungsmedium mehrerer angeschlossener Stationen auf der → *MAC*-Schicht von Schicht 2 des → *OSI-Referenzmodells*. Durch ‚Abhören' des Mediums überprüft die sendewillige Station, ob das Medium für eine Übertragung frei ist.
Auch während des Sendens wird mitgehört, so dass im Fall einer Kollision diese erkannt und nach einer zufallsgesteuerten Zeit erneut gesendet wird. Erkennt die sendende Station eine Kollision, so stellt sie das Senden ein und sendet eine kurze spezielle Kennung (JAM-Signal) aus. Hiermit werden alle anderen Stationen am Medium über die Kollision informiert und stellen ihrerseits Sendeversuche ein.
Der Vorteil des Verfahrens ist seine einfache Implementierung und sein passives Verhalten, d.h., dass eine ausgeschaltete oder ausgefallene Station bzw. das Hinzufügen einer neuen Station oder das Herausnehmen einer alten Station während des laufenden Betriebs nicht die Funktion des restlichen Netzes behindert.
Nachteilig ist, dass die Anzahl der Stationen am zu verwaltenden Medium gering sein muss bzw. dass bei vielen Stationen die Bandbreite wegen vieler Kollisionen nur ineffektiv genutzt wird. In der Praxis werden daher große Netze mit diesem Zugriffsverfahren durch → *Switches* unterteilt, so dass sich innerhalb einer → *Collision Domain* nur wenige Stationen befinden.
Von der IEEE genormt als 802.3 Standard. Im → *Ethernet* als Zugriffsverfahren eingesetzt.
Eine Weiterentwicklung stellt TSMA/CD dar (Transition Sense Multiple Access with Collision Detection). Dabei wird bei steigender Buslast (festgestellt z.B. durch erhöhte Anzahl von Kollisionen) die zufällige Zeit bis zum erneuten Sendeversuch gesteigert, so dass die Zahl der Kollisionen verringert und dadurch der Durchsatz im Hochlastfall insgesamt erhöht wird.

CSN

Abk. für Circuit Switched Network.
Englische Bezeichnung für das Prinzip der → *Leitungsvermittlung.*

CSNET

Abk. für Computer and Science Network.
Bezeichnung eines 1981 von der → *NSF* u.a. auf Betreiben von David Farber gegründeten Forschungsnetzes zwischen Unternehmen, freien Forschungseinrichtungen und Universitäten in den USA, das zusätzlich über einige internationale Verbindungen verfügt. Mittlerweile ist es im → *CREN* aufgegangen.
→ *Internet.*

CSO

Abk. für Curvature (of) Second Order.

CSP

Abk. für Chip-scale Package.

CSPDN

Abk. für Circuit Switched Public Data Network.
Bezeichnung für ein öffentliches, leitungsvermittelndes Datennetz, z.B. früher Datex-L der Deutschen Telekom.
→ *PSPDN*, → *DFPDN*.

CSR

1. Abk. für Customer Service (selten: Sales) Representative.
   Andere Bezeichnung für → *Agent* in einem → *Call Center*.
2. Abk. für Communications Standards Review.

CSS

1. Abk. für Content Scrambling System.
   Bezeichnung für ein von IBM und Matsushita gemeinsam entwickeltes Verfahren zur Verhinderung des Kopierens von → *DVDs*.
2. Abk. für Convolutional Spectral Shaping.
3. Abk. für Composite Source Signal.
4. Abk. für Communication Standard Summary.
5. Abk. für Cascading Style Sheet.
   Im Zusammenhang mit der Dokumentenbeschreibungssprache → *HTML*, welche Dokumenteninhalte beschreibt, eine Beschreibungssprache für die Definition von Dokumentenstrukturen, etwa Überschriften, Verzeichnisse (Inhalt, Abbildungen, Tabellen) und Anhänge. Prinzipiell vergleichbar mit Formatvorlagen aus den bekannten Programmen für die Textverarbeitung.
   Mit CSS kann in einer eigenen Datei eine Dokumentenstruktur vordefiniert werden, auf die sich viele HTML-Dokumente beziehen können. Vorteil dieser Teilung ist, dass nicht in jedem HTML-Dokument erneut Definitionen über die Dokumentenstruktur getroffen werden, sondern diese von einem einzigen CSS-Dokument übernommen werden kann.
   Ist es dann einmal notwendig, die Dokumentenstruktur zu ändern, braucht nur ein einziges CSS, nicht aber jedes HTML-Dokument, geändert werden.
   Das Konzept der CSS ist vom → *W3C* entwickelt worden. Der Standard CSS2 ist im Mai 1998 verabschiedet worden.

CSS7

Abk. für Channel Signalling System.
SS#7.

CST

Abk. für Computer Supported Telephony.
Andere weniger gebräuchliche Bezeichnung für → *CTI*.

CSTA

Abk. für Computer Supported Telephony Applications.
Bezeichnet einen von der → *ECMA* angestrebten Standard zur Kopplung von Telefon (Nebenstellenanlage) und Computer (→ *CTI*).
Maßgeblich initiiert 1987 und beeinflusst von Siemens, → *BT* und → *DEC* sowie Dialogic. Ein stabiler Standard erschien ab Sommer 1991, wobei man von drei Phasen spricht:

Standard	Inhalt
ECMA 179/ 180	Phase 1
ECMA 217/ 218	Phase 2
ECMA 269	Phase 3

Es werden dabei im Standard Aufbau und Art der Nachrichten für die Aktivierung der verschiedenen Dienstmerkmale (z.B. → *Rufumleitung*, → *Makeln* etc.) definiert. Daher ist CSTA weniger ein Standard für CTI selbst, als vielmehr ein Modell zur Definition und Implementierung von CTI-Funktionalität (Funktionen, Protokolle, Anrufparameter, Anrufzustände etc.). Hierauf aufbauend stehen bei Herstellern von Netzbetriebssystemen Programmierschnittstellen zur Verfügung, z.B. die vollständige → *TSAPI* von Novell und AT&T oder → *TAPI* von Microsoft. Dabei entscheiden die Hersteller selbst, welche Komponenten des CSTA-Modells sie unterstützen. Dies führt letztlich allerdings zu Inkompatibilitäten der Schnittstellen verschiedener Hersteller untereinander.
Einige Softwarepakete, die diese Schnittstellen nutzen, sind derartig leistungsfähig, dass ein Voiceserver genannter → *Server* am → *LAN* u.U. eine komplette Nebenstellenanlage ersetzen kann.

CT

1. Abk. für Call Trace.
   Bezeichnung für Fangschaltungen oder allgem. die Bestimmung des Ursprungsortes (→ *A-Teilnehmer*) einer Verbindung.
2. Abk. für Cordless Telephone.
   Manchmal auch mit CTS (Cordless Telephone System) bezeichnet. Deutsche Bezeichnung ist Schnurlostelefon/-telefonie. Allgemein gebräuchlicher Begriff für schnurlose Telefone, bei denen das Kabel zwischen Hörer und Terminal durch eine Funkstrecke ersetzt wird. Derartige Systeme sind nicht zu verwechseln mit Mobilfunksystemen, bei denen das Kabel zwischen Ortsvermittlung und Terminal durch eine Funkstrecke ersetzt wird.
   Es werden verschiedene Technologien (analoge und digitale) unterschieden: → *CT0*, → *CT1*, → *CT1+*, → *CT2*, → *CT2 plus*, → *CT3* und → *DECT*, → *PHP* sowie → *UMTS*.
   Allen gemein ist die begrenzte Reichweite von ca. 50 m/ 300 m (innen/außen), die nur eine → *lokale Mobilität* ermöglicht. In Deutschland ist als maximale Leistung 10 mW für die Handgeräte zugelassen. Begrifflich wird zwischen dem Mobilteil (Mobile Station, MS), auch genannt: Handheldunit (Handheld) oder Portableunit (PU) genannt, sowie der Basisstation (Base Station, BS) unterschieden. Die Basisstation ist dabei unmittelbar mit dem Netzabschluss des Festnetzes verbunden.

CT0

CT0 war die erste Gruppe von Schnurlos-Standards überhaupt. Es gibt dabei keinen explizit festgeschriebenen Standard, sondern vielmehr eine Menge von nationalen Hersteller-Lösungen, die bestenfalls im Grunddesign des Systems Gemeinsamkeiten aufweisen und erst im Laufe der Zeit unter der Bezeichnung CT0 zusammengefasst wurden.

Wegen ihrer weiten Verbreitung ist aber auch die frühe US-Lösung sehr häufig gemeint.

Geräte dieses ‚Standards' sind sehr leicht abzuhören und in Europa bis auf Frankreich, Niederlande, Spanien und England nicht zugelassen. CT0 ermöglichte fremden Mobilteilen (→ *MS*) den Zugriff auf Amtsleitungen fremder Basisstationen (→ *BS*), z.B. vom Nachbarn. Die Funkfrequenzen sind an den Geräten fest eingestellt. Die Reichweite kann bis zu 1 000 m betragen.

Diese Standards existieren weltweit (F, GB, ESP, NL). Der britische Standard ist auch als MPT 1322 bekannt.

Die verschiedenen Standards unterscheiden sich in der Anzahl zur Verfügung gestellter Kanäle (8 bis 15) und im genutzten Frequenzspektrum.

So wird allgemein im Bereich z.B. von 16 MHz, zwischen 24 bis 27 MHz (→ *Uplink*) und 41 bzw. 46 bis 49 MHz (→ *Downlink*) mit Frequenzmodulation gesendet. Dieser Bereich ist in Deutschland anderweitig vergeben, weswegen diese Geräte in Deutschland verboten sind.

Region	Uplink	Downlink	Kanäle
GB	47,5	~1,7	8
F	26	41	15
USA (1978)	~1,6	48,8-49,0	5
USA (1984)	46,6-47,0	48,6-49,0	10
USA (1992)	44	49	15

CT0-Geräte sind seit 1978 in Nordamerika und Asien eine verbreitete, sehr einfache analoge Lösung für Schnurlostelefonie. Viele Geräte wurden in den 80er Jahren durch Touristen, insbesondere aus Asien, schwarz nach Europa gebracht und in Betrieb genommen, was einen Druck auf die Normungsbehörden und → *PTTs* erzeugte. Dies führte zum CT1-Standard. Auch in den 90er Jahren wurden weitere Entwicklungen dieser einfachen Geräte vorgestellt und zugelassen. Für die amerikanischen CT0-Standards waren 1995 ca. 60 Mio. Geräte in Betrieb mit einem jährlichen Zuwachs von mittlerweile 15 Mio.

CT1

1. Ein analoger europäischer Standard für Schnurlostelefone. Er war der erste weit verbreitete echte Standard überhaupt. Die Verwendung von Geräten dieses Standards ist in Deutschland mittlerweile nicht mehr zulässig und an Zulassungsnummern, die auf U oder V enden, erkennbar. Betroffen sind ferner Geräte mit den Zulassungsnummern A2000025X, A2000027X, A200465W und A200519W sowie den Gerätenamen Sinus 01 bis 05.

   CT1 verfügt über → *In-Band-Signalisierung* (alle 15 Sekunden hörbar). CT1 ist aktiv im 900-MHz-Band (→ *Uplink*: 914 bis 915 MHz, → *Downlink*: 959 bis 960 MHz, 45 MHz Duplexabstand) mit 40 Duplexkanälen mit 25 kHz Kanalabstand mit → *FDMA*, → *FDD* und dynamischer Kanalverwaltung, d.h. Kanalwechsel alle 15 Sek.

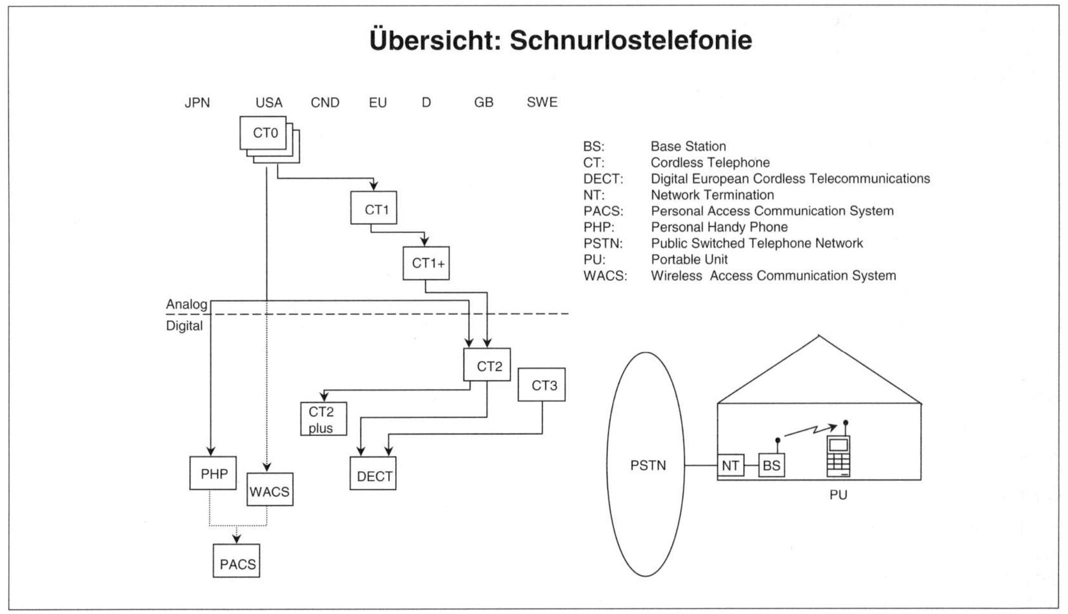

Übertragen wird mit → *FSK*. Die → *MS* senden mit max. 10 mW. Die max. Reichweite liegt bei 300 m. Erreichbare Verkehrskapazität: 200 Erl/km^2 (→ *Erlang*).

Die Frequenzen, auf denen CT1 sendet, wurden Ende 1997 gesperrt und für → *GSM* freigegeben. Seither dürfen in Deutschland derartige Geräte nicht mehr betrieben werden.

Die Möglichkeit, über fremde → *BS* zu telefonieren, wird im Gegensatz zu → *CT0* dadurch ausgeschlossen, dass jeder BS eine zusammen mit ihr verkaufte MS fest zugeordnet wird. Eine dies sicherstellende Kennung wird per Funk im Rahmen der In-Band-Signalisierung regelmäßig ausgetauscht.

CT1 gilt als nicht ganz abhörsicher, erfordert dafür aber einen höheren technischen Aufwand als CT0-Geräte. Es existieren trotz → *CEPT*-Standard leichte Differenzen zwischen einzelnen nationalen CT1-Versionen. Üblicherweise können daher Handgeräte eines Herstellers nur mit Basisstationen desselben Herstellers kommunizieren. Wegen des begrenzten Signalisierungskanals ist CT1 nicht geeignet für professionelle Anwendungen im Nebenstellenbereich.

In Japan ist eine Variante mit 89 Duplexkanälen im 254-MHz-Band (Uplink) und 380-MHz-Band (Downlink) bei 12,5 kHz Kanalabstand und Frequenzmodulation zugelassen. BS übertragen mit max. 10 mW. Im Gegensatz zum echten CT1-Standard existieren zusätzlich zwei Dedicated Control Channels zum schnellen Verbindungsaufbau und zum Battery Management.

Als Reaktion auf CT0 definierte die → *CEPT* 1983 den verbesserten Standard CT1 (T/R 24-01), der 1984 endgültig beschlossen und in 10 europäischen Ländern eingeführt wurde.

2. Bezeichnung des nationalen Protokolls im → *D-Kanal* des → *ISDN* in Belgien, das durch das → *Euro-ISDN* abgelöst wurde.

CT1+

Analoger europäischer Standard für Schnurlostelefone in Deutschland, Belgien und der Schweiz. Weiterentwicklung von → *CT1*.

Doppelte Anzahl Kanäle und anderer Frequenzbereich als CT1: 80 Kanäle mit → *Uplink* bei 885 bis 887 MHz und → *Downlink* bei 930 bis 932 MHz mit einem zusätzlichen Organisationskanal. Duplexabstand von 45 MHz, Kanalbandbreite von 25 kHz. Zur Übertragung wird → *FSK* genutzt. Auch CT1+ ist nicht ganz abhörsicher. Durch die Änderung des Frequenzbereiches wird zwar ein Scanner (und kein normaler Weltempfänger) nötig, doch mit diesem ist es nach wie vor möglich. Die Sprachverschleierung wird, ähnlich wie im → *C-Netz*, durch analoge Frequenzinvertierung erreicht. Die Luftschnittstelle ist als CAI (Common Air Interface) von mehreren deutschen Herstellern spezifiziert worden, so dass eine → *MS* mit den → *BS* anderer Hersteller kommunizieren kann.

Wegen des begrenzten Signalisierungskanals ist CT1+ wie auch CT1 nicht geeignet für professionelle Anwendungen im Nebenstellenbereich.

CT1+ wurde 1989 in Belgien, Deutschland und der Schweiz eingeführt, als sich die CT1-Frequenzen in Ballungsgebieten als nicht mehr aufnahmefähig erwiesen sowie neue Frequenzen für den Telepointversuch der Deutschen Telekom nötig und die ursprünglichen CT1-Frequenzen für das → *GSM*-System reserviert wurden.

CT2

Erster digitaler Standard für Schnurlostelefone, entwickelt in GB. War auch erster Standard, der neben Sprach- auch Datenübertragung ermöglichte und für → *Telepoint* geeignet war.

CT2 baut auf → *CT1* auf und verwendet → *FDMA* und → *TDD* mit 1 µs Rahmenlänge auf 40 Kanälen mit 100 kHz Kanalabstand im Frequenzband von 864,1 bis 868,1 MHz.

Sprache wird mit → *ADPCM* (32 kbit/s, nach G.721) codiert und nach → *GFSK* zusammen mit Signalisierungsdaten mit 72 kbit/s über die Luftschnittstelle übertragen. Die Sendeleistung des Handgerätes beträgt max. 10 und im Durchschnitt 5 mW. Die Reichweite liegt bei max. 200 m.

Insgesamt ist CT2 sehr abhörsicher. CT2 sieht mehrzellige Konstruktionen mit → *Handover* vor, wobei es sich um einen zentralen Handover (von der BS initiiert) ohne jede Messung der Sprachqualität der MS handelt. Dies ist ein Nachteil für die Sprachqualität. Durch die mehrzellige Konstruktion lassen sich Systeme bis zu einer Verkehrskapazität von max. 5 000 Erlang/m^2 erreichen.

Neben herkömmlicher Sprachübertragung unterstützt CT2 auch Datenübertragung mit 2,4 kbit/s und höheren Raten, die die 32 kbit/s der Bearer-Kapazität (mehrere Kanäle, ohne Fehlerkorrektur) direkt nutzen.

Die Funkschnittstelle ist auch unter der Bezeichnung CAI bekannt (Common Air Interface) und nach der englischen Normung als MPT 1375 mittlerweile von der → *ETSI* unter I-ETS 300-131 genormt. CT2 ist daher für → *Telepoint*-Anwendungen (one way, d.h. nur abgehende Rufe) und zum Anschluss an → *PBX* bis zu max. 100 Nebenstellen ausgelegt. Telepoint-Anwendungen wurden 1989 bis 1993 erfolglos in GB getestet. In Asien hingegen (Hongkong, Malaysia, China, Singapur, Thailand) und auch in Frankreich laufen Telepoint-Anwendungen. Ein Derivat des Standards ist → *CT2 plus*.

CT2 ist insbesondere in GB verbreitet und wurde dort 1989 von der British Telecom bereits recht früh genormt (MPT 1334).

Angeregt durch Erfolge der CT0-Geräte wurde dabei, neben dem Einsatz im privaten Bereich, auch an den Einsatz im geschäftlichen Bereich gedacht.

Durch relativ hohe Kosten ist insgesamt jedoch kein wirtschaftlicher Erfolg für die Hersteller absehbar (zumal Schnittstellen zu → *ISDN* oder → *GSM* fehlen), auch wenn mittlerweile andere Länder auf der Welt, insbesondere in Asien, diesen Standard übernommen und zur Grundlage von Telepoint-Anwendungen gemacht haben.

Ein weiteres Handicap liegt darin, dass schon zur Vorstellung von CT2 der leistungsfähigere → *DECT*-Standard am Horizont sichtbar war.

In Europa wurden 1994 ca. 0,4 Mio. Geräte verkauft bei einer bis dahin installierten Zahl von 0,6 Mio.

CT2 plus

Kanadischer digitaler Standard für Schnurlostelefonie.

Der Standard baut auf → *CT2* auf, sendet aber im Bereich von 944 bis 948 MHz und stellt 100 Frequenzen zur Verfügung, von denen fünf für → *Außenband-Signalisierung* reserviert sind. Auf den Frequenzen werden mit → *TDMA* je 12 Kanäle unterstützt. Diese Signalisierung unterstützt zahlreiche Features wie Location Updating, Location Registration und Paging, was → *Telepoint*-Anwendungen auch mit eingehenden Rufen ermöglicht.

CT3

Normungsvorschlag der schwedischen Firma Ericsson für ein digitales, schnurloses und zellulares Telefonsystem.

Wird auch DCT 900 (für Digital Cordless Telephone) oder BCT 900 (für Business Cordless Telephone) genannt.

Operiert im 900- bis 1 000-MHz-Bereich (862 bis 864 MHz, bzw. in Erweiterung bis 866 MHz) bei 32 oder auch 64 Vollduplex-Kanälen. CT3 nutzt wie → *CT2* → *TDMA* und → *TDD* (im Gegensatz zu → *FDMA* bei anderen CT-Technologien) sowie → *ADPCM* zur Sprachcodierung und → *GMSK* zur Modulation. Dabei wird ein FDMA-Kanal für je 10 ms an 12 Kanäle vergeben, die jeweils 5/12 ms für zusammen 5 ms den → *Downlink* und dann für 5 ms den → *Uplink* nutzen. CT3 wurde mit Blick auf größere Nebenstellenanlagen hin konstruiert (bis zu 8 Basisstationen und 64 Mobilteile mit max. 100 mW). Der → *Handover* zwischen verschiedenen Funkzellen (max. Radius von 300 m) der einzelnen Basisstationen ist möglich (im Gegensatz zu → *CT0*, → *CT1*, → *CT1+*, → *CT2*-Technik). CT3 war auch für Telepoint-Anwendungen gedacht (two way, d.h. abgehende und ankommende Rufe im Gegensatz zu CT2).

CT3 war das erste Schnurlossystem, das → *Picozellen* zuließ.

Der CT3-Standard wurde nie von der ETSI zum offiziellen Standard erklärt. Er wird in der Literatur aber dennoch häufiger erwähnt, da er die Entwicklung von DECT sehr beeinflusste. Daher ist er auch sehr DECT-ähnlich und wurde in Europa, von einigen Prototypen (für die → *CeBIT* 93) abgesehen, nie umgesetzt.

Ericsson hat Geräte dieses Standards allerdings lange Zeit in den 90er Jahren in Nord- und Südamerika sowie Australien vertrieben, teilweise parallel zu ihren eigenen DECT-Produkten.

CTA

Abk. für Cordless Terminal Adapter.

CTB

Abk. für Composite Triple Beat.

CTCP

Abk. für Client-to-Client-Protocol.

Bezeichnung für ein im → *Internet* genutztes Protokoll, das beim → *IRC* zum direkten Datenaustausch von Client zu Client verwendet wird.

CTD

Abk. für Cell Transfer Delay.

In → *ATM*-Netzen die Bezeichnung für die Verzögerung (→ *Delay*) zur Übertragung einer Zelle, d.h. die Zeit, die zwischen dem Absenden beim Sender und dem Empfang beim Empfänger vergeht.

→ *CDV*.

CTE

Abk. für Customer Terminal.

C-Tel

→ *C-Netz*.

CTI, CTI-Architektur

Abk. für Computer Telephone Integration.

Bezeichnet die Möglichkeit einer Schnittstelle von einer Telefonanlage zu Anwendungsprogrammen, die auf einem Computer laufen, z.B. in der Kundenberatung einer Bank oder Versicherung (→ *Call Center*).

CTI bezieht sich grundsätzlich auf die Steuerung aller Telefonfunktionen an einem Arbeitsplatz über den dort vorhandenen PC oder andere Anwendungsprogramme. Wenn im Fall der Steuerung vom PC aus eine Telefonoberfläche mit verschiedenen Tasten auf dem PC-Bildschirm nachgebildet und von dort bedient werden kann, spricht man üblicherweise von Softphone.

Prinzipiell stellt CTI an einem PC alle Funktionen zur Kontrolle eines einzelnen (ein- oder abgehenden) Anrufes zur Verfügung, so dass der Nutzer des PCs vom PC aus den Anruf beliebig manipulieren kann.

Populärstes Merkmal bei CTI ist die Lieferung der → *A-Nummer* an einen Rechner durch das Telefonsystem (Nebenstellenanlage), der die Nummer an eine Anwendung weitergibt. Diese gibt die zum Anrufer passenden Daten automatisch auf dem PC aus, der dem Telefon zugeordnet ist (Window-Popping). Hierfür unterscheidet man häufig zwei verschiedene Modes:

- Auto-Answer-Mode: Der Anruf und die Daten werden dem Angerufenen gleichzeitig geliefert.
- Manual-Answer-Mode: Das Fenster mit den Anruferdaten wird dem Angerufenen zuerst angezeigt, so dass dieser sich einen Augenblick auf den Anrufer vorbereiten kann. Erst wenn der Angerufene eine Taste auf dem Fenster anklickt, wird auch der Anruf selbst zu seinem Telefonapparat durchgestellt.

Ferner sind zahlreiche Wähl-, Umleg- und Zusammenschaltfunktionen per PC einfach zu handhaben (→ *Forwarding*, → *Screening*, → *Barring*, → *Dreierkonferenz*). Neben diesen Telefonie-bezogenen Funktionen leisten CTI-Lösungen heute auch die Führung von persönlichen Adressbüchern oder von Rufjournalen (getätigte Anrufe, eingegangene Anrufe, abgewiesene oder entgangene Anrufe), die dem Vieltelefonierer als Gedächtnisstütze die Arbeit erleichtern können.

Das andere große Anwendungsfeld von CTI ist die Verbindung von Telefonieapplikation, z.B. ein → *Dialer*, mit Computeranwendungen wie z.B. Datenbanken (Kundendatenbanken). Der Dialer könnte sich die benötigten Daten

(Telefonnummern) direkt aus der Kundendatenbank holen und am Ende eines Gesprächs die Kontaktdaten (Datum, wer hat das Gespräch geführt etc.) wieder direkt in der Datenbank ablegen.

Octel und VMX waren seinerzeit führende Anbieter, mittlerweile hat Octel VMX übernommen, wurde selbst dann 1997 vom Hause Lucent gekauft.

Die Wurzeln von CTI reichen zurück bis in die 60er Jahre, als erstmals Elektronik zur Steuerung von Nebenstellenanlagen verwendet wurde. Erste Ideen zu einer aufeinander abgestimmten funktionalen Integration von Computer und Telefon wurden publiziert, aber wegen mangelnder Computerkapazitäten nicht umgesetzt.

In den 70er Jahren gab es einzelne Anwendungen zur Steuerung von Nebenstellenanlagen durch → *Mainframe*-Computer.

In den 80er Jahren folgen schließlich einzelne, proprietäre Lösungen zum Einsatz von PBXen und herkömmlichen PCs. Die ursprüngliche Idee zu CTI, wie wir sie heute kennen, wurde 1987 vom Hause → *DEC* als CIT (Computer Integrated Telephony) eingeführt.

Erste stabile Anwendungen basierten einige Zeit später auf Client/Server-Software und vielen Protokollen zur Verbindung von Vermittlung (→ *PBX*) und PC sowie einer Anwendungsschnittstelle (→ *API*). Derartige Produkte kamen um 1989 auf den Markt.

Es haben sich mittlerweile verschiedene Hard- und Softwarestandards herausgebildet, z.B. → *SCSA* (Signal Computing System Architecture) von Dialogic, zur Implementierung von Sprachanwendungen über PCs.

Für die Schnittstelle zwischen einer Anwendungssoftware auf einem PC und der CTI-Software sind mehrere Standards entwickelt worden: Microsoft förderte → *TAPI* (Telephony Applications Programming Interface) und Novell sowie AT&T pushten ihr → *TSAPI* (Telephony Service Applications Programming Interface).

Darüber hinaus unterscheidet man zwei verschiedene Kontrollstrukturen (auch CTI-Architekturen genannt):

- Bei Desktop CTI (auch First Party Control, Direct Connect oder Direct Call Control genannt) kontrolliert der Nutzer von CTI an seinem PC sein Telefongerät und die an ihn gerichteten Anrufe. Der PC ist dafür direkt mit dem Telefon verbunden.

  Man unterscheidet dabei:

  - Telefon-zentrische Lösung (Phone Centric): In diesem Fall wird das Telefon an die Nebenstellenanlage angeschlossen und mit dem PC verbunden. Diese Lösung ist sehr weit verbreitet. Zwischen Telefon und PC werden nur Steuerinformationen ausgetauscht.
  - PC-zentrische Lösung (PC Centric): In diesem Fall wird der PC an die Nebenstellenanlage angeschlossen und dieser dann mit dem Telefon verbunden, wobei das Telefon häufig nur noch ein → *Headset* ist. Zwischen PC und Telefon werden neben Steuerinformationen auch Sprachdaten ausgetauscht. Mit dieser Konstellation ist eine sehr hohe Integration von PC-Softwareanwendungen und Telefonie möglich.

  Im Fall von Desktop CTI läuft die CTI-Software auf dem PC des Nutzers.

  Diese Art von CTI ist eher personenorientiert und findet Anwendung in individuellen beratungsintensiven Umgebungen mit längeren Gesprächszeiten, wie z.B. bei → *Tele-Banking* oder bei Versicherungen.

- Bei Central CTI (auch Third-Party-Control, Indirect-Call-Control oder System-CTI genannt) kontrolliert ein unabhängiger CTI-Server mehrere einzelne CTI-Anwendun-

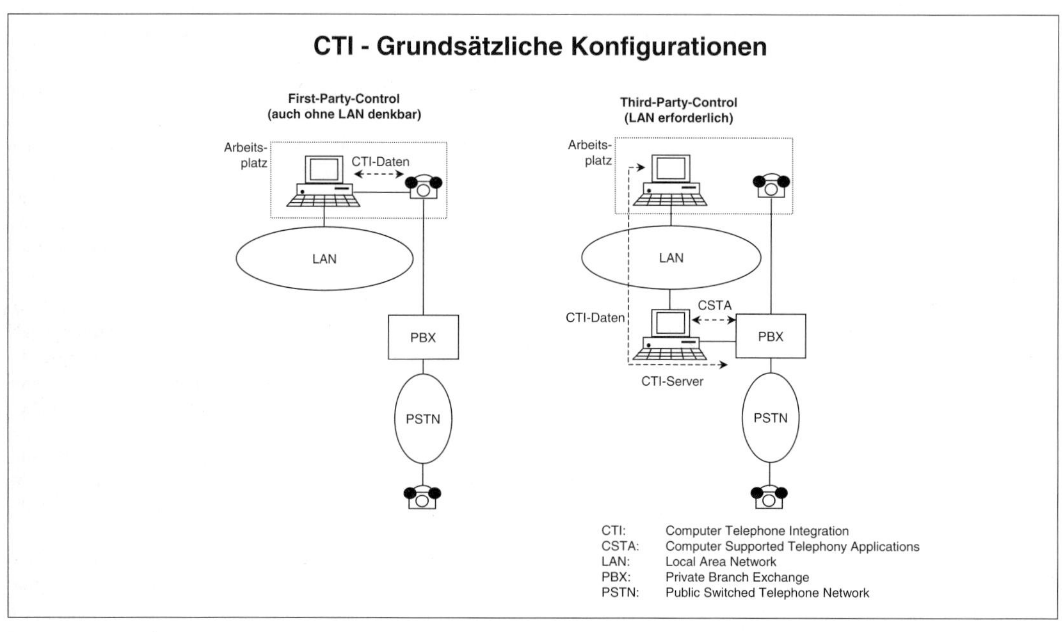

gen, um das Arbeiten dieser Gruppe zu optimieren. Die CTI-Software zerfällt dadurch in zwei Teile. Ein Teil ist die Software auf dem zentralen CTI-Server und der andere Teil ist der CTI-Client auf dem PC des Nutzers. Dieser kommuniziert über ein LAN mit dem CTI-Server, der über die Nebenstellenanlage oder die ACD-Funktion das Telefon am Arbeitsplatz des Nutzers steuert.

Beispiele für typische Anwendungen sind → *Hotlines*, große Bestellcenter oder → *Tele-Marketing* mit sehr vielen

Im Vergleich zu Desktop CTI ist der Funktionsumfang wesentlich größer, da das zentrale System üblicherweise immer angeschaltet ist, wohingegen bei Desktop CTI der einzelne PC angeschaltet sein muss um z.B. entgangene Anrufe detektieren zu können und dem Nutzer anzeigen zu können.

Ein weiterer Vorteil dieser Lösung ist die einfachere Verwaltung der gesamten CTI-Umgebung, was Vorteile bei den Kosten der Systemadministration nach sich zieht.

→ *ACTAS*, → *CallPath*, → *CSTA*, → *ECMA*, → *ECTF*, → *GeoPort*, → *MVIP*, → *USB*, → *Versit*.

→ *http://www.ctimag.com/*

→ *http://www.octel.com/*

→ *http://www.dialogic.com/*

→ *http://jupiter.genesyslab.co.uk/*

CTIA

Abk. für Cellular Telecommunications Industry Association.

US-Verband von Herstellern, die Geräte für zellulare Mobilfunknetze produzieren. Sitz: Washington D.C.

→ *http://www.ctia.wow-com.com/*

CTM

1. Abk. für Circuit Transfer Mode.
2. Abk. für Cordless Terminal Mobility.
   → *CT*, → *Mobilität*.

CTN

Abk. für Corporate Telecommunications Network.

→ *Corporate Network*.

CTP

Abk. für Connection Termination Point.

CTR

1. Abk. für Click-Through-Rate.
   → *Banner*.
2. Abk. für Common Technical Regulations.
   Offizielle Bezeichnung der *ETSI* für ein von ihr verfasstes Dokument, das Mindestanforderungen an technische Systeme zur Zulassung in der EU definiert. CTRs ermöglichen vereinfachte gesetzliche Verfahren zum Zugang zum EU-Binnenmarkt. Sie basieren auf *TBRs*.

CTS

1. Abk. für Conformance Testing Service.
2. Abk. für Cordless Telephone System.
   → *CT*.
3. Abk. für Clear to Send.
   CSMA/CA, → *RTS*.

CTSS

Abk. für Computer Time-Sharing System.

→ *Timesharing*.

CTU

Abk. für Cabin Telecommunication Unit.

→ *Skyphone*.

CTX

Abk. für → *Centrex*.

Cu

1. Abk. für Kupfer, von lat. cuprum.
   Das Grundmaterial für leitende Kabel bei der verdrillten → *Zweidrahtleitung* und beim → *Koaxialkabel*.
2. Abk. für see you.
   → *Chat Slang*.
3. Abk. für Control Unit.

CUA

Abk. für Common User Access.

Bezeichnung für die Schnittstelle zwischen dem Nutzer und dem System bei → *SAA*.

Cu-Asl

Abk. für Kupfer-Anschlussleitung.

→ *Zweidrahtleitung*.

CUG

Abk. für Closed User Group.

Auch geschlossene Benutzergruppe (GBG) oder sehr selten Teilnehmerbetriebsklasse genannt. Bezeichnet ein Dienstmerkmal (→ *Dienst*) in digitalen Telekommunikationsnetzen, geschlossene Benutzergruppen (z.B. eine Firma und ihren Außendienst) zu definieren, deren Mitglieder Verbindungen nur untereinander schalten können.

Es kann aber u.U. unterschieden werden zwischen CUGs, deren Mitglieder sich nur untereinander erreichen können, und solchen CUGs, in die von außerhalb hineintelefoniert werden kann.

Beispiele für Telekommunikationsanwendungen, innerhalb derer CUGs möglich sind:

- → *Calling Cards*,
- → *Mobilfunk*
- → *VPN*

Curie-Temperatur

Bezeichnung der Temperatur, bei der Ferromagnetika (Eisen, Kobalt, Nickel, Gadlinium) vom ferromagnetischen in den paramagnetischen Zustand übergehen.

Cursor

Deutsche Bezeichnung: Schreibmarke. Bezeichnung für das Symbol (oft blinkend), das auf dem Bildschirm anzeigt, an welcher Stelle die nächste Eingabe erfolgt, wenn die Tastatur benutzt wird.

Als Cursor wird oft ein senkrechter oder ein waagerechter Strich (Unterstrich) bzw. ein ausgefülltes Rechteck benutzt.

→ *Prompt*.

CUSI

Abk. für Comprehensive User Search Interface.

Im → *WWW* des → *Internets* die Bezeichnung für eine spezielle Seite mit Eingabemöglichkeit für Suchbegriffe, mit der mehrere → *Suchmaschinen* angesprochen werden, um so die Suchresultate zu maximieren.

Neben der Abwicklung der Suche selbst werden die Suchdienste oft ausführlich vorgestellt, so dass der Nutzer die Suche durch Angabe einer für ihn optimalen Suchmaschine weiter präzisieren kann.

Customer Relationship Management

→ *CRM.*

Customizing

Bezeichnet sowohl bei neu installierter Hard- als auch bei Software die Anpassung an die konkret vorliegenden Gegebenheiten (vorhandene und historisch gewachsene Hard- und Softwarelandschaft; → *Systemzoo*) am Installationsort, d.h. vor Ort beim zukünftigen Nutzer.

- Bei Software üblicherweise die Anpassung an gegebene Datenstrukturen, Artikelbezeichnungen, Kundenummern- oder Artikelnummernsysteme, Organisationsstrukturen, Reportinglines etc.
- Bei Hardware die konkrete Anpassung an bestehende lokale Netze (Adressstrukturen, verwendete Protokolle etc.) und die Umgebungsbedingungen (Temperaturen, Luftfeuchtigkeit, Erschütterungen, Stromversorgung).

→ *Standardsoftware.*

CUT

Abk. für Control Unit Terminal.

Bezeichnet in einer Umgebung, in der mehrere → *Terminals* vom Typ → *IBM 3270* mit einem → *Host* verbunden sind, den Status des Systems, bei dem nur eines von mehreren angeschlossenen Terminals mit dem Host über einen Cluster Controller, der die Kommunikation zwischen Host und angeschlossenen Terminals steuert, kommunizieren kann.

→ *DFT.*

Cut-Through

→ *Sprachsystem.*

Cut-Through Switch

→ *Switch.*

C-Verstärker

Bezeichnung für das letzte aktive Element im → *Breitbandkabelverteilnetz* in der Anschlussleitung vor dem angeschlossenen Teilnehmer.

CVrPkt

Abk. für C-Verstärker-Punkt.

Bezeichnung des Ortes im → *Breitbandkabelverteilnetz*, an dem sich der C-Verstärker befindet.

CVSD, CVSDM

Abk. für Continuous Variable Slope Delta (Modulation).

Neben → *PCM* und → *ADPCM* ein weiteres Verfahren, analoge Sprache in einen digitalen Datenstrom zu wandeln (→ *Sprachübertragung*).

Dabei wird, ähnlich wie bei der → *Deltamodulation*, davon ausgegangen, dass sich benachbarte Abtastwerte nur gering unterscheiden. Eine positive Änderung der Abtastwerte wird durch eine 1 angezeigt, eine negative Änderung durch eine 0. Üblicherweise führt dies zu einer Datenübertragungsrate für Sprache von 32 kbit/s, doch kann das Verfahren auch höhere Datenraten erzeugen, wodurch es resistenter gegen Bitfehler wird.

Nachteil dieses Verfahrens ist, dass bei Signalen mit nur geringer Änderung zu einem deutlichen → *Quantisierungsrauschen* führt, weswegen sich CVSD nicht zur Datenübertragung über 4,8 kbit/s eignet, sofern die Daten zuvor mit einem → *Modem* codiert wurden.

Vorteil des Verfahrens ist die einfache Konstruktion der Codierer.

Eingesetzt wird dieses Verfahren z.B. bei → *Bluetooth.*

CW

1. Abk. für Call Waiting.
   → *Anklopfen.*
2. Abk. für Continuous Wave.
   Bezeichnung für eine spezielle Art der → *Modulation.* Auf Deutsch auch fortdauernde Welle genannt. Dabei ist die zu übertragende Information derartig codiert, dass sie sich durch das Vorhandensein oder die Abwesenheit eines Signals (= elektromagnetische Welle) ausdrücken lässt. Amplitude, Phase oder Frequenz werden nicht verändert. Ein Beispiel für eine Anwendung dieses Verfahrens ist die Morsetelegrafie (→ *Morse-Code*).

CWT

Abk. für Continuous Wavelet Transformation.

→ *Wavelet-Codierung.*

Cybercafé

Auch Internetcafé genannt. Bezeichnung für normale Cafés, Bistros oder Kneipen, bei denen Sitzplätze mit Computern ausgerüstet sind, mit denen Besucher des Cafés für eine Stundenpauschale Zugang zum → *Internet* erhalten, um so zu kommunizieren oder zu → *surfen.*

CyberCash

Bezeichnung eines US-Unternehmens und des von ihm hergestellten Systems zur Realisierung von → *Electronic Money* zur Unterstützung von → *Electronic Commerce* auf der technischen Plattform des → *Internets.* Ermöglicht wird die Abwicklung von → *Micropayments.*

CyberCash ist eine Software, die in zwei unterschiedlichen Versionen sowohl beim Käufer als auch beim Verkäufer von Waren installiert wird und die eine zentrale Prüfstelle voraussetzt.

Die Software beim Nutzer (genannt ‚Wallet' für Geldbörse; ca. 1,5 MByte groß) generiert automatisch ein Paar von

Schlüsseln (einen öffentlichen und einen privaten Schlüssel) für jede Kreditkarte, für die elektronische Transaktionen abgewickelt werden sollen. Der öffentliche Schlüssel wird dann zu Prüfzwecken an eine von CyberCash Inc. verwaltete zentrale Stelle übertragen und dort in einer Datenbank verwaltet.

Die beiden Programme beim Käufer und Verkäufer, dort Cash Register (von engl. für Registrierkasse) genannt, sind im Fall eines Zahlungsvorgangs über das → *Internet* miteinander verbunden. Der Käufer verschlüsselt mit seinem privaten Schlüssel seine Kreditkartendaten und sendet sie, ein weiteres Mal verschlüsselt mit dem öffentlichen Schlüssel von CyberCash, zum Verkäufer. Der Verkäufer wiederum sendet die Käuferdaten und seine Daten mit seinem privaten Schlüssel und auch dem öffentlichen CyberCash-Schlüssel verschlüsselt zu CyberCash oder einer von CyberCash autorisierten Stelle, genannt CyberCash-Gateway. Dort sind in einer Datenbank die Daten aller installierten Käufer- und Verkäuferprogramme enthalten. Daher können dort die zwei Datensätze einer finanziellen Transaktion von Käufer und Verkäufer mit ihren öffentlichen Schlüsseln entschlüsselt, miteinander verglichen und aufbereitet werden. Bei Übereinstimmung erhält der Verkäufer eine positive Bestätigung und leitet sie als Akzeptanz der Kreditkartenzahlung an den Käufer weiter. Danach werden alle Transaktionsdaten an die Bank des Verkäufers und von dort zum entsprechenden Kreditkartenunternehmen zur herkömmlichen weiteren Bearbeitung übertragen.

Aus Sicht der Kreditkartenunternehmen ist CyberCash eine Art Gatewayservice bzw. Clearingcenter. Die Kreditkartenunternehmen benötigen daher selbst keinen Zugang zum Internet, so dass sie Ressourcen sparen.

Aus Sicht des Käufers ist der Vorteil die Anonymität, da weder Händler noch Bank feststellen können, welcher Kunde welche Ware erstanden hat.

Doch nicht nur Kreditkartenzahlungen können auf diese Weise abgewickelt werden. Denkbar ist auch eine Nutzung des Verfahrens zum Lastschriftverfahren, wobei dann anstelle der Kreditkartennummer einfach die Bankverbindung gewählt wird.

In der Entwicklung befindet sich ein Verfahren zur Abwicklung von → *Micropayments*, bei dem direkt mit bestimmten Geldeinheiten bezahlt werden kann. Dabei kann der Käufer sein Wallet mit Geldeinheiten von seinem Girokonto in einen sog. Cashcontainer laden (sofern die kontoführende Bank das Verfahren unterstützt). Die Daten dieser Geldeinheiten können wie o.a. transferiert werden, wodurch letztlich der Händler seinen Cashcontainer damit laden kann. Bei Bedarf kann er sich diese Geldeinheiten auf seinem realen Girokonto gutschreiben lassen.

Prinzipiell wird bei diesem Verfahren, im Gegensatz zum → *e-cash*, kein neuer Geldkreislauf mit neuen Währungseinheiten geschaffen, sondern es werden Daten zwischen den Beteiligten ausgetauscht, die alle notwendigen Informationen für einen Zahlungsvorgang enthalten. Sind diese Daten korrekt, werden die Währungseinheiten zwischen Konten einer zentralen Prüfstelle gebucht. Die Währungseinheiten befinden sich zu keiner Zeit außerhalb dieser zentralen Prüfstelle, die in jedem einzelnen Zahlungsvorgang involviert ist.

Vorgestellt wurde das Konzept im April 1995 vom Unternehmen CyberCash Inc. in Reston/Virginia. Es handelt sich damit um eines der ersten Verfahren zur Realisierung finanzieller Transaktionen über das Internet. In den USA verwendeten 1997 ca. 2 000 Nutzer das Verfahren regelmäßig.

In Deutschland unterstützte als erstes die Dresdner Bank dieses Verfahren, die von der Bayerischen Vereinsbank, Hypobank, WestLB und Sachsen LB weitere Unterstützung erfahren hat und im November 1997 eine großangelegte Kampagne zur Einführung von CyberCash startete. Ihr Feldversuch, betreut von der eigens gegründeten, gemeinsamen Cybercash GmbH in Frankfurt/Main, mit 10 Handelsunternehmen und rund 5 000 Kunden startete gegen Ende 1997 und dauerte bis Mitte 1998. Dabei wurden Micropayments und ein Lastschriftverfahren getestet.

→ *http://www.cybercash.com/*

→ *http://www.cybercash.de/*

Cyber Coins

→ *CyberCash.*

Cyberlaw

Jargon für alle rechtlichen Regelungen in der → *Mailbox-* und → *Online-Dienst-*Branche. Dies betrifft in erster Linie Regelungen zur digitalen Unterschrift (→ *Signaturgesetz*), zum Datenschutz, zum Verbraucherschutz und zur Verschlüsselung (→ *Kryptologie*).

Eine andere Definition bezieht den Ausdruck allgemein auf die Bereitstellung juristischer Inhalte (Gesetzestexte, Kommentare, Urteile) in Online-Diensten wie etwa im → *WWW* des → *Internet.*

Einen guten Überblick über die Rechtsgrundlagen der Telekommunikation mit vielen Originaltexten der Gesetze und Verordnungen (auch zum Download) bietet die Homepage der → *Regulierungsbehörde.*

→ *GILC*, → *ILPF*, → *Rechtsgrundlagen.*

→ *http://www.regtp.de/*

→ *http://www.computerprivacy.org/*

→ *http://www.jugendschutz.net/*

→ *http://www.netlaw.de/*

→ *http://www.online-recht.de/*

Cybermoney

→ *Electronic Money.*

Cyberpunks

Andere Bezeichnung für → *Cracker.*

Cyberspace

Bezeichnung für eine mit → *Computern* produzierte Erlebniswelt, welche dem menschlichen Benutzer mittels spezieller Helme und Anzüge oder Anzugteile (Datenhandschuh) simuliert werden kann.

Dabei projiziert ein im Helm befindliches System Bilder, die gemäß der Bewegungen der Person mit ihrem Anzug verändert werden, so dass die Person das Gefühl hat, sich in einem echten Raum zu bewegen. Sensoren im Anzug werten

die Bewegungen des Kopfes, der Beine, der Arme, Hände und Finger etc. aus und melden diese an einen Computer. Dieser ermittelt aus den von den Sensoren gelieferten Daten ein entsprechendes Bild.
Die Technik ist noch relativ neu. Experten versprechen sich jedoch viele Anwendungen in allen Bereichen, in denen zu erstellende Objekte geplant werden und vor Baubeginn ein realistischer Eindruck vermittelt werden soll (z.B. Architektur, Bauingenieurwesen, Design, Messebau, Dekorationshandwerk, Landschaftsbau, Innenausstattung etc.), und in der Medizin.
Von dieser ‚strengen' Definition abgeleitet, ergibt sich der Cyberspace - insbesondere in den fachfremden Massenmedien - allgemein als jene bisweilen wahlweise süchtig machende, entrückte oder auch kuriose Erlebniswelt, in der sich alle intensiven Nutzer von → *Online-Services* bewegen. Sie ergibt sich aus ihren eigenen Regeln (→ *Netiquette*), ihrem sprachlichen Jargon (→ *Chat Slang*) und allen sonstigen gesamtgesellschaftlichen Entwicklungen, die damit zusammenhängen (bevorzugte Ernährungsweise, Kleidung, Musikrichtungen, Fachzeitschriften wie z.B. → *Wired* und populärkulturelle Erscheinungen wie → *Kyoko Date*, → *Lara Croft* und das → *Tamagotchi* etc.).
Eingeführt wurde der Begriff vom Science-Fiction-Autor William Gibson 1984 in seinem Roman „Newromancer", in dem → *Hacker* ihre Gehirne an Computernetze anschließen, um sich so mit all ihren Sinnen in einer scheinbaren virtuellen Welt (virtuellen Realität) zu bewegen. Angeregt zu diesem Roman haben Gibson die scheinbar völlig unansprechbaren Kinder, die vor Computerspielautomaten in Spielhallen seiner Heimatstadt Vancouver in die Welt der Computerspiele versunken waren.
Der Wortteil ‚Cyber' ist dabei von → *Kybernetik* abgeleitet.

Cyberstar

Bezeichnung eines Systems für → *Satellitenmobilfunk*, das vom amerikanischen Unternehmen Loral Space & Communications initiiert und zusammen mit der französischen Alcatel Espace projektiert wird.

Das System soll nur den nordamerikanischen Kontinent bedecken.

Cyclades

Bezeichnung für ein sehr frühes Computernetz in Frankreich. Es wurde 1972 in Betrieb genommen. Im Gegensatz zum damals ebenfalls sich entwickelnden → *Internet* kommunizierten die Hosts direkt untereinander, ohne einen vorgeschalteten, universellen Kommunikationsrechner (den → *IMP* im Fall des Internet).

Cycle Stealing

Bezeichnung für den Vorgang des Anhaltens der → *CPU* durch einen anderen Baustein des → *Computers*, um gemeinsam genutzte → *Betriebsmittel* exklusiv zu nutzen. So könnte z.B. ein → *DMA*-Controller die CPU nur für einen Takt anhalten, um einen Zugriff auf den Speicher durchzuführen.

CYREC

Abk. für Cyclic Request Control.

Cyrix

Bezeichnung für einen Hersteller von → *Mikroprozessoren* für PCs, die kompatibel zum Befehlssatz der Prozessoren aus dem Hause → *Intel* sind.

Sitz des Unternehmens, einer Tochter von National Semiconductors, ist Richardson/Texas.

Lange Zeit wichtigster Prozessor war der MII. Ein neueres Modell ist der M3, der 1999 auf den Markt kam und auf der patentierten Jalapeno-Architektur basiert.

→ *AMD*.

D

D1-Netz

Bezeichnung für digitalen, zellularen → *Mobilfunk* nach dem → *GSM*-Standard. Von der Tochter der Deutschen Telekom T-Mobil-Net GmbH (früher: → *DeTeMobil*) betrieben. Es wurde nach der Lizenzvergabe 1991 im Juli 1992 in Betrieb genommen.

Seit Oktober 1997 wird es unter der Bezeichnung T-D1 vermarktet.

Die ursprünglichen Vorwahlen der D1-Nummern sind die 01 71 (seit Anfang an), 01 70 (seit Herbst 1999), die 01 75 (seit Frühjahr 2000), die 01 60 (seit Sommer 2000) oder die 0151 (seit Mai 2001).

Von den 124 im GSM-System definierten Frequenzkanälen nutzt das D1-Netz die Kanäle Nr. 14 bis 49 und 82 bis 102.

→ *http://www.t-mobil.de/*

D2-MAC

MAC ist die Abk. für Multiplexed Analogue Components. Eine europäische Fernsehnorm mit analogem Bildsignal und digitalem Ton (D2: duobinäre Codierung), die für die Ausstrahlung über Satellit entwickelt wurde.

Das Bildverhältnis beträgt 4:3 und 16:9 mit 625 Zeilen, von denen 575 sichtbar sind. Jede Bildzeile wird während 64 µs übertragen.

Es ist ein Fernsehübertragungsverfahren nach dem Zeitmultiplexsystem zur Vermeidung der gegenseitigen Störung des analogen Leuchtdichte- und Farbsignals. Das Leuchtdichtesignal wird im Verhältnis 3:2 und das Farbsignal im Verhältnis 3:1 komprimiert.

D2-MAC ist kompatibel zu HD-MAC.

Das Tonsignal kann flexibel genutzt werden, z.B. für hochqualitative Stereokanäle mit einer Dynamik von 80 dB oder für bis zu acht verschiedensprachige Tonkanäle in verringerter Qualität.

D2-MAC wurde einst eine große Zukunft vorausgesagt, bis der Standard im Gewirr konkurrierender, anderer Standards (→ *DVB*), im rasanten technischen Fortschritt (digitalisierte Bilder) und durch nationale Interessen unterging, obwohl ein → *MoU* am 28. Juni 1985 zwischen Deutschland und Frankreich unterzeichnet wurde.

Eine Zeit lang wurden Programme in dieser Norm über → *TV-Sat* ausgestrahlt und in das → *Hyperband* des → *Breitbandkabelverteilnetzes* eingespeist.

→ *DVB*, → *HD-MAC*.

D2-Netz

Digitales, zellulares Mobilfunknetz nach dem → *GSM*-Standard. Ursprünglich von der Mannesmann Mobilfunk GmbH (einem Jointventure von Mannesmann, 66,2%, und AirTouch, 33,8%; ursprünglich war auch → *C&W* daran beteiligt) betrieben, daher war es das erste privates Telekommunikationsnetz in Deutschland. Mittlerweile Bestandteil von Vodafone (GB).

Die Lizenz dazu wurde Ende 1989 erteilt. Unmittelbar danach wurde im Januar 1990 Mannesmann Mobilfunk, branchenüblich abgekürzt mit MMO, gegründet. Das Netz wurde im Juni 1992 in Betrieb genommen. Die von Mannesmann Mobilfunk vertriebenen Produkte werden unter der Marke ‚D2 privat' vermarktet.

Ursprüngliche Vorwahlen der D2-Nummern sind die 01 72 (von Anfang an), die 01 73 (seit Herbst 1999), die 01 74 (seit Frühjahr 2000), die 01 62 (seit Sommer 2000) und die 0 15 20 (seit Mai 2001).

Von den 124 im GSM-System definierten Frequenzkanälen nutzt das D2-Netz die Kanäle Nr. 1 bis 12 und 51 bis 80 sowie 105 bis 119.

Gegen Ende 1996 versorgten rund 7 100 Basisstationen (→ *BS*) 96% der Fläche und 99% der Bevölkerung in Deutschland.

→ *http://www.d2privat.de/*

DA

1. Abk. für Doppelader.
   Andere Bezeichnung für die kupferbasierte verdrillte → *Zweidrahtleitung*.
2. Abk. für Directory Assistance.
   → *Teilnehmerverzeichnis*.
3. Abk. für Destination Address.
4. Abk. für Digital Access.
5. Abk. für Demand Assignment.

DAA

Abk. für Data Access Arrangement.

Bezeichnung für ein Bauteil von automatischen Wähleinrichtungen, z.B. in → *Modems*, welches das Gerät an das öffentliche Telefonnetz anschließt und zur Beendigung der Verbindung wieder trennt.

DAB

Abk. für Digital Audio Broadcasting.

Bezeichnung für digitalen Rundfunk mit erweiterten Möglichkeiten, z.B. Pay-Radio. Das System ist für die Übertragung von digitalen Audio-Informationen optimiert und bietet zusätzlich Kapazitäten zur digitalen Datenübertragung.

Weltweit sind mehrere Systeme im Test, von denen in Europa ein Verfahren eingesetzt wird, das im Rahmen eines Projektes des Forschungsprogramms → *EUREKA* (Projekt Nr. 147) erarbeitet, von der → *ETSI* im Jahre 1995 und der → *ITU* bereits standardisiert wurde.

Die Übertragungsqualität von DAB entspricht mit rund 1,5 Mbit/s der → *CD*. Das Audio-Coding erfolgt nach → *MPEG 2*. Dabei werden in diesem Datenstrom sechs oder sieben Stereoprogramme (zu je 128 oder 192 kbit/s) und ein Datenstrom mit 32 oder 64 kbit/s übertragen.

Gesendet wird in Deutschland auf 223 bis 230 MHz und im → *L-Band* (nur in Ballungsräumen). International hat die → *WARC* 1992 den Bereich von 1,452 bis 1,492 GHz reserviert. Viele Länder setzen jedoch eigene Frequenzen fest, teilweise getrennt für terrestrische Verteilung (T-DAB) oder Satellitenausstrahlung (S-DAB).

Neben der reinen Ausstrahlung von Audioinformationen unterscheidet man zwei Kategorien von zusätzlich übertragenen Daten:

- Programmbegleitende Daten (PAD, Program Associated Data)
- Nicht-Programmbegleitende Daten (NPAD, Non-Program Associated Data)

Daten der ersten Klasse haben unmittelbaren Bezug zu dem gerade ausgestrahlten Programm. Anwendungen sind z.B.:

- Typ des Senders (Klassik, Jazz, Pop etc.)
- Name des gerade gespielten Stücks
- Name des Moderators
- Interpret, Komponist, Texter des gerade gespielten Stücks
- CD-Bestellnummer
- Liedtexte etc.

Daten der zweiten Klasse sind Daten, die keinen Bezug zum aktuell laufenden Programm haben. Anwendungen sind z.B.:

- Verkehrsleit- und -informationstechnik
- Nachrichten aller Art
- Reiserufe
- Wetternachrichten
- Kleinanzeigen
- Produktwerbung
- Informationsdienste aller Art (Veranstaltungshinweise etc.)

Diese Daten können auf entsprechenden Anzeigen in den Endgeräten angegeben werden.

DAB stellt ferner Leistungsmerkmale zur Verfügung, die → *RDS* für analoge Systeme ebenfalls leistet. Eine einmal im Autoradio gewählte Station wird konstant während der Fahrt beibehalten, auch wenn der Einzugsbereich eines ausstrahlenden Senders verlassen wird. Das Gerät sucht sich automatisch den nächsten, stärkeren Sender der gleichen Station und schaltet unbemerkt auf diese Frequenz um.

Die Entwicklung von DAB nahm folgenden Verlauf:

1987

Das von deutschen Firmen dominierte Projekt Eureka 147 startet.

März 1993

In Deutschland beschließen die Ministerpräsidenten der Länder die Einführung von DAB.

1995

In einem → *MoU* legen Rundfunksender, Landesmedienanstalten, Bundes- und Landesbehörden fest, dass die Markteinführung ab 1997 zu erfolgen hat.

Die ETSI standardisiert DAB.

In GB und Schweden gehen einzelne Sender in den Regelbetrieb über.

Juli 1995

Viele Mitglieder der → *CEPT* einigen sich in Wiesbaden auf einen europaweit harmonisierten Frequenzplan, der für Deutschland Frequenzen im VHF-Bereich und um die 1,5 GHz vorsieht.

September 1995

Pilotversuche in Deutschland beginnen pünktlich zur → *IFA* in Berlin-Brandenburg, Bayern, Baden-Württemberg und dem Saarland.

September 1997

Der Regelbetrieb soll anlässlich der IFA beginnen. Es kommt jedoch nicht dazu.

Ende 1997

Offizielles Ende der Pilotversuche.

Sommer 1998

Die Inbetriebnahme zum Wirkbetrieb erfolgt zunächst nur mit Endgeräten für den mobilen Einsatz (Autoradios).

DAB-Empfänger kosten um die 2 000 DM.

August 1998

Die Bundesregierung entscheidet, dass analoger Ton- und Fernsehrundfunk schrittweise bis zum Jahr 2010 durch digitalen Ton- und Fernsehrundfunk zu ersetzen sind.

September 1998

Die → *Regulierungsbehörde* legt ein zweistufiges Frequenzvergabeverfahren (Zuteilung auf Antrag als erste Stufe und Ausschreibungsverfahren mit Bewertung bei konkurrierenden Anträgen) fest. Dieses Verfahren startet wenig später.

Februar 1999

Die ersten Frequenzen werden von der Regulierungsbehörde an die Deutsche Telekom vergeben.

Zur Förderung von DAB wird die DAB Plattform e.V. gegründet, die zur Vermarktung des Systems den Begriff ‚Digital Radio' prägt und empfiehlt.

Herbst 2000

DAB-Empfänger kosten um die 800 DM.

→ *DSR*, → *SARA*, → *ASR*, → *DVB*.

→ *http://www.digitalradio-info.de/*

DAC

Abk. für Digital-Analog-Converter.

Ein elektronisches Bauteil zur Umwandlung digitaler Signale in analoge Signale.

→ *A/D*.

DACCS, DACS

Abk. für Digital Access Cross Connect System.

Bezeichnung eines Vermittlungselementes, speziell für Datennetze, das auf dem Prinzip des → *Crossbar Switches* aufbaut. Prinzipiell eine Sonderbauart des → *Cross Connects* zum Durchschalten auf Fernstrecken von Teilbitraten mit Kapazitäten von n * 64 kbit/s außerhalb der offiziellen Bitratenhierarchien → *E1* und → *T1*.

DAD

Abk. für Digital Audio Disc (Playback System).

→ *CD-DA*.

Daemon

Abk. für Disk and Execution Monitor.

Oft auch nur Demon genannt. Ein aus der Mythologie entlehnter Begriff. Bezeichnung für einen in einem Computersystem ständig im Hintergrund laufenden und auf bestimmte Ereignisse reagierenden Prozess, insbesondere in der → *Unix*-Welt anzutreffen.

Dämpfung

1. Ganz allgemein aus physikalischer Sicht der unerwünschte Verlust an Energie eines Signals bei der Über-

tragung vom Sender über ein physikalisches Medium zum Empfänger.

Gegenmaßnahmen sind Verstärker wie z.B. ein → *Repeater*.

Bei der Funkübertragung ist Dämpfung eine Ursache für → *Fading* bei der Ausbreitung elektromagnetischer Wellen in der freien Natur. Durch natürliche Vorgänge (Regen, Nebel, Schneefall etc.) verändern sich die Bedingungen, unter denen sich Wellen ausbreiten. Diese Bedingungen sorgen für eine weitere Abschwächung der Leistung eines Signals. Diese Dämpfung ist frequenzabhängig (→ *Dispersion*). Hohe Frequenzen wie sie z.B. beim → *Richtfunk* ab 12 GHz zum Einsatz kommen, werden durch Nebel sehr stark gedämpft. Ein Maß, dies zu erfassen, ist die → *Freiraumdämpfung*. Nahezu ohne Dämpfung kann man optische Signale über Glasfasern übertragen (→ *Glasfasertechnik*).

2. In der Übertragungstechnik wird unter der Dämpfung als Messgröße die Differenz zweier Pegelwerte (angegeben in dB, → *Dezibel*) einer Übertragungsstrecke verstanden.

Dämpfungsbelag

Auch Dämpfungskoeffizient genannt. Bei Dämpfungsvorgängen die Bezeichnung für den längenbezogenen Anteil einer Dämpfung, d.h. die Dämpfung pro m oder km bei der Übertragung optischer, elektrischer oder elektromagnetischer Signale auf oder innerhalb eines Übertragungsmediums.

Angegeben in der Einheit dB/m oder dB/km (z.B. bei Glasfasern).

Dämpfungskoeffizient

→ *Dämpfungsbelag*.

DAF

Abk. für Directory Access Function.

DAGt

Abk. für Datenanschlussgerät.

Daisy Chain

Bezeichnung für das Hintereinanderschalten verschiedener Geräte in Reihe. Angewendet z.B. beim → *USB*.

Daisy Wheel Printer

Englischsprachige Bezeichnung für den → *Typenraddrucker*. Er hat seine Bezeichnung daher, dass das Typenrad entfernte Ähnlichkeit mit einem Gänseblümchen (engl. daisy) hat.

DAL, DAI

1. Abk. für Drahtlose Anschlussleitung.

   Bezeichnung für den funkgestützten Anschluss von Nutzern von Telekommunikationsdiensten an ein Telekommunikationsnetz.

   Diese Technik wird meist übergangsweise dort eingesetzt, wo man nicht die Zeit zum Verlegen von Kabeln für drahtgebundene Anschlussleitungen hat, ein schneller Anschluss aber dennoch nötig oder erwünscht ist. Eingesetzt in Deutschland z.B. in den neuen Bundesländern, wo zeitweise bis zu 52 000 Anschlüsse derartig ausgeführt waren.

   → *RLL*.

2. Abk. für Datenanschlussleitung.

   Begriff der Deutschen Telekom, der auf der unteren Netzebene des → *IDN* die Leitungen zwischen der Datenvermittlungsstelle (→ *DVSt*) und der Endstelle bzw. der Datenumsetzerstelle (→ *DUSt*) bezeichnet.

3. Abk. für Data Access Language.
4. Abk. für Dedicated Access Line.
5. Abk. für Digital Access Line.

DAM

Abk. für Diagnostic Acceptability Measure.

Bezeichnung eines Qualitätsmaßes zur Beschreibung der Qualität digitaler Sprachcodierungsverfahren.

→ *DRT*.

DAMA

Abk. für Demand Assigned Multiple Access.

Bezeichnung eines Zugriffsverfahrens auf Satellitenfrequenzen, bei dem mehrere Erdfunkstellen um Frequenzen konkurrieren. Ist prinzipiell das Gegenteil von → *PAMA*.

DAML

Abk. für Digital Added Main Line.

D-AMPS

Abk. für Digital Advanced Mobile Phone System.

Ein Branchenjargon für den US-amerikanischen digitalen, zellularen Standard für → *Mobilfunk*, auch genannt American Digital Cellular (ADC), US Digital Cellular (USDC) oder nach seiner Norm aus dem Jahre 1995 offiziell IS-136 (Interim Standard). Insbesondere im US-amerikanischen Bereich wird ferner die mitunter irreführende Kurzform TDMA für diesen Standard verwendet (um den Kontrast zu anderen Standards, die → *CDMA* nutzen, deutlich zu machen).

Die technischen Parameter von D-AMPS sind:

Uplink	824 bis 849 MHz
Downlink	869 bis 894 MHz
Anzahl Frequenzkanäle	666
Kanalbandbreite	30 kHz
Duplexverfahren	→ *FDD*
Duplexabstand	45 MHz
Anzahl Timeslots je Frequenzkanal	6
Modulationsverfahren	Pi/4-DQPSK und 24,3 kBaud, was zu einer Datenrate von 48,6 kbit/s über die Luftschnittstelle für eine Frequenz führt

D-AMPS baut auf dem analogen System → *AMPS* auf, in dem die analogen → *FDMA*-Kanäle zu je 30 kHz in drei digitale Kanäle mit → *TDMA*-Verfahren unterteilt werden. Dabei wird die Kapazität von 48,6 kbit/s mit TDMA auf sechs Timeslots (→ *Slot*) verteilt, wovon je zwei zu drei Duplexkanälen zusammengefasst werden. Genutzt wird dabei ein → *Vocoder* (VSELP, Vectorsum Excited Linear Prediction), der 7,95 kbit/s an Sprachdaten und 13 kbit/s inklusive Fehlerkorrektur überträgt.

Durch die Einführung von in der Entwicklung befindlichen Half-Rate-Codecs kann die Zahl der Kanäle ein weiteres Mal verdoppelt werden.

In den einzelnen Netzen wird Kanal nach Kanal auf digitale Technik umgestellt. Es können daher sowohl analoge als auch digitale Endgeräte verwendet werden. Außerdem wird ein Abschalten von Netzen oder ein vorzeitiges Ausmustern noch nutzbarer Technik verhindert.

Die Verkehrskapazität liegt ca. 50% höher als im → *GSM*-System, die Sprachqualität aber unter der des GSM-Systems.

Nach wie vor nutzt D-AMPS aber auch einen analogen Kanal, um beim Call-Setup auf einen digitalen Verkehrskanal zuzugreifen.

Unter IS-136 ist eine Variante von D-AMPS (IS-54 Rev. C) definiert, die digitale Signalisierungskanäle mit 48,6 kbit/s vorsieht. Dadurch werden → *SMS*, → *CUG*, Broadcast-Messages, Private User Groups und → *Paging* möglich.

In der Entwicklung seit 1988, genormt 1990 von der → *TIA*.

Es sind zwei Erweiterungen geplant, um auch höhere Datenraten für z.B. den mobilen Zugriff auf das → *Internet* zu ermöglichen:

- IS-136+: Durch die Verwendung eines anderen Modulationsverfahrens wird es möglich sein, auf einem Funkkanal der Bandbreite 30 kHz ein digitales Datensignal mit 64 kbit/s zu übertragen.
- IS-136 HS (High Speed): Dieses Verfahren ist auch als UWC-136 bekannt. Die Definition einer völlig neuen, nach wie vor auf TDMA basierenden Luftschnittstelle soll Datenraten von 384 kbit/s bzw. 2,048 Mbit/s (Inhouse-Anwendungen über kurze Distanzen) ermöglichen. Dies soll bereits ein erster Schritt in Richtung → *IMT 2000* sein, wird zunächst jedoch zu einer Harmonisierung mit → *EDGE* (als Fortentwicklung von → *GSM*) aus Europa führen.

DAMQAM

Abk. für Dynamically Adaptive Multicarrier Quadrature Amplitude Modulation.

Bezeichnung für eine Sonderform der → *QAM* als Verfahren der → *digitalen Modulation*, bei dem das QAM-Schema der Leitungsqualität in sehr feinen Stufen angepasst werden kann.

DAN

Abk. für DECT Access Node.

Bezeichnung für die Basisstation (→ *BS*) in einer Systemumgebung, die → *DECT* für → *RLL* nutzt.

DANTE

Abk. für Delivery (of) Advanced Network Technology (to) Europe.

Bezeichnung eines Forschungsprojektes und dessen 1993 von nationalen Wissenschaftsnetzbetreibern gegründeter Trägerorganisation zur breitbandigen Vernetzung der einzelnen nationalen Wissenschaftsnetze, z.B. dem → *WiN* in Deutschland, in Europa. Die zentrale Koordinierungsstelle befindet sich in Cambridge.

Als Resultat des Projektes wurde in einem ersten Schritt das → *EURONET* und später → *TEN-34* in Betrieb genommen.

Adresse:

Dante Ltd.
Francis House
12 Hills Road
Cambridge
CB1 2 PQ
GB
Tel.: + 44 / 12 23 / 30 29 92
Fax: + 44 / 12 23 / 30 30 05

→ *http://www.dante.net/*

DAP

1. Abk. für Directory Access Protocol.
   → *LDAP*, → *X.500*.
2. Abk. für Data Access Protocol.
3. Abk. für Document Application Profile.

DAPSK

Abk. für Differential Amplitude Phase Shift Keying.

Bezeichnung einer Sonderform der → *PSK*.

DARC

Abk. für Deutscher Amateur-Radio-Club.

Deutsche Amateurfunkervereinigung. Gegründet 1950. Ca. 60 000 Mitglieder. Sitz: Kassel. Ist deutsches Mitglied der → *IARU* und vertritt auch den Verband der Funkamateure der Deutschen Bundespost e.V. (VFDB).

Der DARC ist die Nachfolgeorganisation vom DASD (Deutscher Amateursendedienst), der 1927 aus dem Zusammenschluss der erst wenige Jahre zuvor gegründeten Vereinigungen Deutscher Empfangsdienst (DED) und Deutscher Sendedienst (DSD) hervorging.

→ *http://www.darc.de/*

DARI

Abk. für Database Application Remote Interface.

Dark Fibre

1. Bezeichnung für ein Produkt, das von vielen → *Carriern* angeboten wird. Es bezeichnet die Dienstleistung, für eine Punkt-zu-Punkt-Verbindung lediglich eine Glasfaser einer bestimmten Art (→ *Glasfasertechnik*) ohne jede Beschaltung und ohne jedes weitere Zusatzgerät bereitzustellen. Es bleibt damit dem Nutzer überlassen, die Glasfaser selbst zu beschalten und zu eigenen beliebigen Zwecken zu nutzen.

   Dieses Produkt wurde ursprünglich von flächendeckenden, ehemaligen Monopolanbietern (in Deutschland z.B.

die Deutsche Telekom) neuen Wettbewerbern zur Verfügung gestellt, damit diese sich eine eigene Netzinfrastruktur aufbauen können. Seit dem Ende des → *Netzmonopols* gibt es auch andere Anbieter einer derartigen Infrastruktur, z.B. Energieversorgungsunternehmen oder auf den Betrieb derartiger Netze spezialisierte Carier, wie z.B. Metromedia, Level 3 oder Carrier 1.

Darüber hinaus ist es für Großunternehmen interessant, die sich damit ein → *Corporate Network* aufbauen möchten.

2. Allgemein auch die Bezeichnung für bislang ungenutzte Glasfasern, die in Kabeln für zukünftigen Bandbreitenbedarf mitverlegt wurden, aber noch nicht verwendet werden.

DARPA

→ *ARPA*.

Darstellungsschicht

→ *OSI-Referenzmodell*.

Darwin

→ *MacOS*.

DAS

1. Abk. für Dual Attached Station.

   → *FDDI*.

2. Abk. für Digital Accouncement System.

   In der Terminologie des Konzeptes des → *IN* eine Funktionseinheit, die digital gespeicherte Ansagen in eine Telefonverbindung einspielen kann, z.B. „Kein Anschluss unter dieser Nummer".

3. Abk. für Directory Assistance Service.

DASD

1. Abk. für Direct Access Storage Device.

   Begriff aus den 60er Jahren und aus dem Hause IBM. Bezeichnete damals externe Speicher auf der Basis des → *Magnettrommelspeichers*, die nicht in die Gehäuse des eigentlichen Computers integriert waren, sondern an diesen über eine eigene Verkabelung angeschlossen werden mussten.

2. Abk. für Deutscher Amateursendedienst.

   → *DARC*.

DASS 2

Abk. für Digital Access Signalling System 2.

Bezeichnung des nationalen Protokolls zur Signalisierung im D-Kanal des → *ISDN* in GB, genutzt von British Telecom und Mercury.

DAT

Abk. für Digital Audio Tape.

Bezeichnung für eine Variante der digitalen Musikaufzeichnung auf Kassetten, die etwas kleiner (73 * 54 mm, Bandbreite: 3,8 mm, Gewicht: ca. 20 g) als die bekannten, herkömmlichen Kassetten für analoge Tonaufzeichnung sind. Verwendet wird dabei eine Schrägspuraufzeichnung (Helical Scan).

Wird auf der Basis von Entwicklungen im Hause Sony und Hewlett-Packard in der Datenverarbeitung häufig als externes → *Bandlaufwerk* und Datensicherungsmedium für ein → *Backup* in Streamern eingesetzt.

Beide Unternehmen definierten verschiedene Standards für Digital Data Storage (DDS). Das Band selbst hat eine Kapazität von 2 (DDS-1), 4 (DDS-2) oder 8 GByte (DDS-3) bzw. 24 GByte (DDS-3 bei Verdoppelung des Schreibtaktes und langem Band; gekennzeichnet mit DC für Double Capacity). Das Bandmaterial von DDS-2 ist dünner als das Band für DDS-1.

Bis zu 1 MByte/s lassen sich sichern. Nach welchem Standard ein Band beschrieben wird, ist durch ein Media Recognition System (MRS, Streifencode) zu Beginn des Bandes festgelegt. MRS fehlt bei reinen DAT-Audiobändern. Darüber hinaus können DAT-Streamer die DAT-Audiokassetten nicht lesen, da bei Audiobändern eine Fehlerkorrektur weniger angewendet wird.

DAT nutzt Read-after-Write, d.h., als zusätzliche Korrektur werden auf das Band geschriebene Daten direkt nach dem Schreibvorgang wieder gelesen. Das Leseergebnis wird mit den ursprünglichen Daten verglichen.

Die Suchzeit für eine an einer beliebigen Position des Bandes gespeicherten Datei liegt bei max. 30 Sek. (DDS-1). Das Suchen erfolgt mit 100- bis 200facher Normalgeschwindigkeit, was durch den geringen Umspannungswinkel des Bandes um den Schreib-/Lesekopf von 90° erreicht wird.

Für die Speicherung von Audiodaten werden diese mit einer Abtastrate von 48 kHz AD-gewandelt, mit 16 Bit codiert und im Schrägspurverfahren bei einer Neigung von 6° über eine schnell rotierende (2 000 bis 8 500 U/min) Trommel (dann auch Rotary-DAT oder R-DAT genannt), mit je zwei Schreib- und Leseköpfen auf ein sich mit 0,5 m/min daran langsam vorbeibewegendes 60, 90 oder 120 m langes Band aufgezeichnet, das sich in einer auswechselbaren → *Cartridge* befindet. Je Cartridge beträgt die Lebensdauer 25 bis 100 Durchläufe. Die Position des Schreib-/Lesekopfes wird permanent kontrolliert und ggf. korrigiert.

In Abhängigkeit von der gewünschten Qualität wird das analoge Tonsignal mit 32, 44,1 oder 48 kHz abgetastet. Jeder Abtastwert wird mit 16 Bit codiert.

Um ein zu häufiges Kopieren der Audiodaten zu verhindern, sind die Geräte für den privaten Heimbedarf mit einem Serial Copy Management System (SCMS) ausgestattet, das lediglich einen einzigen Kopiervorgang erlaubt.

Durch die langsame Bandgeschwindigkeit sind DAT-Streamer sehr leise und können daher in allen Büroumgebungen eingesetzt werden.

Es können Kratzer oder Knicke auf dem Bandmaterial von bis zu 0,3 mm Länge hingenommen werden. Die Fehlerkorrektur erfolgt durch einen Reed-Solomon-Code. Größere Schäden führen zu einem Datenverlust.

Auf dem Markt ist DAT seit 1987. 1990 wurde die Technologie im amerikanischen Markt eingeführt.

DAT konnte sich zur Musikaufzeichnung im privaten Bereich nicht durchsetzen, weshalb es sich nicht zu einem Massenartikel entwickelte.

→ *DCC*, → *QIC*, → *Video-8*.

Data Blade

Begriff aus der Datenbanktechnik. Bezeichnet bei Datenbanken einzelne Module, die den Zugriff auf Datenstrukturen eines bestimmten Typs und ihre Analyse mit einer Menge von Funktionen gestatten, die speziell auf diesen Typ zugeschnitten sind. Data Blades werden entweder von Herstellern von Datenbanksystemen mitgeliefert oder von den Benutzern selbst definiert. Beispiele für typische Data Blades sind:

- Zeitbasierte Blades: Sie bieten Funktionen zur Zeitreihenanalyse.
- Textbasierte Blades: Sie bieten Funktionen zur Bearbeitung von und Suche in Textteilen von Datenstrukturen.

Data Dictionary

Andere Bezeichnung für → *Repository*.

Datagramm

1. Nicht klar definierter Begriff. Sehr oft synonym zu ‚Paket' benutzt. Im Gegensatz zu diesem jedoch die Bezeichnung einer kompletten, zu übertragenden Nachricht (Daten zeitunkritischer Art, wie z.B. Dateien, E-Mails etc.) plus Verwaltungsinformationen (→ *Header*), die mittels → *Message-Switching* übertragen werden, d.h. Datagramme beinhalten komplette Nachrichten, Pakete nur Teile davon.
2. Oft gemeint ist das spezielle Paketformat im → *ARPANET*, das Datagramm genannt wurde.

Data Mart

Ein Begriff für eine betriebswirtschaftliche Standardsoftware. Bezeichnung für ein → *Data Warehouse*, das im Umfang der verwalteten Datenmenge allerdings sehr eingeschränkt ist, d.h., es handelt sich um eine kleine Anwendung, z.B. für einzelne Abteilungen, Niederlassungen oder kleinere Tochterunternehmen.

Die Datenbasis für derartige Data Marts kann allerdings aus den Daten des Data Warehouse oder Teilen davon stammen. Umgekehrt können auch mehrere Data Marts untereinander verknüpft sein, um so einerseits spezielle Bedürfnisse von Abteilungen und Bereichen zu befriedigen, aber andererseits auch unternehmensweite Daten liefern zu können.

Data Mining

Im Frühjahr 1996 im Zusammenhang mit → *Data Warehouse* aufgekommener Begriff, der unter sich verschiedene Techniken (Mustererkennung, statistische Auswertungen, Zeitreihenanalysen, Datenmodellierung, neuronale Netze) summiert, mit denen aus umfangreichen, sehr detaillierten und verteilten Datenbeständen bislang unerkannte Informationen und Zusammenhänge sowohl quantitativer als auch qualitativer Art zwischen den einzelnen Daten extrahiert werden können.

Die übliche Vorgehensweise in → *Data Warehouses* ist, dass der Anwender Hypothesen über Zusammenhänge von Daten aufstellt und diese anhand der Datenbestände testet, d.h., das System verhält sich passiv. Zur Entwicklung der Hypothesen und zur Analyse der Datenbestände bedarf es häufig statistischen Fachwissens, der Kenntnis einer Datenbankabfragesprache sowie insbesondere Erfahrung, damit man gezielt bestimmte Vermutungen über die Struktur der Datenbestände aufstellen kann.

Data Mining hingegen entlastet den Nutzer und sucht selbständig nach diesen Strukturen und Zusammenhängen, so dass verborgenes Wissen aufgespürt werden kann.

Typischerweise steht am Ende des Mining-Prozesses ein bestimmtes Daten- und Zusammenhangmodell, das zunächst auf geeignete Weise geprüft werden muss. Das Ergebnis der Prüfung bestimmt, ob der Mining-Prozess mit veränderten Parametern und Suchkriterien erneut gestartet werden muss, so dass es zu einem iterativen Vorgehen kommen kann.

Anwendungsbeispiele: Ermittlung von Kundenprofilen aus Bestell-, Adress-, Zahlungs- und Reklamationsdateien oder die Marktsegmentbestimmung.

Data Mining unterstützt den Anwender bei den Analysen von Datenbeständen aktiv mit verschiedenen Verfahren bei der gezielten Formulierung und beim Test von Hypothesen. Tools zum Data Mining können Datenbestände gezielt auf statistische Häufungen, wiederkehrende Muster und Beziehungen zwischen verschiedenen Daten untersuchen und damit bislang unvermutete Zusammenhänge aufdecken.

Dabei werden insbesondere folgende Suchstrategien unterschieden:

- Datenzusammenhang (Association): Es besteht eine starke Korrelation zwischen zwei Ereignissen, d.h., die Wahrscheinlichkeit ist groß, dass wenn A eintritt, gleichzeitig auch B eintritt. Beispiel: Ein Fernseher wird oft mit einem Videorecorder verkauft.
- Zeitabhängigkeit (Sequences): Es besteht ein Zusammenhang zwischen Ereignissen, die aber zeitlich aufeinanderfolgen. Beispiel: Dem Kauf eines Kinderwagens folgt nach einem Jahr oft der Kauf eines Buggys.
- Gruppenzuordnung (Classification, Clustering): Bestimmte Datensätze sind einander in mehreren Punkten ähnlich und können daher gleichen Gruppen (Clustern, Marktsegmenten, Zielgruppen) zugeordnet werden. Abweichungen sind in engen Grenzen zugelassen.
- Datenprognose (Forecasting): Historische Daten werden analysiert und nach bestimmten Gesetzmäßigkeiten fortgeschrieben.

Als zugrunde liegende Technik werden dabei häufig neuronale Netze (→ *Neuronales Netz*) oder nichtlineare Optimierungsverfahren eingesetzt.

Data over Voice

→ *DOV*.

Data Record

→ *Datensatz*.

Data Ring

Bezeichnung eines kommerziell erhältlichen → *LANs*. Entwickelt an der University of Cambridge als Cambridge Ring.

Technische Grundlage ist die Bustopologie. Die max. Übertragungsrate liegt bei 10 Mbit/s, wobei einer angeschlossenen Station max. 1 Mbit/s zugewiesen wird. Die Datenpakete sind 38 Bit lang, davon sind 16 Nutzbits (Bit Nr. 20 bis 35).

Datasibirsk

Scherzhafte Bezeichnung für den Münchner Sitz von Siemens-Nixdorf (→ *SNI*), die sich von dem großflächigen, schmucklosen 70er-Jahre-Bau des Komplexes im Münchener Stadtteil Neuperlach ableitet.

DataTAC

Bezeichnung für ein mobiles, paketorientiertes, digitales und zellulares Netz für → *Datenfunk* aus dem Hause Motorola, das in Deutschland die technische Grundlage für das Modacom-Netz der Deutschen Telekom ist. Es handelt sich um einen proprietären Standard.

Die Sendefrequenz liegt in Deutschland im 427-MHz-Band und der Kanalabstand beträgt 12,5 kHz bei einem Duplexabstand von 10 MHz. International können auch andere Frequenzen, häufig im Bereich von 800 MHz, verwendet werden.

Das System stellt eine Funkschnittstelle nach → *X.25* mit 9 600 bit/s zur Verfügung. Diese wird u.U. auf mehrere Verbindungen verschiedener MS aufgeteilt. Man rechnet mit einer Nettorate von 4 800 bit/s. Genutzt wird → *RD-LAP*.

Der Kanalzugriff erfolgt nach dem → *S-DSMA*-Verfahren. Ferner wird In-Band-Signalisierung genutzt.

Tarifiert wird nach der Menge der zu übertragenden Daten und nicht nach der Verbindungsdauer (anfangs je übertragene 36 Byte 0,8 Pfennig). Auch die Herstellung einer Verbindung kostet, im Gegensatz z.B. zu manchen → *GSM*-Netzen, nichts. In der monatlichen Grundgebühr ist ferner in der Regel eine Menge von Daten zur freien Übertragung enthalten.

Prinzipielle Zellenstruktur besteht aus → *BS* in → *Mikrozellen*, die bei Bedarf durch → *Umbrellacells* ergänzt werden. Ein → *Handover* ist möglich.

Die BS waren untereinander über das Datex-P-Netz (→ *X.25*) mit 64 kbit/s verbunden. Ihre Verwaltung wickelten in Deutschland im Netz der Deutschen Telekom drei Area Control Computer (ACC) ab. Ferner gibt es ein → *OMC* (zentrale Netzsteuerung). Das System eignet sich insbesondere für häufige Übertragungen kleiner Datenmengen bis zu 2 KByte, z.B. E-Mail.

Neben dem Online-Betrieb ist auch Offline-Betrieb möglich. Bis zu 100 Datenpakete zu max. 2 KByte Länge werden dann max. 24 Stunden gepuffert. Daten gehen so nicht verloren, auch wenn das mobile Endgerät, das durch eine 31 Bit lange Nummer (Logical Link Identifier, LLI) identifizierbar ist, abgeschaltet ist, man sich in einem Tunnel befindet oder durch ein Funkloch fährt.

Hauptsächliche Anwendungsgebiete sind:

- Flottenmanagement
- Außendienstunterstützung
- Datenübertragung zum → *POS*
- Datenübertragung im Bereich der Telemetrie, z.B. zur Steuerung entfernter technischer Anlagen (Pumpen, Heizungs-, Lüftungs- oder Klimaanlagen, Alarmanlagen, Automaten aller Art)

Ein Feldversuch durch die Deutsche Telekom wurde ab Februar 1993 im Bereich Bonn-Hamm-Wesel mit 40 → *BS* und zwei regionalen Leitzentralen durchgeführt.

Das System ging im März 1994 in den Wirkbetrieb. Das OMC befand sich in Dortmund. Im Endausbau waren seit Ende 1995 80% der Fläche Deutschlands mit 767 BS und ab Ende 1996 85% der Fläche versorgt. Der weitere Netzausbau mit rund 1 000 Basisstationen im Endausbau hatte insbesondere das Ziel der besseren Versorgung von Gebäuden. Gegen Ende 1996 gab es rund 13 000 Nutzer im Netz.

Seit Mai 1998 wird der Dienst nicht mehr aktiv vermarktet. Im Oktober 1998 wurde die Entscheidung bekannt, dass die Deutsche Telekom das Netz noch max. bis zum Jahre 2001 weiterbetreiben wird. Die Anwender sollen anschließend durch → *GPRS* auf der Basis des → *GSM*-Netzes versorgt werden.

In Europa wird dieser Standard ansonsten nur noch in der Schweiz eingesetzt. Grenzüberschreitender Datenverkehr mit dem schweizerischen Netz ist daher möglich.

DataTAC wurde von Motorola ursprünglich aufgrund einer Ausschreibung aus dem Hause IBM im Jahre 1983 entwickelt. IBM suchte seinerzeit nach einer landesweiten, preisgünstigen Möglichkeit zur Kommunikation mit dem Außendienst.

Motorola entwickelte ein entsprechendes System und definierte es in einem Dokument mit dem Titel „DataTAC Messaging Protocol Specification, Version 1.0", mit der Dokumentennummer 68P04025C10. Mittlerweile werden verschiedene Versionen unterschieden:

Version	Bemerkung
4000	US-Version
5000	Europa-Version (Deutschland, Schweiz)
6000	Asien-Version

Die Technologie wurde seinerzeit DataTAC genannt und von einem Gemeinschaftsunternehmen von IBM und Motorola, genannt ARDIS, vermarktet. 1994 übernahm Motorola die Anteile von IBM und verkaufte ARDIS danach an American Mobile Satellite Corp. Mittlerweile ist das Unternehmen in Motient umbenannt worden.

Data Warehouse

Abgekürzt in Deutschland häufig mit DWH, international eher mit DW.

Neben → *OLAP* eine weitere mögliche Realisierung eines Management-Informationssystems (MIS), obwohl Data

Warehouses durch ihre Funktionalität neben dem Management auch für größere Kreise von Anwendern in einem Unternehmen interessant sind. Man spricht häufig auch von einem liberaleren oder demokratischeren Ansatz. Viele Fachleute sehen im Data Warehouse die wichtigste Informationstechnologie der 90er Jahre und insbesondere das Marketing-Tool der Zukunft.

Ein Data Warehouse ist kein transaktionsorientiertes System (→ *OLTP*), sondern ein informationsorientiertes System, d.h., die in ihm enthaltenen Daten werden durch ihre Nutzer nicht verändert, sondern lediglich ausgewertet.

Dabei bezeichnet Data Warehouse eine Form der Datenverwaltung in Unternehmen. Als Wegbereiter der Idee des Data Warehouse gilt William (‚Bill') H. Inmon, der den Begriff 1992 prägte und das Konzept zunächst bei IBM entwickelte und später die Firma Prism gründete, um entsprechende Produkte selbst zu entwickeln und zu vertreiben. Er definiert ein Data Warehouse in seinem Buch „Building the Data Warehouse" wie folgt: „A data warehouse is a subject oriented, integrated, nonvolatile, and time variant collection of data in support of management's decisions".

Bis zur Einführung eines Data Warehouses waren EDV-Systeme in Unternehmen häufig nur auf ganz bestimmte administrative und organisatorische Zwecke ausgerichtet. Diese Systeme speicherten ihre eigenen Daten in einzelnen → *Datenbanken*, die nicht oder nur teilweise miteinander verbunden waren und Daten austauschten. Darüber hinaus hatten verschiedene Abteilungen häufig individuelle Software und individuelle, teilweise sehr detaillierte Datenstrukturen, die nicht zu der Software und zu den Datenstrukturen anderer Abteilungen kompatibel waren. Ferner wurden Daten zu selten dauerhaft gespeichert, um langfristige Analysen über Entwicklungen durchzuführen.

Dies alles führte dazu, dass die in den Abteilungen der Unternehmen anfallenden Daten nicht oder nur sehr schwer gesammelt und ganzheitlich mit komplexen Systemen ausgewertet werden konnten, um strategische Entscheidungen vorzubereiten oder die Daten abteilungsübergreifend operativ zu nutzen.

Strategische Entscheidungen benötigen in der Regel Informationen aus verschiedenen Abteilungen und aus größeren Zeiträumen. Darüber hinaus ist es bei derartigen Entscheidungen häufig notwendig, sehr schnell auf Veränderungen im Markt zu reagieren, was nur mit Hilfe von automatischen, EDV-gestützten Systemen möglich ist.

Beim Data Warehouse handelt es sich um eine eigene und vom operativen Datenbestand (von den einzelnen Datenbanken der Fachabteilungen) getrennte Datenbank, in die spezielle, klar definierte aktuelle und historische Daten automatisch und unabhängig von Soft- und Hardwareplattformen oder dem Kenntnisstand des Benutzers, einfließen. Diese Daten stammen aus dem gesamten operativen Datenbestand, der in einem Unternehmen anfällt und verteilt in anderen Datenbanken gespeichert ist.

Darüber hinaus können weitere Daten aus externen Quellen (Online-Dienste, Wirtschaftsdatenbanken etc.) berücksichtigt werden. Insbesondere für Marketinganwendungen sind diese zusätzlichen, externen Daten wichtig, z.B. demografische Daten über Käuferschichten in einem bestimmten geografischen Gebiet.

Für ein Data Warehouse werden die ursprünglichen operativen Daten extrahiert, in das einheitliche Format des Data Warehouse konvertiert und dann in dieses transferiert. Beim Schritt der Konvertierung kann es auch zu einer Integration kommen, indem in den operativen Datenbanken zuvor getrennte Datenbestände in einer Datenstruktur zusammengeführt werden. Darüber hinaus nehmen leistungsstarke

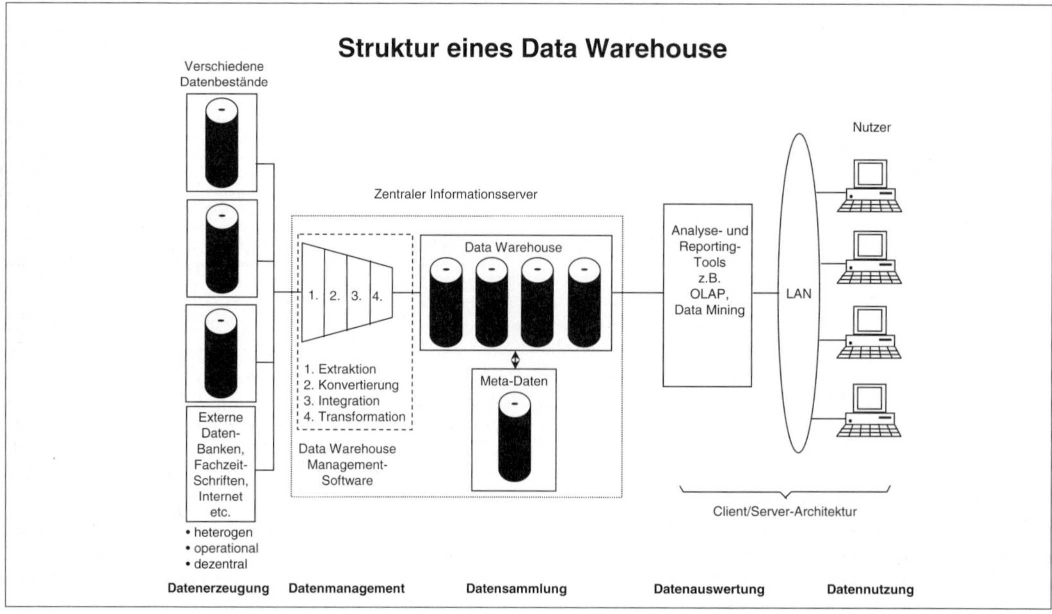

Data Warehouses eine Konsistenzprüfung der verschiedenen Datenbestände vor, z.B. eine einheitliche Codierung von Artikelnummern, Verkaufsgebieten oder Prüfung von Kundendaten (Postleitzahlen). Ferner wird im Rahmen dieses Prozesses der Datenbestand gereinigt (‚Cleansing'), z.B. werden → *Dubletten* gelöscht, Postleitzahlen/Telefonvorwahlen geprüft, Schreibweisen korrigiert etc. Insgesamt dient dieser mehrstufige Prozess der Sicherstellung hochqualitativer Ausgangsdaten für die späteren Analysen.

Der damit entstandene Basisdatenbestand wird in das Data Warehouse geladen und kann dann auf Anfrage von Nutzern gezielt nach speziellen Kriterien ausgewertet werden (Zeitreihenanalysen, Trendermittlungen), um so Informationen zur Verfügung zu stellen, die dem Management oder bestimmten Fachabteilungen als Basis zur Entscheidungsfindung dienen.

Die Informationen, wie und wo die ursprünglichen Daten gefunden und bearbeitet werden, werden als Meta-Daten bezeichnet (‚Daten über Daten') und gesondert zur Rekonstruktion oder wiederholten Ausführung des Analysevorgangs gespeichert.

Ziel bei der Entwicklung eines Data Warehouses ist, dass Daten automatisch und auch langfristig von einem System gesammelt und ausgewertet werden, ohne dass eine Führungskraft in einem Unternehmen sich diese zunächst durch Telefonate selbst beschafft, verschiedenformatige Files oder sogar noch Papierausdrucke erhält und diese selbst, z.B. mit einer Tabellenkalkulation, erfassen und auswerten muss (→ *DSS*). Dies schließt nicht aus, dass der Datenbestand des Data Warehouses unverändert bleibt. Prinzipiell handelt es sich um einen dynamischen Prozess, da die Einsatzschwerpunkte des Data Warehouses sich in seinem Lebenszyklus verändern können, so dass die in das Data Warehouse einfließenden Daten von Zeit zu Zeit geändert werden können.

Praktische Einsatzgebiete für ein Data Warehouse sind:

- Zielgruppenfokussiertes Marketing (Customer Relationship-Marketing, One-to-One-Marketing, Database-Marketing, Campaign-Management)
- Vertrieb
- Controlling und Reporting
- Statistik
- Analyse der Kundenzufriedenheit
- Risk Management (Bankenwesen)

Ein weiteres Ziel besteht darin die Definition, welche Daten wie aufbereitet werden, nicht mit komplizierten, eine Schulung erforderlichen Abfragesprachen (z.B. → *SQL*) zu ermöglichen, sondern über bequeme, intuitive und grafische Benutzeroberflächen, die ihrerseits die Datenbankabfrage unsichtbar für den Nutzer im Hintergrund generieren (z.B. eine umfangreiche SQL-Abfrage erstellen) und an die Datenbank schicken.

Die gesammelten Daten werden in einem Data Warehouse relativ lange gespeichert. Je nach Anwendung und in Abhängigkeit von der Branche können alle Daten oder Teile von ihnen für längerfristige Analysen für 12, 24, 48 oder noch mehr Monate gespeichert werden. Dies wirkt sich unmittelbar auf den benötigten Speicherbedarf aus.

Von dem Data Warehouse eines Unternehmens können kleinere Datenbestände mit nur kleinem Umfang als → *Data Marts* für einzelne Unternehmensteile abgeleitet werden.

Die technische Realisierung derartiger Systeme setzt folgende Komponenten voraus:

- Eine leistungsfähige Netzinfrastruktur, damit Daten in genügender Menge und schnell in das Data Warehouse einfließen und damit Nutzer bei komfortablen Antwortzeiten Anfragen an das Data Warehouse stellen können.
- Einen großen bis sehr großen Speicher, realisiert durch → *Festplatten*, meistens im GByte- oder heute schon üblicherweise im TByte-Bereich.
- Einen leistungsfähigen Rechner, oft ein paralleles System (→ *SMP*, → *MPP*).
- Ein relationales Datenbank-Managementsystem (→ *RDBMS*), das die Daten verwaltet.
- Eine mächtige und an die Nutzer leicht anpassbare grafische Benutzeroberfläche (→ *GUI*), damit das System mit Tools (Tabellenkalkulation etc.) einfach zu bedienen ist. Bestandteil ist auch ein SQL-System, das die Anfragen der GUI in Anfragen umsetzt, die das RDBMS verstehen kann. Die GUIs für ein Data Warehouse können in Abhängigkeit von den Nutzern, die in verschiedenen Abteilungen sitzen können, durchaus verschieden sein.
- Ein Data-Warehouse-Administrationssystem, das dem Administrator die Auswertung diverser Statistiken (Zugriffshäufigkeiten aus Abteilungen und von einzelnen Nutzern, Antwortzeit, Größe des Datenbestandes, Fehler etc.) und insgesamt ein → *Monitoring* der Hard- und Software erlaubt.

Für die Schritte der Extraktion, Konvertierung, Integration und Transformation existieren verschiedene Tools:

- Code-Generatoren erzeugen aus dem eingehenden Datenbestand, nach vorher definierten Regeln, einen Basisdatenbestand des Data Warehouses, oft in Form von → *Cobol*-Code. Code-Generatoren gelten als sehr flexibel und durch grafische Benutzerschnittstellen einfach zu bedienen.
- Daten-Replikatoren werden von Herstellern von RDBMS oft als Tool mitgeliefert. Sie erzeugen bei sich verändernden Daten automatisch Datenbestände der Alt-Daten gemäß einstellbarer Regeln. Der Umfang dabei vornehmbarer Änderungen der Datenformate ist aber sehr begrenzt, weswegen sich derartige Systeme nur für kleine Data Warehouses eignen (→ *Data Marts*).
- Copy-Management-Software repliziert schnell und einfach große Mengen von Daten, vermag dabei aber nur extrem wenige Transformationen vorzunehmen.

Datenbank-Gateways verzichten auf die Replikation von Daten und emulieren den eigenen Datenbestand eines Data Warehouses durch einen direkten Zugriff auf die operativen Daten. Sie gelten bei komplexen Operationen als langsam und in ihrer Funktionalität eingeschränkt.

Die Einführung von Data Warehouses kann auf verschiedene Arten erfolgen:

- Rapid Warehousing: Zunächst wird ein Data Warehouse nur für eine Abteilung oder einen Geschäftsbereich basierend auf dessen Datenbestand aufgebaut. Der weitere Ausbau mit Einbeziehung der Daten anderer Abteilungen erfolgt schrittweise, parallel zum Ausbau der technischen Infrastruktur und der gewonnenen Erfahrung der Mitarbeiter im Umgang mit den Analysetools. Ein weiterer Vorteil dieser Methode des wachsenden Data Warehouses ist, dass man den Erfolg des Data Warehouses zunächst in kleinem Maßstab sehr gut messen kann.

- Fertige Data Warehouses: Für bestimmte Routineanwendungen in einzelnen Branchen existieren mittlerweile fertige Softwarepakete, die insbesondere den Vorteil der schnellen Implementierung haben.

Als kleine Data Warehouses gelten solche mit einem Datenbestand im MByte-Bereich, wohingegen als groß solche im TByte-Bereich gelten.
→ *Data Mining.*
→ *http:www.data-warehouse.com/*

Datei

Auch File genannt. Kunstwort, zusammengesetzt aus Daten und Kartei. Eine von einem → *Betriebssystem* als Einheit betrachtete, über einen Dateinamen in seiner Gesamtheit ansprechbare und speicherbare Datenmenge.
Eine Datei kann auch aus mehreren gleichartigen → *Datensätzen* bestehen.
Damit die in einer Datei enthaltenen Daten von einem Programm korrekt interpretiert und verwendet werden können, müssen sie in der Datei nach bestimmten Regeln abgelegt sein. Alle diese Regeln ergeben ein Dateiformat.
Beispiele für Dateiformate sind:

Bezeichnung	Abkürzung
Adobe Font Metrics	→ *AFM*
Audio Interchange Format	→ *AIFF*
Audio	→ *AU*
Audio Video Interleaved	→ *AVI*
Bitmap	→ *BMP*
Dynamic Link Library	→ *DLL*
Encapsulated PostScript	→ *EPS*
Graphics Interchange Format	→ *GIF*
→ *JPEG*-codierte Standbilder	JPG
Komprimierte Daten nach dem → *LZH*-Algorithmus	LZH
Audiodateien, → *MIDI*	MID
→ *MPEG*-I-Layer 3	→ *MP3*
→ *MPEG*-codierte Bewegtbilder	MPG
Portable Document Format	→ *PDF*
→ *QuickTime*	Qt
Resource Interchange File Format	→ *RIFF*
Rich Text Format	→ *RTF*
Sound Designer I und II, *.sd1/*.sd2	→ *SDI*
Segmented Hypergraphics	→ *SHG*
Tagged Image File Format	→ *TIFF*
Text-Dateien im → *ASCII*-Format	TXT
→ *Waves* (Sounds)	WAV
Windows Meta File	→ *WMF*
X Bitmap	→ *XBM*

→ *Datenbank.*
→ *http://www.daubnet.com/formats/*

Dateianhang

→ *Attachment.*

Dateiformat

→ *Datei.*

Dateiname

→ *Datei.*

Dateisystem

Auch File System (FS) genannt. Bezeichnung für einen funktionalen Teil des → *Betriebssystems*, das festlegt, wie Daten in Form von → *Dateien* auf Datenträgern abgelegt werden können und wie auf sie zugegriffen werden kann. Dateisysteme legen die erzielbare Sicherheit (Zugriffsrechte), Verzeichnis- und Dateinamenskonventionen (Länge, Endungen) und den adressierbaren Speicherplatz (kleinste adressierbare Einheit, max. verwaltbarer Speicherplatz) fest.
Beispiele für Dateisysteme sind → *VFAT* oder auch → *NTFS.*

Dateizuordnungstabelle

→ *FAT.*

Datel-Dienste

1. Von der Deutschen Telekom geprägter Begriff aus der Vor-ISDN-Zeit für Dienste, welche bisherige Fernmeldewege für die Datenübertragung nutzten. Abgeleitet von Data Telecommunications.
2. Auch int. übliche Bezeichnung für Datenübertragung über vermittelte Netze und Standleitungen aus öffentlichen Netzen.

Daten

Informationen, die verarbeitet oder übertragen werden sollen.

Datenarchitektur

→ *Datenmodell.*

Datenautobahn

Inzwischen ein eher selten verwendeter Begriff in Deutschland zur populären Beschreibung einer breitbandigen Infrastruktur für multimediale Dienste (→ *Multimedia).* Es handelt sich dabei um das deutsche Äquivalent des amerikanischen Begriffest der National Information Infrastructure (→ *NII*).

Mittlerweile legendär ist die von nicht allzu großer fachlicher Versiertheit zeugende Bemerkung Helmut Kohls zu diesem Thema. Auf die staatliche Förderung der Datenautobahn angesprochen, erklärte er im Bundestagswahlkampf 1994 vor einem staunenden Fernsehpublikum in Sat.1 anlässlich einer Sondersendung über Technik und Innovation, dass er selbst auf seinen Reisen ja schließlich auch oft genug im Stau stehe, der Autobahnbau aber leider Ländersache sei.

Datenbank

International auch Database genannt. Abgekürzt mit DB. Bezeichnung für ein Programmsystem zur zentralen Verwaltung von Informationen unterschiedlichster Art, die in → *Datensätzen* und → *Dateien* organisiert sein können, inklusive dieser Informationen (dann Datenbasis oder Primärdaten genannt) selbst. Das Programm, welches die Verwaltung der Primärdaten ermöglicht, wird auch als Datenbank-Management-System (→ *DBMS*) oder nur Datenbanksystem bezeichnet.

Alle Nutzer einer Datenbank haben dabei, in Abhängigkeit von definierten Schreib- und Leserechten, gleichzeitig Zugriff auf alle Informationen, die in der Datenbank enthalten sind.

Informationen, die in einer Datenbank enthalten sind, können oft mit Hilfe von Abfragesprachen, wie z.B. → *SQL*, aus einer Datenbank herausgeholt werden.

Unter verteilten Datenbanken (Distributed Database, DDB) versteht man solche Systeme, bei denen die zu einer Datenbank gehörenden Datensätze oder Dateien auf mehrere Computer verteilt sind, die u.U. an geografisch weit voneinander entfernten Orten stehen.

Datenbanken können grundsätzlich verschieden organisiert sein, dafür haben sich im Wesentlichen folgende Modelle herausgebildet:

- Hierarchisch oder netzwerkartig organisierte Datenbanken: Streng genommen zwei verschiedene Arten von Organisationsformen. Doch bei beiden Typen erfolgt die Organisation durch eine Verkettung der einzelnen Datensätze mit Hilfe von Verweisen (Zeiger, Pointer) zwischen den Datensätzen. Derartig organisierte Datenbanken gibt es seit den 50er Jahren, sie haben jedoch stark an Bedeutung verloren.
- Relationale Datenbank (Relationenmodell): Die bekannteste und am weitesten verbreitete Form ist die relationale Datenbank (RDBMS). Jüngste Weiterentwicklungen sind objektorientierte Datenbanken (OODBMS, → *OO*). Von den beiden letztgenannten gibt es auch Kombinationen, die dann objektrelationales Datenbanksystem genannt werden (ORDBMS).

  Bei einer relationalen Datenbank können die Informationen und ihre Beziehungen untereinander sowie die Operationen auf ihnen in Form von mathematischen Relationen dargestellt werden. Unter einer Relation versteht man dabei eine Menge gleichartig strukturierter Datensätze (z.B. Name, Adresse, Kontonummer), die mathematisch als Tupel bezeichnet werden. Anschaulich können diese Datensätze als Zeilen einer Tabelle beschrieben werden, wobei die Tabelle eine einzelne Relation beschreibt. Eine gesamte Datenbank kann in diesem Fall auf verschiedenen Relationen aufbauen, die untereinander in Beziehung stehen. Die Zahl und Größe der Relationen kann für eine relationale Datenbank unter dem Aspekt der Speicherplatzoptimierung und der Zugriffsgeschwindigkeit und durch geschickte Zusammenfassung der Daten in Tabellen gering gehalten werden. Dieser Prozess wird → *Normalisieren* genannt. Am Ende liegt die Datenbank in einer von mehreren möglichen Normalformen vor.

  Die Vorteile einer relationalen Datenbank sind:

  - Einfache Datenkomplexität auch bei einer großen Zahl an Attributen (→ *Attribut*)
  - Gute Skalierbarkeit
  - Sehr weit verbreitet
  - Mit SQL steht eine Standard-Abfragesprache bereit

  Das relationale Datenbankschema hatte zunächst mit zahlreichen Widerständen zu kämpfen. Seine Wurzeln reichen zurück bis in die späten 60er Jahre, als → *Codasyl* seine Vorstellungen von einem netzwerkartig organisierten Datenbanksystem vorstellte und IBM mit → *IMS* ein hierarchisch organisiertes DBMS. Mit keinem dieser beiden Ansätze war der Mathematiker Dr. Edward ‚Ted' F. Codd aus dem Hause IBM vollständig zufrieden, so dass er sein eigenes Modell entwickelte. Seiner Meinung nach boten beide anderen Modelle keine Möglichkeit an, dass Nutzer auf einfache Art und Weise die in den Datenbanken enthaltenen Informationen in verschiedenen Maßstäben (einzelner Datensatz oder komplette Datenbank) abfragen und verändern konnten. Vielmehr wären sie auf die repetitive Ausführung einfachster Kommandos angewiesen. Codd schrieb mehrere White Paper, das wichtigste von ihnen trug den Titel „A Relational Model of Data for large Shared Data Banks". Codd stand damit nicht nur im Gegensatz zu der offiziellen IBM-Produktpolitik, sondern musste sein Konzept großen Teilen der Softwareindustrie mühevoll nahe bringen, da diese es mit einer Mischung aus Spott und Misstrauen als akademische Übung ohne Praxiswert betrachtete. Codd organisierte beispielsweise eine öffentliche Debatte zwischen ihm und Charles Bachman von Codasyl. Durch diese Maßnahmen gelang es ihm nicht nur, Aufmerksamkeit zu erregen, sondern auch reale Forschungs- (→ *Ingres*) bzw. Entwicklungsprojekte (→ *System R*) anzustoßen.
- Objektorientierte Datenbank: Hier werden die abzulegenden Inhalte im Sinne der objektorientierten Lehre als Objekte aufgefasst, auf die nach deren Inhalten und Eigenschaften differenziert zugegriffen werden kann. Auch Objekte gleichen Typs, die aber sehr unterschiedliche Größe haben können (z.B. ein Video), werden den Objekteigenschaften gemäß abgelegt und nicht als einfache Binary Large Object (→ *BLOB*).

Vorteile des objektorientierten Modells gegenüber dem relationalen Modell sind:

– Sehr flexibel, was die Art der ablegbaren Datenarten angeht (Text, Animationsdateien, Videodateien, Audiodateien, Daten unterschiedlicher Größe)
– Sehr flexibel hinsichtlich komplexer Abfragen und Verwaltungsstrukturen

Objektorientierte Datenbanksysteme sind insbesondere im Medienbereich weit verbreitet und haben sich dort seit Mitte der 90er Jahre durchgesetzt.
Zu den wichtigsten Anbietern kommerzieller Datenbankprodukte für professionelle Anwendungen gehören IBM (→ *DB2*, IMS), Informix, Oracle und Sybase. Weit verbreitet im PC-Bereich war lange Zeit → *dBase*.

Datenbanksystem
→ *Datenbank.*

Datenbasis
→ *Datenbank.*

Datendirektverbindung
→ *DDV.*

Datenendeinrichtung
→ *DEE.*

Datenendstation
Selten benutzte deutsche Bezeichnung für → *Terminal.*

Datenfeld
→ *Datensatz.*

Datenfunk
Bezeichnung für eine Anwendung im → *Mobilfunk*, bei der die Datenübertragung und -vermittlung nach dem Prinzip der → *Paketvermittlung* mit geringen Datenraten im Bereich von einigen kbit/s erfolgt.
Üblicherweise wird dem Nutzer am mobilen Endgerät eine Schnittstelle gemäß → *X.25* zur Verfügung gestellt.
Es gibt keine offenen Standards für derartige Netze. Dominierende Herstellerstandards sind → *DataTAC* und → *Mobitex.*
Anwendungsschwerpunkte liegen im gewerblichen Bereich, etwa in der Flottensteuerung.
In Deutschland bieten zwei Unternehmen Datenfunk an: die Deutsche Telekom MobilNet GmbH und die RegioKom Berlin Gesellschaft für Bündelfunkdienste mbH.
→ *http://www.dafu.de/*

Datenhandschuh
→ *Cyberspace.*

Datenintegrität
→ *Konsistenz.*

Datenkompression
→ *Kompression.*

Datenkonferenz
Bezeichnung für eine → *Videokonferenz* mit → *Application Sharing.*
→ *T.120.*

Datenkonsistenz
→ *Konsistenz.*

Datenmodell
Bezeichnung für ein künstlich geschaffenes, abstraktes Abbild eines Ausschnittes aus der Wirklichkeit mit dem Ziel, bestimmte Gegebenheiten, z.B. die für einen

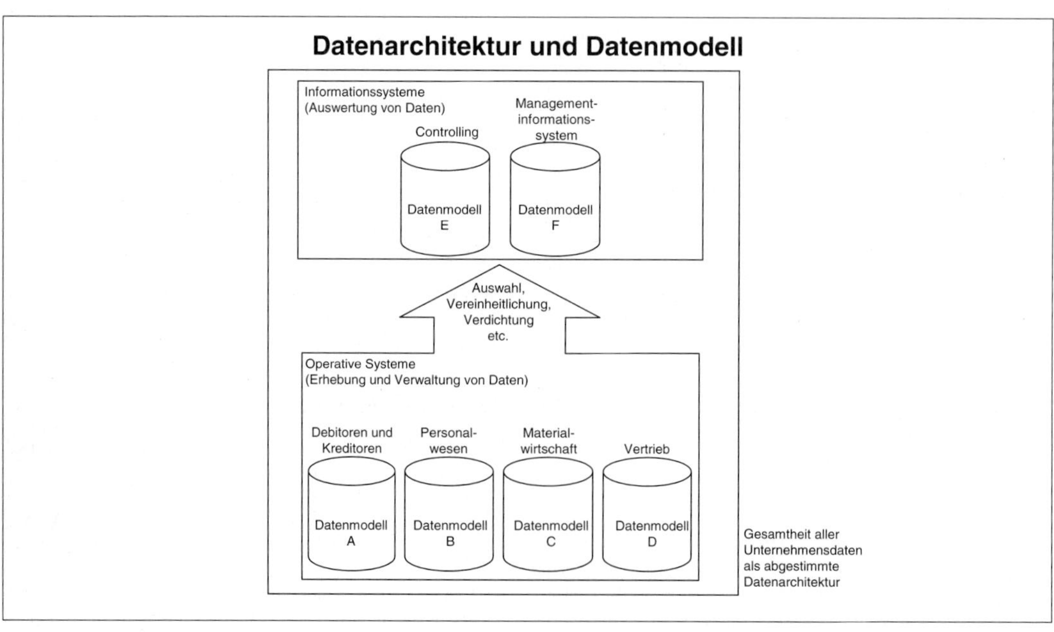

Geschäftsprozess in einem Unternehmen notwendigen Informationen, möglichst genau in u.U. mehreren Datenstrukturen (→ *Datensatz*, → *Datei*, → *Datenbank*) abzubilden. Ein Datenmodell ist damit eine anwendungsorientierte und auf eine Datenbank zugeschnittene Menge von einzelnen Informationen in einer oder mehreren Datenstrukturen und die Definition der Beziehungen dieser Datenstrukturen untereinander (→ *Datenstruktur*).

Ein aufeinander abgestimmtes Beziehungsgeflecht mehrerer anwendungsorientierter Datenmodelle aufeinander wird als Datenarchitektur bezeichnet.

Datenpaketvermittlung

Selten gebrauchtes deutsches Wort für → *Router*.

Datensatz

Auch Data Record oder nur Record genannt. Bezeichnung für eine bei der Bearbeitung durch ein Programm als Einheit betrachtete Datenmenge, die durch einen Schlüssel bzw. seinen Wert eindeutig identifiziert werden kann und deren einzelne Bestandteile (Felder, Datenfelder) einen inhaltlichen Zusammenhang aufweisen. Ein Datensatz besteht dabei aus mehreren Feldern, welche die eigentlichen Nutzdaten enthalten, z.B. Name, Vorname, Straße, Hausnummer und Wohnort. Dabei sind die Datenfelder vom Format her von einem bestimmten → *Datentyp*.

Die Menge aller gleich strukturierten Datensätze eines Systems kann zusammen mit der Funktionalität zum Zugriff auf die Datensätze und der Möglichkeit zur Bearbeitung eine → *Datenbank* ergeben. Werden mehrere Datensätze zusammen organisiert und in einer bestimmten → *Datenstruktur* als Einheit gespeichert, so ergibt sich eine → *Datei*.

Datenschutz

International Data Privacy genannt. Oberbegriff für alle Maßnahmen zum Schutz vor einem unberechtigten Zugriff auf und zum Schutz vor Missbrauch von schützenswerten Daten aller Art.

In Deutschland wird Datenschutz durch das Bundesdatenschutzgesetz (BDSG) und den Bundesbeauftragten für Datenschutz (BfD) sichergestellt. Parallel dazu existieren Landesdatenschutzgesetze (LDSG) und Landesbeauftragte für den Datenschutz (LfD). BfD und LfD sind für die Umsetzung und Einhaltung des Bundesdatenschutzgesetzes in den jeweiligen Ministerien, Behörden und Ämtern des öffentlichen Rechts zuständig.

Das BDSG ist in seiner ersten Fassung 1977 verabschiedet und im Mai 1991 novelliert worden.

Weitere Grundlagen für Datenschutz finden sich in einigen Berufsordnungen, z.B. in denen für Ärzte, Steuerberater, Wirtschaftsprüfer oder Juristen.

→ *Datensicherheit*, → *GDD*.

Datensicherheit

International Data Security genannt. Oberbegriff für alle Maßnahmen zum Schutz vor unbeabsichtigtem Datenverlust oder vor unbeabsichtigter Datenverfälschung.

Eine Methode, dies sicherzustellen, ist z.B. ein → *Backup*. Risiken der Verletzung der Datensicherheit können durch Maßnahmen des → *Contingency Planning* vermindert werden.

→ *Datenschutz*, → *GDD*.

Datensichtgerät

Selten benutzte deutsche Bezeichnung für → *Terminal*.

Datenstruktur

Üblicherweise die Bezeichnung dafür, wie einzelne und gleichartige Datensätze (→ *Datensatz*) untereinander in einer größeren Menge von Datensätzen, z.B. einer → *Datei*, verknüpft sind.

Beispiele für Datenstrukturen sind:

- Eine → *Liste*: Eine lineare Datenstruktur, in der die Datensätze hintereinander angeordnet und untereinander verkettet sind, so dass sie von Anfang bis Ende durchlaufen werden kann. Ein Verweis auf das erste Element der Liste wird mit Anker bezeichnet. Der Begriff sagt nichts darüber aus, ob die Datensätze anhand eines Merkmals innerhalb der Liste sortiert sind.
- Ein → *Stapel*: Eine lineare Datenstruktur, bei der immer nur auf das erste Element zugegriffen werden kann.
- Ein → *Baum*: Eine nichtlineare (= verzweigte) Datenstruktur mit einem ausgezeichneten Datensatz als Wurzel.

Datenträger

Bezeichnung für ein Medium zur dauerhaften Speicherung von Daten.

Beispiele für Datenträger sind:

- Magnetische Speichermedien:
  - Plattenorientiert: → *Diskette*, → *Festplatte*, → *JAZ*, → *LS-120*, → *ZIP*.
  - Bandorientiert: → *DAT*, → *Hi 8*, → *QIC*, → *Video-8*.
- Optische Speichermedien: → *CD*, → *DVD*, → *MOD*.

Datentyp

Selten in Deutschland auch Datenart genannt. Bezeichnet bei → *Programmiersprachen* die grundsätzlich zur Verfügung stehenden Varianten von Daten, die man definieren und manipulieren kann.

Beispiele für Standarddatentypen, wie sie in fast jeder Programmiersprache auftauchen, sind INTEGER (ganze Zahlen), CHARACTER (Zeichen, Buchstaben), STRING (Zeichenketten) oder POINTER (→ *Zeiger*).

Datenübertragung

Entscheidend bei der Übertragung von Daten bzw. Dateien ist, dass der Verlust von Daten anders als bei der → *Sprachvermittlung* oder bei der → *Videokonferenz*, nicht toleriert werden kann. Die Verzögerung bei der Übertragung (→ *Delay*) und eine nicht konstante Verzögerung über die Verbindungsdauer (→ *Jitter*) sind hingegen tolerierbar. Dies hat zu der Entwicklung der Technik der → *Paketvermittlung* geführt.

Datex-J

Abk. für Data Exchange für Jedermann.

Bezeichnung für den aus Btx hervorgegangenen Online-Service der Deutschen Telekom, der jetzt unter → *T-Online* bekannt ist.

Datex-L

Lange Zeit der Produktname für den leitungsvermittelten Dienst zur Datenübertragung der Deutschen Telekom (→ *Leitungsvermittlung*). Ähnlich dem Fernsprechdienst, nur mit digitaler Basisbandübertragung, anderer Teilnehmerschnittstelle und geringeren Fehlerraten. Das Konzept für Datex-L wurde Mitte der 60er Jahre entwickelt. Der Netzausbau erfolgte von 1975 bis 1980 mit Siemens-Komponenten (18 vollelektronische, digitale und speichergesteuerte Vermittlungsstellen EDS). Eine Erweiterung erfolgte 1984. Zwischenzeitlich wurde es in das → *IDN* integriert und verlor durch die Einführung von → *ISDN* zunehmend an Bedeutung, so dass es Ende 1996 eingestellt wurde. Andere europäische Länder haben ihren leitungsvermittelten Datendienst ebenfalls eingestellt.

Zu seinen besten Zeiten (1990) waren 12 000 Anschlüsse mit einer durchschnittlichen Anschlussleitungslänge von 60 km (!) registriert.

Unterstützt wurden die Datenraten 0,3, 2,4, 4,8, 9,6 und im Probebetrieb auch 64 kbit/s.

Zugangsschnittstelle war → *X.21*.

Datex-M

Bezeichnung für ein Produkt der Deutschen Telekom. Angeboten wird der Datentransport über ein paketorientiertes (→ *Paketvermittlung*) Breitband-Datennetz. Das M hat keine exakt festgelegte Bedeutung und steht für Metropolitan, Multimegabit oder Multimedia.

In Betrieb ist das Netz mit dem dazugehörigen Dienst seit April 1994 mit 12 Knoten und auf doppelten Glasfaserkabeln basierend (vollduplex). Ende 1995 gab es rund 200 Einwahlknoten. Es basiert auf → *SMDS* als Dienst und → *DQDB* (IEEE 802.6) als Transportnetz. Die Übertragungsgeschwindigkeit liegt bei 34 Mbit/s und ist als temporäre → *LAN*-LAN-Verbindung gedacht. Die Bandbreiten der Anschlüsse reichen von 64 kbit/s bis 25 Mbit/s.

Die Tarifierung erfolgt unabhängig von Entfernung oder Nutzungsdauer. Lediglich die Datenmenge ist entscheidend. Der Preis je Dateneinheit konnte in der Anfangszeit frei mit der Telekom ausgehandelt werden. Seit Februar 1995 besteht eine feste Tarifstruktur. Die Kosten ergeben sich aus einer einmaligen Anschlussgebühr, die je nach Datenrate zwischen 500 DM und 1 000 DM liegt, plus einer monatlichen Grundgebühr, in der allerdings bereits freie Datenvolumen enthalten sind, und den Datengebühren, die vom Sendevolumen abhängen.

Die Zugangskosten sind von den Kosten der Zugangsleitungen abhängig, die hierfür angemietet werden müssen. Hier ist allerdings schon kurz- bis mittelfristig mit einer erheblichen Vereinfachung zu rechnen, da das Netz um DQDB-Stationen erweitert wird und somit die Leitungen kürzer werden, was den Preis erheblich senkt.

Datex-P

Produktname für einen paketvermittelten Dienst (→ *X.25*, → *Paketvermittlung*) zur Datenübertragung der Deutschen Telekom seit Mitte 1982 (Testbetrieb seit 1981), zunächst auf Basis des Multiprozessorsystems SL 10 von Northern Telecom.

Seit Juli 1988 erweitert um kompatible Einrichtungen aus dem Hause Siemens (EWSP). Insgesamt sind 21 Vermittlungsrechner in Deutschland in Betrieb. Es werden dabei nach einer Variante → *X.25* LAPB des → *HDLC*-Protokolls Datenblöcke zwischen den Vermittlungen übertragen. Auf den Leitungen des Netzes wird nach dem ATDM-Verfahren übertragen. Zugangsschnittstelle ist → *X.21*.

Ein erster internationaler Zugang, z.B. zu den US-paketvermittelten Netzen, hat schon seit 1977 über eine Vermittlung in Frankfurt bestanden.

Datex-S

Lange Zeit die Bezeichnung eines Produktes der Deutschen Telekom. Dabei werden leitungsvermittelte Wählverbindungen über Satelliten Punkt-zu-Punkt geschaltet. Wahlweise 64 kbit/s oder 2 Mbit/s.

DAU

1. Abk. für Digital-Analog-Umsetzer.
2. Abk. für dümmster anzunehmender User.

   Scherzhafter Jargon unter → *LSAs* und unter den Verwaltern von → *Mailboxen* für Personen mit nur geringen Computer-Kenntnissen. Für sie muss das Computersystem derartig eingerichtet werden, damit auch sie es einwandfrei bedienen können.

   → *Chat Slang*.

Dauergesprächszeit

Kenngröße der Belastbarkeit akkubetriebener Endgeräte wie z.B. → *Handys*.

Die Dauergesprächszeit gibt an, wie lange ein Endgerät bei andauernder Nutzung ohne Unterbrechung mit einer Ladung des → *Akkus* genutzt werden kann.

Der in Prospekten und Datenblättern angegebene Wert ist abhängig von der Umgebungstemperatur und der von der Netzabdeckung beeinflussten nötigen Sendeleistung des Endgerätes.

Eine andere Kenngröße der Belastbarkeit ist die → *Stand-by-Zeit*.

Dauerüberwachung

Dienstmerkmal (→ *Dienst*) im → *Euro-ISDN*. Dabei werden die → *Anschlussleitung* und einfache Endgeräte permanent hinsichtlich Funktionsfähigkeit und Übertragungsgüte überwacht.

DAVIC

Abk. für Digital Audio Visual Council.

Bezeichnung einer Arbeitsgruppe, die sich im Januar 1994 auf Initiative von Dr. Leonardo Chiariglione von der italienischen → *CSELT* nach dem Vorbild des ATM-Forums gebildet hat. Offizieller Arbeitsbeginn war, nach einem weiteren Treffen im März in Genf, am 2. Juni 1994 in San

José/Kalifornien. Der Sitz der Gruppe ist Genf. Gegen Ende 1995 hatte sie um die 150 Mitglieder, Mitte 1996 schon über 200.

Ihr Ziel ist, digitale audiovisuelle Anwendungen und Dienste durch internationale Harmonisierung der Standards zu fördern, beginnend mit Rundfunkdiensten. Erste technische Komitees arbeiten daher an Empfehlungen für Video-Server, Broadband-Networks und → *Set-Top-Boxen*. Dabei wurde mit DAVIC 1.0 im Dezember 1995 ein generisches Modell der Informationslieferung von einem → *Service-Provider* zu einem Konsumenten über ein Delivery-System definiert.

Im September 1996 wurde in Genf die Spezifikation 1.1 verabschiedet. Sie enthielt folgende weitere Punkte:

- Internet-Zugang mit Hilfe einer → *Set-Top-Box*
- JAPI für Set-Top-Boxen
- Übertragungsverfahren zur terrestrischen Ausstrahlung digitaler Rundfunkprogramme

Im Dezember 1996 erfolgte in Hongkong die Verabschiedung von Version 1.2:

- Sicherheitsaspekte
- Standards zur Audio- und Videoübertragung
- Internet-Zugang mit Hilfe eines → *HSLANs*
- Berücksichtigung von → *ATM* bei der Nutzung von → *ADSL*

DAVIC 1.3 vom September 1997 berücksichtigt folgende Punkte:

- Servicemanagement und Netzmanagement
- Integration von Kommunikationsdiensten wie Telefonie oder E-Mail
- Nutzung mehrerer Server und Services

Dabei soll auf bereits existierende technische Standards von → *ITU*, → *ETSI* etc. zurückgegriffen werden, wie z.B. → *ADSL* oder → *MPEG*.

Mittlerweile ist DAVIC 1.4 aktuell.

→ *http://www.davic.org/*

DAVID

Abk. für Digital Audio/Video-Interactive Decoder.

Bezeichnung einer Softwareplattform (Autorensystem) für digitale interaktive TV-Anwendungen aus dem Hause Microware. Läuft unter dem Betriebssystem → *OS-9*. Mit DAVID erzeugte Programme sollten Grundlage von → *Set-Top-Boxen* sein.

dB

Abk. für → *Dezibel*.

DB

Abk. für Database oder → *Datenbank*.

Beispiele für DB in der TK: → *HLR*, → *VLR*.

DB2

Bezeichnung für ein weit verbreitetes Datenbankprodukt aus dem Hause IBM. Es handelt sich um eine auf dem relationalen Modell basierende → *Datenbank*, die damit im Kontrast steht zu → *IMS*, auch aus dem Hause IBM.

DBA

Abk. für Datenbankadministrator.

dBase

Bezeichnung für das jahrelang führende Datenbankprodukt für PCs.

Der Gelegenheitsarbeiter Wayne Ratliff am Jet Propulsion Laboratory in Pasadena hatte 1980 nach einem Jahr Bastelei auf seinem privaten → *IMSAI*-8080-Rechner unter CP/M ein Programm zur Verwaltung der betriebsinternen Football-Wetten fertig, das einer Dateiverwaltung mit erweiterten Funktionen nahe kam. Er benannte es nach der Herkunft von Mr. Spock aus der ‚Enterprise'-Fernsehserie ‚Vulcan'. Die Rechte zum Vertrieb des Systems erwarben kurze Zeit später George Tate und Hal Lashlee, die mit 7 500 $ die Firma Ashton-Tate gründeten, das Programm ‚dBase II' nannten, es im November 1981 auf den Markt brachten und innerhalb von drei Jahren einen Umsatz von 40 Mio. $ erzielten.

dBase II und seine Folgeversionen (es hat nie ein dBase I gegeben) dominierten den Markt für Datenbanken auf PCs bis in die frühen 90er Jahre hinein.

Erst mit dBase IV, vorgestellt 1989, schrumpften die Marktanteile, da es sehr viele Fehler aufwies, wodurch Ashton-Tate die Führung bei Datenbanken für PCs verlor.

dBase-Dateien sind an der Dateiendung *.DBF (für dBase File) erkennbar.

DBCS

Abk. für Double Byte Character Set.

Oberbegriff für einen Zeichencode, bei dem zur Codierung der Zeichen nicht nur ein Byte, sondern zwei Byte verwendet werden.

→ *Unicode*.

DBF

→ *dBase*.

DBI

Abk. für Database Interface.

Bezeichnung aller Funktionen, mit denen ein Nutzer auf eine Datenbank zugreifen kann.

D-Bit

Bei einer Datenübertragung gemäß → *X.25* das Bit in einem Datenpaket, das vom Sender gesetzt werden kann und dem Empfänger anzeigt, dass der Sender eine Bestätigung für das korrekte Eintreffen des Paketes verlangt.

DBM

Abk. für Dual Bitmap.

DBMS

Abk. für Database Management System.

Bezeichnung für den Teil einer → *Datenbank*, der die Schnittstelle zu Anwendungen (anderen Programmen) oder zum Nutzer zur Verfügung stellt. Üblicherweise werden Operationen unterstützt wie Speichern, Einfügen, Ändern,

Lesen und Löschen von Datensätzen sowie Verwalten von Nutzern und ihren Zugriffsrechten (Lesen/Schreiben).
→ *DDL.*

DBP

Abk. für Deutsche Bundespost.

Bis 31. Dezember 1994 die Bezeichnung der Dachgesellschaft von Telekom, Postbank und Postdienst.
→ *Deregulierung.*

DBPT

Abk. für Deutsche Bundespost Telekom.

Bezeichnung aus der Zeit vor der zweiten Postreform – vor dem 31. Dezember 1994.
→ *Deregulierung.*

DBR

Abk. für Distributed Bragg Reflector.

DBS

1. Abk. für Direct Broadcast Satellite.

   In den USA gebräuchliche Bezeichnung für den in Europa eher benutzten Begriff → *DTH* für Satellitenausstrahlung von Rundfunkprogrammen.
2. Abk. für Database System.

DB-Stecker

International DB Connector oder D-Connector genannt. Bezeichnung für eine weit verbreitete Klasse von → *Steckern.* Die Herkunft des Namens kann verschieden interpretiert werden. DB wird oft als Abkürzung für Data Bus genannt. Andere Quellen verweisen darauf, dass der Stecker eine D-förmige Gestalt hat.

DB-Stecker gibt es in einer weiblichen (mit Hülsen) und einer männlichen Ausführung (mit Pins). Sie werden bei Kupferkabeln verwendet und unterscheiden sich in der Anzahl der Leitungen Die Zahl hinter dem DB gibt die Anzahl der Leitungen an. Die gebräuchlichsten Varianten sind:

- DB-9: Er verfügt über 9 Leitungen und wird z.B. in seltenen Fällen bei → *RS-232* oder beim Anschluss einer → *Maus* an den PC eingesetzt.
- DB-15: Er verfügt über 15 Leitungen und wird oft im Bereich des Anschlusses von Monitoren, z.B. bei → *VGA*, eingesetzt. In diesem Fall handelt es sich noch um einen speziellen Stecker (dann genannt DB-15 VGA oder High Density DB-15), da 15 Leitungen in einem DB-9-Gehäuse untergebracht sind.
- DB-25: Er verfügt über 25 Leitungen und wird oft bei der seriellen Datenübertragung nach RS-232, zum Anschluss eines Druckers am Parallelport eines PCs oder beim → SCSI-Port eines → *Macintosh*-PCs eingesetzt.
- DB-37: Er verfügt über 37 Leitungen und wird z.B. bei → *RS-422* verwendet.

Die Spezifikation für den Stecker definiert nicht die Belegung der Leitungen, sondern nur die mechanischen Eigenschaften (Abmessungen, Anzahl Pins und Hülsen etc.).
→ *BNC-Stecker*, → *SC-Stecker*, → *ST-Stecker.*

DBTG

Abk. für Database Task Group.
→ *Codasyl.*

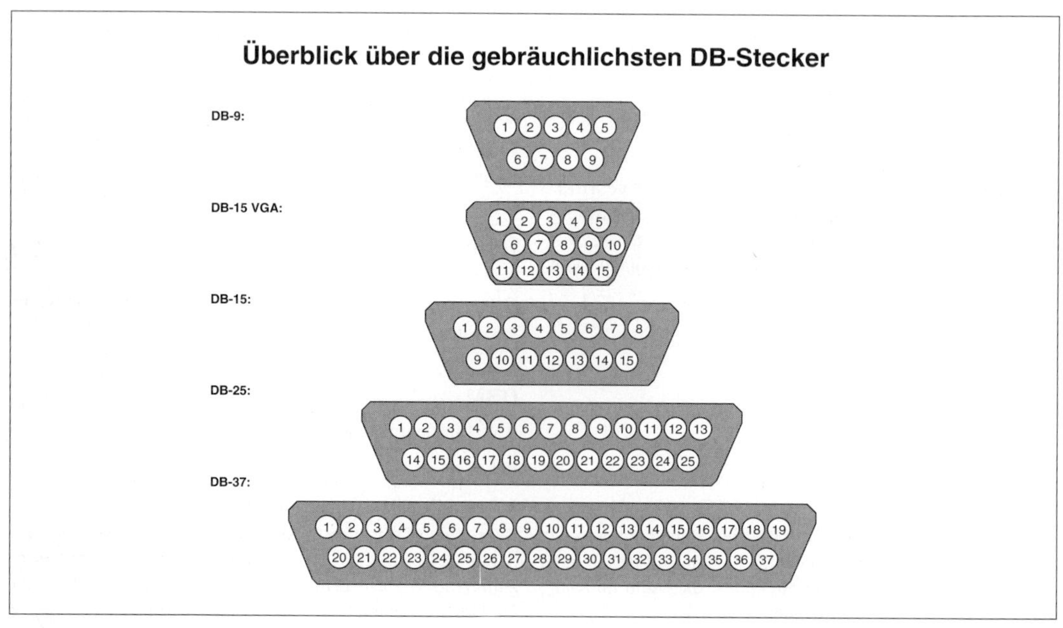

DC

1. Abk. für DLCI or DL-Core Control Indicator.

   Bezeichnung für ein spezielles Bit im Rahmenformat von → *Frame Relay* zur Anzeige der Verwendung der 6 hinteren Bit des → *DLCI*-Feldes.
2. Abk. für Downstream Channel.
3. Abk. für Direct Current.

   Englisch für Gleichspannung.

   → *AC.*

DCA

1. Abk. für Distributed Communication Architecture.

   Bezeichnet die Vernetzungsumgebung für Produkte der Firma Sperry Univac (heute: Unisys). Entwickelt in den 70er Jahren.
2. Abk. für Dynamic Channel Allocation.

   Bezeichnung eines Verfahrens zur Kanalzuteilung bei Mobilfunksystemen (insbes. bei schnurlosen Telefonen), wenn diese eine Verbindung zwischen → *MS* und → *BS* etablieren. Diese ändert sich bei DCA-Systemen von Mal zu Mal in Abhängigkeit davon, welche Kanäle frei sind etc. Bei anderen Systemen sind die Kanäle technisch fixiert (ab Werk eingestellt), d.h., das Gerät sendet nur auf einer oder auf bestimmten Frequenzen.
3. Abk. für Defense Communications Agency.

   Bezeichnung eines Amtes des US-Verteidigungsministeriums, welches das Defense Data Network (→ *DDN*) betreibt.

DCC

1. Abk. für Data Communication Channel.

   Bezeichnung für einen Kanal innerhalb des → *SDH*-Datenstroms für Netzmanagementinformationen.
2. Abk. für Digital Compact Cassette.

   Ein von Philips 1988 vorgestelltes System digitaler Audiokassetten. Erste Produkte waren aber erst ab Ende 1992 am Markt erhältlich. Das System ist abwärtskompatibel zum analogen Kassetten-System durch Verwendung des gleichen Gehäuseformates der Kassette und einen Magnetkopf im Abspielgerät, der auch herkömmliche analoge Kassetten lesen, jedoch nicht schreiben (aufnehmen) kann. Laufzeit des Bandes: 90 Minuten.

   Mit dem PASC-Algorithmus (Precision Adaptive Subband Coding) wird die Datenmenge auf ein Viertel der herkömmlichen Datenmenge einer → *CD* komprimiert. Je Audiokanal stehen 192 kbit/s zur Verfügung.

   → *DAT.*
3. Abk. für Digital Cross Connect.

   → *Cross Connect.*
4. Abk. für Data Country Code.

   → *X.121.*
5. Abk. für Data Communication Conceptual (Block).
6. Abk. für Digital Control Channel.
7. Abk. für Direct Client-to-Client.

   → *IRC.*
8. Abk. für Data Carrier Detect.

   Bezeichnung für ein Signal der → *V.24*-Schnittstelle.

DCCH

Abk. für Dedicated Control Channel.

Oberbegriff für mehrere Kontrollkanäle für Funkverbindungen im Mobilfunksystem nach dem → *GSM*-Standard. Man unterscheidet:

- Fast Associated Dedicated Control Channel (FACCH): Er ist einem Nutzkanal (Traffic Channel, → *TCH*) direkt zugeteilt und erlaubt Datenübertragungsraten von 4 600 oder 9 200 bit/s.
- Stand-alone Dedicated Control Channel (SDCCH): Wie ein FACCH, jedoch wird er unabhängig von einem TCH betrieben.

DCD

1. Abk. für Data Carrier Detect.

   Bezeichnung für ein bei → *Modems* gebräuchliches Signal, das der Anwendungssoftware, die das Modem nutzt, anzeigt, dass das Modem ein Trägersignal (→ *Carrier*) der Gegenstelle empfängt.
2. Abk. für Digital Clock Distributor.

DCE

1. Abk. für Data Circuit-terminating Equipment.

   → *DÜE.*
2. Abk. für Distributed Computing Environment.

   Bezeichnung einer von der → *OSF* erarbeiteten Spezifikation, welche die Grundlagen von verteiltem Bearbeiten von Prozessen über → *WANs* in mehreren, technisch verschiedenen Umgebungen (Rechner verschiedener Hersteller, verschiedene → *Betriebssysteme*) und somit die Grundlage von → *NOS* definiert. Darüber hinaus soll die Konfiguration und das Management von sehr großen → *LANs* (mit über 1 000 Einzelplatzrechnern wie → *PCs*) erleichtert werden.

   Ziel ist, dass eine ganze Reihe von im gesamten Netz (Clients und → *Server*) bereitstehenden Ressourcen jedem Nutzer unmerklich zur Verfügung gestellt werden können, d.h., die Nutzer, und im Idealfall auch die Anwendungsprogrammierer, müssen nicht die genauen Strukturen des Netzes, das die Ressourcen zur Verfügung stellt, kennen.

   Bestandteile sind ein → *X.500* Directory Service mit einem Cell Directory und einem Global Directory, die Benutzung von Remote Procedure Calls (RPC) als Grundlage der Kommunikation zwischen Anwendungen in verschiedenen Umgebungen, eine Definition des netzweiten Timings, Sicherheitsmaßnahmen (nutzt → *Kerberos*) und die Verwaltung unabhängiger Prozesse.

   DCE-Produkte sind mittlerweile für viele verschiedene Plattformen wie z.B. → *Windows 95*, → *Windows NT*, → *Unix* oder auch → *OS/390* erhältlich, so dass Anwendungsprogramme, die unter diesen Betriebssystemen laufen, plattformübergreifend über diese heterogene Umgebung miteinander kommunizieren können.

Die erste Version von DCE wurde nach Arbeiten ab 1988 von der OSF 1992 vorgestellt. Version 1.1 wurde im September 1994 veröffentlicht. Mittlerweile aktuell ist die Version 1.2.2. Auch nach dem Aufgehen der OSF mit → *X/Open* in der → *Open Group* bleibt die offizielle Bezeichnung OSF-DCE unverändert.

→ *CORBA*, → *DOC*, → *Cluster*.

→ *http://www.osf.org/*

→ *http://www.opengroup.org/tech/dce/*

DCF

Abk. für Data Communications Function.

DCF

Abk. für Data Communications Function.

DCF 77

Abk. für Digital Code Frequency on 77,5 kHz.

Ein → *Zeitzeichensender* mit Standort in Mainflingen bei Frankfurt/Hanau (24 km südöstlich gelegen). Die Leistung des Senders liegt bei 50 kW, die abgestrahlte Leistung bei ca. 25 bis 30 kW. Die Genauigkeit des Zeitsignals liegt bei $3*10^{-14}$s. Die max. Abweichung pro Jahr ist somit 1/100 000 s. Die Genauigkeit der Sendefrequenz liegt bei einer relativen Abweichung von im Mittel 10^{-12}.

Der Träger sendet auf 77,5 kHz und ist amplitudenmoduliert mit Sekundenmarken (Ausnahme: jede 59. Sekunde jeder Minute). Die Sekundenmarken werden durch ein Absenken der Amplitude um 25% realisiert. Dabei ist der Beginn der Absenkung auch der Beginn der dadurch markierten Sekunde. Durch Pulsdauermodulation der Sekundenmarken werden mit einem → *BCD*-Code Uhrzeit und Datum (Sekunde, Minute, Stunde, Datum, Wochentag, Monat, Jahr) übertragen. Das Absenken der Amplitude des Trägers zu Beginn einer Sekunde um 25% für die Dauer von 100 ms wird als logische Null und um 200 ms als logische Eins interpretiert. Pro Minute werden so die o.a. Daten in den Sekundenmarken übertragen.

Die Sendeanlage besteht aus einem 150 m hohen Mast für den Dauerbetrieb und einem 200 m hohen Mast für den Ersatzbetrieb. Im Falle eines Umschaltvorgangs aus technischen Gründen (Wartung, Reparatur) kommt es zu Sendeunterbrechungen von einigen Minuten. Daneben können bei Blitzschlag kurze Unterbrechungen von einigen Sekunden auftreten.

Der Sender ist in einem Radius von 1 500 km bis 2 000 km zu empfangen und wird von der Deutschen Telekom betrieben. Er wird von einer Atomuhr der → *PTB* in Braunschweig angetrieben, die mit dem Zeitgesetz aus dem Jahr 1978 dazu verpflichtet wurde, die genaue Zeit für die Bundesrepublik Deutschland zur Verfügung zu stellen. Der Sender ist seit dem 5. Juni 1973 in Betrieb.

Der Sender dient z.B. zur Synchronisation von Funkuhren, die mit eigenem Quarzlaufwerk ausgestattet sind, aber in bestimmten Intervallen (z.B. stündlich) ggf. vom Funksignal korrigiert werden. Anwendungen sind Ampelsteuerungen, Zeitansagen in Radiosendungen und im Fernsehen, die Steuerung der Tarifierung in Telekommunikationsnetzen oder Funkuhren aller Art für den privaten Gebrauch.

Andere derartige Systeme sind → *M8F*, → *HBG*, → *JG2AS* und → *WWVB*.

DCI

1. Abk. für Data Communication Interface.
2. Abk. für Display Control Interface.

   Bezeichnung für ein von Microsoft und Intel gemeinsam entwickeltes Verfahren zum direkten (schnellen) Schrei-

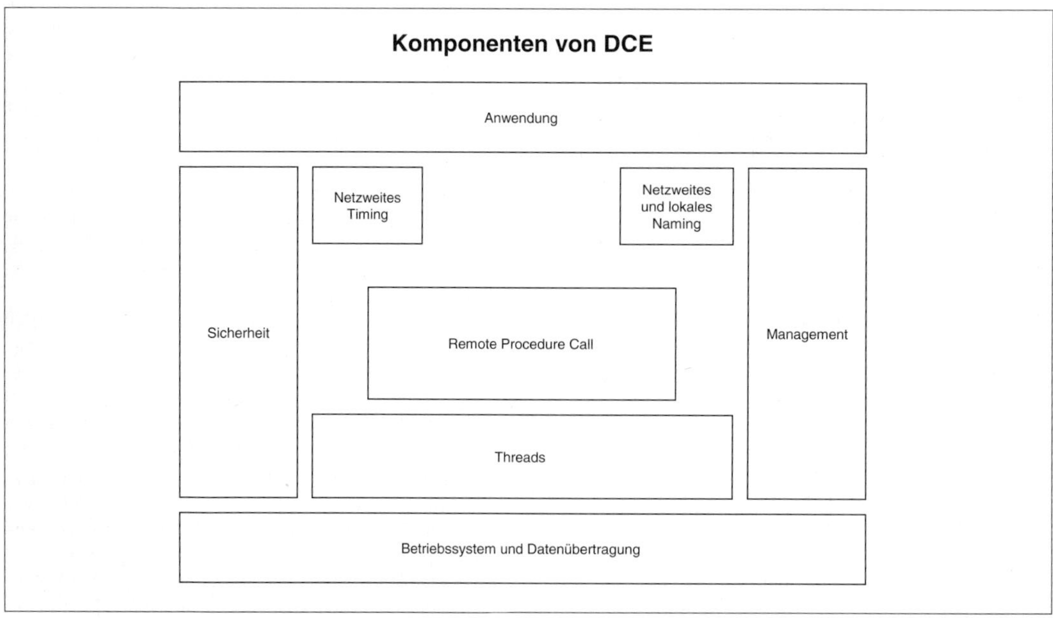

ben von Informationen in den Bildspeicher einer Grafikkarte.

DCIT

Abk. für Digital Compression of Increased Transmission.

Bezeichnung eines seit Ende 1993 am Advanced Telecommunications Institute in Hoboken/New Jersey entwickelten Kompressionsverfahrens.

Das Verfahren arbeitet unabhängig von der Art der zu komprimierenden Daten und ist für den Einsatz in Funksystemen gedacht. Es kombiniert ein Kompressions-, ein Codierungs- und ein digitales Modulationsverfahren (→ *digitale Modulation*).

DCL

1. Abk. für Digital Command Language.

   Bezeichnung für den Interpreter von Befehlen im → *Betriebssystem* → *VMS* aus dem Hause Digital Equipment.

   Die gesamte direkte Kommunikation zwischen dem Nutzer von VMS und dem VMS selbst wird durch DCL ermöglicht und abgewickelt.

2. Abk. für Data Control Language.

DCME

Abk. für Digital Circuit Multiplication Element.

Bezeichnung von Multiplexsystemen zur besseren Bandbreitennutzung von Satellitenübertragungsstrecken, z.B. durch → *VOX*.

DCN

Abk. für Data Communications Network.

- Allgemein eine Bezeichnung für ein Datenkommunikationsnetz für Datenverkehr.
- Im → *TMN* die Bezeichnung für das Netz, das nur für die Übertragung von Management-Daten zuständig ist.

DCOM

Abk. für Distributed Component Object Model.

Bezeichnung eines Gegenentwurfs aus dem Hause Microsoft zu → *CORBA* bzw. genauer: dem → *ORB* von CORBA. Bezeichnet ein Modell zum Zusammenarbeiten verteilter → *ActiveX*-Komponenten.

→ *DMTF*.

DCS

1. Abk. für Digital Cellular System.

   Ein insbesondere in den USA benutzter Oberbegriff für digitale, zellulare Mobilfunksysteme. Häufig gemeint ist aber auch das System DCS 1800, das mittlerweile unter → *GSM 1800* firmiert.

2. Abk. für Digital Cross Connect System.

   → *Cross Connect*.

3. Abk. für Digital Command Signal.

DCS 1800

→ *GSM 1800*.

DCT

1. Abk. für Discrete Cosine Transformation.

   Ein Verfahren der linearen Transformation, das meistens als erster Schritt bei digitalen Verfahren der Bildkompression angewendet wird. DCT stellt einen Sonderfall der diskreten Fourier-Analyse (→ *DFT*) dar, bei der nur die Anteile der Kosinustransformation berücksichtigt werden. DCT verfügt über gute Kompressionseigenschaften und wird deswegen bei → *JPEG* und → *MPEG* genutzt.

2. Abk. für Digital Cordless Telephony.

   Bezeichnet digitale schnurlose Telefone wie → *CT2*, → *PHP* und → *DECT*.

3. Abk. für Discrete Clock Transmitter.
4. Abk. für Data Calling Tone.

DCT 900

Abk. für Digital Cordless Telephone at 900 MHz.

Eine andere Bezeichnung für den Standard für Schnurlostelefonie → *CT3*.

DCVSL

Abk. für Dynamic Cascade Voltage Switch Logic.

Bezeichnung einer speziellen Schaltungsart logischer Gatter auf Basis der → *CMOS*-Technologie in Computer-Chips.

DD

Abk. für Double Density.

Bezeichnung für magnetische Speichermedien (→ *Diskette*), die im Vergleich zu → *SD* eine doppelte Aufzeichnungsdichte aufweisen. Es wird → *MFM* zum Aufzeichnen der Daten genutzt.

Eine weitere Steigerung ist → *HD*.

DDB, DDBS

Abk. für Distributed Database System.

International gebräuchlicher Oberbegriff für ein (geografisch) verteiltes Datenbanksystem.

→ *Datenbank*.

DDC

Abk. für Display Data Channel.

Bezeichnung eines von der → *VESA* definierten Standards für die Kommunikation zwischen Grafikkarte und Monitor, um Plug-&-Play-Systeme zu ermöglichen. Grundlage ist die Kommunikation über einen seriellen Kanal.

Der Standard unterscheidet verschiedene Stufen der Interaktion zwischen Monitor und Grafikkarte.

In erster Stufe DDC 1 erkennt die Grafikkarte die Möglichkeiten des Monitors, der seine Daten in einem spezifizierten Format (EDID, Extended Display Identification Data, 128 Byte) einfach nur permanent ausgibt, d.h., der Datentransfer erfolgt lediglich unidirektional vom Monitor zur Grafikkarte. Erkennbare Daten sind Kennummer des Monitors, Bildschirmgröße, Umfang des Supports von → *DPMS* und von der VESA definierte Timingparameter.

In einer zweiten Stufe DDC 2B können diese Daten geordnet von der Grafikkarte aus abgerufen werden. Dabei kön-

nen Daten im EDID-Format und im umfangreicheren VDIF-Format (VESA Display Identification File) von der Grafikkarte angefordert werden.
In der folgenden, noch in der Entwicklung befindlichen Stufe DDC 2AB sollen die Monitorparameter (Helligkeit, Kontrast, Bildlage etc.) auch vom PC aus über Menüs auf dem Bildschirm und Maus- oder Tastatureingaben eingestellt werden können, d.h. Drucktasten oder Einstellräder am Monitor entfallen. DDC nutzt die Standard-VGA-Verbindungen, allerdings nur die, die nicht von → *VGA* genutzt wurden (Pin 12 und 15).

DDD

Abk. für Distance Direct Dialing.
In den USA gebräuchliche Bezeichnung für Selbstwahl im Fernnetz, auch → *LATA*-überschreitend.

DDE

Abk. für Dynamic Data Exchange.
Bezeichnung für einen Mechanismus, mit dem verschiedene Softwareprodukte aus dem Hause → *Microsoft* untereinander Daten austauschen können, z.B. Daten einer Tabellenkalkulation in eine Textverarbeitung.

DDF

Abk. für Digital Distribution Frame.
Bezeichnung für den Verteiler in einer digitalen Vermittlungsstelle, der die abgehenden Kabel mit der eigentlichen Vermittlung verbindet.

DDI

Abk. für Direct Dialing In.
Auch DID, Direct Inward Dialing, genannt. Bezeichnung aus der Nebenstellentechnik. Bezeichnet die Durchwahl zu einer Nebenstelle ohne Inanspruchnahme der Zentrale (→ *Console*).

DDL

Abk. für Data Description (auch: Definition) Language.
Datenbeschreibungssprache. Bezeichnet bei Datenbanksystemen die Sprache, die dem Datenbankverwalter die Definition von Datenstrukturen etc. erlaubt.
→ *SQL*.

DDN

1. Abk. für Defense Data Network.

   Bezeichnung eines 1982 aufgebauten Datennetzes in den USA, bestehend aus dem → *Milnet*, Teilen des seinerzeitigen → *Internets* und anderen, nichtöffentlichen Netzen des Militärs. Wird betreut von der → *DCA*.

2. Abk. für Digital Data Network.

   Ein mittlerweile selten genutzter Oberbegriff für digitale Netze, die ausschließlich dem Datenverkehr vorbehalten sind.

DDNS

Abk. für Dynamic Domain Name Server.
Bezeichnet in → *IP*-basierten Netzen ein Protokoll, das beim Einsatz von → *DHCP* dazu verwendet wird, die mit DHCP dynamisch zugewiesene IP-Adresse einem DNS-Server (→ *DNS*) zu melden.
Das DDNS wurde maßgeblich vom Hause IBM entwickelt.

DDoS

Abk. für Distributed Denial of Service.
→ *Denial of Service*.

DDS

1. Abk. für Digital Data Service.
2. Abk. für Direct Digital Synthesis.

DDS1, DDS2, DDS3

Abk. für Digital Data Storage 1 ... 3.
→ *DAT*.

DDV

Abk. für Datendirektverbindung.
Produktbezeichnung der Deutschen Telekom, die sich fast zum Gattungsbegriff gewandelt hat. Bezeichnet eine digitale → *Standleitung* für Datenverkehr. Von der Deutschen Telekom werden DDVs mit verschiedenen Kapazitäten zur Verfügung gestellt. Dabei geht die Leitung von Anschluss zu Anschluss ohne eine vermittlungstechnische Einrichtung dazwischen.
DDVs sind Produkte der Deutschen Telekom, die bis zum Ende des → *Netzmonopols* auf Monopolübertragungswegen (→ *MÜW*) basierten. Im Gegensatz zu → *Standardfestverbindungen* haben DDVs eine bessere Qualität und höhere Verfügbarkeit, weswegen sie sich insbesondere für die Übertragung von Datenbeständen eignen.
Oft werden sie auch zum Aufbau von → *CNs* genutzt.

DE

1. Abk. für Discard Eligibility (Indication).

   Bezeichnung für ein Bit im Adressfeld des → *Headers* von → *Frame-Relay*-Datenpaketen, das anzeigt, ob im Falle von Überlast im Netz die Daten verworfen werden können (wenn Bit auf 1 gesetzt).

   Das DE-Bit kann vom Sender selbst oder von hierarchisch hochgelegenen Netzknoten gesetzt werden. Das Netz wird dabei üblicherweise alle Daten, die oberhalb der dem Sender zugesicherten Datenrate liegen (→ *CIR*), als mit niedriger Priorität versehen definieren und dementsprechend DE auf 1 setzen.

2. Abk. für Datenentstörung.

Dead Link

Im → *WWW* des → *Internet* die Bezeichnung für einen nicht funktionierenden → *Hyperlink*. Die Gründe dafür können sein dass der → *Server* in dem Augenblick nicht verfügbar ist oder dass die Zieladresse des Links nicht (mehr) aktuell ist.

Deadlock

Von engl. deadlock = Sackgasse. Auf deutsch selten auch Verklemmung genannt. Bezeichnet in verschiedenen Bereichen die gegenseitige Blockierung von verschiedenen Prozessen, z.B. indem Prozess A auf ein Signal von Prozess B wartet, das dieser aber erst geben kann, wenn das Signal von A eingetroffen ist.

Debugger, Debugging

Bezeichnung für eine an eine bestimmte → *Programmiersprache* gebundene Systemsoftware, oft Teil des → *Betriebssystems*, die es erlaubt, Programme Schritt für Schritt durchzugehen, um so Laufzeitfehler zu suchen und Programme zu testen. Parallel dazu kann der Quellcode Zeile für Zeile untersucht werden, Werte von Variablen abgefragt und das Programm angehalten werden.

Üblicherweise verfügen leistungsfähige Debugger heute über eine grafische Benutzeroberfläche, die das Durchführen derartiger Operationen auf einfache Weise erlaubt.

Der Begriff bezieht sich auf die gängige Bezeichnung eines Fehlers als → *Bug* und der Vorgang selbst (Debugging) bedeutet soviel wie ,Entlausen'.

DEC

1. Int. gängige Kurzform für das Unternehmen Digital Equipment Corporation, das Computer und Geräte für die Vernetzung herstellt. Das Unternehmen wird oft auch nur kurz Digital genannt. Es entwickelte z.B. entscheidend → *Ethernet* mit, darüber hinaus → *DECnet* und eigenständig die Computer → *PDP* oder → *VAX*.

   Die Interessen der Anwender von DEC-Produkten werden durch → *DECUS* wahrgenommen.

   Gegründet wurde DEC 1957 von Kenneth Harry Olsen (*1926) mit einem Kredit von 70 000 $ in Maynard, Massachusetts. Es wird berichtet, dass er sich während seiner Studienzeit immer in einer Rolle als Bittsteller gefühlt hatte, wenn er den Männern des Rechenzentrums in weißen Kitteln seine Lochkartenstapel übergab. Daher gründete er ein Unternehmen mit dem erklärten Ziel, erschwingliche und interaktive Allroundrechner zu bauen, die nicht nur von Spezialisten bedient werden konnten.

   Die junge Firma nahm in einer alten Baumwollspinnerei (,The Mill') auf 800 m^2 ihren Sitz und beschäftigte in den ersten Tagen drei Mitarbeiter. Als erstes baute er mit seinem Bruder einzelne Logikmodule, Zähler, Flip-Flops etc. zusammen.

   Am 26. Januar 1998 kündigte der Konkurrent → *Compaq* an, er werde DEC für rund 9 Mrd. $ übernehmen. Zum Juli 1998 wurde die Übernahme wirksam. Dies war die bis dahin größte Firmenübernahme in der Computergeschichte.

2. Abk. für Digital Echo Cancellation.

   Bezeichnung für Verfahren zur Unterdrückung von Echos (z.B. am Übergang von Zweidraht- auf Vierdrahtleitungen) bei digitaler Datenübertragung.

DE-CIX

Abk. für Deutschland Commercial Internet Exchange.

Bezeichnung eines zentralen Punktes in Deutschland, an dem sich 1995 einige kommerzielle Internet-Service-Provider (→ *ISP*) zusammengeschlossen haben, um direkt, ohne Umweg über transatlantische Verbindungen und USA, Nachrichten untereinander auszutauschen. Sein Sitz ist Frankfurt/Main.

Die ursprünglichen Provider waren EUnet, NTG/Xlink und MAZ. Mittlerweile wird seit Ende Januar 2000 der DE-CIX in den Räumlichkeiten von InterXion von → *eco* betrieben.

→ *DE-GIX*, → *INXS*.

→ *http://www.decix.com/*

DECnet

Abk. für Digital Equipment Corporation Network.

Ähnlich wie → *SNA* ein proprietärer Netzwerkstandard für Großrechnerumgebungen (ursprünglich die → *VAX* von → *DEC*) mit Produkten der Firma Digital Equipment. Baut auf → *Ethernet* auf. Markteinführung 1975. Durch seine Flexibilität (Integration von → *PCs*, → *PDPs*, → *Macintoshs* und VAXen) etablierte sich DECnet insbesondere im akademischen Bereich. Daher populär in den 70er und 80er Jahren, seither durch Multi-Vendor-Netze und Client/Server-Architekturen verdrängt.

Dennoch wurde DECnet seit 1991 zur Phase V weiterentwickelt mit dem Ziel, die Protokolle an das → *OSI-Referenzmodell* anzupassen. Damit existiert aktuell neben der Phase V auch noch die bisherige Phase IV.

DECT

Abk. für Digital European Cordless Telecommunications.

Bezeichnung eines europäischen Standards für digitale Funkübertragung, der für verschiedene Anwendungsgebiete genutzt werden kann:

- Schnurlostelefonie (→ *CT*): Hier liegt der Haupteinsatzbereich.
  - Einzelne oder einige wenige Geräte zur Schnurlostelefonie im privaten Bereich (mit nur einer Basisstation)
  - Schnurlose TK-Anlagen mit zellularen Konstruktionen (mehrere Basisstationen) zur Abdeckung von Gebäuden oder Werksgeländen
- → *Telepoint*-Anwendungen (Basisstationen an öffentlichen Orten)
- Drahtloses → *Zugangsnetz* (→ *RLL*): Ein Bereich, in dem DECT mit verschiedenen anderen Verfahren (standardisiert und proprietär) konkurriert. Dies ist ein Anwendungsbereich, in dem DECT lange Zeit in verschiedenen Ländern diskutiert und getestet wurde, in dem sich DECT jedoch gegen die konkurrierenden Verfahren nicht durchsetzen konnte. Man unterscheidet:
  - RLL-Anwendungen von DECT mit (begrenzter) Mobilität der Nutzer, z.B. innerhalb einer Straße oder eines Ortsteils.
  - RLL-Anwendungen von DECT ohne Mobilität (nur Terminalmobilität).
- → *Wireless LAN*: Ein Anwendungsgebiet, auf dem DECT bislang keine große Rolle gespielt hat.

DECT arbeitet im Bereich von 1 880 bis 1 900 MHz bei späterer Erweiterungsmöglichkeit nach unten auf 1 850 MHz mit 10 Trägerfrequenzen (1,728 MHz. Trägerfrequenzabstand). Es wird → *FDMA* und → *TDD*, ebenso wie bei → *CT3*, sowie 2stufige → *GMSK*-Modulation genutzt.

Beim TDD-Verfahren unterscheidet man den DECT-Multiframe, der aus 16 DECT-Frames besteht, die sich alle 160 ms wiederholen. Die DECT-Frames bestehen aus 24 Timeslots (→ *Slot*) zu je 416 µs, von denen die ersten 12 für den → *Down*link und die anderen 12 für den → *Uplink* reserviert sind.

Die zu verwendende Frequenz wird in Abhängigkeit aktuell festgestellter Störungen ermittelt. Dieses Verfahren wird mit Dynamic Channel Selection und Dynamic Channel Allocation (DCS und → *DCA*) bezeichnet.

DECT sieht eine → *ISDN*-Schnittstelle vor und ist gedacht für Mobilstationen bis zu einer Geschwindigkeit von ca. 20 km/h im Indoor-Bereich. Es ermöglicht dreidimensionale Zellenkonstruktionen (in Gebäuden) und daher Verkehrsdichten bis zu 10 000 Erlang/km^2 (!) bei der Abwicklung von Sprach- und Datenkommunikation. Wie → *CT2* benutzt DECT auch → *ADPCM* nach G.721 als Sprachcodec mit 32 kbit/s, die duplex übertragen werden. Die Gesamtbitrate über die Funkschnittstelle liegt bei 1 152 kbit/s, die bei Bedarf einem Nutzer exklusiv zur Verfügung gestellt werden kann (dann nur ein Nutzer an einer Basisstation).

Auf einer Frequenz können zwölf TDMA-Kanäle bedient werden (120 Duplexkanäle insgesamt), von denen jedoch mehrere zu einer Verbindung mit höherer Datenrate zusammengefasst werden können, um so z.B. ISDN-Dienste anbieten zu können. In der einfachsten Ausbaustufe sieht DECT eine Zelle mit bis zu zwölf Handhelds vor (maximal 120). Bei mehrzelligen Anwendungen wird → *Handover* ermöglicht, das von der Mobilstation initiiert wird (dezentrales Handover, im Gegensatz zum zentralen Handover bei → *GSM*). Die Zellen selbst haben eine Ausdehnung von 200 m bis 250 m im Außenbereich und etwa 20 m bis 50 m im Innenbereich.

Insgesamt ist DECT sehr abhörsicher und verfügt über eine höhere Sprachqualität als GSM-Systeme. Ziel ist, eine Luftschnittstelle zur Verfügung zu stellen, über die → *MS* (bei DECT auch Portable Radio Termination, PRT, genannt) mit den → *BS* (bei DECT auch Fixed Radio Termination, FRT, genannt) anderer Hersteller kommunizieren können.

Es wurden im Laufe der Zeit verschiedene Luftschnittstellen für verschiedene Anwendungen entwickelt, die Kompatibilität zwischen Mobilteil und Basisstation verschiedener Hersteller sicherstellen. Man unterscheidet:

Abk.	Langform	Bemerkung
GAP	Generic Access Profile	Nutzung im privaten Bereich (Schnurlostelefonie)
PAP	Public Access Profile	Nutzung im öffentlichen Netz (Telepoint)
RAP	Radio Local Loop Access Profile	Nutzung als → *WLL* im Zugangsnetz, unterteilt nach herkömmlicher Telefonie (Part 1) und ISDN sowie breitbandigen und paketorientierten Datenübertragungsdiensten (bis 552 kbit/s).
CAP	Corporate Access Profile	Nutzung in → *Corporate Networks*
DMAP	DECT Multimedia Access Profile	Nutzung für kombinierte Sprach-/Datenübertragung mit 128 kbit/s (seit August 1999)

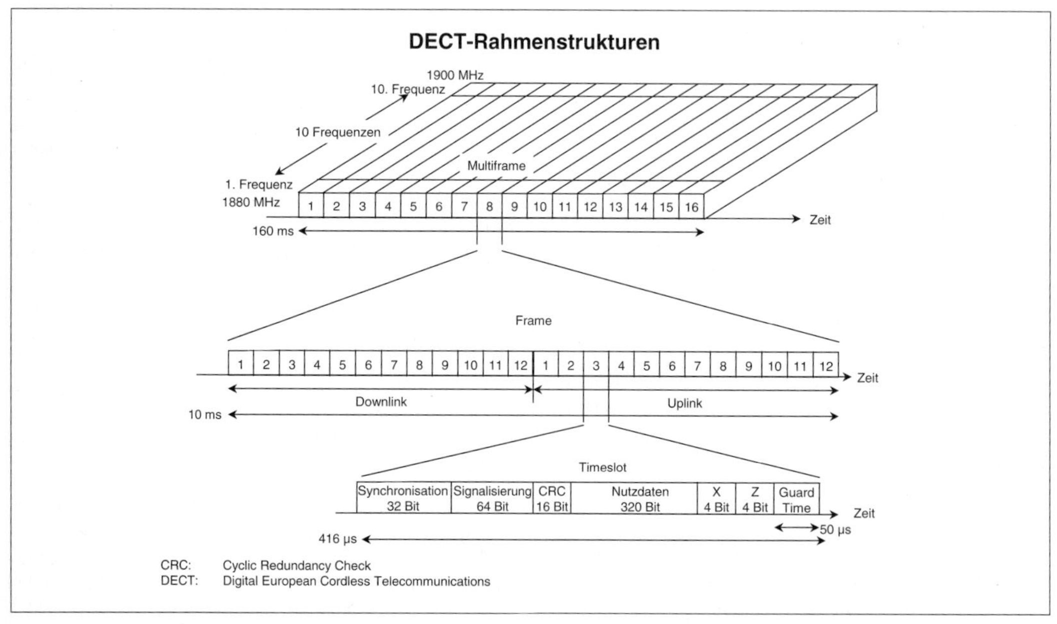

Im Bereich der Schnurlostelefonie gibt es seit Mitte der 90er Jahre keinen ernsthaften Konkurrenzstandard mehr. Zuvor hatten CT1 und CT2 noch Marktanteile.

In den anderen Anwendungsbereichen ist es DECT nicht gelungen, sich gegen Konkurrenztechnologien wie z.B. → *IEEE 802.11* im Bereich der → *Wireless* LAN oder → *LMDS* im Bereich → *RLL* durchzusetzen.

Die Entwicklung des Standards wurde 1985 noch von der → *CEPT* initiiert. Seit Januar 1988 erfolgte die massive Arbeit an einem europäischen Standard unterhalb von 2 GHz. Endgültig verabschiedet wurden im August 1992 von der → *ETSI* die folgenden Standards:

Standard	Inhalt
ETS 300 175-Teil 1 bis 9	Radio Equipment and Systems (RES); Digital European Cordless Telecommunications (DECT); Common Interface; Part 1: Overview Part 2: : Physical Layer (PHL) Part 3: Medium Access Control (MAC) Layer Part 4: Data Link Control (DLC) Layer Part 5: Network (NWK) Layer Part 6: : Identities and Addressing Part 7: Security Features Part 8: : Speech Coding and Transmission
ETS 300-176-Teile 1 und 2	Approval Test Specification Part 1: Radio Test Part 2: Speech Test

Das DECT-Forum promotet DECT global, fördert die Kommunikation der Hersteller untereinander und vertritt sie in weiteren Standardisierungsgremien. Ferner ist es die treibende Kraft hinter der Fortentwicklung des Standards.

Adresse:

DECT Forum
Postfach 6823
3001 Bern
Schweiz
Tel.: 00 41 31 / 3 30 81 44

Die Standardisierung im Rahmen der CEPT startete bereits 1985 und wurde dann von der ETSI fortgesetzt.

Ab August 1992 lag ein stabiler Standard vor.

Im März 1993 erklärten Philips, Alcatel. Siemens, Ericsson und Nokia, dass sie DECT unterstützen.

Seither gab es marginale Änderungen bzw. insbesondere Ergänzungen bis zur Verabschiedung des GAP Ende 1994 und RAP 1998 (ETS 300-765). Die Großserienfertigung von Geräten für den privaten Markt startete 1994. Erste Geräte (eine MS und eine BS) kosteten seinerzeit um die 1 500 DM.

→ *http://www.dect.ch/*

→ *http://www.dectweb.com/*

→ *http://www.etsi.org/dect/*

→ *http://home.nikocity.de/kozlik/dect/dect_principles.html/*

DECUS

Abk. für Digital Equipment Corporation User Society.

Bezeichnung für eine 1961 gegründete Interessenvereinigung der Nutzer von Hard- und Software aus dem Hause → *DEC*. Ziel ist die Wissensvermittlung über neue Produkte aus dem Hause DEC, die Vermittlung praxisorientierten Trainings und das Feedback zum Hersteller. Dies wird erreicht über jährliche Symposien, regionale Treffen (LUGs, Local User Groups), Arbeitsgruppen (SIGs, Special Interest Groups), das DECUSnet und eine jedes Quartal erscheinende Zeitschrift.

Auch nach der Fusion von DEC mit → *Compaq* bleibt DECUS bestehen.

Mittlerweile hat DECUS über 100 000 Mitglieder weltweit. Die Mitgliedschaft ist kostenlos. Der für Deutschland und Österreich zuständige Zweig ist erreichbar unter:

DECUS München e.V.
Freischützstr. 91
81927 München
Telefon: 0 89 / 95 91 10 82
Fax: 0 89 / 95 91 38 11

→ *http://www.decus.de/*

DED

Abk. für Deutscher Empfangsdienst.

→ *DARC*.

Dedicated Network

1. Englischer Begriff für einem bestimmten Verwendungszweck fest zugewiesene Netze. Bezeichnung für Netze unter dem Gesichtspunkt der Zugehörigkeit angeschlossener Teilnehmer zu einer bestimmten, abgegrenzten Gemeinschaft. Ein LAN einer Abteilung oder über Mietleitungen verbundene Nebenstellenanlagen sind z.B. Dedicated Networks. Das öffentliche Fernsprechnetz oder ein → *X.25*-Netz aber nicht. Vorteile von Dedicated Networks liegen in der höheren Datensicherheit und dem Schutz vor unbefugtem Zugriff. In öffentlichen Netzen können u.U. mit → *CUG*s Dedicated Networks simuliert werden.
2. Bezeichnung für ein Netz, das nur einen einzigen Dienst ermöglicht (z.B. Sprachübertragung).

DEDIG

Abk. für Deutsche EDI-Gesellschaft.

→ *EDI*.

Dedizierte Leitung

→ *Standleitung*.

DEE

Abk. für Datenendeinrichtung.

International auch Data Termination Equipment (DTE) genannt. Generische Bezeichnung für alle sendefähigen oder empfangsfähigen Datenstationen, z.B. → *Terminals* an einem → *Mainframe* oder herkömmliche PCs. Diese Geräte sind mit einer Datenübertragungseinrichtung (→ *DÜE*, z.B. einem → *Modem*) in der Lage, Daten über ein Telekommunikationsnetz zu empfangen und zu senden.

Zwischen DEE und DÜE regelt ein Protokoll, z.B. nach → *V.24* oder → *X.21*, die Datenübertragung.

Deep Blue

Bezeichnung eines speziellen → *Schachcomputers* aus dem Hause IBM, der auf der Architektur der → *IBM RS/6000* basiert. Er trat vom 3. bis 11. Mai 1997 gegen den amtierenden Weltmeister Garry Kasparov an und gewann mit 3,5 zu 2,5 Punkten. Damit siegte erstmals ein Schachcomputer über einen amtierenden (menschlichen) Schachweltmeister. Das Entwicklungsteam erhielt dafür am 29. Mai 1997 einen bereits 1980 für diesen Fall von der Carnegie-Mellon-University, Pittsburgh/Pennsylvania, ausgesetzten Preis in Höhe von 100 000 $.

Der Rechner basierte auf einer IBM RS 6000 SP und bestand aus 32 Prozessoren mit → *Microchannel* und acht speziellen Schach-Prozessoren. Das System war in der Programmiersprache → *C* programmiert und lief unter dem → *Betriebssystem* AIX, einem speziellen → *Unix* → *Derivat* aus dem Hause IBM. Insgesamt konnte der Rechner 50 bis 100 Mrd. Varianten in drei Minuten simulieren. Kritiker sind daher der Meinung, dass der Gewinn des Matches weniger auf Erfolge der Forschung im Bereich künstlicher Intelligenz (→ *KI*) basiert, als vielmehr auf einem zwar systematischen, aber dennoch eher auf Quantität statt Qualität setzenden ‚Ausprobieren'.

Hervorgegangen ist er aus dem Vorläufermodell → *Deep Thought*. Das technische Konzept geht im Wesentlichen auf Feng-Hsiung Hsu zurück, der auch schon bei Deep Thought mitgearbeitet hat. Oberster Manager des Projektes bei IBM war Chung-Jen Tan. Andere Mitarbeiter waren Joel Benjamin, Jerry Brody, Murray Campbell und Joe Hoane.

Im Gegensatz zum Vorläufer wurde Deep Blue durch eine spezielle Schachdatenbank unterstützt, in der Eröffnungs- und Endspiele (mit nur noch fünf oder weniger Spielfiguren) von Schachgroßmeistern der vergangenen 100 Jahre gespeichert waren.

→ *Belle*.

→ *http://www.chess.ibm.com/*

Deep Thought

Bezeichnung für einen → *Parallelrechner*, der 1988 von mehreren Studenten im Rahmen eines Forschungsprojektes an der Carnegie Mellon University in Pittsburgh/Pennsylvania, USA, gebaut wurde. Mit ihm sollte untersucht werden, wie Parallelrechner komplexe Probleme lösen können. Einer größeren Öffentlichkeit bekannt wurde der Rechner erst dadurch, dass er der erste Computer war, der einen Schachgroßmeister besiegte, womit das Entwicklungsziel, erstmals einen → *Schachcomputer* auf Großmeisterniveau zu bauen, erreicht war.

Er konnte 750 000 Schachzüge pro Sekunde analysieren.

1989 trat eine verbesserte Version mit sechs Prozessoren und der Fähigkeit, 2 Mio. Schachzüge pro Sekunde zu simulieren, erstmals gegen Garry Kasparov an und verlor.

1993 gewann der Rechner gegen den bis dahin jüngsten Schachgroßmeister, Judit Polgar.

Im Frühjahr 1996 gewann Deep Thought die erste von sechs Partien gegen Garry Kasparov, spielte zweimal Remis, unterlag dann aber mit insgesamt drei Niederlagen.

Zu dem Forschungsteam unter der Leitung von Feng-Hsiung Hsu und Thomas Anantharaman gehörten Murray Campbell, Jerry Brody und A. Joseph Hoane Jr.

→ *Belle*.

Deerfield

Codename des Entwicklungsprojektes im Hause → *Intel* zur Entwicklung eines 64-Bit-Prozessors mit dem Ziel, diese Architektur in Rechnern für einen breiten Markt zu etablieren.

→ *EPIC*.

Default (-Wert, -Parameter)

Von engl. default = Fehlen, Nichterscheinen, Vermissen, Verzug.

Bei Software die Bezeichnung für Werte von Parametern, die vom System vorgegeben und für den weiteren Programmlauf genutzt werden, falls durch den Nutzer bei Abfragen oder bei der Installation des Programms keine anderen Angaben zu den Werten erfolgen.

Default-Werte werden bei Programmtests oder aus der Erfahrung gewonnen.

Default Route

Bezeichnung für einen Eintrag in einer Routing-Tabelle für einen einzigen voreingestellten Weg, d.h., es findet praktisch kein → *Routing* statt.

DE-GIX

Abk. für Deutschland Global Internet Exchange.

Bezeichnung eines zentralen Punktes in Deutschland, an dem sich mehrere große Internet-Service-Provider (→ *ISP*) aus Deutschland zusammengeschlossen haben, um schnell und direkt, ohne Umweg Zugang zum globalen → *Internet* über → *GIX* zu erhalten.

Sitz dieses Netzknotens ist München beim → *ECRC*.

→ *DE-CIX*.

DEGt

Abk. für Datenendgerät.

Von der seinerzeitigen Bundespost geprägter Ausdruck für → *DEE*.

Dekadenwahl

Bezeichnet die Auswertung von zwei Ziffern in → *EMD*-Wählern.

Dekameterwellen

Bezeichnung für elektromagnetische Wellen einer bestimmten Wellenlänge von 10 m bis 100 m und daher auch einer bestimmten Frequenz.

→ *HF*.

DEL

Abk. für Direct Exchange Line.

Delay

Engl. für Verzögerung. Die Zeit, die z.B. zwischen dem Absenden bei einem Sender und dem Empfangen einer Nachricht durch den Empfänger vergeht. Delay wird nicht nur durch die Signallaufzeit auf der Übertragungsstrecke erzeugt, sondern auch durch technische Vorgänge beim Sender und Empfänger vor dem Senden bzw. nach dem Empfangen, wie z.B. → *Kompression*, → *Kanalcodierung* oder Verschlüsselung (→ *Kryptologie*).

Die Änderung des Delays im Laufe der Zeit innerhalb einer bestehenden Verbindungsdauer wird mit → *Jitter* bezeichnet.

In der Telekommunikation sind verschiedene Nachrichteninhalte verschieden stark empfindlich für Delays (→ *Sprachübertragung*, → *Datenvermittlung*), weswegen in Abhängigkeit von der gewünschten Qualität unterschiedliche Netze, Vermittlungs- und Übertragungsverfahren gewählt werden können (→ *Vermittlungstechnik*, → *QoS*).

Delegation

→ *Domain*.

Delimiter

Engl. für Begrenzer. Bezeichnet spezielle Zeichen, die in Texten als begrenzende Formatangabe, z.B. zur Kennzeichnung eines in Blocksatz zu formatierenden Textes, verwendet werden.

Delphi

Name eines der ersten → *Online-Services* in den USA mit Sitz in Cambridge/Mass. Es handelte sich zunächst um einen Dial-in-Online-Dienst, der textbasierte Informationen anbot.

Bemerkenswert ist, dass er der erste Online-Dienst war, der 1992 auf Initiative von Daniel Bruns einen Zugang zum → *Internet* in sein ansonsten rein textbasiertes Angebot integrierte und dadurch in den frühen 90er Jahren Wachstumszahlen von 20% pro Monat erreichte.

Dadurch wurde Delphi für Medienunternehmer interessant, so dass der Medienkonzern News Corp. des Medienunternehmers Rupert Murdoch den damals fünftgrößten Online-Dienst der USA 1993 für 12 Mio. $ kaufte und viel mit ihm vor hatte. Anlässlich dieser Übernahme wurde von Alan Baretz, dem seinerzeitigen Chef von Delphi, prophezeit, dass man innerhalb von zwei Jahren größer als → *AOL* und andere Konkurrenten sein werde, indem man ein multimediales Interface anbieten und innerhalb des Medienkonzerns auf die Konvergenz von Internet und TV setzen werde.

Delphi half zunächst dabei, viele Websites für den News-Konzern aufzubauen, doch machte der beginnende Wettbewerb unter den Online-Diensten Delphi zu schaffen. Die Nutzerzahlen kletterten nicht mehr wie geplant.

1995 kam zwar noch eine Kooperation mit MCI zustande, doch verkaufte Murdoch Delphi 1996 wieder an Teile des urspünglichen Managements für einen Preis zwischen 3 und 4 Mio. $ zurück, nachdem sich seine Investments (mehrere 10 Mio. $) nicht ausgezahlt hatten und sich abzeichnete, dass das freie Internet keinen Raum mehr für geschlossene Online-Dienste bietet.

Das neue Management wandelte Delphi in eine Community im WWW um und bietet themenspezifische Foren an.

Am 25. Januar 2000 gab Delphi seine Verschmelzung mit seinem Konkurrenten Well Engaged aus Sausalito zu Prospero bekannt.

→ *http://www.delphi.com/*

→ *http://www.prospero.com/*

DELTA

Abk. für Description Language for Taxonomy.

Bezeichnung einer Beschreibungssprache für Datenformate, die speziell für Anwender entwickelt wurde, die keine Computerexperten sind und vorwiegend biologische Probleme mit dem Computer bearbeiten.

Entwickelt 1980 von M.J. Dallwitz, einem Etymologen der CSIRO (Commonwealth Scientific and Industrial Research Organization) in Canberra, Australien.

Deltamodulation

Eine Spezialform der differenziellen Pulscodemodulation (→ *DPCM*), bei der angenommen wird, dass sich benachbarte Abtastwerte nur um den Wert 1 oder -1 unterscheiden, so dass zur Codierung der Differenzen lediglich ein Bit benötigt wird. Die Deltamodulation ist sehr empfindlich für schnelle Signaländerungen. Dem helfen eine Erhöhung der Abtastrate, eine Vergrößerung der Stufenhöhe oder eine adaptive Stufenhöhe (adaptive Deltamodulation) ab.

Nachteilig ist ferner, dass eine gute Sprachqualität nur bei einer sehr hohen Bitrate (> 200 kbit/s) erreicht wird. Zu den Vorteilen zählt in jedem Fall eine einfache Konstruktion, auch ist keine Wortsynchronisation nötig, da der Takt aus dem Signal erkennbar ist.

Beim Empfänger sorgt eine Tiefpassfilterung für eine gleichmäßige Rekonstruktion des Eingangssignals.

Bei adaptiver Deltamodulation (ADM) wird die Stufenhöhe an das abzutastende Signal angepasst. Gute Sprachqualität wird bei adaptiver Deltamodulation schon mit 16 kbit/s erreicht.

Erfunden wurde die Deltamodulation 1945 von dem Franzosen E. Maurice Deloraine von der ITT Corp., der dafür zusammen mit Derjavitch und van Mierlo 1946 ein Patent erhielt.

Delta-Training

→ *Update*.

Demand Priority

Bezeichnung eines Zugriffsverfahrens für ein mit → *Hubs* ausgestattetes → *LAN* nach dem Standard des → *Ethernet* mit den Kabeln nach 100Base-T (→ *Fast Ethernet*).

Dabei wird nicht mehr nach dem → *CSMA/CD*-Verfahren auf das Medium zugegriffen, sondern die sendewillige Station sendet eine mit einer Priorität versehene Anfrage an den Hub. Zeitkritische Multimedia-Anwendungen bekommen dabei die höchste Priorität. Diese wird von der Anwendung selbst festgelegt, die → *MAC*-Schicht übergibt den Wunsch

mit Priorität nur an den Hub, der über die Sendeberechtigung entscheidet.
Microsoft und Novell arbeiten an einer Realisierung dieses Verfahrens, das eigentlich kein echtes Ethernet mehr ist.

Demon

Andere Bezeichnung für → *Daemon*.

de Morgan, de Morgansche Theorem

Das de Morgansche Theorem ist ein Bestandteil der → *Booleschen Algebra* und besteht aus zwei Gleichungen. Sie lauten (¬: *NICHT*, +: *UND*, *: *ODER*):

$$\neg(Y_1 + Y_2 + ... + Y_n) = \neg Y_1 * \neg Y_2 * ... * \neg Y_n$$
$$\neg(Y_1 * Y_2 * ... * Y_n) = \neg Y_1 + \neg Y_2 + ... + \neg Y_n$$

Das erste Theorem besagt, dass die Negierung einer → *UND*-Verknüpfung der → *ODER*-Verknüpfung der einzeln negierten Variablen entspricht.
Das zweite Theorem besagt, dass die Negierung einer ODER-Verknüpfung der UND-Verknüpfung der einzeln negierten Variablen entspricht.
Die Regeln wurden von dem schottischen Mathematiker und Logiker August de Morgan (* 1806, † 1871) aufgestellt, der die Theorie der Relationen begründete.
Obwohl de Morgan diese Regeln erstmals systematisch formulierte wurden sie bereits vorher vom indischen Logiker Siroman Raghunatha im 16. Jahrhundert angewendet.

Demoversion

Manchmal auch Light-Version genannt. Bezeichnung für eine Version einer Software, die das grundlegende Prinzip und die grundlegende Funktionalität beherrscht, gegenüber einer → *Vollversion* der Software aber mit Restriktionen belastet ist. Diese Restriktionen können funktionaler Art sein (z.B. eine Adressverwaltung kann Adressen nicht sortieren oder ausdrucken) oder leistungstechnischer Art (z.B. eine Adressverwaltung kann nur 50 Adressen verwalten).
Derartige Versionen werden häufig im → *Internet* zum kostenlosen → *Download* bereitgestellt oder auf verkauften PCs kostenlos vorinstalliert. Ihr Zweck ist, den Bekanntheitsgrad des Programms zu steigern und potenzielle Käufer der Vollversion anzusprechen.

Demultiplexer

→ *Multiplexer*.

DEN

Abk. für Directory Enabled Networking.
Eine Entwicklung aus dem Hause Cisco zusammen mit Microsoft zur transparenten Bereitstellung einheitlicher Informationsbestände für das → *Netzmanagement*, unabhängig davon, in welchen Verzeichnissen und unter welchen Verzeichnisstrukturen die Informationen abgelegt sind. Mittlerweile durch die → *IETF* zum Standard erhoben. Maßgeblich mitentwickelt von John Strassner.
→ *Verzeichnisdienst*.

DENet

Bezeichnung des Forschungsnetzes in Dänemark, das nationales Teil des → *Internets* ist. Betreut wird es durch das nationale dänische Computerzentrum UNI-C.

Denial of Service

Abgekürzt mit DoS. Begriff aus der Szene der → *Hacker*. DoS-Angriffe auf einen → *Server* haben das Ziel, ihn an der Ausführung/am Anbieten von Diensten zu hindern.

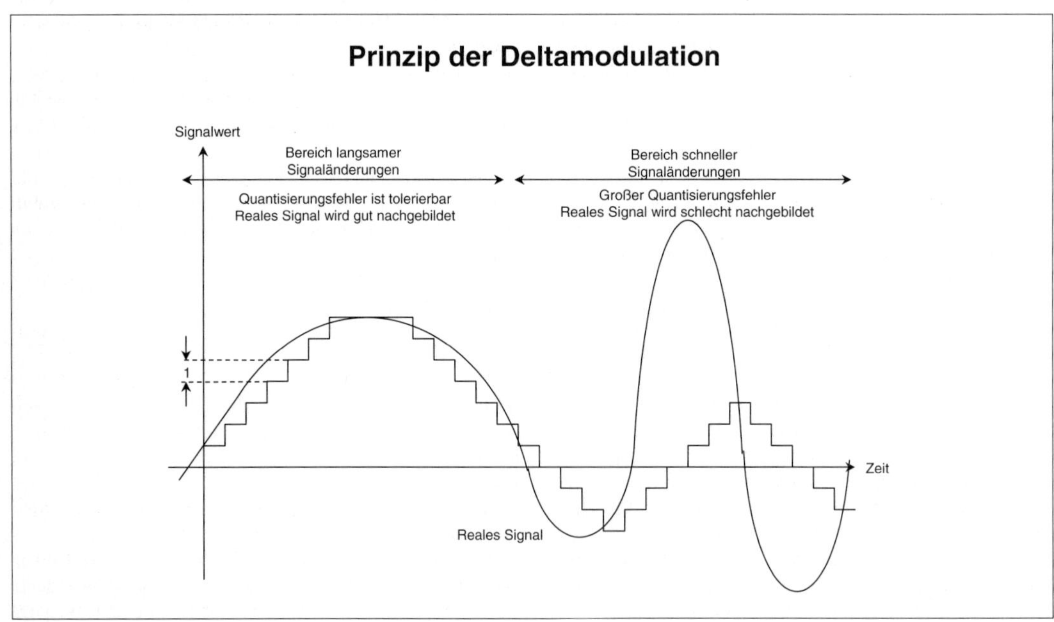

Allgemeines Ziel eines solchen Angriffs ist es, den Server durch Überschreiten einer Lastgrenze dazu zu bringen, dass er sich selbst vom Netz trennt oder ihn für die Nutzung durch andere zu blockieren, indem er zum Absturz gebracht wird. Diese Attacken können nicht nur von einem Rechner stammen, auch ein koordinierter Angriff von mehreren anderen Rechnern aus (dann genannt: Distributed DoS, DDoS) ist möglich. Der Angriff durch einen Rechner war bis in die späten 90er Jahre hinein üblich, da er von einer Person durchgeführt werden konnte, wohingegen seither die Distributed DoS massiv zugenommen haben.

DoS nutzt dabei gezielt Schwachstellen von Protokollen, Betriebssystemen oder von auf Servern laufender Software aus. Ein Beispiel dafür ist das sog. → *SYN-Flooding*.

→ *http://www.cert.dfn.de/infoserv/dib/dib-2000-01.html/*

DE-NIC

→ *NIC.*

Denmark-Germany

Bezeichnung für mehrere → *Unterwasserkabel*, die Dänemark mit Deutschland verbinden.

Name	Denmark-Germany No. 1
Länge	-
Inbetriebnahme	November 1992
Kapazität	• Ursprünglich: Drei 565 Mbit/s PDH-Systeme • Seit Dezember 1995: Zwei STM-16-Systeme
Außerbetriebnahme	-
Anlandungspunkt D	• Norden
Anlandungspunkt DK	• Maade
Bemerkungen	• Sechs Glasfaserpaare • Ein Repeater auf Helgoland

Name	Denmark-Germany No. 2
Länge	70 km
Inbetriebnahme	1994
Kapazität	• Zwei STM-16-Systeme
Außerbetriebnahme	-
Anlandungspunkt D	• Ribnitz-Damgarten
Anlandungspunkt DK	• Gedser
Bemerkungen	• Kein Repeater

Depesche

Von frz. dépêcher = sich beeilen, etwas eilig abschicken. Depesche ist die davon abgeleitete Ursprungsbezeichnung für per Telegrafie übermittelte Nachrichten.

Am 6. April 1852 schlug E.P. Smith im ‚Albany Evening Journal' in Rochester/New York vor, anstelle des Wortes Depesche das Wort → *Telegramm* zu benutzen.

DEPSK

Abk. für Differentially Encoded Phase Shift Keying.

Eine Sonderform der → *PSK.*

Deregulierung

Ganz allgemein die Aufhebung staatlicher Maßnahmen in Form wirtschaftspolitisch begründeter Eingriffe in den Marktmechanismus. Speziell im Telekommunikationsbereich die Bezeichnung für die in den letzten Jahren zu beobachtenden Vorgänge in vielen wichtigen nationalen Märkten für Telekommunikationsdienstleistungen, die üblicherweise eine Abkehr vom staatlichen Monopol bedeuteten. Als Folge des Deregulierungsprozesses ergab sich insbesondere ein Wettbewerb zwischen mehreren Anbietern von Telekommunikationsdienstleistungen. Deregulierung soll aber auch zu mehr Wettbewerb unter System- sowie Endgeräteherstellern führen. Diese beiden Entwicklungen werden häufig auch isoliert unter der Bezeichnung Liberalisierung betrachtet.

Dass es im Bereich der Telekommunikation lange Zeit eine Monopolstellung eines (meist staatlichen) Anbieters gab, hing mit der Annahme zusammen, dass es sich beim Aufbau und Betrieb von Telekommunikationsnetzen um ein kostenintensives Geschäft mit einem sehr hohen Fixkostenanteil (Infrastruktur) handelt. Ferner gab es die Annahme, dass die angebotenen Produkte sowieso überall gleich wären (Telefonie). Ein dritter Grund lag in der volkswirtschaftlichen Bedeutung im Sinne einer angemessenen Versorgung der gesamten Bevölkerung mit Telekommunikationsdienstleistungen, was in einem wettbewerbsorientierten Markt nicht gewährleistet erschien.

In einem solchen Fall ging die herrschende Lehre lange Zeit davon aus, dass nur sehr große Unternehmen dies effizient bewerkstelligen können und eine Senkung der Durchschnittskosten erreichen können. Die Öffnung eines derartigen Marktes würde zunächst zu volkswirtschaftlich unerwünschten weil ineffizienten Investitionen in parallele Infrastrukturen und zu raschen Konzentrationsprozessen führen, so dass ein „natürliches Monopol" vorliegt.

Da jedoch die technische Entwicklung zu differenzierten Produktportfolios und sinkenden Investitionskosten in Infrastruktur führte, sind einige der o.a. Annahmen mittlerweile nicht mehr haltbar. Des weiteren gilt der Infrastrukturausbau unter volkswirtschaftlichen Gesichtspunkten als abgeschlossen, was in Kombination mit der Entwicklung regulatorischer Elemente wie der Universaldienstverpflichtung weitere der o.a. Punkte relativiert.

Insgesamt führten diese Entwicklungen dazu, dass man nicht von einem Markt für Telekommunikationsdienstleistungen sprechen konnte, da die Voraussetzungen in den verschiedenen Segmenten (Telefonie, Mobilfunk, Datenkommunikations etc.) stark differierten, und dass es sich bei diesen Märkten nicht mehr um natürliche Monopolmärkte handelte. Vielmehr führt eine Öffnung dieser Märkte zum Zwecke des Wettbewerbs zu sinkenden Preisen, steigender Qualität und stärkerer Produktinnovation.

Ein weiterer wichtiger Punkt, der mit dem Auftreten mehrerer Wettbewerber in den Telekommunikationsmärkten zu tun hat, ist die gerechte Verteilung aller für das Angebot von

Telekommunikationsdiensten benötigten knappen Ressourcen (Nummerierung, Local Loop, Wegerechte, Satellitenpositionen auf → *GEOs*, → *Frequenzen*) auf mehrere Anbieter. Dieser Aspekt führt allerdings, im Gegensatz zum Begriff der Liberalisierung oder Deregulierung, zu einem erhöhten Bedarf, Verfahren und ‚Spielregeln' festzulegen, weswegen auch gegenteilig von Regulierung gesprochen wird.

Oft in engem Zusammenhang mit der Deregulierung wird die Privatisierung bisheriger staatlicher Monopolunternehmen (→ *Incumbent*) im Telekommunikationssektor gesehen. Ziel dabei ist, das bisherige Monopolunternehmen aus der staatlichen Einflusssphäre herauszunehmen und nach unternehmerischen Grundsätzen zu führen, damit es in einem liberalisierten Markt gegen neue Wettbewerber erfolgreich bestehen kann. Ferner ist mit diesem Prozess üblicherweise auch die Trennung von tatsächlich unternehmerischer Tätigkeit (= Anbieten von Telekommunikationsdienstleistungen) und von Aufsichtspflichten verbunden, die in Monopolmärkten häufig von der gleichen Institution (Unternehmen oder Behörde) wahrgenommen wurden bzw. werden.

Üblicherweise wird zwischen Wettbewerbsregulierung (Marktmacht von Anbietern, Preisregulierung) und technischer Regulierung (Nummerierungspläne, → *Interconnection*, → *Frequenzzuweisung* und *Frequenzzuteilung*) unterschieden. Im ersten Fall spricht man häufig auch nur von Regulierung, da die knappen Ressourcen in einem liberalisierten Markt, der bislang von einem Monopolanbieter beherrscht wurde, einer gerechten Zuteilung durch eine Aufsichtsbehörde bedarf.

Hinsichtlich der Wirkung der Maßnahmen der Regulierungsbehörde auf die Anbieter von Telekommunikationsdienstleistungen unterscheidet man allgemein zwischen:

- Symmetrische Regulierung: Hierbei werden alle Marktteilnehmer den gleichen Regeln unterworfen.
- Unsymmetrische oder auch asymmetrische Regulierung: Hierbei wird ein marktbeherrschender Anbieter (üblicherweise das Unternehmen, dem bis zur Liberalisierung des Marktes eine Monopolstellung eingeräumt wurde) besonderen Regeln unterworfen. Beispiele für diese besonderen Regeln sind die Universaldienstverpflichtung (→ *USO*), eine offene Rechnungslegung zur Vermeidung von Quersubventionen und die Genehmigungspflicht für neue Tarife.

  Ziel ist, dass der marktbeherrschende Anbieter weder seine Kunden benachteiligt noch seine Wettbewerber behindert.

Der Begriff des marktbeherrschenden Anbieters wird in Deutschland in § 19 Gesetz gegen Wettbewerbsbeschränkungen (GWB idF BGBl I, S. 2546) definiert. Danach wird ein Unternehmen dann als marktbeherrschend in einem Markt betrachtet, wenn es als Anbieter oder Nachfrager einer bestimmten Art von Waren oder gewerblichen Dienstleistungen ohne Wettbewerber ist, keinem wesentlichen Wettbewerb ausgesetzt ist oder eine im Verhältnis zu seinen Wettbewerbern überragende Marktstellung hat. Dies wird nach dem GWB unter anderem dann vermutet, wenn es einen Marktanteil von mindestens einem Drittel oder mehr am relevanten Markt innehat. Die Abgrenzung des Marktes und die Bestimmung der jeweiligen Marktanteile ist in Deutschland Aufgabe der → *Regulierungsbehörde* in Zusammenarbeit mit dem Bundeskartellamt.

Um sicherzustellen, dass der Wettbewerb nicht eingeschränkt oder ausgeschaltet wird, kommt der Regulierungsbehörde die aufsichtsrechtliche Kontrolle im Hinblick auf die Allgemeinen Geschäftsbedingungen für lizenzpflichtige Telekommunikationsdienstleistungen und für Universaldienstleistungen (→ *USO*) zu. Dabei müssen die Allgemeinen Geschäftsbedingungen (AGBs) der Regulierungsbehörde vor Inkrafttreten vorgelegt werden. Die Regulierungsbehörde hat das Recht, den AGBs innerhalb von vier Wochen zu widersprechen. Daneben hat sie weitere Regelungskompetenzen im Hinblick auf die Entgelte und entgeltrelevanten Bestandteile der Allgemeinen Bedingungen von marktbeherrschenden Marktteilnehmern. Grundsätzlich wird hinsichtlich des Zeitpunktes des Eingreifens der Regulierungsbehörde zwischen folgenden zwei Verfahren differenziert:

- Ex-ante-Regulierung: Entgelte und entgeltrelevante Bestandteile der AGBs für das Angebot von Übertragungswegen und Sprachtelefondienst im Rahmen der Lizenzklasse 3 und 4 nach § 6 TKG müssen von der Regulierungsbehörde genehmigt werden, wenn der Marktteilnehmer auf dem betreffenden Markt über eine marktbeherrschende Stellung verfügt. In diesem Fall entscheidet die Regulierungsbehörde innerhalb von sechs Wochen nach Vorlage. Der marktbeherrschende Teilnehmer ist in diesen Bereichen verpflichtet, ausschließlich die von der Regulierungsbehörde genehmigten Entgelte zu verlangen. Das heißt, dass jede auch nur geringfügige Änderung der Entgelte der vorherigen Genehmigung der Regulierungsbehörde bedarf. Grundsätzlich wird zwischen der Einzelgenehmigung und der Genehmigung nach dem sog. → *Price-Cap*-Verfahren unterschieden. Bei letzterem werden mehrere Dienstleistungen in einem Korb zusammengefasst, und es wird mittels Maßgrößen überprüft, ob sie marktkonform sind. Genaueres dazu findet sich in der Telekommunikations-Entgelt-Verordnung.
- Ex-Post-Regulierung (auch Missbrauchsregulierung genannt): Werden der Regulierungsbehörde nachträglich Tatsachen bekannt, die die Annahme rechtfertigen, dass der Regulierung unterliegende Entgelte und entgeltrelevante Bestandteile der AGBs nicht wettbewerbskonform sind, indem sie ohne sachlichen Grund wettbewerbswidrige Zu- oder Abschläge enthalten oder gleichartige Nachfrager unterschiedlich behandeln, leitet sie eine Überprüfung dieser Entgelte und entgeltrelevanten Bestandteile der AGBs ein. Die Regulierungsbehörde entscheidet in diesem Fall binnen zwei Monaten nach Einleitung der Überprüfung, ob die Entgelte bzw. entgeltrelevanten Bestandteile wettbewerbskonform sind und fordert das betroffene Unternehmen bei Bedarf dazu auf, diese unverzüglich entsprechend den Maßstäben anzupassen.

Besondere Felder der Regulierungspolitik können die Preis- und Qualitätsregulierung sein, die bestimmte Produkte von

Anbietern im Markt betreffen. Dabei werden Vorschriften für bestimmte, qualitative Mindeststandards oder für Preise bzw. die Preisentwicklung festgesetzt. Beispiel für ein Verfahren der Preisregulierung ist das bereits oben beschriebene Einzelpreisverfahren, bei dem im Vorhinein im Sinne der o.a. Ex-ante-Regulierung ein auf dem relevanten Markt als marktbeherrschend betrachteter Anbieter seinen Preis für ein einzelnes Produkt vor einer Preisveränderung der Regulierungsbehörde vorlegen und ihm gegenüber begründen muss, sowie das Verfahren des → *Price Cap*, das mehrere Produkte zusammen betrifft. Ferner kann ein → *Rebalancing* beim Incumbent vorgenommen werden.

Gemäß § 24 des → *Telekommunikationsgesetzes* fallen in Deutschland Anbieter, die auf dem jeweiligen Markt über eine marktbeherrschende Stellung verfügen, unter die Preisregulierung, die im Detail in der Telekommunikations-Entgeltregulierungsverordnung (→ *TEntgV*) geregelt ist.

Nach der Diensterichtlinie der EU (Richtlinie der Europäischen Kommission über den Wettbewerb auf dem Markt für Telekommunikation – „First Competition Directive", 90/388/EWG), die in der Zwischenzeit durch zahlreiche Einzelrichtlinien ergänzt und abgewandelt worden ist, wurde der Monopolbereich 1990 auf den Sprachtelefondienst beschränkt. Durch die bisher letzte Änderung der Dienstrichtlinie, die Änderungsrichtlinie „Vollständiger Wettbewerb" (96/19/EG), wurde der bis zum 1. Januar 1998 zulässige Monopolbereich definiert und Maßnahmen zur Reduzierung eventuell zu weit ausgelegter Monopole auf das gemeinschaftsrechtlich

Zulässige festgelegt. Bereits in den 80er Jahren ist es zu einer Deregulierung auf dem Endgerätemarkt gekommen.

Üblicherweise entwickelt sich die Deregulierung schrittweise, d.h., der Markt wird nicht plötzlich völlig freigegeben, sondern schrittweise werden Marktsegmente in den Wettbewerb entlassen. Man spricht dann von sukzessiver bzw. sektorspezifischer Regulierung. Dieser Prozess kann sich über einen Zeitraum von bis zu 10 oder 20 Jahren erstrecken.

Insgesamt kann man daher den Prozess der Deregulierung in einem Land anhand von folgenden sich gegenseitig beeinflussenden und bedingenden Parametern beschreiben:

- Rechtlicher Status und Besitzverhältnisse am ehemaligen, staatlichen Monopolisten (Abtrennung des Telekommunikationszweiges von der restlichen, klassischen Post/Postbank; Umwandlung in AG; Börsengang; mit und später ohne staatliche Mehrheitsbeteiligung).
- Rechtlicher Status und Befugnisse einer neu zu schaffenden Regulierungsinstanz (Ministerium, eigenständige Behörde, andersartige Schiedsinstanz).
- Vorhandensein einer eigenständigen, konsistenten und zuverlässigen Gesetzgebung auf dem Telekommunikationsgebiet (zunächst Spezialverordnungen und Gesetzesänderungen, später dann eine eigenes Telekommunikationsgesetz und darauf aufbauende Verordnungen).
- Für den Wettbewerb zugelassene Marktsegmente (schrittweiser Übergang, üblicherweise startend mit Datendiensten und Endgeräten, dann gefolgt vom Mobilfunk und Fernverbindungssektor).

Zwar kann man anhand dieser Parameter einen groben ‚Fahrplan' für die Entwicklung von monopolartig strukturierten Märkten hin zu wettbewerbsorientierten Märkten entwickeln, jedoch gibt es sehr viele länderspezifische Entwicklungsszenarien.

Alle regulatorischen Vorgaben haben in einzelnen länderspezifischen Märkten einen erheblichen Einfluss auf:

- Markteintritt und Marktanteilsgewinne der neuen Wettbewerber im Vergleich zu den Incumbents

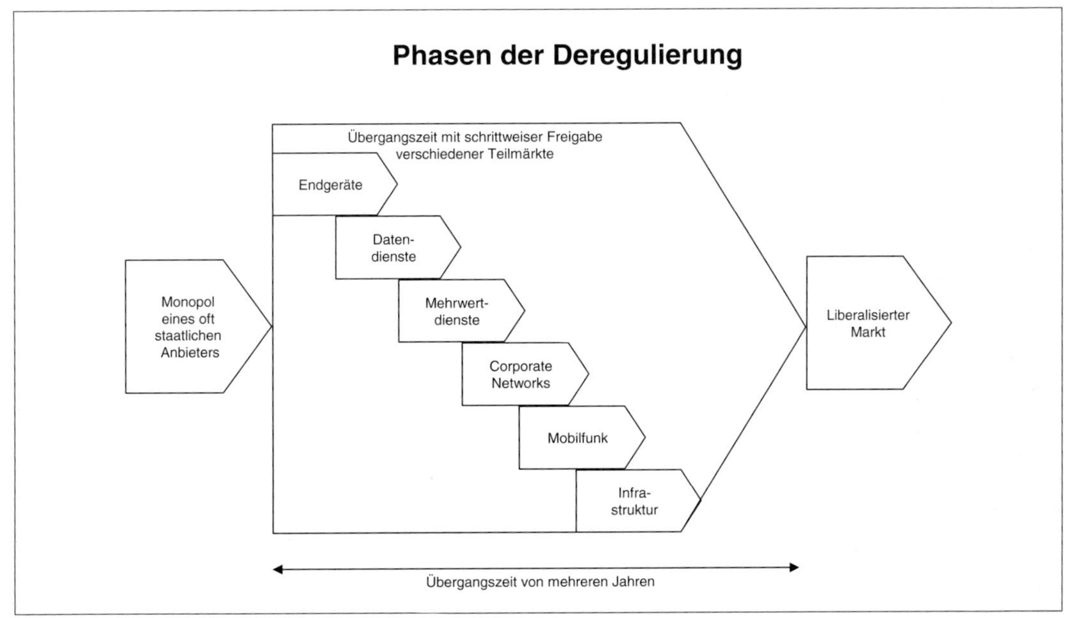

- Preisentwicklung für Telekommunikationsdienstleistungen nach der Marktöffnung
- Aufbau einer eigenen technischen Infrastruktur durch neue Wettbewerber
- Entwicklung der Nutzungsgewohnheiten und Penetrationsraten für Telekommunikationsdienstleistungen

In den USA werden unter dem Begriff der Deregulierung auch Fragen behandelt wie Long-Distance-Dienste, Informationsdienste, Dienstanbieter vs. Netzbetreiber, Kabelfernsehnetze und Telekommunikationsnetze etc.

Wichtige Schritte der Deregulierung in den USA mit großen Wirkungen auch aus internationaler Sicht waren die → *Carterphone Decision*, → *Part 68* und die → *Divestiture*. In Europa begann die Deregulierung in GB (→ *BT*) und wurde in den 80er und insbesondere 90er Jahren entscheidend durch die EU beeinflusst.

Deregulierung in Deutschland

In Deutschland entwickelte sich die Deregulierung unter Berücksichtigung von Einflüssen der EU wie folgt (Deregulierung der USA und GB s.u.):

Seit den 60er Jahren

Die Deutsche Bundespost macht hohe Verluste im Telefondienst und sucht nach Möglichkeiten, diese Verluste durch Datendienste und andere innovative Dienste aufzufangen.

1971

Die Kommission ‚Deutsche Bundespost' leitet dem Bundestag den Entwurf eines Postverfassungsgesetzes zu. Darin ist eine Trennung der Bundespost vom zuständigen Ministerium und eine Lockerung des Dienst- und Haushaltsrechts vorgesehen. Der Entwurf kommt nicht durch.

18. Januar 1973

Die Bundesregierung setzt sich in einer Regierungserklärung das Ziel, ein Konzept für den Ausbau des technischen Kommunikationssystems zu erarbeiten. Eine Kommission soll dabei helfen, den gesamtgesellschaftlichen Bedarf, „welche Dienste zu welcher Zeit, von wem und unter welchen Bedingungen ... aufgebaut und angeboten werden können und sollten" zu ermitteln.

Februar 1974

Die Kommission für den Ausbau des technischen Kommunikationssystems (KtK) konstituiert sich.

1974 bis 1976

Die KtK definiert in einem Telekommunikationsbericht als Ziele einen „wirtschaftlich vernünftigen und gesellschaftlich wünschenswerten Ausbau des Telekommunikationssystems" und fordert konkret die Vollversorgung mit Telefondienst, die Einführung von Kabelfernsehen sowie neue Text-, Daten- und Bildkommunikationsdienste. Die Forderungen werden in den Folgejahren prinzipiell alle erfüllt.

Es werden von der KtK jedoch schon erhebliche Investitionsrisiken für breitbandige und bidirektionale Netze und Dienste erkannt, so dass nur die Pilotierung von Breitbandkabelverteilnetzen empfohlen wird. Im Abschlussbericht wird auch schon auf den Zusammenhang einer modernen TK-Infrastruktur une einer konkurrenzfähigen Volkswirtschaft in internationalem Wettbewerb hingewiesen.

In der politischen Debatte plädiert das sozial-liberale Regierungslager für eine Förderung durch staatliche Forschung, während die konservative Opposition eine Liberalisierung präferiert.

Ende der 70er Jahre

Sachverständigenbericht über die Trennung von Postbetrieb und Telekommunikationsbetrieb.

1981 bis 1983

Einrichtung und Arbeit einer Enquete-Kommission des Deutschen Bundestages „Neue Informations- und Kommunikationstechniken". Vorsitzender ist Christian Schwarz-Schilling.

14. März 1984

Verabschiedung des Regierungsberichtes zur Informationstechnik.

Die Bundesregierung möchte die Möglichkeiten der Liberalisierung des TK-Marktes untersuchen und kündigt dafür die Bildung einer Kommission an, die zwei Jahre Zeit haben sollte, das Feld zu untersuchen.

13. März 1985

Offizielle Gründung der Regierungskommission Fernmeldewesen, bestehend aus zwölf Persönlichkeiten unter Vorsitz von Prof. Eberhard Witte.

22. April 1985

Erste Sitzung der Regierungskommission Fernmeldewesen.

Februar 1987

Verabschiedung des Grundsatzpapiers zur künftigen Fernmeldepolitik.

September 1987

Die Regierungskommission Fernmeldepolitik legt ihren Abschlussbericht vor.

Die Bundesregierung ernennt eine Kommission zur Überprüfung der Notwendigkeit und Möglichkeiten einer Reform des Post- und Telekommunikationssektors.

Die EU veröffentlicht ein Grünbuch (→ *Green Paper*) und startet damit den europaweiten Liberalisierungs- und Deregulierungsprozess.

März 1988

Referentenentwurf ‚Post 2000'.

Juli 1989

Das → *Poststrukturgesetz* wird verabschiedet. Als Folge wird auch das → *Fernmeldeanlagengesetz* neu gefasst.

Trennung von Bundespost und Ministerium, Aufteilung der Bundespost in die marktorientierten Unternehmen Telekom, Postdienst und Postbank.

Freigabe der Dienste für Text- und Datenkommunikation unter Beibehaltung des Leitungsmonopols der Deutschen Bundespost Telekom.

Januar 1990

Einrichtung des → *BAPT* und Umgliederung des → *ZZF*.

Das Endgerätemonopol ist seit dem 1. Januar aufgehoben.

Februar 1990

Erteilung einer Lizenz für GSM-Mobilfunk an Mannesmann.

28. Juni 1990

Die Richtlinie 90/387 der EU definiert das Rahmenkonzept der Open Network Provision (→ *ONP*, veröffentlicht im Amtsblatt der EU Nr. L 192/1 vom 24. Juli 1990).

Die Richtlinie 90/388/EWG (First Competition Directive; veröffentlicht im Amtsblatt der EU Nr. L 192/10 vom 24.

Juli 1990) der EU verpflichtet die Mitgliedsstaaten, die Märkte für Telekommunikationsdienste schrittweise freizugeben. Sonderregelungen gelten jedoch für den öffentlichen Sprachtelefondienst. In den Folgejahren wird auf diese Richtlinie immer wieder Bezug genommen, indem die Freigabe weiterer TK-Dienste gefordert wird.

Juli, August und Oktober 1990
Veröffentlichung bzw. Ergänzungen einer Verwaltungsvorschrift in Deutschland über die Schaffung von Chancengleichheit im Mobilfunkmarkt.

Juli 1990
Der Markt für Endgeräte wird freigegeben. Allgemein zugelassene Endgeräte (Telefone, Faxgeräte, Modems) können auch von anderen als der Deutschen Bundespost Telekom verkauft werden.

August 1990
Ergänzung der Mannesmann-Lizenz um die Genehmigung für die Errichtung eigener Strecken für → *Richtfunk*.
Erteilung von 32 Lizenzen für → *Bündelfunk*.

3. Oktober 1990
Mit der Wiedervereinigung übernimmt die Deutsche Bundespost Telekom auch die Versorgung der fünf neuen Bundesländer mit Telekommunikationsdienstleistungen. Sie fusioniert mit der entsprechenden Institution der DDR.

Januar 1991
Verwaltungsvorschrift der Telekom zur Trennung zwischen Monopol- und Wettbewerbsbereichen in der Kostenrechnung zur Verhinderung von Quersubventionen.

Februar 1991
Veröffentlichung eines Eckpunktepapiers zur bisherigen und zukünftigen Weiterentwicklung des Poststrukturgesetzes mit Blick auf das Telefondienstmonopol.

März 1991
Verwaltungsvorschrift der Telekom führt zu mehr Wettbewerb im Endgerätemarkt.
Neudefinition des Grundstückbegriffs führt zu liberaleren Auflagen für Kundenendeinrichtungen.

April 1991
Vergabe von sechs Bündelfunklizenzen.

September 1991
Definition des auf die Telekom übertragenen Rechtes des Netzmonopols und Ausgabe einer entsprechenden Verwaltungsvorschrift.
Bestimmung von Höchstpreisen für Monopoltarife für die Nutzung zu Mobilfunkzwecken führt zu reduzierten Tarifen.

Oktober 1991
Ausschreibung weiterer 22 Bündelfunklizenzen für A-Regionen, die im April 1992 vergeben werden.

November 1991
Ausgabe einer Verwaltungsvorschrift über Chancengleichheit im Bündelfunk.

Dezember 1991
Veröffentlichung von Grundsätzen über die Genehmigung von Tarifen für → *Monopolübertragungswege* durch das BMPT.
Tarifgenehmigung für die Mobilfunknetze D1 und D2 für ein Jahr.

März 1992
Umbenennung des ZZF zum → *BZT*.

Mai 1992
Ausgabe von Verwaltungsvorschriften für die 14 Bündelfunkregionen (A-Regionen) der Deutschen Telekom.

5. Juni 1992
Die EC ergänzt ihre Rahmenrichtlinie aus dem Jahre 1990 für ONP um die ONP Leased Line Directive (92/44/EC).

Juli 1992
Ausgabe einer Verwaltungsvorschrift für das Telefondienstmonopol. Sie konkretisiert die Zuständigkeiten des Bundes, der Deutschen Telekom und zusätzlicher Netzbetreiber und Dienstanbieter.

1. Januar 1993
Zulassung von → *Corporate Networks*.

März 1993
Lizenzvergabe der 3. Mobilfunklizenz an das E-Plus-Konsortium.
Einführung einer → *Price-Cap*-Regulierung für Monopoldienste der Deutschen Telekom, die Mobilfunkanbietern angeboten werden.
Ergänzung der Bündelfunklizenzen um die Erlaubnis des Betriebs von Richtfunkstrecken.

22. Juli 1993
Der Rat der EU beschließt auf Basis einer Vereinbarung des Ministerrates vom Juni 1993 die Liberalisierung des öffentlichen, vermittelten Sprachtelefondienstes zum 1. Januar 1998 (veröffentlicht im Amtsblatt der EU Nr. C 213/1 vom 6. August 1993).

August 1993
Ausgabe einer Verwaltungsvorschrift, die die Nutzung eigener Infrastruktur im regionalen Bereich für → *Corporate Networks* gestattet.

Oktober 1993
Ausschreibung von zwei bundesweiten Datenfunklizenzen.

29. Juni 1994
Art. 87 des Grundgesetzes wird geändert. War bisher dort das Fernmeldewesen als Monopol des Bundes definiert wird nach der Änderung auf das Telekommunikationsgesetz verwiesen. Der Gesetzgeber ist nun zur Zulassung und Förderung von Wettbewerb verpflichtet. Gleichzeitig hat er eine flächendeckende und angemessene Versorgung mit ausreichenden Telekommunikations- und Postdienstleistungen zu gewährleisten, die als privatwirtschaftlich organisierte Tätigkeiten erbracht werden können.

13. Oktober 1994
Die EU veröffentlicht den ersten Teil des Grünbuches über die Liberalisierung der Telekommunikations- und Kabelfernsehinfrastruktur. Dies ist eine Erweiterung der First Competition Directive aus dem Jahre 1990.

17. November 1994
Die Fachminister der Mitgliedsländer der EU einigen sich darauf, zum 1. Januar 1998 auch die technische Infrastruktur zur Erbringung der Telekommunikationsdienste für den Wettbewerb zu öffnen.

22. Dezember 1994
Der Rat der EU beschließt aufgrund des Ministerbeschlusses die Liberalisierung der Telekommunikationsinfrastruk-

turen (veröffentlicht im Amtsblatt der EU Nr. C 379/4 vom 31. Dezember 1994).

1. Januar 1995
Die zweite Stufe der Postreform tritt mit dem → *Postneuordnungsgesetz* in Kraft.

Die Deutsche Bundespost Telekom wird in eine AG mit dem Namen Deutsche Telekom AG umgewandelt.

Februar 1995
Die EU veröffentlicht den zweiten Teil des Grünbuches und definiert die regulatorischen Grundsätze der EU für die Telekommunikationspolitik.

27. März 1995
Veröffentlichung eines Eckpunktepapiers der deutschen Bundesregierung zum erwarteten TK-Gesetz, das sich auf den 2. Teil des EU-Grünbuches bezieht.

27. Juni 1995
Der Referentenentwurf für ein → *Telekommunikationsgesetz* (TKG), der auf dem Eckpunktepapier aus dem März 1995 basiert, wird vom → *BMPT* veröffentlicht und diskutiert.

18. Oktober 1995
Die EU ergänzt ihre First Competition Directive um weitere Bestimmungen über Kabelfernsehnetze und Dienste, die über sie angeboten werden können.

November 1995
Die → *Telekommunikations-Verleihungsverordnung* tritt in Kraft.

Januar 1996
Das Bundeskabinett billigt einen modifizierten Entwurf des TKG und leitet ihn an den Bundestag weiter.

16. Januar 1996
Die EU ergänzt ihre First Competition Directive um weitere Bestimmungen über innovative Mobilfunkdienste und die Lizenzierungspolitik.

März 1996
Der Bundestag diskutiert das TKG in den Ausschüssen.

13. März 1996
Die EU ergänzt abermals ihre First Competition Directive um Bestimmungen über die → *alternative Infrastruktur*. Gleichzeitig werden abschlie?ende Bestimmungen über die volle Öffnung der Märkte veröffentlicht, weshalb die Direktive auch Full Competition Directive genannt wird (96/19/EC).

13. Juni 1996
2. und 3. Lesung des TKG im Bundestag.

14. Juni 1996
Der Bundesrat lehnt das TKG wegen Vorschriften zum Universaldienst und Verfahren zur Frequenzvergabe ab.

19. Juni 1996
Der Vermittlungsausschuss von Bundestag und Bundesrat tagt und entwickelt eine Schlussfassung des TKG.

1. Juli 1996
Die alternative Infrastruktur von Energieversorgern, Stadtwerken, der Bahn etc. wird in Deutschland als Folge der Full Competition Directive für die Nutzung durch Dritte freigegeben. Das → *Netzmonopol* endet damit.

Der Bundesrat stimmt dem leicht veränderten TKG zu.

5. Juli 1996
Der Bundestag verabschiedet das TKG.

17. Juli 1996
Ausschreibung einer 4. Mobilfunklizenz.

1. August 1996
Das TKG tritt in Kraft.

November 1996
Die Deutsche Telekom geht an die Börse.

Januar 1997
Vergabe der 4. Mobilfunklizenz an das E2-Konsortium.

Die Monopolkommission fordert von der Deutschen Telekom den Verkauf ihres Kabelfernsehnetzes.

Februar 1997
In Genf unterzeichnen 68 Staaten, darunter auch Deutschland, ein Abkommen der → *WTO* und erklären, ihre nationalen TK-Märkte auch ausländischen Unternehmen öffnen zu wollen.

März 1997
Die Bundesregierung lehnt die Forderung der Monopolkommission vom Januar mit dem Hinweis auf geltendes Aktienrecht und das Grundgesetz ab. Ein Verkauf könne nicht erzwungen werden.

April 1997
Neuausschreibung der zweiten, bundesweiten Datenfunklizenz nach der Rückgabe der Lizenz der GfD.

Am 7. April beschwert sich NetCologne bei der Regulierungsbehörde über die Deutsche Telekom, die dem Unternehmen angeblich den entbündelten Netzzugang verwehrt.

Am 10. April beschließt die EU einen Rahmen für Allgemein und Einzelgenehmigungen für Telekommunikationsdienste (veröffentlicht im Amtsblatt der EU Nr. L 117/51 vom 7. Mai 1997).

28. Mai 1997
Die Regulierungsbehörde entscheidet, dass die Deutsche Telekom der NetCologne und anderen Wettbewerbern ein Angebot über den entbündelten Netzzugang machen muss.

Juni 1997
Das europäische Parlament und der europäische Rat beschließen die Richtlinie 97/33/EG über Zusammenschaltungen und weitere Regelungen zum Universaldienst (veröffentlicht im Amtsblatt der EU Nr. L 199/32 vom 26. Juli 1997).

1. Juli 1997
Die Regulierungsbehörde verlängert die Frist für die Deutsche Telekom hinsichtlich des Termins zur Angebotsabgabe für den entbündelten Teilnehmernetzzugang. Die Deutsche Telekom geht daraufhin vor das Kölner Verwaltungsgericht.

2. Juli 1997
Klaus-Dieter Scheuerle (CSU) wird zum ersten Präsidenten der neuen Regulierungsbehörde vom Bundeskabinett nominiert.

18. August 1997
Das Kölner Verwaltungsgericht bestätigt die Entscheidung der Regulierungsbehörde.

September 1997
Das BMPT legt Gebühren für die Interconnection fest und gibt damit einer Beschwerde von Mannesmann Arcor statt.

Vergabe der zweiten Datenfunklizenz an die RegioKom, Berlin.

Die Deutsche Telekom geht im Rechtsstreit um den entbündelten Teilnehmerzugang in die Revision vor einem Gericht in Münster.

29. September 1997
Das Münsteraner Gericht gibt der Regulierungsbehörde Recht und weist die Deutsche Telekom an, Verhandlungen mit den Wettbewerbern aufzunehmen. Die entsprechenden Verträge werden im Dezember unterzeichnet.

Oktober 1997
Der Beirat der Regulierungsbehörde konstituiert sich.

16. Dezember 1997
Das BMPT entscheidet durch einen Schiedsspruch, dass die Telekom grundsätzlich bei einem Wechsel eines Kunden zu einem neuen Wettbewerber berechtigt ist, Umstellungskosten in Rechnung zu stellen.

23. Dezember 1997
Die Deutsche Telekom beantragt beim Bundesministerium für Post und Telekommunikation 28,80 DM als Gebühr für den entbündelten Teilnehmerzugang.

31. Dezember 1997
Das Bundesministerium für Post und Telekommunikation wird aufgelöst.

1. Januar 1998
Öffentliche Sprachvermittlung wird freigegeben.
Die Regulierungsbehörde nimmt ihre Arbeit auf.

2. Januar 1998
Die Deutsche Telekom kündigt an, für den Fall von → *Preselection* eine Bearbeitungsgebühr in Höhe von 94,99 DM und für den Wechsel zu einem anderen Anbieter mit alter Telefonnummer in Höhe von 53 DM zu nehmen, was zu einer Fülle von Klagen und Beschwerden führt. Die Regulierungsbehörde weist nach Anrufung durch die Viag Interkom, Mannesmann Arcor und o.tel.o communications darauf hin, dass derartige Gebühren unter Vorlage eines Kostenrechnungsmodells genehmigungspflichtig sind, woraufhin die Telekom diese Ankündigung einige Tage später zurücknimmt.

9. Januar 1998
Die EU gibt eine negative Stellungnahme zu den geplanten Wechselgebühren der Deutschen Telekom ab.

12. Januar 1998
Bei einem Schlichtungsgespräch zu den Wechselgebühren unter Vermittlung der Regulierungsbehörde wird keine Einigkeit erzielt. Man setzt eine Arbeitsgruppe ein, die bis Ende Januar Lösungsvorschläge erarbeiten soll.

Februar 1998
In mehreren Stellungnahmen des Kartellamtspräsidenten Dieter Wolf macht dieser klar, dass er in bestimmten Fragen ein Mitspracherecht seiner Behörde bei Regulierungsfragen sieht.
Das Landgericht Frankfurt droht der Telekom ein Ordnungsgeld in Höhe von 500 000 DM an für den Fall, dass sie Kunden mit Gutschriften halten möchte. Grund war ein Wechsel eines Kunden von der Telekom zum neuen Anbieter Telepassport.
Die Grundlagen der Ausschreibung für den drahtlosen Teilnehmerzugang auf der Basis von PMP-Systemen werden veröffentlicht.

10. Februar 1998
Das Bundesinnenministerium lädt die Präsidenten von Kartellamt und Regulierungsbehörde zu einem klärenden Gespräch ein.

26. Februar 1998
Das EU-Parlament und der europäische Rat beschließen die EU-Richtlinie 98/10/EG über die Anwendung des offenen Netzzugangs für Sprachtelefonie und die Umsetzung von Universaldienst in einem von Wettbewerb geprägten Markt (veröffentlicht im Amtsblatt der EU Nr. L 101/24 vom 1. April 1998).

4. März 1998
Die Regulierungsbehörde legt ein analytisches Kostenmodell für den Betrieb eines Ortsnetzes vor, das zur Grundlage der Entscheidungsfindung bei künftigen Entgeltregulierungsentscheidungen werden soll. Das Modell ist vom → *WIK* entwickelt worden.

10. März 1998
Die Regulierungsbehörde lehnt den Antrag der Deutschen Telekom auf die Festlegung der Gebühren für einen entbündelten Teilnehmerzugang auf 28,80 DM ab und setzt den genehmigungsfähigen Betrag nach einer Prüfung auf vorläufig und längstens bis 31. Juli 1998 20,65 DM fest, womit sie unter den Forderungen der Telekom, aber über den Forderungen des Kartellamtes (14,30 DM) bleibt. Die Preise für die Schaltung eines neuen oder bestehenden Anschlusses in Höhe von 606 bzw. 265 DM werden akzeptiert. Die Deutsche Telekom wird aufgefordert, unter Berücksichtigung dieser Entscheidung bis zum 22. Mai 1998 einen neuen Antrag zu stellen.
Gleichzeitig setzt die Regulierungsbehörde den Preis für ein Glasfaserpaar auf 1 332 DM pro Monat fest, wohingegen die Telekom 2 880 DM gefordert hatte.

7. April 1998
Die Deutsche Telekom zieht ihren Antrag auf generelle Gebühren in Höhe von 49 DM für den Fall des Anbieterwechsels am Vorabend der Ablehnungsverkündung zurück, nachdem die Regulierungsbehörde ihr inoffiziell bereits mitgeteilt hatte, ihn abzulehnen. Statt dessen stellt sie einen neuen Antrag, der eine Staffelung vorsieht (49 DM in 1998, 35 DM in 1999 und 20 DM ab dem Jahr 2000).
Die Regulierungsbehörde lehnt den Antrag der Deutschen Telekom auf Gebühren in Höhe von ebenfalls 49 DM für die Rufnummernmitnahme (→ *Nummernportabilität*) beim Anbieterwechsel ab. Die Begründung ist, dass die Telefonnummer nicht einem Anbieter von Telekommunikationsdiensten gehöre, sondern dass der Nutzer gemäß § 20 Abs. 2 Satz 3 der Telekommunikations-Kundenschutzverordnung (→ *TKV*) ein eigenständiges und dauerhaftes Nutzungsrecht an ihr habe und er sie daher unentgeltlich mitnehmen dürfe.
Täglich werden rund 10 Mio. Gesprächsminuten über die Netze der privaten Wettbewerber der Telekom abgewickelt.

April 1998
In einer bis dahin ungewöhnlichen Allianz fordern die Deutsche Telekom AG und Mannesmann Arcor gemeinsam eine Nachbesserung des Telekommunikationsgesetzes. Sie kritisieren ungleiche Bedingungen in der Konkurrenz mit Service-Providern ohne eigenes Netz, den sog. netzunabhängi-

gen Telefongesellschaften. Diese können mit nur einer einzigen Vermittlungsstelle, die an das Netz der Telekom angeschlossen ist, starten und müssen daher für ihren Markteintritt im Vergleich zu den Betreibern eigener Festnetze wenig investieren.

Die Telekom kritisiert darüber hinaus, dass die hohe Zahl von Verbindungen über nur wenige Vermittlungsstellen der Service-Provider für die echten Netzbetreiber einen erheblichen Mehraufwand für die Zuführung und die Terminierung der Verbindungen bedeute, der nicht in den Interconnection-Charges eingerechnet sei. Abhilfe könnte hier eine Mindestzahl von Vermittlungsstellen schaffen, die annähernd gleichmäßig über das Geschäftsgebiet des Service-Providers verteilt sein müssten. Sie stellt vorerst die Verhandlungen mit neuen Netzbetreibern/Resellern ein.

Mannesmann Arcor kritisiert ferner, dass sie an die Telekom die gleichen Netz-Nutzungsgebühren zahlt wie die Anbieter ohne eigenes Netz.

Die Regulierungsbehörde erklärt dazu, dass die Deutsche Telekom von einigen der netzunabhängigen Dienst-anbieter durchaus höhere Gebühren hätte nehmen können als sie selbst es mit denen vertraglich vereinbart hatte, da TK-Anbieter mit nur einer Vermittlungsstelle und mit Anbindung nur an das Netz der Telekom im regulatorischen Sinne keine Netzbetreiber, sondern → *Reseller* seien. Netzbetreiber sei nur derjenige, der mehrere eigene Vermittlungsstellen betreibe und diese auch untereinander verbinde. Eine genaue Definition der Begriffe und Unterschiede wird für September angekündigt.

Der Staatssekretär im Bundesfinanzministerium, Jürgen Stark, schreibt einen Brief an den Chef der Regulierungsbehörde und äußert seine Bedenken hinsichtlich einer zu niedrigen Festsetzung des Wertes der Breitbandkabelverteilnetze der Deutschen Telekom. Dies hätte eine Wertberichtigung in der Bilanz der Telekom mit möglicherweise sinkenden Aktienkursen zur Folge. Der Bundeswirtschaftsminister hingegen wies auf die Unabhängigkeit der Regulierungsbehörde in dieser Frage hin.

Mai 1998

Die Regulierungsbehörde genehmigt die Erhöhung der TV-Kabel-Gebühr der Telekom von 22,50 auf 25,90 DM vom November 1997, legt aber auch fest, dass sie zum 1. Januar 1999 den Betrag um 2,25 DM zu reduzieren hat, falls sie nicht außergewöhnliche Belastungen nachweisen kann.

In einem Brief an Finanzminister Waigel unterstützen die Vorstandsvorsitzenden der RWE und der VEBA die Regulierungsbehörde.

Juni 1998

Die Regulierungsbehörde setzt die Wechselgebühr auf 27 DM für 1998, 20 DM für 1999 und 10 DM für das Jahr 2000 fest.

Die Telekom nimmt die Verhandlungen mit neuen Netzbetreibern/Resellern zum Monatsende wieder auf und definiert selbst den Begriff des Netzbetreibers als das Unternehmen, das mindestens acht Vermittlungsstellen betreibt. Es ist geplant, diese Zahl auf 23 zu steigern.

Juli 1998

Es gibt noch rund 100 Antragsteller, die in Deutschland in den Markt für Telefondienstleistungen eintreten wollen. Unterdessen sind rund 120 Lizenzen (→ *Telekommunikationsgesetz*) vergeben. Die Regulierungsbehörde zieht als Bilanz, dass die neuen Wettbewerber einen Marktanteil von 12% bei Ferngesprächen haben.

Die EU-Kommission verlangt von der Deutschen Telekom, dass sie bis Ende 1999 die Mehrheit an ihren TV-Kabelnetzen aufgibt.

17. Juli 1998

Die Deutsche Telekom schaltet nach 10 Tagen einem Wettbewerber eine 0800-Nummer ab, über die dieser seinen Mobilfunkkunden günstige Einwahltarife ins Festnetz angeboten hatte. Begründung ist, dass dadurch vertragswidrig ein zu hoher Anteil Mobilfunkverkehr zu günstigen Festnetz-Interkonnektionspreisen in das Netz der Telekom zu deren Ungunsten geleitet wurde.

18. Juli 1998

Das Landgericht Hamburg ordnet auf Antrag eines Wettbewerbers eine einstweilige Verfügung an, nach der die Telekom die 0800-Nummer wieder freischalten muss.

19. Juli 1998

Die Regulierungsbehörde verschiebt eine endgültige Entscheidung über den entbündelten Teilnehmeranschluss auf den 30. November, wozu die Telekom ihren bisherigen Antrag zurückzieht. Die Regulierungsbehörde hat sich mit der Telekom darüber verständigt, zunächst ein detailliertes Kostenmodell auf der Basis des im März vorgestellten Modells unter Berücksichtigung der mittlerweile eingegangenen Kommentare von Verbänden und Wettbewerbern zu erarbeiten. Rechtzeitig zum November werde dann die Telekom einen neuen Antrag stellen.

August 1998

Die Regulierungsbehörde verpflichtet die Deutsche Telekom innerhalb weniger Tage zweimal zur Zusammenschaltung ihrer Netze mit den Netzen der kleineren Anbieter ID-Switch und Telelev. Die Telekom stufte diese Unternehmen als Reseller ein, wohingegen diese sich als Verbindungsnetzbetreiber sahen. Im Falle von Telelev war die Telekom nicht bereit, die niedrigen Interkonnektionstarife für solche Gespräche zu gewähren, die außerhalb des Lizenzgebietes endeten.

Im Zusammenhang mit dieser Entscheidung erklärte die Regulierungsbehörde, dass ein Verbindungsnetzbetreiber nicht zwangsläufig ein bundesweites Verbindungsnetz betreiben müsse, sondern dass ein regionales Verbindungsnetz ausreichend sei.

Ferner wurde im Zusammenhang mit beiden Entscheidungen festgestellt, dass es ausreichend ist, ein Verbindungsnetz zu planen oder gerade erst aufzubauen.

Ende August 1998

Die Regulierungsbehörde genehmigt den neuen Tarif ‚Select 5' der Deutschen Telekom, der einem Kunden bis zu 10% Rabatt für fünf vordefinierte Nummern gewährt.

September 1998

Die Deutsche Telekom stellt erneut einen Antrag zur Festlegung der monatlichen Miete für einen herkömmlichen Anschluss. Sie beantragt erneut 47,26 DM.

Ende Oktober 1998

Die Regulierungsbehörde setzt einen Tarif (6,15 Pf./Min.) fest, den neue Wettbewerber der Deutschen Telekom für

Anschlüsse zahlen müssen, über die sich Mobilfunk-Kunden über gebührenfreie Rufnummern in das Festnetz einwählen können.

5. November 1998

Das Verwaltungsgericht in Köln entscheidet gegen die Telekom und verpflichtet sie grundsätzlich, Wettbewerbern den Teilnehmerzugang entbündelt zur Verfügung zu stellen. Die Konditionen dafür sind Inhalt des laufenden Regulierungsverfahrens. Damit wird die Entscheidung des Oberverwaltungsgerichtes Münster im vorangegangenen Eilverfahren bestätigt.

27. November 1998

Es zeichnete sich ab, dass die Regulierungsbehörde eine Gebühr um die 23 DM für den entbündelten Teilnehmerzugang festsetzen würde.

Der Wirtschaftsminister der neu gewählten Bundesregierung, Werner Müller, empfiehlt der Telekom einen Rückzug ihres Antrages auf Neufestsetzung der monatlichen Gebühren für den entbündelten Teilnehmerzugang, da die Forderungen von Telekom und Wettbewerbern zu weit auseinander lägen. Die Regulierungsbehörde brauche mehr Zeit, um die tatsächlichen Verhältnisse zu klären, und beabsichtigt dafür einen ‚Runden Tisch', an dem man die Entscheidung im Konsens klären will. Die Telekom folgt der Empfehlung und beantragt eine Verlängerung der Gültigkeit des bisherigen Preises bis zum 30. April 1999.

Dezember 1998

Die Regulierungsbehörde genehmigt der Telekom neue, wesentlich niedrigere Telefontarife (bis zu 63% niedriger) ab Januar 1998 (12 Pf./Min. für Ferngespräche zwischen 21 und 2 sowie 5 und 6 Uhr, 6 Pf. für die Zeit dazwischen; 12 Pf./4 Minuten für Ortsgespräche in der Nacht).

Die Regulierungsbehörde genehmigt der Telekom zusätzlich zu den Interconnection-Gebühren weitere Zusatzgebühren, die sie von bestimmten Anbietern nehmen kann, wenn diese Betreiber kleinerer Netze sind. Gleichzeitig erklärt sie, dass jeder Netzbetreiber mit mind. einer eigenen Vermittlungsstelle und drei Verbindungsleitungen Anspruch auf die bislang gültigen Interconnection-Tarife hat.

Die Regulierungsbehörde hat 155 Lizenzen für Sprachtelefonie erteilt, von denen 51 auf am Markt aktive Anbieter entfallen.

Mobilcom tritt mit Plänen an die Öffentlichkeit, auch im Mobilfunkbereich die Möglichkeit zu Call-by-Call-Gesprächen zu eröffnen. Die Regulierungsbehörde kündigt an, dies erst ab Januar 2002 genehmigen zu wollen.

Januar 1999

Zwar haben die Nutzer von TK-Diensten ab dem 1. Januar 1999 das Recht, eine Rechnungsobergrenze festzulegen, doch gibt es zu diesem Zeitpunkt kein Verfahren zur carrierübergreifenden Sicherstellung dieses Limits im Fall von Call-by-Call-Gesprächen. Der betreffende Paragraph der Kundenschutzverordnung wird daher für 2 Jahre ausgesetzt.

Die Deutsche Telekom stellt bei der Regulierungsbehörde einen neuen Entgeltantrag für den Teilnehmerzugang. Darin beantragt sie einen monatlichen Mietpreis von 37,30 DM für die Kupferdoppelader und einmalige Entgelte für deren Neuschaltung in Höhe von 438,62 DM (ohne Montage) bzw. 581,52 DM (mit Montage) sowie bei ‹bernahme 364,63 DM (ohne Montage) bzw. 437,91 DM (mit Montage).

Ein weiterer Antrag wird zu neuen Telefongebühren gestellt. Die Telekom beantragt darin ab 1. April 1999 neue Ferngesprächstarife (6 Pf./Min.) und neue Ortsgesprächsgebühren (3 Pf./Min.) für die Zeit von 21 bis 6 Uhr.

Das Verwaltungsgericht Köln gibt Mannesmann Arcor in Teilen Recht und verfügt, dass die Regulierungsbehörde bis zum 8. Februar über die Entgelte für den Teilnehmerzugang entscheiden muss.

8. Februar 1999

Die Regulierungsbehörde entscheidet, dass die Deutsche Telekom von den Wettbewerbern eine monatliche Miete von 25,40 DM für die Kupferdoppelader eines Telefonanschlusses verlangen darf. Die Regelung gelte bis zum 31. März 2001. Für die neue Schaltung eines Anschlusses dürfen 196,95 DM bzw. 337,17 DM (ohne/mit Montagearbeiten) berechnet werden. Für die Übernahme eines Anschlusses können 191,64 DM bzw. 241,31 DM (ohne/mit Montagearbeiten) berechnet werden.

Wettbewerber kritisieren die Entscheidung und kündigen gerichtliche Schritte an. Ferner verkleinern viele von ihnen ihre Pläne hinsichtlich des Eintritts in den Markt für Ortsgespräche. Auch das Kartellamt kritisiert die Entscheidung als wettbewerbsbehindernd.

11. März 1999

Die Regulierungsbehörde entscheidet, dass Zusatzkosten, die der Telekom durch Netze mit wenigen Points-of-Interconnection und dadurch erzeugten ‚atypischen Verkehr' entstehen und die durch die Interconnection-Tarife nicht abgedeckt werden, von der Telekom bei Nachweis von den sie verursachenden Unternehmen erhoben werden können. Erforderlich ist dazu ein vorheriger Antrag bei der Regulierungsbehörde. Ansonsten seien aber alle Wettbewerber – auch wenn sie nur einen PoI haben – als Netzbetreiber zu klassifizieren und hätten entsprechenden Anspruch auf Interconnection-Rates.

Mannesmann geht auch auf europäischer Ebene beim Wettbewerbskommissar gegen die Entscheidung der Regulierungsbehörde über die monatliche Miete für die Kupferdoppelader eines Telefonanschlusses vor.

16. März 1999

Die Telekom stellt bei der RegTP einen Antrag auf Genehmigung von Zuschlägen auf die Interconnection-Gebühren aufgrund atypischen Verkehrs. Die Telekom schlägt vor, dass bei 38 PoIs keine Zusatzkosten anfallen. Konkurrenten mit wenigeren PoIs sollen in Klassen eingeteilt (bis acht PoIs, bis 23 PoIs und bis 38 PoIs) und mit klassenabhängigen sowie zeit- und entfernungsabhängigen Zusatzkosten von 0,02 Pf./Min. bis zu 2,3 Pf./Min. belegt werden.

Außerdem fordert die Telekom eine Mindestvertragslaufzeit für Interconnection-Verträge von 24 Monaten und eine Mindestverkehrsmenge von 180 000 Gesprächsminuten pro Monat und Interconnection-Anschluss.

14. April 1999

Die RegTP legt ein Kostenmodell für das Verbindungsnetz vor.

25. Mai 1999

Die RegTP lehnt nach einer öffentlichen Anhörung im April den Antrag der Telekom vom 16. März ab, da es der Telekom nicht gelungen sei, die Kosten verursachergemäß auf die Interconnectionpartner zuzuordnen. Ferner seien die Zusatzkosten nicht objektiv belegt.

Die RegTP billigt aber eine Regel, nach der ein neuer PoI eingerichtet werden muss, wenn die über einen bestehenden PoI abgewickelte Verkehrsmenge 200 000 Minuten übersteigt.

23. Juni 1999

Die EU-Kommission fordert zur Förderung des Wettbewerbs in ihrer sogenannten Kabelrichtlinie (Nr. 99/64/EG) die rechtliche Trennung der von marktbeherrschenden Anbietern von Telekommunikationsdienstleistungen gleichzeitig betriebenen öffentlichen Telefonnetze und Kabelfernsehnetze.

2. August 1999

Die Regulierungsbehörde legt fest, dass die bislang nicht vergebenen 10,4 MHz im 1 800-MHz-Band Ende Oktober im Rahmen eines → *multiplen Versteigerungsverfahrens* unter den vier aktuellen Mobilfunknetzbetreibern versteigert werden.

3. August 1999

Die in der Arbeitsgemeinschaft Regionet zusammengeschlossenen sechs Wettbewerber der Deutschen Telekom beantragen bei der Brüsseler Wettbewerbskommission der EU ein Verfahren wegen missbräuchlicher Ausnutzung einer marktbeherrschenden Stellung. Ihrer Ansicht nach verlangt die Telekom überhöhte Preise für die Überlassung der Leitung zum Telefonkunden.

Während sie von den Endkunden bei der Übernahme eines Anschlusses vom Vormieter rund 43 DM netto verlange, müssten die Regional- und City Carrier für die ‹berlassung der vorhandenen Leitung mindestens 191 DM ohne Mehrwertsteuer zahlen. Zusammen mit einer Pauschale von rund 108 DM, die sie im Falle der Kündigung durch den Telefonkunden auch noch an die Telekom zahlen müssten, komme die Übernahme eines Anschlusses auf fast 300 DM Es sei nicht einzusehen, warum die City Carrier dafür mehr als sieben Mal so viel zahlen sollten wie ein herkömmlicher Kunde der Telekom.

Die Telekom-Forderung würde sich nicht an den tatsächlichen Kosten in Höhe von ca. 50 DM orientieren. Außerdem läge die geforderte Summe auch im europäischen Vergleich zu hoch. So betrage das Entgelt für die Übernahme des Anschlusses z.B. in Dänemark nur rund 32 DM.

16. August 1999

Die Regulierungsbehörde verabschiedet die Telekommunikationsnummerngebührenverordnung (→ *TNGebV*).

24. August 1999

Die Regulierungsbehörde vergibt Lizenzen für Teilnehmerzugänge auf der Basis von PMP-Systemen. Zwölf von ursprünglich 32 Unternehmen, die sich bewarben, erhalten Lizenzen. Von den vier bundesweiten Bewerbern, die für alle 262 Regionen Anträge eingereicht hatten, erhielten Viag Interkom und Star One in über hundert Gebieten den Zuschlag. Firstmark Deutschland erhält in 111, Callino in 27 Regionen Lizenzen. Zusätzlich haben diese Unternehmen bereits Lizenzen aus der vorangegangenen Vergaberunde im Herbst 1998. Die Regulierungsbehörde hatte seinerzeit für die Gebiete Lizenzen erteilt, in denen es nicht mehr Bewerber als Lizenzen gab.

September 1999

Die Regulierungsbehörde entscheidet (vorsorglich) zu Monatsbeginn, dass Preis- und preisrelevante Anteile eines Resale-Angebots der Deutschen Telekom im Ortsnetzbereich von der Regulierungsbehörde zu genehmigen sind, da sowohl der Sprachtelefoniebereich betroffen ist als auch die Deutsche Telekom im Ortsnetzbereich als marktbeherrschender Anbieter aufgefasst werden kann.

Die Deutsche Telekom bietet den Konkurrenten Neuverhandlungen über die Erhöhung der Inkasso-Gebühren an. Damit steht die von der Telekom mit ihrer einseitigen Vertragskündigung zu Ende September umstrittene zusätzliche Pauschale von 80 Pf. pro Abrechnung zur Disposition. Vier Konkurrenten hatten Beschwerde bei der RegTP eingereicht, da sie das offene Call-by-Call durch erhöhte Kosten in Gefahr sahen. Bis zum 31. März 2000 bleibt die Lage zunächst unverändert. An der Kündigung der Verträge halte das Unternehmen jedoch grundsätzlich fest, da die Inkasso-Abrechnungen bislang für die Telekom ein „Draufzahlgeschäft" seien und für zu niedrige Markteintrittshürden sorgten.

28. Oktober 1999

Die Regulierungsbehörde versteigert die bislang nicht vergebenen freien Frequenzen im 1 800-MHz-Bereich (insgesamt 2 * 10,4 MHz in 9 Paketen zu je 2 * 1 MHz, und ein Paket zu 2 * 1,4 MHz) unter den Mobilfunknetzbetreibern gemäß des → *multiplen Versteigerungsverfahrens* mit einem Mindestgebot von 1 Mio. DM (1 MHz) bzw. 1,4 Mio. DM (1,4 MHz) und einer Mindeststeigerungsrate von 10% vom Höchstgebot der Vorrunde je neuer Runde und Frequenzpaket. Dabei ersteigern Mannesmann Mobilfunk für 216 Mio. DM fünf Frequenzbereiche und die Deutsche Telekom für 200,04 Mio. DM weitere fünf Frequenzbereiche. Die Versteigerung dauerte zur allgemeinen ‹berraschung nur rund 90 Min. und nicht mehrere Tage oder zwei Wochen, da Mannesmann Mobilfunk mit 397,8 Mio. DM für alle zehn Frequenzbereiche (36,36 Mio. für die ersten fünf Pakete, 40 Mio. DM für Pakete 6 bis 9 und 56 Mio. DM für Paket 10) gleich zu Beginn den Preis in die Höhe getrieben hatte, woraufhin Viag Interkom und E-Plus ausgestiegen waren. In der zweiten Bieterrunde hingegen zog die T-Mobil nach und überbot den Mannesmann-Preis für die ersten fünf Pakete um die vorgeschriebenen 10%. Nachdem in der daraufhin folgenden Bieterrunde keine weiteren Angebote abgegeben wurden, erhielt T-Mobil den Zuschlag für die ersten fünf und Mannesmann Mobilfunk für die anderen Pakete

4. November 1999

Das Verwaltungsgericht Köln entscheidet auf Eilantrag der First Telecom GmbH, dass die Wettbewerber der Telekom sich weder von der Telekom noch von der RegTP vorschreiben lassen müssen, wie sie ihre Netze ausbauen und wann sie einen neuen PoI einrichten (Az.: 1 L 1371/99).

Mit dem Beschluss wird die Regel vom Mai vorläufig außer Kraft gesetzt, dass ein Wettbewerber einen zusätzlichen PoI einrichten muss, wenn die Verkehrsmenge an einem bestehenden PoI 200 000 Minuten übersteigt (= Verkehrsmenge von 48,8 Erlang).

Diese Regel wird nach Auffassung der Richter voraussichtlich auch im Klageverfahren keinen Bestand haben, weshalb sie bis zur endgültigen Entscheidung ausgesetzt wird. Die Richter bemängeln, dass die RegTP bei ihrer Entscheidung die Wirtschaftlichkeit des Unternehmens Telekom und nicht die Netzintegrität geprüft habe: Dies stehe im Widerspruch zu den Regeln, die die EU hierzu vorgebe.

November 1999

Aufgrund von Zeitungsinterviews gibt es eine kurze Diskussion, ob aus der Ex-ante-Regulierung für Produktpreise für die Telekom (die auf einem ca. 10wöchigen Verfahren beruht) nicht eine Ex-post-Regulierung (von Wettbewerbern nur bei Bedarf angestoßene Missbrauchsregulierung) werden solle, um der Deutschen Telekom im schnelllebigen Markt die Möglichkeit zu geben, unternehmerisch und schneller auf Konkurrenzangebote zu reagieren.

Dezember 1999

Die alle zwei Jahre tagende Monopolkommission nimmt sich erstmals des Telekommunikationsmarktes an und befindet, dass noch „kein funktionsfähiger Telefon-Wettbewerb" entstanden ist, weshalb nach wie vor Bedarf an einer über das allgemeine Wettbewerbsrecht hinausgehenden Regulierung bestehe. Insbesondere der bislang fehlende Wettbewerb im Ortsnetzbereich wird für diese Aussage herangezogen. Der existierende Wettbewerb im Bereich des Fernnetzes und der internationalen Verbindungen wird auf die praktizierte Regulierung und damit als Beleg für deren Wirksamkeit und weitere Notwendigkeit herangezogen.

Das Verfahren für die Versteigerung der UMTS-Lizenzen und das Mindestgebot von 200 Mio. DM für zwei Blöcke à 5 MHz wird bekannt gegeben. Der ursprüngliche Vorschlag, fünf bundesweite und eine regionale Lizenz zu je 10 MHz zu vergeben. wurde nach Kritik von den etablierten Mobilfunkern fallengelassen, da 10 MHz aus deren Sicht zu wenig waren. Außerdem hätte es für regionale Lizenzen nicht genug Interessenten gegeben. Ferner sollen zwei Lizenzen an Bieter gehen, die bislang keine Mobilfunklizenz haben, wobei diesen National Roaming untersagt werden soll.

Da der Beirat der Regulierungsbehörde nicht beschlussfähig zu einer Sitzung zusammenkommt, verzögert sich die geplante Versteigerung vom Mai 2000 weiter.

Am 23. Dezember senkt die Regulierungsbehörde die Interconnection-Tarife um durchschnittlich 24,4% auf durchschnittlich 2,04 Pf./Min. ab dem 1. Januar 2000. Dies erfolgt durch eine Ausweitung der günstigsten Nebenzeit auf 18 bis 9 Uhr und das gesamte Wochenende und eine Senkung aller Minutenpreise um 13%. Ein in Auftrag gegebenes Gutachten hatte ursprünglich eine Absenkung um durchschnittlich 48,5% vorgeschlagen. Bilaterale Verträge, welche die Telekom schon z.B. mit Mannesmann Arcor geschlossen hatte, würden damit ungültig.

Ferner entscheidet die Regulierungsbehörde, dass der Marktanteil der Telekom bei der Zuführung internationaler Gespräche bei nur noch 24% liegt, wodurch sie in diesem Markt nicht mehr als marktbeherrschend gilt. Dadurch entfällt die Genehmigungspflicht für Tarife in diesem Bereich.

Februar 2000

Die RegTP entscheidet nach monatelangem Streit, dass die von der DTAG im letzten Jahr gekündigten Inkasso-Verträge mit den Wettbewerbern vorerst bis zum Jahresende weiter gelten. Demnach muss die DTAG für 7 Pf./Rechnungszeile und einen Umsatzanteil von 4,5% die Rechnungsposten fremder Anbieter mit auf ihrer monatlichen Telefonrechnung ausweisen, das Geld nach Erhalt aufteilen und an die jeweiligen Firmen weiterleiten. Bis Jahresende müssen die neuen Wettbewerber aber auf Verfügung der RegTP in der Lage sein, das gesamte Inkasso (Mahnungen, Reklamationen, gerichtliche Forderungseintreibung) selbst durchzuführen.

Die RegTP entscheidet, dass Rufnummernportabilität für → *UMTS* möglich sein muss und legt als Lizenzauflage fest, dass die künftigen Netzbetreiber von UMTS-Netzen bis Ende 2003 einen Versorgungsgrad von 25% und bis Ende 2005 von 50% der Bevölkerung erreichen müssen (→ *Lizenz*).

26. April 2000

Die Regulierungsbehörde genehmigt der Deutschen Telekom den Pauschaltarif T-Net-XXL für zunächst sechs Monate ab Juni auf Probe. Den Tarif können Nutzer eines ISDN-Anschlusses dazu verwenden, sofern sie 14,89 DM mehr Grundgebühr zahlen, an Sonn- und Feiertagen kostenlos im Internet zu surfen und nach der ersten halben Stunde innerhalb Deutschlands kostenlos zu telefonieren. Wettbewerber bezeichnen das als getarntes Preisdumping, da sie das Problem haben, immer (auch am Sonntag) Interconnection-Gebühren an die Telekom zahlen zu müssen, weshalb sie diesen Kostenblock als Fixkosten haben.

Juni 2000

Die UMTS-Frequenzen (60 MHz in 12 Blöcken à 5 MHz) werden versteigert. Jeder Bieter kann mindestens zwei und höchstens drei Blöcke ersteigern. Sechs Bieter kommen dabei zum Zuge und müssen dafür insgesamt fast 100 Mrd. DM aufbringen.

30. Juni 2000

Mannesmann Arcor stellt bei der Regulierungsbehörde einen Antrag auf Anordnung der Zusammenschaltung ihres Telekommunikationsnetzes mit demjenigen der Deutschen Telekom auf Grundlage von Interconnection-Charges auf Basis von Element Based Charging (→ *EBC*) ab dem 1. Februar 2000.

8. September 2000

Die Regulierungsbehörde definiert ein neues Interconnection-Regime vom 1. Februar 2001 bis zum 31. Mai 2003. Dabei wird EBC eingeführt.

14. November 2000

Der Gebührenimpuls wird bei der Zusammenschaltung von Netzen künftig mit übertragen. Dadurch wird das Billing erheblich erleichtert. Es wird auch möglich sein, verbraucherfreundliche Obergrenzen für Rechnungen zu definieren und einzuhalten.

16. November 2000

Die Regulierungsbehörde entscheidet, dass ab dem 1. Februar 2001 die Deutsche Telekom Internet-Service-Providern

Verbindungsleistungen für den Zugang zum Internet zu einer nutzungsunabhängigen Pauschale (Flatrate) anbieten muss. Gleichzeitig muss die Deutsche Telekom unzulässige Preisabschläge und unzulässige Diskriminierungen bei den aktuellen nutzungsabhängigen Verbindungspreisen aufheben. Mit ihrer Entscheidung trägt die RegTP zu einer ausgewogenen Verteilung des unternehmerischen Risikos beim Angebot einer Endkundenflatrate bei. Auch ein getaktetes Entgelt auf Minutenbasis bleibt zulässig. Hier muss ab dem 15. Dezember 2000 die Unterscheidung zwischen Peak- und Off-Peak-Zeit wieder aufgehoben werden. Die Einräumung eines Mengenrabattes ist dann auch nicht mehr zulässig. Hier kam allein die Deutsche Telekom beim konzerninternen Bezug in den Genuss der höchsten Rabattstufe. Durch diese Entscheidung beträgt die Verbindungsleistung für den Zugang zum Internet seit dem 15. Dezember 2000 günstigstenfalls 1,5 Pf./Min., und seit dem 1. Februar 2001 kommt die Möglichkeit einer Flatrate hinzu.

20. November 2000

Die Regulierungsbehörde erklärt den von der Deutschen Telekom beantragten Wunschtarif „Talk2Friends“ für unzulässig. Gegen einen Aufpreis von monatlich 4,99 DM sollten ISDN-Kunden in der Zeit von 12 bis 20 Uhr kostenlos im Ortsnetz telefonieren können, sofern auch die Gesprächspartner diesen Tarif gewählt hätten. Zur Begründung erklärte die Regulierungsbehörde, dass mit diesem Tarif keine Preselection eines anderen Anbieter mehr möglich gewesen wäre. Zusätzlich hätte die Deutsche Telekom bei längeren Gesprächen Verluste machen müssen, wenn man die Interconnection-Gebühren, die sie anderen Anbietern berechnet, als Berechnungsgrundlage nähme. Diese anderen Anbieter müssen die nutzungsabhängigen Interconnection-Gebühren für die Benutzung des lokalen Netzes der Deutschen Telekom bezahlen und sind deshalb nicht in der Lage, ähnliche nutzungsunabhängigen Tarife anzubieten, wodurch die Telekom einen ungerechtfertigten Wettbewerbsvorteil hätte.

23. November 2000

Der Präsident der Regulierungsbehörde Klaus-Dieter Scheuerle kündigt wegen eines Wechsels in die Privatwirtschaft (Unternehmensberatung) seinen Rücktritt zum Jahreswechsel an.

20. Dezember 2000

Die Regulierungsbehörde setzt den § 18 der → *TKV* in Kraft, nach der ein Endkunde eine monatliche maximale Rechnungshöhe vorgeben kann.

15. Januar 2001

Als Nachfolger von Scheuerle wird Matthias Kurth (SPD) in sein Amt eingeführt.

30. März 2001

Die RegTP entscheidet, dass die monatliche Miete für die Anschlussleitung um 1 DM auf 23,50 DM gesenkt wird. Diese Entscheidung hat Gültigkeit bis zum 31. März 2003. Dem Antrag der Deutschen Telekom, diesen Betrag auf 34,03 DM zu erhöhen, wird damit nicht stattgegeben. Auch die Wettbewerber, die über ein Gutachten von Prof. Torsten Gerpott einen Betrag von 17,80 DM für kostendeckend halten, kommen nicht zum Zuge.

Ebenfalls soll die einmalige Umschaltgebühr um 5% auf 181,09 DM gesenkt werden. Die Deutsche Telekom hatte anstelle der bisherigen 191,64 DM dafür 248,47 DM beantragt. Die Kündigungsgebühr wurde um 25% von 107,70 DM auf 74,45 DM gesenkt. Die Deutsche Telekom hatte 204,21 DM beantragt. Diese beiden Entscheidungen sollen bis zum 31. März 2002 gültig bleiben.

Ferner wird entschieden, dass das Entbündelungsgebot (→ *Entbündelung*) auch für die Anschlussleitung im Falle von → *DSL*- und Telefoniediensten gilt, d.h., beide Dienste können auf der gleichen Anschlussleitung von verschiedenen Anbietern erbracht werden. Die Deutsche Telekom muss dies ab 1. Juni 2001 anbieten und erhält danach noch eine dreimonatige Testphase eingeräumt.

Am gleichen Tag genehmigt die Regulierungsbehörde auch die T-DSL-Preise der Deutschen Telekom, die von den Wettbewerbern als Dumping kritisiert werden.

17. April 2001

Die RegTP genehmigt den neuen Tarif XXL der Deutschen Telekom vom 1. Mai 2001 an befristet bis zum 31. Oktober 2001. Die Deutsche Telekom wird verpflichtet, auch für Kunden mit einem analogen Telefonanschluss ein entsprechendes Angebot zu gestalten und bis spätestens 10. August 2001 einen entsprechenden Entgeltgenehmigungsantrag zu stellen.

April 2001

Das Bundesverwaltungsgericht entscheidet, dass die Entbündelungspflicht, die der Deutschen Telekom auferlegt wurde, durch die Regulierungsbehörde zu Recht festgelegt wurde.

Mai 2001

Die Regulierungsbehörde beabsichtigt, die geltende „Price-Cap-Regulierung Telefondienst“ (befristet bis zum 31. Dezember 2001) ab dem 1. Januar 2002 weiterhin in modifizierter Form beizubehalten. Hierzu hat sie ein Papier „Price-Cap-Regulierung 2002“ erstellt und gibt Gelegenheit zur Stellungnahme.

Deregulierung in den USA

Die Deregulierung in den USA, die immer wieder auch die Deregulierung in Europa beeinflusste, hatte folgende, wichtige Ereignisse:

1869

Elisha Gray und Enos Barton gründen in Cleveland/Ohio ein kleines Unternehmen zur Herstellung elektromechanischer Teile.

1872

Das Unternehmen von Gray und Barton wird in Western Electric umbenannt.

1881

American Bell kauft Mehrheitsanteile an Western Electric und trifft die Entscheidung, dass Western Electric zum Lieferanten der Technik für das Bell-Netz werden sollte.

1885

AT&T wird von American Bell als Telefongesellschaft für überregionale und internationale Verbindungen gegründet.

1893
Das Telefon-Patent von Bell läuft aus, was zu mehr Wettbewerb auf dem Telefonsektor (ohne drohende Patentstreitigkeiten) führt.

1899
AT&T kauft Anteile an der Muttergesellschaft American Bell. Dadurch vertauschen sich die Rollen. AT&T wird Muttergesellschaft von Western Electric und den Bell-System-Companies.

1910
AT&T bekämpft den Wettbewerb, indem sie Anteile am Gerätehersteller Western Union kauft.

Der Staat ergreift erste Maßnahmen zur Regulierung des Fernsprechwesens, als durch den sog. Mann-Elkins-Act eine Interstate Commerce Commission eingerichtet wird.

1911
Die AT&T fängt damit an, lokale Telefongesellschaften aufzukaufen. Als Druckmittel dient dabei die Verweigerung des Netzzugangs zum AT&T-Netz, so dass alle kleineren Gesellschaften, die ihren Kunden Zugang zu den Kunden anderer Netze ermöglichen wollen, mit AT&T zusammengehen.

Der Sherman Antitrust Act hält zur Vermeidung von Monopolen dagegen.

13. Dezember 1913
Kingsbury Commitment: AT&T in Gestalt seines Vizepräsidenten Nathan C. Kingsbury erklärt sich in einen Brief im Gegenzug zum Fallenlassen der Antitrust-Verfahren dazu bereit, das Aufkaufen lokaler Telefongesellschaften zu stoppen, diesen den Anschluss an das Fernnetz von AT&T zu ermöglichen und Anteile am Gerätehersteller Western Electric zu verkaufen.

1918
Präsident Woodrow Wilson verfügt, dass das Telefon- und Telegrafenwesen der Kontrolle der Post bzw. des entsprechenden Ministeriums untersteht.

1920
Es gibt mehrere tausend Anbieter von Telefonie in den USA. Die meisten davon sind auf rein lokaler Ebene tätig.

1921
Der Graham-Willis-Act verfügt, dass Telefonie durch einen Monopolanbieter (Bell-System) angeboten wird.

1927
Die Federal Radio Commission wird gegründet.

1934
Der erste → *Communications Act* legt den Grundstein für die Regulierung des Telekommunikationswesens in den USA. Hauptsächliches Ziel in dieser Zeit ist die Sicherstellung eines landesweiten und erschwinglichen Telefondienstes (Universaldienst). Als weitere Folge des Communication Act wird die → *FCC* gegründet, die kurz darauf mit Untersuchungen gegen das Bell-System beginnt. Das Justizministerium fängt an, eine Klageschrift für ein Antitrustverfahren zu formulieren. Der 2. Weltkrieg verhindert jedoch dessen Durchführung, da ein funktionierendes, ungestörtes Nachrichtenwesen als essentiell für die nationale Sicherheit angesehen wird.

1935
Es werden PUCs (Public Utilities Commission) in den einzelnen Bundesstaaten gegründet, die zu Fragen der Gebührenaufteilung bei Verbindungen mit mehr als einem → *Carrier* und Grundsatzfragen der Telekommunikation innerhalb der Bundesstaaten Stellung nehmen.

1947
Die FCC erlaubt die Anschaltung von privat beschafften Endgeräten zur Aufzeichnung von Telefonaten an das öffentliche Telefonnetz, sofern bestimmte zusätzliche Schutzmaßnahmen ergriffen werden. Dies ist der erste Schritt zur Liberalisierung im Endgerätemarkt. AT&T lehnte zunächst den Anschluss fremder Geräte ab, da diese den elektrischen Normen nicht entsprechen und damit Störungen im Netz verursachen könnten. Dem wurde durch die von der FCC vorgeschriebene Schutzschaltung abgeholfen.

Späte 40er Jahre
Die FCC erlaubt auch den Anschluss anderer Geräte (z.B. Telefone von ausländischen Herstellern), sofern die Schutzschaltung zusätzlich installiert wird.

50er Jahre
Ein akustisches Zusatzgerät, genannt Hush-a-Phone, erlaubt die Rauschunterdrückung und Verschlüsselung (damit auch Erhöhung der Datensicherheit) bei der Sprachübertragung. Die FCC verbietet auf Antrag der AT&T zunächst den Anschluss an das Netz. Diese Entscheidung wird durch ein Berufungsgericht 1957 widerrufen, da das Gerät lediglich akustisch, nicht aber elektrisch an das Telefonnetz gekoppelt wird (‚Hush-a-Phone-Decision').

1956
Das durch den Krieg unterbrochene Antitrustverfahren wird wiederaufgenommen, und es kommt zum Consent Decree, auch ‚Final Judgement' genannt. AT&T kann sich zu einer vertikal integrierten Gesellschaft auf dem Telefoniesektor entwickeln, das aufkeimende Geschäft mit Computern soll jedoch Western Electric vorbehalten bleiben, die als Tochterfirma selbständig bleiben soll.

31. August 1962
Präsident John F. Kennedy unterzeichnet den Communications Satellite Act, woraufhin die → *COMSAT* gegründet wird.

1968
→ *Carterphone Decision*.

1969
Ein kleineres Unternehmen (aus dem später MCI hervorgehen sollte) baut zwischen Chicago und St. Louis eine Richtfunkverbindung auf und vermietet die Kapazitäten an Unternehmen (prinzipiell als eine Art Standleitung, daher nicht vermittelnd). Das Unternehmen beantragt vor Gericht eine Interconnection mit dem bestehenden Telefonnetz von AT&T und bekommt dafür Recht.

1974
MCI und das Justizministerium reichen unabhängig voneinander verschiedene Kartellbeschwerden gegen AT&T ein.

70er Jahre
MCI wird das Recht zugestanden, auch vermittelte Fernverbindungen zu vertreiben, wodurch prinzipiell ein zweiter Wettbewerber im Fernverkehrsbereich entstanden ist.

Präsident Richard M. Nixon proklamiert die → *Wired City* und setzt damit die begonnene Liberalisierung aus dem Mediensektor auf der Infrastrukturebene fort. Er setzt dafür eine Regierungskommission ein.

1977

→ *Part 68* führt den Gedanken der Carterphone-Decision fort. Die Folge ist die weitere Liberalisierung auf dem Sektor der Endgeräte.

8. Januar 1982

Das seit 1974 laufende Kartellverfahren wird mit einem Richterspruch zur → *Divestiture*, dem ‚Modified Final Judgement' (MFJ; in Anlehnung an die Entscheidung von 1956), beendet. Der Vollzug erfolgt zwei Jahre später.

3. März 1982

Die FCC schreibt Lizenzen für zellularen Mobilfunk aus. Für die 30 wichtigsten lokalen Märkte können sich Bewerber 90 Tage, für die nachfolgend wichtigsten Märkte 180 Tage nach Bekanntgabe der Ausschreibungsbedingungen bewerben. Pro Stadt werden dabei je zwei Lizenzen vergeben. Die Lizenznehmer nutzen als technischen Standard → *AMPS*.

21. Oktober 1982

Die erste Lizenz für zellularen Mobilfunk in den USA wird an Ameritech vergeben.

13. Oktober 1983

Ameritech nimmt sein Netz als erster Anbieter in Betrieb.

1984

Es kommt zum Vollzug des im Januar 1982 erreichten MFJ. Danach gibt es einige wenige Fernnetzbetreiber (AT&T, MCI, Sprint etc.) und 22 Ortsnetzbetreiber (→ *BOCs*) unter dem Dach von sieben regionalen Holdings (→ *RBOCs*).

1992

Der Cable Act erlaubt den RBOCs in einem begrenzten Rahmen, sich an Kabel-TV-Gesellschaften zu beteiligen.

1994

Die FCC versteigert Lizenzen für den neuen, digitalen und zellularen Mobilfunk.

1995

RBOCs wird es erlaubt, in den Markt für Ferngespräche einzusteigen.

1996

Der neue Telecommunication Act (→ *TCO*) wird verabschiedet und erlaubt den Fernnetzbetreibern den Einstieg ins Ortsnetzgeschäft und umgekehrt.

Deregulierung in Großbritannien

Oktober 1969

Der neue „Post Office Act" widmet das General Post Office (GPO) in ein Unternehmen um, dem ein von der Regierung ernannter Vorsitzender vorsteht.

1972

Angesichts von Verlusten wird es dem GPO mit dem Post Office Borrowing Act erlaubt, sich höher zu verschulden. Ferner wird die Post teilweise davon entbunden, bestimmte Kapitalschulden zurückzuzahlen.

Juli 1980

Die ein Jahr zuvor gewählte Regierung von Margaret Thatcher kündigt gemäß ihres Grundsatzes der Liberalisierung und Deregulierung eine Reform des GPO an. Insbesondere der Endgerätesektor und der Sektor der Mehrwertdienste (→ *VAS*) sollen freigegeben werden. Industrieminister Sir Keith Joseph ist die treibende Kraft.

November 1980

Eine neue Gesetzesvorlage, die „British Telecommunications Bill", legt die Grundlage für eine Aufteilung von GPO in den Postbetrieb und British Telecom.

Oktober 1981

Das Telekommunikationsgesetz (‚Telecommunications Act') tritt offiziell in Kraft. In ihm wird festgelegt, dass das General Post Office in die zwei Unternehmen British Telecom (→ *BT*) und The Post Office zerlegt wird. Ferner wird in ihm als zweiter Schritt die Bildung eines Duopols im Telekommunikationsmarkt festgeschrieben. Als regulative Einheit wird das Ministerium für Handel und Industrie bestimmt, das Lizenzen an Wettbewerber, sogenannte Public Telecommunication Operators (PTO), vergeben darf. Daneben werden sog. Class Licences geschaffen, die auch an natürliche Personen vergeben werden können. Als weiteren Schritt zur Deregulierung werden Vorschriften für die Endgeräteprüfung, -zulassung, -installation und auch -wartung gelockert. In diesem Zusammenhang wird als regulative Einheit das → *BAPT* gegründet.

Januar 1982

BT installiert keine festverdrahteten Endgeräte mehr, sondern nur noch eine standardisierte Buchse, an die beliebige, vom BAPT zugelassene Endgeräte angeschlossen werden dürfen.

Februar 1982

An → *Mercury* wird eine Lizenz vergeben, die den Aufbau und Betrieb eines eigenen Netzes und das Anbieten aller Telekommunikationsdienstleistungen darüber beinhaltet.

Juni 1982

Das Endgerätemonopol fällt. Auch andere Anbieter (außer BT) dürfen Endgeräte an Endnutzer verkaufen.

Juli 1982

Die Regierung schlägt die Privatisierung von BT durch den Verkauf von 51% der Aktien vor. Gleichzeitig wird die Bildung einer neuen, unabhängigen Regulierungsinstanz vorgeschlagen.

Februar 1983

Die Regierung geht auf den Vorschlag von Professor Stephen Littlechild ein, der für BT eine → *Price-Cap*-Regulierung gemäß der Formel „RPI - 3%" für die nächsten drei Jahre vorsieht.

April 1983

Mercury nimmt seinen Betrieb in London auf.

Die Regierung kündigt ein Weißbuch über lokale Kabelfernsehnetze und die Bereitstellung von Telekommunikations- und Unterhaltungsnetzen an.

17. Mai 1983

Vodafone (80% Racal, 15% Millicom, 5% Hambros Advanced Technology Trust) erhält nach einem Beauty-Contest eine Lizenz zum Aufbau eines analogen, zellularen Mobilfunknetzes. Mit der Lizenz verbunden ist die Auflage, innerhalb von 7 Jahren einen Versorgungsgrad von 90% zu erreichen und die Produkte nur über → *Service-Provider* zu vermarkten.

Juli 1983
Das Telekommunikationsgesetz wird geändert, so dass 51% von BT verkauft und das → *Oftel* als Regulierungsbehörde for den TK-Markt gegründet werden kann.

November 1983
Das Duopol wird auf sieben Jahre festgeschrieben.

27. Januar 1984
Telecom Securicor Cellular Radio (TSCR, seinerzeit 51% BT und 49% Securicor Communications Ltd.), das sich später in Cellnet umbenennen sollte, erhält die zweite Lizenz zum Aufbau eines analogen, zellularen Mobilfunknetzes. Eine Lizenzauflage ist, dass keines der an Cellnet beteiligten Unternehmen mehr als 60% der Anteile hält.
Zu diesem Zeitpunkt gibt es in GB etwa 25 000 Mobiltelefonierer.

April 1984
Die Änderung des Telekommunikationsgesetzes tritt in Kraft.

Juli 1984
Gemäß dem Weißbuch vom Jahr zuvor tritt der Cable and Broadcasting Act in Kraft. Kabelfernsehnetzbetreibern wird es damit ermöglicht, in Konkurrenz zu BT auch Telekommunikationsdienstleistungen anzubieten.

1. August 1984
Die Regulierungsbehörde Oftel wird nach der Gesetzesänderung vom Juli 1983 offiziell aus der Taufe gehoben.

Oktober 1984
Die Regulierungsbehörde lehnt ein Jointventure von BT und IBM im Bereich der Corporate Networks mit der Begründung der Marktbeherrschung ab.

November 1984
51% von BT werden an die Börse gebracht. Das IPO war 3,2fach überzeichnet.

Januar 1985
Die analogen Netze von Vodafone und Cellnet nehmen ihren Betrieb auf.

Oktober 1985
Oftel definiert das erste Interconnection-Regime.

Dezember 1986
Das Monopol von BT, den Hauptanschluss und die Buchse zu verlegen, endet. Ab sofort darf dies auch Mercury.

Jahresanfang 1987
Bei BT wird gestreikt (insbes. technisches Personal). Dadurch sinkt die Dienstqualität erheblich und Qualitätsgesichtspunkte werden zum Gegenstand regulatorischer Überlegungen.

Juni 1987
Es wird ein Entwurf vorgelegt, nach dem Anbieter von Endgeräten sich an verschiedene, unabhängige und lizenzierte Testlabore wenden können. Ziel dieses Verfahrens ist eine weitere Entstaatlichung und Effektivitätssteigerung bei der Endgerätezulassung.

September 1987
Eine Studie von Oftel zeigt, dass nur 77% der Telefonzellen von BT einsatzbereit sind.

Oktober 1987
Windsor Television beginnt, über sein Kabelfernsehnetz Telefondienste von Mercury anzubieten.
Oftel veröffentlicht eine Qualitätsuntersuchung über die Dienstleistungsqualität von BT, woraufhin BT anfängt, selber derartige Untersuchungen zu unternehmen.

November 1987
Oftel genehmigt Mercury den Betrieb von Telefonzellen.

Januar 1988
Oftel veröffentlicht ein Gutachten, in dem als neue Formel für die am 31. Juli 1989 auslaufende Price-Cap-Regulierung „RPI - 3%" vorgeschlagen wird.

März 1988
Eine neue Untersuchung zeigt, dass 87% der Telefonzellen von BT betriebsbereit sind.

Mai 1988
Oftel lässt den Betrieb gebührenpflichtiger Telefone durch private Nutzer (Messegesellschaften, Kneipen, Hotels) zu.

Juli 1988
Für die Price-Cap-Regulierung ab 1. August 1989 einigen sich Oftel und BT auf die Formel „RPI-4,5%". Der Cap wird auf handvermittelte Gespräche ausgedehnt und hat Gültigkeit bis 31. Juli 1993.
Mercury startet am Bahnhof Waterloo in London mit eigenen Telefonzellen.

August 1988
Die Dienstqualität in den beiden zellularen Mobilfunknetzen gibt Anlass zu Diskussionen, woraufhin Untersuchungen von Oftel eingeleitet werden.

Januar 1989
Es werden vier Lizenzen für → *Telepoint*-Dienste vergeben. Sie gehen an Phonepoint (45% BT, 25% STC, 10% France Telecom, 10% Nynex), Callpoint (33% jeweils Mercury, Shaye and Motorola, Zonephone (u.a. 64% Ferranti) und Rabbit (33% jeweils Barclays, Shell and Phillips).

April 1989
Als Reaktion auf den Oftel-Bericht vom Oktober 1987 und eigene Untersuchungen führt BT ein Qualitätsgarantiesystem ein. So werden Kunden mit 5 Pfund je Tag bei ausgefallener Telefondienstleistung entschädigt. Ferner werden bei Nachweis auf entstandenen geschäftlichen Schaden an Geschäftskunden bis zu 5 000 Pfund und an Privatkunden bis zu 1 000 Pfund gezahlt.
BT kündigt für London und das Jahr 1990 eine Änderung der Vorwahlen von 01 in 071 und 081 an.

Juli 1989
Oftel veröffentlicht einen Bericht über Nummerierungsprobleme und mögliche Lösungen bezogen auf den britischen Nummerierungsplan.

Oktober 1989
Als Reaktion auf die Qualitätsuntersuchungen bei den Mobilfunkunternehmen veröffentlicht Oftel den ersten der dann folgenden diesbezüglichen monatlichen Berichte. Wegen Schwierigkeiten bei der Datenerhebung wird dieses Verfahren jedoch in 1990 wieder eingestellt.

Dezember 1989
Für Mietleitungen wird ein Preisregulierungsverfahren eingeführt.
BT startet ein Qualitätsgarantiesystem für Mietleitungen mit Entschädigungszahlungen im Fehlerfall.

Das Handelsministerium gibt bekannt, dass drei Lizenzen für sogenannte → *PCN*-Betreiber (→ *GSM 1800*) vergeben werden.

6. Mai 1990

Die Vorwahl von London wird wie angekündigt umgestellt.

Juni 1990

Den neuen PCN-Anbietern wird der Direktvertrieb gestattet, den bestehenden Anbietern wird dies in Aussicht gestellt.

November 1990

Eine allgemeine, kritische Bestandsaufnahme der bisher erzielten Liberalisierungsergebnisse beginnt und wird als ‚Duopoly-Review' bezeichnet.

Februar 1991

BT führt den Einzelgesprächsnachweis ein.

März 1991

Das Ergebnis des Duopoly-Reviews wird vom Handelsministerium unter dem Titel „Competition and Choice: Telecommunications Policy for the 1990s" veröffentlicht. Der Report schlägt ein Ende des Duopols, die Erlaubnis von Reselling internationaler Verbindungen in ebenfalls liberalisierte Märkte, die Einführung von → *Nummernportabilität*, die Änderungen der Price-Cap-Formel auf „RPI - 6,25%", die Aufnahme der Gebühren für internationale Gespräche in den Cap und deren Senkung um 10% sowie die Erlaubnis für Kabelfernsehnetzanbieter, selbständig Telefondienstleistungen anzubieten, vor.

April 1991

Telefonate werden mehrwertsteuerpflichtig.

BT führt die kostenpflichtige Auskunft ein, die auch unter den Price Cap fällt.

Juli 1991

Drei PCN-Lizenzen werden an Unitel, Mercury PCN und Cellnet vergeben.

August 1991

Oftel setzt ein Interconnection-Regime für die Verbindung von Vodafone und Mercury fest.

September 1991

Oftel setzt ein Interconnection-Regime für die Verbindung von Cellnet und Mercury fest.

Oktober 1991

Nur noch ein Anbieter von Telepoint-Diensten (Hutchison) ist im Markt vertreten.

Weitere 21,9% von BT werden an die Börse gebracht.

Januar 1992

Oftel beginnt mit Untersuchungen für eine neue Price-Cap-Formel.

März 1992

Zwei Betreiber von PCN-Netzen (Mercury PCN und Unitel) fusionieren.

Juni 1992

Oftel schlägt für den Price Cap die Formel „BRI - 7,5%" vor.

Vorschläge für Vorschriften für die Kostenrechnung von BT zur Verhinderung der Quersubventionierung werden von Oftel veröffentlicht.

Juli 1992

Es werden zwei neue Lizenzen anstelle der bisher gültigen Branch Systems General Licence für selbstgenutzte Netze und Infrastruktur (Corporate Networks) eingeführt, eine Telecommunication Services Licence (TSL) und eine Self-Provision Licence (SPL). Mit der TSL ist es möglich, auf Basis des eigenen Corporate Networks auch Dienste für Dritte anzubieten.

CATV-Operator-Lizenzen werden hinsichtlich technischer Anforderungen an das zu errichtende Netz und der Nutzung der Infrastruktur für Telefonie liberalisiert.

August 1992

BT stimmt dem Vorschlag für die neue Price-Cap-Formel „RPI-7,5%" zu, der bis zum 31. Juli 1997 Gültigkeit haben soll.

Oktober 1992

Auf Initiative von Oftel werden Qualitätsumfragen bezüglich der zellularen Mobilfunknetze gestartet. Die Untersuchungen werden von den Mobilfunkunternehmen finanziert. Nach drei vierteljährlichen Berichten werden diese Untersuchungen wegen fehlender weiterer Finanzierung wieder eingestellt.

Februar 1993

BT stimmt einem Price-Cap-Verfahren mit der Formel „RPI-0%" für Mietleitungen zu, wobei die Mietleitungen in drei Körbe eingeteilt werden (national analog, national digital und international). Das Verfahren sollte vom 1. August 1993 bis zum 31. Juli 1997 laufen.

Ionica erhält eine landesweite Lizenz zum Aufbau und Betrieb eines Telekommunikationsnetzes und zum Anbieten von Telekommunikationsdienstleistungen, wobei der Anschluss des Endkunden auf einem drahtlosen Punkt-zu-Mehrpunktsystem (→ *RLL*) basieren sollte.

März 1993

Die Lizenzauflagen für BT werden dem neuen Price Cap angepasst. Ferner wird BT dazu gezwungen, Details über Interconnection-Vereinbarungen offen zu legen.

Mai 1993

Ein Gutachten attestiert einem privat unterhaltenen Notrufsystem nur geringe Vorteile gegenüber dem bisherigen System.

Juni 1993

Oftel veröffentlicht Vorschläge zur kostentechnischen Trennung verschiedener Geschäftsbereiche von BT zur Vermeidung von Quersubventionierung und zur besseren Ermittlung von Kosten, die bei der Produktbereitstellung und -nutzung anfallen.

Juli 1993

Eine ganze Reihe von CATV-Lizenzen wird derart modifiziert, dass die CATV-Operator auch selbständig Sprachtelefonie anbieten dürfen.

Für die dritte Aktientranche für BT läuft die Bieterfrist ab. Mindestens die Hälfte der ausgegebenen Aktien soll an institutionelle und private Anleger vergeben werden.

August 1993

Aufgrund des Gutachtens vom Mai wird der Plan fallen gelassen, das Notrufsystem zu privatisieren.

September 1993

Mercurys PCN-Netz unter dem Produktnamen „One2One" nimmt seinen Betrieb auf.

Vodafones GSM-Netz geht in Betrieb.

Oktober 1993
Oftel holt alle Netzbetreiber an einen Tisch und versucht, eine Diskussion über ein einheitliches Interconnection-Regime in Gang zu bringen.

Dezember 1993
Der mittlerweile zu „Rabbit" umbenannte letzte Telepoint-Service von Hutchison stellt seinen Betrieb ein.

Februar 1994
Es gibt Änderungen hinsichtlich der Möglichkeiten für neue Wettbewerber, Zugang zu Satellitenkapazitäten zu erhalten, für die BT eigentlich der Signatar (→ *Signatarsmonopol*) in internationalen Verträgen ist (Intelsat etc.).

März 1994
BT führt einen Standardtarif für die Zeit von 9 bis 18 Uhr ein und schafft damit Zuschläge während der Hauptverkehrszeiten ab.
Die ausländischen Wettbewerber Sprint, Telstra und Worldcom erhalten Zugang zum britischen Markt und dürfen für bestimmte Produkte (Calling Cards etc.) als Reseller auftreten.

April 1994
Orange startet seinen PCN-Dienst.

Juni 1994
Oftel übernimmt von BT die Verwaltung des nationalen Nummernplans und veröffentlicht Grundregeln („Numbering Conventions") für seine Verwaltung.

September 1994
Energis tritt als Operator in den Markt ein.
Cellnet nimmt den Betrieb seines GSM-Netzes auf.

Dezember 1994
Oftel veröffentlicht seinen Bericht „A Framework for Effective Competition" und stellt dort grundlegende und weitblickende Thesen über Wettbewerb in einem liberalisierten Umfeld auf.
Mercury kündigt an, wegen des kostenintensiven Betriebs von Telefonzellen in 1995 aus diesem Markt austreten zu wollen.

Februar 1995
Oftel veröffentlicht mit dem Report „The UK Telecommunications Industry: Market Information" eine detaillierte Bestandsaufnahme.

März 1995
BT stimmt den neuen Lizenzanforderungen hinsichtlich Rechnungslegung und standardisierten Interconnection Charges zu.

16. April 1996
Am sogenannten ‚PhONEday' kommt es zur bislang größten Revision des Nummerierungsplanes. Alle Vorwahlen werden auf die Anfangsziffern ‚01' umgestellt. Der seit einigen Monaten laufende Parallelbetrieb wird abgeschaltet.

April 1996
Oftel leitet das Thema Nummernportabilität an die ‚Mergers and Monopoly Commission' weiter.

Mai 1996
Oftel veröffentlicht den Bericht „Fair Trading in Mobile Service Provision".
Nynex Cablecom bietet als erste Gesellschaft Nummernportabilität an.

Juni 1996
Nachdem Mercury sein Telefonzellengeschäft an Industria Politechnica Meridionale Communications Plc (IPMC) verkauft hat, erhält diese eine Lizenz dafür.
Das Industrieministerium kündigt am 6. Juni an, dass das Duopol von BT und Mercury auf dem Sektor der internationalen Mietleitungen beendet werden soll.
BT führt die sekundengenaue Abrechnung ein.
Oftel schlägt als neue Formel für die Price-Cap-Regulierung „RPI-4,5%" und eine Laufzeit bis 2001 vor, woraufhin Verhandlungen mit BT beginnen.
Oftel veröffentlicht den Bericht „Promoting Competition in Services over Telecommunications Networks", in dem Möglichkeiten diskutiert werden, ein Nebeneinander von Network- und Service-Providern zu ermöglichen.
Das Handelsministerium kündigt an, den Markt für ausländische Unternehmen öffnen zu wollen, woraufhin Oftel mit Arbeiten beginnt, wie die existierende Infrastruktur durch Möglichkeiten wie Interconnection oder Entbündelung volkswirtschaftlich von mehreren Carriern genutzt werden kann.
Oftel veröffentlicht einen Report, in dem ein Kostenmodell für Telekommunikationsnetze vorgeschlagen wird, das auf den Long Run Incremental Costs (LRIC) basiert.
Die Lizenz von Mercury wird in vielen Punkten dahingehend verändert, dass diverse Auflagen und Restriktionen wegfallen. Insbesondere brauchen Preisänderungen nicht mehr 28 Tage im Voraus veröffentlicht werden.
Oftel stößt eine Untersuchung von Vorkommnissen bei BT an. Angeblich hat BT mit Win-Back-Kampagnen gegen Datenschutzbestimmungen verstoßen.

Juli 1996
Oftel veröffentlicht ein Dokument über verschiedene Möglichkeiten des direkten und indirekten Netzzugangs.

August 1996
BT stimmt dem neuen Price-Cap-Verfahren zu, nachdem drei kleinere Änderungen an Lizenzanhängen, die BT betreffen, durchgeführt werden.

September 1996
Nach Beschwerden von Verbraucherschützern legt Oftel fest, dass BT in Zukunft sorgfältiger darauf zu achten habe, wie Customer-Care-Angestellte von BT über Wettbewerber informieren.
Oftel verzichtet in Zukunft darauf, Installateure und Wartungstechniker zu zertifizieren und zuzulassen.
Für das Übertragungsnetz für Radio- und TV-Signale tritt ein Price-Cap-Verfahren mit der Formel „RPI - 4%" in Kraft.

1997
Oftel kommt zu dem Schluss, dass es im Segment der Geschäftskunden mittlerweile genug Wettbewerb gibt und beendet daher seine Preisregulierung in diesem Segment.

Dezember 1998
Die Terminierungspreise für Gespräche in die Mobilfunknetze von Vodafone und Cellnet werden einem Price-Cap-Verfahren mit der Formel „RPI - 9%" unterworfen.

1. Januar 1999
Nummernportabilität wird eingeführt.

März 2000

Als erstes europäisches Land werden in GB UMTS-Lizenzen versteigert.

Derivat

Bezeichnung für Abkömmlinge, Dialekte und ähnliche Versionen mit nur kleinen Unterschieden zu einer → *Programmiersprache*, einem → *Betriebssystem* oder anderer → *Software*.

DES

Abk. für Data Encryption Standard.

Bezeichnet ein auf einem Chip realisierbares symmetrisches Verfahren (Two-Way-Verschlüsselungsfunktion, → *Private-Key*-Verfahren) zur gleichzeitigen Kompression und Verschlüsselung von Daten für die Übertragung über öffentliche Netze.

Es handelt sich um einen 64-Bit-Blockchiffrieralgorithmus mit einem üblicherweise 56 Bit langen Schlüssel (mit Parität: 64-Bit-Schlüssel), d.h., ein Text wird in Blöcke zu je 64 Bit zerlegt. Jeder dieser Klartext-Blöcke wir mit dem 56 Bit langen Schlüssel in einen ebenfalls 64 Bit langen Block mit Geheimtext verwandelt, der nur sehr wenig mit dem Klartext korreliert. Die Umwandlung setzt sich dabei aus den beiden Operationen ‚Bitvertauschen' und ‚Bitsubstituieren' zusammen. Mit dem gleichen Schlüssel (daher symmetrisches Verfahren) werden die verschlüsselten Blöcke auch wieder entschlüsselt.

DES gilt in seinen Versionen mit 56 Bit langem Schlüssel als nicht mehr zeitgemäß und sicher genug. Manche Anwendungen nutzen sogar einen nur 40 Bit langen Schlüssel, der mit leistungsfähigen PCs in einigen Minuten zu knacken ist.

Neuere Versionen, genannt Triple-DES, wenden das DES-Verfahren dreimal hintereinander mit drei verschiedenen Schlüsseln an, so dass quasi ein 168 Bit langer Schlüssel verwendet wird. Die zu verschlüsselnden Daten werden dabei in Blöcke fester Länge zerlegt, die alle mit dem gleichen Verfahren verschlüsselt werden. Dies führt jedoch auch zu einer Verdreifachung der zum Verschlüsseln benötigten Zeit.

Banken in den USA gingen im Laufe des Jahres 1997 zu Triple-DES über.

Das Verfahren DES kann zur Datenverschlüsselung und für digitale Unterschriften gleichermaßen herangezogen werden. Es gilt als 1 000 bis 10 000 mal schneller als → *RSA*, da es ideal in Hardware implementiert werden kann.

Verabschiedet wurde DES 1977 von der → *ANSI* in den USA, nach Vorarbeiten der IBM seit 1972. DES war der erste Verschlüsselungsstandard für öffentliche Anwendungen. Er wird hauptsächlich bei US-Behörden und Banken verwendet und ist dort weit verbreitet. Eine häufige Anwendung ist die Verschlüsselung von Daten im Magnetstreifen auf EC-Karten. 1997 wurde bei dieser Anwendung von einem 56 Bit langen Schlüssel auf einen 128 Bit langen Schlüssel übergegangen.

Seit 1977 wurde es alle fünf Jahre als Standardverfahren durch die US-Regierung für amtliche Nutzungen gewählt.

Neuere und leistungsfähigere Verfahren lassen DES in seiner einfachsten Version allerdings als nicht mehr sicher genug erscheinen.

Im Jahre 1997 hat das Unternehmen RSA Data Security aus Redwood City/Kalifornien einen Wettbewerb zum Knacken des DES-Schlüssels veranstaltet. Nach fünf Monaten und exakt 18 859 645 992 960 Versuchen war der Text „Eine leistungsfähige Verschlüsselung macht die Welt sicherer" entschlüsselt.

Im Jahr 1998 ist es einer von John Gilmore und Paul Kocher angeführten Gruppe von einem Dutzend Technikern und Wissenschaftlern gelungen, mit einem ‚Deep Crack' genannten, aus Standardkomponenten selbstgebauten Computer (Kosten: 450 000 DM) den DES mit einem 56-Bit-Schlüssel in neuer Rekordzeit von drei Tagen zu knacken, wofür sie einen Preis von 10 000 $ aus dem Hause RSA Data Security erhielten.

→ *Elgamal-Algorithmus*, → *IDEA*, → *PGP*, → *Public Key*.

Descrambler

→ *Scrambler*.

Design

Im → *Software-Engineering* eine andere Bezeichnung für die Entwicklung eines Konzeptes oder einer Struktur.

Während die Programmierung bereits die konkrete Umsetzung des Designs ist, steht das Design noch vor der Programmierung und definiert die zu programmierenden Funktionen, Objekte, Datenmodelle und die entsprechenden Zusammenhänge.

Je nach zu entwickelndem Objekt spricht man häufig vom Anwendungsdesign, Datendesign oder Architekturdesign.

Deskewing

Bezeichnet bei Hochleistungsscannern (→ *Scanner*) ein → *Leistungsmerkmal* der Scannersoftware zur Steigerung der Bildqualität (Image-Enhancement). Diese sorgt dafür, dass schief eingezogene und gescannte Dokumente im gescannten Abbild gerade erscheinen.

→ *Despackle*.

Desktop

Bezeichnung einer Form von Gehäusen für die Aufnahme der Hauptbestandteile des → *PCs*. Das Gehäuse in flacher Quaderform ist (im Gegensatz zum → *Tower*) dazu vorgesehen, auf dem Schreibtisch (Desk) drauf (top) zu stehen. Auf dem Desktop-Gehäuse wiederum ist üblicherweise der → *Monitor* positioniert.

→ *Laptop*, → *Palmtop*.

Despackle

Bei Hochleistungsscannern (→ *Scanner*) die Bezeichnung für ein Leistungsmerkmal der Scannersoftware zur Steigerung der Bildqualität (Image-Enhancement). Diese sorgt dafür, dass Faxe von schlechten Vorlagen von störenden dunklen Sprenklern befreit werden und dadurch besser gelesen werden können.

→ *Deskewing*.

Destination Stripping

→ *SRP.*

DeTeBerkom

→ *BERKOM.*

DETECON

Ein Tochterunternehmen der Deutschen Telekom und diverser Banken, das technische Beratungsleistungen auf dem Gebiet der Telekommunikation erbringt. Bis 1993 auch Betreiberin des → *D1*-Netzes. Sitz ist Bonn. Gegründet 1977 mit dem Ziel, das technische Know-how der damaligen Deutschen Bundespost aus den Bereichen Netzkonzeption und Netzaufbau mit dem Finanzierungs-Know-how der Banken zu koppeln, um in anderen Ländern (Entwicklungsländer) schlüsselfertig Netze aufzubauen.

Mittlerweile ist die DETECON Teil der T-Systems geworden.

→ *http://www.detecon.de/*

DeTeLine

Tochterunternehmen (100%) der Deutschen Telekom mit Sitz in Berlin und rund 600 Mitarbeitern. Geschäftszweck ist einerseits die Erbringung von Ingenieur- und Montagedienstleistungen für Telekommunikationsnetze (von Inhouse-Netzen bis hin zu Weitverkehrsnetzen) und andererseits der Betrieb und Ausbau eines bestehenden bundesweiten Kabelnetzes.

Die DeTeLine ist 1995 aus der → *DFKG* hervorgegangen und hat von dieser auch das Netz übernommen.

Postadresse:

DeTeLine Deutsche Telekom
Kommunikationsnetze GmbH
Postfach 191231
14002 Berlin
Tel.: 0 30 / 30 68 01 76
Fax: 0 30 / 30 68 02 01

Hausanschrift:

Rognitzstr. 8
14057 Berlin

→ *http://www.deteline.de/*

DeTeMobil

Branchenübliche Bezeichnung für ein Tochterunternehmen der Deutschen Telekom AG, welches das analoge → *C-Netz* und das digitale → *D1*-Netz nach dem → *GSM*-Standard betreibt. Gegründet im Frühjahr 1992 mit Sitz in Bonn. Lange Zeit verwaltete es auch die internationalen Aktivitäten, bis im Januar 2000 die Bildung einer Holding „T-Mobil International AG“ angekündigt wurde, unter der mittlerweile die nationalen Gesellschaften operieren.

→ *http://www.detemobil.de/*

→ *http://www.t-d1.de/*

DeTeSat

Tochterunternehmen der Deutschen Telekom, das für die Vermarktung von Telekommunikationsdienstleistungen, die mit Hilfe von Satelliten erbracht werden, zuständig ist.

→ *http://www.detesat.com/*

DeTeSystem

Tochterunternehmen der Deutschen Telekom, das zunächst für die Betreuung der Top-200-Kunden zuständig war und seit Frühjahr 1998 allgemein technische anspruchsvolle oder umfassende Sonderlösungen für Kunden der Deutschen Telekom als → *Systemintegrator* realisiert.

Gegründet am 1. Januar 1994 mit Sitz in Frankfurt/Main.

Im Herbst 2000 wurde bekannt, dass die DeTeSystem mit dem Debis Systemhaus zusammengeht und fortan unter T-Systems firmieren wird.

→ *http://www.detesystem.de/*

Deutscher Multimedia-Verband

→ *DMMV.*

Deutscher Verband für Post- und Telekommunikation

→ *Verband für Post und Telekommunikation.*

Device

Von engl. device = Gerät.

Ein universell genutzter Name für reale Hardwareeinrichtungen, die an Computer angeschlossen werden können und Daten empfangen, speichern, aussenden oder auch verarbeiten können.

Device Bay

Von engl. device = Gerät und bay = Bucht.

Bezeichnung für ein Konzept, mit dem es Laien ermöglicht werden soll, ihre PCs einfacher zu konfigurieren, mit Zusatzgeräten aufzurüsten oder zu modernisieren.

Dabei werden an der Frontseite des Gerätes standardisierte Einschubschächte vorgesehen, in die neue Komponenten nur eingeschoben werden müssen. Der PC erkennt die Peripheriegeräte automatisch und integriert sie in seine Konfiguration.

Vorgestellt im Frühjahr 1998

Devine

→ *HD-Devine.*

Dezibel

Der zehnte Teil des Bel, abgekürzt mit dB. Benannt nach dem Erfinder des praktisch benutzbaren → *Telefons*, Alexander Graham Bell (* 1848, † 1922), der auch diese ‚Einheit‘ entwickelt hat. Das Dezibel wird dort verwendet, wo zwei Größen zueinander in ein Verhältnis gesetzt werden und beide Zahlen in ihrer Größenordnung stark voneinander abweichen. Dadurch ist es möglich, den durch beide Zahlen charakterisierten, großen Wertebereich durch relativ kleine Zahlen zu beschreiben.

Das Dezibel bezeichnet eine Pseudoeinheit für ansonsten dimensionslose Größen und deutet an, dass zur Bildung des logarithmierten Verhältnisses zweier dimensionsgleicher Größen (meistens Leistungen, Pegel) der Zehnerlogarithmus benutzt wurde.

Diese Größe wird überall dort verwendet, wo ein zu betrachtender Messwert in Bezug gesetzt wird zu einem festen Ausgangswert, z.B. die Ausgangsleistung eines Verstärkers in

Bezug zur Eingangsleistung oder die Leistung eines gedämpften Signals am Ende einer Glasfaserleitung zur eingespeisten Signalleistung am Anfang der Übertragungsstrecke.
Entwickelt wurde diese Messmethode von Alexander Graham Bell während seiner Untersuchungen über das Gehör und das Hörverhalten. Testpersonen erklärten, sie empfänden Töne lediglich als doppelt so laut, wenn die Leistung des Tons objektiv durch Bell verzehnfacht wurde. Es lag also ein logarithmischer Zusammenhang zugrunde:

$$[dB] = 10 \log ([P_1]/[P_2])$$

Da die Zahlenwerte beim Benutzen des Bel zu unhandlich (zu groß) wurden, einigte man sich üblicherweise auf 1/10 davon, das Dezibel.

DFB

Abk. für Distributed Feedback (Laser).

DFE

Abk. für Decision Feedback Equalisation.

DFG

Abk. für Deutsche Forschungsgemeinschaft.
Das zentrale Selbstverwaltungsorgan der Wissenschaft mit der Aufgabe, die Wissenschaft aller Fachgebiete zu fördern, vor allem die Grundlagenforschung, und den wissenschaftlichen Nachwuchs. Insbesondere stellt sie Mittel für → *Sonderforschungsbereiche* zur Verfügung. Zentrale Publikation ist das vierteljährlich erscheinende Mitteilungsblatt ‚Forschung', ergänzt um die Publikation ‚german research'.
Adresse:

Deutsche Forschungsgemeinschaft e.V.
Kennedyallee 40
53175 Bonn
Tel.: 02 28 / 88 51

→ *http://www.dfg.de/*

DFGt

Abk. für Datenfernschaltgerät.

DFKG

Abk. für Deutsche Fernkabelgesellschaft.
Bezeichnung für eine 1921 von der damaligen Deutschen Reichspost und einigen führenden Kabelherstellern (z.B. Siemens und AEG) gegründeten Gesellschaft mit dem Ziel, ein erdverlegtes, nationales Fernnetz für Fernsprechzwecke zu errichten.
Ab 1986 war die Deutsche Bundespost und später die Deutsche Telekom AG alleinige Gesellschafterin. Nach der Wende wurde im Jahre 1991 die ZFMB übernommen. 1995 ging die DFKG in der → *DeTeLine* auf.

DFN

Abk. für Deutsches Forschungsnetz. Bezeichnet einen deutschen Teil des → *Internets*, der vom Verein gleichen Namens getragen wird. Das Netz ist auch unter der Bezeichnung Wissenschaftsnetz (→ *WiN*) bekannt. Gegründet wurde der Trägerverein am 30. März 1984 von elf Mitgliedern.
Der Verein DFN ist Mitglied bei → *TERENA* und ist auch an → *DANTE* beteiligt.
Adresse:

DFN e.V.
Pariser Str. 44
10707 Berlin
Tel.: 0 30 / 88 42 99 23 und -24
Fax: 0 30 / 88 42 99 70

→ *http://www.dfn.de/*

DFP

Abk. für Distributed Functional Plane.
→ *IN*.

DFPDN

Abk. für Digital Fixed Public Data Network.
Bezeichnung für ein digitales Festnetz zur Bereitstellung von → *Festverbindungen* für Datenübertragung.
→ *PSPDN*, → *CSPDN*.

DFS

Abk. für Deutscher Fernmeldesatellit.
Name eines Fernmeldesatelliten, betrieben von der Deutschen Telekom.

DFSK

Abk. für Direct Frequency Shift Keying.
Deutsche Bezeichnung: Direkte Frequenzumtastung. Ein Verfahren der → *digitalen Modulation*, das eine spezielle Form der → *FSK* ist.

DFSM

Abk. für Dispersion Flattened Single Mode.

DFT

1. Abk. für Distributed Function Terminal.

   Bezeichnet in einer Umgebung, in der mehrere → *Terminals* vom Typ → *IBM 3270* mit einem → *Host* verbunden sind, den Status des Systems, bei dem mehrere Terminals über einen Cluster Controller am Host angeschlossen sind und mit dem Host gleichzeitig Daten austauschen können. Der Cluster Controller wertet dabei die durch ihn gehenden Daten nicht aus, sondern übernimmt lediglich die Aufgabe eines → *Multiplexers*.

   → *CUT*.

2. Abk. für Diskrete Fourier Transformation.

   Bezeichnung für eine spezielle Form der Fourier-Transformation.

   DFT ist eine lineare Transformation, die im Bereich der digitalen Bildbearbeitung zur Bildkompression (→ *Kompression*) eingesetzt wird. Heute nicht mehr weit verbreitet, weil effektivere Verfahren eingesetzt werden.

   Die DFT zerlegt ein aus einzelnen Bildelementen (→ *Pixel*) bestehendes Bild in seine spektralen Komponenten Frequenz und Amplitude der Helligkeit. Große Flächen konstanter Helligkeit in einem Bild führen dabei zu niedrigen Frequenzanteilen und viele kleine Flächen konstanter Helligkeit (d.h. ein detailreiches Bild) führen zu hohen Frequenzanteilen. Das menschliche Auge nimmt jedoch als Eindruck eines Bildes eher große Flächen wahr, weswegen die hohen Frequenzen niedriger gewichtet und die Amplitudenwerte auf Null gesetzt werden.

Nachteilig bei diesem Verfahren sind dabei der sehr hohe Rechenaufwand und in ungünstigen Fällen starke Diskontinuitäten durch Periodizität. Diese Nachteile vermeidet die → *DCT*.

DFÜ

Abk. für Datenfernübertragung.

Bezeichnung für die Übertragung von Daten zwischen digitalen Rechenanlagen über Telekommunikationsnetze.

DFV

Abk. für Datenfernverarbeitung.

In Deutschland eine mittlerweile nur noch selten benutzte Bezeichnung für das verteilte Verarbeiten von → *Daten* in digitalen Rechenanlagen. Dabei werden die Daten zwischen den zusammengeschalteten Rechenanlagen über Telekommunikationsnetze transportiert.

DFWMAC

Abk. für Distributed Foundation Wireless Media Access Control.

→ *IEEE 802.11*.

DGPS

Abk. für Differential Global Positioning System.

Bezeichnet ein lange Zeit ein gegenüber dem bekannten → *GPS* genaueres System zur Positionserfassung mittels Satelliten. Dabei wurde der beim Standard-GPS eingebaute Fehler für die zivile Nutzung ermittelt und korrigiert, so dass exakte Positionsdaten ermittelt werden konnten. Seit der Abschaltung des Fehlersignals besteht dafür keine Notwendigkeit mehr.

Bei DGPS wird ein GPS-Empfänger an einem Referenzpunkt mit exakt bekannten geografischen Koordinaten (Sollwert) untergebracht und seine Position wird mittels des herkömmlichen GPS bestimmt (Istwert). Anschließend wird periodisch die Differenz zwischen dem exakten Soll- und dem mit GPS ermittelten Istwert ermittelt. Diese Differenz entspricht dem Fehlersignal und wird zur Korrektur allen anderen GPS-Empfängern in der Nähe des Referenz-GPS-Empfängers per Funk zur Verfügung gestellt, so dass diese den aktuellen Fehler berücksichtigen können. Die Genauigkeit dieses Systems wird in normalen kommerziellen Anwendungen so auf 10 m in der Horizontalen bei 95% Wahrscheinlichkeit erhöht.

Spezielle Systeme erlauben bei exakten Daten eine Genauigkeit im Millimeter-Bereich.

DHCP

Abk. für Dynamic Host Configuration Protocol.

Bezeichnung für ein im → *Internet* genutztes Protokoll. Es dient dazu, → *IP*-Adressen automatisch zu vergeben und dadurch die Verwaltung von IP-Netzen zu vereinfachen. Anwendungsbeispiele sind umziehende Mitarbeiter innerhalb einer Organisation, die ihre PCs/→ *Server* mitnehmen, oder Server, die nur temporär an ein IP-Netz angeschlossen werden. Für derartig verschiedene Anwendungen stellt DHCP drei Verfahren zur Verfügung.

Im Modus der automatischen Adressvergabe werden IP-Adressen von einem DHCP-Server, der über einen Pool von IP-Adressen verfügt, dauerhaft und automatisch an eine neue Station im IP-Netz vergeben.

Im Modus der temporären Vergabe wird nur vorübergehend an das IP-Netz angeschlossenen Nutzern durch den DHCP-Server für diese begrenzte Zeitspanne eine → *IP*-Adresse aus einem Pool zur Verfügung gestellt. Die Adressknappheit des IP Version 4 wird dadurch gemildert, da IP-Adressen im Laufe der Zeit verschiedenen Servern temporär zugeteilt werden können.

Im Modus der manuellen Vergabe kann ein Systemadministrator explizit eine von ihm ausgewählte IP-Adresse einer Station im IP-Netz zuweisen. DHCP und der DHCP-Server werden in diesem Fall lediglich als passive Verwaltungsinstanz und Transportsystem genutzt.

DHCP nutzt dabei Kommandos, die auch das → *Bootstrap*-Protocol nutzt. Im Vergleich zu diesem gilt es als sicherer und leichter zu handhaben.

DHCP wurde 1993 entwickelt und als RFC 1541 im Jahre 1996 verabschiedet. Gepusht wurde es insbesondere vom Hause Microsoft.

Problematisch ist, dass die Server, die IP-Adressen zuteilen, nicht miteinander kommunizieren. Entweder werden dadurch Adressen von verschiedenen Servern doppelt vergeben oder, falls jedem Server ein bestimmter Adressraum zugeteilt ist, es wird Adressraum verschwendet, da die bei einem Server im Überfluss vorhandenen IP-Adressen nicht an einen anderen Server mit IP-Adressen-Knappheit weitergegeben werden können. Dieses Problem stellt sich nicht, wenn, wie z.B. in privaten → *Intranets*, nur ein Server verwendet wird.

Dhrystones

Bezeichnung aus der Leistungsbewertung und dem Vergleich von → *Computern*. Dabei wird die Zahl der je Sekunde abgearbeiteten (standardisierten) Prozeduren eines Programms angegeben.

→ *Benchmark-Test*.

DHSD

Abk. für Duplex High Speed Data.

DHTML

Abk. für Dynamic HTML.

→ *HTML*.

Dialback

Bezeichnung eines Sicherheitsmerkmals von → *Modems*, das sicherstellen soll, dass nicht authorisierte Personen über Modemverbindungen keinen Zugang in Rechnersysteme erhalten.

Nach Durchgabe des Passwortes unterbricht das zunächst angerufene Modem die Verbindung und ruft die mit diesem Passwort in Verbindung gebrachte Rufnummer zur eigentlich gewünschten Verbindung mit Nutzdatenübertragung zurück.

Dialekt

Bezeichnung für verschiedene Versionen einer → *Programmiersprache*, die in Details differieren (z.B. hinsichtlich der → *Syntax*), die grundlegenden Konzepte (Datentypen, Schlüsselwörter etc.) aber teilen.

Dialer, Dialing Engine, Dialing Machine

Von engl. to dial = wählen (einer Telefonnummer). Manchmal auch Power-Dialer (Dialing) genannt. Begriff aus der Nebenstellentechnik. Bezeichnung für technische Funktionseinheiten, die automatisch Nummern wählen, bis der Angerufene entweder frei ist oder an den Apparat geht. Im Gegensatz zur → *Zielwahl* oder → *Kurzwahl* erfolgt nicht nur die Anwahl, sondern auch die Auswahl des anzuwählenden Gesprächspartners automatisch.

Vorteil: Der → *A-Teilnehmer* wird vom häufigen Wählen und u.U. von der Auswahl eines Anzurufenden entlastet; Nachteil: Es wird hoher ungenutzter und überflüssiger Verkehr auf dem Netz generiert, da jeder Verbindungsversuch das Netz belastet und jeder erfolglose Verbindungsruf zwar diese Netzlast, jedoch keine Gebühren generiert (→ *Call Completion*). Aus diesem Grund sind bzw. waren Dialing Machines nicht in jedem Land bzw. Netz erlaubt.

Zulässig sind u.U. Varianten, in denen eine Dialing Machine nicht permanent versucht, einen Anrufer zu erreichen falls dieser besetzt ist, sondern z.B. nur in 5-Minuten-Abständen oder maximal dreimal mit zeitlich wachsenden Abständen zwischen den Versuchen.

Dialing Machines werden in → *Call Centern* bei abgehenden Gesprächen zur Steigerung der Produktivität der im Call Center arbeitenden Agenten eingesetzt. Statistische Untersuchungen haben ergeben, dass Agenten im Call Center auf eine durchschnittliche Sprechzeit von ca. 25 bis 30 Minuten pro Stunde beim manuellen Wählen kommen. Durch automatische Wählverfahren lässt sich diese Zahl bis auf über 50 Minuten steigern.

Man unterscheidet dazu verschiedene Verfahren (nach steigender Produktivität der Agenten angeordnet):

- → *Preview Dialing*
- → *Progressive Dialing*
- → *Predictive Dialing*

Dialing Machines können als eigene Funktionseinheiten mit einem hohen Anteil an Hardwarefunktionalität ausgeführt sein (Hard Dialer) oder auch als Software (Soft Dialer) und damit als Add-On zu bestehenden Anlagen eingesetzt werden, z.B. als Ergänzung zu einem → *CTI*-System oder einem → *ACD*-System.

Dialog

In → *Online-Services* die Bezeichnung für das Zusammenschalten von zwei Teilnehmern zum sicheren, ungestörten und direkten Austausch von Informationen in Echtzeit.

Dialogtaste

Seltener gebrauchte deutsche Bezeichnung für → *Softkey*.

Dialogverarbeitung

Bezeichnung für eine interaktive Verarbeitungsstrategie von Aufträgen in Rechensystemen, bei der im Gegensatz zur → *Batchverarbeitung* der Benutzer die Aufträge jeweils nacheinander erteilt, z.B. weil die Eingabe des einen Auftrages zuvor die Ausgabe eines anderen Auftrages bedingt.

DIANE

Abk. für Direct Information Access Network for Europe.

Bezeichnung eines europäischen Datennetzes für Informationsdienste.

DIB

1. Abk. für Device Independent Bitmap.
2. Abk. für Directory Information Base.
   → *X.500*.

Dibit

Eine Gruppe von zwei Bit. Begriff aus der Modulationstechnik, wo mit entsprechenden Codierungstechniken zwei Bit mittels eines Signals (Symbols) über einen Kanal geschickt werden können.

Dickkernfaser

Bezeichnung aus der → *Glasfasertechnik* für dicke Multimode-Fasern (→ *Multimode-Stufenindex-Faser*, → *Multimode-Gradientenindex-Faser*).

DICOM

Abk. für Digital Imaging and Communications in Medicine.

Bezeichnung eines nordamerikanischen Standards für in digitaler Form vorliegende medizinische Informationen aller Art wie z.B. Röntgenbilder, Computertomographie, Ultraschallbilder und Patientendaten.

Entwickelt ab 1983 vom American College of Radiology (ACR) und der National Electrical Manufacturers Association (NEMA). Mittlerweile in Version 3.0 vorliegend.

→ *http://www.xray.hmc.psu.edu/*

→ *Tele-Medizin*.

DID

→ *DDI*.

Didotpoint

→ *Point*.

Die

Bezeichnung für das den Schaltkreis tragende Siliziumplättchen innerhalb eines Gehäuses eines → *ASICs*.

Dielektrikum

Bezeichnung für isolierende Stoffe, die die Eigenschaft haben, dass ein von außen angelegtes elektrisches Feld in seinem Inneren durch Influenz ein elektrisches Gegenfeld aufbaut.

Diese Eigenschaft wird durch die relative Dielektrizitätskonstante e_r beschrieben. Dabei gilt mit e_0 = Dielektrizitätskonstante des Vakuums und e = Permittivität des Stoffes die Beziehung:

$$e_r = e / e_0$$

Diese Beziehung ist für isotrope Stoffe linear und damit gilt e_r = const., doch gibt es auch anisotrope Stoffe, bei denen e_r eine Funktion des von außen angelegten elektrischen Feldes ist.

Praktische Anwendungen dielektrischer Stoffe sind die Verwendung als Isolator innerhalb von Kondensatoren zur Kapazitätserhöhung oder als Isolator in einem → *Koaxialkabel*.

Dienst

International auch Service genannt. Der Begriff wird in unterschiedlichen Zusammenhängen ähnlich verwendet.

1. Im Zusammenhang mit Telekommunikationsnetzen die Kurzbezeichnung für die Fähigkeit dieses Netzes, eine → Nachricht zu übertragen und diese Fähigkeit einem Nutzer zugänglich zu machen. Dies erfolgt üblicherweise durch einen Betreiber in Gestalt bestimmter Funktionalitäten und i.d.R. gegen eine Gebühr (→ *Charging*). Damit ist diese Interpretation des Dienstbegriffs ähnlich der des Produktbegriffs.

   Der Umfang und die Dienstgüte (Quality of Service, → *QoS*) werden auch durch Dienstmerkmale (wie z.B. → *Forwarding*, → *Screening*, → *Barring*, → *Gebührenanzeige*, → *Distinctive Ringing*) festgelegt, die eine Beeinflussung von oder Informationen über das den Dienst ermöglichende Telekommunikationsnetz erlauben. Dienstmerkmale (international auch Supplementary Services genannt) werden auch als Zusatzdienste oder Features bezeichnet.

   Beispiele für Dienste sind: Telefonie (→ *Telefon*), → *Fax*, → *Teletext*, → *Telex* oder die Paketdatenübertragung.

   Der Begriff Service ist von der → *ITU* in G.106 und E.800 definiert worden.

   Aus regulatorischer Sicht wurde der Begriff der → *Telekommunikationsdienstleistung* geprägt.

   → *VAS*.

2. Im Rahmen des → *OSI-Referenzmodells* die Kurzbezeichnung für den Leistungsumfang einer Schicht, den diese mit Hilfe eines Schichtprotokolls der darüber liegenden Schicht über einen → *Dienstzugangspunkt* erbringt.

3. Im Rahmen von → *Online-Diensten* wird seit Mitte der 90er Jahre auch die Bereitstellung eigens entwickelter Funktionalitäten und Informationen (z.B. Börsenkurse mit Charts, Gebrauchtwagenbörse mit Suchfunktion) als Dienst bezeichnet, obwohl der Dienst streng technisch betrachtet nur im Abruf von bestimmten klassifizierten Informationen über das → *Internet* besteht und im obigen Sinne WWW der vom Nutzer verwendete Dienst ist.

   Bei derartigen Diensten handelt es sich eher um Dienstleistungen von Unternehmen, die mit Hilfe des (technischen) Dienstes WWW bereitgestellt werden.

Dienstelement

→ *Dienstprimitiv*.

Dienstgüte

→ *QoS*.

Dienstkonvergenz

Bezeichnung für eine mögliche Form der → *Konvergenz* auf dem Gebiet der Telekommunikation, wobei die Betonung auf der Sicht des Nutzers von Telekommunikationsdienstleistungen liegt.

Dabei werden → *Dienste*, die bislang nur separat genutzt werden konnten, zu einer Einheit integriert. Dies kann, muss aber nicht, auf einer → *Netzkonvergenz* basieren. Vielmehr nähern sich die Dienste, die auf den Netzplattformen realisiert werden, in ihrer Funktionalität einander an. Dies ist nur über den Datenaustausch zwischen den einzelnen Dienstplattformen möglich. Ferner kann dies, muss aber nicht, mit einer Konvergenz von Endgeräten einhergehen.

Beispiele dafür sind:

- Anbieten von nur noch einer Dienstentität anstelle von mehreren:
  - Nur eine → *Voicebox* für den Anschluss des Mobilfunknetzes und des Festnetzes.
- Konvertierung von Nachrichtenformaten in Formate anderer, technischer Übertragungssysteme (→ *Unified Messaging*):
  - Text-zu-Sprache-Konvertierung von → *E-Mails* oder einer Faxnachricht und Versenden von E-Mails an eine Voicebox.
  - Sprache-zu-Text-Konvertierung von Nachrichten einer Voicebox und Versenden als E-Mail oder Fax.
  - Versenden eines Soundfiles einer Voicebox als E-Mail.
- Nutzung der Dienste einer Plattform zur Abwicklung der Dienste einer anderen Plattform:
  - Versenden einer Kurznachricht (Short Message) über ein → *Paging*-Netz oder die → *SMS*-Funktion eines Mobilfunknetzes zur Information des Empfängers, dass eine Nachricht in der Voicebox oder eine E-Mail eingetroffen ist.
  - Nachrichtendienste (Börsenkurse etc.) über ein → *Paging*-Netz oder die → *SMS*-Funktion eines Mobilfunknetzes.
  - Zugriff auf das → *Internet* mit Hilfe von → *GPRS* und/oder → *WAP* über ein Mobilfunknetz.

Dienstmerkmal

→ *Dienst*.

Dienstmonopol

→ *Netzmonopol*.

Dienstprimitiv

Auch Dienstelement oder Service Primitive genannt. Abstrakter, generalisierender Begriff. Bei der Beschreibung von → *Protokollen* können viele Vorgänge in verschiedenen Protokollen auf einige einheitliche, allen gemeinsame grundsätzliche Bestandteile reduziert werden, die man Primitive oder auch Dienstprimitive nennt. Diese sind die vier Primitive:

- Indication
- Confirm
- Request
- Response

Die vier Primitive werden mit einer weiteren Vokabel des eigentlichen Dienstes kombiniert. Die Darstellung erfolgt durch Verbindung beider Wörter mit Punkt oder Unterstrich. So zeigt beispielsweise ein von einer Controller-Unit an einen zweiten Controller ausgesendete Connect.Request an, dass jemand eine Verbindung aufbauen will. Der zweite Controller empfängt den Request als Connect.Indication und sendet als Bestätigung ein Connect.Response, was der erste als Connect.Confirm empfängt.

Der Begriff Service Primitive ist von der → *ITU* in X.210 definiert.

Dienstprogramm

→ *Utility*.

Dienstqualität

→ *QoS*.

Dienstzugangspunkt

1. Abstrakter Begriff aus dem → *OSI-Referenzmodell*, der den Punkt bezeichnet, an dem eine Schicht als Diensterbringer einen → *Dienst* einer anderen, darüber liegenden Schicht als Dienstnutzer zur Verfügung stellt. Über diesen Dienstzugangspunkt kommunizieren Diensterbringer und Dienstnutzer mittels → *Dienstprimitiven*.
2. Abstrakter Begriff aus der Netztechnik. Bezeichnet den Punkt, an dem über ein Telekommunikationsnetz eine von einem Telekommunikationsdienstleister zu kommerziellen Zwecken angebotene Dienstleistung von einem Anwender genutzt werden kann.

Differential SCSI

→ *SCSI*.

Differenz-Backup

→ *Backup*.

Diffserv

Abk. für Differentiated Services.

Bezeichnung einer Möglichkeit, eine gewünschte Dienstqualität (→ *QoS*) für Anwendungen, die das → *IP* nutzen, sicherzustellen.

Diffserv definiert kein zu implementierendes Protokoll oder einen Dienst, sondern eine Methode, mit der es möglich wird, unterschiedliche QoS-differenzierende Dienste auf der Basis eines IP-Netzes zu realisieren.

Im Gegensatz zu der Möglichkeit, QoS durch jede IP-Nutzung erneut sicherstellen zu müssen (sog. Integrated-Services-Konzept, Intserv, → *ISA*), etwa durch die Nutzung von → *RSVP* als ein Protokoll, das Netzressourcen reserviert, ist der Grundgedanke des Differentiated-Services-Konzept, dass jede IP-Anwendung in eine bestimmte Klasse fällt, die einmalig zu Beginn der Nutzung des IP am Netzeingang festgestellt wird. Um welche Klasse es sich handelt, kann durch die Nutzung des Type-of-Service-Feldes (ToS) im Header des IP-Paketes angezeigt werden, das umdefiniert wurde zu einem DS-Feld (Differentiated Service). Genutzt werden nur die Bit 0 bis 5, die als Differentiated Services Code Point (DSCP) bezeichnet werden, während die Bit 6 und 7 zunächst ungenutzt bleiben. Jede dieser standardisierten Klassen wird in einem Router, der diese Klassen kennt, unterschiedlich behandelt, so dass auf diese Weise eine unterschiedliche QoS realisiert werden kann. Der Wert des DSCP wird beim ersten Router, den das IP-Paket durchläuft bzw. bei der ersten Erzeugung des IP-Pakets gesetzt.

Neben den standardisierten Klassen ist ein weiterer, wesentlicher Unterschied zu Intserv der, dass die Intelligenz zur Realisierung nicht über das Netz verteilt ist, sondern sich nur an den äußeren Routern befindet.

Voraussetzung für eine Umsetzung des Konzeptes ist eine allgemeine Akzeptanz der verschiedenen Service-Typen. Außerdem muss klar sein, welche Netzressourcen jedem einzelnen Service-Typ zugewiesen sind. Obwohl das ToS-Feld schon seit den Anfängen von IP existiert, sind diese Voraussetzungen bislang nicht erfüllt.

Andererseits bietet die Offenheit des Konzeptes den Betreibern von IP-Netzen die Freiheit, die Klassen selbst kunden- oder nutzerorientiert definieren können, was in geschlossenen Netzen eines Betreibers eine echte Möglichkeit zur Differenzierung darstellt. Lediglich drei Arten von Per-Hop-Behaviour (PHB), das die Weiterleitung von IP-Paketen zwischen einzelnen und benachbarten Routern beim Vorhandensein verschiedener Klassen betrifft, wurden definiert:

- Best-Effort PHB (DSCP = 000000): Der bekannte IP-Dienst.
- Expedited Forwarding (EF, DSCP = 101110): Beschleunigte Weiterleitung innerhalb eines Routers, wobei davon ausgegangen wird, dass die Bandbreite des Ausgangsports der EF-Warteschlange genauso groß ist wie die des Eingangsports. Der → *Delay* ist gering.

  Die praktische Anwendung liegt in einem → *PVC*-Dienst.
- Assured Forwarding (AF): Bei diesem PHB war das Ziel, recht genau spezifizieren zu können, wie wichtig einzelne IP-Pakete in einem IP-Datenstrom für den gesamten Datenstrom sind, um notfalls unwichtige Pakete verwerfen zu können. Daher werden die IP-Pakete mit einer von drei Prioritäten, genannt Drop Precedence (DP), versehen (niedrig, mittel, hoch) und in eine von vier Kategorien eingeteilt, der jeweils unterschiedliche Übertragungsressourcen (Puffergröße im Router und benötigte Bandbreite) zugeteilt sind. Insgesamt ergibt sich dadurch eine Matrix von 12 Elementen mit insgesamt 12 verschiedenen DSCPs.

  Die zusicherbare Übertragungsqualität hängt daher von den zugewiesenen Ressourcen (Kategorien), der aktuellen Auslastung dieser Kategorie und der in der Kategorie gewählten Priorität ab.

Eine Arbeitsgruppe der IETF ist seit 1998 mit Diffserv beschäftigt. Eines der ersten Resultate war der RFC 2475 „An Architecture for Differentiated Services". Auch der RFC 2638 „A two-bit Differentiated Services Architecture" beschäftigt sich damit.
Es wird erwartet, dass sich dieses Konzept der Sicherstellung einer gewünschten QoS im Bereich der Backbone-Netze durchsetzen wird.

DIG

Abk. für Digital Imaging Group.
Bezeichnung für ein Industriekonsortium mit dem Ziel, die Entwicklung des Internet Imaging Protocols (→ *IIP*) weiterzuentwickeln.
→ *http://www.digitalimaging.org/*

Digest

Von engl. digest = Auswahl, Auslese oder Übersicht. Bezeichnung für eine Zusammenfassung, die mehrere (interessante) → *Postings* in einer Newsgroup des → *Usenets* im → *Internet* bündelt. Ziel ist, nach einer Diskussion in einer Newsgroup die Highlights zusammenfassend und knapp zu dokumentieren.
Oft kann auch das Verwaltungsprogramm einer → *Mailing-List* aus mehreren eingegangenen E-Mails automatisch einen Digest erstellen und versendet dann diesen anstelle aller einzelnen E-Mails.
Die Idee des Digest wurde um 1980 herum geboren.

DIGI

Abk. für Deutsche Interessengemeinschaft Internet e.V.
Bezeichnung eines 1992 gegründeten Vereins, der gleichzeitig das deutsche Chapter der Internet Society (→ *ISOC*) repräsentiert. Mitglieder sind insbesondere Universitäten, wissenschaftliche Einrichtungen, Unternehmen und Einzelpersonen, die sich der Technik des Internet bedienen.
Ziele des Vereins sind die Förderung des Informations- und Erfahrungsaustausches seiner Mitglieder, die Sicherstellung einer geordneten Weiterentwicklung des Internet in Deutschland, die Weiterentwicklung der technischen Grundlagen des Internet, die Förderung des fairen Wettbewerbs, der Koordination und der Zusammenarbeit von → *ISPs* zur Preis- und Qualitätsoptimierung im Sinne der Nutzer sowie die Bildung eines Forums zur Formulierung von Nutzerinteressen.
Die Arbeit gliedert sich in mehrere Arbeitskreise.
Adresse:

DIGI e.V.
Bretonischer Ring 7
85630 Grasbrunn
Tel.: 0 89 / 4 56 91 10
Fax: 0 89 / 45 69 11 21

→ *http://www.isoc.de/*

Digipeater

Kunstwort, gebildet aus Digital Signal Repeater.
Bezeichnet im Bereich des → *Amateurfunks* automatische Funkstationen, die zu technisch-wissenschaftlichen Zwecken ein Funknetz mit Paketdatenübertragung bilden. In Deutschland waren gegen Mitte 1997 rund 400 Digipeater in Betrieb, die mit rund 1 300 Funkstrecken untereinander verbunden waren.

Digital

1. Von lat. Digitus = Finger, Ziffer, Zahl. Allgemein die Bezeichnung für die Eigenschaft, dass etwas explizit als ganze Zahl angegeben wird, so dass ein diskreter Wert vorliegt.

   Im Gegensatz dazu erfolgen → *analoge* Angaben oft nicht direkt als Zahl, sondern mit Hilfsmitteln (Zeigern, Skalen etc.), die sich analog zu den gemessenen Vorgängen bewegen und einstellen. Diese müssen dann erst durch den Betrachter abgeschätzt und abgelesen werden.

   Im Gegensatz zu analogen Vorgängen, bei denen Zeit- und Wertkontinuen vorliegen, erfolgt die Beschreibung digitaler Vorgänge mit digitalen Methoden durch diskrete Zeitpunkte und diskrete Werte, d.h., digitale Signale existieren nur zu fest definierten Zeitpunkten als bestimmte, erlaubte Werte.
2. Kurzform für das Unternehmen Digital Equipment Corporation (→ *DEC*).

Digital Asset Management (-System)

Von engl. asset = Aktivposten, Vermögen. Bezeichnung für ein verschiedene Subsysteme umfassendes System zur Optimierung des Wertes digitaler Vermögenswerte, insbesondere bei Unternehmen der Medienindustrie. Diese Vermögenswerte können beispielsweise digital vorliegende Texte, Stand- und Bewegtbilder (Filme), Animationen, Tonaufnahmen oder Kombinationen davon (z.B. ein kommentierter Film für eine Nachrichtensendung inklusive Text für den Nachrichtensprecher) sein.
Prinzipiell ist ein Digital Asset Management System eine Sonderform eines → *Content Management System*.
Man kann drei Subsysteme unterscheiden:

- Technisches Subsystem zur Speicherung, Archivierung, Verarbeitung und Übertragung.
- Juristisches Subsystem zur Verwaltung von Urheberrechten (Intellectual Property Rights, IPR).
- Wirtschaftliches Subsystem zur optimalen kommerziellen Vermarktung in verschiedenen Medien (Distributionskanälen) in den vom juristischen Subsystem gezogenen Grenzen.

Digital Cash

→ *Electronic Money*.

Digitaldruck

Oberbegriff für verschiedene Dateiformate, und Verfahrensweisen im grafischen und druckereitechnischen Gewerbe. Ziel ist die plattformunabhängige Implementierung eines durchgehend auf digitalen Daten und ohne Medienbrüche basierenden Prozesses von der Inhaltsgenerierung (Redaktion, grafische Gestaltung und Layout; → *DTP*), die Druckvorstufe (Pre-Print), den Druck bis hin zur Mediendistribution.
→ *JDF*, → *PostScript*, → *PPF*.
→ *http://www.printprocess.net/*

Digitale Modulation

Bezeichnet eine Gruppe von Verfahren, die zu übertragende digitale Informationen in für analoge Signale und analoge Übertragung geeignete Signalformen überführen. Man unterscheidet dabei Basisbandübertragung und Bandpassübertragung.

Digitale Signale, die über eine Leitung übertragen werden sollen, können nur über geringe Entfernungen als die digitale Signalfolge von Nullen und Einsen ideal repräsentierende Rechteckschwingungen oder in ähnlicher idealer Impulsform übertragen werden (z.B. vom PC zum Drucker). Bei größeren Entfernungen sorgen die Kabeldämpfung und Störeinflüsse bei dieser Technik für eine Verzerrung der Signale, so dass die Daten verfälscht ankommen und nicht mehr korrekt decodiert werden können. Beispiele für andere Übertragungsverfahren binärer Signale sind → *NRZ*- oder → *RZ-Verfahren.*

Analoge Signale (Schwingungen) können jedoch relativ problemlos auch über größere Entfernungen unverfälscht übertragen werden. Darauf beruht die Idee der digitalen Modulation, digitale Signale durch analoge Signale zu repräsentieren (zu codieren) und diese analogen Signale dann über physische Medien zu übertragen.

Grundsätzlich besteht damit das Problem, digitale Daten über analoge Kanäle übertragen zu müssen (Kabel, Funkkanal). Es wird also eine Vorschrift benötigt, die digitale Daten auf analoge Signale (Sinusschwingungen) abbildet. Dies wird durch eine Bandpassübertragung erreicht. Dabei ist zu beachten, dass der Kanal eine bestimmte Übertragungsqualität zur Verfügung stellen muss, die sich in einem → *SNR* ausdrückt.

Eine hohe Qualität bei der Übertragung erreicht man durch das Zusammenfassen mehrerer Bit und deren Übertragung durch nur einen analogen Signalschritt (Symbol genannt). Beispielsweise kann durch ein Signal mit 64 möglichen Stufen (Zustände genannt) eine Gruppe von 6 Bit codiert werden ($2^6 = 64$).

Der Empfänger muss jedoch in der Lage sein, die durch den Übertragungskanal gestörten (verzerrten und gedämpften) Signale zu unterscheiden und zu dekodieren. Dies ist (Faustregel) nur möglich, wenn ein SNR von 6 dB je Bit, das in einem Signal zu codieren ist, gegeben ist.

Man unterscheidet verschiedene Verfahren, wie z.B. → *ASK*, → *FSK*, → *PSK*, → *CAP* oder → *DMT*, von denen es auch wiederum spezielle Varianten gibt. In Abhängigkeit vom jeweils verwendeten Verfahren ist es möglich, über einen bestimmten analogen Kanal (charakterisiert durch seine Bandbreite, üblicherweise angegeben in MHz) eine bestimmte digitale Datenrate zu übertragen. Die folgende Tabelle gibt einen Überblick (Angabe in Mbit/s):

Modulationsart	7-MHz-Kanal	8-MHz-Kanal	12-MHz-Kanal
PSK	4,375	5	7,5
Q-PSK	8,75	10	15
8-PSK	13,125	15	22,5
16-PSK	17,5	20	30
32-QAM	21,875	25	37,5
64-QAM	26,25	30	45
128-QAM	30,625	35	52,5
256-QAM	35	40	60

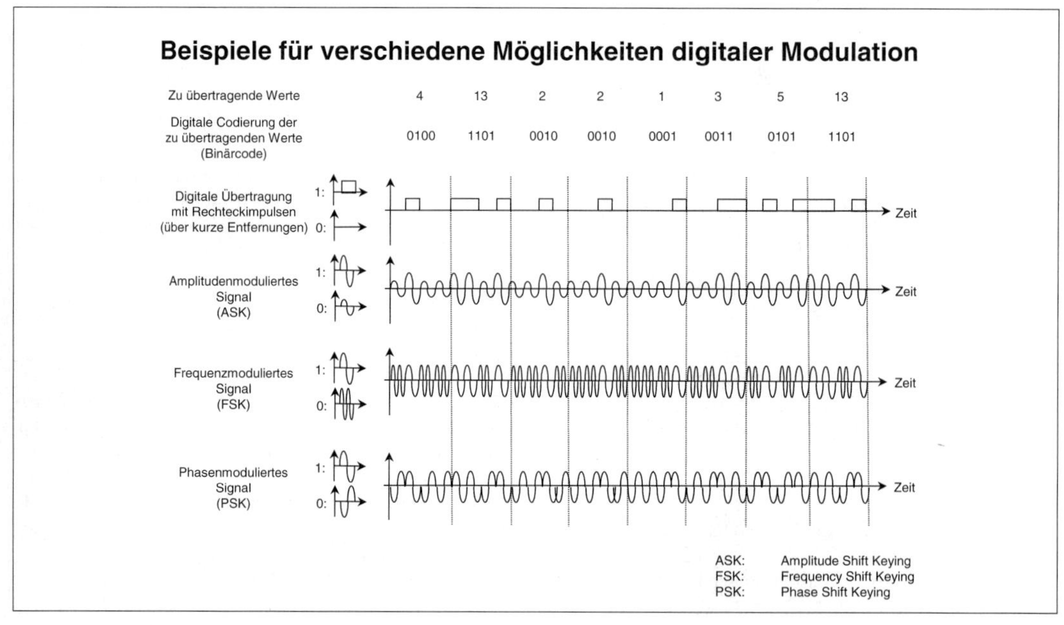

Digitales Fernsehen

→ *DVB*.

Digitale Signatur

Auch als digitale Unterschrift bezeichnet. Bezeichnung für verschiedene Verfahren zur eindeutigen und nachvollziehbaren Kennzeichnung eines in elektronischer (digitaler) Form vorliegenden Dokumentes. Dabei kann, wie bei einer echten, handschriftlichen Unterschrift auf Papier, durch die Kennzeichnung ein Zusammenhang zwischen einer natürlichen oder juristischen Person und einem Dokument gezogen werden. Die Herkunft des Dokumentes kann damit einer → *Authentifizierung* unterzogen werden.

Technisch wird dabei auf Verfahren der → *Kryptologie* zurückgegriffen, indem mit zwei verschiedenen Schlüsseln (ein öffentlicher und ein privater, d.h. geheimer Schlüssel) eine aus dem zu signierenden Dokument gebildete Prüfsumme verschlüsselt wird.

Im Gegensatz zur Anwendung kryptologischer Verfahren zum Datenschutz werden bei der Anwendung im Bereich der digitalen Signatur nicht die Dokumente selbst verschlüsselt, sondern als Klartext weitergegeben.

Die rechtliche Grundlage für die digitale Signatur in Deutschland ist das → *Signaturgesetz*.

Auf EU-Ebene wurde am 30. November 1999 eine einheitliche EU-Richtlinie verabschiedet, die einheitliche Standards für die Verwendung digitaler Signaturen im → *Internet* vorschreibt. Dabei solle die Anwendung nicht nur auf → *Electronic Commerce* beschränkt bleiben, sondern sich auch auf den Schriftverkehr zwischen Bürgern und Behörden erstrecken.

Digitales TV

→ *DVB*.

Digitale Unterschrift

→ *Digitale Signatur*.

Digitalisierung

1. In der Technik der allgemeine Begriff für die Umwandlung eines analogen (→ *analog*) in ein digitales (→ *digital*) Signal. Oft auch mit → *A/D*-Wandlung bezeichnet.
2. Unter Digitalisierung versteht man in der Telekommunikation den Übergang von der analogen, oft noch elektro-mechanischen, Übertragungs- und → *Vermittlungstechnik* hin zu digitaler Übertragungs- und Vermittlungstechnik.

   Grundsätzliche Vorteile digitaler Bauteile und Systeme, sowohl bei der Vermittlungs- als auch der Übertragungstechnik, sind:

   - Energieersparnis
   - Geringer bis sehr geringer Platzbedarf
   - Hoher Automatisierungsgrad
   - Geringerer Wartungsaufwand
   - Hoher Standardisierungsgrad
   - Kostengünstigere Bauteile
   - Durch programmierbare Bauteile größere funktionale Flexibilität

   Vorteile der digitalen Technologie bei der Datenübertragung zwischen den Vermittlungen sind:

   - Hohe Übertragungsqualität durch die Möglichkeit der Fehlererkennung und Fehlerkorrektur
   - Hoher Datenschutz durch Verschlüsselungsmöglichkeiten
   - Hohe Übertragungskapazität durch bessere Ressourcenausnutzung von Frequenzen und der Zeitdimension

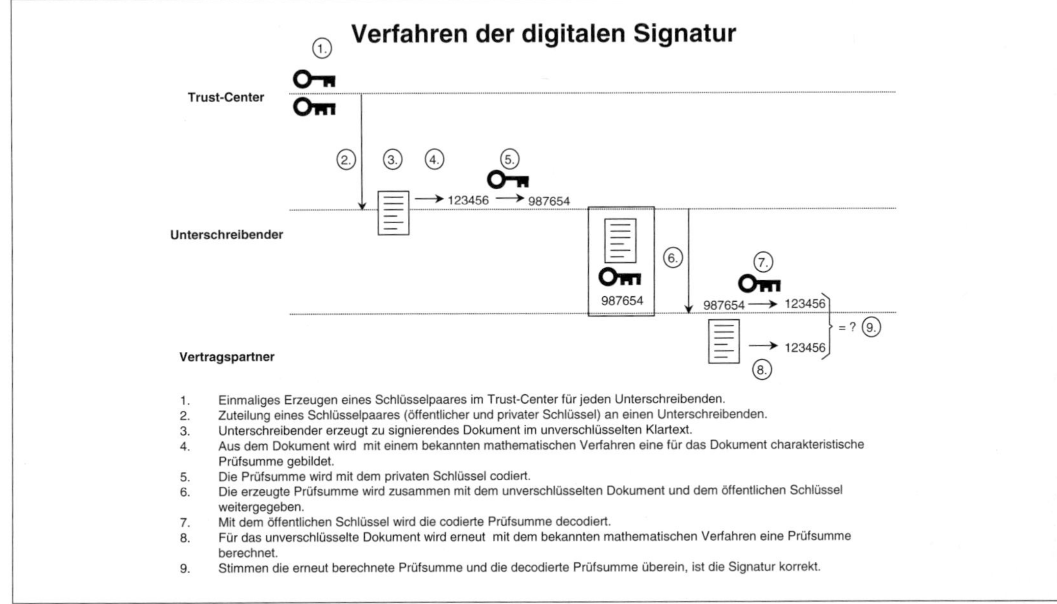

1. Einmaliges Erzeugen eines Schlüsselpaares im Trust-Center für jeden Unterschreibenden.
2. Zuteilung eines Schlüsselpaares (öffentlicher und privater Schlüssel) an einen Unterschreibenden.
3. Unterschreibender erzeugt zu signierendes Dokument im unverschlüsselten Klartext.
4. Aus dem Dokument wird mit einem bekannten mathematischen Verfahren eine für das Dokument charakteristische Prüfsumme gebildet.
5. Die Prüfsumme wird mit dem privaten Schlüssel codiert.
6. Die erzeugte Prüfsumme wird zusammen mit dem unverschlüsselten Dokument und dem öffentlichen Schlüssel weitergegeben.
7. Mit dem öffentlichen Schlüssel wird die codierte Prüfsumme decodiert.
8. Für das unverschlüsselte Dokument wird erneut mit dem bekannten mathematischen Verfahren eine Prüfsumme berechnet.
9. Stimmen die erneut berechnete Prüfsumme und die decodierte Prüfsumme überein, ist die Signatur korrekt.

- Möglichkeit der Einrichtung von leistungsfähigen und zentralen Netzmanagementsystemen

Vorteile, speziell der digitalen Vermittlungstechnik für die Telefonie, sind:

- Schneller Verbindungsaufbau
- Leistungsfähigere weil größere Vermittlungen
- Gleichzeitig räumlich wesentlich kleinere Vermittlungen
- Integration von Sprach- und Datenverkehr hin zu multimedialen Systemen
- Schnelle und kostengünstige Einführbarkeit neuer Dienste und Dienstmerkmale (→ *IN*)

Das Fernsprechnetz war zunächst ein analoges Netz. Erste digitale Übertragungsstrecken im Fernbereich für → *PCM*-Übertragung wurden kupferkabelgebunden bereits 1973 eingesetzt (in großem Umfang ab 1975). Feldversuche mit digitalen Anschlussleitungen gab es in Deutschland von der damaligen Bundespost 1979/80 in Berlin.

Erst mit der Digitalisierung der Vermittlungsstellen können jedoch Verbindungen durchgehend digital aufgebaut werden (→ *ISDN*). Mit dem Einsatz digitaler Fernvermittlungsstellen wurde von der damaligen Bundespost 1983 und mit dem Einsatz digitaler Ortsvermittlungsstellen 1984 begonnen.

Üblicherweise wird in einem ersten Schritt die Vermittlungsebene für internationale Verbindungen digitalisiert. Die Fernebene ist in Deutschland seit Juni 1994 digitalisiert, die Ortsebene mit rund 5 300 Ortsnetzen ist seit Anfang 1998 voll digitalisiert (ursprüngliche Planungen: 2019, dann 2013, dann 2000). Die 50 größten Ortsnetze der Deutschen Telekom waren allerdings bereits Ende 1996 digitalisiert.

Digitaler → *Richtfunk* wurde ab 1981 eingesetzt.

Als Übertragungsmedium im Fernbereich wurde schon früh die → *Glasfaser* eingesetzt. Dabei wurde insbesondere die Monomodefaser verwandt.

Vorläufer der volldigitalen Vermittlungen waren in den 60er Jahren elektronisch gesteuerte oder auch speicherprogrammierbare elektronische Vermittlungen (→ *SPC*). Die erste elektronische Vermittlung wurde 1966 in GB installiert.

Der Übergang von analoger auf digitale Technik gilt als der bislang größte und schwierigste Entwicklungsschritt der Telekommunikation und zog sich in Europa und Nordamerika insgesamt über 15 bis 20 Jahre hin. In manchen Ländern – auch in Europa – ist diese Entwicklung bis heute nicht abgeschlossen und wird voraussichtlich bis 2005 dauern.

Als besonders fortschrittlich galt bei der Digitalisierung in den 70er Jahren Frankreich, da man dort mit dem → *E 10* das erste volldigitale Vermittlungssystem überhaupt entwickelt hatte.

3. In der Medienbranche wird unter Digitalisierung üblicherweise die Umwandlung von traditionellen, ‚analogen‘ Medien (gedruckter Text oder gedrucktes Bild auf Papier, laufender Film auf einem 35-mm-Film, analoge Tonaufzeichnung auf einem herkömmlichen Tonband) in eine digital gespeicherte, d.h. codierte Form bezeichnet. Dabei geht der Trend dahin, derartige Medien an ihrer Quelle, also möglichst nahe an ihrer Erzeugung/Entstehung/Produktion, bereits digital codiert vorzuhalten, so dass eine analoge Form zur Nutzung durch einen späteren Verwender/Konsumenten nur noch eine mögliche Verwendungsform unter mehreren ist.

Vorteile digital vorliegender Medien sind:

- Speicherbarkeit ohne Qualitätsverlust
- Bessere Übertragbarkeit
- Beliebige Möglichkeit der Weiterverarbeitung/Manipulation

→ *Electronic Publishing*, → *Multimedia*.

Digital Money

→ *Electronic Money*.

Digital Radio

→ *DAB*.

Digitalrechner

→ *Computer*.

Digital Video

→ *DV*.

DIGON

Abk. für Digitales Ortsnetz.

War in den frühen 80er Jahren die Bezeichnung der damaligen Deutschen Bundespost für Feldtests, in denen Ortsnetze digitalisiert wurden.

→ *Digitalisierung*, → *ISDN*.

DII

Abk. für Dynamic Invocation Interface.

→ *CORBA*.

DIIS

Abk. für Digital Interchange of Information and Signalling.

Bezeichnung für einen seit Herbst 1998 in der Standardisierung befindlichen Standard für digitalen → *Betriebsfunk*.

DIIS ist geeignet für einfache Systeme mit nur einer oder sehr wenigen Basisstationen. Da auch die direkte Kommunikation zwischen den Endgeräten möglich ist, kann auch auf diese verzichtet werden. Ferner ist es für geringe Verkehrsmengen entwickelt worden.

Es verwendet ein Kanalraster von 12,5 kHz und ist für einen sehr breiten Frequenzbereich ausgelegt. Von 30 bis 500 MHz kann ein konkretes System ausgelegt werden.

Unterstützt werden Simplex-, Semi-Duplex- und Duplexverbindungen.

DIL

Abk. für Dual In Line.

Bezeichnung für eine bestimmte Bauart von Bauelementegehäusen, wobei die Anschlüsse in zwei parallelen Reihen angeordnet sind. Die Anzahl der Anschlüsse schwankt zwischen vier und 64.

DIML

Abk. für Digitale Internationale Mietleitung.

DIMM

Abk. für Dual-Inline Memory Module.
Bezeichnung für eine spezielle platzsparende Bauform von → *RAM*-Bausteinen. Dabei sind die RAM-Chips auf einer kleinen Platine angebracht, die über eine 168-polige Kontaktschiene verfügt, die in einen speziellen Sockel des → *Motherboards* eingesteckt werden kann.
Derartige RAMs werden mit einer Adressbreite von 64 Bit angesteuert.
→ *PS/2-Modul*, → *SIMM*.

DIN

Abk. für Deutsches Institut für Normung e.V.
Deutsches, allgemeines Normungsgremium, das auch Mitglied der → *ISO* ist. Bis 1975 war die Langform ‚Deutsche Industrienorm' gültig.
Das DIN ist aus dem 1917 gegründeten „Normalienausschuß für den allgemeinen Maschinenbau" hervorgegangen, aus dem 1926 der DNA (Deutscher Normenausschuss) entstanden war.
Ein Verzeichnis der bestehenden Normentitel (nicht die Texte der Normen selbst) kann über das WWW eingesehen werden. Sitz des DIN ist Berlin.
Adresse:

DIN
Burggrafenstr. 6
10787 Berlin
Tel.: 0 30 / 2 60 10
Fax: 0 30 / 26 01 12 31

DIN-Normen können bezogen werden über:

Beuth Verlag GmbH
Burggrafenstr. 6
10625 Berlin
Tel.: 0 30 / 2 60 10
Fax: 0 30 / 26 01 12 31

→ *http://www.din.de/*

Dinosaurier

Scherzhafte, rückblickende Bezeichnung für Großcomputer (→ *Mainframe*) der 60er, 70er und 80er Jahre, die mit den vorzeitlichen Tieren die Eigenschaften der enormen Größe, Unflexibilität und des Aussterbens teilen.

Diode

Bezeichnung für ein elektronisches Halbleiterbauteil mit zwei Anschlüssen, das einen nennenswerten Strom nur dann durchlässt, wenn die anliegende Spannung korrekt gepolt ist und einen bestimmten Wert (Schleusenspannung, z.B. 0,5 V) übersteigt. Unterhalb dieser Spannung wird nur ein sehr kleiner Strom durchgelassen, darüber steigt der Strom bei weiter steigender Betriebsspannung ebenfalls stark an.
Wird die Betriebsspannung umgedreht, fließt bis zu einem bestimmten Punkt ebenfalls ein nur sehr geringer Sperrstrom. Ab einer bestimmten, erst relativ hohen Spannung (max. zulässige Sperrspannung; z.B. einige 10 V) kommt es dennoch zum Durchbruch (Zenerdurchbruch) eines Stroms, der die Diode u.U. zerstören kann.
Der Zusammenhang zwischen der angelegten Spannung und der durchgelassenen Stromstärke wird als Kennlinie bezeichnet und ist nichtlinear.
Die Diode hat damit gleichrichtende Wirkung, weshalb sie häufig zum Gleichrichten von Wechselstrom verwendet wird. Ferner besteht die Möglichkeit, sie als Schaltelement zu verwenden, weswegen sie bei einigen frühen Computern eingesetzt wurde.
→ *Zenerdiode*.

DIP (-Schalter)

1. Abk. für Dual Inline Packaging.

   Bezeichnung für kleine hin- und herschiebbare, einrastende Schalter in einem einzelnen Gehäuse in Druckern, PCs oder auf Einschubkarten, die dort zur Konfiguration genutzt werden.

   Oft auch scherzhaft als ‚Mäuseklavier' bezeichnet.

   Entwickelt von Bryant ‚Buck' Rogers 1964 im Hause Fairchild.

   Eine billigere Alternative zu DIP-Schaltern sind → *Jumper*.

2. Abk. für Document Image Processing.

   Bezeichnung für automatische Bildverarbeitung bei → *EDI*.

Dirac-Impuls

Auch Dirac-Stoss, Einheitsimpuls oder Nadelimpuls genannt. Begriff aus der Nachrichtentechnik und dort aus der Impulstechnik. Ein Dirac-Impuls ist ein verallgemeinerter und nur theoretisch existenter Rechteckimpuls der Länge t und der Amplitude 1/t unter der Bedingung, dass t gegen Null konvergiert. Es handelt sich also um einen unendlich kurzen Impuls von unendlich hoher Amplitude.
Aus mathematischer Sicht ist das Integral von 0 bis t unabhängig vom Wert t gleich 1, selbst bei der Grenzwertbetrachtung, dass t gegen Null geht.
Ddiese Eigenschaft wird bei der Verwendung des Dirac-Impulses im Rahmen der elektrotechnischen Systemtheorie zur Beschreibung von Systemen (= Schaltungen) und bei der Herleitung von verschiedenen Transformationsformeln ausgenutzt.
Entwickelt vom britischen Physikprofessor Paul Adrian Maurice Dirac (* 8. August 1902) im Jahre 1947.

DIRC

Abk. für Digital Inter Relay Communication.
Bezeichnung für ein dezentrales und funkbasiertes Konzept zum Aufbau von digitalen Telekommunikationsnetzen. Zentrale Idee ist der Verzicht auf die Unterscheidung zwischen Netz (als Kombination von Netzknoten und Übertragungsstrecken) und Endgerät. Jedes Endgerät verfügt hingegen über die Funktion eines Netzknotens, so dass Daten von Endgerät zu Endgerät übertragen werden können. Die Endstationen verschlüsseln dabei von Ende zu Ende ihre Daten,

so dass die zwischengeschalteten Stationen nicht mithören können.

Die Wegewahl erfolgt über geografische Koordinaten. Dazu erhält jede Station in einem gedachten kartesischen Koordinatensystem mit X- und Y-Koordinate ein Koordinatenpaar, ermittelt z.B. durch → *GPS*. Diese Koordinateninformationen werden in einem DIRC-Netz auf Servern vorrätig gehalten und über diese den anderen Stationen zur Verfügung gestellt. Die Wegewahl erfolgt zwischen den Stationen dadurch, dass von der initiierenden Station aus die in Richtung der Zielkoordinaten beste Nachbarstation angesprochen wird. Diese spricht wiederum die in Zielrichtung beste Nachbarstation an usw.

Jedes Endgerät kann einen von 640 möglichen Funkkanälen nutzen. Sprache wird über die Kanäle mit 32 kbit/s übertragen.

Das System hat verschiedene Hürden zu nehmen. So können nicht mit DIRC-Stationen versorgte Gebiete zwar über Relaystationen oder Kabelverbindungen überbrückt werden, jedoch ist für einen sinnvollen Start eine erhebliche Zahl an installierten Geräten notwendig. Ferner müssen Frequenzen zugeteilt werden.

Entwickelt und patentiert wurde DIRC zur Mitte der 90er Jahre von dem Deutschen Winrich Hoseit.

→ *http://www.dirc.net/*

Direct3D

Bezeichnung für eine Nachfolgetechnologie für → *DirectX*. Prinzipiell eine Anwendungsschnittstelle (→ *API*) für die Verwendung von 3D-fähigen Grafikkarten unter den → *Betriebssystemen* → *Windows 95*, → *Windows NT* und → *Windows 2000*.

Direct Access

Bezeichnung für die direkte Kopplung eines → *CNs* mit dem → *MSC* eines Mobilfunknetzes unter Umgehung des öffentlichen Netzes. Dieses Verfahren spart Kosten.

→ *Least Cost Routing*.

Direct Connect

→ *CTI*.

Directory, Directory Services

Von engl. directory = Verzeichnis. Bezeichnung für eine geordnete Sammlung von Informationen. Der Begriff Verzeichnis oder auch Verzeichnisdienst wird in verschiedenen Zusammenhängen unterschiedlich gebraucht.

Während in der Datentechnik die Informationen üblicherweise technische Ressourcen beschreiben (→ *Verzeichnisdienst*, → *X.500*), werden in der Telekommunikation üblicherweise Nutzer eines Dienstes in Verzeichnissen, z.B. dem Telefonbuch, aufgeführt (→ *Teilnehmerverzeichnis*).

DirectX

Bezeichnung für eine proprietäre Technologie für → *Streaming* aus dem Hause Microsoft.

→ *Direct3D*.

Direkte Adresse

→ *Absolute Adresse*.

Direkt gesteuerte Vermittlung

Vermittlungsprinzip, bei dem die Verbindung sequentiell nach Ziffernanalyse durch das Netz freigeschaltet wird.

Das Prinzip baut meistens auf einem sehr streng hierarchischen → *Nummerierungsplan* auf. Es ist heute nicht mehr Stand der Technik und wurde mit mechanischen Vermittlungen aus → *Heb-Dreh-Wählern* und mit → *EMD-Wählern* realisiert, wobei letztere auch schon eine indirekte Steuerung zuließen.

→ *Indirekt gesteuerte Vermittlung*.

Direktor

Begriff aus der Antennentechnik. Bezeichnet das Element einer → *Yagi-Antenne*, das die zu empfangende Strahlung in Richtung gespeistes Antennenelement bündelt und vor diesem angeordnet ist.

Direktruf

Auch selbsttätiger Verbindungsaufbau, Babyruf, Seniorenruf oder automatische Wahl genannt. Bezeichnung für ein → *Leistungsmerkmal* von → *Komforttelefonen* oder Nebenstellenanlagen.

Bezeichnet die Möglichkeit, dass eine vorher bestimmte und am Endgerät eingestellte (jedoch bei Bedarf änderbare) Rufnummer ohne besondere Aktion gewählt wird. Ist für Kleinkinder (daher auch Babyruf genannt) und ältere Menschen (für Notfälle, daher auch Seniorenruf genannt) gedacht.

Der Direktruf kann z.B. in folgenden Fällen ausgelöst werden:

- Sofort nach dem Abheben
- Nach dem Abheben und einer längeren Zeit (üblicherweise 10 s) ohne Eingabe einer Wählinformation
- Nach dem Abheben und dem Drücken einer beliebigen Taste

Die entsprechende Rufnummer muss vorher am Endgerät einprogrammiert werden.

In Nebenstellenanlagen ist häufig die Nummer der Zentrale fest programmiert, so dass man durch Drücken einer beliebigen Taste problemlos mit ihr verbunden wird.

→ *Kurzwahl*, → *Rufnummerngeber*.

Direktweg

Begriff aus der Vermittlungstechnik. Bezeichnet die kürzest mögliche Verbindung zwischen zwei Netzknoten (Vermittlungsstellen).

→ *Letztweg*.

DIS

1. Abk. für Draft International Standard.

   Bezeichnung für aus → *DP* hervorgegangene Entwürfe von später international gültigen Standards der → *ISO*, aus denen → *IS* werden.

2. Abk. für Distributed Interactive Simulation.

   Bezeichnung eines vom US-Militär genutzten Protokolls, das auf → *UDP* aufsetzt.

Disaster Recovery

→ *Contingency Planning.*

DISCO

Abk. für Digital-Subcarrier-On-Satellite Technology.

DiSEqC

Abk. für Digital Satellite Equipment.

Bezeichnung für ein digitales Steuerungssystem für Satellitenempfangsanlagen im Bereich des TV-Empfangs, welches im Gegensatz zu den bisherigen analogen Steuersignalen auf verschiedenen Medien (Koaxialkabel, zweiadriges Steuerkabel für einen Polaristor und Steuerleitung zur Stromversorgung) eine größere Anzahl an Schaltmöglichkeiten auf nur noch einem Kabel (Koaxialkabel) anbietet.

Die Steuersignale werden mit Hilfe des 22 kHz-Steuersignals (→ *Sat-ZF*) digital codiert übertragen. Dabei gilt folgende Konvention:

- Digitale „0“: Das 22-kHz-Signal wird für 0,5 ms abgeschaltet und anschließend für 1 ms angeschaltet.
- Digitale „1“: Das 22-kHz-Signal wird für 1 ms abgeschaltet und anschließend für 0,5 ms angeschaltet.

In seiner Version Level 1.0 konnten 16 Satellitensignale (4 Satelliten, jeweils Lowband von 10,7 bis 11,7 GHz und Highband von 11,7 bis 12,75 GHz, diese jeweils vertikal und horizontal polarisiert) unterstützt werden. In der Version Level 1.1 sind mehrere Relais erforderlich, mit denen jedoch 256 Satellitensignale in die Sat-ZF-Anlage von 64 Satelliten eingespeist werden.

DiSEqC ist ab den frühen 90er Jahren auf Initiative von → *EUTELSAT* in Kooperation mit Philips entstanden und wurde ab 1994 eingeführt.

→ *http://www.diseqc.de/*

Disjunktion

→ *ODER.*

Diskette

Bezeichnung für ein externes Speichermedium. Es handelt sich dabei um portable einzelne Magnetplatten in einer sie schützenden Kunststoffhülle, die insbesondere zur individuellen unsystematischen Datensicherung und zum Transport kleiner Datenmengen benutzt werden.

Es wurden verschiedene Bauformen entwickelt. Die gängigsten Formate sind 8" (heute sehr selten nur noch im Großrechnerbereich anzutreffen), 5,25" und 3,5", wobei heute die 3,5"-Diskette Standard ist.

Die Diskette besteht aus einer 100 µm dicken Metallplatte mit einem ca. 1 µm dicken magnetisierbaren Auftrag (Eisenoxid). Diese magnetische Schicht wird wie bei der → *Festplatte* auch durch das → *Formatieren* in konzentrische Spuren mit mehreren Sektoren unterteilt.

Die Metallscheibe befindet sich in einer schützenden Kunststoffhülle, die bei 5,25"-Disketten flexibel (daher auch genannt Floppy-Disk, als Kosebezeichnung für flexible Disk, → *Jacket*) und bei 3,5"-Disketten starr (→ *Cartridge*) ist. Die Hülle ist innen mit einem Vlies ausgestattet, das Fremdpartikel absorbiert.

Obwohl in der Frühzeit der Tischcomputer in den 70er und frühen 80er Jahren insbesondere unter dem → *Betriebssystem* → *CP/M* viele verschiedene Diskettenformate hinsichtlich der Anzahl der Spuren, Sektoren und Verzeichnisstruktur existierten, ergab sich durch Einführung des IBM-PCs eine einheitlichere Linie für Disketten.

Es befinden sich dort auf jeder Seite 80 Spuren (anfangs nur 40) mit 9 oder 15 (anfangs nur 8) Sektoren bei 5,25"-Laufwerken und 9 bzw. 18 Sektoren je Spur bei 3,5"-Laufwerken. Die Sektoren haben dabei jeweils auf einer Spur eine Speicherkapazität von 512 Byte (zusätzlich eine Sektorkennung).

Die Platte der Diskette rotiert mit 300 U/Min. (5,25" und 3,5") oder 360 U/Min. (8"). Andere Entwicklungen, z.B. mit 600 U/Min. haben sich nicht durchsetzen können.

Die gelesenen Daten werden je nach Typ des Diskettenlaufwerks mit 250 bis 500 kbit/s von der Diskette zum → *RAM* transportiert.

Folgende Formate und Kapazitäten wurden bei PCs eingesetzt:

Format	Kapazität
5,25"	160 KByte (einseitig, 8 Sektoren)
5,25"	180 KByte (einseitig, 9 Sektoren)
5,25"	320 KByte (zweiseitig, 8 Sektoren)
5,25"	1,2 MByte (zweiseitig, 15 Sektoren)
3,5"	720 Kbyte (einseitig)
3,5"	1,44 MByte (zweiseitig)
3,5"	2,88 MByte

Das 3,5"-Laufwerk zur Nutzung von 1,44 MByte fassenden Disketten ist dabei das am weitesten verbreitete.

Die Entwicklung dieses Speichermediums begann im Hause IBM gegen Ende der 60er Jahre. Im IBM-Labor in San José schlug der Ingenieur David Noble 1967 vor, das Betriebssystem eines Rechners auf einer separaten und leicht auswechselbaren Platte mit 8" Durchmesser zu speichern. Da sie kleiner als eine fest eingebaute Platte (=Disk, 14") ist, nannte er dieses neue Speichermedium Diskette. Diese 8"-Diskette wurde 1970 von IBM offiziell vorgestellt. Sie verfügte über dieses Format, da sie auf Maschinen hergestellt wurde, die sonst Langspielplatten produzierten, welche genau dieses Format hatten. Speicherkapazität: 130 KByte. Sie hatte noch keinen besonders großen Erfolg, da ihr einziger Zweck das Aufspielen neuer Software auf Großrechner ist. Üblicherweise wurden die Floppys nach dem Aufspielen der Software weggeworfen. Keiner dachte zu diesem Zeitpunkt daran, dass Daten auf dem Medium auch permanent gespeichert oder von einem Rechner zum anderen transportiert werden könnten.

Erst 1973 stellte IBM die neuen Großrechner vom Typ 3740 mit eingebautem Diskettenlaufwerk (8") vor. Mittlerweile hatte eine 8"-Disk eine Kapazität von 250 KByte (etwas später sogar 400 KByte, mittlerweile bis zu 1,6 und 2,4 MByte). Die Branche akzeptierte diese neue Technik und war begeistert.

Erster Konkurrent mit Floppys war Memorex. Alan Shugart und neun Mitarbeitern verließen wiederum Memorex und gründeten eine neue Firma, Shugart Associates. Innerhalb von neun Jahren verkauften sie 1 Mio. Laufwerke.
1975 wurde auf der National Computer Conference in New York die 5,25"-Floppy vorgestellt.
1976 führte IBM doppelseitige 8"-Disketten ein, Shugart stellte ein 5,25"-Laufwerk für Floppys vor und Raid Anderson, Elektroingenieur von der Kodak-Tochter Verbatim in Silicon Valley, sicherte sich eine IBM-Disketten-Lizenz und startete die Massenfertigung. 1981 schließlich kamen 3,5"-Disketten auf den Markt, die bei den PS/2-Modellen aus dem Hause IBM erstmals serienmäßig in großem Stil eingebaut wurden.
Die 3"-Disketten von Sony hingegen setzten sich bis auf Spezialanwendungen nicht durch und auch 2,5"-Anwendungen wurden nur in der Frühzeit der Laptops Ende der 80er Jahre eingesetzt.
80-Spur-Disketten wurden zusammen mit dem PC-Modell → *AT* im Jahr 1984 eingeführt.
Mittlerweile reichen 1,44 MByte Speicherplatz jedoch bei speicherintensiven Anwendungen, z.B. Dateien mit multimedialen oder nur grafischen Inhalten oder → *Backups*, nicht mehr aus bzw. benötigen für die Speicherung von Dateien mehrere Disketten oder zunächst eine Dateikompression und führen somit zu einem unkomfortablen Handling. Zur Problemlösung haben mehrere Hersteller ab Mitte der 90er Jahre verschiedene, proprietäre Verfahren entwickelt, z.B. → *LS-120*, → *Zip* oder → *Jaz*.

Disk Jacket

→ *Jacket*.

Diskretes Sprechen

Bezeichnung für eine Sprechweise, bei der zwischen den einzelnen Wörtern deutliche Pausen gemacht werden, ohne dass die Wörter wie in einem normalen Sprachfluss ineinander übergehen.
Diskretes Sprechen ist für die automatische Erkennung und Verarbeitung von Texten durch technische Systeme notwendig, um einzelne Wörter voneinander trennen zu können.

DISnet

Abk. für Defense Integrated Secure Network.
Bezeichnung für ein militärisch genutztes Netz in den USA, das dem → *DDN* untergeordnet ist.

DISP

1. Abk. für Draft International Standard Profile.
   → *DIS*.
2. Abk. für Directory Information Shadowing Protocol.
   Bezeichnung für ein Protokoll, das im Umfeld von → *X.500*-Verzeichnisdiensten und Zugriffen auf diese mit dem → *LDAP* zur Sicherstellung konsistenter Daten in verschiedenen Verzeichnissen eingesetzt wird.

Dispersion

1. Allgemein die Abhängigkeit von Ausbreitungsparametern elektromagnetischer Wellen in Abhängigkeit von der Frequenz. Elektromagnetische Wellen verschiedener Frequenzen verhalten sich bei Ausbreitung in einem bestimmten Medium unterschiedlich. Dispersion ist üblicherweise auf verschiedene Ursachen zurückzuführen.
2. Bezeichnet bei Glasfasern darüber hinaus die zeitliche Verbreiterung des optischen Eingangsimpulses bei der Signalübertragung durch Laufzeitunterschiede der verschiedenen Lichtwellen (→ *Moden*).
   Man unterscheidet bei Glasfasern drei Dispersionsarten:
   → *Modendispersion*
   → *Chromatische Dispersion*
   → *Polarisationsmodendispersion*

Display

Anzeige in oder an Geräten zur Darstellung numerischer, symbolischer oder → *alphanumerischer* Informationen.
Displays sind Teil eines einfachen → *MMI*. Meistens werden sie auf Basis von → *LCD* oder auch → *LED* realisiert.
Bei → *Komforttelefonen* werden als → *Leistungsmerkmal* häufig angezeigt:

- Aktuelle Uhrzeit
- Symbole für betätigte → *Funktionstasten*
- Gewählte Rufnummer
- Rufnummer des Anrufers (→ *CLID*)
- Speicherplatznummern
- Zeichen (Symbole, Buchstaben, Worte) zur → *Benutzerführung*
- Gebühreninformationen in Form von DM oder Zeiteinheiten (→ *Charging*)
- Statusmeldungen aller Art (Status der Verbindung, des Endgerätes oder eines seiner Teile)
- Aktivierte → *Leistungsmerkmale*, Dienstmerkmale und → *Dienste* (Text oder Symbole)

Distance Learning

Oft auch → *Tele-Learning* genannt.
Bezeichnung für alle Anwendungen, bei denen eine Telekommunikationsinfrastruktur für Anwendungen aus den Bereichen Fortbilden und Erziehen zur Verfügung gestellt wird, um räumlich voneinander getrennte Lehrer und Schüler zu verbinden.
In letzter Zeit wird Distance Learning in Verbindung mit → *Videokonferenzen* und → *Multimedia* bzw. → *E-Business* diskutiert.

Distance Vector Protocol

→ *Routingprotokoll*.

Distinctive Ringing

Bezeichnung für ein → *Leistungsmerkmal* von Nebenstellenanlagen oder auch → *Centrex*. Auch Rufunterscheidung genannt. Dabei generiert ein Endgerät unterschiedliche Ruftöne, je nachdem, ob ein interner oder externer Anruf erfolgt.
Bei Nebenstellenanlagen ist es möglich, dies auch für die Leistungsmerkmale → *Coderuf*, → *Weckruf* oder in Kombination mit dem → *Türöffner* zu nutzen.

Distributed Backbone

Bezeichnung für eine weitere Realisierungsvariante von → *Backbones* (neben dem → *Collapsed Backbone*), bei der ein echtes Backbone in Form eines → *LANs* oder → *MANs* vorhanden ist und unterschiedliche Arbeitsgruppen oder Netze mittels → *Switches* oder → *Router* verbindet.

Als Faustregel wird das Backbone bei der Erstinstallation doppelt überdimensioniert, d.h., 50% der Bandbreite verbleiben zunächst ungenutzt für den späteren Ausbau.

DIT

Abk. für Directory Information Tree.

→ *X.500.*

Dithering, Dithern

Bezeichnung für das Verfahren, bei → *Pixelgrafiken* mit einem begrenzten Farbenvorrat nicht in diesem Vorrat befindliche Mischfarben zu erzeugen, indem man bei unmittelbar nebeneinander liegenden Bildpunkten zwei verschiedene zulässige Farben wählt. Dies geht jedoch zu Lasten der → *Auflösung*, da ein Bildpunkt in mehrere zerlegt wird.

Aus einigem Abstand betrachtet, hat das menschliche Auge dann den Eindruck einer homogenen Mischfarbe durch ein Verschwimmen der nebeneinander liegenden unterschiedlichen Farben.

DIV 200, 400

1. Abk. für Digitale Vermittlung.

   Bezeichnung eines Produktes der Vermittlungstechnik aus dem Hause TEKADE, bzw. PKI.

   Bezeichnung eines digitalen Vermittlungssystems zum Einsatz im öffentlichen Bereich. Entwickelt von der TEKADE (heute: → *PKI*) in Nürnberg.

   Es basierte technisch auf dem Philips-System PRX/D, das wiederum aus dem System PRX hervorgegangen ist. DIV 200 und 400 waren an der Ausschreibung für digitale Vermittlungen in Deutschland 1982/83 beteiligt, konnte sich jedoch nicht gegen → *System 12* oder → *EWSD* durchsetzen.

2. Darüber hinaus ist DIV allgemein die Abk. für digitale Vermittlung. Entstanden ist die Abkürzung in den 80er Jahren bei der Umrüstung der analogen Vermittlungen auf digitale, → *ISDN*-fähige Vermittlungen. Man unterscheidet oft die DIV-A für die Vermittlung von Verbindungen ins Ausland, DIV-O für den Ortsbereich und DIV-F für den Fernbereich.

Diversity (-Empfang, -Gewinn)

Selten auf Deutsch auch Mehrfachempfang genannt. Bezeichnung für verschiedene Methoden, den Empfang elektromagnetischer Wellen bei der Funkübertragung durch den Empfang eines Funksignals auf mehreren Übertragungspfaden mit jeweils verschiedenen Störungscharakteristika zu verbessern. Ziel ist die Gewinnung eines zweiten Signals, das zusammen mit dem ersten Signal Rückschlüsse auf das ursprünglich gesendete Signal zulässt.

Bei Funkübertragung kann es unter ungünstigen Bedingungen selbst bei nur geringer Entfernung zwischen Sender und Empfänger zu Störungen bzw. kompletten Ausfällen des Empfangs infolge von Absorptions-, Polarisations- oder Interferenzschwund kommen (→ *Fading*). Insbesondere in Innenräumen von Stahlbetonbauten treten derartige Effekte auf, wenn beim Empfänger eine direkte Welle und ihre Reflektion mit einer Phasenverschiebung von 180° aufeinander treffen und sich auslöschen (destruktive → *Interferenz*). Diversity-Empfang kann die Fehlerquote auf 1/10 bis 1/100 senken.

Diversity-Verfahren werden insbesondere in zellularen Mobilfunknetzen beim Empfang von Daten, die von der Mobilstation gesendet wurden, durch die Basisstation eingesetzt (→ *Uplink*). Es gibt aber auch Systeme wie z.B. das japanische → *PDC*, bei dem Diversity-Verfahren in der Mobilstation zum Empfang der Basisstation (→ *Downlink*) verwendet werden.

Man unterscheidet folgende Diversity-Verfahren:

- Raum-Diversity (auch Space-Diversity genannt): Durch den Einsatz von Diversity-Empfängern mit zwei räumlich voneinander getrennten Empfängern (daher auch mit Antennen-Diversity bezeichnet), zwischen denen elektronisch jeweils hin- und hergeschaltet wird und der mit dem stärksten Signal bzw. mit dem höchsten Signal-zu-Rausch-Verhältnis (→ *SNR*) genommen wird, kann dieses Problem gelöst werden. Dieses Raum-Diversity-Verfahren (international auch Space-Diversity genannt) wird insbesondere beim Empfang von Mobilstationen (Uplink) in zellularen Mobilfunksystemen eingesetzt.

  Im → *GSM*-System wird dieses Verfahren an der Basisstation eingesetzt. Dort befinden sich die zwei Empfangsantennen häufig in einem horizontalen Abstand von 20 λ (ca. 6 m).

- Frequenz-Diversity (Frequency-Diversity): Hierbei werden mit ein und demselben Empfänger mehrere Frequenzen ausgewertet, von denen die am wenigsten gestörte weitergegeben wird. Die zu übertragenden Daten müssen hierfür auf mindestens zwei verschiedenen Frequenzen gleichzeitig übertragen werden. Wegen des daraus resultierenden großen Frequenzbedarfs wird üblicherweise der Raum-Diversity der Vorzug gegeben.

- Polarisations-Diversity: Mit einer Antenne, in die zwei um jeweils 90° unterschiedlich polarisierte Empfänger eingebaut sind (→ *Polarisation*), wird das gleiche Signal als zwei orthogonal zueinander befindliche Wellen empfangen, die hinsichtlich ihrer Störungen nur eine sehr geringe Korrelation aufweisen.

  Untersuchungen haben gezeigt, das zwei +/- 45°-Empfänger bessere Ergebnisse liefern als ein horizontaler und ein vertikaler Empfänger.

- Strecken-Diversity: Dieses Verfahren wird bei Richtfunksystemen angewendet. Dabei wird ein Signal auf zwei verschiedenen Strecken (über Relaisstellen) zum Empfänger geleitet. Dadurch wird Absorptionsschwund infolge von Niederschlägen bei Frequenzen über 15 GHz umgangen.

Um die Effektivität eines Diversity-Verfahrens bestimmen zu können, ist der Diversity-Gewinn definiert als die Differenz zwischen einem idealen Referenzsignal und dem durch das Diversity-Verfahren real empfangenen Signal.

→ *Interferenz-Diversity.*

Divestiture

Von engl. to divest = entflechten. Bezeichnung der Entflechtung der bis dahin monopolartig sowohl auf der Orts- als auch der Fernnetzebene agierenden AT&T (bis dahin auch Ma Bell genannt) in sieben → *RBOCS* als Holdings und 22 → *BOCs* als operativ tätige Gesellschaften zum 1. Januar 1984 in den USA.

AT&T hatte sich auf diese Aufspaltung mit Richter Harold Greene am 8. Januar 1982 nach langjährigen kartellrechtlichen Verfahren seit 1974, die erst 1981 überhaupt zu Verhandlungen vor Gericht führten, geeinigt. Die Entscheidung von Greene wird mit Modified Final Judgement (MFJ) bezeichnet, da eine ‚Final Judgement' genannte gerichtliche Entscheidung aus dem Jahre 1956 (Consent Decree) verändert wurde. Grundlegender Gedanke ist die Trennung zwischen Ortsverkehr, der weiterhin monopolistisch reguliert wurde, und allen anderen Bereichen, in denen Wettbewerb herrschen sollte.

Das MFJ definiert daher die Zuständigkeiten von Fernnetzbetreibern (AT&T, MCI, Sprint etc.) und Ortsnetzbetreibern (BOCs, → *IEC*, → *LEC*, → *LATA*). Diese durften gemäß der Entscheidung wegen der Möglichkeit der Quersubventionierung aus dem Monopolbereich der Ortsgespräche keinen Fernverkehr und keine → *VAS* anbieten, ebenso wenig wie sie Geräte (Terminals, Telefonapparate, Vermittlungen) herstellen durften.

Ferner war Bestandteil der Regelung, dass AT&T weiterhin den Hersteller Western Electric und das Forschungslabor → *Bell Labs* behalten durfte (im Gegenzug formten die RBOCS aus ihrem Anteil → *Bellcore*). Außerdem wurde AT&T von den Restriktionen des Consent Decrees (1956) befreit und durfte z.B. in den Markt für Computergeräte und EDV-Dienstleistungen eintreten.

Ziel der Verfahren und des MFJ war die Einführung von (etwas) mehr Wettbewerb und die Beschränkung der Marktmacht der AT&T, die nach 1984 nur noch Ferngespräche anbieten durfte (Long Distance Carrier).

Zunächst blieb diese Entscheidung ohne große Folgen, da AT&T den Markt für Ferngespräche weiter dominierte. Erst ab ca. 1990 setzte eine Erosion ein, und um 1997 hielt AT&T noch ca. 50% Marktanteile.

→ *Deregulierung.*

DIVF

Abk. für Digitale Vermittlung auf der Fernebene.

→ *DIV.*

DIVO

Abk. für Digitale Vermittlung auf der Ortsebene.

→ *DIV.*

DivX

Bezeichnung für ein Kompressionsverfahren für digitale Bewegtbilddaten (Videos), das auf dem Standard MPEG-4 basiert (→ *MPEG*). Es wurde mit Blick für die schmalbandige Übertragung über paketvermittelte Netze wie das → *Internet* entwickelt. Ziel ist die Übertragung eines Videos in der Qualität einer → *DVD* mit Datenraten deutlich unter 1 Mbit/s bis hinunter in den zweistelligen kbit/s-Bereich.

DivX wird vom Unternehmen Divxnetworks aus San Diego/Kalifornien voran getrieben, die den Quellcode im Rahmen einer Projekt Mayo genannten Initiative offen legen.

→ *http://www.divx.com/*

→ *http://www.projectmayo.com/*

DIX (-Group)

Abk. für DEC, Intel, Xerox.

Bezeichnung für die Allianz zur Vermarktung des von Xerox entwickelten → *Ethernet.*

D-Kanal

Abk. für Daten-Kanal, international mit Data Channel bezeichnet.

Bezeichnung des Signalisierungskanals (→ *Zeichengabe*) beim → *ISDN* mit einer Kapazität von 16 kbit/s beim Basis- und von 64 kbit/s beim Primärmultiplexanschluss.

Mit Hilfe eines speziellen D-Kanal-Protokolls (→ *Euro-ISDN*, → *1TR6*) werden die Signalisierungsdaten vom Endgerät zur Vermittlungsstelle übertragen.

→ *Packet Mode Bearer Service.*

DKE

Abk. für Deutsche Kommission für Elektrotechnik.

Auch häufig einfacher Deutsche Elektrotechnische Kommission genannt. Sie hat ihren Sitz in Frankfurt/Main beim → *VDE* und ist zuständig für die Harmonisierung bestehender elektrotechnischer Normen im Rahmen der EU und nationale Normprüfungen in Deutschland.

Gegründet am 13. Oktober 1970 durch → *DIN* und → *VDE.*

→ *IEC.*

DLC

1. Abk. für Digital Leased Circuit.
   Int. Bezeichnung für eine digitale Standleitung.
2. Abk. für Digital Loop Carrier.

DLCI

Abk. für Data Link Connection Identifier.

Bezeichnung für ein Datenfeld in einem → *Header* bei der paketorientierten Datenübertragung zur Verwaltung einer virtuellen Verbindung.

1. Bei → *Frame Relay* ein 10, 16 oder 23 Bit langes Feld im 2, 3 oder 4 Byte langen → *Header* zur Identifizierung einer virtuellen Frame-Relay-Verbindung auf Schicht 2 im → *OSI-Referenzmodell.* Darüber hinaus kann anhand des DLCI die Unterscheidung der übertragenen Rahmen nach Nutzdatenrahmen und Managementdatenrahmen vorgenommen werden. Das DLCI kann auf 2 bis 4

Oktetts verteilt sein, wird aber bei der Auswertung einfach als zusammenhängend betrachtet, d.h., die einzelnen Teile werden aneinander gehängt. Heute ist der DLCI in bestehenden Frame-Relay-Netzen üblicherweise 2 Oktetts lang.

Einige Werte des DLCI sind für Sonderaufgaben reserviert:

Wert	Bedeutung
0	Kennzeichnet In-Band-Signalisierung
1 – 15	Reserviert für zukünftige Weiterentwicklungen
16 – 10007	Frame-Relay-Verbindungen
1008 – 1016	Reserviert für zukünftige Entwicklungen
1019 – 1022	Reserviert für Gruppen, die Multicast nutzen
1023	→ *CLLM*

6 Bit des DLCI-Feldes können, sofern das DC-Bit im Frame Relay Header gesetzt ist, DL-Core-Control-Informationen zum Transport spezieller Informationen nach I.233 transportieren.

Im Falle von → *SVCs* wird den DLCIs eine bestimmte Nummer zugewiesen, und es wird in den Routingtabellen der betroffenen Netzknoten ein passender Pfad festgelegt.

2. Der DLCI beim → *Packet Mode Bearer Service* dient im Frame eines Datenpaketes, das auf dem D-Kanal versendet wird, als Adressinformation auf der Schicht 2 im → *OSI-Referenzmodell*. Es besteht aus den zwei Feldern → *TEI* und → *SAPI*.

DLL

Abk. für Dynamic Link Library.

Bezeichnung für Laufzeitbibliotheken. Unter den → *Betriebssystemen* → *OS/2* und → *Windows* 3.0 oder höher die Bezeichnung für Dateien mit Unterroutinen in Form von bereits kompiliertem Code, die aber erst zur Laufzeit und wenn benötigt von dem zugehörigen Hauptprogramm aufgerufen und ausgeführt werden.

Ferner können die Unterprogramme gleichzeitig von mehreren verschiedenen Programmen bzw. von mehreren Instanzen des gleichen Programms gleichzeitig genutzt werden, so dass dieses Unterprogramm nicht von jedem Hauptprogramm zusätzlich aufgerufen und in den Hauptspeicher geholt wird.

Dies verringert die Größe des Hauptprogramms und damit den Platz, den dieses im Hauptspeicher benötigt.

DLS

Abk. für Data Link Switching.

Bezeichnung einer Technik aus dem Hause IBM, die → *SNA*- → und *LAN*-Verkehr beim Datentransfer über → *WANs* integriert und damit → *Tunneling* realisiert.

Für die Benutzung im → *Internet* definiert im RFC 1795.

DLT

Abk. für Digital Linear Tape.

Bezeichnung eines digitalen, linearen Aufzeichnungsverfahrens für Daten auf Bandmedien. Dabei ist der Lese- und Schreibkopf statisch montiert, und das Band wird mit der hohen Geschwindigkeit von rund 100 Inch pro Sekunde daran vorbeigeführt. Die Daten wurden dabei ursprünglich linear aufgezeichnet. Moderne Laufwerke zeichnen die Daten auch schräg auf das Band auf.

→ *QIC*.

DLU

Abk. für Digital Line Unit.

DLUB

Abk. für Digital Line Unit Type B.

DLUC

Abk. für Digital Line Unit Controller.

DM, Dm

1. Abk. für → *Deltamodulation*.
2. Abk. für Disconnected Mode.
3. Abk. für → *Data Mart*.
4. Abk. Für → *Dokumentenmanagement*.
5. Abk. für Datachannel mobile.

   Im → *GSM*-System die Bezeichnung für Kanäle, die nicht zur Nutzdatenübertragung (→ *TCH*), sondern für die → *Zeichengabe* genutzt wird.
6. Abk. für Degraded Minutes.

   Bezeichnung eines Gütemaßes in der Telekommunikation, angegeben in %. Bezeichnet den Anteil an Minuten mit nur verminderter Qualität bei der Datenübertragung (durchschnittliche Bitfehlerrate von 10^{-6}, → *BER*). Definiert durch die → *ITU* in G.821.

   → *EFS*, → *ES*, → *MOS*, → *SES*, → *Sprachübertragung*.

DMA

Abk. für Direct Memory Access.

Bezeichnung für eine spezielle Art des direkten Speicherzugriffs in Computern. Bei dieser Art Speicherzugriff ist es Aufgabe eines speziellen DMA-Bausteins und nicht der → *CPU*, den Zugriff durchzuführen und den gelesenen Inhalt des Speichers über den Systembus in andere Teile des Speichers oder zu Peripheriebausteinen zu transportieren. Dieses Verfahren ist schneller, als wenn der Prozessor selbst den Zugriff und Transfer abwickeln müsste. Bei DMA stößt der Prozessor den Transfer über den DMA-Controller lediglich an.

Vorteil: Die CPU wird entlastet. Nachteil: Während der DMA-Controller auf den Speicher zugreift, kann die CPU selbst nicht zugreifen.

Ideal für DMA ist die Verwendung des → *PCI*-Busses.

Es sind mittlerweile verschiedene Stufen dieses Verfahrens definiert worden, die sich in ihrer Leistungsfähigkeit unterscheiden. Man unterscheidet z.B. bei → *Festplatten* DMA-2 mit 16,6 MB/s und Ultra-DMA (U-DMA) mit 36,3 MB/s plus Prüfbits.

DMC

Abk. für Desktop Multimedia Conferencing.
Selten verwendeter Oberbegriff für → *PC*-basierte → *Videokonferenzsysteme*. Die PCs verfügen dabei über eine Karte mit → *ISDN*-Anschluss.

DMCS 900

Bezeichnung für ein Herstellerkonsortium von ANT, Philips PKI und Bosch Telecom (ehemals: Telenorma) zu Beginn der 90er Jahre. Stellte Vermittlungssysteme nach dem → *GSM*-Standard her.

DMD

Abk. für Directory Management Domain.

DME

Abk. für Distributed Management Environment.
Bezeichnung für eine erfolglose Definition einer Plattform für Netz- und Softwaremanagement (inkl. Softwareverteilung und Lizenzverwaltung). Definiert durch die → *OSF*.
DME nutzt dabei → *XMP*.

DMI

1. Abk. für Desktop Management Interface.
   Bezeichnung einer Schnittstelle, die von der → *DMTF* zum Management von an ein Netz angeschlossenen Endstationen definiert wurde.
2. Abk. für Definitions of Management Informations.

DML

Abk. für Data Manipulation Language.

DMMV

Abk. für Deutscher Multimedia-Verband.
Bezeichnung eines am 17. August 1995 gegründeten Verbandes für Personen und Unternehmen, die in allen mit → *Multimedia* zusammenhängenden Berufen und Branchen tätig sind.
Adresse:

DMMV e.V.
Kaistr. 14
40 221 Düsseldorf
Tel.: 02 11 / 85 28 60
Fax: 02 11 / 8 52 86 15

→ *http://www.dmmv.de/*

DMPDU

Abk. für Derived Media Access Control Protocol Data Unit.
→ *MAC*, → *PDU*.

DMS

Abk. für → *Dokumentenmanagementsystem*.

DMS 10

Digitales Vermittlungssystem des kanadischen Herstellers Northern Telecom. Vorgestellt 1981. Für 200 bis 6 000 Anschlüsse im Ortsbereich konzipiert. → *BHCA*-Wert: 350 000.

DMS 100

Digitales Vermittlungssystem des kanadischen Herstellers Northern Telecom. Für 2 000 bis 100 000 Anschlüsse im Fernbereich konzipiert.
→ *BHCA*-Wert: 700 000.

DMSP

Abk. für Distributed Mail System Protocol.
Bezeichnung für ein Protokoll aus dem Jahr 1986 zum verbindungslosen Zugriff auf → *E-Mails* auf einem Message Transfer Agent (→ *MTA*) von einem User Agent (→ *UA*) aus.

DMT

1. Abk. für Discrete Multi Tone.
   Ein digitales Übertragungsverfahren für kurze Distanzen und drahtgebundene Übertragung. Prinzipiell eine Sonderform von → *FDM*.
   Das auf einer herkömmlichen kupferbasierten Anschlussleitung (Twisted Pair) zur Verfügung stehende Frequenzspektrum von 20 kHz bis 1,104 MHz wird dabei in 255 Subkanäle zu je 4 kHz (Mittenfrequenzen differieren um je 4,3125 kHz) eingeteilt, von denen 225 für den Hochraten- und 30 für den Steuerkanal genutzt werden. Auf jedem dieser Kanäle (bis auf die unteren bei 20 kHz, um Interferenzen mit dem Telefonkanal zu vermeiden) werden mit → 64-*QAM* Daten übertragen. Prozessoren passen div. Übertragungsparameter (Anzahl der Bit je Subkanal, welche Subkanäle überhaupt genutzt werden sollen) während einer Initialisierungsphase und auch während der Übertragung der Leitungsqualität an und erreichen dadurch Übertragungsraten (über Twisted Pair) bis zu 6 Mbit/s.
   DMT wird wie → *CAP* auch bei → *ADSL* eingesetzt, hat aber den Vorteil, die Datenrate in kleineren Schritten anpassen zu können (Inkremente von 32 kbit/s gegenüber 640 kbit/s).
   Die Leitungsqualität wird dabei durch folgende Faktoren bestimmt:
   - Von der Frequenz eines Unterkanals abhängige Verzögerungszeit als Folge der Leitungsdämpfung
   - Elektromagnetische Kopplung zwischen benachbarten Zweidrahtkabeln (→ *Nebensprechen*)
   - Externe Störimpulse (Funkeinwirkungen)
   - Falsche Anpassungen der Impedanzen zwischen der Leitung und der → *Gabelschaltung*
   - Schlechte Kontaktstellen an Leitungsübergängen
   - Änderungen des Drahtquerschnitts

   Es wird dabei eine → *spektrale Effizienz* von bis zu 15 bit/s/Hz erzielt.
   Entwickelt wurde das Verfahren von Amati Communications, Mountain View/Kalifornien. Marktfähige DMT-Chips (Motorola, Analog Devices) kamen 1996 auf den Markt.

2. Abk. für Desktop Management Interface.

   Bezeichnung für eine Hard- und Softwaretechnologie, die die Verwaltung von PC-Netzen und insbesondere die Konfigurierung der einzelnen PCs von nur einem Platz aus ermöglicht.

   → *DMTF.*

DMTF

Abk. für Desktop Management Task Force.

Bezeichnung einer Gruppe von Herstellern, die ein Netzmanagementsystem für das Management auch der Endgeräte entwickelt. Diese Initiative nutzt als Ansatz → *SNMP* und einen Ansatz des Hauses Microsoft, der sich eng an → *DCOM* anlehnt.

Ferner entwickelte die DMTF das Common Information Modell (→ *CIM*).

→ *WBEM.*

→ *http://www.dmtf.org/*

DMW

Abk. für Digital Medium Waves.

DN

1. Abk. für Dedicated Network.
2. Abk. für Directory Number.
3. Abk. für Distinguished Name.

DNA

1. Abk. für Digital Network Architecture.

   Bezeichnung der Netzarchitektur für → *LAN*s und zur Vernetzung von Rechnern und Peripheriegeräten aus dem Hause DEC.

   Prinzipiell das Gegenstück zu → *SNA* aus dem Hause IBM.

   → *DECnet.*

2. Abk. für Deutscher Normenausschuss.

   → *DIN.*

DNAE

Abk. für Datennetzabschlusseinrichtung.

Selten benutzter, von der Deutschen Telekom geprägter Begriff für → *NT* beim Anschluss an Datennetze oder → *Standleitungen.*

Bezeichnungen für die bei einem Teilnehmer an einem Datennetz installierte Hard- und Software, die den Netzabschluss (Anschlussbuchse) darstellt und über die der Nutzer an eine → *DUSt* angeschlossen ist.

DNG

Abk. für Datennetzabschlussgerät.

DNHR

Abk. für Dynamic Nonhierarchical Routing.

Bezeichnung für eine Technik im Telefonnetz des Hauses AT&T in den USA, Ferngespräche durch möglichst nicht mehr als vier Fernvermittlungsstellen zu leiten.

DNIC

Abk. für Data Network Identification Code.

→ *X.121.*

DNIS

Abk. für Dialed Number Identification String.

Bezeichnet in → *Call Centern* die Fähigkeit der → *ACD*-Anlage, die von einem Anrufer gewünschte Dienstleistung anhand der von ihm gewählten Nummer zu

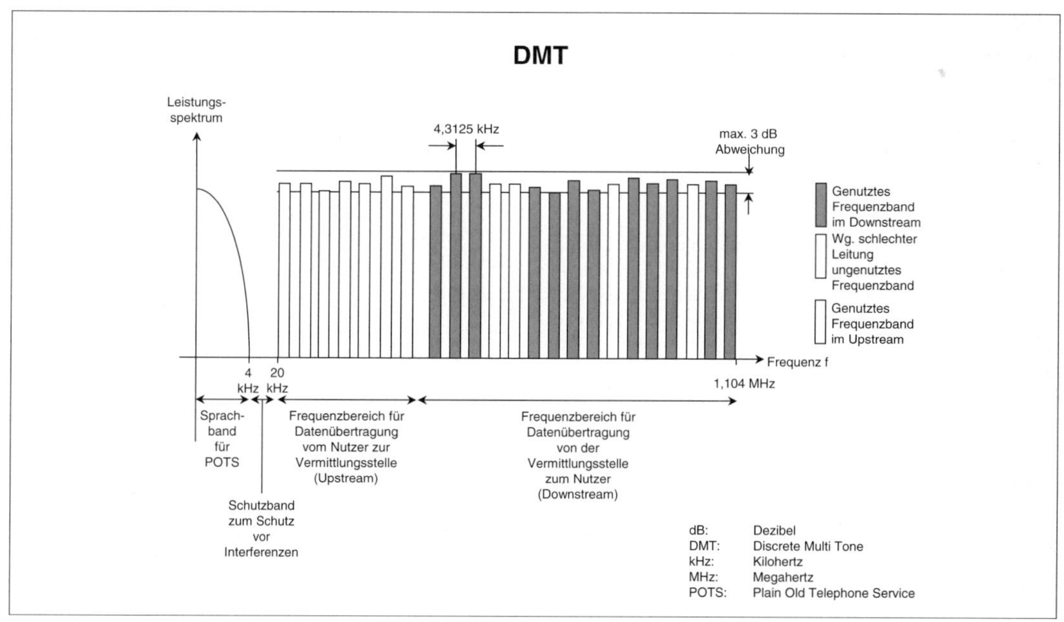

erkennen und ihn zu einem entsprechend ausgebildeten → *Agenten* durchzustellen.

Streng genommen ist der String der von der ACD-Anlage verarbeitete Nummerncode.

DNS

Abk. für Domain Name System.

Bezeichnung für ein im → *Internet* genutztes System verteilter Datenbanken auf verschiedenen über das Internet zugänglichen → *Servern*, genannt Domain Name Server oder nur Name Server.

Besondere Kennzeichen des DNS-Konzeptes sind:

- Es handelt sich um eine verteilte Datenbank, die hierarchisch aufgebaut ist, so dass eine dezentrale und sich laufend verändernde Struktur wie die des Internet unterstützt wird. Auf diese Art braucht keine zentral vorgehaltene Datei mehr aktualisiert und zeitaufwendig an alle Hosts im Netz versendet werden. Dies war vor der Einführung von DNS der Fall. Dabei handelte es sich um eine Datei mit dem Namen HOSTS.TXT im Network Information Center (NIC), die per → *FTP* an alle anderen Hosts verteilt wurde. Da dies Zeit kostete, lagen nicht immer alle aktuellen informationen in den Hosts vor. Zudem kostete die periodische Übertragung dieser Datei seinerzeit wertvolle Bandbreite. Die Speicherung in den Hosts wiederum kostete Speicherplatz, der zu jener Zeit auch teuer war.
- Das Datenbanksystem ist in der Lage, von Menschen lesbare und aus umgangssprachlichen Worten bzw. mnemonischen Wortbausteinen bestehende Adressen in offizielle numerische → *IP*-Adressen zu verwandeln.

DNS-Server bieten einen hierarchisch geordneten Namensraum, der Institutionen mit Anschluss an das Internet die Möglichkeit gibt, Maschinennamen und Adressen selbst zu bestimmen. Die gesamte verteilte Datenbank ist hierarchisch in einer Baumstruktur (→ *Baum*) organisiert. Ein Name Server stellt dabei einen Knoten dar und verwaltet den unter ihm liegenden Teilbaum.

Das DNS reflektiert die Adresshierarchie, nicht jedoch die physische Netzarchitektur, die in der Regel hiervon abweicht.

Eine bekannte Realisierung eines Name Server ist der → *BIND*.

Zudem unterstützt DNS verschiedene Verzeichnislisten zwischen elektronischer Post und IP-Adressen. Die hierzulande oberste → *Domain* (Top-Level-Domain) hat das Kürzel DE (für Deutschland) und wurde lange Zeit in Karlsruhe durch das DE-NIC (→ *NIC*) verwaltet. Mittlerweile ist das DE-NIC in die Trägerschaft des → *ECO* gewandert.

International verwaltet das → *ICANN* die Domains mit.

Relevante Standards mit Bezug zu DNS sind:

Standard	Inhalt
RFC 1032	Domain Administrators Guide
RFC 1033	Domain Administrators Operations Guide
RFC 1034	Domain Names – Concepts and Facilities
RFC 1035	Domain Names – Implementation and Specification
RFC 1713	Tools for DNS Debugging

Maßgeblich mitentwickelt wurde das Konzept des DNS vom Ingenieur Jonathan B. Postel (* 6. August 1943, † 16. Oktober 1998), Craig Partridge und von Paul Mockapetris, die die Arbeiten 1984 beendeten.

→ *http://www.dns.net/dnsrd/*

DNSO

Abk. für Domain Name Supporting Organization.

→ *ICANN.*

DNS-Spoofing

→ *Spoofing.*

DOAG

Abk. für Deutsche Oracle Anwendergruppe.

Bezeichnung für die organisierten Nutzer von Datenbanksystemen aus dem Hause Oracle in Deutschland.

Kontakt:

DOAG e.V.
Schelmenwasenstr. 34
70567 Stuttgart
Tel.: 07 11 / 7 28 06 68
Fax: 07 11 / 72 84 03 33

→ *http://www.doag.org/*

DOC

1. Abk. für Distributed Object Computing.

   Allgemeine Bezeichnung für objektorientierte Konzepte (→ *OO*), die ihren Einsatz bei der Beschreibung von verteilten Rechnerarchitekturen (z.B. Client-Server-Architekturen, → *Server*) finden.

   Eine Möglichkeit der konkreten Definition ist → *CORBA*.
2. Abk. für Department of Communication.

   Bezeichnung der → *Regulierungsbehörde* in Kanada, das dortige Gegenstück zur → *FCC* der USA.

DOCSIS

Abk. für Data over Cable Service Interface Specification.

→ *Kabelmodem.*

Document Sharing

Andere Bezeichnung für → *Joint-Editing.*

DoD

Abk. für Department of Defense.

Bezeichnung für das US-amerikanische Verteidigungsministerium, das eigene Standards für Netze definiert und am Aufbau des → *Internets* beteiligt war.

→ *ARPA.*

Dokumentenmanagement, Dokumentenmanagementsystem

Abgekürzt häufig mit DMS und seltener mit EDMS (Electronic ...) oder nur DM. Oberbegriff für ein System zur Verwaltung von Informationen beinhaltenden Medien (Dokumente) innerhalb einer abgegrenzten Organisationseinheit mit Hilfe einer technischen Infrastruktur. Grundsätzliches Ziel derartiger Systeme ist die dauerhafte Konvertierung aller Dokumente der Organisationseinheit in eine binär codiert vorliegende Datenform (→ *Digitalisierung*), so dass alle Dokumente, unabhängig von ihrer Quelle und ursprünglichen Erzeugungsform, am Computer eingesehen und auch bearbeitet werden können. Dadurch soll es zu einer Reduzierung des verwalteten, bewegten und archivierten Papiers, zu einer Beschleunigung der Geschäftsprozesse und einer Erhöhung der Produktivität kommen.

Aufgabenschwerpunkte des Dokumentenmanagements sind:

- Bearbeitung der Dokumente: Dokumente können in verschiedenen Formen vorliegen (Papier, Mikrofilm, E-Mail, Datei einer bestimmten Textverarbeitung). Für verschiedene Formate werden verschiedene Arten der Bearbeitungsinfrastruktur benötigt. Zusätzlich ist mit Konvertierungsfunktionen eine Portabilität der Dokumenteninhalte zwischen diesen Medien sicherzustellen.

  Prinzipiell sind bei der Bearbeitung die Funktionalitäten Einlesen (Scannen, → *Scanner*), Erstellen, Drucken und Verändern von Dokumenten relevant.

- Verteilung der Dokumente: Gemäß den in einer Organisationseinheit ablaufenden Geschäftsprozessen müssen Dokumente weitergeleitet und sequentiell oder parallel von mehreren Mitgliedern der Organisationseinheit eingesehen und/oder bearbeitet werden. Darüber hinaus ist nach Beendigung der Bearbeitung eines Dokumentes durch ein Mitglied einer Organisationseinheit die Möglichkeit zur Weiterbearbeitung einem anderen Mitglied der gleichen oder einer anderen Organisationseinheit anzuzeigen (Trigger).

  Ferner verfügen viele DMS über zeitgesteuerte Eskalationsmechanismen, in denen definiert werden kann, was mit Dokumenten passiert, die nicht innerhalb einer vorgesehenen Zeit bearbeitet wurden. Über derartige Mechanismen lassen sich prinzipiell Workflows definieren, wobei zu berücksichtigen ist, dass die Funktionalität derartiger Mechanismen innerhalb von DMS üblicherweise nicht an die eines echten → *Workflow-Management-Systems* heranreicht

  Wichtige Funktionalität hier ist das Weiterleiten, die Dokumentation der einzelnen Aktionen (wer hat was wann mit dem Dokument gemacht) und die Zugriffskontrolle (wer darf was mit dem Dokument machen).

- Archivierung der Dokumente oder der Dokumentenversionen (Versionsmanagement): Nach Beendigung der Bearbeitung in einer Organisationseinheit muss die Abschluss- oder Zwischenversion archiviert werden. Dazu unterscheidet man zwei Richtungen:

  – Speicherökonomie: Welche Dokumente und Versionen müssen wie lange archiviert werden? Bei der Beantwortung dieser Fragen spielen oft auch gesetzliche Vorschriften eine Rolle.

  – Zugriffsökonomie: Auf welche Dokumente muss wie schnell zugegriffen werden?

  Wichtige Funktionalitäten sind hier das Ablegen, Archivieren (Indizieren), Suchen, Laden und Speichersysteme eines DMS sind oft hierarchisch aufgebaut, d.h. aktuelle Dokumente werden zum raschen Zugriff in großen Festplattensystemen gehalten und das eigentliche Archiv in einem optischen Speicher. Derartige Systeme können dann Speicherkapazitäten bis in den TByte-Bereich besitzen.

- Bereitstellung von Auswerteverfahren: Üblicherweise können periodische Berichte generiert werden, die automatisch prozessororientierte oder personenorientierte Auswertungen erzeugen, etwa: Wie viele Anträge hat ein Sachbearbeiter im letzten Monat bearbeiten können?

  Hieraus können dann Kennzahlen für ein Management-Informations-System (→ *MIS*) entnommen werden.

Diese Funktionalitäten charakterisieren ein Dokumentenmanagement im engeren Sinn. Um aber in einer Organisationseinheit seine volle Wirkung entfalten zu können, sind weitere Punkte zu berücksichtigen. Ein Dokumentenmanagement muss an die Geschäftsprozesse in der Organisationseinheit angepasst sein und sie unterstützen.

Wesentliche Vorteile eines Dokumentenmanagementsystems sind:

- Schnellere Bearbeitung von Geschäftsprozessen durch Triggerfunktionen, Integration von Bearbeitungssoftware und automatischen Konvertierungsmechanismen. Dabei können die Durchlaufzeiten in Einzelfällen um 70% reduziert werden.
- Schnellere Bearbeitung auch dadurch, dass jedes beliebige Dokument ohne langwierige Suche in papierbasierten Archiven (u.U. an entfernten Orten wie im Keller oder auf dem Dachboden) von jedem angeschlossenen Arbeitsplatz gefunden werden kann.
- Bessere Koordination verschiedener, voneinander getrennter Organisationseinheiten.
- Leichtere Recherche durch Archivierungs- und Suchfunktionen.
- Größere Datensicherheit durch Zugriffskontrolle.
- Erhebliche Platzersparnis, da die Speicherung von papierbasierten Dokumenten (Aktenordner, Hängemappen) viel mehr Platz benötigt als die Speicherung auf → *Festplatten*, auf → *CD-ROMs* oder anderen, optischen Speichermedien (→ *MOD*).

DMS arbeiten häufig mit leistungsstarker Scannersoftware (→ *Scanner*) oder auch Verfahren zur Optical Character Recognition (→ *OCR*) oder Optical Mark Recognition (→ *OMR*) zusammen, um insbesondere den Prozess des Einlesens von neuen, papierbasierten Dokumenten zu beschleunigen (z.B. Bearbeitung von Eingangspost).

Wichtig für die Funktionalität eines konkreten, auszuwählenden DMS sind im Wesentlichen folgende zwei Punkte:

- Sind alle erforderlichen Schnittstellen zu Supportsystemen (z.B. Scanner oder auch Standardsoftware wie Textverarbeitung) vorhanden?
- Lassen sich mit den im DMS enthaltenen Funktionalitäten die gewünschten Prozesse (Workflows) hinsichtlich Überprüfbarkeit, Weiterverfolgbarkeit, Eskalationsmechanismen und Sicherheit (Datenschutz) genügend abbilden?

→ *http://www.documentum.de/*

Dokumentenstandard

→ *EDI.*

Dolby

Ein nach seinem Erfinder Ray Dolby benanntes System zur Rauschunterdrückung, ursprünglich für Tonband und Kassette entwickelt (dort erstmals 1971 eingesetzt), dann aber auch auf Lichttonverfahren für Kinofilme übertragen. Es wird mittlerweile auch in speziellen Bereichen anspruchsvoller Heimakustik eingesetzt.

Das Verfahren war die erste große Neuerung auf dem Gebiet des Tons im Film seit der Abkehr vom Nadeltonverfahren in den 30er Jahren.

Sitz der Dolby Laboratories ist San Francisco/Kalifornien.

Das erste System Dolby A (auch Dolby Stereo, ProLogic, Dolby Surround oder nur Surround genannt) konnte auf zwei Lichttonkanälen den Ton für bis zu vier Kanäle (Links, Mitte, Rechts, Effektkanal) enthalten. Mittels einer Matrix konnten die einzelnen Kanäle durch Addition und Subtraktion der zwei Lichttonspuren berechnet werden. Ziel war ein räumliches Klangbild.

Entwickelt ab Mai 1965 in den Dolby-Laboratories in Fulham/GB in einer alten Kleiderfabrik. Erste Systeme waren für die Schallplattenaufnahmen von Decca gedacht. Erster Film mit Dolby-Sound war „Uhrwerk Orange“ (GB 1971; Regie: Stanley Kubrick). Der große Aufstieg von Dolby begann ab 1975 mit dem endgültigen Durchbruch durch „Star Wars“ (USA 1977). In weniger als 10 Jahren wurden weltweit 6 000 Kinos umgerüstet.

1987 wurde Dolby Stereo SR (für Spectral Recording) aus der Taufe gehoben. Es wartete mit einer verbesserten Rauschunterdrückung auf, die den darstellbaren Frequenzbereich erweiterte.

Der digitale Ton Dolby Stereo Digital (SR.D) war das erste digitale Filmtonsystem überhaupt (vorgestellt 1992) und bringt die Toninformation für sechs Kanäle (Links, Mitte, Rechts, Surround Links, Surround Rechts, Tieftonkanal) zwischen den linken Perforationslöchern unter. Die Perforationslöcher gehören zwar zu den mechanisch am meisten beanspruchten Stellen des Filmstreifens, jedoch haben Dolby-Techniker in Tests herausgefunden, dass das Bild bei lang gespielten Filmen stärker in Mitleidenschaft gezogen wird als die digitalen Informationen. Darüber hinaus wird bei echten Defekten kurzzeitig auf die Lichttonspur umgeschaltet. Kosten für die Umrüstung je Kino: ca. 10 000 Euro. Der Preis ist bereits gesenkt worden, was den Verkauf stimulierte. Für Filmkopien braucht keine Lizenz gezahlt zu werden.

Die Audiodaten werden mit einem speziellen Verfahren (Dolby → *AC-3;* auch Dolby Digital genannt) um den Faktor sechs auf 320 kbit/s komprimiert. Dies erlaubt große Informationsblöcke auf dem Film, so dass der Aufwand im Kopierwerk sich auch in Grenzen hält. AC-3 kommt mittlerweile auch im Heimbereich zum Einsatz, da Pioneer LaserDisc-Spieler für LaserDiscs (→ *LD*) mit AC-3-Informationen vorstellte, die über sechs Ausgangssignale verfügen. Auch die → *DVD* greift auf AC-3 zurück.

Abtastrate der Kanäle: 48 kHz, Tieftonkanal ist bei 150 Hz bandbegrenzt.

„Batman Returns“ (USA 1992) war seinerzeit der erste Film in diesem System. „Interview mit einem Vampir“ (USA 1994) war der 100. Film, der mit einer digitalen Dolby-Tonspur ausgerüstet war. Anfang 1995 waren weltweit 18 Filmtonstudios, 24 Kopierwerke (davon acht in Europa, eins in Deutschland) und 1 400 Kinos (davon rund 100 in Deutschland) mit dem Dolby-Digitalsystem ausgestattet.

Als Konkurrenzverfahren, zumindest im Kinobereich, gelten die Verfahren → *DTS* und → *SDDS.*

DOM

Abk. für Document Object Model.

Bezeichnung für ein objektorientiertes und abstraktes Modell, das eine Schnittstelle liefert, mit der auf in → *XML* definierte Objekte mit Hilfe von → *Java* oder → *C++* zugegriffen werden kann.

Domäne

1. Bei → *Datenbanken* die Menge aller zulässigen → *Ausprägungen*, die ein Feld in einem → *Datensatz* annehmen darf.
2. Für die Anwendung des Begriffs im Bereich des → *Internets*: → *Domain.*

Domain

Auch Domäne genannt. Bezeichnet in Kommunikationsnetzen auf Basis von → *TCP* und → *IP* (→ *Internet*) einen durch ein spezielles System ermöglichten (→ *DNS*), einzelnen, streng abgegrenzten adressierbaren Bereich.

Mehrere Domains können hierarchisch angeordnet werden, so dass unten in der Hierarchie befindliche Domains gezielt adressiert werden können, etwa durch eine mit Punkten getrennte Auflistung der Domains (und Subdomains), die von der obersten Ebene durchlaufen werden müssen, um zur gewünschten untersten zu gelangen. Die Angabe aller Domänen in einer Adresse bezeichnet man als Fully Qualified Domain Name (→ *FQDN*).

Ein einzelner Teilnehmer innerhalb einer Domain wird durch seine lokale Identifikation mit folgendem @ (→ *Klammeraffe*) vorangestellt, etwa:

pmeier@uni.centernet.de

Die Zuweisung einer bestimmten Domänenbezeichnung an eine Organisation oder Institution mit der Absicht, dass sie diese Domäne und ihre Subdomänen selbst verwaltet, wird mit Delegation bezeichnet.

Man unterscheidet auf höchster Ebene (sog. Top-Level-Domain, → *tld*) die aus zwei Buchstaben bestehenden Länderdomänen (National TLD, Country Code TLD) und ursprünglich sechs initial nur im nationalen Internet der USA genutzte und aus drei Buchstaben bestehende

Domänen zum Auseinanderhalten bestimmter Nutzerklassen, genannt Generic TLD.

Beispiele für die in der ISO 3166 durch die → *ISO* genormten Länderdomänen sind:

Kürzel	Land
ae	Vereinigte Arabische Emirate
ar	Argentinien
au	Australien
at	Österreich
be	Belgien
bg	Bulgarien
ca	Kanada
ch	Schweiz
cl	Chile
cn	China
co	Kolumbien
cz	Tschechien
de	Deutschland
ee	Estland
eg	Ägypten
es	Spanien
fi	Finnland
fr	Frankreich
fo	Faröer-Inseln
gh	Ghana
gt	Guatemala
hk	Hong Kong
hn	Honduras
id	Indonesien
il	Israel
is	Island
it	Italien
jp	Japan
kr	Korea
kw	Kuwait
lu	Luxemburg
lv	Litauen
ma	Marokko
mu	Mauritius
mx	Mexiko
my	Malaysia
nl	Niederlande
no	Norwegen
pl	Polen
pt	Portugal
py	Paraguay
ro	Rumänien
ru	Russland
se	Schweden
si	Slovenien
sk	Slovakei
sm	San Marino
td	Tschad
th	Thailand
tr	Türkei
tv	Tuvalu
tw	Taiwan
uk	Großbritannien
uy	Uruguay
va	Vatikan
za	Südafrika
zm	Sambia

Diese Länderdomänen werden auch als Two-Letter-Domains bezeichnet, da die Länderbezeichnungen immer nur aus zwei Buchstaben bestehen, wohingegen die andere Domänenkategorie mit Three-Letter-Domain bezeichnet wird. Es gibt 177 Two-Letter-Domains, wobei beachtet werden muss, dass es Länder gibt, denen zwar ein Domain-Kürzel zugeteilt ist, die aber noch gar nicht an das Internet angeschlossen sind und die daher gar nicht erreichbar sind.

Folgende Klassen waren ursprünglich nur für die Three-Letter-Domains definiert:

Kürzel	Bedeutung
com	Kommerzielle Unternehmen
edu	Schulen, Universitäten und andere Einrichtungen des Erziehungs- und Bildungswesens
gov	Nationale und regionale Regierungsbehörden und -stellen
mil	Militärische Dienststellen
net	Institutionen und Organe, die selbst mit dem Betrieb oder der Weiterentwicklung des Internet befasst sind
org	Nichtkommerzielle Organisationen aller Art

Diese Three-Letter-Domains wurden in den USA lange Zeit von der → *InterNIC* verwaltet. Die Kürzel .com, .net und

.org stehen dabei ohne jede Begrenzung länderneutral (weltweit) zur Verfügung.

Im September 1995 wechselte die Vergabe (und damit das Recht, dafür Gebühren zu verlangen) zu Network Solutions Inc. (NSI), was kurz darauf in der Internet-Gemeinde zu heftigen Diskussionen führte, da NSI ein Monopol hielt, US-dominiert war und mit dem explosionsartigen Wachstum des Internet nicht Schritt halten konnte. Diverse Gremien bildeten daraufhin 1996 das → *IAHC*, um Lösungen zu erarbeiten.

Mitte Februar 1997 schlugen unterdessen das Unternehmen Network Solutions Inc. (NSI) und die → *NSF* folgende neue und allgemeingültige TLDs (sog. Generic TLDs) vor, um der Namensknappheit zu entgehen und die tlds dem veränderten, kommerziellen Umfeld des → *WWW* anzupassen:

Kürzel	Bedeutung
.firm	Kommerzielle Unternehmen aller Art
.store	Einzelhandelsunternehmen
.web	Administrative und technische Einheiten im WWW
.arts	Kunst, Kultur
.info	Informations- und Datenbankanbieter
.rec	Freizeit, Spaß, Tourismus, Erholung, Unterhaltung
.nom	Einzelpersonen

Es ergab sich eine jahrelanges zähes Ringen um diese Bezeichnungen und ihren Vergabemodus. Diese Domänen sollten dezentral vergeben werden. Das Verfahren wurde als Shared Registry bezeichnet. Dabei sollten Institutionen, die sich im Council of Registrars (CORE, Sitz in Genf, vertritt 88 Unternehmen aus 23 Ländern) zusammengeschlossen haben, entsprechende Subdomains zu allen diesen Top-Domains delegieren. CORE fungiert dabei als Koordinationselement, so dass es zu keinen doppelten Vergaben kommt.

Nach längeren Verhandlungen und Alternativvorschlägen des → *IAHC* wurde im November 1998 die → *ICANN* gegründet, die unterdessen auch an CORE das Recht vergeben hat, Domains zu vergeben. Der Prozess der Übergabe aller DNS-Verwaltungsaktivitäten von NSI zu ICANN verlief jedoch bis Jahresende 1999 als Folge diverser juristischer Scharmützel zwischen ICANN und NSI eher schleppend. Im November 1999 schließlich wurde 87 neu gegründeten Unternehmen gestattet, in Wettbewerb zu NSI zu treten, um ihrerseits Domainnamen zu registrieren.

Nach weiteren Diskussionen innerhalb der ICANN beschloss diese am 16. November 2000 folgende neue generische Top-Level-Domains, die ab Mitte 2001 vergeben wurden:

Kürzel	Bedeutung
.bic	Für Business Corporation: Kommerzielle Unternehmen
.info	Informations- und Datenbankanbieter
.museum	Museen
.name	Einzelpersonen
.pro	Für Professional: Angehörige freier Berufe (Ärzte, Architekten, Rechtsanwälte etc.)
.aero	Fluglinien und Reiseunternehmen
.coop	Genossenschaften aller Art

DOMSAT

Abk. für Domestic Satellite.

Bezeichnung für Satelliten in einer → *GEO*.

→ *Clarke-Orbit*.

Dongleware

Bezeichnung für eine spezielle Art der → *Public Domain* Software. Dabei ist der Erwerb einer Software zunächst kostenfrei. Sie darf auch frei kopiert oder weitergegeben werden.

Volle Leistungsentfaltung ist jedoch nur gegeben, wenn Zusatzinformationen (Handbücher, Freischaltungscodes etc.) für Geld erworben wurden.

Namensgeber war die Firma Dongleware, die Computerspiele auf den Markt brachte, die man nur bis zu einem bestimmten Schwierigkeitsgrad spielen konnte. Erst nach Erwerben von Codewörtern gelangte man in anspruchsvollere Spielabschnitte.

→ *Crippleware*, → *Freeware*, → *Shareware*.

Doom

Bezeichnung für ein sehr populäres und im Oktober 1993 erstmals vorgestelltes Computerspiel. In ihm geht es prinzipiell darum, dass der Spieler „mit einer riesen Wumme in der Hand durch dunkle Gänge stolpert und alles, was ihm entgegen kommt, wegpustet" – so die Beschreibung begeisterter Spieler.

→ *Pac-Man*, → *pong*, → *Tetris*.

Doppelabstützung

Bezeichnung für eine Möglichkeit, die → *Verfügbarkeit* von Leitungen in Telekommunikationsnetzen zu erhöhen. Voraussetzung dafür ist die Nutzung einer → *Zweiwegeführung*, die bei der Doppelabstützung in zwei verschiedenen Vermittlungsstellen (Netzknoten) angeschlossen ist. Dies hat den Vorteil, dass Datenverkehr über eine Leitung immer noch gewährleistet ist, selbst wenn ein Netzknoten einmal ausfällt.

Die Doppelabstützung kann zur weiteren Steigerung der Verfügbarkeit auch mit einer → *Umwegführung* kombiniert werden.

Doppelader

Andere Bezeichnung für die verdrillte → *Zweidrahtleitung*.

Doppelkreuz

→ *Raute*.

Doppelstern

Name einer Netztopologie. Dabei wird eine Hierarchie von → *Sternen* aufgebaut, d.h., an einem Stern hängen nicht nur Stationen, sondern wiederum ein oder mehrere Sterne.

Dopplereffekt

Bezeichnung für den physikalischen Effekt, dass eine Welle einer bestimmten Frequenz als eine Welle höherer (niedrigerer) Frequenz wahrgenommen wird, wenn man sich auf die Quelle der Schwingung zubewegt (fortbewegt), d.h., die wahrgenommene Frequenz einer Welle hängt von der Relativbewegung von Quelle und Empfänger ab.

Dieser Effekt ist bei allen physikalischen Wellenbewegungen (Schallwelle, Wasserwelle, elektromagnetische Welle) beobachtbar.

Benannt nach seinem Entdecker, dem Österreicher Physiker Christian Doppler (* 1803, † 1853), der diesen Effekt 1842 entdeckte.

DOS

1. Abk. für → *Denial of Service.*
2. Abk. für Disk Operating System.

   Ein generischer Name für eine ganze Klasse von → *Betriebssystemen* für → *PCs*. Der Name rührt daher, dass sich das Betriebssystem zunächst auf → *Disketten* befand und beim → *Booten* eines Rechners erst von dort in den Speicher geladen werden musste.

   Oft wird unter DOS allerdings das am weitesten verbreitete DOS, Microsoft DOS (→ *MS-DOS*), verstanden.

   Üblich ist, vor dem DOS ein Kürzel zu verwenden, welches den Hersteller angibt (DR-DOS = Digital Research DOS).

DOV

Abk. für Data over Voice.

Bezeichnet Übertragungsverfahren über Telefonleitungen, bei denen Breitbandanwendungen und Telefondienst über das normale Twisted-Pair-Telefonkabel gleichzeitig abgewickelt werden können (z.B. mittels → *ADSL*), indem Frequenzen oberhalb der Frequenzen für den Sprachkanal genutzt werden.

→ *DUV.*

Downlink

Bezeichnet in Mobilfunksystemen das Frequenzband für das Senden der Basisstation (→ *BS*) oder des → *Satelliten* zur Mobilstation (→ *MS*) bzw. von einer Basisstation zum immobilen Endgerät (z.B. bei drahtlosen Zugangsnetzen) beim Kunden.

→ *Mobilfunk*, → *Uplink.*

Download, Downloading

Bezeichnung für das Übertragen von Daten von einem → *Server* über ein Netz zum Client. Das Netz kann dabei ein lokales Netz mit geringer Ausdehnung sein oder ein öffentliches Weitverkehrsnetz mit großer Ausdehnung.

Bei → *Online-Services* geeignet, um gesammelte Daten auf den eigenen Rechner zu transferieren, um sie offline bearbeiten zu können, was Kosten für die Zugangsleitung spart.

Gegenteil:→ *Upload.*

Downsizing

Begriff aus der Rechnertechnik und Organisationslehre. Bezeichnet das Bemühen der Firmen, Datenbestände zu dezentralisieren und die Rechenlast von → *Mainframes* oder Rechnern der mittleren Datentechnik (→ *MDT*) auf untere, nachgeordnete und mittlerweile leistungsfähigere und vor allem kostengünstigere Rechner (→ *PCs*, → *Workstations*) abzuwälzen. Die dadurch freigewordenen Kapazitäten auf den → *Mainframes* können besser genutzt werden.

Ein Konzept des Downsizing ist das Client-Server-Computing (→ *Server*).

Downstream

Bezeichnet in Festnetzen den Kanal einer Verbindung von der Teilnehmervermittlung zum Teilnehmer hin. Wird üblicherweise nur bei der Beschreibung digitaler Kanäle benutzt.

Down Time

→ *Up Time.*

DP

1. Abk. für Draft Proposal.

   Bezeichnung für sich in der Diskussion befindliche, vorläufige Entwürfe zu Standards der → *ISO*. Aus DPs gehen → *DIS* hervor.
2. Abk. für Data Processing, Datenverarbeitung.
3. Abk. für Dial Pulse.

   Bezeichnung eines einzelnen Wählimpulses beim Impulswahlverfahren (→ *IWV*).
4. Abk. für Distribution Point.

   → *Endverzweiger.*

DPA

1. Abk. für Document Printing Application.

   Bezeichnung für ein Protokoll zum Drucken gespeicherter Daten.
2. Abk. für Deutsches Patentamt.

   Bezeichnung für das nationale Patentamt in Deutschland mit Sitz in München.

   → *http://www.deutschespatentamt.de*

   → *Patent.*

DPC

Abk. für Destination Point Code.

Bezeichnung für das 14 Bit lange Feld einer Signalisierungsnachricht in → *SS#7*-Netzen, das den Identifizierungscode der Zielvermittlungsstelle enthält.

DPCM

Abk. für differentielle Pulscodemodulation (→ *PCM*).

Ein spezielles Sprachdigitalisierungsverfahren, bei dem nicht einzelne Abtastwerte codiert werden, sondern die starke Korrelation benachbarter Abtastwerte ausgenutzt und nur die Differenz zwischen zwei aufeinanderfolgenden Abtastwerten codiert wird. Dies beruht auf der Annahme, dass z.B. bei 8 Bit zur Codierung (2^8 = 256 Abtastwerte, Einheiten) Größenänderungen zwischen zwei benachbarten Werten größer als 16 sehr selten sind, so dass 5 anstelle von 8 Bit zur Codierung jedes Abtastwertes ausreichen. Dies führt insgesamt zu einer Datenreduzierung.

Fehler treten bei diesem Verfahren bei größeren Änderungen als 16 auf, sind aber i.d.R. für den Menschen bei Sprachübertragung nicht wahrnehmbar. Darüber hinaus treten bei einem Fehler eines DPCM-Wertes (z.B. infolge einer Kanalstörung) Folgefehler auf. Lösung dieses Problems: Nach mehreren Abtastwerten wird der Abtastwert mit 8 Bit normalem PCM-Code übertragen (Reset auf korrekten Wert), womit man das Problem des ‚Weglaufens' des Originalsignals bei zu großen Änderungen ebenfalls gelöst hat.

→ *Deltamodulation*, → *ADPCM*.

dpi

Abk. für dots per inch.

Bezeichnung aus der Bildbearbeitung. Beschreibt eine technisch mögliche Auflösungsdichte (→ *Auflösung*) in Druckpunkte je Zoll (→ *Point*).

Ein hoher dpi-Wert deutet zwar zunächst auf eine gute Auflösung und damit auf eine scharfe Darstellung hin. Dies gilt jedoch streng genommen nur unter bestimmten, theoretischen Bedingungen, etwa bei einfarbigen Darstellungen. Bei farbigen Darstellungen kann dieser Effekt durch → *Rastern* zunichte gemacht werden, wenn mehrere benachbarte einfarbige Bildpunkte zu einem größeren bunten Bildpunkt zusammengefasst werden, bei dem der neue (größere) Bildpunkt sich aus den Grundfarben des Systems zusammensetzt, die jeweils einen der den größeren Bildpunkt bildenden ursprünglichen Bildpunkte beanspruchen.

Faxgeräte (Gruppe 3, → *Fax*) haben üblicherweise eine Auflösung von rund 200 dpi. → *Drucker* haben je nach Qualität eine Auflösung von 1 200 dpi. Oft kann jedoch bei der Wahl einer geringeren Auflösung (z.B. 600 dpi für Entwürfe) deren Druckgeschwindigkeit erhöht und der Toner- oder Tintenverbrauch gesenkt werden.

Für Drucker werden für horizontale und vertikale Druckrichtung oft unterschiedliche dpi-Werte angegeben. Wird lediglich ein Wert angegeben, kann davon ausgegangen werden, dass dieser Wert für beide Richtungen gilt.

DPM

Abk. für Digital Phase Modulation.

DPMA

Abk. für Data Processing Managers Association.

Bezeichnung für einen US-amerikanischen Berufsverband von in der EDV tätigen Personen. Gegründet am 26. Dezember 1951. Die DPMA betrachtet den Computer mehr aus Anwendungssicht und weniger aus Sicht des Technikers.

DPMS

Abk. für Display Power Management Signalling.

Bezeichnung für einen von der → *VESA* entwickelten Standard zur Energiesparschaltung bei Monitoren.

Da der Monitor selbst die Aktivitäten der Peripheriegeräte → *Maus* und → *Tastatur* nicht überwachen kann, muss diese Aufgabe von entsprechender Software, die meistens zur Grafikkarte passend ausgeliefert wird, wahrgenommen werden. Diese überwacht die Aktivitäten und leitet ggf. Energiesparaktivitäten verschiedener Stärken ein.

Zunächst geht der Monitor in den Doze-Modus (von engl. to doze = schlummern, dösen) über. Dabei werden die → *RGB*-Bildsignale abgeschaltet, was zu ca. 20% Stromeinsparung führt. Es folgt der Stand-by-Modus, bei dem zunächst der horizontale Synchronimpuls abgeschaltet wird (ca. noch mal 65% Einsparung). Danach geht der Monitor durch Abschalten des vertikalen Synchronimpulses in den Suspend-Modus über (noch mal 5% Einsparung). DPMS ist ein Standard, der dabei das Zusammenspiel der Elemente regelt und die verschiedenen Energiesparlevel (Doze, Stand-by, Suspend) definiert.

→ *NUTEK*.

DPN-100

Bezeichnung eines vermittlungstechnischen Produktes aus dem Hause Northern Telecom. Bezeichnet dort das Paketvermittlungssystem (Data Packet Network, DPN).

DPNSS

Abk. für Digital Private Network Signalling System.

Bezeichnung eines von der British Telecom 1980 entwickelten Netzprotokolls zur Verbindung mehrerer → *PBX* über das öffentliche Netz, meistens mit ISDN-Leitungen. Definiert im BT-Standard BTR 187.

Gilt im Markt für Nebenstellenanlagen fast als Quasi-Standard, auch zur Kopplung von Anlagen verschiedener Hersteller. Hat jedoch außerhalb von GB nur begrenzte Bedeutung erlangt.

→ *ABC-F*, → *Cornet*, → *QSIG*.

DPP

Abk. für Demand Priority Protocol.

Bezeichnung eines Zugriffsverfahrens auf der → *MAC*-Schicht des → *OSI-Referenzmodells*.

→ *Demand Priority*.

DPSK

Abk. für Difference Phase Shift Keying.

→ *PSK*.

DPT

Abk. für Dynamic Packet Transfer.

Bezeichnung für ein Kozept aus dem Hause Cisco Systems zur Reduzierung der Protokollvielfalt in öffentlichen → *IP*-basierten Netzen zur Herstellung eines Multiservice-Netzes, das verschiedene Anforderungen an die

→ *QoS* erlaubt, und das gleichzeitig eine bestehende Glasfaserinfrastruktur ohne hohen Protokoll-Overhead (z.B. IP over → *ATM* oder → *SDH*) optimal ausnutzt.
Teil des DPT auf der Ebene der Protokolle ist das → *SRP*. Vorgestellt wurde es 1999.

DQDB

Abk. für Distributed Queue Dual Bus.
Ein Hochgeschwindigkeits-Paketvermittlungsprotokoll (Zugriffsverfahren), spezifiziert durch die → *IEEE 802.6*. Definiert wurden Teile von Schicht 1 (Physical Layer Convergence Function, PLCF) und 2 (DQDB-Layer) des → *OSI-Referenzmodells*. Dabei werden auf dem DQDB-Layer Common Functions unterschieden sowie Queue Arbitrated Functions (QA) oder Pre-Arbitrated Functions (PA), die beide auf den Common Functions aufsetzen und um anwendungsspezifische Konvergenzprotokolle ergänzt werden. Zusätzlich gibt es auf beiden Schichten eine Management-Funktionalität (Layer Management Entity, LME).
Physikalisch liegt die Struktur eines entgegengesetzt betriebenen Doppel-Busses vor (entspricht dem Doppelring bei → *FDDI*), der mit Bitraten nach G.703 (34,368, 44,736, 139,264 und 155 Mbit/s) betrieben und synchron durch eine Kopfstation getaktet wird und sich über einige 100 km erstrecken kann. Bei entsprechender Bandbreite können aber auch → *Koaxialkabel* und Mikrowellenverbindungen (→ *Richtfunk*) einzelne Segmente bilden.
Der Ring fängt jedoch bei einer zentralen Station an und endet bei einer Station, so dass logisch zwei gegenläufige Bussysteme vorliegen. Diese können als offener dualer Bus (Open Dual Bus) oder als geschlossener dualer Bus (Looped Dual Bus), der bei einer Station beginnt und wieder schließt, betrieben werden.
Jede Station empfängt auf beiden Bussen alle Pakete und wertet bestimmte Informationen (z.B. Zieladresse) aus. Ferner enthält das Paket ein B-Bit, das anzeigt, ob das Paket überhaupt Nutzdaten enthält (B=1) oder ein freies Paket ist (B=0). Ein weiteres Bit ist das Reservierungsbit (Request-Bit, R-Bit). Ein R-Bit von 1 zeigt an, dass eine Station sendewillig ist.
Das Verfahren hat die Eigenschaft, dass sendewillige Stationen eine verteilte First-In-First-Out-Warteschlange (→ *FIFO*) bilden, die dezentral über Zähler in jeder Station für jeden einzelnen Bus verwaltet wird (Queue Arbitrated). Möchte beispielsweise eine Station auf Bus B übertragen, so wird auf Bus A ein Request-Bit in einer die Station passierenden Zelle gesetzt. Damit sind alle Stationen oberhalb (bzgl. Bus B) der sendewilligen Station über den Request informiert. Mittels eines Request- und eines Countdown-Zählers, der jede Station jeweils für beide Busse verwaltet, ist es für die Station möglich zu ermitteln, wann auf welchem Bus kein Sendewunsch mehr vorliegt und sie senden darf. Sendewünsche für einen bestimmten Bus werden also immer auf dem anderen Bus in Gegenrichtung übertragen. Eine Station empfängt auf einem Bus diese Sendewünsche aller Stationen, die von ihr aus gesehen entgegen der Übertragungsrichtung des Busses liegen, für den anderen Bus und zählt den Request-Zähler für jeden empfangenen Request hoch. Die Station selbst kann auf einem Bus senden, sofern der zum Bus gehörende Request-Zähler einen Stand von Null hat und sie einen freien Übertragungsslot empfängt.
Es werden Sprach- und Videoübertragungen unterstützt, ohne jedoch feste Kanalstrukturen zu bilden. Statt dessen werden kleine Pakete, sog. Slots, geformt (53 Byte, → *ATM*-Format). Kompatibilität zu → *B-ISDN* ist somit gegeben. Durch den Overhead der Verwaltungsdaten redu-

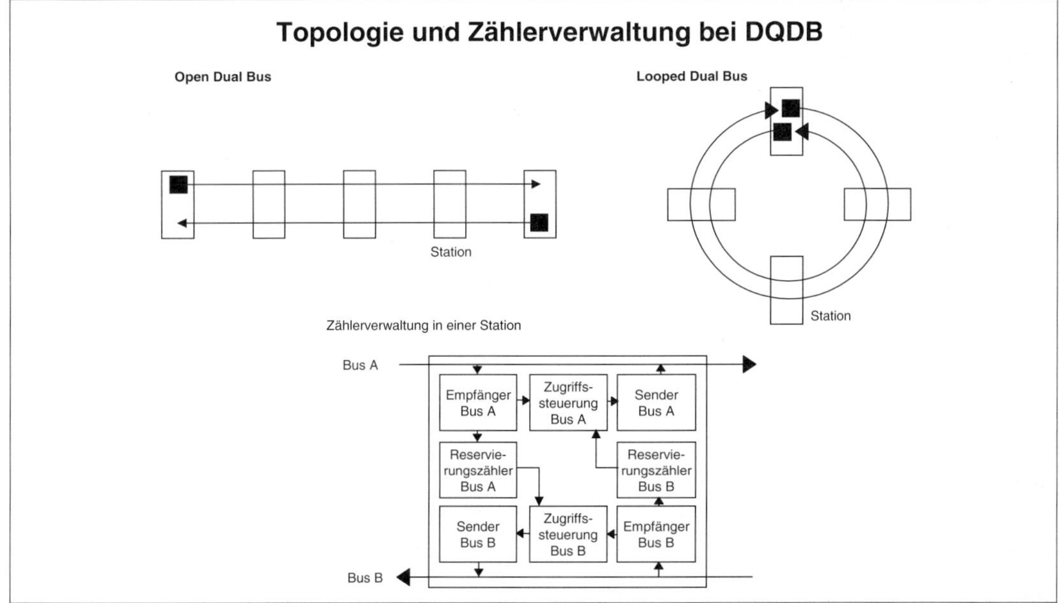

ziert sich die Nutzdatenrate auf 24,578, 32,768 und 110,592 Mbit/s.

Um außer dem asynchronen Paketverkehr auch → *plesiochronen* Verkehr zu ermöglichen, ist eine Reservierungsstrategie erarbeitet worden. Dabei fordert eine sendewillige Station bei einem zentralen Network Management Center gezielt isochrone Slots an, die dann für sie reserviert werden (Pre-Arbitrated).

DQDB arbeitet bei hoher Last sehr effizient; fast die gesamte Buskapazität steht zur Verfügung.

Nachteil: Es ist kein faires Verfahren, d.h., nicht alle Stationen werden gleich behandelt (allerdings erst ab 90% Netzauslastung).

Spezielle Netzknoten fungieren als Edge Gateways (EGW), die administrative Funktionen, wie z.B. Verkehrsstatistiken, ausführen oder das → *Charging* vornehmen.

Ursprünglich wurde DQDB in den 80er Jahren von der australischen Telecom und der University of Western Australia in Perth entwickelt. Die IEEE-802.6-Arbeit an → *MANs* startete 1982 und wurde zunächst massiv von der Satellitenlobby und → *CATV*-Betreibern unterstützt, die eine kostengünstige Zulieferleitung zu Bodenstationen bzw. ein Medium für Video- und Datenverkehr suchten.

Zwischen 1982 und 1987 erfolgten viele Experimente und Untersuchungen verschiedener Verfahren. Gegen Ende 1987, nachdem im Laufe des gleichen Jahres mit QPSX (für Queued Packet and Synchronous Exchange) schon eine Firma von der Uni und der Telecom Australia zur weiteren Entwicklung und Vermarktung gegründet wurde, einigte man sich auf den Vorschlag der Australischen Telecom. Im August 1989 erfolgte die Festschreibung der Nutzdatenlänge auf 48 Byte, um eine spätere Migration zu ATM zu ermöglichen. Ein stabiler Standard liegt seit Dezember 1990 vor. In den USA wird er seit 1992 von Bell Atlantic und anderen Anbietern als Transportplattform des → *SMDS*-Dienstes kommerziell genutzt.

DQDB wurde in Deutschland von der Deutschen Telekom in einjährigen Pilotprojekten in München (Siemens, Leibniz-Rechenzentrum) und Stuttgart (Daimler-Benz in Stuttgart und Esslingen, Porsche in Weissach, Uni Stuttgart) seit November 1991 erprobt. Die Deutsche Telekom vermarktet seit der → *CeBIT* ,93 ihren → *SMDS* auf Grundlage von DQDB unter dem Produktnamen → *Datex-M* und bietet ihn flächendeckend über Zugangsknoten an.

Von DQDB leitet sich das Spatial Reuse Protocol (→ *SRP*) ab.

DQPSK

Abk. für Differential Quadratur Phase Shift Keying.

→ *PSK.*

DR

Abk. für → *Distinctive Ringing.*

DRA

Abk. für DECT Radio Access.

Oberbegriff für die Funkschnittstelle und Anlagen, die bei der Nutzung von → *DECT* als System für → *RLL* genutzt werden.

Drag and Drop

Bezeichnung für ein einfaches Bedienungsprinzip von grafischen Benutzeroberflächen (→ *GUI*). Ursprünglich entwickelt vom Hause Apple und dann in großem Stil eingeführt durch Microsoft bei → *Windows.*

Mit dem vom Benutzer leicht zu erlernenden Drag and Drop können bestimmte grafische Symbole (→ *Icons*) durch

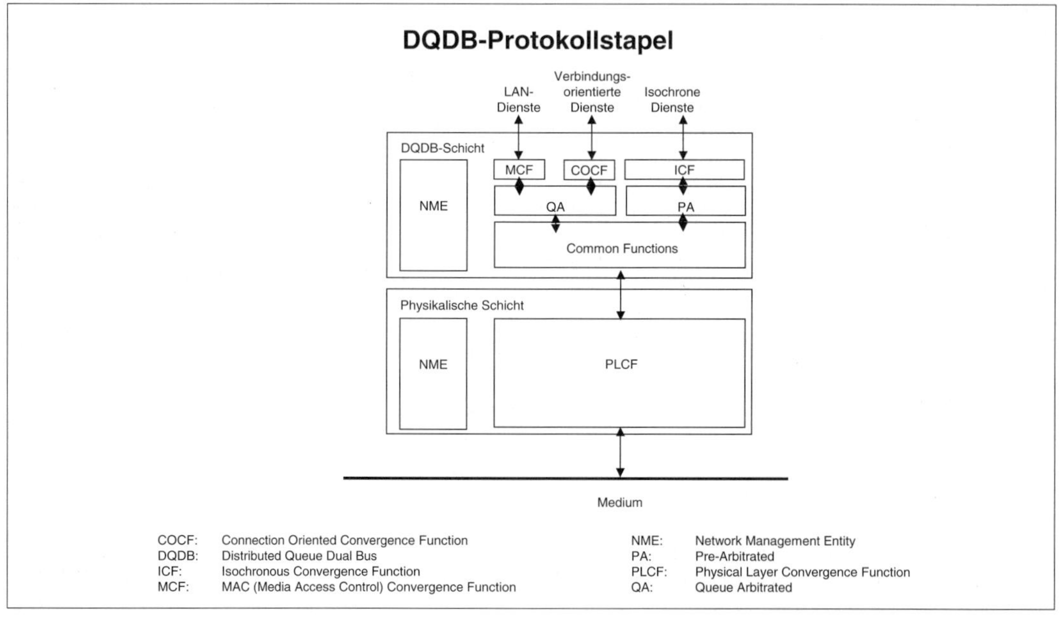

einen Bedienungszeiger, auch → *Cursor* genannt, mit der → *Maus* dauerhaft angeklickt (permanentes Drücken der Maustaste) und auf dem Bildschirm bewegt, d.h. an eine andere Stelle gezogen werden (Drag-Operation). An dieser anderen Stelle kann wiederum ein weiteres grafisches Symbol sein, das eine Funktionalität symbolisiert. Durch Lösen der Maustaste wird das bewegte Symbol mit dem dort befindlichen Symbol verknüpft (Drop-Operation), und das durch das bewegte Symbol dargestellte Objekt wird durch die Funktionalität des zweiten Symbols bearbeitet.

In Textverarbeitungssystemen oder Präsentationsprogrammen können z.B. Objekte durch Drag and Drop von einer Stelle an die andere verschoben werden.

Drahtharfe

→ *Trinitron-Technik.*

Drahtlose LANs

→ *Wireless LANs.*

DRAM

Abk. für Dynamic RAM.

Bezeichnet einen speziellen Typ eines → *Speichers* auf Halbleiterbasis. Dabei handelt es sich um → *RAMs*, bei denen die Information eines Bits in Form einer Ladung kapazitiv gespeichert wird, die zyklisch (dynamisch) durch einen Lesezugriff aufgefrischt werden muss (Refresh, Refresh-Zyklus). Erfolgt dieser Refresh nicht, verliert der Speicher, wie auch beim Totalverlust der Versorgungsspannung z.B. durch Ausschalten, seinen Inhalt durch Leckströme innerhalb der kapazitiven Elemente des DRAMs. Die Durchführung des regelmäßigen Refreshs im ms-Zyklus wird durch einen → *DMA*-Controller, auch RAM-Controller genannt, übernommen, der einen Abtast- und Auffrischverstärker (Sense-Refresh-Amplifier) ansteuert.

Eine einzelne Speicherzelle eines DRAMs besteht aus einem kleinen Kondensator als eigentlichem Speicher und einem → *MOS*-Transistor zur Ansteuerung. Der Kondensator weist Leckströme auf und verliert seine Ladung nach wenigen ms, daher ist er der Grund für den Refresh. Die im Kondensator gespeicherte Ladung reicht auch nur aus, um einmalig ausgelesen zu werden und den Sense-Refresh-Amplifier durchzusteuern, daher ist nach dem Auslesen erneut ein Einschreiben des Speicherinhaltes notwendig, da er sonst verloren wäre. Dies wird auch mit Destructive-Read-Out (DRO) bezeichnet.

Weil diese einzelne Speicherzelle nur beim Schreibvorgang und Lesevorgang Strom aufnimmt, ist der Leistungsverbrauch dieses Speichertyps wesentlich niedriger als bei statischen RAMs (→ *SRAM*). Ein anderer Unterschied zu den SRAMs ist, dass sie in ihren Herstellungskosten günstiger sind.

Die einzelnen Speicherelemente, für jeweils 1 Bit, sind in DRAM-Chips in einer quadratischen Matrix angeordnet.

Eine beim Lesen höhere Geschwindigkeit bieten → *EDO-DRAMs* (Zugriffszeit von 60 bis 70 ns), beim Lesen und Schreiben sind → *Burst-EDOs* schneller.

Herkömmliche DRAMs werden heute nicht mehr verwendet. Sie sind seit 1997 durch EDO-DRAMs verdrängt worden.

SDRAMs sind spezielle Synchronous DRAMs, für die von der → *EIA* ein Standard im Herbst 1997 veröffentlicht wurde. Sie ermöglichen im Vergleich zu EDO-DRAMs wiederum eine höhere Geschwindigkeit beim Lesen (Zugriffszeit im Bereich um die 10 ns).

Entwickelt wurden DRAMs erstmals im Hause Intel, maßgeblich von Robert Abbott und William Regitz, im Jahr 1970 als DRAM Speicherchip 1103 mit einer Kapazität von 128 Bit. Die kleinsten Verbindungen auf dem Chip hatten eine Ausdehnung von 6,5 µm (zum Vergleich: 1995 waren Strukturen von 0,35 µm üblich).

Der Chip wurde so stark nachgefragt, dass die Produktion zur Konkurrenz ausgelagert werden musste, um die Nachfrage zu befriedigen. Gegen Ende des Jahres 1971 war er der weltweit meistverkaufte Halbleiterbaustein überhaupt.

DRAW

Abk. für Direct Read After Write.

DRCS

Abk. für Dynamically Redefinable Character Set.

Bezeichnung für vom Anbieter frei definierbare Sonderzeichen im → *Btx.*

Der Anbieter kann dabei 92 Sonderzeichen im Raster 10 * 12 frei definieren. Sie werden ggf. zu Beginn der Nutzung des Dienstes zum Teilnehmer heruntergeladen.

DRDA

Abk. für Distributed Relational Database Architecture.

Bezeichnung für relationale Datenbanken, die verteilt, d.h. auf mehreren Speichern, abgelegt sind.

Dreiergespräch

→ *Dreierkonferenz.*

Dreierkonferenz

Auch Dreiergespräch und international 3-Party-Call (3PTY) genannt. Bezeichnet in Nebenstellenanlagen und mittlerweile auch in öffentlichen Netzen das Dienstmerkmal (→ *Dienst*), drei Teilnehmer zu einer Konferenzschaltung zusammenzufassen. Sowohl in digitalen (→ *ISDN*) als auch in analogen öffentlichen Netzen möglich.

Dreifach TAE

Bezeichnung für eine → *TAE* mit drei Buchsen.

DRG

Abk. für Direction de la Réglementation Générale.

Bezeichnung einer Regulierungsbehörde in Frankreich.

DRI

Abk. für Defense Research Internet.

Bezeichnung für ein militärisch genutztes Netz in den USA, das dem → *DDN* untergeordnet ist.

Drive

Engl. für Laufwerk. Kurzbezeichnung für Disk Drive. Ein lokales → *Disketten-* oder auch → *CD-ROM*-Laufwerk an oder in einem → *PC*.

Drivecom

→ *Interbus*.

Driver

Englische Bezeichnung für → *Treiber*.

DRO

1. Abk. für Dielectric Resonance Oscillator.
2. Abk. für Destructive Read Out.
   → *DRAM*.

Drop Cable

In → *LANs* die Bezeichnung für die Verkabelung von der Datenendeinrichtung (→ *DEE*), z.B. dem PC, bis zum am Medium angeschlossenen → *Transceiver*.

Dropped Call

Bezeichnung für eine beendete Verbindung in einem leitungsvermittelten Netz, bei der nicht der → *A-Teilnehmer* oder der → *B-Teilnehmer* das Gespräch beendet haben, sondern bei der die Verbindung aufgrund technischer Fehler im Netz selbst beendet wurde.

Typische Dropped Calls treten in Mobilfunknetzen auf, z.B. wenn ein mobiler Teilnehmer in einen → *Funkschatten* hineinfährt.

Der prozentuale Anteil von Dropped Calls an allen erfolgreich hergestellten Verbindungen ist eine Qualitätsgröße eines Telekommunikationsnetzes.

DRP

1. Abk. für Distribution and Replication Protocol.
   Bezeichnung für ein gemeinsam von den Häusern Marimba und Netscape 1997 entwickeltes Protokoll, das im Rahmen von → *Push-Diensten* im → *Internet* eingesetzt werden kann. Mit DRP ist es möglich, dass Push-Server untereinander Informationen, die sie vorher über die Clients gesammelt haben, austauschen können.
2. Abk. für Disaster Recovery Planning.
   → *Contingency Planning*.

DRR

1. Abk. für Deficit Round Robin.
2. Abk. für Direct Response Radio.
   Begriff aus dem → *Tele-Marketing*. Bezeichnet Werbespots im Hörrundfunk mit der Durchsage einer Telefonnummer. Ähnlich dem → *DRTV*.

DRS

1. Abk. für Digital (Microwave) Radio Systems.
   Bezeichnung für digitalen → *Richtfunk*.
2. Abk. für Digitales → *Richtfunk*-System.

DRT

Abk. für Diagnostic Rhyme Test.
Bezeichnung eines Testverfahrens zur Qualitätsbestimmung von digitalen Sprachcodierverfahren.
→ *DAM*.

DRTV

Abk. für Direct Response Television.
Begriff, der ursprünglich aus dem Marketing stammt (→ *Tele-Marketing*). Bezeichnet Werbespots, bei denen

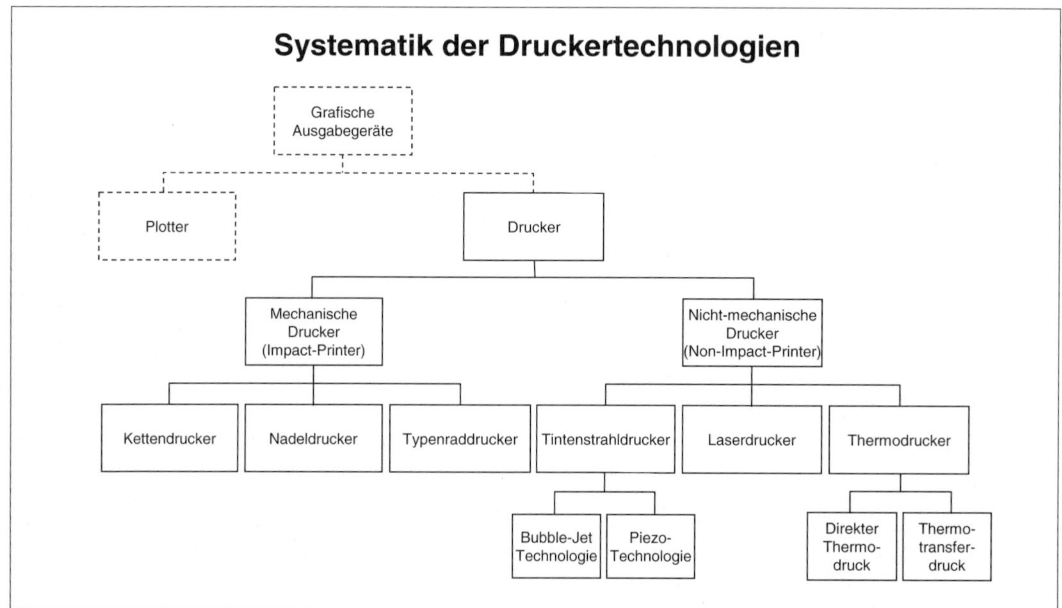

Telefonnummern zur direkten Kontaktaufnahme eingeblendet werden. Dies zieht starke Anfangsspitzenbelastungen beim entsprechenden Anschluss nach sich und muss bei der Dimensionierung und Auslegung der Nebenstellenanlage (Anschlusszahl, Warteschlangen- und Bedienplätze etc.; → *Call Center*, → *ACD*, → *IVR*) berücksichtigt werden.

Drucker, Druckerkontrollsprache

Oberbegriff für verschiedene Peripheriegeräte eines Computers zur Ausgabe von Texten, Daten und Bildern auf Papier, bei denen, im Gegensatz zum → *Plotter*, nicht Linienzüge, sondern einzelne Symbole oder (Druck-) Punkte dargestellt werden und ein Druckbild ergeben.

Nach der verwendeten Drucktechnik werden mechanische Drucker (Impact-Drucker) wie → *Kettendrucker*, → *Nadeldrucker*, → *Trommeldrucker* oder → *Typenraddrucker* und nichtmechanische Drucker (Non-Impact-Drucker) wie → *Laserdrucker*, → *Thermodrucker* oder → *Tintenstrahldrucker* unterschieden.

Neben dem eigentlichen Druckverfahren gehören die Größen Auflösung (angegeben in → *dpi*) und Druckgeschwindigkeit (angegeben im → *ppm*) zu den hauptsächlichen Leistungskenngrößen eines Druckers.

Zur Ansteuerung von Druckern haben sich verschiedene Druckerkontrollsprachen herausgebildet. diese definieren in einem vom Drucker verarbeitbaren Format, wie das Druckbild aussehen soll. Beispiele für derartige Druckerkontrollsprachen, die auch Seitenbeschreibungssprache genannt werden, sind → *ESC/P2* aus dem Hause Epson, → *PCL* aus dem Hause → *HP* und → *PostScript*.

DS

1. Abk. für Double Sided.

   Bezeichnung für beidseitig nutzbare → *Disketten*. Auch mit 2S bezeichnet.
2. Abk. für Draft Standard.

   Bezeichnung für den Status eines vorläufig beschlossenen → *RFCs*.
3. Abk. für Data Segment.
4. Abk. für Digital Section.
5. Abk. für Directory Service.

   → *Verzeichnisdienst*.

DS 0, 1, 2, 3, 4

Abk. für Digital Signal Level No. 0, 1, 2, 3, 4.

Bezeichnung für eine Hierarchie von Datenraten der → *PDH* in Nordamerika. Dabei ergibt sich jede höhere Stufe aus ganzzahligen Vielfachen der darunter liegenden Stufe.

Die entsprechende europäische Bitratenhierarchie ist → *E 0, 1, 2, 3, 4*.

DS 0 bezeichnet einen Kanal für eine feste Datenrate von 64 kbit/s.

DS 1 bezeichnet einen Kanal für eine feste Datenrate von 1,544 Mbit/s (24 DS-0-Kanäle). Genormt in G.733. Wird auch oft als → *T1* bezeichnet.

DS 1C bezeichnet einen Kanal von 3,152 Mbit/s mit 48 DS-0 Kanälen.

DS 2 bezeichnet einen Kanal für eine feste Datenrate von 6,312 Mbit/s (vier DS-1-Kanäle, 96 DS-0-Kanäle). Genormt in G.743. Wird auch oft als → *T2* bezeichnet.

DS 3 bezeichnet einen Kanal für eine feste Datenrate von 44,736 Mbit/s, was 28 DS-1-Kanälen oder sieben DS-2-Kanälen bzw. 672 DS-0-Kanälen entspricht. Genormt in G.752.

DS 4 bezeichnet einen Kanal für eine feste Datenrate von 274,176 Mbit/s mit 4 032 DS-0-Kanälen.

DS2Vt

Abk. für Digitaler Signalverteiler für 2 Mbit/s.

DSA

1. Abk. für Digital Signature Algorithm.

   Bezeichnung eines Algorithmus für digitale, elektronische Unterschriften. Er nutzt eine → *Hash-Funktion*, die mit → *SH 1* bezeichnet wird.
2. Abk. für Directory System (Service) Agents.

   → *X.500*.

DSB-AM

Abk. für Double Side Band Amplitude Modulation.

DSB-SC-AM

Abk. für Double Side Band Suppressed Carrier Amplitude Modulation.

DS-CDMA

Abk. für Direct Sequence Code Division Multiple Access.

Eine spezielle Variante des → *CDMA*.

DSCP

Abk. für Differentiated Services Code Point.

→ *Diffserv*, → *IP*.

DSD

Abk. für Deutscher Sendedienst.

→ *DARC*.

DSF

1. Abk. für Directory System Function.
2. Abk. für Dispersion Shifted Fibre.

   → *Einmoden-Faser*.

DSI

1. Abk. für Digital Speech Interpolation.

   Bezeichnung einer Entwicklung zur Sprachdatenkompression (Ausnutzung von Gesprächspausen) zur Verbesserung der Auslastung von Satellitenkanälen. Unter günstigen Umständen kann die Kapazität für Sprachkanäle verdoppelt werden.

   → *TASI*.

2. Abk. für Detailed Spectrum Investigation.

   Bezeichnung eines Projektes der → *ERC* zur Harmonisierung der Frequenzpläne in Europa bis zum Jahr 2008. Zerfällt in zwei Phasen, von denen die erste (Frequenzbereich 2,4 bis 105 GHz) abgeschlossen ist und die zweite (29,7 bis 960 MHz) läuft.

D-Side

→ *Kabelverzweiger.*

DSL

Abk. für Digital Subscriber Line.

Bezeichnet mehrere Verfahren zur digitalen, breitbandigen Nutzung der analogen verdrillten Zweidrahtleitung im Anschlussbereich analoger Netze. Es gibt mehrere Verfahren wie z.B. → *ADSL,* → *HDSL* und → *VHDSL.* Daher oft auch mit → *xDSL* bezeichnet.

DSLAM

Abk. für Digital Subscriber Line Access Multiplexer.

Ein Bauteil in einem mit → *ADSL* ausgerüsteten → *Zugangsnetz.* Durch die Anwendung von → *TDM*-Verfahren können ADSL-Datenströme anderen breitbandigeren Netzen konzentriert und gebündelt zugeführt werden.

Der DSLAM steht üblicherweise in der → *Teilnehmervermittlungsstelle* im Ortsnetz.

DSMA

Abk. für Digital Sense Multiple Access.

Bezeichnung eines Protokolls auf der → *MAC*-Teilschicht von Schicht 2 im → *OSI-Referenzmodell.*

DSMP

Abk. für Distributed Session Management Protocol.

Bezeichnung für ein auf Zugangsservern in → *IP*-Netzen laufendes Protokoll zur Erhebung statistischer Daten des Nutzerverhaltens. Damit ist es Netzbetreibern möglich, die Nutzungsgewohnheiten von Einzelnutzern und Nutzergruppen zu kontrollieren und auszuwerten.

DSMX

Abk. für Digital-Signal-Multiplexer/-Multiplexgerät.

Bezeichnung der Deutschen Telekom für → *Multiplexer* für digitale Signale. Oft wird der Ausdruck in der Form DSMX n/m verwendet. Dies besagt, dass der Multiplexer mehrere Signale der Kapazität n (z.B. in Mbit/s) in ein Signal der Kapazität m (z.B. in Mbit/s) zusammenführt.

DSOM

Abk. für Distributed System Object Model.

Bezeichnung für ein Modell verteilter Objekte bei Systemen der Datenkommunikation aus dem Hause IBM. Es basiert auf dem Vorläufer SOM, der prinzipiell mit → *OLE* von Microsoft vergleichbar ist.

DSOM gilt als IBM-Gegenstück zu → *CORBA.*

DSP

Abk. für Digital Signal Processor.

Die Bezeichnung rührt von dem ursprünglichen Zweck her, dass ein DSP ein zeitlich längeres digitales Eingangssignal (Radarsignal, Sprache, Videobild, abgetastete schriftliche Vorlage etc.) immer der gleichen, rechenintensiven Operation unterzieht (z.B. Suche nach bestimmten Mustern, → *Quellcodierung* oder → *Kanalcodierung*).

DSPs sind hochspezialisierte, aber dennoch standardisierte und in Großserie hergestellte Bausteine zur kontinuierlichen und extrem schnellen, rechenintensiven Bearbeitung (→ *Echtzeit*) einer eng begrenzten Menge von Eingangssignalen, auf deren Charakteristika der Befehlssatz des DSP optimiert ist.

Prinzipiell ist der DSP daher eine Art → *Mikroprozessor* mit einem speziellen Befehlssatz, der auf einen bestimmten, rechenintensiven Zweck hin optimiert ist. Dieser Befehlssatz stellt auf Assemblerebene (→ *Assembler*) einzelne Befehle, die auf den speziellen Einsatzzweck des DSP hin optimiert sind, zur Verfügung. Ein weitverbreitetes Beispiel hierfür ist Multiplizieren und Akkumulieren in einem Befehl (MAC, Multiplier and Accumulator), wobei der Befehl dem Ausdruck

$$Y = Y + A*B$$

entspricht. Andere Operationen sind Matrixmultiplikationen oder die Bestimmung von Fourier-Koeffizienten. Diese speziellen Befehle würden bei herkömmlichen Mikroprozessoren mehrere Befehle erfordern und entsprechend langsamer ablaufen, so dass diese nicht in Echtzeit die Funktion des DSP erfüllen könnten.

Ein weiterer Effekt ist, dass ein DSP gegenüber dem herkömmlichen Mikroprozessor wegen der kürzeren Ausführungszeit für die gleichen Zwecke Energie spart, was insbesondere bei batteriebetriebenen Geräten relevant ist.

DSPs nach und/oder vorgeschaltet sind häufig Analog/Digital- und Digital/Analog-Konverter.

Individuelle DSPs werden durch Kombination eines DSP-Kernes mit → *ASIC*-Elementen auf einem Chip ermöglicht.

Zu den Kenngrößen von DSPs gehören:

- Taktfrequenz (angegeben in MHz, beginnend heute bei 50 MHz, üblicherweise zwischen 100 MHz und 200 MHz mit Spitzenleistungen von bis zu 300 MHz)
- Rechengeschwindigkeit (→ *MIPS*-Wert)
- Zeit für die Ausführung des MAC-Befehls (sofern vorhanden, dann üblicherweise im Bereich mehrerer ns)
- Rechengenauigkeit
- Speichervolumen auf dem Chip (Größe des → *RAM* und des → *ROM*)
- Anzahl voneinander unabhängiger Speicherbereiche auf dem Chip
- Anzahl und Aufgabe der Busse und ihre Breite (üblicherweise 8 oder 16 Bit)
- Art der Zahlendarstellung und -verarbeitung (Gleitkomma- oder Festkommazahlen und -arithmetik)
- Genauer Einsatzzweck

DSPs werden heute üblicherweise in → *VLSI*-Technik gefertigt, basieren auf der → *Harvard*-Architektur und können teilweise auch programmiert werden. Meistverwendete Programmiersprachen für DSPs sind → *C* und → *C++* oder gleich der → *Assembler* des DSPs.

Typische Anwendungen sind Sprachcodierung in → *Handys*, Spracherkennung in → *IVR*-Systemen (→ *Sprachsysteme*), Bewegtbildcodierung auf Videokarten, Handschriftenerkennung in → *PDAs* oder Datenkompression in → *Modems*.

Die Wurzeln von DSPs reichen bis in die 70er Jahre zurück. Seinerzeit wurden spezielle Mikroprozessoren für bestimmte Einsatzzwecke hin optimiert und kamen insbesondere im militärischen Bereich zum Einsatz (Radarsignalauswertung, Navigationssysteme etc.).

Erste kommerziell erhältliche DSPs kamen Ende der 70er und am Anfang der 80er Jahre auf. Erstes Modell überhaupt war 1978 der TMS 320C1x aus dem Hause Texas Instruments. Es handelte sich um einen 16-Bit-Prozessor mit Festkommaarithmetik und war mit 5 MHz getaktet. Er wurde z.B. in einem elektronischen Spielzeug „Speak and Spell“ eingesetzt.

DSPs wurden bis Anfang der 90er Jahre nur in eng begrenzten Feldern eingesetzt, z.B. in Modems oder Faxgeräten. Mit den aufkommenden digitalen Mobilfunksystemen wie z.B. → *GSM* wuchs ab ca. 1992 die Nachfrage sprunghaft und förderte auch die Diffusion in immer mehr andere Einsatzfelder in Geräten (auch für den Hausgebrauch, z.B. in Anrufbeantwortern), die in sehr hohen Stückzahlen gefertigt wurden. Die Stückpreise für DSPs selbst sanken dadurch, bei gleichzeitig weiter steigender Leistung.

Ein weiterer Faktor, der den Einsatz von DSPs stimulierte, ist die Entwicklung diverser Tools zur Simulierung des Verhaltens von DSPs, zu ihrer Entwicklung und Programmierung, was Entwicklungs- und Programmierkosten und -zeiten erheblich verringerte.

Gegen Mitte bis Ende der 90er Jahre gehörten DSPs zum am schnellsten wachsenden Marktsegment der Mikroprozessorindustrie.

DSR

1. Abk. für Data Set Ready.

   Bezeichnung für ein Signal der → *V.24*-Schnittstelle. Dieses Signal zeigt an, dass das angeschlossene Gerät, z.B. ein → *Modem*, für die Datenübertragung bereit ist.

   → *DTR*.

2. Abk. für digitalen Satellitenrundfunk bzw. Digital Satellite Radio.

   Bezeichnung für digitalen, unkomprimierten und über Satelliten ausgestrahlten Tonrundfunk in sehr hoher Qualität. Die Ausstrahlung startete 1989 auf der → *IFA* über den Satelliten Kopernikus. Serienbetrieb seit 1991. 16 Programme werden seither über die Satelliten TV-Sat und Kopernikus, der in Deutschland nur von wenigen empfangen wird, ausgestrahlt und über das Breitbandkabelverteilnetz in den Sonderkanälen S2 und S3 verbreitet. Nur rund 150 000 Hörer. Eine Ausweitung ist nicht geplant. Zusätzliche Konkurrenz erhält das System durch das vielfältigere → *ADR*.

   Technisch wird in einem Breitbandkanal mit einer Bandbreite von 14 MHz ein digitales Signal mit 20 Mbit/s für die 16 Programme übertragen.

   Zum Jahresende 1998 wurde der Sendebetrieb im Einvernehmen mit den Sendern eingestellt. Die dadurch freiwerdenden Kapazitäten im Kabelnetz (S2 und S3) wurden nach Umrüstung an analoge TV-Kanäle vergeben.

   → *DAB*, → *DVB*.

DSS

1. Abk. für Digital Signature Standard.

   Bezeichnung eines am 30. August 1991 von der → *NIST* in den USA veröffentlichten Entwurfs für einen Standard für digitale Unterschriften. Genutzt wird dabei der → *DSA*.

2. Abk. für Decision Support System.

   Bezeichnung für Systeme der → *EDV*, die Entscheidungen des Managements in Unternehmen durch Datensammlung, Datenauswertung und -aufbereitung unterstützen und vorbereiten.

   DSS kann, wie auch → *MIS*, ein Teil eines → *Data Warehouse* sein.

   → *EIS*.

3. Abk. für Delta Stereophony System.

DSS1

Abk. für Digital Signalling System No. 1.

Bezeichnung des europaweit genutzten Signalisierungsprotokolls im D-Kanal des → *ISDN*, auch nur kurz → *Euro-ISDN* genannt.

DSSR

Abk. für Digital Short Range Radio.

→ *Kurzstreckenfunk*.

DSSS, DSSST

Abk. für Direct Sequence Spread Spectrum (Technology).

Bezeichnung für eine mögliche Ausprägung eines Bandspreizverfahrens (→ *Spread Spectrum*), bei dem ein zu übertragendes Bit eines Nutzdatensignals mit einem Pseudo-Zufallsverfahren verschlüsselt und somit mit mehreren Bit codiert (gespreizt) wird. Dieses zur Codierung verwendete Bitmuster wird als Codewort, die einzelnen *N* Bit des Codeworts zur besseren Unterscheidung von den Nutzdatenbits mit Chips oder Codebit bezeichnet. Der Faktor *N* wird auch Spreizfaktor genannt. Üblicherweise stimmt die Länge des Codewortes mit der Länge des Nutzdatenbits überein.

Die Codierung kann man sich auch als binäre Multiplikation des Nutzdatenbits mit dem Codewort vorstellen.

Dadurch, dass ein Nutzdatenbit durch diese Codierung in mehrere zu übertragende Bit codiert wird, wird aus einem schmalbandigen Eingangssignal ein breitbandiges Ausgangssignal, das über den gesamten zur Verfügung stehenden Frequenzbereich übertragen wird. Beim Empfänger wird die Codierung wieder rückgängig gemacht.

Vorteil: Schmalbandige Störungen werden beim Empfänger herausgefiltert.

Nachteil: Ist teuer in der Implementierung.

Eine konkrete Umsetzung von DSSS ist das → *CDMA*-Verfahren.

DSSSL

Abk. für Document Style Semantics and Specification Language.

Bezeichnung einer Seitenbeschreibungssprache wie → *SGML* oder auch → *HTML*, das es beeinflusste.

DST

Abk. für Datenstation.

Bezeichnet ein aus Datenübertragungseinrichtung (→ *DÜE*) und Datenendeinrichtung (→ *DEE*) bestehendes Gerät.

DSTN

Abk. für Double Super Twisted Nematic.

→ *LCD*.

DSU

1. Abk. für Data Service Unit.

   Bezeichnung für den Netzabschluss eines → *DQDB*-Netzes beim Teilnehmer, der verschiedene Schnittstellen zur Verfügung stellt.
2. Abk. für Digital Switching Unit.
3. Abk. für Distribution Switching Unit.

DSV2

Abk. für Digitalsignalverbindung (mit) 2 Mbit/s.

→ *V 5.1*.

DSVD

Abk. für Digital Simultaneous Voice and Data.

Bezeichnung eines Verfahrens zur gleichzeitigen Übertragung digitaler Daten und digitalisierter Sprache mittels Modem über analoge Telefonleitungen.

Dabei wird ausgenutzt, dass 60% der Kapazität einer Vollduplexleitung bei der Sprachübertragung nicht genutzt werden (nur ein Sprecher jeweils in eine Richtung aktiv, Sprechpausen). Die Sprachinformation kann somit in eine Bitfolge von 5,5 bis 13 kbit/s umgewandelt und zusammen mit den Datensignalen digital moduliert werden. Sprachdaten werden dabei mit Vorrang behandelt. Zum Beispiel übernimmt ein Modem nach → *V.34* mit max. 28,8 kbit/s den Datentransport. Es stehen somit für den Datentransport zwischen 15,8 bis 23,3 kbit/s zur Verfügung.

Eine erste ausgereifte Technik ist seit 1994 in den USA und seit Mitte 1995 in Europa auf dem Markt.

Wenn Sprache unverändert in analoger Form über die Telefonleitung übertragen wird und simultan dazu Daten ohne Verschachtelung in anderen Kanälen, spricht man von Analogue Simultaneous Voice and Data (ASVD).

Anwendungen dieser Technik sind diverse Tele-Dienste oder → *Multimedia* wie → *Tele-Medizin* und insbesondere → *Tele-Working*.

DSX-0, -1, -2, -3

Abk. für Digital Cross Connect Level 1.

Bezeichnung für einen Standard aus dem Hause AT&T für die elektrische und physische Schnittstelle (Stecker, Kon-

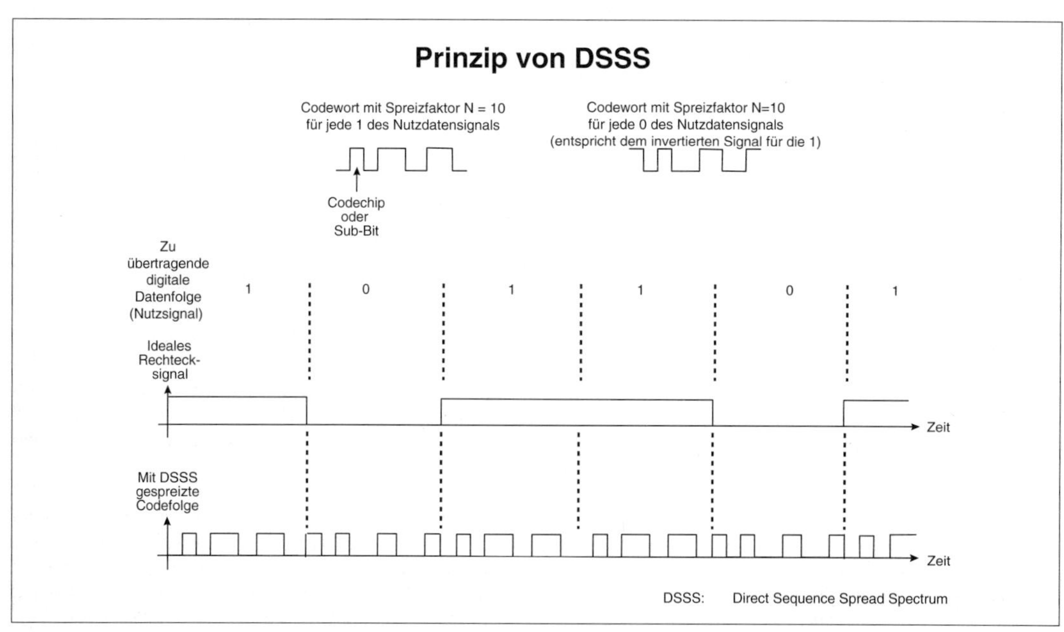

takte etc.) von → *DS-0, -1, -2, -3* Leitungen innerhalb von Gebäuden.

DT

Abk. für Deutsche Telekom.

DTA

Abk. für Datenträgeraustausch.
→ *EDI*.

DTAG

Abk. für Deutsche Telekom AG.
International auf Englisch gerne als „Dee-Tack“ ausgesprochen.
→ *http://www.dtag.de/*
→ *http://www.telekom.de/*
→ *http://www.t-versand.de/*

DTAM

Abk. für Document Transfer and Manipulation.

DTBS

Abk. für Distributed Time-Bounded Services.

DTD

Abk. für Document Type Definition.
Begriff aus dem Umfeld von → *SGML*, → *HTML* und → *XML*.
Dabei legt die DTD bei SGML den syntaktischen Aufbau (→ *Syntax*) eines Dokumentes fest, das zu einer bestimmten Klasse von Dokumenten gehört. Bei HTML definiert die DTD die Syntax der Dokumente, die HTML-Anweisungen enthalten.
Bei XML legt DTD die weiteren, vom Nutzer selbst definierten Sprachelemente innerhalb eines XML-Dokumentes fest und definiert dadurch das Layout.

DTDS

Abk. für Disaster Tolerant Disk Systems.
→ *RAID*.

DTE

Abk. für Data Terminal Equipment.
→ *DEE*.

DTH

Abk. für Direct To Home.
Der Begriff wird insbesondere in den USA verwendet und stammt aus der Satellitentechnik. Bezeichnet die Ausstrahlung von Rundfunkprogrammen über Satelliten und Empfang dieser Programme direkt per Satellitenempfangsantenne (Satellite Dish). Es erfolgt also nicht unbedingt ein Empfang an den Kopfstationen der Kabelfernsehnetze und Einspeisung in dieselben.

DTMF

Abk. für Dual Tone Multiple Frequency.
In Deutschland häufig Tonwahl genannt.
→ *MFV*.

DTP

1. Abk. für Desktop-Publishing.

   Bezeichnung für die Herstellung druckfähiger, elektronisch vorliegender Layoutvorlagen (Text und Bild) am → *PC*. Dafür existieren verschiedene Programme, die sich in ihrer Leistung teilweise stark unterscheiden. Daher ist der Einsatzzweck vor der Entscheidung für ein DTP-Programm genau zu untersuchen. Zur Bewertung eines DTP-Programms betrachtet man seine Leistungsfähigkeit i.d.R. hinsichtlich folgender Punkte:

   - Texteditor
   - Formeleditor
   - Tabelleneditor
   - Vektorgrafikeditor
   - Pixelgrafikeditor (→ *Pixel*)
   - Grafikimport (für verschiedene Formate)
   - Layouterstellung
   - Unterstützung verschiedener Schriften (Typografie)
   - Unterstützung von Farbe und visuellen Effekten
   - Unterstützung von sehr großen Dokumenten (Bücher, Kataloge)
   - Vorschaufunktion (Preview, → *WYSIWYG*)
   - Unterstützung von Druckfunktionen
   - Integration in bestehende Systeme

   Erste DTP-Systeme kamen mit den ersten PCs gegen Ende der 70er Jahre auf den Markt. In großem Maßstab verbreiteten sich DTP-Programme ab Mitte der 80er Jahre, als → *PostScript*, Laserdruck, Fotosatz und DTP zusammenwuchsen. Mittlerweile ist DTP fester Bestandteil im → *Digitaldruck*.

2. Abk. für Data Grade Twisted Pair.

DTR

Abk. für Data Terminal Ready.
Bezeichnung für ein Signal der → *V.24*-Schnittstelle. Das Signal besagt, dass die angeschlossene Datenendeinrichtung (→ *DEE*) bereit ist, Daten an die angeschlossene Datenübertragungseinheit (→ *DÜE*) zur weiteren Übertragung zu übergeben.
→ *DSR*.

DTS

1. Abk. für ‚Der Telefax-Standard‘.

   Bezeichnung eines in Deutschland von der Arbeitsgemeinschaft Telefax des → *VDMA* entwickelten Standards für → *Fax*, der nach der Umwandlung von Kompatibilitätsvorschriften in freiwillig einzuhaltende Richtlinien für den Datenaustausch zwischen den Faxgeräten der Deutschen Telekom zu Beginn der 90er Jahre nicht nur die Anschaltfähigkeit der Faxgeräte an ein Telekommunikationsnetz sicherstellt, sondern auch die Kompatibilität der Geräte untereinander. Die erarbeiteten Richtlinien basieren auf Richtlinien des → *FTZ* und der → *ETSI*. Nach einer Prüfung wird ein Kompatibilitätssiegel vergeben. Erste Geräte damit wurden zur CeBIT ‚96 vorgestellt.

2. Abk. für Digital Termination Systems.

   Amerik. Bezeichnung digitalisierter und breitbandiger Zugangsnetze.

3. Abk. für Distributed Time Service.
4. Abk. für Digital Theatre Sound.

   Bezeichnung für ein digitales Tonsystem für Filmkopien, entwickelt von der Firma Digital Theatre Systems und vorgestellt Mitte 1993. Von George Lucas, Steven Spielberg und den Universal-Studios gefördert, insbesondere um ‚Jurassic Parc' (USA 1993) mit einem besseren digitalen Ton präsentieren zu können.

   Bei DTS läuft zu der durch den Projektor laufenden Filmrolle eine CD mit, die durch einen auf der Filmkopie zwischen der Lichttonspur und dem Bild untergebrachten Timecode (auch in Lichttontechnik) synchronisiert wird. Der Timecode wirft dabei mit einer Datenrate von 80 bit/s einen Datenstrom aus.

   Es werden zwei Systeme unterstützt: DTS-S (für Stereo) unterstützt zwei Kanäle von einer CD. DTS-6 bietet auf zwei CDs sechs Kanäle (Links, Rechts, Mitte, Surround-Links, Surround-Rechts und Subwoofer). Der Tieftonkanal ist dabei auf 20 bis 150 Hz bandbegrenzt. Die CDs der beiden Systeme sind inkompatibel.

   Bei Fehlern des CD-Systems wird kurzfristig auf die Lichttonspur umgeschaltet.

   Vorteil dieses Verfahrens ist eine einfache Synchronisation des Films in anderen Sprachen, da die Filmkopien gleich bleiben. Die Originalfassung kann sehr einfach durch eine zweite CD ermöglicht werden. Nachteil für die Kinos ist die Notwendigkeit für ein zusätzliches Abspielgerät (CD-Player). Die Kosten für die Umrüstung eines Kinos liegen bei ca. 12 000 DM. Je Film werden vom Entwickler des Verfahrens 7 500 $ Lizenzgebühr erhoben. Damit gilt DTS im Vergleich zu anderen Verfahren des Digitaltons als relativ preisgünstig.

   Die Produktionsfirmen Universal, MGM, Miramax, Amblin Entertainment, Turner Pictures und New Line unterstützten als erste diesen Standard. Paramount liefert Filme sowohl mit digitaler Spur für das → *Dolby*-System als auch einer DTS-CD. Mittlerweile werden fast alle Filme auch in einer DTS-Version in den Verleih gebracht.

   DTS ist Bestandteil des Qualitätsstandards → *THX*.

   → *SDDS*.

   → *http://www.dtstech.com/*

DTTB

Abk. für Digital Terrestrial Television Broadcasting.

Bezeichnung für einen in der Entwicklung befindlichen Standard der → *ITU* für digitales, terrestrisch auszustrahlendes und hochauflösendes Fernsehen mit einer Zeilenzahl von 1080 und einer Pixelzahl von 1920 je Zeile.

DTV

Abk. für Digitales TV.
Eine eher in den USA gebräuchliche Abkürzung.
→ *DVB*.

DTX

Abk. für Discontinuous Transmission.
Andere Bezeichnung für → *VOX*.

DUA

Abk. für Directory User Agent.
→ *X.500*.

DUAL

Abk. für Diffusing Update Algorithm.
Bezeichnung für ein vom Stanford Research Institute (SRI) in Kalifornien entwickeltes Distance-Vector-basiertes → *Routingprotokoll*.
DUAL ermöglicht einen Betrieb von vermaschten Routernetzen ohne Bildung geschlossener Pfade.

Dual Band

→ *Dual Mode*.

Dual CAPI

→ *CAPI*.

Duales Zahlensystem, Dualzahl

Bezeichnung für ein Zahlensystem, das nur aus zwei Ziffern besteht, typischerweise der 0 und der 1. Da es sich um zwei Ziffern handelt, spricht man auch davon, dass die Basis des Zahlensystems die Zwei ist.
Das duale Zahlensystem ist die rechnerische Grundlage aller digitalen Computersysteme.
Genauso, wie im bekannten dezimalen Zahlensystem, d.h. dem Zahlensystem mit der Basis 10, sich die Wertigkeit einer mehrziffrigen Zahl (z.B. 123) aus der Summe der Produkte der einzelnen Ziffern mit den Wertigkeiten der jeweiligen Stellen ergeben (d.h. $123 = 1 * 10^2 + 2*10^1 + 3*10^0 = 1*100 + 2*10 + 3*1$), ergibt sich der Wert einer dualen Zahl nach dem gleichen Prinzip, wobei dann nicht die Zehnerpotenzen (1, 10, 100, 1 000, 10 000 etc.), sondern die Zweierpotenzen (1, 2, 4, 8, 16 etc.) die Wertigkeiten der Stellen ergeben.
Die achtstellige Dualzahl 11001011 hat daher den Wert $1*2^7 + 1*2^6 + 0*2^5 + 0*2^4 + 1*2^3 + 0*2^2 + 1*2^1 + 1*2^0 = 128 + 64 + 0 + 0 + 8 + 0 + 2 + 1 = 203$.
Beispiele für die ersten 16 Dualzahlen sind:

Dezimal	Dualzahl	Dezimal	Dualzahl
0	0	8	1000
1	1	9	1001
2	10	10	1010
3	11	11	1011
4	100	12	1100

Dezimal	Dualzahl	Dezimal	Dualzahl
5	101	13	1101
6	110	14	1110
7	111	15	1111

Der Universalgelehrte Freiherr Gottfried Wilhelm von Leibniz (* 1646, † 1716) schlug zur Verwendung in Rechenautomaten das Dualsystem bereits im Jahre 1679 vor, formulierte seine arithmetischen Gesetzmäßigkeiten und war seiner Zeit damit fast 300 Jahre voraus. Seine Ideen wurden von George Boole bei der Formulierung der → *Booleschen Algebra* aufgegriffen.
→ *Hexadezimalsystem*, → *Komplement*.

Dual Homed Gateway

→ *Firewall*.

Dual Mode

Bezeichnung für Mobilfunkendgeräte, z.B. → *Handys*, die zwei technisch verschiedene Standards unterstützen, z.B. → *Handys*, die → *GSM* und → *DECT* beherrschen oder GSM und ein System für → *Satellitenmobilfunk*. Im Gegensatz zu derartigen Geräten werden die herkömmlichen Mobilfunkendgeräte für einen Standard und ein Frequenzband manchmal Mono-Handy genannt.

Derartige Geräte wurden 1997 von → *BT* bis Jahresende in GB getestet. Zum Einsatz kamen dabei Geräte aus dem Hause Ericsson.

In bestimmten Fällen wird auch von Dual-Band-Geräten gesprochen. Dann beherrscht das Gerät den gleichen grundlegenden technischen Standard, d.h. die Rahmenstruktur auf der Funkschnittstelle ändert sich nicht, kann aber in zwei verschiedenen Frequenzbereichen (Bändern) senden und empfangen. Dies ermöglicht z.B. die Nutzung von europäischen GSM-Handys (900-MHz-Band) in den USA, wo der GSM-Standard in vielen Städten Grundlage für Mobilfunk im 1900-MHz-Band ist.

Eines der ersten Dual-Band-Geräte war 1997 das S15-Handy aus dem Hause Siemens, das sowohl nach dem GSM-Standard im 900-MHz-Bereich als auch nach dem von GSM abgeleiteten → *GSM-1800*-Standard im 1800-MHz-Band betrieben werden kann. Motorola war der zweite Hersteller, der folgte.

Es folgte zu Beginn 1998 das Siemens S 16 zur Verwendung in GSM-900-Netzen und GSM-1900-Netzen.

Mittlerweile sind alle neu verkauften Handys Dual-Band-fähig.

Als erster Anbieter hat die → *Swisscom* ab 1. Oktober 1997 in Zürich, Basel und Genf Dual-Band-Geräte getestet, die sowohl im 900-MHz-Bereich (für GSM) und im 1800-MHz-Bereich (→ *GSM* 1800) senden können. Weitere derartige Tests liefen 1997 in Amsterdam, Rotterdam, Kopenhagen, Stockholm und Helsinki.

Dublette

Begriff aus der Datenbanktechnik. Bezeichnet in relationalen Datenbanken doppelt vorkommende Zeilen in Tabellen, z.B. aufgrund von doppelt eingegebenen Datensätzen, die irrtümlich infolge mangelnder Koordination von verschiedenen Sachbearbeitern eingegeben wurden. Derartige Dubletten führen zu Inkonsistenzen und Speicherplatzverschwendung, der in Abhängigkeit vom Anteil der Dubletten an der Anzahl aller Datenbestände (Duplizität, angegeben in %) sehr groß sein kann.

Als Dublette wird auch ein zu einem anderen Datensatz ähnlicher Datensatz gezählt, z.B. aufgrund eines Schreibfehlers im Nachnamen bei der Anschrift.

Duct-Ausbreitung

→ *Overspill*.

DUE

Abk. für Datenumsetzereinrichtung.

DÜE

Abk. für Datenübertragungseinrichtung.

Auch Datenübertragungseinheit genannt. Auf engl. Data Circuit Equipment (DCE) genannt. Der offizielle Sammelbegriff für netztechnische Einrichtungen, die Datensignale zwischen einer Datenendeinrichtung (→ *DEE*, auf engl. Data Terminating Equipment, DTE, genannt) und einem Übertragungsweg an die speziellen Gegebenheiten des Übertragungsweges anpassen. Prinzipiell macht es den Netzabschluss (→ *NT*) des Übertragungsweges für ein Endgerät nutzbar. Verschiedene Netze mit verschiedenen NTs verfügen daher über verschiedene DÜE.

Die DÜE verfügt über eine Schnittstelle zum Netz (zwei- oder vieradrig, analog oder auch digital, große Reichweite ggf. bis zu mehreren 10 km) und eine weitere zum DEE (digital, geringe Reichweite von bis zu 100 m), z.B. nach → *V.24* oder → *X.21*.

Lange Zeit bis zur Deregulierung des Endgerätemarktes wurde die DCE vom Netzbetreiber zur Verfügung gestellt.

Eine DÜE kann immer nur direkt mit einer DEE verbunden werden. Für eine Verbindung von zwei → *Modems* (die ein Beispiel für eine mögliche Ausprägung der DEE sind), die beide als DEE konfiguriert sind, wird daher ein Spezialkabel (→ *Nullmodem*) benötigt.

DÜG

Abk. für Datenübertragungsgerät.

Dumb Mode

Bei → *Modems* die Bezeichnung für einen Gerätestatus, bei dem automatisches Wählen nicht möglich ist. Üblicherweise genutzt zu Testzwecken während der Installation.

Duo-Feed-Empfang, (-sanlage)

Bezeichnung für den Empfang von zwei Fernsehsatellitensystemen mit unterschiedlicher Position auf der Umlaufbahn um die Erde mit nur einer Empfangsanlage (Antenne und Empfänger) auf der Erde.

Duopoly Review

Begriff aus der Regulierung. Bezeichnet die Aufhebung des Duopols 1990 und 1991 in Großbritannien nach der Einführung von begrenztem Wettbewerb. Für sieben Jahre, seit

1983, war Mercury als zweiter TK-Dienstleister neben → *BT* zugelassen worden.

DUP

Abk. für Data User Part.

→ *SS#7*.

Dupe

Begriff aus der → *Mailbox*-Szene. Bezeichnet eine Nachricht, die beim Übergang von einem Mailbox-System zum nächsten über ein → *Gateway* irrtümlich verdoppelt wurde.

→ *Nopes*.

Duplex

Betriebsart, bei der gleichzeitig Sende- und Empfangsbetrieb möglich ist. Auch zur Betonung ‚vollduplex' genannt.

Üblicherweise gibt es zwei Verfahren, gleichzeitigen Sende- und Empfangsbetrieb auf einem physischen Kanal zu realisieren: → *FDD* und → *TDD*.

Duplexabstand

International Duplex Spacing genannt. Bei Funksystemen (→ *Funk*) für Duplexbetrieb mit → *FDD* der Abstand zwischen dem → *Uplink* und dem → *Downlink*, d.h. zwischen den beiden Kanälen (Hin- und Zurück), die eine Duplexverbindung ermöglichen. Üblicherweise in MHz gemessen.

Duplexverfahren

→ *Duplex*.

Duplizität

→ *Dublette*.

Durchgangsdose

Bezeichnung einer Antennensteckdose, bei der die Leitung, die das Signal zuführt, nicht mit der Dose ihren Abschluss findet, sondern zu weiteren Dosen weitergeführt wird. Die Auskopplung von Signalen aus der Stammleitung kann dabei frequenzselektiv oder breitbandig erfolgen.

→ *Stichdose*, → *Filterdose*.

Durchlaufspeicher

→ *FIFO*.

Durchschuss

Begriff aus der Satztechnik von Texten. Bezeichnet den Abstand zwischen einzelnen Zeilen innerhalb eines Absatzes und zwischen verschiedenen Absätzen.

Durchwahl

Bezeichnung der Nummer, die vom → *A-Teilnehmer* gewählt werden muss, um eine Nebenstelle einer Nebenstellenanlage direkt anzuwählen, ohne über einen Bedienplatz (Zentrale, Vermittlung, → *Console*) verbunden werden zu müssen.

Auch Bezeichnung für den Vorgang selbst.

DUSt

Abk. für Datenumsetzerstelle.

Begriff der Deutschen Telekom für eine Stelle im → *IDN* zwischen der Anschlussebene (an der die Endstellen, d.h. die → *DNAEs*, der Teilnehmer hängen) und der unteren Netzebene, an der vom Teilnehmer kommende Daten in ein IDN-Format umgesetzt werden.

→ *DAl*, → *DVSt*, → *DVl*.

DUV

Abk. für Data Under Voice.

Bezeichnung für Systeme, bei denen Frequenzen unterhalb von denen, die für die Übertragung von Sprache verwendet werden, zur Datenübertragung im analogen Fernsprechnetz genutzt werden.

→ *DOV*.

DV

1. Abk. für Datenverarbeitung.
2. Abk. für Digital Video.

   Bezeichnung eines 1996 verabschiedeten Standards zur digitalen Aufzeichnung von Videodaten. Betroffen sind Camcorder und neue digitale Videorecorder, insbesondere im professionellen TV- und Filmbereich. Der Standard definiert dabei das → *Kompressionsverfahren*, die Gerätemechanik und das zur Speicherung zu verwendende Speichermedium (Magnetband). Dabei wird das aufgenommene Material bereits unmittelbar nach der Aufnahme in der Kamera digitalisiert und digital auf Band gespeichert. Selbst mehrfache Kopien führen dabei nur zu geringen Qualitätsverlusten.

   Das Kompressionsverfahren komprimiert mit einer Rate von 5:1 und arbeitet wegen der konstanten Bandlaufgeschwindigkeit mit einer konstanten Datenrate von 5 MByte/s. Es ähnelt → *MJPEG*.

   Der Quelldatenstrom im → *RGB*-Standard hat ein Volumen von rund 31 MByte/s und wird in einem ersten Schritt nach → *YUV* transformiert. In einem zweiten Schritt erfolgt eine Reduzierung der Auflösung des Farbsignals um die Hälfte, wodurch die Datenrate auf rund 20,5 MByte/s sinkt.

   Als dritter Schritt wird das Farbsignal noch einmal in seiner Wichtung um die Hälfte reduziert, indem ein Farbwert den Farbwert nicht nur von einem, sondern von vier Bildpunkten (→ *Pixeln*) beschreibt.

   Ein letzter Schritt komprimiert die Datenrate von rund 15,5 MByte/s auf 3,125 MByte/s.

   Die konstante Datenrate von 5 MByte/s wird durch Hinzufügen von Audio-, Timing- und anderen administrativen Daten zu den reinen Videodaten erreicht.

   Man unterscheidet die beiden Formate DV-CAM und DV-PRO.

   Zur Verbindung von Videorecorder und TV-Gerät oder anderen Videorecordern dient eine Verbindung nach → *IEEE 1394*.

DVA

Abk. für Datenverarbeitungsanlage.

DV-AFuG

→ *AFuG.*

DVB

Abk. für Digital Video Broadcasting.
Bezeichnung für einen europäischen Standard für digitale Fernsehverteildienste, die über Satelliten und auch terrestrisch ausgestrahlt werden. Oft auch nur kurz mit digitales TV oder digitales Fernsehen bezeichnet, wenngleich DVB streng genommen nur einen möglichen (den europäischen) Standard für digitales TV bezeichnet. Der vergleichbare Standard in den USA wurde von der → *ATSC* erarbeitet.
Im Frühjahr 1992 wurde auf Initiative des → *BMPT* eine Arbeitsgruppe in Europa eingesetzt, die verschiedene nationale Forschungsaktivitäten auf dem Feld des digitalen Fernsehens koordinierte und zu einem Standard zusammenführen sollte. Im September 1993 erfolgte die Unterzeichnung eines entsprechenden → *MoU*, welches die Entwicklung eines digitalen Fernsehstandards in Europa fördern sollte.
Erste Standards betreffen Datenkompressionsverfahren (→ *MPEG 2* für Audio (→ *Musicam*-Verfahren) und Video akzeptiert), Verfahren der digitalen → *Modulation* für Satelliten- und Kabelfernsehverbreitung sowie für terrestrische Verbreitung, Systeme für Videotext und Programminformationen sowie für Signalverschlüsselung.
Technische Feldversuche für die terrestrische Ausstrahlung (DVB-T) begannen ab 1996 in Berlin und Köln. Feldversuche zur Erhebung der Zuschauerakzeptanz erfolgten mit dem Start der → *IFA* ab September 1997 in Berlin-Brandenburg.
Im April 1996 kündigten elf europäische Hersteller die Entwicklung und Produktion von Chips für DVB-T an.
In Deutschland entwickelte sich digitales TV recht schleppend. 1994 wollten die Telekom, Kirch und Bertelsmann eine Media Service Gesellschaft (MSG) zur Verbreitung von digitalem Pay-TV über das Kabelfernsehnetz der Telekom gründen, jedoch scheiterte dieses Vorhaben am Einspruch europäischer Kartellbehörden. In der Folgezeit gab es ferner längeren Streit um die zu verwendende Decodertechnik (genauer: um das Verschlüsselungsverfahren; → *Conditional Access*).
Kommerzielles digitales Fernsehen startete schließlich in Deutschland im Sommer 1996 mit einem Alleingang des → *Pay-TV*-Senders DF1, der beim finnischen Hersteller Nokia bereits 1 Mio. Decoder (d-box) bestellt hatte. Bis Sommer 1997 hatte DF1 schätzungsweise 30 000 und bis Ende 1997 etwa 100 000 Abonnenten und lag damit weit hinter seinen Zielen von 200 000 Abonnenten bis Ende 1996 zurück.
Im Oktober 1997 einigten sich die Kirch-Gruppe, Bertelsmann und die Deutsche Telekom auf einen gemeinsam zu benutzenden Decoder (d-box), wodurch die Media-Box aus dem Hause Philips, die zunächst im Premiere-Feldversuch genutzt worden war, nicht zum Zuge kam.
Zur → *IFA* 1997 begannen auch ARD und ZDF mit der Ausstrahlung über die Astra-Satelliten.
Im November 1997 startete der Pay-TV-Anbieter Premiere die digitale Ausstrahlung verschiedener Programme unter der Bezeichnung ‚Premiere Digital‘ und konnte innerhalb eines Monats rund 100 000 Abonnenten gewinnen, jedoch unterband die europäische Kartellbehörde zum Jahresende die weitere Vermarktung, da Premiere bereits diesen neuen Decoder der d-box von DF1 nutze, bevor sie (die Kartellbehörde) ihre Genehmigung zum von Kirch und Bertelsmann für 1998 angekündigten Zusammengehen von Premiere und DF1 gegeben habe. Dieses Zusammengehen wurde schließlich im Mai 1998 durch die europäischen Kartellbehörden untersagt.
Im August 1998 entschied die Bundesregierung, dass analoger Ton- und Fernsehrundfunk schrittweise bis zum Jahr 2010 durch digitalen Ton- und Fernsehrundfunk zu ersetzen sind.
Im August 1999 wurde der Plan privater Investoren, die ein neues und ‚@TV‘ genanntes Programm aufbauen und im September auf Sendung gehen wollten, für gescheitert erklärt.
Zum 1. Oktober 1999 fusionierten Premiere und DF1 zu Premiere World.
International geht man davon aus, dass DVB-T und DVB-S (Satellitenausstrahlung) seit 1998 nach und nach eingeführt werden und bis 2020 den analogen TV-Empfang komplett verdrängt haben werden. Erste Station mit DVB-T war Britisch Digital Broadcasting (BDB) zum Jahresende 1998.
Unabhängig davon gibt es Bestrebungen, mit → *DTTB* nicht nur digitales, sondern auch digital-hochauflösendes Fernsehen zu standardisieren.
→ *HD-Divine*, → *DAB*, → *DSR*, → *SARA*, → *ADR*.
→ *http://www.dvb.org/*

DVC

1. Abk. für Desktop Videoconferencing (System).
   → *Videokonferenzsysteme.*
2. Abk. für Digital Video Cassette.

DVD

Abk. für Digital Versatile Disc.
Von engl. versatile = vielseitig. Ursprünglich war die Digital Video Disc neben der → *SD-ROM* die andere Bezeichnung für einen von zwei konkurrierenden Standards für die Speicherung multimedialer Informationen auf einer hochkapazitiven → *CD*. Seit Anfang 1996 ist DVD die offizielle Bezeichnung für den aus beiden Standards hervorgegangenen einheitlichen Standard und man ist vom ‚Video‘ abgekommen, da die Softwareindustrie auch auf eine DVD-ROM gedrängt hatte und man nicht nur Videofilme auf dem Medium anbieten wollte.
Es existieren viele Ähnlichkeiten zur normalen → *CD*. Der Durchmesser des Trägermediums ist ebenfalls 12 cm (geplante Miniversion: 8 cm), die Stärke des mechanischen Trägermediums aus Polycarbonat ebenfalls 1,2 mm. Darauf befinden sich eingepresste → *Pits* (Spurabstand 0,74 µm, Länge 0,4 bis 1,14 µm) als Träger der Information. Eine zweite Schicht mit weiterer Dateninformation ist durch das Auftragen eines Halbreflektors (Dicke 0,05 µm) und einer Photopolymerschicht (Dicke 0,4 µm) möglich. Eine einsei-

tige Nutzung beider Schichten ergibt eine Speicherkapazität von 8,5 GByte, da die zweite Schicht nicht die hohe Dichte der ersten Schicht erreicht. Insgesamt, bei voller Ausnutzung der Speicherkapazität, sind 17 GByte möglich. In Kombination mit bespielter Ober- und Unterseite ergeben sich insgesamt fünf DVD-Formate (DVD-5, DVD-9, DVD-10, DVD-14 und DVD-18). Das Datenvolumen lässt sich so nahezu vervierfachen.

Ein Wechsel der Schicht beim Lesen erfolgt durch eine veränderte Fokussierung des Laserstrahls innerhalb von 5 ms. In einer Schicht sind die Informationen von innen nach außen verteilt, in der zweiten Schicht von außen nach innen.

Die Abtastung erfolgt durch einen stark gebündelten Laserstrahl mit einer Wellenlänge von 650 oder 635 nm. Drehzahl: 570 bis 1 390 U/Min. Das Speichervolumen beträgt 4,7 GByte bei der Nutzung einer Schicht, was auf einer Seite 133 Min. nach → *MPEG 2* komprimiertem Film mit hochauflösenden Bildern und Surround-Ton (drei Dolby-Kanäle) entspricht.

Bis zu acht unabhängige Audiokanäle und 32 (verschiedensprachige) Untertitel werden unterstützt.

Die DVDs für die Unterhaltungsanwendungen bieten neben den diversen Tonsystemen und Untertiteln verschiedene Funktionalitäten an. Dazu gehören:

- Multi-Aspect: Diese Funktionalität erlaubt die freie Wahl des Bildformates, in welchem der Film auf dem Bildschirm zu sehen sein soll: Full-Mode auf 16:9-Bildschirmen (formatfüllend ohne schwarze Balken), Letter-Box auf 4:3-Bildschirmen (mit schwarzen Balken oben und unten) sowie Pan Scan auf 4:3-Bildschirmen (ohne schwarze Balken, aber mit Verlust von Bildinformation).
- Eine andere Funktionalität erlaubt den Aufbau verzweigter Handlungsabläufe, so dass der Zuschauer an bestimmten Stellen über den weiteren Ablauf entscheidet.
- Multi-Angle: Ähnlich wie bei → *Multichannel Feed* wird das gleiche Ereignis von verschiedenen Perspektiven aufgenommen. Während des Abspielens kann zwischen verschiedenen Perspektiven gewechselt werden.
- Parental Lock: Der gleiche Film kann an bestimmten Stellen über zwei Versionen verfügen, etwa eine jugendfreie Version und eine ‚Erwachsene'-Version. Je nach Voreinstellung wird eine Version des Films durchgängig gezeigt.

Für die Audiocodierung stehen für Europa verschiedene Verfahren zur Wahl:

Anwendung	Verfahren
Unkomprimierte Audiodaten	→ *PCM*
Komprimierte Stereodaten	→ *MPEG 1*
Komprimierte Mehrkanaldaten	→ *MPEG 2* → *AC-3*

In den USA ist für komprimierte Mehrkanaldaten nur AC-3 zugelassen.

Derzeit unterscheidet man folgende DVD-Systeme:

Typ	# Seiten	# Infoebenen	Kapazität
DVD-5	1	1	4,7 GByte
DVD-9	1	2	8,5 GByte
DVD-10	2	1	9,4 GByte
DVD-14	2	1 und 2	13,2 GByte
DVD-18	2	2	17 GByte
DVD-ROM	1	1	4,7 GByte
DVD-R	1	1	3,95 GByte
DVD-RAM	1	1	2,58 GByte
DVD-RAM	2	1	5,16 GByte
DVD+RW	1	1	3,0 GByte
DVD+R	1	1	4,7 Gbyte

DVD+R ist dabei das neueste Format, das erst im Mai 2001 auf einer Konferenz in San Francisco verabschiedet wurde. Es definiert die einmal beschreibbare DVD.

Die erste Produktionsanlage für DVD-14 und -18 wurde von Time Warner im August 1999 in Pennsylvania/USA in Betrieb genommen.

Auf einer Konferenz im September 1998 entschieden sich führende Hersteller jedoch dazu, der DVD-ROM, DVD-R und DVD+RW eine einheitliche Speicherkapazität von 4,7 GByte zu geben. Zusätzlich zu den DVDs für die Unterhaltungsanwendungen gibt es verschiedene Formate für die PC-Anwendung.

Auf der → *CeBIT* im März 1998 zeigten einige Hersteller erste PCs und Laptops mit DVD-ROM-tauglichen Laufwerken. Weitere erwartete DVD-Anwendungen sind auch einfach beschreibbare DVDs (DVD-R) und mehrmals beschreibbare DVDs als DVD-RAM. Davon existiert gegenwärtig nur die Ausführung mit 2,58 GByte Speicherplatz, eine Variante mit der doppelten Kapazität wird jedoch erwartet. Die DVD-RAM soll letztendlich den Videorecorder ersetzen.

Auch die DVD+RW, nach dem Jahr 2000 erwartet, ist eine wiederbeschreibbare Variante. Die DVD+RW gehört nicht ganz offiziell zur DVD-Familie, da es sich um eine zum großen Teil unspezifizierte Eigenentwicklung der Unternehmen Sony, Philips und → *HP* handelt. Im Gegensatz zur DVD-RAM ist die Kapazität ein wenig erhöht.

Die DVD ging aus mehreren konkurrierenden Standards (→ *SD-ROM* und → *Video Disc*) auf Druck der Computer- und Softwareindustrie im September 1995 hervor, als sich die von Toshiba und Sony/Philips geführten Konsortien auf einige technische Grundzüge eines einzigen Systems einigten. Ein erster technischer und weitaus detaillierterer Standard (DVD 1.0) liegt seit einem Treffen der beteiligten Unternehmen in Brüssel im September 1996 vor.

Die DVD kombiniert dabei das Prinzip der beidseitigen Nutzbarkeit und das Fehlerkorrekturverfahren aus dem Hause Toshiba mit der Ton- und Videospeichertechnik von Philips und Sony.

Die Einigung auf einen Standard wird ein Nebeneinander mehrerer Standards wie seinerzeit bei der Videobandtechnik (Beta, Video 2000 und VHS) vermeiden. Daher rief die Einigung vom September 1995 große Euphorie hervor, und die Elektronikindustrie hoffte auf Geräte ab Herbst 1996 und einen Boom bereits zum Weihnachtsgeschäft 1996, der sich jedoch nicht erfüllte, obwohl der erste DVD-Player überhaupt von Toshiba bereits auf der CeBIT 96 gezeigt wurde.

Erste wenige Player (und ca. 15 DVD-ROM-Titel) gab es in Japan ab November 1996 von Toshiba und Matsushita für 1 000 bis 1 300 DM und in den USA erst Ende 1996. Der offizielle Verkauf in den USA startete im März 1997 mit zunächst 40 Titeln. Gegen Ende 1997 waren es bereits 400, ein Jahr später schon 1 800. Zum Jahresende 1998 gab es auf dem Deutschen Markt rund 300 Titel.

Bis Ende 1997 waren in den USA nach Angaben der → *CEMA* rund 350 000 DVD-Player und rund 3 Mio. DVDs verkauft. Weltweit wurde die Zahl verkaufter Geräte bis März 1998 mit 1,5 Mio. angegeben. In den USA wurden zur Jahresmitte 1998 wöchentlich rund 100 000 DVDs verkauft.

Ein weltweiter Massenmarkt wurde dann ab Ende 1997 oder auch erst ab Mitte 1998 erwartet, als die ersten Abspielgeräte, die bereits auf der → *IFA* 97 in Berlin zu sehen waren, in Europa auf den Markt kamen.

Auf der IFA 99 wurde der erste DVD-Camcorder (aus dem Hause Hitachi) gezeigt.

Dabei werden zunächst einseitige DVD-ROM-Anwendungen im Bereich der Computerindustrie erwartet, gefolgt von einseitigen Home-Consumer-Anwendungen (DVD-Video), für die allerdings ein genügend großes Potenzial attraktiver Spielfilme (mindestens 250 Stück) zur Verfügung stehen muss. Die Filmindustrie verzögerte jedoch die Markteinführung mit der Forderung nach regionalen Hardwareversionen, damit Kinofilmstarts in einem Land nicht durch importierte DVD-Releases des gleichen Films aus anderen Ländern mit früherem Kinostart gestört werden. Hierfür wurden im Sommer 1996 folgende Zonen festgelegt:

Region	Zone
USA, Kanada	1
Japan, Europa, Südafrika, Naher und Mittlerer Osten inkl. Ägypten	2
Südost-Asien (exkl. Japan)	3
Mittel- und Südamerika, Australien	4
Afrika, Russland, Indien, Nordkorea	5
China	6

Darüber hinaus müssen aus dem gleichen Grund Kopierschutzsysteme (→ *ISRC*) zur Verfügung stehen, die in Version 1.0 des Standards noch nicht definiert waren. Diskutiert wurden dafür zwei Verfahren (→ *CGMS*, → *CSS*), die zumindest eine Kopie zulassen, was von der Softwareindustrie befürwortet wird bzw. das Kopieren ganz verhindert, was von der Filmindustrie gefordert wird. Das CSS-Verfahren wurde Ende Oktober 1996 von der Copyright Protection Technical Working Group (CTPWG), die sich aus an der DVD-Normung beteiligten Firmen zusammensetzt, befürwortet.

Es sollen später auch Musik-DVDs (DVD-Audio) und interaktive DVDs (DVD-Interactive) aus den bestehenden Standards heraus entwickelt werden. Die ersten Standards für die DVD-Audio (192 kHz Abtastfrequenz und 24-Bit-Auflösung) wurden Mitte 1998 definiert. Mit einer Markteinführung wird frühestens für Ende 1999 gerechnet. Vorteile der DVD-Audio gegenüber den herkömmlichen Audio-CDs sind:

- Höhere Abtastbandbreite (96 kHz)
- Besserer Kopierschutz durch optisches Wasserzeichen auf dem Trägermaterial und ein digitales Wasserzeichen in den gespeicherten Informationen.
- Integriertes Kopiermanagement.
- Verschlüsselung der Audio-Daten.

→ *http://www.dvdinsider.com/*
→ *http://www.dvdforum.org/*
→ *http://www.dvdpro.net/*
→ *http://www.dvd-magazin.de/*
→ *http://www.dvdvideogroup.com/*

DVE

Abk. für Datenvermittlungseinrichtung.

DVG

Abk. für Deutsche Verbund Gesellschaft.

Verband der deutschen Energieversorgungsunternehmen mit Sitz in Heidelberg.

DVI

1. Abk. für Digital Visual Interface.

   Bezeichnung für einen digitalen Grafikstandard für PCs, der der Nachfolger für → *VGA* werden soll.

   Vorgestellt als Version 1 im April 1999.

2. Abk. für Digital Video Interactive.

   Ein De-facto-Standard der amerik. Firma Intel (mitentwickelt von RCA, General Electric, IBM, Matsushita und Olivetti) für Multimedia-Anwendungen.

   Er beschreibt die Speicherstruktur von komprimierten Medien wie Bildern, Text und Ton auf einem Datenträger.

   Es stehen dafür zwei Verfahren zur Verfügung: PLV (Production Level Video) füllt den Bildschirm mit 6 Mbit/s in ordentlicher Qualität (640 * 480 Pixel und 30 Frames/s) und beruht auf asymmetrischer Technik (ähnlich → *MPEG*), wohingegen RTV (Real Time Video) nur ¼ Bildschirm mit allerdings weniger Bandbreite füllt und in seiner Arbeitsweise dem Motion-JPEG (→ *JPEG*) entspricht.

   DVI ist auf dem Intel-Chip i750 implementiert (Decodierung).

   Etwa 70 Minuten Video können mit DVI auf einer → *CD-ROM* gespeichert werden.

Die Entwicklung von DVI startete 1982 im David Sarnoff Research Center in Princeton (RCA Laboratories) nach einer Idee von Larry Ryan. Basis sollte zunächst die analoge Bildplatte sein.

1984 zog sich RCA aus dem Bildplattenmarkt zurück, und das Konzept änderte sich darauf in Richtung eines kompletten digitalen Systems auf Basis der CD-ROM. Es wurden einige Demos und zwei spezielle Prozessoren dafür entwickelt.

1986 kaufte General Electric das Labor, und im März 1987 wurde die Technik in Seattle auf einer Konferenz des Hauses Microsoft über multimediale CD-ROM-Anwendungen der Öffentlichkeit vorgestellt.

Intel fand daran Interesse und kaufte 1988 von General Electric die Rechte. Daraufhin startete die Entwicklung des i750, und als erstes fertiges Produkt entstand gegen Ende der 80er Jahre ein 386er PC mit noch sieben Steckkarten.

Im Februar 1990 folgte eine Lösung mit nur noch zwei Steckkarten.

Die Version 2.0 des Chipsatzes wurde am 5. November 1990 in New York vorgestellt.

DVI wurde seinerzeit zusammen mit MPEG dem Normungsgremium vorgeschlagen, fiel aber wegen schlechterer Qualität durch, so dass es mittlerweile in der Bedeutungslosigkeit versunken ist.

DVl

Abk. für Datenverbindungsleitung.

Begriff der Deutschen Telekom, der die Leitungen im IDN zwischen den Datenvermittlungsstellen (→ *DVSt*) auf der oberen Netzebene bezeichnet.

→ *DAl*, → *DUst.*

DVMRP

Abk. für Distance Vector Multicast Routing Protocol.

Bezeichnung für ein Protokoll für → *Routing* zum Ermöglichen von → *Multicasting* im → *Internet*. Es war das erste Multicasting-Routing-Protokoll und basiert auf der Ermittlung optimaler Pfade in Richtung vom Empfänger zum Sender (Reverse Path oder auch Reverse Path Forwarding). Definiert im RFC 1075.

DVPT

Abk. für Deutscher Verband für Post und Telekommunikation.

→ *Verband für Post und Telekommunikation.*

DVSt

Abk. für Datenvermittlungsstelle.

Begriff der Deutschen Telekom für eine Vermittlungsstelle in der oberen Netzebene des → *IDN.*

→ *DVl*, → *DAl*, → *DUSt.*

DVT

Abk. für Digital Video Tape.

DW

Abk. für → *Data Warehouse.*

DWDM

Abk. für Dense Wavelength Division Multiplexing.

→ *WDM.*

DWH

Abk. für → *Data Warehouse.*

DWMT

Abk. für Discrete Wavelet Multi Tone.

Eine Form von Multicarrier-Modulation, die → *Wavelet-Codierung* nutzt.

DWT

Abk. für Discret Wavelet Transformation.

→ *Wavelet-Codierung.*

DX 200

Bezeichnung für eine digitales → *Vermittlungssystem* aus dem Hause Nokia.

Die Entwicklung startete in den frühen 70er Jahren. Die erste DX-200-Vermittlungsstelle wurde im Jahre 1980 im finnischen Korppoo in Betrieb genommen.

DXC

Abk. für Digital Cross Connect (System).

→ *Cross Connect*, → *SDH.*

DXI

Abk. für Data Exchange Interface.

DYSEAC

→ *SEAC.*

Dynabook

Bezeichnung eines Forschungsprojektes in den frühen 70er Jahren im Forschungszentrum → *PARC* im Hause Xerox zur Entwicklung eines drahtlosen, tragbaren und platzsparenden Computers. Prinzipiell war das 1972 fertig entwickelte Dynabook ein Vorläufer der heutigen Laptops.

Maßgeblich beteiligt waren Alan Kay, Butler Lampson und Chuck Thacker.

Dynamic HTML

→ *HTML.*

Dynamisches Routing

→ *Routing.*

E

E0, E1, E2, E3, E4, E5

Abk. für European (Digital Signal Level) No. 1, 2, 3, 4, 5.

Kurzbezeichnung von standardisierten Datenraten der europäischen → *PDH*-Multiplexhierarchie, definiert durch die → *ITU* in → *G.704*. Die Datenrate einer höheren Signalebene ergibt sich aus ganzzahligen Vielfachen der darunter liegenden Ebene. Die Gegenstücke in Nordamerika sind → *T0, 1, 2, 3, 4* und in Japan → *J0, 1, 2, 3, 4*.

Level	Gesamt-datenrate	Anzahl Nutzka-näle zu je 64 kbit/s	Bemerkungen
E0	64 kbit/s	1	Abgeleitet von der PCM-Technik
E1	2,048 Mbit/s	30	32 E0-Kanäle, davon ein Synchron- und ein Servicekanal. → *PCM 30*, → *ISDN*
E2	8,448 Mbit/s	120	4 E1-Kanäle
E3	34,368 Mbit/s	480	4 E2-Kanäle
E4	139,264 Mbit/s	1920	4 E3-Kanäle
E5	565,148 Mbit/s	7680	4 E4-Kanäle

Die durch das → *TDM*-Verfahren vorgegebene Rahmenlänge (in Bit) bzw. Rahmendauer (in µs) variiert dabei:

Level	Rahmenlänge	Rahmendauer (µs)
E0	-	-
E1	256 bit	125
E2	848 bit	100,38
E3	1536 bit	44,69
E4	2928 bit	21,02
E5	2688 bit	4,76

E2E

Abk. für End to End.

Flexibel eingesetzter Begriff, der eine durchgehende Anwendung einer Technologie zwischen zwei Referenzpunkten bezeichnet. Ein Beispiel ist die durchgängige Anwendung einer → *IP*-Transportplattform für Sprachübertragung bei einer Voice-over-IP-Implementierung (→ *Internet Telefonie*).

E2-Netz

→ *E-Netz*.

E 10

Name eines digitalen Vermittlungssystems aus dem Hause Alcatel, das ursprünglich in den frühen 70er Jahren vom Vorgängerkonzern ITT in Zusammenarbeit mit dem → *CNET* in Frankreich entwickelt wurde. Es wird parallel zum → *System 12* der Alcatel-SEL angeboten. Es arbeitet mit zentraler Steuerung und war das erste digitale System über-

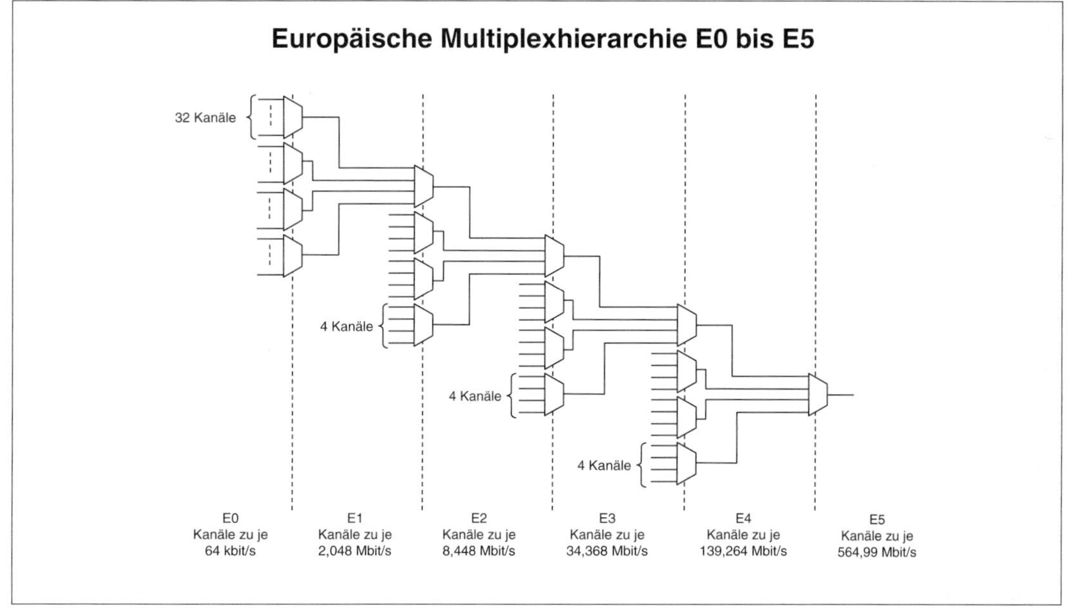

haupt, das in öffentlichen Netzen zum Einsatz kam. Mittlerweile wird es 1000 E 10 genannt.
→ *http://www4.alcatel.com/products/*

E-13B-Schrift

Bezeichnung einer maschinen- und menschenlesbaren magnetischen Schrift (→ *OCR*). Insbesondere in den USA im Bankengewerbe verbreitet. Die Zeichen werden in Form eines magnetisierten Aufdrucks auf Schecks, Überweisungen etc. aufgetragen.
→ *MICR*.

E.115

→ *Teilnehmerverzeichnis*.

E.163 und 164

→ *Nummerierungsplan*.

E 911

Abk. für Emergency Number 911.
In den USA die Kurzbezeichnung für Notrufdienste in allen Telefonnetzen (mobil/fest) mit der Nummer 911 (vergleichbar mit 110/112 in Deutschland).
Die Ähnlichkeit mit der Typbezeichnung für einen Sportwagen aus deutscher Produktion ist tatsächlich rein zufällig.

EA

Abk. für Extension Adress.

EACEM, EACM

Abk. für European Association of Consumer Electronics Manufacturers.
Bezeichnung für den Zusammenschluss europäischer Hersteller von Unterhaltungselektronik.
→ *http://www.eacem.be/*

EAEC

Abk. für European Airlines Electronics Committee.

EAI

Abk. für Enterprise Application Integration.

EAN, EAN-Code, EANCOM

Abk. für Europäisches Artikelnummernsystem.
Bezeichnung eines maschinenlesbaren → *Barcodes*. Basiert auf 13stelliger Artikelnummer, bestehend aus zwei Länderkennziffern, fünf national zu vergebenden Herstellerziffern, fünf Artikelziffern (vergeben durch den Hersteller) und einer Prüfziffer. Die Artikelnummer ist in → *OCR-B*-Schrift unterhalb des Strichcodes zur Eingabe per Hand verzeichnet.
Auch einfach nur Strich-, Bar- oder Balkencode genannt, obwohl der EAN-Code nur einer von vielen, wenn auch der bekannteste, ist.
Genormt ist der Strichcode durch das → *DIN* in DIN 66236. Er kann mit Lasern fotoelektrisch gelesen werden und wird im Einzelhandel zur Codierung von Artikeln (nicht von Preisen) eingesetzt. Die Artikelnummer dient aber in einer entsprechenden Kasse zum Ermitteln des Preises durch eine kasseninterne Liste, die Artikelnummern einen aktuellen gültigen Preis zuordnet.
Eingeführt wurde der Code 1978 von zwölf Staaten.
Ferner wurde mit EANCOM ein → *EDI*-Standard entwickelt, der EAN nutzt.

EAP

Abk. für Extensible Authentication Protocol.

EAPROM

Abk. für Electrically Alterable Programmable Read Only Memory.
Andere Bezeichnung für den → *EEPROM*. Die Anzahl der möglichen Zugriffe während der Lebensdauer des Bausteins ist auf ca. 10^7 beschränkt.

Early Bird

→ *INTELSAT*.

EARN

Abk. für European Academic Research Network.
Bezeichnung des europäischen und vorwiegend akademisch genutzten Forschungsnetzes. Es umfasst rund 600 akademische Einrichtungen in Europa, dem Mittleren Osten und Afrika. Es arbeitet eng mit dem technisch ähnlichen → *BITNET* und dem → *NorthNet* zusammen.
Inbetriebnahme am 27. Februar 1984 anlässlich einer Konferenz in Genf. Es wird massiv von IBM unterstützt und ist seit Oktober 1994 Teil von → *TERENA*.

EAS

Abk. für Expert Agent Selection.
Bezeichnung eines Merkmals von Nebenstellen in → *ACD*-Anlagen von → *Call Centern*. Dabei werden z.B. mit → *CLI* die Nummern der Anrufer analysiert, so dass sie direkt einem regionalen Sachbearbeiter zugeleitet werden.
Andere Auswertesysteme sortieren anhand von Listen nach VIP- oder Großkunden.
Im Zusammenwirken mit → *IVR* und dem Tonwahlverfahren können darüber hinaus gezielt Kundenwünsche abgefragt und, darauf abgestimmt, kann der Anrufer zu einem → *Agenten* mit speziellem Fachwissen durchgeschaltet werden. Dieses Vorgehen bezeichnet man auch als Skill Mapping oder Skill Based Routing. Beispiele für bestimmtes Fachwissen sind Sprach- oder Produktkenntnisse.
Werden Anrufer nicht nur anhand von zwei oder drei, sondern anhand von erheblich mehr Kriterien eingestuft (bis zu 100) und zu Agenten durchgestellt, die ebenfalls durch erheblich mehr Kriterien (ebenfalls bis zu 100, üblicherweise viele Soft-Skills) charakterisiert werden, dann spricht man von Virtual Group Routing. Dabei können die entscheidenden Routing-Kriterien von Anrufer zu Anrufer variieren, d.h. mal ist z.B. die gewünschte Sprache, mal der Anrufgrund (Produktbestellung), mal das konkrete Produkt und mal der Anruferstatus (VIP oder Kunde mit hohem Umsatz oder Umsatzpotenzial) relevant.

Erfolgt beim Virtual Group Routing das Routing ausschließlich anhand der Fähigkeiten der Agenten, dann spricht man auch von Resumé-Routing. Hierbei wird jeder Agent anhand von vielen Parametern charakterisiert. Dabei wird zwischen objektivem Qualifikations-Level und subjektivem Präferenz-Level der Agenten unterschieden. Jeder Agent wird (z.B. auf einer Skala von 0 bis 5 oder 0 bis 9) für jeden Parameter eingestuft.

EAsKT

Abk. für Einzelanschlusskonzentrator.

→ *Konzentrator*.

Easy PC

Bezeichnung einer Industrieinitiative verschiedener PC-Hersteller (angeführt jedoch von Microsoft und Intel) mit dem Ziel, einen Standard für einen einfach ausgestatteten PC zu entwickeln, der preisgünstig in großen Stückzahl herzustellen ist und den PC-Markt nach unten erweitert.

Prinzipiell besteht in den Zielen eine große Ähnlichkeit mit dem gescheiterten Konzept des Network Computers (→ *NC*), jedoch basiert Easy PC nicht auf der Notwendigkeit eines Internet-Anschlusses.

Eine Umsetzung wird für Jahresende 2001 erwartet.

EAZ

Abk. für Endgeräteauswahlziffer.

Bezeichnung für die letzte Ziffer der Telefonnummer eines → *ISDN*-Anschlusses mit dem nur in Deutschland genutzten D-Kanal-Protokoll → *1TR6*, die ein Endgerät am S_0-Bus auswählt. Es stehen dafür die Ziffern 0 bis 9 zur Verfügung.

Die EAZ wird am Gerät selbst eingestellt. Dabei bewirkt eine gewählte 0 ein Klingeln aller am Bus angeschlossenen Geräte, unabhängig von ihrer jeweils eingestellten EAZ.

Umgekehrt bewirkt eine an einem Gerät eingestellte EAZ von 9, dass dieses eine Gerät immer klingelt, unabhängig von der gewählten EAZ.

EB

1. Abk. für Enterprise Bean.
2. Abk. für Electronic Book.

   Bezeichnet den Sony-Firmenstandard aus dem Jahr 1990 einer CD mit 8 cm Durchmesser und 200 MByte Speicherplatz

   Anwendungen waren kleine mobile Terminals mit LCD-Monochromschirm. Das System konnte sich bislang nicht durchsetzen.

   → *CD-ROM*, → *MD*.
3. Abk. für Errored Block.

   Bezeichnet eine Datenmenge (angegeben in Bit; die Anzahl hängt von der betrachteten Datenrate ab und orientiert sich an → *SDH*-Rahmengrößen), in der ein oder mehrere Bit fehlerhaft (= gekippt) sind. Der Begriff spielt eine Rolle bei der Definition von Qualitätsparametern wie z.B. → *DM*, → *ES*, → *EFS* oder → *SES*. Definiert durch die → *ITU* in G.821.

EBA

Abk. für European Billing Association.

Bezeichnung eines europäischen Intressenverbandes von Herstellern von → *Billing*-Systemen und Netzbetreibern.

→ *http://www.billing.org/*

EBAM

Abk. für Electronic Beam Accessed Memory.

EBC

Abk. für Element Based Charging.

Bezeichnung für eine grundlegende Möglichkeit, Tarife für → *Interconnection* zu definieren. Im Gegensatz zur herkömmlichen Tarifierung leitungsvermittelter Telekommunikationsdienstleistungen, die primär auf Zeit und der überbrückten geografischen Distanz zwischen A- und B-Teilnehmer beruht, geht EBC davon aus, dass die Kosten hauptsächlich durch die Anzahl notwendiger Vermittlungsvorgänge und die beim Vermittlungsvorgang belegten Ressourcen bestimmt wird.

Grundlage eines Interconnection-Tarifes, der auf EBC fußt, ist daher die Anzahl der Vermittlungsvorgänge und Übertragungsstrecken.

EBCD

Abk. für Extended Binary Coded Decimal.

Bezeichnung eines Zeichencodes mit sechs Daten- und einem Paritätsbit.

EBCDIC

Abk. für Extended Binary Coded Decimal Interchange Code.

Ein von der IBM in den 60er Jahren entwickelter 8-Bit-Code für Großrechenanlagen (→ *Mainframe*, → *IBM/360*), daher manchmal auch IBM-Code genannt. Er wird kaum noch verwendet.

Abgeleitet vom → *BCDIC*, der um ein Paritätsbit zur Erkennung von Fehlern bei der Datenübertragung erweitert wurde.

EBCOT

Abk. für Embedded Block Coding (with) Optimized Truncation.

EBES

Abk. für European Board for EDI/EC Standardization.

→ *EDIFACT*.

EBG

Abk. für ECTEL Broadband Group.

Bezeichnung für ein Gremium in der → *ECTEL*, das sich mit Breitbanddiensten und auch -netzen beschäftigt.

EBIT

Abk. für European Broadband Interconnection Trial.

Bezeichnung für einen europäischen Breitband-Verbundnetz-Versuch.

EBONE

Abk. für European Backbone.

Bezeichnung eines europäischen → *Backbones* des → *Internet*, das von mehreren Internet-Service-Providern (→ *ISP*) und verschiedenen nationalen großen Telcos betrieben wird und dem Austausch von Nachrichten aller Art untereinander, ohne Umweg über die USA, dient.

EBONE verbindet über 60 regionale Netze in über 25 europäischen Ländern.

→ *http://www.gtsgroup.com/ebone/*

eBook

Abk. für Electronic Book.

Bezeichnung einer im Oktober 1998 gebildeten Initiative von mehreren US-Verlagsgesellschaften und → *Microsoft* zur Entwicklung eines auf → *HTML* und → *XML* basierenden Standards für Bücher in elektronischer Form zur Verbreitung über → *Online-Dienste* und/oder das → *WWW* des → *Internets*.

EBS

Abk. für EBONE Boundary System.

EBU

Abk. für European Broadcasting Union.

Ein Zusammenschluss europäischer Rundfunkanstalten, der Normen für die Übertragung und Verteilung von Hörfunk- und Fernsehprogrammen und -informationen über Satelliten erarbeitet. Sein Sitz ist in Genf.

→ *AES/EBU*.

→ *http://www.ebu.ch/*

E-Business

Abk. für Electronic Business.

Seit dem Erfolg des → *Internet* mit dem → *WWW* ab Mitte der 90er Jahre eines der großen Modeworte unserer Zeit, ähnlich wie in den Jahren unmittelbar zuvor → *Multimedia* oder noch etwas weiter zurück der Begriff → *Telematik*.

Eine scharfe Definition des Begriffes fällt schwer, zumal viele Unternehmen andere bzw. ähnliche Bezeichnungen wie z.B. Electronic Commerce/Business, E-Commerce oder E-Services verwenden, um sich und ihre Produkte oder Angebote zu differenzieren. Insgesamt hat sich jedoch seit ca. 1998 die Erkenntnis durchgesetzt, dass E-Business der umfassendste aller diskutierten Begriffe ist.

E-Business wird in diesem umfassendsten Sinn als die komplette elektronische Abwicklung von Geschäftsprozessen aller Art über mehrere Stufen der Wertschöpfungskette hinweg definiert (nicht nur Bewerbung und/oder Verkauf). Idealerweise wird dabei nicht nur auf der Verkaufsseite, sondern auch auf der Lieferantenseite und im Verkehr mit anderen Partnern und Dienstleistern auf eine IP-basierte Plattform und Web-basierte Technologien zugegriffen. Als weiteres Merkmal gilt, dass es zu einer Integration der Systeme auf allen Seiten kommt. In seiner höchsten Form kommt es bei E-Business zur Entwicklung von neuen Geschäftsmodellen, die ohne das Internet und das WWW nicht möglich gewesen wären, z.B. → *Power-Shopping* oder → *Reverse Auctioning*. Derartige Anwendungen werden üblicherweise durch Unternehmen der → *New Economy* realisiert.

Insgesamt lassen sich die Anwendungen des E-Business aus Unternehmenssicht folgendermaßen klassifizieren:

- Auf der Einkaufsseite unterscheidet man:
  - Elektronisches Supply Chain Management (E-SCM): Der Einkauf geschäftskritischer Rohstoffe, Vorprodukte

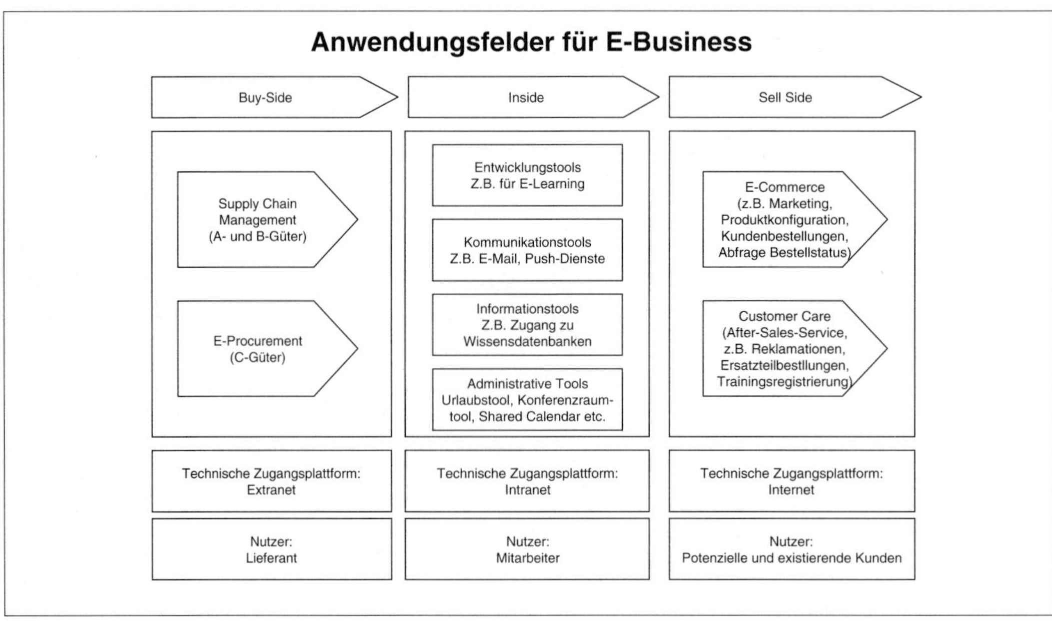

sowie von Hilfs- und Betriebsstoffen, die zur Herstellung / Bereitstellung von dem Unternehmenszweck unmittelbar dienlichen Produkten verwendet werden. Oft ist an dieser Stelle von A- und B-Gütern die Rede.

- E-Procurement: Der Einkauf von nicht geschäftskritischen Ge- und Verbrauchsgütern, etwa von Büromöbeln oder Büroartikeln. Diese Güter werden wahlweise C-Güter oder MRO-Güter (Maintenance, Repair, Operations) genannt.

Zum Einkauf wird oft ein → *elektronischer Marktplatz* genutzt.

Die technische Infrastruktur für den Zugriff darauf oder für die direkte Verbindung mit Lieferanten ist oftmals ein → *Extranet*.

- Innerhalb eines Unternehmens:
  - Workforce Optimization: Alle Anwendungen, die Geschäftsprozesse innerhalb eines Unternehmens elektronisch auf einer IP-Plattform und mit Hilfe von Web-Technologien abbilden. Diese Anwendungen können oft klassifiziert werden nach:
    - Anwendungen aus dem Bereich der Entwicklung der Mitarbeiter: In diesem Fall spricht man von E-Learning-Anwendungen.
    - Anwendungen aus dem Bereich der Information und Kommunikation: Hierunter fallen z.B. die Nutzung eines → *Push-Dienstes* zur Verbreitung von Firmennachrichten oder die Einrichtung eines globalen → *Directory* als Ersatz für gedruckte Telefonbücher.
    - Anwendungen aus dem Bereich der Effizienzsteigerung: Hierunter fallen Anwendungen, die administrative Standardprozesse vereinfachen, etwa ein Online-Tool für die Reisekostenabrechnung, ein von allen Mitarbeitern gemeinsam genutzter Terminkalender mit Erinnerungsfunktion per E-Mail oder ein Buchungstool für Konferenzräume.
- Auf der Verkaufsseite:
  - E-Commerce (EC): Bezeichnung für die komplette elektronische Abwicklung einer wirtschaftlichen Transaktion, d.h. eines Verkaufs von Gütern, über eine IP-basierte Infrastruktur und unter der Zuhilfenahme eines → *Browsers* und der damit verbundenen Technologien wie z.B. → *HTML*, → *XML* oder → *Java*.

    Es ist dabei zu beachten, dass E-Commerce nach dieser Definition bereits wesentlich mehr ist als der Unterhalt einer eigenen → *Site* im WWW, da die Site für E-Commerce mit einer bestimmten Funktionalität ausgestattet sein muss.

    E-Commerce gemäß dieser Definition umfasst die folgenden Stufen der Wertschöpfungskette im Vertrieb:
    - Ansprache (Anziehung) potentieller Nutzer:
      - → *Net Advertising*
      - → *Portal Page*
    - Hilfe bei der Produktsuche und -auswahl:
      - → *Suchmaschinen*
      - → *Netbots*
      - → *Shopping Bots*
      - Konfiguratoren
      - Nutzerregistrierung und Auswertung seiner Vorlieben (→ *Cookies*)
    - Produktpräsentation:
      - Einsatz von → *VRML*
      - Multimediale Präsentation

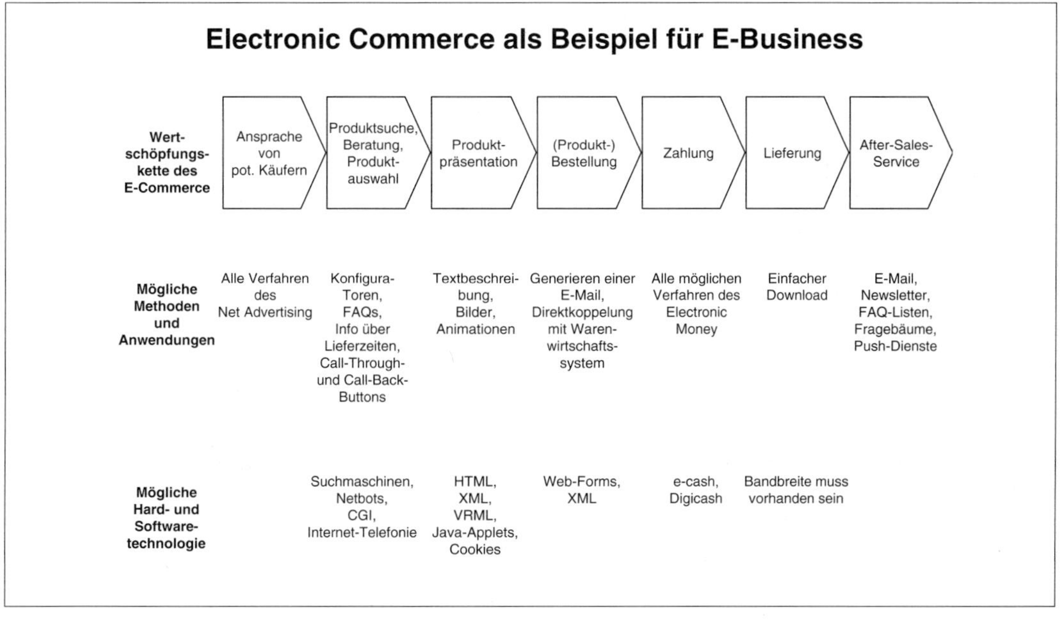

- Abwicklung des Bestellvorganges
- Abwicklung des Zahlungsvorgangs (→ *Electronic Money*)
- Lieferung durch Download, sofern die Produkte dazu geeignet sind (z.B. Software, Musik, Videos, Computerspiele, Textinformationen, strukturierte Informationen aller Art):
  - Sofortiger Download der kompletten Ware nach kompletter Zahlung.
  - Download einer Testversion mit anschließendem Download einer Vollversion oder eines Passwortes zum Freischalten nach erfolgter Online-Zahlung oder nach herkömmlichem Zahlungseingang.
  - Electronic Customer Care: Kundendienst nach dem Kauf, z.B. mit Hilfe von:
- Zufriedenheitsumfragen
- Informationen über komplementäre Produkte
- Informationen über Trainings
- Informationen über Folgeprodukte
- Informationen über Gewinnspiele und sonstige Events
- Informationen über Zubehör
- Aufbau einer → *Community*.
- Troubleshooting

Die Wirkung der Nutzung von E-Business kann in folgenden drei Thesen zusammengefasst werden:

- Geografische Grenzen werden aufgehoben (Globalisierung)
- Bedarfsorientierte Information der Konsumenten führt zu größerer Transparenz (auch Preistransparenz)
- Geschäftsprozesse werden durch fehlende Medienbrüche und direkte Abbildung in elektronischer Form rascher und kostengünstiger abgewickelt

Ferner wird das Präfix ‚e‘ dazu verwendet, viele herkömmliche und altbekannte Anwendungen mit einem besonders innovativen Anstrich zu versehen (‚E-Procurement‘, ‚E-Learning‘, ‚E-Publishing‘), solange die damit verbundenen Daten nur über ein IP-basiertes Netz transportiert werden oder als Nutzerschnittstelle ein Browser verwendet wird. Der Buchstabe ‚e‘ hat damit dem in den Vorjahren verwendeten ‚Tele-‘ den Rang abgelaufen. Den Anwendern dieser e-geprägten Begriffe bringt dies von strengen Kritikern daher häufig den Vorwurf ein, nur „Alten Wein in neuen Schläuchen“ propagieren zu wollen.

Diese These wird durch folgende weitere Fakten gestützt:

- Ein erstes Netz zur expliziten Datenübertragung zwischen Unternehmen einer Branche wurde bereits 1949 eingerichtet (Luftfahrtbranche, → *SITA*).
- Die kommerzielle Nutzung von IT- und TK-Technologien in den Bereichen Handel und Administration begann nicht erst Mitte der 90er Jahre, sondern mit der Punkt-zu-Punkt-Vernetzung der ersten Computer in den 50er Jahren zwischen dem Einzelhandel in den USA (z.B. Sears) und seinen Lieferanten.
- Ebenfalls in den späten 50er Jahren entstand in den USA das erste kommerzielle Reservierungssystem auf Basis eines landesweiten Computernetzes (→ *SABRE*)
- In den 60er Jahren waren insbesondere die Banken innovativ, als sie damit begannen, Zahlungsvorgänge elektronisch abzuwickeln (Electronic Funds Transfer, → *EFT*).
- In den 70er Jahren forcierte insbesondere die Automobilindustrie die auf anerkannten, industrieweiten Standards basierende Vernetzung zwischen Herstellern und Zulieferern (→ *EDI*). Insbesondere hier wurde eine ähnliche bzw. in vielen Bereichen sogar identische Funktionalität wie bei manchen heutigen E-Business-Anwendungen zwischen Unternehmen realisiert.
- In den 80er Jahren gab es schon mehrere (proprietäre) Online-Dienste für Konsumenten (→ *Minitel*, → *T-Online*), die auch schon die Abwicklung von Transaktionen, teilweise sowohl zwischen Unternehmen und Endverbrauchern als auch zwischen Unternehmen erlaubten.
- Ebenfalls in den 80er Jahren boten verschiedene Informationsdienste Recherchen in Datenbanken auf kommerzieller Basis an.

Der entscheidende Schritt von diesen Anwendungen zum E-Business, wie man es heute kennt und was es ausmacht, sind:

- Eine einheitliche technische Transportplattform mit offenen und allgemein anerkannten Standards (IP-basierte Netze)
- Einheitliche und damit industrieunspezifische Standards zur Beschreibung von Inhalten und Datenstrukturen (→ *HTML*, → *VRML*, → *XML*)
- Leicht zu bedienendes, grafisches Nutzerinterface, das es erstmals auch privaten Endverbrauchern und Gelegenheitsnutzern erlaubt, geschäftliche Transaktionen auf Basis einer elektronischen Plattform durchzuführen (WWW und Browser).

Ferner diskutiert man ergänzend im Bereich des E-Business:

- Integration von Sprachübertragung (Internet-Telefonie) zum Kontakt für eine persönliche Beratung durch ein → *Call Center*
- Integration von E-Mail
- Service-Links zu anderen Sites mit ergänzenden Informationen
- Online-Marketing durch Präsenz in anderen Linklisten und auf anderen Sites
- Kombination mit → *Banner*
- Integriertes Marketing durch gezielte Einbindung von E-Commerce in den Marketing-Mix
- Einbindung von → *EDI*, z.B. durch automatische Generierung einer Rechnung im EDI-Format zur automatischen Weiterverarbeitung

Die Realisierung von E-Business auf Basis der IP-Technologien verspricht im Bereich des E-Commerce das rasche Erreichen der Ziele, die man bei → *Tele-Shopping* auf Basis des Fernsehers als Endgerät ursprünglich hatte.

Der größte Vorteil von E-Business ist, dass u.U. mehrere Glieder der üblichen Wertschöpfungskette (Hersteller, Großhandel, Einzelhandel) ausgeschaltet werden. Daraus resultieren:

- Erheblich geringere Transaktionskosten
- Schnellere Abwicklung des Geschäftes und dadurch schnellere Lieferung und Bezahlung,
- Größere Kontrolle des Vertriebskanals
- Schnelle Anpassung an geänderte Marktanforderungen

Weitere Vorteile sind:

- Globaler Vertrieb ohne großen Mehraufwand möglich
- Leichte Skalierbarkeit

Zu den Nachteilen zählen:

- Wegen des speziellen Profils der Internet-Nutzer sind nicht alle Produkte für den Vertrieb durch E-Commerce geeignet. Hierzu zählen z.B. stark erklärungsbedürftige Produkte, Investitionsgüter, technisch komplexe Güter und solche mit erheblichen haptischen Eigenschaften.
- Widerstand anderer Vertriebskanäle bzw. von Teilen der herkömmlichen Wertschöpfungskette. Dies kann jedoch durch die Positionierung des E-Commerce als ergänzendes und nicht als ersetzendes Angebot ausgeglichen werden.

Insbesondere der Begriff Electronic Commerce existiert bereits seit mehreren Jahren, wurde aber zunächst nur auf die Online-Recherche in geschäftlich genutzten Datenbanken und schließlich insbesondere auf die Nutzung von → *EDI* bezogen. Erst mit dem Aufstieg des WWW ab ca. 1996 entwickelten sich rasch andere Anwendungsszenarien. Dort gelten der Buchhandel (→ *http://www.amazon.com/*), der Netzwerkanbieter Cisco Systems (→ *http://www.cisco.com/*) und der Computerhandel (→ *http://www.dell.com/*) als Schrittmacher für kommerzielle Anwendungen.

Allgemein wird angenommen, dass E-Commerce zunächst für geschäftliche Anwendungen (Business-to-Business, → *B2B*) interessant wird.

Einer der ersten Anwender des WWW für E-Commerce war die Restaurantkette ‚Pizza Hut' gewesen. Dies zu einer Zeit (um 1995), als das WWW fast noch ein rein akademisches Medium war und seine Kommerzialisierung am Anfang stand. Die seinerzeitige WWW-Gemeinde sah diese beginnende Kommerzialisierung des öffentlichen Internets nicht gerne und einige schlugen sogar einen Boykott des Pizza Hut vor.

Eine deutsche Interessenvertretung, die sich des E-Commerce angenommen hat, ist → *eco*. Auf europäischer Ebene ist es → *EuroISPA* und in den USA → *ICX*.

→ *Music-on-Demand.*

→ *http://www.bcpl.net/*

→ *http://www.ebusinessforum.com/*

→ *http://www.ecommerce.gov/*

→ *http://www.electronic-commerce.org/*

→ *http://www.e-commerce-systeme.de/*

→ *http://www.ecin.de//*

→ *http://www.bmwi-netzwerk-ec.de/*

EC

1. Abk. für Echo Cancellation.
   → *Echokompensation.*
2. Abk. für Electronic Commerce.
   → *E-Business.*
3. Abk. für Error Control.
4. Abk. für Exchange Carrier.

e-cash

Bezeichnung für eine Form des → *Electronic Money*. Im Gegensatz zu anderen Systemen, wie z.B. → *SET* oder → *CyberCash*, lehnt sich e-cash so weit wie möglich an die traditionellen, währungsbasierten Systeme der realen Welt an und erlaubt eine Anonymität des Nutzers.

Digitale Währungseinheiten werden dabei als ein Bitmuster (auch Token genannt) repräsentiert und von einer zentralen Stelle, z.B. einer Bank, ausgegeben. Die Bank teilt Nutzern der Währungseinheiten auch Seriennummern zur Verwendung zu. Jede der digitalen Währungseinheiten wird durch den Nutzer der Währungseinheit mit einer Seriennummer aus seinem Seriennummernblock versehen und wird von der Bank digital signiert, ohne dass die Bank die Seriennummer erfährt (‚blinde Signatur').

Der Nutzer kann die Währungseinheit geeignet zwischenspeichern, z.B. auf seiner → *Festplatte* oder → *Smart Card*. Er kann diese Währungseinheiten in Form von Bitmustern dann auch an Händler/Verkäufer weitergeben (‚Bezahlen').

Der Empfänger kann nun seinerseits damit einen anderen Verkäufer bezahlen oder die Muster der Bank zurückgeben, welche die Signatur überprüft und die Seriennummer mit einer Liste der ausgegebenen Seriennummern vergleicht. Der Empfänger erhält dann den Wert auf seinem realen Girokonto gutgeschrieben.

Da die Währungseinheiten zwischen Ausgabe durch die Bank und Einlösung bei der Bank, wie reales Geld auch, mehrfach verwendet werden können, kann die Bank den Lauf der Währungseinheiten nicht feststellen, d.h., sie kann nicht nachvollziehen, wer wann was zu welchem Betrag gekauft hat, wodurch Anonymität gewährleistet ist.

Jede von einer Bank ausgegebene Seriennummer kann nur ein einziges Mal für eine Währungseinheit verwendet werden, so dass die gleiche Währungseinheit nicht mehrfach vorhanden sein kann. Dieses Prinzip entspricht auch der Nummerierung von realem Geld, z.B. bei Geldscheinen.

Die einzelnen Prozesse, wie Währungseinheiten bei der Bank abheben, Zahlungen durchführen und Währungseinheiten einlösen, werden durch eine Front-End-Software erreicht, die man auch als Geldbörse bezeichnen kann, da sie beim Nutzer die Währungseinheiten verwaltet und zwischenspeichert.

Entwickelt wurde das Verfahren von David Chaum, dessen niederländische Firma DigiCash Inc. aus e-cash auch ein registriertes Warenzeichen gemacht hat. DigiCash ging zur Jahresmitte 1999 in den Konkurs und wurde bei einer Zwangsversteigerung von einem unbekannten Investor übernommen.

Aus Deutschland unterstützt die Deutsche Bank das Verfahren, die es gegen Ende 1997 in einem Feldversuch mit 35

Handelsunternehmen und 1 500 Kunden testete. In der Schweiz startete die Credit Suisse im Mai 1998 einen Feldversuch mit gut 40 Handelsunternehmen.
→ *http://www.digicash.com/*

ECC

1. Abk. für Embedded Control Channel.

   Bezeichnung für einen Kanal im Übertragungssystem der → *SDH*, der nur zur Übertragung von Managementinformationen und nicht für Nutzdaten vorgesehen ist.

2. Abk. für Elliptic Curve Cryptography.

   Bezeichnung für ein relativ neues Verschlüsselungsverfahren. Vom Prinzip her ein → *Public-Key-Verfahren*. Schlüssellänge liegt bei 160 oder 234 Bit.

ECCO

Abk. für Equatorial Constellation Communications.

Bezeichnung eines von den Unternehmen Constellation Communications (CCI) und der brasilianischen PTT Telebras initiierten und 500 Mio. $ teuren Systems für → *Satellitenmobilfunk*, das ursprünglich 1999 in Betrieb gehen sollte. Später beteiligten sich auch die Unternehmen Bell Atlantic, CTA und Raytheon E-S daran. Hervorgegangen ist es aus den initialen Plänen con CCI für → *Aries*.

Hierfür sollten 11 Satelliten (425 kg) aus dem Hause Matra-Marconi in eine zirkulare Umlaufbahn in 2 000 km Höhe gebracht werden, die nur den Gürtel um den Äquator versorgen sollen.

Dabei wird als Zugriffsmethode → *CDMA* genutzt. Der → *Uplink* wird über Frequenzen im → *L-Band* und der → *Downlink* über Frequenzen im → *S-Band* abgewickelt.

Es sollen neben Sprachübertragung auch Datendienste bis 9,6 kbit/s angeboten werden.

Das System sollte sich auf äquatoriale Gegenden beschränken, da in jenen Gebieten dieschlechtesten terrestrischen Netze zu finden seien und damit der Bedarf nach satellitengestützten Telekommunikationsdienstleistungen am größten.

ECCSA

Abk. für European Calling Card Services Association.

Bezeichnung für einen Zusammenschluss zur Interessenvertretung europäischer Anbieter von → *Calling Cards*.
→ *http://www.eccsa.org/*

Echelon

Bezeichnung für ein weltumspannendes Spionagesystem der USA (Betreiber ist die → *NSA*) zum Abhören von satelliten-, funk- und kabelgestütztem Datenverkehr. Beteiligt sind außer den USA noch GB, Kanada, Neuseeland und Australien.

Echelon wurde 1948 gegründet und während des kalten Krieges global ausgebaut, ist aber auch heute noch in Betrieb. Seine Existenz wurde lange Zeit nicht bestätigt, gilt aber seit den Enthüllungen eines Journalisten aus Neuseeland (Nicky Haager) als gesichert, zumal fünf ausgedehnte Bodenstationen (u.a. in Menwith Hill/GB) zur Satelliten- und Funküberwachung schon längere Zeit bekannt waren.

Technisch gesehen werden gezielt Verbindungen ausgesucht, die auszuspionierende Personen/Institutionen benutzen könnten. Mit aufwendiger Technik, z.B. → *Sprachsysteme* zum Sprachvergleich, werden die Datenströme auf bestimmte Schlüsselwörter, Telefonnummern oder E-Mail-Adressen hin durchsucht. Bei Treffern werden die entsprechend aufgezeichneten Daten an einen Geheimdienst der beteiligten Nationen zur detaillierten Auswertung weitergeleitet.

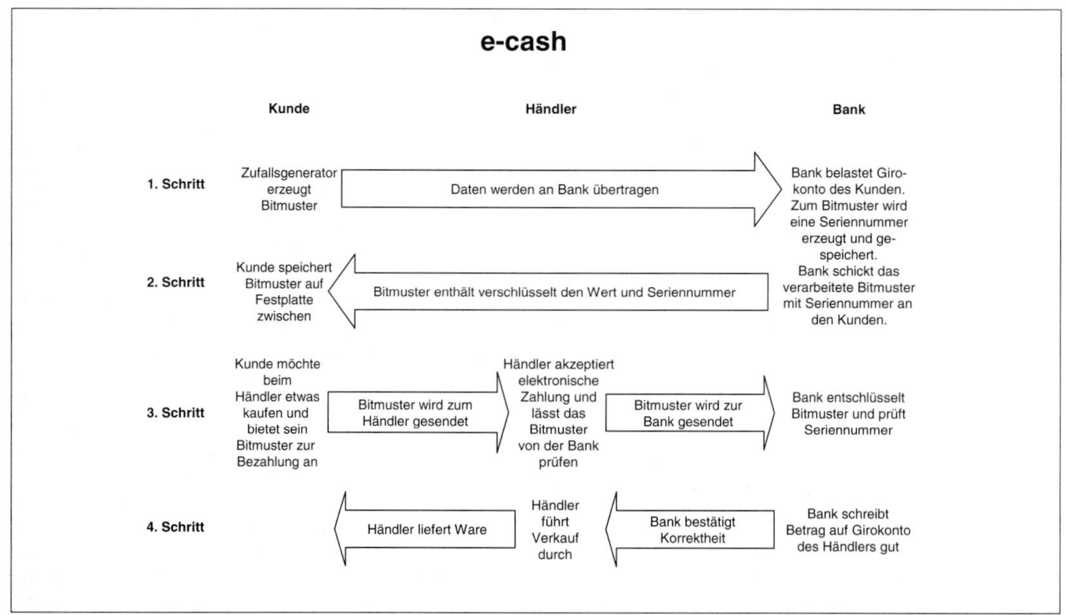
e-cash
Kunde
Händler
Bank
1. Schritt
Zufallsgenerator erzeugt Bitmuster
Daten werden an Bank übertragen
Bank belastet Girokonto des Kunden. Zum Bitmuster wird eine Seriennummer erzeugt und gespeichert. Bank schickt das verarbeitete Bitmuster mit Seriennummer an den Kunden.
2. Schritt
Kunde speichert Bitmuster auf Festplatte zwischen
Bitmuster enthält verschlüsselt den Wert und Seriennummer
3. Schritt
Kunde möchte beim Händler etwas kaufen und bietet sein Bitmuster zur Bezahlung an
Bitmuster wird zum Händler gesendet
Händler akzeptiert elektronische Zahlung und lässt das Bitmuster von der Bank prüfen
Bitmuster wird zur Bank gesendet
Bank entschlüsselt Bitmuster und prüft Seriennummer
4. Schritt
Händler liefert Ware
Händler führt Verkauf durch
Bank bestätigt Korrektheit
Bank schreibt Betrag auf Girokonto des Händlers gut

Waren zunächst rein militärisch-politische Interessen die Triebfeder hinter Echelon, so steht seit Ende des kalten Krieges die herkömmliche Wirtschaftsspionage (selbst gegen befreundete Staaten) mehr im Vordergrund. Dies wird jedoch von den Betreibern dementiert.

Ein Stützpunkt von Echelon in Deutschland befindet sich in Bad Aibling.

Echo

1. In elektrischen Systemen der unerwünschte, weil störende Effekt der Reflexion eines elektrischen Signals an bestimmten Stellen (Inhomogenitäten) des Übertragungsmediums und dessen Rückübertragung auf dem gleichen Medium in Richtung zur Sendequelle. Dabei kommt es zu einer Überlagerung des ursprünglich gesendeten Signals mit dem reflektierten Signal und damit zu einer Verfälschung des ursprünglichen Signals.

   Eine Abhilfe gegen diese Störung erfolgt durch → *Echokompensation.*

   Der Mensch nimmt bei der Sprachtelefonie ein Echo nur dann wahr, wenn die → *Echolaufzeit* mindestens 25 ms beträgt. Die Störwirkung des wahrgenommenen Echos kann bei der Sprachtelefonie aus dem Produkt der Echolaufzeit und der Signalstärke (= Lautstärke) des Echos im Vergleich zum Originalsignal ermittelt werden. Dieses absolute Maß verschleiert jedoch die Tatsache, dass die Störung durch ein Echo von jedem Menschen unterschiedlich wahrgenommen wird. Bei sehr starken (= lauten) Echos kann die Irritation derart stark sein, dass der Sprecher trotz hoher Konzentration anfängt zu stottern.
2. In der Datentechnik die Bezeichnung für die Anzeige der mit der Tastatur eingegebenen Zeichen auf einem Bildschirm des gleichen Computersystems.

Echodämpfung

Beim Auftreten von → *Echo* die Bezeichnung für das Verhältnis von Sendeleistung, mit der ein Signal vom Sender abgesendet wurde, zur Leistung des vom Sender empfangenen Echosignals.

Echokompensation, Echokompensator

Auch Echounterdrückung, Echoneutralisation oder international Echo Cancellation/Canceller (EC) bzw. Echo Suppressor genannt. Ein Echokompensator ist eine Schaltung in Datenübertragungseinrichtungen zur Unterdrückung des → *Echos*, das aus technischen Gründen üblicherweise beim Übergang zwischen verschiedenen Netzteilen mit unterschiedlichen physikalischen Eigenschaften auftritt.

Ein Beispiel für Echokompensation in einem analogen Übertragungssystem ist der Übergang von Vierdraht- auf Zweidrahtleitungen mit Gabelschaltung zur Unterdrückung von Rückkopplungen des Sendesignals auf dem eigenen Empfangskanal. Dabei wird das Echoverhalten der Übertragungsleitung nachgebildet und das Echo der Sendesignale mit Transversalfiltern erzeugt. Dieses Kompensationssignal wird von dem empfangenden Signal subtrahiert, so dass das echolose, ursprünglich gesendete Signal ermittelt wird.

Ein Beispiel für Echokompensation in einem digitalen Übertragungssystem ist die Installation eines Schieberegisters, in das alle abgehenden Daten eingespeist werden. Der Inhalt dieses Schieberegisters wird laufend mit empfangenen Daten verglichen. Wird festgestellt, dass das eingegangene Signal auch Anteile hat, die mit dem Inhalt des Schieberegisters identisch sind, werden diese Anteile entfernt.

Die Länge des Schieberegisters richtet sich nach dem Datenvolumen, das während der erwarteten → *Echolaufzeit* versendet wird, setzt also ein Wissen über die Echoursachen voraus.

Echolaufzeit

Auch Echoverzögerung genannt. Bei einem → *Echo* die Bezeichnung für die Zeit, die zwischen dem Aussenden des Signals und dem Empfang seines Echos auftritt.

Die Echolaufzeit entspricht der doppelten Signallaufzeit bis zu jener Stelle, die das Echo verursacht.

Echoneutralisation

→ *Echokompensation.*

Echoverzögerung

→ *Echolaufzeit.*

Echoplex-Verfahren

Bei einer Datenübertragung die Bezeichnung dafür, dass der Empfänger alle empfangenen Daten komplett auch nochmal an den Sender überträgt, so dass der Sender die korrekte Übertragung verifizieren kann. Damit ist das Echoplex-Verfahren eine Sonderform der → *Duplex*-Übertragung.

Dieses Verfahren wird eher selten und nur bei kleinen Datenmengen, z.B. bei der → *Telemetrie.*

Echounterdrückung

→ *Echokompensation.*

Echtzeit, Echtzeitdienst

Bezeichnung für die Eigenschaft eines technischen Systems, vorgegebene Aktivitäten nahezu ohne Zeitverzögerung (→ *Delay*), d.h. üblicherweise mit einer garantierten und vorher anderen Systemen bekannten maximalen Verzögerung und daher ohne Qualitätseinbußen (→ *QoS*), für auf sie angewiesene andere Systeme, durchzuführen (→ *Prozess*).

In der Telekommunikation versteht man unter einem Echtzeitdienst einen über ein Telekommunikationsnetz abwickelbaren Dienst, der obige Bedingen erfüllt. Dabei stellen verschiedene Anwendungen (→ *Sprachübertragung*, → *Datenvermittlung*, → *Videokonferenz*) unterschiedliche Anforderungen an das Telekommunikationsnetz hinsichtlich → *Delay*, → *Jitter* und Bitfehlerrate (→ *BER*). Was Echtzeit ist, ist daher nicht allgemeingültig geklärt, sondern hängt vom konkreten Einsatzfall ab.

Echtzeitfaktor

Gibt in verschiedenen technischen Systemen an, um welchen Faktor die Verarbeitungszeit eines Ereignisses länger ist als die eigentliche Dauer des Ereignisses.

Echtzeitsystem

→ *Echtzeit.*

ECIC

Abk. für Electronic Communication Implementation Committee.

Bezeichnung eines 1993 gegründeten Gremiums im Rahmen der → *TCIF* mit dem Ziel der Förderung von → *TMN* in Telekommunikationsnetzen, insbesondere unter dem Gesichtspunkt des Datenaustausches zwischen verschiedenen Service-Providern.

→ *http://www.atis.org/atis/tcif/*

ECITC

Abk. für European Committee for Information Technology Testing and Certifications.

ECL

Abk. für Emitter Coupled Logic.

Bezeichnung für eine bestimmte Technik, logische und integrierte Schaltungen aus dem Bauelement des → *Transistors* herzustellen, wenn es sich um bipolare Technik handelt (→ *Bipolarer Transistor*). Die logische Verknüpfung mehrerer Eingangssignale erfolgt dabei durch Transistoren, deren Emitter parallel an einen Widerstand geschaltet sind und die nur im linearen, ungesättigten Bereich (aktiver Bereich, Verstärkerbereich) angesteuert werden. Der Unterschied zwischen den beiden Zuständen des Transistors (nicht durchgeschaltet, durchgeschaltet) ist relativ gering, da er unter 1 V liegt.

Diese Art des Betriebs erlaubt eine sehr hohe Schaltgeschwindigkeit durch hohe Empfindlichkeit und kurze Signallaufzeiten.

Als nachteilig gelten der hohe Aufwand (mehr Schaltelemente pro Schaltfunktion als bei anderen Techniken), hohe Verlustleistung und eine höhere Empfindlichkeit gegen äußere Störeinflüsse.

ECMA

Abk. für European Computer Manufacturers Associations.

Bezeichnung einer Interessenvereinigung aller europäischer Computerhersteller. Gegründet im Mai 1961 gegründet, nach einer Konferenz am 27. April 1960 in Brüssel mit heute ca. 20 Rechnerherstellern als Mitglieder. Ziel war seinerzeit die Beschleunigung und Förderung von Standards bei Informations- und Kommunikationsdiensten. Die ECMA erarbeitet auf freiwilliger Basis Standards nach dem → *OSI-Referenzmodell.*

Kontakt:

ECMA
114 Rue du Rhône
1204 Genf
Schweiz
Tel.: (+ 41) 02 / 27 35 36 34
Fax: (+ 41) 02 / 27 86 52 31

→ *JEEC.*

→ *http://www.ecma.ch/*

ECM-Betrieb

Abk. für Error Correction Mode.

Ein integriertes Fehlerkorrekturverfahren bei Telefax-Geräten (→ *Fax*) der Gruppe 3. Voraussetzung zur Anwendung des Verfahrens ist, dass beide an der Faxübertragung beteiligten Geräte ECM beherrschen.

Die zu übertragenden Faxdaten werden in Pakete des → *HDLC*-Formates gepackt. Dies erlaubt den Faxgeräten, die fehlerhaften einzelnen Datenpakete erneut anzufordern, was die Übertragungsqualität und damit die grafische Qualität des eingegangenen Faxes verbessert.

Definiert durch die → *ITU* in T.4 und T.30.

ECML

Abk. für Electronic Commerce Modelling Language.

Bezeichnung für einen Standard, der die Abwicklung von elektronischen Käufen (→ *E-Business*) über das → *Internet* erleichtert. Ziel ist die Definition eines universellen Datensatzes (genannt Wallet), auf den jeder Verkäufer im Internet zugreifen kann, so dass der potenzielle Käufer nicht bei jedem Verkäufer erneut eine Maske mit Name, Lieferadresse, Kreditkartennummer etc. ausfüllen muss.

Entwickelt durch die ECML-Allianz, der verschiedene Hard- und Softwarefirmen sowie Kreditkartenunternehmen angehören.

→ *http://www.ecml.org/*

ECN

Abk. für Explicit Congestion Notification.

Oberbegriff für Mechanismen wie → *BECN*, → *CLLM* oder → *FECN* zur Überlastkontrolle in Datennetzen.

eco

Abk. für Electronic Commerce Forum.

Bezeichnung einer Organisation in Deutschland zum Zwecke des politischen Lobbying und der rechtlichen Weiterentwicklung von kommerziellen Anwendungen auf der Basis des → *Internet*s.

Mitglieder des eco sind insbesondere größere → *ISPs.*

Das eco ist Mitglied beim → *EuroISPA.*

→ *E-Business.*

→ *http://www.eco.de/*

E-Commerce

Abk. für Electronic Commerce.

→ *E-Business.*

ECP

1. Abk. für Encryption Control Protocol.
2. Abk. für Excessive Crossposting.

   → *Crossposting.*
3. Abk. für Extended Capability Port.

   Bezeichnung für den Standard der → *IEEE* (IEEE 1284) für eine bidirektionale und parallele Schnittstelle bei PCs und Druckern mit einem → *IRQ*-gesteuerten und → *DMA*-unterstützten Datentransfer. Typische Geschwindigkeiten liegen bei 700 Kbyte/s bis 1 MByte/s.

Eine Variante aus dem gleichen Standard ist der EPP (Enhanced Parallel Port), der Datenraten im Bereich 400 bis 500 Kbyte/s bietet.

ECQAC

Abk. für Electronic Components Quality Ensurance Committee.

Bezeichnung für ein Gremium innerhalb des → *CECC*, das über die Prüfstelle des → *VDE* Gütezertifikate an die Hersteller elektronischer Bauelemente vergibt.

ECRC

Abk. für European Computer-Industry Research Center.

Bezeichnung eines 1984 von Bull SA, ICL Plc. und der Siemens AG zunächst als Forschungseinrichtung für Grundlagenforschung im Bereich der Informationstechnologien in München gegründeten Unternehmens. Im Laufe der Zeit änderte das ECRC – auch bedingt durch wechselnde Gesellschafterstrukturen – seinen Tätigkeitsschwerpunkt. Seit 1994 bietet ECRC auch kommerzielle Dienste auf Basis seines eigenen Netzes am Markt an und tritt als → *ISP* in Erscheinung. Ferner betreibt ECRC den → *DE-GIX* und den → *INXS*.

1996 übernahm ICL die Anteile der anderen Gesellschafter und verkaufte sie zum Jahresanfang 1999 an Cable & Wireless, die damit ihre ISP-Aktivitäten verstärkte.

ECRC GmbH
Arabellastr. 17
81925 München
Tel.: 0 89 / 92 69 91 04
Fax: 0 89 / 92 69 91 70

→ *http://www.ecrc.de/*

ECS

Abk. für European Communication Satellite.

Name eines Telekommunikationssatelliten, betrieben von → *EUTELSAT*.

ECSA

1. Abk. für Exchange Carriers Standards Association.

   US-amerikanisches Normungsgremium zur Standardisierung von Verfahren beim Zusammenwirkens mehrerer unabhängiger Telekommunikationsanbieter nach der → *Divestiture*. ECSA arbeitet der → *ANSI* zu und kooperiert auch mit dem → *NRSC*.

2. Abk. für European Computing Software Association.

ECSD

Abk. für Enhanced Circuit Switched Data.

→ *EDGE*.

ECSP

Abk. für Electronic Communications Service Providers.

Bezeichnung eines Gremiums in den USA, besetzt aus Regierungsvertretern und Vertretern der Industrie, das anderen Standardisierungsgremien auf dem Gebiet der kontrollierten zulässigen Überwachung (Abhören, Fangschaltungen etc.) zuarbeitet.

ECSQ

Abk. für Entropy Constrained Scalar Quantization.

ECT

Abk. für Explicit Call Transfer.

→ *Umlegen*.

ECTEL, ECTEL-TMS

Abk. für European Committee of Telecommunications and Electronic Professionals Industries.

Europäischer Verband mit div. nationalen Industrieverbänden der Elektroindustrie als Mitglieder. Wirkt als Mittler zwischen der EU, nationalen Verbänden der Industrie und der → *ETSI*. ECTEL ist auch selbst Mitglied bei ETSI und gliedert sich in mehrere Untergruppen. So vertritt die ECTEL-TMS (ECTEL Task Group for Mobile Services) die Hersteller von Geräten der Mobilfunktechnik.

ECTF

Abk. für Enterprise Computer Telephony Forum.

Bezeichnung eines Zusammenschlusses aus Herstellern und Anwendern von → *CTI* zur Förderung dieser Technologie und zur Entwicklung von Interoperabilität zwischen den verschiedenen Standards (→ *TAPI*, → *TSAPI*) unter Berücksichtigung von weiteren Computersystemen in Unternehmen (Datenbanken, Netzmanagementsystemen etc.).

Im Gegensatz zu → *ACTAS* widmet sich ECTF technischen Fragen der Hard- und Softwareentwicklung. Gegründet am 11. April 1995 von Ericsson, Dialogic, DEC, HP und Northern Telecom auf Initiative von Dialogic. Ursprüngliches Ziel von Dialogic war die Entwicklung offener Architekturen für Telekommunikationssysteme (= Nebenstellenanlagen und Schnittstellen zu Computersystemen).

Das Ergebnis der Arbeiten von ECTF sind Standards verschiedener Serien:

Serie	Inhalt
A.Serie	Spezifikationen für den Datenaustausch mit Anwendungen (Applications)
C.Serie	Spezifikationen für das Management von und die Information über Anrufe (Call)
H.Serie	Spezifikation eines Hardware-Modells für eine Busarchitektur (prinzipiell Übernahme des Modells von → *MVIP* und des SC-Bus)
M.Serie	Spezifikationen für die Systemverwaltung (Management)
S.Serie	Spezifikation einer Software- und Treiberarchitektur zur Steuerung von Hard- und Softwareressourcen (Software)

Die Mitgliederzahl wuchs rasch an. Ab Juli 1995 erfolgte eine Kooperation mit → *Versit*. Durch den Beitritt von Microsoft im Frühjahr 1999 erhielt das Konzept erheblichen Auftrieb.

ECTF Inc.
303 Vintage Park Drive
Foster City Ca, 94404
Tel.: (+1) 0 41 / 55 78 68 52
Fax: (+1) 0 41 / 53 78 66 92

→ *http://www.ectf.org/*

ECTRA

Abk. für European Committee on Telecommunications Regulatory Affairs.

Bezeichnung für eines der drei Gremien der → *CEPT*.

Während ECTRA ein politisches und entscheidendes Gremium ist, erfolgt die Ausführung bzw. Vorbereitung von Entscheidungen in seinem Auftrag durch das → *ETO*. Aufgabe des ECTRA ist dabei, auf die Harmonisierung der Lizenzbestimmungen für die Anbieter von Telekommunikationsdienstleistungen im europäischen Wirtschaftsraum hinzuwirken. Alle europäischen → *Regulierungsbehörden* sind in der ECTRA engagiert.

ECTUA

Abk. für European Council of Telecommunications Users Associations.

Bezeichnung des europäischen Dachverbandes der einzelnen nationalen Nutzerverbände von Telekommunikationsdienstleistungen.

Deutsches Mitglied bei ECTUA ist → *Telecom e.V.*

→ *INTUG*.

ECVQ

Abk. für Entropy Constrained Vector Quantization.

EDA

Abk. für Electronic Design Automation.

EDAC

Abk. für Error Detection and Correction (Code).

Bezeichnung eines Fehlererkennungscodes, der Längs- und Querparität (→ *Paritätsbit*) nutzt. Angewendet wird der Code z.B. bei → *HDDR*.

EDD

Abk. für Electronic Document Distribution.

EDFA

Abk. für Erbium doped (donated) Fiber Amplifier.

Bezeichnung für einen linearen Verstärker optischer Signale, der mit Erbiumionen dotiert ist. Prinzipiell ein Stück Glasfaser (10 bis 40 m lang), das mit Erbium-Ionen dotiert ist.

Bei derartigen Verstärkern wird ein einige 10 mW starkes Lasersignal mit einer Wellenlänge von 980 nm oder 1 480 nm in das dotierte Stück Glasfaser eingekoppelt, das die Erbiumionen in einen höheren Energiezustand versetzt. Die erhöhte Energie wird dann teilweise durch stimulierte Emission im Bereich von 1 550 nm an ein dadurch zu verstärkendes und ebenfalls durch das Stück Glasfaser laufendes Nutzdatensignal abgegeben. Daher wird regulär eingekoppeltes Laserlicht dieser Frequenz verstärkt. Es werden Verstärkungen bis zu 30 dB erzielt.

→ *OFA*.

EDGE

Abk. für Enhanced Data Rates for GSM Evolution.

Selten auch in einigen Zusammenhängen GSM 384 genannt.

Ein Oberbegriff, der verschiedene gegenwärtig in der Diskussion befindliche Technologien bezeichnet, mit denen ein evolutionärer Pfad von den schmalbandigen → *GSM*-Netzen über deren Erweiterung mit → *GPRS* in verschiedenen Stufen und → *HSCSD* mit EDGE als weiterer Zwischenstufe bis hin zu → *UMTS* gezeichnet wird.

EDGE wurde von der → *ETSI* entwickelt und setzt auf dem Kanalraster von 200 kHz von GSM auf. Ziel ist die Entwicklung mehrerer Mechanismen wie Kanalbündelung und hochwertiger Verfahren für eine adaptive → *digitale Modulation* (achtphasige → *PSK*), so dass eine Datenrate von max. 384 kbit/s für die paketorientierte Übertragung von Daten (→ *Paketvermittlung*) durch die Bündelung von acht Kanälen zu je 48 kbit/s erreicht werden kann. Dieses Verfahren nutzt das Prinzip von GPRS und erweitert es um ein neues, höherwertiges Modulationsverfahren. Dafür wird auch die Bezeichnung EGPRS (Enhanced GPRS) verwendet.

Die dazu analoge Vorgehensweise für leitungsvermittelten Datenverkehr wird mit ECSD (Enhanced Circuit Switched Data) bezeichnet.

EDGE erfordert in den Basisstationen die Installation eines neuen, zusätzlichen Transceivers, der bei Bedarf genutzt wird. Ferner sind geringfügige Software-Aktualisierungen in den Basisstationen notwendig.

Neben den europäischen Aktivitäten von ETSI hat auch die → *UWCC* EDGE übernommen, das im Juni 1999 von der Operators Harmonization Group verabschiedet wurde.

Für EDGE zeichnet sich derzeit ab, dass es eine Technik sein wird, die sich gleichermaßen für GSM und → *D-AMPS* eignet, wodurch es einen gemeinsamen Standard für diese beiden weltweit am meisten verbreiteten Mobilfunkstandards geben wird.

Insgesamt wird in EDGE jedoch eine Technologie gesehen, die nur für Netzbetreiber von GSM-Netzen interessant sein könnte, die keine UMTS-Lizenz erhalten haben. In Deutschland ist das kein einziger Netzbetreiber.

Edge-Device, Edge-Switch

Von engl. edge = Ecke, Kante. In einem Telekommunikationsnetz, einem LAN oder einem WAN die Bezeichnung für Geräte an den äußeren Bereichen des Netzes, wo Nutzer (Endgeräte) angeschlossen sind. Die Edge-Devices übernehmen dann spezielle Aufgaben, welche die Daten der angeschlossenen Endgeräte in Daten umwandeln, welche im → *Backbone*-Bereich übertragen werden können, wo die Geräte als Core-Device (-Switch) bezeichnet werden.

Der Vorteil dieses Konzeptes ist, dass nicht alle Geräte in einem Netz alle möglichen Schnittstellen aufweisen müssen, sondern nur die Edge-Devices über eine Breite an Schnitt-

stellen verfügen müssen. Dies hat den Vorteil, dass bestehende Investitionen in existierende Technik geschützt werden und über die Schnittstellen in ein neues, modernes und leistungsfähiges Netz integriert werden können.
Umgekehrt ist der Vorteil für die Backbone-Architektur, dass nur noch eine Technologie im Backbone-Bereich verwendet werden braucht und das Backbone und seine Leistungsfähigkeit unabhängig von Altsystemen mit nur noch einer Technologie aufgebaut werden kann.

EDI

Abk. für Electronic Data Interchange.
In Deutschland auch selten Elektronischer Geschäftsverkehr genannt. Bezeichnet den Austausch von Dokumenten über Datennetze in einem genormten Format, so dass der Empfänger die Daten direkt nach dem Empfang in seiner EDV-Anlage automatisch weiterverarbeiten kann. Die elektronischen Formulare spiegeln dabei reale Standardformulare wider, wie z.B. Rechnung, Bestellschein, Lieferschein. Sender und Empfänger stehen dabei üblicherweise in einem dauerhaften geschäftlichen Verhältnis zueinander (z.B. Zulieferer und Großindustrie). EDI ist Grundlage für das Verfahren der Just-in-Time-Lieferung.
Grund für die Einführung eines genormten Verfahrens waren die bei den Anwendern vorherrschenden unterschiedlichen Kommunikationsplattformen und Anwendungsprogramme, die einen einheitlichen Mittler benötigten.
Vorteile von EDI sind:

- Geringere Personalkosten (Wareneingang, Lagerverwaltung, Rechnungsabgleich, Zollabwicklung)
- Geringere Lagerbestände, Einsparung von Lagerkosten und geringere Lagerflächen
- Geringere Porto-, Papier-, Druck- und Kopierkosten
- Schnellere Bearbeitungs- und Durchlaufzeiten
- Automatisierte und automatisch dokumentierte Abläufe
- Minimierung von Fehlern (die durch die manuelle Handhabung entstehen können), Qualitätssteigerung

Es wird zwischen zwei Übertragungsarten unterschieden. Bei Punkt-zu-Punkt-Übertragungen wird vom Sender direkt zum Empfänger übertragen, beim Store-and-Forward-Betrieb werden die Daten vom Sender einem zwischengeschalteten Service-Provider oder Mehrwertdienstleister (Betreiber eines sog. Clearing-Centers) übergeben, der sie ggf. zwischenspeichert, konvertiert und weiterleitet. Darüber hinaus übernehmen die Betreiber derartiger Clearing-Center auch Aufgaben bei der Beratung von Unternehmen, die EDI einsetzen wollen, bei der Einführung von EDI-Systemen und bei deren weiterem Ausbau.
Gängige Industriestandards sind → *EDIFACT* für kaufmännische und administrative Anwendungen und → *Odette* für die europäische Automobilindustrie sowie VDA Inovert (in der Automobilindustrie in Deutschland), SEDAS (Konsumgüterindustrie in Deutschland), ANSIX 12, → *SWIFT* (Bankenwesen) und TRADACOMS.
EDI entstand in den 60er Jahren in der amerikanischen Automobilindustrie, die damit besser mit ihren Zulieferern kommunizieren konnte. Unter der Führung von General Electric Information Services (GEIS) wurde eine Art elektronisches Formular entwickelt, an das sich die ganze Industrie hielt.
Derartige Vorläufersysteme waren in Deutschland als Datenträgeraustausch (DTA) insbesondere im Bankenwesen in den 60er Jahren bekannt. Dabei wurden Daten auf Bänder geschrieben, per Post oder Kurier transportiert und am Ziel vom Band gelesen und weiterverarbeitet. Teilweise wurden gleich Stapel von → *Lochkarten* mit verschickt, die das

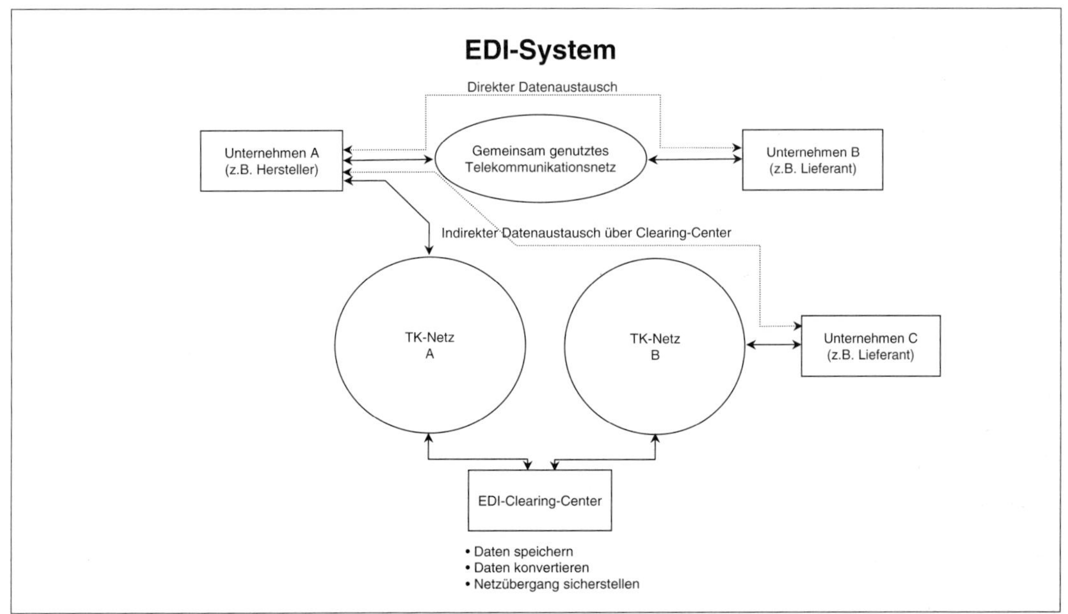

Computerprogramm zur Weiterverarbeitung der Daten enthielten.

In Deutschland waren die Banken in den frühen 70er Jahren mit genormten, institutsunabhängigen und maschinenlesbaren Formularen und der Einführung der Bankleitzahl führend, gefolgt von nationalen und internationalen Initiativen des VDA und der CCG (Centrale für Coorganisation).

Ab den 80er Jahren erfolgte ein großflächigerer Einsatz von Datenfernübertragung dank der Einführung von → *Modems* und auch der Nutzung von Anschlüssen an → *X.25*-Netze. Seit Mitte der 90er Jahre wiederum wird das → *Internet* als kostengünstige Alternative interessant.

Insgesamt gilt Deutschland hinsichtlich EDI als ‚Entwicklungsland'. Dies wird auch dadurch deutlich, dass EDI-Rechnungen rechtlich nicht bindend sind. Üblich ist daher immer noch eine Sammelrechnung auf Papier im Anschluss an den Abschluss von EDI-Transaktionen. Die Einführung von EDI in einem Unternehmen ist nicht nur ein technisches Problem, sondern auch ein organisatorisches, da bisher papiergestützte Geschäftsprozesse u.U. komplett durch die EDV abgewickelt werden können, wodurch evtl. Arbeitsplätze völlig neu gestaltet werden oder wegfallen. Dies erfordert eine andere Organisation.

Aus technischer Sicht sind folgende Punkte zu beachten:

- Welcher EDI-Standard kommt in Frage?
- Wie umfangreich sind die durch ihn abwickelbaren Transaktionen und welche werden davon jetzt und nicht in naher oder fernerer Zukunft benötigt?
- Über welche Netzplattform werden die EDI-Transaktionen mit den EDI-Partnern abgewickelt?
- Welche Datenformate benötigt die hausinterne EDV und welche Formatkonvertierung ist dafür notwendig?
- Welche Funktionalität und welche → *APIs* stellt die hausinterne EDV zur Verfügung?
- Wie wird der Prozess des Empfangens, Verarbeitens und Sendens von EDI-Nachrichten gesteuert, kontrolliert und auch protokolliert?

In den USA sind folgende EDI-Standards verbreitet:

Bezeichnung	Branche
AIAG	Automobilindustrie
TDCC	Transport, Spedition & Logistik
UCS	Lebensmittel
VICS	Einzelhandel
WINS	Warenhäuser

In Deutschland ist die Deutsche EDI-Gesellschaft (DEDIG) aktiv und fördert die Verbreitung von EDI.

Kontakt:

DEDIG e.V.
Kurfürstenstr. 87
10787 Berlin
Tel.: 0 30 / 25 45 05 27

→ *http://www.dedig.de/*
→ *http://www.ediship.org.uk/*

EDID

Abk. für Extended Display Identification Data.
→ *DDC*.

EDIFACT

Abk. für Electronic Data Interchange for Administration, Commerce and Transport.

Weltweit der bekannteste und meistgenutzte Standard für → *EDI*.

EDIFACT ging aus dem Bedürfnis hervor, die sich aus der EDI-Idee entwickelnden branchenspezifischen Standards zu vereinheitlichen, um ein universell einsetzbares Grundgerüst hinsichtlich der Datenstruktur zur Verfügung zu stellen. Genormt durch die → *ISO* in ISO 9735.

EDIFACT basiert auf der Trennzeichensyntax. Vorreiter bei der Einführung in Deutschland waren die Automobilindustrie, der Handel und die Konsumgüterbranche. Eingeführt wurde EDIFACT im September 1987.

Derzeit wenden in Deutschland ca. 3 000 Firmen (davon ca. 1 500 aus der Automobilindustrie) EDIFACT an. Weltweit wird mit einer Vervierfachung der EDIFACT-Anwendungen von 1995 bis zum Jahr 2000 gerechnet.

Die einzelnen elektronischen Dokumente werden üblicherweise vor ihrer Übertragung in Dateien zusammengefasst, um so mit einer Datenübertragung möglichst viele Einzeldokumente ökonomisch übertragen zu können.

Die Begriffshierarchie ist wie folgt:

- Einzelne Zahlen oder Buchstabenketten (Strings) bilden ein Datenelement.
- Mehrere Datenelemente bilden eine Datenelementgruppe.
- Mehrere Datenelementgruppen bilden ein Segment.
- Mehrere Segmente bilden Segmentgruppen.
- Mehrere Segmentgruppen bilden eine EDIFACT-Nachricht eines bestimmten Typs.
- Verschiedene EDIFACT-Nachrichtentypen bilden einen EDIFACT-Standard (Subset).

Zur Übertragung der in elektronischer Form vorliegenden Dokumente stehen zwei Verfahren zur Verfügung. Beim Hub-and-Spoke-Verfahren werden die Dokumente bei zeitunkritischer Datenübermittlung zu einer Clearing-Stelle genannten zentralen Instanz (EDI-Dienstleister, → *VANS*-Provider) vom Sender transferiert, dort gespeichert, nötigenfalls in ihrer Form bearbeitet (konvertiert) und vom Empfänger bei Bedarf abgeholt. Dies hat den Vorteil, dass keine Koordination der Datenübertragung von Sender und Empfänger notwendig ist und das Clearing-Center eine Datenformatanpassung vornehmen kann. Darüber hinaus stellt das Clearing-Center den Transport über verschiedene Netze sicher.

Bei zeitkritischen Verfahren (Just-in-time-Zulieferung) werden die Daten ohne Clearing-Stelle direkt vom Sender zum Empfänger übertragen.

EDIFACT definiert lediglich die Datenstruktur, nicht aber eine technische Plattform, auf der diese Daten transportiert werden. Dies können verschiedene Netze sein. Als Übertragungsmedien werden → *ISDN*, → *X.25*, → *Standleitungen* oder → *Modem*-Verbindungen über analoge Telefonleitungen genutzt.

Für verschiedene Branchen existieren unterschiedliche Standards, sog. Subsets, die oft durch Vereinfachung der komplexen ISO-Formate und Anpassung an branchenspezifische Erfordernisse entstehen:

Bezeichnung	Branche
CEFIC	für die chemische Industrie
EANCOM	hauptsächlich für die Konsumgüterwirtschaft
EDIBAU	für den Hoch- und Tiefbau
EDIBDB	für Bau- und Heimwerkermärkte
EDICOS	für die Kosmetikindustrie
EDIFASHION	für die Modeindustrie
EDIFICE	für die Elektroindustrie
EDIFOR	für das Logistik- und Speditionswesen
EDIFURN	für die Möbelindustrie
EDIOFFICE	für die Bürobedarfsbranche
EDITEX	für die Textilindustrie
EDITOOL	für die Werkzeugmaschinenindustrie
EDIWHITE	für die Hersteller von Haushaltsgeräten
PHOENIX	für die Pharmabranche

Weltweit gibt es ca. 200 derartige Subsets. Nicht alle diese Subsets förderten die Verbreitung von EDIFACT. Viele Anwender haben in der Vergangenheit die Subsets als verwirrend und hinderlich empfunden. Darüber hinaus bildeten sich sogar selbstentwickelte Datenformate in kleinen und kleinsten EDI-Inseln heraus. Mittlerweile sind Arbeitskreise damit beschäftigt, die Strukturen der Subsets wieder zu vereinheitlichen. Als ein Resultat dieser Bemühungen gilt das auf der europäischen Artikelnummer (→ *EAN*) basierende EANCOM, das im weitesten Sinne alle EDIFACT-Subsets der Konsumgüterindustrien (Textil, Kosmetik, Mode etc.) und damit zusammenhängender Dienstleister (Speditionen) zusammenfasst.

Leistungsstarke EDIFACT-Konverter können bereits sämtliche Subsets verarbeiten und in unternehmensintern genutzte Datenformate zur Weiterverarbeitung in Standardsoftware, z.B. der Finanzbuchhaltung, konvertieren.

Gepflegt und weiterentwickelt wird EDIFACT auf europäischer Ebene vom European Board for EDI/EC Standardization (EBES) beim Sekretariat des → *CEN* in Brüssel und auf nationaler Ebene vom Normenausschuss Bürowesen (NBü) des → *DIN* in Berlin.

→ *Odette.*

EDIMS

Abk. für Electronic Data Interchange Messaging Systems.

Editor

Programm zur Texteingabe, Textspeicherung und Textmanipulation im → *ASCII*-Format, d.h., es wird keine Dokument-, Text- oder Zeichenformatierung (Seitenformate, Schrifttyp, Schriftgröße etc.) wie bei einer Textverarbeitung vorgenommen. Dafür verfügt ein Editor üblicherweise über mehr mächtige Funktionen zur Textmanipulation (Zwischenspeicher, Textmarkierungen, Sprünge der Eingabemarke im Dokument etc.).

Editoren gehören zum standardmäßigen Leistungsumfang eines → *Betriebssystems.*

EDMS

Abk. für Electronic Document Management System.

→ *Dokumentenmanagement.*

EDO-DRAM

Abk. für Extended Data Out Dynamic Random Access Memory.

Seltener auch Hyper Page Mode DRAM genannt. Bezeichnung für schnelle dynamische Halbleiterspeicherbausteine, die beim Lesevorgang (nicht beim Schreiben) Vorteile gegenüber herkömmlichen → *DRAMS* bieten, allerdings auch teurer sind als diese.

Die zu lesenden Daten bleiben länger am Ausgang des Speichers verfügbar, was es zugreifenden Einheiten ermöglicht, überlappende, schnellere Lesevorgänge durchzuführen, indem während des Lesens der Daten aus einer Speicherzelle bereits die Adresse der nächsten Speicherzelle ermittelt wird, d.h., es wird ein Taktzyklus eingespart.

Lesevorgänge können damit theoretisch um bis zu 20 oder 30% schneller als herkömmliche DRAM-Zugriffe ausgeführt werden. Dieser Vorteil sinkt in der Praxis, da üblicherweise auch Schreibvorgänge ausgeführt werden müssen und Daten nicht ineinander verschachtelt gleichzeitig in verschiedene Speicherzellen geschrieben werden können.

EDO-DRAMs können durch ein schnelles Cache-System überflüssig werden.

Der nächste Entwicklungsschritt ist das → *Burst-EDO.*

Entwickelt wurde die Technik in der 1. Hälfte der 90er Jahre, die Einführung erfolgte 1994 und die größere Verbreitung um 1995. Seit 1997 haben sie herkömmliche DRAMs fast vollständig ersetzt.

EDS

1. Abk. für Electronic Data Switching System.

   Bezeichnet ein digitales Vermittlungssystem der Firma Siemens zur Vermittlung von Datenströmen. Es löste Ende der 70er Jahre die elektromechanischen Fernschreibvermittlungen ab und ermöglichte integrierte Text- und Datendienste im → *IDN.*

2. Abk. für Electronic Data Systems.

   Bezeichnung für ein auf das Erbringen von Dienstleistungen im IT-Umfeld spezialisiertes Unternehmen.

   EDS wurde am 27. Juni 1962 in Dallas/Texas gegründet. Maßgeblicher Mann dahinter war der seinerzeit 32jährige H. Ross Perot, der seinerzeit 1000$ für die Gründung ausgab.

1984 kaufte General Motors EDS für 2,5 Mrd. $. Zwei Jahre später verließ Ross Perot das Unternehmen, um kurz darauf mit Perot Systems wiederum einen IT-Dienstleister zu gründen.

1995 kaufte EDS den Strategieberater A.T. Kearney.

1996 wiederum löste sich EDS von der General-Motors-Gruppe.

EDSAC

Abk. für Electronic Relay Storage Automatic Calculator.

Bezeichnung eines frühen elektromechanischen Computers. Der EDSAC war der erste → *Von-Neumann-Rechner* und der erste echte speicherprogrammierbare Rechner überhaupt.

Er bestand aus 4 500 Röhren und hatte einen Takt von 500 kHz. Eine Addition benötigte 1,4 ms, eine Multiplikation 5,4 ms.

Ein- und Ausgabegeräte waren Lochstreifenleser und -stanzer sowie Fernschreiber (→ *Telex*). Der Speicher dieser Anlage bestand aus Quecksilber-Verzögerungsstrecken mit Ultraschall. In diesen Speicher wurde auf der einen Seite ein Ultraschallimpuls hineingeschickt, der nach einer Verzögerung am anderen Ende wieder ausgelesen werden konnte. Je Verzögerungsstrecke konnten dabei mehrere hundert bis tausend akustische Impulse zwischengespeichert werden. Diese Technologie fand zwar keine weitere Verbreitung, wurde aber im → *EDVAC* noch einmal eingesetzt.

Die Briten begannen ihre Entwicklungsarbeiten am EDSAC 1946, ließen ihn im Juni 1948 erstmals laufen und stellten EDSAC am 6. Mai 1949 vor, als er sein erstes, von D.J. Wheeler geschriebenes Programm (Berechnung von Quadratzahlen) ausführte.

Entwickelt wurde er maßgeblich von Maurice V. Wilkes (* 1913), W. Renwick, S. Barton und D.J. Wheeler an der Cambridge Universität von Manchester. Er blieb bis Juli 1958 in Betrieb und gilt als Vorläufer für einen der ersten kommerziell hergestellten Computer, den → *LEO* I (Lyons Electronic Office), zumal der Lebensmittelkonzern J. Lyons & Co. auch den Bau des EDSAC schon mit 3 000 Pfund unterstützt hatte.

EDSF

Abk. für Electronic Documents System Foundation.

→ *http://www.edsf.org/*

E-DSS1

Abk. für European Digital Subscriber Signalling No. 1.

Ein Signalisierungsverfahren (→ *Zeichengabe*), das im D-Kanal vom Teilnehmer zur Ortsvermittlung genutzt wird. Angewendet beim → *Euro-ISDN*.

Innerhalb der Deutschen Telekom wird das Verfahren auch mit 1TR67 bezeichnet.

→ *ISDN*.

EDTV

Abk. für Extended Definition Television. Andere Bezeichnung für → *PAL Plus*.

Educause

Bezeichnung für eine Initiative in den USA, die aus verschiedenen Wurzeln hervorgegangen ist, mit dem Ziel, die Nutzung von Informationstechnologien (inklusive von Netzen) in den Bereichen Erziehung, Bildung und Wissenschaft systematisch zu fördern.

Verschiedene Vorläuferinitiativen und -netze gingen in Educause auf.

→ *http://www.educause.edu/*

Edutainment

Kunstwort, zusammengesetzt aus Education und Entertainment. Bezeichnet Lernprogramme für Erwachsene, die in multimedialer Form unterhaltend neues Wissen vermitteln.

Derartige Systeme werden heute oft mit Hilfe der → *CD-ROM* realisiert, jedoch werden vermehrt auch Anwendungen über das → *Internet* oder auch über → *Intranets* diskutiert.

EDV

Abk. für Elektronische Datenverarbeitung.

EDVA

Abk. für Elektronische Datenverarbeitungsanlage.

EDVAC

Abk. für Electronic Discrete Variable Automatic Calculator.

Bezeichnung eines frühen Computers, konzeptioniert ab April 1946 von der Moore School of Electrical Engineering der Universität Pittsburgh/Pennsylvania. Es dauerte bis Ende 1947 bis eine stabile Konzeption vorlag. Im August 1949 wurde der Rechner zum Ballistic Proving Ground der US-Armee überführt und dort aufgebaut. Erste praktische Berechnungen erfolgten im Herbst 1951. Offiziell wurde er am 28. Januar 1952 in Betrieb genommen. Er wurde einige Male erweitert (1954 um einen Trommelspeicher mit 4 608 Wörtern) und bis zum Jahr 1962 genutzt.

Der Rechner basiert auf Erfahrungen mit der → *ENIAC* bzw. darauf, dass während des Baus der ENIAC bereits neue Entwicklungen sichtbar wurden, die den Bau eines weiteren kleineren, schnelleren, moderneren und vor allem flexibleren Rechners nahelegten. Insgesamt kostete das EDVAC-Projekt 467 000 $.

Der Rechner beherrschte alle vier Grundrechenarten. Für eine Addition oder eine Subtraktion benötigte er 864 µs, für eine Multiplikation 2 880 µs und für eine Division 2 928 µs.

Als Speicher waren 1 024 Ultraschall-Quecksilber-Verzögerungsstrecken vorgesehen. Der Computer benutzte das binäre Zahlensystem und verfügte über eine Wortlänge von 44 Bit. Die Recheneinheit war aus 5 937 Röhren und 12 000 Dioden sowie 328 Transistoren aufgebaut.

Die Leistungsaufnahme lag bei 52 kW für den Computer und 25 kW für die Klimaanlage.

Wegen seiner Flexibilität, der Programmierbarkeit mit Verzweigungen und Sprüngen und der Nutzung des binären Zahlensystems wird dieser Rechner häufig als ‚der' erste echte Computer angesehen, der von allen frühen Rechnern noch am ehesten mit heutigen Systemen vergleichbar ist.

Hauptanwendungsgebiet waren ballistische Berechnungen für die US-Armee.

EE

1. Abk. für Endeinrichtung
2. Abk. für Equipment Engineering.
   Kurzbezeichnung eines Gremiums der → *ETSI*.

EEA

Abk. für Electrical Equipment Association.
Bezeichnung eines britischen Industrieverbands.

EECA

Abk. für European Electronic Component Manufacturers Association.
Bezeichnung für eine europäische Vereinigung von Herstellern elektronischer Komponenten zur gemeinsamen Interessenvertretung, insbesondere hinsichtlich des int. Handels.
Adresse:

EECA
Avenue Louise 140 (Boite 6)
1050 Brüssel
Belgien
Tel.: (32) 26 46 56 95
Fax: (32) 26 46 40 88

→ *http://www.eeca.org/*

EEMA

Abk. für European Electronic Messaging (Mail) Association.
Bezeichnung einer im März 1987 gegründeten Non-Profit-Organisation mit dem Ziel, ein Forum des Austausches zwischen Herstellern, Service-Providern, Normungsgremien und Anwendern zu schaffen. Die Anwendung elektronischer Messaging-Systeme (wie z.B. → *X.400*) soll dabei gefördert werden. Die EEMA ist der → *EMA* angegliedert.
→ *http://www.eema.org/*

EEMAC

Abk. für Electrical and Electronic Manufacturers Association of Canada.

EEP

Abk. für Equal Error Protection.

EEPROM

Abk. für Electrically Erasable Programmable ROM.
Ein → *Speicher* realisiert als → *ROM*, der mehrfach beschrieben und gelöscht werden kann. Im Gegensatz zum → *EPROM* wird dabei der Inhalt nicht mittels UV-Licht, sondern durch Anlegen einer Spannung (also auf elektrischem Weg) gelöscht.
EEPROMS können über 10 000mal gelöscht und wieder beschrieben werden.
→ *EAPROM*.

EES

Abk. für Escrow Encryption Standard.

EF

1. Abk. für Elementary Function.
   → *IN*.
2. Abk. für Envelope Function.

EFA

Abk. für Envelope Function Adress.

EFCI

Abk. für Explicit Forward Congestion Identification.
Bezeichnung einer Methode zur rechtzeitigen Erkennung von Überlastzuständen in → *ATM*-Netzen.

EFF

Abk. für Electronic Frontier Foundation.
Bezeichnung eines im Juli 1990 u.a. von Mitchell Kapor mitgegründeten Gremiums, das als Stimme aller → *Internet*-Nutzer fungiert und insbesondere Meinungsfreiheit und Datenschutz im Internet zu sichern beabsichtigt. Ziel ist, die in der amerikanischen Verfassung und der „Bill of Rights“ verankerten Prinzipien der Glaubens- und Meinungsfreiheit auch bei der Nutzung neuer Kommunikationsplattformen zu schützen.
Auftrieb erhielt die EFF insbesondere nach Verabschiedung des Communications Decency Act (→ *CDA*) im Sommer 1996.
→ *Blue Ribbon*.
→ *http://www.eff.org/*

EFR, EFRC

Abk. für Enhanced Full Rate (Codec).
Bezeichnung für einen Sprachcodec (→ *Sprachqualität*), der im System für digitalen, zellularen → *Mobilfunk* → *GSM* eingesetzt wird.
Er ist in der GSM-Empfehlung GSM 06.60 und in der ETS 300726 (→ *ETS*) definiert.
Er bietet bei gleicher Datenrate eine bessere Sprachqualität als der Standardvoicecoder (→ *RELP*) aus dem GSM-System, erreicht aber nicht die Sprachqualität eines → *ISDN*.
Der EFR wird seit Herbst 1996 in einigen → *PCS-1900*-Netzen in den USA eingesetzt. Es ist geplant, ihn auch in bereits bestehenden GSM-Netzen zu verwenden, sofern Endgeräte dafür verfügbar sind.
→ *AMR*.

EFS

1. Abk. für Erdfunkstelle.
   Bezeichnung der Bodenstation bei Satellitennetzen.
   → *Bodensegment*.
2. Abk. für European Freephone Service.
3. Abk. für Error Free Seconds.
   Bezeichnung eines Gütemaßes für den Fernsprechverkehr, angegeben in %. Es bezeichnet den Anteil von Sekunden bei der Sprachübertragung, der fehlerfrei ist. Ein Anteil von 92% wird als akzeptable Qualität angesehen.
   → *DM*, → *ES*, → *MOS*, → *QoS*, → *SES*, → *Sprachübertragung*.

EFT

1. Abk. für European File Transfer.

   Auch nur kurz Euro-Filetransfer genannt. Ein aus dem französischen Protokoll ‚Télédiquette' abgeleitetes und von der → *ETSI* als ETS 300 075 genormtes Anwendungsprotokoll zum Datentransfer über das → *ISDN*. Inkompatibel zu allen anderen gängigen Verfahren ähnlicher Art und daher selten von Standardsoftware unterstützt. Wenig verbreitet, aber vom → *EIUF* eingeführt und gefördert.

2. Abk. für Electronic Funds Transfer.

   Oberbegriff für verschiedene Formen des bargeldlosen, elektronischen Zahlungsverkehrs zwischen Banken. Üblicherweise mit der Zahlung per Kreditkarte und der Prüfung der Kreditkartendaten mit Hilfe der Datenübertragung über Telekommunikationsnetze (üblicherweise → *X.25* oder → *ISDN*) oder dem direkten Austausch von Überweisungsdaten zwischen Banken mit → *EDI* in Verbindung gebracht.

   Bezeichnung für bargeldlose elektronische Zahlungsvorgänge und Verrechnungsverfahren, z.B. per Euroscheck oder Kreditkarte. Zumeist am Point-of-Sale (→ *POS*) eingesetzt, wo entsprechende Lesegeräte platziert sind.

   → *Electronic Money*.

EFuRD

Abk. für europäischer Funkrufdienst.
→ *Eurosignal*.

EGA

Abk. für Enhanced Graphics Adapter.
Bezeichnung eines Standards für Grafikkarten, ursprünglich entwickelt von IBM. Der Standard war abwärtskompatibel zu → *MDA* und → *CGA*. Eingesetzt in → *PCs* ab 1985.
Auflösung zunächst 640 * 350 Bildpunkte bei einer Darstellung mit 16 (Codierung mit 4 Bit) von 64 möglichen Farben. Später auch weitere Modi möglich.
Die Grafikkarte verfügte über einen Videospeicher von 256 KByte.

EGN

Abk. für Einzelgebührennachweis.
→ *EVN*.

EGP

Abk. für Exterior Gateway Protocol.
Bezeichnung für ein 1983 entwickeltes → *Routingprotokoll* im → *Internet*, das zu der Klasse der externen Routingprotokolle (→ *ERP*) gehört und autonome Systeme (→ *AS*) miteinander verbindet.
EGP setzt eine Baumstruktur des Netzes als Topologie voraus. Dies bedeutet für das Internet die Annahme einer Entwicklung aus einem einzigen → *Backbone* heraus und eine hierarchische Strukturierung der unter dem Backbone gelegenen Netze. Über diese Struktur wurden die Routinginformationen nicht als Broadcast weitergegeben, sondern mit EGP ganz gezielt zwischen benachbarten Routern verschiedener Netze im Rahmen von Punkt-zu-Punkt-Verbindungen.
Da das Internet schnell und unkontrolliert wuchs, konnte diese Bedingung des hierarchischen Netzaufbaus nicht eingehalten werden, was zur Entwicklung des Border Gateway Protocols (BGP) führte, das EGP ersetzte.

EGPRS

Abk. für Enhanced General Packet Radio Service.
→ *EDGE*.

EGW

Abk. für Edge Gateway.
Bezeichnung eines Netzelementes im → *MAN* gemäß → *DQDB*.

EHF

Abk. für Extremely High Frequency.
Bezeichnung für das Frequenzband von 30 GHz bis 275 GHz. Es wird heute noch nicht in großem Maßstab genutzt. Viele Aspekte befinden sich noch in der Forschung. Es ist jedoch sicher, dass die Dämpfung durch Regen, Nebel und Schnee oder Gase eine wesentliche Rolle bei der Ausbreitung spielt. Direkte Sichtverbindung ist notwendig bei der Nutzung derartiger Frequenzen zur drahtlosen Datenübertragung.
Der untere Nachbarbereich ist → *SHF*.

EHKP

Abk. für Einheitliches, Höheres Kommunikations-Protokoll.
Bezeichnung für das Datenübertragungsprotokoll im → *Btx*, über das externe Rechner über ein → *X.25*-Netz mit den Btx-Vermittlungsstellen kommunizieren.
Beinhaltet Funktionen der Schichten 4 und 6 im → *OSI-Referenzmodell*, weswegen oft auch die entsprechenden Funktionalitäten mit EHKP 4 und EHKP 6 bezeichnet werden.
Entwickelt wurde das EHKP vom Bundesinnenministerium.

EI

Abk. für Error Indicator.

EIA

Abk. für Electronic Industries Association.
Bezeichnung für einen 1944 gegründeten amerikanischen Fachverband der Elektroindustrie mit Sitz in Washington D.C. Er ist teilweise auch auf dem Gebiet der Normung im Bereich der Tele- oder Datenkommunikation aktiv. Auf diesen Gebieten arbeitet er nationalen und internationalen Gremien zu. Standards der EIA werden mit RS (für Related EIA Standard) gekennzeichnet. Bekannte derartige Standards sind → *RS 232 C* oder → *RS 449*.
Adresse:

EIA
Washington D.C. 20006
USA

→ *TIA*.
→ *http://www.eia.org/*

EIAJ

Abk. für Electronic Industries Association of Japan.
Bezeichnung für einen Verband der Hersteller von Unterhaltungselektronik und PC-Peripherie in Japan.

EIB, EIBA

Abk. für Europäischer Installations-Bus.
Bezeichnet in der Haus- und Gebäudetechnik einen europaweit genormten → *Bus*, der technische Geräte aller Art steuern kann und daher auch als eine Art → *Feldbus* gilt.
Beispiele hierfür sind die Innen- und Außenbeleuchtung, Heizung, Lüftung, Klimaanlagen, Türschließanlagen, Garagentore, Jalousien, Alarmanlagen, Feuermelder, Fenster etc. Bis zu 11 520 Geräte können an einen EIB angeschlossen werden. Der EIB kann dabei als reiner Bus oder auch in Stern- und Baumform, nicht jedoch als Ring ausgeführt werden.
Die Steuerung von EIB-tauglichen Geräten kann über den im Haus verlegten Bus von einem herkömmlichen → *PC* aus vorgenommen werden, wozu eine Assistent genannte Software auf dem PC dient.
Darüber hinaus ist es möglich, dass sich ein externer und an einem anderen Ort befindlicher Wartungstechniker (z.B. vom Hersteller eines EIB-tauglichen und im Gebäude eingesetzten Gerätes) über die Telefonleitung in das lokale EIB-Netz einschaltet und die Geräte wartet oder prüft.
Eine drahtlose Variante des EIB ist in Vorbereitung.
Initiiert wurde der EIB von Siemens. Mittlerweile haben sich über 80 führende Unternehmen der Haus- und Installationstechnik angeschlossen und sich zur EIB-Association (EIBA) mit Sitz in Brüssel vereinigt.
Der EIB gilt im Zweckbau (Bürogebäude, Produktionshallen etc.) als etabliert und wird zunehmend auch in privaten Wohnhäusern eingesetzt.
Ein Nachteil ist die schwierige Realisierung von länger andauernden Regelvorgängen, die eine permanente Überwachung und Steuerung erfordern.
Andere konkurrierende Technologien sind der → *CEbus*, → *HomePNA*, → *LON* und → *X 10*.
→ *http://www.detic.com/*

EID

Abk. für Equipment Identifier.

EIDE

Abk. für Enhanced Integrated Drive Electronic.
→ *IDE*.

EIDQ

Abk. für European International Directory Query Forum.
Bezeichnung für eine zentrale Koordinierungsstelle auf europäischer Ebene zum Austausch von Informationen aus einem → *Teilnehmerverzeichnis* zwischen den einzelnen Anbietern von Telekommunikationsdienstleistungen. Ziel ist die Erarbeitung der Anforderungen an ein elektronisches System zum Zugang zu den jeweiligen Teilnehmerverzeichnissen. Das EIDQ erarbeitet dazu ein Konzept, das bei der → *ITU* unter F.510 standardisiert werden soll.
→ *http://www.eidq.org/*

Eiffel

Bezeichnung einer höheren Programmiersprache, entwickelt von Bertrand Meyer.
→ *http://www.eiffel.com/*
→ *http://www.twr.com/*

Eigenjitter

→ *Jitter*.

EIGRP

Abk. für Enhanced Interior Gateway Routing Protocol.
Bezeichnung für ein proprietäres → *Routingprotokoll* aus dem Hause Cisco zum Einsatz in → *Routern* in → *IP* basierten Netzen.
EIGRP zählt dabei zu den auf einer Metrik basierenden Distance-Vector-Protokollen, die neben der Anzahl zu überbrückender Router (Hops) auch Parameter wie z.B. → *Delay*, Bandbreite einer Verbindung und deren Auslastung berücksichtigt. Da es jedoch auch mehrere Pfade zum Ziel mit jedoch unterschiedlichen und komplexen Metriken (auch Kosten genannt) unterstützt, kann es auch als Link-State-Protokoll angesehen werden.
EIGRP ist aus IGRP, ebenfalls eine proprietäre Lösung aus dem Hause Cisco, hervorgegangen und beinhaltet → *DUAL*. Im Unterschied zu IGRP bietet es eine variable Subnetzmaskierung, eine kurze Konvergenzzeit und das Zusammenfassen von Verbindungen.

EII

Abk. für European Information Infrastructure.
Das Gegenstück zur → *NII* der Amerikaner und zur weltweiten → *GII*.
→ *Bangemann-Bericht*.

Einheitenkonto

Komfortmerkmal von Telefonen, die mit einer Karte und Eingabe einer → *PIN* bedient werden. Dabei kann dem Besitzer einer PIN eine → *Berechtigungsklasse* und u.U. ein Einheitenlimit zugewiesen werden. Es dient der Kontrolle der Telefonrechnung, z.B. in Familien, Wohngemeinschaften oder Unternehmen.

Einheitenzähler

Ein Gerät zur Zählung und Anzeige der verbrauchten Einheiten. Entweder in ein Endgerät integriert oder als eigene Einheit ausgeführt. Zeigt die verbrauchten Einheiten und/oder die gesamten seit Inbetriebnahme verbrauchten Einheiten und/oder die Kosten der verbrauchten Einheiten an.
Im Festnetz der Deutschen Telekom muss dafür der Einheitenimpuls von der → *Teilnehmervermittlung* zum Teilnehmer durchgeschaltet werden, wofür die Deutsche Telekom gesondert beauftragt werden muss.

Einmoden-Faser

Auch Monomodefaser, Single-Mode-Fibre (SMF) oder Standard-Single-Mode-Fibre (SSM-F) genannt.
Begriff aus der → *Glasfasertechnik*. Bezeichnet Glasfasern, in denen nur ein Modus (→ *Moden*) der Faser im dünnen Kern (Durchmesser entspricht einer Wellenlänge, 9 µm) der

Faser geführt wird, d.h., die → *Modendispersion* ist Null. Standardisiert in ihrer einfachsten Form in der Empfehlung G.652 der → *ITU*. Die SSM-F ist in Europa sehr weit verbreitet.

Derartige Fasern wirken wie ein (optischer) Hohlleiter und können höhere Frequenzen als die → *Multimode-Gradientenindex-Fasern* oder als die → *Multimode-Stufenindex-Fasern* übertragen (bis zu 2,4 Gbit/s) und überbrücken bis zu 100 km. Sie werden daher vorwiegend über weite Strecken eingesetzt.

Nachteil ist die sehr präzise und daher teure Anschlusstechnik aufgrund des geringen Kerndurchmessers. Dennoch handelt es sich um den am meisten verwendeten Glasfasertyp.

Lange Zeit galt als Nachteil dieses Fasertyps die hohe → *chromatische Dispersion* bei einer verwendeten Wellenlänge von 1 550 nm. Durch spezielle Techniken gelang es jedoch einen neuen Einmoden-Fasertyp zu entwickeln, der als dispersionsverschobene Faser (Dispersion Shifted Fibre, DSF) bezeichnet wird und in G.653 standardisiert wurde. Dieser Glasfasertyp gleicht die Effekte aus chromatischer Dispersion und → *Modendispersion* aus. Er ist insbesondere in Japan sehr weit verbreitet.

Eine Variante der DSF ist die NZ-DSF (Non-Zero Dispersion Shifted Fibre, auch NZDF), die in G.655 definiert wurde.

Einrichten

Deutscher Begriff aus der Fernsprechtechnik. Bezeichnet den Vorgang des Durchschaltens (Vermittelns) einer Verbindung vom Sender zum Empfänger.

Das Einrichten ist neben der → *Initiierung* und der → *Belegung* sowie dem Rufen des Empfängers ein Teil der Phase → *Verbindungsaufbau*.

Einschießen

Bezeichnet das Neuverlegen eines Kabels mit pneumatischen Verfahren in einem bestehenden → *Kabelkanal*, ohne dass dieser in seiner vollständigen Länge geöffnet wird.

Einseitenband (-Übertragung)

→ *ESB*.

Eintritt

Deutscher Begriff aus der Fernsprechtechnik. Bezeichnet den Vorgang des Akzeptierens eines Verbindungswunsches durch den → *B-Teilnehmer*, z.B. indem dieser den Hörer abhebt und dadurch in die Verbindung eintritt.

Der Eintritt ist letzter Teil der Phase des → *Verbindungsaufbaus*.

Einzelblatt, Einzelblatteinzug

In der Druckertechnik die Bezeichnung für ein einzelnes Blatt Papier, das keine physische Verbindung zum im → *Drucker* vorher verarbeiteten oder dort als nächstes zu verarbeitenden Blatt hat. Ein derartiges Einzelblatt kann aber aus verschiedenen Teilen, z.B. Durchschlägen, bestehen.

Frühe Drucker für den Hausgebrauch verfügten nicht serienmäßig über die Möglichkeit der Verarbeitung einzelner Blätter Papier, sondern benötigten dafür noch einen zusätzlichen Aufbewahrungsbehälter mit Zuführung: den Einzelblatteinzug.

→ *Endlospapier*.

Einzelgebührennachweis

→ *EVN*.

Einzelgebührenspeicher

Bezeichnet bei leistungsstarken Nebenstellenanlagen das → *Leistungsmerkmal*, bei dem die Gebühren für jeden einzelnen Anschluss getrennt erhoben, gespeichert und bei Bedarf ausgegeben werden können, z.B. in Form eines Ausdrucks oder einer Datei.

Einzelgenehmigungsverfahren

→ *EV*.

Einzelpreisverfahren

→ *EV*.

Einzelsendebericht

→ *Sendebericht*.

Einzelverbindungsnachweis

→ *EVN*.

EIR

1. Abk. für Equipment Identification Register.

   Bezeichnung der im → *GSM*-System erstmals in einem Mobilfunknetz eingeführten Datenbank, die die elektronischen Identifikationscodes (→ *IMEI*) von MS enthält, und diese im Falle eines Diebstahls oder störenden Fehlfunktion sperren kann. Das EIR wurde erst relativ spät in GSM-Netzen eingeführt (ab ca. 1994). Da mittlerweile Handys nicht mehr so teuer sind und rasch wechselnden Moden unterliegen besteht eigentlich kaum Interesse gestohlene Handys wiederzufinden und dafür Aufwand zu treiben.

   Zu seinem sinnvollen Betrieb ist ein Datenaustausch zwischen Netzbetreibern, zumindest einer Region, notwendig. Europäische Netzbetreiber haben sich daher in den späten 90er Jahren entschlossen, eine zentrale Stelle in Dublin in Irland einzurichten.

2. Abk. für Excess Information Rate.

   Bezeichnet beim → *Frame-Relay*-Protokoll die Datenrate, oberhalb derer vom Teilnehmer kommende Daten auf alle Fälle nicht mehr bei Netzüberlast akzeptiert werden. Die EIR liegt zwischen der Nenndatenrate des Anschlusses (Access Rate) und der → *CIR*. Zwischen der CIR und EIR werden nur gekennzeichnete Pakete (→ *DE*-Bit) verworfen.

EIRP

Abk. für Equivalent Isotropic Radiated Power.

Bezeichnung eines Gütemaßes von Antennen. EIRP fasst die charakteristischen Parameter einer Antenne (Sendeleistung P_S und → *Antennengewinn* G_S) bei Ausstrahlung in eine bestimmte Richtung relativ zu einer isotropen Antenne (Kugelstrahler) in einer Größe zusammen:

$$EIRP = P_S * G_S$$

EIRP wird in der Größe dBW (Dezibel bezogen auf 1 W) angegeben.

EIS

Abk. für Executive Information System oder auch, seltener, Enterprise Information System.

Bezeichnung für unternehmensweite Informationssysteme, die für die Führung eines Unternehmens wichtige Informationen sammeln und aufbereiten.

Der Begriff kam zu Anfang der 80er Jahre auf und kennzeichnete eine erste Generation von → *MIS*, die überwiegend frühe Implementationen von → *OLAP* nutzten.

EIS kamen insbesondere in Großunternehmen zum Einsatz und wurden dort nur indirekt durch die Führungskräfte selbst eingesetzt, da diese selten den Computer beherrschten. Vielmehr führten die IT-Fachabteilungen gezielte Abfragen auf Wunsch der Führungsspitze aus und lieferten die Ergebnisse zur Analyse ab. Dies führte jedoch dazu, dass in den Unternehmen die Nützlichkeit von EDV-gestützten Analysesystemen erkannt wurde.

Mittlerweile verschwindet der Begriff, da man erkannt hat, dass nicht nur Führungskräfte entsprechende Informationen benötigen. Der heute gebrauchte und umfassendere Begriff ist → *Data Warehouse*.

EISA

Abk. für Extended Industrial Standard Architecture.

Name eines von einem Firmenkonsortium entwickelten, maximal 32 Bit breiten Rechnerbusses zum Einsatz in IBM-kompatiblen → *PC*s.

Er überträgt mit 8, 16 MByte/s und maximal mit bis zu 33 MByte/s. Er wird mit 8,33 MHz getaktet und verfügt über hohe Latenzzeiten bei mittleren Kosten. Der EISA-Bus kann 4 GByte adressieren und 8, 16 oder 32 Bit parallel übertragen. Er ist aufwärtskompatibel zum → *ISA*-Bus.

Der EISA-Bus wurde 1988 von mehreren Herstellern (AST, Epson, HP, NEC, Olivetti, Tandy, Wyse, Zenith unter der Führung von Compaq, auch Watchzone, gebildet aus den Anfangsbuchstaben der beteiligten Unternehmen, genannt) als Antwort auf IBMs → *MCA*-Bus entwickelt. Das erste Produkt war 1989 ein 486-PC von HP. Der EISA-Bus erreichte nicht die Verbreitung des ISA-Busses.

EITO

Abk. für European Information Technology Observatory.

Bezeichnung einer europäischen Organisation mit Sitz in Brüssel, die regelmäßig volkswirtschaftliche Statistiken und Prognosen für die Märkte Telekommunikation und Informationstechnologie veröffentlicht.

→ *http://www.eito.com/*

EIUF

Abk. für European ISDN User Forum.

Bezeichnung einer europäischen Interessenvereinigung von Nutzern des → *ISDN*.

EJB

Abk. für Enterprise Java Beans.

→ *Java*.

ELAN

1. Abk. für Elementary Language.

   Bezeichnung einer höheren Programmiersprache für Ausbildungszwecke.

   → *EUMEL*.

2. Abk. für Emulated LAN.

   → *LANE*.

ELBA

Abk. für Emergency Location Beacon.

Bezeichnung für schwimmfähige Bojen mit Rettungssendern für Flugzeuge.

Empfang der Notrufe durch Satelliten auf international festgelegten Frequenzen.

→ *EPIRB*, → *GDSS*.

Electronic Business

→ *E-Business*.

Electric Pencil

Bezeichnung einer sehr frühen → *Textverarbeitung* für PCs. Der Amerikaner Michael Shrayer programmierte 1975 verschiedene Dinge auf einem → *Altair 8800* und kam dabei auf die Idee, die Dokumentation zu den Programmen ebenfalls mit Computern zu erstellen. Er schrieb dafür die erste Textverarbeitung für Mikrocomputer (→ *PC*): Electric Pencil.

→ *Sketchpad*.

Electronic Cash

→ *Electronic Money*.

Electronic Commerce

→ *E-Business*.

Electronic Frontier Foundation

→ *EFF*.

Electronic Funds Transfer

→ *EFT*.

Electronic Highway

→ *NII*.

Electronic Mail

→ *E-Mail*.

Electronic Money

Auch Digital Cash, Digital Money oder Electronic Cash genannt. Nicht mit Electronic Funds Transfer (→ *EFT*) zu verwechseln. Ein Oberbegriff für eine Reihe verschiedener Verfahren, die finanzielle Transaktionen bargeldlos mit Hilfe eines elektronischen Datenaustausches ermöglichen. Man unterscheidet dafür verschiedene Grundprinzipien:

- Die elektronische Geldbörse: Realisiert in Form einer → *Smart Card* mit integriertem Prozessor, können dort bestehende Währungseinheiten gespeichert und abgebucht werden. Primär gedacht zum Bezahlen des täglichen Einkaufs in Geschäften oder zur Verwendung in öffentlichen Verkehrsmitteln. Dort werden kleinere Geldbeträge gezahlt, sog. → *Micropayments* oder auch → *Picopayments*.

  Derartige Systeme verdienen, streng betrachtet, als einzige die Bezeichnung Digital oder Electronic Cash

- Kreditbasierte Systeme (Credit Based System): Realisiert als Erweiterung der traditionellen Kreditkartensysteme. Ein Kreditkartenunternehmen geht in Vorkasse und zieht monatlich vom Nutzer den Kreditbetrag ein. Die Systeme zum Electronic Money realisieren dabei eine sichere Übertragung der Kreditkartendaten. Beispiele für solche Systeme sind → *CyberCash*, → *SSL* oder → *SET*.

  Dabei kann der Verkäufer sich entweder nur auf die Korrektheit von Kreditkartennummer und Ablaufdatum verlassen oder eine höhere Sicherheit erzielen, wenn er auch noch die (nicht auf der Karte aufgedruckte) Rechnungsanschrift vom Käufer abfragt und online durch die Kreditkartengesellschaft überprüfen lässt.

  Eine weitere, jedoch für den Käufer umständliche und daher insgesamt unpopuläre Maßnahme ist das zusätzliche Einsenden/Faxen einer Kopie der Kreditkarte zur Sicherstellung, dass sich der Käufer auch tatsächlich im Kartenbesitz befindet und nicht die Nummer irgendwo aufgeschnappt hat.

- Abbuchungsbasierte Systeme (Debit Based Systems) : Realisiert in Europa als Erweiterung der traditionellen EC-Kartensysteme. Dabei wird der Verkäufer durch Einsatz der Karte zum sofortigen Bankeinzug vom Konto des Nutzers ermächtigt. In diesem Zusammenhang wird oft auch von Electronic Cash gesprochen.

- Währungsbasierte Systeme (Cash Based System): Speziell für die Verwendung in Online-Diensten wie dem Internet gedacht. Dabei werden eigene Währungseinheiten kreiert und diese werden direkt über das Internet verbucht, d.h. die Rechte an ihnen, die von einem Treuhänder wie z.B. einer Bank verwaltet werden, werden übertragen. Jede einzelne der künstlich geschaffenen Währungseinheiten ist dabei beim Treuhänder registriert, nummeriert und kann nur einmal ausgegeben werden.

  Da die Währungseinheiten in Form spezieller, verschlüsselter Bitmuster gespeichert werden, hat sich auch die Bezeichnung Token-Verfahren etabliert.

  Beispiel für ein derartiges System ist → *e-cash*.

Es sind auch Kombinationen dieser Verfahren möglich, etwa wenn eine künstliche Währungseinheit (letztes Verfahren) auf einer Smart Card (erstes Verfahren) gespeichert wird.

Weltweit laufen verschiedene Pilottests dieser Anwendungen, wobei offen ist, welches Verfahren sich durchsetzen wird. Es wird allgemein davon ausgegangen, dass sich für verschiedene Zahlungsvorgänge (→ *Micropayment*, → *Picopayment*) verschiedene Verfahren etablieren werden, um jeden Zahlungsvorgang optimal abwickeln zu können.

Ungelöst sind zu einem großen Teil bislang die volkswirtschaftlichen Aspekte der Verfahren, da sich u.U. weltweit gültige bzw. akzeptierte Währungseinheiten, die von keiner Nationalbank kontrolliert werden, herausbilden könnten. Selbst wenn existierende Währungseinheiten verwendet werden, sind neue Mechanismen der Geldmengenfeststellung und -kontrolle zu entwickeln.

→ *IOTP*, → *JECF*.

Electronic Publishing

Bezeichnung für die Veröffentlichung sonst auch in gedruckter Form vorliegender Informationen aller Art in elektronischen Medien, insbesondere in → *Online-Services* oder im → *Internet* (→ *WWW*).

Das Informationsangebot finanziert sich entweder über einen einmaligen oder permanenten (Abonnement) finanziellen Beitrag des Nutzers (Lesers), der sich zu Beginn der Nutzung entsprechend authentifizieren muss, oder durch Sponsoring bzw. Marketingmaßnahmen (eingeblendete Anzeigen, Werbelogos). Mischformen hiervon sind ebenfalls denkbar.

Neben der reinen Präsentation der (aktuellen) Informationen werden meistens auch Archivsysteme und Suchfunktionen in derartigen Systemen bereitgestellt.

In Anlehnung an den Ausdruck ‚Magazin' für eine gedruckte Zeitschrift werden insbesondere die Veröffentlichungen im Internet of mit e-zine bezeichnet.

→ *Digitalisierung*, → *Multimedia*.

Elektronenrechner

Aus der Frühzeit der Entwicklung elektronischer Rechenanlagen stammende und heute nur noch selten gebrauchte Bezeichnung für Rechengeräte, die im Gegensatz zu mechanischen Rechengeräten wie → *Abakus* oder → *Rechenschieber* mit Strom betrieben werden.

Das Wort Elektronenrechner wurde schnell von dem Wort → *Computer* verdrängt.

Elektronische Post

→ *E-Mail*.

Elektronischer Geschäftsverkehr

→ *EDI*.

Elektronischer Marktplatz

Bezeichnung für eine seit 1999 verbreitete Anwendung aus dem Bereich des → *E-Business* im Umfeld des elektronischen Einkaufs. Ein elektronischer Marktplatz ist die Realisierung des Aufeinandertreffens von Angebot und Nachfrage in Gestalt von Anbietern und potentiellen Käufern auf der Basis einer Anwendungssoftware, einem Zugang dazu über das → *Internet* und dem → *Browser* als Zugangssoftware.

Ein elektronischer Marktplatz kann dabei verschiedene Geschäftsanbahnungs- und Transaktionsmechanismen unterstützen, wie z.B. Kataloge mit Suchfunktion, Ausschreibungen oder eine Auktion.

Im Laufe der Zeit haben sich verschiedene Konstellationen für Marktplätze entwickelt. Primär kann man unterscheiden zwischen:

- Branchenneutraler Marktplatz: Über einen derartigen Marktplatz werden branchenunspezifische Güter (C-Produkte) wie z.B. Büromöbel, Büroartikel, Renovierungsbedarf, Montageartikel oder beliebige Hilfs- und Betriebsstoffe gehandelt.
- Branchenspezifischer Marktplatz (auch vertikaler Marktplatz genannt): Über ihn werden branchenspezifische Artikel (A- und B-Produkte) wie z.B. Grundstoffe und Halb- oder Fertigprodukte gehandelt, z.B. Chemikalien für die chemische Industrie oder Baustoffe für die Baubranche.

Bei den branchenspezifischen Marktplätzen unterscheidet man häufig:

- Unabhängige Marktplätze: Sie sind von einem privaten Unternehmen, das nicht notwendigerweise selber in der Branche aktiv sein muss, aufgebaut worden. Häufig handelt es sich um eine sogenannte Dot-Com.
- Industrieunterstützte Marktplätze: Sie sind üblicherweise von mehreren Schlüsselunternehmen der Branche aufgebaut worden, die oft Anteile an der Trägergesellschaft halten.
- Private Marktplätze: Sie sind von einem großen Unternehmen der Branche für den eigenen Ein- oder Verkauf eingerichtet worden. Der Grund für den Alleingang liegt oft in dem besonders innovativen Verhalten des Unternehmens, dem zu einem frühen Zeitpunkt kein anderes Unternehmen bereit war zu folgen.

Als entscheidend für den Erfolg eines elektronischen Marktplatzes gelten:

- Unterstützung von den großen nachfragenden und anbietenden Unternehmen der Branche.
- Hohe Angebotsvielfalt, damit sich für ein Unternehmen die Teilnahme lohnt und nicht mehrere und u.U. technisch verschiedene elektronische Marktplätze genutzt werden müssen..
- Möglichkeit der Integration des Marktplatzes in bestehende → *ERP*-Architekturen der angeschlossenen Unternehmen.
- Nicht nur die Zusammenführung von Angebot und Nachfrage auf einer Website, sondern die Abwicklung des gesamten Einkaufsprozesses inklusive Produktkonfiguration, Preisermittlung, Preisverhandlung, Bestellung, Bestelländerung, Liefergrößeneinteilung, Lieferadressenmanagement, Statusüberprüfung einer Lieferung, Bezahlung bzw. Rechnungsadressenmanagement und Reklamation gehören dazu. Nur so können die Versprechen der reduzierten Transaktionskosten und der kürzeren Prozesslaufzeit insgesamt eingehalten werden.
- Verfügbarkeit mehrerer Mechanismen zur Zusammenführung von Angebot und nachfrage (Katalog, Ausschreibung und Auktion als Mindestfunktionalitäten).

Elektronischer Tonruf

Bezeichnung für ein → *Leistungsmerkmal* von Endgeräten. Eine Möglichkeit der → *akustischen Anrufsignalisierung*, bei der ein eingehender Verbindungswunsch nicht durch einen mechanisch mit Glocke und Klöppel (→ *Wecker*) erzeugten Rufton angezeigt wird, sondern elektronisch durch ein zumeist in Lautstärke und Melodie veränderbares akustisches und durch einen Tongenerator im Endgerät erzeugtes Signal.

Bei Nebenstellenanlagen können durch unterschiedliche Tonfolgen interne oder externe Anrufe angezeigt werden.

Elektronisches Codeschloss

Bezeichnung für ein → *Leistungsmerkmal* von Endgeräten. Dabei können Teilnehmer nur das Endgerät nutzen, wenn sie zuvor eine festgelegte geheime → *PIN* eingegeben haben. Üblicherweise bleiben die Nummern für Notrufe davon unberührt.

Dient dem Schutz vor unberechtigter Benutzung.

Elektrosmog

Bezeichnung für die lästige bis schädliche Wirkung leistungsstarker elektromagnetischer Strahlung auf Menschen, Tiere und Pflanzen. Diese resultiert aus der Aufnahme der ausgesendeten Energie im Körper (Erwärmung), aus der Induktion von im Körper fließenden Strömen oder aus Berührungsspannungen.

Die Wirkung elektromagnetischer Strahlung in Extremfällen gilt trotz weltweiter und bereits länger andauernder Untersuchungen wissenschaftlich als umstritten. Allgemein anerkannt ist, dass jede Form elektromagnetischer Strahlung (Licht, Wärme, Radioaktivität) den menschlichen Körper beeinflusst und insbesondere dauerhafte Bestrahlung negative Folgen für biochemische Prozesse in Zellen des menschlichen Körpers hat. Fraglich ist hingegen, welche Folgen in Abhängigkeit von der genauen Art, Intensität und Dauer eintreten.

Insbesondere die schädlichen Wirkungen von → *Handys* gelten als nicht endgültig gesichert. Gegner einer allzu kritischen Haltung gegen Elektrosmog führen an, dass die Gefahren durch unsachgemäße Handhabung eines Handys im Straßenverkehr (Telefonieren während der Fahrt) erheblich größer sind.

Im Mai 1996 wurde in Deutschland von der Bundesregierung eine Verordnung über elektromagnetische Felder vorgeschlagen, die von Betreibern von Sendeanlagen, Einrichtungen zur Stromversorgung, den Eisenbahnen und dem öffentlichen Personennahverkehr einzuhalten ist. Der Vorschlag definiert für drei Hochfrequenz- und zwei Niederfrequenzbereiche Effektivwerte der elektrischen und magnetischen Feldstärke.

→ *EMV*.

Elektrostriktion

→ *Piezoeffekt*.

Element Based Charging

→ *EBC*.

Element Manager

Begriff aus dem Bereich des → *Netzmanagements*. Er beschreibt eine spezielle Software oder einen Teil von ihr, die sich nur mit dem Management eines speziellen Gerätetyps, z.B. von → *Routern*, beschäftigt.

Elevation

Bezeichnung für den Winkel, gemessen von der Horizontalen, um den man eine Empfangsantenne aufrichten muss, um einen über dem Horizont stehenden → *Satelliten* zu empfangen.

Elevator Seeking

Begriff aus der Festplatten-Optimierung. Beschreibt eine spezielle Lesetechnik, bei der auf der → *Festplatte* angeordnete Dateien nicht in der Folge ihrer logischen Anordnung, sondern in der Folge des Vorfindens durch den Schreib-/Lesekopf gelesen werden. Die dann gelesenen, aber u.U. nicht oder noch nicht explizit angeforderten Dateien stehen bei ihrer tatsächlichen Anforderung dann ohne erneuten Zugriff auf die Festplatte zur Verfügung.

ELF

Abk. für Extremely Low Frequency.

Bezeichnet alle Frequenzen unter 3 kHz. Diese breiten sich beim Funk als Oberflächenwelle aus und werden weltweit für militärische Zwecke eingesetzt (z.B. U-Boot-Funk mit Schleppantennen, auch in großer Tiefe möglich). Der nächste obere Bereich ist → *VLF*.

Elfe

Abkürzung der Deutschen Telekom für Elektronische Fernmelderechnung.

Bezeichnung einer → *EDIFACT*-Anwendung, bei der Großkunden eine Fernmelderechnung mit dem → *X.400*-Dienst der Deutschen Telekom zugestellt wird.

ELFEXT

Abk. für Equal Level Far-End Crosstalk.

ELFPD

Abk. für Electro Luminescent Flat Panel Display.

Bezeichnung für eine neue platz- und energiesparende Technik, flache Bildschirme herzustellen.

Elgamal-Algorithmus

Bezeichnung eines nach seinem Entwickler benannten Verfahrens zur Datenverschlüsselung. Basiert auf der Schwierigkeit der Berechnung diskreter Algorithmen.

→ *DES*, → *RSA*.

ELIZA

Ein Computerprogramm, das eine Konversation zwischen einem Computer und einem Nutzer des Computers simuliert. Dabei bedient sich der Computer aus einem Fundus vorbereiteter (= gespeicherter) Phrasen, in die er bestimmte Schlüsselworte, die vom Nutzer in dessen Aussagen gefunden werden, einbaut oder indem vom Nutzer eingegebene Phrasen als Frage zurückgegeben werden.

Das Programm wurde von Dr. Joseph Weizenbaum (* 8. Januar 1923) entwickelt und 1966 auf einem Medizinerkongress erstmals Ärzten und Psychotherapeuten vorgestellt. Den Berichten nach haben diese das vorgestellte System begeistert aufgenommen und reagierten zurückhaltend bis enttäuscht, als Weizenbaum, der über die Begeisterung des Auditoriums selbst erschreckt war, ihnen eröffnete, er sehe darin eher eine kleine, listige Spielerei mit der er nur die Grenzen maschinell zu realisierender Intelligenz demonstrieren wollte.

Ellipso

Bezeichnung eines vom Unternehmen MCHI (Mobile Communications Holding Inc., Washington D.C.) seit 1991 geplanten und rund 500 bis 750 Mio. $ teuren Systems für → *Satellitenmobilfunk*, das ursprünglich ab 1998 Satelliten starten und ab 2000 in Betrieb genommen werden sollte. Als Partner mit dabei ist u.a. Lockheed.

Nach den kommerziellen Fehlschlägen (→ *Iridium* und → *ICO*) kündigte auch Ellipso im März 2001 eine Kooperation mit ICO-Teledesic (→ *Teledesic*) an und schloss eine spätere Fusion nicht aus.

Dabei sollen auf zwei elliptischen Umlaufbahnen in einer Höhe zwischen 520 und 7 846 km zehn Satelliten die Nordhalbkugel versorgen und sechs Satelliten auf einer zirkularen Umlaufbahn in 8 040 km Höhe bestimmte Gebiete auf der Südhalbkugel.

Jeder Satellit soll 500 kg wiegen. Der → *Uplink* wird über Frequenzen im → *L-Band* abgewickelt, der → *Downlink* liegt im → *S-Band*. Das Zugriffsverfahren ist → *CDMA*. Im Gegensatz zu anderen Systemen des Satellitenmobilfunks werden keine Inter-Satelliten-Verbindungen genutzt.

Durch diese Maßnahmen gilt das System als relativ preiswert.

Als Dienste werden Sprachtelefonie und Datenübertragung mit einer Datenrate von 0,3 bis 9,6 kbit/s ermöglicht.

→ *http://www.ellipso.com*

EM

Abk. für Element Manager.

EMA

Abk. für Electronic Messaging Association.

Internationaler Verband von Herstellern und Anwendern von elektronischen Nachrichtensystemen (→ *MHS*) mit dem Ziel, derartige Systeme zu fördern. Der Sitz befindet sich in Washington D.C.

Europäisches Mitglied ist die → *EEMA*.

→ *http://www.ema.org/*

E-Mail

Abk. für Electronic Mail.

Bezeichnung für elektronische Post, bei der Daten (üblicherweise Text) von einem persönlich adressierten Teilnehmer zu einem anderen gesendet werden. Diese Funktionalität wird heute durch Software realisiert, die nach dem Client/Server-Prinzip (→ *Server*) arbeitet. E-Mail kann auch als Teilfunktionalität einer → *Groupware* realisiert sein.

Die genaue Funktionalität einer E-Mail-Software ist herstellerabhängig, wohingegen darunter liegende Schichten üblicherweise weitgehend standardisiert sind, z.B. im Rahmen von → *Mailboxen*, vom → *Internet* (→ *MIME*, → *SMTP*, → *POP*) sowie von → *X.400*-Systemen.

Der Datentransfer erfolgt dabei in der Regel zwar innerhalb von Sekunden, aber über → *Store-and-Forward*-Netze, also nicht in Echtzeit.

Beim Empfänger werden die E-Mails in einer speziellen Datei gespeichert, so dass er sie zu beliebigen Zeiten abrufen, ansehen und ggf. weiterverarbeiten, sie beantworten, weiterhin zwischenspeichern, ordnen, ausdrucken oder löschen kann.

Die grundlegende Architektur einen E-Mail-Systems, an dem sich die meisten bekannten Standards orientieren, besteht aus folgenden Elementen:

- Message Handling System (→ *MHS*)
- User Agent (→ *UA*)
- Message Transfer System (→ *MTS*)
- Message Transfer Agent (→ *MTA*)

Unternehmen, die E-Mail-Programme herstennen, sind in der → *EMA* organisiert.

→ *MIME*, → *SMTP*.

E-Marketplace

→ *Elektronischer Marktplatz*.

EMC

Abk. für Edelmetall-Multi-Crosspoint.

Bezeichnung für den kleinsten → *Crossbar-Switch* mit 16 Spalten und 16 Zeilen. Er wurde 1976 von Siemens entwickelt.

EMD-Wähler

Abk. für Edelmetall-Motor-Drehwähler.

Bezeichnung eines von Siemens entwickelten elektromechanischen Drehwählers für analoge Vermittlungen. Er gilt als äußerst robust, langlebig, vielseitig einsetzbar und im Vergleich zum vorangegangenen → *Heb-Dreh-Wähler* als geräuscharm. Wurde in Deutschland durch digitale Technik ersetzt. Die Zuverlässigkeit dokumentieren statistische → *MTBF*-Werte von 200 Jahren.

Er verfügte über korrosionsfreie Palladium-Silberkontakte und ein lötstellenfreies Kontaktfeld. Der Wähler wird mit vier (Ortsbereich) oder acht (Fernbereich, je vier für kommenden und abgehenden Verkehr) Kontaktarmen zur Wegedurchschaltung auf 56, 112 oder 224 Ausgänge ausgestattet. Bei jeder Vierergruppe schleifen zwei unedle Kontakte für Steuer- und Prüfzwecke.

Die Impulse der Nummernwahl steuern nicht mehr Antriebsmagnete, sondern lassen den freien Lauf des Wählers zu. Es ist dabei (→ *direkte Steuerung*) sowohl Einzelschrittsteuerung als auch Gruppenschrittsteuerung mit automatischem Freilauf (zum Suchen einer freien Leitung) möglich.

Die Grundgeschwindigkeit beim Drehen konnte 180 Schritte/Sekunde oder 360 Schritte/Sekunde betragen.

In Ortsvermittlungen wurde er i.d.R. direkt, in Fernvermittlungen indirekt gesteuert.

In den Vermittlungsstellen wurden aus EMD-Wählern verschiedene funktionale Baugruppen gebildet. Beispiele dafür sind der → *Anrufsucher*, der → *Gruppenwähler*, der → *Leitungswähler* oder der → *Ferngruppenwähler*.

Entwickelt wurde der EMD-Wähler seit 1930. Seine Entwicklung wurde durch den 2. Weltkrieg gebremst. Erste Anwendungen erfolgten um 1953. Im Test wurde er dann in Deutschland seit dem 9. April 1954 eingesetzt, dann in großem Umfang seit 1955 im Wählsystem 55 und 55v (vereinfacht). Bis in die 90er Jahre war er in Deutschland noch weit verbreitet. Neu angeschafft wurde er bis 1982 für Neuanschaltungen und bis 1989 für Ersatzbedarf. Er wurde im Zuge der → *Digitalisierung* bis Ende 1997 (frühere Planun-

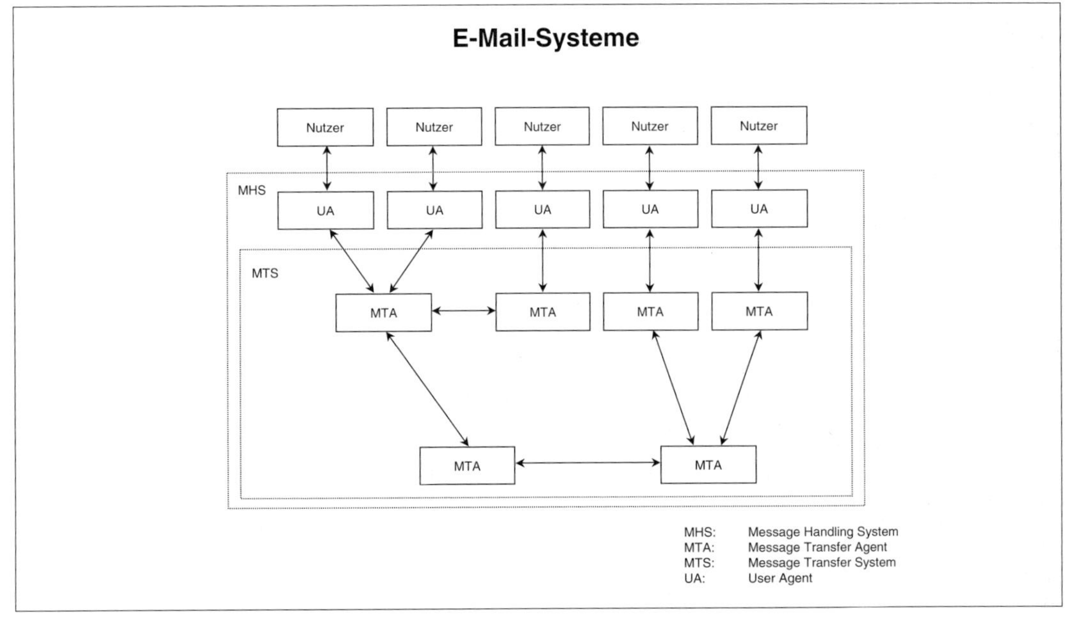

gen: 2020, dann 2013, schließlich 2000) in Deutschland komplett ausgemustert.

EMF

Abk. für Enhanced Metafile.
→ *WMF*.

EMI

Abk. für Electro-Magnetic Interference.
Störsignale, die durch externe Quellen hervorgerufen wurden.

EMK-Wähler

Abk. für Edelmetall-Motor-Koordinatenwähler.
Ein grundlegendes Vermittlungselement, das ähnlich dem → *EMD-Wähler* seit 1930 entwickelt wurde, jedoch nur in wenigen Vermittlungen eingesetzt war. Kennzeichen waren die direkte Steuerung, zwei Bewegungsvorgänge (Schieben und Drehen) und eine hohe Einstellgeschwindigkeit.

EML

Abk. für Element Management Layer.

EMM

Abk. für Expanded Memory Manager.
→ *XMS*.

EMMA

Abk. für → *ERMES* Manufacturers‘ Association.

EMMF

Abk. für European Multimedia Foundation.
Bezeichnung für den Zusammenschluss verschiedener nationaler Multimediaverbände auf europäischer Ebene. Mitglieder sind z.B. die → *SIMA* oder der → *DMMV*. Gegründet Anfang Oktober 1997 anlässlich der Buchmesse in Frankfurt.

EMMS

Abk. für Electronic Music Management System.
Bezeichnung für ein vom Hause IBM entwickeltes und im April 1999 vorgestelltes System zum → *Download* von Musik und anderen Inhalten in digitaler Form über das → *Internet*.
Ein erster Feldversuch mit dieser Technik und unter Beteiligung von Sony begann im Mai 1999 in San Diego.
→ *Music on Demand*.

E-Modell

Bezeichnung für ein subjektives Qualitätsmaß für die Qualität einer Sprachübertragung, ähnlich dem → *MOS*.
Das E-Modell ist definiert in G.107 der → *ITU* und sagt die von einem Hörer als subjektiv empfundene Qualität einer Sprachübertragung auf Basis technischer Übertragungsparameter voraus. Damit stellt das E-Modell einen analytischen Zusammenhang zwischen der Übertragungstechnik und der → *Psychoakustik* her.
Im E-Modell wird die Qualität einer sprachübertragung durch einen *R*-Wert beschrieben, der sich näherungsweise linear aus verschiedenen anderen Faktoren ergibt:

$$R = R_0 + I_S + I_d + I_e + A$$

Dabei gilt für die einzelnen Parameter:

- R_0: Ergibt sich aus verschiedenen Anteilen des Grundrauschens (Hintergrundgeräusche, Leitungsrauschen)
- I_S: Ergibt sich aus Störsignalen die gleichzeitig mit einem Nutzsignal (Sprache) auftreten.
- I_d: Ergibt sich aus allen Störungen, die als Folge von Verzögerungen (→ *Delay*) auftreten.
- I_e: Ergibt sich aus Störungen als Folge von spezifischen Pfadparametern, etwa durch die Hintereinanderschaltung mehrerer unterschiedlicher Sprachcodierer.
- A: Ein Ausgleichsfaktor, der für bestimmte technische Systeme die Erwartungshaltung des Nutzers an die Sprachqualität senkt. Beispielsweise gilt A = 10, wenn es sich um eine Mobilfunkübertragung handelt. Ziel der Einführung von A war das Herstellen der Vergleichbarkeit von subjektiven Messergebnissen über unterschiedliche Plattformen hinaus.

Es ergibt sich aus diesem Modell folgende Qualitätsstaffelung:

R-Wert	Qualitätsstufe	Bemerkungen
0 - 60	Schlecht	-
60 - 70	Niedrig	-
70 - 80	Mittel	Festnetzqualität
80 - 90	Hoch	Festnetzqualität
90 - 100	Bestens	Festnetzqualität

Emoticon

Kunstwort, zusammengesetzt aus Emotion (Gefühl) und Icon (Symbol). Andere Bezeichnung für → *Smiley*.

Empfangsabruf

→ *Fax-Polling*.

Empfangsbetrieb

→ *Richtungsbetrieb*.

Empfehlung

Auch Recommendation genannt. Von der → *ISO* definiert als „A binding document which contains legislative, regulatory or administrative rules and which is adopted and published by an authority legally vested with the necessary power“.
Die von der → *ITU* entwickelten Vorlagen werden auch als Empfehlung bezeichnet. Prinzipiell handelt es sich aber um → *Standards*.

EMRP

Abk. für Effective Monopole Radiated Power.
Bezeichnung für die äquivalente monopole Strahlungsleistung. Sie ist definiert aus dem Produkt der einer Antenne zugeführten Leistung und ihrem Gewinn, bezogen auf den gleichen Wert einer normierten kurzen Vertikalantenne in einer gegebenen Richtung.

EMS

1. Name eines rechnergesteuerten Vermittlungssystems im Nebenstellenbereich der Firma Siemens aus den 60er und 70er Jahren. Eingesetzt wurden kompakte elektromechanische Koppelfelder aus Relais. Nachfolgesystem wurde ab 1984 das digitale System Hicom.
2. Abk. für Electronic Message System.
   Andere Bezeichnung für ein → *MHS*.
3. Abk. für Extended Memory Specification.
   → *XMS*.
4. Abk. für Element Management System.
   → *TMN*.

EMSI

Abk. für Electronic Mail Standard Identification.
Bezeichnung für ein → *Protokoll* zum Versenden von → *E-Mails*, das im → *Fidonet* verwendet wird.
EMSI selbst dient zum Austausch von Benutzerkennung und Passwort sowie weiteren Daten zur Identifizierung und Authentifizierung der Verbindungspartner. Es hat gegenüber vorher verwendeten Protokollen den Vorteil, dass auch Alias-Adressen ausgetauscht werden können.
Nach einem erfolgreichem Start der Mailübertragung mit EMSI wird üblicherweise zur Nutzdatenübertragung eine Variante von → *Z-Modem* mit einer Blockgröße von 8 KByte gestartet.

Emulator

Bezeichnung für eine technische Einrichtung, die es ermöglicht, dass auf einer technischen Plattform nur für eine andere technische Plattform geeignete Operationen ausgeführt werden. Beispiele für praktische Anwendungen von Emulatoren:

- Druckeremulatoren, die es erlauben, dass der Drucker eines Herstellers wie der Drucker eines anderen Herstellers angesteuert wird.
- Softwareemulatoren, die es erlauben, dass die für einen bestimmten Computertyp entwickelten Programme auf einem anderen Computertyp laufen.

→ *Middleware*.

EMV

1. Abk. für Europay, Mastercard, Visa.
   Bezeichnung einer in den frühen 90er Jahren gegründeten Gruppe von Kreditkartenunternehmen, die mehrere Standards für → *Smart Cards* im Kreditkartengewerbe entwickelt hat. So wurde 1994 die Spezifikation 1.0 für die Integrated Circuit Card (ICC) herausgegeben, von der es nach Version 2.0 (1995) mittlerweile die Version 3.0 (Juli 1996) gibt.
2. Abk. für elektromagnetische Verträglichkeit.
   Oberbegriff für die Eigenschaft elektromagnetischer Wellen, sich ohne Schäden auf den menschlichen Organismus auszuwirken.

   Konkret handelt es sich um die Fähigkeit von elektrischen bzw. elektronischen Geräten, Anlagen und Systemen, in ihrer vorgesehenen Umgebung ohne Beeinflussung ihrer Funktion zufriedenstellend zu arbeiten und andere Geräte und den Menschen in dieser Umgebung nicht unzulässig zu beeinflussen. EMV ist ein Aspekt, der z.B. bei → *strukturierter Verkabelung* beachtet werden muss. Generell sind bei EMV zwei Aspekte zu beachten:

   - Geräte müssen eine bestimmte Störfestigkeit haben, d.h., sie müssen unempfindlich gegenüber den normalen Umgebungseinflüssen sein, die in der vorgesehenen Umgebung üblicherweise auftreten.
   - Geräte müssen gegen die Emission unerwünschter Störgrößen angemessen geschützt sein, damit sie nicht andere Geräte in ihrer Umgebung stören.

   Seit dem 9. Oktober 1992 ist in Deutschland das Gesetz über die EMV in Kraft (Gesetz über die elektromagnetische Verträglichkeit von Geräten, EMVG), das auf der EU-Richtlinie 89/336/EWG aus dem Mai 1989 basiert und zwei Vorläufergesetze (Funkstörungsgesetz und Hochfrequenzgesetz) ersetzte. Es wendet sich primär an die Importeure und Hersteller elektrotechnischer Geräte aller Art.

   Das EMVG ist am 30. August 1995 durch das 1. Änderungsgesetz zum EMVG geringfügig geändert worden und definiert Schutzziele, die die Einhaltung bestimmter Störaussendungs- und -festigkeitsnormen bedingen.

   Seit 1. Januar 1996 sind daher, nach einer dreijährigen Übergangsfrist, hierzu ergangene europäische Normen verbindlich einzuhalten, die sich auf die Emission elektromagnetischer Strahlung (EN 50081-1) und die Unempfindlichkeit (Immunität) dagegen (EN 50082-1) beziehen. In der Diskussion ist das EMVG wiederum seit Mitte 1997.

   Als Ergänzung zum EMVG wurden zwei Rechtsverordnungen erlassen, nämlich die Kostenverordnung für Amtshandlungen nach dem EMVG (EMVKostV), veröffentlicht im BGBl I vom 23. Juni 1993, und die Verordnung über Beiträge nach dem EMVG (EMVBeitrV), veröffentlicht im BGBl I vom 14. November 1993.

   Am 18. September 1998 wurde das EMVG in dritter Fassung erlassen, das in einigen Punkten an die im April 1998 von der EU erlassenen neuen Richtlinien angepasst ist.

   Technische Maßnahmen, die geeignet sind, EMV sicherzustellen, können sein:

   - Erdung
   - Abschirmung
   - Filterung
   - Geeignete Verkabelung
   - Überspannungsschutz

   Geräte und Bauteile, die diesem Gesetz entsprechen, tragen das CE-Zeichen.

   → *Elektrosmog*, → *Forschungsgemeinschaft Funk e.V.*

   → *http://www.emv-online.de/*

   → *http://www.williamson-labs.com/*480_emc.htm

EMVG

→ *EMV.*

EMWAC

Abk. für European Microsoft Windows NT Academic Consortium.

EN

Abk. für European Norm.

Bezieht sich auf die von → *CEN* und → *CENELEC* erarbeiteten Normen.

Encapsulation

Andere Bezeichnung für → *Tunneling.*

Endleitung

1. Bezeichnete lange Zeit im analogen Telefonnetz der damaligen Bundespost die Verbindungsleitungen der → *Knotenvermittlung* zu den → *Ortsvermittlungsstellen.* Sie ist nicht mit der → *Endstellenleitung* zu verwechseln.

   → *Hauptanschlussleitung.*
2. Mittlerweile die Bezeichnung für die Leitung von der digitalen Vermittlungsstelle zum Teilnehmer am → *ISDN.* Der Abschluss der Endleitung ist die Network Termination (NT), an dem die Endleitung eine → UK_0-Schnittstelle zur Verfügung stellt.

Endlospapier

Bezeichnung für eine spezielle Form von in → *Druckern* verarbeitbarem Papier. Prinzipiell eine Bahn Papier mit perforiertem und gelochtem Rand sowie quer zur Verarbeitungsrichtung äquidistant angebrachten Performationen, so dass nach dem Einzug und dem Bedrucken in einem Drucker der gelochte Rand entfernt und das bedruckte Stück Papier vom Rest der Bahn getrennt werden kann.

Endlosschleife

Bezeichnung für eine programmierte und immer wieder durchlaufene Schleife ohne Unterbrechungsmöglichkeit.

Endlosschleifen sind meistens Programmierfehler. Ein Computerprogramm, das sich in einer Endlosschleife befindet, kann nur durch Programmabbruch verlassen werden.

Endverschluss

→ *Kabelverzweiger.*

Enhanced Pay-per-View

Andere Bezeichnung für → *Near-Video-on-Demand.*

→ *PPV.*

Endstellenleitung

Bezeichnet die Leitung im → *Zugangsnetz* von der → *TAE-Dose* beim Teilnehmer zum → *Endverzweiger.* Sie ist in Deutschland üblicherweise max. 100 m lang. Der internationale Durchschnitt liegt bei 300 m.

Endvermittlungsstelle

Bezeichnung für einen zentralen Netzknoten in hierarchich aufgebauten Netzen, der den Abschluss des Fernnetzes bei einer Verbindung darstellt. Es handelt sich um den Zielknoten, der durch eine Vorwahl identifiziert wird.

Die Endvermittlungsstelle ist nicht mit der → *Teilnehmervermittlung* zu verwechseln.

Endverzweiger

Abgekürzt mit Evz. International Distribution Point (DP) genannt. Bezeichnet im → *Ortsnetz* den Punkt, an dem mehrere von verschiedenen Teilnehmern kommende → *Endstellenleitungen* zu einem → *Verzweigungskabel* zusammengefasst werden. Üblicherweise wird zwischen folgenden zwei Typen von Endverzweigern unterschieden:

- Zum vor der Witterung geschützten Einsatz in Gebäuden, z.B. in großen Wohnblöcken.
- Zum ungeschützten Aufstellen auf freiem Feld (Installation in einem Kasten, am Straßenrand oder in einem Kasten, aufgehängt an einem Mast).

Endverzweiger sind ca. so groß wie ein Schuhkarton oder eine Lautsprecherbox.

E-Netz

In Anlehnung an die Tradition in Deutschland, die Mobilfunknetze durchzubuchstabieren, wurde das vom ‚e-plus'-Konsortium (zunächst o.tel.o, RWE, Vodafone und Bell South International) betriebene erste Mobilfunknetz nach dem Standard → *GSM 1800* auch E-Netz genannt. Seit der Vergabe einer zweiten Lizenz für ein weiteres Netz nach diesem Standard im Frühjahr 1997 wird zwischen dem E1-Netz des ‚e-plus'-Konsortiums und dem E2-Netz, betrieben von der Viag Interkom und → *BT*, differenziert.

Die Vergabe der ersten Lizenz für e-plus (mit der ursprünglich zugeteilten Vorwahlnummer 01 77) erfolgte im Mai 1993. Der offizielle Start erfolgte im Mai 1994 im Raum Berlin und anschließend im Juni 1994 im Raum Halle-Dessau-Leipzig. Der Netzausbau konzentrierte sich zunächst auf verschiedene Ballungsräume, insbesondere in den neuen Bundesländern, und dann auf Strecken entlang wichtiger Autobahnen. Um den Rückstand gegenüber den anderen Mobilfunknetzbetreibern → *D1* und → *D2* in Deutschland zu verringern, kam man auf verschiedene Ideen. So wurde im Juni 1997 als erste U-Bahn weltweit die U-Bahn in Berlin (143 km Streckennetz) mobilfunktechnisch komplett versorgt. Dafür waren 230 Mobilfunkrepeater und rund 800 Antennen nötig. Ferner führte man als erster Netzbetreiber in Deutschland die vorbezahlte Karte ein (→ *Prepaid Card*).

Der weitere Netzausbau schritt so voran, dass gegen Ende 1997 98% der Bevölkerung mit rund 6 500 Basisstationen erreicht wurden. Bedingt durch die am Anfang nur sehr lückenhafte Flächendeckung wuchsen die Teilnehmerzahlen zunächst nur sehr langsam. Erste Zielgruppen waren wegen der Konzentration auf die Ballungsräume verschiedene Kleingewerbetreibende wie Handwerker etc., die nur einen lokalen Aktionsradius benötigen. Hauptsystemlieferant ist die finnische Firma Nokia.

Für das E2-Netz, ursprünglich erkennbar an der Vorwahl 01 79 (und später der 01 76), wird mit einem Bedarf von rund 10 000 Basisstationen (→ *BS*) gerechnet, um ganz Deutschland abzudecken. In einem ersten Schritt wurden nach der Auftragsvergabe im Oktober 1997 bis Mitte 1998 sieben → *MSCs* von Siemens, Richtfunkstrecken von Bosch und Ericsson sowie rund 3 500 Basisstationen von Nortel-Dasa und Nokia installiert, die 45% der Bevölkerung in acht Ballungsgebieten erreichen. Dabei soll innerhalb der Ballungsgebiete eine sehr hohe Dienstqualität, auch innerhalb der Gebäude, erzielt werden.

Ein erster Feldtest in einzelnen Inseln in großstädtischen Ballungsräumen startete am 20. Februar 1998.

Der kommerzielle Start vom E2-Netz erfolgte, nach ursprünglich geplantem Start im Mai 1998, am 30. September 1998 in acht Ballungsräumen.

Der Endausbau mit 10 000 Basisstationen ist für das Jahr 2006 mit einer Abdeckung von 95% der Bevölkerung geplant.

Das dem Standard zugrundeliegende Frequenzband teilen sich die beiden E-Netze in Deutschland wie folgt:

Netz	Uplink	Downlink
e-plus	1 735 bis 1 760 MHz	1 850 bis 1 875 MHz
E2	1 760 bis 1 785 MHz	1 825 bis 1 850 MHz

In jedem Bereich können die Netzbetreiber 85 Funkkanäle auf verschiedenen Frequenzen (→ *FDMA*) betreiben, die mit einem → *TDMA*-Verfahren weiter vervielfacht werden.

In Österreich ist das dortige E-Netz ein Netz, das dem → *GSM*-Standard entspricht.

→ *http://www.eplus.de/*

Engsetverkehr

Unter Engsetverkehr wird in der → *Verkehrstheorie* ein Ankunftsprozess für Belegungswünsche verstanden, bei dem die Abstände zwischen den einzelnen Ankünften der Belegungswünsche und deren benötigte Bearbeitungsdauern negativ exponentiell verteilt sind. Ferner stehen endlich viele Quellen für die Belegungswünsche ebenso wie nur endlich viele Ressourcen (Belegungsmöglichkeiten) zur Verfügung stehen.

Diesem Modell wird gegenüber dem → *Poissonverkehr* der Vorzug gegeben, wenn die Zahl der Quellen kleiner als die zehnfache Zahl der Ressourcen ist.

ENIAC

Abk. für Electronic Numerical Integrator and Computer.

Bezeichnung für einen der ersten großen Universalrechner mit vorwiegend elektronischer Steuerung aus den 40er Jahren. Er konnte 20 zehnstellige Dezimalzahlen speichern, bestand aus 17 468 Röhren, 1 500 Relais, 10 000 Kondensatoren, 70 000 Widerständen, wog 30 Tonnen und benötigte 174 kW als Leistung, soviel wie eine Rundfunkstation. Es wird berichtet, dass die Abwärme der Anlage noch zum Beheizen eines Schwimmbads verwendet wurde. Der Systemtakt betrug 100 kHz. Die benötigte Grundfläche des ENIAC lag (je nach Quelle) bei 93 oder 140 m^2.

ENIAC war bereits 2 000mal schneller als die → *Mark I*. Für eine Addition benötigte er nur noch 200 Mikrosekunden und für eine Multiplikation nur noch 2,6 Millisekunden.

Die Unterprogrammierung mit Steckverbindern nahm bis zu zwei Tage in Anspruch. Dennoch war die Zuverlässigkeit im Vergleich zum Mark I bereits derartig gestiegen, dass pro Woche nur noch ein bis drei Röhren ausfielen, was auch daran lag, dass sie nur mit 25% ihrer maximal zulässigen Leistung betrieben wurden. Zusätzlich wurde festgestellt, dass die meisten Röhren beim Ein- oder Ausschalten durchbrannten, weshalb entschieden wurde, die ENIAC ununterbrochen laufen zu lassen und sie nur zu periodischen Wartungszwecken abzuschalten. Ein weiteres Mittel, die Zuverlässigkeit zu erhöhen, war der routinemäßige Austausch von Röhren nach einer bestimmten Verwendungszeit während der Wartung, so dass sie nie ihre volle Lebenszeit (bis zum Durchbrennen) in der ENIAC verbrachten, was die Wahrscheinlichkeit des Durchbrennens während des Betriebes verringerte.

Anwendungen des ENIAC waren ballistische Berechnungen für die Armee (Feuerleittabellen für die Artillerie), daneben Wettervorhersagen und Berechnungen für den Bau der Wasserstoffbombe.

Der Beginn der Entwicklung des ENIAC reicht zurück bis 1941. Bei einem Besuch im Iowa State College im Juni 1941 hatte der Physiker John William Mauchly (* 1907, † 1980) dort den noch nicht fertigen → *ABC* besichtigt und ein bis dahin unveröffentlichtes Manuskript eingesehen. Mauchly und der Ingenieur J. Presper Eckert Jr. (* 1919, † 1995) konzipierten im April 1942, zusammen mit John Brainerd von der Moore School of Electrical Engineering der Universität von Pennsylvania in Pittsburgh, auf dem Papier einen Großcomputer und leiteten das Konzept an die Aberdeen Providing Group (APG) der US-Army.

Der Armeeleutnant Hermann H. Goldstine (* 13. September 1919) erkannte dort die Tragweite dieses Projektes für die Verteidigung (ballistische Berechnungen) und fing an, es zu fördern. Am 4. Juni 1943 wurde hierzu ein Vertrag zwischen der US-Army und der Moore School geschlossen.

Die zunächst geheime Entwicklung von ENIAC unter dem Projektnamen ‚Project PX‘ begann durch ein 50-Mann-Team daraufhin nach langen Diskussionen 1944 unter der Leitung von Mauchly und Eckert. Die IBM beteiligte sich an dem Projekt mit dem Ziel, innerhalb eines Jahres einen großen elektronischen Mehrzweckrechner zu bauen.

Goldstine berichtete im gleichen Jahr dem ungarischen Immigranten und Berater beim Atombomben-Projekt in Los Alamos, John von Neumann (* 1903, † 1957) vom Institute for Advanced Studies in Princeton, von den Arbeiten am ENIAC. Neumann nahm Kontakt auf und eine Zusammenarbeit begann.

Im Sommer 1945 war die Arbeit bereits derartig weit fortgeschritten, dass Physiker aus Los Alamos die ENIAC noch vor der offiziellen Inbetriebnahme für Berechnungen zum Atombombenprogramm nutzten. Der offizielle Testbetrieb erfolgte dann ab November 1945.

Im Februar 1946 wurde die Maschine erstmals Journalisten vorgeführt.

Im Sommer 1946 nahm ENIAC offiziell die Arbeit auf, und Eckert und Mauchly verließen die Universität, um ihre eigene Firma zu gründen. Standort des Rechners war ab Juli 1947 das US-Army-Versuchsgelände (Ballistic Research Laboratories, BRL) in Aberdeen/Maryland. Es wird berichtet, dass das Budget bis zu diesem Zeitpunkt bereits um 225% überzogen war.

1947 beantragten Eckert und Mauchly in Unkenntnis der Arbeiten Konrad Zuses (* 22. Juni 1910, † 1995) in Deutschland (→ *Z1*) ein Patent für eine digitale Rechenmaschine. Die Erteilung des Patents 3 120 606 erfolgte jedoch erst 1964. 1973 wiederum wurde das Patent in einem Streit um die Entwicklung des ersten digitalen Rechners für ungültig erklärt, als dieses Recht dem Entwicklungsteam des ABC eingeräumt wurde.

1948 erfolgte erstmals ein 24 Stunden Dauerbetrieb ohne Unterbrechung durch Fehler.

Der Rechner wurde noch einige Male verbessert und blieb bis 2. Oktober 1955 in Betrieb. Ab 1956 wurde er demontiert. Einzelne Teile befinden sich als Ausstellungsstücke in nordamerikanischen Instituten.

ENSAD

Abk. für Einheitliches Nachrichtensystem für analoge und digitale Vermittlung.

Bezeichnung eines Vermittlungssystems, das in den 70er Jahren von der DDR und der UdSSR als Nachbau des → *EWSO* entwickelt wurde. Im Test befand es sich ab 1979. Bis 1994 wurde es gebaut und nach Rußland geliefert. Sein Hersteller wurde Anfang der 90er Jahre von Alcatel SEL übernommen.

Entbündelung

International Unbundling genannt. Oft auch in Verbindung mit anderen, genaueren Bezeichnungen verwendet, etwa: entbündelter Netzzugang (Unbundled Access, Unbundled Local Loop (ULL)).

Ein Begriff aus der → *Deregulierung* von Telekommunikationsmärkten. In Deutschland konkret definiert im § 2 Satz 1 (Definition Entbündelung) und 2 (Leistungen, auf die Entbündelung anzuwenden ist; Entbündelungsgebot) der Netzzugangsverordnung (→ *NZV*) und grundsätzlich gefordert im § 33 Abs. 1 des → *Telekommunikationsgesetzes*.

Darunter versteht man, dass ein Anbieter, der auf einem Markt für Telekommunikationsdienstleistungen für die Öffentlichkeit über eine marktbeherrschende Stellung verfügt, seinen Wettbewerbern auf diesem Markt diskriminierungsfrei den Zugang zu seinen intern genutzten und zu seinen am Markt angebotenen Leistungen anzubieten hat, soweit diese wesentlich sind. Zu beachten ist dabei, dass die Leistungen eingeständig realisierbar und sachlich abgrenzbar sind. Dabei hat er diese Leistungen zu den Bedingungen zu ermöglichen, die er sich selbst bei der Nutzung dieser Leistungen einräumt (z.B. zu Zwecken der internen Kostenrechnung zwischen verschiedenen Unternehmensteilen), es sei denn, dass die Einräumung ungünstigerere Bedingungen, insbesondere die Auferlegung von Beschränkungen, schlich gerechtfertigt ist. Er darf grundsätzlich den Zugang nur unter Beachtung der Anforderungen der Richtlinie 90/387/EWG (ONP) beschränken und muss den Wettbewerbern darlegen, welche der grundlegenden Anforderungen einer Beschränkung im Einzelfall zugrunde liegt.

Der eine entbündelte Leistung nachfragende Anbieter muss dabei ein Betreiber öffentlicher Telekommunikationsnetze sein. Er darf kein Betreiber von → *Corporate Networks* sein.

In Deutschland erhält die Deutsche Telekom beispielsweise für einen entbündelt angebotenen Netzzugang zu einem Endkunden (Kupferanschlussleitung) ein nutzungsunabhängiges Entgelt das in seiner Höhe von der → *Regulierungsbehörde* im Frühjahr 1998 auf zunächst befristete 20,65 DM festgesetzt und seither mehrfach bis zur endgültigen Entscheidung verlängert wurde. Zu diesen Kosten kommen dann noch nutzungsabhängige Kosten für die → *Interconnection*.

Ziel dieser Regelung ist, dass der Nachfrager Leistungen nicht zwangsweise mit abnehmen und bezahlen muss, die er gar nicht benötigt. Dadurch soll erreicht werden, dass neue Wettbewerber Ressourcen des marktbeherrschenden Anbieters zu Konditionen nutzen können, die es erlauben, eine echte Alternative zum u.U. auch volkswirtschaftlich sinnlosen Aufbau einer eigenen Infrastruktur darzustellen.

Ferner ist es neuen Wettbewerbern durch die Übernahme entbündelter Leistungen wesentlich schneller möglich, Dienste in bisher von ihrem eigenen Netz nicht versorgten geografischen Gebieten anzubieten.

Neuen Wettbewerbern soll damit eine rasche und kostengünstige Möglichkeit zur Markterschließung geboten werden.

Beispiele für entbündelte Leistungen sind eine Glasfaserleitung, von der nur die Faser (→ *Dark Fiber*) ohne jede, eine Bitrate klar definierende Beschaltungseinheit benötigt wird, oder reine Übertragungsdienstleistungen ohne Vermittlungsfunktionen des diese Übertragungsfunktion realisierenden Netzes.

Erstmals riefen Wettbewerber der Deutschen Telekom im Juni 1997 das → *BMPT* an und verlangten von der Deutschen Telekom entbündelte Leistungen (→ *Deregulierung*), als die Deutsche Telekom im Ortsnetzbereich den Zugang nicht in Form von Leitungen (Drähte, Kabel), sondern zusätzlich mit Beschaltungseinheiten zur Verfügung stellen wollte.

Die Regulierungsbehörde in Deutschland griff mittels Anordnung ein, wogegen die Deutsche Telekom Klage beim Verwaltungsgericht in Köln und später Revision beim Oberverwaltungsgericht in Münster einlegte. Sie einigte sich dann jedoch mit ihren Konkurrenten im Rahmen eines Vergleichsverfahrens, als das Oberverwaltungsgericht die Erfolglosigkeit der Revision signalisierte.

In den USA hat die → *FCC* eine Liste erstellt, der entnommen werden kann, auf welche Bereiche das Entbündelungsgebot anzuwenden ist. Hierunter fallen:

- Netzzugang (Leitung, Kabel)
- Netzschnittstellen
- Lokale Vermittlungsstellen
- Übertragungsleitungen

- Signalisierungssysteme (inkl. Datenbanken wie z.B. Routingtabellen), die für vermittlungstechnische Zwecke notwendig sind.
- Netzmanagementfunktionen
- Auskunfts- und Operatordienste

Seinen Ursprung hat der Begriff allerdings in der IT-Industrie der USA, als die in den 60er Jahren übliche Praxis, Hardware nur zusammen mit bestimmten Computerprogrammen zu verkaufen, seinerzeit von Gerichten untersagt wurden. Vielmehr forderten die Gerichte damals die Entbündelung der Produkte, so dass Käufer nicht mehr gezwungen wurden für Programme zu zahlen, die sie in Wirklichkeit gar nicht benötigten.

Enterprise Server

Neue Bezeichnung in den 90er Jahren für Großrechner und → *Mainframes*, die jetzt über → *LANs* und auch → *WANs* von → *PCs* angesprochen werden können und so zum → *Server* (hauptsächlich Datenserver) für ein ganzes Unternehmen werden.

Entgeltregulierungsverordnung

→ *EV.*

Entropie

Begriff aus der Informationstheorie. Auch Informationsgehalt genannt. Bezeichnet die optimale minimale Anzahl von Bit, mit der ein mit einer bestimmten Wahrscheinlichkeit auftretendes Symbol unter dem Aspekt der Redundanzreduzierung minimal codiert werden kann.
Falls aus einem Zeichenvorrat von n Symbolen das Symbol S_i mit einer Wahrscheinlichkeit p_i auftritt, ergibt sich die Entropie H aus:

$$\sum_{i=1}^{n} p_i \log_2 p_i$$

Envelope

Von engl. envelope = Briefumschlag.
Bezeichnung für eine zu übertragende und zusammengehörige Bitgruppe in Datennetzen, bestehend aus z.B. acht Daten- und zwei Steuerbit zur Synchronisation und Datenkennung nach der → *ITU*-Empfehlung X.50 im → *IDN* der Deutschen Telekom.
Beim Versenden von → *E-Mails* die als eine zusammengehörende Einheit betrachtete und übertragene Menge einer E-Mail und Zusatzinformationen. In einigen E-Mail-Systemen wird ein Envelope zur Kapselung benötigt, da der → *Header* der eigentlichen Mail nicht verändert werden darf. Wird eine E-Mail aber z.B. vom ursprünglichen Empfänger an eine dritte Person weitergeleitet, so wird um die ursprüngliche E-Mail mit Sender und Empfänger im Header ein Envelope gelegt, in den die Adresse des Weiterleitenden als Absender zusätzlich eingefügt wird.

E/O

Abk. für elektrisch-optische Wandlung.
Bezeichnet in Telekommunikationsnetzen mit elektronischen Vermittlungen und optischen Übertragungsstrecken die Wandlung an den Schnittstellen von elektrischen in optische Signale bzw. umgekehrt (O/E).
→ *BONT.*

EOB

1. Abk. für End of Bus.
2. Abk. für End of Block.

EOC

Abk. für Embedded Operations Channel.

EOF

Abk. für End of File.

EOL

1. Abk. für End of Line.
   Bezeichnet das Zeilenende.
2. Abk. für Europe Online.
   → *Online-Service.*
3. Abk. für End of Life.
   In der Satellitenbranche der Jargon für den Zeitpunkt, an dem der Satellit seinen letzten Treibstoff für Bahnkorrekturen aufgebraucht hat, langsam seine Position verlässt und damit nicht mehr zu gebrauchen ist.

EOM

Abk. für End of Message.

EOT

Abk. für End of Transmission.
Abkürzende Bezeichnung für das Steuerzeichen, das bei zeichenorientierter Datenübertragung das Ende der Übertragung anzeigt.

E-OTD

Abk. für Enhanced Observed Time Differential.
→ *Location Dependent Service.*

EPA

1. Abk. für Energy and Power Administration.
   Bezeichnung für die oberste amerikanische Behörde für den Energiebereich, die auch viele relevante Vorschriften für Geräte des täglichen Bedarfs über Energiesparschaltungen herausgibt.
2. Abk. für Europäisches Patentamt.
   Sitz ist München.

EPABX, EPBX

→ *PBX.*

EPG

Abk. für Electronic Program Guide.
Bezeichnung für elektronische Programmzeitschriften, die in Systemen zum digitalen Fernsehen (→ *DVB*) auf dem Bildschirm die Anfangszeiten von Sendungen bereitstellen und dem Zuschauer bei der Navigation durch ein Programmangebot behilflich sind.
→ *Open TV.*

EPIC

1. Abk. für Explicit Parallel Instruction Computing.

   Bezeichnung einer neuen, → *CISC*- und → *RISC*-Konzepte in sich vereinenden Hardwarearchitektur für den Nachfolger des → *Mikroprozessors* → *Intel Pentium*, zunächst genannt Merced, dann Itanium, der gemeinsam vom Hause → *Intel* mit → *HP* entwickelt wird. Die gesamte Architektur wird als IA 64 bezeichnet. Prinzipiell soll mit diesem Chip die gesamte Entwicklungslinie der x86-Prozessoren abgeschlossen werden, obwohl für sie geschriebene Software noch auf ihnen lauffähig sein soll. Auch → *Unix* soll diesen Prozessor nutzen können.

   Der Prozessor soll eine Wortbreite von 64 Bit und 128 Register haben. Ferner wird ein dreistufiger → *Cache* Teil des Prozessors sein. Er wird auch Teile des → *VLIW-Konzept*es übernehmen und Strukturen auf dem Halbleitersubstrat mit einer Ausdehnung von 0,18 µm.

   Die Wurzeln von EPIC reichen bis 1989 zurück, als in den HP-Laboratorien das Projekt FAST (Fine-Grained Architecture and Software Technologies) mit dem Ziel startete, das VLIW-Konzept in eine neue kommerzielle Prozessorarchitektur zu gießen. Die ersten konkreten Arbeiten an EPIC begannen schließlich 1993. Die Konzeption wurde im Oktober 1997 vorgestellt. Im Oktober 1999 wurde bekannt, dass der Chip unter dem Markennamen Itanium auf den Markt kommen soll. Erste Serienexemplaren wurden Anfang 2000 für die 2. Jahreshälfte 2000 angekündigt, doch verschob sich die Präsentation wieder und wieder. Im Frühjahr 2001 wurde der Start der Serienfertigung für Jahresmitte 2001 angekündigt.

   → *Deerfield*, → *McKinley*.

2. Abk. für Electronic Privacy Information Center.

   Bezeichnung einer Organisation in den USA mit dem Ziel der Förderung des Datenschutzes im Rahmen von → *E-Business* und ganz allgemein der Nutzung des → *Internets*.

   → *http://www.epic.org/*

EPIRB

Abk. für Emergency Positioning Indicating Radio Beacon.

Bezeichnung eines Funksignale aussendenden Notrufsenders, der mit einer Boje von Schiffen ausgesetzt werden kann. Nutzt → *INMARSAT*.

→ *GDSS*, → *ELBA*.

Epitaxie

Bezeichnet im Prozess der Herstellung integrierter Schaltungen (→ *IC*) nach der Erzeugung eines reinen Silizium-Einkristalls den zweiten Schritt im Produktionsprozess. Dabei werden aus dem monolithischen und bereits mit Dotierungselementen verunreinigten Block einzelne runde einkristalline Halbleiterscheiben ausgeschieden, um unterschiedlich dotierte Siliziumschichten zu erhalten.

e-plus

→ *E-Netz*.

EPO

Abk. für European Patent Office.

Bezeichnung für das europäische Patentamt mit Sitz in München.

→ *USPTO*.

→ *http://www.european-patent-office.org/*

EPOC32

Auch nur kurz EPOC genannt. Bezeichnung eines → *Betriebssystems* für → *PDA*s und ähnliche Geräte aus dem Hause Psion Software. EPOC32 gilt im Vergleich zu anderen, vergleichbaren Betriebssystemen als stromsparend. Es benötigt einen Speicherplatz von rund 1 MByte.

Im Juni 1998 entschieden sich mit Nokia und Ericsson zwei führende Hersteller von → *Handys* für dieses Betriebssystem und gründeten zusammen mit Psion, die EPOC zunächst in ihren Organizern einsetzten, in London zur weiteren Entwicklung und Vermarktung das Unternehmen Symbian gründeten. Ziel ist die Integration von → *Bluetooth*, → *Java* und → *WAP* in Handys.

Erste Implementierung war das MC218 aus dem Hause Ericsson im September 1999, als EPOC in Version 3 vorlag.

→ *http://developer.epocworld.com/*

→ *http://www.symbian.com/*

EPOS

Abk. für Electronic Point-of-Sale.

→ *POS*.

ePOST

Bezeichnung einer Dienstleistung der Deutschen Post AG zur ressourcenschonenden Versendung von Massendrucksachen.

Dabei wird der Inhalt (Text) einer postalischen Massendrucksache unter Nutzung von Telekommunikationsdiensten als digitales Datenmaterial so weit wie möglich in die Nähe des Empfängers transportiert. Erst in unmittelbarer Nähe des Empfängers wird der Brief durch die Post in einem ePOST-Zentrum ausgedruckt, kuvertiert, ggf. mit Beilagen versehen, frankiert und schließlich in herkömmlicher Weise per Postbote zugestellt.

Der Versender hat dadurch folgende Vorteile:

- Arbeits- und damit kostenintensive Bereiche (Ausdrucken, Kuvertieren etc.) werden von ihm ausgelagert.
- Er muss nicht in eigene Druck-, Kuvertier- und Frankieranlagen investieren.
- Da der Transport zum Endadressaten weitgehend elektronisch und daher ohne Zeitverzug erfolgt, kann er sich mit der Formulierung mehr Zeit lassen und sehr aktuelle Briefe verfassen.
- Er ist unabhängig von den Öffnungszeiten der Poststellen.

Dieses Verfahren eignet sich für alle Unternehmen, die regelmäßig große Mengen an standardisierter Post zu versenden haben, z.B. Rechnungen, Mahnungen oder Kontoauszüge.

Seit April 1998 wird das Produkt jedoch auch für Versender kleinerer Mengen lukrativ, da seither, nach einer Voranmeldung bei der Post, auch Versender kleinerer Mengen per → *E-Mail* das Verfahren nutzen kann.

Das Konzept wurde in Finnland entwickelt und ab 1994 in Deutschland von der Deutschen Post AG mit zunächst sechs ePOST-Zentren umgesetzt.

EPP

Abk. für Enhanced Parallel Port.

→ *ECP*.

EPPA

Abk. für European Public Paging Association.

→ *http://www.eppa.net/*

EPRA

Abk. für Enhanced Performance Router Access Unit.

E-Procurement

→ *E-Business*, → *Elektronischer Marktplatz*.

EPROM

Abk. für Erasable and Programmable Read Only Memory.

Ein mehrfach beschreibbarer und löschbarer → *Speicherbaustein* auf Halbleiterbasis, der nach dem Einbau in ein Gerät dort lediglich mehrmals gelesen wird. Die gespeicherte Information bleibt nach Abschalten der Spannungsversorgung erhalten und kann bei Bedarf mit ultraviolettem Licht gelöscht und neu eingeschrieben werden. Nach häufigem Durchführen (> 50 bis 100 mal, je nach Typ) ist jedoch mit einem Längerwerden der notwendigen Einwirkdauer des UV-Lichtes zum Löschen zu rechnen.

Die eingeschriebenen Informationen bleiben über 10 Jahre lang gespeichert.

Der erste EPROM wurde im September 1971 vom Hause → *Intel* als Typ 1702 mit einer Kapazität von 2 kbit in einem Gehäuse mit insges. 24 Stiften vorgestellt. Maßgeblich entwickelt wurde er von Dov Frohman. Als Resultat war Intel jahrelang die einzige Firma, die EPROMs wirtschaftlich in großen Mengen herstellen konnte.

EPS

Abk. für Encapsulated PostScript.

Bezeichnung für ein Dateiformat für → *Vektorgrafiken* in Form von → *PostScript*-Anweisungen aus dem Hause Adobe. Dabei ist EPS auch die Endung des Dateinamens. EPS ist Teil von → *PostScript*.

Equant

→ *SITA*.

ERA

Bezeichnung für einen → *Feldbus*, der von Großbritannien entwickelt wurde und insbesondere im Bereich des Militärs NATO-weit eingesetzt wird.

ERC

Abk. für European Radiocommunications Committee.

Bezeichnung für ein weitgehend autonomes, sechsköpfiges europäisches Normungsgremium, das im Frühjahr 1990 aus dem Radiocommunications Committee der → *CEPT* hervorging und eines von drei Komitees der CEPT ist. Sitz des Büros, das European Radiocommunications Office (ERO), ist Kopenhagen. Schwerpunkt seiner Aktivitäten sind die Harmonisierung der Frequenzpläne der Mitgliedsländer, langfristige Spektrumsplanung und die Festlegung gemeinsamer Standards für Typprüfung und -zulassung.

Die ERC zerfällt in drei permanente Arbeitsgruppen:

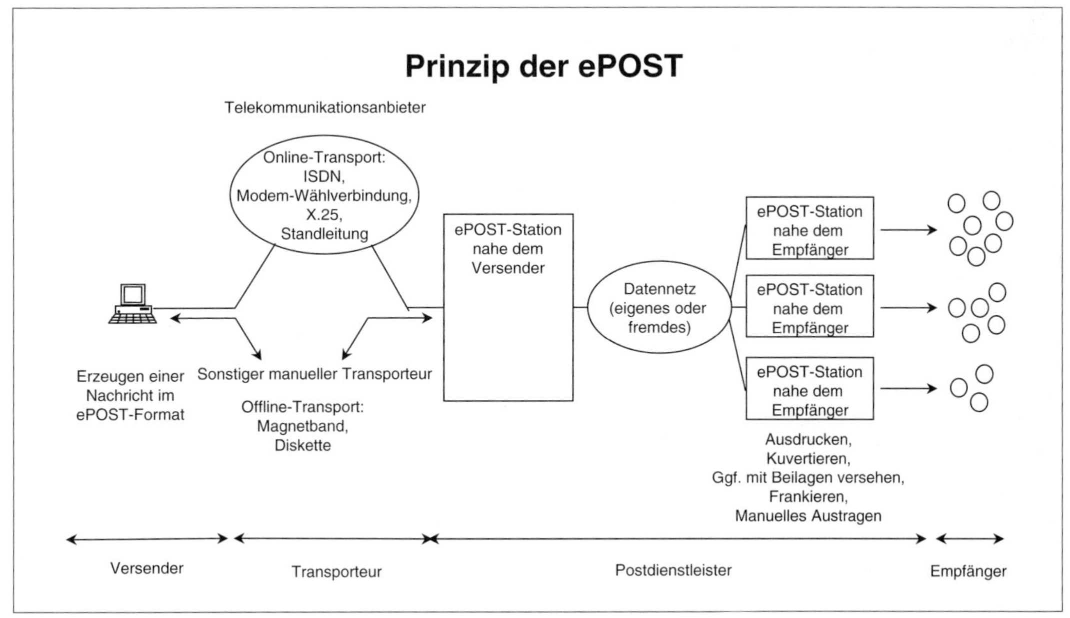

- Frequency Management
- Radio Regulatory
- Spectrum Engineering

Zusätzlich unterhält das ERC eine gemeinsame Arbeitsgruppe mit dem → *ECTRA* und eine Conference Preparatory Group (CPG) für die → *WARC*. Bei Bedarf werden darüber hinaus Ad-hoc-Arbeitsgruppen eingerichtet.

Adresse:

ERO
Midtermolen 1
2100 Copenhagen
Dänemark
Tel.: + 45 / 35 / 25 03 00
Fax: + 45 / 35 / 25 03 30

→ *http://www.ero.dk/*

Erdkabel

Bezeichnung einer Verlegetechnik bei Kabeln im Gegensatz zu → *Röhrenkabeln*. Dabei werden die Kabel direkt im Erdreich ca. 80 bis 100 cm unter der Erdoberfläche verlegt.

Vorteile sind die einfache und kostengünstige Verlegung. Nachteile die schwere Reparatur und Wartung.

Erdkabel wurden erstmals um 1848 in Deutschland verlegt, nachdem mit → *Guttapercha* ein geeigneter Isolierungsstoff und mit der Guttaperchapresse ein entsprechendes Gerät zur Kabelherstellung zur Verfügung stand.

Erdtaste

→ *Hook Flash*.

Erkenner, Erkennungsrate

→ *Sprachsystem*.

ERL

1. Abk. für → *Erlang*.
2. Abk. für Echo Return Loss.

   Bezeichnet bei reflektierten Signalen das Maß der → *Dämpfung* auf dem Weg vom Sender zur reflektierenden Stelle und zurück im Vergleich zum ausgesendeten Signal.

Erlang

1. Bezeichnung einer Programmiersprache für große Echtzeitsysteme. Entwickelt gegen Ende der 80er Jahre im Hause Ericsson Infocom/Schweden von J. Armstrong, M. Williams und R. Virding. Seit 1990 überwiegend eingesetzt im Hause Ericsson im Telekommunikationsumfeld und in Universitäten weltweit. Benannt nach A.K. Erlang.

   Ursprüngliches Ziel bei der Entwicklung von Erlang war das Bedürfnis, eine Programmiersprache in großen Softwareprojekten der Telekommunikation zu haben, die Entwicklungszeiten verkürzt, Fehlerquellen reduziert und unkomplizierter ist als andere Sprachen.
2. Auch Traffic Unit (TU) oder Verkehrseinheit genannt. Ein Begriff aus der → *Verkehrstheorie*. Pseudoeinheit des → *Verkehrswertes* (abgekürzt Erl), der die Belastung eines Netzes oder Netzteiles beschreibt. Beispiele:
   - Ein Verkehrswert von 1 Erlang entsteht auf einer Leitung mit einer Kapazität von einem Gespräch, wenn ein Teilnehmer ununterbrochen telefoniert, die Leitung also pro Stunde auch 60 Minuten permanent besetzt ist.
   - Eine Leitung, die in einer Stunde nur 45 Minuten besetzt ist, wurde mit 0,75 Erl belastet.
   - Ein Verkehrswert von 0 Erlang kennzeichnet eine permanent freie Leitung.

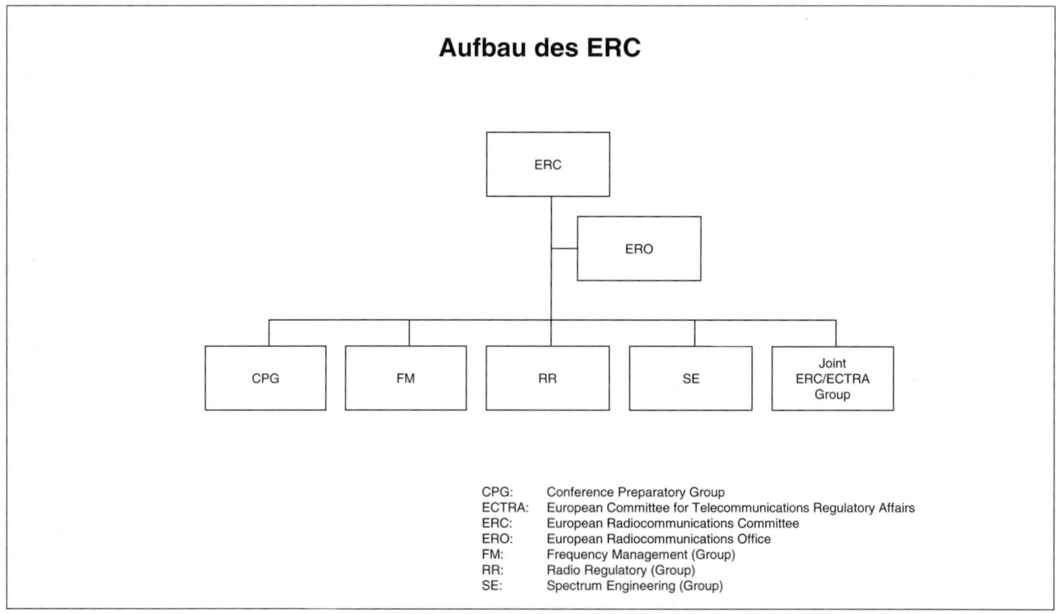

Durch Umrechnung ergibt sich 1 Erl = 36 ccs (→ *CCS*

Man geht davon aus, dass je Telefonanschluss in einem Fernsprechnetz ein Verkehr von 7 mE (Millierlang) für herkömmliche Sprachtelefonie generiert wird. Nutzer von Telefonanschlüssen mit Nutzung von → *Online-Services* generieren hingegen erfahrungsgemäß 21 mE.

Beim Vergleich von Erlang-Werten muss beachtet werden, unter welchen Nebenbedingungen, z.B. ob in der → *Busy Hour* oder nicht, die Last anfiel.

Das Erlang wurde durch die → *CCIR* 1946 benannt zu Ehren des dänischen Mathematikers Prof. Agner Krarup Erlang (* 1878, † 1929). 1918 erschien in der britischen Zeitschrift „The Post Office Electrical Engineer's Journal" eine Arbeit von ihm über das Thema → *Blockierung*. In ihr veröffentlichte er die → *Erlang-B*-Formel. Erlang ging dabei von einer → *Poisson-Verteilung* der Zwischenankunftszeiten der Anrufe aus und einer exponentiellen Verteilung der Anrufdauer. Erlang entwickelte auf diesen Annahmen beruhende Formeln (→ *Erlang B*, → *Erlang C*), die noch heute Gültigkeit haben, und gilt als Begründer der Verkehrstheorie.

Erlang B

Begriff aus der Verkehrstheorie. Bezeichnung einer von A.K. → *Erlang* entwickelten Formel, die den → *Verlustverkehr* (ohne jede Warteschlange) beschreibt.

Dient zur Dimensionierung von öffentlichen und privaten Netzen sowie Nebenstellenanlagen.

Die Verlustwahrscheinlichkeit oder auch Blockierwahrscheinlichkeit B ergibt sich demnach aus:

$$B = (A^n/n!)/(1 + A + A^2/2 + ... + An/n!)$$

wenn A das → *Angebot* und n die Anzahl der zur Verfügung stehenden Leitungen ist.

Erlang C

Begriff aus der Verkehrstheorie. Bezeichnung einer von A.K. → *Erlang* entwickelten Formel, die in einem → *Wartesystem* den Warteverkehr (bei Nutzung von Warteschlangen) beschreibt. Dabei werden die Faktoren Anzahl Leitungen, Anzahl eingehender Belegungswünsche und durchschnittliche Belegungsdauer berücksichtigt.

Dient zur Dimensionierung von öffentlichen und privaten Netzen sowie Nebenstellenanlagen. Hat in den letzten Jahren an Popularität durch die Einrichtung von → *Call Centern* gewonnen, wobei dann die Anzahl Leitungen durch die Anzahl → *Agents* ersetzt wird.

ERM

Abk. für Explicit Rate Marketing.

Bezeichnung eines Kontrollmechanismus zum Erkennen von Überlast in → *ATM*-Netzen.

ERMA

Abk. für Electronic Recording Method of Accounting.

Bezeichnung für ein automatisches, computerbasiertes Verarbeitungssystem im Bankengewerbe der USA, das dort bei der Bank of America erstmals 1958 installiert wurde und bis 1961 landesweit ausgebaut war. Es ging aus dem Projekt → *MICR* hervor und nutzte die Schrift → *E-13B* zur automatischen Bearbeitung von Schecks, wodurch E 13B zum auch heute noch gültigen Standard wurde.

ERMA wurde von General Electric hergestellt, weshalb es oft auch mit GE ERMA bezeichnet wird.

ERMES

Abk. für European Radio Messaging System.

Bezeichnung für einen digitalen, europaweiten und in Zukunft u.U. auch globalen Funkrufdienst (→ *Paging*).

ERMES sendet im Frequenzbereich von 169,4125 bis 169,8125 MHz. Die Kanalbandbreite der 16 Kanäle ist 25 kHz und die Teilnehmerkapazität liegt bei 32 Millionen Teilnehmern je Land.

Die Signale werden mittels 4-PAM/FM digital moduliert (→ *digitale Modulation*). Als Fehlerkorrektur wird ein vom → *BCH* (31, 21) abgeleiteter, verkürzter zyklischer (30, 18) Code verwendet. Dieser wird durch einen Interleaver (→ *Interleaving*) der Tiefe 9 unterstützt. Über die Funkschnittstelle gehen 6,25 kbit/s.

Den Pagern wird ein Code für einen Funkkanal zugewiesen (FSN, Frequency Subset Number), auf dem sie nach Nachrichten suchen. Der Netzbetreiber hat so eine Kontrolle über das Wachsen des Netzes, indem er Kanal für Kanal freigibt und die Pager gezielt bestimmten Kanälen zuweist. Jeder Pager selbst verfügt über eine individuelle 18 Bit lange Kennung, seine Adresse.

Die 16 Kanäle sind verschiedenen Ländern zugeteilt worden, um so Interferenzen in Grenzbereichen benachbarter Länder zu vermeiden.

Der Standard definiert sechs Schnittstellen zwischen den Netzelementen.

Schnittstelle 1 ist die Funkschnittstelle zwischen den Pagern und der Basisstation (→ *BS*). Für Deutschland wird mit ca. 1 000 BS je Netz gerechnet.

Schnittstelle 2 liegt zwischen der BS und dem Paging Area Controller (PAC).

Schnittstelle 3 liegt zwischen dem Paging Network Controller (PNC) und dem PAC. Es existiert ein PNC je ERMES-Netz, in dem sich auch das Operation- and Maintenance Center (OMC) zum Netzmanagement befindet.

Um Funkrufe zwischen Netzen verschiedener Netzbetreiber zu ermöglichen, existiert Schnittstelle 4 zwischen den PNCs der Netzbetreiber. Üblicherweise wird hierfür ein → *X.25-Netz* genutzt.

Schnittstelle 5 liegt zwischen dem PNC und den Zugangsnetzen (→ *ISDN*, → *PSTN*, → *PSPDN*, etc.). Die Schnittstelle 6 ist die Schnittstelle zwischen der einen Funkruf absetzenden Person und den Zugangsnetzen. Es stehen Möglichkeiten zur Übertragung von Nur-Ton-Nachrichten (acht verschiedene Töne werden unterstützt), numerischen Nachrichten (20 bis 16 000 Ziffern), alphanumerischen Nachrichten (400 bis 9 000 Zeichen) und Datentransfer mit 64 kbit/s zur Verfügung.

Der Zeichenvorrat für alphanumerische Nachrichten verfügt über alle gängigen Groß- und Kleinbuchstaben sowie eine Reihe von nationalen Sonderzeichen, so dass die Nachrichten in korrekter landesspezifischer Rechtschreibung übertragen werden können.

Ferner sind folgende Dienstmerkmale (→ *Dienst*) geplant:

- Rufe an eine geschlossene Benutzergruppe (identifiziert durch eine Radio Identity, RI)
- Rufe an mehrere geschlossene Benutzergruppen
- Broadcast-Messages an alle Pager in einer Paging-Area (Narrowcasting)
- Nachrichtenverschlüsselung
- Unterschiedliche Rufprioritäten
- → *Forwarding*
- Internationales → *Roaming*
- Maßnahmen gegen Rufverluste (Speicherung der Messages in Netzknoten zum wiederholten erneuten Abrufen durch den Empfänger)

Die Nachrichten an einen Empfänger werden durchnummeriert, so dass er feststellen kann, ob ihn Nachrichten, z.B. bei abgeschaltetem Gerät oder ungünstigen Empfangsbedingungen, erreicht haben oder nicht.

Die Dienste sind vom Lizenzvergeber in Pflichtdienste und optionale Dienste untergliedert. Über die optionalen Dienste wird der Wettbewerb zwischen den verschiedenen Dienstanbietern ausgetragen, die eine der Lizenzen für Deutschland erhalten.

ERMES geht zurück auf eine Initiative der → *ETSI* aus dem Jahr 1987. Der Standard wurde in den Jahren 1992 und 1993 in großen Teilen definiert (ETS 300-133) und befindet sich zu anderen Teilen noch in der Normung.

Obwohl es sich bei ERMES um einen relativ jungen Standard handelt, haben sich weltweit bereits eine Reihe von Unternehmen und Telekom-Verwaltungen entschlossen, Pagingsysteme nach diesem Standard zu errichten. Das → *MoU* hatte ursprünglich 37 Unterzeichner aus 22 Ländern. Bis Mitte 1998 lagen diese Zahlen bei 48 Unterzeichnern aus 23 Ländern.

Erste ERMES-Netze wurden in Ungarn und Frankreich 1994 in Betrieb genommen. Gegen Mitte 1998 waren weltweit 16 Netze in Betrieb. Das erste ERMES-Roaming-Abkommen wurde auf der → *Telecom* in Genf im Herbst 1995 unterzeichnet.

Zur Förderung der Verbreitung von ERMES wurde von Geräteherstellern die ERMES Manufacturers Association (EMMA) gegründet.

Die → *ITU* empfiehlt ERMES als globalen Paging-Standard.

Im Endausbau der europäischen Netze (ursprünglich geplant für Ende 1997) sollen 80% der europäischen Bevölkerung durch ERMES-Netze erreicht werden können. Als Weiterentwicklung wird auch an einem ERMES-System für Two-Way-Paging gearbeitet, wobei an eine Quittierung (Empfangsbestätigung) und eine kurze Antwortmöglichkeit (Auswahl aus mehreren vorbereiteten Nachrichten) gedacht wird.

In Deutschland wurden am 23. September 1996 drei bundesweite und zehn regionale ERMES-Lizenzen versteigert. Nach der Vergabe der Lizenzen begannen die Betreiber mit Tests und bauten bis Mitte 1997 ca. 60 Testsender auf. Die entsprechenden Dienste gingen dann am 1. Januar 1998 in Betrieb. Man rechnet damit, dass zur Versorgung von Deutschland ca. 1 000 Sendestationen (Basisstationen) notwendig sein werden.

Die drei nationalen Lizenzen gingen an die Unternehmen T-Mobil (Deutsche Telekom), Miniruf und Mobile Info-Dienste. Diese drei Unternehmen ersteigerten auch alle regionalen Lizenzen (je drei an Mobile InfoDienste und Miniruf, vier an T-Mobil).

Erstmals kam dabei in Deutschland das → *multiple Versteigerungsverfahren* zum Zuge, bei dem das Mindestgebot für eine bundesweite Lizenz bei 670 000 DM und für eine regionale Lizenz bei 170 000 DM lag.

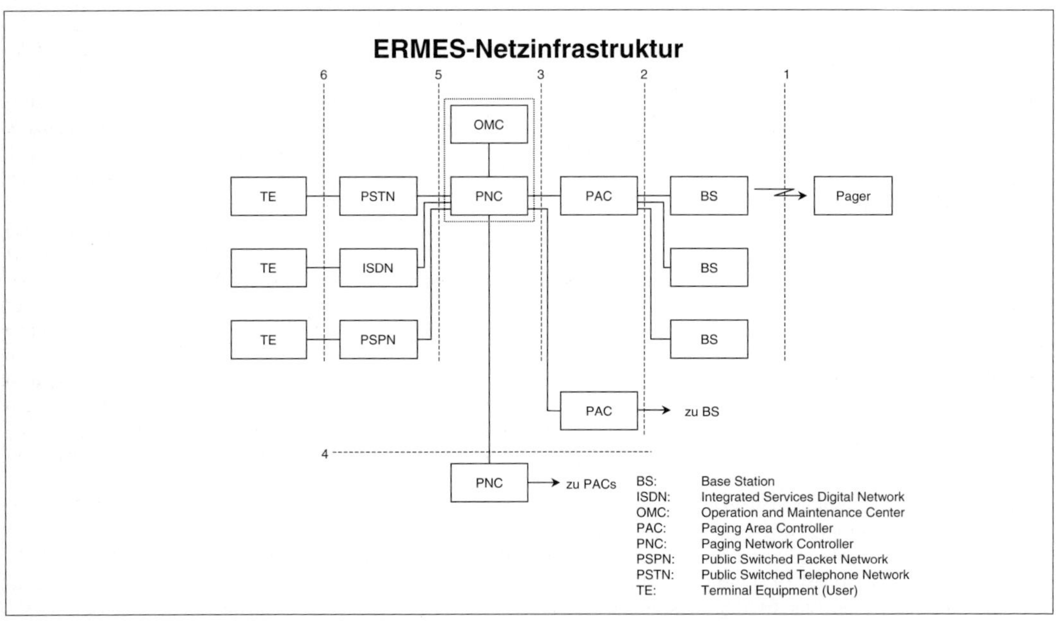

Insgesamt erbrachte die Versteigerung Einnahmen von 2 013 000 DM für bundesweite und 1 847 000 DM für regionale Lizenzen, die dem Bund zugeführt wurden.
Durch die Versteigerung ergaben sich folgende Frequenzverteilungen für die regionalen und nationalen Lizenzen:

Frequenz in MHz	Kanal	Ausdehnung	Anbieter
169,425	1	Reg.	Mobile InfoDienste GmbH
169,450	2	Reg.	Mobile InfoDienste GmbH
169,500	4	Reg.	Mobile InfoDienste GmbH
169,525	5	Reg.	T-Mobil GmbH
169,550	6	Reg.	T-Mobil GmbH
169,575	7	Nat.	Mobile InfoDienste GmbH
169,600	8	Reg.	Miniruf GmbH
169,625	9	Reg.	Miniruf GmbH
169,650	10	Reg.	Miniruf GmbH
169,675	11	Nat.	Miniruf GmbH
169,700	12	Reg.	T-Mobil GmbH
169,725	13	Nat.	T-Mobil GmbH
169,775	15	Reg.	T-Mobil GmbH

→ *http://www.ermesmousg.org/*

ERMETH

Abk. für Elektronische Rechenmaschine an der Eidgenössisch Technischen Hochschule.
Bezeichnung für einen frühen, digitalen Computer, konzipiert 1949 bis 1952 und gebaut von 1952 bis 1955 an der ETH Zürich maßgeblich von Heinz Rutishauser und Ambros P. Speiser.
Der Computer bestand aus 2 000 Röhren und 6 000 Halbleiterdioden. Speichermedium war ein → *Magnettrommelspeicher* zur Ablage von 10 000 Speicherworten. Die Ein- und Ausgabe erfolgte über → *Lochkarten*.

ERNet

Abk. für Educational and Research Network.
Bezeichnung für das Netz, das über 400 wissenschaftliche und akademische Einrichtungen in Indien verbindet. Gegründet 1986 als ein Programm der UN und des Indischen Ministeriums für Elektronik.

ERO

→ *ERC*.

ERP

1. Abk. für Exterior Routing Protocol.

   Bezeichnung einer Klasse von → *Routingprotokollen*, die im → *Internet* den Austausch von detaillierten Routinginformationen zwischen → *Routern* ermöglichen, die sich in verschiedenen autonomen Teilnetzen (→ *AS*) des Internets befinden. Es wird dann auch von Interdomain Routing gesprochen, da jedes AS als eine eigene Domäne angesehen werden kann.

   Insbesondere werden mit einem ERP Informationen darüber ausgetauscht, welche weiteren AS über ein benachbartes AS erreicht werden können.

   Eine wichtige Rolle bei ERP spielen Sicherheitsaspekte, da benachbarten Routern in fremden AS grundsätzlich misstraut wird. Bestandteil von ERP sind daher auch Mechanismen zur Identifizierung und Authentifizierung.

   Beispiele für ein ERP sind → *EGP*, → *BGP* und → *IDRP*.
2. Abk. für Effective Radiated Power.
3. Abk. für Electronic Retail Purchasing.
4. Abk. für Enterprise Resource Planning.

   Auch Enterprise Business Solution, Firmensoftware oder Unternehmenssoftware genannt. Eine mögliche Ausprägung von Business-Software in der Klasse der betriebswirtschaftlichen Standardsoftware (→ *Software*). Oberbegriff für üblicherweise modular aufgebaute Softwarepakete, deren einzelne Module in verschiedenen funktionalen Unternehmensteilen (Einkauf, Logistik, Produktionsplanung- und -steuerung, Vertrieb/Versand, Rechnungswesen, Planung und Controlling, Personalwesen etc.) eingesetzt werden können, die jedoch auch untereinander Daten austauschen können und dadurch verschiedene, sich durch das gesamte Unternehmen hindurchziehende Geschäftsprozesse integrieren. Mit Hilfe z.B. von → *MIS* ist es dann auch möglich, einen kompletten Blick auf das Unternehmen zu erhalten und damit den Ressourceneinsatz effizient zu steuern.

   ERP-Systeme zeichnen sich daher dadurch aus, dass sie den gesamtheitlichen Blickwinkel haben. Am Markt erhältlich sind auch einzelne Softwareprogramme, die jeweils einen einzigen der o.a. Funktionsbereiche abdecken.

   Beispiele für ERP-Programme sind SAP R/3 (→ *SAP*), Baan, Programme von Oracle oder die aus dem Personalbereich stammende Software Peoplesoft.

Erreichbarkeit

Begriff aus der Vermittlungstechnik. Bezeichnet bei vermittlungstechnischen Bauteilen (z.B. → *Koppelfeldern*) die Eigenschaft, dass von einem beliebigen Eingang aus, unabhängig von anderen aktuellen Beschaltungen innerhalb des Bauteils, jeder beliebige Ausgang erreicht werden kann (vollständige Erreichbarkeit).
Dies muss nicht immer der Fall sein, wenn z.B. komplexe Koppelfelder aus mehreren konzentrierenden und/oder hintereinander geschalteten → *Crossbar-Switches* aufgebaut werden. In derartigen Fällen spricht man von → *Blockierung*.

ERS

Abk. für Emergency Response Service.
Internationale Bezeichnung für die Realisierung landesweiter oder auch grenzüberschreitender, einheitlicher Notruf-

nummern für Polizei, Feuerwehr und andere Notrufinstitutionen.
→ *BOS*.

Ersatzwegschaltung

→ *Rerouting*.

Erwartungswert

Begriff aus der Statistik und Wahrscheinlichkeitsrechnung. Auch Mittelwert oder zentrales Moment erster Ordnung genannt.

Der Erwartungswert $E[x]$ einer diskreten → *Zufallsvariablen X*, deren n mögliche Ausprägungen x_i (= Werte, z.B. Ergebnisse eines Zufallsexperiments) mit jeweils den Wahrscheinlichkeiten $P(X = x_i)$ auftreten ist definiert als:

$$E[x] = \sum_{i=1}^{n} x_i \cdot P(X = x_i)$$

Erweiterte Wahlwiederholung

Auch History-Funktion genannt. Bezeichnung eines → *Leistungsmerkmals* von Endgeräten. Dabei wird nicht nur, wie bei der → *Wahlwiederholung*, die zuletzt gewählte Telefonnummer gespeichert, sondern eine bestimmte Anzahl aller zuletzt gewählten Nummern (üblicherweise 10 bis 20). Diese werden im Endgerät gespeichert und auf einem → *Display* angezeigt. Dort kann eine Nummer über → *Funktionstasten* ausgewählt und erneut angewählt werden.

Erweiterungsbus

→ *ISA*.

ES

Abk. für Errored Seconds.

Bezeichnung eines Gütemaßes in der Telekommunikation, angegeben in %. Bezeichnet den Anteil an nur leicht gestörten Sekunden (Bitfehlerrate von unter 10^{-3}, → *BER*) bei der Datenübertragung. Definiert durch die → *ITU* in G.821.

Ein Anteil von max. 8% gilt für die Sprachübertragung als akzeptabel.

→ *DM*, → *EB*, → *EFS*, → *MOS*, → *SES*.

ESA

Abk. für Extended Service Area.
→ *Wireless LAN*.

ESB

1. Abk. für Einseitenband (-Telefoniesystem).

   International auch SSB (Single-Side-Band) genannt. Bezeichnung für analoge Modulationsverfahren die auf der Amplitudenmodulation basieren, dabei jedoch den Träger (→ *Carrier*) und ein Seitenband unterdrücken und nur das andere Seitenband nutzen. Je nach Verfahren differenziert man zwischen USB (Upper-Side-Band) oder LSB (Lower-Side-Band).

   Anwendungsgebiete sind der → *Amateurfunk* oder die Datenübertragung und Telefonie über Hochspannungsleitungen.

2. Abk. für erweiterten Sonderkanalbereich.

   → *Breitbandkabelverteilnetz*.

ESC/P2

Eine Druckerkontrollsprache (→ *Drucker*) aus dem Hause Epson.
→ *PCL*, → *PostScript*.

Escrow-Agent, Escrow-Agreement

Von engl. escrow = Treuhandvertrag, Hinterlegung. Ein Escrow-Agent ist in der Software-Branche eine vertrauenswürdige Stelle, die den → *Quellcode* eines Programms verwahrt und ihn unter bestimmten, vorher in einem sog. Escrow-Agreement vertraglich definierten Bedingungen an einen Käufer abgibt, wodurch das Urheberrecht, d.h. das geistige Eigentum, an den Verkäufer übergeht.

Der Grund für eine derartige Vorgehensweise liegt darin, dass der Auftraggeber und Käufer für eine Software häufig nur die Lizenz für deren Verwendung in einem bestimmten Rahmen (z.B. für eine bestimmte Anzahl Nutzer) erhält. Die Weiterentwicklung übernimmt der eigentliche Hersteller. Stellt dieser jedoch die Weiterentwicklung ein, so hätte der Käufer keine Chance mehr, seine Softwareumgebung weiterzuentwickeln, wodurch seine in der Vergangenheit getätigten Investitionen u.U. wertlos wären. Erhält er jedoch Zugang zum aktuellen Quellcode der bei ihm eingesetzten Version, so kann er auf diesem aufbauen und selber die Software weiterentwickeln.

Ein andererer Anwendungsfall liegt in Softwareprojekten, die nicht zum vereinbarten Termin fertig werden und bei denen der Käufer an einem bestimmten Punkt den Wunsch hat, den Auftrag einem anderen Unternehmen zu geben.

Beispielsweise übernehmen Banken oder in Deutschland das → *BSI* die Rolle eines derartigen Agenten.

ESD

Abk. für Electrostatic Discharge.

Bezeichnung für elektrostatische Entladungen niedriger Kapazität im menschlichen Umfeld. Für den Menschen ungefährlich. Durch ESDs kann es zu kurzen, seltenen und unregelmäßigen Störungen (Schaltfehler) elektronischer Geräte, z.B. der Kommunikationselektronik, kommen.

ESDI

Abk. für Enhanced Small Device Interface.

Bezeichnung einer speziellen schnellen Schnittstelle und eines → *Controllers* der 2. Generation für → *Festplatten*.

ESER

Abk. für Einheitliches System der elektronischen Rechentechnik.

Bezeichnung für die bis 1990 existierende Norm für Großrechenanlagen im Ostblock. Prinzipiell ein → *IBM /360*- und / 370-Nachbau der → *Mainframes* aus dem Hause IBM.

ESF

Abk. für European Science Foundation.

ESI

Abk. für Equivalent Step Index.

E-Side

→ *Kabelverzweiger.*

ESIG

Abk. für European SMDS Interest Group.
Ein Gremium von Herstellern und → *Carriern* zur Einführung und Verbreitung von → *SMDS.*

ESK-Relais, -Streifen

Abk. für Edelmetall-Schnellkontakt-Relais.
Elektromechanisches → *Relais* in gleichartigen Vermittlungen der 60er, 70er und 80er Jahre. Erfunden 1954 von Siemens.
Im Laufe der Zeit entwickelten sich verschiedene Bauformen. Üblicherweise wurden fünf Relais zu einer kleinen kompakten Schalteinheit (ESK-Streifen) zusammengefasst. Auf die Schließung des Kontaktes durch Anlegen eines Magnetfeldes hin schließen sich je Schaltkreis zwei Silber-Palladium-, Platin-Wolfram- oder Gold-Nickel-Kontakte.
Daneben existierten sog. ESK-Printrelais und Schutzgas-Metallrelais (SGM).
Im Vergleich zu anderen Relais galten ESK-Relais als sehr zuverlässig, kostengünstig, platzsparend und wartungsarm.
Eingesetzt wurden sie zunächst in Nebenstellenanlagen von Siemens. In den 60er Jahren gingen verschiedene Lizenznehmer dazu über, auch Vermittlungsstellen für öffentliche Netze auf Basis dieser Technik zu konzipieren und einzusetzen.
Sie galten seinerzeit als Alternative zu → *Crossbar*-Systemen.

ESMR

Abk. für Emergency (auch: Enhanced) Specialized Mobile Radio.
In den USA der Oberbegriff für Mobilfunkdienste im Notfallbereich (Ärzte, Krankenhäuser, Feuerwehr, Polizei). Prinzipiell wird dabei → *Bündelfunk* genutzt.
→ *CMRS.*

ESMTP

Abk. für Enhanced Simple Mail Transfer Protocol.
→ *SMTP.*

ESP

1. Abk. für Enhanced Service Provider.

   Begriff aus der Deregulierung in den USA. Bezeichnet dort die Anbieter von Mehrwertdiensten (→ *VAS*), die innovative Mehrwertdienste auf verschiedenen Netzplattformen anbieten.

   Der Begriff wurde 1983 von der → *FCC* erstmals angewendet und billigt den ESPs das Recht zu, nur sehr geringe Kosten an die Network-Provider zu zahlen, welche die technische Infrastruktur zur Verfügung stellen. Ziel dieser Regelung war es, den ESPs ein schnell wachsendes Geschäft mit neuen, innovativen Diensten zu ermöglichen und auch eine Experimentierplattform für neue, innovative Mehrwertdienste zu schaffen.

   Diese Regelung ist seit Einführung der → *Internet-Telefonie* unter Druck geraten, da sich → *ISPs*, die Internet-Telefonie anbieten, hierauf berufen.

2. Abk. für Encapsulation Security Payload.

   → *IPSec.*

ESPA

Abk. für European Society of Paging Associations.
Europäischer Verband der Hersteller von → *Paging*-Geräten. Hat eine ähnliche Rolle wie → *ECTEL.* Gilt als Vertretung der Industrie gegenüber der EU und → *ETSI.*

ESPRIT

Abk. für European Strategic Program for Information Technology.
Forschungsprogramm der EU auf dem Gebiet der Hochtechnologie. Aufgelegt 1984 mit dem Ziel, die Elektronik- und Computerforschung voranzutreiben, um gegen die Übermacht der Amerikaner und Japaner bestehen zu können.
Bestand aus fünf Schwerpunkten: Informationsverarbeitung, Software, Mikroelektronik, Büroautomation und Computer Integrated Manufacturing (CIM).
→ *ACTS*, → *COST*, → *JESSI*, → *RACE.*

ESS

Abk. für Exchange Support System.

ESS 1

Abk. für Electronic Switching System No. 1.
Ein analoges Vermittlungssystem aus dem Hause AT&T (heute → *Lucent*). Es war das erste serienmäßig hergestellte → *SPC*-Vermittlungssystem und verfügte aus Sicherheitsgründen über zwei parallel arbeitende digitale Computer zur Steuerung. Entwickelt wurde es in den → *Bell Labs.*
Die erste ausgelieferte Vermittlung wurde in Succasunna/New Jersey im Mai 1965 in Betrieb genommen. Das ESS 1 wurde nach Anfangsproblemen sehr erfolgreich weltweit eingesetzt. Es arbeitet mit → *Reed-Relais* und kann bis zu 65 000 Anschlüsse bedienen. Gedacht ist es für hohe Verkehrsaufkommen in dicht besiedelten Gebieten. Die Dokumentation umfasste seinerzeit ca. 800 Seiten. Im Vergleich mit heutigen Systemen sehr wenig.

ESS 2

Abk. für Electronic Switching System No. 2.
Ein gegen Ende des Jahres 1970 vorgestelltes analoges Vermittlungssystem aus dem Hause AT&T (heute → *Lucent*), das aus → *ESS 1* und einer Nebenstellenanlage ESS 101 für mittelgroße Vermittlungen von 2 000 bis 10 000 Teilnehmern entwickelt wurde. Koppelelement war nach wie vor der Ferreed-Kontakt.
Neben ESS 2 gab es auch eine Version ESS 2 B.
→ *Reed-Relais.*

ESS 3

Abk. für Electronic Switching System No. 3.

Ein 1976 vorgestelltes analoges Vermittlungssystem aus dem Hause AT&T (heute → *Lucent*) für bis zu 5 000 Anschlüsse, gedacht für kleine Ortsvermittlungen. Es war ein → *SPC*-System mit Ferreedrelais.

→ *Reed-Relais.*

ESS 4

Abk. für Electronic Switching System No. 4.

Ein 1976 vorgestelltes digitales Vermittlungssystem aus dem Hause AT&T (heute → *Lucent*). Seine erste Installation erfolgte in Chicago. Es war das erste digitale Vermittlungssystem im kommerziellen Einsatz überhaupt.

Es war für große Verkehrskapazitäten (ursprünglich 0,5 Mio., später bis zu 1,5 Mio. → *BHCAs*) in Durchgangsvermittlungen gedacht und konnte bis zu 53 760 Duplexverbindungen durchschalten.

ESS 5

Abk. für Electronic Switching System No. 5.

Ein im Oktober 1982 vorgestelltes digitales Vermittlungssystem aus dem Hause AT&T (heute → *Lucent*), maßgeblich mitentwickelt von Louis C. Brown.

Die erste Installation erfolgte am 25. März 1982 in Seneca/ Illinois. Es ist sehr flexibel und kann 1 000 bis 110 000 Anschlüsse versorgen.

Der → *BHCA*-Wert wurde nach der ersten Vorstellung des Switches kontinuierlich erweitert: 200 000 (1988), 300 000 (1989), 650 000 (1991), 900 000 (1992), 1 Mio. (1993) bzw. 1,4 Mio. (ab 1994).

In Europa wurde das System bis zur Mitte der 90er Jahre nur in den Niederlanden eingesetzt.

ESSI

Abk. für European Systems and Software Initiative.

Bezeichnung eines Förderungsprogramms der Europäischen Kommission zum verbesserten Einsatz von Technologien und Methoden im Software-Entwicklungsprozess.

ET

Abk. für Exchange Termination

Selten benutzte Bezeichnung für den Vermittlungsabschluss, d.h. die Schnittstelle innerhalb einer Vermittlungsstelle zwischen dem Leitungsabschluss (→ *LT*) und den eigentlichen, den Vermittlungsvorgang wirklich ausführenden Einheiten (→ *Koppelfeld*).

E-TACS

Abk. für Extended Total Access Communication System.

Bezeichnet ein analoges, zellulares Mobilfunksystem, das aus dem → *TACS*-Standard mit leicht veränderten Kennwerten hervorging. → *Uplink*: 872 bis 905 MHz, → *Downlink*: 917 bis 950 MHz mit 1 320 Kanälen.

Wird im Großraum London eingesetzt. Dient zur Entlastung des dortigen TACS-Netzes.

Etagenverteiler

→ *Wireing Closet.*

Eta Kappa Nu

Bezeichnung einer Studentenverbindung in den USA, in der angehende Elektroingenieure aufgenommen werden.

ETB

1. Abk. für elektronisches Telefonbuch.

   Eines der populärsten Informationsangebote bei → *T-Online*.

2. Abk. für End of Transmission Block.

   Bezeichnung für das Steuerzeichen bei der zeichenorientierten Datenübertragung, welches das Ende eines Übertragungsblockes anzeigt.

ETCO

Abk. für European Telecommunication Consulting Organisation.

ETCS

Abk. für European Train Controlling System.

Bezeichnung eines technischen Verfahrens der europäischen Bahnen zur Fernsteuerung von Zügen auf Strecken ohne Streckensignalisierung mit hohen Geschwindigkeiten bis hin zu über 160 km/h.

Als Netzinfrastruktur dient dabei → *GSM-R*.

E-TDMA

Abk. für Enhanced Time Division Multiple Access.

Zugriffsverfahren nach → *TDMA* mit spezieller Erkennung und Nutzung von Gesprächspausen (DSI, Digital Speech Interpolation). Das Kürzel ist auch die Bezeichnung einer Technik der Firma Hughes zur Kapazitätserweiterung des → *AMPS*-Systems um den Faktor 15. Soll kompatibel zu → *D-AMPS* sein.

ETE

Abk. für Equivalent Telephone Erlangs.

Bezeichnung einer Rechenhilfsgröße zur Vergleichbarkeit verschiedener mobiler, digitaler und zellularer Telekommunikationssysteme hinsichtlich ihrer Verkehrskapazität. Wegen der Vielfalt technischer Parameter (unterschiedliche Zellradien, unterschiedliche Datenraten, unterschiedliche, angebotene → *Dienste* und Dienstmerkmale, unterschiedliche Kanalkapazitäten aufgrund unterschiedlicher Kompressionsverfahren z.B. für Sprache etc.) wurde mit ETE eine Hilfsgröße geschaffen, auf die alle technischen Systeme zurückgerechnet werden können und eine vergleichbare Zahl in → *Erlang* wie im herkömmlichen Telefonfestnetz ergeben.

Ethernet

Produktname eines ursprünglich von den Firmen DEC, Intel und Xerox (genannt: DIX-Gruppe) vertriebenen → *LANs*. Rund 45% aller LANs bauten zur Mitte der 90er Jahre auf Ethernet auf (30% → *Token-Ring*), gegen Ende der 90er Jahre wurde der Anteil auf 2/3 und um das Jahr 2000 herum auf 80% geschätzt. Das Verfahren gilt als gelungene Vereinigung der Eigenschaften Bandbreite, Kosten und Problemlosigkeit der Installation und Wartung.

Ethernet basiert auf → *CSMA/CD* als Zugriffsprotokoll und wird häufig (fälschlicherweise) als Synonym für dieses benutzt. Ethernet stützt sich auf Bus oder Sterntopologie (→ *Hub*) und überträgt in seiner Grundversion mit 10 Mbit/s. Als Übertragungsmedium stehen zur Verfügung:

- Koaxialkabel (wobei zwischen zwei Kabeltypen, Thin- und Thick-Wire, unterschieden wird)
- Verdrillte Zweidrahtleitung (→ *UTP*)
- Glasfaser

Bei Thick-Wire beträgt die max. Gesamtlänge 2,8 km, ein Segment darf 500 m lang sein und max. 100 → *Transceiver* (Mindestabstand: 0,5 m) unterstützen. Max. 1 024 Stationen werden insgesamt mittels eines → *Tap* angeschlossen. Die Thick-Wire-Version wird auch Yellow Cable genannt. Das Kabel wird mit einem 50-Ohm-Widerstand abgeschlossen und mit Frequenzen von 50 MHz betrieben. Das entsprechende gelbe Kabel ist 4fach abgeschirmt.

Die billigere Version → *10Base2* basiert auf einem dünneren Koaxialkabel und ist als Thin-Wire bzw. als Cheapernet bekannt, obwohl zwischen diesen beiden Varianten nur geringfügige Unterschiede bestehen. Thin-Wire ist doppelt abgeschirmt, Cheapernet nur einfach.

Bei Thin-Ethernet können die Segmente 185 m lang sein. Max. 30 Transceiver je Segment bei einem Mindestabstand von 0,5 m, eine max. Gesamtausdehnung von 925 m und max. 1 024 Stationen werden unterstützt. Das Kabel wird mit einem 50-Ohm-Widerstand abgeschlossen.

Die noch billigere Version → *10BaseT* sieht als Übertragungsmedium eine ungeschirmte Zweidrahtleitung UTP vor (ähnlich wie bei → *Token-Ring* von IBM). Die einzelnen Segmente dürfen dann eine Ausdehnung von max. 100 m haben. Kategorie-5-Kabel ermöglichen dabei Übertragungsgeschwindigkeiten bis 100 Mbit/s, Kategorie 4 bis zu 20 Mbit/s und Kategorie 3 bis zu 16 Mbit/s. Kategorie 1 und 2 sind zwar am billigsten, unterstützen aber nur max. 5 Mbit/s und eignen sich kaum für größere LANs im geschäftlichen Einsatz. Kategorie 3 und 4 sind dabei am weitesten verbreitet. Das Übertragungsmedium muss an beiden Enden mit einem 50-Ohm-Abschlusswiderstand abgeschlossen sein. Der Standard 10BaseFL (→ *10BaseF*) hat Glasfaserkabel als Medium und ist ähnlich dem 10BaseT-Standard. Einzelne Segmente können bis zu 2 km lang sein.

Weitere Varianten sind 1Base5 (1 Mbit/s, Basisbandübertragung, 500 m Segmentlänge) oder auch 10Broad36 für → *CATV*-Anwendungen über 75-Ohm-CATV-Kabel. Dabei kann allerdings nur über max. 3 600 m mit 10 Mbit/s übertragen werden.

Die Daten selbst werden in sog. Datagrammen übertragen, deren Länge in → *IEEE 802.2* als flexibel definiert wurde. Die minimale Länge beträgt 72 Byte (davon 46 für Daten), die maximale Länge ist 1 525 Byte. Die meisten Adapterkarten übertragen allerdings mit einer festen Größe. Fehlersicherung erfolgt durch eine Checksumme.

Über das physikalische Medium wird mit → *Manchester-Codierung* übertragen.

Ethernet war das erste → *LAN* überhaupt: CSMA/CD war in der Entwicklung bei Xerox Palo Alto Research Labs seit 1972. Dabei wurde es maßgeblich von dem späteren Gründer von 3Com Dr. Robert ‚Bob' N. Metcalfe (* 1946; der darüber 1974 in Harvard promovierte) und David R. Boggs entwickelt. Sie standen seinerzeit vor dem Problem, die Arbeitsplatzrechner mit den gerade fertig entwickelten großen Laserdruckern zu verbinden. Die erste lauffähige Version gab es im Mai 1973.

Der Name wurde von Metcalfe der Überlieferung nach am 22. Mai 1973 erstmals notiert, weil er sich von dem funkbasierten → *Alohanet* der Universität Hawaii inspirieren ließ.

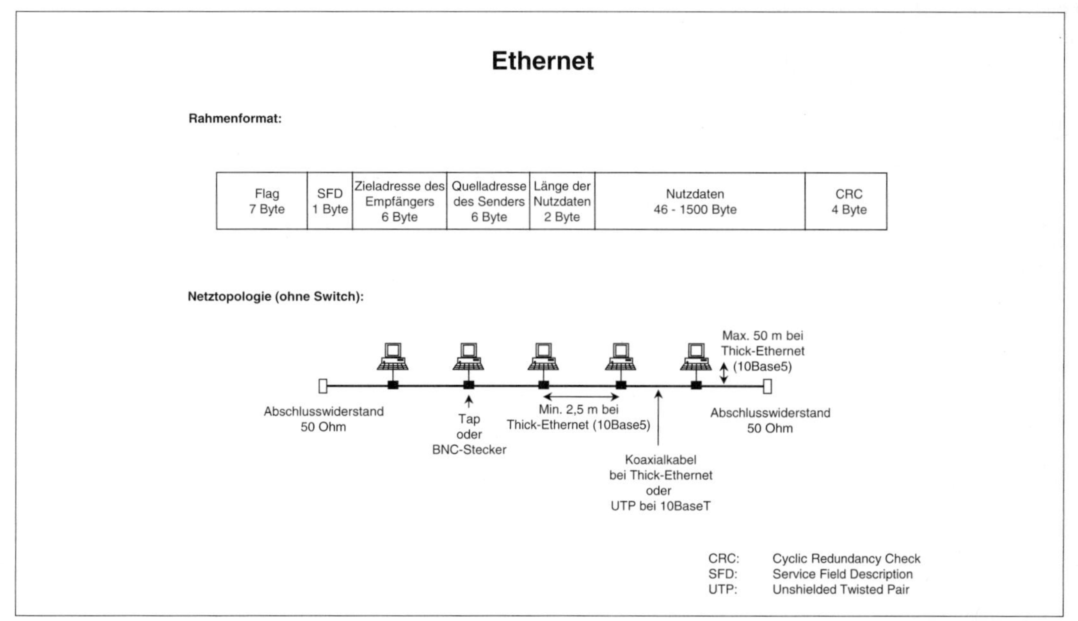

Flag 7 Byte	SFD 1 Byte	Zieladresse des Empfängers 6 Byte	Quelladresse des Senders 6 Byte	Länge der Nutzdaten 2 Byte	Nutzdaten 46 - 1500 Byte	CRC 4 Byte

Dort wie auch bei Metcalfes LAN sitzt die Zuteilungs- und Vermittlungsintelligenz in der Sendestation, und bei beiden wird die zu übertragende Nachricht in ein homogenes, für alle anderen Stationen gleichermaßen verwendbares Medium gesendet. Am gleichen Tag verbreitete Metcalfe in einer E-Mail an das Management die Fertigstellung und Beschrieb die Vorzüge des Ethernets.

Ethernet entstand im Rahmen des Projektes → *Alto*, in dessen Rahmen auch die → *Maus*, eine grafische Fensteroberfläche (→ *GUI*), die objektorientierte Programmiersprache → *Smalltalk* und andere Dinge entwickelt wurden. Nur Ethernet und Smalltalk überlebten die Produktauswahl von Xerox (wenngleich die Ideen dahinter später von anderen Unternehmen wieder aufgegriffen wurden), so dass Ethernet 1976 in einer stabilen Version vorgestellt wurde.

In 1976 veröffentlichten Metcalfe und Boggs das gesamte Konzept in einem Papier in der Juli-Ausgabe der Fachzeitschrift ‚Communications' der → *ACM*.

1979 waren bei Xerox schon 2 000 Arbeitsplätze mit Ethernet und einer Bandbreite von 3 Mbit/s vernetzt. Im gleichen Jahr trat DEC an Robert Metcalfe heran und bot ihm an, ein von der Xerox-Technologie unberührtes, neues Verfahren zu entwickeln. Dieser schlug jedoch vor, Xerox mit einzubinden, woraufhin sich DEC, Intel und Xerox zur DIX-Gruppe zusammentaten. Die DIX-Ingenieure steigerten die Bandbreite auf 10 Mbit/s und stellten im September 1980 den Standard in Version 1.0 fertig. Die Spezifikation wurde veröffentlicht und sorgte zusammen mit einer offensiven Lizenzierungspolitik für eine weite Verbreitung.

1982 wurde die Version 2 der Spezifikation vorgestellt, an der sich auch → *IEEE 802.3* von 1984 orientiert und die als → *10Base5* bekannt ist (Thick-Wire).

In der Folge gab es verschiedene Weiterentwicklungen, etwa → *Fast Ethernet* (das sich gegen → *VG-AnyLAN* durchgesetzt hat) und → *Gigabit Ethernet*.

→ *http://www.ots.utexas.edu/ethernet/*

→ *http://www.cavebear.com/CaveBear/Ethernet/*

Ether Talk

Bestandteil der → *Apple-Talk-Familie*. Bezeichnet das Protokoll, das Apple-Talk-Daten zur Übertragung über ein → *Ethernet* verpackt.

ETIS

Abk. für European Telecommunications Informatics Services.

Ein Gremium, gegründet 1991, mit dem Ziel, europäische Integration und Interoperabilität bei Diensten in den Bereichen des → *TMN* zu erreichen. Kontakte:

ETIS Central Office
Boulevard Bishoffsheim 33
1000 Brussels
Belgium
Tel.: (+ 32) 02 / 2 23 07 71
Fax: (+ 32) 02 / 2 19 26 28

→ *http://www.kolumbus.fi/etis/*

ETNO

Abk. für European Public Telecommunications Network Operators' Association.

Europäischer Dachverband von öffentlichen Netzbetreibern (46 Mitglieder zum Jahresanfang 2000) mit dem Ziel, allgemeine regulatorische Grundsätze zur Harmonisierung der Netze und Dienste in Europa zu erarbeiten. Sitz: Brüssel. Die ETNO ist im Zuge der → *Deregulierung* 1992 aus der → *CEPT* hervorgegangen.

→ *http://www.etno.be/*

ETNS

Abk. für European Telecommunications Numbering Scheme.

Bezeichnung eines angestrebten einheitlichen Nummerierungsplans für Europa.

Er soll von → *ETO* erarbeitet werden.

ETO

Abk. für European Telecommunication Office.

Bezeichnung eines von der → *ECTRA* gegründetes Gremium zur Bearbeitung von Regulierungsfragen mit europäischer Dimension, hauptsächlich Lizenzierungspolitik und Nummerierung. ETO arbeitet an einem europäischen → *Nummerierungsplan* (→ *ETNS*). ETO agiert im Auftrag von ECTRA und erstellt zur Entscheidungsvorbereitung Studien auf seinen speziellen Fachgebieten.

Das ETO wurde durch die Unterzeichnung eines → *MoUs* von 23 Staaten am 30. April 1994 gegründet und nahm am 1. September 1994 seine Arbeit auf und wurde über ein weiteres MoU am 9. September 1994 an die EU angebunden.

Adresse:

ETO
Holsteingrade 63
2100 Kopenhagen
Dänemark
Tel.: (+ 45) 0 35 / 43 80 05
Fax: (+ 45) 0 35 / 43 60 05

→ *http://www.eto.dk/*

ETR

Abk. für European Technical Report.

Bezeichnung für technische Berichte, die das → *ETSI* zur Information der interessierten und fachlich versierten Öffentlichkeit herausgibt und aus denen nach weiterer Diskussion Standards (→ *ETS*) des ETSI werden können.

ETS

Abk. für European Telecommunications Standards.

Bezeichnet die vom → *ETSI* beschlossenen dauerhaften Standards, die aus den → *ETR* hervorgehen.

→ *I-ETS*.

ETSI

Abk. für European Telecommunications Standards Institute.

Das ETSI ist ein im Frühjahr 1988 auf Forderung des → *Green Papers* vom September 1987 der Europäischen Kommission gegründetes Normungsgremium mit Sitz in der High-Tech-Region → *Sophia Antipolis* zwischen Nizza und

Cannes im Süden von Frankreich. Mit der Gründung des ETSI nahm der Einfluss von nationalen → *PTTs* und Regierungsbehörden ab, während der Einfluss von Herstellern zunahm. Dies beschleunigte den Standardisierungsprozess.
Ursprüngliche Intention war die Angleichung von TK-Standards im europäischen Binnenmarkt. Mittlerweile ist ETSI ein auf vielen Feldern und auch international aktives Normungsgremium, das auch der → *ITU* zuarbeitet.
Es übernahm viele Standardisierungsaufgaben der → *CEPT* durch Übernahme von fünf Arbeitsgruppen. Eine Ausweitung der Tätigkeiten erfolgte danach durch Einsetzung weiterer sieben Gruppen.
Neben den Arbeitsgruppen sind die Generalversammlung und der mit 25 Personen besetzte Vorstand weitere Organe des ETSI.
Arbeitsgegenstand sind alle Bereiche der Telekommunikation sowie angrenzende Bereiche der Informationstechnik und der Rundfunktechnik.
Es werden folgende Publikationen unterschieden:

- Standards (European Telecommunication Standard, ETS): Sie werden von einem Gremium verabschiedet und gelten überwiegend als freiwillig einzuhaltende Richtlinie (→ *Recommendation*), sofern sie nicht von der EU oder nationalen Gremien als rechtlich verbindliche De-jure-Standards übernommen werden.
- Interim-Standards (I-ETS): Sie gelten im Gegensatz zu den ETS als provisorische Standards für Fälle, in denen die Arbeit weitergeht, aber bereits Nachfrage nach einer vorläufigen Lösung besteht.
- Technische Reports (ETSI Technical Report): Sie werden entweder begleitend zu Standards erstellt und enthalten zusätzliche Informationen, Erklärungen und Begründungen für die Standards oder betreffen Dinge, die noch nicht reif genug für einen Standard sind. Diese Reports werden in einem einfacheren Prozess als die abschließenden ETS erstellt.

Daneben erstellt das ETSI zum internen Gebrauch Dokumente, die aber ebenfalls öffentlich zugänglich sind:

- Technical Committee Technical Reports (TC-TR)
- Technical Committee Reference Technical Report (TCR-TR)

Ferner erstellt das ETSI auf Anfrage der EU entsprechende Papiere (Technical Bases for Regulation, TBR), die sich mit technischen Aspekten der → *Deregulierung* befassen, z.B. → *Interconnection*. Neu im Vergleich zur CEPT war, dass neben den → *PTTs* und Netzbetreibern auch Hersteller und Nutzer Mitglied werden können. Ende 1995 hatte das ETSI über 370 Vollmitglieder und mit den assoziierten Mitgliedern und den Beobachtern über 500 Mitglieder aus 30 Ländern insgesamt. Im Juli 1996 hatte ETSI 412 stimmberechtigte Mitglieder aus 32 Ländern.
→ *CTR*, → *ETS*, → *ITSTC*, → *TBR*.
Kontakte:

ETSI
650, Route des Lucioles
F-06921 Sophia Antipolis Cedex
Frankreich
Tel.: (+ 33) 0 92 / 94 42 00
Fax: (+ 33) 0 92 / 65 47 16

→ *http://www.etsi.org/*

Euler

Bezeichnung einer von → *Algol* abgeleiteten → *Programmiersprache*, die im Januar 1966 vorgestellt wurde. Sie hat jedoch keine besonders große Bedeutung erlangt.

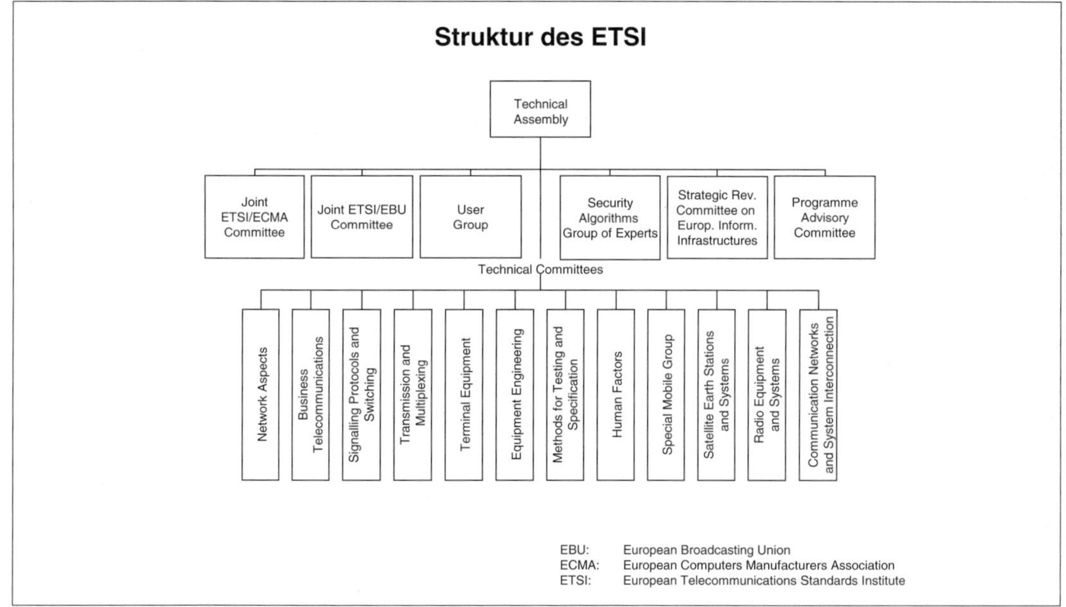

Benannt ist die Sprache nach dem Schweizer Mathematiker Leonhard Euler (* 1707, † 1783).

EUMEL

Abk. für Extendable Multi User Microprocessor Elan-System.

Bezeichnung eines 1978 gemeinsam von der → *GMD* und dem Hochschulrechenzentrum der Universität Bielefeld für den Schul- und Ausbildungsbereich entwickelten → *Betriebssystems* für 8- und 16-Bit-Rechner (ursprünglich Z80- und Z8000-Mikroprozessoren). Es handelt sich um ein → *Multitasking*-System. Als dazu passende Programmiersprache wurde → *ELAN* entwickelt.

1983 brachte Olivetti pünktlich zur Hannovermesse in Deutschland einen neuen PC vom Typ M20 mit Anwendungsprogrammen auf den Markt.

1988 wurde ein Nachfolger unter der Bezeichnung L3 vom Unternehmen Ergois Software entwickelt, das insbesondere die Möglichkeiten des → *Intel 80386* ausnutzte.

Obwohl das System in akademischen Kreisen in den 80er Jahren ausführlich diskutiert wurde und es mehrere Installationen gab fanden jedoch weder Betriebssystem noch Programmiersprache eine weite Verbreitung.

EUnet

Abk. für European Unix Network.

Bezeichnung eines europäischen Forschungsnetzes. Wurde 1982 gegründet und 1987 an das → *Internet* angeschlossen. Es nutzt die Variante → *RIPE* des → *IP*.

→ *http://www.eu.net/*

Eunetcom

Bezeichnung für das erste Jointventure zwischen der damaligen DBP Telekom und der France Telecom. Gegründet im Frühjahr 1992, nachdem sich die DBP Telekom aus → *Syncordia* zurückgezogen hatte.

In der Folgezeit bis ca. 1994 führte die Zusammenarbeit bei verschiedenen Projekten immer wieder zu Gerüchten über bevorstehende Fusionen oder Teilfusion der beiden Unternehmen, die zusätzlich durch Spekulationen über ein Interesse von → *AT&T* an einer Zusammenarbeit angeheizt wurden.

EUREKA

Abk. für European Collaborative Program for Technology Research and Development.

Bezeichnung einer zentralen europäischen Koordinierungsstelle und eines Forschungsprogramms für Forschung und Wissenschaft.

Beteiligt sind 24 Länder und die Europäische Kommission, d.h., EUREKA ist keine Initiative der EU, sondern internationaler organisiert.

Eurescom

Abk. für European Institute for Research and Strategic Studies in Telecommunications.

Eine Forschungseinrichtung mit Sitz in Heidelberg, gegründet im Januar 1990 (die Aufnahme der Arbeit erfolgte im März 1991) von 20 europäischen → *Carriern* aus 16 Ländern für gemeinsame, langfristige und strategische Studien auf dem Gebiet der Telekommunikation mit dem Ziel der Harmonisierung europaweiter Netze und auf ihnen nutzbarer Dienste. Mittlerweile beteiligen sich 23 Carrier aus 22 europäischen Ländern an Eurescom.

Eurescom selbst erarbeitet keine Standards, gilt aber als wissenschaftlich-technische Einrichtung im Vorfeld der Standardisierung und arbeitet als solche den europäischen → *Standardisierungsgremien*, z.B. → *ETSI*, zu.

Eurescom GmbH
Schloss-Wolfsbrunnen-Weg 35
69118 Heidelberg
Tel.: 0 62 21 / 98 90
Fax: 0 62 21 / 98 92 09

→ *http://www.eurescom.de/*

Euro-AV-Buchse, -Stecker, -Anschluss

Andere Bezeichnung für → *Scart-Buchse*.

Eurobit

Abk. für European Association of Business Machines Manufacturers and Information Technology Industry.

Bezeichnung eines Zusammenschlusses der europäischen Hersteller von Geräten der Büroelektronik.

Adresse:

Eurobit
Lyoner Straße 18
60528 Frankfurt/Main
Tel.: 0 69 / 66 03 15 18
Fax.: 0 69 / 66 03 15 10

→ *ECMA*.

EUROCAE

Abk. für European Organisation for Civil Aviation Electronics.

EuroCAIRN

Abk. für European Co-operation for Academic and Industrial Research Networking.

Bezeichnung für eine akademische Koordinationsstelle zur Koordination, Zusammenlegung und gemeinsamen Mittelbeschaffung für grenzüberschreitende Projekte für den Aufbau einer pan-europäischen Computernetz-Infrastruktur und darüber abwickelbarer Dienste und Anwendungen.

Eurocontrol

Bezeichnung der Europäischen Organisation zur Sicherung der Luftfahrt.

Sie engagiert sich auch in Bereichen der Satellitenkommunikation und -navigation.

Euro-Filetransfer

→ *EFT*.

Euro-ISDN

International gängige Kurzbezeichnung für den ISDN-Anschluss, der mit einem europaweit standardisierten und genutzten Signalisierungsprotokoll im D-Kanal des → *ISDN* betrieben wird. Das D-Kanal-Protokoll E-DSS1 (auch nur DSS1 genannt) basiert auf den unteren drei Schichten des → *OSI-Referenzmodells* und ist in folgenden Standards seit März 1993 durch die → *ITU* standardisiert:

Standard	Inhalt
Q.921	ISDN User-Network Interface - Data Link Layer Specification
Q.931	DSS1 - ISDN User Network Layer 3 Specification for Basic Call Control
Q.932	DSS1 - Generic Procedures for the Control of ISDN Supplementary Services

Um europaweit auf ein gemeinsames ISDN mit einheitlichen Dienstmerkmalen zugreifen zu können, haben im April 1989 einige Länder ein → *MoU* unterzeichnet, das die Einführung des Euro-ISDN genannten Dienstes für 1992 vorsah, was dann nicht realisiert werden konnte.

Am 14. Dezember 1993 wiederum haben 22 Netzbetreiber aus 17 Ländern (mittlerweile 26 Netzbetreiber aus 20 Ländern) beschlossen, Dienste und Dienstmerkmale zu harmonisieren.

Dadurch wurden für Verbraucher erstmals europaweit einheitliche Endgeräte verfügbar, was einen verstärkten Wettbewerb und fallende Endgerätepreise nach sich ziehen sollte. Ziel war auch, dass andere Länder außerhalb Europas den Euro-ISDN-Standard nutzen und so der Markt für Endgeräte weiter wächst.

Von einer signifikanten Verbreitung von Euro-ISDN in Deutschland kann seit 1995 gesprochen werden. Ab 1999 wurde die Flächendeckung in Europa erreicht.

Weitere Ziele waren neue einheitliche Dienstmerkmale, ein paketvermittelnder Dienst über B- und D-Kanäle (→ *X.31*) und internationale ISDN-Verbindungen mit entsprechenden Dienstmerkmalen.

Die Unterschiede zwischen Euro-ISDN und dem bisherigen nationalen ISDN in Deutschland am Beispiel der Anschlüsse der Deutschen Telekom verdeutlicht folgende Tabelle:

Dienstmerkmal	Euro-ISDN Mehrgeräteanschluss	Euro-ISDN Anlagenanschluss	Nationales ISDN
CLI	Ja	Ja	Ja
CLI unterdrücken	Ja	Ja	Ja
Mehrfachrufnr.	Nein	Ja	Durch EAZ
Makeln	Ja	Nein	Ja
Anklopfen	Ja	Nein	Ja
Forwarding sofort	Ja	Ja	Ja
Forwarding im Besetztfall	Ja	Ja	Nein
Forwarding bei Nicht-Annahme	Ja	Ja	Ja
Sperren	Ja	Nein	Ja
Dreierkonferenz	Ja	Nein	Ja
CUG	Ja	Ja	Ja
Tarifinformation	Ja	Ja	Ja
Subadressierung	Ja	Ja	Nein

Es ist zu beachten, dass diese Tabelle nur die technische Machbarkeit darstellt. Üblicherweise wird noch zwischen einem normalen ISDN-Anschluss und einem Komfortanschluss mit jeweils einer unterschiedlichen Menge von den obigen Dienstmerkmalen unterschieden.

Beim Mehrgeräteanschluss können bis zu acht Endgeräte angeschlossen werden, beim Anlagenanschluss nur eine (kleine) Telefonanlage als Endgerät.

EuroISPA

Abk. für European Service Provider Association.

Bezeichnung eines europäischen Interessenverbandes der → *ISPs* mit dem Ziel, Wirtschaftsinteressen von ISPs gegenüber europäischen und internationalen politischen Gremien zu vertreten.

Deutsches Mitglied ist z.B. → *eco*.

→ *http://www.euroispa.org/*

Euromessage

Bezeichnung für einen ab März 1990 bestehenden Funkrufdienst (→ *Paging*) auf Basis des → *Cityruf* in Deutschland, Frankreich, Italien und Großbritannien.

EURONET

Abk. für European Network.

Bezeichnung eines Netzes, das im Jahr 1991 auf Initiative der EU aus einzelnen nationalen Netzen entstanden ist, um den Informationsdienst → *DIANE* zu nutzen. Es verband 18 europäische Forschungsnetze miteinander und hatte auch Verbindungen nach Japan und nach Nordamerika.

Es wurde durch → *TEN-34* abgelöst.

Europäischer Funkrufdienst

→ *Eurosignal.*

Eurosignal

Ein 1968 von der → *CEPT* genormter und von 1974 bis 1998 in Deutschland bestehender analoger → *Paging*dienst. Eurosignal verfügte über vier Kanäle mit je 25 kHz Bandbreite im Bereich von 87,275 MHz bis 87,5 MHz. Das deutsche Eurosignalnetz war für 300 000 Teilnehmer in fünf Funkrufzonen ausgelegt, die von 100 Sendeanlagen versorgt

wurden. Der Anrufer musste dabei wissen, in welcher Funkrufzone sich der Gerufene befand.
Angeboten wurde ein Pagingdienst nach diesem Standard in Deutschland (nur alte Bundesländer und Berlin), Frankreich (seit 1975) und der Schweiz (seit 1985). Dabei konnten von jedem → *MFV*-fähigen Telefon bis zu vier Signale an den Empfänger übertragen werden, die diesem durch verschiedene Lampen am Empfangsgerät angezeigt wurden. Jedes Signal hatte eine vorher zwischen Sender und Empfänger abgesprochene Bedeutung. Auch die Aussendung eines Gruppenrufs an mehrere Empfänger war möglich.
Jedes der vier möglichen Signale kostete dabei 1996 extra (8,05 DM/Monat). Einmalige Anschlussgebühr 50 DM, monatliche Gebühr 28,50 DM (international: 35 DM). Die Empfangsgeräte galten mit einem Preis von 1 000.- bis 2 000.- DM als sehr teuer.
Eurosignal wurde von der CEPT entwickelt und sollte europaweit eingeführt werden. Es beteiligten sich jedoch nur die genannten Länder. In Deutschland wurde der Dienst im April 1974 unter der Bezeichnung „Europäischer Funkrufdienst" (EFuRD) eingeführt. Die später dann auch in Deutschland geläufige und vermarktete Bezeichnung Eurosignal wurde von Anfang an in Frankreich und der Schweiz eingeführt.
1994 verfügte Eurosignal über ca. 230 000 Teilnehmer mit seit 1992 langsam sinkender Tendenz. Eurosignal wurde in Deutschland von der Deutschen Telekom bis zum 31. März 1998 angeboten und dann abgeschaltet, nachdem die Partnernetze in der Schweiz und Frankreich bereits seit 31. Dezember 1997 abgeschaltet waren.
Schon seit ca. 1993 gab es größere Probleme mit der Ersatzteilbeschaffung. Neue Pager wurden ebenfalls seit mehreren Jahren nicht mehr hergestellt.

EUT

Abk. für Equipment under Test.

EUTELSAT

Abk. für European Telecommunications Satellite Organization.
1982 von den 28 Mitgliedsländern der → *CEPT* gegründete Betreibergesellschaft von Satelliten für Telekommunikations- und Rundfunkdienste. Initialer Unterzeichner für Deutschland war die Deutsche Telekom. Mittlerweile 47 Mitgliedsstaaten.
Erster Satellit war in den frühen 80er Jahren der OTS (Orbitaler Telekommunikationssatellit).
EUTELSAT ist der Betreiber der Satelliten Eutelsat IIF1 sowie Hotbird 1 bis Hotbird 5 auf der Position 13° Ost zur TV-Ausstrahlung. In Planung befinden sich neue Satelliten einer W-Serie (16° Ost) und der Satellit SESAT (Siberia-Europe Satellite).
Ausgestrahlt werden von den Hotbirds, im Gegensatz zu den Satelliten von → *ASTRA*, insbesondere französischsprachige TV-Programme.
Zur Jahresmitte 1999 hatte EUTELSAT 15 Satelliten in Betrieb.
Eine wichtige Initiative von EUTELSAT war mit Philips zusammen die Entwicklung von → *DiSEqC*.

Adresse:

EUTELSAT
22 Avenue du Maine
F-75755 Paris

→ *http://www.eutelsat.org/*
→ *http://www.eutelsat.de/*

EUUG

Abk. für European Unix User Group.
Bezeichnung für den Zusammenschluss europäischer Anwender des → *Betriebssystems* → *UNIX*.

EV

Abk. für Entgeltregulierungsverordnung.
Vollständige Bezeichnung ist Telekommunikations-Entgeltregulierungsverordnung. Bezeichnung für eine am 10. Oktober 1996 von der Bundesregierung beschlossene Verordnung, die Teil des → *Telekommunikationsgesetzes* (TKG) ist. Veröffentlicht im BGBl, Teil I, Nr. 49 vom 9. Oktober 1996.
Gemäß TKG sind die Preise (in der Verordnung Entgelte genannt) und entgeltrelevante Bestandteile der allgemeinen Geschäftsbedingungen eines marktbeherrschenden Anbieters Gegenstand der besonderen Kontrolle durch die → *Regulierungsbehörde*, sofern die Entgelte einen Markt betreffen, auf dem eine marktbeherrschende Stellung festgestellt wurde.
Die EV sieht hierzu zwei Verfahren vor:

- → *Price Cap* als das allgemein anzuwendende Verfahren.
- Einzelgenehmigungsverfahren, auch Einzelpreisgenehmigung genannt, für eine einzelne Telekommunikationsdienstleistung, die nicht mit anderen Telekommunikationsdienstleistungen in einem Korb für ein Price-Cap-Verfahren zusammengefasst werden darf. In diesem Fall werden die zulässigen Entgelte anhand der angefallenen Kosten für eine effiziente (!) Bereitstellung der Telekommunikationsdienstleistung ermittelt.

Die EV räumt in § 1 dem Price-Cap-Verfahren den Vorrang ein, da es dem betroffenen Unternehmen einen größeren Handlungsspielraum überlässt.
Das Einzelgenehmigungsverfahren stellt eine Ex-ante-Regulierung dar und ist daher wegen des damit verbundenen Zeitaufwandes nicht unumstritten. Ein einmalig durchlaufenes Einzelgenehmigungsverfahren kann bis zu zehn Wochen dauern. Dies kann in schnellebigen Märkten mit raschen Preisänderungen, wobei entsprechend zügiges Reagieren auf Konkurrenzverhalten geboten ist, nicht als wettbewerbsförderndes Verfahren gelten.

EVA

1. Abk. für Empfangsverteilanlage.
   Bei Kabelfernsehanlagen die Bezeichnung für die hausinterne Verkabelung im Haus hinter dem Hausübergabepunkt (→ *HÜP*).
2. Abk. für Eingabe, Verarbeiten, Ausgabe.
   Bezeichnung für ein einfaches Bearbeitungsschema aus der Frühzeit der Datenverarbeitung.

Even Parity

→ *Paritätsbit.*

EVGA

Abk. für Enhanced VGA (Video Graphics Array).

Bezeichnung für eine wenig erfolgreiche Weiterentwicklung des → *VGA*-Standards für → *PC*-Grafikkarten, da durch die nächste Weiterentwicklung → *SVGA* überholt. EVGA unterstützte eine Auflösung von 800 * 600 Pixel.

EVN

Abk. für Einzelverbindungsnachweis.

Selten auch Einzelgebührennachweis (EGN) oder Gebührenauszug genannt. International als Itemized Billing bezeichnet. Bezeichnung für eine detaillierte Rechnung mit Abrechnung und Aufführung jeder einzelnen, durchgeführten Verbindung und der Verbindungsparameter (Zieladresse wie z.B. Telefonnummer, Datum, Zeitpunkt des Verbindungsbeginns, Dauer, für die Abrechnung relevanter Tarif). In Deutschland müssen aus Gründen des Datenschutzes die letzten drei Stellen der Telefonnummer unkenntlich gemacht sein. Der Einzelverbindungsnachweis ist hier in § 14 der → *TKV* geregelt.

EVSt

Abk. für → *Endvermittlungsstelle.*

EVU

Abk. für Energieversorgungsunternehmen.

EVUA

1. Abk. für European Voice User Association.
2. Abk. für European Virtual Private Network Users Association.

EVz

Abk. für → *Endverzweiger.*

EWICS

Abk. für European Workshop on Industrial Computer Systems.

eWorld

Bezeichnung des → *Online-Services* aus dem Hause Apple mit weltweit ca. 50 000 Teilnehmern im Jahre 1995. Sein Start in Deutschland erfolgte im Sommer 1995 mit anschließender Umwandlung in einen Dienst im → *Internet.*

EWOS

Abk. für European Workshop for Open Systems.

Bezeichnung eines regionalen Workshops in Europa der → *ISO* zur Förderung der Verbreitung und Weiterentwicklung des → *OSI-Referenzmodells.*

→ *ODA/ODIF.*

EWS I

Abk. für Elektronisches Wählsystem.

Bezeichnet ein analoges elektronisches Vermittlungssystem von Siemens. Entwickelt Ende der 60er bis Mitte der 70er Jahre unter Führung von Siemens von DeTeWe, SEL (heute: Alcatel) und Telenorma (heute: Tenovis). Koppelelement waren → *Relais* mit Kontakten in einer gasgeschützten Kapsel.

Am Ende der Entwicklungszeit umbenannt in EWSF (Elektronisches Wählsystem für den Fernverkehr). Basiert auf dem System IV von Siemens.

→ *EWSO.*

EWSD

Abk. für Elektronisches Wählsystem Digital.

Produktname des indirekt gesteuerten digitalen Vermittlungssystems, das von Siemens (Führung), DeTeWe und der seinerzeitigen Telenorma (später Bosch Telecom, heute Tenovis) hergestellt wird. Entwickelt in extrem kurzer Zeit in den späten 70er Jahren als Nachfolger von EWSA.

EWSD wird in Fest- und Mobilfunknetzen eingesetzt.

Die erste EWSD-Vermittlung wurde im November 1980 als Ortsvermittlung in Johannesburg/Südafrika (Ortsvermittlungsstelle Sunninghill Park) eingesetzt. Der Einsatz in Deutschland erfolgte ab 1983 im Netz der Deutschen Telekom. Mittlerweile wird das System auch an neue Carrier verkauft.

Konzipiert wurde es für 200 bis 100 000 Anschlüsse und 1 Mio. → *BHCA*s.

EWSF

→ *EWSO.*

EWSM

Abk. für Electronic Switching System for Metropolitan Area Networks.

Bezeichnet das Vermittlungssystem der Firma Siemens für → *MAN*s.

EWSO

Abk. für Elektronisches Wählsystem für den Ortsbereich.

Ein indirekt gesteuertes analoges Vermittlungssystem aus dem Hause Siemens, das in den 70er Jahren entwickelt wurde und nur begrenzt zum Einsatz kam, da kurz nach seiner Einführung die vollständige Digitalisierung des Fernsprechnetzes beschlossen wurde. Es soll bis 1993 wieder vollständig ersetzt worden sein. Das Schwestersystem EWSF (→ *EWS I*) für den Fernbereich wurde aus dem gleichen Grund gar nicht erst zu Ende entwickelt.

EWT

Abk. für Expected Wait Time.

→ *ACD.*

EXAPT

Bezeichnung einer Programmierumgebung zur numerischen Programmierung von Werkzeugmaschinen.

Exchange Point

→ *Peering.*

ExOS

Abk. für Exokernel Operating System.

Ein → *Betriebssystem* für Forschungszwecke, entwickelt vom Informatik-Labor des → *MIT.* Ziel war die Entwicklung eines hochperformanten und hardwarenahen Betriebssystems.

Expanded Memory Manager

→ *XMS.*

Expected Wait Time

→ *ACD.*

Expertensystem

International mit Expert System bezeichnet und mit XPS abgekürzt.

Der Begriff bezeichnet ein Softwaresystem, in dem üblicherweise von menschlichen Experten verwaltetes Wissen (→ *Knowledge Management*) abgelegt ist. Darüber hinaus wird mit Methoden der künstlichen Intelligenz (→ *KI*) versucht, dieses Wissen beliebig verknüpfbar zu machen, so dass das System aus dem vorhandenen Faktenwissen Schlussfolgerungen ziehen und dadurch z.B. Fragen beantworten kann.

Explorer I

→ *Satellit.*

Exponentialverteilung

Auch negativ exponentielle Verteilung genannt. Bezeichnet die wichtigste → *Verteilungsfunktion* auf dem Gebiet der → *Verkehrstheorie* für eine kontinuierliche → *Zufallsvariable.*

Mit der mittleren Ankunftsrate λ für Bedienaufträge ergibt sich die Wahrscheinlichkeit $P(T \leq t)$ des einmaligen Eintreffens eines Bedienauftrages aus:

$$P(T \leq t) = 1 - e^{(-1/\lambda)}$$

Die Dichtefunktion dieser Verteilungsfunktion ist:

$$f(t) = \lambda\, e^{-\lambda t}$$

Aus der Exponentialverteilung kann die → *Poissonverteilung* abgeleitet werden.

Extended Memory, Extended Memory Specification

→ *XMS.*

Externspeicher

→ *Speicher.*

Extranet

Bezeichnung für, im Gegensatz zu → *Intranets*, mehrere einzelne und voneinander isolierte Netze auf der Basis der im → *Internet* weit verbreiteten Technologie des → *IP*-Protokolls, die über das Internet selbst miteinander verbunden sind und so ein eigenes Subnetz bilden. Das Subnetz ist durch eine eigene IP-Adressierung komplett vom nur zur Verbindung genutzten restlichen Internet abgekoppelt.

Dabei wird zum Datentransport über das Internet die Technik des → *Tunneling* genutzt, damit es zu einer eindeutigen Zuordnung der in den Datenpaketen enthaltenen IP-Adressen der Subnetze und des globalen Internets kommt.

Eine andere Realisierungsform ist die Abwicklung über ein IP-Netz eines Internet-Service-Providers (→ *ISP*), das nicht notwendigerweise mit dem weltweiten Internet verbunden sein muss, sondern über das mehrere Unternehmen ihren weitläufigen IP-Verkehr zur Verbindung eigener, lokaler IP-Inseln abwickeln.

EXU

Abk. für Extension Unit.

EY-NPMA

Abk. für Elimination Yield Non-Preemptive Channel Access.

Eine dreiphasige Variante des → *CDMA*-Verfahrens für den Kanalzugriff auf der → *MAC*-Teilschicht von Schicht 2 des → *OSI-Referenzmodells.*

Dabei verfügen die Stationen über Prioritäten, die sie dem Netz in einem festgelegten Zeitslot mitteilen (Prioritätssignalisierungsphase), und so auch erfahren, welche Prioritäten sendewilliger Stationen noch existieren. Die Stationen mit niedriger Priorität verzichten dann freiwillig auf weitere Sendeversuche. In einem zweiten Schritt senden die restlichen Stationen (dann nur noch gleicher Priorität) in einer Eliminationsphase einen Impuls zufälliger Länge. Zugriff zum Medium erhält die Station mit dem längsten Impuls (können auch mehrere mit gleich langem Impuls sein), die anschließend prüft, ob das Medium noch frei ist (Yield-Phase) und dann anfängt zu senden.

Im Fall von Kollisionen wird dies erkannt und der Prozess startet erneut.

eZ-80

→ *Zilog Z-80.*

e-zine

→ *Webzine.*

EZM

Abk. für Elektronische, zentral markierte Fernsprech-Ortsvermittlung.

Bezeichnung einer analogen und aus dem Nebenstellenbereich abgeleiteten Vermittlungsstelle zum Einsatz in öffentlichen Netzen aus den Häusern AEG und ANT. Ein erster Test erfolgte ab 4. Dezember 1967 in Stuttgart-Bad Cannstatt.

Das → *Koppelfeld* bestand aus Ordinaten-Haftschaltern.

F

F.69

Ein Standard der → *ITU*, der einen → *Nummerierungsplan* für Telexnetze festlegt.

F.510

→ *Teilnehmerverzeichnis.*

FA

1. Abk. für Feature Activator.
2. Abk. für Functional Adressing.
   → *GSM-R.*
3. Abk. für Fernmeldeamt.
   Begriff der Bundespost aus der Zeit vor der Postreform für eine regionale oder lokale Niederlassung.

FA-1

Abk. für → *FLAG Atlantic-1.*

FACCH

Abk. für Fast Associated Dedicated Control Channel.
→ *DCCH.*

Facility-Bypassing

→ *Bypassing.*

Facility Management

Oberbegriff für das elektronische Management von technischen Anlagen aller Art in Gebäuden zu Zwecken der Mess-, Steuer- und Regelungstechnik.

Dieses Management kann lokal erfolgen oder über einen externen Dienstleister, der sich über öffentliche Telekommunikationsnetze in lokale Netze im Gebäude selbst einschaltet (→ *Telemetrie*).

Die technische Infrastruktur können spezielle → *LANs* sein wie z.B. → *EIB* und → *LON* oder das vorhandene Niederspannungsnetz (→ *Powerline-Communications*).

Facsimile (-Übertragung)

→ *Fax.*

Fading

Von engl. to fade away = schwinden. Bezeichnet die Schwankung eines über einen Mobilfunkkanal empfangenen Signals infolge von ausbreitungsspezifischen Störungen. Diese resultieren in Interferenzen beim Empfänger, die das Signal dämpfen (u.U. auslöschen), verzerren oder verstärken können.

Man kann Fading nach der Dauer der Störungen klassifizieren:

- Short Term Fading, z.B. durch → *Störimpulse*, → *Dämpfung*, → *Mehrwegeausbreitung*, → *Beugung*, → *Reflexion*, → *Dopplereffekt* und → *frequenzselektive Ausbreitung.*
- Long Term Fading, z.B. durch → *Funklöcher* oder → *Abschattung.*

Eine andere Klassifikation gliedert direkt nach den Ursachen. So wird Regen-Fading durch Regen oder Nebel hervorgerufen. Insbesondere Satellitenkommunikation im → *Ku-* oder → *Ka-Band* sind anfällig dafür.

FAG

Abk. für → *Fernmeldeanlagengesetz.*

Failover

Begriff aus dem → *LAN*-Umfeld. Failover bezeichnet bei einem → *Server* das automatische Umschalten auf eine verfügbare Multiportkarte (→ *NIC*), falls eine andere Multiportkarte ausfällt. Dies verhindert, das im Fall eines Ausfalls einer Mutiportkarte die an sie angeschlossenen → *Segmente* des LANs nicht mehr miteinander kommunizieren können.

Fallback

Begriff aus der → *Modem*technik. Wird die Leitungsqualität schlechter, einigen sich die verbundenen Modems (sofern möglich) auf eine niedrigere Übertragungsrate als vorher gewählt. Auch wenn einer der beteiligten Rechner mit einem Multitasking-Betriebssystem arbeitet und der Datenübertragung vorübergehend weniger Rechenzeit zuweist, können die Modems zurückschalten. Nur wenn beide Modems das → *Fallforward* beherrschen, wird die ursprünglich gewählte Übertragungsgeschwindigkeit wieder aufgenommen, sobald sich die Leitungsqualität verbessert hat.

→ *Retrain.*

Fallforward

Begriff aus der → *Modem*technik. Die an der Übertragung beteiligten Modems überprüfen laufend (→ *Retrain*) die Leitungsqualität und erhöhen die Übertragungsrate, z.B. nach einem → *Fallback*, sobald dies möglich ist, d.h., wenn die Leitungsqualität wieder ein bestimmtes Niveau überschritten hat und beide an der Übertragung beteiligten Modems überhaupt den Fallforward beherrschen.

Fallwähler

Name eines elektromechanischen Wählers. Erstmals eingesetzt 1934 und damals seiner Zeit voraus. Nicht ganz so verbreitet wie der → *Heb-Dreh-Wähler*, aber mit diesem vergleichbar.

Faltungscodierer, Faltungscodierung

Bezeichnung für ein Element, das zur → *Kanalcodierung* in digitalen Übertragungssystemen verwendet wird.

Beim Faltungscodierer handelt es sich um eine Abbildung von n eingehenden Informationsbits auf m ausgehende, kanalcodierte Bit, d.h. je eingehende n Bit werden mBit ausgegeben. Die Vorschrift, nach der aus den n Bit innerhalb des Codierers die m ausgehenden Bit erzeugt werden, wird durch die sogenannte Einflussrate $L+1$ beeinflusst, da die m Ausgangsbit durch insgesamt $(L+1) * n$ zwischengespeicherte Eingangsbit beeinflusst werden.

Technisch wird ein Faltungscodierer durch eine digitale Schaltung aus L Schieberegistern realisiert, deren Inhalte auf m verschiedene Arten zusammen mit dem aktuell eingehenden Datenbit durch Addition und eine Modulo-2-Operation verknüpft werden.

Das Verhältnis n/m wird als Code-Rate bezeichnet. Oft werden n Eingangsbit als Eingangssymbol und m Ausgangsbit als Ausgangssymbol bezeichnet.

Zur Beschreibung eines Faltungscodierers wird oft auch seine Impulsantwort herangezogen, d.h. das Bitmuster, das am Ausgang erzeugt wird, wenn am Eingang einmalig eine 1 mit nachfolgenden Nullen eingegeben wird.

Eine andere Beschreibung stützt sich auf die Koeffizientenvektoren, von denen jeweils m Stück der Dimension $(L+1)$ für einen Faltungscodierer angeben, welche eingegangenen Datenbits der Schieberegister zum jeweiligen Ausgangbit miteinander verknüpft werden.

FAM

Abk. für Functional Architecture Model.

Fan-Out

Bezeichnung für die Anzahl der an einen Hardware-Baustein anschaltbaren weiteren Bausteine. Eventuell ermöglicht der Einsatz von → *Treibern* den Anschluss mehrerer Bausteine über den Fan-Out hinaus.

FAQ

Abk. für Frequently Asked Questions, häufig gestellte Fragen.

Oft sind mit dem Kürzel sowohl die einzelnen Fragen und Anworten gemeint als auch die komplette Liste aller einzelnen Fragen und Antworten zu einem Thema.

1. Im Zusammenhang mit dem → *Internet* die Bezeichnung für die im → *Usenet* gespeicherten Listen mit den FAQs und entsprechenden Antworten, die unnötige, weil sehr häufig gestellte und ebenso häufig bereits beantwortete Fragen zu allen möglichen Themen verhindern sollen.

   Üblicherweise existiert eine Person, die eine Liste mit FAQs pflegt und regelmäßig (z.B. einmal/Quartal) in der entsprechenden → *Newsgroup* veröffentlicht. Ferner gibt es eine eigene Newsgroup, in der ausschließlich die FAQs veröffentlicht werden.

   Eine weitere Möglichkeit ist das Ablegen von FAQ-Listen auf → *Servern*, die mittels → *FTP* durchsucht werden können. Entsprechende Dateien können dann mit FTP von den Servern auch zum Nutzer übertragen werden.

2. Im Zusammenhang mit → *Call Centern* oder → *Helpdesks* alle häufig gestellten Fragen von Anrufern (Kunden), auf die der Operator sofort die Antwort kennen sollte, um nur noch in wenigen Fällen weitervermitteln zu müssen. Üblicherweise wird davon ausgegangen, dass 80% aller Anfragen FAQs sind und nur 20% an das → *Back Office* weitergeleitet werden müssen.

   Die Liste der FAQs ist dynamisch, muss periodisch nach Auswertung der Kundenanfragen aktualisiert werden und entwickelt sich nach der Inbetriebnahme rasch selbst.

   Eine intelligentere Form sind Tools für → *Case Based Reasoning*.

Farbmischsystem, Farbsystem

Bezeichnung für die verschiedenen technischen Möglichkeiten, durch Mischung von Licht verschiedener Grundfarben den Eindruck einer bestimmten Farbe beim Betrachter

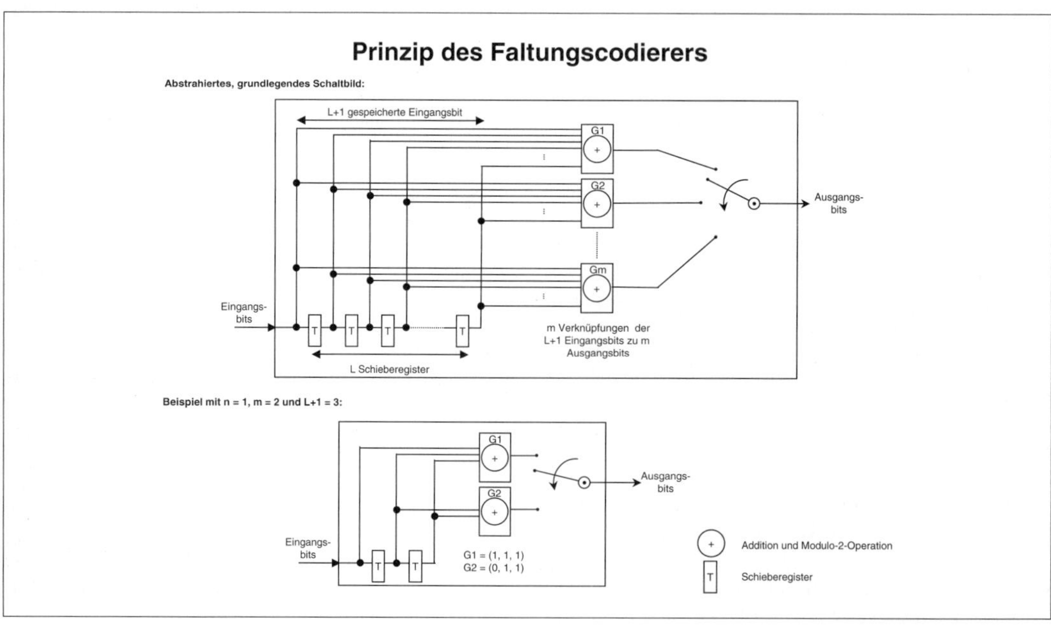

zu erzeugen. Die Systeme unterscheiden sich im technisch-physikalischen Mechanismus, der verwendet wird, um aus einer endlichen Anzahl von sog. Grundfarben (üblicherweise werden drei Farben gewählt) beliebige andere Farben zu erzeugen. Man unterscheidet dabei grundsätzlich zwei Systeme:

- Additives Farbsystem: Der Betrachter sieht mehrere verschiedene Farbquellen. Deren Licht überlagert sich im Auge des Betrachters, so dass in Abhängigkeit von der Intensität der Anteile der Grundfarben ein neuer Gesamteindruck entsteht. Ein Beispiel dafür ist das Farbsystem der Grundfarben Rot, Grün und Blau (→ *RGB*).
- Subtraktives Farbsystem: Die Grundfarben werden so gewählt, dass sich bei ihrer Kombination bestimmte Farbanteile gegenseitig auslöschen und der Betrachter die Mischfarbe der Anteile wahrnimmt, die übrig bleiben. Ein Beispiel dafür ist das Farbsystem der Grundfarben Cyan, Magenta und Gelb (→ *CMYK*).

Farbtiefe

Bezeichnet die Anzahl darstellbarer Farben in einem grafischen System.

Wird jeder Bildpunkt (→ *Pixel*) mit z.B. 8 Bit codiert, so ergibt sich eine Farbtiefe von 256 (= 2^8). Erfolgt die Codierung mit 16 Bit, sind bereits 65 536 Farben möglich (=2^{16}, → *HiColor*). Eine Codierung mit 24 Bit wird als → *True Color* bezeichnet.

Farnet

Abk. für Federation of American Research Networks.

Bezeichnung einer Interessenvereinigung der Betreiber der nordamerikanischen Forschungsnetze. Sie ist der amerik. Vertreter in der → *IFIP*.

Im Juli 1998 ging Farnet in → *Educause* auf.

FAS

Abk. für Flexible Access System.

Faser

Andere Bezeichnung für Glasfaser.

→ *Glasfasertechnik*.

Faserverstärker

→ *OFA*.

Fastbytes-Protokoll

Bezeichnung für ein spezielles und schnelleres Verfahren der parallelen Datenübertragung über eine entsprechende Schnittstelle zwischen einem → *Drucker* und einem → *PC*.

Fast Ethernet

Schneller Netzwerkstandard, genormt von der IEEE 802.3 im Jahr 1995. Auch 100BaseT genannt. Gilt als Nachfolgenorm zu → *Ethernet*. Überträgt mit 100 Mbit/s, wobei verschiedene Medien zur Verfügung stehen:

- 100Base-FX basiert auf einer Multimode-Glasfaser, die über max. 225 m den → *Repeater* oder → *Konzentrator* mit einem → *Switch*/→ *Router* oder einer → *Bridge* verbindet. Ist kein Repeater/Konzentrator vorhanden, dann kann für Halbduplexverkehr die Distanz 450 m betragen (2 km für Vollduplexverkehr).
- 100BaseT4 basiert auf dem herkömmlichen Ethernet-Kabel und ist nicht weit verbreitet.
- 100BaseTX basiert auf Kabeln nach dem → *Verkabelungs*standard der Kategorien 1 oder 5 (geschirmte oder ungeschirmte, verdrillte Zweidrahtleitung) mit zwei Aderpaaren. Die maximal überbrückbare Distanz mit einer Kabelstrecke ist 100 m. Ermöglicht wird Vollduplex- oder Halbduplexverkehr.
- Eine weitere Version, 100BaseT2, wird gegenwärtig erarbeitet. Prinzipiell handelt es sich um eine Version für Halbduplexverkehr über zwei nicht geschirmte Kupferdrahtpaare (→ *UTP*) der Kategorien 2, 4 oder 5 (→ *Verkabelung*).

Fast Ethernet wird teilweise mit → *Demand Priority* als → *MAC*-Protokoll auf Schicht 2 des → *OSI-Referenzmodells* betrieben. Mit einer entsprechend gewählten Topologie (Sternnetz, Switching-Technologie) und nicht zu hoher Netzlast können Echtzeitverbindungen über ein Fast Ethernet abgewickelt werden, obwohl Fast Ethernet in diesem Punkt gegenüber → *FDDI* und → *ATM* als unterlegen gilt.

Die Pakete dürfen max. 1 500 Byte groß sein.

Der Standard wird von der Fast Ethernet Alliance unterstützt und promotet.

→ *http://www.fastethernet.com/*

Fast Packet Services

1. Allgemeine Bezeichnung für schnelle paket- oder zellorientierte Vermittlungsverfahren in öffentlichen Netzen wie → *SMDS*, → *Frame Relay*, → *ATM*, → *Cell Relay*.
2. Ursprünglich die Bezeichnung eines paketvermittelnden Verfahrens aus dem Hause der Bell Labs, das 1983 vorgestellt wurde und sich zu → *Frame Relay* weiterentwickelte.

Fast SCSI

→ *SCSI*.

FAT

1. Abk. für File Allocation Table.

   Bezeichnung des Inhaltsverzeichnisses einer Speichereinheit (→ *Diskette*, → *Festplatte*, → *Partition*). Enthält die Zuordnung des Namens einer → *Datei* zu ihrer physikalischen Adresse auf dieser Speichereinheit. Dabei wird jeder Datei eine Menge von Nummern der → *Cluster* zugeteilt, in denen die Dateiinhalte gespeichert sind.

   Das Standard-FAT (FAT16) erlaubt unter den → *Betriebssystemen* → *MS-DOS*, → *OS/2* und den ersten Versionen von → *Windows 95* die Verwaltung von rund 65 525 → *Clustern* mit jeweils max. 32 KByte und von max. 2 GByte Speicher insgesamt. Es gilt als ineffizient.

   → *Windows NT* hingegen kann mit FAT16 Cluster bis zu 64 KByte (insgesamt 4 GByte) verwalten. Davon machen viele Nutzer jedoch keinen Gebrauch, da dann andere (z.B. Clients unter Windows) nicht darauf zugreifen können.

→ *Windows 98* benutzt FAT32, das Festplatten über 2 GByte unterstützt.

Wird die FAT eines Datenträgers gelöscht, beschädigt oder zerstört, dann kann auf die Nutzdaten (Dateien) auf der Platte nicht mehr zugegriffen werden, obwohl diese unbeschädigt und vorhanden sind.

2. Abk. für Flexible Access Termination.

FAU

Abk. für Fixed Access Unit.

Bezeichnung für die Anschalteeinheit eines normalen Telefons beim Teilnehmer, der allerdings von der FAU zur → *Teilnehmervermittlung* über ein Funksystem (→ *RLL*) verbunden ist.

Favorites

→ *Bookmark*.

Fax

Kunstwort, Abk. für Telefax, Fernkopierverfahren.

Abgeleitet von Facsimile, von lat. fac simile = mache ähnlich, der Bezeichnung für die originalgetreue Reproduktion einer Vorlage. Vom Prinzip her ein Kopierer, bei dem Einzug und Auswurfschacht an zwei verschiedenen und weit voneinander entfernten Orten stehen und über eine analoge Telefonleitung oder das → *ISDN* miteinander verbunden sind. Mittlerweile ist auch das Versenden von Faxen über das → *Internet* zum Kostensparen möglich (→ *Internet-Fax*).

Das eingezogene Bild wird gescannt, einer → *Quellcodierung* zur Datenreduktion und einer → *Kanalcodierung* zur Fehlerkorrektur unterworfen und dann über die Telefonleitung übertragen. Beim Empfänger erfolgen die Reproduktion der grafischen Vorlage auf Papier und die Ausgabe.

Durch die technische Entwicklung entstanden mehrere Standards, die als Gruppen definiert werden. Je höher die Gruppe, desto besser sind die Codierverfahren und desto kürzer ist die Übertragungsdauer:

- Gruppe 1 überträgt dabei mit Frequenzmodulation (Mittenfrequenz: 1 700 Hz, Weiß: 2 100 Hz, Schwarz: 1 300 Hz, Graustufen dazwischen). Dieser Standard war in Deutschland nicht zugelassen.
- Gruppe 2 überträgt durch eine duobinäre Codierung mit Amplituden- und Phasenmodulation in der Hälfte der Zeit. Gruppe 2 ist inkompatibel zu Gruppe 1.
- Gruppe-3-Faxe sind der heutige Standard und seit Februar 1982 zugelassen. Sie übertragen digital moduliert.
- Gruppe-4-Faxe (Standard seit 1984) werden im → *ISDN* eingesetzt, können aber auch mit Gruppe-3-Geräten dann mit den Gruppe-3-Protokollen kommunizieren. Gruppe-4-Faxe gelten als schnell, teuer und selten.

Von Bedeutung sind heute lediglich noch Gruppe-3- und, sehr langsam zunehmend, auch Gruppe-4-Faxe.

Gruppe 1 ist in Europa und Nordamerika verschieden standardisiert worden (in USA von TR 29 der → *EIA*). Die Gruppen 2 bis 4 sind international einheitlich, z.B. Gruppe 3 in T.4.

Die Übertragungsdauer hängt neben dem benutzten Standard von der zu übertragenden Vorlage ab. Faustregel: Je schwärzer und unregelmäßiger die Vorlage, um so mehr Daten müssen übertragen werden. Kleingeschriebene Texte (sehr unregelmäßiges Muster) dauern am längsten, großzügige Handskizzen mit wenigen Strichen werden am schnellsten übertragen.

Ungefähre Regel für die Übertragungsdauer einer DIN-A4-Seite ist, dass Gruppe-1-Faxe in 6 Minuten, Gruppe-2-Faxe in 3 Minuten und Gruppe-3-Faxe (Gruppe 3 nutzt eindimensionale modifizierte → *Huffmann*-Codierung oder den zweidimensionalen modifizierten → *READ*-Code als Quellcodierung) in unter 1 Minute übertragen werden.

Ziel für Gruppe 4 ist eine Übertragung in unter 9 Sekunden, u.a. durch → *MMR*-Codierung (Modified Modified Read).

Für die Übertragung von Gruppe-3-Faxen werden die Standards → *V.27ter*, → *V.17* und → *V.29* genutzt, von denen meistens der letztere verwendet wird.

Gruppe	1	2	3	4
Bildpunkte/Zeile	1728	1728	1728	2592
Zeilen/mm	3,85	3,85	3,75	12/7,7
Übertragungszeit	6 Min.	3 Min.	30 Sek.	9 Sek.
Modulation	FSK/RSB	4-PSK	-	8-PSK
Grautonfähig?	Ja	Ja	Nein	Nein
Verarbeitung	Analog	Analog	Digital	Digital

Anmerkung: 3,85 Zeilen/mm entsprechen 98 dpi.

Der Faxdienst ist in der Empfehlung der → *ITU* F.180 festgelegt. Der Verbindungsauf- und -abbau von Gruppe 3 ist in T.30 und das Datenformat, die Kompressionstechniken etc. sind in T.4 definiert.

Neben der normalen, gezielten Übertragung von Faxen gibt es auch → *Fax-Polling* und → *Fax-on-Demand* im Rahmen von → *Tele-Marketing*. Derartige Dienste werden von zahlreichen Unternehmen als Mehrwertdienst (→ *VAS*) angeboten.

Die Entwicklung der Fax-Technologie nahm folgenden Verlauf:

1843

Das erste Patent für eine Übertragung grafischer Vorlagen mittels Telegrafie wird dem schottischen Psychologen Alexander Bain erteilt. Der Sender schrieb seine Nachricht auf elektrostatisches Papier, das er um eine Rolle wickelte, über die sich ein Pendel quer zur Rollbewegungsrichtung hinweg bewegte. Die Spitze war derart justiert, dass sie dort, wo die Oberfläche der Rolle über erhabene Schrift verfügte, einen elektrischen Kreis schloss und dieses kurze Signal über einen Draht zum Empfänger übertrug, wo ein synchrones Pendel den Prozess umkehrte und die Schrift Punkt für Punkt auf eine zweite Rolle mit photosensitivem Material schrieb. Bain nannte sein Gerät ‚Recording Telegraph‘.

1851
Die praktische Anwendung des Prinzips von Bain gelingt Frederick Blakewell auf der Weltausstellung.

1856
Der italienische Herausgeber einer naturwissenschaftlichen Fachzeitschrift, Giovanni Caselli, entwickelt den ‚Pantelegraph' zur Übertragung grafischer Vorlagen.

1865 bis 1870
Caselli verbindet mit einem ersten kommerziellen ‚Faxdienst' auf Basis des Pantelegraphen große französische Städte, nachdem Napoleon III. ihn 1860 besucht und das Gerät für gut befunden hatte. Bestrebungen, entsprechende Dienste in GB und China zu etablieren, scheiterten jedoch. Die gesamte Technologie zerbrach auch daran, dass die Betreibergesellschaft nicht genug unternahm, um das System erfolgreich neben der aufkommenden herkömmlichen Morsetelegrafie zu etablieren.

1902
Der Deutsche Arthur Korn (* 1870, † 1945) entwickelt die photoelektrische Abtastung grafischer Vorlagen (Fotos). Dabei wird das lichtempfindliche Metall Selenium dazu genutzt, von einer beleuchteten Vorlage reflektiertes Licht in einen schwankenden Spannungswert zu wandeln.

1904
Korn wendet sein Verfahren erstmals über eine große Entfernung an – von München über Nürnberg und wieder zurück nach München.

1907
Ab diesem Jahr wird Korns Verfahren kommerziell angewendet.

In Frankreich entwickelt Édouard Belin (* 5. März 1876, † 4. März 1963) ein ähnliches Verfahren der Bildtelegrafie. Ihm zu Ehren sollten derartige Telegrafienachrichten auch ‚Belinogramm' heißen.

9. Oktober 1907
Belin gelingt es erfolgreich, seine Entwicklung zu demonstrieren. Er gründet daraufhin eine Werkstatt, die sich mit der Herstellung und Vermarktung seiner Geräte beschäftigt.

Ab 1910
Insbesondere Zeitungen wenden Korns Verfahren an.

Die europäischen Städte Paris, London und Berlin sind über Korns Verfahren miteinander verbunden.

1920
Die britischen Ingenieure H.G. Bartholomew und M.L. McFarlane entwickeln ein ‚Bartlane' genanntes Verfahren, mit dem man Bilder über längere Distanzen über Telefon- und Telegrafenleitungen übertragen kann.

1921
In den USA bringt Western Union den Dienst ‚Wirephoto' auf den Markt, mit dem man grafische Vorlagen abtasten, übertragen und wieder reproduzieren lassen kann.

1922
Per Funk wird das erste Bild mit Korns Verfahren zwischen Europa und Nordamerika übertragen. Es handelt sich dabei um eine Aufnahme von Papst Pius XI. Das Foto wird am gleichen Tag in der ‚New York World' gedruckt.

1930
Es folgt ein vergleichbarer Dienst (Bildtelegrafie) zwischen Deutschland und GB.

60er Jahre
Korns Technik wird nicht nur in der Zeitungsbranche, sondern auch in anderen Branchen angewendet. Die Elektronikindustrie entdeckt den Markt.

Oktober 1966
Die → *EIA* definiert einen erste Standardisierungsentwurf RS-328.

1968
Die ersten Vor-Standards definieren für Gruppe 1 Übertragungszeiten von 20 Min. als Ziel.

Um 1970
Es gibt in Nordamerika ca. 50 000 Faxgeräte.

1. Januar 1979
Der Faxdienst wird in Deutschland mit dem sich abzeichnenden Standard für Gruppe 1 eingeführt.

1980
Es wird das Ziel gesteckt, 1 Minute für eine DIN-A4-Seite zu unterbieten..

Der Standard für Gruppe-1-Faxe wird endgültig verabschiedet.

Frühe 80er Jahre
Die massenhafte Verbreitung setzt ein.

Der Erfolg der Faxgeräte seit Beginn der 80er Jahre leitet sich von folgenden Faktoren ab:

- Einfache Bedienung
- Zahlreiche, den Komfort weiter steigernde → *Leistungsmerkmale* von Faxgeräten
- Geringe Kommunikationskosten
- Im Laufe der Zeit geringe Anschaffungskosten für Geräte
- Weltweite Kompatibilität durch Standards (Gruppe 3)
- Schnelle Diffusion und dadurch große Verbreitung

In Deutschland waren 1995 ca. 5 Mio. Faxgeräte, Kombigeräte und Faxkarten installiert. Seit 1994 setzte sich, nicht zuletzt dank Fax-Software für PCs, das Fax auch im privaten Sektor immer weiter durch.

Experten sind unterschiedlicher Meinung, wie lange das Fax angesichts von → *Online Services* und → *E-Mail* noch existieren wird.

Nach Wegfall monopolartiger Vorschriften der Bundespost, Anfang der 90er Jahre, bzw. deren Umwandlung in freiwillig einzuhaltende Richtlinien existiert in Deutschland → *DTS*.

Es wird geschätzt, dass ca. 30% des herkömmlichen Verkehrs im leitungsvermittelten Telefonnetz durch Faxe generiert wird.

Fax-Abruf

→ *Fax-Polling*, → *Fax-on-Demand.*

Fax-Back

Andere Bezeichnung für → *Fax-on-Demand.*

Fax-on-Demand

Auch Fax-Back, Call-and-Fax-Back oder Fax-Abruf genannt. Bezeichnung für eine Anwendung der → *Fax*-Technik als Werkzeug des → *Tele-Marketing* zum Abruf von vorbereiteten Dokumenten/Informationen.

Dabei ruft jemand das Fax-on-Demand-Gerät an, das mit einer Spracherkennung ausgerüstet ist. Der Anrufer kann aus den im Faxgerät gespeicherten Dokumenten gezielt auswählen (z.B. durch → *Tonwahlverfahren*) und nennt die Nummer seines eigenen Faxgerätes bzw. gibt diese per Tastatur ein. Nach dem Auflegen werden ihm die gewünschten Dokumente auf sein Faxgerät übertragen, d.h., es erfolgt (im Gegensatz zum → *Fax-Polling*) eine zweite Verbindung.

Fax-Polling

Auch Fax-Abruf oder, seltener, Empfangsabruf genannt. Bezeichnung für eine Anwendung der → *Fax*-Technik als Werkzeug des → *Tele-Marketing* zum Abruf von vorbereiteten Dokumenten oder Informationen.

Dabei ruft ein Faxgerät das Fax-Polling-Gerät an, welches das gewünschte Dokument vorrätig hält. Das angerufene Gerät überträgt die entsprechenden Daten während dieser Verbindung (im Gegensatz zu → *Fax-on-Demand*, wo ein Rückruf erfolgt) auf das Anruferfax. Das Anruferfax ist dafür auf die Betriebsart Polling (ungeschütztes Empfangen) einzustellen.

Fax-Server

→ *Server*.

Fax-Weiche

Bezeichnung für eine Baugruppe, die zwischen eine → *TAE* und ein Faxgerät einerseits sowie ein Telefon andererseits angeschlossen werden kann und anhand des → *CNG*-Signals erkennt, ob der ankommende Verbindungswunsch zu einem Telefonat (Sprachübertragung) oder einer Faxverbindung gehört. Der Verbindungswunsch wird dann an das entsprechende, angeschlossene Endgerät geschaltet.

Man unterscheidet:

- Interne Fax-Weiche: Fest eingebaut in einem multifunktionalen Endgerät (Kombigerät Telefon/Fax, u.U. noch mit Anrufbeantworter). Der Benutzer muss nur das Kombigerät in die TAE einstöpseln.
- Externe Fax-Weiche: Separates Gerät, das vom Benutzer zunächst mit der TAE und den gewünschten einzelnen Geräten (einzelnes Telefon und Faxgerät) verbunden werden muss.

Eine weitere Klassifizierung ist:

- Aktive Fax-Weiche: Sie benötigt eine eigene Spannungsversorgung und ist üblicherweise als eigenes Gerät, d.h. als externe Fax-Weiche ausgeführt. Sie nimmt selbständig eine Verbindung entgegen und wertet den Verbindungswunsch aus.
- Passive Fax-Weiche: Sie benötigt keine eigene Spannungsversorgung und ist üblicherweise als interne Fax-Weiche ausgeführt. Sie kann nicht selbständig einen Verbindungswunsch entgegennehmen, sondern nur einen von einem anderen Gerät entgegengenommenen Verbindungswunsch auswerten.

Eine aktive Fax-Weiche nimmt zunächst den Verbindungswunsch entgegen, d.h., die Verbindung wird vom → *A-Teilnehmer* zum → *B-Teilnehmer* durchgeschaltet, und es fallen damit Gebühren an. Erst danach analysiert die Fax-Weiche das Signal, das auf der von der TAE kommenden Leitung liegt. Handelt es sich um das CNG-Signal (1 100 Hz für 0,5 s, jeweils unterbrochen von 3 s Pause) schaltet die Fax-Weiche durch zum Faxgerät.

Falls das anrufende Faxgerät älterer Bauart ist und kein CNG-Signal sendet, kann bei manchen Fax-Weichen die dann falsche Umschaltung auf den Telefon-Ausgang vom Nutzer durch die Wahl einer bestimmten Ziffer am Telefon rückgängig gemacht werden. Der Faxanruf wird nach der Rückgabe des Rufes an die Fax-Weiche von ihr korrekt auf den Faxausgang umgeschaltet.

Eine passive Fax-Weiche ist darauf angewiesen, dass ein anderes (nachgeschaltetes) Gerät die Verbindung entgegennimmt. Dann kann die passive Fax-Weiche in die durch sie hindurch geschaltete Verbindung reinhören (lauschen, hochohmiges Mithören) und überprüfen, ob ein CNG-Signal detektiert wird. Ist dies der Fall, wird die Verbindung zum nachgeschalteten Gerät unterbrochen und der Ruf wird zum Faxgerät gegeben.

FBAS

Abk. für Farbbild-Austast-Synchron (Signal).

Bezeichnung für ein Signal zu Beginn der zu einer Bildzeile gehörenden Daten im Datenstrom der Fernsehstandards → *PAL*, → *NTSC* und → *SECAM*.

FBeitrV

Abk. für → *Frequenznutzungsbeitragsverordnung*.

FC

1. Abk. für → *Fibre Channel*.
2. Abk. für Functional Control.
3. Abk. für Functional Component.

FCA

Abk. für Fibre Channel Association.

→ *Fibre Channel*.

FCAPS

Abk. für Fault-, Configuration-, Account-, Performance- and Security-Management.

Kurzbezeichnung für alle Netzmanagementaufgaben (→ *TMN*) und das entsprechende Funktionsmodell von → *CMIP*.

FCB

Abk. für File Control Block.

FCC

Abk. für Federal Communications Commission.

In den USA die wichtigste regulative Behörde (→ *Regulierungsbehörde*) auf dem Gebiet der Telekommunikation, die z.B. das Frequenzspektrum verwaltet und zuteilt – sowohl auf lokaler, regionaler als auch auf nationaler Ebene. Bestandteil der FCC ist u.a. auch das → *OST*. Sitz ist Washington D.C. Die FCC hat ca. 2 200 Mitarbeiter. Gegründet wurde die FCC 1934 als Folge des Communications Act aus dem gleichen Jahr. Vorgänger der FCC war die Federal Radio Commission (FRC). Ihre ersten großen

Aufgaben lagen seinerzeit im Bereich der Lizenzierung neuer, kommerzieller Radiosender.

Die FCC veröffentlicht vor ihren Entscheidungen sogenannte Notes on Proposed Rule-Making (NPRM), in denen Betroffenen Hintergrundinformationen und kommende, geplante Änderungen nachlesen können.

Für regulatorische Fragen innerhalb der einzelnen Bundesstaaten sind die → *PUC* zuständig.

Zu Meilensteinen der Regulierungspolitik in den USA: → *Deregulierung*.

→ *http://www.fcc.gov/*

FCFS

Abk. für First Come – First Serve.

→ *FIFO*.

FCS

1. Abk. für Frame Check Sequence.

   Auch Block Check Character (BCC) genannt. Ob von Block oder Frame gesprochen wird hängt vom konkreten Standard ab. Bezeichnung für eine Möglichkeit der Vorwärtsfehlerkorrektur (→ *FEC*) auf der Schicht 2 im → *OSI-Referenzmodell*. Bezeichnet ein Bitfeld zur Datensicherung von Nutzdaten (dem Frame resp. Block) bei bitorientierten Sicherungsprotokollen. Der Umfang der durch die FCS gesicherten Daten ist von Protokoll zu Protokoll unterschiedlich: Mal sind nur die Nutzdaten gesichert, mal auch Teile des Headers (wie z.B. bei den IEEE-Protokollen der 802-Serie, → *IEEE 802*).

   Ein mögliches konkretes Verfahren zur Bestimmung einer FCS ist der → *CRC*.

2. Abk. für Fibre Channel Standard.

   → *Fibre Channel*.

3. Abk. für Fast Circuit Switching.

FDC

Abk. für Floppy Disk Controller.

Bezeichnung für einen → *Controller* von Laufwerken für → *Disketten* mit einem Durchmesser von 5,25".

FDCT

Abk. für Forward Discrete Cosine Transformation.

FDD

Abk. für Frequency Division Duplex.

Auch Frequenzgetrenntlageverfahren genannt. Bezeichnet eine Technik zur Realisierung von Duplexkanälen in Funksystemen oder bei drahtgebundener Kommunikation.

Dabei werden der Hin- und Rückkanal auf zwei verschiedenen Frequenzen (→ *Uplink*, → *Downlink*) realisiert. Nachteilig ist, dass Hin- und Rückkanal u.U. verschiedene Übertragungseigenschaften aufweisen.

Eingesetzt z.B. bei → *GSM*, verschiedenen Systemen für → *Satellitenmobilfunk* und anderen → *zellularen Systemen*.

→ *TDD*.

FDDI

Abk. für Fiber Distributed Data Interface.

Oft auch FDDI I genannt. Schneller, verbindungsloser Netzwerkstandard, lange Zeit der einzige genormte 100-Mbit/s-Standard.

FDDI deckt die Schichten 1 und 2 des → *OSI-Referenzmodells* ab und wird meistens als schnelles → *Backbone* zur Verbindung mehrerer herkömmlicher, lokaler, kupferaderbasierter Netze (→ *LAN*) im → *MAN*-Bereich eingesetzt. Ein Einsatz als Hochleistungs-LAN (z.B. für → *Workstations*) ist ebenfalls denkbar.

FDDI basiert ursprünglich auf Glasfaser als Übertragungsmedium und aus Sicherheitsgründen auf einer Doppelringtopologie (je zwei Fasern) mit maximal 500 angeschlossenen Stationen, die maximal 2 km voneinander entfernt sein dürfen (Glasfaser). Die maximal zulässige Ringlänge liegt bei 200 km (Doppelring also 100 km). FDDI nutzt Laser und, aus Kostengründen, vor allem LEDs mit einer Wellenlänge von 1 300 nm.

Die FDDI-Architektur besteht logisch aus vier Schichten:

- PMD-Layer (Physical Medium Dependent)
- PHY-Layer (Physical Layer Protocol)
- MAC-Layer (Media Access Control)
- SMT-Layer (Station Management)

Wenn Glasfaser als Medium verwendet wird, kommen bei niedrigen Distanzen aus Kostengründen üblicherweise Multimode-Glasfasern (→ *Multimode-Gradientenindex-Faser*, → *Multimode-Stufenindex-Faser*) zum Einsatz. Die unterste Schicht besteht dann aus einem LCF-PMD (Low-Cost-Fibre-PMD). Sollten doch Monomode-Fasern zur Überbrückung großer Entfernungen zwischen einzelnen Stationen eingesetzt werden, kommt eine SMF-PMD (Single-Mode-Fibre-PMD) zum Einsatz.

Neben diesen PMDs existiert auch noch eine auf → *SONET* basierende PMD-Komponente (SPM-PMD, Sonet Physical Layer Mapping PMD).

Seit 1991 ist neben der Glasfaser auch → *UTP* als Medium möglich, insbesondere um nur kurze Entfernungen zwischen angeschlossenen Stationen kostengünstig überbrücken zu können.

Die Norm des Green Books TP-PMD (Twisted Pair – Physical Layer Medium Dependent) der ANSI definiert UTP-Kabel der Kategorie 5 (100 Ohm) oder STP-Kabel (150 Ohm), die ungefähr nur 1/3 der Glasfaserkabel kosten (genannt Shielded Distributed Data Interface, SDDI, ‚FDDI over Copper'). Die angeschlossenen Stationen dürfen dann maximal 100 m vom Ring entfernt sein. Es entfällt unter diesen Bedingungen die Doppelringtopologie zugunsten einer Sternkonfiguration. Die Codierung auf dem Medium ist eine → *NRZI*.

Der Mediumzugriff auf der MAC-Teilschicht erfolgt nach dem Token-Prinzip, da der gesamte Standard auf → *IEEE 802.5* aufbaut. Der Token wird aber, im Gegensatz zu IEEE 802.5, vom LAN entfernt, und nicht in ein belegtes umgewandelt. Außerdem erfolgt die Token-Weitergabe mittels des Append-Token-Prinzips (→ *Token*).

Man unterscheidet zwei Typen angeschlossener Stationen (mittels → *Bypass-Switch*):

- Dual-Attachement-Stationen (DAS) mit vier Anschlüssen, davon zwei je Leitung des Doppelrings.
- Single-Attachement-Stationen (SAS) mit Anschluss an nur einen der zwei Ringe bzw. mit Anschluss an einen Konzentrator. Eine SAS kostet nur ca. 2/3 einer DAS.

Neben diesen Stationen unterscheidet man auch noch zwei verschiedene Konzentratoren. An diese Konzentratoren können im Gegensatz zu DAS und SAS weitere Stationen bzw. auch Konzentratoren angeschlossen werden, wodurch an einem Standort mehrere Stationen unter Beibehaltung der Ringtopologie angebunden werden können:

- Dual Attached Concentrator (DAC), der in den FDDI-Ring eingefügt werden kann und an den weitere Konzentratoren oder SAS angeschlossen werden können,
- Single Attached Concentrator (SAC), der über einen DAC an den FDDI-Ring angeschlossen werden kann und an den weitere SAS angehängt werden können.

Stationen und Konzentratoren können beliebig kombiniert werden, solange die Struktur der zwei gegenläufigen Ringe beibehalten wird.

Auf diese Weise ist es möglich, die Topologie an viele Gegebenheiten und Ausfallerfordernisse anzupassen. Hierbei muss jedoch beachtet werden, dass im Störfall bei automatischer Umweglenkung über den zweiten Ring die maximale Ringlänge nicht überschritten wird.

Zu den Vorteilen von FDDI zählen folgende Aspekte:

- Übliche Vorteile des Token-Prinzips
- Hohe Ausfallsicherheit durch Doppelring und Dezentralität
- Sehr fehlertolerant dank zahlreicher eingebauter Fehlererkennungs- und -behebungsmechanismen

Da FDDI größere Paketgrößen (bis zu 4 500 Byte) erlaubt als z.B. → *Ethernet* oder → *Token-Ring*, müssen die Pakete zwischen diesen Netzen zerteilt oder wieder zusammengesetzt werden.

Der MAC-Layer nimmt Pakete bis zu 9 000 Byte entgegen und zerteilt sie in Pakete bis max. 4 500 Byte (inkl. Header), die er an den PHY-Layer weitergibt. Auf der anderen Seite kommuniziert der MAC-Layer mit höheren Protokollen wie z.B. → *TCP* und → *IP*, → *DECnet*, → *SNA* und → *Appletalk*.

Ferner sorgt der MAC-Layer dafür, dass empfangene Daten auf der Sendeseite wieder auf das Netz gehen. Ergibt die Überprüfung der Adresse, dass die Daten für die Station bestimmt sind, werden sie in den eigenen Speicher kopiert, als empfangen gekennzeichnet und weitergesendet. Jede sendende Station hat ferner dafür Sorge zu tragen, dass sie empfangene Daten vom Netz entfernt.

Der PHY-Layer sorgt für das Coding und Encoding der Pakete in den Datenstrom auf dem Medium und für die Taktsynchronisation der Daten auf dem Medium.

Der PMD-Layer ist für die Übertragung auf dem Medium zwischen den einzelnen Stationen zuständig. Für verschiedene Medien wurden daher verschiedene PMDs definiert.

SMT ist ein Protokoll, das parallel zu den anderen hierarchisch geordneten Protokollen für Dinge wie Nachbar-Identifikation (Ring-Initialisierung), Fehlererkennung und Rekonfiguration des Ringes im Fehlerfall sorgt.

Es existieren dafür drei Grundfunktionen:

- Vorschriften zum Austausch von Managementinformationen zwischen angeschlossenen Stationen über den Ring
- Vorschriften über das Connection Management (CMT), das die Verbindungen auf der physikalischen Ebene (PHY) überwacht

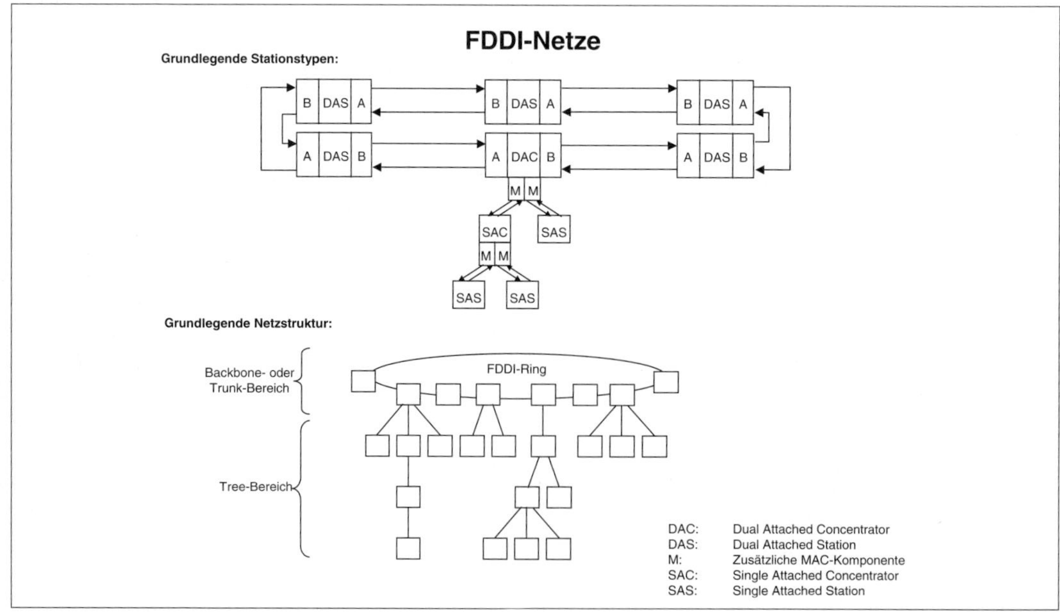

• Vorschriften über die Ring-Steuerung durch die MAC-Komponenten

Die Durchschnittskosten je angeschlossener Station (inkl. Konzentrator und Adapter) lagen vor einigen Jahren (1995) noch bei rund 2 000 DM, haben sich aber mittlerweile mehr als halbiert. Damit ist FDDI immer noch teurer, aber auch wesentlich schneller als bekannte 10- oder 16-Mbit/s-Technologien.

FDDI muss sich im LAN- und MAN-Bereich gegen → *ATM* sowie → *Fast Ethernet* und mittlerweile auch → *Gigabit Ethernet* behaupten. Es gilt aber als zuverlässig, erprobt, stabil und ideal für LAN-Kopplungen im MAN-Bereich. Dort hielt FDDI zur Mitte der 90er Jahre einen Marktanteil von knapp 50%. Die Schwerpunkte lagen seinerzeit im Banken-, Flughafen- und Universitätsbereich.

Erst ab den späten 90er Jahren schrumpfte der Anteil, da ATM- → *100VG-AnyLAN-* und auch → *Fast-Ethernet*-Produkte laufend billiger wurden, die Preise für FDDI-Geräte aber nicht so schnell sanken.

Eine ergänzende Norm für zeitkritische Anwendungen ist → *FDDI-II*. Als Nachfolgenorm insgesamt war lange Zeit → *FFOL* im Gespräch.

In der Entwicklung war FDDI seit 1980 und diente ursprünglich als Kopplung von → *Supercomputern*. Erste Produkte kamen um 1982 auf den Markt. Die Normung durch die → *ANSI* begann 1984 im Komitee X3T9.5. Die Entwicklung des Standards dauerte bis 1997 mit Zwischenschritten 1987 (MAC), 1988 (PHY), 1989 (PMD) und 1994 (SMT). Diese lange Zeit hätte den Standard fast um jegliche Erfolgschance gebracht.

Ab ungefähr 1987 verbreitete es sich für Backbones als Campusnetz oder MAN.

FDDI-I

Andere Bezeichnung für → *FDDI*.

FDDI-II

Abk. für Fiber Distributed Data Interface No. 2.

Andere Bezeichnung auch: Hybrid Ring Control (HRC). FDDI-II ist eine ergänzende Norm zu → *FDDI*, wodurch FDDI als ein Mehrdienstenetz genutzt werden kann.

Es ist zusätzlich mit einer isochronen → *MAC*-Komponente ausgestattet. Das Problem des Token-Prinzips, welches eine zeitkritische Datenvermittlung verhinderte, wird dabei durch die Weiterleitung von zeitlich festen Rahmen (Cycles) und Prioritäten umgangen, was zu einer Art festen Kanalstruktur führt. Es kann dadurch zusätzlich zum herkömmlichen FDDI noch synchrone, leitungsvermittelte → *PCM*-Daten für Sprache oder komprimierte Video-Daten verarbeiten (z.B. zur Kopplung von → *PBX* oder → *CBX*).

Dadurch kann bei Bedarf Bandbreite gezielt einzelnen Stationen, z.B. für zeitkritische Echtzeitanwendungen, zugewiesen werden. Herkömmliche, paketorientierte Übertragung, wie bei FDDI, ist aber auch möglich.

FDDI-II wurde ab 1986 diskutiert. Es gab von Anfang an Zweifel, ob dieser Standard je Erfolg haben würde. Gründe dafür waren der starke Druck der Industrie, sich auf → *ATM* zu konzentrieren, und andere, breitbandige Konkurrenzstandards aus dem LAN-Bereich. FDDI-II kam trotz der installierten FDDI-Basis im Backbone-Bereich zu spät und mit zu geringer Leistung.

FDI

Abk. für Feeder Distribution Interface.

Internationale Bezeichnung für → *Kabelverzweiger*.

FDL

Abk. für File Definition Language.

Bezeichnung für eine Dateibeschreibungssprache, die vom → *Betriebssystem* → *VMS* genutzt wird.

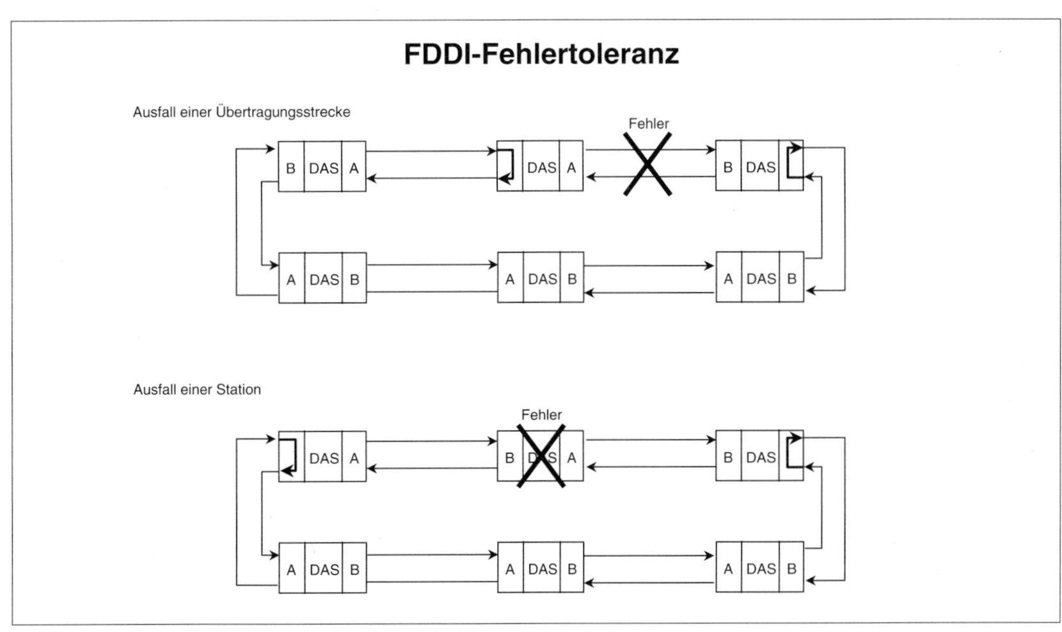

FDM

Abk. für Frequency Division Multiplexing.

Neben → *TDM* und → *SDM* die Bezeichnung für ein weiteres, grundsätzliches Verfahren des → *Multiplexens*.

Auch Frequenzmultiplex (-verfahren, -technik), Frequenzvielfach (-verfahren, -technik) oder Trägerfrequenzverfahren/-technik genannt. Hierbei wird die insgesamt einem technischen System zur Datenübertragung zur Verfügung stehende Bandbreite (in Gestalt eines breiten → *Frequenzbandes*) in verschiedene, einzelne und ‚dünnere' Frequenzbänder gleicher Bandbreite unterteilt. Jedes dieser Frequenzbänder wird dabei einem dem Frequenzmultiplexer zugeführten Kanal zugeteilt.

Die einzelnen Frequenzbänder werden durch ein kleines und nicht genutztes Schutzband (Guard Band) zur Vermeidung von Interferenzen zwischen den einzelnen Frequenzbändern (Kanälen) voneinander getrennt, was die insgesamt zur Verfügung stehende → *Bandbreite* verringert.

Ein FDM-Multiplexer besteht aus den Eingangsports, welche die Eingangssignale auf eine oder mehrere Modulationsstufen schalten. Diese Modulationsstufen modulieren das Eingangssignal in eines der auf dem abgehenden Kanal zur Verfügung stehenden Frequenzbänder. Durch nachgeschaltete Filter werden die ausgehenden Spektren entsprechend auf das vorgesehene Frequenzband begrenzt. Schließlich werden alle Ausgangssignale auf den Ausgangsport gelegt.

Hauptanwendungsgebiet dieser Technik war bis zur Einführung des digitalen Zeitmultiplexverfahrens (→ *TDM*) die Übertragung von rund 10 000 Telefonkanälen mit einer Bandbreite von je 4 kHz über → *Koaxialkabel* im Fernnetz (→ *Kabelacht*), z.B. der Deutschen Telekom oder ihrer Vorgänger.

Lange Zeit wurden von den 60er bis in die 90er Jahre hinein auch analoge → *Standleitungen* auf der Basis von Kupferdoppeladern mit entsprechenden FDM-Multiplexern dazu verwendet, mehrere eingehende → *Modem*signale zu übertragen. Dieses Verfahren wurde häufig für die Verbindung von → *Terminals* mit einem → *Host* angewendet.

In der Rundfunktechnik findet die FDM-Technik ihre Anwendung bei der Ausstrahlung von Hörrundfunk- und Fernsehprogrammen oder bei der Verbreitung dieser Programme über Kabelfernsehnetze (→ *Breitbandkabelverteilnetz*).

FDMA

Abk. für Frequency Division Multiple Access.

Auch Frequenzmultiplex (-verfahren) genannt. Bezeichnung für ein Zugriffsverfahren auf einen Kanal von mehreren zur Verfügung stehenden Kanälen, die durch ein Frequenzmultiplexverfahren (→ *FDM*) realisiert werden, d.h. bei dem die insgesamt einem technischen System zur Datenübertragung zur Verfügung stehende Bandbreite in verschiedene einzelne Frequenzbänder unterteilt wird, die temporär (nach Bedarf) sendewilligen Stationen zugewiesen werden können.

Die einzelnen Frequenzbänder werden durch ein kleines und nicht genutztes Schutzband (Guard Band) zur Vermeidung von Interferenzen zwischen den einzelnen Frequenzbändern (Kanälen) voneinander getrennt, was die insgesamt zur Verfügung stehende → *Bandbreite* verringert.

Einer sendenden Station wird dann nicht die gesamte zur Verfügung stehende Bandbreite, sondern eben nur ein einzelnes Frequenzband zur Verfügung gestellt.

Dadurch ist es möglich, dass das gesamte zur Verfügung stehende Frequenzspektrum gleichzeitig in jeweils klar definierten, sich nicht überschneidenden Frequenzbereichen (Bändern) von verschiedenen Stationen zur Datenübertragung genutzt wird, wodurch die gesamte Kapazität des Systems, im Vergleich zur Nutzung durch nur eine Station, erheblich ansteigt.

Die Einteilung des Frequenzspektrums in Bänder wird erreicht, indem man unterschiedliche Trägerfrequenzen mit den jeweils zu übertragenden Nachrichten moduliert (→ *Modulation*). Nach einer Frequenzumsetzung erfolgt die Übertragung über ein gemeinsames Medium (z.B. Funkkanal oder Leiter).

Die Trennung der Signale im Empfänger, der zunächst alle Frequenzbänder zusammen empfängt, erfolgt durch relativ steilflankige Filter (Demodulation). Sie erlauben ein gezieltes Herausfiltern eines gewünschten Frequenzbandes aus der Menge aller möglichen Bänder.

Typische Anwendung von FDMA-Systemen zur analogen Datenübertragung sind → *Koaxialkabel*, Mikrowellenverbindungen und andere funkgestützte Systeme.

FDMA wird auch mit anderen Multiplexmethoden zur weiteren Optimierung der Ressourcenausnutzung kombiniert, z.B. mit → *TDMA* im → *GSM*-System.

Die analogen deutschen Mobilfunknetze A, B und C realisierten den Zugriff der Mobilstation auf den Funkkanal mit FDMA.

→ *SDMA*, → *CDMA*.

FDSE

Abk. für Full Duplex Switched Ethernet.

Bezeichnung für eine Weiterentwicklung von Switched Ethernet (→ *Switch*, → *Ethernet*).

Die → *IEEE* arbeitet an einem Standard (aktuell 802.3x genannt) für 10 und 100 Mbit/s, der Duplexverbindungen auf Basis des geswitchten Ethernets bereitstellen wird.

FDX

Abk. für Full Duplex.

→ *Duplex*.

F&E

Abk. für Forschung und Entwicklung.

→ *R&D*.

Fe

1. Abk. für → *Fernsprechen*.

   Das Kürzel wird oft in Verbindung mit anderen Worten benutzt, z.B. Fe-Netz oder Fe-Apparat.

2. Abk. für Functional Entity.

   Bezeichnung für Funktionseinheiten im → *IN*.

FeA, FEA

1. Abk. für Fernsprechauskunft.

   Heute nicht mehr übliche deutsche Bezeichnung für den telefonischen Auskunftsdienst.

2. Abk. für Functional Entity Action.

   → *IN.*

FeAp

Abk. für Fernsprechapparat.

Eine von der Deutschen Telekom vor 1990 geprägte und heute nur noch selten gebrauchte Bezeichnung für das → *Telefon.*

Unter der Abkürzung FeAp fielen dabei ordnungsgemäß zwei Bauformen: Der FeTAp war ein Fernsprechtischapparat und der FeWAp ein Fernsprechwandapparat, der platzsparend an eine senkrechte Fläche montiert werden konnte.

→ *Fernsprechen.*

Feature

Branchenjargon für ein Dienstmerkmal (→ *Dienst*) oder ein → *Leistungsmerkmal.*

FEBE

Abk. für Far End Block Error.

FEC

Abk. für Forward Error Correction.

Deutsche Bezeichnung: Vorwärtsfehlerkorrektur. Bezeichnet eine Maßnahme zur Fehlererkennung und -korrektur in Systemen zur digitalen Datenübertragung. Gehört zur → *Kanalcodierung.*

Durch gezieltes Hinzufügen von Redundanz (bis zu 50% der Nutzdatenlänge) wird ein Datenpaket (einige zig Bit) mit einer Frame Check Sequence (FCS) geschützt, die aus den zu schützenden Datenbits mathematisch bestimmt werden kann (mittels → *Boolescher Algebra*). Der Empfänger kann anhand dieser Kontrollsequenz und der empfangenen Datenbits eine bestimmte Anzahl von Fehlern innerhalb der Datenbits erkennen und auch korrigieren. Wie viele Fehler erkennbar/korrigierbar sind, hängt von dem gewählten Verfahren ab. Konkrete Verfahren für FEC sind die Berechnung eines → *CRC*, der → *Viterbi-Algorithmus* oder ein Reed-Solomon-Code.

Gegenüber → *ARQ*-Protokollen entfällt bei der Nutzung von FEC das Anfordern fehlerhafter Daten, was trotz des Overheads durch die FCS zu effektiverer Datenübertragung führt. Eine Verbindung in Gegenrichtung zur Übertragung positiver oder negativer Quittungen zum Sender – wie bei ARQ-Protokollen notwendig – entfällt durch die Nutzung von FEC komplett. Es hängt jedoch vom Übertragungskanal und der Stärke der Störungen ab, ob FEC-Verfahren allein ausreichen oder mit einem ARQ-Verfahren kombiniert werden müssen, um eine gewünschte Übertragungsqualität zu erzielen, wie dies z.B. bei → *Bluetooth* der Fall ist.

FECN

Abk. für Forward Explicit Congestion Notification.

Bezeichnung für bei → *Frame-Relay-* und → *ATM*-Netzen übliche Verfahren zur Überlastkontrolle. Ein Netzknoten teilt dabei dem Empfänger (nicht dem Sender, wie bei → *BECN*) mit, dass es aktuell zu Überlast im Netz kommt. Dieser kann dann an den Sender der ersten Daten eine Nachricht schicken und ihn dazu veranlassen, seine Datenrate herunterzufahren, wenn er keinen Datenverlust riskieren möchte.

Üblicherweise wird der Mechanismus durch das Setzen eines einzelnen Bits im → *Header* aktiviert.

FED

Abk. für Field Emission Display.

Bezeichnung für eine bestimmte Bauart von → *Flachbildschirmen*, die, im Gegensatz zu den anderen Bauarten, nicht so temperaturempfindlich ist. Das Prinzip basiert auf dem bekannten Mechanismus der Bildröhre (→ *CRT*), bei der ein Elektronenstrahl auf einen Leuchtschirm trifft. Bei FED besteht jeder einzelne Bildpunkt eines Bildschirms aus einem Emitter, in dem ein Vakuum herrscht und bei dem durch einen elektrischen Steuerimpuls einige Elektronen ausgestoßen werden und auf die phosphoreszierende Oberfläche treffen. Dies kann als Licht wahrgenommen werden.

Fehlerbüschel

→ *Burst.*

Fehlerhäufigkeit

→ *BER.*

Fehlermanagement

International auch Fault-Management genannt. Oberbegriff für ein Teilgebiet im → *Netzmanagement.* Es werden dort alle Aktivitäten zusammengefasst, die sich mit Fehlererkennung und Fehlerbehebung in Netzen beschäftigen.

Feld

→ *Datensatz.*

Feldbus

Bezeichnung für die Kommunikationsinfrastruktur zum Messen, Steuern und Regeln in Maschinen (dann auch Gerätebus genannt) und Anlagen (dann auch Anlagenbus genannt). Dabei verbindet der Feldbus üblicherweise Komponenten der → *Aktorik* und → *Sensorik* (Feldgeräte) einerseits mit einem Leit- oder Steuerrechner andererseits. Prozessdaten werden dabei von der Sensorik gesammelt, über den Feldbus zum Steuerrechner übertragen und dort ausgewertet. Als Ergebnis des Auswertungsprozesses werden Daten vom Steuerrechner wieder hin zu den Elementen der Aktorik übertragen, die dann regelnd in den zu überwachenden Prozess eingreifen.

Bei den Feldgeräten unterscheidet man üblicherweise zwischen herkömmlichen Feldgeräten und intelligenten Feldgeräten, die nicht nur einmal eingestellte Daten liefern, sondern während des Betriebes eingestellt werden können,

detailliertere Meldungen generieren oder über den Feldbus auch gewartet/getestet werden können.
Ziel der Einführung von Feldbussystemen war es, den Verkabelungsaufwand möglichst gering zu halten, d.h., nicht jedes anzusteuernde Element sollte über eine eigene Verkabelung an die Steuerung angeschlossen werden, sondern alle Elemente sollten sich eine Kabelinfrastruktur teilen.
Feldbusse umfassen üblicherweise die Schichten 1, 2 und 7 des → *OSI-Referenzmodells*.
Im Laufe der Zeit entwickelten sich verschiedene Feldbussysteme für verschiedene Einsatzzwecke. Eine internationale Standardisierung begann Mitte der 80er Jahre, verlief jedoch schleppend. Von 1991 bis 1995 beschäftigen sich verschiedene Herstellergremien (z.B. das 1991 gegründete International Fieldbus Consortium mit insgesamt 69 Unternehmen oder auch das → *ISP*) in wechselnden Allianzen mit der Entwicklung von verschiedenen Feldbussystemen. Die Arbeit ist von industriepolitischen Aspekten überlagert, so dass 1996 in Europa aus der Fülle der Systeme gleich drei Feldbusse → *P-Net*, → *Profibus* und → *WorldFIP* als EN 50170 standardisiert wurden. Die IEC kündigte 1999 an, unter dem IEC 61158 die Module ControlNet, Profibus sowie Ergänzungen zum Foundation Fieldbus und WorldFIP zusammenzufassen.
Schon in den 80er Jahren wurde der → *CAN* von der → *ISO* standardisiert.
Andere Feldbussysteme von Bedeutung sind → *ASI*, → *Bitbus*, → *ERA*, → *Interbus*, → *MAP*, → *Merkurbus*, → *Proway* und → *Sercos*.
Neben diesen klassischen, industriellen Feldbussen gibt es Systeme, die ähnliche Funktionalitäten bieten, aber auf spezielle Einsatzzwecke hin optimiert sind, so etwa → *EIB* oder → *LON*.

Feldeffekt-Transistor

→ *Transistor*.

Feldwert

→ *Ausprägung*.

Fenster

1. Bei der Datenübertragung durch ein → *Fensterprotokoll* eine bestimmte Menge von zu übertragenden Datenpaketen, die ohne Quittierung durch den Empfänger vom Sender übertragen werden können.
2. Bei einem → *Betriebssystem* und anderen Programmen mit einer grafischen Benutzerschnittstelle (→ *GUI*) der als eine Einheit betrachtete Bereich auf dem Bildschirm, der exklusiv einer Anwendung zur Verfügung gestellt wird und dessen Bedienelemente sich unmittelbar auf diese grafische Einheit beziehen.

Fenstergröße, Fensterprotokoll

Auch Schiebefensterprotokoll, Window-Protokoll oder Sliding-Window-Protokoll genannt. Bezeichnung für Datenübertragungsprotokolle, bei denen die Bestätigung korrekt übertragener Datenpakete durch Quittungen vom Empfänger an den Sender erfolgt. Damit der Sender aber nicht nach jedem einzelnen gesendeten Paket auf eine positive Quittung des Empfängers warten muss (empfangen, prüfen, Quittung senden), existiert eine Anzahl, bis zu der der Sender laufend Pakete übertragen darf, ohne zunächst auf die korrekte Quittierung zu warten. Der Empfänger quittiert diese dann en bloc. Die Zahl der so erlaubten zu übertragenden Pakete wird als Fenster (Fenstergröße) bezeichnet.
Wird ein gesendetes Paket negativ quittiert, so werden dieses und alle folgenden Pakete vom Sender, d.h., alle sich im aktuellen Fenster befindenden Pakete, erneut übertragen.
Typische Vertreter derartiger Protokolle sind → *HDLC* und → *TCP*.

FEP

Abk. für Front End Processor.
→ *Front End*.

FERF

Abk. für Far End Receive Failure.

Fernabfrage

→ *Leistungsmerkmal* von → *Anrufbeantwortern*, die sich über das Telefonnetz fernsteuern, u.a. aber auch abhören lassen.
Die Bedienung erfolgt durch spezielle Tonsignale. Dabei werden diese Tonsignale von → *MFV*-fähigen Telefonen oder entsprechende Töne von zigarettenschachtelgroßen, portablen Tongeneratoren erzeugt und vom angerufenen Anrufbeantworter ausgewertet.
Die Tongeneratoren sind frei käuflich und werden beim Abfragen vom Anrufer vor die Sprechmuschel des Hörers gehalten.
→ *Toll Saver*.

Ferneinschalten

Ein → *Leistungsmerkmal* von → *Anrufbeantwortern*, die sich über das Telefonnetz fernsteuern, u.U. aber auch mit Hilfe eines Tongenerators für die → *Fernabfrage* ein- und ausschalten lassen.

Fernfeld

→ *Nahfeld*.

Ferngruppenwähler

Bei elektromechanischen Vermittlungsstellen mit → *EMD*-Wählern die Bezeichnung für eine bestimmte Wählerstufe im absteigenden Bereich des Kennzahlwegs (→ *Letztweg*).

Fernkopieren

→ *Fax*.

Fernmeldeanlagengesetz

Abgekürzt mit FAG. Verabschiedet in seiner allerersten Fassung am 14. Januar 1928. Damals war es die erste regulatorische Gesetzesbasis für den Telekommunikationssektor in Deutschland und schrieb das Monopol &mdash die Fernmeldehoheit — für die Reichspost fest. Seinerzeit löste es das Telegrafengesetz von 1892 ab. In dieser Fassung war der Begriff der Fernmeldeanlage erstmals eingeführt worden, unter dem alle technischen Geräte für alle

Nachrichtenübermittlungsarten – Fernsprecher, Telegraf, Fernschreiber und Funk – verstanden wurden. Das heutige Pendant zur Fernmeldeanlage ist die → *Telekommunikationsanlage*.
Ein wichtiger weiterer Punkt des FAG war die Begründung der alleinigen Hoheit des Staates auf diesem Feld (Fernmeldehoheit).
Eine letzte Neufassung wurde am 3. Juli 1989 als Folge von Art. 5 des → *Poststrukturgesetzes* verabschiedet. Mittlerweile ist das FAG komplett durch das → *Telekommunikationsgesetz* ersetzt worden.
Das FAG in seiner letzten Fassung regelte die Zuständigkeit von Bund und Ländern sowie Behörden im Bereich der Telekommunikation in Deutschland. Seit dem Beginn der → *Deregulierung* in den 80er Jahren waren Betriebs- und Hoheitsaufgaben getrennt. Hoheitsaufgaben nahm das → *BMPT* wahr, Betriebsaufgaben die Deutsche Telekom und im Zuge der → *Deregulierung* auch weitere Anbieter.

Fernmeldebenutzungsrecht

→ *Rechtsgrundlagen*.

Fernmeldegeheimnis

Unter dem Begriff versteht man die Sicherstellung der Vertraulichkeit von per Telekommunikationsdiensten und -netzen übertragenen Nachrichten auf dem Weg vom Sender zum durch diesen bestimmten Empfänger.
Das Fernmeldegeheimnis ist ein Grundrecht und als solches im Grundgesetz in Artikel 10 verankert:

- Absatz 1: Das Briefgeheimnis sowie das Post- und Fernmeldegeheimnis sind unverletzlich.
- Absatz 2: Beschränkungen dürfen nur auf Grund eines Gesetzes angeordnet werden. Dient die Beschränkung dem Schutze der freiheitlich demokratischen Grundordnung oder des Bestandes oder der Sicherung des Bundes oder eines Landes, so kann das Gesetz bestimmen, dass sie dem Betroffenen nicht mitgeteilt wird und dass an die Stelle des Rechtsweges die Nachprüfung durch von der Volksvertretung bestellte Organe und Hilfsorgane tritt.

Ebenfalls näher erörtert ist das Fernmeldegeheimnis im → *Telekommunikationsgesetz* im § 86 und allgemein im StGB (§ 201). Das Abhören von Nachrichten durch Unberechtigte wird mit einer Freiheitsstrafe von bis zu zwei Jahren oder Geldstrafe belegt.
Im Gegensatz dazu definiert das → *G-10-Gesetz* die Ausnahmen, nach denen das Brief-, Post- und Fernmeldegeheimnis eingeschränkt werden darf.

Fernmeldehoheit

→ *Deregulierung*, → *Fernmeldeanlagengesetz*.

Fernmeldeliniennetz

→ *Linientechnik*.

Fernmeldeordnung

→ *FO*.

Fernnebensprechen

→ *FEXT*.

Fernnetz

Im regulatorischen Zusammenhang auch Verbindungsnetz (wenn das Fernnetz eines speziellen Betreibers gemeint ist) genannt. Das Telekommunikationsnetz, über welches die Verbindungen beim Wählen von Ortsnetzkennzahlen hergestellt werden.
Im Falle von digitalen Netzen mit reiner Transportfunktion (→ *SDH*, → *SONET*) wird auch von → *Backbone* gesprochen.
Das Fernnetz der Deutschen Telekom bestand lange Zeit aus drei hierarchischen Ebenen (→ *Knotenvermittlung*, → *Hauptvermittlung*, → *Zentralvermittlung*). Die höchste Ebene war voll vermascht, was bei den unteren Ebenen nicht immer der Fall war. Ferner gab es → *Querwege*. Der Übergang von analogen zu digitalen Vermittlungen vollzog sich kontinuierlich bis Ende 1997 (→ *Digitalisierung*). Das Fernnetz der Deutschen Telekom in Deutschland versorgte zu diesem Zeitpunkt ca. 35 Mio. Teilnehmer mit rund 8 000 Ortsvermittlungsstellen und 600 Fernvermittlungen.
Parallel zum Fernnetz wurde die grundlegende Architektur des gesamten → *Festnetzes* umstrukturiert, so dass es langfristig aus nur noch zwei Ebenen aufgebaut sein wird (→ *Weitverkehrsvermittlungsstelle*).
→ *Zugangsnetz*, → *Ortsnetz*, → *Letztweg*.

Fernschreiben, Fernschreiber

Andere Bezeichnung für → *Telex*.

Fernsehtext

→ *Videotext*.

Fernsprechdienst, Fernsprechen, Fernsprecher

Lange Zeit die deutsche Amtsbezeichnung für Telefonie bzw. das dafür zu verwendende Endgerät, das → *Telefon*.
Das Begriffspaar Fernsprechen und Fernsprecher wurde durch den Generalpostmeister und Freund der deutschen Sprache Heinrich von Stephan (* 1831, † 1897) eingeführt, der Ende der 70er Jahre des 19. Jahrhunderts die ersten Telefone in Deutschland testete und keine Fremdwörter duldete.
Erst 1980 schaffte die damalige Bundespost den Begriff offiziell ab und ersetzte ihn durch das geläufigere Telefon.

Fernwirken

→ *Telemetrie*.

Ferritantenne

Bezeichnung einer in ihrer Bauform sehr kleinen → *Antenne* für den Mittel- und Langwellenbereich. Wegen ihrer Bauform ist sie gut für den Einbau in kleine kompakte Radios geeignet. Ein Ferritkern in Stabform ist dabei mit einer Spule des Abstimmkreises oder einer Koppelspule umwickelt.
Sie besitzt eine Richtwirkung, so dass der Empfang durch Drehen des Radios verbessert werden kann.

Ferritkernspeicher

Andere Bezeichnung für → *Magnetkernspeicher.*

Festadertechnik

Begriff aus der → *Glasfasertechnik.* Gegenteil der → *Hohladertechnik.* Bezeichnet eine spezielle Bauart von Glasfaserkabeln.

Dabei werden Glasfasern fest in eine Aderhülle aus Kunststoff mit gleichem Innendurchmesser wie der Außendurchmesser der Glasfaser eingelegt.

Zu den Vorteilen zählen:

- Sehr kompakte Bauart
- Leichte Konstruktion
- Flexibles und druckbeständiges Kabel

Zu den Nachteilen gehören:

- Schlecht einzusetzen bei Kabeln unter Zug- und Temperaturbeanspruchung

Festnetz

Selten auch in Deutschland Fixnetz oder Fixed Network genannt. Bezeichnung des landgestützten Telefon- und/oder Datennetzes ohne → *persönliche Mobilität* oder → *Terminalmobilität* von angeschlossenen Teilnehmern (wie beim → *Mobilfunk*).

Teile des Netzes können darüber hinaus durchaus durch funkgestützte Systeme realisiert sein (→ *Richtfunk*). Ebenso kann → *lokale Mobilität,* z.B. durch Schnurlostelefone (→ *CT*) oder drahtlose Zugangssysteme (→ *WLL*), unterstützt werden.

Ferner gibt es mittlerweile Systeme, die auch persönliche Mobilität in Festnetzen ermöglichen (→ *UPT*).

Üblicherweise unterscheidet man beim Festnetz zwischen den Elementen:

- Fernnetz (→ *Backbone*)
- Ortsnetz
- →*Zugangsnetz* (auch → *Local Loop* oder → *Last Mile* genannt)

Das erste Festnetz im weitesten Sinne geht auf Napoleon I. zurück, der den optischen, von Claude Chappe um 1790 erfundenen Semaphor-Telegrafen einführte, bei dem in Sichtabstand Telegrafen über Signalmasten mit Hebeln Signale von einem zum nächsten Posten weitergaben und so Nachrichten übermittelten (→ *Flügeltelegraf*). Dieses System war über 50 Jahre in Betrieb, bevor es durch elektrische Telegrafenleitungen ersetzt wurde.

→ *PSTN,* → *PLMN.*

Festplatte

Bezeichnung eines externen Speichers in Rechensystemen. Auch Magnetplattenspeicher, Winchesterplatte, Platte oder Harddisk genannt und international oft mit HDD (Hard Disk Drive) abgekürzt.

Dabei ist magnetisches Material (z.B. Gamma-Eisenoxid) als Speichermedium auf eine Platte (Aluminium, Format früher 5,25“, heute eher 3,5“, kleinste Fabrikate 2,5“; Labor- und Experimentalsysteme noch kleiner) aufgebracht. Die Platte rotiert mit konstanter Geschwindigkeit (ab 1 000 U/min, moderne Festplatten mit 4 500 U/min oder 5 400 U/min, Spitzenfabrikate bis zu 7 200 U/min oder auch 10 000 U/min).

Durch die Rotation wird an der Plattenoberfläche ein Luftstrom erzeugt, der dafür sorgt, dass sich die Schreib-/Leseköpfe, auch Heads genannt, leicht von der Plattenoberfläche abheben und sie nicht berühren, was anderenfalls zu Beschädigungen führen könnte.

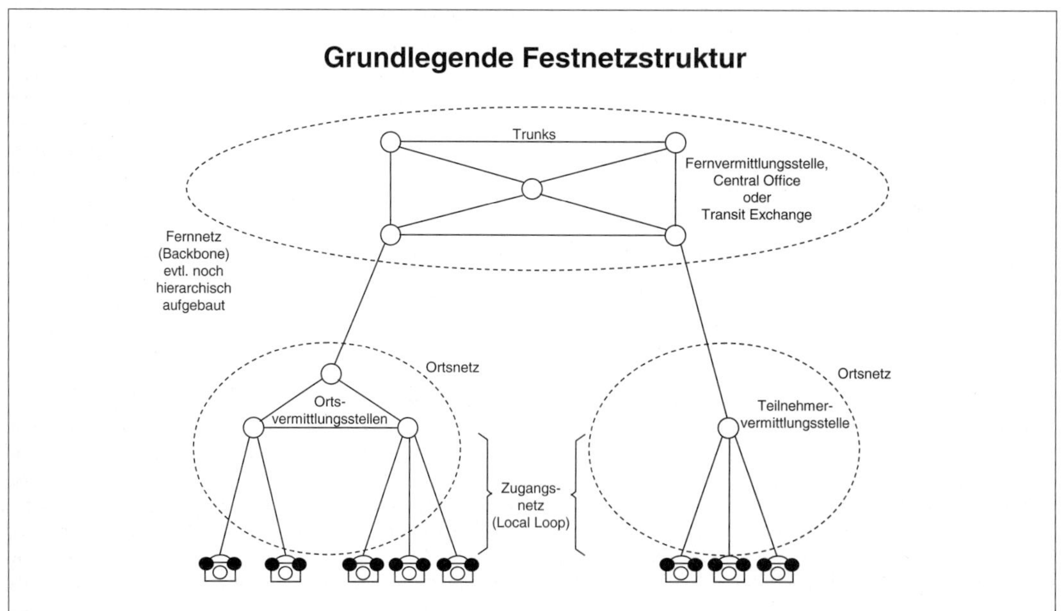

Auf der Magnetschicht wird als einfacher mechanischer Schutz eine dünne keramische Schicht (Coating) angebracht. Zusätzlich ist diese Schicht mit einem dünnen Gleitfilm versehen, um leichte Berührungen von Schreib-/Lesekopf und Plattenoberfläche abfangen zu können (→ *Headcrash*).

Mehrere derartige Platten können zur Erhöhung der Speicherkapazität übereinander auf einer Achse montiert und zu einem Plattenstapel zusammengefasst werden.

Die einzelnen Platten sind in konzentrische Spuren (Tracks) eingeteilt. Die Spuren eines aus mehreren übereinander angeordneten Platten bestehenden Stapels bilden Zylinder. Jede Spur ist in Abschnitte unterteilt, die mit Sektoren (zu je 512 Byte) bezeichnet werden.

Die Sektoren können zu → *Clustern* zusammengefasst werden, die in der → *FAT* zur Verwaltung der auf der Festplatte gespeicherten → *Dateien* verwendet werden.

Die Daten werden mit einem beweglichen Schreib-/Lesekopf gelesen oder geschrieben, der sich in einer Entfernung von ca. 1 µm oder auch nur 0,5 µm von der magnetischen Plattenoberfläche befindet (auch Flughöhe oder Luftspalt genannt). Beim Abschalten einer Festplatte wird der Schreib-/Lesekopf automatisch in eine Ruheposition (auch Parkposition oder Landezone genannt) gefahren und dort festgestellt. Dieser Vorgang wird auch mit Parken bezeichnet. Der dafür vorgesehene Bereich auf der Festplatte enthält keine Nutzdaten.

Für den Schreib-/Lesevorgang unterscheidet man folgende Techniken:

- Dünnfilm-Induktion: Entwickelt im Hause IBM 1969. Dabei wird durch einen Strom durch den Schreibkopf ein Magnetfeld aufgebaut, der in der magnetisierbaren Schicht auf der Platte einen kleinen Bereich in eine bestimmte Richtung magnetisiert. Beim Lesen erzeugt dieses Magnetfeld der Platte im Lesekopf durch Induktion seinerseits einen Stromstoß. Die Richtung des Stroms bestimmt dabei den binären Wert (0 oder 1).
- Magnetoresistive Technik (MR): Ebenfalls im Hause IBM entwickelt. Der Lesekopf ist dabei mit einer Schicht einer Nickel-Eisen-Legierung umgeben und wesentlich empfindlicher, wodurch höhere Datendichten auf der Festplatte ermöglicht wurden.
- Giant Magnetoresistive Technik (GMR): Auch im Hause IBM entwickelt (1989). Dabei wird der Lesekopf mit zwei Schichten bedeckt, die durch eine dritte, elektrisch leitende Schicht getrennt sind, was die Empfindlichkeit erneut erhöht. Sie ermöglicht gegenwärtig die höchsten Schreibdichten und verspricht Entwicklungspotenzial für die Zukunft.

Die Speicherkapazität einer Festplatte oder eines ähnlichen Datenträgers wird in Vielfachen von → *Byte* gemessen.

Fest in Geräte montierte Platten, bei denen ein Wechseln nur komplett zusammen mit den Köpfen möglich ist, werden auch als Winchesterplatten bezeichnet.

Der Name rührt von dem Gewehrhersteller Winchester her, der ein berühmtes Modell ‚Winchester 1894' im Programm hatte, das eine 30-30 genannte Munition (Kaliber 0,30 Inch und 30 Grains Schwarzpulver – entspricht 1,944 g – als Treibmittel) verwendete. Rein zufällig verfügte die IBM zur Mitte der 70er Jahre über ein erstes, weit verbreitetes Festplattenmodell, IBM 3350, mit zweiseitigem Laufwerk mit je 30 MByte, das in Kurzform auch 30-30 genannt wurde. Mit ihm wurde erstmals ein derartiges Laufwerk fest in einen Rechner eingebaut. Die Kosten sanken mit diesem Modell auf rund 100 $ je MByte. Die Bezeichnung Winchester bürgerte sich rasch als Synonym für Festplatten ein, geriet aber ab den frühen 90er Jahren wieder in Vergessenheit.

Platten, die ohne Köpfe getauscht werden können, heißen Wechselplatten.

Festplatten werden durch folgende Parameter beschrieben:

- Speicherkapazität auf der Platte in MByte, GByte oder mittlerweile auch TByte
- Zugriffszeit in ms
- Datentransferrate
- Speichergröße des internen Caches in KByte

Die Zugriffszeit (auch Zugriffsgeschwindigkeit genannt) drückt aus, wie lange es im Mittel dauert, bis ein Schreib-/Lesekopf angeforderte Daten findet. Es ist zu beachten, dass diese Zeit nicht den Transfer von Daten in den Hauptspeicher des Rechners beinhaltet. Sie lag bei den ersten PC-Festplatten bei ca. 30 ms bis 50 ms. Heute sind Platten mit 10 ms bis 15 ms üblich. Hochleistungsfestplatten erreichen knapp 8 ms. Die Zugriffszeiten werden mit speziellen Testprogrammen ermittelt, die allerdings nicht immer die Leistungsanforderungen der alltäglichen PC-Nutzung widerspiegeln, weswegen ihre Aussagekraft begrenzt ist, zumal noch der Controllertyp (→ *IDE* oder → *SCSI*) eine Rolle spielt.

Ein weiteres Kennzeichen für die Leistungsfähigkeit von Festplatten ist ihre Datentransferrate, d.h. die Datenrate, mit der auf der Platte gefundene Daten von der Platte zum RAM transportiert werden können. Sie reicht von 160 KByte/s bei alten Platten bis mittlerweile hin zu 1 MByte/s oder höher.

Um die Schreib- und Leseoperationen weiterhin zu erhöhen, werden entsprechende Daten zunächst gepuffert, d.h. Festplatten sind mit einem internen schnellen Speicher (→ *Cache*, 128, 256 oder 512 KByte) ausgerüstet, in den zunächst die Daten gespeichert werden. Von dort aus können dann die Daten auf der relativ langsamen Festplatte gespeichert werden.

Die empfindliche Mechanik (Spindelmotor, Schreib-/Leseköpfe) und das Speichermedium sind von der Ansteuerungselektronik getrennt in einer staubdichten Kammer (HDA, Head Disk Assembly) untergebracht.

Die Entwicklung der Festplatte hat sehr frühe Wurzeln. Der Deutsche Gerhard Dirks kam im 2. Weltkrieg in russische Gefangenschaft und studierte in der Bücherei des Gefangenenlagers die technischen Bücher. Mit diesem Wissen entwickelte er 1945 einen → *Magnettrommelspeicher* und eine Magnetplatte. Letztere kann als Vorläufer der Winchesterplatte betrachtet werden. Dirks hatte mit der Vermarktung der Patente in Deutschland keinen großen Erfolg. Er wanderte 1959 nach Kalifornien zur IBM ins Forschungslabor nach San José aus, welche seine Patente, die er zuvor an die British Tabulating Machine Company verkauft hatte, in Lizenz nutzte.

IBM brachte als ersten Rechner mit Festplatte 1958 die → *RAMAC* auf den Markt. Die Festplatte war dort maßgeblich von dem Ingenieur Rey Johnson entwickelt worden. Sie fasste 5 MByte und bestand aus 50 einzelnen und doppelseitig mit magnetisierbarem Stoff versehenen Platten mit einem Durchmesser von 24“. Die Kosten je MByte lagen bei 10 000 $, die Gesamtkosten bei rund 1 Mio. $.

1970 fassen die externen großen Magnetplattenspeicher 800 MByte.

IBM stellte 1972 eine nur 14“ große Festplatte mit einem damals schier unglaublichen Fassungsvermögen von 2 MByte vor.

Alan Shugart war bei der Entwicklung der RAMAC dabei und ging 1969 von der IBM zur Memorex Corp., wobei ihm rund 200 Entwickler folgten, um dort die Floppy (→ *Diskette*) mit zu entwickeln und zu produzieren. 1972 gründete er mit 10 Kollegen sein eigenes Unternehmen Shugart Associates. 1974 verließ er die Firma und machte ein Jahr später eine Kneipe auf. 1979 machte er sie wieder zu und gründete zusammen mit seinem ehemaligen Kollegen Finis Conner in Scotts Valley/Kalifornien die Firma Seagate, um Floppy-Laufwerke für PCs und Festplatten von 20 bis 40 MByte zu entwickeln. Ein Jahr später brachten sie ihr erstes Festplattenprodukt heraus: eine 5,25"-Platte für 5 MByte Speicherkapazität mit der Bezeichnung Seagate ST 506 für rund 1 700 $. Im ersten Jahr wurden davon 100 000 Einheiten verkauft.

IBM war unterdessen nicht untätig geblieben und hatte schon 1973 mit dem Modell ‚IBM 3350‘ eine fest im Computergehäuse eingebaute, aber auch auswechselbare, Festplatte, genannt ‚Winchester‘, vorgestellt und die Kosten auf rund 100 $ je MByte gesenkt. Das Nachfolgemodell ‚IBM 3370‘ bot erste → *RAID*-Mechanismen und → *RLL*. Verschiedene andere Unternehmen in den USA und auch Japan stiegen in das Geschäft mit ein.

In den frühen 80er Jahren stieg die Kapazität allmählich an: 5 MByte, 10 MByte, 20 MByte. Erste 10 MByte-Systeme kosteten seinerzeit zwischen 1 500 und 2 000 $.

Erste Festplatten für → *PCs* gab es ebenfalls Anfang der 80er Jahre. Sie hatten Kapazitäten von 5 bis 20 MByte. Noch gegen Ende der 80er Jahre galt eine 120 MByte-Festplatte als ‚Massengrab‘. Mittlerweile sind Festplatten im GByte-Bereich üblich. Die folgende Tabelle gibt einen Überblick über die Preisentwicklung:

Zeitpunkt	Preis pro 1 MByte in DM
1984	120
1994	0,75
Mitte 1997	0,12
Anfang 1998	0,06
Ende 1998	0,04

Die folgende Übersicht aus dem Hause Seagate zeigt die rasante Entwicklung:

Parameter	1979	1996
Aufzeichnungsdichte	1,96 Mbit/Inch^2	682 Mbit/Inch^2
Max. Kapazität	5 MByte	23,4 GByte
Durchschnittliche Suchzeit	85 ms	8 ms
Max. Datendurchsatz	0,625 MByte/s	200 MByte/s
Rotationsgeschwindigkeit	3600 U/min	10 000 U/min
Durchschnittliche Latenzzeit	8,33 ms	2,99 ms
→ *MTBF*	11 000 Stunden	1 Mio. Stunden
Flughöhe	24 Mikrozoll	2 bis 3 Mikrozoll
Größe des Caches	0 MByte	2 MByte
Laufwerkshöhe	143,65 mm	12,7 mm
Preis je MByte	300 $	0,15 $

Die Aufzeichnungsdichte stieg bis zum November 1997 sogar auf 2,4 Gbit/Inch^2, und bis Mitte 1999 auf 9,3 Gbit/Inch^2 (Modell ‚Mobile 18 XP‘ aus dem Hause Fujitsu). Es wird in der Industrie davon ausgegangen, dass sich die Aufzeichnungsdichte in den 80er Jahren um den Faktor 1,3 pro Jahr verbesserte. Seit 1990 ist ein Faktor von 1,6 und seit Ende der 90er Jahre von 2 festzustellen.

→ *Read Ahead*, → *Fragmentierung*, → *Interleave-Faktor*, → *Partition*.

Festspeicher

Eine deutschsprachige und selten gebrauchte Bezeichnung für → *ROM*.

Feststation

→ *BS*.

Festverbindung

Andere Bezeichnung für → *Standleitung*.

FET

1. Abk. für Feldeffekt-Transistor.

   → *Transistor*.

2. Abk. für Functional Entity Type.

FeTAp

→ *FeAp*.

Fetex 150

Ein digitales Vermittlungssystem aus dem japanischen Hause Fujitsu. Speziell für den ausländischen Markt entwickelt. Es kann auch mit speziellen → *ATM*-Karten ausgerüstet werden und so breitbandige Datenströme schalten.

FeWAp

→ *FeAp*.

FEXT

Abk. für Far End Cross Talk.

Bezeichnung für das Fernnebensprechen, das im Allgemeinen geringere Störungen verursacht als das Nahnebensprechen (→ *NEXT*). FEXT bezeichnet Störungen, bei denen ein gesendetes Signal auf dem Weg zum Empfänger über ein abstrahlendes Übertragungsmedium (üblicherweise eine verdrillte → *Zweidrahtleitung*) auf ein anderes Übertragungsmedium überspringt und das dortige Signal überlagert und beim Empfänger stört.

FFOL

Abk. für FDDI Follow On LAN.

Der als Nachfolgenorm von → *FDDI* diskutierte Standard ist ein multiples Netzkonzept für die Übermittlung von Daten, Audio, Video und Grafik via Mono- und Multimode-Fasern. Datenübertragungsrate im Gbit/s-Bereich. Es wird mit neuen Zugriffsstrategien wie → *CRMA* asynchroner und plesiochroner Verkehr ermöglicht.

FFSK

Abk. für Fast Frequency Shift Keying.

Ein digitales Modulationsverfahren, ähnlich der → *FSK*, bei der die binäre Null und Eins jeweils durch zwei Schwingungen unterschiedlicher Frequenz codiert wird. Der Frequenzwechsel findet dabei allerdings, im Gegensatz zur FSK, immer im Nulldurchgang einer Schwingung statt.

FG

Abk. für Functional (Function) Group (Grouping).

FGebV

Abk. für → *Frequenzgebührenverordnung*.

FGF

Abk. für → *Forschungsgemeinschaft Funk*.

FH

Abk. für → *Frequency Hopping*.

FHSS, FHSST

Abk. für Frequency Hopped Spread Spectrum (Technology).

→ *Frequency Hopping*.

FH-TDMA

Abk. für Frequency-Hopped → *TDMA*.

→ *Frequency Hopping*.

Fibre Channel

Abgekürzt häufig mit FC oder mit FCA für Fibre Channel Architecture. Bezeichnung eines seriellen und ursprünglich Hochgeschwindigkeitsprotokolls zur Datenübertragung in → *LAN*s (High-Speed-LAN, → *HSLAN*), das zunächst Glasfasern als Übertragungsmedium nutzte.

Fibre Channel wurde eigentlich für die Realisierung schneller und günstiger Ein- und Ausgabekanäle zum Anschluss von Peripheriegeräten an Großrechner entwickelt. Der Einsatzbereich des Standards sind höhere Transferraten am oberen Ende von → *SCSI*. Anwendungen beinhalten insbesondere solche, bei denen große Datenmengen zwischen einzelnen Rechnern transportiert werden müssen:

- Einsatz in Storage Area Networks (→ *SAN*)
- Einsatz in Backup-Systemen
- Einsatz als High-Speed-LAN in Server-Clustern (→ *Cluster*)
- Anschluss von einem → *Data Warehouse* an Quellsysteme.

Fibre Channel definiert eine aus fünf Schichten (FC-0 bis FC-4) bestehende Architektur:

- FC-0: Diese Schicht definiert die erlaubten Übertragungsmedien, die medienspezifischen Übertragungsparameter (Laser, Wellenlängen etc.), die Steckverbindungen und erzielbare Datenraten.

  Folgende Übertragungsmedien sind zulässig:

Abkürzung	Bemerkungen
SM	→ *Einmoden-Faser*
M5	Multimode-Faser 50/125
M6	Multimode-Faser 62,5/125
MI	Koaxialkabel (klein)
TV	Koaxialkabel (TV-Bereich)
TP	Verdrillte Zweidrahtleitung
TW	→ *Twinaxialkabel*

Ursprünglich waren die Glasfasern das für Fibre Channel vorgesehene Übertragungsmedium (→ *Monomode-* (9-µm-Kern) oder Multimodefaser (50-µm- und 62,5-µm-Kerne)), später kamen dann das → *Koaxialkabel* und auch die → *STP* dazu. Bei der Verwendung dieser kupferbasierten Medien ergeben sich allerdings wesentlich geringere zu überbrückende Distanzen.

Die möglichen maximalen Übertragungsraten hängen vom verwendeten Medium und der maximal zu überbrückenden Distanz ab.

Mit speziellen Techniken, FC-AL für Arbitrated Loop, sind bei der Verwendung von Glasfasern bis zu 100 km möglich und 10 bis 100 m für Kupfermedien. Aus den Parametern Medium und Datenrate ergeben sich folgende Zusammenhänge für die zu überbrückende Distanz:

Medium	Max. Distanz	Max. Datenrate
Koaxialkabel oder STP	24 m	1,0625 Gbit/s
Monomode-Faser, 9 µm	10 km	1,0625 Gbit/s
Multimode-Faser, 50-µm-Kern	300 m	1,0625 Gbit/s
Multimode-Faser, 62,5-µm-Kern	1 km	266 Mbit/s

Als optischer Steckverbinder wird ein Dual-SC-Stecker verwendet (zwei Fasern; jeweils eine für Empfang und Senden). Für kupferbasierte Medien werden entweder ein DB-9-Stecker (→ *DB-Stecker*) oder ein HSSC-Stecker verwendet.

- FC-1: Diese Schicht definiert → *8B10B* als Verfahren für die → *Leitungscodierung* und das grundlegende Verfahren für die serielle Datenübertragung unter Berücksichtigung der Einbindung der Taktinformation zur Taktrückgewinnung und der Herstellung einer Bytesynchronizität.
- FC-2: Diese Schicht definiert das Protokoll für die Flusskontrolle und das Bilden von größeren Dateneinheiten, genannt Frames. Jeder Frame wird durch einen 32 Bit langen → *CRC* geschützt. Mehrere Frames ergeben eine Sequence, von denen mehrere zu einer Exchange zusammengefasst werden können.

FC-2 definiert auch mehrere Class of Service:

Class	Bedeutung
Class 1	→ *Leitungsvermittlung*
Class 2	Verbindungslose Übertragung mit garantierter Quittierung
Class 3	Verbindungslose Übertragung ohne garantierte Quittierung
Class 4	Verbindungslose Übertragung mit garantierter Bandbreite
Class 5	Nicht vergeben
Class 6	Unidirektionaler Broadcast

Als substitutive Technologie gelten alle anderen → *HS-LAN*-Technologien, insbesondere jedoch → *Gigabit Ethernet*.

Entwickelt wurde es seit 1988 von der → *ANSI* X3T11 als ein Protokollstapel mit fünf Schichten, wie → *HIPPI* auch, von dem Fibre Channel sich durch seine Komplexität und die serielle Übertragung unterscheidet. Der Standard besteht aus mehreren Teilen, von denen der erste FC-PH die Grundlage bildet und 1994 von der ANSI als ANSI X3.230-1994 verabschiedet wurde:

Schicht	Funktion
FC-PH	Physikalisches Fundament und Signalisierung
FC-FP	Internetworking mit HIPPI
FCP	SCSI Fibre Channel Protocol
FC-SB	Single-Byte Steuerungsprotokoll
FC-AL	Fibre Channel Arbitrated Loop

Fibre Channel wird insbesondere von IBM und HP unterstützt.

Gefördert wird Fibre Channel durch die Fibre Channel Association (FCA).

→ *http://www.fibrechannel.com/*

Fibre Optics

Englische Bezeichnung für → *Glasfasertechnik*.

Fido

Bezeichnung einer 1984 von Tom Jennings entwickelten Software zum automatischen Datentransfer zwischen zwei über → *Modem* und eine analoge Telefonleitung verbundene Rechner. Angeblich benannte er das Programm nach seinem Hund.

Innerhalb einer Sitzung können mehrere Dateien übertragen werden. Vor jeder Datei erfolgt die Übertragung einer TIC-Datei, die die eigentlich zu übertragenden Daten anhand diverser Verwaltungsinformationen charakterisiert und die korrekte Weiterverarbeitung beim Empfänger ermöglicht.

Das Protokoll wird im Rahmen des offiziellen → *Fidonet* benutzt und, weil es weit verbreitet ist, in einer Reihe unabhängiger → *Mailbox*netze, den Fido Technology Networks (→ *FTN*).

Fidonet

Weltweites, nichtkommerzielles und 1984 gegründetes Computernetz mit (1996) 40 000 vernetzten → *Mailboxen* (ca. 6 500 in Deutschland), auf die die eigentlichen, ca. 1,5 Mio. Teilnehmer zugreifen. Es basiert auf dem Programm → *Fido* zur Datenübertragung.

Das Netz ist hierarchisch aufgebaut. Ganz oben stehen sechs Zonen (1 für Nordamerika, 2 für Europa, 3 für Australien, 4 für Südamerika, 5 für Afrika und 6 für Asien) mit Knoten, die ein → *Backbone* bilden. Unter den Zonen befinden sich Hosts, die feste Regionen (klar abgegrenzte geografische Bereiche, z.B. Deutschland mit Kennzahl 24) versorgen. Unter diesen liegen einzelne Mailbox-Systeme, die aus Nodes bestehen, welche die unterste Ebene darstellen. Sie versorgen die User bzw. einzelne Points, d.h. User, die nur einen Teil des gesamten Angebotes der Nodes in Anspruch nehmen.

Eine Mailbox wird über die sog. 4D-Adresse im Format <Zonennummer : Systemnummer/Mailboxnummer . Pointnummer> identifiziert, anhand derer man eine Mailbox sehr genau lokalisieren kann. Die einzelnen Kennziffern der Mailboxsysteme werden durch die nächst höhere Ebene einfach zugeteilt. Wöchentlich wird die Adressenliste mit den einzelnen Mailboxen wegen der großen Fluktuation aktualisiert.

Das Fidonet operiert nach dem Store & Forward-Prinzip, d.h., die Mailboxen als Netzknoten tauschen Mails und Dateien nur zu bestimmten Zeiten aus (nachts zwischen 3.30 und 4.30 Uhr, Zone Mailing Hour ZMH, wenn die Telefontarife günstig sind). Bis zu diesem Zeitpunkt werden Daten zwischengespeichert. Es gibt keine Zentrale. Jeder Betreiber einer Mailbox ist für diese und seine lokalen Angebote und Oberflächen selbst verantwortlich und teilt selbständig Accounts für diese zu.

Der Zugang erfolgt teilweise über herkömmliche Modemverbindungen (28,8 kbit/s bzw. schneller) oder auch mit 64 kbit/s (→ *ISDN*).

Die Online-User der Mailboxen sind Benutzer, die → *Sysops* der Mailboxen sind Mitglieder.

Im Gegensatz zu anderen Netzen, speziell für die PC-Gemeinde (→ *Z-Netz*, → *CL-Netz*), liegt beim Fidonet der Schwerpunkt auf dem Softwarebereich (→ *Shareware*, Grafiken, Sound-Dateien etc.).
In Deutschland spaltete sich das Netz wegen interner Differenzen zur Jahresmitte 1993 in Fido-Lite und Fido-Classic. Seither wird über eine Wiedervereinigung gesprochen die mal näher, mal ferner rückt.
→ *http://www.fidonet.net/*

Field MTBF

→ *MTBF*.

FIFO

Abk. für First in – First out.
Andere Bezeichnung: First Come – First Serve (FCFS). Begriff aus der Warteschlangentheorie. Auch Durchlaufspeicher genannt.
Beschreibt dabei den Zuteilungsalgorithmus, also die Frage der Reihenfolge des Abarbeitens einer in der Warteschlange vorliegenden Menge von Aufträgen, Sendewünschen etc. Basiert auf dem alten Prinzip ‚Wer zuerst kommt, mahlt zuerst'. Im täglichen Leben zu beobachten bei allen Schlangen, die von Menschen gebildet werden, z.B. vor Schaltern, Bushaltestellen und Supermarktkassen.
→ *LIFO*.

File

Englische Bezeichnung für → *Datei*.

File Locking

Begriff aus der Datenbanktechnik. Beschreibt eine Technik, die die Konsistenz von Dateien sicherstellt, indem der Zugriff auf die komplette Datei anderen Prozessen verwehrt wird, solange der Zugriff eines Prozesses nicht komplett abgeschlossen ist. Eine andere Möglichkeit der Konsistenzsicherung ist → *Record Locking*.

File Server

→ *Server*.

Filter

Bezeichnung für elektronische Bauteile/Schaltungen, die aus einem eingehenden Signal, das aus einem Frequenzgemisch besteht, bestimmte Frequenzen entfernen und nur den Rest als Ausgangssignal abgeben.
Man unterscheidet folgende grundlegende Formen:

- Tiefpass: Alle Frequenzen oberhalb einer bestimmten Frequenz werden entfernt, alle darunter werden durchgelassen.
- Hochpass: Alle Frequenzen unterhalb einer bestimmten Frequenz werden entfernt, alle darüber werden durchgelassen.
- Bandpass: Nur Frequenzen zwischen zwei bestimmten Frequenzen (ein Band) werden durchgelassen.

Filterdose

Bezeichnung einer speziellen Art der Antennensteckdose in privaten Haushalten, bei der das eingehende Signal in verschiedene Bereiche zerlegt wird und an verschiedenen Anschlussbuchsen für verschiedene Zwecke zur Verfügung steht (Radio, TV, Satellitenempfang).
→ *Stichdose*, → *Durchgangsdose*.

FIM

Abk. für Function Integrated Microprocessors.

finger

Name eines Programms, das Informationen über → *Accounts* anzeigt.
Das Programm ist Teil des → *Betriebssystems* → *Unix* und gibt in entsprechenden lokalen Rechnersystemen an, ob der Nutzer eines Accounts aktuell im System eingeloggt ist und wenn ja, an welchem Rechner er sich befindet. Darüber hinaus besteht die Möglichkeit, weitere Informationen zu erhalten, z.B. seit wann er eingeloggt ist oder – falls er nicht eingeloggt ist – wann er dies zuletzt war.

FIP

Abk. für Flux Information Processes oder auch Factory Instrumentation Protocol.
→ *WorldFIP*.

FIPA

Abk. für Foundation for Intelligent Physical Agents.
Bezeichnung für eine von Dr. Leonardo Chiariglione von der → *CSELT* mitgegründete Institution mit Sitz in Genf, deren Ziel die Förderung der Forschung an → *Agenten* ist.
→ *http://drogo.cselt.stet.it/fipa/*

FIPS

Abk. für Federal Information Processing Standard.
Bezeichnung für Vorschriften der US-Regierung für die Abwicklung von Telekommunikation bei Regierungsstellen und Behörden.
Erhältlich bei:

US Department of Commerce
National Technical Information Service
5285 Port Royal Road
Springfield, VA 22161

FIR

Abk. für Finite Impulse Response.

Firewall

Bezeichnung für alle Schutzmaßnahmen (Hard- und Software), die den Übergang von einem Netzwerk (z.B. ein → *LAN* oder ein → *Intranet* mit angeschlossenen → *Servern* innerhalb eines Unternehmens) zu einem anderen (z.B. dem weltweiten → *Internet* außerhalb des Unternehmens oder Einwahlroutern über das → *ISDN* zum → *Remote-Access* für → *Tele-Worker*) anhand von Vorgaben (Sicherheits-Policy) kontrolliert.
Ziele dieser Kontrolle können sein:

- Die Verhinderung unerlaubten Zugriffs von außerhalb des zu schützenden Netzes auf sensible Daten innerhalb des Netzes

- Die Verhinderung des Ausspähens interner Netzstrukturen (IP-Adressen, Server etc.) durch externe Unbefugte.
- Die Verhinderung von Datenverlust
- Das Verhindern des Einschleppens von Computerviren (→ *Virus*)
- Die Verhinderung der Nutzung interner Dienste durch Nutzer außerhalb des Netzes
- Die Verhinderung der Nutzung externer Dienste durch Nutzer innerhalb des Netzes

Prinzipiell können Firewalls die Sicherheit durch folgende Mechanismen erhöhen:

- Beschränkung der extern nutzbaren Dienste
- Beschränkung der Anzahl der betroffenen Kommunikationsrechner
- Beschränkung von Zugriffsrechten (Schreib-/Leserechte)
- Authentifizierungs- und Identifikationsmechanismen
- Datenverschlüsselung

Zur Auswertung von Schäden und zum Management der Zuverlässigkeit des Firewalls werden darüber hinaus alle Vorgänge, die über den Firewall laufen, protokolliert. Möchte die abzuschottende Institution dennoch einige Daten öffentlich zur Verfügung stellen, ist eine mehrstufige Anordnung denkbar, die über einen Router erst den Zugang zu einem ersten unternehmenseigenen Netz (gelbes LAN) mit öffentlich zugänglichen ftp- oder WWW-Servern ermöglicht und den Zugang zu weiteren internen Ressourcen in ein LAN (rotes LAN) erst über einen Firewall gestattet.

Man unterscheidet grob drei Arten des Firewalls (geordnet nach steigender Sicherheit):

- Packet Filters (auch genannt einfacher Firewall, Extended Inspection oder Statefull Inspection)
- Circuit Relays (seltener auch Bastion Host, Relay Host, Circuit Level Gateway oder Circuit Level Firewall genannt)
- Application Gateways (auch genannt Application Level Firewall)

Darüber hinaus sind auch Hybridformen als Mischung dieser drei Arten möglich, z.B. ein Application Gateway mit der zusätzlichen Funktionalität eines Packet Filters. Derartige Systeme werden auch als Multilayer Inspection Firewalls bezeichnet und gelten mittlerweile als State-of-the-Art.

Packet Filters gelten als einfachste Form, schnell und nicht sonderlich sicher. Häufig sind es einfache → *Router*, die mit einer zusätzlichen Software ausgestattet sind. Auch ältere Router können so durch ein einfaches Software-Update zu einem derartigen Firewall aufgerüstet werden. Häufig werden sie betriebsintern zur Abschottung einzelner Abteilungen eingesetzt, die sowieso oft an zwei LANs hängen, die über einen Router verbunden sind. Sie eignen sich daher insbesondere zur Strukturierung interner Netze wie z.B. von Intranets.

Packet Filters analysieren einzelne Flags und auch ganze Felder von durch sie hindurchgehenden Datenpaketen und ermitteln daraus, welche Daten von wem in welche Richtung transferiert werden. Anhand einer internen, z.B. vom Systemverwalter einstellbaren Tabelle wird geprüft, ob derartige Operationen zulässig sind. Ggf. wird das betreffende Datenpaket zurückgewiesen. Packet Filters basieren auf Mechanismen der Prüfung der Quell- und Zieladressen sowie der Portnummern von TCP- und UDP-Paketen. Ferner können die Richtung des Datentransfers und das

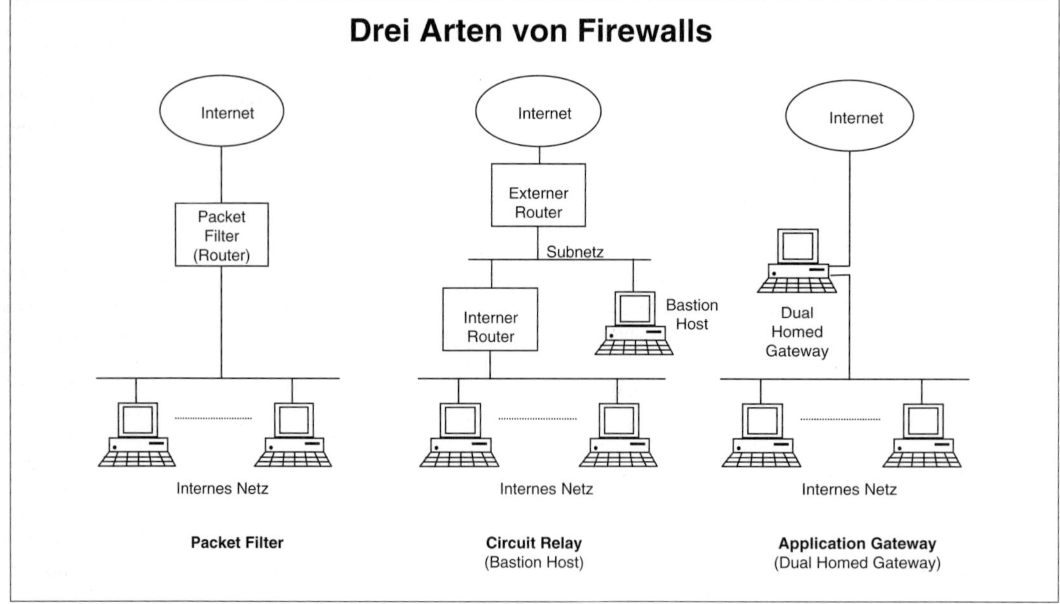

SYN-Bit in einem Paket, das anzeigt, ob eine Verbindung gerade erst aufgebaut wird oder schon besteht, geprüft werden (→ *SYN-Flooding*).

Die Router können oft mit frei programmierbaren Tabellen ausgestattet werden, die z.B. ein einfaches Adress-Screening (Screening Router) der IP-Adressen durchführen.

Eine Vereinfachung der Filterregeln wird bei diesem Verfahren dadurch erreicht, dass zwischen gehenden und kommenden Datenpaketen unterschieden wird. Derartige einfache Software wird von Herstellern der Router häufig mitgeliefert.

Es können so z.B. die Absender geprüft werden, und nur bestimmte Absender einer Liste dürfen bestimmte Ressourcen des internen, zu schützenden Netzes nutzen. Dies funktioniert aber nur bedingt, da IP-Adressen häufig, z.B. bei Nutzern von Online-Diensten, dynamisch vergeben werden. Ferner kann die Technik der Packet Filter insbesondere von Computerspezialisten leicht geknackt werden, da die Daten in den Paketen entsprechend gefälscht werden können (Vortäuschen vertrauenswürdiger Adressen, sog. Address → *Spoofing*). Darüber hinaus gilt die Definition der Screening-Tabellen als aufwendig und insbesondere bei umfangreichen Filterregelwerken als fehleranfällig, da viele ältere Router eigenmächtig Filterregeln modifizieren. Nicht zu unterschätzen ist nach der Definition der Filterregeln die Wartung und Aktualisierung, insbesondere in dynamischen Netzen mit häufigen Umbauten, umziehenden Mitarbeitern, expandierenden LAN-Segmenten etc. Schnell sind dann inkonsistente Filterregeln erreicht, so dass es zu einem eher niedrigen Sicherheitsniveau kommt.

Circuit Relays sind Kommunikationsrechner in einem eigenen Subnetz (gelber Bereich genannt), von dem aus die Kommunikation über einen internen Router in das interne Netz (roter Bereich) und nach außen (externer Router) abgewickelt wird. Sie sind prinzipiell mit Packet Filters vergleichbar, arbeiten jedoch auf einer höheren Ebene des Protokollstacks. Bei Circuit Relays werden erlaubte Kommunikationsbeziehungen (wer mit wem, wie und mit welchen Parametern etc.) definiert und in Tabellen abgelegt. Die Anwendungsebene allerdings bleibt unberührt.

Für den Rechner, der die Verbindung in den zu schützenden Bereich wünscht, erscheint der Circuit Relay als Verbindungspartner, und der externe Rechner muss dort explizit eine Zugangsberechtigung besitzen. Auf diese Weise können keine internen Netzstrukturen für Eindringlinge sichtbar gemacht werden. Nachteilig sind der hohe Administrationsaufwand für die Zugangsberechtigungen, die Tatsache, dass nicht protokolliert wird, was während der Verbindungen übertragen wird, und die eher niedrige Geschwindigkeit dieser Art von Firewall.

Application Gateways sind noch etwas langsamer und gelten als wenig flexibel, bieten aber auch wesentlich sicherere Zugangsmechanismen, wie z.B. → *Authentifizierung*, Nutzerprofile (verschiedene Zugriffsrechte für verschiedene Einzelpersonen oder Gruppen, Zeitpunkt des Zugriffs) oder ein nur einmal gültiges → *Passwort*. Derartige Sicherheitsmechanismen werden durch verschiedene → *Proxy-Services* auf dem entsprechenden Gateway-Rechner sichergestellt.

Für jeden Dienst läuft dabei auf dem Server eine eigene Software-Instanz (eben der Proxy-Service) als Software-Gateway. Diese Gateway-Software nimmt die eingehenden Wünsche entgegen, analysiert sie auf ihre Berechtigung hin und führt im internen Netz stellvertretend die zulässigen Operationen aus. Im schlimmsten Fall gelingt es einem externen Angreifer bestenfalls, den Proxy zu zerstören, jedoch zerstört er damit auch den Zugang zum internen Netz.

Die Konstruktion mit einem Proxy hat den Vorteil, dass die komplette innere Struktur des Netzes (interne IP-Adressen und Parameter etc.) dem äußeren Nutzer verborgen bleiben. Zur weiteren Steigerung der Sicherheit ist es möglich, zusätzliche Programme auf dem Proxy-Server laufen zu lassen, die den Datenverkehr zwischen den einzelnen Software-Instanzen und äußeren Nutzern gezielt auf bestimmte Besonderheiten hin überwachen und ggf. eingreifen.

Problem hierbei ist, dass oft nur einige wenige Dienste wie → *telnet*, → *FTP* oder → *HTTP* als Proxy-Service realisert werden und gewisse andere Dienste wie → *IRC* bislang noch von keinem einzigen Firewall-System abgeschirmt werden können. Darüber hinaus besteht immer eine gewisse Zeitverzögerung zwischen der Entwicklung eines neuen Protokolls im Internet und der Entwicklung eines dazu passenden Firewall-Systems, sofern der Entwickler eines Protokolls nicht gleich selbst den Firewall-Proxy-Service mitentwickelt. Können bestimmte Dienste aus diesen Gründen nicht über einen Application-Gateway gesichert werden, bleibt nur noch die Möglichkeit, sie über einen (häufig integrierten) Circuit Relay oder Packet Filter abzuwickeln.

Das gesamte Application Gateway selbst ist üblicherweise ein spezieller Kommunikationsrechner unter dem Betriebssystem → *Unix* oder → *Windows NT*, der über zwei physisch verschiedene Schnittstellen (dann auch Dual Homed Gateway genannt) mit dem externen und dem internen Netz kommuniziert, d.h., externe Daten können zwangsweise nur über den Gateway-Rechner in das interne Netz gelangen.

Selbst bei Ausfall des Firewalls oder seiner Funktionen kann dann niemand in das interne Netz eindringen. Da es sich um einen eigenen Kommunikationsrechner handelt, können alle Datentransfers lückenlos und im Detail protokolliert werden.

In der Praxis sind häufig Kombinationen der drei Arten von Firewalls zu finden, die sich an den Kriterien Flexibilität (Funktionsvielfalt), Einfachheit der Handhabung und Sicherheitsbedürfnis orientieren. Kommerziell erhältliche Packet Filter beinhalten daher mittlerweile häufig auch einfache Proxy-Services für gängige Anwendungen (z.B. E-Mail, WWW-Nutzung).

Eine weitere Erhöhung der Sicherheit aller drei Arten von Firewalls lässt sich durch folgende Maßnahmen erzielen:

- Protokollierung von IP-Adressen (Quell- und Zieladresse), Zeit, Datum und Dienst empfiehlt sich grundsätzlich bei jeder der drei Arten des Firewalls, um im Falle von Störungen oder einem Versagen des Firewalls Ursachenforschung betreiben zu können.
- Protokollierungsdaten sollten aus Sicherheitsgründen auf einem eigenen Rechner gehalten werden.

- Protokollierungsdaten sollten zum Protokollierungsrechner nur über ein eigenes Netz, z.B. das ansonsten auch zu Netzmanagementzwecken genutzte Netz, übertragen werden.
- Bei Ausfall der Protokollierung sollte sich der Firewall abschalten und in keine Richtung mehr Daten passieren lassen.
- Kein automatischer Neustart des Firewalls bei Störungen oder Ausfällen.
- Firewall-Software sollte möglichst wenig Overhead, wie z.B. eine grafische Bedienoberfläche, besitzen, da diese Rechenressourcen auf sich zieht und die Fehleranfälligkeit erhöht.
- An den Systemverantwortlichen sollte bei besonderen Vorkommnissen, die u.U. selbst definiert werden können, sofort eine Meldung gesendet werden.
- Automatische Virenprüfung für eingehende E-Mails und deren Dateianhänge.
- Automatisch aktivierte Verschlüsselung bei Verbindungen zwischen bestimmten IP-Adressen (→ *VPN*).

→ *http://www.thegild.com/firewall/*

→ *http://www.zeuros.co.uk/generic/resource/firewall/*

→ *http://www.cerias.purdue.edu/coast/firewalls/*

Firewire

→ *IEEE 1394.*

Firmensoftware

→ *ERP.*

Firmware

Neben → *Hard-* und → *Software* steht die Firmware, die beides beinhaltet. Es handelt sich um geringe Mengen Software (Mikroprogramme), die in Speicherbausteinen fest programmiert vom Hersteller in einem Gerät zum Einsatz kommen, beispielsweise in Gestalt von Boot-Routinen im → *ROM* eines → *PCs*, z.B. → *BIOS.*

Firmware kann nur ausgetauscht werden durch komplettes Auswechseln des betroffenen Hardwarebausteins, in dem die Firmware fest gespeichert ist, oder durch neues Einspeichern, falls die Firmware in Flash-ROMs gespeichert ist.

FIRST

Abk. für Forum of Incident Response and Security Teams.

Bezeichnung eines Zusammenschlusses von Experten, die sich ähnlich → *CERT* mit der Sicherheit von vernetzten Computern beschäftigen.

→ *http://www.first.org/*

First Level Cache

→ *Cache.*

First Level Support

→ *Front Office.*

First Time Failure Rate

Auch First Time Right genannt. Bezeichnung für eine → *Leistungskennzahl*, die den Anteil Endgeräte oder Dienste mit einer Störung innerhalb der ersten 30 Tage nach der Inbetriebnahme und damit die Qualität des Neuinstallationsprozesses bei einem → *Carrier* beschreibt. Angegeben in %.

→ *MTBF*, → *MTTR*, → *MTBSO.*

First Time Right

→ *First Time Failure Rate.*

Fischchen

International Spikes genannt. Bezeichnung für tolerierbare, wenngleich unangenehme Störungen beim Fernsehempfang, z.B. per Satellit.

Fischchen sind kurze schwarze oder weiße Zeilen (Striche) auf dem Fernsehbild.

FISU

Abk. für Fill In Signal Unit, Füllzeicheneinheit.

Bezeichnet im → *SS#7*-Netz Zeichengabenachrichten, die weder Informationen eines Anwendungsteils transportieren, noch Meldungen des Netzmanagements betreffen. Um dennoch eine Synchronisation der Verbindung sicherzustellen, werden FISUs als Pseudodaten verschickt.

FITCE

Abk. für Fédération des Ingénieurs des Télécommunications de la Communauté Européene.

Bezeichnung für den Verband europäischer Ingenieure in der Telekommunikation mit Sitz in Brüssel.

Organ ist das vierteljährlich erscheinende FITCE-Forum.

Adresse:

FITCE Secrétariat
Boulevard E. Jacqmain 166
1000 Bruxelles
Belgien
Tel.: (+ 32) 02 / 2 02 77 05
Fax: (+ 32) 02 / 2 02 79 66

FITL

Abk. für Fibre in the Loop.

Anderes Wort ist FTTL (Fibre to the Loop). Beides bezeichnet international üblich den Einsatz von Glasfaserverbindungen im → *Anschlussnetz*, also zwischen der Ortsvermittlung und dem Teilnehmer.

Unter den Oberbegriff FITL fallen verschiedene Strategien wie → *FTTA*, → *FTTH*, → *FTTC*, → *FTTB* und → *FTTO*, die sich jeweils durch den Ort der → *ONU* unterscheiden.

FITL ist ab einem bestimmten Prozentsatz aller anzuschließenden Haushalte in einem Bereich günstiger als → *ADSL*. Die Zahl schwankt je nach Quelle um die 50%.

FITUG

Abk. für Förderverein Informationstechnik und Gesellschaft e.V.

→ *http://www.fitug.de/*

FIX, FIX-E, FIX-W

Abk. für Federal Internet Exchange.

In den USA die Bezeichnung für zentrale Gateways zwischen staatlich genutzten Netzen auf der Basis von → *TCP* und → *IP* (z.B. Netzen der NASA und des Militärs, → *Milnet*) und dem restlichen, weltweiten → *Internet*.

Man unterscheidet folgende FIXes:

Ort	Betreiber	Name
College Park/Maryland	University of Maryland	FIX-East (FIX-E)
Moffet Field zwischen Sunnyvale und Mountain View/Kalifornien	NASA Ames Research Center	FIX-West (FIX-W)

Die FIX waren die ersten Netzgateways dieser Art. Sie wurden später zu Vorbildern für das Konzept der → *NAPs*.

→ *http://www.arc.nasa.gov*

Fixed-Mobile-Convergence, Fixed-Mobile-Integration

→ *FMI*.

FKS

Abk. für Fernmelde-Klein-Steckverbindung.

→ *Western-Stecker*.

FKTG

Abk. für Film- und Kinotechnische Gesellschaft.

Bezeichnung für den deutschen Berufsverband aller Techniker und Ingenieure, die in der Film-, Kino- und Medienbranche tätig sind. Die FKTG ist damit das deutsche Gegenstück zur amerikanischen → *SMPTE*.

Offizielles Organ der FKTG ist die Zeitschrift FKT (Film- und Kinotechnik).

→ *http://www. Fktg.de/*

Flachbandkabel

Im Gegensatz zum → *Kabelbaum* ein Kabel, bei dem die gegeneinander mit Kunststoff isolierten Leiter parallel in einer Ebene nebeneinander verlaufen, so dass ein Kabel aussieht wie ein Gürtel oder ein flaches Band.

Flachbettscanner

→ *Scanner*.

Flachbildschirm

Bezeichnung für Bildschirme in → *LCD-*, → *FED-*, → *TFT-* oder → *Plasmatechnik*, die zum Anschluss an Computer geeignet sind. Ihr zentrales Kennzeichen ist ihr geringer Platzbedarf in der Tiefe von (inkl. Fuß) maximal 20 cm. Ohne Fuß eigenen sie sich auch zur Wandmontage und weisen eine Dicke von ca. 8 cm auf. Ein weiterer Vorteil ist ihre geringere Wärmeabgabe.

Erste entsprechende Modelle zu Preisen von ca. 15 000 DM gab es um 1995. Der Markt für professionelle Anwender wurde mit Geräten in der Preisklasse von 3 500 bis 7 000 DM für 17"-Geräte ab Herbst 1997 erschlossen. Größere Geräte (20") kosteten zu dieser Zeit nach wie vor um die 15 000 bis 20 000 DM.

Es wird allgemein angenommen, dass ihr Marktvolumen ab 2003 das Volumen herkömmlicher Computerbildschirme (in → *CRT*-Technik, → *Monitor*) überschreiten wird.

Flachrelais

Bezeichnung eines speziellen raumsparenden Relais. Dabei bestehen die Schließelemente aus Bandmaterial, wodurch das Relais sehr flach wird.

Flag, FLAG

1. Von engl. flag = Flagge.

   Bei der digitalen Datenübertragung ein den Nutzdaten voran- und nachgestelltes Feld (Opening Flag und Closing Flag) mit charakteristischem Bitmuster zur Anzeige von bestimmten Informationen, wie z.B. Blockanfängen, -enden, Status, Übertragungsmodus u.Ä. Auch Präambel genannt. Üblicherweise ist das Flag 1 Byte lang und beinhaltet das Bitmuster 01111110, so z.B. bei → *Frame Relay* und → *HDLC*.

2. Bei der Rechnertechnik ein bestimmtes einzelnes Bit oft in einem speziellen Register (dem sog. Flag Register), das über seinen Status (gesetzt oder ungesetzt, 1 oder 0) einen Zustand anzeigen kann.

   Üblicherweise gibt es mehrere Flags, von denen jedes einen speziellen Zweck hat, die alle zusammen im Flag Register gespeichert sind, und die in Abhängigkeit von verschiedenen Zuständen oder in Abhängigkeit von den Ergebnissen von Operationen der → *CPU* gesetzt werden.

   Ein Beispiel für ein Flag ist das Zero-Flag, das immer dann auf 1 gesetzt wird, wenn das Ergebnis der letzten Operation eine 0 war.

   Durch Abfragen eines Flags können im Programmverlauf Entscheidungen getroffen werden (Verzweigungen, → *Interrupts*, Unterprogrammaufrufe).

3. Abk. für Fibre Link Around the Globe.

   Bezeichnung für einen 27 000 km langen Glasfaserring als → *Unterwasserkabel* von GB (Cornwall) über die Straße von Gibraltar, Sizilien, Ägypten, das Rote Meer, den indischen Ozean (mit einem Abzweig nach Dubai) nach Bombay und von dort weiter über Malaysia, Thailand, nach Hongkong, Shanghai, Korea und schließlich nach Japan. FLAG ist privat von 30 Investoren finanziert (Kosten: ca. 1,2 Mrd. $). Der Ring stellt zwei Fasern mit je 2,5 Gbit/s zur Verfügung und verbindet nach zweijähriger Bauzeit seit Ende 1997 12 Länder miteinander.

   66 international tätige → *Carrier* sind an dem Kabel beteiligt und können bei der Betreibergesellschaft Flag Ltd. (mit Sitz auf den Bermudas) Kapazität nach Bedarf anfordern.

Als Initiator des Projektes gilt Nynex, ehemals eine der → *RBOCs* in den USA, die es 1990 zusammen mit einem Konsortium anderer Carrier anschob.

→ *FLAG Atlantic-1*.

→ *http://www.flagtelecom.com/*

FLAG Atlantic-1

Abgekürzt mit FA-1. Bezeichnung für ein am 13. Januar 1999 angekündigtes Gemeinschaftsprojekt von Flag Ltd. (→ *Flag*) und dem amerikanischen Carrier GTS zur Konzipierung, Verlegung und zum Betrieb eines glasfaserbasierten → *Unterwasserkabels* zur Verbindung der Metropolen London, Paris und New York mit weiteren Verbindungen in andere amerikanische, europäische und nordafrikanische Städte.

An Land wird zu diesem Zweck jeweils ein glasfaserbasierter Ring in → *SDH*-Technik verlegt. Das europäische, terrestrische Ringkabel wird mit dem → *Hermés*-Netz verbunden, da GTS Anteile an dem Unternehmen Hermés hat. Ferner wird es eine Verbindung zum bisherigen Flag-Kabel geben.

Das Ringkabel unter dem Nordatlantik von den USA nach Brittany und Cornwall in GB hat auf der Nordroute eine Länge von 5 950 km und auf der Südroute von 6 350 km. Es ist geplant, im Endausbau eine Gesamtkapazität von 1,28 Tbit/s mit Hilfe von → *WDM*-Technologie zu realisieren. Dabei werden vier Glasfaserpaare mit je 32 Wellenlängen zu je 10 Gbit/s verwendet. Die Inbetriebnahme ist jedoch mit einer Kapazität von 160 Gbit/s geplant. Upgrades in Schritten von je 160 Gbit/s sollen folgen, wenn der Bedarf genügend groß ist.

Die gesamten Kosten sind mit 1,3 Mrd. $ veranschlagt. Die Inbetriebnahme erster Teile (Unterwasser-Segment) des gesamten Systems erfolgte spät im Herbst 2000, gefolgt von dem terrestrischen SDH-Ring in den USA in der 1. Jahreshälfte 2001.

→ *http://www.flagatlantic.com/*

Flame

Von engl. flame = Flamme und to flame up = aufwallen, in Rage/Wut geraten. Jargon für eine in ihrer subjektiven Meinung deutliche, böse, ärgerliche, vorwurfsvolle, persönlich verletzende oder unverschämte → *E-Mail* an jemanden oder ein entsprechendes → *Posting* in einer → *Newsgroup*. Der Begriff wird insbesondere im → *Internet* gebraucht.

→ *Flame-Bait*, → *Flame-War*, → *Netiquette*, → *Spam*.

Flame-Bait

Bezeichnung für einen Diskussionsbeitrag in einer → *Newsgroup* oder eine → *E-Mail*, der oder die bewusst → *Flames* provoziert.

Flame-War

Bezeichnung für die andauernde, persönliche Beschimpfung mit Hilfe von mehreren → *Flames* zwischen zwei Personen oder Gruppen.

Flash-Memory

→ *ROM*.

FlashPix

Abgekürzt FPX. Bezeichnung für ein von Kodak und → *HP* gemeinsam entwickeltes Dateiformat zur Speicherung digitaler Standbildinformationen (Fotos). Derartige Dateien sind an der Dateiendung fpx erkennbar.

Das Bild wird dabei nicht nur einmalig, sondern in verschiedenen Auflösungsstufen in der Datei gespeichert, so dass der Nutzer bei der Bildbearbeitung sofort auf ein seinen Bedürfnissen und Möglichkeiten entsprechendes Bild in optimaler Auflösung zugreifen kann, ohne das vorhandene Datenmaterial zusätzlich bearbeiten zu müssen.

Eine Variante von FlashPix ist das Microsoft Image Extension Format (Dateiendung: mix). Dabei ist es möglich, ein neues Bild aus mehreren anderen zusammenzusetzen.

→ *http://www.kodak.com/US/en/digital/flashPix/*

Flash-ROM

→ *ROM*.

Flashtaste

→ *Hook Flash*.

Flat Fee

→ *Flat Rate*.

Flat Rate

Manchmal auch Flat Fee genannt. Bezeichnung einer Möglichkeit des nutzungs unabhängigen → *Charging*. Dabei werden Gebühren nicht nach der Zeit für die Benutzung eines Dienstes, der Menge übertragener Daten oder der überbrückten Distanz berechnet, sondern es wird ein periodischer (z.B. monatlicher) Pauschalpreis zugrunde gelegt, in dem eine bestimmte Menge von Dienstleistungen enthalten ist.

Mit der Flat Rate verbunden sind oft extrem hohe Extragebühren für Leistungen, die über das mit der Flat Rate abgedeckte Dienstleistungsspektrum hinausgehen.

Ziel ist eine einfache, transparente Preisgestaltung für den Teilnehmer von z.B. → *Online-Services*.

Fleisch

Bei einer Schrift (→ *Font*) der bewusst für ein einzelnes Zeichen dieser Schrift vorbehaltene leere Raum um das Zeichen.

Flex

Bezeichnung für einen proprietären Standard für → *Paging* aus dem Hause Motorola.

Flex überträgt Daten mit 1 600 bit/s, 3 200 bit/s oder 6 400 bit/s. Roaming ist möglich. Das Verfahren für → *digitale Modulation* ist eine 2- oder 4-wertige FSK (+/- 4,8 kHz oder +/- 4,8 kHz und +/- 1,6 kHz).

Bis zu 600 000 Nutzer können von einem Kanal bedient werden. Das gesamte System kann zwei Mio. lokale Adressen in einer Zone und 1 Mrd. Adressen insgesamt verwalten. Ein wichtiges Feature von Flex ist, dass die Endgeräte sich automatisch in einen batterieschonenden Schlafmodus versetzen können und sich periodisch wieder anschalten. Dies verlängert die Batterielebensdauer auf bis zu 170 Tage.

Flex-1-Way ist ein herkömmliches Paging-System.

ReFlex ermöglicht Zweiwege-Paging durch Auswahl eines Rücksendesignals aus drei möglichen Rücksignalen durch den Empfänger des Funkrufs. Dabei werden verschiedene Versionen unterschieden, z.B. anhand der Kanalbandbreite von 25 oder 50 kHz. Erster Anwender war SkyTel in den USA.

Eine weitere Entwicklung war InFlexion, bei der kurze Sprachnachrichten aufgezeichnet und in digitaler Form nach dem Prinzip → *Store-and-Forward* weitergeleitet werden. Erster Anwender war PageNet in den USA. Das System war jedoch nicht sonderlich erfolgreich.

Vorgestellt wurde Flex 1993. Im Frühjahr 1996 gab es bereits 48 Flex-Netze weltweit. In der Folgezeit wurde es insbesondere in den USA und Asien eingesetzt.

→ *http://www.motorola.com/MIMS/MSPG/FLEX/*

Fließbandverarbeitung

→ *Vektorrechner.*

Fließkommadarstellung

International auch Floating Point oder in Deutschland Gleitkommadarstellung genannt. Bezeichnung für eine spezielle Schreibweise von Zahlen, welche die Darstellung und das Rechnen mit nicht ganzzahligen Werten erlaubt.

Eine Fließkommadarstellung einer Zahl gibt immer drei Parameter an:

- Die Mantisse m: Der üblicherweise nichtganzzahlige Anteil inklusive Vorzeichen.
- Die Basis b: Gibt eine Zahl an, die zu potenzieren und anschließend mit der Mantisse zu multiplizieren ist.
- Der Exponent e: Gibt den Exponenten der Basis an.

Insgesamt ergibt sich dadurch die folgende Darstellung einer Zahl Z:

$$Z = m * b^e$$

Beispiel: Die Zahl 1 998 lässt sich darstellen als:

$$1{,}998 * 10^3$$

Vorteile dieser Darstellungsweise sind eine Erweiterung des durch einen Computer darstellbaren und verarbeitbaren Zahlenraumes von ganzzahligen Zahlen zu nichtganzzahligen Zahlen (gebrochenen Zahlen) und die Erweiterung des Zahlenraumes in seiner Größe durch die Verwendung von Potenzen.

Zum Rechnen mit derartigen Zahlen werden entweder spezielle → *Coprozessoren* verwendet oder spezielle Befehle herkömmlicher → *Mikroprozessoren* (sofern sie darüber verfügen).

Flip-Flop

Eine umgangssprachliche Bezeichnung einer speziellen Schaltung elektronischer oder elektromechanischer Bauteile. Auch bistabile Kippstufe genannt. Die Schaltung kann dabei zwei Zustände einnehmen, die jeweils bis zur Zuführung eines externen Signals stabil bleiben. Heute werden Flip-Flops durch integrierte → *Transistoren* in mikroelektronischen Schaltungen realisiert.

Das Prinzip der Flip-Flop-Schaltung wurde 1919 von den amerikanischen Physikern Eccles und Jordan entdeckt.

Flooding

→ *SYN-Flooding.*

Floppy

→ *Diskette.*

FLOPS

Abk. für Floating Point Operations per Second.

Bezeichnung einer Maßeinheit für die Leistung eines Mikroprozessors, die angibt, wie viele Rechenoperationen mit Gleitkommazahlen ein → *Mikroprozessor* pro Sekunde bearbeiten kann.

→ *MIPS*, → *MTOPS.*

FLP

Abk. für Fast Link Pulse.

Flügeltelegraf

Auch → *Semaphor* genannt. Bezeichnung für eine sehr frühe Form der optischen Nachrichtenübertragung.

Dabei wurden in Abständen von mehreren Kilometern Telegrafenhäuschen aufgebaut, die auf ihrem Dach einen Mast mit mehreren aus dem Gebäude heraus steuerbaren Schwenkarmen hatten. Aus der Stellung der Schwenkarme konnte eine Person in einem anderen Telegrafenhaus in Sichtweite mit Hilfe eines Fernrohres eine Information (z.B. einen Buchstaben) ablesen und nun seinerseits diese Information über seine eigenen Schwenkarme an die folgende Station weitergeben usw.

Ein derartiges Netz war prinzipiell das erste Festnetz zur Nachrichtenübertragung. Dabei wurden alle Buchstaben des Alphabets und die Zahlen 0 bis 9 durch eine bestimmte Flügelstellung repräsentiert.

Die wichtigsten historischen Daten bei der Entwicklung dieses Systems sind:

1791

Claude Chappe und sein Bruder erfinden den optischen Flügeltelegrafen, mit dem man Zeichen bei guter Sicht über 12 km übertragen kann. Damit baut Napoleon I. eine Art Festnetz zur Nachrichtenübermittlung, das 50 Jahre in Betrieb bleibt.

1794

Im Juli ist das Netz in Frankreich so gut ausgebaut, dass eine Nachricht über eine Distanz von 225 km und 25 Stationen von Paris nach Lille innerhalb von 2 Minuten übertragen werden kann.

Über das optische Netz wird das erste Telegramm in Deutschland verschickt: Am 22. November wird ein Huldigungsgedicht über 1,5 km nach Karlsruhe an den Markgrafen Karl Friedrich von Baden zu seinem Geburtstag gesendet.

1853

Die letzten optischen Telegrafenlinien in Deutschland und Frankreich werden stillgelegt.

Flüssigkristallanzeige

→ *LCD.*

Flussdiagramm

Bezeichnung für eine grafische Darstellung des Programmablaufs eines Computerprogramms mit Hilfe standardisierter Symbole für auszuführende Befehle wie z.B. Verzweigungen, Tests auf Bedingungen, Zuweisungen etc.
Ein Flussdiagramm hilft bei der → *strukturierten Programmierung*.
Entwickelt wurden Flussdiagramme von Herman H. Goldstine (* 13. September 1919) bei der Entwicklung der → *ENIAC*.

Flusskontrolle, Flusssteuerung

Bezeichnung einer Funktion auf der Schicht 2 des → *OSI-Referenzmodells*. Auch Datenflusskontrolle genannt.
Ziel der Flusskontrolle ist die Anpassung der Übertragungsgeschwindigkeit des Senders an die Aufnahmefähigkeit des Empfängers, wo die eintreffenden Daten u.U. erst weiterverarbeitet werden müssen, bevor neue Daten empfangen werden können. In gewissen Grenzen lassen sich derartige Probleme auch mit Pufferspeichern beim Empfänger umgehen, deren korrekte und wirtschaftliche Dimensionierung jedoch auch Schwierigkeiten bereiten kann.
Man unterscheidet zwei Realisierungsmöglichkeiten:

- Die Softwareflusskontrolle nutzt die Steuerung des Datenflusses durch in einem Programm vorgegebene Mechanismen und Signale, die im Datenstrom selbst gesendet werden. Ein Beispiel hierfür ist das Protokoll → *XON/XOFF*.
- Die Hardwareflusskontrolle nutzt die Steuerung des Datenflusses durch Signale, die über eigene Steuerdatenleitungen zwischen Sender und Empfänger ausgetauscht werden. Ein Beispiel ist → *RTS/CTS*.

FM, Fm

1. Abk. für Frequency Management.
   → *ERC*.
2. Abk. für Frequency Modulation.
   Frequenzmodulation. Bezeichnung einer analogen Schwingungsmodulation, bei der sich die Frequenz des Trägersignals (→ *Carrier*) in Abhängigkeit vom zu modulierenden Signal ändert.
3. Abk. für das Vorwort Fernmelde..., das zumeist in Verbindung mit entsprechenden Ergänzungen verbunden wird, z.B. Fm-Netz etc.
4. Abk. für Fault Management.
   → *Fehlermanagement*.
5. Abk. für Flexible Multiplexer.
   → *FMUX*.
6. Abk. für Function Management.
   Im Rahmen von → *SNA* eine Menge von Parametern, die eine Kommunikationsverbindung beschreibt.
7. Abk. für Facility Management.
   Bezeichnung für technisches Gebäudemanagement (Heizung, Klima, Lüftung, Licht, Sicherheit).
   → *EIB*, → *UBIDEP*.
8. Abk. für Frame Mode.
9. Abk. für → *Fraud* Management.

FMBS

Abk. für Frame Mode Bearer Service.

FMC

Abk. für Fixed-Mobile-Convergence.
→ *FMI*.

FMG

Abk. für Fernmeldegesetz.
Bezeichnung für das regulatorische Gesetzeswerk in der Schweiz, vergleichbar mit dem → *Telekommunikationsgesetz* in Deutschland.
→ *http://www.admin.ch/ch/d/sr/c784_10.html/*

FMI

Abk. für Fixed-Mobile-Integration.
Auch Fixed-Mobile-Convergence (FMC) oder nur Netzkonvergenz genannt. Bezeichnung für die → *Konvergenz* von → *Festnetz* und terrestrischen Netzen für → *Mobilfunk*. Damit ist dies eine mögliche Interpretation des Konvergenzbegriffs in der Telekommunikation.
Aus Sicht eines Dienstanbieters, der gleichzeitig Network- und Service-Provider für Fest- und Mobilfunknetz ist, kann diese Konvergenz verschiedene Formen annehmen, wobei man zwischen organisatorisch-wirtschaftlicher Konvergenz, technischer Dienstkonvergenz und technischer Netzkonvergenz unterscheiden kann.
Insbesondere von der, allerdings als komplex geltenden, technischen Integration der Netze verspricht man sich Kosteneinsparungen, sowohl hinsichtlich Gerätekosten (Anschaffung, Wartung, Reperatur) als auch hinsichtlich der Personalkosten (Konzeption, Betrieb, Wartung, Reparatur, Ausbau).
Die Dienstkonvergenz zielt darauf ab, bestimmte → *Dienste* und Dienstmerkmale für beide Netze anzubieten, so dass die Dienste unabhängig von einer Netzplattform sind und die Netze nur noch als transparente Zugangsnetze für die Dienste genutzt werden.
Von der Integration auf organisatorisch-wirtschaftlichem Gebiet verspricht man sich primär eine erhöhte Kundenbindung durch gemeinsames Vermarkten und neue, attraktive und innovative Produkte.
Üblicherweise erfolgt die Integration in mehreren Stufen, die nacheinander durchlaufen werden, so dass sie ein längerer, Zeit erfordernder Prozess ist.
Es gibt verschiedene Stufenmodelle, die sich in ihrem Detaillierungsgrad unterscheiden. Ein mögliches Stufenmodell könnte sein:

- Stufe 1: Bei der Vertriebsintegration werden lediglich die einzelnen Produkte des Festnetzes und des Mobilfunks eines Anbieters über die gleichen Vertriebskanäle vertrieben (Shops, Katalog, Internet, ‚One Stop Shopping').
- Stufe 2: Bei der Verkaufsintegration werden die einzelnen Produkte des Festnetzes und des Mobilfunks in den einzelnen Verkaufsakten an Kunden miteinander integriert, d.h.,

es werden sich sinnvoll ergänzende Produkte (= komplementäre Produkte) aus beiden Bereichen zu Bundlings zusammengefasst, z.B. eine PC-ISDN-Karte oder ein → *Modem* zusammen mit einem Adapter zur Datenübertragung über das → *Handy*. Denkbar sind auch Sondertarife für Nutzer von mehreren Diensten in beiden Netzen, z.B. einen Rabatt von 10%, wenn das Gebührenaufkommen in beiden Netzen eine bestimmte Höhe übersteigt (→ *Convergence Billing*). In eine ähnliche Richtung gehen Tarife (→ *Charging*), bei denen die Verbindungen von einem Netz in das andere besonders günstig sind.

In diesen Bereich gehören auch Marketingbemühungen, bei denen Produkte des einen Netzes auf der Basis der Nutzungsgewohnheiten des anderen Netzes vermarktet werden können. Derartige Informationen über die Nutzer können z.B. im Rahmen eines → *Data Warehouses* ermittelt werden.

- Stufe 3: Bei der Produktintegration werden einzelne Angebote der verschiedenen Netze zu einem einzigen Produkt integriert, das in beiden Netzen genutzt werden kann. Beipiele sind eine Rufnummer in beiden Netzen (→ *UPT*), nur eine → *Voicebox*, nur eine physische Rechnung oder die Kombination der Tarifschemata, z.B. die Nutzung des herkömmlichen, günstigen Festnetztarifs, wenn sich der Mobilfunknutzer bei sich zu Hause (im Bereich seiner ‚heimatlichen' Basisstation, → *BS*) aufhält. Dieses Produkt wird international üblich mit Home-Zone bezeichnet. Hiervon lassen sich auch andere, ähnliche Charging-Schemes (→ *Chraging*) ableiten:
  - Ortstarif I: Alle Verbindungen, die vom mobilen Endgerät in ein vorher festgelegtes Ortsnetz gehen, werden zum Ortstarif abgerechnet.
  - Ortstarif II: Alle Verbindungen, die vom mobilen Endgerät in das Ortsnetz des aktuellen Aufenthaltsortes gehen, werden zum Ortstarif abgerechnet.

  Obwohl dieser Integrationsschritt noch zu einem Großteil auf der Produkt- und Marketingebene erfolgt, tauchen bereits erhebliche technische Herausforderungen auf, da die beteiligten technischen Systeme in beiden Netzen miteinander kommunizieren müssen.
- Stufe 4: Bei der Integration von Supportsystemen werden technische Systeme integriert, die aus technischer und funktionaler Sicht für beide Netze weitgehend identisch sind, z.B. das → *Billing-System* oder das Network-Management (→ *TMN*).
- Stufe 5: Bei der Integration der Übertragungstechnik werden vorhandene Netzressourcen durch beide Netze geteilt. Dies erfolgt üblicherweise zunächst auf der Transportebene (→ *Richtfunk*, → *SDH*-Netze, Kabelressourcen) beider Netze.
- Stufe 6: Bei der Integration der Intelligent Networks (→ *IN*) wird nur noch ein einziges IN für beide Netze genutzt.
- Stufe 7: Bei der Integration der Vermittlungstechnik sind spezielle Vermittlungsstellen notwendig, in denen spezielle Rechnerkapazitäten und Anschlüsse für die Protokollwelt des Mobilfunknetzes und für die des Festnetzes reserviert sind.

Aus Kundensicht sind insbesondere die produktbezogenen Entwicklungen der Stufe 3 interessant, da sie einen erheblichen Zusatznutzen versprechen. Das Anbieten von innovativen FMI-Diensten ist insbesondere für Wettbewerber interessant, die spät in den liberalisierten TK-Markt eines Landes eintreten und nach einem Alleinstellungsmerkmal suchen,

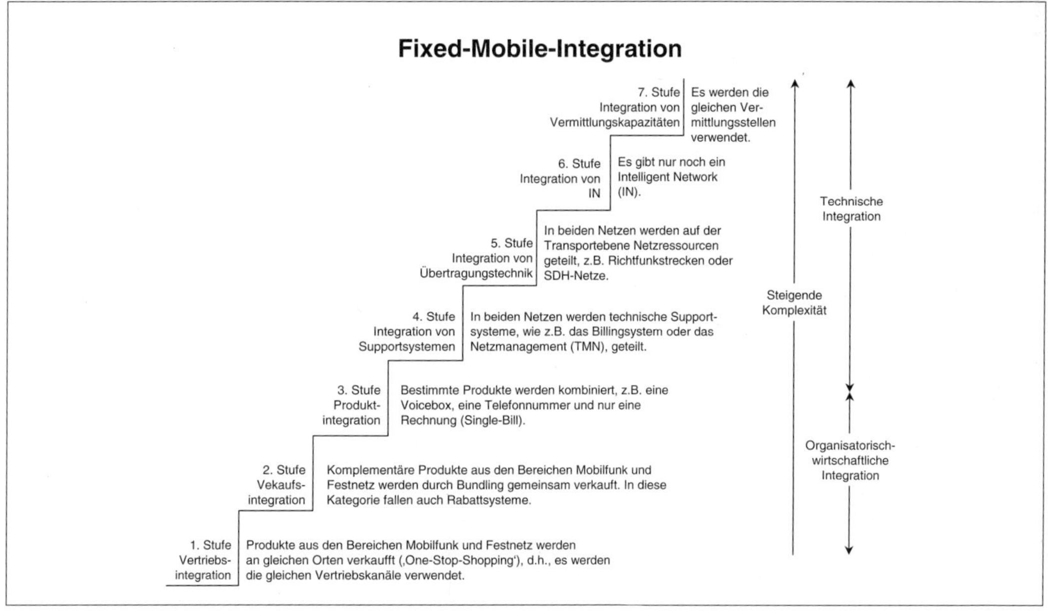

um sich von den anderen, bereits längere Zeit aktiven Wettbewerbern zu differenzieren.
Für bislang getrennte Unternehmen mit jeweils einem Festnetz und einem Mobilfunknetz gibt es, von diesen dargestellten Möglichkeiten abgesehen, noch weitere Synergien aus der Zusammenlegung von Entwicklungsabteilungen, Produktmanagement, Marketing, Personalabteilung etc.

FmNstA

Abk. für Fernmelde-Nebenstellenanlage.
Heute nur noch selten gebrauchter deutscher amtlicher Begriff für eine → *Nebenstellenanlage*.

FMS

Abk. für Fieldbus Message Specification.

FMUX

Abk. für Flexible Multiplexer.
Ein Baustein von Übertragungseinrichtungen der → *SDH*. Bezeichnet einen → *Multiplexer*, der mehrere Eingangsleitungen mit verschiedenen Bitraten auf eine Ausgangsleitung mit hoher Bitrate, die der Kapazität aller Eingangsleitungen entspricht, vereinigt. Wird daher teilnehmernah in → *Zugangsnetzen* zur Zusammenfassung mehrerer Teilnehmeranschlüsse auf einer breitbandigen Leitung eingesetzt.
→ *VISYON*.

FMV

Abk. für Full Motion Video.
Bezeichnung für die Darstellung von Videos in voller Bildschirmgröße in akzeptabler Qualität (ab 25 Bilder/s).

FMX

Abk. für Frequenzmultiplex.
→ *FDMA*.

FNC

Abk. für Federal Networking Council.
Einst die Bezeichnung eines staatlichen Gremiums zur Betreuung der generellen technischen Kommunikationsbedürfnisse der Behörden in den USA. Die FNC wurde ursprünglich in den 80er Jahren dafür gegründet, Budgets zur Finanzierung der Zusammenschaltungspunkte zwischen dem → *Milnet*, dem Arpanet (→ *ARPA*) und dem → *NSFnet*, die seinerzeit die Basisinfrastruktur des → *Internet* bildeten, zu verwalten.
Sie bestellte zusammen mit der ISOC (→ *Internet Society*) den RFC-Editor (→ *RFC*). Im Jahre 1995 erstellte sie eine weithin akzeptierte Definition des Begriffs → *Internet*.
Vorläufer des FNC war die → *FRICC*. Die FNC löste sich am 1. Oktober 1997 auf und wandelte sich in die → *LSN*.
→ *http://www.itrd.gov/*

FO

1. Abk. für Fibre Optics.
   → *Glasfasertechnik*.
2. Abk. für Fernmeldeordnung.
   Eingeführt 1971 und um 31 Änderungsverordnungen ergänz (zuletzt am 1. August 1986). Sie wurde am 1. Januar 1988, wie andere Verordnungen im Bereich der Telekommunikation auch, durch die gestraffte → *TKO* abgelöst, der 1991 die → *AGB* der Deutschen Telekom folgten.

Fogging

Von engl. fog = Nebel. In der digitalen Bildbearbeitung die Bezeichnung für den Effekt, bei dem sich entfernende Objekte heller werden bzw. bei dem räumlich weiter entfernte Objekte heller gezeichnet werden. Es entsteht dadurch der Eindruck, dass der Raum mit leichtem Nebel gefüllt ist.

FOIRL

Abk. für Fibre Optic Inter-Repeater Link.
Bezeichnung eines Standards zur Datenübertragung über Glasfaserkabel (62,5 µm/125 µm; Wellenlänge im Bereich von 800 nm bis zu 910 nm) mit einer Datenrate von 10 Mbit/s. Mediumzugriff und Paketformat orientieren sich an → *IEEE 802.3*. Gedacht für die Verwendung von → *Ethernet* als → *Backbone*. Dabei dürfen die Segmente nicht länger als 1 km auseinanderliegen und maximal vier → *Repeater* hintereinander in Reihe geschaltet werden.

Folientastatur

→ *Membrantastatur*.

Follow Me

Bezeichnung eines Dienstmerkmals (→ *Dienst*) von Telefondiensten. Beschreibt eine bestimmte Art des → *Forwarding*, bei dem der Anruf von jedem beliebigen Anschluss aus weitergeleitet werden kann (ferngesteuertes Forwarding), so dass man den Anruf immer dorthin leiten kann, wo man sich gerade befindet. Dies steht im Gegensatz zum normalen Forwarding, bei dem ein Gespräch nur einmalig vom angewählten Anschluss aus umgeleitet werden kann.

Follow the Sun

→ *Call Center*.

Follow Up

1. Andere Bezeichnung für → *Back Office*.
2. In einem → *Call Center* die Bezeichnung für einen zweiten Anruf zum Abschluss eines Geschäftsvorganges. Ein Rückruf bei einem Kunden, der sich über etwas beschwert hatte und dem man nun das Ergebnis der Untersuchung der Beschwerde mitteilt, ist beispielsweise ein Follow-Up-Call. Ein anderes Beispiel ist der Anruf bei einem Kunden mit der Absicht, ihm etwas zu verkaufen, nachdem der Kunde sich vorher Informationsmaterial über ein bestimmtes Produkt zuschicken ließ.

   Follow-Up-Calls können auf Knopfdruck bei passender Software im Call Center automatisch terminiert und dann mit Hilfe eines Dialers auch automatisch generiert werden, z.B. im Rahmen von → *Preview Dialing*, → *Progressive Dialing* oder → *Predictive Dialing*.
3. Bezeichnung für ein → *Posting* in eine → *Newsgroup* des → *Internets*, das inhaltlich eine Reaktion auf ein bereits veröffentlichtes Posting darstellt.

Ein Follow Up kann, wie alle anderen Postings auch und im Gegensatz zum → *Reply*, von vielen Leuten gelesen werden.

Font

Bezeichnung für einen typografisch definierten Zeichensatz, der das auszugebende Schriftbild bestimmt.

Die Größe eines Fonts bezeichnet man als Schriftgrad. Er wird in → *Point* (Punkt, pt) gemessen.

Verschiedene Grundvariationen eines Fonts werden als → *Schnitt* bezeichnet.

→ *Fleisch*, → *Ligatur*, → *Overshoot*, → *TrueType*, → *Typografie*.

Foo

Ein im → *Internet* häufig verwendeter Platzhalter in Beispielen aller Art, etwa bei der Erklärung einer → *URL*: http://www.foodomain.fooland

Footprint

Ausleuchtbereich eines Satelliten auf der Erdoberfläche. Der Bereich, in dem man den Satelliten mit einer minimal notwendigen Signalleistung empfangen kann.

→ *Beam*, → *Overspill*.

Force Feedback

Bezeichnung für periphere Steuergeräte für PCs, die üblicherweise für Spiele eingesetzt werden. Die Kräfte, die ein Nutzer für die Bedienung, z.B. eines Lenkrads, eines Joysticks oder einer Pedalanordnung, aufwenden muss, werden vom Computer in Abhängigkeit vom Spielstatus (z.B. Kurvengeschwindigkeit des gesteuerten Autos) beeinflusst. Außerdem können Rütteln oder Vibrationen erzeugt werden (Simulation von unebenen Strecken, Crashs etc.). Auf diese Art soll eine größere Realitätsnähe erzeugt werden.

Formatieren, Formatierung

1. Bezeichnung für den Vorgang des Umwandelns eines fabrikneuen, völlig unbehandelten und leeren Datenträgers (→ *Diskette*, → *Festplatte*) in einen gebrauchsfähigen Datenträger. Dabei werden die einzelnen Spuren (1. Schritt) und Sektoren (2. Schritt) magnetisch auf dem Trägermaterial definiert (beides zusammen wird Low-Level-Formatierung genannt). Manchmal werden noch Inhaltsverzeichnisse (→ *FAT*) in Abhängigkeit vom benutzten → *Betriebssystem* und seinem verwendeten → *Dateisystem* angelegt.

   Ergebnis der Formatierung ist, dass der Datenträger über eine von Geräten (z.B. Diskettenlaufwerk) adressierbare Speicherstruktur verfügt.

   Das Formatieren ist eine Aktion, die vom Betriebssystem eines Computers im Schreib-Lesegerät (z.B. im Diskettenlaufwerk) durchgeführt wird.

2. Bei der → *Textverarbeitung* die Bezeichnung für die Anwendung von Textprogramm-spezifischen Befehlen, die sich auf die Anordnung und Gestaltung von Buchstaben und Texten auswirken.

Forschungsgemeinschaft Funk e.V.

Abgekürzt mit FGF. Bezeichnung einer 1992 gegründeten Gemeinschaft von → *BMPT*, Behörden und Rundfunkanstalten, zu der auch Hardwarehersteller, Netzbetreiber, Dienstanbieter, Universitäten, freie Forschungsinstitute und Branchenverbände gehören. Ziel ist die Untersuchung und Erforschung biologischer Wirkungen elektromagnetischer Wellen auf den Menschen und die Umwelt. Die Ergebnisse der Untersuchungen werden in Studien publiziert.

→ *http://www.fgf.de/*

Forth

Bezeichnung einer → *Programmiersprache*, die insbesondere im technischen Bereich bei der Steuerung industrieller Prozesse in Echtzeit eingesetzt wird. Am bekanntesten ist ihr Einsatz 1985 bei der Programmierung des ferngesteuerten U-Bootes, welches das Wrack der ‚Titanic' im Nordatlantik entdeckte.

Der amerikanische Physiker Charles H. Moore fing 1961 mit der Arbeit an Forth an. Zehn Jahre später wurde die Sprache offiziell vorgestellt. Eigentlich sollte sie Fourth (die Vierte) heißen, da ihre Funktionalität weit über die der dritten Generation von Programmiersprachen hinausgeht, doch ließ Moores damaliger Rechner für Programme wie den ersten Forth-Compiler nur fünf Buchstaben zu – also musste das u ‚daran glauben'.

Forth ist für viele Plattformen erhältlich, dennoch nicht sonderlich verbreitet.

→ *http://www.pmb.net/documents/forth.html/*

→ *http://www.mistybeach.com/Forth/Tutorial.html/*

Fortran

Abk. für Formula Translator.

Bezeichnung der ersten höheren → *Programmiersprache* überhaupt. Sie wird insbesondere für technisch-wissenschaftliche Probleme genutzt und orientiert sich an der mathematischen Formelschreibweise. Entwickelt wurde Fortran maßgeblich vom IBM-Mitarbeiter John Warner Backus (* 3. Dezember 1924), der dort Leiter des Entwicklungsteams war. Im Dezember 1953 schlug er seinem Vorgesetzten, Cuthbert Hurd, die Entwicklung einer Programmiersprache für die → *IBM 704* vor, der, so wird berichtet, mit einem „Fine. Do it!" das Projekt genehmigte. Am 10. November 1954 wurde der ‚Preliminary Report' von Backus veröffentlicht, dessen endgültige Fassung am 15. Oktober 1956 fertiggestellt war. Dieses erste Manual einer Programmiersprache umfasste lediglich 60 Seiten mit großzügigen Abständen. Im Rahmen des Projektes wurde nicht nur die Sprache selbst, sondern auch ein passender → *Compiler* entwickelt.

Das erste Fortran-Programm außerhalb des Hauses IBM lief am 19. April 1957 auf einer IBM 704 im Rechenzentrum von Westinghouse-Bettis bei Pittsburgh unter den Augen seines Leiters Herbert Bright.

Fortran stand ab 1957 für viele Rechner und technisch-wissenschaftliche Probleme in großem Umfang zur Verfügung. Es war leichter und billiger zu implementieren als die etwa gleichzeitig entwickelte Sprache → *Lisp*. Viele Unternehmen entschieden sich daher für Fortran.

Gleichzeitig wurde Fortran als Fortran II definiert, das u.a. die Verbesserung enthielt, dass parametrierte Unterprogramme mit lokalen Variablen zugelassen waren.
1977 folgte der Standard Fortran 77.
1994 erklärte die National Academy of Engineering die Sprache zu einer „Invention of the Century".
Fortran gilt, im Vergleich zu → *Algol*, als sehr praxisorientiert und pragmatisch entwickelt.
→ *http://personal.cfw.com/~terry2/tutorial/*
→ *http://www.liv.ac.uk/HPC/HTMLF90Course/HTMLF90 CourseSlides.html/*

Forum

1. Bezeichnung für einen int. Zusammenschluss von Herstellern, Anwendern und Forschungsinstituten mit dem Ziel, eine bestimmte Technologie zu fördern und den Markt dafür zu erschließen.

   Foren sind privatrechtliche Zusammenschlüsse und tragen zu einem wesentlich schnelleren Standardisierungsprozess in den offiziellen Standardisierungsgremien bei. Gegenüber Industrieverbänden haben sie den Vorteil, dass auch Anwender und Forschungsinstitute Mitglieder werden können.

   Sie sind die treibenden Kräfte bei der Berücksichtigung von Nutzern, die Anwendungen gezielt fördern. Oft erstellen sie eigene Standards für Bereiche, in denen die eigentlichen Standardisierungsgremien (noch) nicht aktiv sind, und leiten die fertigen Standards an die Gremien zur Verabschiedung weiter. Sie sind gekennzeichnet durch eine hohe Industriebeteiligung (Hersteller), durch einen straffen Zeitplan, einen detaillierten Arbeitsplan, demokratische Entscheidungen und einen pragmatischen Stufenansatz.

   Für verschiedene Techniken existieren mittlerweile eine Reihe von Foren (→ *ATM*-Forum, → *Frame Relay* Forum, → *ADSL*-Forum). Foren arbeiten als Mittler zwischen Standardisierungsgremien und der Industrie oder dem Anwender.

   Foren werden i.d.R. zunächst von einigen wenigen (<10) Herstellern eines neuen technischen Systems gegründet, können dann aber innerhalb weniger Jahre auf einige 100 Mitglieder wachsen.

   Foren widmen sich im Gegensatz zu vielen anderen ähnlichen Gremien (Standardi-sierungsgremien) oft sowohl der technischen Entwicklung als auch oft wirtschaftlichen Fragen der Erschließung der entsprechenden Märkte und dem Aufzeigen von Nutzungs- und Anwendungsmöglichkeiten.

2. In kommerziellen → *Online-Services* die Bezeichnung für thematisch eingegrenzte Echtzeitdiskussionen, auch → *Chats* genannt.

Forwarding

Auch Anrufweiterschaltung, Anrufumleitung, Rufumleitung oder Call Forwarding (CF) genannt. Bezeichnung für ein Dienstmerkmal (→ *Dienst*) moderner Nebenstellenanlagen und Telekommunikationsnetze, auch von → *Centrex*. Der eingehende Anruf wird zu einer anderen Nummer weitergeschaltet. Forwarding ist nur einmal möglich, um unkontrollierte Ketten und Kreise zu vermeiden.
Allgemein werden folgende Möglichkeiten unterschieden:

- Sofortiges Forwarding ohne jede weitere Bedingung, bei der der Anruf sofort weitergeschaltet wird. Auch Call Forwarding Unconditional (CFU) genannt.
- Forwarding, wenn niemand den Ruf entgegen nimmt (d.h. nach einer bestimmten Anzahl von Rufzeichen oder nach einer bestimmten Zeit ohne Rufannahme, oft 25 s, wird weitergeschaltet). Auch Call Forwarding if no Reply (CF-NR) genannt.
- Forwarding bei besetztem Anschluss. Auch Call Forwarding if Busy (CFB) genannt.
- Forwarding unter anderen Bedingungen (z.B in Mobilfunknetzen, wenn der → *B-Teilnehmer* nicht in Reichweite einer Basisstation ist).

In privaten Netzen (Nebenstellenanlagen) ist dies schon heute problemlos möglich. Dort unterscheidet man üblicherweise:

- Feste Rufumleitung, d.h. Rufumleitung zu einer vor dem Aktivieren des Forwardings bereits festgelegten Nebenstelle.
- Variable Rufumleitung, d.h. Rufumleitung zu einer beim Aktivieren der Rufumleitung festzulegenden Sprechstelle.

In öffentlichen Netzen (analoges Telefonnetz, → *ISDN*, Mobilfunknetze) wird in verschiedenen Ländern seit 1990 Forwarding eingeführt.
Forwarding ist gebührenpflichtig. Die Gebühren bis zum ursprünglichen Anschluss zahlt der → *A-Teilnehmer*, die Gebühren vom → *B-Teilnehmer* zum Forward-Anschluss der B-Teilnehmer („Jeder zahlt für das, was er verursacht").
Aus technischer Sicht ist Forwarding ein Problem, weil u.U. erhebliche Netzkapazitäten (mehrere Verbindungen werden geschaltet) gebunden werden. Dies wird international mit Tromboning (von engl. trombone = Trompete) bezeichnet, da ein Bild der geschalteten Verbindungen ähnlich einer Trompete entstehen kann. Um dies zu verhindern, gibt es in → *SS#7* einen Befehl, der von der Vermittlungsstelle des → *B-Teilnehmers* den Befehl zum Verbindungsabbau der ersten Verbindung und das eigentliche Ziel (wohin weitergeschaltet werden soll) an die Vermittlungsstelle des → *A-Teilnehmers* zurückgibt, so dass von dort nur eine Verbindung geschaltet werden braucht. Dieser Befehl wird jedoch nicht in allen Netzen verwendet.
→ *Follow Me.*

Fourier-Analyse, Fourier-Transformation

Bezeichnung für ein fundamentales mathematisches Verfahren, das in der Physik und Elektrotechnik häufig bei der Analyse periodischer Vorgänge verwendet wird.
Grundidee ist, dass sich jedes periodische Signal, und sei es noch so komplex, als eine Summe (d.h. Überlagerung) von einfachen, periodischen Sinusschwingungen unterschiedlicher → *Frequenz* und → *Amplitude* darstellen lässt.
Ein zunächst zeitabhängiges Signal wird dadurch in ein frequenzabhängiges Signal (Spektrum) umgewandelt (transfor-

miert). Die dabei vorkommende niedrigste Frequenz wird als Grundschwingung (Grundwelle) bezeichnet, alle anderen Frequenzen als Oberschwingung (Oberwelle).
Vorteil des Verfahrens ist, dass sich die Summe der Einzelschwingungen mathematisch gesehen besser handhaben, analysieren und erzeugen lässt als das eine komplexe Ausgangssignal.
Entwickelt wurde das Verfahren von Joseph Baron de Fourier (* 1768, † 1830). Seine Umwelt vermochte die Bedeutung dieses Verfahrens jedoch zu seiner Zeit zunächst nicht zu würdigen.
→ *http://hesperia.gsfc.nasa.gov/~schmahl/fourier_tutorial/*

Fossil

Abk. für Fido, Opus, SEAdog Standard Interface Layer.
Bezeichnung für einen in der IBM-Welt weitverbreiteten → *Treiber* für serielle Schnittstellen. Ursprünglich entwickelt zur Nutzung im → *Fidonet.*

Foxer

→ *Testtext.*

FP

1. Abk. für Floating Point.
   → *Fließkommadarstellung.*
2. Abk. für Function Point.
   Begriff aus dem → *Software-Engineering*, genauer gesagt aus dem Bereich der Software-Metrik. Bezeichnung für ein Maß für die Funktionalität einer Software, das oft zusammen mit → *SLOC* als SLOC/FP zur Beurteilung der Effizienz von Software bzw. von Programmierern herangezogen wird und damit eine Effizienzbewertung von Programmen, die in verschiedenen Programmiersprachen geschrieben worden sind, ermöglichen soll. Das Verfahren dient ferner bei der Planung von Softwareprojekten der Abschätzung von Personalaufwand, Kosten und Zeitplänen.
   Das gesamte Verfahren wird häufig als Function Point Analysis (FPA) bezeichnet.
   Das Maß FP/Zeit ist ein Maß für die Produktivität bei der Softwareerstellung, d.h., welche Zeit (Manntage) wird benötigt, um eine bestimmte Funktionalität zu implementieren.
   Ein Function Point ist dabei eine von der Software ausgelöste und vom Benutzer gewünschte sowie sichtbare Aktion, z.B. ein Speicherzugriff auf einen Datensatz, eine Ausgabe, eine Eingabe oder eine Berechnung, d.h. jede durch sie ausgelöste Aktion, die der → *CPU* zu funktionsorientierter Aktivität verhilft. Allgemein gesprochen ist ein FP eine Transaktion (Eingabe, Ausgabe, Verarbeitung) auf einer bestimmten Datenmenge (Datensatz, Datei oder eine andere → *Datenstruktur*).
   Bei der Bestimmung derartiger Aktionen spielen die vom Programm verarbeiteten Daten und die auf bzw. mit ihnen ausgeübten Funktionen eine zentrale Rolle. In Abhängigkeit von der Komplexität der Datenstruktur und den Funktionen kann ihnen ein Funktionspunktwert zugeordnet werden. Die Summe aller einzelnen Funktionspunktwerte innerhalb eines Programms ergibt dann den Funktionspunktwert eines Programms, der unter bestimmten Bedingungen noch korrigiert werden kann und dadurch spezielle Anwendungsfälle, z.B. eine besonders komplexe Grafikverarbeitung, berücksichtigt.
   Eingeführt wurde der Begriff in den späten 70er Jahren vom Forscher und Entwickler Allan Albrecht aus dem Hause IBM zur Bestimmung der Produktivität von Programmierern. Mittlerweile ist das System durch die International Function Point User Group (IFPUG) standardisiert worden und liegt in Version 4 vor. Darüber hinaus gibt es in manchen Ländern (z.B. USA) die Möglichkeit, sich zum Function Point Analyst ausbilden zu lassen.

FPA

Abk. für Function Point Analysis.
→ *FP.*

FPD

Abk. für Flat Panel Display, Flachbrett-Bildschirm.

FPGA

Abk. für Field Programmable Gate Array.
Eine preiswerte Alternative zu → *ASICs*. Der Vorteil ist, dass sie im Gegensatz zu ASICs vom Anwender selbst programmiert werden können. Dadurch können sie ASICs bei Kleinserien ersetzen oder bei ihrer Entwicklung als Prototypen dienen, da sich Fehler schnell und einfach korrigieren lassen.
Als Nachteil gilt, dass sie bei umfangreichen Schaltungen (> 10 000 Gatter) und Großserien (> 5 000 Stück) im Vergleich zu ASICs sehr teuer sind. Ihre Grenzfrequenz liegt bei 10 MHz.

FPLMTS

Abk. für Future Public Land Mobile Telecommunication System.
1994 umbenannt in → *IMT 2000.*

FPM-DRAM

Abk. für Fast Page Mode Dynamic Random Access Memory.
Bezeichnung für einen → *DRAM*-Baustein mit einer Seitenadressierung.

FPML

Abk. für Financial Products Markup Language.
Eine von → *XML* abgeleitete Seitenbeschreibungssprache, die insbesondere auf die Finanzindustrie zugeschnitten ist (Banken, Versicherungen, Investmentunternehmen).
→ *http://www.fpml.org/*

Fps, FPS

1. Abk. für Frames per Second.
   Bei → *Videokonferenzsystemen* ein Qualitätsmerkmal, das die Anzahl Bilder je Sekunde bezeichnet.
2. Abk. für → *Fast Packet Services* (Switching).

FPX

Abk. für → *FlashPix.*

FQDN

Abk. für Full Qualified Domain Name.

Bezeichnung für eine Domänenadressierung (→ *Domain*) im → *Internet*, bei der tatsächlich jede real vorhandene Domänenstufe berücksichtigt wird.

Da jedoch Unternehmen oder sonstige Institutionen oft ein zentrales Gateway betreiben, das auf einer relativ hohen Stufe angesiedelt ist, und dieses Gateway oft über Informationen über die darunter liegenden Domänen und Nutzer verfügt, ist die Angabe des FQDN nicht immer notwendig, um einen einzelnen Nutzer darunter zu adressieren.

Anstelle von nutzername@abteilung.firma.de genügt beispielsweise schon nutzername@firma.de.

FR

1. Abk. für Flat Rate.
   → *Charging*.
2. Abk. für → *Frame Relay*.
3. Abk. für Flame Retardant.
   International übliche Bezeichnung für schwer entflammbare Kabel. Nachteilig ist, dass dies nichts über die Schädlichkeit der Kabel aussagt für den Fall, dass sie dennoch einmal Feuer gefangen haben. Hierfür ist das Kürzel → *FRNC* aussagekräftig.

FRA

Abk. für Fixed Radio Access.

Bezeichnung für drahtlose Anschlusstechnik im Ortsbereich. Andere Bezeichnungen: → *WLL*, → *RITL*.

Fractional T1

In Nordamerika die Bezeichnung für nur teilweise genutzte Kapazitäten einer → *T1*-Leitung. Prinzipiell alle Kapazitäten von n * 64 kbit/s mit n < 24. Abgekürzt mit FT1.

1. In weiterem Sinne jede nicht komplett mit 24 Kanälen zu je 64 kbit/s genutzte T1-Leitung.
2. In engerem Sinne die Anschlüsse für Kunden, denen eine T1-Leitung gelegt oder geschaltet wird, die jedoch davon weniger als 24 Kanäle nutzen und auch nur diese wenigen zu bezahlen brauchen.

FRAD

Abk. für Frame Relay Access Device.

Bezeichnung des beim Nutzer eines → *Frame-Relay*-Dienstes installierten Gerätes, das den Zugang dazu durch Nutzung anderer Zugangprotokolle (z.B. → *X.25* oder ein → *LAN*-Protokoll) ermöglicht.

Ein FRAD kann durch den Netzbetreiber konfiguriert werden und so bestimmte Mechanismen aktivieren, die es dem Netzbetreiber erlauben, sein Netz besser auszulasten. Daher können zur Aufgabe des FRAD z.B. folgende Punkte gehören:

- Die Umsetzung der vom Nutzer entgegengenommenen und u.U. unterschiedliche langen Frame-Relay-Pakete (Frames) in kurze Pakete einheitlicher Länge.
- Die Priorisierung von → *PVCs*

Fragmentierung

Bei → *Festplatten* die Bezeichnung für eine Zersplitterung der einzelnen Sektoren der Platte in belegte und freie Bereiche, wobei zu einer Datei gehörende Daten bei den belegten Bereichen über diverse, physisch nicht benachbarte Sektoren verteilt sind. Dies hat den Nachteil, dass → *Read Ahead* nicht funktioniert und das Lesen oder Schreiben kompletter Dateien lange dauert, da die über die Festplatte verstreuten Daten zusammengesucht werden müssen.

Fragmentierte Festplatten entstehen automatisch im Laufe der Zeit durch häufige Schreib- und Löschoperationen.

Fragmentierte Festplatten lassen sich mit Hilfe spezieller Programme (→ *Utilities*) durch Umspeichern von Daten wieder defragmentieren (optimieren).

Fraktale Kompression

Bezeichnung für eine Klasse von verlustbehafteten → *Kompressionsverfahren*. Sie sind asymmetrisch, da die Kompression langsam und die Dekompression schnell durchführbar ist.

Derartige Verfahren eignen sich sehr gut für Realbilder mit kontinuierlichem Farb- und Konturverlauf und weniger gut für abstrakte grafische Vorlagen (technische Zeichnungen etc.) mit strenger Geometrie, Text und starken Kontrasten. Fraktale Kompression führt bei geeigneten Vorlagen zu einer sehr hohen Kompressionsrate.

FRAM

Abk. für Ferroelectrical Random Access Memory.

Bezeichnung für → *RAM*-Bausteine, bei denen die Information durch Nutzung des ferroelektrischen Effekts gespeichert wird.

Ziel bei dieser Entwicklung ist die Kombination der Vorteile von → *EPROMs* (deren Eigenschaft, Daten dauerhaft ohne Stromversorgung speichern zu können, diese aber auch nur aufwändig wieder ändern zu können) und → *DRAMs* (schnelle Beschreibbarkeit, gleichzeitig ist eine permanente Spannungsversorgung erforderlich).

Frame

Von engl. frame = Rahmen, Block.

1. Der Begriff wird universell bei vielen Datenübertragungsprotokollen für bestimmte, klar abgrenzbare und häufig periodisch auftretende Einheiten von Daten mit einem bestimmten Format oder bei Videosequenzen als Bezeichnung für ein einzelnes Bild benutzt. Beispiele hierfür sind:
   - In → *T1*-Signalen der gesamte Zeitschlitz, der allen 24 Nutzkanälen (zu je 8 Bit) zur Verfügung gestellt wird plus einem Frame-Bit (insgesamt 193 Bit).
   - Bei → *HDLC* alle Bit zwischen den → *Flags* eines Übertragungspaketes.

   → *Block*, → *Rahmen*.
2. Bei der Darstellung von Informationsinhalten einer → *Site* im → *WWW* die Aufteilung des Darstellungsbereiches eines → *Browsers* in verschiedene Bereiche mit Hilfe von Trennlinien. Diese verschiedenen Bereichen dienen der Gestaltung eines übersichtlichen Layouts der

Seite und ihrer Informationen, z.B. in die Bereiche Werbung (→ *Banner*), Navigieren innerhalb der Site (→ *Image-Map*, diverse Buttons zur → *Suchmaschine* oder zur → *Homepage*) und den eigentlichen Informationen der aufgerufenen Seite.

Frame-Grabber

Bezeichnung für eine Software, die bei der Nachbearbeitung von Videosequenzen, z.B. auf dem → *PC* eingesetzt wird. Ein Frame-Grabber kann einzelne Bilder (Frames) aus mehreren herausgreifen und erlaubt deren gezielte Manipulation zur Weiterverarbeitung.

Frame Relay

Von engl. frame = Rahmen und to relay = weiterleiten, übermitteln. Bezeichnung für ein mittelschnelles bis schnelles paketorientiertes Übertragungssprotokoll für Punkt-zu-Punkt-Verbindungen.
Frame Relay wurde von der → *ITU* in folgenden Standards definiert:

Standard	Inhalt
I.122	Frame Relay Framework
I.233.1	Frame Relay Bearer Services
I.555	Frame Relay Bearer Service Interworking
I.370	Congestion Management in Frame Relay Networks
I.372	Frame Mode Bearer Services Network-to-Network Requirements
Q.921, Q.922	Frameformate, → *LAP-D*, Datenübertragungsprotokoll
Q.922	Core Aspects of Q.922 for Use With Frame Relaying Bearer Service
Q.933	DSS1 Signaling Specification for Frame Mode Bearer Service, d.h. Erkennen und Melden von Überlast, Überwachung von → *PVCs* und Schalten von → *SVCs*
Q.933 Annex A	Additional Procedures for PVCs Using Unnumbered Information Frames
X.36	User-Network-Interface (UNI)
X.76	NNI between Public Data Networks providing the Frame Relay Data Transmission Service

Zuerst standardisiert von der → *ANSI* in folgenden Standards (an die sich die ITU-Standards anlehnen):

Standard	Inhalt
T1.606	Dienste
T1.606a	Anhang zu T1.606 über Congestion Management und Frame-Größe
T1.617	Signalisierung am Zugang
T1.618	Frameformate, Datenübertragung

Frame-Relay-Rahmenstrukturen

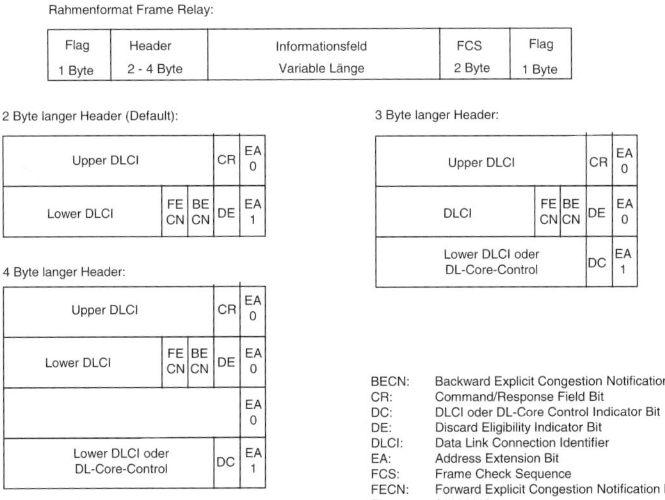

Rahmenformat Frame Relay:

Flag	Header	Informationsfeld	FCS	Flag
1 Byte	2 - 4 Byte	Variable Länge	2 Byte	1 Byte

2 Byte langer Header (Default):

Upper DLCI			CR	EA 0
Lower DLCI	FE CN	BE CN	DE	EA 1

3 Byte langer Header:

Upper DLCI			CR	EA 0
DLCI	FE CN	BE CN	DE	EA 0
Lower DLCI oder DL-Core-Control			DC	EA 1

4 Byte langer Header:

Upper DLCI			CR	EA 0
Lower DLCI	FE CN	BE CN	DE	EA 0
				EA 0
Lower DLCI oder DL-Core-Control			DC	EA 1

BECN: Backward Explicit Congestion Notification Bit
CR: Command/Response Field Bit
DC: DLCI oder DL-Core Control Indicator Bit
DE: Discard Eligibility Indicator Bit
DLCI: Data Link Connection Identifier
EA: Address Extension Bit
FCS: Frame Check Sequence
FECN: Forward Explicit Congestion Notification Bit
Flag: 01111110

Von den Internet-Gremien wurden folgende RFCs mit Bedeutung für Frame Relay definiert:

Standard	Inhalt
RFC 1490 (zuvor: RFC 1294)	Encapsulation (→ *Tunneling*) für IP-, IPX- und SNA-Daten in Frames
RFC 1604	Network Management

Das Frame Relay Forum hat folgende Spezifikationen erstellt:

Standard	Inhalt
FRF 1.1	User-to-Network-Interface (UNI)
FRF 2.1	Network-to-Network-Interface (NNI)
FRF 3.1	Multiprotocol Encapsulation gemäß RFC 1490
FRF .4	Switched Virtual Circuits (SVC)
FRF .5	Frame Relay/ATM Internetworking
FRF .6	Customer Network Management gemäß RFC 1604
FRF .7	Multicast
FRF .8	Frame Relay/ATM Service Interworking
FRF .9	Data Compression
FRF .10	Frame Relay Network-to-Network SVCs
FRF .11	Voice over Frame Relay (Encoding, Signaling, Compression)
FRF .12	Frame Relay Fragmentation
Multilink Frame Relay	Under Study

Frame Relay unterstützt eine variable Paketlänge von 262 Bytes (Defaultwert) bis 8 192 Bytes (8 KByte). Daher entsteht bei großen Paketen nur ein geringer Protokoll-Overhead. Üblicherweise werden Framegrößen von 1 512 oder auch 4 096 Byte genutzt.

Frame Relay arbeitet auf Schicht 1 und 2 des → *OSI-Referenzmodells* und ist auch für Breitbandanwendungen geeignet. Die Übertragungsgeschwindigkeit reicht von 56 bzw. 64 kbit/s (n * 64 kbit/s) bis 1,544/2,048 Mbit/s. Technisch sind Geschwindigkeiten bis 45 Mbit/s denkbar und in den Standards vorgesehen.

Viele Steuerungsmechanismen sind im → *Header* im → *DLCI*-Feld untergebracht. Das DLCI-Feld wird von den Netzknoten gelesen und ausgewertet. In Abhängigkeit von der Auswertung und den Routingtabellen wird der Frame anschließend unverändert zum nächsten Netzknoten gesendet.

Durch die Verwendung unterschiedlicher DLCIs auf ein und demselben physikalischen Kanal (z.B. vom Sender zum ersten Netzknoten) können verschiedene Verbindungen zu unterschiedlichen Zielen gleichzeitig realisiert werden.

Dadurch werden mehrere LAN-LAN-Verbindungen gleichzeitig unterstützt, z.B. wenn in verschiedenen Fenstern eines Anwendungsprogramms auf einem PC verschiedene Ressourcen angesprochen werden, die über das Frame-Relay-Netz zu erreichen sind.

Die Übertragung zwischen den Netzknoten erfolgt → *Hop-by-Hop*.

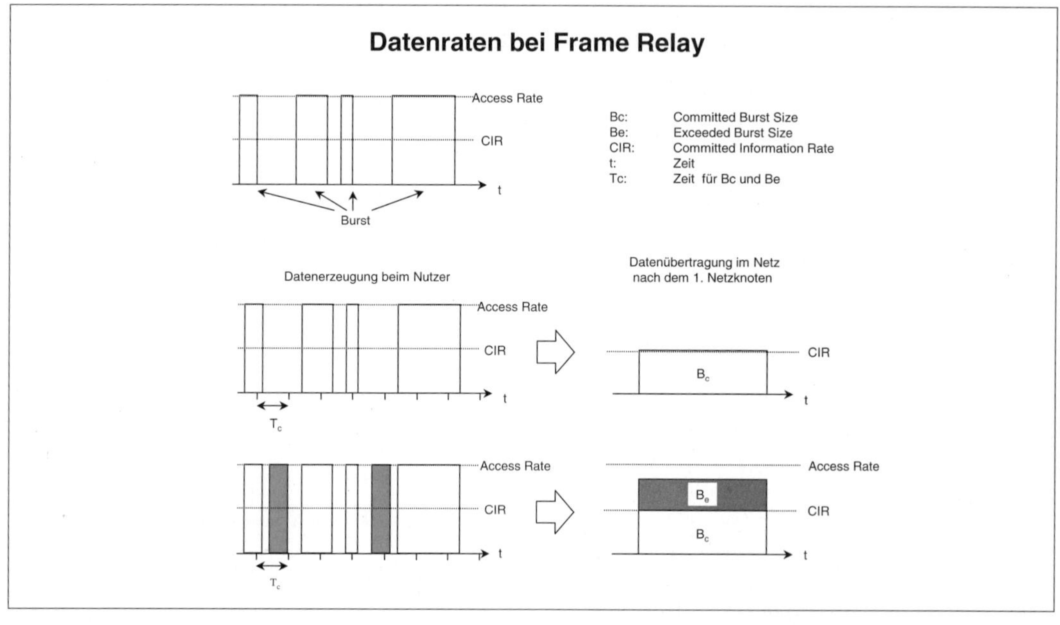

Frame Relay ist prinzipiell eine abgemagerte X.25-Version und auch HDLC-ähnlich (→ *LAP-F*), jedoch mit dem Unterschied, dass hier das Multiplexen von logischen Kanälen auf Schicht 2 geregelt wird und die ausführliche Flusskontrolle sowie Fehlererkennungs- und Fehlerkorrekturmechanismen fehlen (sind in höhere Schichten bzw. damit in die Endgeräte und die in ihnen laufenden Applikationen verlegt), da angenommen wurde, dass im LAN- und mittlerweile auch im WAN-Bereich die hoch entwickelten digitalen Bausteine der Sender und Empfänger sowie Übertragungsmedien (Glasfaser) weitgehend fehlerfrei arbeiten, was zu geringeren → *Delays* und Bitfehlern führt. Insgesamt ist Frame Relay damit für burstartig auftretenden Verkehr (→ *Burst*) ausgelegt, wie er typischerweise bei LAN-Interconnections auftritt.

Einziger Fehlersicherungsmechanismus ist ein 2 Byte langes → *FCS*-Feld (CRC-16), wodurch Fehler erkannt werden können. Die Auswertung des → *CRC* erfolgt erst durch höhere Protokollschichten am Ende der Verbindung, d.h. durch den Empfänger. Fehlerhafte Pakete werden sofort verworfen und durch das gesamte Netz vom Sender wieder angefordert. Hierin liegt ein Unterschied zu X.25, wo die Fehlerprüfung zwischen den einzelnen Netzknoten erfolgt und fehlerhafte Daten nur zwischen den Netzknoten erneut angefordert werden.

Ferner werden Daten vom Sender automatisch wiederholt übertragen, sobald innerhalb einer bestimmten voreingestellten Zeit keine positive Quittung durch den Empfänger erfolgt.

Ein Paket gilt auch als fehlerhaft, wenn der DLCI fehlerhaft ist.

Insgesamt laufen bei Frame Relay alle Fehlermechanismen auf eine Fehlererkennung und ein Verwerfen fehlerhafter Daten hinaus, gleiches gilt für Daten die wegen Überlast nicht oder nicht rechtzeitig ankommen. Es ist Aufgabe der höheren Protokolle, diese Daten ggf. erneut anzufordern. Dieses Prinzip wurde von den im → *Internet* verwendeten Protokollen übernommen.

Durch diesen einfachen Mechanismus arbeitet Frame Relay sehr effizient, sofern eine → *BER* von 10^{-6} nicht überschritten wird. Es hat sich jedoch herausgestellt, dass Bitfehler in aktuellen Frame-Relay-Netzen die geringeren Probleme aufwerfen, wohingegen Netzüberlast und damit der drohende Verlust kompletter Frames häufiger auftritt.

Zwischen zwei Frame-Relay-Anschlüssen, genannt Ports, werden die Frames mit Hilfe von virtuellen Verbindungen (Virtual Circuits, VC) übertragen. Es werden dabei permanente und geschaltete virtuelle Verbindungen (→ *PVC*, → *SVC*) unterstützt, von denen PVCs weiter verbreitet sind. Frame Relay beinhaltet auch Überlastkontrolle wie z.B. → *BECN*, → *CLLM*, → *FECN* oder → *DE*.

Es ist dabei zu beachten, dass im Standard keine Verfahren zur Erkennung der Überlast durch die Netzknoten definiert sind, sondern nur zur Information über die Überlast, wenn diese bereits erkannt wurde.

Beispiele für das Erkennen einer Überlast können sein:

- Ermittlung des Füllungsgrades des Speichers für eingehende Frames
- Ermittlung des Füllungsgrades des Speichers für ausgehende Frames
- Ermittlung der Auslastung der eigenen → *CPU*

Signalisierung und Nutzdatentransport erfolgen getrennt über zwei verschiedene Protokollstapel (Control Plane und User Plane) der Schichten 1 bis 3, die sich erst wieder in der 4. Schicht vereinigen. Nachteil von Frame Relay, wie bei allen paketorientierten Verfahren, sind nicht vorhersehbare Laufzeiten von Ende zu Ende, daher eher ungeeignet für

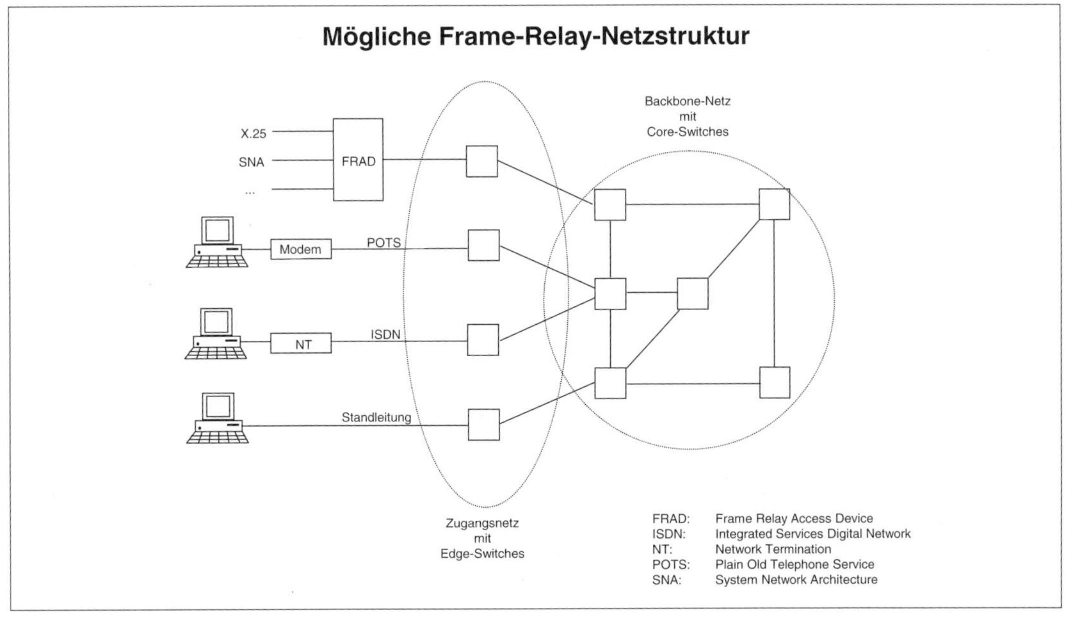

zeitkritische Anwendungen, wie z.B. Sprachübertragung, obwohl mittlerweile einige Firmen Zusatzeinrichtungen für die Kopplung von Nebenstellenanlagen im Rahmen von → *CNs* anbieten.

Zusammengefasst existieren damit folgende Unterschiede zwischen Frame Relay und X.25-Netzen:

- Das Frame-Relay-Protokoll ist einfacher zu implementieren
- Niedrigerer Protokoll-Overhead durch weniger Sicherheitsmechanismen
- Keine Flusssteuerung
- Außenband-Signalisierung
- Niedrigerer Delay durch kürzere Bearbeitungszeiten in den Netzknoten
- Multicast-Verbindungen werden unterstützt

Reale Frame-Relay-Netze müssen nicht zwingenderweise zwischen den Netzknoten (eines Herstellers) gemäß den Frame-Relay-Protokollen übertragen, solange sie die Schnittstellenspezifikation zu den Nutzern einhalten (UNI, User to Network Interface). Vielmehr verwenden einige Hersteller eigene Übertragungsprotokolle.

Damit verschiedene Geräte verschiedener Hersteller dennoch miteinander kommunizieren können, hat das Frame Relay Forum eine eigene Schnittstellenbeschreibung (NNI, Network-to-Network-Interface) erarbeitet.

Kleine Netze werden oft nur teilvermascht mit besonderer Berücksichtigung von Ersatzpfaden (→ *Rerouting*). Größere Netze werden üblicherweise hierarchisch mit → *Backbone* und Zugangsknoten aufgebaut. Die Netze selbst können aus Betreiber- oder Kundensicht als verschiedene Modelle implementiert werden:

- Öffentliches Frame-Relay-Netz eines Netzbetreibers, an das jeder angeschlossen werden kann
- Privates Frame-Relay-Netz innerhalb eines Konzerns mit Anschluss von Zulieferern oder anderen geschäftlich verbundenen Unternehmen (ähnlich einem → *CN*)
- Privates Frame-Relay-Netz als rein internes Netz

An die Zugangsknoten können die Nutzer mit Wählverbindungen (digital über → *ISDN* oder analog per → *Modem*) oder über eine Standleitung angeschlossen werden. Am Standort des Nutzers selbst erfolgt der Anschluss u.U. mittels eines Frame Relay Access Devices (→ *FRAD*).

Prinzipiell ist Frame Relay für alle Anwendungen mit burstartig auftretendem Verkehr geeignet (→ *Burst*) und nicht für Verkehr mit konstanter Bandbreite, die im ungünstigsten Fall noch der maximalen Bandbreite der Anschlussleitung entspricht.

Frame Relay wird daher allgemein als Backbone für → *LAN*-Interconnections im unteren bis mittleren Geschwindigkeitsbereich genutzt. Es gilt dort als einigermaßen preiswerte Alternative zu schmalbandigen ISDN-Wählverbindungen (die bei niedriger Last bei LAN-LAN-Kopplungen zwischen wenigen Standorten genutzt werden), breitbandigen und teuren Festverbindungen (es war anfangs aber teurer als X.25) und kann auf vielen Plattformen implementiert werden. Der Teilnehmer kann darüber hinaus bei Frame Relay in der Regel eine sogenannte Committed Information Rate (CIR) festlegen. Diese Datenrate liegt unterhalb der offiziellen maximalen Datenrate seines Anschlusses (Access Rate) und wird ihm garantiert, wohingegen seine maximale Datenrate nur bei entsprechenden freien Kapazitäten im Netz zur Verfügung steht. Die CIR beträgt üblicherweise ¼ oder ½ der Access Rate.

Wenn die Datenrate über die CIR steigt, werden die betroffenen Frame-Relay-Rahmen gekennzeichnet (DE-Bit wird auf 1 gesetzt). Derartig gekennzeichnete Rahmen können bei Bedarf von den Netzknoten verworfen werden. Dies erfolgt z.B. bei Netzüberlast.

So ist z.B. bei einem 64-kbit/s-Anschluss eine CIR von nur 32 kbit/s denkbar. In den USA gibt es sehr günstige Tarife mit CIR von 0, was bedeutet, dass im Falle einer Netzüberlastung kurzfristig keine Daten mehr ins Netz gelangen können. Dies ist ein Umstand, der aber in vielen Fällen toleriert werden kann und lediglich zu Zeitverzögerungen (Delay) führt.

Neben der Access Rate und der CIR spielt auch die Committed Burst Size (Bc) eine Rolle. Sie gibt die Datenmenge an, die in einem Zeitintervall von Tc (Committed Rate Measurement Interval, hier wird üblicherweise 1 s gewählt; ansonsten gilt: Tc = Bc/CIR) am Netzknoten ankommen darf. Die betreffende Datenmenge wird hinter dem ersten Netzknoten mit CIR durch das Netz zum Empfänger transportiert.

Ferner gibt die Excess Burst Size (Be) an, um wie viele Bit die Bc in der Zeit Tc überschritten werden darf. Der Netzknoten wird, sofern entsprechende Kapazitäten noch vorhanden sind, versuchen, die Datenmenge weiter zu übertragen. Be darf zusammen mit Bc an die Access Rate heranreichen.

Diese hier beschriebenen Größen können Bestandteil eines Service Level Agreements (→ *SLA*) zwischen einem Anbieter von Frame Relay (Carrier, Telco) und seinem Kunden sein.

Erste Entwicklung auf dem Weg zu Frame Relay war 1983 FPS (Fast Packet Switching) aus dem Hause der Bell Labs. Diese Technik entwickelte sich dann zum heutigen Frame Relay weiter, das Ende der 80er Jahre historisch aus dem Bedürfnis hervorging, für mittlerweile bessere digitale Leitungen (Glasfasern) und Übertragungsverfahren als in den 60er Jahren einen einfacheren Paketvermittlungsmodus bereitzustellen als das bisher verwendete → *X.25*. Die → *ITU* und die → *ANSI* strebten ab Mitte der 80er Jahre einen Standard an, allerdings mit nur sehr niedrigem Tempo. Erstes Resultat war 1988 der Standard I.12 der ITU („Framework for additional packet mode bearer services"). Er war eigentlich ein auf dem ISDN basierender Standard zur paketvermittelten Datenübertragung (→ *Packet Mode Bearer Service*) über den D- oder B-Kanal. Die Firmen Stratacom, Cisco-Systems, DEC und Northern Telecom („Group of Four", „Gang of Four", „Rat Pack") waren die Hauptinitiatoren für die Verbreitung in Nordamerika ab 1990, wo ab 1991 auch der erste öffentliche Frame-Relay-Dienst von Worldcom angeboten wurde. Sie brachten auch die Standardisierung voran, die sich bis dahin nur schleppend entwickelte. Aus der Gruppe ging 1991 das

Frame Relay Forum hervor, das mittlerweile über 300 Unternehmen umfasst.
Zunächst wurde Frame Relay nur als eine Übergangstechnologie angesehen, die zwar mehr Bandbreite als X.25 anbot, aber deren Götterdämmerung durch ATM schon eingeleitet worden war. Durch dessen schleppende Entwicklung und den rasch ansteigenden Bedarf nach LAN-Interconnection konnte sich Frame Relay jedoch im Markt etablieren. Seit Mitte 1998 hat Frame Relay X.25 sogar an Bedeutung und Verbreitung überholt. Viele bestehende ATM-Netze bieten wegen der mittlerweile erheblichen Verbreitung von Frame Relay auch Frame-Relay-Schnittstellen an den Edge-Switches an.
In Deutschland wurde Frame Relay erstmals ab 1995 von der Deutschen Telekom angeboten.
Das Frame Relay Forum ist erreichbar unter:

The Frame Relay Forum
303 Vintage Park Drive
Foster City, CA 94404-1138
Tel. (+ 1) 04 15 / 5 78 69 80
Fax: (+ 1) 04 15 / 5 25 01 82

→ *http://www.frforum.com/*
→ *http://cell-relay.indiana.edu/*
→ *http://www.mot.com/networking/frame-relay/*

FrameLink

In den 90er Jahren der Produktname der Deutschen Telekom für ihren → *Frame-Relay*-Dienst.

Frame Stealing

Bezeichnung für den Einsatz fremder Ressourcen zu dafür nicht vorgesehenen Zwecken in der Paketdatenübertragung. Dabei werden mit für Nutzdaten vorgesehenen Paketen (hier Frames genannt) Signalisierungsdaten übertragen.

Fraud, Fraud-Detection, Fraud-Management, Fraud-Prevention

Von engl. fraud = Betrug, Schwindel. Fraud ist der Oberbegriff für aus verschiedenen Gründe entgangenen Umsatz. Dabei ist es schwierig, zwischen den beiden folgenden Fällen zu unterscheiden:

- Bewusst betriebener (krimineller) Missbrauch nicht berechtigter Personen von Telekommunikationsdienstleistungen, z.B. durch die Manipulation einer → *Telefonkarte*, einer → *Calling Card*, einer → *Prepaid Card* oder durch → *Blue Boxing*.
- Inanspruchnahme von Telekommunikationsdienstleistungen über die finanzielle Leistungskraft der Nutzer hinaus. Diese Einschränkung der finanziellen Leistungskraft kann vorübergehender Natur sein, kann aber auch auf mehr oder weniger bewusstes, leichtsinniges Nutzen von Telekommunikationsdiensten zurückgeführt werden.

→ *Sicherheitsmanagement*, auch genannt Fraud-Management, ist ein Teil des → *Netzmanagements*, das sich allgemein mit der Verminderung des Fraud-Risikos durch verschiedene Ex-post- und Ex-ante-Maßnahmen beschäftigt.

Auch im → *Billing*-Prozess wird Fraud-Management in Gestalt von Fraud-Detection zur Erkennung von Fraud betrieben.
Fraud-Prevention als Teil von Fraud-Management wiederum setzt schon vor dem Entstehen von Fraud ein, beispielsweise bei der Produktentwicklung. Ziel ist das Vermeiden von Sicherheitslücken, das Verringern von Angriffsflächen und die Gestaltung des Produktes, so dass Fraud unmöglich oder Fraud-Detection (im Idealfall in Echtzeit) möglich ist.
Während Fraud-Attacken zunächst (bis ca. Anfang der 90er Jahre) vorwiegend durch → *Hacker* in kleinem Maßstab durchgeführt wurden, ist Fraud insbesondere seit dem Vordringen kartenbasierter Systeme (→ *Smart Card*, Telefonkarte, Prepaid Card, Calling Card) auch Gegenstand organisierter Kriminalität mit entsprechenden Schadenssummen.
Fraud wird durch liberalisierte Märkte, in denen starker Wettbewerb unter den Anbietern herrscht, begünstigt, da die Anbieter in einem solchen Umfeld üblicherweise an schnell wachsenden Marktanteilen interessiert sind. Dies führt (auch aus Kostengründen) zu einer Vernachlässigung der internen Maßnahmen und Prozesse zur Verminderung der Fraud-Schäden. Vernachlässigt werden dabei:

- Fraud-Prevention durch sorgfältige Produktentwicklung und in die Produkte implementierte Sicherheitskonzepte
- Konsequente Verfolgung von Fraud als Folge der hohen Kosten dafür im Vergleich zum Wert des entstandenen Schadens
- Niedriges Risikobewusstsein bei der Akzeptanz von Kunden (z.B. keine Kreditwürdigkeitsprüfung etc.)
- Fraud-Detection durch Einteilung der Kunden in Kundengruppen mit bestimmten Verhaltensmustern, so dass Abweichungen davon leicht als potenzieller Fraud identifiziert werden können
- Kontrolle von Mitarbeitern innerhalb der Telekommunikationsdienstanbieter, z.B. von Mitarbeitern, die Zugang zu Verwaltungssystemen mit Sicherheitsdaten oder zum Lager haben.

FRC

1. Abk. für Free Running Counter.
2. Abk. für Functional Redundancy Check.
   Oberbegriff für zwei parallel laufende Computer, die sich aus Sicherheitsgründen gegenseitig überprüfen.
3. Abk. für Federal Radio Commission.
   Der Vorgänger der → *FCC*, gegründet 1927. Sie ging 1934 in der FCC auf.

FRDS

Abk. für Failure Resistant Disk Systems.
→ *RAID*.

Free Agent Routing

→ *ACD*.

FreeBSD

→ *Unix*.

Freephone

Auch Greenline-, Green-Number-Service (GLS, GNS) oder Toll Free Service genannt. Internationaler Jargon für einen für jeden Anrufer (→ *A-Teilnehmer*) einer bestimmten Nummer gebührenfreien Anruf. Die Gebühren zahlt der Angerufene (→ *B-Teilnehmer*). Da dadurch das Prinzip der Gebührenzurechnung umgedreht wird, bezeichnet man das Verfahren auch als ‚Reverse Charging', wovon sich auch die deutsche Bezeichnung ‚R-Gespräch' ableitet. Einen weiteren Zusatznutzen erhält eine Freephone-Nummer durch die Verwendung einer → *Vanity-Nummer*, die in den USA entscheidend zum Erfolg der Freephone-Nummern beigetragen hat.

Realisiert wird dieser Dienst heutzutage mit Hilfe des → *IN*.

In Deutschland sind derartige Nummern an der Vorwahl 0130 erkennbar. Seit dem 1. Januar 1998 werden auch, dem internationalen Standard angepasst, Nummern mit einer 08 00 am Anfang vergeben. Sie sind dann einheitlich 10 Stellen (ohne die führende 0) lang. Die 0130er-Nummern wurden noch bis zum 31. Dezember 2000 unterstützt.

Bis zum 31. Dezember 1997 wurden die Nummern von der Deutschen Telekom vergeben, seitdem vergibt die → *Regulierungsbehörde* auf Antrag derartige Nummern.

Wer eine derartige Nummer beantragt und zugeteilt bekommt, muss ihre technische Einrichtung spätestens 90 Tage nach Zuteilung bei einem Netzbetreiber beantragt haben. Weitere 90 Tage später muss sie aus dem öffentlichen Netz tatsächlich erreichbar sein.

Freephone wurde in den USA entwickelt und dort erstmals 1966 genutzt. Ab 1967 stand die Telefonvorwahl 0800 dafür zur Verfügung. Die große Zunahme derartiger Nummern erhöhte den Druck auf die Hersteller von Vermittlungsstellen, ein technisches Konzept dafür zu entwickeln, aus dem letztlich das IN hervorging. Ferner waren die 800-Nummern schnell erschöpft, so dass auf 0888-Nummern (ab 1996) und schließlich auf 0887-Nummern (ab März 1998) ausgewichen werden musste.

International gültige Freephone-Nummern werden mit → *UIFN* bezeichnet.

→ *Shared-Cost-Service*, → *Premium Rate Service*, → *Werbefinanzierte Telefonie*.

Free-TV

Mitte der 90er Jahre geprägter Begriff, der im Gegensatz zum Begriff → *Pay-TV* das TV-Angebot nichtkommerzieller bzw. kommerzieller Veranstalter bezeichnet, die frei ohne Registrierung und Zugangsbeschränkung empfangen werden können. Die Veranstalter sind meistens staatlich kontrollierte Sender oder öffentlich-rechtlich organisiert, wobei auch über Werbung finanzierte Sender unter diesen Begriff fallen.

Irreführend ist dieser Begriff insofern bei einigen Sendern, als dass Free-TV nicht zwangsläufig kostenlos ist. Unter Umständen werden monatliche Gebühren fällig, so in Deutschland z.B. für ARD und ZDF sowie ihre assoziierten Sender.

Freeware

Auch genannt Open-Source Software. Bezeichnung für Software, für die üblicherweise nur der Datenträger zu bezahlen ist, nicht jedoch die Software selbst. Andere Modelle sehen freiwillige Beiträge im Nachhinein o.Ä. vor.

→ *Dongleware*, → *Public Domain*, → *Shareware*.

→ *http://www.freeload.de/*

→ *http://www.bestfreeware.de/*

→ *http://www.freeware.de/*

→ *http://www.freewareweb.com*

Freilaufende Prozedur

Andere Bezeichnung für das → *Ready-Busy*-Protokoll.

Freiraumdämpfung

Bezeichnung eines Dämpfungsmaßes, das Effekte des → *Fading* wie → *Dämpfung*, → *Beugung*, → *Transmission* und → *Reflexion* berücksichtigt. Ist definiert als Differenz zwischen der empfangenen und der abgestrahlten Leistung:

$$L_0 = P_E - P_S$$

$$L_0 = -10 \log (P_E/P_S) = -20 \log (/4d)$$

wobei gilt:

L_0	Freiraumdämpfung
P_E	Empfangsleistung
P_S	Sendeleistung
d	Entfernung
λ	Wellenlänge

Freisprecheinrichtung, Freisprechen

Ein → *Leistungsmerkmal* von Telefonapparaten und → *Handys*. Oft auch bei Kombigeräten (Telefon-Anrufbeantworter) zu finden. Dabei kann bei aufgelegtem Hörer gewählt, ein Anruf entgegengenommen oder gesprochen werden. Üblicherweise kann zwischen Freisprechen und Betrieb mit Hörer auch während einer bestehenden Verbindung durch Betätigen einer → *Funktionstaste* umgeschaltet werden.

Das Telefon ist dafür mit einem zusätzlichen Lautsprecher und einem Mikrofon ausgestattet. Darüber hinaus sind technische Vorkehrungen zur Verhinderung bzw. Dämpfung des akustischen Rückhörens zwischen Sende- und Empfangsrichtung zu treffen.

Bei Autotelefonen oft in Verbindung mit einer → *Stummschaltung*.

→ *Sprechgarnitur*.

Freiton

Bezeichnung für das akustische Signal, das ein Anrufer (→ *A-Teilnehmer*) hört wenn der Anschluss des Angerufenen (→ *B-Teilnehmer*) frei ist und der Angerufene von seinem Endgerät mit dem → *Rufton* gerufen wird.

Es handelt sich um eine periodische Tonfolge (1 s Tonsignal, 4 s Pause).

→ *Besetztton*, → *Wählton*.

Fremdanschaltung

Bezeichnung für den Anschluss eines Teilnehmers an das → *ISDN* in einem fremden ISDN-fähigen Ortsnetz, wenn das Ortsnetz des Teilnehmers noch nicht ISDN-fähig ist. Ein Anschluss an die eigene ISDN-fähige nächstgelegene Vermittlungsstelle wird als Regelanschaltung bezeichnet.

Fremdanschaltung wird üblicherweise als eine Maßnahme in der Übergangszeit während des Prozesses der → *Digitalisierung* eines Telekommunikationsnetzes angewendet (in Deutschland z.B. in der Zeit von 1987 bis 1998). Sind erst einmal alle Teilnehmervermittlungsstellen digitalisiert, dann besteht auch kein Bedarf mehr an einer Fremdanschaltung.

FreqBZPV

Abk. für → *Frequenzbereichszuweisungsplanverordnung.*

FreqNP

Abk. für → *Frequenznutzungsplan.*

Frequency Hopping

Von engl. frequency hopping = Frequenzsprungverfahren.

Auch FHSS für Frequency Hopping Spread Spectrum genannt, da Frequency Hopping neben → *DSSS* ein mögliches Verfahren der → *Spread-Spectrum*-Technologie ist.

Bei der Übertragung in Frequenzbändern mit → *FDMA* kommt es vor, dass bestimmte Frequenzen durch Umgebungseinflüsse mehr gestört werden als andere. Um dennoch auch auf diesen Frequenzen Daten übertragen zu können, teilt man einem logischen Kanal diesen physischen Kanal (d.h. die Frequenz) jeweils nur für eine bestimmte Zeit zu und wechselt dann den physischen Kanal durch einen Wechsel auf eine andere Frequenz. Da alle logischen Kanäle nach der Übertragung eines Datenpaketes die Frequenz wechseln, führt das dazu, dass viele wenig gestörte und daher korrigierbare Kanäle zur Verfügung stehen, anstelle eines einzigen schlechten (u.U. nicht korrigierbaren) und der restlichen sehr guten Kanäle.

Man unterscheidet beim Frequency Hopping zwei Verfahren:

- Slow Frequency Hopping: Beim Slow Frequency Hopping wird auf jeder Frequenz eine Gruppe von mehreren Bit übertragen, bevor zur nächsten Frequenz gesprungen wird.
- Fast Frequency Hopping: Das Umschalten zwischen den Frequenzen erfolgt nach der Übertragung eines Bit. Fast Frequency Hopping gilt als teuer und technisch schwer beherrschbar. Es wird vor allem im militärischen Bereich zur Datenverschlüsselung eingesetzt, wo Frequency Hopping seinen Ursprung hat und schon seit mehreren Jahren eingesetzt wird.

Im → *GSM*-System ist Slow Frequency Hopping nach einem festgelegten Raster vorgesehen, wird aber (noch) nicht angewendet. → *Bluetooth* nutzt ebenfalls Frequency Hopping. Ein anderes Anwendungsfeld für Frequency Hopping sind → *Wireless LAN*s.

Eine Sonderform ist → *Interferenz Diversity.*

Nachteilig beim Frequency Hopping sind der erhöhte Verwaltungs-Overhead für die Sprungreihenfolgen und eine Verringerung der Nutzdatenrate, da sowohl zusätzliche Verwaltungsdaten über den Funkkanal transportiert werden müssen als auch das System vor und nach dem Sprung immer etwas Zeit zum Einschwingen benötigt.

Seinen Ursprung hat das Frequency Hopping als Wurzel der Spread-Spectrum-Technik im 2. Weltkrieg, als das Militär nach Lösungen für zwei Probleme suchte: Erstens sollte der eigene Funkverkehr nicht abhörbar sein und zweitens sollte der eigene Funkverkehr durch gegnerische Störsender möglichst wenig gestört werden können. In einem ersten Schritt

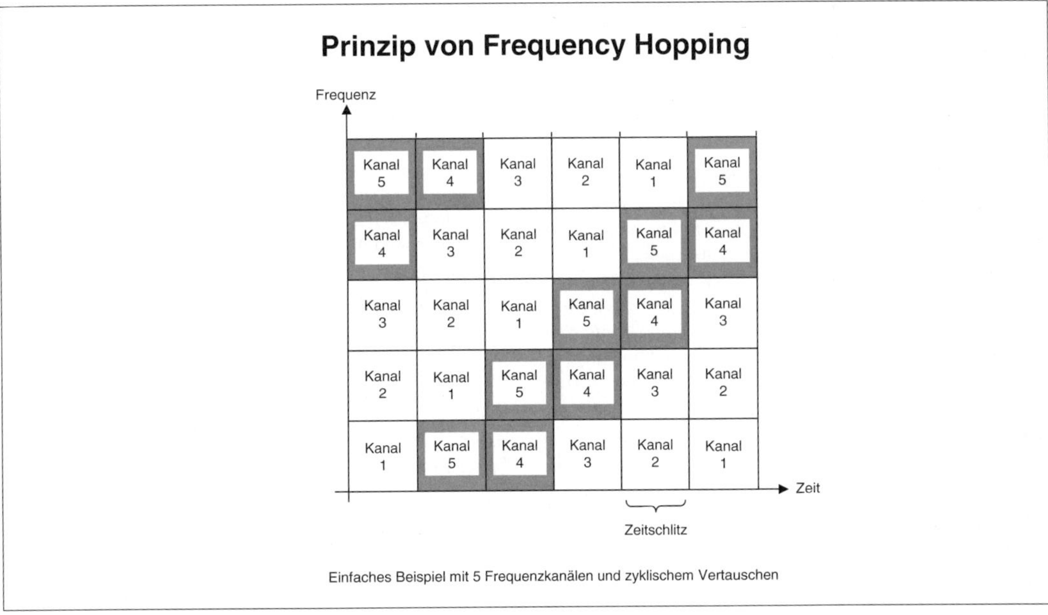

Einfaches Beispiel mit 5 Frequenzkanälen und zyklischem Vertauschen

entwickelte man daher Funkverfahren, bei denen laufend die Frequenz gewechselt wurde. Dies setzte aber zusätzliche Frequenzen voraus, auf die man wechseln konnte. War also zunächst für die Übertragung eines Funksignals eine Frequenz notwendig, so setzte ein Frequency Hopping zusätzliche Frequenzen voraus. Das Ursprungssignal wurde sozusagen auf mehrere Frequenzen verteilt (aufgeteilt, gespreizt), wodurch die Bezeichnung Spread Spectrum als Oberbegriff entstand.

Die Frequenzfolgen wurden zunächst auf Lochstreifen gespeichert und steuerten Sender und Empfänger, so dass beide synchron sprangen und es zu einer Nutzdatenübertragung kam.

Frequenz

1. Im physikalischen Sinn die Anzahl der vollständigen Schwingungen, die ein System in einer bestimmten Zeit durchführt. Einheit: 1/s, genannt Hertz. Benannt nach Heinrich Hertz (* 1857, † 1894).

   Mit entsprechenden Präfixen ergeben sich höhere Frequenzen:

Kürzel	Präfix	Anzahl Schwingungen pro Sekunde
kHz	k = kilo	1 000
MHz	M = Mega	1 000 000
GHz	G = Giga	1 000 000 000

   → *Amplitude*, → *Periode*, → *Phase*, → *Wellenlänge*.

2. Im regulatorischen Sinn auf dem Gebiet der Telekommunikation eine knappe Ressource hinsichtlich ihrer Nutzung durch verschiedene Funkanwendungen, die der Regulierung bedarf.

   International gibt die → *WRC* bestimmte Regeln zur → *Frequenznutzung* vor, die im Rahmen von → *Frequenzbereichszuweisungplänen* in nationales Recht umgesetzt werden.

Frequenzband

Oft auch nur kurz mit Band bezeichnet. Bezeichnung für einen zusammenhängenden Bereich von Frequenzen aus dem Frequenzspektrum, die durch eine Unter- und eine Obergrenze definiert werden und mit einem Namen versehen wurden. Üblicherweise sind physikalische Eigenschaften (Ausbreitungseigenschaften elektromagnetischer Wellen) gemeint, wenn von Frequenzbändern gesprochen wird (im Gegensatz zu Anwendungen bei → *Frequenzbereichen*).

Für verschiedene Bänder haben sich insbesondere zur Zeit des 2. Weltkriegs unterschiedliche Namen eingebürgert, die allerdings nicht im Detail fest definiert sind, so dass es auf den konkreten Einzelfall ankommt.

→ *P-Band*, → *L-Band*, → *S-Band*, → *C-Band*, → *X-Band*, → *K-Band*, → *Ku-Band*, → *Ka-Band*, → *Q-Band*, → *V-Band*, → *Bandbreite*.

Frequenzbeitragsverordnung

Vollständige Bezeichnung ist → *Frequenznutzungsbeitragverordnung*.

Frequenzbereich

Ein für einen bestimmten Zweck (z.B. Mobilfunk) von einer Behörde, üblicherweise der nationalen → *Regulierungsbehörde*, zugeteiltes Bündel von Frequenzen aus dem Frequenzspektrum. Nicht notwendigerweise zusammenhängend.

Die regulatorische Umsetzung der Zuordnung von Frequenzbereichen zu bestimmten Zwecken erfolgt im → *Frequenzbereichszuweisungsplan*.

→ *Bandbreite*, → *Frequenzband*.

Frequenzbereichszuweisung, Frequenzbereichszuweisungsplan, Frequenzbereichszuweisungsplanverordnung

Der Frequenzbereichszuweisungsplan ist die regulatorische Zuordnung von → *Frequenzbereichen* zu einzelnen Anwendungen von Funkübertragungsverfahren, z.B. für → *Satellitenmobilfunk*, → *Mobilfunk*, → *Richtfunk*, → *Amateurfunk*, → *CB-Funk*, → *Kurzstreckenfunk* oder → *Rundfunk*.

Der nationale Frequenzbereichszuweisungsplan wird dabei von der nationalen Regulierungsbehörde als Kompromiss aus internationalen Vorgaben (→ *WRC*, → *RR*) und der historisch gewachsenen Frequenznutzung eines Landes aufgestellt und laufend (üblicherweise unter dem Gesichtspunkt der internationalen Harmonisierung) weiterentwickelt.

In Deutschland hat der Frequenzbereichszuweisungsplan nach § 45 des → *Telekommunikationsgesetzes* (TKG) den Status einer Rechtsverordnung (Frequenzbereichszuweisungsplanverordnung, FreqBZPV), die von der → *Regulierungsbehörde* erlassen wird. Sie bedarf bei Änderungen, die Frequenzbereiche des Rundfunkwesens betreffen, der Zustimmung des Bundesrates, da der Rundfunk in die Kulturhoheit der Länder fällt. Ferner sei an dieser Stelle am Rande darauf hingewiesen, dass Frequenzbereichszuweisungsplanverordnung das vermutlich längste Wort in diesem Buch ist (43 Buchstaben).

Der Frequenzbereichszuweisungsplan wird für einzelne Anwendungen auf die Stufe mehrerer → *Frequenznutzungspläne* aufgeteilt.

In Deutschland reguliert der Frequenzbereichszuweisungsplan das Spektrum von 9 kHz bis 275 GHz.

Frequenzdiversityverfahren

Bezeichnung eines Verfahrens zur Empfangsverbesserung bei Funkverbindungen. Es handelt sich dabei um eine von mehreren möglichen Ausprägungen von → *Diversity*.

Frequenzgebührenverordnung

Abgekürzt mit FGebV. Bezeichnung einer am 21. Mai 1997 verabschiedeten und am 2. Juni 1997 im Bundesgesetzblatt, Teil 1, Nr. 33, veröffentlichten und das → *Telekommunikationsgesetz* (TKG) ergänzenden Verordnung, die rückwirkend zum 1. August 1996 in Kraft trat und die Höhe der ein-

maligen Gebühr für die Zuteilung einer Frequenz nach § 47 des TKG regelt.
Die Verordnung wurde geändert durch die erste Verordnung zur Änderung der Frequenzgebührenverordnung vom 16. Dezember 1997, veröffentlicht im BGBl, Teil I, Nr. 87, vom 29. Dezember 1997, Seite 3194.
→ *http://www.regtp.de/gesetze/00993/inhalt/*

Frequenzgetrenntlageverfahren

→ *FDD.*

Frequenzharmonisierung

Bezeichnung für den Prozess der Angleichung der Nutzung von → *Frequenzbereichen* in verschiedenen Ländern.
International maßgebliche Instanz ist die → *WRC*, deren Vorgaben von → *Regulierungsbehörden* in nationales Recht umzusetzen ist. Darüber hinaus gibt es eine Reihe von regionalen Institutionen wie das → *ETSI*, das ebenfalls an der Harmonisierung der Frequenznutzung arbeitet.

Frequenzhub

→ *FSK.*

Frequenzmultiplex, Frequenzmultiplexer

→ *FDM.*

Frequenzmodulation

→ *FSK.*

Frequenznutzung

Begriff aus dem Telekommunikationsrecht. Dort ist eine Frequenznutzung definiert als die zielgerichtete Anwendung der Aussendung und/oder des Empfangs elektromagnetischer Wellen, deren bestimmungsgemäßer Gebrauch dazu führen könnte, andere bestimmungsgemäße Anwendungen elektromagnetischer Wellen zu beeinträchtigen.
Die ordnungsgemäße Nutzung von Frequenzen mit dem Ziel einer effizienten Frequenznutzung (flächendeckende Versorgung, störungsfreie Versorgung) wird in Deutschland durch einen Prüf- und Messdienst der → *Regulierungsbehörde* sichergestellt, die auch das Einhalten int. Standards garantiert.

Frequenznutzungsbeitragsverordnung

Abgekürzt mit FBeitrV. Bezeichnung einer Verordnung vom 19. November 1996, veröffentlicht im BGBl, Teil I, Nr. 61 vom 26. November 1996, S. 1790 ff. Die FBeitrV definiert gemäß § 48 Abs. 3 des → *Telekommunikationsgesetzes* (TKG) die Gebühren und Maßnahmen bei Verstößen gegen die Frequenzordnung und Nutzungsentgelte für Frequenzen. Ergänzt wird diese Verordnung durch die → *Frequenzgebührenverordnung*.
→ *http://www.regtp.de/gesetze/00994/inhalt/*

Frequenznutzungsplan

Abgekürzt mit FreqNP. Bezeichnung für einen detaillierten Plan zur Nutzung von Frequenzen für Funkdienste, der von der → *Regulierungsbehörde* aus dem → *Frequenzbereichszuweisungsplan* abgeleitet wird. Das genaue Verfahren der Erarbeitung des Frequenznutzungsplans wird in Deutschland in einer Rechtsverordnung definiert.
Der Frequenznutzungsplan enthält für einen bestimmten Frequenzteilbereich eine detaillierte Beschreibung über die im Frequenzbereichszuweisungsplan definierte Nutzung (z.B. zellularer Mobilfunk), die konkrete Frequenznutzung (z.B. ziviler, digitaler, zellularer Mobilfunk gemäß dem Standard → *GSM*), das zur Verfügung stehende Frequenzband und die Zusammenfassung aller allgemeinen Nutzungsbedingungen wie z.B. mit der Nutzung zusammenhängende Nutzungs- und Zulassungsvorschriften, notwendige → *Lizenzen*, Nutzungsdauer, geografische Nutzungsbeschränkungen in Grenzgebieten (z.B. max. zulässige Sendeleistung) und erwartete zukünftige Entwicklungen.
Der Frequenznutzungsplan wird von der Regulierungsbehörde in einem öffentlichen Verfahren gemäß § 46 Abs. 3 und § 66 des → *Telekommunikationsgesetzes* (TKG) aufgestellt und ist durch eine Rechtsverordnung definiert.
Ausgenommen von der Regelung durch den Frequenznutzungsplan sind militärische Anwendungen (militärisch genutzte Frequenzbereiche werden im Frequenzbereichszuweisungplan definiert) und Anwendungen des → *Amateurfunks*, die im → *AFuG* geregelt sind.

Frequenzökonomie

Begriff aus der Entwicklung funktechnischer Systeme. Eine anzustrebende hohe Frequenzökonomie besagt, dass pro Bandbreiten- und Zeiteinheit eine hohe Zahl von Daten (in Bit) übertragen werden kann.
Die Frequenzökonomie wird beeinflusst durch folgende Größen:

- Zur Verfügung stehende Bandbreite in Hz (bzw. MHz): Dabei muss streng genommen die komplette Bruttodatenrate verwendet werden, also das gesamte, einer technischen Anwendung zur Verfügung stehende Spektrum, inklusive z.B. der Guard-Bänder (→ *FDMA*), und nicht ein einzelner Nutzdatenkanal.
- Das genutzte Verfahren für → *digitale Modulation*: Es bestimmt die pro Zeiteinheit übertragenen Bit.

Beide Größen müssen in Abhängigkeit von verschiedenen Anforderungen (angestrebte max. Datenrate, Fehlersicherheit, Sendeleistung, zu überbrückende Distanz, gewählter Frequenzbereich etc.) festgelegt werden. Insofern ist die Frequenzökonomie eine sich unterordnende Größe, die sich als Resultat ergibt.

Frequenzselektive Ausbreitung

Bezeichnung für einen Effekt bei der Ausbreitung elektromagnetischer Wellen. Bezeichnet die Eigenschaft, dass Wellen verschiedener Frequenzen verschiedene Ausbreitungscharakteristiken haben und daher unterschiedlich gestört werden.
Dies führt insbesondere bei breitbandigen Signalen (= Signale, die sich über ein breites Frequenzband erstrecken) zu unerwünschten Störungen, die bei der Planung eines derartigen Systems zu berücksichtigen sind.
Ferner ist dies die Erklärung dafür, dass in Mobilfunknetzen mit verschiedenen Frequenzen für → *Uplink* und

→ *Downlink* bei einem Gespräch manchmal ein Kanal klar und deutlich übertragen wird, während der andere Kanal gestört ist.

Frequenzsprungverfahren

Deutsche Bezeichnung für → *Frequency Hopping.*

Frequenzumtastung

→ *FSK.*

Frequenzvielfach, Frequenzvielfachtechnik, Frequenzvielfachverfahren

→ *FDM.*

Frequenzzuteilung

Bezeichnung für die Erlaubnis einer nationalen Behörde (in Deutschland der → *Regulierungsbehörde*), die auf einen Antrag hin einer einzelnen Funkstelle oder einem Funksystem eines Betreibers erteilt wird, um einen Bereich des Frequenzspektrums zu genau festgelegten Zwecken und zu genau festgelegten Bedingungen (Bandbreite, Sendeleistung, Modulationsverfahren, Nutzungsdauer etc.) zu nutzen.

Die Frequenzzuteilung kann zeitlich befristet oder unbefristet erfolgen und mit bestimmten Bedingungen verbunden sein. Sie orientiert sich am → *Frequenznutzungsplan.*

→ *Frequenzzuweisung.*

→ *http://www.regtp.de/reg_tele/start/in_05-11-00-00-00_m/*

Frequenzzuteilungsverordnung

In Deutschland die Bezeichnung für die gesetzliche Grundlage für die → *Frequenzzuteilung.*

Frequenzzuweisung

Bezeichnung für den Akt einer nationalen oder internationalen Behörde, die einen Frequenzbereich aus dem gesamten Frequenzspektrum für einen allgemeinen Anwendungszweck reserviert (z.B. für terrestrischen → *Mobilfunk*, → *Satellitenmobilfunk*, → *Richtfunk*, → *Amateurfunk*,→ *Rundfunk*).

Dabei werden, im Gegensatz zur → *Frequenzzuteilung*, nicht einzelne Betreiber oder einzelne Funkanlagen betrachtet, sondern generell das betroffene Frequenzband einem Anwendungszweck zugewiesen, so dass Geräteindustrie und Dienstanbieter langfristig planen können.

FRICC

Abk. für Federal Research Internet Coordinating Committee.

Bezeichnung des Vorläufergremiums der → *FNC.*

Friends & Family

→ *Charging.*

FRK

Abk. für Flach-Reed-Kontakt.

Bezeichnung einer Spezialform des Reed-Relais, das sich durch eine besonders flache und daher raumsparende Bauweise auszeichnet. Eingesetzt z.B. in der → *SPC*-Vermittlung aus dem Hause Telenorma, die 1965 in Frankfurt versuchsweise eingesetzt wurde.

Nächster Entwicklungsschritt waren Multireed-Kontakte.

FRNC

Abk. für Flame Retardant (and) Non Corrosive.

Bezeichnung für eine Kennzeichnung von Kabeln aus schwer entflammbarem Material, das selbst dann, wenn es doch einmal Feuer gefangen hat, keine giftigen Gase erzeugt und nur geringe Gebäudeschäden verursacht.

Ein Problem herkömmlicher Kabel war lange Zeit, dass ihr Isolationsmaterial zwar schwer zu entflammen war, dass jedoch giftige Gase (z.B. Chlorwasserstoff) entstanden, sobald es doch einmal brannte. Ein weiteres Problem war die Entstehung ätzender Säuren (z.B. Salzsäure), sobald das brennende Kabel in Kontakt mit Löschwasser kam, die sich durch das brennende Gebäude ätzten und zu weiteren Schäden führten.

Die Lösung dieser Probleme sind schwer entflammbare Kabel, die üblicherweise auf Chlor, z.B. in Gestalt des Isolationsmaterials PVC, als Zusatz verzichten und stattdessen Zusatzstoffe enthalten, die bei hohen Umgebungstemperaturen flammhemmende Stoffe abspalten.

Front End

1. In verteilten Systemen die Bezeichnung für die Schnittstelle zum Teilnehmer, beispielsweise → *Terminals* am → *Host* oder die Clients am → *Server.*
2. Oft auch genutzt als Bezeichnung eines Kommunikationsvorrechners, der für einen Großrechner die Kommunikation über das Netz abwickelt.
3. Bei → *Online-Services* die Bezeichnung für die Schnittstellen zum Nutzer, d.h. das → *GUI* und dessen Funktionalität.

Front-End Clipping

→ *VAD.*

Front Office

Auch First Level Support genannt. Bei → *Call Centern* die Personen mit dem ersten Anruferkontakt, die einen Großteil der Anfragen verarbeiten sollen. Üblicherweise mit angelernten oder gering qualifizierten Mitarbeitern besetzt.

Vom Front Office nicht bearbeitete Anfragen werden an das → *Back Office* weitergeleitet.

FRSU

Abk. für Frame Relay Service Unit.

→ *Frame Relay.*

FRU

Abk. für Fixed Repeater Unit.

Bezeichnet in Systemen, die → *DECT* für eine Anwendung im → *RLL* nutzen, einen → *Repeater* beim Nutzer, an den nicht (nur) ein herkömmliches, schnurgebundenes Telefon als Endgerät angeschlossen werden kann, sondern wiederum schnurlose Telefone nach dem DECT-Standard.

Fs

1. Abk. für Fernschreiber.
   → *Telex.*
2. Abk. für Functional Specification.
3. Abk. für Frame Switching.
4. Abk. für File Separator Character.
   Bei bestimmten Verfahren zur Dateiübertragung ein spezielles Zeichen zum Trennen des Dateiendes einer Datei vom Dateianfang einer anderen Datei, um in einer Sitzung (= Verbindung) mehrere Dateien übertragen zu können.
5. Abk. für File System.
   → *Dateisystem.*
6. Abk. für Full Scale.
7. Abk. für Function Set.
8. Abk. für Fernsprecher.

FSAN

Abk. für Full Service Access Network.

Bezeichnung für eine gemeinsame Initiative der Netzbetreiber → *BT*, Deutsche Telekom, France Télécom, → NTT, PTT Telecom Nederland, Telecom Italia und Telefonica, die im Frühjahr 1995 zusammen mit einigen Geräteherstellern gestartet wurde. Ziel dieser bis Ende 1999 auf zwei Dutzend Mitglieder angewachsenen Initiative ist die Definition von Anforderungen an dienstneutrale, zukünftige Architekturen von → *Zugangsnetzen*, die bedarfsorientiert breitbandige, multimediale Dienste auf der Basis verschiedener optischer Plattformen (→ *FTTH*, → *FTTC*, → *FTTB*) im Zugangsnetz abwickeln können.

FSAN arbeitet internationalen Standardisierungsgremien wie → *ETSI* und → *ITU* zu.

FSF

Abk. für Free Software Foundation.

Bezeichnung eines von Richard M. Stallman initiierten Projektes, das zum Ziel hat, qualitativ hochwertige, aber gleichzeitig frei verfügbare Software zu entwickeln, die auch im Quellcode frei verfügbar ist.

→ *Freeware*, → *GNU*, → *Shareware.*

→ *http://www.fsf.org/*

→ *http://www.gnu.ai.mit.edu/fsf/fsf.html/*

FSK

Abk. für Frequency Shift Keying.

Deutsche Bezeichnung auch Frequenzumtastung, Frequenzmodulation oder – heute kaum noch verwendet – Wechselstromtastung. Bezeichnung eines grundlegenden Verfahrens für → *digitale Modulation*. Dabei wird in seiner einfachsten Form, der Binary FSK (BFSK, 2-FSK), die digitale Null durch eine analoge Schwingung einer Frequenz codiert und die digitale Eins durch eine analoge Schwingung in einer zweiten Frequenz. Findet der Frequenzwechsel jeweils im Nulldurchgang einer Schwingung statt, wird das Verfahren als phasenkohärent bezeichnet.

Anwendungen finden sich z.B. in → *V.21* und → *V.23* oder bei → *DECT* und → *CT2*.

Die Frequenzen sind dabei symmetrisch um eine Trägerfrequenz angeordnet. Der Abstand zwischen Trägerfrequenz und Signalfrequenz wird als Frequenzhub bezeichnet. Der Modulationsindex ist das Verhältnis von Gesamthub (Differenz zwischen den beiden Signalfrequenzen in Hz) zur Datenrate.

FSK wird technisch üblicherweise mittels zweier Oszillatoren realisiert, die wechselnd an- und ausgeschaltet werden. Der Nachteil hierbei ist die wechselnde Phasenlage im Ausgangssignal. Daher ist die ideale Lösung ein Oszillator, der gezielt verstimmt wird. Die Phasenlage bleibt dann kontinuierlich. Dies Verfahren wird als Continuous Phase FSK (CPFSK) bezeichnet.

Beträgt der Modulationsindex 0,5, so liegt Minimum Shift Keying (MSK) vor mit orthogonalen Signalen, die wegen des größtmöglichen Störabstands optimal vom Empfänger decodiert werden können.

Werden mehrere Frequenzen, d.h. mehr als zwei, zur Verfügung gestellt, können auch mehrere digitale Daten zusammengefasst werden. Drei Bit lassen sich in einem Schritt mittels acht möglicher Frequenzen übertragen.

→ *FFSK*

FSL

Abk. für Flexible Service Logic.

→ *IN.*

FSM

Abk. für Freiwillige Selbstkontrolle der Multimedia-Dienstanbieter e.V.

Bezeichnung eines Anfang Juli 1997 in Wiesbaden von Unternehmen und Verbänden gegründeten Vereins, der dem Vorbild des Deutschen Presserates, der Freiwilligen Selbstkontrolle der Filmwirtschaft (FSK) und der Freiwilligen Selbstkontrolle Fernsehen folgend die Branche der → *Online-Services* ohne spezielle Gesetzgebung des Bundes zu regulieren gedenkt.

Ziel ist „die Achtung der schutzwürdigen Interessen der Nutzer und der Allgemeinheit insbesondere gegen Rassendiskriminierung sowie Gewaltverherrlichung zu leisten und den Jugendschutz auf selbstverantworteter Basis zu stärken".

Die FSM nahm am 1. August 1997 ihre Arbeit auf. Jeder kann sich mit Eingaben an sie wenden.

Adresse:

FSM e.V.
Postfach 5129
65041 Wiesbaden

→ *http://www.fsm.de/*

FSN

Abk. für Full Service Network.

Bezeichnung für universell nutzbare Netze für Sprach-, Daten- und multimediale Kommunikation, z.B. ein → *ATM*-Netz.

FSOQ

Abk. für Frequency Shift Offset Quadrature (Modulation).

Bezeichnung einer Sonderform der → *FSK.*

FSS

Abk. für Fixed Satellite Services.

FT

1. Abk. für France Télécom.

   Bezeichnung des nationalen Carriers in Frankreich, der mittlerweile auch privatisiert wurde. Der Handel mit seinen Aktien startete am 20. Oktober 1997.

   Er war über die Allianz → *Global One* mit der Deutschen Telekom und dem US-Anbieter Sprint verbunden.

   → *http://www.ftna.com/*
2. Abk. für File Transfer.
3. Abk. für Frame Transfer.
4. Abk. für Field Test.

FT1

Abk. für → *Fractional T1.*

FTAM

Abk. für File Transfer, Administration and Management.

Bezeichnung eines Protokolls auf Schicht 7 des → *OSI-Referenzmodells*, das einige Dienste für Dateitransfer, -zugriff und -verwaltung zur Verfügung stellt. Genormt von der → *ISO* als ISO 8571 im Jahr 1988.

Prinzipiell definiert der Standard nur ein Modell eines virtuellen Dateiverwaltungssystems, da viele unterschiedliche Dateisysteme bereits existieren. Diese werden mittels Software auf das standardisierte FTAM-Modell abgebildet, so dass Nutzer des FTAM-Dienstes nicht wissen müssen, wie das lokale Dateisystem gegliedert ist und auf welchen Rechnern es welcher Hersteller in welcher Konfiguration installiert hat.

FTAM gilt als sehr komplex und umfangreich, weswegen die Funktionalität in neun Gruppen eingeteilt ist, von denen für eine Anwendung eine zwingend und die anderen optional sind.

FTAM wird zum Dateiaustausch im Rahmen von → *EDI* insbesondere von Banken genutzt, aber auch beim → *Billing* in Telekommunikationsunternehmen eingesetzt.

FTDS

Abk. für Failure Tolerant Disk Systems.

→ *RAID.*

FTN

Abk. für Fido-Technology Network.

Bezeichnung für nicht offiziell am → *Fidonet* hängende → *Mailbox*netze, die aber das Transportprotokoll → *Fido* nutzen.

Im Gegensatz zum → *Fidonet* sind die FTN meistens Mailboxsysteme, die sich einem speziellen Thema widmen, z.B. Science-Fiction-Themen, Hilfsorganisationen wie DRK oder MHD oder Computerviren.

FTNs besitzen Zonenkennzahlen oberhalb der höchsten Fidonet-Zonenkennzahl 6.

FTP

1. Abk. für engl. file transfer protocol.

   Ein Protokoll auf den Schichten 5 bis 7 des → *OSI-Referenzmodells* zum Dateitransport (nicht zum Dateizugriff, → *FTAM*), das von der ARPA im → *Internet* zum Dateitransfer und zum Durchsuchen von Dateisystemen (mit den üblichen Kommandos wie ls, dir oder cd) auf entfernten Rechnern entwickelt wurde. Definiert bereits 1972 von Ashnay Bushan im RFC 354 und aktualisiert im RFC 959. Übertragungen sind im Bild- und Textmodus (Binär- und ASCII-Daten) möglich.

   Eine entsprechende Software, die das FTP nutzt, steht für alle gängigen Betriebssysteme zur Verfügung. Auf dem Server muss der ftpd-Prozess und auf dem Client der ftp-Prozess laufen.

   Das FTP ist eine der Standardanwendungen, welche die → *TCP*- und → *IP*-Familie nutzen. Dabei baut FTP zwei TCP-Verbindungen auf, je eine für die Nutzinformationen und eine für die Kontroll- und Steuerinformationen.

   Üblich ist, dass der Zugriff auf einen FTP-Server mit → *Passwort* geschützt ist. Oft reicht jedoch als → *Login* das Kürzel ‚FTP' aus und als Passwort wird die eigene E-Mail-Adresse für statistische Zwecke etc. erwartet. Ein derartiges System wird auch Anonymous FTP genannt.

   Weltweit existieren viele Anonymous-FTP-Server, die so dem Teilnehmer den Zugriff und das Kopieren von Dateien ermöglichen, ohne über spezielle Zugangsrechte verfügen zu müssen (kein Passwort, kein → *Account* etc.).
2. Abk. für Foil (Screen) Twisted Pair.

   Bezeichnung für einen bestimmten Kabeltyp, bei dem verdrillte Zweidrahtkabel aus Kupfer mit einer metallischen Folie abgeschirmt sind.

FTS

1. Abk. für FidoNet Technical Standard.

   Bezeichnung für einen technischen Standard, der im → *Fidonet* gültig ist. Vergleichbar mit dem → *RFC* im → *Internet.*
2. Abk. für File Transfer Support.

   Bezeichnung für ein → *Tool* aus dem Hause IBM, welches den Dateitransfer von einer IBM S/36 (→ *IBM* S/32) zum Nachfolgemodell → *AS/400* ermöglicht.

FTSC

Abk. für FidoNet Technical Standard Conference.

Bezeichnung für die Zusammenkunft von Personen, die im → *Fidonet* technische Standards (→ *FTS*) erarbeiten, testen und beschließen.

FTTA

Abk. für Fibre to the Amplifier.

Bezeichnet die Strategie, bei der Verkabelung das Glasfaserkabel bis zum letzten Verstärker vor dem Teilnehmer zu verlegen und ab dort das Kupferkabel zu nutzen.

Eine genaue Abgrenzung zu → *FTTB*, → *FTTC* und → *FTTH* fällt schwer.

→ *FITL.*

FTTB

Abk. für Fibre to the Building.
Bezeichnet die Strategie, bei der Verkabelung das Glasfaserkabel bis ins Haus (großer Wohnblock, große Anlage, wie z.B. Hotel, Krankenhaus, Bürohochhaus) zu verlegen, um dann innerhalb des Hauses die bereits vorhandene Kupferkabelinfrastruktur zu nutzen. Die → *ONU* befindet sich dann üblicherweise im Keller des Gebäudes.
→ *FITL.*

FTTC

Abk. für Fibre to the Curb, seltener: Fibre to the Cabinet.
Bezeichnet die Strategie, im Ortsbereich Glasfaser bis zum letzten Verteilpunkt vor dem Hausanschluss zu verlegen (... bis zum Straßenrand) und ab da die vorhandenen Kupferkabel mit breitbandigen Verfahren wie z.B. → *VDSL* zu nutzen. In Deutschland ist dieser Punkt der → *Kabelverzweiger.*
Diese Verlegestrategie wird üblicherweise eingesetzt in locker mit freistehenden Einfamilienhäusern bebauten Gebieten (Vororte).

FTTH

Abk. für Fibre to the Home.
International üblich wird damit die Strategie umschrieben, auch im Teilnehmeranschlussbereich Glasfasern bis in das Haus des Endanwenders zu verlegen, d.h. von der örtlichen Vermittlung zum Endgerät beim Teilnehmer. Für ‚echte' und zukunftssichere Breitbandanwendungen unverzichtbar.
Diese Verlegestrategie wird angewandt in mit Wohnblöcken dicht bebauten Gebieten, z.B. in Innenstädten oder entlang von Hauptverkehrsstraßen.

FTTK

Abk. für Fibre to the Kerb.
Andere Schreibweise für → *FTTC.*

FTTO

Abk. für Fibre to the Office.
Bezeichnung für das Verlegen von Glasfaserkabeln im Anschlussbereich von Geschäftskunden zur Bereitstellung breitbandiger Anschlüsse.
→ *FITL.*

FTTL

Abk. für Fibre to the Loop.
Anderes Wort für → *FITL.* Oberbegriff für → *FTTA*, → *FTTB*, → *FTTC*, → *FTTO* und → *FTTR.*

FTTR

1. Abk. für Fibre to the Remote.
   In der Literatur dann und wann auftretende andere Abk. für → *FTTC.*
2. Abk. für Fibre to the Radio Drop.
   Bezeichnung für die Kombination von Glasfaserverkabelung mit drahtlosen Zugangsnetzen (→ *RLL*), wobei die Funkeinheit (Basisstation) per Glasfaserkabel an die Ortsvermittlung angeschlossen wird.

FTTSA

Abk. für Fibre to the Serving Area.
Andere Bezeichnung für → *FTTC.*

FTZ

Abk. für Forschungs- und Technologiezentrum (der Deutschen Telekom), bis 1990: Fernmeldetechnisches Zentralamt. Sitz ist Darmstadt.
Das FTZ war die oberste Zentralbehörde bzw. oberste technische Forschungs- und Betriebseinheit der Deutschen Telekom. Gegründet wurde sie am 14. März 1949, als das 1947 gegründete Post- und Fernmeldetechnische Zentralamt aufgespalten wurde in das FTZ und das Posttechnische Zentralamt. Seit Ende 1995 ist das FTZ keine einheitliche Organisation mehr, sondern besteht aus einzelnen, unabhängigen Betriebseinheiten, von denen das Technologiezentrum (TZ) mit Sitz in Berlin und Darmstadt das größte und wichtigste ist. Die Zentren sind teilweise zum 1. Dezember 1995, zum 1. Januar 1996 oder zum 1. Mai 1996 eingerichtet worden. Die Zentren waren seinerzeit:

Kürzel	Bezeichnung
TZ	Technologiezentrum
ZÖTK	Zentrum öffentliche Telekommunikation
ZRA	Zentrum für Rundfunk und Audiovision
ZEG	Zentrum für Endgeräte
DLZKMR	Dienstleistungszentrum für Kommunikation, Marketing und Research des Vorstandsbereichs Personal und Recht
DLZ Fb	Dienstleistungszentrum Fortbildung
DLZ IN	Dienstleistungszentrum International
IDZ	Informations- und Dokumentationszentrum

Zum 1. Juli 1999 hat die Deutsche Telekom das Technologiezentrum, fünf Softwareentwicklungszentren, die Deutsche Telekom Berkom GmbH (→ *Berkom*) sowie als Tochtergesellschaft die MultiMedia Software GmbH in Dresden zur T-Nova Deutsche Telekom Innovationsgesellschaft mbH zusammengeführt.
Hauptsitz von T-Nova (Geschäftsführung des Unternehmens) ist Bonn, die operativen Leistungszentren befinden sich in Berlin (Berkom und Entwicklungszentrum), Darmstadt (TZ und Entwicklungszentrum), Bremen, Essen, Saarbrücken (jeweils Entwicklungszentrum) und Dresden (Entwicklungszentrum und die 1995 gegründete Multimedia Software GmbH). Außenstellen befinden sich in rund zwei Dutzend weiteren deutschen Städten.
→ *http://www.t-nova.de/*

Fuchsjagd

Bezeichnung für eine gesellig-sportliche Veranstaltung unter Amateurfunkern (→ *Amateurfunk*). Dabei muss ein oder müssen mehrere versteckte Sendestationen (‚Fuchs')

mit Peilgeräten (Peilempfänger) schnellstmöglich aufgespürt werden.
Je nach verwendeter Frequenz ist dieses Aufspüren wegen der Ausbreitungscharakteristika (zu irreführenden Reflexionen führende Sendepfade etc.) ein mehr oder weniger schwieriges Unterfangen.

Führungskante

Bei einer von einem → *Drucker* bedruckten Seite die Kante, in deren Nähe der Druckvorgang beginnt und die zuerst aus dem Drucker austritt.

Füllsender

Auch genannt TV-Umsetzer (TVU). Bezeichnung für einen Sender, der in geografisch ungünstigen Gebieten (Täler) zur Sicherung der Funkversorgung (z.B. mit → *Rundfunk*-Programmen) eingesetzt wird. Meistens – im Gegensatz zu → *Grundnetzsendern* – mit begrenzter Sendeleistung.
In Deutschland sind ca. 6 200 Füllsender in Betrieb.

FuFeD

Abk. für Funkfernsprechdienst.
In Deutschland ehemals gebräuchliche postamtliche Bezeichnung für → *Mobilfunk.*

Full Banner

→ *Banner.*

Full CIF

→ *CIF.*

Full Motion

Bezeichnung für das Abspielen/Übertragen einer Videosequenz mit 25 Bildern/s oder mehr. Unter dieser Bedingung nimmt das menschliche Auge eine Folge von Bildern als gleichmäßig verlaufende Bewegung (ohne ‚Ruckeln') wahr.

Fullscan

Begriff aus dem Bereich der Monitore, der besagt, dass die gesamte sichtbare Bildschirmfläche zur Darstellung eines Monitorbildes genutzt wird.

Function Point

→ *FP.*

Funk

Genereller Oberbegriff für die drahtlose Übertragung von Nachrichten mit Hilfe von elektromagnetischen Wellen, die sich zwischen Sender und Empfänger – technisch realisiert in Form von → *Antennen* – als Freiraumwellen mit Lichtgeschwindigkeit ausbreiten. Auch Funkübertragung genannt.
Praktische Anwendungen von Funk, die ihrerseits wieder in untergeordnete Anwendungskategorien klassifiziert werden können, sind:

- → *Mobilfunk*
- → *Rundfunk*
- → *Richtfunk*
- → *Satelliten*
- Sonstige Anwendungen, etwa:
  - → *Zeitzeichensender*
  - Navigationssender (→ *GPS*)
  - → *CB-Funk* und → *Amateurfunk*
  - Technisch-wissenschaftliche, experimentelle Anwendungen (→ *ISM*)
  - Wireless Local Loop (→ *RLL*)
  - Drahtlose lokale Netze (→ *Wireless LAN*)

Die Festlegung, welche → *Frequenzen* bzw. welche → *Frequenzbereiche* zu welchen Zwecken verwendet werden, erfolgt auf internationaler und nationaler Ebene (→ *Frequenzharmonisierung*, → *ITU*) und ist Gegenstand regulatorischer Tätigkeiten (→ *Deregulierung*, → *Regulierungsbehörde*), die ihren Niederschlag z.B. im → *Frequenzbereichszuweisungsplan* findet.
Das Wort Funk bzw. Funken für die damit verbundene Tätigkeit ist von den ersten Geräten abgeleitet, die elektromagnetische Wellen nachwiesen. Dabei handelte es sich um eine Hochspannungsstrecke zwischen zwei durch einfache Luft voneinander isolierte Elektroden. Wurde die Hochspannung weiter erhöht, sprangen Funken über, wodurch eine (unkontrollierte) elektromagnetische Welle erzeugt wurde.
Die frühe Entwicklung der Funktechnik nahm folgenden Verlauf:

1861 bis 1864
Aufbauend auf einzelnen Forschungsergebnissen entwickelt der Schotte James Clerk Maxwell (* 1831, † 1879) eine mathematische Theorie des elektromagnetischen Feldes. Ihr Kern ist die These, dass es elektromagnetische Wellen gibt, die sich mit Lichtgeschwindigkeit ausbreiten. Experimentell kann es dies jedoch nicht beweisen.

1879
Nachdem der Berliner Professor für Physik, Hermann von Helmholtz (* 1821, † 1894) die Lehre Maxwells in Deutschland verbreitet hat, schlägt er der Akademie der Wissenschaften die Ausschreibung eines Preises für die experimentelle Bestätigung dieser Arbeiten vor. Er weist seinen Schüler Heinrich Rudolf Hertz (* 1857, † 1894) darauf hin, der jedoch feststellt, dass keine genügend hochfrequenten Schwingungen erzeugt werden können.

1884
Der italienische Gymnasiallehrer Temistocle Calzecchi-Onesti aus Fermo entdeckt elektrostatische Effekte und baut eine Art Vakuumröhre mit Eisensplittern darin, die sich als Folge der elektrostatischen Effekte ausrichten.

1886 bis 1888
Heinrich Hertz, mittlerweile Professor für Physik in Karlsruhe, entdeckt zunächst zufällig, dass mittlerweile hochfrequente elektromagnetische Wellen künstlich erzeugt werden können und weist die Identität von Licht und elektromagnetischen Wellen experimentell nach. Seine einfache Versuchsanordnung besteht aus einer offenen Metallschlaufe, an deren Enden Funken überspringen, wenn die Schlaufe von elektromagnetischen Wechselfeldern durchdrungen wird. Aus dem Funkenflug leitet sich zunächst die Bezeichnung Funkentelegrafie für das gesamte Forschungsfeld ab, wie auch später die Kurzform Funk sich im deutschen

Sprachraum für alle daraus abgeleiteten praktischen Anwendungen durchsetzt.
Hertz bestätigt durch seine praktischen Experimente die Theorien von Maxwell, die nun von der Fachwelt innerhalb kürzester Zeit als Standard akzeptiert werden. Innerhalb von zwei Jahren, mit Schwerpunkt auf einer Versuchsserie im zweiten Jahr, gelingt ihm die Erzeugung von Frequenzen im Bereich bis zu 450 MHz. An einen praktischen Nutzen dieser Entdeckung glaubt Hertz jedoch nicht.

1894

Oliver Lodge (* 1851, † 1940) hält, aufbauend auf den Erkenntnissen von Hertz, an der Universität von Liverpool Vorlesungen über die Erzeugung und Wirkung elektromagnetischer Wellen. Er konstruiert aufbauend auf den Arbeiten von Calzecchi-Onesti ein „Coherer" (Kohärer) genanntes Gerät zum Nachweis derartiger Erscheinungen. Dieses Gerät bestand aus einem Hohlkörper, in dessen Inneren sich Metallstaub befand. Legte man ein hochfrequentes elektrisches Wechselfeld an, konnte ein Ladungstransport beobachtet werden. Lodge bezweifelt jedoch, dass größere Reichweiten als ½ Meile zu überbrücken sind. Das Prinzip dieses Gerätes war mehrere Jahre lang die Basis für die ersten Empfänger in Funkübertragungseinrichtungen.

1895

Der russische Physiker Alexander Stepanowitsch Popow (* 1859, † 1906) demonstriert am 7. Mai in einer Vorlesung in Kronstadt unter Verwendung von Lodges Coherer die erste drahtlose Verbindung der Welt, wenn auch nur über eine geringe Distanz in einem Hörsaal.
Der Italiener Guglielmo Marconi (* 25. April 1874, † 20. Juli 1937) hat, wie auch Popow, die Studien von Hertz und Lodge gelesen. Er zieht daraus den Schluss, dass es durch Anwendung der Erkenntnisse möglich ist, Nachrichten per Funk zu übertragen.
Er baut im Frühjahr auf dem Dachboden des elterlichen Hauses Apparate aus seiner Universitätsausbildung in Bologna nach und verfeinert sie. Wesentliches Bauteil ist dabei ebenfalls ein Coherer. Damit entwickelt er die erste praktisch nutzbare Übertragungseinrichtung für elektromagnetische Wellen (Sender und Empfänger), die nach wenigen Monaten derart ausgereift ist, dass vom Dachboden aus rund 300 m in den großzügig gestalteten Garten überbrückt werden können. Die italienische Regierung zeigt wenig Interesse an dieser Technik, so dass er dem Rat seiner schottischen Tante folgt und nach GB reist, wo man wegen des ausgedehnten Kolonialreichs mehr Interesse an drahtloser Kommunikation vermutet.

1896

Am 24. März überträgt Popow über eine Distanz von 250 m im Rahmen einer Demonstration in einem Hörsaal der St. Petersburger Universität vor anderen Wissenschaftlern die Worte „Heinrich Hertz" und sendet damit als erster gesprochene Sprache per Funk.
Marconi reist nach GB und wird von William Henry Preece (* 1874, † 1937), dem Chef des britischen Telegrafiewesens, unterstützt.

1897

Marconi führt seine Anlagen in London der Regierung über eine Distanz von ca. 100 m vor. Wenig später überträgt er Funksignale über eine Distanz von zwei Meilen in der Nähe von Salisbury in GB und meldet darauf ein Patent an. Als Sender dient ein einfacher Funkeninduktor, bei dem eine hohe Spannung induziert wurde, was zum Überspringen von Funken zwischen zwei Elektroden führte, wodurch sich eine ungesteuerte elektromagnetische Welle ergab.
Am 14. Mai gelingen ihm im Bristol-Kanal (zwischen Lavernock Point und der Insel Flatholm) bahnbrechende Funkversuche. Zunächst überbrückt er ca. 5 km zu einem Leuchtturm und dann den gesamten Kanal von 14 km Breite.

1899

Marconi überbrückt am 27. März den Kanal von GB nach Frankreich per Funk.
Auf der Fahrt von St. Petersburg nach Libau im finnischen Meerbusen läuft das russische Kriegsschiff „Generaladmiral Apraxin" auf Grund. Popow erhält daraufhin den Auftrag zur Errichtung einer Funkverbindung.

1900

Marconi erhält das Patent Nr. 7777 für die Innovation, die Funkeinrichtung über einen geschlossenen, abgestimmten Schaltkreis mit der Antenne zu koppeln, was die Reichweite vergrößert.

1901

Marconi ist wirtschaftlich gezwungen, neue spektakuläre Anwendungen für seine Funktechnik zu demonstrieren. Er investiert viel Geld in neue, starke Sendeanlagen. Von ihm wird erstmals der Atlantik vom Ort Poldhu in Cornwall in England nach Cape Code in Neufundland/Kanada über rund 4 800 km per Funk überbrückt. Erstes Zeichen sind die drei Morse-Punkte für den Buchstaben ‚S'. Sie werden so lange jeden Tag von ein bis drei Uhr in der Nacht und zwölf bis ein Uhr am Tag gesendet, bis Marconi in Neufundland die Anlage am 12. Dezember so konstruiert hat, dass er das Signal einwandfrei empfangen kann. Marconi hatte zur Überbrückung der Distanz unbewusst die seinerzeit noch nicht entdeckte → *Ionosphäre* genutzt – ein Umstand, der erst 25 Jahre nach seinen Versuchen entdeckt und aufgeklärt wurde.
Viele Wissenschaftler zweifeln an Marconis Aussagen, da Marconi ohne Zeugen tätig ist und als einziger die Signale gehört und ihren Empfang in sein Tagebuch eingetragen hat. Um Zweifler zu überzeugen, sticht er wenig später mit dem Schiff ‚Philadelphia' von Poldhu in See und empfängt auf dem Schiff die Signale nach 3 200 km auf dem Atlantik erneut.
Die Ausrüstung von Schiffen mit Funkanlagen für → *Telegrafie*, hauptsächlich mit Geräten aus dem Hause Marconi, beginnt.

1902

Der dänische Ingenieur Valdemar Poulsen (* 23. November 1869, † 23. Juli 1942) baut den sog. Poulsen-Arc-Sender, der erstmals die kontinuierliche Erzeugung von elektromagnetischen Wellen zulässt.

1903

Mittlerweile sind rund 50 Schiffe mit Funkgeräten ausgestattet.
Erste internationale Drahtlos-Tagung in Berlin.

1905

Marconi entwickelt die direktionale Antenne.

1906

Erste Funkübertragung über größere Distanz von menschlicher Sprache und auch Musik durch den kanadischen Professor Reginald Aubrey Fasseden (* 1866, † 1932), der am Heiligabend ein bestehendes Telegrafie-Funknetz zu Schiffen dafür nutzt. Erstes Musikstück ist das von Fasseden persönlich auf der Geige gespielte „Stille Nacht, heilige Nacht". Der Sender war zuvor von ihm selbst gebaut worden (1 kW Sendeleistung im Bereich von 81 kHz).

Der österreichische Physiker Robert von Lieben (* 1878, † 1913) erfindet die Elektronenröhre. Im gleichen Jahr verbessert der US-Physiker Lee DeForest (* 1873, † 1961) im → *Silicon Valley* die Röhre durch Hinzufügen eines weiteren Kontaktes zur Triode.

1907

Fasseden überbrückt den Atlantik von Brant Rock nach Schottland.

Lee deForest erhält ein Patent auf die Triode.

1908

Öffentlich zugänglicher Funkverkehr zwischen Stationen auf dem Festland und Schiffen wird in Japan eingeführt.

Marconi führt einen Tag und Nacht besetzten Funkdienst zwischen seiner Station „Marconi Towers" an der Küste von Neuschottland und Cliffden an der Westküste Irlands ein.

1909

Für seine bahnbrechenden Arbeiten auf dem Gebiet der Funkübertragung erhält Marconi den Nobelpreis für Physik (den er sich mit Karl Ferdinand Braun teilt).

Der Eiffelturm in Paris wird vor dem Abbruch dadurch gerettet, dass jemand auf die Idee kommt, auf seiner Spitze eine Antenne zur Verbreitung von Radioprogrammen zu montieren, was seine nationale Bedeutung unterstreicht.

1912

Bis zu dieser Zeit sind knapp 400 Schiffe mit Funkgeräten ausgestattet.

Die als unsinkbar gepriesene ‚Titanic' sinkt auf ihrer Jungfernfahrt nach der Kollision mit einem Eisberg am 12. April im Nordatlantik. Dank der raschen Alarmierung eines Nachbarschiffes per Funk können 711 Passagiere gerettet werden, 1 513 finden dennoch den Tod. Das Unglück beschleunigt die Ausstattung von Schiffen mit Funkgeräten und liefert Stoff für zahlreiche Filmepen.

Der US-Kongress verabschiedet als Folge des Titanic-Unglücks das Funkgesetz.

1913

Alexander Meißner (* 1883, † 1958) erhält ein Patent für eine Schaltung von Verstärkerröhren, mit deren Hilfe man ohne die bis dahin gebräuchlichen aufwendigen Funkenstrecken elektromagnetische Schwingungen erzeugen kann.

Marconi nimmt die erste Duplexverbindung über den Atlantik in Betrieb.

1915

Im November wird erstmals Sprache per Funk über den Atlantik gesendet. Von der US Marinefunkstation in Arlington/Virginia wird zu US-Ingenieuren auf dem Eiffelturm in Paris gesendet.

1916

Die britische Flotte ist im 1. Weltkrieg in Seegefechten der deutsche Marine dank ihrer funkgestützten Peilverfahren und ihrer Funkkommunikation weit überlegen.

September 1918

Marconi baut die erste Funkverbindung nach Australien auf.

1919

Die erste transatlantische Sprachübertragung per Funk findet zwischen einer Marconi-Sendestation in Ballybunion/Irland und Louisbourg/Neuschottland statt. Dies wurde durch den Einsatz von Lee deForests Entwicklungen auf dem Gebiet der Röhrentechnik möglich.

7. Januar 1927

Die zwei Telefonistinnen Ivy Baker aus London und Rosa da Palma aus New York führen das erste reguläre transatlantische Telefongespräch zwischen diesen beiden Städten.

20. Juli 1937

Marconi verstirbt in Rom. Ihm zu Ehren legen alle Radiostationen weltweit eine zweiminütige Sendepause ein.

Funkfeststation

→ *BS.*

Funk-LAN

→ *Wireless LAN.*

Funkloch

Bezeichnung für kleine Gebiete eines Mobilfunknetzes, in denen kein Empfang besteht.

Gründe können → *Funkschatten* oder funktechnisch nicht oder noch nicht versorgte Gebiete sein.

Funknetzplanung

In → *zellularen Systemen* die Bezeichnung für den Prozess der genauen Planung der einzelnen Funkzellen.

Ziel der Funknetzplanung ist die funktechnisch optimale Versorgung eines Gebiets unter Berücksichtigung der dort vorliegenden Geografie, der Ausbreitungseigenschaften elektromagnetischer Wellen und für eine gegebene Leistungsfähigkeit (Kapazität) und unter Berücksichtigung der zur Verfügung stehenden knappen Ressourcen (Frequenzen, Standorte, → *Site-Survey*).

Es existieren verschiedene Softwarepakete, die diese Aufgabe im Zusammenspiel mit geografischen Informationssystemen (→ *GIS*) übernehmen und bestimmte Konstellationen simulieren können. Anschließend erfolgt meistens die reale Simulation durch einige Versuchssender und die Versorgungs- und Reflexionsmessung durch mobile Messstationen. Als letzter Schritt erfolgt der Versuch, die entsprechenden Liegenschaften zu nutzen und die Technik zu installieren. Ist dies nicht möglich, muss der Prozess ggf. mit anderen Standorten erneut starten.

Üblicherweise wird zunächst die Größe der → *Cluster* in Abhängigkeit von den folgenden Parametern festgelegt:

- Zur Verfügung stehende gesamte Bandbreite (Kanäle)
- Zellengröße und damit Sendeleistung
- Genutztes Verfahren der → *Digitalen Modulation*

- Technische Angaben der Hersteller der Basisstation (→ *BS*, Masthöhe)
- Kosten

Die Größe einzelner Zellen ergibt sich durch:

- Potenzielle und teilweise zwangsweise festgelegte Standorte der BS (vorhandene Liegenschaften)
- Geografie
- Erwartete Teilnehmerdichte am Standort und deren prognostizierte Entwicklung in naher Zukunft

Die Form einer Zelle kann in gewissen Grenzen durch die Wahl geeigneter Richtantennen, des Antennengewinns, der Sendeleistung und eine Variation des Antennenstandortes (Höhe) beeinflusst werden.

Ferner wird bei Kapazitätsproblemen in einer einzelnen Zelle im Rahmen des Netzausbaus ein Zellensplitting vorgenommen, bei dem eine Zelle in zwei oder mehrere kleinere Zellen geteilt wird. In der Phase des Netzaufbaus werden üblicherweise zwei Strategien unterschieden, von denen meistens die erste bevorzugt wird:

- Kapazitätsdeckung in Wirtschafts- und Ballungszentren sowie entlang der Hauptverkehrsstrecken (Autobahnen), unter Inkaufnahme zahlreicher → *Funklöcher*, mit anschließendem Ausbau in der Fläche. Dabei ist National Roaming (→ *Roaming*) u.U. eine Maßnahme, die Kundenzufriedenheit dennoch sicherzustellen.
- Große Flächendeckung am Anfang zur Mobilitätssteigerung der ersten Kunden unter Inkaufnahme von Kapazitätsproblemen mit anschließender Verkleinerung der Funkzellen und punktueller Abdeckung in Bereichen mit den größten Kapazitätsschwierigkeiten.

Funkruf (-empfänger, -systeme)

→ *Paging*.

Funkrufzone

Bezeichnung des Bereichs in einem → *Pagingsystem*, in dem ein Teilnehmer mit Hilfe des Netzes gerufen werden kann.

Ein System besteht üblicherweise aus mehreren Funkrufzonen.

→ *Eurosignal*, → *Cityruf*.

Funkscanner

→ *Scanner*.

Funkschatten

Bezeichnung für eine Störung des Empfangs in Mobilfunknetzen durch Abschattung geografischer Gebiete, was zu unzureichender Empfangsleistung am Ort der Mobilstation (→ *MS*) einer Basisstation (→ *BS*) führt, obwohl die Mobilstation in genügender Nähe an der Basisstation liegt (Luftlinie). Gründe hierfür können Berge, Tunnel, Tiefgaragen, Fußgängerpassagen oder Hochhäuser sein.

Gegenmaßnahmen sind einfache → *Repeater* und günstig positionierte Sendeantennen.

Es ist Gegenstand der → *Funknetzplanung*, Funkschatten zu vermeiden oder nur in verkehrsdünnen Gebieten temporär zu tolerieren.

→ *Funkloch*.

Funkstörungsgesetz

→ *EMV*.

Funksystem

→ *Funk*.

Funktionspunkt

→ *FP*.

Funktionstaste

Auch Hot-Key genannt. Bezeichnung für eine Taste an Endgeräten (z.B. → *Komforttelefon* oder → *Handy*), die durch einmalige oder mehrmalige Bedienung eine spezielle Aktion auslöst.

Einfach- und Doppelbelegung von Funktionstasten ist dabei möglich (z.B. Buchstaben zusätzlich auf einer 10er-Tastatur).

Die Anordnung und Ausführung der Funktionstasten sollte nach ergonomischen Gesichtspunkten erfolgen (→ *MMI*). Ihre reale technische Ausführung erfolgt sowohl als → *Hard-* als auch als → *Softkey*, dann oft zusammen mit einem → *Display*.

Häufig genutzte Einsatzarten sind:

- Dienstmerkmale (→ *Dienst*) einrichten, setzen und löschen
- → *Leistungsmerkmale* einrichten, setzen und löschen
- Informationen abrufen bzw. editieren (z.B. Telefonnummerneingabe in Speicher)

Funkvermittlungsstelle

→ *MSC*.

Funkzelle

→ *Funknetzplanung*.

Future I/O

Bezeichnung eines Busstandards für → *Server*, der maßgeblich von Compaq, HP, IBM und 3Com entwickelt wurde.

Der gesamte Standardisierungsvorschlag ging nach längerem Wettbewerb mit dem Konkurrenzstandard → *NGIO* in den neuen Standard → *Systems I/O* ein.

→ *http://www.scizzl.com/Future/*

FuÜ

Abk. für Funkübertragung.

→ *Funk*.

Fuzzy-Logik

Von engl. fuzzy = verschwommen, unscharf, trüb. Bezeichnung für einen Ansatz, der im Gegensatz zur klassischen → *Booleschen Algebra* nicht nur zwei Wahrheitszustände erlaubt, sondern mehrere graduelle Zustände dazwischen, d.h. ‚Wahr' und ‚Falsch' sind als Extremzustände nach wie vor Bestandteile des gesamten Konzepts.

Das Konzept der Fuzzy-Logik wurde ab 1964 von Dr. Lotfi Zadeh an der Universität von Kalifornien in Berkeley entwickelt, als er sich mit Computern und der Sprachanalyse

beschäftigte. Er veröffentlichte seine Ergebnisse in der Fachzeitschrift ‚Information and Control' Nr. 8/1965 unter dem Titel ‚Fuzzy Sets'.
Forschung und Wissenschaft versprechen sich von der Verwendung von Fuzzy-Logik bessere technische Systeme, die realistischer auf ihre ‚analoge' (→ *analog*) und auch aus vielen verschiedenstufigen Zuständen bestehende Umwelt eingehen und mit ihr interagieren können.
Ergänzende Konzepte sind die → *KI* und → *Neuronale Netze*.
→ *http://thor.tech.chemie.tu-muenchen.de/~bratz/fuzzy.html/*
→ *http://www.etdv.ruhr-uni-bochum.de/dv/lehre/seminar/fuzzy/*

FV

Abk. für Festverbindung.
Korrekter Name: → *Standardfestverbindung*. Bezeichnung eines Produktes der Deutschen Telekom im Bereich der Monopolübertragungswege (→ *MÜW*). Es werden verschiedene Gruppen von Festverbindungen unterschieden, die durch eine Zahl hinter dem FV kenntlich gemacht werden.

FVIT

Abk. für Fachverband Informationstechnik.
Bezeichnung eines deutschen Fachverbandes verschiedener Bereiche der Informationstechnologie mit Mitgliedern aus dem → *VDMA* und dem → *ZVEI*.

FVSat

Bezeichnung eines Produktes der Deutschen Telekom.
Oberbegriff für alle weltweiten Festverbindungen (→ *FV*) über Satellitenstrecken von Antenne zu Antenne. Es werden nur digitale Verbindungen mit 64 oder 128 kbit/s angeboten. Die Leitungen müssen im Voraus für bestimmte Zeiten gebucht werden.

FVSt

1. Abk. für Fernvermittlungsstelle.
   → *Fernnetz*.
2. Abk. für Funkvermittlungsstelle.
   Kaum noch gebrauchte deutsche Bezeichnung für → *MSCs* in heutigen Mobilfunknetzen. Die Bezeichnung stammt aus den Zeiten vor digitalen und zellularen Systemen.

FW

Abk. für Frequenzweiche.
Bezeichnung für ein elektronisches Bauteil mit einem Eingangskanal und mehreren Ausgangskanälen. Die Frequenzweiche sorgt dafür, dass ein Frequenzgemisch auf dem Eingangskanal in verschiedene, sich nicht überlappende Bänder (→ *Band*) zerlegt wird. Jedes Band wird dabei auf einem Ausgangskanal ausgegeben.

FX

Abk. für Foreign Exchange.
Bezeichnung für Vermittlungsstellen, die internationale Verbindungen herstellen und an internationale Netze angebunden sind.

FYI

Abk. für For your Information.
Am ehesten vergleichbar mit dem ‚Zur Kenntnisnahme' in der deutschen Sprache.

- Bezeichnet häufig im Subject von → *E-Mails* die Tatsache, dass der Absender der E-Mail keine Antwort erwartet, sondern nur kurz über einen Sachverhalt informieren möchte.
  → *Chat Slang*.
- Bezeichnet bei → *RFCs* einen Abschnitt mit zusätzlichen Hintergrundinformationen.

G

G-10-Gesetz

Kurzbezeichnung für das Gesetz zur Beschränkung des Brief-, Post- und Fernmeldegeheimnisses. Der Name leitet sich von Artikel 10 des Grundgesetzes ab, in dem das → *Fernmeldegeheimnis* definiert ist.

Das G-10-Gesetz definiert folgende Punkte:

- Den Rahmen für die strategische, nicht personenbezogene und von Einzelfällen unabhängige Fernmeldekontrolle des Bundesnachrichtendienstes
- Einen Katalog der Straftatbestände, in denen eine gezielte personenbezogene Überwachung von Telefonaten in Einzelfällen erlaubt ist.
- Der Umgang mit den bei der Überwachung gewonnenen Erkenntnissen (= personenbezogene Daten).
- Das Verfahren der parlamentarischen Kontrolle durch den sogenannten G-10-Ausschuss, die den gesamten Verlauf der Erhebung, Verarbeitung und Nutzung der gewonnenen Erkenntnisse umfasst. Mitglieder und auch Mitarbeiter des Ausschusses haben jederzeit Zutritt zu allen Diensträumen der Geheimdienste. Der Ausschuss besteht aus dem Vorsitzenden, der die Befähigung zum Richteramt haben muss, drei Beisitzern und vier stellvertretenden Mitgliedern, die auf den Ausschusssitzungen Rede- und Fragerecht haben.

Zuletzt wurde das G-10-Gesetz im Mai 2001 geändert, nachdem das Bundesverfassungsgericht 1999 einzelne Bestimmungen des Gesetzes beanstandet hatte.

G.114

→ *SQEG*.

G.703

Empfehlung der → *ITU* vom April 1991, welche die physischen und elektrischen Parameter einer bittransparenten Leitung der Bitraten 1 544, 2 048, 6 312, 8 488 oder 44 736 kbit/s definiert.

Im Branchenjargon ist häufig die 2-Mbit/s-Leitung gemeint. Al Verfahren für die → Leitungscodierung wird → *HDB3* genutzt.

G.704

Empfehlung der → *ITU*, welche auf einer Leitung nach → *G.703* die Rahmenstruktur einer Leitung der Bitraten für die Übertragung in Netzen mit der plesiochronen digitalen Hierarchie (→ *PDH*, 1 544, 2 048, 2 048, 8 488 oder 44 736 kbit/s) definiert, d.h. der bittransparenten Leitung nach G.703 wird eine innere, logische Struktur der zu übertragenden Bits gegeben, so dass sich innerhalb des Datenstroms nach G.703 einzelne Kanäle unterscheiden lassen.

G.711

Empfehlung der → *ITU* aus dem Jahr 1972, welche die Digitalisierung (→ *A/D-Wandlung*) von Audiodaten in Fernsprechqualität (3,1 kHz Bandbreite) mit einer Datenrate von 56 kbit/s bzw. 64 kbit/s beschreibt. Das Verfahren wird mit Puls Code Modulation (→ *PCM*) bezeichnet und im analogen Telefonnetz oder im → *ISDN* verwendet.

G.721

→ *ADPCM*.

G.722

Ein Standard der → *ITU* aus dem Jahr 1988 (G.722), ergänzt um einen verwandten Standard 1992/94 (G.728) für die Übertragung von digitalen Audiosignalen sowie deren Komprimierung bzw. Dekomprimierung bei bestimmten Übertragungsraten (G.722: 7 kHz Bandbreite bei einer Abtastfrequenz von 16 kHz auf 56 kbit/s oder auch 44 kbit/s; das Verfahren heißt Sub-Band Adaptive Differential Pulse Code Modulation, SB-ADPCM; G.728: 3,1 kHz Bandbreite auf 16 kbit/s mit max. → *Delay* von 250 ms, nutzt LDCELP).

Wegen der großen Bandbreite von G.722 wird dieser Standard auch gern mit ‚Wideband Decoder‘ oder ‚Broadband Decoder‘ bezeichnet.

G.728 verwendet ein Verfahren mit der Bezeichnung LD-CELP (Low-Delay Code Excited Linear Prediction, → *CELP*).

Ziel ist die Nutzung dieser Empfehlungen in → *Videokonferenzsystemen*. So kann G.728 eingesetzt werden, um Videokonferenzen über nur einen B-Kanal des → *ISDN* zu ermöglichen.

G.723

Ein Standard der → *ITU*, der den Sprachcodec → *CELP* definiert.

G.723.1

Ein Standard der → *ITU*, der ein Sprachkompressionsverfahren zur Verwendung in schmalbandigen, multimedialen Anwendungen mit Bitraten von 6,4 und 5,3 kbit/s definiert. Das Verfahren wird mit → *MPC-MLQ* bezeichnet.

Im Vergleich zu → *G.729* qualitativ schlechter, insbesondere was den → *Delay* (100 ms erlaubt) angeht.

Das Verfahren wurde ursprünglich von der → *ITU* im Jahre 1995 mit Blick auf den Einsatz in schmalbandigen → *Videokonferenzsystemen* entwickelt. Es wird mittlerweile von verschiedenen Anbietern von → *Internet-Telefonie* oder → *Voice over IP* in ihren Produkten eingesetzt.

G.726, G.727

→ *ADPCM*.

G.728

→ *G.722*.

G.729

Definiert ein universell verwendbares Sprachkompressionsverfahren. Entwickelt von der → *ITU* im Jahre 1995 und 1996 (Annex A) mit Blick auf eine hohe Sprachqualität.

Der im Annex A definierte Codec mit reduzierter Komplexität ist insbesondere für den Einsatz im Rahmen von → *DSVD* gedacht.

Nutzt ein Verfahren mit der Bezeichnung CS-ACELP (Conjugate-Structure Algebraic-Code Excited Linear Prediction, → *CELP*). Das → *SNR* beträgt 28 dB für eine Sprachübertragung mit 8 kbit/s.

Parameter	G.729	G.729A	G.723.1	G.723.1
Bitrate	8 kbit/s	8 kbit/s	6,3 kbit/s	5,3 kbit/s
Rahmenlänge	10 ms	10 ms	30 ms	30 ms
Subframe-Länge	5 ms	5 ms	7,5 ms	7,5 ms

GAA

Abk. für Geldausgabe-Automat.
Eine sehr selten gebrauchte Bezeichnung für Geldautomat.
→ *ATM*.

GaAs

Abk. für Gallium-Arsenid.
Bezeichnung eines Halbleiterwerkstoffes, aus dem die meisten optoelektronischen Komponenten gefertigt werden.
Vorteile dieses Werkstoffes gegenüber den herkömmlichen verwendeten Baustoffen der Halbleiterelektronik (Silizium und in geringem Umfang Germanium) sind die kürzeren Schaltzeiten, die geringere Energieaufnahme, die geringere Empfindlichkeit gegenüber externen Störeinflüssen und die besondere Eignung für optoelektronische Wandlungen. Diese Vorteile resultieren aus der höheren Beweglichkeit, über welche die elektrischen Ladungsträger (Elektronen) in GaAs verfügen.
Nachteilig sind hingegen der größere Platzbedarf von in GaAs realisierten Schaltungen und der höhere Preis.
Bis in die 90er Jahre hinein wurden aus GaAs gefertigte elektronische Bauteile daher insbesondere im Bereich von → *Supercomputern* verwendet. Auch in diesem Bereich setzten sich jedoch → *CMOS*-Technologien durch. Gleichzeitig verbreiteten sich GaAs-Bauteile rasch im Bereich der optischen Übertragungstechnik (→ *WDM*).

Gabelschaltung

Der Ein-/Aussschalter des Telefons in der Hörerablage bzw. bei anderen Geräten (z.B. schnurlose Geräte) die Taste mit der entsprechenden Funktion.
International auch Hook genannt.

Gabelschaltsignal

→ *Hook Flash*.

GABICO

Abk. für Ganz Billiger Computer.
Jargon in der Szene der → *Hacker*. Bezeichnet ein mager ausgestattetes Computermodell mit wenig Rechenleistung.

Gabriel

Name eines der vier Erzengel, der in der Bibel als Bote Gottes erwähnt wird (Dan. 8,16; 9, 21 und Lukas 1, 119 und 26) und der daher als Schutzpatron aller gilt, die mit der Nachrichtenübertragung zu tun haben.

GAL

1. Abk. für Generic Array Logic.
2. Abk. für Global Address List.

Galileo

→ *GPS*.

Galvanische Kopplung/Verbindung

Zwischen zwei Punkten besteht eine galvanische Verbindung, wenn zwischen ihnen Gleichstrom übertragen werden kann, d.h., wenn zwischen ihnen dauerhaft eine elektrisch leitende Verbindung in Form gemeinsamer Impedanzen (durchgehender Draht) vorhanden ist.
→ *Kopplung*, → *Induktive Kopplung*, → *Kapazitive Kopplung*.

Gamekarte

→ *Gameport*.

Gamepad

Bezeichnung für eine periphere Bedieneinheit des Computers, mit der man Computerspiele spielt. Üblicherweise ist der Gamepad (im Gegensatz zum → *Joystick*) derart gestaltet, dass er mit beiden Händen gehalten werden kann. Er verfügt über verschiedene Knöpfe, die das Spiel steuern.

Gameport

Gameport ist die Bezeichnung für eine Schnittstelle zum Anschluss eines → *Joysticks* an einen Computer. Einige → *Home-Computer* verfügten serienmäßig über eine derartige Schnittstelle. Heutige PCs müssen üblicherweise mit einer Gamekarte mit Gameport oder einer → *Soundkarte* mit Gameport (in einem freien Steckplatz) nachgerüstet werden.
Der Gameport verfügt üblicherweise über 15 parallele Leitungen, von denen die Steckverbindungen in zwei Reihen zu je sieben und acht übereinander angeordnet sind.

GAMM, GAMM-Mix

Abk. für Gesellschaft für angewandte Mathematik und Mechanik.
Die GAMM hat sich schon sehr früh für den Einsatz von Rechenanlagen zu technisch-wissenschaftlichen Zwecken eingesetzt.
Der GAMM-Mix ist eine Methode zur Leistungsbestimmung von → *Computern*, damit verschiedene Computer bezüglich ihrer Leistung, besonders bei technisch-wissenschaftlichen Problemen mit einem hohen Anteil mathematischer Berechnungen, miteinander verglichen werden können. Dafür wurde ein Mix aus verschiedenen Aufgaben definiert, für die die Zeit ermittelt wird, die der Computer zur Abarbeitung der Aufgaben benötigt.
Der GAMM-Mix-Kennwert T (in s gemessen) ergibt sich dann aus:

$$T = 1/300\,(T_1 + 2T_2 + 3T_3 + 4T_4 + 1/5T_5)$$

- T_1: Zeit zum Bilden eines Skalarproduktes zweier Vektoren mit 30 Komponenten

- T_2: Zeit zum Bilden der Vektorsumme zweier Vektoren mit 30 Komponenten
- T_3: Zeit zum Berechnen eines Polynoms 10. Grades nach der Methode von Horner
- T_4: Zeit für das iterative Berechnen einer Quadratwurzel nach der Methode von Newton (fünf Iterationsschritte)
- T_5: Zeit für die Ermittlung der betragsgrößten Komponente eines Vektors mit 100 Komponenten.

Gamma 60

Bezeichnung eines seinerzeit leistungsstarken und innovativen Großcomputers des französischen Herstellers Bull. Bull stellte den Rechner mit Multiprozessorsystem 1960 vor. Wegen fehlender Software konnte das sehr innovative Konzept damals nicht voll ausgeschöpft werden. Die bescheidenen Verkaufszahlen konnten die extrem hohen Entwicklungskosten nicht einspielen, weswegen das Modell kein großer kommerzieller Erfolg wurde.

Gamma-Regler

Bezeichnet bei → *Scannern* einen vom Nutzer einstellbaren Parameter, der die Kontraste definiert.

→ *Weiß-Wert.*

GAN

Abk. für Global Area Network.

Bezeichnet, im Gegensatz zu → *LAN* oder → *WAN*, ein globales Kommunikationsnetz. Es wird üblicherweise mit Satelliten realisiert. Der Übertragungsrate von üblicherweise 2 Mbit/s steht allerdings eine hohe Signalverzögerung infolge der großen zu überbrückenden Distanzen gegenüber. GANs dienen der → *WAN*- oder auch → *LAN*-Kopplung.

GAP

Abk. für Generic Access Profile.

Bezeichnet die allgemeine Luftschnittstelle zu → *DECT*-Basisstationen, deren Standardisierung Ende 1994 erfolgte. Ziel ist eine offene Schnittstelle, so dass Mobilteile eines Herstellers mit den Basisstationen anderer Hersteller kommunizieren können. Dies wird bei → *Telepoint*-Anwendungen ausgenutzt. GAP ist somit das Gegenstück zum → *CAI* von → *CT 2*.

GAP definiert eine Mindestfunktionalität, die an der Luftschnittstelle realisiert werden muss. Erste Endgeräte wurden von Siemens, Ericsson, Nokia und Philips auf der CeBIT '96 gezeigt.

Garbage, Garbage Collection

Von engl. garbage = Müll, Abfall. Garbage ist die Bezeichnung für Daten, die während eines Programmlaufs entstehen und nach einer gewissen Zeit für den weiteren Programmlauf nicht mehr benötigt werden. Beispiele sind Zwischenergebnisse, Indextabellen oder aus Sicherheitsgründen doppelt gespeicherte Daten.

Derartige Daten nehmen Speicherplatz im Hauptspeicher (→ *RAM*) in Anspruch und verschwenden daher Systemressourcen.

Durch Garbage Collection, eine Funktion des → *Betriebssystems* oder eines → *Compilers*, werden derartige Daten gezielt gesucht und ihr Speicherbereich wird zur erneuten Verwendung freigegeben.

Garbage in – Garbage out

→ *GIGO.*

Gartenzaun

Umgangssprachliche, deutsche Bezeichnung für das Sonderzeichen # (auch genannt: Lattenzaun, Doppelkreuz oder Raute).

Gassenbesetzt

Ein Zustand, bei dem ein Anruf nicht durchgeschaltet werden kann, weil der Teilnehmer möglicherweise zwar frei ist, nicht jedoch die Leitungen zwischen dem → *A*- und dem → *B-Teilnehmer.*

Gateway

1. Eine mit u.U. erheblicher Intelligenz ausgestattete Schnittstelle zwischen verschiedenen Netzen. Sie übersetzt Protokolldateneinheiten zwischen den nicht kompatiblen Netzen und führt somit Funktionen der Schichten 3 oder höher (bis Schicht 7) des → *OSI-Referenzmodells* aus. Gateways verbinden, z.B. → *PCs* mit IBM-Großrechnern oder E-Mail-Produkte, die auf → *TCP* und → *IP* basieren, mit → *X.400*-Systemen.

   → *Brouter*, → *Brücke*, → *Repeater*, → *Router.*
2. Überleiteinrichtungen zwischen öffentlichen Netzen verschiedener Betreiber oder zwischen verschiedenen nationalen Netzen. Die Aufgaben eines derartigen Gateways sind z.B. die Gebührenerfassung, die Umsetzung von unterschiedlichen Signalisierungsprozeduren oder eine Geschwindigkeitsanpassung etc.

Gateway Mobile Switching Center

→ *GMSC.*

GATS

Abk. für Global Automotive Telematics Standard.

Bezeichnung für eine im Frühjahr 1998 von der deutschen Industrie (Gerätehersteller) und deutschen Serviceanbietern auf dem Gebiet der Verkehrstelematik (→ *Telematik*) definierte, auf verschiedenen Forschungsprojekten seit 1991 basierende, offene Plattform, die im Bereich der Telematik zu standardisierten Endgeräten und Diensten führen soll.

GATS stützt sich dabei auf folgende Elemente:

- Protokolle zur Datenübertragung
- Spezifikation der Dienste (Funktionalität, Abläufe, beteiligte Instanzen)
- Mindestanforderungen an Geräte
- Dekodiertabellen für standardisierte Lokalitäten und Ereignisse

Gaußsches Rauschen

Bezeichnung für ein Rauschen, das in seiner Frequenzverteilung einer Gaußverteilung (Normalverteilung, Glockenkurve) entspricht. Auch weißes Rauschen genannt.
Bei elektronischen Bauelementen entsteht Gaußsches Rauschen durch die Schwingungsbewegung einzelner Atome oder Moleküle. Es nimmt mit steigender Temperatur ebenfalls zu.

GB

Abk. für Gigabyte.
1 GByte sind 2^{30} → *Byte* = 1 073 741 824 Byte, was ungefähr 1 Mrd. Byte entspricht.

GbAnz

Abk. für Gebührenanzeige.

GbE

Abk. für → *Gigabit Ethernet.*

GBG

Abk. für Geschlossene Benutzergruppe.
→ *CUG.*

GbI

Abk. für → *Gebührenimpuls.*

GC

Abk. für Global Catalog.

GCLISP

Abk. für Golden Common List Processor.
Bezeichnung eines speziellen Dialektes der Programmiersprache → *Lisp*. Insbesondere für Anwendungen der künstlichen Intelligenz (→ *KI*) gedacht.

GCOS

Abk. für General Comprehensive Operating System.
Bezeichnung für ein → *Betriebssystem*, das gegen Ende der 70er und Anfang der 80er Jahre auf einigen → *Mainframes* aus dem Hause Honeywell eingesetzt wurde. Später wurde es von Bull übernommen und auch auf ihren → *Minicomputern* eingesetzt.

GCR

Abk. für Group Code Recording.
Bezeichnung für eine Aufzeichnungstechnik für magnetische Speichermedien (Magnetbänder und Floppys, → *Diskette*) aus dem Hause Apple.

GDD

Abk. für Gesellschaft für Datenschutz und Datensicherheit.
Bezeichnung für einen 1976 in Bonn gegründeten Verein mit dem Ziel, Interessierten aktuelle Informationen aus den Bereichen → *Datenschutz* und → *Datensicherheit* zur Verfügung zu stellen und die Arbeit von betrieblichen und behördlichen Datenschutzbeauftragten zu unterstützen und zu koordinieren.
→ *http://www.g-d-d.com/*

GDI

Abk. für Graphic Device Interface.
GDI-Drucker ist die Bezeichnung eines speziellen Druckers, der (im Gegensatz zu einem herkömmlichen Drucker) über keinen eigenen → *Mikroprozessor* zur Verarbeitung eingehender Druckaufträge verfügt und nur einen vergleichsweise kleinen Arbeitsspeicher enthält. Die Verarbeitung der zu druckenden Daten muss daher im speisenden → *PC* unter Verwendung der PC-eigenen Ressourcen erfolgen.
Vorteil dieses Verfahrens ist die Kosteneinsparung und damit der geringe Preis derartiger Drucker. Der Nachteil ist die zusätzliche Belastung der PC-Ressourcen, die sich besonders bei langsamen PCs und großen Druckaufträgen bemerkbar macht. Ferner ist GDI eine spezielle Schnittstelle unter → *Windows*, so dass derartige Drucker nur von PCs mit Windows genutzt werden können.

GDMO

Abk. für Guidelines for the Definition of Managed Objects.
Bezeichnung für ein Regelwerk im Rahmen von → *CMIP*, das die Beschreibung von verwalteten Objekten in einem Kommunikationsnetz definiert.

GDSS

1. Abk. für Group Decision Support Systems.
   Allgemeine Bezeichnung für computergestützte Systeme, die den Workflow innerhalb betrieblicher Arbeitsgruppen unterstützen, z.B. → *Groupware.*
2. Abk. für Global Distress Safety System.
   Oberbegriff für satellitengestützte → *Mobilfunk*systeme, die nur Notrufe übermitteln.
   Beispiele sind: COSPAS, SARSAT (Search and Rescue Satellite Aided Tracking System), GOES (Geostationary Operational Environmental Satellites) und SERES (Search and Rescue Satellite). Internationale Notruffrequenz ist 406,025 MHz. Aufbau von 1992 bis 1999.
   Für Schiffe ist seit 1. Februar 1999 die Ausrüstung mit einem GMDSS (Global Maritime Distress Safety System) Pflicht.
   → *ELBA*, → *EPIRB.*

GE

1. Abk. für Gebühreneinheiten.
2. Abk. für General Electric.
3. Abk. für → *Gigabit Ethernet.*

GEA

Abk. für Gigabit Ethernet Alliance.
→ *Gigabit Ethernet.*

Gebäudemanagement

→ *Facility Management.*

Gebäudeverkabelung

→ *Verkabelung.*

Gebühren

→ *Charging.*

Gebührenabrechnung

→ *Billing.*

Gebührenanzeige

→ *AOC.*

Gebührenauszug

→ *EVN.*

Gebührendatensatz

→ *CDR.*

Gebührenfreies Telefonieren

→ *Werbefinanzierte Telefonie.*

Gebührenimpuls

Abgekürzt mit GbI. Dient zur finanziellen Abrechnung eines Gespräches und damit dem → *Charging.*

Bei einer analogen Verbindung wird nach jedem Zeittakt ein Tonsignal einer bestimmten Frequenz und Dauer über die Leitung geschickt. Die Frequenz variiert je nach Land, liegt in Europa aber meistens bei 12 oder 16 kHz.

Gebührensparer

→ *Least Cost Routing.*

Gedan

Abk. für Gerät zur dezentralen Anrufweiterschaltung.

Bezeichnung der Deutschen Telekom für die zusätzliche Hardware in Vermittlungsstellen, die das → *Forwarding* übernimmt. Bezeichnete eine Weile im Jargon der Deutschen Telekom zur Mitte der 90er Jahre auch nur das Forwarding als ein spezielles Dienstmerkmal der Telekom.

→ *Anis.*

GEE

Abk. für Grundstückseigentümer-Erklärung.

Begriff aus der Regulierung. Bezeichnet in Deutschland die Erklärung eines Grundstückseigentümers gegenüber einem → *Network-Provider*, dass dieser die Erlaubnis hat, auf dem Grundstück und in den dazugehörigen Gebäuden Installationen (Zuleitung, Netzabschluss, Hausinstallation) zu telekommunikationstechnischen Zwecken vorzunehmen.

Geek

In den USA der überwiegend positiv gemeinte Jargon für eine Person, die hauptsächlich Freude an geistiger Tätigkeit (wie z.B. dem Programmieren oder dem → *Surfen* im → *Internet*) findet. Dies besagt jedoch noch nichts über die Qualität seiner Tätigkeiten bzw. seine Erfahrung.

→ *Nerd*, → *Wizard.*

GE ERMA

→ *ERMA.*

Gegenbetrieb

Vom → *DIN* geprägter deutscher Begriff für → *Duplexübertragung.*

Gelbe Seiten

→ *Teilnehmerverzeichnis.*

GEM

Abk. für Graphics Environment Manager.

Bezeichnung für eine der erste grafischen Benutzerschnittstellen (→ *GUI*) für → *Home-Computer* und frühe → *PCs.* Es setzte auf → *MS-DOS* auf.

Vorgestellt in den frühen 80er Jahren vom Hause Digital Research.

Gemeine

In der Drucktechnik der Jargon für Kleinbuchstaben.

Gemini

Bezeichnung für ein Gemeinschaftsunternehmen (Gemini Submarine Cable Systems Inc.) zum Betrieb gleichnamiger → *Unterwasserkabel* durch den Nordatlantik, gemeinsam gegründet von WorldCom und Cable & Wireless. Dafür wurden rund 500 Mio. $ investiert.

Es handelt sich dabei um das erste Unterwasserkabel, das zwei Großstädte (London und New York) direkt miteinander verbindet.

Dabei sind an Land jeweils ein Ring und zusätzlich im Nordatlantik ein weiterer Glasfaserring verlegt, so dass sich insgesamt drei Ringe ergeben. Der Unterwasserring (‚Wet Ring') wird dabei an je zwei Anlandungspunkten (Oxwich Bay und Portcurno in UK und Charlestown/Richmond sowie Manasquan/New Jersey in den USA) mit den Ringen an Land verbunden.

Der Wet Ring besteht aus zwei Trassen (Gemini 1 im Süden und Gemini 2 rund 500 km weiter im Norden). Beide zusammen sind rund 12 600 km lang.

Alle Ringe sind in → *SDH*-Technik ausgeführt und übertragen auf den terrestrischen Ringen mit DWDM-Technik (→ *WDM*) acht SDH-Signale zu je 2,5 Gbit/s. Durch die Ringstruktur und die SDH-Technik ist geplant, eine maximale Ausfalldauer von 1,5 Min. für eine Betriebsdauer von 20 Jahren realisieren zu können.

Die Teilstrecke Gemini 1 wurde innerhalb von 1,5 Jahren installiert und ging im Frühjahr 1998 in Betrieb. Das gesamte System wurde im Laufe von 1999 in Betrieb genommen.

Das zentrale Netzmanagement hat seinen Sitz in Manasquan.

Gemischte Anschaltung

Bezeichnung für den Anschluss einer Nebenstellenanlage an analoge Anschlussleitungen und an → *ISDN*-Anschlüsse.

Die gemischte Anschaltung kam überwiegend dort vor, wo Ortsnetze noch nicht vollständig digitalisiert waren. Das ist seit dem 31. Dezember 1998 in Deutschland nirgendwo mehr der Fall.

GEN

Abk. für Global European Network (Project).

Ein seit September 1992 von fünf öffentlichen Netzbetreibern in Europa durchgeführtes Projekt mit dem Ziel des Aufbaus einer paneuropäischen, digitalen gemanagten

Netzinfrastruktur, zunächst nur für nichtvermittelte Datenverbindungen. Seit Frühjahr 1993 können europaweit Leitungen von n * 64 kbit/s bis zu 2 Mbit/s geschaltet werden. Nächste Stufe ist das → *METRAN*-Projekt. Mittlerweile haben sich weitere Partner dem Verbund angeschlossen.
Aus Deutschland ist die Deutsche Telekom mit drei Netzknoten in Stuttgart, Düsseldorf und Frankfurt/Main dabei, von wo aus ein Übergang in das → *IDN* erfolgt.

Gender Changer

Von engl. gender = Geschlecht und to change = ändern, umwandeln. Bezeichnung für einen speziellen Kabelsteckverbinder für ein → *Koaxialkabel*, der auf einen männlichen Stecker (mit Pin) gesteckt einen weiblichen Stecker (mit Hülse) zur Verfügung stellt oder umgekehrt.

General MIDI

→ *MIDI*.

Generationsverluste

Begriff aus der digitalen Bildverarbeitung. Bezeichnet Qualitätsverluste bei mehrfachem Komprimieren und Dekomprimieren digitaler Bilder. Unter einer Generation wird dabei die Datei nach einmaligem Durchlaufen des Kompressionsverfahrens verstanden.
Entstehen meistens durch Rundungsfehler in den Kompressionsalgorithmen und durch die Technik der Algorithmen, aufgetretene und erkannte Fehler möglichst gleichmäßig auf das gesamte Bild zu verteilen.

Generic Coding

→ *SGML*.

GEnie

Abk. für General Electric Network for Information Exchange.
Bezeichnung des 1985 gegründeten kleinen → *Online-Services* der amerik. Firma General Electric mit dem vollständigen Namen GEnie Services. Streng genommen handelte es sich um ein Jointventure zwischen GE und Ameritech. Die Einheit, die innerhalb von GE den Dienst GEnie realisierte, war GEIS (General Electric Information Services).
Der offizielle Betrieb startete am 1. Oktober 1985 und hat neben einem E-Mail-Dienst, → *Chat*, diversen Standardinformationsangeboten (Nachrichten, Wetter etc.) verschiedene themenbezogene Foren angeboten, die hier Round Tables (RT) genannt wurden. Verschiedene Unternehmen, so z.B. → *Atari*, nutzten GEnie für ihre Kundenbetreuung im Rahmen dieser RTs.
Alle diese Dienste kamen ohne grafische Elemente aus und waren lediglich textbasiert. Die Zugänge zu GEnie erfolgten über Modems mit üblicherweise 300 bit/s bis hin zu 2,4 kbit/s.
1993 hatte GEnie rund 190 000 Nutzer mit stark steigender Tendenz. Zu seinen besten Zeiten kurz vor Mitte der 90er Jahre waren es knapp 400 000 Nutzer. Im Januar 1996 wurde es dann schon mit weniger als 100 000 Teilnehmern an die bis dahin völlig unbekannte Yovelle Renaissance Corp. verkauft, die aus GEnie einen Internet-basierten Dienst machen wollte. Wenig später fusionierte Yovelle mit Interactive Discount Telecom (IDT) aus New York.
Eine neue unpopuläre Tarifstruktur, die Nichtumsetzung des Internet-Zugangs und das aggressive Vordringen anderer Online-Dienste (insbesondere AOL) sowie des → *Internet* sorgten für einen steten Nutzerschwund.
Zum Jahresende 1999 stellte GEnie mit zuletzt unter 10 000 Nutzern seinen Betrieb ein.

Gentex

Abk. für General Telegraph Exchange.
Bezeichnung für das am 2. Mai 1956 in Betrieb genommene, europaweite und vermittelte Telekommunikationsnetz europäischer Postverwaltungen für die automatische Übermittlung von → *Telegrammen* und anderen internen Informationen.
Es ist in Deutschland in den späten 70er Jahren in das → *IDN* integriert worden, als der gesamte Ablauf zum Erfassen, Übertragen, Weiterleiten und Abrechnen von Telegrammen auf das neue Telegrammdienstsystem (TDS) umgestellt wurde.

GEO

Abk. für Geostationary Earth Orbit.
Bezeichnet Umlaufbahnen für → *Satelliten* in 35 768 km Höhe über dem Äquator, die für den Betrachter auf der Erde über dem Horizont feststehen (geostationär sind), da die Satelliten auf dieser Bahn die Erde genauso schnell umrunden, wie sie sich selber dreht. Satellitenantennen, die auf einen Satelliten auf dieser Umlaufbahn gerichtet sind, brauchen daher diesem Satelliten nicht zu folgen und können starr montiert werden.
Diese Bahn wird auch → *Clarke-Orbit* genannt.
Mit drei Satelliten auf einer GEO ist daher eine Versorgung nahezu der gesamten Erdoberfläche möglich. Eine Ausnahme bilden die Pole, da zur Funkversorgung eine → *Elevation* von ca. 10 Grad notwendig ist. Diese Bedingung ist nur in Regionen bis ca. dem 50. Breitengrad erfüllt.
Diese Art von Bahn wird z.B. von den aktuellen → *Inmarsat*-Systemen genutzt.
Aktuell umkreisen ca. 320 Satelliten die Erde auf der GEO. Die Position eines Satelliten auf der Umlaufbahn wird auch Slot oder Orbital-Slot genannt. Die Positionen werden von internationalen Organisationen wie der → *ITU* zusammen mit nationalen Organisationen wie der → *FCC* verwaltet. Eine Position wird durch eine Angabe in Grad definiert. Dabei gilt, dass die gesamte Bahn einen Umfang von 360° hat.
Durch die wachsende Zahl von Satelliten zusammen mit verbesserter Technik ist es notwendig und möglich geworden, den von einem Satelliten benötigten Platz auf der GEO immer weiter zu verringern. Für moderne Satelliten werden nur noch 2° benötigt.
Die → *Inklination* liegt bei 0°, da die Bahn gegenüber der Äquatorialebene nicht geneigt ist.
Für die mobile Kommunikation mit → *Handys* ist diese Bahn ungeeignet, da sie zu hoch ist und die Sendeleistung der Handys nicht ausreicht, um die Distanz zu überbrücken. Ferner sorgt die lange Signallaufzeit (250 ms für eine Stre-

cke) für eine niedrige Dienstqualität. Alternativen zu GEOs sind → *MEOs* oder → *LEOs*.

Zu den Vorteilen der GEO gehört die einfache Konfiguration, da mit nur wenigen Satelliten fast die gesamte Erde erreicht werden kann. Das technische System des Netzes zusätzlich zu den Satelliten (→ *Bodensegment*) kann, falls es für Satellitenmobilfunk genutzt werden soll, ebenfalls einfach ausfallen, da es wegen der sehr großen → *Footprints* nur sehr selten zu Übergängen von Nutzern zwischen den Footprints kommt (→ *Handover*).

Die Positionierung von Kommunikationssatelliten auf einer GEO erfolgt häufig über eine andere Umlaufbahn um die Erde, die → *GTO*.

GeoPort

Bezeichnung einer Buskonfiguration für Punkt-zu-Punkt-Verbindungen aus dem Hause Apple zur Verbindung des PCs mit peripheren Einheiten, wie dem Telefon oder einer Videokamera. GeoPort erlaubt isochrone Kommunikation bis zu 2 Mbit/s.

Ist von → *Versit* als physisches Interface für → *CTI* vorgesehen.

GEOS

Bezeichnung für ein → *Betriebssystem* aus dem Hause Geoworks, das bei → *PDAs* und Mobiltelefonen (z.B. dem Nokia 9000 bzw. 9110 Communicator) eingesetzt wird. Es benötigt einen Speicherplatz von 500 KByte.

Geostationäre Umlaufbahn

→ *GEO*.

Gerade Parität

→ *Parität*.

Gerätebus

→ *Feldbus*.

GES

Abk. für Ground Earth Station.

Bezeichnung für die zentrale Bodenstation eines Satellitensystems. Teil des → *Bodensegments*.

Gesellschaft für deutsche Postgeschichte e.V.

Bezeichnung eines Vereins, der sich mit der Geschichte des Post- und Telekommunikationswesens in Deutschland beschäftigt.

Adresse:

Gesellschaft für deutsche Postgeschichte e.V.
Schaumainkai 53
60596 Frankfurt
Tel.: 0 69 / 61 10 40

Gesellschaft für Informatik

→ *GI*.

Gesprächsdatensatz

→ *Call Detail Record*.

Gesprächsunterbrechung (-staste)

Ein → *Leistungsmerkmal* an Endgeräten, das durch Drücken einer → *Funktionstaste* ein Auflegen des Hörers simuliert und das Gerät für das Wählen einer neuen Nummer bereit macht. Dadurch wird das Wiederauflegen und erneute Abheben des Hörers vermieden.

Gestellreihe

Begriff aus der Zeit elektromechanischer → *Vermittlungstechnik*, insbesondere auf der Basis des → *EMD-Wählers*.

Die elektromechanischen Wähler waren übereinander in speziell dafür konstruierten Gestellen in großen Räumen montiert. Die Wähler waren auf der Vorderseite zu Wartungszwecken frei zugänglich, während auf der Rückseite der Gestelle Versorgungsleitungen montiert waren.

Die Gestelle waren nebeneinander in langen Gestellreihen aufgestellt. Eine Vermittlungsstelle bestand üblicherweise aus vielen Gestellreihen.

Häufig waren sie zum Schutz vor Staub in Schränken montiert.

Geviert

Ursprünglich ein anderes Wort für Quadrat. Begriff aus der → *Typografie*. Ein Geviert ist eine Maßeinheit für die Größe eines Zeichens und entspricht für einen bestimmten → *Font* der Breite des Buchstabens ‚m', der in seiner Fläche annähernd als Quadrat angesehen werden kann.

Geyserville

→ *Intel Pentium*.

GF

Selten gebräuchliche Abkürzung für Glasfaser.

→ *Glasfasertechnik*.

GFC

Abk. für Generic Flow Control.

→ *ATM*.

GfdP

Abk. für → *Gesellschaft für deutsche Postgeschichte*.

GFID/LCGN

Abk. für General Format Identifier/Logical Channel Group Number.

Bei → *X.25* die Bezeichnung für das Feld im → *Header*, das den Typ des Nutzdatenfeldes und die Gruppennummer des logischen Kanals definiert.

GFK

Abk. für Glasfaserkabel.

→ *Glasfasertechnik*.

GFP

Abk. für Global Functional Plane.

→ *IN*.

GFSK

Abk. für Gaussian Frequency Shift Keying.

Ein digitales Modulationsverfahren (→ *digitale Modulation*). Wird z.B. im → *GSM* angewendet. Es handelt sich dabei um eine modifizierte → *FSK*, bei der anstelle des Sinusfilters ein Gaußfilter eingesetzt wird. Dadurch steht ein schmalbandigerer Sendebereich zur Verfügung, was zu einem geringeren Übersprechen führt. Primär geht es um eine Begrenzung der Bandbreite durch Herausfiltern eines Teils der Oberwellen.

GFT

Abk. für Gemeinschaft Fernmeldetechnik eG.

Bezeichnet einen Zusammenschluss von ca. 135 mittleren und kleinen Firmen aus dem Bereich Telefonbau und Telefonzubehör. Nimmt Funktionen von Einkauf, Weiterbildung sowie Marktforschung wahr.

GGA

Abk. für Großgemeinschafts-Antennenanlage.

Deutsche Bezeichnung für → *MATV*.

GGSN

Abk. für Gateway GPRS Support Node.

→ *GPRS*.

GI

Abk. für Gesellschaft für Informatik.

Bezeichnung einer deutschen technisch-wissenschaftlichen Vereinigung mit dem Ziel der Förderung der → *Informatik*.

Adresse:

Gesellschaft für Informatik e.V.
Wissenschaftszentrum
Ahrstraße 45
53175 Bonn
Tel.: 02 28 / 30 21 49
Fax: 02 28 / 30 21 67

→ *http://www.gi-ev.de/*

Gibson-Mix

Bezeichnung für einen Mix von Befehlen zur Ermittlung der Leistungsfähigkeit und zum Vergleich von unterschiedlichen → *Computern* für technisch-wissenschaftliche Anwendungen mittels einer Mixkennzahl.

Dabei wird für die Befehle die Zeit gemessen, die für ihre Abarbeitung benötigt wird. Verschiedene Befehle gehen mit unterschiedlichen Wichtungen in die Mixkennzahl ein.

Befehlstyp	Anteil
Befehle ohne Registerzugriff	5,3%
Boolesche Operationen	1,6%
Festkomma-Addition, -Subtraktion	6,1%
Festkomma-Division	0,2%
Festkomma-Multiplikation	0,6%
Gleitkomma-Addition, -Subtraktion	6,9%
Gleitkomma-Division	1,5%
Gleitkomma-Multiplikation	3,8%
Indizierung	18,0%
Laden, Speichern	31,2%
Schiebeoperationen	4,4%
Suchen, Vergleichen	3,8%
Verzweigen, Testen	16,6%

→ *Linpack*, → *SPEC*, → *GAMM-Mix*.

GIF, GIF87, GIF89

Abk. für Graphics Interchange Format.

Bezeichnung eines weit verbreiteten Dateiformates (Dateiendung *.GIF) für Grafiken. Gleichzeitig auch die Bezeichnung eines Kompressionsverfahrens, das die Grafiken in das komprimierte Dateiformat umwandelt.

Das Verfahren wurde 1987 von → *CompuServe* entwickelt, die es kommerziell an Unternehmen lizenziert, die darauf aufbauend Produkte, wie z.B. → *Viewer* oder digitale Fotoapparate, entwickeln. Hiervon sind herkömmliche, nichtkommerzielle Nutzer (Endverbraucher), die einfach nur GIF-Dateien mit derartigen Produkten herstellen und benutzen, nicht betroffen.

Das verlustlose Kompressionsverfahren codiert ein einzelnes Bildelement (→ *Pixel*) mit 8 Bit (dadurch 256 Farben möglich) und dem Verfahren → *LZW*, wodurch maximal eine Kompressionsrate von 5:1 erreicht wird. Beste Ergebnisse werden bei Bildern erzielt, bei denen es besonders scharfe, kontrastreiche Übergänge gibt.

Zwar können nur 256 Farben dargestellt werden, doch werden eben jene 256 Farben bei der Kompression eines bestimmten Bildes verwendet, die in genau diesem Bild am häufigsten verwendet werden. Dies sichert trotz des begrenzten Farbvorrates eine möglichst naturgetreue Wiedergabe.

Eine weitere Reduzierung der Dateigröße wird durch die Reduzierung der Anzahl der verwendeten Farben erzielt.

Man unterscheidet verschiedene Versionen von GIF. So wird der erste Standard oft als GIF87 bezeichnet. Im Jahre 1989 folgte mit GIF89 ein Standard, in dem es, ähnlich wie bei fortgeschrittenen Versionen von → *JPEG*, auch möglich ist, Vorder- und Hintergrund unterschiedlich zu behandeln.

Ferner ist es bei GIF89 möglich, kurze → *Animationen* in einer GIF-Datei zu speichern (auch Animated GIF oder GIF89a genannt). Die Repräsentation erfolgt durch mehrere einzelne GIF-Bilder hintereinander, weshalb die Animation oft nicht wirklich flüssig erscheint. Dieses Verfahren ist jedoch im → *WWW* weit verbreitet und dort die einzige Möglichkeit der animierten Darstellung ohne zusätzliche → *Plug-Ins*.

Als Interlaced GIF bezeichnet man eine Technik, bei der ein GIF-Bild in verschiedenen Stufen geladen wird (etwa im → *WWW* des → *Internets*), wobei die Qualität der Darstellung von Stufe zu Stufe zunimmt. Vorteil des Verfahrens ist, dass der Betrachter schon erheblich früher einen Eindruck vom Inhalt der Grafik erhält und abschätzen kann, ob sich ein weiteres Warten auf den kompletten Bildaufbau lohnt oder nicht.

Bedingt durch verschiedene Entwicklungen, wie leistungsfähigere Hardware und Lizenzprobleme bei Verwendung rechtlich geschützter LZW-Algorithmen, verlor das Format zu Beginn der 90er Jahre zunächst an Bedeutung. Es gewann jedoch wieder an Popularität mit dem Aufstieg des → *WWW* im → *Internet*, in dem es neben → *JPEG* das dominierende Dateiformat für Grafiken ist.

Als Nachfolger gilt das lizenzfreie → *PNG*.

→ *http://www.daubnet.com/formats/GIF.html/*

Gigabit Ethernet

Abgekürzt mit GIGE, GbE oder nur mit GE. Bezeichnung für eine Weiterentwicklung eines Hochgeschwindigkeits-LANs (→ *LAN*, → *HSLAN*), das auf dem Standard → *Ethernet* basiert und eine Bandbreite von 1 Gbit/s verspricht.

Ein vorläufiger Standard wurde 1997 erreicht, gefolgt von einem stabilen Standard 1998 und ersten marktfähigen Systemen ab 1999.

Technisch basiert es auf dem herkömmlichen Ethernet, von dem es → *CSMA/CD* als Zugriffsverfahren auf Schicht 2 und das Paketformat übernimmt. Die Paketgröße kann zwischen 512 Bit und 512 Byte (= 4096 Bit) liegen. Dabei wird das größte Paket Jumbo-Frame genannt.

Angestrebt wird sowohl ein Mode für Vollduplexverbindungen als auch für Halbduplexverbindungen.

Vom Standard → *Fibre Channel* werden Teile der Schicht 1 des → *OSI-Referenzmodells* übernommen (→ *8B10B*-Coding-Schema für alle unten genannten 1000Base-X-Standards).

Gigabit Ethernet wird oft als lokales Backbone zwischen → *Switches* (Vollduplexverkehr möglich) oder zur Anbindung leistungsfähiger → *Server* an → *LANs* über kurze Distanzen in Server- und Verkabelungsräumen eingesetzt. Es besteht das Ziel, diese Entfernung auf rund 200 m zu erhöhen.

Man unterscheidet folgende Varianten:

- 1000Base-SX: Als Medium wird eine Multimode-Glasfaser (Schnittstelle Multimode-Fiber, MMF, 850 nm Wellenlänge) verwendet. Die überbrückbare Distanz liegt bei rund 500 m.
- 1000Base-LX: Als Medium wird eine Monomode-Glasfaser verwendet (Schnittstelle Singlemode Fiber, SMF, 1300 nm Wellenlänge). Die überbrückbare Distanz liegt bei 2 km.
- 1000Base-CX: Als Medium wird ein geschirmtes Kupferkabel verwendet. Die überbrückbaren Distanzen sind eher gering (bis zu 25 m), so dass diese Variante zur Verbindung der aktiven Netzelemente innerhalb von Verteilerräumen zum Einsatz kommt.
- 1000Base-T: Als Medium wird ein Kabel der Kategorie 5 (→ *UTP*) über Distanzen von 100 m eingesetzt. Das verwendete Verfahren der → *digitalen Modulation* ist → *PAM*.

Im Vergleich zu → *ATM* hat Gigabit Ethernet folgende Vorteile:

- Niedrigere Gesamtkosten als Folge einer einfacheren Migration von bestehenden (Ethernet-basierten) LANs, einer einfacheren Wartung und Konfiguration (Netzmanagement) und eines einfacheren weiteren Ausbaus.
- Schnellere Integrierbarkeit in bestehende LAN- und WAN-Strukturen.

Allerdings werden neue → *Router* und → *Switches* benötigt.

Die Entwicklung von Gigabit Ethernet resultiert aus der guten Aufnahme des Standards für das → *Fast Ethernet*. Aus seinem Erfolg konnte abgelesen werden, dass es Bedarf an breitbandigen LANs gibt. Die Standardisierung wurde bei der → *IEEE* in der Gruppe → *IEEE 802.3* als 802.3z seit Anfang 1996 vorgenommen. Unterstützung erfährt sie dabei durch einen Zusammenschluss von mehr als 100 Hard- und Softwarehersteller die mittlerweile Mitglieder der im Mai 1996 von elf Unternehmen gegründeten Gigabit Ethernet Alliance (GEA) sind.

Im Juni 1998 verabschiedete die IEEE 802.3 den Standard.

→ *http://www.gigabit-ethernet.org/*

GIGE

Abk. für → *Gigabit Ethernet*.

GIGO

Abk. für Garbage In – Garbage Out.

Ein Jargon in Programmiererkreisen in Anlehnung an → *FIFO*, der besagt, dass falsche Eingaben zu falschen Ausgaben führen.

GIH

Abk. für Global Information Highway.

→ *GII*.

GILC

Abk. für Global Internet Liberty Campaign.

Bezeichnung für eine Initiative mit dem Ziel, eine übermäßige staatliche Regulierung des → *Internet* und damit eine Beschneidung der Pressefreiheit und der Bürgerrechte zu verhindern.

→ *Blue Ribbon*.

→ *http://www.gilc.org/*

GII

Abk. für Global Information Infrastructure.

Auch Global Information Highway (GIH) genannt. Ein vom amerikanischen US-Vizepräsidenten Al Gore 1994 auf der → *WTDC* geprägter Begriff, der die Idee der → *NII* als nationales Netz von Netzen auf ein internationales globales Netz von Netzen überträgt, mit welchem multimediale Dienste aller Art für private und geschäftliche Anwender angeboten werden sollen.

Die ITU hat ihre bisherigen Ergebnisse zur Etablierung der GII in folgenden Dokumenten aus dem Jahre 1998 zusammengefasst:

Standard	Inhalt
Y.100	Überblick und Grundlagen der GII
Y.110	Prinzipien und Rahmenarchitektur
Y.120	Methodik zur Entwicklung von Szenarien

→ *http://www.gii.com/*

Gillette-Prinzip

Ein grundlegendes Vermarktungsprinzip von Produkten, bei dem zunächst etwas für sehr wenig oder gar kein Geld verkauft wird und der Verkäufer mit notwendigen Folgeinvestitionen des Käufers oder anderer seinen Gewinn erzielt. Benannt nach dem Hersteller von Nassrasierern (billige Rasierer, teure Ersatzklingen). Das Prinzip selbst ist bereits uralt und wird oft auch „Verschenke die Lampe und verkaufe das Öl" genannt. Ein anderer bekannter Anwender war der amerikanische Ölbaron John D. Rockefeller.

In der Telekommunikation z.B. angewendet beim (günstigen) Verkauf oder Leasing von Nebenstellenanlagen, die teure Wartungsverträge oder Software-Updates nach sich ziehen.

In der Computerindustrie z.B. angewendet beim Verkauf von Druckern, die sehr billig abgegeben werden, für die aber der Kauf teurer Tonerkartuschen oder Tintenpatronen notwendig ist.

In der Softwareindustrie angewendet bei der nahezu kostenlosen Verbreitung einer frühen, leistungsschwachen Version von Software (z.B. über das → *Internet*), deren Update zu einer leistungsfähigen Version dann kostenpflichtig ist. Ein anderes Beispiel ist die kostenlose Abgabe von → *Plug-Ins* mit dem Ziel, dass deren weite Verbreitung den Verkauf von speziellen, teuren Autorensystemen für Software fördert, mit deren Hilfe man Anwendungen erstellt, die viele Nutzer dank der kostenlosen Plug-In-Software nutzen können.

→ *Chiquita-Prinzip*.

GIOP

Abk. für General Inter ORB Protocol.

→ *CORBA*.

GIP

Abk. für Global Internet Project.

Bezeichnung eines internationalen Zusammenschlusses von mehreren großen Unternehmen mit dem Ziel der Förderung der technischen Weiterentwicklung des → *Internet*.

→ *http://www.gip.org/*

GIS

Abk. für Geografisches Informationssystem.

Selten auch raumbezogenes Informationssystem genannt. Bezeichnung für eine Klasse von Anwendungssoftware, die geografische Daten aller Art verarbeitet, mit anderen Daten geeignet verknüpft und einem Nutzer darstellt.

Zu den Hauptanwendungsgebieten gehören:

- Stadtplanung und -verwaltung in allen Facetten (Verkehrsströme, andere Infrastrukturen wie Kabel, Leerrohre, Kanalisationen, Hochspannungstrassen, Bebauungspläne, Grundbuchverwaltung, Stadtpläne aller Art etc.)
- Landschaftsplanung und -verwaltung (Land- und Forstwirtschaft)
- Logistiksysteme (Speditionen, Nahverkehrssysteme, Standortlokalisierung, Routenplanung)
- Rohstoffsuche und -gewinnung, Lagerstättenerfassung und -verwaltung

Neu hinzu kommen jetzt die → *Location Dependent Services*.

Die → *OGC* hat sich zum Ziel gesetzt, GIS zu standardisieren.

GIX

Abk. für Global Internet Exchange.

Bezeichnung eines zentralen Knotens des → *Internet* in den USA, wo das amerikanische Internet bzw. verschiedene amerikanische Netze des Internet ein → *Gateway* zur restlichen Internet-Welt besitzen.

→ *DE-GIX*, → *CIX*, → *HKIX*, → *MAE*.

GKS

Abk. für Graphical Kernel System.

Bezeichnung für einen weit verbreiteten Standard zur Definition von Software, die insbesondere zwei- und dreidimensionale grafische Objekte manipuliert.

Ziel war die Entwicklung einer plattformunabhängigen Sprache zur Beschreibung von Grafiken, mit deren Hilfe es möglich ist, grafische Anwendungen auf einer Plattform zu erzeugen und mit keiner oder nur wenigen Änderungen auf andere Plattformen zu portieren.

Glasfaser, Glasfasertechnik

Engl.: Fibre Optics. Bezeichnung für das Anwendungsgebiet der Datenübertragung über nichtmetallische Übertragungsmedien, in denen die zu übertragenden Daten optisch mit Hilfe von sichtbaren elektromagnetischen Wellen (= Licht) transportiert werden.

Breitbandanwendungen über 2 Mbit/s und nennenswerte Entfernungen sind wirtschaftlich i.d.R. nur mit Glasfasern als Übertragungsmedium zu realisieren. Eine Alternative für die breitbandige Übertragung bis in den Bereich von ca. 10 Mbit/s und bis zu einigen wenigen Kilometern (< 10 km) ist die bereits vorhandene Infrastruktur der verdrillten Zweidrahtleitungen in öffentlichen Netzen (→ *ADSL*, → *HDSL* und → *VADSL*).

Die Glasfasertechnik im Bereich der Datenübertragung basiert auf der Eigenschaft des Lichtes, am Übergang von einem optisch dichten zu einem optisch weniger dichten Medium total reflektiert zu werden, sofern der Grenzwinkel der Totalreflexion nicht überschritten wird.

Dieser Grenzwinkel ergibt sich aus den Materialeigenschaften der beiden aneinander liegenden Gläser, die jeweils durch den → *Brechungsindex* der verwendeten Gläser beschrieben werden.

Für Glasfaserkabel werden dünne Fasern als Kern (Core) aus hochtransparenten optischen Gläsern oder Kunststoffen (POF, Plastic Optical Fiber) mit einer Dicke von wenigen tausendstel Millimetern (1,3 bis 100 m Durchmesser, Dickkernfaser mit Durchmesser >100 µm) verwendet. Diese werden zusätzlich von einem Mantel (Cladding, dann z.B. insgesamt 125 µm Durchmesser) eines Glases mit niedrigerem Brechungsindex umgeben, um die obige Eigenschaft zu gewährleisten und so das Licht innerhalb der Faser, nämlich im Core, führen zu können.

Beide Schichten (Core und Cladding) werden mit einer dünnen Schutzschicht aus Kunststoff (Coating) als einfacher, mechanischer Schutz vor äußeren Einflüssen umgeben, z.B. zum Schutz vor Kratzern.

Die technisch realisierbare Übertragungskapazität der Glasfasern vervierfacht sich alle vier oder fünf Jahre (→ *Roth's Law*) und liegt gegenwärtig bei 10 Gbit/s (kommerziell erhältliche Systeme mit einer Wellenlänge) bzw. bei mehrfachen davon bis in den Bereich einiger 100 Gbit/s (Systeme mit mehreren Wellenlängen; → *WDM*). Hauptsächliche Einflussfaktoren, die zu Problemen bei der Nutzung von Glasfasern bei hohen Bandbreiten führen, sind die → *Dämpfung*, die verschiedenen Varianten der → *Dispersion* und die Nichtlinearität.

Man unterscheidet verschiedene Faserarten für unterschiedliche Zwecke (→ *Moden*):

- → *Einmoden-Faser*
- → *Multimode-Stufenindex-Faser*
- → *Multimode-Gradientenindex-Faser*

Die Einmoden-Faser wird hauptsächlich bei Fernverbindungen in öffentlichen Netzen genutzt, die beiden anderen hauptsächlich bei Inhouse-Verkabelungen für → *LANs*.

Neben diesen drei grundsätzlichen Arten werden Glasfasern durch den Durchmesser und ihre → *numerische Apertur* charakterisiert.

Es werden verschieden dicke Fasern (jeweils Kern- und Gesamtdurchmesser) für unterschiedliche Zwecke angeboten: z.B. 50/125 µm, 62,5/125 µm und 100/140 µm für Multimode-Fasern.

Glasfasern verfügen in Abhängigkeit von der benutzten Wellenlänge über eine nicht konstante Dämpfung. Die Bereiche, in denen die Dämpfung besonders niedrig ist, heißen (optische) Fenster. Charakteristisch für den Verlauf der Dämpfungskurve ist, dass die Dämpfung sinkt, je höher die Wellenlänge mit einem Ansteigen ab 1 600 nm (durch Absorption des Siliziums) und einem Peak bei 1 385 nm (durch Absorption bei Hydroxil-Ionen) ist.

Als Trägerfrequenzen kommen drei Lichtfrequenzen in Frage, bei denen die Dämpfung besonders gering ist. Die Wellenlängen liegen dann bei 850, 1 300 und 1 550 nm. Die ersten bei 1 300 nm arbeitenden InGaAsP/InP-Laser wurden 1977 beschrieben, die ersten Einmoden-DFB-Laser mit 1 550 nm (ein Bereich, in dem die Glasfaser die geringste Dämpfung hat) 1981. Als Trägerfrequenzverfahren kommt die Wellenlängenmultiplextechnik (→ *WDM*) zum Einsatz, bei der unterschiedliche Lichtwellenlängen Träger für einen Kanal zur Übertragung von Lichtpulsen sind. Die dabei erzielbare Datenrate hängt von der Empfindlichkeit (Schaltzeit) der Sendediode, den Übertragungseigenschaften der verwendeten Glasfaser (Amplitudendämpfung und Phasenverschiebung) und der optischen Trennschärfe der Empfangsdiode ab.

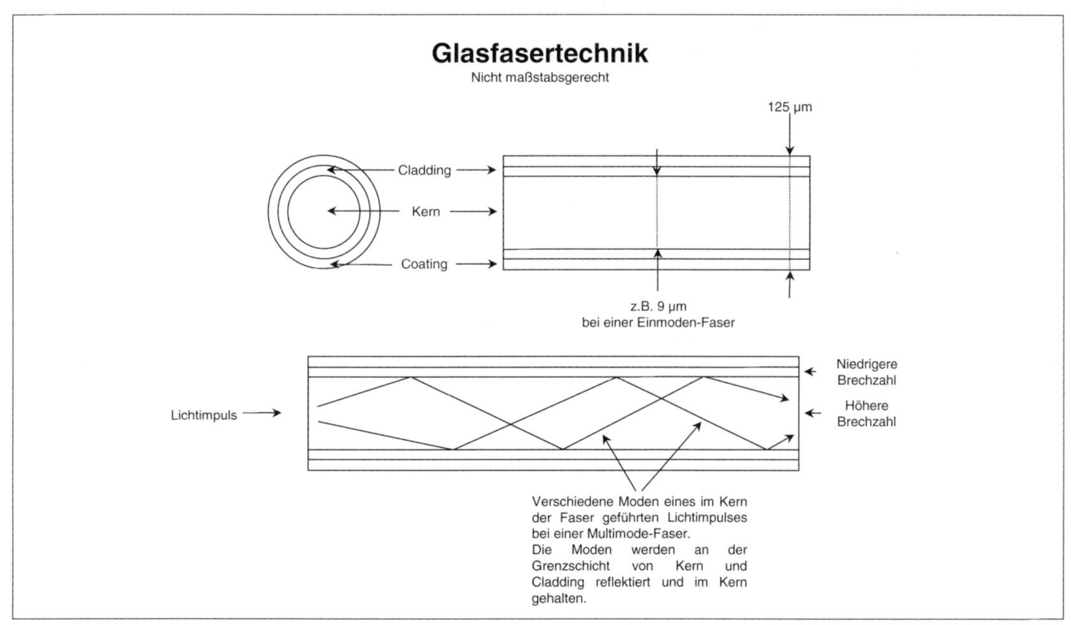

Glasfaserkabel eignen sich insbesondere für hohen Verkehr über weite Entfernungen bei Punkt-zu-Punkt-Verbindungen. Daher wurde Glasfaser zunächst nur im Fernbereich zwischen Vermittlungen eingesetzt.

Der Preis für Glasfaserkabel sank von 1980 bis 1990 um 50 %. Dieser Trend setzte sich weiter fort, so dass der Preis heute bei 10 bis 20 Cent je Meter liegt (abhängig von der Faserart). Glasfasertechnik ist daher mittlerweile so kostengünstig geworden, dass sie auch in großem Maßstab im Anschlussbereich eingesetzt werden kann (→ *FITL*, → *OLT*, → *ONU*, → *Splitter*, → *PON*, → *OPAL*), wenngleich dieser Migrationsprozess in den Ortsbereich erheblich langsamer verläuft als noch zur Mitte der 90er Jahre vorhergesagt. Für Glasfasern unterscheidet man folgende Kabeltypen:

- Kabel mit losen Hohladern: Mehrere Kunststoffröhrchen enthalten die Fasern und sind um ein zentrales Zugseil aus Kunststoff oder Metall zur Erhöhung des Knick- und Biegewiderstandes angeordnet (verseilt). Das gesamte Kabel ist mit einer Isolierung und bei Bedarf mit einer Armierung (einfach oder doppelt) versehen.
- Unitube-Kabel: Bei diesem Kabeltyp befinden sich mehrere Glasfaserbündel aus mehreren einzelnen Fasern in einem zentralen Rohr aus Kunststoff oder Metall. Die Bündel werden durch farbige Fäden (die auch die Identifizierung bei Wartungsarbeiten erleichtern) zusammengehalten.
- Uniribbon-Kabel: Bei diesem Kabeltyp befinden sich mehrere Glasfaserbänder in einem zentralen Rohr aus Kunststoff oder Metall. Die Bänder bestehen aus nebeneinander angeordneten Fasern, z.B. vier, zwölf oder 24 Stück. Die zu einem Band gehörenden Fasern sind üblicherweise an ihrer Außenfläche farbig eingefärbt, so dass die einzelnen Bänder anhand ihrer Farbe identifiziert werden können. Bei Bedarf kann das Kabel mit einem Metallrohr oder zwei in der äußeren Isolierung befindlichen Metalldrähten bewehrt werden.
- Slotted-Core-Kabel: Ein Zugseil zur Erhöhung der Festigkeit ist mit einem Kunststoffkern umgeben, der mehrfach (z.B. vier-, sechs- oder zwölffach) eingeschlitzt ist. Innerhalb der Schlitze werden die Fasern als sog. Stapel verlegt, die aus übereinander gelegten Bändern bestehen.

Neben dem Einsatz in öffentlichen Telekommunikationsnetzen werden Glasfasern zunehmend auch bei → *LANs* eingesetzt und neuerdings auch bei Bordsystemen (Flugzeuge, Schiffe, KFZ aller Art) oder sonstigen Bereichen der Mess-, Steuer- und Regelungstechnik.

Weitere Fortschritte erwartet man durch den Übergang auf neue Kunststoffe auf Fluor-Basis, die seit ca. 1982 entwickelt werden. Kunststofffasern sind in der Regel etwas größer im Durchmesser, was geringere Anforderungen an die Koppelelemente stellt, die daher in diesem Fall billiger sein können. Kunststofffasern werden insbesondere für niedrige Raten im LAN- oder On-Board-Bereich eingesetzt.

Bei statistischen Angaben ist sorgfältig zwischen Kabelkilometern und Faserkilometern zu unterscheiden.

Glasfasern bieten im Vergleich zu herkömmlichen Kupferleitungen (verdrillte Zweidrahtleitung und Koaxialkabel) viele technische und wirtschaftliche Vorteile:

- Nahezu keine Dämpfungsprobleme (Anschlussleitungen können ohne optische Regeneratoren bis zu 20 oder sogar 40 km lang sein, gegenüber 5 km bei herkömmlichen Kupferleitungen, dies verringert Installations- und Wartungskosten)
- Niedrige Bitfehlerraten

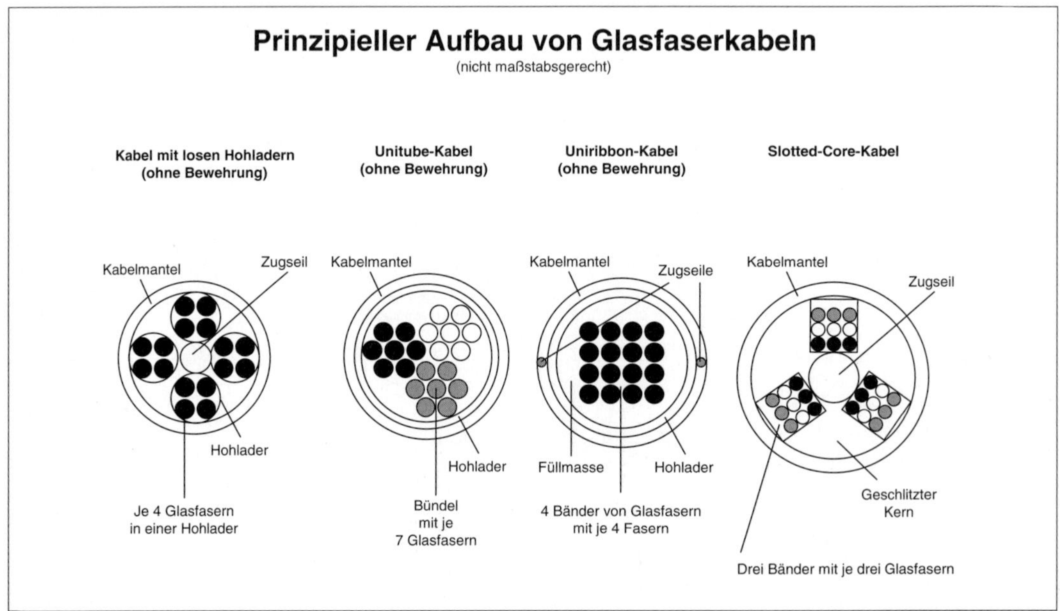

- Geringes Volumen und Gewicht je Kanal und laufendem Kilometer
- Keine Oxidationsprobleme des Materials
- Hohe → *MTBF* durch wenige aktive Komponenten in auf Glasfasern basierenden Übertragungssystemen
- Keine Erdungsprobleme
- Keine elektrostatischen Probleme (Funkenbildung), da zwischen beiden Enden einer Faser keine elektrisch leitende Verbindung hergestellt wird
- Hohe Bandbreiten
- Kein → *Nebensprechen*
- Keine → *EMV*-Probleme
- Hohe Abhörsicherheit
- Rohstoff (Silizium, Sand) ist unbegrenzt und unkompliziert verfügbar, was zu geringen Rohstoffkosten führt.

Nachteilig sind folgende Fakten:

- Hoher Aufwand beim Produktionsprozess (noch relativ hohe Herstellungskosten)
- Komplizierte Anschluss-, Verbindungs- und Verzweigungstechnik (→ *Spleißen* oder hochpräzise, nicht immer genormte oder nur für Spezialzwecke verfügbare Steckverbindungen)
- Hohe Anschlusskosten für elektrooptische Elemente, weswegen sich Glasfaserverbindungen nur für Strecken über ca. 100 m lohnen.
- Hohe bis sehr hohe linientechnische Kosten (zu 80% Bodenaushub), insbesondere im Anschlussbereich.

Die Entwicklung der Glasfasertechnik nahm folgenden Verlauf:

Juli 1966

Charles K. Kao und George A. Hockham von der ITT veröffentlichen in einem grundlegenden Papier („Dielectric Fibre Surface Waveguides for Optical Frequencies" in Proceedings der IEE, Vol. 113, Nr. 7, S. 1151 bis 1158) die Prinzipien über den Gebrauch von Glasfasern und Lichtimpulsen zur Datenübertragung.

1966

Der Physiker M. Börner entwickelt ein System, mit dem er Licht modulieren, d.h. zum Träger von Informationen machen, kann. Er veröffentlicht seine Erkenntnisse im Dezember unter dem Titel „Mehrstufiges Übertragungssystem für in Pulsmodulation dargestellte Nachrichten".

1968

Eine Glasfaser hat einen Dämpfungswert von 100 dB/km.

1970

Die amerikanische Firma Corning Glass produziert die ersten Glasfasern für die praktische Verwendung.

Eine Glasfaser hat einen Dämpfungswert von 20 dB/km.

Gleichzeitig gelingt es in den Bell Labs, einen bei Raumtemperatur längere Zeit zuverlässig arbeitenden Laser herzustellen.

Damit können erste praktische Glasfaserübertragungen im Labor stattfinden.

Der amerikanische Physiker Stewart Miller von den AT&T Laboratories hat erste Ideen zur Entwicklung integrierter optoelektronischer Schaltkreise.

Mitte der 70er Jahre

Der wirtschaftliche Einsatz zeichnet sich ab, als Halbleiter-Laserdioden und Halbleiter-Empfängerdioden mit ausreichender spektraler Empfindlichkeit herstellbar werden und die Dämpfungseigenschaften des Glases oder der verwendeten Kunststofffasern um Größenordnungen verbessert werden.

1976

In den Bell Labs wird ein einziges Kabel mit 144 Fasern und einem Durchmesser von nur 1,27 cm hergestellt.

Eine Glasfaser hat einen Dämpfungswert von noch ca. 0,85 dB/km.

1977

In Chicago setzt Illinois-Bell erstmals Glasfasern zur kommerziellen Datenübertragung ein.

In Berlin wird am 1. September unter dem Projektnamen Berlin I ein Ortsverbindungskabel im Netz der Deutschen Telekom über 4,3 km verlegt, das der Erforschung des Langzeitverhaltens von Glasfaserkabeln unter Umweltbedingungen dient. Zum Einsatz kommt eine Multimode-Faser, die mit 34 Mbit/s betrieben wird.

1978

In Japan wird im Rahmen des Feldversuchs HI-OVIS (Highly Interactive Optical Visual Information System) der erste Test für ein glasfaserbasiertes Netz, das bis zum Hausanschluss reicht, unternommen. Dafür werden 156 Haushalte in einem Dorf zwischen Kyoto und Osaka entsprechend umgerüstet. Die Bewohner können zwischen verschiedenen Fernsehkanälen wählen. Der Test kostet ca. 40 Mio. $.

1979

Am 14. Februar wird die erste Glasfaserstrecke im Fernnetz zwischen Frankfurt und Oberursel (15,4 km) zu Testzwecken in Betrieb genommen. Es können 480 Gespräche übertragen werden.

Am 21. August wird im Rahmen von Berlin I das erste kommerzielle Telefongespräch über Glasfaserkabel zwischen Ortsvermittlungen geschaltet.

Eine Glasfaser hat einen Dämpfungswert von noch ca. 0,2 dB/km.

1980

AT&T verlegt ein Glasfaserkabel zwischen New York und Washington D.C.

Das erste Unterwasser-Glasfaserkabel wird über 9,5 km in GB durch das Loch Fyne verlegt. Auch in Japan wird ein Unterwasser-Glasfaserkabel in Izu-Inatori verlegt.

Die damalige Bundespost installiert ein Versuchsortsnetz mit 76 Teilnehmern in Berlin-Wilmersdorf unter dem Projektnamen Berlin II.

1981

Die erste Glasfaserstrecke im Regelbetrieb im Fernbereich wird zwischen Nürnberg und Schwabach mit 34 Mbit/s in Betrieb genommen.

1983

Start des Feldversuchs für ein breitbandintegriertes Fernmeldeortsnetz (→ *BIGFON*) und Fernmeldefernnetz (→ *BIGFERN*).

1984
Erste Verlegung von Glasfaserkabeln im Fernnetz zwischen Hamburg und Hannover (60 Fasern für 1 920 Gespräche).

Mai 1984
Im bis dahin ambitioniertesten und größten Feldversuch verlegt die France Télécom eine Glasfaser bis zum Hausanschluss in 1 400 Haushalten und bietet darüber Telefonie, Videotext, Radioprogramme und Kabelfernsehen an.

1986
In Deutschland werden erstmals Glasfasern im Ortsnetzbereich zwischen Vermittlungen im Regelbetrieb eingesetzt.

In Deutschland werden in neuen Gewerbegebieten Glasfaserkabel vorsorglich bis zum → *Kabelverzweiger* verlegt (→ *FTTC*).

BT hat in GB bis zu diesem Zeitpunkt bereits rund 300 000 km Glasfaser installiert.

1988
Das erste Transatlantikkabel das auf Glasfasertechnik basiert (TAT-8, → *TAT*) wird am 14. Dezember über 6 700 km in Betrieb genommen (Kapazität: 7 560 Sprechkreise, 280 Mbit/s).

1989
In den USA beginnt in Cerritos/Kalifornien ein Feldversuch, bei dem Glasfasern bis zum Endgeräteanschluss in den Häusern (FTTH, Fibre to the Home) verlegt werden.

1990
In Deutschland sind von der Deutschen Telekom rund 1 Mio. Faserkilometer verlegt. Davon ca. 25% im Orts- und 75% im Fernnetz. Der Anteil an allen Kabelkilometern im Fernnetz beträgt 23% (der Rest sind Kupferkabel).

Sieben → *OPAL*-Pilotprojekte laufen in Deutschland an.

In Unterwasserkabeln verwendete Signalverstärker zu Beginn einer optischen Übertragungsstrecke werden auch an Land eingesetzt.

Ein Ingenieur bei AT&T, Alan Huang, demonstriert erstmals reine optische Schaltkreise, die logische Funktionen eines Computers simulieren.

1991
Erstmals wird über Glasfaserkabel im Nordatlantik mehr Transatlantikverkehr abgewickelt als über Satelliten.

1992
Die Glasfaser-Transatlantikkabel TAT-9 und TAT-10 unterstützen 15 000 bzw. 23 000 Sprechkreise.

1993
In Deutschland sind von der Deutschen Telekom 1,5 Mio. Faserkilometer verlegt.

In den neuen Bundesländern wird ein OPAL-Folgeprojekt aufgelegt. Dabei kommen insbesondere die Verlegestrategien → *FTTC* und → *FTTB* zum Einsatz. Es handelt sich um den mengenmäßig weltweit größten Einsatz von Glasfaserverkabelung im Ortsnetzbereich.

1994
Weltweit erster serienmäßiger Einsatz von Glasfaserhauptanschlüssen im Ortsnetz in Quedlinburg und Gera.

Gute Glasfaserkabel haben einen Dämpfungswert von 0,195 db/km.

Leitungsverstärker (In-Line-Amplifier, → *ILA*) innerhalb der Übertragungsstrecke setzen sich anstelle der Signalverstärker zu Beginn der optischen Übertragungsstrecke durch.

1995
Erstes komplettes Glasfaserortsnetz in Deutschland: In Forst, an der polnischen Grenze, nimmt die Deutsche Telekom das modernste Ortsnetz Deutschlands in Betrieb.

In Deutschland sind 1,7 Mio. Faserkilometer und rund 80 000 Kabelkilometer von der Deutschen Telekom verlegt.

TAT-11 mit optischen Zwischenverstärkern wird in Betrieb genommen und überträgt 5 Gbit/s.

Die Planungen für ein 27 000 km langes Kabel von GB nach Japan (→ *FLAG*, Kosten: 1,2 Mrd. $), das ca. 300 000 Sprachkanäle übertragen soll, laufen an.

1996
→ *Sea-Me-We* geht im November in Betrieb.

Die Deutsche Telekom hat in Deutschland rund 2,2 Mio. Faserkilometer verlegt.

International werden erste → *WDM*-Strecken in kommerziell genutzten Netzen in Betrieb genommen.

1997
Das Glasfaserkabel „Africa One“ umrundet einmal Afrika und wird in Betrieb genommen.

1998
In Berlin sind allein 62 000 Faserkilometer verlegt, womit Berlin das größte, lokale Glasfasernetz hat.

Worldcom nimmt sein 3 200 km langes, europäisches Glasfasernetz in Betrieb, das in den zwei Jahren zuvor verlegt wurde und rund 1,5 Mrd. $ gekostet hat. Es verbindet die Städte London, Amsterdam, Brüssel, Frankfurt und Paris.

Jahresende 1998
Es gibt die folgenden Glasfasernetzkapazitäten in Deutschland:

Netzbetreiber	Kabellänge in km
Deutsche Telekom	150 000
Berlin Net GmbH	280
HanseNet, Hamburg	100
Isis Multimedia Net GmbH	250
Mannesmann Arcor	7 000
NetCologne	300
o.tel.o communications GmbH	11 000
Bayernwerk Netkom (Viag Interkom)	7 000

Jahresende 1999
In Deutschland sind insgesamt ca. 237 000 Kabelkilometer verlegt.

Gleichkanalstörung

Begriff aus der Funktechnik. Bezeichnung für unerwünschte Störungen benachbarter Sender durch interferierende Signale gleicher Frequenz verschiedener Basisstationen (im Gegensatz dazu: → *Intersymbolinterferenz*), was zu elektromagnetischen Nichtlinearitäten der Funksignale führt.

Gleichstromübertragung

Bezeichnung eines Übertragungsverfahrens, bei dem ein Gleichstrom mit dem zu übertragenden Nutzsignal moduliert wird.

Gleichwellennetz

International auch Single Frequency Network (SFN) genannt. Bezeichnung für ein Netz aus mehreren Sendern zur Funkübertragung, die verschiedene Nutzsignale auf den unterschiedlichen Sendern auf der gleichen Frequenz (= mit der gleichen Wellenlänge) ausstrahlen.

Um eine störende → *Interferenz* in den überlappenden Sendebereichen zu vermeiden ist die Nutzung von → *OFDM* notwendig. Hierbei wird keine störende Interferenz (= Überlagerung führt zur Signalverzerrung wie z.B. eine Dämpfung), sondern eine konstruktive Interferenz (= Signal wird durch phasengleiche Überlagerung verstärkt) erzielt. Man kann auch von konstruktivem Mehrwegeempfang sprechen, da ein Empfänger, der mehrere Sender empfängt, immer mehrere identische Signale empfängt. Eine Voraussetzung zur Erzielung dieses Effektes ist jedoch, dass zeitliche Schutzintervalle innerhalb der Symbole (= elektromagnetische Wellenzüge) berücksichtigt werden. Aus der gewählten Schutzintervalldauer lässt sich über die Multiplikation mit der Lichtgeschwindigkeit der maximale Laufzeitunterschied der Mehrwegesignale bestimmen, was etwa dem maximalen geografischen Senderabstand entspricht.

Ein sehr großes Problem bei der Errichtung von Gleichwellennetzen ist die exakte Synchronisation der Sender bezüglich der Zeit und der Frequenz. Die Synchronizität der Zeit wird z.B. unter Verwendung des Global Positioning System (GPS) oder durch die Nutzung einer Atomuhr erzielt. Dies stellt jedoch hohe Anforderungen an die technische Ausführung der Sender, weshalb viele existierende und analoge Sendeanlagen nicht einfach umgerüstet und weiterverwendet werden können. Vielmehr sind in diesem Fall komplett neue Sendeanlagen notwendig.

Gleipner

Bezeichnung einer Programmiersprache für Parallelcomputer.

Gleitkommadarstellung

→ *Fließkommadarstellung*.

Glitch

Jargon unter Programmierern. Bezeichnet einen kleinen und in naher Zukunft korrigierbaren Fehler.

→ *Bug*.

Globale Variable

→ *Lokale Variable*.

Global One

Bezeichnung für die im Januar 1995 gegründete, globale und strategische Allianz aus Deutscher Telekom, France Télécom (→ *FT*) und dem US-Anbieter → *Sprint*, die mittlerweile nur noch der FT gehört und von dieser mit Equant (→ *Sita*) verschmolzen wurde.

Hervorgegangen ist Global One seinerzeit aus dem Vorgängerprojekt ‚Phoenix'.

Global One war damals eine komplizierte Konstruktion, die eigentlich aus Global One Europe und Global One Worldwide bestand. Während 2/3 der Anteile an Global One Europe durch das 50/50-Jointventure der Deutschen Telekom und France Télécom Atlas und 1/3 durch Sprint gehalten wurden, hielten an Global One Worldwide Sprint und Atlas jeweils 50% der Anteile. Zusätzlich übernahmen die Deutsche Telekom und die France Télécom bei der Formung der Allianz jeweils 10% von Sprint.

Im Frühjahr 1999 geriet die Allianz durch den Vertrauensverlust der Deutschen Telekom bei France Télécom (eine Folge des unglücklichen Fusionsversuchs mit der Telecom Italia) unter Druck, der sich durch das Ende anderer globaler Allianzen und das Vordringen fusionierter und global tätiger Konzerne wie → *Worldcom* noch verstärkte.

Als Folge davon wurde im Laufe von 1999 über eine Auflösung des Bündnisses zum Jahresende spekuliert. Daher kündigte zunächst Sprint am 26. Januar 2000 den Verkauf seines Anteils an Global One an Atlas für 1, 13 Mrd. $ an.

Am 27. Januar 2000 gab die Deutsche Telekom den Verkauf seiner Anteile an FT für 2,76 Mrd. $ bekannt. Insgesamt zahlte FT rund 3,9 Mrd. $ an seine Partner, um die alleinige Kontrolle über Global One zu erhalten.

FT wiederum gab am 20. November 2000 bekannt, dass sie Global One an Equant verkaufen und mit Equant-Aktien bezahlt werde, wodurch FT Mehrheitsaktionär von Equant wurde.

→ *http://www.global-one.net/*

Globalstar

Mobiles Satellitenfunksystem (→ *Satellitenmobilfunk*), von der Firma Loral Qualcomm Satellite Services (LQSS) konzipiert und betrieben. Das gesamte Konsortium mit Sitz in San José besteht aus zwölf internationalen Telekommunikations-, Netz- und Dienstanbietern sowie Geräteherstellern und hat seinen Sitz in San José/Kalifornien. Aus Deutschland ist die DASA mit 3,5% beteiligt.

Die gesamten Kosten des Projektes wurden zunächst mit 1,9 Mrd. $ angegeben, wobei zur Inbetriebnahme klar wurde, dass um die 3 Mrd. $ ausgegeben wurden. Die Kosten je Satellit lagen bei 40 Mio. $.

Das Globalstar-System besteht aus 48 Satelliten (je sechs Satelliten auf acht Orbits; Umlaufzeit: 113,5 Min.) in 1 389 km (andere Quellen: 1414 km) hohen → *LEOs*. Acht weitere Satelliten im Weltraum sind als Ersatzsatelliten geplant, die um zusätzliche acht betriebsfertige Satelliten am Boden ergänzt werden.

Ein Satellit stellt 2 700 Kanäle zur Verfügung und soll sechs Zellen versorgen. Gewicht des Satelliten: 450 kg bei ca. 1 m Durchmesser bzw. mit entfalteten Sonnenpaddeln zur Energieversorgung 7 m. Sendeleistung: 1,2 kW.

Gesendet wird auf dem Frequenzbandpaar 1 610 bis 1 626,5 MHz (Uplink von Mobilstation zum Satelliten) und 2 483,5 bis 2 500 MHz (Downlink von Satellit zur Mobilstation) sowie auf dem zweiten Paar 5 091 bis 5 250 MHz (Uplink Bodenstation zum Satelliten) und 6 875 bis 7 055 MHz (Downlink Satellit zur Bodenstation).

Globalstar nutzt keine Inter-Satellite-Links. Als Verfahren für die → *digitale Modulation* wird → *QPSK* verwendet. Für die Fehlersicherung wird eine → *Faltungscodierung* verwendet. Als Kanalzugriffsverfahren wird → *CDMA* genutzt. Die → *Inklination* beträgt 52° bei einer minimalen → *Elevation* von 20°. Das gesamte System bedeckt die Erde zwischen 70° Nord und 70° Süd.

Angebotene Dienste sind Sprach- und Datenübertragung sowie → *GPS*. Das System versteht sich als Ergänzung zu terrestrischen Mobilfunksystemen. Geplant sind mehrere Endgerätekonstellationen, die regional unterschiedlich vertrieben werden sollen:

- Nur Globalstar
- Globalstar und → *GSM*
- Globalstar und zellulares CDMA
- Globalstar, zellulares CDMA und analoges → *AMPS*

Geplant sind ferner 50 bis 100 Gateways vom Globalstar-Netz in das terrestrische Festnetz weltweit.

In 21 Ländern weltweit wird Globalstar exklusiv von TESAM, einem Jointventure von Alcatel (49%) und der France Télécom (51%), vertrieben.

Erste Satelliten sollten ursprünglich Mitte 1997 gestartet werden. Tatsächlich starteten am 15. Februar 1998 von Cape Canaveral aus die ersten vier Satelliten mit einer Rakete vom Typ Delta-II.

Das System sollte mit ersten Satelliten seinen Betrieb ursprünglich schon 1997 aufnehmen, wohingegen dann ab Jahreswechsel 1997/98 mit einem Start von Tests im Herbst 1998 gerechnet wurde. Durch die Explosion einer russischen Trägerrakete mit 12 Satelliten im September 1998 wurde die Inbetriebnahme weiter verzögert.

Schließlich ging das System im Oktober 1999 mit Preisen von 1 bis 2 $ je Minute und in kleinen Schritten in Betrieb, wobei man mit diesen Preisen und dem langsamen Hochfahren die Lehren aus den wirtschaftlichen Desastern von → *Iridium* und → *ICO* gezogen hatte.

Erwartete Anzahl Teilnehmer weltweit: 2,7 Mio. für 2002; 16 Mio. bis 2012.

→ *http://www.globalstar.com/*

Global Village

Ein vom kanadischen Kommunikationswissenschaftler Marshall McLuhan († 1980) bereits 1964 in seinem Buch „Understanding Media“ (deutsch: „Das Medium ist die Botschaft“) geprägter Begriff. McLuhan nahm auf den Siegeszug des Fernsehens Bezug und sagte: „The new electronic interdependance recreates the world in the image of a global village“.

Diese These gewann in der ersten Hälfte der 90er Jahre neue Aktualität durch die → *NII*, den Erfolg des → *Internet* und brachte das Stichwort wieder in die Medien.

→ *Information at your Fingertips*, → *Informationszeitalter*, → *Wired City*.

GLONASS

Abk. für Global Navigation Satellite System bzw. Global'naya Navigasionnay Sputnikovaya Sistema.

Bezeichnung für ein ursprünglich rein militärisch genutztes satellitengestütztes Ortungs- und Navigationssystem (→ *GPS*), das vom Militär der Nachfolgestaaten der Sowjetunion betrieben wird.

Wie bei dem GPS-System der USA existieren zwei Ortsbestimmungssysteme für zivile und militärische Nutzer. Das zivile System arbeitet, im Gegensatz zu GPS, ohne künstlichen Fehler und erlaubt daher zivilen Nutzern eine höhere Genauigkeit bei der Ortsbestimmung.

GLONASS verfügt wie GPS über 21 Betriebssatelliten und drei Reservesatelliten in drei schwachelliptischen Umlaufbahnen (Exzentrizität von 0,01) in einer Höhe von 19 100 km bei einer Umlaufdauer von 11 Std. 16 Min. → *Inklination* von 64,8°.

Es existieren fünf Kontrollstationen auf russischem Gebiet.

Im Gegensatz zum US-GPS-System arbeitet GLONASS schneller, da es nur ca. 1/3 der Zeit benötigt (unter 1 Min.).

→ *http://mx.iki.rssi.ru/SFCSIC/english.html/*

GLT

Abk. für Gebäudeleittechnik.

Bezeichnung für integrierte Konzepte zur Kontrolle diverser Komponenten der Haustechnik (Heizung, Lüftung, Klima, Sanitär, Fahrstuhl, Garagentore, Tür- und Schließanlagen etc.) über ein System.

GM

Abk. für General MIDI.

→ *MIDI*.

GMA

Abk. für Gefahrenmeldeanlage.

GMCF

Abk. für Global Mobile Commerce forum.

Bezeichnung für ein länder- und herstellerübergreifendes Forum zur Unterstützung und Förderung von Anwendungen rund um → *M-Commerce*.

→ *http://global.mobilecommerce.com/*

GMD

Abk. für Gesellschaft für Mathematik und Datenverarbeitung.

Lange Zeit die Bezeichnung eines nationalen Forschungszentrums in Deutschland auf verschiedenen Gebieten wie z.B. → *Supercomputer*, multimediale Anwendungen (→ *Multimedia*), breitbandige Infrastrukturen oder Netzmanagement (→ *TMN*, → *TINA*). Die GMD hat insbesondere am → *Suprenum* mitgearbeitet. Hauptsitz war Schloss Birlinghoven in St. Augustin bei Bonn mit Außenstellen in Darmstadt und Berlin.

Zum 1. Januar 2001 fusionierte die GMD mit den Fraunhofer-Instituten.
Adresse:

GMD
Schloss Birlinghoven
53754 St. Augustin
Tel.: 0 22 41 / 14 - 0
Fax: 0 22 41 / 14 28 89

→ *http://www.gmd.de/*
→ *http://www.fokus.gmd.de/*

GMDSS

Abk. für Global Maritime Distress and Safety System.
→ *GDSS.*

GMR

Abk. für Giant Magnetoresistive.
→ *Festplatte.*

GMSC

Abk. für Gateway Mobile Switching Centre.
Bezeichnet jenen Teil der Infrastruktur eines → *Mobilfunk-* oder eines → *Satellitenmobilfunk*netzes, welches die Verbindung zum Festnetz herstellt und Vermittlungsfunktionen wahrnimmt.
Ein Mobilfunknetz kann in Abhängigkeit von seiner geografischen Größe und der anfallenden Verkehrsströme über ein oder mehrere GMSC verfügen, die u.U. miteinander verbunden sind. Darüber hinaus kann das GMSC Übergänge in verschiedene Festnetze zur Sprach- oder Datenübertragung herstellen.
An den GMSC hängen auf Seite des Mobilfunknetzes, wie an den → *MSC*, auch die → *BS* oder → *BSC*.

GMSK

Abk. für Gaussian Minimum Shift Keying.
Ein Verfahren der → *digitalen Modulation*. Dabei wird eine → *MSK* um einen vorgeschalteten Gauß-Filter ergänzt. Die GMSK wird z.B. beim → *GSM*-System eingesetzt.

GMT

Abk. für Greenwich Mean Time.
→ *UTC.*

Gnome

Abk. für GNU Network Object Model Environment.
Bezeichnung für ein Projekt mit dem Ziel, eine einfach zu bedienende grafische Benutzeroberfläche (→ *GUI*) für → *Linux* zu entwickeln.

GNP

Abk. für Geographical Number Portability.
→ *Nummernportabilität.*

GNS

Abk. für Green Number Service.
→ *Toll Free Service.*

GNU

Abk. für GNU is not Unix.
Eine bewusst rekursive Bezeichnung für ein vom Mitarbeiter des → *MIT* Richard M. Stallman initiiertes Projekt im Rahmen der → *FSF* mit dem Ziel, ein herstellerunabhängiges und kostenloses → *Betriebssystem* zu schaffen und weiter zu entwickeln, das → *Unix* ähnlich ist. Ein maßgeblicher Mitarbeiter war Eric Raymond.
GNU basiert auf der 3. Version eines → *Kernels* (bei GNU Hurd genannt) aus dem Projekt → *Mach.*
Im Zuge des gesamten Projektes und weiterer Aktivitäten der FSF sind eine Variante der Programmiersprache → *C* (GNU C) und von → *C++* (genannt gpp) entstanden.
Die Weitergabe von GNU-Programmen ist unter den Auflagen der GNU oder auch General Public License (GPL) gestattet, d.h., der gesamte Sourcecode muss mit dem Programmcode weitergegeben werden.
→ *http://www.gnu.ai.mit.edu/software/*

GOES

Abk. für Geostationary Operational Environmental Satellites.
→ *GDSS.*

Golay

Ein proprietärer Funkrufcode der amerik. Firma Motorola, der weltweit eingesetzt wird. Er bietet Nur-Ton-Ruf, numerische und alphanumerische Nachrichten sowie kurze Sprachdurchsagen.
→ *POCSAG*, → *Paging.*

Golden Number

Branchenjargon für leicht merkbare Telefonnummern, z.B. 3 33 33 (in Düsseldorf die Rufnummer für Taxis).
Derartige Nummern sind knapp und werden daher teilweise zu erhöhten Peisen verkauft (‚Wunschrufnummer').

GOP

Abk. für Group of Pictures.
Bezeichnung aus dem Bereich der digitalen Bildbearbeitung und der Kompression. Behandelt mehrere Bilder einer Bildsequenz, die als eine Einheit betrachtet werden.

Gopher

Bezeichnung eines weltweit verteilten Informationssystems im → *Internet*. Es wurde 1991 von der University of Minnesota als Campuswide Information System (CWIS) zur Vernetzung der dortigen Informationsserver entwickelt und basiert auf dem Client/Server-Modell (→ *Server*). Maßgeblich entwickelt von Paul Lindner und Mark P. McCahill. Definiert ist es im RFC 1436.
Gopher verwaltet einen Informationsbaum von Objekten, die Texte, Bilder, Tonsequenzen etc. enthalten und diese über eine benutzerfreundliche Schnittstelle und Menüs zugänglich machen. Alle miteinander vernetzten Daten bezeichnet man als Gopherspace.
Gopher ist ähnlich wie das → *WWW*, jedoch mit einem anderen → *Look & Feel*, das als nicht so einfach zu bedienen gilt wie die → *Browser* des WWW. Dennoch baut auch das WWW auf dem Gopherspace auf.

Der Name geht auf die nordamerikanische Beutelratte zurück, ein Tier groß wie ein Hamster, das sich wie ein Maulwurf durch die Erde wühlt, genauso wie man sich mit Gopher durch die Informationsmassen des Internet wühlt. Darüber hinaus ist Minnesota der Staat der ‚Golden Gophers'. Die Sport-Teams der Universität Minnesota werden ebenfalls als ‚the Golden Gophers' bezeichnet und die Universität hat den Gopher zu ihrem Maskottchen bestimmt. Ferner kann Gopher als ‚go for' (suche nach) interpretiert werden.

→ *WAIS*, → *Veronica*, → *Internet*.

GOS

Abk. für Grade of Service.

Andere Bezeichnung für → *QoS*.

GOSIP

Abk. für Government Open Systems Interconnect Profile.

Bezeichnung für eine spezielle Definition von Protokollen der → *ISO* nach dem → *OSI-Referenzmodell*, das für den Datenverkehr unter nordamerikanischen Regierungsstellen genutzt wird. Diese Protokolle werden auch in GB eingesetzt.

GOTO

→ *Strukturierte Programmierung*.

GPIB

Abk. für General Purpose Interface Bus.

Andere Bezeichnung des → *IEC-Bus*.

gpl

Abk. für General Public License.

→ *GNU*.

GPRS

Abk. für General Packet Radio Service.

Bezeichnet ein Verfahren zur paketorientierten Ende-zu-Ende-Datenübertragung (→ *Paketvermittlung*) über → *GSM*-Netze mit höheren Datenraten als die leitungsvermittelten Trägerdienste von GSM zur Verfügung stellen. GPRS gehört im Rahmen der GSM-Dienstarchitektur zu Diensten der sog. Phase 2+.

GPRS ist hauptsächlich für den Zugang zu → *IP*-basierten Netzen (→ *Internet*) entwickelt worden, obwohl das seltener verwendete → *CLNP* und → *X.25*-Netze ebenfalls unterstützt werden.

Die max. theoretische Datenrate in GPRS ist 171,2 kbit/s (8 * 21,4 kbit/s). Hinsichtlich der Leistungsfähigkeit der Netzinfrastruktur wird die max. Datenrate insbesondere vom verwendeten Channel Coding Scheme (mit/ohne Kanalcodierung durch einen → *CRC* etc.) und von der Anzahl der gebündelten Kanäle beeinflusst. Folgende Kombinationen sind möglich:

Channel Coding Scheme	Datenrate Einzelkanal	Max. Datenrate bei 8 gebündelten Kanälen
CS1	9,05 kbit/s	72,0 kbit/s
CS2	13,4 kbit/s	107,2 kbit/s
CS3	15,6 kbit/s	125,8 kbit/s
CS4	21,4 kbit/s	171,2 kbit/s

Die Coding-Schemes unterscheiden sich hinsichtlich der Blocklängen und CRC-Längen. Daher ist bei den besonders langen Blocklängen eine Umrüstung der Schnittstelle Abis

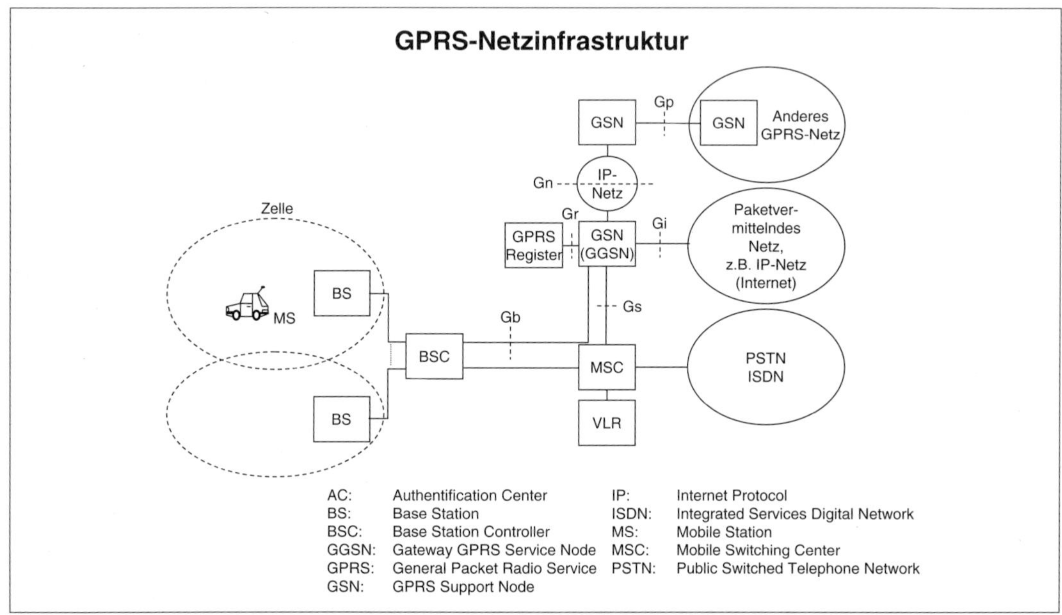

zwischen der Basisstation BS und dem Base Station Controller (BSC) notwendig:

Channel Coding Scheme	Blocklänge (in Bit)	CRC-Länge (in Bit)	Abis Schnittstelle
CS1	184	40	Unverändert
CS2	272	16	Unverändert
CS3	320	16	Nachgerüstet
CS4	440	16	Nachgerüstet

Ferner wird die max. Datenrate noch durch die Übertragungsqualität als Folge von → *Fading* beeinflusst (→ *ARQ*-Mechanismus kostet Nutzdatenrate). Außerdem teilen sich diese Bandbreite u.U. mehrere Nutzer in einer Zelle, d.h., wenn ein Nutzer anfängt, GPRS zu verwenden, müssen andere GPRS-Nutzer in der gleichen Zelle etwas von ihrer Bandbreite abgeben. Da die Verwendung von CS3 und 4 kostspielige Veränderungen an der installierten Hardware in den Basisstationen erfordert, wird man sich in der Anfangsphase von GPRS auf die Nutzung von CS1 und 2 beschränken, so dass max. 72 kbit/s bzw. 48 kbit/s realisiert werden. Bei späterer Nutzung aller Codierverfahren CS1 bis CS4 ist es möglich, alle Verfahren in Abhängigkeit von der Signalstärke bzw. der Funkstreckenqualität, d.h. im Prinzip in Abhängigkeit vom Abstand zum Sendeturm und den aktuellen Funkbedingungen einzusetzen.

Es wird davon ausgegangen, dass zunächst Implementierungen von um die 50 kbit/s pro Zelle realisiert werden (gefolgt von denen mit höheren Bandbreiten zu einem späteren Zeitpunkt).

Ein ähnliches Verfahren zur leitungsorientierten Datenübertragung mit höherer Bandbreite als sonst in GSM-Netzen üblich ist das leitungsvermittelnde → *HSCSD*.

GPRS hat den Vorteil, dass bei burstartig aufkommendem Verkehr (→ *Burst*) keine lange Verbindungsaufbauzeit (→ *Setup-Time*) und keine exklusiv und dauerhaft reservierten Kapazitäten auf den Funkkanälen wie bei der → *Leitungsvermittlung* hingenommen und auch bezahlt werden brauchen. GPRS erlaubt den Datenverkehr ohne Verbindungsaufbau bei einer datenmengenabhängigen Tarifierung und ist für burstartigen Verkehr optimiert. Es wird eine symmetrische Verbindung zur Verfügung gestellt, d.h., die Datenraten im Up- und im Downlink sind gleich.

Anwendungsbeispiele sind:

- Surfen im → *WWW* des → *Internet* mit Hilfe von → *WAP* (falls ein Handy mit begrenzten Darstellungsmöglichkeiten das Endgerät ist) oder ohne WAP (falls z.B. ein herkömmlicher Laptop das Endgerät ist).
- Mobiler Remote Access zu Unternehmensnetzen mit höheren Datenraten als bisher, d.h. Aufbau von virtuellen privaten Netzen (→ *VPN*) mit mobilen Teilnehmern, die Datendienste nutzen.
- Automatische Meldungsgenerierung bei Unterschreiten von Füllständen von Verkaufsautomaten.
- Einsatz im Bereich der Verkehrstelematik wie Flottensteuerung, Fahrzeugortung (zusammen mit → *GPS*) oder automatische Zugsteuerung im Nah- und Fernverkehr.
- Einsatz bei Alarmanlagen, Anlagen der Heizungs-, Sanitär- und Klimatechnik oder in anderen Bereichen des → *Facility Managements*.

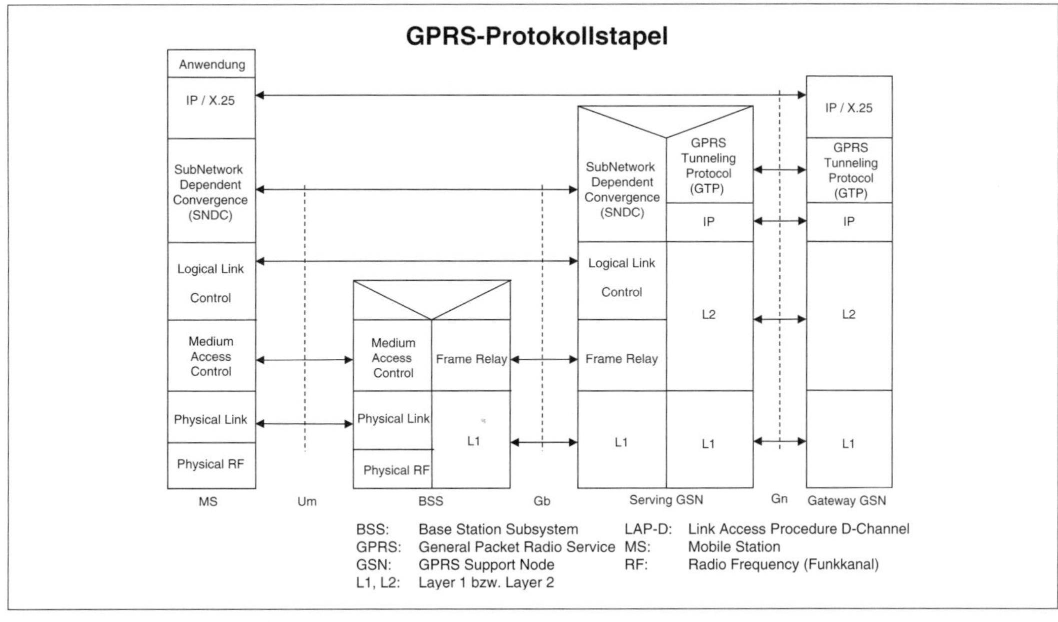

- Effektivere Abwicklung bekannter GSM-Dienste wie z.B. das Versenden von Kurznachrichten (SMS, Short Message Service). Davon ausgehend sind weitere Anwendungen im Umfeld von → *Unified Messaging* zu erwarten.

Es werden folgende Endgeräteklassen für GPRS-Anwendungen unterschieden:

Endgerät-klasse	Merkmale
A	Kann Telefonie und GPRS-Datenverkehr gleichzeitig abwickeln
B	Kann Telefonie und GPRS-Datenverkehr abwickeln, aber nicht gleichzeitig
C	Kann nur Telefonie oder GPRS-Datenverkehr abwickeln (nur eine Funktion)

Voraussetzung für den Einsatz von GPRS ist, dass die bestehende GSM-Netzinfrastruktur aufgerüstet wird und dass neue Netzkomponenten hinzugefügt werden. Elemente der Netzinfrastruktur, genannt Network Subsystem (NSS), von GPRS-fähigen GSM-Netzen sind:

- GPRS-Service-Node (GSN): Prinzipiell ein Router, der mit Funktionalität zur Unterstützung mobiler Nutzer ausgestattet ist und die GPRS-Protokolle beherrscht. Er kann außerdem die Funktion des Interfacing zu anderen paketvermittelten Netzen (Gi-Schnittstelle) übernehmen und wird dann mit GGSN (Gateway GSN) bezeichnet. In diesem Fall läuft in ihm z.B. ein Boarder Gateway Protocol (→ *BGP*), um ein sauberes Routing vom externen ins interne Netz sicherzustellen. Ferner ist er als GGSN üblicherweise mit weiteren Funktionalitäten, z.B. dem eines → *Firewalls*, ausgerüstet.

  Der GSN kann in ein Mobile Switching Center (MSC) integriert sein oder allein aufgestellt werden. Die Schnittstelle zwischen GSNs im Netz eines Netzbetreibers wird mit Gn bezeichnet. Die Schnittstelle zwischen GSNs in Netzen verschiedener Netzbetreiber ist Gp.

  GSNs sind mit den aufgerüsteten BSCs und BS über eine Gb genannte Schnittstelle und üblicherweise über ein → *Frame-Relay*-Netz mit Datenraten nach → *G.703*/ → *G.704* verbunden, wobei in einem realen Netz ein GSN immer nur eine bestimmte Anzahl BSCs mit angeschlossenen BS versorgt. Ein reales Netz hat daher immer mehrere GSNs.

  Paketierte Nutzdaten werden direkt durch die MSC geroutet. Notwendige Signalisierungsdaten werden hingegen von der MSC verarbeitet und dann erst entsprechend übergeben.

  Aufgrund seiner Mobilität kann sich ein Nutzer in den Einflussbereich eines anderen GSNs bewegen. Der jeweils aktuelle GSN wird dann auch als SGSN (Serving GSN) bezeichnet. Der SGSN hat folgende Aufgaben:

  – Das Erkennen von GPRS-Datenübertragungswünschen von MS in seinem Versorgungsbereich.
  – Das Übertragen von Daten zu der MS bzw. die Entgegennahme von Daten aus Richtung der MS.
  – Das Finden einer MS falls Daten aus dem Netz zur MS übertragen werden sollen (Paging)
  – Das Erfassen von Billing-Daten in Gestalt von → *Call Detail Records*.
  – Die Aktualisierung des GSN-Registers (s.u.).

- GPRS-Backbone: Innerhalb eines GPRS-Netzes können die GSNs über ein eigenes IP-Netz miteinander verbunden werden. Dieses Backbone kann auf der Basis von → *ATM*, von Mietleitungen (→ *Standleitung*), von → *Ethernet* (bei lokal geringer Ausdehnung) oder → *Frame Relay* realisiert sein.

  GPRS verwendet zur Datenübertragung im internen GPRS-Netz das GPRS-Tunneling-Protocol (GTP).

- GPRS-Register: Zusammen mit dem GSN ermöglicht es Mobilität. Die Schnittstelle zwischen beiden ist Gr. Über Gr fließt nur Signalisierungsinformation.

  Im GPRS-Register sind alle MS mit aktuellem GPRS-Verkehr im Versorgungsbereich des GSN mit Mobile Subscriber Identity Number (→ *MSIN*) und dazugehöriger (mobiler) IP-Adresse registriert.

Die Schnittstellen im Überblick:

- Gb: Schnittstelle zwischen einer BSC und einem GSN
- Gi: Schnittstelle zwischen einem GGSN und einem IP-Netz zum Austausch von IP-basierten Nutzdaten
- Gn: Schnittstelle zwischen einem GSN und einem anderen GSN des gleichen Netzes (zum Austausch von Daten innerhalb des eigenen Netzes)
- Gp: Schnittstelle zwischen einem GSN und dem GSN eines fremden Netzes (zum Austausch von Daten zwischen Nutzern, die über verschiedene und unmittelbar miteinander verbundene GPRS-Systeme miteinander kommunizieren)
- Gr: Schnittstelle zwischen GSN und HLR (HLR speichert Nutzerprofile, die Adresse des aktuellen GSN, die IP-Adressen aller Nutzer und tauscht diese Informationen mit den SGSN aus)
- Gs: Schnittstelle zwischen MSC und GSN (zur Koordination von GSM- und GPRS-Funktionen)

Die Einführung von GPRS in einem GSM-Mobilfunknetz kann durch einfache und relativ kostengünstige Softwareupdates in den Basisstationen (→ *BS*), den Basis-Stations-Controllern (→ *BSC*, zusammen mit der BS als BSS bezeichnet) und im → *HLR* und → *VLR* vorgenommen werden. Die BSS muss um eine Packet Control Unit (PCU) ergänzt werden. Dadurch wird dort eine neue Schnittstelle zum IP-Backbone eingefügt.

Da neue Netzelemente hinzugefügt werden, ist auch eine entsprechende Erweiterung des Netzmanagementsystems notwendig.

Ferner ist es notwendig, das → *Billing-System* anzupassen oder ein spezielles GPRS-Billing-Gateway und das besagte GPRS-Backbone aufzubauen.

Hinsichtlich der Tarifstrukturen ist von den Network-Providern zu überlegen, ob nur die Datenübertragung oder schon für das Einbuchen Gebühren anfallen, da auch dann in einem nicht unerheblichen Maße Netzressourcen belegt werden.

Neben diesen Änderungen am NSS werden auch neue Endgeräte notwendig, die über entsprechende Software, welche die GPRS-Protokolle beherrschen, verfügen müssen. Es wird erwartet, dass sich dafür verschiedene Endgeräte herausbilden werden, die für verschiedene Kundengruppen (privat oder geschäftlich) vermarktet werden. Für geschäftliche Nutzer könnten Endgeräte tatsächlich acht PDCHs zur maximal möglichen Datenrate bündeln, wohingegen für private Nutzer Endgeräte mit nur max. zwei bündelbaren PDCHs ausreichend sein könnten.

GPRS überträgt über die Funkschnittstelle paketorientiert und baut zwischen einem mobilen Nutzer und dem BSS sogenannte Mikroverbindungen für die Übertragung einzelner Datenpakete auf. Diese Mikroverbindungen werden auch als Temporary Block Flood (TBF) bezeichnet. Die für die GPRS-Übertragung verwendeten Funkkanäle (Zeitlage und Frequenz) des GSM-Systems werden als Packet Data Channels (PDCH) bezeichnet. Über diese PDCHs können mehrere mobile Nutzer (wie bei einem → *Shared Medium*) ihre Pakete übertragen. Die Zuweisung, welche der physikalisch vorhandenen Kanäle einer Zelle leitungsvermittelten oder paketvermittelten Verkehr überträgt, erfolgt dynamisch nach dem Capacity-on-Demand-Prinzip, abhängig von der jeweils aktuellen Verkehrslast und möglicherweise einer Dienstpriorität. Beispielsweise kann für den leitungsvermittelten (und damit delayempfindlichen) Verkehr eine höhere Priorität vorgesehen werden, so dass die zunächst dem GPRS zugewiesenen PDCHs bei Bedarf aufgelöst werden, um sie Sprachverbindungen zuzuteilen. Umgekehrt können physikalische Kanäle, die im konventionellen GSM-Sprachverkehr nicht belegt sind, dem GPRS als PDCHs zugewiesen werden. Daraus resultiert eine dynamisch variierende Bandbreite für den Nutzer, die den maximal möglichen Wert nur dann annimmt, wenn lediglich ein Nutzer auf einem der Frequenzkanäle pro Zelle alle PDCHs Anspruch nimmt.

Hinsichtlich der für eine Anwendung erforderlichen Dienstqualität kann eine MS ein Quality-of-Service-Profil anfordern, welches aus folgenden Parametern besteht:

- Service Precedence (Dienstpriorität): Drei Stufen
- Reliability (Zuverlässigkeit, Grenze der Wahrscheinlichkeit vollständig verlustig gegangener oder fehlerhafter Daten): Drei Stufen
- Delay (Verzögerung): Vier Stufen
- Throughput (Durchsatz): Spitzen- und Durchschnittswert

Diese Parameter werden nach der Anforderung durch die MS so gut wie möglich zugeteilt oder auf einen Standardwert (Default) gesetzt. Sie können optional von der MS laufend überprüft werden (Monitoring).

GPRS wurde durch die → *ETSI* 1994 und 1995 als zusätzlicher Dienst zu den bekannten Diensten des GSM in den GSM-Empfehlungen definiert:

Empfehlungs-Nummer	**Titel**
GSM 01.16	Requirements Specification of General Packet Radio Service
GSM 02.60	General Packet Radio Service (GPRS), Service Description
GSM 03.60	Stage 2 Service Description of the General Packet Radio Service (GPRS)
GSM 04.60	Overall Description of the General Packet Radio Service (GPRS) Radio Interface (Um)

GPRS wird als entscheidender Evolutionsschritt von GSM als Mobilfunksystem der 2. Generation hin zu → *UMTS* als System der 3. Generation gesehen.

GPRS in der obigen Version (GPRS 1) ist der erste Schritt, dem mit einer Weiterentwicklung, die für 2002 erwartet wird (GPRS 2, auf der Basis von → *EDGE*), weitere folgen werden. Ziel ist insbesondere eine weitere Ausweitung der Datenraten, was durch neue Zugriffs- und Modulationsverfahren erreicht werden wird. Auf der Dienstebene werden zahlreiche neue Features, etwa aus dem Bereich der Intelligenten Netze (→ *IN*), des → *Multicasting* oder der Sicherung von Dienstqualität (→ *QoS*) erwartet.

In Paris begann im Juli 1999 ein GPRS-Feldversuch durch die Bouyges Telecom auf der Basis von Nortel-Technik.

In GB rüstete Motorola 1999 für 50 Mio. $ das Netz von Cellnet mit GPRS-Elementen auf.

In den USA testete Omnipoint GPRS als erster Operator auf der Basis von Ericsson-Infrastruktur an der Ostküste.

In Deutschland lief schon zuvor im Raum Köln/Bonn/Düsseldorf ein Feldversuch der Firma Ericsson mit den Unternehmen T-Mobil und Mannesmann Mobilfunk. T-Mobil testete ferner GPRS ab 1. Oktober 1999 mit Technik von Motorola. Motorola wird auch für rund 100 Mio. DM Equipment liefern.

Am 24. Januar 2001 ging mit der Viag Interkom der erste Mobilfunkbetreiber in Deutschland in den Regelbetrieb, dem eine Woche später T-Mobil folgte.

GPS

1. Abk. für Global Positioning System.

   Oberbegriff für satellitengestützte Ortungssysteme. Man unterscheidet dabei zwischen aktiven und passiven Systemen. Bei ersteren müssen von der Station, deren Koordinaten bestimmt werden sollen, Signale an den Satelliten gesendet werden, bei letzterem werden am Boden Daten vom Satelliten empfangen und dort ausgewertet. GPS wird aktuell von verschiedenen Satellitensystemen angeboten und soll in Zukunft von weiteren Systemen (z.B. → *INMARSAT C*, → *ICO* oder → *IRIDIUM*) angeboten werden. Die Genauigkeit liegt üblicherweise im 30 m-Bereich. GPS wurde ursprünglich vom amerikanischen und sowjetischen Militär zur Steuerung radarloser Tarnkappenbomber, von Cruise-Missiles oder zur schnellen Vermessung bei der Artillerie entwickelt. Kaum eine militärische Innovation ist derart schnell in das zivile Leben eingedrungen und wurde so schnell für verschiedene zivile Zwecke adaptiert wie GPS. Zivile Einsatzfelder sind z.B.:

- Navigationshilfe im Kraftfahrzeugverkehr
- Navigationshilfen in der Luftfahrt
- Schifffahrt: Militär, Küstenwache/Seerettung und Handelsschifffahrt
- Segler, motorisierte Sportboote
- Wanderer, Camper
- Diebstahlschutz bei Automobilen
- Elektronische Lotsen in Automobilen
- Flottensteuerung von LKWs oder im öffentlichen Nahverkehr

GPS basiert auf der Auswertung der unterschiedlichen Signallaufzeiten von den Satelliten zu den mobilen Empfängern auf der Erdoberfläche und der bekannten Position der Satelliten auf ihren Umlaufbahnen. Heutige GPS-Geräte sind so groß wie Handfunkgeräte und erlauben auf Knopfdruck die Positionsbestimmung innerhalb weniger Minuten. Das US-System (2.) wird vom amerikanischen Verteidigungsministerium unterhalten. Das entsprechende russische System ist → *GLONASS*. Weitere Systeme wurden in den 80er Jahren in Japan und Europa konzipiert, aber nicht realisiert. Mittlerweile gibt es in Europa einen erneuten Anlauf, ein europäisches System zu konzipieren und ab 2005 im Weltraum zu stationieren.

→ *DGPS*.

2. Das ursprüngliche amerik. GPS-System wurde auch NAVSTAR-GPS genannt (für Navigational Satellite Timing and Ranging). Es besteht technisch gesehen aus drei Komponenten:

- Einem Raum-Segment im Weltraum mit den Satelliten
- Einem Boden-Segment mit einem Management-Center (Kontrollstation)
- Einem Nutzersegment mit GPS-Empfänger und einfacher Bedieneinheit. Das US-Verteidigungsministerium hat Mindestanforderungen für derartige Geräte definiert.

Das Raum-Segment besteht aus 24 GPS-Satelliten (21 permanent in Betrieb und drei in Reserve; Hersteller: Rockwell) des amerik. Verteidigungsministeriums, die auf sechs elliptischen Bahnen (Exzentrizität von 0,1) in einer Höhe von 20 183 km mit einer Umlaufzeit von 11 Std. 58 Min. und einer → *Inklination* von 55° die Erde umrunden. Jederzeit sind mindestens vier Satelliten von jedem Punkt der Erde aus mit einer → *Elevation* von mindestens 5° sichtbar, häufig auch bis zu acht. Grundlage sind zwei Atomuhren (Caesium) in jedem Satelliten. Diese Uhren werden bei jedem Umlauf (12 Std., also zwei je Tag) mit einer Referenzuhr (UTC, Universal Co-ordinated Time) im US Naval Observatory verglichen.

Der Satellit sendet die genaue aktuelle Zeit und seine eigene Position auf der Umlaufbahn auf 1575,42 MHz und 1227,6 MHz (L-Band, Frequenzen L1 und L2) zu dem mobilen Empfänger auf der Erdoberfläche. Dieser verfügt über eine Quarzuhr und kann aus den Laufzeiten der Signale und den Satellitenpositionen durch trigonometrische Berechnungen die eigene Position durch Berechnung dreidimensionaler Koordinaten bestimmen.

Da die Quarzuhr der Empfänger nicht so genau wie die Atomuhren der Satelliten geht, werden, sofern möglich, weitere Satelliten zu einer Vergleichs- und Korrekturmessung mit herangezogen. Der GPS-Empfänger kann aus den empfangenen Signalen der verschiedenen Satelliten (min. drei, max. sechs) im Idealfall seine Position bis auf Zentimeter genau bestimmen.

Die Datenübertragung vom Satelliten zum Empfänger erfolgt mit 50 bit/s.

Die Satellitensignale auf den L1- und L2-Frequenzen sind mit zwei Codes verschlüsselt: dem P- und dem C/A-Code (Precision und Coarse Acquisition), die mit einer Bandbreite von 2 bzw. 20 MHz übertragen werden. Der P-Code für sehr genaue Messungen wird auf der L1- sowie der L2-Frequenz übertragen und steht exklusiv dem US-Militär und seinen Verbündeten zur Verfügung (PPS, Precision Positioning Service), um eine dreidimensionale Positionsbestimmung bis auf 10 m genau zu ermöglichen. Die Geschwindigkeitsbestimmung des Senders ist mit einer Genauigkeit von 0,2 m/s möglich. Das P-Signal ist dabei besonders verschlüsselt.

Das C/A-Signal ist 1 023 Bit lang, dient der schnellen Erstsynchronisation und erlaubt eine erste, ungenauere Messung. Jeder Satellit sendet dabei in diesem Signal eine individuelle Kennung, seine Position, den Zeitpunkt der Absendung und einige andere Details. Obwohl alle Satelliten auf der gleichen Frequenz senden, können ihre einzelnen Signale dank der Verwendung von → *CDMA* erkannt werden.

Normale zivile Nutzer erhielten lange Zeit nur einen SPS-Zugang (Standard Positioning Service), der für die horizontale Position eine Genauigkeit von 100 m bis 300 m und für die vertikale Position von 170 m bei 95% Wahrscheinlichkeit und eine Geschwindigkeitsmessung mit einer Genauigkeit von 0,3 m/s erlaubt. Dies wird durch einen bewusst eingebauten, sich permanent ändernden Fehler (Selective Availability, SA) bei der Zeitangabe erreicht (Interferenz, → *Jitter*). Dieser Fehler konnte bei Bedarf aber auch ausgeschaltet werden (→ *DGPS*). Dies geschah z.B. während des Golfkrieges, um befreundeten Truppen, die nicht über militärische GPS-Empfänger verfügten, dennoch die genaue Positionsbestimmung zu ermöglichen. Mittlerweile ist dieser systemseitige Fehler jedoch permanent ausgeschaltet.

Das Boden-Segment ist das Kontrollzentrum. Es wird vom 2nd Satellite Control Squadron der US-Luftwaffe mit Sitz auf der Falcon Station/Colorado verwaltet und wird mit Consolidated Space Operations Center bezeichnet. Ferner existieren Bodenstationen in Hawaii, Ascension Islands (Südatlantik), Diego Garcia (Indischer Ozean) und Kwajalein (Nordpazifik).

Die Entwicklung des GPS-Systems nahm folgenden Verlauf:

1973

Es werden Forschungsarbeiten zur Positionsbestimmung von Raumflugkörpern im Weltall vom amerikanischen Verteidigungsministerium aufgenommen. Das Ziel ist dabei ein max. Fehler von 20 cm.

22. Februar 1978

Der erste Navigationssatellit NAVSTAR wird gestartet.

1983

Ein südkoreanischer Jumbo-Jet kommt über dem Pazifik vom Kurs ab, fliegt in den sowjetischen Luftraum ein und wird von der sowjetischen Luftwaffe abgeschossen. Der damalige US-Präsidenten und frühere drittklassige Schauspieler Ronald Reagan ergreift die Initiative und fördert erste Untersuchungen im Rahmen von SDI, ein GPS-System auch zur Positionsbestimmung von Land-, Flug- und Seefahrzeugen zu nutzen.

1984

Entwicklungsarbeiten beginnen. Sehr schnell werden die ersten fünf Satelliten vom Typ II gestartet.

Durch Signalverzögerungen beim Durchgang der Funksignale durch die → *Ionosphäre* und die wasserdampfgeladene Troposphäre sowie durch unpräzise und unsynchrone Uhrwerke steigt der max. Fehler bei der Positionsbestimmung von Objekten nahe der Erdoberfläche auf 10 m.

Seither wird GPS bei allen militärischen Operationen der Amerikaner genutzt.

Späte 80er Jahre

Durch die zuverlässigere und genauere Technik erhöht sich die Genauigkeit wieder. Umgekehrt wird zu dieser Zeit vom Militär der bewusst eingebaute SA-Fehler implementiert, um Terroristen und feindlichen Mächten das System nicht mit der hohen Präzision zur Verfügung zu stellen.

1989

Der erste handliche GPS-Empfänger kommt aus dem Hause Magellan für 199 $ auf den Markt.

1990/1991

Durch den Golfkrieg wird GPS schlagartig weltweit bekannt. Damit die zahlreichen Truppen in der Ödnis der Wüste überhaupt navigieren können, kauft das amerikanische Verteidigungsministerium große Mengen an zivilen GPS-Empfängern, die eigentlich für Segler, Jäger und Wandersleute bestimmt sind und rüstet eigene und fremde Truppen damit aus. Zusätzlich wird der SA-Fehler ausgeschaltet, um die Genauigkeit der mit den zivilen Geräten ermittelten Positionen zu erhöhen.

1993

In den USA beginnen Entwicklungen, um GPS zur Navigation in der Zivilluftfahrt zu nutzen.

November 1993

Alle Satelliten der Reihen II und IIA sind im Weltraum installiert.

27. April 1995

Die volle Einsatzfähigkeit wird offiziell erreicht.

1996

Die Privatindustrie in den USA verlangt mit Hinweis auf das Ende des Kalten Krieges eine Aufhebung der Selective Availability. Die US-Regierung kündigt dies für das Jahr 2006 an.

1. Quartal 1996

Auf dem Flughafen von St. Paul und Minneapolis (‚Twin Cities‘) wird das erste GPS-gestützte Anflugsystem auf einem zivilen Flughafen in Betrieb genommen. Weitere Flughäfen in den USA folgen schnell.

1997

Die ersten Satelliten der Reihe IIR werden gestartet (Stückkosten je ca. 30 Mio. $).

2. Mai 2000

Präsident Clinton kündigt die Abschaltung der Selective Availability für den gleichen Tag an. Damit können zivile Nutzer ihre Position auf 20 m genau bestimmen.

2003

Der letzte Satellit vom Typ IIR wird gestartet.

Kurz darauf wird eine neue Generation von Satelliten (Block II F) gestartet. Diese senden insgesamt fünf Signale aus, von denen drei (inkl. der zwei neuen Signale) unverschlüsselt den zivilen Nutzern zur Verfügung stehen.

→ *GLONASS.*

→ *„aviation/gps/“*

→ *http://www.nasm.edu/galleries/gps/*

→ *http://www.mitre.org/technology/gps/*

3. GPS über die → *EUTELSAT*-Satelliten arbeiten mit zwei Satelliten und erlauben eine Positionsbestimmung bis zu 300 m genau (bei 95% Wahrscheinlichkeit).
4. Das geplante Galileo-System der EU befindet sich derzeit noch im Konzeptionsstadium.

Grabbing

→ *Frame-Grabber.*

Gradientenindex-Faser

Begriff aus der → *Glasfasertechnik.* Kurzbezeichnung für → *Multimode-Gradientenindex-Faser.*

Grafikkarte

Bezeichnung für eine einsteckbare Karte in einem → *PC* auf dem alle Hard- und Softwarekomponenten integriert sind, die für die Darstellung von grafischen Elementen auf dem Bildschirm zuständig sind.

Im Laufe der Zeit wurden verschiedene Standards für Grafikkarten entwickelt. Beispiele sind → *CGA*, → *EGA*, → *HGC*, → *MDA*, → *SVGA*, → *VGA* und → *XGA*.

Grafikspeicher

Bezeichnung für den Arbeitsspeicher einer Grafikkarte. Die Größe dieses Speichers bestimmt die mögliche → *Auflösung* bei einer bestimmten → *Farbtiefe.*

Grafikstandard

→ *Grafikkarte.*

Grafiktablett

Bezeichnung für ein spezielles Peripheriegerät bei Computern, mit dessen Hilfe es möglich ist, auf einfache Art zahlreiche grafische Elemente zu erzeugen.

Das Grafiktablett ist ein rechteckiges, mit Sensoren ausgestattetes Gerät, das in verschiedene Felder unterteilt ist. Jedes Feld hat eine bestimmte Funktion, die mit einem an das Grafiktablett angeschlossenen Zeiger aktiviert werden kann.

Grafiktabletts werden insbesondere in der Werbe- und Druckindustrie eingesetzt sowie im Bereich der Architektur und Konstruktion.

Das erste Grafiktablett wurde 1964 von M. R. Davis und T. D. Ellis im Hause Remington-Rand entwickelt.

Gratistelefonie

→ *Werbefinanzierte Telefonie.*

Gray-Code

Bezeichnung eines mehrstelligen Codes zur → *Codierung* von Dezimalzeichen, bei dem sich von einem Codewort zum nächsten jeweils nur ein Bit ändert, d.h., es ist ein einschrittiger Code. Beim Dualcode ändern sich, im Gegensatz dazu, im ungünstigsten Falle alle Stellen, z.B. beim Übergang von der Sieben (0111) zur Acht (1000). Beispiel für einen dreistelligen Gray-Code:

Zeichen	Gray-Code
0	000
1	001
2	011
3	010
4	110
5	111
6	101
7	100

Ein ähnlicher Code ist der → *Petherick-Code.*

GRE

Abk. für Generic Routing Encapsulation.

Bezeichnung für ein Protokoll auf der Schicht 3 im → *OSI-Referenzmodell*, das im → *Internet* zum → *Tunneling* verwendet wird. Es spezifiziert einen allgemeinen Mechanismus, um Datenpakete in einem beliebigen Protokollformat (z.B. → *AppleTalk*, → *XNS*, → *SNA*) durch eine → *IP*-basierte Infrastruktur zu tunneln.

GRE fügt dem Datenpaket des zu tunnelnden Protokolls einen GRE-Header hinzu, an dem das zu tunnelnde Protokoll erkennbar ist. In dem Header sind eine neue Zieladresse (Endpunkt des Tunnels) und einige Kontrollflags enthalten.

Der Vorteil von GRE ist eine Trennung von bestimmten wiederkehrendem Verkehr in den Tunneln (der z.B. zu einem → *VPN* gehören könnte) vom allgemeinen IP-Verkehr.

Nachteilig sind der relativ hohe Aufwand für die Verwaltung der Tunnel, die mangelhafte Skalierbarkeit und die geringen Möglichkeiten, verschiedene Anforderungen an eine bestimmte Dienstqualität (→ *QoS*) realisieren zu können. Zudem erfordert GRE eine manuelle Konfiguration, da eine automatische Konfiguration in einem Netz zu Schleifen führen kann. Mit GRE-Fähigkeiten ausgerüstete Router können durchaus verschiedene Traffic-Klassen mit unterschiedlichen Anforderungen an die Quality of Service (→ *QoS*) erkennen. Dies geht jedoch durch die benötigte hohe Rechenleistung zu Lasten der Performance des gesamten Routers.

GRE wurde in RFC 1701 und 1702 definiert.

Green Book

1. Bezeichnung eines Standards für die → *CD:i.*
2. Bezeichnung der Empfehlungen der → *CCITT*-Sitzungen 1972 (digitale Übertragungssysteme, Analog/Digital-Wandlung, → *A/D*, → *SS#6*), die in einer Serie von Büchern mit grünen Umschlägen veröffentlicht wurden.
3. Bezeichnung des Industriestandards aus dem Jahr 1991 für → *FDDI* mit STP-Verkabelung (150 Ohm).

Green Language

→ *Ada.*

Green Line Service

→ *Toll Free Service.*

Green Number Service

→ *Toll Free Service.*

Green Paper

Historisch gewachsene Bezeichnung (in Anlehnung an die Farbe der in Behörden gebräuchlichen Briefumschläge) für Regierungsberichte und -planungen größeren Umfanges mit thematischem Schwerpunkt.

1. Konkret ein im Juni 1987 von der EU publiziertes Papier (Grünbuch), das die wirtschaftliche, soziale und politische Rolle der Telekommunikation betonte und zu großen Veränderungen in der Telekommunikationswelt in Europa führte, z.B. zu der Gründung des → *ETSI.* Der Titel war „Towards a Dynamic European Economy“.

   → *Deregulierung.*
2. Das Green Paper der EU vom November 1990 beschäftigt sich mit dem gemeinsamen Vorgehen bezüglich der Satellitenkommunikation.
3. Das Green Paper der EU vom Oktober 1994 beschäftigt sich mit der → *Deregulierung* der Telekommunikationsinfrastruktur und ist der erste Teil eines umfassenderen, regulatorisch orientierten Papiers.
4. Das Green Paper der EU vom Februar 1995 ist der zweite Teil eines umfassenderen, regulatorisch orientierten Papiers und definiert die Grundlagen der Regulierungspolitik.

In Deutschland wurde hieraus ein Eckpunktepapier der Bundesregierung zum → *Telekommunikationsgesetz*.

Gregory Antenne

Bezeichnung für eine bestimmte Bauart einer → *Antenne* mit doppeltem Reflektor, die aus der → *Offset Antenne* hervorgegangen ist. Dabei besteht der Hauptreflektor aus einem vollständigen oder teilweisen Paraboloid (→ *Parabolantenne*), der Subreflektor hingegen aus einem vollständigen oder teilweisen Ellipsoid.

Der Subreflektor wurde hinzugefügt, um die Effizienz und den Gewinn der Antenne zu steigern (→ *Antennengewinn*).

Grenzfrequenz

→ *Hohlleiter*.

GRIPS

Abk. für General Relation based Information Processing System.

Bezeichnung einer Datenbank des Deutschen Instituts für medizinische Dokumentation und Information (DIMDI), die eine Version von → *CCL* nutzt.

Grooming

Bezeichnung für die Steigerung der Netzauslastung bei Übertragungsnetzen durch u.U. automatisches flexibles Umschalten und Dimensionieren von Leitungen in → *Cross Connects* ohne Änderung der Hardware.

Groupware

Kunstwort, zusammengesetzt aus Group und Software. Keine einheitliche Definition existent. Bezeichnung für eine Form der Realisierung von → *CSCW*. Im Gegensatz zu → *Workflow-Management-Systemen* eignet sich Groupware insbesondere für nur schwach strukturierte Prozesse mit einem hohen Anteil an informaler Interaktion zwischen Personen oder Gruppen von Personen.

Groupware ist ein Oberbegriff für eine Anwendungssoftware, die in → *LAN* auf einem angeschlossenen → *Server* läuft und Dienste anbietet, die sie über das LAN allen angeschlossenen Stationen (Client) und an ihnen arbeitenden Personen zur Verfügung stellt und durch entsprechende Tools Gruppenarbeit für folgende Zwecke ermöglicht:

- Kommunikation, z.B. durch → *E-Mail* oder Diskussionsgruppen
- Kooperation, z.B. Mehrbenutzereditoren
- Koordination, z.B. Urlaubskalenderverwaltung, Terminkalenderverwaltung oder Systeme zum Projektmanagement
- Information, z.B. gemeinsam zu nutzende Telefon-, Raum- und Adresskarteien, Schwarze Bretter etc.

Vorteil der Groupware gegenüber einzelnen Softwarepaketen, die jedes für sich Teile dieser Funktionalitäten anbieten (z.B. eine Software für den Terminkalender, eine andere für das Adressenverzeichnis etc.), ist die einheitliche Benutzeroberfläche und die Möglichkeit zum einfachen Datenaustausch zwischen den einzelnen Funktionen, d.h., eine Telefonnummer kann direkt mit der dazugehörigen Person in den Terminkalender übernommen werden, woraufhin einem Kollegen eine E-Mail mit diesem Termin geschickt wird.

Weitere Elemente können z.B. Entscheidungsunterstützungs-, Dateiverwaltungs- oder Auftragsverfolgungssysteme sein.

Ziel ist eine höhere Effizienz bei der Arbeit in (u.U. geografisch verteilten) Gruppen und Teams durch leistungsfähige Kommunikations- und Informationssysteme, die allen Mitarbeitern die in einem Unternehmen vorhandene Fach- und Methodenkompetenz zur Verfügung stellt.

Untersuchungen haben ergeben, dass Mitarbeiter von Unternehmen in 40% ihrer Zeit damit beschäftigt sind, verschiedene Unterlagen zu verwalten, und weitere 40% mit Kommunikation verbringen (Besprechungen, Telefon, → *Fax*, → *E-Mail*). Groupware soll dabei helfen, beide Komplexe wesentlich effektiver zu gestalten.

Groupware-Systeme verfügen nicht notwendigerweise über alle oben genannten Funktionalitäten. Manche bieten nur Kalender- oder Telefon- und Adressfunktionen.

Bei der Auswahl und konkreten Implementierung von Groupware und ihrer Funktionalitäten spielen folgende Punkte eine Rolle:

- Unterstützung gewünschter → *Betriebssysteme*
- Netzwerkfähigkeit
- Integration mit anderer, bestehender Büro-Software, d.h. der verwendeten → *Office-Suite* (z.B. Datenaustausch durch einfaches Drag & Drop)
- Integration mit anderer bestehender Kommunikationssoftware (z.B. mit bestehendem → *E-Mail*-System)
- Integration von bestehender Hardware, wie z.B. Telefon/Nebenstellenanlage, Router oder Faxgerät
- Modularer Aufbau der Funktionalität, dadurch gezielte Konfiguration möglich
- Mögliche Erweiterungen in der Zukunft z.B. in Richtung → *Intranet*
- Gewünschte Managementmöglichkeiten des gesamten Systems (zentral oder dezentral)
- Möglichkeiten des → *Backups* der Datenbestände des Groupware-Systems

Beispiele für größere Groupware-Systeme sind der Marktführer → *Lotus Notes* und daneben Microsoft Exchange, Interoffice von Oracle (bis Anfang 1998, dann eingestellt) oder Groupwise von Novell.

→ *http://www.collaborate.com/*

Grünbuch

→ *Green Paper*.

Grundfarbe

→ *Farbsystem*.

Grundjitter

→ *Jitter*.

Grundnetzsender

Bei Systemen zur Ausstrahlung von → *Rundfunk*-Programmen ein Sender hoher Leistung zur Basisversorgung eines bestimmten Sendegebietes.
In Deutschland sind ca. 470 derartige Sender in Betrieb.
→ *Füllsender.*

Grundschnitt

→ *Schnitt.*

Gruppen 1, 2, 3, 4 (Fax)

Bezeichnungen für die verschiedenen Standards beim → *Fax.*

Gruppenlaufzeit

Bei der Übertragung analoger Signale, die aus verschiedenen Frequenzanteilen bestehen, die Bezeichnung für die Laufzeit eines Signalanteils festgelegter Frequenz. Die Gruppenlaufzeit ist ein Maß für die Phasenverzerrung eines analogen Signals.
Hintergrund ist die physikalische Tatsache, dass Signale verschiedener Frequenzen eine unterschiedliche Zeit für das Durchlaufen technischer Systeme benötigen. Betrachtet man innerhalb eines Signals verschiedene Frequenzanteile (‚Gruppen'), so lassen sich Gruppenlaufzeitdifferenzen ermitteln, die dann auch Gruppenlaufzeitverzerrung genannt werden.
Diese Gruppenlaufzeitverzerrungen sind üblicherweise nicht linear und werden durch aktive wie auch passive Bauelemente (Stecker, Kabel) in technischen Systemen beeinflusst.
In der Praxis treten Gruppenlaufzeitverzerrungen z.B. bei aufwendigen Hi-Fi-Anlagen auf. Auf der Bauelementeebene ist die Gruppenlaufzeit ein Kriterium beim Entwurf analoger und digitaler Filter.

Gruppen-Pickup

→ *Pickup.*

Gruppenruf

Bezeichnung eines Dienstmerkmals (→ *Dienst*) von → *Paging*diensten, das insbesondere für professionelle Anwender von Nutzen ist.
Dabei können Nur-Ton-Signale gleichzeitig an mehrere Empfänger übertragen werden.
Möglich bei → *Cityruf* und → *Eurosignal.*

Gruppensystem

→ *Videokonferenz.*

Gruppenwähler

Bezeichnung für einen spezieller Wähler, der, in elektromechanischen Ortsvermittlungen eingesetzt, die Aufgabe des Verteilens übernimmt.
Dabei wird die vom → *Anrufsucher* kommende Leitung mit Hilfe des Gruppenwählers auf einen freien → *Leitungswähler* geschaltet.
In der Regel existieren in einer Vermittlung je Anrufsucher ein diesem auch zugeordneter Gruppenwähler und ebenso viele von allen Gruppenwählern erreichbare Leitungswähler. Allgemein üblich sind Stufen mehrerer Gruppenwähler, die hintereinander geschaltet sind. Beim ersten Gruppenwähler sind die abgehenden Fernleitungen angeschaltet, so dass Fernverkehr gleich dort abgezweigt wird. Ankommender Fernverkehr wird dann beim zweiten Gruppenwähler eingespeist.

GS

Abk. für Ground Station.
→ *TFTS.*

GSA

Abk. für Global System Administrator.
→ *LSA.*

GSC

Abk. für Ground Switching Center.
→ *TFTS.*

GSM

Abk. für Global System for Mobile Communications, ursprünglich für franz. Groupe Spécial Mobile, der Name eines Normungsgremiums der → *CEPT.*
Bezeichnung für eine Familie von Standards für zellularen → *Mobilfunk*, damit für ein Mobilfunksystem der 2. Generation.
Scherzhaft wird GSM wegen des sehr umfangreichen Standards (mehrere Meter Regal) und der umfangreichen Signalisierung, insbesondere im Zusammenhang mit dem Management der verschiedenen Versionen des Standards, mit „Great Signalling Monster" übersetzt.
Die einzelnen Standards sind:

Standard	Sendebereich	Bemerkung
→ *GSM 900*	900-MHz-Band	Global verbreitet
→ *GSM 1800*	1800-MHz-Band	Global verbreitet
→ *GSM 1900*	1900-MHz-Band	Nordamerika
→ *GSM-R*		Für Bahnen

Häufig ist mit der Bezeichnung GSM aber auch nur der erste und mittlerweile am weitesten verbreitete Standard GSM 900 bezeichnet.
→ *http://www.gsmworldcongress.com/*
→ *http://www.gsmtotal.de/*
→ *http://www.gsmag.com/deutschland/gsmagd.html/*

GSM 900

Abk. für Global System for Mobile Communications (on) 900 (MHz).
Bezeichnung für einen vom → *ETSI* entwickelten Standard für digitalen zellularen → *Mobilfunk.*
GSM 900 setzt sich als der Standard für digitale, zellulare Mobilfunknetze weltweit durch (→ *Zellulare Systeme*). Er ermöglicht mit Sprach- und (schmalbandiger) Datenkommunikation sowie einer Menge anderer Dienstmerkmale (→ *Dienst*, Short Message Service, SMS, → *CLID*,

→ *Forwarding* etc.) → *ISDN*-Leistungen des Festnetzes in einem Mobilfunknetz. Darüber hinaus ist nationales und internationales → *Roaming* möglich.
Die technischen Parameter von GSM sind:

Uplink	890 bis 915 MHz
Downlink	935 bis 960 MHz
Anzahl Frequenzkanäle	124
Kanalbandbreite	200 kHz
Duplexverfahren	→ *FDD*
Duplexabstand	45 MHz
Anzahl Timeslots je Frequenzkanal	8 zu je 577 ms
Modulationsverfahren	→ *GMSK* (mit $BT = 0{,}3$ und $h = 0{,}5$)

Ober- und unterhalb des zugewiesenen Frequenzbereichs bleiben 10 kHz zur Interferenzvermeidung ungenutzt, d.h., die unterste genutzte Frequenz liegt bei 890,1 MHz.
Die 124 Frequenzkanäle werden in Ländern mit mehreren Netzbetreibern unter den lizenzierten Netzbetreibern verteilt.
Je Slot werden 114 Datenbit in zwei Blöcken für Nutzdaten und einige Schutzbit übertragen: 3 Bit Schutzzone, 57 Datenbit, 1 Bit Schutzzone, 26 Bit Präambel, 1 Schutzbit, 57 Datenbit, 3 Schutzbit und weitere 8,25 ungenutzte Schutzbit in einer Guard-Time (→ *TDMA*).
GSM nutzt einen von Philips und IBM entwickelten Sprachcodec (RPE, LPC, LTP), der die 64 kbit/s → *PCM*-codierte Sprache zu 13 kbit/s komprimiert.
Mittels → *Kanalcodierung* (→ *Faltungscodierer* und → *Interleaving*) wird die Datenrate auf 22,8 kbit/s erhöht.

Zur Kapazitätsverdopplung der Netze wurde ein Half-Rate-Codec mit 5,6 kbit/s standardisiert, dessen Einsatz in bestehenden, kommerziell genutzten GSM-Netzen bereits Ende 1997 erwartet wurde, sich aber verzögerte. Bei diesem wird nur jeder zweite Timeslot für die Sprachübertragung eines Nutzers verwendet. Er kann gezielt in überlasteten Zellen eingesetzt werden.
Die physikalischen, durch Frequenzen festgelegten Kanäle werden durch das TDMA-Verfahren in weitere acht zeitlich gestaffelte Kanäle aufgeteilt. Von diesen werden einige als Traffic Channels (→ *TCH*) zur Abwicklung des eigentlichen Nutzdatentransports und andere durch Control Channels (→ *DCCH*, → *CCCH*, → *BCCH*) zur systeminternen Steuerung (Ein- und Ausbuchen, Verbindungsauf- und -abbau, → *Handover* etc.) genutzt.
GSM ist für Verkehrsdichten bis zu 40 Erl/km^2 und Zellradien von rund 300 m (Innenstädte, hohe Verkehrslast) bis 35 km (flaches Land, geringe Verkehrslast) gedacht. Je Zelle werden minimal ein und maximal 15 Trägerfrequenzpaare zugewiesen.
Eine weitere Einrichtung zur Erreichung einer guten Qualität ist das → *Frequency Hopping* (Slow and Fast), das aktuell nicht eingesetzt wird, aber in der Zukunft bei kleinen Zellen in dicht besiedelten Gegenden (Innenstädten) aufgrund der dann bemerkbaren Eigenschaften der Funkausbreitung (Verzögerungen von 1 bis 2 µs durch Mehrwegeausbreitung) lange unkorrigierbare Error Bursts vermeiden hilft.
In Deutschland sind zwei Mobilfunknetze nach dem GSM-900-Standard in Betrieb:

- D1, betrieben von der DeTeMobil, Bonn
- D2 Privat, betrieben von Vodafone (ehem. Mannesmann Mobilfunk), Düsseldorf

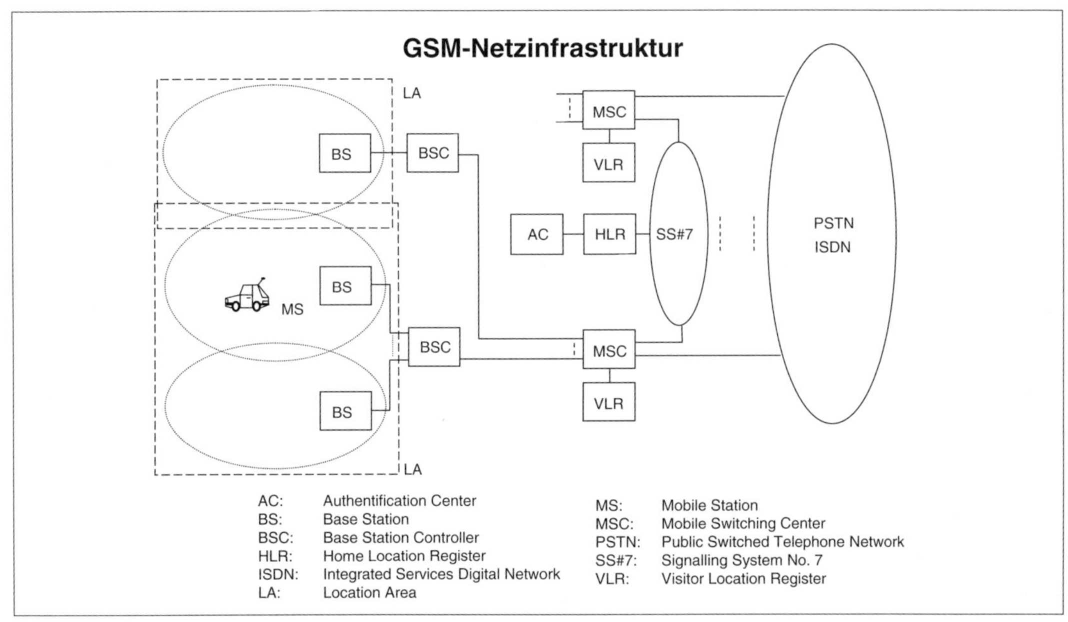

Alle CEPT-Länder sowie sehr viele außereuropäische Länder bauten und bauen GSM-Mobilfunknetze auf. GSM ist damit weltweit zu dem Mobilfunkstandard der ersten Wahl geworden.
Ein auf GSM basierender weiterer Standard ist → *GSM 1800*, von dem sich wiederum → *GSM 1900* ableitet.
Die unterste Netzebene besteht aus den jeweils eine Zelle bildenden Base Stations (→ *BS*) von denen mehrere an einen Base Station Controller (→ *BSC*) angeschlossen sind. Beide ergeben das Base Station Subsystem (BSS). Ein derartiges System versorgt eine oder mehrere Zellen, in denen sich eine → *MS* bewegen kann, ohne dass es zu einem Location Update im → *HLR* kommt. Ein derartiges Gebiet wird auch Location Area (LA) genannt.
Die Schnittstelle zwischen BS und BSC wird Abis-Interface genannt. Jede BS wird durch einen Identifikationscode vom Netz (→ *CI*) oder von einer MS (→ *BSIC*) identifiziert.
Mehrere BS werden zu → *Clustern* zusammengefasst, die im GSM-System eine Größe von sieben oder neun Zellen haben.
Die BSCs sind über das A-Interface an das Mobile Switching Center (→ *MSC*) angeschlossen. Diese sind untereinander über ein → *SS#7*-Netz verbunden. Gateway MSCs (→ *GMSC*) verfügen über Gateways zum ISDN, → *PSPDN* und/oder → *PSTN*. Die Anpassung des GSM-Datenstroms an die Datenformate in diesen anderen Netzen übernimmt eine Interworking Function (IWF) in den GMSCs.
In der Praxis werden die A- und die Abis-Schnittstelle durch herkömmliche 2-Mbit/s-Standleitungen realisiert. Über das B-Interface erhalten die MSCs Zugriff auf das Visitor Location Register (→ *VLR*), was entweder direkt in einem MSC integriert ist oder über ein SS#7-Netz genutzt werden kann. Gleiches gilt für das Home Location Register (HLR, C-Interface), das Equipment Identification Register (→ *EIR*, F-Interface) und das Authentification Center (AC), das mit dem HLR verbunden ist.
MSC, GMSC, HLR, VLR, AC, EIR und das sie verbindende SS#7-Netz ergeben das Network Subsystem (NSS), manchmal auch Switching Subsystem genannt (SSS).

- Aufgabe des HLR ist die Verwaltung der Stammdaten eines Teilnehmers (Dienste oder Tarife, aktueller Aufenthaltsort, ob überhaupt eingeloggt, ob erreichbar etc.). Die Daten im HLR sind daher dauerhaft gespeichert.
- Aufgabe des VLR ist es, Daten über alle aktuell im Verwaltungsbereich des VLR befindlichen mobilen Teilnehmer (auch Gäste aus anderen Mobilfunknetzen) zu speichern. Daten im VLR sind daher nur temporär gespeichert.
- Aufgabe des optionalen → *EIR* ist eine Überprüfung von mobilen Endgeräten mit Hilfe der → *IMEI*.
- Aufgabe des AC ist eine sichere Verwaltung und auch Erzeugung (Schlüssel) der Authentifizierungsdaten.

Die permanente Überwachung und Steuerung des gesamten Systems aus NSS und BSS übernimmt für einen Netzbetreiber das Operation- and Maintenance Center (OMC), das zusammen mit dem AC und dem EIR das Operation and Maintenance System (OMS) ergibt.
Die mobilen Stationen (MS) werden in fünf Leistungsklassen unterteilt:

Klasse	Leistung	Beispiel
1	20 W	Fest eingebautes Autotelefon
2	8 W	Tragbares Telefon (Koffer)
3	5 W	Handy
4	2 W	Handy
5	0,8 W	Handy

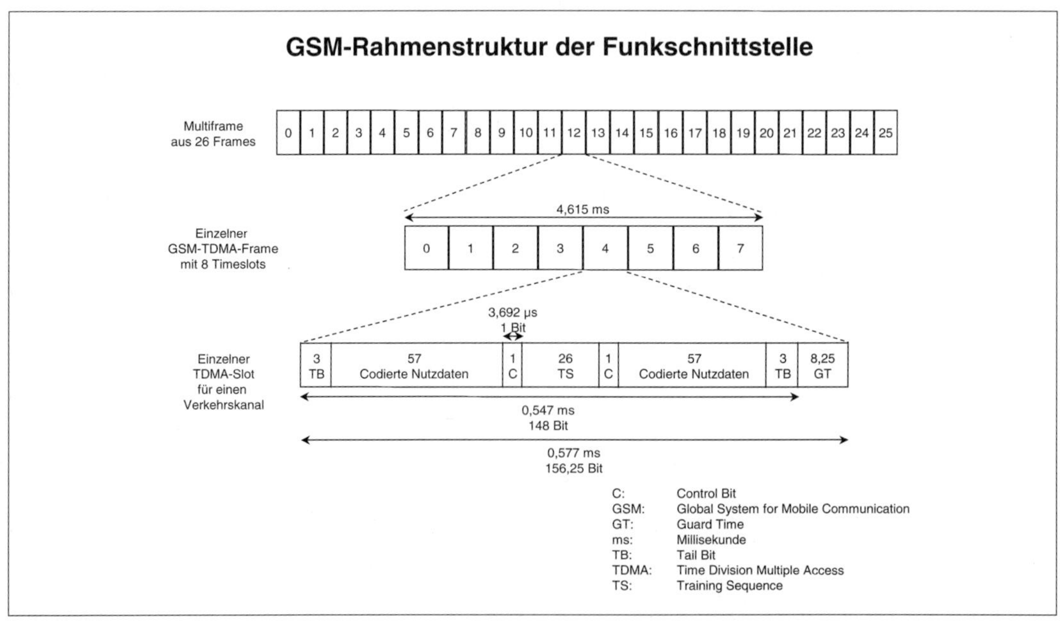

Fest eingebaute Autotelefone und leistungsstarke, aktenkoffergroße sowie tragbare Telefone waren ursprünglich bei der Entwicklung des Standards die anvisierten Hauptendgeräte. Der technische Fortschritt sorgte dafür, dass über 90% der eingesetzten Endgeräte heute Handys sind, für die ursprünglich das System → *GSM 1800* entwickelt wurde.

Das GSM-System verfügt zur Vermeidung von Interferenzen über eine Steuerung der Sendeleistung der MS durch die sie empfangende BS. Dies erlaubt auch längere → *Stand-by-* und Dauergesprächszeiten.

Allgemein wird bei den über die GSM-Netzinfrastruktur abwickelbaren Diensten zwischen Trägerdiensten (→ *Bearer Service*) und Telediensten (→ *Tele-Service*) unterschieden.

Trägerdienste sind dabei die Dienste, die nur eine Datenübertragung zur Verfügung stellen. Sie gliedern sich in eine Fülle von transparenten und nicht-transparenten (→ *HDLC*-ähnlich gesicherten) Übertragungsverfahren. Datenübertragung ist von 300 (in der Praxis: 2 400) bis 9 600 bit/s möglich. Durch Fehlererkennungs- und Fehlerkorrekturmechanismen kann eine BER von 10^{-6} bis 10^{-8} erreicht werden. Leitungsvermittelte Datenkommunikation wird im Umfeld von GSM auch häufig als CSD (Circuit Switched Data) bezeichnet.

Einen Fortschritt hinsichtlich der Datenübertragungsrate bieten neu entwickelte und mittlerweile auch eingeführte Dienste wie → *GPRS* und → *HSCSD*.

Als Tele-Services werden angeboten: normaler Telefondienst, Telefonnotruf, Short Message Service (SMS, bis 160 alphanumerische Zeichen) und Telefax Gruppe 3.

Die Daten für den SMS werden im Signalisierungs- und nicht in einem Nutzkanal übertragen, so dass auch während einer bestehenden Verbindung SMS-Daten zur MS übertragen werden können. Ist die MS offline, werden Nachrichten im Short Message Service Center (→ *SMSC*) des Netzbetreibers für eine bestimmte Zeit (üblicherweise 48 Stunden) zwischengespeichert.

Der SMS gilt wegen der kleinen Handytastatur als kompliziert zu handhaben. Daher haben viele Mobilfunknetzbetreiber die Möglichkeit eröffnet, über die Homepage im → *WWW* des → *Internets* SMS einzugeben und versenden zu können. Ferner nehmen Operator der Netzbetreiber eine Nachricht entgegen und versenden diese, was allerdings mehr kostet. Unabhängig davon hat das SMS-Volumen nach der erfolgreichen Einführung der → *Prepaid Card* und durch die Erschließung neuer – vornehmlich junger – Nutzergruppen ab ca. 1998 erheblich zugenommen.

Man unterscheidet beim SMS den Punkt-zu-Punkt-Dienst (SMS-PP) und den Cell-Broadcast-Dienst (SMS-CB) innerhalb einer Funkzelle, bei dem alle Teilnehmer innerhalb der Zelle die gleiche, allerdings auf 93 Zeichen begrenzte Nachricht erhalten. Die Gelegenheit, eine SMS-CB zu versenden, besteht allerdings nur einmal pro Minute innerhalb einer Zelle.

Bei der Einführung von Diensten aus dem gesamten GSM-Spektrum unterscheidet man Dienste der Klasse E (Essential), die zwingend für alle Betreiber von GSM-Netzen zu einem bestimmten Zeitpunkt einzuführen sind, und der Klasse A (Additional), bei denen lediglich der Netzbetreiber entscheidet, ob und wann er sie anbietet. Dabei ist er aber auch bei Klasse A an den GSM-Standard gebunden. Beispiele für Dienste der Klasse E1 (1991) sind Telefondienst und Notruf. Unter E2 (1994) fällt Fax Gruppe 3. Beispiele für Dienste der Klasse A sind SMS und der Paketdatendienst.

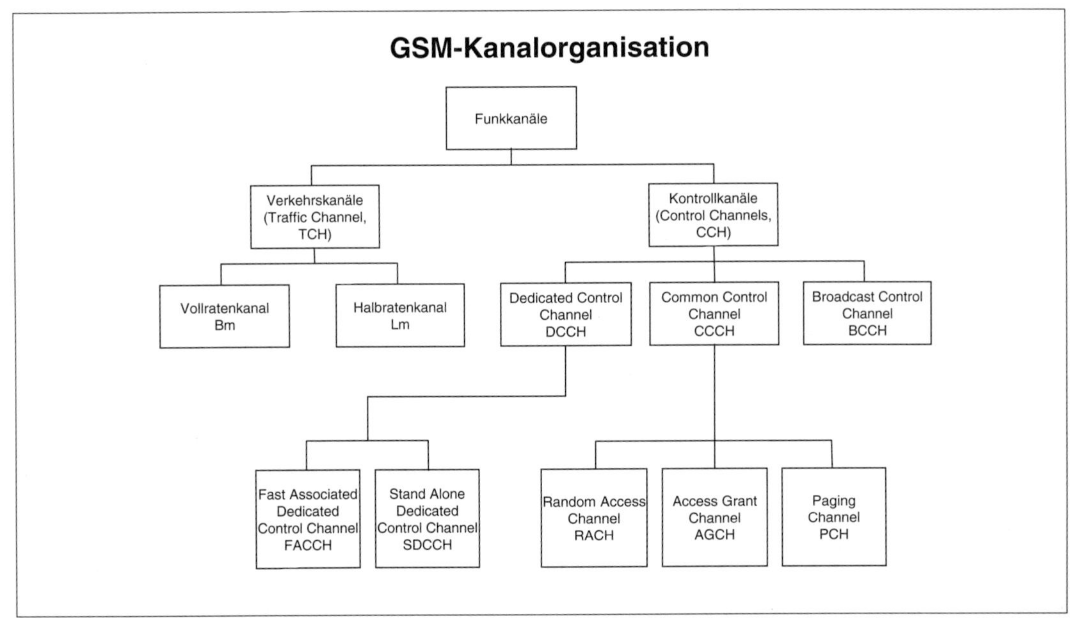

Die Entwicklung von GSM reicht bis in die späten 70er Jahre zurück:

1979

Die → *WARC* reserviert im 900-MHz-Band Frequenzen für zellulare Mobilfunksysteme.

1980 bis 1982

Deutschland und Frankreich ergreifen die Initiative und entwickeln erste Ideen für ein paneuropäisches Mobilfunksystem.

Juni 1982

Auf einer Vollversammlung der CEPT in Wien wird die deutsch-französische Idee übernommen. Es wird das Ziel formuliert, bis 1991 ein funktionierendes und standardisiertes System für zellularen Mobilfunk zu entwickeln.

Dezember 1982

Erstmals tagt die wenige Monate zuvor gegründete Groupe Spécial Mobile (GSM) in Stockholm, wobei 31 Vertreter aus 11 Ländern anwesend sind. Der Normungsprozess läuft anschließend in der Zeit von 1982 bis 1992 und resultiert in rund 8 000 Seiten Papier.

1985

Es fällt die Entscheidung, ein digitales System zu entwickeln.

1986

Die Kernparameter und grundsätzlichen Erfordernisse für die Entwicklung werden definiert. Sie legen auf wenigen Seiten die Anforderungen an Dienste, Dienstqualität und Sicherheit, Frequenzökonomie, Netzaspekte und Kosten fest.

Januar 1987

Nach dem Abschluss von acht Feldversuchen in Paris mit verschiedenen Technologien wird der Entschluss gefasst, ein TDMA-System mit acht zeitlich gestaffelten Kanälen (Zeitslots) je Träger (Frequenzkanal) zu standardisieren.

September 1987

Nach der Definition der wesentlichen Parameter und dem Beginn der Detailarbeit unter Beteiligung der Industrie unterzeichnen 13 Staaten das → *MoU*. Man setzt sich das Ziel, 1991 erste Netze in Betrieb zu nehmen.

Frühjahr 1989

Die Standardisierungsarbeit wird von der CEPT zum neu gegründeten → *ETSI* verlagert, wo ein Jahr später ein eigenes technisches Komitee gegründet wird.

1989

In Deutschland werden am 1. April die Lizenzen für zwei Netze ausgeschrieben und im November an die DeTeMobil (D1-Netz) und Mannesmann Mobilfunk (D2-Netz) vergeben.

Januar 1990

Der GSM-Standard wird vorläufig eingefroren. Dieser Status mit den bis dahin definierten Diensten wird als Phase 1 bezeichnet.

Gleichzeitig starten die Arbeiten am damals noch DCS 1800 genannten Standard GSM 1800.

1991

Die Gemeinschaft europäischer Mobilfunkbetreiber kündigt einen furiosen und gleichzeitigen Start in 17 europäischen Ländern an. Alle Hauptstädte und die Hauptverkehrsadern sollen zum Start versorgt werden. Dies sollte sich als Wunschdenken herausstellen.

Auf der → *Telecom* in Genf werden im Herbst erste funktionsfähige Prototypen vorgestellt. Dabei werden rund 11 000 Gespräche über die Pilotanlage abgewickelt.

Die Standards für GSM 1800 werden ebenfalls eingefroren.

Frühjahr 1992

Das erste GSM-Netz geht in Finnland (Radiolinja AB) in Betrieb.

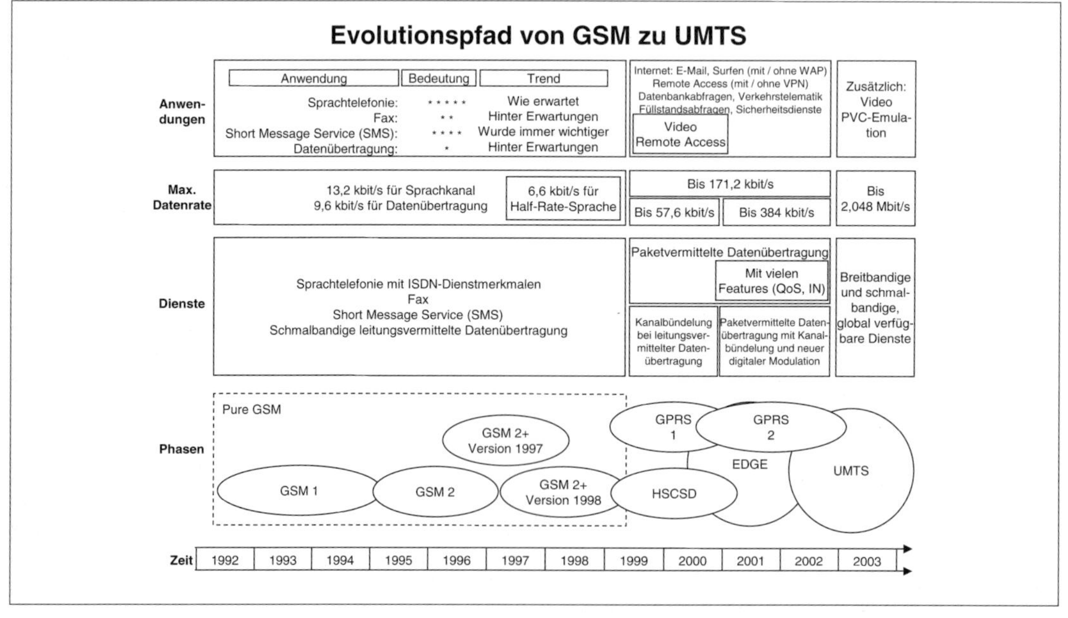

1992
Das erste Roaming-Agreement zwischen Netzbetreibern in Finnland (Telecom Finland) und in GB (Vodafone) wird geschlossen.

31. Dezember 1992
Zum Jahresende sind 13 Netze weltweit in Betrieb.

1993
Weitere Arbeiten am Standard führen zu Phase 2. Alle zusätzlichen Arbeiten gehen bereits über reine GSM-Netze hinaus (→ *UMTS*, Integration GSM mit → *DECT*) und werden als Phase 2+ bezeichnet.

Sommer 1993
Die deutschen D1- und D2-Netze gehen in Betrieb.

März 1994
Mobile Datenübertragung mit GSM wird auf der → *CeBIT* demonstriert.

Ende 1995
Für rund 50 Mrd. $ wurde Netzinfrastruktur weltweit bis zu diesem Zeitpunkt installiert.

Ende 1996
In Europa sind bereits 19 Mio. Nutzer registriert.

Mai 1997
Eine weitergehende Phase 3 der GSM-Entwicklung wird von der → *GSM-MoU-Association* auf einer Sitzung auf den Fidschi-Inseln beschlossen.

Juni 2000
Die ETSI transferiert die weitere Verantwortung für die GSM-Standardisierung zur 3GPP (3rd Generation Partnership Project).

Die weltweiten GSM-Nutzerzahlen nehmen nach Angaben der GSM Association folgenden Verlauf:

Zeitpunkt	Länder	Netze weltweit	Nutzer weltweit
Ende 1992		13	0,25 Mio.
Ende 1993	21	32	1 Mio.
Ende 1994	52	69	4 Mio.
Herbst 1995		104	
Ende 1995	69	117	12 Mio.
Juni 1996	86	150	
Ende 1996	94	167	30 Mio.
September 1997			50 Mio.
Ende 1997		178	
Februar 1998			70 Mio.
Juli 1998			100 Mio.
Ende 1998		320	135 Mio.
Ferbruar 1999			150 Mio.
Ende 1999	126	340	250 Mio.

Prognosen von Beginn der 90er Jahre gingen zunächst von 15 bis 20 Mio. GSM-Nutzern in Europa und 100 Mio. weltweit im Jahr 2000 aus, wobei diese Prognosen laufend nach oben korrigiert werden mussten.

Aus dem GSM-Standard wurde → *GSM-R* als Standard für eine Variante des → *Betriebsfunks* abgeleitet.

Der GSM-Standard (Recommendations) unterteilt sich in 12 Serien. Jede Serie gliedert sich in weitere Kapitel und Unterkapitel, die wiederum im Laufe der Zeit verschiedentlich weiterentwickelt wurden.

Üblicherweise werden die Spezifikationen daher durch die Angabe der Seriennummer, Kapitel und Unterkapitel sowie der Versionsnummern bezeichnet, z.B. Recommendation 4.2.3.1 Version 2.0.1.

Die 12 Serien und ihre Inhalte sind:

Serie	Inhalt
1	Allgemeines
2	Dienstaspekte
3	Netzaspekte
4	Schnittstelle MS-BSS
5	Funkaspekte
6	Sprachcodierung
7	Terminaladapter
8	Schnittstelle BS-BSC, Schnittstelle BSC-MSC
9	Signalisierung beim Anschluss des GSM-Netzes an ein Fremdnetz
10	Nutzdaten beim Anschluss des GSM-Netzes an ein Fremdnetz
11	Prüfverfahren für MS
12	Netzmanagement

Als eine Weiterentwicklung von GSM hin zu einem System der 3. Generation gilt → *UMTS*.

→ *http://www.gsmworld.com/*

GSM 1800

Abk. für Global System for Mobile Communications (on) 1800 (MHz).

Lange Zeit (bis ca. 1998) auch DCS 1800, für Digital Cellular System on 1800 MHz, genannt.

Bezeichnung für einen digitalen und zellularen Mobilfunkstandard (→ *zellulare Systeme*), der auf dem → *GSM*-900-Standard aufbaut mit dem Unterschied, dass nicht im 900-MHz-Band, sondern im 1,8-GHz-Band gesendet wird und das zur Verfügung stehende Frequenzspektrum größer ist. Der → *Uplink* beginnt bei 1710,2 MHz, der → *Downlink* bei 1805,2 MHz (Duplexabstand: 95 MHz). Das System stellt 374 Trägerfrequenzen zur Verfügung.

Die Charakteristik der Funkausbreitung im 1,8-GHz-Band führt zu kleineren Zellen (→ *zellulares System*) mit einem Zellradius von 300 m in der Großstadt bis max. 8 km auf dem freien Land und somit geringerer nötiger Sendeleistung der Handgeräte (0,25 bis 2 W, angestrebter Schnitt: 1 W). Dies führt in letzter Konsequenz zu im DCS-1800-Netz kleineren Handgeräten (→ *MS*) als im GSM-Netz.

Die → *BS* senden mit max. 20 W. Außerdem wird die Indoor-Versorgung besser sein und höhere Verkehrsdichten können abgewickelt werden (bis 500 Erlang/km^2).

Netzbetreiber eines Netzes in Deutschland nach GSM 1800 ist das ‚e-plus'-Konsortium (→ *E-Netz*), seit 1998 gibt es auch das Konsortium von Viag Interkom und → *BT* (E2-Netz).

Als Dienste werden Sprach-, Daten- sowie Faxübertragung mit max. 9 600 bit/s angeboten.

Neben GSM 1800 als eigenem Netz kann der Standard auch Grundlage für Underlay-Netze unter GSM sein, z.B. bei Kapazitätsproblemen in Ballungsgebieten.

Für Deutschland wurden nach ersten Schätzungen 5 000 bis 6 000 BS benötigt. Um jedoch den Teilnehmerzuwachs über das Netz abwickeln zu können, haben die Netzbetreiber mittlerweile rund 10 000 BS aufgebaut.

GSM 1800 geht auf eine Initiative des britischen Handelsministeriums aus dem Frühjahr 1989 zurück, das seinerzeit ein → *PCN*-System ausgeschrieben hatte, welches zwischen → *DECT* und → *GSM* angesiedelt sein sollte, um aus damaliger Sicht primär Ballungsgebiete mit einem kostengünstigen Mobilfunksystem und tragbaren Endgeräten zu versorgen. Derartige Überlegungen sind durch den technischen Fortschritt rasch überholt worden, so dass es sich mittlerweile nur um einen weiteren Mobilfunkstandard in einem anderen Frequenzbereich handelt. Die Abweichungen vom GSM-Standard wurde in elf sog. Delta-Papieren veröffentlicht.

Erstes Netz nach dem Standard GSM 1800 war im September 1993 Mercury One2One in GB (im August 1999 von der Deutschen Telekom gekauft), gefolgt von Orange im April 1994 in GB und e-plus in Deutschland im Mai 1994.

GSM 1900

Abk. für Global System for Mobile Communications (on) 1800 (MHz).

Lange Zeit (bis ca. 1998) auch PCS 1900, für Personal Cellular Services on 1900 MHz, genannt.

Bezeichnung für einen Standard für digitalen, zellularen → *Mobilfunk* in den USA. Er ging aus dem → *GSM-1800*-Standard hervor und gilt als Favorit für → *PCS*-Systeme in den USA.

→ *http://www.gsm-pcs.org/*

GSM Alliance

Bezeichnung einer nordamerikanischen Vereinigung von sieben Anbietern von Mobilfunkdiensten nach dem → *GSM*-Standard in den USA und Kanada, die gemeinsam → *Roaming*-Abkommen unterhalten.

GSMFL

Abk. für GSM Facilities Limited.

Eine von den Unterzeichnern des → *GSM*-MoU 1994 ins Leben gerufene Organisation, die sich mit der internationalen Gerätezulassung für die Phase 2 des GSM-Systems beschäftigt.

GSM-MoU-Association

Bezeichnung für eine Verwaltungsstelle, die das GSM-MoU und damit auch die Weiterentwicklung des → *GSM*-Standards verwaltet. Sitz ist Brüssel. Gegründet im September 1987 von 13 Unternehmen. Mittlerweile erheblich gewachsen mit 239 Mitgliedern im September 1997.

GSMP

Abk. für General Switch Management Protocol.

Bezeichnung für ein in der Diskussion befindliches Protokoll zum Management von → *ATM*-Switches.

GSM-R

Abk. für Global System for Mobile Communication for Railways.

Bezeichnung für eine vom → *GSM*-Standard abgeleitete Variante eines Standards für → *Betriebsfunk*, der auf die speziellen Bedürfnisse des Bahnverkehrsbetriebs und der Bahnindustrie zugeschnitten ist. Er wird auch zur Realisierung des Europäischen Zugsteuerungssystems → *ETCS* verwendet. GSM-R arbeitet im 900-MHz-Band auf anderen Frequenzen als der GSM-Standard (→ *Uplink*: 876 bis 880 MHz, → *Downlink*: 921 bis 925 MHz), die für Betriebsfunk reserviert sind, obwohl er technisch alle anderen GSM-Frequenzen auch nutzen könnte. Aus funktechnischer Sicht ist auch die Versorgung von Tunneln mit GSM-R möglich. Folgende Anforderungen der Eisenbahnen führten zu einer veränderten Netzinfrastruktur (z.B. durch gedoppelte Hardwarekomponenten):

- Extrem hohe Netzverfügbarkeit von 99,9%
- Kurze Verbindungsaufbaudauer (unter 5 s)
- Geringe Dropped-Call-Rate (unter 10^{-3})

Ferner verfügt GSM-R über besondere Dienstmerkmale (→ *Dienst*). Dazu gehören:

- Advanced Speech Call Items (ASCI):
  - Enhanced Multi-Level Precedence and Pre-emption Service (eMLPP): Zuweisen von Prioritäten verschiedener Niveaus zu einzelnen Teilnehmern oder Teilnehmergruppen, so dass diese ihre Nachrichten u.U. bevorzugt absetzen können (z.B. bei Notfällen), indem Verbindungen niedrigerer Priorität unterbrochen werden.
  - Voice Group Call Service (VGCS): Eine Sprachnachricht kann an alle Empfänger einer zuvor definierten Gruppe gesendet werden. Dabei wird eine Duplexverbindung aufgebaut.
  - Voice Broadcast Service (VBS): Eine Sprachnachricht kann an alle Empfänger einer zuvor definierten Gruppe gesendet werden. Dabei wird nur eine Simplexverbindung aufgebaut.
- Funktionale Nummerierungspläne (Functional Addressing, FA): Dabei kann einem Zug eine in seinem Heimatland eindeutige Nummer zugeordnet werden (z.B. der IC „Blauer Enzian“ hat Nummer 28), die in Registern mit der persönlichen Rufnummer des Zugführers verbunden wird, so dass Zugführer nicht immer Handys wechseln müssen, wenn sie in einem anderen Zug eingesetzt werden. Umgekehrt brauchen andere Parteien nicht täglich neue persön-

liche Rufnummern des Zugpersonals zu verfolgen, wenn sie das Personal über deren Funktion ansprechen möchten.

- Ortsabhängige Adressierung (Location Dependent Addressing, LDA): Die Anwahl einer Nummer in einem bestimmten Gebiet verbindet zwar funktional mit immer der gleichen Stelle (z.B. dem Fahrdienstleiter), der jedoch in der einen Zelle ein anderer ist als in der Nachbarzelle. Der Anruf wird dann (obwohl der Zugführer nur die funktionale Nummer des Fahrdienstleiters wählt) in Abhängigkeit von der Position (die eine oder die andere Zelle) an zwei verschiedene Fahrdienstleiter geroutet.
- Push-to-Talk-Funktionalität (→ *PTT*)

Ein weiterer Unterschied ist, dass GSM-R verschiedene Arten von Endgeräten unterstützt:

- Herkömmliche mobile Endgeräte (Handys)
- Herkömmliche stationäre Telefone (z.B. Streckentelefone), die per Funk angeschlossen sind
- Spezielle Endgeräte, z.B. Funkgerät-ähnliche Endgeräte für Push-to-Talk-Bedienung
- Endgeräte, die keine menschliche Bedienung benötigen, z.B. Sender und Empfänger mit Schnittstellen zu Signalen, Weichensteuerungen oder Anzeigen in Zügen

Damit kommen Anwendungen aus folgenden Bereichen in Betracht:

- Sprachtelefonie zwischen Bahnangestellten (z.B. zwischen Zugführer und Lokführer, Rangierer und Fahrdienstleiter, Bauarbeiter und Vorarbeiter)
- Datenübertragung zur Fahrgastinformation, z.B. über Verspätungen, folgende Haltepunkte, planmäßige und reale Ankunftszeiten, Anschlusszüge, Abfahrtgleise etc., nicht nur in fahrende Züge hinein, sondern auch auf stationäre Anzeigetafeln in Bahnhöfen
- Datenübertragung zu mobilen oder stationären Automaten, z.B. zur Fahrkartenausgabe oder Kreditkartenprüfung. Eine weitere Möglichkeit ist die automatische Einspielung von Software- oder Datenupdates (Tariftabellen) in derartige Geräte
- Datenübertragung zur Steuerung von Fahrwegelementen (Funkfahrbetrieb, FFB; bis 160 km/h): Dabei werden aus dem fahrenden Zug heraus Fahrwegelemente wie z.B. Weichen, Signale und Bahnschranken, die vor dem Zug in Fahrtrichtung liegen, gesteuert

  In diesem Fall nimmt der Zug Kontakt mit der FFB-Betriebszentrale auf, fordert dort den nächsten zu befahrenden Streckenabschnitt an, erhält ihn zugewiesen, woraufhin die FFB-Zentrale ihrerseits per Funk Kontakt zu den Fahrwegelementen aufnimmt, diese entsprechend steuert und schließlich den angeforderten und zugewiesenen Streckenabschnitt per Funk dem Zug zur Durchfahrt frei gibt.
- Datenübertragung zur vollständigen Fernsteuerung fahrender Züge (Automatic Train Control): Dabei wird die aktuelle Position eines Zuges z.B. mit Hilfe von → *GPS* ermittelt. Diese Daten werden mit GSM-R aus dem fahrenden Zug zusammen mit anderen Daten (aktuelle Geschwindigkeit, Anzahl Wagons etc.) an ein Kontrollcenter übertragen. Dort werden für eine Region die Daten mehrerer Züge ausgewertet. Dann ist es möglich, die Züge derart fernzusteuern (Geschwindigkeit, Haltedauern etc.), dass die Gleise unter Beachtung von Sicherheitsabständen optimal durch hintereinander fahrende Züge ausgelastet werden
- Sonstige Anwendungen:
  - Datenübertragung zur Verfolgung des Weges von Gütern (Containern)
  - Telemetriedatenübertragung (Fernwartung), z.B. zu Uhren, Feuermeldern, Gepäckfächern oder Schaltanlagen im Hochspannungsnetz (zur Fahrspannungsversorgung)

Auch GSM-R wird den Evolutionspfad von GSM verfolgen, so dass z.B. auch im GSM-R-Netz → *GPRS* genutzt werden kann. Dies erlaubt eine wesentlich effizientere Nutzung der Netzressourcen z.B. für alle Anwendungsfälle, in denen burstartig (→ *Burst*) nur sehr wenige Daten übertragen werden müssen (z.B. Automatic Train Control). Die Entwicklung von GSM-R nahm folgenden Verlauf:

Frühe 90er Jahre

Es zeichnet sich ab, dass einerseits das → *ETSI* mit einem neuen digitalen Standard für → *Bündelfunk* nicht schnell genug vorankommt (→ *TETRA*), und dass andererseits GSM ein erfolgreicher Mobilfunkstandard mit vielen ähnlichen Features werden wird.

Ferner wird deutlich, dass die bislang genutzten analogen Funksysteme bei den Bahngesellschaften veralten und sich teilweise Probleme bei der Ersatzteilversorgung abzeichnen.

1992

Die UIC (Union Internationale des Chemins de Fer; Europäische Vereinigung der Eisenbahnen) entscheidet, dass auf Basis von GSM unter Führung von ETSI sowie dem Hause AEG Mobile Communications/Matra ein eigener Betriebsfunk-Standard auf der Basis von GSM entwickelt werden soll. Das Resultat GSM-R ist dabei eine Untermenge des Standards GSM 2+.

Entwickelt wurde GSM-R im Rahmen des Projekts EIRENE (European Integrated Railway Radio Enhanced Network) der UIC.

1995

EIRENE wird durch MORANE abgelöst, in dessen Rahmen anhand von Feldversuchen geprüft werden soll, ob die durch EIRENE definierten Anforderungen durch den GSM-R-Standard tatsächlich erfüllt werden. Das System wurde in Deutschland auf der Strecke Stuttgart-Mannheim erfolgreich getestet. Weitere Tests liefen in Frankreich und Italien.

1997

32 europäische Bahngesellschaften erklären ihren Willen, Netze aufzubauen, die auf GSM-R basieren. Ein fester Zeitplan dafür wird jedoch nicht vereinbart. Deutschland gilt mit Schweden (dort wird Siemens-Technik eingesetzt) als Vorreiter.

Juli 1999

In Deutschland schließen Mannesmann Arcor und die Deutsche Bahn einen Vertrag, in dem sich Arcor verpflichtet, bis 2002 für die Deutsche Bahn ein Netz mit 2 800 Basisstationen (→ *BS*), 100 Basisstationscontroller (→ *BSC*), sieben Vermittlungsstellen (→ *MSC*), über 27 000 Streckenkilometer für rund 150 000 Endgeräte und rund 3 Mrd. DM als Generalunternehmer aufzubauen.

Dieses System löst nach Inbetriebnahme acht untereinander inkompatible und analoge Kommunikationssysteme der Bahn für die verschiedenen Zwecke (Rangierbetrieb, Streckenfunk etc.) mit insgesamt 10 300 Sendeanlagen ab.

Das technische Gerät für die Netzinfrastruktur im Wert von rund 0,5 Mrd. DM wird von der Nortel Dasa geliefert. In einem ersten Schritt werden dazu bis Ende 2000 rund 8 000 km Schienenwege versorgt.

Das Netzmanagementcenter steht in Berlin.

5. und 6. Dezember 2000

EIRENE tagt zum letzten Mal bei der ETSI und schließt damit die GSM-R-Entwicklung formal ab. Der gesamte Standard wird an das ETSI zur weiteren Pflege übergeben.

→ *http://www.eirene-uic.org/*

GSN

1. Abk. für GPRS Support Node.
   → *GPRS.*
2. Abk. für Global Subscriber Number.
   → *UIFN.*

GSTN

Abk. für General Switched Telephone Network.

In der → *ITU* gebräuchliche Abkürzung für das herkömmliche öffentliche, vermittelte Telefonnetz. Eine andere und eher gebräuchliche Abkürzung ist → *PSTN.*

GTD-5 EAX

Digitales Vermittlungssystem der britischen Firma GTE. Konzipiert für 500 bis 150 000 Anschlüsse.

GTFM

Abk. für Generalized Tamed Frequency Modulation.

gtld

Abk. für Generic Top Level Domain.

→ *Domain.*

GTO

1. Abk. für Gate Turnoff Thyristor.
2. Abk. für Geostationary Transfer Orbit.
   Bezeichnung für eine elliptische Umlaufbahn um die Erde, deren → *Apogäum* sich mit der → *GEO* in einer Höhe von rund 36 000 km deckt. Diese Bahn wird daher dazu verwendet, um Kommunikationssatelliten gezielt und energiesparend auf der → *GEO* zu positionieren.

GTP

Abk. für GPRS Tunneling Protocol.

→ *GPRS.*

Guard-Band

→ *FDMA.*

Guard-Time

→ *TDMA.*

Guerilla-Teleworking

→ *Tele-Working.*

GUI

Abk. für Graphical User Interface.

Eine visuelle Oberfläche (genannt Fenster oder Window), die Symbole (→ *Icons*) für die Darstellung von Arbeitsflächenobjekten verwendet, die vom Benutzer mit einer Positionierungseinheit (→ *Maus*, → *Trackball*) manipuliert werden können. Eingaben von Befehlssequenzen über die Tastatur sind nicht oder nur sehr selten nötig. Wichtiges Merkmal ist die leichte Erlernbarkeit durch intuitive Bedienung.

Die zentralen Bedienelemente des GUI werden mit dem Stichwort WIMP (Window, Icon, Menue, Pointer) zusammengefasst.

Beispiele für Betriebssysteme mit einem GUIs oder spezielle GUIs zusätzlich zu Betriebssystemen sind → *GEM*, → *MacOS*, → *OS/2*, → *Windows*, → *Windows 95*, → *Windows NT* und → *X/Windows.*

→ *Look & Feel*, → *MMI.*

Guided Tour

Von engl. guided tour = geführter Rundgang. Begriff aus dem Umfeld des → *Internet.* Bezeichnet auf einer → *Site* im → *WWW* eine Art virtuellen Rundgang, der einem Nutzer, der erstmals auf die Site kommt, die wesentlichen Inhalte der Site u.U. automatisch zeigt, indem die einzelnen Seiten der Site mit speziell als Guided Tour gekennzeichneten → *Hyperlinks* untereinander verbunden sind.

Guided Tours können sehr wirksam eingesetzt werden, wenn es einen Guide (Führer) gibt, z.B. eine animierte Figur, die auf jeder Seite der Tour zu sehen ist und ihren Inhalt erklärt. Derartige Guides können die User auch direkt ansprechen, was eine Beziehung zwischen Site und Guide einerseits sowie dem User andererseits ermöglicht. Ein weiteres, sinnvolles Hilfsmittel ist ein Plan der Site (Site-Map), der anzeigt, wo man sich gerade befindet und wie lange die Tour noch dauern wird. Diese Site-Map kann grundsätzlich eine Alternative zur Guided Tour sein, da sie ebenfalls die Orientierung erleichtert.

Weitere Regeln für eine gute Guided Tour sind:

- Zu Beginn der Tour wird eine ungefähre Dauer angegeben.
- Die Tour führt auf Seiten, die sparsam mit Grafiken umgehen und dadurch schnell geladen werden können.
- Die Tour führt auf Seiten, die die entscheidenden Funktionalitäten oder den größten Nutzen für den User zeigen.
- Es besteht die Möglichkeit, rasch vor- und zurückzuspringen, insbesondere wieder zurück an den Anfang der Tour.
- Auf Funktionalität, die → *Plug-Ins* erfordern, wird verzichtet.
- Es gibt eine Hilfe-Funktion, die speziell auf die Guided Tour abgestimmt ist.

GUM

Abk. für Gemeinschaftsumschalter.

Guru

→ *Wizard.*

Guthabenkarte

→ *Prepaid Card.*

Guttapercha

International auch Gutta Percha geschrieben. Bezeichnung des ersten wirksamen Isolationsmaterials für Kabel, die in nasser oder feuchter Umgebung, z.B. als → *Unterwasserkabel* oder als → *Erdkabel*, verlegt werden.

Das Material verfügt über gute elektrische Isolationseigenschaften und ist sehr widerstandsfähig gegen Seewasser (Korrosionsschutz). Ferner greift es auch das Kupfer nicht an. Darüber hinaus war es einfach zu handhaben und unter mäßiger Hitzezuführung leicht zu verarbeiten. Es kann, wie Naturkautschuk auch, vulkanisiert werden, ist aber härter als dieser.

Das Material wird aus dem milchig-braunen, dickflüssigen Saft der auf Malaysia und Indonesien heimischen Palaquium-Bäume (Isonandra Gutta) gewonnen. Das Wort Guttapercha selbst ist malaysischen Ursprungs.

Das Material wurde 1843 von dem Arzt Dr. Montgomerie aus Singapur in Europa eingeführt. Es wurde in London von der Royal Society of Arts untersucht. Werner von Siemens (* 1816, † 1892) erhielt von seinem Bruder aus London einige Proben und führte Versuche auf dem Gebiet der Leitungsisolierung durch, die sehr gute Ergebnisse lieferten. 1845 schlug er der Kommission zur Errichtung einer unterirdischen Telegrafenstrecke von Berlin nach Potsdam entlang einer Eisenbahnstrecke das Material als Isolierung vor, woraufhin der Stoff entlang einer anderen Linie (Anhalter-Linie) erstmals eingesetzt wurde.

Im gleichen Jahr entwickelte auch Silver & Co aus Stratford, East London, ein Verfahren, Kupferdrähte mit dem Material zu beschichten.

In Deutschland entwickelte Halske 1847 die Guttaperchapresse, was die Geburt der Kabelindustrie in Deutschland markiert. 1848 verlegte Werner v. Siemens ein Kabel durch den Kieler Hafen, und 1849 wurde ein Kabel von Berlin nach Frankfurt/Main verlegt.

In den Folgejahren wurden immer mehr Kabel verlegt, aus dem in Deutschland das → *Reichstelegrafen-Untergrundnetz* entstand.

Erste Unterwasserkabel mit Guttaperchaisolierung wurden 1850 zwischen England und Frankreich durch die Brüder Brett verlegt.

Neben diesem Einsatzzweck werden auch medizinische Produkte (Pflaster, Verbände) aus der Guttapercha hergestellt.

Gutter

Begriff aus der Satztechnik. Bezeichnet den Abstand zwischen benachbarten Spalten bei der Verwendung mehrerer Spalten auf einer Seite.

GUUG

Abk. für German UNIX User Group.

Bezeichnung der deutschen Interessenvereinigung von Nutzern des → *Betriebssystems* → *Unix*. Ihr Ziel ist die Förderung der technischen Forschung, Entwicklung und Kommunikation offener Computersysteme, die insbesondere durch Unix entstanden sind.

Adresse:

GUUG e.V.
Elsenheimerstr. 43
80687 München
Tel.: 0 89 / 5 70 76 97
Fax: 0 89 / 5 70 76 07

→ *http://www.guug.de/*

GVD

Abk. für Group Velocity Dispersion.

In Deutschland auch Gruppengeschwindigkeitsdispersion genannt.

→ *Modendispersion.*

GW

Abk. für → *Gruppenwähler.*

G-WiN

Abk. für Gigabit-WiN.

→ *WiN.*

GWL

Abk. für Gateway Link.

Bezeichnet bei satellitengestützten Mobilfunksystemen (→ *Satellitenmobilfunk*) die Funkverbindungen zwischen den Satelliten und den terrestrischen Vermittlungsstellen auf der Erdoberfläche, die Verbindungen ins herkömmliche Festnetz herstellen. Bei einigen Systemen wird eine Verbindung erst über verschiedene Satelliten und dann zu einer Bodenstation geschaltet.

→ *Bodensegment*, → *Raumsegment*, → *MUL*, → *ISL.*

Gypsy

→ *Textverarbeitung.*

H

H0, H1, H4, H11, H12, H21, H22

Bezeichnung für Kanäle im → *ISDN* mit verschiedenen Datenraten als ganzzahlige Mehrfache von 64 kbit/s, die nicht als eine Kombination mehrerer B-Kanäle zu je 64 kbit/s durchgeschaltet werden, sondern als einzelne Kanäle mit hoher Kapazität.

Die Einführung derartiger Kanäle wurde gegen Mitte der 90er Jahre für 1997/98 vorausgesagt, wird jedoch selbst nach Bereitstehen der dazu nötigen Techniken mittlerweile nicht mehr im praktischen, kommerziellen Betrieb erwartet, da andere Techniken (→ *ATM*, → *IP*) die Rolle des breitbandigen Datentransports übernommen haben.

Level	Gesamtdatenrate
H0	384 kbit/s
H11	1 544 kbit/
H12	2 048 kbit/s
H21	34 368 kbit/s
H22	44 736 kbit/s
H4	139 246 kbit/s

H.120

Bezeichnung des ersten Standards für Videodatenkompression überhaupt aus dem Jahr 1984. Gedacht und verwendet für → *Videokonferenzen* zwischen professionellen Videokonferenzstudios mit einer Datenrate von 2 Mbit/s. Heute kaum noch verwendet.

H.248

Ein von der → *ITU* entwickelter Standard für die Verbindungssteuerung im Bereich der → *Internet-Telefonie*. Er soll die durchgängige Einrichtung von Telefonverbindungen zur Sprachübertragung über Netzgrenzen hinaus (z.B. zwischen dem → *Internet* und dem herkömmlichen Telefonnetz) ermöglichen.

H.248 ist ein Nachfolger von → *MGCP*.

H.261

Ein 1990 von der → *ITU* verabschiedeter Standard für Grundprinzipien der digitalen Bewegtbildübertragung (Video) und Datenkompression. Der Standard ist offen, so dass Codierer eines Herstellers Datenströme erzeugen, die der Decoder eines anderen Herstellers verarbeiten kann.

Gründet sich auf das gleiche Verfahren wie → *JPEG*. Aus einer räumlichen Pixelanordnung wird mit der diskreten Kosinustransformation (→ *DCT*) ein Frequenzspektrum errechnet, dessen Koeffizienten angeben, wie häufig welche Frequenzkomponenten im Bild auftreten.

Niedrige Frequenzen beschreiben dabei große, annähernd konstante Bildteile, wohingegen hohe Frequenzen kleine Bildausschnitte beschreiben. Durch Runden und Verzicht auf Nachkommastellen in einem Quantifizierer (diese repräsentieren vom Menschen nicht wahrnehmbare Bild- und Farbdetails) wird die Datenmenge reduziert.

Nächster Schritt ist eine → *Huffman*-Codierung des restlichen Datenbestandes, was wiederum die Datenmenge reduziert.

Die Auflösung beträgt 352 Punkte * 288 Zeilen und ist unabhängig von der gewählten Übertragungsrate zwischen 64 kbit/s und 2 Mbit/s in 64 kbit/s-Schritten. Das Bildformat ist → *CIF*, die Bildwiederholfrequenz liegt bei 30 Hz. Die Datenrate beeinflusst die Bildaufbauzeit. Es werden bei der

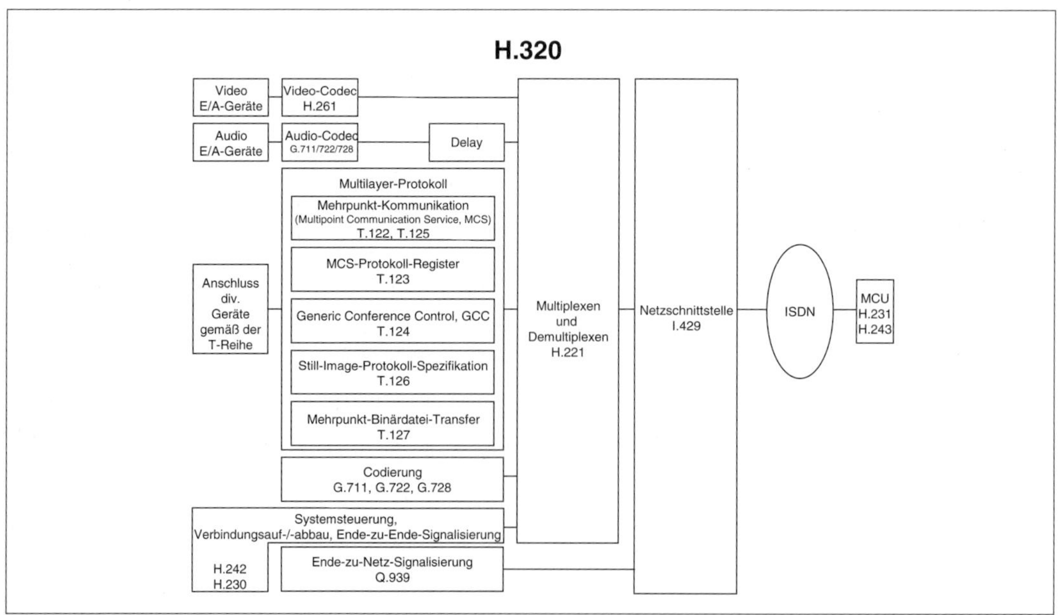

Datenübertragung Verzögerungszeiten bis max. 150 ms toleriert.
Bei schnellen Bewegungen kommt es zu sog. Moskito- oder Blockartefakten (Fehlern).
H.261 ist primär für ISDN-Anwendungen gedacht (und dabei insbesondere für Videokonferenzen und Bildtelefonie), daher ist H.261 auch Teil von → *H.320* und von → *H.323*.
Aus dem gleichen Grund basiert das Verfahren auf einem oder n * 64 kbit/s Kanälen, mit n < 30. Solange nur moderate Bewegungen erfolgen, kann der Bilderstrom in akzeptabler Qualität übertragen werden.
→ *MPEG*.

H.320

Standard der → *ITU*, 1990 verabschiedet, der für den Videokonferenzdienst über ISDN-Leitungen (aber auch für LANs zugelassen) mehrere Normen für die Video- und Audioübertragung festlegt und weitere Parameter definiert (Terminaltyp, Übertragungsmodus). Beinhaltet für die Übertragung des Bildes → *H.261* (→ *CIF*), H.221 zum Management verschiedener Kanäle, H.230 für die Signalisierung, H.233 für die Verschlüsselung, H.242 für Shakehand-Procedures.
Standards für die Audioübertragung sind definiert in G.722, G.728 und G.711.
Multipoint-Verbindungen werden durch H.231 und H.243 unterstützt.
Konkurrenzstandard war zunächst → *PCS*.

H.323

Ein Standard der → *ITU* für → *Videokonferenzen* über das → *LAN*, der mittlerweile auch das → *MAN* und → *WAN* berücksichtigt. Er ist das entsprechende Pendant zu → *H.320*, berücksichtigt aber die Charakteristiken von Datenverkehr über LANs und andere, paketvermittelnde Netze (→ *Paketvermittlung*) wie z.B. schwankende Bitraten und hoher → *Delay*. Dies führt zu einer permanenten Feststellung der aktuell verfügbaren Bitrate und einer entsprechenden Anpassung verschiedener Parameter der Sprachqualität.
Insgesamt ist H.323 für Netze gedacht, die keine garantierte → *QoS* für die Dauer einer Verbindung zur Verfügung stellen.
H.323 nutzt die aus dem → *Internet* bekannten Protokolle → *UDP* und auch → *RTP*. Es entwickelt sich zur Grundlage von zeitsensitiven Anwendungen im Internet wie z.B. → *Internet-Telefonie*.
H.323 stellt verschiedene Audio-Codecs zur Verfügung, z.B. → *G.711*, → *G.722* und → *G.728*, → *G.723.1* und → *G.729* sowie das Schema von → *MPEG* nach der Variante MPEG1.
Ferner bietet H.323 mit → *H.261* und H.263 verschiedene Video-Codecs an.
Die Synchronisation der seriell und mit hohem Übertragungsdelay empfangenen Audio- und Videodaten (Ziel der Synchronisation ist das gleichzeitige Abspielen von zueinander gehörenden, aber zeitversetzt eintreffenden Bild- und Toninformationen) übernimmt eine eingebaute Delaystrecke (Receive Path Delay), die beide Eingangssignale kurz puffert.
Das Verbindungsmanagement (hier mit Call Management bezeichnet) basiert auf H.245. Dabei werden Verbindungsmanagement-Informationen über Kanäle nach H.245 zwischen Sender und Empfänger ausgetauscht, wobei die Daten dem Format von Q.931 (Format der → *ISDN*-Signalisierung) entsprechen. Zusätzlich übernimmt ein RAS-Kanal (Registration, Admission and Status) spezielle, weitere

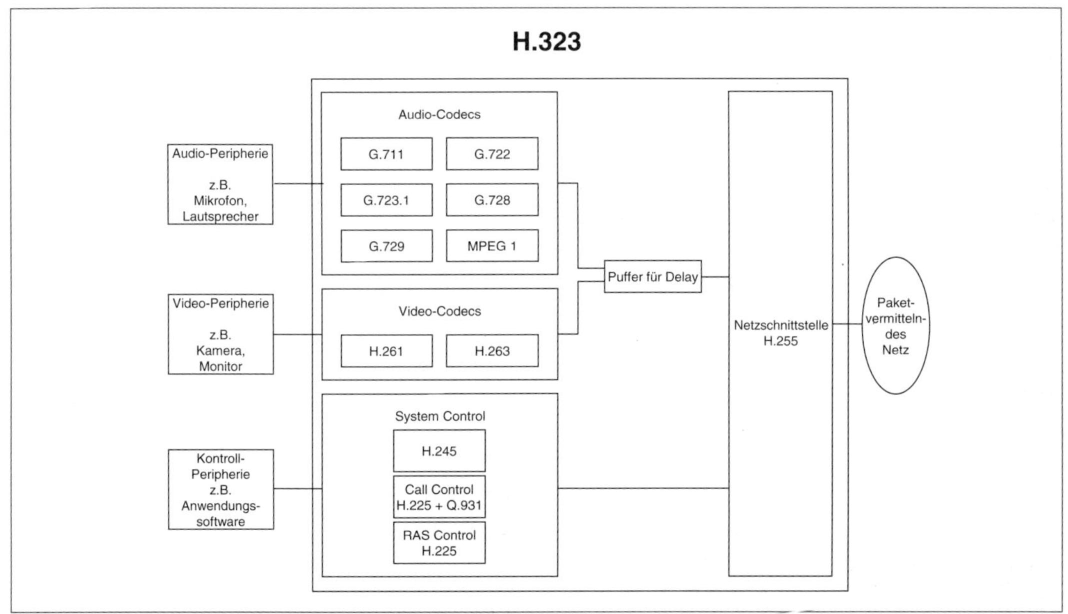

Funktionen wie z.B. Adressmapping, Bandbreitenüberwachung und -management, Verbindungskontrolle und Zugriffskontrolle.

Alle Daten (Nutzdaten und Call-Management-Daten) werden durch H.225 in Pakete gemäß dem benutzten Paketdatenübertragungsprotokoll umgesetzt.

H.323 gilt zwar als flexibel und reichhaltig mit Funktionalität ausgestattet, aber gleichzeitig als sehr komplex und aufwendig. Es integriert viele einzelne andere Protokolle, in denen bestimmte Funktionalitäten mehrfach enthalten sind. Selbst wenn Produkte H.323-konform sind, bedeutet dies daher nicht, dass sie zueinander kompatibel sind.

Die große Zahl an Funktionen macht es notwendig, dass vor dem Beginn einer Verbindung zahlreiche Daten ausgetauscht werden müssen, was die Startphase verlängert.

Von der → *IETF* wurde das → *MMSC* mit dem → *SIP* als pragmatische Alternative zu → *H.323* entwickelt.

Verabschiedet wurde H.323 durch die ITU im Mai 1996. Zwei Jahre später erfolgte die Verabschiedung einer verbesserten Version, die nicht nur im LAN, sondern allgemein in paketvermittelten Netzen (LAN, MAN und WAN) verwendbar ist.

→ *http://www.networkmagazine.com/static/tutorial/internetworking/9901tut.htm/*

H.324

Bezeichnung eines Standards der → *ITU* zur gleichzeitigen Übertragung von Audio- und Videodaten über analoge Telefonnetze, z.B. für → *Videokonferenzen*. Im Anhang sind darüber hinaus auch andere Netze (für digitalen → *Satellitenmobilfunk* oder zellulare, digitale Netze für herkömmlichen → *Mobilfunk*) definiert. In diesen Fällen wird nur das Übertragungsprotokoll dem entsprechenden Netz angepasst.

Der Standard übernimmt das Grundkonzept von → *H.320*, verwendet aber effektivere Audio- und Videokompressionsverfahren, um mit geringeren Bandbreiten auszukommen. Wegen dieser wesentlich geringeren Bandbreite erreicht insbesondere die Bildqualität nicht die eines H.320-basierten Systems.

Der Standard überträgt mit 28,8 kbit/s (minimal 9,6 kbit/s) bzw. 33,6 kbit/s (sofern eine entsprechende Standardänderung verabschiedet wird) gemäß dem Übertragungsprotokoll → *V.34*.

Standard	H.310	H.320	H.323	H.324
Jahr	1996	1990	1998	1995
Netz	ATM	ISDN	LAN	PSTN
Video	H.262	H.261 H.263	H.261 H.263	H.263 H.263
Audio	MPEG-1	G.711 G.722 G.728	G.711 G.722 G.723 G.728 G.729	G.711 G.722 G.728
Multiplex	H.222	H.221	H.225.0	H.223
Control	H.245	H.242	H.245	H.245

Hack

Ableitung aus dem Wort → *Hacken*. Bezeichnet ein kurzes Programm, üblicherweise einfach und rasch heruntergetippt (eingehackt), ohne Rücksicht auf Speicherökonomie, Performanceeigenschaften oder Eleganz.

→ *Patch*.

Hacken

Jargon in der Softwarebranche unter Programmierern. Beschreibt ausdauerndes Programmieren unter intensiver Nutzung der Tastatur. Es gibt diverse Ableitungen, z.B. ‚Einhacken‘.

Hacker

Neuerdings auch in der weiblichen Form mit Häckse bezeichnet.

1. Bezeichnung für Personen, die ohne jede Autorisierung in Computersysteme eindringen. Im Gegensatz zu einem → *Cracker*, der hierbei Schäden anrichtet, tut Hacker dies aus ‚sportlichen‘ Gründen zum Vergnügen, Zeitvertreib, Nervenkitzel oder aus Neugier bzw. um gezielt auf Schwachstellen hinzuweisen (dann auch Probing genannt). Insbesondere in der Presse wird dieser Unterschied nicht oft gesehen.

   Derartige Hacker bezeichnen ihre eigene Tätigkeit zum Wohle der Allgemeinheit auch als Social Hacking.

   Eine spezielle Sorte sind Phone Freaks, die in Telefonsysteme eindringen, um deren Ressourcen unbefugt zu nutzen (Phreaker).

   → *Brute Force Attack*, → *CCC*, → *Crasher*, → *Denial of Service*, → *Intrusion Detection*, → *Sniffing*, → *Spoofing*, → *Virus*, → *War Dialer*, → *Watch Dog*.

   → *http://www.hacked.net/*
2. Bezeichnung für Personen, die sich vorwiegend dem Programmieren widmen und sich in Freizeit und Beruf mit nichts anderem beschäftigen. Das lange und monotone Tippen auf der Tastatur wird dabei mit dem Verb hacken oder einhacken bezeichnet.
3. Bezeichnung für Softwareexperten für ein bestimmtes Programm, Betriebssystem oder eine bestimmte Programmiersprache, die im Gegensatz zu normalen Nutzern auf umfangreiches Wissen und viel Erfahrung in Breite und Tiefe zugreifen können.

   → *Geek*, → *Nerd*.→ *Wizard*.

Häckse

→ *Hacker*.

Haftrelais

Bezeichnung für eine spezielle Bauart von → *Relais*, das in stromlosem Zustand durch den Restmagnetismus des Eisens selbsttätig geschlossen bleibt. Ein Öffnen erfolgt durch Erregung mit umgekehrter Feldstärke.

HAL 9000

Bezeichnung eines fiktiven Computers aus der Kurzgeschichte „The Sentinel“ von Arthur C. Clarke (→ *Clarke-Orbit*, * 16. Dezember 1917) und dem danach gedrehten und Oscar gekrönten Film von 1968 „2001: A

Space Odyssey“ des Regisseurs Stanley Kubrick, nach dem wiederum Clarke das Buch „2001“ schrieb.

Der Supercomputer mit menschlicher Stimme HAL 9000 befindet sich im Jahr 2001 mit zwei Astronauten und drei in Tiefschlaf versetzten Wissenschaftlern an Bord des von ihm auch gesteuerten Raumschiffes Discovery auf dem Weg zum Jupiter, als er einen Fehler macht. Die Astronauten beschließen daraufhin, ihn aus Sicherheitsgründen auszuschalten. Dies führt dazu, dass der Computer menschliche Züge annimmt und sich gegen sein Ausschalten zur Wehr setzt.

Während der Computer am Ende kurz vor seiner Zerstörung in der Kurzgeschichte verlauten lässt, er sei am 2. Januar 1997 in Urbana/Illinois in Betrieb genommen worden, wird im Film von 1992 gesprochen.

Zur Feier des Geburtstags und -orts im (realen) Jahr 1997 führte die Universität von Illinois im März 1997 ein einwöchiges Cyberfest zur Würdigung von HAL und ihrer eigenen Leistungen bei der Entwicklung des Computers durch.

Die Abkürzung HAL wurde der Sage nach gewählt, weil sich beim Austausch der Buchstaben H, A und L durch die im Alphabet jeweils folgenden Buchstaben die Abkürzung IBM, des Welt größten Computerherstellers, ergibt.

→ *Robbie*.

Halbbild, Halbbildverfahren

→ *Interlaced*.

Halbduplex

Eine Betriebsart, welche auf einem Kanal Sende- und Empfangsbetrieb ermöglicht, nicht jedoch gleichzeitig, sondern nur abwechselnd. Daher auch Wechselsprechen genannt. Typische Anwendung: Sprechfunkverkehr.

Halde

→ *LIFO*.

Ham

In den USA Jargon für Amateurfunker, ähnlich wie → *Oldman*. Die Herkunft des Begriffs ist ungeklärt, möglicherweise ist er von Home-Amateur Mechanic Radio abgeleitet.

Hamilton-Group

Eine seltener gebrauchte Bezeichnung für die → *OSF*.

Hammingabstand

Auch Hammingdistanz genannt.

Bezeichnung für die Anzahl Stellen, in denen sich zwei zugelassene Wörter aus dem Vorrat eines Codes unterscheiden.

Die binären, 8 Bit langen Wörter 01001011 und 01101010 unterscheiden sich an der 3. und 8. Stelle (von links gesehen), so dass sie die Hammingdistanz 2 haben.

Der Hammingabstand eines Codes ist ein Maß für seine → *Redundanz* und damit für die Möglichkeit, Fehler zu erkennen oder sogar korrigieren zu können.

Benannt nach dem amerikanischen Mathematiker Dr. Richard Wesley Hamming (* 1915, † 7. Januar 1998), der damit die Grundprinzipien für fehlererkennende und fehlerkorrigierende Codes (→ *CRC*) legte. Er entwickelte seine Theorie ab 1948 in den Bell Labs, in denen er sein Leben lang arbeitete.

Handheld

→ *Laptop*.

Handoff

Anderes Wort für → *Handover*.

Handover

In zellularen Mobilfunknetzen die Weitergabe eines laufenden Gesprächs (einer bestehenden Verbindung) von einer Basisstation zur nächsten beim Wechsel der Mobilstation von einer Zelle zur nächsten. Der Begriff umfasst alle dabei nötigen technischen Vorgänge. Die Dauer liegt in heutigen technischen Systemen bei 5 bis 10 ms. Insbesondere in Nordamerika ist auch der Begriff Handoff (dort im System → *D-AMPS*) wie auch in Japan (bei → *PDC*) gebräuchlich.

Von der Abwicklung her unterscheidet man zwei Verfahren:

- Zentrales Handover: Das Handover wird von der Basisstation ‚befohlen‘ (angewendet z.B. bei → *GSM*).
- Dezentrales Handover: Das Handover wird von der Mobilstation durchgeführt (angewendet z.B. bei → *DECT*).

Letztere Variante wird oft auch als Mobile Controlled Handover (MCHO) bezeichnet.

Weiterhin unterscheidet man die Handover nach der Herkunft der an der Entscheidung zum Handover berücksichtigten Messdaten:

- Assisted Handover: Die Entscheidung zum Handover basiert auch auf Messungen der Funkqualität durch die Mobilstation (Mobile Assisted Handover, MAHO). Dieses Verfahren wird bei allen neueren digitalen Mobilfunksystemen angewendet.
- Non-assisted-Handover: Nur die Basisstation misst die Empfangsqualität (ältere Mobilfunksysteme).

Als Seamless Handover werden Techniken bezeichnet, bei denen der Handover für den Teilnehmer unbemerkt und ohne größere Qualitätseinbuße (Knistern, Pausen) realisiert wird. Er zeichnet sich in der Regel dadurch aus, dass zunächst in der neuen Zelle eine Verbindung aufgebaut und erst anschließend die Verbindung in der alten Zelle abgebaut wird.

Dies wird z.B. bei → *DECT* angewendet. Andere Techniken bauen erst die Verbindung in der alten Zelle ab und dann eine Verbindung in der neuen Zelle auf (z.B. → *CT2*), weswegen dort einige Silben verschluckt werden bzw. die Verbindung unter ungünstigen Bedingungen komplett zusammenbricht.

In Mobilfunknetzen nach dem → *GSM*-Standard wird ferner unterschieden, welche administrativen Bereiche des Netzes gewechselt und welche Teile der Netzinfrastruktur davon betroffen sein werden. Man unterscheidet dabei:

- Intracell Handover: Handover innerhalb einer Zelle ohne Zellwechsel, aber mit Wechsel der Funkfrequenz. Gründe hierfür können im schlechten Empfang der bisherigen Funkfrequenz liegen.

- Intercell Handover: Handover zwischen benachbarten Zellen, die aber von dem gleichen Base Station Controller (→ *BSC*) verwaltet werden.
- External Handover: Handover zwischen zwei Zellen, die von verschiedenen Base Station Controllern verwaltet werden.
- Basic Handover: Handover zwischen zwei Zellen, die von verschiedenen Base Station Controllern verwaltet werden, die wiederum an verschiedenen, miteinander verbundenen → *MSCs* hängen. Trotz seines Namens ein sehr komplizierter Prozess, insbesondere dann, wenn die MSCs von verschiedenen Herstellern stammen.
- Subsequent Handover: Handover zwischen zwei Zellen, die von verschiedenen Base Station Controllern verwaltet werden, die wiederum an verschiedenen, allerdings nicht miteinander verbundenen → *MSCs* hängen, so dass eine dritte MSC eingeschaltet werden muss. Dieser Typ von Handover erfolgt üblicherweise nach einem Basic Handover, wenn sich die MS in den Einflussbereich einer dritten MSC bewegt.

→ *Roaming*.

Handshake-Verfahren

Andere Bezeichnung: Quittungsbetrieb. Allgemeine Bezeichnung für Verfahren, bei denen die Synchronisation von Sender und Empfänger durch sie selber vorgenommen wird und vor der Phase des Austauschs von Nutzdaten erst einige Verwaltungsdaten übertragen werden.

Dies umfasst in der Datenübertragung allgemein bei unregelmäßigen Übertragungen die Prozedur des Verbindungsaufbaus. Es wird verwendet, wenn Daten unregelmäßig anfallen. Der Sender signalisiert, wenn er neue Daten senden möchte/kann, der Empfänger, wenn er neue Daten empfangen möchte/kann.

Man unterscheidet:

- Hardware Handshake: Bei ihm wird über eine Leitung ein einzelnes Signal gesendet.
- Software Handshake: Bei ihm wird ein Datenpaket mit u.U. einer Menge von Verwaltungsdaten genutzt, von denen eine bestimmte Bitkombination den Handshake andeutet.

Beispiel für ein Handshake-Verfahren ist → *XON/XOFF*.

Die Bezeichnung ist von der Konvention des Händeschüttelns zwischen zwei sich begegnenden Menschen als Einleitung für ein Gespräch abgeleitet, da bei den Handshake-Protokollen die eigentliche Phase der Datenübertragung mit einer bestimmten Prozedur beginnt.

Bezeichnet beim Modembetrieb die Phase unmittelbar nach dem Verbindungsaufbau, in der die verbundenen → *Modems* Daten miteinander austauschen und sich auf den zu verwendenden Modemstandard verständigen.

Handscanner

→ *Scanner*.

Handvermittlung

Oberbegriff für die Vermittlung von Verbindungen über das öffentliche Telefonnetz mit Hilfe von → *Operatoren*. Mussten diese früher dazu noch manuelle Handgriffe ausführen (→ *Klappenschrank*), so erfolgt heute die Handvermittlung als zusätzliche Dienstleistung für den Kunden z.B. im Anschluss an eine Telefonauskunft.

1881 wurde die erste manuelle, öffentliche Vermittlungsstelle in Deutschland eingerichtet (→ *Teilnehmerverzeichnis*).

1883 sind in Deutschland bereits 35 Vermittlungsstellen in Betrieb.

Ab dem 10. Oktober 1884 arbeitet die Handvermittlung in München Tag und Nacht.

In Hamburg hat 1913 die manuelle Ortsvermittlung 44 000 Anschlüsse und war damit für einige Jahre die größte Handvermittlung der Welt.

Die bereits ab 1889 entwickelten, automatischen Wählsysteme (→ *Heb-Dreh-Wähler*) drängen die Handvermittlung immer weiter zurück. So existieren 1910 weltweit rund 11,3 Mio. Hauptanschlüsse, von denen aber erst 2,6% mit automatischen Heb-Dreh-Wählern versorgt werden.

Schließlich wird die Ortsvermittlungsstelle Uetze (bei Hannover) am 29. April 1966 als letzte auf den automatischen Selbstwählverkehr umgestellt, da dort die letzte Handvermittlung geschlossen wird.

Im Mobilfunknetz → *A-Netz* existierte die Handvermittlung noch einige Jahre weiter.

Handy

In Deutschland die übliche Bezeichnung für das tragbare und in die Hemdtasche passende Endgerät eines Mobilfunknetzes.

Der Begriff kam mit den D1- und D2-Netzen nach dem → *GSM*-Standard auf und leitet sich trotz seines Klanges nicht von Bezeichnungen in Nordamerika oder GB ab, wo insbesondere ‚Mobile Phone‘ oder nur kurz ‚Mobile‘, ansonsten auch ‚Portable‘, ‚Portable Phone‘, ‚Pocket Phone‘ oder auch → ‚*Natel*‘ (in der Schweiz) als Bezeichnung für derartige Geräte verbreitet sind. Mittlerweile wird das Wort Handy jedoch von Deutschland aus langsam im englischsprachigen Ausland eingeführt, bzw. wird dort zumindest verstanden, was gemeint ist, wenn ein Deutscher das Wort ‚Handy‘ benutzt.

Handys verfügen üblicherweise über ein mehrzeiliges und beleuchtetes Display zur Anzeige von Menüs und Informationen aller Art, → *Softkeys* zur Steuerung und einen beleuchteten Tastenblock mit vorbelegten Tasten (Ziffern 0...9, #, *, Ein/Aus und wichtige Grundfunktionen).

Handys sind zur Stromversorgung mit → *Akkus* ausgestattet und verfügen über eine Aufnahmemöglichkeit für die → *SIM*-Karte.

Das Gewicht moderner Handys liegt mittlerweile unter 100 g, und die Größe wird inzwischen nicht mehr durch technische Zwänge, sondern durch den anatomisch festen Abstand zwischen Mund und Ohr festgelegt.

Das Gewicht sank bis Ende der 90er Jahre um jährlich ca. 10 bis 15%, hält sich seit dem Unterschreiten der 100-g-Grenze allerdings fast konstant auf diesem Level.

Die bisherige Entwicklung wurde durch technische Entwicklungen im Bereich der hochintegrierten → *ASICs*, → *DSPs* und der leistungsfähigeren und kompakteren → *Akkus* forciert.

Technologische Trends gehen in Richtung größere und mehrfarbige Displays, komfortablere Bedienerführung durch die dort angezeigten Menüs, größere Speicher für Telefonbucheinträge, leichtere Akkus und weiterhin geringere Abmessungen, wobei die für das Telefonieren notwendige Größe durch verschiedene Schiebe- oder Klappmechanismen erzielt werden kann. Als weitere Schritte sind Sprachsteuerung (→ *Sprachsystem*) und die Ablösung einer mechanischen Tastatur durch einen → *Touchscreen* geplant. Ferner kommen immer mehr multifunktionale Geräte auf den Markt, z.B. mit Wecker-, Taschenrechner- und Browserfunktionalität (→ *Browser*). Insbesondere von der Ausstattung mit Browserfunktionalität verspricht man sich einen weiteren Push weg vom Endgerät für Telefonate hin zu einem mobilen und multifunktionalen Kommunikationsterminal. Dabei ist das Wireless Access Protocol (→ *WAP*) ein entscheidender Baustein. Erstes Handy mit WAP-Browser war das Nokia 7110 im Jahre 1999.

Hinsichtlich der Fähigkeit der Verwendung in verschiedenen Frequenzbändern ging die Entwicklung bis 1998 in die Richtung der Dual-Band-Handys (→ *Dual Mode*). Auch Triple-Band-Handys (z.B. das Timeport 7089 aus dem Hause Motorola ab 1999) wurden entwickelt.

Erstes ‚tragbares' Mobiltelefon war das Motorola DynaTAC 8000X vom März 1984 für 3 995 $ Listenpreis. Es wog 907 Gramm.

Das erste Handy aus dem Hause Ericsson wog 1986 665 g und ermöglichte 40 Min. Dauersprechzeit.

Das erste Handy für ein → *NMT 900*-Netz war 1987 das 800 g schwere Mobira Cityman 900 aus dem Hause Nokia für seinerzeit 24 000 Finnmark.

Die ersten Handys in Deutschland kamen gegen Ende 1989 aus dem Hause Alcatel zum Weihnachtsgeschäft für rund 10 000 DM auf den Markt und wogen deutlich über 350 g.

Mittlerweile sind über 90 % der verkauften Endgeräte für GSM-Netze Handys, ggf. mit einem Autoeinbausatz. Sie haben fest montierte Endgeräte fast vollständig verdrängt.

Erstes Handy für das → *C-Netz* war 1989 das ‚Pocky' der damaligen Deutschen Bundespost Telekom. Es wog 700 g.

Zur CeBIT 96 kam mit dem Nokia 9000 Communicator das erste multifunktionale Handy mit integrierter alphanumerischer Tastatur und größerem LCD auf den Markt, das allerdings hinsichtlich des Gewichts (397 g) wieder auf dem Stand von 1989 war.

Im Frühjahr 1997 war das Siemens S 10 als erstes Handy mit Farb-LCD am Markt erhältlich.

Erstes Handy mit Planarantenne war im Frühjahr 1997 das Hagenuk GlobalHandy.

Die Benutzung von Handys während der Autofahrt ohne → *Freisprecheinrichtung* war in mehreren Ländern, z.B. in Italien oder Singapur, ab Mitte der 90er Jahre verboten. Deutschland zog ab dem 1. Februar 2001 nach.

HANFS

Abk. für Highly Available Network File System.

→ *NFS*.

Happy Faces

Andere Bezeichnung für → *Smileys*.

Hardcopy

1. Andere Bezeichnung: Screen Shot. Bezeichnung für den Ausdruck eines Computerbildschirms auf Papier.

   Bezeichnung für jeden Papierausdruck im Gegensatz zur gespeicherten Version oder Online-Version eines Dokumentes.

2. Auch Coredump genannt. Die Kopie eines Speicherinhalts (→ *RAM*). Manche → *Betriebssysteme* sorgen vor dem Absturz eines Programms für eine Hardcopy des Hauptspeichers (Core) zur nachträglichen Fehleranalyse mit einem → *Debugger*.

Hard Dialer

→ *Dialler*.

Hardkey

Bezeichnung für eine weitere, neben dem → *Softkey* mögliche Ausführung einer → *Funktionstaste*. Dabei ist eine mechanisch am Endgerät befindliche Taste mit genau definierten Funktionen (Funktionstaste) belegt, die durch Drücken aktiviert werden, unabhängig von einem beliebigen Betriebszustand des Gerätes.

Die Funktionen können üblicherweise nicht geändert werden. Ggf. sind doppelt belegte Tasten möglich, bei denen eine zweite Funktion durch Drücken einer zweiten Umschalttaste aktiviert wird.

Hardware

Die tatsächlich physikalisch vorliegenden Geräte, Bauteile, Maschinen etc. Oft mit HW abgekürzt. Gegensatz dazu: → *Software*.

→ *Firmware*, → *Paperware*, → *Slideware*, → *Vapourware*.

HAREC

Abk. für Harmonised Amateur Radio Examination Certificate.

Bezeichnung für die von einem Mitgliedsland der → *CEPT* ausgestellte Bescheinigung, die bestätigt, dass eine von einem Amateurfunker (→ *Amateurfunk*) abgelegte Prüfung zum Erwerb eines Zeugnisses der Empfehlung CEPT T/R 61-02 entspricht, in der zwei Stufen (A und B) definiert sind.

Ziel ist, dass die Prüfung bei einem dauerhaften Wechsel eines Amateurfunkers von einem Land in ein anderes nicht erneut durchgeführt werden muss, sondern das neue Land das Zeugnis des alten Landes anerkennt.

Harvard-Architektur

Name einer Architektur für → *Mikroprozessoren*, die → *RISC* und → *CISC*-Ansätze vereinigt. Beispiele sind der → *Intel Pentium*, der → *Intel 80486* oder die meisten digitalen Signalprozessoren (→ *DSP*).

Kennzeichen der Harvard-Architektur sind die Trennung von Daten- und Adressbus sowie die teilweise parallele Ausführung von Befehlen. Während sich beispielweise ein Befehl in der Phase des Ladens des Befehlscodes befindet, wird gleichzeitig bereits der Operand für den vorangegangenen Befehl geladen und ein dritter Befehl, der diesem zweiten im Programmablauf vorausgegangen ist, wird ausgeführt, indem dessen Operanden miteinander verknüpft werden.

Harvard Mark I

Andere Bezeichnung für → *Mark I.*

HAs

Abk. für Hauptanschluss.

Hashen, Hash-Funktion, Hashing

Selten im Deutschen auch als Streuspeicherung oder gestreute Speicherung bezeichnet. Bezeichnung für ein Verfahren, das einen schnellen Zugriff auf in einer Tabelle abgelegte Informationen erlaubt bzw. auch die Position bestimmen hilft, an der neue Informationen in der Tabelle abgelegt werden sollen.

Die in der Tabelle gesuchte Information, auf die mit Hilfe eines Schlüssels zugegriffen wird, steht an einer bestimmten Stelle, die z.B. anhand einer Ordnungszahl identifiziert werden kann. Diese Stelle kann mit Hilfe einer Hash-Funktion gefunden werden, die den Schlüssel in die Ordnungszahl, z.B. die Nummer der Tabellenzeile, abbildet.

An die Hash-Funktion werden dabei verschiedene Anforderungen gestellt. Sie sollte rasch aus dem Schlüssel die Stelle berechnen und die vorliegenden oder zu erwartenden Schlüssel gleichmäßig über die Tabelle verteilen sollen.

Steht eine Tabelle mit n Positionen zur Verfügung, wird als Hash-Funktion für die Schlüsselwerte x häufig die folgende Hash-Funktion verwendet, die Ordnungszahlen h(x) von 0 bis n-1 erzeugt:

$$h(x) = x \bmod n$$

Hierbei werden gute Ergebnisse erzielt, wenn n eine Primzahl ist. Die nächstbeste Wahl bei gegebener Tabellengröße ist, n als nächstkleinste Primzahl zu wählen.

Weit verbreitet ist auch die Funktion

$$h(x) = (x \bmod p) \bmod n$$

mit p als Primzahl größer n, aber kleiner als die Anzahl möglicher Schlüssel.

Nicht immer bildet die Hash-Funktion eindeutige Schlüssel eindeutig auf Stellen in der Tabelle ab (z.B. bei Verwendung einer Modulo-Funktion). Man spricht dann von einer Kollision. In einem derartigen Fall gibt es verschiedene Strategien:

- Lineares Sondieren: Lineare Suche in der Hash-Tabelle ab der Position, zu der gehasht wurde, und Einfügen neuer Elemente am nächsten freien Platz.

  Dies kann jedoch zur Überlappung der zu einem Hash-Wert gehörenden Elemente führen (sekundäre Kollisionen), was wiederum zu einer ungleichmäßigen Auslastung der Hash-Tabelle führt (Clustering). Ferner kommt es zu Problemen, wenn Listenelemente innerhalb eines sol-

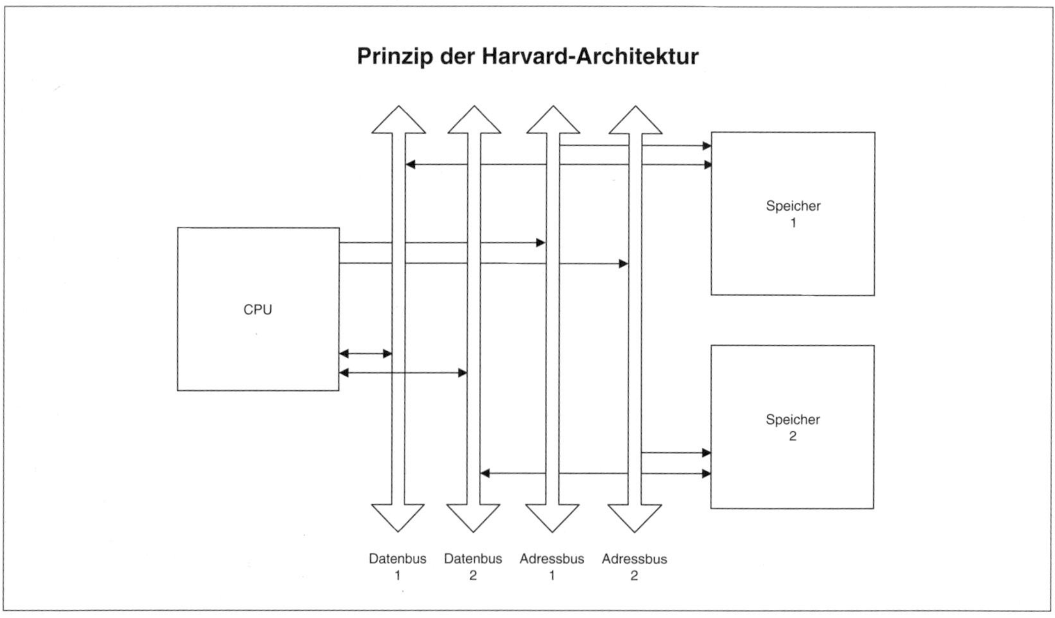

chen Clusters gelöscht werden. Dem kann durch Markierungen der Tabellenelemente als „gelöscht" oder durch eine Verkettung entgegengewirkt werden, was beides aber zusätzlichen Speicherplatz benötigt.

- Separate Chaining: Anstelle der Datenelemente wird in der Hash-Tabelle der Beginn einer verketteten Liste gespeichert, so dass unter jedem Element der Hash-Liste beliebig viele Datenelemente gespeichert werden können. Bei Kollisionen wird beim Dateneinfügen ein neues Element einfach an das Ende der Liste gehängt, beim Suchen wird die Liste linear durchlaufen.
- Doppeltes Hashing: Im Falle einer Kollision wird die Hash-Funktion modifiziert und es wird erneut gehasht. Taucht die Kollision an Position a auf, so wird für das zweite Hashing die Hash-Funktion

  $$h(x) = (a + i) \bmod n$$

  gewählt. Kommt es erneut zu einer Kollision, wird

  $$h(x) = (a + 2i) \bmod n$$

  und so weiter gewählt. i darf dabei nicht Null sein und sollte teilerfremd mit n sein.

Vorteil des Hashens ist, dass nicht die gesamte Tabelle durchsucht werden muss, was selbst bei sortierten Tabellen oft langwierig ist, sondern dass gezielt in die Tabelle an eine bestimmte Stelle hineingehasht wird, an der die gesuchte Information mit hoher Wahrscheinlichkeit steht, wodurch sich sehr schnelle Zugriffszeiten realisieren lassen.

Dafür ist eine sorgfältige Dimensionierung der Hash-Tabelle notwendig, die max. 80 bis 90% gefüllt sein darf (um zu viele Kollisionen zu vermeiden). Auch die Hash-Funktion sollte entsprechend gewählt und getestet werden.

Beispiel: Wenn man im Telefonbuch (= Tabelle) eine Telefonnummer sucht, geht man das Telefonbuch auch nicht von Anfang an durch, sondern schlägt das Buch in Abhängigkeit vom Anfangsbuchstaben des Namens (= Schlüssel) schon an der ungefähren Position auf. Diese Funktion der Abbildung des Anfangsbuchstabens auf eine Position im Telefonbuch kann auch als Hash-Funktion interpretiert werden.

→ *MD4*, → *SHA*.

HASP

Abk. für Houston Automatic Spooling Priority System.

Hatchen

Jargon aus der → *Mailbox*-Szene. Bezeichnet (ähnlich wie der Begriff → *Upload*) das Einspeisen einer Datei in eine Mailbox.

Hauptanschlussleitung

Auch → *Endstellenleitung* genannt. Leitung, mit der ein Teilnehmerendgerät an die Ortsvermittlung angeschlossen ist. Ihre durchschnittliche Länge in Deutschland ist 2 km.

→ *Endleitung*, → *Hauptkabel*.

Hauptkabel

Bezeichnet im → *Zugangsnetz* eines Ortsnetzes das Kabel zwischen → *Kabelverzweiger* und dem in der → *Ortsvermittlung* befindlichen → *Hauptverteiler*. An ein Hauptkabel werden üblicherweise zwischen sechs bis zehn Kabelverzweiger angeschlossen. In bestimmten Fällen werden → *Endverzweiger* direkt mit dem Hauptkabel verbunden.

Die Kabel verfügen üblicherweise über 490 kupferbasierte Doppeladern (international sind zwischen 400 und 600 Doppeladern üblich), sind als → *Röhrenkabel* verlegt und druckluftüberwacht.

Die typische mit dem Hauptkabel überbrückte Distanz liegt in Deutschland im Mittel bei 3,5 km.

In Ortsnetzen, in denen Glasfaser in Kombination mit Kupferdoppeladern eingesetzt werden (Hybridnetz), werden Hauptkabel auch durch Glasfaserkabel ersetzt. Dies setzt voraus, dass der Kabelverteiler über entsprechende aktive Komponenten zur opto-elektronischen Wandlung verfügt.

Hauptnavigation

→ *Navigation*.

Hauptrechner

Selten gebräuchliche, deutschsprachige Bezeichnung für → *Host*.

Hauptspeicher

Andere Bezeichnung für → *Arbeitsspeicher*.

Hauptverkehrsstunde

→ *Busy Hour*.

Hauptvermittlung, Hauptvermittlungsstelle

Abgekürzt mit HVSt. Lange Zeit die zweithöchste Hierarchieebene des analogen Vermittlungsnetzes der Deutschen Bundespost/Telekom in Deutschland. Dabei konnten an eine Hauptvermittlungsstelle bis zu 10 → *Knotenvermittlungen* angeschlossen werden.

→ *Zentralvermittlung*.

Hauptvermittlungsleitung

Bezeichnung für die Verbindungsleitung zwischen → *Haupt-* und → *Zentralvermittlung*.

Hauptverteiler

Abgekürzt mit HVt. International auch Main Distribution Frame (MDF) genannt. Bezeichnet in → *Ortsnetzen* den Punkt in einer → *Ortsvermittlung*, an dem das → *Hauptkabel* angeschlossen ist, d.h. der Punkt, an dem vermittlungstechnische Einrichtungen (die eigentliche Vermittlung) an das → *Zugangsnetz* angeschlossen werden. Ist das Zugangnetz ein optisches Netz (→ *AON*), übernimmt die Optical Line Termination (→ *OLT*) diese Funktion.

Die Aufgabe des Hauptverteilers ist prinzipiell die flexible Zuteilung von Kupferadern des Hauptkabels zu den Kabeln, die mit der Vermittlungsstelle verbunden sind (‚Rangieren').

In zurückliegenden Zeiten, als überwiegend analoge Technik verwendet wurde, musste sehr viel häufiger am Hauptverteiler geschaltet werden, z.B. wenn der Kunde eine neue Telefonnummer haben wollte. Viele Aufgaben des Hauptverteilers sind durch die digitale Technik in der Vermittlung überflüssig geworden. Es muss jedoch noch immer am HVt geschaltet werden, wenn ein Kunde von einem analogen zu einem digitalen Anschluss wechselt oder wenn Adern für 2-Mbit/s-Dienste oder andere, breitbandige Dienste (→ *Standleitung*) genutzt werden sollen.

Ein Hauptverteiler ist prinzipiell ein Gestell mit sehr vielen Klemmleisten, auf welche die Doppeladern der ankommenden Hauptkabel geklemmt werden. Auf der anderen Seite werden die Kabel, die von der Vermittlungsstelle kommen, aufgelegt. Dabei sind die Klemmleisten, an die die Hauptkabel angeschlossen werden, senkrecht angeordnet, die von der Vermittlungsstelle kommenden Kabel werden auf eine horizontale Klemmleiste gelegt. Beide werden durch sogenannte Schaltkabel miteinander verbunden, so dass die Kupferadern des Hauptkabels physikalisch (galvanisch) mit den Kupferadern, die an die Vermittlungsstelle angeschlossen sind, verbunden sind.

Ein Hauptverteiler ist meistens im Erdgeschoss des Gebäudes, in dem die Vermittlungsstelle steht, untergebracht. Im Keller des Gebäudes kommen die Hauptkabel an und werden von dort nach oben zum Hauptverteiler geführt. Die eigentliche Vermittlungstechnik wird entsprechend im ersten Stock platziert und die Kabel werden von dort aus nach unten zum Hauptverteiler verlegt.

Neuere Generationen von Hauptverteilern erlauben eine sehr viel kompaktere Beschaltung als herkömmliche Hauptverteiler. Auch die unterschiedliche horizontale bzw. vertikale Aufteilung wird bei neueren Konzepten nicht weiter verfolgt.

In Deutschland gibt es ca. 8 000 Hauptverteiler.

Haustechnik

→ *Facility Management*.

Hausübergabepunkt

→ *HÜP*.

Hauszentrale

→ *Nebenstellenanlage*.

HAVI

Abk. für Home Audio- and Video-Interface.

Bezeichnung eines maßgeblich von den Häusern Sony und Philips entwickelten Vernetzungsstandards für Geräte der Unterhaltungselektronik. Mittlerweile sind weitere Unternehmen diesem Standard beigetreten.

Konkurrenztechnologien sind → *HomePNA*, → *SWAP* und → *WLIF*.

Hayes-Befehlssatz, Hayes-Standard

Standardisierter Befehlssatz in Form von als → *ASCII*-Text codierten Befehlen zur automatischen Steuerung von → *Modems*, von der amerik. Firma gleichen Namens entwickelt, die im Januar 1999 in Konkurs ging. Vor Einführung dieses Kommandosatzes verfügte jedes Modem über seine eigenen, proprietären Kommandos, die mühsam eingesetzt werden mussten. Die Einführung des Hayes-Befehlssatzes stellte hier eine wesentliche Erleichterung dar und war ein Grund dafür, dass Modems rapide an Bedeutung gewannen. Die Befehle dienen einerseits der Programmierung/Konfiguration eines Modems durch den PC (genannt Befehlsmodus) und andererseits zur Steuerung des Aufbaus einer Modemverbindung (genannt transparenter Modus).

Dieses Konzept der Steuerung des Modems durch den angeschlossenen PC mittels einfacher Befehlssequenzen hatte derartigen Erfolg, dass andere Hersteller von Modems das gesamte System übernahmen. Daher galt dieser Befehlssatz lange als De-facto-Standard.

Der Hayes-Befehlssatz wird auch AT-Befehlssatz genannt, da alle Befehle mit den Buchstaben AT für ‚Attention' eingeleitet werden. Eine Folge mehrerer Befehle wird mit dem Zeichen für den Wagenrücklauf, genannt → *CR*, abgeschlossen.

Leerzeichen, Groß- und Kleinschreibung sind nicht relevant. Nicht jedes angeblich zum Hayes-Befehlssatz kompatible Modem hält sich in allen Details an den Standard, so dass in Zweifelsfällen verschiedene Kommandos mit Parametern ausprobiert werden müssen.

Beispiele für AT-Befehle:

Befehl	Bedeutung
ATD	Einleiten der automatischen Wahl (Dialing)
ATH	Trennen einer bestehenden Verbindung (Hook-On)
ATQ	Steuern von Modemmeldungen
ATT	Einstellen der Tonwahl (→ *MFV*)
ATP	Einstellen der Impulswahl (→ *IWV*)
AT&F	Laden der Werkseinstellung
AT&V	Anzeigen der aktuellen Konfiguration (Values)
AT&T	Modemtestfunktionen (Test)
AT\G	Flusskontrolle
AT%C	Steuern von Fehlerkorrektur und Datenkompression

Der Hayes-Befehlssatz wurde Anfang der 80er Jahre entwickelt und etablierte eine neue Klasse von Modems, die automatisch Wählverbindungen herstellen konnten und Smartmodems genannt wurden.

HBCI

Abk. für Home Banking Computer Interface-Standard.

Bezeichnung eines Standards für die Anwendung von → *Tele-Banking* in → *Online-Diensten*.

Das System benutzt als Sicherheitsfeature eine Datenverschlüsselung nach dem → *RSA*-Verfahren und ersetzt damit das bislang in Deutschland verwendete Verfahren mit → *PIN* und → *TAN*.

HBCI ermöglicht Tele-Banking über verschiedene technische Plattformen (nicht nur über → *T-Online*, sondern auch über beliebige andere Online-Dienste und das → *Internet*) und erlaubt geschäftliche Beziehungen zwischen einem Nutzer und mehr als einer Bank. Ferner können die Währungsumstellung auf den Euro und später auch komplette Anwendungen des → *E-Business* integriert werden. Der Nutzer von HBCI, der eine geschäftliche Transaktion durchführen möchte, erhält eine → *Smart Card* oder eine Diskette mit Daten zur persönlichen Identifizierung. Die Transaktionsdaten werden zwischen Nutzer und Bank verschlüsselt und mit → *digitaler Signatur* übertragen.

HBCI ist modular aufgebaut, gilt jedoch als komplex, weshalb die Verbreitung nicht so rasch erfolgte wie zunächst prognostiziert. Dies wurde durch eine im Vergleich zur Euro-Einführung und zum Jahr-2000-Problem niedrige Priorität bei den Banken noch verstärkt.

HBCI wurde gemeinsam vom Deutschen Bankenverband und einigen Softwarehäusern entwickelt. Erster Anwender in Deutschland war die Raiffeisen-Volksbank Mainz eG zusammen mit dem Online-Dienst → *CompuServe* im Herbst 1997. Offiziell vorgestellt wurde das System am 14. November 1997. Alle deutschen Banken und Sparkassen haben sich über ihre Verbände am 1. Oktober 1997 dazu verpflichtet, HBCI zur Basis ihrer Bankgeschäfte im Internet zu machen.

Version 1 von HBCI enthielt alle Funktionen zur Verwaltung von Konten (Einrichten, Einzelbuchungen, Daueraufträge einrichten, ändern, löschen, Tagesgeld etc.).

Im März 1999 wurde HBCI in Version 2.1 vorgestellt, die um Funktionen zur Verwaltung mehrerer Währungen und zur Durchführung von Wertpapiergeschäften (Fonds, Aktien und Optionen) ergänzt wurde.

→ *http://www.hbci.de/*

HBG

Zeitsender mit Standort in Neuchatel in der Schweiz. Andere Zeitsender sind → *DCF 77*, → *WWVB*, → *JG2AS* und → *M8F*.

HBT

Abk. für Heterojunction Bipolartransistor.

HCAD

Abk. für High Contrast Addressing Display.

→ *LCD*.

HCD

1. Abk. für High Speed Copper Drop.

   Bezeichnung für eine breitbandige, auf verdrillten Kupferkabeln basierende Teilnehmeranschlussleitung. Dies wird z.B. mittels → *ADSL* erreicht.

2. Abk. für Hardware Configuration Definition.

   Unter dem Betriebssystem → *MVS* laufendes Programm zur Erstellung und Verwaltung von Konfigurationen der Hardware.

3. Abk. für Home Country Direct.

   Auch genannt International Operator Direct Calling (IODC). Bezeichnung für einen im Oktober 1996 von der → *ITU* in E.153 definierten universellen Basisdienst für grenzüberschreitende Telefonie und die Verrechnung unter Carriern.

   Dafür wird ein einfaches Modell beschrieben, bei dem ein Anrufer in einem fremden Land eine Nummer wählt (idealerweise eine kostenlose Nummer, die u.U. weltweit einheitlich ist; → *UIFN*), die ihn direkt mit einem Operator oder einer technischen Einrichtung (→ *IVR*) eines Carriers in einem anderen Land (typischerweise seinem Heimatland) verbindet. Dort hat er dann die Möglichkeit, sich durch Angabe oder Eingabe der Nummer seines gewünschten Gesprächspartners (der zwar üblicherweise, aber nicht zwangsweise ebenfalls im zweiten Land sitzt; dann genannt Home Country Beyond) sich mit diesem verbinden zu lassen. Dieser zweite Carrier rechnet dem Anrufer gegenüber auch die Leistungen ab.

   Kennzeichen von HCD ist, dass der Vermittlungsvorgang zum gewünschten Teilnehmer komplett aus dem ersten Land in das zweite Land verlagert wird.

   Voraussetzung ist, dass beide Parteien (Carrier in beiden Ländern) ein bilaterales Abkommen, z.B. über das Prozedere im Detail und die Verrechnung der anfallenden Gebühren, geschlossen haben.

   Auf Basis von HCD lassen sich verschiedene Dienste realisieren, z.B. → *Calling Cards* oder jede Art von heimatsprachlichen Operatordiensten, z.B. für das Anbieten von → *R-Gesprächen*.

HCDM

Abk. für Hybrid Companding Delta Modulation.

HCI

Abk. für Half-Call Interface.

HCS

1. Abk. für Hundred Call Seconds.

   Bezeichnung einer in Nordamerika gebräuchlichen Einheit zur Messung der Verkehrslast.

   → *Erlang*, → *CCS*.

2. Abk. für Header Check Sequence.

HCT

Abk. für Home Communication Terminal.

Ein gelegentlich benutzter Begriff, der ein universell einsetzbares Endgerät im privaten Haushalt bezeichnet, mit dem diverse multimediale Telekommunikationsdienste und digitale TV-Dienste realisiert werden sollen: → *Video-on-Demand*, → *Near-Video-on-Demand*, → *Pay-TV*, → *Videokonferenzen*, multimediale → *Online-Services*. Dafür sind mehrere unterschiedliche Endgeräte an das HCT anschließbar (Fernseher, PC, Telefon, Bildtelefon), ebenso verschiedene Netze (→ *ISDN*, → *PSTN* mit → *ADSL*, → *ATM*, → *BK-Netz*).

Das Konzept wurde in der Mitte der 90er Jahre diskutiert. Die HCTs wurden als Geräte angesehen, die die Nachfolgegeneration der → *Set-Top-Box* darstellen, und wurden gegen Mitte der 90er Jahre für Ende der 90er Jahre erwartet. Nachdem jedoch selbst die Set-Top-Box durch ihre schleppende Verbreitung ein eher bescheidener Erfolg war, ist die Zukunft des HCTs offen.

HD

1. Abk. für High Density.
   Bezeichnet bei → *Disketten* diejenigen mit doppelter Kapazität (doppelt so hoch wie bei → *DD*) aufgrund dichter gepackter Information auf der Diskette.
2. Abk. für Harmonisation Document.
   Bezeichnung eines Papiers, das Vorschriften zur Anpassung bislang unterschiedlicher technischer Standards enthält.

HDA

Abk. für Head Disk Assembly.

Bezeichnung des separaten Gehäuses einer → *Festplatte*, das Spindelmotor, Speichermedium und Schreib-/Leseköpfe enthält.

HDB3

Abk. für High Density Bipolar Code of Order 3. Pseudoternäres, gleichstromfreies Verfahren der → *Leitungscodierung*, das über kurze Strecken (1 km) Bitraten im Bereich von 2 Mbit/s erlaubt.

HDB3 ist ein abgewandelter AMI-Code (→ *RZ-Verfahren*), bei dem nach einer Folge von drei Nullen die nächste Null in eine scheinbare Eins verwandelt und wie diese codiert wird. Ziel ist, auch bei langen Folgen von Nullen im Nutzdatenstrom ein sich änderndes elektrisches Signal auf der Übertragungsstrecke zu erzeugen, um die Synchronisation zwischen Sender und Empfänger zu gewährleisten. Der Code ist daher selbsttaktend.

Es sind auch entsprechende Codes höherer Ordnung als drei möglich.

Eingesetzt z.B. bei → *G.703*.

In Deutschland wird HDB3 z.B. durch die Deutsche Telekom bei Primärmultiplexanschlüssen im → *ISDN* eingesetzt.

HD-CD

Abk. für High Density Compact Disc.

→ *Video-CD*.

HDD

Abk. für Hard Disk Drive.

Englische Bezeichnung für ein Laufwerk mit Festplatte.

HD-Devine

Abk. für High Definition Digital Video Narrowband Emission.

Bezeichnung eines von Teracom Svensk Rundradio AB, der schwedischen Telia, dem schwedischen Fernsehen, Telecom Finland und Telecom A/S Denmark entwickelten Standards für digitales Fernsehen, der Grundlage für → *DVB* wurde.

Er ermöglicht vier digitale TV-Kanäle oder einen hochauflösenden TV-Kanal in einem heutigen analogen TV-Kanal und nutzt dazu → *COFDM*.

HDDR

Abk. für High Density Digital Recording.

Bezeichnung für ein digitales Aufzeichnungsverfahren auf Magnetbändern mit hoher Packungsdichte von 33 kbit je Inch (entspricht 1,312 Bit je mm).

Fehlerschutz durch Längs- und Querparitätsprüfung mittels Error Detection and Correction Code (EDAC).

HDDV

Abk. für High Definition Digital Video.

HDL

Abk. für Hardware Description Language.

HDLC

Abk. für High Level Data Link Control.

Ein bitorientiertes synchrones Steuerungsprotokoll auf der Schicht 2 des → *OSI-Referenzmodells* für Simplex-, Halbduplex- oder Duplexübertragung. Es kann sowohl für Punkt-zu-Punkt- als auch für Punkt-zu-Mehrpunkt-Verbindungen genutzt werden. Im Gegensatz zum ISO-7-Bit-Code verwendet HDLC keine Steuerzeichen und ist codeunabhängig.

Die Datenübertragung mit HDLC zerfällt in die Phasen:

- Aufbau der Verbindung (über einen Netzabschnitt zwischen Netzknoten, keine Ende-zu-Ende-Verbindung zwischen Teilnehmern)
- Datenübertragung
- Abbau der Verbindung zwischen den Netzknoten

Es werden drei Kommunikationsmodi → *NRM*, → *ARM* und → *ABM* unterschieden. HDLC arbeitet mit einem Fenstermechanismus (zwei Fenstergrößen möglich, 7 oder 127, → *Fensterprotokoll*), bei dem zu übertragende Datenrahmen durchnummeriert und mit → *Huckepackverfahren* übertragen werden.

Ein als fehlerhaft erkannter Rahmen wird vom Empfänger erneut angefordert und noch mal übertragen. Fehlerschutz durch eine → *FCS*.

Es existieren drei verschiedene HDLC-Rahmenformate:

- Unnummerierter Steuerrahmen (U-Block)
- Nummerierter Steuerrahmen (S-Block)
- Informations- oder Datenrahmen (I-Block, enthält die zu übertragenden Nutzdaten)

Ihnen gemein ist das grundlegende Rahmenformat:

- 1 Byte Flag (01111110)
- 1 Byte Adressfeld
- 1 Byte Steuerungsfeld
- Beliebig großes Datenfeld (Vielfache von 8 Bit, max. Größe von 1 024 Byte, nur I-Block) oder 3 Byte großes Datenfeld (nur U-Block)
- 2 Byte Sicherungsinformation, gebildet aus Adress-, Steuer- und Datenfeldern (FCS)

Während einer Datenübertragung werden die übertragenen Blöcke durchnummeriert, damit ein Blockverlust erkannt werden kann.

Die FCS besteht aus einem → *CRC* mit dem Generatorpolynom $X^{16}+X^{12}+X^{5}+1$.

HDLC ist als LAP-B Bestandteil von → *X.25*. Ging aus dem → *SNA*-Protokoll der IBM → *SDLC* (Synchronous Data Link Protocol) hervor, von dem es sich durch die vervierfachte Länge des Datenfeldes unterscheidet. Entwickelt zwischen 1970 und 1977. Genormt 1980.

HD-MAC

Abk. für High-Definition for Multiplexed Analogue Components.
Bezeichnung einer analogen Bildübertragungsnorm für hochauflösendes Fernsehen.
→ *D2-MAC*.

HDML

Abk. für Handheld Device Markup Language.
Bezeichnung eines vom Hause Unwired Planet entwickelten Derivates von → *HTML*, das speziell für die Erstellung von Inhalten, die auf → *PDAs* dargestellt werden sollen, geeignet ist.
Einen ähnlichen Zweck verfolgt → *WAP*.

HDR

Abk. für High Data Rate.
Keine einheitliche Definition festgelegt. Bezeichnung für Datenraten über 64 kbit/s, besser: über 2 Mbit/s.
→ *Breitbandübertragung*, → *LDR*.

HDSL

Abk. für High Bit Rate Digital Subscriber Line.
Bezeichnung für eine mögliche Realisierung der → x*DSL*-Technologie.
HDSL ist ein Übertragungsverfahren für bidirektionale, symmetrische und breitbandige Verbindungen auf einem Teilnehmeranschluss über zwei oder drei normale Kupfer-Doppeladern (Twisted Pair, → *Zweidrahtleitung*) im → *Zugangsnetz*, wobei in den USA die zwei- und in Europa zunächst die dreipaarige, später auch die zweipaarige Variante verwendet wurde. Prinzipiell eine Möglichkeit, ein standardisiertes → *Pair Gain System* zu realisieren, allerdings über zwei oder drei Paar Kupferdoppeladern, obwohl an Weiterentwicklungen in Richtung einer einpaarigen Variante (SHDSL, Single Pair HDSL) gearbeitet wird.
Man unterscheidet:

- In Europa wird eine Variante mit einer Datenrate von 2 320 kbit/s angewendet, die von der ETSI standardisiert ist. Diese Datenrate resultiert aus 36 Kanälen zu je 64 kbit/s plus ein Kanal mit 16 kbit/s. Im Teilausbau können auch nur 1 168 kbit/s genutzt werden.
- In den USA wird eine Variante mit einer Bruttodatenrate von 1,552 Mbit/s (netto 1,544 Mbit/s) angewendet, die von der ANSI (T1E1.4) standardisiert ist und über eine Entfernung von 3 km eingesetzt wird. Im Teilausbau werden häufig nur 784 kbit/s genutzt, wofür spezielle HDSL-Geräte benötigt werden. In diesem Fall werden → *Fractional-T1*-Anschlüsse realisiert, indem nur einzelne n x 64-kbit/s-Kanäle moduliert werden

HDSL ermöglicht mit diesen Bandbreiten interaktive Videodienste (Fernsehen, → *Videokonferenz*, → *Video-on-Demand*) oder üblicherweise 24 bzw. 30 → *ISDN*-B-Kanäle.
Sind in einem Kabel genügend andere Zweidrahtleitungen unbeschaltet (keine Störungen durch Nebensprechen), dann können bis zu 80% der anderen beschalteten Leitungen mit HDSL problemlos genutzt werden. Entscheidende Parameter sind daher die zu überbrückende Entfernung und die Charakteristika des Kabels (Aderndurchmesser etc.).

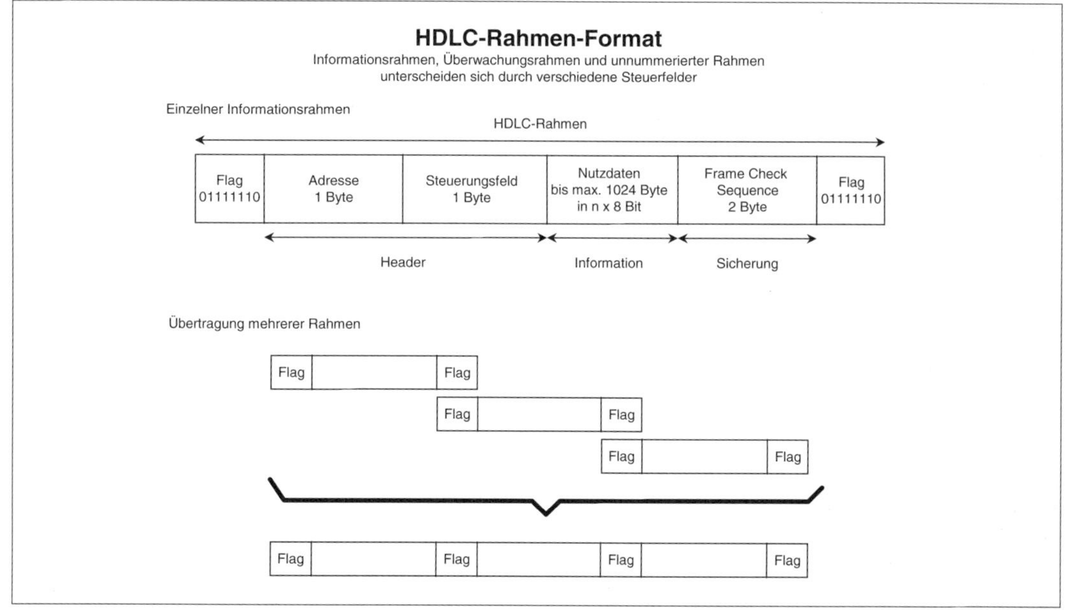

Es wird mit dem HDSL-Dual-Duplex-Verfahren übertragen, bei dem die Datenrate auf je zwei Kanäle mit 1 168 bzw. 784 kbit/s aufgeteilt und erst beim Empfänger wieder zusammengesetzt wird, weswegen an beiden Seiten ein → *Echokompensator* notwendig ist. Als Leitungscodierverfahren wird → *2B1Q* genutzt, obwohl auch → *CAP* (z.B. CAP 64) möglich wäre. Das verwendete Frequenzband liegt bei 0 bis 425 kHz (falls 2B1Q verwendet wird) bzw. 0 bis 300 kHz (bei der Verwendung von CAP 64).

Die Idee zu HDSL entstand um 1988 in den USA mit dem Ziel, die begrenzte Reichweite der T1-Installationen ohne kostenintensiven Einsatz von Repeatern (max. ca. 1,5 km) durch neue Modulationsverfahren zu erhöhen. Forschungsarbeiten begannen, 1992 kamen erste Produkte mit 800 kbit/s auf den Markt.

1996 wurde in Europa eine Variante für E1-Datenraten über nur eine Kupferdoppelader standardisiert, die im Idealfall (= rauschfreie Verbindung) 3 km und im realen Fall 2 km überbrücken kann.

Seit 1998 wird von der ANSI an HDSL2 gearbeitet, mit dem eine symmetrische T1- oder E1-Verbindung über ein Paar Kupferadern (eine Twisted-Pair-Leitung) bei Erhöhung der Reichweite ermöglicht werden soll, so dass HDSL2 in jedem Ortsnetz der USA eingesetzt werden kann. Als Modulationsverfahren soll dabei eine Sonderform der 16-stufigen → *PAM* verwendet werden, die mit OPTIS (Overlapping PAM Transmission with Interlocking Spectra) bezeichnet wird.

Im Oktober 1998 hat die → *ITU* ihren Standard für HDSL2 als G.991.1 verabschiedet.

→ *ADSL*, → *SDSL*, → *VDSL*.

HDTV

Abk. für engl. High Definition Television = hochauflösendes Fernsehen.

Sehr selten auch Hochzeilenfernsehen genannt. Allgemein ein Oberbegriff für verschiedene digitale und auch noch analoge Standards für Fernsehen mit einer höheren Bildauflösung (mehr Zeilen, mehr Bildpunkte je Zeile) als das bekannte, analoge Fernsehen wie z.B. → *PAL*, → *SECAM* und → *NTSC*.

Nirgendwo auf der Welt verlief die Entwicklung ohne Probleme, da vorwiegend von analogen Standards ausgegangen wurde und das Ziel der höheren Auflösung mit weiteren, konkurrierenden Forschungsprojekten für digitales Fernsehen (→ *DVB*) und Breitwandfernsehen mit einem anderen Bildformat kollidierte. Vor diesem Hintergrund schliefen einige Forschungsaktivitäten wieder ein.

In Europa und Japan war neben der höheren Auflösung auch das andere Bildformat (16:9 anstelle 4:3) ein zweites Ziel. Die höhere Bildauflösung erfolgte um den Faktor 2: je 1 920 Pixel in 1 080 Zeilen. Dies entspricht einer digitalen Datenrate von 1,2 bis 1,5 Gbit/s. Nach der Entwicklung eines europäischen Systems kam man jedoch zu der Erkenntnis, dass dieses Verfahren zu teuer ist und trug die europäische Norm zu Zeiten der CeBIT '94 still zu Grabe. Im Angesicht dieses Desasters entschied man sich, → *PAL* zum höher auflösenden PAL Plus weiterzuentwickeln.

Ein japanisches Gegenstück zum europäischen HDTV ist → *MUSE*.

In den USA bemühte sich die → *ATSC* im Zusammenhang mit der Einführung des digitalen Fernsehens auch um eine höhere Auflösung. Resultat waren insgesamt 18 verschiedene Verfahren, von denen vier praktisch von Bedeutung sind (ein fünftes befindet sich gerade in der Entwicklung):

Bezeichnung	Bildformat	Bildaufbau	Auflösung in Pixeln	Datenrate in Mbit/s bei 60 / 30 / 24 Bildern/s
1080p	16:9	Progressiv	1920*1080	Noch nicht definiert
1080i	16:9	Interlaced	1920*1080	-/995/796
720p	16:9	Progressiv	1280*720	885/442/334
480p	16:9	Progressiv	704*480	324/162/130
480p	4:3	Progressiv	640*480	295/147/118

Insgesamt wurde in verschiedenen Forschungsprojekten von 1987 bis 1995 daran gearbeitet. Das ursprüngliche Ziel, die Olympiade aus Atlanta im Jahre 1996 bereits vollständig in HDTV übertragen zu können, wurde jedoch nicht erreicht.

Als erstes HDTV-Gerät wurde im August 1998 ein Rückprojektionsgerät (140 cm Bildschirmdiagonale) von Panasonic für rund 10 000 DM auf dem amerikanischen Markt angeboten. Insgesamt wurden in jener Zeit nach Angaben von Händlern rund 13 200 Geräte in den USA verkauft. Die Aussendung erster HDTV-Sendungen sollte pünktlich zum 1. November 1998 erfolgen, fand jedoch mit 3-tägiger Verspätung durch ca. zwei Dutzend TV-Sendern statt. Glücklicherweise waren die Geräte jedoch auch zum Empfang des herkömmlichen Programms geeignet.

→ *http://www.fedele.com/website/hdtv/hdtv.htm/*

→ *http://www.atsc.org/*

HDW

Abk. für → *Heb-Dreh-Wähler*.

HDWDM

Abk. für High Density Wavelength Division Multiplex.

→ *WDM*.

hdx

Abk. für → *Halbduplex*.

HE

Abk. für Header Extension.

HE 60 L

Bezeichnung einer analogen → *SPC*-Versuchsvermittlungsstelle von Anfang der 60er Jahre aus dem Hause SEL. Das System basiert auf → *Herkon-Relais* als Koppelelement und wurde 1963 in Stuttgart (Blumenstraße) für einige Jahre in Betrieb genommen.

Headcrash

Bezeichnung für einen Defekt einer → *Festplatte*. Dabei berühren die Schreib-/Leseköpfe, die sich ansonsten berührungslos über der Oberfläche befinden, das Speichermedium derart, dass Magnetschicht und ebenso die Leseköpfe beschädigt werden.

Nach der ersten Berührung wird der Schaden durch mehrfache Versuche, die Festplatte zu starten oder noch schnell → *Backups* zu erstellen, größer.

Kennzeichen für Headcrashs: Fehlermeldungen beim Festplattenzugriff, langsame Zugriffe oder ungewöhnliche Geräusche der Festplatte.

Gründe für Headcrash: Unwucht der Platte durch falsche Handhabung (Stoß gegen Gehäuse, Herunterfallen etc.) oder eingedrungene Schmutzpartikel (Staub) auf der Oberfläche.

Gegenmaßnahme: sofortiges Ausschalten des Gerätes und Ausbau der Festplatte. Daten auf der Festplatte können mit speziellen Geräten gerettet werden.

Headend

Andere Bezeichnung für → *Kopfstelle*.

Header

Von engl. head = Kopf.

1. Bezeichnet bei der Programmierung (insbesondere in der Sprache → *C*, aber auch in vielen anderen Sprachen) den Programmbeginn, in dem durch bestimmte kurze Befehle andere Textdateien (dann Header-Datei genannt) eingebunden werden können, ohne dass der Programmierer den komplett einzufügenden Text per Hand langwierig einzugeben braucht. Das Einfügen erfolgt erst zu Beginn des Kompilierens (→ *Compiler*).

2. Bezeichnet bei der Datenübertragung den Teil eines Datenpaketes, in dem keine Nutzdaten, sondern diverse Verwaltungsdaten enthalten sind, z.B. Adresse, Paketnummer, Senderkennung, Paketstatus etc. Die Daten zur Fehlererkennung bzw. zur Fehlerkorrektur (z.B. → *CRC*) werden im Allgemeinen zu den Nutzdaten gezählt.

   Bei der Versendung von → *E-Mails* die Information, die zusätzlich zum → *Body* wichtige Verwaltungsdaten wie Absender, Empfänger, Kopieempfänger, Blindkopieempfänger (→ *Blindkopie*) und → *Subject* enthält.

Headphone

→ *Sprechgarnitur*.

Headset

→ *Sprechgarnitur*.

Heap

→ *LIFO*.

Heartbeat

→ *SQE*.

Heb-Dreh-Wähler

Auch nach seinem Erfinder Strowger-Wähler genannt. Abgekürzt mit HDW.

Ein elektromechanisches Vermittlungselement aus der Urzeit der Vermittlungstechnik gegen Ende des 19. Jahrhunderts zur Auswertung von bis zu zwei gewählten Ziffern. Die Wählimpulse des Teilnehmers steuern dabei zwei Elektromagneten, die Hebel anziehen (Magnetanker), welche über Raststellen zunächst einen Verbindungskontakt heben (Auswertung 1. Ziffer) und anschließend in eine Kontaktbank hineindrehen (Auswertung 2. Ziffer).

Die HDW-Systeme zählen zu den ersten automatischen Vermittlungssystemen, die die Probleme des Ortswählverkehrs zufriedenstellend lösten.

Heb-Dreh-Wähler galten wegen ihres hohen Anteils an Mechanik (dadurch auch sehr wartungsintensiv) als sehr verschleißempfindlich und waren sehr laut. Durch Funkenbildung an den Kontakten waren Vermittlungsstellen mit diesen Wählern immer mit Ozon belastet.

Entwickelt von dem schottischen Bestattungsunternehmer Almond Brown Strowger (* 1839, † 1902) in Kansas City, USA, bereits 1889 (!) mit seinem Neffen Walter S. Strowger. Nach einer Anekdote beschwerte sich Strowger mehrmals darüber, dass die Handvermittlung gezielt Gespräche an die Konkurrenz weitervermittelte, angeblich weil die Frau des Konkurrenten als Operator in der Handvermittlung arbeitete. Daher wuchs in ihm der Wunsch nach einem automatischen und unbestechlichen Vermittlungssystem.

Strowger meldete den Wähler am 12. März 1889 zum Patent an und suchte sich einen Geldgeber, den er in dem Geschäftsmann Joseph Harris aus Chicago auch fand. Strowgers Wähler war zwei Jahre später technisch so ausgereift, dass er serienmäßig bei der Kansas & Missouri Telephone Company hergestellt werden konnte. Strowger, sein Neffe, Harris und ein H.A. Meyer gründeten daraufhin die Strowger Automatic Telephone Exchange Co.

Mit dem Strowger-Wähler wurde 1892 das erste automatische Vermittlungsamt in den USA 60 Meilen von Chicago entfernt in La Porte (Indiana) für 80 Teilnehmer eingerichtet und am 3. November in Betrieb genommen.

Da es immer wieder Probleme mit der Wählgeschwindigkeit an den Telefonen und der korrekten Steuerung der Wähler gab, entwickelte Strowgers Firma das Telefon mit Wählscheibe. Maßgeblichen Einfluss hatten seine Mitarbeiter Alexander E. Keith und die Brüder John und Charles J. Erickson. Zuvor gab es getrennte Tasten für Einer, Zehner- und Hunderterstellen.

Das Strowger-System fiel zunächst nicht auf fruchtbaren Boden, da Bell die Verbreitung behinderte. Strowger reiste daraufhin 1898 nach Europa und führte in London eine Versuchsanlage vor.

Am 21. Mai 1900 nahm die Reichstelegraphenverwaltung in Deutschland die erste Versuchsvermittlung mit Strowger-Wählern für 400 Anschlüsse ohne Verbindung zum öffentlichen Netz in Betrieb. Nach den positiven Erfahrungen vergab sie 1905 den Auftrag für ein entsprechendes automatisches Amt im öffentlichen Netz und die erste automatische Ortsvermittlung ging drei Jahre später am 10. Juli

1908 mit Heb-Drehwählern und rund 900 Teilnehmern in Deutschland in Hildesheim in Betrieb (Ortsbatteriebetrieb). Dies war die erste automatische Vermittlung in Europa. Der Betrieb lief schleppend an, da die Verkehrslast sich ungleichmäßig auf die ersten Stufen (Leitungswähler) verteilte.
Schließlich erkannte auch AT&T in den USA, dass bei dem Wachstum des US-Telefonnetzes um 1906 jede arbeitsfähige Amerikanerin zwischen 18 und 30 in einer Handvermittlung beschäftigt sein müsste, um das Verkehrsaufkommen zu bewältigen und entschied sich für das Strowger-System.
Es gab mehrere Fortentwicklungen des Wählers in Europa, z.B. in Deutschland von Siemens 1925 als → *Viereckwähler* auf den Markt gebracht. Schon vorher wurde der importierte Wähler erstmals 1922 in Deutschland eingesetzt. Weiterentwicklungen dieses Wählers wurden, wie in den USA, auch in Deutschland bis 1950 neu beschafft. Ende der 70er Jahren waren noch rund 50 % der US-Vermittlungsstellen mit HDW-Technik ausgerüstet. Letzte derartige Systeme wurden in der Bundesrepublik Deutschland 1995 ausgemustert, in der DDR wurde diese Technik sogar bis zur Wiedervereinigung neu angeschafft und montiert.
Auch in anderen Ländern war diese Technik lange in Betrieb, z.B. in Irland bis 1989.

HEC

1. Abk. für Header Error Control.
   → *ATM.*
2. Abk. für Header Error Check.

Heimcomputer

→ *Home-Computer.*

HEL

Abk. für Header Extension Length.

Heliosynchrone Bahn

Begriff aus der Satellitentechnik.
Bezeichnet Bahnen um die Erde, die sich selbst während eines Jahres um 360° drehen, d.h., die niedrige Bahn folgt der Erdrotation. Folge ist, dass ein bestimmter Ort jeden Tag zur gleichen Zeit überflogen wird. Dies wird bei langfristigen Beobachtungen (z.B. für Umweltschutzzwecke) ausgenutzt.

Helixantenne

Begriff aus der Antennentechnik.
Bezeichnung einer speziellen Antennenbauart. Dabei ist der Strahler schraubenförmig auf einem zylindrischen Körper ausgebildet. In Abhängigkeit von den Maßen der Wendel wird die Antenne als Längs- oder Querstrahler wirksam.
Wegen der Zirkularpolarisation wird diese Antenne vorzugsweise in der Satellitenkommunikation eingesetzt.

Helpdesk

Begriff aus dem Nebenstellenbereich. Bezeichnet eine spezielle Art der → *Hotline*, bei der nicht Informationen, sondern Auskünfte aller Art zu Problemen mit Produkten des Herstellers gegeben werden. Der Helpdesk ist dabei – im Gegensatz zur Hotline – nicht permanent Tag und Nacht besetzt, sondern nur zu bestimmten Zeiten. In der Regel kann er bundesweit unter einer einheitlichen Rufnummer erreicht werden.
Unterstützt wird der Mitarbeiter am Helpdesk, der den Anruf entgegennimmt und versucht, die Anfragen zunächst allein zu bearbeiten, durch Mitarbeiter im → *Back Office* oder auch durch ein Tool für → *Case Based Reasoning.*
→ *FAQ.*

HEMT

Abk. für High-Electron-Mobility Transistor.

HEO

Abk. für High Elliptical Orbit.
Bezeichnet Satellitenumlaufbahnen elliptischer Form, die sich bis zu 20 000 km von der Erdoberfläche entfernen und sich ihr bis auf 500 km annähern.

HEPNET

Abk. für High Energy Physics Network.
Bezeichnung für ein Wissenschaftsnetz in den USA.
→ *http://www.hepnet.carleton.ca/*

HER

→ *Hermés.*

Heranholen (eines Anrufs)

Bezeichnung eines → *Leistungsmerkmals* von Nebenstellenanlagen.
Gruppen von Nebenstellenteilnehmern, die sich in gegenseitiger Sicht- und Hörweite befinden (z.B. alle, die im gleichen Büro arbeiten), können dabei Anrufe an einem beliebigen Telefon ihrer Gruppe durch Wahl eines Bedienungscodes auf ihr Endgerät übernehmen.
Vorteil: Wenn ein Arbeitsplatz unbesetzt ist und wenn niemand bei einem eingehenden Anruf ihn entgegennimmt, kann der Anruf ohne zeitraubendes Aufstehen und Hingehen von einem anderen Mitarbeiter übernommen werden.

Hercules-Karte

→ *HGC.*

Herkon-Relais

Abk. für (auf) hermetisch abgeschlossenen Kontakten (basierendes) → *Relais.*
Es wird auch Schutzrohrkontakt genannt. Bezeichnung für ein Bauteil elektromechanischer Vermittlungen der 60er Jahre. Prinzipiell handelt es sich um eine Weiterentwicklung des → *Reed-Relais.* Entwickelt wurde das Herkon-Relais von W. B. Ellwood.
Zwei Kontaktzungen mit unedlen Kontakten befinden sich dabei im Inneren eines mit Schutzgas gefüllten Glasröhrchens, das wiederum im Inneren einer Magnetspule platziert ist. Durch Anlegen eines Steuerstromes an die Spulen schließen sich die Kontakte im Röhrchen.
Eingesetzt wurden Herkon-Relais in den Vermittlungssystemen → *HE 60 L* oder → *Metaconta.*

Hermes

Vollständige Bezeichnung: Hermes Europe Railtel (HER). Bezeichnung einer zu Beginn der 90er Jahre von elf europäischen Eisenbahnen und GTS (USA) gegründeten Gesellschaft mit Sitz in Brüssel. Ziel ist die Zusammenschaltung der einzelnen Telekommunikationsnetze der Bahnbetriebe und der weitere Ausbau dieses Netzes mit moderner Infrastruktur. Darüber hinaus sollen die Netzkapazitäten am Markt anderen Interessenten, z.B. neuen, nationalen Wettbewerbern der bisherigen, staatlichen Monopolisten, angeboten werden.

Gegen Mitte 1998 umfasste das Netz rund 3 000 km in Europa, die mit 2,5 Gbit/s betrieben wurden. Die Pläne sehen einen Ausbau der Kapazität auf 100 Mbit/s mit → *WDM*-Technologie und eine Ausdehnung auf 17 000 km vor.

Mittlerweile ist HER ein fester Bestandteil von GTS geworden (100%).

→ *http://www.her.com/*

Hertz

→ *Frequenz.*

Heterochron

Anderes Wort für asynchron.

Hexadezimal, Hexadezimalsystem

Abgekürzt häufig nur mit dem Kürzel Hex. Bezeichnung eines Zahlensystems mit der Basis 16.

Anstelle der Symbole 0 und 1 im → *binären Zahlensystem* und der Symbole 0, 1, 2...9 im herkömmlichen dezimalen Zahlensystem stehen im hexadezimalen Zahlensystem die Symbole 0...9 und A...F zur Verfügung.

DÌe Darstellung im hexadezimalen System wird bevorzugt bei der Codierung und platzsparenden Darstellung sehr großer Zahlen (z.B. von Speicheradressen und Speicherinhalten) in der Informationstechnik eingesetzt.

Für die Zahlen 0 bis 15 ergibt sich folgende Zuordnung:

Dezimal	Hexadezimal	Dezimal	Hexadezimal
0	0	8	8
1	1	9	9
2	2	10	A
3	3	11	B
4	4	12	C
5	5	13	D
6	6	14	E
7	7	15	F

→ *Duales Zahlensystem.*

HF

1. Abk. für High Frequency.

   Fest definiertes Frequenzband von 3 MHz bis 30 MHz. Wird in Deutschland auch mit Kurzwelle, Dekameterwellenbereich oder Hochfrequenzbereich bezeichnet. Nachbarbereiche: → *MF*, → *VHF*. Mit HF-Verbindungen lassen sich kurze Entfernungen relativ problemlos überbrücken. Ihre große Reichweite erklärt sich durch die Reflexion (auch Mehrfachreflexion möglich) der Raumwelle an der → *Ionosphäre*. Diese ist jedoch nicht homogen, sondern verändert sich ständig, so dass dieser Effekt auch zu Schwankungen und Unzuverlässigkeiten führt, dem mit → *Diversity*-Empfang oder besonderen Übertragungscodes begegnet werden kann. Die Reichweite der Bodenwelle ist unbedeutend.
2. Generell die Abk. für Hochfrequenz.

HFBC

Abk. für High Frequency Broadcast Conference.

HFC

Abk. für Hybrid Fiber Coax.

Bezeichnet hybride Lösungen im → *Zugangsnetz*, bei denen Glasfaser nicht durchgängig von der Teilnehmervermittlung zum Teilnehmer verlegt wird, sondern ab einem bestimmten Punkt wird auf ein bereits bestehendes Netz, üblicherweise mit → *Koaxialkabeln* oder mit verdrillten → *Zweidrahtleitungen*, zurückgegriffen.

HFC wird mittlerweile überwiegend im Zusammenhang mit der ersten Variante und dem Umbau bestehender Kabelfernsehnetze (basierend auf Koaxialkabeln) zu bidirektionalen Zugangsnetzen gesehen.

Ziel ist dabei, mit der breitbandigen Glasfaser so nah an den Endkunden heranzugehen, dass die Kosten dafür noch vertretbar sind, dass aber die Anzahl der noch bis zum Kunden zu durchlaufenden (und bidirektional umzurüstenden) Verstärker auf ca. 5 sinkt und ab dem Übergang von optischer Übertragung zu elektrischer Übertragung ca. 2 000 angeschlossene Haushalte zu bedienen sind.

Üblicherweise geht die Verlegung von Glasfaserkabeln und die Installation eines optoelektronischen Wandlers in einem Netzknoten mit einer bidirektionalen Aufrüstung der Verstärker und einer gleichzeitigen Umrüstung der Verstärker hinsichtlich einer Ausweitung des genutzten Frequenzbereichs (auf z.B. 850 MHz) einher.

Die Netzknoten, in denen die optoelektronische Wandlung erfolgt, werden in einem Gebiet üblicherweise an einen → *Hub* angeschlossen, der mit einem weiteren Glasfaserring, üblicherweise in → *SDH*-Technik, mit anderen Hubs und dem eigentlichen Headend verbunden ist.

Ein möglicher Standard für die Implementierung multimedialer und breitbandiger Dienste über eine HFC-Infrastruktur ist → *DOCSIS*.

Vorteile dieser HFC-Technik sind:

- Durch den Verzicht auf den Aufbau einer neuen, komplett glasfaserbasierten Infrastruktur können Dienste schnell und mit geringeren Investitionen ermöglicht werden.
- Bidirektionale Dienste werden möglich.

- Breitbandige Dienste werden möglich.
- Erhöhte Zuverlässigkeit durch Verringerung der Anzahl aktiver Komponenten (weniger Verstärker)
- Bessere Übertragung durch besseres Signal-zu-Rausch-Verhältnis der eingesetzten optischen Übertragungstechnik

→ *BONT*, → *PON*, → *FTTH*, → *FTTC*.

HFD

1. Abk. für Hauptanschluss für Direktwahl.

   Bezeichnet bei der Deutschen Telekom den normalen Telefonhauptanschluss mit voller Amtsberechtigung.
2. Abk. für Hauptanschluss für Direktruf.

   Bezeichnung bzw. Produktname für digitale Standleitungen von 50 bit/s bis 48 kbit/s. War seit 1973 das Vorgängerprodukt der Deutschen Telekom vor der → *DDV*.

HGC

Abk. für Hercules Graphics Card, auch nur Hercules-Karte oder MGA für Monochrome Graphics Adapter genannt.

Bezeichnung eines frühen Standards für die → *Grafikkarte* in einem PC aus dem Hause Hercules Computer Technology mit Sitz im Silicon Valley bei PCs aus den frühen 80er Jahren, der zwei Farben unterstützte.

Zusätzlich zum → *MDA*-Standard wurde monochrome Grafik bei einer Auflösung von 720 * 350 Punkten bei Nichtdarstellung der obersten und untersten Punktzeilen möglich. Ansonsten 25 Zeilen zu je 80 Zeichen. Je Zeichen 14 * 9 Punkte.

Bildfrequenz von nur 50 Hz. Horizontalfrequenz von 18 430 Hz.

Es werden digitale Signale an den Monitor geschickt.

Im August 1998 ist das Unternehmen Hercules von der Elsa AG aus Aachen übernommen worden.

HGF

Abk. für Helmholtz Gemeinschaft Deutscher Forschungszentren.

Bezeichnung für den Zusammenschluss von Großforschungseinrichtungen in Deutschland mit dem Ziel der Interessenvertretung gegenüber Wirtschaft und Politik.

→ *http://www.helmholtz.de/*

HHI

Abk. für Heinrich-Hertz-Institut.

Bezeichnung für eine Forschungseinrichtung in Berlin, die insbesondere auf den Feldern der optischen und drahtlosen Übertragungstechnik aktiv ist.

→ *http://www.hhi.de/*

HHR

Abk. für Hamburger-Hochgeschwindigkeits-Rechnernetz.

Bezeichnung für das Datenübertragungsnetz, das in Hamburg verschiedene akademische Einrichtungen verbindet, z.B. TU Hamburg-Harburg, Universität der Bundeswehr, DESY (Deutsches Elektronen Synchrotron), Deutsches Klimarechenzentrum und das Forschungszentrum Geesthacht.

Seit Februar 1998 ist das HHR mit 155 Mbit/s an das → *WiN* angeschlossen.

Hi 8

Bezeichnung für ein 1989 vom Hause Sony vorgestelltes Aufnahmeformat für Videos, das aus → *Video-8* hervorging.

Im Vergleich zu Video-8 werden spezielle, metallbedampfte Magnetbänder (auch 8 mm breit) verwendet, die aber eine

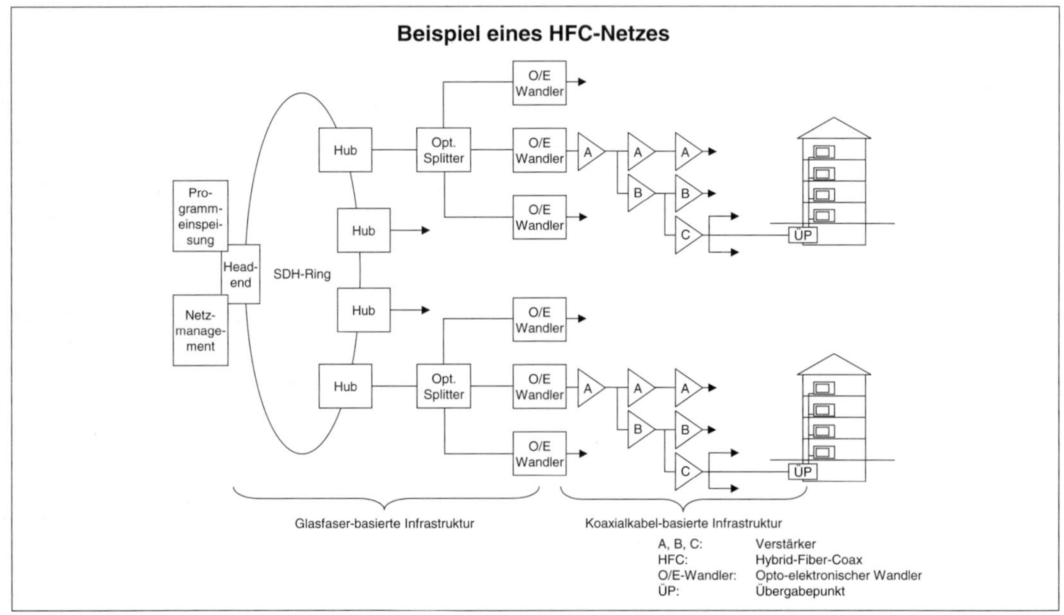

höhere Aufzeichnungsdichte und damit qualitativ bessere Bild- und Tonaufnahmen zulassen.

Hi 8 ist das am meisten verwendete Format im semiprofessionellen Bereich mit einer Qualität, die mit der von S-VHS vergleichbar ist. Beide Systeme sind aber nicht zueinander kompatibel.

→ *Videorecorder.*

HiColor

Auch High Color Real Color genannt.

Bezeichnung für eine Codierung der Farbe mit 15 oder 16 Bit je → *Pixel* bei der digitalen Bilddarstellung.

Damit können 32 768 bzw. 65 536 verschiedene Farben dargestellt werden. Die Aufteilung der Bit bei einer Breite von 15 Bit auf die Farben Rot, Grün und Blau beträgt 1:1:1. Die Aufteilung der Bit bei einer Breite von 16 Bit auf die Farben Rot, Grün und Blau variiert je nach Hardwareplattform, z.B. 5, 6 und 5 Bit bei → *XGA* oder 6, 6 und 4 Bit bei dem Intel-Grafikprozessor i860.

→ *True Color.*

HiFD

Abk. für High Capacity Floppy Disks.

Bezeichnung aus dem Hause Sony für eine selbstentwickelte Technologie für die Datenspeicherung auf magnetischen Medien. Das System soll der Nachfolgestandard für die 3,5"-Disketten und zu diesen kompatibel sein.

Bei der HiFD-Technik berührt der Schreib-/Lesekopf die Plattenoberfläche nicht mehr, was eine wesentlich längere Lebensdauer sowie höhere Umdrehungszahlen und damit höhere Datentransferraten bis zu 3,6 MByte/s erlaubt. Die Speichermenge liegt bei 200 MByte je Disk.

Erstmals vorgestellt auf der CeBIT '98. Fertige Produkte kamen im November 1998 auf den Markt.

High Color

→ *HiColor.*

High End

Bezeichnung für leistungsstarke PCs, die zu einem bestimmten Zeitpunkt über eine deutlich überdurchschnittliche Prozessorleistung und Ausstattung verfügen. Üblicherweise werden derartige Geräte im professionellen Bereich eingesetzt.

High Sierra

Umgangssprachliche Bezeichnung zunächst einer Normungsgruppe und dann ihrer von der → *ISO* bestätigten Norm selbst (ISO 9660, ab 1988) für die File-Struktur für Daten auf der → *CD-ROM*. Benannt ist der Standard nach einem Hotel in Lake Tahoe/USA, in welchem die erste Sitzung des Normungsgremiums 1986 stattfand. Maßgeblich wurde der Standard von Philips und Sony beeinflusst.

Highspeed-Modems

Aus den 80er Jahren stammende Bezeichnung für alle → *Modems* mit einer Übertragungsgeschwindigkeit von mehr als 9 600 bit/s. Auch Synonym für proprietäre Lösungen, da die damalige CCITT (heute ITU-T) nicht schnell genug entsprechende Standards verabschiedete, wodurch sich zunächst verschiedene Firmenstandards entwickelten. Mittlerweile existieren die Standards → *V.32*, → *V.32bis*, → *V.34* und → *V.90*.

Highspeed-Token-Ring

→ *Token-Ring.*

Highway

Bezeichnung der Sammelschiene in Bausteinen der Vermittlungstechnik, die nach dem → *TDM*-Verfahren vermitteln.

HILI

Abk. für High Level Interface.

Bezeichnung für die in → *IEEE 802.1* für → *LANs* festgelegten höheren Protokolle der mehreren LAN-Standards gemeinsamen oberen Teilschicht von Schicht 2 des → *OSI-Referenzmodells.*

HILN

Abk. für Harmonic and Individual Line plus Noise.

HiperLAN

Abk. für High Performance Radio LAN.

Bezeichnung eines seit 1992 bei der → *ETSI* in der Entwicklung befindlichen Standards für → *Wireless LANs*, der seit 1997 stabil vorliegt. Erste Produkte kamen spät im Herbst 1998 auf den Markt. Gegen Herbst 1999 wurde der Standard in BRAN (Broadband Radio Access Network) umbenannt. Die Standards sind:

Standard	Inhalt
ETR 101 031	High Performance Radio Local Area Network Type 2; Requirements and Architectures for Wireless Broadband Access
ETR 101 683	High Performance Radio Local Area Network Type 2; System Overview

Der Standard kann zur Erweiterung eines bestehenden, drahtgebundenen LANs ebenso genutzt werden wie zur Übertragung zwischen zwei einzelnen Computern.

Die Übertragungsrate für Nutzdaten beträgt 1 bis 4 Mbit/s. Die Übertragungsrate über die physische Luftschnittstelle liegt bei 1,47 oder 23,5294 Mbit/s.

Wird im → *ISM*-Band um die 5 150 bis 5 300 MHz (in einigen Ländern nur bis 5 200 MHz) plus weiteren 200 MHz von 17,1 bis 17,3 GHz in der Zukunft (dann auch Datenraten bis 155 Mbit/s möglich) operieren.

Die Sendeleistung liegt bei max. 1 W (5-MHz-Band) bzw. 0,1 W (17-GHz-Band). Im Standard sind drei Sende- und Empfangsklassen definiert. Reichweite bis 50 m bei 20 Mbit/s und 800 m bei 1 Mbit/s. Tolerierte Geschwindigkeit der Stationen max. 10 m/s. Modulation bei niedrigen Übertragungsgeschwindigkeiten nach → *FSK* und bei hohen Übertragungsgeschwindigkeiten nach → *GMSK* mit BT = 0,3. Duplexverkehr wird erreicht durch → *TDD*. Zugriffsverfahren auf der → *MAC*-Teilschicht ist → *EY-NPMA*.

Dabei werden variable Paketlängen bis zu 24 322 Bit unterstützt.

HiperLAN ermöglicht die Übertragung multimedialer Daten.

An einem weiteren Standard für Wireless-LANs im 17-GHz-Bereich wird bei ETSI in der BRAN-Group (Broadband Radio Access Network) ebenfalls gearbeitet. Diese Gruppe kooperiert mit einer amerikanischen Industriegruppe (Bosch, Dell, Ericsson, Nokia, Telia und Texas Instruments), um den Standard HiperLAN2 zu entwickeln.

→ *http://www.hiperlan2.com/*

HiPPI

Abk. für High Performance Parallel Interface.

Bezeichnung eines verbindungsorientierten High-Speed-LAN-Protokolls der → *ANSI* im Gremium X3T11.

Überträgt mit 800 Mbit/s oder 1,6 Gbit/s simplex oder duplex über ein 50-paariges → *STP*-Kabel oder über Singlemode- und Multimode-Glasfasern.

Überbrückt bis zu 50 m über STP, 300 m über Multimode-Faser und 10 km über Singlemode-Faser. Mit hintereinandergeschalteten Switches können bis zu 200 m über STP überbrückt werden.

Die Latenzzeit der Switches beträgt 160 ns.

Verbindungen werden über ein einfaches Signalisierungsprotokoll mit nur drei → *Dienstprimitiven* (Request, Connect, Ready) etabliert. Verbindungsauf- und -abbau dauern 1 ms.

HiPPI-Adressen sind 24 Bit lang, was (in Abhängigkeit der von Switches genutzten Adressformate von drei oder vier Bit) die Kaskadierung von Switches begrenzt.

Das Protokoll wurde ursprünglich zur Verbindung von Supercomputern untereinander und mit externen hochkapazitiven Speichermedien entwickelt. Mittlerweile wird es für diverse andere Anwendungen benutzt, die extreme Bandbreiten und kurze Schaltzeiten benötigen, z.B. als → *Backbone* von Backbones wie z.B. zur Verbindung von → *FDDI*-Ringen.

Standardisiert wurde es seit 1988. Die Standards wurden kontinuierlich erweitert, um die überbrückbaren Distanzen zu vergrößern und Protokolle zum Internetworking mit anderen Übertragungssystemen zu ermöglichen (→ *ATM*, → *Fibre Channel*, → *SONET*).

→ *http://www.esscom.com/*

→ *http://www.hnf.org/*

History-Funktion

→ *Erweiterte Wahlwiederholung.*

Hit

Jargon für die Abfragen eines Teilnehmers von Informationen aus → *Online-Diensten* (inklusive → *Internet*) aus Sicht desjenigen, der die Informationen bereitstellt und der nur an der Frage interessiert ist, wie oft welche Informationen abgerufen werden.

Hat eine → *Homepage* z.B. 1 500 Hits pro Tag, bedeutet dies, dass 1 500-mal auf sie zugegriffen wurde. Es ist damit keine Aussage gemacht worden, ob es sich um Zugriffe verschiedener Teilnehmer handelt oder wie lang diese Zugriffe waren. Daher klassifiziert man noch Qualified Hits, die nicht durch zufälliges kurzzeitiges → *Surfen* zustande gekommen sind, sondern bei denen z.B. Informationen gezielt angefordert oder mehrere hierarchisch tiefer gelegene Seiten der → *Site* ebenfalls abgerufen werden. Überdies sind bei Qualified Hits Anfragen von Programmen (Suchmaschinen) an die Site ausgeschlossen.

Mehrere Hits ein und desselben Nutzers auf einem Server sind als Visit definiert. Dabei wird üblicherweise eine Zeit definiert, ab der bei keiner weiteren Aktivität des Nutzers ein erster Visit als beendet gilt. Die Werbeindustrie in Deutschland setzt für diese Zeit 30 Minuten an.

Eine weitere Größe ist die der Netto-Nutzer, die mehrere Hits des gleichen Nutzers innerhalb der Beobachtungsperiode als einen Hit zählt.

Bei der Ermittlung dieser Zahlen können → *Cookies* verwendet werden.

→ *Banner.*

Hk

Abk. für → *Hauptkabel.*

HKIX

Abk. für Hong-Kong Internet Exchange.

Bezeichnung für einen Punkt in Hongkong, an dem lokale asiatische Teilnetze des → *Internet* mit weltweiten → *Backbones* zusammenlaufen.

→ *CIX*, → *GIX*, → *MAE*, → *NAP.*

HKZ

Abkürzung für Hauptanschlusskennzeichengabe.

Ein von der seinerzeitigen Deutschen Bundespost geprägter Begriff. Er bezeichnet den analogen Telefonhauptanschluss und die auf der Leitung verwendeten Informationen zur → *Zeichengabe.*

Als Verfahren zur Übertragung dieser Informationen kommen das Impulswählverfahren (→ *IWV*) oder das Mehrfrequenzverfahren (→ *MFV*) in Frage.

→ *IKZ.*

HLC

Abk. für Higher Layer Capabilities.

Bezeichnung aus der Übertragungstechnik für die Funktionen der Schichten 4 bis 7 des → *OSI-Referenzmodells* im Gegensatz zu den → *LLC.*

HLLAPI

Abk. für High Level Language Application Program Interface.

HLM

Abk. für Heterogenous LAN-Management.

Bezeichnung für → *Netzmanagement*systeme, die verschiedene Netze verwalten können, z.B. → *CMOL.*

HLPI

Abk. für High Layer Protocol Identifier.

HLR

Abk. für Home Location Register.

Bezeichnet allgemein in modernen automatischen zellularen → *Mobilfunk*systemen die Datenbank, in welcher die Daten eines Subscribers (derzeitiger Aufenthaltsort, ob eingeloggt, welche erlaubten Dienste etc.) permanent abgelegt sind und vom Netz abgefragt werden können.

Je Netz sind in Abhängigkeit von der Größe des Netzes und der Leistungsfähigkeit der HLRs ein oder auch mehrere HLRs nötig.

Für Netze nach dem → *GSM*-Standard gilt, dass das HLR über das Signalisierungsnetz des Mobilfunknetzes auch mit dem → *VLR* in Verbindung steht, zu dem es z.B. eine Löschanforderung zum Löschen eines Datensatzes schickt. Ferner ist es mit dem → *AUC* verbunden und wickelt mit diesem die Authentifizierungsprozedur ab.

Das HLR ist üblicherweise im → *RAM* eines → *MSCs* fest enthalten und kann je nach Hersteller einige 100 000 Datensätze verwalten. Jeder Datensatz verfügt über Daten im Umfang von ca. 300 Byte, ergänzt um die täglich anfallenden Gesprächsdaten (Dauer, Tarif etc.). Auf die einzelnen Datensätze des HLR wird im GSM-System mit der → *IMSI* zugegriffen.

HM I

Abk. für Harvard Mark I.

Andere Bezeichnung für den → *Mark* I.

HMD

Abk. für Head Mounted Display.

HMI

Abk. für Human Machine Interface.

→ *MMI*.

HMI-NET

Abk. für Hahn-Meitner-Instituts-Netz.

Bezeichnung für den ersten wissenschaftlichen Rechnerverbund in Deutschland, bei dem Computer des Hahn-Meitner-Instituts für Kernforschung mit Sitz in Berlin ab 1974 miteinander verbunden waren, nachdem es erste Kopplungen zwischen einem größeren Rechner vom Typ Siemens 4004 und anderen, kleineren Rechnern zur Messdatenerfassung bereits ab 1970 gegeben hat.

Ab 1979 erfolgte die Weiterentwicklung zum HMI-NET 2 auf der Basis des mittlerweile von der damaligen Deutschen Bundespost unter dem Produktnamen → *Datex-P* angebotenen paketvermittelnden Dienstes nach dem internationalen Standard → *X.25*.

HMM

Abk. für Hidden Markov Modelling.

HMMP

Abk. für HyperMedia Management Protocol.

Bezeichnung eines Kommunikationsprotokolls für das → *Netzmanagement* durch → *WBEM*.

HMMP ermöglicht es → *Browsern*, für → *WWW*-Anwendungen auf Daten von Managementplattformen (z.B. → *SNMP*) und Geräten zurückzugreifen, diese abzurufen und zu transportieren.

→ *HMMS*, → *HMON*.

HMMS

Abk. für HyperMedia Management Scheme.

Bezeichnung für ein Datenmodell für das → *Netzmanagement* mit → *WBEM*.

Von WBEM verwaltete Objekte werden durch bestimmte Mengen von Daten und Parametern repräsentiert, deren Struktur durch HMMS beschrieben wird.

→ *CIM*, → *HMMP*, → *HMON*.

HMON

Abk. für HyperMedia Object Manager.

Bezeichnung eines Protokolls für das → *Netzmanagement* mit → *WBEM*.

HMON sammelt Daten von Anwendungen, die auf → *SNMP*, → *DMI* oder vergleichbaren anderen Technologien basieren, so dass diese an einem zentralen Platz mittels → *Browsern* für das → *WWW* dargestellt werden können.

→ *HMMP*, → *HMMS*.

HMQAM

Abk. für Hamming Quadrature Amplitude Modulation.

Eine Sonderform der → *QAM*.

HNF

Abk. für Heinz Nixdorf MuseumsForum.

Bezeichnung für ein Museum für Datenverarbeitung und Computer in Paderborn. Hervorgegangen aus der privaten Sammlung historischer Exponate von Heinz Nixdorf. Mittlerweile rund 1 000 Ausstellungsstücke.

Adresse:

Heinz Nixdorf MuseumsForum
Fürstenallee 7
33102 Paderborn
Tel.: 0 52 51 / 30 66 00
Fax: 0 52 51 / 30 66 09

→*http://www.hnf.de/*

→ *Nixdorf*.

Hoax

Von engl. hoax = übler/schlechter Scherz. Bezeichnung für eine → *E-Mail* mit nichtigem, frei erfundenem Inhalt, der dem Empfänger jedoch Angst vor einem → *Virus* machen soll und bestimmte Instruktionen enthält.

Mögliche Merkmale sind:

- Es wird vor einem vollkommen neuen, extrem gefährlichen Virus gewarnt, den kein gegenwärtig existierender → *Virencleaner* erkennen kann.
- Dieser angebliche Virus hat ein angeblich extrem hohes Schadenspotenzial. Es wird beispielsweise behauptet, durch das Lesen der E-Mail, in der er enthalten ist, werde er unaufhaltbar gestartet, die gesamte Festplatte formatieren und die Daten auf ihr löschen.
- In der E-Mail wird versichert, die Information über diesen Virus käme von einer seriösen Quelle (z.B. IBM, FBI, AOL etc.).

- Häufiger Gebrauch von Großbuchstaben, um das Ganze dramatischer wirken zu lassen.
- Die Aufforderung, diese Meldung an möglichst viele Bekannte und Freunde per E-Mail weiterzugeben, da nur dann der Virus gestoppt werden könne.

Es handelt sich bei diesen Warnungen um simple Kettenbriefe, die mit der Angst vor Computerviren spielen. Erstmals wurde um 1994 ein derartiger Hoax populär, der unter dem Titel ‚Good Times' in der Folgezeit immer wieder auftauchte.

→ *http://www.tu-berlin.de/www/software/hoax.shtml/*

→ *Spam.*

HoB

Abk. für Head of Bus.

Hochauflösendes Fernsehen

→ *HDTV.*

Hochfrequenzgerätegesetz

→ *EMV.*

Hochsprache

→ *Programmiersprache.*

Hochzeilenfernsehen

→ *HDTV.*

Hörschwelle

Begriff aus der → *Psychoakustik.* Er beschreibt die Umstände, unter denen ein Ton einer bestimmten Frequenz f als solcher wahrgenommen wird. Töne (allgemein: Schallereignisse) mit einem Schalldruck unterhalb der Hörschwelle werden vom menschlichen Ohr nicht wahrgenommen.

Die Hörschwelle hängt nicht allein von der Lautstärke ab, sondern besteht aus Anteilen von → *Ruhehörschwelle* und → *Mithörschwelle.*

Hohladertechnik

Begriff aus der → *Glasfasertechnik,* auch Siecor-Technik genannt. Gegenteil der → *Festadertechnik.* Bezeichnet eine spezielle Bauart von Glasfaserkabeln.

Dabei werden Glasfasern lose in eine Aderhülle aus Kunststoff mit größerem Innendurchmesser als dem Außendurchmesser der Glasfaser eingelegt. Um innere Ablagerungen (Kondenswasser etc.) zu vermeiden, wird das Innere des Röhrchens mit einer gelartigen Masse gefüllt. Vorteil: Die Fasern werden so mit klar definierter Überlänge frei von Zugbelastungen des äußeren tragenden Kabels verlegt.

Nachteil: Hoher konstruktiver Aufwand, höhere Kosten und größerer Platzbedarf als bei Festadertechnik.

Hohlleiter, Hohlleitergrundwelle

Begriffe aus der Hochfrequenztechnik. Ein Hohlleiter ist ein Leiter, der aus leitendem Metall derart aufgebaut ist, dass er eine Art Rohr ergibt, d.h. er ist in seinem Inneren hohl. Der Querschnitt ist üblicherweise rechteckig, kreisförmig oder ellipsenförmig (selten).

Aufgrund seines Aufbaus und der damit erzielten elektromagnetischen Eigenschaften eignet sich ein Hohlleiter sehr gut zur Weiterleitung hochfrequenter elektromagnetischer Signale, etwa bei der Sendetechnik für Rundfunksender. Notwendig dafür ist, dass die in einen Hohlleiter eingespeisten Signale eine von der Geometrie des Hohlleiters abhängige Grenzfrequenz überschreiten. Die zur Grenzfrequenz gehörende Welle, die sich innerhalb des Hohlleiters ausbreitet, wird auch als Hohlleitergrundwelle bezeichnet.

Hohlleiter werden mit getrockneter Luft mit leicht erhöhtem Druck gefüllt. Dies verhindert das Eindringen von Feuchtigkeit bei etwaigen Undichtigkeiten und damit eine Erhöhung der Funkfelddämpfung, was eine geringere Sendeleistung an der Antenne bzw. Empfangsleistung am Empfänger zur Folge hätte. Ferner würde Feuchtigkeit auf lange Sicht zu Kondensation, Korrosion und damit zu technischen Problemen führen.

Hohlleiter sind mit einem → *Leitungslüfter* abgeschlossen, über den der Druck reguliert werden kann.

Übliche Anwendung: Zuführung hochfrequenter Signale zu einer → *Antenne,* beispielsweise bei Anlagen für → *Richtfunk.*

Hold Recall

Bezeichnet bei Nebenstellenanlagen, die in → *Call Centern* eingesetzt werden, das → *Leistungsmerkmal,* welches einen → *Agenten* durch ein akustisches Signal darauf hinweist, dass er einen oder sogar mehrere Anrufer ‚On Hold' hat, d.h., es befinden sich einer oder mehrere geparkte Anrufer in einer Warteschlange.

Einsetzbar z.B. immer dann, wenn der Agent sich für eine kurze Pause von seinem Arbeitsplatz abmelden möchte.

Holding-Time, Hold-Time

In einem → *Call Center* eine mögliche Leistungskennzahl. Sie gibt die durchschnittliche Zeit an, die ein Anrufer ‚On Hold' ist, d.h. wie lange er durchschnittlich pro Anruf erneut von einem → *Agenten* in einer Warteschlange geparkt wird, nachdem sein Anruf bereits entgegengenommen wurde.

Hollerith-Maschine

→ *Lochkarte.*

Home Agent

→ *Agent.*

Home-Banking

→ *Tele-Banking.*

Home-Computer

In Deutschland auch Heimcomputer genannt. In den 80er Jahren die Bezeichnung für im privaten Bereich zum Vergnügen (Spiele) oder für kleinere Programmierarbeiten verwendbare → *Computer* unterhalb der Leistungsklasse des → *PCs.* Beispiele sind → *Amiga,* verschiedene Modelle von → *Atari,* → *TI 99/4,* → *VC 20,* → *C 64* und → *ZX 80.* Direkter Vorläufer dieser Klasse in den 70er Jahren war der Bausatz → *Altair 8800.*

Für eine Reihe von kleinen Unternehmen waren diese Computer jedoch auch eine Vorstufe zum Einsatz von ‚echten‘ PCs im betrieblichen Alltag (Buchhaltung etc.).

Mit dem Einzug herkömmlicher PCs auch in private Haushalte gegen Ende der 80er Jahre ist diese Klasse von Computern praktisch bedeutungslos geworden.

Home Location Register

→ *HLR*.

Homepage

1. Allgemein die Bezeichnung für die ersten Informationen (der Einstiegspunkt), die ein Nutzer eines → *Online-Services* sieht, wenn er eine bestimmte Institution anwählt und von dieser aus zu weiteren, hierarchisch tiefer gelegenen Informationsangeboten dieser Institution verzweigt.
2. Besonders die erste Seite eines Angebotes eines Unternehmens im → *Internet*, das über → *WWW* genutzt werden kann.

→ *Portal Page*, → *Site*.

HomePNA

Abk. für Home Phoneline Networking Alliance.

Bezeichnung für einen im Juni 1998 gegründeten Zusammenschluss von anfangs elf Unternehmen wie z.B. 3Com, AMD, AT&T, Compaq, HP, Intel, IBM und Lucent. Ziel ist die Entwicklung eines Standards für die interne Vernetzung privater Wohnungen und Häuser, um so eine Infrastruktur für die Vernetzung der folgenden zwei Bereiche bereitzustellen:

- Vernetzung von Geräten der Unterhaltungselektronik (TV-Gerät, Hi-Fi-Anlage) mit Geräten der Informationstechnik (PC mit Internet-Zugang und Drucker) und der Kommunikationstechnik (Telefon)
- Vernetzung diverser Anlagen der Haushaltstechnik (Heizung, Lüftung, Klimaanlage, Beleuchtung, Alarmanlage etc.) zu Mess-, Steuer- und Regelzwecken.

Der erste Standard wurde 1999 in Version 1.0 veröffentlicht und sah Übertragungsraten von 1 Mbit/s auf Basis einer Technologie (‚HomeRun‘) des Hauses Tut Systems vor. Diese soll sich für Release 2.0 bis auf 10 Mbit/s erhöhen und auf einer Technologie (‚iLine10‘) des Hauses Epigram basieren.

Konkurrenztechnologien sind → *WLIF* und → *SWAP*.

→ *http://www.homepna.org/*

HomeRF

→ *SWAP*.

Home-Shopping

→ *Tele-Shopping*.

Home-Working

Eine Sonderform des → *Tele-Working*.

Home-Zone

→ *FMI*.

Homophone

Bezeichnung für gleich oder sehr ähnlich auszusprechende und klingende Wörter einer Sprache mit verschiedener Bedeutung und Schreibweise.

Derartige Wörter können durch automatische Systeme nur schwer korrekt in ihrer Bedeutung erkannt und bearbeitet werden. Ein Mittel, dieses Problem zu lösen, ist die Trigrammstatistik.

Beispiele für Homophone der deutschen Sprache sind viel/fiel, vage/Waage/wage, Floh/floh, Weiß/weiß oder Tor/Thor.

Erste einfache Übersetzungsprogramme übersetzten jedes Wort einzeln ohne Rücksicht auf Homophone („I white it not").

Hook Flash

Bezeichnung für ein kurzes Drücken der Gabel bzw. des Gabelschalters am Telefon und das dadurch ausgelöste elektrische Signal auf der Anschlussleitung bei analogen Telefonanschlüssen.

Die selten gebrauchte deutsche Bezeichnung ist Gabelschaltsignal.

Als kurzes Drücken werden alle Unterbrechungen zwischen 170 und 310 ms definiert. Bei Unterbrechungen von länger als 370 ms interpretiert die Vermittlungsstelle, mit der der Anschluss verbunden ist, das Signal als Aufforderung zum → *Auslösen* der bestehenden Verbindung.

Wird im Ausland häufig für Rückfragen (→ *Makeln*) bei einer zweiten Leitung oder für die Anrufweiterleitung (→ *Forwarding*) eingesetzt.

Bei manchen modernen Telefongeräten wird zur Erzeugung des Hook Flashs eine eigene Taste (genannt Erdtaste, Flashtaste, Signaltaste oder R-Taste für Rückfrage-Taste) verwendet.

Hop

Ein Begriff aus dem Netzmanagement bzw. der Netztopologie, der in verschiedenen Zusammenhängen ähnlich verwendet wird.

1. Bei paketvermittelnden Netzen (→ *Paketvermittlung*) ist ein Hop die Übertragung eines Pakets von einem → *Router* zum nächsten. Aus diesem Grund basieren Routingprotokolle häufig auf Hops. In diesem Fall ist nur eine maximale Anzahl Hops für das Durchlaufen des Weges vom Sender zum Empfänger erlaubt. Diese maximale Anzahl wird oft auch als Time-to-Live bezeichnet (→ *TTL*).
2. Bei mehreren hintereinander geschalteten, einzelnen → *Richtfunk*strecken (Multihop-Link, Multihop-Strecke, Multihop-Verbindung) ist ein Hop eine einzelne Richtfunkstrecke.

Hop-by-Hop

Begriff aus der Paketvermittlungstechnik (→ *Store-and-Forward*).

Bezeichnet dort die abschnittsweise Weitergabe von Paketen, d.h., es müssen in einem Netzknoten erst alle zu einer Nachricht gehörenden Pakete eingetroffen sein, bevor die ersten in der Zwischenzeit gespeicherten Pakete weiter zum nächsten Netzknoten gesendet werden.

Dieses Verfahren stellt eine korrekte Reihenfolge beim Eintreffen der Pakete sicher.

Horizontalfrequenz

Andere Bezeichnung für → *Zeilenfrequenz*.

Horizontalverkabelung

→ *Tertiärverkabelung*.

Hornparabolantenne

Begriff aus der Antennentechnik. Bezeichnung einer bestimmten Art von → *Antenne* mit guter Richtcharakteristik (→ *Richtantenne*). Der Erreger wird in Form eines meist pyramidenförmigen Horns ausgebildet. Die Seitenwände werden bis an einen Reflektor in Form eines Parabolausschnitts herangeführt. Daher handelt es sich bei der Hornparabolantenne um eine Variante der → *Parabolantenne*, bei welcher der Sender bzw. Empfänger nicht symmetrisch auf der Parabolachse liegt.

Host

Von engl. host = Gastgeber. In der deutschen Sprache selten auch Hauptrechner, Leitrechner, Wirt oder Wirtsrechner genannt.

1. Bezeichnung für einen zentralen Rechner (keiner bestimmten Größe), auf welchen die z.B. mittels Terminals angeschlossenen Nutzer permanent (im Gegensatz zum → *Server*) zugreifen, da ihre Terminals keine eigene Rechenintelligenz haben.
2. In → *Mailbox*systemen die zweithöchste Hierarchieebene.

   → *Fidonet*.

Hostile Agent

Bezeichnung für eine spezielle Art von → *Virus*. Dabei schleicht sich eine Software auf einen Rechner ein, die diesen Rechner unbemerkt vom Benutzer des Rechners ausspäht. Dies kann verschiedene Formen annehmen:

- Dateien der Festplatte werden kopiert und jemand anderem zur Verfügung gestellt.
- Informationen über Daten auf der Festplatte (z.B. welche Programme installiert sind) werden kopiert und jemand anderem zur Verfügung gestellt.
- Peripheriegeräte des Rechners werden unbemerkt aktiviert (z.B. eingebautes Mikrofon wird zum Abhören genutzt).

Hosting

Auch Content-Hosting genannt. Bezeichnung für eine mögliche Dienstleistung von Betreibern von → *Online-Diensten* oder von Internet-Service-Providern (→ *ISP*).

Bezeichnet die Dienstleistung, technische Anlagen (z.B. WWW-Server, → *Server*, → *Server-Farm*) zur Speicherung von Inhalten (Content) aller Art anzubieten und zu betreuen, damit Kunden dort die Informationen zum Zugriff für Dritte bereitstellen können.

Als weitere, damit verbundene Dienstleistungen kann der ISP Statistiken über die Zugriffshäufigkeiten (→ *Hit*) und die Herkunft der Zugreifenden zur Verfügung stellen.

→ *Application Service Provider*, → *Housing*.

Hot-Billing

→ *Billing*.

Hotbird

→ *EUTELSAT*.

Hot Java

Bezeichnung des → *Browsers* für das → *WWW* aus dem Hause Sun. Existiert nur für die Betriebssysteme → *Unix* und → *X/Windows*.

Hot Java war der erste Browser, der mit → *Java* erstellte WWW-Inhalte darstellen konnte.

Hot-Key

→ *Funktionstaste*.

Hotline

Bezeichnung aus der Nebenstellentechnik und aus dem → *Tele-Marketing*. Bezeichnet eine spezielle Form des → *Call Centers*, eine zentrale und üblicherweise permanent geöffnete Anlaufstelle für Auskünfte aller Art rund um Produkte und Vertriebsweisen eines Herstellers.

→ *FAQ*, → *Helpdesk*, → *Case Based Reasoning*.

Hotlist

→ *Bookmark*.

Hotspots

Sensible Bereiche in einer Darstellung auf einem Computerbildschirm, z.B. hervorgehobener Text, der angeklickt werden kann, wodurch ein Video gestartet oder zum nächsten Schirm geblättert wird.

→ *Hypertext*.

Hot Swap

Bezeichnet allgemein das Auswechseln von Teilen einer technischen Anlage, während die Anlage in Betrieb ist und ohne den Betrieb zu beeinträchtigen.

Beispiele sind das Auswechseln einer defekten → *Festplatte* während des Betriebes eines Disk-Arrays oder das Umschalten auf neue Batterien bei einer unterbrechungsfreien Stromversorgung (→ *USV*), ohne dass die angeschlossenen technischen Systeme die Spannungsversorgung verlieren.

HotWired

→ *Wired*.

Housing

Auch Server-Housing genannt. Bezeichnung für eine spezielle Dienstleistung eines Internet-Service-Providers (→ *ISP*). Beim Housing wird ein exklusiv einem Kunden zugewiesener → *Server* mit Inhalten, auf die über das → *Internet*, z.B. aus dem → *WWW* heraus, zugegriffen werden kann, physisch beim ISP angesiedelt. Der Kunde schafft den Server an, bezahlt ihn und verfügt exklusiv über den Speicherplatz, lässt ihn aber vom ISP warten, nutzt die Stellfläche beim ISP und andere technische Dienstleistungen des ISP (klimatisierte Räume, unterbrechungsfreie Stromversorgung, bewachtes Gebäude, automatische → *Backups* etc.).

Vorteile dieses Verfahrens bestehen darin, dass, im Gegensatz zum → *Hosting*, sicherheitssensitive Dienstleistungen getrennt von den Servern anderer Kunden abgewickelt werden und durch den Standort beim ISP Kosten für → *Standleitungen* gespart werden. Ferner entfallen Wartungskosten und entsprechendes Personal. Außerdem können auf diese Art bestehende technische Anlagen (Server) weiter genutzt werden.

HOV

Sehr selten gebrauchte Abk. für → *Handover*.

HP

1. Abk. für → *Homepage*.
2. Abk. für Hewlett-Packard.

   Hersteller von Computern, Druckern und Geräten der Mess- und Regelungstechnik mit Sitz in Palo Alto/Kalifornien. Ist der größte Arbeitgeber im → *Silicon Valley* und neben → *IBM* eines der wenigen großen und traditionellen Unternehmen der Computerbranche, die in den letzten Jahren nicht ihre Unabhängigkeit verloren haben (→ *Unisys*, → *DEC*).

   Gegründet im Januar 1939 von William ‚Bill' Hewlett (* 1914, † 12. Januar 2001) und David ‚Dave' Packard (* 1912, † 1986) in einer Garage in der Addison Street Nr. 367 in Palo Alto/Kalifornien mit Förderung des Professors für Elektrotechnik der Stanford-University, Frederick Emmons Terman. Die Garage steht heute noch und ist 1987 vom Staat Kalifornien zum Denkmal erklärt worden.

   Hewlett und Packard hatten sich bereits 1930 in Stanford an der Universität kennen gelernt und gemeinsam nach ihrem Abschluss im Jahre 1934 einen zweiwöchigen Angelurlaub gemacht, auf dem sie sich einigten, eines Tages gemeinsam ein Unternehmen zu gründen. Zunächst ging jedoch jeder seinen eigenen Weg: Hewlett promovierte an der Universität in Stanford und Packard fing bei General Electric an.

   1938 zog der frischverheiratete Packard mit seiner Frau Lucile in ein Haus mit besagter Garage, die von Hewlett angemietet wurde und in der sich beide in ihrer Freizeit beschäftigten. Der Überlieferung nach betrug das gesamte Startkapital 538 $ in bar.

   Erstes Produkt war ein abstimmbarer und vergleichsweise preisgünstiger Audio-Oszillator (HP200 A) zum Test von Tongeräten, von dem die ersten acht Stück an Walt Disney geliefert und bei der Produktion des Filmes ‚Fantasia' eingesetzt wurden.

   Am 1. Januar 1939 wird die Firma offiziell gegründet. Die Reihenfolge der Namen in der Firmenbezeichnung wurde durch Münzwurf bestimmt. Am Ende des ersten Geschäftsjahres wird ein Nettogewinn von 1 600 $ erzielt, wovon 5 $ an eine lokale Wohltätigkeitsorganisation gespendet werden. Damit beginnt auch die Tradition, sich sozial zu engagieren.

   1940 schon wird die Garage zu klein und HP zieht in ein Gebäude in der Page Mill Road in Palo Alto um. Die ersten Angestellten werden dort eingestellt.

   1942 wird ein erstes eigenes Gebäude bezogen. Es ist jedoch so konzipiert, dass es notfalls rasch in einen Gemüseladen umgebaut werden kann, sollte sich die Geschäftsidee doch als nicht so tragbar erweisen. Der 2. Weltkrieg bringt das Geschäft jedoch mit großen Schritten voran, so dass HP am 18. August 1947 zu einer Aktiengesellschaft wird.

   In der Folgezeit erweiterte sich das Produktspektrum von der Mess- und Regeltechnik ausgehend. Das Unternehmen wächst derart, dass der Hauptsitz 1956 zunächst in den zwei Jahre zuvor von der Stanford University gegründeten Industry Park verlegt wird und das Unternehmen 1957 an die Börse geht. Im gleichen Jahr beginnt man auch mit der internationalen Expansion. 1962 steigt HP erstmals in die Fortune 500 auf.

   Weitere Maßstäbe setzt HP mit der Produktion technisch-wissenschaftlicher Taschenrechner in den 70er und 80er Jahren, wobei → *UPN* eingesetzt wird. So kommt in den frühen 70er Jahren mit dem HP-30 einer der ersten Taschenrechner mit integrierten wissenschaftlichen Funktionen überhaupt für 350 $ auf den Markt. Erstes Modell war kurz zuvor der HP-35 (mit 35 Tasten) für 395 $.

   Bis 1978 führten die beiden Gründer das Unternehmen selbst.

   In den 90er Jahren waren zwei große Bereiche entstanden: Computer und Drucker auf der einen und Mess-, Test-, Analyse- und Medizintechnik auf der anderen Seite. Nach wirtschaftlichen Schwierigkeiten Mitte der 90er Jahre (z.B. Asienkrise, sinkende Margen im Drucker- und PC-Geschäft, schwaches Marketing) wurde im Frühjahr 1999 die Trennung dieser zwei Bereiche in zwei unabhängige Unternehmen angekündigt, von denen der Computerbereich, der bis dahin für ca. 85% des Umsatzes verantwortlich war, weiterhin als HP und der neue restliche Bereich als Agilent Technologies Inc. firmieren sollte. Zum 1. November 1999 wurde diese Trennung vollzogen, gefolgt von einem Verkauf von 16% der Agilent-Aktien an der Börse durch HP.

   Zur Jahresmitte 1999 machte die Firma dadurch Schlagzeilen, dass sie die Führung einer Frau anvertraute. Carly Fiorina (zuvor bei Lucent Technologies für das Internet-Geschäft verantwortlich) war die erste Frau, die einen Computerkonzern derartiger Größe leitete, die einem im Dow-Jones-Börsenindex gelisteten Unternehmen vorstand, und erst die dritte Frau, die einem Fortune-500-Unternehmen vorstand.

   HP galt immer als innovativ, qualitativ hochwertig und vom Management-Stil her liberal und dezentral.

   → *http://www.hewlett-packard.de/*

   → *http://www.hp.com/*

   → *http://www.agilent.com/*

HP-IP

Abk. für Hewlett Packard Interface Bus.
Andere Bezeichnung für den → *IEC-Bus*.

HP-GL

Abk. für Hewlett Packard Graphics Language.

HPN

Abk. für High Performance Network.
Bezeichnung eines militärischen Netzes der US-Marine zur Verbindung von Computern.

HPPA

Abk. für High Performance Packet Processor.

HP-PCL

Abk. für Hewlett Packard Printer Command Language.
→ *PCL*.

HPSB

Abk. für High Performance Serial Bus.
→ *IEEE 1394*.

HPSN

Abk. für High Performance Scalable Networking.
Bezeichnung für Netze mit Übertragungsraten von 100 Mbit/s und höher, die Bandbreite nach Bedarf zur Verfügung stellen, z.B. mit → *FDDI* oder → *ATM-Technik*.

HR

Abk. für Half Rate.
→ *GSM 900*.

HRC

1. Abk. für Hybrid Ring Control.
2. Andere Bezeichnung für → *FDDI II*.
3. Abk. für Horizontal Redundancy Check.
   Bezeichnung einer speziellen Art der Prüfung der horizontalen → *Parität*.

HS 31

Bezeichnung eines elektromechanischen, automatischen Vermittlungssystems aus dem Hause Hasler (Schweiz, heute Ascom) aus den 30er Jahren. Nachfolgemodell nach dem Krieg wurde der Typ → *HS 52*.

HS 52

Bezeichnung eines elektromechanischen, automatischen Vermittlungssystems aus dem Hause Hasler (Schweiz, heute Ascom) aus den 50er Jahren. Erstmals eingesetzt im Netz der Schweizer PTT im Jahre 1953 in den Orten Wohlen (CH) und Leysin (CH). Es blieb bis in die Mitte der 80er Jahre im Betrieb.

HS 68

Bezeichnung eines elektromechanischen, automatischen Vermittlungssystems aus dem Hause Hasler (Schweiz, heute Ascom) aus den späten 60er Jahren, das erstmals 1972 in der Schweiz eingesetzt wurde. Das Koppelelement war dabei ein bistabiles → *Reed-Relais* (Haftreedrelais). Der Primärstromkreis zur Steuerung wurde bereits vollelektronisch angesteuert.

HSCSD

Abk. für High-Speed Circuit Switched Data.
Bezeichnung für einen neuen Datenübertragungsdienst im Rahmen des Standards für → *Mobilfunk* → *GSM*. Dabei werden mehrere Funkkanäle für die leitungsorientierte Datenübertragung zusammengeschaltet. Definiert ist HSCSD in TS 101 038 des → *ETSI*, innerhalb des GSM-Standards in 02.34 aus dem Februar 1997 und in EN 301 419-1.

Mit HSCSD können Datenraten von bis zu 76,8 kbit/s auf der Luftschnittstelle (theoretischer Wert: 115,2 kbit/s) und von 64 kbit/s für den Nutzer am Endgerät erreicht werden. Ob diese dem Nutzer jedoch vom GSM-Netz auch zugeteilt werden, hängt von verschiedenen Faktoren wie z.B. der Auslastung der Zelle und dem konkreten Vertrag des Nutzers mit dem Netzbetreiber ab. Ein Netzbetreiber kann (z.B. zu hohen Kosten) einem Nutzer die Verfügbarkeit komplett oder bis zu einer gewünschten Datenrate garantieren oder auch eine „Best Effort“-Zuteilung für die Kapazität anbieten, bei der, z.B. bei hoher Zellenauslastung, die Zuteilung nur teilweise erfolgt. Ferner sind Modelle denkbar, bei denen einzelne Kanäle während einer Verbindung dynamisch zu- und abgeschaltet werden oder asymmetrische Konfigurationen mit unterschiedlichen Datenraten im Up- und im Downlink.

Ferner unterstützt die Interworking Function (→ *IWF*) des GSM-Netzes mit dem Festnetz nur Kanäle bis zu 64 kbit/s. Diese können zwar im Festnetz mit Verfahren wie z.B. dem → *inversen Multiplexing* auch gebündelt werden, dafür müsste die IWF dies jedoch unterstützen, was üblicherweise nicht der Fall ist.

HSCSD kann theoretisch bis zu acht Kanäle zu je 9,6 kbit/s (= 76,8 kbit/s) oder 14,4 kbit/s bündeln (= 115,2 kbit/s). Die Definition im Standard berücksichtigt jedoch nur sechs und praktische Implementierungen von Netzbetreibern u.U. nur vier. Welche Basisdatenrate genutzt wird, hängt technisch gesehen von dem genutzten Potenzial an Overhead (Fehlererkennung und -korrektur) der einzelnen Verkehrskanäle (→ *TCH*) im betreffenden GSM-Netz ab.

Insgesamt führen diese Beschränkungen dazu, dass Netzbetreiber Kanalbündelung von Datenraten bis zu 38,4 kbit/s oder 57,6 kbit/s zulassen.

Das → *Billing* von HSCSD-Diensten kann auf verschiedene Arten erfolgen und hängt u.a. von den Möglichkeiten des Billing-Systems des Anbieters ab. Grundsätzlich ist HSCSD für Datendienste gedacht, bei denen vom Nutzer volumenorientiertes oder transaktionsorientiertes Billing erwartet wird. Da es sich um leitungsvermittelte Übertragung handelt, bei der die Kapazität für den Nutzer exklusiv reserviert wird (egal ob dieser sie nutzt oder nicht), bietet sich von Seiten des Netzbetreibers jedoch zeittaktorientiertes Billing für jeden einzelnen Kanal an. Dies führt bei der Nutzung von n Kanälen zu um den Faktor n ansteigenden Kosten für den Nutzer, weshalb erwartet wird, dass dieses Verfahren nur dort großflächig zum Einsatz kommt, wo die Gebühren schon niedrig sind (z.B. Skandinavien).

HSCSD ist in GSM-Netzen üblicherweise nur durch eine Änderung der Software in den Vermittlungsstellen einführbar. Dies hat den Vorteil, dass an den in hohen Zahlen im freien Feld stehenden Basisstationen keine zeitraubende und kostenintensive Hard- oder Softwareaktualisierung vorzunehmen ist.

Ein ähnliches Verfahren zur Erzielung höherer Bandbreiten in GSM-Netzen, allerdings für die paketorientierte Datenübertragung (→ *Paketvermittlung*), ist → *GPRS*. Gegenüber den GSM-900-Netzen gilt HSCSD als geeigneter für GSM-1800-Netze, da dort ein größeres Frequenzband zur Verfügung steht, wodurch das exklusive Bündeln von Kanälen in hoch ausgelasteten Netzen entsprechend einfacher wird.

In Deutschland war der Netzbetreiber e-plus (→ *E-Netz*) im Herbst 1999 der erste Netzbetreiber, der diese Technologie unter dem Produktnamen ‚High Speed Mobile Data' (HSMD) zunächst mit bis zu 36 kbit/s im Up- und 24 kbit/s im Downstream einsetzte, nachdem er sie im März 1999 erstmals auf der → *CeBIT* demonstriert hatte. Andere Mobilfunker, die sehr früh diese Technik nutzten, waren Sonera aus Finnland, Europolitan aus Schweden, Telenor aus Norwegen und MobilOne in Singapur. Die skandinavischen Operatoren waren denn auch die treibende Kraft bei der Entwicklung und Standardisierung von HSCSD. Doch auch Orange in GB und One in Österreich zogen rasch nach.

HSD

Abk. für High Speed Data.

HSLAN

Abk. für High Speed LAN.

Bezeichnet → *LANs* mit einer Übertragungsrate von deutlich mehr als 10 Mbit/s, i.d.R. um die 100 Mbit/s bis mittlerweile hinein in der Gbit/s-Bereich.

Beispiele: → *FDDI*, → *Fibre Channel*, → *HiPPI*, → *VGAnyLAN*, → *TCNS*, → *Gigabit Ethernet* oder auch → *ATM* und → *Fast Ethernet*.

HSM

1. Abk. für Hierarchical Storage Management.

   Bezeichnung für ein komplettes System zur automatischen Verwaltung von Speichermedien (→ *Festplatten*, → *File-Server*, → *Streamer*, optische Platten) in → *LANs*. Ziel ist eine Strategie für das → *Backup* und eine kostengünstige Ausnutzung der einzelnen Medien.

2. Abk. für Hardware-specific Module.

   → *ODI*.

HSN

Abk. für Hopping Sequence Number.

HSP

Abk. für High Speed Protocol.

Bezeichnung eines paketorientierten Datenübertragungsprotokolls, ähnlich → *X.25*.

HSRP

Abk. für Hot Stand-by Routing (Router) Protocol.

Bezeichnung für ein proprietäres Protokoll für → *IP*-basierte Netze aus dem Hause Cisco. Das HSRP stellt eine hohe Netzwerkverfügbarkeit sicher, indem es den IP-Verkehr von den Hosts auf LANs schnell und sicher routet, ohne sich dazu auf die Verfügbarkeit eines einzelnen Routers zu verlassen. Diese Funktion ist vor allem für solche Hosts nützlich, die kein Router Discovery Protocol, wie z.B. das Internet Control Message Protocol (→ *ICMP*) oder das Router Discovery Protocol (IRDP) unterstützen und damit nicht in der Lage sind, auf einen neuen Router zu wechseln, wenn in ihrem ausgewählten Router z.B. der Strom ausfällt oder dieser gerade mit Software neu geladen wird. Ohne diese Funktionalität ist ein Host, der aufgrund einer Routerstörung ein Standard-Gateway verliert, nicht in der Lage, mit dem Netzwerk zu kommunizieren.

Bei HSRP repräsentieren mehrere Router einen einzigen virtuellen Router im LAN, indem sie sich eine virtuelle IP-Adresse und eine virtuelle → *MAC*-Adresse pro Interface teilen. Jeder Router besitzt auf jedem Interface neben der eigentlichen IP-Adresse eine virtuelle IP-Adresse und eine virtuelle MAC-Adresse, die auf dem jeweiligen Router mit höherer HSRP-Priorität (Priorität ist konfigurierbar) aktiv sind. Fällt nun dieses höher priorisierte Interface aus, werden diese virtuelle IP- und MAC-Adresse vom Router mit niedriger HSRP-Priorität nach einer bestimmten Zeit (oft wird als Standard 10 s genommen) übernommen.

Dieser Routerwechsel erfolgt für die betroffenen Endgeräte transparent, da sich der entsprechende Eintrag in der Tabelle mit der durch das → *ARP* zugeteilten IP-Adresse auf dem Endgerät nicht ändert.

HSSB

Abk. für High Speed Serial Bus.

→ *IEEE 1394*.

HSSI

Abk. für High Speed Serial Interface.

Bezeichnet eine Schnittstelle zu Hochgeschwindigkeitsnetzen (→ *WANs* über 34 Mbit/s). Standardisiert von der → *ANSI* und der → *EIA*.

In Deutschland gibt es HSSI-Zugänge zu → *Datex-M* der Deutschen Telekom.

HST

Abk. für High Speed Technology.

Bezeichnung eines herstellereigenen Standards für → *Modems* aus dem Hause US-Robotics. Der Standard entwickelte sich nach und nach und sieht auf verschiedenen Stufen Datenübertragungsraten von 4 800, 7 200, 9 600, 12 000, 14 400 und 16 800 bit/s vor. Die Umrüstung eines Modems auf die nächst höhere Geschwindigkeit erfolgt durch einfaches Austauschen eines Speicherbausteins.

Kennzeichen für diesen Standard ist, dass die maximale Geschwindigkeit einer Stufe nur in eine Richtung erzielt werden kann. In Rückrichtung stehen lediglich 450 bit/s zu Steuerzwecken zur Verfügung. Modems nach HST können die Datenrate zwischen beiden Kanälen jedoch schnell wechseln.

Durch geschicktes Marketing (Betreiber von → *Mailboxen* erhielten Preisnachlässe) und frühe Zulassung in Deutschland waren Modems dieses Standards insbesondere in der → *Mailbox*-Szene schnell verbreitet.

HSTP

Abk. für High Speed Transport Protocol.

→ *XTP*.

HTH

Abk. für Hope This Helps.

→ *Chat Slang*.

HTML

Abk. für Hypertext Markup Language.

Bezeichnung einer im → *WWW* des → *Internet* genutzten Seitenbeschreibungssprache, die auf → *SGML* basiert und mittlerweile vom → *W3C* weiterentwickelt wird. HTML gilt als einfach und ohne Vorkenntnisse zu erlernen, weshalb sie zum Erfolg des WWW zur Mitte der 90er Jahre beigetragen hat. Prinzipiell handelt es sich um eine syntaktische Teilmenge des komplexeren SGML.

Grundkonzept ist, dass Steuerbefehle, genannt Tag oder Feld, bestimmte Formatierungsarten für das gesamte Dokument oder Teile von ihm (z.B. die Überschriften) mit Hilfe von Parametern (Größe, Position, Farbe, Schrifttyp etc.) festlegen.

Die Tags werden zwischen die Sonderzeichen < und > gestellt, um sie vom darzustellenden Inhalt unterscheiden zu können. Man unterscheidet Start Tag (< XXX >) und End-Tag (< /XXX >).

Einige wichtige Tags sind:

Tag	Bedeutung
<p> < /p>	Absatz
<html> < /html>	Rahmt das gesamte HTML-Dokument ein
<body> < /body>	Rahmt den gesamten sichtbaren Inhalt ein
<img src = „Dateipfad zur Bilddatei“>	Fügt ein Bild, das unter dem angegebenen Dateipfad zu finden ist, in das HTML-Dokument ein
<body bgcolor = # rrggbb>	Hintergrundfarbe; angegeben in Hexadezimaler Zahl der Anteile von Rot (rr), Grün (gg) und Blau (bb). Nur schwarz: #000000 Nur Rot: #FF0000 Nur Grün: #00FF00 Nur Blau: #0000FF Nur Weiß: #FFFFFF
<body background = „Dateipfad zur Bilddatei“>	Fügt ein Hintergrundbild ein, dass unter den Body gelegt wird.

Tag	Bedeutung
<ol> <li> text 1 </li> <li> text 2 </li> <li> text 3 </li> < /ol>	Durchnummerierte Liste (Ordered List); hier mit drei Texteindträgen.
<basefontsize = ...> Text </basefontsize>	Legt Schriftgröße für eingeschlossenen Text fest.
<font size = (+1) oder (-1) >	Verändert Schriftgröße
<font color = #rrggbb> Text </font color>	Legt Schriftfarbe in hexadezimalen Farbanteilen (s.o.) für eingeschlossenen Text fest.
<h1> text 1 </h6> ... <h6> text 6 </h6>	Überschriften (sechs Ebenen werden standardmäßig unterstützt)
 	Erzwingt Zeilenumbruch
<center> text </center>	Zentriert Text (oder beliebiges anderes Element).

Die Version 1.0 von HTML war im März 1993 fertig entwickelt. Auf ihr basierte auch der erste frei erhältliche → *Browser* Mosaic von der → *NCSA*. Prinzipiell waren die meisten der mit HTML 1.0 erstellten Inhalte rein textbasiert, vielleicht mit einigen Standbildern oder bunten Textmanipulationen angereichert.

HTML in der Version 2.0 wurde von der Internet-Gemeinde als RFC 1866 akzeptiert und verfügte über Hintergrundgestaltung, Input-Felder und Tabellen, was mehr Layoutfreiheiten ermöglichte.

Über Version 3.0 (1996) kam es zur Version 3.2, die z.B. Frames beinhaltet, d.h. einzelne darstellbare Fenster im Browser, nutzerdefinierbare Schriften (→ *Font*) und die Einbindung zahlreicher grafischer Elemente erlaubt.

Mittlerweile aktuell ist Version 4.0, die im Dezember 1997 vom W3C genehmigt worden ist.

Weiterentwicklungen bzw. Ergänzungen von HTML sind → *MathML*, → *XML*, → *HDML*, Compact HTML (→ *i-Mode*) und Dynamic HTML (DHTML). Letzteres ist prinzipiell eine Kombination von HTML, Scripts und Cascading Style Sheets (→ *CSS*). Dynamic HTML erlaubt es, Web-Seiten, die beim Nutzer bereits präsentiert werden, ohne erneutes Verbinden mit dem Server zu verändern. Dies erspart Zeit zum Download neuer Inhalte und führt so auch zu einer optimaleren Nutzung der zur Verfügung stehenden Kapazität für das Internet.

Anwendungsbeispiele für Dynamic HTML sind zusätzliche, erklärende Einblendungen, wenn ein Mauszeiger über eine bestimmte Stelle gefahren wird, einfache Animationen, unterschiedliche → *Banner* zu Werbezwecken oder das erneute Darstellen einer Tabelle, die neu sortiert wurde.

→ *http://www.gaius.jura.uni-sb.de/HTML/*

→ *http://www.hwg.org/*

→ *http://www.htmlguru.com/*

→ *http://www.siteexperts.com/*

HTTP

Abk. für Hypertext Transfer Protocol.

Bezeichnung für das im → *WWW* genutzte Protokoll zur Anforderung von Daten. Das HTTP definiert dabei, wie der Client (hier: → *Browser*) vom → *Server* (hier: WWW-Server) Daten anfordert und wie der Server diese Daten zur Verfügung stellt. Dabei werden alle Daten im ASCII-Format vom Server zum Client übertragen und erst durch diesen interpretiert.

HTTP setzt auf → *TCP* auf. Für jede Übertragung von Daten, die in einer eigenen Datei gespeichert sind, wird durch HTTP eine eigene → *TCP*-Verbindung aufgebaut. Dies führt bei aufwendig gestalteten Webpages, die aus vielen Elementen bestehen (Text, Bilder/Grafiken, → *Banner*), dazu, dass eine hohe Zahl von TCP-Verbindungen auf- und wieder abgebaut werden, was für den Server zu einer hohen Belastung führen kann.

Das HTTP gilt als relativ einfach aufgebaut. Es definiert ein Nachrichtenmodell für die Kommunikation zwischen Client und Server, das zwei Nachrichtenklassen unterscheidet:

- Anforderungsnachrichten: Sie werden vom Client an den Server gesendet und übertragen zusätzlich zum eigentlichen Anforderungsbefehl und der entsprechend nachgefragten → *URL*-Adresse verschiedene Parameter wie z.B. verwendeter Browser, verwendete HTTP-Version, darstellbare Bildformate etc. Man unterscheidet drei verschiedene Anforderungsbefehle:
- GET: Fragt ein Client mit GET an, liefert der Server die komplette zur URL gehörige Datei. Diese kann durch den Browser ausgewertet und dargestellt werden.
  - HEAD: Fragt ein Client mit HEAD an, liefert der Server lediglich den Header an den Client zurück, der zu der zur URL gehörenden Datei gehört. Dies verringert die Netzlast in den Fällen, in denen der eigentliche Dateiinhalt irrelevant ist, z.B. bei Anfragen von einer → *Suchmaschine*.
  - POST: Fragt ein Client mit POST an, wird vom Client ein Nachrichtenbody mit Daten (z.B. eine ausgefüllte Eingabemaske mit Bestelldaten) an den Server übertragen. Üblicherweise werden derartige Daten durch die Web-Anwendung auf dem Server hindurch an ein anderes Programm (z.B. eine Auftragsabwicklung) zur Weiterverarbeitung weitergereicht.
- Antwortnachrichten: Sie werden vom Server zum Client übertragen und enthalten zusätzlich zur angeforderten Nutzinformation ebenfalls verschiedene Parameter in einer Status-Line (Response-Code, verwendeter Server, Nachrichtenlänge, Datum der Erstellung der Nutzinformation, Typ der Nutzinformation etc.).

Der Response-Code (auch Status-Code genannt) gibt in Kurzform als Zahl das Ergebnis der Anfragebearbeitung an, z.B. zeigt ein Response-Code von 200 an, dass die Anfrage erfolgreich bearbeitet wurde, andere Codes zeigen an, dass die Anfrage aus verschiedenen Gründen nicht erfolgreich bearbeitet werden konnte (Zugriff verweigert, gewünschte Information nicht vorhanden, Programmierfehler auf dem Server etc.). Response-Codes sind dreistellige Zahlen, die folgendermaßen klassifiziert sind:

1. Ziffer Response -Code	Wann verwendet
1	Bei vom Server bereits verarbeiteten Requests des Clients, obwohl dieser seine Anfrage noch nicht vollständig gesendet hat
2	Bei vom Server erfolgreich bearbeiteten Requests des Clients
3	Bei vom Server verarbeiteten Requests des Clients, wobei dieser noch Aktionen durchzuführen hat
4	Bei vom Server erfolglos verarbeiteten Requests des Clients, wobei der Fehler durch den Client verursacht wurde
5	Bei vom Server erfolglos verarbeiteten Requests des Clients, wobei der Fehler durch den Server verursacht wurde

HTTP ist definiert im RFC 1945. Im Juli 1998 stellte das W3C eine neue Version (HTTP-NG für Next Generation) vor. In ihr sind zusätzliche Features wie z.B. Sicherheit implementiert. Ferner wird die Performance dadurch gesteigert, dass nicht mehr für jede einzelne Datei eine separate TCP-Verbindung aufgebaut werden braucht. Vielmehr können mit einer TCP-Verbindung zwischen einem bestimmten Client und einem Server verschiedene parallele Streams realisiert werden, über die die einzelnen Dateien im Rahmen nur einer TCP-Verbindung heruntergeladen werden können.

→ *WWW*.

Hub

1. Es existiert bisher keine einheitliche Definition, weswegen bis auf weiteres viele eigentlich unterschiedliche Geräte bzw. Geräte mit mittlerweile mehreren Funktionen mit diesem Begriff bezeichnet werden.

   Hubs arbeiten auf Schicht 1 des → *OSI-Referenzmodells* und sind → *transparent*.

   Aus dem amerikanischen übernommene Bezeichnung für einen i.d.R. aktiven Konzentrationspunkt von Terminalanschlüssen in lokalen Netzen, oft auch bürokratisch Abteilungskonzentrator (in Deutschland geprägter Begriff) oder intelligenter Systemkonzentrator genannt. Weitere und selten verwendete deutschsprachige Bezeichnungen sind Sternverteiler oder Nabe.

   An einen Hub werden Stationen oder weitere Hubs (dann: kaskadiertes Netz) in Sterntopologie angeschlossen, meistens mittels → *UTP*-Kabeln der Kategorie 5 (→ *Verkabelung*). Die eingegangenen Signale werden alle an die angeschlossenen Stationen weitergegeben.

   Mehrere Hubs können über → *Router* miteinander verbunden werden. Dann wird üblicherweise ein Glasfaserkabel zu deren Verkabelung verwendet.

Ein Hub ist eine → *logische Einrichtung*, die aktiv oder auch passiv sein kann. Aktive Hubs regenerieren die Signale (→ *Repeater*) und werden dann auch Repeating Hub genannt.

Zunächst bestand dabei ein Hub, der z.B. den Anschluss von mehreren Terminals an nur einen → *Tap* beim Ethernet erlaubte, aus der reinen Verkabelung ohne weitere Intelligenz. Mittlerweile werden standardmäßig zumindest Funktionen eines Repeaters und u.U. auch höherer Schichten integriert. Switched oder Smart Hubs übertragen die einlaufenden Daten nicht an alle angeschlossenen Stationen, sondern nur an die eine adressierte. Die Stationen sind an den Hub über Anschlüsse (→ *Ports*) angeschlossen, die im Hub über eine leistungsfähige interne Verkabelung (→ *Backplane*) miteinander verbunden sind. Alle Ports gehören zu einem Segment eines LANs, so dass sich die angeschlossenen Stationen die Bandbreite des Hubs teilen.

Die Ports entsprechen mechanisch einem Stecker gemäß → *RJ 45*.

Es gibt Hubs verschiedener Größen und Bauformen, z.B.:

- Workgroup-Hub: Gerät mit 5 bis 12 Ports
- Abteilungs-Hub: Gerät mit 12 bis 24 Ports
- Stackable-Hub: Kaskadierbare Hubs einer Größe, die einfach aufeinander gestapelt werden können und so ein Vielfaches an Ports einer bestimmten Größe (12 oder 24) anbieten
- Chassis-basierte Hubs: Ein Metallchassis verfügt über mehrere Einsteckkarten (‚Blades'), die jeweils eine bestimmte Anzahl Ports zur Verfügung stellen.

2. In → *Mailbox*systemen die Bezeichnung für die dritthöchste Hierarchieebene.
   → *Fidonet*.

Huckepackverfahren

Ein Quittierungsverfahren, bei dem Quittungen nicht in speziellen Datenrahmen, sondern zusammen mit Nutzdaten versendet werden. Wird z.B. im Duplexbetrieb bei → *HDLC* angewendet.

HÜP

Abk. für Hausübergabepunkt.
Bezeichnung für den Punkt, an dem das → *BK*-Netz in Netzebene vier im Inneren eines Hauses übergeht.

Huffman-Codierung

Ein Quellkodierungsverfahren zur verlustfreien Redundanzreduktion.
Dabei handelt es sich um eine Technik, die auf variablen Wortlängen beruht und den häufig vorkommenden Datenmustern kurze und den selteneren längere Codes zuweist. Dieses Verfahren wird auch beim → *Morse-Code* angewendet. Auf diese Weise ist eine Annäherung an das theoretische Minimum bei der Quellcodierung möglich. Eine Datenreduzierung um 50% ist keine Seltenheit. Besonders schlecht arbeitet der Algorithmus jedoch, wenn nur wenige verschiedene Datenmuster auftauchen.

Der Algorithmus besteht aus vier Schritten. Es wird dabei ein Binärbaum aufgebaut, bei dem die zu codierenden Symbole als Blätter (Endknoten) auftreten.
i.Man schreibe alle zu codierenden Symbole mit ihrer Wahrscheinlichkeit des Auftretens (Häufigkeitsverteilung) auf.
ii.Man wähle die zwei Symbole mit der geringsten Wahrscheinlichkeit und markiere sie.
Man nehme das Symbol mit der nächsthöheren Wahrscheinlichkeit und verbinde es über zwei Kanten mit den ersten Symbolen.
Danach setze man die Wahrscheinlichkeit beim zuletzt hinzugefügten Symbol auf die Summe der beiden damit verbundenen Symbole.
iii.Man wiederhole den letzten Schritt, bis alle Symbole bis auf eines (Wurzel) im Baum enthalten sind.
iv.Die Codierung eines Symbols ergibt sich aus dem Durchlaufen des Baums von der Wurzel aus, wobei an jeder Verzweigung ein Weg mit 0 und einer mit 1 definiert wird.
Entwickelt vom Professor für Informatik an der University of California in Santa Cruz, David A. Huffmann (* 1925, † Oktober 1999), im Jahr 1952, als er noch Student am → *MIT* war und ein Paper darüber schrieb.
Angewendet z.B. bei → *Fax*-Gruppe 3, aber auch bei Verfahren des hochauflösenden Fernsehens (→ *HDTV*) oder bei Speichersystemen.
→ *READ*-Code.

HUM-Störung

Auch HUM-Distortion genannt. Bezeichnung für ein Störsignal in auf dem → *Koaxialkabel* basierenden Kabelfernsehnetzen (→ *Breitbandkabelverteilnetz*), das durch die Sättigung von induktiven Bauelementen oder durch Kondensatoren bzw. Gleichrichter in aktiven Verstärkern innerhalb des Kabelfernsehnetzes erzeugt wird.
Dabei handelt es sich um eine unerwünschte Modulation des elektrischen Signals auf dem Koaxialkabel mit einer Frequenz zwischen 0 und 400 Hz.
Eine HUM-Störung führt zu den charakteristischen horizontalen Störungsstreifen, sog. HUM- Bars, die das Fernsehbild auf dem an das Kabelfernsehnetz angeschlossenen TV-Gerät durchlaufen.

Hunt-Mode

Bezeichnung für den Zustand des Empfängers bei serieller, synchroner Übertragung am Beginn der Verbindung.
Der Empfänger wartet auf eine Trainingssequenz (bei ihm in einem → *Register* liegend), um sich mit dem Sender zu synchronisieren und den Beginn der Nutzdatenübertragung zu erkennen.

Hurenkind

Begriff aus der Satztechnik von Texten.

Wenn ein zusammengehöriger Text oder Textabschnitt etwas länger als eine Seite (Spalte) ist, wird die einzelne Zeile oder die wenigen Zeilen, die auf die nächste Seite (in die nächste Spalte) rutschen, als Hurenkind bezeichnet. Die englische Bezeichnung ist Widow (= Witwe).

Abhilfe schaffen eine Textänderung (Weglassen von Füllwörtern) oder eine Layoutänderung (weniger Absätze, kleinere Schrift, Änderung der Satzbreite).
→ *Schusterjunge*.

HvSt

Abk. für → *Hauptvermittlungsstelle*.

HvStd

Abk. für Hauptverkehrsstunde.
→ *Busy Hour*.

HVt

Abk. für → *Hauptverteiler*.

HVV

Abk. für Haus-Verteil-Verstärker.
Bezeichnung für den Verstärker in einem Haus am Anschluss zum → *Breitbandkabelverteilnetz*, wenn innerhalb des Hauses mehrere Wohnungen seriell zu versorgen sind.
→ *WAL*, → *WAD*.

HVXC

Abk. für Harmonic Vector Excitation Coding.

HW

Abk. für → *Hardware*.

hx

Abk. für → *Halbduplex*.

Hybridkabel

Bezeichnung für Kabel, in denen mehrere unterschiedliche drahtgebundene Übertragungsmedien in einem Kabelmantel untergebracht sind. Es können dafür folgende Kombinationen unterschieden werden:

- Kombination von → *Koaxialkabel* als Träger für breitbandige Signale (z.B. Kabel-TV-Signale) mit einer → *Zweidrahtleitung* (üblicherweise sogar mit zwei Zweidrahtleitungen).

  Man unterscheidet dabei zwei Bauformen:

  - Multimediakabel: Dabei wird bei der Zweidrahtleitung der äußere Mantel und beim Koaxialkabel die Polyesterfolio um den Außenleiter weggelassen und beide Kabel werden mit einem beide fixierenden dünnen Mantel von PVC umgeben.
  - Siam-Kabel: Beide Kabelarten sind wie normale Einzelkabel ausgeführt und zusätzlich noch mit einem beide zusammen fixierenden Kunststoffmantel umspritzt. Dadurch nimmt es relativ viel Platz weg.

- Kombination von Glasfaser (→ *Glasfasertechnik*) mit der → *Zweidrahtleitung*: In diesem Fall wird üblicherweise eine Menge von Glasfasern (z.B. sechs Stück) mit mehreren Zweidrahtleitungspaaren, die jeweils als Sternvierer zusammengeschaltet sind, in einem Kabel vereint. Üblicherweise werden derartige Kabel in Ortsnetzen verlegt, um flexible Ausbaumöglichkeiten in Richtung optischer Anschlussnetze (→ *AON*) zu ermöglichen.

Hybridkarte

→ *Smart Card*.

Hyperband

Bezeichnet in BK-Netzen (Kabelfernsehen) in Deutschland den Frequenzbereich von 302 bis 450 MHz für die Sonderkanäle S21 bis S41 mit je 8 MHz Bandbreite.
→ *Breitbandkabelverteilnetz*.

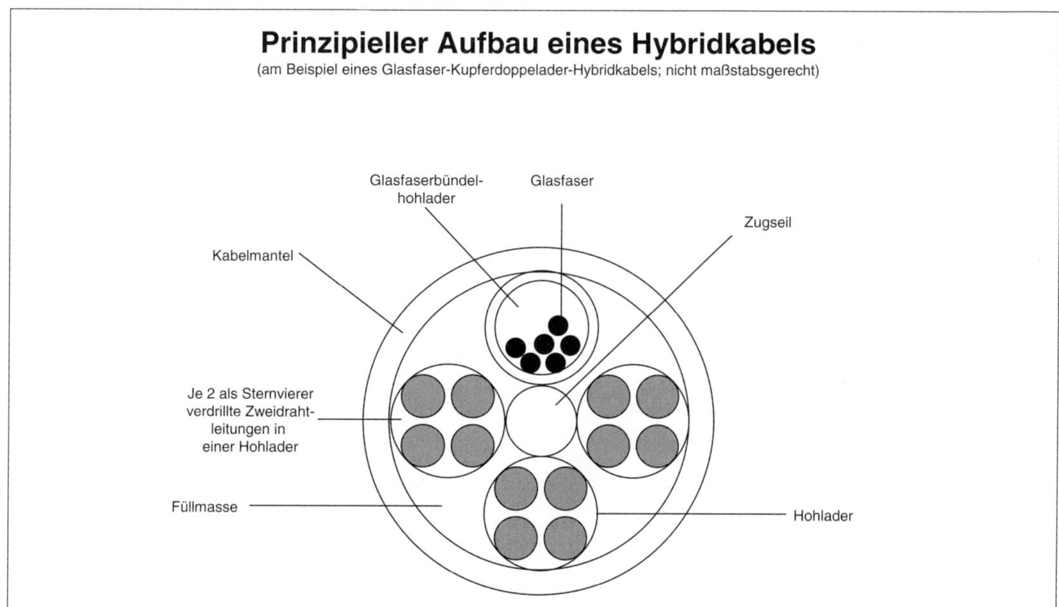

HyperCard

Bezeichnung für eine → *Skriptsprache*, die insbesondere zur Entwicklung grafischer Benutzerschnittstellen (→ *GUI*) verwendet wird.

HYPERchannel

Bezeichnung eines → *LANs* mit max. 50 Mbit/s auf einem → *Koaxialkabel*. Zulässig ist eine maximale Kabellänge von 1,6 km. Auf der → *MAC*-Teilschicht der Schicht 2 des → *OSI-Referenzmodells* wird → *CSMA*/CA genutzt. Netztopologie ist als Busstruktur realisiert.
Entwickelt von der Firma Network Systems Corp. als Teil einer ganzen Familie von LANs.

Hyperlink

Bezeichnung für eine Verbindung zwischen verschiedenen Texten (auch auf voneinander entfernten Datenspeichern), die dem Anwender mittels eines → *Hypertextes* angezeigt wird.
Start und Ziel eines Hyperlinks werden auch als Anker bezeichnet. Dabei wird dem Nutzer der Start als Hypertext angezeigt und das Ziel ist das Dokument, welches nach Aktivierung des Hyperlinks durch Anklicken des Hypertextes geladen wird. Startanker sind daher als solche erkennbar, Zielanker hingegen nicht.

Hypertext

Bezeichnung für sensible Textbereiche (dargestellt durch eine andere Farbe als normaler Text oder durch Unterstreichen) in Dokumenten, die auf Bildschirmen sichtbar sind und die mit einem Mauszeiger angeklickt werden, was eine Aktion auslöst, z.B. Einblenden einer Definition des angeklickten Begriffs oder eines weiteren völlig anderen Dokuments. Dient damit als Verbindung (→ *Hyperlink*) zu weiteren Dokumenten oder – allgemeiner ausgedrückt – zu weiteren Informationen.
Praktische Anwendungen: Hilfetexte bei Software und das → *WWW* im → *Internet*.
Die Idee des Hypertextes ist bereits relativ alt, hat jedoch erst mit dem Aufkommen des WWW an Bedeutung massiv gewonnen:
Juli 1945
Es erscheint ein Aufsatz von Vannevar Bush (* 1890, † 1974), damals Direktor im US Forschungsministerium, mit dem Titel „As we may think" in der Zeitschrift Atlantic Monthly, der das ideale, auf Mikrofilm und assoziativen Speichermechanismen basierende Informationssystem MEMEX beschreibt und einige Gedanken der Technik von Hypertext vorwegnimmt. Sein Grundgedanke unmittelbar nach Ende des 2. Weltkriegs war seinerzeit globaler, da er für die Forscher nach dem Ende der Waffenforschung neue Betätigungsfelder suchte und vorschlug, man solle sich eher mit dem unermesslichen menschlichen Wissen und wie man es idealerweise erschließe und zugänglich mache beschäftigen.
1965
Theodor ‚Ted' Holm Nelson (* 1937) präzisierte diese Vision und beschrieb in seiner Veröffentlichung „Literary Machines" sein Informationssystem ‚Xanadu' als ein ideales, universelles und elektronisches Publishing-System und Archiv. Dabei führte er die Begriffe Hypertext und Hypermedia ein. An seinen Konzepten hatte Nelson bereits seit 1960 gearbeitet. Den Namen ‚Xanadu' entlehnt er dem Gedicht ‚Kubla Kahn' von Samuel Taylor Coleridge, der es dort als ‚magic place of literary memory' beschrieben hatte.
1969
Douglas C. Engelbart (* 1925; er erfand auch die → *Maus*) führt am Stanford Research Institute ein Projekt zum Thema „Augmentation of Human Intellect" durch, in dessen Rahmen er mit einem NLS genannten System Hypertext-Konzepte umsetzt.
1980
Tim Berners-Lee, der später auch das WWW entwickeln sollte, schreibt das Programm ‚Enquire', es läuft unter SINTRA-III auf einer Norsk-Data-Maschine und ist eines der ersten Programme das mit einer Art Hypertext arbeitet.
1987
In Chapel Hill (USA) findet die erste wissenschaftliche Konferenz nur über Hypertext-Anwendungen statt.
1988
Es gibt eine Entwicklung mit dem Namen ‚Hypercard' aus dem Hause → *Apple*.
Ab 1989
Das WWW wird entwickelt.
Ab 1994
Das WWW wird allgegenwärtig.
→ *http://www.xanadu.net/*

Hypermedia

Bezeichnung für ein Konzept, dass die Idee von → *Hypertext* vom Medium Text auf andere Medien erweitert.
Sensible Medienbereiche (z.B. ein bestimmtes Teil eines Bildes) in Medienobjekten, die auf Bildschirmen sichtbar sind und auf die mit einem Mauszeiger geklickt wird, lösen eine Aktion aus, z.B. Einblenden einer Detailansicht, Start eines Videoclips, Anzeige eines erklärenden Textes etc. Dient damit als Verbindung (→ *Hyperlink*) zu weiteren Dokumenten oder – allgemeiner ausgedrückt – zu weiteren Informationen oder Medienobjekten.
Mögliche Standards sind → *MHEG* oder auch → *HyTime*.

Hytas

Abk. für Hybrides Teilnehmer-Anschlussnetzsystem.
Bezeichnung der Deutschen Telekom für ein seit 1996 verfolgtes sehr flexibles technisches Konzept im Bereich der aktiven optischen Netze (→ *AON*) im Bereich der → *Zugangsnetze*.

HyTime

Abk. für Hypermedia Time-Based Structuring Language.
Bezeichnung für eine Anwendung bzw. Erweiterung von → *SGML* zur Darstellung von → *Hypermedia*-Informationen. Wie dort auch ist die Grundidee, Inhalte von Dokumenten unabhängig von der Dokument-Darstellung (= Layout, Präsentationsform) definieren zu können. Hinzu kommen jedoch Funktionen zur Adressierung von Dokument-Objekten, zur Erstellung von Beziehungen zwischen Dokument-Objekten und zur Durchführung von numerischen

Messungen an Dokument-Objekten, z.B. für die zeitliche Koordination des Abspielens von Videos oder das zeitlich abgestimmte Einblenden von Bildern für eine bestimmte Zeit.

HyTime ist ein internationaler Standard, definiert 1992 als ISO/IEC 10744. Basis von HyTime ist es, eine Menge von Funktionen zu definieren, die als Basis für eine Vielzahl hypermedialer Informationen und Präsentationen angesehen wird. Hierzu werden sog. Architectural Forms (Regeln für die Darstellung von Hypermedia-Informations-Strukturen) definiert. Zusätzlich können noch weitere, spezifische Architectural Forms definiert werden, die jedoch dann von einer speziellen, dafür geeigneten Anwendungs-Engine verarbeitet werden müssen.

HyTime definiert nicht bestimmte Datenformate (hierfür werden Verfahren wie → *JPEG* oder → *MPEG* genutzt) oder Verarbeitungssemantiken, sondern die Adressierung der einzelnen Komponenten des Dokumentes, ihrer Verknüpfungen, der einzelnen Justierungen und Ausrichtungen und Synchronisierungen der Objekte untereinander.

HyTime benutzt → *ASN.1* für den Austausch der Informationen.

In HyTime werden alle eigentlichen Informationen, wie z.B. Video, Bilder, Texte und Ablauf-Skripte, Objekte genannt. Objekte können uneingeschränkt und plattformunabhängig weiterverarbeitet und exportiert werden. Mehrere HyTime-Objekte können in sog. Events eingefügt werden, die wiederum zu Event Groups zusammengefasst werden können. Auf diese Weise können mehreren Objekten gemeinsame Eigenschaften zugeordnet werden.

Events können in HyTime mit Hilfe einer Meta-Sprache, im sog. Finite Coordinate Space (FCS) positioniert werden. Im FCS können hierzu Achsen mit beliebigen Einheiten definiert werden, die durch die Angaben von Name, Länge und Einheit spezifiziert werden können. Die Einheiten können z.B. Höhe und Breite eines Bildes, seine Position im Raum, seine Position in der Zeit, jegliche physikalische Größe oder auch für den Anwendungszeck definierte und damit eigentlich künstliche/abstrakte Einheiten darstellen.

Jedes Objekt im FCS wird durch einen Anfangspunkt mit Ausdehnung bzw. Anfangs- und Endpunkt, eine Referenz oder einen Marker charakterisiert und erhält somit eine Koordinatenadresse. Falls mehrere Events im FCS untergebracht werden, können sie relativ zueinander positioniert werden. Entweder benutzt man eine Achse und positioniert Objekte relativ zueinander oder definiert die Adresse eines Events als eine Funktion eines anderen Events.

Die Koordinaten-Adressierung von HyTime ist eine Verallgemeinerung des Zeitmodells von SMDL (Standard Music Description Language).

Die sechs HyTime-Module sind:

- Basis-Modul (Grundmodul): Es bietet u.a. ein Minimum an Funktionalität, um mit HyTime-Dokumenten arbeiten zu können. So erkennt dieses Modul SGML, SGML-Fähigkeiten und definiert Konzepte, wie z.B. Architekturformulare (Regeln für die Darstellung von Hypermedia-Informations-Strukturen).

  Dieses Modul wird immer benötigt.

- Measurement-Modul: Dieses Modul ermöglicht Maßangaben für Objekte, wie z.B. Position, Größe, Zeit und Ausmaß, in vom Anwender gewählten Koordinatensystem (meist anwendungsspezifische Einheiten).

  Dieses Modul wird vom Location- sowie vom Hyperlink-Modul benötigt.

- Location-Address-Modul: Dieses Modul ermöglicht die eindeutige Identifizierung von Objekten und sogar von externen Objekten und Objekten, die nicht mit den normalen SGML-Einrichtungen des Grundmoduls adressiert werden können). Stellen im Raum können über den Namen, die Koordinatenposition oder ein semantisches Konstrukt adressiert werden.

  Die Verwendung dieses Moduls ist optional.

  Die Adressierung über den Namen ist eine Grundvoraussetzung für Verknüpfungen und sehr robust.

  Die Koordinatenadressierung ist für Ablauf-/Zeitplanung, Projektion, Ausrichtung und Synchronisierung unentbehrlich und extrem wichtig für Objekte ohne Namen und willkürliche Objektteile.

  Die Adressierung über ein semantisches Konstrukt hingegen ermöglicht die Adressierung willkürlicher Daten. HyTime übergibt hierfür die semantische Adresse an Interpreterprogramme, die sie in eine Koordinatenadresse oder einen Namen konvertiert. Der eigentliche Datenzugriff auf Objekte wird vom SGML Entity Manager Component ermöglicht, der die HyTime-Adresse übersetzt und somit auf den physikalischen Speicher zugreift sowie lokalisierte Daten aus Datenbanken anderer Rechner holen und Netzwerkprozesse aufrufen kann.

  Durch das Location-Address-Modul können auch eindeutige Bezeichner für Koordinatenadressen angegeben werden.

- Hyperlink-Modul: Es ermöglicht die Spezifikation von Beziehungen zwischen Informationselementen unabhängig von der Dokument-Hierarchie. Dieses Modul definiert mit Hilfe des Location-Address-Modul die zwei Verknüpfungsoptionen ‚clink‘ und ‚ilink‘.

  Clink ist die einfachste Form einer Verknüpfung und entspricht SGML. Clink steht für kontextuelle Verknüpfung (Contextual Link). Der Ilink (Independent Link, unabhängige Verbindung) kann mehr als zwei Enden haben und wird nicht im Dokument gespeichert, d.h. man kann z.B. Verweise einer schreibgeschützten Datei hinzufügen oder die Verweise besser organisieren und differenzieren, je nachdem wem und zu welchem Zweck man ein Dokument zu lesen gibt.

  Nicht jedes Datenobjekt hat in HyTime eine eindeutige Kennzeichnung. Um auf Nicht-SGML-Daten zu verweisen, wird ein Positionsgeber (Locator) benötigt, der für alle möglichen Stellen innerhalb beliebiger Daten geeignet ist. Die Instanzen eines solchen Positionsgebers können auf solche Stellen zeigen und eigene Kennzeichnungen bekommen. Um nun z.B. auf das dritte Bild eines Videos zu verweisen, kann der Verweis auf die passende Instanz eines Positionsgebers deuten. Diese indirekte Art des Verweisens wird häufig benutzt, da sie oft am leichtesten zu handhaben ist. HyTime ermöglicht es, verschiedene Stellen eines Hypermedia-Dokuments zu verknüpfen, um ihnen eine einzige Adresse zuzuordnen.

Die Verwendung dieses Moduls ist optional.

- Scheduling Modul (Ablauf-/Zeitplanung): Für die Ablauf-/Zeitplanung werden Events in eine oder mehrere Listen (Event Schedule) einsortiert. Diese geben an, wann ein Event im FCS dargestellt werden soll. Bei mehrfacher Darstellung eines Events kann dieses mehrmals in den Listen aufgenommen oder es können Pulse definiert werden, die zu einer Darstellung nach festgelegten zeitlichen Abständen führen. Mehrere Listen sind für Interaktionen sinnvoll. In HyTime werden zwar keine expliziten Elemente für Interaktionen definiert, die Anwendung kann aber auf eine andere Liste zugreifen, wenn z.B. der Benutzer einen Button drückt.

  Die Verwendung dieses Moduls ist optional.

- Rendition Modul: Mit diesem Modul können Objekte innerhalb eines Events sowie die Art, wie ein Event von einem Koordinatensystem in ein anderes, z.B. von einem mit einer virtuellen Zeit in eines mit Echtzeit, mit Hilfe von benutzerdefinierten sog. Projection Functions, projiziert wird, für deren Darstellung modifiziert werden. Über Batons (Taktstöcke) können Regeln definiert werden, die die Art der Darstellung ein oder mehrerer Event Schedules angeben. Hiermit kann z.B. die Abspielgeschwindigkeit variiert werden. Mit Wands (Zauberstäben) hingegen kann angegeben werden, wie eine oder mehrere Event Schedules anwenderdefiniert verändert werden sollen. Die Abstammung von SDML ermöglicht Funktionen, die sich von Zeit zu Zeit ändern. Musikprojektionen (Tempo), die aus solchen Funktionen bestehen, können Verweise auf andere Tempi haben und können sich auf absolute, relative, genaue und ungenaue Werte beziehen.

  Die Verwendung dieses Moduls ist optional.

Hz

Abk. für Hertz.

→ *Frequenz.*

I

I 2

Abk. für → *Internet 2*.

IA 5, IA Nr. 5

Abk. für International Alphabet No. 5.
Bezeichnung einer Empfehlung der → *ITU* in T.50 (V.4) und der → *ISO* in ISO 646. Standardisiert einen 7-Bit-Code, so dass 128 Zeichen codiert werden können.

IA 64

→ *EPIC*.

IAB

Abk. für Internet Architecture Board.
Bezeichnung eines nichtkommerziellen, unabhängigen und für technische Fragen zuständigen Gremiums zur Koordination der Aktivitäten der Weiterentwicklung des → *Internet*. Das IAB wurde von einem Ausschuss des amerik. Verteidigungsministeriums gegründet und ist mit 20 gewählten freiwilligen Wissenschaftlern und Fachleuten besetzt.
Die Charta des IAB kann im RFC 1601 nachgelesen werden, der Zusammenhang mit anderen Gremien im RFC 1160.
Das IAB koordiniert die Arbeit mehrerer nachgeordneter Gruppen, z.B. der → *IESG*, → *IETF*, → *IANA* und → *IRTF*.
Einen informellen Vorläufer des Gremiums gab es ab 1978, als die Internet-Väter Vinton C. Cerf und der Mathematiker Robert Kahn sich mit mehreren Experten immer wieder mal trafen, um das Know-how über das Internet und seine technische Plattform möglichst weit zu streuen.
→ *http://www.iab.org/*

IAC

Abk. für Interconnection Access Charges.
→ *Access Charge*.

IAD

Abk. für Integrated Access Device.

IAE

Abk. für ISDN-Anschluss-Einheit.
Ist die Anschlussbuchse für Endgeräte an → *ISDN*. Nicht zu verwechseln mit → *TA* oder → *NT*! Analoges Gegenstück zur IAE ist die → *TAE*.

IAHC

Abk. für International Ad Hoc Committee.
Bezeichnung für ein von der → *Internet Society* 1996 gegründetes und international besetztes Gremium, das sich mit der Überarbeitung der fünf Top-Level-Domänen (→ *tld*, → *Domain*) und mit Prozeduren für die Zuteilung der Domänen beschäftigen sollte. Grund hierfür war die seinerzeitige Vormachtstellung der vom → *Inter-NIC* gegründeten Network Solutions Inc. (NSI), welche diese seit September 1995 erzielt hatte.
Die IAHC nahm nur zögernd ihre Arbeit auf und erzielte mit ihren Reformvorstellungen nicht immer den Zuspruch der Internet-Gemeinde. Insgesamt bildete ihre Arbeit jedoch die Grundlage für → *ICANN*, die im November 1998 gebildet wurde.

IAI

Abk. für Internationale Allianz für Interoperabilität e.V.
Bezeichnung für eine 1995 gegründete Initiative mit mittlerweile weltweit mehr als 500 Mitgliedern aus den Bereichen Bauplanung, Softwarehersteller von Programmen für die Baubranche und Bauunternehmen.
Ziel ist die Förderung der International Foundation Classes (→ *IFC*) zum verlustlosen Datenaustausch zwischen allen Beteiligten eines Bauprojektes.

IAL

1. Abk. für Intel Architecture Lab.
   Das Forschungs- und Entwicklungszentrum des Herstellers von → *Mikroprozessoren* → *Intel*.
2. Abk. für International Algebraic Language.
   → *Algol*.

IANA

Abk. für Internet Assigned Number Authority.
Bezeichnung für ein lange Zeit eines das → *Internet* mitverwaltendes Gremium, das aus den Network Information Centers (→ *NICs*, → *InterNIC*) und den Domain Name Administrators bestand. Mittlerweile in der → *ICANN* aufgegangen.
Die IANA war seinerzeit das oberste Gremium zur Verwaltung der IP-Adressen im Internet und teilte den nachgeordneten NICs und dem InterNIC jeweils Adresskontingente zu.
Ferner war es Aufgabe der IANA die Parameterwerte in den Protokollen zu verwalten, z.B. Versionsnummern, Schlüsselworte, Portnummern oder Defaultwerte (→ *Default*).
→ *http://www.iana.org/*

IAP

Abk. für Internet Access Provider.
→ *ISP*.

IAPC

Abk. für Instantly Available OnNow PC.
Bezeichnung für einen PC, der den Prozess des → *Bootens* erheblich verkürzt, indem er in einen Stand-by- oder Schlaf-Modus übergeht. Dies erfordert jedoch, dass er permanent an der Spannungsversorgung angeschlossen bleibt.
IAPC ist prinzipiell die Erweiterung von → *APM* um → *OnNow*-Funktionen.

IARU

Abk. für International Amateur Radio Union.
Bezeichnung der internationalen Vereinigung der Amateurfunker (→ *Amateurfunk*) mit Sitz in Genf. Gegründet wurde die IARU am 18. April 1925 noch in Paris. Im gleichen Jahr

wurde aus Deutschland auch der Deutsche Sendedienst (DSD) Mitglied.
→ *http://www.iaru.org/*

IAS

Bezeichnung eines im Juni 1952 von John von Neumann und Willis Howard Ware (* 31. August 1920) im Institute for Advanced Studies in Princeton/New Jersey in Betrieb genommenen Rechners, der bereits Ansätze eines Parallelrechners (→ *Vektorrechner*) hatte. Er war damit der erste parallele und asynchrone Rechner.
Die Wortlänge betrug 40 Bit und es war ein Speicher für 4 096 Worte vorgesehen.
Ein Wort konnte zu verarbeitende Daten oder zwei Befehle zu je 20 Bit enthalten. Die Befehle waren dabei aufgeteilt in einen Operationscode von 8 Bit und einen Adressteil von 12 Bit. Der Adressteil identifizierte dann genau einen Speicherplatz im Speicher ($2^{12} = 4\ 096$).
Das Rechenwerk verfügte bereits über → *Register*. Der Rechner nutzte z.B. die Williams-Röhre (→ *Manchester Mark I*) als Speicher.

IASG

Abk. für Internetwork Address Sub-Group.

IAT

Abk. für in addition to.
→ *Chat Slang*.

IBCN

Abk. für Integrated Broadband Communication Network.
Englische Bezeichnung für ein auch die Verteildienste integrierendes → *B-ISDN*. Deutsche Bezeichnung: → *IBFN*.

IBDN

Abk. für Integrated Building Distribution Network.

IBFN

Abk. für Integriertes Breitband-Fernmeldenetz.
Bezeichnung der Deutschen Telekom aus den 80er Jahren für ein glasfaserbasiertes Universalnetz, das auch Dienste des → *B-ISDN* integrieren sollte. Heute ist der Ausdruck nicht mehr gebräuchlich; der Ansatz ist am ehesten mit → *ATM* vergleichbar.

IBM

Abk. für International Business Machines Inc.
Auch → *Big Blue* genannt. Bezeichnung für den weltweit größten Hersteller von Computersoft- und -hardware, der die Entwicklung der IT-Welt durch zahlreiche Innovationen entscheidend mitgeprägt hat. IBM gehörte in den 60er und 70er Jahren mit zur führenden → *BID*-Gruppe. Aus dieser Zeit rührt auch der für ein Buch titelgebende Spott von „Schneewittchen und den sieben Zwergen" her, mit Schneewittchen als IBM und den Zwergen Burroughs, Control Data, Honeywell, NCR, Rand, RCA und Sperry.
IBM betreibt das IBM Global Network (→ *IGN*) und verfügt mit der Geschäftseinheit IBM Global Services auch über einen Dienstleistungsarm.
Gegründet von Hermann Hollerith (* 1860, † 1929) im Jahre 1896 als „The Tabulating Machine Company". Diese Firma fusionierte 1911 mit der International Time Recording Company, der Computing Scale Company und Bundy Manufacturing zur Computing Tabulating-Recording Company (CTR). Dieses Unternehmen wurde 1924 vom seit 1914 amtierenden Präsidenten der IBM, Thomas J. Watson Sr. (* 1874, † 19. Juni 1956), in IBM umbenannt und 41 Jahre auf nicht unumstrittene Weise vorwiegend autoritär geleitet. Watson arbeitete zuvor als Handelsvertreter bei der Konkurrenz → *NCR*. Ihm wird die mittlerweile legendäre Fehlprognose aus dem Jahre 1943 zugeschrieben, als er sagte: „I think there is room in the world for maybe five computers". Er hält IBM lange Zeit aus dem Geschäft mit ‚echten' elektronischen Computern zurück, da er befürchtet, sie seien nur eine Modeerscheinung und würden ansonsten das eigene Stammgeschäft mit elektromechanischen Tabelliermaschinen, Schreibmaschinen und Rechenmaschinen kaputtmachen.
Umgekehrt verwandelte er jedoch auch IBM in ein modernes global agierendes Unternehmen. So stellte IBM 1935 die erste Schreibmaschine vor. Im Laufe der Zeit erzielte IBM in diesem Marktsegment in den USA einen Marktanteil von bis zu 80%.
Im Mai 1956 kündigte er seinen Rückzug aus dem aktiven Geschäft und die Übergabe aller Aufgaben an seinen Sohn, Thomas Watson Jr., an. Wenige Wochen später, am 19. Juni 1956 verstarb Watson Sr.
Watson Jr. war dem Computergeschäft gegenüber wesentlich aufgeschlossener und förderte es erheblich. Er blieb bis 1971 an der Spitze der IBM und verstarb 1993.
Wegen seiner überragenden Marktstellung war IBM auch immer Ziel für Anti-Trust-Klagen in den USA. Die bedeutendste derartige Klage begann am 17. Januar 1969. Im Rahmen des Prozesses werden vorab 40 Millionen interne Schreiben und Akten von IBM gesichtet, davon werden rund 80 000 als für den Prozess relevant eingestuft. Allein der Vortrag der Anklage dauerte sechs Jahre bis 1975. Am 8. Januar 1982 schließlich wird das Verfahren ohne eine Gerichtsentscheidung eingestellt, da man erkennt, dass der Aufwand größer als der Nutzen ist und einige Anklagepunkte mittlerweile überholt sind.
Erstmals in ernsthafte wirtschaftliche Schwierigkeiten geriet IBM in den 90er Jahren. So musste es im Januar 1992 den ersten Verlust für ein abgelaufenes Geschäftsjahr in der Firmengeschichte eingestehen (564 Mio. $), gefolgt vom höchsten Jahresverlust, den überhaupt bis dahin je ein Unternehmen hatte (4,96 Mrd. $ im Januar 1993).
→ *CGA*, → *AS/400*, → *EBCDIC*, → *IBM 305*, → *IBM /360, /370*, → *IBM 601*, → *IBM 650*, → *IBM 701*, → *IBM 1401*, → *IBM 3270*, → *IBM 5100*, → *IBM 5250*, → *IBM RS/6000*, → *IBM S/3*, → *IBM S/32*, → *IBM S/390*, → *PS/2*, → *Stretch*, → *Token-Ring*.
→ *http://www.ibm.com/*
→ *http://www.internet.ibm.com/*
→ *http://www.guide.org/*

IBM 305

Kurzbezeichnung für den → *RAMAC*.

IBM /360, /370

Bezeichnung einer sehr erfolgreichen Großrechnerfamilie aus dem Hause IBM, die die Klasse der → *Mainframes* schuf und in dieser Klasse bis in die 70er Jahre hinein den Standard setzte.

Angekündigt wurde die IBM /360 am 7. April 1964. Der Rechner wurde von Gene M. Amdahl (* 16. November 1922) maßgeblich entwickelt. Sie verfügte in ihrer ersten Version noch über → *Magnetkernspeicher*. Ihre Entwicklung ab 1961 unter dem Codenamen „Spread" hatte rund ½ Mrd. $ gekostet und war damit das bis dahin größte, privat finanzierte Entwicklungsvorhaben der Geschichte. In den Bau der Fabriken wurden bis zu 5 Mrd. $ investiert. Rund 60 000 Mitarbeiter im Hause IBM waren an dem Projekt beteiligt.

Die IBM /360 wurde schließlich 1965 auf den Markt gebracht. Den Durchbruch hatte sie ab 1966. Ihr Logo war die Windrose und die Bezeichnung /360 beschrieb einen Vollkreis mit 360° – um anzudeuten, dass der Computer in allen Bereichen (Branchen und Unternehmensbereichen) einsetzbar sei.

Insgesamt gab es sechs verschieden große Modelle, die jedoch alle die gleiche Software und die gleiche Peripherie nutzten, so dass es für den Betreiber einfach war, auf das nächstleistungsstärkere Modell umzusteigen. Durch diese Politik der Abwärtskompatibilität band IBM auf Jahre hinaus Kunden an sich und sicherte sich die Spitzenposition im Computermarkt.

IBM brachte die größere Mainframe-Serie /370 im Jahr 1970 mit den Modellen 155 und 165 mit Halbleiterspeicher auf den Markt. Auf einer einzigen Steckkarte war die gesamte Logik des erfolgreichen IBM Systems 1401 integriert. Das Modell 145 mit voller monolithischer Halbleiter-Speichertechnik folgte später im Herbst des gleichen Jahres.

Die Magnetplattenspeicher hatten eine Kapazität von 800 MByte und die passenden Schnelldrucker druckten 2 000 Zeilen/Minute.

1973 folgte mit der IBM /370 Modell 115 die kleinste Version.

In den 70er Jahren wurden von dem System einige andere Computer für den Mittelstand (→ *IBM S/3*, → *IBM S/32*) abgeleitet, für die entscheidende technische Grundlagen übernommen wurden.

Die /360 wurde für kommerzielle Zwecke allgemein akzeptiert und ein großer Erfolg. Für technisch-wissenschaftliche Zwecke war sie jedoch weniger zu gebrauchen, weshalb im Hause IBM verschiedene Projekte gestartet wurden, diesem Mangel abzuhelfen:

- Projekt X startete 1961 und führte zur Hochleistungsmaschine 360/91.
- Projekt Y startete im Herbst 1963 mit dem Ziel, einen zur bisherigen /360-Linie nicht kompatiblen → *Supercomputer* zu entwickeln. Im Sommer 1965 wurde die Projektorganisation auf eigene Beine gestellt und in → *ACS* umbenannt.

IBM 601

Bezeichnung für eine 1935 vorgestellte Tabelliermaschine aus dem Hause IBM, die Lochkarten auswertete. Bemerkenswert an dieser Maschine war eine arithmetische Einheit, die schon auf elektromechanischen Relais basierte.
Rund 1 500 Maschinen dieses Typs werden im Laufe der Jahre gebaut und an akademische und kommerzielle Institutionen verkauft. Aus den Maschinen ging eine ganze Familie von immer weiter elektronisierten Tabelliermaschinen und Rechenstanzern hervor, die bis in die 50er Jahre hinein in hohen Stückzahlen gebaut wurden.

IBM 650

Bezeichnung des mit 1 800 verkauften Exemplaren erfolgreichsten, mit Röhren bestückten Computers der 50er Jahre aus dem Hause IBM. Dieser Rechner war der erste in wirklichen Massen produzierte Computer und führte durch seine weite Verbreitung in den späten 50er Jahren zum neuen Berufsbild des Systemberaters.
Vorgestellt wurde das Modell als eine Serie mittelgroßer, preiswerter Computer im Jahr 1953. Er konnte schon in → *Fortran* programmiert werden und war mit einem langsamen, aber verlässlichen → *Magnettrommelspeicher* ausgestattet, weswegen er auch unter der Bezeichnung „the magnetic drum calculator" bekannt war.
Die IBM 650 verbrauchte noch 5,5 kWh. Der Hauptspeicher war 2 000 Worte zu 10 Stellen groß.
Erster Anwender in Deutschland war 1956 die Allianz-Versicherung in München. Prominentester Nutzer dieses Rechners war die Bundesversicherungsanstalt für Angestellte in Berlin, die damit Renten berechnete.

IBM 701, 702, 704, 705

IBM 701 war die Bezeichnung des ersten serienmäßig von IBM produzierten Computers, der sich an dem Konzept des → *Von-Neumann*-Rechners orientierte. Maßgeblich mitentwickelt von Jerrier A. Haddad, Nathaniel ‚Nat' Rochester (→ *KI*), Gene Amdahl (→ *Amdahl*, → *IBM /360*), Charles Bash und Werner Buchholz.
Seine Entwicklung startete Ende 1950 für die US-Marine. Bezeichnung war zunächst „Defense Calculator". Öffentlich vorgestellt wurde er nach der Ankündigung 1952 als IBM 701 am 7. April 1953. Sein Röhrenzentralspeicher umfasste 2 048, später 4 096 36-Bit-Worte. Die genaue Anzahl der gebauten 701 ist umstritten – einige Quellen nennen 18, andere 25, wobei beachtet werden muss, dass einige 701 aus der Produktion herausgenommen wurden und zu Sonderexemplaren umgebaut wurden. Er nutzte z.B. die Williams-Röhre (→ *Manchester Mark I*) als Speicher.
1953 folgte die IBM 702, die insbesondere für kaufmännische Anwendungen konzipiert war.
Die IBM 705 wurde 1955 als Nachfolger der 702 vorgestellt und war mit einem → *Magnetkernspeicher* mit 20 000 Stellen ausgerüstet. Sie war das erste zeichenorientierte und damit kaufmännisch ausgelegte Gerät, das Befehle von fester Länge, aber Daten von fast beliebiger Länge kannte.
Gegen Ende 1955 kam die IBM 704 auf den Markt, ebenfalls mit Magnetkernspeicher mit 4 096 Stellen. Sie war primär für wissenschaftliche Anwendungen entwickelt worden.

IBM 7030

→ *Stretch.*

IBM 1401

Bezeichnung für einen für seine Zeit eher kleinen Rechner für kaufmännische Anwendungen, vorgestellt 1959. Sie wurde innerhalb kurzer Zeit das erfolgreichste Computersystem mittlerer Größe bis 1964. Über 10 000 Exemplare wurden bis dahin gebaut.

Die 1401 war mit → *Magnetkernspeicher*, → *Transistoren* als Schaltelementen und – erstmals überhaupt in einem serienmäßig hergestellten Computer – gedruckten Schaltungen für damalige Verhältnisse sehr modern ausgestattet. 500 Zahlen konnten je Sekunde multipliziert werden.

IBM 3270

Bezeichnung eines weit verbreiteten Terminaltyps von IBM. Wird mittels Koaxialkabeln an → *Mainframes* angeschlossen. Synonym für eine ganze Klasse von → *Terminals* und auch → *Terminalemulationen.*

IBM 5100

Bezeichnung eines frühen portablen Computers mit der Bezeichnung ‚Personal Computer' (→ *PC*, → *Laptop*).

Entwickelt wurde der Rechner 1975 im Hause IBM. Primär gedacht war er für technisch-kommerzielle Anwendungen. Preis: 9 000 $.

Die Branchenzeitungen meldeten seinerzeit, dass man das fast 25 kg schwere System „bequem von Büro zu Büro tragen" könne. Es war mit 16 KByte RAM, einem monochromen 16 * 64-Zeichen-Bildschirm und einem Bandlaufwerk als Massenspeicher ausgestattet. Fest eingebaut waren die Programmiersprachen → *Basic* und → *APL.*

IBM 5150

→ *PC.*

IBM 5250

Bezeichnung eines weit verbreiteten Terminaltyps von IBM zum Anschluss an → *Minicomputer* vom Typ → *IBM S/32* und die Nachfolgemodelle dieser Serie, wie z.B. auch die → *IBM AS/400.*

IBM AS/400

→ *AS/400.*

IBM-Code

Andere Bezeichnung für den → *EBCDIC.*

IBM PC

→ *PC.*

IBM PS/2

→ *PS/2.*

IBM RS/6000

Abk. für RISC System/6000.

Bezeichnung einer Reihe heute relativ weit verbreiteter und daher kommerziell erfolgreicher → *Supercomputer* mit ca. 3 000 Installationen weltweit gegen Mitte 1998.

Der Computer basiert auf dem Konzept des Massive Parallel Processing (→ *MPP*) auf Basis des → *PowerPC* (seit 1993, zuvor ein eigener RISC-Prozessor aus dem Hause IBM) vom Typ 604 mit einem Takt von 332 MHz. Es wird auch der Mikrokanal (→ *MCA*) als internes Bussystem eingesetzt. Als Betriebssystem kann → *UNIX* eingesetzt werden.

Wird der Rechner im kommerziellen Umfeld eingesetzt, kommen einige Dutzend Prozessoren zum Einsatz, wohingegen im technisch-wissenschaftlichen Bereich einige Hundert bis hin zu max. 512 verwendet werden.

Der Spezialrechner → *Deep Blue* basierte auch auf einer IBM RS/6000.

Die Wurzeln für die IBM RS/6000 liegen in der Entwicklung der → *RISC*-Technologie im Hause IBM. Vorgestellt wurde die Serie 1990.

→ *http://www.rs6000.ibm.com/*

IBM S/3

Von der Mainframe → *IBM /360* abgeleitete Plattform für Rechner für mittelständische Unternehmen. Vorgestellt 1969. Aus ihr ging später die → *IBM S/32* hervor.

IBM S/32, S/34, S/36, S/38

Frühe Hardwareplattformen für → *Minicomputer* aus dem Hause IBM für den Mittelstand mit rund 70 000 Installationen weltweit. Lief unter dem Betriebssystem SSP und hatte die Größe eines Schreibtisches. Vorgestellt wurde 1975 zunächst die S/32 als technische Weiterentwicklung der → *IBM S/3*, bestehend aus Zentraleinheit, Tastatur und einem Drucker (noch kein Bildschirm als Ausgabegerät!). Es folgten 1977 die S/34 als Einsteigermodell, 1980 die leistungsstarke S/38 und wenig später die S/36.

Die S/36 mit max. 8 MByte Hauptspeicher, von denen die Programme nicht mehr als 64 KByte verwenden durften, unterstützte max. acht angeschlossene Terminals.

Es konnten Terminals vom Typ → *IBM 5250* angeschlossen werden.

Nachfolgemodell für die gesamte Linie wurde die → *AS/400.* Konkurrenz in Europa und insbesondere in Deutschland war die → *Nixdorf 8870.*

IBM S/390

Bezeichnung für einen Großrechner aus dem Hause IBM. Erstmals vorgestellt im Juni 1994 mit einer Leistung von 13 MIPS. Das nächste Modell S/390 G2 folgte im September 1995 mit 23 MIPS und schließlich kam im September 1996 die S/390 G3 mit 45 MIPS. Spitzenmodell ist die S/390 G4 mit 63 MIPS seit Juli 1997.

Alle Prozessoren der S/390-Linie basieren auf → *CMOS*-Technologie.

Als → *Betriebssystem* wird OS/390 genutzt, von dem im März 1999 Version 2.7 vorgestellt wurde.

IBM Stretch

→ *Supercomputer.*

IBM Token-Ring

→ *Token-Ring.*

IBND

Abk. für Interim Billed Number Database.

IBTE

Abk. für Institution of British Telecommunications Engineers.

Bezeichnung des Berufsverbandes britischer Ingenieure in der Telekommunikationsindustrie. Periodisches Organ ist die vierteljährlich erscheinende Zeitschrift „British Telecommunications Engineering“.

Adresse:

IBTE
2 – 12 Greshiam Street
London EC2V 7AG
GB

→ *http://www.ibte.org/*

IC

1. Abk. für → *Interconnection.*
2. Abk. für Integrated Circuit.

   Bezeichnung für Bausteine, die mehrere elektronische Bauelemente (→ *Transistor*, Widerstände, Kondensatoren, Leiterbahnen) platzsparend auf einem Halbleitersubstrat und in einem Trägergehäuse mit Kontaktstiften zu einer einzelnen funktionsfähigen logischen Schaltung zusammenfassen.

   Texas Instruments (→ *TI*) präsentierte im September 1958 den ersten integrierten Schaltkreis (Flip-Flop-Schaltung) auf der Basis von Germanium, erfunden von Jack St. Clair Kilby (* 8. November 1923), der seit Juli des Jahres daran gearbeitet hatte. Dabei wurde ein von Hoerni entwickeltes Isolationsverfahren angewendet. Der dabei entwickelte IC war ca. 12 mm lang und wenige mm dick.

   Ein halbes Jahr später hatte Robert Norton Noyce von der noch jungen Fairchild Semiconductor aus Mountain View/Kalifornien ebenfalls einen IC unter der Verwendung von Siliziumdioxid und Aluminiumdrähtchen entwickelt. Sein Produktionsverfahren (Planar-Technologie) auf Siliziumbasis setzte sich kommerziell durch. Robert Noyce und Gordon Earl Moore (→ *Intel*) beantragten hierfür am 30. Juli 1959 ein Patent, woraufhin es zwischen Texas Instruments und Fairchild zum Rechtsstreit kam, der 1969 zugunsten von Fairchild entschieden wurde.

   Allgemein anerkannt ist seither die Ansicht, dass Kilby den ersten IC vom Prinzip her erfunden und entwickelt hat, wohingegen Noyce und Moore ein Verfahren entwickelten, das ihn kommerziell in großem Maßstab nutzbar machte. Für seine grundlegenden Arbeiten wurde Kilby im Jahre 2000 mit dem Nobelpreis für Physik ausgezeichnet.

   Kommerziell erhältlich waren die ersten ICs ab 1961 bei Fairchild. Das Fairchild-Gebäude, in dem der IC entwickelt wurde, wurde aus diesem Grund im August 1991 zum 1 000. Denkmal Kaliforniens erklärt.

   Die weitere technische Entwicklung führte zunächst zu kleineren Abmessungen und höherer Integration durch die → *MOS*-Technik und später, in den frühen 70er Jahren, zu den → *Mikroprozessoren.*

   ICs werden als Standardbausteine und als → *ASICs* auf speziellen Kundenwunsch hin gefertigt.

ICA

1. Abk. für Interconnect-Anschluss.

   → *ODZ.*
2. Abk. für International Communications Association.

   Bezeichnung einer gemeinnützigen Organisation mit Unternehmen, Behörden und Universitäten als Mitgliedern, welche sich im Umfeld von Schulung und Ausbildung von Endbenutzern in den Bereichen IT und Telekommunikation engagiert.

   → *http://www.icanet.com/*

ICAP

Abk. für Internet Calendar Access Protocol.

ICANN

Abk. für The Internet Corporation for Assigned Names and Numbers.

Bezeichnung für eine am 25. November 1998 nach längeren Verhandlungen zwischen der US-Regierung und diversen nationalen und internationalen Internet-Gremien (→ *IANA*, → *IAHC*) gegründete nichtkommerziellen Organisation in den USA, deren zentrale Aufgabe die globale Verwaltung von Top-Level-Domänen (→ *Domain*, → *DNS*) und von → *IP*-Adressen als oberste Instanz ist.

Die ICANN hat verschiedene Funktionen insbesondere der IANA, aber auch von → *InterNIC* sowie insbesondere dessen kommerziellem Ableger Network Solutions Inc. (NSI) übernommen.

Die Funktionen gliedern sich in folgende drei Bereiche, die durch eine Teilinstanz der IVCANN, genannt Supporting Organization, wahrgenommen werden:

- Verwaltung der Top-Level-Domänen durch die Domain Name Supporting Organization (DNSO).
- Verwaltung (Gliederung, Zuweisung und Management) von IP-Adressen durch die Address Supporting Organization (ASO): Auf kontinentaler Ebene sind hierfür die folgenden drei Gremien (genannt Regional Internet Registry, RIR) zuständig:
  - Für Nord- und Südamerika, den südlichen Teil Afrikas und die Karibik: das ARIN (American Registry for Internet Numbers).

    → *http://www.arin.net/*
  - Für Asien und den pazifischen Raum: das APNIC (Asia Pacific Network Information Center).

    → *http://www.apnic.org/*
  - Für Europa, den Nahen und Mittleren Osten sowie Nordafrika: → *RIPE.*
- Verwaltung von Protokollparametern (Portnummern, Default-Werte etc.) durch die Protocol Supporting Organization (PSO).

Diese Aufgaben müssen nicht notwendigerweise von der ICANN auf globaler Ebene selbst operativ wahrgenommen und technisch realisiert werden. Vielmehr kann sie entsprechende Rechte vergeben und den gesamten Prozess nur überwachen.

Im Mai 1999 kündigte sie an, auch anderen Unternehmen das Recht einzuräumen, Domain-Namen vergeben zu können, sofern bestimmte finanzielle und technische Bedingungen von diesen Unternehmen erfüllt sind. Zum Herbst 1999 waren bereits fünf solcher Unternehmen zugelassen: → *AOL*, CORE (→ *Domain*), France Télécom, Melbourne IT und Register.com.

Sitz der ICANN ist Marina del Ray/Kalifornien.

→ *http://www.dnso.org/*

→ *http://www.icann.org/*

ICB

Abk. für Incoming Call Barring.

→ *Barring.*

ICCC

Abk. für International Council for Computer Communication.

Bezeichnung für eine internationale Organisation von Wissenschaftlern, welche die Anwendungen von Datenkommunikation zwischen Computern und deren soziale und wirtschaftliche Einflüsse untersuchen, um daraus Empfehlungen für die Politik abzuleiten.

ICCS

Abk. für Integrated Communications Cabling System.

Bezeichnung eines Verkabelungssystems aus dem Hause Siemens für ihre Hicom-Nebenstellenanlagen und deren Zusammenwirken mit → *LANs* und der → *EDV*. Basis sind Kupfer- oder Glasfaserkabel.

ICD

Abk. für International Code Designator.

ICE

Abk. für Information (and) Content Exchange.

Bezeichnung für einen Anfang 1998 vorgestellten Standard, der Elemente von → *XML* und → *OPS* miteinander vereinigt und den Austausch von Daten zwischen zwei verschiedenen → *Sites* im → *WWW* standardisiert. Ziel ist, dass Daten an eine Site geschickt werden, die dort automatisch angezeigt werden.

Anwendungsbeispiele sind z.B. Hersteller mit einer zentralen Site für das Marketing, in die die Großhändler ihre Lagerbestandsdaten einspeisen, so dass ein potenzieller Käufer gleich auf der Haupt-Site sehen kann, ob der Großhändler in seiner Nähe die gewünschten Waren vorrätig hat.

Ein stabiler Standard (ICE Version 1.0) wurde im Oktober 1998 veröffentlicht.

ICF

1. Abk. für Information Conversion Function.
2. Abk. für International Cablemakers Federation.

   Bezeichnung für eine Vereinigung der führenden Kabelhersteller.

   → *http://www.icf.at/*

ICI

1. Abk. für Intercarrier Interface.

   Bezeichnung für die Schnittstelle zwischen zwei u.U. technisch gleichen Netzen, die zwei unterschiedlichen Netzbetreibern gehören.

   → *Interconnection.*
2. Abk. für Interface Control Information.

   Bezeichnung für die Kontrollinformationen an den Schnittstellen zwischen zwei Schichten des → *OSI-Referenzmodells.*

ICM

1. Abk. für Image Color Matching.

   Bezeichnung für ein Verwaltungssystem für Farben und Farbpaletten, wie sie in → *Scannern* und → *Druckern* zur grafischen Gestaltung verwendet werden. Entwickelt im Hause Microsoft.
2. Abk. für Incoming Message.

   Bei → *Anrufbeantwortern* die Bezeichnung für die aufgenommenen, gespeicherten Nachrichten der Anrufer.

   → *OGM.*

ICMP

Abk. für Internet Control Message Protocol.

Bezeichnung eines Protokolls im → *Internet* auf der Schicht 3 im → *OSI-Referenzmodell*, das zum Austausch von Steuerinformationen für Routingzwecke von → *IP*, das auf der gleichen Schicht arbeitet, benutzt wird. Es meldet Ausfälle und Fehler bei der Übertragung von IP-Paketen (→ *TCP*) und ist daher insbesondere bei der Verwendung von → *UDP* anstelle von TCP nützlich.

Ein weit verbreitetes Programm, das ICMP nutzt, ist z.B. → *ping.*

ICMP wurde in den RFCs 792 (durch Jonathan ‚Jon' Postel (* 6. August 1943, † 16. Oktober 1998)) und 950 definiert.

ICO

1. Bezeichnung eines mittlerweile gescheiterten Projektes des Unternehmens ICO Global mit Sitz in London für globalen → *Satellitenmobilfunk.* Die entsprechende Infrastruktur im All wurde mit ICONET bezeichnet.

   Die Konzeption startete zunächst im Hause → *Inmarsat* als Reaktion auf das → *Iridium*-Projekt aus dem Hause Motorola unter der Bezeichnung Inmarsat-P, später Project 21. Schließlich wurde 1995 eine eigene Gesellschaft unter der Bezeichnung ICO gegründet und im Juli 1998 an die Börse gebracht, nachdem sich im Dezember 1997 die TRW unter Einstellung ihres Projektes → *Odyssey* der ICO angeschlossen hatte.

   Vorgesehen waren zehn Betriebssatelliten (plus zwei Ersatzsatelliten) mit einem Gewicht von jeweils 2 t mit einer erwarteten Lebenszeit von zehn Jahren auf zwei Bahnen in 10 355 km Höhe (→ *ICO(2)*). Die → *Inklination* sollte 45° bei minimaler → *Elevation* von 20° betragen. Inter-Satellite-Links waren nicht vorgesehen.

Das System sollte → *TDMA* mit einem → *Uplink* im Bereich von 1 980 MHz bis 2 010 MHz und einem → *Downlink* von 2 170 MHz bis 2 200 MHz nutzen. Angeboten werden sollten Sprachübertragung und Datenübertragung mit 2,4 kbit/s über → *Dual Mode* Handys. Das System sollte zunächst 1999 voll, später dann Ende 2000 zumindest regional betriebsfähig sein und Investitionen in Höhe von 2,6 Mrd. $ erfordern, davon 2,2 Mrd. $ in Satelliten (260 Mio. $ je Satellit) und 350 Mio. $ in Bodentechnik.

Aus Deutschland beteiligte sich die Deutsche Telekom AG durch ihre Tochter DeTeMobil.

Das System galt als auf Druck der anderen Projekte für satellitengestützten Mobilfunk – und dadurch erst relativ spät – konzipiert. Erste Satellitenstarts waren ab 1999 und der Wirkbetrieb ab 2001 geplant. Die ursprünglichen Ziele waren 1 Mio. Nutzer 2001, 2,5 Mio. 2002 und 15 Mio. Nutzer weltweit 2010.

Gegen Ende August 1999 hat ICO, nachdem Investoren als Reaktion auf die Schwierigkeiten von Iridium kein Geld mehr investieren wollten, Gläubigerschutz in den USA beantragt.

Am 17. Mai 2000 wurde bekannt, dass ICO als Unternehmen gerettet werden konnte und mit → *Teledesic* zusammengeht.

→ *http://www.ico.com/*

2. Abk. für Intermediate Circular Orbit.

   Bezeichnet, wie → *MEO*, Satellitenbahnen in niedrigen Höhen zwischen 6 000 km und 36 000 km.

   → *HEO*, → *LEO* und → *GEO*.

Icon

Bezeichnung für ein Piktogramm in grafischen Benutzeroberflächen, eingedeutscht auch – selten - Ikone, Sinnbild oder Symbol genannt.

Ein Icon stellt Objekte (z.B. Dateien, Programme, Betriebsmittel) des zu bedienenden Systems (z.B. → *Betriebssystem* eines Computers) dar und dient zur intuitiven, leichten Bedienung. Idealerweise transportiert seine grafische Gestaltung eine Bedeutung, die mit seiner Funktion korrespondiert.

Ein Icon ist insofern ein objektorientierter Ansatz, als dass Icons zwar nur (grafische, häufig gleich große) Symbole sind, aber dennoch unterschiedliche Funktionalität besitzen, die mit dem Icon und seiner Bedeutung unmittelbar verbunden ist. Die gleiche Aktion (z.B. ein Doppelklick), auf verschiedene Icons angewendet, löst, in Abhängigkeit von der Bedeutung des Icons, verschiedene Aktionen aus.

→ *Hypertext*, → *OO*.

ICP

1. Abk. für Instituto das Comunicaciones de Portugal.

   Bezeichnung für die unabhängige → *Regulierungsbehörde* in Portugal.

   → *http://www.icp.pt/*

2. Abk. für Internet Cache Protocol.

   Bezeichnung für ein Protokoll zur Nutzung zwischen mehreren → *Proxy-Servern* im → *Internet* oder im → *Intranet*. Dabei ist es möglich, hierarchisch strukturierte Proxy-Systeme aufzubauen, z.B. mit einer Proxy-Ebene auf Abteilungsebene (enthält die 50 häufigsten, von dieser Abteilung angeforderten Inhalte) und einer weiteren auf Standort-Ebene (enthält die 50 nächsthäufiger angeforderten Inhalte, die nicht schon auf den Servern der ersten Ebene gespeichert sind).

   Alle Proxys der verschiedenen Ebenen kommunizieren untereinander über das ICP und minimieren so die Kommunikationslast nach außen.

ICPC

Abk. für International Cable Protection Committee.

Bezeichnung eines zwischenstaatlichen Gremiums zum Schutz von → *Unterwasserkabeln*. Dient in erster Linie der Aufklärung und Information betroffener Staaten und Industrien (Fischerei). Hervorgegangen unter diesem Namen 1967 aus dem „Cable Damage Committee", das bereits 1958 gegründet wurde.

Aus Deutschland ist die Deutsche Telekom Mitglied im ICPC.

Das ICPC stellt eine Datenbank zur Verfügung, in der genaue Daten über verlegte Kabel (Betreibergesellschaft, Ansprechpartner, Länge, Kapazität, Trassenverlauf etc.) zu finden sind, und zwar unabhängig davon, ob die Kabel noch in Betrieb sind oder nicht.

In erster Linie dienen diese Daten der Planung neuer Trassen.

Ferner stellt die ICPC Regeln auf, z.B. wie bei der Trassenplanung zu verfahren ist, wenn sich Kabel kreuzen oder wenn Kabel andere Hindernisse (Pipelines) kreuzen.

→ *http://www.iscpc.org/*

ICR

Abk. für Intelligent Character Recognition.

→ *OCR*.

ICS

Abk. für Implementation Conformance Statement.

ICSA

Abk. für International Computer Security Association.

Bezeichnung für einen Industrieverband der Hard- und Softwareindustrie mit dem Ziel, gegen Viren (→ *Virus*) vorzugehen.

ICT

Abk. für Information and Communication Technologies.

International gängige Abkürzung für das deutsche Kürzel → *IuK*.

ICT-SB

Abk. für Information- and Communications Technology Standardization Body.

Bezeichnung eines Ende 1995 von → *CEN*, → *CENELEC* und → *ETSI* gegründeten europäischen Standardisierungs-

gremiums zur Koordination ihrer Standardisierungsarbeit und zur schnelleren Umsetzung technischer Neuentwicklungen in Standardisierungsprojekte unter Berücksichtigung der Anwender, der Industrie und der Aufsichtsbehörden.
Mitglieder im ICT-SB sind neben den Gründungsgremien auch Unternehmen aus der Branche. Daneben existieren Mitglieder mit Beobachtungsstatus, z.B. ähnliche Gremien aus anderen Ländern.

ICW

Abk. für Internet Call Waiting.
Bezeichnung für ein Dienstmerkmal (→ *Dienst*), das von digitalen Teilnehmervermittlungen in öffentlichen Netzen zur Verfügung gestellt werden kann und es ermöglicht, dass einem Nutzer, der seinen Anschluss als temporäre Wählverbindung in das → *Internet* nutzt, ein ankommender Telefonanruf signalisiert wird. Dafür stehen verschiedene Möglichkeiten zur Verfügung:

- Automatische Unterbrechung der Verbindung zum Internet und Weiterleitung des Anrufs an das Telefon
- Signalisierung durch ein zusätzliches Fenster oder einen Alarmton auf bzw. aus dem PC
- Weiterleitung des eingehenden Anrufs zu einem Anrufbeantworter im Netz, zu einem Mobilfunkanschluss oder einem weiteren Festnetzanschluss
- Weiterleitung des eingehenden Anrufs durch Voice-over-IP-Technologie (→ *Internet-Telefonie*, → *Voice over IP*) auf ein Softphone (→ *CTI*) auf dem PC des Nutzers

Wie bei vielen anderen Dienstmerkmalen ist das Ziel das Erreichen der → *Call Completion*.

ICX

Abk. für International Commerce Exchange.
Bezeichnung für eine im Frühjahr 1998 gegründete Vereinigung mit dem Ziel der Förderung der Verbreitung von Anwendungen im Bereich → *Electronic Commerce* durch Erfahrungsaustausch.
→ *http://www.icx.org/*

ID

1. Abk. für Intrusion Detection.
   Ein Oberbegriff, unter den alle Maßnahmen der Erkennung von Angriffen gegen schützenswerte IT-Ressourcen fallen.
2. Abk. für Identification.
   Allgemeine Bezeichnung eines → *Passworts* oder einer → *PIN*. Dient der → *Authentifizierung*.

IDATE

Abk. für Institut de l'Audiovisuel et des Télécommunications en Europe.
Bezeichnung eines 1977 gegründeten wissenschaftlichen Instituts auf dem Gebiet der Entwicklung technischer Infrastrukturen für Telekommunikationsdienste, der politischen, ökonomischen und sozialen Entwicklung und Wirkung von Telekommunikationsnetzen und -diensten. Sitz ist Montpellier/Frankreich.
Vergleichbar mit dem → *WIK* in Deutschland oder dem → *IPTP* in Japan.
→ *http://www.idate.fr/*

IDCT

Abk. für Inverse Discrete Cosine Transformation.

IDDD

Abk. für International Direct Distance Dialing.
Bezeichnung für den internationalen Selbstwählferndienst.

IDE

Abk. für Integrated Drive Electronics.
Bezeichnung für einen mittlerweile veralteten Standard bei → *Festplatten*. Definiert wird dabei eine Schnittstelle zwischen der Festplatte und dem AT-Bus (→ *ISA*). Der Festplattencontroller ist dabei innerhalb der Festplatte integriert.
IDE-Festplatten sind ein wenig kleiner und langsamer, aber auch im Preis günstiger als Festplatten mit einem → *SCSI*-Interface.
IDE-Festplatten gelten als Einsteigerfestplatten und werden oft in PCs von Discountern eingebaut. Sie haben Größen bis zu 504 MByte, da max. 1 024 Zylinder (= Spuren), 63 Sektoren je Spur und 16 Leseköpfe (= Platten) unterstützt werden.
Üblicherweise können je PC maximal zwei IDE-Festplatten eingebaut werden, von denen die zuerst eingebaute Festplatte mit Master und die zweite mit Slave bezeichnet wird.
Als Weiterentwicklung aus dem Hause Western Digital gilt der Standard EIDE (Enhanced IDE), bei dem die Übertragungsgeschwindigkeit schneller ist und größere Festplatten unterstützt werden. Im Vergleich zu den echten IDE-Festplatten wird dem Betriebssystem zwar die herkömmliche IDE-Geometrie angegeben, dies wird aber mit verschiedenen Verfahren auf eine andere, größere und real vorhandene Geometrie umgerechnet (z.B. bis 5 GByte).
Dabei wird ein ATAPI (AT Attachement Packet Interface) genanntes Protokoll an der Schnittstelle zwischen dem AT-Bus und der angeschlossenen Festplatte verwendet. Derartige Festplatten der Unternehmen Seagate und Quantum werden daher auch als ATA-, ATA-2- oder ATAPI-Festplatten bezeichnet. Die Leistungsfähigkeit wird entscheidend vom → *PIO-Mode* bestimmt.
Die neueste Variante ATA-3 beinhaltet dabei auch → *SMART*-Funktionen.

IDEA

Abk. für International Data Encryption Algorithm.
Bezeichnung eines symmetrischen Verschlüsselungsverfahrens (→ *Kryptologie*). Entwickelt von James L. Massey und Xuejia Lai in Zürich an der ETH. Vorgestellt 1990. Kommerziell genutzt und vermarktet durch das Unternehmen Ascom. Mittlerweile von vielen Banken in der Schweiz eingesetzt.
IDEA nutzt einen 128 Bit langen Schlüssel und verschlüsselt einen Klartext in drei Stufen, wodurch die Korrelation zwischen Klar- und Geheimtext nur sehr schwer (schwerer als bei → *DES*) zu entdecken ist. Die Verschlüsselung basiert auf der → *Modulo-Operation* und der Exclu-

siv-Oder-Verknüpfung (→ *XOR*). IDEA wird üblicherweise in Software realisiert und gilt als doppelt so schnell wie → *DES*.
In der ersten Stufe wird die zu verschlüsselnde Nachricht in 64 Bit lange Blöcke unterteilt.
Es sind mehrere Belohnungen von Unternehmen, die IDEA-Produkte anbieten, ausgesetzt für denjenigen, der den IDEA-Code knackt.
Wird eingesetzt als Teil von → *PGP*.
→ *RSA*.

IDEAS

Abk. für Internet Design, Engineering and Analysis Notes.
Bezeichnung der Arbeitsberichte der → *IETF*.

Identifizierung

Bezeichnung für den Prozess der eindeutigen Zuordnung eines Nutzers eines Dienstes oder Systems zu seiner im Dienst oder System definierten Rolle, z.B. durch das → *Login*.

IDI

Abk. für ISDN Direct Interface.

IDL

Abk. für Interface Description Language.
→ *CORBA*.

IDN

1. Abk. für Integrated Data Network (früher) bzw. Integrated Text- and Data Network oder auch Integrated Digital Network (heute).

   Bezeichnung für eine Netzplattform bei der Deutschen Telekom. In der Vor-ISDN-Zeit ein reines Netz zur Datenübertragung. Diese Funktion ging im Wesentlichen im → *ISDN* auf. Heute werden im IDN → *Telexnachrichten* und → *Telegramme* übertragen. Darüber hinaus werden Standleitungen zur Datenübertragung im IDN geschaltet.

   Aufgebaut seit 1975 auf Basis der EDS-Vermittlungen von Siemens. Das IDN ist deutscher Bestandteil des → *Gentex*.

   Zum Netzaufbau: → *DVSt*, → *DVl*, → *DAl*, → *DUSt*.
2. Abk. für International Data Number.

   → *X.121*.

IDRP

Abk. für Interdomain Routing Protocol.
Bezeichnung für ein → *Routingprotokoll* im → *Internet*, das zu der Klasse der externen Routingprotokolle (→ *ERP*) gehört und autonome Systeme (→ *AS*) miteinander verbindet.
IDRP gilt als Nachfolger des → *BGP* und wird voraussichtlich in Netzen eingesetzt werden, die auf der neuen Version von → *IP* basieren, genannt IPv6.

IDSL

Abk. für ISDN Digital Subscriber Line.
Bezeichnung für ein streng genommen zur → x*DSL*-Familie zählendes Übertragungsverfahren. Bezeichnet das digitale Übertragungsverfahren für den herkömmlichen Basisanschluss des → *ISDN*.

IDU

Abk. für Interface Data Unit.
Bezeichnung des Datenobjektes, das an der Grenze zweier Schichten im → *OSI-Referenzmodell* übertragen wird. Die IDU besteht dabei auf der Schicht *N* aus der → *ICI* (Interface Control Information) und der → *PDU* (Protocol Data Unit), die jeweils zu ICI und → *SDU* (Service Data Unit) auf der Schicht *N-1* werden.

IE

1. Abk. für International Exchange.

   Bezeichnung für Transit-Vermittlungsstellen, die nationale Netze mit anderen Netzen im Ausland verbinden.
2. Abk. für Internet Explorer.

   Bezeichnung für einen → *Browser* für das → *WWW* des → *Internet* aus dem Hause → *Microsoft*. Oft ergänzt durch die Versionsnummer, z.B. IE6.

IEC

1. Abk. für Incoming Error Count.
2. Abk. für Interexchange Carrier.

   → *IXC*.
3. Abk. für International Electrotechnical Commission.

   Bezeichnung einer 1906 gegründeten Einrichtung der UN (der → *ISO* angegliedert) mit Sitz in Genf zur Standardisierung elektrotechnischer Bauteile und Komponenten. Dazu arbeiten vergleichbare nationale Organisationen der IEC zu, z.B. die → *DKE* aus Deutschland.

   Ihre Unterorganisation → *CISPR* (Comité International Spécial des Perturbations Radioélectriques) beschäftigt sich mit Radiointerferenzen als einem Problem, das auf alle Systeme, die das Frequenzspektrum nutzen, Auswirkungen hat. Ferner gibt die IEC das → *IEV* heraus.

   Kontakte:

   Int. Electrotechnical Commission
PO Box 131
3, Rue de Varembe
CH-1211 Genève 20
Suisse
Tel.: (+ 41) 02 / 27 34 01 50

   → *http://www.iec.ch/*
3. Abk. für International Engineering Consortium.

   Bezeichnung für einen 1945 gegründeten Zusammenschluss von Unternehmen mit dem Ziel, die technische Ausbildung an Universitäten und Instituten zu fördern.

   → *http://www.iec.org/*

   → *http://www.onforum.com/*

IEC-Bus

Auch GPIB (General Purpose Interface Bus), IEEE 488 oder Hewlett-Packard Interface Bus (HP-IB) genannt.
Bezeichnung eines im Hause HP entwickelten und später durch die IEC als IEC 625 und auch durch die IEEE als IEEE 488 genormten Mehrzweckbusses.

Verfügt über 16 parallele Leitungen, von denen acht zur gleichzeitigen Übertragung von Daten verwendet werden. Fünf dienen allgemeinen Steuersignalen und drei weitere werden für die Quittierung empfangener Daten verwendet.

Maximal können 14 periphere Geräte angeschlossen werden.

Wurde ursprünglich von Hewlett-Packard zur Verbindung von Mikroprozessoren mit der Peripherie entwickelt. Später von der IEEE genormt.

IECC

Abk. für International Electronic Components Committee.

Ein Gremium der → *CENELEC* zur Standardisierung elektronischer Bauelemente mit Sitz in Frankfurt/Main.

IEE

Abk. für Institution of Electrical Engineers.

Verband der Elektroingenieure in GB.

→ *http://www.iee.org.uk/*

IEEE

Abk. für Institute of Electrical and Electronics Engineers Inc.

Ein amerikanischer Zusammenschluss von Technikern und Ingenieuren mit eigenen Fachzeitschriften und Normungsgruppen.

Er ist stark international ausgerichtet und die größte technische Berufsvereinigung weltweit (über 350 000 Mitglieder). Er teilt sich in zehn weltweite Regionen auf, die wiederum in mehrere regionale und lokale Sektionen gegliedert sind. Neben der lokalen Unterteilung existiert eine fachliche Teilung in verschiedene Societies. Mitglieder können in mehreren Societies die Mitgliedschaft erwerben.

Die frühesten Wurzeln reichen zurück bis 1884. Die heutige IEEE ging 1963 aus dem Zusammenschluss des Institutes of Radio Engineers (→ *IRE*) und dem American Institute of Electrical Engineers hervor.

Die IEEE entwickelt De-facto-Standards, insbesondere im Bereich der Datenkommunikation.

Kontakte:

IEEE Inc.
445 Hoes Lane
PO Box 1331
Piscataway
NJ 08855 – 1331 USA
Tel.: (+1) 09 08 / 9 81 00 60
Fax: (+1) 09 08 / 9 81 96 67

oder:

IEEE Inc.
345 East 47th Street
New York NY 10017
USA

→ *http://www.ieee.org/*

IEEE 488

Offizielle Bezeichnung des durch die → *IEEE* genormten → *IEC*-Bus.

IEEE-802-Serie

Am 29. Februar 1980 startete die IEEE das Projekt 802 zur Definition eines → *Ethernet*-ähnlichen einheitlichen → *LAN*-Standards. Da im Laufe der Arbeit weitere technische Möglichkeiten in die Diskussion geworfen wurden (ab Dezember 1980 gab es eine eigene Normungsgruppe für Token-Ring, ab Dezember 1981 auch für Token-Bus), und sich die Vertreter der Hersteller in den Normungsgremien sich nicht auf einen Standard einigen konnten, kamen drei Normen (802.3 bis 5) zustande.

Parallel hierzu wurde in 802.1 und 802.2 an den alle drei Standards verbindenden Aspekten gearbeitet.

Seither wird an weiteren LAN-Normen und ergänzenden Standards, die einzelne spezielle Aspekte der LAN-Technologie betreffen, gearbeitet, die alle die 802-Kennung tragen. IEEE 802 ist damit eine Gruppe von Normungsgremien auf dem Gebiet der LANs und MANs.

Die Arbeitsgruppen unterteilen sich weiter in einzelne Task Forces (Arbeitskreise) zu bestimmten Themen.

Die gesamte 802-Projektgruppe kommt jährlich zweimal zusammen. Nicht alle einzelnen Arbeitsgruppen arbeiten kontinuierlich. Sie können sich in einen Ruhezustand versetzen, der Hibernation genannt wird.

→ *http://stdsbbs.ieee.org/groups/802/index.html/*

IEEE 802.1

Arbeitsgruppe der → *IEEE* und der von dieser ausgearbeitete Standard selbst, der mit der Definition des High Level Interface (HILI) Grundsätze zum Thema → *LAN* aufstellte und veröffentlichte. Von Bedeutung ist insbesondere das Management-Protokoll (Open System Standard).

Alle Empfehlungen der IEEE-802-Serie bauen auf den Definitionen und Regeln nach IEEE 802.1 für das Internetworking auf. Sie gliedern sich in verschiedene Teile:

802.1 BNetzmanagement
802.1 D→ *Spanning*-Tree-Algorithmus
802.1 ESystem Load Protocol

IEEE 802.2

Gremium und von diesem ausgearbeiteter Standard der → *IEEE*, welcher sich mit einer Unterschicht von Layer 2 (→ *OSI-Referenzmodell*)
beschäftigt, dem Logical Link Control (LLC). Diese Schicht ist für IEEE 802.3 bis 6 (siehe jeweils dort) gleich und definiert Aufgaben der Fehlererkennung und -korrektur, Bitrahmenformate und Adressierungsmechanismen.

IEEE 802.3, IEEE 802.3ab

Gremium und von diesem ausgearbeiteter Standard der → *IEEE*, der LANs mit Bustopologie und → *CSMA/CD*-Technik festlegt. Derzeitige Übertragungsraten liegen zwischen 2 und 20 Mbit/s.

Das bekannteste Produkt, das hierauf basiert, ist → *Ethernet*, von dem sich im Laufe der Zeit verschiedene Weiterentwicklungen abgeleitet haben, z.B. → *Fast Ethernet* und → *Gigabit Ethernet*, von dem eine Variante für Kupferkabel als IEEE 802.3ab im Juni 1999 verabschiedet worden ist.

→ *StarLan.*

IEEE 802.4

Gremium und von diesem ausgearbeiteter Standard der → *IEEE*, der LANs mit Bustopologie und Token-Passing-Verfahren definiert.
→ *Token*.

IEEE 802.5

Gremium und von diesem ausgearbeiteter Standard der → *IEEE*, der LANs mit Ringtopologie und Token-Passing-Verfahren definiert.
→ *Token Ring*.

IEEE 802.6

Gremium und von diesem ausgearbeiteter Standard der → *IEEE*, der ab 1986 ein Paketvermittlungs-Protokoll (Zugriffsverfahren) für sehr schnelle → *MANs* spezifizierte, das auch als → *DQDB* (Distributed Queue Dual Bus) bekannt ist.

IEEE 802.7

Gremium der → *IEEE*, welches den anderen Gremien der Arbeitsgruppe 802 beratend in Fragen der Breitbanddienste zur Seite steht. Auch BBTAG für Broadband Technical Advisory Group genannt.

IEEE 802.8

Gremium der → *IEEE*, welches den anderen Gremien der Arbeitsgruppe 802 beratend in Fragen der Datenkommunikation über Glasfasermedien zur Seite steht. Auch FOTAG für Fibre Optic Technical Advisory Group genannt.

IEEE 802.9

Gremium und Standard der → *IEEE*, welcher seit 1989 die neue Norm → *isoEnet* (isochrones Ethernet) spezifiziert.

IEEE 802.10

Gremium und von ihm erarbeiteter Standard der → *IEEE*, welcher sich mit der Verschlüsselung des Datenverkehrs bei den zum Routen in Netzen notwendigen Protokoll-Headern beschäftigt.
Auch SILS (Standard for Interoperable LAN Security) genannt.

IEEE 802.11

Gremium und von ihm erarbeiteter Standard der → *IEEE*, welcher sich mit dem Datenverkehr in lokalen Funknetzen beschäftigt (→ *Wireless LAN*, WLAN). Wegen der Ähnlichkeit der Zugriffspro-tokolle wird der Standard auch oft Wireless Ethernet genannt.
Dieser Standard unterstützt Point-to-Point-, Point-to-Multipoint- und Broadcast-Verbindungen. Die Funkübertragung erfolgt im → *ISM*-Band von 2,4 bis 2,483 GHz mit → *Frequency Hopping* über 79 Frequenzbänder zu je 1 MHz (23 in der japanischen Version) oder → *DSSS*. Beide Verfahren sorgen dafür, dass im unlizenzierten ISM-Bereich ohne Frequenzplanung und feste Kanalzuweisung an einem Punkt flexibel drahtlose Netze aufgebaut werden können.
Varianten im Bereich von 1,9 GHz oder von 2,471 bis 2,497 GHz (für Japan) sind auch im Gespräch.
Es werden Übertragungsraten von 1 Mbit/s oder 2 Mbit/s realisiert. Proprietäre Erweiterungen reichen mittlerweile bis auf 11 Mbit/s.
Der Standard selbst weist viele Parallelen zu → *HiperLAN* auf.
Die Gruppe wurde 1990 von NCR und Symbol Technologies ins Leben gerufen. 1992 wurde ein Entwurf für eine Schicht Wireless Media Access Control (WMAC) vorgestellt, der ein verteiltes Zugriffsprotokoll darstellt, auf dem andere Funktionen aufbauen (Synchronisation etc.). Aus

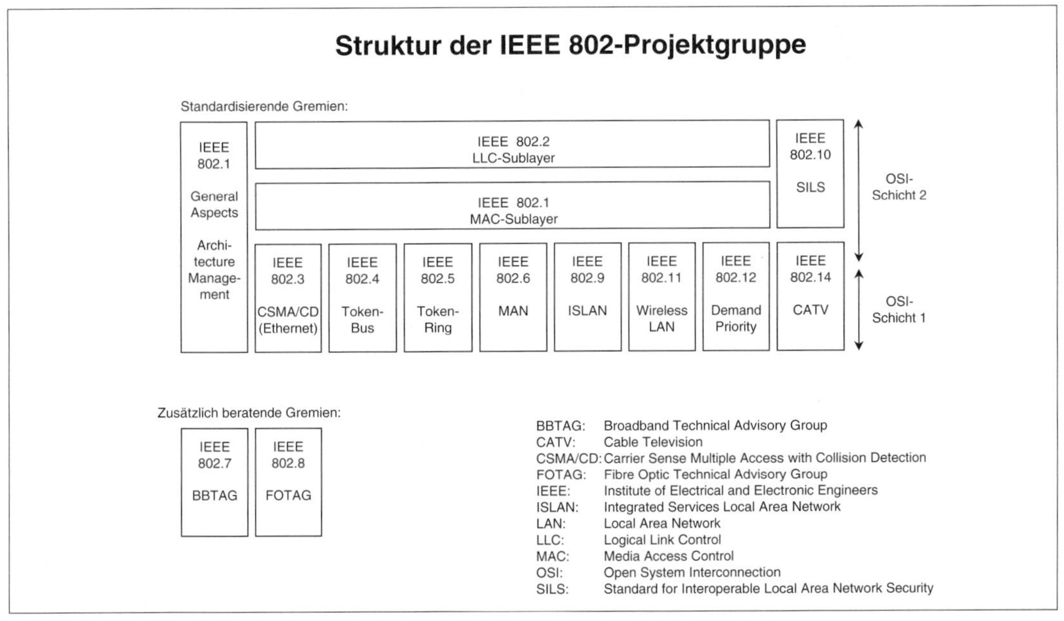

WMAC entwickelte sich eine Variante Distributed Foundation Media Access Control (DFWMAC) als gemeinsame Entwicklung von NCR, Symbol Technologies und Xircom. Ein stabiler Standard wurde gegen Ende 1997 verabschiedet.

Nach diesem Standard werden mindestens zwei Funkstationen, die das WLAN bilden, als Basic Service Set (BSS) bezeichnet, die Funkressourcen innerhalb einer Funkzelle in Anspruch nehmen. Diese Inanspruchnahme wird durch eine Coordination Function (CF) gesteuert. Mehrere BSS werden mit einem drahtgebundenen Distribution System (DS) über Access Points (Base Stations, BS) verbunden, um die Reichweite zu erhöhen. Es ergibt sich dann ein Extended Set (ES). Daneben besteht die Möglichkeit, dass Endgeräte untereinander direkt Verbindung aufnehmen und so ein eigenes Netz bilden, das als Ad-hoc-Netz bezeichnet wird.

Das System ist wegen der Nutzung von Frequency Hopping oder DSSS so konstruiert, dass sich die BSS und Ad-hoc-Netze überlagern können.

WLANs und weitere kabelgestützte Netze werden über Portale miteinander verbunden.

Anwendungsszenarien sind:

- Außendienstmitarbeiter oder Tele-Arbeiter (→ *Tele-Working*), die sich mit mobilen Endgeräten temporär in ihren Büros aufhalten und schnell und unkompliziert Zugang zu hausinternen Ressourcen haben müssen.
- Teilnehmer an Tagungen und Konferenzen nutzen File-Sharing und/oder Joint-Editing durch Ad-hoc-Networks.
- Zugang zu Firmennetzen mit Remote Access durch Geschäftsreisende aus Flughafenlounges oder Hotels heraus.

Ein vergleichbares System ist → *RangeLAN2*.

→ *http://grouper.ieee.org/groups/802/11/index.htm/*

→ *http://www.bm-barcode.de/pdf/ieee_tech-nical.pdf/*

IEEE 802.12

Bezeichnung für ein Gremium der → *IEEE* und gleichzeitig den von ihm erarbeiteten Standard, welcher sich mit dem Standard → *VG-AnyLAN* für ein → *LAN* beschäftigt.

IEEE 802.14

Bezeichnung eines Gremiums und des von ihm erarbeiteten Standards der → *IEEE*, welcher sich seit 1994 mit verzweigten Bussystemen auf Koaxialkabel- oder Glasfaserbasis beschäftigt, wie sie in Kabelfernsehnetzen vorkommen. Aus diesem Grund wird die Gruppe auch Cable-TV Protocol Working Group genannt.

802.14 ist einer von mehreren Versuchen, die → *Kabelmodems* zu standardisieren.

Die 802.14-Gruppe hat sich aus Leuten der → *IEEE 802.6*-Gruppe auf Initiative der Kabelfernsehlobby gebildet, da die Betreiber von Cable-TV-Netzen in den USA im Zuge der → *Deregulierung* ebenfalls Telekommunikationsdienstleistungen über ihre Infrastruktur anbieten können. Die Gruppe führt zweimonatliche Treffen durch und es beteiligen sich ca. 150 bis 200 Personen aus rund 50 Unternehmen und Institutionen an der Arbeit.

Ziel des Standards ist die Etablierung eines technischen Verfahrens, um Datentransport auf bestehenden Kabelfernsehnetzen zu ermöglichen.

→ *http://www.walkingdog.com/catv/*

IEEE 1284

→ *ECP*.

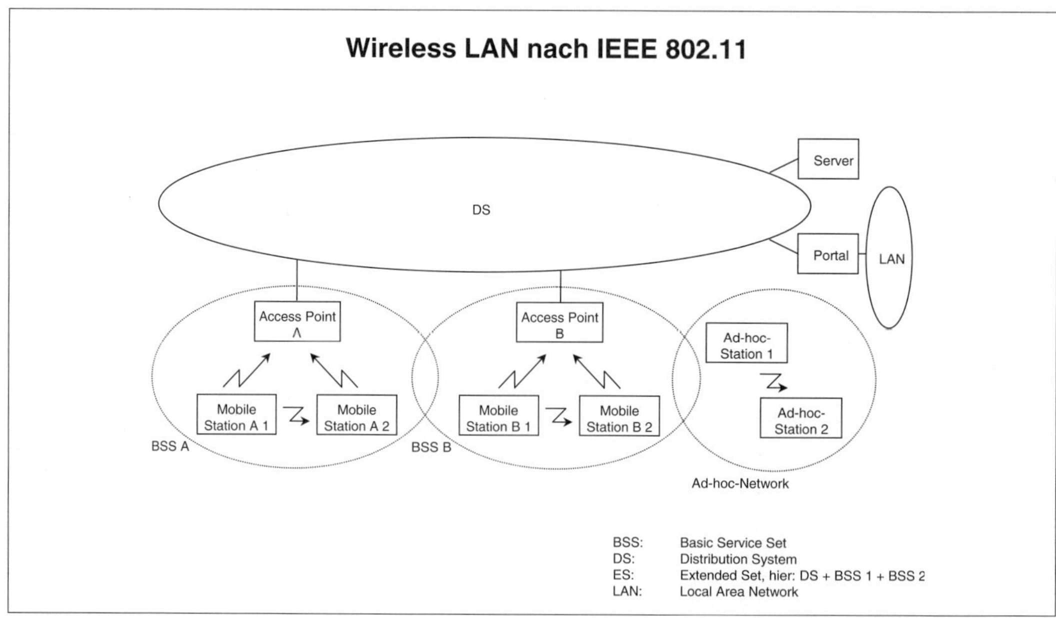

IEEE 1394

Auch FireWire, High Performance Serial Bus (HPSB), High Speed Serial Bus (HSSB) oder P1394 genannt.

Ein → *IEEE*-Gremium und Bezeichnung des von diesem verabschiedeten Standards, welches sich mit der Definition eines Standards für ein Bussystem in Computern und Systemen der Unterhaltungselektronik (Set-Top-Boxen, Videorecorder, TV, Stereoanlagen) zum Anschluss von Peripheriegeräten (→ *Drucker*, → *Scanner*, → *CD-ROM*-Laufwerke, → *Camcorder*) beschäftigt.

Der Bus erlaubt isochronen und asynchronen Verkehr mit hohen seriellen Datenraten von 100, 200 oder 400 Mbit/s. An Übertragungsraten im Gbit/s-Bereich wird gearbeitet.

Als Medium wird ein sechsadriges → *STP*-Kabel genommen, das mit Steckern ausgestattet ist, die auch beim ‚Gameboy' aus dem Hause Nintendo Verwendung finden. Je zwei Adern sind als abgeschirmte, verdrillte Zweidrahtleitung ausgelegt und übertragen die Daten. Zwei weitere Adern im Kabel dienen der Spannungsversorgung.

Der maximale Abstand zwischen den angeschlossenen Stationen, von denen bis zu 16 physikalische Geräte und 63 logische Einheiten in einer → *Daisy Chain* hintereinander geschaltet werden können, beträgt 4,5 m. Ein angeschlossenes Gerät kann über den Bus gleichzeitig mit mehreren anderen Geräten am Bus kommunizieren.

Die Stecker verfügen über sechs Kontaktstifte für vier Daten- und zwei Stromversorgungsleitungen. Sind die Geräte selbst mit Strom versorgt, kommen nur vieradrige Kabel und Stecker mit den Datenleitungen zum Einsatz.

Das FireWire-Protokoll basiert auf drei Schichten:

- Transaction Layer: Diese oberste Schicht ist für die Grundoperationen Read, Write und Lock zuständig und kommuniziert einerseits mit dem PCI-Bus oder direkt mit dem Mikroprozessor sowie andererseits mit der darunter liegenden Schicht des Protokollstapels, dem Link Layer.
- Link Layer: Berücksichtigt spezielle Eigenschaften einer Station am FireWire-Bus. Ein Link Layer ist in jeder angeschlossenen Station vorhanden. Er sichert eine asynchrone oder isochrone Datenübertragung von Daten in Paketform.
- Physical Layer: Zuständig für den Zugang einer angeschlossenen Station zum FireWire-Bus. Der Physical Layer ist in jeder angeschlossenen Station vorhanden. Der Physical Layer hat drei Aufgaben:
  - Umsetzung logischer Signale des Link Layer in elektrische Signale auf dem Bus
  - Definition der mechanischen Anschlüsse
  - Zugriffskontrolle auf den Bus um sicherzustellen, dass immer nur eine angeschlossene Station Daten überträgt

Ergänzt wird dieser Protokollstapel durch das Busmanagement.

Der FireWire-Standard gilt als sehr vielseitig, flexibel einsetzbar, schnell und einfach zu handhaben, da er anspruchslos bei der Verkabelung ist und im laufenden Betrieb neue Geräte am Bus problemlos ein- und ausgesteckt werden können. Die Netztopologie basiert auf einfachem Hintereinanderschalten (Daisy Chain) oder einer Baumstruktur.

Als Vorteil für die Anwendung im Heimbereich ist die integrierte Stromversorgung anzusehen, die es erlaubt, kleine Elektrogeräte ohne eigene, zusätzliche Verkabelung erforderliche Stromversorgung anzuschließen.

Ferner sind Produkte auf Basis des Standards vergleichsweise kostengünstig herzustellen. Als Konkurrent zu FireWire am unteren Geschwindigkeitsbereich gilt der → *USB* und am oberen Geschwindigkeitsbereich der → *Fibre Channel*.

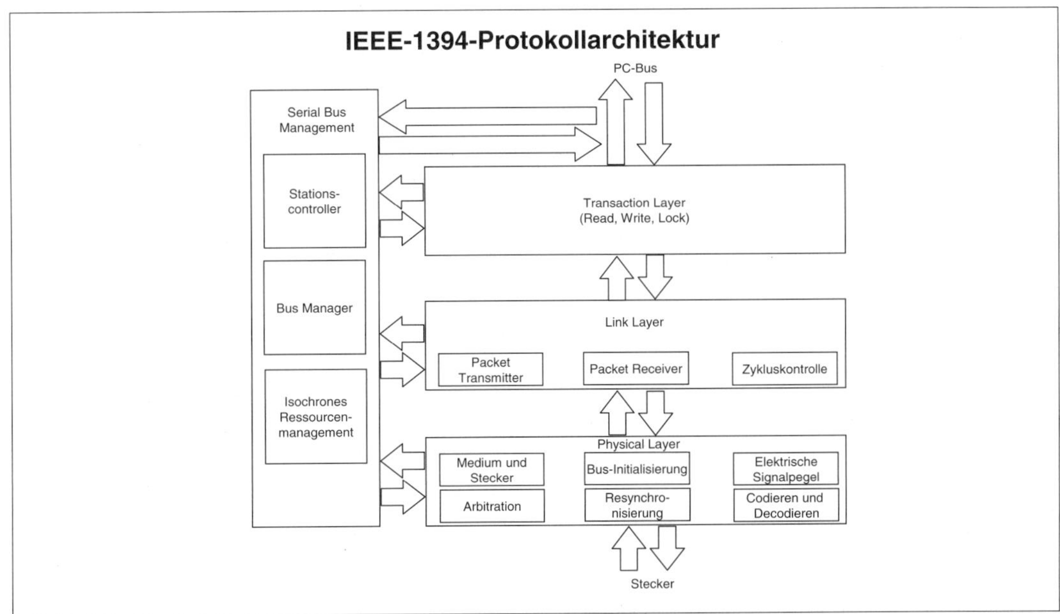

Die Ursprünge des Standards reichen zurück bis in das Jahr 1986, als Apple – das den Begriff FireWire prägte und sich schützen ließ – aus seinem Protokoll → *Appletalk* heraus unter dem Projektnamen Chefcat einen schnellen Bus als Appletalk-Nachfolger entwickelte, um verschiedene Peripheriegeräte des PCs mit nur einem Kabel- und Steckertyp anschließen zu können.

Dem IEEE wurde diese Entwicklung als Standardvorschlag vorgelegt und er verabschiedete ihn Ende 1995. Erste Produkte mit FireWire gab es im August 1996. Ab Ende 1997 war der Standard bei Apple-Computern verfügbar.

Zur Jahreswende 1999 wurde die Version 1394b mit einer Datenrate von 1,6 Mbit/s vorgestellt.

Die Vermarktung des Busses wird entwickelt durch die 1394 Trade Association (1394ta) mit über 90 Mitgliedern.

→ *http://www.skipstone.com/compcon.html/*

→ *http://www.1394ta.org/*

IEICE

Abk. für Institute of Electronics, Information and Communication Engineers.

Internationale Bezeichnung des japanischen Verbandes der in der Elektronik und Nachrichtentechnik tätigen Ingenieure. Er ist der größte japanische Berufsverband der Ingenieure mit über 41 000 Mitgliedern, vergleichbar mit dem → *VDE*. Gegründet wurde die IEICE 1917. Kontakt:

IEICE
Kikai-Shinko-Kaikan Bldg.
3-5-8 Shibakoen
Minato-Ku
Tokyo 105
Japan
Fax: (+ 81) 03 / 34 33 66 59

→ *http://www.ieice.or.jp/*

IEN

Abk. für Internet Experiment Notes.

Bei der Entwicklung von Standards im Rahmen des → *Internet* die Bezeichnung für Berichte über Experimente mit Techniken, die im Rahmen von → *RFCs* definiert wurden.

IESG

Abk. für Internet Engineering Steering Group.

Bezeichnung eines das → *Internet* mitverwaltenden Gremiums, das der → *IAB* direkt untersteht und über der → *IETF* angesiedelt ist. Es ist das die Technik bestimmende Gremium und setzt sich aus dem Vorsitzenden der IETF und den Direktoren der technischen Sektionen der IETF zusammen.

Die IETF ist 1984 aus der IESG hervorgegangen, als zur Abwicklung der immer umfangreicher werdenden technischen Standardisierungsarbeit eine Neuorganisation notwendig wurde.

→ *http://www.ietf.org/iesg.html/*

IETF

Abk. für Internet Engineering Task Force.

Bezeichnet die der Internet Engineering Steering Group (→ *IESG*) unterstellte Gruppe, die im Internetbetrieb für technische Fragen zuständig ist, Protokolle und Standards definiert sowie die Weiterentwicklung bestimmt. Sie ist 1984 aus der IESG hervorgegangen und besteht aus vielen, am Internet technisch interessierten Personen. Prinzipiell kann sich jeder an der Arbeit beteiligen, wodurch er eine Art Mitglied der IETF wird.

Die IETF kommt zur Zeit lediglich drei Mal pro Jahr zu persönlichen Treffen zusammen. Der Rest der Arbeit findet durch Nutzen der Möglichkeiten des → *Internet* und seiner Dienste (z.B. durch → *E-Mail*, das → *WWW* oder Newsgroups im → *Usenet*) sowie anderer Telekommunikationsdienste verteilt statt.

Organisatorisch existieren ungefähr 80 thematisch orientierte, nur lose miteinander verbundene Arbeitsgruppen (Working Groups, WG), die zu derzeit acht technischen Fachgebieten (Areas) gruppiert sind. Jedes Area wird von einem Director verwaltet, der zur Etablierung oder Löschung der WGs berechtigt ist. Die WGs erarbeiten auf einem ihnen überlassenen Wege Lösungen zu ihnen gestellten Problemen. Ein Ergebnis wird durch „allgemeinen Konsens" hergestellt. Es ist dabei Aufgabe der WG, diesen Konsens herzustellen. Der Director erkennt den Konsens schließlich offiziell an.

Alle Direktoren zusammen bilden das IESG.

Die Arbeitsergebnisse der IETF werden zunächst in Form von technischen Arbeitsberichten (→ *IDEAS*) veröffentlicht und erhalten nach Abschluss aller Arbeiten bei einem erfolgreichen Verlauf den Status von → *RFCs*.

→ *IAB*.

→ *http://www.ietf.org/*

I-ETS

Abk. für Intermediate European Technical Standard.

Bezeichnung für einen vorläufigen von der → *ETSI* definierten technischen Standard.

IEV

Abk. für International Electrotechnical Vocabulary.

Bezeichnung des von der → *IEC* herausgegebenen Nachschlagewerkes für Begriffe aus allen Fachbereichen der Elektrotechnik und Elektronik.

IF

Abk. für Intermediate Frequency.

Internationale Bezeichnung für die Zwischenfrequenzen, über die per Satellit ausgestrahlte TV-Signale nach dem Empfang auf einer kabelgestützten Infrastruktur zu den Receivern in den Haushalten übertragen werden. Das gesamte Verfahren wird als → *Sat-ZF* bezeichnet.

IFA

Abk. für Internationale Funkausstellung.

Bezeichnung für die alle zwei Jahre, in ungeraden Jahren, gegen Ende August und Anfang September stattfindende Messe für Consumer-Electronics in Berlin.

Die erste IFA wurde am 2. Dezember 1924 eröffnet. Traditionell werden dort alle großen Innovationen in den Bereichen TV-, Hörrundfunk und Heimvideo vorgestellt, wie z.B. 1924 der Hörrundfunk, 1928 das Fernsehen, 1967 das Farbfernsehen nach dem Standard → *PAL* und 1995 das → *DAB*.
→ *http://www.ifa-berlin.de/*

IFAC

Abk. für International Federation of Automatic Control.
Bezeichnung eines internationalen Zusammenschlusses mehrerer nationaler, technischer Berufsverbände der Automatisierungstechnik.
→ *http://www.ifac-control.org/*

IFBN

Abk. für Integriertes Fernmelde-Breitbandnetz.
Arbeitstitel der Deutschen Telekom Anfang der 80er Jahre als Oberbegriff für die Möglichkeiten der → *Glasfasertechnik* untersuchenden Projekte wie → *BIGFON* und → *BIGFERN*.

IFC

1. Abk. für Installed First Costs.
   Bezeichnet bei der Installation eines technischen Systems die durch die Installation entstehenden Kosten.
   → *LCC*.
2. Abk. für Industrial Foundation Classes.
   Bezeichnung für eine als Version 1.5 vorliegende Spezifikation von Datenmodellen, die im Bereich der Baubranche den Austausch von Daten über Bauprojekte erleichtern sollen.
   An den Versionen 2.0 und 3.0 wird mittlerweile ebenfalls gearbeitet.
   Gefördert von der → *IAI*.

IFFT

Abk. für Inverse Fast Fourier Transformation.

IFIP

Abk. für International Federation of Information Processing.
Ein internationaler Dachverband nationaler Verbände für Informationsverarbeitung. Deutsches Mitglied ist die Gesellschaft für Informatik, die auch Interessen anderer Verbände vertritt, und die → *ITG*.
Die IFIP kooperiert mit der → *CEPIS*.
Kontakte:

IFIP
3 Rue du Marche
CH-1204 Genf
Schweiz

→ *http://www.ifip.or.at/*

IFMP

Abk. für IP Flow Management Protocol.
Bezeichnung eines im → *RFC* 1953 definierten Protokolls, das den Austausch von Managementinformationen zwischen → *ATM*-Switches definiert, die mit dem Protokoll → *IP* transportierte Daten über ATM-Pfade vermitteln. Es war eng an → *IP-Switching* gebunden.
IFMP ist durch das Label Distribution Protocol (LDP) im Zuge der Standardisierung von → *MPLS* weitgehend ersetzt worden.
Entwickelt im Hause Ipsilon.

IFPI

Abk. für International Federation of the Phonographic Industry.
Bezeichnung des internationalen Zusammenschlusses von phonografischen Verlagen zur Wahrnehmung von Urheberrechten. Entwickelt und fördert auch technische Verfahren (Kopierschutz), z.B. ISRC.
→ *http://www.ifpi.org/*
→ *http://www.ifpi.de/*

IFPUG

Abk. für International Function Point User Group.
→ *FP*.

IFRB

Abk. für International Radio Frequency Registration Board.
Bezeichnung für ein internationales Gremium, das nach Klärung aller technischen Fragen durch die → *CCIR* alle Funkübertragungen kommerziellen, militärischen, wissenschaftlichen und privaten Ursprungs (auch Amateurfunk) regelt. Gegründet 1947 in Atlantic City und nach der Reform der → *ITU* mit der → *CCIR* zusammengelegt zur ITU-R. Sitz ist Genf.

IFU

Abk. für Internationale Fernmeldeunion.
Deutsche und mittlerweile nur noch selten gebrauchte Bezeichnung für die → *ITU*.

IFV

Abk. für Internationaler Fernmeldevertrag.
Gehört zu den internationalen Rechtsgrundlagen der Telekommunikation. Geschlossen zuletzt in aktualisierter Fassung 1973 zwischen den Mitgliedsländern der → *ITU*. In ihm sind die Organe der ITU sowie deren Aufgaben (Rechte und Pflichten) definiert. Ergänzt wird er durch zwei Anhänge:

- Radio Regulations (→ *RR*)
- Regulations for Telegraphy and Telephony

IGBT

Abk. für Insulated-Gate Bipolar-Transistor.

IGC

Abk. für Institute for Global Communication.
Bezeichnung eines frühen Zusammenschlusses der sozial-progressiven → *Mailbox*-Systeme ConflictNet, EcoNet und PeaceNet in Nordamerika, der später in der → *APC* aufging. Die Zentrale des Systems liegt in San Francisco.

IGMP

Abk. für Internet Group Management Protocol.
Bezeichnung für ein → *Routingprotokoll* im → *Internet.*
Seine Aufgabe besteht darin, die verschiedenen Hosts, die zu einer Gruppe zum → *Multicasting* zusammengefasst sind, im Internet zu lokalisieren, Multicastpfade zu ermitteln und die Hosts und Pfade zu verwalten.
Definiert im RFC 1112. Mittlerweile wird an einer zweiten Version gearbeitet, die als RFC 2236 erscheint. Maßgeblich mitentwickelt durch W. Fenner.
Es gibt auch herstellerspezifische Varianten des IGMP, so z.B. das CGMP (Cisco Group Management Protocol) aus dem Hause Cisco.

IGN

Abk. für IBM Global Network.
Bezeichnung des globalen Netzes für Datenkommunikation des Hauses → *IBM.* Das Netz wird zu eigenen Zwecken ebenso genutzt, wie seine Kapazitäten und Dienste als Dienstleistung auf dem freien Markt anderen Unternehmen angeboten werden.
Im Dezember 1998 verkaufte IBM die Infrastruktur des IGN für rund 5 Mrd. $ an AT&T.

IGP

Abk. für Interior Gateway Protocol.
Bezeichnung für eine Klasse von → *Routingprotokollen* im → *Internet* zum netzinternen → *Routing* und zur Lastverteilung durch den Austausch von Routing-Informationen zwischen den → *Routern* innerhalb eines Autonomen Systems (→ *AS*).
Die eingesetzten Protokolle sind z.B. → *IS-IS,* → *RIP* und → *OSPF.*

IIP

Abk. für Internet Imaging Protocol.
Bezeichnung eines im → *Internet* verwendeten Protokolls, das von → *HP* und → *Intel* gemeinsam im Rahmen der → *DIG* entwickelt wurde.
IIP definiert Verfahren zur Speicherung, Übertragung und Präsentation von Standbildern verschiedener Auflösung im Umfeld des Internet und seiner Anwendungen. Dabei stützt sich IIP auf eine spezielle Version von → *JPEG,* genannt JPEG2000. Dabei ist es möglich, in Bilder hineinzuzoomen, so dass vom → *Server* nur die Daten für die relevanten Bildteile in höherer Auflösung übertragen werden müssen.
Nach einer ersten, wenig verbreiteten Version wurde Version 2.0 im Jahr 2000 verabschiedet.

IIR

Abk. für Infinite Impulse Response.

IJF

Abk. für Intersymbol Jitter Free.
→ *Jitter.*

Ikone

Sehr selten benutzte eingedeutsche Bezeichnung für → *Icon.*

IKS

Abk. für Informations- und Kommunikationssystem.

IKT

Abk. für Informations- und Kommunikationstechnik.

IKZ,
IKZ 3,
IKZ 50

Abk. für Impulskennzeichen oder Impulskennzeichengabe.
Unter dem Oberbegriff IKZ werden verschiedene Techniken der → *Zeichengabe* im analogen Netz der seinerzeitigen Deutschen Bundespost zusammengefasst. Dabei werden die für die Zeichengabe relevanten Informationen als Zeichen codiert, die aus einzelnen Impulsen bestehen.
Unter IKZ 50 versteht man (benannt nach dem Jahr der Einführung, 1950) ein analoges Signalisierungsverfahren (→ *Zeichengabe*) zum Einsatz zwischen analogen Vermittlungsstellen im Fernnetz der seinerzeitigen Deutschen Bundespost. Dabei wurden Impulse aus Sicherheitsgründen außerhalb des Sprachbandes übertragen.
Da bei größeren zu überbrückenden Distanzen zwischen zwei verbundenen Vermittlungsstellen galvanische Leitungen nicht mehr genutzt werden können, ist eine Signalverstärkung notwendig, die eine Übertragung von lange Zeit genutzten Gleichstromzeichen zur Zeichengabe ausschloss. Eine Umsetzung der Zeichengabe in Wechselstromsignale war daher notwendig, wobei zur Reduzierung der Belastung der Übertragungsstrecke nur noch Impulse übertragen wurden.
Die Bedeutung der Impulse ergibt sich dabei aus der Richtung (Vorwärts-/Rückwärtszeichengabe), ihrer Länge (kurze und lange Impulse) sowie aus der Reihenfolge der einzelnen Impulsfolgen, d.h. der Reihenfolge der Zeichen.
Auf PCM-Übertragungsstrecken wurden die Impulsfolgen in einen 4-Bit-Code umgewandelt und für jeweils 30 Kanäle gebündelt im 16. Zeitschlitz übertragen.
IKZ wurde ab 1987 abgelöst durch das digitale Signalisierungsverfahren → *SS#7.* Da es mittlerweile keine analogen Vermittlungsstellen mehr gibt, wird auch IKZ 50 nicht mehr verwendet.
Unter IKZ 3, oft auch nur kurz IKZ (da es mittlerweile kein anderes IKZ mehr gibt) genannt, versteht man den Anschluss einer analogen Nebenstellenanlage mit Durchwahl. Als Zeichengabeverfahren wird dabei ein spezielles Verfahren eingesetzt, welches ebenfalls mit IKZ oder auch IKZ 3 bezeichnet wird, d.h. sowohl der Anschlusstyp als auch das verwendete technische Verfahren zur Zeichengabe haben die gleiche Bezeichnung.
→ *HKZ.*

ILA

Abk. für In-Line Amplifier.
Bezeichnung für Leitungsverstärker, die in größeren Abständen (bis zu 200 km) innerhalb einer optischen Übertragungsstrecke eingesetzt werden.
ILAs wurden ab ca. 1994 eingesetzt und lösten Signalverstärker ab, die bis dahin immer am Anfang einer längeren

optischen Übertragungsstrecke montiert waren. Im Vergleich zu den Signalverstärkern sind ILAs einfacher und kompakter aufgebaut und daher auch preisgünstiger.

ILEC

Abk. für Incumbent Local Exchange Carrier.

→ *LEC.*

Illiac I

Abk. für Illinois Automatic Computer.

Bezeichnung eines Computers, der 1952 an der University of Illinois in Urbana-Champaign gebaut wurde und auf der Architektur nach → *von-Neumann* basierte.

ILMI

Abk. für Interim Local Management Interface. Auch nur mit LMI bezeichnet.

Bezeichnung eines von der → *ITU* definierten Protokolls im → *ATM* und bei → *Frame Relay* zur Übertragung von Netzmanagement- und Kontrollinformationen an ein System zum Netzmanagement über die User-Network-Schnittstelle hinweg. ILMI überwacht dabei nur die eine Schnittstelle zwischen Netz und User. Es stellt daher kein End-to-End-Management sicher. Innerhalb von ILMI ist auch nicht definiert, welche Art von Management-Information an das Netzmanagement weitergegeben werden sollen.

Abgeleitet wurde es vom → *SNMP*, auf dem es auch aufsetzt.

ILP

Abk. für Instruction Level Parallelism.

ILPF

Abk. für Internet Law and Policy Forum.

Bezeichnung für einen lockeren Zusammenschluss verschiedener Einzelpersonen und Unternehmen, der sich mit Fragen des Verbraucher- und Datenschutzes im → *Internet* beschäftigt.

→ *http://www.ilpf.org/*

→ *Blue Ribbon*, → *Cyberlaw*, → *GILC.*

ILR

Abk. für Interworking Location Register.

ILU

Abk. für Inter-Language-Unification.

Bezeichnung für ein Entwicklungsprojekt aus dem Hause Xerox mit dem Ziel, ein abstraktes Modell für Schnittstellen der verschiedensten Art zu entwickeln.

IMA

Abk. für Interactive Multimedia Association.

Bezeichnung eines US-amerikanischen Industrieverbandes mit rund 300 Mitgliedern und Sitz in Washington D.C.

Die IMA ist Mitte 1997 in der → *SPA* aufgegangen.

iMac

Bezeichnung für einen unter Geheimhaltung ab Sommer 1997 entwickelten → *PC* aus dem Hause → *Apple*, der überraschend im Mai 1998 der Öffentlichkeit vorgestellt und ab 15. August 1998 ausgeliefert wurde (150 000 Vorbestellungen). Er kostete in den USA zunächst 1 299 $ und rundete die Reihe der → *Macintosh*-Computer nach unten ab. In Deutschland kam er zunächst für 2 998 DM bzw. im Weihnachtsgeschäft 1998 für 2 498 DM auf den Markt.

Der ursprüngliche iMac enthielt einen PowerPC-Chip (Typ 750), der mit 233 MHz getaktet war und einen 512 KByte großen Level-2-Cache (→ *Cache*) hatte. Er hatte 32 MByte RAM (erweiterbar auf 128 MByte), verfügte über einen 15"-Monitor mit einer Auflösung von 1 024 * 768 Pixel und eine 4-GByte-Festplatte sowie ein 24x CD-ROM-Laufwerk. Ferner wurde intern der Datenaustausch über einen 66 MHz schnellen Systembus betrieben. Als → *Betriebssystem* wurde → *MacOS* in der Version 8.1 verwendet.

Er war mit zwei → *USB*-Schnittstellen, einer → *IRDA*-Schnittstelle, zwei Stereoboxen, einem eingebauten → *Modem* (33,6 kbit/s) und einem Anschluss an ein → *Fast* Ethernet zu Kommunikationszwecken ausgestattet.

Das Gehäuse mit integriertem Tragegriff war semitransparent mit türkisfarbenen Anteilen. Maßgeblicher Designer war Jonathan Ive.

Der iMac gilt als Antwort von Apple auf die → *NC*-Initiative und die Ankündigung vieler anderer PC-Hersteller, günstige Computer für um die 1 000 $ anzubieten. Das ‚i' deutet dabei auf den Einsatzzweck zur Kommunikation über das → *Internet* hin. Apple-Gründer Steven Jobs nannte den iMac den „Internet-age Computer for the Rest of us".

Er wurde nach seiner Markteinführung exzellent aufgenommen (278 000 Verkäufe in den ersten sechs Wochen) und zog auch bei anderen Apple-Produkten die Verkaufskurve nach oben. Damit war er ein entscheidender Grund dafür, dass Apple 1998 erstmals seit 1995 wieder Gewinn machte.

Im Januar 1999 wurde der iMac um weitere Farbgehäuse (Grün, Blau, Rot, Orange, Violett) erweitert und mit einem 266 MHz-Prozessor sowie einer 6 GByte-Festplatte ausgerüstet.

Image Enhancement

→ *Deskewing*, → *Despackle.*

Image Map

Bezeichnung für eine Grafik in → *Hypertext*-Systemen, in die ebenfalls → *Hyperlinks* eingebettet sind. Bestimmte Teile der Grafik können als sensitiv definiert werden, hinter denen sich dann verschiedene Hyperlinks verbergen können.

Mögliche Anwendung ist die Darstellung von Dateiverzeichnisstrukturen oder einer → *Site-Map* im → *WWW* oder die Darstellung komplizierter Zusammenhänge und Erklärungen auf → *CD-ROMs* die zu Lehrzwecken verwendet werden (→ *CBT*).

IMAP, IMAP4

Abk. für Internet Message Access Protocol.

Bezeichnung für ein 1988 entwickeltes und als RFC 1730 spezifiziertes Protokoll, das im → *Internet* für den verbindungslosen Online-Zugriff von User Agents (→ *UA*) auf Message Transfer Agents (→ *MTA*) definiert wurde.

IMAP stellt Funktionen zum Erstellen, Umbenennen und Löschen sowie zum Prüfen des Posteingangs einer einzelnen Mailbox zur Verfügung und erlaubt das auszugsweise Laden (Download) einer → *E-Mail*.

Es liegt mittlerweile in der 4. Version vor und beinhaltet auch → *POP3*.

IMAP bietet für die Online-Bearbeitung von Mails und den mailweisen Zugriff (jede Mail wird einzeln vom Server zum Client heruntergeladen und offline bearbeitet, Disconnected Mode) im Vergleich zu POP zusätzliche Features, gilt aber auch als komplexer.

→ *http://www.imap.org/*

IMBE

Abk. für Improved Multiband Excitation.

Bezeichnung für ein Verfahren zur Codierung menschlicher Sprache mit 2,4 bis 8 kbit/s. Das Verfahren nutzt dabei die Tatsache aus, dass bestimmte Frequenzen der menschlichen Sprache für das akustische Verständnis wichtiger sind als andere, die bei der Codierung entsprechend vernachlässigbar sind.

→ *ATC*.

IMC

Abk. für Internet Mail Consortium.

→ *http://www.imc.org/*

IMEI

Abk. für International Mobile Equipment Identity.

Im → *GSM*-System die ein Endgerät (Mobile Station, MS, z.B. → *Handy*) eindeutig identifizierende Nummer, die bei der Authentifizierung immer ebenfalls geprüft wird.

Die IMEIs sind auf verschiedenen Listen (White List, Grey List und Black List) im Equipment Identification Register (→ *EIR*) gespeichert und können bei den Geräten, z.B. → *Handys*, über eine bestimmte Funktion im Display angezeigt werden.

Ziel ist es, ein Stehlen von Endgeräten sinnlos zu machen, da gestohlene Endgeräte von der White List mit den zulässigen Endgeräten in die Black List der gestohlenen und damit auch gesperrten Endgeräte übernommen werden. Diese Funktion ist seit 1995 in den meisten Mobilfunknetzen nach dem GSM-Standard möglich.

Bei den meisten Endgeräten mit IMEI ist diese durch eine bestimmte Tastenkombination zu Servicezwecken abrufbar (Anzeige im Display).

Die IMEI ist maximal 15 Stellen lang und besteht aus der Typzulassung (sechs Stellen), der Endfertigungsnummer (zwei Stellen), der Seriennummer (sechs Stellen) und einer weiteren Ziffer, deren Funktion noch nicht festgelegt ist.

IMHO

→ *Chat Slang*.

IML

Abk. für Internationale Mietleitung.

IMO

1. Abk. für International Maritime Organisation.

   Bezeichnung der internationalen Welthandelsschifffahrtsorganisation, die der UNO angegliedert ist und in Fragen der Telekommunikation zu Schiffen und Förderplattformen mit der → *ITU* zusammenarbeitet.

   → *AIS*.

2. Abk. für In my Opinion.

   → *Chat Slang*.

i-Mode

Produktname eines sehr erfolgreichen multimedialen Mehrwertdienstes auf Basis eines Mobilfunknetzes der NTT DoCoMo (→ *NTT*) in Japan. Es handelte sich dabei um den ersten derartigen Dienst weltweit. Er ist mit dem europäischen Pendant → *WAP* vergleichbar. Die zentralen Unterschiede zwischen beiden sind die Grafikfähigkeit von i-Mode und die Erfolglosigkeit von WAP.

i-Mode startete im Februar 1999 und zog innerhalb des ersten Jahres über 5 Mio. Nutzer an. Zu diesem Zeitpunkt lag der weitere Zuwachs bei 100 000 Nutzern/Monat bzw. sogar im Sommer 2000 bei 12 600 pro Tag. Insbesondere durch die Einführung von Endgeräten mit mehrfarbigen Displays (256 Farben) im Herbst 1999 hatte sich das Wachstum noch mal beschleunigt. Vom i-Mode-Produktmanagement wurden im Sommer 2000 20 Mio. i-Mode-Nutzer innerhalb von vier bis fünf Jahren prognostiziert.

i-Mode stellt dem Nutzer einen mobilen Zugang auf spezielle Sites (→ *Site*) zur Verfügung, von denen zahlreiche Informationen abgerufen werden können und die diverse Kommunikationsfunktionen bieten. Die Beschreibungssprache (Compact → *HTML*, C-HTML) ist eine proprietäre Entwicklung der NTT DoCoMo. Darunter wird der übliche Internet-Protokollstapel mit → *HTTP*, → *TCP* und → *IP* im stationären Internet eingesetzt.

i-Mode stellt beispielsweise folgende Dienste zur Verfügung:

- E-Mail
- Finanzdienstleistungen (Börseninformationen sowie Transaktionen wie Überweisungen und Aktienkäufe/-verkäufe)
- Ticketreservierung
- Restaurantführer
- Auskunftsdienste (Elektronisches Telefonbuch, Fahr- und Flugpläne)
- Informationsdienste (Nachrichten, Horoskope, Hitparaden, Cartoons)

Es gab im Sommer 2000 rund 4 700 Webseiten für i-Mode, davon einige 100 offiziell zertifiziert und zugänglich durch das offizielle i-Mode- → *Portal* von NTT DoCoMo. Betrieben werden diese Websites von 300 Unternehmen, darunter 160 Banken. Eine Bank berichtete, dass mehr Nutzer per i-Mode-Handy auf ihre Konten zugreifen als über einen PC-Zugang.

Der bei weitem attraktivste Dienst ist der E-Mail-Versand (rund 2 Mio. Stück pro Tag). Dies ist mit dem SMS-Dienst des → *GSM*-Systems vergleichbar, allerdings gibt es bei i-Mode keine Längenbegrenzung.

Erwähnenswert ist ferner insbesondere der Cartoon-Service der Firma Bandai für 1 $ pro Monat, der 500 000 Nutzer angezogen hat und der oft als → *Killer Application* Erwähnung findet. Ein weiterer populärer Dienst ist der Download von Nachrichten, der im Sommer 2000 von 30 000 Nutzern in Anspruch genommen wurde.

Aus soziodemografischer Sicht ist erwähnenswert, dass 50% der Nutzer 20 bis 25 Jahre alt sind und dass ein Drittel weiblich ist.

i-Mode basiert auf paketorientierter Übertragung (→ *Paketvermittlung*) über ein Mobilfunknetz nach dem Standard → *PDC* mit einer Geschwindigkeit von 9,6 kbit/s. Dieses Übertragungsverfahren ist mit → *GPRS* im → *GSM*-System vergleichbar. Es wird eine Always-on-Funktionalität gewährleistet, d.h., es gibt keine Verbindungsaufbauzeit. Dadurch kann der Nutzer rasch und spontan auf gewünschte Inhalte zugreifen.

Die Endgeräte zeichnen sich durch leichte Bedienbarkeit, kleines Display (Farbdarstellung möglich) und geringes Gewicht aus.

Zielgruppe bei der Einführung von i-Mode war der private Nutzer, um einen Massenmarkt zu erschließen. Die initialen Sign-Up-Gebühren, eine monatliche Grundgebühr in Höhe von 3 Euro sowie nutzungsabhängige Gebühren (z.B. Versenden einer E-Mail mit 500 Buchstaben für 0,04 Euro; Download eines Wetterberichts für max. 0,2 Euro) liegen alle im niedrigpreisigen Bereich. Es werden jedoch verschieden bepreiste Dienste angeboten, wofür das → *Billing-System* der NTT DoCoMo entsprechend modifiziert wurde. So ist zusätzlich zum i-Mode-Zugang (Flatrate der 3 Euro) bei E-Mails etc. eine datenvolumenabhängige Gebühr ebenso üblich wie eine Abo-Gebühr für den Zugang zu bestimmten Inhalten (Zeitungen mit Nachrichten). Diese Informationsangebote liegen häufig auf den Servern der NTT, wofür die NTT zusätzlich von den Content-Providern Gebühren erhält, die insgesamt fast 10% zum Gesamtumsatz von i-Mode beitragen.

Die Positionierung von i-Mode erfolgte (trotz des „i" im Produktnamen) nicht als Zugangsdienst zum Internet. Dies steht im Kontrast zu den Bemühungen in den USA und Europa, spiegelt jedoch wieder, dass Japan hinsichtlich der Nutzung des Internet aus kulturellen Gründen (viele Japaner können die vorwiegend im Internet in englischer Sprache angebotenen Inhalte wegen der Sprach- und Schriftbarriere nicht lesen) hinter den USA und Westeuropa herhinkt. Betont wurde bei der Vermarktung jedoch der Aspekt des Komforts und der leichten Bedienung. Hier wurde fortgesetzt und ausgenutzt, dass es in Japan wegen des technisch anderen Standards noch kleinere und leichtere Endgeräte gibt, die von den Japanern mehr noch als in Europa als Statussymbol und vor allem als Spielzeug zur Zerstreuung angesehen werden. Dies wird von der Tatsache noch verstärkt, dass Japaner tendenziell längere Anfahrwege zur Arbeit haben und daher täglich länger untätig und damit offen für Zerstreuung und Ablenkung in Bussen und Bahnen zubringen.

Insgesamt führten das günstige Preisschema und die Positionierung zu einem raschen Anwachsen der Nutzerzahlen bis auf den o.a. Level bei gleichzeitigem Sinken von → *Churn*.

Der kommerzielle Erfolg von i-Mode kommt auf mehreren Ebenen zum Ausdruck. Einerseits stieg die durchschnittliche Telefonrechnung von i-Mode-Nutzern (→ *ARPU*) um rund 25%. Andererseits hat sich seit Mitte 1999 der Aktienkurs von NTT DoCoMo verdreifacht, was von vielen Analysten insbesondere auf den großen Erfolg von i-Mode zurückgeführt wird.

Insgesamt kann festgehalten werden, dass i-Mode aus folgenden Gründen Erfolg hatte:

- Rasches Handeln sicherte den Vorteil als First-Mover im japanischen Markt.
- Leicht zu bedienender Dienst.
- Kostengünstiger Dienst (geringe monatliche Flatrate).
- Einfaches Preisschema mit Subskriptions-Gebühren und volumenabhängiger Tarifierung sorgt für Vertrauen bei den Nutzern (Kalkulationssicherheit) und Implementierbarkeit im bestehenden Billing-System.
- Paketorientierte Übertragung ermöglicht Always-On-Funktionalität und volumenabhängiges Charging.
- Viel Content und Funktionalität von Anfang an.

Nach dem Jointventure von NTT DoCoMo mit der niederländischen KPN Mobile wurde angekündigt, das i-Mode-Konzept auch in Europa auf der technischen Plattform von GSM-Endgeräten einzuführen. In Deutschland kündigte die Beteiligung von KPN Mobile e-plus den Start eines vergleichbaren Dienstes für den Herbst 2001 an.

IMP

Abk. für Interface Message Processor.

Andere und modernere Bezeichnungen sind → *Router* oder auch Packet Switch Node (PSN). Bezeichnung für die Vermittlungseinrichtungen (Netzknoten), die im ersten Computernetz überhaupt, dem Arpanet (→ *Internet*), zum Einsatz kamen. Prinzipiell handelt es sich um Paketvermittlungen, die speziell für das Internet von dem Unternehmen BBN entwickelt wurden. Die ersten mittlerweile historischen IMPs passten die proprietären Rechnersysteme an den Standorten der Netzknoten des frühen Internets an das gemeinsam genutzte Übertragungsprotokoll an und lösten damit das Problem der Kommunikation unterschiedlicher Rechnersysteme durch die Einführung einer Art Subnetz. Sie wogen 450 kg und waren so groß wie ein Kühlschrank, basierten auf einem Honeywell-516-Computer und hatten eine Leistungsaufnahme von 2 100 W.

Zu dieser Rechnereinheit gehörten ein Kommunikationssystem mit Modem der gleichen Größe, ein Lochstreifenleser zur Dateneingabe und ein Fernschreiber zur Datenausgabe.

Die IMPs nahmen die Daten bis zu einer Menge von 8 000 Bit vom angeschlossenen → *Host* entgegen, spalteten diese in Pakete von rund 100 Bit Länge auf, versahen dieses Paket mit Sender- und Empfängeradresse sowie Daten zur Fehlerkontrolle und versandten es über die Leitungen.

Die Begriffsschöpfung fällt ins Jahr 1967, als Wissenschaftler der → *ARPA* an der Universität von Michigan das Konzept der → *Paketvermittlung* diskutierten und Wesley Clark von der Washington University aus St. Louis auf der Rückfahrt zum Flughafen im Taxi erklärte, dass man dafür spezielle Kommunikationsrechner für das Subnetz benötige und dadurch das Problem der unterschiedlichen Rechnerarchitekturen lösen könne. Lawrence ‚Larry' Roberts von der ARPA, ebenfalls im Taxi, bezeichnete diese Rechner als IMPs.

Impact-Drucker

→ *Drucker*.

IMPDU

Abk. für Initial MAC Protocol Data Unit.
→ *MAC*, → *PDU*.

Impedanz

Bezeichnung für den Widerstand, der Wechselströmen auf Leitungen entgegengesetzt wirkt und der neben dem reinen Gleichstromwiderstand (Wirkwiderstand, Ohmscher Widerstand, R) auch kapazitive und induktive Einflüsse (Blindwiderstand, X) berücksichtigt.

Es handelt sich um einen Scheinwiderstand Z, der sich aus dem Quotienten von komplexer Amplitude von Strom und Spannung ergibt. In komplexer Schreibweise ergibt sich:

$$Z = R + jX$$

Der Betrag von Z ergibt sich dann nach Pythagoras aus der Wurzel der Summe der Quadrate von R und I.

Impression

→ *Banner*.

Imprimatur

Abk. für Intellectual Multimedia Property Rights Model and Terminology.

Ein Zusammenschluss von 13 Mitgliedern und weiteren assoziierten Partnern, der auf ein Projekt der Europäischen Kommission zur Untersuchung des Copyrights in den neuen Medien, insbesondere den → *Online-Diensten* und dem → *Internet* zurückgeht.

Impulswahlverfahren

→ *IWV*.

IMS, IMS/DC IMS/VS

Abk. für Information Management System (for Virtual Storage).

Bezeichnung für eine auf dem hierarchischen Modell basierende → *Datenbank* aus dem Hause IBM, die damit im Kontrast steht zu → *DB2*, auch aus dem Hause IBM.

IMS war lange Zeit das Kernprodukt auf dem Datenbanksektor der IBM und wurde bis weit in die 70er Jahre hinein implementiert und ist auch heute noch an vielen Stellen im Einsatz.

Von dem Ur-IMS sind verschiedene Versionen oder auch Zusatzmodule abgeleitet worden, z.B. IMS/VS für Computer unter dem Betriebssystem → *VM/CMS* oder auch IMS/DC, das für die Bearbeitung von Transaktionen und die Vernetzung über → *SNA* zuständig ist. Mit IMS/DC kann auch auf DB2-Datenbanken zugegriffen werden.

IMS wurde erstmals 1968 für die Plattform der → *IBM /360* vorgestellt. In das Produkt waren auch Erfahrungen aus der Beteiligung von IBM am Apollo-Mondflugprogramm der NASA eingeflossen.

IMSAI

Bezeichnung für einen frühen → *PC*, der prinzipiell ein Bausatz war.

Er kam wie der → *Altair* im Jahre 1975 auf den Markt, verfügte ebenfalls nicht über eine Tastatur oder einen Bildschirm und kostete 450 $. Im Gegensatz zum Altair war er aber auf professionelle Anforderungen hin und für den Einsatz im geschäftlichen Bereich entwickelt worden. Er nutzte dafür einen seinerzeit einigermaßen weit verbreiteten Bus-Standard, den S-100.

IMSI

Abk. für International Mobile Subscriber Identity.

In Mobilfunknetzen nach dem → *GSM*-Standard die Bezeichnung für eine bis zu 15 Ziffern umfassende Zahl, die einen Teilnehmer an einem Mobilfunkdienst (Mobile Subscriber, → *MS*) eindeutig identifiziert. Sie ist dem Teilnehmer nicht bekannt und setzt sich zusammen aus Mobile Country Code (→ *MCC*, drei Stellen), Mobile Network Code (→ *MNC*, ein oder zwei Stellen) und Mobile Subscriber Identity Number (→ *MSIN*). Sie wird vom Netzbetreiber einem neuen Teilnehmer fest zugeteilt und orientiert sich an der ITU-Empfehlung E.212. Sie ist im → *SIM* gespeichert und wird diesem bei jedem Einloggen in ein Mobilfunknetz mitgeteilt.

Sie dient der Identifizierung entsprechender Datensätze im → *HLR*, → *AUC* und → *VLR*.

IMSI-Catcher

Bezeichnung für ein mobiles Gerät, das sich technisch wie eine → *BS* verhält, und zu Zwecken der Überwachung des mobilen Telekommunikationsverkehrs in der Lage ist, die → *IMSI* aller im Funkversorgungsbereich aktiven oder im Stand-by-Betrieb betriebenen mobilen Stationen (→ *MS*) zu ermitteln.

Eingesetzt wird das Gerät zur Identifikation unbekannter Anrufer und Anschlüsse mit unbekannter Rufnummer.

IMT 2000

Abk. für International Mobile Telecommunications in the Year 2000.

Seit Anfang 1995 die neue Bezeichnung für FPLMTS. Bezeichnet – wie auch → *UMTS* – ein mobiles, Netze und Dienste integrierendes Telekommunikationssystem (Mobilfunksystem der 3. Generation), das von der CCIR seit 1985 in der ITU-Empfehlung 687 definiert und untersucht wird.

Zwar startete die Arbeit in den 90er Jahren mit dem Ziel, einen einzigen globalen Standard für breitbandige, zellulare

Mobilfunknetze zu schaffen, jedoch gab es sowohl Rivalitäten zwischen unterschiedlichen Unternehmen und Patentinhabern als auch zwischen geografischen industrie- und handelspolitischen Blöcken, so dass der Ansatz, einen einzigen globalen Standard zu entwickeln, rasch wieder aufgegeben wurde.

Es definiert daher gleich fünf verschiedene Funkschnittstellen (im Gegensatz zu UMTS):

Funkschnittstelle	Kommentar
→ *W-CDMA*	Wie bei UMTS; auch genannt IMT DS-FDD
→ *TD-CDMA*	Wie bei UMTS; auch genannt IMT-MC-FDD (Multi Carrier)
→ *TD-SCDMA*	Auch genannt IMT TDD
FD-TDMA	Ähnlich wie → *DECT*; auch genannt IMT FT (Frequency Time)
→ *TDMA*	Auch genannt IMT SC (Single Carrier)

Aufgrund dieser aus industriepolitischen Gründen entstandenen Vielzahl gilt IMT 2000 mehr als ein Rahmen für verschiedene, technische Implementierungsmöglichkeiten. Angestrebt wird zumindest eine einheitliche Definition von Diensten und Dienstmerkmalen (→ *Dienst*).

Von der → *WARC* wurden im März 1992 bereits Frequenzen im Bereich von 1 885 bis 2 025 MHz und 2 110 bis 2 200 MHz zugewiesen. Es ist eine maximale Übertragungsrate von 2,048 Mbit/s vorgesehen. Bei der Standardisierung wird nicht zwischen öffentlichen und privaten Netzzugängen unterschieden.

Das Referenzmodell der Netzarchitektur sieht folgende Elemente vor:

- Ein Kernnetz (Core-Network)
- Einen Radio Network Controller (RNC): Er ist mit dem Kernnetz über die Iu-Schnittstelle und mit anderen RNCs über die Iur-Schnittstelle verbunden.
- Einen Network Node: Er entspricht den Basisstationen (→ *BS*) bekannter Mobilfunknetze und ist mit dem RNC über die Iub-Schnittstelle verbunden. RNC und Network Node bilden zusammen das Radio Network Subsystem (RNS).
- Die User Entity (UE): Sie stellt das mobile Endgerät des Nutzers dar und ist über die Funkschnittstelle Uu mit dem Network Node verbunden.

Die ITU hat die bisherigen Ergebnisse in folgenden Empfehlungen festgehalten:

Standard	Inhalt
Q.1701	Framework for IMT 2000
Q.1711	Network Functional Model
Q.1721	Information Flows

→ *http://www.itu.int/imt/*
→ *http://www.imt-2000.com/*

IMTC

Abk. für International Multimedia Teleconferencing Consortium.

Bezeichnung einer internationalen Vereinigung von Herstellern von → *Videokonferenzsystemen*, welche die Standards → *H.320* und → *T.120* unterstützt.

Mittlerweile auch engagiert in der → *Internet-Telefonie*.
→ *PCWG*, → *Versit*.
→ *http://www.imtc.org/*

IMTS, IMTS-MJ, IMTS-MK

Abk. für Improved Mobile Telephone Service.

1964 von AT&T entwickeltes und 1969 eingeführtes analoges Mobilfunksystem in den USA, das erstmals automatische Direktwahl und Vollduplexübertragung anbot. Der Erfolg war groß und das System dadurch rasch überlastet. Es bildeten sich Wartelisten, die bis zu fünfmal so groß waren wie die gesamte Anzahl an aktiven Nutzern.

Es gab zwei Versionen (IMTS-MJ und IMTS-MK). Die erste stellte elf Funkkanäle im 152-MHz-Band und die zweite zwölf Funkkanäle im 454-MHz-Band zur Verfügung. Die Kanalbreite lag bei 30 kHz.

Prinzipiell und im Vergleich mit den heutigen → *zellularen Systemen* handelte es sich um „einzellige" Systeme, d.h. eine einzelne, in großer Höhe angebrachte Basisstation versorgte mit großer Sendeleistung (z.B. 250 W oder mehr) ein extrem großes Versorgungsgebiet (bis zu 80 km Durchmesser) und stellte in diesem Gebiet die volle Anzahl Kanäle zur Verfügung.

IMUIMG

Abk. für ISDN Memorandum of Understanding Implementation Management Group.

Bezeichnung für eine 1992 gegründete Gruppe von europäischen Netzbetreibern mit dem Ziel, die Verbreitung von ISDN zu fördern. Mittlerweile sind auch amerikanische Carrier beigetreten.

Schwerpunkte der Arbeit der IMUIMG sind die Vereinheitlichung von Testvorschriften und von Bezeichnungen von Dienstmerkmalen. Darüber hinaus arbeitet sie an einheitlichen Vorschriften zur Dienstgüte und entwickelt ein Konzept zum Mindestangebot von Dienstmerkmalen von ISDN-Anbietern.

IN

Abk. für Intelligent Network.

Bezeichnung für einen Ansatz der dezentralen Dienststeuerung und -entwicklung in digitalen Telekommunikationsnetzen durch die Nutzung von Software und durch sie realisierte Funktionalität. International ist IN definiert in den Empfehlungen der Q.1200-Serie von der → *ITU* und in Europa als eine Version Core-INAP (IN Application Protocol) durch das → *ETSI*.

Grundgedanke ist die Trennung von Vermittlungsfunktionen und Dienstfunktionen, d.h. die Mechanismen, die eine Verbindung aufbauen, liegen nicht mehr vollständig in der einzelnen Vermittlungsstelle, sondern sind zentralisiert in einem leistungsfähigen Computer und an einem Ort, wo sie leicht geändert werden können. Von diesem Ort aus werden entsprechende Daten zur lokalen Vermittlungsstelle weitergegeben, die dort den weiteren Verbindungsaufbau steuern.

Bisher konnten neue Dienste für Teilnehmer nur angeboten werden, sobald die lokale Vermittlung des Teilnehmers dafür technologisch umgerüstet war. Dies bedeutete, dass jede einzelne Vermittlungsstelle umgerüstet werden musste. Dieses Verfahren ist nicht nur teuer, sondern führt auch zu langen Vorlaufzeiten bei der Einführung neuer Dienste bzw. verhinderte diese von vornherein. Darüber hinaus nahmen die für einen neuen Dienst benötigten Programme, oft geschrieben in → *CHILL*, und die bei der Dienstnutzung anfallenden Daten (z.B. Abrechnungsdaten) bei vielen Diensten und vielen Nutzern an Größe derartig zu, dass diese Datenmengen in den einzelnen lokalen Vermittlungsstellen nicht mehr wirtschaftlich und technisch zu verwalten waren, weswegen man ebenfalls eine zentralisierte Lösung anstrebte.

Eine weitere treibende Kraft bei der Entwicklung des IN ist die Liberalisierung der Märkte, die zu mehr Wettbewerb und damit zu einem erhöhten Druck auf die Netzbetreiber bei der Entwicklung und Einführung neuer Dienste und Dienstmerkmale führte.

Das technische Konzept des IN ist durch drei Punkte gekennzeichnet:

- Trennung von Vermittlungs- und Dienstfunktionen (verteilte Dienstmerkmalsteuerung)
- Definition von wiederverwendbaren, dienstunabhängigen Softwaremodulen, die anders kombiniert neue Dienste ermöglichen
- Unterstützung von Kontrollmechanismen, die die Dienstsoftware mit den Vermittlungsfunktionen verbindet

IN und seine Teile sind unabhängig von:

- angebotenen Diensten
- technischer Ausrüstung im Netz (also unabhängig von Herstellern)
- zugrunde liegendem Netz (Daten- oder Fernsprechnetz, Fest- oder Mobilfunknetz, Schmal- oder Breitbandnetz)

Das gesamte Modell des IN definiert vier Stufen bei der Modellierung eines neuen IN-Dienstes:

- Service Plane (SP), die einen Dienst global mit einer normalen textlichen Beschreibung definiert
- Global Functional Plane (GFP), die einen Dienst mit Hilfe sog. Service Independent Blocks, SIB, modelliert
- Distributed Functional Plane (DFP), welche die Funktionalität eines Dienstes auf Funktionseinheiten im Netz verteilt
- Physical Plane, die den Dienst auf real vorhandene Einheiten wie Vermittlungsstellen und deren Prozessorkapazitäten etc. und Kommunikationsprotokolle herunterbricht

Die Stufen der GFP und der DFP werden manchmal zusammengefasst, weswegen in der Literatur oft auch nur von drei Ebenen die Rede ist.

Neu am Konzept des IN ist (dargestellt hier auf der GFP und der Physical Plane), dass die lokalen Vermittlungen nur noch mittels einer Service Switching Function (SSF) im Service Switching Point (SSP) zu erkennen brauchen, dass der Teilnehmer – repräsentiert durch eine Call Control Agent Function (CCAF) – einen speziellen, durch das IN realisierten Dienst wünscht (z.B. durch Ziffernanalyse des National Service Codes → *NSC*, z.B. in Deutschland bei 0130er, 0180er oder 0190er Nummern). Dieser Dienst

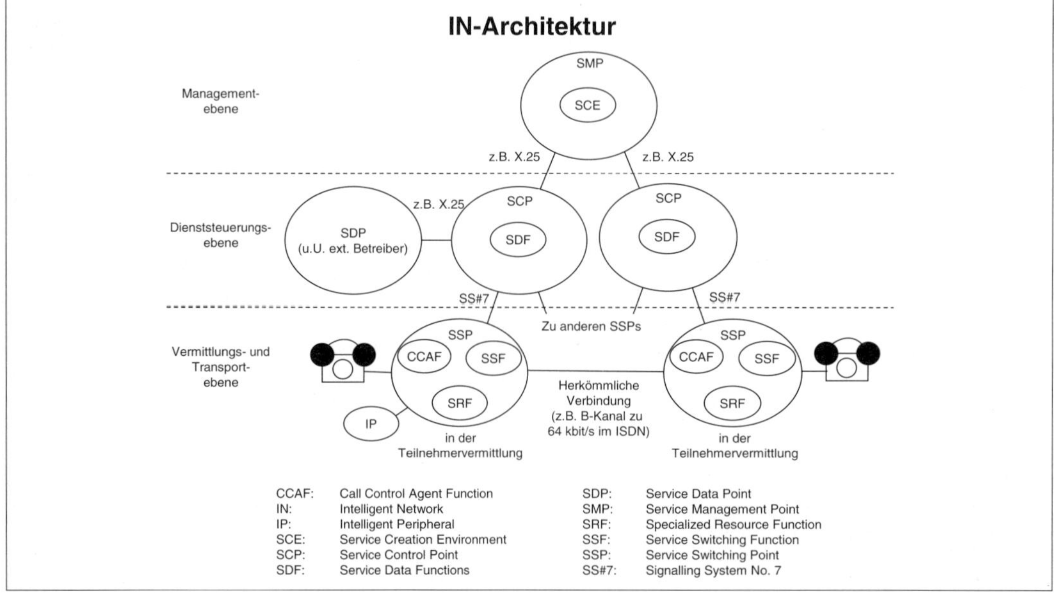

braucht aber dort nur noch erkannt, nicht aber vollständig realisiert zu sein. Der SSP stellt den niedrigsten Punkt in der IN-Architektur dar und ist praktisch die Teilnehmervermittlungsstelle im Ortsnetz, an die der Teilnehmer direkt angeschlossen ist.

Die SSF schaltet diese Verbindung dann in Abhängigkeit von den Ergebnissen der Analyse durch die CCAF direkt an einen speziellen zentralen Steuerrechner in einem Serviceknoten (SCP, Service Control Point) im Netz weiter bzw. erwartet von diesem SCP Instruktionen, was mit dem bei der SSF eingegangenen Ruf geschehen soll. In diesem SCP ist der Dienst letztendlich realisiert.

Ein SSP kann dabei mit mehreren SCPs in Verbindung stehen, z.B. wenn es verschiedene IN-Dienste in einem Netz gibt, die durch verschiedene SCPs kontrolliert werden.

Da der neue Dienst nicht durch Funktionalität in der Vermittlung selbst realisiert wird, ist bei der Einführung neuer Dienste im Idealfall nur ein Netzknoten (der SCP) betroffen, der über ein → *SS#7*-Netz die Vermittlungsstellen dann „fernsteuert".

Der SCP wurde ursprünglich speziell aus Komponenten bestehender Vermittlungsanlagen heraus entwickelt und war in diese integriert, da nur diese die hohen Anforderungen des Echtzeitverhaltens und der Stabilität erfüllen konnten. Mittlerweile haben jedoch handelsübliche, leistungsstarke und skalierbare → *Server* unter dem → *Betriebssystem* → *Unix* die gleiche Leistung erreicht, so dass sie mittlerweile anstelle von umgebauten Vermittlungsstellen eingesetzt werden. Ähnliches gilt für die SMPs und das SCE.

Eine Specialised Resource Function (SRF) am Ort der SSF erweitert die Möglichkeiten für den Teilnehmer, z.B. durch Spracheingabe (und nicht nur Nummerneingabe) mit dem Netz und IN-Funktionen. Die dazu notwendige Hardware bezeichnet man als Intelligent Peripheral (IP).

Voraussetzung ist, dass der SSP über ein separates Netz mit dem SCP verbunden ist und über ein spezielles Protokoll (SS#7, genutzt werden der Transaction Capabilities Application Part, TCAP, und der IN Application Part, INAP) mit diesem kommunizieren kann, um zu erfahren, welche weiteren (Vermittlungs-) Schritte notwendig sind, um den Dienst zu erbringen. Der SCP muss zwei Aufgaben übernehmen:

- Call Processing
- Data Processing

Dafür verfügt er i.d.R. über eine Service Data Function (SDF), um nötige Daten zur Verfügung zu stellen. Der SCP als zentrales Steuerelement enthält daher auch Schnittstellen z.B. zu → *X.25*-Netzen oder → *IP*-Netzen, die ihn mit internen oder u.U. auch mit externen Datenbanken verbinden. Diese Datenbanken befinden sich am Service Data Point (SDP). SDPs halten Daten konsistent an zentraler Stelle vor, die von mehreren SCPs abgefragt werden können. SDPs können in einem SCP integriert oder als eigene Datenbank geführt sein. Sie können auch von Dritten betrieben werden, z.B. von Kreditkartenunternehmen, Banken oder Providern von → *Calling Cards*.

Die SDF kann sich auch an einem geografisch anderen Ort als der SCP befinden und wird dann ebenfalls über ein SS#7-Netz mit INAP an den SCP angeschlossen.

Die im SCP eingesetzten Funktionsblöcke (Service Independent Building Blocks, SIBs) sind weitgehend dienstunabhängig und können untereinander einfach zu neuen Diensten konfiguriert werden. Mit den SIBs ist es möglich, kleine Programme zu erstellen, die die weitere Durchschaltung eines Anrufs zu einem Ziel beeinflussen.

Beispiele für Kategorien, für die es jeweils mehrere SIBs gibt, sind:

- Call Prompter, d.h., es werden vom → *A-Teilnehmer* weitere Angaben mittels Tastatureingabe (→ *DTMF*) oder Spracheingabe entgegengenommen.
- Zeitabhängige Verbindungssteuerung, d.h., in Abhängigkeit von der Tageszeit oder des Wochentages werden verschiedene Ziele angesteuert.
- Ortsabhängige Verbindungssteuerung, d.h., in Abhängigkeit vom geografischen Ursprung der Verbindung wird die Verbindung durchgestellt.

Aus SIBs bestehende Software-Programme werden als Service Logic Program (SLP) bezeichnet. In einem SCP befinden sich mehrere SLPs (für verschiedene IN-Dienste), die jeweils aufgerufen werden, sobald eine entsprechende Aufforderung vom SSP gekommen ist.

Die Service-Verwaltung (Statistiken, Wartung) wird durch ein Service Management System (SMS) am Service Management Point (SMP) ermöglicht. Das SMS ist i.d.R. über ein → *X.25*-Netz mit den SCPs verbunden. Am SMP werden das IN und seine Dienst- und Kundendaten verwaltet. Bestandteile des SMP sind:

- Entsprechende Datenbanken
- Die X.25-Anschlüsse
- Basisdienste wie Fehleranalysen und Fehlerberichte, Systemschutz und Statistiken

In der Praxis ist der SMP üblicherweise eine leistungsstarke → *Workstation* unter dem → *Betriebssystem* → *Unix*. Ferner existiert am SMP ein Service Creation Environment (SCE), mit dessen umfangreichen Tools (→ *CASE*) neue Dienste durch die Programmierung der SLPs kreiert, simuliert, getestet, eingeführt und gewartet werden. Die Programmierung und der Test erfolgen heute üblicherweise mit Hilfe von → *Tools*, die auf grafischen Benutzeroberflächen (→ *GUI*) basieren, so dass zur Bedienung keine speziellen Kenntnisse des Software-Engineering notwendig sind.

Die Trennung von SCP und SMP erlaubt es, beide Einheiten auf ihre jeweiligen Zwecke hin zu optimieren, d.h., am SCP werden Dienste im Betrieb realisiert und am SMP Dienste entwickelt. Die Entwicklung belastet somit nicht die Rechner, die bereits Dienste abwickeln.

Daneben kommt eine Intelligent Peripheral (IP) in den SMPs zum Einsatz, die z.B. den Kunden ein Kundenmanagement ihrer Dienste erlaubt. IP ist üblicherweise auf der Ebene der SSPs installiert und dient der Dezentralisierung der Komponenten des IN. Beispielsweise entlastet es das Netz durch eine frühzeitige Blockierung von Überlast generierenden, eingehenden Anrufen bei Aktionen mit → *Tele-Voting*.

Beim Design eines intelligenten Dienstes greift der Designer auf eine Hardware-unabhängige Flexible Service Logic

(FSL) auf einer hohen Schicht zurück, die mehrere SIBs enthält.
Capability Sets (CS), stellen dienstunabhängige Funktionen zur Verfügung, aus denen diverse Dienste abgeleitet werden können.
Probleme bei der Implementierung von IN-Diensten ergeben sich i.d.R. bei Diensten, die mehrere Netze oder Carrier betreffen, da sie verschiedene Versionen von IN und → *SS#7* nutzen könnten.
Weitere Elemente in einer erweiterten Version IN/2 waren auch die Network Information Database (NID) und der Service Logic Interpreter (SLI).
Man unterscheidet drei Kategorien von Diensten, die mit IN realisiert werden können. In jeder Kategorie gibt es verschiedene denkbare Dienste:

- Personenbezogene IN-Dienste für IN-Service-Subscriber (INSS):
  - → *UPT*
  - → *VPN*
  - → *Centrex*
  - Landesweite Zugangsnummer
- Informationsbezogene IN-Dienste:
  - Notrufdienst
  - → *Premium Rate Service*
  - → *Shared Cost Service*
  - → *Toll Free Number*
- Dienste mit integrierter Fremdfunktion:
  - → *Telefonkarte* mit Chipfunktion,
  - → *Calling Card*
  - → *Tele-Voting*
  - → *Prepaid Card*
  - Alternative Gebührenschemata,

IN-Dienste können dem Endteilnehmer überall dort angeboten werden, wo eine Ortsvermittlungsstelle mit einem SSP ausgerüstet ist. Dies führt für einen Netzbetreiber, der sein Netz IN-tauglich machen möchte, zunächst zu hohen Anfangsinvestitionen. Es besteht allerdings in hierarchisch strukturierten Netzen die Möglichkeit, zunächst ein IN-Overlaynetz zu installieren, indem man nur bestimmte, hierarchisch hochstehende Netzknoten mit einem SSP ausrüstet. Dafür nimmt der Netzbetreiber jedoch lange Verbindungswege in Kauf, was u.U. Netzkapazitäten unnötig verschwendet. Außerdem führt diese Lösung zu Kapazitätsproblemen, da die SSPs mit sehr großen Kapazitäten ausgestattet sein müssen, wenn sie den IN-Verkehr für ein großes Gebiet und u.U. viele IN-Dienste abwickeln müssen. Nach einer Übergangszeit ist es daher ratsam, die SSPs so nahe wie möglich beim Endbenutzer, d.h. in den Ortsvermittlungsstellen, zu platzieren.
Ursprüngliche Ideen für ein IN kamen in den 80er Jahren aus den Bell Laboratories, als sich nach der → *Divestiture* der Wettbewerb verschärfte und neue Dienste und Dienstmerkmale zügig von den Telekommunikationsgesellschaften eingeführt werden mussten. Wesentlich beeinflusst wurde das Konzept weiterhin von IBM und Siemens in der Zeit von 1986 bis 1988. Daneben entwickelte die US-Telefongesellschaft Ameritech schon 1985 den Vorschlag für ein „Feature Node/Service Interface", um neue Dienste schnell, einfach und kostengünstig anzubieten.
Der Begriff des Intelligent Networks kam von Bell 1986 im Zuge der ersten Version IN/1. Dies war ein zentralisiertes Konzept mit dem Fernsprechnetz als Basis und dem primären Ziel, gebührenfreie Telefonate zu ermöglichen. Dieses Konzept wurde in den USA auch umgesetzt. Hinzu kamen später Überlegungen für Telefonchipkarten und → *VPN*s. IN/1 war also allein noch nicht vollständig dienstunabhängig, da es sich auf den Telefondienst konzentrierte.
Es folgte 1987 IN/2 als Prototyp eines voll dienstunabhängigen und auch offenen Systems. Nachdem es Zweifel gab, den vollen Funktionsumfang von IN/2 realisieren zu können, wurde 1988 als Zwischenlösung IN/1+ veröffentlicht.
In den Jahren 1989 und 1990 verabschiedete die → *MVI* Grundlagen, die eine systematische Weiterentwicklung zum Ziel hatten.
Das IN-Modell unterliegt seither einer ständigen Weiterentwicklung. Teilweise wird im Zuge seiner Evolution auch schon von AIN (Advanced IN) gesprochen, ein von Bellcore bereits 1990 (für die → *RBOC*s vorgesehen) vorgestelltes Modell mit Betonung der schnellen Einführung neuer Dienste.
1992 definierten ITU und ETSI die Capability Sets (CS) CS1 und CS1R sowie SIBs. Der relevante Standard der ETSI ist dabei ETS 300 374-1. Bellcore arbeitet unterdessen an INA (Information Network Architecture).
Seit 1993 arbeitet auch → *TINA-C* an der Integration von IN, → *TMN* und → *ODP*.
Für 1997 wird eine erweiterte Funktionalität durch von der ITU standardisierte CS2 erwartet, die weitere Datenbankoperationen enthalten wird (XDM, Extended Data Management). Parallel arbeitet man an CS3 und erwartet unter dem Eindruck von TINA einen offenen Standard hinsichtlich Soft- und Hardware.
Neben den offiziellen IN-Versionen existieren viele einzelne proprietäre Softwarepakete von Herstellern der Vermittlungsstellen, die teilweise die, wenn sie in digitalen Vermittlungen eingesetzt werden, gleiche Funktionalität wie IN bieten, sich aber nicht oder nicht vollständig an dem IN-Standard orientieren. Üblicherweise handelt es sich dabei um Funktionalität, die in der aktuellen IN-Version nicht enthalten ist, sondern erst in geplanten Versionen aufgenommen werden soll.
→ *http://www.inf.org/*

INA

Abk. für Information Network Architecture.
→ *IN*.

INAP

Abk. für Intelligent Network Application Protocol.
→ *IN*.

In-Band-Signalisierung

Auch Channel Associated Signalling (CAS) genannt. Ein Verfahren der → *Zeichengabe*. Dabei werden Signalisierungsdaten (im Gegensatz zu Nutzdaten) im gleichen Kanal (auf der gleichen Frequenz, im gleichen → *Slot*) wie die Nutzdaten in periodischen Abständen übertragen.

Angewendet z.B. bei → *CT0*, → *CT1* und → *CT1+* und auch bei herkömmlicher analoger Telefonie, z.B. mit → *DTMF* oder → *IWV*.

Ein anderes und moderneres Verfahren ist die → *Außenband-Signalisierung*.

Inbound Call Center

→ *Call Center*.

In-Circuit-Emulator

Hardwarebaustein, der das Entwicklungssystem von elektronischen Schaltungen direkt mit dem zu programmierenden Anwendersystem, in das die Schaltung eingesetzt werden soll, verbindet. Er ersetzt im Anwendungssystem die → *CPU* auf deren Sockel, in den der In-Circuit-Emulator eingesteckt ist.

Incr TCL

→ *TCL*.

Incumbent, Incumbent Operator

Von engl. incumbent = amtierend, etwas innehaben. Ein Begriff aus der → *Deregulierung*, geprägt in den USA. Bezeichnet den dominierenden Anbieter von Telekommunikationsdienstleistungen in einem Gebiet, sozusagen den → *Carrier*, der die Marktführerschaft besitzt.

Da dies in vielen Ende der 90er Jahre deregulierten Märkten in der Regel immer noch der ehemalige, staatliche Monopolanbieter ist, wird Incumbent heute häufig als Synonym für diesen genommen.

→ *LEC*.

Indeo

Abk. für Intel Video.

Bezeichnung eines proprietären Kompressionsalgorithmus aus dem Hause Intel für die Komprimierung audiovisueller Daten, z.B. bei → *Videokonferenzen*. Realisiert wird der Kompressionsalgorithmus in speziellen Intel-Chips. Dekompression durch einen 80486-Prozessor.

Man unterscheidet mit Indeo 3.2 und 4.1 zwei Indeo-Versionen, die untereinander nicht kompatibel sind:

→ *PCS*, → *PCWG*

Index

Ein Index ermöglicht das schnelle, gezielte Auffinden gewünschter Informationen in einem Datenbestand nach einem bestimmten Suchkriterium. Soll der Datenbestand nach verschiedenen Kriterien, z.B. Name und Alter, durchsucht werden, so ist dafür das Erstellen von verschiedenen Indexen notwendig.

Das Erstellen eines Index aus dem Datenbestand heraus wird mit Indizieren bezeichnet.

INDI

Abk. für Informations- und Dialogdienste.

Bezeichnung für spezielle, reservierte Leitungen und Vermittlungseinrichtungen der Telekom zur Verbindung der Btx-Teilnehmer mit Btx-Vermittlungseinrichtungen. Benutzt von 1983 bis 1989.

Indirekt gesteuerte Vermittlung

Ein Vermittlungsprinzip, bei dem die Vermittlungen nicht direkt durch die eingegebene Ziffernkombination (oder Teilen von ihr) gesteuert werden und eine Verbindung sukzessive freischalten, sondern bei dem dem Netz von der Verbindungsquelle eine Zieladresse komplett übergeben und ausgewertet wird. Das Netz analysiert diese in einem Register zwischengespeicherte Adresse in einem von der Durchschaltung unabhängigen Datenverarbeitungsprozess und ermittelt, wie der Verbindungsaufbau am zweckmäßigsten zu erfolgen hat und welche weiteren Vermittlungen einzuschalten sind. Erst dann wird die Verbindung durchgeschaltet.

Die zugrunde liegenden Techniken waren ab den 50er Jahren in Deutschland → *EMD*-Wähler und Koordinatenschalter (→ *Cross-Connects*).

→ *Direkt gesteuerte Vermittlung*.

Indoeuropäische Telegrafenlinie

Bezeichnung einer im 19. Jahrhundert gebauten überirdischen Telegrafenstrecke zur Verbindung von GB mit seiner damals blühenden Kolonie Indien. Maßgeblich mitgebaut vom Hause Siemens im Wettbewerb zur Verlegung von → *Unterwasserkabeln* durch Charles Bright.

Der eigentliche Neubauabschnitt war 4 600 km lang und verband bestehende europäische Telegrafenlinien (bis Thorn) mit bestehenden Linien in Asien (ab Teheran).

Der Bau begann auf Initiative des britischen Königshauses 1868. Nach sehr kurzer Bauzeit – trotz vieler technischer und politischer Probleme – wurde die Verbindung am 12. April 1870 mit einem Telegramm, das für die Strecke 28 Minuten benötigte, eröffnet. Die Verbindung galt als sehr zuverlässig und schnell. Sie blieb bis 1931 in Betrieb und war für GB wirtschaftlich und auch politisch von immenser Bedeutung.

Die Strecke war 11 000 km lang, basierte in ihren oberirdischen Strecken auf rund 40 000 (einige Quellen nennen auch 70 000) gusseisernen Pfählen, die extra für holzarme Gebiete angefertigt wurden, auf denen zwei Drähte zu je 6 mm Durchmesser verlegt waren.

Um an den Zwischenstationen einen annähernd automatischen, verzögerungsfreien und Fehler ausschließenden Betrieb zu gewährleisten, entwickelte man im Hause Siemens eigens ein Gerät, das eingehende Nachrichten auf Lochstreifen stanzte, die man wiederum rasch einer Sendeapparatur zuführen konnte.

Die Leitung verband London über Emden, Berlin, Thorn, Warschau, Odessa, Kerch, Tiflis, Julfa, Teheran, Buschir, Ojask, Karachi und Agra mit Kalkutta.

Induktive Kopplung

Zwei Punkte sind miteinander induktiv gekoppelt, wenn eine Kopplung über magnetische Felder vorliegt.

→ *Kopplung*, → *Galvanische Kopplung*, → *Kapazitive Kopplung*.

Industrie-PC

Bezeichnung für Computer, die unter den gleichen Betriebssystemen wie herkömmliche PCs laufen und mit ihnen viele Gemeinsamkeiten haben (z.B. gleiche Peripherie-Geräte), die jedoch mit speziellen Features ausgerüstet sind, etwa einer spritzwasser- und staubgeschützten Tastatur, einem besonderen Gehäuseformat, speziellen Tasten zur sofortigen Bedienung kritischer Funktionen etc.

Im Vergleich zu herkömmlichen, spezifischen Steuerungsautomaten haben sie den Vorteil der einfachen Programmierbarkeit (dadurch hohe Flexibilität) und der günstigen Kosten, da sie auf Standardteilen basieren.

Häufig ist ihr Gehäuse derart ausgeführt, dass der Industrie-PC in ein in der Industrie übliches 19"-Rack passt.

INET

Abk. für Institutional Network.

In den USA gebräuchliche Bezeichnung für LANs und WANs, die von öffentlichen Institutionen, Behörden, Ministerien etc. unterhalten werden.

InFlexion

→ *Flex*.

Informatik

Lehre und Wissenschaft von der formalen, systematischen und automatischen Verarbeitung von Informationen mit Hilfe digitaler Rechenanlagen.

Die wissenschaftliche Disziplin der Informatik (international mit Computer Science bezeichnet) entstand erst relativ spät aus Teildisziplinen der Mathematik und des Elektroingenieurwesens. Die anwendungsorientierte Spielart der Informatik mit dem Ziel, die Erkenntnisse der Informatik zur Unterstützung von Geschäftsprozessen in Unternehmen nutzbar zu machen, wird Wirtschaftsinformatik genannt. Beispiele für Themengebiete, mit denen sich Wirtschaftsinformatik beschäftigt, sind → *CRM*, → *Data Warehouse*, → *E-Business*, → *MIS*, → *M-Commerce* oder die Nutzung der → *Smart Card*.

In den USA richteten 1962 die Universitäten Stanford und Purdue (im Oktober) erste Informatik-Fakultäten bzw. Studiengänge für Computer Science ein. Den ersten PhD in Computer Science erhielt 1965 Richard L. Wexelblat von der University of Pennsylvania, Pittsburgh.

Der erste deutsche Informatik-Student erhielt 1971 sein Diplom. Es war Jochen Dietrich aus Karlsruhe.

In Deutschland ist die Gesellschaft für Informatik (→ *GI*) eine Interessenvertretung von Informatikern. Der Wirtschaftsinformatik Verband für Forschung und Praxis e.V. in Europa (→ *WIV*) ist der Verband der Wirtschaftsinformatiker.

Information

→ *Informationsgehalt*.

Information at your Fingertips

Bezeichnung eines visionären Konzeptes, das vom Hause Microsoft propagiert wurde und an Popularität gewann. Das Konzept sieht den PC als universelle Kommunikationsplattform und prophezeit ein Zusammenwachsen verschiedener Telekommunikations- und Computersysteme. Mit ihnen und einer einfach zu bedienenden Benutzeroberfläche soll es gelingen, Informationen aller Art, die weltweit zu finden sind, auf Knopfdruck auf den eigenen Bildschirm zu holen.

Erste Ideen und auch der Fingertip-Slogan reichen bis 1973 in das Xerox-Forschungszentrum → *PARC* zurück. Populär wurde das Konzept jedoch erst im Herbst 1994 nach einer Rede von Bill Gates auf der → *Comdex* in Las Vegas.

→ *NII*, → *Global Village*, → *Informationszeitalter*, → *Wired City*.

Information Highway

→ *NII*.

Information Superhighway

→ *NII*.

Information-on-Demand

Oberbegriff für eine mögliche Ausprägung eines → *On-Demand-Dienstes*, bei dem ein Nutzer gezielt bestimmte Informationen, z.B. Wirtschaftsnachrichten oder Sportinformationen, aus einer zur Verfügung stehenden Menge auswählt und in elektronischer Form präsentiert bekommt.

Das Konzept in seiner ursprünglichen Form (ca. 1994/95) lehnt sich eng an das von → *Video-on-Demand* an, hatte jedoch kurze Zeit später in Form von → *Push-Diensten* einen – wenn auch bescheidenen – Erfolg.

Informationsgehalt

Begriff aus der Informationstheorie. Der Informationsgehalt einer Nachricht, oft auch nur mit Information bezeichnet, hängt demnach lediglich von der Auftrittswahrscheinlichkeit dieser Nachricht ab. Seltene Nachrichten besitzen einen hohen Informationsgehalt, häufige Nachrichten einen niedrigen.

Falls eine Nachricht y mit der Wahrscheinlichkeit p auftritt, so ergibt sich der Informationsgehalt $I(y)$ dieser Nachricht aus:

$$I(y) = ld\ (1/(-p)) = -\ lp\ (p)$$

Der Informationsgehalt einer Nachricht, die aus mehreren Teilnachrichten oder Signalen besteht, ergibt sich aus der Summe der einzelnen Informationsgehalte.

→ *Entropie*.

Informationsgesellschaft

→ *Informationszeitalter*.

Informationstechnik

Abgekürzt mit IT. Die Informationstechnik beschäftigt sich im weitesten Sinne mit allen Aufgaben, die der Verarbeitung und Übertragung von Informationen dienen.

Informationstheorie

Bezeichnung der von Claude E. Shannon (* 1916) und vom amerikanischen Mathematiker Norbert Wiener (* 26. November 1894, † 18. März 1964) um 1948 begründeten Theorie, informatorische Vorgänge in der Nachrichtentechnik begrifflich und mathematisch zu erfassen. Hauptziel ist eine Quantifizierung der Information durch die Größe → *Informationsgehalt*.

Shannon hatte schon mit der Veröffentlichung seiner Master-Arbeit über Schaltalgebra am → *MIT* im Jahre 1937 und einem Artikel „A symbolic analysis of relay and switching circuits“ im Jahre 1938 die Grundlage dafür gelegt.

Wiener trug mit seinem mathematischen Modell über die Brownsche Molekularbewegung viel zu den Grundlagen bei. Außerdem publizierte er 1948 ein Werk mit dem Titel „Cybernetics“.

Informations- und Kommunikationsdienste Gesetz

→ *IuKDG*.

Informationszeitalter

Ein seit den späten 90er Jahren diskutierter Begriff, der die aktuell laufende Zeitperiode beschreiben und andeuten soll, wie bedeutsam Informationen für das tägliche Leben geworden sind. Gleichwohl ist die Begriffsbestimmung noch nicht abgeschlossen.

Der Begriff steht im Wettbewerb zu Begriffen wie Atomzeitalter, Mobilitätszeitalter u.a., welche sich ebenfalls an Technologien orientieren, die für die entwickelten Länder prägend sind. Die große Bedeutung des Begriffes „Information“ ist dabei auf verschiedene Gründe zurückzuführen:

- Der Zugang zu Informationen (Nachrichten, Bildung, Wissen) ist heute durch Bibliotheken und das → *Internet* für breite Bevölkerungsschichten sichergestellt.
- Die Bedeutung von Informationen für den Beruf und die persönliche Weiterentwicklung ist hoch.
- Die Bedeutung von Informationen und deren Auswertung für das Treffen von Entscheidungen im Wirtschaftsleben wie auch in der Politik ist hoch.
- Die Erzeugung, Aufbereitung, Verteilung und Verarbeitung (Auswertung) von Informationen sowie die Herstellung des dafür benötigten Gerätes beschäftigt ganze Wirtschaftszweige, deren Anteil am Bruttosozialprodukt einer entwickelten Volkswirtschaft kontinuierlich gestiegen ist.

Die Diskussion selbst ist nicht neu, wie die schon in der Vergangenheit aufgekommenen Begriffe → *Global Village* (1964), → *Information at your Fingertips* (1973) und → *Wired City* (frühe 70er Jahre) belegen.

Verschiedene Zeitpunkte können um den Beginn des Informationszeitalters konkurrieren:

- 1964: In diesem Jahr wurde mit der → *IBM /360* der erste prägende → *Mainframe*-Rechner zur Verarbeitung großer kaufmännischer Informationsmengen vorgestellt.
- 1969: Der Beginn des Aufbaus des → *Internet*.
- 1977: Vorstellung der ersten PCs und damit der Beginn des Aufbaus dezentraler Strukturen für die Informationsverarbeitung.
- 1991: Das Jahr des Golfkrieges, der als erster bewaffneter Konflikt der globalen Öffentlichkeit zwar in zensierter Form, aber nahezu in Echtzeit und für viele Kritiker fast als verharmlosendes Videospiel nahe gebracht wurde.
- 1994: Beginn der nennenswerten Verbreitung des → *WWW* und damit der Beginn der Kommerzialisierung des Internet.

Ferner wird zur Bestimmung des fraglichen Zeitpunktes als volkswirtschaftliche Größe der Anteil der informationsverarbeitenden Industrie am Bruttosozialprodukt und das Überschreiten eines bestimmten Wertes herangezogen. Je nach Definition der informationsverarbeitenden Industrie, der Durchdringung einer Volkswirtschaft mit ihr und der Festlegung eines Schwellwertes (30%, 50% oder Erreichen einer einfachen Mehrheit im Vergleich zu anderen Industriesektoren) liegt der Beginn des Informationszeitalters irgendwann in den 90er Jahren oder ist noch gar nicht erreicht.

Strenge Kritiker verweisen auf die zeitliche Bandbreite obiger Ereignisse und lehnen eine derartige Diskussion ab. Gleichzeitig verweisen sie auf die Erfindung des Buchdrucks mit beweglichen Lettern um 1450 durch Johannes Gutenberg (* vor 1400, † 1468), wonach die Informationsgesellschaft bereits über 500 Jahre alt wäre.

Infrarot

Bezeichnung für einen bestimmten Ausschnitt aus dem elektromagnetischen Spektrum am unteren Rande des sichtbaren Bereichs.

Der Bereich wird zur Datenübertragung genutzt, z.B. durch → *IrDA*.

Infrastrukturmonopol

→ *Netzmonopol*.

Ingres

Abk. für Interactive Graphics and Retrieval System.

Ursprünglich die Bezeichnung eines Forschungsprojektes mit dem Ziel der Entwicklung einer relationalen → *Datenbank* an der Universität in Berkeley/Kalifornien, später die daraus resultierende Datenbank.

Die Forscher Michael Stonebraker (der schon an → *SQL* mitgearbeitet hatte) und Eugene Wong waren vom relationalen Konzept so überzeugt, dass sie in den frühen 70er Jahren Mittel für ein Forschungsprojekt an der Universität Berkeley auftrieben, um ein Abfragetool für die betriebswirtschaftlichen Forschungsprojekte an der Uni zu entwickeln. Die damalige DARPA (→ *ARPA*) und das Forschungszentrum der US-Marine sollten das Projekt finanzieren, lehnten dies jedoch ab, so dass die Hauptfinanzierung zunächst von der → *NSF* und kurz darauf auch von anderen militärischen Forschungseinrichtungen (Forschungszentrum der US-Luftwaffe, Forschungszentrum des US-Heeres und einer speziellen Forschungsabteilung der US-Marine für elektronische Kommandosysteme) getragen wurde.

Nach einem ersten Demonstrator wurde das System in vielen Schritten kontinuierlich durch Feedback von Nutzern und neue Versionen verbessert. Im Rahmen dieses Prozesses wurden rund 1 000 Systeme weltweit zu Experimentalzwecken installiert.

Stonebraker gründete daraufhin die Firma Ingres Corp., die 1994 von Computer Associates übernommen wurde. Aus der Ingres Corp. heraus diffundierten weitere Persönlichkeiten in die sich formierende Datenbank-Industrie, so etwa Paula Hawthorn, die zunächst Illustra gründete, das dann von Informix übernommen wurde, oder Robert Epstein, der zunächst Britton-Lee Inc. gründete und später auch Sybase.

Initialisierung

Bezeichnet den Vorgang, ein technisches System in einen betriebsfertigen Zustand zu versetzen. Dabei werden verschiedene Betriebsparameter mit Anfangswerten geladen.

Initiierung

Begriff aus der Fernmeldetechnik.

Bezeichnet den ersten Teil der Phase des → *Verbindungsaufbaus*. Dabei meldet der → *A-Teilnehmer* den Wunsch, eine Verbindung z.B. durch Abheben des Telefonhörers herzustellen.

→ *Belegung*, → *Einrichten*.

Inklination

Bezeichnet bei Satellitenumlaufbahnen den Winkel, um den die Bahn des Satelliten zur Ebene des Äquators geneigt ist.

→ *GEOs* verfügen über eine Inklination von 0°, polare Umlaufbahnen über eine Inklination von 90°.

Inkrementelles Backup

→ *Backup*.

Inline-Technik

Bei herkömmlichen Farbmonitoren in → *CRT*-Technik die Bezeichnung dafür, dass die drei Strahlenquellen für die Elektronenstrahlen nicht, wie bei herkömmlichen Monitoren, im Dreieck angeordnet sind, sondern horizontal nebeneinander.

Dies verhindert vertikale Abweichungen bei der Konvergenz aller drei Strahlen auf einem Leuchtpunkt und erhöht so die Bildqualität.

Inlining

Bei Seiten einer → *Site* mit Informationen im → *WWW* die Bezeichnung dafür, dass der Inhalt einer Seite einer anderen Site nicht als Kopie dauerhaft im → *HTML*-Quellcode enthalten ist, sondern erst im Augenblick des Aufrufes der ersten Site eine Kopie der zweiten gezogen und in die erste integriert wird.

Dieses Verfahren hat den Vorteil, dass die Inhalte dauerhaft aktuell gehalten werden können, ohne häufig den HTML-Quellcode ändern zu müssen.

Inlink

→ *Suchmaschine*.

Inmarsat

Abk. für International Maritime Satellite Organisation.

Inmarsat wurde 1980 von 29 Mitgliedsländern (zunächst sog. Signatariatsstaaten, mittlerweile Inmarsat Partnership Board Members genannt) mit Sitz in London gegründet. Hatte 1997 81 und 1999 84 Mitgliedsländer. Ermöglicht globale, wählbare Telekommunikationsdienste (Telefon, Fax, Datenübertragung) zwischen Küsten-Bodenstationen und Schiffen oder Förderplattformen sowie, seit einigen Jahren, auch zwischen Flugzeugen und dem Erdboden (→ *Skyphone*).

Erstes Netz war schon 1979 ein seinerzeit in Betrieb genommenes Satellitensystem, aus drei Satelliten bestehend, auf → *GEO* basierend, das sich auf das 1976 in Betrieb genommene → *MARISAT* System stützt und erstmals globale Telefonate zu Schiffen ermöglichte.

Am 15. April 1999 wurde Inmarsat als Folge der weltweiten Liberalisierung der Telekommunikationsmärkte privatisiert (Inmarsat Ltd.). Dadurch können Inmarsat-Dienstleistungen auch von anderen Unternehmen als den bisherigen Signatarunternehmen vermarktet werden.

In den Polregionen ist das Nutzen der Dienste nur mit Spezialantennen möglich. Insgesamt werden 98% der Landmassen erfasst. Das System besteht aus vier Betriebs- und fünf Reservesatelliten. Dabei wird zwischen mehreren Generationen von Satelliten unterschieden, von denen die erste nicht mehr existiert. Die zweite Generation wurde von 1990 bis 1992 gestartet und verfügt über eine Kapazität von 250 Kanälen des → *Inmarsat-A*-Dienstes. Ihr folgte die 3. Generation mit achtfacher Kapazität und einem Transponder für Navigationssysteme, der zusammen mit → *GPS* oder → *GLONASS* die Navigationsgenauigkeit erhöht. In der Konzeption ist eine 4. Generation.

Die Funkverbindung von den Satelliten zu den mobilen Stationen der Nutzer wird im → *L*- und → *S-Band* (→ *Uplink*: 1,6-MHz-Bereich, → *Downlink*: 1,5 GHz) abgewickelt, die Funkverbindung vom Satellit zur Bodenstation hingegen im → *S-Band* und im → *C-Band* (Uplink: 6,4-MHz-Bereich, Downlink: 3,6 GHz).

In mehreren Ländern gibt es Bodenstationen (Land-Earth-Station, LES), so z.B. eine auch in Deutschland (Raisting), betrieben von der Deutschen Telekom. Das Kontrollzentrum für die Satelliten (Operational Control Centre, OCC) befindet sich in London.

Mobile Stationen können verschiedenartig sein. Sie können tragbar, in Automobilen oder auch auf Schiffen fest montiert sein. Als Ship-Earth-Station (SES) werden fest installierte Anlagen auf Schiffen bezeichnet.

Folgende Vorwahlen sind von Deutschland aus zu wählen, gefolgt von einer neunstelligen Teilnehmernummer:

Region	Position	Vorwahlnummer
Atlantik (Ost)	15,5°W	00871
Atlantik (West)	54°W	00874
Indischer Ozean	64°O	00873
Pazifik	178°O	00872

Adresse:

Inmarsat
99 City Road
London EC1Y 1AX
Tel. 00 44 / 17 17 28 10 00
Fax: 00 44 / 17 17 28 17 52

→ *Inmarsat A*, → *Inmarsat B*, → *Inmarsat C*, → *Inmarsat M*, → *ICO*.

→ *http://www.inmarsat.org/*

Inmarsat A

1982 der erste Satellitendienst der → *Inmarsat*-Organisation. Unterstützt analoge Sprache, Telex, Fax und Datenübertragung bis 9,6 kbit/s. In der Hochgeschwindigkeitsversion Inmarsat A-HSD lassen sich mit Zusatzgeräten auch Daten mit 64 kbit/s übertragen. Inmarsat A ist nicht ganz vollautomatisch, da der von einem Satelliten ausgeleuchtete Ozean (pazifischer, atlantischer und indischer Ozean) als Aufenthaltsort des Teilnehmers schon bekannt sein muss, um diesen anwählen zu können. Insgesamt werden die Dienste vom Einsatzprofil noch in maritime, aeronautische und landgestützte Anwendungen unterteilt. Die Sendestationen senden mit 40 W und einem Antennendurchmesser von 0,8 bis 1,95 m, üblicherweise 1,2 m. Zusätzlich ca. 200 kg sonstiges Gerät. Die Kosten für eine Anlage liegen im Bereich von 100 000 DM.

Gegen Ende 1996 waren weltweit 25 600 Endgeräte für das Inmarsat-A-System installiert mit langsam sinkender Tendenz, so dass es Ende 1999 noch rund 18 000 Anlagen waren.

Nachfolgesystem ist → *Inmarsat B*.

Inmarsat B

Digitaler Nachfolgedienst des → *Inmarsat A*-Dienstes, der 1995 eingeführt wurde und kleinere Endgeräte (→ *VSAT*) ermöglicht.

Inmarsat C

1991 eingeführtes Satellitensystem mit 21 Standard- und drei Ersatzsatelliten, das die Übermittlung und den Empfang von Sprache und paketvermittelten Daten über Verbindungen mit 64 kbit/s überall auf der Welt gestattet. Es bietet auch → *GPS* an.

Im Laufe der Zeit wurde der Dienst kontinuierlich ausgebaut. So bietet C-Internet die Möglichkeit, dass ein Schiff seine eigene Internet-Adresse (→ *IP*) erhält.

1995 waren ca. 16 000 Endgeräte weltweit mit Inmarsat-C-fähigen Empfängern ausgerüstet, gegen Ende 1996 waren es knapp 30 000 und Ende 1999 rund 36 500. 19 Bodenstationen weltweit kontrollieren die Datenströme.

Inmarsat D, Inmarsat D+

Bezeichnung für einen von der internationalen Satellitenbetreiberorganisation → *Inmarsat* seit 1997 (D) bzw. 1998 (D+) angebotenen Dienst zur digitalen Datenübertragung kleiner Datenmengen. Prinzipiell eine Art → *Paging*-System, das als Inmarsat D entweder nur in eine Richtung (zur Mobilstation) oder als Inmarsat D+ mit Quittungsbetrieb in beide Richtungen funktioniert.

Anwendungsmöglichkeiten liegen im personenbezogenen Paging oder in der Übertragung von Telemetriedaten, etwa technischen Messwerten aus Flugzeugen/Schiffen, von entlegenen technischen Anlagen (Pumpanlagen, Förderstationen) oder Umweltmessstationen.

Inmarsat E

Satellitengestützter Notrufdienst von → *Inmarsat*, der Notsignale von Rettungsboten und -bojen über Satellit empfängt und an Seenotrettungszentren wie z.B. das Maritim Rescue and Coordination Center (MRCC) in Bremen weiterleitet.

Inmarsat M

Von der internationalen Satellitenbetreiberorganisation → *Inmarsat* seit 1993 angebotener Dienst, der mit aktenkoffergroßen Terminals (ca. 2-3 kg; 6 000 DM plus MwSt.) Sprachübertragung über 4,8-kbit/s-Kanäle oder Daten und Faxübertragung auf 2,4-kbit/s-Kanälen ermöglicht.

Genutzt werden für dieses System die → *Spotbeams* (nicht die Global Beams) der Satelliten. Uplink 1,5250 bis 1,5590 GHz, Downlink: 1,6265 bis 1,6605 GHz.

Inmarsat P

→ *ICO*.

INMS

Abk. für Integrated Network Management System.

→ *Netzmanagement*.

Innenkabel

Bezeichnung für jede Art von Kabel, das, im Gegensatz zu → *Außenkabeln*, innerhalb von Gebäuden eingesetzt wird und daher nur mäßigen Belastungen ausgesetzt ist.

Innenleiter

→ *Koaxialkabel*.

INRIA

Abk. für Institut National de Recherche en Informatique et en Automatique.

Name des nationalen franz. Instituts für Grundlagen- und angewandte Forschung auf dem Gebiet der Informationstechnologie. Sitz: Roquencourt und Le Chesney. Vergleichbar mit der → *GMD* in Deutschland.

Die INRIA hat seit 1995 die Weiterentwicklung des → *WWW* übernommen.

→ *http://www.inria.fr/*

INS 64

Bezeichnung des nationalen Protokolls im → *D-Kanal* des → *ISDN* in Japan.

Inselbetrieb

Auch Stand-alone-Betrieb genannt. Bei Computern die Bezeichnung für den nicht vernetzten Betrieb, d.h. der Computer ist nicht an ein → *LAN*, → *MAN* oder → *WAN* angeschlossen. Der Computer ist daher isoliert wie eine Insel.

→ *Adidas-Netzwerk.*

Inslot-Signalisierung

Andere Bezeichnung für → *Inband-Signalisierung*. Bei digitalen Systemen die Bezeichnung für die Übertragung von Informationen zur Verbindungssteuerung im gleichen Kanal wie die Nutzdaten. Gegenteil: Outslot-Signalisierung.

→ *Zeichengabe.*

Instant Messaging

Noch nicht vollständig definierter Begriff, der Kommunikationsanwendungen beschreibt, die echtzeitnah ablaufen, wie z.B. → *Chat.*

Instanz

1. Abstrakter Begriff für ein aktives Element oder einen Bestandteil eines Systems. Es handelt sich üblicherweise um einen → *Prozess* in einem Computersystem.
2. Andere Bezeichnungen: Entität oder Entity. Abstrakter Begriff, der einen Prozess (kommunikationsfähigen Automaten) in einer Schicht des → *OSI-Referenzmodells* beschreibt. Instanzen zerfallen in einen COM- und einen CODEX-Prozess. Ersterer regelt das interne Verhalten des Automaten, der zweite die Prozedur des Ver- und Entpackens von Daten in → *PDUs*, mit deren Hilfe mit anderen Instanzen kommuniziert wird. Dafür nutzt die Instanz der Schicht *n* die → *Dienste* der Schicht *n-1*.
3. In der objektorientierten Terminologie (→ *OO*) die konkrete Ausprägung eines Objektes einer Klasse. Beispielsweise kann ein Objekt ‚Angestellter‘ mit den Feldern Name, Vorname, Adresse und Nummer definiert sein. Die Ausprägung dieses Objektes für den Angestellten ‚Heinz Meier‘ ist dann eine Instanz.

Integrität

Bei der Übertragung von Daten die Bezeichnung für die Eigenschaft empfangener Daten, nicht von Dritten verändert worden zu sein.

Das Ermöglichen von Integrität ist ein Ziel beim Aufbau sicherer Übertragungsnetze und wird z.B. durch Verschlüsselungsverfahren erreicht (→ *Kryptologie*).

Intel

1. Abk. für Instituto Nacional de Telecomunicaciones S.A. Bezeichnung für den staatlichen Carrier in Panama.
2. Bezeichnung eines der größten Hersteller von → *Mikroprozessoren* und anderen elektronischen Bauteilen mit Sitz in Santa Clara/Kalifornien. Stattet insbesondere → *PCs* mit Mikroprozessoren aus wie z.B. dem → *Intel 8086*, → *Intel 80286*, → *Intel 80386*, → *Intel 80486* und dem → *Pentium*. Hat mit dem → *Intel 4004* auch den ersten Mikroprozessor überhaupt hergestellt und ferner das erste → *DRAM* und den ersten → *EPROM* entwickelt.

   Der Geschichtsschreibung im Hause Intel nach kam der promovierte Chemiker Gordon Earl Moore im Frühling 1968 bei Robert Norton Noyces (Erfinder des → *ICs* und früher Mitarbeiter von William Shockley, → *Transistor*) Privathaus vorbei, als dieser gerade den Rasen mähte. Sie sprachen über die zunehmende Bürokratie bei der von ihnen mitgegründeten Firma Fairchild Semiconductor und den Rücktritt von Noyce, dem der von Moore bald folgte. Moore schlug vor, die aufstrebende Technologie der Speicherbausteine auf Halbleiterbasis zu fördern und dafür ein Unternehmen zu gründen, was sie im Juli 1968 unter dem Namen NM Electronics taten. Kurz danach erwarben sie den Namen Intel von einem anderen Unternehmen und Andy Grove trat als einer der ersten Angestellten in die Geschäftsführung mit ein. In den Folgejahren entwickelte sich die Firma rasant und bestimmte die Entwicklung der PC-Technologie entscheidend mit.

   Erstes Produkt war der IC 3101 in Bipolartechnik im Jahre 1969, der eine Auftragsentwicklung für einen neuen Honeywell-Rechner war.

   Der Überlieferung nach wurde Intel mit lediglich 5 Mio. $ Venture Capital auf Basis eines zweiseitigen Business-Plans gegründet, den Arthur Rock geschrieben hatte.

   Zu den weniger bekannten Aktivitäten von Intel gehört der Kauf des Uhrenherstellers Microma im Jahre 1971, mit dem man seinerzeit vergeblich versuchte, in das seinerzeit wachsende Segment der Digitaluhren einzusteigen.

   → *Wintel.*

   → *http://www.intel.com/*

   → *http://www.intel.de/*

Intel 4004

Bezeichnung eines frühen → *Mikroprozessors* aus dem Hause → *Intel* und anerkanntermaßen der erste Mikroprozessor überhaupt.

Intel stellte am 15. November 1971 den von Marcian Edward ‚Ted‘ Hoff (* 28. Oktober 1937) sowie Stan Mazor, Masatoshi Shima und Federico Fagin entwickelten Mikroprozessor Intel 4004 in einer Anzeige in der Electronic News vor.

Erste Anwendung war eine elektrische Tischrechenmaschine der japanischen Firma Busicom, die ursprünglich im Jahre 1969 bei Intel einen aus zwölf Chips bestehenden

Chipsatz in Auftrag gegeben hatte. Hoff hatte jedoch den Ehrgeiz, alle geforderten Funktionen auf nur einem Haupt-Chip und vier weiteren Unterstützungschips zu vereinigen. Er erkannte, dass diese Chips auch zu anderen Zwecken genutzt werden konnten. Zusammen mit seinem Team entwickelte er den ersten Mikroprozessor innerhalb von neun Monaten. Für 60 000 $ konnte man die Rechte an dem Chip von Busicom zurückkaufen.

Der 4004 kostete 200 $ und enthielt 2 250 Transistoren in → *MOS*-Technik (kleinste Strukturen hatten eine Ausdehnung von 10 µm) auf einer Fläche von 4 * 4 mm. Vorher benötigten gleiche Bausteine eine Fläche von 2 m^2. Er verarbeitete Daten mit einer Breite von 4 Bit. Die Befehle wurden in 8 Bit breiten Worten codiert. Insgesamt standen 46 Instruktionen zur Verfügung. Die Adressen waren 12 Bit breit.

Der Takt lag bei 0,74 MHz, womit das ursprüngliche Ziel von 1 MHz nicht erreicht wurde. Seine Rechenleistung war dennoch so groß, dass er die Leistung der → *ENIAC* erreichte.

Er verfügte über einen Addierer, 14 Register und einen Stack. Er konnte 60 000 Instruktionen pro Sekunde bearbeiten und war in einem länglichen Gehäuse mit 16 Kontaktstiften untergebracht.

Die technische Dokumentation zum 4004 wurde von Adam Osborne geschrieben, der später in einem eigenen Unternehmen den → *Osborne-1* entwickelte und vermarktete.

Eine Weiterentwicklung war der → *Intel 4040*.

Um die Anwendungsmöglichkeiten des Prozessors zu demonstrieren entwickelte Intel zusätzlich eine komplette Entwicklungsumgebung mit, die intern wegen ihrer Gehäusefarbe mit Blue Box bezeichnet wurde und zu einem erheblichen Anteil das Geschäft von Intel mit trug.

Intel 4040

Bezeichnung eines frühen → *Mikroprozessors* aus dem Hause → *Intel*.

Er ging aus dem → *Intel 4004* hervor und verfügte, im Gegensatz zu diesem, über einen 14 Befehle größeren Instruktionsvorrat, einen größeren Stack und weitere Möglichkeiten zum → *Interrupt*.

Intel 8008

Bezeichnung eines frühen → *Mikroprozessors* aus dem Hause → *Intel*.

Er wurde im August 1972 als Nachfolgemodell des → *Intel 4040* vorgestellt. Er verarbeitete 8 Bit breite Daten und verfügte über eine 14 Bit breite Adressierung. Er integrierte 3 300 Transistoren und wurde mit 0,5 MHz Takt betrieben. Die Leistung lag bei 300 000 Operationen pro Sekunde. Sein Gehäuse hatte 16 Kontaktstifte.

Eine der ersten Anwendungen des neuen Chips war auch das erste kommerzielle Videospiel → *pong*.

Sein Erfolg zog diverse Entwicklungen bei der Konkurrenz nach sich.

Intel 8080, Intel 8085

Bezeichnung eines frühen → *Mikroprozessors* aus dem Hause → *Intel*.

Der Intel 8080 war im Juni 1974 das Nachfolgemodell des → *Intel 8008*, verarbeitete 16 Bit breite Adressen und 8 Bit breite Daten. Er war intern mit sieben 8-Bit-Registern ausgestattet und mit 2 MHz getaktet. Eingesetzt z.B. im → *Altair 8800*. Konkurrenz erhielt der Chip durch den → *Motorola 6800*.

Durch die Implementierung von zwei weiteren Befehlen, eine Umstellung der Spannungsversorgung auf +5 V und weiterer kleinerer technischer Änderungen wurde der 8080 bis zum November 1976 zum 8085 weiterentwickelt.

Intel 8086, Intel 8087, Intel 8088

Bezeichnung eines → *Mikroprozessors* aus dem Hause → *Intel*.

Intel brachte den 8086 im Juni 1978 mit 29 000 integrierten Transistoren auf den Markt. Er konnte bereits 1 MByte Speicher adressieren und verfügte über eine Wortbreite von 16 Bit. Getaktet wurde er mit 5 bis 10 MHz. Der Entwicklungsbeginn war im Dezember 1975. Maßgeblich mitentwickelt von Jean-Claude Cornet. Er basierte auf dem → *Intel 8080*.

Der Intel 8088 integrierte 29 000 Transistoren und wurde im Mai 1979 vorgestellt. Die kleinsten Strukturen hatten eine Ausdehnung von 3 µm. Er war ein 16-Bit-Rechner mit einer Busbreite von nur 8 Bit und einem Systemtakt von 4,77 MHz, womit 0,33 MIPS erreicht wurden (→ *MIPS*). Ziel war es, dieses Modell auch in der industriellen Mess-, Regel- und Steuertechnik einzusetzen, wo es eine hohe Anzahl bestehender Systeme mit einfacher und billiger 8-Bit-Technik gab. Er wurde dann auch ab 1981 in den → *PC* von IBM und ab 1982 in den → *Portable* aus dem Hause → *Compaq* eingebaut. Er war in einem rechteckigen Gehäuse mit insgesamt 40 Kontaktstiften untergebracht.

Der Intel 8087 war der erste mathematische Coprozessor und wurde im Juni 1980 herausgebracht.

Aus dem Hause NEC kamen mit dem V20 und V30 zwei Clones des 8088 und 8086, die ein wenig schneller waren als die Originale.

→ *http://www.x86.org/*

Intel 80286

Bezeichnung eines → *Mikroprozessors* aus dem Hause → *Intel*. Oft auch nur kurz 286er genannt.

Vorgestellt im März 1982 mit einer Rechenleistung, die seinerzeit das Dreifache der Leistungsfähigkeit anderer 16-Bit-Prozessoren betrug. Er integriert 130 000 Transistoren und wurde zunächst mit 6, später mit bis zu 12 MHz getaktet. Er konnte bereits einen max. → *RAM* von 16 MByte verwalten.

Erster PC mit dem 80286 war der erste → *Tower* aus dem Hause Rair mit einer Leistung von 1 MIPS mit dem Betriebssystem MP/M 86. Weite Verbreitung erreichte er jedoch erst, nachdem der → *AT* aus dem Hause IBM im August 1984 auf den Markt gekommen war.

Intel 80386

Bezeichnung für einen → *Mikroprozessor* aus dem Hause → *Intel*. Oft auch nur kurz 386er genannt.

Der Intel 80386 mit 16 MHz Takt (später bis 33 MHz) kam im Oktober 1985 für 299 $ auf den Markt. Er vereinigte 275 000 Transistoren auf einem Chip und erreichte 5 MIPS. Seine Wortbreite betrug 32 Bit. Er basierte auf kleinsten Chipstrukturen mit Ausmaßen von 1,5 µm.

Das Zeitalter des → *Multitasking* fing damit auch für PCs an.

Im Hause Compaq wurden erste PCs ab August 1986 mit diesem Prozessor ausgerüstet. Kurz darauf folgte Advanced Logic Research. IBM, die bis dahin führend auf dem PC-Markt war, zog erst 1987 mit der → *PS/2*-Linie nach, weil man zuvor glaubte, derart leistungsstarke Rechner wären eine Gefahr für die Einstiegsmodelle in den → *Midrange*-Bereich.

Während dieser erste 386er als 386DX bezeichnet wurde, brachte Intel später den 386SX mit einem Takt von 16 bis 33 MHz und einem nur 16 Bit breiten Bus und maximal 16 MByte RAM auf den Markt. Es folgte dann noch der 386SL mit Taktraten von 20 und 25 MHz mit einem 16 Bit breiten Bus und maximal 32 MByte RAM.

AMD brachte 1991 seinen eigenen 386-Chip heraus: Der 386DX/40 erschien im März für 281 $. Sein Preis fiel binnen eines Jahres auf 140 $, als die Intel Chips noch 171 $ (16 MHz) und 214 $ (33 MHz) kosteten. Der Preiskrieg für Chips setzte sich bei den PCs fort, was zusammen mit → *Windows* 3.0 einen Run auf neue, Windows-fähige PCs auslöste.

Ein bunter, übergroßer Ausdruck des Chip-Layouts vom 386er wird später auf einer Kunstausstellung des Museum of Modern Art (New York) gezeigt.

Intel 80486

Bezeichnung eines → *Mikroprozessors* aus dem Hause → *Intel*. Oft auch nur kurz 486er genannt.

Öffentlich vorgestellt am 10. April 1989. Er vereinigt 1,2 Millionen Transistoren auf einem Chip und erreicht bis zu 54 MIPS. Er war damit der erste Prozessor, der mehr als 1 Mio. Transistoren integrierte und basierte auf kleinsten Chipstrukturen mit Ausmaßen von 1 µm. Er integriert eine Gleitkommaeinheit und einen 8 KByte großen → *Cache* (Level-1-Cache) im Chip. Die Taktrate reichte von 33 bis 66 MHz.

Neben dem ersten 486er, der als 486DB bezeichnet wurde, kam auch ein 486SX mit Taktraten von 20 bis 40 MHz auf den Markt.

Intel Pentium, Intel Pentium Pro, Intel Pentium II, Intel Pentium III, Intel Pentium IV

Die Bezeichnung Pentium kennzeichnet einen → *Mikroprozessor* aus dem Hause → *Intel* mit einer Wortbreite von 32 Bit. Aus dem Ursprungsmodell hat sich mittlerweile eine ganze Familie von Prozessoren für verschiedene Anwendungsbereiche entwickelt.

Intel brachte das Ur-Modell gegen Ende 1993 auf den Markt. Der von Vinod Dham maßgeblich entwickelte Pentium hatte zunächst eine Taktrate, die von 75, 90 und 100 MHz gestaffelt war. Er basierte auf kleinsten Chipstrukturen mit Ausmaßen von 0,8 µm. Später wurde dieses Basismodell auch mit einem Takt von 133 MHz auf den Markt gebracht.

Der Pentium verarbeitet intern Daten mit einer Breite von 64 Bit. Mit 3,1 Millionen Transistoren auf einem Chip war das Ur-Modell fünfmal so leistungsfähig wie ein 33 MHz-486 DX von Intel. Da man Zahlen nicht schützen kann, nannte Intel seinen neuesten Prozessor nicht 80586, sondern Pentium.

In der Fließkommaeinheit des Pentium wurde 1994 ein Fehler entdeckt, den Intel monatelang verschwieg und der erst zugegeben wurde, als er öffentlich im → *Internet* diskutiert wurde. Intel stürzte von einer Peinlichkeit in die nächste und erklärte zunächst, man werde alle Prozessoren bei denjenigen Nutzern austauschen, die nachgewiesenermaßen Fließkommaoperationen benötigten. Später wurden dann doch gnädigerweise Prozessoren bei allen Nutzern ersetzt.

Der Pentium Pro, entwickelt unter der Bezeichnung P6, kam von Intel gegen Ende 1995 heraus und galt seinerzeit als hochpreisige Alternative für spezielle, rechenintensive Einsätze im Grafik- oder Serverbereich.

Intel brachte dann 1996 den Pentium mit 150 MHz und 166 MHz auf den Markt. Es folgte kurz danach eine 200-MHz-Version.

Die Leistungsfähigkeit eines mit 300 MHz getakteten Pentiums wird angegeben mit einem → *SPECint95* von 11,7 und einem SPECfp95 von 8,15.

Im Januar 1997 folgte die Erweiterung um → *MMX* für den Pentium mit 166 und 200 MHz Taktrate, wobei gleichzeitig der → *Cache* von 16 KB auf 32 KB anwuchs. Der Level-1-Cache hatte eine Größe von 8 KB.

Der Pentium II wurde unter dem Codenamen Klamath, dem Namen eines Flusses in Kalifornien, entwickelt und im April 1997 mit einem Takt von 233 MHz auf der CeBIT ‚97 öffentlich vorgestellt. Er basiert auf der Architektur des Pentium Pro und dem Befehlssatz des MMX. Er integriert 7,5 Mio. Transistoren und kann nicht auf den gleichen Sockel wie der herkömmliche Pentium gesteckt werden.

Die kleinsten Strukturen auf dem Chip haben ein Ausmaß von 0,25µm. Die beiden Level-1-Caches haben eine Größe von 16 KB.

Bereits im Laufe von 1997 erschien der Pentium II mit einem Takt von 300 MHz, dem wiederum im Januar 1998 eine Version mit 333 MHz folgte. Ab April 1998 waren dann auch ein Pentium II mit 350 und 400 MHz (Leistung knapp 80 MFLOP, wie 1976 der erste → *Cray*-Rechner) verfügbar. Im August 1998 folgte der Pentium II mit 450 MHz für 655 $, dessen Preis im März 1999 bereits auf 476 $ gesunken war. Zu diesem Zeitpunkt kostete der Prozessor mit 350 MHz 170 $. Prozessoren unterhalb von 350 MHz gab es zu diesem Zeitpunkt schon nicht mehr.

Ergänzend brachte Intel im April 1998 mit dem Celeron (ursprünglicher Name: Covington) eine abgespeckte Version für Low-Cost-PCs auf den Markt (zunächst Stückpreis 155 $, später 71 $). Prinzipiell handelte es sich um einen Pentium-II-Prozessor, allerdings ohne Level-2-Cache. Getaktet mit 266 MHz bzw. später mit 300 MHz (ab Juni 1998; Start mit 159 $) und 333 MHz (ab August 1998), 366 MHz (ab Januar 1999, 123 $) sowie 400 MHz (ab Januar 1999, 158 $). Im September 1999 folgten bei gleichzeitiger Preisreduzierung der vorigen Chips um 40% Versionen mit 433 (159 $) und 466 MHz (209 $).

Am oberen Ende der Leistungsskala wurde unter der Bezeichnung Xeon ein Chip auf der Basis des Pentium II für Workstations und Server entwickelt, der ab Ende Juni 1998 am Markt erhältlich war. Er zeichnet sich durch eine Taktfrequenz von 400 MHz (450 MHz ab Januar 1999), 512 KByte oder 1 MByte Level-2-Cache (mit gleichem Takt wie der Prozessor; 2 MByte ab Januar 1999) und einem Systembus mit 100 MHz aus.

Im Januar 1999 folgte eine Version mit einer Taktrate von 450 MHz. Dieser Prozessor wurde intern mit Katmai bezeichnet und als Pentium III auf den Markt gebracht. Er integrierte 9,5 Mio. Transistoren und realisierte 70 neue Befehle, primär zur Audio- und Videobearbeitung. Die kleinsten Strukturen hatten eine Ausdehnung von 0,25 µm. Zum 1. August 1999 kam unter der Bezeichnung ‚Geyserville‘ ein für Notebooks optimierter Prozessor basierend auf dem Pentium III mit 600 MHz auf den Markt, dem im Oktober 1999 eine Version mit 700 MHz folgte (‚Coppermine‘).

Der Pentium IV wurde am 28. Juni 2000 offiziell vorgestellt, nachdem ein Prototyp bereits am 16. Februar 2000 auf der Entwicklerkonferenz von Intel in Palm Springs demonstriert wurde. Er integriert 42 Mio. Transistoren, verfügt über Strukturen von 0,18 µm und startete im November 2000 mit einer Taktrate von 1,4 und 1,5 GHz für 625 und 795 $ in den Markt. Seine Entwicklung erfolgte unter dem Codenamen Williamette.

Eine weitere Neuentwicklung aus dem Hause Intel ist der unter dem Codenamen ‚Merced‘ (→ *EPIC*) entwickelte Chip, der im Oktober 1999 offiziell die Bezeichnung Itanium bekam und dessen Markteinführung immer wieder verschoben wurde.

Das Haus NexGen entwickelte den Nx586 als zum Pentium kompatiblen Chip und brachte ihn 1995 auf den Markt. Ferner gilt der K6 aus dem Hause → *AMD* als Alternative zum Pentium.

Intelligent Agent

→ *Agent.*

Intelligent Network

→ *IN.*

INTELSAT

Abk. für International Telecommunications Satellite Organization.

Größter Betreiber eines Satellitenkommunikationssystems mit 20 Satelliten und 200 Erdfunkstellen in 100 Ländern. Neun weitere Satelliten folgten bis Ende 1997. INTELSAT wurde am 20. August 1964 in Washington D.C. von 14 Ländern gegründet und ging prinzipiell aus → *Comsat* hervor. Mit dem Beitritt zu INTELSAT verpflichtet sich ein Staat, die Genehmigung zum Betrieb eigener Satelliten bei INTELSAT einzuholen. Erster Satellit der Klasse INTELSAT I war der „Early Bird" (volle Bezeichnung: Early Bird HS-303), gestartet am 6. April 1965 von der NASA von Cape Canaveral aus, mit einer Kapazität von 240 Fernsprechkanälen. Die Übertragungsfrequenzen lagen im Bereich von 4 und 6 GHz. Es konnten auch Fernsehbilder in niedriger Qualität übertragen werden (bis Ende 1965 ca. 80 Std.), doch reichte dann die Kapazität für den Ton nicht mehr aus. Early Bird wurde von Hughes Aircraft Company gebaut und über dem Atlantik positioniert. Er konnte nur mit zwei genau definierten Bodenstationen Kontakt aufnehmen. Dieses Handicap wurde schon mit der zweiten Satellitengeneration überwunden.

Seine Energie bezog Early Bird aus 6 000 Solarzellen rund um den Korpus, die eine Leistung von 45 W erzeugten. Da der Satellit keine Batterien mit sich führte, konnte er nur dann genutzt werden, wenn er sich nicht im Erdschatten befand, da ihn nur dann Sonnenlicht erreichte und den Solarzellen Energie zuführte.

Zunächst bestand die Aufgabe der INTELSAT zu einem großen Teil darin, eine Kommunikationsinfrastruktur im Rahmen des NASA-eigenen Netzes → *NASCOM* für die Raumfahrtprogramme der NASA (Gemini, Mercury, Apollo) zur Verfügung zu stellen. Mit dem weiteren Ausbau der Systeme wurde es jedoch mehr und mehr kommerziell von den Carriern genutzt.

Mit INTELSAT III wurde 1968 erstmals auch ein Satellit über dem indischen Ozean positioniert, der damit rechtzeitig vor der Mondlandung von Apollo 11 die notwendige, globale Kommunikationsinfrastruktur der NASA komplettierte.

Die letzte gestartete Serie waren INTELSAT-VI-Satelliten, welche die größten je gebauten zivilen Kommunikationssatelliten waren. Die technische Entwicklung der INTELSAT-Satelliten nahm folgenden Verlauf:

Name:	INTELSAT I	INTELSAT II
# gebaut:	1	4
Erster Start:	1965	1967
Masse:	34 kg	76 kg
Fs-Kapazität:	240	240
TV-Kapazität:	-	-
Kosten/Kanal:	32 500 $	11 400 $

Name:	INTELSAT III	INTELSAT IV
# gebaut:	8	7
Erster Start:	1968	1971
Masse:	294 kg	720 kg
Fs-Kapazität:	1 200	4 000
TV-Kapazität:	4	2
Kosten/Kanal:	2 000 $	1 200 $
Name:	**INTELSAT IVa**	**INTELSAT V**
# gebaut:	5	9
Erster Start:	1975	1980
Masse:	1 515 kg	1 944 kg
Fs-Kapazität:	6 000	12 000
TV-Kapazität:	2	2
Kosten/Kanal:	1.100 $	800 $
Name:	**INTELSAT Va**	**INTELSAT Vb**
# Satelliten:	6	
Erster Start:	1984	1985
Masse:	2 016 kg	-
Fs-Kapazität:	15 000	30 000
TV-Kapazität:	2	-
Kosten/Kanal:	-	-
Name:	**INTELSAT VI**	**INTELSAT VII**
# gebaut:	4	2
Erster Start:	1989	1993
Masse:	1 870 kg	-
Fs-Kapazität:	24 000	18 000 90 000 (mit spez. Technik)
TV-Kapazität:	3	3
Kosten/Kanal:	-	-
Name:	**INTELSAT VIIa**	**INTELSAT VIII**
# gebaut:	6	4
Erster Start:	1995	1997
Masse:	-	-
Fs-Kapazität:	22 000 112 500 (mit spez. Technik)	22 500 112 500 (mit spez. Technik)
TV-Kapazität:	3	3
Kosten/Kanal:	-	-

Name:	INTELSAT IX	
# gebaut:	4 geplant	
Erster Start:	1999	
Masse:	-	
Fs-Kapazität:	-	
TV-Kapazität:	-	
Kosten/Kanal:	-	

→ *http://www.intelsat.int/*

Interaktives TV

→ *ITV.*

Interbus

Bezeichnung für einen in Deutschland als DIN E 19258 standardisierten → *Feldbus*, bei dem es auch Bestrebungen gibt, ihn auch international durch die → *IEC* standardisieren zu lassen.

Der Interbus gilt als einfaches, robustes und kostengünstiges System für den Einsatz unter Echtzeitbedingungen, an das Elemente der → *Aktorik* und → *Sensorik* ohne eigene Mikrocontroller (→ *Controller*) angeschlossen werden.

An den bis max. 13 km langen Bus mit einer Bandbreite von 125 kbit/s, 500 kbit/s oder auch 2 Mbit/s können bis zu 256 Elemente angeschlossen werden.

Übertragungsmedien sind die verdrillte Zweidrahtleitung oder eine Glasfaser. Modulationsverfahren ist → *NRZ.*

Auf der Schicht 2 des → *OSI-Referenzmodells* wird bei *n* angeschlossenen Stationen das Medium periodisch in *n* Zeitschlitze unterteilt, so dass jedes angeschlossene Element periodisch seine Daten senden kann. Für zeitunkritische Anwendungen oder sonstige systeminterne Nutzung (z.B. Busmanagement) können weitere Ressourcen reserviert werden.

Das System wurde Mitte der 80er Jahre von Phoenix Contact entwickelt und 1987 der Öffentlichkeit vorgestellt.

Hersteller und Nutzer haben sich in der Vereinigung Drivecom e.V. zusammengeschlossen.

→ *http://www.interbusclub.com/*

Inter Carrier Accounting (-Billing)

→ *IOA.*

Intercast

Kunstwort, zusammengesetzt aus → *Internet* und → *Broadcast*. Bezeichnung für die periodische Übertragung von Daten in der → *Austastlücke* der Fernsehübertragung. Voraussetzung zum Empfang der Intercast-Daten ist ein PC mit TV-Karte, die einen sog. Intercast-Viewer besitzen muss. Vorreiter bei der Entwicklung dieser Technologie war → *Intel.*

Die TV-Karte wird über ein handelsübliches → *Koaxialkabel* - wie ein herkömmlicher Fernseher auch – an die Antennensteckdose angeschlossen und kann jedes empfangene Fernsehprogramm auf dem PC-Bildschirm sichtbar machen.

Gleichzeitig filtert die Karte die Intercast-Daten aus der Austastlücke heraus (ca. 20 kbit/s, zusätzlich zu den Videotext-Daten) und zeigt sie auf dem Monitor zusätzlich zum Fernsehbild über eine grafische Benutzeroberfläche an. Laufend neu empfangene Daten werden lokal auf der → *Festplatte* gespeichert. Über die Benutzeroberfläche können aus dem gesamten Angebot Informationen ausgewählt werden. Da ein Rückkanal fehlt, muss der Nutzer u.U. mehrere Minuten warten, bis die gewünschten Informationen in der Austastlücke übertragen werden. Sobald alle verfügbaren Informationen übertragen und lokal auf der Festplatte gespeichert sind, können sie auch sofort genutzt werden.

Vorreiter in Deutschland war im Jahre 1997 das ZDF, gefolgt vom DSF im Herbst 1998. Dabei werden ergänzende, passende Informationen parallel zur aktuell laufenden Sendung übertragen.

Intercom-Verbindung

→ *Leistungsmerkmal* schnurloser Telefone. Bezeichnung für Verbindungen zwischen dem Mobilteil und der Fest- bzw. Basisstation bei schnurlosen Telefonen.

Interconnection, Interconnection-Charges, Interconnection-Regime

Auch Netzzusammenschaltung oder kurz nur Zusammenschaltung genannt. Bezeichnet in deregulierten nationalen Telekommunikationsmärkten mit mehreren lizenzierten Netzanbietern die Zusammenschaltung einzelner, lizenzierter Netze verschiedener Betreiber zum wechselseitigen Leistungsaustausch (→ *Deregulierung*).

Interconnection gilt insgesamt als eines der schwierigsten Probleme in liberalisierten Telekommunikationsmärkten, da volkswirtschaftliche, betriebswirtschaftliche, juristische und technische Aspekte zu berücksichtigen sind.

Die Netzbetreiber sind dabei verpflichtet, sich mit jedem anderen Netzbetreiber in Verhandlungen über die Bedingungen der Interconnection zu einigen, diese in einem Vertrag zu definieren (Interconnection Agreement) und eine Zusammenschaltung zustande kommen zu lassen, damit auch Verbindungen zwischen Nutzern von Netzen verschiedener Betreiber ermöglicht werden.

Die Aufnahme von Interconnection-Verhandlungen ist u.U. einer nationalen → *Regulierungsbehörde* von den Verhandlungspartnern anzuzeigen, ebenso wie das Ende oder auch die Ergebnisse. Kommt es nicht in angemessener Zeit zu einer Einigung, kann die Regulierungsbehörde selbst eingreifen oder von einem Verhandlungspartner angerufen und eingeschaltet werden. Entweder erfolgt sofort nach Darlegung der Situation die Anordnung der Interconnection mit Festsetzung der Bedingungen oder die Interconnection wird angeordnet, aber die Verhandlungspartner werden erneut zu Verhandlungen aufgefordert. Die Regulierungsbehörde kann auch zunächst einen Schlichtungsversuch unternehmen, dem beim Scheitern dann erst die Anordnung und Festsetzung der Bedingungen durch sie folgt.

Angelegenheiten von Bedeutung für Interconnection und daher oft Inhalt von Interconnection-Verträgen sind:

- Ort der Zusammenschaltung (POI, Point of Interconnection, Ort der Zusammenschaltung, → *ODZ*), → *Kollokation*
- Zugangsrechte zum POI
- →*Nummernportabilität*
- Zugangsgebühren (Interconnection Charges)
- Nutzungsgebühren
- Periodizität der Zahlungen
- Übertragung von Signalisierungs- und Netzmanagement-Daten z.B. Billing-Informationen, → *Billing*)
- Einträge in Telefonbücher
- Auskunftssysteme
- IN Interconnection (→ *IN*)
- Quality of Service (→ *QoS*)
- Tests vor Inbetriebnahme
- Vorgehen bei der Kapazitätserhöhung des Interconnection-Anschlusses
- Geltungsdauer des Vertrags, Ansprechpartner
- Vertragslaufzeit

In Europa gelten für die Zusammenschaltung die EU-Zusammenschaltungsrichtlinie vom Juni 1997 und in Deutschland die Netzzugangsverordnung (→ *NZV*). Alle nationalen Vorschriften, die von einer Regulierungsbehörde in Sachen Zusammenschaltung vorgeschrieben werden, werden üblicherweise als (nationales) Interconnection-Regime bezeichnet.

Die EU-Richtlinie, auf deren Grundlage die NZV erlassen wurde, empfiehlt dabei Folgendes:

- Marktbeherrschende Carrier (definiert als solche mit einem Marktanteil von 25% oder mehr) sollen eine Kostenrechnung auf der Basis von langfristigen, inkrementellen und durchschnittlichen Kosten (LRAIC) aufbauen, um ihre Kosten für Einzelgespräche und einmaligen Aufwand für Interconnection zur Weiterberechnung nachzuweisen.
- Es werden Interconnection-Gebühren für die Hauptzeit in Höhe von 0,6 bis 1 Cent für lokale, terminierende Verbindungen, in Höhe von 0,9 bis 1,8 Cent für regionale Verbindungen und für 1,5 bis 2,6 Cent pro Minute für Fernverbindungen empfohlen.

Es gibt verschiedene Überlegungen, wie die Art der Interconnection und an welchem Ort sie zu erfolgen hat, z.B. zentral an einem Punkt (landesweite Zuführung) oder dezentral an mehreren verteilten Punkten, an denen sich die Netze verschiedener Netzbetreiber berühren bzw. an genau vom Regulierer definierten Punkten (z.B. ein POI je regionaler Verwaltungseinheit eines Landes).

Ferner ist zwischen Interconnection zu Zwecken der Zuführung (d.h. Durchschaltung vom Anrufer zum POI) oder der Terminierung (d.h. Durchschaltung vom POI zum Angerufenen) zu unterscheiden. In Deutschland reichte zu Beginn der Marktöffnung für beides ein einziger POI, so dass die Deutsche Telekom landesweite Zuführung und landesweite Terminierung ermöglichen musste, was aber rasch Gegenstand von Diskussionen wurde. In anderen Ländern, z.B. Frankreich, war bei der Marktfreigabe der bisherige Monopolanbieter zwar zur landesweiten Terminierung verpflichtet, nicht jedoch zur landesweiten Zuführung. Dies bedeutet, dass ein neuer Wettbewerber, der nur einen POI anbietet, nur im Bereich dieses POI Telekommunikationsdienste anbieten kann, da Verkehr aus anderen Regionen nicht zu diesem POI zugeführt werden muss. Mit Regelungen zu diesem Punkt kann der Regulierer daher die Schwelle für den Markteintritt und den Druck, eine eigene (u.U. volkswirtschaftlich gewollte) moderne Infrastruktur aufzubauen, steuern.

Ferner kann sich der POI innerhalb der Liegenschaften eines Netzbetreibers befinden, was allerdings den Nachteil für einen Netzbetreiber hat, dass dieser eine Verbindung bis zum anderen Netzbetreiber herstellen muss, oder (sozusagen auf neutralem Grund) außerhalb der Liegenschaften der Netzbetreiber, zu dem beide Netzbetreiber Verbindungen herstellen müssen.

In Deutschland wird Interconnection zwischen Netzbetreibern in § 35 (Recht auf Zugang; Gebot für marktbeherrschende Unternehmen), § 36 (Bedingungen des Zugangs) sowie § 37 bis § 39 durch das → *Telekommunikationsgesetz* (TKG) als ein spezieller Fall des Netzzugangs angesehen und ist daher in der entsprechenden Verordnung → *NZV* geregelt. Die finanziellen Bedingungen, zu denen Interconnection erfolgt, sind in der Telekommunikations-Entgelt-Verordnung (→ *TEntgV*) geregelt.

Prinzipiell kann auch nur der marktbeherrschende Netzbetreiber zur Interconnection verpflichtet werden. Die Bedingungen, zu denen dieses geschieht, sind Gegenstand von Verhandlungen und betreffen die oben genannten Punkte. Dabei sind die Gebühren in Deutschland nach dem TKG an den Kosten zu orientieren und der die Kosten Erhebende muss sie entsprechend aufschlüsseln und ihre Entstehung begründen. Welche Kosten zulässig sind (Übertragungskosten, Vermittlungskosten), ist Gegenstand der Regulierungspolitik. Prinzipiell sind bei der Festlegung dieser Gebühren zwei Dinge zu definieren:

- Gebührenstruktur: Sie legt fest, welche grundlegenden Parameter die Kosten bei Interconnection beeinflussen. Dafür gibt es im Wesentlichen zwei Modelle:
  - Lange Zeit wurde pragmatisch angenommen, dass die Kosten im Wesentlichen durch die geografische Distanz zwischen dem zuführenden/terminierenden Endpunkt und dem PoI bestimmt wird. Dieses Verfahren hatte den Vorteil, dass es eng an die bekannten und schon vorhandenen Tarifentfernungszonen gekoppelt war.
  - Neuerdings wird davon ausgegangen, dass die Zahl durchlaufender Vermittlungselemente und die Anzahl der Übertragungsstrecken die maßgeblichen Kostenfaktoren sind (Element Based Charging, → *EBC*).
- Gebührenhöhe: Nach Definition der genauen Gebührenstruktur können die betroffenen kostenbestimmenden Parameter erfasst werden und definieren eine Gebührenhöhe.

Gemäß TKG sind die Netzbetreiber in Deutschland zu Interconnection-Verhandlungen verpflichtet. Kommt es hierbei nicht zu einer Einigung, kann die → *Regulierungsbehörde* eingreifen und die Interconnection im Interesse der Allgemeinheit anordnen.

Erste Interconnection-Vereinbarungen in Deutschland waren die zwischen der Deutschen Telekom und der Worldcom Telecommunication Services GmbH (Mai 1997), zwischen der Deutschen Telekom AG und der Tele Danmark (Juni 1997) und zwischen der Deutschen Telekom und der NetCologne (August 1997). Dabei akzeptierten die neuen Wettbewerber aus Gründen der Planungssicherheit die Bedingungen der Deutschen Telekom.

Am 4. Juli 1997 rief Mannesmann Arcor AG & Co. den deutschen Regulierer an und verlangte eine Anordnung zur Interconnection gemäß § 37 TKG, da die Deutsche Telekom in den Verhandlungen zur Interconnection nach Meinung von Mannesmann zu hohe Preise verlange. Angeblich forderte sie 6 Pf./Min. als Durchschnittswert über alle Tarif- und Zeitzonen. Mannesmann hielt hingegen nur 2 Pf./Min. für gerechtfertigt. Am 12. September 1997 entschied das → *BMPT* nach einem internationalen Tarifvergleich, dass die Telekom einen Durchschnittswert von 2,7 Pf./Min. nehmen dürfe. Konkrete Zahlen waren 1,97 Pf. für die Cityzone zwischen 9 und 21 Uhr und 1,24 Pf./Min. in der City Zone zwischen 21 und 9 Uhr.

Die Deutsche Telekom hatte dabei ein sog. Anschlussdefizit und besondere Kosten (etwa: hohe Investitionen in das TK-Netz in den neuen Bundesländern) geltend gemacht. Dieser Argumentation konnte der Regulierer aufgrund rechtlicher Erwägungen und nicht nachvollziehbarer Kostenstrukturen bei der Telekom nicht folgen.

Die Anordnung des BMPT ist zunächst auf zwei Jahre begrenzt und erhält wegen des Diskriminierungsverbotes im TKG auch Gültigkeit für die bereits abgeschlossenen Interconnection-Verträge zwischen der Telekom und anderen Netzbetreibern.

Die gleiche Entscheidung bestätigte das BMPT nochmals am 2. Oktober 1997 nach Anrufung durch die o.tel.o communications GmbH und definierte zusätzlich noch die Entgelte für weitere Entfernungszonen.

Die Deutsche Telekom legte gegen die Anordnung Klage beim Verwaltungsgericht in Köln ein.

Insgesamt ergab sich damit folgende Entgeltsituation (Angaben in Pf./Min.):

Entfernungs-zone	Entgelt 9.00 bis 21.00 Uhr	Entgelt 21.00 bis 9.00 Uhr
City	1,97	1,24
Regio 50	3,36	2,02
Regio 200	4,25	2,35
Fernzone	5,14	3,16

Diese Entgelte waren bis zum 31. Dezember 1999 gültig. Die Regulierungsbehörde hatte am 23. Dezember 1999 bekannt gegeben, dass die Nebenzeiten ab 1. März 2000 auf 18 bis 9 Uhr und das Wochenende ausgeweitet werden und außerdem die Preise um 13% gesenkt werden.

Am 8. September 2000 wurde für die Zeit ab dem 1. Juni 2001 die Einführung neuer Interconnection-Charges von der Regulierungsbehörde beschlossen, die dem Konzept des

Element Based Costing (→ *EBC*) folgt. Dem liegt eine Netzstruktur, die aus zwei Ebenen besteht (Fern- und Ortsnetz) zugrunde. Die neue Struktur sieht folgendermaßen aus:

Tarifzone	Entgelt 9.00 bis 18.00 Uhr an Werktagen (Hauptzeit)	Entgelt 18.00 bis 9.00 Uhr an Werktagen, Samstag, Sonntag und an Feiertagen (Nebenzeit)
Zone 1 (Lokalzone)	0,0124 Pf./Min.	0,0083 Pf./Min.
Zone 2 (Single Transit)	0,0190 Pf./Min.	0,0124 Pf./Min.
Zone 3 (Double Transit)	0,0299 Pf./Min.	0,0196 Pf./Min.

Interdomain Routing

→ *ERP.*

Interexchange Carrier

→ *IXC.*

Interface

→ *Schnittstelle.*

Interferenz

Bezeichnung für die Überlagerung mehrerer Wellen an einem Ort. Sowohl mechanische (z.B. Wasserwellen) als auch elektromagnetische Wellen (z.B. Funkwellen) können sich überlagern.

Man unterscheidet konstruktive Interferenz und destruktive Interferenz.

Bei ersterer überlagern sich die Wellen an einem bestimmten Punkt im Raum und zu einem bestimmten Zeitpunkt derart, dass sie sich gegenseitig verstärken, beim zweiten Fall so, dass sie sich an einem Punkt dämpfen oder sogar auslöschen.

Interferenz Diversity

Bezeichnung für eine Sonderform des → *Frequency Hopping*, bei der einem Kanal eine zufällig aus einer Menge mehrerer zur Verfügung stehender Sprungfolgen zugeteilt wird. Dies führt zu einer gleichmäßigen Verteilung der Interferenzstörungen auf alle Kanäle.

Interlaced

Auch Zeilensprungverfahren oder Halbbildverfahren genannt.

Bezeichnung für ein Bilddarstellungsverfahren auf Monitoren, insbesondere bei TV-Monitoren. Dabei wird ein Bild nicht komplett zeilenweise dargestellt, sondern es wird erst jede gerade Zeile und anschließend jede ungerade Zeile auf dem Bildschirm wiedergegeben, so dass sich zwei Halbbilder von zwei verschiedenen Ganzbildern überlagern.

Vorteil ist eine größere Grafikauflösung ohne Vergrößerung der → *Bildwiederholrate.*

Nachteilig ist, dass es bei der Darstellung von kleinen Details (z.B. Anzüge mit kleinem Karomuster) zum Flimmern kommt.

Interlaced GIF

→ *GIF.*

Interleave Faktor

Von engl. interleaving = verschachteln. Begriff, der ein Verfahren zur Festplattenoptimierung beschreibt. Da viele → *Controller* einer → *Festplatte* nach dem Lesen eines Sektors auf der Festplatte Zeit brauchen, diese Daten weiterzugeben und dementsprechend nicht den physikalisch unmittelbar darauf folgenden Sektor lesen können, wurde dieser nächste logisch folgende Sektor physikalisch erst als übernächster oder noch später auf der Platte angeordnet, so dass er gelesen werden kann, wenn der Controller die vorangegangenen Daten weitergegeben hat. Es wird so vermieden, dass sich die Platte ein komplettes Mal drehen muss, um den logisch nächsten Sektor zu lesen.

Der Interleave-Faktor gibt bei diesem Verfahren an, um wie viele physikalische Blöcke diese Verschiebung erfolgt.

Bei Festplatten in den 80er Jahren betrug der Interleave-Faktor üblicherweise 3. Durch das Ausrüsten der Controller mit einem eigenen → *Cache* zum Zwischenspeichern ist das Verfahren bei modernen Festplatten nicht notwendig.

Interleaving

Von engl. interleaving = verschachteln. Bezeichnung für ein Verfahren zur → *Kanalcodierung*, bei dem zu sendende Datenblöcke zunächst gesammelt und dann zu neuen Datenblöcke ineinander verschachtelt (interleaved) werden. Beispielsweise werden neun Blöcke zu je zehn Bit in zehn neue Blöcke zu je neun Bit umsortiert, d.h., der erste neue Block besteht aus den ersten Bit der alten Blöcke, der zweite aus den zweiten usw. Diese zweite Blockgruppe wird über den Funkkanal übertragen und im Empfänger, dem das Sortiermuster bekannt ist, wieder in die ursprünglichen Blöcke zurücksortiert (deinterleaved).

Sind auf dem Funkkanal z.B. fünf hintereinander folgende oder unmittelbar benachbarte Bit (→ *Burst*) in einem Block gestört worden, so wird dieser ‚große' Fehler (der u.U. durch normale Fehlermechanismen nicht mehr korrigierbar gewesen wäre) durch das Deinterleaven beim Empfänger wieder auf verschiedene Blöcke mit jeweils einem falschen Bit (also fünf kleine Fehler) verteilt.

Diese mehreren kleinen Fehler können dann innerhalb der zurücksortierten Blöcke beim Empfänger z.B. durch zyklische Codes (→ *FEC*) erkannt und korrigiert werden.

Durch das Interleaven wird also ein großer und unter Umständen durch FEC nicht mehr korrigierbarer Fehler (sogenannter Burst) in mehrere kleine und daher auf jeden Fall korrigierbare Fehler aufgesplittet. Interleaving ist daher eine Technik, die insbesondere bei Übertragungskanälen mit burstartig auftretenden Fehlern (z.B. Funkkanälen) verwendet wird.

Die Interleaving-Tiefe gibt an, auf wie viele zu sendende Blöcke ein ursprünglicher Block verteilt wird.

Je größer sie ist, um so besser können auch große Fehlerbursts korrigiert werden, desto länger ist aber auch die für den Prozess des Interleavens und Deinterleavens benötigte Zeit.

Interleaving-Tiefe

→ *Interleaving.*

International Accounting Rate (System)

Bezeichnung für alle Regeln und Tarife, die zusammen die Abrechnung grenzüberschreitender Telekommunikationsverbindungen zwischen verschiedenen Anbietern von Telekommunikationsdienstleistungen ermöglichen.

Das System geht zurück auf das Jahr 1865, als die → *ITU* gegründet wurde und erste Grundregeln für internationalen Telegrafenverkehr festgelegt wurden. Seither wurde das Regelwerk permanent verändert und fortgeschrieben. Es gilt mittlerweile als kompliziert und unflexibel.

Grundlage des Systems sind folgende Komponenten:

- Abrechnungspreis (Accounting Rate): Dies ist der Preis (üblicherweise angegeben in Geldeinheiten pro Zeiteinheit), der zwischen den zwei Anbietern in verschiedenen Ländern untereinander zur Gesprächsabrechnung vereinbart wurde.

  Diese Preise werden periodisch überprüft und ggf. neu festgelegt. Es ist jedoch anerkannt, dass sie weder die realen Kosten reflektieren noch die Entwicklung der realen Kosten zeitnah nachvollziehen.

- Verrechnungspreis (Settlement Rate): Dies ist der Anteil an der Accounting Rate, der die tatsächliche Zahlung zwischen zwei Anbietern in zwei Ländern bestimmt, wenn der Verkehr zwischen diesen Ländern nicht symmetrisch erfolgt, d.h., es werden mehr Verbindungen vom einen Land ins andere geschaltet als umgekehrt. Die Settlement Rate ist exakt die Hälfte der Accounting Rate, so dass in diesem Modell davon ausgegangen wird, dass die Kosten für eine Verbindung zwischen zwei Ländern sich je zur Hälfte auf die zwei Operatoren verteilen. Dies ist in der Praxis üblicherweise nicht der Fall.

  Liegt eine symmetrische Verkehrsverteilung vor, so zahlt kein Anbieter an den jeweils anderen Geld. Jeder übernimmt lediglich den Verkehr des anderen zur Terminierung in sein Netz.

- Endkunden-Preis (Collection Charge): Dies ist der Preis (üblicherweise angegeben in Geldeinheiten pro Zeiteinheit), den der Endkunde, der eine internationale Verbindung zwischen seinem Land und einem anderen Land nutzt, als → *A-Teilnehmer* in einem Land dem dortigen Anbieter zahlt. Idealerweise sollen die Collection Charges in zwei Ländern für eine Verbindung zwischen diesen Ländern gleich sein. Dies ist jedoch nicht (mehr) der Fall.

  Ferner sollte nach diesem System die Collection Charge nur unwesentlich von den Accounting Rates abweichen bzw. Veränderungen der Accounting Rates widerspiegeln. Insbesondere seit der Liberalisierung der Märkte ist das nicht mehr der Fall.

Das System hat zu Entwicklungen wie → *Call Back Services* geführt. Eine weitere Entwicklung ist, dass Länder mit geringem abgehendem Verkehr (Entwicklungsländer) von Ländern mit hohem Quellverkehr (Industrieländer) dadurch, dass die Rates die echten Kosten nicht widerspiegeln, enorme Einnahmen aus diesem System erzielen. Für einige Entwicklungsländer stellen die Settlement Charges die größte Deviseneinnahmequelle überhaupt dar. Das ist zwar aus entwicklungspolitischen Gründen begrüßenswert, war aber nicht das ursprüngliche Ziel bei der Entwicklung und Einführung des Systems.

Kräfte, die das System in Frage stellen, sind:

- Global tätige Carrier mit eigenen, internationalen Netzen (eine Folge der Liberalisierung), die das System komplett umgehen (Bypassing)
- Technischer Fortschritt, der Kosten sinken lässt

Es besteht allgemeine Einigkeit darüber, dass das System langfristig verschwinden wird. Bei der ITU und auch der → *WTO* gibt es verschiedene Diskussionen darüber, durch was es ersetzt wird.

International Settlement Rates

→ *International Accounting Rate.*

Internet

In der Kurzform auch einfach nur Net genannt. Eigentlich existiert keine einheitliche Definition des Begriffs, weswegen eine Abgrenzung zwischen den das Internet bildenden einzelnen Netzen sowie den auf der technischen Infrastruktur des Internet nutzbaren Diensten schwer fällt. Allgemein ist der Begriff aber die Bezeichnung des größten und bekanntesten globalen dezentralen Computernetzwerkes, welches aus vielen miteinander verbundenen lokalen oder nationalen Netzen sowie einigen globalen → *Backbones* besteht. Das Internet wird daher auch als „Netz der Netze" bezeichnet.

Es existieren weitere verschieden strenge Definitionen für den Begriff Internet:

- Eine enge und traditionelle Definition besagt, dass das Internet die Gesamtheit aller miteinander verbundenen und das → *IP* als Transportprotokoll nutzenden Netze ist.
- „Mittlere" Definition: Die Gesamtheit aller Netze, die Funktionalität wie → *Telnet*, → *FTP*, → *rlogin*, → *E-Mail* oder → *WWW* nutzen und permanent miteinander verbunden sind.
- Weite Definition: alle Netze, die per E-Mail erreichbar sind (→ *Matrix*).

Das Federal Networking Council (→ *FNC*) definierte in einer Resolution am 24. Oktober 1995 das Internet folgendermaßen:

„Das FNC vereinbart, dass der folgende Text unsere Definition des Begriffs Internet wiedergibt. Internet bezeichnet das globale Informationssystem, das

- durch einen global eindeutigen Adressraum auf der Basis des Internet Protokolls (IP) oder seiner späteren Nachfolger/Erweiterungen logisch miteinander verbunden ist,
- in der Lage ist, die Kommunikation mit dem Protokoll TCP/IP oder seinen späteren Erweiterungen/Nachfolgern

und/oder anderen IP-kompatiblen Protokollen zu unterstützen, und das

- High-Level-Dienste entweder öffentlich oder privat bereitstellt, benutzt oder zugänglich macht, die auf der hier beschriebenen Kommunikations- und damit verbundenen Infrastruktur beruhen."

Im RFC 2026 der Internet Engineering Task Force (IETF) wiederum steht:

„The Internet, a loosely-organized international collaboration of autonomous, interconnected networks, supports host-to-host communication through voluntary adherence to open protocols and procedures defined by Internet standards. There are also many isolated interconnected networks, which are not connected to the global Internet but use the Internet standards."

Das heute bekannte Internet ging offiziell unter diesem Namen erst 1986 aus dem schon ab 1969 aufgebauten Arpanet hervor (→ *ARPA*).

Das Internet besitzt → *Gateways* zu allen anderen wichtigen Rechnernetzen weltweit (Schätzungen schwanken zwischen 30 000 und 100 000) mit ungefähr 10 bis 15 großen internationalen → *Backbones*, die üblicherweise von großen, internationalen → *Carriern* (MCI Worldcom, AT&T), Forschungsinitiativen (→ *NSF*) oder weltweit agierenden Internet-Service-Providern (→ *ISP*, z.B. UUNET) betrieben werden.

Auf nationaler Ebene gibt es üblicherweise zahlreiche größere Internet-Service-Provider (→ *ISP*) mit einer landesweiten Infrastruktur, die untereinander üblicherweise über → *Peering-Points* zusammengeschlossen sind.

Das Internet boomt seit Einführung des → *WWW*, obwohl auch noch andere Faktoren seine rasche Entwicklung begünstigt haben und es zur ersten Anwendung der Tele- und Datenkommunikation gemacht haben, die massiv von den privaten Nutzern nachgefragt wurden und nicht erst mit großem Aufwand von Netzbetreibern oder Dienstanbietern in den Markt gebracht werden mussten. Die Dynamik hat mittlerweile eine solche Geschwindigkeit erreicht, dass man (Daumenregel) davon ausgeht, dass drei Monate Entwicklung im Internet ungefähr einem normalen Kalenderjahr bei der Entwicklung anderer Technologien entsprechen.

Insgesamt werden zu den Erfolgsfaktoren des Internet gezählt:

- Die zugrunde liegenden technischen Standards sind von vielen Freiwilligen nahezu kostenlos erarbeitet worden.
- Obwohl es sich zu Beginn um ein aus militärischen Quellen finanziertes Projekt handelte, waren die technischen Standards offen und als → *RFCs* kostenlos und weltweit auf vielen → *WWW*-Servern und → *FTP*-Servern für jeden und jedes Unternehmen, das Produkte für das Internet anbieten möchte, verfügbar.
- Die Standards waren kostenlos verfügbar.
- Nahezu jeder Hersteller hat Produkte im Angebot, die seine proprietäre Vernetzungstechnik mit der Internet-Welt verbinden können.
- Viele Teile der Internet-Protokolle sind im weit verbreiteten → *Betriebssystem* → *Unix* automatisch und für wenig Geld enthalten.
- Große Teile des Internet wurden von der Wissenschaft finanziert, wodurch viele Studenten mit dem Internet und seinen Diensten an den Universitäten groß geworden sind und diese Dienste, insbesondere → *E-Mail*, auch in der Wirtschaft an ihren späteren Arbeitsplätzen nicht vermissen möchten.
- PCs und Modems sind auch bei privaten Anwendern mittlerweile weit verbreitet.

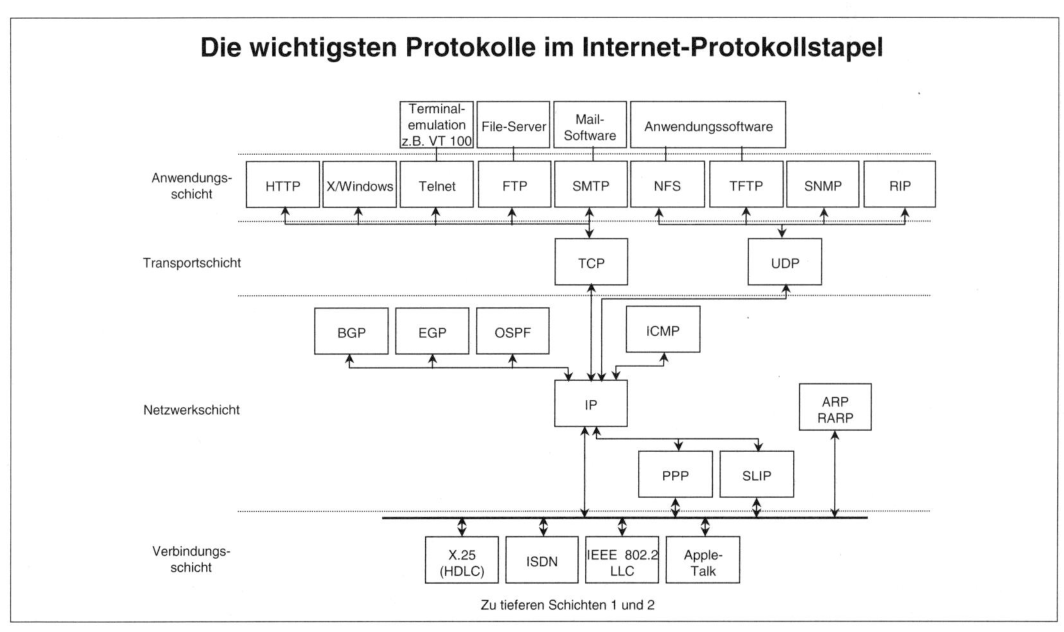

- Mit dem → *WWW* und den dazugehörigen → *Browsern* steht erstmals eine einfach zu bedienende grafische Benutzerschnittstelle zur Verfügung, die es auch Computerneulingen oder gelegentlichen Nutzern von Computern (wie z.B. Managern) erlaubt, Internet-Dienste ohne lange Einarbeitung zu nutzen. Die leicht zu erlernende Sprache → *HTML* erlaubte es umgekehrt, Inhalte ohne große Vorkenntnisse zu definieren.
- Mit dem WWW können Informationen einfach strukturiert und auch multimedial präsentiert werden.

Zu den entscheidenden Vorteilen des Internet, die sein enormes Wachstum von knapp 2 000 Hostrechnern Ende 1985 hin zu rund 4 Mio. nur 10 Jahre später erst ermöglichten, gehört aus technischer Sicht insbesondere seine Skalierbarkeit. Diese Eigenschaft wird durch folgende Punkte ermöglicht:

- Die anfangs gestellte Forderung nach hoher Ausfallsicherheit schlug sich in einem Konzept zur dezentralen, robusten Steuerung nieder und beeinflusste Mechanismen wie Routing, Adressauflösung, Multicasting, Netz- und Dienstmanagement.
- Der Aufwand für das Netzmanagement wird durch Verfahren zur automatischen Konfiguration (Selbstheilung), wie z.B. dynamische Adressierung und Erkennung der Netztopologie, enorm verringert und unterstützt die permanente Netzevolution.
- Der Standardisierungsprozess verläuft (im Vergleich z.B. zum Standardisierungsprozess der → *ITU*) schnell und legt zunächst Wert auf den Nachweis der grundsätzlichen technischen Machbarkeit und weniger auf eine hohe Dienstgüte oder viele Dienstmerkmale. Dies führte zu einer permanenten Anpassung des Internet in vielen kleinen Schritten an immer neue, technische Netzplattformen vom Mobilfunk über Breitbandnetze bis hin zu künftigen Satellitennetzen.

Wichtige Netze und Gateways, die mit dem Internet verbunden sind, sind z.B.:
→ *BITNET*, → *CIX*, → *DE-CIX*, → *DFN*, → *EARN*, → *GIX*, → *ISONET*, → *JANET*, → *MAE*, → *Nordu-Net*, → *NorthNet*, → *Online-Services*, → *WiN*.

Zu den wichtigsten Diensten oder Anwendungen, die von Nutzern des Internet oder von IP-basierten Netzen verwendet werden, gehören:
→ *Chat*, → *E-Mail*, → *FTP*, → *Gopher*, → *Internet-Telefonie*, → *Internet-Fax*, → *Intranet*, → *IRC*, → *Push-Dienste*, → *Realaudio*, → *rlogin*, → *telnet*, → *Usenet*, → *Veronica*, → *Voice-over-IP*, → *WAIS*, → *WWW*.

Zur darunter liegenden Technik im Netz:
→ *ARP*, → *ATMP*, → *BACP*, → *BGP*, → *CARP*, → *CIDR*, → *CSLIP*, → *CTCP*, → *DE-CIX*, → *DHCP*, → *Diffserv*, → *DLS*, → *DNS*, → *Domain*, → *DRP*, → *DVMRP*, → *EGP*, → *GIX*, → *GRE*, → *HKIX*, → *ICMP*, → *ICP*, → *IDRP*, → *IFMP*, → *IGMP*, → *IGP*, → *IMAP*, → *IOTP*, → *IP*, → *IPCP*, → *IPSec*, → *ISA*, → *ISAKMP*, → *IS-IS*, → *L2F*, → *L2TP*, → *LDAP*, → *LINX*, → *MARS*, → *MAE*, → *MIB*, → *MIME*, → *MOSPF*, → *NAT*, → *NTP*, → *OSPF*, → *PEM*, → *POP3*, → *PPP*, → *PPTP*, → *RARP*, → *RIP*, → *RNM*, → *Router*, → *Routing*, → *Routingprotokoll*, → *RSVP*, → *RTP*, → *RWP*, → *SCEP*, → *SIP*, → *SIPP*, → *SLIP*, → *SMI*, → *SMIL*, → *SMTP*, → *SNMP*, → *SNTP*, → *ST*, → *ST2*, → *Streaming*, → *TCP*, → *TFTP*, → *TLD*, → *Tunneling*, → *UDP*, → *VPIM*, → *VPN*.

Zu den das Internet betreuenden Gremien:
→ *ANS*, → *CERT*, → *CENTRE*, → *EFF*, → *IAB*, → *IANA*, → *ICANN*, → *IETF*, → *IESG*, → *IETF*, → *IMC*, → *Internet Society*, → *InterNIC*, → *INWG*, → *IPRA*, → *IRSG*, → *IRTF*, → *NIC*.

Zur Szene und zum Jargon:
→ *Camper*, → *Chat Slang*, → *Cyberpunks*, → *Cyberspace*, → *Flame*, → *Hacker*, → *ISP*, → *Kill File*, → *Kyoko Date*, → *Nerd*, → *Netiquette*, → *Netizen*, → *Netter*, → *Newbie*, → *Nickname*, → *Packet Sniffer*, → *Phone Phreaks*, → *Posting*, → *Signature*, → *Smileys*, → *Spam*, → *Surfen*, → *Wanderer*, → *Wired*, → *Wizard*.

Faktoren, die die Entwicklung des Internet beeinflussten, gab es bereits gegen Ende der 50er Jahre, obwohl die Geschichte des Internet selbst erst ein Jahrzehnt später begann. Es folgt eine Aufstellung verschiedener Ereignisse auf technischem und wirtschaftlichem Gebiet, welche die Entwicklung bis zur weitgehenden Kommerzialisierung im Jahr 2000 charakterisieren.

1957

Die UdSSR startet mit dem ‚Sputnik' den ersten → *Satellit* und löst in den USA den Sputnik-Schock aus.

1958

In den USA wird als Reaktion auf den Erfolg des Sputnik von Präsident Eisenhower die → *ARPA* gegründet, um technologisch nicht zurückzufallen.

Ende der 50er Jahre

Die US-Regierung wird sich des Problems der Kommunikation nach einem Atomkrieg bewusst und hat die Idee eines dezentralen verteilten Systems, das so robust sein sollte, dass es auch noch funktioniert, wenn Teile von ihm zerstört sind.

1960

Die US-Regierung, konkret die US Air Force, beauftragt unter strenger Geheimhaltung die Rand Corporation mit der Lösung dieses Problems. In den folgenden Jahren wird daran gearbeitet.

Gerhard L. Hollander (* 1922, † Februar 1999) skizziert bereits in einem Papier der AIEE (die später Teil der IEEE werden sollte) Grundideen des Prinzips, eine Nachricht in einzelne Teile zu zerlegen und diese voneinander unabhängig durch ein Netz zu leiten.

Juli 1961

Dr. Leonard Kleinrock vom MIT veröffentlicht ein Papier, in dem erste Gedanken über Datenpakete und deren voneinander unabhängige Übertragung und Vermittlung über und in einem Netz skizziert werden. Er postuliert, dass die Übertragung dadurch effektiver wird.

August 1962

Der auf dem Gebiet der Psychoakustik tätige Verhaltenspsychologe Dr. Joseph Carl Robnett Licklider (* 1915, † 1990) hatte sich schon längere Zeit intensiv mit Rechnern und Computerarchitekturen beschäftigt. Er verfasst einige kurze

Memos, in denen er sich mit einem „Galactic Network“ beschäftigt und beschreibt, wie Computer miteinander vernetzt sind, so dass von einem Computer bequem auf Daten eines anderen Computers zugegriffen werden kann und deren Rechenkapazität und Programme genutzt werden können. Sein Grundgedanke ist die Einsicht, dass Computer immer leistungsfähiger werden und immer mehr Probleme lösen können, so dass es Sinn macht, diese Rechenleistung mehreren, geografisch verteilten Nutzern zur Verfügung zu stellen. Er ist damit seiner Zeit rund 10 Jahre voraus.

Oktober 1962

Licklider wird zum Leiter einer ARPA-Abteilung (‚Behavioral Sciences‘, später Information Processing Techniques Office, ‚IPTO‘) ernannt und damit beauftragt, gezielt den militärischen Nutzen neuer und digitaler Kommunikations- und Computertechnik zu untersuchen. Er sorgt bis zu seinem Wechsel zu IBM im Jahre 1964 maßgeblich dafür, dass die ARPA das Feld der Vernetzung von Computern untersucht, wobei militärische Anwendungen nicht primär im Vordergrund stehen.

Die Kuba-Krise bringt die Welt nahe an einen Atomkrieg und verschärft in den USA die Bemühungen, Szenarien für einen solchen Krieg und die Zeit danach zu entwickeln.

1964

Ivan Sutherland, der schon → *Sketchpad* entwickelte, wird Nachfolger von Joseph Licklider und pflegt dessen Projekte in Richtung vernetzte Computer weiter.

Paul Baran (zuvor bei Hughes Aircraft Corp.; * 1926) von der Rand liefert im gleichen Jahr einen Bericht an die US-Regierung zum Thema „Verteilte Computersysteme“ ab (Originaltitel: „On Distributed Communications Networks“; auch veröffentlicht in der Ausgabe der ‚IEEE Transactions on Communications Systems‘ vom März 1964). Die Hauptthesen sind:

- Das für den Ernstfall zu konzipierende Kommunikationsnetz darf keine zentrale Steuerung und keinen zentralen Netzknoten enthalten, da diese Elemente sofort Hauptangriffspunkt eines Gegners und sehr verwundbar wären.
- Die Übertragungstechnik muss von Anfang an so entworfen werden, als wäre das Netz bereits beschädigt oder chronisch unzuverlässig, damit kleinste, noch zusammenhängende Einheiten funktionsfähig sind.
- Die einzelnen zu übertragenden Nachrichten werden in kleinere Einheiten (‚Pakete‘) zerlegt, die einzeln ihren Weg vom Sender zum Empfänger nehmen.

Obwohl dieser Report verschiedene Ideen vorwegnimmt, die später im Internet implementiert werden, hat Paul Baran selbst nie etwas direkt zur späteren Entwicklung des Arpanets oder Internets beigetragen. Auch lässt sich von diesem Bericht keine direkte Linie zum Start der Projekte zwei Jahre später ziehen, die letztlich zum Internet führen sollten. Der Bericht begründet jedoch den seither immer wieder gern zitierten Mythos, dass das Internet mit dem ursprünglichen Ziel aufgebaut wurde, für die Zeit nach einem Atomangriff noch eine funktionierende Kommunikationsinfrastruktur zu haben.

1965

Unter dem Einfluss von Kleinrocks frühen Arbeiten wird von den Ingenieuren Lawrence ‚Larry‘ Roberts und Thomas Merrill eine → *TX-2* vom MIT mit einer Q-32 in Kalifornien über eine Telefonleitung verbunden. Erstmals ist es so möglich, dass ein Computer die Ressourcen eines zweiten nutzt. Es stellt sich jedoch heraus, dass die gewählte Vernetzung zu langsam (2,4 kbit/s) und unzuverlässig ist. Immerhin gelingt hiermit jedoch der Nachweis, dass Computer über größere Distanzen hinweg miteinander zu verbinden sind, so dass sie die Ressourcen des jeweils anderen Rechners nutzen können.

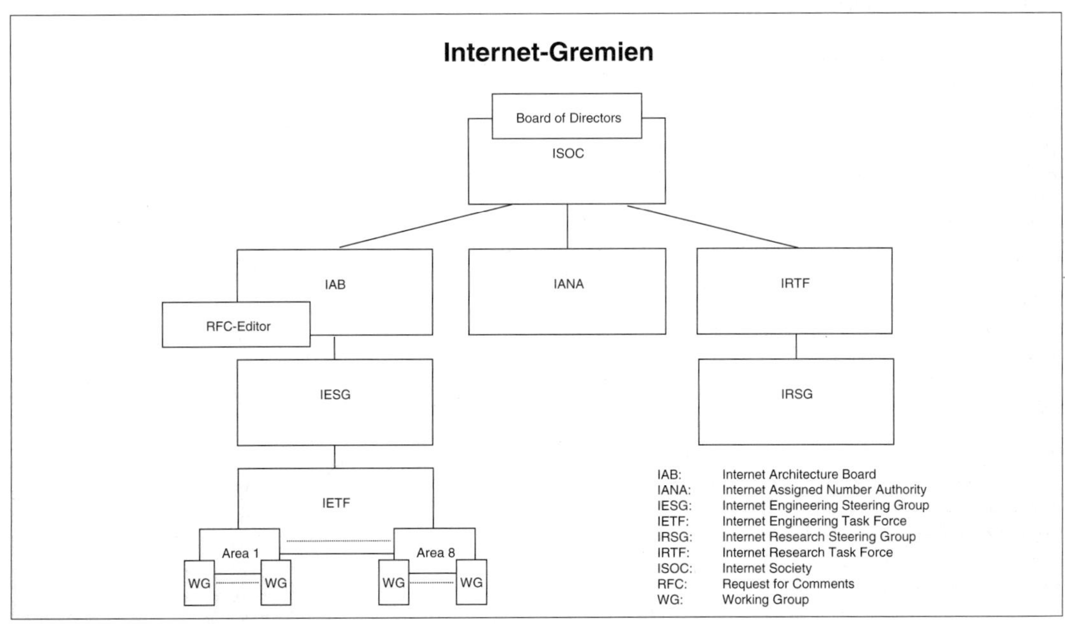

Herbst 1966
Robert ‚Bob' Taylor von der ARPA, der sehr von Lickliders Vision der vernetzten Computer geprägt ist, wirbt Larry Roberts dem MIT ab. Roberts geht zur ARPA, um die Arbeiten zur Computervernetzung weiter voranzutreiben. Er schreibt ein Papier und skizziert darin die Architektur eines ‚Arpanet', das auf Leitungen mit 2,4 kbit/s basiert. Roberts sollte die Arbeiten am entstehenden Arpanet bis 1973 maßgeblich beeinflussen.

1967
Das Konzept eines paketvermittelnden Netzes zur Datenübertragung wird zum ersten Mal auf dem Symposium der → *ACM* über Grundlagen der → *Betriebssysteme* an der Universität von Michigan in Ann Arbor erwähnt (Originaltitel: „Symposium on Operating Systems"). Erstmals wird auf dieser Konferenz klar, dass es unterschiedliche Gruppen in den USA (Rand Corp. und MIT) sowie in GB (National Physical Laboratory, NPL) gegeben hat, die alle am gleichen Problem der Übertragung paketierter Daten gearbeitet haben. Aus GB präsentieren Donald Watts Davies und Roger Scantlebury die Resultate ihrer Arbeit. Scantlebury spricht mit Roberts und macht ihn auf die Arbeiten der Rand Corp. aufmerksam.
Insbesondere die unterschiedliche Architektur der anzuschließenden Rechner wird heftig diskutiert und scheint das größte Problem zu sein.
Wesley Clark von der Washington University aus St. Louis leistet einen Gesprächsbeitrag und erklärt auf der Rückfahrt zum Flughafen im Taxi, dass man spezielle Kommunikationsrechner für das Subnetz benötige und dadurch das Problem der unterschiedlichen Rechnerarchitekturen lösen könne. Larry Roberts von der ARPA, ebenfalls im Taxi, bezeichnet diese Rechner mit → *IMPs*.
Auf einer weiteren Konferenz in Gatlinburg/Tennessee präsentiert Roberts ein detaillierteres Konzept von dem, was er zu diesem Zeitpunkt schon ‚ARPA net' nennt. Er hat dabei schon die Idee von Hosts, die über IMPs miteinander kommunizieren, aufgegriffen.

1968
Das Information Processing Techniques Office (IPTO), mittlerweile unter der Leitung des Psychoakustikers Bob Taylor, startet für rund 1 Mio. $, die der oberste ARPA-Chef Charles Herzfeld genehmigt, eine Versuchsreihe mit dem Ziel, Grundlagen über Rechner-Rechner-Verbindungen auf gemultiplexten Netzen zu erarbeiten. Als Resultat wird ein kleiner Computer vorgeschlagen, der als Vorrechner die Kommunikationsvorbearbeitung übernehmen soll. Die Kommunikation selbst läuft über Telefonleitungen mit 2,4 kbit/s.
Das NPL in Teddington bei London in GB testet nach bereits längeren Vorarbeiten ein derartiges Netz in kleinem Maßstab unter der Leitung von Donald Watts Davies. Er prägt unabhängig von den Arbeiten von Paul Baran und dem von Leonard Kleinrock verwendeten Begriff „Data Block" dafür die bis heute gültigen Ausdrücke „Packet" und „Packet Switching".
Im Juli veröffentlicht die ARPA eine maßgeblich von Larry Roberts formulierte Ausschreibung für ein Konzept eines aus 19 Netzknoten bestehenden paketvermittelnden Netzes zur Verbindung der seinerzeit größten und schnellsten Computer und eine konkrete Angebotsaufforderung für ein aus vier Netzknoten bestehendes Netz. Die Verbindungen sollten nun schon 50 kbit/s schnell sein. Weitere Eckpfeiler sind das Konzept des IMPs (der zu entwickeln ist) und die Nutzung von Packet Switching. Ziel ist, die seinerzeit teuren Rechnerressourcen unabhängig von ihrem Standort verfügbar zu machen.
Auf die Ausschreibung hin erhält die ARPA über 100 Angebote – die seinerzeitigen Platzhirsche der IT-Branche wie IBM oder CDC sind jedoch nicht dabei. Die sehr kleine Firma Bolt, Berane und Newman (BBN) aus Cambridge/Mas. hingegen beteiligt sich an der Ausschreibung. Dort formulieren der Mathematiker und frühere Professor für Elektrotechnik Robert Kahn, Severo Ornstein und einige Kollegen den technischen Report Nr. 1763 als Angebot. Gegen Ende Dezember wird die Entscheidung der ARPA getroffen, dass BBN mit einem Team von sechs Leuten unter der Projektleitung von Frank Heart bis zum 1. September des Folgejahres den ersten Netzknoten in Betrieb nimmt und das weitere Netz aufbaut.
Die Nachricht trifft bei BBN am 30. Geburtstag von Kahn ein.

1969
Das US-Verteidigungsministerium entscheidet, ein Computernetz zu bauen, das einem Atomkrieg standhält. Dazu wird eine Kommission gegründet, aus der später die DARPA hervorgeht.
Die Arbeiten am Netz gehen planmäßig voran. Neben BBN ist auch Howard Frank von der Firma Network Analysis Corporation dabei. Zusammen mit Roberts erarbeitet er die Topologie des erstes Netzes und führt wirtschaftliche Berechnungen über Kosten, Verrechnung und Nutzen durch.
Für den Aufbau des von BBN konzipierten Netzes ist es schwierig, die Universitäten vom Sinn der Vernetzung zu überzeugen, doch Douglas C. Engelbart (* 1925), der auch schon die → *Maus* erfunden hat, ist ganz begeistert und stellt sich und seinen Rechner vom Typ Scientific Data Systems 940 vom Stanford Research Institute International (SRI) in Menlo Park/Calif. zur Verfügung. Er arbeitet dort an dem Projekt „Augmentation of Human Intellect". Außerdem erklärt er sich bereit, eine Datenbank zu führen, in der das ganze Netz mit seinen Netzelementen erfasst werden soll. Das erste Network Information Center (NIC) entsteht und wird von Elizabeth Feinler geleitet.
An der UCLA arbeitet der Spezialist für Verkehrstheorie Dr. Leonard Kleinrock, der zusammen mit Larry Roberts am MIT studiert hatte, an der Spezifikation der Schnittstelle zwischen dem Rechner dort (einer Sigma 7) und dem dort zu installierenden IMP. Kleinrock stimmt der Vernetzung zu und baut selbst das Network Measurement Center für das neue Netz auf. Wegen seiner Erfahrung und seines frühen Engagements für Packet Switching wird der erste Netzknoten am 1. September 1969 an der University of California in Los Angeles (UCLA) aufgestellt und mit der Sigma 7 verbunden.
Am 29. Oktober wird der Rechner in Los Angeles über eine normale Standleitung von AT&T und den ersten IMPs

(umgebaute Minicomputer vom Typ Honeywell 516) mit der SDS 940 aus dem Stanford Research Institute International (SRI) in Menlo Park/Calif. verbunden. Dem Studenten Charles (‚Charly') Kline gelingt es unter der Aufsicht von Leonard Kleinrock und bei Anwesenheit der Studenten Vinton C. Cerf und Jonathan ‚Jon' Postel (* 6. August 1943, † 16. Oktober 1998), die ersten zwei Buchstaben des Wortes ‚Login' zu übertragen, bevor das System zusammenbricht. Diese erstmalige Nutzung eines paketvermittelnden Netzes wird relativ unspektakulär gewürdigt; der Überlieferung nach sagt jemand „Wenigstens haben wir es zum Laufen gekriegt". Niemand ahnt, dass daraus einmal ein völlig neuer Wirtschaftszweig entstehen wird.

In einer Pressemitteilung der UCLA wird Kleinrock jedoch schon mit der Bemerkung zitiert, dass die Möglichkeit bestünde, dass jedermann einen genauso einfachen Zugriff auf Computerressourcen haben könnte wie auf das Telefonnetz oder die Elektrizität, wenn dieses Netz landesweit ausgebaut werden würde.

Im Dezember kommt die University of California in Santa Barbara (UCSB) hinzu, wo eine → *IBM /360* steht. Glen Culler und Burton Fried arbeiten dort an der grafischen Darstellung mathematischer Funktionen und benötigen zusätzliche Rechenleistung. UCSB und SRI sind ebenfalls untereinander verbunden. Vom SRI geht eine einzelne Leitung zur University of Utah nach Salt Lake City mit einer angeschlossenen → *PDP-10*. Dort beschäftigen sich Bob Taylor und Ivan Sutherland mit rechenintensiver 3-D-Grafik.

Die Verbindungen werden durch sog. → *IMPs*, die von BBN gebaut werden, sichergestellt und laufen über Standleitungen im analogen Telefonnetz mit 50 bit/s. Bei BBN sind neben Severo Ornstein insbesondere Frank Heart als Teamleiter, David Walden, Will Crowther, Ben Barker, Jim Geisman, Truett Thach, Marty Thrope, Hawley Rising und Bernie Cosell mit dem operativen Bau der IMPs beschäftigt. Die Verbindungen der einzelnen Hosts zu den IMPs werden von Leuten vor Ort programmiert. An der UCLA sind die Studenten Stephen D. Crocker und Vinton C. Cerf dabei.

Dieses Netz bekommt, benannt nach dem größten Geldgeber, den Namen Arpanet. Damit gilt das erst später so genannte Internet allgemein als geboren.

Die ersten → *RFCs* werden von Stephen D. Crocker entwickelt.

1970

Das auf Hawaii entwickelte Alohanet verbindet dort mehrere Forschungseinrichtungen. Dafür wird auch das → *Aloha*-Protokoll entwickelt.

Dezember 1970

Die Network Working Group beendet die Arbeiten am Übertragungsprotokoll → *NCP*, das von Vinton C. Cerf und Steven Crocker maßgeblich entwickelt wurde. Es wird sogleich im Arpanet eingesetzt und verbreitet sich rasch bis 1972 im gesamten Netz..

1971

Ray Tomlinson von BBN entwickelt ein E-Mail-Programm für verteilte Systeme und nutzt das Sonderzeichen @ (→ *Klammeraffe*) erstmals in diesem Zusammenhang, da es in keinem normalen Text und auf so gut wie keiner Tastatur vorkommt und daher gut als Steuerzeichen verwendet werden kann. Der Überlieferung nach prüfte er dies mit einem Blick auf die Tastatur, die selbst vor ihm lag: eine „Modell 33 Teletype".

Der neue Leiter der ARPA, Stephen Lukasik, entwickelt sich zu einem Vorreiter bei der Nutzung dieses neuen Dienstes.

Erstes überraschendes Ergebnis nach zwei Jahren Betrieb des Arpanet: Remote Logins stellen wider Erwarten nicht die Mehrheit der Anwendungen des Netzes dar. Das Versenden von Informationen, Nachrichten und persönlichen Mitteilungen (E-Mail) steht im Vordergrund.

Larry Roberts schlägt Kahn vor, das Netz zur Förderung des Arpanets einer größeren Fachöffentlichkeit auf einer Konferenz zu präsentieren.

Es sind 23 Rechner über 15 Netzknoten miteinander verbunden, darunter sind: BBN, CMU, CWRU, die Harvard University, das Lincoln Lab, das → *MIT*, die NASA, die Rand, SDC, SRI und die Stanford University selbst, die UCLA, die UCSB, UIU und die Universität von Utah.

1972

Das Netz besteht mittlerweile aus 40 Rechnern aus dem militärischen und akademischen Bereich. Die Übertragungsgeschwindigkeit liegt bei 9,6 kbit/s.

Erstes Treffen einer ‚Internetworking' Group mit dem Ziel, gemeinsame Standards bei der Datenübertragung zu entwickeln.

Das Alohanet wird an das Arpanet angeschlossen.

Auf der International Conference on Computer Communications (ICCC) im Hilton Hotel in Washington D.C. wird vom 24. bis 26. Oktober auf Betreiben Kahns nach dem Vorschlag von Roberts das Internet an von der Industrie gesponserten Terminals einer großen Öffentlichkeit von über 1 000 Experten vorgestellt. Das Netz wird im Keller aufgebaut und erlaubt den Zugang zu den 40 existierenden Hosts. Es wird berichtet, dass die vor Ort anwesenden Techniker von AT&T nicht daran glauben, dass die Demonstration gelingen wird. Sie denken auch nicht, dass das Ganze irgendjemanden außer einer Handvoll Informatiker und Wissenschaftler jemals interessieren wird. Maßgeblich hat Al Vezza den Auftritt auf dieser Konferenz abgewickelt. Es werden verschiedene Anwendungen erfolgreich demonstriert, die überwiegend auf einem Paper von Kahn (RFC 371) aus dem Juli basieren. Als Ergebnis dieser gelungenen Demonstration steigt das Interesse sprunghaft an.

Es gründet sich auf der Konferenz auch die International Networking Group, die erstmals Experten der Paketvermittlungstechnik aus mehreren Ländern zusammenführt.

Roberts verlässt die ARPA, um mit Telenet ein eigenes kommerzielles Datennetz als Tochter von BBN aufzubauen. Sie sollte 1979 von GTE gekauft und später zu Sprint weitergereicht werden.

Kahn macht sich im Frühjahr Gedanken über das Zusammenschalten verschiedener autonomer Teilnetze unterschiedlicher technischer Plattformen, wie z.B. einem Satellitennetz und ein drahtgebundenes Netz am Boden. Dabei denkt er zunächst an ein zusätzlich zu NCP zu verwendendes Ende-zu-Ende-Protokoll. Er definiert seine grundlegenden theoretischen Ideen in dem Papier „Communication

Principles for Operating Systems". Im Oktober wechselt Kahn selbst zur ARPA, um dort Chef des IPTO zu werden.

Das Verteidigungsministerium zieht mehr Kontrolle über das Netz an sich und benennt es zum DARPA-Net um (D = Defense).

Das später weit verbreitete → *FTP* wird von Ashnay Bushan entwickelt.

In Frankreich geht ebenfalls ein Netz zur Vernetzung von Computern in Betrieb: → *Cyclades*.

1973

Das Netz besteht mittlerweile aus 52 Rechnern aus dem militärischen und akademischen Bereich.

Erste inoffizielle Verbindung zwischen dem University College in London und dem US-Netz mit Hilfe der Abt. für Verteidigungsangelegenheiten der British Telecom.

Erste Verbindung auch zu einer militärischen Einrichtung (Radar-Station) nach Norwegen.

Kahn gewinnt im Frühling Cerf als erfahrenen Mitentwickler von NCP für seine Ideen und beide arbeiten auf der Basis von Kahns Vorüberlegungen an einem universellen Übertragungsprotokoll – TCP nimmt Konturen an. Kahn und Cerf präsentieren im September ihre Ideen für TCP auf einem Treffen der International Networking Group an der Universität von Sussex in Brighton/GB.

Beide erarbeiten daraufhin an einem Wochenende im Cabana Hyatt Hotel in Palo Alto/Calif. ein handschriftliches Papier über TCP. Schon zu diesem Zeitpunkt war klar, dass, um offene Standards zu erhalten und wirklich verschiedene Netze zusammenschalten zu können, eine Art Schichtenmodell notwendig sein wird, aus dem zwei Protokolle entstehen: Die Kombination von TCP und IP wird konzipiert. Dies zieht eine Aufteilung der jeweiligen Funktionen innerhalb der IMPs nach sich, so dass ein IMP gedanklich zerlegt wird in einen Teil, der sich um die Ende-zu-Ende-Datenübertragung einer Verbindung kümmert, und einen „Gateway" genannten Teil, der sich um die Verbindung zwischen zwei benachbarten Netzknoten kümmert. Das Gateway erhält bereits kurze Zeit später die heute noch übliche Bezeichnung → *Router*. Der Überlieferung nach wurde das Grundkonzept für die Router erstmals handschriftlich auf der Rückseite eines Briefumschlags des Hotels festgehalten, der bei einem Gespräch in der Hotellobby beschriftet wurde.

1974

Neun europäische Staaten – ohne Deutschland – planen, ein internationales Forschungsnetz (EIN, European Informatics Network) zu errichten, um Erfahrung mit Übertragungsverfahren und dem Austausch von Rechenkapazitäten bei Engpässen zu gewinnen. Das von der EG finanzierte und von Euratom betriebene Netz soll aus sieben Knotenrechnern bestehen.

Cerf und Kahn publizieren ihr Papier im Mai in den IEEE Transactions on Communications in dem Beitrag „A Protocol for Packet Network Intercommunications".

Die ARPA stellt ein Budget für weitere Arbeiten zur Verfügung. Cerf selbst, Ray Tomlinson bei BBN und Peter Kirstein am University College in London erarbeiten bis Dezember die Spezifikation, die von Darryl Rubin und anderen Studenten in Stanford in Software umgesetzt wird, wo aber auch eine dritte Version der TCP/IP-Protokolle entsteht. Alle drei Varianten waren für drei verschiedene Rechnertypen entwickelt worden mit dem Ziel die Versionen auf Interoperabilität zu testen.

BBN nimmt offiziell das kommerzielle Telenet in Betrieb.

Es sind mittlerweile 62 Hosts angeschlossen.

1975

Es wird allgemein anerkannt, dass das Arpanet mittlerweile dem Versuchsstadium entwachsen ist. Die besser ausgestattete Defence Communications Agency (DCA) übernimmt die Fortführung des Projekts.

Erstmals wird das → *Betriebssystem* → *UNIX* auf den → *Routern* eingesetzt.

1976

Königin Elisabeth II. eröffnet offiziell das erste britische Gateway zum US-Internet über Radarverbindungen nach Norwegen und weiter in die USA zur UCLA. Der Überlieferung nach versendet sie selbst dabei eine E-Mail.

Das Betriebssystem UNIX findet immer mehr Anhänger und bald wird das in diesem Jahr entwickelte UUCP die offizielle Sprache der Netzwerker, die von den Bell Labs entwickelt wurde.

Leonard Kleinrock veröffentlicht das erste Buch über das Internet.

TCP wird in der Int. Federation of Information Processing diskutiert.

1977

Es sind mittlerweile 111 Hosts angeschlossen.

TheoryNet an der University of Wisconsin ermöglicht einen „Electronic Mail Service" zu rund 100 Informatikern. Das System basiert auf einem lokal entwickelten E-Mail-System und dem Telenet-System.

Am 22. November zeigt eine Demonstration die Verbindung mehrerer technisch unterschiedlicher Netze, als ein Computer in einem fahrenden Lieferwagen Daten über ein Funknetz in San Francisco, über Leitungen nach Norwegen und GB sowie über eine Satellitenstrecke nach Los Angeles sendet.

1978

Auf Anregung von Danny Cohen wird TCP in TCP und IP geteilt.

Es kommt zu einem informellen Treffen einer Gruppe von Experten als Vorläufer des → *IAB*.

UUCP (Unix to Unix-Copy) wird in das Betriebssystem Unix integriert und zur Basis der Datenübertragung zwischen Unix-Systemen.

1979

Die norwegische Telecom und die UCLA verbinden sich über Satellit. Diese Entscheidung wurde maßgeblich von der NATO und ihren Plänen, über funktionierende Datenverbindungen im Falle von nuklearen Auseinandersetzungen zu verfügen, beeinflusst.

→ *Usenet* (oder auch heute häufig NetNews oder nur kurz news genannt) wird an der University of North Carolina von Tom Truscott und Steve Bellovin entwickelt und ermöglicht somit ausführliche Diskussionen zu jedem erdenklichen Thema. Es basiert auf UUCP. Bis zum Jahresende haben sich drei News-Gruppen etabliert.

1980
Die ARPA unterstützt die University of Berkely dabei, ein einheitliches Protokoll für die Rechner-Rechner-Kommunikation zu entwickeln. Dies sollte letztendlich zur weit verbreiteten Version 4 des TCP/IP führen.
Das amerikanische Verteidigungsministerium erklärt TCP/IP in Version 4 zum Standardprotokoll. Planungen zum Umstieg von NCP auf TCP/IP laufen an.
1981
Das → *BitNet* (Because it's time) startet in New York.
Erstmals beschäftigen sich Künstler mit dem Netz und seinen Möglichkeiten.
Im August sind 213 Hosts angeschlossen.
1982
TCP/IP erblickt offiziell das Licht der Welt und es wird entschieden, dass der Quellcode jedem zugänglich zu machen ist, der an ihm interessiert ist. Dadurch wird der Name „Internet" erstmals in einem großen Kreis publiziert.
Das MIT entwickelt eine TCP/IP-Version für den PC, die ebenfalls für öffentlich erklärt wird.
DEC und Sun Microsystems integrieren TCP/IP in ihre Software, so dass sich dieser Standard sehr schnell als der universelle Übertragungsstandard verbreitet.
Das EUnet (European Unix Network) wird zwischen den Niederlanden, Dänemark, GB und Schweden eröffnet, gegründet von der European Unix User Group (EUUG).
Cerf wechselt zu MCI, um dort mit MCI-mail das erste kommerzielle E-Mail-System aufzubauen.
Es sind insgesamt 235 Hosts angeschlossen.
1983
Zum 1. Januar wird von NCP auf TCP/IP umgeschaltet. Die Umstellung verläuft überraschend problemlos.
Das Arpanet wird bei dieser Gelegenheit gleichzeitig in Arpanet und Milnet geteilt. Verbindungen zwischen beiden existieren weiter. Derartige Verbindungen werden DARPA Internet genannt. Später verkürzt sich diese Bezeichnung nur auf Internet, was sich als Begriff für „ein Netz von Netzen" durchsetzt. Die Teilung ist primär Resultat eines gestiegenen Sicherheitsbedürfnisses des Militärs. Milnet wird in das „Defense Data Network" (DDN) integriert, das ein Jahr vorher aufgebaut wurde.
Die „National Science Foundation" (→ *NSF*) übernimmt die Organisation der Verbindungen zwischen 60 Universitäten in den USA, einer in Norwegen und zwei in GB. Prinzipiell wird damit zunächst eine zweite Infrastruktur (genannt NSFnet) aufgebaut, die nur amerikanische Universitäten und Großforschungseinrichtungen verbinden soll. Diese ist jedoch mit dem eigentlichen Internet über Gateways verbunden.
Insgesamt sind im August 562 Hosts angeschlossen.
An jeder Universität werden kleinere Rechner mit LANs verbunden, hauptsächlich durch die DEC und Xerox-Entwicklung Ethernet. PCs verbreiten sich und die Frage taucht auf, wie man kleine Computer mit großen Computern über Leitungen und Vermittlungselemente verbindet.
Die University of Wisconsin entwickelt wegen der wachsenden Größe und der damit verbundenen komplizierten Pfade durch das Netz das Konzept der „Name Servers". Rechner bekommen dadurch leicht merkbare Namen (im Gegensatz zu IP-Adressen). Zum ersten Mal braucht damit der Sender einer Nachricht nicht den genauen Weg seiner Daten durch das Netz zu wissen. Das System der → *Domains* entsteht dadurch.
In GB wird → *JANET*, das Joint Academic Network, aus der Taufe gehoben.
Inspiriert vom BitNet wird → *EARN* gegründet.
1984
Die Internet Engineering Steering Group (→ *IESG*) wird in eine Task Force (→ *IETF*, drei Treffen/Jahr, kümmert sich um technische Fragen) und die Research Task Force geteilt.
Neu gegründet wird das Internet Advisory Board (→ *IAB*), welches eine längerfristige Sichtweise hat.
Zur Uni Dortmund, wo man die erste deutsche Domäne einrichtet, wird die erste Verbindung nach Deutschland geknüpft.
Im Usenet werden moderierte Newsgroups eingeführt.
Im August sind 1 024 Hosts angeschlossen.
1985
Der Ire David Jennings befindet sich auf einem akademischen Austauschaufenthalt in den USA und leitet bei der NSF das NSFnet-Programm. Er setzt durch, dass zur Teilnahme am NSFnet-Programm die Verwendung von TCP/IP vorausgesetzt wird.
Die NSF startet Phase 1 von NSFnet. IBM, MCI und Merit Network werden als Konsortium für den Betrieb des Netzes ausgewählt. Ziel ist eine etwas geordnetere Verbindung der mittlerweile entstandenen verschiedenen Netze in den USA durch Einrichtung von fünf Rechenzentren, die mit Leitungen der für damalige Verhältnisse großzügigen Bandbreite von 56 kbit/s verbunden werden. Diese Rechenzentren waren:

- Cornell Theory Center an der Cornell University in Ithaca/New York
- The National Center for Supercomputing Applications (NCSA) an der University of Illinois, Urbana, Champaign
- The Pittsburgh Supercomputing Center in Pittsburgh/Pennsylvania
- The San Diego Supercomputer Center an der University of California, San Diego/Kalifornien
- The John von Neumann Center an der Princeton University in New Jersey

Die Vernetzung dieser Rechenzentren, die auch zahlreiche Dienstleistungen rund um das Internet anbieten, legt den Grundstein für die heutige Struktur des Internet. Der Bedarf bei anderen Universitäten nach Vernetzung steigt rapide an, als sie erkennen, dass sie mit einem Gateway Teil des einzigen großen, globalen Netzes werden können.
Die Übertragungsgeschwindigkeit des JANET steigt auf 2 Mbit/s.
In Japan wird JUNET (Japan Unix Network) in Betrieb genommen.
Kahn verlässt die ARPA und gründet die → *CNRI*.
Im Oktober sind 1 961 Hosts angeschlossen.
1986
Die extra gespannten Leitungen für das Netz werden durch gemietete Leitungen eines öffentlichen Netzbetreibers ersetzt.

Das Arpanet geht im NFSnet auf, als die → *NSF*, mittlerweile unter der Leitung von Stephen Wolff, die Verantwortung komplett übernimmt.

Cerf wechselt nach dem Aufbau von MCI-mail zur → *CNRI*.

Zum Jahresende gibt es 241 Newsgroups.

Im Februar sind 2 308, im November 5 089 Hosts angeschlossen.

1987

Im November vergibt die NFS den Auftrag zum Aufrüsten des Netzes auf 1,544 Mbit/s. Gleichzeitig sollen das National Center for Atmospheric Research (NCAR) in Boulder/Colorado, und Merit Computer Inc. am Computer Center in der University of Michigan angeschlossen werden.

Zur Weihnachtszeit macht der Weihnachtsbaum-Virus auf sich aufmerksam und legt EARN, BitNet und das VNET von IBM lahm. Er sendet dem Empfänger eine E-Mail mit Weihnachtswünschen und dem Bild eines Weihnachtsbaumes, versendet aber diesen Glückwunsch an alle in der privaten Mailingliste des Empfängers, wodurch der E-Mail-Verkehr explosionsartig zunimmt und dadurch anderer Verkehr massiv behindert wird.

Der 1 000. RFC wird im Laufe des Jahres veröffentlicht. Gleichfalls wird im Laufe des Jahres der 10 000. Host angeschlossen. Im Dezember sind bereits 28 174 Hosts angeschlossen.

1988

Zum 1. Juli wird das NSFnet als zu 1,544 Mbit/s aufgerüstetes NSFnet 2 mit zentraler Verwaltung durch die Merit an der University of Michigan in Ann Arbor in Betrieb genommen. 170 lokale Netze an 13 Standorten sind angeschlossen. Zusätzlich hinzugekommen waren folgende Standorte:

- BARRNet – Palo Alto, California
- MIDnet – Lincoln, Nebraska
- Westnet – Salt Lake City, Utah
- NorthWestNet – Seattle, Washington
- SESQUINET – Rice University, Houston, Texas
- SURANET – Georgia Tech, Atlanta Georgia

Am 24. Juli wird das alte Netz mit den 56-kbit/s-Leitungen abgeschaltet.

Die NSF beginnt mit einer Reihe von öffentlichen Veranstaltungen unter dem Titel „The Commercialization and Privatization of the Internet“ mit dem Ziel, auf lokaler Ebene kommerzielle (= zahlende) Nutzer für das Internet zu werben.

Das National Research Committee veröffentlicht einen maßgeblich von Kleinrock, Kahn und David D. Clark geschriebenen Report mit dem Titel „Towards a National Research Network“. Ein Politiker namens Al Gore (seinerzeit Senator) wird durch dieses Dokument nachhaltig beeinflusst und entwickelt seine 1992 propagierte Version des National Information Highways (→ *NII*).

Im Juli sind 33 000, im Oktober 56 000 Hosts angeschlossen.

Erster großer Virenbefall des Internet: Der von dem amerikanischen Studenten an der Cornell Universität Robert Morris Jr. programmierte ‚Worm‘ bohrt sich im November durchs Netz und befällt rund 6 000 von insgesamt 60 000 angeschlossenen Rechnern, die vorübergehend lahmgelegt sind. Als Reaktion darauf wird wenig später das Computer Emergency Response Team (→ *CERT*) aus der Taufe gehoben.

Der → *IRC* wird entwickelt.

1989

EUnet (European Unix Network) in Europa und Aussienet in Australien werden angeschlossen.

Das Arpanet hört zum Jahresende offiziell auf zu existieren.

Im Januar sind rund 80 000, im Juli 130 000 Hosts angeschlossen.

Erste Gateways zu einem kommerziellen Online-Dienst und einem kommerziellen E-Mail-Provider werden zwischen CompuServe sowie MCI-mail und dem Internet mit Hilfe der CNRI eingerichtet. Es folgen im gleichen Jahr ATTMail und Sprint Mail.

Es gibt im Januar erste Pläne, das NSFnet auf Geschwindigkeiten von 45 Mbit/s aufzurüsten.

Kommerziellen Benutzern wird unter strengen Auflagen die Nutzung des NSFnet erlaubt. Die NSF stellt damit erstmals bestimmte Regeln zusammen, die als AUP (Acceptable Use Policy) bekannt werden. Gleichzeitig erkennt sie, dass damit die Nutzung über den eigentlichen von der NSF zu fördernden Zweck hinausgeht. Sie fängt erstmals an, über einen Rückzug aus der Trägerschaft nachzudenken.

1990

Im Oktober sind 313 000 Hosts angeschlossen. Zum Jahresende gibt es rund 1 000 Newsgroups.

1991

Im November wird das NSFnet auf 45 Mbit/s umgestellt. Es verbindet mittlerweile 16 Standorte mit rund 3 500 LANs.

Da die Informationsmengen im Internet mittlerweile unüberschaubar geworden sind, werden verschiedene Wege erdacht, sie zu ordnen und zugänglich zu machen. Der Computerhersteller Thinking Machines Corp. nimmt daher den Informationsdienst → *WAIS* in Betrieb. Die Universität von Minnesota ist mit → *Gopher* dabei.

Um den technischen Standardisierungsprozess am Laufen zu halten, befürwortet CNRI mit der Internet Society dafür ein eigenes Gremium.

Durch ein Feuer werden ein Router in Kalifornien und mit ihm viele Internet-Nutzer lahmgelegt.

Es sind 376 000 Hosts im Januar, 535 000 im Juli, 617 000 im Oktober und 727 000 im November angeschlossen.

Die Zahl der Internet-Zugänge wächst schätzungsweise mit 200% in Europa und 100% in den USA.

Die Zahl der Internet-Nutzer weltweit wird von der WTO mit 4,5 Mio. angegeben.

Mai 1992

In der NSF schreiben Robert J. Aiken, Peter Ford und Hans-Werner Braun das Paper „NSF Implementation Plan for an Interagency Interim NREN“ und legen damit den Grundstein für die Entwicklung der Network Access Points (→ *NAP*), den Rückzug der NSF aus dem Backbone-Betrieb, die Konzentration auf eine neu zu entwickelnde breitbandige IP-Infrastruktur (→ *vBNS*) und Routing Arbiter (RA). Damit wird die Kommerzialisierung des Internet erheblich vereinfacht.

1992
Tim Berners-Lee im CERN in der Schweiz schreibt das erste Programm für das World Wide Web (WWW). Es ist ein einfaches Programm, um durch das Internet zu navigieren und Informationen über es zu erhalten und zu ordnen.
Die Internet Society wird offiziell mit Vinton Cerf als Präsident gegründet und übernimmt die Aufsicht über die Internet Steering Group.
Russland wird an das Internet angeschlossen.
Die Zahl angeschlossener Rechner steigt von 727 000 im Januar über 1 000 000 auf über 1,4 Mio. zum Jahresende, darunter sind 26 (sechsundzwanzig) WWW-Server.
Es gibt zum Jahresende rund 4 000 Newsgroups.
1993
Im Januar erscheint die erste Ausgabe von → *Wired*.
Das Weiße Haus gibt bekannt, dass die CIA Zugriff auf den gesamten Internetverkehr hat und auch in Zukunft haben wird.
Gleichzeitig geht das Weiße Haus online. Der amerikanische Präsident und sein Vizepräsident bekommen ihre eigene E-Mail-Adresse (president@whitehouse.gov und vice-president@whitehouse.gov).
Auch die Vereinten Nationen und die Weltbank gehen online.
Die BT in GB verbindet 60 britische Universitäten mit 34-Mbit/s-Links und hat Pläne für 155 Mbit/s im Auge. Gleiches wird für das National Research and Education Network (NREN) in den USA geplant, das als künftiges Backbone vorgesehen ist. Darüber hinaus denkt man an 622 Mbit/s und startet die Forschung im Bereich von 2,5 Gbit/s über Glasfaserkabel.
Erstmals entdecken kommerzielle Anwender das Internet in nennenswert größerem Umfang.
Im März machen WWW-Operationen 0,1% des Gesamtverkehrs aus, im September sind es bereits 1%.
Im Mai 1993 gibt die NSF bekannt, dass sie gedenkt, den kommerziellen Internet-Verkehr an mehreren Punkten, den sog. → *NAPs*, zu bündeln.
Im Juni gibt es weltweit ca. 130 Web-Sites.
Vinton Cerf sagt vor dem Repräsentantenhaus voraus, dass das Internet in 10 Jahren 100 Mio. Nutzer haben werde.
Gegen Jahresende sind ca. 2 Mio. Hosts angeschlossen.
1994
Der National Research Council veröffentlicht einen wiederum maßgeblich von Kleinrock, Kahn und Clark geschriebenen Report mit dem Titel „Realizing The Information Future: The Internet and Beyond", in dem erstmals neben technischen Fragen der Infrastruktur und der Anwendungen auf Fragen wie Urheberrecht, Kosten- und Verrechnungsstrukturen, Regulierung und Ethik im Umfeld des Internet eingegangen wird.
Vizepräsident Al Gore ruft die National Infrastructure Initiative (→ *NII*) aus, die zum Communication Superhighway (Datenautobahn) führen soll.
Im Rahmen des Mice-Projects an der UCL werden erstmals, dank großer Bandbreite, Videobilder über das Internet geschickt.
Weltweit wird die Zahl der Nutzer auf 32 Mio. geschätzt. Eine offizielle Zählung der Internet Society ergibt rund 3 Mio. Hosts, davon 2/3 in den USA (Tendenz des Anteils: sinkend) und rund 170 000 in Deutschland. Für das WWW sind im Januar 1 000 Domains registriert.
Das öffentliche Interesse am Internet und seinen Diensten explodiert geradezu (insbesondere durch WWW und den ersten ab März 1994 zur Verfügung stehenden Browser ‚Mosaic'), so dass bis zum Jahr 2000 rund 100 bis 300 Mio. Nutzer vorhergesagt werden. Eine Diskussion über die kommerzielle Nutzung des Internet läuft an: Erste Shopping-Malls machen auf und Amazon.com wird in dieser Zeit von Jeffrey P. Bezos gegründet.
Die Library of Congress der USA beginnt damit, periodisch vollständige Abzüge aller WWW-Inhalte zu ziehen und auf Bändern zu archivieren. Die Inhalte sind zugänglich unter: → *http://www.alexa.com/*
Im Februar nimmt die NSF die → *NAPs* in Betrieb. NSF migriert sein NSFnet auf eine ATM-Plattform mit 155 Mbit/s.
Im Oktober taucht erstmals Werbung mit Hilfe von → *Bannern* im WWW auf (→ *Wired*).
Das FBI nutzt das Internet erstmals als Informationsquelle zur Verbrechensbekämpfung und stellt gezielt Anfragen.
Mit „CUSeeMe" steht erstmals ein preisgünstiges Tool für die gleichzeitige Übertragung von Bild- und Tondaten zur Verfügung. Einfache, allerdings qualitativ schlechte Videokonferenzen über das Internet werden damit möglich.
Die ersten Radioprogramme zu Testzwecken werden von der Messe „Interop" aus Las Vegas über das Internet verbreitet.
Im dritten Quartal steigt die Anzahl der rein kommerziell genutzten Hosts um 36%. Am 1. Dezember 1994 verfügen 90 Länder über Internet-Anschluss mit 42 883 Netzen. Die Zuwachsrate liegt bei 160 000 Nutzer/Monat. Rund 10% des Internet-Verkehrs gehen auf das WWW zurück.
Zum Jahresende gibt es ca. 10 000 Newsgroups.
1995
Im Februar werden erstmals halbduplex Telefongespräche über das Internet geführt, im Juni auch vollduplex (→ *Internet-Telefonie*, → *Voice-over-IP*).
Ab dem 30. April werden Zuschüsse von der NSF nach und nach über einen Zeitraum von zwei Jahren gestrichen. Das Internet muss auf eigenen Beinen stehen und soll von einer Stiftung getragen werden. In der Zeit von 1986 bis April 1995 werden über die NSF rund 200 Mio. $ in das Internet investiert. Das Backbone wächst in dieser Zeit von sechs Knoten auf 21 und von Verbindungen mit 56 kbit/s zu solchen mit 155 Mbit/s.
Gleichzeitig gründet die NFS das → *vBNS* und kehrt zu ihren Wurzeln zurück, da das neue Netz dem akademischen Bereich vorbehalten ist.
Zur Jahresmitte werden erstmals mehr kommerzielle Domänen (.com) als ursprünglich traditionell das Internet nutzende Domänen (.edu, .gov, .net, .org) registriert.
Suchmaschinen werden populär: Altavista und Lycos werden gegründet. Amazon.com verkauft das erste Buch über seine Website.
Der erste Internet-Service-Provider bietet eine nutzungsunabhängige Flatrate an: Für 19,95 $ im Monat kann man bei Earthlink unbegrenzt surfen.

Am 4. September bricht für vier Stunden das Backbone in den USA zusammen.

Ebenfalls im September erlaubt die NSF dem Unternehmen Network Solutions Inc. (NSI) das Recht, 100 $ pro angemeldeter Domain für zwei Jahre und 50 $ für jedes weitere Jahr zu berechnen.

Rund 4 bis 5 Millionen Hosts (je nach Quelle) hängen am Netz.

1996

→ *Intranets* tauchen als Thema auf.

Die Deutsche Telekom nimmt ein eigenes, deutsches Backbone mit 34 Mbit/s in Betrieb.

CompuServe in München sperrt zeitweise auf staatsanwaltliche Anordnung Internet-Newsgruppen mit sensitivem Inhalt. Hierdurch und durch andere, ähnlich gelagerte Vorfälle wird eine verstärkte Diskussion um Inhalte radikalpolitischer und pornografischer Art ausgelöst.

Mit „First Radio“ nimmt die erste Radiostation ihren normalen Betrieb auf, die nur im Internet (WWW) sendet. Gegen Ende des Jahres sind bereits 82 Radiostationen im Internet vertreten.

Die Radiosendungen lösen zusammen mit der → *Internet-Telefonie* bzw. → *Voice-over-IP* und anstehenden technischen Verbesserungen wie IPv6 und → *RSVP* eine Diskussion über Echtzeitdienste im Internet aus.

Die Zahl der Zugriffe auf die Server der Sommerolympiade in Atlanta liegt nach Angaben von IBM bei 187 Mio.

Die Zahl der Hosts steigt auf schätzungsweise 9,5 bis 12 Mio. Andere Quellen nennen 15 Mio.

In den USA werden an Universitäten erste Selbsthilfegruppen eingerichtet, nachdem Studenten nach nächtelangen Internet-Sessions übermüdet durch Prüfungen fallen und die Durchfallquoten steigen.

Die Internet Society gründet das International Ad Hoc Committee (→ *IAHC*) zur Lösung des Problems der Top-Level-Domänen.

Der traditionsreiche Internet-Service-Provider UUNet (Eunet in Deutschland) wird von Worldcom übernommen. Damit beginnt ein Aufkaufen verschiedener großer ISPs durch TK-Unternehmen.

Traditionelle → *Online-Dienste* fangen an, WWW-Zugänge anzubieten.

November 1996

Neuer Rekord: Rund 50 Mio. Zugriffe pro Tag auf seine Site mit den ersten Hochrechnungen vermeldet der amerikanische Nachrichtensender CNN am Abend der Präsidentenwahl.

Dezember 1996

BT schätzt, dass rund 50 Mio. Nutzer und 14 Mio. Hosts an das Internet angeschlossen sind. Diese Zahl soll sich gemäß der Untersuchung alle neun Monate verdoppeln.

Die IDC schätzt, dass sich diese Zahl von 8,9 Mio. europäischen Nutzern im Dezember 1996 auf 35 Mio. im Jahr 2000 erhöhen wird.

1997

Auch die traditionsreichen ISPs BBN und Netcom verlieren ihre Unabhängigkeit und werden von TK-Anbietern übernommen.

Januar 1997

Die neue Version Office 97 aus dem Hause Microsoft kommt heraus und erlaubt die einfache Umwandlung von herkömmlichen Dateien in HTML-Dokumente.

Juni 1997

Schätzungsweise 4 Mio. Personen in Deutschland haben WWW-Zugang.

Der oberste amerikanische Gerichtshof erklärt Teile eines Bundesgesetzes zur Beschränkung von Veröffentlichungen im Internet für verfassungsfeindlich, da das Verbot, Jugendlichen unter 18 Jahren „anstößiges“ Material mit Hilfe des Internet zugänglich zu machen, gegen die Redefreiheit verstößt. Betroffene Eltern könnten ihre minderjährigen Kinder vor dem Zugriff auf derartige Inhalte mit entsprechender Filtersoftware schützen.

MCI rüstet sein Internet-Backbone auf 622 Mbit/s auf.

Juli 1997

Neuer Rekord im WWW: Rund 120 Mio. Zugriffe pro Tag werden registriert, nachdem die Sonde Pathfinder am 4. Juli auf dem Mars gelandet und erste Fotos im Internet zu sehen sind.

Nach einer Umfrage der Firma Network Wizards sind 19 540 000 Hosts angeschlossen.

Ein Stromausfall legt den MAE-West lahm, während zur gleichen Zeit ein Bagger in Los Angeles ein Glasfaserkabel durchtrennt und rund 500 kleinere ISPs vom Internet abschneidet. Zwei Tage später wird ein Glasfaserkabel in Washington D.C. bei Bauarbeiten gekappt.

September 1997

26 Mio. Hosts sind angeschlossen.

Oktober 1997

Der Friedensnobelpreis geht an die Initiative zur Ächtung von Landminen, die innerhalb nur sehr weniger Jahre mit starkem und geschicktem Einsatz des Internet die Öffentlichkeit für ihr Anliegen sensibilisierte.

November 1997

Die Financial Times schätzt, dass sich der Verkehr auf dem Internet alle 100 Tage verdoppelt.

Saudi-Arabien kündigt an, dass seine Bürger ebenfalls einen Internet-Zugang erhalten dürfen, sobald technische Probleme gelöst sind, so dass der Zugang zu Inhalten, welche die religiöse oder moralische Würde beeinträchtigen könnten, verhindert werden kann.

Die erste reine Internet-Bank (Security First Network Bank) macht wieder zu.

IBM mach seine Shopping-Mall wieder zu, nachdem sich die Erwartungen nicht erfüllt haben.

Weltweit gibt es nach einer Umfrage von NetworkWizards, Menlo Park/Kalifornien, ca. 650 000 Web-Sites.

Mit Level 3 Communications wird der erste Carrier gegründet, der eine IP-Infrastruktur ausschließlich basierend auf Glasfasern aufbaut, und das global.

Dezember 1997

Zum Jahresende sind in Deutschland rund 100 000 Domänen für das WWW registriert.

1998

Die US-Regierung stoppt die Finanzierung der Internet Society.

Einer Untersuchung der US-Regierung nach haben rund 62 Mio. Amerikaner Zugriff auf das Internet. Die Zeit zur Verdopplung des Internet-Verkehrs wird ebenfalls mit 100 Tagen angegeben.

Februar 1998

Während der 16 Tage der Olympischen Winterspiele in Nagano/Japan werden nach Angaben von IBM rund 650 Mio. Zugriffe auf die offizielle Internet-Homepage im WWW registriert.

Die Zahl der Internet-Nutzer in Deutschland schwankt (je nach Quelle) zwischen 2,5 Mio. (→ *DMMV*) und 5,8 Mio (Ges. für Konsumforschung).

Die Zahl der → *URLs* liegt nach einer Umfrage von Iconocast bei 200 Mio.

Rund 1 100 Radiostationen „senden" live im Internet.

9. März 1998

In einem Interview mit dem CNN-Reporter Wolf Blitzer antwortet US-Vizepräsident Al Gore auf die Frage, was ihn von einem seiner Konkurrenten unterscheide, mit dem Satz: „During my service in the United States Congress, I took the initiative in creating the Internet." Dies trägt ihm den Ruf ein, er habe behauptet, das Internet „erfunden" (= invented) zu haben, was eine nicht ganz korrekte Interpretation seiner Aussage ist, mit der er meint, er habe im Vergleich zu anderen Politikern die Entwicklung massiv unterstützt. Dies wurde ihm später von diversen anderen Persönlichkeiten (z.B. Vinton C. Cerf) durchaus attestiert.

April 1998

Eine Untersuchung von Computer Industry Almanac legt die Zahl der weltweiten Internet-Nutzer auf rund 100 Mio. fest, davon rund 54% in den USA. Diese Zahl soll auf 327 Mio. Nutzer im Jahr 2000 steigen.

Eine andere Untersuchung aus dem Hause RelevantKnowledge bestimmt die Zahl der Amerikaner mit Internet-Zugang auf 57 Mio.

Mai 1998

Die NUA setzt die Zahl der Internet-Nutzer nach eigenen Untersuchungen auf 120,5 Mio. fest.

Der ehemalige Chef von CompuServe Deutschland, Felix Somm, wird von einem Münchner Richter am Amtsgericht wegen unzulässiger, jugendgefährdender Verbreitung von Pornografie in 13 Fällen zu zwei Jahren auf Bewährung und 100 000 DM Geldstrafe verurteilt. Hintergrund: Über CompuServe konnte auf pornografische Inhalte im Internet zugegriffen werden. Verteidigung und Staatsanwaltschaft plädieren für Freispruch. Das Urteil löst allgemeines Kopfschütteln aus und geht mit Unterstützung von Staatsanwaltschaft und Verteidigung in die Revision.

Die in der Welthandelsorganisation (WTO) zusammengeschlossenen Länder einigen sich darauf, Geschäfte über das Internet zunächst für ein Jahr nicht zu verzollen. Dies gilt für Geschäfte, bei denen die Warenlieferung ebenfalls über das Internet erfolgt, nicht jedoch, wenn die Auslieferung auf herkömmlichem Weg (z.B. per Post) erfolgt.

Die WTO schätzt, dass im Jahr 2001 weltweit rund 300 Mio. Menschen Zugriff auf das Internet haben werden.

16. Juni 1998

Die erste Geburt wird unter http://www.ahn.com vier Stunden lang live im Internet übertragen. Sie soll der Aufklärung werdender Eltern dienen. Das Netz ist überlastet. Bis zu 5 000 Zuschauer können gleichzeitig dabei sein. Kuriosum am Rande: Es stellt sich heraus, dass die Gebärende eine gesuchte Scheckbetrügerin ist, die von einigen Zuschauern wiedererkannt wird. Anfang Juli stellt sie sich der Polizei.

Juli 1998

First Virtual Holdings gibt das Geschäft mit Online-Zahlungen auf und übergibt die Kunden an → *Cybercash*.

Der US-Senat verbietet verschiedene Formen von Glücksspielen mit echtem Geld im Internet, nachdem mehrere Personen über ihre Kreditkarten dort jeweils mehrere 10 000 $ verspielt haben.

August 1998

Rund 1 550 Radiostationen aus über 100 Ländern „senden" live im Internet.

September 1998

Der sog. Starr-Report mit pikanten Details zu den amourösen Affären von US-Präsident William ‚Bill' Jefferson Clinton bringt das Internet an den Rand des Kollapses, als er auf mehreren Sites veröffentlicht wird.

In den USA bietet erstmals ein ISP einen kommerziellen Internet-Zugang per Satellit an, mit dem der User Daten nicht nur empfangen, sondern auch versenden kann. Der Intellicom-Downlink erlaubt 2 Mbit/s, der Uplink 66 kbit/s.

November 1998

Nach dem Vorbild einer Aktion in Spanien findet am 1. November ein Internet-Streik in Deutschland statt, bei dem Surfer nicht ins Netz gehen und Anbieter ihre Inhalte im WWW durch eine Streikseite ersetzen. Ziel ist eine Verringerung der Verbindungspreise für die Internet-Einwahl zur Förderung des Internet.

Das Video vom Start des Space-Shuttle mit dem Senior-Astronauten John Glen bringt das Internet an den Rand des Kollapses, als es auf div. Sites veröffentlicht wird.

Dezember 1998

Am 13. Dezember findet auch in Frankreich ein Internet-Streik statt.

Zum Jahresende gibt es nach Angaben der Regulierungsbehörde in Deutschland rund 7 Mio. Nutzer des Internet.

September 1999

Der Hurrikan ‚Floyd' überflutet Räume mit wichtigen Routern und beschädigt Kabel, wodurch Teile des Internet in den USA lahmgelegt werden.

Oktober 1999

Rund 2,4 Mio. Zuschauer an einem Tag rufen von den Servern unter www.netaid.org das Benefizkonzert der UN und Cisco von den drei Standorten New York, London und Genf ab.

Nach Angaben von → *RIPE* wird im Oktober die Anzahl von 10 Mio. DNS-Hosts für Europa überschritten.

17. November 1999

Im Revisionsprozess um Kinderpornografie im Internet wird Felix Somm von der 20. Strafkammer des Landgerichts München vom Vorwurf der Verbreitung von Kinderpornografie freigesprochen. Das Urteil bringt Rechtssicherheit in die Online-Branche, indem es die Straflosigkeit der Zugangsvermittlung zum Internet bestätigt.

9. Februar 2000
Ein organisierter Angriff durch hohe Verkehrslast (→ *Denial of Service*) legt die beliebtesten Websites lahm: Yahoo, Amazon und ebay sind betroffen.

2. November 2000
Nach Angaben der auf Internet-Statistiken spezialisierten Marktforschungsfirma Matrix.Net wurde an diesem Tag der 100 000 000. Host an das Internet angeschlossen.

In über 150 Ländern gibt es Internet-Zugänge.

Internet 2

Selten auch abgekürzt als I 2. Bezeichnung für eine Initiative aus über 100 Universitäten und Forschungseinrichtungen der USA zum Aufbau eines zweiten Netzes zur Verbindung ihrer Computer, das auf den Internet-Protokollen (→ *TCP*, → *IP)* aufbaut.

Grund für die Initiative war das überlastete herkömmliche → *Internet*, das nicht mehr exklusiv der Forschung zur Verfügung steht und daher nicht mehr zur hochqualitativen (= breitbandigen, delaylosen) Verbindung von Forschungseinrichtungen zur Verfügung steht.

Ziel des Internet 2 ist der Aufbau einer breitbandigen Infrastruktur einerseits zur hochqualitativen Nutzung bestehender Internet-Dienste und andererseits zur Entwicklung und Einführung neuer, insbesondere multimedialer Anwendungen, die bis zum Oktober 1998 definiert wurden.

Die technische Infrastruktur setzt auf dem → *vBNS* auf. Sie besteht aus einem 16 000 km langen Backbone (Gigapop Connection) und Netzknoten (Gigapop, gigabit-capacity point-of-presence). Die Netzknoten stellen den Zugang für eine geografisch eng beieinander liegende Gruppe von Universitäten sicher. Innerhalb der Universitäten existieren wiederum User Networks, an die die Nutzer des Internet 2 angeschlossen sind.

Das Backbone ist nach einem für die Erschließung des Westens der USA wichtigen Eisenbahnknotenpunkt benannt worden: Abilene. Es wird von dem Carrier Qwest betrieben. Genutzt werden → *ATM* (im Rahmen des vBNS) mit 2,5 Gbit/s, der klassische Internet-Protokollstapel und relativ neue, multimediale Echtzeitdienste unterstützende Protokolle (→ *RSVP*, → *RTP*). Gegenwärtig ist das Internet 2 das größte Netz, das die neue IP-Version (IP Version 6) nutzt.

Im Oktober 1996 erklärten 34 Universitäten, sie wollten ein zweites Internet nur für die akademische Nutzung aufbauen. Die offizielle, konstituierende Sitzung dieser Initiative erfolgte im Januar 1997. Jede beteiligte Universität erklärte sich dazu bereit, rund 500 000 $ für die technische Ausstattung zu zahlen und ihr Campusnetz mit mindestens 155 Mbit/s an das Backbone anzuschließen. Am 27. Februar 1997 ging mit dem North Carolina Giganet das erste Gigapop in Betrieb. Es verbindet drei Universitäten. Am 1. Oktober 1997 wurde zur weiteren Förderung die → *UCAID* gegründet. Im April 1998 schließlich wurde das Abilene-Backbone von US-Vizepräsident Al Gore in Betrieb genommen.

Erste praktische Anwendung war im November 1999 die Übertragung einer Gallenblasenoperation in Bild und Ton.

Unterdessen hat diese Initiative Vorbildcharakter gewonnen. Verschiedene andere Länder haben ebenfalls mit dem Aufbau einer exklusiv für Forschungszwecke reservierten Infrastruktur auf TCP/IP-Basis begonnen, so z.B. Israel im April 1998.

→ *http://www.internet2.org/*
→ *http://www.internet2.edu/*

Internet-Fax

Bezeichnung für das Versenden von Faxen (→ *Fax*) über das → *Internet*. Vorteil dieses Verfahrens ist, dass dann nur

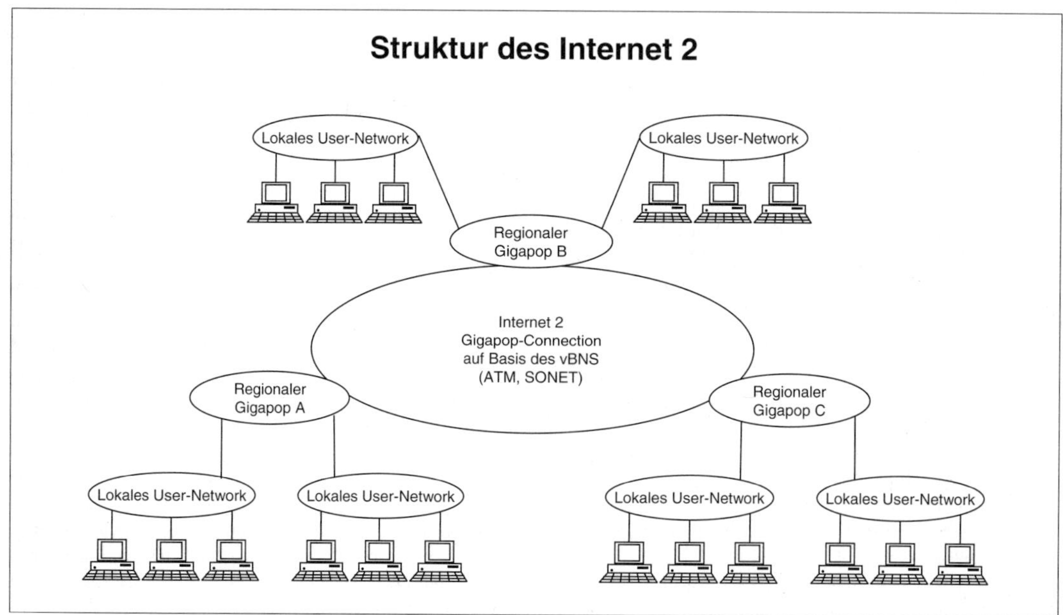

die festen Monatsgebühren für den Anschluss beim Internet-Service-Provider (→ *ISP*) und die lokalen Verbindungsgebühren für jedes Versenden anfallen. Insbesondere Faxe an weit entfernte (internationale) Empfänger können so günstiger als über das herkömmliche Telefonnetz versendet werden. Das Einsparungspotenzial liegt dabei, je nach Quelle, zwischen 30 und 90%.

Grundsätzlich unterscheidet man zwei Verfahren, bei denen in beiden Fällen spezielle Fax-Server (→ *Server*) benötigt werden. Der Unterschied liegt darin, wo dieser Server steht, d.h. wer seine Anschaffungs- und Unterhaltskosten bezahlt, und wohin die Faxe gesendet werden (innerhalb eines Unternehmens oder zu beliebigen, externen Empfängern):

- Der Server steht beim Versender selbst: Jedes einzelne Fax wird an den Server gesendet, der mit anderen, gleichartigen Servern, die üblicherweise im eigenen Unternehmen stehen, über ein → *Intranet* in Verbindung tritt und die Faxdaten dorthin überträgt. Dieses Verfahren eignet sich insbesondere für das Versenden an interne Empfänger.
- Der Server kann bei einem ISP oder einem anderen Dienstleister stehen: Dann verbindet man sich für jedes einzelne Fax mit dem ISP und sendet seine Faxdaten an den Fax-Server. Der ISP überträgt die Daten über das Internet und sorgt dafür, dass sie im Zielland an den richtigen Empfänger geleitet werden. Geeignet für das Versenden von Faxen weltweit.

Problematisch beim Versenden von Faxen über das Internet ist, dass komplette Faxe auch verloren gehen können. Ferner gibt es Sicherheitsprobleme. Insbesondere diesen beiden Problemen treten im o.a. zweiten Fall die Internet-Fax-Dienstleister mit zusätzlichen Dienstleistungen (Quittierung durch → *E-Mails*, Verschlüsselung) entgegen.

Internet-(Service)-Provider

→ *ISP*.

Internet Society

Abgekürzt mit ISOC. Bezeichnung eines das → *Internet* mit betreuenden Gremiums, das seit Anfang 1992 vornehmlich für PR und Lobbyismus zugunsten des Internet zuständig ist, sich aber auch mit anderen Fragen sozialer, politischer und technischer Art beschäftigt. Es hat über 100 Organisationen und rund 7 000 Personen als Mitglieder und wurde bis 1998 von der US-Regierung finanziert. Unterhalb der ISOC arbeiten drei regionale Einheiten, genannt → *InterNIC*, die den täglichen Betrieb des Internet abwickeln.

Ferner ist der ISOC das Internet Architecture Board unterstellt, das für die technischen Fragen und die Weiterentwicklung zuständig ist.

Die Unterstützung der Nutzer des Internet in Deutschland wird durch eine deutsche Sektion ISOC.DE sichergestellt.

Die ISOC definiert ihre Mission wie folgt: „To assure the beneficial, open evolution of the global Internet and its related internetworking technologies through leadership in standards, issues and education“.

→ *http://www.isoc.org/*

→ *http://www.isoc.de/*

Internet-Telefonie

Oberbegriff für verschiedene technische Möglichkeiten, Sprache über das öffentliche → *Internet* zu übertragen. Unter Internet-Telefonie wird dabei im Gegensatz zu → *Voice-over-IP* die Realisierung auf einem öffentlich zugänglichen IP-Netz (→ *IP*) verstanden, so dass Internet-Telefonie für nahezu jedermann nutzbar ist und damit ein Substitut für öffentliche Telefonnetze darstellt. Dabei unterscheidet man üblicherweise zwischen verschiedenen Möglichkeiten:

- Internet-Telefonie im engeren Sinn (Ende-zu-Ende): Sprache wird von einem mit Mikrofon und Lautsprecher ausgestatteten PC zu einem anderen übertragen. Bei dieser Lösung ist der PC über das herkömmliche leitungsvermittelte → *PSTN* mit einem Internet-Service-Provider (→ *ISP*) verbunden, von wo aus er im paketvermittelnden Internet seine Sprache übertragen kann.

  Man muss in diesem Fall nach folgenden drei Fällen differenzieren:

  - Die beteiligten Parteien haben ihnen bekannte und fest zugeteilte IP-Adressen: In diesem Fall können sie diese als „Telefonnummer“ zur Identifizierung des Gesprächspartners ihrer Internet-Telefonie-Software angeben.
  - Die beteiligten Parteien haben keine festen IP-Adressen, sondern loggen sich auf einem Server ein: In diesem Fall benötigen sie die Adresse eines Voice-Servers, die in den Software-Paketen für Internet-Telefonie eingestellt sind. Auf diesem Voice-Server können sich die Gesprächspartner einloggen und über ihn dauerhaft Daten mit Sprachinformationen austauschen.
  - Die beteiligten Parteien haben keine festen IP-Adressen und erhalten diese von einem Server: In diesem Fall benötigen sie die Adresse eines Voice-Servers, die mit den Software-Paketen für Internet-Telefonie verteilt werden. Auf diesem Voice-Server können sich die Gesprächspartner treffen. Ihnen kann dann vom Voice-Server eine IP-Adresse temporär zugeteilt und mitgeteilt werden, so dass sie sich vom Voice-Server lösen und eine eigene Verbindung aufbauen können.
- Internet-Telefonie im Fernbereich (Einwahl über das herkömmliche Telefonnetz): Bei dieser Variante wählt sich der Nutzer über das herkömmliche Telefon und das leitungsvermittelnde PSTN mit einer normal vergebenen Telefonnummer (eines Gateways) zunächst in dieses Gateway ein. Dort wählt er seine ihm vom Betreiber des Gateway zugeteilte → *PIN* und dann die Zielrufnummer. Das Gatewaysystem identifiziert anhand der gewählten Zielrufnummer oder Teilen davon anhand einer Routingtabelle das zu diesem Ziel geografisch nächstgelegene Gateway (identifizierbar durch eine IP-Adresse) und fordert dieses auf, eine Verbindung zum Ziel über das dortige, lokale PSTN zu realisieren. Sobald dies erfolgt ist, erhält der Anrufer ein Signal und kann sprechen. Seine Sprache wird zwischen den Gateways paketorientiert über das Internet übertragen.

Das Interesse an Internet-Telefonie resultiert aus verschiedenen Einflüssen, die vornehmlich von drei Seiten kommen:

- Traditionelle Carrier sehen im Internet eine potenzielle Bedrohung, aber auch die Chance, ein neues Geschäftsfeld zu etablieren. Mit Internet-Telefonie bietet sich die Möglichkeit, im Zuge der Deregulierung eine bisher unbekannte, niedrige Dienstqualität zusammen mit niedrigen Tarifen anzubieten. Ferner gilt man als innovativer Anbieter, wenn man Internet-Telefonie anbietet.

  Ferner stellt sich für einige Carrier in den nächsten Jahren die Frage nach der Konsolidierung der Netzplattformen (Sprach-Daten-Konvergenz in öffentlichen Netzen) und nach der Ablösung der teilweise vor 20 Jahren installierten ersten Generation von digitalen Sprachvermittlungen. Es scheint vom heutigen Standpunkt aus sicher zu sein, dass diese Vermittlungen nicht mit einer neuen Generation von leitungsvermittelten Vermittlungen ersetzt werden, sondern durch leistungsstarke und hochverfügbare Voice-Server, nachdem die eigentlich dafür vorgesehene → *ATM*-Technik in einer Sackgasse endete. Diese Voice-Server befinden sich gerade erst in der Entwicklung und werden aus den heute verfügbaren Anlagen für Voice over IP hervorgehen.

- Neue Anbieter, sowohl große ISPs, bestehende → *Online-Dienste* als auch neue Wettbewerber in liberalisierten Telekommunikationsmärkten, sehen in Internet-Telefonie eine Möglichkeit zum schnellen Einstieg in das Telefongeschäft zu verhältnismäßig niedrigen Investitionen.

- Nutzer von Telekommunikation, insbesondere professionelle Nutzer, haben mit Internet-Telefonie erstmals eine Anwendung des Internet gefunden, die eine herkömmliche Telekommunikationsdienstleistung zu wesentlich niedrigeren Kosten substituiert und dadurch nachweislich Kostenvorteile bringt.

Internet-Telefonie steht vor folgenden technischen Problemen:

- Die technische Infrastruktur und das Internet Protocol (IP) basieren auf der Technik der → *Paketvermittlung*, was → *Delay* und → *Jitter* bis hin zum völligen Verlust der übertragenen Daten (Paketverlust z.B. als Folge von Netzüberlast) zur Folge hat. Diese Einflüsse sorgen für eine niedrige Sprachqualität und hemmen den Gesprächsfluss erheblich.

  Der Delay resultiert dabei aus der Paketvermittlungstechnik. Erstens muss jedes Paket – im Gegensatz zur Leitungsvermittlung – in jedem Netzknoten zum Routing bearbeitet werden, wodurch Zeit vergeht, und zweitens nehmen die Pakete in Abhängigkeit von der aktuellen Netzlast unterschiedliche Wege zum Empfänger, weshalb dort in einem Zwischenspeicher die in beliebiger Reihenfolge eintreffenden Pakete in die korrekte Reihenfolge sortiert werden müssen – ein Prozess, der ebenfalls Zeit kostet.

  Der Jitter kann durch eine Pufferung der eingehenden Daten beim Empfänger ausgeglichen werden. Dieser Puffer erhöht jedoch den Delay. Durch eine adaptive Verwaltung des Puffers in Abhängigkeit vom Delay und der Paketverlustrate kann jedoch die gesamte Sprachqualität optimiert werden.

  Eine Lösung dieses Problems liegt im Einsatz wirkungsvoller Sprachkompressionsverfahren (z.B. → *G.723.1* oder → *G.729*) zur Verringerung der notwendigen Bandbreite und insbesondere im Aufbau eigener Intranets nur für die Sprachübertragung. Diese letzte Maßnahme ist insbesondere für große Carrier mit einem großen, nationalen oder internationalen Netz von Interesse.

  Eine weitere Möglichkeit ist das mehrfache Versenden der Pakete vom Sender zum Empfänger in der Annahme, dass nicht alle drei Pakete verloren gehen und ein Paket schon rechtzeitig beim Empfänger ankommt. Derartige Verfahren wurden insbesondere in den Jahren 1995 bis 1997 häufig bei semiprofessionellen Systemen angewendet.

- Verschiedene Signalisierungsverfahren in privaten wie öffentlichen Netzen sind mit der Art der Internet-Kommunikation nicht kompatibel. Neue Verfahren wie das → *SIP* oder → *MGCP* sorgen hierbei für Abhilfe.

- IP-Adressen werden von Internet-Service-Providern (→ *ISP*) nur temporär zugeteilt, weshalb vor der Herstellung einer Verbindung über das Internet erst einmal IP-Adressen ausgetauscht werden müssen.

  Eine Lösung hierfür bieten → *Server* an, auf die sich die Gesprächspartner einwählen und über welche die Verbindung zustandekommt. Dieses Problem betrifft nicht die Nutzer, die eine IP-Adresse fest zugeteilt haben (in der Regel große Unternehmen oder alle Nutzer mit einem eigenen, permanenten Internet-Zugang).

- Das Handling der Software bzw. des Zugangs über das herkömmliche Telefon ist umständlich und lässt sich, im Gegensatz zum herkömmlichen Telefongespräch, nur schwer und nicht spontan in den normalen Arbeitsablauf integrieren.

- Bis zur Einigung auf → *H.323* als Standard wurde viel Software verschiedener Hersteller in Umlauf gebracht, die zueinander inkompatibel ist.

- Werden die PC als Endgerät genutzt, so ist die Voraussetzung, dass bei beiden Gesprächspartnern kompatible Software installiert ist, diese auch läuft, die PCs online mit dem Internet verbunden sind und ihre IP-Adresse (s.o.) bekannt ist, d.h., die Gesprächspartner können nicht einfach drauflos telefonieren, sondern müssen sich zum Telefonat verabreden.

- Die technischen Anlagen des Internet und der ISPs sind bei weitem nicht so zuverlässig und ausfallsicher wie die des herkömmlichen Telefonnetzes (99,9999% Verfügbarkeit), d.h. die Verfügbarkeit von Internet-Telefonie ist wegen der niedrigeren Verfügbarkeit des Internet und des PCs als möglichem Endgerät nicht so hoch wie die herkömmlicher Telefonie.

- Um Internet-Telefonie in großem Stil nutzen zu können, müssen Gateways von und zu den herkömmlichen lokalen Telefonnetzen in nahezu jeder größeren Stadt weltweit bzw. zumindest in den globalen Wirtschaftszentren aufgestellt werden. Diese Gateways müssen dann auch über entsprechende Einwahlkapazitäten verfügen.

Aus technischer Sicht werden zusätzlich Neuerungen auf der Protokollebene (→ *RTP*, → *RSVP*, IPv6) als mögliche Lösung dieser Probleme angesehen, obwohl das Grundproblem (Paketvermittlungstechnik mit Delay und Jitter) dadurch nicht gelöst wird. Darüber hinaus werden viele dieser Techniken bereits seit längerer Zeit angekündigt, jedoch dauert der Prozess ihrer Einführung im gesamten Internet wesentlich länger als zunächst angenommen und hat in Teilen des Internet noch gar nicht angefangen.

Ferner ist fraglich, ob diese Mechanismen eine akzeptable Dienstqualität auch dann noch erlauben, wenn, wie von den Förderern der Internet-Telefonie prognostiziert, viele (d.h. mehrere Millionen) Internet-Nutzer kontinuierlich Sprache über das Internet übertragen wollen und damit Sprachübertragung nicht mehr einen seltenen Ausnahmefall neben niedrig priorem E-Mail- oder File-Transfer-Verkehr auf dem Internet darstellt, sondern der Regelfall ist. Sprachübertragung über das Internet bedeutet nicht nur einen, im Vergleich zu den bisherigen burstartigen (→ *Burst*) Internet-Diensten, annähernd kontinuierlichen Datenstrom, sondern auch einen breitbandigeren, was diesen Effekt noch verstärkt.

Auch in diesem Fall ist die Abwicklung der Sprachdatenübertragung über ein eigenes Intranet die beste Lösung.

Während aus den vorgenannten Gründen viele in der Internet-Telefonie nur eine Ergänzung der bisherigen Internet-Dienste sehen (etwa: ein Internet-Telefoniegespräch schließt sich an einen → *Chat* an), die keinen größeren Einfluss auf die Geschäfte der herkömmlichen Carrier haben wird, sehen andere eine echte Substitutionsmöglichkeit und eine Bedrohung des Kerngeschäfts, der leitungsvermittelten Sprachtelefonie im PSTN. Dies wird insbesondere durch die enorme Kostendifferenz bei interkontinentalen Gesprächen gestützt. Es wird allerdings erwartet, dass diese Kostendifferenz mit zunehmender globaler Deregulierung der Märkte, Einführung neuer Techniken zur höheren Auslastung bestehender → *Unterwasserkabel* (→ *WDM*) und einer ganzen Reihe neuer, weltweiter Unterwasserkabel erheblich zu sinken beginnt. Dieser Effekt ist in Deutschland mit dem Beginn des freien Wettbewerbs bereits eingetreten, da die Preise für interkontinentale Verbindungen erheblich gefallen sind.

Ein weiterer Grund für die Verringerung der Preisdifferenz liegt darin, dass die Netzauslastung auch im herkömmlichen Festnetz mit Hilfe von Sprachkompression, z.B. in Corporate Networks, optimiert werden kann, wodurch die Kosten pro Verbindung sinken.

Eine größere Zukunft wird Internet-Telefonie hingegen als ergänzende Anwendung zu Marketing-Zwecken im → *WWW* beigemessen. Dort kann per Mausklick eine Internet-Telefonie-Verbindung in ein → *Call Center* hergestellt werden (sog. Call Through oder Call Now), und während noch die WWW-Seite betrachtet wird, kann der Nutzer per Telefonat weitere Informationen/Beratung etc. anfordern oder eine Bestellung tätigen.

Umstritten waren bei der öffentlichen Internet-Telefonie insbesondere in der Anfangszeit zahlreiche regulatorische Aspekte, sofern dies das öffentliche Anbieten von IP-Telefonie für Dritte (außerhalb von Intranets) anging. Dies war deshalb von Bedeutung, weil allgemein in vielen Ländern die Lizenzpflicht für bestimmte Telekommunikationsdienste mit erheblichen Kosten und Auflagen verbunden ist. Würde Internet-Telefonie lizenzpflichtig werden, müssten die Anbieter von Internet-Telefonie erheblich mehr Geld investieren, das sie über höhere Nutzungsgebühren auf die Nutzer abwälzen würden, womit der Kostenvorteil der Internet-Telefonie gegenüber der herkömmlichen Telefonie niedriger ausfallen würde. Beispiele für derartige lizenzbe-

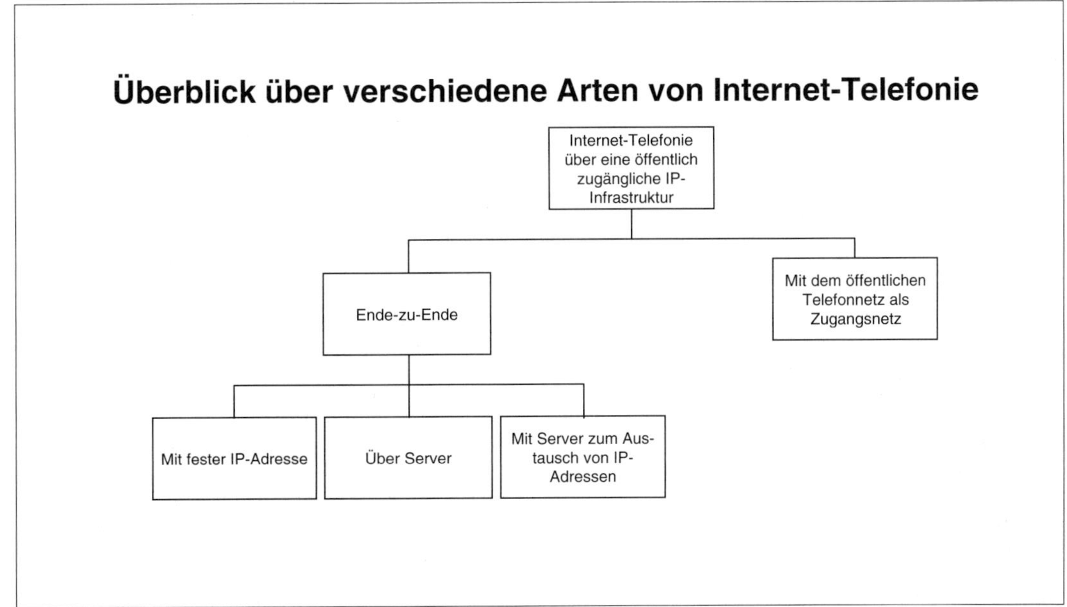

zogene Kosten sind Kosten für die Lizenz selbst und Kosten für die mit ihr verbundenen Auflagen wie z.B. das Anbieten von Universaldiensten (→ *USO*), die Einrichtung von Notrufmöglichkeiten oder die Mithörmöglichkeit für Polizei, Geheimdienste etc.

Ein erster Ansatz zur regulatorischen Einordnung wäre die Klassifikation von Internet-Telefonie als Mehrwertdienst (→ *VAS*), da z.B. mit Voice-Servern eine Zusatzdienstleistung erbracht wird, die über die reine Transportfunktion des Internet hinausgeht. Dies wäre jedoch folgenlos, da Mehrwertdienste lizenzfrei angeboten werden können.

Auch die Klassifikation von Internet-Telefonie als Datenübertragungsdienst ist folgenlos.

Eine Zeit lang wurde die Frage diskutiert, wann Internet-Telefonie lizenzpflichtig ist. Dies ist nach allgemeiner Ansicht in Deutschland und unter Berücksichtigung des → *Telekommunikationsgesetzes* (§ 3 Nr. 15, Definition von Sprachtelefonie; § 6, Lizenzen) dann der Fall, wenn

- es sich um ein gewerblich-kommerzielles Angebot handelt (d.h. kein Angebot zu technisch-wissenschaftlichen, experimentellen oder privaten Zwecken wie z.B. beim → *Amateurfunk*),
- Internet-Telefonie als eigenes Produkt von einem entsprechend positionierten Service-Provider angeboten wird (d.h. der Service-Provider stellt nicht nur einen für jeden anderen Internet-Dienst ebenfalls nutzbaren Zugang zur Verfügung, sondern z.B. ein spezielles Telefon-Gateway),
- sich das Angebot an jedermann richtet (d.h. nicht an eine geschlossene Benutzergruppe) und der Zugang über öffentlich zugängliche Netze möglich ist,
- die Übertragung direkt von Endgerät zu Endgerät erfolgt (d.h. nicht zu oder zwischen Speichersystemen z.B. eines Systems für → *Voicemail*),
- die Übertragung dabei in Echtzeit erfolgt,
- die Übertragung über eigene Netzressourcen erfolgt (im eigenverantwortlichen, steuerbaren Selbstbetrieb).

Es ist allgemein anerkannt, dass mit der zunehmenden Kommerzialisierung der Internet-Telefonie alle erstgenannten Punkte erfüllt sind, wohingegen bei den beiden letztgenannten Punkten Diskussionsbedarf besteht.

Der Begriff der Echtzeitfähigkeit (→ *Echtzeit*) ist allgemein ungeklärt. Während der Delay in terrestrischen, leitungsvermittelten Netzen im Bereich von 20 bis 30 ms und im Bereich der Satellitennetze bei bis zu 250 ms liegt, kann er bei Internet-Telefonie 500 ms und mehr erreichen bzw. hat zu Anfangszeiten der Internet-Telefonie unter ungünstigen Bedingungen bis zu 2 000 ms betragen. Diese Zeit konnte durch leistungsfähige Hardware (Digitale Signalprozessoren, → *DSP*) und fortgeschrittene Softwareverfahren bei Kompression und Dekompression mittlerweile erheblich verringert werden.

Über eigene Netzressourcen verfügen nicht alle Anbieter, da viele ISPs lediglich über eigene, breitbandige Internet-Zugänge zu den Backbones größerer (globaler) Anbieter verfügen, nicht aber über eine eigene Infrastruktur oder anderweitig angemietete/reservierte Netze oder Netzkapazitäten. Auch hier wäre noch zu klären, ob nur fest gemietete Leitungen als eigene Netzressourcen zu klassifizieren wären oder auch virtuelle Verbindungen bzw. ob schon die Nutzung bandbreitenreservierender Protokolle (wie RSVP) darunter fällt.

Selbst wenn daraus folgt, dass Internet-Telefonie lizenzpflichtig wäre, wäre offen, welche Folgen bzw. Verpflichtungen dazu für einen Lizenznehmer entstehen.

Allgemein wird angenommen, dass gegenwärtig die nationalen Regulierer die Kriterien großzügig pro Lizenzfreiheit auslegen, um das Innovationsklima nicht zu stören. Dies könnte sich jedoch unter zwei Bedingungen ändern:

- Sobald die Kommerzialisierung einen bestimmten Rahmen sprengt bzw. die Branche stabil ist, könnte es auch für den Regulierer (und damit letztlich den Staat) finanziell lukrativ erscheinen, hier eine Lizenzpflicht anzustreben.
- Sobald andere, traditionelle Anbieter von Telekommunikationsdienstleistungen aufgrund wegbrechender Umsätze genug Druck auf den Regulierer ausüben und der Staat sich mit gefährdeten Arbeitsplätzen und Steuerausfällen konfrontiert sieht.

International gibt es verschiedene Initiativen zur Förderung der Internet-Telefonie, die eine Regulierung ablehnen.

- Die Voice-over-IP-Gruppe (VoIP) innerhalb des → *IMTC* untersucht verschiedene technische Möglichkeiten der Internet-Telefonie.
- Die Arbeitsgruppe PSTN/Internet Interworking (PINT) untersucht im Rahmen der → *IETF* verschiedene Möglichkeiten zur Standardisierung der Telefonie- und auch Faxfunktionen, die in eine Web-Site integriert werden können.
- Das Internet Telephony Consortium (u.a. Cable & Wireless, AT&T, MCI, Lucent, Nokia, US Robotics, VocalTec), das sich im Sommer 1996 gebildet hat, versteht sich als Brücke zwischen der IETF und der → *ITU* und versucht, Internet-Telefonie aus der Sicht von Standardisierungsgremien zu fördern.
- Die ITU strebt mit → *H.248* ein Protokoll zur Verbindung von IP-Netzen mit dem herkömmlichen Telefonnetz an.
- Die VON-Coalition (Voice on the Net) bezeichnet eine von Jeffrey L. Pulver 1996 gegründete Initiative mit dem ursprünglichen Ziel, → *Internet-Telefonie* zu fördern. Mittlerweile liegt der Fokus auf der Förderung von Echtzeitdiensten über das Internet insgesamt.

Eine ähnliche, ebenfalls günstigere Konkurrenz zu der herkömmlichen leitungsvermittelten Telefonie und auch zur Internet-Telefonie stellt die Übertragung von Sprache über → *Frame-Relay*-Netze (Voice-over-Frame-Relay, VoFR) dar, was eine etwas bessere Qualität ergibt. In fernerer Zukunft könnte auch die Übertragung von Sprache über das zellenvermittelnde und heute noch nicht weltweit verfügbare bzw. zu günstigen Konditionen verfügbare und noch nicht vollständig standardisierte → *ATM* eine Alternative darstellen (Voice-over-ATM, VoATM). Beide Märkte überschneiden sich jedoch nur gering, da Frame Relay und ATM insbesondere im geschäftlichen Sektor und dort bei Großunternehmen zu finden sind, wohingegen Internet-Telefonie gegenwärtig eher eine Alternative insbesondere für Privatleute sowie → *KMUs* ist.

Schließlich ist die Nutzung eines → *Call Back Services* eine weitere Möglichkeit, bei interkontinentalen Telefonaten Geld zu sparen, dabei aber die hohe Sprachqualität des normalen Telefonnetzes zu haben.

Die Internet-Telefonie entwickelte sich wie folgt dargestellt:

Vor 1995

Einzelne, wenig beachtete und wenig verbreitete Softwareprogramme erlauben die Übertragung von Sprache über das Internet.

Februar 1995

Das erste Produkt „Internet Phone 2.5" aus dem Hause VocalTec ermöglicht die Sprachübertragung mit Halbduplex-Technik von PC zu PC. Es wird vom Firmengründer Elon Ganor in einem Konferenzraum eines Hotels in New York vorgestellt.

Juni 1995

Erste Softwarepakete ermöglichen es, Gespräche vollduplex zu führen.

Sommer 1995

Um Jeff Pulver herum bildet sich eine Gruppe begeisterter Programmierer, die erstmals Gateways (mit der Kapazität von je einem abwickelbarem Gespräch) bauen und programmieren, so dass an mehreren Standorten weltweit ein Übergang in das dortige, öffentliche Festnetz gelingt. Die Gruppe gibt dem Projekt die Bezeichnung „Free World Dialup" (FWD).

Januar 1996

Die Deutsche Telekom erklärt auf Anfrage von Journalisten, dass es wegen erheblicher Qualitätsmängel keinen Markt für Internet-Telefonie gibt.

März 1996

Die → *ACTA* veröffentlicht eine an die → *FCC* gerichtete Petition und verlangt, die Anbieter von Internet-Telefonie den gleichen regulatorischen Regeln zu unterwerfen wie die anderen, herkömmlichen Anbieter von Telekommunikationsdienstleistungen auch.

April 1996

IBM steigt in den Markt ein.

August 1996

Die FCC lehnt eine Regulierung der Internet-Telefonie vorerst ab.

Das amerikanische Marktforschungsunternehmen IDC prognostiziert ein Anwachsen des Marktes für Internet-Telefonie von 3,5 Mio. $ (1995) bis auf 560 Mio. $ bei dann 16 Mio. Nutzern (1999).

November 1996

Der Internet-Anbieter IDT startet in den USA einen Dienst mit Gateways zum herkömmlichen Festnetz. Dabei kann mit einem Computer aus dem System zu einem herkömmlichen Telefon herausgewählt werden.

Dezember 1996

Die finnische Telekom startet auf einer separaten Infrastruktur (Intranet der Telecom Finnland) einen Feldversuch unter der Bezeichnung TF-MediaNet. Anwendungen dabei beinhalten Call Center bei der Post (→ *Call Through*) und → *Chat*-Anwendungen.

April 1997

GlobalLink startet mit mehreren Gateways weltweit den ersten Regeldienst für internationale Internet-Telefonie von Telefon zu Telefon.

Juni 1997

Free World Dialup gibt den Start des Nachfolgeprojekts Free World Dialup II mit einer Ausweitung der Anzahl weltweiter Standorte bekannt.

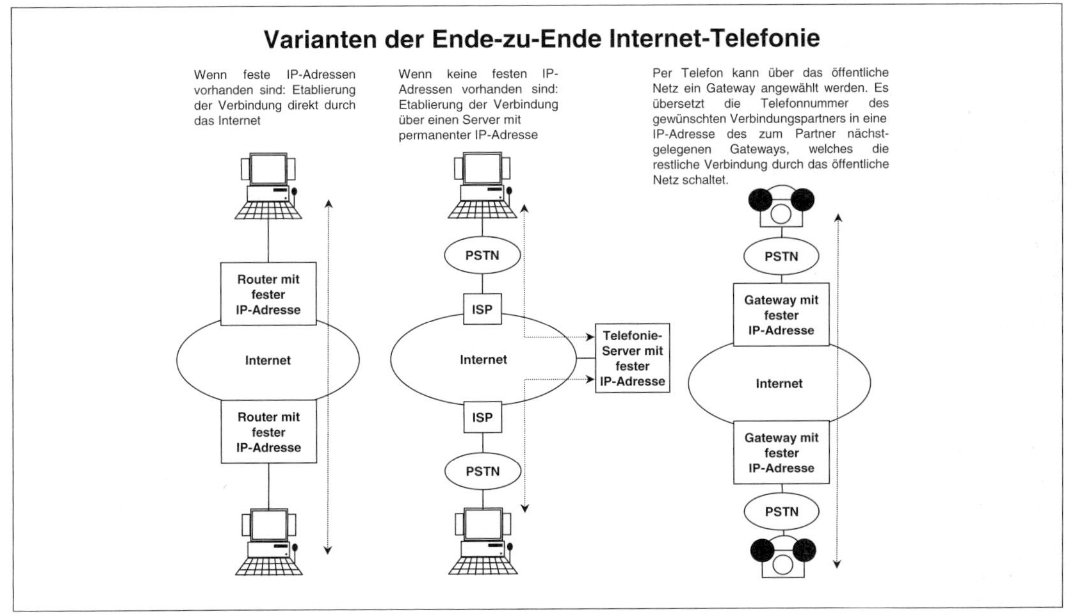

Juli 1997
Die Deutsche Telekom startet einen Feldversuch „T-Net-Call“ mit 1 000 Teilnehmern in Berlin, die für Ferngespräche nach Frankfurt/Main, Köln/Bonn, Hamburg und München sowie für internationale Gespräche (nach Tokio, Toronto, New York und Washington) das Internet nutzen können.

August 1997
Die Deutsche Telekom beteiligt sich mit 21,1% (30 Mio. DM) am israelischen Marktführer VocalTec.

September 1997
Die seinerzeitige Bertelsmann-Tochter MediaWays startet auf dem Datennetz ihrer Online-Beteiligung → *AOL* und mit Einsatz von RSVP einen Feldversuch „Avanti“ mit Internet-Telefonie und 1 500 Teilnehmern. Dabei können sich die Teilnehmer über ein normales Telefon in Gateways einwählen. Gleichzeitig wird eine Expansion des Dienstes zum Regeldienst für Anfang 1998 angekündigt.

Die Beratungsfirma Phillips Tarifica aus GB prognostiziert der Deutschen Telekom für das Jahr 2001 Einnahmeverluste als Folge von Internet-Telefonie in Höhe von 173 Mio. $ und AT&T in Höhe von 350 Mio $.

November 1997
Das US-Marktforschungsunternehmen Probe Research prognostiziert für das Jahr 2005 einen Anteil von 34% der Internet-Telefonie an der gesamten vermittelten Sprachkommunikation.

Das Beratungs- und Prognoseunternehmen Killen & Associates sagt für das Jahr 2002 einen Markt für Internet-Telefonie im Wert von 63 Mrd. $ voraus.

Dezember 1997
Das Projekt GlobalLink startet und kündigt weltweit 66 Einwahlknoten für Internet-Telefonie von Telefon zu Telefon an.

Allgemein kündigen gegen Jahresende verschiedene Publikationen den unmittelbar bevorstehenden Sprung der Internet-Telefonie aus der Test- und Bastel-Ecke für Internet-Enthusiasten zu einem für jedermann nutzbaren Dienst als echte Alternative zur herkömmlichen Telefonie an.

10. Januar 1998
Die EU-Kommission erklärt in dem Memorandum „Status of Voice Communications on Internet under Community Law and, in particular, under Directive 90/388/EEC“, dass wegen der technischen Unausgereiftheit noch nicht von einem Telefondienst im strengen Sinn gesprochen werden kann und Internet-Telefonie oder deren Anbieter daher nicht unter regulatorische Maßnahmen fallen. Gleichzeitig behält sie sich jedoch das Recht vor, dies erneut zu prüfen, wenn technischer Fortschritt dazu geführt hat, dass eine vergleichbare Dienstqualität angeboten wird und daher Anbieter von Internet-Telefonie eventuell doch Gegenstand regulatorischer Maßnahmen werden könnten.

Februar 1998
In Deutschland startet Thyssen Telecom unter der Projektbezeichnung ODIN zusammen mit Siemens einen Feldversuch, an dem rund 100 Privatkunden und 100 Geschäftskunden beteiligt sind.

In Deutschland kündigt Poptel einen regulären Internet-Telefoniedienst an.

In Norwegen nimmt Telenor an der Universität in Oslo ein H.323-kompatibles IP-Netz für einen kommerziellen Pilotversuch in Betrieb.

März 1998
Zur CeBIT startet Bertelsmann mit Avanti in den Regeldienst.

O.tel.o startet über sein Tochterunternehmen germany.net ebenfalls einen Internet-Telefonie-Dienst.

Die US-Telefongesellschaft GlobalLink plant zusammen mit P-Quadrat die Installation von 68 Zugangsknoten in Deutschland und bietet für Kunden ab 150 DM Monatsumsatz einen entsprechenden Dienst an.

Die Telekom testet verschiedene Tarifierungsmodelle für Internet-Telefonie mit einzelnen Kunden, die Niederlassungen in GB haben.

Laut Pressemeldung im Focus plant die Deutsche Telekom ein Investment in Höhe von 10 Mrd. $ in Internet-Telefonie. Die Meldung wird jedoch dementiert. Die Telekom kündigt hingegen an, ab Herbst einen Regeldienst anzubieten.

AT&T kündigt an, ab dem 3. Quartal Internet-Telefonate über eine landesweite Infrastruktur in den USA für sieben bis neun Cents/Minute anzubieten.

Der Schweizer Carrier „Sunrise“ startet seinen Internet-Telefonie-Dienst „spectraphone“.

Die britischen Analysten der Beratungsfirma Schemata sagen voraus, dass 1999 rund 15% des internationalen Telefonverkehrs über das Internet abgewickelt werden.

Das britische Beratungshaus Frost & Sullivan prognostiziert für das Jahr 2001, dass rund 1,89 Mrd. $ mit Internet-Telefonie umgesetzt werden.

Das amerikanische Beratungshaus Forrester Research sagt voraus, dass US-Carrier bis zum Jahre 2004 rund 3 Mrd. $ Umsatz an die Internet-Telefonie verlieren werden.

10. April 1998
Die amerikanische FCC erklärt im „Report to Congress: In the Matter of Federal-State Joint Board on Universal Service“, dass sie nun doch darüber nachdenke, die bisher als Anbieter von Informationsdienstleistungen angesehenen Anbieter von Internet-Telefonie genauso wie die Anbieter von Telekommunikationsdienstleistungen zu behandeln und sowohl entsprechende Gebühren für einen Infrastrukturfonds zu verlangen als auch sie, wie andere Anbieter herkömmlicher Ferngespräche auch, zur Zahlung von → *Access Charges* an lokale Telefongesellschaften zu verpflichten. Die Änderung der Position wird damit begründet, dass sich einerseits die Qualität der Internet-Telefonie verbessert habe und vor allem die Internet-Telefonie nicht mehr nur eine Verbindung von Computer zu Computer, sondern (mit Hilfe von Gateways) von Telefon zu Telefon herstellen kann, was sie von herkömmlicher Telefonie kaum mehr unterscheidbar macht.

Die Deutsche Telekom startet ein Pilotprojekt T-NetCall in den USA für Kunden ihrer dortigen Auslandstochter. Dabei kann von Telefon zu Telefon über ein Gateway (mit achtstelliger Authentifizierungs- und vierstelliger PIN) in New York in 20 andere Länder telefoniert werden. Je nach Land kommen unterschiedliche Tarife (Minutenpreise unabhängig von Tageszeit und Wochentag) zum Tragen.

Mai 1998
Es gibt über 40 verschiedene Internet-Telefonie-Clients auf dem Markt.
Der CEO von PSINet sagt voraus, dass im Jahr 2003 rund 80% des Telefonie- und Faxverkehrs über das Internet abgewickelt werden.
France Télécom kündigt einen Intranet-TelefonieDienst für Unternehmen ab Herbst 1998 an.
AT&T startet seinen „Collect'N'Save" genannten Internet-Telefonie-Dienst von Telefon zu Telefon für Gespräche innerhalb der USA. Dabei muss eine Vorauszahlung in Höhe von 25 $ geleistet werden. Über eine 0800-Nummer kann sich der Vorauszahler bei einem Gateway einwählen und nach Eingabe von Kundenummer, → *PIN* und Zieltelefonnummer wird er verbunden und kann das Guthaben abtelefonieren. Dabei fallen – je nach Ursprungsstadt des Telefonates – Kosten zwischen 7,5 und 8,5 Cent/Minute an.
Der Internet-Suchdienst Yahoo und IDT bieten über die Yahoo-Homepage und die dortigen White Pages einen Internet-Telefonie-Dienst an: Wer in den White-Pages jemanden gefunden hat, kann diesen direkt über das Internet anrufen. Die IDT-Software steht dort zum Download bereit.
IBM kündigt eine Vermarktung der IDT-Dienste über IBM Internet-Zugänge an.
Juni 1998
Die Beratungsfirma Analysys aus London sagt für das Jahr 2003 voraus, dass 36% der internationalen Telefonate, die 25% aller int. Gesprächsminuten repräsentieren, über das Internet geführt werden und prognostiziert einen Umsatz von 7 Mrd. $.
Die Marktforscher von Ovum und Datamonitor sagen für das Jahr 2000 ein Marktvolumen von 496 Mio. $ (1,64 Mrd. $ für 2002) für Europa voraus. Die entsprechenden Zahlen für die USA seien 450 Mio. $ und 1,45 Mrd. $. Der Wert des Marktes für Ausrüstung wird für 2002 mit 2,5 Mrd. $ angegeben. Über 10% der int. Telekommunikation würden 2002 über das Internet abgewickelt werden.
Laut einer in der Computerwoche zitierten Umfrage unter amerikanischen Unternehmen haben 95% wegen nach wie vor bestehender Qualitätsmängel (insbesondere dem zu langen Delay) kein Interesse an IP-Telefonie.
August 1998
→ *CompuServe* kündigt an, dass seine europäischen Kunden für 4,95 $/Monat unbegrenzt lang über das Internet telefonieren können.
Der US-Carrier Sprint kündigt mit „Callternatives" einen Feldversuch für IP-Telefonie an. Er ist zunächst nur in bestimmten, großstädtischen Regionen (Atlanta, Dallas, Los Angeles, San Francisco und Seattle) erhältlich und ermöglicht internationale Verbindungen. Es ist notwendig, ein bestimmtes Minutenkontingent im Voraus zu kaufen.
Die Deutsche Telekom kündigt einen Großversuch mit einem Internet-Telefonangebot für 1 000 Kunden ihres Online-Dienstes → *T-Online* an. Sie können damit Telefonate in die USA, die Schweiz und weitere 10 Länder führen. Tarifiert wird im Minutentakt, länderspezifisch und zusätzlich zum T-Online-Tarif.
Das Beratungs- und Prognoseunternehmen Killen & Associates sagt für das Jahr 2002 voraus, dass rund 18% des gesamten Sprachverkehrs über IP-basierte Netze abgewickelt werden. Drei Jahre später soll dieser Wert bei 33% liegen.
September 1998
Bell South und eine Woche später auch US West kündigen an, → *Access Charges* von Internet-Telefonie-Anbietern zu nehmen, die Ferngespräche abwickeln.
Die Deutsche Telekom Canada schließt sich dem Internet-Telefondienst der Deutschen Telekom in den USA an.
AOL kündigt an, „Avanti" im Herbst in den Regeldienst überführen zu wollen.
September 1998
Der Schweizer Carrier „Sunrise" stellt seinen Internet-Telefonie-Dienst wieder ein, da seine herkömmlichen Angebote mittlerweile genauso günstig geworden sind.
Oktober 1998
Poptel startet seinen Dienst offiziell.
Dezember 1998
Die Deutsche Telekom startet im Rahmen eines Feldversuchs mit 1 000 Nutzern auf ihrem Online-Dienst → *T-Online* in die Internet-Telefonie auf diesem Medium. Die Tester können nach Australien, Frankreich, GB, Hongkong, Italien, Japan, Niederlande, Österreich, Schweiz, Singapur und in die USA telefonieren.
Am 9. Dezember 1998 eröffnet Telenor seinen kommerziellen IP-Telefonie-Dienst „Interfon" für PC/PC-, PC/Telefon- und Telefon/PC-Verbindungen. Gleichzeitig wird für IP-Telefonie ein spezieller → *Nummerierungsplan* vorgestellt, der mobile IP-Adressen unterstützt.
Januar 1999
Das britische Beratungshaus Ovum prognostiziert, dass der weltweite Markt für IP-basierte Telefondienste bis im Jahr 2005 auf 60 Mrd. $ (Europa: 13, 5 Mrd. $) ansteigen wird.
Nokia kauft für 90 Mio. $ die kanadische Spezialistin für Voice over IP Vienna Systems.
Februar 1999
ITCX, Lucent und Vocaltec stellen mit ‚iNow' eine gemeinsame Plattform für IP-Telefonie vor.
März 1999
Das → *SIP* (Session Initiation Protocol) wird vorgestellt.
Juni 1999
Bertelsmann verkauft seinen mittlerweile ‚Callas' genannten Internet-Telefonie-Dienst an den Kölner Lifthersteller Liftacom.
Juli 1999
Mobilcom in Deutschland kündigt für die nahe Zukunft einen Internet-Telefonie-Dienst an.
August 1999
Die Unternehmen ICQ und Net-2-Phone kündigen für die 2. Jahreshälfte den Aufbau des bis dahin größten Netzes für Internet-Telefonie weltweit an. Ziel ist, dass die bis zu diesem Zeitpunkt knapp 40 Millionen Nutzer der Chat-Software ICQ die Möglichkeit haben, von ihrem Computer aus jedes beliebige Telefon anrufen zu können. Zu diesem Zweck hat ICQ eine vierjährige Zusammenarbeit mit dem Internet-Telefonie-Anbieter Net-2-Phone vereinbart.
Herbst 1999
Ein Industriekonsortium definiert → *VXML*.
→ *http://www.internettelephony.com/*
→ *http://www.von.org/*

InterNIC

Abk. für Internet Network Information Center.

Bezeichnung für eine regionale Unterorganisation in Nordamerika der → *Internet Society*, welche die Tagesgeschäfte abwickelt, z.B. Vergabe von → *IP*-Adressen und Verwaltung von → *DNS* der Top-Level-Domänen (→ *tld*) .com, .edu, .gov, .net und .org.

Das InterNIC wurde im Januar 1993 errichtet. Seitdem wurde InterNIC aus der → *NSF*, AT&T und der von ihr selbst gegründeten Firma Network Solutions Inc. (NSI) gebildet und hat ihren Sitz in Herndon/Virginia. NSI erhielt im September 1995 das Recht, die Top-Level-Domains allein zu verwalten. Da dies eine lukrative Einnahmequelle war, gab es kontroverse Diskussionen, ob das das richtige Verfahren war, weshalb 1996 zunächst → *IAHC* und nach diversen Problemen mit IAHC im November 1998 → *ICANN* gebildet wurde.

In anderen Ländern übernehmen nationale Network Information Centers (→ *NIC*) die Verwaltung der nationalen Top-Level-Domains, wie z.B. der Domäne .de durch das deutsche DE-NIC.

→ *http://www.internic.net/*

→ *http://rs.internic.net/*

Internspeicher

→ *Speicher.*

Internverbindung

Verbindung zwischen Endgeräten einer Nebenstellenanlage oder verschiedenen Endgeräten einer kleinen TK-Anlage bzw. zwischen Schnurlostelefonen, die an einer Basisstation hängen. Internverbindungen gehen nicht über das öffentliche Netz und sind daher kostenfrei.

Inter Operator Accounting (-Billing)

→ *IOA.*

Interpreter

Bezeichnung für ein Programm, das den Quellcode eines in einer bestimmten → *Programmiersprache* (üblicherweise der 3. Generation) geschriebenen Programms schrittweise in ausführbaren Maschinencode übersetzt (compiliert) und den übersetzten Befehl noch vor dem Übersetzen des nächsten Befehls ausführt.

Es wird dabei, im Gegensatz zum Bearbeiten des Quellcodes durch einen → *Compiler*, kein dauerhaft speicherbarer und wiederholt ausführbarer Programmcode generiert, d.h. das ausführbare Programm wird aus dem Quellcode durch erneute schrittweise und dadurch auch langsame Übersetzung bei jedem Programmlauf erneut erzeugt.

Vorteil dieses Verfahrens ist die leichte Änderbarkeit während der Programmentwicklung, da Software sofort nach dem Programmieren ohne zeitaufwendiges Compilieren ausgeführt und getestet werden kann. Eine grundsätzliche Anwendungsmöglichkeit ist, dass mit Hilfe von → *Skript-Sprachen* kleinere Programme von anderen Systemen automatisch erzeugt und sofort (‚on-the-fly') ausgeführt werden können. Durch dieses Prinzip sind sehr flexible Programme denkbar, die während ihrer eigenen Laufzeit weitere Programmteile in Abhängigkeit von Ereignissen während der Laufzeit generieren und in den eigenen Programmfluss – für den Nutzer unmerklich – einbinden und ausführen. Ein weiterer Vorteil ist, dass ein Programm, in dem nur einige Zeilen geändert wurden, sofort und zeilenweise getestet werden kann.

Nachteile des Prinzips sind die langsame Geschwindigkeit während des Programmlaufs, weshalb das Prinzip des Interpretierens nicht für alle Anwendungen geeignet ist. Darüber hinaus gelten interpretierte Anwendungen nicht gerade als speicherökonomisch. Außerdem muss auf jedem Computer, auf dem das Programm laufen soll, ein Interpreter installiert sein.

Interrupt, Interrupt-Vektor, Interrupt-Handler

Begriff aus der Rechnertechnik. Bezeichnet Signale von Peripheriebausteinen an die → *CPU* und die Unterbrechung des aktuellen CPU-Zyklus. Dient der Synchronisation der CPU-Tätigkeit mit nicht-periodischen, unvorhersehbaren Ereignissen, wie z.B. Empfang von Daten oder Tastatureingabe.

Das aktuell laufende Mikroprogramm wird unterbrochen und die CPU verzweigt zu einer für den speziellen Interrupt vorgesehenen Adresse (Interrupt-Vektor). Das dort stehende Programm (Interrupt-Handler) bearbeitet die Interruptursache und kehrt nach Abarbeitung wieder an die alte Stelle zurück und bearbeitet das alte Mikroprogramm weiter.

Interventionszeit

Bezeichnet den → *QoS*-Parameter, der den Zeitraum zwischen der Meldung einer Störung durch den Kunden eines Anbieters von Telekommunikationsdienstleistungen und den Beginn der Reparatur betrifft.

Üblicherweise wird einem Kunden eine maximale Interventionszeit von z.B. 2 Stunden bei Datendiensten wie → *X.25* garantiert.

Intersputnik

Internationale Organisation mit mittlerweile 23 Mitgliedsstaaten zur Vermarktung der Kapazitäten von Satelliten des ehemaligen Ostblocks mit Sitz in Moskau. Das Kontaktbüro für den deutschen Markt befindet sich seit 1997 in Bonn.

Gegründet 1971.

Intersymbolinterferenz

Abgekürzt mit ISI. Bezeichnung für einen Parameter, der bei der Übertragung digital codierter Informationen über analoge Kanäle mit Verfahren der → *digitalen Modulation* angibt, wie störsicher das Verfahren der digitalen Modulation unter bestimmten ungünstigen Bedingungen ist. Intersymbolinterferenz beeinflusst die → *spektrale Effizienz.*

- Bei Funkübertragung die Bezeichnung für unerwünschte Störungen eines Funksignals durch interferierende Signale gleicher Frequenz der gleichen Basisstationen (im Gegensatz dazu: → *Gleichkanalstörung*), was zu elektromagnetischen Nichtlinearitäten der Funksignale führt.

Die Störung resultiert aus der Mehrwegeausbreitung, was durch Reflexionen am Ort des Empfangs zu störender Interferenz mit dem zeitverzögerten und mehrmals empfangenen gleichen Signal führt.

- Bei der Übertragung digital codierter Informationen über kupferbasierte Kabel kommt es aufgrund der Frequenzabhängigkeit der Übertragungseigenschaften des Kupferkabels bei der Übertragung digital modulierter Signale (Symbole) zu einem ‚Zerlaufen' der einzelnen Symbole, d.h. einzelne hintereinander beim Sender für eine bestimmte Symboldauer T generierte Symbole laufen bei der Übertragung ineinander über (die Symbole werden länger als T), so dass sie sich beim Empfänger gegenseitig überlagern.

Intersymbolinterferenz ist unvermeidlich und bis zu einem gewissen Grad tolerierbar. In beiden oben skizzierten Fällen kann der Empfänger bei zu starker Interferenz die einzelnen sich überlagernden oder ineinander gelaufenen Symbole nicht mehr korrekt interpretieren.

Gegenmittel: nur kurze Übertragungsstrecken oder Signalregeneratoren sowie Entzerrerfilter beim Empfänger.

Intranet

Von lat. intra = innen oder innerhalb und engl. net = Netz.

Bezeichnung für die technische Infrastruktur eines auf den Protokollen der Internet-Welt (→ *TCP* und → *IP*) basierenden Datennetzes, dessen Nutzer allerdings zu einer klar definierten und geschlossenen Benutzergruppe (z.B. alle Mitarbeiter eines Unternehmens) gehören.

Aus dieser ersten Definition lassen sich verschieden weit gefasste weitere Definitionen ableiten:

- Ein Intranet ist nur die übertragungstechnische Plattform auf Basis von Protokollen wie → *TCP*, → *IP* und → *SMTP* und bietet netznahe Dienste wie → *E-Mail*, → *FTP*, → *telnet*, hausinternes → *WWW*, hausinterne Newsgroups (→ *Usenet*) etc. an.
- Ein Intranet ist nicht nur die übertragungstechnische Plattform auf Basis der Protokolle der Internet-Welt, sondern auch die Infrastruktur der diese Plattform nutzenden Anwendungen. In diesem Fall zählen z.B. IP-Telefonie-Server oder Server anderer Art, z.B. für E-Learning-Angebote, mit dazu.

Mit dem globalen Internet sind Intranets üblicherweise über einen → *Firewall* verbunden. Es sind aber auch isolierte Intranets als Inseln denkbar, wenngleich wenig sinnvoll.

Die Grundidee bei einem Intranet ist, dass Informationen, die auf einem → *Server* liegen, über das Intranet durch Nutzer mit Hilfe eines → *Browsers* abgerufen werden können. Es eignen sich dafür Anwendungen, bei denen standardisierte Informationen oder Funktionalitäten der gesamten Belegschaft eines Unternehmens (allgemein: einer Organisation) oder größeren Teilen davon zugänglich gemacht werden müssen.

Ein Intranet wird üblicherweise nicht aufgebaut und bietet alle denkbare Funktionalität von Anfang an, sondern entwickelt sich evolutionär. Ein mögliches mehrstufiges Evolutionsszenario könnte sein:

- Einfache Datenbanken (z.B. Telefonbuch und Adressverzeichnisse)
- Homepage-Publishing auf Abteilungsebene von Informationen aller Art (z.B. Produktinformationen zur Vertriebsunterstützung, offene Stellen, interne Jubiläen und Veranstaltungen)
- Zugang für externe Nutzer durch Firewalls auf Informationen, die für externe Institutionen von Bedeutung sind (z.B. Produktinformationen zum Marketing)
- E-Mail

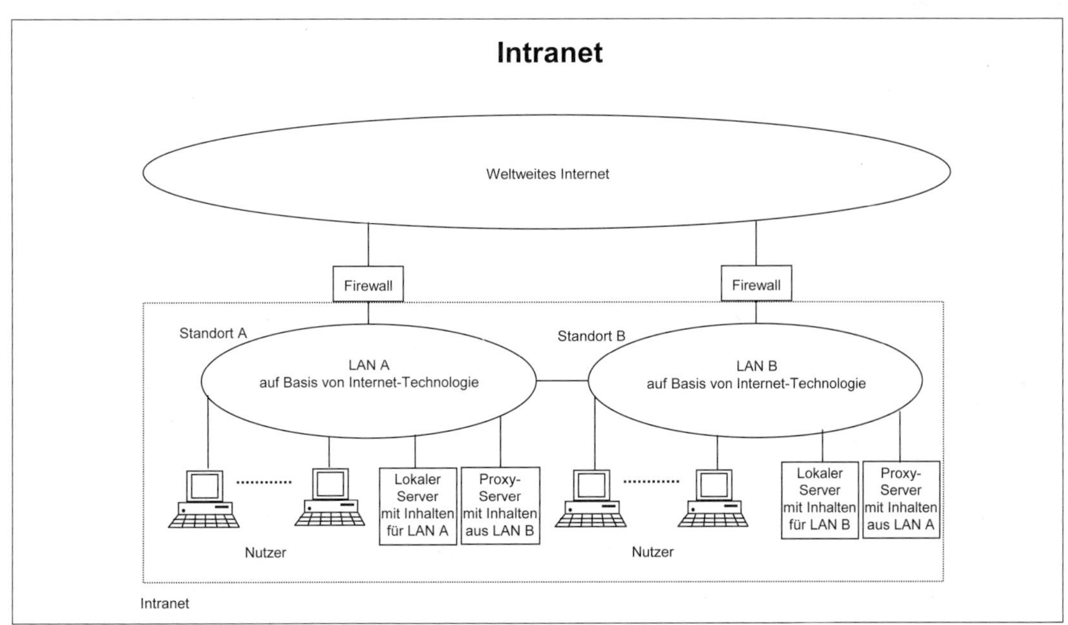

- Diskussionsgruppen
- Voicemail
- →*Voice over IP*
- Videoconferencing

Es ist auch möglich, bestimmte Teile des Informationsangebotes durch Zuteilung von → *PIN*s zu schützen und nur bestimmten Gruppen (Closed User Groups, → *CUG*) zugänglich zu machen.

Für den Aufbau eines Intranets benötigt man:

- Router bzw. Switches (für leistungsfähigere Anwendungen) zum Anschluss der Nutzer und der Server
- Server
- Server-Betriebssoftware
- Software für Suchmaschinen (auf einem Server und nur, wenn Suchmaschine gewünscht)
- Proxy-Server bei größeren Netzen
- Front-End-Software zum Abrufen der Informationen (→ *Browser*)
- Front-End-Software zum Erstellen der abzurufenden Informationen (sog. Authoring-Tools)
- Verbindungsnetz im LAN oder WAN-Bereich
- → *Firewalls* zum Abschotten des Intranets vom restlichen Internet und zur Kontrolle des Zugriffs von der Außenwelt

Wirtschaftliche Gründe zum Aufbau eines Intranets können sein:

- Dezentrale Einspeisung von Informationen möglich (ohne gesonderte Organisation dafür).
- Sehr schnelle und auch einfache Bereitstellung von Informationen (z.B. für Kunden oder Lieferanten) sichert zeitlichen Vorsprung.
- Geringe Ausbildungskosten, da viele Leute mittlerweile mit Browsern umgehen können bzw. deren Bedienung leicht erlernbar ist.
- Internet-Software integriert verschiedene Betriebssystemplattformen (Unix, Windows NT, Macintosh etc.), sowohl für Server als auch für Clients, wodurch dedizierte (und teure) Software dafür wegfällt.
- Hard- und Software-Technologie ist heute stabil und zu günstigen Konditionen verfügbar.

Weitere positive Effekte eines Intranets können sein:

- Stärkung der Verantwortung der Mitarbeiter für Informationen und unternehmensinterne Kommunikationsflüsse
- Geringerer Papierverbrauch (z.B. durch Entfallen von papierbasierten Telefonbüchern)
- Einsparung von Telefon-, Porto-, Druck- und Kopierkosten
- Leichter Zugang zu den für den einzelnen Mitarbeiter relevanten Informationen, dadurch effektivere Informationsselektion und -verarbeitung

Erste Intranets wurden bereits ab 1994 (nach dem Erfolg des → *WWW*) in einzelnen Unternehmen, insbesondere der Computerbranche, realisiert und kamen im Frühjahr 1996 in die größere Diskussion. Bis zum Jahr 2000 verfügte jedes größere Unternehmen über ein Intranet.

Intrusion Detection, Intrusion Response

Intrusion Detection bezeichnet das Feststellen der unbefugten Nutzung von schützenswerten Ressourcen in einem → *Intranet* durch Personen, die sich außerhalb des Intranets befinden. Ziel ist der Start von Gegenmaßnahmen (Intrusion

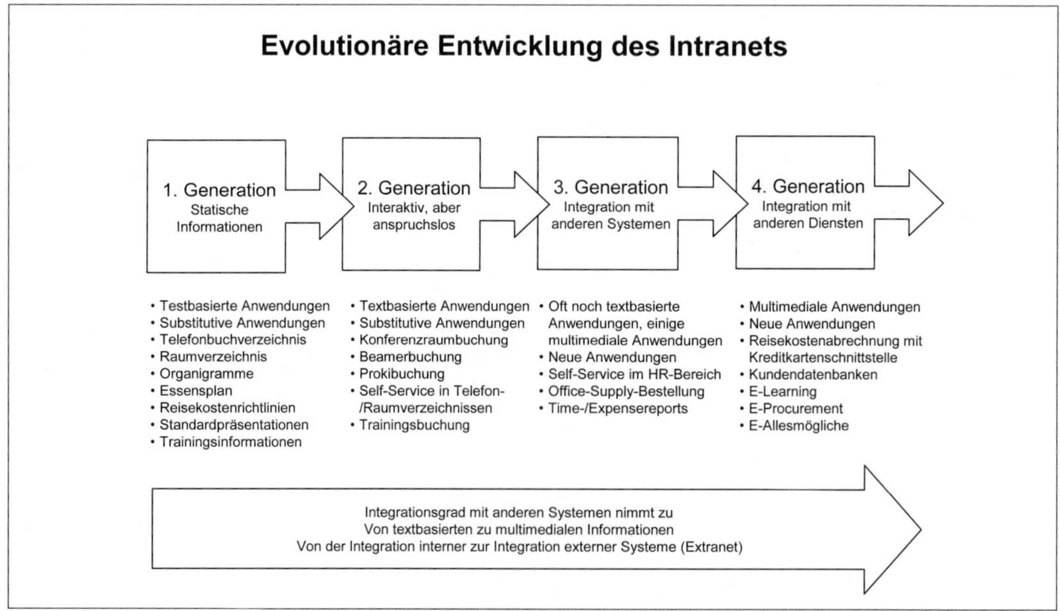

Response), um die Verfügbarkeit und Integrität der Ressourcen sicherzustellen.

Eine mögliche Gegenmaßnahme ist das Abkoppeln vom Internet.

→ *http://www.sdl.sri.com/intrusion/index.html/*

→ *http://www.cerias.purdue.edu/coast/intrusion-detection/*

→ *http://www-rnks.informatik.tu-cottbus.de/~sobirey/ids.html/*

Intserv

→ *ISA*.

INTUG

Abk. für International Telecommunications Users Group.

Bezeichnung des im November 1974 gegründeten internationalen Dachverbandes der nationalen Vereinigungen von Nutzern von Telekommunikationsdienstleistungen.

→ *ECTUA*, → *Telecom e.V.*

→ *http://www.intug.net/*

INUP

Abk. für Intelligent Network User Part.

→ *IN*, → *SS#7*.

Inverser Multiplexer, Inverses Multiplexing

Selten, eher international gebrauchte Bezeichnung für das Aufsplitten breitbandiger Datenströme beim Teilnehmer mit von ihm gekauftem Gerät (→ *CPE*) für eine breitbandige Datenübertragung über ursprünglich mehrere voneinander unabhängige schmalbandige 64 kbit/s-Kanäle im → *ISDN*. Derartige Verfahren werden auch → *Multirate ISDN*, Kanalbündelung oder Bandwidth-on-Demand genannt. Mittlerweile wird dieses Prinzip auch bei der Übertragung über mehrere breitbandige Leitungen mit 2 Mbit/s verwendet. Vorteil ist, dass üblicherweise breitbandige Leitungen in großen Stufen (2 Mbit/s und dann wieder 34 Mbit/s) angeboten werden. 34-Mbit/s-Leitungen sind jedoch extrem teuer, so dass sich bei einem Bandbreitenbedarf zwischen 2 Mbit/s und 34 Mbit/s eine Aufteilung des Bedarfs auf mehrere 2-Mbit/s-Leitungen durch inverses Multiplexing anbietet.

Ein Standard für inverse Multiplexer ist von der Gruppe → *BONDING* erarbeitet worden.

Der Verbindungsaufbau zwischen inversen Multiplexern erfolgt üblicherweise in vier Phasen:

- Ein inverser Multiplexer ruft einen zweiten über einen Kanal an.
- Der angerufene inverse Multiplexer überträgt die Rufnummern seiner anderen zur Verfügung stehenden Kanäle.
- Der anrufende inverse Multiplexer ruft je nach Bedarf eine bestimmte Anzahl benötigter Kanäle des zweiten Multiplexers an.
- Beide inverse Multiplexer synchronisieren alle Kanäle und beginnen mit der Datenübertragung.

Durch das Schalten von mehreren Datenkanälen durch das ISDN, die üblicherweise alle verschiedene Wege durch das ISDN nehmen, fallen bei den einzelnen Kanälen verschiedene → *Delays* an, die durch geeignet dimensionierte → *FIFO*-Speicher in den inversen Multiplexern ausgeglichen werden können, wodurch die einzelnen schmalbandigen Kanäle durch das ISDN wieder zu einem einzigen, breitbandigen Kanal miteinander synchronisiert werden können. Dieses Verfahren hat aber einen → *Delay* zur Folge.

Anwendungen für derartige Techniken sind z.B. hochqualitative → *Videokonferenzen*, LAN-LAN-Interconnections

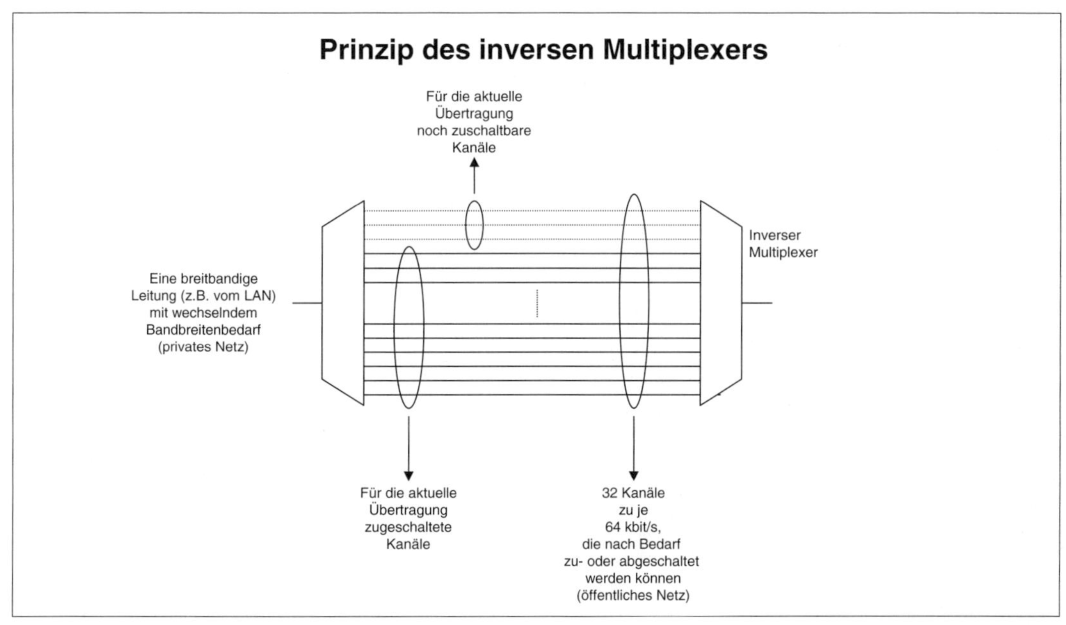

oder Wählverbindungen als Ersatzschaltungen für den Ausfall von breitbandigen Standleitungen.

Diese Technologie wird von vielen nur als eine Zwischenlösung bis zu dem Zeitpunkt angesehen, ab dem WANs wie z.B. → *Frame Relay*, → *ATM* oder → *SMDS* flächendeckend, mit entsprechender → *QoS* und auch zu akzeptablen Preisen verfügbar sein werden.

INWG

Abk. für Internetwork Working Group.

Bezeichnung für ein 1972 gegründetes Gremium in den USA, das dem → *IAB* zuarbeitet.

INXS

Abk. für Internet Exchange Service.

Bezeichnung für einen Punkt im deutschen Teil des → *Internet* (konkret: in München), an dem sich verschiedene, kommerzielle Internet-Service-Provider (→ *ISPs*) zum direkten Austausch von Daten zusammengeschlossen haben, ähnlich dem → *DE-CIX*.

Genau genommen handelt es sich um ein Dienstleistungsangebot des → *ECRC*.

IOA

Abk. für Inter Operator Accounting.

Auch Inter Carrier Accounting/Billing genannt. Bezeichnung für die Verrechnung von Leistungen eines Anbieters von Telekommunikationsdienstleistungen, die er nicht an einen Endkunden erbringt, sondern an einen anderen Anbieter.

IOA gewinnt in liberalisierten Märkten mit mehreren Anbietern an Bedeutung und ist ein regulatorisches wie auch technisches Problem.

→ *Billing*.

IODC

Abk. für International Operator Direct Calling.

→ *HCD*.

Ionosphäre

Bezeichnung für den äußersten Teil der Gashülle der Erde, in dem Ionen und Elektronen die Ausbreitung von elektromagnetischen Wellen messbar beeinflussen. Dies ist oberhalb der Stratosphäre ab einer Höhe von 50 km bis kurz vor der Grenze der Lufthülle in 500 km Höhe der Fall. Die in diesen Höhen vorhandenen Gase werden durch den Einfluss der Sonnenstrahlung ionisiert, d.h. die Elektronen der Gasatome werden von den Atomen getrennt.

Als Folge unterschiedlicher Sonneneinstrahlung unterscheidet man auch verschiedene Effekte und Konzentrationen von Elektronen und Ionen, die sich in Abhängigkeit von verschiedenen Parametern (z.B. Tageszeit) verändern, was wiederum Rückwirkungen auf die reflektierten elektromagnetischen Wellen hat. Wesentliche Einflussfaktoren sind die von der Sonne ausgestrahlte Röntgenstrahlung, die ultraviolette Strahlung sowie der ca. 11-jährige Sonnenfleckenzyklus der Sonne. Die Ionosphäre wird daher in verschiedene Schichten aufgeteilt:

- D-Schicht: Sie liegt in der Höhe von 50 bis 90 km und entsteht durch den Einfluss der von der Sonne ausgestrahlten Röntgenstrahlung. Diese Schicht existiert nur bei direkter Sonneneinstrahlung (tagsüber) und wirkt auf Wellen im einstelligen MHz-Bereich stark dämpfend (→ *Dämpfung*). Sie kann bei starker Sonnenaktivität auch extrem ionisiert sein, wodurch es kurzzeitig zum Totalausfall der Übertragung von → *Kurzwellen* kommen kann (sog. Mögel-Dellinger-Effekt).
- E-Schicht (früher Kenelly-Heaviside-Schicht genannt): Sie liegt in der Höhe von 90 bis 130 km und entsteht ebenfalls durch den Einfluss der von der Sonne ausgestrahlten Röntgenstrahlung. Bei starker Sonneneinstrahlung bildet sich u.U. ein stark ionisierter Bereich in der E-Schicht, der als ES-Schicht bezeichnet wird. Dieser Bereich kann dann auch zur Verlängerung der Reichweite von Ultrakurzwellen (→ *VHF*) bis in den Bereich von einigen 1 000 km genutzt werden.
- FI-Schicht (früher zusammen mit der FII-Schicht Appleton-Schicht genannt): Sie liegt in einer Höhe von 140 bis 250 km und existiert ebenfalls nur tagsüber.
- FII-Schicht: Sie liegt in einer Höhe von 250 bis 500 km und ist die durch die ultraviolette Sonneneinstrahlung am stärksten ionisierte Schicht. Sie bildet sich daher auch über Nacht nur sehr langsam zurück.

E-, FI- und insbesondere die FII-Schicht sind für die Entstehung von → *Raumwellen* verantwortlich. Von einem Sender abgestrahlte elektromagnetische Wellen werden an der FII-Schicht in Richtung Erdoberfläche reflektiert und von dieser ggf. erneut zur FII-Schicht reflektiert usw. Durch einmalige Reflektion an der FII-Schicht kann eine Distanz von 2 000 bis 3 000 km auf der Erdoberfläche überbrückt werden.

Wird der Einfallswinkel auf der FII-Schicht verringert, kann ab einem bestimmten Winkel die Welle ein Stück an der FII-Schicht geführt werden.

Die Schichten und deren nicht konstante Eigenschaften führen zu einer Inhomogenität, die beachtet werden muss, wenn man Funkverbindungen durch Reflexion an ihnen verlängern möchte, was insbesondere im Bereich von 3 bis 30 MHz nahezu ohne Probleme möglich ist. In anderen Frequenzbereichen sind Schwankungen und Unzuverlässigkeiten die Folge. Dem kann mit → *Diversity*-Empfang oder besonderen Übertragungscodes begegnet werden.

Eine Kenngröße zur Ermittlung der Reflexionseigenschaften ist die Senkrechtgrenzfrequenz. Sie ist die Frequenz an einem Ort, oberhalb derer eine senkrecht nach oben ausgesendete elektromagnetische Welle (Einfallswinkel = 0) die FII-Schicht durchdringt und daher nicht reflektiert wird.

Ein genaues Entdeckungsdatum für die Ionosphäre ist nicht zu ermitteln. Verschiedene Personen entdeckten im Zusammenhang mit der Untersuchung verschiedener Phänomene bei der Funkübertragung unabhängig voneinander und fast gleichzeitig die Einflüsse der Ionosphäre, so schon 1902 der Amerikaner Arthur Edwin Kenelly (* 1861, † 1939) oder der britische Physiker Oliver Heaviside (* 1850, † 1925), was 1924 vom Briten und Physiker Edward Victor Appleton (* 1892, † 1965) noch mal bestätigt wurde. Appleton war

im 1. Weltkrieg Funkoffizier und beschäftigte sich mit der Ausbreitung und Nutzbarmachung elektromagnetischer Wellen verschiedener Frequenzen. Er nutzte erstmals verschiedene Funktechnologien und unternahm viele Messungen zu verschiedenen Tages- und Nachtzeiten. Ihm ist die Entdeckung der verschiedenen Schichten der Ionosphäre und der Tageszeitabhängigkeit zu verdanken. Für seine Arbeiten erhielt Appleton 1947 den Nobelpreis für Physik.
→ *HF.*

IOS

Abk. für Internetwork Operating System.
Bezeichnung eines → *Betriebssystems* aus dem Hause Cisco, das in den weit verbreiteten Produkten dieses Unternehmens (z.B. in den → *Routern*) läuft.

IOTP

Abk. für Internet Open Trading Protocol.
Bezeichnung für ein im → *Internet* einzusetzendes Protokoll, das die Interoperabilität von verschiedenen Verfahren für → *Electronic Money* sicherstellen soll, z.B. → *SET*, → *Cybercash* and → *e-cash.* Es befindet sich seit Frühjahr 1998 in der Entwicklung.
→ *ECML.*

IP

1. Abk. für Internet Protocol.
Ein Protokoll der TCP/IP-Familie auf der Schicht 3 im → *OSI-Referenzmodell*, das dem → *Internet* seinen Namen gab.
IP ist für den verbindungslosen Transport von Daten vom Sender über mehrere Netze zum Empfänger zuständig, wobei keine Fehlererkennung oder -korrektur erfolgt, d.h. IP kümmert sich nicht um schadhafte oder verloren gegangene Pakete. Man bezeichnet die Dienstqualität, die das IP liefert, daher auch als „best effort“.
IP liegt mittlerweile in Version 6 vor (IPv6, auch IPng für Next Generation genannt). Version 6, maßgeblich mitentwickelt von Steve Deering sowie R. Hinding und definiert im RFC 1883, 1884 und 2460 löst verschiedene Probleme der alten und gegenwärtig weit verbreiteten Version 4. IPv6 ist zu dieser abwärtskompatibel und verfügt generell über folgende Vorteile:

- Geeignet für → *Multicasting* (gar nicht möglich bei IPv4)
- Geeigneter für → *Multimedia*-Anwendungen
- Geeigneter für die Abwicklung von Echtzeitdiensten über das Internet
- Größerer Adressraum

Die Einführung von IPv6 verläuft jedoch erheblich langsamer als erwartet. Die Gründe dafür sind:

- Wachsende Bandbreite durch global zur Verfügung stehende Glasfasernetze erhöhen die Dienstqualität von IPv4, so dass mit dieser alten Version weitergearbeitet werden kann.
- Verschiedene Zusatzprotokolle (→ *RSVP*, → *RTP*) lassen auch IPv4 als geeignet für Multimedia erscheinen.
- Protokolle wie z.B. → *CIDR*, → *DHCP* oder auch → *NAT* verringern die Not, die durch die Adressknappheit von IPv4-Adressen zunächst entstanden war.
- Große → *ISPs* scheuen die Umrüstungskosten für die hohe Zahl an → *Routern.*

Im August 1999 hat die → *IANA* damit begonnen, neue Adressen aus dem Adressraum für IPv6 zuzuteilen.

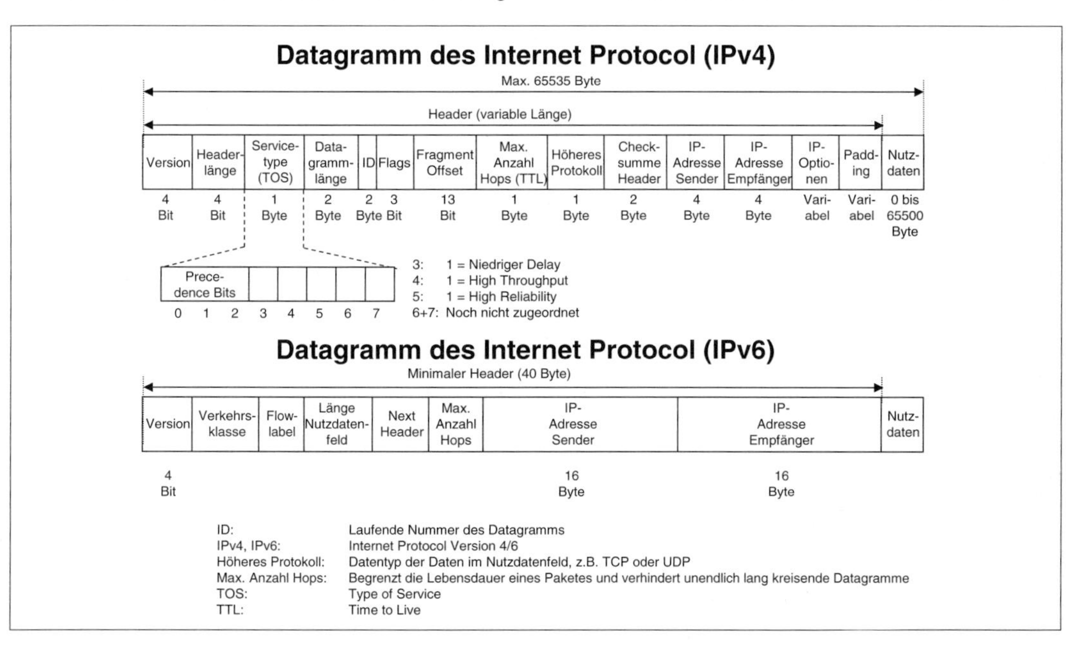

IP wird von mehreren darüber liegenden Protokollen genutzt, hauptsächlich von → *TCP*, aber auch von → *UDP*. Als zentrale datentragende Einheit wird im IP das → *Datagramm* definiert, das eine Länge von bis zu 65 535 Bytes haben kann. Zu übertragende Daten werden von Protokollen oberhalb von IP (z.B. TCP oder UDP) entgegengenommen und fragmentiert (beim Sender), d.h. in Datagramme zerlegt bzw. defragmentiert (beim Empfänger), d.h. wieder zusammengesetzt.

Jedes IP-Paket verfügt über ein Time-to-Live-Feld (→ *TTL*), das endlos kreisende Pakete verhindert. Ferner ist im Header ein 8 Bit langes Type-of-Service-Feld (TOS) enthalten. In ihm sind u.a. 3 Bit für eine einfache Prioritätsanzeige (0 = niedrigste Priorität, 7 = höchste Priorität) und 3 Bit für eine Quality-of-Service-Anzeige (Delay, benötigte Bandbreite etc.). Diese 6 Bit werden zusammen auch als Differentiated Services Code Point (DSCP) bezeichnet, wenn sie im Rahmen von → *Diffserv* genutzt werden. Mit diesen Mechanismen war geplant, IP auch echtzeitfähig und multiservicefähig zu machen. Da jedoch die Bedeutung der einzelnen Bitkombinationen nicht definiert war und im Laufe der Zeit darüber keine Einigung erzielt wurde, kam es nicht dazu. Lediglich die Prioritätsbits wurden genutzt, um z.B. Daten für Routingtabellen rasch über das Internet verteilen zu können.

IP ist vom genutzten Medium unabhängig und gleichfalls für → *LANs* wie für → *WANs* geeignet.

IP-ähnlich ist auch das Internet Control Message Protocol (ICMP)

Eine IP-Adresse besteht bei Version 4 des IP aus vier Zahlen zwischen 0 und 255, die durch Punkte voneinander getrennt sind (Dotted Notation). Die IP-Adresse bzw. Teile von ihr werden von Netzadministratoren vergeben. Jeder Administrator vergibt dabei den Teil der Adresse, der sein Netz beschreibt. Dabei haben die Administratoren für Eindeutigkeit zu sorgen. Im weltweiten Internet übernehmen die Rolle der Administratoren die Network Information Center (→ *NIC*).

Es gibt verschiedene Adresskategorien für IP-Adressen, die von den → *NIC* verwaltet werden.

IP ist definiert im RFC 793. Lesenswert ist ferner der RFC 791 aus dem September 1981, auch genannt „IP-Bibel".

Durch das Konzept der → *DNS* ist es möglich, der für die praktische Nutzung ungeeigneten IP-Nummernkombination einen oder mehrere umgangssprachliche und dadurch leicht zu merkende Wortkombinationen zuzuordnen.

IPv6 verfügt über einen größeren Adressvorrat (128 Bit lange Adresse), ermöglicht IP-Adressen-Portabilität (z.B. beim Wechsel des → *ISPs*) und verschiedene Parameter für → *QoS* und Sicherheit. Ferner ist Unicasting, Anycasting und Multicasting durch verschiedene Adressformate möglich. Für die Adressen ist eine neue Notation in → *hexadezimaler* Form und mit Doppelpunkt als Trennzeichen eingeführt, z.B.

FE81:0402:0000:0000:0000:93A1:01B0:37C1.

Ferner gibt es eine abkürzende Schreibweise, bei der fortlaufende Kolonnen von Nullen zwischen zwei Doppelpunkten durch nur diese zwei Doppelpunkte ersetzt werden können (hier im obigen Beispiel: FE81:0402::93A1:01B0:37C1).

So befindet sich z.B. im IP-Header ein 4 Bit großer Bereich zur Priorisierung. Dabei geben die Werte 0 bis 7 in diesem Datenblock an, dass das jeweilige IP-Paket eine eher niedrige Priorität hat und daher gepuffert werden kann, wohingegen Werte von 8 bis 15 eine eher hohe Priorität angeben, so dass entsprechende IP-Pakete nicht zwischengespeichert werden sollten.

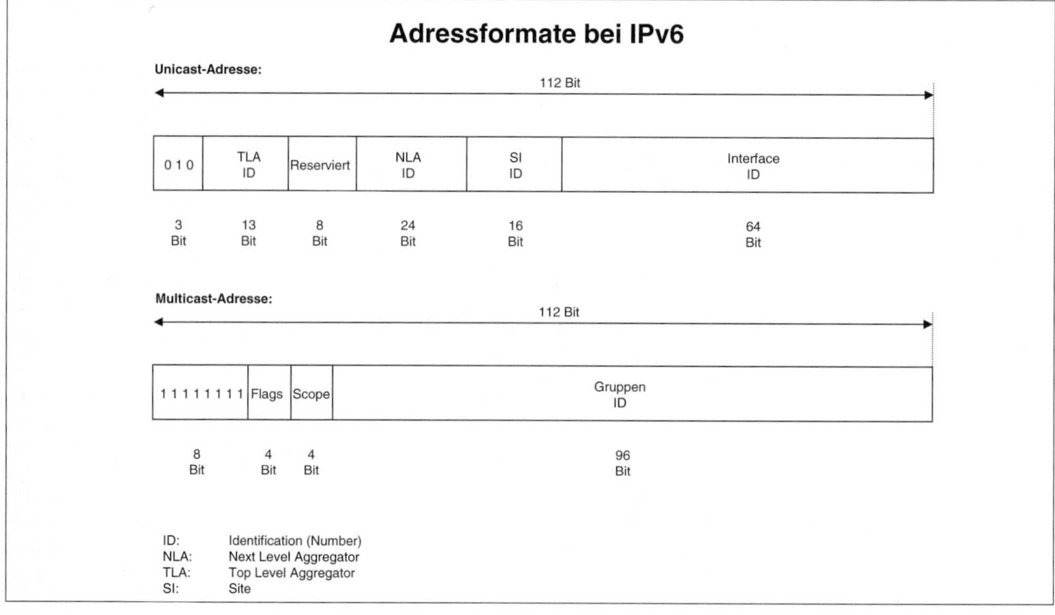

IPv6 ist im RFC 1752 und im RFC 1883 definiert.

Zur neuen Version:

→ *http://www.ipv6.org/*

→ *http://www.ipv6-net.de/*

→ *http://www.ipv6forum.com/*

→ *http://www.ipv6-taskforce.org/*

→ *http://www.cisco.com/ipv6/*

→ *http://www.6bone.net/*

→ *http://www.6REN.net/*

2. Abk. für Intelligent Peripheral.

   Bezeichnung für Endgeräte, die in neueren Konzepten zur Weiterentwicklung des → *IN* eine Rolle spielen, in dem Endgeräte selbst Intelligenz in Form von Speichern und Prozessoren besitzen, die durch Netzressourcen genutzt werden können.

   → *SN.*

3. Abk. für International Prefix.

   Bezeichnung für die Ziffernfolge in einem Land, die gewählt werden muss, um durch die nachfolgend gewählten Ziffern im Selbstwahlverkehr eine Verbindung ins Ausland aufzubauen (in Deutschland die 00).

IPC

1. Abk. für Interprocess Communication.

   Sorgt bei → *Multithreading* für die koordinierte Zusammenarbeit einzelner Threads, in die ein Programm zerlegt wurde, um einen geordneten und effektiven Programmablauf zu gewährleisten. Mechanismen zur IPC sind Semaphore und Locks.

2. Abk. für International Patent Classes.

   Bezeichnung für die international gültige Klassifizierung von → *Patenten.* Sie ist historisch gewachsen und umfasst ca. 60 000 einzelne Gruppen und Untergruppen.

IPCP

Abk. für Internet Protocol Control Protocol.

Bezeichnung eines im Mai 1992 als RFC 1332 definierten und im → *Internet* benutzten Protokolls. Mit dem IPCP werden zu Beginn des Aufbaus einer TCP/IP-Verbindung mit Hilfe des → *PPP* die Verbindungsparameter ausgehandelt.

Insbesondere zur dynamischen Vergabe von IP-Adressen, z.B. für mobile oder temporäre Nutzer, wird das IPCP verwendet.

IPDC

Abk. für Internet Protocol Device Control.

IPI-3

Abk. für Intelligent Peripheral Interface (Protocol) No. 3.

Bezeichnet ein leistungsfähiges Protokoll zur Kommunikation von CPU und Rechnerperipherie, das ursprünglich entwickelt wurde, um schnelle Input-Output-Prozesse mit einer möglichst geringen Leistung der CPU abzuwickeln.

IPMI

1. Abk. für Intelligent Platform Management Interface.
2. Abk. für Internet Protocol Multicast Initiative.

   Bezeichnung für eine Vereinigung verschiedener Hard- und Softwarehersteller mit dem Ziel, wie → *IWA* auch, → *Multicasting* im → *Internet* zu fördern. Ziel ist die Reservierung eigener Ressourcen im Internet für Multicasting, genannt „Internet Multicast Channel".

   → *MBONE.*

   → *http://www.ipmulticast.com/*

IPNG

Abk. für Internet Protocol Next Generation.

Jargon für die 6. Version des Internet Protocols (→ *IP*).

IPP

Abk. für Internet Printing Protocol.

Bezeichnung für ein Protokoll zum Anschluss und zur Verwaltung von Druckern an Netze, die auf → *IP* basieren. Vorgestellt in Version 1.0 im Frühjahr 1999.

IPQM

Abk. für In-Process Quality Measurement System.

IPS

1. Abk. für Internet Protocol Suite.

   Bezeichnung der auf → *IP* aufbauenden Protokolle, die im → *Internet* eingesetzt werden.

2. Abk. für Intelligent Protection Switching.

   → *SRP.*

3. Abk. für Information Processing Society (of Japan).

   Bezeichnung eines japanischen Berufsverbandes.

IPSec

1. Abk. für Internet Protocol Security.

   Bezeichnung eines das → *Internet* mitverwaltenden Gremiums, das mit zur → *Internet Society* (ISOC) gehört und das insbesondere für Sicherheitsaspekte zuständig ist. Gegründet 1992 mit dem Ziel der Entwicklung eines Verschlüsselungsstandards für IP in den Versionen 4 und 6.

   → *http://www.ietf.org /*

2. Abk. für Internet Protocol Security (Protocol).

   Bezeichnung für ein im → *Internet* genutztes Protokoll zur sicheren Datenübertragung mit Hilfe eines → *Tunneling*-Verfahrens auf der Schicht 3 des → *OSI-Referenzmodells.*

   Der Bedarf, ein solches Verfahren zu entwickeln, rührt daher, dass das Internet zunächst nur als eine Infrastruktur entwickelt wurde, die einer halbwegs geschlossenen Gemeinschaft (Wissenschaftlern) zur Verfügung stand, so dass die resultierenden Sicherheitsbedürfnisse gering waren. Mit dem Erfolg des Internet in den 90er Jahren und der Nutzung durch Unternehmen aller Art (die dort geschäftskritische und vertrauliche Daten übertragen) wuchs jedoch das Bedürfnis, über diese Infrastruktur sicher, d.h. mit Verfahren der Verschlüsselung, Identifizierung und Authentifizierung kommunizieren zu können.

Im Vergleich zu den auf der Schicht 2 aktiven Protokollen wie → *PPTP*, → *L2F* und → *L2TP* gilt IPSec als sehr viel sicherer und erlaubt den Aufbau sicherer → *Extranets*. Die Sicherheitsfunktionen werden mit Hilfe zweier Mechanismen realisiert:

- Der IP-Authentication-Header-Mechanismus (AH) wickelt die → *Authentifizierung* und → *Identifizierung* der Quelle ab, häufig basierend auf → *MD5*. Dies erfolgt anhand einer Prüfsumme, die auf Basis der Quell- und Zieladresse sowie des Nutzdatenanteils eines IP-Pakets berechnet wird.
- Die Encapsulation-Security-Payload (ESP) verschlüsselt die Daten, wahlweise im Transport-Modus (Header werden nicht verschlüsselt) oder im Tunnel-Modus (alles wird verschlüsselt). Häufig wird dafür → *DES* verwendet.

  Der Tunnel-Modus hat dabei den Vorteil, dass nicht nur die Nutzdateninformation verschlüsselt wird, sondern mit der Verschlüsselung der Header auch alle Informationen über die Struktur des internen Netzes, aus dem die Daten stammen bzw. zu dem sie sollen.

Es ist zu beachten, dass IPSec keinen Verschlüsselungsalgorithmus und seine Parameter (Schlüssellänge, Schlüssel etc.) selbst definiert, sondern nur einen Rahmen, in den ein solcher eingebunden werden kann.

Zur Verwaltung, bei welchen IP-Adressen in einem Netz IPSec mit welchen Parametern angewendet werden soll, existiert eine Datenbank (Security Policy Database, SPD), in der für eingehende- und abgehende Pakete getrennt und differenziert nach Quell- bzw. Zieladresse alle notwendigen Informationen abgelegt sind. Bei jedem ein- oder ausgehenden Paket wird durch den betroffenen Router (genannt Security Gateway) in der SPD nachgesehen, wie mit ihm verfahren werden soll. Dafür gibt es grundsätzlich die drei Möglichkleiten, das Paket zu verwerfen (IP-Adresse gesperrt), unverändert passieren zu lassen oder IPSec anzuwenden. Ist dies der Fall, können der SPD alle Verschlüsselungsparameter (zusammengefasst in einer Security Association, SA) entnommen werden.

Eine SA liegt jedoch üblicherweise nur dann vor, wenn zwischen den betroffenen Quell- und Zieladressen häufiger Daten ausgetauscht werden (z.B. in → *VPN*s), was nicht immer der Fall ist. Daher müssen sich Sender und Empfänger zunächst auf eine SA verständigen. Dies kann manuell durch Einstellung über das Netzmanagement erfolgen oder durch die Nutzung von → *ISAKMP*.

IPSec wurde von der IETF im RFC 1825 und in einer aktuelleren Version im RFC 2401 standardisiert.

IP-Switching

Bezeichnung für ein spezielles Verfahren des Switching (→ *Switch*) von → *IP*-Paketen innerhalb von → *ATM*-Netzen.

Dabei durchlaufen IP-Pakete den ATM-Netzknoten und auch angeschlossene → *Router*. Aufgabe des Routers ist nun das Erkennen eines längeren Flusses (Flow) von vielen IP-Paketen zwischen den gleichen Sendern und Empfängern. In diesem Fall signalisiert der Router dies dem ATM-Netzknoten der für diesen Datenstrom einen virtuellen Kanal (Virtual Channel, VC) im ATM-Netz einrichtet und die IP-Pakete damit schneller am Router vorbei leitet.

Streng genommen handelt es sich nicht um Switching, da keine Vermittlungsfunktion wahrgenommen wird.

Entwickelt vom Hause Ipsilon, das von Nokia übernommen wurde. Die IP-Switching-Technologie wurde nur bedingt weiterentwickelt und konnte sich schließlich gegen vergleichbare Techniken wie → *MPOA* oder → *MPLS* nicht durchsetzen.

IP-Telefonie

→ *Internet-Telefonie*.

IPTP

Abk. für Institute for Post and Telecommunications Policy.

Bezeichnung eines japanischen, wissenschaftlichen Instituts auf dem Gebiet der regulatorischen Entwicklung des Post- und Telekommunikationssektors mit Sitz in Tokio.

Vergleichbar mit → *IDATE* in Frankreich und dem → *WIK* in Deutschland.

→ *http://www.iptp.go.jp/*

IPv4, v6

→ *IP*.

IPX

Abk. für Internet Packet Exchange Protocol.

Bezeichnung eines proprietären Protokolls aus dem Hause Novell, wo es zusammen mit NetWare entwickelt wurde, das aus → *LANs* heraus Verbindungen über das → *Internet* ermöglicht und damit das Bindeglied zwischen LAN-Protokollen und den Internet-Protokollen herstellt. Es ist auf der Schicht 3 des → *OSI-Referenzmodells* aktiv.

IPX war fester Bestandteil des Netzbetriebssystems Novell NetWare bis zur Version 4.x und dadurch weit verbreitet. Seit Version 5 wird originäres IP verwendet.

Auf IPX baut das sicherere Sequence Packet Exchange Protocol (SPX) auf, dem höhere Protokolle folgen, wie das Netware Core Protocol (NCP), das Service Advertising Protocol (SAP) oder das Routing Information Protocol (→ *RIP*).

Es ist abgeleitet vom Protokoll XNS aus dem Hause Xerox.

IR

Abk. für Implementation Requirements.

Begriff aus dem Bereich internationaler Normung.

IRA

Abk. für International Reference Alphabet.

Bezeichnung des Alphabetes → *IA* 5.

IRC

Abk. für Internet Relay Chat.

Bezeichnung des Dienstes im → *Internet*, der eine Online-Konversation zwischen zwei oder auch mehreren

Teilnehmern in Echtzeit ermöglicht. Umgangssprachlich wird hier auch vom → *Chat* gesprochen.

Alles, was dabei ein Teilnehmer am IRC über seine Tastatur eingibt, erscheint automatisch auf den Bildschirmen der anderen Teilnehmer.

Realisiert wird dies mit Hilfe einer → *telnet*-Verbindung oder einem IRC-Programm, die Verbindung zu einem IRC-Server im Internet aufnimmt, der für die Verwaltung der vielen einzelnen Datenströme der an dem IRC Beteiligten sorgt oder der direkt den Datenaustausch zwischen den Clients ohne Umweg über einen Server ermöglicht (dann Direct Client-toClient genannt; DCC).

Entwickelt wurde IRC im Jahre 1988 durch den Finnen Jarkko Oikarinen, der es auch erstmals in Finnland einsetzte. Definiert im RFC 1459.

IRCAM

Abk. für Institut de Recherche et Coordination Acoustique et Musique.

→ *http://www.ircam.fr/*

IRD

Abk. für Integrated Receiver and Descrambler / Decoder.

Andere Bezeichnung für → *Set-Top-Box*. Bezeichnung für einen Empfänger (= Receiver) von per Satellit ausgestrahlten TV-Signalen, der gleichzeitig eine Verschlüsselung (z.B. für → *Pay-TV*) entschlüsselt und u.U. für digitale TV-Programme eine Wandlung in ein analoges und vom Fernseher verstandenes Format vornimmt.

IrDA

Abk. für Infrared Data Association.

Bezeichnung einer Vereinigung von knapp 100 Unternehmen aus den Bereichen Computertechnik und Telekommunikation mit Sitz in Walnut Creek, CA.

Gleichzeitig auch Name eines durch sie geschaffenen Industriestandards für Infrarotschnittstellen zwischen mobilen Rechnern und festen Rechnern (Punkt-zu-Punkt) oder auch anderen tragbaren kleinen Geräten (→ *Modems*, → *Faxgeräte*, → *Laptops*) über kurze Distanzen. Ein anderes Verfahren hierzu ist → *IRTran-P*.

Das gesamte Kommunikationsprotokoll von IrDA ist in drei Schichten aufgebaut. Unterste Schicht ist IrDA SIR (Serial Infra Red). Das ursprünglich vom Hause Hewlett-Packard (→ *HP*) entwickelte SIR ist technisch einfach im Aufbau (nutzt → *UARTs* wie den 16550) mit einer Reichweite von bis zu 3 m bei 30° Abstrahlwinkel. Idealerweise liegt der Abstand bei praktischer Anwendung jedoch bei 1 bis 1,5 m. Zwischen Sender und Empfänger muss in diesem Bereich Sichtverbindung bestehen.

Gesendet wird auf einer Wellenlänge von 880 nm (zum Vergleich: TV-Fernbedienungen liegen im Bereich von 880 bis 950 nm). Die Datenübertragungsrate von IrDA 1.0 liegt bei 115,2 kbit/s halbduplex, wobei die Datenübertragung zunächst mit einer Datenrate von 9,6 kbit/s startet und bei schlechterer oder besserer Verbindungsqualität auf 2,4 kbit/s sinken bzw. über 19,2 kbit/s, 38,4 kbit/s und 57,6 kbit/s auf die 115,2 kbit/s steigen kann.

Die höchstmögliche Datenrate ist mittlerweile auf 1,15 Mbit/s (schon unterstützt in einigen proprietären Produkten) und 4 Mbit/s im IrDA-1.1-Standard gestiegen.

Der Standard gilt als sparsam im Energieverbrauch und günstig.

Die Datenübertragung erfolgt → *HDLC*-ähnlich mit dem IrLAP-Protokoll in der Schicht über SIR. Darüber liegt IrLMP (Link Management Protocol). Insgesamt wird eine Fehlerrate von 10^{-9} angestrebt.

Gegründet wurde IrDA im Herbst 1993. Im Nov. 1993 wurde ein Vorschlag von HP zur seriellen Infrarot-Datenübertragung (SIR) zwei anderen Vorschlägen (Sharp, General Magic) vorgezogen und zur Norm erklärt.

IrDA konnte sich jedoch nicht wie erhofft durchsetzen, da es nur wenige Treiber gab und darüber hinaus sich die Geräteausrichtung als hinderlich für die spontane, häufige Benutzung erwies. Als ein vielversprechenderer Standard wird → *Bluetooth* angesehen.

→ *Wireless LAN*.

→ *http://www.irda.org/*

Irdeto

→ *Conditional Access*.

IRDP

Abk. für ICMP Router Discovery Protocol.

Bezeichnung für ein Protokoll, das auf einem an ein → *IP*-Netz angeschlossenen Host läuft und automatisch bei Ausfall des Routers, an den der Host angeschlossen ist, nach einem neuen sucht.

IRE

Abk. für Institute of Radio Engineers.

Bezeichnung einer der Vorläuferorganisationen der → *IEEE*. Gegründet 1912.

Iridium

Bezeichnet ein zunächst wirtschaftlich im Desaster geendetes Projekt für → *Satellitenmobilfunk* der Firma Motorola (und 17 weiteren Partnern), das mobile satellitengestützte Telekommunikation mittels Handgeräten weltweit ermöglichte. Die gesamten Investitionskosten wurden zur Mitte der 90er Jahre auf 3,4 bis 3,8 Mrd. $ (Kosten je Satellit: 38 Mio. $) geschätzt, lagen aber bei ca. 5 Mrd. $. Sitz des Unternehmens Iridium LLC ist Washington D.C./USA.

Aus Deutschland war die o.tel.o communications GmbH mit 10% beteiligt, die jedoch ihren Ausstieg im September 1998 ankündigte.

Lieferant für die → *GMSCs* war Siemens.

Iridium verfügt über 66 Betriebssatelliten auf sechs Bahnen und sechs Ersatzsatelliten (auf jeder Bahn einer). Ursprünglich sah die Konfiguration 77 Satelliten vor, woraus der Name Iridium resultiert, welches das 77. Element im Periodensystem ist. Nach der Namenswahl erkannte man jedoch die Möglichkeit, durch Umgruppierung der Satelliten und Bahnen nur 66 Satelliten zu benötigen. Es gibt aber keine Pläne, durch die Änderung der Satellitenzahl den Namen in Disprosium zu ändern.

Die Satelliten befinden sich in polaren → *LEOs* (778 km, 100 Min. Umlaufzeit). Die Sprachübertragung erfolgte digital moduliert mit → *QPSK* und Faltungscodierung. Genutzt wird ferner ein kombiniertes → *TDMA* und → *FDM*-Verfahren. Jeder Satellit (689 kg schwer) stellt 3 840 voll-duplex Sprachkanäle auf 48 Beams, die von hochbündelnden Mehrstrahlantennen abgestrahlt werden zur Verfügung und ist, im Gegensatz zu anderen Satelliten-Mobilfunk-Systemen, über sog. Cross-Links mit anderen Satelliten verbunden. Diese operieren mit 25 Mbit/s im Bereich zwischen 22,5 GHz und 23,55 GHz (→ *Ka-Band*). In diesem Bereich liegt auch der Funk für Systemsteuerung (Erde-Satellit).

Die Verbindung mit dem terrestrischen Festnetz läuft über 20 weltweit verteilte GMSC, von denen 16 in den ersten drei Betriebsjahren in Betrieb gehen sollen.

Die Satelliten haben eine erwartete Lebenszeit von fünf bis acht Jahren. Die → *Inklination* liegt bei 86° (quasi polare Umlaufbahn), die minimale → *Elevation* bei 8°.

Es wurde zunächst Sprach- und in einem zweiten Schritt auch Daten- und Faxübertragung (letztere mit 2,4 kbit/s) angeboten. Dazu → *GPS* und globales → *Paging* mit einer Nachrichtenlänge von bis zu 200 Zeichen bzw. numerische Nachrichten bis zu 20 Ziffern Länge.

Iridium gilt als eine der größten High-Tech-Pleiten, auch wenn das Unternehmen weiter besteht. Die Iridium-Geschichte nahm bislang folgenden Verlauf:

1985

Die Idee zu einem satellitengestützten Mobilfunknetz entsteht der Überlieferung nach, als sich die Frau des Motorola-Ingenieurs Bary Bertiger im Urlaub bei ihrem Mann über die schlechte Empfangsqualität ihres Handys auf den Bahamas beschwert.

Ab 1987

Motorola-Ingenieure arbeiten (maßgeblich unter der Beteiligung von Bary Bertiger und später von Ken Peterson sowie Raymond Leopold) aus Chandler/Arizona verstärkt an dem Konzept.

1989

Die systematische Entwicklung beginnt nach Zustimmung durch Robert Galvin von der Motorola-Firmenleitung. Man rechnet mit ersten Satellitenstarts für 1994.

1990

Das Iridium-Konzept wird auf vier gleichzeitigen Pressekonferenzen in London, Melbourne, Peking und New York bekannt gegeben.

1991

Eine Trägergesellschaft (Iridium Inc.) wird etabliert. Das Management hat hochfliegende Pläne: Ab 2003 soll Gewinn gemacht werden. Die erwarteten Teilnehmerzahlen liegen bei 500 000 zum Jahresende 1999, 1,6 Mio. oder sogar 2 Mio. 2002; 3,2 Mio. 2007; 4,5 Mio. 2015.

1992

Die → *WARC* weist Frequenzen für mobile Satellitendienste zu. Die → *FCC* erteilt gleichzeitig eine Versuchskonzession.

Oktober 1994

Die FCC weist 5,15 MHz im 1,6-GHz-Bereich (L-Band, 1621,35 bis 1626,5 MHz) definitiv zu. Dieser Bereich kann erweitert werden bis auf 1618,25 MHz, falls nur ein satellitengestütztes → *CDMA*-System (→ *Globalstar*, → *Odyssey*, → *Ellipso*) zugelassen wird.

1994

Dem Konsortium tritt die deutsche Vebacom (später o.tel.o) bei.

Mai 1996

Durch die ITU werden international die Nummern 8816 und 8817 als Vorwahl zum Iridium-Netz reserviert.

Juli 1996

Das Hauptkontrollzentrum wird im US-Bundesstaat Virginia in Betrieb genommen. Dort sollten ca. 100 Personen arbeiten.

1996

Erste Satelliten werden fertiggestellt.

1997

Iridium geht zu einem Kurs von 22 $ an die Börse.

Januar bis April 1997

Die ersten drei Satelliten sollten am 19. Januar 1997 starten. Tatsächlich starteten die ersten fünf Satelliten am 29. April 1997 von dem US-Luftwaffenstützpunkt Vandenberg/Kalifornien mit einer Delta-II-Rakete von McDonnell Douglas nach zahlreichen Pannen zuvor. Mit ihnen wird ein Testbetrieb aufgenommen

August 1997

Es befinden sich 16 Satelliten auf ihren Umlaufbahnen.

September 1997

Es befinden sich 29 Satelliten auf ihren Umlaufbahnen.

31. Dezember 1997

Es befinden sich 46 Satelliten auf ihren Umlaufbahnen.

Frühjahr 1998

Die Aktie notiert zu ihren besten Zeiten bei 70 $.

Mai 1998

Es befinden sich alle 66 Satelliten auf ihren Umlaufbahnen.

August 1998

Es wird eine groß angelegte und globale Marketingkampagne für rund 140 Mio. $ gestartet („Anytime, Anywhere").

23. September 1998

Das System soll in Betrieb genommen werden. Dies scheitert jedoch zunächst an verschiedenen software- und raumfahrttechnischen Problemen. Nur ausgewählte Kunden können ab diesem Datum zu Testzwecken telefonieren.

Oktober 1998

Ein Iridium-Sprecher verkündet, man werde „die Industrie revolutionieren".

1. November 1998

Der offizielle Start erfolgt mit einem Telefonat über das Iridium-System durch US-Vizepräsident Al Gore.

Dezember 1998

Es zeichnet sich ab, dass sich der Markt eher schleppend entwickelt. Der Kurs der Iridium-Aktie beginnt zu bröckeln.

März 1999

Zum Monatsende gibt es 10 294 Kunden, womit man das Ziel von 52 000 Kunden verfehlt hat, das man sich im Dezember zuvor gesetzt hatte, um einen 800-Mio.-$-Kredit von der Chase-Manhattan-Bank und von Barclays zu erhalten.

Mai 1999
Die Geldgeber verlangen bis zur Jahresmitte 1999 27 000 Kunden, um weiterhin Kredite zu gewähren.

Juni 1999
15% der 550 Beschäftigten werden entlassen.

Weltweit hat Iridium zur Monatsmitte rund 15 000 Kunden. Im 1. Quartal 1999 macht Iridum 505 Mio. $ Verlust bei nur 1,45 Mio. $ Umsatz.

Ein weiterer Fristenaufschub der Geldgeber zum Monatsende soll schließlich bis zum 11. August die Wende bringen.

August 1999
Bei einem Kurs von 3 $ wird die Aktie vom Handel ausgesetzt.

Für das 2. Quartal wird ein Verlust von 2,2 Mrd. $ ermittelt. Der Hauptaktionär Motorola kündigt am Monatsanfang an, man werde weiter Geld zuschießen, sofern alle anderen Anteilseigner ebenfalls Geld geben. Als dies nicht erfolgt und Zinsen für Kredite nicht mehr gezahlt werden können, beantragt Iridium am 13. August 1999 Schutz vor seinen Gläubigern nach Artikel 11 der US-Bankrottgesetze und kündigt eine Sanierung sowie die Suche nach einem finanzstarken Investor an.

September bis Dezember 1999
Bis zum Jahresende gelingt es nicht, das Ruder herumzureißen. Regelmäßig stehen Einnahmen im einstelligen Millionen-$-Bereich Ausgaben im dreistelligen Millionen-$-Bereich gegenüber.

Februar 2000
Der Mobilfunk-Pionier und Unternehmer Craig McCaw bietet an, Iridium über seine Investmentfirma Eagle River für 600 Mio. $ zu übernehmen. Nach der Due Diligence zieht er jedoch Anfang März sein Angebot zurück.

17. März 2000
Das technische System wird um 11.59 Uhr (Ostküstenzeit der USA) abgeschaltet.

19. März 2000
Iridium stellt bei zuletzt 55 000 Kunden den Betrieb ein, informiert das Konkursgericht in New York darüber, dass es keinen Käufer gefunden hat und beginnt mit dem Verkauf aller Vermögensgegenstände. Der letzte Aktienkurs am 17. März hatte 0,656 $ betragen.

Dezember 2000
Die von Boeing neu gegründete Iridium Satellite LLC kauft das gesamte System für 25 Mio. $.

März 2001
Der neue Betreiber kündigt eine dreimonatige Testphase und den Übergang in den Regeldienst für Juni an. Die Gesprächsgebühren sollen 1,50 $ betragen. Gleichzeitig werden Datendienste ab dem 1. Juni 2001 und neue Endgerätetypen angekündigt.

Die Gründe für das Scheitern sind vielfältig und liegen in verschiedenen Bereichen:

- Zu früher Start mit technischen Problemen und schlechter Presse
- Zu hohe Endgerätepreise (anfangs 4 000 $, dann immer noch 1 500 $)
- Zu große/klobige Endgeräte, da die Konsumenten mittlerweile wesentlich kleinere Geräte aus den terrestrischen Mobilfunknetzen gewöhnt waren
- Zu hohe Gesprächsgebühren (zwischen 1,89 $ und 3,99 $ pro Minute, nach den Problemen um 65% gesenkt)
- Zu spätes Gegensteuern durch Marketingaktivitäten
- Zunächst die falsche Zielgruppe (international reisende Manager anstelle von Hilfsorganisationen, Regierungsstellen, Ölfirmen, Schiffseigner)

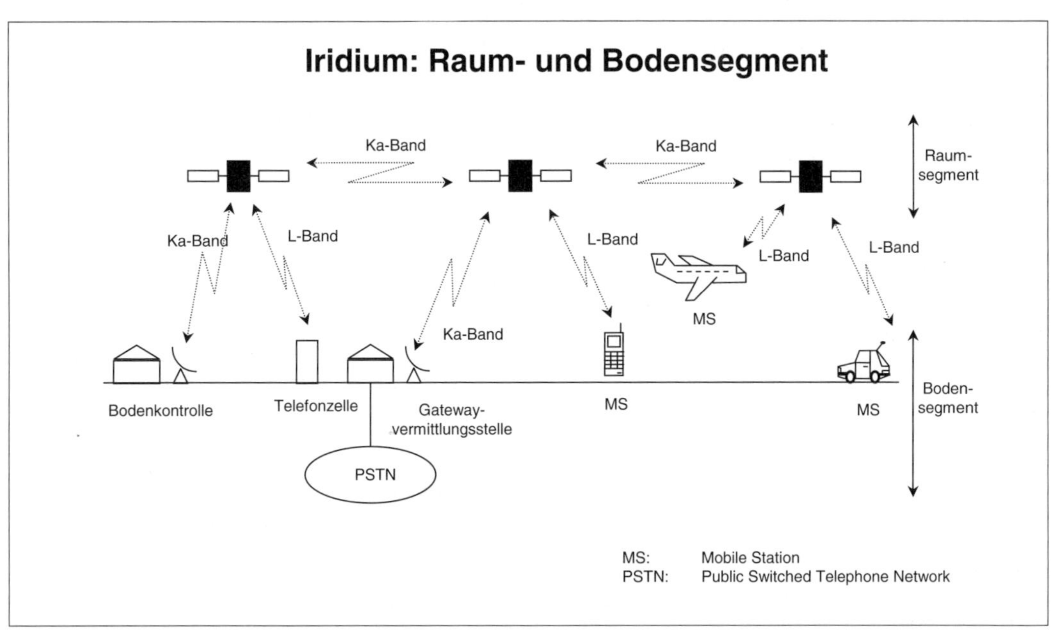

- Eine wenig aggressive und professionelle Vermarktung (kein Werbematerial vorhanden, uninformiertes Vertriebspersonal etc.)
- Insgesamt überschätztes Marktvolumen, da die terrestrischen Mobilfunknetze mittlerweile sehr weit verbreitet waren
- Unerfahrene Partner sowohl unter den Geldgebern als auch unter den technischen Partnern (Betreiber der Gateways)

→ *http://www.iridium.com/*

Irix

Bezeichnung einer Variante des → *Betriebssystems* → *Unix* aus dem Hause Silicon Graphics.

IRP

Abk. für Interior Routing Protocol.
Bezeichnung eines Protokolls zum → *Routing* innerhalb von Teilnetzen des → *Internets*, die als autonome Systeme betrachtet werden können und – im Gegensatz zu → *ERP* – keine Routinginformationen mit anderen externen Netzen austauschen.

IRQ

Abk. für Interrupt Request (Line).
Bezeichnet in Rechnern spezielle Kanäle, über die → *Interrupts* zur → *CPU* gesendet werden können. Verschiedene derartige Kanäle sind für verschiedene Peripheriegeräte reserviert, z.B. für → *Drucker*, → *Maus*, Bus-Controller etc.

IRSG

Abk. für Internet Research Steering Group.
Bezeichnung eines das → *Internet* mitverwaltenden Gremiums. Es ist der → *IRTF* unterstellt.

IRT

Abk. für Institut für Rundfunktechnik.
Bezeichnung eines gemeinsamen Instituts der deutschen, schweizerischen und österreichischen öffentlich-rechtlichen Rundfunkanstalten zur technischen Weiterentwicklung des Rundfunks. Sitz ist München.
→ *http://www.irt.de/*

IRTF

Abk. für Internet Research Task Force.
Bezeichnung eines Gremiums, das sich längerfristige technische Forschungsarbeit bedingende Weiterentwicklungen des → *Internet* zur Aufgabe gemacht hat. Die IRTF ist dem → *IAB* direkt unterstellt und über dem → *IRSG* angesiedelt. Die IRTF gliedert sich in sieben Forschungsgruppen.
→ *http://www.irtf.org/*

IRTran-P

Bezeichnung eines offenen Datenübertragungsverfahrens über sehr kurze Entfernungen (einige 10 cm) mit Hilfe optischer Übertragung im infraroten Spektrum des Lichtes.
Ein ähnliches Verfahren ist → *IrDA*.
IRTran-P wurde gemeinsam von → *NTT*, Casio Computer, Sony, Sharp und Okaya Systemware entwickelt.

IRU

Abk. für Indefeasible Rights of Use.

IS

1. Abk. für Interim Standard.
   Bezeichnung für vorläufige Standards in den USA.
2. Abk. für International Standard.
   Bezeichnung für international gültige Standards der → *ISO*.

IS 54

Abk. für Interim Standard No. 54.
→ *AMPS*.

IS 95

Abk. für Interim Standard No. 95.
Bezeichnung für einen auf → *CDMA* als Zugriffsverfahren aufbauenden Mobilfunkstandard für zellularen → *Mobilfunk* der 2. Generation.
Das ursprüngliche IS 95 ist seit Juli 1993 auf Basis von 1,25 MHz-Bändern von der → *TIA* als IS 95a genormt. Das Verfahren basiert auf logischen Kanälen mit 9,6 kbit/s (bis 115,2 kbit/s möglich) zur Nutzdatenübertragung, die auf einen breitbandigen Kanal mit einer Chiprate von 1,2288 Mbit/s gespreizt wird (128 Kanäle). Die Framelänge beträgt 20 ms. Dabei werden ein → *Faltungscodierer* (1 zu 2) und → *Interleaving* genutzt. Zusätzlich wird das Signal mit einem von 64 möglichen orthogonalen Codes (Walsh-Funktion) gespreizt.
Für die Datenübertragung kann die Nutzdatenkapazität für leitungsvermittelte Datenübertragung (→ *Leitungsvermittlung*) durch Reduzierung der → *Kanalcodierung* auf 14,4 kbit/s gesteigert werden.
Terminals (Handys) senden mit max. 200 mW. Ihre Sendeleistung wird automatisch in Abhängigkeit von den aktuellen Übertragungseigenschaften variiert. Insbesondere der Abstand zur nächstgelegenen Basisstation wird dabei berücksichtigt. Der Zellenradius beträgt max. 2,5 km.
Eine Ergänzung zu IS 95a ist IS 707a. Dieser Standard ermöglicht die Implementierung von analoger Faxübertragung in IS-95a-Netzen.
IS 95b ist eine Weiterentwicklung, die hauptsächlich dazu führt, dass Daten paketvermittelt (→ *Paketvermittlung*) mit einer Datenrate von 64 kbit/s übertragen werden können. Die Implementierung von IS 95b in bestehenden IS-95a-Netzen gilt jedoch als aufwendig und teuer. Dennoch haben einige Netzbetreiber in wettbewerbsintensiven Märkten, insbesondere in Asien, diese Technologie gegen Ende der 90er Jahre implementiert.
IS 95 ist neben → *GSM 1900* Basis für einige → *PCS*-Netze in den USA.
Das Verfahren basiert auf den originären CDMA-Verfahren aus dem Hause Qualcomm und wird daher auch QCDMA oder manchmal CDMAone genannt. Häufig wird IS 95 auch mit CDMA gleich gesetzt, obwohl streng genommen CDMA ein grundsätzliches Verfahren für den Kanalzugriff

und IS 95 ein konkreter, anwendungsbezogener technischer Standard ist.

IS 136

Abk. für Interim Standard No. 136.

→ *D-AMPS.*

ISA

1. Abk. für Industry Standards Architecture.

   Bezeichnet einen synchronen 8 oder 16 Bit breiten Datenbus, der als PC-Bus (8 Bit breit, auch XT-Bus genannt, weil auch unverändert im → *XT* eingesetzt) 1981 zum Einsatz in den ersten → *PCs* von IBM entwickelt wurde und später auch im → *AT* PC von IBM mit 16 Bit Breite zum Einsatz kam (dort auch AT-Bus oder, selten, Erweiterungsbus genannt).

   Die Einsteckplätze für ISA-fähige Karten in PCs sind an langen, schwarzen Steckern zu erkennen.

   Der ISA-Bus überträgt je 8 Bit mit einem Paritätsbit und verfügt über 8 Daten- und 20 Adressleitungen (XT-Bus) bzw. 16 Daten- und 24 Adressleitungen (AT-Bus). In der letzteren Version können daher bis zu 16 MByte Speicher adressiert werden.

   Ein externer Bus-Master zur direkten Kontrolle des Busses ist nicht möglich. Wird daher von der → *CPU* oder einem → *DMA*-Controller gesteuert. Überträgt mit 4 oder auch 5 MByte/s (getaktet mit 4,77 beim XT- oder 8 MHz beim AT-Bus) und gilt daher heute als langsam und überholt, da viele an einen PC-Bus anzuschließende externe Einheiten einen höheren Durchsatz als nur 5 MByte/s erfordern. Der ISA-Bus besitzt allerdings niedrige Latenzzeiten und ist billig.

   Ursprünglich legte IBM die Spezifikation des Busses nicht komplett offen, weshalb es zunächst viele Kompatibilitätsprobleme gab. Ab 1987 veröffentlichte die → *IEEE* jedoch die komplette Spezifikation.

   Der ISA-Bus wurde später von IBM (→ *MCA*) und anderen (→ *EISA*) erweitert.

   Mittlerweile haben viele hergestellte PCs nur noch wenige oder gar keine ISA-Einsteckplätze mehr.

   Das endgültige Aus für den ISA kam im Juli 1998, als die Unternehmen Intel und Microsoft ihre Spezifikation → *PC99* für eine PC-Architektur des Jahres 2000 und später vorstellten. In dieser Spezifikation ist kein ISA-Steckplatz mehr vorgesehen.

2. Abk. für Integrated Services Architecture.

   Auch mit IntServ abgekürzt. Bezeichnung eines seit 1994 existierenden Projektes zunächst der → *IRTF* und mittlerweile der → *IETF* mit dem Ziel, eine Servicearchitektur für das → *Internet* zu definieren, die Echtzeitdienste und Nicht-Echtzeitdienste durch verschiedene Mechanismen (Überlastkontrolle, Prioritäten, Bandbreitenreservierung etc.) auf einer technischen Ebene integriert und für diese Dienste die jeweils erforderliche Quality of Service (→ *QoS*) ermöglicht. Bestandteil der ISA ist das → *RSVP.*

   Ein in den Zielen gleiches, in der Umsetzung jedoch anderes Konzept ist → *Diffserv*, da bei Diffserv grundsätzliche Klassen von Diensten definiert werden, wohingegen bei Intserv für jeden einzelnen IP-Datenstrom individuell durch den Nutzer mit RSVP die gewünschten Ressourcen beliebig angefordert werden können. Dies steht im Gegensatz zur herkömmlichen IP-Übertragung, bei der jedes IP-Paket gleich behandelt wird und allen IP-Datenströmen gemäß dem Prinzip eines ‚Best Effort'-Dienstes ein gleich guter (oder schlechter) Anteil an den Netzressourcen zugewiesen wird.

   Intserv hat auch die Möglichkeit, dass eine Ressourcenanforderung dann komplett zurückgewiesen wird (Admission Control) oder nur in eingeschränktem Maß erfüllt wird. Mit Hilfe von → *Traffic Shaping* am Netzeingang kann bei Intserv dann dafür gesorgt werden, dass das Netz nicht überlastet wird.

   Im Laufe der Zeit stellte sich heraus, dass eine derartige Architektur im Rahmen eines zentral kontrollierten → *Intranets* oder in anderen, begrenzten Subnetzen umsetzbar ist, nicht jedoch in einem dezentralen, sich dynamisch verändernden und globalen Internet. Der Grund hierfür liegt darin, dass der Aufwand der Umsetzung in großen Netzen zu groß ist und dass der Overhead zur individuellen Verwaltung jedes einzelnen, durch den Router durchgehenden IP-Datenstroms (Reservierungsanforderungen und -bestätigungen oder -ablehnungen, neue Reservierungsanforderungen auf alternativen Pfaden, Analyse eingehender Pakete, Einteilung in eine passende Warteschlange, Verwaltung der diversen Warteschlangen etc.) im Verhältnis zur übertragenen Nutzdatenmenge unverhältnismäßig hoch ist.

   Die ISA wurde maßgeblich von Robert ‚Bob' Braden, S. Shenker und David D. Clark entwickelt und im RFC 1633 vom Juli 1994 definiert.

   → *http://www.ietf.cnri.reston.va.us/html.charters/intserv-charter.html*

3. Abk. für International Federation of the National Standardization Associations.

   → *ISO.*

4. Abk. für Instrument Society of America.

   Bezeichnung eines Zusammenschlusses verschiedener Hersteller von Mess- und Regeltechnik in den USA mit dem Ziel der Standardisierung elektronischer und mechanischer Komponenten.

ISAKMP

Abk. für International Security and Key Management Protocol.

Bezeichnung für ein Protokoll, das in → *IP*-basierten Netzen, in denen → *IPSec* eingesetzt wird, zur Verwaltung von Verschlüsselungsverfahren verwendet wird. ISAKMP dient dabei vor der eigentlichen geschützten Datenübertragung mit IPSec der Authentifizierung von Sender und Empfänger sowie dem Aushandeln von Verschlüsselungsverfahren und seinen Parametern (Verfahren, Schlüssellänge, Schlüssel) zwischen beiden. Ferner bietet ISAKMP auch einen begrenzten Schutz vor der unbefugten Nutzung Dritter durch sog. Anti-Clogging-Tokens.

ISAKMP setzt dabei die Nutzung von → *Public-Key-Verfahren* voraus und operiert in zwei Schritten. Zunächst verständigen sich die zwei ISAKMP-Parteien von Sender und Empfänger darüber, wie die ISAKMP-Daten selbst geschützt übertragen werden. In einem zweiten Schritt werden die eigentlichen Verschlüsselungsinformationen übertragen.

Definiert is ISAKMP im RFC 2408.

ISAM

Abk. für Indexed Sequential Access Method.

Bezeichnung einer weit verbreiteten indexsequenziellen Datenbankzugriffsmethode. Dabei wird für eine Datenbank ein Index erstellt. Nach den einzelnen Inhalten des Index kann die Datenbank sequenziell, d.h. Datensatz für Datensatz, durchsucht werden.

Nachteilig sind schlechte Performanceeigenschaften in dynamischen Datenbeständen bei häufigen Einfüge- und Löschoperationen.

ISAM war die erste indexsequenzielle Zugriffsmethode. Vorgestellt von IBM 1966. ISAM war Bestandteil des → *Betriebssystems* OS/360 für den → *Mainframe* → *IBM /360*.

ISBN

Abk. für International Standard Book Number.

Bezeichnung für einen weltweit eindeutigen Code, der jedes kommerziell verwertete Buch kennzeichnet.

→ *ISMN*.

ISC

1. Abk. für International Switching Center.

   Bezeichnung für eine Vermittlungsstelle (Switching Center), die Verkehr in Netze anderer Netzbetreiber in anderen Ländern weiterleitet und von dort kommenden Verkehr in das eigene Netz vermittelt. In Deutschland auch Auslandvermittlungsstelle genannt.

2. Abk. für Internet Software Consortium.

   Bezeichnung für eine nichtkommerzielle Organisation in den USA mit dem Ziel, Standardsoftware für Netzmanagement im → *Internet* zu entwickeln.

   → *http://www.isc.org/*

ISDN

Abk. für Integrated Services Digital Network.

Bezeichnet das digitale, leitungsvermittelnde Netz zur gleichzeitigen Übertragung von Sprache und Daten. Das ISDN wurde von der → *ITU* in Grundzügen 1984 im Rotbuch genormt (Verbesserungen 1988).

Im herkömmlichen, analogen Fernmeldenetz (→ *POTS*) war nur die Übertragung analoger Signale (Töne) möglich. Daneben existierten lange Zeit weitere separate Netze zur leitungsvermittelnden und paketvermittelnden Datenübertragung (in Deutschland: → *Datex-P* und → *Datex-L* von der Bundespost/Telekom) oder für den Telexverkehr (→ *Telex*).

Ziel bei der Entwicklung von ISDN war es ursprünglich, über nur ein Netz (eben das ISDN) alle → *Dienste* mit einer Reihe zusätzlicher Dienstmerkmale (wie z.B. Anrufweiterschaltung etc.) und digitaler Übertragung von Ende zu Ende abzuwickeln. Aus Sicht eines Netzbetreibers bot ISDN damit die Chance die Anzahl der Netze und damit der unterschiedlichen technischen Plattformen zu reduzieren. Kritisch anzumerken ist, dass dieses Ziel nicht wie geplant erreicht wurde, da der technische Fortschritt zu neuen Netzplattformen (→ *Frame Relay*, → *ATM*) geführt hat und die Nutzer gewachsene Anforderungen hatten, die ISDN nicht mehr erfüllen konnte. Das „I“ hat dadurch so gut wie nicht stattgefunden.

ISDN baut auf der Trennung von Nutzsignalkanälen und Signalisierungskanälen zur → *Zeichengabe* auf und nutzt → *SS#7* zwischen den Vermittlungsstellen (nicht im D-Kanal des Teilnehmeranschlusses).

Die Nutzkanäle werden mit B-Kanal (Bearer Channel, Übertragungskanal) bezeichnet, wohingegen die Signalisierungskanäle mit D-Kanal (Data Channel, Datenkanal) bezeichnet werden.

Hinsichtlich der Kombination der B- und D-Kanäle unterscheidet man zwei ISDN-Anschlüsse, die am Markt angeboten werden:

- Der Basisanschluss, auch mit BRA (Basic Rate Access) oder BA sowie BaAs (Basisanschluss, Basic Access) abgekürzt.

  Er besteht aus zwei Nutzkanälen (B-Kanal) zu je 64 kbit/s (56 kbit/s in USA) und einem Signalisierungskanal (D-Kanal) zu 16 kbit/s, in ISDN-Terminologie beschrieben durch die Formel 2B+D. Der Anschluss an die nächstgelegene Teilnehmervermittlung erfolgt über eine kupferbasierte Zweidrahtleitung zu 192 kbit/s (inkl. 48 kbit/s Synchronisationsinformation). Die B-Kanäle sind in Deutschland im → *TDMA* Verfahren mit dem → *4B3T*-Code auf den Dräeten realisiert.

  Dadurch vermindert sich die Übertragungsrate auf 120 kBaud (→ *Baud*). In anderen Teilen Europas und den USA wird ein quaternärer Code (→ *2B1Q*) mit 80 kBaud genutzt.

  Duplexübertragung wird mit dem → *Echokompensationsverfahren* erreicht.

  Bis zu acht Endgeräte können auf der Nutzerseite beim Mehrgeräteanschluss an dem bis zu 200 m langen, vieradrigen (1a, 1b, 2a, 2b) Anschlussbus, genannt S-Bus, über zwölf vorhandene S_0-Schnittstellen angeschaltet werden. Der Bus wird mit 100 Ohm an beiden Enden abgeschlossen und basiert auf dem Kabeltyp I-Y (ST) Y 2 x 2 x 0,4, d.h. der Aderndurchmesser beträgt 0,4 mm. Der Abstand zwischen dem Endgerät und der S_0-Schnittstelle darf dabei bis zu 10 m betragen.

  Als Alternative zu diesem Bus gibt es kleinformatige, sog. ISDN-Steckerleisten (ISL), die in den NT gesteckt werden und sechs Stecker für Endgeräte zur Verfügung stellen, die prinzipiell über einen internen S-Bus innerhalb der ISL an den NT angeschlossen sind.

  Diese Endgeräte können, im Fall des nationalen 1TR6-Protokolls auf dem D-Kanal, durch die Endgeräteauswahlziffer (EAZ), welche die letzte Ziffer der Nummer des Teilnehmers ist, unterschieden werden. Sie wird einfach an die normale Rufnummer angehängt.

Beim Euro-ISDN in der Variante des Mehrgeräteanschlusses werden hingegen aus dem Bestand der lokalen Vermittlung nicht notwendigerweise aufeinander folgende Rufnummern für die Endgeräte (MSN, Multiple Subscriber Number, Mehrfachrufnummern) vergeben, von denen auch mehrere nur ein Endgerät adressieren können. Auch in diesem Fall werden die Nummern beim Endgerät eingestellt.

Es werden üblicherweise zwei verschiedene Endgeräte (Terminal Equipment, TE) unterschieden:

- TE1: Hierbei handelt es sich um ISDN-fähige Endgeräte, die über eine vierdrahtige Schnittstelle an den S-Bus angeschlossen werden.
- TE2: Hierbei handelt es sich um nicht-ISDN-fähige Endgeräte, die nicht für einen direkten Anschluss an den S-Bus vorgesehen sind. Sie können aber über einen Terminaladapter (TA) angeschlossen werden. Man unterscheidet dabei verschiedene TAs, die entweder als eigene Geräte ausgeführt sind oder in andere Geräte integriert sind, so dass sie nur an einer zusätzlichen Buchse erkennbar sind:
  - TA a/b: Damit (→ *a/b-Wandler*) können alte analoge Endgeräte angeschlossen werden.
  - TA X.21/X.21bis: Damit können Endgeräte, die bislang an leitungsvermittelten Datennetzen (z.B. dem Datex-L-Netz) angeschlossen waren, mit dem ISDN verbunden werden.
  - TA X.25: Damit können Endgeräte, die bislang an einem X.25-Netz hingen, angeschlossen werden.

Im Fall einer Ausführung des Anschlusses als Anlagenanschluss kann der S-Bus bis zu 1 000 m lang sein und man kann eine kleine oder mittlere TK-Anlage anschließen. Dieser Anlagenanschluss hat den Vorteil der Durchwahl, d.h., alle angeschlossenen ISDN-Endgeräte haben mit Sicherheit die gleiche Telefonnummer und unterscheiden sich nur an der letzten Stelle/den letzten Stellen.

Sollen hingegen neben einer kleinen oder mittleren TK-Anlage weitere Einzelgeräte betrieben werden, dann ist auch in diesem Fall der Mehrgeräteanschluss zu wählen, d.h., an den Mehrgeräteanschluss kann maximal eine TK-Anlage angeschlossen werden.

Eine kleine ISDN-fähige TK-Anlage stellt üblicherweise acht TAEs und zwei TA a/b als Anschlussbuchsen zur Verfügung, d.h. alte, analoge Endgeräte (z.B. ein Faxgerät) können an einer solchen Anlage ohne zusätzlichen TA a/b am S-Bus betrieben werden.

- Der Primärmultiplexanschluss, bestehend aus 30 B-Kanälen (wegen → *PCM-30*-System, → *E1*), einem Synchronisationskanal und ei-nem Signalisierungskanal (D-Kanal) mit einer Kapazität von 64 kbit/s.

  Er wird auch mit PA (Primary Access), PRA (Primary Rate Access) oder PMX (Primärmultiplex) abgekürzt. Er ist so benannt worden, weil die 30 B-Kanäle mit insgesamt 2,048 Mbit/s insgesamt die Bitrate der ersten Hierarchiestufe im Multiplexsystem des öffentlichen Übertragungsnetze der Anbieter ergeben.

  In den USA und Japan existiert eine andere PCM-Hierarchie, weswegen dort PCM-24 (→ *T1*) die Grundlage ist und daher ein Primärmultiplexanschluss nur 23 B-Kanäle plus einen D-Kanal besitzt.

In der Vermittlungsstelle ist der Teilnehmer über eine Line Termination (LT) angeschlossen. Sie stellt die U-Schnitt-

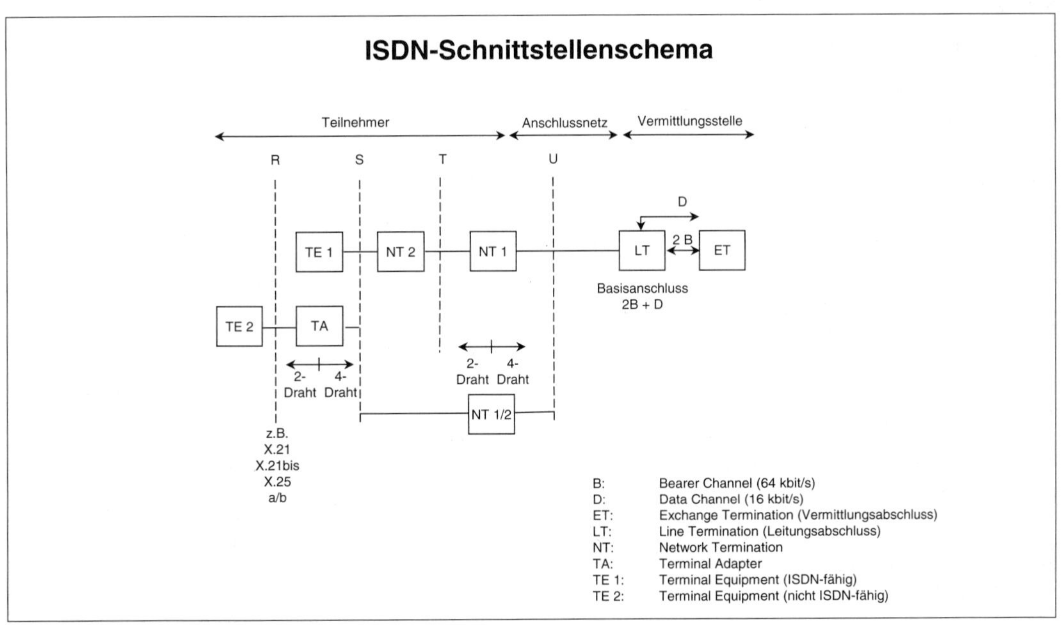

stelle zur Verfügung. Es stehen dafür verschiedene konkrete, standardisierte Schnittstellen zur Verfügung, z.B. → *V2M* für Primärmultiplexanschlüsse oder → *V* 5.1 für Basisanschlüsse des Euro-ISDN und eine → *Channelbank* für Basisanschlüsse des nationalen, deutschen ISDN.

Beim Teilnehmer wird mit einer Network Termination (NT, z.B. NTBA für den Basisanschluss bzw. NTPA für den Primärmultiplexanschluss) abgeschlossen, vor der die S-Schnittstelle mit dem Terminal Equipment (TE) liegt.

Man unterscheidet beim angeschlossenen Teilnehmer zwischen zwei NTs:

- NT1 mit Funktionen der Schicht 1 des → *OSI-Referenzmodells*. NT1 entspricht der LT in der Vermittlungsstelle, nur auf der Teilnehmerseite.
- NT2 mit Funktionen von Schicht 1 bis 3 des → *OSI-Referenzmodells*.

Die NT sollte immer über eine eigene Stromversorgung (230 V) verfügen. Dies ist nicht notwendig, wenn die angeschlossenen Geräte ihrerseits über eine eigene Stromversorgung verfügen.

Im ISDN wird zwischen Trägerdiensten und Telediensten unterschieden.

Trägerdienste definieren die grundsätzlichen Prinzipien der Datenübertragung. Bei ihnen wird zwischen dem herkömmlichen, leitungsvermittelten Dienst (→ *Leitungsvermittlung*) und dem paketvermittelnden Dienst (→ *Paketvermittlung*) unterschieden. In beiden Fällen werden Protokolle der Schichten 1 bis 3 des → *OSI-Referenzmodells* beschrieben.

Teledienste beschreiben die von einem Anwender für verschiedene Applikationen nutzbaren Dienste, die anhand einer Dienstkennung unterschieden werden, die von Endgeräten ausgewertet werden kann. Die folgende Tabelle gibt einen Überblick über die Dienstkennungen:

Dienstkennung	Dienst
1	Telefonie (Sprachübertragung)
2	Fax (Gruppe 2 oder 3) Modembetrieb
3	TA X.21
4	Fax (Gruppe 4)
5	BTX
7	V.110
8	TA X.25
9	Teletex
10	ASCII-Übertragung und Grafik
13	Fernwirken, Telemetrie
14	Fernzeichnen
15	BTX, neuer Standard
16	Bildtelefonie

Ursprünglich war ISDN auch zur LAN-Kopplung vorgesehen, jedoch haben die enorme Entwicklung des Bandbreitenbedarfs und der Erfolg anderer Techniken (→ *Frame Relay*, → *ATM* und insbesondere → *IP*) in diesem Bereich die ISDN-Entwicklung überholt.

Zwar führte die Entwicklungen eines europaweiten ISDN-Standards (auch → *Euro-ISDN* genannt) zum entstehen eines großen Marktes für Endgeräte und diverse Forschungsprojekte entwickelten das Breitband-ISDN, genannt → *B-ISDN*, das wiederum auch zur LAN-Kopplung dienen sollte, jedoch verhinderte dies nicht, dass ISDN im Datenverkehr kaum eine Rolle spielt und von B-ISDN als Zukunftstechnologie kaum mehr gesprochen wird.

Mit Hilfe des → *Inversen Multiplexing* ist es möglich, höhere Datenraten durch das ISDN zu übertragen.

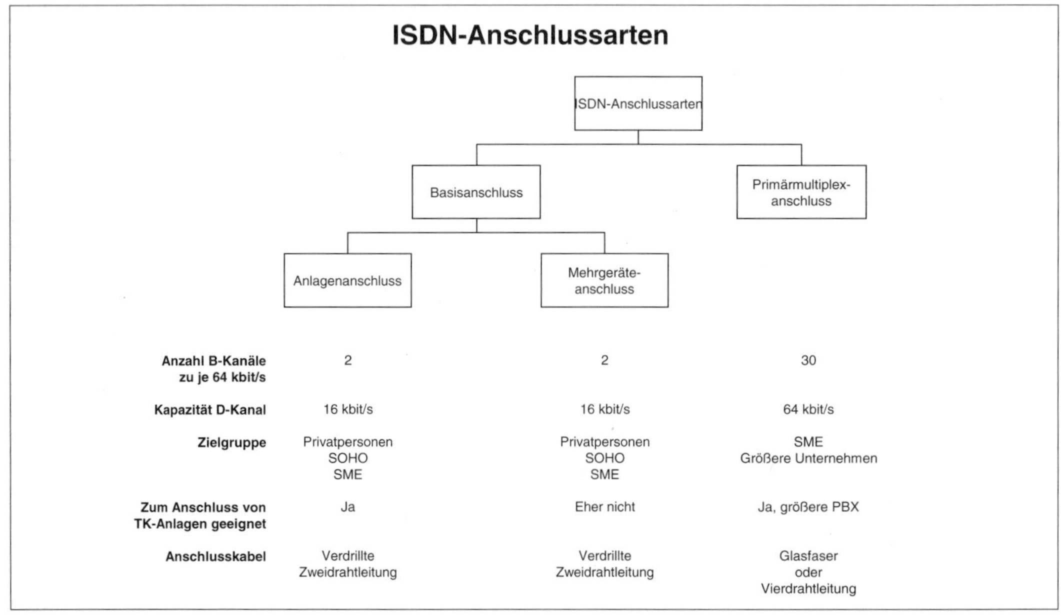

ISDN-Anschlussarten
ISDN-Anschlussarten
Basisanschluss
Primärmultiplex-anschluss
Anlagenanschluss
Mehrgeräte-anschluss
Anzahl B-Kanäle zu je 64 kbit/s
2
2
30
Kapazität D-Kanal
16 kbit/s
16 kbit/s
64 kbit/s
Zielgruppe
Privatpersonen SOHO SME
Privatpersonen SOHO SME
SME Größere Unternehmen
Zum Anschluss von TK-Anlagen geeignet
Ja
Eher nicht
Ja, größere PBX
Anschlusskabel
Verdrillte Zweidrahtleitung
Verdrillte Zweidrahtleitung
Glasfaser oder Vierdrahtleitung

Weitere → *Dienstmerkmale* des ISDN sind definiert in I.252 bis I.257.

Der D-Kanal nutzt ein separates D-Kanal-Protokoll, das erst in der Ortsvermittlung zu SS#7 umgesetzt wird. Mangels geeigneter Standards wurde die Signalisierung zwischen dem Teilnehmer und der Ortsvermittlung zunächst mit nationalen Protokollen abgewickelt. Der D-Kanal kann aber auch zum schmalbandigen Nutzdatentransport benutzt werden (→ *Packet Mode Bearer Service*).

Das auf dem D-Kanal abgewickelte Signalisierungsprotokoll richtete sich in Deutschland zunächst nach → *1TR6*, in Frankreich z.B. nach → *VN2* und in GB nach → *DASS2*. Erst seit Dezember 1993 existiert ein europaweiter Standard (→ *Euro-ISDN*) nach E-DSS1, auch nur → *DSS1* und innerhalb der Deutschen Telekom 1TR67 genannt.

Vorteile der europaweiten Lösung mit DSS1 sind:

- Endgeräte können in Großserie günstig hergestellt und in ganz Europa verkauft werden.
- ISDN-Dienstmerkmale können europaweit (= grenzüberschreitend) genutzt werden.

1TR6 ist ein von der Deutschen Telekom in den 70er Jahren entwickeltes Signalisierungsprotokoll. Es wird seit Dezember 1993 nur noch auf ausdrücklichen Wunsch installiert und wird nur noch bis zum Ende des Jahres 2005 vom Netz der Deutschen Telekom unterstützt.

ISDN ist insbesondere in Deutschland erfolgreich und wird weltweit immer mehr eingesetzt. Es gab teilweise sehr unterschiedliche Vermarktungsstrategien der Anbieter. So wurde ISDN z.B. in GB von BT zunächst exklusiv im Geschäftskundensegment vermarktet. Seit einigen Jahren wächst auch der US-Markt. Erfolgsfaktoren für die Verbreitung in Deutschland sind der Boom der Online-Dienste und die Verbreitung der PCs in Verbindung mit günstigen ISDN-Karten für PCs und einer wirksamen Tarifpolitik. Insbesondere führt dies zu einer steigenden Verbreitung im Privatkundenmarkt. In Deutschland spielte auch ein zur CeBIT ,95 begonnenes und bis zum 30. Juni 1996 laufendes Förderprogramm der Deutschen Telekom eine Rolle, das rund 600 000 neue ISDN-Kunden (davon 2/3 Privatkunden) ergab. Die Zahl der von der Deutschen Telekom vermarkteten B-Kanäle (in Mio.) in Deutschland nahm folgenden Verlauf (Angaben zum Jahresende):

Jahr	Anzahl B-Kanäle zum Jahresende
1990	0,084
1991	0,28
1992	0,6
1993	1,1
1994	1,8
1995	2,9
1996	5,2
1997	7,3
1998	10,1
1999	13,4
2000	17,3

Die PC-Karten sind als aktive und passive ISDN-Karten erhältlich. Bei aktiven Karten wickelt ein eigener Prozessor auf der Karte die Kommunikation ab, so dass auf dem PC ganz normal weitergearbeitet werden kann. Bei passiven Karten übernimmt diese Aufgabe der Prozessor des PCs.

Scherzhaft wird ISDN angesichts schleppender Einführung durch Netzbetreiber, insbesondere in den USA, und aufkommende alternative oder leistungsfähigere Techniken (→ *ADSL*, → *Kabelmodems*, → *V.90*) auch mit „I still don't need“, „Incredibly slow Data Networking“, „Innovations

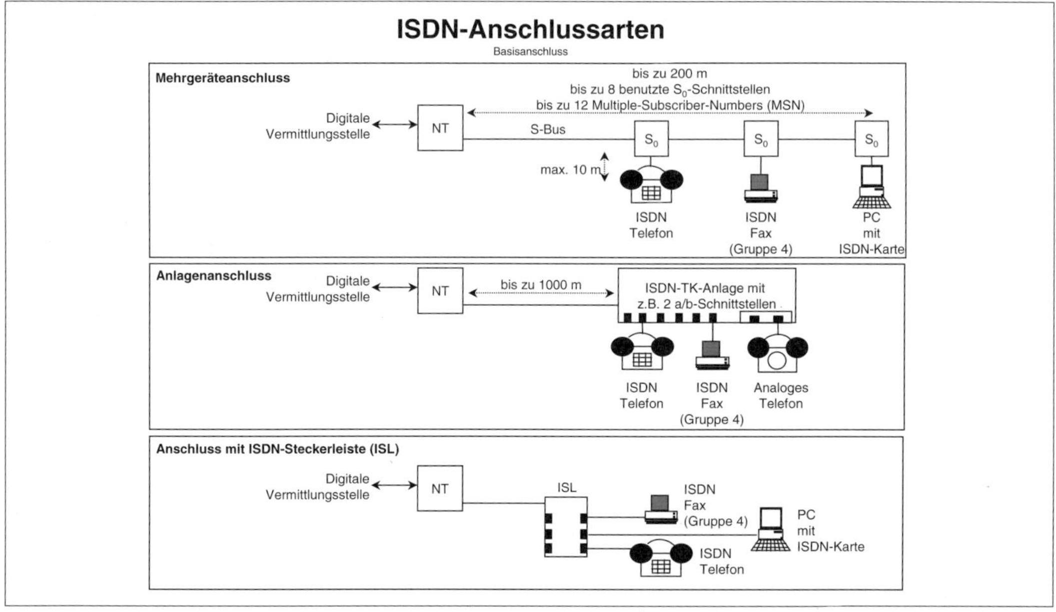

Subscribers don't need“ oder „Ist sowas denn nötig?“ übersetzt. Durch die Einführung neuer Technologien, wie z.B. → *AO/DI*, versucht die ISDN-Gemeinde gegenzusteuern. Mittlerweile versuchen auch mehrere Konsortien wie z.B. das → *IMUIMG* oder die → *VIA*, die Verbreitung von ISDN zu fördern.

Die Entwicklung von ISDN geht auf Ideen von AT&T aus den späten 70er Jahren zurück. 1980 bereits definierte die ITU bzw. deren Vorläuferin CCITT die ersten Richtlinien. Entwickelt wurde ISDN dann hauptsächlich in den 80er Jahren. Der erste stabile Standard wurde 1984 im → *Redbook* veröffentlicht.

Die Standards der ITU lassen sich grob in folgende Klassen einteilen:

- I.100-Reihe: Grundlegende Konzepte, Begriffe und erwartete Entwicklungen
- I.200-Reihe: → *Dienste* und Dienstmerkmale
- I.300-Reihe: Netzanforderungen
- I.400-Reihe: Schnittstellen

In den USA startete ISDN als Versuchsdienst 1986. Mit dabei als einer der ersten Kunden war die Schnellimbisskette McDonald's.

Weltweit gab es gegen Jahresende 1987 den ersten Regeldienst in Frankreich (Numeris) und 1988 in GB.

In Deutschland starteten erste Feldversuche der Deutschen Telekom 1987 in Mannheim und Stuttgart, wobei rund 2 800 ISDN-fähige Endgeräte für Telefonie und 112 andere Endgeräte eingesetzt wurden. 30 verschiedene Hersteller (Netzkomponenten und Endgeräte) waren an diesem Pilotprojekt beteiligt.

Der Regeldienst mit → *Overlaynetz* startete mit der offiziellen Einweihung auf der CeBIT durch Bundeskanzler Helmut Kohl im März 1989 in Ballungszentren (Berlin, München, Hannover, Hamburg, Frankfurt, Stuttgart, Mannheim) mit je 1 000 Anschlüssen. Ende 1989 gab es 114 ISDN-fähige Orts-Fernvermittlungen, bis Ende 1993 war mit 700 Vermittlungen die Flächendeckung annähernd erreicht. Die komplette → *Digitalisierung* des Netzes war Ende 1997 abgeschlossen.

Die 1. internationale Verbindung aus Deutschland in das benachbarte Ausland wurde am 12. Oktober 1989 in die Niederlande geschaltet. ISDN-Verbindungen nach Frankreich folgten ab Oktober 1990.

1 Mio. B-Kanäle waren im September 1993 in Betrieb. Ende 1994 wurden ca. 3% aller Hauptanschlüsse als ISDN-Anschluss betrieben. Die flächendeckende Verfügbarkeit lag in Deutschland Ende 1995 vor, als die → *Digitalisierung* einer hinreichend großen Zahl von Vermittlungsstellen erreicht war.

Alle EU-Staaten bis auf Griechenland boten ab 1992 ISDN zumindest als Pilotversuch und ab 1994 auch als Regeldienst an. Ab 1995 bot auch Griechenland ISDN an.

→ *http://www.ralphb.net/ISDN/*

→ *http://www.sms.co.uk/isdn/home.html/*

→ *http://www.informatik.uni-bremen.de/henker/dank/*

ISI

Abk. für → *Intersymbol-Interferenz.*

IS-IS

Abk. für (Integrated) Intermediate System – Intermediate System.

Bezeichnung für ein Link-State-basiertes → *Routingprotokoll* das in auf → *TCP* und → *IP* basierenden Netzen wie dem → *Internet* verwendet wird.

IS-IS wird heute in IP-Netzen häufig als Interior Gateway Protocol (→ *IGP*) eingesetzt. Es wurde im RFC 1195 defi-

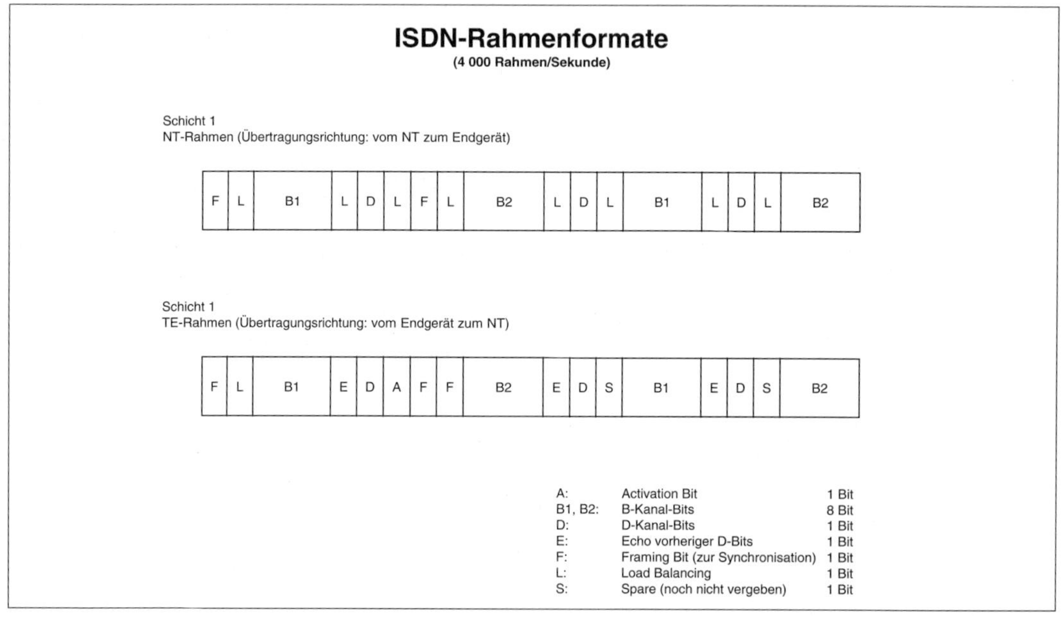

niert und maßgeblich von R.W. Callon mitentwickelt. Ursprünglicher Zweck war eine Erweiterung des von der → *ISO* entwickelten Routingprotokolls (ISO 10589), so dass es auch in IP-Netzen eingesetzt werden kann.

IS-IS hat Ähnlichkeiten mit → *OSPF*. So werden auch bei IS-IS mehrere Router zu Areas zusammengefasst. IS-IS unterscheidet dann zwischen dem Routingprozess innerhalb eines solchen Areas (sog. Level-1-Routing) und dem Routing zwischen derartigen Areas (sog. Level-2-Routing). Es gibt jedoch (im Gegensatz zu OSPF) keine hierarchische Abgrenzung der Areas, so dass große Netze mit IS-IS leichter zu skalieren sind. Bestenfalls die Router (Level-1-Router innerhalb eines Areas bzw. Level-2-Router an den Grenzen eines Areas) können klassifiziert werden. IS-IS gilt insgesamt jedoch als aufwendiger.

Zur Auswertung der einlaufenden Routinginformationen und zum Aufbau der Routingtabellen nutzt IS-IS wie OSPF auch den Dijkstra-Algorithmus.

IS-IS wird insbesondere von Betreibern großer IP-Netze, etwa Internet-Service-Providern (→ *ISP*), verwendet.

ISL

1. Abk. für Inter-Satellite-Link.

   Bezeichnet bei satellitengestützten Mobilfunksystemen die Funkverbindungen zwischen den Satelliten.

   Dies ist ein neues Konzept, das bislang noch nicht eingesetzt wird. Probleme entstehen durch den für die Übertragungstechnik höheren Energieverbrauch des Satelliten und die präzise Ausrichtung der Antennen.

   ISLs sind geplant bei → *Iridium*.

   → *MUL*, → *GWL*.
2. Abk. für ISDN-Steckerleiste.

   → *ISDN*.

ISLAN16-T

→ *IsoEnet*.

ISM

Abk. für Industrial, Scientific and Medical.

Bezeichnung für bestimmte reservierte Frequenzbänder in Nordamerika für funkorientierte und lizenzlose Anwendungen schwacher Sendeleistung in den betreffenden Bereichen, wie z.B. drahtlose Datenübertragung.

In den USA und Kanada sind folgende Bänder betroffen: 902 bis 928 MHz, 2 400 bis 2 500 MHz und 5725 bis 5850 MHz. In diesen Bändern gelten Sondervorschriften für den Betrieb unlizenzierter Geräte zu entsprechenden Zwecken. Hiervon sind z.B. auch Mikrowellengeräte betroffen (um die 2 450 MHz).

In den ISM-Bändern werden überwiegend Anwendungen kurzer Reichweite (einige Meter) zu technisch-wissenschaftlichen oder medizinischen Zwecken realisiert.

ISMN

Abk. für International Standard Music Number.

Bezeichnung für das Analogon zur → *ISBN* in der Musikindustrie. Die ISMN ist eine eindeutige Kennung für jeden kommerziell vermarkteten Tonträger weltweit.

ISO

Abk. für International Standards Organization und auch von der griech. Vorsilbe iso = gleich abgeleitet.

Die ISO wurde 1946 als Untereinrichtung der UNESCO gegründet und ging aus der bereits 1926 gegründeten → *ISA* (International Federation of the National Standardization Associations) hervor. Sie ist eine Dachorganisation von mittlerweile über 90 nationalen Standardisierungsgremien (z.B. dem → *DIN* aus Deutschland, seit 1952 Mitglied) und trifft

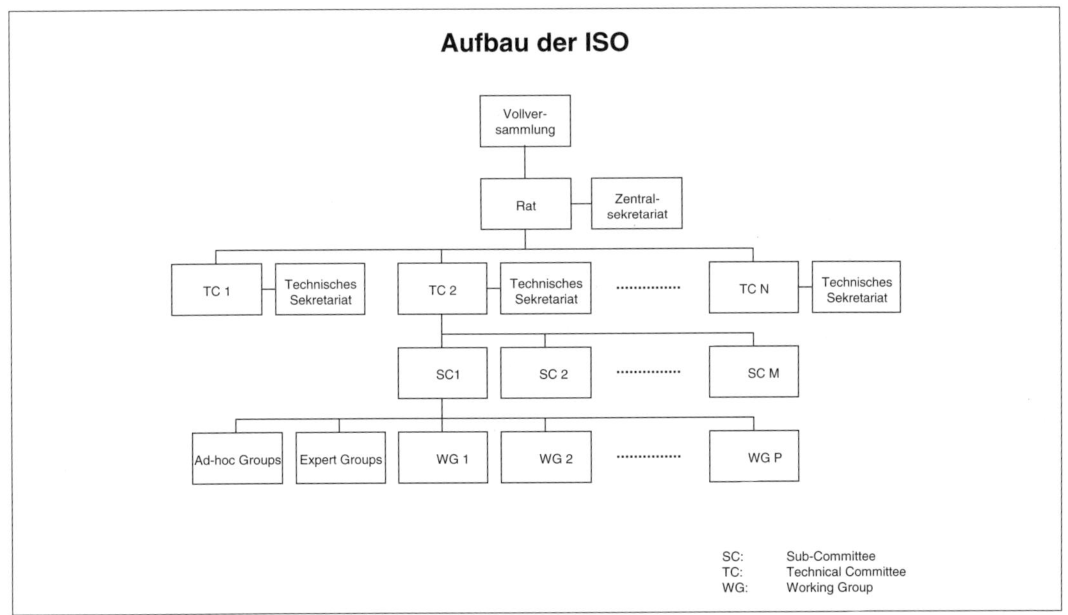

sich in Dreijahres-Abständen (Vollversammlung). Ziel der ISO ist die Entwicklung von Standards zur Erleichterung des internationalen Warenaustauschs.

Neben der Vollversammlung sind der Rat (18 Mitglieder), das Zentralsekretariat, Fachausschüsse (über 200 Technical Committees, TC) und weitere angeschlossene technische Sekretariate Organe der ISO.

Die TCs unterteilen sich, je nach Bedarf, in weitere Unterausschüsse (Sub-Committee, SC), die sich unter Umständen in Arbeitsgruppen (Working Groups, WG) und andere Gruppen mit speziellen Aufgaben (Expert-Groups, Ad-hoc-Groups etc.) unterteilen können.

Die Finanzierung der ISO erfolgt durch Mitgliedsbeiträge der nationalen Standardisierungsgremien und durch Verkauf der gedruckten Standards, weswegen diese nicht frei z.B. im Internet erhältlich sind.

Die ISO beschäftigt sich, im Gegensatz zur → *ITU*, mit der Telekommunikation mehr aus dem Blickwinkel der Nachrichtenübertragung zwischen Rechenanlagen (Vermittlungsknoten) und weniger aus nachrichtentechnischer Sicht. Darüber hinaus hat die ISO ausdrücklich die Aktivitäten im Bereich der elektrotechnischen Normung an die → *IEC* delegiert. Kontakte:

ISO

General Secretariat
Case Postale 56
3 Rue de Varembe
1211 Genf 20
Schweiz
Tel. (+ 41) 0 22 / 7 49 01 11

→ *http://www.iso.ch/*

ISO-7-Bit-Code

Ein übliches Standardprotokoll für asynchrone und synchrone Benutzerstationen. Ein zeichenorientiertes Protokoll, in dem die Steuerinformation für die Übertragung in Form spezieller Zeichen enthalten ist. Der Code ist identisch mit → *IA 5*.

ISO-OSI-Referenzmodell

→ *OSI-Referenzmodell.*

ISOC

Abk. für → *Internet Society.*

Isochrone Verbindung

Eine Verbindung ist isochron, wenn in einem → *TDMA*-System Slots nicht in festen periodischen Zeiten einem Kanal zugeteilt sind (→ *synchrone* Verbindung), sondern die Zeiten zwischen den Slots unterschiedlich lang sind. Diese Zeiten können ganzzahlige Vielfache einer vorgeschriebenen unteren Grenze bis hin zu einer oberen Grenze sein. Dadurch können die Slots von ihrer festen Idealposition im Zeitraster in engen Grenzen abweichen.

Dies erlaubt in einem Übertragungssystem in be-stimmten Grenzen eine Flexibilität für → *burstartig* auftretende Last und gleichzeitig für Echtzeitdienste mit Anforderungen an Mindestbandbreite und → *Delay.*

isoEnet

Abk. für isochrones Ethernet. Auch offiziell ISLAN16-T, IVDLAN oder nur IVD genannt (Integrated Voice and Data LAN).

Bezeichnung für einen 1994 von der → *IEEE* als 802.9 verabschiedeten Standard für lokale Netze für multimediale Anwendungen. Es handelt sich um eine erste Netztechnik

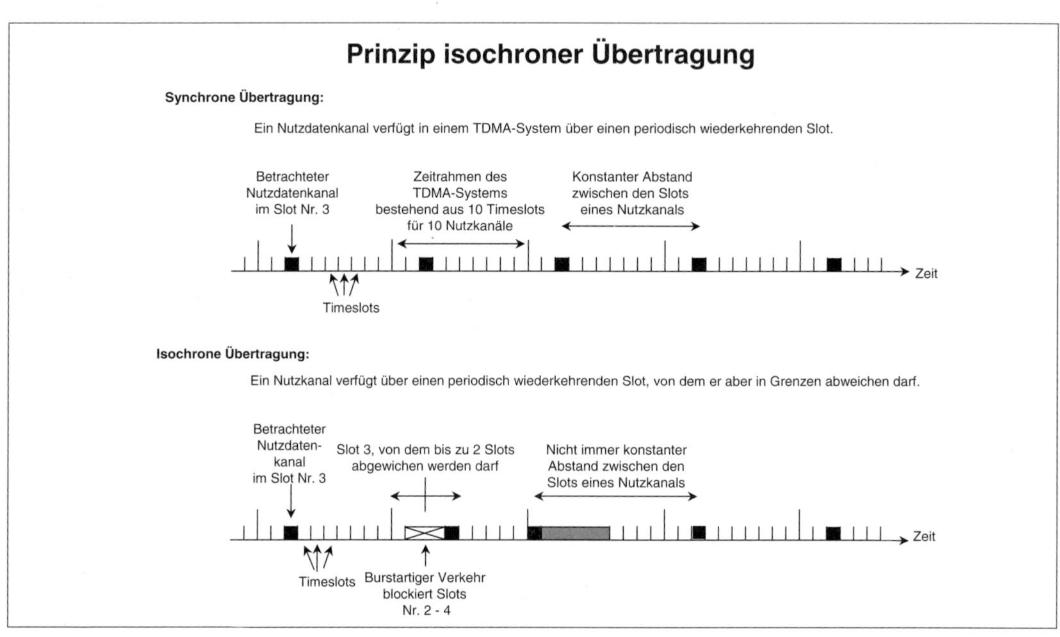

zum Austausch interaktiver Daten sowie Audio- und Videosignalen in Echtzeit über → *LAN* und → *WAN*.
isoEnet ist ein modifizierter Ethernet-Standard, der in Teilen zu diesem voll kompatibel ist.
isoEnet definiert einen Standard auf Schicht 1 und dem → *MAC*-Sublayer von Schicht 2 im → *OSI-Referenzmodell*, die kompatibel zu → *IEEE 802.3* bis *5* und → *ISDN* sind.
isoEnet stellt drei verschiedene Konfigurationen zur Verfügung. An einer vierten Konfiguration zum Übertragen von → *ATM*-Zellen mit 16 Mbit/s wird gearbeitet.
Mode 1 ist der unveränderte Betrieb als herkömmliches Ethernet mit einer Kapazität von 10 Mbit/s.
Mode 2 (Multiservice Mode) ist der Betrieb als herkömmliches Ethernet, ergänzt um 6,144 Mbit/s (P-Kanal) Bandbreite für 96 isochrone Kanäle zu je 64 kbit/s (B-Kanal). Diese können einzeln oder zusammengefasst genutzt werden, wodurch sie unterschiedliche Bandbreiten unterstützen.
Mode 3 (reiner isochroner Mode) stellt 16 Mbit/s (C-Kanal) für insgesamt 250 frei kombinierbare Kanäle zu je 64 kbit/s (B-Kanal) zur Verfügung.

ISONET

Bezeichnung eines Netzes, das die → *ISO* in Genf mit nationalen Standardisierungsgremien verbindet, z.B. mit der → *ANSI* in den USA oder dem → *DIN* in Deutschland.

ISP

1. Abk. für Internet-Service-Provider.

   Bezeichnung für eine kommerzielle oder auch nicht-kommerzielle (z.B. Universitäten) Organisation oder Unternehmung, die verschiedene Dienstleistungen auf Basis des → *Internet* anbietet. Das Spektrum dieser Dienstleistungen unterscheidet sich von ISP zu ISP teilweise erheblich und hängt insbesondere von seiner Größe ab.

   Prinzipiell können es verschiedene Dienstleistungen sein, die sich an der Wertschöpfungskette für → *Online-Services* orientieren:

   - Bereitstellung eines lokalen, regionalen, nationalen, internationalen oder globalen Backbone-Netzes zum Transport von eigenen oder fremden → *IP*-Daten (Transportnetz)
     - Auf der Basis von gemieteten → *Standleitungen*
     - Auf der Basis einer eigenen Infrastruktur, z.B. von eigenen Glasfaserkabeln (sog. Facilities-based ISP)

   Diese Infrastruktur kann allein genutzt oder auch anderen ISPs gegen Entgelt zur Verfügung gestellt werden.

   - Bereitstellung einer Infrastruktur für den Teilnehmerzugang (Zugangsnetz, Points-of-Presence, → *PoP*). Diese Infrastruktur kann allein genutzt oder auch anderen ISPs gegen Entgelt zur Verfügung gestellt werden. Das Verhältnis von Nutzern zu der Anzahl der zur Verfügung stehenden Einwahlports am PoP ist ein entscheidendes Qualitätskriterium für die Erreichbarkeit und liegt bei guten ISPs bei 10 Nutzern je Port. Bedenkliche Zahlen sind z.B. 80 Nutzer je Port (z.B. bei ISPs mit kostenlosem Zugang).

   ISPs, die nur einen solchen Dienst anbieten, werden manchmal auch als Internet Access Provider (IAP) bezeichnet.

   - Unterhalt eines → *Peering-Points* zur Zusammenschaltung anderer ISPs
   - Content-bezogene Dienstleistungen:
     - Beschaffung von Informationsinhalten
     - Redaktionelle Bearbeitung von Informationsinhalten
     - Grafische Aufbereitung von Informationsinhalten (Screendesign)
     - Technische und funktionelle Verknüpfung von Informationsinhalten (Anwendungsdesign einer Web-Site)
   - Bereitstellung von Serverkapazität zur Speicherung der Informationsinhalte (Content-Hosting, → *Hosting*)
   - Anschluss und technische Betreuung fremder Server an die eigene Infrastruktur (→ *Housing*)
   - Abrechnung von Zugriffen auf die Informationsinhalte
   - Anbieten von Internet-Zugängen für geschäftliche und private Nutzer
     - Permanente Zugänge (analoge oder heute eher übliche digitale Standleitungen verschiedener Bandbreiten möglich; auch → *Frame Relay* oder andere denkbar)
     - Temporäre Zugänge (Wählverbindung, Dial-Up-Connection mit Modem oder ISDN)
   - Bereithalten verschiedener → *Server* für verschiedene Internet-Services (s.u.)
   - Reselling von Gerät (→ *Router*, Server, PCs etc.) an Endkunden
   - Weitergehende Beratungsdienstleistungen für Kunden, z.B. für den Aufbau von → *VPNs*, → *Extranets* oder → *Intranets* bis hin zu Projekten in den Bereichen → *Knowledge Management*, → *E-Business* oder → *Workflow Management*.

Es zeichnet sich bei diesen Dienstleistungen ab, dass sich die Wertschöpfung von den rein technischen Dienstleistungen (Betreiben von IP-Netzen, Access, Hosting, Housing) zu den beratungsintensiveren Dienstleistungen (Content-Creation, VPNs, Intranets etc.) verschiebt.

Um diese Dienstleistungen zu erbringen, betreibt der ISP eine Infrastruktur u.U. an verschiedenen und weit voneinander entfernten Standorten, die mit verschiedenen Systemen ausgerüstet sein können:

- Points-of-Presence (→ *POP*) an verschiedenen nutzernahen Standorten als Einwahlknoten, um diesen den Zugang zum attraktiven Ortstarif zu ermöglichen.
- Diverse → *Server*, idealerweise gruppiert in einer → *Server-Farm*, für Internet-Dienste: → *E-Mail*-Server, News-Server (→ *Usenet*), → *DNS*-Server, → *Proxy-Server* und ggf. einen eigenen WWW-Server im Fall des Content-Hosting
- Rechner zur Administration der Netzwerkumgebung, üblicherweise zusammen mit den Servern der Ser-

ver-Farm an einem Standort im Rahmen eines Network Operation Center (NOC) zusammengefasst

- Leistungsstarkes LAN zur Verbindung der einzelnen Server in den POPs oder in der → *Server-Farm*
- Eigene Verbindungen zum globalen → *Internet*, idealerweise doppelt ausgeführt und mehrfach zu den Zielen der Hauptverkehrsrichtungen (z.B. USA, Europa, national)
- Verbindungen zu zentralen Austauschpunkten (→ *Peering*) wie → *DE-CIX* in Deutschland oder → *MAE* in den USA; idealerweise zu mehreren Punkten, um eine gleichbleibend hohe Dienstgüte zur Verfügung zu stellen

ISPs können grob anhand des Gebietes, in dem sie ihre Leistungen anbieten, klassifiziert werden. Häufig geht diese Klassifikation auch einher mit der Größe des ISPs und mit bestimmten, angebotenen Dienstleistungen. National agierende ISPs werden eher ein eigenes Backbone unterhalten und Kapazitäten an kleinere ISPs als Reseller verkaufen als ISPs, die nicht national oder international agieren. Die so ermittelten Kategorien von ISPs sind:

- Lokale ISPs in einer Stadt und ihrem Umfeld mit nur einem oder sehr wenigen POPs. Üblicherweise bieten sie nur einen schmalbandigen Zugang zum Internet und E-Mail an, manchmal auch Content-Hosting auf einem Server. Viele derartige ISPs sind aus semiprofessionellen → *Mailboxen* und/oder aus dem studentischen Umfeld hervorgegangen.
- Regionale ISPs, die oft einen Großraum mit mehreren POPs versorgen. Oft schließen derartige ISPs ihre Netze zur Vermeidung von unnötigem, interkontinentalem Verkehr zusammen (→ *CIX*, → *DE-CIX*, → *DE-GIX*, → *GIX*, → *INXS*, → *MAE*). Derartige ISPs bieten üblicherweise schmal- und breitbandigen Internet-Zugang und Content-Hosting-Dienste an.
- Nationale ISPs, die u.U. ein eigenes Backbone und viele POPs haben. Sie schließen auch die kleineren ISPs an. Üblicherweise treten sie als Vollsortimenter auf. Ein Beispiel für einen derartigen ISP ist die Deutsche Telekom.
- Internationale ISPs, die über eigene nationale und internationale Netze verfügen und als Vollsortimenter auftreten. Ein Beispiel für einen derartigen ISP ist UUNet.

→ *http://www.isp-planet.com/*

2. Abk. für Information Service Provider.

   Bezeichnung in den USA für Anbieter von bestimmten Mehrwertdiensten (→ *VAS*). Dabei handelt es sich um über Telekommunikationsnetze zugängliche Datenbanken.

3. Abk. für International Standard Profile.
4. Abk. für Interoperable System Project.

   Bezeichnung für eine 1992 von vier großen Herstellern gegründete Initiative zur Standardisierung eines → *Feldbus*, der sich rasch viele Firmen anschlossen. Das Projekt scheiterte jedoch 1994.

ISPABX, ISPBX

Abk. für Integrated Services Private (Automatic) Branch Exchange.

Eine selten auftauchende Bezeichnung für eine → *ISDN*-fähige Nebenstellenanlage.

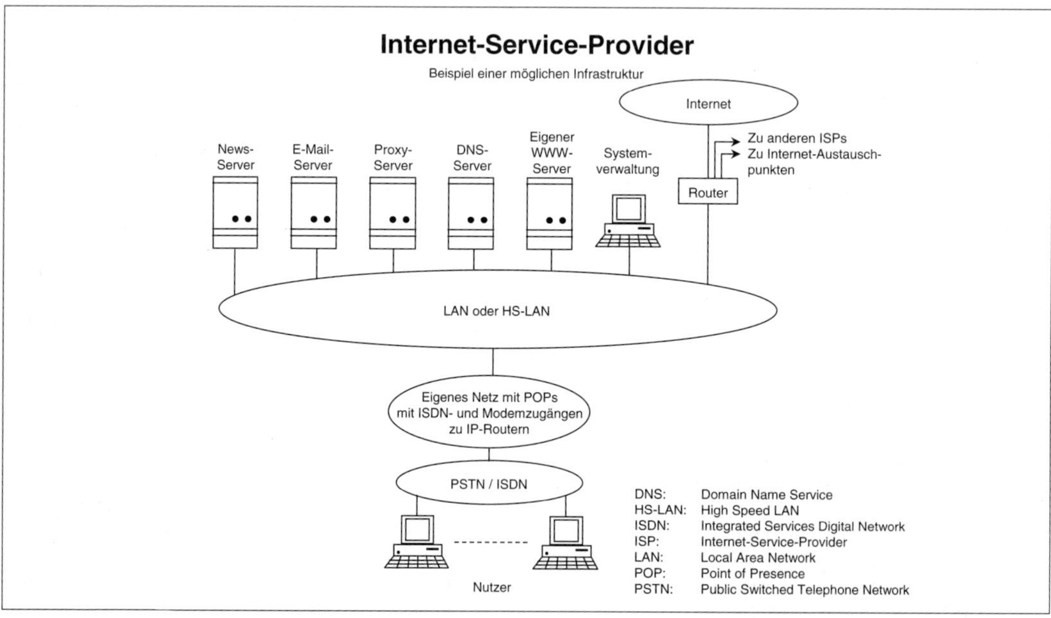

ISPO

Abk. für Information Society Project (mittlerweile: Promotion) Office.
Bezeichnung einer Einrichtung der EU, die sich mit der Entwicklung der Informationsgesellschaft beschäftigt und hierfür insbesondere verschiedene Projekte koordinieren soll. Eine andere wichtige Funktion ist die Information der interessierten Öffentlichkeit über die Projekte und mögliche interessierte Teilnehmer und Kooperationspartner für die Wirtschaft. Adresse:

ISPO
BU 24 2/78
Rue de la Loi 200
1049 Brüssel
Belgien
Tel.: (+ 32) 0 22 / 96 88 00
Fax: (+ 32) 0 22 99 41 70

→ *http://europa.eu.int/information_society/index_en.htm/*

ISPSC

Abk. für Internet-Service-Provider Security Council.
Bezeichnung eines im Juli 1997 in den USA gegründeten Gremiums mit dem Ziel, das Vertrauen der Verbraucher in das → *Internet* durch Schutz des Internet vor illegalen Angriffen und Missbrauch zu stärken.

ISPT

Abk. für Instituto Superiore delle Poste e Telecommicazione.
Bezeichnung der höchsten Gerätezulassungsbehörde in Italien.

ISRC

Abk. für International Standard Recording Code.
Bezeichnung eines 1970 in Deutschland entwickelten und 1992 von der → *IFPI* und auch von der → *ISO* anerkannten Verfahrens zur eindeutigen Identifizierung von Audio- und Videoaufnahmen. Dabei wird jedes einzelne Audio- oder Videostück mit einem aus zwölf Stellen bestehenden Code versehen, der auf dem Informationsträger gespeichert ist. Der ISRC bleibt für die gesamte Dauer der Lebenszeit des Audio- oder Videostücks unverändert, unabhängig von der späteren Verwertung (temporäre oder dauerhafte Weitergabe aller oder einzelner Rechte).
Der ISRC enthält folgende Daten:

- Ländername (zwei Ziffern)
- Erstinhaber des Verwertungsrechtes (drei Ziffern)
- Aufnahmejahr (zwei Ziffern)
- Code für die Aufnahme selbst (fünf Ziffern)

Jedes Abspielen der Information wird im Abspielgerät sekundengenau registriert.
Der Code identifiziert ferner einen International Standard Recording File (ISRF), in dem die wichtigsten Informationen über ein Musikstück oder eine Videoaufnahme (Aufnahmeort und -zeit, Länge etc.) international verbindlich und standardisiert zusammengefasst sind.
Der Austausch der Abrechnungsdaten und der ISRF erfolgt zwischen Herstellern von Tonträgern, Nutzern (Fernseh- und Radiostationen) und Rechteverwertern (Musikverlagen) mittels → *EDI*.
→ *ISWC*.

ISRF

Abk. für International Standard Recording File.
→ *ISRC*.

ISS

Abk. für International Switching Symposium.
Weltweit größte und bedeutendste wissenschaftliche Tagung auf dem Gebiet der Vermittlungstechnik. Sehr technisch orientiert und bis vor einigen Jahren völlig auf Vermittlungs- und Übertragungstechnik ausgerichtet. Erst seit den letzten Konferenzen (ab ca. 1992) ist die Veranstaltung auch mehr dienst- und anwendungsorientiert. Sie findet nur alle zwei oder drei Jahre, abwechselnd in Europa bzw. in einem außereuropäischen Land, statt. Im ständigen Komitee sitzen Vertreter aus Belgien, Deutschland, Frankreich, GB, Italien, Japan, Kanada, Niederlande, Spanien, Schweden und den USA.
Die erste Konferenz war 1957 bei den Bell Laboratories in Whippany/New Jersey, USA, mit 100 Teilnehmern aus fünf Ländern und wurde von AT&T angeregt. Es folgte die ISS'60 in London.
Weitere Stationen waren:

ISS 74	München	ISS 76	Kyoto
ISS 78	Paris	ISS 81	Montreal
ISS 84	Florenz	ISS 87	Phoenix
ISS 90	Stockholm	ISS 92	Yokohama
ISS 95	Berlin	ISS 97	Toronto
ISS 99	Birmingham		

ISS AE

Abk. für ISDN Supplementary Services Application Entity.
→ *SS#7*.

ISU

Abk. für Isochronous Service User bzw. Unit.

ISUP

Abk. für ISDN User Part.
→ *SS#7*.

ISV

Abk. für Independent Software Vendor.
In der internationalen Software-Vertriebsbranche die Bezeichnung für einen Verkäufer von Software, der nicht exklusiv an einen Lieferanten gebunden ist.

ISWC

Bezeichnung einer Vereinigung von Komponisten, Musikproduzenten, Musikverlagen und Urheberrechts-Vereinigungen sowie deren Code mit dem Ziel der Entwicklung und Verbreitung von Verfahren zur Sicherstellung des Urheberrechts in der neuen, digitalen Medienwelt.

Die Verfahren werden für Musikstücke (Lieder und Instrumentalstücke) und Jingles (z.B. in der Werbung) angewendet.

Der ISWC ist ein digitaler Code und identifiziert dabei konkret ein einzelnes Stück oder den Jingle.

Dabei können von einem ursprünglichen Code weitere Codes abgeleitet werden, wenn das Originalstück weiterverarbeitet wird:

Code	Bedeutung/Definition
ORI	Kennzeichnet die ursprüngliche, unveränderte Originalversion eines Werkes.
VER	Kennzeichnet eine vollständige, veränderte Version der Originalversion.
EXC	Kennzeichnet einen Ausschnitt aus einem Werk, z.B. die Ouvertüre eines Musicals.
COM	Kennzeichnet eine Zusammenstellung mehrerer Werke, z.B. ein Medley.

Die ISWC wurde 1995 gegründet.

→ *ISRC.*

IT

1. In Deutschland die Abkürzung für Informationstechnik oder -technologie.
2. International entsprechend für Information Technology.

   → *IT&T.*

IT & T

Abk. für Information Technology and Telecommunications.

Itanium

→ *EPIC.*

ITA No. 2

Abk. für International Telegraphy Alphabet No. 2.

Bezeichnung für das international genormte Fernschreibalphabet (→ *Telex*).

Es handelt sich um einen Code mit fünf Bit, d.h. es sind 32 Zeichen möglich.

Jedes Zeichensignal zu fünf Bit wird mit einem 20 ms dauernden Startimpuls eingeleitet und einem 30 ms dauernden Stopimpuls abgeschlossen. Jeder Impuls eines Zeichenbit dauert ebenfalls 20 ms.

ITAA

Abk. für Information Technology Association of America.

Bezeichnung für eine von Unternehmen gebildete Handelsorganisation der Informationstechnologie in den USA, vergleichbar mit dem → *BVB* in Deutschland.

→ *http://www.itaa.org/*

ITAEG

Abk. für Information Technology Advisory Experts Group.

Ein europäischer Verband.

Italtel

Bezeichnung für einen italienischen Hersteller von Nebenstellenanlagen und anderem TK-Gerät. An ihm sind Siemens und die Telecom Italia beteiligt.

→ *http://www.italtel.it/*

ITC

1. Abk. für International Telecommunications Convention.

   Der internationale Vertrag, der die Rechte, Pflichten und Aufgaben der Mitgliedsländer der → *ITU* regelt.
2. Abk. für Independent Television Commission.

   Bezeichnung für die staatliche Regulierungsbehörde in GB für das Rundfunkwesen.

ITCA

Abk. für International Teleconferencing Association.

→ *http://www.itca.org/*

ITE

Abk. für Information Technology Equipment.

Generischer Begriff aus der Welt der europäischen Normung verschiedener Gremien auf diesem Sektor. Bezeichnet als Oberbegriff Geräte aller Art (Produkttypen), die Funktionen zur Information und Kommunikation übernehmen.

ITEA

Abk. für Information Technology for European Advancement.

Bezeichnung für ein Forschungsprogramm der EU, das gegen Jahresende 1999 beschlossen wurde und seit dem Jahr 2000 für acht Jahre läuft und einen Gesamtumfang von 3,2 Mrd. Euro hat. Es besteht aus einer Vielzahl einzelner Projekte. Der Hauptschwerpunkt ist → *Software-Engineering.*

→ *http://www.itea-office.org/*

ITG

Abk. für Informationstechnische Gesellschaft (im → *VDE*).

Bezeichnung einer technisch-wissenschaftlichen Unterorganisation des VDE mit Empfehlungen ausarbeitenden Fachausschüssen (ca. 30, in sechs größere Fachbereiche gegliedert), die sich mit Aspekten der Nachrichtentechnik, Mikroelektronik und technischen Informatik beschäftigen. Die Empfehlungen dienen dem DIN oft als Vorlage zu Normen und werden mit der → *DKE* und dem VDE abgestimmt.

Bis 1986 NTG (Nachrichtentechnische Gesellschaft) genannt.

ITIC

Abk. für Information Technology Industries Council.

Bezeichnung für einen aus der → *CBEMA* hervorgegangenen Industrieverband mit Sitz in Washington D.C.

ITP

Abk. für Interactive Terminal Protocol.

ITS

Abk. für International Telecommunications Society.

Bezeichnung einer internationalen Vereinigung von Wissenschaftlern, welche sich insbesondere mit wirtschaftlich-strategischen, unternehmerischen und politisch-regulatorischen Fragen der Telekommunikationsmärkte beschäftigen.

→ *http://morse.colorado.edu/~its/*

ITSEC

Kurzform für Information and Technology Security.

Bezeichnung eines Kriterienkatalogs für Sicherheitsanforderungen an vernetzte Computersysteme. Er wurde 1991 von der EU-Kommission verabschiedet, orientiert sich am → *Orange-Book* des US-Verteidigungsministeriums und wird in Deutschland vom → *BSI* angewendet.

ITSP

Abk. für Internet Telephony Service Provider.

→ *Internet-Telefonie.*

ITSTC

Abk. für Information Technology Steering Committee.

Von der → *ETSI*, der → *CEN* und → *CENELEC* gegründetes Gremium zur Koordinierung der Standardisierungsarbeit zwischen allen Gremien.

ITTF

Abk. für Information Technology Task Force.

ITU

Abk. für International Telecommunications Union.

Eine zur UNESCO gehörende UN-Unterorganisation mit Sitz in Genf. Mitglieder sind gegenwärtig 187 Länder und 363 wissenschaftliche Institutionen, Firmen, öffentliche und private Netzbetreiber, Fernseh- und Rundfunkanstalten und andere nationale und internationale Organisationen. Die ITU gliedert sich in verschiedene Bereiche. Eine Institution kann jeweils einzelnen Bereichen beitreten.

Aufgaben der ITU sind:

- Internationale Zuteilung und Registrierung von Sende- und Empfangsfrequenzen
- Koordinierung von Bemühungen zur Störungsbeseitigung im Funkverkehr
- Koordinierung der Entwicklung von Fernmeldeanlagen
- Vereinbarungen von Leistungsgarantien und Gebühren

Die Standardisierungsarbeit wurde bis 1992 von → *CCITT*, → *CCIR*, → *IFRB* und → *BDT* wahrgenommen. Nach der Umorganisation besteht die ITU aus vier Ausschüssen:

- ITU-T (T: Telecommunications, für Standards in der TK): Die ITU-T (eigentlich: ITU-TS) ist die Nachfolgerin der → *CCITT* und der wichtigste Ausschuss, da sie die technischen Standards festlegt. Oft ist nur die ITU-T gemeint, wenn von der ITU gesprochen wird. Ihr Ziel liegt in der Definition langfristig und weltweit gültiger Standards.

  Dazu ruft die ITU-T üblicherweise alle vier Jahre die World Telecommunications Standards Conference (WTSC) ein, die Themen für die Standardisierungsarbeit festlegt. Ihr organisatorisch unterstellt sind ein Telecommunications Standardisation Bureau (TSB) und verschiedene Study Groups (SG), die sich wiederum in Working Parties (WP) gliedern, in denen die eigentliche Standardisierungsarbeit abgewickelt wird.

  Zwischen den WTSCs regelt das TSB unter Einbeziehung der Telecommunication Standardization Advisory Group (TSAG) die laufenden Geschäfte.

  Gegenwärtig gibt es 14 SGs, die aus historischen Gründen nicht durchgängig nummeriert sind:

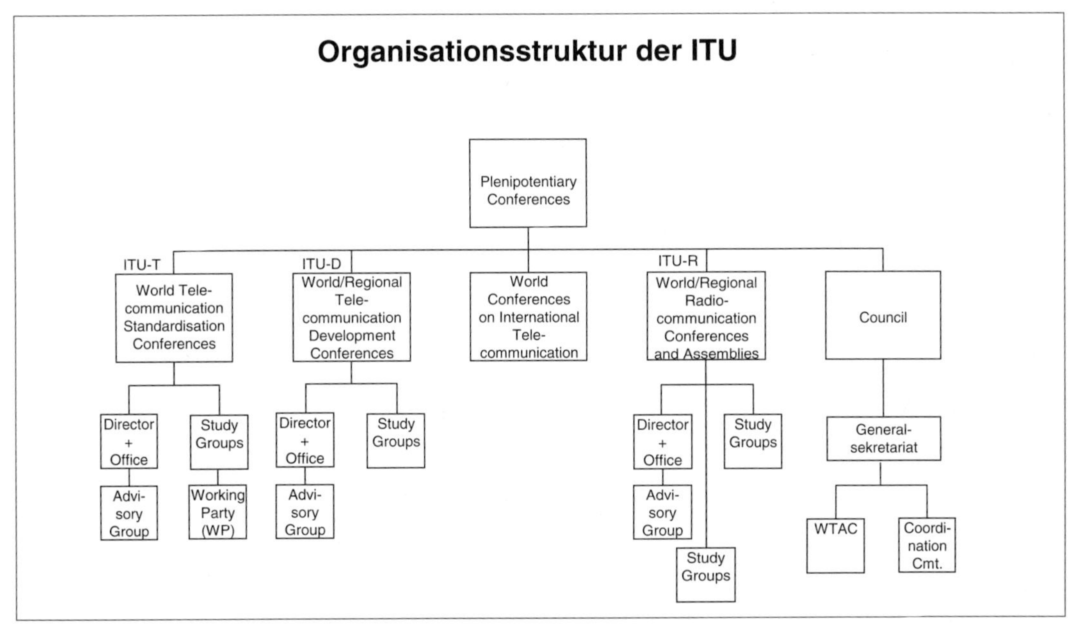

- SG 2 ‚Network and Service Operation'
- SG 3 ‚Tariff and Accounting Principles including related Telecommunications Economic and Policy issues'
- SG 4 ‚TMN and Network Maintenance' (→ *TMN*)
- SG 5 ‚Protection against Electromagnetic Environment Effects' (→ *EMV*)
- SG 6 ‚Outside Plant'
- SG 7 ‚Data Networks and Open System Communications'
- SG 8 ‚Characteristics of Telematic Systems'
- SG 9 ‚Television and Sound Transmission'
- SG 10 ‚Languages and general Software Aspects for Telecommunication Systems'
- SG 11 ‚Signalling Requirements and Protocols'
- SG 12 ‚End-to-end Transmission Performance of Networks and Terminals'
- SG 13 ‚General Network Aspects'
- SG 15 ‚Transport Networks, Systems and Equipment'
- SG 16 ‚Multimedia services and systems'

Insbesondere der Standardisierungsprozess gilt als relativ langsam (teilweise mehrere Jahre), wenngleich er in den vergangenen Jahren beschleunigt wurde. Dennoch gibt es viele Kritiker, die in einem dezentralen und weniger an Perfektion orientierten Verfahren – ähnlich den Standardisierungsmechanismen des → *Internet* – die Zukunft sehen.

- ITU-R (R: Radio, für Funkdienste): Ihre Aufgabengebiete liegen u.a. in folgenden Bereichen:
  - Effiziente und ökonomische Verwaltung des Frequenzspektrums (→ *Frequenzzuweisung*)
  - Definition einheitlicher Messmethoden und Grenzwerte
  - Unterstützung von Forschungsaktivitäten auf dem Feld der Funktechnik

Das wichtigste Organ der ITU-R ist die World Radiocommunication Conference (WRC). Sie wurde bis 1992 → *WARC* genannt und hat deren Aufgaben übernommen. Die WRC tagt seither alle zwei Jahre in ungeraden Jahren und erarbeitet internationale Vorgaben im Rahmen der internationalen Zuweisung von → *Frequenzbereichen*, die von nationalen Regulierungsbehörden in nationales Recht umgesetzt werden.

Letzte Tagung war vom 27. Oktober bis 23. November 1997 in Genf.

Die WRC wird durch eine Konferenzvorbereitungstagung (Conference Preparatory Meeting, CPM) inhaltlich vorbereitet. Aufgabe der CPM ist die Zusammenstellung aller wesentlicher Arbeitsergebnisse der einzelnen Studiengruppen und die Bereitstellung von zusätzlichem Informationsmaterial.

Ferner gibt es Regional Radiocommunication Conferences (RRC). Die RRC findet entweder für eine von der ITU definierte geografische Region statt oder konstituiert sich aus einer Gruppe von Ländern, die explizit von der ITU dazu aufgefordert wurde, für ein bestimmtes Frequenzband eine Regelung zu treffen. Beispiel für eine RRC im Sinne der ITU ist das ERO (→ *ERC*) in Europa.

Ein weiteres Gremium ist das Radio Regulations Board (RRB), dessen Mitglieder von der Plenipot der ITU-T gewählt werden. Das RRB unterstützt die Aktivitäten in Verfahrensfragen und bei technischen Sondergebieten.

Aufgabe der Radiocommunication Advisory Group (RAG) ist die Unterstützung des Direktors der ITU-R in längerfristigen, strategischen Fragen und der inhaltliche Review der Arbeiten der Study-Groups.

Das Radiocommunication Bureau koordiniert die gesamte Arbeit und erledigt die laufenden Geschäfte.

Die Radiocommunication Assembly schließlich ist verantwortlich für die inhaltlichen Programme und Studien und bereitet WRCs vor. Zudem verabschiedet sie die von den Study Groups erarbeiteten Empfehlungen.

In den Radiocommunication Study Groups (SG) wird letztlich die technische Arbeit abgewickelt.

- ITU-D (D: Development): Ihre Aufgabe liegt in der Förderung der weltweiten Entwicklung des TK-Sektors durch finanzielle Zuschüsse und andere Formen der Unterstützung.
- General Secretariat

Alle vier Jahre tagt als höchstes Gremium die ITU Plenipotentiary Conference (kurz: Plenipot, PP), die sich aus Delegationen aller Mitglieder zusammensetzt. Die Plenipot legt die grundsätzliche Richtung der langfristigen, weiteren organisatorischen und auch politischen Entwicklung fest, die in einem Dokument festgeschrieben wird, genannt International Telecommunication Constitution and Convention. Die letzten Plenipots tagten im Herbst 1994 in Kyoto und vom 12. Oktober bis 6. November 1998 in Minneapolis.

Dazwischen tagt jährlich der Rat (‚Council') mit 46 Mitgliedern, der die laufende Arbeit koordiniert und das Budget festlegt. Außerdem bereitet der Rat die Plenipot vor (Anträge etc.).

Die ITU beruft die → *WARC* ein und verwaltet sich gemäß dem → *ITC*.

Die Empfehlungen der früheren CCITT und heute der ITU-T wurden in 26 Gruppen (Serien) geteilt. Jeder Serie wurde ein Buchstabe des Alphabets zugeordnet. Innerhalb der Serien sind die Empfehlungen weiter gegliedert und auf der untersten Ebene durchnummeriert. Die Serien sind:

Serie	Inhalt
A	ITU-interne Organisation, Gremien, Befugnisse, Abläufe, Prozeduren
B	Fachbegriffe, Definitionen, Symbole, Abkürzungen
C	Statistik
D	Grundlegende Prinzipien von Charging, Tarifen, Abrechnung
E	Nummerierung, Adressierung, Betrieb von mobilen und nicht-mobilen, nationalen und internationalen Telekommunikationsnetzen, insbes. Telefonie; Kundendienst und Qualität

Serie	Inhalt
F	Nicht-Telefonie-Dienste: Telegrafen-, Telematik-, Verzeichnis-, E-Mail-Dienste
G	Drahtgebundene und drahtlose Übertragungstechnik und Netze
H	Verwendung von Leitungen für andere Dienste als Telefonie, insbes. multimediale Anwendungen
I	ISDN und B-ISDN allgemein
J	Hör- und Fernsehrundfunk
K	Schutz vor externen Störungen (Interferenz)
L	Mechanischer Schutz der Anlagen, auch Korrosionsschutz bei Kabeln und anderen technischen Anlagen in freier Natur
M	Management (Wartung), Qualität von int. TK-Systemen
N	Management (Wartung), Qualität von int. Rundfunksystemen
O	Messgeräte, Messverfahren, Performance
P	Telefonübertragungsqualität, Zugangsnetze für Telefonie, Endgeräteeigenschaften
Q	Zeichengabe, Vermittlungstechnik
R	Fernschreibtechnik
S	Terminals für Telegrafendienste
T	Terminals für Telematikdienste
U	Zeichengabe in Telegrafennetzen
V	Datenübertragung über das analoge Fernsprechnetz (Modems)
X	Datenübertragung über digitale Netze und OSI
Z	Dokumentations- und Programmiersprachen

Kontakte:

Int. Telecommunications Union
Place des Nations
CH-1211 Genève 20
Suisse
Tel.: (+ 41) 0 22 / 7 34 01 50

→ *CMTT*, → *JTC*.

→ *http://www.itu.int/*

Die ITU entwickelte sich wie in der folgenden Übersicht beschrieben:

1865

Gründung am 17. Mai noch als International Telegraph Union in Paris von 20 europäischen Postverwaltungen, als das Verlegen von Transatlantikkabeln und Kabeln über Ländergrenzen hinweg die Zusammenarbeit auf dem Gebiet der Telegrafie erzwang. Das grundlegende Vertragswerk des Gründungsaktes wird Welttelegrafenvertrag genannt.

1875

In St. Petersburg wird der erste internationale Telegrafenvertrag geschlossen, der die grenzüberschreitende Nachrichtenübertragung regelt. Wichtigster Inhalt ist die Verpflichtung des annehmenden Netzbetreibers, die angenommene Nachricht an den Empfänger auszuliefern.

1886

Der Sitz der Organisation wird anlässlich einer internationalen Telegraph-Conference nach Bern verlegt.

3. November 1906

Ein internationaler ‚Funkentelegrafievertrag' wird in Berlin geschlossen, der, wie der Vertrag von St. Petersburg (1875), hauptsächlich zur Weiterleitung von Nachrichten verpflichtete.

16. Juli 1908

Es wird ein Abkommen über die in den letzten Jahren verbreitete Schiffstelegrafie geschlossen, das auch die Hilfe in Notfällen regelt.

1927

Für den aufkommenden Funkverkehr wird die → *CCIR* gegründet.

1929

In Washington wird der erste Weltnachrichtenvertrag abgeschlossen, um den grenzüberschreitenden Funk- und Nachrichtenverkehr zu regeln. Im Funkverkehr werden insbesondere die Frequenzen für die verschiedenen Sender verteilt.

1934

Der Name wird in International Telecommunications Union geändert.

1947

Die ITU wird Teil der neu gegründeten UNO.

1956

Zur Übernahme der Standardisierungsaktivitäten wird die → *CCITT* gegründet.

1992

Die ITU und ihre Unterorganisationen werden restrukturiert. Dabei gehen die CCITT und die CCIR wieder in der ITU auf.

1994

Durch den Erfolg des → *WWW* erregt der einfache und schnelle Standardisierungsprozess des → *Internet* Aufmerksamkeit und erhöht den Druck auf die ITU, den eigenen Standardisierungsprozess zu öffnen und zu beschleunigen.

ITUG

Abk. für International Telecommunications Users Group.

ITUSA

Abk. für Information Technology Users Standards Association.

ITV

Abk. für Interactive Television.

Ein mittlerweile relativ selten benutzter Oberbegriff für Dienste wie → *Tele-Shopping*, → *Video-on-Demand* oder andere → *On-Demand-Services*, die auf dem herkömmlichen und analogen Fernseher und einer → *Set-Top-Box* als Endgerät basieren.

ITX

Abk. für Intermediate Text Block.

IuK

Im deutschen Sprachraum gängige Abk. für Informations- und Kommunikationstechnik.

IuKDG

Abk. für Informations- und Kommunikationsdienste Gesetz. Umgangssprachliche Bezeichnung ist auch Multimedia-Gesetz. Bezeichnung eines Gesetzes, das sich mit dem Datenschutz und der Datensicherheit von neuen Informations- und Kommunikationsdiensten beschäftigt. Es wurde vom Bundesministerium für Bildung und Forschung formuliert, gegen Ende 1996 vom Bundeskabinett verabschiedet und nach erster Lesung im April 1997, am 11. Juni 1997 vom Bundestag gebilligt.

Bestandteile sind neben Änderungsvorschriften drei Gesetze:

- Gesetz über die Nutzung von Telediensten (Teledienstegesetz, TDG)
- Teledienstedatenschutzgesetz (TDDSG)
- → *Signaturgesetz*.

Unter Telediensten werden dabei, im Gegensatz zu Mediendiensten, die unter die Medienhoheit der Länder fallen, alle individuell abrufbaren Dienste verstanden, weswegen sie unter die Gesetzgebung des Bundes fallen.

Das Gesetz über die Nutzung von Telediensten definiert als Dienstanbieter denjenigen, der eigene oder fremde Teledienste zur Nutzung bereithält oder den Zugang zur Nutzung ermöglicht. An diese Dienstanbieter wendet sich das Gesetz und definiert Rechte und Pflichten.

Das Gesetz gilt weltweit als einmalig, sowohl was die inhaltlichen Rechtsvorschriften als auch was die umfassten Gebiete angeht.

→ *Mediendienstestaatsvertrag*.

→ *http://www.iid.de/rahmen/iukdg.html/*

IV

Abk. für Informationsverarbeitung.

IVD

Abk. für Integrated Voice and Data LAN.

→ *IEEE 802.9*.

IV-DENIC

Abk. Interessenverband zum Betrieb eines deutschen Network Information Centers.

→ *NIC*.

IVDLAN

Abk. für Integrated Voice and Data LAN.

→ *IEEE 802.9*.

Ives

→ *ADSL*.

IVOD

Abk. für Interactive Video on Demand.

Andere Bezeichnung für → *Video on Demand*.

IVPN

Abk. für International Virtual Private Network.

→ *VPN*.

IVR

1. Abk. für Individual Voice Recognition.

   → *Leistungsmerkmal* von Nebenstellenanlagen.

   → *ACD*, → *CTI*.

2. Abk. für Interactive Voice Response.

   Auch AVRS (Automatic Voice Response System), IVU (Interactive Voice Unit), VRU (Voice Response Unit) bzw. in Deutschland auch selten Sprachspeichersystem genannt. Begriff aus der Nebenstellentechnik und aus dem Betrieb von → *Call Centern*. Bezeichnet technische Systeme, bei denen verschiedene Prozesse, die nicht unbedingt einer Betreuung durch den Mitarbeiter (→ *Agent*) bedürfen, durch aufgezeichnete einzelne Audiosequenzen und Entscheidungsmöglichkeiten per Tasteneingabe (nur bei → *MFV*) oder Spracherkennung gesteuert werden (→ *Sprachsystem*).

   Anwendungen derartiger Systeme fallen üblicherweise in eine von drei möglichen Kategorien:

   - Informationsermittlung zur Anrufweitervermittlung im Call Center: Hierbei wird der Anrufer aufgefordert, Informationen einzugeben, die für die weitere Vermittlung und Bearbeitung des Anrufs durch bestimmte Agenten ausgewertet werden.

     Beispiele sind die Ermittlung des Anrufergrundes zum Weitervermitteln zur passenden → *ACD*-Gruppe („Drücken Sie die 1, wenn Sie Informationsmaterial bestellen wollen“) oder die Aufnahme seiner Telefonnummer („Bitte geben Sie ihre Telefonnummer ein“), wodurch das Dienstmerkmal der Übertragung der Anrufernummer (Calling Line Identification, → *CLID*) emuliert werden und der richtige, zum Anrufer passende Datensatz geöffnet werden kann. Diese letzte Möglichkeit kann auch durch die Aufnahme anderer Kennzahlen (Kundennummer, Kreditkartennummer) erschlossen werden.

   - Informationsermittlung zur Unterstützung des Anruferservice: Dabei gibt der Anrufer verschiedene Informationen ein, die nach Auswertung durch Agenten u.U. längerfristig oder dauerhaft in Kundendatenbanken gespeichert werden.

     Beispiele sind die Aufnahme seines Namens und seiner Adresse oder seines Geburtsdatums. Eine konkrete Anwendungsmöglichkeit sind Anrufer in Warteschlangen, die nach langer Wartezeit Ansagen hören bzw. bei Überlast des Call Centers (kein Agent frei) ihren Namen und Nummer auf Band sprechen können, so dass sie schnellstmöglich zurückgerufen werden können, sobald ein Mitarbeiter des Call Centers frei ist.

   - Automatische Prozessabwicklung (Auto-Attendant, AA): Hierbei übernimmt das IVR-System die Funktion des Agenten, indem es zusammen mit angeschlossenen Datenbanken verschiedene Dienstleistungen anbietet und abwickelt. Dafür eignen sich insbesondere stark repetitive Auskunftsdienste.

Typische Anwendungen sind z.B. die Kontostandabfrage, das Erfragen der nächstgelegenen Filiale bei → *Tele-Banking* oder die Bestellung von Prospektmaterial oder Produktkatalogen. Ferner kann das IVR-System mit einem → *Fax-on-Demand*-System gekoppelt werden, so dass gewünschte Informationen dem Anrufer per Fax unmittelbar nach seinem Telefonanruf zugehen.

Eine weitere Möglichkeit ist, dass ein IVR-System auch die Funktionalität der → *Voicemail* einer Nebenstellenanlage übernimmt.

Die IVR kann auch als Basis von einer → *MCP* im Telekommunikationsnetz selbst und nicht in der Nebenstellenanlage eingesetzt werden. Die Speicherung der vorgefertigten Auswahlmenüs bzw. der eingehenden Anfragen und Daten übernimmt dabei ein Voice Server. Üblicherweise wird zunächst im Rahmen einer Erprobung das Vokabular (besonders häufig genutzte Schlüsselwörter) für die Spracherkennung ermittelt. Die optimale Struktur und Länge der Dialoge ergibt sich in einem zweiten Schritt.

Bei der Auslegung eines IVR-Systems ist u.U. zu beachten, dass das System in der Lage sein muss, verschiedene Sprachen simultan zu verarbeiten bzw. entsprechende Skripte anzubieten.

Die Funktionalität des IVRs wird durch die entsprechenden Menüs und Auswahlmöglichkeiten festgelegt. Die Summe der Menüs und ihre Abfolge bezeichnet man auch als → *Skript*. Das gesprochene, aufgenommene Skript bezeichnet man als Voice Form, da es sich prinzipiell um eine Art gesprochenes Formular handelt, bei dem der Zuhörer an den Entscheidungsstellen nur noch seine Angaben einzusetzen hat.

Skripte werden üblicherweise mit Hilfe einfach zu bedienender, grafischer Benutzerschnittstellen erstellt, in denen man Symbole für die jeweilige Funktionalität mit Hilfe von → *Drag & Drop* zu den Skripten zusammenstellt.

Neben der Möglichkeit, IVR-Systeme über Skripte zu definieren, können leistungsstarke IVRs auch über herkömmliche Programmiersprachen programmiert werden. Dafür stellt das IVR-System häufig eine Anwendungsprogrammierschnittstelle (→ *API*) zur Verfügung.

IVRs können als selbständige technische Anlagen oder im Rahmen entsprechend leistungsfähiger ACDs realisiert werden.

Falls das IVR-System als allein stehende, technische Anlage realisiert wird, erfolgt die Anbindung an die ACD oder PBX oft über die digitale Schnittstelle → *Q.Sig*.

→ *EAS*.

IVS

Abk. für IBM Verkabelungssystem.

IVT

Abk. für Interrupt Vector Table.

IVTeV

Abk. für Interessenverband Telekommunikation e.V.

Bezeichnung für einen Zusammenschluss von Nutzern von Telekommunikationsdiensten mit Sitz in Braunschweig.

→ *http://www.ivt.net/*

IVTS

Abk. für International Video-Teleconferencing Service.

IWA

Abk. für International Webcasting Association.

Bezeichnung für eine Vereinigung verschiedener Hard- und Softwarehersteller mit dem Ziel, wie → *IPMI* auch, → *Multicasting* im → *Internet* zu fördern.

→ *http://www.webcasters.org/*

IWF

Abk. für Interworking Function. Auch Interworking Unit (IWU) genannt.

Bezeichnet in der Telekommunikation eine Art Blackbox zwischen heterogenen Netzen oder zwischen Netzen und nicht für den Anschluss an sie bestimmte Endgeräte. Anderes Wort für das, was in der Computer- und Datenkommunikation oft als → *Gateway* bezeichnet wird.

Eine IWF kann fester Bestandteil eines Netzes (z.B. eines Netzknotens) oder aber als eigenes Gerät (z.B. in Räumen des angeschlossenen Nutzers) separat ausgeführt sein.

Eine spezielle Form der IWF ist, z.B., der → *Terminaladapter*.

→ *GSM*.

IWU

Abk. für Interworking Unit.

→ *IWF*.

IWV

Abk. für Impulswahlverfahren.

Eine gewählte Ziffer wird durch eine ihrer Höhe/ihrer Wertigkeit entsprechende Anzahl Wählimpulse auf der Leitung codiert. Die Wählimpulse werden durch eine Öffnung (Unterbrechung) der durch den abgehobenen Hörer geschlossenen Leitungsschleife einer Ader der Anschlussleitung durch das Telefon zur zweiten Ader der Anschlussleitung (verdrillte Zweidrahtleitung) realisiert. Daher wird dieser Impuls auch Schleifenunterbrechungsimpuls genannt.

Man unterscheidet dabei zwischen dem 10-pps- und dem 20-pps-Modus, bei denen 10 resp. 20 Impulse pro Sekunde generiert werden können (pulse per second). Bei Telefonen als Endgerät kann oft mit einem kleinen Schiebeschalter an der (Unter-) Seite zwischen diesen beiden Verfahren umgeschaltet werden.

In Deutschland wurde das 10-pps-Verfahren zur Steuerung der → *EMD*-Wähler verwendet. Dabei war ein einzelner Impuls 60 ms lang mit einer Pause zwischen zwei Impulsen von 40 ms. Die Pause zwischen zwei gewählten Ziffern (sog. Zwischenwahlzeit) betrug 400 ms.

→ *MFV*-Verfahren.

IX

Abk. für (Intel) Internet Exchange Architecture.

Bezeichnung für eine Architektur aus dem Hause Intel für → *Mikroprozessoren* und periphere Komponenten.

Erstmals vorgestellt im Jahre 1999.

IXC

Abk. für Inter-Exchange Carrier, daher auch mit IEC abgekürzt.

Begriff aus der Regulierung des amerikanischen Marktes für Telekommunikationsdienste. Der Begriff IXC bezeichnet dort eine ursprünglich für die Fernvermittlung von → *LATA* überschreitenden Verkehr (Inter-LATA) zuständige Fernmeldegesellschaft im Gegensatz zur → *LEC*, der für den Verkehr innerhalb eines LATA zuständig ist. Seit der Liberalisierung des amerikanischen Marktes 1996 dürfen diese aber auch in andere Märkte eindringen. Dennoch werden Unternehmen, die sich hieraus entwickelten, oft nach wie vor als IXC referenziert.

IXCs werden von der → *FCC* kontrolliert, LECs hingegen von den Behörden des jeweiligen Bundesstaates.

IXCs zahlen den LECs eine sog. → *Access Charge* dafür, dass diese den Fernverkehr durch ihr lokales Zugangsnetz, den Local Loop, zu den Fernnetzen der IXCs durchschalten. Die Zusammenschaltung erfolgt durch Points-of-Presence (POP) vor Ort bei den LECs.

Beispiele für IXCs sind → *AT&T*, MCI, Sprint oder Worldcom.

→ *BOC*, → *CAP*, → *CLEC*, → *RBOC*.

J

J

Bezeichnung einer 1990 von Kenneth E. Iverson, seinem Sohn Eric und Roger K.W. Hui entwickelten prozeduralen Programmiersprache, die insbesondere für mathematische Probleme gedacht ist. Sie geht auf die auch von Iverson entwickelte Sprache → *APL* zurück, ohne deren Probleme zu übernehmen.

Seinen Anwendungsschwerpunkt hat J unter Mathematikern.

J0, 1, 2, 3, 4, 5

Bezeichnung für die Stufen der Bitratenhierarchie nach → *PDH*, wie sie in Japan verwendet wird. Das Gegenstück dazu in Europa ist → *E0, 1, 2, 3, 4, 5* und in Nordamerika → *T1, 1c, 2, 3, 4*. Die Hierarchiestufen und ihre Datenraten sind:

Level	Gesamtdatenrate	Bemerkungen
J0	64 kbit/s	Abgeleitet von der PCM-Technik
J1	1,544 Mbit/s	24 J0-Kanäle plus 8 kbit/s für Steuerinformationen
J2	6,312 Mbit/s	4 J1-Kanäle
J3	32,064 Mbit/s	5 J2-Kanäle
J4	97,728 Mbit/s	3 J3-Kanäle
J5	397,2 Mbit/s	4 J4-Kanäle

J2K

→ *Jahr-2000-Problem.*

Jabber, Jabber Detector, Jabber Packet

1. Jabber ist der Jargon für anhaltend fehlerhafte, unsinnige Daten, die von einer Netzwerkkarte auf das lokale Netz (→ *LAN*) gegeben werden. Derartige Daten sind in ungewöhnlich oder sogar unzulässig großen Datenpaketen (Jabber Packet) enthalten.

   Als ein Mittel zur Verhinderung von Jabber, der unnötig Bandbreite auf dem LAN verschwendet, so dass andere angeschlossene Stationen nicht mehr senden können, gelten Jabber-Detektoren in den einzelnen Stationen. Sie stellen fest, wann die Station ungewöhnlich lange sendet und unterbrechen diesen Vorgang.
2. Im konkreten Kontext von IEEE 802.3 ein Datenpaket, das länger als laut Standard erlaubt ist.

Jack

International gängige Bezeichnung für Anschlussbuchse, Verbindungsstück etc. Oft wird darunter auch ein ‚weiblicher' Steckverbinder mit einer Hülse (und nicht mit einem Kontaktstift) verstanden.

Eine Serie von ähnlich aufgebauten Jacks ist beispielsweise die Serie → *RJ 11, 14, 45, 48.*

Jacket

1. Auch Disk Jacket genannt. Bei → *Disketten* des Formats 5,25" die Bezeichnung für die flexible, schützende Kunststoffhülle, die auf der Innenseite mit einem Vlies zur Aufnahme von Staubpartikeln ausgekleidet ist.

   → *Floppy.*

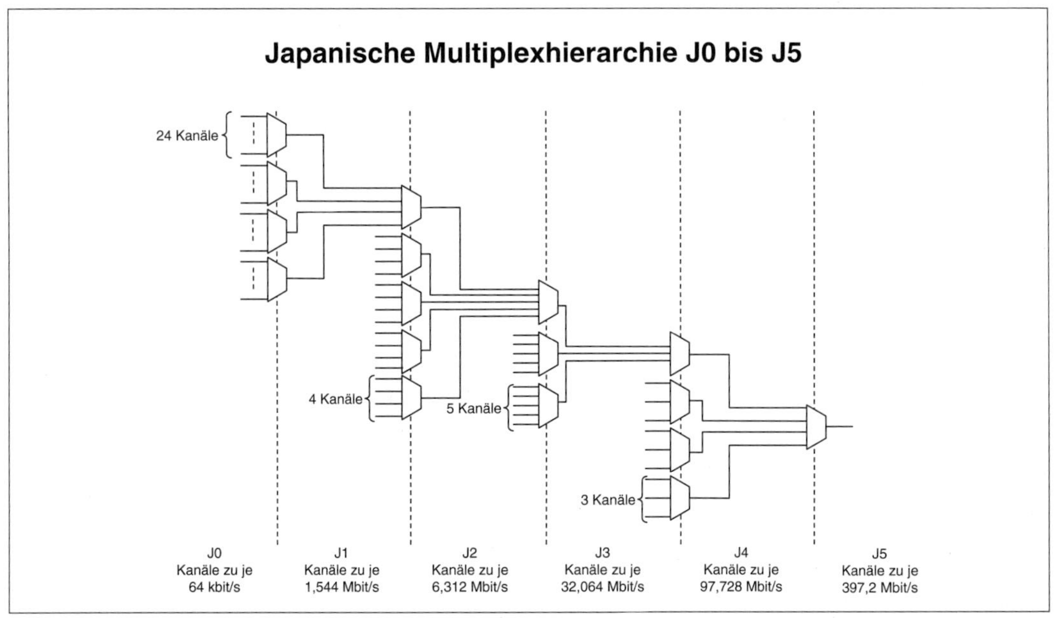

2. Bei Kabeln die internationale Bezeichnung für die schützende Isolierung und Ummantelung der eigentlichen Leiter innerhalb des Kabels.

Jackson-Methode

Auch Jackson Structured Programming (JSP) genannt. Bezeichnung für eine Methode der systematischen Programmerstellung im Rahmen von → *Software-Engineering*. Sie geht davon aus, dass Hauptaufgabe eines Programms bzw. von Programmteilen die Umwandlung einer Datenstruktur (Input) in eine andere Datenstruktur (Output) ist. Die Zergliederung eines Programms in einzelne Komponenten (Unterprogramme, Funktionen etc.) erfolgt ebenfalls unter diesem Gesichtspunkt.

→ *http://www.cstp.umkc.edu/personal/dwalters/hmwk4.htm/*

Jacquard-Webstuhl

Bezeichnung eines ersten mechanischen Automaten und damit einer der Vorläufer des → *Computers*.

Der Franzose und Seidenweber Joseph Marie Jacquard (* 1752, † 1834) entwickelte 1805 ein System mit hölzernen gelochten Scheiben zur Steuerung von Webstühlen. Es ist bereits ausgereifter als ein 1728 von dem Franzosen Falcon entwickeltes System, das zur automatischen Steuerung von Webstühlen erstmals Holzscheiben mit Löchern einsetzte. Praktisch war damit die → *Lochkarte* erfunden.

Bereits 1812 waren rund 10 000 derartige mechanische, programmgesteuerte Webstühle im Einsatz.

Bis zu 24 000 Lochkarten wurden dabei miteinander zu langen Bändern verbunden und um eine hölzerne und sich langsam drehende Trommel geführt. Durch die Löcher in den Karten konnten gefederte Nadeln des Webstuhls rutschen, die dann bestimmte Fäden im Webstuhl verarbeiteten. Auf diese Weise konnten Muster automatisch in Stoffe eingewoben werden.

Die Muster wurden mit Hilfe einer weiteren Maschine, genannt Klaviaturmaschine, in die Lochkarten eingestanzt.

Im Laufe der Zeit entwickelte sich neben der Holzkarte auch noch die leichter zu verarbeitende Papp- oder Papierkarte.

Die Bezeichnung Jacquard wurde in späteren Jahren sowohl für die derart hergestellten Gewebe als auch für andere, mechanisch gesteuerte Stoffverarbeitungsmaschinen übernommen.

→ *Analytical Engine*, → *Pascaline*, → *Schickardsche Rechenuhr*.

JACT

Abk. für → *JAIN* Coordination and Transactions.

JAE

Abk. für Java Application Environment.

JAERI

Abk. für Japan Atomic Energy Research Institute.

→ *http://www.jaeri.go.jp/english/index.cgi/*

Jaggies

Bei einer niedrigen grafischen → *Auflösung* von Monitoren die Bezeichnung für störende Treppeneffekte bei diagonalen oder schrägen Linien und Rundungen.

Jahr-2000-Problem

Selten mit J2K, international oft mit Y2K abgekürzt oder auch Millennium-Bug genannt. Am Ende der 90er Jahre neben der Umstellung auf den Euro eines der größten praktischen Probleme der Informatik.

Die Umstellung des Datums vom 31. Dezember 1999 auf den 1. Januar 2000 und die Schaltjahrproblematik des Jahres 2000 brachte für viele technische Geräte Probleme mit sich, die jedoch nicht notwendigerweise in einem katastrophalen Totalausfall mündeten, sondern häufig ‚nur' in der fehlerhaften Bearbeitung von Nutzdaten. Betroffen waren nicht nur interne (z.B. Datenbanken, Standardsoftware, Betriebssysteme) oder externe (z.B. Vermittlungsstellen oder Router bei Telekommunikationsnetzbetreibern, Geldautomaten bei Banken) IT-Systeme von Unternehmen, sondern auch Rolltreppen, Fahrstühle, Klimaanlagen, Heizungen, Jalousiensteuerungen, Zugangskontrollsysteme, Registrierkassen oder ähnliche Supportsysteme.

Die Gründe für das Jahr-2000-Problem liegen hauptsächlich darin begründet, dass Jahreszahlen in den technischen Systemen zwei- und nicht vierstellig codiert waren:

- Um in der Vergangenheit teuren Speicherplatz zu sparen, wurde in vielen Systemen die Jahreszahl im Datum nur zweistellig codiert (= Speicherbedarf für zwei Ziffern beträgt nur zwei → *Byte*). Dies bedeutet, dass das Jahr 2000 von vielen Systemen als das Jahr 1900 gedeutet wurde. Dies führte zu falschen (u.U. in negativen Zeiten resultierenden) Differenzberechnungen, z.B. bei der Berechnung des Alters von Personen, der Laufzeit von Verträgen etc. Zwar war man sich der Verwechslungsgefahr in der Vergangenheit bei der Entwicklung der Systeme bewusst, jedoch rechneten viele Hersteller nicht mit einer derart langen Lebenszeit ihrer Produkte.
- Die Algorithmen zur Schaltjahrberechnung sind falsch implementiert worden, da es von der Ausnahme, dass runde Jahrhundert-Jahre keine Schaltjahre sind (obwohl die Jahreszahl ohne Rest durch vier teilbar ist), es die Ausnahme für Jahrhunderte gibt, die ganzzahlig durch 400 zu teilen sind (Definition aus ISO 8601:1988 und der Erweiterung aus 1991). Das Jahr 2000 ist somit (im Gegensatz zum Jahr 1900) ein Schaltjahr. In Systemen, die dies nicht berücksichtigten, führte dies zu einer falschen Kalenderfunktion (unkorrekte Zuordnung von Wochentag zu einem Datum) nach dem 29. Februar 2000.
- In manchen Systemen werden ehemals als untypisch angesehene, zweistellige Ziffernkombinationen wie 00 oder auch schon 99 nicht als Jahreszahl, sondern als Sonderzeichen für ‚Datensatzende', ‚Dateiende' (→ *EOF*) o.Ä. interpretiert, wodurch sich falsche Interpretationen oder sogar Datenverluste ergeben können.

Eine seinerzeit weitverbreitete und akzeptierte Definition von „Jahr-2000-Fähigkeit" hat das → *BSI* nach längeren Untersuchungen mit vielen betroffenen Unternehmen am 1.

Januar 1997 im Dokument „DISC-PD2000-1" publiziert, das im Frühjahr 1998 zu „DISC-PD2000-1: 1998, A Definition of Year 2000 Conformity Requirements" aktualisiert wurde. DISC-PD2000-1: 1998 sagt aus:

„Year 2000 conformity shall mean that neither performance nor functionality is affected by dates prior to, during and after the year 2000. In particular:

- Rule 1 – No value for current date will cause any interruption in operation.
- Rule 2 – Date-based functionality must behave consistently for dates prior to, during and after year 2000.
- Rule 3 – In all interfaces and data storage, the century in any date must be specified either explicitly or by unambiguous algorithms or inferencing rules.
- Rule 4 – Year 2000 must be recognized as a leap year."

Die Forderung aus Rule 1 wird oft auch 'General Integrity', die aus Rule 2 'Date Integrity', die aus Rule 3 'Explicit/implicit Century' genannt.

Zusätzlich dazu veröffentlichte das BSI später das Dokument PD2000-4, mit dem Titel „PD2000-1 in Action".

Im Rahmen eines Jahr-2000-Projektes werden betroffene Systeme gemäß der vier Regeln auf ihre Jahr-2000-Fähigkeit untersucht. Dabei sind folgende Fälle zu unterscheiden:

- Das System ist von vornherein Jahr-2000-fähig. In diesem Fall braucht nichts weiter unternommen zu werden.
- Das System ist nicht Jahr-2000-fähig, kann aber durch z.B. einen Software-Upgrade oder andere vertretbare Maßnahmen Jahr-2000-fähig gemacht werden. In diesem Fall sind diese entsprechenden Maßnahmen zu ergreifen und zu testen, sowohl im Rahmen des Einzelsystems als auch im Zusammenwirken mit anderen Systemen.
- Das System ist nicht Jahr-2000-fähig und kann nicht oder soll nicht (Aufwand zu hoch, geringe Restlebensdauer des Systems) Jahr-2000-fähig gemacht werden. In diesem Fall ist das System durch ein Jahr-2000-fähiges System zu ersetzen. Auch in diesem Fall ist das neue System zu testen, sowohl im Rahmen des Einzelsystems als auch im Zusammenwirken mit anderen Systemen.

Erstmals wurde das Jahr-2000-Problem im Jahre 1988 in der Fachpresse erwähnt. Lange Zeit wurde daraufhin das Problem nur in kleinen, akademischen Kreisen diskutiert.

In vielen Unternehmen und Behörden wurden Projekte zur Sicherstellung der Jahr-2000-Fähigkeit dann im Laufe von 1996 oder 1997 gestartet. Neben einer Sicherstellung der Jahr-2000-Fähigkeit der internen und externen IT-Systeme sowie der Produkte eines Unternehmens gewann im Laufe der Zeit auch der Aspekt des Einflusses der Nicht-Jahr-2000-Fähigkeit von anderen Unternehmen, etwa von Lieferanten, an Bedeutung, und Unternehmen begannen, sich durch Garantiezusagen Betroffener, gemeinsame Projekte oder geeignetes → *Contingency Planning* abzusichern.

In Zusammenhang mit Jahr-2000-Projekten und der Sicherstellung der Erreichung des Projektzieles wurde oft von kuriosen Projektansätzen berichtet, z.B. hätten diverse Fluglinien verfügt, dass sich ihre Jahr-2000-Manager zum Jahreswechsel in einem fliegenden Flugzeug befinden müssen.

JAIN

Abk. für Java Advanced Intelligent Network.

Bezeichnung für eine Entwicklung aus dem Hause Sun, die eine Verbindung zwischen Computeranwendungen und dem → *IN* bzw. → *SS#7* in Telekommunikationsnetzen mit Hilfe von → *Java* schaffen soll. Dadurch soll es möglich sein, IN- bzw. SS#7-Verbindungen auch über das → *Inter-*

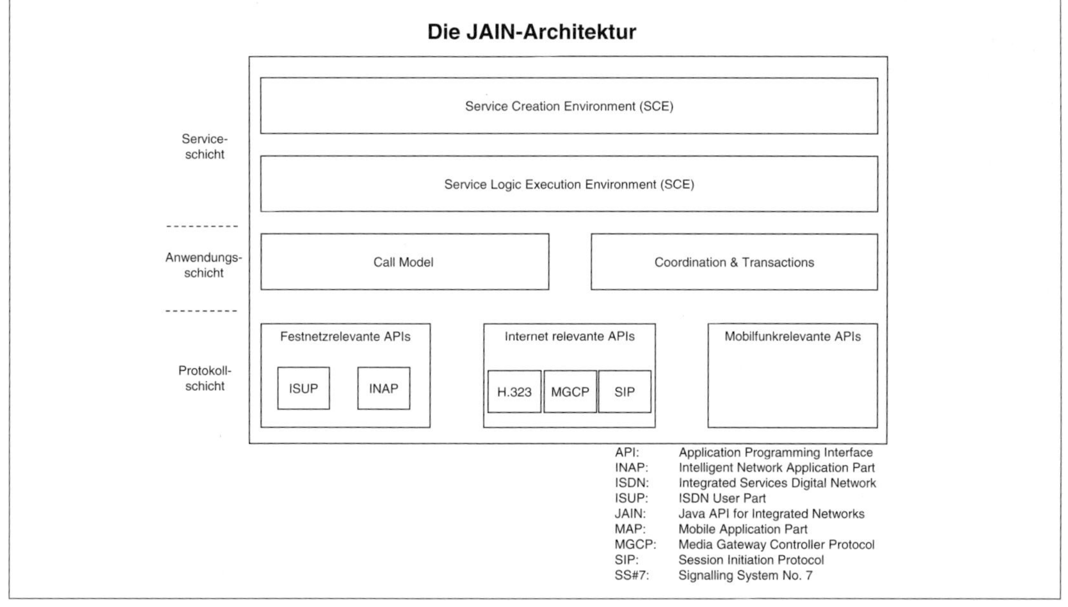

net abzuwickeln bzw. IN-Dienste oder -Dienstmerkmale im Internet anzubieten.
Vorgestellt im Juni 1998.

JAM-Signal

→ *CSMA/CD*.

JAMES

Abk. für Joint ATM Experiment on European Services.

JANET

Abk. für Joint Academic (Research) Network.
Bezeichnet das britische Forschungsnetz, das 1983 gegründet wurde. Ab 1985 übertrug das Backbone mit 2 Mbit/s, ab 1993 mit 34 Mbit/s, weswegen es in SuperJANET umbenannt wurde. Mittlerweile ist es auf 155 Mbit/s hochgerüstet.
JANET ging aus dem 1977 ins Leben gerufenen SERCnet hervor, das auf → *X.25*-Technologie beruhte.
→ *WiN*, → *BERNET*, → *BITNET*, → *DANet*, → *EARN*, → *Internet*, → *Nordu-Net*, → *NorthNet*, → *TEN-34*.

JASAC

Bezeichnung für das Seekabelsystem (→ *Unterwasserkabel*) vor der japanischen Küste, das 1968/1969 vom Schiff „KDD Maru“ verlegt wurde.

JASURAUS

Bezeichnung eines → *Unterwasserkabels* auf Glasfaserbasis, das Australien mit Indonesien verbindet.

Name	JASURAUS
Länge	2809 km
Inbetriebnahme	1996
Kapazität	5 Gbit/s
Außerbetriebnahme	-
Anlandungspunkte Australien	Port Hedland
Anlandungspunkte Indonesien	Jakarta
Bemerkungen	Ein Glasfaserpaar 36 Repeater

→ *http://www.alcatel.com/submarine/refs/cibles/sea/jasuraus.htm/*
→ *http://www.generaloffshore.com/projects/jasur.html/*

JATE

Abk. für Japan Approvals Institute for Telecommunications Equipment.
Japanische Prüf- und Zulassungsbehörde für Telekommunikationsgeräte.
→ *http://www.sphere.ad.jp/*

Java

Bezeichnung einer universellen, objektorientierten Programmierumgebung.

Im Mittelpunkt steht dabei die namengebende → *Programmiersprache* Java. Bei ihr handelt es sich um eine interpretierte Programmiersprache zum Einsatz in vernetzten Systemen, speziell im → *Internet*. Der geschriebene Java-Quellcode wird dabei zunächst von einem geeigneten → *Compiler* in einen plattformunabhängigen Zwischencode übersetzt, der auch Bytecode oder P-Code genannt wird. Dieser kann dann durch einen → *Interpreter* ausgeführt werden, so dass der Zwischencode auf jedem System ausgeführt werden kann, für das ein Interpreter existiert.

Java ermöglicht, im Gegensatz zur Seitengestaltungssprache HTML (→ *HTML*, → *WWW*), Applikationen, in die dynamische, laufend aktualisierte Elemente (sog. Applets, von Applications) eingebunden sind, die nicht einmalig geladen, sondern permanent online aktualisiert werden.

Mit Hilfe von Java können folgende zwei Klassen von Programmen hergestellt werden:

- Applications: Vollständige Java-Programme, die alle zu ihrer Ausführung notwendigen Bestandteile, insbesondere Klassen, enthalten.
- Applets: Kleinere Anwendungen, die beim Client, auf dem sie laufen sollen, bestimmte Klassen von Software bereits voraussetzen, dafür aber in ihrem Umfang wesentlich geringer sind als die Applications und daher schneller über das Internet zum Client heruntergeladen werden können.

  Streng genommen handelt es sich auch hier um Applications, doch setzen sie halt eine Schnittstelle zum Browser in Gestalt der notwendigen Software voraus.

Java ist die erste Programmiersprache überhaupt, die speziell mit dem Blick auf die Nutzung von auf Netzen und in den Netzknoten verteilten Ressourcen entwickelt wurde. Sie ist daher für Client/Server-Architekturen (→ *Server*) und dort insbesondere für die auf dem Client laufenden Anwendungen geeignet. Der Schwerpunkt liegt auf kurzen, einfachen Programmen, z.B. zur Unterstützung von grafischen Benutzeroberflächen (→ *GUI*).

Weil die Sprache nur begrenzt Synchronisationsmechanismen, hardwarenahe Befehle oder asynchrone Ein-/Ausgabeoperationen unterstützt, ist sie nicht geeignet für große Programme, z.B. zur Definition von Datenbanken, numerischen Simulationsprogrammen oder herkömmlichen Anwendungsprogrammen.

Java ist von → *C++* abgeleitet, jedoch etwas einfacher, portierbarer, leichter zu erlernen und robuster. Sie verfügt über → *Garbage Collection*, unterstützt → *Unicode* und 3D-Grafik. Umgekehrt sind Features wie Mehrfachvererbung oder das Überladen von Operatoren nicht vorhanden.

Java-Code selbst wird durch den Compiler in den Bytecode für den Interpreter verwandelt, der durch das WWW zum → *Browser* heruntergeladen und dort durch den im Browser vorhandenen Interpreter weiterverarbeitet wird. Aus diesem Grund ist Java-Code gegenwärtig noch zwei- bis dreimal so langsam wie in C++ geschriebene und dann in ausführbaren, aber plattformspezifischen Code compilierte Programme.

Mit Java ist es möglich, im Browser benötigte, aber nicht vorhandene spezielle Software zur Darstellung von Informationen im WWW dynamisch und nur bei Bedarf zum

Browser herunterzuladen, der dadurch automatisch aktualisiert wird.

Eine Schnittstelle, um Internet-Inhalte auch in herkömmliche Software einzubinden, stellt das im Mai 1996 angekündigte Java Beans (= Kaffeebohnen) dar. Dabei handelt es sich um eine Programmierschnittstelle zur Erstellung mehrfach verwendbarer Software, ähnlich dem → *OLE*-Mechanismus aus dem Hause Microsoft. Mit Hilfe von Java Beans ist es möglich, einzelne Softwaremodule (= Beans) in Java zu programmieren und zwischen ihnen mit Hilfe eines Softwareentwicklungstools (= Builder) Beziehungen und Kommunikationsmechanismen zu definieren. Dabei sind die einzelnen Softwaremodule so flexibel, dass sie auch in Umgebungen mit → *ActiveX* oder → *OpenDoc* verwendet werden können.

Java Beans selbst wird in der Spezifikation 1.01 aus dem Hause Sun definiert als „Java Bean is a reusable software component that can be manipulated visually in a builder tool."

Der entsprechende Browser, um in Java geschriebene Applikationen zu nutzen, war ursprünglich Hot Java, wobei mittlerweile auch jeder andere, gängige Browser Java unterstützt.

Eine Java Virtual Machine (JVM) beschreibt als Konzept die Architektur einer Kooperation verteilter Java-Applikationen und fasst sämtliche Funktionalitäten zusammen, die im Client laufen. Die JVM übernimmt als einzelner, geschlossener Prozess die Speicherverwaltung und Ressourcenzuteilung. Bestandteil der JVM ist der Interpreter. Die gemeinsam vom Hause Sun mit Microsoft entwickelte JVM hat eine Größe von ca. 4 MByte.

Weitere Bestandteile der Java-Programmierumgebung sind picoJava, eine hardwarenahe Implementation der Java Virtual Machine, das JavaOS als → *Betriebssystem* und mehrere → *APIs*.

PicoJava soll insbesondere als Programmiersprache für Anwendungen auf und von → *Smart Cards* genutzt werden. Dabei soll JavaCard, das die Java Virtual Machine beinhaltet, als Betriebssystem eingesetzt werden.

Zu den wichtigsten APIS von Java gehören:

- Abstract Window Toolkit (AWT) und seine Erweiterung um Java Foundation Classes: Beide zusammen dienen der Programmierung grafischer Benutzeroberflächen.
- Java Database Connectivity (JDBC): Dieses API stellt die Datenbankfähigkeit sicher.
- I/O-API: Es stellt die Kommunikation von Java-Programmen mit Standardkomponenten der Peripherie zur Ein- und Ausgabe sicher (Monitor, Maus, Drucker etc.).
- Net-API: Es stellt die Kommunikation über lokale Netze mit Hilfe einfacher Kommunikationsmechanismen sicher.
- Remote-Method-Invocation-API (RMI-API): Es stellt die Kommunikation zwischen verschiedenen Unterprogrammen (= Methods) von Java sicher, so dass man verteilte Anwendungen konzipieren kann, die letztlich auch auf verschiedenen Rechnern laufen können.

Die Entwicklung von Java nahm folgenden Verlauf:

1990

Man erkennt in den Entwicklungslabors von Sun das Problem bei der Entwicklung von Testumgebungen für Controller für Haushaltsgeräte (Waschmaschinen, Kühlschränke, Fernseher, Telefone, Videorecorder, → *Set-Top-Boxen*), dass der technische Fortschritt in immer kürzeren Intervallen neue und vor allem billigere Controller (in Form von Hardwarebausteinen) hervorbringt. Man möchte aber nicht mit jeder neuen Generation die gesamte Entwicklungsumgebung beim Hersteller ändern, weswegen man an einem universell nutzbaren Entwicklungs- und Programmiertool interessiert war.

Es wird eine Projektgruppe mit dem Namen ‚Green' unter der Leitung von James Gosling und unter Beteiligung von Mike Sheridan, Patrick Naughton, William Joy sowie G. Steele eingesetzt.

Initiales Ziel des Projektes ist zunächst die Untersuchung des Marktes und möglicher Einsatzzwecke, um die Anforderungen an eine derartige hardwareunabhängige Entwicklungsumgebung zu formulieren.

Ein anderes Team hat unterdessen → *C++* zu einer abgespeckten Version weiterentwickelt, die man Oak (= Eiche) nennt. Ziel bei der Entwicklung von Oak war die Realisierung einer Programmiersprache, bei der selbst schwere Programmierfehler nicht zu einem unkontrollierten Verhalten des Gesamtsystems führen sollten.

1992

Oak liegt in einer stabilen Version vor und wird zur Programmierung eines Demonstrators für einen virtuellen Haushalt genutzt. Eine animierte Trickfigur mit Namen ‚Duke' führt den Betrachter durch eine virtuelle Welt. Das Interesse an Oak hält sich jedoch in engen Grenzen.

Das gesamte Projekt wird unter dem Namen Java zusammengeführt. Benannt ist es nach einem nordamerikanischen Jargon für Kaffee, nachdem andere Bezeichnungen (z.B. das ursprüngliche Oak oder Silk sowie DNA) in Diskussionen durchgefallen oder schon als Markenbezeichnung geschützt waren.

1994

Das → *WWW* fängt an, sich explosionsartig zu entwickeln und im Hause Sun kommt man auf die Idee, mit Java einen neuartigen Browser zu entwickeln.

Mai 1995

Im Mai 1995 war der Hot Java genannte Browser fertig, und man entschied sich dazu, alles über Java im WWW zu veröffentlichen. Von der begeisterten Reaktion völlig überrascht, entschließt man sich im Hause Sun, es als strategisches Produkt zum Einsatz im WWW zu positionieren.

Ende 1995

Java wird an andere Unternehmen lizenziert und von der Internet-Gemeinde allgemein anerkannt.

Oktober 1996

Die erste Spezifikation wird als Version 1.0 in einem internen, technischen Report „The Java Language Specification" im Hause Sun veröffentlicht.

Seither gibt es sehr viele Bestrebungen, Java universell einsetzbar zu machen, was sich in den zahlreichen APIs niederschlägt. Das gesamte Potenzial von Java gilt trotzdem als noch nicht vollständig erschlossen. Alle mittlerweile existierenden Standardelemente sind in Java CORE zusammengefasst und werden Lizenznehmern zur Verfügung gestellt.

Der Erfolg von Java wird dadurch erklärt, dass nichts an Java wirklich neu ist, dass die Sprache aber verschiedene Konzepte zusammenbringt, die einzeln bislang keinen Erfolg hatten, in ihrer Kombination aber für den Bereich verteilter Client/Server-Applikationen sehr vorteilhaft sind.

Detailliertere Informationen genereller Art und über die Entwicklung sowie Beispiele findet man unter:

→ *http://java.sun.com/*
→ *http://www.gamelan.com/*
→ *http://www.cosy.sbg.ac.at/~anaami/javatutorial.html/*
→ *http://www.javasoft.com/*
→ *http://www.javalobby.org/*
→ *http://www.javacard.org/*
→ *http://www.jars.com/*
→ *http://www.jdc.com/*
→ *http://www.cityjava.org/*

Java Beans

→ *Java.*

JavaCard

→ *Java.*

JavaScript

Bezeichnung einer von den Häusern Sun und Netscape gemeinsam entwickelten und im Dezember 1995 vorgestellten → *Skriptsprache*, die es Laien erlauben soll, → *WWW*-Seiten in → *Java* zu erstellen. JavaScript basiert auf Java, ist gegenüber dieser aber stark vereinfacht.

Ursprünglich hieß die Sprache LiveScript.

Java Virtual Machine

→ *Java.*

JAZ, JAZ-Laufwerk

Bezeichnung für einen proprietären Standard zur hochkapazitiven Datenspeicherung auf magnetischen Speichermedien aus dem Hause iomega.

JAZ-Laufwerke verfügen über auswechselbare Platten in einem → *Cartridge*. Die Platten können in der ursprünglichen Version 1 GByte speichern. Auf der CeBIT '98 kam JAZ II mit einem Fassungsvermögen von 2 GByte auf den Markt.

→ *ZIP.*
→ *http:/www.iomega.com/*

JBIG

Abk. für Joint Bi-Level (Bi-Tonal) Image Experts Group.

Bezeichnung eines Standardisierungsgremiums der → *ISO* und des von ihm ausgearbeiteten Standards zur verlustlosen Bild- und Videodatenkompression (im Gegensatz zu → *MPEG* und → *JPEG*) sowie zur Speicherung derart erzeugter Dateien. Das Verfahren ist als ISO 11544 standardisiert worden.

Angewendet werden kann dieses Verfahren nur auf binäre Bilder ohne Farben und Graustufen, also auf Schwarz-Weiß-Bilder (daher Bi-Level). Eine Ausweitung auf Farbbilder ist jedoch möglich, indem für jede zulässige Farbstufe das Verfahren einmal angewendet wird.

Prinzipiell werden noch nicht komprimierte Bildpunkte (→ *Pixel*) mit den bereits vorliegenden Kompressionsdaten benachbarter Bildpunkte verglichen, woraus sich Redundanzen ermitteln lassen.

Genutzt wird das Verfahren bei Faxgeräten, da es ursprünglich als Nachfolger für Gruppe-4-Fax (→ *Fax*) entwickelt wurde.

Fortentwickelt wird JBIG durch die JBIG-Alliance, die im September 1996 von 12 Unternehmen gegründet wurde.

→ *http://www.jbig.org/*

JCC

Abk. für → *JAIN* Call Control.

JCL

Abk. für Job Control Language.

Bezeichnung für eine → *Skriptsprache*, die als Kommandosprache genutzt wurde und die bei dem → *Mainframe* → *IBM /360* unter dem → *Betriebssystem* → *MVS* verwendet wurde, um Programme zu verwalten. Mit Hilfe von JCL wurden alle Informationen zum Programmlauf eingegeben, z.B. Programmname, Startzeit, Laufzeit, betroffene Input-Dateien, zu erzeugende Output-Dateien etc.

Das Betriebssystem des Rechners verwendet die über JCL eingegebenen Daten zur Abwicklung der einzelnen Programme.

→ *http://www.uga.edu/ucns/hostsys/mvs/ibm-jcl-intro.html/*

JCP

Abk. für Job Control Program.

JDA

Abk. für Joint Development Agreement.

Bezeichnung für die mittlerweile nicht mehr gültige Übereinkunft zwischen den Häusern → *Microsoft* und → *IBM* zur gemeinsamen Durchführung mehrerer Entwicklungsprojekte aus den 80er Jahren.

Eines dieser Projekte war die Entwicklung des → *Betriebssystems* → *OS/2.*

JDBC

Abk. für Java Database Connectivity.

Bezeichnung einer generischen Schnittstelle für → *SQL*-Statements, die von einer speziellen Datenbankarchitektur unabhängig ist. JDBC wird von allen großen Datenbankanbietern mittlerweile unterstützt.

Damit lassen sich mit Hilfe der Programmiersprache → *Java* Client/Server-Anwendungen und → *Tools* programmieren, die auf einheitliche Weise, d.h. über nur eine grafische Benutzerschnittstelle (→ *GUI*), auf verschiedene darunter liegende Datenbanksysteme zugreifen können.

JDBC basiert auf dem SQL der → *X/Open*-Gruppe (SQL-Call-Level-Interface).

JDBC besteht aus zwei verschiedenen Schichten: dem JDBC-Application Programming Interface (JDBC-API) und dem JDBC-Driver-API. Die Driver-API ermöglicht eine sichere Kommunikation zwischen dem eigentlichen API und den verschiedenen Drivern.
JDBC wurde im Januar 1996 vorgestellt (Version 1) und liegt seit März 1998 in Version 2.0 vor.
→ *http://splash.javasoft.com/jdbc/jdbc.ps/*

JDC

Abk. für Japanese Digital Cellular.
→ *PDC.*

JDF

Abk. für Job Definition Format.
Bezeichnung für ein Dateiformat, das beim → *Digitaldrucks* zum Einsatz kommt. Mit ihm ist es möglich, alle Daten für einen Druckauftrag nur einmal zu erfassen und darauf basierend den gesamten Produktionsprozess abzuwickeln.
Als ein vergleichbares Vorgängerformat gilt → *PPF.*
JDF wurde gemeinsam Ende der 90er Jahre von Heidelberger Druck, Adobe, Agfa und MAN Roland entwickelt.

JDK

Abk. für → *Java* Development Kit.

JDL

Abk. für Job Description Language.

JDML

Abk. für → *Java* Dynamic Management Kit.

JEAN

→ *JOSS.*

JECF

Abk. für Java Electronic Commerce Framework.
Oberbegriff für eine in → *Java* programmierte Umgebung zur Abwicklung von Zahlungsvorgängen (→ *Electronic Money*) bei Anwendungen des Electronic Commerce (→ *E-Business*).

JEDEC

Abk. für Joint Electronic Devices Engineering Council.
Bezeichnung für ein internationales Standardisierungsgremium, das auf dem Sektor der integrierten Schaltkreise aktiv ist und Standards für → *ICs* entwickelt (Gehäuseabmessungen, Anzahl und Funktion von Kontakten, Beschriftung etc.).
→ *http://www.jedec.org/*

JEDI

Abk. für Joint Electronic Data Interchange.
Bezeichnung für eine Arbeitsgruppe der UN, die ihre Interessen in Arbeitsgruppen, Interessenverbänden und Standardisierungsgremien rund um → *EDI* vertritt.
→ *http://jedi.dmu.ac.uk/*

JEEC

Abk. für Joint ETSI ECMA Committee.
Bezeichnung eines Gremiums zur Koordinierung der Arbeit von → *ECMA* und → *ETSI.* 1991 gegründet.
→ *http://www.etsi.org/jeec/*

JEIDA

Abk. für Japan Electronic Industry Development Association.
Bezeichnet ein japanisches Normungsgremium.

JEMA

Abk. für Japan Electronic Messaging Association.
→ *http://www.fmmc.or.jp/fmmc2/jemae.html/*

JEPI

Abk. für Joint Electronic Payment Initiative.
Bezeichnung einer im April 1996 gegründeten gemeinsamen Initiative mehrerer international tätiger Unternehmen der Telekommunikationsbranche und von Hard- und Softwareherstellern unter Beteiligung von → *W3C* und → *CommerceNet* mit dem Ziel, einen Standard für Clients und Server im → *WWW* für die sichere Abwicklung von finanziellen Transaktionen zu etablieren.
Eine erste Spezifikation wurde im September 1996 vorgestellt. Sie besteht aus zwei Teilen. Das Protocol Extensions Protocol (PEP) erweitert → *HTTP*, und das Universal Payment Preamble (UPP) ist ein Protokoll, bei dem sich Client und Server darüber verständigen, welche Verfahren für die Bezahlung zur Verfügung stehen und welches davon unter welchen Bedingungen genutzt werden sollte.

JES

Abk. für Job Entry Subsystem.
Bezeichnung für eine spezielle Klasse von Software aus dem Hause IBM, die bei bestimmten IBM-Computern als Teil des Betriebssystems die Aufgabe hatte, benötigte Systemressourcen einem → *Job* zuzuweisen und mehrere Jobs zu verwalten.

JESSI

Abk. für Joint European Submicron Silicon Initiative.
Bezeichnung eines Forschungsprogramms der EU-Länder D, NL, F, I und GB von 1989 bis 1996 mit dem Ziel der Förderung der Mikrotechnologie in der Chipherstellung. Dabei sollte der Vorsprung zu den USA und zu Japan aufgeholt werden. Als Nachfolgeprogramm gilt → *MEDEA.*
→ *ACTS,* → *COST,* → *ESPRIT,* → *RACE.*

Jewel Box, Jewel Case

→ *Caddy.*

JFCB

Abk. für Job File Control Block.

JG2AS

Zeitsender mit Standort in Kanto bei Tokio. Sendet mit 40 kHz.
→ *DCF 77,* → *WWVB,* → *HBG,* → *M8F.*

JIC

1. Abk. für Joint Industry Conference.
2. Abk. für Just in Case.
   → *Chat Slang*.

JIH

Abk. für Japan Information Highway.

Bezeichnung für ein → *Unterwasserkabel* rund um die drei Hauptinseln Japans, das von → *KDD* gegen Mitte 1999 in Betrieb genommen wurde. Es dient dazu, den Einstieg von KDD in den japanischen Markt für Inlandsgespräche zu unterstützen.

Jini

Bezeichnung für eine vom Hause Sun und dort maßgeblich von Jim Waldo entwickelte Technologie, mit der jedes digitale Gerät unabhängig von der zugrunde liegenden Soft- und Hardwareplattform mit anderen digitalen Geräten vernetzt werden kann. Auf diese Art und Weise soll sich ein Netzwerk sozusagen selbst verwalten können, indem neue Ressourcen erkannt und allen bereits angeschlossenen Stationen bekannt gemacht werden. Umgekehrt wird neuen Stationen ermöglicht, die vorhandenen Ressourcen zu nutzen. Primär wird dabei an Geräte aus dem Bereich der Unterhaltungselektronik und des PC-Umfeldes gedacht.

Die Jini-Technologie legt grundsätzliche Konventionen dafür fest, wie Verbindungen aufgebaut, Informationen verteilt und Interaktionen zwischen den beteiligten Geräten erreicht werden können. Das Jini-Modell stellt dafür drei Komponenten zur Verfügung:

- Eine Infrastruktur für die Kommunikation aller Ressourcen untereinander, über die Ressourcen auch gesucht und gefunden werden können.
- Ein Modell zur Programmierung verteilter Dienste.
- Die Dienste selbst, die von den im vernetzten System vorhandenen Ressourcen genutzt werden können. Dienste sind dabei netzweit vorhandene Funktionalitäten, die als Softwareprogramme realisiert sind (auch Protokolle). Beispiele für Dienste sind Datenkonvertierung, Aufbau, Nutzung und Abbau von Kommunikationskanälen oder Speicherung von Informationen.

Jini kann auch als Erweiterung der bisherigen → *JAVA*-Welt interpretiert werden, wenn man sagt, dass Jini eine Art Java Application Environment (JAE) darstellt, das allerdings nicht auf einer Java Virtual Machine (JVM) läuft, sondern auf mehreren, die über die Infrastruktur miteinander verbunden sind.

Jini 1.0 wurde gegen Jahresende 1998 angekündigt und im Januar 1999 veröffentlicht. Es umfasst das komplette Protokoll für Netzwerk-Grundfunktionen. Transaktions- und Sicherheitsfunktionen wurden erst im Laufe von 1999 entwickelt.

→ *http://www.sun.com/jini/*

JISC

Abk. für Japanese Information Standardization Committee.

Bezeichnung eines japanischen nationalen Normungsgremiums.

→ *http://www.jisc.org/*

JIT

Abk. für Just in Time.

Jitter

Von engl. to jitter = unruhig oder nervös sein. Der Begriff beschreibt eine bestimmte Art der Signaldegeneration bei elektrischen Signalen. Allgemein bezeichnet er das zeitliche

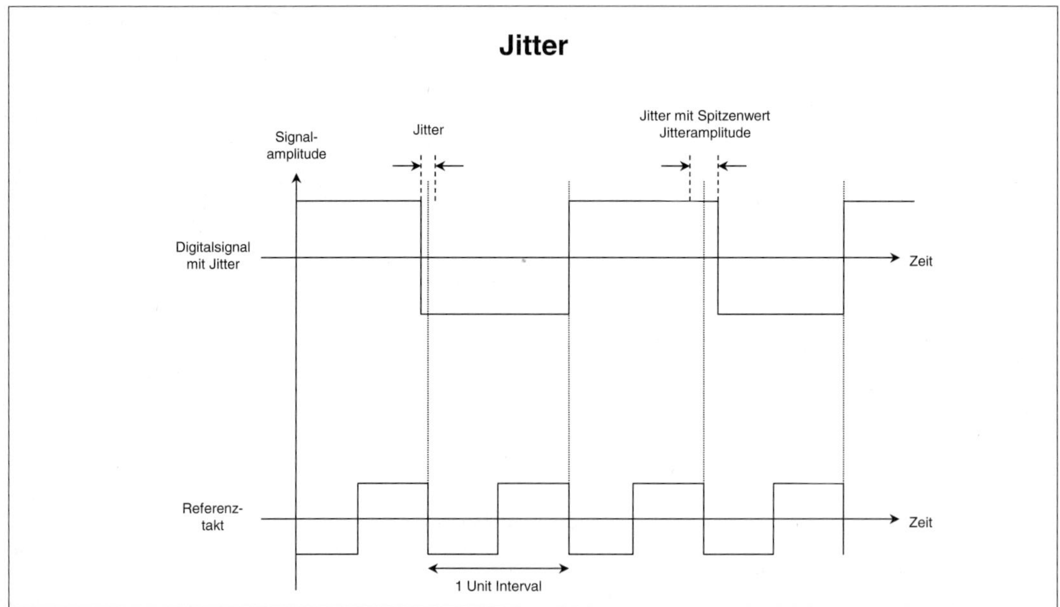

Schwanken bestimmter Merkmale in einem Daten- oder Signalstrom.

1. Ein kurze Zeit auftretender, zeitlich verschobener Takt digitaler Signale, also eine Schwankung der Zeitpunkte des Übergangs von einem Signal zum nächsten in einem Datenstrom. Mögliche Ursachen können sein: Fehler der Signalgeber, des Kabels oder der Komponenten der Übertragungstechnik.

   Jitter ist eines der wichtigsten Probleme bei der digitalen Übertragung. Die Stärke des Jitters wird durch die Jitteramplitude angegeben. Sie ist definiert als die maximale Abweichung des Taktes und wird in der Einheit Unit Interval (UI) angegeben, wobei ein UI der Periode des normalen Taktes entspricht. Üblicherweise hat die Jitteramplitude Werte von 0,1 UI, jedoch sind bei bestimmten technischen Konstellationen auch mehrere UI gemessen worden.

   Die Ursachen für Jitter sind in zwei Komponenten zu suchen. Zum einen in den nicht perfekten Eigenschaften der elektrischen Komponenten des gesamten Übertragungssystems (sog. Eigenjitter) und zum anderen in eingestrahlten Störsignalen und dem üblichen → *Rauschen* (sog. Grundjitter).

   Der Begriff Jitter ist durch die → *ITU* in G.702 definiert. Für verschiedene Übertragungsmedien sind max. zulässige Jitter in G.823 definiert.

2. Bei paketorientierter Übertragung digitaler Daten das Schwanken des → *Delays* bei der Übertragung der Daten in Paketen oder Zellen, hervorgerufen durch unterschiedliche Netzlast in verschiedenen Bereichen des Netzes, wodurch es zu verschieden langen Ende-zu-Ende-Laufzeiten der zu einer Verbindung gehörenden Pakete kommt. In diesem Fall wird auch von Phasenjitter gesprochen.

   Ein Gegenmittel zum Ausgleich von Jitter ist in diesem Fall die Nutzung eines Pufferspeichers zwischen dem Empfänger und dem Nutzer der empfangenen Daten, der so viele Daten zwischenspeichert, wie in der Zeit des längsten, anzunehmenden Jitters eintreffen. Dies ermöglicht einen nahezu kontinuierlichen, jitterfreien Datenstrom am Ausgang des Puffers, vergrößert allerdings den Delay, weshalb ein derartiges Verfahren bei Netzen mit einer bekannten → *QoS* mit Erfolg angewendet werden kann, nicht jedoch immer bei sehr großen oder dezentralen Netzen wie dem → *Internet*.

3. Im engeren Sinne versteht man unter Jitter bei analogen Signalen Phasenschwankungen mit Frequenzen oberhalb von etwa 0,01 Hz. Unterhalb dieser Frequenz spricht man von → *Wander*.

4. Bei der Übertragung eines → *Fax* die beim Scannen fälschlicherweise erzeugten, unerwünschten Bildpunkte, z.B. als Folge von Reflexionen, die durch → *Despackle* wieder entfernt werden können.

JMAPI

Abk. für Java Management Application Programming Interface.

Bezeichnung für ein spezielles → *API* zur Nutzung von → *Java*-Anwendungen für ein Netzmanagement.

JMS

Abk. für → *Java* Management Extensions.

Job

Begriff aus einer Zeit der Computertechnik (50er bis 70er Jahre), als große Rechenanlagen bestimmte Daten durch mehrere Programme hintereinander verarbeiteten.

Der Begriff Job bezeichnet die Zusammenstellung einzelner → *Tasks* zu einem kompletten, von einer Rechenanlage abzuarbeitenden Auftrag. Dabei können mehrere Programme, die miteinander nichts zu tun haben, zu einem Job kombiniert werden. Sie werden dann nacheinander aufgerufen und abgearbeitet. Daher wird ein Job oft auch Arbeitsauftrag genannt.

Zur Verwaltung von Jobs wurden je nach Hersteller verschiedene Mechanismen des Betriebssystems genutzt, so z.B. → *JES* bei IBM.

Mittlerweile werden Programme nicht mehr auf diese Art abgearbeitet, dennoch hat sich die Bezeichnung Job für die automatische Abarbeitung (ohne Interaktion mit einem Nutzer) von Aufträgen an einem computergesteuerten System gehalten. Ein Beispiel dafür ist der ‚Druckerjob' bzw. ‚Druckjob' der an einen Druckerserver geschickt wird und von dort aus abgearbeitet und an einem angeschlossenen Drucker ausgedruckt wird, ohne dass die den Job abschickende Person sich um die weitere Abarbeitung kümmern muss.

→ *Thread*.

Job Control Language

→ *JCL*.

Job Transfer and Manipulation

→ *JTM*.

Johnniac

Bezeichnung für einen Computer, der Ende der 50er/Anfang der 60er Jahre bei der Rand Corp. gebaut wurde. Ausgestattet war der Johnniac mit einem Speicher auf der Basis einer Kathodenstrahlröhre, gebaut von Jim Pomerene, der später auch an der → *Stretch* mitgearbeitet hat.

Das Betriebssystem dafür war → *JOSS*.

Join

Bezeichnung für eine Datenbank-Operation bei relationalen → *Datenbanken*, bei der zwei oder mehrere Relationen miteinander zu einer einzigen Relation verknüpft werden. Voraussetzung dafür ist, dass mindestens ein → *Attribut* bei den beteiligten Relationen identisch ist.

Joint-Editing

Bezeichnung für ein → *Leistungsmerkmal* bei Desktop-Videokonferenzsystemen. Dabei können z.B. Texte aus Textverarbeitungen und Kalkulationen aus Tabellenkalkulationsprogrammen gemeinsam und gleichzeitig von den an der Videokonferenz Beteiligten bearbeitet werden.

Handelt es sich um gemeinsam bearbeitete Dokumente, wird auch von Document Sharing gesprochen.
→ *Application Sharing*, → *Joint-Viewing*.

Joint-Viewing

Bezeichnung für ein → *Leistungsmerkmal* bei Desktop- → *Videokonferenzsystemen*. Dabei können die an der Videokonferenz Beteiligten gemeinsam den gleichen Bildschirminhalt betrachten (→ *WYSIWIS*). Ferner können von einem Teilnehmer separat eingespielte Videos und Bilder (z.B. die durch eine zusätzliche Objektkamera eingefangenen Bilder oder vorproduzierte Videos) allen anderen zugänglich gemacht werden.
→ *Application Sharing*, → *Joint-Editing*.

Joker

→ *Wildcard*.

Joliet

Bezeichnung für ein Format für einmal beschreibbare → *CDs*. Prinzipiell handelt es sich um eine Erweiterung des Standards ISO 9660 der → *ISO*.

JOSS

Abk. für Johnniac Open Shop System.

Bezeichnung einer Kombination aus → *Betriebssystem* und → *Programmiersprache*, mit der bis zu zwölf Nutzern ein gleichzeitiger Zugang zu einem Computer ermöglicht wurde. JOSS galt als einfache, interaktive Abfragesprache für algebraische Standardfunktionen eines Computers.

Entwickelt wurde das System um 1960. In Betrieb genommen wurde es am 7. November 1960 von J. Cliff Shaw bei der Rand Corp. für den Computer vom Typ → *Johnniac*. Im Laufe der Zeit wurden aus dieser später JOSS I genannten Version basierend JOSS II für die → *PDP-6* entwickelt. Ferner gibt es die Dialekte JEAN und AID (Algebraic Interpretative Dialogue; entwickelt für → *PDP-10* in den 70er Jahren).

Das Konzept beeinflusste die Entwicklung von → *BASIC* und der Sprache CAL (1969).

Journal

→ *Sendebericht*.

JOVIAL

Abk. für Jules Own Version of the International Algebraic Language.

Bezeichnung für eine an → *Algol* angelehnte Programmiersprache. Entwickelt in den frühen 60er Jahren von Jules Schwartz bei der Systems Development Corp. auf Basis von Algol 58, das auch als IAL (International Algebraic Language) bekannt war. Hauptsächlicher Anwender war das Militär.

Joystick

Bezeichnung eines peripheren Bedienelementes für Computer, das primär für Computerspiele eingesetzt und über einen → *Gameport* angeschlossen wird.

Prinzipiell ein Steuerknüppel, der mit einer Hand leicht in vier Richtungen (vor-zurück, rechts-links) und alle Kombinationen davon gekippt werden kann und dadurch Objekte, die auf dem Bildschirm des angeschlossenen PCs dargestellt werden, zu steuern vermag.

Verfügte ein Joystick in den Anfangstagen üblicherweise über nur einen Zusatzknopf (‚Fire'), so gibt es mittlerweile aufwendig ergonomisch gestaltete Joysticks mit mehreren zusätzlichen Bedienknöpfen. Derartige Konstruktionen werden → *Gamepads* genannt.

JPEG, JPEG++, JPEG 2000

Abk. für Joint Photografic Expert Group.

Zunächst nur der Name eines Standardisierungsgremiums (dessen genaue Bezeichnung JTC 1/SC 2/WG 10 war), dann der Name des von diesem Gremium entwickelten verlustbehafteten Kompressionsverfahrens für Standbilder, das mittlerweile auch von der → *ISO* als ISO 10918 und der → *ITU* anerkannt wurde. Dateien mit JPEG-codiertem Inhalt sind an der Endung *.jpg erkennbar.

Bei der Entwicklung des JPEG-Verfahrens ab Anfang der 80er Jahre orientierte man sich an folgenden Punkten:

- Universell einzusetzendes Verfahren, das unabhängig von den Bildinhalten (farbig, s/w, Bildgröße, Pixelgrafik oder Vektorgrafik etc.) einsetzbar sein sollte.
- Geringe Ansprüche an zugrunde liegende Hardwareplattform durch ein Verfahren, das den Rechenaufwand begrenzt.
- Berücksichtigung der bestmöglichen verfügbaren Kompressionsalgorithmen.

Der Algorithmus arbeitet nach dem Verlustprinzip, d.h., er entfernt irrelevante, für das menschliche Auge und daher den Qualitätseindruck des Bildes unwichtige Informationen (im Gegensatz zu → *JBIG*). Gedruckte Bilder ab 300 dpi können im Verhältnis 25:1, Monitorbilder mit 70 oder 80 dpi im Verhältnis 15:1 komprimiert werden.

Zugrunde liegt dabei ein symmetrischer Codec-Algorithmus, der verschiedene Qualitätsstufen zulässt. Dabei wird jedes Bild, das → *YUV*-codiert vorliegt, in Blöcke einer Größe von 8 * 8 oder auch 16 * 16 Pixel unterteilt. Jeder dieser Blöcke wird für sich mit Hilfe einer diskreten Kosinustransformation (→ *DCT*) komprimiert, wodurch bei der Dekompression bei starkem Kontrastunterschied zwischen benachbarten Blöcken störende Kanten (Blockartefakte, Mosaikmuster) entstehen können.

In einem zweiten Schritt werden die aus der DCT herauskommenden Koeffizienten der verschiedenen Frequenzen unterschiedlich digital codiert, so dass selten vorkommende Frequenzen mit erheblich weniger Speicher codiert werden können als häufig vorkommende Frequenzen. Dafür werden Tabellen genutzt, welche die Y- und die U/V-Werte unterschiedlich codieren. Die Staffelung dieser Tabellen legt dabei entscheidend den Kompressionsgrad fest und trägt zur verlustbehafteten Kompression bei. Im Standard selbst wird eine Tabelle definiert, die auf psychologische Tests aus dem Jahre 1984 zurückgeht. Grundsätzlich ist diese Tabelle jedoch frei wählbar und kann auf bestimmte Einsatzzwecke hin optimiert werden. Die Tabelle ist auch Bestandteil der erzeugten JPEG-Datei selbst. Redundanz wird in diesem Schritt dadurch entfernt, dass man Koeffizienten unter einem Schwellwert gleich null setzt.

In einem dritten Schritt werden die codierten Koeffizienten durch eine → *Lauflängencodierung* und eine → *Huffmann-Codierung* verlustfrei verarbeitet.

Abschließend gelangen die Daten in einen Pufferspeicher, aus dem sie ausgelesen werden können.

Dieser Prozess kann für die drei Signale Y, U und V seriell oder parallel durchlaufen werden. Das hängt von den Erfordernissen bzw. vom verwendeten Codierer ab.

Erste Implementationen des Algorithmus lagen dabei ausschließlich als Hardwareversion (spezieller → *DSP*) vor. Mittlerweile sind jedoch mehrere Softwareversionen zum plattformunabhängigen Einsatz entwickelt worden.

Im Laufe der Zeit wurden weitere Varianten von JPEG entwickelt:

- Bewegtbildsequenzen lassen sich mittels Motion-JPEG (M-JPEG) komprimieren. Dabei existiert jedoch keine standardisierte Lösung, sondern nur proprietäre Verfahren. Nach wie vor wird dabei jedes Bild (im Standard als Frame bezeichnet) einzeln codiert. Die Kompressionsrate hängt dabei sehr vom Videoproduzenten ab und kann in Abhängigkeit von der Komplexität der Daten und frei wählbaren Parametern (Frame-Rate, Farbtiefe, Pixelanzahl etc.) zwischen 20:1 und 50:1, in seltenen Einzelfällen auch bei 160:1 liegen.
- JPEG++ ist eine proprietäre Weiterentwicklung aus dem Hause Storm Technology aus Mountain View/Californien, wobei z.B. der Hintergrund stärker komprimiert werden kann als der Vordergrund.
- Progressive JPEG unterstützt → *progressive Codierung.*

Durch die explosionsartige Entwicklung auf dem Gebiet des → *Internet* und der damit verbundenen Verbreitung von Bildern und Grafiken wurden in der Mitte der 90er Jahre die Nachteile der bisherigen JPEG-Verfahren deutlich, wie z.B. eine schlechte Bildqualität bei mittleren und hohen Kompressionsraten sowie die starken Auswirkungen von Fehlern oder Datenverlusten bei der Übertragung von JPEG-Dateien z.B. über Mobilfunknetze oder über das Internet. Daher begann 1997 die Entwicklung von JPEG2000 mit dem Ziel, diese Handicaps zu überwinden und gleichzeitig eine offene Standardarchitektur für verschiedene Einsatzbereiche auf den Gebieten Online-Dienste, medizinische Bildverarbeitung, industrielle Bildverarbeitung (Redaktionen, Druckereien, Fotoagenturen, Werbung) und Archivierung zu entwickeln.

JPEG2000 wurde maßgeblich im Rahmen der → *ISO*, der → *IEC* und unter Beteiligung der → *DIG* mit Blick auf die Nutzung im Rahmen des → *WWW* im Internet entwickelt und berücksichtigt neben den reinen Bilddaten auch die Metadaten (Bildtitel, Erzeugungsdatum, Rechteinhaber etc.) für ein Bild. JPEG2000 ist Teil von → *IIP* und wurde im Jahre 2000 als ISO 15444 standardisiert und im April 2001 veröffentlicht.

Als zentraler Bestandteil des Komprimierungsalgorithmus werden bei JPEG 2000 → *Wavelets* verwendet. Die Codierung in digitale Informationen erfolgt durch → *EBCOT.*

→ *JBIG*, → *MPEG.*

→ *http://www.jpeg.org/*

JPW

Abk. für Job Processing Word.

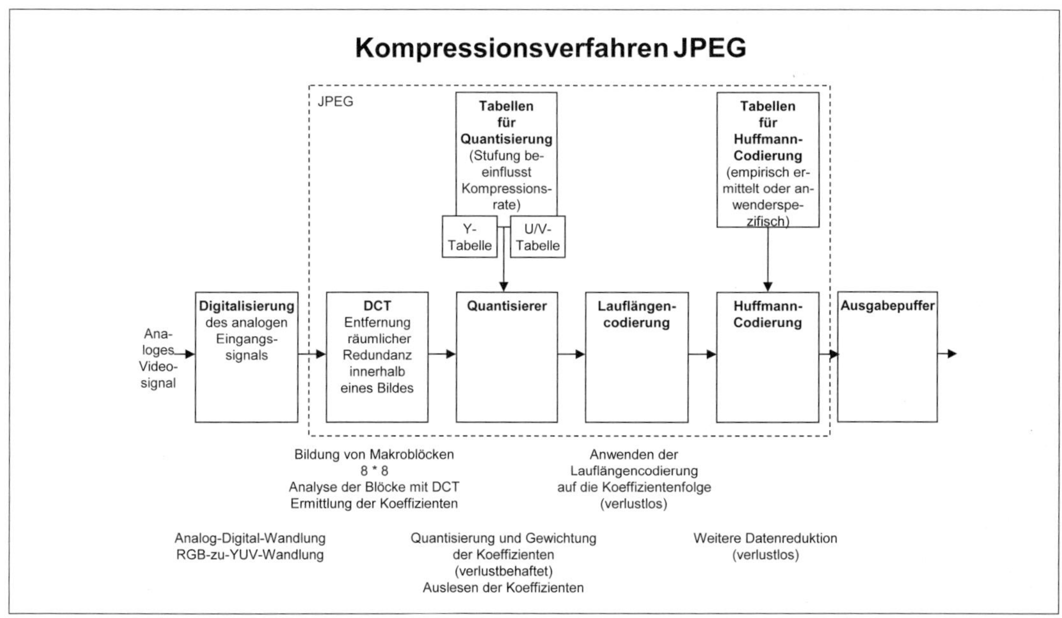

JQL

Abk. für Java Query Language.

Bezeichnung für eine Programmbibliothek der Programmiersprache → *Java*, mit deren Hilfe Zugriffe auf Datenbanken durch → *SQL* möglich sind.

JSA

Abk. für Japanese Standards Association.

Bezeichnung für das japanische Pendant zum deutschen → *DIN*. Das JSA ist die oberste, nationale Standardisierungsbehörde.

→ *http://www.jsa.or.jp/*

JSG

Abk. für Joint Study Group.

Bezeichnung eines gemeinsamen Standardisierungsgremiums mehrerer internationaler Normungsgremien auf Ebene der → *SG*s.

JSP

Abk. für Job Service Provider.

JSU

Abk. für Job Service User.

JTACS

Abk. für Japanese Total Access Cellular System.

Die japanische Variante des Mobilfunkstandards → *TACS*.

JTAM

Abk. für Job Transfer and Management.

JTAPI

Abk. für Java Telephony Application Programming Interface.

Bezeichnung für eine portable, objektorientierte → *API* für → *CTI*-Anwendungen, die auf → *Java* basiert und aktuell von der → *ECTF* standardisiert wird.

Damit steht JTAPI in Konkurrenz zu anderen APIs wie z.B. → *TAPI* oder → *TSAPI*.

JTAPI soll flexibel in verschiedenen Bereichen eingesetzt werden, z.B. CTI, Web-Design oder in → *Screenphones*. Es ist daher modular aufgebaut und beinhaltet ein Core Package sowie verschiedene Erweiterungen.

Vorgestellt im Frühjahr 1998 vom Hause Sun.

JTC

Abk. für Joint Technical Committee.

- Allgemein ein Gremium, das die Normierungsarbeit verschiedener Gremien auf gemeinsam bearbeiteten Gebieten koordiniert. Es wird mit Personen aller beteiligten Gremien besetzt.
- Speziell ist häufig das Gremium zur Koordinierung der Normung zwischen der → *ISO* und der → *CCITT* bei überlappenden Arbeitsgebieten, wie z.B. der Datenkommunikation, gemeint. Es wurde 1976 erstmals eingerichtet. Seither gab es mehrere gemeinsame Gremien, die einfach durchnummeriert werden (JTC1, JTC2 etc.).

  → *http://www.jtc1tag.org/*

  → *JTCI*.

JTCI

Abk. für Joint Technical Committee for ISO.

Ein Gremium zur Koordinierung der Normung zwischen der → *ISO* und der → *IEC* bei überlappenden Arbeitsgebieten wie z.B. der Informationstechnik.

JTM

Abk. für Job Transfer and Manipulation.

Bezeichnung eines Protokolls auf Schicht 7 des → *OSI-Referenzmodells*, welches bei der Übergabe von → *Job*s an geografisch entfernte Großrechner zur Stapelverarbeitung eingesetzt wird.

JTM aus der OSI-Welt ist vergleichbar mit → *RJE* aus der IBM-Welt.

Seit dem Rückgang des Einsatzes von Großcomputern (→ *Mainframe*) verliert dieses Protokoll an Bedeutung. Genormt wurde es durch die → *ISO* in ISO 8824, 8825, 8831 und 8832.

JUG

Abk. für Java User Group.

Bezeichnung eines Zusammenschlusses von Nutzern (Programmierern) der Programmiersprache → *Java*.

Ziel ist der Informations- und Erfahrungsaustausch zwischen Nutzern, die allgemeine Förderung der Programmiersprache und ihrer Verbreitung, die Entwicklung von Programmen und Anwendungen sowie die Vertretung von Nutzerinteressen gegenüber Lizenznehmern von Java.

Die deutsche Sektion wurde nach einem ersten Treffen (16. Februar 1996) am 24. April 1996 als e.V. gegründet.

Jukebox

Von engl. musicbox. Allgemein die Bezeichnung für ein technisches System, das mehrere gleichartige Objekte verwaltet und ihre Inhalte gezielt abrufen und einer gewünschten Instanz zuspielen kann.

- Bezeichnung für ein Gerät zum Abspielen mehrerer → *CD-ROM*s mit automatischem Wechsel der jeweils benötigten CD. Kann als CD-ROM-Server (→ *Server*) eingesetzt werden.
- Bezeichnung für eine Software zum Abspielen mehrerer Soundfiles in einer durch den Nutzer vorgegebenen Reihenfolge.

Jumbo-Frame

→ *Gigabit Ethernet*.

Jump

→ *Strukturierte Programmierung*.

Jumper, Jumper Block

Bezeichnung für kleine (maiskorngroße) Stecker bzw. Steckbrücken auf Zusatzkarten oder → *Motherboards* für

→ *PCs*, die je zwei benachbarte Stiftkontakte verbinden können.

Sie dienen zur Konfiguration des jeweiligen Boards in Abhängigkeit von verschiedenen Hardwareparametern und müssen vor dem Einbau in das Computergehäuse korrekt gesetzt werden.

Die zu verbindenden Kontaktstifte können sich paarweise verstreut auf einem Motherboard befinden oder aber übersichtlich mit mehreren Paaren nebeneinander als Jumper Block.

Wie die Jumper zu setzen sind, kann dem Manual des Motherboards entnommen werden, das der Hersteller des Boards erstellt und mit diesem zusammen verkauft.

Eine Alternative zu den Jumpern sind die teureren → *DIP*-Schalter.

JUNET

Abk. für Japan Unix Network.

Bezeichnung für den 1985 gegründeten japanischen Teil des → *Internet*, an das ursprünglich nichtkommerzielle Institutionen (Universitäten und andere Forschungseinrichtungen) angeschlossen waren. Vergleichbar mit dem → *WiN* in Deutschland.

Junk-Mail

→ *Spam.*

Junior

Bezeichnung einer Produktlinie von → *PCs* aus dem Hause IBM für den privaten Nutzer. Der Junior kam 1983 auf den Markt und konnte nichts gegen den Erfolg des → *C64* aus dem Hause Commodore tun. Ferner wurde er durch den medienwirksamen Start des → *Macintosh* aus dem Hause Apple in den Hintergrund gedrängt. Er fand daher nur wenige Käufer. Ein Jahr später bekamen viele Käufer eines → *XT* einen Junior kostenlos dazu, und anschließend wurde die Produktion eingestellt.

JUST

Abk. für Joint Users of Siemens Telecommunication.

Bezeichnung einer 1993 von Siemens gegründeten Vereinigung der Nutzer von Telekommunikationsgeräten (Übertragungs- und Vermittlungstechnik im öffentlichen und privaten Bereich).

→ *http://w3.siemens.de/ic/networks/support/just/*

JVM

Abk. für Java Virtual Machine.

→ *Java.*

K

Das großgeschriebene K ist die Bezeichnung für ein Vielfaches der Speichergröße → *Byte*. Oft wird es auch direkt als technische Abk. für KByte (oft nicht ganz korrekt ausgesprochen: Kilo Byte) benutzt. Ein K ist eine Speicherkapazität von 2^{10} oder 1 024 Byte (hier nicht Kilo = 1 000 !).
→ *M*.

k

Das kleingeschriebene k ist die technische Abk. für kilo, was den Faktor 10^3 = 1 000 bedeutet.
64 kbit/s sind demnach exakt 64 000 bit/s.

K5, K6

→ *AMD*.

K56Flex

→ *Rockwell Technology*.

KA9Q

Bezeichnung für eine Variante der → *TCP*- und → *IP*-Protokolle, die genutzt wird, wenn die technische Übertragungsplattform auf Funkübertragung basiert. Häufig genutzt im Bereich des → *Amateurfunks*.
Definiert im RFC 1208.

Ka-Band

Bezeichnung des Frequenzbereiches innerhalb des → *K-Bandes* zwischen 17 und 31 GHz, wobei dieser Bereich nicht fest, z.B. durch ein Standardisierungsgremium oder einen Regulierer, definiert wurde. Vielmehr handelt es sich um einen Branchenjargon, der noch aus Forschungstätigkeiten aus den Zeiten des 2. Weltkrieges herrührt. Oft wird auch nur der obere Bereich des K-Bandes (33 bis 36 GHz) darunter verstanden. Wird für Satellitenfunk bei verschiedenen Forschungssatelliten genutzt. Der → *Uplink* im Bereich von 27,5 bis 31 GHz, der → *Downlink* im Bereich von 17,7 bis 21,2 GHz ist von der → *FCC* und der → *NTIA* dafür vorgesehen. Ein weiterer Nutzer könnte in Zukunft → *Teledesic* sein.
Nachteilig ist, dass Funksignale dieser Frequenzen sehr leicht durch Nebel und Regen gestört werden. Abhilfe verschaffen Verfahren der → *Diversity* beim Empfang.

Kabel

Allgemeiner Begriff für einen festen oberirdisch oder unterirdisch verlegten Übertragungsweg, in den ein oder mehrere voneinander getrennte signalführende Medien leitender (= metallischer) oder optischer Art zur Übertragung elektromagnetischer Signale aufgenommen und durch einen Mantel, üblicherweise aus Kunststoff, und bei Bedarf eine Armierung aus Stahl (z.B. bei einem → *Unterwasserkabel*) geschützt sind. Die einzelnen Medien innerhalb eines Kabels werden als Leitungen bezeichnet, auf denen mit Hilfe von Multiplextechniken mehrere logische Kanäle (→ *Kanal*) realisiert sind.
→ *Glasfasertechnik*, → *Koaxialkabel*, → *Zweidrahtleitung*.

Kabelbaum

Im Gegensatz zum → *Flachbandkabel* ein Kabeltyp, bei dem die einzelnen, gegeneinander durch Kunststoff isolierten Adern nicht nebeneinander in einer Ebene verlaufen, sondern als Bündel, das üblicherweise durch kleine, umhüllende Plastikschlaufen zusammengehalten wird.

Kabelfernsehen

→ *Breitbandkabelverteilnetz*.

Kabelkanal

Oft auch Kabelschacht genannt. Bezeichnung für Schächte in Gebäuden, im Erduntergrund (insbesondere dann Kabelschacht genannt) oder in/an Möbeln (insbesondere dann Kabelkanal genannt) zur geordneten und schützenden Aufnahme verschiedenster Kabel zur Stromversorgung und zu Kommunikationszwecken.
Kabelkanäle schützen einerseits die Kabel selbst vor mechanischen Belastungen (Zug, Tritt, Knick, Reibung), andererseits schützen sie die Nutzer des Möbels oder des Raumes (Stolpergefahr).
Kabelschächte in der Kanalisation oder im Erdreich basieren üblicherweise auf Kunststoffröhren, Kunststoffrohrblöcken oder geeignet geformten Betonkanälen bzw. Betonröhren.
Kabelkanäle/-schächte werden von ihrem Volumen her üblicherweise bis zu 60 oder 80% (typabhängig, z.B. von den Umgebungs- und Betriebseinflüssen und -erfordernissen) gefüllt, da der restliche Freiraum zum Ausziehen nicht mehr benötigter Kabel bzw. zum Einziehen neuer Kabel verwendet wird.

Kabelkern

→ *Koaxialkabel*.

Kabelmodem, Kabelmodemtechnik

Bezeichnung für eine Technik, mit der lokale Kabelfernsehnetze (→ *Breitbandkabelverteilnetz*) prinzipiell wie ein → *LAN* zur bidirektionalen Übertragung breitbandiger, multimedialer Daten genutzt werden können. Üblicherweise werden dazu beim Teilnehmer (Frontend) und am Headend (Einspeisestelle ins Kabelfernsehnetz) sog. Kabelmodems installiert, die den einzelnen Teilnehmern in Abhängigkeit von der verwendeten Technik und der Netzlast bis zu 10 oder sogar 30 oder 47 Mbit/s im → *Downstream* und zwischen 320 kbit/s bis zu 10 Mbit/s im → *Upstream* zur Verfügung stellen. Diese Zahlen sind jedoch – wie bei jedem LAN mit einem → *Shared Medium* auch – von der Anzahl aktiver Stationen abhängig, da sich alle aktiven Stationen diese maximale Bandbreite teilen.
Die digitalen Signale werden zur Übertragung über das Kabelfernsehnetz innerhalb der 6 oder 8 MHz moduliert (abhängig von der im jeweiligen Kabelfernsehnetz verwendeten Kanaleinteilung), die auf dem Kabel üblicherweise einem analogen TV-Kanal zur Verfügung gestellt werden.

Die Bezeichnung → *Modem* ist dabei nicht ganz korrekt und bezieht sich weniger auf die Übertragung (digital) als vielmehr auf die Tatsache, dass ein zusätzliches externes Gerät notwendig ist.

Das Modem ist beim Nutzer prinzipiell eine Art Einsteckkarte, die auf der einen Seite einen Anschluss an das Kabelfernsehnetz zur Verfügung stellt und auf der anderen Seite einen LAN-Anschluss (üblicherweise → *Ethernet* oder → *Fast* Ethernet).

Hauptanwendungsgebiete werden insbesondere im breitbandigen Zugang zum → *Internet* oder zu entfernten → *CD-ROM*-Servern gesehen.

Kabelmodems wurden seit Ende der 80er Jahre entwickelt und boten zunächst Übertragungsraten im Bereich einiger 100 kbit/s. Die Technologie war daher zunächst nicht besonders interessant, da viele Betreiber von Kabelfernsehnetzen in den USA an breitbandigeren und interaktiven Videodiensten wie z.B. → *Video-on-Demand* interessiert waren. Dennoch fanden ab ca. 1993 verschiedene Feldversuche statt.

Erst mit dem technischen Fortschritt und dem Erfolg des Internet wuchs ab ca. 1995 das Interesse an Kabelmodems wieder an, so dass ab 1996 in den USA und vor allem auch in Kanada kommerzielle Angebote erfolgten.

Seit 1996 gibt es auch nach anfänglichem Druck von Kabelnetzbetreibern der USA verschiedene Versuche, die Technik der Kabelmodems verschiedener Hersteller zu standardisieren. Ein Gremium dazu ist z.B. → *IEEE 802.14*. Auch → *DAVIC* startete zusammen mit dem Projektträger des → *DVB*-Standards in Europa eine Initiative.

Zusätzlich entwickelte CableLabs in Zusammenarbeit mit → *MCNS* in den USA auf Initiative der Kabelfernsehnetzbetreiber (die mit den Fortschritten bei der IEEE und DAVIC unzufrieden waren) den Standard DOCSIS (Data over Cable Service Interface Specification), der eine transparente Datenübertragung hoher Bandbreite zwischen einer angeschlossenen Station und einem Kabelnetz-Headend mit Upstream-Datenraten von 320 kbit/s bis 10 Mbit/s und Downstream-Datenraten von 27 bis 38 Mbit/s definiert. DOCSIS wurde im Dezember 1996 fertig gestellt und im März 1997 als DOCSIS 1.0 veröffentlicht. Die DOCSIS-Spezifikation ist jedoch nach Meinung einiger Experten zweideutig bzw. lässt Raum für Interpretationen, so dass zueinander kompatible Produkte nicht garantiert sind und Nacharbeiten am Standard folgen werden. DOCSIS definiert das folgende Schema von Kanalbandbreiten, zu verwendenden Verfahren der → *digitalen Modulation* und daraus resultierenden Datenraten:

	QPSK	16QAM	64QAM	256QAM
200 kHz	300 kbit/s	600 kbit/s		
400 kHz	600 kbit/s	1 200 kbit /s		
800 kHz	1 200 kbit/s	2 300 kbit/s		
1 600 kHz	2 300 kbit/s	4 500 kbit/s		
3 200 kHz	4 500 kbit/s	9 000 kbit/s		
6 000 kHz			27 Mbit/s	38 Mbit/s

Die Arbeiten an DOCSIS sind jedoch rascher vorangeschritten als die der IEEE, so dass IEEE wahrscheinlich Teile übernehmen wird.

Als nächsten Schritt stellte DOCSIS die Version 1.1 im April 1999 vor. Darin enthalten waren vor allem Erweiterungen für den Transport von zeitkritischen Daten (Sprache etc.) über eine koaxialkabelbasierte Infrastruktur.

In Europa gründete sich im November 1998 das EuroModem-Konsortium mit dem Ziel, einen europäischen Standard für Kabelmodems zu entwickeln. Dabei lehnte man sich eng an DAVIC an und entwickelte DVB-RCC (Digital Video Broadcasting Return Channel for Cable), die von der ITU als J.112 standardisiert wurde.

Mitte 1998 waren in den USA nach einer Schätzung von Kinetic Strategies rund 120 000 Kabelmodems in Betrieb.

Im Frühjahr 1999 wurden von CableLabs die ersten Kabelmodems aus den Häusern Toshiba und Thomson als DOCSIS-konform zertifiziert.

In Deutschland wurden Kabelmodems von o.tel.o communications GmbH im Rahmen des multimedialen Pilotversuchs Multimedia City 1997 in rund 1 100 Haushalten getestet.

→ *http://www.kabelmodem.de/*

→ *http://www.cablemodem.com/*

→ *http://www.cabledatacomnews.com/*

→ *http:/www.teleport.com/(samc/cable5.html/*

Kabelnetz

Andere Bezeichnung für → *Breitbandkabelverteilnetz.*

Kabelschacht

→ *Kabelkanal.*

Kabelschutzschlauch

Bezeichnung für Schutzgehäuse für Stromversorgungs- oder auch Kommunikationskabel bei der Inhouse- oder Maschinen-Verkabelung. Die Kabel werden durch die Schutzschläuche gezogen und verlegt.

Die Schutzschläuche bieten Schutz gegen verschiedene Belastungen wie z.B. Feuchtigkeit, Säuren oder Reib- und Trittbelastungen. Die Schutzschläuche sind je nach Einsatzzweck aus Kunststoff oder Metall.

Kabeltank

Bezeichnung für die wasserdichten und runden Lagerbehälter für → *Unterwasserkabel* auf den Kabelverlegeschiffen. Die Größe wird in Kubikmetern angegeben und kann bis zu 1 000 m^3 betragen. Man unterscheidet zwei Bauweisen:

- Fester Kabeltank: Fest eingebauter Lagerraum an Bord eines Schiffes, üblicherweise direkt im Rumpf eingebaut.

Kabelverleger haben üblicherweise mehrere Kabeltanks (drei bis sechs).

- Transportabler Kabeltank: Ein mobiler runder „Container", der dem Transport des zu verlegenden Kabels zum Verlegeschiff dienen kann und auch en bloc an Bord eines Verlegeschiffes geladen werden kann, damit direkt aus ihm heraus das Kabel verlegt wird. Der Vorteil ist, dass auch andere Schiffe (z.B. Versorger) mit dieser Technik zum Kabelverleger umgerüstet werden können.

Kabelverteilnetz

→ *Breitbandkabelverteilnetz.*

Kabelverzweiger

Abgekürzt mit KVz. International auch Primary Cross-Connection Point (PCP) genannt. Bezeichnet in den → *Zugangsnetzen* der → *Ortsnetze* den Punkt, an dem mehrere → *Verzweigungskabel* zu nur einem → *Hauptkabel* zusammengeführt werden. International gesehen wird die Infrastruktur von PCP zur Vermittlungsstelle als E-Side (Exchange) und weiter ins Zugangsnetz als D-Side (Distribution) bezeichnet.

Kabelverzweiger sind zur besseren Wartung oberirdisch ausgeführt. Es handelt sich dabei um graue Kästen, die in relativ geringen Abständen (ca. alle 200 m) entlang der Straßen aufgestellt sind.

Ist das Hauptkabel auf der Basis von Kupferdoppeladern ausgeführt, werden dort die (hochpaarigen) Hauptkabel mit den (niederpaarigeren) Verzweigungskabeln verbunden. Dies geschieht mittels Klemmleisten (Schneid-Klemm-Technik), die im KVz-Gehäuse montiert sind, d.h. im Kabelverzweiger sind nur passive Komponenten installiert. Diese Klemmen werden auch Endverschluss genannt.

Ist das Hauptkabel auf der Basis eines Glasfaserkabels ausgeführt, z.B. im Falle von → *OPAL*-Netzen, ist die → *ONU* in einem solchen KVz-Gehäuse untergebracht, wo die optischen Signale der eingehenden Glasfaser in elektrische Signale für die abgehenden Kupferkabel (→ *Zweidrahtleitung*) gewandelt werden, d.h. im Kabelverzweiger sind aktive Komponenten installiert.

In Deutschland gibt es ca. 250 000 bis 300 000 Kabelverzweiger.

Kaltstart

Start eines Computers aus dem ausgeschalteten Zustand heraus durch Anschalten der zentralen Stromversorgung.

→ *Warmstart.*

Kanal

1. In der Übertragungstechnik eine eingerichtete (unidirektionale) Punkt-zu-Punkt-Verbindung zur Übertragung von Signalen. Dabei wird zwischen Verkehrskanälen zur Übertragung von Nutzdaten und Signalisierungskanälen zur Übertragung von Signalisierungsdaten unterschieden.
2. Im physikalischen Sinne kann ein logischer Kanal der Übertragungstechnik in Abhängigkeit des verwendeten Übertragungsmediums und des verwendeten Übertragungsverfahrens auf verschiedene Arten realisiert werden, solange er einem Nutzer exklusiv zugeteilt wird. Beispiele sind (→ *Multiplexing*):
   - Eine bestimmte → *Frequenz* bei einem Frequenzmultiplexverfahren (→ *FDM*).
   - Ein bestimmter Zeitschlitz (→ *Slot*) bei einem Zeitmultiplexverfahren (→ *TDM*).
   - Ein bestimmter Code in einem Codemultiplexverfahren (→ *CDMA*).

   Ein Kanal ist also kein durchgängiger Draht, sondern ein Kanal ist eine logische Verbindung, die auf einem bestimmten Medium – das ein Draht sein kann – realisiert wird. Das Medium wiederum könnte in einem → *Kabel* verlegt sein.
3. In der Rechnertechnik ein Weg, auf dem nur Daten zwischen einzelnen Einheiten des Rechners transportiert werden.

Kanalabstand

Innerhalb eines Funksystems der Abstand in Hz zwischen zwei direkt benachbarten, im → *FDMA*-Verfahren realisierten Kanälen.

→ *Duplexabstand.*

Kanalbündelung

Ganz allgemein die parallele Nutzung von Übertragungskanälen zur Erzielung einer insgesamt höheren Übertragungskapazität. Diese Technik wird in verschiedenen Netzen angewendet, z.B.:

1. Im → *ISDN*: Dabei wird ein Zusatzgerät (→ *Inverses Multiplexing*) beim Teilnehmer eingesetzt, in das einerseits über eine Leitung n * 64 kbit/s (bis n = 30) eingespeist werden und auf der andererseits n Leitungen zu je 64 kbit/s abgehen, d.h., es werden unabhängig voneinander n B-Kanäle durch das ISDN aufgebaut.

   Dem Empfänger obliegt es, aus den n Kanälen wieder einen einzigen hochbitratigen Kanal zu rekonstruieren.

   Der Nutzer hat zwar den Eindruck, ihm stünde nur ein einziger (hochbitratiger) Kanal zur Verfügung, jedoch fallen entsprechend n-fache Gebühren an.
2. Im Mobilfunk: In Mobilfunknetzen nach dem → *GSM*-Standard können mit Hilfe der → *HSCSD*-Technik ebenfalls mehrere Übertragungskanäle genutzt werden.

Kanalcodierung

Oberbegriff für alle Codierverfahren, bei dem die Eigenschaft eines Übertragungskanals (z.B. ein drahtgebundenes Fernmeldenetz oder ein Funkkanal) berücksichtigt wird, um die → *Redundanz* von zu übertragenden Daten gezielt zur Fehlererkennung und Fehlerkorrektur zu erhöhen. Im Gegensatz dazu reduziert die → *Quellcodierung* die Redundanz.

Ein fast immer durchgeführter Schritt ist die Vorwärtsfehlerkorrektur (→ *FEC*). Bei ihr wird aus den zu übertragenden digitalen Datenblöcken (Nutzdaten) mittels spezieller mathematischer Funktionen, z.B. den → *CRC*, eine Prüf-

summe (→ *FCS*) ermittelt, die diesen Nutzdaten in einem → *Header* hinzugefügt werden. Durch Analyse des Headers mit der Prüfsumme im Empfänger und Vergleich des Resultates mit den empfangenen Nutzdaten kann auf die Korrektheit der empfangenen Nutzdaten geschlossen werden.
Eine andere und üblicherweise zusätzlich durchgeführte Möglichkeit ist die Verschachtelung der Nutzdaten durch einen → *Faltungscodierer* oder durch → *Interleaving*.
→ *Leitungscodierung*.

Kanalgruppen-Umsetzer

→ *Cross Connect*.

Kanalkapazität

→ *Shannonsche Kanalkapazität*.

Kanalteiler

Eine selten verwendete und deutsche Bezeichnung für → *Multiplexer*.

Kanalvermittlung

→ *Leitungsvermittlung*.

Kanalverteiler

→ *Channelbank*.

Kanalwellenlängenplan

→ *WDM*.

Kanji

Bezeichnung des Zeichensatzes auf japanischen Tastaturen.

Kantenglättung

Begriff aus der Verarbeitung grafischer Vorlagen mit Hilfe von → *Scannern* und Software zur Nachbearbeitung von eingescannten Vorlagen.
Bezeichnet dort Verfahren zur Vermeidung von Treppeneffekten bei schräg zum Druckraster verlaufenden Linien. Üblicherweise werden gezielt zusätzliche Druckpunkte in unmittelbarer Nähe der Linie eingefügt, wodurch sich der Umriss des Linienzuges und damit die Treppenwirkung etwas verwischt.
Kantenglättung kann erst innerhalb eines Druckers erfolgen oder wird durch einen Druckertreiber beim Ansteuern des Druckers vorgenommen.

Kapazitive Kopplung

Zwei Punkte sind miteinader kapazitiv gekoppelt, wenn sie sich mittels elektrischer Felder beeinflussen.
→ *Kopplung*, → *Galvanische Kopplung*, → *Induktive Kopplung*.

KAPI

Abk. für Krypto-Application Programming Interface.
Bezeichnung für eine → *API*, die gemeinsam von Microsoft und Intel entwickelt wurde und im → *Browser* Explorer aus dem Hause Microsoft als Standard für die Durchführung von sicheren finanziellen Transaktionen in Online-Umgebungen enthalten ist.

Kartentelefon

→ *Telefonzelle*.

Kaskade, Kaskadieren

Kaskadieren bezeichnet das Hintereinanderschalten aktiver elektronischer Komponenten, z.B. von Verstärkern in einem Kabelfernsehnetz oder das Hintereinanderschalten von verschiedenen Teilen eines → *LAN*, die jeweils mit einem → *Repeater* verbunden werden. Die gesamte Schaltung selbst wird dann als Kaskade bezeichnet.

Kathode

→ *CRT*.

Katmai

→ *MMX*.

Kaufen-Schleife

→ *Testtext*.

KB

→ *K*.

K-Band

Bezeichnung des Frequenzbereiches zwischen 10,9 GHz und 36 GHz. Oft gemeint ist speziell der Bereich zwischen 11 und 15 GHz (→ *Uplink*: 14 bis 14,5 GHz, → *Downlink*: 11,7 bis 12,2 GHz). Wird für Satellitenfunk von Telekommunikationssatelliten genutzt. Wenig störanfällig gegen Mikrowellenstrahlung im Vergleich zum → *C-Band* und kommt auch mit kleineren Antennen aus. Dafür stärkerer Einfluss durch Regen und Nebel.
Wegen unterschiedlicher häufiger Anwendungen für Satellitenfunk wird das K-Band in die Unterbänder → *Ka-Band* und → *Ku-Band* unterteilt.
Die Nachbarbereiche sind → *X-Band*, → *Q-Band*.

kbps

Abk. für Kilobit pro Sekunde.
Häufigere Schreibweise: kbit/s. Bezeichnet die Übertragung von 1000 bit in einer Sekunde.
→ *Bit*.

KByte

→ *Byte*, → *K*.

KCS

Abk. für kilo character (per) second.
Selten verwendete Abkürzung für die Menge von 1 000 Zeichen pro Sekunde (von engl. charakter = Zeichen).

KDD

Abk. für Kokusai Denshin Denwa.
Bezeichnet eine 1953 durch Ausgründung aus der → *NTT* entstandene, privatrechtlich gestaltete Gesellschaft, die in Japan für die internationale Telekommunikation zuständig ist. Erst durch die Deregulierung des japanischen Marktes

im Jahre 1997 wurde es für KDD möglich, im inländischen Markt ab August 1997 aktiv zu werden.

Am 16. Dezember 1999 kündigte KDD an, mit dem zweitgrößten japanischen Inlandscarrier DDI und dem Mobilfunkunternehmen IDO zu fusionieren, um besser gegenüber NTT positioniert zu sein.

→ *http://www.kdd.com/*

KDS

Abk. für Kommunikationsdatensatz.

→ *Call Detail Record.*

Kenback-1

Name eines frühen → *PC*-Bausatzes, der 1971 auf den Markt kam. Er wurde von John V. Blankenbaker maßgeblich mitentwickelt, verfügte über einen 256 Byte großen Speicherbaustein aus dem Hause → *Intel*, kostete 750 $ und wurde angeblich exakt 40 bzw. 62 Mal (je nach Quelle) verkauft. Zur Datenein- und -ausgabe wurden einige optische Anzeigen und Schalter an der Vorderseite des Gehäuses, das so groß war wie eine großzügig bemessene Zigarrenkiste, verwendet. Beworben wurde er in der Zeitschrift „Scientific American". Kenback Corp. ging trotz dieses richtungsweisenden Schrittes in den Konkurs.

→ *Altair*, → *PC.*

Kenndallsche Notation

Bezeichnung einer international anerkannten Notation für die Beschreibung von → *Wartesystemen.* Dabei wird ein Wartesystem in der Form

A| B | m | n - q | p

beschrieben. Die Größen A, B, m, n, q und p haben dabei folgende Bedeutung:

Größe	Bedeutung	Beispiele
A B	Ankunfts-prozess	D: Deterministische (konstante) Verteilungsfunktion M: Exponentielle Verteilung (M für Markov) Er: r-stufige Erlangverteilung Hr: r-stufige Hyperexponentielle Verteilungsfunktion G: Allgemeine Verteilungsfunktion
m	Anzahl Ressourcen zur Abarbeitung	-
n	Anzahl Plätze in Warteschlange	-
q	Abarbeitungsstrategie der Warteschlange	→ *FIFO* → *LIFO* → *Round Robin*
p	Prioritäten-verfahren	PRE: Unterbrechend (preemptive) PRE-DE: Unterbrechend in Abhängigkeit vom erzielten Fortschritt in der Abarbeitung PRE-DI: Unterbrechend in Abhängigkeit von mehreren Prioritätsstufen.

Kennwort

→ *Passwort.*

Kennsatz

International auch Label genannt. Bezeichnung für die Informationen, die Managementinformationen eines Datenträgers (→ *Diskette*) enthalten.

Kennzahlen

Die → *ITU* hat mit Hilfe der OECD und weiterer internationaler statistischer Behörden ein kleines dreisprachiges Buch „Telecommunication Indicator Handbook" erstellt. Ziel der Arbeit von 1992 bis 1994 war eine einheitliche Definition der meisten und wichtigsten Kennzahlen zur statistischen Erfassung und Auswertung von Entwicklungen in der Telekommunikationsbranche, sowohl aus volks- und betriebswirtschaftlicher wie auch aus verbraucherschützerischer Sicht.

→ *Leistungskennzahlen.*

Kennzahlweg

→ *Letztweg.*

Kerberos

Bezeichnung eines Verschlüsselungsstandards, der vom → *MIT* im Rahmen des sog. Athena-Projektes in den 80er Jahren mitentwickelt wurde und mittlerweile weite Verbreitung, z.B. innerhalb von → *DCE*, gefunden hat. Das Verfahren ist prinzipiell ein Authentifizierungsverfahren und ermöglicht damit auch digitale Unterschriften. Es wird bei der Identifizierung von Clients durch einen → *Server* eingesetzt. Die Clients müssen sich dabei identifizieren, die Server können es – je nach Anwendungsprofil.

Es bietet drei Sicherheitsstufen:

- Authentifizierung beim Aufbau einer Verbindung
- Authentifizierung einzelner Nachrichten
- Verschlüsselung von Nachrichten

Der Kerberos-Server besteht aus zwei Teilen:

- Einem Authentifizierungs-Server, der alle Passwörter, geheimen Schlüssel und IDs aller Nutzer (Clients und Server) kennt und damit die Authentifizierung abwickelt.
- Einem Ticket-Server, der den anfragenden Clients das Recht zum Zugriff auf bestimmte Server oder Anwendungen, die auf den Servern laufen, zuteilt.

Ein Nutzer muss sich beim Authentifizierungs-Server durch Angabe seiner ID-Nummer einloggen und ein Ticket-Vergabe-Recht sowie einen Sitzungs-Schlüssel (Session-Key) beantragen. Der Authentifizierungs-Server erzeugt beides, zusätzlich einen Zeitstempel und verschlüsselt dies zusammen mit seiner eigenen ID und einer Gültigkeitsdauer mit dem bei ihm vorliegenden Passwort des Nutzers. Diese verschlüsselte Nachricht wird über das Netz zum Client des Nutzers geschickt, der sein Passwort eingibt und dadurch die Nachricht entschlüsseln kann.

Das Ticket-Vergabe-Recht ist ein spezielles Bitmuster, das mit → *DES* verschlüsselt ist. Der Schlüssel ist nur dem Authentifizierungs-Server und dem Ticket-Server bekannt.

Mit diesem Ticket-Vergabe-Recht kann beim Ticket-Server jederzeit ein Ticket zur eigentlichen Server-Nutzung beantragt werden.

Kerberos ist in der Version 4 sehr weit verbreitet. Version 5 ist mittlerweile ebenfalls auf dem Markt und unterstützt auch andere Verschlüsselungsverfahren als DES.

Kerberos wurde nach dem dreiköpfigen Hund 'Cerberos' (dt. Zerberus, Höllenhund) aus der griechischen Mythologie benannt, der die Tore zur Unterwelt bewachte. Zu Neuankömmlingen war er freundlich und ließ sie passieren, wohingegen er umgekehrt niemanden mehr aus der Unterwelt heraus ließ.

→ *Kryptologie.*

→ *http://www.contrib.andrew.cmu.edu/~shadow/kerberos.html/*

→ *http://www.landfield.com/faqs/kerberos-faq/general/*

Kerckhoffsches Prinzip

Begriff aus dem Bereich der → *Kryptologie*. Es bezeichnet den Grundsatz, dass die Sicherheit eines Verschlüsselungsverfahrens nur von der Geheimhaltung des Schlüssels abhängt, d.h., eine Verschlüsselung ist auch dann noch sicher, wenn alles – z.B. das Verfahren selbst – außer dem Schlüssel bekannt ist.

Das Kerckhoffsche Prnizip hat insbesondere für in großem Umfang angewendete kryptografische Verfahren Bedeutung, da dann üblicherweise tatsächlich nur der Schlüssel geheim gehalten wird (werden kann), wohingegen das Verfahren selbst bekannt ist. Dies ist bei der Anwendung kryptografischer Verfahren in begrenzten Bereichen (innerhalb einer Behörde, innerhalb bestimmter militärischer Einheiten etc.) nicht immer der Fall. Dort kann die Sicherheit z.B. durch die zusätzliche Geheimhaltung des Verfahrens weiter gesteigert werden.

Kermit

Asynchrones Datenübertragungsprotokoll für den Filetransfer, entwickelt 1981 von Frank da Cruz an der Columbia University in New York und tatsächlich benannt nach Kermit dem Frosch, aus der Muppet-Show. Der Grund für den Namen war, dass die Arbeit mit diesem Dateiübertragungsprogramm so einfach sein sollte, dass man mit ihm genauso viel Spaß wie mit Kermit, dem Frosch, haben sollte. Für die Namensverwendung holte man die Genehmigung von der Vermarktungsagentur Henson Associates ein.

Mit Kermit können mehrere Dateien und weitere Befehle übertragen werden. Ursprünglich wurde eine Blockgröße von 94 Byte verwendet, doch mittlerweile gibt es auch Implementierungen, die größere Blockgrößen ermöglichen. Die Blocklänge variiert in Abhängigkeit von der Leitungsqualität zwischen 16 und 9 024 Bytes.

Auch die Fenstergröße (→ *Fensterprotokoll*) war ursprünglich sehr niedrig (1), beträgt in aktuellen Versionen jedoch 31.

Kermit ist vielseitig zwischen PCs und Großrechnern, sogar auf einzelnen Taschenrechnern einsetzbar, aber auch komplex. Es bedarf vieler Steuerinformationen und verfügt über einen Quoting genannten Mechanismus, mit dem in PC-Umgebungen gebräuchliche 8-Bit-orientierte Daten auch in terminalorientierten Umgebungen, die auf 7-Bit-Datenübertragung basieren, übertragen werden können.

Wegen seiner Eigenschaften ist es sehr weit verbreitet und für viele verschiedene Rechnertypen und Größenklassen erhältlich, oft sogar kostenlos (z.B. im → *Internet*). Auch der Quellcode in → *C* ist erhältlich, so dass der Trend, möglichst schnell jede neue Rechnerplattform zu unterstützen, anhält.

Weit verbreitet in der Anwendung ist Kermit bei Bulletin-Board-Systemen (→ *BBS*) und auf der → *VAX* aus dem Hause → *DEC*. Auch auf IBM-Mainframes findet man häufig Installationen.

→ *http://www.columbia.edu/kermit/*

Kernel

Von engl. kernel = Kern. Bezeichnet den Kern eines → *Betriebssystems*, der sofort nach dem Einschalten des Rechners beim → *Booten* in den Speicher geladen wird, dort aktiv wird und verbleibt. Er enthält die absolut notwendigen Teile zum Rechnerbetrieb. Andere Teile des Betriebssystems, genannt → *Routinen*, werden erst bei Bedarf nachgeladen.

Was der Kernel genau ist, wie groß er ist und welche Funktionen er wahrnimmt, ist von Betriebssystem zu Betriebssystem verschieden.

Kernel ist nicht mit → *Core* zu verwechseln.

Kerning, Kerning-Abstand, Kerning-Paar

Kerning wird auch Unterschneiden genannt. Ein Begriff aus der → *Typografie*. Bei → *Proportionalschrift* die Bezeichnung dafür, dass der Raum zwischen den einzelnen Buchstaben weiter verringert wird und es zu einer Überschneidung der rechteckigen größtmöglichen Umrisse (nicht der Buchstaben selbst) zweier benachbarter Buchstaben kommt, um ein möglichst harmonisches Schriftbild zu erzielen.

Buchstabenkombinationen wie WA, AW, VA, AV oder TA und AT sowie Buchstabenkombinationen mit dem Kleinbuchstaben 'o' werden traditionell auf diese Art näher zusammengeschoben.

In → *DTP*-Programmen können betroffene Buchstabenpaare (sog. Kerning-Paare) per Hand eingegeben werden. Auch der Kerning-Abstand kann dann gewählt werden.

Kernspeicher

Andere Bezeichnung für → *Magnetkernspeicher*.

Kerr-Effekt

Oberbegriff für zwei unterschiedliche festkörperphysikalische Effekte, bei denen sich die Reflektion elektromagnetischer Wellen auf Festkörpern in Abhängigkeit von den angelegten Feldern ändert. Man unterscheidet:

- Elektrooptischer Kerreffekt: Bezeichnung für einen Effekt, bei dem sich die optischen Eigenschaften von isotropen Stoffen durch das Anlegen eines elektrischen Feldes ändern. Unpolarisiertes Licht, das auf die Oberfläche eines derartig veränderten Stoffes fällt, wird in einer zum angelegten Feld senkrecht und in einem zu diesem Feld parallel schwingenden Komponente zerlegt und reflektiert. Der Stoff wird damit doppelbrechend.
- Magnetooptischer Kerr-Effekt: Der gleiche Effekt tritt bei ferromagnetischen Stoffen mit magnetisierter Oberfläche auf. In diesem Fall wird ein polarisierter Lichtstrahl, der auf diese Oberfläche fällt, in Abhängigkeit vom angelegten Magnetfeld und seiner Polarität in verschiedene Richtungen reflektiert. Ferner ändern sich Amplitude und Phase. Dieser Effekt wird beim Lesen von in magnetooptischen Platten (→ *MOD*) enthaltenen Informationen ausgenutzt.

Benannt nach dem britischen Physiker J. Kerr (* 1824, † 1907), der diese Effekte 1875 entdeckte.

Kettendrucker

Bezeichnung für einen mechanischen Zeilendrucker, bei dem die Typen auf einer rotierenden Kette montiert sind. Oft für standardisierte, einfache Vordrucke und hohe Druckauflagen genutzt (Formulare etc.), z.B. bei Banken, Versicherungen oder in der öffentlichen Verwaltung. Heute kaum noch verbreitet.

Zu den Vorteilen zählen:

- Hohe Robustheit
- Hohe Druckgeschwindigkeit

Nachteilig sind:

- Begrenzter Typenvorrat
- Umständliche Wartungsarbeiten
- Ein schlechteres Druckbild als beim → *Typenraddrucker*
- Hohe Geräuschentwicklung

Keyboard

→ *Tastatur.*

Keyword

Auch Schlüsselwort genannt. Bezeichnung für eine Buchstabenkombination, die in einer → *Programmiersprache* für die Verwendung im Rahmen der Programmierung reserviert ist und daher nicht als Variablenname etc. verwendet werden darf.

Beispiel ist das Wort 'if' (von engl. wenn), das in zahlreichen Programmiersprachen den Test einer Bedingung einläutet.

In relationalen Datenbanken die Bezeichnung für ein → *Attribut* oder eine Kombination von Attributen, mit deren Hilfe man einen → *Datensatz* in einer Relation eindeutig identifizieren kann.

KFS

2. Abk. für Kabelfernsehen.

→ *Breitbandkabelverteilnetz.*

Khornerstones

Bezeichnung für ein Programm zum Leistungstest von → *Mikroprozessoren* unter dem → *Betriebssystem* → *Unix.* Genutzt werden dabei insbesondere gleitkommaarithmetische Berechnungen.

→ *Benchmark-Test,* → *CPW,* → *Dhrystones,* → *GAMM-Mix,* → *Gibson-Mix,* → *Khornerstones,* → *Landmark-Test,* → *Linpack,* → *SPEC,* → *Whetstone.*

kHz

Abk. für Kilohertz.

→ *Frequenz.*

KI

Abk. für Künstliche Intelligenz.

International oft auch mit AI für Artificial Intelligence bezeichnet. Seit Ende der 40er Jahre existierendes Fachgebiet. Teilgebiet der → *Informatik.* Es ist die Bezeichnung für den Versuch, menschliches Verhalten (insbesondere Problemlöseverfahren und Entscheidungsverhalten) mit Computersystemen nachzubilden. Ziel ist dabei, den Computer ‚intelligenter' zu machen und neue Anwendungsfelder zu erschließen.

Ein System der KI enthält oft Funktionalitäten aus einer oder mehreren der folgenden Gruppen:

- Problemlösungssystem: Ein auf eine bestimmte Art organisiertes, vorhandenes Wissen wird auf ein bestimmtes, klar beschriebenes Problem angewendet, um es zu lösen.
- Planendes System: Auf Basis eines Wissens kann das System ein Verfahren, d.h. einen Vorgehensplan, entwickeln.
- Lernendes System: Von einer bestimmten Wissensmenge ausgehend, wendet ein System dieses Wissen auf seine Umwelt an und wertet Umweltreaktionen aus. Aus diesen Reaktionen kann das System Schlüsse ziehen, die sein Wissen erweitern.

Anwendungsorientierte Teilgebiete sind Systeme zur automatischen Problemlösung und Entscheidungsfindung sowie die Mustererkennung (in der Sprach- und Bildverarbeitung), neuronale Netze, Expertensysteme und → *Agenten.*

Für Anwendungsprogrammierung wurden einige Sprachen entwickelt, etwa → *Lisp,* → *Prolog* und → *Smalltalk.*

Das Prinzip der KI, Denkprozesse als einzelne Schritte ähnlich einem Computerprogramm in Form von Anweisungen und mathematischen Gleichungen formulieren zu können, reicht in der Philosophie bis zu Platon (* 427 v. Chr., † 347 v. Chr.) und Aristoteles (* 384 v. Chr., † 322 v. Chr.) zurück. Ferner haben Gottfried Leibniz (* 1646, † 1716) und George Boole (* 1815, † 1864, → *Boolesche Algebra*) weitere Grundsteine gelegt.

Die Wurzeln der modernen KI liegen in den frühen 50er Jahren, als Claude E. Shannon (* 1916), seinerzeit Mathematiker in den → *Bell Labs,* zwei grundlegende White Paper über Schachcomputer schrieb.

Die nächsten Schritte stießen er, John McCarthy aus Princeton, Marvin Minsky vom → *MIT* und Nathaniel 'Nat' Rochester (→ *IBM 701*) von der IBM an, als sie im Sommer 1955 die Idee entwickelten, die führenden Vertreter dieser Disziplin im folgenden Jahr zusammen zu rufen. Sie beantragten bei der Rockefeller-Stiftung im September 1955 das Budget dafür.

Im Sommer 1956 wurde daraufhin im Rahmen dieser mittlerweile legendären Konferenz am Dartmouth College unter der Leitung von John McCarthy und Marvin Minsky erstmals ausführlich das Konzept der KI diskutiert, u.a. waren auch Allen Newell (* 19. März 1927, † 19. Juli 1992) und Herbert Simon von der Carnegie Mellon University anwesend. Damit wurden KI-Ideen einer breiteren akademischen Öffentlichkeit bekannt gemacht.

McCarthy gründete dann 1957 das AI-Institut am MIT. Aus diesem heraus wurde u.a. → *LISP* weiterentwickelt.

Newell und Simon arbeiteten ebenfalls im Jahre 1957 mit J.C. Shaw von der Rand Corporation. Sie entwickelten zusammen ‚Logic Theorist', das als erstes erfolgreiches KI-Programm bekannt wurde. Aus ihm heraus wurde der ‚General Problem Solver' entwickelt.

Ab 1962 wurde das Feld der KI von der ARPA als förderungswürdig eingestuft. Danach wurden verschiedene Center of Excellence aufgebaut, so z.B. am MIT, an der Carnegie Mellon University und in Stanford.

Zur Mitte der 70er Jahre regte sich, genährt durch relativ geringe Fortschritte und die immer noch große Praxisferne, Widerspruch und Skepsis unter Wissenschaftlern. Am bekanntesten ist ein Bericht von Sir James Lighthill von der Universität Cambridge aus dem Jahre 1973, der die Erfolge von KI auf Erfolge anderer Wissenschaften zurückführte und der Leistungsfähigkeit von KI als eigener Wissenschaft skeptisch gegenüber stand.

Seither wurde versucht, KI praxis- und bedarfsorientiert in Teilbereichen immer wieder einzusetzen, so z.B. bei Hilfsfunktionen von Software, in modernen Steuerungsanlagen komplexer technischer Systeme (Luftraumüberwachung, Autopiloten, unbemannte mobile Systeme etc.).

→ *http://www.iicm.edu/greif/node5.html/*

KICS

Abk. für Korean Institute of Communication Sciences.

Bezeichnung eines südkoreanischen Zusammenschlusses von Ingenieuren und Wissenschaftlern aus der Kommunikationstechnik.

KIF

Abk. für Knowledge Interchange Format.

Bezeichnung für eine Sprache zum Austausch von Informationen zwischen den Elementen verteilter Systeme, z.B. zwischen verschiedenen → *Agenten.*

KIF ist → *Lisp* sehr ähnlich.

Killer Application

Bezeichnung einer Softwareanwendung oder eines Dienstes (→ *Dienst*), die den großen Durchbruch auf einem Gebiet darstellt und die Nachfrage nach der dazugehörigen Hardware (Endgerät, Netzausrüstung) oder dem Dienst selbst erheblich stimuliert und großen Nutzerkreisen zugänglich macht.

Allgemein galt beispielsweise → *Tele-Banking* in den frühen 90er Jahren als Killer-Applikation für Datex-J (→ *T-Online*

In der Regel lassen sich neben einem niedrigen bis mäßigen Preis drei hauptsächliche Kriterien festmachen:

- Narrensichere einfache Bedienung
- Ein offensichtlicher großer und leicht kommunizierbarer Nutzen
- Eine große potenzielle Nutzergemeinde

Kill File

Auch Bozo Filter genannt. Jargon für Dateien, die bestimmte Informationen darüber erhalten, wie eingehende → *E-Mails* gefiltert werden sollen, bevor sie dem Nutzer angezeigt werden.

Dies dient dem Herausfiltern von Werbemails (→ *Spam*) oder von E-Mails unerwünschter Zeitgenossen.

Filterkriterien können sowohl der Absender als auch das Subject sein.

Neben E-Mails kann dieses Verfahren auch auf → *Postings* im Rahmen des → *Usenet* angewendet werden.

Kill Files befinden sich entweder direkt am Mail- oder Newsreader (Client-Seite) oder sind an einen Server (z.B. News-Server) angeschlossen.

Kim 1

Bezeichnung für einen frühen → *PC* aus dem Hause MOS Technology.

Vorgestellt mit einer MOS 6502 CPU, 1KB RAM, 2KB ROM, Monitor, Keypad, LED-Ausgabe, Kassettenlaufwerk und einer seriellen Schnittstelle für 245 $ im Jahre 1975.

Nachdem → *Commodore* das Unternehmen MOS Technology gekauft hatte ging der → *PET 2000* als Weiterentwicklung aus dem Kim 1 hervor.

Kinderruf

Andere Bezeichnung für → *Babyruf.*

Kinetics Internet Protocol

→ *KIP.*

Kingsbury Commitment

→ *Deregulierung.*

Kiosk, Kiosk-System

Bezeichnung für freistehende, personenlose und automatisierte Informations- und Verkaufsstellen.

Gegenüber herkömmlichen Automaten, z.B. zum Fahrscheinverkauf, verfügen Kiosksysteme üblicherweise über (größere) Bildschirme und ein größeres, flexibel anzuzeigendes Informationsangebot.

Derartige Systeme basieren üblicherweise auf handelsüblichen PCs, vandalismussicheren Gehäusen und speziellen Bedienelementen wie → *Membrantastaturen* oder → *Touchscreens.* Häufig sind sie zur leichteren, automatischen Aktualisierung der präsentierten Inhalte über einen Telefonanschluss erreichbar.

Mögliche Anwendungsbereiche sind:

- Fahrplan- und Tarifauskunft sowie Fahrscheinverkauf im öffentlichen Personennahverkehr
- Öffnungszeiten-, Programm- und Ausstellerinformationen sowie Eintrittskartenverkauf bei Messen, Kongressen und Ausstellungen
- Ganz allgemein: → *POI*, → *POS*

KIP

Abk. für Kinetics Internet Protocol.

Ein älteres Protokoll zur Vergabe von → *IP*-Adressen innerhalb von → *AppleShare*-Netzen.

Kissenverzerrungen

Bezeichnung für spezielle Bildverzerrungen bei Monitoren. Sie zeigen sich dadurch, dass senkrechte und waagerechte Linien in den sichtbaren Ecken des Monitorbildes nach außen (schlaffes Kissen) oder innen (aufgeblähtes Kissen, auch Tonne genannt) laufen.

KIT

Abk. für Windows based Kernel-Software for Intelligent Communications Terminals.

Bezeichnet einen Standard für das deutsche Btx-System (→ *T-Online*), der einem Windows-System sehr ähnlich ist. Er unterstützt auch die Übertragung von Musik und Videos. Ziel ist, dass nicht mehr komplette Seiten durch das System vom Btx-Rechner zum Teilnehmer übertragen werden, sondern nur noch Objekte (Textdateien, Bilddaten, Audiofiles), die dann, von der lokalen Software beim Teilnehmer aufbereitet, auf dessen PC dargestellt werden.

Klamath

→ *Pentium*.

Klammeraffe

In Deutschland gebräuchlicher Jargon für das Sonderzeichen @, gesprochen „at", mit dem → *ASCII*-Wert 64. Seltener auch Affenschaukel genannt. Das Zeichen wird in anderen Sprachen mit „Snabel-A" (schwedisch) oder „Escargot" (französisch: Schnecke) bezeichnet.

In vielen Ländern wird eine Beziehung zu Nase, Schnabel, Rüssel oder auch Schnecke (mit Schneckenhaus) hergestellt. Das Zeichen hat seinen Ursprung im Mittelalter in der Verschmelzung (sog. → *Ligatur*) zum schnelleren handschriftlichen Schreiben der Buchstaben A und D, welche im Lateinischen als „ad" die Bedeutung „zu" oder „zu etwas hin" haben.

Nach der Einführung des Buchdrucks mit beweglichen Lettern wurden etliche Ligaturen nicht mehr benötigt. Das Zeichen @ überlebte jedoch in einigen Kulturkreisen und wurde, z.B. im englischen Sprachraum, für die Preisauszeichnung genutzt, weswegen es dort auch als „commercial at" (kaufmännisches at) bekannt ist.

Seit 1971 wird das Zeichen in der Welt des → *Internet* dazu verwendet, in → *E-Mail*-Adressen die User-Bezeichnung von der → *Domäne* zu trennen. Eingesetzt wurde es dazu von Ray Tomlinson, als er seinerzeit die ersten E-Mail-Programme (SENDMSG und CPYNET) für verteilte Systeme für das Internet entwickelte und zur Trennung des Benutzernamens vom Hostnahmen nach einem Zeichen suchte, das ansonsten so gut wie nie benutzt wird.

Über diesen Umweg ist es vielen Nutzern bekannt geworden und hält seit Mitte der 90er Jahre wieder Einzug in das geläufige typografische Arsenal, insbesondere in der Werbung.

→ *DNS*.

Klappenschrank

Begriff aus der Anfangszeit der Telekommunikation. Der Klappenschrank bezeichnet einen Arbeitsplatz in der Handvermittlung, ungefähr so groß wie ein herkömmlicher Schminktisch mit Frisierspiegel.

Durch Drücken eines Knopfes beim Teilnehmer wird ein Elektromagnet am Klappenschrank aktiviert, der die Verriegelung für eine einzelne Klappe löst. Diese Klappe klappt nach unten und zeigt so den Verbindungswunsch des mit dieser Klappe identifizierten Teilnehmers an. Das „Fräulein vom Amt" meldete sich bei diesem Teilnehmer, fragte nach dem Verbindungswunsch und stöpselte diesen auf dem vor ihr stehenden Tableau mit 50 Anschlüssen, auf dem jeder Teilnehmer einen Anschluss hatte.

Nach Einführung der → *Zentralbatterie* wurden die Klappen durch Lämpchen ersetzt. Auch das Ende eines Gesprächs (Auflegen) wurde durch eine Lampe angezeigt.

Mit der weiteren Verbreitung der Telefone wuchsen auch die Klappenschränke. Im Laufe der Zeit wurden die Teilnehmerzahlen so groß, dass eine Verbindung über mehrere Klappenschränke hinweg geschaltet werden musste, wobei sich die Bedienerinnen der Schränke die Verbindungsdaten zuriefen, wodurch es häufig zu Missverständnissen, Fehlverbindungen und vergessenen Teilnehmern kam.

Schließlich wurden auch die Klappenschränke selbst so groß, dass sie als Tisch ausgeführt wurden, um die man bequemer herumgehen konnte.

Die manuellen Klappenschränke und auch die manuellen Vermittlungstische wurden später durch die ersten automatischen und elektromechanischen Wähler ersetzt (→ *Heb-Dreh-Wähler*).

Klasse A, B, C, D

→ *Verkabelungsstandard*.

Klinkenstecker

Bezeichnung für einen weitverbreiteten → *Stecker* bei Kopfhöreranschlüssen an HiFi-Anlagen.

Der Stecker besteht aus einem langen Stift mit kugelförmig abgerundeter Spitze. Der Stift wiederum ist unmittelbar unter der Spitze durch einen vom Rest des Stiftes isolierten Ring unterbrochen. Ring und Spitze stellen die Verbindung her (Ring: rechter Kanal, Spitze: linker Kanal).

Häufig wird der Stecker auch als Monostecker zum Anschluss von Boxen und Mikrofonen genutzt.

Den Stecker gibt es mit 3,5 mm und 6,3 mm Durchmesser.

KM

Abk. für → *Knowledge Management.*

KMP

Abk. für Key Management Protocol.

KMU

Abk. für kleine und mittlere Unternehmen.

Bezeichnung aus dem Marketing. Eine Klasse von Unternehmen, deren Wettbewerbsfähigkeit gegenüber Großunternehmen oft durch den Einsatz moderner Telekommunikationsmittel und IT-Mittel gesteigert werden kann. Häufig auch in Deutschland mit SME (aus dem Englischen: Small and Medium Enterprises) bezeichnet.

Darüber hinaus sind KMUs für die Anbieter von Telekommunikationsdienstleistungen deshalb von besonderer Bedeutung, da bestimmte Produkte für sie ideal sind (→ *Centrex*) und weil insbesondere Unternehmensneugründungen im Dienstleistungsbereich oft nicht mehr für die Aufnahme einer Geschäftstätigkeit brauchen als eine funktionierende TK-Infrastruktur (Telefon, Fax, Internet-Zugang, PC mit Modem).

Die Kriterien, nach denen ein Unternehmen am unteren Rand sich von → *SOHOs* und am oberen Rand von Großunternehmen unterscheidet, können in Abhängigkeit von der Branche und vom Land verschieden sein.

Üblicherweise gilt ein Unternehmen als SME, wenn es mehr als zwei aber unter 100 Mitarbeiter und mehr als 1 Mio. DM, aber unter 10 Mio. DM Umsatz pro Jahr macht. Hiervon abweichend gibt es aber auch andere Definitionen. So definieren viele Unternehmen ihre Kundengruppe der KMUs als solche, die bis zu 500 Mitarbeiter haben.

Knoten

1. Allgemeiner Begriff aus der Topologie bzw. Graphentheorie, der das Zusammenlaufen mehrerer Kanten (mindestens zwei) bezeichnet.
2. In Vermittlungssystemen jeder Ort unabhängig von der Hierarchieebene, an dem Leitungen zu Vermittlungszwecken zusammenlaufen. Üblicherweise wird zwischen Anschlussknoten mit angeschlossenen Endteilnehmern und Vermittlungs- oder Durchgangsknoten ohne Endteilnehmer unterschieden.
3. Bei → *Vektorrechnern* die Bezeichnung für einen einzelnen Prozessor.
4. In Computernetzwerken die Bezeichnung für eine einzelne, angeschlossene Station.

Knotenvermittlung

Lange Zeit oberhalb der Ortsvermittlungsebene die dritthöchste Vermittlungsebene im Vermittlungsnetz der Deutschen Telekom bzw. der seinerzeitigen Deutschen Bundespost Telekom. In Deutschland gab es ca. 650 Knotenvermittlungen. An jede Knotenvermittlung konnten max. 10 Ortsnetze angeschlossen werden.

Aufgabe war die Bündelung des Fernverkehrs verschiedener Ortsnetze und deren Weiterleitung unter Gesichtspunkten wie Netzauslastung und Leitungsverfügbarkeit.

Anfang der 90er Jahre kam es zur Restrukturierung der Netzebenen und der Einführung des → *WNK* und des → *BNK.*

→ *Ortsvermittlung,* → *Hauptvermittlung,* → *Zentralvermittlung.*

Knotenvermittlungsleitung

Im hierarchisch organisierten Netz der Deutschen Telekom die Bezeichnung für die Leitung zwischen der → *Knotenvermittlung* und der → *Hauptvermittlung.*

Knowbot

Kurzform für Knowledge Robot. Bezeichnung für eine Software, die künstliche Intelligenz (→ *KI*) nutzt, um bestimmte Informationen in verteilten Systemen, d.h. in Netzen, zu suchen.

Beispiel: Suchen einer bestimmten Datei, die auf verschiedenen Servern eines → *LAN* oder irgendwo im → *Internet* gespeichert sein kann.

→ *Agent.*

Knowledge Management

Von engl. knowledge = Wissen. Selten mit KM abgekürzt. Begriff aus der Anwendungstechnik der Informationstechnik. Es existiert gegenwärtig keine einheitliche und allgemein anerkannte Definition. Im weitesten Sinne alle Maßnahmen zum Identifizieren, Halten, Organisieren und Zugänglichmachen von für den Organisationserfolg relevantem Wissen innerhalb einer geschlossenen Organisation. Unter Wissen werden dabei üblicherweise sowohl Informationen (Faktenwissen) als auch erheblich weitergehende Erfahrungen mit Interpretationen bzw. Verknüpfungen von oder Variationen der Informationen verstanden. Informationen sind wiederum relevante, d.h. bewertete Daten.

Mit einem System für Knowledge Management werden folgende Ziele verfolgt:

- Bekannt machen, welches Wissen vorhanden ist und wie es organisiert ist
- Bewertung von Wissen, d.h. Bestimmung der Relevanz für einen bestimmten Zweck
- Erleichterung des Auffindens von Wissen
- Erleichterung des Transfers von Wissen
- Ermöglichung der Wiederverwendung des Wissens
- Dauerhafte und einfache Aktualisierung des Wissens

Dies alles soll auf eine einfache, effektive Art und Weise erfolgen. Die ersten drei Punkte werden oft auch mit Knowledge Sharing bezeichnet.

Was das entsprechende Wissen genau ist, das ist von Branche zu Branche verschieden. Häufig gehören aber folgende Komponenten dazu:

- Manuals, Tutorials und → *White Paper*
- Konkurrenzprofile
- Kundenprofile
- Mitarbeiterprofile
- Produktinformationen
- Standards zu Vorgehensweisen, z.B. zur Angebotserstellung oder zum Projektmanagement

- → *FAQ*-Listen
- Expertendatenbank/→ *Expertensystem*

Während diese Komponenten überwiegend strukturierte und damit formale Informationen enthalten, sollten informelle Informationen einer Organisation nicht unterschätzt werden. Sie lassen sich z.B. durch folgende Maßnahmen finden und zugänglich machen:

- Diskussionsgruppen
- → *E-Mail*
- → *Mailing-List*

Insbesondere in High-Tech-Industrien ist das Bewusstsein, Knowledge Management einzusetzen, seit Mitte der 90er Jahre erheblich gewachsen. Treibende Kräfte dabei sind die hohe Personalfluktuation und die Barrieren durch die internationale Ausrichtung (Sprachbarrieren, hohe geografische Entfernung) in diesen Branchen.

Organisatorisch fällt Knowledge Management in den Bereich des → *CIO*.

Hard- und softwaretechnisch werden häufig folgende Komponenten genutzt:

- → *Intranet*
- → *Suchmaschine*
- → *Groupware* inkl. → *E-Mail*
- → *Data Warehouse*
- → *Expertensystem*
- Herkömmliche → *Datenbanken*

Knowledge Management war zunächst nur für den Gebrauch durch das Management gedacht (zur Entscheidungsunterstützung, → *DSS*, → *EIS*), entwickelte sich in den vergangenen Jahren aber auch in Richtung einer unternehmensweiten Anwendung für jedes Mitglied des Unternehmens.

→ *http://www.kmmag.com/*

Koaxialkabel

Auch Koax (Coax) oder Koaxkabel genannt. Seltener Koaxialpaar oder Tubenpaar genannt.

Bezeichnung für ein weit verbreitetes Kabel, bei dem ein Leiter (Außenleiter, auch Rückleiter genannt) konzentrisch um einen zweiten (Innenleiter, auch Seele, Kabelkern oder Hinleiter genannt) liegt. Beide Leiter haben dadurch die gleiche Längsachse und sind durch eine nichtleitende Isolierung (→ *Dielektrikum*) getrennt. Zum Schutz vor verschiedenen externen Einflüssen ist der Außenleiter noch mit einem Schutzmantel aus Kunststoff versehen. Da beide Leiter sich, im Gegensatz z.B. zur Zweidrahtleitung, unterscheiden, wird das Koaxialkabel auch als unsymmetrisches Kabel bezeichnet. Durch die symmetrische und parallele Adernführung ist das Koaxialkabel induktionsfrei.

Der Innenleiter besteht häufig aus reinem Kupfer oder einem mit Kupfer überzogenen Stahldraht (Stahl-Kupfer; Staku). Ferner werden auch Aluminium oder mit Kupfer beschichtetes Aluminium eingesetzt. Der Innenleiter kann als einzelner Draht mit einem Durchmesser (d) von einigen Zehntel Millimetern bis hin zu einigen Millimetern (z.B. bei Kabelfernsehnetzen) ausgeführt sein. Neben diesem massiven Innenleiter kann er auch als feines Drahtgeflecht, so genannte Litze, ausgeführt sein. Die erhöht die Flexibilität, die z.B. bei Inhouse-Verkabelungen benötigt wird, erheblich.

Der Außenleiter besteht aus Kupfer oder auch aus gewichtssparendem Aluminium, entweder als durchgehende Folie, die bei großem Durchmesser fast schon ein Rohr ist, oder, insbesondere bei Koaxialkabeln für kurze Strecken im

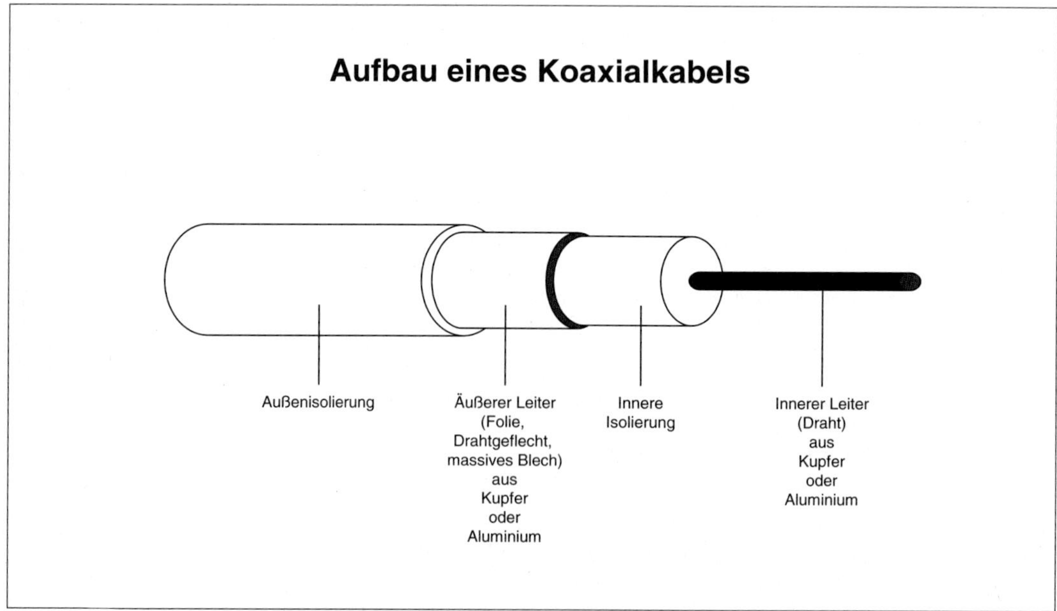

Inhouse-Bereich, aus einem Geflecht einzelner kleiner Kupferdrähte, entweder als erkennbarer Kupferdraht oder verzinntem Kupfer. Oft wird der Innendurchmesser (D) des Außenleiters angegeben.

Als Dielektrikum wird oft Polyäthylen (PE) verwendet, das als massive Füllung (Voll-PE) oder mit dem Einschluss kleiner Luftbläschen (Zell-PE) eingesetzt wird. Das Maß des volumenmäßigen Luftanteils wird auch als Verzellungsgrad bezeichnet und in %; angegeben. Verzellungsgrade von 80%; sind heute möglich. Der Einsatz von Zell-PE führt zu Gewichtsersparnis und Kostenersparnis (geringerer Materialverbrauch). Die Aufschäumung kann entweder chemisch oder physikalisch (durch Einblasen von Luft) während des Herstellungsprozesses erfolgen.

Das Dielektrikum kann gegen den Innen- und Außenleiter mit einer sehr dünnen, durchgehenden Schutzschicht versehen sein. Dies verhindert das Eindringen von Feuchtigkeit in das Dielektrikum, was die elektrischen Eigenschaften des gesamten Kabels verändern würde.

Für den Schutzmantel wird ebenfalls Polyäthylen (bei → *Außenkabeln*) oder Polyvinylchlorid (PVC, bei → *Innenkabeln*) verwendet. PVC hat jedoch den Nachteil, dass es im Brandfall Chlorgase und Halogene freisetzt. Stark im Kommen sind daher schwer entflammbare Schutzmäntel aus Materialmischungen, die halogenfrei sind, sog. Flame Retardant Non Corrosives (FRNC). Diese haben jedoch den Nachteil, dass sie weniger flexibel sind. Daher werden sie häufig nicht bei der Inhouse-Verkabelung eingesetzt.

Gegenüber der verdrillten → *Zweidrahtleitung*, wie sie insbesondere bei Telefonanschlüssen verwendet wird, ergibt sich durch die konzentrische Anordnung der beiden Leiter (Innenleiter und Außenleiter) ein wesentlich besseres Abschirmungsverhalten gegen externe Störungen. Außerdem wird durch diesen Aufbau verhindert, dass Signale aus dem Koaxialkabel nach außen streuen.

Die technischen Parameter bei der Auswahl eines Koaxialkabels sind:

- Die → *Impedanz*: Üblich sind 50 Ohm (für Thinwire → *Ethernet*), 75 Ohm (z.B. in Kabelfernsehnetzen) und 105 Ohm (Vernetzung von → *SNA*-Komponenten in der IBM-Welt).
- Die Bandbreite: Üblicherweise angegeben in MHz.
- Die Einstreuung: Sie gibt an, in wie weit externe elektromagnetische Einflüsse in das Kabel eindringen und das Nutzsignal auf dem Kabel stören. Diese Größe wird entscheidend durch die Qualität der äußeren Abschirmung beeinflusst.

In der Zeit vor der Nutzung von Glasfasern waren Koaxialkabel lange Zeit das Medium für die Überbrückung großer Entfernungen. In Deutschland kamen dabei Kabel zum Einsatz, bei denen mit Hilfe der Trägerfrequenztechnik (60 MHz Basisbandbreite) bis zu 10 800 analoge Fernsprechkanäle übertragen wurden. Die Koaxialkabel waren dabei mit mehreren Koaxialleitersystemen (z.B. 12 Stück) verlegt. Dabei hatten die Kabel für den Durchmesser Innenleiter, Durchmesser Außenleiter und Dicke Außenleiter die Werte 1,2/4,4/0,18 mm oder auch 2,6/9,5/0,25 mm. Zur Überbrückung größerer Entfernungen ist alle 1,55 km eine Verstärkung der Übertragungssignale notwendig. Dies erfolgt mit ferngespeisten, in unterirdischen Muffen untergebrachten Verstärkern. Üblicherweise wurden dabei mehrere Koaxialleiter (bis zu zwölf) in einem Kabel verlegt, um so mit einem Verlegevorgang möglichst viel Kapazität, z.B. auch für die Übertragung von TV-Signalen, im Boden zu versenken.

Bis zu einer Länge von ca. 400 m kann ein Koaxialkabel die gleiche Bandbreite übertragen wie eine Glasfaser (→ *Glasfasertechnik*).

Koaxialkabel kommen z.B. in → *LANs* und im → *Breitbandkabelverteilnetz* zum Einsatz. Für verschiedene Einsatzmöglichkeiten im LAN-Bereich sind verschiedene Koaxialkabeltypen definiert worden, die sich in ihrer Impedanz unterscheiden:

Typ	Impedanz	Anwendung
RG-58/U	53,5 Ohm	Selten Ethernet
RG-58A/U	50 Ohm	Ethernet (10Base2)
RG-58C/U	50 Ohm	Ethernet (10Base2)
RG-59	75 Ohm	Kabelfernsehen
RG-62	93 Ohm	→ *SNA*, → *ARCNet*

Werner von Siemens (* 13. Dezember 1816, † 6. Dezember 1892) erhielt bereits am 27. März 1884 ein Patent (Nr. 28978) über Koaxialkabel. Es dauerte jedoch lange Zeit, bis das Kabel in großem Maßstab eingesetzt wurde.

1930 wurde in den USA ein Kabeltyp für die Nutzung als → *Unterwasserkabel* entwickelt, der gezielt für die Übertragung mit dem Trägerfrequenzverfahren konzipiert worden war. Genutzt wurde dabei ein koaxialer Aufbau mit einem Innenleiter aus Kupfer (Durchmesser: 4,6 mm), → *Paragutta* als Dielektrikum bis zu einem Außendurchmesser von 15,7 mm und einem darauf aufgebrachten Außenleiter aus sechs Kupferbändern. Weitere Schichten von Kupferfolie, Baumwollband und Gummi-/Bitumenwachs sowie eine Bewehrung aus Draht folgten. Genutzt wurde ein Frequenzbereich von 5 kHz bis 30 kHz.

1934 kam das erste, von Siemens entwickelte Koaxialkabel im Telefonnetz zum Einsatz, das in Berlin verlegt wurde. Es hatte eine Länge von 11,5 km und konnte gleichzeitig mit Hilfe der Trägerfrequenztechnik 200 Telefongespräche und ein Fernsehprogramm übertragen. In den USA wurde das erste Koaxialkabel 1936 von New York nach Philadelphia verlegt und in Betrieb genommen.

Nach dem 2. Weltkrieg bildeten Koaxialkabel bis in die 80er Jahre das Rückgrat vieler Fernnetze, so auch in Deutschland (→ *Kabelacht*).

→ *Hybridkabel*, → *Schlitzkabel*.

Koaxkabel

→ *Koaxialkabel*.

Kollision

Im Bereich der → *LAN*-Technik und der Nutzung von → *Shared Medium* die Bezeichnung für mehrere sich auf einem Übertragungsmedium zeitgleich überlagernde Übertragungsvorgänge. Diese Überlagerung mehrerer Signale führt an der Stelle der Überlagerung auf dem Medium zur Verfälschung der zu übertragenden Daten. Da aber nicht ausgeschlossen werden kann, dass an genau dieser Stelle der Überlagerung eine Station angeschlossen ist, die dann ein falsches Signal empfangen würde, ist eine Übertragungswiederholung erforderlich.

→ *CSMA/CD*, → *Collision Domain*.

→ *Hashen*.

Kollokation

1. Begriff aus der technischen → *Deregulierung* von Telekommunikationsmärkten, in Deutschland definiert in der Netzzugangsverordnung (→ *NZV*) und im → *Telekommunikationsgesetz*, dort in § 35.

   Er bezeichnet das physische Zusammenschalten von Netzen verschiedener Netzbetreiber bei der → *Interconnection*. Man unterscheidet dabei zwei verschiedene Arten:

   - Physische Kollokation: Um sie handelt es sich, wenn technische Einrichtungen zum Zusammenschalten in Liegenschaften des marktbeherrschenden Netzbetreibers untergebracht sind. Die Geräte des neuen Wettbewerbers und des marktbeherrschenden Anbieters stehen dann in gemeinsamen Räumen und sind unmittelbar über eine Geräteschnittstelle miteinander verbunden.

     Dieses Verfahren bietet üblicherweise Qualitätsvorteile (geringere Störanfälligkeit des Interconnection-Punktes) für den neuen Wettbewerber.

   - Virtuelle Kollokation: Hierbei ist das Zusammenschalten am Ort des marktbeherrschenden Anbieters – aus welchen Gründen auch immer – nicht möglich und erfolgt daher an einem anderen Ort als beim marktbeherrschenden Netzbetreiber, der jedoch für die gleichwertigen wirtschaftlichen, technischen und weiteren betriebsbedingten Voraussetzungen zu sorgen hat. Der neue Wettbewerber 'merkt' daher nicht, dass es sich nicht um eine physische Kollokation handelt, da ihm keine Nachteile entstehen.

     Die Geräte des neuen Wettbewerbers und des marktbeherrschenden Anbieters stehen dann voneinander entfernt in verschiedenen Räumen und sind über eine Leitung miteinander verbunden.

   In Deutschland ist die physische Kollokation gemäß der NZV der Regelfall und wird nur den Netzbetreibern gewährt, die auch Anspruch auf entbündelte Leistungen (→ *Entbündelung*) haben. Virtuelle Kollokation erfolgt nur in Ausnahmefällen, wenn ein Netzbetreiber nachweist, dass physische Kollokation nicht oder nicht mehr gerechtfertigt ist. Gemäß § 3 Abs. 2 der NZV dürfen dann die Kosten für den neuen Wettbewerber die Kosten für die physische Kollokation nicht übersteigen.

   In ersten Fassungen der NZV wurde auch eine grundsätzliche Wahlmöglichkeit zwischen physischer und virtueller Kollokation in Erwägung gezogen, die aber nicht umgesetzt wurde.

2. In der Satellitentechnik die Bezeichnung für den Sachverhalt, dass sich zwei → *Satelliten* eng beieinander auf der gleichen Position (im gleichen → *Slot*) der geostationären Umlaufbahn befinden, ohne sich zu stören, da zum Senden und Empfangen verschiedene Frequenzen genutzt werden.

Kombokarte

→ *NIC*.

Komforttelefon

Bezeichnung für ein Endgerät mit zusätzlichen (vielen) → *Leistungsmerkmalen*. Der Übergang vom einfachen Telefonapparat zum Komforttelefon ist fließend und einem permanenten Wandel unterworfen. Heute gelten Geräte mit Tastenwahl, Wahlwiederholung und Lautsprecher als Einfachgerät. Alles was darüber hinaus geht, gilt als Komforttelefon.

Kommandozeile

Bei sehr einfachen Benutzerschnittstellen von Programmen oder → *Betriebssystemen*, die nur aus einem einfachen zeilenorientierten Bildschirm bestehen, ist es die Zeile, in der Kommandos (→ *Befehl*, Anweisungen) über die → *Tastatur* eingegeben werden können. Durch Drücken der Return-Taste (Enter-Taste) wird der eingegebene Befehl an den Befehlsinterpreter des Programms übergeben und von diesem ausgeführt.

Kommunikationsdatensatz

→ *Call Detail Record*.

Kommunikationssystem

Ein wie auch immer geartetes Kommunikationssystem zerfällt in der Regel in ein Anwendungssystem und ein Transportsystem. Das Transportsystem stellt dabei einen sicheren (fehlerfreien und qualitativ hochwertigen) Transportweg zwischen Teilnehmern zur Verfügung. Das Anwendungssystem setzt diesen Transport voraus und interpretiert die transportierten Daten auf eine bestimmte Art und Weise (Sprache, Bilder, Daten), um sie dem Teilnehmer entsprechend zugänglich und nutzbar zu machen.

Das Transportsystem kann grundsätzlich eine → *verbindungslose Datenübertragung* oder eine → *verbindungsorientierte Datenübertragung* unterstützen.

Das Konzept der Trennung von Transport- und Anwendungsfunktionen findet sich insbesondere im → *OSI-Referenzmodell* wieder, einer abstrakten Beschreibung (→ *Architektur*) verteilter offener Kommunikationssysteme.

Kompandierung, Kompandierungskennlinie

Kunstwort, zusammengesetzt aus Kompression und Expandierung. Bezeichnet Verfahren zur Dynamikreduzierung akustischer Signale. Dabei werden bestimmte Signalbereiche bevorzugt und andere weniger berücksichtigt. Welche Bereiche wie behandelt werden, sagt eine Kompandierungskennlinie aus.

Bei der → *PCM* zur Codierung von Sprache wird Kompandierung verwendet um das nicht-lineare Hörverhalten des menschlichen Ohres nachzubilden. Im Bereich von Tönen geringer Dynamik (= leise Töne) liegen mehr digitale Ausgangswerte als im Bereich gleicher Dynamikdifferenz bei hoher Dynamik (= laute Töne). Es werden zwei Kompandierungskennlinien unterschieden:

- Die A-Kennlinie: Sie wird weltweit außerhalb der USA verwendet. Die A-Linie besteht aus 13 einzelnen Geraden, die sich nach folgendem Bildungsgesetz ergeben:

$$Y=A*X/(1 + \log A)$$
$$\text{mit } A = 87.6$$

- Die µ-Kennlinie: Sie wird in den USA verwendet und besteht aus 15 einzelnen Geraden. Der Wert höchster Dynamik wird durch eine Folge von acht Nullen angezeigt. Das Bildungsgesetz lautet:

$$Y = \log(1+\mu*X)/\log(1+\mu)$$
$$\text{mit } \mu = 255$$

Komparator

Ein elektronisches Bauteil, dass in Abhängigkeit von der Frage, ob zwei Eingangssignale gleich sind oder nicht, ein Ausgangssignal erzeugt und auch bei Ungleichheit angeben kann, welches Signal das größere ist.

Kompatibilität

Von lat. con = mit und patere = öffnen, in dieser Zusammensetzung ein Begriff für Verträglichkeit oder Vereinbarkeit.

Bezeichnet die Übereinstimmung verschiedener technischer Geräte, Einrichtungen oder Programme in entscheidenden, fest definierbaren Parametern, damit diese zusammenarbeiten können.

Kompilieren

→ *Compiler*.

Komplement

Das Komplement Y einer Zahl X in einem Zahlensystem mit einer bestimmten Basis B ist die Zahl, die man zur Zahl X hinzuzählen muss, um zur nächsthöheren Potenz der Basis B^n des Zahlensystems zu gelangen.

Das Komplement zur Zahl 76 im Zahlensystem zur Basis 10 (dann auch genannt Zehnerkomplement) ist 24, da 100 zur Zahl 76 die nächsthöhere Zehnerpotenz ist ($100 = 10^2$) und 76 + 24 = 100 ergibt.

Ein weiteres wichtiges Komplement ist das Zweierkomplement. Es bezieht sich auf das → *duale Zahlensystem*. Das Zweierkomplement der Dualzahl 110100 (= 52 im Zehnersystem) ist die 1100 (= 12 im Zehnersystem), da die nächsthöhere Potenz (hier: Zweierpotenz) der 52 die 64 ist und 52 + 12 = 64 ist. Das Zweierkomplement zu einer Zahl erhält man aus dem Bitmuster dieser Zahl ganz einfach, indem man das Bitmuster bis zur höchstwertigen 1 invertiert und eine einzelne 1 addiert.

Komplemente werden verwendet um mit negativen Zahlen in Computern rechnen zu können oder um dadurch Additionen auf eine Subtraktion zurückführen zu können.

Kompression, Kompressionsverfahren

Bezeichnung für eine Klasse von Verfahren, bei der eine Datenmenge bei gleichem Informationsgehalt durch Wegfall von Redundanz und/oder Irrelevanz verringert wird. Man unterscheidet:

- Verlustfreie Verfahren (lossless), die nur Redundanzen beseitigen und daher zu keinen Qualitätseinbußen führen.

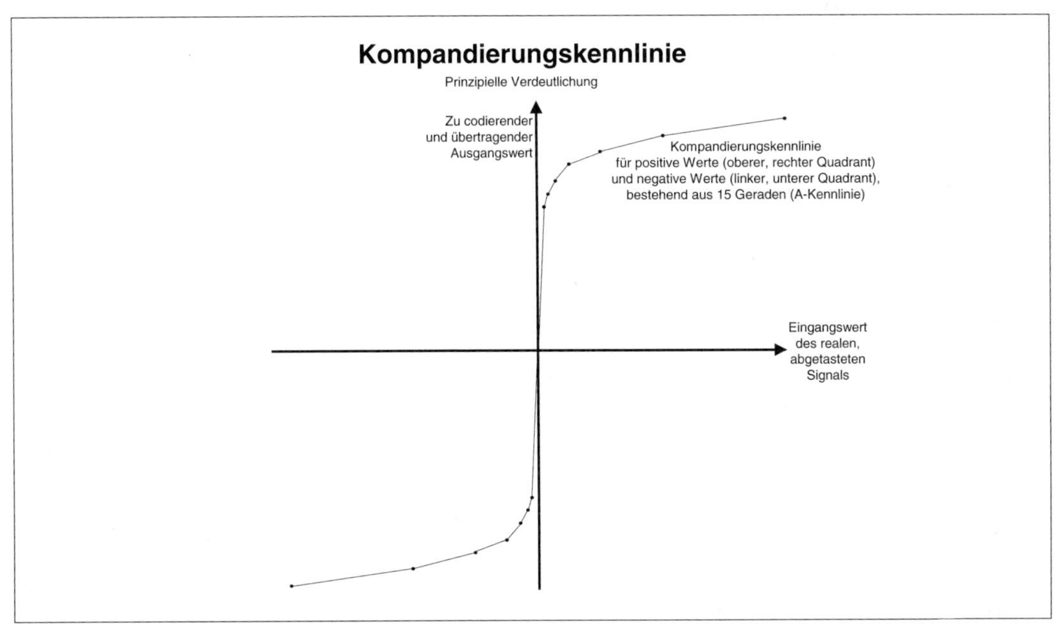

- Verlustbehaftete Verfahren (lossy), die Redundanz und Irrelevanz beseitigen und daher, in Abhängigkeit der Art der zu komprimierenden Daten, zu (geringen, tolerierbaren) Qualitätseinbußen führen.

Ferner unterscheidet man:

- Symmetrische Verfahren, bei denen Kompression und Dekompression durch einen Algorithmus, der nur in unterschiedliche Richtungen durchlaufen wird, gleich schnell (in Echtzeit) durchgeführt werden können.
- Asymmetrische Verfahren, bei denen Kompression und Dekompression durch verschiedene Algorithmen ermöglicht werden. Dies führt üblicherweise zu einem länger andauernden Kompressionsprozess und einem schnellen Dekompressionsprozess.

Prinzipiell gibt es mehrere Ansätze für die Kompression:

- Die Reduzierung von Irrelevanz durch Ignorieren von Informationen, die durch die menschlichen Sinne nicht oder nur sehr eingeschränkt wahrgenommen werden. Beispiele: Einschränkung des Frequenz- oder Dynamikbereichs bei Audiodaten (→ *Psychoakustik*), die Reduktion der Farbtiefe bei Bilddaten.
- Die Reduzierung von Redundanz durch die Codierung von häufig vorkommenden Informationssymbolen oder Folgen von Informationssymbolen durch kurze Codes und die von seltener vorkommenden durch längere Codes.
- Die Reduzierung von Redundanz durch die Ausnutzung zeitlicher Abhängigkeiten zwischen einzelnen Informationsträgern, z.B. bei aufeinander folgenden Bildern eines Films. In diesem Fall braucht nur ein Bild übertragen zu werden, gefolgt von den Differenzen der Folgebilder.

Grundlegende Verfahren zur Kompression sind beispielweise → *Fraktale Kompression*, → *Huffmann-Codierung*, → *LZW-Codierung* und → *Wavelet-Codierung*.

In Abhängigkeit vom zu komprimierenden Datenmaterial sind verschiedene Standards entwickelt worden, die alle besonderen Eigenschaften hinsichtlich Irrelevanz und Redundanz des speziellen Quelldatenmaterials ausnutzen:

- Kompression von Standbildern: → *GIF*, → *JBIG*, → *JPEG*, → *PNG*, → *TIFF*.
- Kompression von Bewegtbildern: → *DivX*, → *M-JPEG*, → *MPEG*.
- Kompression von Audiodaten: → *Musicam*, → *MP3*.

→ *Progressive Codierung*.

Konferenzschaltung

Allgemein die Zusammenschaltung mehrerer Teilnehmer des Telefondienstes zu einem einzigen, abrechenbaren Vorgang, bei dem sich alle untereinander hören können. Realisiert in zwei Varianten.

- → *Leistungsmerkmal* von Nebenstellenanlagen. Dabei werden mehr als zwei Teilnehmer zusammengeschaltet, was durch ein Nacheinander-Anrufen aller Beteiligten durch eine zentrale Person (Konferenzleiter) geschieht.
- Dienstmerkmal (→ *Dienst*) des Telefondienstes in herkömmlichen, öffentlichen und analogen oder digitalen Netzen.

In Deutschland wurde die Konferenzschaltung 1977 erstmals im Testbetrieb von der Deutschen Bundespost angeboten. Der Termin musste zuvor angemeldet werden.

→ *Dreierkonferenz*.

Konfiguration

Eine durch Parameter und ihre veränderbaren, aber eingestellten Werte definierte Struktur eines Gerätes, Netzes oder Dienstes zur Erfüllung einer gewünschten Funktion.

Konfigurationsmanagement

Bezeichnung für ein Aufgabengebiet des → *Netzmanagements*.

Betrifft die Planung, Erweiterung oder Veränderung des Netzlayouts und insbesondere der Eigenschaften seiner einzelnen Elemente. Man kann grob die beiden Bereiche → *Commissioning* und → *Provisioning* unterscheiden.

Konfigurationsmanagement wird z.B. für die Zwecke des → *Traffic Handlings* genutzt.

Konjunktion

→ *UND*.

Konsistenz

Anderes Wort für Widerspruchsfreiheit. Oft verwendeter Begriff im → *Datenbank*-Umfeld.

Unter Datenkonsistenz oder auch Datenintegrität versteht man, dass erstens Daten ein realitätsgetreues Abbild der Wirklichkeit bilden und zweitens innerhalb einer Datenmenge untereinander widerspruchsfrei sind.

Konsole

→ *Console*.

Konstante

Ein festgelegter und nicht mehr änderbarer Wert, der einer Programmvariablen zugewiesen wird.

Konstanten müssen nicht zwangsläufig Zahlen sein, es können auch einzelne Zeichen oder Zeichenketten sein, z.B. pwd = Bundeskanzler oder pi = 3,14.

Kontrahierungszwang

→ *USO*.

Kontrast

Die Differenz zwischen zwei Helligkeitswerten.

Ein großer Kontrast bedeutet nicht auch, dass das menschliche Auge ihn besonders gut wahrnimmt. Häufig werden daher bei Schildern und Begrenzungshinweisen nicht die Schwarz-Weiß-Kontraste, sondern Rot-Weiß-, Blau-Weiß- oder Gelb-Schwarz-Kontraste gewählt.

Konventionen

→ *Netiquette*.

Konvergenz, Konvergenzfehler

Konvergenz ist ganz allgemein ein Prozess, bei dem zwei bislang getrennt verlaufende Entwicklungen einem gemeinsamen Ziel zustreben und sich dabei annähern. Der Begriff wird in verschiedenen Bereichen der Informations- und Kommunikationstechnik unterschiedlich verwendet.

- Unter Konvergenz versteht man bei Monitoren das korrekte Aufeinandertreffen der drei einzelnen Elektronenstrahlen in ihren jeweiligen zu einem Bildpunkt (Pixel) gehörenden Farbpunkten auf der Leuchtschicht des Bildschirms.

  Ein Konvergenzfehler ist eine spezielle Bildverzerrung bei Farbmonitoren. Dabei sind die einzelnen Elektronenstrahlen für die Farbanteile Rot, Grün und Blau nicht exakt auf die gleiche Pixelreihe oder -zeile justiert, weswegen eine einzige weiße Linie in zwei oder drei farbige einzelne Linien zerläuft.

- Unter Konvergenz in der Telekommunikation werden oft verschiedene Formen verstanden:
  - Verschiedene Formen der → *Netzkonvergenz*
  - Verschiedene Formen der → *Dienstkonvergenz*
  - Endgerätekonvergenz: → *Handy*, → *Screenphone*, → *Set-Top-Box*, → *Web-TV*. Diese Form der Konvergenz wird allerdings häufig durch die Dienstekonvergenz geprägt, da es für den Nutzer von (konvergenten) Diensten einfacher ist, nur ein einziges Endgerät zu haben, anstelle mehrerer Geräte inklusive aller damit verbundenen Nachteile (Kabelsalat, erhöhter Bedarf an Steckdosen etc.).
  - Unter der industriellen Konvergenz versteht man die Konvergenz der vier Industriebereiche Telekommunikation, Computerindustrie, Medien und Unterhaltungsindustrie zur → *TIME*-Industrie.

Konvertierung

In der Datenverarbeitung die Bezeichnung für die Umwandlung einer → *Datei* oder von Daten in ein anderes Datei- oder Datenformat.

Konverter

Anderes Wort für Umsetzer. Einrichtung zur Umsetzung eines elektromagnetischen Signals von einer Trägerfrequenz auf eine andere.

Man unterscheidet ferner zwischen Up-Konverter, der ein zu sendendes Signal in einem Sender auf die Funkfrequenz umsetzt, und Down-Konverter, der umgekehrt ein empfangenes Funksignal zur Weiterverarbeitung in eine andere Frequenz umsetzt.

Praktische Anwendungen finden sich z.B. in einem → *Transponder* oder in einem → *Combiner*.

Konzentrator

Auch Leitungsdurchschalter genannt. Bezeichnung eines Gerätes, das eine Anzahl von (vielen) logischen oder physischen Eingangsleitungen mit jeweils einer bestimmten Kapazität zu einer oder wenigen Ausgangsleitungen mit gleicher Kapazität zusammenfasst (im Gegensatz dazu: → *Multiplexer*), wobei nur eine Eingangsleitung auf die Ausgangsleitung durchgeschaltet wird, d.h. die anderen Leitungen sind inaktiv.

Ein Konzentrator übernimmt somit die Funktion des Sammelns oder Konzentrierens in einer → *Vermittlung*. Ein → *Anrufsucher* ist z.B. eine mögliche Realisierung des Konzentrators im Telefonnetz.

In → *LANs* übernehmen diese Rolle → *Hubs*.

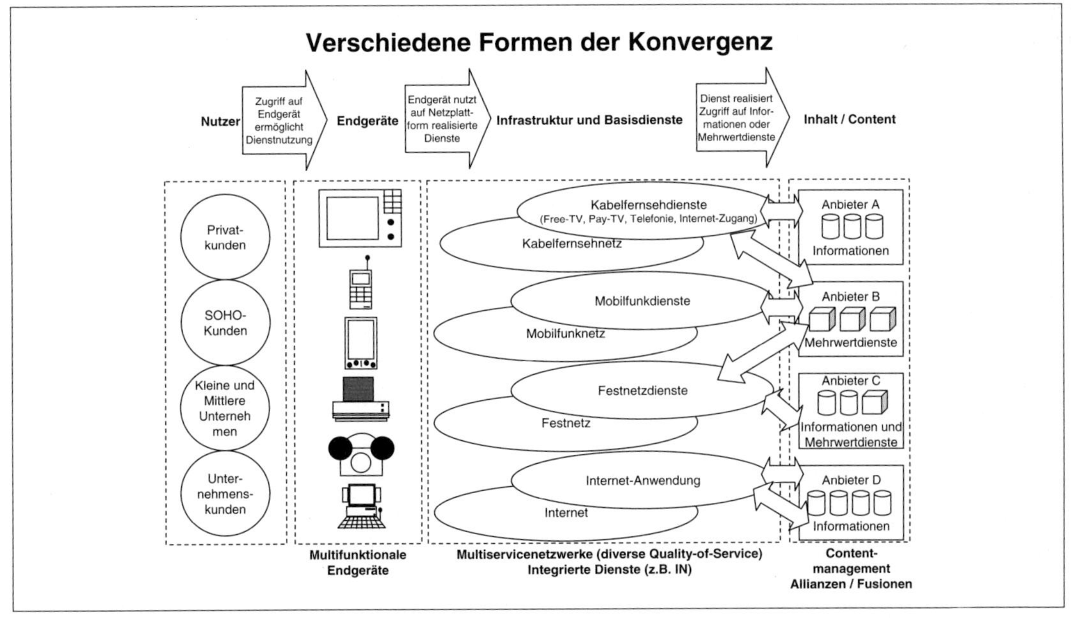

Koordinatenschalter

Bezeichnung einer Gruppe von elektromechanischen Wählern bei → *indirekt gesteuerten Vermittlungen.* Oberbegriff für Bausteine wie → *Crossbar-Switch.*

Kopfstelle

Bezeichnung für alle Einrichtungen neben der Empfangsantenne im hierarchisch höchsten Teil eines → *Breitbandkabelverteilnetzes.* Dort werden Rundfunkprogramme empfangen und eingespeist. Auch Headend genannt.

Kopfzeile

Bezeichnung für die oberste Zeile oder die obersten Zeilen eines bedruckten, einzelnen Blattes.

1. In Textverarbeitungssystemen die Bezeichnung für separat auf allen Seiten eines Dokumentes gleichermaßen gestaltbare Druckbereiche der einzelnen Seiten.
2. Bei Faxgeräten ein → *Leistungsmerkmal* zur Gestaltung einer einzigen Zeile, die auf jedes zu übertragende Blatt gedruckt wird. Sie enthält üblicherweise die Uhrzeit, die laufende Seitennummer, die Gesamtzahl der zu übertragenden Seiten, den Namen des Absenders und die Faxnummer des sendenden Faxes.

Koppelfeld, Koppelnetz

Baustein der Vermittlungstechnik, bei welchem ein- und abgehende Leitungen bzw. Kanäle nach Maßgabe von Steuerinformationen miteinander verbunden werden. Früher mechanisch als sog. Raumkoppler ausgeführt (→ *Crossbar-Switch*), heute elektronisch als Halbleiterbaustein in einer von zwei Varianten ausgeführt:

- Raumvielfach: Es wird eine von mehreren eingehenden Leitungen mit einer von mehreren möglichen abgehenden Leitungen verbunden.
- Zeitvielfach: Daten eines Zeitschlitzes werden in einen anderen Zeitschlitz (→ *Slot*) kopiert. Dies erfolgt unter Nutzung eines kleinen Zwischenspeichers, in den die Daten aus dem einen Slot eingelesen und so lange zwischengespeichert werden, bis der (abgehende) Slot verfügbar ist.

Koppler

Kurzform für → *Akustikkoppler.*

Kopplung

Bezeichnung für die Wechselbeziehung zwischen verschiedenen Stromkreisen, zwischen denen Energie übertragen werden kann.
→ *Galvanische Kopplung,* → *Induktive Kopplung,* → *Kapazitive Kopplung.*

Kopplungswiderstand

Auch Hochfrequenz- oder HF-Kopplungswiderstand genannt.
Bei der → *Verkabelung* ein Maß für die Güte der Schirmung von einzelnen Aderpaaren. Definiert ist der Kopplungswiderstand als Verhältnis der Spannung am Schirm des gestörten Adernpaares zur Stromstärke des störenden Adernpaares. Der Kopplungswiderstand ist frequenzabhängig, weswegen durch den Aufbau der Schirmung ein gleichmäßiger Verlauf über der Frequenz angestrebt wird.

Korn Shell

→ *Unix.*

Kostenlose Telefonie

→ *Werbefinanzierte Telefonie.*

KP

Abk. für Kommunikationsprotokoll.

KPN

Abk. für Koninklijke PTT Nederland.
Bezeichnung für den staatlichen Anbieter von Telekommunikationsdienstleistungen in den Niederlanden.
KPN war Mitglied der → *Unisource*-Allianz.
Das Unternehmen hat eine Beratungstochter NEPOSTEL, die sowohl auf dem Post- als auch dem Telekommunikationssektor beratend tätig ist.
→ *http//www.kpn.nl/*

KQML

Abk. für Knowledge Query and Manipulation Language.
→ *Agent.*

KR

Abk. für Kommunikationsrechner.

Krarup-Verfahren

Bezeichnung für ein Verfahren, bei dem Kupferkabel zur Erhöhung der Selbstinduktion mit dünnen Eisendrähten mit einem Durchmesser von 0,2 oder 0,3 mm umwickelt werden, um so die Leitungsdämpfung zu vermindern und längere Distanzen bei gegebener Sendeleistung überbrücken zu können.
Eingesetzt wurde es insbesondere im Bereich der → *Unterwasserkabel* in der ersten Hälfte des 20. Jahrhunderts, obwohl der Einsatz der → *Pupin-Spule* wegen niedrigerer Kosten und größerer Robustheit vorzuziehen war.
Benannt nach seinem Erfinder, dem Dänen Carl Emil Krarup (* 1872, † 1909), der es 1902 entwickelte.

K&R C

Abk. für Kernighan and Ritchie C.
Bezeichnung für die Urform der Programmiersprache → *C,* wie sie von Richard W. Kernighan und Dennis M. Ritchie vor Festlegung des Standards durch die → *ANSI* entwickelt wurde.

Kreuzschienenschalter

→ *Crossbar-Switch.*

Kreuzsicherung

→ *Parität.*

Kreuzwähler (-system)

Bezeichnung für ein elektromechanisches Vermittlungselement aus dem schweizerischen Hause Trachsel-Gfeller.

Erfunden im Jahre 1924 von Fritz Trachsel (* 1896, † 1975) bei der Firma Gfeller in Bümplitz bei Bern.
Es wurde zunächst in verschiedenen elektromechanischen Nebenstellenanlagen jener Zeit eingesetzt. Nach dem Krieg wurde es im In- und Ausland in großem Maßstab sowohl bei Nebenstellenanlagen als auch in Vermittlungsstellen im öffentlichen Netz eingesetzt und fand auch als → *Konzentrator* Verwendung.

Krümmungsradius

→ *Glasfasertechnik*.

Kryptanalysis

→ *Kryptologie*.

Kryptografie

→ *Kryptologie*.

Kryptologie

Von griech. kryptein = verbergen, verstecken. Oberbegriff für das Entwickeln von Chiffremethoden zur Datensicherung (Kryptografie) und dem Aufbrechen von Chiffren (Kryptanalysis). Der zentrale Schlüssel (international: Key) bzw. die Vorschrift, mit der eine Verschlüsselung erfolgt, bezeichnet man mit Chiffre.
Das Anwenden einer Chiffre auf Daten nennt man verschlüsseln, codieren oder chiffrieren (keying), den umgekehrten Vorgang entschlüsseln, decodieren oder dechiffrieren (dekeying).
Anstelle von Chiffre als Bezeichnung der Vorschrift oder Methode zur Datenverschlüsselung wird auch das Wort Code benutzt.
Man unterscheidet allgemein zwischen → *Public-Key*-Verfahren und → *Private-Key*-Verfahren in Abhängigkeit davon, ob zwei verschiedene Schlüssel oder nur einer für die Ver- und Entschlüsselung nötig sind. Daher werden diese Verfahren häufig auch als asymmetrisch oder symmetrisch bezeichnet.
Bekannte Verschlüsselungsalgorithmen und auch kommerziell erhältliche Produkte sind → *DES*, → *RSA*, → *IDEA*, → *RC 2, 4 und 5*, → *Blowfish*, → *PGP* oder → *Kerberos*.
Neben einer reinen Verschlüsselung zu Zwecken des Datenschutzes vor unbefugtem Verwenden/Erkennen können mit Hilfe von Verschlüsselungsverfahren auch Systeme für eine → *digitale Signatur* aufgebaut werden.
Grundsätzlich sind durch einfaches Ausprobieren mit allen möglichen Schlüsseln alle Verschlüsselungsalgorithmen zu knacken (→ *Brute Force Attack*), jedoch kann dies derartig lange dauern, dass die entschlüsselte Nachricht dann wertlos ist. Durch die technische Entwicklung im Computerbereich sind jedoch mit diesem Vorgehen bestimmte Verfahren mit bestimmten Schlüssellängen nicht mehr als sicher anzusehen. Ein Ausweg ist die Erhöhung der Schlüssellänge.

→ *http://www.toppoint.de/~freitag/ca/f-d-ca-theo.html/*

→ *http://users.erols.com/gwmoore/billcryp.html/*

→ *http://www.rsasecurity.com/rsalabs/faq/sections.html/*

→ *http://www.sunworld.com/swol-03-1997/swol-03-encrypt.html/*

KSDS

Abk. für Key Sequenced Entry Set.
Eine Variante von → *VSAM*.

KSR

Abk. für Keyboard Send/Receive.
→ *Telex*.

KT

Abk. für Kanalteiler.

KtK

Abk. für Kommission für den Ausbau des technischen Kommunikationssystems.
→ *Deregulierung*.

KTV

Abk. für Kabel-Television.
Bezeichnung aus der Frühzeit der Kabelfernsehnetze in Deutschland (70er Jahre).
→ *Breitbandkabelverteilnetz*.

Ku-Band

Frequenzbereich innerhalb des → *K-Bandes* zwischen 10 und 17 GHz. Gemeint ist häufig der Bereich für Satellitenkommunikation (genutzt von INTELSAT, EUTELSAT und russischen Satelliten). → *Uplink*: 14 bis 14,5 GHz, → *Downlink*: 10,7 bis 11,2 GHz. Derzeit mit ca. 20 Satelliten belegt.
Die Empfangsantennen haben einen Durchmesser von ca. 40 bis 50 cm.

KüFu

Abk. für Küstenfunk.

Künstliche Intelligenz

→ *KI*.

Kulissenwähler

Bezeichnung eines elektromechanischen Wählers aus den 20er Jahren. Entwickelt von der schwedischen Firma L.M. Ericsson. Verfügte über ein 20 mal 25 Kontakte großes Koppelfeld.

Kundenschutzverordnung

→ *TKV*.

Kupferdoppelader

Andere Bezeichnung des gebräuchlichen Kabels für den Teilnehmeranschlussbereich im Fernsprechnetz.
→ *Zweidrahtleitung*.

Kurbelinduktor

Bezeichnung für einen Bestandteil der ersten, frühen Telefone in Handvermittlungssystemen. Der Kurbelinduktor war ein kleiner Dynamo, der mit Hilfe einer Handkurbel vom Nutzer des Telefons bedient werden musste. Er diente der Erzeugung einer Spannung, die eine Klingel bei der Handvermittlungszentrale (am → *Klappenschrank*) auslöste. Dort wurde die entsprechende Leitung mit einer dauerhaften

Spannungsquelle zusammengeschaltet, und es konnte dann ohne weitere Kurbelei telefoniert werden.

Kurrent

Oberbegriff für Schriftarten, die einer Schreibschrift ähnlich sind.

Kursiv

Bezeichnung für eine Möglichkeit der Darstellung eines Schrifttyps, bei dem alle Zeichen einheitlich ein wenig nach rechts geneigt sind.
Die Querverweise sind in diesem Buch *kursiv* gesetzt.

Kurznachrichtendienst

→ *GSM 900*.

Kurzstreckenfunk

Bezeichnung für eine besondere Form des → *Betriebsfunks*, bei der leistungsstarke Handfunksprechgeräte ohne Formalitäten, Auflagen und Registrierung sowie in beliebiger Anzahl von jedermann gekauft und zur analogen Sprachübertragung betrieben werden können. Daneben gibt es Ähnlichkeiten mit dem → *CB-Funk*, von dem sich der Kurzstreckenfunk durch die geringere Reichweite und die höhere Übertragungsqualität unterscheidet. Vorteil des Systems ist, dass es keiner Netzinfrastruktur bedarf, weswegen ein eigener Netzbetreiber oder Dienstanbieter fehlt. Die Gerätenutzung ist daher, vom Anschaffungspreis abgesehen, völlig kostenfrei.
Die Datenübertragung erfolgt direkt von Endgerät zu Endgerät auf drei definierten Frequenzen:

- 149,0250 MHz
- 149,0500 MHz
- 149,0375 MHz

Die Frequenz 149,05 MHz darf allerdings nur in einem Abstand von 35 km zur polnischen Grenze verwendet werden. Ferner dürfen alle Frequenzen oberhalb von 600 m im Schwarzwald und auf der südlichen Schwäbischen Alb nicht genutzt werden. Durch das gemeinsame Nutzen von Frequenzen von mehreren voneinander unabhängigen Anwendern ist das Einhalten von Funkdisziplin nötig. Die Sendeleistung der Handgeräte darf 0,5 W nicht übersteigen. Sie können sich untereinander bei entsprechender Einrichtung erkennen, so dass man mit ihnen als geschlossene Benutzergruppe ein eigenes kleines Netz über eine Distanz von 3 bis 4 km aufbauen kann. Ein Anschluss der Endgeräte an andere öffentliche oder private Netze ist nicht zulässig.
Einsatzszenarien beschreiben Anwendungen auf Großbaustellen, in Stadien, bei Konzertveranstaltungen oder auf Messen. Das System geht zurück auf eine Initiative der Hersteller, insbesondere der Unternehmen Bosch und Motorola, die dieses System im Februar 1995 beim → *BAPT* in Mainz vorschlugen, als über die neue Nutzung der Funkfrequenzen des außer Betrieb genommenen → *B-Netzes* entschieden wurde. Mit der Amtsblattverfügung Nr. 23 vom 25. September 1996 unter der Nr. 156/96 genehmigte das → *BMPT* das System. Die oben genannten Frequenzen sind in Deutschland nur bis zum Jahr 2005 reserviert, da eine europaweite Frequenzverteilung für derartige Systeme angestrebt wird. An dieser arbeitet das → *ERC*.

Kurzwahl

International auch Speed Dialing oder Abbreviated Dialing (ABD) genannt.
Ein → *Leistungsmerkmal* von Nebenstellenanlagen und → *Komforttelefonen*. Bezeichnet die Möglichkeit, Rufnummern zu speichern (→ *Rufnummerngeber*) und diese durch Wählen einer kurzen Ziffernfolge abzurufen und zum Teilnehmer durchzuwählen. Existieren z.B. 20 Nummernspeicher für 20 Telefonnummern, so erfolgt die Kurzwahl durch Drücken einer Funktionstaste, gefolgt von einer Nummer von 1 bis 20. Die Telefonnummern können, je nach Hersteller der Nebenstellenanlage, entweder im Endgerät selbst oder in der Vermittlungsstelle der Nebenstellenanlage gespeichert werden. Vorteil der Speicherung in der Vermittlungsstelle ist, dass dort Speicher bei Bedarf problemlos nachgerüstet werden können. Bei Kurzwahl ist häufig auch → *Nachwahl* möglich. Üblicherweise unterscheidet man drei Kurzwahlprinzipien:

- Zentrale Kurzwahl, wobei die Kurzwahlziele für alle an eine Nebenstellenanlage angeschlossenen Teilnehmer gleich sind und von einer zentralen Stelle verwaltet werden.
- Gruppenkurzwahl: Mehrere Nebenstellen können zu einer Gruppe zusammengefasst werden. Dieser Gruppe werden Kurzwahlziele zugeordnet, auf die nur die Gruppenmitglieder Zugriff haben und die nur sie verwalten können.
- Individuelle Kurzwahl, bei der jeder Teilnehmer seine Kurzwahlziele selbst verwaltet.

→ *Dialer*.

Kurzwelle

Bezeichnet den Frequenzbereich von 3 bis 30 MHz.
Mit Kurzwellensendern können, im Vergleich zu → *UKW*, Mittelwelle (→ *MF*) und → *Langwelle*, die größten Reichweiten erzielt werden, weshalb ein Anwendungsgebiet die Ausstrahlung weltweit zu empfangender Radioprogramme oder der → *Amateurfunk* ist. Für diese Zwecke ist der Bereich von 5,9 MHz bis 26,1 MHz international festgelegt. In Abhängigkeit von der gegebenen Topografie am Sendeort und unter Berücksichtigung der konstruktiven Eigenschaften der Sendeantenne (Leistung, Richtcharakteristik, Antennengewinn) wird die optimale Sendefrequenz bestimmt.
→ *HF*, → *Ionosphäre*, → *LW*.

KVst

Abk. für → *Knotenvermittlungsstelle*.

KVz

Abk. für → *Kabelverzweiger*.

KW

Abk. für → *Kurzwelle*.

KxK

Abk. für → *Koaxialkabel*.

Kybernetik

Bezeichnung für die interdisziplinäre Wissenschaft, die sich mit der formalen Beschreibung und Modellierung selbstregulierender Systeme beschäftigt. Dabei wird die Selbstregulierung durch rückgekoppelte Prozesse sichergestellt, die bestimmte Informationen messen, vergleichen und steuern.

Solche Systeme können lebende Organismen oder Organisationsformen (etwa eine Gruppe von Menschen in einem Unternehmen) sein.

Von der oben skizzierten Grundlehre haben sich verschiedene Spezialgebiete gebildet, die jeweils verschiedene konkrete Systeme betrachten, etwa Personen, biologische/ökologische Systeme oder ökonomische Systeme.

Der Begriff wurde von dem amerikanischen Mathematiker Norbert Wiener (* 26. November 1894, † 18. März 1964) erstmals 1948 verwendet.

Das Wort ‚Kybernetik' bedeutet in der griechischen Sprache soviel wie Steuermannskunst. Um 800 v.Chr. benutzte der klassische griechische Dichter Homer (2. Hälfte des 8. Jahrhunderts v. Chr.) bereits den Ausdruck Kubernet für einen Steuermann in seinem Stück „Illiad".

Kyoko Date

Name einer rein fiktiven Person, die es im → *Internet* als → *Avatar* zu beachtlichem Ruhm gebracht hat.

Entwickelt wurde sie als virtuelle Person (Profil: 18 Jahre, weiblich, wohnhaft mit Familie in Tokio, hört gerne Musik von Mariah Carey und sieht gerne Filme mit Christian Slater) von der japanischen Firma HoriPro, die in mehrjähriger Arbeit nicht nur ein komplettes Persönlichkeitsprofil erdacht hat, sondern dazu eine vollständige Animation liefert.

Zunächst als reines Forschungs- bzw. Entwicklungsprojekt zur realistischen Modellierung von Personen in virtuellen Welten (→ *virtuelle Realität*) gestartet, entwickelte sich eine Eigendynamik, als die ersten Arbeitsergebnisse im → *WWW* veröffentlicht wurden. Mittlerweile existiert ein eigener Fan-Club, und Kyoko Date hat einen eigenen Modestil in Fernost kreiert. Neuere Avatare übertreffen sie jedoch hinsichtlich der Vermarktung.

→ *Lara Croft*, → *Tamagotchi*.

→ *http://www.dhw.co.jp/horipro/talent/DK96/index_e.html/*

KZU

Abk. für Kennzeichenumsetzer.

L

L1-Cache, L2-Cache

→ *Cache.*

L2F

Abk. für Layer 2 Forwarding (Protocol).

Bezeichnung für ein herstellerspezifisches Protokoll zum → *Tunneling* über das → *Internet* auf der Schicht 2 des → *OSI-Referenzmodells.*

→ *L2TP*, → *PPTP.*

L2TP

Abk. für Layer 2 Tunneling Protocol.

- Bezeichnung für ein gemeinsam von Cisco und Microsoft entwickeltes Protokoll zum → *Tunneling* über das → *Internet* innerhalb einer Punkt-zu-Punkt- und Ende-zu-Ende-Verbindung zwischen einem → *Server* (typischerweise einem Router in einem → *VPN*, der den Tunnel terminiert) und einem Client (typischerweise ein Zugangsknoten eines Internet-Service-Providers (→ *ISP*). Der Server wird in diesem Fall L2TP Network Server (LNS) und der Client L2TP Access Concentrator (LAC) genannt.

  Ein Endsystem wählt sich mit → *PPP* beim LAC ein, der dann einen LNS auswählt und zu diesem einen Tunnel aufbaut. Dies bedeutet, dass nicht (wie bei → *PPTP*) der Client den Tunnel bestimmt, sondern der Besitzer des LNS – üblicherweise ein ISP oder der Betreiber eines → *Intranet*, der damit eine bessere Kontrolle über sein Netz hat.

  Dadurch ermöglicht es ein sicheres und zentral gesteuertes Tunneling auf der Schicht 2 des → *OSI-Referenzmodells.*

  Hauptanwendung ist der Remote-Access zu virtuellen privaten Netzen (→ *VPN*) auf Basis des → *IP*-Protokolls.

  Hauptanwendungsgebiete von L2TP sind daher Szenarien, in denen sich mobile Anwender (Telearbeiter, mobiler Außendienst, kleinere Standorte) temporär in das ‚große' VPN einwählen und dessen Dienste nutzen können.

  → *L2F.*
- Bezeichnung für ein gegen Ende 1998 aus → *L2F* und → *ATMP* hevorgegangenes und herstellerunabhängiges Protokoll zum → *Tunneling* im → *Internet.*

L8R

Abk. für later.

→ *Chat Slang.*

La, LA

1. Abk. für Leitungsausrüstung.
2. Abk. für Location Area.

   In Mobilfunknetzen nach dem → *GSM*-Standard die Bezeichnung für das in der Regel mehrere Zellen (→ *zellulare* Systeme) umfassende Gebiet, in dem sich eine mobile Station (→ *MS*) ohne einen Location Update im → *VLR* frei bewegen kann. Ein VLR kann dabei mehrere LAs verwalten.

   Wird ein mobiler Nutzer angerufen, wird im gesamten LA der Nutzer durch einen Paging genannten Ausruf gesucht. Dem Netz ist also bei einem eingeschalteten, aber inaktiven Endgerät nicht die genaue Zelle bekannt, in der sich der mobile Nutzer aufhält, sondern nur die LA. Erst bei einem aktiven Endgerät (laufende Verbindung) ist dem Netz die Zelle bekannt.

   Jede LA wird durch eine bestimmte Nummer (Location Area Identifier, LAI) weltweit eindeutig gekennzeichnet. Die LAI setzt sich zusammen aus dem Mobile Country Code (→ *MCC*), dem Mobile Network Code (→ *MNC*) und einem Code, der eine LA innerhalb eines Netzes eindeutig identifiziert (Location Area Code, LAC, 2 Byte lang). Die LAI ist auch Bestandteil des Cell Generic Identifier (→ *CGI*) zur Identifikation einer einzelnen Zelle.

   Die LAI wird im Datensatz einer MS im VLR gespeichert, um eine MS lokalisieren zu können. Bei einem eingehenden Anruf an eine MS wird diese innerhalb des im VLR gespeicherten LAs ausgerufen.

   Alle LAs, die zu einer → *MSC* gehören, bilden eine MSC Service Area.

LAA

Abk. für Locally Administrated Address.

Bezeichnung für eine Adresse eines Netzwerkadapters, die lokal und nicht vom Hersteller der Karte vergeben und eingestellt wurde.

→ *UAA.*

Label

Es gibt mehrere Definitionen, die alle unter einem Label eine Kennzeichnung verstehen.

1. Bei → *Disketten* oder anderen portablen und externen Datenspeichern ein beschreibbarer Aufkleber zur eindeutigen Identifikation.
2. Bei der Programmierung in → *Assembler* die im Programm eindeutige Markierung einer Zeile mit einem speziellen Wort, das als Referenz an anderer Stelle im Programm, etwa als Zieladresse für einen Sprung, verwendet wird.
3. → *Kennsatz.*

LAC

1. Abk. für → *L2TP* Access Concentrator.
2. Abk. für Location Area Code.

   → *LA.*

LADAR

Abk. für Laser Detection and Ranging.

Oberbegriff für Verfahren im Vermessungswesen, bei denen Entfernungen mit Hilfe eines → *Lasers* gemessen werden.

Ladefaktor

→ *Unterwasserkabel.*

Laden, Lader

Von engl. to load = laden. International wird der Lader auch Loader genannt. Bezeichnung eines Programms, das zunächst oft mehrere Objektprogramme zu einem lauffähigen Programm zusammenfügt (Prozess des Linkens) und dieses in einen vorbestimmten Bereich des Arbeitsspeichers lädt (Prozess des Ladens). Dies ist Voraussetzung dafür, dass das lauffähige Programm überhaupt ausgeführt wird.
Lader sind Bestandteile von → *Betriebssystemen.* Bei PCs werden sie automatisch beim Aufrufen eines Programms, z.B. durch Doppelklicken, aktiviert.
→ *Compiler*, → *Binder.*

LADT

Abk. für Local Area Data Transport.

LAG

Abk. für Listen Address Group.

LAI

Abk. für Location Area Identifier.
→ *LA.*

LAM

1. Abk. für LAN Adapter Module.
2. Abk. für Lobe Attachment Module.

LAN

Abk. für Local Area Network.
Bezeichnet lokale Netze mit einer Ausdehnung von einigen 10 m bis hin zu 10 km und von zwei bis hin zu einigen hundert angeschlossenen Stationen, oft auch Clients (→ *Server*) genannt. Die Mehrheit der LANs dehnt sich jedoch nur über einige hundert Meter innerhalb von Gebäuden und innerhalb einer Organisation aus (Inhouse-Netze).
LANs müssen nicht drahtgebunden sein, sie können auch ganz oder teilweise funkgestützt aufgebaut sein und werden dann allgemein als → *Wireless LAN* bezeichnet.
Beispiele für Standards für drahtgebundene LANs sind → *ARCnet*, → *DECnet*, → *Ethernet*, → *HYPERchannel*, → *Luckynet*, → *StarLAN*, → *Token-Bus*, → *Token-Ring* und → *TCNS.* Von diesen Standards ist heute Ethernet der mit Abstand am weitesten verbreitete. Man unterscheidet davon auch drahtgebundene Highspeed-LANs (→ *HSLAN*), von denen die wichtigsten → *Fast Ethernet* und → *Gigabit Ethernet* sind.
Die an ein LAN angeschlossenen Stationen werden mit Hilfe von Einsteckkarten mit dem LAN verbunden, die auch Netzadapter oder → *NIC* genannt werden.
Elemente zum Verbinden einzelner → *Segmente* eines LANs zu einem ausgedehnten, zusammenhängenden LAN sind → *Bridge*, → *Router*, → *Switch*, → *Hub* oder → *Gateway.*
Es gibt keine allgemein gültigen Regeln für ein Netzdesign beim Aufbau eines LANs. Es wird jedoch häufig zwischen verschiedenen Layern (Access-Layer, Distribution-Layer und Core- oder Backbone-Layer) unterschieden, die es gilt, aufeinander abzustimmen. Allgemein haben sich folgende Punkte als erstrebenswert durchgesetzt:

- Ziel ist ein LAN-Design, das ein deterministisches Verhalten erzwingt, so dass die Fehlerquelle bei Problemen schnell und vor allem eindeutig identifiziert werden kann. Dies wird üblicherweise durch einen möglichst einfachen, klar gegliederten LAN-Aufbau erreicht.
- Sicherheit:
  - Eine einfache Redundanz der Wege ist notwendig zur Sicherstellung der Funktionsfähigkeit im Fehlerfall.
  - Abschottung des LANs gegen unberechtigte Angriffe mit Hilfe eines → *Firewall.*
  - Saubere Verwaltung der Nutzer (→ *Authentifizierung*).
- Skalierbarkeit:
  - Das LAN sollte leicht skalierbar sein, d.h. zusätzliche Stationen/Clients und Segmente sollten ohne Änderungen der grundsätzlichen Architektur des gesamten Netzes integrierbar sein.
  - Das LAN sollte hinsichtlich der Performance (Anzahl Server mit wichtigen Anwendungen) und der Bandbreite skalierbar sein.
- Es sollten die Regeln der → *strukturierten Verkabelung* für die einzelnen Layer berücksichtigt werden.
- Eine → *USV* gehört heute zum Standard.
- In großen LANs sollten Server in einer → *Server-Farm* zentralisiert werden.

→ *WAN*, → *MAN*, → *GAN*, → *Shared Medium.*

LANCE

Abk. für LAN Controller (for) Ethernet.

LANDA

Abk. für LAN Dealers Association.
→ *BTA.*

Landesfernwahlnetz

Anderes Wort für Fernnetz. Der Name leitet sich aus dem Ende der 40er Jahre definierten Ziel der Landesfernwahl ab, d.h. der kompletten Umstellung auf automatischen Betrieb.

Landesmedienanstalt

Abgekürzt mit LMA. Bezeichnung für ein regulatives Organ auf Landesebene in Deutschland mit der Aufgabe der Lizenzierung öffentlich-rechtlicher und privater Fernseh- und Hörfunkprogrammveranstalter gemäß dem im jeweiligen Bundesland gültigen → *Landesrundfunkgesetz* (Zuweisung von Übertragungsfrequenzen, terrestrisch oder in kabelbasierten Systemen; → *Breibandkabelverteilnetz*).
Zusatzdienste wie → *Videotext* oder → *RDS* sind in der Lizenz enthalten. Vor der Einzelzuteilung entscheiden Staatskanzlei oder LMA des jeweiligen Landes über die generelle Verteilung der knappen Ressource Frequenz zwischen öffentlich-rechtlichen und privat-kommerziellen Veranstaltern.
Die Frequenzvergabe an die einzelnen LMA wird durch die Regulierungsbehörde für Post und Telekommunikation

(RegTP) entsprechend dem Telekommunikationsrecht des Bundes koordiniert.

Die LMAs haben damit zwei Aufgaben:

- Lizenzierung der Veranstalter
- Vorschreiben der Einspeisung der lizenzierten Programme in die technischen Infrastrukturen (Sender und Kabelfernsehnetze) der Netzbetreiber.

→ *Mediendienstestaatsvertrag*, → *Rundfunk*.

Landesrundfunkgesetz

Abgekürzt mit LRG. Die Landesrundfunkgesetze der einzelnen Bundesländer in Deutschland bauen auf dem → *Rundfunkstaatsvertrag* auf und setzen länderspezifische Regelungen fest, insbesondere die rundfunkrechtliche Lizenzierung von einzelnen Rundfunkdiensten inkl. Frequenzzuweisung durch eine → *Landesmedienanstalt* (LMA), nicht enthalten sind dagegen Medien- und Teledienste. Nach Ausschreibung einer regional begrenzten terrestrischen Frequenz durch die LMA und dem Lizenzantrag des Veranstalters erfolgen die wirtschaftliche Prüfung des Antragstellers, die Konzentrationsprüfung und die Prüfung der Eignung als Vollprogramm (Innenpluralismus). Erst dann, nach Ablauf von ca. 6 bis 9 Monaten, wird die Lizenz von einer der 15 LMA erteilt.

→ *Medienstaatsvertrag*.

Landezone

→ *Festplatte*.

Landmark-Test

Bezeichnung für einen → *Benchmark-Test* zum Vergleich der Leistungsfähigkeit von Computern. Entwickelt vom Hause Landmark Research International (Clearwater/Florida), das ihm auch den Namen gab.

Der Test galt als stark hardwarelastig. Da heute immer mehr Aufgaben auch durch Software abgewickelt werden, wird er nicht mehr häufig verwendet.

Andere Tests sind → *CPW*, → *Dhrystones*, → *GAMM-Mix*, → *Gibson-Mix*, → *Khornerstones*, → *SPEC*, → *Linpack* oder → *Whetstone*.

LANDP

Abk. für LAN Distributed Platform.

Landscape

Von engl. landscape = Landschaft, Gegend. International übliche Bezeichnung für das Querformat (Breite ist größer als Höhe), da in diesem Format häufig Landschaften gemalt wurden und werden.

LANE

Abk. für Local Area Network Emulation.

Bezeichnung für einen Dienst in → *ATM*-Netzen, bei dem mittels des Netzes ein → *LAN* aus der → *IEEE 802*-Serie nachgebildet wird. Das dadurch emulierte LAN wird auch als ELAN bezeichnet. LANE ist ein Protokoll auf der Schicht 2 (im Gegensatz z.B. zu → *MPLS* oder → *MPOA* auf der Schicht 3) des → *OSI-Referenzmodells*, d.h. prinzipiell agiert der ATM-Switch als → *Bridge*.

Mit LANE ist es möglich, herkömmliche LANs (z.B. → *Ethernet*) über ein ATM-Netz zu verbinden bzw. Stationen, die an einem herkömmlichen LAN angeschlossen sind, mit Stationen, die über ATM-Karten an ein ATM-Netz angeschlossen sind, miteinander kommunizieren zu lassen. Der Vorteil ist, dass ATM im Backbone-Bereich eingesetzt werden kann, die getätigten LAN-Investitionen jedoch noch weiterhin genutzt werden können.

Die Schnittstelle von einem angeschlossenen Nutzer zu einem LAN-Server innerhalb eines → *ATM*-Netzes, der das LAN emuliert, wird als LAN (Emulation) User Network Interface (LUNI) bezeichnet. Der Zugang des Users in Gestalt eines LAN Emulation Clients (LEC) erfolgt mit Hilfe eines LAN Emulation Configuration Servers (LECS). Die eigentlichen Dienste werden als LAN Emulation Services/Server (LES) oder auch als Broadcast and Unknown Server (BUS) bezeichnet.

Der LAN Emulation Server nutzt das Address Resolution Protocol (→ *ARP*) zur Umsetzung der in LANs üblichen Adressformate in ATM-Adressen.

Als LNNI bezeichnet man die Schnittstelle zwischen zwei Servern, die ein Protokoll eines lokalen Netzes (LAN) innerhalb eines ATM-Netzknotens emuliert.

LANE wurde als Version 1 im Mai 1995 durch das ATM-Forum spezifiziert.

Langwahl

Bezeichnung für ein → *Leistungsmerkmal* von Telefonen und Faxgeräten. Dabei können mehrere gespeicherte Rufnummernteile vor dem Einleiten des Wählvorgangs zu der zu wählenden Nummer kombiniert werden.

Anwendungsbeispiele sind Verbindungsnetzbetreibervorwahl und Teilnehmerrufnummer oder Rufnummer des Unternehmens und Durchwahlnummer des Faxgerätes.

Langwelle

→ *LW*.

LAP

→ *LAP-B*.

LAP-B

Abk. für Link Access Procedure Balanced.

Ein beim → *HDLC*-Datenübertragungsverfahren eingesetztes bitsynchrones Punkt-zu-Punkt-Protokoll auf dem → *MAC*-Layer der Schicht 2 des → *OSI-Referenzmodell*. Es regelt die Datenübertragung zwischen gleichberechtigten (daher balanced) Stationen. Wird üblicherweise in → *X.25*-Netzen zum Aufbau der Verbindung zwischen einer Datenendeinrichtung (→ *DEE*) und einer Datenübertragungseinrichtung (→ *DÜE*) eingesetzt.

Prinzipiell ist LAP-B eine Untermenge des asynchronen balancierten Modes von HDLC.

LAP-B beinhaltet auch eine nichtbalancierte Version, genannt LAP. Beide unterscheiden sich lediglich hinsichtlich des Übergangs vom Hilfsbetriebszustand in den Betriebszustand.

LAP-D

Abk. für Link Access Procedure D-Channel.

Ein Schicht-2-Protokoll für die Signalisierung (→ *Zeichengabe*) im D-Kanal des → *ISDN*. Standardisiert in Q.920 und 921. Das Rahmenformat lehnt sich stark an → *LAP-B* von → *HDLC* an.

→ *http://www.lapdonline.org/*

LAP-F

Abk. für Link Access Procedure for Frame Mode Bearer Services.

Ein Protokoll auf Schicht 2 des → *OSI-Referenzmodell*des → *OSI-Referenzmodell* für die Signalisierung bei → *Frame Relay*. Basiert auf LAP-D. Standardisiert in Q.922.

LAP-M

Abk. für Link Access Procedure for Modems.

Anpassung des bei → *HDLC* gebräuchlichen → *LAP-B*-Protokolls für bitsynchrone Übertragung mit → *Modems* nach dem → *Start-Stop*-Verfahren. Die zu übertragenden Daten werden in Blöcken zu je 128 Byte zusammengefasst und mit einer Prüfsumme (CRC-16 und CRC-32) versehen (→ *CRC*). Mit einem → *ARQ*-Verfahren werden die Daten dann übertragen.

Wird z.B. bei → *V.42* genutzt und ist dort auch definiert.

LAP-X

Abk für Link Access Procedure Half-Duplex.

Laptop

Von engl. lap = Schoß. Ein Computer, den man auf den Schoß legen kann. Bezeichnung für handliche, tragbare → *Computer*, die auch unabhängig vom Stromnetz eingesetzt werden können, da sie mit → *Akkus* zur eigenen Spannungsversorgung ausgestattet sind.

Die saubere Abgrenzung der verschiedenen Größen- und Funktionsklassen derartiger Rechner fällt schwer. So können beispielsweise folgende Größenordnungen klassifiziert werden:

- Mobile, tragbare Rechner mit der vollen oder annähernd vollständigen Funktionalität eines herkömmlichen → *Desktop*-PCs. In absteigender Gewichts- und Größenklasse Laptop, Notebook und Handheld genannt.
- Mobile Geräte ohne Tastatur: → *PDA* (oft auch: Palmtop).
- Mobile Geräte ohne volle Desktop-Funktionalität mit feststehendem Funktionsumfang: → *Organizer*.

Laptops sind immer bis zu 50% teurer als vergleichbare → *Desktop*-PCs, da sie häufig zur Gewichtsersparnis Gehäuse aus besonderem Material (Magnesium) haben, über spezielle, stoßfeste → *Festplatten* verfügen (gekapselt oder gepolstert, automatischer Rückzug des Schreib-/Lesekopfes bei starken Erschütterungen) und verschiedene elektronische Halbleiterbausteine an die dünne Gehäuseform angepasst sind.

Die Entwicklung des Laptops nahm folgenden Verlauf:

1972

Im → *PARC* liegt der → *Dynabook* fertig entwickelt vor. Das Management entscheidet sich jedoch gegen eine Vermarktung.

1975

Erster tragbarer Computer ist seinerzeit der → *IBM 5100*.

1981

Der → *Osborne-1* kommt auf den Markt.

1982

Der erste echte IBM-kompatible Laptop ‚Portable' aus dem Hause → *Compaq* kommt auf den Markt. Der Portable

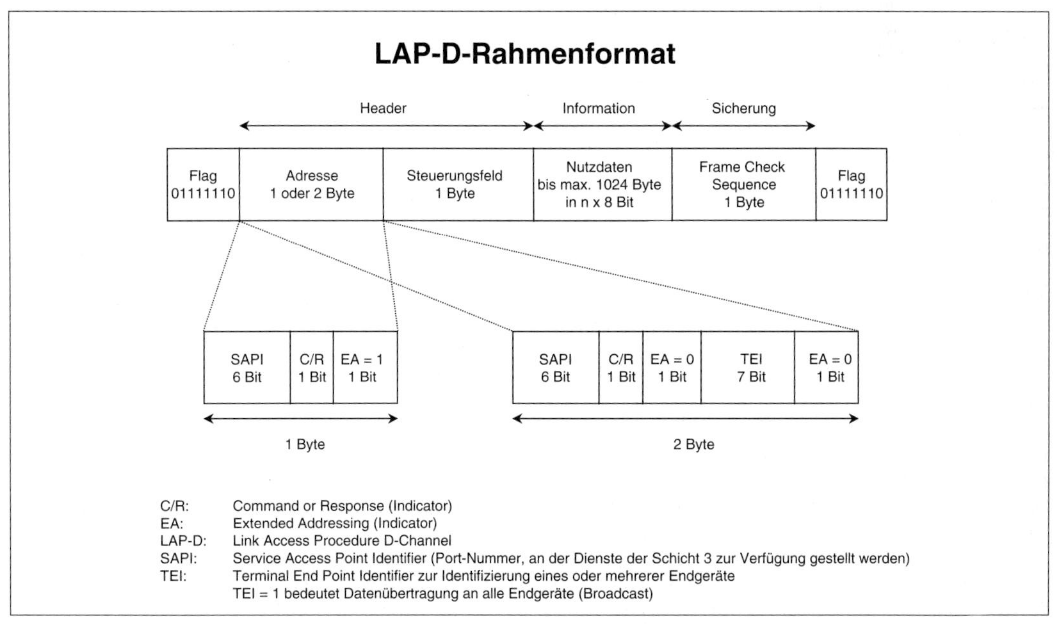

wiegt 12 kg. Der Sage nach lassen manche Verkäufer das solide Gerät absichtlich zu Boden fallen, um anschließend seine Funktionstüchtigkeit zu demonstrieren.
Im Juni stellt Epson den HX-20 vor, der jedoch eher die Größe eines Notebooks hat. Er wiegt nur 1,4 kg und kann mit Batterien bis zu 50 Std. lang betrieben werden.

1984
Von Data General kommt der DG One auf den Markt, der nur noch 5 kg wiegt und der in einem Aktenkoffer verstaut werden kann. Er ist mit einem 12-Zoll-LCD-Bildschirm (25 Zeilen) und einem 3,5-Zoll-Laufwerk ausgestattet. Der Bildschirm ist jedoch nur schwer und nur unter günstigen Lichtbedingungen abzulesen, so dass das Gerät kein Erfolg wird.

1985
Toshiba steigt in den Markt ein und stellt den T1100 (4,1 kg) vor, der die lange erfolgreiche Marktpolitik von Toshiba einläutet. Der T1100 verfügt über 512 KByte RAM, ein 720 KByte Diskettenlaufwerk und ein 9,75 Zoll großes LCD mit 640 * 200 Pixel. In ihm arbeitet ein 80C88 aus dem Hause Intel, der mit 4,77 MHz getaktet ist. Das → *Betriebssystem* ist DOS 2.11.

1986
IBM ist mit dem PC Convertible im Laptop dabei, der den Durchbruch jedoch wegen seiner Größe nicht schafft. Erst einige Jahre später gelingt IBM mit den Thinkpads der Aufbau einer erfolgreichen Laptop-Familie.

1989
Toshiba bringt das Modell T500 mit 40 MByte Festplatte, 2 MByte RAM und einem → *Intel 80386* auf den Markt.
Die große Zeit der Laptops beginnt.

Herbst 1991
Aus dem Hause Apple kommen mit den PowerBooks einige leistungsstarke Modelle auf den Markt, die schnell den Ruf haben, der ‚Mercedes' unter den Laptops zu sein.

Lara Croft

Bezeichnung für eine fiktive Figur aus dem Computerspiel „Tomb Raider". Prinzipiell ein weiblicher → *Avatar*, deren Hauptkennzeichen ein gut sortiertes Waffenarsenal (standardmäßig mit zwei 9-mm-Pistolen ausgerüstet), das dazugehörige militant-bestimmte Auftreten und ein betont weiblicher Körperbau sind.
In der vierten Version von „Tomb Raider" aus dem November 1999 (‚Die letzte Offenbarung') taucht Lara Croft erstmals als 16-jährige Teenagerin auf.
Die Figur erreichte rasch Kultstatus und wird unabhängig vom Videospiel von der Herstellerfirma auch in anderen Bereichen wohl dosiert vermarktet. So tritt Lara Croft als animierte Person in einem Musikvideo zu dem Titel „Männer sind Schweine" auf. Ferner können ‚lebendige' Mannequins mit entsprechender Optik und im Lara-Croft-Outfit von Unternehmen für Gastauftritte im Rahmen von Betriebsfeiern (z.B. Weihnachtsfeier) gemietet werden. Der bisherige Höhepunkt dieser Welle ist ein eigener Kinofilm im Sommer 2001.
Für Lara Croft existiert eine komplette Biografie. So wurde sie am 16. Februar 1968 in Wimbledon als Tochter von Lord Henshingley Croft geboren. Es wird berichtet, dass sie nur sehr ungern gesellschaftliche Verpflichtungen des Adels wahrnahm und mit 16 – wie sollte es auch anders sein – gegen den Willen ihrer wohl meinenden Eltern begann, gezielt das Unbekannte (und damit, wie sich für jedermann in den Adventure-Games herausstellte, auch das Gefährliche) zu erkunden.
→ *Cyberspace*, → *Kyoko Date*.
→ *http://www.eidos.com/*

LARAM

Abk. für Line-Addressable Random Access Memory.

LARC

Abk. für Livermore Automatic Research Computer.
Bezeichnung eines der ersten → *Supercomputer*, entwickelt ab 1955 und in Betrieb genommen im August 1960 an der University of California (Livermore Radiation Laboratory). Maßgeblich mitentwickelt vom Hause Sperry-Rand (→ *Univac*), das seinerzeit eine Ausschreibung dafür gegen IBM gewann.
Der LARC basierte auf einem damals schon seltenen Dezimalsystem zur internen Zahlendarstellung. Er war der letzte große Rechner, der dieses System noch nutzte. Der Hauptspeicher bestand zunächst aus 20 000 Worten zu je 60 Bit (später: 30 000). Als externer Speicher wurde ein Trommelspeicher mit einer Kapazität von 250 000 Worten genutzt. Bis zu 12 derartige Trommeln konnten an den LARC angeschlossen werden.
Insgesamt wurde zunächst mit 35 000 → *Transistoren* geplant. Tatsächlich wurden in einem LARC schließlich rund 70 000 Stück verbaut. Ein weiteres Exemplar wurde zur Kostenreduktion an die US-Navy verkauft und dort im Oktober 1961 in Betrieb genommen. Weitere Käufer konnten nicht gefunden werden, da die Transistortechnik sich mittlerweile derartig rasch weiterentwickelt hatte, dass der LARC-Aufbau nicht mehr zeitgemäß war.
Eine Addition dauerte 4 µs.

LAS

Abk. für Level Attenuator System.
Bezeichnung für elektronische Schaltungen, die die Leistung eines technischen Systems automatisch in Abhängigkeit von einer anderen Stellgröße regeln.
Anwendungsbeispiele sind der Radioempfang im fahrenden Auto, bei dem die Lautstärke des Radios den aktuellen Fahrgeräuschen angepasst wird, oder die Helligkeit der Leuchtziffern einer Uhr, die auf die Umgebungshelligkeit abgestimmt wird.

Laser

Abk. für Light Amplification by Stimulated Emission of Radiation.
Bezeichnung für monochromatische und kohärente Lichtquellen, die eine stark gebündelte Strahlung aussenden.
Monochromatisch bedeutet dabei, dass die Lichtquelle ein sehr eng begrenztes Frequenzspektrum ausstrahlt. Alle von einem Laser ausgestrahlten Lichtstrahlen haben die gleiche Wellenlänge und schwingen in gleicher Phasenlage (Kohä-

renz). Erreicht werden Wellenlängen zwischen 180 nm und 1 mm.

Kohärent bedeutet, dass die einzelnen Wellenzüge eine feste Phasenbeziehung (→ *Phase*) untereinander haben, unabhängig von ihrer räumlichen Entstehung im Laser-Stoff.

Durch eine Bündelung der ausgestrahlten Wellen kann die Energiedichte in einem Laserstrahl sehr groß werden.

Einsatzgebiete: → *Glasfasertechnik*, → *CD*, Laserdisc (→ *LD*), → *Laserdrucker*, Vermessungswesen, Werkstoffbearbeitung in der Industrie und der Medizin.

Im Laufe der Zeit ist die Laser-Emission bei Hunderten verschiedener Stoffe gelungen. Die wichtigsten sind:

- CO_2-Laser: Mit dem Kohlendioxidlaser werden Wellenlängen von 9 bis 11 µm erreicht. War der erste Lasertyp, der eine Leistung von einigen hundert kW schaffte (erzielt vom Avco Everett Research Laboratory in Massachusetts). Dieser Typ wird insbesondere in der Industrie zur Werkstoffbearbeitung eingesetzt.
- HF-Laser: Mit dem Wasserstoff-Fluor-Laser werden Wellenlängen von 2,7 bis 2,9 µm erreicht.
- DF: Mit dem Deuterium-Fluor-Laser werden Wellenlängen von 3,5 bis 4 µm erreicht. Prinzipiell auch ein HF-Laser, jedoch erhöht sich durch die hohe Zahl von schweren Wasserstoffatomen (Deuterium) die Wellenlänge.
- HeN: Der Helium-Neon-Laser.
- COIL (Chemical Oxygen Iodine Laser): Der Sauerstoff-Jod-Laser emittiert nur eine einzige Wellenlänge von 1,315 µm. Es sind bereits sehr leistungsstarke derartige Laser gebaut worden. Sie werden auch zu militärischen Zwecken (Anti-Raketen-Waffen) eingesetzt.

Wichtige Meilensteine bei der Entwicklung des Lasers waren:

1917

Albert Einstein postuliert das für den Laser wichtige Prinzip, dass stimulierte Elektronen im Atom imstande sind, beim Wechsel auf niedrigere Energiezustände die überschüssige Energie in Form von elektromagnetischer Strahlung abzugeben.

1957

Der Laser wird von dem Physikstudenten Richard Gordon Gould an der Columbia University entdeckt. Er hat einen Gasentladungslaser entwickelt und prägt auch den Begriff Laser.

1958

In den Bell Labs wird ein technisch verwendbarer Laser in Betrieb genommen.

1959

Richard Gordon Gould meldet den Laser zum Patent an, stellt aber fest, dass Prof. Charles H. Townes und Arthur L. Schawlow von den Bell Labs bereits die Patente seiner Entdeckung besitzen, nachdem sie ihre Theorie des bereits vorher von ihnen entwickelten Lasers auf optische Frequenzen übertragen haben. Es folgt ein jahrelanger Rechtsstreit.

1960

Theodore H. Maiman entwickelt den Rubin-Laser in den Hughes Research Laboratories in Malibu/Klaifornien.

1963

C. Kumar und N. Patel entwickeln den CO_2-Laser.

1977

Am Ende des seit 1959 dauernden Rechtsstreits werden Gould zunächst einige und später alle Patentrechte zugesprochen.

Laserdisc

→ *LD*.

Laserdrucker

Bezeichnung eines Non-Impact-Konstruktionsprinzips für → *Drucker* (Seitendrucker) mit sehr hoher Druckqualität, bei dem das Funktionsprinzip eines Fotokopierers angewendet wird.

Die zu druckende Seite wird im Speicher des Druckers zunächst komplett aufgebaut und als komplette Seite durch Belichtung mit einem → *Laser* (daher der Name Laserdrucker; verwendet wird ein Helium-Neon-Laser), der in seiner Richtung und Intensität durch den Speicherinhalt gesteuert wird, wie bei einem Kopiergerät auf eine Bildtrommel übertragen, wobei diese sich an den belichteten Stellen elektrisch auflädt. An den aufgeladenen Stellen bleibt ein Farbpulver (Toner) hängen, das auf ein vorbeigeführtes und ebenfalls elektrostatisch leicht geladenes Blatt Papier durch die wirkenden elektrostatischen Kräfte übertragen werden kann. Durch kurzzeitiges Erwärmen in einer Fixiereinheit des Druckers zerfließt der Toner und bleibt dauerhaft auf dem Papier haften, das dann aus dem Drucker ausgegeben werden kann. Parallel dazu wird die Bildtrommel entladen und der Vorgang wiederholt sich für das nächste Blatt Papier.

Seine Leistung liegt üblicherweise bei 4 bis 20 ppm (→ *ppm*). Sondergeräte erreichen auch höhere Leistungen.

Nachteile können, je nach Anwendungsfall, sein:

- Teurer als → *Tintenstrahldrucker* in Anschaffung und Unterhalt
- Kann üblicherweise kein Endlospapier verarbeiten
- Leere Tonerbehälter müssen umweltgerecht entsorgt werden
- Es können keine Durchschläge angefertigt werden
- Großer Platzbedarf

Vorteile:

- Leise bis sehr leise.
- Sehr hohe Druckqualität mit Auflösungen von 300 bis 1 200 dpi (→ *dpi*).

Die Entwicklung der Laserdrucker-Technologie nahm folgenden Verlauf:

1969

Gary Starkweather vom Xerox-Forschungslabor in Webster/New York demonstriert erstmals auf experimenteller Basis das Grundprinzip. Ziel des Entwicklungsprojektes war es, die rund zehn Jahre zuvor von Xerox entwickelte Kopiertechnologie zu einer echten Konkurrenz für herkömmliche Druckmaschinen zu machen.

Ab 1970

Im Rahmen verschiedener Forschungsprojekte im → *PARC* von Xerox wächst das Bedürfnis, einen Drucker zu nutzen, der nicht nur Zeichen, sondern auch Grafiken drucken kann. Die Forschungsarbeiten entwickeln sich in diese Richtung.

1971

Starkweather kommt zum PARC und arbeitet an der Entwicklung eines Laserdruckers auf der Basis eines Kopierers vom Typ Xerox 7000 mit.

1973 und 1974

Im PARC ist ein Laserdrucker als Prototyp fertig und wird intern eingesetzt.

1975

Das Xerox-Modell ist zur Serienreife entwickelt worden.

Der erste Laserdrucker überhaupt kommt aus dem Hause IBM (Modell 3800) auf den Markt, gefolgt von Modellen aus dem Hause Siemens (ND 2, 240 dpi, 200 Seiten pro Minute). Beides sind jedoch Geräte für den professionellen Einsatz (z.B. Massendrucksachen im Postversand) mit hoher Druckgeschwindigkeit.

1977

Xerox stellt mit dem Modell 9700 seinen ersten Laserdrucker vor. Er kostet 350 000 $. Die Druckleistung liegt bei 7 000 Zeilen zu je 300 dpi pro Minute. Verwendet wurde ein Cadmium-Laser, der kurz darauf von einem Argon-Laser und noch später durch einen Helium-Neon-Laser ersetzt wurde.

1982

HP bringt den auf Canon-Lizenzen basierenden Laserdrucker Modell 2680 für 100 000 $ auf den Markt. Er ist so groß wie ein Kühlschrank. Das Gerät ist ein Flop.

1983

Canon bringt das Basismodul LBP-CX für rund 1 000 $ auf den Markt. Dieses Basismodul wurde in den Folgejahren von vielen Printerherstellern in ihre Endgeräte eingebaut.

Frühjahr 1984

Nach den negativen Erfahrungen mit dem Laserdrucker 2680 entscheidet sich HP für den Zukauf ganzer Komponentengruppen von Canon. Der erste kommerziell wirklich erfolgreiche Laserdrucker ist damit der Laser-Jet aus dem Hause HP für 3 495 $, der bis heute fortentwickelt wird, Maßstäbe setzte und den Markt für Laserdrucker erst schuf. Die erste Ausdruckqualität liegt bei 300 dpi, die Leistung bei acht Seiten pro Minute. Das Gerät nutzt das Basismodul LBP-CX von Canon und verfügt über einen eigenen Speicher von 128 KByte. Er beherrscht → *PCL* in Version 3. Bei der Fortentwicklung setzte sich HP das Ziel, von Generation zu Generation doppelt so gut und halb so teuer zu werden.

1984

Apple hat den LaserPrinter als ersten Laserdrucker zum Anschluss an einen Apple-Computer nahezu fertig entwickelt und gibt Prototypen an → *Lotus*, → *Microsoft* und Aldus, damit diese Anwendungen entwickeln.

Siemens bringt das Modell ND-3 auf den Markt, das als erster Laserdrucker eine zweite Farbe verarbeiten kann. Prinzipiell handelt es sich um eine Kombination von zwei Druckern in einem Gehäuse.

1985

Der LaserWriter aus dem Hause Apple kommt für 7 000 $ auf den Markt.

Januar 1986

Apple bringt den LaserWriter Plus auf den Markt.

1990

Mit dem LaserJet IIP aus dem Hause HP kommt erstmals ein Laserdrucker für unter 1 000 $ auf den Markt.

Juni 1995

Apple stellt mit dem Color Laser Printer 12/600 PS den ersten Farblaserdrucker vor. Er hat eine Auflösung von 600 dpi und kostet rund 7 000 $.

Ab Mitte der 90er Jahre

Der Laserdrucker findet vornehmlich im geschäftlichen Bereich seinen Einsatz. Wird seit dieser Zeit aber auch vermehrt im privaten Bereich genutzt.

LaserVision

→ *LD*.

Last, LAST

1. → *Verkehrswert*.
2. Abk. für Local Area System Technology.

   Bezeichnung für ein einfaches, robustes Datenübertragungsprotokoll aus dem Hause → *DEC* zur Datenübertragung über kurze Entfernungen von PCs aus. Es wird im Rahmen von → *LAT* genutzt.

Lastausgleich

→ *Load Balancing*.

Last Mile

In der Telekommunikationsbranche der Jargon für die letzten zu überbrückenden Meter von der Teilnehmervermittlungsstelle bis hin zum Teilnehmer.

→ *Zugangsnetz*.

LAT

Abk. für Local Area Transport (Protocol).

Begriff aus dem Netzmanagement von → *DNA* aus dem Hause → *DEC*. Es setzt ein → *LAN* nach dem → *Ethernet*-Standard voraus und ist lediglich für geografisch nicht weit ausgedehnte Netze geeignet, da es nur wenige bekannte → *Hosts* voraussetzt, die geringe Datenmengen in regelmäßigen Intervallen senden.

Das Protokoll geht nur bis zur Transportschicht des → *OSI-Referenzmodells*.

Üblicherweise wird es verwendet, um → *Terminals* an → *Minicomputer* vom Typ → *VAX* anzuschließen.

Es kam Mitte der 80er Jahre auf den Markt.

LATA

Abk. für Local Access Transport Area.

Ein Begriff aus der Regulierungspolitik der USA im Zusammenhang mit der Teilung von AT&T und den → *RBOCs* (→ *Divestiture*). Bezeichnet das Gebiet, in dem ein → *LEC* (im Gegensatz zum → *IXC*) auch Dienste wie Fernverbindungen etc., die über ein Ortsnetz hinausgehen, anbieten kann, d.h., es muss für derartige Verbindungen keiner der großen Long-Distance-Carrier (AT&T, MCI, Sprint etc.)

eingeschaltet werden. Derartiger Verkehr wird mit IntraLATA bezeichnet.

Verbindungen zwischen LATAs (InterLATA) müssen über die Long-Distance-Carrier abgewickelt werden.

Von dieser eindeutigen Regel abweichend ergaben sich im Laufe der Zeit Ausnahmen. IXCs wurde es gestattet, auch IntraLATA-Verkehr abzuwickeln, sofern es sich um Fernverkehr handelte. Zusätzlich wurde es neuen Unternehmen auf der Ebene des Ortsnetzes in den 90er Jahren gestattet, in Konkurrenz zu den LECs zu treten und Fernverkehr einzusammeln und einem IXC zuzuführen. Diese Unternehmen wurden Competitive Access Provider (→ *CAP*) genannt.

Mit dem Telecommunications Act aus dem Jahre 1996 wurde die Situation weiter liberalisiert. Den RBOCs wurde es unter bestimmten Bedingungen (Checkliste mit 14 Punkten) erlaubt, auch InterLATA-Verkehr in dem Staat anzubieten, in dem sie Ortsverkehr abwickeln.

LATAs wurden in Anlehnung an die SMSAs (Standard Metropolitan Statistical Area) der nationalen statistischen Behörde der USA (Census Bureau) definiert. In den USA gab es ursprünglich 161 LATAs, doch wurden aus verschiedenen Gründen mittlerweile Sub-LATAs eingerichtet, so dass die Zahl auf 196 gestiegen ist. Es gibt dicht besiedelte Staaten oder Flächenstaaten mit mehreren Großstädten, die in mehrere LATAs zerfallen, wohingegen dünn besiedelte Staaten lediglich ein LATA darstellen.

Latenz, Latenzzeit

1. Auch Umdrehungswartezeit genannt.

   Bezeichnet bei Festplatten die Zeit, die nach der Positionierung des Schreib-/Lesekopfes maximal gewartet werden muss, bis der Kopf nach der Positionierungsbewegung ausgeschwungen ist und ein gewünschter zu lesender Block auf der Spur unter ihm wieder am Kopf vorbeikommt und gelesen oder beschrieben werden kann. Bei Festplatten, die sich i.d.R. mit 3 600 U/min drehen, liegt diese Zeit bei 8,33 ms, bei neuen 3,5-Zoll- oder 5,25-Zoll-Laufwerken, die sich mit 4 400 oder 5 400 U/min drehen, liegt sie bei 6,8 bzw. 5,5 ms.

2. In einem → *LAN* die Zeit, die ein Datenpaket benötigt, um ein aktives Netzelement (→ *Bridge*, → *Router*, → *Hub*) zu durchlaufen.

   → *Delay*.

3. In einem → *LAN* die Zeit zwischen der Anforderung eines Übertragungskanals durch eine sendewillige Station und der Zuteilung eines Kanals an diese.

4. Häufig wird Latenz auch nur als anderes Wort für → *Delay* – mit jedoch der gleichen Bedeutung – verwendet.

Latex

Ausgesprochen etwa: Latech. Bezeichnung für ein Textsatzprogramm, definiert durch Leslie Lamport, das auf Tex basiert. Weit verbreitet auf Computern unter dem → *Betriebssystem* → *Unix*.

Der zu druckende Text wird dabei inklusive der Formatierungsanweisungen als ASCII-Text eingegeben und muss zunächst durch einen Latex-Compiler zu einer druckfähigen Datei aufbereitet werden.

Lattenzaun

→ *Raute*.

Lauflängencodierung

International auch Run-Length-Coding genannt. Bezeichnung für ein Verfahren zur Datenkompression, das bei der → *Quellcodierung* eingesetzt wird.

Es beruht darauf, dass in einer wie auch immer gearteten Datei oft bestimmte Zeichen mehrmals hintereinander erscheinen. Diese Zeichenfolge wird dann durch das Zeichen selbst und eine Zahl für seine Häufigkeit ersetzt.

Eingesetzt z.B. bei → *MNP 5*.

Laufwerk

Allgemeine Bezeichnung für technische Einrichtungen zur Verwendung rotierender Datenträger wie z.B. → *Diskette*, → *Festplatte*, → *CD-ROM* oder → *DVD*.

Bei PCs erfolgt die Identifikation üblicherweise mit einem Buchstaben, der dann als Laufwerkkennung, Laufwerkname oder Laufwerkbuchstabe bezeichnet wird. Üblicherweise sind A und B für interne Diskettenlaufwerke, C für Festplattenlaufwerke und D für CD-ROM-Laufwerke reserviert.

Laufzeit

1. Bezeichnet die Zeit, in der ein Programm durch einen Computer abgearbeitet wird.
2. Andere Bezeichnung für den → *Delay* zwischen Senden und Empfangen eines Signals. Dann auch oft Signallaufzeit genannt.

Laufzeitdispersion

→ *Modendispersion*.

Laufzeitfehler

→ *Bug*.

Lauthören

→ *Leistungsmerkmal* von Telefonen. Durch eine → *Funktionstaste* am Gerät kann ein leistungsstarker Lautsprecher während eines Gesprächs im Gerät eingeschaltet werden, so dass andere im Raum anwesende Personen das Gespräch verfolgen können. Die Lautstärke kann dabei oft geregelt werden. Üblicherweise wird der Lautsprecher durch nochmaliges Betätigen der Funktionstaste wieder abgeschaltet.

LAWN

Abk. für Local Area Wireless Network.

Bezeichnung für ein Produkt aus dem Hause O'Neill für Funk-LANs.

→ *Wireless LAN*.

Layer

→ *Schicht*.

Layout

1. Im grafischen Gewerbe die Gestaltung einzelner Seiten und des kompletten Druckwerks durch Text, Bild und Farbe zur Erzielung eines stimmigen Gesamteindrucks.

   Heute mit Programmen des → *DTP* umgesetzt.

   → *Beschnitt*, → *Blindtext*, → *Durchschuss*, → *Hurenkind*, → *Satzspiegel*, → *Schusterjunge*, → *Typografie*.

2. In der Festkörperelektronik die Anordnung verschiedener schaltungstechnischer Elemente in einem elektronischen, aus einem Substrat bestehenden Halbleiterbaustein.

LB

1. Abk. für Line Buffer.
2. Abk. für Load Balancing.
3. Abk. für → *Leaky Bucket*.

LBA

Abk. für Logical Block Addressing.
Bezeichnung für ein spezielles Adressierungsverfahren bei → *Festplatten*.

L-Band

Bezeichnung für den Frequenzbereich von 390 bis 1 550 MHz, manchmal auch enger gefasst. Die Satelliten des → *GPS*-Systems nutzen diesen Bereich ebenso wie z.B. → *Inmarsat*.
Die Nachbarbereiche sind das → *P-Band* und das → *S-Band*.

LBO

Abk. für (Electrical) Line Build Out.

LBRV

Abk. für Low Bit Rate Voice (Technology).
Oberbegriff für alle Sprachcodieralgorithmen, die zu einer Datenrate mit deutlich weniger als 64 kbit/s führen, z.B. → *ADPCM*, → *CVSD* oder → *LPC*.

LBT

Abk. für Listen Before Talk.
Bezeichnet eine Industriepraxis bei nicht lizenzierten Geräten zur drahtlosen Kommunikation (→ *IMS*). Prinzipiell eine Art Zugriffsverfahren auf einen Funkkanal und damit ein Verfahren der Schicht 2 im → *OSI-Referenzmodell*.
Problem bei Anwendungen im IMS-Band ist, dass u.U. ein Gerät erstmals in einer Umgebung eingesetzt wird, in der andere derartige Geräte bereits aktiv sind. Dabei kann mit einer Übertragung eine bereits bestehende Übertragung unterbrochen oder gestört werden, was z.B. im medizinischen Bereich fatale Folgen haben könnte. Daher soll das Gerät zunächst automatisch vor jedem Sendevorgang prüfen, ob nicht auf der Frequenz schon ein anderes Gerät aktiv ist.
Zusätzlich zu dieser Maßnahme sind entsprechende Geräte mit nur begrenzter Sendeleistung ausgestattet.
Ein konkreter technischer Standard, bei dem dieses Verfahren eingesetzt wird, ist → *Bluetooth*.

LBZ

Abk. für Leitungsbezeichnung.

LCB

Abk. für Line Control Block.

LCC

Abk. für Life Cycle Cost.
Begriff aus der Kostenrechnung. Bezeichnet die im Anschluss an die → *IFC* entstehenden Kosten wie z.B. die Kosten für → *OAM* und Kosten für einen bedarfsgerechten Ausbau.

LCD

Abk. für Liquid Crystal Display, Flüssigkristallanzeige.
Die Funktionsweise besteht darin, dass durch das Anlegen von Spannung fadenförmige (sog. nematische) Flüssigkristallstrukturen einheitlich ausgerichtet werden und den Bereich, zwischen dem die Spannung besteht, sichtbar verfärben. Der Effekt der Verfärbung resultiert dabei aus einer gegenüber der (ungeordneten, nicht ausgerichteten) Umgebung veränderten Lichtbrechung der einheitlich in einem elektrischen Feld ausgerichteten Flüssigkristallstrukturen.
Der Zustand des Flüssigkristalls lässt sich nur für bestimmte Stoffe in bestimmten Temperaturbereichen erzeugen.
Konstruktiv besteht ein LCD aus zwei dünnen und durchsichtigen Glas- oder Kunststoffschichten, zwischen denen sich ein Flüssigkristall befindet. Zwischen bestimmte Zonen der Schichten kann durch transparente Elektroden ein elektrisches Feld angelegt werden, z.B. zwischen aufgedampften und durchsichtigen Metallschichten, das die Flüssigkristalle zwischen ihnen wie oben beschrieben ausrichtet, dadurch die Lichtbrechung verändert und damit sichtbar macht.
Heute werden LCD als kleine Anzeigen in Endgeräten verwendet sowie bei Monitoren für → *Laptops*. Oft befindet sich dabei eine zusätzliche Hintergrundbeleuchtung. Der aktuelle Trend geht jedoch in Richtung → *TFT*-Bildschirme.
Die Herstellung großer LCDs gilt technisch als aufwendig mit einer Ausschussrate von bis zu 30% (Herstellerangabe 1997), weswegen derartige Monitore teuer sind und nur von wenigen Herstellern produziert werden.
Vorteil derartiger Anzeigen und Bildschirme ist ihr relativ geringer Energieverbrauch und die fehlenden optischen Probleme (Verzerrungseffekte etc.) herkömmlicher Röhrengeräte. Ferner benötigen derartige Bildschirme wesentlich weniger Platz. In medizinischen Bereichen werden LCD-Monitore geschätzt, weil sie wegen fehlender Ablenkmagneten keine anderen, empfindlichen medizinischen Geräte stören können.
Die Flüssigkristalle wurden schon um 1880 entdeckt. Mehrere Forscher stießen unabhängig voneinander auf das Phänomen, so z.B. der deutsche Physiker Otto Lehmann und der österreichische Botaniker Friedrich Reinitzer. Sie fanden heraus, dass manche Materialien bei Erhitzung ihre optischen Eigenschaften verändern. Sie werden z.B. glasklar, obwohl sie zunächst milchig waren.
Eine Forschergruppe um Lehmann definierte daher 1888 den Zustand der Flüssigkristallphase (auch Mesophase

genannt) als weiteren Aggregatzustand (neben fest, flüssig und gasförmig). Der in Paris wirkende Georges Freidel unterschied beim Zustand der Flüssigkristallphase noch drei weitere Zustände: nematische Phase, smektische Phase und cholesterinische Phase, die sich durch die Regelmäßigkeit der Ausrichtung voneinander abheben. Während in der nematischen Phase, die in LCDs technisch genutzt wird, alle Fäden einheitlich in einer Richtung ausgerichtet sind, bilden sich bei der smektischen Phase noch zusätzlich gegeneinander verschiebbare Schichten. Bei der cholesterinischen Phase sind darüber hinaus die Kristallstrukturen in den Schichten zwar einheitlich, aber zwischen benachbarten Schichten um jeweils einen bestimmten Winkel verändert ausgerichtet, so dass die Ausrichtung über den gesamten Flüssigkristall einer räumlichen Spirale gleicht.

Die Entwicklungsabteilung der RCA im Sarnoff Research Center in Princeton/New Jersey in den USA begann 1963 diesen Effekt zu nutzen. Erstmals wurden 1971 auf Basis der RCA-Arbeiten von Hoffmann-La Roche und BBC LCDs zum Einsatz in Uhren und Taschenrechnern in großem Maßstab entwickelt und produziert. Dabei kam eine Technik mit der Bezeichnung TN (Twisted Nematic, auch: LCD-TN) zum Einsatz. Ab 1973 war die Thinfilm-Transistor-Technik (TFT) von Westinghouse Electric serienreif, und in den schweizerischen Labors der BBC wurde 1983 die Supertwist-Nematic-LCD (STN) entwickelt.

Die letzte Entwicklung auf dem Gebiet sind Double Super Twisted Nematic LCDs (DSTN), deren Weiterentwicklung mit High Contrast Addressing Display (HCAD) bezeichnet wird.

Bildschirme in DSTN-Technik eignen sich weniger gut für die Darstellung rascher Bewegungsabläufe (‚Wischen'), gelten aber – im Vergleich zur TFT-Technik – als preisgünstig. Ferner kann man sie nicht aus jedem Winkel betrachten.

LCI

Abk. für Logical Channel Identifier.

In → *X.25*-Netzen die eindeutige Bezeichnung für einen logischen Übertragungskanal.

LCM

1. Abk. für Line Control Module.
2. Abk. für Line Concentrating Module.

LCN

1. Abk. für Local Communications Network.

   Bezeichnung für ein lokales (im Sinne von regionales) Netz oder ein Teil davon, das im → *TMN* als eine zusammenhängende Einheit für den Transport von Managementinformationen angesehen wird.
2. Abk. für Logical Channel Number.

   Bezeichnung einer eindeutigen Nummer, die in → *X.25*-Netzen eine → *virtuelle Verbindung* identifiziert.

LCP

Abk. für Link Control Protocol.

→ *PPP*.

LCR

1. Abk. für →*Least Cost Routing*.
2. Abk. für Line Control Register.

   Bei einem → *UART* die Bezeichnung für eine einzelne Speicherzelle (ein Register), die für die aktuelle Übertragung die Art der vorzunehmenden Paritätsprüfung anzeigt (→ *Paritätsbit*).

LCT

Abk. für Local Craft Terminal.

In der Telekommunikationsbranche bei Herstellern von Geräten (Netzelementen) die Bezeichnung für einen in der Regel transportablen Computer (Laptop), der vorübergehend an das Netzelement angeschlossen werden kann, z.B. zu Wartungs-, Implementierungs-, Konfigurations- oder Testzwecke.

LD

1. Abk. für Laser Diode.

   Bezeichnung für die Lichtquelle (neben der → *LED*) in Systemen zur Glasfaserübertragung.
2. Abk. für Laserdisc.

   Oft auch mit → *Bildplatte* bezeichnet, obwohl es auch andere Bildplatten als die Laserdisc gab. Bezeichnung für ein Medium zur Speicherung von analogen Bild- und digitalen Toninformationen. Dabei wird die Information einmal geschrieben und kann vielfach gelesen werden. Die Platte hat einen Durchmesser von 30 cm und kann auf beiden Seiten ca. jeweils 0,5 Std. Videobilder speichern.

   Lediglich der Ton ist digital mit 16 Bit (wie bei der → *CD-ROM*) codiert und wird sowohl als Mono- als auch als Stereotonspur auf der Platte gespeichert.

   In den 70er Jahren wurden verschiedene Systeme, hauptsächlich in den USA, zum Abspielen von Spielfilmen oder zur Anwendung im Lern- und Trainingsbereich eingeführt, von denen viele nach kurzer Zeit wieder verschwanden.

   Nur die bereits 1972 vorgestellte, aber erst um 1980 in den USA auf den Markt gebrachte LaserVision aus dem Hause Philips errang eine gewisse, wenn auch nur geringe Bedeutung. Im Herbst 1982 kam sie in Europa (Deutschland und GB) für ca. 2 000 DM auf den Markt. 1985 wurde die Produktion nach schätzungsweise 50 000 Stück eingestellt.

   1978 stellten Philips und MCA gemeinsam ein → *VLP* (Video Long Play) genanntes System vor. Im gleichen Jahr kam auch VHD (Video High Density) aus dem Hause JVC auf den Markt.

   Es kam ab Anfang der 80er Jahre zu verschiedenen Weiterentwicklungen, die insgesamt dazu führten, dass sich LaserVision in einigen Nischen im geschäftlichen Bereich (Dokumentation, Training) mit begrenztem Erfolg etablieren konnte.

   Insgesamt gilt die Technik wegen eines unzureichenden Speicher- und Programmangebots als nicht sonderlich erfolgreich. Erst mit der → *DVD* können die Visionen der Industrie umgesetzt werden.

Es gibt auch einige Anwendungen, in denen die Laserdisc als Medium für die Datenspeicherung dient.

3. Abk. für Long Distance (Carrier).
   In den USA gängige Abk. für Carrier, die Fernverkehr abwickeln, wie z.B. AT&T, MCI oder Sprint.

LDA

1. Abk. für Long Distance Alerting.
2. Abk. für Location Dependent Addressing.
   → *GSM-R*:

LDAP

Abk. für Lightweight Directory Access Protocol.

Bezeichnung für ein Protokoll, das den einfachen Zugang zu Directory-Systemen nach → *X.500* über das → *Internet* ermöglicht. Dabei wird nicht das originäre → *DAP* genutzt, wodurch Protokoll-Overhead vermieden wird. Prinzipiell ist LDAP eine abgemagerte Version von X.500, die auf der Client-Seite keinen vollständigen, umfangreichen OSI-Protokollstapel benötigt.

Netzbetriebssysteme und applikationsspezifische Verzeichnisse können so miteinander verbunden werden.

LDAP setzt direkt auf → *TCP* und → *IP* auf und arbeitet als Client-Server-Anwendung.

LDAP wurde an der Universität von Michigan unter Mitwirkung von Charles Severance entwickelt und 1995 in RFC 1777, 1778 und 1779 definiert. Mittlerweile existiert Version 3, definiert im RFC 2589 aus dem Mai 1999.

LDAP wurde u.a. mit dem Ziel entwickelt, die US-Telefonbücher ins Internet zu bringen.

Es erlaubt den Nutzern, mit Hilfe von WWW-Browsern Verzeichnisse anzulegen und zu durchsuchen.

Viele Produkte basieren auf Version 2.0. Die aktuelle Version 3 enthält die Kernfunktionen des ursprünglichen LDAP, lehnt sich aber weniger eng an die Struktur des → *X.500* an und enthält zusätzlich Funktionen nach X.509 zur Authentifizierung von Nutzern. Produkte gemäß LDAP 3.0 sind seit Ende 1997 auf dem Markt.

Gegen Mitte 1996 haben rund 40 Unternehmen unter der Führung von Netscape ihre Unterstützung zugesagt.

Um die Nutzung von LDAP zu fördern, haben acht Hersteller ein Lightweight Internet Person Schema (LIPS) definiert. Es legt 37 Attribute fest und ermöglicht damit einem LDAP-fähigen Client Verzeichnisse zu durchsuchen, die bestimmte Untermengen dieser Attribute nutzen.

Das Lightweight Directory Interchange Format (LDIF) schließlich definiert ein Format zum Austausch von Informationen zwischen LDAP-konformen Systemen.

→ *http://www.openldap.org/*

LDCELP

→ *CELP*.

LDIF

Abk. für Lightweight Directory Interchange Format.

→ *LDAP*.

LDM

1. Abk. für Limited Distance Modem.
   Bezeichnung für ein einfaches und damit kostengünstiges → *Modem*, das nur über kurze Entfernungen, z.B. innerhalb eines Gebäudes oder auf einem Werksgelände, eingesetzt werden kann. Heute spielt es keine Rolle mehr.
2. Abk. für Lineare Deltamodulation.
   → *Deltamodulation*.

LDN

Abk. für Listed Directory Number.

In den USA die Telefonnummer, die im öffentlich zugänglichen Verzeichnis (Telefonbuch und Datenbank für Auskunftsdienste) steht. Bei den meisten Privatkunden die herkömmliche Telefonnummer, bei Geschäftskunden mit Nebenstellenanlage die Durchwahl zur jeweiligen Zentrale.

LDO

Abk. für Local Delivery Operator.

Bezeichnung eines Operators, der private Endkunden im Ortsbereich mit eigenem Netz bedient.

LDP

Abk. für Label Distribution Protocol.

→ *MPLS*.

LDR

Abk. für Low Data Rate.

Bezeichnung für verhältnismäßig niedrige Datenraten bis ca. 64 kbit/s. Darüber: → *HDR*.

LDS

Abk. für Local Distribution System.

LDSG

Abk. für Landesdatenschutzgesetz.

→ *Datenschutz*.

LDT

Abk. für Local Descriptor Table.

LE

1. Abk. für Local Exchange, Ortsvermittlungsstelle.
2. Abk. für Leitungsendgerät. Deutsche Bezeichnung für → *LT*.

Lead-In, Lead-Out

→ *CD-ROM*.

Leadoff-Cycle

→ *Burst*.

Leaky Bucket

Bezeichnung eines Verfahrens des Verkehrsmanagements zum Abbau von Überlast bzw. → *Congestion* durch → *Traffic Policing* in → *ATM*-basierten Telekommunikationsnetzen. Offiziell Generic Cell Rate Algorithm genannt.

Es wird dabei ein Zwischenspeicher (Bucket, Eimer) zur Verfügung gestellt, in dem in einem ATM-Netzknoten eintreffende Zellen zunächst gespeichert werden können, wenn mehr Zellen eintreffen als für diese Verbindung hinausgehen. Welche Zellen direkt verworfen werden und welche in den Eimer gelangen, wie groß der Eimer ist und was passiert, wenn der Eimer voll ist, hängt von der genutzten AAL (→ *ATM*) und diversen Verbindungsparametern ab.

Dieses Verfahren setzt für die abgehenden Zellen eine maximale Rate fest, die jedoch – wegen der Fähigkeit des Eimers zum Zwischenspeichern – kurzzeitig überschritten werden darf. Erst bei längerem Überschreiten oder kurzzeitigem, sehr starkem Überschreiten kommt es zum Zellenverlust.

Learning Bridges

→ *Spanning Tree.*

Leased Line

Engl. für → *Standleitung.*

Least Cost Routing

Abgekürzt mit LCR. Bezeichnung für ein Routingverfahren im Rahmen von → *VPNs*, von → *Corporate Networks* (CN) oder mittlerweile auch bei der Auswahl eines TK-Anbieters, bei dem die für den Anwender kostengünstigste Route oder der kostengünstigste Anbieter für eine gewünschte Verbindung von zwei Teilnehmern gewählt wird.

Im Fall von CNs oder VPNs bedeutet dies in der Regel, dass das Gespräch über das CN oder das VPN so nah wie möglich an den externen Gesprächspartner herangeführt wird, um dann im öffentlichen Netz die günstigen Gebühren im Nahbereich nutzen zu können. An diesem Punkt kommt es zum Übergang der Verbindung aus dem VPN ins öffentliche Netz (Break Out).

Die Auswertung, welche Verbindung wie geschaltet wird, erfolgt anhand der gewählten Rufnummer und der Routingtabellen. Diese Routingtabellen können üblicherweise in einer Vermittlungsstelle des VPN oder einer Nebenstellenanlage des CN direkt gespeichert werden. Bei Änderungen der Parameter, die auch eine Änderung der Routingtabelle nach sich ziehen, wird die neue Routingtabelle erst an einem besonderen Administrations-PC erstellt und anschließend in die Vermittlungsstelle oder die Nebenstellenanlage geladen. Bei Nebenstellenanlagen besteht die Möglichkeit, dies an den Hersteller abzugeben, der die Aktualisierung periodisch im Rahmen von Wartungsarbeiten vornimmt.

Seit der Liberalisierung des TK-Marktes kommt als Aspekt für das LCR auch hinzu, dass eine Reihe verschiedener Anbieter verschiedene Zeit- und Entfernungszonen anbieten, die in den Routingtabellen ebenfalls berücksichtigt werden müssen. Für Anwender, die kein VPN oder CN besitzen, reduziert sich LCR dann auf die Frage des günstigsten Anbieters für eine bestimmte Verbindung im öffentlichen Netz, ohne Berücksichtigung eigener Ressourcen und der Wahl des günstigsten Punktes für einen Break-Out. Voraussetzung hierfür ist die Wahl von → *Call-by-Call* anstelle von → *Preselection.*

Streng genommen kann LCR in einem solchen Fall erst vorgenommen werden, wenn die Verbindung und der laufende Abrechnungszeitraum beendet ist, da dann nicht nur die nutzungsabhängigen Tarife (in Abhängigkeit von Tageszeit, Wochentag, Entfernungszone und Nutzungsdauer), sondern auch Ex-post-Parameter (Mengenrabatte, sekundengenaue Abrechnung, erforderliches Mindestgesprächsaufkommen etc.) berücksichtigt werden können.

Für einzelne Nutzer ohne VPN oder CN werden Lösungen gemäß den zwei folgenden, grundlegenden Prinzipien angeboten:

- Least Cost Router (selten auch Gebührensparer genannt) als eigenes, freistehendes Gerät: Es wird zwischen Endgerät (Telefon am Hauptanschluss oder Nebenstellenanlage am Hauptanschluss) und Anschlussbuchse geschaltet und sucht in Abhängigkeit von verschiedenen Parametern (Tageszeit, Wochentag, gewählte Nummer) nach der Nummerneingabe am Endgerät aus mehreren zur Verfügung stehenden Anbietern den finanziell günstigsten heraus und wählt ihn automatisch an.
- Least Cost Router als Funktion einer Nebenstellenanlage: In diesem Fall ist das Vorhandensein einer PBX Voraussetzung. LCR ist als Software realisiert.

Die erste Lösung hat den Vorteil, dass sie auch weiterverwendet werden kann, wenn eine neue PBX eines anderen Herstellers eingesetzt wird.

Dieses Verfahren ist üblicherweise nur für Vieltelefonierer mit Rechnungen ab ca. 250 DM/Monat interessant.

Die Pflege der Routingtabellen ist aufwendig und wird von Agenturen oder den Herstellern von Nebenstellenanlagen vorgenommen. Gegen Bezahlung können diese dann in einem Least Cost Router eine neue Routingtabelle installieren, üblicherweise per Download.

LEC

Abk. für Local Exchange Carrier.

Begriff aus der Regulierung des amerikanischen Marktes für Telekommunikationsdienste. Bezeichnet in den USA eine nur regional tätige Telefongesellschaft. Dies kann eine der 22 → *BOCs* oder eine andere unabhängige Gesellschaft sein (lokaler Carrier oder → *CAP*), die dort in ihrer Service-Area (→ *LATA*) lokale und auch regionale Telekommunikationsdienste anbieten. Ursprünglich existierten nach der → *Divestiture* in 1982 nur die BOCs, die, bis auf wenige Ausnahmen, ein Monopol auf Festnetzdienste hielten. Um diese noch mal deutlich aus der Gruppe der LECs herauszuheben wird manchmal auch nur von den Incumbent LECs (ILECs) gesprochen. Dann sind die aus der Divestiture hervorgegangenen und aus ihnen nach weiteren Fusionen entstandenen großen Carrier gemeint.

→ *CLEC*, → *IXC.*

Leckkabel

→ *Schlitzkabel.*

Leckmoden

→ *Moden.*

LECS

Abk. für LAN Emulation Configuration Server.

→ *LUNI.*

LED

Abk. für Light Emitting Diode, Leuchtdiode, Lumineszenzdiode.

Eine Halbleiterdiode (elektrooptischer Wandler), die Licht eines klar definierten Spektrums erzeugt. Sie wird in Anzeigen aller Art und der → *Glasfasertechnik* verwendet.

Eine LED verbraucht weniger Strom (ca. 5 bis 10 mA) als eine normale Glühlampe vergleichbarer Leistung, aber mehr als → *LCDs*. Ihr Vorteil ist die geringe Abmessung und ihre fast beliebige Formbarkeit. Nachteilig war lange Zeit, dass LEDs fast nur in den Farben Gelb, Rot und Grün oder Mischformen (Orange) erhältlich waren.

Leerrohr

Bezeichnung für eine Infrastruktur, die für die Aufnahme drahtgebundener Übertragungsmedien (Glasfaserkabel, Koaxialkabel, Zweidrahtleitung) genutzt werden kann. Idealerweise befinden sich an ihren Enden Einrichtungen (Schaltkästen, Kellerräume etc.) zur Aufnahme von Beschaltungseinrichtungen.

Leerrohre sind beim Bau von Gebäuden oder Straßen entweder einmal planmäßig und vorausschauend für Telekommunikationszwecke mitverlegt worden oder durch den Abbau anderer Infrastrukturen leer und damit für TK-Zwecke nutzbar gemacht geworden.

Der Besitzer der Leerrohre muss diese nicht selbst nutzen, sondern kann die Nutzungsrechte vermieten.

Legacy-System

Von engl. legacy = Vermächtnis, Erbe, Hinterlassenschaft. Ein Branchenjargon, der sich in den 80er Jahren entwickelt hat und mit dem Aufkommen von Client/Server-Architekturen (→ *Server*) entstanden ist. Er bezeichnet alte, proprietäre und unflexible Rechnerarchitekturen wie z.B. → *Host-* und → *Terminal*-Systeme mit einem → *Mainframe*, die nicht einfach ausgetauscht werden können, sondern (zunächst) als Hinterlassenschaft der Vergangenheit aus bestimmten Gründen weiter in die IT-Landschaft eines Unternehmens zu integrieren sind.

→ *Systemzoo.*

Leibnizsche Rechenmaschine

Bezeichnung einer frühen mechanischen Rechenmaschine. Erdacht vom deutschen Universalgelehrten Freiherr Gottfried Wilhelm von Leibniz (* 1646, † 1716). Er konzipierte 1672 mit einer Staffelwalze eine mechanische Rechenmaschine für alle vier Grundrechenarten, die bereits wesentlich schneller als die → *Schickardsche Rechenuhr* sein sollte. Da die Mechanik eines erst 1694 gebauten Exemplars nicht zuverlässig arbeitete, funktionierte sie nie fehlerlos. 20 000 Thaler wurden in die Maschine investiert.

Erst 1930 wurde in Braunschweig bei einem Rechenmaschinenhersteller nach Originalunterlagen eine funktionierende Maschine gebaut.

Ein einfacheres Modell der Leibnizschen Rechenmaschine wurde hingegen bereits 1774 vom schwäbischen Pfarrer Philip Matthäus Hahn (* 1739, † 1790) fertig gestellt. Der Antrieb erfolgte über eine Handkurbel.

→ *Analytical Engine*, → *Arithomètre*, → *duales Zahlensystem*, → *Jacquard-Webstuhl*, → *Pascaline*, → *Schickardsche Rechenuhr.*

Leistungskennzahl

Auch Benchmarking-Indikator, Kennzahl oder international Performance Indicator genannt. Bezeichnung für Kennzahlen, mit deren Hilfe man die Leistungsfähigkeit von Anbietern von Telekommunikationsdienstleistungen oder ihren Unterorganisationen (Tochtergesellschaften etc.) vergleichen kann.

Zunächst wurden Kennzahlen entwickelt, die die wirtschaftliche Leistungsfähigkeit verschiedener Carrier aus Sicht der Investoren (Shareholder) verglichen. Durch die wachsende Bedeutung der Kundenorientierung spielen Kennzahlen aus Kundensicht eine zunehmend wichtige Rolle. Verschiedene nationale Regulierungsbehörden definieren Leistungskennzahlen und eine jährliche Publizitätspflicht, damit Verbraucher sich vor der Wahl eines Carriers transparent über seine Leistungsfähigkeit informieren können. In die Definition der Leistungskennzahlen sind auch die → *ETSI* und die → *ITU* involviert.

Diese Leistungskennzahlen lassen sich differenzieren nach den folgenden Kategorien:

- Dienstbereitstellung:
  - Termintreue bei Neuinstallation
  - Durchschnittliche Installationszeit
  - →*First Time Failure Rate.*
- Dienstzuverlässigkeit:
  - Störungsrate
  - Mittlere Zeit zwischen Reparaturen (→ *MTBF*)
- Reparatur:
  - Interventionszeit (Zeit zwischen Störungsmeldung durch den Kunden und dem Beginn der Reparatur)
  - Termintreue
  - Durchschnittliche Reparaturzeit (→ *MTTR*)
- Reklamationen:
  - Anzahl Reklamationen (je Produkt, je Vertriebsregion)
  - Anzahl Reklamationen, die innerhalb von 24 Std. zu einer ersten Rückmeldung beim Reklamierenden geführt haben.
  - Anzahl Reklamationen, die innerhalb einer bestimmten Frist (z.B. 20 Tage) abschließend bearbeitet werden
- Rechnung:
  - Anzahl falsch zugeordneter/verschickter Rechnungen
  - Anzahl falscher Positionen auf der Rechnung
  - Anzahl falscher Abbuchungen
  - Anteil insgesamt falscher Rechnungen je 1 000 verschickter Rechnungen je Quartal

Neben dieser Einteilung unterscheidet man:

- Quantitative Leistungskennzahlen
- Qualitative Leistungskennzahlen
  - Kundenzufriedenheit.

Ziel der Kennzahlen ist ein Vergleich der Performance verschiedener Organisationseinheiten. Üblicherweise werden diese Kennzahlen in einem Carrier für die einzelnen Produkte und Standorte (Vertriebsregionen, Direktionen, Geschäftsstellen etc.) ermittelt und dann stufenweise höher verdichtet, so dass man z.B. die Direktionen untereinander vergleichen kann, dann die Hauptdirektionen und schließlich den Carrier selbst mit seinen nationalen und internationalen Konkurrenten.
Auf der untersten Ebene können manche dieser strategischen Kennzahlen in operative Kennzahlen als Leistungsziel und Beurteilungsmaßstab für einzelne Mitarbeiter heruntergebrochen werden. Die → *MTTR* kann so auf den gesamten Geschäftsprozess ‚Reparatur' aufgeteilt werden. Jedem an diesem Prozess beteiligten Mitarbeiter des Carriers bleibt dann als Ziel ein bestimmter Zeitanteil an der MTTR.

Leistungsmanagement

Bezeichnung für ein Aufgabengebiet des → *Netzmanagements*.
Betrifft die Erfassung und Auswertung von Leistungsdaten der verwalteten Netzelemente und die Ermittlung der Effizienz des gesamten Netzes. Damit ist es möglich, Engpässe (rechtzeitig) zu erkennen.

Leistungsmerkmal

Manchmal auch Feature genannt. Im Gegensatz zum Dienstmerkmal (→ *Dienst*) eine Funktionalität eines Endgerätes, u.U. dienstunabhängig ist und zusätzlich zur Grundfunktionalität des Endgerätes zusätzliche Funktionen, z.B. zur leichteren, schnelleren oder einfacheren Bedienung bietet.
Es kann ein Leistungsmerkmal eines Endgerätes sein, Dienstmerkmale steuern oder nutzen zu können.
Beispiele für Leistungsmerkmale von Telefonen bzw. Nebenstellenanlagen sind:

- → *Akustische Raumüberwachung*
- → *Amtsholung*
- → *Anrufliste*
- → *Anrufschutz*
- → *Auto Answer*
- → *Automatischer Rückruf*
- → *Blockwahl*
- → *Coderuf*
- Direktruf
- → *Einzelgebührenspeicher*
- → *Elektronischer Tonruf*
- → *Elektronisches Codeschloss*
- → *Erweiterte Wahlwiederholung*
- → *Forwarding*
- → *Freisprechen*
- Gebührenanzeige
- → *Gesprächsunterbrechung*
- → *Heranholen*
- → *Intercom-Verbindung*
- → *Konferenzschaltung*
- → *Kurzwahl*
- → *Langwahl*
- → *Lauthören*
- → *Least Cost Routing*
- → *Music-on-Hold*
- → *Nachwahl*
- → *Notizbuchfunktion*
- → *Paging*
- → *Parken*
- → *Rufnummerngeber*
- → *Rufweitermeldung*
- → *Sammelanschluss*
- → *Softkey*
- → *Sperre*
- → *Sprachverschleierung*
- → *Stummschaltung*
- → *Terminanruf*
- Türfreisprecheinrichtung (→ *TFE*)
- → *Toll Saver*
- → *Trennen*
- → *Uhrzeit von Zentrale*
- → *Umlegen*
- → *Voicemail*
- → *Wahl bei aufgelegtem Hörer*
- → *Wahlkorrektur*
- → *Wahlvorbereitung*
- → *Wahlwiederholung*
- → *Weckruf*
- → *Zielwahl*

Beispiele für Leistungsmerkmale von → *Anrufbeantwortern* sind:

- → *Fernabfrage*
- → *Ferneinschalten*
- → *Rufweitermeldung*
- → *Selektives Abhören*
- → *Terminanruf*
- → *Toll Saver*

Beispiele für Leistungsmerkmale von Faxgeräten sind:

- → *Elektronisches Codeschloss*
- Gebührenanzeige
- → *Kopfzeile*
- → *Langwahl*
- → *Lauthören*
- → *Manueller Betrieb*
- → *Rufnummerngeber*

- → *Rundsenden*
- → *Speicherbetrieb*
- → *Sperre*
- → *Wahlwiederholung*
- → *Zeitversetztes Senden*
- → *Zielwahl*

Beispiele für Leistungsmerkmale von → *Videokonferenzsystemen* sind:

- → *Joint-Editing*
- → *Joint-Viewing*
- → *Whiteboard*
- → *Application Sharing*

Beispiele für sonstige Leistungsmerkmale sind:

- → *Stand-by-Betrieb*
- → *Vibrationsalarm*

→ *ADSL*, → *MMI*, → *Funktionstaste*.

Leitrechner

Selten gebräuchliche, deutschsprachige Bezeichnung für → *Host*.

Leitseite

Selten gebräuchliche, deutschsprachige Bezeichnung für → *Homepage*.

Leitstation

Beim → *Polling* die Station, die eine andere Station zu einer Aktion auffordert.

Leitungscodierung

Oberbegriff für alle Vorschriften zur Umsetzung eines digitalen Nutzdatensignals in ein Signal, das für die digitale Übertragung über einen wie auch immer gearteten Übertragungskanal geeignet ist. Prinzipiell werden dadurch die digitalen Daten an die Übertragung über einen speziellen Übertragungskanal angepasst. Damit ist diese Funktion auf der Schicht 1 im → *OSI-Referenzmodell* angesiedelt.

Ein Teil der Leitungscodierung ist die → *Kanalcodierung*. Ihr folgt bei einer Basisbandübertragung über kürzere Distanzen die Leitungscodierung im engeren Sinne mit Techniken wie → *2B1Q*, → *4B3T*, → *8B10B*, → *B8ZS*, → *CMI*, → *HDB3*, → *Manchestercodierung*, → *NRZ* oder → *RZ*. Bei einer Bandpassübertragung über größere Distanzen erfolgt die Leitungscodierung durch verschiedene Verfahren für die → *digitale Modulation*.

Leitungsdurchschalter

→ *Konzentrator*.

Leitungslüfter

Begriff aus der Hochfrequenztechnik. Abgekürzt mit LLÜ. Bezeichnet bei einem → *Hohlleiter* einen Abschluss mit Ventil und Pumpe, über den das Innere des Hohlleiters mit Druckluft gefüllt und der Druck überwacht werden kann, so dass ggf. eine Störungsmeldung erzeugt werden kann.

Ferner ist der Leitungslüfter in seiner einfachsten Form mit einem Luftfilter, einem Trockenmittel zum Entfeuchten der über den Filter angesaugten Luft und einem Messsensor zum Messen des Luftdrucks innerhalb des Hohlleiters ausgerüstet.

Die verwendeten Pumpen können verschiedener Bauart sei. Bei älteren Geräten finden sich Schieber- oder auch Membranpumpen, wohingegen bei jüngeren Geräten Schwingankerpumpen zum Einsatz kommen. Diese zeichnen sich durch eine geringere Lautstärke und weniger mechanische Teile aus.

Leitungsprotokoll

→ *Prozedur*.

Leitungsvermittlung

Selten auch mit Kanalvermittlung bezeichnet. International auch Circuit Switching (CSN, Circuit Switched Network) genannt. Im Gegensatz zur → *Speichervermittlung* ein Vermittlungsprinzip, bei dem für die gesamte Verbindungsdauer ein durchgehender Kanal geschaltet wird, auf dem die zu übermittelnden Daten vom Sender zum Empfänger gelangen, d.h., alle Daten nehmen den gleichen Weg und kommen immer in der Reihenfolge an, in der sie auf den Weg gebracht wurden. Die Daten werden in den Netzknoten nicht weiter zwischengespeichert. Ferner wird die Übertragungskapazität exklusiv für die Verbindungsdauer reserviert, unabhängig davon, ob sie in Anspruch genommen wird oder nicht.

Die Leitungsvermittlung ist durch drei Phasen gekennzeichnet:

- Verbindungsaufbau
- Datenübertragung
- Verbindungsabbau

Die Vermittlungsfunktion wird – im Gegensatz zur Speichervermittlung – nur in der Phase des Verbindungsaufbaus von den Netzknoten wahrgenommen. Selbst wenn keine Datenübertragung erfolgt, bleibt die Verbindung zwischen dem Verbindungsaufbau und dem Verbindungsabbau dennoch bestehen (d.h. die Kapazitäten bleiben exklusiv dem Nutzer reserviert) und muss für die komplette Dauer bezahlt werden. Andererseits sorgt dies hinsichtlich der Parameter → *Delay* und → *Jitter* für eine gute Dienstqualität (→ *QoS*).

Angewendet z.B. im herkömmlichen, analogen Telefonnetz, im → *ISDN* und im → *GSM*.

Nachteilig sind bei Sprache die geringe Kanalauslastung (nur ca. 40% in eine Richtung) und infolge der Trennung von Nachrichtenübertragung und Signalisierung eine relativ lange Zeit für den Verbindungsaufbau.

Bei der Übermittlung von digitalen Daten wurden die Leitungsvermittlungen (in Deutschland z.B. → *Datex-L*) bis Mitte der 90er Jahre wegen der besseren Kanalauslastung durch → *Speichervermittlungsprinzipien* (z.B. → *Datex-P* gemäß → *X.25*, → *Frame Relay* und → *ATM*) ersetzt.

Leitungswähler

Spezieller Wähler, z.B. in → *EMD*-Wähler-Technik, der, in elektromechanischen Vermittlungen eingesetzt, die Aufgabe des Expandierens übernimmt. I.d.R. werden 10 eingehende

Leitungen auf 100 Hauptanschlussleitungen verteilt. Die letzten zwei Ziffern der Rufnummer werden ausgewertet.
→ *Anrufsucher*, → *Gruppenwähler*.

Leitungswellenwiderstand

→ *Wellenwiderstand*.

LEN

Abk. für Low Entry Networking.

LEO

1. Abk. für engl. Low Earth Orbit = niedrige Erdumlaufbahn.

   Bezeichnet Satellitenbahnen in niedrigen Höhen (ca. 500 bis 2 000 km). Typische Bahnhöhen liegen im Bereich von 700 bis 1500 km. Damit liegen derartige Bahnen knapp unterhalb des unteren der zwei Van-Allen-Strahlungsgürtel (1 500 bis 5 000 km und 13 000 bis 20 000 km).

   Innerhalb der Van-Allen-Gürtel liegt ein für Satelliten nicht nutzbarer Bereich, in dem vom Magnetfeld der Erde festgehaltene ionisierte Teilchen die Elektronik von Satelliten beschädigen könnten.

   Polare LEOs haben eine → *Inklination* von 85° bis 95°, andere (normale) LEOs eine von 45° bis 60°.

   Die Umlaufzeit auf derartigen Bahnen liegt bei 1,4 bis 2,5 h.

   Vorteil derartiger niedriger Umlaufbahnen ist, dass die Sendeleistung zum Erreichen eines Satelliten auf einer LEO von der Erdoberfläche aus niedriger ist als bei Satelliten auf höheren Umlaufbahnen wie z.B. → *GEO* oder → *MEO*. Daher können mit Satelliten auf LEOs auch Handys bedient werden. Darüber hinaus ist gegenüber GEOs nur mit geringen, die Dienstqualität mindernden Signallaufzeiten von ca. 0,02 s zu rechnen.

   Nachteilig ist die geringere Lebensdauer der Satelliten von ca. 7 Jahren. Betreiber von Satelliten auf LEOs planen jedoch eine Serienfertigung von LEO-Satelliten, wodurch sie sich kompensierende Kostenvorteile erhoffen.

   In der Literatur werden die geplanten Systeme des → *Satellitenmobilfunks*, die LEOs nutzen, in drei Kategorien unterschieden:

   - Little LEOs: Nutzen Frequenzen im Bereich unter 1 GHz
   - Big LEOs: Nutzen Frequenzen im GHz-Bereich
   - Mega LEOs: Nutzen Frequenzen im Bereich einiger 10 GHz

   → *ICO*.

2. Abk. für Lyons Electronic Office.

   Auch LEO-I genannt. Bezeichnung für einen der ersten serienmäßig produzierten Computer, der nach mehrjähriger, jedoch für damalige Verhältnisse eher kurzer Entwicklungszeit ab Oktober 1948 im November 1951 erstmals lief und offiziell im Jahre 1953 in Betrieb genommen wurde. Er basierte auf 6 000 Röhren und galt als erstaunlich zuverlässig.

   Es handelte sich um einen für den britischen Lebensmittelhersteller J. Lyons & Co. gebauten Computer. Es war auch der erste Rechner überhaupt, der nur für kaufmännische Zwecke gebaut wurde. Er leitete sich aus den Erfahrungen ab, die man beim Bau und Betrieb der → *EDSAC* gesammelt hatte.

   Im November 1954 war der Erfolg des Rechners soweit gesichert, dass sich Lyons entschloss, die Herstellung in ein eigenes Unternehmen (LEO Computers) auszugründen.

   Maßgeblich waren im Hause Lyons die Manager T.R. Thompson und Oliver Standingford an dieser eher ungewöhnlichen Entwicklung beteiligt. Sie waren in den USA gewesen, hatten dort die neuesten Entwicklungen auf dem Gebiet der Computer und Tabelliermaschinen mit dem Einsatzzweck im kaufmännischen Bereich studiert und waren vom kommerziellen Potenzial der EDSAC überzeugt, so dass sie zunächst dessen Entwicklung finanziell mit 3 000 Pfund förderten und schließlich die Weiterentwicklung zur LEO betrieben.

   Die LEO wurde erfolgreich an Ministerien, Forschungseinrichtungen und auch die britische Post verkauft.

   Es folgten die Weiterentwicklungen LEO II und III sowie LEO 326.

   1963 fusionierte LEO Computers mit der Computer-Abteilung von English Electric. Später ging, nach weiteren Fusionen, die britische ICL daraus hervor, die heute ein Teil von Fujitsu ist.

LEO I

→ *LEO*.

LEP

Abk. für Lowest Effective Power.

LER

Abk. für Label Edge Router.
→ *MPLS*.

LERG

Abk. für Local Exchange Routing Guide.
Bezeichnung für ein Verzeichnis, in dem alle Fernvermittlungsstellen und alle Durchgangsvermittlungsstellen (→ *Tandem-Switch*) Nordamerikas aufgeführt sind. Das Verzeichnis wird von → *Bellcore* herausgegeben.

LES

1. Abk. für Land-Earth-Station.
   → *Inmarsat*.
2. Abk. für LAN Emulation Server.
   → *LANE*.

Letter Ballot

Im Rahmen eines Standardisierungsprozesses der erste schriftlich formulierte Vorschlag zu einem Standard überhaupt, der eine Idee oder ein Konzept erstmals ausformuliert, strukturiert, einem Standardisierungsgremium zuleitet und damit einen Standardisierungsprozess in Gang setzt.

Letter Quality

→ *LQ*.

Letztweg

Bezeichnete in der Vergangenheit in elektromechanischen und hierarchisch aufgebauten, analogen Vermittlungssystemen den Weg, der bei der Wegewahl als letztes auf Belegung geprüft wird. Üblicherweise handelt es sich dann um einen Weg, der die offizielle Hierarchie des Netzes durchläuft und nicht auf Querverbindungen zwischen in der Hierarchie gleichwertigen Netzknoten zurückgreift. Ist dies der Fall, wird oft auch vom Kennzahlweg gesprochen.

→ *Direktweg*.

Leuchtdiode

→ *LED*.

Level-1-Cache, Level-2-Cache

→ *Cache*.

Level-1-Gateway, Level-2-Gateway

Bezeichnung von Schnittstellen bei neuen interaktiven Multimedia-Diensten wie → *Home-Shopping*, → *Pay-per-View*, → *Video-on-Demand*, → *Near-Video-on-Demand* und anderen → *On-Demand-Diensten*. Das Level-1-Gateway ist dabei das Gateway zu der Summe aller Dienste, d.h. die Oberfläche, die der Teilnehmer zu Hause auf seinem TV-Gerät sieht und alles, was mit der Verwaltung der verschiedenen durch die eine Schnittstelle ermöglichten Dienste zusammenhängt.

Das Level-2-Gateway ist das Gateway zu einem einzelnen Dienst, z.B. zum Home-Shopping.

LEX

Abk. für Local Exchange.

Engl. für → *Ortsvermittlungsstelle*.

LF

1. Abk für Low Frequency.

   Frequenzband von 30 bis 300 kHz. Breitet sich entlang der Erdoberfläche aus und überbrückt stabil Distanzen bis zu 1 500 km. In Deutschland auch Langwellenbereich (LW) oder Kilometerwellenbereich genannt.

   Langwellensender sind geeignet, mit einem einzigen Sender größere Gebiete wie z.B. das gesamte Gebiet von Deutschland und das unmittelbar angrenzende Ausland zu versorgen.

   Nachbarbereiche sind → *VLF* und → *MF*.

2. Abk. für Line Feed.

   Bezeichnet den Zeilenvorschub bei Druckern und elektrischen Schreibmaschinen.

LfD

Abk. für Landesbeauftragter für den → *Datenschutz*.

LFU

Abk. für Least Frequently Used.

Bei der Verwaltung von knappen Speicherressourcen (z.B. vom → *Cache*) in Computersystemen ein mögliches Verfahren zur Bestimmung des auszulagernden Inhalts, falls neuer Inhalt geladen werden soll. Dabei ermittelt das → *Betriebssystem*, welcher aktuell im Speicher liegende Inhalt am seltensten genutzt wurde und entfernt diesen Inhalt, so dass Platz für einen neuen zu ladenden Inhalt zur Verfügung steht.

→ *LRU*.

LG

Abk. für Line Generator.

LGC

Abk. für Line Group Controller.

LHARC

Bezeichnung für ein als → *Freeware* erhältliches Programm zur Datenkompression, das von Yoshizaki Haruyasu entwickelt wurde und von → *LZW* abgeleitet ist und dies mit einer → *Huffmann-Codierung* kombiniert.

LIB

Abk. für Line Interface Board.

Liberalisierung

→ *Deregulierung*.

LIC

Abk. für Line Integrated Circuit.

Lichtgriffel

International auch Light-Pen oder in Deutschland Lichtstift genannt.

Bezeichnung für ein Eingabegerät mit einer Funktionalität ähnlich der einer → *Maus*, das jedoch nur bei Bildschirmen mit Kathodenstrahl (→ *CRT*) eingesetzt werden kann.

Ein lichtempfindliches Bauteil in der Spitze des Lichtgriffels kann – wenn der Bedienknopf des Lichtgriffels gedrückt wird – den Lichtimpuls, der durch den auf den Bildschirm auftreffenden Elektronenstahl erzeugt wird, registrieren und ein entsprechendes Signal an den Computer senden. Dieser kann aus dem Zeitpunkt, zu dem das Signal eintrifft, und der Position des Elektronenstrahls auf dem Bildschirm zu diesem Zeitpunkt und dem Speicherinhalt des darzustellenden Bildschirminhaltes errechnen, welcher Punkt des Bildschirms durch den Lichtgriffel berührt wurde und welches dargestellte, grafische Element sich dort befand. Aus diesen Informationen kann der Computer die folgende Aktion bestimmen.

Der erste Lichtgriffel wurde von Ben Gurley im Jahre 1957 am Lincoln Laboratory des → *MIT* entwickelt.

Lichtnetzkommunikation

→ *Powerline-Communication*.

Lichtwellenleiter (-technik)

→ *Glasfasertechnik.*

LID

Abk. für Local Injection and Detection.

LIF

Abk. für Low Intermediate Frequency.

LIFMOP

Abk. für Linearly Frequency Modulated Pulse.

LIFO

Abk. für Last In – First out.

Begriff aus der Warteschlangentheorie. Beschreibt dabei eine Zuteilungsstrategie bzw. einen Algorithmus zur Abarbeitung vorliegender Anforderungen. Dabei wird die zuletzt eingegangene Anforderung (die mit der kürzesten Wartezeit) zuerst bearbeitet. Somit wird eine Art Stack (auch Stapel, Stapelspeicher, Kellerspeicher, Heap oder Halde genannt) realisiert.

→ *FIFO.*

Ligatur

Bezeichnung für das Vereinigen zweier Buchstaben in einem Zeichen zur besseren Lesbarkeit. Man unterscheidet dabei zwei Arten von Ligaturen:

- Ligaturen, die aus zwei Buchstaben bestehen: Beispiele für diese klassischen Ligaturen sind der Übergang von ‚f' und ‚i' in ein ‚fi', bei dem der i-Punkt verschwindet oder ein ‚f' und ‚l' bei dem im ‚fl' das ‚f' in das ‚l' übergeht.
- Ligaturen, die sich zu eigenen Zeichen entwickelt haben: Beispiele sind die Buchstaben ‚e' und ‚t' des lateinischen ‚et' (und) im Zeichen & (Kaufmannsund) oder das Zeichen Œ. Auch das ‚ß' ist eine Ligatur, die sich im Laufe der Zeit zu einem eigenen Buchstaben entwickelt hat.

Ligaturen waren lange Zeit eher unüblich, gewinnen mittlerweile aber wieder an Bedeutung und gelten als elegant und ökonomisch.

Ihren Ursprung haben Ligaturen im Buchdruck mit beweglichen Lettern, bei dem zwei geeignete, benachbarte Buchstaben in einer Letter zusammengeführt wurden.

→ *Klammeraffe.*

LightNet

Bezeichnung für ein → *Mailbox*system in Deutschland, das 1991 aus einer Abspaltung des → *MagicNet* hervorgegangen ist.

Light-Pen

→ *Lichtgriffel.*

Lights-Out-Operations

→ *ASO.*

Light-Version

→ *Demoversion.*

Limbo

Name einer objektorientierten → *Programmiersprache*, entwickelt in den späten 90er Jahren von Sean Dorward und unter Mitwirkung von Kenneth Thompson.

LIM EMS

Abk. für Lotus, Intel, Microsoft Expanded Memory Specification.

→ *XMS.*

Line Feed

→ *LF.*

Line-In, Line-Out

Bei einer → *Soundkarte* die Bezeichnung für Anschlüsse für ein externes Mikrofon (Line-In) oder externe Lautsprecher (Line-Out).

Linie

In der Schweiz die Bezeichnung für eine Leitung oder einen Anschluss.

Linientechnik

Bezeichnung für die unterste Ebene im Netzaufbau, entfernt vergleichbar mit der Schicht 1 im → *OSI-Referenzmodell* und dem darunter liegenden, vom OSI-Referenzmodell vorausgesetzten Übertragungsmedium. Unter Linientechnik werden alle Maßnahmen zur Verlegung, Installation, Wartung und dem Ausbau der Kabel (inkl. Leerrohre und Wegerechte), Beschaltungseinheiten (z.B. → *Multiplexer*) und → *Richtfunk* verstanden, die unmittelbar mit der physischen Geräte- und Materialstruktur zu tun haben. Ein Teil der Linientechnik ist damit die → *Übertragungstechnik.*

Mit Liniennetz oder früher auch Fernmeldeliniennetz bezeichnet man die zusammenhängende Gesamtheit der Linientechnik, z.B. in einem Ortsnetz.

Link

Von engl. link = Verbindung oder to link = miteinander verbinden.

1. In der Vermittlungstechnik meist für eine dauerhafte feste Verbindung im Sinne eines Kabelbündels gebraucht, das zwei Vermittlungsstellen miteinander verbindet.

   Eine Verbindung zwischen zwei Endstellen besteht üblicherweise aus mehreren Links, da sie mehrere Vermittlungsstellen zu durchlaufen hat.

   → *Bigpipe*, → *Trunk.*
2. Im → *WWW* des → *Internet* die Kurzform für → *Hyperlink.*

Linker

In → *Betriebssystemen* ein Dienstprogramm, das aus mehreren, voneinander unabhängig erzeugten Teilprogrammen (Objektprogrammen) ein einziges, lauffähiges Programm macht.

Seine Aufgabe ist die korrekte Verbindung der einzelnen Teilprogramme durch entsprechendes Auflösen von Bezügen und Adressreferenzen, welche die einzelnen Teilprogramme untereinander verbinden.

Linker sind entweder eigene Programme oder aber in einen → *Lader* integriert.

Link Layer

Bezeichnung für Schicht 2 des → *OSI-Referenzmodells*.

Link-State-Protocol

→ *Routingprotokoll*.

Linpack

Abk. für Linear Algebra Package.

Bezeichnung einer Sammlung von in der Programmiersprache → *Fortran* geschriebener Software zum Lösen von Gleichungssystemen der linearen Algebra. Entwickelt von Jack Dongarra vom Computer Science Department der University of Tennessee gegen Ende der 70er Jahre.

Aus diesem Paket wird die Software zur Lösung dicht besetzter linearer Gleichungssysteme, die viele Fließkommaoperationen erfordert, zum Test (→ *Benchmark-Test*) von Großrechnern herangezogen. Dabei kommen Systeme mit 100 Gleichungen und 100 Unbekannten zum Einsatz.

Grund für die Wahl dieses Verfahrens war die fortgeschrittene Standardisierung bei Softwarepaketen zur Lösung dicht besetzter großer linearer Gleichungssysteme, die einen Leistungsvergleich ermöglichten. Zusätzlich können derartige Verfahren auf nahezu allen Rechnern eingesetzt werden.

Linux

Bezeichnung eines Dialektes des → *Betriebssystems* → *Unix*, insbesondere für PCs. Dabei vereint Linux auch klassische Unix-Fähigkeiten in sich wie z.B. → *Multitasking*, eine grafische Benutzeroberfläche (Windows-System, häufig wird ein Produkt mit der Bezeichnung ‚XFree' gewählt) und die Protokolle → *TCP* und → *IP* für Netzwerkverbindungen, weswegen es insbesondere in vernetzten Umgebungen genutzt wird. Linux wird auf CD mit ausführlicher Dokumentation nahezu kostenlos und über das → *Internet* komplett kostenlos weitergegeben.

Das Symbol für Linux ist ein kleiner, freundlich blickender Pinguin.

Linux entwickelte sich wie folgt:

1991

Der 21-jährige finnische Informatikstudent Linus Benedict Torvalds aus Helsinki entwickelt Linux (die Bezeichnung ist ein Kunstwort, zusammengesetzt aus Linus und Unix) in Anlehnung an → *Posix* und das auf Unix basierende SunOS 4.1 ab April 1991 für seinen 386er PC, weil er mit DOS und → *Minix* unzufrieden ist und sich ‚echtes' Unix nicht leisten kann.

September 1991

Zum Test und Abgleich mit möglicherweise ähnlichen Projekten gibt Linus Torvalds Linux ins → *Internet* und erwartet lediglich einige Kommentare zu Fehlern. Statt dessen erhält er komplette neue Passagen von Code zurück, wodurch Linux anfängt zu wachsen und permanent verbessert wird. Neue Entwicklungen halten dadurch zu dieser Zeit schnell Einzug in Linux.

Nach einiger Zeit arbeiten Tausende weltweit in ihrer Freizeit an Linux mit und portieren es auf verschiedene Plattformen.

März 1993

Linux gilt als stabil und auch professionell einsetzbar. Es verbreitet sich bis 1994 weltweit im akademischen Sektor und unter Bastlern und Hackern, obwohl seine Installation auf einem PC als langwierig gilt.

1997

Verschiedene größere Softwarehersteller wenden sich Linux zu und entwickeln auf seiner Basis verschiedene Produkte für den professionellen Einsatz, z.B. → *Server* für Internet-Anwendungen. Hierdurch steigt die Verbreitung im geschäftlichen Bereich sprunghaft an.

Schließlich wird der Source-Code an die Unternehmen Red Hat Software Inc. und Caldera aus Orem/Utah übergeben. Diese Unternehmen stellen aktuelle Versionen aus dem Kernel und Weiterentwicklungen aus dem Internet zu einem fertigen Produkt auf CD-ROM oder DVD-ROM zusammen. Das Geschäftsmodell sieht dabei die annähernd kostenlose Weitergabe der Software vor, verbunden mit einem kostenpflichtigen Installationshandbuch. Ferner finanzieren sich diese Unternehmen aus dem Verkauf von detaillierten Handbüchern, Trainings und technischem Support per Hotline.

Frühjahr 1999

Auch Hersteller klassischer → *ERP*-Systeme unterstützen Linux, wodurch es einen weiteren Schub erhält.

Oktober 1999

Linus Torvalds erhält den Ehrendoktor der Universität Stockholm.

Silicon Graphics, VA Linux Systems und O'Reilly & Co. kündigen an, eine eigene kommerzielle Linux-Version unter dem Namen ‚Debian' zu veröffentlichen.

→ *http://www.linux.org/*

→ *http://www.linuxbase.org/*

→ *http://www.linux-mag.com/*

→ *http://sunsite.unc.edu/pub/Linux/*

→ *http://www.linux.ncsu.edu/linux/*

→ *http://www.debian.org/*

LINX

Abk. für London Internet Exchange.

Bezeichnung für einen zentralen Punkt in GB, an dem viele lokale Internet-Service-Provider (→ *ISP*) zusammengeschlossen sind und ihre Daten untereinander austauschen.

LINX befindet sich im sog. Telehouse in den Londoner Docklands.

→ *CIX*, → *DE-CIX*, → *DE-GIX*, → *GIX*, → *HKIX*, → *NAP*, → *MAE*.

→ *http://linx.org/*

LIP

Abk. für Large Internet Packet.

Bei dem Produkt NetWare aus dem Hause Novell die Bezeichnung für Datenpakete, welche die normale Längengrenze von 576 Byte überschreiten dürfen.

LIPS

1. Abk. für Lightweight Internet Person Schema.
   → *LDAP*.
2. Abk. für Logical Inferences Per Second.
   Bezeichnung für eine Leistungsgröße, welche die Anzahl von Denkvorgängen im Rahmen der → *KI* beschreibt. Ein Mensch hat eine Leistung von ca. 2 LIPS.

LIS

Abk. für Line Interface Shelf.

LISA

Bezeichnung eines PCs aus dem Hause → *Apple*. Auch Abk. für Local Integrated Software Architecture.
Der Rechner war mit dem → *Motorola 68000* Prozessor (32 Bit) ausgerüstet, hatte 1 MByte RAM und eine Floppy-Disk mit 720 KB. Ferner war er mit einer Festplatte ausgestattet (5 MB). Er verfügte erstmals bei einem kommerziellen PC über Mausführung und eine (bei Xerox entlehnte) grafische Oberfläche. Apple hatte ein Abkommen mit → *PARC* geschlossen, um diese innovativen Konzepte nutzen zu können.
Vorgestellt wurde der LISA 1983 für rund 10 000 $. Seine Entwicklung hatte rund 150 Mio. $ gekostet. Der Rechner war trotz fortschrittlichen technischen Konzepts ein Flop, da er zu teuer und zu langsam war. Darüber hinaus mangelte es an Software. Er brachte Apple zusammen mit dem ebenfalls gescheiterten → *Apple III* in ernsthafte wirtschaftliche Schwierigkeiten. Erst nachdem ein Jahr später der auf dem LISA basierende und wesentlich billigere → *Macintosh* herauskam, stabilisierte sich die Lage.
Der Rechner war der Sage nach auch nach Stephen Jobs unehelicher Tochter benannt. Ebenfalls wird berichtet, dass die letzten 2 700 Exemplare 1989 in einer Scheune in Utah kurzerhand verbrannt wurden.

Lisp

Abk. für List Processor.
Name einer nichtprozeduralen Programmiersprache der fünften Generation. Basiert auf einem mathematischen Kalkül. Wird fast ausschließlich im Bereich der künstlichen Intelligenz (→ *KI*) und bei → *Expertensystemen* eingesetzt. Insbesondere in der KI ist sie die am weitesten verbreitete Sprache. Sie eignet sich gut für rekursive Programmierung und hat mächtige Werkzeuge zur Bearbeitung von Listen. Die Listen bestehen dabei aus kleineren Einheiten, den Atomen, die Symbole, Zeichenketten oder Zahlen sein können. Mit dieser Technik lassen sich beliebig verschachtelte und komplexe Datenstrukturen erzeugen.
Der Sprachumfang kann leicht erweitert werden, weshalb sich im Laufe der Zeit verschiedene Dialekte entwickelten.
Vorarbeiten für Lisp gab es seit 1954 am → *MIT*. Um dann 1956, bei einer Konferenz über künstliche Intelligenz in Dartmouth, KI-Aufgaben auf einer → *IBM* 704 lösen zu können, suchte John McCarthy nach einer geeigneten Sprache. Er griff die Ideen für Lisp wieder auf und entwickelte sie bis Ende der 50er Jahre weiter. Ein erstes Programmierhandbuch, das einen Standard setzte, erschien 1962. Wegen der Erweiterbarkeit von Lisp wurden einige Dialekte entwickelt, z.B. Interlisp, Common Lisp oder → *Scheme*. Standardisierungsbemühungen zur Vereinigung der Dialekte waren nicht erfolgreich, weswegen Lisp das Image anhaftet, eine unstabile und unübersichtliche Sprache zu sein.
Lisp wirkte auf die Entwicklung von → *Logo*, → *Prolog*, → *Smalltalk* und → *Scheme*. Darüber hinaus existiert eine → *Public-Domain*-Version mit der Bezeichnung XLisp.

Liste

Bezeichnung für eine lineare → *Datenstruktur* mit gleichen Elementen.
Man unterscheidet:

- Einfach verkettete Liste: Von einem Element aus verweist ein → *Zeiger* auf das jeweils nächste Element, so dass die Liste in eine Richtung durchlaufen werden kann.
- Doppelt verkettete Liste: Von einem Element aus verweisen Zeiger auf jeweils das nächste und das vorangegangene Listenelement, so dass die Liste in beide Richtungen durchlaufen werden kann.

Standardoperationen auf Listen sind:

- Suchen eines bestimmten Elementes
- Hinzufügen eines neuen Elementes an einer bestimmten Stelle
- Löschen eines bestimmten Elementes

Zu den aufwendigeren Operationen auf einer Liste gehört das Sortieren.

Listen before Talk

→ *LBT*.

Listener

Von engl. to listen = zuhören. Selten verwendete und allgemeine Bezeichnung für die Station, die während einer Datenübertragung etwas empfängt.

Listing

Auch Programmlisting genannt. Bezeichnung für den vollständigen Ausdruck des → *Quellcode* eines Programms auf Papier.
Listings dienen der Dokumentation eines Programms, der Fehlersuche (besserer Überblick über das Programm als auf dem Bildschirm oder bei der Anzeige in einem → *Debugger*) oder zu Lehrzwecken.

Listowner

Bezeichnung für den Verwalter und häufig auch Gründer einer → *Mailing-List*.

Listserv

Bezeichnung für einen Kommunikationsdienst zunächst im → *BITNET*, später im ganz normalen → *Internet*.

LIT

Abk. für Line Insulation Test.
In der Telekommunikationsbranche die Bezeichnung für einen technischen Test einer einzelnen Kabelverbindung auf Kurzschlüsse bzw. Erdungsfehler.

Little Endian

Bezeichnung für eine Organisationsmethode des Speichers in Computern. Dabei werden die Bytes – im Gegensatz zur üblichen Schreibweise der Zahlen – vom niederwertigsten Byte angefangen zuerst in einer Speicherzelle abgelegt, d.h., es gilt der Grundsatz „Niederwertigstes Byte in die Speicherzelle mit der niedrigsten Adresse". Das Verfahren wird daher auch Reverse Byte Ordering genannt.
Entgegengesetzt arbeitende Speicherverfahren werden mit Big Endian bezeichnet.
Die Bezeichnung leitet sich angeblich aus dem Kinderbuch „Gullivers Reisen" ab, in dem es zu einem Krieg kam, weil darüber gestritten wurde, an welchem Ende ein Frühstücksei zu köpfen sei.

Litze

→ *Koaxialkabel.*

LIU

Abk. für Line Interface Unit.

LiveScript

→ *JavaScript.*

Liveware

Scherzhafter Branchenjargon unter Programmierern, die in Anlehnung an das Begriffspaar Hardware und Software unter Liveware alles zusammenfassen, was dem realen, menschlichen Leben entspringt.

Lizenz, Lizenzauflagen

Lizenz ist die Bezeichnung für ein übertragenes Nutzungsrecht für ein Objekt. In der Telekommunikation können diese Objekte verschiedener Natur sein, z.B. Frequenzen oder Wegerechte.
Parameter bei Lizenzen können sein:

- Inhalt der Lizenz (das Nutzungsrecht an sich)
- Geografischer Gültigkeitsbereich der Lizenz
  - Landesweit
  - Bestimmte abgegrenzte Bereiche (Lizenzgebiet)
- Lizenzvoraussetzungen: Sie definieren im Rahmen des Lizenzvergabeprozesses Anforderungen, die ein Bewerber um eine Lizenz nachweisen muss. Nach dem Telekommunikationsgesetz muss der Bewerber um eine Lizenz die für die Ausübung der Lizenz erforderliche Zuverlässigkeit, Leistungsfähigkeit (Finanzkraft) und Sachkunde nachweisen. Darüber hinaus darf die Regulierungsbehörde, wenn notwendig, Auflagen erteilen. Dies könnte z.B. der Nachweis einer bestimmten unternehmerischen Konstellation (z.B. keine ausländische Beteiligung, Unabhängigkeit von Großkonzernen etc.) sein.

Eine Lizenzen vergebende Institution kann auf diese Weise die Menge und Qualität der potenziellen Bewerber steuern.

- Lizenzauflagen: Sie definieren Anforderungen an Lizenznehmer, die diese nach der Lizenzerteilung erfüllen müssen. Beispiele dafür aus dem Bereich der Telekommunikation sind:
  - Bereithalten von Abhöreinrichtungen für staatliche Organe
  - Inbetriebnahme innerhalb einer bestimmten Frist („Aufnahme des kommerziellen Netzbetriebes innerhalb eines Jahres", „Anschluss des ersten Kunden innerhalb eines Jahres").
  - Erreichen eines bestimmten Grades des Netzausbaus zu bestimmten Zeitpunkten nach Lizenzerteilung („50% der Bevölkerung nach vier Jahren").
- Gültigkeitsdauer der Lizenz: Sie wird in Jahren gemessen und liegt üblicherweise im Bereich von 5 bis 25 Jahren.
- Menge der zu vergebenden Lizenzen
  - Begrenzte Anzahl: Wenn es aus volkswirtschaftlichen Gründen nicht sinnvoll ist, eine hohe Zahl zu vergeben, oder wenn technische Gründe – dann üblicherweise die Zuteilung knapper Ressourcen wie Frequenzen – dagegen sprechen.
  - Unbegrenzte Anzahl: Jeder, der die Lizenzvoraussetzungen erfüllt, soll auch eine Lizenz erhalten.
- Verfahren der Lizenzvergabe:
  - Beantragung und Zuteilung: Bei einer unbegrenzten Anzahl von Lizenzen werden die Anträge auf eine Lizenz geprüft und jeder Antragsteller, der die Lizenzvoraussetzungen erfüllt, erhält eine Lizenz.
  - Ausschreibung („Beauty Contest"): Bei einer begrenzten Anzahl von Lizenzen erhält jeder Antragsteller, der die Lizenzvoraussetzungen erfüllt, die Gelegenheit, sich zu präsentieren. Anhand eines Bewertungsverfahrens wird auf administrativem Weg eine Rangfolge der Bewerber festgelegt, wobei bei *n* zu vergebenden Lizenzen die Bewerber auf den *n* besten Rängen die Lizenzen erhalten.
  - Versteigerung, z.B. durch ein → *Simultanes Versteigerungsverfahren*

In der Telekommunikation werden Lizenzen von einer staatlichen Behörde, dem Regulierer (→ *Regulierungsbehörde*), erteilt. Sinn der Lizenzvergabe in der Telekommunikation ist die Sicherstellung einer schonenden Nutzung knapper Ressourcen (Frequenzen, Nummern) und durch die Definition von Lizenzauflagen insbesondere die Sicherstellung eines bestimmten Verbreitungs-, Qualitäts- und Preisstandards bei der Versorgung der Nutzer von Telekommunikationsdienstleistungen mit derartigen Dienstleistungen.
→ *Telekommunikationsgesetz.*

Lizenzgebühren

→ *TKLGebV.*

Lizenzklassen

→ *Telekommunikationsgesetz.*

Lizenzvoraussetzungen

→ *Lizenz.*

Lizenzzuteilung

→ *Lizenz.*

LKZ

Abk. für Länderkennzahl.

Deutsche Bezeichnung für Country Code (→ *CC*).

LL

Abk. für → *Local Loop*.

LLA

Abk. für Logical Layered Architecture.

→ *TMN*.

LLAP

Abk. für LocalTalk Link Access Protocol.

→ *LocalTalk*.

LLB

Abk. für Line Loopback.

LLC

1. Abk. für Logical Link Control.
   Eine obere Teilschicht der Schicht 2 im → *OSI-Referenzmodell*. Diese Teilschicht ist für mehrere Protokolle für → *LANs* innerhalb von → *IEEE 802.2* gleich. Vorteil des Konzeptes einer gemeinsamen Teilschicht innerhalb von Schicht 2 für verschiedene darunter liegende LANs ist, dass z.B. Netzbetriebssysteme mehrere auf unterschiedlicher Hardware basierende LANs verwalten können.
   Aufgabe des LLC ist die Adressierung und Fehlerprüfung der zu übertragenden bzw. empfangenen Blöcke.
2. Abk. für Lower Layer Capabilities.
   Bezeichnung in der Übertragungstechnik für Schicht-1- bis -3-Funktionen im Gegensatz zu den → *HLC*.

LLF

1. Abk. für Line Link Frame.
2. Abk. für Low Layer Functions.

LLI

Abk. für Logical Link Identifier.

→ *Modacom*.

LLL

Abk. für Low-Level Logic.

LLNL

Abk. für Lawrence Livermore National Laboratory.

Bezeichnung für eine zentrale Forschungsstätte in den USA nahe San Francisco/Kalifornien auf dem Gebiet der → *Supercomputer* und benachbarter Felder (mathematische Simulation, verteilte Systeme etc). Gehört zur University of California.

→ *Silicon Valley*.

→ *http://www.llnl.gov/*

LLOPE

Abk. für Linear Low-Density Polyethylene Jacketing.

LLP

Abk. für Link Level Protocol.

LLR

Abk. für Load-Limiting Resistor.

Lls

Abk. für Leased Lines.

→ *Standleitung*.

LLU

Abk. für Local Loop Undbundling.

→ *Entbündelung*.

LLÜ

Abk. für → *Leitungslüfter*.

Lm

→ *TCH*.

LM

Abk. für Listen Mode.

Von engl. to listen = zuhören. Bezeichnung für einen Zustand von Geräten, die mit einem zweiten Gerät über ein → *LAN* oder Telekommunikationsleitungen in Verbindung stehen, aber nicht aktiv sind, da sie auf ein bestimmtes Signal des anderen Gerätes warten und damit an der Leitung „horchen".

LMA

Abk. für → *Landesmedienanstalt*.

LMCS

Abk. für Local Multipoint Communication System.

→ *LMDS*.

LMDS

Abk. für Local Multipoint Distribution Service.

Bezeichnung für eine in den USA im 28-GHz-Band, 30-GHz-Band und 31-GHz-Band mit 1,15 GHz Bandbreite (Kanada: 3 GHz zwischen 25,35 und 28,35 GHz; dort auch LMCS für „... Communication ..." genannt) vorgesehene Möglichkeit des drahtlosen Teilnehmeranschlusses (→ *RLL*) mit einer Punkt-zu-Mehrpunkt-Technik. Dabei wird von einer Basisstation aus eine Mehrpunkt-Verbindung zu den angeschlossenen Stationen aufgebaut (Downlink, Datenrate bis 1,5 Gbit/s, im praktischen Betrieb realistischerweise bis 25 Mbit/s, → *digitale Modulation* mit → *QPSK* bzw. → *QAM*), wohingegen diese eine Punkt-zu-Punkt-Verbindung zurück zur Basisstation aufbauen (Uplink, Datenrate bis 200 Mbit/s, im praktischen Betrieb realistischerweise bis 2 Mbit/s, digitale Modulation mit QPSK).

Derartig hohe Frequenzen setzen zwischen der sendenden und der empfangenden Antenne eine Sichtverbindung voraus. Die überbrückbaren Distanzen liegen bei ca. 5 km.

Die angeschlossenen Stationen können sowohl Einzelhaushalte wie auch Gemeinschaftsantennen sein, die über eine

weitere, auf dem → *Koaxialkabel* basierende Inhouse-Verkabelung verfügen.
Genutzt wird eine Variante von → *CDMA*.
International wird diese Technologie auch im Bereich von 40 GHz eingesetzt.
LMDS ist international kaum standardisiert, weshalb Hersteller proprietäre Luftschnittstellen verwenden. Lediglich die Schnittstellen der Basisstation zum Backbone-Netz (Fernnetz), die Schnittstellen zu den Endgeräten beim Kunden (z.B. → *Ethernet* oder → *G.703*) und die zu verwendenden Frequenzen sind standardisiert bzw. von Regulierungsbehörden vorgeschrieben.
Die ersten LMDS-Systeme wurden im Großraum New York von Cellular Vision zur Verbreitung von Kabelfernsehprogrammen mit einer vorläufigen Lizenz der FCC getestet. Die FCC hat die o.a. Frequenzen im März 1997 für LMDS reserviert.
Ursprünglich wurde in LMDS eine Technologie gesehen, um Kabelfernsehen ohne zeitaufwendiges und teures Kabelverlegen verbreiten zu können. In einem zweiten Schritt wurde der Zugang zum → *Internet* diskutiert. Mittlerweile sieht man in LMDS eine flexible, drahtlose Technologie, die alle Arten von Telekommunikationsdiensten inkl. Sprachübertragung abwickeln kann und die insbesondere für neue Wettbewerber ohne eigene Infrastruktur im Zugangsnetz attraktiv ist. Voraussetzung dafür ist eine auflagenlose Vergabe der Frequenzen, so dass Betreiber selbst entscheiden können, welche Dienste sie über ein LMDS-Zugangsnetz anbieten möchten.
In Deutschland kam es 1999 zur Vergabe von LMDS-Lizenzen. Dafür wurde Deutschland in 262 Lizenzgebiete aufgeteilt. Vier Unternehmen bewarben sich für bundesweite Lizenzen (Viag Interkom, Callino GmbH, Star One AG, Firstmark GmbH), andere bewarben sich nur für Lizenzen in bestimmten Gebieten, z.B. Mannesmann Arcor in 60 Gebieten. Insgesamt beteiligten sich 32 Unternehmen an der Ausschreibung.
→ *http://www.ajs2.com/lmds/*

LME

Abk. für Layer Management Entity.
→ *DQDB*.

LMEI

Abk. für Layer Management Entity Identifier.

LMI

Abk. für Local Management Interface.
→ *ILMI*.

LMO

Abk. für Lense-Modulated Oscillator.

LMS

Abk. für Local Measured Services.
Bei Telekommunikationsnetzen der Oberbegriff für eine nutzungsorientierte Gebührenberechnung im Ortsbereich (→ *Charging*).
In vielen Ländern wurden bzw. werden Ortsgespräche zu einer festen, pauschalen Monatsrate abgerechnet (z.B. USA oder teilweise auch Griechenland). Für diese Länder ist der Übergang zu einer nutzungsorientierten Abrechnung (in Abhängigkeit von Nutzungsdauer, Tageszeit und Wochentag), wie man sie z.B. aus Deutschland kennt, eine große Änderung, die das gesamte Geschäftsmodell von Carriern verändern kann und auch regulatorische Probleme nach sich ziehen kann.

LMSI

Abk. für Local Mobile Subscriber Identifier.

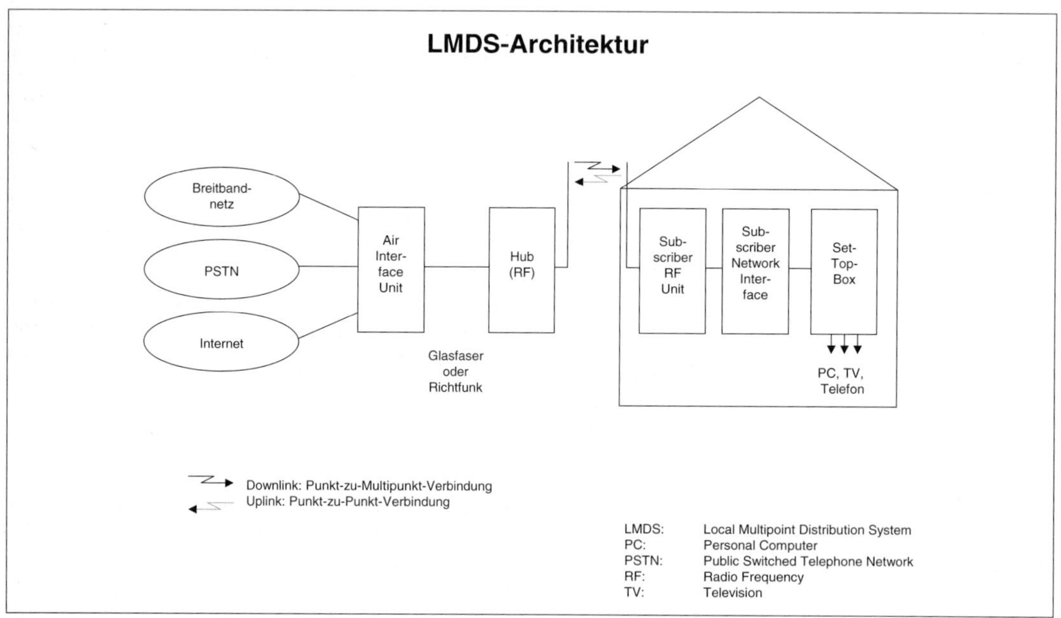

LMWS

Abk. für Licensed Millimeter Wave Service.

Ein Begriff aus der Regulierung in den USA. Er bezeichnet von Carriern angebotene Datenübertragungsdienste auf der Basis von Funksystemen im Bereich von 30 bis 300 GHz. Entsprechende Frequenzen sind gegen Ende 1995 von der FCC ausgeschrieben und lizenziert worden.

LNA

Abk. für Low Noise Amplifier.

→ *LNB.*

LNB

Abk. für Low Noise Block.

Auch Low Noise Converter (LNC) genannt. Bezeichnung für eine Baugruppe in Satellitenempfangsantennen. Sie hat die Aufgabe, ein mit der Antenne empfangenes Signal rauscharm vorzuverstärken und in eine niedrigere Frequenz umzusetzen als die Empfangsfrequenz und dann an den eigentlichen Empfänger (Receiver) weiterzuleiten. Das gesamte System aus Antenne, LNB, Receiver und Verteilnetz wird auch → *Sat-ZF* genannt.

Der LNB wird dabei direkt im Brennpunkt der Parabolantenne montiert und vom eigentlichen Empfänger (Sat-Receiver) über das Koaxialkabel mit einer Betriebsspannung versorgt. Die Höhe der Betriebsspannung gibt an, welche Polarisationsebene der LNB zurückgeben sollte (14 V = vertikale und 18 V = horizontale Polarisationsebene). Erstes Produkt mit dieser sehr bequemen Ansteuerung war in den späten 80er Jahren ein LNB aus dem Hause Marconi.

Um den gesamten Frequenzbereich von 10,7 GHz bis 12,75 GHz (analoge und digitale Programme/Dienste) zu empfangen, in dem mittlerweile TV-Programme von Satelliten ausgestrahlt werden, ist der Einsatz eines sog. Universal LNBs erforderlich. Er ist in der Lage, das Low-Band (10,7 bis 11,7 GHz) und das High-Band (11,7 bis 12,75 GHz) zu empfangen.

Beim Universal Single LNB für den Einzelempfang wird das untere Band bzw. das obere Band der → *Astra*-Satelliten mit einem 22-kHz-Schaltsignal vom digitalen Satellitenreceiver aus gesteuert.

Der Universal Twin LNB besteht aus zwei Universal LNBs in einem Gehäuse und ermöglicht somit den Anschluss von zwei Satellitenreceivern (analog und digital), welche unabhängig voneinander angesteuert werden können oder zwei Empfänger speisen.

Das Bauteil des Verstärkers im LNB wird auch als Low Noise Amplifier (LNA) bezeichnet. Es ist so konstruiert, dass es ein möglichst geringes eigenes thermisches Rauschen verursacht. Das Bauteil der Frequenzumsetzung wird auch Konverter genannt. In ihm wird die Frequenz üblicherweise um 9,75 GHz herabgesetzt (LO-Oszillatorfrequenz).

Das Signal dieser niedrigeren Frequenz am Ausgang des LNB kann dann über → *Koaxialkabel* auch über längere Strecken (mehrere 10 m, z.B. in einem Wohnblock) dem eigentlichen Empfänger zugeleitet werden.

→ *DiSEqC.*

LNC

Abk. für Low Noise Converter.

→ *LNB.*

LNNI

Abk. für LAN Emulation Network Node Interface.

→ *LANE.*

LNP

Abk. für Local Number Portability.

→ *Nummernportabilität.*

LNS

Abk. für → *L2TP* Network Server.

Load Balancing

In einem → *LAN* mit einer Client/Server-Architektur (→ *Server*) die Bezeichnung dafür, dass eine höhere Last auf einem Server gleichmäßig verteilt wird, indem entweder eine zweite → *Instanz* der Server-Applikation auf dem gleichen Server-Rechner gestartet wird, oder – als leistungsstärkere Variante – eine zweite Instanz der Server-Applikation auf einem zweiten Server-Rechner gestartet wird.

Loader

→ *Lader.*

Lobe

In einem → *LAN* gemäß dem Standard → *Token-Ring* die Bezeichnung für eine angeschlossene Station. Streng genommen nur das Stück Kabel zwischen der angeschlossenen Station und dem Anschluss an das Token-Ring-Kabel.

LOC

Abk. für Loss of Channel.

Bezeichnung für einen Fehler in Multiplexsystemen, bei denen ein → *Multiplexer* feststellt, dass bei einem einzelnen logischen Kanal kein Signal mehr vorhanden ist. Dann auch Bezeichnung des Signals, das der Multiplexer an das Netzmanagement weitergibt.

→ *LOP*, → *LOS.*

Local Area Network

→ *LAN.*

Local Bridge

Bezeichnung für eine → *Bridge*, die direkt an die → *LANs*, die sie verbindet, angeschlossen ist, ohne dass Weitverkehrsnetze, etwa über → *Standleitungen* oder → *Frame Relay*, diese Verbindung herstellen.

Local Bus

Auch VL-Bus genannt (VESA-Local Bus) oder mit VLB abgekürzt.

Bezeichnung eines 1991 von einem Zusammenschluss mehrerer Hersteller (→ *VESA*) entwickelten 112-poligen Buskonzeptes für rechnerinterne Anschlüsse von Peripherie (Grafikkarten, Drucker, Netzwerkkarten etc.) an Rechnerbausteine. Ist prozessorgebunden (Intel-Familie).

Maximale Übertragungsrate liegt mit 32 Bit Nutzdatenbreite bei 132 MByte/s (Version 1.0) bzw. mit 64 Bit Nutzdatenbreite bei theoretischen 200 MByte/s (Version 2.0). Wird mit 33 oder 40 (Version 1.0) bzw. 50 MHz (Version 2.0) getaktet. Der Takt entspricht dem externen Takt des Prozessors.

Der Local Bus gilt als eine Weiterentwicklung des → *ISA*-Bus. Eine prozessorunabhängige und erheblich weiter verbreitete Variante des Local Bus ist → *PCI*, der die Bedeutung des Local Bus mit dem Aufkommen des Prozessors vom Typ → *Intel Pentium* zurückdrängte.

→ *ISA*, → *EISA*, → *Microchannel*.

Local Exchange Carrier

→ *LEC*.

Local Loop

Englische Bezeichnung des Teilnehmeranschlussbereiches (→ *Zugangsnetz*), teilweise auch des Ortsvermittlungsbereichs insgesamt. Kommt von engl. loop = Schleife und bezeichnet die Schleife des verdrillten Zweidrahtkabels von der Vermittlung über den Apparat beim Teilnehmer zur Vermittlung zurück, die zu einem leitenden Stromkreis geschlossen wird, wenn der Nutzer den Telefonhörer abhebt.

LocalTalk

Auch LLAP (LocalTalk Link Access Protocol) genannt, obwohl es sich streng genommen nur um einen Teil des gesamten Protokollstapels handelt.

Bezeichnung für ein System zum Aubau einfacher → *LANs* aus dem Hause Apple, erstmals vorgestellt 1984 mit dem neuen → *Macintosh*.

Über einen seriellen Bus (Twisted Pair) können über die bidirektionalen seriellen Schnittstellen nach → *RS 449* max. 230,4 kbit/s übertragen werden. Das Zugriffsverfahren auf Schicht 2 des → *OSI-Referenzmodells* ist → *CSMA/CA*.

Die einzelnen angeschlossenen Stationen (Macintoshs), von denen bis zu 255 in einem Netz unterstützt werden, dürfen bis zu 300 m voneinander entfernt stehen und melden sich beim → *Booten* am LAN an.

Location Area

→ *LA*.

Location Dependent Service

Oberbegriff für eine Klasse von Diensten aus dem Bereich des → *M-Commerce* für Mobilfunkdienste. Auch Location Based Service oder ortsabhängiger/ortsbezogener (Mehrwert-) Dienst genannt.

Unter Location Dependent Services werden Dienste verstanden, die Informationen oder Dienstleistungen in Abhängigkeit vom jeweiligen aktuellen Aufenthaltsort des Nutzers bereitstellen und somit insbesondere auf seinen mobilen Kontext eingehen. Einfache Beispiele sind die Anzeige der nächsten Tankstelle, des nächsten Restaurants oder des nächsten Geldautomaten. Weitergehende Anwendungen kommen z.B. aus dem Bereich des Diebstahlschutzes (Ausrüstung von Automobilen mit verborgenen Handys, die angerufen werden können und den aktuellen Standort durchgeben), der automatischen Lokalisierung nach einem Notruf oder des automatischen Taxirufes.

Dementsprechend werden zur Realisierung eines Location Dependent Service folgende Elemente benötigt:

- Das Lokalisierungsmodul: Es stellt eine Ortsinformation zur Verfügung. Bei strenger Definition des Begriffs des Location Dependent Service erfolgt die Lokalisierung automatisch. Legt man den Begriff weit aus dann kann die Lokalisierung auch durch die Eingabe z.B. der Adresse durch den Nutzer erfolgen.

  Diese Funktionalität wird auch mit ALI (Automatic Location Identification) bezeichnet.
- Ein geografisches Informationssystem (→ *GIS*): Es verknüpft die Lokalisierungsinformation mit den realen geografischen Daten, z.B. über eine Landkarte.
- Mehrwert generierende Daten: Diese ermöglichen erst den eigentlichen Location Dependent Service und sind z.B. eine Liste mit Restaurants/Tankstellen/Geldautomaten etc. und deren Adresse.

Die automatische Lokalisierung kann auf verschiedene Arten erfolgen, die unterschiedlich präzise Lokalisierungsinformationen liefern und für die in einem unterschiedlich hohem Maße durch den Betreiber eines Mobilfunknetzes investiert werden muss:

- COO (Cell of Origin): Die einfachste Form der Ortsbestimmung ist bei einem zellularen System (→ *Zellulares System*) die Angabe der Zelle (Cell of Origin), d.h. die Angabe der Zellen-Identifikationsnummer, in der sich der mobile Teilnehmer aufhält. Diese Information steht heute bereits in Mobilfunknetzen zur Verfügung. Es sind jedoch Investitionen in die Weitergabe und anwendungsspezifische Verarbeitung dieser Information erforderlich. Die Ungenauigkeit der Ortsbestimmung mit COO liegt im Bereich des Zellendurchmessers der heutigen Mobilfunknetze nach dem GSM-Standard, also von 300 m in dicht besiedelten Gebieten mit hoher Zellendichte und von ca. 35 km in sehr dünn besiedelten Gebieten mit sehr niedriger Zellendichte. In Mitteleuropa sind die Netze allerdings mittlerweile so engmaschig ausgebaut, dass Zellgrößen über einem Durchmesser von 6 km selten sein dürften.

  Diese Art der Lokalisierungsinformation erweist sich als präzise genug für Dienste wie Wetter- oder Verkehrsinformationen, die bestenfalls eine regionale Genauigkeit voraussetzen.
- TOA (Time of Arrival): Eine präzisere Information erhält man durch aufwendigere Funkmessungen innerhalb einer Zelle. Durch Laufzeitmessungen der per Funk übertragenen Signale ist es möglich, die Entfernung des mobilen Nutzers von der Basisstation zu ermitteln, so dass der Aufenthaltsort nicht mehr in der gesamten Zelle liegen kann, sondern auf einen Kreis rund um die Basisstation eingegrenzt ist. Dabei wird das sog. TA-Signal (Timing Advance) genutzt, das durch die Basisstation ermittelt wird, um dem Mobiltelefon mitzuteilen, um welche Zeit der Sendezeitpunkt vorverlegt werden muss, damit das Signal bei der Basisstation zum vorgesehenen Zeitpunkt (= im kor-

rekten Zeitschlitz) eintrifft. Durch die Kombination von zwei oder sogar drei Messungen benachbarter Basisstationen ist nach trigonometrischen Berechnungen eine Lokalisierung im Bereich von einigen 10 m bis 100 m möglich. TOA ist ein zentrales Verfahren, das im Mobilfunknetz realisiert wird und erhebliche Investitionen des Netzbetreibers erfordert. Die Lokalisierungsinformation steht dann dem Netzbetreiber zur Verfügung und kann für alle Mobiltelefone angewendet werden.

- Enhanced Observed Time Differential (E-OTD): Prinzipiell wie TOA, jedoch erfolgt die Lokalisierung auf Basis der Messungen der mobilen Stationen, also im Endgerät. Im Gegensatz zu TOA ist E-OTD damit ein dezentrales Verfahren, das im mobilen Endgerät realisiert wird. Zusätzlich wird ein fest installierter Referenzempfänger in einer Zelle benötigt. Die Position ergibt sich aus dem Vergleich der Laufzeitmessungen des Signals zu der Mobilstation mit den Laufzeitmessungen zur Referenzstation.

  Die Genauigkeit liegt im Bereich um 50 m. Mit präziseren elektronischen Bauelementen und Messungen in den MS und BS wird für die nächsten Jahre erwartet, dass dieser Wert auf 10 bis 20 m sinkt.

  Vorteilhaft aus Sicht des Netzbetreibers ist, dass er keine Investitionen in die Netzinfrastruktur tätigen muss. Nachteilig ist, dass der Dienst nur Nutzern mit den (neuen) speziell dafür ausgerüsteten Endgeräten zur Verfügung steht.

- → *GPS*: Die Genauigkeit ist sehr hoch, doch ist dafür eine erhebliche Investition der Nutzer in ihre Endgeräte erforderlich, da ein Handy um einen kompletten GPS-Empfänger erweitert werden muss.

  Nachteilig ist, dass eine freie Sichtverbindung zu den GPS-Satelliten vorausgesetzt wird, d.h. in Straßenschluchten, Tunneln, Tiefgaragen und Gebäuden ist der Empfang nicht möglich.

Für TOA, das wie E-OTD auch vom → *ETSI* standardisiert ist, wird eine spezielle Software in allen Basisstationen benötigt. Das wären für jeweils ein Netz bis zu 10 000 Software-Aktualisierungen, um ganz Deutschland abzudecken. Für E-OTD ist ferner noch eine neue Handy-Generation notwendig, die entsprechende Messungen vornimmt und überträgt.

Location Dependent Services werden als eine mögliche → *Killer Applikation* für M-Commerce diskutiert. Ein Aspekt innerhalb dieser Diskussion ist auch der Datenschutz, da nicht jeder Mobilfunknutzer es wünscht, dass er jederzeit zu lokalisieren ist. Daher wird auch diskutiert, dem Nutzer die Möglichkeit zu geben, die Lokalisierungsfunktion für sich abzuschalten.

Seit September 2000 existiert mit dem Location Interoperability Forum (LIF) der Unternehmen Nokia, Motorola und Ericsson ein Forum der Industrie mit dem Ziel, die Entwicklung von Location Dependent Services voranzutreiben.

Lochkarte, Lochkartenmaschine

Bezeichnung für ein frühes Speichermedium für maschinell auswertbare Informationen.

Frühe Versionen bestanden aus Holz und wurden zur Steuerung von Webstühlen, etwa dem → *Jacquard-Webstuhl* eingesetzt.

Als Erfinder der für die automatische Datenverarbeitung nutzbaren Lochkarte gilt der graduierte Bergwerksingenieur und spätere IBM-Gründer Hermann Hollerith (* 1860, † 1929), der 1882 vom Leiter der amerikanischen Volkszählungen, General F.A. Walker, zum → *MIT* eingeladen wird, um Maschinen zu entwickeln, welche die Auswertung der Volkszählungsergebnisse, die bis dahin fast immer 10 Jahre brauchte, erheblich verkürzen sollen.

Nach eigenen Angaben kam Hollerith die Idee zu den Lochkarten auf einer Eisenbahnfahrt von der Ostküste nach St. Louis, als der Schaffner mit einer speziellen Zange Löcher in Karten stanzte.

Hollerith entwickelte daraufhin für einen ersten Test 1886 in Baltimore (Aufstellen einer Sterblichkeitsstatistik) und 1887 in New Jersey eine Zählmaschine, die Lochkarten auswertete. Schon am 23. September 1884 beantragte er ein erstes Patent, dem 1887 ein weiteres folgte. Dabei ließ er sich eine 3 1/4 Zoll hohe und 6 5/8 lange, bedruckte Lochkarte mit maximal je zwölf runden Löchern in 24 Spalten patentieren. Zur Kontrolle der korrekten Lage der Karte im Eingabeschacht der Auswertemaschine hat jede Karte rechts unten in der Ecke einen Abschnitt.

Prinzipiell wird von einem in einen Eingabeschacht gelegten Kartenstapel Karte für Karte durch die Zählmaschine geführt, die über eine entsprechende Anordnung von Nadeln, sog. Abfühlstifte (je möglicher Lochposition eine Nadel), verfügt. An den Stellen, an denen ein Loch gestanzt ist, kann die Metallnadel durch das Loch durchstoßen und trifft auf der Rückseite auf eine Metallplatte, wodurch ein elektrischer Kontakt geschlossen werden kann, der ein Zählwerk ansteuert. Diese ursprüngliche Konstruktion mit mechanischen Stiften, die elektrische Stromkreise schließen können, wurde später durch leistungsstärkere optische Verfahren (Licht und Photozelle) ersetzt.

Auf ähnliche Weise konnten Karten auch sortiert werden, indem der elektrische Kontakt eine im Auswurfschacht angebrachte Klappe ansteuerte, wodurch die Karte in einen eigenen Schacht ausgegeben wurde.

Im Jahre 1890 erlebte das Prinzip bei der alle 10 Jahre durchzuführenden Volkszählung ihre Bewährungsprobe. Dabei wurden 43 Zähl- und Sortiermaschinen sowie 700 Locher (sog. Pantographen) eingesetzt. 2 1/2 Jahre später lagen die Ergebnisse vor.

Die Weiterentwicklung von Lochkartenmaschinen waren Tabelliermaschinen, die mehrere hintereinander geschaltete Abtastlaufwerke enthielten und durch ihre Konstruktion auch addieren, subtrahieren, multiplizieren und dividieren konnten. Die Ergebnisse wurden in einem speziellen Schreibwerk in tabellarischer Form – daher der Name – ausgegeben. Sie können aber auch zur Weiterverarbeitung erneut in Lochkarten gestanzt werden.

Später entwickelten sich verschiedene Formate von Lochkarten. Allen gemein war eine Anordnung von Zeilen und Spalten (Matrix), wobei in die Kreuzungspunkte von Zeilen und Spalten jeweils ein Loch gestanzt werden konnte.

Zwischen 1886 und 1925 entwickelten sich allerlei verschiedene Lochkartenformen mit 27, 34, 37 und 45 Spalten. Sehr weit verbreitet war später die von Hermann Hollerith 1928 entwickelte 80-stellige und 10-zeilige Lochkarte mit rechteckigen Löchern und die 96-stellige Lochkarte für das System /3, beide aus dem Hause IBM.

Lochkarten wurden bis in die 70er Jahre hinein als Speichermedium für Informationen – sowohl zu verarbeitende Daten als auch Programme – verwendet.

Die Arbeitsgeschwindigkeit von Lochkartenmaschinen, die zu Ehren ihres Erfinders auch Hollerithmaschinen genannt werden, betrug zuletzt 8 000 bis 30 000 Karten je Stunde.

Nachteilig war, dass komplette Programme in Stapeln von Lochkarten gespeichert waren und die kleinste Änderung der Reihenfolge der Karten, etwa durch Unachtsamkeit in der Handhabung (herunterfallende/heruntergewehte Karte, scherzhaftes „Mischen“ unter Kollegen), zu Programmfehlern führten.

Lochmaske

Auch Schlitzmaske oder Deltamaske genannt. Bei Monitoren die Bezeichnung für das konisch gelochte Blech innerhalb der Bildröhre vor dem Bildschirm. Es dient als Maske vor dem Bildschirm zur Steuerung des Elektronenstrahls, der dadurch nur an bestimmten Stellen durch die Löcher in der Maske den Bildschirm erreichen kann. Dadurch kann ein Elektronenstrahl nur die Punkte einer bestimmten Farbe auf dem Bildschirm erreichen. Hinter jedem Loch der Lochmaske befindet sich ein Farbtripel (Rot, Grün, Blau) auf dem Bildschirm. Fallen alle drei Elektronenstrahlen durch ein Loch der Maske, wird das betreffende Farbtripel zum Leuchten gebracht.

Externe Störeinflüsse können durch die Lochmaske weniger zu fehlgeleiteten Elektronenstrahlen führen, die das Bild verfälschen könnten.

Hohe Präzision wird durch eine bestimmte Materiallegierung (Invar) erreicht, die sich durch die Elektronenstrahlen nicht erhitzt und nicht ausdehnt oder verzieht.

Wird nur bei Farbbildschirmen benötigt.

→ *Trinitron-Technik.*

Lochstreifen

Bezeichnung für ein heute nicht mehr verwendetes, mechanisches Speichermedium. Dabei werden die von einem Computer ausgegebenen Informationen fortlaufend in ein langes Papier- oder Kunststoffband eingestanzt. Dieses Band kann von einem anderen Computer wiederum eingelesen werden.

Der Lochstreifen enthält mehrere Spuren einzelner Löcher nebeneinander. Üblicherweise kommen 5-spurige Lochstreifen für → *Telex* oder 8-spurige Lochstreifen für Computer zum Einsatz.

Locking

→ *File Locking*, → *Record Locking.*

LOF

1. Abk. für Local Operational Function.
2. Abk. für Loss of Frame.

Logatom, Logatomverständlichkeit

Bezeichnung für standardisierte Silben, die bei Verständlichkeitstests in Systemen zur akustischen Nachrichtenübertragung eingesetzt werden. Die Silben sind frei erfunden und haben keinen Sinn, um eine Erkennbarkeit aus dem Zusammenhang heraus durch die Testpersonen auszuschließen.

Unter Logatomverständlichkeit versteht man den Prozentsatz der korrekt erkannten Logatome bei einem Verständlichkeitstest.

Log-Buch, Log-File, Logging

1. Logging bezeichnet ganz allgemein das Protokollieren von Vorgängen in IT-Systemen. Welche Vorgänge mit welchen Daten wie (auf welchen Medien) protokolliert und wie lange archiviert werden, ist dabei im Detail festzulegen.

   Die Daten werden in speziellen Dateien, sog. Log-Files, gespeichert. Sie sind auch eine Art → *Backup* und können zum → *Recovery* herangezogen werden.
2. In Datenbanksystemen ist das Log-File konkret die Protokollierung aller → *Transaktionen* auf einer Datenbank. Üblicherweise werden dabei folgende Punkte festgehalten:
   - Welches Feld in welchem Datensatz betroffen war
   - Wie die Änderung aussah (Inhalt des Datenfeldes vorher und nachher)
   - Wann die Änderung stattfand (Datum und Uhrzeit in Std:Min:Sek.)
   - Welches Programm die Änderung durchgeführt hat
   - Welche eindeutige ID die Transaktion hatte, die die Änderung bewirkt hat (Nummer, wenn vorhanden)
   - Welcher Nutzer die ändernde Transaktion initiiert hat
3. Das Log-Buch ist das Betriebsbuch eines → *Funkamateurs*, in das dieser täglich seine Aktivitäten einzutragen hat.

Logikanalysator

Bezeichnung für eine Hardwareentwicklungshilfe, welche die Zustände frei wählbarer Leitungen, die von einem Triggersignal erregt werden, speichert und in Form von Impulsdiagrammen darstellt.

Logikbombe

Bezeichnung für eine spezielle und selten vorkommende Art von → *Viren.* Dabei handelt es sich um Programmteile, die von Programmierern bewusst in eine Software als Mechanismus eingebaut wurden und für den Nutzer überraschend bei bestimmten Aktionen ausgeführt werden, z.B. beim illegalen Kopieren. Logikbomben liegen auch in weitaus schädlicheren Fällen vor, z.B. bei Buchhaltungsprogrammen, die von einem entlassenen Mitarbeiter so programmiert werden, dass sie schädliche Aktionen durchführen, sobald sein Name nicht mehr auf der monatlichen Gehaltsliste erscheint. Üblicherweise wird das Programm mit einer entsprechenden Meldung sofort beendet, es stürzt ab, führt weitere schädliche Aktionen durch (z.B. Löschen der Partitionstabelle) oder weist den Nutzer mit einem geöffneten Fenster auf die Illegalität oder Unerwünschtheit der Aktion hin.

Login

1. Selten auch Logon genannt. Der Vorgang der Anmeldung eines Teilnehmers in einem System, also der Vorgang des Eingebens von Teilnehmerkennung (→ *Identifizierung*) und Passwort sowie die Überprüfung der Zutrittsberechtigung durch das System (→ *Authentifizierung*).

   Das Login dient sowohl dem Schutz vor unbefugten Nutzern als auch der Verwaltung befugter Nutzer, etwa bei der Abrechnung von Systemressourcen (z.B. Rechenzeiten) in kommerziellen Rechenzentren.
2. Bezeichnung für das bei der Anmeldung eines Teilnehmers in einem Rechnersystem verwendete Kürzel (→ *Identifizierung*), dann auch Benutzer- oder Teilnehmerkennung genannt.

Login Script

Bezeichnung für eine Folge von Anweisungen, ähnlich einem kleinen Programm, die nach dem → *Login* eines Computernutzers automatisch von dessen Computer durchlaufen werden, um bestimmte Programme oder Systeme zu konfigurieren.

Eine häufige Anwendung besteht darin, dass die Nutzer sich nicht bei mehreren Systemen mit jeweils eigenen Logins anmelden müssen (Betriebssystem, Netzwerk, Anwendungsprogramm etc.), sondern dass das Login-Script nach einmaligem Login die restlichen Logins übernimmt und die entsprechenden Programme startet.

Man unterscheidet:

- Systemweites Login-Script: Festgelegt durch den → *LSA*. Es ist für alle Computernutzer im Einflussbereich des LSAs gleich und wird zwangsweise durchlaufen. Es kann sinnvollerweise nur vom LSA geändert werden.
- Individuelles Login-Script: Festgelegt in Grundzügen oft durch den LSA (→ *Default*-Einstellungen, empfohlene Werte etc.), aber durchaus auch individuell abgestimmt auf den einzelnen Nutzer, der es auch ändern kann.

Logische Algebra

→ *Boolesche Algebra.*

Logische Einrichtung

International mit Logical Unit (LU) bezeichnet. In einem → *SNA*-Netz aus dem Hause IBM die Bezeichnung für die Einheit, die als Sender oder Empfänger in einer Kommunikationssitzung fungiert.

Logischer Kanal

Ein Kanal, welcher die Datenübertragung erlaubt, jedoch physikalisch nicht oder nur teilweise existiert (Paketvermittlung).

Logisches Laufwerk

→ *Partition.*

Logische Verknüpfung

→ *Boolesche Algebra.*

Logo

Bezeichnung einer einfachen → *Programmiersprache* zur didaktischen Anwendung schon im Kindesalter, deren Name sich von griech. logos = Wort ableitet.

Der Grundbefehlssatz verfügt über einfache und leicht nachvollziehbare Anweisungen zur grafischen Darstellung von Linien und daraus zusammengesetzten Figuren, wobei der → *Cursor* die Linien entlang läuft (auch Turtle, Schildkröte, genannt). Durch die Generierung eigener Erweiterungen kann die Sprache ein leistungsfähiges Werkzeug werden.

Logo wird neben → *Basic* als Programmiersprache für Kinder und Anfänger belächelt.

Logo wurde Mitte der 60er Jahre am → *MIT* vom Mathematiker und Pädagogen Seymour Papert zusammen mit einigen MIT-Kollegen und Mitarbeitern des Unternehmens Bolt, Beranek and Newman (BBN) entwickelt und 1967 erstmals professionell verwendet. Obwohl es ursprünglich für Großrechner entwickelt wurde, gibt es mittlerweile viele Portierungen auf andere Plattformen.

Bei seiner Entwicklung wurde Logo insbesondere von → *Lisp* beeinflusst, ist jedoch erheblich einfacher.

Logon

Andere Bezeichnung für → *Login.*

LOI

Abk. für Low Order Interface.

Lokale Mobilität

Bezeichnung für eine bestimmte Art der → *Mobilität.* Prinzipiell handelt es sich dabei um eine räumlich eng begrenzte Kombination von → *Terminalmobilität* und → *persönlicher Mobilität.*

Beispiel für eine praktische Realisierung sind → *RLL*-Systeme, z.B. auf Basis von → *DECT*, bei denen ein Teilnehmer sich mit seinem Endgerät innerhalb seiner Nachbarschaft bewegen kann. Alle an ihn gerichteten Verbindungswünsche werden an sein mobiles Endgerät geleitet.

Der Umfang der lokalen Mobilität wird dabei durch technische Parameter, üblicherweise dem Funkversorgungsbereich des WLL-Systems, begrenzt.

Lokales Netz

→ *LAN.*

Lokale Variable

Bezeichnung für eine Variable, die nur in einem Unterprogramm, einer Funktion, einer Subroutine eines Programms Gültigkeit hat und auf die nur dort zugegriffen werden kann. Soll auf eine Variable innerhalb eines Programms überall zugegriffen werden können, so muss sie als globale Variable definiert sein.

LOL

Abk. für Laughing out Loud.
→ *Chat Slang.*

LON, LONTalk, LONWorks

Abk. für Local Operating Network.
Bezeichnung für eine Technologie zur Realisierung eines schmalbandigen → *LANs* für Steuerzwecke. Zentrales Element ist der Neuron-Chip, hergestellt von Toshiba und Motorola, der von diversen Herstellern in das zu steuernde Endgerät eingebaut werden muss. Über eine geeignete Infrastruktur (230-V-Inhouse-Stromversorgungsnetz, → *Powerline-Communication*, LAN, Infrarotlinks etc.) kann der Chip angesprochen und mit abzuarbeitenden Programmen (z.B. Licht an- und ausschalten zu bestimmten Zeiten) versorgt werden. Der Neuron-Chip ist ein Mikrocontroller, auf dem das Übertragungsprotokoll, genannt LONTalk, realisiert wird. Dabei handelt es sich um ein Peer-to-Peer-Protokoll mit einem verbesserten und modifizierten → *CSMA/CD*-Verfahren (genannt p-CSMA) als Zugriffsprotokoll auf der Schicht 2 des → *OSI-Referenzmodells*. Dieses Verfahren vermeidet Kollisionen und erhöht dadurch die Nettodatenrate im Vergleich zur üblichen Nutzung durch CSMA erheblich.
Die Interoperabilität der LON-Produkte vieler Hersteller wird durch deren Vereinigung und das Prüfsiegel LONWorks gesichert.
Eingesetzt z.B. im Automobilbau, in der Industrieautomatisierung und in der Vernetzung von Gebäuden zu Mess-, Steuer- und Regelzwecken bei der Gebäudetechnik (→ *Facility Management*). Der Hauptmarkt liegt dabei im Facility-Management von großen Gebäuden. Der Einsatz von LON in privaten Gebäuden erfolgt aufgrund starker Konkurrenz anderer Systeme, z.B. dem → *EIB* in Europa, eher schleppend.
Entwickelt seit 1990 in den USA vom Hause Echelon aus Palo Alto im → *Silicon Valley* und von der → *EIA* zum Standard gemacht (EIA 709).
Andere konkurrierende Technologien sind → *CAN* und der → *Cebus* im industriellen Bereich und der EIB sowie → *HomePNA* und → *X 10* im Bereich des Facility-Managements.
→ *http://www.lno.de*
→ *http://www.lonmark.com//*
→ *http://www.echelon.com/*

Long Term Fading

→ *Fading*, → *Abschattung*.

Look & Feel

Bei grafischen Benutzeroberflächen (→ *GUI*) das einheitliche, durchgehende, optische Styling (Look) der Bedienelemente wie z.B. Buttons, Scrollbars, Flächen, Schriften und Farben sowie die Gestaltung der durch den menschlichen Benutzer wahrgenommenen dynamischen Aktionen (Feel), z.B. Drücken eines Buttons, wobei er seine Schattierung zeitabhängig ändert und ein dazu passender Ton hörbar wird.

Loopback Plug

Bezeichnung für einen speziellen Stecker (Plug), der an Schnittstellen den sendenden Kontaktstift intern gleich wieder mit dem empfangenden Kontaktstift verbindet. Auf diese Weise werden Test- und Diagnosezwecke unterstützt.

LO-Oszillatorfrequenz

→ *LNB.*

LOP

Abk. für Loss of Payload.
Bezeichnung für einen Fehler in Transportnetzen. Bezeichnet den Verlust der Nutzdaten in einem logischen Kanal bei Vorhandensein der Signalisierungs- bzw. Managementinformationen. Tritt z.B. nach einem → *LOS* hinter dem ersten Signalverstärker auf, wenn dieser selbständig Netzmanagementinformationen erzeugt und einfügt. Der auf ihn folgende Signalverstärker kann diese zwar erkennen, stellt jedoch keine Nutzdaten fest und meldet daher einen LOP an das Netzmanagement.
→ *LOC.*

LORAN

Abk. für Long Range Navigation (System).
Bezeichnung für ein ursprünglich an der US-Küste verwendetes und funkgestütztes Navigationssystem, bei dem die Laufzeit zweier ausgesendeter Impulse von zwei miteinander synchronisierten Sendern bei einem mobilen Empfänger gemessen wird. Aus den Laufzeiten und den bekannten Koordinaten der Sendeanlagen kann die Position des Empfängers errechnet werden. Es sind daher immer zwei Sender (sog. LORAN-Kette) erforderlich, die einige 100 km voneinander entfernt sein sollten.
Man unterscheidet:

- LORAN-A: Die genutzte Frequenz liegt im Bereich von 1 750 bis 1 950 MHz und die Reichweite zwischen 1 100 (bei Tag) und 2 200 km (bei Nacht). Benötigt werden zwei Sender im Abstand von 200 bis 400 sm. Es werden üblicherweise Genauigkeiten von 2 bis 9 km bei der Positionsbestimmung erreicht, obwohl unter günstigen Bedingungen auch 500 m möglich sein können. Das Verfahren wurde im Laufe der Zeit durch andere, präzisere Verfahren ersetzt und hat seit Mitte der 70er Jahre praktisch keine Bedeutung mehr.
- LORAN-C: Die genutzte Frequenz liegt im Bereich von 100 kHz. Zusätzlich zur Laufzeitmessung kann eine Messung der Phasen der Empfangssignale vorgenommen werden. Dadurch ist eine höhere Genauigkeit von üblicherweise rund 1 km bei Reichweiten von knapp 2 200 km erreichbar.
- LORAN-D: Eine militärische Version von LORAN-C.

Das erste LORAN-System wurde 1944 an der US-Küste von der US-Marine in Betrieb genommen. Im Laufe der folgenden Jahrzehnte wurden LORAN-Ketten auch in Europa, im Mittelmeerraum, in Russland und rund um den Atlantik aufgebaut und eingesetzt. Eine vollständige Abdeckung der Welt wurde jedoch nicht erreicht.

In den 70er Jahren wurde das erste Satellitenortungsverfahren in Betrieb genommen. Durch die Verwendung des heutigen → *GPS* ist LORAN praktisch bedeutungslos geworden.

Lo-Res

Abk. für Low Resolution, niedrige Auflösung.

→ *Auflösung.*

LOS

1. Abk. für Line of Sight, Sichtverbindung.

   Bezeichnet die Sichtverbindung zwischen Sender und Empfänger, die bei bestimmten Arten der Datenübertragung, z.B. beim → *optischen Richtfunk*, von großer Bedeutung ist.

   Auch beim herkömmlichen → *Richtfunk* wird ab Frequenzen von 2,5 GHz Sichtverbindung benötigt.

   Eine fehlende Sichtverbindung wird mit None-Line-of-Sight (NLOS) bezeichnet.

2. Abk. für Loss of Signal.

   Bezeichnung für einen Fehler in Transportnetzen, wenn ein Signalverstärker den Verlust des Eingangssignals, d.h. den Verlust eines elektrischen oder optischen Signals in einem physischen Kanal feststellt. Danach auch Bezeichnung für das Signal, das der Signalverstärker zur Fehleranzeige an das Netzmanagement weitergibt.

   → *LOC*, → *LOP*.

LOTOS

Abk. für Language of Temporal Ordering Specification.

Name einer formalen Spezifikationssprache für die Beschreibung verteilter Systeme. Standardisiert durch die → *ISO*.

Lotus, Lotus 1-2-3, Lotus Notes

Vollständige Bezeichnung: Lotus Development Corporation. Lotus ist die Bezeichnung eines sehr erfolgreichen und im April 1982 von Mitchell ‚Mitch' D. Kapor und Jonathan Sachs in Cambridge/Massachusettes gegründeten Softwareunternehmens.

Der Name leitet sich aus der Begriffswelt der transzendentalen Meditation ab, mit der sich Mitch Kapor zu diesem Zeitpunkt intensiv beschäftigte.

Lotus wurde insbesondere durch die 1982 auf der → *Comdex* vorgestellte, ab Januar 1983 verkaufte und erstaunlich leicht zu bedienende → *Tabellenkalkulation* Lotus 1-2-3 populär.

1985 kam mit Symphony eines der ersten integrierten Softwarepakete (→ *Office-Paket*) auf den Markt gebracht. Es wurde maßgeblich von Ray Ozzie entwickelt. Im gleichen Jahr erwarb Lotus von Dan Bricklin die Rechte an → *Visicalc* und ließ es in der → *Tabellenkalkulation* Lotus 1-2-3 aufgehen.

1988 folgte die innovative → *Groupware* Lotus Notes (auch nur Notes genannt), die seinerzeit diese Art von Software quasi im Alleingang geschaffen hat. Lotus Notes in Version 5 (genannt R5) wurde 1997 und 1998 mehrfach angekündigt, aber immer wieder verschoben, bis im Februar 1999 eine Werbekampagne startete – der Verkauf wurde jedoch erneut um einen Monat verschoben und startete letztendlich Anfang April. Auch Notes wurde maßgeblich von Ray Ozzie mitentwickelt.

1990 kaufte Lotus das Unternehmenn Samna, das bis dahin die Textverarbeitung Ami Pro hergestellt hatte.

1995 wurde Lotus von IBM gekauft. Im Anschluss daran wurde das Produkt Notes in zwei Linien getrennt: Domino (für den → *Server*) und Notes (für den Client).

→ *http://www.lotus.de/*

→ *http://www.lotus.com/*

Low Band

Branchenjargon für das Frequenzband für Satellitenempfang im Bereich von 10,7 bis 11,8 GHz. Üblicherweise werden in diesem Bereich von den Satelliten analoge TV-Programme ausgestrahlt.

Low-Level-Formatierung

→ *Formatieren.*

Low Memory

Bei IBM-kompatiblen PCs die Bezeichnung für die ersten (unteren) 640 KByte des Hauptspeichers. In diesem Speicherbereich befinden sich Teile des → *Betriebssystems* und aktuell laufende Programme.

→ *XMS.*

LP

1. Abk. für Linear Programming.
2. Abk. für Layer Protocol.

   Bezeichnung aus dem → *OSI-Referenzmodell.*

LPC

Abk. für Linear Predictive Coding.

Bezeichnet ein Verfahren zur Digitalisierung von Sprache (Analog/Digital-Wandlung, → *A/D*) im Rahmen der → *Quellcodierung*. Es handelt sich um einen → *Vocoder*, der digitale Sprachübertragung mit 2,4 (LPC-10, standardisiert seit 1984) bis 4,8 kbit/s mittels → *Modem* über analoge Telefonkanäle ermöglicht und dadurch auch wie eine Verschlüsselung wirkt. Die Sprachqualität ist bei derartig niedrigen Bitraten vergleichsweise (MOS-Wert von 2,0; → *MOS*), da alle individuellen Sprechermerkmale herausgefiltert werden.

Das Prinzip von LPC ist Grundlage zahlreicher anderer Verfahren. So wird es als ein Teil der Sprachcodierung z.B. im → *GSM*-System oder bei → *ATC* genutzt.

LPF

Abk. für Long Pass (Optical) Filter.

LPI

Abk. für Lines per Inch.

Bezeichnung für eine Maßeinheit, die bei → *Druckern* die grafische → *Auflösung* angibt. Diese Größe wird selten verwendet. Populärer ist die Angabe in → *dpi*.

LPL

Abk. für List Programming Language.

LPM

Abk. für Lines per Minute.

Bezeichnung für eine Einheit zur Leistungsmessung von Zeilendruckern oder → *Scannern*. Sie gibt an, wie viele Zeilen der Drucker pro Minute drucken bzw. wie viele Zeilen pro Minute der Scanner abtasten kann.

LPP

Abk. für Lines per Page.

Zeilen pro Seite. Eine Maßeinheit aus dem Bereich der Drucktechnik, die angibt, wie dicht eine Seite mit Zeilen bedruckt wird. Die Größe LPP hängt von der Seiten-, Schrift-, Durchschuss-, Absatz- und Randgröße ab.

LPT

Abk. für Line Printer oder auch Line Print Terminal.

Ursprünglich die generische Bezeichnung für Zeilendrucker. Dann, im → *Betriebssystem* → *MS-DOS*, die logische Bezeichnung für bis zu drei parallele → *Ports* (LPT1, LPT2, LPT3) zum Anschluss von Druckern. LPT1 entspricht dabei immer dem parallelen Port Nr. 1 und wird auch mit PRN (= Printer) bezeichnet.

Mittlerweile die Bezeichnung für eine Schnittstelle zum Anschluss von beliebigen Druckern an einen PC.

LQ

Abk. für Letter Quality.

Bezeichnet im Gegensatz zu → *NLQ* eine Druckqualität bei → *Nadeldruckern*, die so gut ist, dass in dieser hohen Qualität offizielle Geschäftsbriefe ohne Ansehensverlust gedruckt und versendet werden können.

LQ reicht jedoch nicht an die Druckqualität von → *Tintenstrahldruckern* oder → *Laserdruckern* heran.

LR

Abk. für Location Register.

Selten benutzter Oberbegriff im Mobilfunk für Datenbanken wie → *HLR* und → *VLR*.

LRAIC

Abk. für Long-Run Average Incremental Costs.

→ *Interconnection*.

LRC

Abk. für Longitudinal Redundancy Check; Längsparitätsprüfung.

→ *Paritätsbit*.

LRG

Abk. für → *Landesrundfunkgesetz*.

LRU

Abk. für Least Recently Used.

Bei der Verwaltung von knappen Speicherressourcen (z.B. vom → *Cache*) in Computersystemen ein mögliches Verfahren zur Bestimmung des auszulagernden Inhalts, falls neuer Inhalt geladen werden soll. Dabei ermittelt das → *Betriebssystem*, welcher aktuell im Speicher liegende Inhalt sich dort am längsten ohne Verwendung befindet und entfernt diesen Inhalt, so dass Platz für einen neuen zu ladenden Inhalt zur Verfügung steht.

→ *LRU*.

LS-120

Auch Superdisk oder Superdrive genannt. Bezeichnung für eine proprietäre Technologie, die es erlaubt, auf spezielle → *Disketten* mit dem Format 3,5 bis zu 120 MByte zu speichern.

Die Superdrives sollen universell abwärtskompatibel sein zu herkömmlichen 1,44-MByte- oder 720-KByte-Disketten sowohl des PC- als auch des Macintosh-Formats.

Entwickelt wurde die Technik gemeinsam von den Häusern Imation, → *Compaq* und Panasonic.

Vorgestellt wurde sie 1997.

LSA

1. Abk. für Local System Administrator.

   In Unternehmen und Computernetzen die für Netzknoten und die EDV-Verwaltung (oft auch für die TK-Anlagen-Wartung) zuständige Person. Verantwortlich für Wartung, Reparatur, Neuanschaffung, Accountverwaltung und Passwortzuteilung in einem bestimmten Bereich eines Unternehmens (‚local'), z.B. innerhalb einer Abteilung.

   Hierarchisch über ihm steht der Global System Administrator (GSA), der für einen erheblich größeren Bereich, z.B. das komplette Unternehmen, verantwortlich ist

   → *CIO*, → *Sysop*.

2. Abk. für Link State Advertisement.

   → *OSPF*.

LSAPI

Abk. für License Service Application Programming Interface.

Bezeichnung für eine → *API* zum Management von Softwarelizenzen aus dem Hause Microsoft.

LSB

Abk. für Least Significant Bit; niederwertigstes Bit.

Bezeichnet das → *Bit* in einem → *Wort* (z.B. in einem → *Byte* etc.) mit der niedrigsten Wichtung oder Bedeutung Das Gegenteil ist das → *MSB*.

LSC

Abk. für Least Significant Character.

LSD

Abk. für Least Significant Digit.

LSF

Abk. für Line Spectral Frequency.

LSI

Abk. für Large Scale Integration.

Bezeichnet bei der Chipherstellung eine Technik der integrierten Herstellung von Bauelementen auf einem monolithischen Halbleitersubstrat. In LSI-Technik werden zwischen 100 und ca. 5 000 Bauelemente in einem einzigen Halbleiterbaustein integriert. Entwickelt wurde sie gegen Ende der 60er Jahre.

→ *SSI*, → *MSI*, → *VLSI*.

LSL

Abk. für Link-Support Layer.

→ *ODI*.

LSN

Abk. für Large Scale Networking (Group).

Die LSN ging zur Mitte der 90er Jahre aus dem → *FNC* hervor, von dem es auch die Aufgaben übernahm.

LSP

Abk. für Label Switched Path.

→ *MPLS*.

LSR

Abk. für Label Switch Router.

→ *MPLS*.

LSSGR

Abk. für LATA Switching Systems Generic Requirements.

Begriff aus der → *Deregulierung* Nordamerikas.

→ *LATA*.

LSTTL

Abk. für Low-Power Shottky-Transistor-Transistor-Logic.

LT

Abk. für Line Termination.

Bezeichnung für eine Leitungsendeinrichtung im → *ISDN*. Sie schließt die Teilnehmerleitung in der ISDN-Vermittlungsstelle ab.

LTG

Abk. für Line Trunk Group.

Bezeichnung für die → *Teilnehmerschaltung* in digitalen Vermittlungssystemen, die über die Teilnehmerschaltung in analogen Systemen hinaus noch weitere Aufgaben wahrzunehmen hat.

→ *SLIC*.

LTM

Abk. für Line Terminal Multiplexer.

LU

Abk. für Logical Unit.

→ *Logische Einrichtung*.

Lucent Technologies

Von lat. lucere = hell leuchtend.

Bezeichnung für den aus den → *Bell Laboratories*, Western Electric und den früheren AT&T-Unternehmensteilen Netzwerktechnik, Business-Kommunikationssysteme und Mikroelektronik am 5. Februar 1996 hervorgegangenen Technologieteil des Konzerns AT&T mit damals rund 130 000 Beschäftigten. Börsennotiert seit dem 30. September 1996.

Lucent ist in den Bereichen Grundlagenforschung, Entwicklung (beides in den Bell Laboratories), Beratung, Mikroelektronik, Netzkomponenten- und Endgeräteherstellung aktiv. Der Hauptsitz ist Murray Hill/New Jersey in den USA.

In den letzten Jahren versuchte Lucent sich von einem auf Telefonie ausgerichteten Anbieter hin zu einem Anbieter für Daten- und insbesondere IP-Ausrüstungen zu wandeln und kaufte 38 Unternehmen für 46 Mrd. $ hinzu, doch erlitt Lucent im Jahr 2000 schwere Rückschläge im Vertrieb und der Integration dieser Unternehmen, so dass nicht nur der Aktienkurs zurückging, sondern es sogar Konkursgerüchte gab.

Im Jahr 2000 wurde der Bereich von Lucent Technologies, der sich mit Komponenten für private Unternehmensnetze auf der Basis von IP beschäftigt, unter dem Namen ‚Avaya Communication' abgespalten.

Im Mai 2001 platzten Fusionsgespräche zwischen Lucent und der → *Alcatel*, weil es keine Einigung über die Art der Zusammenführung gab. Während Lucent eine strategische Allianz oder eine Fusion unter Gleichen anstrebte sah die Alcatel mehr eine Übernahme.

Die Wurzeln von Lucent reichen zurück bis in das Jahr 1869, als Elisha Gray (→ *Telefon*) und Enos Barton in Cleveland/Ohio ein kleines Unternehmen zur Herstellung elektromechanischer Teile gründeten. Im Jahre 1872 wurde das Unternehmen in Western Electric umbenannt.

→ *http://www.lucent.com/*

→ *http://www.avaya.com/*

Luckynet

Name eines glasfaserbasierten → *LAN*s mit einer Übertragungsrate von 2,5 Gbit/s. Vorgestellt von AT&T Bell Labs, 1992.

LUF

Abk. für Lowest Usable Frequency.

Tiefstmögliche Frequenz für eine Funkübertragung zwischen zwei auf der Erdoberfläche weit voneinander entfernten Stationen, die die Reflexion an der → *Ionosphäre* ausnutzt. Diese Frequenz ist – wegen der wechselnden Charakteristika der Ionosphäre – tages- und jahreszeitabhängig.

Luftschnittstelle

Bei Funksystemen die Schnittstelle zwischen sendender und empfangender Antenne. Definiert werden alle Protokolle, die eine sichere Datenübertragung mit Funk ermöglichen, z.B. Übertragungsfrequenz, Frequenzhub, Bandbreite, Modulationsverfahren, Zugriffsmethode, Zeitrahmenstruktur und Sicherungsprotokoll.

Luftspalt

→ *Festplatte.*

Lukaseiwicz Notation

→ *UPN.*

Luminanz

Bezeichnet bei optischen Signalen den Grad der Helligkeit. Die Bezeichnung Luminanz beschreibt daher auch bei Videosignalen das Helligkeitssignal. Eine natürliche Helligkeit lässt sich in 256 Stufen darstellen; man braucht 8 Bit zur Codierung. Wichtig ist, dass verschiedene Farben gleicher Luminanz vom menschlichen Auge unterschiedlich hell wahrgenommen werden.

Häufig wird die Luminanz auch mit Y abgekürzt.

Schwarzweißfernseher benötigen nur dieses Signal zur Bilddarstellung.

→ *Chrominanz*, → *RGB*, → *YUV.*

LUNI

Abk. für LAN (Emulation) User Network Interface.

→ *LANE.*

Lurker

Von engl. lurker = Schleicher oder to lurk = lauern, herumschleichen. In der → *Internet*-Gemeinde der Jargon für denjenigen, der die → *Newsgroups* im → *Usenet* nur passiv, d.h. als die Information konsumierender Leser, nutzt, ohne selbst informationshaltige Beiträge (→ *Posting*) zu schreiben und an die Newsgroups zu senden, so dass andere auch davon profitieren.

LVDS

Abk. für Low Voltage Differential Signal.

→ *RSDS.*

LVDT

Abk. für Linear Variable Differential Transformer.

LW

1. Abk. für → *Leitungswähler.*
2. Abk. für Langwelle.
   Bezeichnung für elektromagnetische Wellen mit einer Frequenz von 30 bis 300 kHz.

LWL

Abk. für Lichtwellenleiter.

Anderes Wort für Glasfaser.

→ *Glasfasertechnik.*

Lynx

→ *MPT.*

LZH

Abk. für Lempel, Ziv und Haruyasu.

Bezeichnung eines von den Herren Abraham Lempel, Jacob Ziv und Yoshizaki Haruyasu entwickelten Algorithmus zur → *Kompression* von Daten. Die Buchstabenkombination .lzh ist auch die Namensendung einer Datei, in der mit LZH komprimierte Daten enthalten sind.

LZS-Codierung, LZS-Kompression

Abk. für Lempel, Ziv und Stac.

Bezeichnung eines von den Herren Abraham Lempel und Jacob Ziv sowie dem Unternehmen Stac Electronics entwickelten Algorithmus zur → *Kompression* von Daten. Dieses Verfahren wird oft in → *Routern* eingesetzt.

LZW-Codierung, -Kompression

Abk. für Lempel, Ziv und Welch.

Bezeichnung eines zunächst von den israelischen Wissenschaftlern Abraham Lempel und Jacob Ziv als Lempel-Ziv 77 in den 70er Jahren entwickelten sowie später Herrn Terry A. Welch bis 1984 weiterentwickelten verlustlosen Algorithmus zur → *Kompression* von Daten. Es wird z.B. zur Bilddatencodierung von → *GIF* oder auch → *TIFF* genutzt.

Grundprinzip ist, dass bestimmte im Quelldatenmaterial (häufig) vorkommende Symbolfolgen in einer Tabelle abgelegt und mit einem Index versehen werden. Anschließend werden nur noch die Indices der Tabelle, die kürzer als die Quelldatensymbole sind, in ihrer Reihenfolge übertragen.

Nachteilig ist, dass die Tabelle selbst nicht mit übertragen wird und vor der Dekompression beim Empfänger genauso rekonstruiert werden muss, ebenso, wie sie bei der Kompression erzeugt wird.

Ferner führt das Verfahren nur so lange zu einer Kompression, wie die aus der Tabelle erzeugte Indexfolge nicht selbst länger als das Quelldatenmaterial ist. Dies bedeutet, dass das Quelldatenmaterial über eine große Redundanz und nur sehr wenige, nur selten vorkommende Datensymbole, welche die Tabelle verlängern würden, verfügen darf.

Das Verfahren wurde ursprünglich von Lempel und Ziv um 1977 entwickelt und 1985 nach der Weiterentwicklung durch Welch vom Hause Unisys zum Patent angemeldet.

M

M

1. Bezeichnung einer Programmiersprache, die 1972 aus → *Mumps* heraus entwickelt wurde. M ist insbesondere im Bereich der medizinischen Informatik verbreitet.

   Weltweit bieten rund 400 Firmen M-basierte Software (insbesondere Datenbanken) für medizinische Zwecke an.

2. Technische Abk. für MByte.

   Bei der Beschreibung von Speichergrößen ein Präfix (ähnlich → *K*), das einem Faktor von 2^{20} (entspricht 1 048 576) gleichkommt (nicht mit Mega = 1 000 000 zu verwechseln).

   1 M entspricht z.B. 16 Blöcken zu je 64 K.

M1

Bezeichnung einer Schnittstelle beim → *Netzmanagement* von → *ATM*-Netzen zwischen einem System zum Netzmanagement in privaten ATM-Netzen und einem an dieses Netz angeschlossenen Endgerät.

M2

Bezeichnung einer Schnittstelle beim → *Netzmanagement* von → *ATM*-Netzen zwischen einem System zum Netzmanagement in privaten ATM-Netzen und den zu diesem Netz gehörenden Netzkomponenten.

M3

1. Bezeichnung einer Schnittstelle beim → *Netzmanagement* von → *ATM*-Netzen zwischen einem System zum Netzmanagement in privaten ATM-Netzen und einem System zum Netzmanagement in öffentlichen Netzen.
2. Bezeichnung für einen → *Mikroprozessor* aus dem Hause → *Cyrix*.

M4

Bezeichnung einer Schnittstelle beim → *Netzmanagement* von → *ATM*-Netzen zwischen einem System zum Netzmanagement in einem öffentlichen ATM-Netz und den Netzelementen in diesem Netz.

M5

Bezeichnung einer Schnittstelle beim → *Netzmanagement* von → *ATM*-Netzen zwischen einem System zum Netzmanagement in einem öffentlichen ATM-Netz und einem System zum Netzmanagement in einem anderen öffentlichen Netz.

M8F

Zeitsender mit Standort in Rugby/GB. Sendet mit 60 kHz. Andere Zeitsender sind → *DCF 77*, → *HBG*, → *WWVB* und → *JG2AS*

M13

Kurzbezeichnung für → *Multiplexer*, die 28 → *DS1*-Kanäle in einem → *DS3*-Kanal zusammenfassen.

M.30

Standard der → *ITU* für die grundsätzlichen Definitionen von → *TMN*-Systemen.

Ma Bell

Von engl. ma = Mutti und Bell als Bezeichnung für die gleichnamige Firma.
→ *Divestiture*.

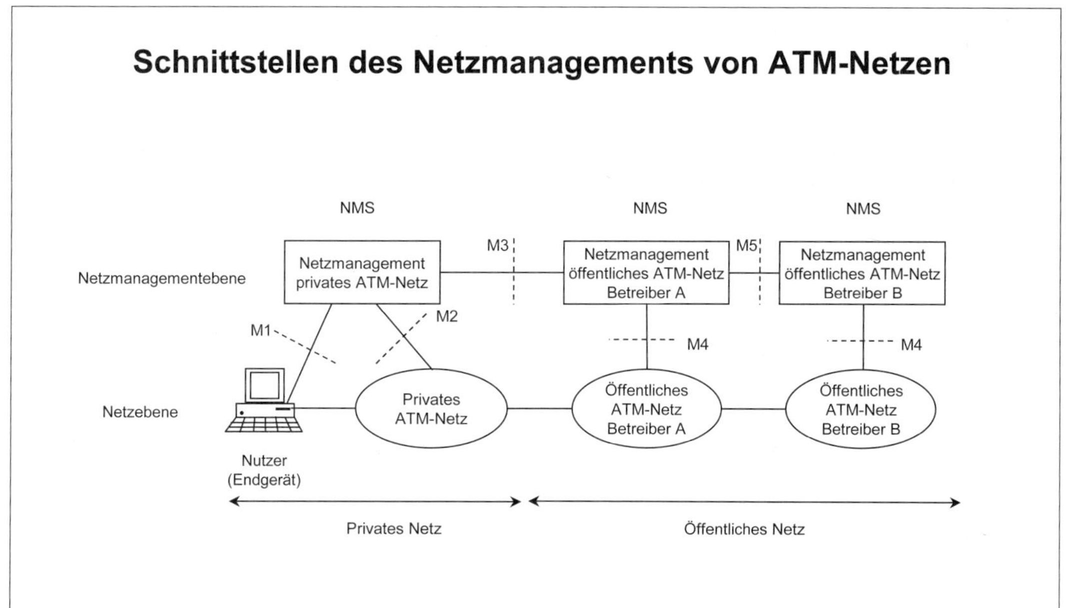

MAC

1. Abk. für Media Access Control.

   Innerhalb des Protokollstapels nach → *IEEE 802* eine Unterschicht der Schicht 2 des → *OSI-Referenzmodells*, unterhalb der anderen Teilschicht → *LLC*.

   MAC nimmt beim Sender von der LLC-Schicht die Daten in Form von Frames entgegen (bzw. gibt sie beim Empfänger an sie ab), regelt den Zugriff auf das Übertragungsmedium nach verschiedenen Strategien und überträgt (empfängt) über die darunter liegende Schicht 1 bitweise.

   Grundsätzlich unterscheidet man dabei Konkurrenzsysteme, bei denen viele Stationen gleichberechtigt um den Medienzugriff konkurrieren (sog. → *Shared-Medium*, z.B. → *CSMA/CD* oder → *Aloha*) und kollisionsfreie Zuteilungsprotokolle (→ *Token*-Verfahren), bei denen das Medium exklusiv nur einer Station zugeteilt wird.

2. Abk. für Multiplexed Analogue Components.

   Grundlegende Übertragungstechnik von Bildinformationen bei verschiedenen neuen Fernsehnormen, wie z.B. → *D2-MAC*, → *HD-MAC* und → *Muse*. Dabei werden die Bildinformationen für Luminanz, Chrominanz und Ton zeitlich versetzt hintereinander auf demselben Träger übertragen, so dass es nicht zu gegenseitiger Beeinflussung (Störungen) kommt, wenn z.B. bei der Aufnahme kleinkarierter Anzüge die Luminanz derart hochfrequent wechselt, dass sie in den Bereich des Farbträgers hineinreicht und vom Empfänger als Farbe missinterpretiert wird, was als ein störendes Zittern einzelner Bildteile wahrgenommen wird.

3. Abk. für → *Macintosh*.

   Bezeichnung für eine Rechnerlinie aus dem Hause → *Apple* mit dem → *Betriebssystem* → *MacOS*.

4. Abk. für Message Authentication Code.

   Internationale Bezeichnung für eine aus einem mathematischen Verfahren gewonnene Prüfsumme, die bei einem Verschlüsselungsverfahren errechnet wird (→ *Kryptologie*).

5. Abk. Multiplier/Accumulator.

   Bezeichnung für einen zentralen Bestandteil vieler digitaler Signalprozessoren (→ *DSP*), der mit nur einem Befehl eine Summe und ein Produkt bildet.

Mach

Bezeichnung eines Derivates des → *Betriebssystems* → *Unix*, entwickelt seit 1985 von der Carnegie Mellon University (CMU) in Pittsburgh/PA. Dabei wird der → *Kernel* neu entwickelt, aber die Schnittstellen des Unix-BSD-4.3.-Systems werden beibehalten.

Das Mach-Projekt nimmt dabei insbesondere auf neue technische Entwicklungen Bezug, wie z.B. Mehrprozessorarchitekturen oder Vernetzung von Rechnern.

So ist Mach 3 z.B. Basis von → *GNU* und beeinflusste auch → *NextStep* und die Bemühungen der → *OSF* um ein standardisiertes Unix.

Macintosh

Kurzbezeichnung auch einfach nur Mac. Bezeichnung einer Rechnerlinie aus dem Hause → *Apple*, die nach einer schottischen Apfelsorte benannt ist, aber etwas anders als diese (MacIntosh) geschrieben wird.

Vorgestellt wurde die Linie im Januar 1984 mit mehreren Werbespots und dem Slogan „Smash the System" während der Superbowl-Football-Endspiele in den USA, wobei u.a. der Filmregisseur Ridley Scott für einen nur bei dieser Gelegenheit gezeigten Videoclip verantwortlich zeichnete. Mit diesem Modell und der damit verbundenen Werbekampagne begründete Apple seinen Ruf, ‚anders' zu sein und mit seinem Coputer eine Art Lebenshaltung zu verbinden.

Der Rechner für 2 495 $ kam in den USA sehr gut an und schaffte es, Apple in den späten 80er Jahren einen Marktanteil von ca. 15% zu sichern. In den ersten 100 Tagen nach Verkaufsstart wurden 70 000 Stück, in den ersten sechs Monaten 100 000 Stück und bis Jahresende 1 Mio. Stück verkauft.

Der Rechner war mit 128 KByte RAM (erweiterbar auf 512 K) ausgestattet. Prinzipiell handelte es sich beim Mac um eine stark abgespeckte Version des → *LISA* mit 16 Bit 68000 Prozessor aus dem Hause Motorola (dem in den Jahren danach die neueren Generationen der 68000er-Familie folgten). Weitere Features waren eine grafische Oberfläche, → *Maus* mit einer Taste und ein hochauflösender 9-Zoll-Schwarz-Weiß-Bildschirm.

Er war der erste PC mit einem fest eingebauten 3,5-Zoll-Diskettenlaufwerk, wobei der Rechner zunächst nur aus Tastatur, Maus und einem Gehäuse mit fest eingebautem Monitor, Diskettenlaufwerk und CPU bestand.

Diese kompakte Einheit war vom Hause frogdesign kreiert worden und galt als formschönes Design (maßgeblich beeinflusst durch den Deutschen Hartmut Esslinger), so dass der Rechner Aufnahme in die Sammlung des Museum of Modern Art in New York fand.

Das vorinstallierte Programm MacPaint zeigte seinerzeit erstmals als praktische Anwendung, wozu eine Maus gut ist. Ferner war der Macintosh mit einem Protokoll zum Aufbau einfacher → *LANs* ausgestattet, dem → *LocalTalk*.

Im Laufe der Zeit kamen verschiedene Macs auf den Markt. So wurde z.B. 1989 der Macintosh SE/30 mit einem → *Motorola 68030* vorgestellt.

Ab 1994 kamen dann auch → *PowerPC*-Chips zum Einsatz, auf die ab 1996 vollständig gewechselt wurde.

→ *http://www.macfaq.com/*

→ *http://www.macintouch.com/*

→ *http://www.macsoftware.apple.com/*

MacOS

Abk. für Macintosh Operating System.

Bezeichnung des → *Betriebssystems* für die Rechnerlinie → *Macintosh* aus dem Hause → *Apple*. Es erschien im Herbst 1995 in Version 6 und ein Jahr später im Mai in Version 7, womit Apple zwei Jahre hinter dem eigenen Plan lag. Seit September 1997 liegt es in Version 8 vor, der im Frühjahr 1998 Version 8.1 und im Herbst 1998 Version 8.5 (Codename für die Entwicklung: Allegro) folgte. Version 8.6 (Sonata) kam im Frühjahr 1999, gefolgt von MacOS 9 im Oktober 1999. Am 24. März 2001 kam MacOS X in den Handel.

Am Nachfolger für MacOS wurde unter der Bezeichnung Copland seit längerem gearbeitet. Für Mitte 1997 wurde er ursprünglich angekündigt, dann jedoch wegen diverser Probleme mehrfach verschoben.

Im Mai 1998 schließlich wurde MacOS X als Nachfolger für 1999 angekündigt, in das auch Ergebnisse aus dem im Mai 1998 stillgelegten → *Rhapsody*-Projekt und aus → *NextStep* einfließen sollten. Der Kern der Betriebssystemfunktionalität wurde dabei von Rhapsody übernommen, auf den über eine Carbon genannte Schnittstelle zugegriffen werden kann. Andere Schnittstellen (Blue Box und Yellow Box) sorgen für zusätzliche Kompatibilität mit anderen, alten Programmen.

Aus MacOS X wurde unter dem Codenamen Darwin eine Version für Server entwickelt.

Maßgeblich entwickelte Avidis Tevanian Jr. ab 1997 MacOS mit, der zuvor bei → *Next* für die Entwicklung von → *NextStep* verantwortlich war.

→ *http://www.apple.com/macos/*

Macropayment

Bei der Betrachtung und Klassifizierung von Verfahren für → *Electronic Money* im Gegensatz zum → *Micropayment* oder sogar → *Picopayment* die Bezeichnung für Zahlungen im Bereich deutlich höher als 10 DM.

MACS

Bezeichnung für eine standardisierte Beschreibungssprache für Moleküle in der Chemie. Verschiedene Datenbanken basieren darauf. Mit Hilfe von speziellen Programmen können die MACS-Daten in dreidimensionale Bilder umgesetzt werden.

MactiveX

Bezeichnung bei der Realisierung von Anwendungen, die → *ActiveX* auf Rechnern vom Typ → *Macintosh* nutzen.

MAE

Abk. für Metropolitan Area Exchange (Point).

Bezeichnung von zentralen Punkten, an denen sich amerikanische Internet-Service-Provider (→ *ISP*) einer geografischen Region zum zentralen Austausch von Nachrichten aller Art untereinander und zum Übergang ins restliche → *Internet* zusammengeschlossen haben (→ *Peering*). Die MAEs werden von dem Unternehmen MFS Communications betrieben.

Es gibt folgende MAEs:

Ort	Name
Los Angeles	MAE-LA
Washington DC (genauer: McLean/Virginia)	MAE-East
San José	MAE-West
Dallas	MAE-Dallas
Chicago	MAE-Chicago

Der MAE-East hat in 1997 rund 1/3 des weltweiten Internet-Verkehrs abgewickelt.

Für die Verbindung nach Europa sorgt der MAE-Europe in Frankfurt/Main, der noch um einen MAE in Paris erweitert wurde.

→ *CIX*, → *DE-CIX*, → *DE-GIX*, → *GIX*, → *HKIX*, → *NAP*, → *LINX*.

Mäuseklavier

→ *DIP-Schalter*.

Magic Cap

Bezeichnung eines offenen → *Betriebssystems* aus dem Hause General Magic (gegründet von ehemaligen Mitarbeitern des Hauses Apple) für Netzknoten, die verschiedene zeitunkritische, personalisierte Dienste anbieten (→ *E-Mail*, Tele-Shopping, → *Online-Services* etc.).

Magic Cap kann auch als Betriebssystem für Endgeräte, die diese Dienste nutzen, eingesetzt werden und stellt dann auch eine grafische Benutzeroberfläche zur Verfügung.

Maßgeblich mitentwickelt von dem späteren → *WebTV*-Gründer Phil Goldman.

→ *Telescript*.

→ *http://www.spies.com/MagicCap/*

→ *http://www.genmagic.com/*

Magic Carpet

Bezeichnung eines Hard- und Softwarestandards für → *Set-Top-Boxen*. Entwickelt von Silicon Graphics und ihrer Tochter MIPS.

Die Hardware besteht aus einem → *ASIC*, der parallel zwei nach MPEG 2 (→ *MPEG*) codierte Videodatenströme bearbeiten (decodieren) kann. Daneben sind Funktionen für 3D-Grafik und Audiodaten vorgesehen.

AT&T, Samsung und Time-Warner-Cable haben ihre Unterstützung zugesagt.

MagicNet

Bezeichnung eines 1987 gegründeten → *Mailbox*systems in Deutschland aus dem zu Anfang der 90er Jahre die anderen Mailboxsysteme → *LightNet* und SevenNet entstanden.

Magnetblasenspeicher

Bezeichnung für ein spezielles, serielles und schnelles Speichermedium in Rechenanlagen. Es handelt sich um einen nichtflüchtigen Speicher mit wahlfreiem Zugriff, bei dem die Information in Form unterschiedlich magnetisierter Bereiche (Domänen, Magnetisierung je um 180° gedreht) gespeichert ist, die durch das Anlegen äußerer Felder auf dem Speichermedium hin- und herbewegt werden können. Die Domänen wandern dabei ‚wie Blasen' über die Oberfläche.

Zugriffszeit im Millisekundenbereich.

Einzelne zuverlässige Bausteine verfügen über Kapazitäten von 1 Mbit, andere über 4 Mbit, allerdings wurde die Technik der Magnetblasenspeicher und ihrer aufwendigen Ansteuerung insgesamt nicht zufriedenstellend beherrscht, weswegen sich diese Speichertechnologie nicht durchsetzen konnte.

1960 gab es zu dieser Technologie erste Arbeiten von Andrew H. Bobeck und H.E.D. Scovil, deren Ergebnisse 1969 veröffentlicht wurden. 1978 wurden dann erste Bausteine vom Hause Texas Instruments kommerziell eingeführt. Andere Firmen folgten. Ebenso stiegen viele in den 80er Jahren wieder aus, nachdem sich herausstellte, dass dieser Technik kein besonders großer Erfolg beschieden ist.

Magnetkarte

→ *Smart Card.*

Magnetkernspeicher

Auch nur Ferritkernspeicher oder Kernspeicher genannt.

Bezeichnung eines wahlfreien permanenten → *Speichers* mit kleinen Ferritringen als binäres Speichermedium aus der Urzeit der Computerei. Die Unterscheidung von log. 0 und 1 erfolgte durch unterschiedliche Magnetisierungsrichtungen. Die für die Ringe verwendeten Materialien waren ferromagnetischer Natur (chemische Eisenverbindungen) mit einem hohen elektrischen Widerstand.

Der Magnetkernspeicher wurde 1951 vom chinesischen Ingenieur An Wang (*1920) entwickelt, der im gleichen Jahr die Wang Laboratories Inc. gründete. Ferner wurde er auch von Jay Forrester 1951 entwickelt, der ihn am 11. Mai 1951 zum Patent anmeldete.

Erster Rechner mit Magnetkernspeicher war 1951 der → *Whirlwind.* Der erste kommerziell erhältliche Rechner mit einem derartigen Speicher war 1954 die Univac 1103A. In der Folgezeit wurden die Ringkerne immer kleiner, bis sie schließlich einen Durchmesser unter 1 mm hatten. Nachteilig waren die hohen Kosten (1970 kostete ein Kernspeicher mit 64 KByte rund 250 000 $, obwohl er damit seinerzeit noch rund 200 mal billiger war als ein vergleichbarer Halbleiterspeicher), das große Volumen und ein hoher Leistungsbedarf. Mit dem Aufkommen magnetischer Speichermedien schwand die Bedeutung des Kernspeichers. IBM beschloss 1968, die Entwicklung von derartigen Speichern zu stoppen. In den 70er Jahren verschwand diese Art des Speichers völlig. Allerdings bot der amerikanische Speicherspezialist Ampex 1981 noch Magnetkernspeicher an (64 KByte für 4 800 DM). Die Ringe hatten nur noch einen Durchmesser von 0,15 mm.

Magneto-Optical Disc

→ *MOD.*

Magnetplattenspeicher

→ *Festplatten.*

Magnetstreifen, Magnetstreifenkarte

→ *Smart Card.*

Magnettrommelspeicher

Auch nur kurz Trommelspeicher genannt.

Bezeichnung des ältesten externen Speichermediums für Computer. Auch als Arbeitsspeicher fand der Magnettrommelspeicher Verwendung. Dabei wird ein Metallzylinder (Trommel) mit einer Schicht aus magnetisierbarem Material beschichtet. Die Trommel rotiert mit 3 000 bis 5 000 Umdrehungen in einem Gehäuse. Schreib- und Leseköpfe können an die Trommel herangefahren werden und die in kreisförmigen Bahnen angeordneten Daten lesen und schreiben.

Nachteilig waren die enorme Größe und die notwendige exakte Justierung des Schreib-/Lesekopfes.

Der Österreicher G. Tauschek (Ingenieur) entwickelte auf Basis des von Pfleuderer konstruierten Magnetbandes den Magnettrommelspeicher. Die Kapazität einer 20 cm langen Trommel mit 10 cm Durchmesser lag zunächst bei 500 000 Bit. Ein Jahr später erhielt er ein Patent darauf.

1945 entwickelte der Deutsche Gerhard Dirks einen Magnettrommelspeicher zur Reife. 1951 wurden die ersten Magnettrommeln beim → *Mark III* und IV verwandt. 1952 waren die IBM 605 und ein Jahr später der meistbenutzte Röhrenrechner der 50er Jahre, die → *IBM 650*, mit einem Trommelspeicher ausgerüstet.

In den 70er Jahren wurde die Magnettrommel von der → *Festplatte* abgelöst.

MAHO

Abk. für Mobile Assisted Handover.

→ *Handover.*

Mail

Kurzform für → *E-Mail.*

Mailbox

Von engl. mailbox = Postkorb. Zwischenspeicher für eingegangene Nachrichten verschiedener Art.

1. Allgemein gängige Bezeichnung für einen → *Anrufbeantworter* im Telefonnetz, auf den Nachrichten für einen Teilnehmer gesprochen werden können, wenn dieser nicht erreichbar oder registriert ist. Der Teilnehmer kann die Nachrichten später abhören. Vorteil dieser Einrichtung aus Sicht des Netzbetreibers ist, dass die → *Call Completion* erhöht wird.

   Oft auch Voicebox, Messagebox oder Sprachbox genannt.

   Eingesetzt z.B. in → *GSM*-Netzen, bei bestimmten Mehrwertdiensten (→ *VAS*) und auch im Festnetz. In Deutschland bei allen Mobilfunkanbietern im Angebot und im Festnetz der Deutschen Telekom seit August 1997. Die Realisierung im Rahmen von → *Nebenstellenanlagen* wird meistens als → *Voicemail* bezeichnet.

   Es gibt verschiedene Möglichkeiten, ein → *Charging*-Schema für eine Mailbox im öffentlichen Netz zu definieren. Zwei grundsätzlich verschiedene Verfahren sind:

   - Monatliche Festgebühr (bis zu 5 DM/Monat) und Abrufmöglichkeit über eine gebührenfreie Nummer
   - Keine monatliche Festgebühr und Abruf über eine gebührenreduzierte oder eine andere gebührenpflichtige Nummer

   Diese beiden Schemas können variiert werden und z.B. mit weiteren nutzungsunabhängigen Gebührenteilen ergänzt werden:

- Einmalige Freischaltegebühr
- Periodische, z.B. monatliche Gebühr für größere Speicherkapazitäten für eingehende Nachrichten
- Periodische, z.B. monatliche Gebühr für längere Speicherzeiten für eingehende Nachrichten

Hinsichtlich der Benachrichtigung des Empfängers gibt es verschiedene Möglichkeiten:

- Eine vorher einprogrammierte Rufnummer wird nach der Aufnahme einer Nachricht in bestimmten zeitlichen Abständen, z.B. 30 Min., mehrfach so lange angerufen, bis sich dort jemand mit Passwort/PIN identifiziert und die Nachricht abhört. Es wird dabei nur eine bestimmte Anzahl Versuche unternommen, z.B. drei. Ferner ist bei dieser Variante die Definition von Sperr- und Anrufzeiten möglich:
  - Definition von Sperrzeiten, in denen keine Benachrichtigung erfolgen soll
  - Definition von Anrufzeiten, in denen Benachrichtigungen erfolgen sollen
    - Es wird eine alphanumerische Kurznachricht „Eine Nachricht ist für Sie eingetroffen" o.Ä. auf einen → *Pager* oder per → *SMS* auf ein → *GSM*-Endgerät geleitet.
    - Es wird einmal täglich zu einer frei einstellbaren Zeit, z.B. am Abend um 19.30 Uhr, ein Anruf zu einer frei einstellbaren Nummer generiert mit einer Ansage, ob Nachrichten aufgezeichnet wurden (mit einer damit verbundenen Abhörmöglichkeit) oder nicht.

Zusammen mit der Nachricht können verschiedene Zusatzinformationen übermittelt werden, üblicherweise durch ein Sprachansagesystem:

- Zeit und Datum des Nachrichteneingangs
- Länge der Nachricht
- Anrufernummer (sofern → *CLI* vorhanden)
- Priorität der Nachricht

Wenn CLI, z.B. im → *ISDN*, möglich ist, kann nach dem Abhören einer Nachricht auf Knopfdruck ein automatischer Rückruf zum Anrufer generiert werden.

Die Tastensteuerung per → *MFV* sollte folgende Steuerungsmöglichkeiten bei der Nachrichtenausgabe erlauben:

- Vor- und Zurückspringen an den Beginn der Nachrichten (rasches Wechseln zwischen Nachrichten)
- Vor- und Zurückspulen innerhalb der Nachrichten (z.B. ein Tastendruck = Vor- oder Zurückspringen um 5 Sekunden)
- Löschen und Speichern

Gerade hinsichtlich des Löschens und Speicherns kann die Mailbox unterschiedlich konfiguriert sein. Es sind dafür zu definieren:

- Maximale Speicherdauer nicht abgehörter Nachrichten (z.B. 25 Tage, so dass Leute nach einem dreiwöchigen Urlaub ihre zwischenzeitlich aufgelaufenen Nachrichten abhören können)
- Maximale Gesamtdauer nicht abgehörter Nachrichten
- Maximale Speicherdauer abgehörter Nachrichten (z.B. unbegrenzt, solange nicht die maximale Gesamtdauer überschritten wird; bei Erreichen der Gesamtdauer werden die ältesten Nachrichten je nach Platzbedarf gelöscht)
- Maximale Gesamtdauer der gespeicherten Nachrichten (z.B. insgesamt 20 Minuten je Mailbox)
- Löschbedingungen für die gesamte Mailbox (z.B. Löschung wenn sechs Wochen unbenutzt)

Von allen diesen Möglichkeiten können verschiedene Packages zusammengestellt werden, die für verschiedene Kundenbedürfnisse maßgeschneidert sind und unterschiedlich viel kosten (Basis-Mailbox, Komfort-Mailbox, Profi-Mailbox).

Weitere Möglichkeiten werden Mailboxen mit erweiterter Funktionalität bieten, wie z.B. Multiuser-Mailboxes, bei denen unter einem Anschluss verschiedene Personen ihre eigenen Mailboxen besitzen können. Dies ist z.B. für Familien oder kleine Unternehmen interessant. Auch hier kann ein Basispaket geschnürt werden (z.B. fünf Mailboxen als Familienpaket unter einem Anschluss für eine feste monatliche Gebühr von 5 DM und ein Unternehmenspaket mit einem festen Betrag von 1 DM je einzelner Mailbox ab fünf Mailboxen.

2. Bezeichnet einen über Telekommunikationsnetze per → *Modem* und → *Computer* (PC) anrufbaren anderen Computer, von dem aus Daten abgerufen werden können. Die Computer, die z.B. mittels eines Modems oder auch über das → *ISDN* erreichbar sind, bilden auf diese Art Computernetze und sind über eine eindeutige Adresse (Telefonnummer) erreichbar, so dass man an sie Nachrichten verschicken oder von ihnen Informationen abrufen kann.

Während der Begriff Mailbox in der Umgangssprache heute üblicherweise die Gesamtheit der nach bestimmten Regeln vernetzten Computer bezeichnet (eigentlich: Mailboxsystem), ist die Mailbox streng genommen nur der persönliche Speicherbereich eines Nutzers auf einem Computer.

Zugang dazu erhalten Nutzer durch → *Passwort* und ihren Nutzernamen nach vorheriger Anmeldung beim → *Sysop* der Mailbox.

Ein Nutzer wird üblicherweise in einen Userlevel eingeordnet, der festlegt, welche Rechte er dort hat, d.h., welche Angebote an Diskussionsrunden etc. er nutzen kann. In Abhängigkeit von seinem Mailbox-gemäßen Verhalten durch zahlreiche Uploads oder Teilnahme an Diskussionsrunden kann der Sysop den Nutzer hochstufen und mit weiteren Rechten ausstatten.

Die Finanzierung der Technik erfolgt bei kleinen Mailboxen, die der Sysop als reines Hobby betreibt, durch ihn selbst und bei größeren Mailboxen durch Mitgliedsbeiträge (5 bis 10 DM/Monat) der Nutzer oder durch Werbung.

Üblich ist, dass man Download-Kontingente für die in einer Mailbox enthaltenen Daten hat, die sich beim Upload eigener Daten entsprechend erhöhen, so dass eine Mailbox nicht nur durch → *Sauger* ausblutet, sondern auch mit neuen Daten beschickt wird.

Schnittstellen nach → *V.21* und → *V.22* galten lange Zeit als Standard, mittlerweile hat sich → *V.22bis* und dann auch → *V.90* wegen der höheren Datenrate etabliert. In Deutschland existieren schätzungsweise zwischen 10 000 und 20 000 einzelne Mailboxen, die sich zumeist mit anderen Mailboxen, die Informationen zu ähnlichen oder gleichen Themen anbieten, zu Netzen zusammengeschlossen haben. Beispiele für Mailboxnetze sind → *CL-Netz*, → *Fidonet*, → *MausNet*, → *T-Netz* und → *Z-Netz*. Im Unterschied zu einem → *Online-Dienst* bieten die semiprofessionellen Mailboxen üblicherweise nur → *E-Mail*, Diskussionsforen (Zahl schwankt je nach Mailbox zwischen 20 und 100) und Software zum → *Download* an.

→ *Netcall*, → *Crashmail*.

3. In einem Mailboxsystem die Datei, in der die E-Mails an einen Nutzer zwischengespeichert werden und von wo aus er sie abrufen kann.

Mailer

Die Software bei einem Client, die ein Benutzer zum Erstellen und Versenden einer → *E-Mail* benötigt.
Besteht aus dem Message Transfer Agent (→ *MTA*) und dem User Agent (→ *UA*).

Mailhost

Andere Bezeichnung für Message Transfer Agent (→ *MTA*).

Mailing-List

Bezeichnung für eine Liste von → *E-Mail*-Adressen, die auf einem → *Server* im Internet durch → *Mail-Robots* automatisch verwaltet wird.
Die Liste wird üblicherweise automatisch durch Software verwaltet, jedoch existiert ein (menschlicher) Listowner, der für die Softwarekonfiguration und alle mit der Liste und ihrem Thema zusammenhängenden Probleme verantwortlich ist. Meistens handelt es sich um den Gründer der Liste.
Personen können sich in die Liste eintragen und wieder entfernen lassen bzw. an die Liste eine E-Mail schicken, die dann automatisch an alle Adressaten, die in der Liste stehen, verteilt wird.
Das Eintragen in die Liste erfolgt häufig durch eine E-Mail mit leerem → *Subject* und dem Text ‚subscribe' an die Liste. Das Entfernen geschieht durch das identische Prozedere, nur mit dem Schlüsselwort ‚unsubscribe'.
Viele Mailing-Lists verschicken nicht jede E-Mail einzeln, sondern periodisch (z.B. einmal pro Woche) eine → *Digest* genannte Zusammenfassung aller in der Vorwoche eingetroffenen einzelnen E-Mails.
Darüber hinaus kann man bei manchen Mailing-Lists Schlüsselwörter angeben, um den Fokus der E-Mails weiter zu begrenzen. Dann erhält man nur die Auswahl an E-Mails, deren Thema sich auf das Schlüsselwort bezieht.
Von großer Bedeutung war ein Listserv genannter Dienst im → *BITNET*.
Eine Übersicht über Mailing-Lists in Deutschland:
→ *http://www.lisde.de/*

Mail-Robot

Bezeichnung für Softwareroutinen zur Verwaltung einer → *Mailing-List*. Ihre Aufgaben, die nicht von jedem Mail-Robot vollständig erfüllt werden, sind:

- Kopieren einer an sie gerichteten E-Mail und Verschicken an alle in der Mailing-List eingetragen Empfänger
- Verwalten der Mailing-List-Einträge, d.h. Eintragen neuer Empfänger und Löschen alter Empfänger
- Zusammenstellen von E-Mails zu längeren Beiträgen (Digesting), die erst danach versendet werden
- Auswahl von E-Mails anhand von Schlüsselwörtern, die von Empfängern vorgegeben werden, und Versenden der so herausgefilterten E-Mails an die betreffenden Empfänger
- Archivierung der E-Mails

Einsatzbereich z.B. bei Presseverteilern oder im Marketing.
Bekannte derartige Programme sind Listserv oder Majordomo unter → *Unix*.
→ *Spam*.

Mainframe

Oberbegriff für Großcomputer (sowohl von der Rechenleistung als auch vom Volumen her). Der Begriff Mainframe bezeichnet heute den gesamten Rechner, beschrieb aber in der Anfangszeit (50er und 60er Jahre) zunächst nur das Hauptgestell des Computers mit der → *CPU*.
Scherzhaft wurden nach dem Aufkommen vernetzter PCs in den 80er Jahren Mainframes auch mit Big Iron (Großes Eisen) bezeichnet.
Mainframes befinden sich grundsätzlich auf dem Rückzug, da heutige → *Workstations* und teilweise sogar PCs sowie Client/Server-Konzepte (→ *Server*) sie zu einem Großteil überflüssig gemacht haben. Nur in einigen Branchen, etwa Banken und Versicherungen, wo es auf Ausfallsicherheit, die Bearbeitung einer großen Zahl von Transaktionen (oft an einem zentralen Punkt) und Datensicherheit ankommt, gelten Mainframes zusammen mit der Organisationsform des → *Rechenzentrums* nach wie vor als Stand der Technik.
Durch den Erfolg des → *Internet* erfahren Mainframes aber bei bestimmten Anwendungen sogar wieder eine Renaissance (häufig frequentierte Websites mit hohen Transaktionszahlen, etwa Bestellvorgänge oder Datenbankabfragen).
Im technisch-wissenschaftlichen Bereich sind noch → *Supercomputer* verbreitet.
Erste Mainframes kamen in den 60er und frühen 70er Jahren auf den Markt. Ihre Hochzeit hatten sie Anfang der 70er Jahre mit oft Hunderten von angeschlossenen → *Terminals*. Mitte der 70er Jahre machten ihnen dann → *Minicomputer* zu schaffen. Beispiel für Mainframes: → *IBM /360* (vorgestellt 1964) oder /370 (vorgestellt 1970), die als Synonyme dafür gelten.
→ *Midrange*.

Majordomo

→ *Mail-Robot*.

Major Network Failure

→ *Verfügbarkeit.*

Makeln

Bezeichnet bei einer modernen → *Nebenstellenanlage* und neuerdings auch in öffentlichen Netzen (→ *ISDN*, → *Centrex*) ein Dienstmerkmal (→ *Dienst*) des Telefondienstes.

Dabei kann ein Teilnehmer mit zwei anderen Teilnehmern wechselseitig sprechen und zwischen ihnen hin- und herschalten, um z.B. Rücksprache zu halten. Die beiden → *B-Teilnehmer* können aber nicht (wie bei der → *Dreierkonferenz*) hören, was mit dem jeweils anderen → *B-Teilnehmer* gesprochen wird.

Makro

Makro ist die Bezeichnung einer freien Zusammenstellung beliebiger Befehle aus Anwendungsprogrammen auf Computern durch einen Anwender zu einem kleinen, speicherbaren Programm, das per Tastenkombination innerhalb des Anwendungsprogramms abgerufen werden kann. Ziel ist die Automatisierung häufig vorkommender Arbeitsschritte.

Die Aufnahme eines Makros erfolgt durch die Nutzung eines zum jeweiligen Anwendungsprogramm gehörenden Makro-Rekorders, der eine Folge von Tastenbedienungen und Mausbewegungen/Mausklicks aufzeichnet, dauerhaft speichert und zur Nutzung über eine bestimmte Tastenkombination zur Verfügung stellt.

Makronavigation

→ *Navigation.*

Makro-Rekorder

→ *Makro.*

Makrovirus

Bezeichnung für einen → *Virus*, der in Form eines → *Makros* von Anwendungsprogrammen implementiert wird und als solches weiter verbreitet wird.

Erscheinungsformen können sein:

- Reale Makros werden gesperrt und sind nicht mehr oder nicht mehr unter allen Bedingungen ausführbar (z.B. Speichern geht gar nicht mehr oder Speichern von Formatvorlagen geht gar nicht mehr)
- Reale Makros werden verändert (z.B. beim Aufruf des Makros ‚Speichern' wird das Dokument gelöscht)
- Reale oder neue Makros werden durch eine herkömmliche und vermeintlich ungefährliche Tastenkombination aufgerufen und sofort ausgeführt

Allgemein wird durch einen Makrovirus die Bedienung des Anwendungsprogrammes verändert, ohne dass der Benutzer dies zunächst weiß.

Makroviren werden in einer leicht erlernbaren Sprache geschrieben und können auch durch Nutzung dieser Sprache leicht modifiziert werden. Daher können derartige Viren rasch mutieren und sind auch von ungeübten Gelegenheitsprogrammierern problemlos zu erstellen. Dies macht sie zusammen mit der weiten Verbreitung der üblichen Anwendungsprogramme (meistens Programme aus einer → *Office-Suite*) gefährlich.

Makrozellen

Bezeichnung einer Zellengröße in zellularen Mobilfunknetzen mit einem Radius von ca. 1 km.

Sie dienen z.B. zum Abdecken entsprechend großer Gebiete oder als Overlay-Zellen (→ *Umbrellacells*) für → *Microzellen*. Dies ermöglicht, den langsamen Verkehr (Handys von Fußgängern) von schnellem Verkehr (Autotelefone) zu trennen und so die Zahl der → *Handover* herabzusetzen, was die Systemstabilität erhöht und Signalisierungsverkehr vermeidet.

→ *Picozellen*, → *Ruralcells.*

Malicious Code

Oft auch Malware genannt. Unter Programmierern der Jargon für jede Fom von schädlichen Programmzeilen, z.B. ein → *Virus* oder bewusst eingebaute → *Bugs.*

Malware

→ *Malicious Code.*

MAN

1. Abk. für Metropolitan Area Network.

   Bezeichnet private Netze mit einer Ausdehnung bis zu ca. 20 km (Stadtgebietsgröße), obwohl auch Ausdehnungen bis hin in den Bereich von 100 km möglich sind. Kennzeichnend sind drei Faktoren: hohe Datenrate (High Speed) zwischen 34 und 655 Mbit/s, Ausdehnung auf Stadtgebietsgröße und Zugriffsverfahren aus dem → *LAN*-Bereich. In letzter Zeit werden vermehrt an MAN-Techniken auch die Anforderungen zur → *isochronen* Datenübertragung von Sprache und anderen Echtzeitdaten gestellt. Beispiele für MAN-Techniken sind → *FDDI* oder auch → *DQDB* nach IEEE 802.6.

   → *WAN.*

2. Abk. für Mobitex Access Number.

   → *Mobitex.*

Managed Objects

→ *MO.*

Managed-PC

→ *NC.*

Management Domain

→ *MD.*

Manchester-Codierung

Ein Verfahren, Informationen zur bitseriellen Übertragung im Basisband zu codieren (→ *Kanalcodierung*). Die einzelnen Bit werden dabei nicht einem festen Pegel zugeordnet, sondern einem in der Mitte der Periode folgenden Pegelwechsel. Die logische 1 entspricht so, z.B., dem Wechsel von einem negativen Pegel zu einem positiven Pegel und die logische 0 umgekehrt dem Wechsel vom positiven zum negativen Pegel. Da in jedem Fall ein Pegelwechsel je codiertem Informationsbit durchgeführt wird, handelt es sich um ein selbsttaktendes Verfahren, wodurch sich Sender und Empfänger wesentlich leichter synchronisieren können. Angewendet wird dieses Verfahren z.B. beim → *Feldbus* vom Typ → *WorldFIP*.

Technisch wird das zu übertragende Signal *M* in Manchester-Codierung aus der logischen Verknüpfung des Datensignals *D* mit einem Taktsignal *C* (Clock) erzielt gemäß der Formel:

$$M = (\neg C * D) + (\neg D * C)$$

und den logischen Operatoren:

¬:→ *NICHT*

*:→ *UND*

+:→ *ODER*

Neben dieser Art der Manchester-Codierung wird auch die sog. differentielle Manchester-Codierung angewendet. Der Unterschied zur herkömmlichen Manchester-Codierung liegt darin, dass es zu Beginn eines zu übertragenden Symbols bei einer logischen 1 nicht zu einem Wechsel der Polarität kommt. Der Code ist dadurch gleichstromfrei. Er ergibt sich aus der XOR-Verknüpfung des Taktsignals mit einem NRZ-M codierten Signal (→ *NRZ*).

Die differentielle Manchester-Codierung wird z.B. bei → *Token-Ring* eingesetzt und ist dementsprechend in IEEE 802.5 definiert.

→ *NRZ*, → *RZ*.

Manchester Mark I

Bezeichnung für einen frühen, elektromechanischen Großcomputer, der an der Universität von Manchester maßgeblich und gemeinsam von dem Professor für Elektronik Frederic C. Williams, dem Mathematiker Tom Kilburn, Irving John (‚Jack‘) Good (* 1916) und Geoffrey C. Tootill entwickelt wurde. Scherzhaft wurde die Maschine auch ‚Baby‘ genannt.

Sie ging aus einem Prototypen hervor, der als SSEM (Small-Scale Experimental Machine) bezeichnet wurde und am 21. Juni 1948 erstmals zur Bestimmung des größten gemeinsamen Teilers von zwei Zahlen genutzt wurde. Die SSEM konnte aus einem Befehlsvorrat von sieben Instruktionen schöpfen und gilt als erster Computer, auf dem ein gespeichertes (und nicht fest verdrahtetes Programm) ausgeführt wurde.

Der Hauptspeicher bestand aus 32 Worten mit einer Wortbreite von 32 Bit, so dass sich ein gesamter Speicher für die damals unerhört große Zahl von 1 024 Bit ergab. Der gesamte Rechner wog 544 kg, war 6,7 m lang und 2,1 m hoch.

Urspünglich wurde die SSEM konstruiert, um eine Elektronenröhre als Speicherelement (nach ihrem Entwickler Frederic C. Williams auch Williams Röhre genannt) zu testen. Diese Technologie wurde von ihnen auch patentiert und erfolgreich in anderen Rechnern jener Zeit eingesetzt, z.B. in der → *IAS*, der → *IBM 701*, dem → *SWAC*, dem → *Whirlwind*. In den frühen 50er Jahren jedoch wurde diese Technologie durch den → *Magnetkernspeicher* abgelöst.

Die SSEM wurde erfolgreich als Manchester Mark I in Betrieb genommen und zum Ferranti Mark I weiterentwickelt und als dieser auch in der Zeit von 1951 bis 1957 kommerziell verkauft (neun Stück).

Der originale Prototyp blieb selbst bis 1951 in Betrieb und wurde anschließend abgebaut.

Anlässlich des 50-jährigen Jubiläums wurde die SSEM im Jahre 1998 nachgebaut und im ‚Manchester Museum of Science and Technology‘ ausgestellt.

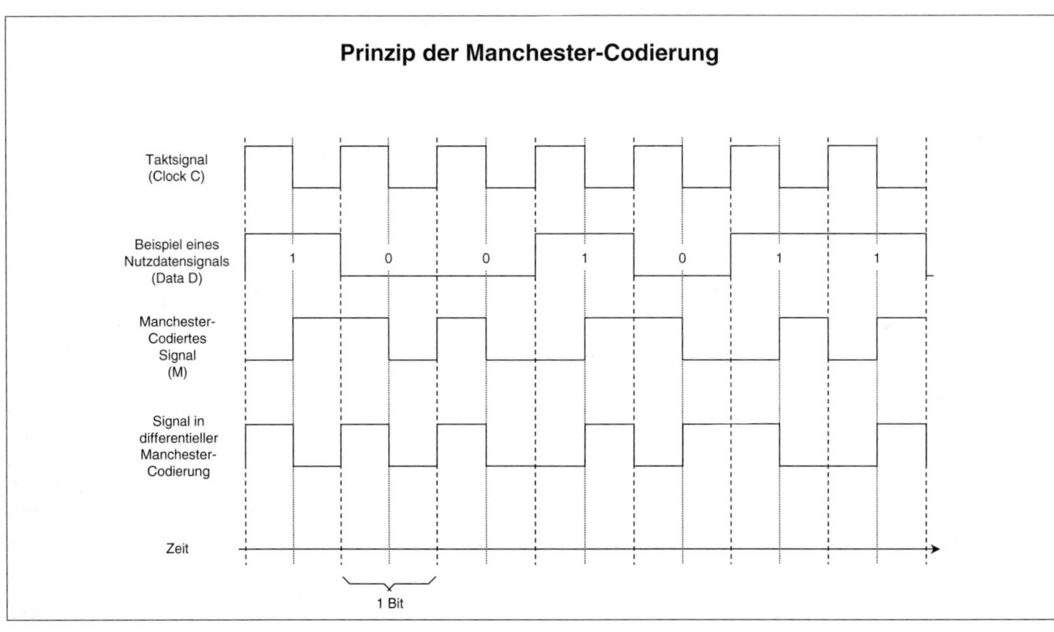

MANIAC 1

→ *Schachcomputer.*

Mantelmoden

Begriff aus der → *Glasfasertechnik.*

Bezeichnet solche → *Moden*, die sich im Mantel der Glasfaser, und nicht in ihrem Kern über Strecken bis zu einigen 100 m ausbreiten können.

Die Gründe dafür können z.B. sein:

- Fehlstellen der Glasfaser als Folge des Herstellungsprozesses
- Starke Krümmung der Glasfaser
- Äußere Einkopplung externer optischer Quellen in die Glasfaser

Dieser Effekt kann zu Fehlmessungen bei Faserprüfungen führen.

Mantisse

→ *Fließkommadarstellung.*

Manueller Betrieb

Bezeichnung für ein → *Leistungsmerkmal* von → *Faxgeräten*, bei dem alle Manipulationen für das Versenden eines Faxes von einer Bedienperson einzeln durchzuführen sind, etwa Drücken der Start-Taste für den Beginn der Datenübertragung, nachdem das angewählte Faxgerät sich gemeldet hat oder Drücken einer Hook-Off-Taste für den Faxempfang bei einem eingehenden Anruf.

MAOSCO

→ *MultOS.*

MAP

1. Abk. für Mobile Application Part.

   → *SS#7.*

2. Abk. für Mobile Access Protocol.

   → *MPT 1327.*

3. Abk. für Manufacturing Automation Protocol.

   Bezeichnung für ein von General Motors Anfang der 80er Jahre mit 16 anderen Firmen zusammen entwickeltes Kommunikationsprotokoll, um industrielle Automatisierungssysteme verschiedener Hersteller in die Produktion zu integrieren. Dabei werden die Bereiche Konstruktion, Fertigung, Fertigungssteuerung und Fertigungsüberwachung in ein System integriert. MAP wird im Rahmen eines → *Feldbus*-Systems eingesetzt.

   Die MAP-Spezifikation 2.1 definierte als wesentliche Parameter ein → *Koaxialkabel* (75 Ohm) als Übertragungsmedium, eine Übertragungsrate von 10 Mbit/s gemäß → *IEEE 802.4* bei einer analogen Bandbreite von 12 MHz und eine Kombination von Amplitudenmodulation und Phasenmodulation als Verfahren für die → *digitale Modulation.*

   Die spätere MAP-Spezifikation 3.0 aus dem Jahre 1987 basierte hingegen auf dem sich mittlerweile auch in der industriellen Produktion weiter verbreiteten → *IEEE 802.3.*

   Treibende Kraft bei der Entwicklung waren zunächst hausinterne Probleme bei General Motors in der Automobilproduktion. Erstmals eingesetzt 1984.

   → *TOP.*

MAPI

Abk. für Messaging Application Programming Interface.

Bezeichnung für eine → *API* aus dem Hause Microsoft, die bei der Anwendung von → *E-Mail*-Systemen zur Anwendung kommt. Gilt als umfassend, aber auch komplex, weshalb ihre Bedeutung gering ist.

Als Konkurrenzstandards gelten → *VIM* und CMC von → *XAPIA.*

Mapping

Bezeichnung für den Vorgang des Einfügens von → *ATM*-Zellen in Container der → *SDH*-Struktur, um Daten von einem ATM-Netzknoten per SDH-Leitung zu einem anderen ATM-Netzknoten übertragen zu können.

Marisat

1976 in Betrieb genommenes erstes Satellitensystem für den Telefondienst zu Schiffen. Von einem US-Konsortium finanziert und betrieben. Besteht aus drei Satelliten in → *GEO.* Erster Satellit 1976 über dem Pazifik, gefolgt von zwei weiteren über dem Atlantik und dem Indischen Ozean. Wird zivil und militärisch genutzt.

Das Marisat-System ging 1979 im → *Inmarsat-A*-System auf. Die Sendeleistung einer Bodenantenne betrug 40 W bei einem Antennendurchmesser von 1,2 m.

Mark I

Name eines frühen Großrechners aus der Anfangszeit der Computer Mitte der 40er Jahre. Wurde auch „(IBM) Automatic Sequence Controlled Calculator", ASCC, genannt. Nicht zu verwecheln mit dem → *Manchester Mark I.*

Die technischen Eckdaten waren: 16 m Länge, 2,5 m Höhe, 35 Tonnen Gewicht, 800 km Leitungen und 765 299 Einzelbauteile (darunter 3 000 Kugellager, 3 304 Relais, 175 000 Steckkontakte). Aufgrund der permanent klappernden Relais war der Rechner extrem laut.

Die Eingabe von Daten erfolgte über Lochstreifen, die Ausgabe über 36 Schreibmaschinen (Fernschreiber).

Zur Einstellung von Konstanten standen 420 von Hand zu bedienende Drehschalter zur Verfügung. Es konnten 72 Datenworte zu je 23 Dezimalstellen gespeichert werden.

Es wurden 6 Sekunden für die Multiplikation zweier zehnstelliger Zahlen benötigt, und es konnten bis zu 23-stellige Zahlen verarbeitet werden. Die Addition benötigte 0,3 Sekunden. 50% der Betriebszeit gingen für Reparatur und Wartungsarbeiten verloren, da beim Einschalten immer einige der Röhren ausfielen. Weil sein Konstrukteur Howard Hathaway Aiken (* 1900, † 1973) noch mit dem Dezimalsystem arbeitete, war er schon bei seiner Inbetriebnahme veraltet.

Vorwiegend wurden mit dem Mark I ballistische Tabellen für die US-Marine erstellt, insbesondere wurde in den letzten Kriegsmonaten die Reichweite von schweren Bombern bei verschiedenen Zuladungen und verschiedenen Windrichtungen berechnet.

Die Entwicklung des Mark I reicht bis in die 30er Jahre zurück. Nachdem er bereits 1936/37 erste Ideen dazu hatte, fing der amerik. Mathematikprofessor Howard Hathaway Aiken mit Unterstützung der IBM und seinen Mitarbeitern Clair D. Lake, Benjamin M. Dufree und Francis (‚Frank') E. Hamilton 1939 damit an, aus zusammengeschalteten Lochkartenbaugruppen und Relais einen ersten Großrechner zu konstruieren.

Oberster IBM-Lenker bei diesem Projekt war James Wares Bryce. Aiken nahm am 7. August 1944 an der Harvard University in Cambridge/Mass., im Harvard Computation Center, den Rechner in Betrieb, der der Universität von IBM letztlich geschenkt wurde. Die Pressestelle der Uni schrieb in einer Mitteilung seinerzeit über die Inbetriebnahme des „World's greatest Mathematical Calculator".

Die Angaben zu seinen Kosten schwanken zwischen 400 000 $ und 5 Mio. $ seit 1939.

Der Mark I blieb 15 Jahre in Betrieb. Seine Nachfolgemodelle waren → *Mark II*, → *Mark III* und → *Mark IV*. Eine wichtige Rolle spielte dieser Rechner auch bei der Einführung des Begriffs → *Bug* in die Computerwelt.

Mark II

Name eines elektromechanischen Großcomputers, auch ARC (Aiken Relay Calculator) genannt, aus der Frühzeit der Rechnertechnik. Er war der Nachfolger des → *Mark I*, dessen wesentliche Konzepte er jedoch fast unverändert übernahm.

Er hatte bereits 2 400 Elektronenröhren, konnte 96 Datenworte einer Wortbreite von 10 Dezimalziffern speichern und war bis zu zwölfmal schneller als der → *Mark I*. Eine einfache Addition dauerte noch 200 ms, eine Multiplikation nur noch 1 s.

Der amerik. Mathematikprofessor Howard Hathaway Aiken (* 1900, † 1973) begann 1945 mit der Konstruktion des Mark II und stellte ihn im Sommer 1947 vor. 1948 wurde er im Naval Surface Weapons Center in Dahlgren/Virginia aufgestellt. Dort berechnete er zahlreiche ballistische Tabellen.

In den folgenden Jahren wurde dieser Rechner zum → *Mark III* und → *Mark IV* weiterentwickelt, bei denen schon Magnetbänder der Dateneingabe dienten und die → *Magnettrommel* als Speicher verwendet wurde.

Mark III

Name eines elektromechanischen Großcomputers aus der Frühzeit der Rechnertechnik Anfang der 50er Jahre. Auch mit ADEC (Aiken Dahlgren Electronic Calculator) genannt. Nachfolger des → *Mark II*.

Der Mark III bestand aus 2 000 Relais, 5 000 Röhren und 1 300 Dioden. Ein Magnetband wurde zur Eingabe des Programms verwendet. Darüber hinaus nutzte er als einer der ersten Rechner überhaupt einen → *Magnettrommelspeicher*. Genauer gesagt handelte es sich um zwei Trommeln, jeweils eine für Daten und eine für Befehle. Ferner wurden Röhren zur Realisierung von Registern genutzt.

Der amerik. Mathematikprofessor Howard Hathaway Aiken (* 1900, † 1973) begann 1948 mit der Konstruktion des Mark III und stellte ihn 1952 im Naval Surface Weapons Center in Dahlgren/Virginia vor. Anlässlich dieser Inbetriebnahme zeigte das Nachrichtenmagazin ‚Time' den Mark II erstmals auf dem Titelbild. Damit war er der erste Computer überhaupt, dem dies gelang.

Da häufig Bessel-Funktionen mit ihm berechnet wurden, nannte man den Rechner scherzhaft auch ‚Bessie'.

Der Mark III galt zunächst als sehr unzuverlässig, bis man feststellte, dass dies am Abschalten über das Wochenende lag. Nachdem man den Rechner kontinuierlich auch die Wochenenden laufen ließ, besserte sich die Zuverlässigkeit.

Der Rechner blieb bis 1957 in Betrieb. Ihm folgte der wenig bekannte → *Mark IV*.

Mark IV

Name eines elektromechanischen Großcomputers aus der Frühzeit der Rechnertechnik Anfang der 50er Jahre. Nachfolger des → *Mark III*.

Im Gegensatz zu den vorangegangenen drei Rechnern wurde er nicht nur in Harvard geplant und zusammengebaut, sondern dort auch betrieben. Ferner war der Hauptnutznießer nicht die US-Marine, sondern die US-Luftwaffe. Die Planung begann 1950, 1952 wurde er in Betrieb genommen und 1962 wurde er außer Betrieb gesetzt.

Der Mark IV übernahm von seinem Vorgänger die → *Magnettrommelspeicher*, die Magnetbänder und ergänzte sie um den → *Magnetkernspeicher*.

Er nutzte sowohl Röhren als auch Dioden und hatte einen Speicher von 4 000 Datenworten mit einer Wortbreite von 16 Dezimalstellen.

MARS

Abk. für Multicast Address Resolution Services.

Bezeichnung für ein im RFC 1755 definiertes Protokoll, das ähnlich dem → *ARP* für → *Multicasts* verwendet wird.

Marsch auf Armonk

→ *APL*.

Maschinensprache

Oft auch Maschinencode oder Opcode genannt. Bezeichnung für die von einem Computer unmittelbar verstandene ‚Sprache', die schon gar keine solche mehr ist, sondern lediglich aus einer Folge von 0 und 1 besteht, die im Speicher abgelegt werden und den Rechner steuern. Damit ein Programmierer dies tun kann, muss er die → *CPU* des Rechners und alle seine möglichen Befehle genau kennen (CPU-Aufbau, Anzahl und Art der → *Register* und der → *Flags* etc.).

Mit dem Wortteil ‚Maschine' ist in diesem Fall das Rechenwerk des Computers gemeint.

Zur komfortableren Codierung für den Menschen wurden Bitmuster mit mnemonischen Codes (→ *Mnemonisch*) versehen, woraus sich die → *Assemblersprache* als nächsthöhere Sprache auf dem Weg in Richtung → *Programmiersprache* entwickelte.

In Maschinensprache vorliegende Programme werden heute durch → *Compiler* erzeugt und können durch einen Computer direkt und sehr schnell ausgeführt werden. Derartige Programme sind aber nur auf einer einzigen technischen Hardwareplattform lauffähig, da sie direkt auf einen bestimmten Typ eines → *Mikroprozessors* zugeschnitten sind.

MASIF

Abk. für Mobile Agent System Interoperability Facility.

Bezeichnung für eine Erweiterung von → *CORBA* mit dem Ziel der Realisierung mobiler → *Agenten* in Telekommunikationsnetzen, welche die → *Netzkonvergenz* unterstützen sollen.

Maske

1. Kurzbezeichnung für → *Lochmaske*.
2. Bezeichnung für eine bestimmte Einteilung des Bildschirms in Text und Eingabemöglichkeiten (Felder) bei interaktiver Software.

   Durch Masken können real in Papierform vorliegende Unterlagen, z.B. Formulare oder Fragebögen, nachgebildet werden. Sie erleichtern dem Nutzer der Software die Bedienung.

   → *Default*.

Maskerade

Jargon für den Zugriff nicht autorisierter Personen auf Datenbestände in Datenbanken oder andere Ressourcen eines Computersystems, die sich missbräuchlich einer real existierenden Authentifizierung und Identifikation einer autorisierten Person bedienen.

Maskierungseffekt, Maskierungsschwelle

Auch Verdeckungseffekt genannt. Begriff aus der → *Psychoakustik*. Bezeichnet den Effekt, dass der Mensch Töne mit einer Frequenz, die nur unwesentlich von der Frequenz eines lauten Tons abweichen, nicht wahrnimmt. Der laute Ton maskiert sozusagen die leiseren Töne.

Es ist möglich, bei einem Frequenzgemisch (z.B. Musik) in Abhängigkeit von den vorliegenden Frequenzen und ihren Amplituden eine Maskierungsschwelle zu definieren. Alle Frequenzen in unmittelbarer Nachbarschaft einer dominierenden Frequenz, die unterhalb dieser Schwelle liegen, werden vom menschlichen Ohr nicht wahrgenommen.

→ *Mithörschwelle*.

Mask Pitch

Bezeichnung für den Abstand der Mittelpunkte der Löcher einer → *Lochmaske* in Monitoren.

Massenspeicher

Bezeichnung für Speichermedien, welche die Größe eines internen → *Hauptspeichers* in einem Computer erheblich übertreffen und dauerhaft als externe Speicher eingesetzt werden können.

Der Begriff wird heute dank großer Hauptspeicher und fest eingebauter Speicher (→ *Festplatten*) kaum noch benutzt. Er bezog sich auf Speichermedien wie z.B. Magnetbänder.

Massiv paralleles System

→ *MPP*.

MathML

Abk. für Mathematical Markup Language.

Bezeichnung für eine technische Spezifikation für die Darstellung mathematischer Symbole und Gleichungen im → *WWW* des → *Internet*, ohne diese als Bild darstellen zu müssen. MathML ergänzt → *HTML* und ist kompatibel zu → *XML*.

Für die problemlose Darstellung von Seiten mit in MathML geschriebenen Inhalten im WWW auf den → *Browsern* ist es notwendig, dass die Browser MathML-fähig sind. Dies ist gegenwärtig nicht der Fall, so dass WWW-Nutzer zunächst ein → *Plug-In* laden müssen.

Vorgestellt wurde MathML im April 1998 vom → *W3C*.

→ *http://www.w3.org/Math/*

Matrix

Bezeichnung für eine sehr weite und nicht allgemein akzeptierte Auslegung des Begriffs → *Internet*.

Als Matrix wird jedes letzte kleine und auch nicht permanent über einen → *ISP* oder über eine eigene Standleitung an das Internet angeschlossene System (auch → *LAN*) bezeichnet.

Grundsätzliches Kriterium ist die → *E-Mail*-Fähigkeit, d.h. Matrix und Internet unterscheiden sich durch die nur semipermanente Anbindung der internen Firmennetze.

Der E-Mail-Dienst wurde gewählt, weil es sich bei ihm um den populärsten im Internet genutzten Dienst handelt.

Der Begriff stammt wie auch das Wort → *Cyberspace* aus dem Buch „Neuromancer" von William Gibson aus dem Jahr 1984.

Matrixdrucker

Bezeichnung für eine Klasse von → *Druckern*, die einzelne Zeichen und Symbole (Buchstaben, Sonderzeichen) aus kleineren grafischen Einheiten, z.B. Punkten, aufbauen. Qualitätskennzeichen ist die Angabe der Auflösung in → *dpi*.

Beispiele sind der → *Nadeldrucker*, der → *Thermodrucker* und auch der → *Tintenstrahldrucker*.

MATV

Abk. für Master Antenna Televison.

Bezeichnet in großen Wohnanlagen (Hochhäusern etc.) Gemeinschaftsantennen, von denen aus ein empfangenes TV-Signal in ein lokal begrenztes Kabelnetz eingespeist wird.

→ *Breitbandkabelverteilnetz*, → *CATV*.

MAU

1. Abk. für Multiple Access Unit.

   Bezeichnet in der Netzwerktechnik Geräte, über die sich mehrere Stationen an ein Medium oder ein anderes Gerät anschließen lassen, z.B. → *Hubs* oder Konzentratoren bei → *FDDI*.

2. Abk. für Medium Attachement Unit.

   Sehr selten auch in Deutschland mit Medienanpassungseinheit, Mediumanschlusseinheit oder -baustein bezeichnet.

   Bezeichnet in → *LANs* alle Teile, die zum Anschluss einer Station an das Übertragungsmedium gebraucht werden, also den → *Transceiver* zum Senden und Empfangen und den Anschluss an das Kabel selbst (z.B. mittels eines → *Tap*) zum Herstellen der physischen Verbindung. MAU ist Teil von Schicht 1 des → *OSI-Referenzmodells*.

   → *MDI*.

MAUO

→ *Unterwasserkabel*.

Maus

Bezeichnung für eine vom Nutzer handgesteuerte Positionierungs- und Bedienungseinheit für → *PCs* und andere Arten von Computern.

Die Bewegung der Maus durch die Hand eines Nutzers steuert direkt den → *Cursor* auf dem Bildschirm (Positionierung), wobei durch Drücken einer Maustaste (Bedienung) die Funktion des Bedienfeldes aktiviert wird, auf dem der Cursor gerade steht.

Zur genauen Bedienung und zum Schutz vor Verunreinigungen durch Staub oder Fusseln wird die Maus üblicherweise auf einer speziellen Unterlage bewegt, deren Oberflächenmaterial auf das Material der Kugel abgestimmt ist und Mauspad genannt wird. Eine platzsparende Sonderform der im Prinzip umgedrehten Maus, bei der man die Maus nicht selbst, sondern nur die Kugel als Bewegungsdetektor bewegt, ist der Trackball. Er wird insbesondere in → *Laptops* eingesetzt.

Das erste mausähnliche Steuergerät war noch aus Holz hergestellt. Es war von Douglas C. Engelbart (* 1925) 1963 in Stanford/Kalifornien bei Xerox entwickelt worden und bestand aus zwei Steuerrädchen, die zwei variable Widerstände für jede mögliche Bewegungsrichtung regelten. Sie diente als Steuerung für den → *Cursor* auf einem der ersten grafischen Computerbildschirme. Engelbart stellte die Maus u.a. 1968 auf einer Computer-Fachkonferenz in San Francisco vor, doch viele Zuschauer fanden das Konzept zu visionär.

1970 beantragte Engelbart das US-Patent 354541 für diesen „XY-Positionsanzeiger für ein Display-System“, gab aber später alle Rechte an das Stanford Research Institute ab und erhielt dafür lediglich 10 000 $.

Die erste digitale Maus, die in kleinen Stückzahlen gebaut und verkauft wurde, gab es im Rahmen des Projektes → *Alto* im → *PARC* von Xerox Anfang der 70er Jahre, entwickelt von Jack S. Hawley, der später mit ‚Mouse House‘ in Berkeley/Kalifornien sein eigenes Unternehmen gründete und die Maussteuerung perfektionierte.

1981 brachte Xerox den PC → *Star 8010* als ersten serienmäßigen PC mit der Maus auf den Markt. Problem in jener Zeit: Kaum ein Programm unterstützte die Maussteuerung.

1982 gab es die erste kommerziell einzeln erhältliche Maus aus dem Hause Genios mit drei Tasten für IBM PCs. Microsoft entschloss sich, die Mausbedienung in seine Produkte zu integrieren und entwickelte zuerst MS Word für die Maussteuerung. Weitere Programme folgten.

Der Sage nach erspähte Steve Jobs 1979 bei einem Besuch im PARC die Maus und entwickelte das Konzept bei → *Apple* weiter. 1983 brachte Apple dann den → *LISA* mit einer Zweitasten-Maus heraus. Als dieser kein großer Erfolg wurde, folgte ein Jahr später der → *Macintosh* mit einer Eintasten-Maus. Auf diesem war ein Grafikprogramm vorinstalliert, das den sinnvollen Einsatz der Maus aller Welt zeigte und zu ihrer endgültigen Etablierung führte.

Ab 1983 unterstützte auch MS-DOS 2.11 erstmals eine Maus. Die von einer japanischen Firma im Auftrag entwickelte Microsoft-Maus mit zwei Tasten wurde eingeführt.

1993 wurden optische Mäuse eingeführt, die nicht auf mechanischer Detektion der Mausbewegung mittels einer rollenden Kugel basierten, sondern auf der Veränderung der Reflexion einer Lichtquelle (Laser) an einer reflektierenden Unterlage (optisches Mauspad).

Mausarm

→ *RSI*.

MausNet

Bezeichnung eines → *Mailbox*systems mit starrer Baumstruktur, dessen Wurzeln im Jahr 1984 liegen. Maus ist Abk. für Münsteraner Apple User Service.

Seinerzeit entwickelten Jörg Stattaus, Gereon Steffens und einige andere eine Software für Mailboxen, die komfortabler als die damals übliche Software für → *C64*-basierte Mailboxen war. Ab 1988 erfolgte eine systematische Vernetzung der bis dahin nur lose vernetzten einzelnen lokalen Inseln mit eigener Software.

Der Nachrichtenaustausch zwischen den einzelnen Mailboxen erfolgt in der Nacht zwischen 3 und 4 Uhr von den Blättern des Baumes aus zur Wurzel und dann zurück zu den Blättern. Dadurch liegt die garantierte Nachrichtenlaufzeit bei max. einem Tag, die durch weitere Nachrichtentransfers nach dem gleichen Schema in Unterbäumen im Laufe eines Tages verkürzt werden kann.

Jede Mailbox hat als Kennung das Kfz-Kennzeichen der Stadt. Bei mehreren MausNet-Mailboxen in einer Stadt erhält jede eine zusätzliche Nummer.

Das MausNet gilt als kontrolliert und bescheiden gewachsen, deswegen aber auch als stabil mit geringer Fluktuation einzelner Mailboxen. Mittlerweile gibt es auch einige, wenige Verbindungen nach Österreich und in die Schweiz.

→ *http://www.mausnet.de/*

Mauspad

→ *Maus*.

Maya-1

Bezeichnung für ein 4 700 km langes → *Unterwasserkabel*, das die USA mit Mexiko, den Cayman Islands, Honduras, Costa Rica, Panama und Kolumbien verbindet. Betreiber

sind AT&T, C&W, MCI Worldcom, Sprint, Telmex, Hondutel und ICE.
Das Kabel wurde im Frühjahr 1999 von Alcatel Submarine Cables verlegt. Die gesamten Kosten lagen bei 150 Mio. $.

MAZ

Abk. für Magnetaufzeichnung.
Deutscher Oberbegriff aus der Frühzeit der ersten Aufzeichnung von Audio- und Videosignalen auf magnetisierbare Bandmedien im professionellen Film- und TV-Bereich. Hat sich dort bis heute gehalten („MAZ ab!").
Im englischen Sprachbereich findet sich eher die Bezeichnung Video Tape Recorder (VTR).
→ *Videorecorder*.

MB

Abk. für Mega Byte.
Bezeichnung für eine Menge von 2^{20} Bytes. Dies entspricht 1 024 * 1 024 = 1 048 576 Bytes.
→ *Byte*, → *K*.

M-Bone

Abk. für Multicast Backbone.
Bezeichnung für spezielle reservierte Leitungskapazitäten im → *Internet*, auf denen → *Multicasting* möglich ist. Das M-Bone ist damit nur virtuell ein eigenes Netz, da es in die herkömmliche Internet-Infrastruktur integriert ist. Es besteht aus speziellen Leitungskapazitäten, die spezielle → *Router*, die Multicast unterstützen, miteinander verbinden. Die entsprechenden Router werden auch als mrouter bezeichnet.
Das Netz nutzt dabei den Mechanismus der Multicastadresse von → *IP* aus, die eine Gruppe einzelner IP-Adressen umfasst. Dieses Verfahren wurde im Jahre 1985 von Steve Deering im Hause Xerox im → *PARC* entwickelt, der über das Thema an der Stanford University promovierte und entsprechende Proposals an die → *IETF* weiterleitete und bearbeitete.
Beim Multicasting werden Daten nur an diese eine Multicastadresse gesendet. Das multicastfähige Netz mit multicastfähigen → *Routern* übernimmt die Verteilung an die Einzeladressen. Dabei kommen spezielle Routingverfahren zum Einsatz, die die Verkehrslast auf den Leitungen minimieren, indem die Daten erst an denjenigen Knoten in diejenigen Äste verzweigt werden, an denen adressierte Teilnehmer vorhanden sind.
Erste Multicasts auf dem M-Bone, das auch von Steve Deering mitgegründet wurde, erfolgten nach dessen Einrichtung im März 1992. Dabei wurde eine Konferenz der → *IETF* in San Diego/Kalifornien mit Videobild und Ton über das Internet zu weiteren 20 angeschlossenen Orten übertragen. Der Begriff M-Bone selbst wurde erst 1992 nach dem Meeting der IETF im Juli eingeführt. Mittlerweile ist das M-Bone eine globale Struktur, an der insbesondere Universitäten und Forschungseinrichtungen angeschlossen sind. 1996 waren rund 2 900 Subnetze angeschlossen.
Das M-Bone ist inzwischen dabei, das Experimentierstadium zu verlassen. Die Protokolle migrieren auch in andere Teile des Internet und viele → *ISPs* bieten Zugänge zum M-Bone oder Tunnels an. Die → *IPMI* bemüht sich darum, Multicasting langfristig auf dem Internet zu etablieren.
→ *http://www.mbone.de/*

Mbps

Abk. für Mega Bit Per Second.

MBS

1. Abk. für Mobile Broadband System.
   Name eines in Europa im Rahmen von → *RACE* in der Entwicklung befindlichen Mobilfunkstandards für Breitbanddienste (z.B. mobile Bewegtbildübertragung, Video).
2. Abk. für Maximum Burst Size.

M-Bus

Bezeichnung für einen 64 Bit breiten Bus aus dem Hause Sun zur Verbindung mehrerer → *CPUs*. Seine Datenübertragungsrate beträgt 320 Mbyte/s. Eingesetzt wurde er von Jahresende 1991 bis 1995 in Rechnern der Linie → *SPARC*.

MBX

Abk. für → *Mailbox*.

MByte

→ *MB*.

MC

Abk. für Micro Channel.
→ *MCA*.

MCA

Abk. für Micro Channel Architecture.
Name eines prozessorunabhängigen synchronen Busstandards im PC-Bereich aus dem Hause IBM.
Der Bus überträgt 10 bis maximal 32 MByte/s (mittelschnell) bei einem Takt von 10 MHz mit einer Adressbreite von 16 oder 32 Bit. Er kann daher 16 MByte oder 4 GByte adressieren.
Der MCA-Bus ist von IBM hoch standardisiert worden und besitzt sehr hohe Latenzzeiten. Er gilt als teuer und ist zum älteren → *ISA*-Bus und zum folgenden → *EISA*-Bus inkompatibel, da sich die Platine und der Stecker verkleinert haben.
Zu seinen Vorteilen zählen: Neue passende Adapterkarten brauchen nicht mehr über DIP-Schalter konfiguriert werden, sondern werden mittels Setup-Programmen und Tastatur vom normalen PC aus konfiguriert. Jede Karte hat eine individuelle, von IBM vergebene und dort auch von den Lizenznehmern beantragte Nummer.
Er wurde von IBM ursprünglich 1987 für seine → *PS/2*-Baureihe entwickelt und dort im PS/2 Modell 80 mit Prozessoren vom Typ → *Intel 80* 386 erstmals eingesetzt. Auch in der → *IBM RS/6000* wurde der Mikrokanal eingesetzt.
Ziel der Entwicklung war, einen leistungsfähigen Bus für den 32-Bit-Prozessor 80386 ohne die Restriktionen des → *ISA*-Bus zu entwickeln. Zweites Ziel war, Nachahmer fernzuhalten. Die Spezifikationen wurden daher nur unter

bestimmten Bedingungen (u.a. hohe Lizenzgebühren) anderen Unternehmen zugänglich gemacht. Herkömmliche, bis dahin verwendete Steckkarten konnten nicht angeschlossen werden und wegen der restriktiven Politik gab es nur wenige Neuentwicklungen und kein Bauteil, das die Vorzüge der MCA überzeugend ausnutzte. Diese Busarchitektur ist daher nur gering (und wenn, dann in der 32-Bit-Breite) verbreitet und gilt, trotz seiner höheren Leistungsfähigkeit als das bis dahin meistverwendete → *ISA*, als kein großer Erfolg. Als Antwort auf dieses proprietäre System gilt der → *EISA*-Bus.

MCC

Abk. für Mobile Country Code.

Im Mobilfunknetz nach dem → *GSM*-Standard die Bezeichnung für eine Kennzahl, die ein Land (mit u.U. mehreren Mobilfunknetzen, → *MNC*) eindeutig identifiziert.

Der MCC ist dabei Bestandteil weiterer Identifizierungsnummern, z.B. vom Location Area Identifier (→ *LA*).

MCDN

1. Abk. für Micro Cellular Data Network.
2. Abk. für Meridian Customer Defined Network.

   Bezeichnung für ein proprietäres Signalisierungsprotokoll aus dem Hause Northern Telecom (→ *Nortel*) zur Verbindung von → *Nebenstellenanlagen* der Produktlinie Meridian über private Netze, wie z.B. → *Corporate Networks*.

   → *ABC-F*, → *Cornet*, → *DPNSS*, → *QSIG*.

MCGA

Abk. für Multi Colour Graphics Array.

→ *CGA*.

MCHO

Abk. für Mobile Controlled Handover.

→ *Handover*.

MCI

1. Abk. für Microwave Incorporation.

   Bezeichnung eines der großen Carrier in den USA. Gegründet wurde MCI im Jahre 1963 als Microwave Communications of America in einem Motel in Springfield/Illinois. 1968 schon bemerkte das Management, dass dieser Ort nicht die ideale Basis für einen geschäftlichen Erfolg sein würde und zog nach Washington DC um, nicht zuletzt auch deshalb, weil ein Rechtsstreit mit dem Monopolisten AT&T vorprogrammiert schien und man dem regulierenden Organ → *FCC* in Washington möglichst nahe sein wollte. Daher wurde der Firmensitz in unmittelbarer Nachbarschaft (5 Gehminuten) zur FCC aufgebaut.

   Kurze Zeit später, ab 1969, baute MCI in den USA zwischen Chicago und St. Louis eine Richtfunkstrecke für Telefonverbindungen auf und erstritt sich mühsam vor Gericht das Recht, diese mit dem Netz von AT&T zu verbinden.

   Auch in späteren Jahren machte MCI mit seiner großzügigen Auslegung regulatorischer Vorschriften und anschließender Prozesse von sich reden. In der amerikanischen TK-Branche hielt sich daher lange Zeit die scherzhafte Behauptung, MCI sei eigentlich ein Rechtsanwaltsbüro mit angeschlossener Mikrowellenantenne.

   Mit seinem Vorgehen hatte MCI seinerzeit einen Präzedenzfall geschaffen. Viele kleinere Unternehmen beriefen sich auf die gerichtliche Entscheidung und bauten nach dem Vorbild von MCI eigene Netze in Konkurrenz zu AT&T auf.

   MCI war in den 90er Jahren in der strategischen Allianz → *Concert* lange Zeit international mit → *BT* verbunden, die jahrelang auch einen Anteil von 20% an MCI hielt und sie 1997 auch komplett kaufen wollte, um in den US-Markt einzusteigen. Im November 1997 machte die wesentlich kleinere → *Worldcom* der MCI als die Nr. 2 im amerikanischen Markt für Ferngespräche schließlich ein Kaufangebot über rund 30 Mrd. $ und durchkreuzte damit BTs Pläne. Auch die Konkurrenz GTE trat ins Bietergefecht ein und bot 28 Mrd. $ in eigenen Aktien, woraufhin Worldcom sein Erstgebot aus dem Oktober noch mal auf 36,5 Mrd. $ nachbesserte. Zum 20. September 1998 ging das neue Unternehmen schließlich als MCI Worldcom an den Start, nachdem zuvor MCI als regulatorische Auflage sein IP-basiertes Netz an Cable & Wireless für 1,75 Mrd. $ verkauft hatte.

   → *http://www.mci.com/*
2. Abk. für Multimedia Control Interface.

   Bezeichnung für eine Softwareschnittstelle, die es Videokonferenzsystemen unter → *Windows* ermöglicht, Video- und Audiodaten von anderen Video- und Soundkarten in PCs zu übernehmen.

   Gemeinsam entwickelt von IBM und Microsoft.

   Als Nachfolger gilt ActiveMovie.

MCID

Abk. für Malicious Call Identification.

Bezeichnet die Möglichkeit im → *ISDN*, böswillige Anrufer zu identifizieren.

McKinley

Codename im Hause → *Intel* für das Projekt der Entwicklung eines Nachfolgers des → *Mikroprozessors* Merced (→ *EPIC*). Er zeichnet sich durch Taktraten im Bereich deutlich über 1 GHz aus und verfügt über einen größeren → *Cache*.

Die Entwicklungsarbeiten starteten Mitte der 90er Jahre. Mit Serienprodukten wurde zunächst für 2002 gerechnet, doch da sich selbst der Vorgänger Merced verspätete ist nicht damit zu rechnen, dass dieses Datum eingehalten wird.

→ *Deerfield*.

MCM

1. Abk. für Multicarrier Modulation.

   Bezeichnung für Mehrträgerübertragungsverfahren (im Gegensatz zu Einträgerübertragungsverfahren), wie z.B. → *DMT*.

2. Abk. für Multichip Module.
   Bezeichnung für elektronische Baugruppen, bei denen mehrere integrierte Schaltkreise (→ *IC*) in einer Baugruppe platzsparend zusammengefasst sind.

MCNS

Abk. für Multimedia Cable Network System.

Bezeichnung für einen Zusammenschluss mehrerer großer Betreiber von Kabelfernsehnetzen (→ *Breitbandkabelverteilnetz*) in den USA mit dem Ziel, Anwendungen und Übertragungsverfahren für die bidirektionale, breitbandige Nutzung von Kabelfernsehnetzen zu entwickeln.

Ein Resultat ist DOCSIS (→ *Kabelmodem*).

M-Commerce

Abk. für Mobile Commerce.

Der Begriff wurde in Anlehnung an E-Commerce (→ *E-Business*) geschaffen. Eine allgemein anerkannte und präzise Definition gibt es derzeit nicht. Unter dem Begriff werden eine Vielzahl unterschiedlicher Dienste, Anwendungen, Technologien und Geschäftsmodelle zusammengefasst, denen gemein ist, dass es um über eine mobile Schnittstelle abwickelbare Dienstleistungen geht, die das bisherige Dienstspektrum von Mobilfunknetzen (im Wesentlichen vermittelte Sprachübertragung und Kurznachrichtendienst; in einem sehr geringen Maße auch Datenübertragung) erheblich erweitern und dabei insbesondere die neuen technischen Möglichkeiten einer paketorientierten Datenübertragung nutzen (→ *Paketvermittlung*).

Der Versuch einer strengeren Formulierung führt dazu, M-Commerce als eine Anwendung zu definieren, bei der ein von Dritten erbrachter Mehrwertdienst (→ *VAS*) von einem Nutzer in Anspruch genommen wird, der nur unter Einbeziehung technischer Komponenten der Infrastruktur eines Mobilfunknetzes geleistet werden kann.

Es sei darauf hingewiesen, dass bei dieser Definition weder die Form des verwendeten Endgerätes (z.B. Handy, Laptop, Organizer) noch die in Anspruch genommenen Teile der mobilen Infrastruktur, noch der konkrete technische Standard, noch die notwendige Bandbreite eine Rolle spielt. Insbesondere der letzte Punkt ist insofern interessant, als dies für M-Commerce-Anwendungen bedeutet, dass nicht notwendigerweise multimediale Anwendungen (die einen entsprechenden Bandbreitenbedarf haben) notwendig sind, sondern auch Anwendungen mit wesentlich weniger Bandbreite denkbar sind.

Die Bedeutung des ca. 1998 aufgekommenen Begriffes leitet sich dadurch ab, dass bei der Versteigerung der Lizenzen für Netze nach dem Standard → *UMTS* (Universal Mobile Telecommunications System) im Jahre 2000 unerwartet hohe Erlöse erzielt wurden, die für die Lizenzinhaber hohe Kosten und damit einen Druck auf die Erschließung neuer Einnahmequellen verursachen. Dies trifft nicht nur auf Deutschland, sondern auch auf GB zu. Die Mobilfunknetzbetreiber sind gezwungen, diese sofort fälligen Lizenzgebühren in der Zukunft durch attraktive Dienste, die sie ihren Endkunden anbieten, und den damit verbundenen Umsätzen zu verdienen. Doch auch für bestehende Netzbetreiber, die im Zuge der technischen Weiterentwicklung bestehender Standards ihre auf dem Standard → *GSM* basierenden Netze aufrüsten, stellt sich die Frage, wie Kunden über die Zeit der Mindestvertragslaufzeit gehalten (→ *Churn*) und angesichts sinkender Nutzungsgebühren und der Erschließung preisbewusster Kundensegmente durch die → *Prepaid Card* der durchschnittliche Umsatz pro Kunde (→ *ARPU*) gesteigert werden kann.

Der Klasse der mit M-Commerce bezeichneten Mehrwertdienste wird bei der Erreichung der beiden Ziele eine hohe Bedeutung zugemessen.

Hinsichtlich konkreter M-Commerce-Dienste werden viele verschiedene Ausprägungen diskutiert, von denen die folgenden Beispiele die bekanntesten Dienste sind:

- Der → *Location Dependent Service*: Bei ihm wird eine Ortsbestimmung des Nutzers vorgenommen und in Abhängigkeit von dieser Position wird dem Nutzer eine Dienstleistung angeboten.
- Der persönliche Informationsdienst (→ *PIMS*): Er dient der mobilen Verwaltung und dem jederzeitigen Zugriff auf Funktionen zur Verwaltung von persönlichen Standardinformationen, wie z.B. Terminen und Adressen.

M-Commerce-Dienste werden über Netzplattformen abgewickelt, die evolutionsartig aus den heute weit verbreiteten → *GSM*-Netzen (Global System für Mobile Communications) hervorgehen oder die ein neu zu errichtendes UMTS-Netz sein wird. Die besondere Schwierigkeit liegt darin, dass es sich bei der Entwicklung von M-Commerce daher um einen evolutionären Prozess über mehrere Jahre handelt, bei dem die Entwicklung verschiedener Technologien (Netzplattform, Endgeräte, Supportsysteme wie das System für → *Billing*) berücksichtigt werden müssen, um im Rahmen dieses langfristigen Prozesses auch M-Commerce-Anwendungen beständig weiterzuentwickeln.

Neben diesen technischen Unwägbarkeiten kommt bei M-Commerce hinzu, dass das Business-Modell von wesentlich mehr Parametern beeinflusst wird, als es beispielsweise in den frühen 90er Jahren beim Einstieg in die moderne Mobilfunkwelt der Fall war. Gab es seinerzeit im Wesentlichen nur die Parameter „Entwicklung der Nutzerzahlen" und „Entwicklung des Minutenpreises" für den sich abzeichnenden, von Sprachtelefonie und sehr wenigen Anbietern dominierten Markt, so kommen mit M-Commerce viele unterschiedliche Dienste, Dienstleistungen und vor allem wesentlich mehr Marktteilnehmer (= Wettbewerber; nicht nur Netzbetreiber, sondern auch Dienstanbieter) und Kooperationsmodelle der Marktteilnehmer hinzu.

Ein weiterer Unsicherheitsfaktor ist die fehlende → *Killer Application* als ‚der' Erfolg versprechenden M-Commerce-Applikation. Diese hohe Zahl von Unwägbarkeiten stützt die These, dass sich die M-Commerce-Dienste evolutionär entwickeln werden. Lediglich Erfolgsfaktoren allgemeiner Art lassen sich identifizieren. Dazu gehören Personalisierung, Transaktionsfähigkeit, offene Portale, transparenter Zugriff auf Funktionalität, ein transparentes und einfaches Preisschema und ein früher Start.

Ein Verband, der sich länder- und herstellerübergreifend mit M-Commerce beschäftigt, ist das → *GMCF*.

→ *Radiccio*.

MCP

Abk. für Mass Calling Platform.
Bezeichnung für Einrichtungen in Telekommunikationsnetzen zur Auswertung von Massenanrufen, wie z.B. bei → *DRTV*. Lösung z.B. durch → *IVR*.

MCPC

Abk. für Multi Channel per Carrier.
Bei der Ausstrahlung von TV-Programmen über Satellit bezeichnet dies eine Technik, bei der die einzelnen Programme innerhalb eines → *Transponders* als Programmpaket auf einem Träger verschachtelt sind.

MCR

Abk. für Minimum Cell Rate.
→ *ATM*.

MCS

Abk. für Multipoint Communication Services.
Bezeichnung für Telekommunikationsdienste, bei denen mehrere Teilnehmer zusammengeschaltet werden.
Definiert ist der Begriff in T.122 und T.125 im Zusammenhang mit → *Videokonferenzen* zwischen mehreren Teilnehmern, die → *Application Sharing* nutzen.

MCS-L1 und -L2

Abk. für Mobile Communication System on Land Version 1 and 2.
Andere Bezeichnung: → *NTTM*.

MCT

1. Abk. für MOS Controlled Thyristor.
2. Abk. für Mobile Communication Terminal.
   Andere Bezeichnung für → *MS*.

MCU

Abk. für Multipoint Control Unit.
Bezeichnung für die technische Einheit bei → *Videokonferenzen* oder bei herkömmlichen Schaltungen für Telefonkonferenzen, die von einem zentralen Punkt aus bei einem Teilnehmer alle anderen angeschlossenen Teilnehmer mit entsprechenden Datenströmen über ein (öffentliches) Telekommunikationsnetz versorgt.
Eine MCU wird im → *ISDN* für Videokonferenzen benötigt, sofern mehr als zwei Personen teilnehmen. MCUs können von den Videokonferenzteilnehmern gestellt oder bei einem Anbieter von Telekommunikationsdienstleistungen (üblicherweise ein Netzbetreiber, → *Carrier*) für die Dauer einer Videokonferenz reserviert und gemietet werden.

MD

1. Abk. für Mini-Disc.
   Bezeichnet einen → *CD*-Firmenstandard aus dem Hause Sony. Ursprünglich für den CD-Walkman als Konkurrenz zur digitalen Compact Cassette (→ *DCC*) entwickelt, soll die wiederbespielbare CD mit einem Durchmesser von 6,8 cm und einer Speicherkapazität von 140 MByte die Disketten und auch die Audio-Kassetten ersetzen und → *CD-ROMs* Konkurrenz machen. Genutzt wird das Datenkompressionsverfahren → *ATRAC*. Definiert im Rainbow-Book. Musik-Spielkapazität 74 Min.
   Erste MD-Geräte kamen um 1992 von Sony auf den Markt. Dieser entwickelt sich seither eher schleppend. Seit 1996 haben andere Hersteller der Unterhaltungselektronik ebenfalls Produkte vom Autoradio mit MD-Spieler, MD-Walkman und auch MD-Hi-Fi-Anlagen im Angebot, so dass der Markt wächst. In Japan sind MD-Geräte durchaus weit verbreitet.
   → *DAT*, → *DCC*.
   → *http://www.minidisc.de/*
2. Abk. für Mediation Device.
   Bezeichnung einer Umsetzungseinrichtung, die üblicherweise Daten eines Systems oder mehrerer Systeme in ein Datenformat eines anderen Systems umsetzt. Damit verbunden sind häufig Zusatzfunktionen, wie z.B. die Zwischenspeicherung oder auch die Datenerhebung oder Datenabfrage. Häufig erwähnt im Kontext eines Netzmanagementsystems (→ *TMN*) oder eines Billing-Systems (→ *Billing*).
3. Abk. für Messge Digest.
   → *MD4*.
4. Abk. für Management Domain.
   Bezeichnung für einen von einem Dienstbetreiber verwalteten Versorgungsbereich beim → *X.400*-Dienst, der zwischen privater (→ *PRMD*) und öffentlicher (→ *ADMD*) → *Domain* unterscheidet.

MD4, MD5

Abk. für Message Digest (No.) 4 resp. 5.
Im → *Internet* benutzte Algorithmen zur → *Authentifizierung*. Sie basieren auf einer One-Way-Hashfunktion (→ *Hashen*) mit Schlüssel, d.h., aus dem Ergebnis des Hashens kann nicht umgekehrt auf den verwendeten Schlüssel geschlossen werden.
Aus einer beliebig langen Nachricht wird bei MD4 und MD5 ein 128 Bit langer sog. Message Digest ermittelt. Dieser wird an die unverschlüsselte Nachricht angehängt, wodurch der Keyed Digest entsteht. Der Empfänger ermittelt aus der Nachricht mit dem gleichen Verfahren den Message Digest und vergleicht ihn mit dem übertragenen. Sind beide gleich, weiß der Empfänger, dass die Nachricht authentisch ist.
Der Unterschied zwischen MD4 und 5 ist, dass bei MD4 der Algorithmus dreimal durchlaufen wird, wohingegen das bei MD5 viermal der Fall ist, wodurch eine bessere Verschlüsselung erzielt wird.
Häufig eingesetzt bei → *IPSec*.
MD4 wurde von Ron Rivest 1990 veröffentlicht, gefolgt von MD5, der von Ron Rivest 1991 der Öffentlichkeit vorgestellt wurde und mittlerweile im RFC 1321 definiert wurde.
→ *DES*, → *PGP*, → *RSA*, → *SHA*.

MDA

Abk. für Monochrome Display Adapter.

Bezeichnung eines Standards aus dem Hause IBM für die → *Grafikkarte* in einem PC zur Unterstützung von zwei Farben und der Darstellung von Zeichen (80 Zeichen in 25 Zeilen bei 720 * 350 Punkten). Je Zeichen stand eine 9 * 14 Punkte große Matrix zur Verfügung, von der 7 * 9 Punkte genutzt werden konnten. Bei MDA werden nur digitale Signale an den Monitor gegeben. Es steht ein 4 KByte großer Video-Speicher zur Verfügung.
Eingesetzt bei den ersten PCs zu Anfang der 80er Jahre.

MDCP

Abk. für Media Device Control Protocol.
Bezeichnung für ein Protokoll, das von → *Lucent* Ende der 90er Jahre entwickelt wurde und in Gateways zwischen dem → *Internet* und herkömmlichen Telefonnetzen zum Einsatz kommt. Es dient dazu, die durch das Gateway abgewickelten Nutzdaten- und Signalisierungsverbindungen objektorientiert zu kontrollieren.

MDDB

Abk. für Multidimensional Database, multidimensionale Datenbank.
Bezeichnung für sehr flexible Datenbanksysteme, die sich insbesondere für Verfahren des → *OLAP* wie → *ROLAP* oder → *MOLAP* eignen.

MDF

1. Abk. für Mehrkanal-Datenübertragung mit Frequenzmultiplex.

   Andere Bezeichnung für Wechselstromtelegrafie.

   → *WT*.
2. Abk. für Main Distribution Frame.

   Englische Bezeichnung für → *Hauptverteiler*.

MDI

1. Abk. für Multiple Document Interface.
2. Abk. für Medium Dependent Interface.

   Beim Anschluss von Stationen an ein → *LAN* die letztlich rein mechanische Schnittstelle zwischen einem Übertragungsmedium und der → *MAU*.
3. Abk. für Mobile Data Initiative.

   Bezeichnung eines Zusammenschlusses europäischer Mobilfunknetzbetreiber, PC-Hersteller und Hersteller von Vermittlungs- und Übertragungstechnik. Ziel ist, die Nutzung von → *GSM*-Netzen zur Datenübertragung zu fördern.

   Die MDI ist im Oktober 1996 gegründet worden.

MDNS

Abk. für Managed Data Network Services.

MDPSK

Abk. für Modified Differential Phase Shift Keying.
Name eines Verfahrens für → *digitale Modulation*. Eine Mischung aus AMI (→ *Bipolarverfahren*) und DPSK (→ *PSK*), das sich für längere Inhouse-Verkabelungen eignet. Der Vorteil dieses Verfahrens ist, dass es wiederum nur halb so viel Bandbreite benötigt wie eine reine DPSK.

MDS

Abk. für Multiple Display Support.
Bezeichnung für die Möglichkeit, an einen PC mehrere Monitore über mehrere Grafikkarten parallel anzuschließen und auf diesen Monitoren jeweils unterschiedliche Inhalte darzustellen.

MDT

1. Abk. für Mittlere Datentechnik.

   Deutscher Begriff. Bezeichnet Rechner, z.B. für den Mittelstand. Jahrelanger typischer Vertreter war die Firma → *Nixdorf*. Geprägt wurde der Begriff in den 70er Jahren durch die Interessengemeinschaft gleichen Namens, die von Adler, Kienzle, Nixdorf und Philips-Electrologica (zuvor Siemag) gegründet wurde. Diesem Verbund schlossen sich später weitere Firmen an.
2. Abk. für Mean Down Time.

   Bezeichnung für die mittlere Zeit, die eine Störung dauert; eingeschlossen sind die Wartezeit auf Reparaturen, die Reparatur selbst und die Zeit, das System wieder in Gang zu setzen.

   → *MTTR*, → *MTBF*.

MDTRS

Abk. für Mobile Digital Trunked Radio System.
→ *TETRA*.

MDZ

Abk. für Mehrkanal-Datenübertragung mit Zeitmultiplex.
Bezeichnung für die Übertragungstechnik im → *IDN*.

ME

Abk. für Mobile Equipment.
Bezeichnung in Mobilfunksystemen für das mobile, blanke Gerät, so wie es verkauft wird (im Gegensatz zur → *MS* ohne SIM-Karte, Zubehör etc.) ohne Bezug zu einem konkreten Nutzer oder einem laufenden Gespräch.

Mechatronik

Kunstwort, entstanden aus den Begriffen Mechanik und Mikroelektronik.
Bezeichnet das Zusammenwachsen dieser beiden Disziplinen.

MEDEA

Abk. für Micro-Electronics Development for European Applications.
Bezeichnung eines im Juni 1996 gestarteten Förderprogramms der EU, das auf den Ergebnissen des Programms → *JESSI* aufbaut. Ziel ist die Bereitstellung von Chipsätzen und Halbleiterbausteinen für Anwendungen in den Bereichen

- Multimedia- und Kommunikationstechnologien
- Automobil- und Verkehrsanwendungen
- Prozess- und Fertigungstechnik

→ *http://www.medea.org/*

Media-Box

→ *DVB.*

Mediaguard

→ *Conditional Access.*

MediaGX

Bezeichnung für einen von National Semiconductors und dem Hause Cyrix für das Jahr 1999 angekündigten → *Mikroprozessor.* Ziel bei der Entwicklung des MediaGX war die Integration aller Funktionalitäten eines herkömmlichen PCs auf einem Prozessor, um so besonders billige PCs und → *Set-Top-Boxes* für unter 500$ anbieten zu kündigen. Das Entwicklungsprojekt wurde im April 1998 angekündigt.

Media Lab

Bezeichnung eines von Prof. Nicholas Negroponte (eigentlich studierter Architekt) gegründeten und immer noch geleiteten Instituts am → *MIT* in Boston, das sich mit den Folgen der Informationsgesellschaft in allen Facetten (→ *Multimedia,* → *Cyberspace*) und ihrer Gestaltung beschäftigt.
Adresse:

MIT Media Laboratory
E15-218
20 Ames Street
Cambridge, MA 02139-4307

→ *http://www.media.mit.edu/*

Media NRW

Name eines Förderprogramms im Land Nordrhein-Westfalen unter der Leitung der Staatskanzlei des Ministerpräsidenten zur Förderung von Anwendungen und Unternehmen in den Bereichen digitale Medien, Call Center, E-Commerce, Business-TV und IT-Sicherheit.
→ *http://www.media.nrw.de/*

Mediation, Mediation Device

→ *MD.*

Mediendienstestaatsvertrag

Abgekürzt mit MDStV. Der Mediendienstestaatsvertrag von 1997 regelt neue Medienangebote, die nicht die entscheidenden Elemente des → *Rundfunks,* so wie sie im → *Rtundfunkstaatsvertrag* definiert sind, enthalten, die aber wegen einer Ausrichtung an die Allgemeinheit auch nicht Informations- und Kommunikationsdienste gemäß des Informations- und Kommunikationsdienstegesetzes (→ *IuKDG*) sind.
Mediendienste differenzieren sich durch einen geringeren Grad an Meinungsrelevanz im Vergleich von Rundfunkdiensten, andererseits werden Mediendienste im Internet landläufig als „Meinungsmacher im Internet" bezeichnet. Mediendienste sind zulassungsfrei und unterliegen keiner Anzeigepflicht, müssen allerdings allgemeinen Pressepflichten nachkommen. Für eine gesicherte Abgrenzung zu Rundfunkdiensten kann sich der Anbieter eines Mediendienstes die „medienrechtliche Unbedenklichkeit" von einer → *Landesmedienanstalt* stellvertretend für alle anderen Landesmedienanstalten bescheinigen lassen.
→ *http://www.regtp.de/gesetze/start/in_04-01-00-00-00_m/index.html/*

Mehrdiensteendgerät

Selten benutzte Bezeichnung. Begriffsschöpfung der Deutschen Telekom. Sonst auch Kombigerät genannt.
Bezeichnung für Endgeräte am analogen Telefonnetz, die mehrere Dienste abwickeln können. Beispiele sind Telefon-Fax-Kombigeräte.

Mehrfachempfang

→ *Diversity.*

Mehrfachrufnummer

→ *MSN.*

Mehrfachverbindung

Selten verwendete Bezeichnung als Oberbegriff für Dienstmerkmale (→ *Dienst*) für den Telefondienst wie z.B. → *Dreierkonferenz* oder eine → *Konferenzschaltung.*

Mehrfrequenz-Wahlverfahren

→ *MFV.*

Mehrgeräteanschluss

Auch Bus-Anschaltung oder Bus-Betrieb genannt. Bezeichnung einer Anschlussvariante (neben dem → *Anlagenanschluss*) beim → *Euro-ISDN.* Dabei können bis zu vier Telefone und vier weitere Endgeräte (→ *Fax,* → *PC*) angeschlossen werden. Der Bus, an den die Geräte angeschlossen werden, kann über bis zu zwölf Anschlussbuchsen verfügen, so dass Geräte umgestöpselt werden können.

Mehrmodenfaser

Bezeichnung für Glasfasern, die in einem Kern mit dickerem Durchmesser mehrere → *Moden* führen können.
→ *Multimode-Gradientenindex-Faser,* → *Multimode-Stufenindex-Faser,* → *Glasfasertechnik.*

Mehrpunktverbindung

Bezeichnung für Verbindungen mit mehr als zwei Teilnehmern, z.B. → *Videokonferenzen.*

Mehrwegeausbreitung

Bezeichnung eines Effektes beim → *Fading* elektromagnetischer Wellen. Der Begriff beschreibt die Tatsache, dass sich ein gesendetes Signal durch Reflexion und Beugung auf verschiedenen Wegen ausbreiten kann, die unterschiedlich lang sind, weswegen sich die Teilwellen des Signals beim Empfänger in einer unterschiedlichen Phase überlagern. Zentrales Kennzeichen der Mehrwegeausbreitung sind frequenzselektive Signaleinbrüche oder Verstärkungen (bis zu 30 oder 40 dB).
Dieser Effekt wird auch Rayleigh-Fading oder Short-Term-Fading genannt, da der Betrag der Empfangsfeldstärke einer Rayleigh-Verteilung (benannt nach seinem Entdecker, Lord Rayleigh) folgt. Üblicherweise erfolgt die Reflexion durch Hindernisse nahe beim Empfänger (z.B.

Hochhäuser). Ein Gegenmittel gegen diese Art von Fading ist → *Frequency-Hopping.*

Erfolgt die Reflexion weiter entfernt vom Empfänger, kommt zusätzlich ein hoher → *Delay* dazu. In diesem Fall spricht man von zeitlicher Dispersion (Time Dispersion).

In besonders ungünstigen Fällen treten durch Interferenzen am Ort des Empfängers Signaleinbrüche von 50 dB auf, so dass sich die Signale auslöschen. Dies wird Multipath-Fading genannt und tritt bei Bewegung des Empfängers periodisch in Abständen von /2 auf.

Bei Kurz- und Mittelwellen entsteht die Mehrwegeausbreitung durch Reflexion an der → *Ionosphäre.* Im UKW-Bereich wird dieser Effekt durch sog. Großbasisantennen vermieden.

→ *Gleichkanalstörung*, → *Intersymbolinterferenz.*

Mehrwertdienst

Deutsche Bezeichnung für → *VAS.*

MEL

Abk. für MultOS Executable Language.

→ *MultOS.*

Melissa

Name eines bekannten und sehr schädlichen → *Virus.* Er tauchte am 26. März 1999 erstmals aus dem Online-Dienst → *AOL* heraus auf und verbreitete sich in einer bis dahin nicht bekannten Geschwindigkeit per → *E-Mail* über das → *Internet.*

Obwohl Melissa von der Struktur her als sehr einfach programmiert galt, wurde er durch die Kombination verschiedener Mechanismen wie → *Makrovirus* und automatische E-Mail-Generierung und -versendung enorm gefährlich.

Melissa bestand aus einer E-Mail mit dem Subject „Important Message from (Name). Here is the document that you asked for" und dem Text „Don't show anyone else ;-)" sowie einem Anhang. Wurde der Anhang geöffnet, startete automatisch ein Makro, das an die 50 obersten Positionen im Adressbuch des E-Mail-Empfängers neue, infizierte E-Mails sendete, u.U. mit willkürlich ausgewählten Anhängen des Empfängers, wodurch ungewollt Dateien des Empfängers versendet wurden.

Ferner infizierte Melissa verschiedene Formatvorlagen auf dem lokalen Rechner die, wenn sie ihrerseits bewusst als Dokumente versendet wurden, wiederum einen Melissa-Virus darstellten.

Innerhalb von Word 97 schließlich setzte Melissa bestimmte Standardfunktionen (etwa das Speichern der Dokumentenvorlage normal.dot oder den Macro-Virenschutz) außer Kraft.

Der Schaden entstand primär nicht durch die verseuchten Dokumente (die noch zu benutzen waren, auch wenn einzelne Befehle innerhalb von Winword nicht mehr ausführbar waren), sondern durch die massenhafte Generierung von E-Mails, wodurch es zur Überlastung von E-Mail-Systemen mit Systemabstürzen und Datenverlusten kam.

Durch die automatische E-Mail-Generierung und anschließende Versendung verbreitete sich Melissa ab dem 26. März 1999 innerhalb kurzer Zeit. Schon einen Tag später waren einige Mailserver in den USA überlastet und schalteten sich ab. Am 28. März 1999 waren erstmals komplette Großkonzerne in den USA betroffen, kapselten sich für einige Tage vom Internet ab und warteten, bis entsprechende Anti-Virus-Software verfügbar war, die wegen der einfachen Struktur rasch entwickelt werden konnte.

Ab dem 29. März war Melissa weltweit verbreitet. In Europa wurden die ersten Mailserver wegen Überlastung abgeschaltet.

In die Ermittlungen schaltete sich das FBI ein. Richard Smith, Chef von Phar Lap Software und anerkannter Virenexperte, nutzte zusammen mit dem schwedischen Studenten Fredrik Bjorck die umstrittene Seriennummer, die Microsoft den Anwendern seiner Textverarbeitung Word mitgibt, um den mutmaßlichen Entwickler des Virus aufzuspüren. Am 30. und 31. März 1999 wurde der Täter eingekreist.

David L. Smith, ein Programmierer bei AT&T, wurde am 2. April 1999 schließlich in Eatontown/New Jersey festgenommen. Er wurde wegen Störung des öffentlichen Kommunikationssystems angeklagt und nach einem Geständnis im August am 9. Dezember 1999 schuldig gesprochen.

Membrantastatur

Auch Folientastatur genannt. Bezeichnung für eine spezielle Bauart von mechanischen Tastaturen. Dabei existieren keine einzelnen Tasten mehr, sondern die Oberfläche der Tastatur (genannt Tastenmatte) ist aus einem planen Stück Kunststoff gefertigt, das an bestimmten Stellen aufgedruckte und manchmal leicht gewölbte Bedienfelder hat. An diesen Stellen befinden sich unterhalb der Kunststofffläche mechanische Sensoren, die auf Druck reagieren.

Vorteil ist, dass das mechanische Innenleben einer derartigen Tastatur vollständig von der Außenwelt abgeschirmt und damit staub- und wasserdicht ist. Derartige Tastaturen eignen sich zum Einsatz in extrem staubigen, feuchten, nassen oder dreckigen Umgebungen, z.B. in der Industrie, in Großküchen oder in Hospitälern.

Nachteilig ist, dass die Anzahl der Betätigungszyklen (Schaltspielen) unter denen herkömmlicher Tastaturen liegt und das Tastgefühl der Benutzer schlecht ist, weswegen die Tastatur unbedingt mit einer Anzeige gekoppelt werden muss.

Spezielle Membrantastaturen verwenden nicht Kunststoff, sondern eine Metallschicht als Oberfläche und erzielen damit eine besonders große Vandalensicherheit.

Memorandum of Understanding

→ *MoU.*

Memory Card

→ *Smart Card.*

Memory-Effekt

→ *Akku.*

Memory Manager

→ *UMB.*

Memphis

→ *Windows 95.*

Mengensatz

Auch Brotsatz oder Werksatz genannt. Bei der Formatierung von Texten ein fortlaufender, einheitlich formatierter Text ohne Unterbrechung durch Bilder.

Bücher werden üblicherweise im Mengensatz gesetzt. Dabei kommen Schriften, dann Brotschrift genannt, mit einer Größe zwischen 8 und 12 pt (→ *Point*) zum Einsatz.

Menü, Menüpunkt

Bezeichnung für mehrere, dem Benutzer eines technischen Systems gleichzeitig (Bildschirm) oder sequentiell (→ *Audiotex*, → *IVR*) präsentierte Handlungsoptionen (genannt Menüpunkte) zur Steuerung des technischen Systems, aus denen er eine oder auch mehrere auswählen kann oder sogar muss. Dadurch ermöglicht ein Menü eine geordnete Benutzerführung.

Die einzelnen Menüpunkte gehören oft inhaltlich zusammen. Sie müssen sich nicht zwangsläufig ausschließen.

Menüs können auch ineinander geschachtelt sein, d.h., in einem hierarchisch hohen Menü werden bestimmte, dann hierarchisch niedrigere Bedienungsmenüs (Untermenü) ausgewählt, in denen die eigentlichen Steuerungsvorgänge durchzuführen sind.

MEO

Abk. für Medium Earth Orbit.

Bezeichnet wie → *ICO* Satellitenbahnen in niedrigen Höhen zwischen 6 000 km und 36 000 km. Zwischen 2 000 km und 6 000 km liegt ein für Satelliten nicht nutzbarer Bereich, in dem vom Magnetfeld der Erde festgehaltene ionisierte Teilchen die Elektronik von Satelliten beschädigen.

→ *GEO*, → *HEO*, → *LEO*.

Merced

→ *EPIC.*

Mercury

Bezeichnung für einen Anbieter von Telekommunikationsdienstleistungen in GB. Muttergesellschaft ist → *Cable & Wireless.*

Es handelte sich im Frühjahr 1984 um den ersten Anbieter von Telekommunikationsdienstleistungen überhaupt, der in Europa einem staatlichen Anbieter, in diesem Fall → *BT*, als Folge des 1981 beschlossenen britischen Telekommunikationsgesetzes Konkurrenz machen konnte. Ziel war die schrittweise Einführung von Wettbewerb durch die Duldung eines Duopols. Bis 1991 hielt dieses Duopol, anschließend erfolgte die Marktfreigabe.

Mercury konzentrierte sich zunächst auf drei Teilmärkte:

- Geschäftskunden in London
- Nationale Fernverbindungen
- Internationale Verbindungen

Mercury brauchte ca. vier Jahre für den Netzaufbau und anschließend noch mal sechs Jahre bis zur Erzielung des ersten Gewinns im Geschäftsjahr 1991. Mit dem Start der GSM-Netze in GB startete Mercury mit der Tochtergesellschaft Mercury PCN (60% Mercury, 20% Motorola und 10% Télèfonica) in das Mobilfunkgeschäft.

C&W brachte dann seine Tochtergesellschaft Mercury im Frühjahr 1997 in ein Gemeinschaftsunternehmen mit der Nynex Corp. (USA) und Bell Canada ein. Seither heißt das Unternehmen Cable & Wireless Communications.

→ *http://www.mercury.co.uk/*

Merkurbus

Bezeichnung für einen → *Feldbus* in der Industrie.

MERL

Abk. für Mitsubishi Electric Research Laboratory.

MES

Abk. für Master Earth Station.

Mesa

Bezeichnung für eine → *Programmiersprache*, die im → *PARC* aus → *Pascal* und → *Algol* (genau: Algol 68) entwickelt wurde, aber keine große Bedeutung erlangt hat.

Mesh

→ *Raute.*

MESI

Abk. für Modified, Exclusive, Shared, Invalid.

Mesochron

Anderes Wort für synchron.

Message

Von engl. message = Botschaft, Nachricht. Abgekürzt mit MSG. Universell verwendeter Begriff, der sowohl eine → *E-Mail* als auch ein → *Posting* oder eine sonstige, von einem anderen System auszuwertende Nachricht bezeichnen kann.

Message Switching

Deutsche Bezeichnung: Sendungsvermittlung. Oft auch mit Datagramm-Dienst bezeichnet. Eine Sonderform der → *Speichervermittlungstechnik*, bei der eine Nachricht nicht in viele kleine, sondern in ein einziges Paket eingeteilt und, mit Steuerinformationen versehen, mit einer → *verbindungslosen Datenübertragung* durch ein Netz übermittelt wird.

Wird praktisch nicht verwendet.

Messaging

→ *Unified Messaging.*

Metaconta

Name einer rechnergesteuerten Familie von Vermittlungsstellen aus dem Hause ITT aus den 70er Jahren. Nutzt → *Crossbar-Switches* und auch → *Reed-Relais.* War Nachfolger einer Baureihe mit → *Rotary-Wählern*. Nachfolger der Metaconta-Reihe wurde → *System 12*.

→ *Pentaconta*.

Metacomputing

→ *Cluster*.

Metadaten

Von der griech. Vorsilbe meta = inmitten, zwischen, hinter, nach.

International auch Metadata genannt. Bezeichnet in Datenbanken und ähnlichen Systemen zum Management von gespeicherten Nutzdaten (z.B. beim → *Dokumentenmanagement*) die systeminternen Daten, die zur Verwaltung der eigentlichen Nutzdaten verwendet werden („Daten über Daten").

Beispiele sind Identifizierungsnummern für → *Dateien* und → *Datensätze*, Zugriffsrechte (Lese- und Schreibrechte), Datum und Uhrzeit der Erzeugung/Änderung von Datei/Datensatz und der genaue Speicherort.

Die genaue Struktur der Metadaten ist von dem konkreten Anwendungszweck abhängig.

Metadaten und Nutzdaten müssen nicht immer in den gleichen Speichersystemen abgelegt sein. Je nach Anwendung kann es sinnvoll sein, die Metadaten schnell verfügbar zu haben und die Nutzdaten dezentral auf Hintergrundspeichern zu halten, z.B. in langfristigen Archiven auf magneto-optischen Speichermedien (→ *MOD*).

Metasuchmaschine

→ *Suchmaschine*.

METRAN

Abk. für Managed European Transmission Network.

Im April 1991 von 26 europäischen Netzbetreibern gestartete Initiative zur Etablierung eines europäischen Netzes auf → *SDH*-Basis. Ist nach dem → *GEN*-Projekt der nächste Schritt in Richtung digitaler, europaweit breitbandiger Verbindungen.

MF

1. Abk. für Medium Frequency (Mittelwelle, MW).

   Bezeichnung für das Frequenzband von 300 kHz bis 3 MHz. Anwendung: Rundfunk. In Deutschland auch Mittelwellenbereich oder Hektometerwellenbereich genannt. Grundsätzlich ist die Reichweite eines Mittelwellensenders von seiner Leistung, der genutzten Frequenz und der Tageszeit abhängig. Die Bodenwelle breitet sich bis zu 150 km weit aus. Die Raumwelle praktisch nur nachts durch Reflexion an der → *Ionosphäre*. Die Nachbarbereiche sind → *LF* und → *HF*.
2. Abk. für Multi Frequency.
3. Abk. für Mediation Function.

   Bezeichnung für die Funktionen im → *TMN*, die Informationen zwischen → *OSF* und →*NEF* übertragen. Informationen werden gebündelt, gespeichert, angepasst, gefiltert; Grenzwerte werden überwacht.

MF 2

Abk. für Multifunktionstastatur (in) Version 2.

Bezeichnung für ein Standardlayout für Tastaturen mit 102 Tasten und drei Kontroll-LEDs (im Gegensatz zu 83 Tasten bei den ersten PCs). Durch das → *DIN* genormt. Sie war die erste Norm für Computertastaturen überhaupt.

Kennzeichen sind eine alphanumerische Tastatur ähnlich einer Schreibmaschine (ergänzt um Sondertasten wie Ctrl etc.), zwölf Funktionstasten und ein abgesetzter Ziffernblock (in Anlehnung an einen kaufmännischen Tischrechner) zur raschen Durchführung arithmetischer Operationen.

MFC

Abk. für Multi Frequency Code.

Englischsprachige Bezeichnung des → *MFV*.

MFJ

Abk. für Modified Final Judgement.

→ *Divestiture*.

MFLOPS

Abk. für Million Floating Point Instructions per Second.

Leistungskenngröße von gleitkommafähigen Prozessoren.

→ *MIPS*, → *MTOPS*.

MFM

Abk. für Modified Frequency Modulation.

Bezeichnung eines Aufzeichnungsverfahrens für → *Festplatten* und → *Disketten*.

MFPA

Abk. für Multi Functional Peripheral Association.

Bezeichnung eines Konsortiums, das Standards für den Zugriff auf Peripheriegeräte über → *LANs* entwickelt.

MFPB

Abk. für Multifrequency Pushbutton.

→ *MFV*.

MFTP

Abk. für Multicast File Transfer Protocol.

MFV

Abk. für Mehrfrequenz-Wahlverfahren.

Auch Tonwahl, Tontastenwahl, DTMF (Dualtone Multifrequency) oder selten Multifrequency Pushbutton (MFPB, Begriff aus dem Standard) genannt.

Von den → *Bellcore* ist der geschützte Begriff (Handelsmarke) Touchtone üblich, der auch weltweit bei Konsumenten eine gebräuchliche Bezeichnung ist. Dabei wird eine am Tastentelefon gewählte Ziffer nicht durch eine Anzahl hintereinander erzeugter Impulse (→ *IWV*), sondern durch einen aus zwei Frequenzen bestehenden Ton codiert.

Hauptsächlicher Vorteil ist eine wesentlich kürzere Verbindungsaufbauzeit sowie eine Fernsteuerungsmöglichkeit für → *Mehrwertdienste*, → *Anrufbeantworter* oder andere Ferndiagnosegeräte.

MFV kann üblicherweise nur genutzt werden bei Telefonen, die an eine digitale Ortsvermittlungsstelle angeschlossen sind, was in Deutschland seit Ende 1997 überall der Fall ist.
Die Frequenzen zur Codierung hängen von der Zeile und Spalte der gedrückten Taste im Tastenfeld ab. Jede Zeile und jede Spalte hat eine Frequenz. Mit acht Frequenzen kann man somit 16 Tasten (0...9, *, #, A...D) codieren.
Neben einer Einsparung von Frequenzgeneratoren bietet die Überlagerung von zwei Tönen den Vorteil einer besseren Unterscheidbarkeit gegenüber Umgebungsgeräuschen. Die Frequenzen sind so ausgewählt worden, dass sie in der natürlichen Umgebung selten vorkommen.
Von den 16 Möglichkeiten werden i.d.R. die Buchstaben nicht genutzt. Die Frequenzen (max. zulässige Abweichung 1,8 % von der Nennfrequenz), die Dauer der Töne (die Töne müssen eine Länge von mindestens 50 ms mit ebenso langen Pausen haben, um von der Vermittlungsstelle erkannt zu werden) und ihr Pegel sind int. in Q.23 (Q.24 spezifiziert die Geräte, die Q.23 fähig sein sollen) genormt und können der folgenden Tabelle entnommen werden:

	1209 Hz	1336 Hz	1477 Hz	1633 Hz
697 Hz	1	2	3	A
770 Hz	4	5	6	B
852 Hz	7	8	9	C
941 Hz	*	0	#	D

Das gesamte Verfahren wird auch „2 (¼) Code“ genannt, da immer zwei Töne, die ihrerseits eine Eins-aus-Vier-Auswahl darstellen, eine Taste codieren. Da einige Mehrwertdienste (→ *VAS*) durch die Töne ferngesteuert werden, ist für ihre Nutzung die Bedienung eines Tastentelefons eigentlich zwingend. Mit der Hilfe eines → *Tonedialers* ist es jedoch möglich, die Töne extern zu erzeugen und auch bei einem Wählscheibentelefon am Hörer zur Steuerung einzuspeisen.
Touchtone wurde 1960 erstmals im Test in den USA angewendet und ab 1963 in den USA eingeführt.

MGA

Abk. für Monochrome Graphics Adapter.
Bezeichnung eines Grafikkarten-Standards aus dem Hause Hercules, daher eher als Hercules Graphics Card bekannt (→ *HGC*).

MGC

Abk. für Media Gateway Controller.

MGCP

Abk. für Media (auch: Merged) Gateway Controller Protocol.
Bezeichnung für ein von → *Bellcore* und dem Hause Cisco einerseits und Level 3 andererseits gemeinsam bis 1999 entwickeltes Protokoll. Es unterstützt → *Internet-Telefonie* zwischen dem → *Internet* und dem herkömmlichen Telefonnetz und stellt dafür ein Verbindungssteuerungsprotokoll (kein Signalisierungsprotokoll) bereit. MGCP ersetzt zwei andere Protokolle (→ *SGCP* und IPDC) und ist in Version 0.1 identisch mit Version 1.2 von SGCP.
MGCP läuft auf einem Gateway-Server am Übergang von einem herkömmlichen Telekommunikationsnetz zum Internet und differenziert zwischen einem Media Gateway Controller (MGC), der die eigentliche Steuerung vornimmt und überwiegend aus Software besteht, und dem Media Gateway, das die Steuerresultate durchführt und überwiegend aus Hardware besteht. Beide Elemente müssen nicht not-

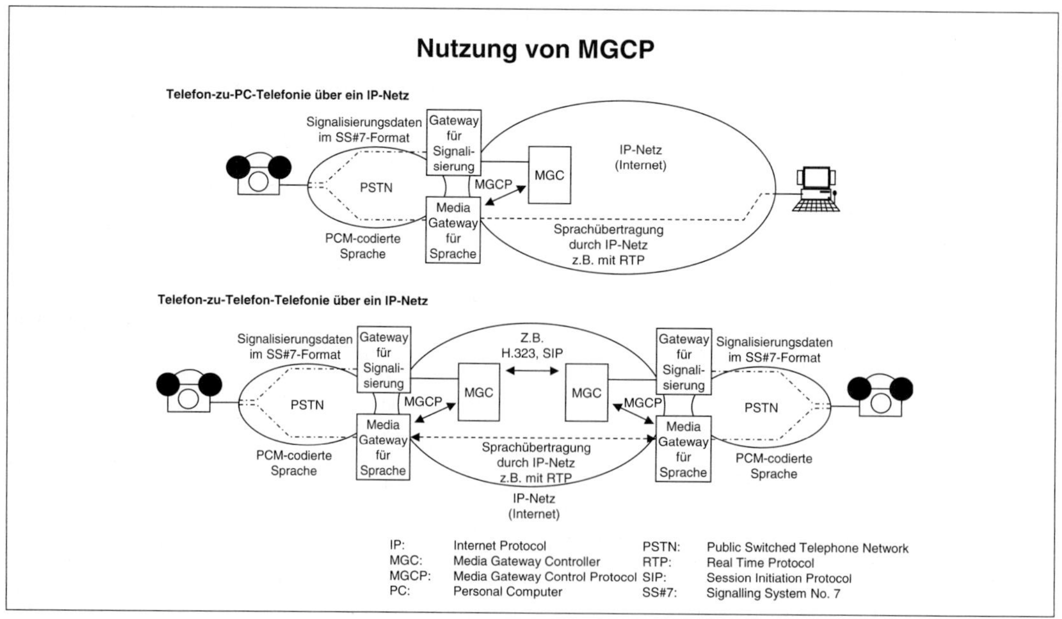

wendigerweise in einem Server beheimatet sein. MGCP definiert, wie diese beiden Elemente miteinander kommunizieren und welche Befehle sie daher verstehen müssen.

MGCP besteht aus drei Teilen:

- Verbindungssteuerung: Grundlage ist ein Verbindungsmodell zwischen einer Datenquelle und einer Datensenke, zwischen denen Daten übertragen werden sollen. Ein Verbindungstyp zwischen Quelle und Senke kann durch einen von zehn Parametern charakterisiert werden.

  Ein MGC nimmt von einem Signalisierungsgateway, das z.B. → *SS#7*-Daten aus dem → *ISDN* verarbeitet, die entsprechenden Steuerinformationen und kommuniziert mit dem eigentlichen Media Gateway, das die Befehle dieser Verbindungssteuerung ausführt.

  Es stehen dabei Befehle zum Aufbau, zur Veränderung und zum Beenden einer Verbindung zur Verfügung.

  Zur Übertragung der MGCP-Steuerbefehle können als Signalisierungsprotokoll sowohl Datenformate gemäß → *H.323* als auch → *SIP* eingesetzt werden. Dies gilt auch für Verbindungen zwischen MGCs, obwohl H.323 und SIP dafür nicht entwickelt oder gar optimiert wurden.
- Inband-Signalisierungsverarbeitung (→ *Inband-Signalisierung*): Wird Inband-Signalisierung genutzt, kann ein Media Gateway dies erkennen und teilt die entsprechenden Informationen mit Hilfe von MGCP dem MGC mit, der die Verbindungssteuerung wiederum nutzt, um das Media Gateway entsprechend zu steuern.
- Einrichtungsmanagement: Es ist zuständig für den Austausch von internen Status- und Managementinformationen zwischen Media Gateways und den mit ihnen in Verbindung stehenden MGCs.

Maßgeblich entwickelt von M. Arango.

Die systematische Entwicklung von MGCP startete im Dezember 1998 auf der Basis von zwei anderen Protokollen, dem SGCP (das MGCP etwas stärker beeinflusste) und dem IPDC (Internet Protocol Device Control, das MGCP weniger stark beeinflusste), das von einem Industriekonsortium entwickelt wurde.

Von der ITU wurde das Konzept von MGCP aufgegriffen. Sie entwickelte mit → *H.248* einen Nachfolger.

MH, MHC

Abk. für Modified Huffman Code.

Bezeichnung eines veränderten und dadurch effizienteren Codes zur → *Quellcodierung*, der auf der → *Huffmann-Codierung* basiert.

MHDL

Abk. für Mimic Hardware Description Language.

Bezeichnung der ersten Hardwarebeschreibungssprache für Schaltkreise, bestehend aus analogen Komponenten (Widerstand, Spule, Kondensator). Maßgeblich entwickelt von der → *IEEE* ab 1988 auf Basis der funktionalen Programmiersprache Haskell. Ein erster stabiler Standard existierte ab Frühjahr 1992, niedergelegt im MHDL Language Reference Manual (LRM).

→ *Verilog*, → *VHDL*.

MHEG

Abk. für Multimedia and Hypermedia Information Object Expert Group.

Bezeichnung eines Standardisierungsgremiums der → *ISO* und des von ihm selbst ausgearbeiteten Standards ISO 13522 für die Codierung von Multimedia- und Hypermediaobjekten, die in entsprechenden multimedialen oder hypermedialen Diensten eingesetzt werden. Ziel ist, multimediale und hypermediale Informationen so darzustellen, dass sie plattformübergreifend von verschiedenen Computerplattformen und Anwendungen verarbeitet werden können. MHEG definiert dafür nur Strukturen zur Zusammenstellung von Objekten verschiedener Medientypen, nicht aber Standards für die Darstellung/Codierung dieser Objekte selbst. Dafür werden Standards wie z.B. → *MPEG* oder → *JPEG* verwendet.

Aufgrund des objektorientierten Ansatzes sind MHEG-Objekte selbständig, aktiv sowie wieder und mehrfach verwendbar.

Bestandteile eines MHEG-Systems sind:

- Formatierer: Der Formatierer sendet und speichert MHEG-Dateien.
- Syntaxanalysierer: Er liest Daten aus MHEG-Dateien aus.

  Diese beiden Einheiten (Formatierer und Syntaxanalysierer) ermöglichen den eigentlichen Datenaustausch zwischen heterogenen Plattformen.
- MHEG-Engine: Sie passt bei der Aktivierung eines MHEG-Dokumentes (auch MHEG-Präsentation genannt) die MHEG-Inhalte an die aktuelle Plattform an.

  Für die Darstellung der verschiedenen Objekte im jeweiligen Präsentationsprogramm ist MHEG nicht zuständig, sondern das Präsentationsprogramm selbst. MHEG stellt aber eine Möglichkeit zur Steuerung der Präsentation zur Verfügung, insbesondere Mechanismen für Echtzeitpräsentationen und Synchronisierung unterschiedlicher Objekte (z.B. Bild und Ton). Es werden mit MHEG nur diese Strukturinformationen eines Hypermediadokumentes festgelegt.
- Einheit zum Entschlüsseln von ASN.1-Datenstrukturen: Die Objekte und ihre Beziehungen untereinander sind mit Hilfe von ASN.1 definiert. An der Nutzung anderer Sprachen, wie z.B. → *SGML*, → *HTML* oder allgemeiner → *XML*, wird gearbeitet.

  Werden MHEG-Informationen übertragen, wird immer eine Datei übertragen, deren Inhalt gemäß ASN.1 definiert ist.

Es wird an verschiedenen MHEG-Varianten gearbeitet (MHEG 1, 2, 3, 4 und 5).

MHP

Abk. für Multimedia Home Plattform.

Bezeichnung für eine im März 2000 gestartete Initiative der Deutschen Telekom in Kooperation mit verschiedenen Her-

stellern von Unterhaltungselektronik, TV-Sendern und Regulierungsbehörden mit dem Ziel, einen offenen Standard für die Vernetzung von digitalem Fernseher und PC zu erzielen.
Die MHP soll dabei Grundlage für den Empfang digitaler TV-Programme sein (Free-TV und verschlüsseltes Pay-TV) und Anwendungen wie eine elektronische Programmzeitschrift, Homebanking oder → *E-Mail* auf Basis einer → *Set-Top-Box* integrieren.

MHS

1. Abk. für Message Handling System.
   Oberbegriff für Electronic-Mail-Systeme, z.B. → *X.400*. MHS umfasst alle anderen Komponenten eines → *E-Mail*-Systems, wie User Agents (→ *UA*) oder Message Transfer Agents (→ *MTA*).
2. Abk. für Message Handling Service.
   Bezeichnung für ein Transportsystem für → *E-Mail* innerhalb von Novell Netware.

MHX

Abk. für Mobitex Main Exchange.
Teil der Netzinfrastruktur von → *Mobitex*.

MHz

Abk. für Megahertz.
→ *Frequenz*.

MIB

Abk. für Management Information Base.
Begriff aus dem → *Netzmanagement*, der in verschiedenen, aber ähnlichen Zusammenhängen verwendet wird. MIBs bezeichnen Datenbestände (üblicherweise organisiert als relationale oder objektorientierte → *Datenbank*), mit deren Hilfe das Netzmanagementsystem alle zu verwaltenden Objekte (Managed Objects, MO, z.B. Geräte, Rechner, Server, Hubs, Bridges, Router etc.) im Netz verwaltet.
Die → *ISO* spricht abstrakt von Objekten als eine Sammlung von Parametern und Attributen, wobei ein Objekt einen wie auch immer gearteten Teil eines Netzes darstellt. Können die Parameter verändert und das betreffende Objekt in ein Netzmanagement eingebunden werden, wird von managebaren Objekten gesprochen. Die MIB ist dann die Gesamtheit aller managebaren Objekte.
In der Internet-Welt wird üblicherweise → *SNMP* dazu verwendet, die in einer MIB hierarchisch gespeicherten Objekte zu verwalten. Die Objekte sind dabei in → *ASN.1* beschrieben.
Es wird dann zwischen MIB-I nach RFC 1156/1158 und MIB-II nach RFC 1213 unterschieden, wobei im RFC 1212 ebenfalls noch MIB-Definitionen stehen.

MIC

1. Abk. für Microphone.
2. Abk. für Medium Interface Connector.
   Bezeichnung für einen weit verbreiteten Stecker für Duplexbetrieb zum Anschluss von Glasfasern. Der Stecker wird sowohl bei einer → *Einmoden-Faser* als auch bei einer Multimode-Faser (→ *Multimode-Gradientenindex-Faser* oder → *Multimode-Stufenindex-Faser*) verwendet.
3. Abk. für Management Integration Consortium.
   Bezeichnung für ein im Mai 1994 gegründetes Konsortium verschiedener Hersteller, das einen Standard für ein einheitliches Netzmanagement von → *LAN*s und → *WAN*s erarbeiten sollte. Bei der Vorbereitung der Veröffentlichung des vorläufigen Abschlussberichtes im Januar 1995 verließen jedoch vier Kernmitglieder und Marktführer das Konsortium, was zum Aus des Standards führte.
   Fachleute vermuten, dass ein Standard des MIC die Preisgabe von zu vielen internen Betriebsgeheimnissen und zu große und teure Änderungen bei den Produkten der Marktführer verlangt hätte, weswegen diese sich schnell zurückzogen.

Michelangelo

Name eines bekannten und sehr schädlichen → *Virus*. Er tauchte am Geburtstag des italienischen Malers und Bildhauers am 6. März 1992 erstmals auf Computern auf. Der Virus nistete sich in Boot-Disketten oder Boot-Programmen auf der Festplatte ein, überschrieb zahlreiche Verzeichniseinträge und löschte Dateien. Oft mussten die Computer danach völlig neu konfiguriert werden.

MICR

Abk. für Magnetic Ink Charakter Recognition.
Bezeichnung für ein vom → *SRI* und dort maßgeblich von Kenneth Eldredge in den 50er Jahren entwickeltes Verfahren zur lesbaren Beschriftung von Formularen mit magnetischen Bereichen, die in ihren Umrissen reale Buchstaben formen und dadurch geeignet sind, sowohl von Maschinen als auch von Menschen gelesen zu werden.
Dieses Projekt war von der Bank of America zur schnelleren Bearbeitung von Schecks initiiert worden, führte über das System → *ERMA* letztlich zur Schrift → *E-13B*.

Micral

Bezeichnung eines der ersten PCs. Vorgestellt im Mai 1973 in Frankreich. Es war einer der ersten Computer der PC-Klasse, der nicht mehr selber zusammengebaut werden musste. Ausgerüstet war er mit dem → *Intel 8008*.
Er war speziell mit Blick auf den amerikanischen Markt entwickelt worden, konnte sich jedoch nicht etablieren.

Microchannel

Andere Bezeichnung für → *MCA*.

Micronavigation

→ *Navigation*.

MicroNet

→ *CompuServe*.

Micropayment

Bei der Betrachtung und Klassifizierung von Verfahren für → *Electronic Money* im Gegensatz zu → *Macropayments* oder → *Picopayments* die Bezeichnung für Zahlungen mit kleinen Beträgen zwischen etwa 1 DM und 10 DM.

Microsite

→ *Portal Page.*

Microsoft

Abgekürzt mit MS. Der weltweit größte Hersteller von Software. Gegründet im August 1975 von William (‚Bill') Henry III. Gates (*28. Oktober 1955), damals gerade 19 Jahre alt und Student in Harvard, sowie seinem Schulfreund Paul G. Allen in Albuquerque/Texas, seinerzeit noch mit der Schreibweise Micro-Soft. Beide waren zuvor schon 1969 in einer Gruppe unter der Bezeichnung „Lakeside Programming Group" (unter der sie Fehler im Betriebssystem der PDP-10 aus dem Hause DEC veröffentlichten) und in einer weiteren 1972 gegründeten Unternehmung miteinander verbunden, die den Namen Traf-O-Data hatte. Traf-O-Data wurde 1975 in Micro-Soft umbenannt. Bei Traf-o-Data hatten sie, noch während sie zur High-School gingen, Computer (basierend auf einem Mikroprozessor vom Typ → *Intel 8008*) mit Software für die Verkehrszählung an die Stadt Seattle verkauft. Auch wenn dieses Unternehmen nicht besonders erfolgreich war, konnten Gates und Allen hier entsprechende ‚Fingerübungen' für spätere geschäftliche Aktivitäten durchführen.

Zu der Gründung von Microsoft wurden sie von einem Artikel über → *Mikroprozessoren* in der Zeitschrift „Electronics" inspiriert. Die Gründung gilt als Pioniertat, nicht nur wegen des in den Folgejahren erzielten Erfolgs, sondern wegen der Tatsache, dass seinerzeit Hard- und Softwareproduktion üblicherweise unter dem Dach eines einzigen Unternehmens stattfand. Microsoft jedoch war ein reines Software-Haus.

Microsoft entwickelte innerhalb von sechs Wochen bis zum März eine Version von → *Basic*, genannt MBASIC, für den → *Altair* (4 KByte Speicherbedarf) und andere vergleichbare Früh-PCs. MBASIC wurde seinerzeit an Micro Instrumentation and Telemetry Systems lizenziert.

Schon im Folgejahr im November 1976 ließen sie den Namen „Microsoft" rechtlich schützen.

Vom Erfolg angespornt verließ Bill Gates zum Ärger seiner Eltern nach zwei Jahren Jurastudiums im Dezember 1976 die Uni in Harvard, um ganztags in dem Unternehmen zu arbeiten. Auch Paul Allen, der zuvor an der Washington State University Informatik studiert hatte, kehrte schon im November 1976 von Honeywell zurück.

Bereits 1977 erreichte das Unternehmen rund 500 000 $ Umsatz mit fünf Mitarbeitern. Ein Jahr später erzielten sie mit elf Mitarbeitern die erste Umsatzmillion (in $). Zu jener Zeit wurde auch ein mittlerweile legendäres Foto geschossen, das die elf Kollegen in typischem langmähnigem 70er-Jahre-Outfit zeigt. Die elf Leute waren: Steve Wood, Bob Wallace, Jim Lane, Bob O'Rear, Bob Greenberg, Marc McDonald, Gordon Letwin, Andrea Lewis, Marlo Wood sowie Paul Allen und Bill Gates. Von ihnen ist heute lediglich Bill Gates noch bei Microsoft.

Zu dieser Zeit entwickelte Micorosft noch verschiedene Compiler für diverse Programmiersprachen und Computerplattformen. So wurde z.B. im Juni 1978 → *Cobol* von Microsoft vorgestellt.

Im Januar 1979 wurde der Firmensitz von Albuquerque nach Bellevue verlegt.

Im Juni 1980 kam Bill Gates Studienfreund Steve Ballmer zu Microsoft. Zu diesem Zeitpunkt war er der einzige nichttechnische Angestellte und brachte Management-Know-how von Ford und Procter & Gamble mit. Er sollte es später bis zum Vizepräsidenten, ab 1998 zum Präsidenten und schließlich ab Januar 2000 (nach Gates Rücktritt) zum CEO von Microsoft schaffen.

Seinen Weltruhm und Einfluss begründete das Unternehmen ab 1981 mit dem Produkt → *MS-DOS* für den → *PC* aus dem Hause IBM, mit dem man zunächst eng zusammenarbeitete und dem man gegen Mitte der 80er Jahre auch einen 10%-Anteil an MS anbot. IBM lehnte jedoch ab.

1983 versuchte MS auch in den Markt für PC-Hardware einzusteigen. Zu diesem Zweck entwickelte MS den PC → *MSX.*

Das Unternehmen war stark genug, um im Mai 1986 an die Börse zu gehen. Der Ausgabekurs lag bei 21 $ je Aktie. Der Börsengang machte Bill Gates zum jüngsten Milliardär aller Zeiten und später zum reichsten Mann aller Zeiten.

Zunächst entwickelte man gemeinsam mit IBM auch → *OS/2*, jedoch zog sich MS später daraus zurück und erklärte, man werde sich darauf konzentrieren, Standardsoftware für PC-Anwendungen zu entwickeln.

Unterdessen war man in den späten 80er Jahren vom Erfolg des → *Macintosh* überrascht und entwickelte eine eigene grafische Oberfläche, die sich an den Look & Feel des Macintosh-Produktes anlehnt (sogar auf einigen Lizenzen aus dem Hause Apple basiert). Sie kam als → *Windows* auf den Markt, hatte aber zunächst Startschwierigkeiten und wurde erst mit Version 3.0 zum Erfolg. Auch gegen seinerzeit hoch im Kurs stehende Software aus dem Hause → *Lotus*, etwa die Tabellenkalkulation Lotus 1-2-3, und gegen die Textverarbeitung → *WordPerfect* wurden Konkurrenzprodukte wie Excel (Vorstellung im Mai 1985) und Word (Vorstellung April 1983) entwickelt. Zusammen mit dem Erfolg des Betriebssystems Windows kam ab 1991 auch der Erfolg auf diesem Sektor. Doch schon im Juli 1990 verbreitete Microsoft, dass man als erstes reines Softwareunternehmen im zurückliegenden Geschäftsjahr einen Jahresumsatz von über 1 Mrd. $ gemacht habe.

1990 untersuchte ein Kartellgericht erstmals die wirtschaftliche Vormachtstellung von Microsoft auf dem Gebiet der Betriebssysteme. Das Verfahren endete nach vier Jahren mit einem Vergleich, in dem Microsoft sich verpflichtete, den Herstellern von PCs größere Freiheiten bei der Vorinstallation von Programmen zusätzlich zu den Microsoft-Programmen zu geben.

Erst nach längerem und in der Branche mit einem Lächeln oder Kopfschütteln bewerteten Zögern trat MS ab 1996 massiv in den Markt für Internet-Software ein. Allgemein herrschte seinerzeit der Eindruck vor, dass Microsoft und auch Bill Gates persönlich zunächst eine Fehlentscheidung getroffen hatten, das auf offenen Standards basierende Internet zu ignorieren und stattdessen weiter auf die Allmacht der abgeschotteten Betriebssysteme und Anwendungsprogramme aus dem eigenen Hause zu setzen. Bekannt im Zusammenhang mit dem Strategiewechsel wurde eine rund neun Seiten lange E-Mail unter dem Titel „The Internet Tidal Wave“, die Bill Gates der Überlieferung nach persönlich am 26. Mai 1995 an das Top-Management sendete und das Internet und die damit verbundenen Möglichkeiten zur Top-Priorität ernannte. Wörtlich hieß es dort: „Now I assign the Internet the highest level of importance. In this memo I want to make clear that our focus on the Internet is critical to every part of our business“. Das Ergebnis der Anstrengungen wird am 7. Dezember 1995 als Internet-Strategie veröffentlicht. Microsoft versuchte insbesondere, seinen von rund 2 000 Programmierern entwickelten ‚Explorer‘ als → *Browser* gegen die Konkurrenz des Navigators aus dem Hause Netscape zu positionieren (Mitte 1996 Version 3.0, 1997 4.0). Trotz einiger Erfolge im Bereich des Internet hinkt Microsoft auf diesem Gebiet hinterher. So litt das → *Microsoft Network* unter mehrfachem Strategiewechsel, stand immer im Schatten der Internet-Pioniere (Yahoo, Amazon etc.) und gilt nicht gerade als ein großer Erfolg.

Am 6. August 1997 kauft sich Microsoft für rund 150 Mio. $ beim Konkurrenten → *Apple* ein und übernimmt rund 5,4%.

Im gleichen Jahr startet im Herbst das US-Justizministerium ein weiteres Anti-Trust-Verfahren gegen Microsoft, zunächst mit der Begründung, die Vereinbarungen von 1994 gebrochen zu haben. Im Laufe dieses Verfahrens wird Microsoft per einstweiliger Verfügung gezwungen, PC-Herstellern zu erlauben, den Internet Explorer nicht zu installieren. Ferner reichen im Mai 1998 20 Bundesstaaten zusammen mit dem US-Justizministerium eine Klage ein, in der Microsoft beschuldigt wird, seine Marktstellung missbraucht zu haben. Im November 1999 wiederum attestierte der Richter Thomas Penfield Jackson in einer Vorbeurteilung, dass Microsoft ein Monopol bei Betriebssystemen für PCs habe. Ab diesem Zeitpunkt wurde intensiv über eine mögliche Zerschlagung von Microsoft (in kleinere Einheiten, genannt „Baby Bills“; → *Baby Bell*) diskutiert. Das Verfahren zog sich bis zum Jahre 2000 hin.

Am 27. November 1997 erreicht Microsoft mit 319 Mrd. $ die höchste bis dahin jemals von einem Unternehmen erzielte Börsenkapitalisierung. Diese Entwicklung geht noch weiter und im Juli 1999 erzielte Microsoft als erstes Unternehmen überhaupt eine Börsenkapitalisierung von mehr als 500 Mrd. $.

Allen zog sich aus gesundheitlichen Gründen bereits 1982 wieder aus dem operativen Betrieb des Unternehmens zurück (blieb dem Aufsichtsrat noch bis zum November 2000 verbunden), trat aber als Investor in innovative Unternehmen immer wieder im Hard- und Softwaremarkt über seine ‚Vulcan Ventures‘ in Erscheinung, ebenso wie als Käufer eines Basketball- und eines Football-Teams.

Bill Gates wird in der Branche mit einer Mischung aus glorifizierendem Respekt vor seiner unternehmerischen und visionären Leistung einerseits und Misstrauen bis hin zu blankem Hass andererseits begegnet. Insbesondere die Internet- und die Unix-Gemeinde sind ihm wegen der ihrer Meinung nach qualitativ manchmal nicht besonders hochwertigen Produkte nicht sonderlich freundlich gesonnen. Legendär ist in diesem Zusammenhang mittlerweile ein auch als Video festgehaltenes Sahnetorten-Attentat des Belgiers Noel Godin vom 4. Januar 1998 in Brüssel, der auf diese Weise sein starkes Missfallen an Gates unternehmerischer Politik Ausdruck verlieh.

Bill Gates kündigte am 13. Januar 2000 seinen Rückzug vom Amt des Präsidenten von Microsoft an. Er sei mehr ein Tüftler als ein Unternehmer und wolle sich wieder der Entwicklung neuer Technologien widmen. „Endlich kann ich, wenn ich abends nach Hause komme, wieder an Datenbanken und Schnittstellen denken“ ließ er zu seinem Abschied verlauten. Seither ist er Aufsichtsratschef und Chef der Entwicklungsabteilung. Sein Nachfolger als CEO wurde Steve Ballmer.

Sitz des Unternehmens ist seit 1979 Redmond/Washington in der Nähe von Seattle.

Adresse:

Microsoft Corporation
One Microsoft Way
Redmond WA 9805-6399
USA

Legendär ist auch Bill Gates privates Anwesen, das immer gerne auch als Musterbeispiel für ein Privathaus, das auf dem neuesten Stand der Vernetzung privater Heime ist, herangezogen wird. Das rund 75 Mio. $ teure Anwesen im Ort Medina bei Seattle ist am Ufer eines Sees gelegen und hat eine Nutzfläche von 1 800 m^2. Es ist mit einem Kino (20 Sitzplätze) und einem Swimmingpool ausgestattet. Gäste werden mit einer Identitätskarte ausgestattet, anhand derer automatisch Räume klimatisiert, beheizt und beleuchtet werden.

→ *Microsoft Network*, → *Teledesic*, → *Windows*, → *Windows CE*, → *Windows NT*, → *Windows 95*.

→ *http://www.microsoft.com/*

→ *http://www.microsoft.de/*

Microsoft Network

Abgekürzt mit MSN oder, sehr selten, mit MSNet. Bezeichnung für den im Herbst 1995 gestarteten → *Online-Dienst* aus dem Hause Microsoft. Zunächst eng an → *Windows 95* gekoppelt, da dort der Zugriff mit Hilfe des → *Browsers* Explorer integriert ist.

Ursprünglich auf eigener Technik basierend geplant, erfolgte kurz vor dem Start im Herbst 1995 ein Schwenk auf → *Internet*-Standards. Seither ständige Ausweitung der Informationsangebote mit Hilfe von internationalen und nationalen Anbietern von Inhalten wie z.B. Zeitungen und TV-Stationen.

Im Mai 1998 erfolgte eine Neuausrichtung zum allgemein zugänglichen, kostenfreien Dienst. Dieser Änderung folgte zum Jahresende 1998 eine Erweiterung von sieben auf insgesamt 24 nationale Angebote.

→ *http://www.msn.com/*

→ *http://msn.de/*

Microvax

→ *VAX*.

Microvia

Begriff aus der Mikroelektronik. Bezeichnet auf mit Leiterbahnen bedruckten Trägern von elektronischen Bauteilen solche Leiterbahnen, die eine Breite von weniger als 0,1 mm haben.

Microwave

→ *Mikrowelle.*

Middleware

Noch gibt es keine einheitliche und universell einsetzbare Definition in der IT-Branche für Middleware. Eine mögliche und sehr allgemeine Definition ist, dass es sich um Software handelt, die in einem geschichteten Softwaremodell dafür sorgt, dass Software in den Schichten darüber mit Software in den Schichten darunter problemlos miteinander kommunizieren kann und die Anzahl der Schnittstellen minimiert wird.

Eine etwas konkretere Definition ist, dass es sich um Software handelt, die zwischen einem Anwendungsprogramm und dem Betriebssystem vermittelt.

Eine ausführlichere Definition mit ähnlichem Kern besagt, dass Middleware der Oberbegriff für Software ist, die Informationen zwischen mehreren, verteilten und verschiedenen Programmen (Anwendungen) zuverlässig verteilt und daher zwischen diesen anderen Programmen sitzt und die Kommunikation und den Datentransfer u.U. mit Hilfe von Betriebssystemfunktionalität steuert und kontrolliert. Dadurch unterstützt Middleware die Interaktion bzw. Kommunikation zwischen den auf mehreren Rechnern verteilten Programmen, so dass diese weder die möglicherweise unterschiedlichen Hard- und Softwareplattformen der Rechner noch die zu ihrer Verbindung verwendeten Kommunikationsnetze kennen müssen.

Eine weit verbreitete Anwendung besteht darin, dass ein Programm, das den Zugriff auf eine bestimmte Datenbank ermöglicht, mit Hilfe von Middleware auch Zugriff auf andere Datenbanken erhält. In diesem Fall stellt Middleware eine einzige Schnittstelle zur Verfügung und nimmt die Anpassung an die anderen verschiedenen Schnittstellen zu den verschiedenen Datenbanksystemen intern vor. Ursprünglich bestand die Grundidee von Middleware darin, die Anzahl der Schnittstellen zu begrenzen, indem Anwendungen und Datenquellen nicht mehr direkt miteinander interagieren, sondern nur noch jeweils eine einzige Schnittstelle zur Middleware haben. Während in üblichen IT-Umgebungen ohne Middleware bei *n* Anwendungen und *m* Datenquellen im Maximalfall $m * n$ Schnittstellen existieren und bei der Einführung einer neuen Anwendung *m* und bei der Einführung einer neuen Datenquelle *n* neue Schnittstellen zu erstellen sind, reduziert sich die Zahl der gesamten Schnittstellen in diesem einfachen Modell auf $n+m$ Schnittstellen insgesamt und exakt eine neue Schnittstelle, sowohl bei der Einführung einer neuen Anwendung wie bei der Einführung einer neuen Datenquelle. Dies vereinfacht die Pflege und Verwaltung des gesamten Systems erheblich.

Vorteile des Einsatzes von Middleware sind:

- Protokollierung: Middleware erlaubt die Protokollierung des Datenflusses zur späteren Auswertung zu statistischen Zwecken (Zuverlässigkeit, Sicherheit, Gebrauchshäufigkeit etc.).
- Sicherheit: Middleware erlaubt die Implementierung von Zugriffskontrolle.
- Portierung: Unter Umständen konvertiert Middleware seine Eingangsdaten in ein Datenformat, das dem der Zielanwendung entspricht (→ *Emulator*).
- Synchronisationssicherheit: Greifen mehrere (= viele) Clients gleichzeitig auf verschiedene Instanzen des gleichen

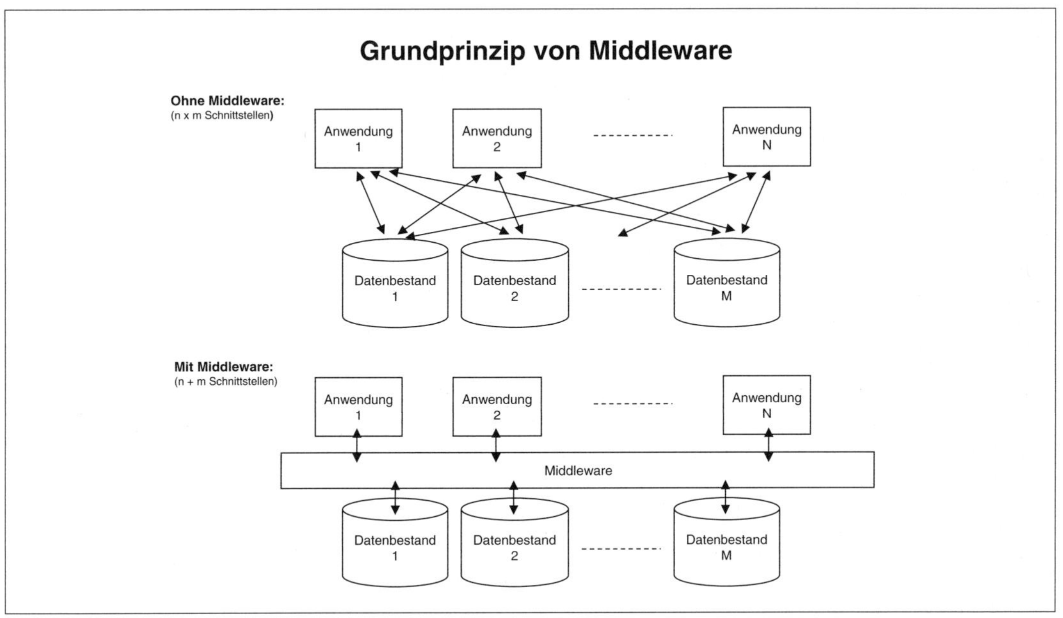

Datenbestandes zu, werden Mechanismen zur Verhinderung von Inkonsistenzen genutzt, so dass die verschiedenen Datenbestände vor jedem Zugriff eines Clients wieder synchronisiert sind.

- Transaktionssicherheit: Middleware verfügt üblicherweise über Warteschlangenmechanismen, in die sich die eingehenden Kommunikationsaufträge einreihen müssen und die erst weitergegeben werden, wenn die gewünschte Server-Anwendung tatsächlich verfügbar ist. Sollte dies nicht der Fall sein, wird der Kommunikationsauftrag so lange zwischengespeichert, bis dies der Fall ist. Auf diese Art wird eine Abarbeitung des Kommunikationsauftrags in jedem Fall gewährleistet, und er geht nicht verloren, wenn die Zielanwendung nicht verfügbar sein sollte.

  Dies gilt auch für Fälle, in denen mehrere Server-Anwendungen verfügbar sind, zwischen denen die Last gleichmäßig verteilt werden soll.

Insbesondere der letzte Punkt wird als entscheidender Vorteil von Middleware angesehen, weswegen ihr Einsatz in der Finanzwelt weit verbreitet ist.

Im Vergleich zu herkömmlichen Client/Server-Architekturen (→ *Server*) wird durch die Verwendung von Middleware noch eine weitere Schicht in die Kommunikation eingezogen. Dies lohnt sich üblicherweise immer dann, wenn die Client/Server-Systeme sehr umfangreich und unübersichtlich oder inhomogen werden, wie z.B. bei verteilten Datenbanksystemen, in denen Daten an verschiedenen Orten konsistent zu halten sind, auch wenn mehrere Clients, die sich ebenfalls an verschiedenen Orten befinden können, auf die verteilte Datenbank zugreifen.

Nachteilig ist in einigen Fällen die Verlangsamung von Transaktionen durch Middleware, obwohl derartige Software eigentlich transparent sein sollte (→ *transparente Einrichtung*). Ebenfalls nachteilig ist der höhere Implementierungs- und Managementaufwand.

Middleware entwickelte sich ab den frühen 80er Jahren, als die Vernetzung von Computern, insbesondere von PCs und Servern, dramatisch zunahm und die entsprechenden Hard- und Softwarestrukturen immer komplexer wurden. Eine frühe Form waren die → *RPCs*, die vom Hause Sun im Rahmen ihrer ‚Open Network Computing‘ Architektur eingeführt wurden. → *ODBC* kann auch zur Klasse der → *Middleware* gezählt werden.

Später entwickelten sich objektorientierte Konzepte wie → *CORBA* oder → *COM*.

→ *http://www.middleware.org/*

MIDI, MIDI-Kanal

Abk. für Musical Instrument Digital Interface.

Bezeichnet einen Schnittstellen- und Dateistandard aus dem Jahre 1984 zur Übertragung und Speicherung von Tondateien, auf den sich alle Musikinstrumentenhersteller geeinigt haben. Daher ist er bei den meisten Synthesizern und elektrischen Instrumenten verfügbar.

Es ist zu beachten, dass sich MIDI nur auf (Musik-) Töne, und nicht auf menschliche Sprache bezieht. MIDI ist daher kein universeller Audiostandard.

Die MIDI-Spezifikation integriert Musikinstrumente, PCs und weitere Geräte (Lichtsteuerungsanlagen, Studioequipment), so dass z.B. von einer E-Gitarre gespielte Töne gleich in einem Komponierprogramm in Noten umgesetzt werden können. Auch kann mit geeigneter Software aus einer vorliegenden MIDI-Datei die Partitur erzeugt oder in Echtzeit auf dem Bildschirm dargestellt werden. Darüber hinaus kann ein MIDI-File durch die Software nachbearbeitet werden, indem Tempo oder Instrumente verändert werden.

Es werden dabei nicht die Töne selbst, sondern Werte für Tonhöhe, Länge, Klangbild, Lautstärke und Instrumententyp definiert. MIDI-Dateien (Standard MIDI-Files, SMF) sind an der Endung *.MID erkennbar. Eine Variante ist das Format RIFF MIDI, das an der Endung *.RMI erkennbar ist. Als Faustregel ergeben eine Minute Ton eine Datei von ca. 20 KByte.

MIDI bietet 16 serielle logische Kanäle (MIDI-Kanäle genannt) und kann skaliert werden. Die mächtigste Obermenge ist der General-MIDI-Standard (GM), in dem 128 Instrumente und 60 weitere klangerzeugende Rhythmusgerätschaften definiert sind.

Viele MIDI-Dateien sind kostenlos über das → *WWW* erhältlich.

Die Qualität beim Abspielen von MIDI-Dateien hängt entscheidend von der verwendeten → *Soundkarte* ab. Sie sollte mindestens 2 oder noch besser 4 MByte komprimierte → *Wavetables* besitzen.

→ *http://www.midi.org/*

→ *http://www.musik-page.de/midi.htm/*

→ *http://www.zem-college.de/midi/*

→ *http://www.homerecording.de/*

Midrange

Begriff aus der Rechnertechnik der 80er Jahre. Bezeichnet eine Rechnergröße zwischen → *Workstations* und → *Mainframes*. Für mittelständische Betriebe gedacht, wie z.B. die → *AS/400* aus dem Hause IBM. In Deutschland oft auch ‚Mittlere Datentechnik‘ (→ *MDT*) genannt.

→ *http://www.MidrangeMagazin.de/*

Mietleitung

→ *Standleitung*.

MIF

1. Abk. für Management Information Format.

   Bezeichnung des Formates, in dem Informationen zum von der → *DMTF* definierten → *Netzmanagement* zwischen dem Netzmanagementsystem und Hard- sowie Softwarekomponenten der verwalteten Objekte (PCs, Router, Bridges etc.) ausgetauscht werden.

2. Abk. für Maker Interchange Format.

   Bezeichnung eines Dateiformates und der entsprechenden Dateiendung des → *DTP*-Programms FrameMaker. Mit MIF-Dateien werden Dokumente als einfache → *ASCII*-Dateien ausgetauscht.

Mikrocomputer

→ *PC*.

Mikrocontroller

→ *Controller.*

Mikrokanal

→ *MCA.*

Mikroprozessor

Oft auch nur kurz Prozessor genannt. Bezeichnung für integrierte Bausteine auf Halbleiterbasis, die früher (bis Anfang der 70er Jahre) in Großcomputern verteilte Einheiten in einem Bauteil zusammenführten.

Mikroprozessoren sind Teile der → *CPU* und beinhalten die Funktionen einer arithmetisch-logischen Einheit (ALU), → *Register* zum Zwischenspeichern, Befehlsdecodierung und Ablaufsteuerung sowie Ein- und Ausgabeeinheiten zum Anschluss an ein rechnerinternes Bussystem.

Mikroprozessoren können nach folgenden Kriterien klassifiziert werden: Fester Befehlssatz mit einfacher oder multipler → *Wortlänge* oder variabler Befehlssatz mit einfacher oder multipler Wortlänge.

Eine spezielle Art sind → *Bit-Slice*-Prozessoren.

Die Leistung eines Prozessors wird in → *MIPS* oder → *FLOPS* gemessen.

Bekannte heutige Mikroprozessoren sind die Prozessoren der x86-Linie aus dem Hause → *Intel*, die der → *PowerPC*-Linie oder die nach der → *SPARC*-Architektur aus dem Hause SUN. Weitere bekannte Mikroprozessoren sind der → *Zilog Z-80*, der → *Alpha*, die Prozessoren aus dem Hause → *Motorola*, aus dem Hause → *AMD* oder aus dem Hause → *Cyrix*.

Integrierte Bausteine (→ *IC*s), welche einzelne Funktionen in einem elektronischen Chip integrierten, gab es bereits lange, doch der erste Prozessor im engen Sinne kam erst Anfang der 70er Jahre auf den Markt. Intel stellte am 15. November 1971 den von Marcian Edward (‚Ted‘) Hoff (* 28. Oktober 1937) sowie Stan Mazor, Masatoshi Shima und Federico Fagin entwickelten 4-Bit-Prozessor 4004 vor. Damit ebnete Intel den Weg für universelle leistungsfähige Mikroprozessoren, in die alle Grundfunktionen eines Rechners integriert sind. Erste Anwendung war eine elektrische Registrierkasse der japanischen Firma Busicom, die bei Intel einen aus mehreren Chips bestehenden Chipsatz in Auftrag gegeben hatte. Hoff hatte jedoch den Ehrgeiz, alle geforderten Funktionen auf nur einem Chip zu vereinigen. Der 4004 kostete 200 $ und enthielt 2 250 Transistoren auf einer Fläche von 4 mm * 4 mm. Die kleinsten Strukturen auf dem Chip hatten eine Ausdehnung von 10 µm. Er verfügte über einen Addierer, 14 Register und einen Stack. Er konnte 60 000 Instruktionen pro Sekunde bearbeiten. Er war in einem länglichen Gehäuse mit acht Kontaktstiften untergebracht. Vorher benötigten gleiche Bausteine eine Fläche von 2 m^2.

Intel war sich seinerzeit nicht sicher, ob diese Technologie Zukunft hat, stellte jedoch ein Jahr später den 8-Bit-Prozessor → *Intel 8008* (3 300 Transistoren, 0,5 MHz Takt, Gehäuse mit 16 Kontaktstiften) vor, der auch diverse Entwicklungen bei der Konkurrenz nach sich zog.

Offizielle Bezeichnung des Intel 4004 war seinerzeit ‚programmierbarer Microcomputer auf einem Chip‘.

Das Wort Mikroprozessor taucht erstmals 1972 auf. Der Fortschritt führte seither zu permanenten Leistungssteigerungen, wobei die Faustregel gilt, dass sich die Rechenleistung eines Prozessors gemäß → *Moore's Law* erhöht. Andere Unternehmen aus der Elektronik- und Halbleiterbranche stiegen ebenfalls in die Prozessorfertigung ein. So stellte Texas Instruments mit dem TMS 9900 den ersten 16-Bit-Prozessor im Jahre 1975 vor. Am Ende dieses Jahres gibt es schon ca. 40 verschiedene Prozessoren diverser Hersteller.

Die US-Patentbehörde (→ *USPTO*) erklärte entgegen der branchenweiten Anerkennung von Ted Hoff als Erfinder des Mikroprozessor im Jahre 1996 den Ingenieur Gary Boone aus dem Hause Texas Instruments zum Erfinder des Mikroprozessors, da dieser 1971 das erste Patent auf einen Single-Chip-Computer beantragt und erhalten hatte.

→ *http://www.mdronline.com/*

Mikrosite

→ *Portal Page.*

Mikrowelle

International auch Microwave genannt. Der Begriff ist nicht scharf definiert und bezeichnet als Branchenjargon elektromagnetische Wellen in einem Frequenzbereich von 890 MHz oder 1 GHz bis ca. 20 oder 30 GHz.

Frequenzen darunter werden oft auch als Radio- oder Funkfrequenzen bezeichnet, selbst wenn auch Mikrowellen für Funkanwendungen (→ *Richtfunk*) verwendet werden.

Mikrozellen

1. Bezeichnung einer Zellengröße in zellularen Mobilfunknetzen (→ *zellulare Systeme*) und → *DECT*-Systemen mit einem Radius von ca. 200 m. Gedacht für Anwendungen in dichter besiedelten Gebieten, in großen Gebäuden mit viel Publikumsverkehr (Messehallen, Kongresszentren, Bahnhöfen, Flughäfen, Stadien) oder auf Firmengeländen. Darüber hinaus dienen sie zur Versorgung sonstiger ‚Funklöcher‘, die durch natürliche Gegebenheiten entstehen (Tunnel, Brücken, Hügel, Senken). Üblicherweise werden die → *BS* zur Versorgung eine Mikrozelle über eine Glasfaserstrecke oder → *Richtfunk* an die nächstgelegene größere BS angeschlossen.

   → *Ruralcells*, → *Makrozellen*, → *Umbrellacells*, → *Picozellen*.

2. Bezeichnung für den Versorgungsbereich eines Access Points (AP) in einem → *Wireless LAN* mit einem Durchmesser von einigen 10 Metern.

Milia

Bezeichnung der international führenden Messe für neue, interaktive Medien. Die Messe findet jährlich im Februar in Cannes statt. Sie hat als Ableger die Milia Games (für Computerspiele) erhalten, die 1999 zum ersten Mal durchgeführt wurde.

→ *http://www.milia.com/*

Millennium

1. → *Celestri.*
2. → *Windows 95.*

Millenium-Bug

→ *Jahr-2000-Problem*

Millimeterwellen

Deutsche Bezeichnung für die Wellenlänge im → *EHF*-Frequenzbereich.

Milnet

Abk. für Military Network.

Militärisch genutztes Netz der USA. Es ging 1983 aus dem → *Arpanet* hervor, das seinerzeit in das zivil-akademische Arpanet und das rein militärisch genutzte Milnet geteilt wurde. Dies war primär Resultat eines gestiegenen Sicherheitsbedürfnisses des Militärs. Das Milnet wiederum wurde in das auch andere Systeme umfassende ‚Defense Data Network‘ (→ *DDN*) integriert. Es ist mit dem restlichen → *Internet* über einen → *FIX* verbunden.

→ *FNC.*

MIL-Standard

Bezeichnung für Standards, die vom amerikanischen Verteidigungsministerium (DoD) erlassen worden sind. Viele international gängige Protokolle sind vom DoD für den militärischen Gebrauch – häufig ohne jede Änderung – spezifiziert worden.

MIMD

Abk. für Multiple Instruction – Multiple Data.

Bezeichnung eines Verarbeitungsprinzips bei Computern. Ist die Grundlage für massiv parallele Rechner (→ *MPP*). Dabei werden verschiedene Befehle auf verschiedenen funktionalen Einheiten (Prozessoren) mit unterschiedlichen Daten verarbeitet.

MIME

Abk. für Multipurpose Internet Mail Extension.

Bezeichnung eines Standards im Umfeld des → *Internet*, der mulimediale Elemente in einer → *E-Mail* erlaubt. Es wird so auch möglich, in E-Mails integrierte Audio- und Videodateien (Binärdateien) mit → *TCP* und → *IP* zu versenden. Die Grenzen, die → *SMTP* setzte, insbesondere was die Codierung als nur 7 Bit lange US-ASCII-Zeichen und eine maximale Zeilenlänge von 1 000 Zeichen angeht, werden damit überwunden. Voraussetzung dafür ist jedoch, dass Sender und Empfänger gleichermaßen MIME-fähig sind.

MIME I und II wurden 1993 in RFC 1521 und 1522 definiert. Maßgeblich entwickelt wurde der Standard von Nathaniel Borenstein. Prinzipiell wird durch MIME der in RFC 822 definierte Header des SMTP um einige weitere Felder erweitert, die z.B. den Inhalt der E-Mail angeben. Dabei werden folgende Typen und Subtypen von Inhalten unterschieden:

- Text
  - Plaintext (ohne Formatierung)
  - Richtext (mit Formatierung)
- Multipart Content Type (mehrteilige Nachricht)
  - Alternativ (gleicher Inhalt in mehreren Teilen)
  - Mixed (mehrere Teile verschiedenen Inhalts)
- Message Content Type (mehrteilige Nachricht)
  - Alternativ (gleicher Inhalt in verschiedenen Formaten)
  - Mixed (mehrere Teile verschiedenen Inhalts)
- Message Content Type
  - Format nach SMTP
  - Externe Datei, die per → *FTP* angefordert werden muss
- Application Content Type (Binärdatei)
  - Format → *PostScript*
  - Format MS-Word
- Image Content Type (Bilddaten)
  - Format → *GIF*
  - Format → *JPEG*
- Audio Content Type (Audiodateien)
  - Bislang keine Subtypen definiert
- Video Content Type (Videodateien)
  - Format → *MPEG*
  - Format Quicktime

MIME kann große Nachrichten selbständig in kleinere Pakete zerlegen, übertragen und beim Empfänger wieder zusammensetzen.

Eine MIME-Message besteht prinzipiell aus dem Header und verschiedenen miteinander verknüpften Teilen, sog. Bodyparts, in denen verschiedene Arten von Informationen abgelegt sind. Ferner legen sog. Meta-Informationen fest, wie MIME-nutzende Anwendungsprogramme für multimediale E-Mails die in einer E-Mail enthaltenen Informationen erkennen und nutzen können.

MIME-Mails sind anhand des Feldes MIME-Version im Header der E-Mail erkennbar. Das Feld Content-Type gibt für jeden einzelnen auf das Content-Type-Feld folgenden Bodypart an, zu welchem Typ der Inhalt des Bodyparts gehört.

Mini-CD

Bezeichnung für die ‚kleine‘ Audio-CD (→ *CD-DA*) mit einem Durchmesser von nur 8 cm. Spieldauer von 20 Min. Auf den Markt gebracht 1988 vom Hause Sony.

Minicomputer

Manchmal auch nur kurz Mini genannt. Begriff aus der Rechnertechnik der 70er Jahre. Bezeichnete die Generation leistungsfähiger Arbeitsplatzrechner in der Größe eines Schreibtischs oder etwas kleiner, welche häufig die großen → *Mainframes* ablösten oder auf Abteilungsebene ergänzten. Neben der physischen Größe war ein weiterer Unterschied, dass Minicomputer häufig gezielt für bestimmte Zwecke genutzt und nicht – wie der Mainframe – als Universalrechner eingesetzt wurden.

Beispiele für Minicomputer sind die → *VAX* aus dem Hause DEC oder die → *IBM S/3* und → *IBM S/32.*

Die nächstkleinere Generation von Rechnern wurde als Mikrocomputer bezeichnet, wobei sich mittlerweile die gängigere Bezeichnung → *PC* durchgesetzt hat.

→ *Workstation.*

Mini-Disc

1. Bezeichnung eines von der → *CD* abgeleiteten handlicheren CD-Formates aus dem Hause Sony.

   → *MD.*

2. Heute selten gebrauchte Bezeichnung für → *Disketten* des Formates 5,25“. Der Ursprung liegt darin, dass in den 70er Jahren zunächst Disketten mit einem Durchmesser von 8 Zoll gängig waren, zu denen die 5,25-Zoll-Disketten im Vergleich deutlich kleiner aussahen.

Minitel

Selten auch Télétel genannt. Ein in Frankreich weit verbreiteter Btx-ähnlicher → *Online-Dienst* mit 7 000 Servern, 25 000 Informationsanbietern, 7 Mio. Terminals, rund 35 Mio. Nutzern, rund 2,5 Mrd. Anfragen jährlich und 110 Mrd. Online-Stunden. Galt lange Zeit mit max. 2,4 kbit/s als langsam.

Integrierte und wichtige Dienste sind das elektronische Telefonbuch, die Fahrplanauskunft der Eisenbahn und TV-Programmübersichten.

Darüber hinaus werden auch → *E-Mail*, → *Foren* und andere Kommunikationsdienste angeboten, die jedoch bei weitem nicht so intensiv genutzt werden wie die reinen Informationsdienste. Meistgenutzter Dienst ist das elektronische Telefonbuch. Die Erfolgsfaktoren waren:

- Billige Terminals (teilweise erfolgte kostenlose Verteilung)
- → *Killer Application*: elektronisches Telefonbuch, unterstützt durch weitgehende Abschaffung gedruckter Telefonbücher
- Offener Zugang für jeden Anbieter von Informationen
- Einfaches Gebührenschema
- Nationale Verbreitung

Insbesondere durch die kostenlose Verbreitung der Terminals und den Aufbau einer ausgedehnten, landesweiten Infrastruktur blieb der Dienst insgesamt jedoch defizitär.

In fast jedem Postamt steht ein derartiges Terminal.

Die Terminals verteilen sich zu 53% auf Privathaushalte und 47% auf professionelle Nutzer.

Das Minitel-System war 1978 konzipiert worden und machte zu seiner Einführungszeit Frankreich zu einem der fortschrittlichsten Staaten auf diesem Sektor. Heute entspricht das System mit einem 9-Zoll-Screen, 25 Zeilen zu 40 Zeichen und einem Sonderzeichensatz mit 63 grafischen Symbolen nicht mehr dem Stand der gegenwärtigen Technik, auch wenn das System mittlerweile von PC-Nutzern mit Modem genutzt werden kann.

1978 erschien ein Bericht bei der France Télécom (damals noch DGT), ausgearbeitet von den Ingenieuren Simon Nora und Alain Minc, die im Auftrag der französischen Regierung den Bericht „Die Informatisierung der Gesellschaft“ über die Rolle der Informationstechnologie in Frankreichs Zukunft verfasst hatten.

Dieser Bericht führte zu dem für alle Bürger offenen Computersystem mit einer ersten Anwendung: dem elektronischen Telefonbuch. Der Grund dafür lag darin, dass in Frankreich die hohe Anzahl an Neuanschlüssen in den 70er Jahren zu sehr schnell veraltenden Telefonbüchern führte.

Das System ging, noch unter dem Namen Télétel, im gleichen Jahr in den Betrieb. Das Endgerät wurde als Minitel bezeichnet. Dieser Begriff setzte sich auch schnell als Bezeichnung für das Gesamtsystem durch.

1994 konnten 16 Mio. Franzosen über 6,5 Mio. Minitel-Terminals und 600 000 PCs auf das System zugreifen. Zu diesem Zeitpunkt wurde über Minitel mehr Verkehr abgewickelt als über das seinerzeit im Entstehen begriffene → *WWW.*

Mitte 1997 wurden rund 145 Anrufe pro Monat und Nutzer über das Minitel gezählt.

Ab 1997 erfolgte die Umrüstung des Systems mit dem Ziel, den Zugang zum WWW zu integrieren. Dazu brachte die France Télécom Mitte 1998 einen neuen Terminaltyp auf den Markt, der sowohl den Zugang zum Internet als auch zum bisherigen Minitel-System ermöglicht. Strenge Kritiker sind der Meinung, das weitere Festhalten an dem bisherigen Minitel-System auch in dieser hybriden Form behindere Frankreichs weitere Entwicklung, da man den Konsumenten nicht mit einer größeren Bestimmtheit an das zukunftsträchtigere Internet gewöhne.

Im Oktober 1998 wurde IBM damit beauftragt, das Minitel-System zu verbessern und insbesondere den Nutzern des Systems über das Minitel-System einen Internet-Zugang zu ermöglichen.

Die Anzahl der Minitel-Anschlüsse – bestehend aus den Terminals und ab 1992 auch zunehmend Emulationskarten für PCs – nahm bis Mitte der 90er Jahre folgenden Verlauf (Angaben in Mio.):

1983:	0,12	1990:	5,607
1984:	0,531	1991:	6,001
1985:	1,187	1992:	6,272
1986:	2,237	1993:	6,875
1987:	3,373	1994:	7,1
1988:	4,228	1995:	7,4
1989:	5,062	1996:	7,6

→ *http://www.minitel.fr/*

Mini-Tower

→ *Tower.*

Minix

Bezeichnung eines Derivates des → *Betriebssystems* → *Unix* für → *PCs*. Entwickelt zunächst für die Plattformen → *Atari* (Atari ST), → *Amiga* und den → *Macintosh.* Später wurde es auch auf die Plattform des → *Intel 80386* und seine Nachfolger portiert.

Es dient in erster Linie Lern- und Lehrzwecken, weswegen es für Anwendungsprogramme nicht geeignet ist.

Vorgestellt im Jahre 1987 von Andrew S. Tanenbaum, Professor an der Freien Universität von Amsterdam. Er programmierte Minix als System mit der vollen Funktionalität von Unix Version 7 aus dem Hause AT & T, ohne jedoch den Quellcode dafür zu nutzen. Er verfügte auch, dass Minix zwar preiswert, nicht jedoch frei kopierbar ist.

→ *http://www.cs.vu.nl/~ast/minix.html/*

→ *http://minix1.hampshire.edu/*

→ *http://www.minix.org/*

MIPS

Abk. für Million Instructions per Second. Seltener auch MOPS (Million Operations per Second) genannt.

Bezeichnung der Maßeinheit für die Leistung eines Mikroprozessors, die angibt, wie viele Rechenoperationen ein → *Mikroprozessor* pro Sekunde bearbeiten kann. Seine Aussagekraft ist jedoch umstritten, da keine industrieweite, einheitliche Definition vorhanden ist. Je nach Prozessortyp kann eine Instruktion (ein Befehl) mehrere Takte in Anspruch nehmen. Ferner verfügt auch ein einzelner Prozessor über Befehlsmengen mit unterschiedlichem Bedarf an Takten je Befehl. Daher ist nur der Vergleich der MIPS-Werte ähnlicher Architekturen oder gleicher Prozessorfamilien sinnvoll.

Meistens wird ein statistischer Mix der am häufigsten vorkommenden Befehle zugrunde gelegt und ein spezielles Programm, das exakt einen Mix dieser Befehle erzeugt, läuft auf dem Rechner zur Bestimmung der MIPS. Daher ist die Größe eine Durchschnittsgröße.

Wegen der häufigen Verwendung dieser Größe in der Werbung und ihrer gleichzeitigen Unklarheit wird die Abkürzung MIPS scherzhaft auch mit „Misinformations to Promote Sales“ übersetzt. Ferner existieren mit → *MFLOP* und → *MTOPS* zwei weitere, konkurrierende Größen, von denen sich jedoch MTOPS bemüht, die theoretische Beschaffenheit wenigstens im Namen kenntlich zu machen.

Mirror, Mirroring

Von engl. mirror = Spiegel. Auch genannt Replication, Shadowing oder Spiegeln. Bezeichnet das doppelte Vorhalten technischer Ressourcen zur Erhöhung der Verfügbarkeit.

Üblicherweise erwähnt im Zusammenhang mit Datenbanken, von denen jeweils eine Kopie auf einem Server (dann genannt Mirror) gehalten wird. Beide Server sind dabei permanent online geschaltet. Operationen (→ *Transaktionen*) werden simultan auf beiden Datenbanken auf den Servern durchgeführt. Im Fehlerfall, d.h. wenn ein Server ausfällt, geht der Betrieb ausschließlich und ohne jede Unterbrechung auf den zweiten über.

Nach Fehlerbehebung muss der ausgefallene Server seine Datenbestände über den zweiten Server aktualisieren.

Die Gründe für das Mirroring können sein:

- Erhöhung der Ausfallsicherheit (beide Server an einem Ort)
- Vermeidung unnötigen Verkehrs in einem Weitverkehrsnetz (beide Server an geografisch unterschiedlichen Orten)

Ein praktisches Anwendungsbeispiel für Mirroring ist → *RAID*.

MIS

Abk. für Management Information Systems.

Es existieren mehrere Bedeutungen.

1. Im Bereich von → *LANs* die Bezeichnung bei der Verwaltung lokaler Netzwerke für jene Subsysteme, welche die eigentliche Systemverwaltung durch statistische Daten und sonstige Informationen über Netz, Netzauslastung und Fehler mit Informationen versorgen.
2. Auch EIS für Executive Information System genannt. Im Bereich des Informationsmanagements in Unternehmen die Bezeichnung für unternehmensweite und EDV-gestützte Informationssysteme, welche die Führungsebene eines Unternehmens mit relevanten Daten versorgen. Dabei werden die Daten gesammelt und visualisiert. Ferner sind MIS-Tools mit Funktionalitäten ausgestattet, die Trends in die Zukunft extrapolieren können.

   Im Gegensatz zu einfachen MIS-Systemen, deren Stärke oft nur die Visualisierung von Datenreihen ist, unterscheidet man zwei Linien mit zusätzlichen analytischen Funktionen: die des → *Data Warehouse* und des → *OLAP*.

MIT

Abk. für Massachusetts Institute of Technology.

Bezeichnung einer akademischen und hochrenommierten Einrichtung nahe bei Boston in den USA. Es ist vor Stanford und Berkeley (beide in Kalifornien) die bekannteste technische Hochschule der USA.

→ *http://web.mit.edu/*

→ *http://www.mit.edu/*

Mithörschwelle

Ein Begriff aus der → *Psychoakustik*. Die Mithörschwelle gibt an, mit welchem Schalldruck (d.h. in welcher Lautstärke) ein Ton der Frequenz *f* auftreten muss, damit er vom menschlichen Ohr unter bestimmten Bedingungen, wie z.B. weiteren Tönen anderer Frequenzen in unmittelbarer Nähe seiner Frequenz (→ *Maskierungseffekt*) oder Hintergrundrauschen einer bestimmten Intensität, wahrgenommen wird.

Die Mithörschwelle beschreibt daher die Verdeckungseigenschaft von akustischen Signalen. Die Stärke der Verdeckung hängt dabei von den Schalldrücken der involvierten akustischen Signale und ihrem Abstand im Frequenzspektrum ab. Ferner ist zu berücksichtigen, ob es sich um tonale (nur eine definierte Frequenz) oder atonale Signale (Rauschen, mehrere bis viele Frequenzen) handelt.

Die Mithörschwelle beeinflusst zusammen mit der → *Ruhehörschwelle* die → *Hörschwelle*.

MITI

Abk. für Ministry for International Trade and Industry.

Bezeichnung des japanischen Außenhandels- und Wirtschaftsministeriums.

MITS Altair 880

→ *Altair 8800.*

MiTT

Abk. für Minutes of Telecommunication Traffic.

Ein international üblicher Maßstab zum Vergleich von Telefongesellschaften (z.B. MiTT von internationalem, abgehendem oder auch ankommendem Verkehr o.Ä.).

Mitteilungsdienst

Selten benutzte deutschsprachige Bezeichnung für → *Paging.*

Mittelwelle

→ *MF.*

Mittlere Betriebsdauer

→ *MTBF.*

MITV

Abk. für Microsoft Interactive Television.

Bezeichnung für das User-Interface für → *Set-Top-Boxen* aus dem Hause Microsoft.

→ *Tiger.*

mix

Abk. für Microsoft Image Extension Format.

→ *FlashPix.*

MJ

Abk. für Modular Jack.

Bezeichnung für einen speziellen Stecker; insbesondere in den USA verbreitet.

→ *RJ11, 14, 15.*

M-JPEG

Abk. für Motion JPEG.

→ *JPEG.*

MLC

Abk. für Multi-Level-Coding.

MLI

Abk. für Multiple Line Interface.

→ *ODI.*

MLP

1. Abk. für Multi Link Procedure.
2. Abk. für Message Link Protocol.

ML-PPP

Abk. für Multilink-Point-to-Point-Protocol.

→ *PPP.*

MLT 3

Abk. für Multi Level Transmit (Transmission) 3 Coding.

Ein Verfahren für die → *Leitungscodierung*, genutzt für die → *Basisbandübertragung*. Im Gegensatz zum nur zweistufigen → *NRZI*-Codierverfahren wird ein dreistufiges Signal verwendet, was zu einer Senkung der Grundfrequenz führt (nur 31,25 MHz gegenüber 62,5 MHz). Dies führt letztlich zu geringeren Ansprüchen an das Übertragungsmedium, einer geringeren Störstrahlung und eine Verringerung der Bitfehler.

Das Codierverfahren unterscheidet drei Zustände (z.B. -1, 0, +1). Eine Null wird durch Beibehalten des aktuellen Zustandes und eine Eins durch einen Wechsel des Zustandes codiert. Dabei wird zyklisch von der -1 zur 0, von der 0 zur +1, von der +1 zur 0, von der 0 zur -1 usw. gewechselt.

Problematisch bei diesem Verfahren ist, dass der Empfänger bei u.U. nur geringen Signalunterschieden drei verschiedene Signale detektieren muss. Um zu lange Bitfolgen gleicher Wertigkeit mit gleichen Signalpegeln zu vermeiden, werden daher oft Scrambler in Form von Schieberegistern zugeschaltet, die die Bitfolgen zunächst verändern.

MLT 3 ist ein geeignetes Übertragungsverfahren für 100-Mbit/s-Übertragung über → *UTP* und → *STP*, genutzt z.B. von → *100BaseT* und → *FDDI* über Twisted Pair (→ *TPDDI*).

MLTU

Abk. für Monitoring (and) Line Transmission Unit.

MM

1. Abk. für → *Multimedia.*
2. Abk. für Mobility-Management.

   Bezeichnet in Mobilfunksystemen alle Funktionen und Vorgänge, die mit solchen Funktionen zusammenhängen, welche die Mobilität unterstützen, wie z.B. → *Roaming* oder → *Handover.*

MMAPI

Abk. für Multimedia Application Programming Interface.

Eine besondere Form einer → *API.*

MMC

Abk. für Multimedia-Collaboration.

Eine Form des → *Tele-Working.*

MMCD

Abk. für Multimedia Compact Disc.

→ *Video-CD.*

MMCF

Abk. für Multimedia Communications Forum.

Bezeichnung für einen internationalen Verband ähnlich der → *IMTC* oder → *DAVIC*, der aus Herstellern der Hard- und Softwarebranche besteht und das Ziel hat, die Entwicklung von → *Multimedia* zu fördern.

→ *http://www.mmcf.org/*

MMDS

Abk. für Multipoint Microwave (oder auch: Multichannel Multipoint) Distribution System.
Bezeichnung für die lokale Verteilung (Punkt-zu-Mehrpunkt) digitaler TV-Signale mit Funksystemen im Mikrowellenbereich von 750 bis 850 MHz. Es werden dabei üblicherweise Distanzen bis 40 oder 50 km überbrückt.
Innerhalb eines Hauses übernimmt das → *Koaxialkabel* die Weiterverteilung des von einer Antenne auf dem Dach empfangenen Signals zu der → *Set-Top-Box*, die das empfangene digitale und u.U. verschlüsselte Signal in ein analoges TV-Signal für das Endgerät umsetzt.
MMDS-Technologie könnte theoretisch auch für Zweiwege-Kommunikation (mit schmalbandigem Rückkanal) genutzt werden. Wegen regulatorischer Vorschriften wird MMDS jedoch immer noch fast ausschließlich für TV-Verteilung verwendet.
Erstmals angewendet gegen Ende 1995 in Japan. Zum Jahresende 1998 gab es in den USA rund 1 Mio. Kunden in 180 MMDS-Systemen.
→ *LMDS.*
→ *http://www.wcai.com/mmds.htm/*

MMF

Abk. für Multimode Fiber.
→ *Multimode-Gradientenindex-Faser.*

MMFS

Abk. für Manufacturing Message Format Standard.

MMI

Abk. für Man Machine Interface.
Selten auch HMI (Human Machine Interface) genannt. Int. mittlerweile gängige Bezeichnung für das, was der Teilnehmer letztendlich sieht, erhält und/oder nutzen muss, wenn er an einem → *Dienst* teilnehmen möchte. Damit umfasst das MMI die Menge aller Bedienungselemente und Prozeduren für Geräte und Dienste. Bei → *Handys* z.B. die Anzeige (mehrzeiliges → *LCD*) und die Tastatur.
Für den Erfolg eines Dienstes wird das MMI immer wichtiger. Ein Dienst kann noch so gut funktionieren und sinnvoll sein, eine zu komplizierte Benutzung schreckt viele potenzielle Nutzer ab.
Bestandteil des MMI kann auch eine grafische Benutzeroberfläche sein (→ *GUI*).
→ *Look & Feel.*

MMIC

Abk. für Microwave Monolithic Integrated Circuit.
Bezeichnung für → *ICs* zur Verarbeitung von Mikrowellensignalen.

MMJ

Abk. für Modified Modular Jack.
Bezeichnung für spezielle Stecker, die ähnlich den Steckern aus der RJ-Serie (→ *RJ 11, 14, 45*) aufgebaut sind, im Unterschied zu diesen den einrastenden Plastikclip jedoch nicht zentriert an der Oberseite, sondern an der schmalen Längsseite haben.

MML

Abk. für Man Machine Language.
Bezeichnung für eine von der → *ITU* empfohlene Kommandosprache.

MMM

Abk. für Multimedia-Mail.
→ *MIME.*

MMO

Allgemein gängige Abkürzung für Mannesmann Mobilfunk, Betreiber des → *D2-Netzes* in Deutschland nach dem → *GSM*-Standard.

MMOSA

Abk. für Multi-Media Operating System Architecture.
Bezeichnung des Hauses Microsoft für eine Anwendungsarchitektur, die das Zusammenwirken von PCs, → *Video-Servern*, → *Set-Top-Boxen*, → *TMN* und anderen Diensten definiert.
Gilt als noch nicht vollständig definiert.

MMR

Abk. für Modified Modified Read.
Bezeichnung eines Verfahrens zur zweidimensionalen Quellencodierung, das auf dem → *Read-Verfahren* basiert. Angewendet bei → *Fax* der Gruppe 4.
Dabei wird das Fax ausgehend von einer Zeile codiert, indem für alle folgenden Zeilen jeweils nur die Änderung zur vorangegangenen Zeile übertragen wird.

MMS

Abk. für Manufacturing Message Specification.
Bezeichnung für eine Sprache zur Definition von Skripts in der Automatisierungstechnik.
Ursprünglich von der → *EIA* entwickelt. Erlangte jedoch erst Bedeutung, als sich General Motors MMS zuwandte. Dann auch von der → *ISO* als ISO 9506 standardisiert.

MMS 43-Code

Abk. für Modified Monitored Sum 43 Code.
Ein redundanter, ternärer, gleichstromfreier Übertragungscode mit niedriger Frequenz. Ein Sonderfall des → *4B3T*-Code.
Genutzt z.B. beim Basisanschluss des → *ISDN.*

MMSC

Abk. für Multiparty Multimedia Session Control.
Bezeichnung für eine Initiative der → *IETF* mit dem Ziel, einen Rahmen für die Verbindungssteuerung multimedialer Echtzeitverbindungen über → *IP*-basierte Netze zu schaffen. → *SIP* ist beispielsweise Teil von MMSC.
MMSC ist das Gegenstück der IETF zu → *H.323* der → *ITU.*

MMSK

Abk. für Modified Minimum Shift Keying.
Eine Sonderform der → *FSK.*

MMU

Abk. für Memory Management Unit.

Bezeichnung für eine Funktionseinheit bei einem → *Mikroprozessor*, der für die Unterstützung bei der Verwaltung des Hauptspeichers verantwortlich ist. Er wurde eingeführt, um den Prozess des Ein- und Auslagerns von Daten (→ *Swapping*) nicht von der eigentlichen Recheneinheit ausführen zu lassen.

Ab dem Prozessor → *Intel 80386* verfügen alle Prozessoren aus dem Hause Intel über eine derartige Einheit.

MMX, MMX-2

Abk. für Matrix Math Extension.

Bezeichnung für eine Sonderklasse von → *Mikroprozessoren* der → *Intel-Pentium*-Serie (166- und 200-MHz-Takt) aus dem Hause Intel, die speziell Multimedia- und Kommunikationssoftware unterstützen. Oft wird MMX daher mit Multimedia-Extension gleichgesetzt, was Intel als offizielle Abkürzung nicht verwendet. MMX ist ein eingetragenes Warenzeichen des Hauses Intel.

Die MMX-Technik basiert auf dem Prinzip der Single Instruction – Multiple Data (→ *SIMD*). Der herkömmliche Befehlssatz des Prozessors wird um 57 neue Befehle, acht 64 Bit große Register und vier 64-Bit-Datentypen erweitert. Die neuen, nur auf den MMX-Registern operierenden Befehle berücksichtigen dabei die Charakteristika der Bearbeitung multimedialer Daten, bei denen häufig die gleiche Operation simultan auf eine hohe Anzahl von kleinformatigen Datenstrukturen (z.B. Bildpunkte) angewendet wird. Durch die Register ist es möglich, einen Befehl gleichzeitig auf vier Datenworte anzuwenden.

Die MMX-Prozessoren gelten als 10 bis 20% schneller als die vergleichbaren Prozessoren ohne MMX-Technik. Derartige Vorteile können jedoch nur dann realisiert werden, wenn die Software speziell für MMX-Prozessoren geschrieben wurde und die entsprechenden Befehle wirklich genutzt werden.

Vorgestellt wurde die MMX-Technologie erstmals im Januar 1997 mit dem Prozessortyp P55C Pentium.

Zur Jahreswende 1998/99 kam eine neue Version, genannt MMX-2, auf den Markt, die 10 bis 20 neue Instruktionen hatte, welche speziell auf Videoanimationen mit 3D-Elementen, Kompression von Videodaten und besseren Ton ausgerichtet war.

MNC

Abk. für Mobile Network Code.

In Mobilfunknetzen nach dem → *GSM*-Standard die Bezeichnung für eine eindeutige, ein Mobilfunknetz in einem Land identifizierende ein- oder zweiziffrige Nummer. Ein MNC kann u.U. mehrere Netze weltweit in allerdings nicht benachbarten Ländern identifizieren. Die weitere Unterscheidung der Netze erfolgt daher auf internationaler Ebene zusätzlich durch den Mobile Country Code (→ *MCC*).

In Deutschland wird die MNC von der Regulierungsbehörde vergeben. D1 hat die MNC 01 und D2-Privat die MNC 02.

Mnemonisch, Mnemonischer Code

Von griech. Mnemonikos = leicht zu merken. Bezeichnung für aus Buchstaben und Zahlen zusammengefasste Zeichenkette, die als Symbol eine Bedeutung repräsentiert.

Abkürzungen sind eine spezielle Form eines mnemonischen Codes.

In der Informatik hat mnemonischer Programmcode eine besondere Bedeutung auf der Ebene der Programmierung in → *Assembler*.

Ferner können oft auch die Schlüsselwörter von höheren Programmiersprachen oder Befehle von Betriebssystemen als mnemonische Begriffe angesehen werden.

Der Begriff wurde eingeführt von Lady Ada Augusta Byron Gräfin von Lovelace (* 10. Dezember 1815, † 27. November 1852), die Charles Babbage bei der Arbeit an der → *Analytical Engine* begleitete.

MNO

Abk. für Mobile Network Operator.

Bezeichnung für den Betreiber eines Mobilfunknetzes.

MNP

Abk. für Microcom Networking Protocol.

Eine Familie abwärtskompatibler Fehlerkorrekturprotokolle für Wählmodems, die Hayes-kompatibel sind. Das Kürzel MNP wird um eine Zahl von 1 bis 10 ergänzt, die man als Level bezeichnet. Ein höheres Level beinhaltet dabei üblicherweise die Funktionalität der niedrigeren Level. Am Anfang einer Verbindung zwischen Modems einigen sich die Modems über den höchstmöglichen anzuwendenden Level, den beide Seiten beherrschen.

Die Level 1 bis 4 beziehen sich lediglich auf Fehlerkontrolle.

Die Level 5 und 7 beziehen auch Datenkompression mit ein.

Die Level 6, 8, 9 und 10 bezeichnet man als Extended Services.

Entwickelt wurden die Protokolle vom US-Modemhersteller Microcom in den 80er Jahren und dort maßgeblich von James M. Dow.

→ *MNP 1*, → *MNP 2*, → *MNP 3*, → *MNP 4*, → *MNP 5*, → *MNP 6*, → *MNP 7*, → *MNP 8*, → *MNP 9*, → *MNP 10*,

MNP 1

Abk. für Microcom Networking Protocol Level 1.

Erstes Fehlerkontrollprotokoll der Firma Microcom aus der → *MNP*-Familie für die Datenübertragung mit Hilfe eines → *Modem*.

Aus den zu übertragenden Daten werden Blöcke gebildet, für die Prüfsummen berechnet werden, die man den Blöcken hinzufügt. Zusätzlich werden Start- und Stoppbits hinzugefügt, wodurch der Overhead steigt. Durch diese geringe Effizienz (nur ca. 70% Durchsatz) ist das Protokoll heute kaum noch im Einsatz.

Die Daten werden nach dem asynchronen byteorientierten Halbduplexverfahren ausgetauscht, was sehr geringe Ansprüche an die Modems stellt.

MNP 2

Abk. für Microcom Networking Protocol Level 2.

Ein Fehlerkontrollprotokoll aus der → *MNP*-Familie der Firma Microcom für die Datenübertragung mit Hilfe eines → *Modems.*

Gegenüber → *MNP 1* verbessertes Übertragungsprotokoll. Die Daten werden mit Start- und Stoppbits asynchron, byteorientiert und vollduplex übertragen. Ansonsten wie MNP 1.

Durch die gleichzeitige Verwendung beider zur Verfügung stehender Kanäle im Duplexverkehr steigt der Durchsatz auf ca. 84%.

MNP 3

Abk. für Microcom Networking Protocol Level 3.

Ein Fehlerkontrollprotokoll aus der → *MNP*-Familie der Firma Microcom für die Datenübertragung mit Hilfe eines → *Modems.*

Die Nutzdaten werden dabei mittels einer Checksumme (→ *CRC*) geschützt. Nutzdaten und CRC werden als Block synchron bitorientiert vollduplex übertragen. Der Empfänger berechnet ebenfalls eine Prüfsumme aus den empfangenen Nutzdaten und vergleicht sie mit dem empfangenen CRC.

Von der → *DEE* werden die Daten asynchron entgegengenommen.

Die Start- und Stoppbits werden im Modem entfernt, daher höherer Durchsatz von 105 bis 108% gegenüber → *MNP 1* und → *MNP 2.*

MNP 4

Abk. für Microcom Networking Protocol Level 4.

Ein Fehlerkontrollprotokoll aus der → *MNP*-Familie der Firma Microcom für die Datenübertragung mit Hilfe eines → *Modems.*

Gegenüber → *MNP 3* werden fehlerhafte Daten erneut angefordert (→ *HDLC*-ähnlicher Prozess). Die Leitungsqualität wird dadurch permanent kontrolliert, was zu einer Änderung der Paketlänge führen kann: Bei guten Leitungen werden die Pakete länger (256 Byte), bei schlechten Leitungen kürzer (64 Byte). Dieses Verfahren wird mit Adaptive Packet Assembly (APA) bezeichnet.

Die Protokollinformationen in den übertragenen Datenpaketen ändern sich üblicherweise nicht von Paket zu Paket, so dass diese in bestimmten Phasen der Verbindung weggelassen werden, was zu einer Reduzierung des Protokoll-Overheads führt (Data Phase Optimization, DPO).

Durch diese beiden Maßnahmen erreicht MNP 4 einen Durchsatz von 120%.

MNP 5

Abk. für Microcom Networking Protocol Level 5.

Ein Protokoll zur Datenkompression aus der → *MNP*-Familie der Firma Microcom, das sehr weit verbreitet ist und seit seiner Einführung in den 80er Jahren zum De-facto-Standard für Datenkompression bei der Datenübertragung über ein Wählmodem (→ *Modem*) wurde.

Es arbeitet immer zusammen mit dem Übertragungsprotokoll → *MNP 4* für die Fehlerüberwachung. Es überträgt bitorientiert und synchron im Vollduplexbetrieb. Es kann u.U. die effektive Datenrate verdoppeln.

Der Kompressionsalgorithmus arbeitet in Echtzeit und adaptiert sich automatisch laufend an die zu komprimierenden Daten. Grundlegender Mechanismus ist die → *Huffmann-Codierung* und eine → *Lauflängencodierung.* Die Kompressionsrate schwankt je nach Datentyp zwischen 1,3:1 und 2:1 mit einem langfristigen Mittelwert von 1,63:1. Der Algorithmus erkennt bereits komprimierte Daten nicht, was u.U. zu einer Vergrößerung der Datenmenge führt!

→ *V.42bis.*

MNP 6

Abk. für Microcom Networking Protocol Level 6.

Ein Protokoll zur Datenübertragung aus der → *MNP*-Familie der Firma Microcom für die Verbindung von ansonsten inkompatiblen → *Modems.*

MNP 6 wurde aus → *MNP 5* heraus entwickelt und verwendet zusätzlich zwei Techniken, ‚Statistical Duplexing' und ‚Universal Link Negotiation' (ULN).

Beim Statistical Duplexing wird angeschlossenen Endgeräten bei einer Datenübertragung des Modems nach → *V.29* (halbduplex) eine Vollduplexverbindung angezeigt, obwohl zwischen den Modems die Daten nur halbduplex übertragen werden.

Bei Universal Link Negotiation wird vor der eigentlichen Datenübertragung zwischen den Modems, die mehrere u.U. miteinander inkompatible Standards beherrschen, eine kompatible Standardkombination ausgehandelt.

MNP 7

Abk. für Microcom Networking Protocol Level 7.

Ein Datenübertragungsprotokoll mit Fehlerkorrektur- und Datenkompressionsverfahren aus der → *MNP*-Familie von der Firma Microcom Inc. für die Datenübertragung unter Nutzung eines → *Modems.*

MNP 7 überträgt synchron und bitorientiert im Vollduplexbetrieb vorher selbst komprimierte Daten und kann dadurch den effektiven Datendurchsatz u.U. verdreifachen. Vorgestellt im Januar 1988. Sollte → *MNP 5* ersetzen. Verfügt im Vergleich zu diesem über einen effektiveren Kompressionsalgorithmus (Verhältnis 3:1).

MNP 8

Abk. für Microcom Networking Protocol Level 8.

Ein Fehlerkorrektur- und Datenkompressionsverfahren für → *Modems* von der Firma Microcom Inc. Überträgt synchron und bitorientiert im Halbduplexbetrieb vorher selbst komprimierte Daten und kann dadurch den effektiven Datendurchsatz u.U. verdreifachen. Es kombiniert damit prinzipiell MNP 6 mit MNP 7, setzte sich jedoch am Markt nicht durch und wurde von Microcom nicht weiter verfolgt.

MNP 9

Abk. für Microcom Networking Protocol Level 9.

Ein Fehlerkorrektur- und Datenkompressionsverfahren für → *Modems* aus der → *MNP*-Familie aus dem Hause Microcom Inc. mit gegenüber → *MNP 7* verbessertem Kompressionsalgorithmus. Es überträgt synchron und bitorientiert im

Vollduplexbetrieb vorher selbst komprimierte Daten und kann dadurch den effektiven Datendurchsatz u.U. verdreifachen.
Als weitere Features reduziert es den Zeitaufwand für das Senden einer Quittung und für die Wiederholung fehlerhaft gesendeter Daten.

MNP 10

Abk. für Microcom Networking Protocol Level 10.
Neuer Fehlerkontrollmechanismus (keine Datenkompression) aus dem Hause Microcom, entwickelt für schlechte Leitungen, z.B. für die Übertragung großer Datenmengen über interkontinentale Leitungen oder für Mobilfunkübertragungen. Das Verfahren wird auch mit Adverse Channel Enhancement (ACE) bezeichnet.
Es stützt sich dabei auf die Verfahren → *V.42bis* und → *MNP 5*.

MO

1. Abk. für Magneto-Optical (Discs).
   → *MOD*.
2. Abk. für Managed Objects.
   Bezeichnung eines von einem System zum → *Netzmanagement* verwalteten Objektes. Dieses Objekt ist das logische Abbild (z.B. ein Datensatz mit relevanten Daten) eines physisch real existierenden Gerätes im Netz.

MOA

Abk. für Mobitex Operators Association.
→ *Mobitex*.

Mobifinder

Jargon in der Luftfahrt- und Justizvollzugsbranche. Bezeichnet zigarettenschachtelgroße Geräte zum Aufspüren von angeschalteten bzw. überhaupt vorhandenen → *Handys*, z.B. in Flugzeugen oder Gefängnissen. Andere Anwendungsfelder sind Intensivstationen in Krankenhäusern und neuerdings auch Restaurants.

Mobiler Datenfunk

→ *Datenfunk*.

Mobile Station

→ *MS*.

Mobile Switching Centre

→ *MSC*.

Mobilfunk

Oberbegriff für drahtlose Telekommunikation im weiteren Sinne und drahtlose Telefonie im engeren Sinne. Man unterscheidet den öffentlichen bewegten Flugfunk-, Seefunk- und Landfunkdienst sowie zwischen analogen und digitalen Systemen. Ferner wird der Landfunkdienst in verschiedene Mobilfunkarten wie → *Paging*, → *Betriebsfunk*, → *Bündelfunk*, → *Datenfunk*, → *Satellitenmobilfunk* und Mobilfunk im engeren Sinne unterteilt.
Allgemein wird beim Mobilfunk im engeren Sinne zwischen Systemen der 1. Generation (analoge → *zellulare Systeme*), der 2. Generation (digitale → *zellulare Systeme*), der 2,5. Generation (→ *PCN*-Systeme) und denen der 3. Generation (→ *UMTS*, → *FPLMTS*) unterschieden.
Nicht enthalten in dieser Klassifikation sind die nationalen und analogen Mobilfunknetze der vorzellularen Zeit (→ *A-Netz*, → *B-Netz*, → *ARP*, → *OLT*, → *OLN*, → *RS 1*, → *TAV*, → *RTMI*, → *Téléphone de Voiture*, → *Mobilophone*, → *System 2 - 4*, → *Natel A* und *B*, → *MTD*), die in ganz Europa Ende 1989, vor Einführung moderner digitaler zellularer Systeme, noch rund 90 000 Teilnehmer hatten.

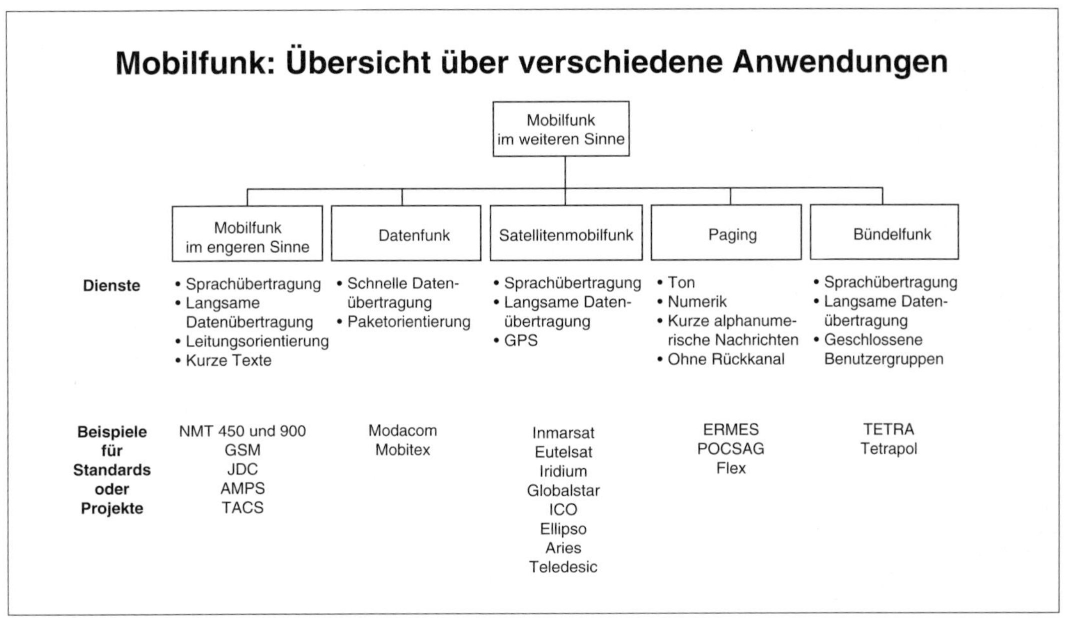

Bei derartigen alten, analogen Systemen wird häufig unterschieden zwischen automatischen Systemen und nichtautomatischen Systemen. Bei ersteren war es bereits möglich, die Wahl von der Mobilstation aus ohne ein Einschalten eines Operators vorzunehmen.
Zum modernen, zellularen Mobilfunk (analog und digital) im engeren Sinne siehe IMTS, NMT 450, NMT 450i, NMT 900, AMPS, TACS, E-TACS, C-450, NAMTS, Radiocom 2000, RTMS, ACS sowie GSM, PDC und D-AMPS.
Die Entwicklung des Mobilfunks und seiner benachbarten Bereiche nahm folgenden Verlauf:

1885
In Stuttgart konstruiert Wilhelm Emil Fein (* 1842, † 1898), der später ein Unternehmen für Elektrowerkzeug aufbaute, ein tragbares Telefon, das sich Soldaten als Tornister auf den Rücken schnallen können. Ein flexibles Rohr kann vom Soldaten zum Sprechen zum Mund geführt werden. Die Verbindung von der Vermittlung zum tragbaren Telefon erfolgt über ein langes Kabel, d.h. die Soldaten sind ‚angeleint'.

1910
Ein frühes Beispiel für Mobiltelefonie liefern Lars Magnus Ericsson (der Gründer der gleichnamigen Firma) und seine Frau Hilda in Schweden. Nach langen Diskussionen lässt er sich auf ihren Druck darauf ein, ein Auto zu kaufen, wobei er die Überlegung hat, sein Telefon mitzuführen. Er rüstet zu diesem Zweck das Auto – einen offenen Tourenwagen – mit einem Telefon aus und legt zwei lange, angelähnliche Stangen bei, an deren Enden sich zwei leitende, metallene Haken befinden. Diese werden über einige Meter Kabel mit dem Telefonapparat im Auto verbunden.
Will man nun während einer Reise telefonieren, so muss man lediglich in die Nähe der damals noch überirdisch mit Masten verlegten Telefonleitungen fahren, parken und die langen Stangen mit den Haken über ein Paar Leitungen legen und gegebenenfalls so lange ein anderes Paar nehmen, bis man einen Satz gefunden hat, auf dem gerade nicht schon telefoniert wird.
Ist dieses gefunden, dann kurbelt man im Wagen am Dynamo und gibt so dem Fräulein vom Amt ein Klingelzeichen.
Dies ist zwar kein Beispiel für echte Mobiltelefonie, sondern bestenfalls eine erste Festnetz-Telepoint-Anwendung, aber immerhin ein Beispiel für frühe Terminal-Mobilität und belegt, dass man sich schon früh mit dem Thema Mobilität beschäftigt hat.

1918
Erste Versuche für Telefonie aus Eisenbahnen auf der militärisch genutzten Strecke Berlin-Zossen im Langwellenbereich.

1920
Die Polizei von Detroit nutzt mobile Funktelefone in ihren Autos, um besser Kontakt zu den Autos aus der Zentrale halten zu können. Allerdings handelt es sich um einen One-Way-Dienst, d.h., die Polizisten müssen sich bei Rückfragen ein herkömmliches Telefon am Wegesrand suchen.

Frühe 20er Jahre
Weiterer polizeilicher Zwei-Wege-Funkdienst in Bayonne/New Jersey.

1926
Am 1. Januar 1926 geht zwischen Berlin und Hamburg, als Resultat der Versuche von 1918, der öffentliche Landfunkdienst in der zivilen Eisenbahn in Betrieb. Er wird betrieben von der ‚Zugtelephonie AG', die hierzu von der Deutschen Reichspost eine Lizenz erhält.
Die Übertragung der Gespräche erfolgt dabei von auf den Dächern der Waggons gespannten Drähten (Langdrahtantenne) hin zu den entlang der Strecke aufgestellten Telegrafenleitungen, so dass nur über eine Distanz von wenigen Metern gefunkt wird. Weiterhin kann je Zug immer nur ein Gespräch geführt werden – dann schon ist die Kapazität des Systems erschöpft. Drei Zugvermittlungsstellen vermitteln dabei täglich im Schnitt 37 Gespräche ins Festnetz.

1929
Im Mai wird in Kanada von der dortigen Eisenbahn ein ähnlicher Dienst wie in Deutschland drei Jahre zuvor eingerichtet, als Fernsprechen vom fahrenden Zug aus ins Festnetz nach dem Wechselsprechverfahren ermöglicht wurde.

1935
In der Zeitschrift „Radio Crafts" veröffentlicht der amerikanische Zeitungsherausgeber Hugo Gernsbach die Vision eines Mobiltelefons.

1939 bis 1945
Durch den 2. Weltkrieg kommt die zivile Weiterentwicklung zum Stehen. Ressourcen werden in die Entwicklung von → *Radar* und des militärischen Sprechfunks umgeleitet, was allerdings dafür sorgt, dass es rasche technische Fortschritte gibt, die nach 1945 auch den zivilen Sektor beeinflussen.

1946
Nach dem Krieg ist die Menge an gut ausgebildeten Funktechnikern vom Militär der Nährboden für rasche Weiterentwicklungen, auch im zivilen Funksektor.
Der erste kommerzielle Mobilfunkdienst (von AT&T) nimmt seinen Betrieb in St. Louis/Missouri auf. Er arbeitet auf drei Kanälen im Halbduplexbetrieb im 150-MHz-Bereich. Die Vermittlung erfolgt manuell über eine Zentrale. Die Frequenzen sind ihm von der FCC zugeteilt worden. Er ist derart erfolgreich, dass von AT&T in weiteren 25 Städten im gleichen Jahr entsprechende Dienste eingerichtet werden, so z.B. auf dem Highway von New York nach Boston.

1947
Erste Ideen für ein zellulares Netz in den Bell Laboratorien in den USA. D. Ring formuliert dort erstmals das Konzept. Noch fehlen die technischen Voraussetzungen dafür.
In Cambridge erhält ein Taxiunternehmer die erste Lizenz in GB, ein analoges Netz für seine Firma zu betreiben.

1949
Erstes Mobilfunksystem nach dem Krieg in Europa ist OLN in den Niederlanden. Es ist die Abk. für Openbaar Ladelijk Mobilofoon-Net. Es ist ein handvermitteltes analoges Mobilfunknetz und wurde erst 1986 (!) endgültig eingestellt. Es ermöglicht Halbduplexverbindungen und arbeitet im 80-MHz-Bereich.

1950
Erste private Teilnehmer werden in Deutschland für den Mobilfunk registriert. Die Inselnetze in Ballungsgebieten

arbeiten auf verschiedenen Frequenzen (30- und 80-MHz-Bereich).
In Schweden wird eine Versuchsanlage für Mobilfunk installiert. Später sollte MTA daraus entstehen. Die Antenne wird auf einem Wasserturm montiert.

1955
In Schweden geht das analoge Mobilfunknetz MTA in Betrieb. Es wird bis 1969 in Betrieb sein.

1956
In GB, in South Lancashire, startet das System 1. Ein analoges handvermitteltes Mobilfunksystem.
In Frankreich startet im Großraum Paris das Téléphone de Voiture bzw. R150 genannte System. Ein manuelles analoges Mobilfunknetz. Arbeitet im 160- und in Ballungsgebieten auch im 450-MHz-Bereich (Uplink: 165,2 bis 168,9 MHz, Downlink: 169,8 bis 173,5 MHz). Es ist zunächst handvermittelt und wird dann 1973 auf automatischen Betrieb umgestellt. Nach Inbetriebnahme des NMT-450-F-Systems 1987 werden die Frequenzen im 450-MHz-Band an dieses System gegeben. Das System wird nur in zehn dichter besiedelten Gebieten angeboten und erreicht daher nur 10% Flächendeckung.

1958
Das A-Netz geht nach der Verbindung der einzelnen Netzinseln offiziell in Deutschland in Betrieb und ist somit das erste Mobilfunknetz, das eine Verbindung zwischen dem Mobilfunknetz und dem PSTN herstellt. Ferner ist es eine Zeitlang (ca. 1968) das weltweit größte zusammenhängende Mobilfunknetz.

1964
AT&T nimmt seinen Improved Mobile Telephone Service (IMTS) in Betrieb, der in Grundzügen schon ein zellulares System ist.
In Japan wird Mobiltelefonie aus Zügen beim Tokaido-Express eingeführt.
In Deutschland startet bei der → *TEKADE* die Entwicklung des B-Netzes mit dem Ziel, Selbstwählverkehr zu ermöglichen.

1965
In Schweden wird, auf der Technik von MTA aufbauend, das analoge MTB in Betrieb genommen.
In GB startet das System 1 nun auch im Raum London, dort mit 300 Teilnehmern.

1968
Die FCC reserviert angesichts von langen Wartelisten einen Frequenzbereich um 800 MHz, der zuvor für Fernsehen reserviert war, für zukünftige Mobilfunkanwendungen.
In den USA gibt es ca. 70 000 Nutzer von öffentlichem Mobilfunk.

1969
Erste konzeptuelle Arbeiten starten innerhalb der Telekommunikationsgruppe des Nordic Council in Skandinavien, die später zum NMT-Standard führen sollen. Zunächst beschäftigt man sich noch mit manuellen Systemen, als man erkennt, dass die Technik für vollautomatische zellulare Systeme noch in weiter Ferne ist.

1971
Erstes Resultat der Skandinavier ist das analoge manuelle System MTD, das in Schweden in Betrieb geht (bis 1988). Es folgen Dänemark (ab 1974) und Teile Norwegens.
Zweites analoges Mobilfunknetz in GB. Start in London. Operiert im 160-MHz-Bereich (Uplink: 158,53 bis 159,90 MHz, Downlink 163,03 bis 164,40 MHz) mit 37 Halbduplexkanälen und 25 kHz Kanalbandbreite. Es wird 1973 um weitere 18 Kanäle erweitert. Dennoch kommt es zu Kapazitätsengpässen (insbesondere in London), weswegen 1981

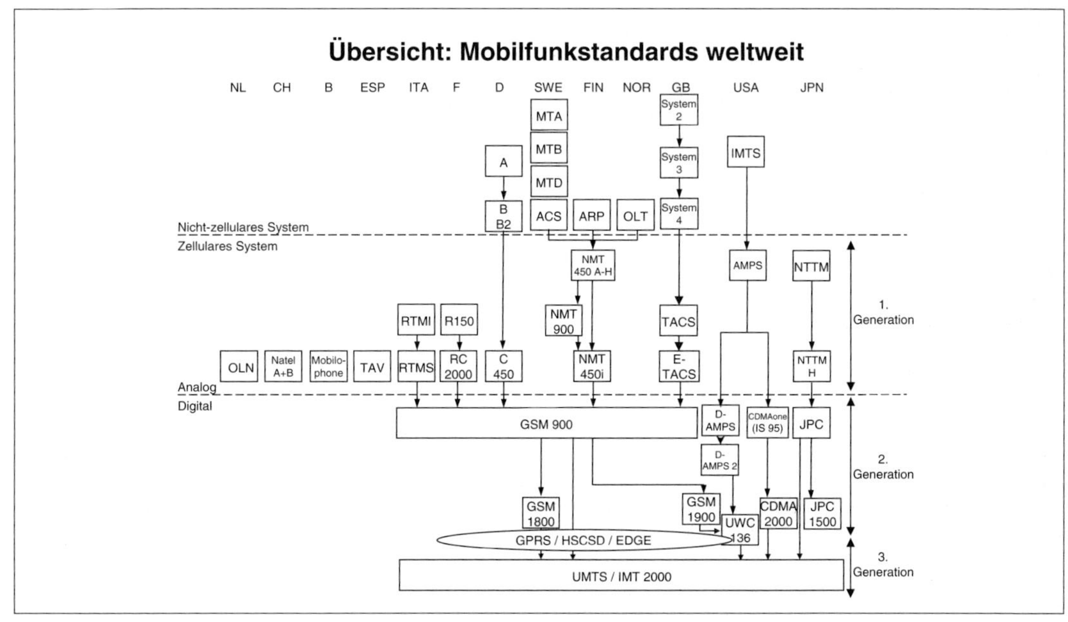

System 4 in Betrieb genommen wird. System 3 wird 1986 geschlossen.

Auf der Funkausstellung in Berlin präsentiert sich das B-Netz.

In den USA wird in den AT&T Bell Laboratories festgelegt, dass man auf der Basis des zellularen Konzeptes ein neues Mobilfunksystem entwickeln wird. Daraus sollte später AMPS entstehen.

1972

In Deutschland geht das vollautomatische B-Netz pünktlich zu den Olympischen Spielen in Betrieb. Es gilt seinerzeit als technisches Optimum.

In Italien geht das die Zentren und Hauptverkehrsstraßen versorgende RTMI in Betrieb. Es erreicht Ende der 70er Jahre seine Kapazitätsgrenze in Mailand und Rom und führt zur Weiterentwicklung zu RTMS. Bietet im 160-MHz-Bereich 32 Duplexkanäle, wovon vier Rufkanäle sind, die gleichzeitig für Funkruf genutzt werden können.

Erste technische Eckwerte und Standards des NMT-Systems werden definiert.

Mitte der 70er Jahre

Das spanische analoge Mobilfunknetz TAV aus der vorzellularen Zeit geht in Betrieb. Es arbeitet im 160-MHz-Bereich. Es wird nur in den Städten Madrid und Barcelona aufgebaut und 1991 geschlossen.

1974

Die FCC reserviert 40 MHz für einen analogen zellularen Mobilfunkdienst. Die Frequenzen werden später für AMPS genutzt.

1976

Mit Marisat geht das erste kommerzielle, satellitengestützte Mobilfunksystem in Betrieb. Es werden Vollduplexverbindungen für Sprach-, Daten- und Fernschreibverbindungen angeboten.

1977

In Belgien geht das automatische analoge Mobilfunknetz Mobilophone im 150-MHz-Bereich in Betrieb. Beim Anrufen einer Mobilstation muss der Aufenthaltsort im Netz bzw. die Nummer der Überleiteinrichtung bekannt sein.

Das A-Netz in Deutschland stellt seinen Dienst mit zuletzt noch 787 Teilnehmern ein.

In den USA werden zwei Versuchssysteme für analoge Mobiltelefonie lizenziert. Nur eins wird überleben.

1978

AT&T testet das erste vollautomatische, zellulare, kommerzielle Mobilfunksystem in Chicago.

In den USA stehen rund 20 000 Kunden auf Wartelisten für Mobilfunkanschlüsse.

Im Großraum Tokio geht das analoge, zellulare System NTTM in Betrieb.

Die Schweiz nimmt das analoge Natel A im 160-MHz-Bereich in Betrieb.

1979

Erste konzeptuelle Arbeiten für das deutsche System C450 starten.

1980

Die Schweiz nimmt aus Kapazitätsgründen ein zu Natel A technisch identisches Netz, Natel B, in Betrieb. Allerdings bietet Natel B Umbrellacells und Handover. In beiden Systemen sind Gespräche auf drei Minuten Länge begrenzt.

In Italien startet die Arbeit an RTMS.

1981

Im September geht ein NMT-450-Netz in Schweden in Betrieb, nachdem im gleichen Jahr zuvor schon ein derartiges Netz in Saudi-Arabien aufgebaut worden war. Andere skandinavische Länder folgen bis zum Jahresende.

Erstes automatisches, analoges, landesweites, nicht zellulares Mobilfunksystem in GB, System 4, wird in Betrieb genommen. Es operiert im 160-MHz-Bereich, genau wie System 3, allerdings sinkt die Bandbreite auf 12,5 kHz, so dass 110 Duplexkanäle zur Verfügung stehen. Dennoch kommt es bereits Ende 1982 zu Kapazitätsproblemen. Sein Nachfolger wird TACS.

Die → *FCC* reserviert 666 Kanäle für das neue AMPS.

1982

Im Juni ergreifen Deutschland und Frankreich auf der Vollversammlung der CEPT in Wien die Initiative und schlagen die Entwicklung eines paneuropäischen Mobilfunkstandards vor. Die CEPT nimmt die Idee auf, gründet die Group Speciale Mobile (GSM) und fängt an, ein System zu entwickeln, das später diesen Namen übernehmen wird.

Das B-Netz in Deutschland wird durch das B2-Netz erweitert.

In GB wird TACS aus AMPS abgeleitet und von einem Jointventure der British Telecom sowie den Dienstanbietern Racal und Cellnet Personel genormt. TACS wurde im Vergleich zu AMPS für kleine Länder mit hoher Bevölkerungsdichte entwickelt, was zu einer geringeren Kanalbandbreite (25 kHz vs. 30 kHz) führte.

In den USA werden die Lizenzen für AMPS auf einer Stadt-pro-Stadt-Basis vergeben.

1983

Weltweit gibt es ca. 100 000 Mobiltelefonierer.

Das erste zellulare System geht in den kommerziellen Betrieb: AMPS.

Erste Arbeiten für NMT 900 starten.

1984

Erste Tests von GPS in Kalifornien.

1985

Beim NMT-450-System werden aus Kapazitätsgründen Kleinzellen eingeführt, was Signalisierungsprobleme nach sich zieht.

Das GSM-System nimmt Gestalt an, denn es fällt die Entscheidung, ein digitales System zu entwickeln.

Das C-Netz geht in Deutschland am 1. September in Frankfurt, Hamburg und Düsseldorf in den Probebetrieb.

In Frankreich geht das analoge, automatische, dezentrale System Radiocom 2000 in Betrieb. Es ermöglicht erst ab 1989 in Paris mit spezieller Kleinzellentechnik Handover.

In Italien geht nach fünf Jahren Entwicklung RTMS im Großraum Rom in Betrieb. Es erreicht keine landesweite Deckung.

In GB startet das analoge zellulare TACS-System.

1986

NMT 900 wird eingeführt.

Am 1. Mai geht das C-Netz in Deutschland in den Wirkbetrieb.

1987
13 Staaten unterzeichnen das GSM MoU.
In den USA gibt es ab Oktober mehr als 1 Mio. Mobiltelefonierer.
1988
Mit Inmarsat-C geht der erste kommerzielle, mobile, satellitengestützte Datendienst in Betrieb.
Am Jahresende gibt es in den USA 2 Mio. zellulare Funktelefone und weitere 2 Mio. im Rest der Welt.
Die Deutsche Bundespost prognostiziert für das Jahr 2000 insgesamt 1 Mio. Mobilfunkteilnehmer in Deutschland.
1989
Die ersten → *Handys* kommen in Deutschland für rund 10 000 DM, rechtzeitig zum Weihnachtsgeschäft, auf den Markt.
1990
Weltweit gibt es 11,1 Mio. Mobiltelefonierer.
1992
Der GSM-Standard erreicht auf 8 000 Seiten eine Reife, die es ermöglicht, erste Netze aufzubauen.
Das C-Netz erreicht Flächendeckung in Deutschland.
23. November 1992
In den USA wird der 10millionste Nutzer eines zellularen Mobilfunkgerätes begrüßt.
1993
Mit Inmarsat M geht der erste digitale, mobile Satellitendienst in Betrieb.
NMT 450i wird standardisiert. Es übernimmt moderne Features aus dem NMT-900-Standard in die NMT-450-Technologie.
Im Juni starten erste GSM-900-Netze in Deutschland und damit weltweit.
Im September startet das erste GSM-1800-Netz weltweit in GB: Mercury One-2-One.
1994
Im April startet das zweite GSM-1800-Netz in GB: Orange.
Im Mai startet das erste GSM-1800-Netz in Deutschland: e-plus.
Gegen Jahresende ist der GSM-Standard in 26 europäischen und genauso vielen außereuropäischen Ländern eingeführt.
Zum Jahresende stellt das B-Netz seinen Betrieb ein.
TFTS ist das erste genormte (von der → *ETSI*) terrestrische Flugtelefonsystem weltweit. Zuvor gab es nur Satellitensysteme und proprietäre, analoge und digitale Systeme in den USA.
Innerhalb eines Jahres (Ende 1993 auf Ende 1994) wächst die Zahl der Teilnehmer in zellularen Mobilfunknetzen von 27 Mio. auf 42 Mio. weltweit.
1996
Nokia stellt das Nokia 9000 mit integrierter Tastatur und mehrzeiliger, grafischer Anzeige vor. Gleichzeitig prognostiziert Nokia, dass im Jahre 2002 mehr als die Hälfte des gesamten, weltweiten Daten- und Sprachverkehrs über Mobilfunknetze abgewickelt wird.
1997
→ *Dual-Mode-* und Dual-Band-Geräte kommen auf den Markt.
Gegen Ende des Jahres sind ca. 100 Mio. Nutzer in digitalen, zellularen Systemen registriert. Die Yankee-Group setzt die Zahl auf 199 Mio. fest.
IDATE bestimmt die Zahl der Nutzer von zellularem Mobilfunk in Europa mit 52 Mio.
1998
Eine Studie von Northern Telecom sagt voraus, dass es im Jahre 2000 mehr als 1 500 Mobilfunknetze weltweit geben wird und dass es im Jahre 2005 mehr drahtlose als drahtgebundene Anschlüsse an Telekommunikationsnetze geben wird.

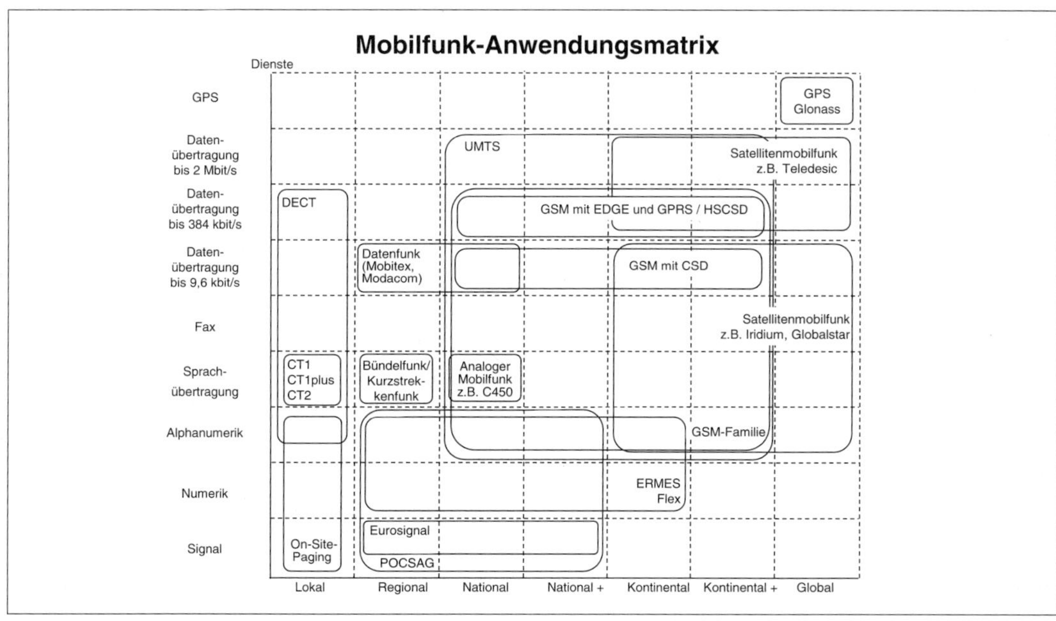

IDATE sagt für das Jahr 2001 125 Mio. Nutzer von zellularem Mobilfunk in Europa voraus.

Das Marktforschungsunternehmen Strategies Group prognostiziert 500 Mio. Nutzer von Mobilfunk für das Jahr 2001 und 700 Mio. für das Jahr 2003.

Die Yankee-Group sagt für das Jahr 2002 529 Mio. Nutzer von Mobilfunk voraus.

Eine Untersuchung des → *ZVEI* ermittelt für Ende 1997 rund 198 Mio. Mobilfunknutzer weltweit.

In Deutschland gibt es zum Jahresende 1998 nach Angaben der Regulierungsbehörde rund 13,5 Mio. Mobilfunknutzer.

In Finnland übersteigt die Zahl der registrierten Mobilfunkanschlüsse zum Jahresende die Zahl der Festnetzanschlüsse.

1999

Das Fundbüro der Londoner U-Bahn gibt bekannt, dass in diesem Jahr erstmals mehr Handys als Regenschirme in den Zügen verloren gehen und gefunden werden.

Februar 1999

In Japan startet mit I-Mode weltweit der erste paketvermittelte Dienst über Handys, der den Zugang zu Internet-Angeboten erlaubt.

Sommer 2000

In Europa werden insgesamt rund 100 Mrd. Euro für UMTS-Lizenzen gezahlt. Angesichts dieser Summen kommen Zweifel auf, ob dieser Betrag plus der zwischenzeitlich aufgelaufenen Zinsen und Investitionen jemals wieder zu verdienen sein wird. Dies wird mit ein Grund dafür sein, dass die → *New Economy* scheitert.

Mobilität

In Telekommunikationssystemen die Bezeichnung für die physische Beweglichkeit von Geräten und auch Nutzern von Telekommunikationsdiensten, die sich auf die Zurverfügungstellung von Telekommunikationsdienstleistungen unterschiedlich auswirken können.

Man unterscheidet daher verschiedene Arten der Mobilität, die von verschiedenen funk- und drahtgebundenen Telekommunikationssystemen und Endgeräten (→ *Mobilfunk*, → *UPT*) unterstützt werden.

Mobilität Nutzer	Mobilität Endgerät	Anwendungen
Nein	Nein	• Keine Mobilität • Herkömmliches Festnetz
Nein	Ja	• Anschluss am Festnetz mit schnurlosem Telefon (→ *CT*) • Alte, analoge Mobilfunknetze • → *Lokale Mobilität*
Ja	Nein	• → *Forwarding* • → *Follow Me* • → *Persönliche Mobilität* (→ *UPT*),
Ja	Ja	• Digitaler, zellularer Mobilfunk • → *Satellitenmobilfunk*

Die alleinige Mobilität des Endgerätes wird auch als → *Terminalmobilität* bezeichnet.

Mobilophone

Belgisches automatisches, analoges Mobilfunknetz aus der vorzellularen Zeit. In Betrieb seit 1977 im 150-MHz-Bereich. Beim Anrufen einer → *MS* muss der Aufenthaltsort im Netz bzw. die Nummer der → *Überleiteinrichtung* bekannt sein.

Mobitex

Bezeichnung für einen proprietären Standard für ein digitales, zellulares Mobilfunknetz zur paketorientierten Datenübertragung aus dem Hause Ericsson.

Die Mobitex-Standards umfassen die unteren drei Schichten des → *OSI-Referenzmodells*. Sendet im Bereich 415 bis 430 MHz (Europa) oder im 900-MHz-Band (Nordamerika) bei einem Duplexabstand von 10 MHz und einem Kanalabstand von 12,5 kHz. Moduliert auf dem Funkkanal mit → *GMSK*. Der Kanalzugriff erfolgt mit dem Slotted → *Aloha*-Protokoll.

Je Funkkanal können in Abhängigkeit von der Paketlänge bis zu 13 000 Datenpakete/Stunde übertragen werden.

Zwischen den Netzknoten wird → *HDLC* zur Datenübertragung genutzt.

Über die Funkschnittstelle werden die zu sendenden Pakete (genannt MPAK, Mobitex Packets) mit 8 kbit/s Nutzdatenrate übertragen. Man unterscheidet vier Paketformate, die jeweils maximal 512 Byte Nutzdaten transportieren können. Das benutzte Protokoll ist ROSI (Radio Signalling Protocol).

Die Bitfehlerrate des Systems liegt bei 10-6.

An das Funkmodem (Anschluss über → *PCMCIA*-Slot oder serielle Schnittstelle) werden die mobilen Endgeräte auf Schicht 2 des → *OSI-Referenzmodells* mit dem Mobitex Asynchronous Command Protocol (MACP) angeschlossen.

Durch die Mobitex Access Number (MAN) können einzelne Funkmodems, Hosts und sonstige Endgeräte identifiziert werden.

Bei Bedarf können die Daten verschlüsselt werden (für Anwendungen in Behörden).

Die Netzinfrastruktur besteht aus den Elementen Basisstation (hier abgekürzt mit BAS, etwa so groß wie ein Aktenkoffer), Ortsvermittlung (MOX, Mobitex Area Exchanges), Hauptvermittlung (MHX1) oder Regionalvermittlung (MHX, Mobitex Main Exchange), dem Network Control Center (NCC) und dem Backbone-Netz.

Das NCC ist über die hierarchisch höchstgelegene MHX mit allen anderen Netzteilen verbunden und kontrolliert ständig den Zustand einer BAS. Alle Teile der Netzinfrastruktur können vom NCC aus konfiguriert werden.

Die BAS sendet mit 25 W und teilt den Funkmodems in ihrem Bereich, die mit 2 oder 6 W senden, Funkkanäle zur Datenübertragung zu. Jede BAS führt eine Datenbank über die in ihrem Versorgungsbereich sich aufhaltenden mobilen Einheiten.

Die Daten können weiter übertragen werden, wenn sich der mobile Teilnehmer aus dem Bereich einer BAS entfernt und in den Bereich einer anderen BAS eindringt (→ *Handover*). Internationales → *Roaming* ist ebenfalls möglich.

MOX versorgt mehrere BAS und stellt Übergänge zu anderen paketvermittelnden Festnetzen zur Verfügung. Ferner

sind die → *Hosts* in den Unternehmen, deren Daten über mobile Terminals abgefragt werden sollen, an die MOX angeschlossen.
Die MHX verbindet mehrere MOX und andere MHX, da die MHX hierarchisch in bis zu drei Ebenen angeordnet werden können. Die Daten werden innerhalb des Netzes über die niedrigste Netzebene transportiert, die Sender und Empfänger gemeinsam haben.
Die technische Plattform stellt Möglichkeiten für folgende Dienste und Dienstmerkmale von mobilen Terminals aus zur Verfügung:

- E-Mail
- Fax
- Mailbox
- Datenbankabfragen
- Geschlossene Benutzergruppen (unbegrenzte Gruppengröße, Einzelteilnehmer sind Mitglied in bis zu acht verschiedenen geschlossenen Gruppen)
- Gruppenruf (unbegrenzte Gruppengröße, Einzelteilnehmer sind Mitglied in bis zu 15 Gruppen)
- Notruf
- Günstiges Gebührenschema, wenn Nutzer geografisch nur begrenzt agiert

Praktische Anwendungen ergeben sich in jedem Szenario, in dem keine Echtzeitdaten übertragen werden müssen:

- Zugriff von Polizei aus ihren Fahrzeugen heraus auf zentrale Kriminal- und Fahrzeugdatenbanken
- Mobile oder temporär aufgestellte → *POS*-Terminals
- → *Telemetrieanwendungen*
- Abruf von Kundendaten durch Service- und Vertriebsmitarbeiter im Außendienst
- Parkraumbewirtschaftungs- und Parkleitsysteme
- Flottensteuerung in Speditionen, im öffentlichen Nahverkehr, bei Kurierdiensten oder bei Taxis
- Verkehrszustandsinformationssysteme

Die ersten Überlegungen hinsichtlich mobiler Datenfunknetze gab es in Schweden bereits in der Mitte der 70er Jahre, als Servicetechniker im Außendienst der Swedish Telecom den Zugriff auf zentrale Datenbanken wünschten. Die erste systematische Entwicklung startete kurz danach und man erkannte schnell, dass sich mit einem mobilen Datenfunknetz mehr Anwendungen ergeben. Mobitex wurde daraufhin in den 80er Jahren von Ericsson und der schwedischen Telia entwickelt und ist mittlerweile in 20 Ländern weltweit eingeführt. Es war bei seiner ersten Inbetriebnahme 1986 in Schweden das erste öffentliche, zellulare, mobile und paketorientierte Datenfunknetz überhaupt.
Die Pflege und Weiterentwicklung von Mobitex und die Etablierung internationaler Roaming-Abkommen wird durch die mittlerweile gegründete Mobitex Operators Association (MOA) sichergestellt.
Die konkrete technische Umsetzung liegt in den Händen von Eritel, einem Jointventure von Ericsson und der schwedischen Telecom (Telia).
In Deutschland wollte nach der Lizenzvergabe im Mai 1994 die GfD (Gesellschaft für Datenfunk) ab Ende 1995 ein Netz nach diesem Standard aufbauen. 60% der Bevölkerung sollten Mitte 1996 versorgt sein. Für Mitte 1997 wurde ursprünglich die Flächendeckung mit 1 500 BAS angestrebt. Im September 1996 wurde die GfD jedoch durch ihre Gesellschafter angesichts des Erfolges des auf → *GSM* basierenden herkömmlichen Mobilfunks wegen mangelnder Geschäftsaussichten für mobilen Datenfunk in Deutschland liquidiert.
→ *http://www.ericsson.se/mobitex/*

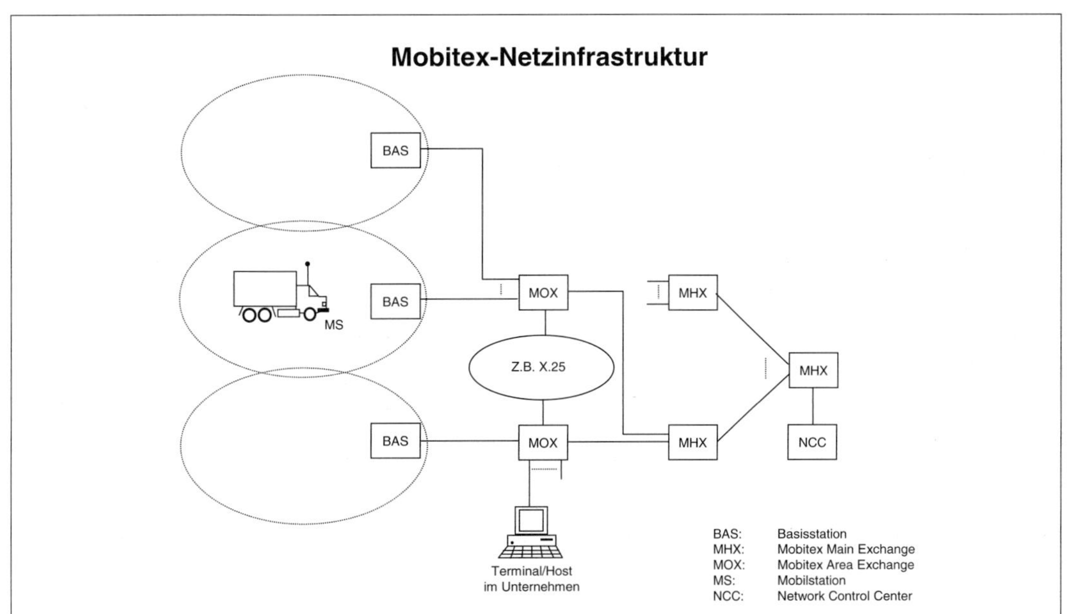

MOC

1. Abk. für Mobile Originated Call.
   Int. gängige Abk. für von der → *MS* initiierte und daher abgehende Gespräche.
2. Abk. für Managed Object Classes.

MoD, MOD

1. Abk. für Movie-on-Demand.
   Eine andere und seltener benutzte Bezeichnung für → *Video-on-Demand.*
2. Abk. für Multimedia-on-Demand.
   Eine andere und seltener benutzte Bezeichnung für eine ganze Gruppe von Diensten, wie z.B. → *Video-on-Demand*, → *Tele-Shopping* oder → *Information-on-Demand.*
3. Abk. für Magneto-Optical-Disc.
   Bezeichnung für ein hochkapazitives, optisches und wiederbeschreibbares Speichermedium, das sich insbesondere zur langfristigen Speicherung in Archivsystemen eignet.
   Die zu speichernde Information wird durch eine Kombination von Laser- und Magnetspeichertechnik auf dem Datenträger gespeichert. Ausgenutzt werden beim Schreiben der Curie- und beim Lesen der → *Kerr-Effekt.*
   Beim Schreiben werden kleinste Teilbereiche, sog. Domänen, des magnetisierbaren Trägermaterials durch Erhitzen über eine bestimmte Temperatur hinweg (Curie-Temperatur) und Anlegen eines äußeren Magnetfeldes einheitlich in eine Richtung magnetisiert, d.h. polarisiert. Das Erhitzen erfolgt durch Bestrahlung mit einem Laser. Die Richtung der Magnetisierung bleibt auch nach Abstellen des Lasers erhalten.
   Beim Lesen wird der Effekt ausgenutzt, dass ein polarisierter Laserstrahl bei Reflexion an einem magnetisch polarisierten Punkt seine Polarisationsrichtung dreht (sog. Kerr-Effekt).
   Die dadurch gespeicherte Information bleibt rund 20 Jahre auf dem Trägermedium erhalten.
   Es gibt keinen Standard für MODs. Vielmehr haben sich im Laufe der Zeit mehrere konkurrierende Standards entwickelt.
   Die erste MOD-Technik kam um 1986 auf den Markt und stellte auf 5 ¼ Zoll Platten auf beiden Seiten insgesamt rund 650 MB und später 1,3 GB zur Verfügung. Sie mussten zur Nutzung beider Seiten per Hand umgedreht werden. 1989 wurden derartige Systeme erstmals auf der CeBIT gezeigt.
   Später wurden von Hitachi, Sony und 3M Platten im Format von 3,5 Zoll entwickelt.
   Diese Platten wurden einseitig verwendet, hatten Kapazitäten von 128 MB, später 230, und, ab 1995, auch 650 MB.
   Mittlerweile stehen Datenträger mit einigen GB zur Verfügung, von denen mehrere in → *Jukeboxen* eingesetzt werden können.
   Hauptanwendungsgebiete sind die Massenspeicherung von Dokumenten (z.B. im Versicherungsgewerbe) oder die Speicherung von speicherintensiven Inhalten (bunte Grafiken).

Modacom

Abk. für Mobile Data Communication.
→ *DataTAC.*

Modem

Kunstwort von Modulator und Demodulator, daher heißt es offiziell auch der und nicht das Modem, wenn auch der Duden mittlerweile beide Schreibweisen zulässt. Die damalige Deutsche Bundespost befand ferner, dass die Mehrzahl mit „die Modeme“ zu bezeichnen sei. Laut Duden heißt es „die Modems“.
Ein Modem ist ein Gerät, das digitale Signale in analoge elektrische Signale für die Übertragung über normale analoge Telefonleitungen umwandelt oder umgekehrt. Der → *Akustikkoppler* ist kein Modem, da er keine galvanische Kopplung herstellt.
Das erste Modem wurde 1958 von den Bell Laboratories als ‚Dataphone‘ vorgestellt. Der Dataphone-Set verband Großrechner über analoge Wählleitungen des Telefonnetzes mit 300 bit/s mit angeschlossenen Terminals, meistens mechanische und langsame Drucker, für die die 300 bit/s ausreichend waren. Das Gerät hatte das Format von vier nebeneinander liegenden Schuhkartons.
Das erste Modem in Deutschland wurde von der damaligen Bundespost 1965 mit 300 bit/s vorgestellt. Gegen Ende der 70er Jahre wurden erste Modems nur für PCs entwickelt. Es handelte sich um interne Modems aus dem Hause Hayes Microcomputer Products aus Georgia/USA für den → *Apple II* und erste frühe andere PCs unter → *CP/M.* Der genutzte Standard war → *Bell 103.* Entwickelt wurde das Modem von den Gründern des Hauses Hayes: Dale Heatherington und Dennis Hayes, die das Modem mit der Bezeichnung 80-103 auf einer rund 6 * 11 cm großen Platine im Wohnzimmer von Dennis Hayes entwickelt hatten.
Aus dem Hause Hayes kamen 1980 auch die ersten Smartmodems mit automatischer Wählmöglichkeit, die den → *Hayes*-Befehlssatz (AT-Modems) einführten.
Erste Nicht-Post-Modems in Deutschland waren ab 1988 mit 2 400 bit/s zugelassen.
→ *Bell 212 A*, → *HST*, → *PEP*, → *Nullmodem.*
→ *http://www.modemhelp.com/*

Moden

Begriff aus der → *Glasfasertechnik.* Bezeichnet verschiedene Strahlrichtungen innerhalb einer Glasfaser.
Durch die Welleneigenschaft des Lichtes wird nicht jeder Lichtstrahl beim Auftreffen auf den Mantel des inneren, den Strahl leitenden Kerns total reflektiert. Vielmehr sind nur bestimmte Winkel möglich, bei denen die Grenzbedingungen der Totalreflexion erfüllt sind. Diese Strahlrichtungen werden als Moden bezeichnet.
Moden hoher Ordnung verfügen über einen kleinen Auftreffwinkel, Moden niedriger Ordnung (die fast parallel zur Faserachse verlaufen) über einen großen Auftreffwinkel.
Moden, die unter bestimmten Bedingungen – z.B. in einer Biegung des Kabels – doch den Mantel verlassen und damit

ganz oder teilweise dem informationstragenden Signal Energie entziehen, werden als Leckmoden bezeichnet.

→ *Modendispersion*, → *Einmoden-Faser*, → *Multimode-Stufenindex-Faser*, → *Multimode-Gradientenindex-Faser*, → *Mantelmoden*.

Modendispersion

Begriff aus der → *Glasfasertechnik*. Auch Laufzeitdispersion oder Guppengeschwindigkeitsdispersion (Group Velocity Dispersion, GVD) genannt.

Bezeichnung des Effektes, dass ein Lichtimpuls am Ausgang des Lichtleiters zeitlich ‚breiter' ist als er am Eingang ursprünglich eingespeist wurde. Dies tritt insbesondere bei Multimode-Fasern (→ *Multimode-Gradientenindex-Faser*, → *Multimode-Stufenindex-Faser*) wegen ihres großen Kerndurchmessers auf. In ihrem Kern mit einem im Vergleich zur → *Einmoden-Faser* größeren Durchmesser legen Impulse mit verschiedenen Wellenlängen, bedingt durch differierende Reflexionen am Mantel der Glasfaser, verschieden lange Wege zurück, weswegen die verschiedenen → *Moden*, die zu einem Zeitpunkt eingespeist wurden, zu verschiedenen Zeitpunkten aus dem Leiter wieder austreten. Die Modendispersion begrenzt damit die maximale Bandbreite, mit der eine Multimodefaser genutzt werden kann.

Bei Multimode-Fasern ist die Modendispersion proportional zum Quadrat der übertragenen Bitrate.

Bei Einmoden-Fasern ist die Modendispersion Null.

Die Modendispersion bei einer bestimmten Wellenlänge λ wird beschrieben durch einen Dispersions-Richtungskoeffizienten D der definiert wird durch:

$$D = D' * (\lambda - \lambda_0)$$

Wobei D' der Dispersionsrichtungskoeffizient und λ_0 die Wellenlänge bei Dispersion 0 ist.

Moderator

Bezeichnung für eine Person, die bei Diskussionsrunden in einem → *Online-Service* (z.B. bei den Netnews im → *Usenet*) eingehende Beiträge zunächst liest und bewertet, um sie anschließend zu veröffentlichen oder zurückzuhalten, d.h., die Beiträge werden nicht automatisch veröffentlicht. Ziel ist ein inhaltlich hohes Niveau und zum Thema überhaupt passende Beiträge, wobei thematisch keine Zensur ausgeübt werden soll, d.h. Themen durchaus kontrovers diskutiert werden können.

Modul

Bezeichnung für eine abgeschlossene Einheit mit klar definierten Schnittstellen, die zumeist in einer systematischen Ordnung anderer Module eine feste Funktion erfüllt.

Meistens in Zusammenhang mit Hardware-Bausteinen (Speicherchips etc.) oder Softwarestrukturen (Funktionen, Prozeduren, Unterprogrammen) benutzt.

Modula, Modula-2

Bezeichnung einer prozeduralen, höheren Programmiersprache. Wurde auf strukturierte Programmierung hin zugeschnitten. Vorteil ist ein geringer Sprachumfang und eine einfache Syntax.

Dank eines modularen Konzeptes geeignet zur Entwicklung umfangreicher Programme in großen Teams. So können beispielsweise Programmparameter (Variablen und Konstanten) mit Prozeduren (Unterfunktionen) zu eigenständigen Modulen zusammengefasst und eigenständig entwickelt und kompiliert werden. Erst danach erfolgt die Zusammenbindung mit anderen Modulen zu fertigen und lauffähigen Programmen.

Modula wurde in den frühen 70er Jahren konzipiert von Nikolaus Wirth und als Nachfolger von → *Pascal* 1975 vorgestellt. Prinzipiell wurde dabei Pascal um Funktionalitäten für Module erweitert.

Modula wurde bis Ende der 70er Jahre zu Modula-2 weiterentwickelt. Aus einer abgemagerten Version von Modula-2, ergänzt um weitere neue Merkmale, ist → *Oberon* entstanden.

→ *http://www.modulaware.com/*

Modulation

1. Allgemein jede Art der Umsetzung eines physikalischen Signals in ein anderes als Folge einer bestimmten Gesetzmäßigkeit.
2. In der Nachrichten- und Übertragungstechnik die Anpassung eines oder mehrerer zu übertragenden Signale an die Eigenschaften eines Kanals durch Umsetzung auf eine andere Darstellung der Eingangssignale in an den Kanal angepasste Ausgangssignale.

   → *Digitale Modulation*.

Modulationsindex

→ *FSK*.

Modulo-Operation

Die mathematische Funktion Modulo (mod) liefert den ganzzahligen Rest einer Division. So ergibt z.B. 7 mod 5 den Wert 2, da 7 ganzzahlig einmal durch die 5 mit einem Rest von 2 teilbar ist.

Von Bedeutung ist die Modulo-Operation z.B. bei Verfahren der → *Kanalcodierung* wie z.B. der Bestimmung eines → *CRC*. Dort wird die Modulo-Operation zur Basis 2 eingesetzt.

Mögel-Dellinger-Effekt

→ *Ionosphäre*.

MOF

Abk. für Managed Object Format.

→ *CIM*.

Moiré-Effekte

Bezeichnung für optische Störungen bei ungenügend hoher → *Auflösung* von Monitoren, Druckern oder Faxgeräten.

Durch die Überlagerung verschiedener Raster, z.B. ein kleinkariertes Jackett eines Nachrichtensprechers und die Zeilen und Spalten eines Monitors, bilden sich regelmäßige dunkle Flecken, die bei Bewegung des Monitorbildes flimmern.

MOLAP

Abk. für Multidimensional Online Analytical Processing. Bezeichnung einer Methode zur Analyse großer Datenbestände (→ *OLAP*), die sich, im Vergleich zu → *ROLAP*, insbesondere für stark untereinander abhängige oder numerische Datenbestände eignet.

Monitor

Oberbegriff für verschiedene Bauformen von Bildausgabegeräten. Im Gegensatz zu einer geometrisch beliebig gestaltbaren Anzeige, z.B. in Form eines → *LCDs*, sind Monitore größer (ab 9"-Bildschirmdiagonale) und haben ein festes Höhe-zu-Breite-Verhältnis von 3:4.

Man unterscheidet prinzipiell zwei Bauformen: den → *Flachbildschirm* und Monitore mit einer → *CRT*.

→ *Trinitron-Technik.*

Monitoring

Andere Bezeichnung für das (dauerhafte) Überwachen eines Netzes und seiner Komponenten von einem zentralen Punkt aus, sowohl im → *LAN* als auch im → *WAN*-Bereich.

→ *TMN*, → *Netzmanagement.*

Monitor-Splitter

Bezeichnung eines Gerätes, in das ein Bild eines Computermonitors eingespeist wird und das dieses Bild an mehreren Ausgängen anderen Monitoren zur Verfügung stellt, so dass an vielen Monitoren gleichzeitig das gleiche Bild nur eines Rechners angezeigt wird. Kenngrößen derartiger Geräte sind die Anzahl der anschließbaren Monitore (bis hinauf in den dreistelligen Bereich möglich) und die zulässige Entfernung vom Monitor-Splitter bis hin zu den einzelnen Monitoren.

Anwendungsgebiete sind Schulungen und Präsentationen auf Messen oder Ausstellungen.

Monochrom

Anderes Wort für die Eigenschaft der Einfarbigkeit. Bezeichnet bei optischer Übertragung ein Signal, das lediglich aus einer einzigen Wellenlänge besteht.

→ *Laser.*

Mono-Handy

→ *Dual Mode.*

Monomode-Faser

Andere Bezeichnung für → *Einmoden-Faser.*

Monopolübertragungsweg

→ *MÜW.*

Monospace Font

Bezeichnung für eine Schriftart (→ *Font*), bei der die Abstände zwischen zwei unmittelbar benachbarten Zeichen konstant sind.

→ *Ligatur.*

Monterey

→ *Unix.*

Moore's Law

Bezeichnung für die Faustregel, dass sich die Anzahl der in einem → *Mikroprozessor* integrierbaren → *Transistoren* alle 18 Monate verdoppelt.

Der ursprüngliche Ausspruch definierte als Verdopplungszeitraum 12 Monate und stammt aus dem Jahr 1965. Er wird dem promovierten Chemiker Gordon Earl Moore (* 1929) zugeschrieben, der damals Forschungs- und Entwicklungschef bei Fairchild Semiconductors Inc. und im Juli 1968 einer der Gründer der Firma → *Intel* war.

In der Fachzeitschrift „Electronics“ vom 19. April 1965 (Nr. 8, 38. Jahrgang), mit der das 35-jährige Bestehen des Fachverlages McGraw-Hill gefeiert wurde, gab er seine Prognose in dem Artikel „Cramming More Components Onto Integrated Circuits“ bis 1975 ab, die sich jedoch seither als erstaunlich zuverlässig zeigte. Insbesondere in der Zeit von 1974 bis 1995 sind die Abweichungen nur gering.

Moore gründete seinerzeit seine Erkenntnisse auf einer einfachen Extrapolation von lediglich fünf Datenpaaren (Anzahl integrierbarer Transistoren aufgetragen über der Zeit in Jahren), die er auf semilogarithmischem Papier aufgezeichnet hatte. Dabei griff er auf selbst erhobene Zahlen aus den zurückliegenden sechs Jahren der damals noch jungen Halbleiterindustrie in den USA zurück. Das erste Datenpaar besagte, dass ein Transistor im Jahr 1959 ‚integriert‘ gefertigt werden konnte, wohingegen das fünfte Datenpaar besagte, dass es 1965 bereits 64 waren.

Zunächst erregte diese Beobachtung kein großes Aufsehen. Im Jahre 1975 korrigierte Moore seine eigene Vorhersage und setzte den Verdopplungszeitraum auf 18 Monate fest. Kurze Zeit später wurde seine Beobachtung weiten Kreisen bekannt und allgemein in der Fachwelt anerkannt. 1995 korrigierte Moore seine Prognose abermals und definierte den Verdoppelungszeitraum auf zwei Jahre. Dennoch wird unter Moore's Law üblicherweise immer noch die Version mit 18 Monaten verstanden.

Es gibt sehr divergierende Meinungen zu der Frage der weiteren Gültigkeit von Moore's Law, die von ca. sechs Jahren (Pessimisten) bis hin zu 40 Jahren reichen (Optimisten). Allgemein wird jedoch angenommen, dass die Prognose aus physikalischen Gründen noch so lange gültig sein kann, bis die Abmessungen der kleinsten leitenden Strukturen auf den Trägermaterialien (→ *Die*) in atomare Bereiche vordringen. Dies wird für ca. 2010 erwartet.

Neben diesen naturwissenschaftlichen Grenzen stellt die Finanzierung der Forschung und Entwicklung auf diesem Feld ein weiteres Problem dar, da immer aufwendigere Technik (Reinstraumtechnik etc.) benötigt wird. Die Industrie versucht diesem Problem mit der Bildung von Allianzen zu begegnen.

Ein weiteres Problem liegt in der Kühlung der Mikroprozessoren, weshalb es in der Vergangenheit nicht nur zu einer Zunahme der Transistorzahlen, sondern auch zu einem Absinken der Versorgungsspannung von 5 V auf 3,3 V für Mikroprozessoren gekommen ist.

Ein Gutachten der amerikanischen Vereinigung von Halbleiterherstellern (→ *SIA*) sagte zu Beginn von 1998 voraus, dass je cm^2 Chipfläche im Jahr 2001 rund 10 Mio. und im

Jahr 2012 rund 180 Mio. Transistoren integriert werden können.
Ein weiteres Gesetz von Bedeutung für die Welt der Kommunikations- und Informationstechnik ist → *Roth's Law*.

Moorhuhnjagd

Bezeichnung für ein zu Anfang 2000 sehr populäres Computerspiel, in dem es darum geht, in einer schottischen Highland-Landschaft innerhalb von 90 Sekunden mit einer Schrotflinte möglichst viele Moorhühner zu erspähen und abzuschießen.
Das Computerspiel wurde von der Whiskyfirma Johnny Walker im Jahre 1998 zu Promotion-Zwecken bei der auf Spiele spezialisierten Bochumer Firma Phenomedia in Auftrag gegeben und eine Weile verwendet, verschwand dann jedoch in der Versenkung. Erst ab Herbst 1999 und dann so richtig ab Januar 2000 fand es wieder viele Freunde und wurde, da nicht besonders groß, per → *E-Mail* verschickt.
Das Spiel blieb nicht ohne Kritiker, insbesondere Tierschützer kritisierten es als für Kinder und Jugendliche ungeeignet, da es die Hemmschwelle bezüglich der Brutalität gegen Tiere senke.
→ *http://www.moorhuhn.de/*

MOP

Abk. für Maintenance Operations Protocol.
Bezeichnung für ein proprietäres Datenübertragungsprotokoll aus dem Hause DEC zur Verbindung von → *Server* und Client.

MOPS

Abk. für Million Operations per Second.
→ *MIPS*.

Morphing

Begriff aus der Videotricktechnik. Bezeichnung für die Überführung eines Videobildes in ein zweites. Dafür werden spezielle Programme verwendet, die früher die Umwandlung deutlich sichtbar schrittweise vornahmen. Mittlerweile sind sowohl die Programme als auch die zur Verfügung stehende Hardware derart leistungsfähig dass dieser Prozess kontinuierlich erfolgt.
Häufig eingesetzt in der Werbung, bei der Produktion von Videoclips und in der Filmproduktion.

Morse-Code, Morse-Telegrafie

Bezeichnung für eine spezielle Form der → *Telegrafie*. Dabei werden Buchstaben, Ziffern und Sonderzeichen durch einen Code (sog. Morse-Code) abgebildet und können durch einfache, robuste Übertragungssysteme (üblicherweise Funk) auch über sehr lange Distanzen übertragen werden.
Vorteil der Morsetelegrafie ist, dass selbst schwache oder stark gestörte Zeichen noch gut und eindeutig erkannt werden können. Ferner sind die erforderlichen technischen Anlagen einfach zu konstruieren und die mit ihnen erzielbare Reichweite ist groß.
Nachteilig ist die im Vergleich zu anderen Übertragungsverfahren sehr niedrige Datenübertragungsrate.
Erfahrene Morsefunker können bis zu 100 Zeichen je Minute senden (‚geben') oder empfangen (‚aufnehmen').
Der Morsecode ist in der folgenden Tabelle dargestellt:

Zeichen	Code	Zeichen	Code
A	·–	w	·––
B	–···	x	–··–
C	–·–·	y	–·––
D	–··	z	·––·
E	·	1	·––––
F	··–·	2	··–––
G	––·	3	···––
H	····	4	····–
I	··	5	·····
J	·–––	6	–····
k	–·–	7	––···
l	·–··	8	–––··
m	––	9	––––·
n	–·	0	–––––
o	–––	Spruchanfang	–·––·
p	·––·	Spruchende	·–·–·
q	––·–	Verkehrsende	···–·–
r	·–·	Trennzeichen	–···–
s	···	?	··––··
t	–	/	–··–·
u	··–	Punkt	·–·–·–
v	···–	Komma	––··––
		Irrtum	········

Der erste Morse-Code wurde 1837 von Samuel Finley Breese Morse (* 27. April 1791, † 2. April 1872) entwickelt (siehe hierzu ausführliche Beschreibung unter ‚Telegrafie').
→ *Amateurfunk*.

MOS

1. Abk. für Metal-Oxide Semiconductors.

   Bezeichnung für elektronische Bauelemente auf Halbleiterbasis, bei denen auf einen Festkörper verschiedene Schichten von Metall und Metalloxid aufgedampft sind. Diese Technologie eignet sich insbesondere für → *ICs* und → *Mikroprozessoren* mit hoher Integrationsdichte.

   Steven R. Hofstein und Frederick P. Heimann entwickelten im RCA Electronic Research Laboratory den ersten IC in MOS-Technologie im Jahr 1962. In großem Maßstab wurden ICs in MOS-Technologie zur Realisierung von Funktionen eines → *Transistors* nach diesen Entwicklungsarbeiten ab 1970 eingesetzt.

   → *CMOS*.

2. Abk. für Mean Opinion Score.

Bezeichnung für ein subjektives Qualitätsmaß für die Qualität einer Sprachübertragung, ähnlich dem → *E-Modell*. Dabei werden einer Testgruppe aus minimal 40 unvorbereiteten Zuhörern akustische Stichproben zugespielt. Diese Stichprobe ist üblicherweise ein vollständiger gesprochener logischer Satz (keine Folge unzusammenhängender Worte). Die Zuhörer können die Gesprächsqualität in eine der fünf folgenden Klassen einteilen:

Klasse	Qualität	Bemerkung
1	Nicht zufriedenstellend	Sehr starke Störungen, (Rauschen, Aussetzer), Verständigung kaum möglich
2	Zufriedenstellend	Starke Störungen, aber noch Verständigung möglich
3	Befriedigend	Leichte Störungen, Verständigung kaum beeinträchtigt
4	Gut	Erkennbare Störungen, jedoch keine Beeinträchtigung der Qualität
5	Sehr gut	Keine Störungen

Klasse 4 entspricht dabei der Qualität herkömmlicher Telefonnetze („Toll Quality"), wohingegen die Sprachübertragung in Mobilfunknetzen üblicherweise der Klasse 3 (selten auch „Business Quality" genannt), bei Störungen sogar nur Klasse 2 oder 1 entspricht.

Mit dem Mittel der MOS werden auch → *Vocoder* getestet. Man geht dabei von folgenden Werten aus:

Vocoder	Name	MOS
→ *G.711*	PCM Pulse Code Modulation	4,4
G.723	ACELP Algebraic → *CELP*	3,5
→ *G.723.1*	MPMLQ Multiple Maximum Likelihood Quantisation	3,9
→ *G.726*	ADPCM Adaptive PCM	4,2
→ *G.728*	LD-CELP Low Delay Code Excited Linear Prediction	4,2
→ *G.729A*	CS-ACELP Conjugate Structure Algebraic CELP	4,2

Das Verfahren der Bestimmung des MOS wurde zunächst durch die Bell Labs entwickelt und dann durch die ITU in P.80 standardisiert.

→ *DM*, → *EFS*, → *ES*, → *QoS*, → *SES*, → *Sprachübertragung*.

Mosaic

→ *WWW*.

MOSPF

Abk. für Multicast Open Shortest Path First.

Bezeichnung für ein Protokoll für → *Routing* zum Ermöglichen von → *Multicasting* im → *Internet*. Es basiert auf dem → *OSPF* und darauf, dass die → *Router* untereinander Informationen über ihre Nachbarrouter austauschen, so dass alle Router über die gesamte Netztopologie informiert sind. Erhält ein Router ein Datenpaket zum Multicast, dann bestimmt der Router nach dem Algorithmus von Edsger Wybe Dijsktra den optimalen kürzesten Pfad und sendet es, ggf. mehrfach, weiter.

MOTD

Abk. für Message of the Day.

In → *Mailbox*-Systemen die Bezeichnung für eine täglich wechselnde Nachricht (Motto, sinnhafter Spruch, Weisheit, Witz, Zitat etc.), die einem Teilnehmer an dieser Mailbox nach dem → *Login* angezeigt wird.

Es gibt Programme, die über eine Auswahl geeigneter Nachrichten verfügen, täglich eine auswählen und dem Nutzer anzeigen.

Motherboard

Bezeichnung für die Trägerplatine eines → *PCs*, auf der die Hauptelemente untergebracht sind, bestehend aus Chipsatz (→ *CPU* und ggf. Coprozessor), → *Cache*, Hauptspeicher (→ *RAM*) und freien Steckplätzen zur Erweiterung. Diese Komponenten sind untereinander durch ein Bussystem (Adressbus, Datenbus, Systembus) miteinander verbunden.

Alle weiteren Aggregate des PCs fallen unter Peripheriegeräte. Man unterscheidet von der Größe her die Standardgröße, die etwa bis Ende der 80er Jahre bis zur Klasse der → *ATs* verbreitet war, und seither die kleineren → *Baby Boards*.

→ *ATX*, → *Soundkarte*.

→ *http://www.motherboards.org/*

Motif

Von der → *OSF* entwickelte Funktions- und Klassenbibliothek für grafische Benutzeroberflächen (→ *GUI*) von Anwendungen, die unter dem → *Betriebssystem* → *Unix* laufen. Gilt zwar als unübersichtlich und langsam, hat sich aufgrund der Funktionsvielfalt gegenüber anderen GUIs, z.B. → *Open Look*, jedoch durchsetzen können.

→ *http://www.nefo.med.uni-muenchen.de/dokument/mind3.20/Grundlagen.html/*

Motion-JPEG

→ *JPEG*.

MOTIS

Abk. für Message Oriented Text Interchange System.

Andere Bezeichnung für den im → *X.400*-Standard festgelegten Dienst für → *E-Mail* der → *ISO*, standardisiert in ISO 10021.

Motorola

Bezeichnung eines 1928 gegründeten bedeutenden amerikanischen Herstellers von elektronischen Komponenten und elektronischen Kleingeräten, der sich den Namen eines seiner ersten erfolgreichen Produkte aus den 20er Jahren, eines Autoradios, gegeben hat. Sitz ist Schaumburg/Illinois.

Es stieg 1957 ins Halbleitergeschäft ein und entwickelte sich im Laufe der Zeit auch zu einem bedeutenden Lieferanten von → *Mikroprozessoren*, z.B. → *Motorola 6800*, → *Motorola 68000*, → *Motorola 68020*, → *Motorola 68060*.

Darüber hinaus engagierte es sich im Bereich der Telekommunikation (→ *DataTAC*, → *Flex*).

→ *http://www.motorola.com/*

→ *http://www.motorola.de/*

Motorola 6800

Bezeichnung eines frühen → *Mikroprozessors* aus dem Hause Motorola. Vorgestellt im März 1974. Er war genau wie sein Pendant aus dem Hause Intel, der → *Intel 8080*, ein 8-Bit-Prozessor.

Der 6800 enthielt 4000 Transistoren und benötigte nur eine Versorgungsspannung von 5 Volt. Maßgeblich entwickelt wurde er von Chuck Peddle, der später den 6502 bei MOS Technology und den → *PET* im Hause Commodore mitentwickelte.

Motorola 68000

Bezeichnung eines 16-Bit → *Mikroprozessors* aus dem Hause Motorola. Vorgestellt im Jahre 1979. Seinen Namen erhielt er daher, dass er 68 000 Transistoren integrierte. Es handelte sich um das Konkurrenzmodell zum → *Intel 8088*.

Eingesetzt z.B. später im → *LISA* oder im → *Macintosh* aus dem Hause → *Apple* oder in der HP 9836, der ersten Workstation mit großem Bildschirm aus dem Hause → *HP* in den frühen 80er Jahren.

Motorola 68020, Motorola 68030, Motorola 68040

Bezeichnung eines → *Mikroprozessors* aus dem Hause Motorola. Vorgestellt im Jahre 1984. Er integriert ca. 250 000 Transistoren und verfügt über eine Wortbreite von 32 Bit. Eingesetzt z.B. im → *Macintosh II* aus dem Hause → *Apple*.

Im Jahre 1987 kommt mit dem 68030 eine verbesserte Version auf den Markt. Eingesetzt z.B. in Rechnern aus dem Hause → *Next* und ebenfalls in Modellen der Macintosh-Linie.

Es folgt 1989 mit dem 68040 die dritte Generation von 32-Bit-Prozessoren. Er integriert 1,2 Millionen Transistoren und ist das Gegenstück zum → *Intel 80486*.

Motorola 68060

Bezeichnung eines → *Mikroprozessors* aus dem Hause Motorola. Vorgestellt im Jahre 1994. Er verfügt über eine Versorgungsspannung von nur 3,3 V.

MoU

Abk. für Memorandum of Understanding.

Ein i.d.R. von vielen beteiligten Firmen, Behörden, Standardisierungsgremien und ähnlichen Institutionen unterzeichnetes Papier (Übereinkommen, Absichtserklärung) mit dem Ziel, gemeinsam an der Realisierung eines oder mehrerer zusammenhängender Ziele im gegenseitigen Interesse zu arbeiten.

Ein MoU definiert übergeordnete Ziele und bestenfalls einige Verfahrensweisen zur Erreichung der Ziele, nicht aber eine echte vertragliche Grundlage, weswegen ein MoU in der Regel um weitere Verträge, die die Zusammenarbeit im Detail regeln, ergänzt wird.

Ein MoU führt im Bereich der Tele- und Datenkommunikation häufig zu Standards oder De-facto-Standards, die später zur Grundlage eines Standardvorschlages bei einem → *Standardisierungsgremium* dienen.

→ *Forum*.

Moving Worlds

→ *VRML*.

MOX

Abk. für Mobitex Area Exchange.

Teil der Netzinfrastruktur von → *Mobitex*.

MP

1. Abk. für Multilink PPP.

   → *PPP*.

2. Abk. für Multiprocessor.

   → *Supercomputer*.

MP+

Abk. für Multichannel Protocol (Plus).

Bezeichnung eines Protokolls zur dynamischen Bandbreitenverwaltung bei leitungsvermittelten Wählverbindungen, das prinzipiell eine Weiterentwicklung des Multilink PPP (→ *PPP*) aus dem RFC 1717 und zu diesem kompatibel ist. Entwickelt im Hause Ascend auf Basis des Produktes AIM (→ *BONDING*) und auf den Markt gebracht im Jahre 1993.

Ein konkurrierendes Protokoll ähnlicher Funktionalität ist → *BACP*.

MP3, MP3Pro

Abk. für MPEG Audio-Layer 3.

Bezeichnung für ein leistungsstarkes und mittler-weile insbesondere im → *Internet* weit verbreitetes Verfahren zur Kompression digitaler Audioinformationen durch Unterdrückung der vom Menschen nicht hörbaren Anteile (Reduzierung der Irrelevanz, → *Psychoakustik*). MP3 wurde im Zuge von → *MPEG* entwickelt und ist Teil von MPEG 1. Das System ist flexibel und kann verschiedene Kompressions- und damit Qualitätslevel erzeugen. Die meistverwendete Datenrate ist 128 kbit/s bei einem Kompressionsverhältnis von 12:1, wobei CD-Niveau erreicht wird. Strenge Kritiker meinen jedoch, dass CD-Qualität mit MP3 erst ab 160 kbit/s erreicht wird.

Das Fraunhofer-Institut für integrierte Schaltungen entwickelte folgende Tabelle für die Zuordnung verschiedener Parameter und Qualitätsstufen:

Qualitätsstufe	Anzahl Kanäle	Bitrate in kbit/s	Kompressionsverhältnis
Telefonqualität	1	8	96 : 1
> Kurzwellen-Radioempfang	1	16	48 : 1
> Mittelwellen-Radioempfang	1	32	24 : 1
Vergleichbar UKW-Radio	2	56 bis 64	26 bis 24 : 1
fast CD-Qualität	2	96	16 : 1
CD-Qualität	2	112 bis 128	14 bis 12:1

Dateien mit MP3-codiertem Inhalt sind an der Dateiendung *.mp3 erkennbar.

Üblicherweise wird MP3 zur Codierung von digitalen Musikaufnahmen verwendet. Dazu wird ein Musikstück von einer → *CD* mit Hilfe eines speziellen Programms, Ripper genannt, heruntergezogen und mit einem speziellen MP3-Decoder codiert. Ein derart erzeugtes MP3-File kann mit einem MP3-Player abgespielt werden. Dieser Player kann als Software zur Installation auf einem Computer ausgeführt sein oder als eigenes Gerät mit Speicher- und Abspielmöglichkeit, auf das über eine Verbindung mit einem PC MP3-codierte Musikstücke geladen werden können. Der erste derartige eigenständige Player in der Größe einer Zigarettenschachtel kam 1998 auf den Markt. Es handelte sich um den ‚Rio'-Player aus dem Hause Diamond Multimedia Systems Inc. (San José/Kalifornien). Der erste Marktauftritt war von juristischen Scharmützeln mit der phonografischen Industrie begleitet, doch im Juni 1999 ließ das Gericht den uneingeschränkten Verkauf des Gerätes zu.

Der Kompressionsalgorithmus von MP3 besteht aus folgenden Schritten:

- Durchlaufen eines Polyphasenfilters, der zwei Schritte vornimmt:
  - Transformation des Eingangssignals von der Zeit- in die Frequenzdimension. Das akustische zu komprimierende Signal (ein Frequenzgemisch) wird in 32 einzelne Signale (= Subbänder) mit jeweiligen Bandbreiten zerlegt, die an die Eigenschaften des menschlichen Gehörs angepasst sind (→ *Psychoakustik*).
  - Jedes dieser Bänder wird nach psychoakustischen Effekten hin untersucht, so z.B. nach der → *Hörschwelle* und dem → *Maskierungseffekt*. In Abhängigkeit von den vorliegenden Frequenzen und ihrer Amplituden wird eine Maskierungsschwelle definiert. Alle Frequenzen in unmittelbarer Nachbarschaft einer dominierenden Frequenz, die unterhalb dieser Schwelle liegen, werden bei den folgenden Schritten nicht weiter beachtet. Dadurch werden Frequenzen, die vom menschlichen Ohr sowieso nicht wahrgenommen werden, unterdrückt.
- Herkömmliche Analog-Digital-Wandlung der verbleibenden Signale mit Codierwerten einer Größe von 16 Bit.
- Reduzierung der Länge der digitalen Abtastwerte durch Wegfall der führenden Nullen in jedem Abtastwert und Hinzufügen des Skalierungsfaktors sowie der Bit Allocation. Der Skalierungsfaktor gibt an, an welcher Stelle die verbliebenen Bit des Abtastwertes sich im ursprünglichen Zustand befunden haben. Die Bit Allocation enthält die Information, wie viele Bit im Abtastwert nach Wegfall der führenden Nullen verblieben sind. Je zwölf Abtastwerte teilen sich diese Werte.
- Zusammenfassung der Abtastwerte in sog. Frames mit einer festen Anzahl von Abtastwerten (1 152 Abtastwerte pro Frame; 32 Subbänder x 36 Abtastwerte). Ferner werden ein Header, ein Prüfsummencheck und unter Umständen ein sog. Bit-Reservoir hinzugefügt. Ein solches Reservoir entsteht, wenn sich die Abtastwerte innerhalb des Frames so komprimieren lassen, dass nicht die komplette theoretische Bit-Anzahl eines Frames benötigt wird.

Entwickelt wurde MP3 maßgeblich vom Institut für integrierte Schaltungen der Fraunhofer Gesellschaft Ende der 80er Jahre bis Anfang der 90er Jahre.

Ab 1998 rückte MP3 in den Mittelpunkt des Interesses, als sich immer mehr Raubkopien von herkömmlichen Musikstücken im MP3-Format im → *WWW* des Internet wiederfanden. Als Folge nahm die phonografische Industrie den Kampf auf und fing an, Kopierschutzsysteme, etwa im Rahmen der → *SDMI*, zu entwickeln. Dessen ungeachtet entdeckten jedoch Popstars selbst die Möglichkeit, ihre Musik unter Umgehung von Elementen der traditionellen Wertschöpfungskette im MP3-Format im Internet zu veröffentlichen. David Bowie gilt hier als Wegbereiter.

Mögliche Alternativen zu MP3 hinsichtlich der reinen Funktion als Datenkompressionsalgorithmus sind → *AAC*, → *AC3* oder → *TwinVQ*.

Eine im Januar 2001 vorgestellte Weiterentwicklung ist der Codec MP3Pro, der vom Hause Coding Technologies in Nürnberg entwickelt wurde. Mit ihm ist es möglich die Dateigröße noch einmal zu halbieren.

→ *http://iis.fhg.de/amm/techinf/layer3/*

→ *http://www.mp3.com/*

→ *http://www.mp3.de/*

→ *http://www.team-mp3.com/*

→ *http://mp3.lycos.com/*

→ *http://www.audiofind.com/*

MPC

Abk. für MPOA Client.

→ *MPOA*.

MPC-MLQ

Abk. für Multipulse Coding Maximum Likelihood Quantization.

Bezeichnet ein Verfahren zur Digitalisierung von Sprache (Analog/Digital-Wandlung, → *A/D*) im Rahmen der → *Quellcodierung*. Es handelt sich um einen → *Vocoder*. Definiert in → *G.723.1*.

MPDR

Abk. für Multipoint Digital Radio.

MPE

Bezeichnung für ein → *Betriebssystem* aus dem Hause → *HP* für die 1972 vorgestellte Rechnerlinie der → *Midrange*-Klasse HP3000.

MPEG 1, 2, 3, 4, 7

Abk. für Motion Picture Expert Group.

Ursprünglich Name eines gemeinsamen Normungsgremiums der → *ISO* und der → *IEC* (genau: ISO/IEC JTC1/SC29/WG11), das von Dr. Leonardo Chiariglione von der → *CSELT* mitgegründet wurde. Später wurde diese Bezeichnung auch für den von diesem Gremium entwickelten internationalen und technisch fortgeschrittenen (→ *H.261*) Standard für Multimedia-Anwendungen zur Video- und Audiodatenkompression selbst verwendet, der mittlerweile in drei Versionen (1, 2 und 4) vorliegt.

Die Arbeiten an MPEG 3 wurden eingestellt, während an MPEG 4 seit 1993 gearbeitet wurde. ISO und CCITT haben auch diese Standards mittlerweile anerkannt (ISO 11172).

Die Verfahren sind asymmetrisch, d.h., die Codierung ist sehr viel aufwendiger als die Decodierung. Ferner handelt es sich um verlustbehaftete Verfahren (im Gegensatz zu → *JBIG*).

- MPEG 1, das im Frühjahr 1992 öffentlich vorgestellt wurde, basiert auf → *JPEG* (JPEG benötigt als Moving JPEG 3- bis 5-mal größere Kompressionsdaten als MPEG 1), betrachtet aber immer eine ganze Reihe von Bildern und wertet die Unterschiede zwischen den Bildern im Rahmen dieser Sequenz aus. Basis ist ein asymmetrischer, prediktiver, bidirektionaler Algorithmus, der versucht, das jeweils nächste Bild ‚vorherzusehen'. Videos in VHS-Qualität werden zu 1,2 bis 1,5 Mbit/s oder auch bis zu 6 Mbit/s Datenströmen komprimiert, so dass auf einer CD-ROM bis zu 72 Minuten Film gespeichert werden können. Es werden 30 Halbbilder/s geliefert mit einer Auflösung von 352 * 288 Pixel. Größere Bilder werden durch Interpolation von Bildpunkten geliefert, was zu Lasten der Qualität geht (unter VHS-Qualität).

  Das → *CD:i*-System basiert z.B. auf MPEG 1. Dabei wird der Videodatenstrom mit 1 150 Mbit/s, der Audiodatenstrom mit 0,256 Mbit/s und der Systemdatenstrom zur Verwaltung mit 0,094 Mbit/s veranschlagt.

  MPEG 1 war prinzipiell ein relativ einfaches Verfahren, das ‚nur' digitale Videodaten für private Anwendungen (Videoclips etc.) bearbeiten sollte.

- MPEG 2 komprimiert 3,4-Mbit/s-Videodatenströme um den Faktor 10 auf rund 320 bis 380 kbit/s und Videodatenströme in Studioqualität nach CCIR 601 von 166 Mbit/s auf 4 Mbit/s. MPEG 2 ist insgesamt für den Bereich von 6 Mbit/s bis 40 Mbit/s ausgelegt. Darüber hinaus wird eine wesentlich höhere Auflösung geboten (704 * 480 Pixel) bei 60 Halbbildern/s. Derartig codierte 100-Minuten-Filme benötigen dann etwa 1,5 GByte.

  Grundsätzlich werden dabei zwei Codierverfahren angewendet, wobei im Mittelpunkt der Begriff Frame (= einzelnes Bild) steht:

  – Intraframe Coding (angewendet auf I-Frames) nutzt Irrelevanz und Redundanz in ein und demselben Bild (von Zeile zu Zeile und Spalte zu Spalte). Dabei wird das Bild

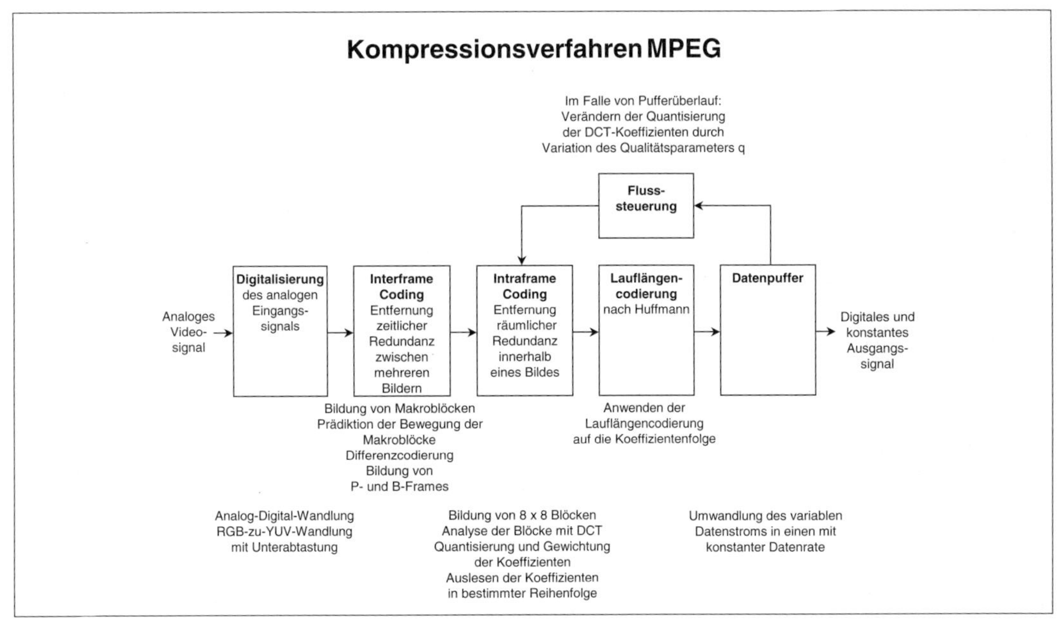

in Blöcke zu je 8 * 8 Pixel zerlegt, auf die jeweils eine diskrete Kosinustransfomation (→ *DCT*) angewendet wird. I-Frames befinden sich üblicherweise in periodischen Abständen im Videodatenstrom.

– Interframe Coding nutzt Irrelevanz und Redundanz zwischen aufeinander folgenden Bildern, d.h., hier kommt die Zeit als Komponente mit hinein, so dass Geräte, die dieses Verfahren nutzen, Bildspeicher brauchen. Bei diesem Verfahren unterscheidet man wiederum solche Frames, die nur aus vorangegangenen Frames errechnet werden (P-Frames, Predictive Coding), von solchen, die sowohl aus vorangegangenen als auch aus nachfolgenden Frames errechnet werden (B-Frames, Bidirectional Coding).

Das MPEG-2-Verfahren kann flexibel eingesetzt werden, und vom Verwender können verschiedene Qualitätsparameter vorgewählt werden. Dazu zählen:

– q: Ein Qualitätsparameter der DCF, der angibt, wie stark ein 8 * 8-Pixelfeld und damit der gesamte Datenstrom quantisiert wird

– N: Das Verhältnis der gesamten Anzahl von codierten Frames zur Anzahl der (qualitativ hochwertigen) I-Frames. N beeinflusst entscheidend die Bildqualität

Üblicherweise werden beide Parameter für einen Durchlauf festgelegt, jedoch ist auch denkbar, dass sie während des Codierlaufs dynamisch den aktuellen Übertragungsverhältnissen, z.B. verfügbare Bandbreite oder Übertragungsqualität, angepasst werden.

Wenn q und N einmal festgelegt sind, kann dieser Mechanismus auch dazu genutzt werden, einen variablen Datenstrom am Ausgang eines MPEG-Decoders in einen Datenstrom mit konstanter Bitrate umzuwandeln. Hierzu wird hinter den Ausgang ein Pufferspeicher geschaltet, der seinen Füllungsgrad permanent überwacht und einen konstanten Datenstrom ausgibt. Über die rückgekoppelte Variation des Qualitätsparameters q kann die Kompressionsrate derart verändert werden, dass ein konstanter Datenstrom am Ausgang des Decoders entsteht. Dieses Verfahren hält dann zwar die Übertragungsrate konstant, variiert über q allerdings die Bildqualität.

Es wird erwartet, dass sich MPEG 1 im Bereich von → *CD-ROM* und Multimedia-Anwendungen auf dem PC durchsetzen wird, wohingegen MPEG 2 bei interaktivem Fernsehen über Breitbandverteilnetze oder bei der → *DVD* eingesetzt wird.

- MPEG 3 wurde ursprünglich als ein optimiertes Kompressionsverfahren für hochauflösendes Fernsehen (→ *HDTV*) mit 1 000 bis 1 200 Zeilen bei einer Datenrate von 20 Mbit/s anvisiert, jedoch wurde rasch klar, dass HDTV-Anforderungen durch MPEG 2 abgedeckt werden konnten, weshalb die Arbeit an MPEG 3 schon 1993 wieder eingestellt wurde.
- Mittlerweile sehr weit fortgeschritten sind die Arbeiten an MPEG 4, das zunächst Audio- und Videodatenströme im Bereich deutlich unter 64 kbit/s codieren sollte (um den Faktor 350), später aber als ein multifunktionaler und multimedialer Kompressionsstandard (Video, Audio, Text, Standbild in einer Anwendung) bis hinein in den Mbit/s-Bereich positioniert wurde. Anwendungsbereich dieser Technik sollen kleinformatige Bilder für die Übertragung in schmal- und auch breitbandigen Systemen (Mobilfunksysteme wie → *UMTS*) sowie über paketvermittelnde Netze wie das → *Internet* sein. Eine konkrete Implementierung davon ist → *DivX*. Dabei werden neue Verfahren der objektorientierten Codierung (fraktale Co-

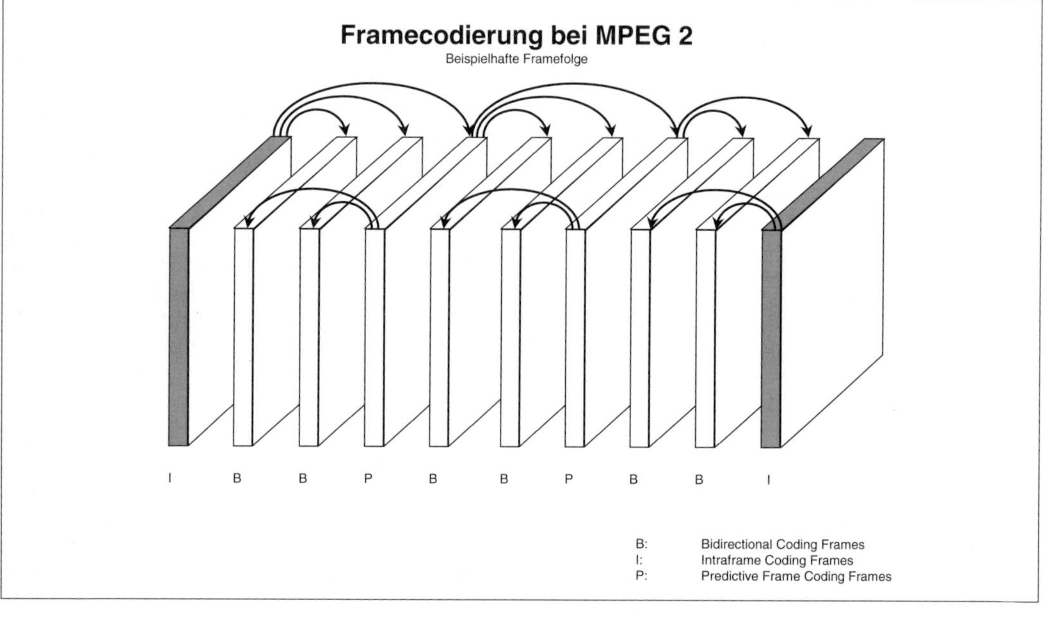

dierung) eingesetzt, welche die ‚Semantik' der Bilder ausnutzen. Die einzelnen zu komprimierenden Inhalte werden dabei als Audiovisual Objects (AVO) bezeichnet. Die sog. → *Wavelet-Codierung* ist eine weitere Technik, von der man sich Fortschritte verspricht.

- MPEG 7 ist als ein Standard für Metadaten zu verschiedenen Formen audiovisueller Daten gedacht. In ihm wird definiert, wie Nutzdaten (Standbilder, Videos, Töne, Musik, Geräusche, Textdokumente etc.) durch einen Datensatz (= Metadaten) beschrieben werden können. Dieser Datensatz definiert Attribute der Objekte, die er beschreibt. Neben den Attributen für die Beschreibungselemente werden auch Strukturen definiert (Description Schemes, DS), so dass Beziehungen zwischen den Beschreibungselementen definiert werden können.

  Dadurch soll es möglich sein, innerhalb einer multimedialen Datei gezielt nach einzelnen Informationen zu suchen.

  MPEG 7 baut dabei auf anderen Standards auf (z.B. → *PCM* für Sprache oder den Audio- und Videocodern aus MPEG 1 und MPEG 2).

  Die Arbeiten an MPEG 7 begannen im Oktober 1998. Ein allererster Entwurf wurde im Dezember 1999 vorgelegt. Im Frühjahr 2000 wurde sein Erscheinen für September 2001 angekündigt.

Die Gruppe MPEG wurde 1988 gegründet. MPEG 1 wurde im Dezember 1991, MPEG 2 wurde für die Bestandteile System, Audio und Video im November 1994 in Singapur verabschiedet.

MPEG 4 wurde von der entwickelnden Arbeitsgruppe im November 1997 verabschiedet und durch die ISO im Frühjahr 1999 zum offiziellen Standard erhoben.

Nachdem MPEG 1, 2 und 4 zu offiziellen Standards wurden, war innerhalb der MPEG-Gruppe die Frage, ob der nächste Standard die Bezeichnung MPEG 5 (Fortsetzung der Nummerierung aller Projekte 1, 2, 3 und 4) oder MPEG 8 (Fortsetzung der Nummerierung der Standards 1, 2 und 4 als Potenzreihe von 2) erhalten sollte. Es wurde entschieden, dass der Charakter des neuen Standards derartig ‚anders' ist, dass weder der einen, noch der anderen Linie gefolgt werden sollte. Stattdessen wurde für MPEG 7 votiert (die 6 stand niemals zur Diskussion).

Dateien, in denen mit MPEG codierte Bewegtbilder abgelegt sind, sind an der Endung *.mpg erkennbar.

→ *http://www.mpeg.org/*

→ *http://www.cselt.it/mpeg/*

MPG

→ *MPEG.*

MPLPC

Abk. für Multi Pulse Linear Predictive Coding.

Eine Sonderform des → *LPC.*

MPLS

Abk. für Multi-Protocol Label Switching.

Bezeichnung für einen Standard der → *IETF* zum Switching von Datenpaketen verschiedener Formate in einem → *Switch.* Primäres Ziel bei der Entwicklung von MPLS war die Geschwindigkeit des Switchings auf Schicht 2 im → *OSI*-Referenzmodell auf der Schicht 3 zu ermöglichen. Dadurch ist es möglich, verbindungsorientierten Verkehr in an sich verbindungslosen Protokollumgebungen (wie z.B. IP) zu realisieren und in verbindungslosen Protokollumgebungen eine bestimmte → *QoS* für Echtzeitdienste zu erreichen.

In der Praxis wird primär an das Switching von → *IP*-Paketen über → *ATM*-Switches gedacht, obwohl auch andere Protokolle und → *Frame-Relay-* oder auch → *Ethernet*-Switches dafür geeignet sind.

Die technologische Entwicklung hat zwar mittlerweile mit Layer-3-Switches auch Hardware hervorgebracht, die mittlerweile schnell genug ist, Routing-Entscheidungen zu treffen und dauerhafte paketorientierte Verkehrsbeziehungen zu analysieren und dafür Ressourcen reserviert zu halten, jedoch bietet MPLS auch weitere Features.

MPLS findet Anwendung in folgenden Fällen:

- Integration von anderen Übertragungsprotokollen in bestehende Netze, z.B. IP-over-ATM
- Aufbau von virtuellen privaten Netzen (→ *VPN*) durch die feste Definition von Pfaden durch ein Netz
- Ermöglichen von Echtzeitdiensten mit hohen QoS-Anforderungen über bestehende verbindungslose Protokollarchitekturen (IP)
- Ggf. Substitution von anderen Protokollen wie z.B. ATM

Durch Hinzufügen einer zusätzlichen Information (genannt Label) an die Datenpakete höherer Protokolle (wie z.B. IP) können diese Datenpakete mit einem Pfad niedrigerer Schichten durch einen Label Switch Router (LSR) in Verbindung gebracht werden, wodurch das Routing durch jeden einzelnen Router innerhalb des Netzes prinzipiell durch ein einmaliges Routing beim ersten Router im Netz durch das Zuweisen eines durchgehenden Pfades ersetzt wird und dadurch erheblich schneller erfolgen kann. Man spricht dann von einem Label Switched Path (LSP). Dies ist das Analogon zu einem Permanent Virtual Circuit (→ *PVC*) bei Frame Relay oder ATM.

Es ist Aufgabe der Switches, an welche die User angeschlossen sind, den Datenpaketen das korrekte Label zuzuordnen. Diese Router werden als Label Edge Router (LER) bezeichnet. Sie identifizieren die eingehenden IP-Pakete und ordnen sie einer Forwarding Equivalency Class (FEC) zu. Darunter versteht man eine bestimmte Verkehrsklasse, d.h. alle IP-Pakete einer FEC erfahren im Netz die gleiche Behandlung. Sie können alle auf dem gleichen LSP transportiert werden und erfahren in den Netzknoten die gleiche Behandlung. Der LER analysiert zur Zuordnung in eine FEC z.B. die IP-Zieladresse, den Eingangsport und das Type-of-Service-Feld (ToS) des eingegangenen IP-Paketes. So ist es dem LER möglich, eingehende IP-Pakete zu klassifizieren und unterschiedlichen Klassen verschiedene Label zuzuweisen.

Ein Label ist 32 Bit lang und besteht aus dem eigentlichen Label (20 Bit), dem Class-of-Service-Feld (COS, 3 Bit), dem Stack-Bit und einem Time-to-Live-Feld (TTL, 8 Bit).

Die LSRs analysieren das Label der eingehenden Datenpakete, entfernen es dann, sehen daraufhin das eingegange Label in einer Tabelle nach, entscheiden, in welchem abgehenden Kanal das Datenpaket weitergeschickt werden muss und welches neue Label diesen abgehenden Kanal kennzeichnet. Die Label werden daher in jedem LSR ausgetauscht (sog. Label-Swapping).

Welche Form die Labels annehmen, hängt dabei von der Art der verwendeten Netzplattform ab. Bei ATM z.B. handelt es sich um die Virtual Path Identifier (VPI).

Die Zuordnung der Label zu Pfaden und die Verteilung dieser Information zwischen den LSRs und LERs wird vom Label Distribution Protocol (LDP) vorgenommen, das jeden LER und LSR mit seinen Nachbarn verbindet. Das LDP ist damit eine Art Signalisierungsprotokoll (→ *Zeichengabe*). Es verteilt auch Informationen anderer interner → *Routingprotokolle* (→ *IGP*, → *OSPF*, → *RIP*) zwischen den LSRs und LERs.

Betreiber von MPLS-Netzen können LSPs fest einstellen und auf diese Weise festen Pfade durch das Netz festlegen. Ein Anwendungspfad hierfür ist z.B. ein auf IP basierendes → *VPN*.

Der Vorteil von MPLS ist, dass die Entscheidung, welchem Label, d.h. welchem Kanal, das eingegangene Datenpaket zu folgen hat, schneller auf Basis eines einfachen Labels (= kurze, natürliche Zahl aus einem für den Switch begrenzten Zahlenraum) erfolgen kann, als auf Basis einer IP-Adresse (= mehrstellige, lange Nummer aus einem hierarchisch strukturierten Adressraum), die in einer umfangreichen hierarchisch gestaffelten Routingtabelle nachgeschlagen werden muss.

Ferner ist es nicht notwendig, die IP-Pakete vollständig zu entpacken, dann die Headeranalyse vorzunehmen und schließlich die IP-Pakete wieder einzupacken.

Beide Vorteile verringern den Delay.

→ *Tag-Switching* und → *IP-Switching* aus dem Hause Ipsilon waren in der Anfangszeit Konkurrenztechnologien, sie spielen jedoch seit der Standardisierung keine Rolle mehr.

MPLS wird maßgeblich im Rahmen der IETF standardisiert. Die Standardisierung gilt als nicht abgeschlossen. Über 150 RFCs mit Bezug zu MPLS befinden sich derzeit in der Entwicklung. Die wichtigsten von ihnen sind:

RFC Nr.	Inhalt
3031	MPLS Architecture
3032	MPLS Label Stack Encoding
3033	The Assignment of the Information Field and Protocol Identifier in the Q.2941 Generic Identifier and Q.2957 User-to-User-Signalling for the Internet Protocol
3034	Use of Label Switching on Frame Relay Networks
3035	MPLS using LDP and ATM VC Switching
3036	LDP Specification
3037	LDP Applicability
3038	VCID Notification over ATM Link for LDP
3063	MPLS Loop Prevention Mechanism

Die ITU hat in Y.1310 Bezug auf MPLS genommen (IP over ATM in Public Data Networks).

Das im März 2000 gegründete MPLS Forum kümmert sich um die weltweite Verbreitung des MPLS-Protokolls, seine Weiterentwicklung und um Interoperabilitätstests.

MPLS basiert hauptsächlich auf einer Entwicklung aus dem Hause Cisco, die zuvor unter der Bezeichnung → *Tag-Switching* bekannt war. Auch ARIS (Aggregate Route-based IP-Switching) aus dem Hause IBM hat MPLS beeinflusst, wohingegen → *IP-Switching* aus dem Hause Ipsilon eher eine Konkurrenztechnologie war.

→ *http://www.mplsforum.org/*

→ *http://www.mplsrc.com/*

MPMP

Abk. für Microwave Point to Multipoint.

Bezeichnung für ein auf Prinzipien des → *Richtfunks* basierendes System im Zugangsnetzbereich (→ *WLL*).

Dabei wird im Downlink über einen Rundstrahler gesendet (Broadcast), wohingegen im Uplink eine Punkt-zu-Punkt-Verbindung mit Richtfunk realisiert wird.

Derartige Systeme sind nicht standardisiert, sondern basieren auf Eigenentwicklungen von Herstellern von Übertragungsausrüstungen.

MPOA

Abk. für Multi Protocol Over → *ATM*.

Bezeichnung für einen Standard, der vom ATM-Forum entwickelt wurde und der es erlaubt, Datenpakete verbindungsloser Protokolle auf der Schicht 3 im → *OSI-Referenzmodell*, wie z.B. → *IP*, über ein ATM-Netz zu transportieren und dabei – im Gegensatz zu → *LANE* – bestimmte Möglichkeiten für → *QoS* von ATM zu nutzen. Für diesen Zweck war es auch eines der ersten derartigen Protokolle überhaupt, dem einige proprietäre Lösungen folgten, z.B. → *Tag-Switching*, aus dem sich allerdings der erfolgreichere Konkurrenzstandard → *MPLS* heraus entwickelt.

MPOA wurde zunächst für IP Version 4 entwickelt und im Juni 1997 vorgestellt. In späteren Schritten sollen IP Version 6, → *IPX*, → *DECnet*, → *AppleTalk* und andere folgen.

MPOA wird entweder auf einem MPOA-Server (MPS), der an den ATM-Switch angeschlossen ist, oder in den Switch integriert implementiert. Im ersten Fall läuft im Switch lediglich ein MPOA Client (MPC), der die Pakete analysiert und die Analyseergebnisse an den MPS weitergibt und von diesem Instruktionen zur weiteren Paketbearbeitung erwartet.

MPOA gilt als verkehrslastorientiert und als ein Verfahren, das eher im WAN/LAN-Bereich zum Einsatz kommt, weniger in öffentlichen Backbone-Netzen.

MPP

Abk. für Massive Parallel Processors.

Auch massiv paralleles System genannt. Bezeichnung aus dem Bereich der → *Supercomputer*, bei denen nicht einige wenige Prozessoren parallel arbeiten, sondern 100 und mehr.

Im Gegensatz zu → *SMP* verfügt jeder Prozessor über seine eigenen Ressourcen wie Speicher, I/O-System, Betriebssystem-Instanz und alle diese Einheiten verbindenden System-Busse. Es wird unter den Prozessoren daher nichts geteilt (shared nothing).
Im Vergleich zu SMP gilt die MPP-Architektur (man spricht auch von entkoppelten Prozessoren) als leistungsfähiger, aber auch als wesentlich komplexer und dadurch teurer.
→ *Multiprozessorsystem*, → *Transputer*, → *Vektorrechner*.

MPPP

Abk. für Multilink Point-to-Point Protocol.
→ *PPP*.

MPR

1. Abk. für Multi Protocol Router.
   Bezeichnung eines → *Routers*, der mehrere Protokolle versteht.
2. Abk. für Multi Path Routing.
3. Schwedische Abkürzung für den nationalen Rat für Messtechnik und Prüfung der schwedischen Regierung. Mittlerweile in SWEDAC umbenannt. Definierte 1987 MPR I und mit MPR II im Jahre 1990 die mittlerweile weltweit gängige Standardnorm für zulässige Strahlungsleistungen von Monitoren. Bei der Messmethode werden in 50 cm Entfernung auf drei Ebenen 16 Messpunkte installiert und in zwei Frequenzbändern Messungen der Strahlungsleistung gemacht. Verschärft wurde MPR II durch → *TCO 91* und 92.
   → *http://www.swedac.se/*
4. Abk. für Mikroprozessrechner.

MPS

Abk. für MPOA Server.
→ *MPOA*.

MPT

1. Abk. für Ministry of Postal Service and Telecommunications.
   Bezeichnung für das britische Ministerium für das Post- und Telekommunikationswesen, das verschiedene Standards im Bereich der Telekommunikation mitdefiniert hat (→ *MPT 1322*, → *MPT 1327*).
   Nach der Liberalisierung des britisches Marktes wurde das MPT aufgelöst. Teile seiner Aufgaben sind an das → *OFTEL* und andere Aufgaben an das Ministerium für Handel und Industrie übergegangen.
2. Abk. für Ministry of Post and Telecommunications.
   Bezeichnung für das 1952 gegründete japanische Ministerium für das Post- und Telekommunikationswesen, das verschiedene Standards im Bereich der Telekommunikation mitdefiniert hat und als nationale → *Regulierungsbehörde* tätig ist.
   → *http://www.mpt.go.jp/*
3. Ehemals Puma (und noch früher Lynx) genannt, doch nach Problemen mit einem Sportartikelhersteller umbenannt. Bezeichnung für ein bei → *Mailbox*-Systemen oft eingesetztes Übertragungsverfahren zum Datentransport zwischen den einzelnen Mailboxen, sofern diese IBM-kompatibel sind.
   Die Blockgröße kann dabei bis zu 1 KByte variieren. Bis zu 99 Dateien können bei einer Verbindung übertragen werden.
   Wegen seiner leichten Bedienbarkeit, einer ansprechenden, grafischen Benutzerschnittstelle und dem hohen Datendurchsatz hat es sich schnell verbreitet.
   Das gesamte Verfahren ist dem von → *Zmodem* ähnlich.

MPT 1322

Bezeichnung eines englischen Standards für Schnurlostelefonie.
→ *CT0*.

MPT 1327/43

Bezeichnung eines englischen Standards für Bündelfunk, verabschiedet vom Ministry of Post and Telecommunications (MPT), der sich auch in Europa als De-facto-Standard durchgesetzt hat und ebenfalls in Übersee eingesetzt wird.
In MPT 1327 definiert das Mobile Access Protocol (MAP) den Zugriff auf die Funkschnittstelle.
Basis ist eine digitale Signalisierung in einem separaten Signalisierungskanal mit 1 200 bit/s und → *FFSK*-Modulation. Möglich ist ferner bei bestimmten Endgeräten ein → *SMS* mit bis zu 32 Zeichen. Er führte zur Entwicklung des → *ETSI*-Standards → *BIIS 1200*, der die digitale Signalisierung abwickelt.

MPTN

Abk. für Multiprotocol Transport Network.
Bezeichnung für eine Architektur aus dem Hause IBM zur Integration von → *SNA* mit anderen, dazu eigentlich inkompatiblen Protokollwelten. Prinzipieller Ansatz ist, dass → *APPN* als Backbone-Protokoll verwendet wird und andere Protokolle darauf aufsetzen. Zwischen APPN und den anderen Protokollen fungiert ein Gateway genanntes Modul als Adapter.

MPTP

Abk. für Mobile Phone Telematics Protocol.

MPX

Abk. für → *Multiplexer*.

MR

1. Abk. für Modem Ready.
2. Abk. für Modified Read.
   → *MRC*.
3. Abk. für Magnetoresistive.
   → *Festplatte*.

MRC

Abk. für Modified Read Code.
Bezeichnung eines zweidimensionalen Codes zur Quellcodierung. Wird z.B. genutzt bei Faxen der Gruppe 4. Dabei wird eine horizontale Zeile der abgetasteten Vorlage codiert unter Bezugnahme auf die darüber liegende, vorausgegangene Zeile.

Der MRC ist eine Weiterentwicklung des → *MHC*. Wurde nach seinem Erfinder benannt.

mrouter

→ *M-Bone*.

MS

1. Abk. für Mobile Station.
   Bezeichnet in Mobilfunknetzen den beweglichen und personalisierten Terminal: → *Handy*, Autotelefon, Satellitentelefon oder -fax auf Schiffen (also im Gegensatz zu → *ME* mit → *SIM-Card* und Nutzer).

   Die MS kann üblicherweise die Zustände ‚detached' (nicht im Netz eingeloggt), ‚idle' (eingeloggt, aber nicht aktiv) und ‚active' (eingeloggt und Teilnehmer an einer laufenden Verbindung) annehmen.
2. Abk. für Mobile Subscriber.
   Bezeichnung für einen von der → *ITU* im Zusammenhang mit Mobilfunknetzen geprägten Begriff. Die Bezeichnung Mobile Station wird dort vermieden.
3. Abk. für Mobile Services.
   Bezeichnung aus dem offiziellen Standardtext zur Spezifikation des → *GSM*-Systems.
4. Abk. für Message Store.
   Bezeichnet in → *X.400*-Systemen die für Mitteilungsspeicherung und Mitteilungsabruf zuständige Instanz. Angesiedelt zwischen dem User Agent (→ *UA*) und dem Message Transfer Agent (→ *MTA*).
5. Abk. für → *Microsoft*.
   Der weltweit größte Softwarehersteller mit Produkten wie → *MS-DOS*, → *Windows*, → *Windows NT*, → *Windows 95* und → *Windows 2000*.

   → *http://www.microsoft.com/*

MS-DOS

Abk. für Microsoft Disk Operating System.

Bezeichnung für ein zunächst auf → *Disketten* installiertes → *Betriebssystem* für → *PCs* aus dem Hause Microsoft, das sich zum De-facto-Standard entwickelte und einige Jahre später um die grafische Benutzeroberfläche → *Windows* erweitert wurde.

Die Entwicklung nahm folgenden Verlauf:

1980

Tim Paterson von Seattle Computer Products entwickelt im April das 16-Bit-Betriebssystem QDOS (Quick and Dirty Operating System), das insgesamt 6 KByte verbraucht und stark → *CP/M* ähnelt.

IBM ist gerade dabei, den PC zu entwickeln und wird auf der Suche nach einem Betriebssystem im August bei Microsoft (MS) fündig, nachdem man sie beim Hersteller von CP/M versetzt.

MS, das mittlerweile rund 30 Angestellten zählt, sagt eine kurze Entwicklungszeit zu und ist froh, dass im September Tim Paterson sein mittlerweile unter 86-DOS firmierendes System MS anbietet. Der alte Studienfreund von Bill Gates, Steve Ballmer, hatte erst einige Wochen vorher bei MS angefangen zu arbeiten und setzt den Kauf der Rechte an 86-DOS für 50 000 $ durch. MS fängt an, es im Oktober selber weiterzuentwickeln.

1981

Tim Paterson beginnt, bei Microsoft zu arbeiten.

Im August wird der PC aus dem Hause IBM vorgestellt. Das Betriebssystem PC DOS 1.0 von IBM ist auf einer beigelegten 160-KByte-Diskette enthalten. Microsoft bringt MS-DOS 1.0 für IBM-PCs zusammen mit diesem auf den Markt. 4 000 Zeilen Assemblercode waren die Basis. Es werden nur einseitige Diskettenformate mit 160-KByte-Speicher (acht Sektoren, 40 Spuren) unterstützt.

1982

MS-DOS 1.1 für PCs mit einem 320-KByte-Diskettenlaufwerk kommt auf den Markt.

März 1983

MS-DOS 2.0 erscheint für PCs mit Unterstützung von Festplatten und hierarchischen Dateisystemen. Später wird MS-DOS 2.01 mit der Unterstützung int. Zeichensätze und MS-DOS 2.11 mit Fehlernachbesserungen nachgeschoben.

1984

MS-DOS 3.0 für → *ATs* (erstmals netzwerkfähig mit MS-DOS 3.1) und MS-Net. DOS 3.0 unterstützt erstmals auch 1,2-MByte-Laufwerke und 20-MByte-Festplatten.

März und Dezember 1985

MS-DOS 3.1 erscheint und mit MS-DOS 3.2 (Dezember) werden erstmals 3,5-Zoll-Disketten unterstützt, allerdings nur das 720-KByte-Format.

1986

MS-DOS 3.21 unterstützt Tastaturen mit abgesetzten Zehner- und Cursorblöcken.

1987

MS-DOS 3.3 erlaubt es, Partitionen auf einer Festplatte einzurichten. Es wird lange Zeit als stabilste DOS-Version gelten und häufig auch der Version 4.0 vorgezogen werden.

1988

MS-DOS 4 wartet mit einer grafischen Benutzeroberfläche auf, ist allerdings voller Bugs, weswegen noch im gleichen Jahr die Version 4.1 nachgeschoben wird. Festplattenpartitionen können größer als 32 MByte sein.

1991

Version 5 mit Speicheroptimierung, überarbeiteter DOS-Shell und verbesserten Hilfefunktionen kommt auf den Markt.

1993

MS-DOS erscheint mit vielen neuen Hilfsprogrammen in den Versionen 6 und 6.2.

1994

Microsoft bringt gegen Jahresende DOS 6.22 heraus.

1998

Zusammen mit dem Start von → *Windows 98* kündigt Microsoft an, dass es sich dabei um das letzte Betriebssystem handeln wird, das noch auf MS-DOS zurückgreift. Zukünftig werde nur noch der Kern von → *Windows NT* weiterentwickelt.

2001

Mit → *Windows XP* kommt das für den Privatkundenmarkt entwickelte Nachfolgerbetriebssystem der Windows-Serie auf den Markt, das nicht mehr auf MS-DOS basiert.

MSA

Abk. für Metropolitan Statistical Area.

In der Lizenzierung von zellularen Mobilfunkdiensten der USA häufig benutzter Begriff. Orientiert sich an Gebieten, die von der Zensusbehörde der USA für statistische Erhebungen definiert wurden. Bezeichnet, im Gegensatz zu → *RSA*, die dicht besiedelten Gebiete.

Nicht zu verwechseln mit → *MTA* und → *BTA*.

MSAF

Abk. für Multimedia Services Affiliate Forum.

Bezeichnung eines von der Deutschen Telekom, AT&T, Lotus, NTT, Novell, Telstra and Unisource im Oktober 1995 gegründeten → *Forums* zur Entwicklung von multimedialen Anwendungen und Diensten über private und öffentliche Datennetze.

Etablierung einer Organisationsstruktur und von Working Groups im März 1996.

Mittlerweile rund zwei Dutzend Mitglieder aus den Bereichen Carrier und Endgerätehersteller.

→ *Multimedia*

→ *http://www.msaf.org/*

MSB

Abk. für Most Significant Bit, hochwertigstes Bit.

Bezeichnet in einem Wort (→ *Byte* etc.) das → *Bit* mit der höchsten Wichtung. Das Gegenteil ist das → *LSB*.

MSC, MSC Service Area

1. Abk. für Mobile Switching Centre.

   Auf Deutsch selten auch Funkvermittlungsstelle genannt. Bezeichnet in Mobilfunknetzen die Vermittlungsstelle, die sowohl von → *MS* zu MS als auch von MS ins Festnetz und umgekehrt (→ *GMSC*) vermittelt. Normalerweise kontrolliert ein MSC mehrere → *BS* oder → *BSC* und ist mit dem → *HLR* und → *VLR* über ein Signalisierungsnetz wie → *SS#7* verbunden oder direkt damit ausgestattet.

   Das geografische Gebiet, das durch eine MSC und angeschlossene Einheiten versorgt wird, wird im → *GSM*-Standard mit MSC Service Area bezeichnet. Ein derartiges Area besteht aus mehreren Location Areas (→ *LA*).

2. Abk. für Message Switching Center.

   International gängige Bezeichnung für Speichervermittlungen im → *Gentex*-Netz.

3. Abk. für Message Sequence Charts.
   Bezeichnung eines von der → *ITU* standardisierten Verfahrens zum Protokolltest.

   → *SDL*.

MSDSL

Abk. für Multirate Symmetric Digital Subscriber Line.

→ *SDSL*.

MSF

Abk. für Multiservice Switching Forum.

Bezeichnung für ein im November 1998 gegründetes Forum mit dem Ziel, auf → *ATM* aufbauend eine offene Architektur für ein Vermittlungselement zu entwickeln, das ATM und → *IP* gleichermaßen vermitteln kann und über das multimediale Dienste mit entsprechenden Qualitätsparametern abgewickelt werden können.

→ *http://www.msforum.org/*

MSG

Abk. für → *Message*.

MSI

Abk. für Medium Scale Integration.

Bezeichnet bei der Chipherstellung eine Technik der integrierten Herstellung von Bauelementen auf einem monolithischen Halbleitersubstrat. In MSI-Technik werden ca. 500 Bauelemente integriert. Entwickelt wurde die Technik gegen Mitte der 60er Jahre.

→ *SSI*, → *LSI*, → *VLSI*.

MSIE

Abk. für Microsoft Internet Explorer.

Bezeichnung für einen Browser aus dem Hause → *Microsoft* zum Einsatz im → *WWW* des → *Internet*.

MSIN

Abk. für Mobile Subscriber Identification Number.

In Mobilfunknetzen nach dem → *GSM*-Standard die Bezeichnung für eine Nummer, die den Teilnehmer innerhalb des Mobilfunknetzes eindeutig identifiziert.

MSK

Abk. für Minimum Shift Keying.

→ *FSK*.

MSM

1. Abk. für Micronetics Standard.

   → *Mumps*.

2. Abk. für Media-Support Module.

   → *ODI*.

MSN

1. Abk. für → *Microsoft Network*.
2. Abk. für Multiple Subscriber Number.

   Bezeichnung des Dienstmerkmals (→ *Dienst*) der Mehrfachrufnummer im → *ISDN*. Der Begriff wurde durch Euro-ISDN geprägt.

MSNet

Sehr selten verwendete Abk. für → *Microsoft Network*.

MSO

Abk. für Multiple System Operator.

In den USA gebräuchliche Bezeichnung für ein Unternehmen, welches mehr als ein Kabelfernsehnetz betreibt, im Gegensatz dazu die → *SSO*.

MSR

Abk. für Messen, Steuern, Regeln.

Kurzbezeichnung für alle Aufgaben von Systemen der Regelungstechnik.

MSRN

Abk. für Mobile Station Roaming Number.

In Mobilfunknetzen nach dem → *GSM*-Standard die Bezeichnung für eine temporär von einer Vermittlungsstelle im Mobilfunknetz vergebene Rufnummer, die nur netzintern vom Mobilfunknetz zur Identifikation von mobilen Stationen (→ *MS*) verwendet wird.

MSS

Abk. für Mobile Satellite Services.

Bezeichnet Dienste wie Fernsprechen, → *Fax*, Datenübertragung und → *GPS*, die von Satelliten unterstützt werden. Bezieht sich speziell auf die neuen Projekte wie → *Iridium*, → *Project 21* und → *Globalstar* sowie andere Systeme des → *Satellitenmobilfunks*.

M-Star

Bezeichnung für ein geplantes globales System des → *Satellitenmobilfunks* ausschließlich für die Datenübertragung aus dem Hause Motorola.

Öffentlich angekündigt im Frühjahr 1997. Es wird erwartet, dass 6 Mrd. $ dafür investiert werden müssen.

MSV1 und 2

Abk. für Medium Speed Version 1 bzw. 2.

Bezeichnung für Datenübertragungsprotokolle nach dem Prinzip des → *Polling* für verschiedene Netzkonfigurationen aus dem Hause Siemens.

Genutzt werden die Codes → *EBCDIC* und → *ASCII* (7 Bit mit Paritätsbit). Bei beiden Protokollen gibt es die Aufforderungsphase, die Datenübermittlungsphase und die Abschlussphase.

MSV1 kann für Punkt-zu-Punkt- und Punkt-zu-Mehrpunkt-Verbindungen genutzt werden, MSV2 nur für Punkt-zu-Punkt-Verbindungen.

Bei MSV1 gibt es eine Leit- und eine Unterstation, wohingegen bei MSV2 beide Stationen gleichberechtigt sind.

Bei MSV1 sendet in der Aufforderungsphase die Leitstation eine Aufforderung zum Senden an die Unterstationen, die daraufhin sofort Daten senden (Datenübermittlungsphase) oder eine negative Quittung schicken. Sollen Daten von der Unterstation empfangen werden, sendet die Leitstation eine Aufforderung zum Datenempfang, dem eine positive Quittung der Unterstation und Datensenden (Datenübermittlungsphase) von der Leitstation oder nur eine negative Quittung der Unterstation folgt. Sind alle Daten gesendet, teilt die jeweils sendende Station der empfangenden Station dies in der Abschlussphase durch Senden eines bestimmten Steuerzeichens mit.

Bei MSV2 können sich die beiden gleichberechtigten Stationen gleichzeitig Sendebereitschaft signalisieren, weswegen Prioritäten vergeben werden, so dass die höherpriore Station ihre Daten zuerst senden kann. Die Aufforderungsphase unterscheidet sich von der bei MSV1, wohingegen alle anderen Protokollphasen gleich sind.

Die Initiative ergreift immer die sendewillige Station, die an die Empfangsstation ein Steuerzeichen sendet. Diese antwortet mit einer positiven Quittung, woraufhin die Sendestation direkt mit dem Senden beginnt (Datenübermittlungsphase).

Ist die Empfangsstation nicht empfangsbereit, sendet sie eine negative Quittung, woraufhin die Sendestation dies mit einem Steuerzeichen bestätigt und erneut ihre Sendebereitschaft signalisiert. Die Anzahl, wie häufig dies geschieht, kann gewählt werden.

MS-Windows

→ *Windows*.

MSX

Bezeichnung eines → *PCs* aus dem Hause Microsoft, das sich im Jahre 1983 als Hardwarehersteller versuchte. Zusammen mit einigen japanischen Firmen entwickelte es den auf einem → *Zilog Z-80* basierten MSX. Er wurde nicht das, was man einen Erfolg nennt. Angeblich wurden nur einige Dutzend Geräte in den USA verkauft.

MTA

1. Name eines analogen schwedischen Mobilfunknetzes, seinerzeit das erste automatische (!) Mobilfunknetz. Seine Entwicklung startete in den späten 40er Jahren und führte 1950 zur Installation einer Antenne auf einem Wasserturm auf der Insel Lidingö vor den Toren Stockholms. Maßgebliche beteiligt an der Entwicklung waren die Ingenieure Ragnar Berlund und Sture Lauhren (daher wurde das System oft auch Mobile Telephone Lauren, MTL, genannt). Getestet von 1951 bis 1955 und 1956 in Betrieb genommen mit zwei Inselnetzen zu je vier Duplexkanälen für jeweils rund 100 Nutzer in Bereichen rund um die Basisstationen mit einem Durchmesser von 35 km in Stockholm und Göteborg. Die Netze blieben bis 1969 in Betrieb.

   Die Sendefrequenz lag im Bereich von 160 MHz. Gesendet wurde auf zwei Kanälen. Es gab fünf mobile Endgeräte, die jeweils 40 kg wogen.

2. Abk. für Major Trading Areas, Hauptgeschäftszentren.

   Eine in den USA gebräuchliche Bezeichnung für größere Gebiete, die für Service-Provider besonders attraktiv sind und daher der Regulierung von Lizenzen für neue → *PCS*-Mobilfunknetze bedürfen. MTAs werden nach allgemein anerkannten Geschäftsatlanten und Marketing-Führern (von Rand McNally) definiert und orientieren sich an politischen und/oder ökonomischen Grenzen. Sie haben ungefähr die Größe eines US-Staates. In den USA gibt es 51 MTAs und 493 → *BTA* (Basic Trading Areas, Größe mehrerer Counties, d.h. Landkreise). Nicht zu verwechseln mit → *MSA* und → *RSA*. MTAs sind u.U. größer als die korrespondierenden MSAs, um größere geografisch und ökonomisch zusammengehörende Gebiete durch nur einen Mobilfunkanbieter abdecken zu können.

3. Abk. für Message Transfer Agent.
   Auch Mailhost genannt. Bestandteil von → *SMTP* und auch → *X.400*. Übernimmt in E-Mail-Systemen, die nach dem → *Store-and-Forward*-Prinzip arbeiten, den Weitertransport der Nachricht durch das Netz an den Ziel-Netzknoten. Darüber hinaus speichert der Ziel-MTA die Nachrichten solange, bis die User Agents (→ *UA*) sie abholen. Alle MTAs eines E-Mail-Systems (→ *MHS*) bilden zusammen das Message Transfer System (→ *MTS*).

MTB

Name eines analogen schwedischen Mobilfunknetzes, auf der Technik von → *MTA* aufbauend, allerdings mit mehr Funktionalität und Kapazität. Ebenfalls wurde der Platzbedarf für die Vermittlungen und Sendestationen erheblich verringert. MTB nahm 1965 seinen Betrieb auf.

MTBF

Abk. für Mean Time Between Failures.

Bezeichnung des aus Erfahrungswerten gewonnenen mittleren Ausfallabstandes (mittlere Betriebsdauer) technischer Systeme. Angabe in Tagen, Monaten oder Jahren. Die MTBF ist ein international anerkanntes Qualitätskriterium.

Häufig wird bei der MTBF unterschieden zwischen einer errechneten MTBF und einer real gewonnenen MTBF (genannt Field MTBF).

Die errechnete MTBF eines Systems wird aus den MTBFs seiner einzelnen Komponenten (Transistoren, Widerstände, Transformatoren, Lüfter, Schalter, Anzeigen etc.) nach statistischen Verfahren mathematisch ermittelt. Ein Verfahren zur Ermittlung der MTBF ist beispielsweise in DIN IEC 605 Teil 7 festgelegt. Derartig ermittelte MTBF können praktisch für jedes neue Produkt noch vor dem Verkauf ermittelt werden und finden sich häufig in Prospekten und Datenblättern wieder.

Die Field MTBF wird aus den im Betrieb aufgetretenen realen Störungen des gesamten Systems ermittelt. Da Hersteller an diese beim Nutzer/Käufer anfallenden Daten nur selten herankommen bzw. sie nur selten überhaupt erheben, gibt es hier nicht viele Angaben bzw. Veröffentlichungen. Die Field MTBF kann erst ermittelt werden, wenn ein technisches System häufig genug verkauft/installiert/in Betrieb genommen wurde und die ersten Störungen aufgetreten sind.

→ *First Time Failure Rate*, → *MTBSO*, → *MTTR*.

MTBSO

Abk. für Mean Time Between Service Outages.

Aus der Erfahrung eines Netzbetreibers oder Dienstanbieters gewonnener Begriff, der die Qualität eines Dienstes, Netzes, einer Vermittlung oder eines anderen technischen Systems beschreibt.

→ *MTTR*, → *MTBF*.

MTC

1. Abk. für Mobile Terminated Call.
   International gängige Abk. für bei der → *MS* ankommende Gespräche, d.h. die MS ist der → *B-Teilnehmer*.
2. Abk. für Message Type Code.
   Bezeichnung für ein acht Bit langes Datenfeld in einer Nachricht im → *SS#7*-Netz.

MTD

Name eines analogen, handvermittelten, schwedischen Mobilfunknetzes aus vorzellularer Zeit. In Betrieb von 1971 bis 1988 in Dänemark (seit 1974), Schweden und Teilen Norwegens. Zu seinen besten Zeiten versorgte es 20 000 Nutzer.

MTD entstand aus den Bemühungen, ein vollautomatisches, analoges, zellulares Netz zu konzipieren. MTD wurde aus den Entwicklungsarbeiten für → *NMT* als Zwischenlösung heraus entwickelt.

MTOPS

Abk. für Million Theoretical Operations per Second.

Neben → *MFLOPS* und → *MIPS* eine weitere mögliche Leistungskenngröße von Rechensystemen, die in ihrem Namen jedoch den Hinweis trägt, dass es sich um eine theoretische Größe handelt, bei der immer ein bestimmter Befehlsmix angenommen wird.

MTP

Abk. für Message Transfer Part.

→ *SS#7*.

MTS

1. Abk. für Message Transfer Service.
2. Abk. für Message Transfer System.
   Bezeichnet in → *E-Mail*-Systemen die Menge aller → *MTA*s.

MTTR

Die Abkürzung wird im Zusammenhang mit der Beseitigung von Störungen häufig genannt, ist aber bei diversen Unternehmen unterschiedlich definiert worden, so dass bei Vergleichen die genaue Definition beachtet werden muss.

1. Abk. für Mean Time To Repair.
   Diese Größe wird in zwei leicht unterschiedlichen Zusammenhängen verwendet.
   - International gängige Bezeichnung für die aus der Erfahrung gewonnene durchschnittliche Reparaturzeit eines bestimmten technischen Systems oder Gerätes durch eine dafür ausgebildete Person.
     Diese Definition ist die am häufigsten verwendete und kann prinzipiell für jede Art von technischem System angegeben werden (Netze, Vermittlungsstellen, Router, Festplatten etc.). Sie beschreibt damit die Reparaturfreundlichkeit des Systems aus Sicht der Wartungstechniker bzw. des Nutzers des technischen Systems.
     In diese Kalkulation geht nicht die Zeit für Anfahrt, zur Störungssuche, zur Ersatzteil- oder Werkzeugbeschaffung etc. ein, sondern nur die reine Reparaturzeit unter optimalen Bedingungen.
   - Bezeichnung für die durchschnittliche Reparaturzeit allgemein für einen bestimmten Dienst in Telekommunikationsnetzen, unabhängig davon, welches technische System für den Defekt verantwortlich war. Die

Reparaturzeit bezeichnet dabei die Zeit zwischen Eingangszeitpunkt der vom Nutzer telefonisch gemeldeten Störung und Beendigung der Reparatur, d.h. Wiederherstellung der vollen Funktionsfähigkeit.

Die Operationalisierung der MTTR fällt trotz der Etabliertheit dieser Größe häufig schwer. Bei der Definition von MTTR in Telekommunikationsnetzen wird häufig davon ausgegangen, dass bestimmte Störungen im Netz keine Auswirkung auf den an Kunden gelieferten Dienst haben. Diese Störungen werden zwar registriert, jedoch mit einer niedrigen Priorität hinsichtlich der Reparaturdringlichkeit versehen, so dass sie erst sehr lange nach ihrer Entdeckung repariert werden. Die statistische Berücksichtigung dieser Störungen würde die MTTR verlängern, so dass idealerweise nur die Störungen bei der MTTR berücksichtigt werden, die unmittelbar den Nutzer des betroffenen Dienstes/Netzes/Gerätes betreffen und die sofort nach der Störungsmeldung oder Störungserkennung repariert werden.

2. Abk. für Mean Time To Restore.

Bezeichnung für die durchschnittliche Zeit, die es dauert, bis ein Dienst aus der Sicht des Nutzers eines Telekommunikationsdienstes wiederhergestellt wird, d.h. die durchschnittliche Zeit, die zwischen Störungsmeldung und Wiederherstellung der vollen Funktionsfähigkeit vergeht. Dies kann aber auch durch einfaches, vom Nutzer unbemerktes Umschalten auf eine Ersatzleitung, z.B. bei speziell vom Netzmanagement überwachten Mietleitungssystemen, erfolgen und muss nicht Folge einer Reparatur sein.

Ebenfalls kann in derartigen überwachten Systemen der Zeitpunkt der Störungsmeldung vom Netzmanagementsystem ohne Involvierung des Nutzers erfasst worden sein (der Zeitpunkt des Eintretens des Defektes).

→ *MTBSO*, → *MTBF*.

MTU

Abk. für Maximum Transfer Unit.

Bezeichnet in paketvermittelnden Netzen (→ *Paketvermittlung*) die maximal zulässige Länge eines Datenpaketes, das zwischen zwei Stationen übertragen werden kann.

MUD

Abk. für → *Multiuser Dungeon* (auch seltener: Dimension).

Münchner Kreis

Bezeichnung für eine internationale Vereinigung von Wissenschaftlern, Medienvertretern, Beratern, Managern und Politikern aus dem Umfeld der Telekommunikation und verwandter Bereiche mit dem Ziel der interdisziplinären Zusammenarbeit.

Leiter von 1976 bis 1998 war Prof. Eberhard Witte. Ihm folgte Prof. Arnold Picot.

→ *http://www.lkn.e-technik.tu-muenchen.de/mkreis/*

Münzer

Jargon bei der Deutschen Telekom für den öffentlichen Münzfernsprecher bzw. die → *Telefonzelle*.

Münzfernsprecher

→ *Telefonzelle*.

MÜW

Abk. für Monopolübertragungsweg.

Begriff des deutschen Gesetzgebers, der ihn in einer Verwaltungsverordnung des BMPT aus dem Jahr 1992 definiert. Bezeichnet bestimmte Leistungen (Mietleitungen), die

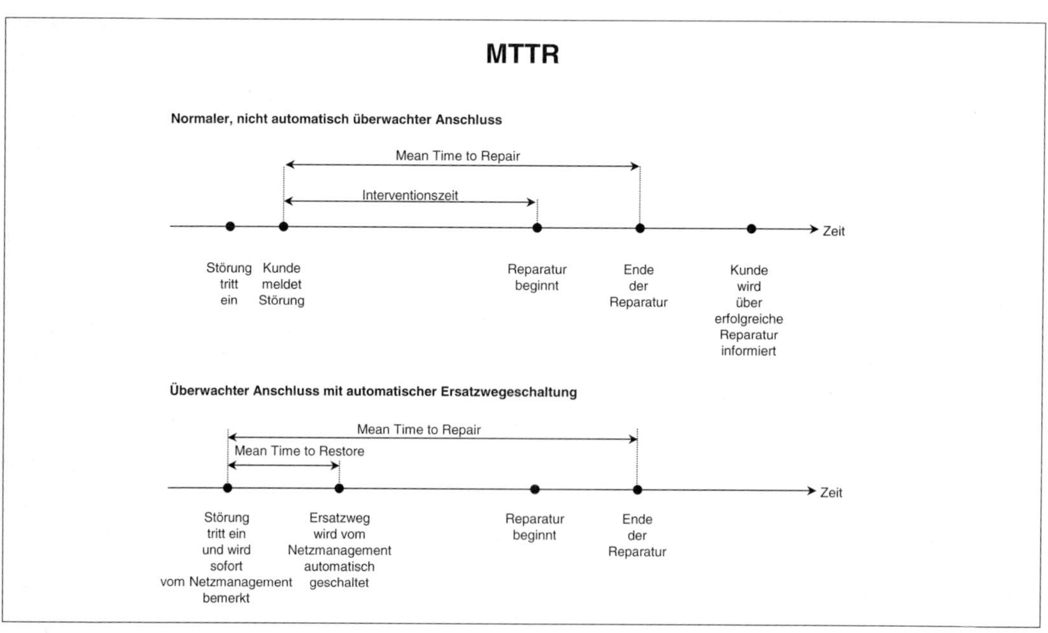

ein Anbieter von Telekommunikationsdiensten zwingend anbieten muss. Umfasst analoge und digitale Leitungen.

→ *DDV*, → *Standardfestverbindungen*.

MUF

Abk. für Maximum Usable Frequency.

Bezeichnet bei Funkverbindungen, die die Reflexion an der → *Ionosphäre* ausnutzen, die höchste dafür noch nutzbare Frequenz für die Verbindung zwischen zwei voneinander weit entfernten Punkten. Die MUF ist tages- und jahreszeitabhängig.

Muffe

Begriff aus der → *Linientechnik*. Bezeichnet eine Stelle in einem Kabel, an der mehrere Kabel zusammentreffen und innerhalb eines Kabelmantels zu einem neuen Kabel verbunden werden.

MUL

Abk. für Mobile User Link.

Bezeichnet in satellitengestützten Mobilfunksystemen die Funkverbindung zwischen dem mobilen Teilnehmer und dem Satelliten.

→ *GWL*, → *ISL*.

Multibus

→ *Baum*.

Multicast, Multicasting

Bezeichnung der Fähigkeit eines Netzes oder Dienstes, Verbindungen zu mehreren angeschlossenen Teilnehmern herzustellen bzw. Nachrichten an mehrere, zuvor durch die Angabe einer eindeutigen Adresse definierte Teilnehmer (Empfänger) zu versenden.

Es besteht dabei die Möglichkeit, mehrere Teilnehmer über nur eine Adresse (Multicast, Gruppenadresse) anzusprechen. Grundsätzlich unterscheidet man verschiedene Möglichkeiten, derartige Multicasts durchzuführen:

- In leitungsvermittelnden Netzen (→ *Leitungsvermittlung*) ist es notwendig, entsprechend viele und voneinander unabhängige Verbindungen zu schalten. Dies geschieht zentral und sternförmig von einer Stelle aus. Im Falle einer → *Videokonferenz* im → *ISDN* übernimmt eine → *MCU* diese Funktion.
- Im Falle von paketvermittelnden Netzen (→ *Paketvermittlung*) ist es möglich, mit den Netzressourcen effizienter umzugehen und bei entsprechend leistungsfähigen Netzknoten die zu verteilenden Daten nur ein einziges Mal von der Quelle auszusenden. Die Netzknoten analysieren dann selbständig die Datenpakete und kopieren nur an den notwendigen Verzweigungspunkten die Daten auf mehrere verschiedene Verbindungen weiter, so dass sich der Datenstrom erst an spätest möglichen Punkten verzweigt und dementsprechend weniger Bandbreite als die erste Lösung mit Leitungsvermittlung benötigt.

Besondere Aufmerksamkeit erregen Versuche, Multicasting im → *Internet* mit speziellen Multicasting-Routern einzuführen. Dies erfolgt im Rahmen des → *M-Bone*.

→ *http://www.ipmulticast.com/*

→ *Broadcast*.

Multichannel Feed

Bezeichnung für einen → *Broadcast*dienst. Ist eine Variante von → *Pay-TV*, bei der ein Programm über mehrere Kanäle ausgestrahlt wird, wobei jeder Kanal das übertragene Ereignis aus einer anderen Kameraperspektive einfängt. Durch Hin- und Herschalten zwischen den Kanälen übernimmt der Zuschauer selbst die Aufgabe der Bildregie.

Gedacht ist an Sportveranstaltungen, z.B. Kameras in verschiedenen Wagen bei Autorennen oder verschiedene Kameraperspektiven beim Fußball (Hinter-Tor- bzw. Spielfeldrandkamera, Totale).

Multics

Abk. für Multiplexed Operating and Computing System.

→ *Unix*.

Multifeed

Bei der Ausstrahlung und Verbreitung von TV-Programmen über Satellit die Bezeichnung für Empfangssysteme, die mehrere Satelliten oder Satellitenfamilien (z.B. → *Astra* und → *Eutelsat*) mit nur einer Antenne und mehreren → *LNB* empfangen und in ein kabelgestütztes Verteilnetz einspeisen können.

Dabei wird die Antenne auf den Satelliten mit dem schwächsten Signal ausgerichtet, so dass der LNB für dieses Signal einen optimalen Empfang hat. Die anderen LNBs empfangen dann durch den sog. „Schiel-Effekt" zwar etwas in ihrer Intensität geminderte Signale, die aber immer noch ausreichend sind.

Multifrequenz-Monitor

→ *Multisync-Monitor*.

Multihop-Strecke, Multihop-Verbindung

→ *Hop*.

Multilayer

Bezeichnung für eine Technik zur Herstellung von Leiterplatten, die mit einzelnen elektronischen Bauteilen (Widerstände, Kondensatoren, integrierte Schaltungen, Mikroprozessoren, DIP-Schalter etc.) bestückt werden können und dadurch funktionsfähige Einheiten bilden.

Das Besondere an der Multilayer-Technik ist, dass mehrere Schichten von Leiterbahnen auf oder in dem Trägermaterial (den eigentlichen Kunststoffplatten) angebracht werden können. Dadurch ist eine besonders kompakte Bauweise möglich.

Üblich sind heute durchaus vier, fünf oder noch mehr Schichten.

Multilink-Funktion

Bezeichnung für die Fähigkeit von Systemen der Schnurlostelefonie, mehrere Mobilteile gleichzeitig über eine Basisstation zu betreiben.

Multimedia

Ein weit verbreiteter Oberbegriff ohne eine einheitliche und in allen Bereichen anerkannte Definition. Er bezeichnet im weitesten Sinne alle Anwendungen, die sich sinnvoll ergänzende Sprach-, Audio-, Text-, Stand- und Bewegtbildkommunikation oder -anwendungen oder Teile von ihnen in einer einzigen Anwendung integrieren. Bei der Stand- und Bewegtbildkommunikation wird häufig noch zwischen Real- und Trickfilm (Computergrafik, Computeranimation, → *Animation*) unterschieden.

Eine strenge Definition bedingt, dass mindestens drei unterschiedliche Medien (auch Inhalte genannt) in einer Anwendung integriert sein müssen, um als Multimedia-Anwendung zu gelten.

Darüber hinaus gilt als wichtiges Element die Möglichkeit für den Nutzer, die ihm dargebotenen multimedialen Inhalte interaktiv zu beeinflussen. Als mögliche Interaktion gelten dabei:

- Inhalte auswählen
- Art der Präsentation verändern
- Zeitpunkt der Präsentation beeinflussen
- Inhalte weiter verarbeiten

Ohne die Bedingung der Interaktion wäre (analoges) Fernsehen (Bewegtbild, Ton, Schrift) auch schon Multimedia.

Alle Definitionen von Multimedia setzen darüber hinaus das Vorliegen der multimedialen Inhalte in digitaler Form zur digitalen Übertragung, Beeinflussung und ggf. Weiterverarbeitung voraus. Die unterschiedlichen Medien können differenziert werden als:

- Diskrete Medien, wie z.B. Text oder Grafiken, also Medien, bei denen die Inhalte als einzeln definierte Objekte aufgefasst werden können
- Kontinuierliche Medien, wie z.B. Audiosequenzen (Sprache, Geräusche, Töne) oder Real- und Animationsbilder oder -videos

Für lokale und nicht vernetzte Anwendungen (→ *Offline*) wird meistens auf → *CD-ROM* (in Zukunft auch auf → *DVDs*) und PCs zurückgegriffen.

Strenge Kritiker, insbesondere von CD-ROMs mit dem Attribut „multimedial“, betonen die Eigenschaft der inhaltlichen Zusammengehörigkeit der einzelnen Medien. Eine einfaches Vorhandensein auf dem gleichen Speichermedium ohne sinnvolle und aufeinander abgestimmte Bezüge zwischen den einzelnen Medien verdiene nicht die Eigenschaft „multimedial“, sondern verwende das Medium lediglich als allgemeines Speicherelement für digital vorliegende Daten.

Im Bereich der Telekommunikation gilt Multimedia bzw. gelten multimediale Anwendungen (→ *Tele-Learning*, → *Tele-Medizin*, → *Tele-Working*) als die treibenden Kräfte hinter der Einführung neuer Breitbanddienste (→ *B-ISDN*, → *ATM*) und entsprechender Infrastrukturen (→ *ADSL*, → *Glasfasertechnik*, → *FITL*). Basiselement der meisten multimedialen Anwendungen im Bereich der Telekommunikation ist die → *Videokonferenz*.

Eine andere wichtige multimediale Anwendung im Bereich der Telekommunikation sind → *Online-Dienste*, z.B. das → *Internet* in seiner Ausprägung als → *WWW*.

Erstmals intensiv genutzt wurde der Begriff 1985 bei der Vermarktung des Heimcomputers → *Amiga*, als niemand so recht wusste, wofür multimediale Anwendungen, von Com-

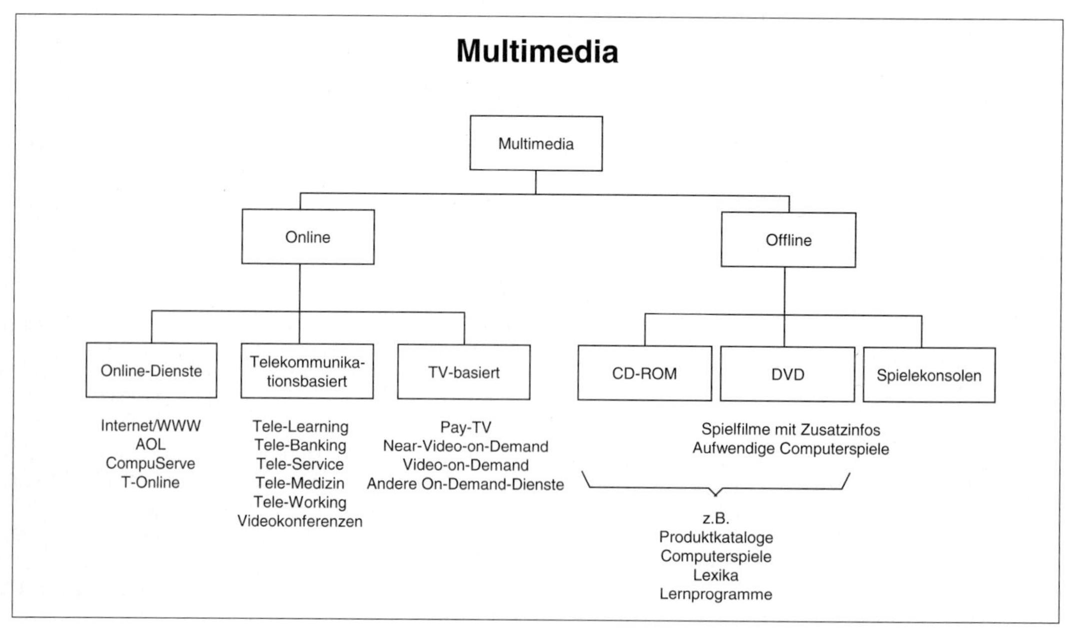

puterspielen abgesehen, genutzt werden konnten. Seit ca. 1992 ist Multimedia ein Mode- und Schlagwort im Bereich der Telekommunikation und erlangte erstmals große Popularität um 1994 herum, als verschiedene, Video-basierte Anwendungen (→ *Video-on-Demand*) diskutiert wurden.

Ein Jahr später wurde es durch die Gesellschaft für deutsche Sprache (Wiesbaden) in Deutschland zum ‚Wort des Jahres 1995‘ gewählt.

Mittlerweile hat sich auch ein Deutscher Multimedia-Verband (→ *DMMV*) gebildet.

Insgesamt ist festzustellen, dass sich als Folge mangelnder Akzeptanz und technischer Probleme bei Video-on-Demand oder als Folge geringer kommerzieller Fortschritte im Bereich des digitalen Fernsehens in weiten Kreisen der Bevölkerung Multimedia insbesondere als Synonym für das WWW etabliert hat.

Andererseits haben sich einzelne multimediale Anwendungen in Nischen, wie z.B. bei der Tele-Medizin, durchaus etabliert, während auf anderen Gebieten die erhoffte Verbreitung nicht erwartungsgemäß (→ *Bildfernsprechen*, → *Videokonferenz*) verläuft.

Multimedia-CD

→ *Video-CD.*

Multimedia-Gesetz

Umgangssprachliche Bezeichnung für das Informations- und Kommunikationsdienstegesetz.

→ *IuKDG.*

Multimediakabel

→ *Hybridkabel.*

Multimode-Faser

→ *Multimode-Gradientenindex-Faser*, → *Multimode-Stufenindex-Faser.*

Multimode-Glasfaser

→ *Multimode-Gradientenindex-Faser*, → *Multimode-Stufenindex-Faser.*

Multimode-Gradientenindex-Faser

Begriff aus der → *Glasfasertechnik.* Oft auch nur Gradientenindex-Faser genannt. Es handelt sich um eine Glasfaser mit einem annähernd parabelförmig von der Mitte der Faser nach außen hin abnehmendem Profil des → *Brechungsindex* über den Querschnitt der Glasfaser. Dies verringert die → *Modendispersion* dadurch, dass das Licht um so schneller ist, je weiter es von der Faserachse entfernt ist. Dadurch erreichen alle → *Moden* ungefähr gleichzeitig das Ende der Faser (Impulsverbreiterung unter 0,5 ns/km, sonst: um die 20 ns/km).

Derartige Fasern haben Kern- und Manteldurchmesserkombinationen von 50 µm/125 µm und 62,5 µm/125 µm, wobei der zweite Typ besonders häufig verlegt wird, insbesondere bei Inhouse-Verkabelungen.

Die Vorteile der → *Multimode-Stufenindex-Faser* bleiben dabei z.T. erhalten.

→ *Dispersion*, → *Einmoden-Faser.*

Multimode-Laufwerk

Bezeichnung eines Laufwerks, das sowohl normale → *CD-ROMs* als auch → *CD-ROM-XA* abspielen kann.

Multimode-Stufenindex-Faser

Begriff aus der → *Glasfasertechnik.* Oft auch nur Stufenindex-Faser genannt. Es handelt sich um eine Glasfaser mit einem großen Querschnitt des Kerns (Durchmesser: um die 100 µm). Kennzeichen ist ein großer Sprung des → *Brechungsindex* zwischen Kern und Mantel. Es wird ein Spektrum von → *Moden* (bis zu einigen 100) geführt, was zu einer Impulsverbreiterung von 20 bis zu 50 ns/km führt.

Einsetzbar ist diese Faser bis zu einigen km Länge. Sie verfügt über eine Dämpfung von mehreren dB/km.

Vorteil dieser Faser ist, dass durch den großen Kern eine leichte (kostengünstige) Einkopplungsmöglichkeit von Signalen besteht. Zu den Nachteilen zählt die geringe Kapazität aufgrund der Impulsverbreiterung (unter 34 Mbit/s) und die nur kurze Übertragungsdistanz (ca. 1 bis 2 km), die nur durch → *Repeater* vergrößert werden kann.

Die Multimode-Stufenindex-Faser war die erste Glasfaserart, die praktisch zum Einsatz kam. Sie wird heute nur noch selten eingesetzt.

→ *Dispersion*, → *Einmoden-Faser*, → *Multimode-Gradientenindex-Faser.*

Multipath-Fading

Bezeichnung einer besonderen Art des → *Fadings.* Ein Sonderfall der → *Mehrwegeausbreitung.*

Multiples Versteigerungsverfahren

Bezeichnung für ein Versteigerungsverfahren von Mobilfunklizenzen, das bei der Versteigerung von → *ERMES*-Lizenzen am 23. September 1996 durch das → *BAPT* in Deutschland erstmals angewendet wurde. Es wurde auch bei der Versteigerung von Mobilfunkfrequenzen am 27. Oktober 1999 und bei der Versteigerung der Lizenzen für → *UMTS* angewendet (→ *Deregulierung*).

Das Verfahren basiert auf folgenden Punkten:

- Antragstellung von Interessenten auf Zulassung bei der Auktion.
- Prüfung der Anträge durch das BAPT bzw. durch die Regulierungsbehörde unter sachlichen und fachlichen Gesichtspunkten.
- Festlegung und Bekanntgabe von Mindestgeboten und Mindeststeigerungsraten (angegeben z.B. in % vom Höchstgebot der Vorrunde).
- Eigentliche Versteigerung, wobei sich die zugelassenen Bieter (in Gestalt mehrerer, durch sie autorisierter Personen) voneinander getrennt in separaten Räumen ohne die Möglichkeit einer Kontaktaufnahme untereinander (Handys üblicherweise verboten) befinden. Nur eine Verbindung zu der jeweiligen Firmenzentrale oder zum Auktionator ist per Telefon erlaubt. Über einen PC sind sie ebenfalls mit einem Auktionator verbunden. Nur auf dessen Bildschirm werden die Gebote aller Bieter sichtbar. Alle Bieter geben ein Gebot ab. Der Auktionator teilt allen Bietern daraufhin das Höchstgebot mit, woraufhin die Bieter

entscheiden können, ob sie weiterbieten oder aussteigen. In der nächsten Runde geben wieder alle noch verbleibenden Bieter unabhängig voneinander ein Gebot ab.

Üblicherweise wird ein Mindestbetrag vorgeschrieben um den ein Gebot in einer Bieterrunde höher sein muss als in der vorangegangenen Runde.

- Den Zuschlag erhält das Höchstgebot, nachdem nur noch ein Bieter übrig geblieben ist.

Multiplexen, Multiplexer, Multiplexhierarchie, Multiplexing, Multiplexstufen

Unter Multiplexen (int.: Multiplexing) versteht man das transparente Zusammenfassen mehrerer einzelner Kanäle einer bestimmten Kapazität zu einem einzigen Kanal höherer Kapazität zu Übertragungszwecken zur mehrfachen Ausnutzung des Übertragungsmediums. Am Ende der Übertragung wird dabei der hochkapazitive Kanal wieder in die einzelnen Kanäle niedrigerer Kapazität zerlegt (Demultiplexing).

Multiplexer (kurz: Mux) ist die Bezeichnung für eine technische Einrichtung, die mehrere Kanäle niedriger Kapazität in einem Kanal höherer Kapazität zusammenfasst. Umgekehrt teilt ein Demultiplexer einen Datenkanal höherer Kapazität in mehrere Kanäle niedrigerer Kapazität auf. Die dabei erlaubten/definierten niedrigen und höheren Raten (Multiplexstufen), auch beim Hintereinanderschalten von Multiplexern ohne Demultiplexer, bilden eine Multiplexhierarchie.

Da in den meisten Fällen die Übertragungsstrecke in beide Richtungen benutzt wird (→ *Duplex*), werden an beiden Enden der Übertragungsstrecke beide Geräte benötigt, die dann oft in einem Gerät zusammengefasst sind. Dieses Gerät wird der Einfachheit halber ebenfalls Multiplexer oder nur Muxer genannt.

Ein Multiplexer ist auf der untersten Schicht (Schicht 1, physische Schicht) des → *OSI-Referenzmodells* aktiv.

Die Kapazität des Ausgangskanals eines Multiplexers entspricht dabei mindestens der Summe der Kapazitäten der eingehenden Kanäle (dies im Gegensatz zum → *Konzentrator*), ggf. vermehrt um Kapazitäten zu Sicherungs- oder Managementzwecken. Üblicherweise haben alle eingehenden Kanäle die gleiche Kapazität. Ist dies nicht der Fall, handelt es sich um einen flexiblen Multiplexer (→ *FMUX*).

Allgemein gibt es verschiedene, grundlegende Verfahren des Multiplexens, die sich hinsichtlich der verwendeten Übertragungsbasis der Kanäle unterscheiden („Was wird multiplext?“), auch Dimension genannt. So ist es möglich, in der Dimension der Frequenzen zu multiplexen (→ *FDM*) oder aber in der Dimension der Zeit (→ *TDM*). Ferner gibt es Codemultiplexverfahren (→ *CDMA*).

Weltweit haben sich mehrere Standards für digitale Multiplexhierarchien und entsprechende Übertragungssysteme herausgebildet, die jedoch auch regionale Besonderheiten haben (Europa, Japan, Nordamerika, → *SDH* oder → *SONET*, → *PDH*), obwohl die → *PCM*-Technik mit 64 kbit/s allgemein die Basis ist.

Emile Baudot (→ *Baud*) entwickelte das erste Multiplexsystem 1874. Es konnte sechs Telegrafenverbindungen über einen einzigen Kupferdraht abwickeln.

Multipol

Name einer höheren problemorientierten → *Programmiersprache* für den Einsatz im elektronisch-schaltungstechnischen Bereich.

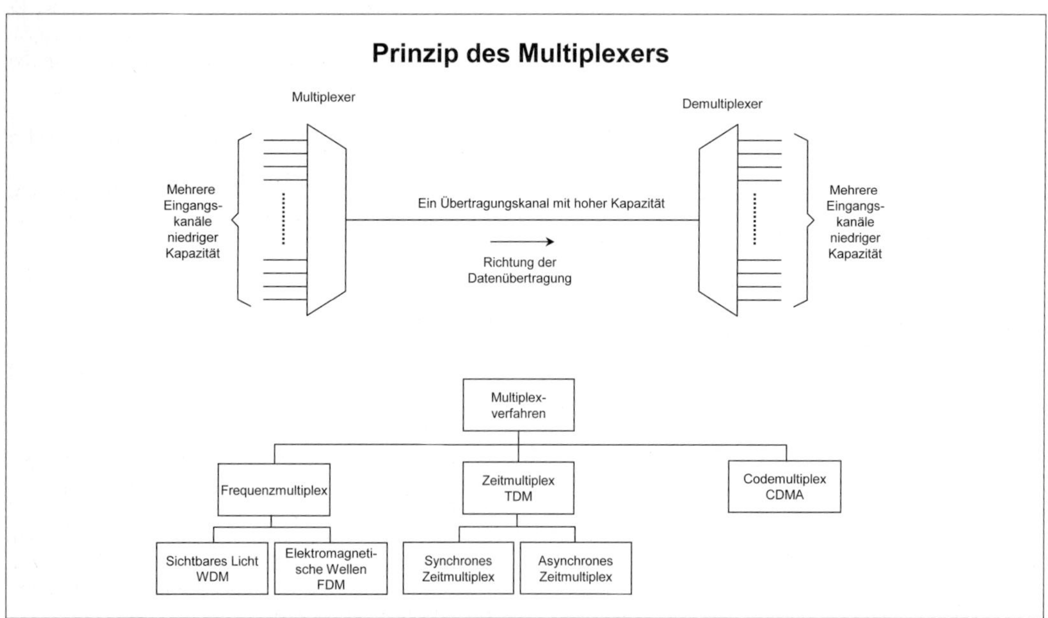

Multiport Bridge

Bezeichnung einer → *Bridge*, die nicht nur zwei, sondern mehrere → *LAN*s miteinander verbindet.

Multiport Repeater

→ *Repeater.*

Multiportkarte

→ *NIC.*

Multiprocessing

→ *Parallelrechner.*

Multiprogramming

Bezeichnung einer Betriebsart eines Rechensystems. Bezieht sich dabei auf die Bearbeitung von Software. Im Gegensatz zum → *Singleprogramming* werden hier die Programme im Arbeitsspeicher nicht hintereinander, sondern zeitlich verzahnt abgearbeitet.

Diese Art der Computernutzung entwickelte sich in den späten 50er Jahren und war eine Vorstufe zum → *Timesharing.* Im Gegensatz dazu waren bei Multiprogramming die Nutzer nicht gleichzeitig an den Computer angeschlossen, sondern mussten ihre einzelnen Programme im Rechenzentrum anmelden und die Ergebnisse nach Fertigstellung wieder abholen.

Multiprogramming ist sowohl mit → *Singleprocessing* als auch mit → *Multiprocessing* möglich.

Multiprozessorsystem

→ *Parallelrechner.*

Multirate ISDN

Bezeichnung für parallele Datenübertragung über mehrere im → *ISDN* geschaltete 64-kbit/s-Kanäle. Für den Nutzer steht ein einziger n * 64-kbit/s-Kanal zur Verfügung, obwohl real n voneinander unabhängige Kanäle zu je 64 kbit/s durch das ISDN u.U. auf verschiedenen Wegen geschaltet werden. Die Synchronisation der einzelnen Kanäle obliegt mit speziellen Algorithmen den Endeinrichtungen.

Üblich sind Verbindungen mit 128 kbit/s, 384 kbit/s oder 2,048 Mbit/s.

Das Aufsplitten und Zusammensetzen der Datenströme geschieht in vom Teilnehmer gekauften und unterhaltenen Geräten, sog. → *inversen Multiplexern.*

Multirate SDSL

→ *SDSL.*

Multiscan-Monitor

→ *Multisync-Monitor.*

Multischalter

Auch Multiswitch genannt. In Verteilnetzen zur kabelgestützten Verteilung von per Satellit ausgestrahlten TV-Programmen auf Basis von → *Sat-ZF* die Bezeichnung für Schalter, die z.B. in Mehrfamilienhäusern den Anschluss mehrerer Receiver an eine Antenne erlauben. Oft sind derartige Multischalter auch mit integrierten Verstärkern ausgestattet.

Eingangsseitig kann ein Multischalter z.B. fünf Eingänge haben (unteres und oberes Satellitenband mit jeweils horizontaler oder vertikaler Polarisation plus ein Eingang für die terrestrische Antenne).

Multischalter für die Sternverteilung gibt es in verschiedenen Größen, üblich sind z.B. Vierfach-, Sechsfach-, Achtfach- und Zwölffach-Multischalter, doch gibt es auch Multischalter mit bis zu 70 Ausgängen.

Um Multischalter kaskadieren zu können, benötigt man Multischalter mit Ausgangsports, an denen die eingespeisten Signale unverändert anliegen, so dass man diese in andere Multischalter erneut einspeisen kann.

Multiswitch

→ *Multischalter.*

Multisync-Monitor

Auch Multifrequenz- oder Multiscan-Monitor genannt.

Bezeichnung für einen Monitor, der mit verschiedenen → *Zeilenfrequenzen* betrieben werden kann und sich auf verschiedene Bildsignale mit verschiedenen → *Auflösungen* selbst einstellt.

Multisync ist der gebräuchliche Ausdruck dafür, obwohl es sich streng genommen um die entsprechende Produktbezeichnung aus dem Hause NEC handelt.

Multitasking, Multitasking-Betrieb

Bei einem → *Betriebssystem* die Bezeichnung für die Fähigkeit, mehrere Prozesse (Tasks) für den Nutzer scheinbar ‚gleichzeitig' auszuführen. Die Gleichzeitigkeit bezieht sich dabei auf eine Abwicklungsstrategie, bei der den Aufträgen jeweils für eine kurze Zeit (genannt Zeitscheibe, Timeslot oder -slice) der Prozessor zugeteilt wird, so dass es für mehrere Teilnehmer mit jeweils eigenen Prozessen den Anschein hat, als ob ihre Programme alle gleichzeitig auf dem Rechner laufen. Streng genommen handelt es sich aber dennoch um die serielle und schrittweise (= ineinander geschachtelte) Abarbeitung der Aufträge.

Es gibt darüber hinaus verschiedene Strategien, wie neue hinzukommende Prozesse behandelt werden und wie laufende Prozesse mit Prioritäten versehen werden können.

Ferner unterscheidet man grundsätzlich:

- Preemptive Multitasking: Die verschiedenen Tasks werden unabhängig voneinander abgearbeitet. Eine Task, die auf ein externes Ereignis (etwa eine Dateneingabe) wartet, beeinträchtigt den Prozessor nicht und verbraucht erst dann wieder Prozessorressourcen, wenn das externe Ereignis eingetreten ist und die Task weiterarbeiten kann.

  Diese Form des Multitasking wird als „echtes" Multitasking angesehen und z.B. von → *Unix* praktiziert.
- Collaborative Multitasking: Eine Task, die auf ein externes Ereignis (etwa eine Dateneingabe) wartet, beeinträchtigt den Prozessor, da sie trotzdem periodisch den Prozessor anruft, um ihre Existenz zu melden. Prozessorressourcen werden hierbei unnötig vergeben.

Diese Form des Multitasking wird z.B. von → *Windows* verwendet.

Das Realisieren der Multitasking-Strategie (Verwalten der Aufträge, ihrer Prioritäten und das Zuteilen der Zeitscheiben) wird innerhalb eines Betriebssystems von einer speziellen Einheit, genannt Scheduler, vorgenommen.

Betriebssysteme, die Multitasking unterstützen, fanden sich zunächst nur bei Großrechnern. Mittlerweile sind jedoch auch Betriebssysteme für PCs multitaskingfähig, da auch der PC-Nutzer unter bestimmten Umständen mehrere Programme parallel laufen lassen möchte.

Multithreading

Bezeichnung für die Fähigkeit einer Software, bestimmte Funktionen einer Anwendung simultan ausführen zu können, d.h. nicht mehrere Programme laufen parallel auf einem Rechner (→ *Multitasking*), sondern innerhalb eines Programms werden verschiedene Funktionen aus Sicht des Anwenders gleichzeitig ausgeführt. Ein Thread stellt dabei die kleinste Einheit von ausführbarem Programmcode dar, dem ein Teil des → *Betriebssystems* (der Thread Scheduler) entsprechend einer bestimmten Priorität Rechenzeit zuteilt.

Beispiele für Multithreading:

- Berechnungen in einer Tabellenkalkulation laufen parallel zur Eingabe von Daten.
- Die Rechtschreibprüfung einer Textverarbeitung läuft parallel zur Texteingabe, d.h., ein falsch geschriebenes Wort in einem Text wird sofort automatisch korrigiert, obwohl der Nutzer bereits weiterschreibt und nicht explizit die Rechtschreibprüfung aktiviert hat.
- Bei Programmen zur Bildbearbeitung wird das Bild in verschiedene Bereiche zerlegt und auf jeden Bereich wird die gleiche Operation (z.B. Stärken des Kontrastes) simultan angewendet.

Die Koordinierung der einzelnen Threads erfolgt durch Synchronisationsmechanismen, sog. Locks, die für die Zusammenführung der einzelnen Threads sorgen. Der Oberbegriff hierfür ist auch Interprocess Communication (→ *IPC*).

Ferner wird in manchen Betriebssystemen zwischen Real Time Threads (hohe bis sehr hohe Priorität) und Time Sharing Threads (niedrige bis mittlere Priorität) unterschieden. Ein Beispiel für einen Real Time Thread sind Aktionen (z.B. Dekompression) zum Abspielen von Video- und Audiodaten einer CD-ROM, die zusammen ein Stück Film ergeben.

Multiuser Dungeon

Abgekürzt mit MUD. Wörtlich übersetzt: Mehrbenutzer-Kerker. Bezeichnung für eine künstlich in einem Computer erschaffene Welt, ursprünglich gedacht zum Zeitvertreib in Fantasy-Spielen. Früher nur in reiner Textform, mittlerweile auch mit Hilfe von → *virtueller Realität* realisiert.

Das Wort „Dungeon“ zur Beschreibung derartiger Spiele leitet sich von einem 1973 erschienenen Fantasy-Spiel „Dungeons and Dragons“ ab.

Das erste MUD wurde 1979 von Richard Battle und Roy Trubshaw von der Universität Essex für mehrere Spieler, die an miteinander vernetzten Computern sitzen, entwickelt.

Multivendor-Umgebung

Bezeichnung für die Kopplung von Rechnern, Druckern und anderen Computern oder Datenübertragungseinrichtungen von verschiedenen Herstellern.

MultOS

Abk. für Multi-Application Operating System.

Bezeichnung für ein → *Betriebssystem* für → *Smart Cards*, mit dessen Hilfe verschiedene Kartenanwendungen, etwa Kreditkarte, elektronische Geldbörse und Kundenkarte einer Hotelkette, auf einer Karte integriert werden können.

MultOS stellt folgende Features zur Verfügung:

- Unterbringung verschiedener Anwendungen verschiedener Anbieter auf einer Karte
- Download-Möglichkeit neuer Anwendungen über das Telefonnetz (Modem) oder Geldautomaten
- Modifizierung bestehender Anwendungen durch Anbieter über das Telefonnetz (Modem) oder Geldautomaten
- Anwendungsprogrammierschnittstelle (MultOS API)
- Diverse Sicherheitsfeatures (Verschlüsselungs- und Zertifizierungsmechanismen)
- Programmiersprache MEL (MultOS Executable Language)

Ursprünglich entwickelt von dem Unternehmen Mondex International für die Anwendung als elektronische Geldbörse. Nachdem das Kreditkartenunternehmen Mastercard Mondex übernommen hatte, wurde die Plattform gemeinsam mit anderen Unternehmen der Hard- und Softwarebranche weiterentwickelt. Im Mai 1997 schließlich formten diese das Konsortium MAOSCO (Multi-Application Operating System Consortium).

Die erste praktische Anwendung erfolgte am 28. April 1998 durch die japanischen Unternehmen DNP und NTT Data und wurde in Washington D.C. vorgeführt.

→ *http://www.multos.com/*

Mumps

Abk. für Massachusetts General Hospital Multiprocessing System.

Bezeichnung einer 1972 entwickelten Kombination des → *Betriebssystems* → *Unix* und einem Datenbanksystem speziell für die Anforderungen des medizinischen Bereichs. Seit Mitte der 70er Jahre wird Mumps von dem Hause Micronetics als MSM (Micronetics Standard Mumps) gepflegt.

Von Mumps wurde die Programmiersprache → *M* abgeleitet.

→ *http://members.aol.com/KSNicholas/mumps/index.html*

Muschelantenne

→ *Hornparabolantenne.*

Muse

Abk. für Multiple Sub-(Nyquist) Sampling Encoding.

Bezeichnung eines japanischen Standards für hochauflösendes Fernsehen (→ *HDTV*). Dabei wird mit einem Verfahren, das Bildteile mit und ohne Bewegungsanteile voneinander unterscheidet, die Datenmenge komprimiert, so dass das

Signal in einem herkömmlichen Satellitenkanal übertragen werden kann.
Aufgrund der zu langen Entwicklungszeit und der in der Zwischenzeit weiter fortgeschrittenen Technik wurde das Projekt 1994 eingestellt.

Musicam

Abk. für Masking-pattern (Adapted) Universal Sub-band Integrated Coding and Multiplexing.
Bezeichnung eines Algorithmus zur digitalen → *Quellcodierung* (→ *Kompression*) von Audiodaten. Dabei handelt es sich um ein Subband-Codierverfahren, bei dem bestimmte psychoakustische Eigenschaften (→ *Psychoakustik*) des menschlichen Gehörs ausgenutzt werden.
Der analoge, ursprüngliche Audiodatenstrom wird zunächst durch einen Polyphasenfilter in 32 Teilfrequenzbänder mit einer jeweiligen Bandbreite von 1/32 der halben Abtastfrequenz zerlegt. Jedes dieser Teilbänder wird vom menschlichen Ohr unterschiedlich gut wahrgenommen und separat einer Analog-Digital-Wandlung mit 16 Bit unterzogen. Die Parameter der Analog-Digital-Wandlung werden dabei an jedes Teilfrequenzband angepasst, so dass der Qualitätsverlust durch das Rauschen der Analog-Digital-Wandlung gerade unter der → *Mithörschwelle* dieses Frequenzbandes bleibt. Dies kann unter bestimmten Bedingungen dazu führen, dass einige Teilfrequenzbänder komplett unberücksichtigt bleiben, weil sich z.B. in ihnen gar keine Signale befanden oder weil in ihnen nur vergleichsweise leise Signale waren, die vom starken (lauten) Signal im benachbarten Teilfrequenzband aber verdeckt wurden, so dass durch ihre Übertragung kein Qualitätsgewinn zu erwarten ist.
Musicam ist Bestandteil von → *MPEG 2*. Angewendet z.B. auch bei → *ADR*, → *DAB* und → *SARA*.
Entwickelt wurde das Verfahren gegen Ende der 80er Jahre.

Music-on-Demand

Bezeichnung für eine mögliche Variante eines → *On-Demand-Dienstes*. Dabei werden Musiktitel digital gespeichert und auf einem → *Server* abgelegt, von wo aus sie über geeignete Telekommunikationsnetze, z.B. das → *Internet* oder einen anderen → *Online-Dienst*, abgerufen und beim Nutzer lokal gespeichert werden können.
Die Suche auf einem Server kann dabei üblicherweise über eine Datenbank unter verschiedenen Suchkriterien (Interpret, Komponist, Titel eines Stückes, Titel einer CD etc.) erfolgen. Um sicherzustellen, dass tatsächlich der gewünschte Titel gefunden ist, könnte die Möglichkeit bestehen, einige Sekunden den Titel auf Probe anzuhören (z.B. 30 Sekunden lang).
Neben den reinen Musiktiteln könnte ein derartiger Dienst auch weitere Informationen bereithalten:

- Informationen über komplette Tonträger
- Bestellmöglichkeiten
- Informationen über Veranstaltungen (Konzerte)
- Informationen über die Künstler und Interpreten
- Merchandising-Artikel

In Deutschland testete die Deutsche Telekom einen virtuellen Musikshop ab der → *IFA* 1997, auf den mit → *T-Online* zugegriffen werden konnte. Der Regelbetrieb startete im Herbst 1998. Dabei sollen sich Nutzer über T-Online auf eine spezielle → *Site* im → *WWW* des → *Internet* einwählen und dort Musik nach verschiedenen Kriterien recherchieren können. Das 10sekündige Testhören wird über T-Online mit 5 Pf. berechnet. Ausgewählte Titel werden aus Sicherheitsgründen nicht in der gleichen Sitzung, sondern nach Rückruf durch das System über das → *ISDN* übertragen, wahlweise direkt im Anschluss an die erste Auswahlsitzung oder zeitversetzt, z.B. in der Nacht. Die Übertragung einer kompletten Musik-CD über zwei gebündelte B-Kanäle (128 kbit/s) dauert ca. 1 Stunde.
Die heruntergeladene Musik kann auf der eigenen Festplatte gespeichert oder aber auf CD-ROM gepresst werden.
Das Datenformat entspricht hierbei nicht dem herkömmlichen → *CD-DA*-Format für Musik-CDs.
→ *EMMS*.
→ *http://www.Audio-on-Demand.de/*

Music-on-Hold

Ein → *Leistungsmerkmal* von Nebenstellenanlagen. Bezeichnet das Zuspielen von mehr oder weniger guter Musik oder von Jingles zu den Teilnehmern, die in einer Warteschlange auf Annahme ihres Gesprächs warten oder weiterverbunden werden. Die eingespielten Jingles sind entweder fest gespeichert oder werden von einem an die Nebenstellenanlage angeschlossenen Kassettenrecorder oder einem angeschlossenen CD-Spieler eingespielt.
Eine intelligentere Alternative ist das Einspielen von gesprochenen und im Laufe der Zeit veränderbaren Produktinformationen, Öffnungszeiten oder anderen individuellen und auf das einsetzende Unternehmen zugeschnittenen Ansagen, was aber eine Aufnahmemöglichkeit bei der Nebenstellenanlage voraussetzt.

Must Carry (Rules)

Begriff aus der Regulierungspolitik. Bezeichnet bei Kabelfernsehnetzen (→ *Breitbandkabelverteilnetz*) die Vorschriften, die einen Betreiber eines Kabelfernsehnetzes dazu verpflichten, bestimmte Fernsehprogramme zur Sicherstellung einer angemessenen Grundversorgung auf alle Fälle über sein Netz zu transportieren und angeschlossenen Konsumenten zugänglich zu machen.
Mit diesen Regeln ist aber noch nichts über die Kostenpflichtigkeit oder sogar die Kostenhöhe dieser Einspeisung gesagt.

Mute

International gängige Bezeichnung für die → *Stummschaltung*.

MUVR

Abk. für Multi User Virtual Reality.
Bezeichnung für eine Anwendung, in der mehrere Nutzer innerhalb der gleichen → *virtuellen Realität* agieren können. Häufig werden die einzelnen Nutzer dabei durch → *Avatare* symbolisiert.
→ *Cyberspace*, → *VRML*.

MUX

Abk. für → *Multiplexer*.

Muxer

Abk. für → *Multiplexer*.

MVC

Abk. für Multi Vendor Capability.
Bezeichnung für die Fähigkeit eines technischen Systems, die Daten technischer Systeme anderer Hersteller in einer Anwendung integrieren zu können.
Der Begriff ist von der → *ITU* in M.3010 für das → *TMN* definiert worden.

MVDS

Abk. für Multipoint Video Distribution System.
Bezeichnung für breitbandige Telekommunikationssysteme, bei denen die Teilnehmer nicht über Leitungen, sondern Funksysteme (Punkt-zu-Mehrpunkt) angeschlossen werden.
In den USA wurden bereits Frequenzen im Bereich von 28 GHz getestet, in GB sind Frequenzen im Bereich von 40 GHz vorgesehen.

MVI

Abk. für Multi Vendor Interactions.
Bezeichnung eines nordamerikanischen Zusammenschlusses von 22 Organisationen aus den Bereichen Hersteller und Netzbetreiber.
MVI definierte mittelfristige Grundlagen zur Weiterentwicklung von → *IN* mit dem Ziel, IN insgesamt offen zu halten, so dass Soft- und Hardware verschiedener Hersteller im IN eines Netzbetreibers zusammenarbeiten können.

MVIP

Abk. für Multi Vendor Integration Protocol.
Bezeichnung eines 1990 entwickelten Busses und des zugehörigen Transportprotokolls für → *CTI*. Es wird üblicherweise in Telefonservern und bei verteilten Computer-Telefonsystemen eingesetzt. Basiert auf der ST-Bus-Definition aus dem Hause Mitel (seit 29. Mai 2001 firmiert es unter Zarlink Semiconductor). Es gilt als Alternative und größte Konkurrenz zu der Hardwareplattform von → *SCSA*.
Auf dem 40-adrigen MVIP-Bus können in der Spezifikation MVIP-90 insgesamt 16 Datenströme (Streams) zu je 32 Kanälen abgewickelt werden, was 256 Vollduplex-B-Kanälen zur Sprachübertragung im ISDN entspricht.
H-MVIP (High Capacity MVIP) stellt hingegen insgesamt 3072 B-Kanäle zur Verfügung, was 256 → *H0*-Kanälen zur Videoübertragung entspricht.
MVIP-Anwendungen werden häufig im Bereich der Verbindung von → *IVR*-Systemen mit Nebenstellenanlagen oder Voice-Servern eingesetzt.
Ursprünglich entwickelt vom Hause Natural Microsystems gemeinsam mit Mitel.

MVS

Abk. für Multiple Virtual Storage.
Ein → *Betriebssystem* aus dem Hause IBM für Großrechner (→ *Mainframe*).
Es ermöglicht → *Teilnehmerbetrieb* und das Arbeiten mit virtuellem Speicher.
Entwickelt wurde MVS in den 70er Jahren als Weiterentwicklung des Betriebssystems der → *IBM /360*, → *VM/CMS*, das auch schon einen virtuellen Speicher unterstützte.
Eingeführt wurde es 1981 für die Weiterentwicklung der IBM /360-Linie, die IBM /370 XA.
Es werden daher verschiedene Dialekte unterschieden: MVS/SP, MVS/XA (XA: Extended Architecture) und MVS/ESA (ESA: Enterprise Systems Architecture).
→ *JCL*.

MW

Abk. für Mittelwelle.
→ *MF*.

MWIF

Abk. für Mobile Wireless Internet Forum.
→ *http://www.mwif.org/*

N

NA

1. Abk. für → *Numerische Apertur.*
2. Abk. für Network Aspects.

NAB

Abk. für National Association of Broadcasters.

Bezeichnung des Zusammenschlusses von Rundfunkstationen in den USA mit Sitz in Washington.

→ *http://www.nab.org/*

Nabe

→ *Hub.*

NACHA

Abk. für National Automated Clearing House Association.

Bezeichnung einer nordamerikanischen Vereinigung von Clearing-Häusern aus dem Bereich von → *EDI* mit dem Ziel der Entwicklung verbindlicher Standards im Bereich der automatischen Abwicklung finanzieller Transaktionen zwischen Banken.

Nachbarkanalstörung

Begriff aus der Funktechnik. Bezeichnung für unerwünschte Störungen durch die Interferenz benachbarter Kanäle mit eng beieinanderliegenden Frequenzen.

→ *Gleichkanalstörung*, → *Intersymbolinterferenz.*

NACHO

Abk. für North American Channel Hyperlink Organisation.

Bezeichnung des Interessenverbandes der nordamerikanischen Betreiber von Kabelfernsehnetzen.

Nachricht

In DIN 44300 ist der Begriff definiert als: „Gebilde aus Zeichen oder kontinuierlichen Funktionen, die auf Grund bekannter oder unterstellter Abmachungen Informationen darstellen und die zum Zweck der Weitergabe als zusammengehörig angesehen und deshalb als Einheit betrachtet werden".

Prinzipiell Informationen, die zwischen zwei physisch getrennten Punkten durch ein wie auch immer geartetes Medium übertragen werden.

Die Abgrenzung von Nachricht, → *Information* und → *Signal* variiert mitunter.

→ *Dienst.*

Nachrichtensatellit

→ *Satellit.*

Nachrichtentechnik

Abgekürzt mit NT. Bezeichnung für die Wissenschaft und Lehre der Nutzbarmachung elektrischer und elektromagnetischer Phänomene zur drahtgestützten oder drahtlosen Übertragung von → *Nachrichten.*

Nachrichtenvermittlung

Auch Sendungsvermittlung genannt. Bezeichnung einer Form der Übertragung und Weiterleitung von Informationen, bei der die Daten einer Nachricht komplett ohne weitere Zerlegung (z.B. in mehrere → *Pakete*) durch ein Netz nach dem → *Store-and-Forward-Prinzip* übertragen werden.

Nachtschaltung

Ein → *Leistungsmerkmal* einer → *Nebenstellenanlage.* Dabei kann die Nebenstellenanlage in Abhängigkeit der Tageszeit konfiguriert werden. Außerhalb der Geschäftszeit können z.B. alle Anrufe, die an die Zentrale gehen, auf einen → *Anrufbeantworter* geschaltet werden.

Nachwahl

Bezeichnung für ein → *Leistungsmerkmal* einer → *Nebenstellenanlage* oder bei einem → *Komforttelefon.* Prinzipiell eine besondere Form der → *Kurzwahl* zu einer anderen Nebenstellenanlage mit Durchwahl.

Als Kurzwahlziel wird dabei nur die Rufnummer der Nebenstellenanlage gespeichert und zusätzlich ein Nachwahlcode im Rufnummernspeicher abgelegt.

Ein bestimmter Nebenstellenteilnehmer der angewählten Nebenstellenanlage kann dann durch Wählen der Kurzwahlnummer und der ergänzenden ‚Nachwahl' der gewünschten Durchwahl (Nebenstellennummer) erreicht werden.

NACISA

Abk. für NATO Communications and Information Systems Agency.

Bezeichnung für die Organisationseinheit des NATO-Militärbündnisses, die sich mit der Planung, Inbetriebnahme, Wartung und dem Ausbau von Kommunikations- und Informationssystemen für Konsultations-, Kommando- und Kontrollstrukturen in der NATO beschäftigt.

Nadeldrucker

Bezeichnung für einen mechanischen Druckertyp, bei dem jede mögliche Type durch eine Matrix einzelner Punkte dargestellt wird (→ *Matrixdrucker*), die bei genügend hoher Auflösung für den Betrachter zu einem Zeichen verschmelzen.

Die Nadeln eines Nadeldruckkopfes können dabei von einem Hebel angeschlagen werden und dadurch an einer Stelle ein Farbband gegen das Papier drücken, wodurch ein einzelner Punkt entsteht.

Üblich waren 7-, 9- und 24-Nadeldrucker. Ein 9-Nadeldrucker kostete Mitte der 80er Jahre um die 250 bis 500 $. 1988 stellte Epson einen 48-Nadeldrucker vor, der eine höhere Auflösung als seinerzeit gängige → *Laserdrucker* leistete, aber keinen Markt fand. So konnte sich die Nadeltechnik nicht nennenswert weiterentwickeln, da sie im privaten Anwenderbereich von leiseren → *Tintenstrahldruckern* und bei professionellen Anwendern von preisgünstigeren Laserdruckern verdrängt wurde.

Ein populärer Nadeldrucker war der MX-80 aus dem Hause Epson, der schon im Dezember 1978 auf den Markt kam.

Die Druckqualität kann bei vielen Geräten eingestellt werden: → *LQ*, → *NLQ*.

Zu den Vorteilen zählen:

- Günstige Preise in Anschaffung und Unterhalt
- Durchschläge möglich
- Genügend hohe Auflösung (bei 24-Nadeldruckern)
- Hohe Druckgeschwindigkeit bei niedrigen Qualitätsansprüchen
- Robuste Bauart

Zu den Nachteilen zählen:

- Hohes knatterndes und dadurch störendes Geräusch
- Geringe bis sehr geringe Druckgeschwindigkeit bei qualitativ hohem Ausdruck

Nagra

→ *Conditional Access*.

NAH

Abk. für Network Administration Host.

Bestandteil der Netzinfrastruktur des → *Modacom*-Systems. Bezeichnet den Teil zum → *Netzmanagement*.

Nahfeld, Nahfeldbereich

Bei einer sendenden → *Antenne* die Bezeichnung für den Raum in der unmittelbaren Nähe der Antenne, in dem es zwischen dem magnetischen und dem elektrischen Feld eine Phasenverschiebung von 90° (→ *Phase*) gibt und in dem deshalb keine → *Wirkleistung* transportiert wird.

Die Größe dieses Bereiches hängt in starkem Maße von der konkreten Bauform der Antenne ab und kann zwischen einigen Metern und einigen 100 Metern (bei stark bündelnden → *Richtantennen*) betragen.

Der Bereich außerhalb des Nahfeldbereichs wird mit Fernfeld bezeichnet. In ihm scheint die Sendeleistung der sendenden Antenne von einem einzigen Punkt auszugehen, so dass die physische Ausdehnung der Antenne selbst bei Berechnungen vernachlässigt werden kann.

Nahnebensprechen

→ *NEXT*.

NAK

Abk. für Negative Acknowledgment, negative (verweigerte) Quittierung.

Abkürzende Bezeichnung eines Signals, das bei zeichenorientierten Protokollen die erfolglose Übertragung eines Datenblocks (z.B. infolge von Fehlern) anzeigt und den Sender zur nochmaligen Übertragung desselben auffordert.

N-AMPS

→ *NC-FDMA*.

NAMTS

Abk. für Nippon Automatic Mobile Telephone System.

→ *NTTM*.

NAND

→ *UND*.

NANP, NANPA

Abk. für North American Numbering Plan.

Bezeichnung für den → *Nummerierungsplan* der USA. Er besteht aus 10 Stellen der Form VVV-AAA-DDDD. Dabei bezeichnet V eine Operator-, Dienst- oder Ortsvorwahl, A bezeichnet die Anschlussnummer und D – sofern vorhanden – eine Durchwahl in einer → *Nebenstellenanlage*. Bei Anschlüssen ohne Nebenstellenanlage werden AAA und DDDD zu einer normalen, siebenstelligen Telefonnummer zusammengefasst.

Der NANP wird von der NANP Administration (NANPA) verwaltet, die im Frühjahr 1998 von den → *Bellcore* zu Lockheed-Martin IMS übergegangen ist.

→ *E.164*.

NAP

Abk. für Network Access Point.

Im → *Internet*-Geschäft die Bezeichnung für den Punkt, an dem ein Internet-Service-Provider (→ *ISP*) mit dem weltweiten Internet, üblicherweise dem IP-Backbone eines weltweit agierenden → *Carriers*, verbunden ist.

Sinnvollerweise verfügen ISPs über mehrere, geografisch verteilte NAPs (>3), damit bei Problemen eines Carriers der eigene Datentransfer über das Internet nicht sofort unmöglich wird.

Das Konzept der NAPs wurde im Mai 1992 erstmals von der NSF in einem internen Papier erwähnt, wobei man sich am Vorbild der → *FIX* orientierte. Treibende Kraft bei der Definition des NAP-Konzeptes war die Erkenntnis, dass man die Kommerzialisierung des Internet sowieso nicht mehr aufhalten könne und es daher nur noch auf eine geordnete Entflechtung und zukünftige Zusammenschaltung der einerseits akademischen und andererseits kommerziellen Infrastruktur ankäme.

Im Februar 1994 wurden dann die ersten vier NAPs in Betrieb genommen, als die → *NSF* aufhörte, Direktanschlüsse an das → *NSFNet* zuzulassen und stattdessen vier kommerzielle Unternehmen (MFS, Sprint, Ameritech, Pacific Bell) damit beauftragte. Die Verbindung zu diesen Unternehmen stellten die NAPs an folgenden Orten sicher:

Ort	Betreiber
Washington D.C. (Vorort Manchester)	MFS (ist gleichzeitig MAE-East)
New York (genauer: Pennsauken/ New Jersey)	Sprint
Chicago	Bellcore & Ameritech
San Francisco	Pacific Bell

Von den NAPs aus werden dann weitere Subnetze der regionalen ISPs und Großkunden (Universitäten) angeschlossen.

Im Laufe der Zeit wuchs das Internet jedoch so schnell, dass das ursprüngliche Konzept der vier NAPs nicht aufrecht erhalten werden konnte und rasch weitere, regionale NAPs in Betrieb genommen wurden.
→ *CIX*, → *GIX*, → *HKIX*, → *LINX*, → *MAE*.
→ *http://www.manap.org/*

Napier-Stäbchen

Bezeichnung für eine frühe Form mechanischer Rechenhilfen, aus der sich später der → *Rechenschieber* entwickelte.
Der englische Gutsbesitzer und Lord John Napier of Merchiston (* 1550, † 1617) veröffentlichte 1614 als erster ein Buch über Logarithmen und wie man mit ihnen rechnet. Er erfand sie gleichzeitig und unabhängig von dem Schweizer Uhrmacher Joost Bürgi (* 1552, † 1632). Drei Jahre später veröffentlichte er als Erster Logarithmentafeln. Durch diese Entwicklung kam man auf die Idee, Multiplikationen durch Additionen entsprechender Logarithmen zu ersetzen. Napier entwickelte sog. Rechenstäbchen, die schon eine Multiplikation ermöglichten.
Napier verwendete insgesamt ca. 20 Jahre seines Lebens, Logarithmen auszurechnen und in Tafeln zu veröffentlichen.
→ *Abakus*, → *Analogrechner*.

NARUC

Abk. für National Association of Regulatory Utility Commissioners.
Name eines Verbandes in den USA.
→ *http://www.naruc.org/*

NAS

1. Abk. für Network Access Server.
2. Abk. für Network Attached Storage.

   Bezeichnung für die Verbindung eines Speicher-Servers über einen → *Switch* mit einem Applikationsserver, für den hochverfügbaren und breitbandigen Datentransfer. Neben → *SAN* ist NAS die zweite Technik dieser Art. NAS gilt dabei als einfacher, da kein eigenes LAN für den Anschluss von Speicher-Servern aufgebaut wird. Der Speicher-Server wird nur über eine eigene, geswitchte Verbindung mit dem Applikationsserver verbunden.

   Bei NAS wird üblicherweise → *Fast Ethernet* oder → *Gigabit Ethernet* eingesetzt.

NASCOM

Abk. für NASA Communication (Network).
Bezeichnung für das interne, weltweite Kommunikationsnetz der amerikanischen Raumfahrtbehörde NASA.

Nashville

→ *Windows 95*.

NASNA

Abk. für National Association of State 911 Agencies.
Name eines Verbandes in den USA. Bezeichnung eines Gremiums, das auf dem Gebiet der Notrufnummern anderen Standardisierungsgremien zuarbeitet und als Forum der Einzelstaaten und ihrer Behörden angesehen werden kann.
→ *NENA*.

NAT

Abk. für Network Address Translation.
Bezeichnung für ein Protokoll zur Adressumsetzung zwischen zwei Adressräumen im → *Internet*. Seine Aufgabe ist die Übersetzung von privaten → *IP*-Adressen (wie sie z.B. in einem → *Intranet* verwendet werden) in solche IP-Adressen, die im herkömmlichen, weltweiten Internet verwendet werden dürfen. NAT übernimmt auch die Adressübersetzung in die umgekehrte Richtung.
Obwohl NAT beliebige Adressübersetzungen vornehmen kann, wird es insbesondere dazu verwendet, die in RFC 1918 definierten Adressen zur Verwendung in privaten Netzen (Intranets) in solche im öffentlichen Internet zu übersetzen. Dabei handelt es sich um folgende Adressen, die bewusst für solche IP-Netze reserviert wurden, die entweder gar keine Verbindung zu öffentlichen IP-Netzen haben oder wo diese Verbindung nur in Sonderfällen erfolgt:

Klasse	Betreiber
A	10.0.0.0 bis 10.255.255.255
B	172.16.0.0 bis 172.16.255.255
C	192.168.0.0 bis 192.168.255.255

NAT wird in den → *Routern* eingesetzt, die Internet und Intranet verbinden. Derartige Router werden Border-Router oder auch NATificators genannt und sind in der Praxis in Access-Routern oder auch einer → *Firewall* zu finden. In derartigen Routern werden alle IP-Adressen einer Domäne in IP-Adressen der anderen Domäne in jedem einzelnen IP-Paket umgesetzt. Dies erfolgt für die Nutzer transparent.
Der Umsetzungsprozess kann statisch oder dynamisch erfolgen. Im statischen Fall ist eine Tabelle fest im Router konfiguriert. Jeder internen IP-Adresse ist dabei eine nach außen sichtbare IP-Adresse zugeordnet. Im häufigeren dynamischen Fall teilt der Router nur im Verbindungsfall (= temporär) einer internen IP-Adresse eine nach außen sichtbare IP-Adresse zu. Der gleiche interne Host hat also bei verschiedenen Verbindungen in die Außenwelt verschiedene IP-Adressen, die nach außen kommuniziert werden.
NAT wurde in folgenden RFCs durch die IETF definiert:

RFC	Datum	Titel
1631	Mai 1994	The IP Network Address Translator
1918	Februar 1996	Address Allocation for Private Internets
2663	August 1999	IP Network Address Translator (NAT) Terminology and Considerations

NAT wurde entwickelt, um den Ende der 90er Jahre knapp werdenden Adressraum der IP-Adressen, wie sie IPv4 vorsah, zu mindern. Es wurde als temporäre Übergangslösung konzipiert, bis IPv6 eingeführt werden sollte.
Durch NATs hat sich das Wachstum der Zahl der weltweit aktiven IP-Adressen verringert, wodurch der Druck, IPv4 durch das neue IPv6 zu ersetzen, abgenommen hat und sich

IPv6 wesentlich langsamer durchsetzt als zur Mitte der 90er Jahre angenommen.
Zusätzlich hat NAT eine Sicherheitswirkung, da dadurch die Struktur des internen Netzes verborgen bleibt.

Natel A, B, C und D

Abk. für Nationales automatisches Telefonsystem oder auch Nationales Autotelefonnetz.
Bezeichnung der Mobilfunksysteme verschiedener technischer Standards in der Schweiz, betrieben von der Telecom PTT (ab Oktober 1997: → *swisscom*) bzw. von ihrer Tochter Mobilcom (Natel D).
Natel A war ein analoges Mobilfunksystem und sendete im 160-MHz-Bereich auf 13 Kanälen. Dabei war die Schweiz in fünf Versorgungsbereiche aufgeteilt, die unabhängig voneinander arbeiteten. Endgeräte wogen um die 10 kg. Natel A startete 1978 und blieb bis 1995 in Betrieb.
Durch Kapazitätsprobleme wurde bereits 1980 ein paralleles, technisch identisches Natel-B-Netz aufgebaut, das allerdings schon 38 Kanäle zur Verfügung stellte. Dieses Natel B-Netz versorgte zu seinen besten Zeiten 11 500 Nutzer und blieb bis 1997 in Betrieb. Natel B unterstützte bereits → *Umbrellacells* und → *Handover*.
Gespräche waren bei A und B aber auf drei Minuten begrenzt.
Der Nachfolger Natel C (eingeführt 1984) basierte auf → *NMT-900*-Technologie und blieb bis Jahresende 1999 in betrieb. Seit dem 1. Juli 1997 wurden keine neuen Kunden mehr angenommen. Zu seinen besten Zeiten wurden 320 000 Nutzer mit Natel C versorgt.
1993 wurde Natel D auf Basis des → *GSM*-Standards eingeführt.
Oft wird in der Umgangssprache das Kürzel Natel auch für das Endgerät verwendet, vergleichbar mit dem Begriff → *Handy* in Deutschland.

National Roaming

→ *Roaming*.

NATOA

Abk. für National Association of Telecommunications Officers and Advisors.
Bezeichnung eines Verbandes in den USA.
→ *http://www.natoa.org/*

Navigation

Im Zusammenhang mit einer → *Site* die Bezeichnung für die Möglichkeit des Benutzers, die einzelnen Seiten der Site einfach und bequem durch → *Hyperlinks* zu erreichen und ihm dadurch die Orientierung innerhalb der Site zu erleichtern.
Man unterscheidet dabei:

- Makronavigation: Auch Hauptnavigation genannt. Bezeichnet die Unterteilung der gesamten Site in bestimmte inhaltliche Bereiche (Unternehmensinformation, Produkte, Kundendienst, Jobs etc.), die über permanent eingeblendete Bedienelemente (Buttons, Hyperlinks) von jeder anderen Seite einer Site aus angesteuert werden können.
- Micronavigation: Auch Unternavigation genannt. Bezeichnet in den inhaltlich abgegrenzten Bereichen einer Site die Navigation nur innerhalb dieses Bereichs.

Navigationssatellit

→ *GPS*, → *GLONASS*, → *Satellit*.

NAVSTAR

Abk. für Navigational Satellite Timing and Ranging.
Offizielle Bezeichnung des Satellitensystems für → *GPS* des amerikanischen Militärs.

NB

1. Abk. für Narrowband, Schmalband.
   Üblicherweise alle Bandbreiten unter 64 kbit/s.
   → *Breitbandübertragung*.
2. Abk. für Netzbetreiber.
   → *Carrier*.

NBS

Abk. für National Bureau of Standards.
Normungsgremium in den USA, das sehr eng mit der → *ANSI* zusammenarbeitet. Ist im Wesentlichen für physikalisch-technische Grundlagenforschung zuständig. Vergleichbar mit der deutschen Physikalisch-technischen Bundesanstalt in Braunschweig.
Mittlerweile umbenannt in → *NIST*.

NC

Abk. für Network Computer.
Auch Internet-Computer, Web Computer, Web PC, Browser-Box oder Net-Top-Box genannt.
Bezeichnung einer neuen Generation von PCs, die nach dem ursprünglichen Konzept an das → *Internet* angeschlossen werden und dessen Möglichkeiten nutzen sollten. Mittlerweile eine universelle Plattform für diverse hochentwickelte Kommunikationsendgeräte für geschäftliche wie auch private Nutzung.
Ausgangspunkt für die Entwicklung des NC-Konzeptes war die Vermutung, dass rund 80% der PC-Nutzer rund 90% der Möglichkeiten ihres PCs oder der auf ihm laufenden Software nie oder nicht häufig nutzen.
Ziel war es daher, einen NC für um die 500 $ (verschiedene Versionen werden zwischen 300 und 1 000 $ anvisiert) für breite Käuferschichten (Familien mit geringem Budget, Schulen) zu konzipieren, die bislang keinen PC hatten.
Darüber hinaus sind Unternehmen, die → *Intranets* betreiben, die ersten potenziellen Nutzer, für die sich niedrige Anschaffungs- und auch Schulungskosten schnell bezahlt machen sollen. Bei ihnen machen sich auch niedrigere Wartungskosten durch die zentrale Verwaltung der genutzten Software auf den Servern bemerkbar.
Ein weiterer potenzieller Anwender sind Internet-Service-Provider (→ *ISPs*), die gegen eine geringe monatliche Zugangsgebühr Privatkunden einen NC zur Verfügung stellen.
Der NC soll ohne → *Disketten-* und → *CD-ROM-Laufwerk* und mit nur kleiner oder keiner → *Festplatte*, eingebautem → *Modem*, Schnittstelle zum Drucker, → *Smart-Card-*

Reader, nur 4 oder 8 MByte → *RAM* sowie billigem Prozessor auskommen und Programme bei jeder Nutzung aus dem Internet beziehen (nur benötigte Programmteile). Auf die Programme und Dateien wird dabei mittels eines → *Browsers* zugegriffen. Die Nutzerdaten und Dateien werden im Netz auf → *Servern* gespeichert. Einige Konzepte gehen davon aus, den NC an den Fernseher anzuschließen, so dass er in der Grundausstattung keinen Monitor hat. Eine weitere Idee ist eine drahtlose Tastatur oder eine Fernbedienung.

Als Vorteile des NC werden angesehen:

- Probleme mit Installation von Peripheriegeräten und Software werden verringert
- Keine teuren oder schnell veraltenden PCs stehen mehr in den privaten Haushalten
- Bei derartig zentralisierten Systemen sinkt der Administrationsaufwand
- Geringes Gewicht von knapp über 1 kg
- Nutzer arbeiten immer mit den aktuellsten Softwareversionen, die im Netz vorgehalten werden
- Durch die einfach zu bedienende Software sollen auch Laien mit dem PC umgehen können
- Einarbeitungszeit für Profinutzer soll erheblich geringer sein, wodurch Schulungskosten gespart werden
- Geringer Preis

Nachteilig wirken sich aus:

- Ungeklärte Fragen des Datenschutzes (private Daten auf Servern im Internet)
- Niedrige Kapazität des Internet (langes Warten auf den → *Download* von Software steigert Telefonkosten, permanenter Down- und → *Upload* steigert die Netzlast zusätzlich)

Als kritische Erfolgsfaktoren werden daher angesehen:

- Kostengünstiger und schneller Netzzugang für den Nutzer
- Preiswerte und schnelle Mikroprozessoren
- Einfach zu bedienende Software (abgespeckte bzw. modular aufgebaute Versionen von → *Betriebssystem* und Anwendungssoftware, → *Componentware*)
- Modularer Aufbau des gesamten Systems mit Peripheriegeräten
- Plattformunabhängige Programmiersprachen für verteilte Anwendungen

Ziel der NC-Allianz ist es auch, die Macht von Microsoft bei Anwendungssoftware und Intel bei Prozessoren zu brechen. Mehrere andere Hersteller unterstützen die Allianz. Insbesondere Oracle-Chef Lawrence ‚Larry‘ J. Ellison („Ein Computer, den meine Mutter bedienen kann“) und Sun-Mitgründer Scott McNealy („Das Netz ist der Computer“) gelten als maßgebliche Kraft und Fürsprecher für den NC. Ellison sagte 1996 bis zum Jahr 2000 insgesamt 100 Mio. verkaufte NCs voraus. Es ist offensichtlich, dass es sich um ein ehrgeiziges Ziel handelte, da die Fortschritte seit Vorstellung des Konzepts gering waren.

Das Konkurrenzkonzept aus dem Hause Microsoft und Intel war zunächst der → *SIPC* bzw. der Handheld PC (HPC).

Das Konzept des NC entwickelte sich wie folgt:

Mitte 1995

Die Idee des NC wird im Hause Oracle geboren.

Ende Januar 1996

In Japan stellt Oracle einen Prototypen vor.

Ende April 1996

Erste Minimalstandards (z.B. allgemeine Anerkennung von → *Java* als Programmiersprache für Anwendungen im → *WWW*) werden auf einer Zusammenkunft der Hauptanbieter (Allianz von Apple, Sun, IBM, Oracle und Netscape) in San José entwickelt.

Mai 1996

Eine erste Version des ‚NC Reference Profile 1‘ wird als Ergebnis der Konferenz vom April verabschiedet.

Sommer 1996

Über 100 weitere Unternehmen aus den Bereichen Basistechnologie, Produktion und Vertrieb weltweit signalisieren Unterstützung.

August 1996

Ein stabiles Profil liegt vor. Das Referenzprofil definiert Richtlinien für Hardware, WWW-Standard, E-Mail-Protokolle, Internet-Protokolle, Multimedia-Formate und Boot-Protokolle. Es erlaubt eine Familie von Geräten (WWW-Only-Rechner, Full-Internet-Rechner, → *Bildtelefone*, → *Laptop*, → *Set-Top-Boxen*, → *Pager*) für verschiedene Zwecke, deren gemeinsame Basis die Anschließbarkeit an das Internet oder das Intranet ist.

1996

Oracle gründet gemeinsam mit Sony, Acer, Nintendo, Sega und NEC die Network Computers Inc. (NCI), die den NC als Basis für allerlei Anwendungen entwickeln und fördern soll. Weitere Partner treten NCI in den Folgejahren bei.

Frühjahr 1997

Intel, Microsoft, Compaq, Dell und HP präsentieren ihre Spezifikationen eines Net-PC, für den später die Bezeichnung Network-PC oder auch Managed-PC gängig wird. Hierunter fallen weitgehend standardisierte PCs, die mit speziellen Netzwerkkarten ausgestattet sind, die eine Art Fernwartung über ein LAN erlauben und dadurch dem Netzwerkadministrator die Arbeit vereinfachen und damit auch verbilligen sollen. Genutzt werden dafür → *ACPI* und → *WBEM*.

Ende 1997

Eine Network Computer Working Group der → *Open Group* nimmt ihre Arbeit mit dem Ziel auf, für weitere Kompatibilität zu sorgen und die bisherigen NC-Spezifikationen zu detaillieren.

Frühjahr 1998

Die NC-Gemeinde gerät unter Druck, weil der Preisverfall herkömmlicher PCs dazu führt, dass diese unter die 1 000 $ rutschen und insbesondere im Hause Intel an eigenen, Low-Cost-Prozessoren, wie z.B. dem Celeron (→ *Pentium*) gearbeitet wird, die diesen Trend weiter verstärken. Zudem werden → *Screenphones* vorgestellt, die ebenfalls bestimmte Funktionalitäten des NC zu einem vergleichbaren Preis in sich vereinigen.

Oktober 1998

Larry Ellison verkündet selbst in einem Vortrag das Scheitern des ‚Network Computing‘. Das Konzept sei als proprietär missverstanden worden. Er bietet aber auch gleich mit ‚Internet Computing' ein Nachfolgerkonzept an, das wesentliche Ideen übernehmen soll.

Im gleichen Monat kündigen auch IBM und Sun eine Neuorientierung an. Sie wollen das NC-Geschäft verlassen und sich auf die Portierung von Java-Anwendungen in Geräten der Unterhaltungs-, Kommunikations- und Haushaltselektronik konzentrieren.

1999

Das vom NC abgeleitete Konzept des → *Thin Client* wird diskutiert.

18. Mai 1999

Die NCI ändert ihren Namen in Liberate Inc.

September 1999

Sun startet eine neue Initiative zur Entwicklung eines neuen, einfachen PCs, genannt ‚Ray'. Neu an dem Konzept war auch eine neue Vermarktung durch Vermietung anstelle von Verkauf.

November 1999

Larry Ellison propagiert auf der Comdex erneut seine Idee des NCs, die er jetzt als NC2 bezeichnet. Liberate soll entsprechende Produkte auf den Markt bringen.

Insgesamt litt das eigentlich allgemein als gut akzeptierte Konzept eines ‚einfachen' PCs, der nur die wirklich notwendigen Komponenten für den Alltag enthält, unter verschiedenen Strategiewechseln (private vs. geschäftliche Nutzer, Einsatz im LAN vs. im Internet etc.) und der dadurch nicht vorhandenen, klaren Entwicklungsrichtung. Dies resultierte in Zeitverzögerungen und einer Zersplitterung der Anhänger dieses Konzeptes.

Als ein weiterer Grund galt die Zurückhaltung der Unternehmen bei der Einführung des NC. Zwar könnten sie mit dem NC Folgekosten sparen, doch blieb die NC-Gemeinde unter den Herstellern eine detaillierte Definition und Analyse der TCO (Total Cost of Ownership: Wartung, Update, Schulung der User, Schulung der Sysad etc.) nach Meinung vieler Unternehmen schuldig. Darüber hinaus scheuten viele Unternehmen den Wechsel (oft überbetont als Paradigmenwechsel) von der gerade erst im Zuge des → *Downsizing* aufgebauten und stabil laufenden Client/Server-Welt hin zur ungewissen NC-Welt („Never change a running Network").

→ *http://www.nc.ihost.com/*

NCC

1. Abk. für Network Control Center.

   Teil der Netzinfrastruktur von → *Mobitex.*

3. Abk. für New Common Carrier.

   Begriff aus der → *Deregulierung* des japanischen TK-Marktes. Bezeichnet dort die Unternehmen, die 1987 als erste eine Lizenz der Klasse I zum Aufbau und Betreiben eines landesweiten Netzes erhielten. Diese drei Unternehmen waren DDI, Japan Telecom und Teleway Japan.

NC-FDMA

Abk. für Narrow Channel Frequency Division Multiple Access.

Steht für ein System der amerik. Firma Motorola zur Kapazitätssteigerung im → *AMPS*-System durch Aufteilung der 30-kHz-Kanäle in drei 10-kHz-Kanäle. Wird auch als N-AMPS bezeichnet.

NCITS

Abk. für National Committee for Information Technology Standards.

Bezeichnung für ein Normungsgremium auf dem Sektor der Informationstechnologie in den USA.

→ *http://www.ncits.org/*

NCOS

Abk. für Network Computer Operating System.

Bezeichnung für das → *Betriebssystem* des → *NC.*

NCP

1. Abk. für Network Control Protocol.

   Früher Standard für Datenübertragung im → *Internet.* NCP wurde von Steven D. Crocker und Vincent C. Cerf maßgeblich entwickelt. Es wurde 1970 erstmals eingesetzt und 1982 durch das bessere → *TCP* ersetzt, da NCP eine nahezu fehlerfreie Leitung voraussetzte. Im Falle einer fehlerbehafteten Datenübertragung war es notwendig, dass die beteiligten Netzknoten (genannt → *IMPs*) die komplette Übertragung noch einmal durchführten. Ferner unterschied NCP nicht zwischen verschiedenen Subnetzen, sondern konnte lediglich einen angeschlossenen Ausgang des IMPs adressieren.

2. Abk. für Network Control Program.

   Ein Programm, das unter dem → *Betriebssystem* → *VMS* läuft und die Konfiguration lokaler und entfernter Netzressourcen ermöglicht.

3. Abk. für NetWare Core Protocol.

   Bezeichnung für das zentrale Protokoll des Netzbetriebssystems NetWare aus dem Hause Novell, das auf den NetWare-Servern läuft.

NCR

Abk. für National Cash Registrar.

Bezeichnung eines traditionsreichen amerikanischen Unternehmens, das 1884 von John Henry Paterson zur Herstellung von Registrierkassen gegründet wurde. Schon 1896 wird die erste Niederlassung in Deutschland eröffnet. In späteren Jahren diversifizierte das Unternehmen u.a. in den Bau von Computern, so z.B. die NCR 304 (November 1959).

1991 wurde die NCR für 7,4 Mrd. $ an die → *AT&T* verkauft, welche die Marke zunächst verschwinden ließ, dann aber gegen Ende 1996 wiederbelebte, um unter dem Namen alle Herstellungs- und Dienstleistungsprodukte rund um Computer auszugliedern.

NCSA

1. Abk. für National Center for Supercomputing Applications.
   Bezeichnung einer Großforschungsanlage in den USA, die zur University of Illinois gehört. Entwickelte z.B. den → *Browser* ‚Mosaic' für das → *WWW*.
   → *http://www.ncsa.uiuc.edu/*
2. Abk. für National Computer Security Association.
   Bezeichnung einer Vereinigung von 3 800 Unternehmen aus der Hard- und Softwarebranche, die Konzepte zum Schutz vor dem unautorisierten Eindringen in Computersysteme erarbeitet. Sitz: Carlisle, Pennsylvania/USA. Die Empfehlungen sind in Dokumenten wie dem → *TCSEC* und dem → *TNI* veröffentlicht.
   Das NCSA wurde 1989 gegründet und war seinerzeit die erste offizielle Institution, die sich als Mittler zwischen Wissenschaft und Wirtschaft sowie Anwendern verstand und die sich intensiv mit dem Thema der Computersicherheit beschäftigte.
   → *http://www.ncsa.com/*
   → *http://csrc.ncsl.nist.gov/*
   → *http://hoohoo.ncsa.uiuc.edu/*

NCTA

Abk. für National Cable Television Association.
Bezeichnung eines nordamerikanischen Interessenverbandes der Betreiber von Kabelfernsehnetzen.
→ *http://www.ncta.com/*

NCUG

Abk. für National Centrex Users Group.
Bezeichnung für eine 1982 gegründete Interessengemeinschaft von Nutzern des Dienstes → *Centrex*, der die Nutzer gegenüber den Dienstanbietern vertritt und Centrex sowie den Erfahrungsaustausch darüber fördern möchte.
→ *http://www.centrexncug.org/*

NDC

Abk. für National Destination Code.
Auch Bereichskennzahl genannt. Bezeichnung für die in → *E.164* definierte Ziffernfolge im → *Nummerierungsplan* eines Landes.
Mit dem NDC können verschiedene Optionen realisiert werden:

- Auswahl bestimmter Netze (Netzkennzahl)
  - Mobilfunknetze verschiedener Betreiber
  - Festnetze verschiedener Betreiber
- Auswahl bestimmter Dienste (Dienstkennzahl)
- Auswahl bestimmter geografischer Netzteile (Ortsnetzkennzahl)

NDC, → *CC* und → *IP* zusammen dürfen max. 6 Ziffern lang sein.

NDIS

Abk. für Network Device Interface Specification.
Bezeichnung für eine 1990 veröffentlichte hardware- und protokollunabhängige Beschreibung für Adapter zwischen → *PC*s und → *LAN*s aus dem Hause Microsoft (mitentwickelt von IBM und 3Com). Sie entwickelte sich zum De-facto-Standard.

NDMP

Abk. für Network Data Management Protocol.
Bezeichnung für ein von Legato und Network Appliance entwickeltes Protokoll zum automatischen Sichern von Datenbeständen.

NDS

Abk. für Novell Directory Service.
Bezeichnung für eine Funktionalität innerhalb des Netzwerkbetriebssystems (→ *NOS*) Netware aus dem Hause Novell, das eine zentrale Verwaltung der Objekte im Netz (→ *Server* aller Art, Drucker, Benutzer, Benutzergruppen) erlaubt.
Eingeführt gegen Mitte der 90er Jahre mit der Version 4 von Netware. Diese Funktionalität galt zu diesem Zeitpunkt als seiner Zeit voraus.
Im Laufe der Zeit wurde NDS weiterentwickelt, so erlaubt „NDS for NT" beispielsweise die Integration von Servern unter dem Betriebssystem → *Windows NT* in Netware-Netze.

NE

1. Abk. für Network Element, Netzelement.
   Z.B. ein → *Multiplexer*, ein → *Cross Connect*, eine → *Vermittlungsstelle* etc. Der Begriff wird sehr häufig im Zusammenhang mit Netzmanagementsystemen erwähnt (→ *TMN*).
2. Abk. für Netzebene.
   Üblicherweise ist eine von vier Netzebenen des → *BK-Netzes* gemeint.

Near-Video-on-Demand

Bezeichnet ein System, bei dem ein Videofilm auf verschiedenen Kanälen eines Kabelfernsehnetzes in periodischen Abständen gestartet wird, so dass ein Konsument, der diesen Film sehen möchte, jeweils nur diese wenigen Minuten bis zum nächsten Filmstart warten muss.
Ist der Konsument durch eine Unterbrechung (Telefongespräch) abgelenkt, kann er wiederum auf einen anderen Kanal wechseln, auf dem der Film später angefangen hat, wodurch er nichts vom Film verpasst.
Dieses System ist für die Nutzung des → *Hyperbandes* in Kabelfernsehnetzen seit 1994 in unterschiedlich starkem Maße im Gespräch. Eine praktische Realisierung ist bislang nicht erfolgt.
→ *Video-on-Demand*, → *PPV*, → *Multichannel Feed*.

NEAX 61

Digitales Vermittlungssystem der japanischen Firma NEC. Konzipiert für 100 bis 80 000 Anschlüsse und 600 000 → *BHCAs*.

Nebenanschluss

In Deutschland die amtliche Bezeichnung für die Nebenstellen an einer → *Nebenstellenanlage*.

Nebensprechen

Eine unerwünschte Erscheinung in Übertragungsnetzen, die auf abstrahlenden Medien (üblicherweise die verdrillte → *Zweidrahtleitung*) basiert, welche die Übertragungsqualität beeinträchtigt. Der Begriff bezeichnet die Übertragung von störenden Signalspannungen von einem Adernpaar in einem Kabel auf ein benachbartes Paar oder das Vorhandensein von Restladung auf einer Sammelschiene in einer TDM-Vermittlung.

Es werden Nahnebensprechen auf einer Leitung am Kabelanfang zum Sender hin (→ *NEXT*) und Fernnebensprechen auf einer Leitung am Kabelende zum Empfänger hin (→ *FEXT*) unterschieden.

Die Unterdrückung des Nebensprechens erfolgt durch einen besonderen Kabelaufbau (Abschirmung) und andere Ausgleichsmaßnahmen.

Nebenstelle, Nebenstellenanlage

Auch Hauszentrale, Haustelefonanlage oder – in der Schweiz – TVA (Telefonvermittlungsanlage) genannt. Selten abgekürzt mit NStA oder NStAnl.

Die international gängige Bezeichnung ist → *PBX* (Private Branch Exchange). Aus dem Bereich der → *ISDN*-fähigen Nebenstellenanlagen hat sich der Begriff der TK-Anlage für kleinere, ISDN-fähige Anlagen für den → *SOHO*-Bereich entwickelt.

Von dem internationalen Kürzel PBX abgeleitet hatte sich einmal das Konzept der → *CBX* entwickelt, das jedoch keine besonders große Bedeutung erlangt hat.

Strenge Definitionen definieren die TK-Anlage als die technische Einheit, welche die Vermittlungsfunktion wahrnimmt und an welche die Nebenanschlüsse (Nebenstelle) angeschlossen sind. Nebenstellenanlage ist dann die Gesamtheit aus TK-Anlage und der an sie angeschlossenen Nebenstellen plus eventuell vorhandenen, weiterer technischer Komponenten wie z.B. einem Server für → *Voicemail*.

Nebenstellenanlagen arbeiten heute in der Regel nach wie vor nach dem Prinzip der → *Leitungsvermittlung* und sind für die Vermittlung von Sprache optimiert, auch was die Ausbildung der → *Leistungsmerkmale* angeht.

Nebenstellenanlagen werden branchenüblich in die Größenklassen kleine Nebenstellenanlagen (bis zu 16 Nebenstellen), mittlere Nebenstellenanlagen (bis zu 200 Nebenstellen) und große Nebenstellenanlagen (über 200 Nebenstellen, bis hin zu einigen 10 000 Nebenstellen, z.B. in Behörden oder Universitäten).

Von diesen Größenklassen abgesehen hat sich funktional gesehen die Automatic Call Distribution (→ *ACD*) als eigenständiges technisches System einer zum Einsatz in → *Call Centern* optimierten Nebenstellenanlage entwickelt.

Die großen Nebenstellenanlagen werden von der Industrie häufig auch als kleine öffentliche Vermittlungsstellen, z.B. für entlegene Siedlungen, angeboten.

Die Betreiber öffentlicher Netze bieten mit → *Centrex* eine Dienstleistung an, welche die Funktionalität einer Nebenstellenanlage im öffentlichen Netz integriert.

Nebenstellenanlagen können untereinander mit speziellen Signalisierungsprotokollen (→ *Zeichengabe*) verbunden werden, z.B. zum Aufbau eines → *Corporate Network*. Beispiele für derartige, oftmals proprietäre Protokolle sind:

Protokoll	Herkunft
→ *ABC-F*	Alcatel
→ *Cornet*	Siemens
→ *DPNSS*	→ *BT*
→ *MCDN*	→ *Nortel*
→ *QSIG*	→ *ETSI*

Die gesamte Klasse der Nebenstellenanlagentechnik ist seit einigen wenigen Jahren im Zuge der allgegenwärtigen Existenz lokaler Netze und des IP-Protokolls durch Voice-over-IP-Lösungen (→ *VoIP*) substituierbar geworden.

Die Reichstelegraphenverwaltung erlaubte in Deutschland im Jahr 1900 zuerst für private Zwecke den Anschluss von vorerst fünf Nebenstellen an einen Hauptanschluss.

NEBS

Abk. für Network Equipment Building System.

NECA

Abk. für National Exchange Carrier Association.

Bezeichnung für den Verband der Carrier in den USA, der nach der → *Divestiture* im Jahre 1984 gegründet wurde. Seine Hauptaufgabe besteht darin, bestimmte Gebühren von den → *Carriern* zu erheben um reibungslosen ‚interstate'-Traffic abwickeln zu können.

→ *http://www.neca.org/*

NEF

Abk. für Network Element Function. Bezeichnung im → *TMN* für die Funktion, die von Network Elements (→ *NE*) ausgeführt wird.

Negation

→ *NICHT*.

Negativdarstellung

Bezeichnung für die Darstellung von Zeichen auf einem Bildschirm, bei dem, im Gegensatz zum herkömmlichen Buchdruck, eine helle Schrift auf dunklem Hintergrund zu sehen ist.

→ *Positivdarstellung*.

NEMA

Abk. für National Electrical Manufacturers Association.

Bezeichnung eines US-Verbandes von Herstellern von Elektrokleingeräten.

→ *http://www.nema.org/*

NEML

Abk. für Network Element Management Layer.

→ *TMN*.

NENA

Abk. für National Emergency Numbers Association.
Name eines Verbandes in den USA, der mit Vertretern der angeschlossenen Dienstleister besetzt ist und auf dem Sektor der Notrufe anderen Standardisierungsgremien zuarbeitet.
→ *NASNA*.
→ *http://www.nena9-1-1.org/*

NERC

Abk. für North American Electric Reliability Council.
Sitz ist Princeton/New Jersey.
→ *http://www.nerc.com/*

Nerd, Nerd-Factory

Von engl. nerd = Streber. Jargon in der Softwareszene. Bezeichnet einen aktiven, begeisterten und mit reichlich Wissen ausgestatteten Nutzer.
Während man mit Nerds üblicherweise junge Leute identifiziert, wird ein zusätzlich mit Erfahrung ausgestatteter Experte → *Wizard* genannt.
Als Nerd-Factory werden scherzhaft Universitäten mit einem hohen Anteil an technisch-elektronisch oder informationstechnisch geprägten Absolventen bezeichnet.

NET

1. Abk. für Norme Européenne de Télécommunication. Französische Bezeichnung für → *ETS*.
2. Kurzform für das → *Internet*.

Net/2

→ *Unix*.

NET3

Bezeichnung des nationalen D-Kanal-Protokolls im → *ISDN* in der Schweiz.

Net Advertising

Manchmal auch Netvertising oder Web Advertising genannt. Bezeichnung für alle Werbemaßnahmen eines Unternehmens, die auf die Dienste im → *Internet* zurückgreifen.
Beispiele können sein:

- Einrichten einer eigenen → *Site* im → *WWW*.
- Schalten von → *Bannern*.
- Versenden einer großen Zahl von E-Mails zu Werbezwecken (→ *Spam*).
- Herausgabe oder Sponsoring eines → *Newsletters* oder einer → *Mailing-List*.

Bei der Konzeption von Net Advertising ist es wichtig, dass die Maßnahmen nicht als eine isolierte Möglichkeit des Marketings angesehen wird, sondern in das bestehende Marketingkonzept integriert und auf andere Werbemaßnahmen im Marketing-Mix abgestimmt sein müssen.
Möglichkeiten der Werbeerfolgskontrolle beim Net Advertising sind die Auswertung von Ad Clicks (→ *Banner*) und → *Hits*.
→ *Electronic Commerce*.

NetBEUI

Abk. für NetBIOS Extended User Interface.

Bezeichnung für eine erweiterte Version von → *NetBIOS* aus dem Hause → *Microsoft*. Es wurde insbesondere mit Blick auf die Verwendung in kleinen und mittleren → *LANs* entwickelt und beschränkt sich auf die direkt auf dem Transportmedium aufsetzenden Kommunikationsfunktionen.

NetBIOS

Abk. für Network Basic Input-Output System.

Eine mittlerweile in die Jahre gekommene Anwendungsprogrammierschnittstelle (→ *API*), die üblicherweise im PC-Bereich eingesetzt wird, um über nicht geroutete Netze (→ *Routing*) zu kommunizieren. NetBIOS stellt 19 Befehle zur Verfügung, die in vier Gruppen unterteilt werden können:

- Name-Support: Unterstützten die Vergabe von logischen und eindeutigen Namen für einzelne PCs in einem Netz und die Vergabe von Namen für Gruppen von mehreren PCs.
- Session-Support: Unterstützten PCs bei dem Aufbau einer logischen Verbindung (Session, Sitzung) zu einem anderen PC im Netz. Beispiele für häufig benutzte Kommandos sind CALL (aktiver Aufbau einer Sitzung durch einen Sender), LISTEN (Vorbereiten einer Station zum passiven Aufbau einer Sitzung als Empfänger), SEND (Senden von Daten während einer Sitzung) und RECEIVE (Empfangen von Daten während einer Sitzung).
- Datagramm-Support: Unterstützung beim Versenden von Daten unabhängig von einer Sitzung zu einem einzelnen PC, einer Gruppe oder allen am Netz angeschlossenen PCs.
- General Support: Diverse Kommandos zum allgemeinen Betrieb, z.B. RESET.

NetBIOS arbeitet auf den Schichten 3 bis 5 des → *OSI-Referenzmodells* und stammt von IBM und Microsoft.

Netbot

Abk. für Network Robot.

Bezeichnung für als Software realisierte personalisierte Assistenten, die Nutzern des → *WWW* bei der Suche nach Informationen unterstützen. Sie werten die Nutzung des WWW aus und erstellen auf den Ergebnissen basierend Profile eines Nutzers, so dass sie ihn gezielt bei der Suche nach Informationen unterstützen können.

Eine besondere Ausprägung des Netbots beim Kauf von Waren (→ *Electronic Commerce*) ist der → *Shopping Bot*.

Netcall

In Netzen aus → *Mailboxen* die Bezeichnung für die Prozedur zur Durchführung des täglichen (nächtlichen) Nachrichtenaustausches zwischen einer Mailbox und einer benachbarten Mailbox des gleichen Netzes.
→ *Crashmail*.

Netiquette

Kunstwort, von Network und Etiquette abgeleitet. Oberbegriff für alle Verhaltensmaßregeln und ungeschriebenen Gesetze bei der Benutzung des → *Internet* und seiner Dienste. Prinzipiell ist die Netiquette ein Verhaltenskodex. Jeder → *Newbie* sollte sich als erstes mit der Netiquette vertraut machen.

Erstmals tauchte der Begriff Netiquette um das Jahr 1986 auf. Funktionierte seither die Regelung des Internet durch die Netiquette bis zum großen Boom 1994 relativ gut, so sind ihre Existenz und ihr Inhalt nicht jedem bekannt, der seither das Internet nutzt, was unter den ‚echten' Internet-Nutzern zu Akzeptanzproblemen gegenüber den emporkommenden Nutzern der Online-Dienste führte.

In → *Mailbox*-Systemen werden diese Verhaltensmaßregeln auch als Konventionen bezeichnet.

→ *Flame*, → *Spam*.

→ *http://www.fau.edu/rinaldi/net/index.html/*

→ *http://www.ping.at/guides/netmayer/*

Netizen

Kunstwort, zusammengesetzt aus Network und Citizen. Bezeichnung für die → *Internet*-Teilnehmer aus bürgerrechtlicher Sicht, nach der keine Zensur stattfinden und jede Meinung im Internet frei geäußert und jede Information frei verbreitet werden darf.

Net Settlement Rate

→ *International Accounting Rate.*

Netspeak

→ *Chat Slang.*

Netter

Jargon, abgeleitet von Net oder → *Internet*. Bezeichnung für Leute, die sich stunden- oder nächtelang im Internet (→ *WWW*, → *Usenet*) herumtreiben.

→ *Surfen.*

NetNews

→ *Usenet.*

Netvertising

→ *Net Advertising.*

Network-PC

→ *NC.*

Network-Provider

→ *Carrier.*

Netz

Häufig auch in Anlehnung an den englischsprachigen Begriff Network als Netzwerk bezeichnet. Umgekehrt sollte man Network nicht mit Net abkürzen, da dies im englischen Sprachraum eher als net = netto verstanden wird.

Oberbegriff für alle Ressourcen, die voneinander entfernte → *Dienstzugangpunkte* verbinden und diesen → *Dienste* mit Dienstmerkmalen zu Kommunikationszwecken zur Verfügung stellen. Dies trifft sowohl auf in ihrer Ausdehnung sehr begrenzte Netze (→ *LAN*) als auch auf Netze, die in ihrer Ausdehnung sehr groß sein können. Bei letzteren (Telekommunikationsnetze) unterscheidet man sehr häufig bei den Diensten zwischen dem → *Bearer Service* als reinem Trägerdienst und dem → *Tele-Service* als einem mehr anwendungsorientierten Dienst.

Die Anbieter von diesen verschiedenen Dienstleistungen müssen nicht notwendigerweise gleich sein. Man unter-

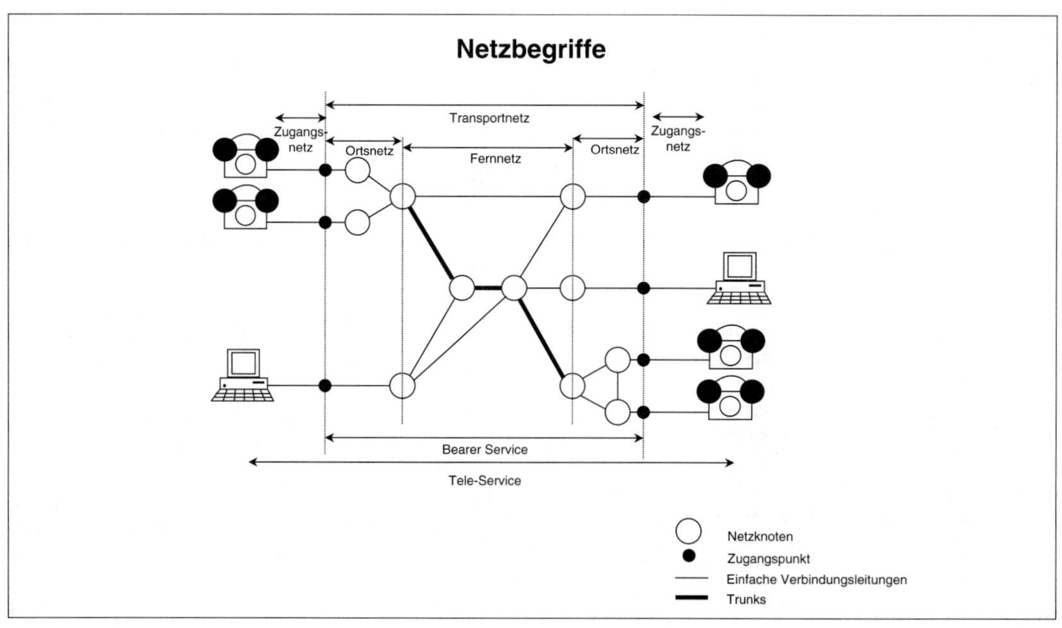

scheidet daher Network-Provider (→ *Carrier*) und → *Service-Provider*. Teile des Netzes können in → *Backbone* oder → *Zugangsnetz* unterteilt werden. Daneben werden Netze aus verschiedenen → *Netzknoten* gebildet, die über Verbindungen mit verschiedenen Kapazitäten (→ *Links*, → *Trunks*) miteinander Daten austauschen können. Man kann Netze dann anhand der → *Netztopologie* klassifizieren.

Der Aufbau und die Dimensionierung eines Netzes geschieht mit Hilfe von Methoden der → *Verkehrstheorie*.

Der Betrieb und die Wartung von Netzen wird mit Systemen zum → *Netzmanagement* vorgenommen.

Da öffentlich zugängliche Netze auch von verschiedenen Betreibern (Network-Provider, Netzbetreiber, → *Carrier*) aufgebaut und unterhalten werden können, ist oft ein Zusammenschalten der Netze notwendig, um Nachrichten auch zwischen den Netzen austauschen zu können. Dies wird mit → *Interconnection* bezeichnet.

Netzabschluss

Bezeichnung für die technische Einrichtung zwischen öffentlichem Netz und Endgerät eines Teilnehmers, an die nur noch das Endgerät angeschlossen zu werden braucht, um einen Dienst des Netzes in Anspruch nehmen zu können. Der Netzabschluss im analogen Telefonnetz ist die → *TAE*, im → *ISDN* ist es die → *NT*.

Netzbetreiber

→ *Carrier*.

Netzbetreiberkennzahl

→ *Verbindungsnetzbetreiberkennzahl*.

Netzintegration

→ *Netzkonvergenz*.

Netzknoten

Ganz allgemein in einem wie auch immer gearteten Netz zu Datenübertragungszwecken ein Punkt des Zusammenlaufens verschiedener Datenübertragungsstrecken.

In Weitverkehrsnetzen eine andere Bezeichnung für eine → *Vermittlungsstelle*. Bei einer weiteren Differenzierung, insbesondere in hierarchisch strukturierten Netzen, wird zwischen verschiedenen Netzknoten (z.B. → *Hauptvermittlungsstelle*, → *Zentralvermittlungsstelle*) unterschieden.

In LANs die Bezeichnung für verschiedene Netzelemente wie → *Bridges*, → *Switches*, → *Router*, → *Gateways* oder → *Hubs*.

Netzkonsolidierung

Bezeichnung für den Vorgang, bei dem Ausbau von schmalbandigen Netzen wie dem → *ISDN* die Anzahl Vermittlungsstellen zu verringern und die Anzahl der Netzhierarchien zu reduzieren. Dies hat gleichzeitig eine Erhöhung der Leistungsfähigkeit von → *Vermittlungsstellen* und ein einfacheres → *Netzmanagement* zur Folge.

Netzkonvergenz

Oft auch Netzintegration genannt. Bezeichnung für eine Form der Interpretation des Begriffs der → *Konvergenz* in der Informations- und Kommunikationstechnik. Ganz allgemein beschreibt der Begriff den Prozess des Annäherns zweier technisch verschiedener Netze. Dies können die verschiedensten Netze sein.

Üblicherweise wird in der Diskussion jedoch die Konvergenz von einem Festnetz und einem Netz für → *Mobilfunk* darunter verstanden. Diese Konvergenz wird international allgemein als Fixed-Mobile-Integration (→ *FMI*) oder Fixed-Mobile-Convergence bezeichnet.

Die aktuell zweite große Diskussion über Netzkonvergenz betrifft die Konvergenz von leitungsvermittelten und paketvermittelten Netzen (→ *Leitungsvermittlung*, → *Speichervermittlung*). Genauer gesagt besteht die Konvergenz darin, dass das paketvermittelnde → *Internet* sich als universelle Plattform auch für ansonsten leitungsvermittelnde Echtzeitdienste (→ *Echtzeit*) anbietet, sofern genügend Bandbreite vorhanden ist.

Eine weitere Konvergenz ist auf der Ebene der verwendeten Übertragungsmedien zu beobachten. So kann über die herkömmliche verdrillte → *Zweidrahtleitung* im → *Zugangsnetz* des Telefonnetzes mit Hilfe von → *ADSL* auch breitbandiges Fernsehen abgewickelt werden, ebenso wie über Kabelfernsehnetze (→ *Breitbandkabelverteilnetz*) telefoniert werden kann.

→ *Dienstkonvergenz*.

Netzmanagement

Auch Netzmanagementsystem genannt, abgekürzt mit NMS. Oberbegriff für das Management der Netzelemente und Dienste in einem → *LAN* (→ *SNMP*, → *CMIP*, → *WBEM*), → *WAN* und auch in einem öffentlichen Netz (→ *TMN*), wobei die Grenzen mittlerweile verwischen, da auch LAN-ähnliche Strukturen und Mechanismen in öffentlichen Netzen eingesetzt werden bzw. weil Systeme zum Netzmanagement aus dem LAN-Bereich in den Bereich öffentlicher Netze migrieren.

Verwaltet werden durch ein Netzmanagementsystem die → *Netzknoten* und alle am Netz angeschlossenen und, im Gegensatz zu → *CPE*, im Besitz des Netzbetreibers befindlichen Geräte, die allgemein als Managed Objects (MO) bezeichnet werden.

Die Aufgaben des Netzmanagements lassen sich in mehrere Klassen einteilen, für die es einzeln oder in Kombination kommerziell erhältliche Softwarepakete auf dem Markt gibt. Die Aufgaben sind:

- → *Fehlermanagement* (Fault-Management)
- → *Konfigurationsmanagement* (Configuration-Management)
- → *Sicherheitsmanagement* (Security-Management)
- Abrechnungsmanagement (→ *Accounting*-Management)
- Leistungsmanagement (Performance-Management)

Ziel bei der Entwicklung von NMS sind Systeme, die alle fünf Bereiche abdecken. Sie werden als Integrated Network Management Systems (INMS) bezeichnet.

Im Gegensatz dazu stehen viele einzelne Maßnahmen, die nur Teilbereiche abdecken, z.B. Messungen mit Kabeltes-

tern, Monitoring-Systeme für die Netzlast oder LAN-Analyzer mit Simulationsfähigkeiten.
→ *Trouble Ticket.*
→ *http://netman.cit.buffalo.edu/index.html/*
→ *http://www.networkmagazine.com/static/tutorial/management/9009tut.htm/*

Netzmonopol

Begriff aus dem Bereich der → *Deregulierung* von Telekommunikationsmärkten. Manchmal auch Infrastrukturmonopol genannt. Netzmonopol bezeichnet dabei den Zustand, in dem sich nur eine einzige Institution im Besitz von technischer Infrastruktur (Kabeln, Richtfunkanlagen, Vermittlungsstellen etc.) befindet. Diese Institution kann in unternehmerischer Rechtsform wie auch als staatliche Behörde organisiert sein.

Auf Basis dieser technischen Infrastruktur (= Telekommunikationsnetz) werden üblicherweise Basisdienstleistungen übertragungstechnischer und vermittlungstechnischer Art erbracht.

Unabhängig davon können sich andere Institutionen am Markt als Dienstanbieter etabliert haben, die technische Basisdienstleistungen beim Netzmonopolisten einkaufen und an Endkunden auf eigene Rechnung verkaufen. In diesem Fall liegt kein Dienstmonopol vor. Dies wäre der Fall, wenn es nur einen einzigen Anbieter von Diensten an Endkunden im Markt gäbe.

Netzstruktur

Andere Bezeichnung für die → *Netztopologie.*

Netzteil

Bezeichnung für den Teil eines auf eine Spannungsversorgung angewiesenen technischen Systems (beliebiges Gerät), das die Spannungsversorgung sicherstellt und häufig das technische System mit einem öffentlichen Spannungsversorgungsnetz koppelt, aus dem eine Primärspannung bezogen wird, und diese Spannung mit einem Transformator in eine dem technischen System angepasste Sekundärspannung umwandelt.

Netztopologie

Struktur und Aufbau eines Netzes zur Verbindung mehrerer → *Netzknoten*, z.B. → *Stern*, → *Doppelstern*, → *Ring*, → *Baum*, Linie (→ *Bus*), voll- oder teilvermascht.

Es gibt verschiedene Klassifikationen der möglichen einzelnen Topologien. Eine teilt die Topologien in Punkt-zu-Punkt-Verbindungen und in Broadcast- oder → *Shared-Medium*-Topologien ein. Bei der ersten Klasse nehmen die Nachrichten auf dem Weg von einem bestimmten Netzknoten zum nächsten einen Pfad von einem Netzknoten zum nächsten, wohingegen bei der zweiten Klasse alle an ein Medium angeschlossenen Netzknoten die Nachricht empfangen und anhand von Daten im → *Header* der Nachricht entscheiden, ob die Nachricht für sie bestimmt ist.

Netzverfügbarkeit

→ *Verfügbarkeit.*

Netzvorwahl

→ *Verbindungsnetzbetreiberkennzahl.*

Netzzugangsnummer

→ *Verbindungsnetzbetreiberkennzahl.*

Netzzugangsverordnung

→ *NZV.*

Netzzusammenschaltung

→ *Interconnection.*

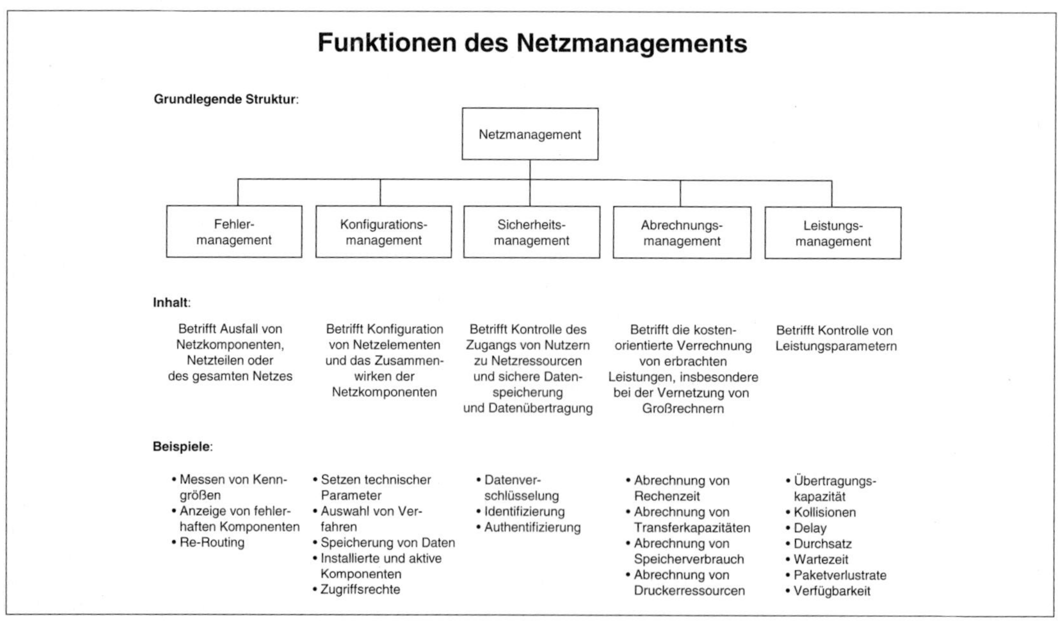

Neumann-Rechner

→ *Von-Neumann-Rechner.*

Neuronales Netz

Int. Neural Network genannt. Bezeichnung für ein Konzept, biologische Prozesse, die im menschlichen Gehirn mit seinen Neuronen ablaufen, zur Problemlösung in Informationssystemen (Hard- und Software) abzubilden. Üblicherweise werden dafür verschiedene Teile (die Neuronen symbolisieren sollen), welche jeweils über spezifische Fähigkeiten verfügen, miteinander über Kommunikationswege verknüpft. Ziel der Forschung auf dem Gebiet der neuronalen Netze ist, dass das so entstehende Gesamtsystem fähig ist, Erfahrungen zu sammeln, zu lernen und Wissen anzuwenden.

Häufig kommen ergänzend Konzepte der → *KI* zum Einsatz.

Das Grundkonzept für neuronale Netze wurde dabei vom menschlichen Neuron im Gehirn übernommen.

Eine praktische Anwendung von neuronalen Netzen ist z.B. → *Data Mining.*

Die Entwicklung der neuronalen Netze nahm folgenden Verlauf:

1908

Der Wissenschaftler Caja entdeckt die Neuronen im menschlichen Hirn. Bei ihnen handelt es sich um Zellen, die auf den Austausch von Informationen mit Hilfe von Ionen spezialisiert sind. Neuronen empfangen Signale anderer Neuronen. Sofern diese Eingangssignale einen bestimmten Schwellwert überschreiten, generiert das empfangende Neuron ein neues Ausgangssignal und sendet dieses weiter.

1943

Die beiden Wissenschaftler McCullogh und Pitts stellen aus dieser Vorstellung heraus ein formales Modell des Neurons und des Zusammenwirkens mehrerer Neuronen vor. Die Grundidee dabei ist, dass ein Neuron eine bestimmte Vorstellung von der Umwelt hat, die sich im Aktivierungsschwellwert äußert, d.h., die Aktivierung eines Neurons, die sich in der Impulsweitergabe zeigt, ist die Folge davon, dass das Neuron seine Vorstellung von der Umwelt bestätigt sieht, da genügend Eingangsimpulse eingegangen sind, die den Schwellwert übersteigen. Wenn man von einer Art Hierarchie bzw. einem Netz von Neuronen ausgeht, bedeutet dies, dass die in tieferen, hierarchischen Schichten liegende Neuronen (d.h. hintere Glieder der Kette von Neuronen) für komplizierte Kombinationen – repräsentiert durch die Art der Verknüpfung der Neuronen untereinander – von Vorstellungen der Vorgängerneuronen stehen.

1954

Marvin Minsky verfasst eine Dissertation mit dem Titel „Neural Networks and the Brain Model".

1958

Der Wissenschaftler Frank Rosenblatt stellt das Konzept der ‚Perceptrons' vor. Dabei handelt es sich um ein Netz, das aus Sensoren, Assoziationseinheiten und Antworteinheiten besteht. Diese Elemente sind untereinander verbunden und beeinflussen sich nicht gleichberechtigt, sondern gewichtet. Prinzipiell kann aus diesen Elementen eine Art Erkennungsmaschine aufgebaut werden, die einfache Prozeduren abwickeln kann. Durch wiederholtes Ausführen ist sie in der Lage, optimale Gewichtungen zu ermitteln, wodurch eine Art Lernprozess realisiert wird.

Frühe 60er Jahre

Rosenblatt entwickelte auf Basis seiner Arbeiten zusammen mit Hans Bremermann einfache neuronale Netze.

1969

Als Reaktion auf das Konzept des Perceptrons veröffentlichen Marvin Minsky und Samuel Papert, die beide das Kon-

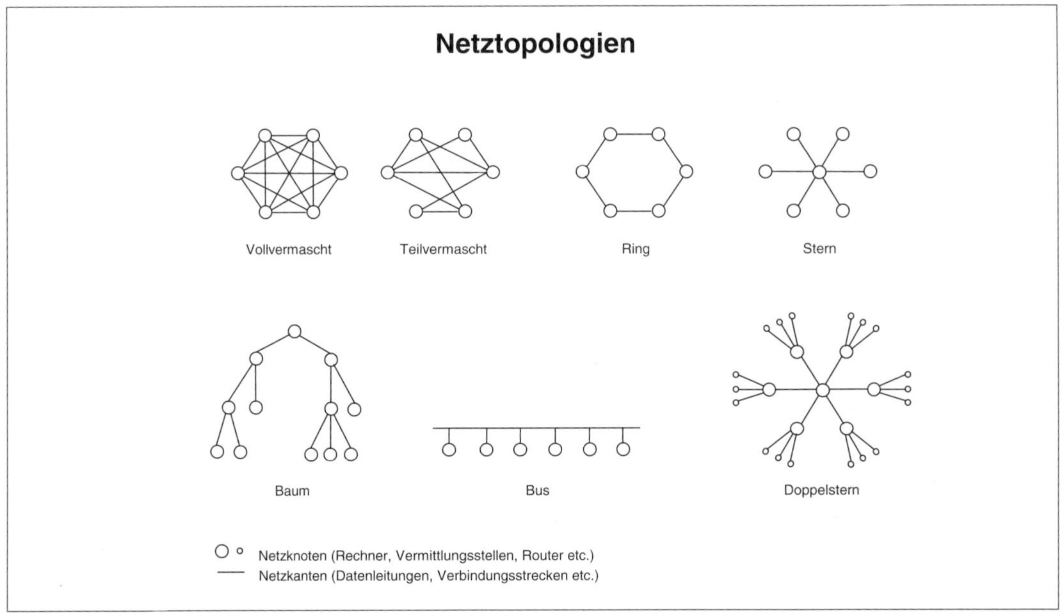

zept für zu komplex, aber gleichzeitig auch nicht für leistungsfähig genug halten, eine scharfe Kritik in dem Buch „Perceptrons", welche die Weiterentwicklung des Konzeptes der neuronalen Netze für lange Zeit fast zum Stillstand bringt.

80er Jahre

Es werden verschiedene interdisziplinäre Untersuchungen von Biologen, Medizinern, Mathematikern und Physikern thematisch unter dem Begriff ‚Konnektionismus' zusammengefasst, die alle als Modell informationsverarbeitende Systeme aus vielen (primitiven) uniformen Einheiten, deren Vernetzung und eine parallele Verarbeitung von (Eingabe-) Information gemeinsam haben.

Späte 80er Jahre

Durch die Zunahme der Leistungsfähigkeit von Computern und PCs erhält die Forschung an Neuronalen Netzen erneut Auftrieb.

Newbie

Hochnäsiger Jargon für Neulinge im → *Internet*, die mit dem Umgang mit → *E-Mail*, → *Usenet* oder anderen Diensten noch nicht allzu sehr vertraut sind, Fehler machen oder sich nicht an die → *Netiquette* halten.

Der Ausdruck Newbie kam auf, als das Internet sich um 1990 erstmals und noch vor der großen Welle von → *WWW* mit → *Archie* (1990) und kurz darauf mit → *Gopher* (1991) sowie → *WAIS* einer größeren Öffentlichkeit stellte.

New Economy

Ein nicht klar definierter Begriff, der primär die Unternehmen, ihre Geschäftsmodelle und ihre kulturellen Eigenarten subsumiert, die ihren Geschäftszweck auf der Nutzung des → *Internet* für kommerzielle Anwendungen aufbauen. Dies kann, näher betrachtet, folgende Elemente beinhalten:

- Betroffene Unternehmen:
  - Unternehmen, die eine → *Site* im → *WWW* des Internet als Plattform für die Realisierung eines bestimmten Geschäftsmodells nutzen. Häufig handelt es sich um fremdfinanzierte Neugründungen, sog. Dot-Coms.
  - Unternehmen, welche die Site realisieren oder sie vermarkten (Web Agentur, → *Banner*)
  - Unternehmen, die dafür spezielle Software entwickelt haben, z.B. für → *elektronische Marktplätze* oder andere Formen des → *E-Business*

  Es ist umstritten, ob diese Kernbranchen der New Economy um solche ergänzt werden müssen, die direkt oder indirekt involviert sind. Oft handelt es sich dabei um klassische High-Tech-Unternehmen. Es kann jedoch auch argumentiert werden, dass die folgenden Branchen zwar schon lange bestehen, dennoch aber viele andere Charakteristiken der New Economy auf sich vereinen:
  - Anbieter von Telekommunikationsdienstleistungen, insbesondere fremdfinanzierte Neugründungen
  - Anbieter von Netzwerkausrüstung
  - Anbieter von Content aus der Medienbranche
- Geschäftsmodell: Hierunter versteht man die Erzeugung des Mehrwertes durch das Unternehmen und die Quelle für die Finanzierung des Mehrwertes. Die Konkretisierung dieser allgemeinen Definition hängt vom Einzelfall ab. Nicht immer stellt ein derartiges Geschäftsmodell eine revolutionäre Umkehrung von Geschäftsmodellen aus der herkömmlichen Geschäftswelt dar (wie z.B. bei → *Power-Shopping* oder → *Reverse Auctioning*), sondern kann auch lediglich die elektronische Realisierung eines bekannten Geschäftsmodells aus der herkömmlichen Geschäftswelt sein. Ein Beispiel dafür ist der → *elektronische Marktplatz*. In diesem Fall sind die schnelle Anbahnung und die Abwicklung der Transaktion zu geringen Kosten Vorteile der elektronischen Realisierung.
- Kulturelle Eigenarten: Die Unternehmen der New Economy weisen intern oft bestimmte Kennzeichen auf. Dies können sein:
  - Finanzierungsmodell: Die Finanzierung erfolgt zu einem Großteil durch Fremdkapital so genannter Venture-Capital-Geber (Risikokapitalunternehmen). Eng hiermit verknüpft ist die Bewertung entsprechender Unternehmen beim Börsengang oder beim Verkauf eines Unternehmens. Die Bewertung erfolgte lange Zeit nicht nach den vorhandenen Vermögenswerten (physische Güter wie Maschinen, Gebäuden oder Fuhrpark) oder den real vorhandenen Kunden sowie dem durch sie generierten Umsatz, sondern den aus der Zukunft und zukünftigen Aktivitäten abgeleiteten erwarteten Umsatz- und insbesondere Gewinnströmen. Um diese zu ermitteln, sind verschiedene Verfahren entwickelt worden, die in einem unterschiedlich hohen Maße die Unsicherheiten und Risken der Zukunft berücksichtigen.
  - Unternehmenskultur: Die Aufbau- und Ablauforganisation zeichnet sich oft durch flache Hierarchien, kurze Entscheidungswege und ein hohes Maß an Freiraum für eigene Entscheidungen durch einzelne Mitarbeiter aus. Oft ist ein Betriebsrat verpönt und die Angestellten haben ein Durchschnittsalter um die 30 Jahre.
  - Mitarbeiterbezahlung: Mitarbeiter werden oft nicht durch ein herkömmliches festes Monatsgehalt, sondern durch ein die Lebenskosten deckendes Festgehalt und durch Unternehmensanteile (z.B. Aktienoptionen) entlohnt.

Im Gegensatz dazu versteht man unter der Old Economy solche Unternehmen, die ihr Geschäftsmodell nicht primär auf das Internet ausgerichtet haben und das Internet bestenfalls als Ausweitung oder Ergänzung zu ihrem Kerngeschäft sehen. Als besondere Klasse werden dann sog. Brick & Mortar-Unternehmen (Ziegelstein und Mörtel) angesehen, die sich insbesondere durch das Vorhandensein physischer Wertgegenstände (Maschinen, Gebäude, Grundstücke etc.) und ein durch das Internet nicht substituierbares Geschäftsmodell (z.B. Produktion von physischen Gütern, Bauindustrie) auszeichnen.

Nach dem Beginn der Kommerzialisierung des Internet ab 1996 gab es eine Welle der Euphorie und der Unternehmensneugründungen im Umfeld der Unternehmen der New Economy. Die primäre Finanzierungsquelle dieser Unternehmen waren Fremdkapitalgeber. Das Hauptunternehmensziel war auf Wachstum (Anzahl Kunden, angebotene

Waren, abgedeckte geografische Märkte) ausgelegt. Grundlage der Bewertung dieser Unternehmen bei Unternehmenskäufen oder Börsengängen in jener Zeit (zur weiteren Kapitalbeschaffung nach den ersten Finanzierungsrunden der Risikokapitalgeber) war das Potenzial des Unternehmens, das häufig aus einer Fortschreibung der Unternehmensentwicklung in den Boomzeiten (1996 bis 1999) abgeleitet wurde.

Als sich ab März 2000 abzeichnete, dass die Ziele dieser fortgeschriebenen Entwicklung illusorisch sind, besann sich die Investorengemeinde auf zahlreiche aus der Old Economy und deren Bewertung bekannten Werten: Profitabilität innerhalb kurzer Zeit, Erreichen eines Return on Investments (RoI), physischer Besitz, Wert einer Marke und Wert eines Kundenstamms (Anzahl Kunden, Umsatz pro Kunde, Kundenloyalität). Ferner gilt ein nicht oder nur schwer kopierbares Geschäftsmodell, das langfristig stabil bleiben und dabei schnell profitabel werden kann, als viel versprechend.

Die Gründe für den zunächst entstehenden Boom der New Economy sind vielfältig:

- Das Internet: Mit dem Internet stand eine enorm flexible Plattform für viele neue Geschäftsideen zur Verfügung. Diese Geschäftsideen konnten dank der offenen Standards und der vorhandenen Internet-Technologie mit vergleichsweise geringen Investitionen umgesetzt werden, so dass die Markteintrittshürden gering waren. Ferner erlaubte das Internet eine sofortige Bedienung gleich mehrerer geografischer Märkte (globaler Kanal).
- Deregulierung: Die wettbewerbsfreundliche Deregulierung der Telekommunikationsmärkte führte auch hier zu niedrigen Markteintrittsbarrieren.
- Niedrige Zinsen: Die relativ niedrigen Zinsen zu jener Zeit trieben extrem viel Kapital an die Börsen. Geldanleger sind grundsätzlich immer auf der Suche nach viel versprechenden Anlagewerten. Dies trifft umso mehr in den Zeiten zu, in denen eine Anlage in Aktien eine höhere Rendite als eine in festverzinslichen Wertpapieren verspricht. Die goldenen Börsenjahre zur Mitte der 90er Jahre sorgten für neue Finanzierungsmodelle und halfen in Europa dabei, sie populär zu machen. Insgesamt kam es zu einer regelrechten Euphorie und zu erstaunlichen Kursentwicklungen im positiven Sinn („Skyrocketing Stocks").
- Fehlende existierende High-Tech-Aktien in Europa: Die wenigen existierenden europäischen High-Tech-Aktien in Europa (Infineon, SAP, Alcatel, Marconi etc.) boten nicht genug Anlagemöglichkeiten, so dass das bereitstehende Kapital willig und bedenkenlos in neue Börsenkandidaten floss.

Folgende Gründe können für den Kollaps der New Economy gesehen werden:

- Völlige Fehleinschätzung der sich bildenden Märkte: Dies ist eine Folge einer Mischung von Unerfahrenheit, Blindheit und Wunschdenken des Managements, der Kapitalgeber, der involvierten Berater und Analysten. Insbesondere in Europa, wo es keine langjährige Tradition in der Fremdfinanzierung durch Risikokapital und der damit verbundenen Methodik der Business-Plan-Analyse gibt, spielte dies eine Rolle.
- Kein langfristige Rentabilität sicherndes Geschäftsmodell: Viele Geschäftsmodelle brachten kurzfristig gesehen durchaus interessante Umsätze, verzeichneten aber schon mittelfristig gesehen sinkende Margen (z.B. die Finanzierung durch → *Banner*). Auch erwiesen sich viele Geschäftsmodelle allein als langfristig nicht tragfähig (Power Shopping, Reverse Auctioning), behaupteten sich jedoch in Kombination mit traditionellen Konzepten (z.B. klassisches Versandhausgeschäft).
- Missmanagement: Die jungen Gründer waren oft mit der Führung von Mitarbeitern und eines Unternehmens (oft einer Aktiengesellschaft) völlig überfordert. In einzelnen Fällen wurde im Insolvenzverfahren das Fehlen einer Buchführung festgestellt. Ferner war es insbesondere bei rasch expandierten Unternehmen – u.U. noch in verschiedenen geografischen Märkten – zu einer Vernachlässigung des Controllings gekommen, so dass die Kosten explodierten und das Fremdkapital durch eine hohe Burn Rate rasch aufgebraucht wurde. Zusammen mit ausbleibenden Umsätzen als Folge der falsch eingeschätzten Marktentwicklung gerieten viele Unternehmen in wirtschaftliche Schwierigkeiten.
- Starke Konkurrenz: Niedrige Markteintrittshürden, leicht kopierbare Produkte oder Geschäftsmodelle haben in einigen Bereichen zu vielen Konkurrenten geführt (z.B. bei Internet-Portalen oder Telefongesellschaften), die um den gleichen Markt konkurrierten (Werbeagenturen, die Bannerwerbung schalten bzw. Telefonkunden). Als Folge kam es zu einem ruinösen Preiswettbewerb, der die Preise wesentlich schneller als erwartet sinken ließ, so dass die Umsätze nicht den Erwartungen entsprachen.
- Unterschätzung der Old Economy: Der Markteintritt von Unternehmen der Old Economy erfolgte zwar spät, doch durch die enormen Mittel konnte ein gewaltiger Auftritt realisiert werden. Ferner verfügten diese Unternehmen über ein eingespieltes Geschäftsmodell. Das Internet war für sie oft nur mehr ein weiterer Kommunikations- oder Vertriebskanal, der vergleichsweise leicht in das bestehende Geschäftsmodell integriert werden konnte.
- Misstrauen der Anleger: Durch Betrugsfälle, und die ersten Konkurse wurde insbesondere ab Januar 2001 die Anleger und Börsenanalysten aufgeschreckt, so dass es zu einer Investorenflucht kam. Viele Anleger verkauften an den Wachstumsbörsen ihre Aktien, was zu erstaunlichen Kursentwicklungen führte – diesmal im negativen Sinn („Pennystocks"). Risikokapitalfirmen wurden zusehends unwilliger, in neue Ideen und bestehende Firmen, welche in die zweite oder dritte Finanzierungsrunde gehen wollten, zu investieren, so dass dies die Finanzierungssituation weiter verschärfte.

Die europaweite Lizenzierung von → *UMTS* im Laufe des Jahres 2000 entzog dem europäischen Kapitalmarkt rund 100 Mrd. Euro und führte zu einem starken Anstieg der Schulden der großen Telcos. Seither sorgt die nach wie vor ungeklärte Frage, wie dieses Geld trotz der Konzepte rund um → *M-Commerce* wieder verdient werden soll, für eine permanente Unsicherheit der Mobilfunkmärkte („Somewhere over the Rainbow").

Der Effekt des Aufstiegs und Falls einer ganzen Industrie ist volkswirtschaftlich betrachtet keine sensationelle Entwicklung der Neuzeit. Die Wirtschaftsgeschichte kennt dafür zahlreiche Beispiele (Tulpenzwiebelindustrie in den Niederlanden im ausgehenden Mittelalter, Eisenbahnen in Osteuropa und den USA gegen Ende des 19. Jahrhunderts, Stahlindustrie und Schiffbau in Europa von 1950 bis 1990). Der Aufstieg und Fall der New Economy ist aus folgenden Gründen jedoch bemerkenswert:

- Erstmals war kein lokal begrenzter Markt betroffen, sondern die gesamte globale New Economy.
- Erstmals war keine scharf abgegrenzte Branche betroffen, sondern eine ganze Reihe von Branchen (Hardware-Hersteller im Bereich PC, Endgeräte und Netzwerke, Software-Hersteller, Festnetzbetreiber, Mobilfunkbetreiber, Internet-Service-Provider, Dot-Coms).
- Der gesamte Zyklus ist innerhalb kurzer Zeit durchlaufen worden: Der Aufstieg innerhalb von vier Jahren (1996 bis 2000), der Fall innerhalb eines guten Jahres (März 2000 bis Sommer 2001).
- Der Fall erfolgte mit zahlreichen Entlassungswellen und Firmenkonkursen sehr tief.

Es kann als Fazit gezogen werden, dass viele Konzepte der New Economy mittlerweile von Unternehmen der Old Economy aufgegriffen wurden. Teilweise wird auch von der True Economy gesprochen, in der die Vorteile beider Welten vereinigt sind.

Als bleibende positive Effekte der Entwicklung seit 1996 sind zu nennen:

- Entwicklung einer Aktien- und Gründerkultur in Europa und insbesondere in Deutschland
- Entwicklung zahlreicher Geschäftsmodelle und Anwendungen, die über → *E-Business* nun Einzug in alle Unternehmen halten und dabei helfen, diese effizienter zu gestalten
- Beschleunigung des technischen Fortschritts
- Errichtung einer hochmodernen, globalen und auf Glasfasern basierenden breitbandigen Netzinfrastruktur

News

→ *Usenet.*

Newsgroup

→ *Usenet.*

Newsletter

Ganz allgemein im Wirtschaftsleben die Bezeichnung für einen idealerweise periodisch erscheinenden, schriftlichen Informationsbrief eines Unternehmens oder einer vergleichbaren Institution über Neuigkeiten aller Art, z.B. neue Produkte, Veranstaltungen, Personalveränderungen etc.

Im → *Internet* üblicherweise die Bezeichnung für personalisierte und im Gegensatz zu → *Spams* ausdrücklich angeforderte → *E-Mails*, mit denen im Internet aktive Unternehmen informieren.

→ *Digest*, → *Mailinglist.*

Newton

→ *PDA.*

NEXT

1. Abk. für Near End Crosstalk.

   Eine spezielle Form des → *Nebensprechens* auf als verdrillte → *Zweidrahtleitung* realisierten Kabeln, bei dem sich Informationen von Teilnehmern, die sich beide auf einer Seite des Übertragungsweges befinden, überlagern, und zum Sender zurückkehren. Gleichzeitig ist NEXT die Bezeichnung für ein Maß der Dämpfung durch das Nahnebensprechen. NEXT ist nur für die ersten Meter eines Übertragungsweges von Relevanz und erzeugt im Allgemeinen größere Störungen als das Fernnebensprechen (→ *FEXT*). Messtechnisch wird dieser Qualitätsindikator erfasst, indem ein Messgerät ein Signal auf eine Ader des Kabels schickt und das resultierende Signal auf der zweiten Ader misst. Üblicherweise wird ein ganzer Frequenzbereich schrittweise getestet.

   Eine andere mit NEXT verwandte Größe ist PSNEXT (Power Sum NEXT), die jedoch nicht gemessen, sondern aus den Messergebnissen errechnet wird.

   → *ACR.*

2. Bezeichnung für ein von Steven Jobs, nach seinem Weggang im Frühjahr 1985 von der von ihm mitgegründeten Firma → *Apple*, gegründetes Unternehmen, das spezielle leistungsfähige Rechner produziert.

   Es konnte sich mit bescheidenem Erfolg am Markt etablieren, erreichte aber nicht ganz seine eigenen hochgesteckten Ziele. NEXT brachte 1988 sein erstes Produkt auf den Markt. Es war eine in den USA nur für Universitäten verfügbare → *Workstation*, die mit dem → *Betriebssystem* → *NextStep* und dem → *Mikroprozessor* → *Motorola 68030* sowie mit einem Laufwerk für wiederbeschreibbare optische Platten ausgestattet war.

   Zum Jahreswechsel 1996/97 wurde NEXT durch Apple übernommen.

   Sitz ist Redwood City, Kalifornien.

   → *Rhapsody*, → *ACR.*

Next Generation I/O

→ *NGIO.*

NextStep

Bezeichnung eines → *Betriebssystems* (32 Bit) mit grafischer Benutzeroberfläche aus dem Hause NEXT, dort maßgeblich mitentwickelt durch Avidis Tevanian Jr.

Ursprünglich nur für → *NEXT*-Rechner gedacht, dann auch auf → *PCs* portiert. Es leitet sich aus dem → *Mach*-Projekt ab und beeinflusste ab 1997 auch die Weiterentwicklung von → *MacOS.*

NF

Abk. für Niedrigfrequenz (-Technik).

Im Gegensatz zu → *HF* für Hochfrequenz.

NFGt

Abk. für Nachrichtenfernschaltgerät.

Bezeichnung aus dem Begriffsschatz der Deutschen Telekom. Bezeichnet dort bei → *Standleitungen* das beim Nutzer von der Telekom installierte Gerät zum Netzabschluss, das den Zugang zur Standleitung üblicherweise über eine → *X.21*-Schnittstelle ermöglicht.

NFS

Abk. für Network File System.

Eine Mitte der 80er Jahre von der Firma Sun entwickelte Software, welche mit virtuellen Verbindungen einen transparenten Zugriff auf Festplatten und Dateien über ein Netz und somit ein verteiltes Dateisystem ermöglicht. Basiert auf einer eigens von Sun entwickelten → *RPC*-Technologie namens ONC/RPC (Open Network Computing) und nutzt → *IP*. Sie hat sich im → *Unix*-Bereich durch die Veröffentlichung des Quellcodes zum weit verbreiteten De-facto-Standard entwickelt und existiert mittlerweile auch für andere Plattformen wie → *VMS*, → *MVS* und → *DOS* (PC-NFS).

Eine Verbesserung ist das Highly Available NFS (HANFS).

NGIO

Abk. für Next Generation Input/Output (Bus).

Bezeichnung für ein Forschungsprojekt im Hause → *Intel* mit dem Ziel, den Nachfolger des → *PCI*-Busses zu entwickeln. Unterstützung erfuhr Intel dabei durch Dell, Hitachi, NEC, Siemens und Sun.

Wurde zunächst damit gerechnet, dass er spät im Jahre 2000 der Öffentlichkeit vorgestellt wird, so floss der gesamte Standard nach längerem Wettbewerb mit dem Konkurrenzstandard → *Future I/O* in den neuen Standard → *Systems I/O* ein.

NGNP

Abk. für Non-Geographical Number Portability.

→ *Nummernportabilität.*

NGSO

Abk. für Non-Geostationary Orbit.

Bezeichnung für Umlaufbahnen von Satelliten um die Erde, die keine geostationären Umlaufbahnen (→ *GEO*) sind. Beispiele hierfür sind → *LEO*, → *MEO* oder → *HEO*.

NHRP

Abk. für Next Hop Resolution Protocol.

Bezeichnung für ein Protokoll, das im → *Internet* für → *Routing*-Zwecke verwendet werden kann.

Es befindet sich gegenwärtig noch in der Entwicklung.

NI

Abk. für Network Indicator.

Bezeichnung eines zwei Bit langen Datenfeldes in einer Nachricht im → *SS#7*-Netz. Der NI ist Teil des → *SSF*, das wiederum Teil des → *SIO* ist.

Nibble

Bezeichnung für ein halbes → *Byte* (Halbbyte), also vier Bit.

NIC

1. Abk. für Nearly Instantaneous Coding.
2. Abk. für National ISDN Committee.
   Bezeichnung eines Gremiums in den USA, das sich mit der Einführung, Verbreitung und Weiterentwicklung des → *ISDN* beschäftigt.
   → *NUIF*, → *VIA*.
3. Abk. für Network Interface Card (auch: Controller).
   Auch Netzwerk- oder Netzadapter genannt. Bezeichnung für Einsteckkarten für PCs, die den Zugang zu einem → *LAN* ermöglichen. Eine NIC ist im → *OSI-Referenzmodell* auf Schicht 1 angesiedelt, nimmt aber nach der → *IEEE-802*-Serie wesentlich mehr Funktionen, auch von Schicht 2, wahr.
   NICs werden in freie Einsteckplätze in anzuschließende PCs gesteckt und sind auf diese Weise mit dem internen Bussystem eines PCs, heute meistens ein → *PCI*-Bus, verbunden. Auf der LAN-Seite verfügen NICs über einen oder mehrere Ports zum Anschluss an das eigentliche Übertragungsmedium des LANs.
   Bei Kombokarten sind auf der LAN-Seite der Karte verschiedene Ports zum Anschluss verschiedener Übertragungsmedien vorhanden, z.B. eine Buchse für den Anschluss eines → *Koaxialkabels* oder eine Buchse für den Anschluss einer verdrillten → *Zweidrahtleitung*. Die NIC erkennt dann automatisch, welches Medium tatsächlich angeschlossen ist (sog. Autosensing) und mit welcher Geschwindigkeit (z.B. 10 oder 100 Mbit/s bei → *Ethernet*) das Netz gefahren wird. Autosensing erleichtert die Netzverwaltung und insbesondere die Migration auf neue Übertragungsmedien und Protokolle erheblich.
   Multiport-Karten stellen gleich mehrere gleichartige Ports zur Verfügung und sind für den Einsatz in → *Servern* gedacht. Durch den Anschluss mehrerer Kabel an die Ports wird das LAN gleich in → *Segmente* eingeteilt. Nachteilig ist in diesem Fall, dass beim Ausfall der NIC durch die Zentralisierung der Ports auf einer NIC kein Datentransfer zwischen den Segmenten mehr möglich ist. Diesem Nachteil kann mit → *Failover* begegnet werden.
   Beim Kauf von NICs ist ferner zu beachten, dass sie vom → *Motherboard* des PCs zur Verfügung gestellte Features, wie z.B. Remote-Management etc. gemäß Spezifikationen der → *DMTF*, unterstützen, damit diese unterstützt werden und genutzt werden können.
4. Abk. für Network Information Center.
   Bezeichnung für die nationalen Instanzen, die nationale Angelegenheiten des → *Internet* übernehmen, wie z.B. die Verteilung von → *Domänen* oder die Zuteilung von

→ *IP*-Adressen. Üblicherweise verwaltet ein nationales NIC eine nationale Toplevel-Domäne (→ *tld*) und richtet dafür einen entsprechenden Server ein (genannt Primary Nameserver).

Für die Zuteilung wurden die Adressen in drei Kategorien eingeordnet. Kategorie A ist ein Adresspaket von 256 Adressen, Kategorie B von 65 536 Adressen und Kategorie C von über 16 Mio. Adressen. Während in der Vergangenheit Kategorie-A-Pakete gefragt waren, besteht mittlerweile große Nachfrage nach Kategorie B.

Wegen der Knappheit von IP-Adressen werden keine Pakete der Kategorie C mehr vergeben.

Interessenten für IP-Adressen müssen nachweisen, dass 25% der angeforderten IP-Adressen sofort und weitere 25% innerhalb des nächsten Jahres vergeben werden können. Ferner müssen Pläne der Subnetze und ein Verteilungsschlüssel eingereicht werden.

Für bestimmte Toplevel-Domains (→ *tld*) vergibt das → *InterNIC* in den USA die Rechte.

Für den asiatisch-pazifischen Raum ist das Asia Pacific Network Information Center (APNIC) zuständig.

Für Deutschland verwaltet ein spezielles DE-NIC die Domäne .de. Das DE-NIC ist zuständig für den Betrieb des Primary Nameservers (PNS) der Toplevel Domain DE und die damit verbundene Registrierung deutscher Domains und für die Vergabe von IP-Adressen in Deutschland.

Getragen wird das DE-NIC von einem 1993 gegründeten Interessenverband zum Betrieb eines deutschen Network Information Centers (IV-DENIC). Mitglieder im IV-DENIC sind die meisten Internet-Service-Provider (→ *ISP*) aus Deutschland, sowie die Deutsche Interessensgemeinschaft Internet e.V. (→ *DIGI*). DE-NIC selbst ist Mitglied bei → *CENTR*.

Die einzelnen nationalen NICs erhielten ihren zu verwaltenden Adressraum lange Zeit von der → *IANA*, dessen Nachfolge mittlerweile die → *ICANN* übernommen hat.

→ *http://www.internic.net/*

→ *http://www.nic.de/*

NICAM

Abk. für Near Instantaneous Companded Audio Multiplex.

Bezeichnung für ein in den 70er Jahren vom Hause BBC entwickeltes Übertragungsverfahren für Stereoübertragung von TV-Tonsignalen über drahtgebundene Netze.

Es existieren verschiedene Varianten. Weit verbreitet, z.B. in Skandinavien und GB, ist ein Verfahren mit einer Bitrate von 728 kbit/s für zwei Tonkanäle.

→ *http://www.bbc.co.uk/reception/tv_nicam.shtml/*

NiCd

Abk. für Nickel-Cadmium.

→ *Akku*.

NICHT

International mit NOT bezeichnet. Auch Negation oder Invertierung genannte Bezeichnung für eine logische Operation mit einer logischen Variablen A im Rahmen der Booleschen Algebra. Die Operation resultiert genau dann im Wert 1 („Wahr"), wenn der ursprüngliche Wert 0 war und umgekehrt, d.h., der Wert wird durch die Operation NICHT invertiert.

Die folgende Tabelle zeigt die NICHT-Verknüpfung.

A	NICHT A
0	1
1	0

Die Negation einer Variablen *A* zur Variablen *Y* wird oft mathematisch mit einem waagerechten Strich über der zu negierenden Variablen oder in folgender Notation geschrieben:

$$Y = \neg A$$

→ *de Morgan*, → *ODER*, → *UND*, → *XOR*.

Nichtamtsberechtigung

→ *Berechtigung*.

Nickname

Von engl. nickname = Spitzname. Auch Screenname oder Alias bzw. Aliasname genannt. Jargon für die Bezeichnung (Pseudonym), die sich Teilnehmer beim → *Chatten* in → *Online-Services* oder im → *Internet* zur Verkürzung der Ansprache geben müssen.

Meistens eine kurze, prägnante und durchaus persönliche Bezeichnung für eine Person, häufig abgeleitet aus ihrem realen Namen.

NID

Abk. für Network Information Database.

Bezeichnung einer Datenbank für die Version 2 (IN/2) des → *IN*.

NiH_2

Abk. für Nickel-Hybrid (-Technik).

→ *Akku*.

NII

Abk. für National Information Infrastructure.

Ein von Robert Kahn (→ *Internet*) in seiner Zeit als Initiator der → *CNRI* in den 80er Jahren geschaffener Begriff, der erst im US-Wahlkampf 1992 populäres Thema wurde, als der damalige Senator und spätere Vizepräsident Al Gore ihn wieder aufgriff und zum großen Ziel proklamierte. Von Al Gore und seinem Handelsminister Brown wurde die NII am 15. September 1993 offiziell ausgerufen. Al Gore wurde dabei von einem 1988 vom National Research Committee veröffentlichten und maßgeblich von Kleinrock, Kahn und David D. Clark geschriebenen Report mit dem Titel „Towards a National Research Network" beeinflusst. Als Folge wurde noch 1993 direkt im Weißen Haus die National Information Infrastructure Task Force (NII Task Force) installiert.

Die Vision ist, jeden US-amerikanischen Haushalt an ein universelles, Telekommunikation und Computersysteme integrierendes Netz anzuschließen und so jedem US-Bürger die Möglichkeit zu bieten, auf Datenbestände von Bibliotheken, Archiven und Forschungseinrichtungen zugreifen zu können. Darüber hinaus sollen auch weitere Einrichtungen (Universitäten, Krankenhäuser etc.) vernetzt werden. Quasi in Anlehnung an das pionierartige Vorgehen der Amerikaner bei der Erschließung ihres Kontinents („Go West!") sollte die Sphäre des Internet und des Wissens von den Amerikanern erschlossen werden.

Die NII ist auch unter anderen Begriffen, wie z.B. Databahn, Communication Highway, Information Highway oder Superhighway oder auch in Deutschland als Datenautobahn populär.

Ein anderer Begriff, der in diesem Zusammenhang diskutiert wird, ist der des → *Global Village*.

Damit wird einerseits ausgedrückt, dass mit den Möglichkeiten moderner Telekommunikation große Distanzen problemlos überbrückt werden können und so die ganze Welt zu einem (virtuellen) Dorf zusammenrückt, andererseits ganz allgemein durch länderübergreifende Probleme (Umweltverschmutzung, Ozonloch etc.) die Welt nicht mehr als eine Sammlung unabhängig voneinander bestehender und agierender Staaten, sondern nur noch als eine Einheit gesehen werden kann.

Al Gore warf den Begriff des Highway auch deshalb in die Diskussion, da er von seinem Vater inspiriert wurde, der seinerzeit Vorsitzender einer Senatskommission war, die sich mit der Errichtung des amerikanischen Fernstraßennetzes beschäftigte.

In Deutschland ist lange Zeit oft von der → *Datenautobahn* die Rede gewesen.

→ *Information at your Fingertips*, → *Wired City*.

→ *http://nii.nist.gov/*

NIM

Abk. für Network Interface Module.

→ *NIC*.

NiMh

Abk. für Nickel-Metallhybrid (-Technik).

→ *Akku*.

NIML

Abk. für Not in my Lifetime.

→ *Chat Slang*.

N-ISDN

Abk. für Narrowband-ISDN.

Bezeichnet, im Gegensatz zum → *B-ISDN*, schmalbandige Standardanwendungen von → *ISDN*.

Der Begriff wird nur selten in der Literatur gebraucht, zumeist dann zur Verdeutlichung des Gegensatzes zu B-ISDN.

NIST

Abk. für National Institute of Standards and Technology, zuvor National Bureau of Standards genannt.

Bezeichnung eines Normungsgremiums in den USA, das sich insbesondere um Standards im Bereich der Messtechnik kümmert.

→ *http://www.nist.gov/*

NIU

Abk. für Network Interface Unit.

NIUF

Abk. für National ISDN Users Forum.

Bezeichnung einer Vereinigung der Nutzer des → *ISDN* in den USA, die die Interessen der Nutzer gegenüber den Carriern und den Herstellern von ISDN-Endgeräten vertritt.

→ *NIC*, → *VIA*.

→ *http://www.niuf.nist.gov/*

Nixdorf

Bis 1990 das nach seinem Gründer benannte einzige deutsche Hard- und Software herstellende Unternehmen. Der Schwerpunkt lag dabei insbesondere im Bereich der mittleren Datentechnik (→ *MDT*) für den Mittelstand.

Die Wurzeln reichen zurück bis in die 50er Jahre. Heinz Nixdorf (* 1925, † 1986) richtete 1952 mit 27 Jahren und 30 000 DM im Keller seiner Eltern in Paderborn eine Werkstatt ein und produzierte Kleinrechner für die RWE, die über die Wanderer-Werke in Köln vertrieben wurden, die er später selbst übernahm. Er firmiert unter „Labor für Impulstechnik".

1962 fällt Nixdorf auf dem Gang über die Hannovermesse am AEG-Telefunkenstand ein TR 10-Rechner auf, den Otto Müller in seiner Freizeit gebaut hatte, um seiner Frau Buchhaltungsarbeiten abzunehmen. Hiervon angespornt, warb er ihn ab und beauftragte ihn mit der Entwicklung eines kleinen Rechners, der 1967 als Magnetkontencomputer 820 auf der Hannovermesse vorgestellt wurde. Er war seinerzeit kleiner, schneller und leistungsfähiger als vergleichbare IBM-Rechner und gelang so zum Durchbruch. Der Rechner konnte gar nicht so schnell gebaut werden, wie Bestellungen eingingen.

Heinz Nixdorf benannte 1968 sein Labor für Impulstechnik in Nixdorf Computer AG um.

1974 folgte die → *Nixdorf 8870*, die Nixdorf bis in die 80er Jahre hinein europaweit groß machte. Doch verpasste Nixdorf nach der Nixdorf 8870 die Wende hin zu PC-basierten und zu vernetzten Systemen nach dem Client/Server-Prinzip (→ *Server*).

1978 schon stieg die Deutsche Bank mit 25% bei Nixdorf ein. Das Unternehmen fusionierte schließlich, nachdem es gegen Mitte der 80er Jahre in wirtschaftliche Schwierigkeiten gekommen war, im Jahre 1990 mit dem Bereich Daten- und Informationssysteme (DI) aus dem Hause Siemens zur Siemens-Nixdorf Informationssysteme AG (→ *SNI*) und firmierte schließlich nach weiterer Zerlegung 1999 zur Wincor-Nixdorf.

Heinz Nixdorf selbst verstarb 1986 auf einer Tanzveranstaltung der Hannover-Messe → *CeBIT*.

→ *HNF*.

→ *http://www.wincor-nixdorf.de/*

Nixdorf 8870

Bezeichnung für ein Computersystem der mittleren Datentechnik (→ *MDT*) aus dem Hause Nixdorf, mit dem es eine ernsthafte Konkurrenz zu den ansonsten dominierenden → *IBM S/32*-Computern gab.

Nixdorf brachte die 8870 1974 für 158 163 DM auf den Markt. Sie verfügte über 40 KByte Hauptspeicher, 40 MByte Festplatte und einen Drucker mit 165 Zeichen/Sekunde.

Bis Anfang 1981 wurden 10 000 Systeme verkauft. Bis zum Produktionsende 1987 gab es ca. 23 000 Installationen weltweit. Sie war der größte Erfolg des Unternehmens Nixdorf, nicht zuletzt dank der Standardsoftware → *Comet.*

Nixdorf 8890

Bezeichnung für ein IBM-kompatibles Computersystem der → *Mainframe*-Klasse, das nach dem Erfolg der → *Nixdorf 8870* auch Erfolg im Großrechner-Markt bringen sollte.

Entwickelt ab den frühen 80er Jahren.

Der Rechner war mit dem Betriebssystem von der 1980 gekauften TCSC ausgerüstet.

Das gesamte System war jedoch kein Erfolg, weshalb seine Produktion 1989 eingestellt wurde.

NKÜ 2000

Abk. für Netzknoten im Übertragungsnetz 2000.

Bezeichnung eines Projektes/Konzeptes und eines Bausteins im → *SDH*-Netz der Deutschen Telekom.

NKÜ 2000 ist dabei ein → *Cross Connect*, ergänzt um einen Steuerrechner, eventuelle Cross-Connect-Multiplexer und → *Gateways* zum → *PDH*-Netz.

NLANR

Abk. für Network Laboratory for Applied Network Research.

Bezeichnung einer finanziell mehrheitlich von der → *NSF* und organisatorisch von mehreren Supercomputerzentren getragenen Institution in den USA mit dem Ziel, hochleistungsfähige → *WANs* zu entwickeln.

→ *http://www.nlanr.net/*

NLB

Abk. für Network Load Balancing.

NLP

1.Abk. für Network Layer Protocol.

Bezeichnung des Protokolls, das zwischen den Netzschichten zweier voneinander entfernter, aber miteinander kommunizierender Systeme abgewickelt wird.

→ *OSI-Referenzmodell.*

2.Abk. für Natural Language Processing.

Bezeichnung für Spracherkennungs- und Sprachsynthesesysteme für natürliche Dialoge, z.B. bei → *IVR.*

NLQ

Abk. für Near Letter Quality.

Bezeichnung aus der Zeit der → *Nadeldrucker.* Bezeichnet eine Druckqualität, die einem sauberen Ausdruck, der auch als offizieller Geschäftsbrief verschickt werden kann (LQ, Letter Quality), bereits nahe kommt.

NLS

Abk. für National (oder: Native) Language Support.

NM

Abk. für Network Management, → *Netzmanagement.*

→ *TMN*, → *CNM.*

NMA

Abk. für Network Management and Administration.

Bezeichnung eines Systems zur Verwaltung von Telekommunikationsnetzen. Wurde von Bellcore entwickelt. War eines der ersten Netzmanagementsysteme (→ *Netzmanagement*) für öffentliche Netze, die die Verwaltung eines Netzes von zentraler Stelle aus ermöglichten.

NMC

Abk. für Network Management Center.

Bezeichnung für die zentrale Stelle, an der das → *Netzmanagement* vorgenommen werden kann.

NMF

Abk. für Network Management Forum.

Bezeichnung einer internationalen Vereinigung von Herstellern aus den Bereichen der Tele- und Datenkommunikation, die die verschiedenen Aktivitäten zur Entwicklung eines → *Netzmanagements* koordiniert.

→ *http://www.nmf.org/*

NMI

Abk. für Non-maskable Interrupt.

NML

Abk. für Network Management Layer.

→ *TMN.*

NMS

1. Abk. für Netzmanagement Station.

   → *SNMP.*

2. Abk. für Network Management System, Netzmanagementsystem.

   → *Netzmanagement.*

NMT

Abk. für Nordic Mobile Telephone System.

Bezeichnet eine Familie von mittlerweile drei analogen, zellularen Mobilfunkstandards: → *NMT 450*, → *NMT 900* und → *NMT 450i.*

NMT wurde primär für die Anwendung in dünn besiedelten, großflächigen Gebieten entwickelt (insbesondere NMT 450). NMT 450i hat einige technische Merkmale auch von NMT 900 übernommen.

In Schweden hatte man mit Mobiltelefonie schon Erfahrung mit → *MTA* und → *MTB* gesammelt. Als Ergebnis der Erfahrungen mit diesen Systemen erstellte man 1967 einen „Land Mobile Communication Report“.

Die konkreten konzeptuelle Arbeiten an NMT starteten dann 1969. Damals beschäftigte man sich noch mit manuellen Systemen und entwickelte zunächst → *MTD* als pragmatische Zwischenlösung, das in Dänemark, Schweden und Teilen Norwegens aufgebaut wurde, da man rasch den Eindruck gewann, dass die Arbeiten an NMT eine lange Zeit brauchen würden.

Rasch einigte man sich auf bestimmte funktionale Features:

- → *Zellulares System*
- → *Roaming*
- → *Handover*

Zunächst wurde NMT dann von den → *PTTs* von Dänemark, Finnland, Norwegen und Schweden genormt (erste Standards 1973) und ab 1981 in der Version NMT 450 eingeführt. Dort war auch internationales Roaming möglich. Daher kam es bereits kurz nach Einführung zu Kapazitätsproblemen in Ballungsräumen, was schon 1983 zu ersten konzeptuellen Arbeiten an NMT 900 führte (1986 eingeführt). Mittlerweile weltweit verbreitet mit mehreren Mio. Nutzern. Obwohl in die Jahre gekommen, betrug in den 90er Jahren auch noch lange Zeit der jährliche Zuwachs z.B. 800 000 Nutzer (1993), da es seinerzeit in Osteuropa als stabile, preisgünstige und verfügbare Technologie eine Renaissance erlebte.

An der Weiterentwicklung können in den NMT-Normungsgremien alle Länder teilnehmen, die NMT eingeführt haben.

NMT 450

Abk. für Nordic Mobile Telephone System at 450 MHz.

Bezeichnung für einen analogen zellularen Standard für → *Mobilfunk*. Die technischen Parameter von NMT 450 sind:

Uplink	453 bis 457,5 MHz
Downlink	463 bis 467,5 MHz
Anzahl Frequenzkanäle	180
Kanalbandbreite	25 kHz
Duplexverfahren	→ *FDD*
Duplexabstand	10 MHz
Anzahl Timeslots je Frequenzkanal	- (analoges System)
Modulationsverfahren	→ *FFSK* (1 200 Hz ist logisch 1, 1 800 Hz logisch 0) mit 1,2 kbit/s für Signalisierungsinformationen

NMT 450 unterstützt aus Kapazitätsgründen auch Kleinzellen, was aber Signalisierungsprobleme ergab. Es war das erste vollautomatische, länderübergreifende System, das internationales → *Roaming* ermöglichte, allerdings noch nicht → *Handover* von einer Zelle in einem Land zur zweiten Zelle in einem anderen Land. Wurde zu → *NMT 900* weiterentwickelt.

Die → *BS* hängen an → *MSCs*, die über spezielle Transitvermittlungen an das öffentliche Telefonnetz angeschlossen sind.

Fortentwicklungen mit leichten Anpassungen an landesspezifische Bedingungen und den technischen fortschritt für Anwendungen in speziellen Ländern waren:

Name	Land
NMT 450 A	Österreich
NMT 450 B	Benelux
NMT 450 E	Spanien
NMT 450 F	Frankreich
NMT 450 H	Ungarn
NMT 450 CS	Tschechien

Diese Varianten unterscheiden sich durch geringe Abweichungen der technischen Parameter, wie z.B. Kanalbreite (20 statt 25 kHz) und Frequenzbereich.

Letzte länderunabhängige Fortentwicklung war → *NMT 450 i*.

In den 70er Jahren wurde das System genormt und getestet. Es ging zum 1. Oktober 1981 in Skandinavien in den Wirkbetrieb. Innerhalb von fünf Jahren nutzten dort 200 000 Kunden diesen Standard.

Die Kleinzellentechnik wurde 1984 eingeführt.

NMT 450i

Analoger Mobilfunkstandard, der auf den Standards → *NMT 450* und → *NMT 900* aufbaut und 1993 genormt wurde. Im Wesentlichen handelt es sich um das System NMT 450, in welchem auch die Dienstmerkmale des Systems NMT 900 und weitere Features (z.B. → *VOX*) angeboten werden.

NMT 900

Abk. für Nordic Mobile Telephone System at 900 MHz.

Bezeichnung für einen analogen zellularen Standard für → *Mobilfunk*, der auf dem → *NMT-450*-Standard basiert und über einige weitere Dienstmerkmale (→ *Dienst*) und technische Änderungen verfügt.

Die technischen Parameter von NMT 900 sind:

Uplink	890 bis 915 MHz
Downlink	935 bis 960 MHz
Anzahl Frequenzkanäle	1000 (1999 mit Interleave-Technik)
Kanalbandbreite	12,5 kHz
Duplexverfahren	→ *FDD*
Duplexabstand	45 MHz
Modulationsverfahren	→ *FFSK* (1 200 Hz ist logisch 1, 1 800 Hz logisch 0) mit 1,2 kbit/s für Signalisierungsinformationen

NMT 900 hat das Konzept der → *Umbrellacells* eingeführt. Es kann höhere Verkehrsdichten verkraften als NMT 450.

NMT-900-Systeme dienten in Skandinavien der Kapazitätserweiterung, nachdem NMT-450-Netze ab 1984 Kapazitätsprobleme hatten, die durch Einführung der Kleinzellentechnik und Probleme damit 1985 nicht vollständig gelöst wer-

den konnten. Start der Standardisierung war 1983. Erstmals war ein NMT-900-System 1986 in Betrieb.
Bis Mitte der 90er Jahre gingen Mobilfunknetze nach diesem Standard in neun Ländern in Betrieb.

NNE

Abk. für Network Node Equipment.
→ *Node.*

NNI

1. Abk. für Network Node Interface.
   Die Schnittstelle von Vermittlungsknoten zu Übertragungsleitungen, über die andere Knoten erreichbar sind (im Gegensatz zum → *UNI*).
2. Abk. für Network-to-Network-Interface.
   Bezeichnung für standardisierte Schnittstellen zwischen Netzen gleichen technischen Standards, aber verschiedener Netzbetreiber (z.B. zwischen verschiedenen nationalen Netzen nach dem → *Frame Relay* Standard), oder zwischen Netzen verschiedener Standards (z.B. Frame Relay zu → *ATM*).
   Zu beachten ist, dass trotz technischer Standards häufig der Datenverkehr zwischen den Netzen über die NNI nicht problemlos abgewickelt werden kann. Der Grund dafür sind Lücken im Standard, bewusst zugelassene Wahlmöglichkeiten oder unterschiedliche Interpretation des Standards durch Hersteller.
   Eine Lösung sind spezielle NNIs, die nur eine verbindliche Minimalkonfiguration definieren.
3. Abk. für Nederlands Normalisatie-Instituut.
   Nationales Normungsgremium der Niederlande, vergleichbar mit dem deutschen → *DIN.*
   → *http://www.nni.nl/*

NNS

Abk. für National Numbering Scheme.
Bezeichnet länderspezifische → *Nummerierungspläne.*

NNTP

Abk. für Network News Transfer (auch: Transport) Protocol.
Ein zum → *OSI-Referenzmodell* konformes Transportprotokoll, das auf → *TCP* und → *IP* aufbaut und regelt, wie News im Rahmen des → *Usenet* zwischen beteiligten Rechnern im → *Internet* ausgetauscht werden.

NO

Abk. für Network Operator, Netzbetreiber.

NOC

Abk. für Network Operation Center.
Bezeichnung eines zentralen Punktes in einem Netz zum → *Netzmanagement.*

Node

1. Allgemein die Bezeichnung für einen Knoten in einem wie auch immer gearteten Netz.
2. In Mailboxsystemen die → *Mailbox* der niedrigsten Hierarchieebene, an der die Teilnehmer hängen.

nömL

Abk. für nicht-öffentlicher mobiler Landfunk.
Offizielle und rechtliche Bezeichnung für → *Kurzstreckenfunk.*

NOMDA

Abk. für National Office Machines Dealers Association.
→ *BTA.*

Non-Impact-Drucker

→ *Drucker.*

NOR

→ *ODER.*

NORC

Abk. für Naval Ordnance Research Computer.
Bezeichnung für den dritten elektronischen Rechner nach der → *Mark II* und der → *Mark III*, der im Naval Surface Weapons Center der US Army in Dahlgren/Virginia am 2. Dezember 1954 in Betrieb genommen wurde. Gebaut wurde er im Watson Scientific Computing Laboratory unter der Leitung von Wallace Eckert. Es gab einige Unklarheiten über den endgültigen Standort, da der Physiker Edward Teller den Rechner am Lawrence Livermore National Laboratory gerne für Berechnungen von Kernwaffen gehabt hätte und der Rechner ursprünglich im Stützpunkt White Oak bei Washington D.C. aufgestellt werden sollte. Die Erfahrung des Bedienungspersonals in Dahlgren gab letztendlich den Ausschlag für den dortigen Standort. Eingesetzt wurde der Rechner für die Berechnung ballistischer Flugkörper und Geschosse.

Nordu-Net

Bezeichnung für das akademische Netz in Skandinavien, das die dortigen Universitäten und Forschungseinrichtungen miteinander verbindet. Vergleichbar mit dem → *WiN* in Deutschland.
→ *http://www.nordu.net/*

Normalform

→ *Normalisieren.*

Normalisieren

Bei relationalen → *Datenbanken* die Bezeichnung für den systematischen Prozess der Entfernung von → *Redundanz* aus einer Datenbank durch Zerlegen der gesamten Datenbestände in bestimmte Relationen, die mit Hilfe von Schlüsselelementen untereinander verbunden sind.
Der Vorteil einer normalisieren Datenbank ist nicht nur eine höhere Speicherökonomie, sondern z.B. auch ein vereinfachtes und schnelleres Ändern von Daten, da dann weniger Datenelemente aktualisiert werden müssen.
Man unterscheidet beim Prozess des Normalisierens verschiedene Normalformen:

- Erste Normalform: Eine Datenbank liegt in erster Normalform vor, wenn ihre Relationen keine → *Attribute* besitzen, die verschiedene Wertebereiche haben.

- Zweite Normalform: Eine Datenbank liegt in zweiter Normalform vor, wenn sie in erster Normalform vorliegt und kein Attribut einer Relation vom Schlüssel oder Teilen des Schlüssels (wenn der Schlüssel aus mehreren Attributen besteht) abhängt.
- Dritte Normalform: Eine Datenbank liegt in dritter Normalform vor, wenn ihre Relationen in zweiter Normalform vorliegen und zusätzlich keine transitiven Abhängigkeiten zwischen den Attributen bestehen, d.h., ein Attribut, das nicht Teil des Schlüssels ist, darf nicht von einem oder mehreren anderen Attributen abhängen.
- Vierte Normalform: Eine Datenbank liegt in vierter Normalform vor, wenn sie in Boyce-Codd-Normalform vorliegt (→ *BCNF*) und zusätzlich höchstens eine Abhängigkeit zwischen den Attributen besteht.
- Fünfte Normalform: Eine Datenbank liegt in fünfter Normalform vor, wenn sie in vierter Normalform vorliegt und nicht in weitere, kleinere Relationen zerlegt werden kann, ohne Informationen zu verlieren.

Normungsgremien

→ *Standardisierungsgremien*, → *Aufsichtsgremien*.

Nortel Networks

Ein kanadischer Hersteller von Telekommunikationsgerät (Übertragung-, Vermittlungstechnik) mit Sitz in Brampton/Ontario, Kanada. Er hieß ursprünglich offiziell Northern Telecom und änderte in den frühen 90er Jahren seinen Namen in Nortel um. Im Oktober 1998 kündigte er nach dem Kauf von Bay Networks (das seinerseits wiederum erst im Jahre 1994 aus den Unternehmen Wellfleet Communications aus Billerica und SynOptics aus Santa Clara hervorgegangen war) aus Santa Clara/Kalifornien im Juni 1998 für 9,1 Mrd. $ eine erneute Änderung in Nortel Networks an.

Nortel Networks gilt als die Nr. 2 im Markt für IP-Technologie hinter der → *Cisco Systems*.

→ *Roth's Law*.

→ *http://www.nortelnetworks.com/*

NorthNet

Bezeichnung für ein Netz zur Verbindung von Forschungseinrichtungen in Kanada.

→ *BITNET*, → *EARN*, → *Internet*, → *WiN*, → *JANET*.

→ *http://www.northnet.net/*

NOS

Abk. für Network Operating System.

Bezeichnung für → *Betriebssysteme* zur Verwaltung von → *LANs*, wie z.B. Netware aus dem Hause Novell, Vines aus dem Hause Banyan oder der LAN Manager aus dem Hause IBM und dem Hause Microsoft bzw. → *Windows NT* aus dem Hause Microsoft.

Das Novell-Produkt galt mit großem Abstand dabei als der Marktführer.

NOT

→ *NICHT*.

Notebook

→ *Laptop*.

Notes

→ *Lotus*.

Notizbuchfunktion

→ *Leistungsmerkmal* von Telefonen. Eine während des Gesprächs genannte Rufnummer kann in das Gerät eingetippt und dort vorübergehend gespeichert werden. Nach Beendigung des laufenden Gesprächs kann sie per einfachem Tastendruck gewählt werden.

NP

Abk. für Nummernportabilität/Number Portability.

→ *Nummernportabilität*.

NPA

Abk. für Numbering Plan Area.

In den USA die Bezeichnung für eine dreistellige Nummer und das durch sie identifizierte geografische Gebiet. Die Nummer erlaubt die direkte Anwahl des NPAs im US-Telefonnetz durch die Fernnetze der großen Carrier hindurch. Es gibt über 150 derartige NPAs.

NPACI

Abk. für National Partnership for Advanced Computational Infrastructure.

Bezeichnung einer Initiative mehrerer Universitäten und Forschungseinrichtungen in den USA zur Förderung der Vernetzung von → *Supercomputern* in den USA.

→ *http://www.npaci.edu/*

NPC

Abk. für Network Parameter Control.

NPMA

Abk. für Non-Preemptive Multiple Access.

Bezeichnung für ein Protokoll auf der Schicht 2 des → *OSI-Referenzmodells*. Die Variante → *EY-NPMA* wird bei → *HiperLAN* eingesetzt.

NPRM

Abk. für Notes on Proposed Rule-Making.

→ *FCC*.

NQS

Abk. für Network Queuing System.

NRC

Abk. für National Research Council.

Bezeichnung einer Behörde in den USA, welche die Forschungsrichtung der staatlich unterstützten Forschungsprojekte mit beeinflusst.

→ *http://www.nas.edu/nrc/*

NRE

Abk. für Netz-Rückschalteeinrichtung.

NREG

Abk. für Netherlands Electronics and Radio Association.

Bezeichnung des niederländischen Verbandes der Elektroingenieure, vergleichbar mit dem → *VDE* in Deutschland.

NREN

Abk. für National Research and Education Network.

Bezeichnung für das breitbandige → *Backbone* des → *Internet* in den USA, das als Grundstein der → *NII* angesehen wird.

Das NREN wurde durch ein Gesetz, das „United States High Performance Computing Act", aus dem Jahre 1991 eingerichtet.

→ *http://www.nren.nasa.gov/*

NRM

1. Abk. für Normal Response Mode.

   Bezeichnung eines Kommunikationsmodus von → *HDLC*. Es wird dabei eine Halbduplexverbindung zwischen zwei Stationen aufgebaut, von denen eine Primär-, die andere Sekundärstation ist.

2. Abk. für Notrufmelder.

   Bezeichnung für eine Zusatzeinrichtung in Telefonzellen, die es ermöglicht, von der Telefonzelle aus ohne Bargeld eine Verbindung zur Polizei herzustellen. Üblicherweise ist dies mit einer automatischen Standorterkennung bei der den Notruf empfangenden Stelle verbunden.

NRSC

Abk. für National Reliability Steering Committee.

In den USA die Bezeichnung für ein Gremium, das Grundregeln für die Betriebssicherheit und Zuverlässigkeit von Telekommunikationsnetzen definiert.

→ *Verfügbarkeit.*

→ *http://www.atis.org/atis/nrsc/nrschome.htm/*

NRT

Abk. für Notruftelefon.

Bezeichnung der Deutschen Telekom bzw. der Vorgängerorganisationen Deutsche Bundespost/DBP Telekom. Bezeichnet als Oberbegriff den Anschluss inkl. diverser Sonderfunktionen von verschiedene Formen des Notrufes (z.B. Notrufsäulen an Straßen oder kostenloser Notruf von Telefonzellen/Münztelefonen aus) an eine Teilnehmervermittlung in einem Ortsnetz.

NRZ, NRZ-Code

Abk. für No Return to Zero.

Bezeichnung einer Gruppe nicht selbsttaktender Verfahren für die → *Leitungscodierung*. Dabei werden die zu übertragenden Binärdaten auf der Leitung – im Gegensatz zu Return-to-Zero-Verfahren (→ *RZ-Verfahren*) – durch elektrische Signale ohne Nulldurchgang repräsentiert, d.h., die elektrischen Signale gehen nicht auf einen Signalpegel von Null zurück.

Ein Manchester-codiertes Signal ist z.B. ein NRZ-Signal. NRZ-Signale werden, z.B. bei → *HDLC* oder → *SDLC*, bei der Verbindung vom → *Terminal* zum → *Modem* verwendet. Man unterscheidet prinzipiell folgende verschiedene Formen von NRZ-Codes:

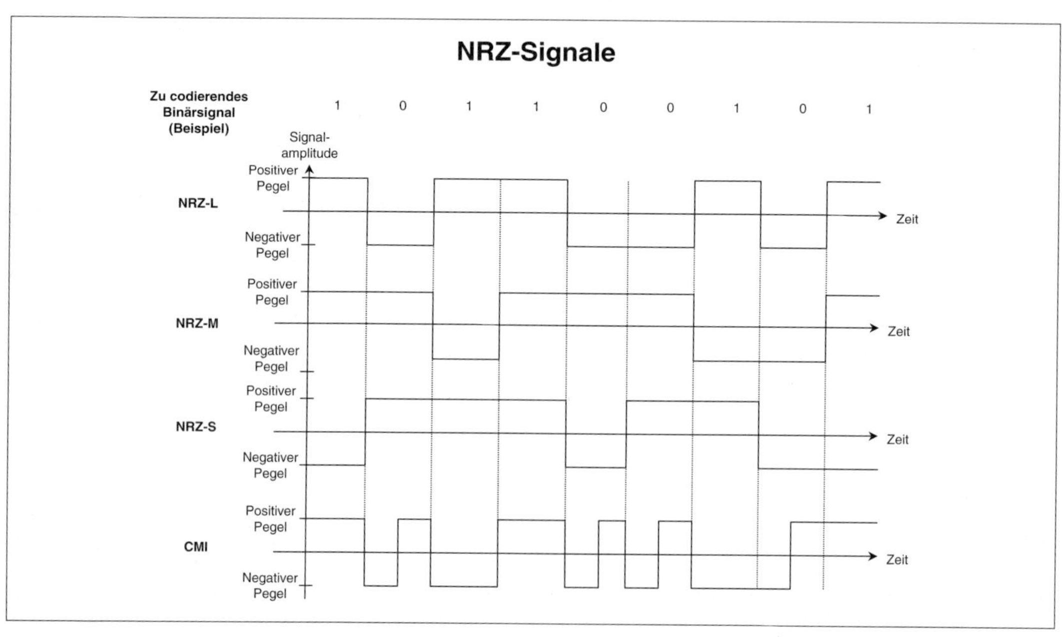

- NRZ-L (L= Level): Eine zu übertragende Information von 1 wird durch einen bestimmten Signalpegel (= Level) codiert und eine 0 als ein zweiter Signalpegel. Bei langen Folgen von Nullen oder Einsen geht der Takt verloren, daher nicht selbsttaktend. Nicht gleichstromfrei.

  Bei der Einfachstromimpulscodierung ist ein Signalpegel Null und der zweite Signalpegel ein positiver Spannungswert. Bei der Doppelstromimpulscodierung ist ein Signalpegel positiv und der andere negativ, wodurch sich der Amplitudenabstand vergrößert und sich eine kleinere Fehlerwahrscheinlichkeit ergibt.
- NRZ-M (M = Mark, repräsentiert die 1): Eine zu übertragende Information von 1 wird durch einen Wechsel des Signalpegels codiert und eine 0 als unveränderter Signalpegel. Manchmal auch NRZ-I (NRZ Inverted) genannt.
- NRZ-S (S = Space, repräsentiert die 0): Eine zu übertragende Information von 0 wird durch einen Wechsel des Signalpegels codiert und eine 1 als unveränderter Signalpegel.
- CMI (Coded Mark Inversion): Eine zu übertragende Information von 0 wird durch einen Wechsel des Signalpegels von einem negativen Signalpegel zu einem positiven Signalpegel in der Mitte eines Taktes codiert und eine 1 wechselnd als durchgehender positiver oder negativer Signalpegel.

→ *Manchester-Code.*

NRZI

Abk. für Non Return to Zero, Invert on Ones.

Bezeichnet ein Leitungscodierverfahren mit invertierten → *NRZ*-Signalen.

NRZ-Signal

→ *NRZ.*

NRZ-Verfahren

→ *NRZ.*

NSA

Abk. für National Security Agency.

Name einer Datenschutz- und -sicherheitsbehörde in den USA mit Hauptsitz in Fort Meade/Maryland, gegründet 1952. Über ihre Arbeit ist nicht viel bekannt.

Prinzipiell der geheimste aller US-Geheimdienste, dessen Existenz lange Zeit verschwiegen wurde. Daher scherzhaft auch mit „No such agency" bezeichnet.

Die NSA betreibt z.B. das weltweite Abhörsystem → *Echelon.*

→ *http://www.nsa.gov/*

NSAP

Abk. für Network Service Access Point.

Bezeichnung für den Zugangspunkt zu einem Netz, das auf Schicht 3 des → *OSI-Referenzmodells* das Protokoll → *CIDR* der → *ISO* zur Datenübertragung nutzt.

Der NSAP wird durch eine 20 Byte lange Adresse identifiziert. Häufig bezeichnet NSAP auch die Adresse selbst.

NSC

Abk. für National Service Code.

Bezeichnet die Präfixe in → *Nummerierungsplänen*, die länderindividuell bestimmte Mehrwertdienste (→ *VAS*) kennzeichnen, z.B. stehen 0800 in den USA und zunächst 0130 bzw. mittlerweile auch 0800 in Deutschland beide für den → *Freephone*-Service (für den Anrufer gebührenfreies Telefonieren).

→ *IN.*

NSF

1. Abk. für National Science Foundation.

   Bezeichnung einer Stiftung in den USA, die einen Großteil des → *Internet* (→ *NSFNet*) betreibt.

   → *http://www.nsf.gov/*
2. Abk. für Norges Standardiseringsforbund.

   Nationaler Standardisierungsverband in Norwegen, vergleichbar mit dem → *DIN* in Deutschland.

NSFNet

Abk. für National Science Foundation Network.

Bezeichnung des Forschungsnetzes in den USA. Inbetriebnahme im Juli 1988 und Übernahme der Ressourcen des Arpanet (→ *ARPA*) 1990. War in den späten 80er Jahren und in der ersten Hälfte der 90er Jahre ein wesentlicher Teil des → *Internet*. Das NSFNet entspricht dem → *WiN* in Deutschland, genauso wie der Betreiber des WIN (→ *DFN*) dem Betreiber des NSFNet (→ *NSF*).

Das NSFNet fungiert seit 1994 nur noch als → *Backbone* und ist über → *NAPs* mit anderen Internet-Service-Providern (→ *ISP*) und ihren Netzen verbunden.

NSI

Abk. für Network Solution Inc.

→ *IAHC*, → *InterNIC*, → *ICANN.*

NSP

Abk. für Network Service Platform.

NSPOF

Abk. für No Single Point of Failure.

Bezeichnet eine Eigenschaft technischer Systeme, bei denen systemkritische Komponenten mit → *Redundanz* derartig ausgestattet sind, dass sie nach menschlichem Ermessen niemals ausfallen können.

NSS

Abk. für Network Subsystem.

→ *GSM.*

NStA

Selten benutzte, amtliche deutsche Abk. für → *Nebenstellenanlage.*

NSTD

Abk. für National Subscriber Trunk Dialing.

NT

1. Abk. für → *Nachrichtentechnik.*
2. Abk. für Network Termination.
   → *Netzabschluss* des → *ISDN* beim Teilnehmer.
3. Abk. für Network Termination.
   Englischsprachige, international übliche Bezeichnung des → *Netzabschluss.*

NTA

1. Abk. für Network Termination Analogue.
   Bezeichnung analoger Anschlüsse an Telekommunikationsnetze.
2. International übliche Abk. für National Telecommunications Authority.
3. Abk. für National Telecom Agency.
   Die internationale Bezeichnung der nationalen → *Regulierungsbehörde* TST (Telestyrelsen) für den Bereich der Telekommunikation in Dänemark.
   Adresse:

   Danish National Telecommunications Authority
   Holsteinsgade 63
   DK-2100 Copenhagen
   Dänemark

   → *http://www.tst.dk/*

N-TACS

Abk. für Nippon Total Access Cellular System.

Die japanische Variante des Mobilfunkstandards → *TACS.*

NTBA

Abk. für Network Termination (of) Basic Access.

Bezeichnung für den → *Netzabschluss* beim Teilnehmer mit einem Basisanschluss des → *ISDN.* Seine Aufgabe ist die Umsetzung aller Signale, die vom Anschlusskabel selbst kommen (→ *U-Schnittstelle*) auf den S_0-Bus der Hausinstallation.

NTBIBA

Abk. für Network Termination (of) bilingual Basic Access.

Auch bilingualer Netzabschluss oder bilinguales Anschlussgerät genannt. Bezeichnung für einen Netzabschluss (→ *NT*) im → *ISDN*, der sowohl das nationale Signalisierungsprotokoll im → *D-Kanal* unterstützt wie auch das internationale (→ *Euro-ISDN*).

NTFS

Abk. für Network File System.

Bezeichnung für das → *Dateisystem* des → *Betriebssystems* → *Windows NT.*

NTG

Abk. für Nachrichtentechnische Gesellschaft.

Mittlerweile umbenannt in → *ITG.*

NTIA

Abk. für National Telecommunications and Information Agency.

Bestandteil des US-Handelsministeriums, das insbesondere die Entwicklung auf den Sektoren der Dienste und Basistechnologien in der Telekommunikation und Informationsverarbeitung fördert. Ferner teilt die NTIA das Frequenzspektrum – ähnlich wie die → *FCC* im zivilen Bereich – im staatlichen Bereich (Flugsicherheit, Militär, Behörden) zu.

→ *http://www.ntia.doc.gov/*

NTONC

Abk. für National Transparent Optical Networks Consortium.

Bezeichnung einer Vereinigung von Herstellern und Wissenschaftlern zur Förderung des Verfahrens der → *WDM.*

→ *http://www.ntonc.org/*

NTP

Abk. für Network Time Protocol.

Bezeichnung eines umfangreichen Protokolls zur Synchronisation von Uhrzeiten mehrerer Rechner über das → *Internet* mit einer Genauigkeit im Millisekunden-Bereich. Nutzt → *UDP.*

Definiert in RFC 1305. Eine einfachere Variante ist → *SNTP.*

NTSC

Abk. für National Television System Committee.

Zunächst nur Name eines Normungsgremiums, das auch schon den Schwarzweiß-Standard definierte, dann auch allgemein übliche Bezeichnung des nordamerikanischen Farbfernsehstandards.

Bezeichnet einen analogen US-Fernsehstandard mit einem Bildformat von 4:3 und einer Auflösung von 640 * 480 → *Pixel* (525 sichtbare Zeilen) bei 30 Bildern/s. Genutzt wird ein Zeilensprungverfahren (2:1) und ein RGB-Signal (→ *RGB*).

Das System wurde mehr oder weniger gleichzeitig in den frühen 50er Jahren bei RCA und in den Hazeltine Laboratories entwickelt. NTSC wurde dann 1953 von obigem Gremium in den USA definiert und schon ein Jahr später kommerziell eingeführt. Es ist auch in Japan, Korea und Kanada verbreitet. Sehr anfällig für Farbstörungen, daher auch „Never the same colour" genannt.

→ *PAL,* → *SECAM.*

→ *http://nrcdxas.org/articles/rcacolor/*

→ *http://www.novia.net/~ereitan/NTSC_overview.html/*

NTT

Abk. für Nippon Telephone & Telegraph Public Corporation.

Bezeichnung für die 1952 gegründete, staatliche japanische Post- und Fernmeldeverwaltung mit Sitz in Tokio. Sie ist zuständig für die nationale Versorgung mit Telekommunikation. 1953 wurde für die internationalen Verbindungen die entsprechende Abteilung aus der NTT als → *KDD* ausgegründet.

Bis 1985 war die Grundlage für das Wirken von NTT ein spezielles Organisationsgesetz (NTT Corporation Law). Im Jahre 1985 wurde die NTT durch ein neues Gesetz (NTT Company Law) in eine AG umgewandelt, an der jedoch der Staat noch einen Anteil von 2/3 hielt. Gleichzeitig wurde mit dem Telecommunications Business Law eine neue regulatorische Grundlage für den gesamten japanischen TK-Markt geschaffen.

Im Dezember 1996 kündigte das japanische Ministerium für das Post- und Telekommunikationswesen an, NTT in mehrere Teile zu spalten. Resultat war zunächst im September 1997 die Abspaltung einer Einheit für internationale Verbindungen und ab Juni 1999 die Bildung der folgenden operativen Einheiten unter der NTT Holding:

- NTT East Japan
- NTT West Japan
- NTT Long Distance
- NTT Worldwide
- NTT DoCoMo (Mobilfunk; von jap. docomo = überall)
- NTT Data

Der Prozess der Reorganisation konnte gemäß Gesetz bis Ende 1999 andauern. Verbunden mit der organisatorischen Umstrukturierung war auch eine Verschlankung, angekündigt im November 1999.

→ *http://www.ntt.co.jp/*

→ *http://www.nttdocomo.com/*

NTTM

Name des von der japanischen NTT betriebenen Mobilfunknetzes.

Auch NAMTS (Nippon Automatic Mobile Telephone System) oder MCS-L1 genannt. Analoges zellulares Mobilfunknetz der 1. Generation moderner Mobilfunknetze.

Die technischen Parameter von NTTM sind:

Uplink	925 bis 940 MHz
Downlink	870 bis 885 MHz
Anzahl Frequenzkanäle	600
Kanalbandbreite	25 kHz
Duplexverfahren	→ *FDD*
Duplexabstand	55 MHz
Anzahl Timeslots je Frequenzkanal	- (analoges System)
Modulationsverfahren	-

Es gibt Ähnlichkeiten zwischen NTTM und dem zuvor in den USA entwickelten Standard → *AMPS*.

Die Signalisierung erfolgt mit 300 bit/s.

Die Kapazität des Systems war in Ballungsgebieten schnell erreicht und führte zum Ergänzungssystem NTTM-H (auch MCS-L2 genannt) mit gleichem Frequenzbereich, aber nur 12,5 kHz Kanalbandbreite sowie Diversity-Empfang und automatischer Leistungsregelung.

Die Signalisierung erfolgt dort digital mit 2,4 kbit/s. Zusätzlich wurde unterhalb des Sprachbandes eine In-Band-Signalisierung (Associated Control Channel) mit 100 bit/s eingeführt. Die Kanalzahl stieg insgesamt auf 2 400.

Die → *MS* dieses Systems sind für → *Dual-Mode*-Betrieb ausgelegt und können sich auch im NTTM-System einloggen. Umgekehrt geht dies nicht.

Es ist seit 1978 in Betrieb (Start im Großraum Tokio), aber auch in Kuwait eingeführt. Ein Ergänzungssystem wurde ab 1988 aufgebaut.

NTU

Abk. für Network Terminating Unit.

Allgemeine Bezeichnung der technischen unintelligenten Einheit (Anschlussbuchse), die vom Netzbetreiber bei einem Kunden installiert wird und bis zu der ein Netzbetreiber die Verantwortung übernimmt. Hinter dem NTU nutzerseitig installiertes Gerät wird oft als → *CPE* bezeichnet.

Die NTU bei → *ISDN* ist die → *NT*.

NUA

Abk. für Network User Address.

Bezeichnung der Nummer eines Anschlusses an einem → *X.25*-Netz.

→ *NUI*.

NuBus

Bezeichnung eines 32 Bit breiten Busses im Macintosh-II-Rechner der Firma Apple, der nur 32 Bit breit überträgt (keine Unterstützung von nur 16 Bit breiter Übertragung).

Ein Ziel bei der Entwicklung war weitestgehende Prozessorunabhängigkeit, weswegen ein sehr allgemeines Interface als Kommunikationsmodell definiert wurde.

→ *http://www.canter.com/1988/nubus.html/*

NUI

Abk. für Network User Identification, Benutzerkennung oder -identifizierung.

1. Bezeichnung der Netzzugangsberechtigung für Nutzer von Stationen an → *LANs*.
2. Bezeichnung für die zweiteilige Netzzugangsberechtigung für Teilnehmer an → *X.25*-Netzen zur Inanspruchnahme kostenpflichtiger Dienste.

→ *NUA*.

Nullmodem

Bezeichnung für eine Einrichtung zur Kopplung zweier Datenendeinrichtungen (und nicht einer Datenendeinrichtung und einer Datenübertragungseinrichtung!) ohne zwischengeschalteten → *Modem*, bei der die Leitungen für Empfangsdaten und Sendedaten nach → *RS 232 C* über Kreuz geführt werden. Bei guten Nullmodems werden darüber hinaus auch noch die Leitungen zur Flusssteuerung geeignet gekreuzt.

Das Nullmodem kann ein spezielles Flachkabel mit mehreren Leitern sein, bei dem zwei Leiter verdreht werden oder ein handtellergroßes, zumeist mit Leuchtdioden zur Kontrolle versehenes Gerät zum Anschluss normaler Bandkabel an je einem Ende, das den Tausch der zwei Leiter intern, z.B. auf einer Platine, vornimmt.

Es ist wegen der gekreuzten Leiter nicht möglich, ein herkömmliches → *Modem* mit dem Nullmodem, in Form des

Flachbandkabels z.B. zur Kabelverlängerung verwendet, anzuschließen.
Anwendung: Verbindung zweier PCs (und nicht eines PCs als Datenendeinrichtung und eines Modems als Datenübertragungseinrichtung).

Numerische Apertur

Begriff aus der Optik, von praktischer Verwendung, z.B. bei der → *Glasfasertechnik.*
Licht kann in die Stirnseite einer Glasfaser nur unter einem bestimmten maximalen Winkel (Akzeptanzwinkel) eintreten. Der Sinus des halben Akzeptanzwinkels wird als numerische → *Apertur* (NA) bezeichnet.

Nummer 7

→ *SS#7.*

Nummerierungsbereich

→ *Nummerierungsplan.*

Nummerierungsplan

Bezeichnung für die Summe aller Vorschriften zum Format und zur Bedeutung von Wählziffern und Ziffernkombinationen in Telekommunikationsnetzen. Der Plan legt Stellenzahl für Vorwahlen und Anschlüsse fest und definiert Sondernummern für bestimmte Anschlüsse und Dienste (Polizei, Feuerwehr, Auskunft, → *Premium Rate,* → *Freephone,* → *Vanity*-Nummern etc.).
Der Gültigkeitsbereich eines Nummerierungsplanes ist der Bereich innerhalb eines Telekommunikationsnetzes, innerhalb dessen die Nummerierung eindeutig ist.
Weltweit galt lange Zeit die Empfehlung E.163 der → *ITU*-T für den leitungsvermittelten Telefondienst, die max. 12 Ziffern zulässt. Seit 1996 gilt E.164 (Numbering Plan for the ISDN Era), welche insbesondere mit Blick auf → *ISDN* entwickelt wurde und max. 15 Stellen plus 40 für ISDN-Subadressen zulässt. Dabei besteht eine Nummer aus dem Country Code (CC), dem National Destination Code (→ *NDC*) und der Subscribernumber (SC).
F.69 ist die entsprechende Empfehlung für den Telexdienst und → *X.121* für digitale Datennetze.
Man unterscheidet freie und netzgebundene sowie jeweils offene und verdeckte Nummerierungspläne. Bei offenen Nummerierungsplänen ist anhand der Nummer die Steuerung im Netz erkennbar. Bei verdeckten Nummerierungsplänen ist die Steuerung nicht erkennbar und spezielle Nummernteile (etwa Vorwahlnummern oder andere Kennzahlen) sind Teile der Teilnehmernummern.
Bei netzgebundenen Nummerierungsplänen ist die Struktur des Leitungsnetzes anhand der Ziffern erkennbar, d.h., es tauchen bestimmte Ziffernkombinationen auf.
Rufnummern gelten als knappe Ressource und sind daher Gegenstand der Regulierung. In Deutschland werden Rufnummern vom Regulierer (→ *Regulierungsbehörde*) gemäß den „Vorläufigen Regeln für die Zuteilung von Rufnummern in den Ortsnetzbereichen" vom 7. Mai 1997 zugeteilt. Diese Zuteilung erfolgt in Rufnummernblöcken zu je 1 000 aufeinanderfolgenden Nummern. In bestimmten., vom Regulierer festgelegten Ortsnetzen werden auch Rufnummernblöcke mit 10 000 Rufnummern für die Nutzung durch Telekommunikationsanlagen vergeben.
→ *NANP,* → *ETNS.*

Nummernportabilität

Selten auch Rufnummernmitnahme oder Rufnummernportabilität genannt. International Number Portability (NP) oder Local Number Portability (LNP) genannt.

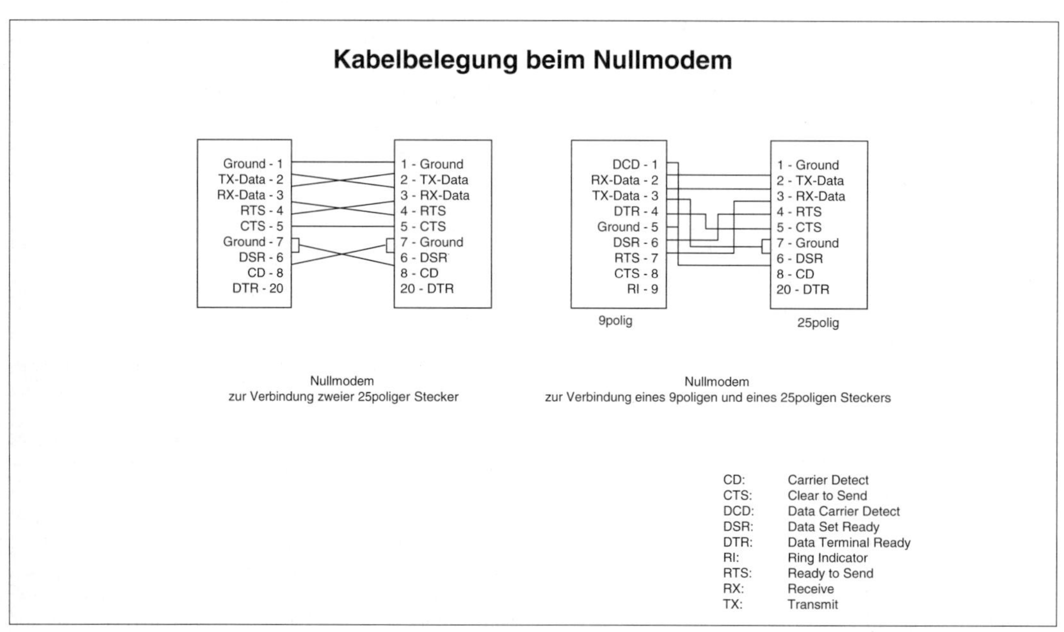

Bezeichnung für die Möglichkeit, beim Wechsel des Telekommunikationsdienstleisters (Service- oder Network-Providers) einer Telekommunikationsdienstleistung die Adresse (lokale Nummer), unter der ein Teilnehmer erreichbar war, beizubehalten.

Dies ist insbesondere in deregulierten Märkten mit mehreren Dienste- und Netzanbietern (gerade bei Sprachvermittlungsdiensten) von Bedeutung, da Wettbewerb nur dann entstehen kann, wenn die knappe Ressource ‚Telefonnummer' für einen Teilnehmer kein Hinderungsgrund für einen Wechsel ist.

Nummernportabilität ist technisch nicht einfach zu realisieren, wird jedoch am besten mit dem → *IN* und einer im Netz verwendeten Portierungskennung implementiert. Eine andere, technisch weniger anspruchsvolle, aber langfristig teurere Lösung ist das Einrichten eines dauerhaften → *Forwarding*.

Die erste Portierungskennung in Deutschland wurde am 25. Februar 1996 vom → *BAPT* an die Deutsche Telekom AG vergeben.

In Deutschland verpflichtet das → *Telekommunikationsgesetz* alle Betreiber von Telekommunikationsnetzen zur Realisierung von Nummernportabilität seit dem 1. Januar 1998 für den Fall, dass ein Kunde den Anbieter wechseln möchte, sofern der Kunde nicht gleichzeitig auch umzieht. Mit der Verpflichtung soll erreicht werden, dass ein Kunde in einem liberalisierten Telekommunikationsmarkt frei unter dem Angebot mehrerer Anbieter wählen kann und er nicht deshalb bei einem Anbieter bleibt, weil er eine Nummernänderung mit allen Konsequenzen (neue Briefbögen, Visitenkarten, Prospekte, Benachrichtigung aller Kunden etc.) vermeiden will.

Eine weitere rechtliche Präzisierung erfolgt in Deutschland durch die → *TKV*, nach der Nummernportabilität nur zu gewähren ist, wenn der Kunde keinen geografischen Standortwechsel vornimmt.

Diese oben beschriebene Nummernportabilität wird oft auch Geographical Number Portability (GNP) genannt, da die Portabilität von der Geografie des Netzes abhängt und die Nummer einen Anschluss an einer ganz bestimmten Stelle bezeichnet.

Mit dem Begriff Non-Geographical-Number-Portability (NGNP) bezeichnet man Nummernportabilität bei solchen Nummern, die keinen speziellen physischen Anschluss permanent identifizieren. Dies ist üblicherweise bei den Teilnehmernummern von Nutzern von IN-Diensten (→ *Freephone*, → *Premium Rate Service*, → *Shared-Cost-Service*) der Fall.

Nummernschalter

Bezeichnung für das Bauteil in Telefonapparaten mit Wählscheibe, das aus der Drehbewegung der Scheibe die codierten Impulsfolgen als Wahlinformation erzeugt.

→ *IWV*.

Nummernschema

→ *Nummerierungsplan*.

Nummernspeicher

→ *Rufnummerngeber*.

Nummernverzeichnis

→ *Teilnehmerverzeichnis*.

NUTEK

In schwedischer Landessprache die Abk. für das schwedische Zentralamt für industrielle und technische Entwicklung.

Darüber hinaus ist oft die von diesem Amt beschlossene Empfehlung für energiesparende Monitore gemeint, die nach drei Minuten einen dunklen Bildschirm zeigen, nach fünf bis 60 Minuten in den → *Stand-by*-Modus bei max. 30 W Stromverbrauch gehen und nach mehr als 60 Minuten in den → *Suspend*-Modus mit max. 8 W Stromverbrauch.

→ *DPMS*.

Nutzdaten

Bei der Datenübermittlung die Daten eines → *Blocks* oder → *Paketes*, welche keine Auswirkungen auf die Steuerung oder Interpretation dieses Blocks oder Paketes haben. Nutzdaten können, müssen aber nicht gleichbedeutend mit Anwendungsdaten sein.

NVoD

Abk. für → *Near-Video-on-Demand*.

NVP

Abk. für Nominal Velocity of Propagation.

Bezeichnung für die Ausbreitungsgeschwindigkeit von elektrischen Signalen auf physikalischen Medien, insbesondere auf Kabeln.

Über die NVP und den NVP-Wert eines Kabels kann die genaue Länge eines Kabels, z.B. im Rahmen der Gebäudeverkabelung durch ein → *LAN*, ermittelt werden.

NVV

Abk. für Norddeutscher Vektorrechnerverbund.

Bezeichnung für die Verbindung der → *Vektorrechner* in den Bundesländern Berlin, Niedersachsen und Schleswig-Holstein über das → *WiN*.

NYAS

Abk. für New York Academy of Sciences.

Bezeichnung einer 1817 gegründeten Vereinigung von Wissenschaftlern mit Sitz in New York. Sie hat heute ca. 45 000 Mitglieder in 160 Ländern weltweit und gliedert sich in 21 einzelne thematisch orientierte Sektionen, wovon eine die Sektion ‚Computer and Information Sciences' ist.

Publiziert wird monatlich das Magazin ‚The Sciences' sowie ‚Annals' zu bestimmten Schwerpunktthemen, von denen ca. 200 gegenwärtig erhältlich sind. Neben den Sections und den Publikationen gibt es mehrere Programme, wie das Human Rights of Scientists Program, das Science and Technology Policy Program und das Science Education

Program. Ferner tritt die NYAS als Kongressveranstalter auf.

Adresse:

New York Academy of Sciences
2 East 63rd Street
New York
NY 10021, USA

→ *http://www.nyas.org/*

Nyquistsches Abtasttheorem

Das Nyquistsche Abtasttheorem betrifft die Frage, wie oft ein analoges Signal (bei der → *A/D*-Wandlung) abgetastet werden muss, um es aus dem digitalen Signal (durch eine D/A-Wandlung) originalgetreu wieder rekonstruieren zu können.

Das Nyquistsche Abtasttheorem besagt, dass ein beliebiges, analoges Signal (Frequenzgemisch), das aus mehreren analogen Signalen fester Frequenz und Amplitude konstruiert ist, mit einer Abtastrate von 2f abgetastet werden muss, wenn f die höchste in dem Frequenzgemisch vorkommende Frequenz ist.

Entwickelt in den 20er Jahren von Harry Nyquist (* 1889, † 1976), einem amerikanischen Physiker in den Forschungslaboratorien von Bell.

→ *Abtasttheorem.*

NS-DF,
NZ-DSF

Abk. für Non-Zero Dispersion (Shifted) Fibre.

→ *Einmoden-Faser.*

NZV

Abk. für Rechtsverordnung über besondere Netzzugänge, auch nur kurz Netzzugangsverordnung genannt.

Bezeichnung einer Verordnung der Bundesregierung vom 1. Oktober 1996, veröffentlicht im BGBl, Teil I, Nr. 53 vom 31. Oktober 1996, mit der sichergestellt werden soll, dass marktbeherrschende Anbieter von → *Telekommunikationsdienstleistungen* allen Kunden, sowohl Endkunden als auch anderen Netzbetreibern, den Netzzugang zu fairen Bedingungen gewährleisten. Die NZV ist Bestandteil des → *Telekommunikationsgesetzes.* Ferner wird mit der Verordnung sichergestellt, dass Netze verschiedener Netzbetreiber zusammengeschaltet werden (→ *Interconnection*), damit Telekommunikationsdienstleistungen netzübergreifend und zu tragbaren Konditionen in Anspruch genommen werden können.

Innerhalb der NZV werden drei verschiedene Arten von Netzzugangsleistungen unterschieden:

- Allgemeiner Netzzugang: Zugang von Endnutzern (Kunden, Verbrauchern) von → *Telekommunikationsdienstleistungen* zu einem Netz. Näheres wird eine zu erstellende Kundenschutzverordnung regeln.
- Besonderer Netzzugang: Der Zugang von Anbietern von Telekommunikationsdienstleistungen oder anderen Netzbetreibern zu Netzen eines Netzbetreibers (→ *Kollokation*).
- Entbündelte Leistungen: Anspruch von Anbietern von Telekommunikationsdienstleistungen auf genau abgegrenzte, benötigte und beim marktbeherrschenden Anbieter nachgefragte Dienstleistungen (→ *Entbündelung*).

→ *http://www.regtp.de/gesetze/00989/inhalt/*

OADG

Abk. für Open Architecture Development Group.
Bezeichnung einer vom Hause IBM in Japan 1991 gegründeten Organisation zur Förderung der Verbreitung von PCs und deren Standards in Japan.

OADM

Abk. für Optischer Add-Drop-Multiplexer.
→ *ADM.*

OAI

Abk. für Open Application Interface.
Bei einigen Herstellern von Nebenstellenanlagen oder → *ACD* die Bezeichnung für eine Schnittstelle, die eine Konfiguration und Programmierung der Nebenstellenanlage bzw. ACD-Anlage durch einen anschließbaren PC und eine entsprechende Software ermöglicht.

OAM

Abk. für Operation, Administration and Management.
→ *O & M.*

OAN

Abk. für Optical Access Network.
Oberbegriff für Zugangsnetze auf Glasfaserbasis.
→ *Glasfasertechnik*, → *FITL*, → *PON.*

OAsk

Abk. für Ortsanschlusskabel.

OAsl

Abk. für Ortsanschlussleitung.

OB

Abk. für → *Ortsbatterie.*

Oberer Speicher

→ *UMA.*

Oberflächenbild

→ *Texture.*

Oberflächenwellen

→ *Boden-Oberflächenwellen.*

Oberon

Bezeichnung für eine von → *Modula-2* abgeleitete objektorientierte → *Programmiersprache*, die mittlerweile in Version 2 vorliegt und von den Professoren Nikolaus Wirth und Guthknecht an der ETH Zürich entwickelt wurde.
Oberon ist dabei nicht nur eine Programmiersprache, sondern zusätzlich ein → *Betriebssystem* und eine spezielle Rechnerarchitektur. Letztere hat keine Bedeutung erlangt, wohingegen das restliche Oberon-System für mehrere andere Rechnerplattformen erhältlich ist und nach dem Ende des offiziellen Forschungsprojektes an der ETH auch von einzelnen Entwicklergruppen weiterentwickelt wird.
→ *http://www.statlab.uni-heidelberg.de/projects/oberon/kurs/*
→ *http://www.oberon.ethz.ch/*

Oberschwingung

→ *Fourier-Analyse.*

Oberwelle

→ *Fourier-Analyse.*

OBF

Abk. für Ordering and Billing Forum.
Bezeichnung eines Gremiums in den USA, das Richtlinien für den Austausch von Informationen zu → *Charging*, → *Billing* und → *Accounting* zwischen verschiedenen → *Carriern* erarbeitet.
Mitglieder sind Soft- und Hardwarehersteller und Carrier.

Object

→ *OO.*

Object Facilities

→ *OMA.*

Objective C

Bezeichnung einer 1984 von Brad Cox bei der Stepstone Corporation entwickelten objektorientierten Varianten der Programmiersprache → *C*, die jedoch, im Gegensatz zu → *C++*, keine große Bedeutung erlangt hat, obwohl Objective C früher als C++ kommerziell auf den Markt kam.
Es wurde häufig zur Anwendungsentwicklung von Programmen für das → *Betriebssystem* → *NextStep* verwendet.

Object Request Broker

→ *CORBA.*

Object REXX

→ *REXX.*

Object Services

→ *OMA.*

Objekt, Objektorientiertes Programmieren, Objektorientierung

→ *OO.*

Obsidian

Bezeichnung eines geplanten satellitengestützten Mobilfunksystems.

OC-1, -3, -12, -24, -48, -192, -768

Abk. für Optical Carrier.
Bezeichnung der Bitratenhierarchie beim nordamerikanischen Standard für synchrone Transportnetze → *SONET.*
→ *SDH.*

OCB

Abk. für Outgoing Call Barring.
→ *Barring.*

OCC

1. Abk. für Operational Control Centre.
   → *Inmarsat.*
2. Abk. für Optischer Cross Connect.
   → *Cross Connect.*

Occam

Eine Art Programmiersprache zur Definition parallel ablaufenden Prozesse.

OCE

Abk. für Open Collaborative Environment.

OCL

1. Abk. für Outlet Channel Module.
2. Abk. für Object Constraint Language.

   OCL erlaubt es Programmierern, die Funktionsweise von in einer objektorientierten Sprache zu programmierenden Objekten (→ *OO*) durch das Begrenzen von Funktionen der Objekte durch das Vorgeben von Regeln zu definieren. Dies erlaubt es, den Programmierprozess zu beschleunigen, da die Anzahl von Fehlerquellen reduziert wird.

   OCL ist dabei eine Untermenge der → *UML.*

OCR, OCR-A, OCR-B

1. Abk. für Optical Character Recognition (oder Reading).

   Deutsche Bezeichnung: Optische Zeichenerkennung. Oberbegriff für automatisches optisches Erkennen und Einlesen von gedruckten Texten durch Scanner.

   Haupteinsatzbranchen: Sparkassen, Banken (dort zuerst eingesetzt), Versicherungen, Versandhandel. Die Leistungsfähigkeit der Geräte reicht von 200 bis 35 000 Belege in der Stunde. Normalerweise sind Geräte mit zwei unabhängigen Erkennungsalgorithmen ausgestattet, moderne Systeme setzen bis zu sechs ein und erreichen Erkennungsquoten von 99,9% bei Maschinenschrift und 95% bei guter Handschrift (→ *OHR*).

   Derartige OCR-Systeme erkennen üblicherweise nicht die einzelnen Zeichen, sondern verfügen über Wörterbücher, so dass ganze Wörter anhand bestimmter Buchstabengruppen und dem Kontext erkannt werden können. Oft werden diese Systeme dann mit Intelligent Character Recognition (ICR) bezeichnet.

   Unter bestimmten Bedingungen wird kein OCR-System benötigt, sondern lediglich ein System für optischen Markierungserkennung (Optical Mark Recognition, → *OMR*).

   Ein erster Computer, der OCR durchführte, war im Jahre 1958 die → *ERMA* aus dem Hause General Electric. Sie wurde im Bankengewerbe zur automatischen Bearbeitung von Schecks eingesetzt, die mit magnetischen Zeichen bedruckt waren. Dabei wurde die → *E-13-B*-Schrift verwendet.

   → *CMC-7*-Schrift.
2. OCR-A und OCR-B sind zwei international standardisierte maschinen- und menschenlesbare Schriften. OCR-A ist auch durch das → *DIN* als DIN 66008 normiert. OCR-B wurde 1968 vom Schweizer Adrian Frutiger entwickelt, der auch die Schrift Univers definierte, und 1973 von der → *ISO* zum weltweiten Standard erhoben. OCR-B wird insbesondere für Zahlungsformulare im Bankenwesen eingesetzt.

Octet

→ *Oktett.*

OCX, OCX-Controls

Abk. für OLE Custom Control.

Bezeichnung für ein Softwaremodul, das über eine Schnittstelle gemäß der → *COM*-Spezifikation von anderen Programmteilen verwendet werden kann. Derartige Module werden dann auch als OCX-Controls bezeichnet.

Die Anwendung von OCX-Controls im Umfeld des → *Internet* bezeichnet man als → *ActiveX-Controls.*

ODA

1. Abk. für Object Definition Alliance.

   Bezeichnung einer im Juli 1995 von Oracle und Apple, Compaq sowie Xerox gegründeten Vereinigung mit dem Ziel der Definition allgemeingültiger Standards für objektorientierte und interaktive Online-Anwendungen. Die ODA wird mit der → *OMG* zusammenarbeiten und ggf. Ergebnisse erzielen, die → *CORBA* um multimediale Elemente weiterentwickeln.
2. Abk. für Open Document Architecture.

   Bezeichnung der Dokumentenarchitektur nach der Empfehlung I.410 der → *ITU.*

ODA/ODIF

Abk. für Office Document Architecture/Office Document Interchange Format.

Bezeichnung eines in ISO 8613 von der → *ISO* definierten Dokumentenstandards für unstrukturierte Dokumente zur Verarbeitung und Versendung im Büro oder zu internen Zwecken.

Es werden drei Arten von Dokumenten klassifiziert:

- Level 1: Nur Text.
- Level 2: Text und grafische Elemente, erstellt mit einer → *Textverarbeitung.*
- Level 3: Text und grafische Elemente, erstellt mit einem Programm für Desktop-Publishing (→ *DTP*).

Im Rahmen von → *EWOS* (European Workshop for Open Systems) wurden auf Basis von ODA Teilmengen für konkrete Anwendungen gebildet, z.B. für → *Teletex* oder → *DTP*-Programme.

Im Gegensatz zu → *EDI* oder → *EDIFACT*, bei denen die übertragenen Daten direkt zur maschinellen Weiterverarbeitung gedacht sind, steht hier der Empfang und die Verwendung durch den menschlichen Nutzer im Vordergrund.

ODAPI

Abk. für Open Database Application Programming Interface.

Bezeichnung für eine Anwendungsprogrammierschnittstelle (→ *API*) aus dem Hause Borland zur Sicherstellung einer standardisierten Kommunikation zwischen einem Anwendungsprogramm und einem Datenbanksystem.

ODB

Abk. für Object (-oriented) Database.

Bezeichnung für Datenbanken, in denen, im Gegensatz zu relationalen Datenbanken, Objekte gespeichert werden (→ *OO*). Derartige Datenbanken gelten als flexibel und geeigneter zur Speicherung multimedialer Datenobjekte.

Die Anwendung objektorientierter Architektur auf Datenbankmodelle ist relativ neu, weshalb es noch nicht so viele verschiedene Produkte auf dem Markt gibt.

ODBC

Abk. für Open Database Connectivity.

Bezeichnung einer standardisierten Anwendungsschnittstelle (→ *API*) der Datenbankabfragesprache → *SQL*, ursprünglich unter der Oberfläche → *Windows*, mittlerweile aber auch für → *Unix* und → *Macintosh* erhältlich. ODBC dient der Verbindung zwischen einem → *Server* und einem Datenbank-Client, die miteinander über ein → *LAN* kommunizieren können. Dadurch kommt ODBC die Funktion einer Art → *Middleware* zu.

Während der Client dann mit dem Server über ODBC kommuniziert, kommuniziert der Server mit der eigentlichen Datenbank in SQL.

Vorteil von ODBC ist, dass es sich um einen stabilen Standard ohne → *Dialekte* handelt, wohingegen SQL bei vielen Unternehmen in Dialekten vorliegt. Die Nutzung von ODBC auf der Client-Seite erfordert daher keine Rücksichtnahme auf den verwendeten SQL-Dialekt.

Ferner ist es möglich, durch die Verwendung von ODBC-Befehlen in Programmen auf verschiedene Datenbanken und Dateiformate zuzugreifen. Erforderlich ist dann nur noch ein spezieller Treiber für die betroffene Datenbank bzw. Datei.

ODBC stammt aus dem Hause Microsoft und basiert zu einem großen Teil auf dem Call Level Interface (CLI), das von der SQL Access Group entwickelt wurde. ODBC wurde erstmals im September 1992 der Öffentlichkeit für Windows-Anwendungen vorgestellt.

→ *RPC*.

ODBMG

Abk. für Object Database Management Group.

Bezeichnung einer 1992 gegründeten Vereinigung von Datenbankherstellern mit dem Ziel, objektorientierte Datenbanken zu fördern.

Entwickelt wurden u.a. Erweiterungen zu → *C++* und → *Smalltalk*, die den Zugriff auf objektorientierte Datenbanken erlauben.

→ *http://www.odmg.org/*

ODBMS

Abk. für Object-Oriented Database Management System.
Bezeichnung für objektorientierte → *DBMS*.

Odd-Parity

→ *Parität*.

ODER

International mit OR bezeichnet. Auch Disjunktion genannt.
Bezeichnung für eine logische Verknüpfung zweier binärer Werte A und B im Rahmen der → *Booleschen Algebra*. Die Verknüpfung nimmt genau dann den Wert 1 („Wahr") an, wenn entweder die zwei zu verknüpfenden Werte A ODER B beide den Wert 1 annehmen oder nur einer den Wert 1 annimmt.

In Kombination mit der → *NICHT*-Verknüpfung wird das Resultat der ODER-Operation noch einmal negiert. Diese Operation wird international üblich mit NOR (Kurzform für NOT OR) bezeichnet.

Die folgende Tabelle zeigt die ODER- und die NOR-Verknüpfung.

A	B	A ODER B	NICHT (A ODER B)
0	0	0	1
0	1	1	0
1	0	1	0
1	1	1	0

Die ODER-Verknüpfung der Variablen *A* und *B* zur Variablen Y wird in mathematischer Gleichungsform mit dem Zeichen + geschrieben als:

$$Y = A + B.$$

Ferner gelten die folgenden, grundlegenden Verknüpfungen:

$$A + 0 = A$$
$$A + 1 = 1$$
$$A + A = A$$

→ *NICHT*, → *UND*, → *XOR*.

Odette

Abk. für Organisation for Data Exchange by Teletransmission in Europe.

Bezeichnung für ein Verfahren für → *EDI* insbesondere in der europäischen Automobilindustrie.

→ *http://www.odette.org/*

ODI

1. Abk. für Outgoing Defect Indicator.
2. Abk. für Open Data-Link Interface.

   Bezeichnung für die Spezifikation einer offenen Schnittstelle aus dem Hause Novell (gemeinsam entwickelt mit Apple), die es ermöglicht, mit mehreren Transportprotokollen auf ein → *LAN* zuzugreifen.

   ODI definiert dafür eine Standardschnittstelle zu einer Network Interface Card (→ *NIC*), über die verschiedene, höhere Protokollstapel (etwa → *IPX*, reines → *TCP* über

→ *IP* oder → *AppleTalk*) zunächst auf ODI und schließlich auf die NIC zugreifen.

Bestandteile der ODI sind dabei:

- Link Support Layer (LSL): Überspannt mehrere, darunter liegende Multiple Link Interfaces (MLI) und sorgt für den korrekten Datentransport zwischen mehreren, darüber liegenden Protokollstapeln und den verschiedenen, darunter liegenden Treibern.

  Ursprünglich entwickelt im Hause AT&T für das → *Betriebssystem* → *Unix* System V.
- Multiple Link Interface (MLI): Bei ihnen handelt es sich um → *Treiber*, welche die Daten von dem LSL erhalten und an die entsprechende NIC weiterleiten. Dabei besteht das MLI seinerseits wieder aus den folgenden Komponenten:
  - Media Support Module (MSM): Bildet die Schnittstelle zwischen MLI und LSL.
  - Topology-Specific Module (TSM): Stellt Funktionalitäten für den Datentransport über bestimmte Netztopologien zur Verfügung.
  - Hardware-Specific Module (HSM): Stellt die Hardwareschnittstelle zur NIC zur Verfügung.

ODIN

Abk. für Online Daten- und Informationsnetz.
In den 70er Jahren ein öffentliches Förderprogramm in Deutschland zur Förderung des Einsatzes von modernen Verfahren der Büroautomatisierung und Datenübertragung.

ODL

1. Abk. für Optical Data Link.
2. Abk. für Object Definition Language.

ODMA

Abk. für Open Distributed Management Architecture.

ODP

Abk. für Open Distributed Processing.
Name eines → *ITU*-Standards. Dient als Referenzmodell und basiert auf verschiedenen Ansichten eines verteilten Prozesses. Fünf verschiedene Ansichten (Sprachen) stehen zur Verfügung, um offene verteilte Systeme zu modellieren und zu beschreiben. Das Konzept der ‚Bindenden Objekte' stellt dabei Möglichkeiten zur Verfügung, um kontinuierliche Datenströme zu modellieren. ODP ist z.B. relevant für → *TINA-C*.

ODTM

Abk. für Open Distributed Transaction Management.
Bezeichnung eines offenen verteilten Transaktionsmanagements.

ODTR

Abk. für Office of the Director of Telecommunications Regulations.
Bezeichnung der → *Regulierungsbehörde* für den Telekommunikations- und Rundfunksektor in Irland, gegründet am 30. Juni 1997.
→ *http://www.odtr.ie/*

Odyssey

Bezeichnung für ein System für → *Satellitenmobilfunk*. Von der kalifornischen Firma TRW konzipiert. Weiterer Partner mittlerweile Teleglobe (Kanada). Investitionshöhe 1,4 Mrd. bis 2,3 Mrd. $, Kosten je Satellit: 150 Mio. $.
Geplant waren zwölf Satelliten in drei → *MEOs* auf 10 354 km Höhe. 2 800 Kanäle je Satellit bei 37 Zellen je Satelli-

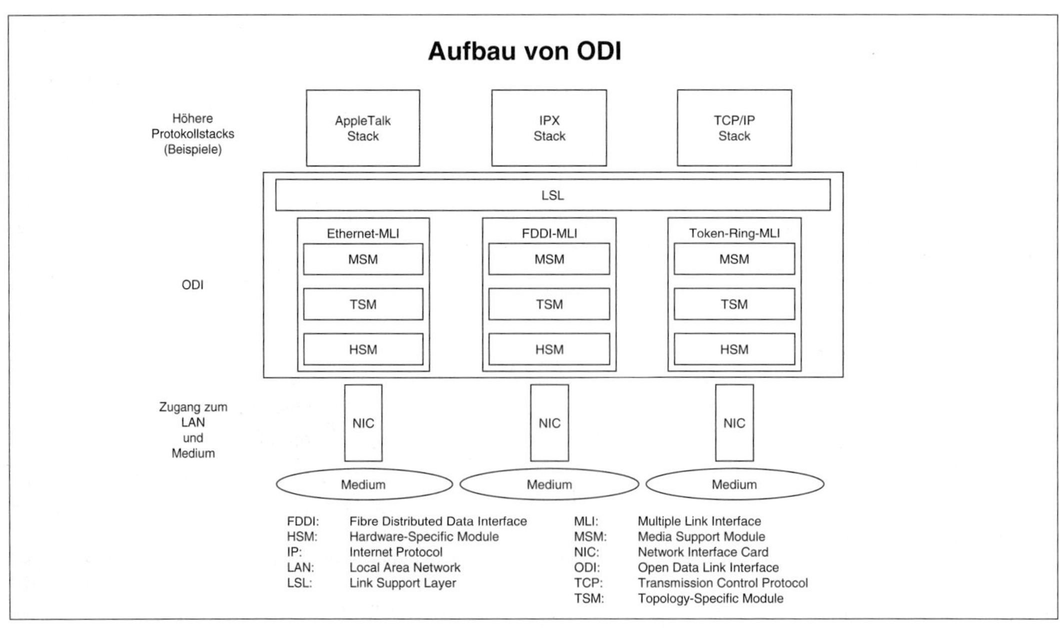

tenlaufbahn. → *Inklination* von 55°, minimale → *Elevation* von 30°.

Uplink: 1,610 GHz bis 1,625 GHz, Downlink: 2,4835 GHz bis 2,5 GHz. Satellitengewicht: 1 224,5 kg.

Das höhere Gewicht im Vergleich zu anderen satellitengestützten Mobilfunksystemen resultiert aus den in größerer Flughöhe benötigten größeren Antennen und Schutz gegen kosmische Strahlung. Dies führt zu einer höheren Lebensdauer der Satelliten (10 Jahre), die wiederum die Kosten senken soll.

Übertragen wird mit → *QPSK*, → *Faltungscodierung* und → *CDMA*.

Geplant waren sieben oder zwölf Erdstationen. Das System nutzt keine Inter-Satellite-Links. Jeder Satellit hält Kontakt zu einer Bodenstation.

Geplant waren alle gängigen schmalbandigen Dienste wie Telefonie (auch mit Konferenzschaltung), → *Fax* und → *Paging*. Ferner Datenübertragung bis 9,6 kbit/s.

Das System erhielt die Sendefrequenzen und eine Zulassung im Januar 1995 von der → *FCC*. Ein erstes System mit sechs Satelliten sollte Mitte 1998 in Betrieb gehen. Geplanter Start des Regelbetriebes sollte zunächst Mitte 1999 sein. Für das Jahr 2001 wurden 1,5 Mio. Teilnehmer erwartet; für das Jahr 2007 schon 2,3 Mio.

Am 17. Dezember 1997 kündigte TRW jedoch eine Einstellung von Odyssey an und erklärte, man werde sich an → *ICO* beteiligen, das bedauerlicherweise seinerseits wenig später die Pforten schloss und sich mit → *Teledesic* zusammentat.

ODZ

Abk. für Ort der Zusammenschaltung.

Andere Bezeichnung auch: Point of Interconnection (PoI). Bezeichnet in Deutschland den Ort, an dem es zur → *Interconnection* zwischen verschiedenen Netzbetreibern mit einem oder mehreren Interconnect-Anschlüssen (ICA) kommt.

Der ICA basiert auf einer 2-Mbit/s-Leitung nach → *G.703/704*.

O/E

→ *E/O*.

ÖbL

Abk. für Öffentlicher (bewegter) Landfunk.

In Deutschland die jahrzehntelange amtliche Bezeichnung für → *A-Netz*, → *B-Netz* und → *C-Netz*.

OECD

Abk. für Organization for Economic Cooperation and Development.

Die OECD beobachtet aus volkswirtschaftlicher Sicht die ökonomische Entwicklung verschiedener Staaten und spricht Empfehlungen aus. U.a. publiziert sie auch Reports zur Entwicklung der Telekommunikationsmärkte.

→ *http://www.oecd.org/*

ÖEK

Abk. für Österreichisches Elektrotechnisches Komitee.

OEI

Abk. für Outgoing Error Indication.

Öffentlicher Münzfernsprecher

→ *Telefonzelle*.

OEM

Abk. für Original Equipment Manufacturer.

Bezeichnet in Märkten die tatsächlichen Hersteller von Geräten im Gegensatz zu Vertriebsfirmen, die diese Geräte nur kaufen und nach einem Branding (z.B. leichte Änderungen am Design, eigenes Etikett etc.) als eigene Produkte über eigene Vertriebsstrukturen, mit eigenem Marketing und zu eigenen Konditionen verkaufen.

ÖVE

Abk. für Österreichischer Verband für Elektrotechnik.

Bezeichnung für den elektrotechnischen Berufsverband in Österreich mit dem monatlich erscheinenden Organ „Elektrotechnik und Informationstechnik“.

→ *http://www.ove.at/*

OF

Abk. für Optical Fibre, Glasfaser.

→ *Glasfasertechnik*.

OFA

Abk. für Optical Fiber Amplifiers, optische Faserverstärker.

Bezeichnung für optische Verstärker in Glasfasersystemen (→ *Glasfasertechnik*). Heute zumeist Erbium-dotierte Faserverstärker (EDFA) zur Verstärkung optischer Signale mit einer Wellenlänge im Bereich von 1 550 nm. Neuentwicklungen sind Praseodym-dotierte OFAs (PDFA) für den Bereich um 1 300 nm.

Sie vereinfachen die Konstruktion von Glasfaserübertragungssystemen über weite Strecken erheblich, da sie den Vorgang der optisch-elektronischen Wandlung und zurück bei der Verwendung herkömmlicher elektrischer Verstärker vermeiden.

EDFA gibt es seit den frühen 90er Jahren. Er gilt als einfach zu konstruieren, da er aus einem Stück Glasfaser besteht, das mit Erbiumionen dotiert ist. EDFAs zeichnen sich durch hohe Verstärkung, hohe Ausgangsleistung, hohe Linearität, geringe Polarisationsempfindlichkeit und geringes Rauschen aus. Üblicherweise arbeitet er im Bereich 1 530 bis 1 565 nm.

OFDM

1. Abk. für Optical Frequency Division Multiplexing.

   Andere Bezeichnung für → *WDM*.

   → *OTDM*, → *OSDM*.

2. Abk. für Orthogonal Frequency Division Multiplexing.

   Bezeichnung eines Multiplexverfahrens, das sich für stark gestörte terrestrische Übertragung digitaler Rundfunksignale besonders gut eignet. Es ist unempfindlich gegen Echos und → *Interferenz*. Eingesetzt wird OFDM z.B. bei einem → *Gleichwellennetz*.

OFE

Abk. für Output Feedback.
→ *DES*.

Off-Hook

Abgekürzt mit OH. Englische Bezeichnung für das Abheben des Hörers vom Telefonapparat. Oft synonym für den Beginn einer Fernsprechverbindung gebraucht.
→ *On-Hook*.

Office-Paket, Office-Suite

Bezeichnung für mehrere, funktional und hinsichtlich des → *Look-and-Feel* aufeinander abgestimmte betriebswirtschaftliche Standardsoftware (→ *Software*) für handelsübliche → *PC*, die alle in einem herkömmlichen Büro auftretende Arbeiten abdecken. Sie ermöglichen damit eine homogene Arbeitsumgebung und verringern die Zeit zum Lernen eines neuen Programms. Zwischen den einzelnen Programmen können Daten ausgetauscht werden

Üblicherweise enthält die Office-Suite eines Softwareherstellers eine → *Textverarbeitung*, eine → *Tabellenkalkulation*, ein Präsentations- bzw. Zeichenprogramm und eine → *Datenbank* als Minimalumfang.

Die meisten heutigen Office-Pakete enthalten darüber hinaus weitere Programme wie z.B. Terminplaner, Adressverwaltungen oder auch → *Utilities*. Es ist absehbar, dass in der Zukunft insbesondere Tools hinzukommen, die den Umgang mit dem → *WWW* erlauben.

Die ersten Office-Pakete waren um 1984 Symphony aus dem Hause → *Lotus* und Framework aus dem Hause Ashton-Tate. Die größte Verbreitung hat das Office-Paket aus dem Hause Microsoft erlangt.

Offline, Offline-Reader

Ganz allgemein die Bezeichnung für das (temporäre) Fehlen einer Kommunikationsverbindung zwischen zwei Teilsystemen.

1. Bei heutigen → *Online-Diensten* die Bezeichnung für die Möglichkeit, sich mit dem → *Server* des Online-Dienstanbieters zu verbinden (online) und die mittlerweile aufgelaufenen Nachrichten (z.B. E-Mails) auf den eigenen, lokalen Rechner herunterzuladen, um anschließend die kostenpflichtige Verbindung zu beenden und dann die nun lokal vorhandenen Nachrichten zu bearbeiten. Dies erfolgt häufig mit einem speziellen Programm, dem Offline-Reader.

   Durch ein erneutes Verbinden mit dem Server können die lokalen Arbeitsergebnisse (z.B. neue, zu versendende E-Mails) an den Server zur weiteren Verarbeitung (Versenden) übergeben werden.
2. Anderes Wort für indirekte Datenfernverarbeitung. Die Datenverarbeitungsanlage ist nicht mit den zur Übertragung der Daten genutzten Fernmeldewegen (oder Datenleitungen) verbunden. Die Daten werden auf Datenträgern zwischengespeichert, z.B. auf Disketten oder Magnetbändern, die hin- und hertransportiert werden.

Off-Peak-Zeit

In Telekommunikationsnetzen die Bezeichnung für die Zeit, in denen die Netzlast niedrig ist. Üblicherweise die Zeit zwischen 21 Uhr und 9 Uhr. Im Vergleich zur Zeit der Höchstlast (→ *Busy Hour*) kann die Netzlast dabei auf nur noch 2 bis 5% zurückgehen.

Offset

Ganz allgemein eine Distanzangabe relativ zu einem fest definierten Punkt.

1. Bei der Adressierung eines Speichers die relative Position einer Speicheradresse zu einer anderen Adresse, die dann oft als Basisadresse bezeichnet wird. Dies ermöglich eine relative Adressierung des Speichers durch Angabe einer Basisadresse und des jeweiligen Offsets.
2. Beim Layout von Texten ein Maß für den Einzug bzw. das Einrücken von Zeilen oder ganzen Absätzen. Angegeben in mm oder cm relativ zum linken Zeilenbeginn.

Offset-Antenne

Bezeichnung für eine bestimmte Bauform der → *Parabolantenne*, bei der nur ein Teil der Parabolantenne (Offset-Spiegel) als Reflektor fungiert und das empfangene Signal zum Speise- oder Empfangssystem reflektiert, das vor dem Reflektor montiert ist.

Man umgeht so das Problem der Abschattung durch das an einer mechanischen Halterung im Strahlengang befindliche Speisesystem.

Eine Weiterentwicklung ist die → *Gregory Antenne*.

Off-Site-Paging

Öffentliches Paging.
→ *Paging*, → *On-Site-Paging*.

Off-the-Shelf

Branchenjargon für Produkte, die beim Hersteller sofort verfügbar sind und ohne größere Anpassung beim Käufer eingesetzt werden können, z.B. standardisierte Richtfunkanlagen oder Standardsoftware.

OFTA

Abk. für Office of the Telecommunications Authority.

Bezeichnung der → *Regulierungsbehörde* für Telekommunikation in Hongkong.
→ *http://www.ofta.gov.hk/*

OFTEL

Abk. für Office of Telecommunications.

Bezeichnung für die → *Regulierungsbehörde* für alle Fragen der Telekommunikation in GB mit ca. 800 Mitarbeitern. Sitz ist London.

Gegründet im Zuge der → *Deregulierung* des britischen Telekommunikationsmarktes am 1. August 1984.
→ *http://www.oftel.gov.uk/*

OFTP

Abk. für Odette File Transfer Protocol.

Bezeichnung für das Datenübertragungsprotokoll innerhalb von → *Odette*. Es wird als Branchenstandard für die Dateiübertragung im Rahmen von → *EDI* in der Automobil- und Mineralölbranche eingesetzt.

OGC

Abk. für Open GIS Consortium.

Bezeichnung für eine Gruppe von nordamerikanischen Universitäten, Behörden und Softwarehäusern, die sich 1994 zusammengetan haben, um einen einheitlichen Standard für geografische Informationssysteme (→ *GIS*) zu erarbeiten.

→ *http://www.opengis.org/*

OGM

Abk. für Outgoing Message.

Bei → *Anrufbeantwortern* die Bezeichnung für den aufgenommenen und gespeicherten Ansagetext, den Anrufer hören.

→ *ICM.*

OH

Abk. für → *Off-Hook.*

OHR

Abk. für Optical Handwriting Recognition.

Oberbegriff für alle Systeme zur maschinellen Erfassung von Handschrift (Belegleser, → *PDAs*). Derartige Systeme erreichen unter Umständen (Druckschrift etc.) eine Erkennungsquote von 95%.

→ *OCR.*

OHU

Abk. für Overhead Unit.

OIA

Abk. für Office Information Architecture.

Bezeichnung eines Standards aus dem Hause IBM zum Dokumentenaustausch. Bei OIA besteht eine Nachricht aus den Teilen Präfix, Command-Sequence, Data-Unit, Document-Unit und Suffix. Die eigentliche Dokumenteninformation liegt dabei in dem Teil Document-Unit.

OIF

Abk. für Optical Internetworking Forum.

Bezeichnung für eine Allianz aus verschiedenen Herstellern aus den Bereichen Switching/Routing mit dem Ziel, einheitliche Standards für die direkte, optische Datenübertragung zwischen → *Switches* oder → *Routern* unter Berücksichtigung von Technologien wie → *WDM* oder auch → *Gigabit Ethernet* zu ermöglichen. Ein Ergebnis dieser Arbeit ist das → *SRP.*

Gegründet am 8. April 1998 von acht Unternehmen. Zur Jahresmitte 1999 hatte es schon 120, und Anfang 2001 schon über 300 Mitglieder.

→ *http://www.oiforum.com/*

OISL

Abk. für Optical Inter-Satellite Link.

OIW

Abk. für OSI Implementors Workshop.

Bezeichnung eines regionalen Workshops in Nordamerika der → *ISO* zur Förderung der Verbreitung und Weiterentwicklung des → *OSI-Referenzmodells.*

→ *AOW*, → *EWOS.*

→ *http://www.oiw.org/*

Oktal, Oktalsystem

Von lat. Octo = acht. Bezeichnung für ein Zahlensystem mit der Basis Acht und den einzelnen Ziffern von 0 bis 7. Mitunter verwendet zur platzsparenden und übersichtlichen Darstellung von → *Dualzahlen.*

Oktett

Eine Gruppe von acht Bit, auch → *Byte* genannt. Octet ist die offizielle Bezeichnung des Byte in den Normen der → *OSI.*

OLAP

Abk. für Online Analytical Processing.

Neben dem → *Data Warehouse* eine zweite, weiter fortgeschrittene, mögliche Realisierung von Management-Informationssystemen (MIS) zum Zweck des mehrdimensionalen Datenzugriffs, Berichtswesens und der Analyse. Dabei definiert der Anwender, im Gegensatz zum → *Data Mining*, gezielt bestimmte zu untersuchende Zusammenhänge.

OLAP bezeichnet einen von der → *OMG* definierten Standard zur Entwicklung von Anwendungen, die der Entscheidungsfindung im Management von Unternehmen dienen. Grundlage ist eine Analyse komplexer, bereits im Unternehmen vorhandener Datenbestände anhand von zwölf Regeln, die der Begründer des relationalen Datenbankschemas, Edward F. Codd, aufgestellt hat. Er definiert in seinem Buch „Providing OLAP to User-Analysts: An IT-Mandate“ (1993): „OLAP ist the name given to the dynamic enterprise analysis required to create, manipulate, animate and synthesise information from ... Enterprise Data Models. This includes the ability to discern new or unanticipated relationships between variables, the ability to identify the parameters necessary to handle large amounts of data, to create an unlimited number of dimensions ... and to specify crossdimensional conditions and expressions.“

OLAP fasst mehrere relationale Datenbanken zu einer einzigen Datenbank (Metadaten) zusammen und generiert dreidimensionale Microcubes. Die Dimensionen der Microcubes können dabei von Nutzern vorgegeben werden, etwa Zeit, Verkaufsregionen und Produkte. Die verschiedenen Microcubes stellen jeweils diese gewählten drei Parameter gegeneinander und können vom Nutzer abgefragt werden. Mit Hilfe von grafischen Schnittstellen werden die Ergebnisse optisch aufbereitet, z.B. in Form von Balkendiagrammen.

Es gibt verschiedene Analyseverfahren zu detaillierteren Untersuchung, bei denen zwei besonders häufig vorkommen:

- Slice and Dice: Durch Anwenden der Operation des Slicing (in Schichten schneiden) können die Microcubes in Schichten zerlegt werden, was den Detaillierungsgrad senkt. Durch ein Dicing (Drehen) können die Dimensionen des Würfels vertauscht werden, d.h., die Schnitte können in verschiedene Richtungen durch den Microcube gelegt werden.

- Drilling: Durch Drill Down und Drill Up erhält der Nutzer verschiedene Detaillierungsgrade der einzelnen Darstellungen, z.B. Verkaufsbezirk Nord wird durch ein Drill Down in verschiedene Städte und Regionen zerlegt. Ein Drill Through erlaubt ein Navigieren durch die Datenbestände auf der gleichen Ebene.

→ *http://www.olapcouncil.org/*

OLCP

Abk. für Online Complex Processing.
Bezeichnung für Operationen auf Datenbeständen, die im Gegensatz zu Online Transaction Processing (→ *OLTP*) umfangreiche Datenbestände, große Änderungen und gleichzeitige Lese- und Schreiboperationen erfordern.

OLD

Abk. für Optical Line Distributor.
Deutsche Bezeichnung: Optischer Leitungsverteiler.
Bezeichnung für aktive Bauelemente in einem optischen → *Zugangsnetz*. Es handelt sich um optische Multiplexer und Demultiplexer, die mehrere eingehende optische Leitungen zu einer abgehenden zusammenfassen. Unter den eingehenden Leitungen können sich dabei auch kupferbasierte Leitungen befinden.
Der OLD verteilt üblicherweise die auf einem → *Hauptkabel* von der → *OLT* kommenden optischen Signale auf weitere glasfaserbasierte angeschlossene Leitungen, die zum angeschlossenen Teilnehmer führen und dort mit dem → *ONU* oder auch schon mit einem Optical Network Termination (ONT, → *ONU*) abgeschlossen sind.
OLDs können aber auch hintereinander geschaltet werden (üblicherweise eine einstellige Anzahl).

Old Economy

→ *New Economy.*

Oldman

Jargon für Amateurfunker in den USA, ähnlich wie → *Ham.*

OLE

Abk. für Object Linking and Embedding.
Bezeichnung für eine auf → *COM* basierende Technik aus dem Hause Microsoft, mit der Inhalte, die mit einem Anwendungsprogramm (Quellanwendung) generiert worden sind, in den mit einem anderen Anwendungsprogramm (Zielanwendung) kreierten Inhalt eingefügt werden können.
Zwischen verschiedenen Anwendungen können somit bequem Informationen ausgetauscht werden. Dabei stehen, wie der Name schon vermuten lässt, zwei verschiedene Mechanismen zur Verfügung:

- Linking (Verbinden): Der fremderstellte Inhalt wird nicht eingefügt, sondern er wird abgespeichert, und es wird ein Verweis (Link, Pointer) auf ihn im neuen Dokument abgelegt. Der Inhalt wird im neuen Dokument nicht angezeigt, sondern nur die Existenz des Verweises. Vor dem Ansehen/Drucken muss der Verweis aktiviert und der Fremdinhalt geladen werden.

  Änderungen des fremderstellten Inhaltes werden immer so auch im neuen Dokument berücksichtigt.

- Embedding (Einbetten, Einfügen): Der fremderstellte Inhalt wird als Kopie komplett im neuen Dokument eingestellt (genannt OLE-Container oder OLE-Client) und mit diesem gespeichert. Änderungen in der Ursprungsversion des fremderstellten Inhaltes werden nicht berücksichtigt. Es muss dafür erst wieder eine neue Kopie eingefügt werden.

  Durch Doppelklicken auf den OLE-Container wird die Quellanwendung (OLE-Server) aufgerufen, so dass der Inhalt bearbeitet werden kann.

  Nachteilig bei diesem Verfahren ist außerdem, dass derartige Dokumente immer ein hohes Volumen annehmen und viel Speicherplatz benötigen.

Beispiel: In einen mit Microsoft Word erstellten Text wird eine erläuternde Zeichnung eingefügt, die mit Microsoft PowerPoint erstellt worden ist.
OLE stammt aus dem Hause Microsoft und war zusammen mit dem Component Object Model (COM) die Architektur für → *Windows* 3.1, → *Windows 95* und → *Windows NT.* OLE definiert Mechanismen zum gemeinsamen Agieren von verteilten Objekten, und COM definiert die notwendigen Kommunikationsmechanismen zwischen OLE-Objekten. Mittlerweile unterscheidet man OLE 1.0 und 2.0 (1994; erlaubt → *Drag & Drop*). Insbesondere OLE 2.0 wird als Konkurrenz zu → *CORBA* angesehen. Es basiert auf dem Dienstkonzept → *COM.*
Als Weiterentwicklung für physisch verteilte Anwendungen gilt → *ActiveX.*
→ *DDE.*

OLI

Abk. für Optical Line Inlet.
→ *OLO.*

OLN

Abk. für Openbaar Landelijk Mobilofoon-Net.
Der Name steht für öffentliches, landesweites Mobiltelefonnetz.
Name eines handvermittelten, analogen, niederländischen Mobilfunknetzes aus vorzellularer Zeit. Es ging bereits 1949 in Betrieb und wurde erst 1986 (!) endgültig eingestellt.
Es ermöglichte Halbduplexverbindungen und arbeitete im 80-MHz-Bereich. Nachfolger wurde → *ATF1.*

OLO

1. Abk. für Optical Line Outlet.
2. Abk. für Other Licensed Operator.

   Aus der Sicht eines Anbieters von Telekommunikationsdienstleistungen ein anderer Anbieter im gleichen geografischen Gebiet, der vom Regulierer mit einer Lizenz ausgestattet wurde. Derartige Operators können einerseits als Konkurrenten angesehen werden, andererseits aber auch, wenn es sich um neue Anbieter handelt, die gerade erst mit wenigen eigenen Ressourcen in den Markt eingetreten sind, als potenzielle Kunden, die sich beim marktbeherrschenden Anbieter mit bestimmten Produkten (z.B. → *Standleitungen*) eindecken.

→ *Interconnection.*

OLR

Abk. für → *Offline-Reader.*

OLT

1. Analoges, norwegisches Mobilfunknetz aus der vorzellularen Zeit. In Betrieb bis Oktober 1990. Operierte im 160-MHz-Band (→ *Uplink*: 159,050 bis 160,025 MHz, → *Downlink*: 167,050 bis 168,025 MHz).
2. Abk. für Optical Line Termination.

   Begriff aus der → *Glasfasertechnik*. Bezeichnet in einer Ortsvermittlungsstelle die Einheit, die von der Vermittlungsstelle oder anderen Netzelementen (z.B. → *Multiplexer* zur Weiterführung einer → *Standleitung*) ankommende Signale, zugeführt üblicherweise auf der Basis von 2-Mbit/s-Leitungen, elektrooptisch wandelt und in das → *Hauptkabel* eines glasfaserbasiertes → *Zugangsnetz* einspeist. Dieses Glasfaseranschlussnetz verteilt das Signal bis zur Optical Network Unit (→ *ONU*).

   Umgekehrt wird im OLT auch von Teilnehmern über das Zugangsnetz kommender Verkehr optoelektronisch in von der Vermittlungsstelle schaltbare elektrische Signale umgewandelt und üblicherweise über 2-Mbit/s-Verbindungen an diese weitergegeben. Eine weitere Aufgabe der OLT ist, neben der elektrooptischen Wandlung, das Rangieren, d.h. das Verteilen der aus dem Zugangsnetz kommenden Glasfasern entweder an die Vermittlungseinrichtung, an einen Multiplexer eines Mietleitungsnetzes oder an ein Datennetz, je nachdem, wie der betreffende Teilnehmer die Glasfaser nutzt.

   Ein OLT basiert auf den Komponenten → *Multiplexer* (Multiplexer, Transmitter und Receiver, MTR) und → *Cross Connect* (CC). Mit dem CC ist es möglich, beliebige Eingangskanäle auf beliebige Ausgangskanäle in einer Granularität von 64 kbit/s zu schalten, womit er die Funktion eines Rangierers übernimmt. Der MTR übernimmt die elektrooptische Wandlung und multiplext die vermittlungsseitig vom CC zugeführten Signale in die breitbandigeren Signale auf der Seite des Zugangsnetzes.

   Eine OLT hat heute üblicherweise eine Kapazität von 1 664 * 64 kbit/s, die auf bis zu 16 aktive optische Netze (→ *AON*) verteilt werden können. An OLTs können aber auch passive optische Netze (→ *PON*) angeschlossen werden.

   Typischerweise beträgt die Distanz zwischen OLT und einer Optical Network Unit (→ *ONU*) beim Teilnehmer bis zu 40 km, bei der Verwendung zwischengeschalteter optischer Distributoren (→ *OLD*) können es auch schon mal 70 km werden.

   → *Splitter.*

OLTP

Abk. für Online Transaction Processing.

Bezeichnet eine Methode der zentralisierten Transaktionsverarbeitung, bei der eine Folge von Aufträgen (→ *Transaktionen*) nacheinander auf einem entfernten → *Server* abgearbeitet wird, während der Client selbst die Verbindung hält (online) und auf deren Fertigstellung wartet. Die offene und verteilte Version hiervon ist → *ODTM.*

Entscheidend beim OLTP im Vergleich zu herkömmlichen Client/Server-Architekturen ist, dass OLTP folgende drei Eigenschaften hat:

- Der Nutzer hat den Eindruck, das OLTP-System arbeitet in Echtzeit.
- Transaktionen werden sicher durchgeführt, d.h., das OLTP-System verfügt über Systeme zur konsistenten Transaktionskoordinierung und zum → *Recovery.*
- OLTP verfügt über Mechanismen zum → *Logging.*

Kennzeichen von OLTP-Systemen sind:

- Viele Benutzer (z.B. Reisebüros bei einem Reservierungssystem)
- Jeder Benutzer generiert viele Transaktionen
- Standardisierte, in ihrer Struktur vorhersehbare Transaktionen (z.B. Buchung eines Fluges für eine Person)
- Annäherndes Echtzeitverhalten

O & M

Allg. gebräuchliche Abk. für Operation and Maintenance.

Bezeichnet alles, was mit Betrieb und Wartung eines Netzes und seiner Einrichtungen (Leitungen und Vermittlungen) zu tun hat. In der Literatur gibt es auch den Begriff OAM oder OAM & P, was für Operation, Administration, Maintenance & Provisioning steht.

→ *OMC*, → *TMN*, → *QoS.*

OMA

Abk. für Object Management Architecture.

Bezeichnung einer grundlegenden Vorschrift zur Beschreibung objektorientierter Systeme. OMA ist eine detaillierte Beschreibung der Ziele und Vorgehensweise der → *OMG* und unterstützt die Kommunikation und Kooperation zwischen Objekten in offener, heterogener Umgebung.

Dafür definiert OMA eine objektorientierte Referenz-Architektur sowie die dazugehörigen Objekt- und Referenzmodelle von Diensten, die innerhalb dieser Architektur zwischen den Objekten geleistet werden können.

Die fest definierten Dienste, die auf jeden Fall in einer OMA vorhanden sein müssen, werden Object Services genannt, wohingegen alle optionalen Dienste als Object Facilities bezeichnet werden.

OMA wurde 1990 von der OMG vorgestellt. Nachfolger bzw. konkrete Anwendung und wesentlich detailliertere Spezifikation des in OMA definierten Object Request Brokers (→ *ORB*) ist → *CORBA.*

OMAP

Abk. für Operation and Maintenance Application Part.

→ *SS#7.*

OMC

1. Abk. für Operation & Maintenance Center.
   Bezeichnet in heutigen Telekommunikationsnetzen die Zentrale, mit welcher das Netz gesteuert und gewartet wird.
   → *QoS*, → *TMN*.
2. Speziell ein Element der Netzinfrastruktur von → *GSM* und von → *ERMES*.

OMG

Abk. für Object Management Group.

Bezeichnung eines industriellen Standardisierungsgremiums, das 1989 gegründet wurde, um objektorientierte Standards für die Beschreibung verteilter Systeme (Distributed Object Computing, DOC) zu erarbeiten. Durch dieses universelle Architekturmodell soll die globale Interoperabilität allgemeiner, verteilter Anwendungen über die Grenzen von Programmiersprachen, Betriebssystemen und Hardwarearchitekturen hinweg gefördert werden. Gründungsmitglieder waren DEC, HP, IBM und Sun. Mittlerweile über 700 Mitglieder vom Hersteller bis zum Anwender.

Die OMG brachte zuerst 1990 → *OMA* heraus, gefolgt 1991 von → *CORBA*. Seither entwickelt die OMG auch verschiedene andere Dinge weiter, so z.B. → *UML*.

Adresse:

OMG
492 Old Connecticut Path
Framingham, MA, 01705
Tel.: (+1) 5 08 / 8 20 43 00

→ *http://www.omg.org/*

Omnidirektional

Von lat. omnes = alle bzw. omnibus = für alle. Eine Eigenschaft, dass bei einem System keine bevorzugte Richtungsorientierung vorliegt.

OMP

Abk. für One Minute, please.

→ *Chat Slang*.

OMR

Abk. für Optical Mark Recognition.

Bezeichnet verschiedene Verfahren, bei denen Druckerzeugnisse mit Hilfe von unauffälligen, aufgedruckten Markierungen bearbeitet werden können und/oder bei denen einfache, von anderen Personen hinzugefügte Markierungen (angekreuzte Kästchen) ausgewertet werden müssen.

Die Druckerzeugnisse verfügen dazu üblicherweise über verschiedene schwarze Balken/Markierungen, anhand derer entweder spezielle Teile des Druckerzeugnisses, z.B. die Seitenmitte oder ein Adressfeld, oder das Druckerzeugnis selbst, z.B. eine Informationsbroschüre zu einem bestimmten Produkt aus einer Menge von verschiedenen Informationsbroschüren eines Unternehmens, mit Hilfe von optischen Lesegeräten erkannt werden können.

Eine andere Anwendung ist das automatische Einlesen und Auswerten von Formularen, z.B. Fragebögen oder Postkarten, bei denen vom Ausfüllenden fest vorgegebene Auswahlmöglichkeiten an bestimmten Stellen markiert (angekreuzt) werden müssen.

Systeme für OMR können mit einem → *Dokumentenmanagementsystem* und/oder einem Kundenmanagementsystem zusammenarbeiten und dadurch die Effektivität von Organisationseinheiten, die viele standardisierte Druckwerke verarbeiten, z.B. Behörden und Direktmarketingagenturen, deutlich erhöhen.

→ *OCR*.

OMT

Abk. für Object Modeling Technique.

→ *UML*.

ON

Abk. für → *Ortsnetz*.

ONA

Abk. für Open Network Architecture.

Ein von der amerik. → *FCC* definierter Begriff, der dem europäischen → *ONP* entspricht.

→ *ESP*.

On-Chip-Cache

→ *Cache*.

ONC

Abk. für Open Network Computing.

Ein Dienst für Verbindungen über → *LANs* und andere Netze für → *Unix*-basierte Rechner. Ursprünglich entwickelt im Hause Sun, mittlerweile jedoch weit verbreitet.

Genutzt wird dabei → *NFS* zur Dateiverwaltung und → *RPC* sowie → *TCP* und → *IP* zur Kommunikation zwischen verteilten → *Servern*.

Die Version ONC+ ist in → *Solaris* enthalten.

On-Demand-Dienste (-Services)

Oberbegriff für verschiedene, neue multimediale Dienste (→ *Multimedia*), bei denen auf einem geografisch vom Abrufenden weit entfernten → *Server* abgelegte Informationen gezielt durch Nutzer über breitbandige Telekommunikationsdienste durchsucht und abgerufen werden können. Das Endgerät kann dabei der heimische PC oder eine → *Set-Top-Box* mit herkömmlichem, analogen TV-Gerät sein.

Denkbare Realisierungsformen sind → *Information-on-Demand*, → *Video-on-Demand*, → *Music-on-Demand* und → *Tele-Shopping*.

On-Hook

Englische Bezeichnung für das Auflegen des Hörers auf die Gabel bzw. das Endgerät. Oft wird der Begriff synonym für das Beenden einer Fernsprechverbindung benutzt.

→ *Off-Hook*.

ONKz

Abk. für Ortsnetzkennzahl.

Auch einfach nur Vorwahl genannt. Amtliche Bezeichnung der ein → *Ortsnetz* eindeutig identifizierenden Kennzahl,

die von einem anderen Ortsnetz aus gewählt werden muss, wenn ersteres erreicht werden soll.
→ *AVON*.

Online

Bezeichnung für den Zustand, bei dem ein Client (→ *Server*) direkt über Übertragungsmedien und für längere Zeit (auch wenn zwischen zwei Datenabfragen eine längere Zeit vergeht) mit einer Datenquelle (Server) verbunden ist.

Online-Dienst, Online-Service

Oberbegriff für kommerzielle Computerinformations- und Datendienste für Privat- und Geschäftskunden. Ausgehend vom Ursprung der Online-Dienste, dem → *Internet*, entstanden rein kommerzielle Anbieter. Daneben entwickelten sich Online-Dienste aus den verschiedenen Systemen für → *Videotex* heraus.

Grundelemente sind:

- Informationsdienste aller Art (Wetter, Zugfahr- und Flugpläne, Börsenkurse, Softwareprogramme etc.)
- Kommunikationsdienste (→ *E-Mail*, → *Chat*, → *Foren*)

Den Teilnehmern werden diese Dienste gegen monatliche Grundgebühren und zeit- oder datenvolumenabhängige Nutzungsgebühren angeboten. Der Teilnehmer ist dabei in der Regel über das analoge Telefonnetz und ein → *Modem* oder über das → *ISDN* mit einem → *Server* gekoppelt. Während bei frühen Systemen (Videotex) der Fernseher das Endgerät war, ist mittlerweile der PC das Endgerät zum Auswählen und Darstellen der übertragenen Informationen geworden.

Beispiele für Online-Dienste sind → *CompuServe*, → *Microsoft Network*, → *eWorld*, → *Prodigy*, → *America Online*, → *GEnie*, → *T-Online*, → *PersonaLink*, → *Delphi* sowie → *Mailboxen* wie z.B. → *Fidonet*, → *Z-Netz*, → *CL-Netz* und schließlich noch das → *Internet*.

Daneben werden unter Online-Services in weiterem Sinne auch Datenbankanbieter verstanden, die Datenbankzugriffe über große Entfernungen mittels Telefonleitungen (analog oder via ISDN) anbieten. Weltweit existieren ca. 6 000 Datenbanken verschiedenster wissenschaftlicher Disziplinen. Prinzipiell handelt es sich bei derartigen Systemen um die Vorgänger der heute bekannten kommerziellen Online-Dienste.

Es ist absehbar, dass sich auch proprietäre technische Plattformen verschiedener Online-Dienste zum Internet-Standard des WWW (→ *HTML*) entwickeln. Vor diesem Hintergrund stellt sich die Frage, welche Existenzberechtigung klassische Online-Dienste wie T-Online und America Online angesichts des WWW dann überhaupt noch haben. Die Antwort hierauf ist, dass Online-Dienste trotz Suchmaschinen und strukturierten Linklisten immer noch wesentlich besser strukturierte, aufbereitete und zusammengestellte Informationen anbieten, d.h., man findet schneller zu höherqualitativen Informationen. Der Mehrwert eines Online-Dienstes liegt damit in der redaktionellen Vorstrukturierung und Zusammenstellung der abzurufenden Inhalte. War es zunächst sogar so, dass bestimmte Inhalte nur in geschlossenen Online-Diensten abzurufen waren, so trifft dies seit dem Erfolg des WWW ab ca. 1994 nicht mehr so stark zu.

Einige markante Ereignisse in Deutschland und auch weltweit waren:

1969

Harry K. Gard von der Golden United Insurance kauft neue Computer. Seine Tochter kommt auf die Idee, diese neuen und teuren Geräte in der Nacht gegen Gebühr von anderen Unternehmen nutzen zu lassen.

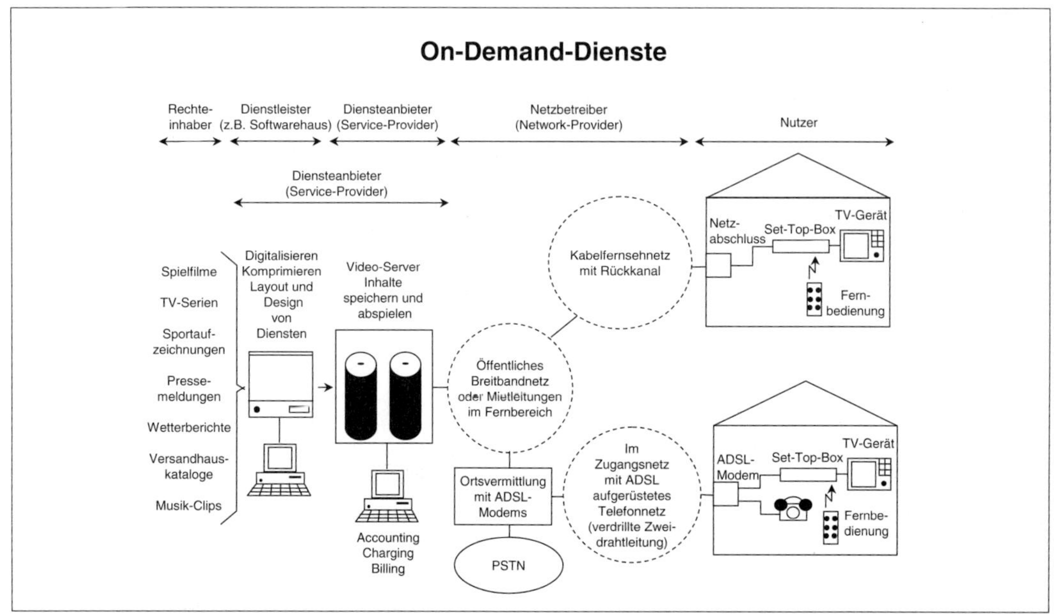

1970
Golden United Insurance fängt an, Unternehmen einen → *Timesharing*-Betrieb auf seinen eigenen Rechnern zur Abarbeitung von Routinearbeiten zu ermöglichen. Das Stammgeschäft für CompuServe entsteht daraus.

1979
Offizieller Start des CompuServe-Online-Dienstes mit 1 200 Teilnehmern. Angebotene Dienste: E-Mail und einigen Datenbanken.

Mai 1980
Das amerikanische Steuerberatungsunternehmen H&R Block kauft für 23 Mio. $ CompuServe mit der Absicht, es seinen rund 17 Mio. Kunden anzubieten. Da von diesen kaum jemand einen Computer besitzt, ist diese Strategie zunächst wenig erfolgreich.

1985
→ *Genie* wird von General Electric gegründet.

24. Mai 1985
Steve Case gründet den Vorläufer von → *AOL*.

1988
Prodigy macht auf.

1991
CompuServe kommt nach Deutschland.

1992
Weltweit hat CompuServe mehr als eine Million Teilnehmer.
Mit → *Delphi* bietet ein erster Online-Dienst die Nutzung des Internet an.

1993
In den USA gibt es mit CompuServe, Prodigy und AOL drei nationale Online-Dienste mit insgesamt ca. 3 Mio. Nutzern.

1994
Europe Online (EOL) wird in Luxemburg von Burda (D), Dr. Schwarz-Schilling (D), Pearson (GB), Hachette (F) und einigen Kleinanlegern (Banken) gegründet. Man möchte auf das proprietäre System Interchange setzen.

Januar 1995
AOL und Bertelsmann gründen eine gemeinsame Tochter in Europa und nationale Gesellschaften in Deutschland, Frankreich und GB.

Frühjahr 1995
Mit den 50 000 Beta-Testversionen von Windows 95 macht auch das Microsoft Network (MSN) auf.

August 1995
Burda gibt seine Pläne für einen Online-Gesundheitsdienst bekannt.

Herbst 1995
Von September bis November testen rund 3 000 Teilnehmer die deutsche AOL-Software. Gleichzeitig wird der zunächst anvisierte Name ‚OneWorld‘ verworfen. Man einigt sich auf das in den Staaten bereits vertraute AOL. Im Dezember startet AOL dann offiziell in Deutschland.
Erstmals ist absehbar, dass CompuServe mit seinem Computer-Image Schwierigkeiten haben wird, gegen den bunten und familienfreundlichen AOL-Dienst langfristig zu bestehen.

November 1995
EOL gibt Pläne bekannt, alles bislang Geplante (eigener Online-Dienst auf Interchange-Basis) zu vergessen und stattdessen voll auf Netscape und Internet zu setzen. Man plane ein Dienstangebot im WWW mit jedermann zugänglichen Teilen und gebührenpflichtigen Teilen.
Ebenfalls im November erklärt Microsoft, es wolle nun doch keinen eigenen Online-Dienst aufmachen, sondern lediglich ein ‚Dorf im Internet‘ eröffnen.
Springer erläutert seine Pläne, bei EOL einzusteigen, tut dies aber nicht, nachdem sich Pearson zurückzieht und zuvor schon Hachette abgesprungen war.

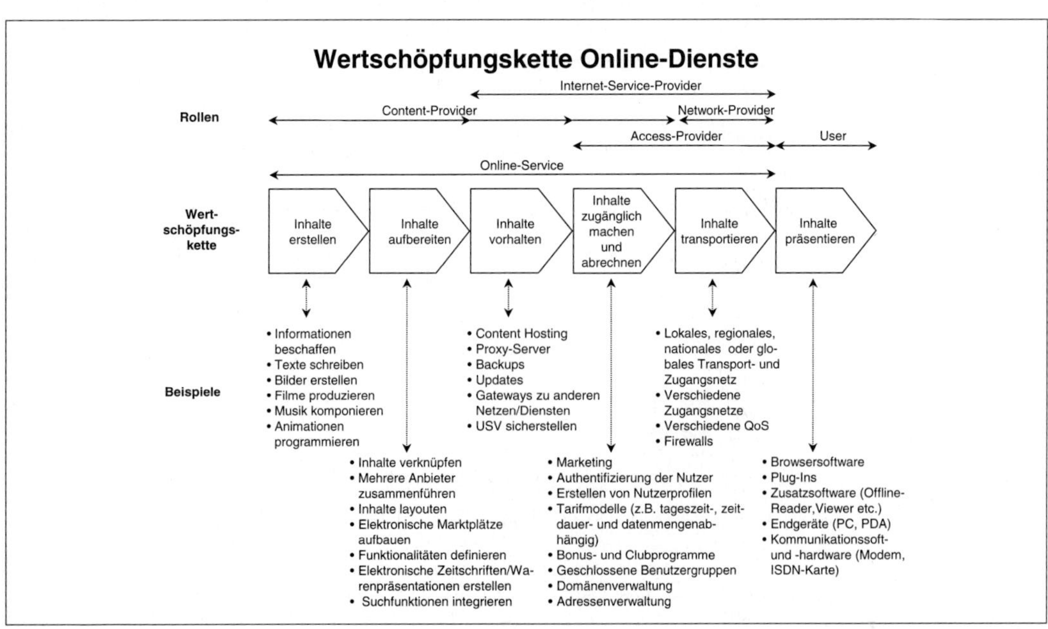

15. Dezember 1995
EOL öffnet im WWW seine Pforten.
Dezember 1995
AT&T gibt seine proprietäre Internet-Zugangssoftware Interchange auf.
Januar 1996
Die Deutsche Telekom gründet T-Online in die T-Online GmbH aus.
Die Staatsanwaltschaft München verdächtigt CompuServe den Zugang zu Kinderpornografie zu unterstützen. CompuServe sperrt zeitweise den Zugang zu den entsprechenden Newsgroups des Internet.
1. Februar 1996
AOL geht mit 51 Netzknoten und 28,8-kbit/s-Zugängen in Deutschland ans Netz.
Februar 1996
Burda startet seinen Health-Online-Service für Ärzte.
CompuServe gründet mit ‚WOW' seinen eigenen Sparten-Online-Dienst für computertechnisch wenig erfahrene Konsumenten. Er verfügt über eine sehr leicht bedienbare grafische Benutzeroberfläche.
Frühjahr 1996
General Electric verkauft seinen Online-Dienst Genie, der nur wenige 100 000 Nutzer hat.
Sommer 1996
EOL gerät in wirtschaftliche Schwierigkeiten und schließt.
Dezember 1996
AOL führt in den USA eine → *Flat Rate* ein und erlebt einen Massenansturm, dem das AOL-Netz nicht gewachsen ist, weswegen es zu langen Wartezeiten der Kunden bei der Nutzung kommt. Per Gericht wird AOL gezwungen, 24 Mio. $ Schadenersatz zu zahlen.
März 1997
Im März ist AOL flächendeckend zum Ortstarif in Deutschland vertreten.
MSN und T-Online kündigen auf der CeBIT eine Allianz an.
April 1997
Erste Gerüchte über eine bevorstehende Fusion von CompuServe und AOL.
September 1997
AOL kauft den Kundenstamm von CompuServe. Das Netzwerk geht an Worldcom.
November 1997
AOL hat in Deutschland rund 400 000 Nutzer.
CompuServe hat im deutschsprachigen Raum rund 375 000 Nutzer.
MSN hat weltweit rund 2,4 Mio. Nutzer.
1998
Eine Untersuchung des → *ZVEI* ermittelt für Ende 1997 eine Zahl von 89 Mio. Nutzern von Internet- und Online-Diensten weltweit sowie eine Steigerungsrate von 34% für 1997.
Mai 1998
MSN restrukturiert sein Angebot im Web und wird kostenfrei für alle. Damit reduziert sich das ehemals als eigener Online-Dienst auf proprietärer Plattform geplante Angebot auf eine einzelne Website im WWW des Internet.
Juni 1998
Der Ableger von MSN in Deutschland wird zugemacht. Der Kundenstamm wird von dem Debis- und Metro-Jointventure Primus Online übernommen, in den zuvor auch die Metronet-Kunden übergegangen sind.
AT&T versucht, AOL zu kaufen. Der Deal kommt nicht zustande.
Januar 1999
Prodigy stellt seinen ursprünglichen Dienst „Prodigy Classic" wegen des nicht gelösten Jahr-2000-Problems ein. Damit ist Prodigy komplett auf eine Internet-Plattform umgeschwenkt.
30. Dezember 1999
GEnie wird geschlossen.

OnNow

Bezeichnung für einen Industriestandard für PCs, bei dem der Vorgang des → *Bootens* erheblich verkürzt wird.

On-Off-Keying

→ *ASK*.

ONP

Abk. für Open Network Provision.

Bezeichnet im Rahmen der → *Deregulierung* das Konzept des offenen Netzzuganges. Oberbegriff in Europa für seit Anfang der 80er Jahre (seit 1990 massiv) von der EU geforderte Maßnahmen der Netzbetreiber. Eine einheitliche Definition existiert nicht, vielmehr fallen eine ganze Reihe von Forderungen darunter, wie z.B. der offene Zugang zu Netzen anderer Länder, die Forderung nach Verbindung von Mobilfunk- und Festnetzen, der fairen Preisgestaltung gegenüber (neuen) Mitbewerbern, die auf Übertragungsdienste eines (bisherigen) Monopolisten angewiesen sind etc.

Prinzipiell lassen sich zwei Punkte herausarbeiten:

- Diskriminierungsfreier Zugang zu Netzen und Diensten für Nutzer und andere Netzanbieter.
- Diskriminierungsfreie Konditionen für diese Zur-Verfügung-Stellung der eigenen Netze oder Netzteile für andere (Netzbetreiber). Diese Konditionen müssen auf objektiven, nachvollziehbaren und veröffentlichten Kriterien basieren.

Die Grundprinzipien für ONP wurden bereits 1990 definiert, 1992 für die konkreten Produkte Standleitungen, paketvermittelte Datenübertragung und ISDN und 1995 für den Monopoldienst der öffentlichen Sprachvermittlung. Dies führte in diesem Fall zur Universaldienstverpflichtung (→ *USO*).

→ *Entbündelung*, → *Interconnection*, → *Kollokation*, → *NZV*.

On-Site-Paging

Bezeichnung für → *Paging* innerhalb von geschlossenen Benutzergruppen auf privaten Grundstücken mit privaten Paging-Anlagen, z.B. in Krankenhäusern, auf Firmen- oder Messegeländen.

→ *Off-Site-Paging*.

ONT

Abk. für Optical Network Termination.
→ *ONU.*

On-the-Fly-Switch

→ *Switch.*

ONU

Abk. für Optical Network Unit.
Bezeichnet in einem glasfaserbasierten → *Zugangsnetz* den Punkt (→ *Glasfasertechnik*), der den Abschluss der optischen Übertragungsstrecke darstellt, unabhängig ob es sich um ein aktives (→ *AON*) oder ein passives (→ *PON*) optisches Netz handelt. Aufgabe der ONU ist die optoelektronische Wandlung (O/E), Trennung von Breitband- und Schmalbandsignalen und die Umsetzung des Ausgangssignals auf kupferbasierte Netze, u.U. in Verbindung mit → *Multiplex*-Verfahren.
Eine ONU versorgt, je nach Hersteller und Ausbaustufe, üblicherweise zwischen vier und 256 Teilnehmer und hat die Größe eines Schuhkartons. Sie wird unter dem Bürgersteig, oberirdisch in Schaltkästen oder in Gebäuden (Keller) untergebracht. Häufig wird jedoch auch der Schaltkasten insgesamt mit seinem Inhalt (eigentliche ONU, Stromversorgung etc.) mit ONU bezeichnet.
Die ONU kann hinsichtlich ihrer eigenen Stromversorgung ferngespeist werden oder vor Ort durch einen Anschluss an das öffentliche Stromversorgungsnetz versorgt werden. Üblicherweise sorgen dann Batterien dafür, dass im Falle eines Stromausfalls im öffentlichen Netz die ONU noch bis zu 8 Stunden betrieben werden kann.
In Abhängigkeit des Standorts der ONU spricht man von → *FTTC*, → *FTTB*, → *FTTH*, → *FTTO*.
Die ONU kann auch geteilt werden in Optical Network Termination (ONT, installiert z.B. im Keller) mit dann max. 16 Ports zu den mit zwei Glasfasern und 2,56 Mbit/s angeschlossenen Service Units (SU, auch Subscriber Unit genannt) in den einzelnen Haushalten.
Üblicherweise werden ONUs zur Verarbeitung von schmalbandigen Signalen ausgelegt. Im Falle von Verarbeitung breitbandiger Signale spricht man auch von Broadband ONUs (BONU).
Die gesamte Funktionalität eines ONU kann heute vollständig durch ein Netzmanagement überwacht und gesteuert werden, so dass zur Schaltung z.B. einer breitbandigen → *Standleitung* die ONU nicht durch einen Monteur verändert werden muss, sondern über das angeschlossene Netz von einem Netzmanagementcenter konfiguriert werden kann.
→ *Splitter.*

OO

Abk. für Objekt-Orientierung.
Ein ursprünglich aus der Softwaretechnik stammender Begriff, der mittlerweile auch etliche andere Bereiche erfasst hat (Organisationslehre, Projektmanagement etc.).
Grundlegender Gedanke ist, dass Dinge (Datenstrukturen, Dateien, Vorgänge, Unternehmensteile etc.) sich nicht nur über Daten oder anders geartete Parameter der verschiedensten Arten definieren, sondern auch über Eigenschaften. Beides zusammen (ein Ding und seine Eigenschaften) ergeben ein Objekt. Die Eigenschaften legen fest, was mit dem Objekt bzw. dessen Daten bzw. den das Ding definierenden Parametern geschehen kann. Dies führt dazu, dass die gleiche Operation, angewendet auf verschiedene Objekte, zu verschiedenen Resultaten führen kann.
Im Falle von Datenstrukturen (→ *Record*) z.B. definiert sich ein dazugehöriges Objekt aus den Daten der Struktur selbst (dem einzelnen Datensatz) und den Funktionen, die diese Daten manipulieren (Einlesen, Auslesen, Löschen, Verketten, Speichern etc.). Ein konkretes Objekt in einem Programm wird auch als Klasse (Class) bezeichnet. Ein während eines Programmlaufs erzeugter Datensatz auf Basis dieser Klassendefinition ist eine Instanz.
Insgesamt sind folgende Punkte kennzeichnend für das Konzept der Objektorientierung:

- Kapselung (Encapsulation): Die ein Ding ausmachenden Datenstrukturen und seine Eigenschaften (vorgegeben aus den auf die Datenstrukturen wirkenden/möglichen Operationen) werden als eine Einheit (genannt Objekt) betrachtet. Die konkrete Implementierung der Operationen wird innerhalb des Objektes verborgen.

  Innerhalb eines Programms kann nur durch die in der Klasse selbst definierten Operationen auf die Datenstruktur zugegriffen werden.
- Vererbung: Von einem Objekt kann ein weiteres Objekt abgeleitet werden, wodurch sich eine Hierarchie, auch Stammbaum genannt, bildet. Ein nachfolgendes Objekt erbt dabei von seinem Stammobjekt alle Eigenschaften (sog. Subclassing).

  Ferner kann es möglich sein, dass eine Klasse seine Eigenschaften von mehreren anderen Klassen ererbt (Multi Inherit).
- Polymorphie (Mehrdeutigkeit): Gleiche Operationen können für verschiedene Objekte – auch innerhalb eines durch Vererbung gebildeten Stammbaums – verschieden realisiert sein. Man spricht dann auch vom Überladen eines Operators oder einer Funktion.

  Ein Beispiel ist die Operation der Addition, die für natürliche Zahlen anders definiert ist als für komplexe Zahlen oder für Vektoren anders als für natürliche Zahlen.

Diese Eigenschaften sind in den verschiedenen objektorientierten Programmiersprachen unterschiedlich stark und umfangreich ausgeprägt, so dass nicht von ‚der einen' objektorientierten Programmiersprache für alle Fälle ausgegangen werden sollte. Sehr weit verbreitet ist → *C++* und – davon abgeleitet – → *Java*. Für das Erlernen der objektorientierten Denkweise wird nach wie vor → *Smalltalk* empfohlen.
Primär ist heute von objektorientierten Programmiersprachen oder der objektorientierten Programmierung (OOP) die Rede, deren Entwicklung folgenden Verlauf genommen hat:

1961

O.J. Dahl und K. Nygaard am Norwegian Computer Center beginnen mit der Arbeit an der Programmiersprache → *Simula.*

1967
Mit der heute fast ausgestorbenen Sprache Simula wird eine Sprache vorgestellt, die bereits das objektorientierte Klassenkonzept enthielt (Simula 67). Sie war ihrer Zeit weit voraus und erfreute sich insbesondere in Skandinavien großer Beliebtheit.

1971
In den Xerox-Labors (Palo Alto Research Center, → *PARC*) werden objektorientierte Konzepte formuliert, die mehr als ein Jahrzehnt später zu → *Smalltalk* führen sollen. Ziel des Projektes ist die Erleichterung der Arbeit für den Programmierer. Es sollte eine möglichst intuitive Programmierumgebung geschaffen werden. Der Simula-Kenner Alan Kay ist dabei die treibende Kraft.

1972
Parnas entwirft in einem Artikel das Geheimnisprinzip (Information Hiding) und entwickelte eine Idee der objektorientierten Programmierung: die Kapselung.

1973
William Wulf und Mary Shaw beschreiben in Anlehnung an den Artikel von Dijkstra in „Global Variable considered harmful" das Konzept der abstrakten Datentypen und der Kapselung von Daten und Objekten.

1982
Bjarne Stroustrup hat erste Gedanken für die objektorientierte Programmierung und veröffentlicht den Artikel „An Abstract Data Type Facility for the C Language".

1983
Die Programmiersprache → *C++* wird von Bjarne Stroustrup entwickelt.

1985
Die Firma Digitalk stellt → *Smalltalk* vor, eine objektorientierte Sprache für kleine bis mittlere Anwendungen.

Ende der 80er Jahre
Objektorientiertes Programmieren verbreitet sich rasch.

Ab 1995
→ *Java* gewinnt mit dem Vordringen des Internet rasch an Bedeutung.

OOK

Abk. für On-Off-Keying.
→ *ASK*.

OOP

Abk. für Objekt-Orientiertes Programmieren (Object Oriented Programming).
→ *OO*.

OPAC

Abk. für Open Public Access Catalogue.
Oberbegriff für öffentlich zugängliche Verzeichnisse, z.B. in Bibliotheken.

OPAL

Abk. für Optische Anschlussleitung.
Bezeichnete zunächst sieben Pilotprojekte und später ein größeres Folgeprojekt der Deutschen Telekom. In den sieben Pilotprojekten wurden verschiedene → *FITL*-Strategien und -Topologien schwerpunktmäßig mit passiver Technik (→ *PON*) getestet.
Einen Überblick über die sieben Projekte verschafft folgende Tabelle:

	1	2	3	4	5	6	7
Telefon (analog)	X	X		X	X	X	
ISDN-Basisanschluss		X		X	X	X	
ISDN-Primärmultiplex		X			X		
Datenübertragung		X		X	X	X	
Breitbandverteildienst: Innenstadt und Wohngebiet	X			X	X		
Breitbandverteildienst: Wohngebiet			X			X	X
Breitbandverteidienst: Ländliche Gegend			X				X
Erprobung spez. Managementsysteme	X	X	X	X	X	X	
Erprobung div. Topologien	X	X	X	X	X	X	X
Topologie	B	B/S	B/S	DS	DS	DS	V
Anzahl Teilnehmer	19	50	4500	200	192	200	
In Betrieb ab	6/90	7/91	9/92	7/91	7/91	7/91	

Standorte:

1	Köln	2	Frankfurt/M.
3	Lippetal	4	Leipzig
5	Köln	6	Nürnberg
7	Bremen		

Topologien:

B	Bus
B/S	Bus mit Splittern
DS	Doppelstern
V	Verbindungsleitung

Mittlerweile ist OPAL ein Programm der Deutschen Telekom, um in den neuen Bundesländern im Anschlussbereich Glasfaserkabel zu verlegen. Dabei kommen die Erfahrungen aus den Pilotversuchen zum Tragen. Üblicherweise werden die Verkabelungsstrategien → *FTTC* und → *FTTH* mit aktiver Technik eingesetzt.

OPAX

Abk. für Operator Exchange.

OPC

Abk. für Originating Point Code.
Bezeichnet in → *SS#7*-Netzen innerhalb einer Signalisierungsnachricht den Identifizierungscode der sendenden Vermittlungsstelle.

Opcode

→ *Maschinensprache*.

OPD

Abk. für Oberpostdirektion.

Open 56 Forum

Bezeichnung eines → *Forums*, das sich zum Ziel gesetzt hat, → *Modems* mit einer Übertragungsrate von 56 kbit/s zu entwickeln. Gegründet am 26. Februar 1997 von 28 Hardwareherstellern.
→ *Rockwell Technology*, → *X2*, → *V.90*.

OpenAir

Bezeichnung für einen Standard für ein → *Wireless LAN*. Der OpenAir-Standard definiert Protokolle auf den Schichten 1 (physikalische Ebene) und Teilen von Schicht 2 (Media Access Control). Bevor der Konkurrenzstandard → *IEEE 802.11* definiert wurde, war er lange Zeit der weltweit führende Standard im Wireless-LAN-Bereich.

Der OpenAir-Standard arbeitet im 2,4-GHz-Band (→ *ISM*) und verwendet Frequency Hopping Spread Spectrum (FHSS; → *Frequency Hopping*). Bei der Entwicklung des OpenAir-Standards wurde auf folgende Eigenschaften Wert gelegt:

- Hohe Übertragungsgeschwindigkeit
- Möglichst große Reichweite
- Äußerst geringer Stromverbrauch
- Skalierbarkeit der Netzes
- Komfortables Netzwerk-Management

Im Gegensatz zu OpenAir ist im IEEE-802.11-Standard nicht definiert:

- Roaming: Die Übergabe der Verbindung von Access Point (AP) zu AP bei Bewegung des mobilen Nutzers durch den Versorgungsbereich mehrerer APs.
- Data Frame Mapping: Wie ein AP vom drahtgebundenen Teil des LANs empfangene Daten in Datenpakete für den drahtlosen Teil umsetzt.
- Verbindlicher Testmechanismus: Hersteller, die ihre Geräte laut IEEE 802.11 spezifizieren, können nicht verbindlich von einem Dritten getestet werden.

Der OpenAir-Standard wurde 1996 vom Wireless LAN Interoperability Forum (WLIF) etabliert, in dem sich mehrere Dutzend Hersteller zusammengeschlossen haben. Das WLIF versucht sowohl den IEEE 802.11 als auch OpenAir-Standard in den Geräten ihrer Mitglieder zu implementieren. Die Mitgliedschaft im WLIF ist für alle Hersteller offen, die gemäß Standards offene Produkte entwickeln oder verkaufen wollen.
→ *http://www.wlif.com/*

Open Blueprint

Bezeichnung einer Architektur für offene verteilte Systeme aus dem Hause IBM.

OpenDoc

Bezeichnung eines offenen und objektorientierten Standards im PC-Bereich aus dem Hause Apple zum Datenaustausch zwischen und Zusammenarbeit von Applikationsprogrammen, ähnlich dem → *OLE* aus dem Hause Microsoft, das es als Untermenge umfasst. Eingesetzt z.B. bei → *OS/2* und → *MacOS*.
OpenDoc gilt als plattformübergreifender als OLE oder dessen Weiterentwicklung → *ActiveX*.
Die neueste Version von OpenDoc erlaubt eine Verbindung von OpenDoc und Java Beans (→ *Java*), d.h., der Entwickler kann Inhalte aus dem → *Internet* wie Java-Applets und ActiveX-Komponenten in seine eigenen Applikationen einbinden.
OpenDoc wird gepflegt von Component Integration Labs aus Sunnyvale/Kalifornien und findet Unterstützung von Borland, IBM, Novell, Sun, Taligent und der → *OMG*.
→ *http://www.software.ibm.com/clubopendoc/*
→ *CORBA*.

OpenGL

Abk. für Open Graphics Language.
Bezeichnung für eine Beschreibungssprache für dreidimensionale Grafiken aus dem Hause Silicon Graphics (→ *SGI*).

Open Group

Oft auch abgekürzt mit TOG (The Open Group). Bezeichnung der aus → *OSF* und → *X/Open* hervorgegangenen Herstellervereinigung von Hard- und Softwareherstellern zur Förderung offener Standards im Bereich der Datenkommunikation.
Sitz ist Cambridge/Massachusetts.
→ *http://www.opengroup.org/*

Open Look

Bezeichnung für eine grafische Benutzerschnittstelle (→ *GUI*) aus dem Hause Sun für das → *Betriebssystem* → *Unix*, die auf → *X/Windows* basiert.
Open Look verliert jedoch an Bedeutung, da → *Motif* sich durchgesetzt hat. Es wird jedoch noch häufig zusammen mit → *Linux* eingesetzt.

Open TV

Bezeichnung einer Initiative unter der Führung von Sun und Thomson Electronics zur Entwicklung einer offenen, herstellerunabhängigen Anwendungsprogrammierschnittstelle (→ *API*), die auf das → *Betriebssystem* einer → *Set-Top-Box* aufsetzen kann und verschiedene Funktionen wie z.B. elektronische Programmzeitschriften (→ *EPG*) zur Nutzung beim digitalen Fernsehen (→ *DVB*) ermöglichen soll.
In Deutschland unterstützt von allen Anbietern von → *Free-TV* und einigen Geräteanbietern. Erste Prototypen wurden auf der → *IFA* 1997 vorgestellt.
→ *http://www.opentv.com/*

Open VMS

→ *VMS.*

Operand

Bezeichnung für die Größen, die durch einen Operator miteinander nach den durch den Operator vorgegebenen Regeln zu verknüpfen sind bzw. die eine Größe, die entsprechend zu transformieren ist.

Beispiel: Bei „3+4“ sind 3 und 4 die Operanden und das „+“ ist der Operator. Bei „-5“ ist das „-“ der Operator und „5“ ist der Operand.

Operating System

→ *Betriebssystem.*

Operation

Die Ausführung eines Befehls in einem Computerprogramm durch den Computer.

Operator, Operatordienste

1. Operator ist die Bezeichnung für die Person, die im Rahmen von Auskunfts- oder Auftragsdiensten die Wünsche von Teilnehmern entgegennimmt. Die dadurch realisierten Dienste werden als Operatordienste bezeichnet.

   Beispiele sind die Telefonauskunft, Weckdienst, Sekretariatsservice, Annahme alphanumerischer Nachrichten für → *Paging* oder auch in → *Call Centern* etc.
2. → *Operand.*

OPGW

Abk. für Optical Ground Wire.

1. Bezeichnung für Unterseekabel auf Glasfaserbasis (→ *Glasfasertechnik*), die unmittelbar auf dem Meeresgrund verlegt sind und nicht mit Hilfe eines Schlittens, der hinter dem Verleger hergezogen wird, in den Meeresgrund eingegraben werden.
2. Bezeichnung für Erdungskabel an der Spitze von Hochspannungsmasten, die Glasfasern integrieren. Zwischen 30 und 100 Fasern werden dabei in einem Kunststoffröhrchen mit 3,5 bis 8 mm Durchmesser oder in einem Metallröhrchen bis zu 6 mm Durchmesser verlegt. Diese Röhrchen befinden sich im Zentrum des Stahlseils oder, wenn es sich um ein Metallröhrchen handelt, können Bestandteil der → *Verseilung* sein.

   Als OPWG werden handelsübliche Erdungskabel genutzt, bei denen die Kabelseele oder ein verseilter Einzeldraht durch das die Fasern tragende Röhrchen ersetzt wird.

   Die Glasfasern können im Rahmen von auf → *WDM*-Technologie basierenden → *SDH*-Netzen für die Datenübertragung im Fernbereich genutzt werden.

   → *OPPW.*

OPI

Abk. für Open Prepress Interface.

Bezeichnung für eine proprietäre Erweiterung für → *PostScript* aus dem Hause Aldus Corporation.

OPPW

Abk. für Optical Phase Wire.

Bezeichnung für spannungsführende Hochspannungskabel, in die eine Glasfaser zur Nachrichtenübertragung integriert ist. Derartige Kabel werden insbesondere in der Mittelspannungsebene eingesetzt, wo die Masten keine Erdkabel mehr haben, so dass keine Optical Ground Wires (→ *OPGW*) mehr eingesetzt werden können. Im Gegensatz zu den OPGW sind derartige Kabel andauernden Temperaturen bis zu 80°C ausgesetzt, so dass die Röhrchen, die in die → *Verseilung* eingearbeitet sind, aus speziellen, hitzebeständigen Kunststoffen gefertigt sein müssen.

OPS

Abk. für Open Profiling Standard.

Bezeichnung eines Standards zur Definition und Verwaltung (Lese-/Schreibrechte etc.) beliebiger Profile von Nutzern oder Geräten. Ziel der Einführung dieser Profile ist, dass bestimmte Standarddaten von Nutzern nicht immer wieder erneut eingegeben und versendet/kopiert werden müssen.

Anwendungsbeispiel: Ein Nutzer hat auf seinem PC mehrere Profile in Form von Datensätzen von sich selbst für seine verschiedenen Rollen (Chef, Internet-Surfer, Familienmitglied etc.) gespeichert, auf die er bei verschiedenen Anlässen zurückgreifen kann. Für jedes Profil kann für jeden Anlass festgelegt werden, was mit dem Profil geschehen kann (nur gelesen, auch versenden, zusätzlich noch automatisches Verändern mit oder ohne Nachfrage).

Verwendet z.B. bei → *ICE.*

Gemeinsam entwickelt von Microsoft, Firefly und Netscape.

Option Red

Auch ASCI Red genannt. Bezeichnung eines → *Supercomputers*, der zur Jahresmitte 1998 der schnellste Computer weltweit war. Er bestand aus 9 152 mit 200 MHz getakteten Prozessoren vom Typ Pentium Pro (→ *Intel Pentium*).

Der Rechner ging im Dezember 1996 in Betrieb und verfügt über eine theoretische Leistung von 1,8 TFLOP. Seine Leistungsaufnahme liegt bei 840 kW.

Standort sind die Sandia National Laboratories in Albuquerque/New Mexiko.

Optische Anrufsignalisierung

Bezeichnung für ein → *Leistungsmerkmal.* Eine Vorrichtung an einem Endgerät (Telefon, Fax etc.), die einen eingehenden Anruf optisch signalisiert, z.B. durch eine blinkende Lampe.

Möglich ist ferner eine separate Montage an der Wand, z.B. in einer Werkstatt, um bei unbesetztem Büro einen eingehenden Anruf auch bei laut laufenden Maschinen wahrnehmbar anzuzeigen.

Optischer Horizont

Bezeichnet den geometrischen Horizont, bis zu dem sich elektromagnetische Wellen oberhalb von 3 GHz als Direktwellen ausbreiten. In Analogie zum Licht spricht man auch vom ‚Ausleuchten', wenn es um die Reichweite derartiger Wellen geht.

→ *Radiohorizont.*

Optischer Richtfunk

Selten auch mit optischer Freiraum-Übertragung und dementsprechend international mit Free-Space Optics (Transmission) bezeichnet.

Optischer Richtfunk umfasst mehrere gerichtete Übertragungsverfahren von Punkt zu Punkt (→ *Richtfunk*) mittels eines → *Laser* oder einer leistungsstarken → *LED*. Optischer Richtfunk ermöglicht üblicherweise Übertragungsraten von 2 über 40 bis auch 155 Mbit/s (1997) oder sogar 622 Mbit/s (1999) und wird üblicherweise zur Verbindung mehrerer Inhouse-LANs (→ *LAN*) bei u.U. durch öffentliche Straßen getrennten verteilten Standorten einer Firma innerhalb eines Ortes eingesetzt. Es können so Distanzen von wenigen Metern (zwischen Gebäuden, z.B. von einer auf die andere Straßenseite) bis hin zu 5 oder, seit Herbst 1998, auch ca. 8 km überbrückt werden. Die meisten Produkte sind für Distanzen bis zu einigen 100 m und Übertragungsraten im LAN-Bereich geeignet (10 bis 100 Mbit/s).

Richtfunkstrecken über eigenem Grund und Boden (innerhalb eines Werkgeländes) sind genehmigungsfrei. Werden fremde Grundstücke überquert, ist beim → *BAPT* eine Genehmigung (100 DM/Monat) einzuholen.

Voraussetzung für den Betrieb derartiger Anlagen ist eine Mindesthöhe, in der die Anlagen gebaut werden, und bei der Verwendung von → *Lasern* in den Systemen eine ausreichende Kennzeichnung des lasergefährdeten Bereiches sowie ein Laserbeauftragter im nutzenden Betrieb.

Aus technischer Sicht muss zwischen Sender und Empfänger Sichtverbindung bestehen. Ferner müssen Sender und Empfänger möglichst erschütterungsfrei aufgebaut sein.

Beeinträchtigung durch die Witterung (Regen, Schnee, Nebel) führen zu einem Sinken der Nutzdatenrate und in ungünstigen Fällen (starker Nebel oder dichter Schneefall) zu einem Totalausfall. Für solche Situationen empfiehlt sich ein automatisches Umschalten auf eine für die Dauer der gestörten Sicht permanent durchgeschaltete → *ISDN*-Verbindung (n * 64 kbit/s).

Kurzfristige komplette Unterbrechungen der Sichtverbindung, z.B. durch Vögel, stellen kein Problem dar.

Vorteil derartiger Systeme sind eine einfache und schnelle Installation, geringe Geräteabmessungen, niedrige Kosten und – im Vergleich zum herkömmlichen Richtfunk – eine noch geringere Streuung und dadurch eine geringere Abhörmöglichkeit. Durch den Verzicht auf herkömmliche Richtfunktechnik kann optischer Richtfunk auch in Bereichen eingesetzt werden, in dem ansonsten die Installation weiterer, elektromagnetisch strahlender Technik schwierig ist, z.B. auf Flughäfen.

Optischer Speicher

Oberbegriff für verschiedene Techniken der Speicherung von Daten mit Hilfe optischer Techniken. Anwendungsbeispiele sind die → *CD* (im Computerbereich insbesondere die → *CD-ROM*), ihr Nachfolger → *DVD* und die verschiedenen Formen der → *MOD*.

Optischer Telegraf

→ *Flügeltelegraf.*

Optisches Anschlussnetz

→ *AON*, → *PON.*

Optisches Fenster

Bezeichnung für den Wellenlängenbereich, bei dem die optische Dämpfung von Glasfasern minimale Werte annimmt. Man unterscheidet dabei drei Fenster bei 850 nm (1. Fenster), 1 300 nm und 1 550 nm.

→ *Glasfasertechnik.*

Optisches Zugangsnetz

→ *AON*, → *PON.*

Optische Verstärker

→ *OFA.*

Optische Zeichenerkennung

→ *OCR*, → *OMR.*

Optobus

Name eines bidirektionalen optischen breitbandigen Datenübertragungssystems für den Nahbereich aus dem Hause Motorola.

Es handelt sich dabei um zweimal zehn Multimode-Glasfasern mit identischen Transceivern an jedem Ende, die Daten mit 3 Gbit/s (1,5 Gbit/s je Richtung, 150 Mbit/s je Glasfaser) über maximal 30 m übertragen. Die genutzten Laser arbeiten mit einer Wellenlänge von 850 nm.

Es existieren nur wenige Protokoll-Implementierungen auf den Transceivern, so dass die oberen Schichten vom Anwender selbst ergänzt werden müssen. Dies erlaubt aber auch die Anpassung an andere gängige, höhere Protokolle.

Prototypen wurden Ende 1994 erstmals vorgestellt, Serienfertigung ab Anfang 1996.

Optoelektronik

Ein Teilbereich der → *Photonik*. Oberbegriff für den Bereich der Elektronik, der sich mit der Detektion von Licht und dessen Umsetzung in elektrische Signale zur Datenübertragung und Datenverarbeitung beschäftigt.

Unter Licht versteht man den vom menschlichen Auge wahrnehmbaren Bereich des elektromagnetischen Spektrums mit Wellenlängen von 360 nm bis 830 nm.

→ *Glasfasertechnik*, → *Laser*, → *LED*, → *Optischer Richtfunk.*

OQPSK

Abk. für Offset Quadrature Phase Shift Keying.

→ *PSK.*

OR

→ *ODER.*

Oracle

Abk. für Optional Reception of Announcements by Coded Line Electronic.

Bezeichnung für einen technischen Standard für → *Videotext* in GB.

Orange Book

1. Bezeichnung eines Standards, der die bespielbare CD (→ *CD-R*, CD recordable) definiert. Von Sony und Philips veröffentlicht.
2. Bezeichnung einer Standardveröffentlichung der → *ITU* aus dem Jahre 1976, die u.a. → *X.25*-Schnittstellen zu → *SS#6* und → *PCM* definierte.
3. Bezeichnung eines Sicherheitsstandards zum Schutz von Kommunikationssystemen vor unbefugter Benutzung. Auch mit TCSEC bezeichnet (Trusted Computer System Evaluation Criteria). Definiert wurde der Standard bereits 1983 vom US-Verteidigungsministerium.

   Er definiert sieben Sicherheitslevel mit verschiedenen Sicherheitsmechanismen (sortiert nach aufsteigender Sicherheit):

Level	Beschreibung
D	Keiner oder nur minimaler Schutz
C 1	Identifizierung und Authentifizierung (benutzergesteuerter Zugang)
C 2	Kontrollierter Zugriffsschutz, Protokollierung der Vorgänge
B 1	Objektklassifikation Zugriffskontrolle vorgeschrieben
B 2	Strukturierungsschutz
B 3	Sicherheitsdomänen, Verwaltung durch Administrator
A 1	Sicherheitsentwurf

   Ein europäisches Äquivalent ist → *ITSEC*, das in Deutschland vom → *BSI* angewendet wird.

ORB

Abk. für Object Request Broker.

Bestandteil von → *CORBA*.

Orbcom

Bezeichnung eines weltweiten, geplanten, satellitengestützten Paging-Systems (→ *Paging*), das auch von Funkamateuren genutzt werden kann. Entwickelt von Orbital Sciences, Terminals von Magellan Systems. 28 Satelliten (43 kg) im All mit vier Jahren Betriebszeit in sechs Umlaufbahnen in 775 km Höhe sind geplant. Auf der Erde sollen acht Satelliten für Ersatzfälle gelagert werden.

Das System nutzt → *FDMA* und bietet Datenraten von 2,4 kbit/s im Uplink (148,905 MHz bis 149,9 MHz) und 4,8 kbit/s im Downlink (137 bis 138 MHz). Inbetriebnahme erster Satelliten erfolgte Ende 1997. Mitte 1998 waren 28 Satelliten in Betrieb.

Orbit

1. Bezeichnung einer Umlaufbahn eines Satelliten oder eines anderen Raumflugkörpers um die Erde.

   Satelliten können auf einem Orbit nur (von der Erde aus gesehen) mit einem Differenzwinkel von 4° positioniert werden, da der Sendestrahl der Erdfunkstelle sonst auch Nachbarsatelliten tangiert. Für Fernsehsatelliten mit größerer Leistung sind 8° empfohlen.

   → *MEO*, → *LEO*, → *GEO*, → *ICO*.
2. Bezeichnung der größten Messe für Kommunikations- und Informationstechnik in der Schweiz. Sie findet alljährlich gegen Ende September in Basel statt.

   → *CeBIT*, → *Comdex*, → *SIMO*, → *SMAU*, → *Systems*.

   → *http://www.messebasel.ch/orbitcomdex/*

ORDBMS

Abk. für Objektrelationales Datenbank-Managementsystem.

→ *Datenbank*.

Ordvac

Abk. für Ordnance Variable Automatic Computer.

Bezeichnung eines vom 15. April 1949 bis Ende Oktober 1951 von der University of Illinois erbauten und 1952 in Betrieb genommenen Computers für das Ballistic Research Laboratory in Aberdeen der US Armee. Er beruhte auf einer Architektur nach dem → *Von-Neumann-Rechner*.

Der rund 600 000 $ teure Rechner basierte, wie andere Rechner jener Zeit auch, auf einem Papier aus dem Jahre 1946 vom Institute of Advanced Study, Princeton/New Jersey.

Der Rechner bestand aus 3 430 Röhren, 2 091 Transistoren und 915 Dioden. Er verwendete das binäre Zahlensystem mit einer Wortbreite von 40 Bit. Als Speicher war zunächst ein Kernspeicher mit 4 096 Worten vorgesehen.

Die Leistungsaufnahme lag bei 40 kW (Computer), 15 kW (Kernspeicher) und später weiteren 6 kW (Trommelspeicher).

Anwendungsgebiet waren hauptsächlich ballistische und auch raumfahrttechnische Berechnungen.

Der Computer wurde vom 15. bis 25. November 1951 ausführlich getestet, am 11. Februar 1952 abgebaut, nach Aberdeen transportiert und dort am 16. Februar 1952 aufgebaut. Nach Abnahmetests am 5. und 6. März 1952 wurde er offiziell in Betrieb genommen.

Er wurde in den Folgejahren systematisch gepflegt und ausgebaut, u.a. mit einem Trommelspeicher (1955 mit 10 032 Worten und 1956 mit 4 096 Worten) und Transistorbaugruppen (1956 und 1961). Die Ordvac blieb rund 10 Jahre bis Ende 1961 offiziell in Betrieb und wurde auch anschließend noch weiter genutzt.

Organizer

Bezeichnung für kleine Taschencomputer mit beschränktem und – im Gegensatz zum → *Laptop* – feststehendem Funktionsumfang: Notiz-, Adress- und Telefonbuch, Taschenrechner, Kalender und Wecker.

Im Gegensatz zum → *PDA* ist er mit kleiner Tastatur ausgestattet.

Origin

→ *Signature.*

Originate-Mode

Bei manchen → *Modem*-Typen die Bezeichnung für einen von zwei möglichen Betriebszuständen neben dem Answer-Mode für Vollduplexbetrieb.

Bei Modems mit Frequenz- oder Phasen-Modulation ist vor dem Beginn einer Duplexverbindung zu ermitteln, welches der für dieses Modulationsverfahren (→ *digitale Modulation*) zugelassenen Frequenzbänder von welchem Modem für das Senden und Empfangen gewählt wird. Das anrufende Modem setzt sich dafür üblicherweise in den Originate-Mode, während das angerufene Modem sein Modem im Answer-Mode (Antwort-Modus) betreibt. Diese Modes legen fest, welche Frequenzbänder dann von welchem Modem zu verwenden sind.

Orphan

→ *Schusterjunge.*

Ortsanschlussleitung

Bezeichnung für die Leitung vom → *Hauptverteiler* bis zum Endverzweiger. Nicht notwendigerweise nur eine Leitung oder ein Kabel, da sich u.U. der → *Kabelverzweiger* noch dazwischen befindet.

Ortsbatterie

Begriff aus der Frühzeit des Telefonverkehrs. Die Telefone wurden damals (1880 bis 1920) nicht zentral von der Vermittlungsstelle gespeist, sondern waren vor Ort mit einer eigenen Batterie ausgestattet. Die Verbindungswünsche wurden der örtlichen Handvermittlung mittels eines Kurbelinduktors mitgeteilt. Bis 1905 war dies die ausschließliche Art des Betriebs von Fernsprechanschlüssen.

Nachteil: Hoher Wartungsaufwand, galt als unzuverlässig.

→ *Zentralbatterie.*

Ortsnetz

Abgekürzt mit ON. Historisch gewachsener Begriff. Es umfasst alle Teilnehmer, Vermittlungseinrichtungen und Verbindungsleitungen in dem Bereich, in dem eine Verbindung ohne Wählen einer → *Ortsnetzkennzahl* hergestellt werden kann, d.h., der Begriff Ortsnetz ist nicht über Entfernung oder Anschlusszahl, sondern über den → *Nummerierungsplan* definiert.

Das Ortsnetz gliedert sich in das Ortsanschlussleitungsnetz (→ *Zugangsnetz*, von der → *TAE*-Dose beim Teilnehmer zur ersten Vermittlungsstelle) und Ortsverbindungsleitungsnetz mit den Vermittlungen und den sie verbindenden Leitungen. In Deutschland gibt es 1 461 Ortsnetze der Deutschen Telekom in den neuen und 3 749 in den alten Ländern. Größtes Ortsnetz ist Berlin mit früher über 100 Vermittlungsstellen. Diese Zahl sinkt jedoch im Zuge des Abbaus von Netzhierarchieebenen, der → *Digitalisierung* und der Steigerung der Leistungsfähigkeit der Vermittlungstechnik.

Analoge Ortsnetze können bis zu drei Ebenen besitzen, digitale Ortsnetze in der Regel maximal zwei.

Vermittlungsstellen in Ortsnetzen, an denen Teilnehmer angeschlossen sind, werden auch → *Teilnehmervermittlungsstellen* genannt.

Hinsichtlich der Kostenverteilungen gibt es folgende Faustregeln: Die Kosten zwischen Ortsnetz und Fernnetz verhalten sich bei einem landesweiten Netz üblicherweise zueinander wie 3 zu 1. Die Kosten der → *Linientechnik* im Ortsnetz stehen zu den Kosten der Vermittlungstechnik im Ortsnetz im Verhältnis 2 zu 1.

Ortsnetzkennzahl

Bezeichnung der zwei- bis vierstelligen Kennzahl, unter der ein → *Ortsnetz* angewählt werden kann.

Die → *Verkehrsausscheidungsziffer* (durchweg die Null) ist nicht Bestandteil der Ortsnetzkennzahl.

Ortsvermittlung, Ortsvermittlungsstelle

Selten auch Ortszentrale (OZ) genannt. International auch Local Switch genannt. Bezeichnung für alle Vermittlungsstellen in der letzten Vermittlungsebene vor dem Teilnehmer in einem → *Ortsnetz.*

Ortsvermittlungsstellen, an die Endnutzer angeschlossen sind, werden als → *Teilnehmervermittlung* bezeichnet.

ORU

Abk. für Optical Repeater Unit.

OS/2

Abk. für Operating-System No. 2.

Standardbetriebssystem (→ *Betriebssystem*) aus dem Hause IBM für → *PCs*. Es kann im → *Multitasking*-Betrieb und, wenn vernetzt, auch im → *Multiuser*-Betrieb laufen.

OS/2 wurde zunächst auf der Basis des → *JDA* von IBM und Microsoft gemeinsam ab 1985 als Nachfolger von → *MS-DOS* entwickelt, um die Möglichkeiten der → *Mikroprozessoren* → *Intel 80286* und → *Intel 80386* ohne Einschränkungen wie z.B. die Zulassung nur eines Nutzers oder die Beschränkung des von Programmen nutzbaren Adressraums auf 640 KByte nutzen zu können. Als Name wurden während der Entwicklung NEWDOS, ADOS, DOS 5.0, DOS/286 oder CP/DOS gehandelt.

OS/2 wurde im April 1987 als Version 1.0 (Standardversion, auch Kernel genannt) gemeinsam von IBM und Microsoft angekündigt, doch erst rund ein Jahr später von IBM mit der Nachfolgerlinie der ersten PC-Generation, → *PS/2*, auf den Markt gebracht. Es war zunächst (bis Version 1.3) speziell auf den Prozessor Intel 80286 zugeschnitten und existierte als Standardversion von Microsoft und als Extended Edition 1.0 von IBM mit zusätzlicher Kommunikations- und Datenbanksoftware.

1988 folgte Version 1.1, 1989 Version 1.2 und bereits 1990 Version 1.3 mit neuer Benutzeroberfläche (Presentation Manager).

Microsoft stieg aus dem Projekt Anfang der 90er Jahre aus. OS/2 hatte seither Schwierigkeiten, sich gegen → *Windows* (insbesondere ab Mai 1990 gegen Windows 3.0) zu behaupten, auch wegen der geringen Auswahl an Software. OS/2 wurde zwischenzeitlich immer wieder totgesagt, aber dennoch weiterentwickelt. 1992 folgte Version 2.0, alleine entwickelt von IBM, wie ebenfalls Version 2.1 im Jahre 1993.

OS/2 wurde für viele Anwender erst 1995 interessant, als PC-Discounter Ende 1994 anfingen, ihre PC-Clones serienmäßig mit vorinstalliertem OS/2 Warp 3.0 und kompletter Standardsoftware auszustatten, das zudem noch im Bonus-Pack einen kostenlosen → *Internet*-Zugang enthielt. Ab Januar 1996 stand OS/2 auch für den → *PowerPC* zur Verfügung.

Nächste Weiterentwicklung war die ab Mitte 1996 unter dem Codenamen Merlin entwickelte Folgeversion OS/2 Warp 4 mit integrierter Spracherkennung.

→ *http://www.os2ezine.com/*

→ *http://www.edm2.com/*

→ *http://www.software.ibm.com/os/*

→ *http://www.os-2.de/*

→ *http://www.os2online.de/*

OS/8

Bezeichnung für ein → *Betriebssystem* für die → *PDP-8* aus dem Hause → *DEC*.

OS-9

Ein Betriebssystem für Echtzeitanwendungen, das in den späten 70er Jahren ursprünglich vom Hause Microware für den Motorola 6809 (8-Bit-Datenbus, 16-Bit-Register) geschrieben wurde und 1983 auf den 68000 umgeschrieben wurde. Es wurde kontinuierlich gepflegt und mit Blick auf aktuelle Entwicklungen im Umfeld von Mobilfunk, Medien und Internet weiterentwickelt.

Mittlerweile in der Version 3.0 aktuell. OS-9 gilt als optimales → *Betriebssystem* für Echtzeitanwendungen im Bereich Messen, Steuern, Regeln und Automatisieren im industriellen Bereich. Es ist modular um einen Kern aufgebaut und vollständig in Maschinensprache geschrieben. Seine Größe kann von nur 68 KByte bis hin zu 308 KByte reichen.

Es dient heute auch als Basis für das Betriebssystem CD-RTOS (Real Time Operating System) von interaktiven → *CD:i*-Anwendungen von Philips und von → *Set-Top-Boxen* in den USA. Dort Grundlage von → *DAVID*.

Die selten verwendete und portable Variante OS-9000 ist in → *C* geschrieben und kann als Betriebssystem für Rechner mit Prozessoren vom Typ → *Intel 80386* und höher oder auch → *Motorola 68020* und höher dienen.

→ *http://www.microware.com/*

OS/390

→ *Betriebssystem* aus dem Hause IBM für die → *IBM S/390*.

OS/400

→ *Betriebssystem* aus dem Hause IBM für die → *AS/400*.

OS-9000

→ *OS-9*.

OSB

Abk. für oberer Sonderkanalbereich.

→ *Breitbandkabelverteilnetz*.

Osborne-1, Osborne Executive

Bezeichnung von zwei frühen tragbaren Computern aus dem Hause Osborne Computers. Entwickelt Anfang der 80er Jahre.

Der Osborne-1 im Format einer Kühlbox verfügte 1981 über ein 24-Zeilen-Display (12 cm Bildschirmdiagonale), zwei Floppy-Laufwerke, Z-80-Prozessor und 64 KByte RAM. Er kostete 1 795 $ und wog 13 kg.

Ausgerüstet war er mit → *CP/M* als → *Betriebssystem* und Software für über 1 500 $, womit das Software-Bundling erfunden war: WordStar, SuperCalc, ein paar CP/M → *Utilities* und → *BASIC*. Technisch gesehen galt er schon bei seiner Vorstellung als veraltet. Dennoch war er mit rund 125 000 verkauften Exemplaren innerhalb eines Jahres ein großer Erfolg.

Die Entwicklungsgeschichte des Osborne begann 1980. Der in die USA emigrierte britische Verleger von Computerbüchern Adam Osborne verkaufte seinen Verlag an McGraw-Hill und gründete nach einem Gespräch auf der West Coast Computer Fair mit Les Felsenstein über seine Idee 1981 Osborne Computers.

Er war seiner Zeit rund zehn Jahre voraus, als er den ersten tragbaren Rechner entwickelte, baute und vertrieb. Die Nachfrage war mäßig, aber zufriedenstellend, bis zur Vorstellung des Nachfolgemodells Osborne Executive, zu einem Zeitpunkt, als die Lager noch mit dem ersten Modell gefüllt waren. Entscheidender Fehler: Das Nachfolgemodell war nicht IBM-kompatibel.

OSC

Abk. für Optical Supervisory Channel.

Bezeichnung eines separaten Kanals in glasfaserbasierten Übertragungssystemen zur Übertragung von Managementinformationen außerhalb der Hauptsignale.

→ *Glasfasertechnik*.

OSCAR

Abk. für Orbital Satellite Carrying Amateur Radio.

Bezeichnung für eine Serie für von → *AMSAT* geplanten, gebauten und betreuten Satelliten zur Übertragung von → *Amateurfunk*.

OSDM

Abk. für Optical Space Division Multiplexing.

Bezeichnung für die Technik, einen neuen logischen Kanal bei Glasfaserkabeln durch das Einführen einer weiteren Faser zu erreichen.

→ *OTDM*, → *WDM*.

OSF

1. Abk. für Open Software Foundation.

   Auch Hamilton-Group genannt. Bezeichnung einer 1988 von IBM, Siemens, Nixdorf, HP, Bull, DEC und Apollo gegründeten Vereinigung. Gilt als Reaktion auf die Kooperation von AT&T und Sun bei der Entwicklung von System V des → *Betriebssystems* → *Unix*, daher wird die Abkürzung scherzhaft auch mit „Oppose Sun Forever" übersetzt. Mittlerweile über 300 Mitglieder.

Ursprüngliches Ziel: Entwicklung einer auf AIX von IBM basierenden, vollständig offenen Unix-Umgebung, ohne Lizenzgebühren an AT&T zahlen zu müssen. Dieser Ansatz kann als gescheitert angesehen werden, da die Mitgliedsunternehmen nur Teile der OSF/1-Spezifikation realisierten bzw. nur einzelne Unternehmen sie komplett für bestimmte Hardwareplattformen umgesetzt haben. 1989 wurde → *Motif* und 1990 → *DCE* vorgestellt. Es folgten noch → *DME* und → *ANDF*.

Im Mai 1989 erfolgte der Zutritt zu → *X/Open*, mit der sie vollständig Ende 1995 verschmolz.

Die OSF war das erste von Herstellern gegründete Gremium zur Erarbeitung von Standards.

Adresse:

OSF
11 Cambridge Center
Cambridge MA 02142
USA
Tel.: (+1) 6 17 / 6 21 87 00

→ *http://www.osf.org/*

2. Abk. für Operation System Function.

Bezeichnung einer der Komponenten von → *TMN*, die Netzmanagementfunktionen erfüllt (Überwachen, Koordinieren, Steuern).

OSI-Referenzmodell

Abk. für Open System Interconnection.

Oft auch ISO-OSI-Referenzmodell, 7-Schichten-Modell, Schichtenmodell, Layermodell, Ebenenmodell, Architekturmodell oder nur Referenzmodell genannt.

Für den Neuling ist dieses Modell nicht einfach zu durchschauen, und sein Sinn erscheint angesichts des hohen Abstraktionsgrades durchaus fraglich. Dennoch hat sich das Konzept der Zerlegung eines Kommunikationsvorgangs für das Verstehen unterschiedlichster Protokollwelten (→ *Protokoll*) und damit verbundener Netzkomponenten als erleichternd herausgestellt, so dass es sich durchaus lohnt, die grundlegenden Prinzipien dieses Modells zu verinnerlichen. Viele Prinzipien, die bei diesem Modell angewendet wurden, finden in ähnlicher Form auch Anwendung in anderen Protokollwelten, z.B. in der Welt der Protokolle des → *Internet*. Es ist dabei jedoch zu beachten, dass nur Grundprinzipien (etwa die Einführung von Schichten) sich in den unterschiedlichen Protokollwelten wiederfinden, nicht jedoch unbedingt Details (etwa die genaue Einteilung / Anzahl der Schichten).

Das OSI-Referenzmodell ist ein von der → *ISO* vorgelegtes abstraktes Modell, welches die Protokollschichtung für den Kommunikationsverbund offener und verteilter Systeme funktionell beschreibt.

Offen steht bei dieser Definition für „nicht an einen Firmenstandard gebunden" und verteilt für „physikalisch an mehreren Orten vorhanden".

Unter System ist jede technische Einrichtung zur Datenübertragung zwischen geografisch verteilten Kommunikationspartnern zu verstehen (Computer, → *Router* oder jede andere Art von → *Netzknoten*).

Ziel bei der Entwicklung des Modells war daher die Definition eines universellen Systems zur Beschreibung der Kommunikation in verteilten Systemen, damit heterogene Rechnersysteme miteinander kommunizieren können.

Das Modell hat mittlerweile einige Erweiterungen und Revisionen erfahren. So wurden einzelne Schichten (Layer) mittlerweile für einige Protokolle in weitere Unterschichten geteilt.

Der Grundgedanke ist dabei der jeder Modularisierung: Definition einzelner Module (hier: Schichten) und ihrer Schnittstellen (hier: sog. Dienstzugangspunkte) mit dem Ziel, bestimmte Funktionen in Einheiten zusammenzufassen und die Module austauschbar, überschaubar und leichter handhabbar zu machen (Baukastenprinzip).

Genauso, wie ein Computerprogramm in mehrere Teile zerfällt (Funktionen), zwischen denen man exakte Schnittstellen (Parameterübergaben) definiert, so zerfällt auch eine Anwendung eines Programms in einem verteilten (d.h. vernetzten) System, logisch gesehen, in viele verschiedene Aufgabenbereiche. Im OSI-Referenzmodell beschreibt daher jede von anderen unabhängige Schicht einen zusammengehörenden, für die Datenübertragung und -verarbeitung relevanten Bereich (z.B. → *Codierung*, → *Routing*, Fehlererkennung etc.).

Eine Verbindung zwischen zwei Programmen, die auf unterschiedlichen Rechnern laufen, durchläuft die sieben Schichten, die die Datenpakete aufbauen, die letztlich über das Medium (z.B. ein Kabel, oder aber auch einen Funkkanal) transportiert werden. Prinzipiell muss für jede Schicht auch ein Protokoll genutzt werden. Mittlerweile hat der technische Fortschritt jedoch auch dafür gesorgt, dass bestimmte Aufgaben (z.B. Fehlerkontrolle bei Glasfaserleitungen) nicht mehr wahrgenommen zu werden brauchen. Ferner zeichnet sich ein Trend ab, immer mehr Funktionen der Schichten 1 und 2 in Protokolle der Schicht 3 aufgehen zu lassen.

Es wurden bis dato mehrere Protokolle der unteren drei Schichten (für die Übertragung der Daten zuständig) definiert. Die oberen vier Schichten (für die Anwendung zuständig) sind vergleichsweise leer geblieben.

Die → *ITU* hat das OSI-Referenzmodell nahezu wortgleich zur ISO in die X.200-Empfehlung übernommen.

Obwohl das Modell anerkanntermaßen mächtig und elegant ist, konnte es sich nicht im Detail durchsetzen. Die Gründe hierfür liegen nach Fachleuten darin, dass es als Idealmodell am grünen Tisch ohne jede Berücksichtigung bestehender Strukturen entworfen wurde. Architekturen mit Bezug zu bestehenden Systemen, die zudem von Unternehmen entworfen wurden, die sie gleich in Produkte umsetzten, wie in der Welt des → *Internet* üblich oder auch → SNA aus dem Hause IBM, hatten wesentlich mehr Erfolg.

Was sich hingegen allgemein durchgesetzt hat, ist die grobe Gliederung eines Kommunikationsablaufs in verschiedene Schichten und deren generelle Aufgaben.

An dieser Stelle werden nun die einzelnen sieben Schichten näher vorgestellt.

Das Medium

Das physikalische Medium wird vom Referenzmodell als gegeben vorausgesetzt und ist nicht in einer eigenen Schicht definiert, weswegen es nicht Bestandteil des Referenzmodells ist.

Es wird davon ausgegangen, dass es unterhalb von Schicht 1 liegt (daher selten auch als Schicht 0 bezeichnet) und Schicht 1 alle notwendigen speziell auf das Medium zugeschnittenen Konventionen für die Datenübertragung über das Medium definiert. Medien können z.B. sein:

- Kupferkabel:
  - Verschiedene Arten verdrillter → *Zweidrahtleitung* (Twisted Pair)
  - *Koaxialkabel* (Kabelfernsehnetz)
- Glasfaserkabel (→ *Glasfasertechnik*):
  - Multimode-Faser
  - Monomode-Faser
- → *Richtfunk*:
  - → *Optischer Richtfunk* mit Lasern
  - Digitaler, herkömmlicher Richtfunk
- Sonstiges:
  - Terrestrischer Mobilfunkkanal
  - Satellitenkanal
  - Infrarotverbindung
  - LED-Verbindung

Die physikalische Schicht, Bitübertragungsschicht, Physical Layer, PHY, 1. Schicht

Diese unterste Schicht definiert Protokolle, die unmittelbar auf dem Medium operieren.

Sie definiert den Auf- und Abbau einer Verbindung und das Format der Daten (physikalische Form elektrischer, elektromagnetischer oder optischer Signale, → *Modulation*, → *Leitungscodierung*), wie sie letztlich über das Medium übertragen werden, z.B. die Fragen, wie viele Volt eine logische Null oder Eins repräsentieren, welches Medium (verdrillte Kupferzweidrahtleitung, Koaxialkabel, Glasfaser, Richtfunkstrecke etc.) benutzt werden kann und wie lang es maximal oder minimal sein darf, wie groß eventuell nötige Abschlusswiderstände sein müssen, ob und wie parallel/seriell oder umgekehrt gewandelt wird, ob und wie synchronisiert wird oder ob Simplex-, Halbduplex- oder Vollduplexbetrieb durchgeführt wird.

Ferner werden die physikalischen Parameter der auch für den Benutzer sichtbaren Verbindung geregelt: Wie groß ist der Stecker zum Medium, wie viele Pins hat er, welche davon werden genutzt und welche Funktionen übernehmen diese.

Schicht 1 ist im OSI-Referenzmodell die Schicht mit den meisten bereits definierten Protokollen.

Beispiele für Protokolle der Schicht 1 sind → *V.24*, V.35, V.36 oder → *X.21*, ebenso wie zahlreiche Protokolle im → *LAN*-Bereich, wie z.B. der → *IEEE-802*-Serie.

Da insbesondere X.21 ein wichtiges, weit verbreitetes Protokoll der Schicht 1 ist, wird Schicht 1 manchmal auch X.21-Schicht genannt.

Die Verbindungsschicht, Sicherungsschicht, Data Link Layer (oder auch nur Link Layer), DL, 2. Schicht

Die Bits, die zwischen zwei Stationen (d.h. über Teilstrecken, es müssen also nicht die Endstationen Sender und Empfänger sein) ausgetauscht werden, werden von dieser 2. Schicht mit einem fehlererkennenden und/oder -korrigierenden Protokoll übertragen.

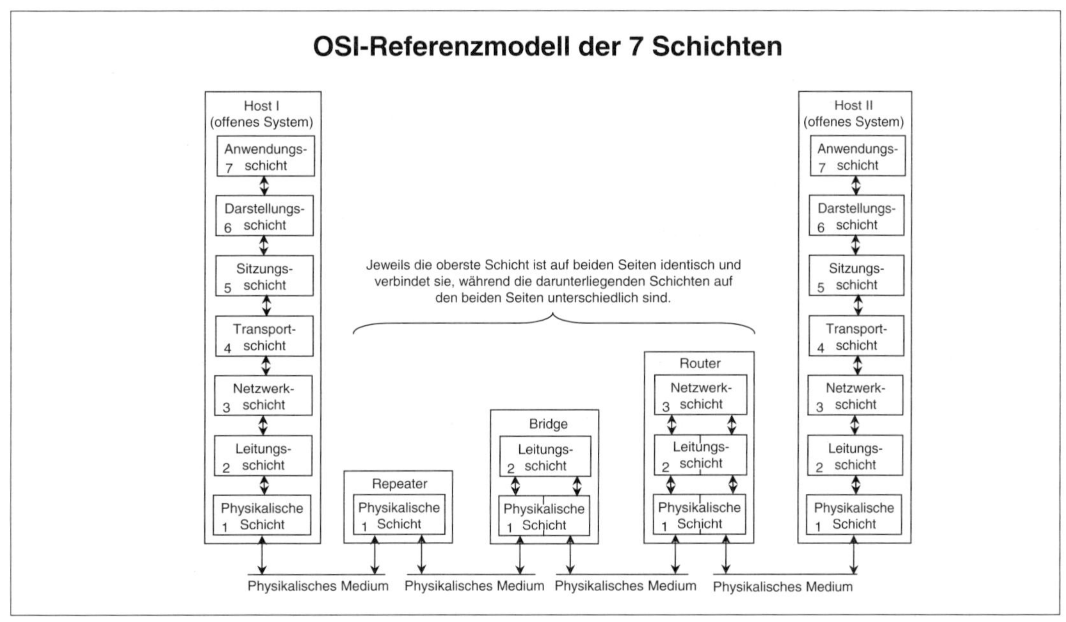

Es geht hier um falsch übertragene, verloren gegangene oder doppelte Daten auf Bitebene. Ferner wird Flusskontrolle vorgenommen, falls das Medium die Daten nicht so schnell übertragen kann, wie Daten von Schicht 3 zum Senden übergeben werden.

Werden Blöcke übertragen, so müssen diese sinnvoll nummeriert werden, um beim Empfänger wieder richtig zusammengesetzt werden zu können.

Als Dienst stellt Schicht 2 also für alle höheren Schichten eine fehlerfreie Verbindung zwischen zwei einzelnen Netzknoten zur Verfügung.

Sehr häufig genutztes Protokoll der Schicht 2 ist eine Version des → *HDLC*-Protokolls (z.B. → *LAP-B* bei → *X.25*). Ein anderes Beispiel ist → *BSC*.

Im → *LAN*-Bereich mit → *Shared Medium* wird die Schicht 2 oft in zwei Unterschichten zerlegt: Logical Link Control (→ *LLC*, → *IEEE 802.2*) und Media Access Control (→ *MAC*). Die letztere regelt, wer wann senden darf, LLC übernimmt die Fehlerkorrektur.

Ein Beispiel für ein Protokoll zur Flusskontrolle auf Schicht 2 ist das → *Stop-and-Wait-Protokoll*.

Die Netzwerk-Schicht, Vermittlungsschicht, Network-Layer, N, 3. Schicht

Auch Paketebene genannt. In einem Netz sind i.d.R. nicht alle Knoten vollständig miteinander vernetzt, sondern die Daten müssen über mehrere Netzknoten und u.U. über mehrere heterogene Netze geleitet werden. Zwischensysteme, die nur Daten weiterleiten und an die keine Teilnehmer angeschlossen sind, verfügen meistens nur über die unteren drei Schichten.

Die Schicht 3 übernimmt das → *Routing*, d.h., angekommene und von Schicht 2 empfangene Pakete sind fehlerfrei, ihre Adresse wird gelesen, ausgewertet und anhand vorhandener Informationen (Routingtabellen etc.) kann der Netzknoten entscheiden, wohin die Daten weitergesendet werden müssen.

Dies geschieht in Abhängigkeit von vorher festgelegten Parametern: Tarif, Dienstqualität etc. Die Überwachung der Netzauslastung ist ebenfalls eine Aufgabe der Schicht 3.

Aus Sicht der nächsthöheren 4. Schicht erfolgt der Datentransport durch Leistungen der Schicht 3 völlig unabhängig von einer bestimmten gewählten Technik der Vermittlung, Übertragung und völlig unabhängig von dem gewählten Übertragungsmedium.

Auf dieser Schicht sind die gängigen → *Routingprotokolle* definiert.

Die Transportschicht, Transport Layer, T, 4. Schicht

Dieses Protokoll kümmert sich um die Ende-zu-Ende-Verbindung, z.B. um das erneute Aufbauen einer Verbindung, wenn zwischendurch in instabilen Netzen die Verbindung zusammenbricht etc. Daher werden Protokollinformationen dieser Art in den Zwischensystemen nicht ausgewertet. Protokolle der 4. Schicht werden deshalb auch oft Ende-zu-Ende-Protokolle genannt.

Während sich Schicht 2 um die Verbindung zwischen einzelnen Netzknoten kümmerte und Schicht 3 eine Ende-zu-Ende-Verbindung zwischen den Geräten im Auge hatte, ist die Aufgabe der Schicht 4 die Verwaltung der Verbindung zwischen dem in dieser Maschine laufenden Prozess und dem Prozess auf der fernen Maschine. Beispielsweise wird hier Adresskonvertierung vorgenommen (Name zu Rufnummer, → *X.400* zu → *IP*).

Die Sitzungsschicht, Kommunikationssteuerungsschicht, Session Layer, S, 5. Schicht

Hauptaufgaben sind die Aufnahme, die grundlegende Durchführung und Beendigung einer Sitzung (Session) aus

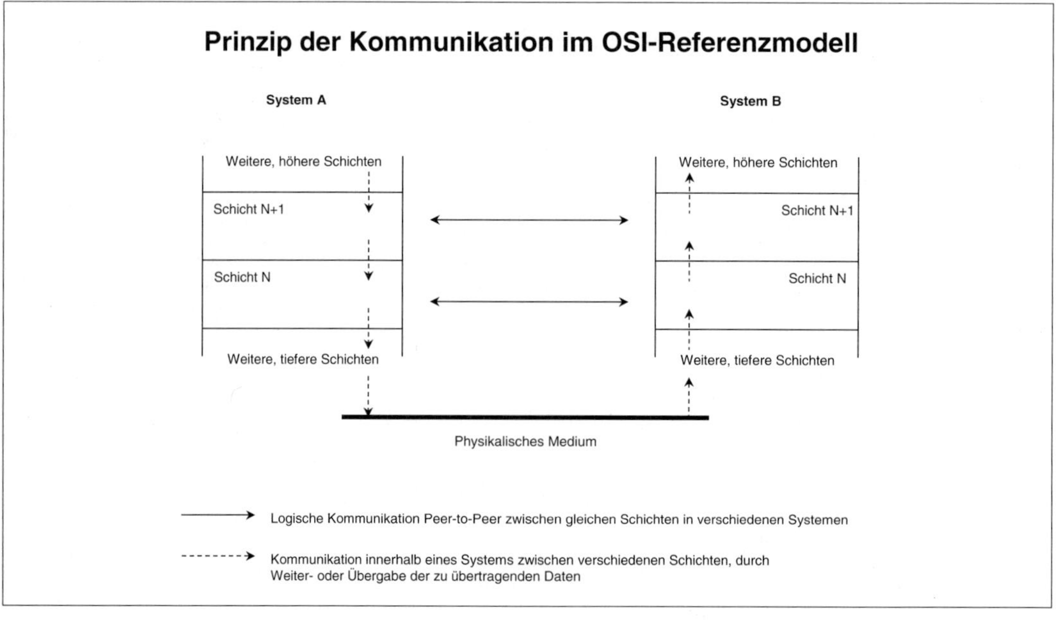

Anwendungssicht, wozu oft direkt auf Ressourcen des Betriebssystems zurückgegriffen wird, da viele Betriebsparameter (z.B. Time-Outs) überwacht werden müssen. Zur Aufnahme gehört die Identifikation und Authentifizierung (z.B. durch Passwortabfrage). Ein weiteres Beispiel für die Aufgabe dieser Schicht ist das Festlegen, ob es sich um eine Vollduplex- oder Halbduplexverbindung handelt.
Zur Durchführung gehört z.B. eine u.U. erforderliche Synchronisation. Oft ist es notwendig, in einen Datenstrom aus Sicherheitsgründen Synchronisationsmarken einzufügen, die dann erst von der empfangenden Station bestätigt werden müssen, bevor die Übertragung weitergeht. Dies hat den Vorteil, dass, falls doch ein Fehler bemerkt wird, die Übertragung erst von der letzten derartigen Marke an wieder aufgenommen werden muss.
Ferner könnten während einer Sitzung Gebühren anfallen, die ermittelt und verbucht werden müssen. Während einer Sitzung kann diese auch durch Fehler in tieferen Schichten beendet worden sein. In einem solchen Fall wird sie durch Schicht 5 automatisch wieder aufgebaut.
Zur Beendigung gehört ein sorgfältiger Abbau aller Verbindungen und ein Logoff.

Die Darstellungsschicht, Präsentationsschicht, Presentation Layer, PRE, 6. Schicht

Schicht 6 interpretiert die Daten und stellt daher eine korrekte → *Syntax* der Daten sicher. Das Problem ist, dass fast jedes Rechnersystem sein eigenes Datenformat hat. Selbst wenn z.B. die Bitzahl für die Repräsentation von Daten festliegt, ist unklar, ob das höchst- oder das niederwertigste Bit zuerst übertragen wird. Ferner gibt es unterschiedliche Formate für Buchstaben (→ *ASCII*, → *EBCDIC* oder → *Unicode*), REAL-Zahlen, Uhrzeiten, Druckformate etc. Die sechste Schicht wandelt beim Sender die Datenformate in ein der Übertragung angepasstes Format um und sorgt beim Empfänger für die Rückverwandlung. Es werden damit Benutzer- und Endgeräteunabhängigkeit geschaffen. Ferner spielen Fragen der Datensicherheit (Kryptografie) eine Rolle.

Die Anwendungsschicht, Verarbeitungsschicht, Application Layer, APP, 7. Schicht

Die oberste Schicht 7 stellt dem Anwender und seinen Programmen (oder evtl. nur dem Betriebssystem) direkt verteilte Datenübertragungsanwendungen zur Verfügung und stellt damit eine korrekte → *Semantik* der Daten sicher. Ein Beispiel wäre der → *X.400*-Dienst für → *E-Mail*, → *X.500* für einen Directory-Dienst oder → *JTM* und → *VTP* im Großrechnerumfeld. Andere Beispiele sind → *FTAM* oder auch verteilte Datenbanken.
Weil es auf dieser hohen Schicht sehr viele unterschiedliche potenzielle Anwendungen gibt, ist sie am schwierigsten zu standardisieren und beinhaltet dementsprechend heute im Vergleich zu den unteren drei Schichten nur sehr wenige standardisierte Anwendungen.
Aufgaben, die hier zu definieren sind: Festlegen einer Dienstgüte (Latenzzeit, d.h. → *Delay*; Varianz derselben, d.h. → *Jitter*; zulässige Bitfehlerrate, → *BER* etc.), Authentifizierung und Identifikation (Zugangsberechtigung) und benötigte lokale Betriebsmittel.
Scherzhaft werden die sieben Schichten des OSI-Referenzmodells zur Beschreibung technischer Systeme manchmal durch zwei weitere Schichten 8 (Politik) und 9 (Religion) ergänzt, um auch nicht-technische Sachverhalte beschreiben zu können und deutlich zu machen, dass bei der Verwendung technischer Systeme nicht allein deren technische Güte für deren Erfolg ausschlaggebend ist.
Umgekehrt wird das Konzept häufig zur schnellen schematischen Einordnung auf zwei Schichten reduziert:

- Diensteschicht oder Anwendungsschicht (Schichten 4 bis 7)

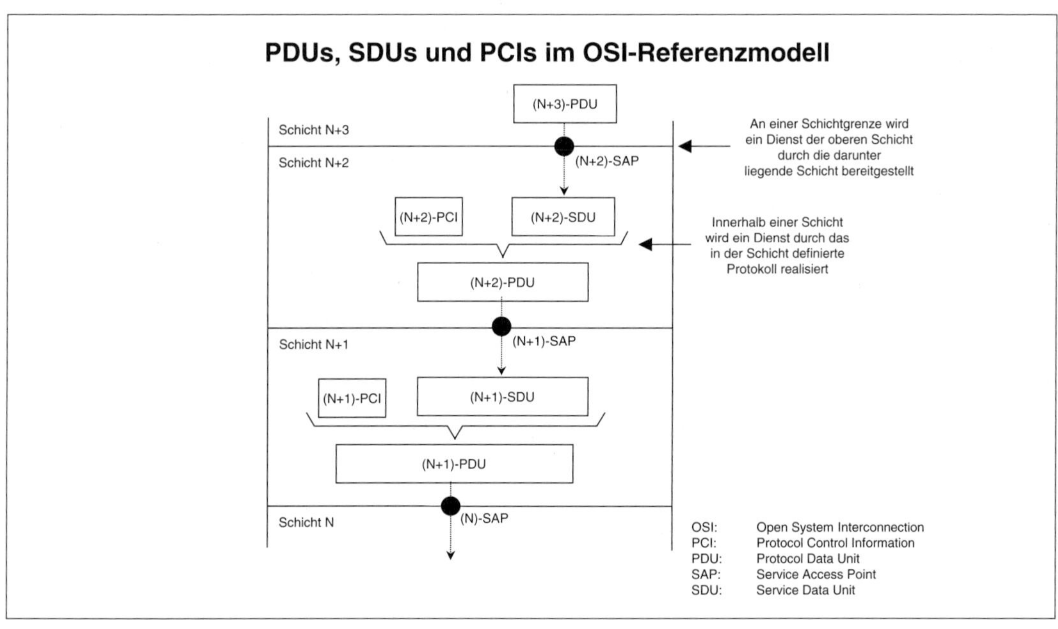

- Übertragungsschicht (Schichten 1 bis 3)

Durch die Nutzung von EDV-Systemen in allen Bereichen von Industrie, Handel und Wissenschaft entstand in den 60er und 70er Jahren das Bedürfnis, die diversen Komponenten derartiger Systeme (Terminals, Hosts, Drucker, Scanner etc.) lokal oder auch weltweit zu vernetzen. Hierfür entwickelten Hersteller zunächst eigene Systeme (→ *SNA*, → *DECnet*, → *Transdata*), die inkompatibel zueinander waren. Hieraus entstand der Wunsch, eine offene Kommunikationsarchitektur zu definieren, damit sich Systemkomponenten verschiedener Hersteller ergänzen. Die Entwicklung des OSI-Referenzmodells startete 1977 bei der ISO und ein Jahr später bei der CCITT. Beide arbeiteten ab Februar 1978 zusammen. Der Standard wurde dann 1983 von der ISO verabschiedet. Er basiert konzeptuell (Anzahl und ungefähre Funktion der Schichten) auf SNA von IBM.
→ *http://www.osilab.ch/*

OSGI

Abk für Open Services Gateway Initiative.
Bezeichnung für eine Vereinigung verschiedener Hersteller mit dem Ziel, einen offenen und herstellerunabhängigen Standard für die Verbindung von neuen Geräten der Haushaltselektronik mit → *IP*-basierten Netzen zu entwickeln.
→ *http://www.osgi.org/*

OSIRM

Abk. für → *OSI-Referenzmodell.*

OSME

Abk. für Open Systems Message Exchange.
Bezeichnung für ein Produkt aus dem Hause IBM zum Austausch von Nachrichten, die dem Standard → *X.400* der → *ITU* entsprechen.

OSPF

Abk. für Open Shortest Path First.
Bezeichnung eines im → *Internet* genutzten, von John Moy maßgeblich entwickelten und hierarchisch aufgebauten sowie relativ komplexen Protokolls für → *Routing* (→ *IGP*, → *Routingprotokoll*). Gilt als Nachfolger für → *RIP* und ist ursprünglich im RFC 1131 (Oktober 1989), RFC 1583 (März 1994) und als Version 2 im RFC 2178 definiert.
OSPF zählt zu den Link-State-Routingprotokollen.
In der Praxis unterstützen OSPF-Implementationen von Routerherstellern üblicherweise auch RIP, so dass eine sanfte Migration durchgeführt werden kann und beide Protokolle auf gleiche Daten zurückgreifen können.
Wie jedes Routingprotokoll nimmt OSPF mehrere Aufgaben wahr: das Routing selbst und die Aufbereitung sowie Weiterverbreitung der dazu notwendigen Informationen.
OSPF setzt voraus, dass die Routing-Maps in den Routern nach jeder Änderung der Netztopologie (z.B. nach jedem Einfügen eines Routers oder nach dem Schalten neuer Verbindungen zwischen existierenden Routern) aktualisiert werden. Dies erfolgt bei OSPF sofort, nachdem ein Host oder Router eine Änderung der Netztopologie entdeckt hat, indem er eine entsprechende Nachricht (genannt Link State Advertisement, LSA) durch → *Multicasting* an alle anderen Router im Netz schickt. Dabei teilt er diesen nur die Änderung mit und diese nur bei einem tatsächlichen Auftreten der Änderung, und nicht – wie RIP – die gesamte, neue Routingtabelle und dies alle 30 Sekunden.
Ein Router mit OSPF baut aus den empfangenen LSAs eine Link-State-Database auf und ermittelt durch Nutzung des Dijkstra-Algorithmus (auch Shortest Path First genannt, SPF) eine Routingtabelle, die Basis für das Routing ist.
Zusätzlich erlaubt OSPF die Unterteilung eines Netzes in sogenannte Areas, die voneinander als nahezu unabhängig angesehen werden und in denen sich mehrere Router befinden. Ein Area kann dabei anhand einer 32 Bit langen Adresse identifiziert werden.
Routinginformationen werden dann nur innerhalb von Areas ausgetauscht und verringern so unnötige Netzlast. Alle Router innerhalb eines Areas verfügen daher über die gleiche Link-State-Database.
Router eines Areas, die den Übergang in ein anderes Area ermöglichen, werden mit Area Border Router (ABR) bezeichnet.
Durch die Areas ist es auch möglich, hierarchische Netze aufzubauen. Das Area mit der Adresse 0 stellt dabei das hierarchisch höchste Area dar (Backbone). Alle anderen Areas müssen mit Area 0 durch ABRs verbunden sein. Sollte das nicht möglich sein, können mit Hilfe von Virtual Links durch ein zwischengeschaltetes Area hindurch auch Areas ohne direkten Zugang zu Area 0 mit ihm verbunden werden. Es hat sich jedoch in der Praxis herausgestellt, dass derartige Netzwerkarchitekturen das Netzmanagement verkomplizieren und daher nicht empfehlenswert sind.
Das eigentliche Routing von OSPF erlaubt Multipath-Routing und eine bessere Lastverteilung im Internet. Dabei werden vom Nutzer vorgegebene Parameter und zusätzlich Informationen über die → *Netztopologie* genutzt, um den besten Weg zwischen → *Routern* im Internet zu finden, der nicht notwendigerweise auch der an → *Hops* kürzeste sein muss. Vielmehr kann der Router, wenn dies vom Nutzer gewünscht und entsprechend eingestellt ist, verschiedene Auslastungs-, Qualitäts- oder auch Kostenparameter auswerten.
Mit OSPF ausgestattete Netze haben bis zu einer Grenze von ca. 50 Routern pro Area eine kurze Konvergenzzeit bis zur Ermittlung stabiler Routingtabellen. Bei großen oder komplexen Netzen kann es kurzzeitig (Sekundenbereich) zur Schleifenbildung kommen, da die Router unterschiedlich lange für den Aufbau der Link-State-Datenbank und der Berechnung der Routingtabellen brauchen.
Verschiedene Hersteller von Routern setzen auch weiterentwickelte und damit leistungsstärkere, jedoch proprietäre Versionen von OSPF ein, die nur in Netzen funktionieren, die ausschließlich aus Routern des jeweiligen Herstellers aufgebaut sind (z.B. ein → *Intranet*). Ein Beispiel für ein derartiges Protokoll ist VNN (Virtual Network Navigator) aus dem Hause Ascend (heute Teil von Lucent).

OST

Abk. für Office of Science and Technology.
Ein Teil der → *FCC.*

OSTA

Abk. für Optical Storage Technology Association.

Bezeichnung einer US-Vereinigung verschiedener Hersteller → *optischer Speicher* zur Förderung und Verbreitung entsprechender Speichermedien.

Adresse:

OSTA
311 East Carillo Street
Santa Barbara CA 93101
Tel.: (+1) 8 05 / 9 63 38 53

→ *http://www.osta.org/*

OSTC

Abk. für Open Systems Testing Consortium.

Bezeichnung für ein internationales, europäisches Konsortium verschiedener Unternehmen aus den Bereichen Soft- und Hardware sowie Tele- und Datenkommunikation, die Testlabors zum Test von → *Protokollen* gemäß dem → *OSI-Referenzmodell* unterhalten.

OTA

Abk. für Office of Technology Assessment.

Bezeichnung eines 1972 eingerichteten und 1995 wieder aufgelösten Büros des US-Kongresses mit der Aufgabe, ihn in Angelegenheiten der Technikfolgenabschätzung zu beraten.

OTAR

Abk. für Over the Air Rekeying.

Bei Funksystemen die Bezeichnung für die Möglichkeit, dass ein geänderter Schlüssel über den Funkkanal dem Entschlüsselungsgerät selbst mitgeteilt wird und in diesem, z.B. auf eine → *Chipkarte*, aufgespielt wird. Es ist damit möglich, den Schlüssel von einer zentralen Stelle aus öfter zu ändern. Angewendet z.B. bei analogem → *Bündelfunk*.

OTC

Abk. für Operating Telephone/Telecommunications Company.

Ein selten gebrauchter Platzhalter in technischen Dokumenten oder Standards. Der Begriff wird verwendet, wenn ein unspezifiziertes Unternehmen gemeint ist.

OTDM

Abk. für Optical Time Division Multiplexing.

Bezeichnung für die Technik, für einen weiteren logischen Kanal in einer Glasfaser die Bitrate durch Erhöhung der Pulsfrequenz des Lichtes einzuführen bzw. die bestehende Datenrate neu unter den logischen Kanälen aufzuteilen.

→ *OSDM*, → *WDM*.

OTDR

Abk. für Optical Time Domain Reflectometer.
Bezeichnung eines Messgerätes in der → *Glasfasertechnik*, mit dem man die lokale Dämpfung einer Glasfaser ermitteln kann.
Dies geschieht, indem ein Lichtimpuls in die Faser gespeist wird und seine rückwärtige Streuleistung infolge der Rayleigh-Rückstreuung in Abhängigkeit der Zeit registriert wird. Die Rückstrahlungsleistung ist proportional zur lokalen Dämpfung der Faser.

OTE

Abk. für Hellenic Telecommunications Organisation.
Bezeichnung für den dominierenden Anbieter von Telekommunikationsdienstleistungen in Griechenland. Gegründet 1949 mit maßgeblicher Unterstützung durch Siemens.
Der griechisches Markt wurde wie der portugiesische auch – im Gegensatz zu den meisten anderen Märkten in Europa – erst zum 1. Januar 2001 voll liberalisiert.
→ *http://www.ote.gr/*

OTMX

Abk. für Optischer Terminal Multiplexer.

OTOH

Abk. für On The Other Hand.
→ *Chat Slang*.

OTPROM

Abk. für One-time Programmable Read only Memory.
→ *PROM*.

OTS

Abk. für Orbitaler Telekommunikations-Satellit.
→ *EUTELSAT*.

Outbound Call Center

→ *Call Center*.

Outline-Font

Bezeichnung für einen → *Font*, bei dem die einzelnen Buchstaben und Zeichen nicht gefüllt sind, sondern nur Umrisse haben.

Output

Die Ausgabe/das Resultat des Laufs eines Programms, z.B. ein Ausdruck, eine Bildschirmausgabe oder eine Datei mit Daten.

Outslot-Signalisierung

Andere Bezeichnung für → *Außenband-Signalisierung*. Bezeichnung für die Übertragung von Informationen zur Verbindungssteuerung nicht im gleichen Kanal wie die Nutzdaten bei digitalen Systemen. Gegenteil: → *Inband-Signalisierung*.

Outsourcing

Begriff aus der Betriebswirtschaft. Beschäftigt sich mit der Frage „Make or Buy?“. Bezeichnet das Auslagern von (klassischen und bisher im und vom Unternehmen wahrgenommenen) Tätigkeiten aus dem Unternehmen, wie z.B. die Abgabe aller Computeraktivitäten an ein externes → *Rechenzentrum*, die Abgabe von Wartungsarbeiten an einen Hersteller, der Einkauf von Softwarekapazität bei einem → *Application Service Provider* oder der Verkauf des eigenen Unternehmensnetzes (→ *Corporate Network*) an einen Netzbetreiber.

Die Vorteile des Outsourcings sind:

- Das abgebende Unternehmen kann sich auf seine Kernkompetenzen konzentrieren.
- Das Unternehmen, an das abgegeben wird, verfügt häufig auf dem betroffenen Sektor über ein breiteres Angebot, dass ansonsten selbst kosten- und zeitintensiv hätte erschlossen werden müssen, durch das Outsourcing aber mitgenutzt werden kann.
- Das Unternehmen, an das abgegeben wird, hat häufig auf dem betroffenen Sektor eine höhere Kompetenz, so dass z.B. bessere Wartung, schnellere Updates oder Reparaturen oder auch grundsätzlich ein reduziertes Ausfallrisiko etc. gewährleistet sind.
- Kapitalbindung wird verringert (niedrige Capex, Capital Expenses).
- Kapitalzufluss durch Verkauf von Anlagen.
- In der Regel werden Kosten gespart (niedrige Opex, Operational Expenses).

Grundsätzlich können verschiedene Formen des Outsourcings unterschieden werden:

- Gründung einer eigenen Tochterfirma und Übergang eigener Anlagen und eigenen Personals in diese.
- Verkauf bislang eigener Anlagen an eine bestehende Fremdfirma und/oder Übergang bislang eigenen Personals an diese Fremdfirma, die in Zukunft entsprechende Aufgaben wahrnimmt.
- Einfache Abgabe der bislang selbst erbrachten Dienstleistungen an eine Fremdfirma, die eigene Anlagen betreut. Dadurch kann es zu einem Personalabbau kommen, sofern das bislang eigene Personal nicht in anderen Unternehmensbereichen eingesetzt wird.

Zur Sicherstellung der erforderlichen, gewünschten Dienstqualität (→ *Quality of Service*) ist im Falle von Outsourcing die Ausarbeitung von Service Level Agreements (→ *SLA*) sinnvoll, wenn nicht sogar zwingend.

→ *Application Service Provider*.

Overdial Rate

→ *Predictive Dialer*.

Overflow

Bezeichnung für ein Resultat einer arithmetischen Operation im Programm eines Computers, das mit der Standardwortbreite des Computers nicht mehr dargestellt werden kann.

Dies führt üblicherweise zu einem Laufzeitfehler (→ *Bug*).

Overhead

Bezeichnung für alle Daten und Vorgänge, die über Nutzdaten und den reinen Nutzdatentransport hinausgehen.

Overlay-Netz

Bezeichnet ein zeitweise existierendes Netz, das neben einem bestehenden aufgebaut wird und dieses, z.B. auf stark belasteten Verbindungen, entlastet oder neue Technologien einführt. Es kann auch schrittweise zu einem Ausbau des Overlay-Netzes und zu einer Außerbetriebnahme des bestehenden Netzes kommen. Die Technik des Overlay-Netzes wurde z.B. seit 1986 bei der Einführung des → *ISDN* im Netz der Deutschen Telekom in Deutschland angewendet, als zunächst die führenden Wirtschaftszentren mit ISDN-Verbindungen miteinander verbunden wurden.

Oversampling

Auf Deutsch selten auch Überabtastung genannt. Bezeichnung für eine Technik der Qualitätserhöhung bei der Analog-Digital-Wandlung (→ *A/D*). Als Oversampling bezeichnet man ein Verfahren, bei dem ein analoges Eingangssignal beim → *Abtasten* häufiger abgetastet wird, als es nach dem → *Nyquistschen Abtasttheorem* nötig gewesen wäre.

Der Faktor, um den dies geschieht, wird als Oversampling-Faktor bezeichnet.

Overshoot

Begriff aus der → *Typografie*. Bezeichnet bei einem → *Font* das Maß, um das die Oberkante eines Buchstabens über die ansonsten maximal zulässige höchste und tiefste Linie der Buchstabenbegrenzung hinausragen darf. Dies wird gemacht, damit bei gleichgroßen Buchstaben bestimmte, runde Buchstaben dem Leser nicht kleiner erscheinen als die sie umgebenden Buchstaben.

Der Buchstabe O ragt z.B. zur Erzielung eines angenehmeren, proportionaleren Eindrucks beim Lesen bei bestimmten Fonts über diese Linien ein wenig hinaus.

Overspill

Bezeichnung für die Überreichweite von terrestrisch und auch über Satellit ausgestrahlte elektromagnetische Wellen.

Technischer Overspill erfolgt z.B. als Folge von Wettersituationen. So kann die Ultrakurzwelle (→ *VHF*) an Luftschichten in der → *Troposphäre* reflektiert oder zwischen verschiedenen Luftschichten nahezu ungedämpft geführt werden (sog. Schlauchausbreitung oder Duct-Ausbreitung), wodurch sich deren Reichweite u.U. erheblich vergrößert.

Der Overspill von Satelliten wird durch die Formung der Ausleuchtbereiche (→ *Footprints*) minimiert. Dies erfolgt durch eine gezielte Formung des → *Beams* durch spezielle Antennen.

Overvoice

Bezeichnung für die Einspeisung von Signalisierungsdaten in Frequenzbereiche oberhalb des Sprachbandes bei 3850 Hz.

→ *DOV*.

OVSt

Abk. für → *Ortsvermittlungsstelle*.

OXC

Abk. für Optical Cross Connect.

Bezeichnung für einen optoelektronischen Vermittlungsbaustein, an dem Leitungen aus Glasfasern angeschlossen sind.

→ *Cross Connect*, → *Glasfasertechnik*.

Oxygen

Bezeichnung eines gegenwärtig in der Diskussion befindlichen Großprojektes zur globalen Verlegung eines → *Unterwasserkabels*. Angestoßen wurde das Projekt im Dezember 1997 von einer neuen, unabhängigen Telco mit dem Namen CTR Group Ltd. aus Woodcliff Lake/New Jersey in den USA. Ursprüngliches Ziel war dabei der Ausbau eines globalen, unterwasserbasierten → *IP*-Netzes.

Die Verlegearbeiten für die erste Phase zur Verbindung der wichtigsten Anlandungspunkte (Japan, Nordamerika, Westeuropa) begannen im September 1998. Die zweite Phase (Afrika, Mittelmeerraum) soll ab dem Jahr 2002 folgen.

Aktuell bekannte Kennwerte sind:

- Glasfaser als Übertragungsmedium
- Geschätzte Kabellänge von 275 000 km
- 101 Anlandungspunkte in 74 Ländern
- Verwendung von → *WDM* mit einer Übertragungskapazität im Bereich mehrerer 10 Gbit/s.

OZ

Abk. für Ortszentrale.

Andere Bezeichnung für → *Ortsvermittlung*.

P

P2P

Abk. für → *Peer-to-Peer.*

P3P

Bezeichnung für einen Standard zur Verwendung im → *WWW* des → *Internet*, der → *Datenschutz* ermöglicht. Vorgestellt als Entwurf im Mai 1998 vom → *W3C.*

→ *http://www.w3.org/p3p/*

P6

→ *Intel Pentium.*

P1394

→ *IEEE 1394.*

PA

1. Abk. für Primary Access.

   International übliche Bezeichnung und Abkürzung für den Primärmultiplexanschluss beim → *ISDN.*

2. Abk. für Polyamid.

   Bezeichnung für einen thermoplastischen Kunststoff, der im Rahmen der Telekommunikation wegen seiner Reiß- und Verschleißfestigkeit häufig als Material für Kabelisolierungen und Schläuche Verwendung findet.

   → *ABS*, → *PBTP*, → *PE*, → *PF*, → *PVC*, → *SAN.*

PABX

→ *PBX.*

PAC

1. Abk. für Paging Area Controller.

   Bezeichnung für einen Teil der Netzinfrastruktur bei → *ERMES.*

2. Abk. für Privilege Attribute Certificate.
3. Abk. für Perceptual Audio Coding.

   Eigentlich die allgemeine, englischsprachige Bezeichnung für → *Psychoakustik.* Oft gemeint sind jedoch die ersten, psychoakustische Erkenntnisse ausnutzenden Kompressionsverfahren (→ *Kompression*) für Audioinformationen (Sprache und Musik), wie sie in den 90er Jahren in den → *Bell Labs* entwickelt wurden.

PACE

Abk. für Priority Access Control Enabled.

Bezeichnung eines in der Entwicklung befindlichen deterministischen Zugriffsprotokolls aus dem Hause 3Com.

Es arbeitet auf der Schicht 2 des → *OSI-Referenzmodells.*

Package

In der IT-Branche der Jargon für mehrere, aufeinander abgestimmte Hard- und Softwarekomponenten, die von einem Hersteller zusammen als Paket für einen bestimmten Zweck ausgeliefert werden.

→ *Entbündelung.*

Packet Filter

Bezeichnung für die einfachste von drei möglichen und unterschiedlich sicheren Varianten des → *Firewall.*

Packet Handler

→ *PH.*

Packet Mode Bearer Service

Abgekürzt mit PMBS. Bezeichnung für eine Technik, den → *D-Kanal* oder auch den → *B-Kanal* des → *ISDN* zur Übertragung von Daten im Paketformat nach → *X.25* zu nutzen. Dafür ist ein Terminaladapter gemäß → *X.31* notwendig. Der D-Kanal des Basisanschlusses verfügt über eine Kapazität von 16 kbit/s für Signalisierungsdaten, von denen in der Regel 9,6 kbit/s ungenutzt bleiben. Diese Bandbreite kann zur Nutzdatenübertragung nach X.25 verwendet werden (Durchsatzklasse A). Normalerweise wird nicht die volle Bandbreite genutzt, sondern in Abhängigkeit von der Tageszeit, vom Wochentag und von der Anzahl anderer Nutzer, die an die gleiche Vermittlungsstelle angeschlossen sind, schwankt der Durchsatz erfahrungsgemäß zwischen 2 kbit/s im Minimum und 8 kbit/s im Maximum. Einige Carrier garantieren jedoch 9,6 kbit/s und ermöglichen sogar die Nutzung von 16 kbit/s, sofern der B-Kanal nicht genutzt wird und dadurch Signalisierungsverkehr auf dem D-Kanal unterbleibt. Ferner ist es möglich, dass bis zu 64 logische Verbindungen vom Nutzer unterstützt werden, was für jeden einzelnen der 64 Kanäle die Datenrate noch einmal erheblich senken würde.

Der D-Kanal wird bis zur nächsten ISDN-Vermittlungsstelle zum Datentransport genutzt und dort über ein → *Gateway*, das aus einem Frame Handler und einem Packet Handler besteht, an ein X.25-Netz angeschlossen. Der Frame Handler fasst dabei die X.25-Daten von mehreren angeschlossenen X.25-Anschlüssen über das ISDN zusammen und übergibt diese Daten über ein Packet-Handler-Interface (PHI) an einen Packet Handler, der die Pakete auf verschiedene angeschlossene X.25-Netze verteilt.

Falls der B-Kanal dafür genutzt wird, steht ein Durchsatz von 64 kbit/s zur Verfügung (Durchsatzklasse D). Falls Sender und Empfänger über verschieden breitbandige Zugänge verfügen, wird jeweils die niedrigste Datenrate gewählt.

Der Dienst ist in den ISDN-Standards vorgesehen und sollte auch von allen Carriern, die ISDN anbieten, implementiert werden, jedoch ist es dazu aus Kostengründen nicht immer gekommen. In den ISDN-Vermittlungsstellen sind kostspielige Nachrüstungen für Soft- und Hardware notwendig. Ferner kann dieser Dienst u.U. schmalbandige (und teurere) Mietleitungen ersetzen und damit lukrativere Teile des Geschäfts eines Carriers substituieren. Dort, wo ein derartiger Dienst angeboten wird, kommt er im Markt gut bis sehr gut an, da er wesentlich weniger kostet als die Übertragung der gleichen Nutzdatenmenge über eine gewählte Verbindung mit einem → *B-Kanal* im ISDN. Die Tarifierung (→ *Charging*) erfolgt volumenorientiert und kostet üblicherweise einige Pfennige je KByte.

Carrier mit X.25-, aber ohne ISDN-Netz können diesen Dienst in Zusammenarbeit mit einem ISDN-Carrier anbieten, indem es zur → *Interconnection* in den ISDN-Vermittlungsstellen kommt.

Die Anwendung eignet sich insbesondere dann, wenn ein Unternehmen viele geografisch verteilte Terminals oder Rechner mit einem nur sporadischen Datenaufkommen anzuschließen hat. Anwendungsbeispiele sind Reisebüros, die an Buchungs- und Reservierungssysteme angeschlossen sind, oder Banken, die Geldautomaten auf diese Weise anschließen. Ein anderes Anwendungsfeld (für Privatkunden) liegt in → *AO/DI*.

Packet over SONET

→ *POS*.

Packet Radio

→ *AX.25*.

Packet Sniffer

Bezeichnung für im → *Internet* tätige Programme, die in einem → *Router* laufen.

Sie können den Datenstrom durch den Router nach bestimmten einstellbaren Bitkombinationen durchsuchen („durchschnüffeln") und diese auswerten. Ursprünglich waren sie zu statistischen Zwecken im Zuge von Verkehrs- und Lastanalysen gedacht.

Mit derartiger Software kann jedoch auch gezielt nach Passwörtern, Nutzerkennungen, Schlüsselwörtern (z.B. Credit-Card-ID) und Netzadressen gesucht werden, was dadurch auch die Möglichkeit des Missbrauchs eröffnet.

Benutzerprofile können ebenso angelegt werden wie es auch zum Missbrauch der gesammelten Daten selbst kommen kann.

Pac-Man

Bezeichnung für einen Klassiker der Videospiele, der 1979 vorgestellt wurde und einen Siegeszug zunächst in Spielhallen und wenige Jahre später auf den → *Home-Computern* antrat. Es entwickelten sich zahlreiche Varianten.

Pac-Man ist ein kleines, gefräßiges Männchen, das in einem Labyrinth die auf dem Weg ausgelegten ‚Nahrungsmittel' aufliest und verspeist, wofür es Punkte gibt. Im Labyrinth sind aber auch böse Geister unterwegs, denen es auszuweichen gilt.

Die Idee zu diesem Spiel entstammt angeblich einem japanischen Märchen und wurde vom Hause Namco aufgegriffen, welches das Spiel entwickelt hat.

→ *Doom*, → *pong*, → *Tetris*.

PacRimEast, PacRimWest

→ *South Pacific Network*.

PACS

Abk. für Personal Access Communications System.

Bezeichnung für einen Standard der → *ANSI* (ANSI J-STD-014) für eine generische Luftschnittstelle für drahtlose Telekommunikationsdienste. Ursprünglich handelte es sich um einen Industriestandard aus dem Hause Motorola für drahtlose und mikrozellulare Zugangsnetze (→ *zellulares System*, → *RLL*) zu Telekommunikationsnetzen für Sprachübertragung, der bei → *Bellcore* aus Kombination von → *PHP* und → *WACS* Mitte der 90er Jahre entstanden ist. Die Weiterentwicklung wird gefördert von der → *TIA*.

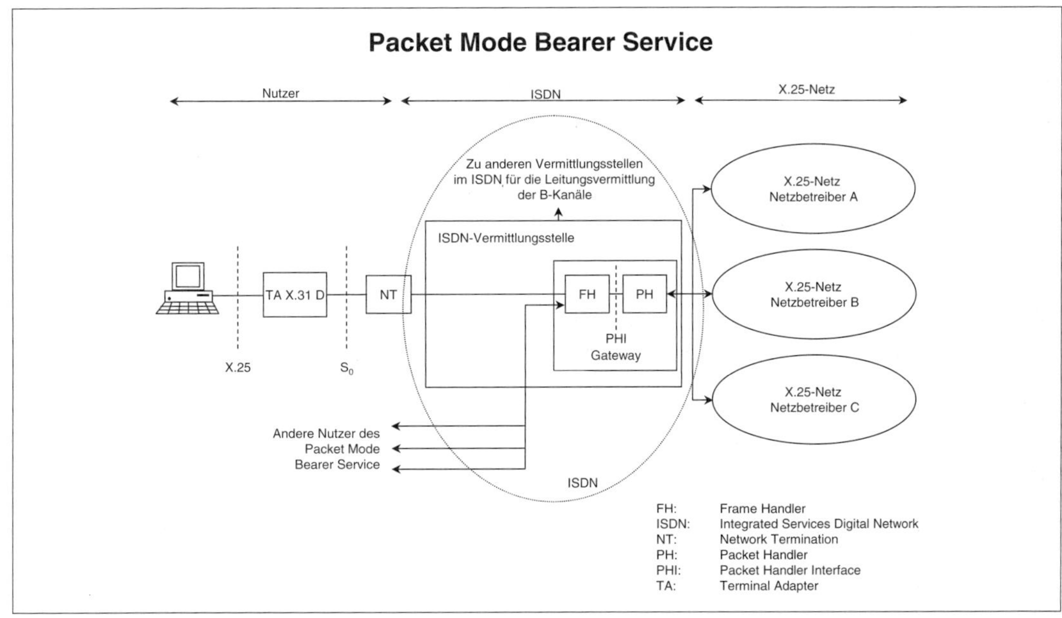

Mit PACS lassen sich digitale, zellulare Funksysteme zur Ermöglichung → *lokaler Mobilität* mit → *Roaming* aufbauen. Der Zellendurchmesser kann bis zu 400 m betragen.

PACS basiert auf einem → *TDMA*-Verfahren mit acht Timeslots je Frequenz, → *FDD* als Duplexverfahren und arbeitet in den USA im Bereich zwischen 1 920 MHz und 1 930 MHz.

PACS kann aber auch → *TDD* als Duplexverfahren nutzen. In diesem Fall spricht man von PACS-UB (Unlicensed Version B).

PACS nutzt Pi/4-QPSK als Verfahren für die → *digitale Modulation*. Die Datensicherung erfolgt durch Verschlüsselungsalgorithmen (Public-Key-Verfahren).

PACS ist für drahtlose Anschlussnetze konzipiert und stellt leitungsvermittelte und paketvermittelte Schnittstellen zur Verfügung. Es soll auch in erweiterten Versionen Mobiltelefonsysteme für Fußgänger mit lokaler Mobilität unterstützen (→ *Telepoint*). Daher wurde es für geringe Geschwindigkeiten optimiert, funktioniert aber auch bis zu Geschwindigkeiten des Mobilteils von 70 Meilen/Std.

Ein PACS-System besteht aus dem Mobilteil (Subscriber Unit, SU), das über die A-Schnittstelle (Air-Interface) mit einer Funkfeststation (Radio Port, RP) verbunden ist. Dieser ist über die P-Schnittstelle (Port-Interface) mit einem Radio Port Controller (RPC) verbunden. Jeder RPC kann mehrere (etwa 20 bis zu 100) RPs kontrollieren und ist mit diesen über eine → *E1*- oder → *T1*-Leitung verbunden. Der RPC verfügt über einen Access Manager (AM), der über die C-Schnittstelle (Control-Interface) mit dem öffentlichen Netz verbunden ist. Der AM kann aber auch Bestandteil des öffentlichen Netzes sein.

Die SU sendet mit durchschnittlich 25 mW und mit einer Spitzenleistung von 200 mW.

Aufgabe des AM ist die Abwicklung der Kommunikation mit dem öffentlichen Netz sowohl was den Nutzdatentransfer angeht als auch was den Signalisierungsdatentransfer betrifft. Ein AM kann z.B. über das → *SS#7* bei entfernten Datenbanken (→ *HLR*, → *VLR*) Anfragen über temporär im Einflussbereich des AM befindliche mobile Teilnehmer durchführen.

Mögliche Dienste, die über einen PACS-Zugang abgewickelt werden können, sind analoge Sprachübertragung, → *Fax*, → *ISDN* und → *X.25*.

Erste Entwicklungsarbeiten an PACS begannen Mitte der 80er Jahre. Die erste Spezifikationen war im März 1994 fertiggestellt, seither folgten weitere Standards.

PAD

1. Abk. für Packet Assembler-Disassembler.

   Bezeichnung eines Geräts, welches nicht-paketorientierten Endgeräten den Zugang zu paketvermittelnden Netzen ermöglicht. Aus einem asynchronen Bitstrom wird durch den PAD eine Folge strukturierter Pakete. Der PAD ist in → *X.3* genormt und dient zur Anpassung analoger Terminals an → *X.25*-Netzwerke. PADs gibt es in entsprechenden Netzen (also vom Netzbetreiber zur Verfügung gestellt) oder fest installiert als → *Firmware* auf entsprechenden Einsteckkarten für PCs.
2. Abk. für Padding (Field).

Page

→ *Virtueller Speicher*.

Page Impression

Auch Page View genannt. Bezeichnet eine statistische Messgröße, die bei einem → *Online-Dienst* oder auch dem → *WWW* im → *Internet* angibt, wie häufig eine bestimmte

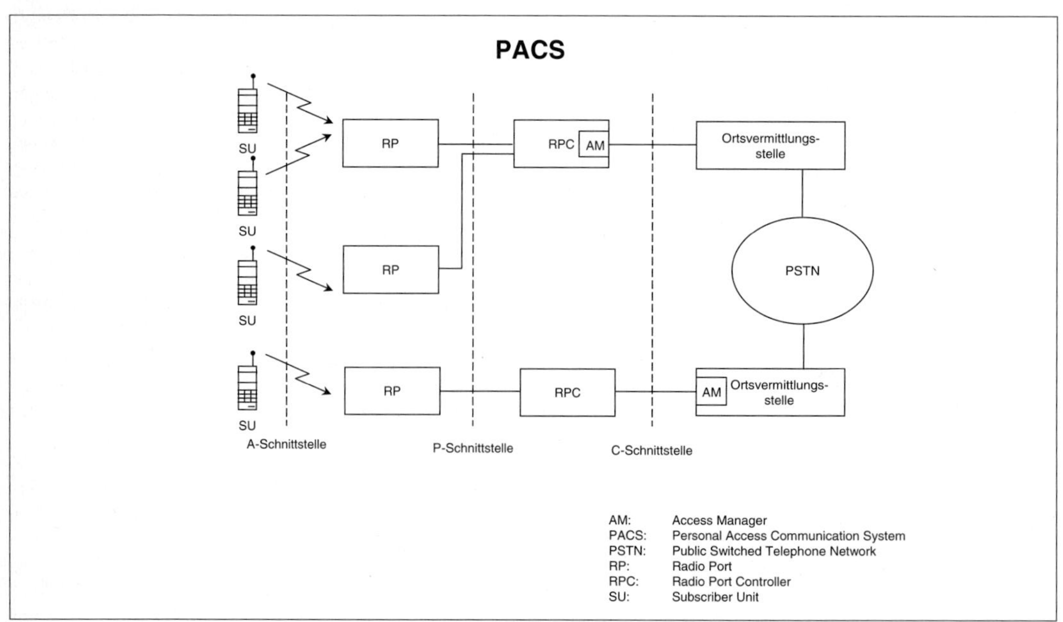

Seite von beliebigen Nutzern insgesamt aufgerufen und damit angesehen wurde.

→ *Banner*, → *Hit*.

Page View

→ *Page Impression*.

Pager

→ *Paging*.

Paging

1. Auch Radio Messaging, Funkruf, öffentlicher Personenruf oder nur Personenruf genannt.

   Der Begriff Paging leitet sich von dem des (Hotel-) Pagen ab, der mit einem Gong, einer Triangel oder durch Ausruf auf eingegangene Nachrichten für Hotelgäste aufmerksam machte.

   Paging ist der Oberbegriff für alle Funkrufdienste zur (noch) einseitig gerichteten Übermittlung codierter Signale oder kurzer Nachrichten mittels Funkübertragung zu einem mobilen Teilnehmer mit Empfangsgerät.

   Es wird zwischen On-Site-Paging (nicht öffentlichem Paging) auf begrenzten Arealen und Off-Site-Paging (öffentliches Paging) im öffentlichen Bereich unterschieden. On-Site-Paging wird selten auch mit Personensuchanlage oder Personenruf (PSA) bezeichnet. Derartige Systeme dürfen in Deutschland in folgenden Bereichen betrieben werden:

   - Frequenzgruppe A: 13,56 MHz
   - Frequenzgruppe B: 40,665 bis 40,695 MHz
   - Frequenzgruppe C: 27,510 MHz und 40,67 bis 40,69 MHz
   - Frequenzgruppe D: 468,35 bis 469,15 MHz

   Der Gesetzgeber erlaubt eine Sendeleistung von max. 5 W und schreibt vor, dass die genutzte Frequenz in einem Abstand von 1 000 m von der Grundstücksgrenze wieder störungsfrei zu nutzen sein muss.

   Die Empfangsgeräte sind handtellergroße Geräte (Pager, Funkrufempfänger; beim On-Site-Paging oft auch ‚Piepser' genannt), die manchmal mit verschiedenen Leuchtdioden, einer mehrstelligen Anzeige und seit ca. 1998 auch Speichermöglichkeiten zur Verwaltung eingegangener Nachrichten ausgerüstet sind. Die Signalisierung einer eingegangenen Nachricht erfolgt über einen Signalton, eine kurze Melodie oder geräuschlos durch einen Vibrationsalarm.

   Fast immer werden beim Paging verschiedene Dienstklassen angeboten, die sich nach den übertragenen Daten unterscheiden:

   - Nur-Ton (ein einziger Ton)
   - Mehrere unterschiedliche Töne (oder Anzeigen)
   - Nur Ziffern (numerisches Paging)
   - Kurze, beliebige Buchstabenfolgen (alphanumerisches Paging) bis zu einer Maximalzahl übertragener Zeichen

Während die Zahl der Nur-Ton-Pager kaum noch eine Rolle spielt, hat die Zahl der monatlich verkauften alphanumerischen Pager die Zahl der numerischen Pager erst gegen Anfang 1997 in Deutschland überflügelt.

Neben diesen Grundformen des Paging werden von Paging-Anbietern oft verschiedene Zusatzdienste angeboten:

- Kurznachrichten verschiedener Profile (Sport, Politik, Wirtschaft etc.)
- Lokale Kinoprogramme
- Börsenkurse

Aus den verschiedenen Angeboten kann der Nutzer sich oft ein Profil zusammenstellen. Nachrichten an Pager können auf verschiedene Arten aufgegeben werden:

- Operatordienst: Bei einem Anruf bei einer mit einem → *Operator* besetzten Zentrale kann die Nachricht und die Identifikation des Nachrichtenempfängers mündlich durchgegeben werden. Der Operator gibt die Daten in ein System ein, von dem aus die Nachrichtenübertragung initiiert wird.
- Online-Dienst: An eine spezielle → *E-Mail*-Adresse kann eine E-Mail in einer bestimmten Form (mit Adressatennummer und Nachrichtentext) gesendet werden. Dort werden die benötigten Daten direkt vom System der E-Mail entnommen und der Funkruf wird initiiert.

In der Vergangenheit existierten diverse Firmenstandards und Signalisierungsstandards (→ *POCSAG*), jedoch keine einheitliche Norm für ein komplettes System. Das zukünftige europäische System wird → *ERMES* sein. Daneben existieren diverse proprietäre Systeme, wie z.B. → *Flex* oder → *DataTac*.

Vorteile von Paging-Systemen gegenüber herkömmlichen Mobilfunkdiensten ist die Einfachheit des technischen Systems, der geringe, genutzte Frequenzbereich, der günstige Tarif und die geringe Größe der Empfänger. Weiterhin ermöglichen viele Paging-Systeme einen Gruppenruf, d.h. ein Ruf wird nicht an einen einzelnen bestimmten Empfänger, sondern an eine Gruppe, z.B. von Außendienstmitarbeitern oder an ein Notfallteam abgegeben.

Neuere Entwicklungen sehen auch die Quittierung des Eingangs einer Nachricht vor, d.h., es wird eine begrenzte Feedback-Möglichkeit geben, so dass der Sender weiß, dass die Nachricht beim Empfänger angekommen ist.

Erste Paging-Systeme gab es in den 50er Jahren in den USA, wo Teilnehmer an diesem Dienst mit Geräten in der Größe eines Anrufbeantworters kurze Sprachnachrichten empfangen konnten. Mit steigender Nachfrage nach diesem Dienst musste die genutzte Bandbreite je Paging-Vorgang reduziert werden, was zu den Paging-Techniken der Übertragung von kurzen Signalen führte. Bis in die 90er Jahre war Paging nur für Geschäftsleute interessant. Veränderungen im Marketing, Gerätedesign und der Gebührenschemas (→ *CPP*) führten zu ansteigenden Zahlen im Privatbereich, wo viele aus der Branche kurzfristig die Zukunft sahen. Einige Jahre gab es dadurch jährliches Wachstum der Teilnehmerzahlen um 30% im weltweiten Durchschnitt, obwohl die immer billiger werdenden Mobilfunkangebote dazu in Konkurrenz standen und mit dem Aufkommen der → *Prepaid Card* sich der zellulare Mobilfunk auch dem bisherigen Paging-Segment erschloss (Jugendliche, junge Erwachsene mit hohem Preisbewusstsein).

In Deutschland gab es zunächst nur die Deutsche Telekom als Betreiber eines Paging-Dienstes (→ *Eurosignal*, → *Cityruf*). Ab 1995 folgte die Miniruf GmbH (Sitz: Hannover, Produktname: Quix) aus dem Hause Vebacom bzw. später otelo und die Deutsche Funkruf GmbH (Sitz: Jena, Produktname: Telmi). Beide stiegen jedoch im September bzw. Oktober 1998 aus dem Markt aus, da zwar viele Pager verkauft (z.B. für Quix zuletzt 250 000 Stück), aber nicht benutzt wurden, was zu hohen Kosten und geringen Umsätzen führte.

Im Juli 1999 kündigte auch die Deutsche Telekom an, ihr Paging-Geschäft mit rund 750 000 Nutzern an eine neue Gesellschaft (Q Business Information Counter GmbH) auszugliedern und für sie einen Käufer zu suchen. Der Grund dafür war ebenfalls, dass das Paging-Geschäft im Vergleich zu den zu dieser Zeit rund 7 Mio. herkömmlichen Mobilfunkkunden nicht mehr lukrativ genug war.

Weltweit ging das Paging-Geschäft zurück, so dass Ericsson im Herbst 1998 die Produktion von Pagern einstellte.

2. Bei Schnurlostelefonen (→ *CT*) das → *Leistungsmerkmal* der Basisstationen, ein Signal an das Mobilteil zu senden und bei ihm ein akustisches Signal (Piepsen) auszulösen. Gedacht zum Wiederfinden verlegter Mobilteile.

Pair Gain System

Oberbegriff für verschiedene, proprietäre Systeme von Herstellern von Übertragungsgeräten, mit deren Hilfe es möglich ist, mehr als einen digitalen Kanal für Sprachkommunikation über ein Paar Kupferdrähte einer verdrillten → *Zweidrahtleitung* im → *Zugangsnetz* zu übertragen.
Üblicherweise werden mit verschiedenen Techniken, z.B. Sprachkompression mit → *ADPCM*, zwei, vier oder noch mehr Kanäle (bis zu 30 bei → *HDSL*) über eine verdrillte Zweidrahtleitung übertragen.
→ *xDSL*.

Paket

1. In der Datenübertragung ein Datenblock mit festem Format, welcher einen → *Header* mit Verwaltungs- und Steuerdaten sowie Nutzdaten enthält.
2. In der IT-Branche die deutsche Bezeichnung für → *Package*.

Paketvermittlung

Ein Begriff aus der → *Vermittlungstechnik*. Es handelt sich um eine Variante der → *Speichervermittlung*. Dabei wird einer Verbindung nicht ein permanenter, durchgehender, physikalischer Kanal zur Verfügung gestellt, sondern die Nachricht wird beim Sender in kleine, einzelne und u.U. verschieden lange Pakete aufgeteilt. Diese werden mit Zusatzdaten zur Identifikation von Sender und Empfänger und einer fortlaufenden Nummerierung im → *Header* versehen und unabhängig voneinander einzeln durch das Netz geschickt.
Die ursprüngliche Idee der Paketvermittlung war, dass jedes Paket in jedem durchlaufenen Netzknoten analysiert wird und für jedes Paket der Netzknoten in Abhängigkeit von der aktuellen Netzlast entscheidet, über welche abgehende Ver-

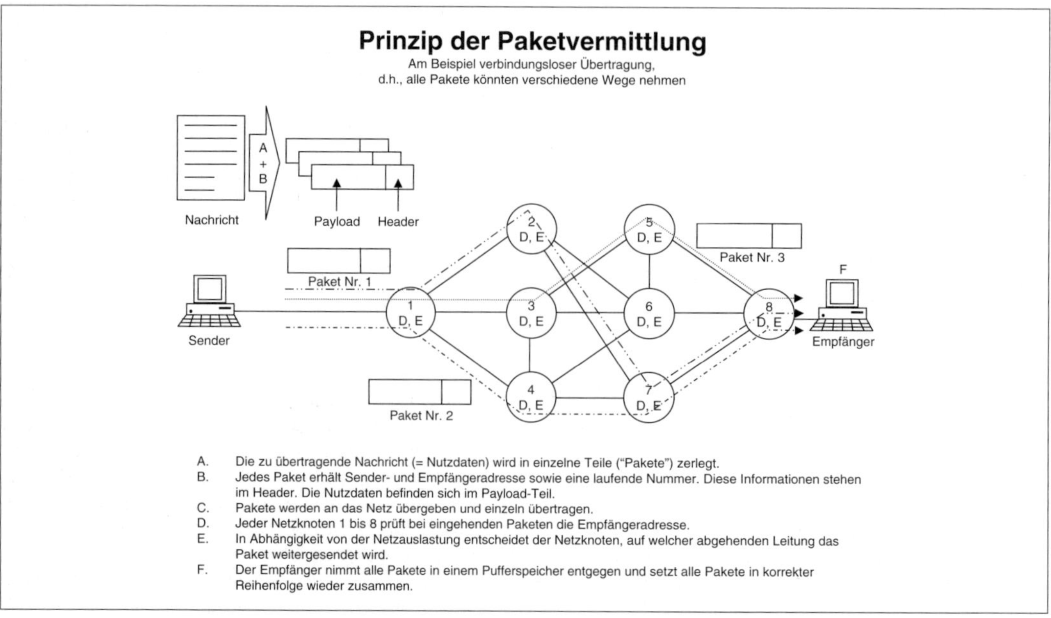
Prinzip der Paketvermittlung
Am Beispiel verbindungsloser Übertragung, d.h., alle Pakete könnten verschiedene Wege nehmen
A + B
Nachricht
Payload
Header
Paket Nr. 1
Paket Nr. 2
Paket Nr. 3
Sender
Empfänger
F
1 D, E
2 D, E
3 D, E
4 D, E
5 D, E
6 D, E
7 D, E
8 D, E
A. Die zu übertragende Nachricht (= Nutzdaten) wird in einzelne Teile ("Pakete") zerlegt.
B. Jedes Paket erhält Sender- und Empfängeradresse sowie eine laufende Nummer. Diese Informationen stehen im Header. Die Nutzdaten befinden sich im Payload-Teil.
C. Pakete werden an das Netz übergeben und einzeln übertragen.
D. Jeder Netzknoten 1 bis 8 prüft bei eingehenden Paketen die Empfängeradresse.
E. In Abhängigkeit von der Netzauslastung entscheidet der Netzknoten, auf welcher abgehenden Leitung das Paket weitergesendet wird.
F. Der Empfänger nimmt alle Pakete in einem Pufferspeicher entgegen und setzt alle Pakete in korrekter Reihenfolge wieder zusammen.

bindung das Paket weiter zum Empfänger gesendet wird. In Abhängigkeit der Netzauslastung konnten die Pakete dadurch u.U. alle verschiedene Wege bis zum Empfänger nehmen. Dadurch kommen die Pakete nicht immer in der Reihenfolge beim Empfänger an, in der sie abgesendet werden, weshalb die Aufgabe des Zwischenspeicherns und Sortierens beim Empfänger durchgeführt werden muss. Dies verursacht → *Delay* und → *Jitter*. Dieses Verfahren wird als verbindungslos (connectionless) bezeichnet.

Eine Optimierung kann erzielt werden, indem zu Beginn des Sendens durch die Nachrichtenquelle für alle Pakete ein einheitlicher Weg durch das Netz zur Nachrichtensenke definiert wird, wodurch sich die Analyse der Pakete auf ein einfaches → *Routing* reduziert und gewährleistet ist, dass die Pakete (von fehlerhaften, erneut gesendeten Paketen abgesehen) in annähernd gleicher Reihenfolge wie beim Senden beim Empfänger eintreffen. Dieses Verfahren wird verbindungsorientiert (connection-oriented) genannt. Der Delay wird dabei verringert.

Sonderformen der Paketvermittlung sind das → *Message Switching* und → *Hop-by-Hop*.

Beispiele für verbindungsorientierte paketvermittelnde Netze sind → *X.25* und → *Frame Relay*. Das Internet-Protokoll (→ *IP*) ist ein Beispiel für ein verbindungsloses Protokoll.

Zu den Vorteilen der Paketvermittlungstechnik zählen:

- Bessere Netzauslastung
- Endgeräte verschiedener Anschlussraten können miteinander kommunizieren

Die Nachteile sind:

- Kein direkter Dialogbetrieb möglich
- Üblicherweise ungeeignet für zeitkritische Anwendungen, da das Bearbeiten in den einzelnen Netzknoten (dauert bis zu 1 200 µs), die unterschiedlich langen Wege und das Paketieren und Entpaketieren bzw. Puffern Zeit brauchen, was zu einem hohen → *Delay* und → *Jitter* führt (→ *QoS*).

PAL

Abk. für Phase Alternation Line.

Analoge westeuropäische Fernsehnorm, die auch in anderen Teilen der Welt verwendet wird.

Bildverhältnis 4:3 mit 768 * 576 Pixeln (625 Zeilen, von denen 575 sichtbar sind, zu je 346 Pixel). Benötigte Bandbreite: 3,5 MHz. Bildwiederholfrequenz: 25 Halbbilder/s (erst geradzahlige, dann ungeradzahlige Zeilen). Wird mit Rest-Seitenband-Amplitudenmodulation übertragen.

Bewirkt, im Gegensatz zum nordamerikanischen → *NTSC*, von dem es in großen Teilen auch abstammt, eine automatische Farbkorrektur, ist allerdings ein wenig teurer. Daher manchmal scherzhaft mit „Pay additional luxury“ bezeichnet. Die Farbverfälschungen werden durch Phasenänderung des Signals erreicht. Dabei wird die Farbdifferenzkomponente (R-Y) von Zeile zu Zeile in ihrer Phase um 180° umgeschaltet. Durch eine Addition der Signale zweier aufeinander folgender Signale hebt sich daher ein Phasenfehler auf.

PAL wurde ab 1959 von Walter Bruch (* 1908, † 1990) bei der Telefunken AG entwickelt. Er führte das System am 3. Januar 1963 erstmals Experten der → *EBU* vor, die in den folgenden Jahren die Systeme PAL, → *SECAM* und NTSC weiter untersuchten und anstrebten, einen europäischen Standard zu definieren, wozu es aus politischen Gründen, trotz technischer Überlegenheit des PAL-Systems, nicht kam. PAL wurde dennoch 1965 eingeführt, in Deutschland anlässlich der Funkausstellung am 25. August 1967 durch einen Knopfdruck von Willy Brandt. Seither hat sich PAL in über 60 Ländern weltweit etabliert.

Legendär ist dabei der Lapsus, dass ein Fernsehmitarbeiter einige Sekunden zu früh auf echte Farbdarstellung umschaltete, so dass jedermann deutlich wurde, dass der Knopf, auf den Willy Brandt drückte, gar nicht verkabelt war und keine Funktion hatte.

PalmOS

Bezeichnung für ein → *Betriebssystem* aus dem Hause 3Com, das bei den → *PDAs* der Serie PalmPilot eingesetzt wird. Sein Speicherbedarf beläuft sich auf rund 1 MByte. PalmOS läuft nur auf Prozessoren vom Typ → *Motorola 68000*.

Im Vergleich zu → *EPOC32* fand PalmOS zunächst nicht eine so große Unterstützung durch namhafte Hersteller, so dass der Eindruck entstand, es habe keine große Zukunft, doch verkündete Sony am 15. November 1999 seine Unterstützung für PalmOS und kündigte eigene Produkte dafür an.

→ *http://www.palm.com/*

Palmtop

Von engl. palm = Handfläche. Andere Bezeichnung für → *PDA*.

PAL Plus

Abk. für Phase Alternation Line Plus.

Analoge westeuropäische Fernsehnorm. Bildverhältnis 16:9.

Hervorgegangen aus dem Projekt Q-PAL der Universität Dortmund Mitte der 80er Jahre. Dann initiiert von ARD und ZDF 1988. Dieser Initiative traten im Jahre 1989 Hersteller bei. Insbesondere vorangetrieben von Nokia, Grundig, Thomson und Philips. Benötigte Bandbreite: 5 MHz. Je 572 Pixel in 576 Zeilen. Kompatibel zu → *PAL*.

1994 wurden in Deutschland rund 2 000 Std. Programm in PAL Plus ausgestrahlt.

PAM

Abk. für Puls-Amplituden-Modulation.

Darstellung eines Analogsignals durch Abtasten mit regelmäßiger Abtastperiode und Darstellung jedes Abtastwertes durch einen zur Amplitude proportionalen einzelnen Puls. Dadurch ist es möglich, mehrere analoge Kanäle, die alle nacheinander zu verschiedenen Zeitpunkten abgetastet werden, über nur ein Übertragungsmedium zu übertragen, indem die Abtastwerte ineinander geschachtelt werden.

Das Verfahren wird bei der Übertragung von Telefondaten über längere Übertragungsstrecken angewendet und gilt heute nicht mehr als modern. Es wurde durch → *PCM*-Systeme abgelöst. Erst mit HDSL2-Verfahren (→ *HDSL*) kam es wieder in die Diskussion.

PAMA

Abk. für Preassigned Multiple Access.

Bezeichnung eines herkömmlichen Verfahrens zur festen Zuteilung von Satellitenkanälen zu Bodenstationen.

→ *DAMA*.

PAMD

Abk. für Public Access Mobile Data Network.

Selten verwendeter Oberbegriff für ein öffentlich zugängliches Mobilfunknetz zur ausschließlichen Datenübertragung.

PAMR

Abk. für Private Access Mobile Radio.

Bezeichnung für private → *Bündelfunk*-Anwendungen auf Werksgeländen etc.

PAN

1. Abk. für Public Access Network.
2. Abk. für Personal Access Number.

   Bezeichnung einer Authentifizierungsnummer, die einem Teilnehmer Zugang zu dem Dienst → *VCC* ermöglicht. Die Nummer ist zufallsgeneriert, einmalig und steht in Verbindung mit einer ausgegebenen Karte (→ *Smart Card*).

PANAM

→ *Pan American Cable System*.

Pan American Cable System

Abgekürzt mit PANAM. Bezeichnung für ein → *Unterwasserkabel*, das Südamerika über die Virgin Islands (USA) mit dem restlichen, weltweiten Glasfaserkabelnetz nach Nordamerika und Europa verbindet. Die gesamte Länge beträgt 2 430 km.

Die Gesamtkosten betrugen 311 Mio. $. Das Kabel wurde im Dezember 1996 projektiert und im September 1998 in Betrieb genommen, überträgt mit 2,5 Gbit/s und verläuft über zunächst 2 700 km mit 23 Unterwasserrepeatern (alle 120 km) in der Karibik von St. Croix und St. Thomas auf den Virgin Islands über Baby Beach auf der Insel Aruba nach Colon (Panama) mit Abzweigungen nach Punto Fiju (Venezuela) und Baranquilla (Kolumbien).

Innerhalb Panamas werden zwei Kabelrouten entlang des Panama-Kanals (94 km) und einer Nationalstraße (99 km) genutzt.

Im Pazifik verläuft es von Panama City bis nach Arica (Chile), mit Abzweigungen nach Punta Carnero (Equador) und Lurin (Peru).

Pangea-1

Bezeichnung für ein im Frühjahr 1999 projektiertes → *Unterwasserkabel* in der Nord- und Ostsee. Dazu wurde im Februar 1999 von diversen Vertretern aus der Industrie die Pangea Ltd. gegründet, die insgesamt rund 400 Mio. $ in das Kabel investieren. .

Das Kabel basiert auf der Glasfaser als Medium und soll mit Hilfe von → *WDM* 640 Gbit/s übertragen. Verbunden werden die Länder Norwegen, Schweden, Dänemark, Deutschland, Niederlande und GB.

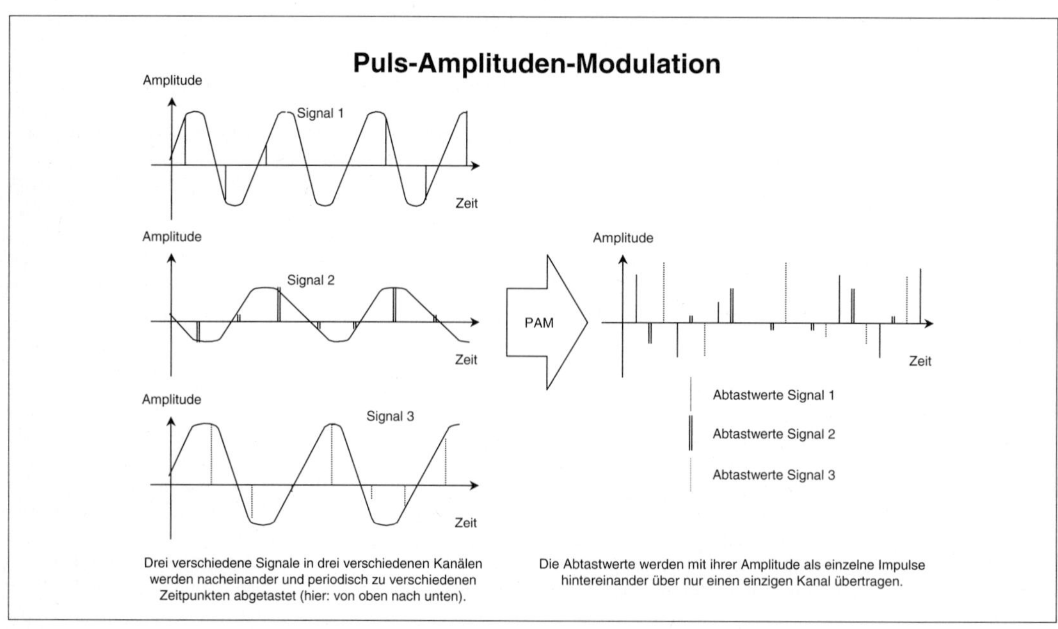

Drei verschiedene Signale in drei verschiedenen Kanälen werden nacheinander und periodisch zu verschiedenen Zeitpunkten abgetastet (hier: von oben nach unten).

Die Abtastwerte werden mit ihrer Amplitude als einzelne Impulse hintereinander über nur einen einzigen Kanal übertragen.

PANS

Abk. für Pretty Amazing New Stuff.

Scherzhafte Bezeichnung für alle neuen Dienstmerkmale (→ *Dienst*) des Telefondienstes, wie z.B. im → *ISDN*, die theoretisch möglich wären, praktisch aber nur sehr schwierig realisiert werden können, da z.B. viele Telefone nicht dafür geeignet sind. Eine Möglichkeit, dieses Hindernis zu überwinden, stellt → *ADSI* dar.

Der Begriff selbst soll bewusst im Kontrast zum sog. → *POTS* stehen.

PAP

1. Abk. für Password Authentication Protocol.

   Bezeichnung eines zur Familie der → *PPP*-Protokolle gehörenden Protokolls zur Authentifizierung bei dem an der Verbindung beteiligten Partner. Dabei werden die für die Authentifizierung benötigten Daten unverschlüsselt übertragen.

   → *CHAP*.

2. Abk. für Printer Access Protocol.

   Ein Datenübertragungsprotokoll aus dem Hause Apple, das zu dem Protokollstack von → *AppleTalk* gehört und den Datentransport von Druckaufträgen vom Computer zum Drucker abwickelt.

Paperware

Scherzhafte Bezeichnung in vielen Hochtechnologiebranchen für lediglich auf dem Papier existierende Konzepte, Projektvorhaben, Zeitpläne und Ideen jeglicher Art im Gegensatz zur real existenten → *Hardware*, → *Software* oder → *Firmware*. Ein weiterer Schritt bei der Konkretisierung dieser auf dem Papier stehenden Konzepte ist die → *Vapourware*.

→ *Slideware*.

Papierloses Büro

Mittlerweile ein fast in Vergessenheit geratenes oder allenfalls noch mitleidig belächeltes Konzept aus der Zeit der frühen 70er bis ausgehenden 80er Jahre, als Vertreter von Beratungsunternehmen und dazugehörige Softwarehersteller eine Vision von Geschäftsabläufen und Organisationen kreierten, die auf einem → *Dokumentenmanagementsystem* und einem → *Workflow Management System* basierten. Ziel sollte die weitgehende Substitution von papiergestützter Dokumentation inklusive ordner- oder hängemappengestützter Dokumentenarchivierung durch elektronische Archivierung sein.

Hintergrund dieser Vision war die Erkenntnis, dass erhebliche Teile der in einer Organisation vorhandenen papierbasierten Informationen ungenutzt bleiben, aber Platz und Zeit (erfassen, zuordnen, ablegen, archivieren etc.) verbrauchen. Diese Informationen sollten erfasst und nutzbar gemacht werden, ebenso sollten die mit ihnen zusammenhängenden Prozesse effektiver gestaltet werden.

Insgesamt hat sich diese Vision als nicht umsetzbar herausgestellt. Lediglich in bestimmten Anwendungsfällen (etwa der Massenbearbeitung hoch standardisierter Dokumente) haben derartige Systeme Anwendung gefunden. Hersteller proklamieren daher heute eher den Begriff des „papierarmen Büros“. Dies wird durch Anwendungen auf der Basis eines → *Intranet* noch unterstützt.

Unterschätzt wurden dabei folgende, teilweise ganz profane Faktoren:

- Elektronische Dokumente lassen sich durch Bildschirme nicht so bequem handhaben wie papiergestützte Dokumente
  - Es können eine ganze Reihe von papierbasierten Dokumenten gleichzeitig eingesehen und bearbeitet werden (rasches Blättern, Nebeneinanderlegen etc.).
  - Papierbasierte Dokumente lassen sich rasch und einfach mit Markierungen, Notizen etc. versehen, die sich häufig ebenso einfach wieder entfernen lassen.
- Viele Menschen haben gerne etwas Greifbares in der Hand.
- Die Systemintegration von Dokumentenmanagement und Workflow Management untereinander und mit anderen IT-Systemen (Fax, E-Mail, Kundendatenbank etc.) stellte sich als komplexer und kostspieliger als erwartet heraus.

Zusätzlich kamen folgende Entwicklungen hinzu:

- Mit Fax und E-Mail entstanden neue Medien, die (zum Teil) papierbasiert waren bzw. das Bedürfnis der Nutzer, einen Ausdruck anzufertigen, weiter steigerten.
- Kopiergeräte sorgten für weitere Papierfluten in den Unternehmen.

Parabolantenne

Bezeichnung für eine spezielle Bauform einer → *Antenne*, bei der ein Paraboloidausschnitt (‚Schüssel‘) als bündelnder Empfangsreflektor oder richtender Sendereflektor verwendet wird. Dieser Paraboloidausschnitt wird auch Parabolspiegel genannt.

Ein Paraboloid zeichnet sich im mathematischen Sinne dadurch aus, dass alle seine Punkte den gleichen Abstand von einem einzelnen Punkt (genannt Brennpunkt) und einer geraden Bezugslinie haben. Alle parallel in den Paraboloid einfallenden Strahlen werden zum Brennpunkt reflektiert (Empfang), bzw. vom Brennpunkt ausgehende Strahlen werden durch den Paraboloiden parallel reflektiert (Senden).

Wird diese Antenne als Empfangsantenne genutzt, wird ein Paraboloidausschnitt zur Bündelung der einfallenden elektromagnetischen Wellen eingesetzt, die im Brennpunkt auf den eigentlichen Empfänger treffen.

Umgekehrt wird in dem Fall, dass die Antenne als Sendeantenne eingesetzt wird, der Hochfrequenzsender im Brennpunkt positioniert, so dass er den Paraboloidausschnitt annähernd vollständig ausleuchtet. Das Sendesignal wird dann parallel vom Paraboloidausschnitt in eine Richtung reflektiert.

Der eigentliche Empfänger/Sender im Brennpunkt kann seinerseits wieder aus einem (wesentlich kleineren) Reflektor und Empfänger oder Sender bestehen. In diesem Fall handelt es sich um eine Doppelreflektorantenne.

Nachteilig ist, dass Sender bzw. Empfänger mitten im Strahlengang des aus- oder einfallenden Signals liegen, wodurch es zu einer Abschattung kommt und Sende- bzw. Empfangsenergie verloren geht. Dies wird durch eine Sonderform, die → *Offset-Antenne*, verhindert. Ein Beispiel für eine derartige Variante ist die → *Hornparabolantenne*.

Parabolspiegel

→ *Parabolantenne*.

Paragutta

Bezeichnung eines Isolationsmaterials, das ähnlich dem → *Guttapercha* zur Isolierung eines → *Unterwasserkabels* genutzt werden kann.

Paragutta ist eine Mischung aus entharztem Balata, eiweißfreiem Kautschuk und Harz. Es hat im Vergleich zum Guttapercha etwas bessere Eigenschaften und wurde bis ca. 1950 in großem Maßstab bei der Kabelverlegung im Wasser (→ *Unterwasserkabel*) eingesetzt. Seither bedeutungslos.

Parallelrechner

Allgemein die Bezeichnung für einen Computer, der mit mehreren Prozessoren (→ *Mikroprozessor*) ausgestattet ist, die – im Gegensatz zum → *Vektorrechner* – alle auf den gleichen Arbeitsspeicher zugreifen und von einem → *Betriebssystem* und einer Anwendungssoftware gesteuert werden.

Die Parallelisierung erfolgt auf der Ebene der gleichartigen Prozesse (→ *Prozess*) und nicht auf der Ebene der Teilprozesse.

Man spricht im Falle eines Parallelrechners oft auch von Multiprocessing oder einem Multiprozessorsystem.

Die Prozessoren können fest oder lose gekoppelt sein. Insbesondere die Aufteilung der Aufgaben zwischen den Prozessoren und deren Synchronisation (mittels Semaphor-Mechanismen) ist von zentraler Wichtigkeit. Vorteil derartiger Systeme ist eine höhere Leistung durch Arbeitsteilung und Parallelbetrieb.

Mögliche Architekturalternativen zur konkreten Konstruktion eines Parallelrechners sind → *SMP* und → *MPP*.

PARC

Abk. für Palo Alto Research Center.

Die zentrale Forschungseinrichtung des amerikanischen Unternehmens Xerox, gegründet auf Betreiben vom Xerox-Forschungschef Jack Goldman im Jahre 1970. Treibende Kraft hinter der Einrichtung von PARC war die Gefahr, die ein → *papierloses Büro* für Xerox als führenden Kopiererhersteller haben könnte. PARC sollte daher neue Produkte entwickeln, damit Xerox für die Zeit der Papierlosigkeit nicht ohne Produkte dastehen würde.

In diesem Labor wurden verschiedene Innovationen, welche die Entwicklung des Computers maßgeblich beeinflussten, angedacht, entwickelt oder sogar zur Serienreife gebracht. Beispiele dafür sind die → *Maus*, die grafische Benutzeroberfläche bei Betriebssystemen, das PC-Konzept (→ *Alto*, → *Star 8010*), der → *Laserdrucker*, die Programmiersprache → *Smalltalk* oder das → *Ethernet*. Auch eine eigene Netzarchitektur (→ *XNS*) wurde entwickelt.

Zu den nicht so erfolgreichen Forschungsprojekten gehört z.B. → *Dynabook*.

→ *http://www.parc.xerox.com/*

Parität, Paritätsbit

Das Paritätsbit ist ein einzelnes Bit zur Fehlererkennung, welches einem bestimmten zu überprüfenden und aus mehreren Bits bestehendem Block hinzugefügt wird.

Bei zeichenorientierten Protokollen wird ein Paritätsbit oder Paritätszeichen zugefügt, welches die Zahl der logischen

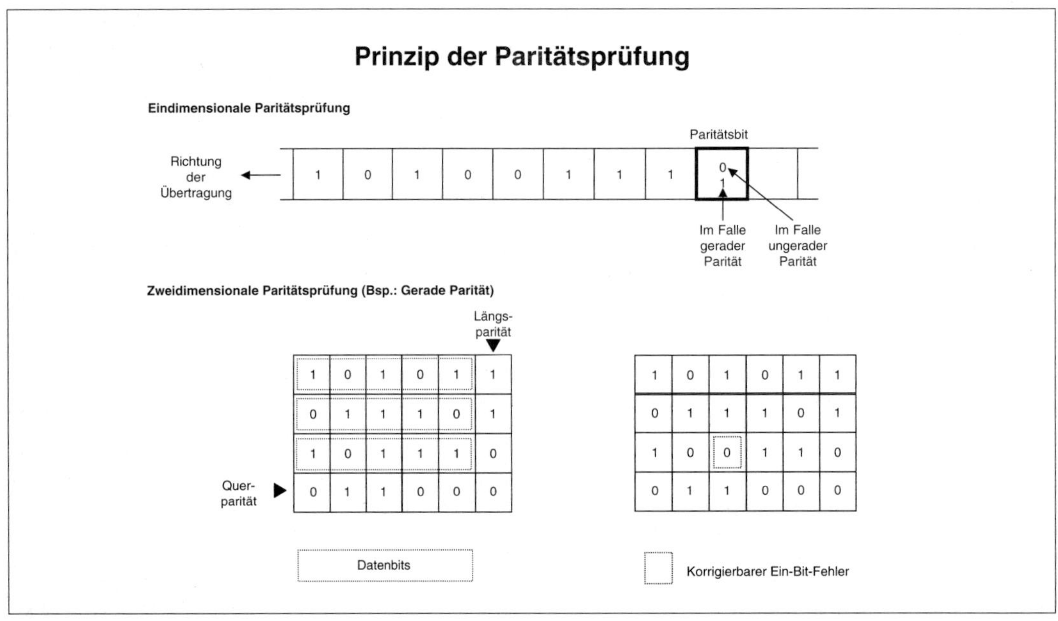

Einsen dieses Zeichens auf eine gerade (gerade Parität; Even Parity) oder ungerade (ungerade Parität, Odd Parity) Anzahl ergänzt. Dieses Verfahren nennt man Querparität. Der Vorteil ist die einfache Realisierbarkeit. Nachteilig ist, dass nur eine ungerade Anzahl von Fehlern erkannt werden kann.

Eine weitere Verbesserung erhält man, wenn man unterstellt, dass die Bits vor der Übertragung zunächst in einem rechteckigen Muster angeordnet werden, woraus sich eine Längs- (LRC, Longitudinal Redundancy Check) und eine Querparität (VRC, Vertical Redundancy Check) ermitteln lässt (auch jeweils even oder odd). Durch diese zweidimensionale Paritätsprüfung, dann auch Kreuzsicherung genannt, ist man in der Lage, 2-Bit- und einige 4-Bit-Fehler zu erkennen, sofern nicht identische Bitpositionen in den Datenblöcken betroffen sind. Im Idealfall kann man sogar einen einzelnen Bitfehler korrigieren.

Für Zeichenfolgen in einem Block verwendet man ein zusätzliches Blockprüfungszeichen, um dort die Längsparität aller ersten, zweiten usw. Bit aller Zeichen auf eine gerade (ungerade) Anzahl von Einsen zu ergänzen.

Parity

→ *Parität.*

Parity-Laufwerk

→ *RAID.*

Parken

1. Internationale Bezeichnung: (to put) on Hold. Bezeichnung für ein → *Leistungsmerkmal* einer → *Nebenstellenanlage.* Dabei lassen sich laufende Gespräche in einen Wartezustand legen, so dass der Teilnehmer z.B. (mehrere) eingehende Rufe zunächst nach Wichtigkeit abfragen kann. Über die Gespräche in Wartestellung informieren optische Anzeigen am Endgerät.

   Der Wartende hört nichts oder → *Music-on-Hold.*
2. → *Festplatte.*

Parlakom

Bezeichnung für das Corporate Network (→ *CN*) des Deutschen Bundestages. Das Netz ging aus einem seit 1986 laufenden Projekt hervor und wurde ab 1993 bis 1995 realisiert. Es versorgt alle Einheiten des Bundestages (Verwaltung, Fraktionen, Abgeordnete; ca. 8 700 Anschlüsse) und die einzelnen Wahlkreisbüros der Abgeordneten mit einem Netz für Sprach- und Datenkommunikation.

PARS

Abk. für Private Advanced Radio System.

Parsen, Parser

Ein Parser ist ein Programm, das Quelltexte im ASCII-Format als Input entgegennimmt, unter bestimmten Gesichtspunkten analysiert und als Ergebnis der Analyse Daten für die Weiterverarbeitung des Quelltextes ausgibt. Den gesamten Vorgang bezeichnet man mit Parsen.

Eine mögliche Anwendung für Parser sind z.B. Programme, die ein Quellprogramm auf die Korrektheit der → *Syntax* hin überprüfen und ggf. Fehlermeldungen ausgeben oder die als Ergebnis eine Liste aller Variablen für den → *Compiler* erzeugen.

Part 68

Kurzform für die Rules and Regulations of the Federal Communications Commission, Part 68: Connection of Terminal Equipment to the Telephone Network.

Bezeichnung für technische Minimalanforderungen, die von der → *FCC* 1977 (nach Untersuchungen ab 1975) definiert wurden und nach denen jedes Endgerät (Telefon, → *Anrufbeantworter,* → *Modem*) an das Telefonnetz in den USA angeschlossen werden darf, sofern es diese Spezifikationen erfüllt.

Part 68 gilt als konsequente Weiterverfolgung der Linie der FCC nach der → *Carterphone Decision,* die noch ein Zusatzgerät vorschrieb. Dieses Zusatzgerät behinderte zunächst die vollständige Liberalisierung des Marktes und sorgte für Druck auf die FCC seitens der (ausländischen) Hersteller, dieses Zusatzgerät durch die Formulierung von technischen Vorschriften – eben dem Part 68 – zu ändern.

Die Formulierung von Part 68 löste eine Flut von neuen, bunteren und leistungsfähigeren Endgeräten aus, die nicht von einer Telefongesellschaft gemietet werden mussten, sondern selbst im Geschäft gekauft werden konnten.

Der weltweite Einfluss dieser Entscheidung blieb zunächst gering, da sich die Zulassungspraxis für Endgeräte in anderen Ländern nur sehr langsam änderte.

Partial-Response-Verfahren

Ein Verfahren zur Übertragung binär codierter Signale, welches praktisch als einziges den maximalen Wert der Frequenzbandausnutzung von 2 bit/s je Hz erreicht (→ *Nyquistsches Abtasttheorem*). Seine Spektralfunktion ist auf das Nyquistband beschränkt. Es ist nicht selbsttaktend.

Partition, Partition-Table

Bezeichnung für einen abgetrennten Speicherbereich auf einer → *Festplatte,* der physikalisch mit anderen Partitionen auf nur einer Festplatte lokalisiert ist, logisch aber vom Rechner als ein eigenes Laufwerk behandelt wird. Daher wird es auch als logisches Laufwerk oder virtuelles Laufwerk bezeichnet.

Eine Partition wird unter den → *Betriebssystemen* → *DOS,* → *Windows,* → *Windows 95* und → *OS/2* mit einem Buchstaben und unter → *Unix* mit einem Device bezeichnet.

Die Informationen über die verschiedenen Partitionen einer Festplatte (Bezeichnung, Größe, Lage) werden am Anfang einer Festplatte in der Partition-Table gespeichert.

Eine Partition dient üblicherweise zur sauberen Inhaltsstrukturierung der Festplatte, z.B. durch Anlegen einer Partition für Daten und einer für Programme.

Party

Andere Bezeichnung für den Partner in einer Kommunikationsbeziehung. Dabei muss die Beziehung nicht symmetrisch sein, wie z.B. beim Telefonieren (→ *A-Teilnehmer*, → *B-Teilnehmer*), sondern kann asymmetrisch sein (Manager und → *Agent*).

PAS

Abk. für Public Available Specifications.

Bezeichnung für ein spezielles vereinfachtes Standardisierungsverfahren bei der → *ISO* und der → *ETSI*, das die schnelle, unbürokratische und einfache Übernahme von Standards zum Ziel hat, die von anderen Institutionen, insbesondere sog. → *Foren*, erarbeitet wurden.

Pascal

Bezeichnung einer höheren Programmiersprache der dritten Generation, die insbesondere eine GOTO-freie, → *strukturierte Programmierung* ermöglicht, einen disziplinierten Programmentwurf und selbstdokumentierende Programme unterstützt und leicht zu erlernen ist. Wurde seinerzeit insbesondere zu didaktischen Zwecken zur Ausbildung von Informatikern an Universitäten entwickelt. Mit ihr ausgebildete Informatiker nahmen die mächtige Sprache jedoch mit in ihre berufliche Umwelt, wodurch sie sehr erfolgreich wurde.

Seit der Version 5.5 von Turbo-Pascal sind auch objektorientierte Elemente in Pascal enthalten.

Benannt nach dem französischen Mathematiker, Physiker und Philosophen Blaise Pascal (* 1623, † 1662), der zur Erleichterung der Arbeiten seines Vaters ab 1642 eine erste mechanische Rechenmaschine konstruierte (→ *Pascaline*).

An der ETH Zürich wurde Pascal seit 1968 überwiegend aus → *Algol 60* heraus von Nikolaus Wirth entwickelt und 1970 vorgestellt. Der erste Pascal-Compiler lief dabei auf einer CDC 6400 (→ *CDC*).

Pascal zog Sprachen wie → *Modula-2* (auch von Wirth), → *Mesa*, → *Pearl*, → *C*, → *Ada* oder → *CLU* nach sich. Erster Standard war der Wirth-Jensen-Standard, gefolgt von einem Standard der → *ISO* (in Deutschland DIN 66256).

In den frühen 80er Jahren gewann Pascal eine erste große Popularität in den USA durch die Entwicklung von K. Bowles an der University of California/San Diego, wo UCSD-Pascal entwickelt wurde.

Philip Kahn kam 1983 mit 2 000 $ in der Tasche in den USA an und gründete über einer Autowerkstatt Borland International. Erstes Produkt war im November 1983 Turbo-Pascal für → *MS-DOS* und → *CP/M*-Rechner. Es verkaufte sich bei einem Preis von 49,95 $ (80% billiger als andere Compiler) durch nur eine ganzseitige Vierfarbanzeige in der ‚Byte' und einem erheblichen Vorsprung in Sachen Qualität und Leistung innerhalb eines Jahres 300 000 Mal. Borland wurde mit Bestellcoupons zugeschüttet. Turbo-Pascal wurde damit zum De-facto-Standard und machte Borland zu einem großen Unternehmen. Entwickelt wurde Turbo-Pascal vom damals 22-jährigen Dänen Anders Heijsberg bei Borland.

→ *http://www.pascalpage.de/*

→ *http://www.oceanbytes.de/tutorial/grafik1.html/*

→ *http://www.informatik.uni-halle.de/lehre/pascal/sprache/*

Pascaline

Bezeichnung für eine der ersten, frühen mechanischen Rechenmaschinen, benannt nach ihrem Erbauer, dem Mathematiker, Physiker und Philosophen Blaise Pascal (* 1623, † 1662).

Er entwickelte ab 1642 eine mechanische Addiermaschine, die seinem Vater, der Steuerintendent in Rouen war, die Arbeit erleichtern sollte. 1645 war die Maschine fertig. Sie ermöglichte achtstellige Addition und Subtraktion und verfügte über einen Zehnerübertrag.

→ *Analytical Engine*, → *Jacquard-Webstuhl*, → *Schickardsche Rechenuhr*.

Passive optische Netze

→ *PON*.

Passives Band

Bezeichnung für ein → *Band*, das weltweit durch die → *WARC* von jeglicher Nutzung durch nachrichtentechnischen Funkverkehr freigehalten wird. Ziel ist die ungestörte Auswertung kosmischer Strahlenquellen durch die astrophysikalische Forschung auf der Erde.

Ca. 2% des gegenwärtig nutzbaren Frequenzspektrums sind als passiv deklariert.

→ *Primärer Nutzer*.

Passivsatellit

→ *Satellit*.

Passwort

Auch Kennwort genannt. Bezeichnung für eine Buchstaben-, Zeichen- und/oder Zahlenkombination, die der Nutzer eines Computersystems als Teil seines → *Login* eingeben muss. Die Verwendung von Passwörtern ist einer der einfachsten Sicherheitsmechanismen zum Schutz vor unbefugtem Eindringen in Computersysteme. Programme zum Passwortbrechen nutzen die Tatsache aus, dass als Passwort sehr häufig Wörter aus der unmittelbaren Umgebung eines Nutzers verwendet werden (z.B. Vornamen, Wochentage, Ortsbezeichnungen, Hobbys), damit dieser sie sich leichter merken kann. Oft sind zum Passwortbrechen nicht einmal diese Programme nötig. Untersuchungen ergaben, dass nach den einfachen o.a. Regeln bis zu 25% der Passwörter gewählt werden.

Bei der Auswahl eines sicheren Passwortes sollten daher folgende Regeln beachtet werden:

- Keine Vor- oder Nachnamen von Freunden, Bekannten, Nachbarn, Kollegen, Verwandten oder bekannten Stars (Schauspieler, Sportler, Politiker, Musiker, Models etc.)
- Keine Figurennamen aus Comics, Filmen, Fernsehserien oder Büchern
- Keine Buch-, Zeitungs-, Zeitschriften-, Platten- und Filmtitel
- Kein Name von Orten, Straßen, Plätzen, Gewässern, Bergen, Gebirgen oder sonstigen geografischen Begriffen
- Keine Namen von Planeten, Automobilmarken und -typen, Unternehmen ganz allgemein etc.

- Keine Lieblingshobbys, Autokennzeichen, Abteilungskennzeichnungen, Raumnummern, Telefonnummern, Geburtsdaten etc.
- Keine Wochentage, Monatsnamen, Feiertage oder Jahreszeiten
- Keine dieser Kombinationen rückwärts geschrieben oder einer Fremdsprache entnommen
- Bei einer Passwortänderung muss sich das Passwort an mindestens drei Stellen ändern
- Bei einer Passwortänderung darf das neue Passwort nicht dem Fundus der 10 letzten Passwörter entstammen

Oft werden alle vorstehenden Regeln einfach unter der Regel „Kein Wort, das in einem Lexikon/Wörterbuch steht" oder, noch strenger, „Kein real existierendes Wort" zusammengefasst.

Folgende Regeln dienen dem Finden eines geeigneten Passwortes:

- Länger als vier Zeichen
- Sollte eine Zahl enthalten
- Sollte ein Sonderzeichen (§, $, %, &, /, =, +, #, ?, ! etc.) enthalten
- Sollte Groß- und Kleinbuchstaben an ungewöhnlichen Stellen enthalten

Um sich ungewöhnliche Passwörter einfach merken zu können, gibt es folgende Verfahren:

- Methode ‚Anfangsbuchstaben': Man nehme einen beliebigen Satz oder Spruch, der einem geläufig ist (z.B. „Hänsel und Gretel gingen in den Wald"), und setze das Passwort aus den Anfangsbuchstaben der einzelnen Wörter des Satzes zusammen (z.B. HuGgidW).
- Methode ‚Ähnlichkeiten': Dabei werden in einem herkömmlichen Wort die realen Buchstaben oder Buchstabenkombinationen durch ähnlich aussehende oder klingende Zahlen oder Sonderzeichen ersetzt. Aus „Wachturm" wird auf diese Weise „W8urm", aus „Klavier" wird „Kla4", aus „Hund und Katze" wird „H&&Katze", aus „Haarklammer" wird „Haar(" und aus der Mehrzahl „Haarklammern" wird „Haar()".

→ *Online Services* schreiben oft als Minimalanforderung vor, dass Passwörter mindestens fünf Zeichen lang sein müssen sowie eine Zahl und ein Sonderzeichen enthalten müssen.

Darüber hinaus ist ein weiterer Schutzmechanismus der, dass Passwörter nur eine begrenzte Anzahl von Malen verwendet werden dürfen (z.B. max. 100 mal) oder nur eine begrenzte Zeitdauer gültig sind (z.B. max. 3 Monate).

Schließlich wird die weitere Sicherheit erhöht, indem man für verschiedene Anwendungen (Einloggen ins Betriebssystem, Einloggen in das Netzwerk, Einloggen in das E-Mail-System etc.) auch verschiedene Passwörter wählt und nicht die gleichen. Auch hier erleichtert man sich das Merken der Passwörter, indem man aus den einzelnen Passwörtern einen Satz bilden kann.

PAT

Abk. für Port and Address Translation (Technology). Bezeichnung für ein Verfahren, bei dem ein ISDN-Router die IP-Adressen und Portnummern aller ein- und ausgehenden Datenpakete durch seine eigenen jeweiligen Adressen ersetzt.

Vorteil ist, dass dadurch die Struktur des Netzes hinter dem Router verborgen bleibt und dass mehrere Nutzer innerhalb des Netzes nach außen hin als ein einziger Nutzer (ISDN-Router) auftreten, wodurch sie sich z.B. einen Zugang zum → *Internet* bei einem Internet-Service-Provider (→ *ISP*) teilen und dadurch Kosten sparen können.

Patch

Von engl. patch = Flicken. Auch Workaround genannt. Begriff aus der Softwaretechnik. Bezeichnet Anweisungen in Programmen, die ursprünglich nicht vorgesehen waren. Sie sind meistens im letzten Augenblick eingefügt worden, z.B., um Fehler zu beheben oder risikoreiche Codezeilen vor dem Kompilieren (→ *Compiler*) auszublenden.

Eine hohe Zahl von Patches in einem Programm (Quellcode) deutet auf schlechte Qualität der Software selbst hin, z.B. infolge eines schlechten oder unerfahrenen Programmierers oder auch ungenügendem → *Software-Engineering* bei der Erstellung. Meistens werden die Patches mit der Folgeversion der Software behoben.

→ *Hack.*

Patchfeld

Andere Bezeichnung für einen Rangierverteiler bei der Gebäudeverkabelung.

→ *Patchkabel.*

Patchkabel

Bezeichnung für kurze bis sehr kurze Kabel (von einigen 10 cm Länge bis max. ca. 5 m Länge), die zum Verbinden von Elementen innerhalb von Netzknoten und innerhalb eines Raumes benutzt werden. Beispiele sind die Verbindung von Elementen der Gebäudeverkabelung (→ *Primär-*, → *Sekundär-* oder → *Tertiärverkabelung*) mit den eigentlichen Schaltelementen oder deren → *Patchfeldern* innerhalb von Netzknoten von → *LANs*, → *MANs* oder → *WANs.*

Patent

Von lat. patere = offen legen. Eine territorial, sachlich und zeitlich begrenzt (Schutzrecht in Deutschland: 20 Jahre) geschützte Erfindung. Grundlage für eine Patentierung in Deutschland beim → *DPA* sind:

- Neuheit
- Gewerbliche Anwendbarkeit
- Ausreichende Erfindungshöhe (erfinderische Leistung)

Neben der Schutzfunktion hat ein Patent eine Informationsfunktion für die Allgemeinheit. Nach einer Offenlegungsfrist (Deutschland: 18 Monate) wird das Patent veröffentlicht.

Nicht patentierbar sind:

- Wissenschaftlich-technische Theorien, mathematische Formeln und Entdeckungen naturwissenschaftlicher Effekte
- Rein ästhetische Formschöpfungen

- Handlungsanweisungen und -vorgaben für gedankliche Tätigkeiten
- Spiele
- Betriebswirtschaftliche Regeln
- Erfindungen, deren Veröffentlichung oder Verwertung gegen die öffentliche Ordnung oder die guten Sitten verstößt
- Pflanzensorten und Tierarten

Gesetzliche Grundlage in Deutschland ist das Patentgesetz (PatG).
→ *http://www.dpma.de*

PatG

Abk. für Patentgesetz.
→ *Patent*.

Pathfinder

Bezeichnung für eine Ende der 80er Jahre gegründete lose Allianz zur internationalen Zusammenarbeit zwischen → *NTT*, der damaligen DBP Telekom und der → *BT*. Aus ihr ging → *Syncordia* hervor.

PATU

Abk. für Panafrican Telecommunication Union.
Bezeichnung der panafrikanischen Fernmeldeunion mit Sitz in Kinshasa.
→ *UAPT*.

Payload

Branchenjargon für das letztlich dem Nutzer zur Verfügung stehende und von ihm zu bezahlende Nutzdatenvolumen in Datenpaketen, die gebührenpflichtig übertragen werden. Oft auch Nettodatenrate genannt.

Die Payload einer 53 Byte großen Zelle bei → *ATM* ist z.B. 48 Byte groß.

Pay-per-View

→ *PPV*.

Payphone

→ *Telefonzelle*.

Pay-TV

Oberbegriff für Pay-per-View (→ *PPV*) und Pay-per-Channel. Bezeichnung für eine kostenpflichtige TV-Form eines im Gegensatz zum → *Free-TV* kommerziellen Veranstalters. Sehr selten und umständlich in Deutschland auch mit Bezahlfernsehen oder Abonnementfernsehen bezeichnet.

Bei Pay-per-View zahlt der Zuschauer nur das, was er tatsächlich sieht (abgerechnet in Minuten, angefangenen Viertelstunden oder angefangenen Sendungen), wohingegen der Zuschauer bei Pay-per-Channel eine (monatliche) Gebühr für einen Kanal oder ein Kanalpaket zahlt, den oder die er empfangen kann, unabhängig davon, ob und wie viel er ihn oder sie nutzt. Daher heißt die zweite Möglichkeit oft auch Abonnenten-Fernsehen, z.B. in Deutschland die Sender Premiere oder von 1996 bis Ende 1997 auch DF1.

Der Empfang des verschlüsselten TV-Signals ist nur mit einem speziellen Gerät (Decoder, → *Set-Top-Box*) zum Entschlüsseln möglich, das gemietet oder gekauft werden muss. Weltweit existieren mehr als zehn verschiedene Systeme zur Ver- und Entschlüsselung von TV-Programmen (→ *Conditional Access*).

Erster Pay-TV-Sender war 1972 HBO (Home Box Office) in den USA, wo es mittlerweile über 100, teilweise regionale, Pay-TV-Sender gibt.

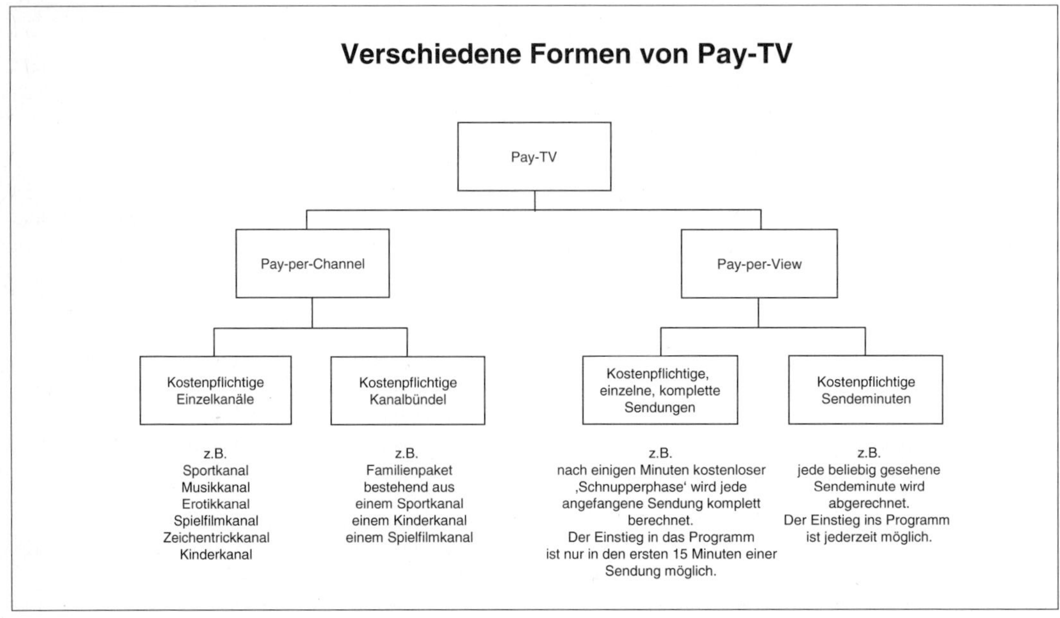

In Europa startete 1984 Canal+ in Frankreich.
→ *Video-on-Demand*, → *Near-Video-on-Demand*, → *Multichannel Feed.*

PBA

Abk. für Printed Board Assemblies.

P-Band

Bezeichnung für den Frequenzbereich von 225 bis 390 MHz. Sein Nachbarbereich ist das → *L-Band.*

PBM

Abk. für Portable Bitmap (File Format).
Bezeichnung für ein Dateiformat für Grafiken, die als → *Bitmap* gespeichert werden.
→ *http://www.daubnet.com/formats/PBM.html//*

PBO

Abk. für Power Backoff.

PBTP

Abk. für Polybutylenterephtalat.
Bezeichnung für einen Kunststoff, der im Rahmen der Telekommunikation wegen seiner Härte und Oberflächenbeschaffenheit häufig als Material für Gleitlager und Zahnräder, aber auch für Klemmen Verwendung findet.
→ *ABS*, → *PA*, → *PE*, → *PF*, → *PVC*, → *SAN.*

PBX

Abk. für engl. Private Branch Exchange = private Nebenstellenanlage.
Auch: PABX für Private Automatic Branch Exchange oder EPABX für Electronic Private Automatic Branch Exchange genannt.
Bezeichnung einer privaten automatischen → *Nebenstellenanlage.*
→ *CBX.*

PC

1. Abk. für Personal Computer.

   Oberbegriff für kleine Arbeitsplatzrechner für eine Person, ursprünglich im Stand-alone-Betrieb, die nach frühen Formen zu Beginn der 70er Jahre (→ *IBM 5100*) seit ca. 1976 auf dem Markt sind: → *PET 2000*, → *Apple I*, → *TRS 80* und *100*, → *TI99/4*, → *VC 20*, → *C 64*. Eine erste größere Welle folgte dann in den frühen 80er Jahren (→ *XT*, → *AT*, → *Apple II*). Daneben gab es auch schon früh tragbare Modelle (→ *Osborne*, → *Laptop*, → *PDA*). Neuere Konzepte sind der → *NC* und der unbekanntere → *SIPC*. Gegenwärtig sinken die Preise für PCs innerhalb der ersten drei Jahre nach Markteinführung um jährlich 60%.

   Die Entwicklung des PCs lässt sich anhand folgender Ereignisse nachvollziehen:

   1966

   Der Amerikaner Steven Gray gründet die ‚Amateur Computer Society'. Erstmals beschäftigen sich interessierte Laien auf privater Basis mit der Computertechnik.

   Ende der 60er Jahre

   Die Firmen Viatron und Cogar Computerterminals überlegen, Computerbausätze für semiprofessionelle Bastler auf den Markt zu bringen. Die Kosten dafür sind wegen der teuren Speicherbausteine aber noch zu hoch.

   1971

   John Frassanito baut mit anderen den kleinen Datapoint 2200.

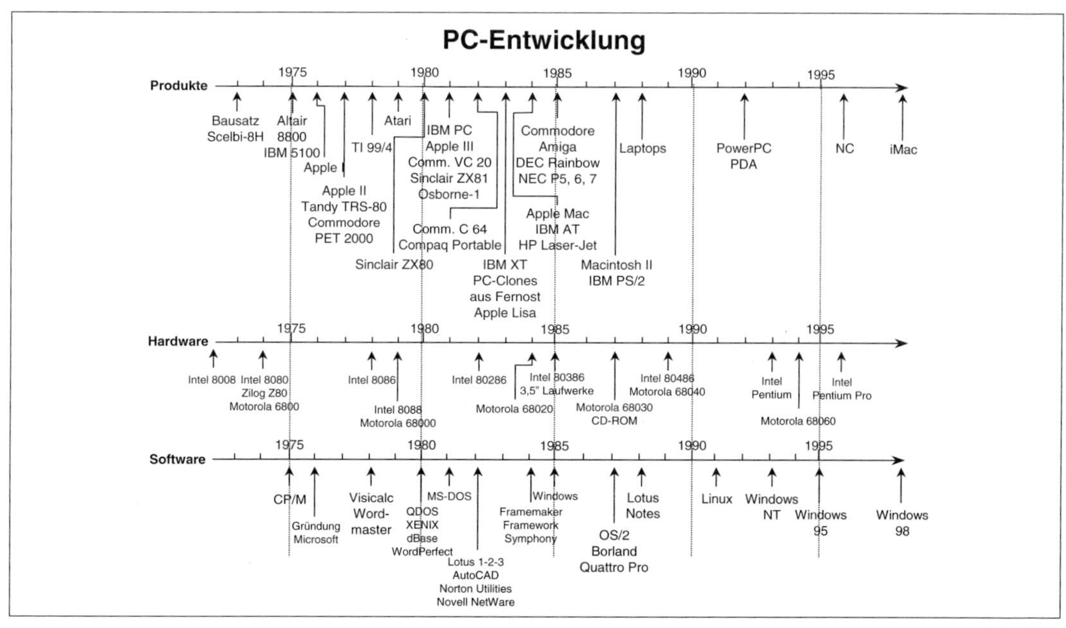

Der Bausatz → *Kenback-1* von der Kenback Corp. kommt auf den Markt.

1972

Das Videospiel → *pong* wird von Atari auf den Markt gebracht.

1973

Der Bausatz → *Scelbi 8H* kommt auf den Markt.

Alan Kay entwickelt einen kleinen Computer, den er als „Office Computer" bezeichnet.

In Frankreich kommt der für den US-Markt konzipierte → *Micral* auf den Markt.

1974

Der → *Alto* von Xerox kommt nach zweijähriger Entwicklungszeit auf den Markt.

Im September wird mit ‚Creative Computing' die erste Computerfachzeitschrift für private Nutzer gegründet.

Im November bringt Hal Chamberlain zusammen mit anderen das „The Computer Hobbyist Magazine" auf den Markt.

1975

Der Bausatz → *Altair* ist erhältlich.

Der Bausatz → *IMSAI* kommt auf den Markt.

MOS Technology stellt den → *Kim 1* vor.

Das Betriebssystem → *CP/M* wird entwickelt.

Der → *IBM 5100* erblickt das Licht der Welt.

Die Textverarbeitung → *Electric Pencil* entsteht.

1976

Apple steigt mit dem → *Apple I* in den Markt ein.

Ein PC mit der Bezeichnung SOL (benannt nach den Initialen des Herausgebers einer weit verbreiteten Computerfachzeitschrift) kommt auf den Markt.

1977

Der → *Apple II*, der → *TRS 80* und der → *PET 2000* kommen auf den Markt.

Kenneth Olsen, Gründer und seinerzeit Präsident von Digital Equipment, erklärt in einem mittlerweile legendären Zitat, dass es keinen einzigen Grund gäbe, warum jemand einen Computer in seinem Zuhause benötigen sollte: „There is no reason anyone would want a computer in their home".

1978

Von Texas Instruments kommt der → *TI 99/4* auf den Markt.

Die Tabellenkalkulation → *Visicalc* und die Textverarbeitung → *Wordmaster* werden entwickelt.

1979

Der → *Atari* eröffnet die Klasse der → *Home-Computer*.

Das Videospiel → *Pac-Man* kommt auf den Markt.

1980

Der Vorläufer von → *MS-DOS*, QDOS, wird entwickelt.

Der → *ZX 80* kommt auf den Markt.

→ *dBase* entsteht.

1981

Der Ur-PC aus dem Hause IBM erscheint mit MS-DOS auf dem Markt.

Der → *Apple III* kommt auf den Markt.

Die Home-Computer → *VC-20* und → *ZX 81* erscheinen.

Xerox versucht einen neuen Anlauf im PC-Geschäft mit dem → *Star 8010*.

In Deutschland bringt Triumph-Adler mit dem Alphatronic den ersten deutschen Rechner im PC-Format auf den Markt.

Der portable → *Osborne-1* kommt auf den Markt.

Der Gründer von → *Microsoft*, Bill Gates, erklärt öffentlich in einem mittlerweile legendären Zitat: „640 KByte sind genug Speicher für alles und jeden und für lange Zeit".

1982

Der IBM-PC kommt auf den deutschen Markt.

Der → *C 64* von Commodore erscheint.

→ *Compaq* wird gegründet und entwickelt den IBM-kompatiblen → *Portable*. Phoenix kommt mit einem weiteren IBM-kompatiblen PC auf den Markt. Beide schaffen damit die ersten Clones.

Apple ist das erste Unternehmen, das nur mit PCs einen Umsatz von 1 Mrd. $ pro Jahr erzielt.

1983

Erste PC-Clones aus Fernost tauchen auf.

Das Time-Magazine wählt den PC zum „Mann des Jahres".

Der → *Lisa* aus dem Hause Apple und der → *XT* von IBM sowie der → *Junior* (auch IBM) erscheinen.

1984

Erstmalig wird in den USA mehr Geld für PCs als für → *Mainframes* ausgegeben.

Der → *Macintosh* aus dem Hause Apple erscheint.

IBM bringt den → *AT* auf den Markt.

Der 19-jährige Michael S. Dell fängt an, PCs zusammenzubauen und direkt ohne Zwischenhändler zu verkaufen. Daraus sollte unter dem Namen Dell im Laufe der Zeit der weltweit größte Direktvertrieb für PCs werden.

1985

→ *Windows* erscheint.

Der → *Amiga* aus dem Hause Commodore und der → *Rainbow* aus dem Hause DEC kommen auf den Markt.

1986

Gegen Ende des Jahres stehen in deutschen Büros rund 1 Mio. PCs.

1987

IBM bringt den → *PS/2*mit → *OS/2* auf den Markt.

1988

Rund 10% der PCs weltweit sind vernetzt (→ *LANs*).

Die Zeit der → *Laptops* fängt an.

1989

Erstmals wird weltweit mehr Geld mit PCs als mit Mainframes verdient.

1993

Die → *PowerPC*-Allianz wird gegründet.

Erstmals werden mehr PCs an Privatleute (60%) als an Unternehmen verkauft.

1994

In den USA wird erstmals mehr Geld für PCs als für Farbfernseher ausgegeben.

Weltweit werden erstmals mehr PCs als PKW verkauft.

Rund 60% der PCs weltweit sind vernetzt (LANs).

1995

In Deutschland existieren 11 Mio. PCs, davon 4 Mio. in Privathaushalten. Rund 10% davon haben ein Modem.

In 60% aller deutschen Haushalte mit Kindern steht ein PC.

Die PCs, die an Privatkunden verkauft werden, sind leistungsfähiger als diejenigen, die an Geschäftskunden verkauft werden.

→ *Windows 95* erscheint.

Das Konzept des → *NC* wird entwickelt.

1996

Die Zahl der weltweit in Betrieb befindlichen Computer wird in verschiedenen Quellen mit Zahlen von 50 Mio. bis 245 Mio. (WTO) geschätzt.

1998

In den USA sind rund 45% der Haushalte mit PCs ausgestattet.

Die Zahl der PCs wird weltweit auf ca. 200 Mio. geschätzt, die Zahl der PC-Verkäufe auf rund 100 Mio.

Eine Studie des → *ZVEI* kommt auf eine Zahl von 334 Mio. PCs zum Jahresende 1997 (Wachstum von 13% gegenüber Vorjahr).

Der → *iMac* wird von Apple angekündigt.

Windows 98 kommt auf den Markt.

Die WTO schätzt, dass im Jahre 2001 rund 450 Mio. PCs weltweit in Betrieb sein werden.

2001

Die PC-Industrie leidet erheblich unter den sinkenden Wachstumsraten. Es zeichnet sich ab, dass die Ausstattung mit PCs in die Sättigung geht und kaum noch Neu-, sondern fast nur noch Ersatzinvestitionen getätigt werden.

2. Konkret gemeint ist oft ein bestimmtes Modell eines Arbeitsplatzrechners aus dem Hause IBM. Die offizielle IBM-Bezeichnung lautete IBM 5150. Die Entwicklung des IBM-PCs lief seit 1980 als Reaktion auf den Erfolg kleinerer Rechner wie dem → *TRS 80* oder dem → *PET 2000*, insbesondere aber dem → *Apple II*. Der PC wurde 1981 mit einem Intel-Prozessor auf den Markt gebracht. Seither erfuhr er zahlreiche Verbesserungen und kompatible Nachbauten (‚Clones‘).

   IBM stellte am 12. August 1981 in den USA seinen serienmäßig mit dem noch PC-DOS genannten Betriebssystem ausgestatteten PC für 3 000 $ vor und wurde von Apple mit großen Anzeigen „Welcome IBM. Seriously.“ im PC-Markt willkommen geheißen.

   Die Obergrenze von 640 KByte für den Speicher wurde als luxuriös und geradezu durch Programme unerreichbar angesehen.

   Der erste Prozessor war, obwohl IBM-Ingenieure den Motorola 68000 vorgezogen hätten, ein Intel 8088, getaktet mit 4,77 MHz und mit einem 8 Bit breiten Bus. Damit war der PC auch der erste Computer von IBM, der mit einem Mikroprozessor eines Fremdherstellers ausgerüstet war. Der Ur-PC verfügte zunächst über 16 KByte RAM (später auch 64 oder gar 640 KByte), eine 20-MByte-Festplatte und zwei 5,25-Zoll-Laufwerke (160 KByte). Der Bildschirm war einfarbig grün und lediglich ASCII-fähig. Der Takt erhöhte sich im Laufe der Zeit über 8 auf 10 MHz.

   Der Rechner war maßgeblich von Bill Lowe und Philip Don Estridge zusammen mit nur zehn weiteren Ingenieuren (das ‚Dirty Dozen‘) unter dem Codenamen ‚Chess‘ entwickelt worden und wurde in der allgemeinen Rechnerterminologie seinerzeit zunächst als Mikrocomputer eingestuft, obwohl mittlerweile der Begriff PC als Gattungsbezeichnung geläufiger ist.

   Niemand, auch nicht IBM, ahnte, dass damit eine Lawine losgetreten wurde. Bis Jahresende waren bereits 13 000 Exemplare verkauft.

   Angesichts dieses Erfolges versammelten sich schon im September 12 andere Hersteller unter dem Codenamen ‚Acorn‘ in Boca Raton / Florida, um über eine Serienfertigung als Clones zu beraten.

   Ein Jahr später wurde der PC in Europa eingeführt und fand im Herbst 1982 seinen ersten Käufer in Deutschland. Bekannte Nachfolgemodelle waren zunächst der → *XT*, der → *AT* und der → *PS/2* sowie der → *Junior* im niedrigpreisigen Segment.

   Bis 1984 errang IBM die Marktführerschaft im PC-Bereich dank dieses Produktes von Apple zurück.

3. Abk. für Printed Circuit.

   → *PCB*.

4. Abk. für → *Pentaconta*.

PC99

Volle Bezeichnung: PC99 Design Guide. Bezeichnung einer im Juli 1998 von → *Microsoft* und → *Intel* vorgestellten Spezifikation einer PC-Architektur für die Zeit von 2000 und später.

Darin ist kein → *ISA*-Steckplatz mehr vorgesehen. PCs sollen dann mit mindestens 300 MHz getaktet sein, über einen → *RAM* von 64 MByte und einen → *Cache* von 128 KByte verfügen.

Ebenfalls empfohlen wird ein → *DVD*-Laufwerk. Genutzt werden soll auch → *OnNow*.

→ *http://www.microsoft.com/hwdev/pc99.htm/*

PC 9800

Bezeichnung für eine Serie von → *PCs* und das dazugehörige → *Betriebssystem*. Entwickelt und vertrieben vom Hause NEC ausschließlich im japanischen Markt.
Das Betriebssystem wurde im September 1997 zugunsten des als Quasistandard akzeptierten → *Windows 95* aufgegeben.

PC-AT

→ *AT*.

PCB

Abk. für Printed Circuit Board.
Internationale Abk. für gedruckte und standardisierte Leiterplatten zur Bestückung mit elektronischen Bauelementen.

PC-Bus

→ *ISA*.

PCC

Abk. für Protocol Converter.
Sehr selten benutzter Begriff. Heute wird eher das Wort → *Gateway* verwendet.

PCCA

Abk. für Portable Computer Communications Association.
Bezeichnung einer Vereinigung von Herstellern tragbarer Computer und von Peripherieherstellern, die sich mit dem Ziel gebildet hat, Datenübertragungsprotokolle für → *Wireless LANs* zu entwickeln.

PC-Card-95, PC-Card-Standard

PC-Card-Standard war zunächst die andere und offizielle Bezeichnung für Standards der → *PCMCIA*.
PC-Card-95 ist der Ende 1994 und Anfang 1995 verabschiedete Nachfolger für den PCMCIA-2.1-Standard.
Der Standard lehnt sich eng an den → *PCI-Bus* an und definiert einen 32 Bit breiten Bus (genannt CardBus), der mit 33 MHz getaktet ist und max. 132 MByte/s übertragen kann. Der Stecker verfügt über 68 Pins.
Karten gemäß dem PC-Card-95-Standard werden mit 3,3 V betrieben.

PCI

1. Abk. für Protocol Control Information.

   Eine Bezeichnung von Dateneinheiten im → *OSI-Referenzmodell*. PCI sind die Daten, die zur Steuerung des Protokolls auf der entsprechenden Schicht benötigt werden. Zusammen mit der Service Data Unit (SDU) ergibt PCI eine → *PDU*.

2. Abk. für Peripheral Component Interconnect.

   Bezeichnung eines Standards aus dem Hause Intel für einen Datenbus in einem → *PC*, der mit verschiedenen → *Mikroprozessoren* zusammenarbeiten kann.

   Der Standard baut auf dem prozessorabhängigen → *Local Bus* auf und hat bei einer höchstmöglichen Taktrate von 33 MHz (einige Hersteller: 66 MHz) einen Durchsatz von 66 MByte/s bis zu 132 MByte/s. Die Busbreite beträgt 32 Bit.

   Eine Erweiterung des Standards auf eine Breite von 64 Bit mit dann maximaler Übertragungsrate von 264 MByte/s oder 524 MByte/s wurde mit der Version 2.1 des Standards implementiert.

   Mittlerweile wurden zahlreiche Varianten des PCI-Busses entwickelt, z.B. der PC-Card-95-Bus für → *Laptops*.

   Vorgestellt wurde der PCI-Bus im Jahre 1993. Er gilt als Alternative zum → *EISA*- und zum → *MCA*-Bus.

   Als Nachfolger gelten PCI-X und → *NGIO*.

   Die Weiterentwicklung des PCI-Busses wird durch die PCI Special Interest-Group (PCISIG) koordiniert. Ferner gibt es die PCI Industrial Computer Manufacturers (PICMG) Group, die den PCI-Bus zum Einsatz im industriellen Umfeld weiterentwickeln möchte.

   → *http://www.pcisig.com/*

   → *http://www.picmg.com/*

PCIA

Abk. für Personal Communications Industry Association.
Bezeichnung für eine Vereinigung von Herstellern im Bereich Funksysteme (→ *Paging*, → *Bündelfunk*, → *Mobilfunk*) in den USA.
→ *http://www.pcia.com/*

PCISIG

Abk. für PCI Special Interest Group.
→ *PCI*.

PCL

Abk. für Printer Command Language.
Bezeichnung einer Steuersprache für → *Laserdrucker*, entwickelt im Hause Hewlett-Packard (→ *HP*), daher auch HP-PCL genannt.
Man unterscheidet verschiedene Versionen, genannt Level. Der Level ist an einer Zahl hinter der Abk. PCL erkennbar, z.B. PCL5.
Mittlerweile weit verbreitet und daher von vielen anderen Druckerherstellern unterstützt.
→ *ESC/P2*, → *PostScript*.

PCM

1. Abk. für Pulse Code Modulation.

   Bezeichnet ein Verfahren zur Digitalisierung von Sprache (Analog/Digital-Wandlung, → *A/D*) im Rahmen der → *Quellcodierung*, bei dem von der menschlichen Stimme eine Frequenzbreite von 4 kHz berücksichtigt wird und gemäß dem → *Nyquistschen Abtasttheorem* mit 8 000 Hz abgetastet wird. Diese 8 000 Abtastwerte in jeder Sekunde werden zu je 8 Bit codiert. Diese Codierung erfolgt jedoch nicht linear, sondern in der Regel gemäß der international gebräuchlichen A-Kompandierungskennlinie (Nordamerika: µ-Kennlinie; → *Kompandierung*).

   Dies führt zu einer Sprachbitrate von 64 kbit/s, wie sie z.B. im → *ISDN* auf den Nutzkanälen verwendet wird.

Die erzielbare Sprachqualität ist sehr gut und liegt bei einem MOS-Wert von 4,4 (→ *MOS*).

Beim Empfänger erfolgt umgekehrt die Digital/Analog-Umsetzung (→ *D/A*).

Das Verfahren selbst ist bereits relativ alt. Schon 1914 beschrieb ein wissenschaftliches Papier in den → *Bell Labs* die → *Digitalisierung* und digitale Übertragung von Sprache. 1926 erhielt Paul M. Rainey von Western Union aus den USA ein Patent auf ein Puls-Code-System, doch wurde es nicht weiter angewandt oder weiterentwickelt.

Als eigentlicher Entwickler der PCM gilt der Brite Alec Harley Reeves (* 1902), der 1937 in den ITT-Laboratorien in Paris (damals noch „Le Matériel Téléphonique" genannt) bei der Entwicklung von digitalen Richtfunksystemen die Grundlagen neu formulierte und ein Jahr später und 1942 ein Patent darauf erhielt. Die unzureichende Technik verhinderte allerdings den kostengünstigen Einsatz in großem Maßstab.

In der Praxis wurden PCM-Systeme dann erstmals zur Sprachverschleierung zu militärischen Zwecken im 2. Weltkrieg (→ *PCM-24*-System) eingesetzt. Diese zunächst geheime Entwicklung wurde bei den Bell Laboratories von Harold S. Black für die US-Army geleitet und 1947 publik.

Dann wurde die PCM erst sehr spät für zivile Zwecke wiederentdeckt. Die zivile Entwicklung bei der japanischen NTT startete 1951 und erhielt durch technischen Fortschritt (insbesondere in der Halbleitertechnik) in den 50er und 60er Jahren Auftrieb.

PCM ist von der → *CCITT* in G.711/712 genormt und wurde nach Tests in den 60er Jahren (PCM-24 erstmals getestet 1962 in den USA durch Bell Telephone Company, 1964 getestet in Japan, ab 1965 marktreife Technik) erstmals in den 70er Jahren auf Fernleitungen zur digitalen Sprachübertragung eingesetzt, was die Zahl der kupferkabelgestützten Verbindungen zwischen den Fernvermittlungsstellen reduzierte.

Im → *Ortsnetz* der Deutschen Telekom in Stuttgart wurde 1972 die erste PCM-Strecke in Deutschland über 5,7 km in Wirkbetrieb genommen, nachdem schon 1969 zwischen Nürnberg-Mitte und Fürth-Mitte über 9 km die erste PCM-Übertragungsstrecke in Deutschland getestet wurde.

2. In der Rechnertechnik die Bezeichnung für Plug Compatible Systems, d.h., Maschinen eines Herstellers sind kompatibel zum Betriebssystemstandard eines anderen Herstellers.

   Beispiel dafür sind die → *Mainframes* aus dem Hause Amdahl, die in den 70er Jahren PCMs zu den → *IBM /360* waren.

PCM-24, -30, -120, -480, -1920, -7680

Grundsätzlich die Bezeichnung einer digitalen Multiplexhierarchie zur Sprachübertragung auf der Basis von mit → *PCM* codierter Sprache. Es kommen dabei die Datenraten der → *PDH* zum Einsatz. Das Zusammenfassen von Kanälen niedrigerer Bitraten in solche mit höheren Bitraten (das Multiplexing) erfolgt durch einen → *Multiplexer*.

PCM-24 ist die Bezeichnung einer Standardkonfiguration bei Fernleitungen in Telefonnetzen. Sie bezeichnet digitale 1,544-kbit/s-Verbindungen, die aus 24 einzelnen PCM-Kanälen in einem Zeitrahmen von 125 µs plus einzelnem F-Bit für Test- und Synchronisationszwecke bestehen. Genormt in G.733 und verbreitet in Nordamerika.

PCM-30 ist die Bezeichnung einer Standardkonfiguration bei Fernleitungen in Europa. Bezeichnet digitale 2,048-Mbit/s-Verbindungen, die aus 30 einzelnen PCM-Kanälen zu je 64 kbit/s und zwei Kanälen für Prüf-, Synchronisations- und Steuerzwecke bestehen. Dabei werden auf zwei Doppeladern (→ *Simplexverfahren*) 30 Duplexkanäle zu je 64 kbit/s im → *TDMA*-Verfahren mit dem → *HDB3*-Code übertragen. Jeder Zeitrahmen dauert 125 µs und ist in 32 Zeitschlitze (→ *Slots*) zu je 8 Bit eingeteilt. Jeder Slot dauert dementsprechend 125 µs / 32 = 3,906 µs. 16 derartige Rahmen (Frames) ergeben einen Multiframe (Überrahmen). Genormt in G.732.

Slot 0 enthält in Rahmen mit gerader Folgenummer das Meldewort zur Übertragung von Fehlermeldungen und in Rahmen mit ungerader Nummer die Rahmenkennung (festes Bitmuster: 10011011). Slot 16 ist für die Signalisierung (→ *Zeichengabe*) vorgesehen. Dabei werden die 8 Bit in jedem Rahmen in zwei Gruppen zu je 4 Bit aufgeteilt. Diese 4 Bit enthalten jeweils die Signalisierungsinformation für einen der 30 Nutzdatenkanäle, so dass je Rahmen die Signalisierungsinformation für zwei Nutzdatenkanäle übertragen wird. Je Multiframe wird damit jeder Nutzdatenkanal für die Signalisierung exakt einmal berücksichtigt, wobei im ersten Rahmen eines Multiframes der 16. Slot für die Multiframesynchronisation verwendet wird. Dann wird vom 16. Slot auch vom Meldewort des Kennzeichenrahmens gesprochen.

PCM-30 wurde 1968 standardisiert und ist in Europa sehr weit verbreitet. In Deutschland wurde sie 1971 zur Verbindung von Ortsvermittlungsstellen mit Knotenvermittlungsstellen eingeführt. Nach PCM-30 folgen die nächsthöheren Stufen der europäischen PCM-Hierarchie:

PCM-Stufe	Anzahl PCM-Kanäle	Gesamtkapazität	Aufbau
PCM-30	30	2 048 kbit/s	30 einfache PCM-Kanäle
PCM-120	120	8 448 kbit/s	4 * PCM 30
PCM-480	480	34 368 kbit/s	4 * PCM 120
PCM-1920	1920	139 264 kbit/s	4 * PCM 480
PCM-7680	7680	564 992 kbit/s	4 * PCM 1920

Unter einem PCM-System versteht man elektrische Baugruppen, die aus folgenden Komponenten bestehen:

- Kanalcodierer: Sie übernehmen die Codierung der eingehenden PCM-Daten mit → *HDB3*.
- Kennzeichenumsetzer (KZU): Sie fügen die Signalisierungsinformation in die Slots 16 der Rahmen ein.
- Multiplexer: Er teilt die eingehenden Kanäle in die 30 Nutzdatenkanäle auf.

- Leitungsendgerät (LE): Der mechanische Anschluss für die Vierdrahtleitung und die elektrische Ausrüstung zur Erzeugung der elektrischen Signale.

Diese PCM-Systeme wurden auf Verbindungen zwischen Knoten- und Zentralvermittlungen eingesetzt. PCM-1920 wurde ab 1985 in Deutschland im Fernbereich eingesetzt, PCM-7680 ab 1986.

Zwar ist die Vierdrahtleitung das Grundmedium für das PCM-System, jedoch können auch Koaxialkabel, Glasfasern oder Richtfunkstrecken eingesetzt werden.

PCMCIA

Abk. für Personal Computer Memory Card International Association.

Bezeichnung einer nichtkommerziellen Gruppe, die von Speicherkartenherstellern 1989 gegründet wurde und mittlerweile mehr als 250 internationale Computerhersteller als Mitglieder hat. Die Gruppe hat einen De-facto-Standard für scheckkartengroße Einsteckkarten für portable Computer geschaffen. Diese Karten dienen mittlerweile nicht nur Speicherzwecken, sondern z.B. auch der Anbindung von Netzwerkkabeln, Druckern oder auch datenübertragungsfähigen Mobilfunktelefonen an die portablen Rechner.

Wegen der Länge der Abkürzung wird sie auch scherzhaft mit „People Can't Memorize Computer Industry Acronyms" übersetzt.

Man unterscheidet seit Version 2.01 drei Bauformen der Steckkarten:

Typ	Dicke	Anwendungsbeispiele
I	3,3 mm	Speicherkarten
II	5 mm	Modem- und Netzwerkkarten
III	10,5 mm	Festplattenlaufwerke

Erster Standard PCMCIA 1 standardisierte 1990 Speicherkarten. Es folgte 1991 die Version PCMCIA 2.1. Sie definierte einen 16 Bit breiten Bus mit einem Takt von 8 MHz und ist eng an den → *ISA*-Bus-Standard angelehnt. Der Stecker verfügt über 68 Pins. Die Karten werden mit 5,5 V betrieben. Der im Frühjahr 1995 in Berlin verabschiedete nächste Standard (Berlin Release) bietet mehr Möglichkeiten und eine einfachere Handhabung als die Vorgängerversion. Als aktuelle Version gilt dieser → *PC-Card-95*-Standard.

PCN

Abk. für Personal Communication Networks.

Ein europäisch geprägter und mittlerweile nur noch selten verwendeter Begriff, der nicht eindeutig definiert ist, aber seinen Ursprung in einer Studie aus dem Jahr 1989 des britischen Handelsministeriums hat. Die Studie war der Anstoß zur Entwicklung des → *GSM-1800*-Standards. PCN ist ein Konzept in der mobilen Telekommunikation, bei der (zu einer Zeit, als dies noch als Utopie erschien) personalisierte Telekommunikationsdienste über mobile, handtellergroße Endgeräte (→ *Handy*) ermöglicht werden sollten.

Verschiedene Aktivitäten im europäischen Rahmen hatten das Ziel, die ersten Ansätze aus dem Bereich des digitalen und zellularen Mobilfunks zusammen mit dem Konzept des → *IN* aufzugreifen und weiterzuentwickeln. Hierzu zählten insbesondere Aktivitäten im Rahmen von → *RACE* und die Entwicklung von → *UMTS* oder im internationalen Rahmen → *IMT 2000*.

Diese Entwicklung schließt → *persönliche Mobilität* und → *Terminalmobilität* sowie persönliche Dienstmerkmale (→ *Forwarding*, → *Screening*, → *Barring*) ein. Der Teilnehmer kann dann den Telefondienst persönlich und nach seinen Bedürfnissen beeinflussen.

Mit Blick auf die historische Entwicklung dieses Begriffs betrifft PCN (im Gegensatz zu → *PCS*) nur die mobile Telekommunikation und wird dort insbesondere als Synonym für das System → *GSM 1800* benutzt, das 1993 erstmals in GB in Betrieb ging.

PCP

Abk. für Primary Cross-Connection Point.

→ *Kabelverzweiger.*

PCR

Abk. für Peak Cell Rate.

→ *ATM.*

P-Code

→ *Java.*

PCS

1. Abk. für Personal Communication Services.

   Im Gegensatz zu → *PCN* ein in den USA und dort insbesondere durch den Regulierer → *FCC* geprägter Begriff. Die FCC definierte PCS folgendermaßen: „A family of mobile or portable radio communications services which could provide services to individuals and business, and be integrated with a variety of competing networks".

   Prinzipiell bezeichnet der Begriff eine ganze Reihe sehr inhomogener und unkoordinierter Aktivitäten in den USA, ein Telekommunikationssystem zu entwickeln, das → *persönliche Mobilität* und → *Terminalmobilität* in Fest- und Mobilfunknetzen sowie Personalisierung von Diensten ermöglicht. Technische Basis zur Realisierung sind die bestehenden Netze und → *IN*.

   Seit 1990 versucht die FCC mit Blick auf → *IMT 2000* die Aktivitäten zu steuern.

   → *PCN.*

2. Bezeichnung der neuen Generation von digitalen Systemen des → *Mobilfunks* in den USA nach den Standards → *GSM 1900* oder → *IS-95*.
3. Abk. für Plastic Clad Silicia.

   Bezeichnung für einen speziellen Aufbau von Glasfasern, bei dem ein das Licht führender Glaskern (Grundmaterial: Silizium) zum Schutz mit einem → *Cladding* aus Kunststoff ummantelt ist.
4. Abk. für Plesiochronous Connection Supervision.
5. Abk. für Personal Conferencing Specification.

   Bezeichnung für eine Anfang 1995 festgelegte proprietäre Spezifikation eines offenen Industriestandards für → *Videokonferenzsysteme*, der sich gegen die Standards

→ *H.320*, → *H.323* und → *T.120* der → *ITU* nicht behaupten konnte und Ende 1995 aufgegeben wurde. Initiiert wurde er vom Hause Intel und unterstützt von der → *PCWG*. Er erlaubte PC-Nutzern, Dokumente, Anwendungen und Grafiken kombiniert mit Audio- und Videodaten zu bearbeiten. Als Transportmedium kamen verschiedene Medien in Frage, z.B. analoge Telefonleitungen (über → *Modems*), → *ISDN*, → *WANs* und → *LANs*.

Die Architektur bestand aus verschiedenen Schichten für die obigen Übertragungsmedien, darüber eine transportunabhängige Schnittstelle, ein Audio-Subsystem, ein Video-Subsystem, das auf H.320 und Intels → *Indeo* basierte, dem Multipoint-Communication-Service aus T.120 sowie den Komponenten Asset Exchange und Conference Management. Version 1 war auf ISDN beschränkt, die geplante Version 2 sollte auch LAN-Verkehr ermöglichen.

PCS 1900

Abk. für Personal Communication Services at 1900 MHz.
→ *GSM 1900*.

PCWG

Abk. für Personal Conferencing Workgroup.

Bezeichnung eines Standardisierungsgremiums mit 17 Hard- und Softwarefirmen (u.a. Intel, Compression Labs, AT&T, Lotus, HP, NEC, Ericsson, Novell, Olivetti), das den Konkurrenzstandard → *PCS* zu → *H.320* und → *T.120* von → *Videokonferenzsystemen* definierte und unterstützte. Von Intel 1994 mit großem Aufwand angekündigt, scheiterte das Vorhaben, den eigenen Standard am damaligen Marktführer für Videokonferenzen (Picturetel) vorbei zu pushen, weswegen im Frühjahr 1995 die eigenen Spezifikationen auch H.320-kompatibel gemacht wurden.
→ *IMTC*, → *Indeo*.

PC-XT

→ *XT*.

PD

1. Abk. für → *Public Domain* (Software).
2. Abk. für Photodetektor.

PDA

Abk. für Personal Digital Assistant.

In Anlehnung an die Computer-Nomenklatur und den Begriff → *Laptop* auch Palmtop genannt. Bezeichnet eine Variante kleinformatiger tastaturloser → *Organizer* (ca. DIN-A5-Format), die Eigenschaften von Taschenrechner, elektronischem Telefon-/Adressverzeichnis, Notizbuch, PC und Mobiltelefon in sich vereinigen (sollen).

Ein PDA verfügt in der Regel über Touchscreen mit Stifteingabe, eine intuitive Benutzeroberfläche und Handschriftenerkennung.

Erste Produkte waren PDAs ohne die Möglichkeit der drahtlosen Vernetzung. Spätere Produkte hatten einen → *PCMCIA*-Slot, so dass man sie über ein → *Handy* in ein Mobilfunknetz einbinden konnte (→ *TDP*).

Insgesamt entwickelt sich der Markt zunächst wesentlich langsamer als erwartet. Die schleppende Marktentwicklung, im Gegensatz zu der des Organizer-Marktes, wurde auf folgende Faktoren zurückgeführt:

- Unzureichende Handschriftenerkennung
- Handschriftenerkennung für viele Benutzer ungewohnt. Eine (noch so kleine) Tastatur wird vorgezogen.
- Proprietäre Betriebssysteme wie z.B. → *EPOC32*, → *GEOS* oder → *PalmOS* (erst später kam → *Windows CE*)
- Fehlende drahtlose Anbindung

Erst ab ca. 1999 waren die Makel so weit behoben, dass bestimmte Marktsegmente die dann existierenden Produkte begeistert aufnahmen. Die Entwicklung des PDAs verlief bislang folgendermaßen:

1992

Im Januar entwickelt der Vorstandsvorsitzende von Apple, John Sculley, den Begriff Personal Digital Assistant.

Erste Produkte werden vorgestellt. Das Konzept wird überall diskutiert und entsprechend hohe Erwartungen werden geschürt.

1993

→ *Apple* bringt den Newton mit großem Werbeaufwand auf den Markt, zuallererst auf der Ausstellung MacWorld in Boston. Es ist das erste Modell der neuen PDAs.

1993 bis 1994

Andere Hersteller ziehen nach, so z.B. AT&T mit dem Eo Personal Communicator 440, der auf der Hobbit-Technologie (Mikroprozessor-Familie) basiert, die in den eigenen → *Bell Laboratories* entwickelt wurde.

1994

Zum Jahresanfang wird den PDAs ein riesiger Markt prognostiziert.

Zur Jahresmitte sorgen die ersten publizierten negativen Erfahrungen wie eine mangelhafte Stifteingabe in Verbindung mit unzureichender Handschriftenerkennung, schwieriger Kommunikation mit PCs und entsprechenden Anwendungsprogrammen und dem völligen Fehlen drahtloser Kommunikationsmöglichkeiten für massives Wegbrechen der Märkte.

Darüber hinaus gelten die Geräte immer noch als zu schwer, zu groß, zu teuer (teilweise über 2 000 DM) und energieverschwendend.

Resultat: AT&T schließt seine gerade erst ausgegründete PDA-Firma Eo und stellt die Produktion ein, Intel stoppt die Entwicklung spezieller Chips, Motorola verschiebt zunächst seine Einführung eines PDAs und Compaq steigt gar nicht erst ein.

Apple arbeitet unterdessen an Verbesserungen.

1995

Zubehör für drahtlose Kommunikation kommt auf den Markt (PC-Cards zur Verbindung mit Handys).

HP stellt im September eine Technologiestudie des Omnigo vor, der mit einem Handy gekoppelt werden kann.

Im Laufe des Jahres werden rund 500 000 Geräte weltweit verkauft.

1996

Apple bringt im Januar eine wesentlich verbesserte Softwareversion für den Newton auf den Markt. Die Handschriftenerkennung verbessert sich spürbar.

Ein Massenmarkt für PDAs wird nun für die Zeit ab 1999 erwartet (jährlich weltweit ca. 5,6 Mio. Stück).

Die Yankee Group sagt für die Zeit von 1996 bis 2000 einen Markt von 2,4 Mio. Geräten weltweit voraus.

1997

Motorola zieht sich aus dem Markt zurück.

Gleichzeitig wird eine Konvergenz von Organizer und PDA bemerkbar, da sich ihre Funktionen immer mehr angleichen.

Rockwell bringt den Palm Pilot mit Stifteingabe, relativ einfacher Funktionalität und geringem Gewicht auf den Markt, der sich schnell großer Beliebtheit erfreut und bald in zwei Versionen auf dem Markt erhältlich ist. Bis Mitte 1998 kann er nach Angaben von Forrester Research einen Marktanteil von 60% erzielen.

Apple bringt den Newton MessagePad 2100 auf den Markt. Gleichzeitig denkt Apple darüber nach, den Firmenteil, der sich mit dem Newton beschäftigt, zu verkaufen oder ihn zumindest in eine eigene Gesellschaft zu verlagern.

1998

Am 27. Februar kündigt Apple an, die Produktion des Newton und die Weiterentwicklung seines Betriebssystems einzustellen und sich nur noch auf die Weiterentwicklung der → *Macintosh*-Rechner konzentrieren zu wollen.

Im April bringt Sharp einen PDA mit eingebauter Kamera (350 000 CCDs) und 4 Zoll großem LCD für 1 350 $ auf den Markt.

1999

Die ersten PDAs mit Farbbildschirm werden vorgestellt.

3Com gliedert die Produktion des erfolgreichen PalmPilot in eine eigene Gesellschaft aus.

Philips stellt die Produktion des ‚Nino' 200 und 500 ein. Ziel ist eine Konzentration auf das Kerngeschäft mit Handys.

März 2001

Erstmals werden auf der → *CeBIT* mit dem Mondo aus dem Hause Trium, dem Visor aus dem Hause Handspring, dem WA3050 aus dem Hause Sagem, dem Cassiopeia aus dem Hause Casio und dem Jornada aus dem Hause HP solche PDAs gezeigt, die eine Mobilfunkfunktionalität auf der Basis von → *GPRS* oder → *HSCSD* gleich mit integriert haben.

PDAM

Abk. für Proposed Draft Amendment.

PDAU

Abk. für Physical Delivery Access Unit.

Bezeichnung für die real ausgedruckte Form einer Nachricht, mit der in → *MHS* die Übergabe einer Nachricht per Briefdienst (→ *Snail Mail*) an einen berechtigten Empfänger erfolgt.

PDC, PDC 1500

Abk. für Personal Digital Cellular (vorher: Pacific Digital Cellular, auch JDC (Japanese Digital Cellular) genannt).

Ein digitaler, zellularer, japanischer Standard für → *Mobilfunk* im 900-MHz-Bereich.

Insgesamt ist PDC → *D-AMPS* sehr ähnlich. Die technischen Parameter von PDC sind:

Uplink	940 bis 960 MHz
Downlink	810 bis 830 MHz
Anzahl Frequenzkanäle	1000 (1999 mit Interleave-Technik)
Kanalbandbreite	25 kHz
Duplexverfahren	→ *FDD*
Duplexabstand	130 MHz
Anzahl Timeslots je Frequenzkanal	6
Modulationsverfahren	Pi/4 QDPSK (→ *PSK*)

Über die Luftschnittstelle gehen je Frequenzkanal 42 kbit/s. Sprache wird mit einem Vocoder (→ *VSELP*) auf 6,7 kbit/s komprimiert, die mit 11,2 kbit/s (inklusive Fehlerkorrektur) gesendet wird. An Half-Rate-Codecs (→ *CELP*) mit 5,6 kbit/s wird gearbeitet.

Es wurden ursprünglich Sprachübertragung, Fax (Gruppe 3) mit 2,4 kbit/s und leitungsvermittelte Datenübertragung mit → *MNP 4* und 4,8 kbit/s unterstützt. Mittlerweile wird auch eine Luftschnittstelle für paketorientierte Übertragung (→ *Paketvermittlung*) mit 9,6 kbit/s oder 28,8 kbit/s unterstützt (genannt PDP-P). Dieses Verfahren ist auch Grundlage für den erfolgreichen Dienst → *i-Mode*.

Das System ist für hohe Verkehrsdichten in dicht besiedelten Gebieten (Tokio, Osaka) optimiert. Studien zufolge ist die Teilnehmerkapazität im PDC-System fast doppelt so groß wie im → *GSM*-System. Die Sprachqualität liegt unter der des GSM-Systems.

PDC wurde 1989 genormt und ist seit 1991 in Betrieb. Es existiert auch eine PDC-1500-Version im Bereich von 1,5 GHz.

Der internationale Erfolg war jedoch wegen des Erfolgs des Konkurrenzstandards → *GSM* nicht sonderlich groß. Im September 1997 kündigte daher erstmals auch das japanische Post- und Telekommunikationsministerium an, man denke darüber nach, auf eine weitere Unterstützung des Systems zu verzichten und sich stattdessen auf die Entwicklung des nächsten Mobilfunksystems der 3. Generation zu konzentrieren (→ *IMT 2000*, → UMTS). Hierbei würde man das amerikanische → *CDMA*-System favorisieren.

PDCH

Abk. für Packet Data Channel.

→ *GPRS*.

PDD

Abk. für → *Post Dial Delay*.

PDF

Abk. für Portable Document Format.

Bezeichnung eines auf → *PostScript* basierenden und vom Hause Adobe entwickelten Dateiformats, um elektronisch formatierte Dokumente speichern und austauschen zu können. Zum Betrachten von PDF-Dateien wird eine spezielle Software wie z.B. der kostenlose Adobe Acrobat Reader benötigt.

PDF wurde vom Hause Adobe aus PostScript heraus entwickelt und um Funktionalitäten zum Definieren von → *Hyperlinks*, Kompression und Verschlüsselung erweitert.

PDF-Dateien sind in den seltensten Fällen zur Weiterverarbeitung gedacht. Üblicherweise dient PDF der Definition von elektronisch publizierten Dokumenten in ihrer endgültigen Form.

→ *http://www.adobe.com/*

PDF417

Bezeichnung für einen → *Barcode* aus dem Hause Symbol Technologies. Der Code ist zweidimensional und kann bis zu 1 108 Byte in einem Codemuster speichern. Er ist derartig redundant, dass das Codemuster auch dann noch gelesen werden kann wenn 49% beschädigt sind.

→ *http://www.symbol.com/*

PDFA

Abk. für Praseodymium-Doped Fibre Amplifier.

→ *OFA*.

PDH

Abk. für Plesiochronous Digital Hierarchy.

Bezeichnet eine spezielle digitale Übertragungstechnik zwischen → *Netzknoten*, die nicht über einen identischen Takt verfügen und daher nicht bitsynchron, sondern bestenfalls rahmensynchron übertragen können.

Nach dem Übergang von analoger zu digitaler Übertragung im Festnetz ergab sich die Frage nach der Synchronisation des Bitstroms. Problem war, dass bei den vielen verteilten Netzknoten eines großen Übertragungsnetzes kein gemeinsamer, synchroner genauer Takt zur Verfügung stand, da kein landesweites Normaltaktnetz existierte. Jeder Vermittlungsknoten verfügte somit über einen eigenen lokalen Takt, der nur begrenzt mit dem Takt benachbarter Knoten synchronisiert werden konnte.

Mittels hochentwickelter Bitstopfverfahren und Prüfung einzelner Bits konnte ein einfaches Verfahren mit ‚fast' synchroner (plesiochroner) Übertragung etabliert werden, bei der die Anforderungen an den gemeinsamen Takt bescheiden waren.

Differenzen werden z.B. dadurch ausgeglichen, dass die Systemdatenrate einer Hierarchiestufe größer ist als das Vierfache der darunter liegenden Hierarchie. Diese Differenzen dienen zum Aufnehmen der Stopfbits. Dadurch hat jede Multiplexebene einen eigenen, an die Übertragungsverhältnisse dieser Ebene angepassten Rahmenaufbau.

Darüber hinaus legt PDH Bitraten für Multiplexkanäle fest. Dabei wird zwischen Nordamerika und Japan (1 544 kbit/s, → *DS 1*) und dem Rest der Welt (2 048 kbit/s, → *E1*) auf der untersten Multiplexhierarchie unterschieden. Als Basis dienen überall 64 kbit/s (→ *PCM-30* und *-24*), von denen in Europa 32 Kanäle, sonst nur 24 zur ersten Multiplexstufe (genannt Primärmultiplexstufe oder -rate) zusammengefasst werden. Es folgen in Europa → *E2*, → *E3* und → *E4* und sonst → *DS2* und → *DS3*. Weltweit haben sich in den Gebieten Europa, Nordamerika und Japan verschiedene Varianten der Multiplexhierarchien entwickelt, die in bestimmten Punkten voneinander abweichen.

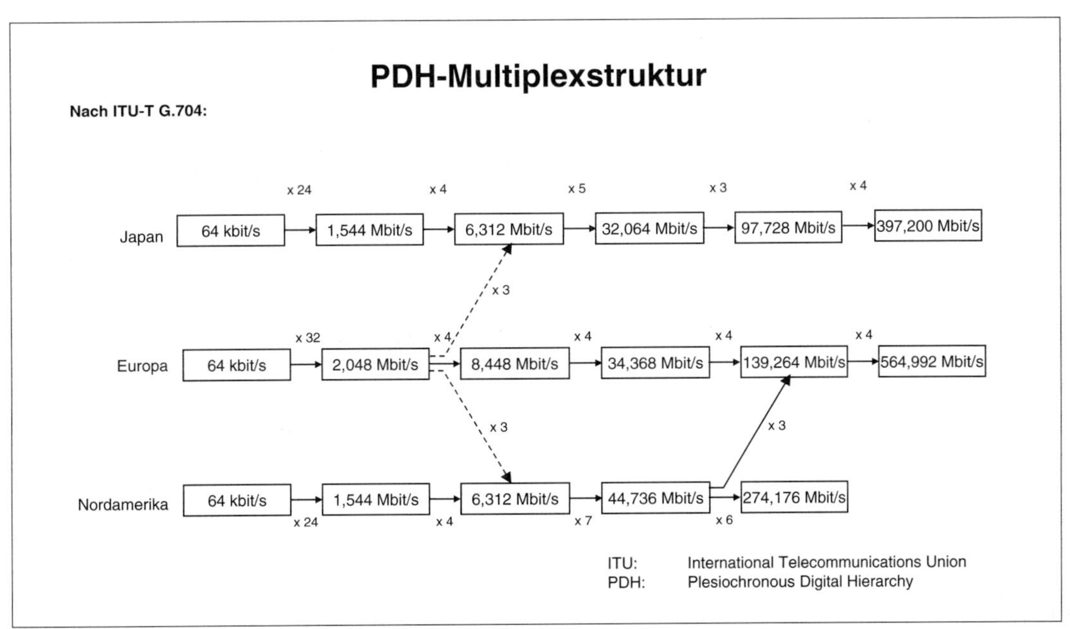

Ein Nachteil der PDH-Technik ist die fehlende Möglichkeit, Signale einer niedrigen Hierarchiestufe direkt aus dem Datenstrom einer hohen Stufe auskoppeln zu können. Dies wird nur möglich über ein Durchlaufen aller Hierarchiestufen bis hinunter zur gewünschten Ebene und anschließendes Zusammensetzen wieder auf die höhere Stufe zurück. Dies führt dazu, dass jeder PDH-Datenstrom bei jeder Vermittlungsstelle mit einem hohen Aufwand in alle einzelnen Kanäle zu je 64 kbit/s zerlegt werden muss.

Von der → *CCITT* wurde PDH 1972 in → *G.703* und → *G.704* genormt. In Deutschland wird PDH-Technik im Netz der Deutschen Telekom mit 2, 8 und 34 Mbit/s seit 1975 eingesetzt. Zwei weitere Ebenen mit 140 und 565 Mbit/s kamen 1985 hinzu.

PDH-Netze werden national und international seit den frühen 90er Jahren mehr und mehr durch → *SDH*-Technik ersetzt.

Die neuen Carrier in Deutschland werden PDH-Technik nicht mehr einsetzen. Andere Carrier in Europa tätigen nur noch Ersatz-, aber keine Neuinvestitionen.

PDIF

Abk. für Product Definition Interchange Format.

PDL

Abk. für Packet Description Language.

PDM

1. Abk. für Phasendifferenzmodulation.

   Deutsche Bezeichnung für Differential Phase Shift Keying (DPSK).

   → *PSK.*

2. Abk. für Pulse Duration Modulation, Pulsdauermodulation.

   Bezeichnung eines Modulationsverfahrens, bei dem die Dauer der einzelnen Impulse verändert wird und Träger der Information ist.

PDN

Abk. für Public Data Network.

Selten verwendeter Oberbegriff für öffentliche Datennetze. Allgemein unterscheidet man → *CSPDN*, → *DFPDN* und → *PSPDN.*

PDP

Abk. für Plasma Display Panels.

Bezeichnung für eine neue Technologie von großformatigen, flachen Bildschirmen.

PDP-1, -4, -5, -6, -8, -10, -11, -12, -15

Abk. für Programmed Digital Processor.

Bezeichnung einer erfolgreichen Serie von Computern aus dem Hause DEC, die als Prozessrechner für die Industrie starteten, sich aber dann sehr erfolgreich in der Klasse der → *Minicomputer* etablierten.

Die PDP-Serie wurde entscheidend von Ingenieuren des → *MIT* beeinflusst, die in ihr viele Ideen und Konzepte verwirklichten, die zuvor in einigen Einzelbauten von Experimentalrechnern, wie z.B. dem → *TX-O*, am MIT getestet wurden.

DEC stellte zwei Jahre nach seiner Gründung, im Dezember 1959, den maßgeblich von Ben Gurley mitentwickelten PDP-1/A als Prototypen auf der Eastern Joint Computer Conference in Boston/MA vor. In die PDP-1 flossen viele Ideen ein, die an der TX-O getestet worden waren.

Erstes Gerät wurde später der PDP-1B. Das Serienmodell (50 Stück wurden hergestellt) kam im November 1960 als PDP-1 auf den Markt. Aufgrund seines Preises (120 000 $), seiner Abmessungen und seines Gewichtes handelte es sich um einen revolutionären Rechner. Er eröffnete die Klasse der Minicomputer. Der 18-Bit-Rechner verfügte als erster Computer über Tastatur und Bildschirm als hauptsächliche Ein- und Ausgabegeräte.

Im April 1963 folgte, nach dem PDP-4 im Juli 1962, der 12-Bit-Rechner PDP-5 für 27 000 $. Ein Jahr später, im Oktober, kam der erste 36-Bit-Rechner PDP-6 auf den Markt.

Mit dem PDP-8 (Programmed Data Processor) stellte DEC 1965 den ersten massenproduzierten Computer für unter 20 000 $ vor (18 000 $, zunächst 25 000 $ geplant). Es wurden sagenhafte 50 000 Stück in mehreren Varianten bis in die 70er Jahre hinein verkauft. Er verfügte in der ersten Version über einen → *Magnetkernspeicher* mit 4 oder 8 Kiloworten zu je 12 Bit. Der Assemblercode konnte über acht Befehle verfügen - einer davon war NOOP (No Operation). Der Preis für die einfachste Version des PDP-8 sank im Laufe eines Jahres auf unter 10 000 $. Bis zu 32 Terminals konnten an ihn angeschlossen werden. Durch den PDP-8 kamen erstmals auch andere, kleinere Computerhersteller auf die Idee, Originalteile einfach nachzubauen und unter den Preisen der Originalteile zu verkaufen. Damit war das → *OEM*-Geschäft geboren und die Computerpreise begannen zu sinken.

Der PDP-10 war eine Art weiterentwickelter PDP-8 mit einer Datenbreite von 36 Bit. Er sollte die Serie nach oben abrunden und näher an das → *Mainframe*-Segment von IBM heranrücken.

1970 brachte DEC den PDP-11 als Modell PDP-11/20 auf den Markt, der seine Europapremiere auf der Hannover-Messe feierte. Im Laufe der Jahre wurden von ihm rund 250 000 Stück abgesetzt (in Europa waren nach Herstellerangaben zur Mitte 1998 noch ca. 8 000 PDP-11-Rechner mit Schwerpunkt in der industriellen Produktion in Betrieb), womit er der erfolgreichste Minicomputer der Welt war und auch dem → *Byte* mit acht Bit zum Durchbruch verhalf.

Die Reihe blieb, technisch weiter modifiziert, bis zum 30. September 1997 in Produktion. Letztes Modell war der PDP-11/93.

Der Ur-PDP-11 verfügte bereits über eine offene Busarchitektur (→ *Unibus*), auf deren Basis viele Anbieter weitere Applikationen anbieten konnten. Ab den 80er Jahren wurde der PDP-11 auch mit dem → *Q-Bus* angeboten. Der Adressraum erstreckte sich über seinerzeit unglaubliche 64 Kiloworte zu je 16 Bit - also insgesamt 128 KByte.

Für den PDP-11 standen die Betriebssysteme RSX-11, RT-11 und RSTS zur Verfügung, wobei RSX-11 das

Betriebssystem ist, unter dem zuletzt die meisten PDP-11 liefen.

1977 folgte der PDP-Reihe die → *VAX* als Nachfolgemodell, obwohl der PDP-11 weitergebaut wurde, ebenso wie Spezialrechner der Reihen PDP-12 und PDP-15.

PDQ

Abk. für Parallel Data Query.

PDU

Abk. für Protocol Data Unit.

Ein Begriff aus dem → *OSI-Referenzmodell*. Er bezeichnet dabei generisch das auf einer Schicht hergestellte Datenpaket, das an die darunter liegende Schicht über einen Dienstzugangspunkt (Service Access Point, SAP) weitergegeben wird.

Die PDU besteht aus den beiden Teilen SDU (Dienstdateneinheit, Service Data Unit, der von der nächsthöher gelegenen Schicht übernommenen dortigen PDU) und der PSI (Protocol Service Information, auch PCI genannt), also dem entsprechenden → *Header*.

Mehrere PDUs können durch Blocken zu einer größeren PDU zusammengesetzt werden bzw. durch Entblocken wieder zerlegt werden.

Beispiel: Die PDU der → *ATM*-Schicht in ATM-Netzen ist die ATM-Zelle mit 53 Byte.

PDV (-Bus)

Abk. für Prozessautomatisierung mit Datenverarbeitungsanlagen.

Bezeichnung für einen bitseriellen Bus zur Messdatenerfassung. Genormt als DIN 19241. Der mechanische Stecker folgt → *V.24*, die elektrischen Signale darüber → *RS 422*.

Es können bis zu 100 Stationen (Prozessfunktionseinheiten, PFE) mittels Buskoppler (BK) an den bis zu 3 km langen Bus angeschlossen werden, der mit 50 bit/s bis zu 1 Mbit/s überträgt. Datenübertragung erfolgt durch ein → *ARQ*-Verfahren.

Der Bus zeichnet sich dadurch aus, dass Stationen besonders einfach ein- und ausgeschaltet werden können, auch während des Busbetriebs.

PE

1. Abk. für Physical Entity.

   → *IN*.

2. Abk. für Polyethylen.

   Bezeichnung für einen thermoplastischen Kunststoff, der im Rahmen der Telekommunikation häufig als Material für Kabelummantelungen Verwendung findet. Bestimmte Arten werden wegen ihrer Zug- und Abriebfestigkeit oft dort verwendet, wo es um die Sicherstellung von Vandalensicherheit geht, z.B. Gehäuse öffentlich aufgestellter Systeme.

   Der Kunststoff Polyethylenterephtalat (PETP) wird für Schaltergehäuse verwendet.

   → *ABS*, → *PA*, → *PBTP*, → *PF*, → *PVC*, → *SAN*.

PeaceNet

→ *APC*.

Peak

Engl. für Spitze. Bezeichnet in → *Call Centern* eine Lastspitze bei der Anzahl pro Zeitintervall eingehender Gespräche, z.B. nach der Ausstrahlung eines Werbespots mit eingeblendeter Telefonnummer (→ *DRTV*).

Peak-Off-Time, Peak-Time

Bezeichnung für die Zeit in einem Telekommunikationsnetz mit der höchsten Netzlast (Peak-Time) bzw. mit der eher niedrigen Netzlast (Peak-Off-Time).

Um zu einem Lastausgleich zu gelangen und das Netz möglichst gleichmäßig und hoch auszulasten, bietet der Netzbetreiber üblicherweise verschiedene Gebührenstrukturen (→ *Charging*) zu den beiden Zeiten an.

PEAN

Abk. für Pan European ATM Network.

Bezeichnung für die internationalen Verbindungen bzw. das daraus resultierende Komplettnetz der einzelnen nationalen ATM-Pilotnetze. Das → *MoU* dazu wurde im November 1992 von sechs Netzbetreibern aus fünf Ländern unterzeichnet. 1993 traten weitere zehn bei. Zum Jahresende 1998 waren insgesamt 18 Netzbetreiber aus 15 Ländern beteiligt. Dies sind ATC Finland, Austrian PTT, Belgacom, BT, Deutsche Telekom, France Télécom, Norwegian Telecom, Royal PTT Netherlands, STET/Iritel, Swisscom, Telecom Eireann, Telecom Finland, Tele Danmark, TelefÛnica, Telia, Telecom Portugal und TLP (Telefones de Lisboa e Porto).

Technisch gesehen baute das Netz ursprünglich auf 34-Mbit/s-Verbindungen auf. Später folgten 140 Mbit/s auf PDH-Basis oder 155 Mbit/s auf SDH-Basis.

→ *ATM*.

PEARL

Abk. für Process and Experiment Automation Realtime Language.

Bezeichnung einer Anfang der 70er Jahre in Deutschland von der Industrie und Hochschulinstituten gemeinsam entwickelten problemorientierten Programmiersprache für den Einsatz in der Prozesssteuerung der Industrie.

Man unterscheidet die genormten (DIN 66253) Basic-PEARL und Full-PEARL.

Beeinflusst wurde PEARL bei seiner Entwicklung von → *Pascal*.

PEARL darf nicht mit → *Perl* verwechselt werden.

→ *http://www.irt.uni-hannover.de/pearl/*

PEB

Abk. für Peripheral Extension Bus.

Bezeichnung eines universell nutzbaren Busses aus dem Hause Dialogic zur Verbindung von → *PC* und Peripheriegeräten.

PECL

Abk. für Pseudo Emitter Coupled Logic.

PED

Abk. für Portable Electronic Device.

In den USA der Oberbegriff für allerlei kleine und daher tragbare elektronische Geräte, zumeist der Unterhaltungselektronik, wie z.B. Walkman, tragbare kleine → *CD*-Player, → *MD*-Player oder auch → *Handys*, → *Laptops* sowie → *PDAs*.

Peering, Peering-Abkommen, Peering-Point

Peering ist die Bezeichnung für das Zusammenschalten zweier oder mehrerer Teilnetze verschiedener Betreiber im → *Internet* an einem bestimmten Ort (genannt Peering-Point oder Exchange-Point), wobei es ursprünglich zu keiner Gebührenverrechnung der beteiligten Netzbetreiber untereinander kam, d.h., keiner zahlte Geld an den anderen für die Übernahme von Verkehr. Es wurde dabei davon ausgegangen, dass sich die Verkehrsströme gleichgewichtig gegenüberstehen, d.h., die Verkehrsmenge, die von einem Netz in das andere fließt, ist genau so groß wie der entgegengesetzte Verkehrsstrom.

Derartiges Peering wird daher problemlos nur bei in etwa gleich großen Internet-Service-Providern (→ *ISP*) genutzt, was in der Anfangsphase des Internet der Fall war. Später merkten jedoch die großen Netzbetreiber, dass insbesondere kleine und sehr kleine ISPs davon profitierten. Dies war der Beginn der von den großen Backbone-Betreibern durchgesetzten nutzungsabhängigen Berechnung von Kosten und neuen Verträgen, genannt Peering-Abkommen (Peering-Agreements). In diesen Abkommen sind auch diverse rechtliche Modalitäten des Peerings erfasst. Inhalte können z.B. sein: das geschätzte Verkehrsaufkommen, die Verteilung der Kosten für den Aufbau und den Unterhalt des Peering-Points, Ansprechpartner, die Vorgehensweise bei technischen Defekten sowie regelmäßige Konsultationen über die Entwicklung der Verkehrsströme und daraus resultierender Änderungen des Peering-Abkommens.

Man kann zwei Arten von Peering unterscheiden:

- Direktes Peering: Zwei IP-Netze von zwei verschiedenen ISPs werden an einem Peering-Point zusammengeschaltet. Beide Parteien schließen ein von ihnen frei ausgehandeltes Peering-Abkommen.
- Indirektes Peering: Der Übergang zwischen zwei oder mehreren, verschiedenen IP-Netzen verschiedener ISPs erfolgt über ein IP-Netz eines dritten, der dieses ausschließlich als → *Backbone* zur Verbindung von ISPs betreibt und an das keine weiteren einzelnen Nutzer angeschlossen sind.

  Die ISPs sind an dieses Backbone über Network Access Points angeschlossen. Beispiele hierfür sind → *CIX*, → *DE-CIX*, → *DE-GIX*, → *GIX*, → *LINX*, → *NAP*, → *MAE*.

Peer-to-Peer

Abgekürzt mit P2P oder P-to-P. Ein Begriff, der das gleichberechtigte Verhältnis von an einer Kommunikation beteiligten Einheiten (im Gegensatz zu den Begriffspaaren Client und → *Server* oder → *Host* zum → *Terminal*) andeutet.

PEG

Abk. für Public, Educational and Governmental.

Bezeichnung für öffentliche Programme aus den Bereichen Erziehung, Wissenschaft und aus dem Behördensektor, für die Platz in Kabelfernsehnetzen in den USA reserviert bleiben muss.

PEL

Abk. für Picture Element, Bildpunkt.

Auch → *Pixel* genannt.

PEM

Abk. für Privacy Enhanced Mail.

Bezeichnung für ein Datensicherungsverfahren für → *E-Mail* im → *Internet*. Seine Entwicklung startete auf Grundlage von Ideen von John Linn für ein auf → *DES* basierendes, symmetrisches Verschlüsselungsverfahren aus dem Hause DEC; 1987 im RFC 989 festgelegt und bis August 1991 durch die RFCs 1113 bis 1115 erweitert, in denen ein asymmetrisches Verfahren definiert ist. Eine Neufassung von PEM erfolgte im Februar 1993 in den RFCs 1421 bis 1424.

PEM setzt im Gegensatz zu → *PGP* auf einen Schlüsselaustausch durch eine übergeordnete Schlüsselverwaltungsinstanz (Behörde des Staates oder eine durch diesen lizenzierte, vertrauenswürdige Stelle).

PENCAN

Bezeichnung für mehrere → *Unterwasserkabel* im Atlantik, die das spanische Festland mit den Kanarischen Inseln verbindet.

PENCAN 4 verläuft von Conil auf dem spanischen Festland über 1345 km auf die Kanaren und stellt 3 * 280 Mbit/s zur Verfügung.

Das glasfaserbasierte PENCAN 5 ging 1992 in Betrieb, ist 1460 km lang (13 Repeater) und realisiert über vier Glasfaserpaare und zwei Reservepaare 560 Mbit/s.

Letztes Kabel war PENCAN 6, das über 1 400 km Conil (Spanien) mit El Medano auf Teneriffa und den Kanarischen Inseln verbindet. Es hat eine Kapazität von 2 * 2,5 Gbit/s und wurde 1998 in Betrieb genommen.

Pentaconta, Pentacross

Abgekürzt auch mit PC. Name einer Familie von Vermittlungssystemen aus dem Hause ITT mit → *Crossbar-Schaltern* als Koppelelement. Entwickelt ab 1950 von der französischen ITT-Tochter CGCT, erster Einsatz ab 1958. Das Vorläufersystem → *System 7* basierte auf → *Rotary-Wählern*. Nachfolgemodelle waren → *Metaconta* und → *System 12*.

Pentium, Pentium II, Pentium Pro

→ *Intel Pentium.*

PEP

1. Abk. für Protocol Extensions Protocol.
   → *JEPI.*
2. Abk. für Packetized Ensemble Protocol.
   Bezeichnung eines herstellerspezifischen Standards für → *Modems* aus dem Hause Telebit. Dabei wird die sog. Multicarrier-Technik angewendet, indem 512 Trägerfrequenzen (Carrier) parallel genutzt werden. Jeder Carrier überträgt mit dem → *QAM* als Verfahren der → *digitalen Modulation* mit 6 Baud nur eine variable Bit/Baud-Zahl von 1, 2, 4 oder 6. Damit lassen sich rechnerisch bis zu 18 432 bit/s übertragen, was allerdings bedingt durch Protokoll-Overhead auf eine Nutzdatenrate von ca. 12 kbit/s verringert wird.

   Neuere Entwicklungen (TurboPEP) erreichen 23 000 bit/s.

   Vorteil des Verfahrens ist, dass das Protokoll die gesamte Übertragungsrate permanent in 12-bit/s-Schritten durch Verteilung des gesamten Datenstroms auf die 512 Carrier den Gegebenheiten der Übertragungsstrecke entsprechend anpasst (→ *Fallback* und → *Fallforward*).

   Modems mit dieser Technik gelten als teuer und selten. Um dennoch mit Modems aus dem Hause Telebit kommunizieren zu können, unterstützen sie auch die gängigen Standards der V-Serie.

Performance-Indicators

→ *Leistungskennzahlen.*

Perigäum

Bezeichnung für den erdnächsten Punkt einer elliptischen Satellitenumlaufbahn um die Erde.
→ *Apogäum*, → *Apsiden.*

Periode

Begriff aus der Schwingungslehre. Eine Schwingung ist periodisch, wenn sich ihre Schwingungszustände in konstanten, zeitlichen Abständen wiederholen. Dieser feste Abstand wird Periode genannt und mit *T* abgekürzt.
→ *Frequenz*, → *Phase*, → *Wellenlänge.*

Periodisches CHAP

→ *CHAP.*

Perl

Abk. für Practical Extraction and Report Language.
Bezeichnung für eine → *Skriptsprache*, die heute am weitesten verbreitet ist im Bereich von → *Servern*, die Inhalte für das → *WWW* zur Verfügung stellen. Mit Perl können kleine Programme (Skripte) geschrieben werden, die es ermöglichen, dass die Server mit anderen Anwendungsprogrammen Daten austauschen können (→ *CGI*). Damit ist es z.B. möglich, eine Datenbankanfrage, die über das WWW gestellt wurde, an eine herkömmliche Datenbank weiterzugeben.
Perl ist vom Prinzip her ähnlich wie → *awk* und darf nicht mit → *PEARL* verwechselt werden. Ursprünglich wurde es entwickelt, um die Ausgabe von Programmen entgegenzunehmen, diese nach vom User definierten Regeln umzuformatieren und derart neu formatiert wieder auszugeben.
Perl wurde um 1986 maßgeblich von Larry Wall mitentwickelt. Den Anstoß gab seinerzeit das Bedürfnis, ein einfaches, aber mächtiges Tool zur Extraktion von Daten aus Dateisystemen zu entwickeln.
Scherzhaft wird Perl auch mit „Pathologically Eclectic Rubbish Lister" übersetzt – was von Larry Wall offiziell anerkannt wird.
Das Comprehensive Perl Archive Network (CPAN) stellt eine Bibliothek mit vielen fertig entwickelten Perl-Routinen zur Verfügung.
Eine Konkurrenzsprache ist → *PHP.*
→ *http://futureware.papa.at/artikel/perlkurs.htm/*
→ *http://www.perl.com/perl/faq/*

PERM

Abk. für Programmgesteuerte Elektrische Rechenmaschine München.
Bezeichnung eines 1956, nach vier Jahren Bauzeit, unter der Leitung des in den USA geschulten Prof. Dr. Hans Piloty und Hans Saurer in Betrieb gegangenen frühen Computers. Für einige Wochen war der aus 2 000 Röhren gebaute und daher unter Wackelkontakten leidende → *Parallelrechner* der schnellste Rechner der Welt. Er wurde zunächst als Forschungsobjekt und später als Standardrechner eingesetzt. Erst 1972 wurde er stillgelegt. Heute kann er im Deutschen Museum in München besichtigt werden.

Personal Communicator

Ein neuer und noch unvollkommen definierter Begriff, der für zukünftige Telekommunikationsnetze (→ *UMTS*, → *IMT 2000*) eine Art Adapter an die weltweit verbreiteten Standards und Schnittstellen in einem Terminal integriert und sich den jeweils angeforderten Diensten anpasst.

Personal Computer

→ *PC.*

Personalisierung

1. Bei Telekommunikationsdiensten in Fest- und Mobilfunknetzen der Oberbegriff für die Möglichkeit von Nutzern, ihre durch sie genutzten → *Dienste* und Dienstmerkmale zu beeinflussen, z.B. durch → *Screening*, → *Barring*, → *Forwarding* sowie → *persönliche Mobilität* und → *Terminalmobilität.*
2. Im → *WWW* des → *Internet* die Bezeichnung für die Präsentation von Inhalten in Abhängigkeit von einem von einem Nutzer erstellten individuellen Profil.

   Üblicherweise kann ein Nutzer aus verschiedenen Optionen wählen und bekommt die ausgewählten Optionen angezeigt. Fortgeschrittener sind solche Möglichkeiten zur Personalisierung, bei denen nicht nur die Inhalte, sondern auch die Art und Weise der Präsentation individuell eingestellt werden können. Dies äußert sich z.B. in der Anordnung der möglichen Elemente auf einem Bildschirm.

3. Bei der Herstellung von Karten (→ *Smart Cards*) die Bezeichnung für den Schritt im Herstellungsprozess, bei dem die Daten, welche einem späteren Kartennutzer zugeordnet werden können, auf die Karte bzw. ein geeignetes Speichermedium (Chip mit Speicher oder Magnetstreifen) aufgebracht werden. Die Karte ist danach keine beliebige leere Karte mehr (wie jede beliebige andere leere Karte auch), sondern eine einzigartige Karte.

Personenruf (-dienst)

Andere Bezeichnung für → *Paging*.

Persönliche Mobilität

Bezeichnet die Eigenschaft eines Telekommunikationsnetzes, die für einen Teilnehmer bestimmten Anrufe immer an das Terminal zu routen, an dem dieser, z.B. mittels einer → *Smart Card*, registriert ist. Dies setzt eine persönliche, den Nutzer (und nicht das Endgerät, das Terminal oder die Anschlussbuchse) identifizierende Telefonnummer voraus.

→ *Mobilität*, → *UPT*.

PET 2000

Abk. für Personal Electronic Transactor.

Auch Commodore PET 2000 genannt. Bezeichnung eines der ersten echten → *PCs* aus dem Hause → *Commodore*, ausgestattet mit einem monochromen Bildschirm (grün, 9 Zoll) und einem Kassettenlaufwerk (‚Datasette') als Speichermedium.

Er war ausgestattet mit einem Mikroprozessor vom Typ 6502 aus dem Hause MOS Technology (wie der → *Apple II* auch), der mit 1 MHz getaktet war. Außerdem gab es 4 KByte RAM und 14 KByte ROM. Im ROM enthalten: die Programmiersprache → *Basic* (8 KByte) aus dem Hause → *Microsoft*.

Als externe Schnittstelle stand ein Port nach IEEE 488 (→ *IEC*-Bus) zum Anschluss von Diskettenlaufwerk oder Drucker zur Verfügung.

Der PET 2000 wurde maßgeblich von Chuck Peddle aus einem Vorläufer im Hause MOS Technologies, dem Einplatinen-Bausatzrechner Kim bzw. → *Kim 1*, entwickelt, kam 1977 in den USA für 795 $ auf den Markt und wurde erstmals auf dem Titelblatt der ‚Byte' zum Start gezeigt. Der PET wird mittlerweile als Sammlerstück gehandelt.

Commodore setzte seinen Erfolg in den 80er Jahren mit Modellen wie dem → *VC 20* und dem → *C 64* fort.

Petherick-Code

Bezeichnung eines mehrstelligen, ungewichteten Codes zur → *Codierung* von Dezimalzeichen, bei dem sich von einem Codewort zum nächsten Codewort jeweils nur ein Bit ändert, d.h., es ist ein einschrittiger Code. Beim Dualcode ändern sich, im Gegensatz dazu, im ungünstigsten Fall alle Stellen, z.B. beim Übergang von der Sieben (0111) zur Acht (1000).

Vorteil des Petherick-Codes ist, dass sich aus ihm durch einfaches Invertieren der ersten binären Stelle (links) das Neunerkomplement ergibt.

Beispiel für einen vierstelligen Petherick-Code:

Zeichen	Petherick-Code
0	0101
1	0001
2	0011
3	0010
4	0110
5	1110
6	1010
7	1011
8	1001
9	1101

Ein ähnlicher Code ist der → *Gray-Code*.

PETP

Abk. für Polyethylenterephtalat.

→ *PE*.

PF

Abk. für Phenol-Formaldehyd (-harz).

Bezeichnung für einen Kunststoff (Kunstharz), der im Rahmen der Telekommunikation häufig als Material für Schalter, Gehäuse und Klemmen/Klemmleisten Verwendung findet.

→ *ABS*, → *PA*, → *PBTP*, → *PE*??→ *PF*, → *PVC*, → *SAN*.

PFB

Abk. für Printer Font Binary.

PFE

Abk. für Power Feed Equipment.

Pflichtleistungsverordnung

Zuletzt 1990 revidierte, für die Deutsche Telekom bindende Verordnung, die gewisse zu erbringende Pflichtleistungen definiert, wie z.B. die Versorgung öffentlicher Plätze und Orte mit öffentlichen Fernsprechern (inkl. kostenlosem Notruf), die Bereitstellung eines Auskunftsdienstes, die Herausgabe von Teilnehmerverzeichnissen sowie den flächendeckenden Betrieb von Telex- und Telegrammdienst.

Zum 31. Dezember 1997 vollständig ersetzt durch die Universaldienstverordnung (→ *USO*).

PFM

1. Abk. für Pulsfrequenzmodulation.

   Bezeichnung eines Modulationsverfahrens, bei dem die Pulsfrequenz moduliert und dadurch Träger der Information wird.

2. Abk. für Printer Font Metric.

PGA

Abk. für Professional Graphics Adapter.

Bezeichnung eines Standards für → *Grafikkarten* für → *PCs* aus dem Hause IBM mit analogem Bildsignal. Auflösung von 640 * 480 Bildpunkten. Wegen hoher Kosten kaum im privaten Bereich verbreitet. Wurde lediglich im professionellen Bereich bei → *CAD*- oder → *DTP*-Anwendungen eingesetzt.

PGP

Abk. für Pretty Good Privacy.

Bezeichnung eines als → *Freeware* in der Programmiersprache → *C* sehr weit verbreiteten Datensicherungsverfahrens zur Versendung von mit → *IDEA* verschlüsselten → *E-Mails* und zur Nutzung von digitalen Unterschriften mit → *RSA* im → *Internet* (→ *Kryptologie*). Es handelt sich, im Gegensatz zu → *PEM*, um ein dezentrales Verfahren, da es ohne eine zentrale vertrauenswürdige Institution im Internet zur Schlüsselverwaltung auskommt. Bei PGP müssen die Kommunikationspartner zunächst über sichere Kommunikationswege den Private Key zur Entschlüsselung austauschen.

Entwickelt wurde PGP 1991 von Philipp R. Zimmermann in den USA, der es auch im Internet zur Verfügung stellte. Er wurde daraufhin im Frühjahr 1993 von den US-Behörden angeklagt, da Krypto-Software unter das Waffengesetz fällt und nicht an Ausländer abgegeben werden darf. Die Strafe dafür liegt bei 10 Jahren Gefängnis und 1 Mio. $ oder mehr Geldstrafe. Ziel war es, einen den US-Behörden genehmen Verschlüsselungsstandard durchzusetzen, der von diesen leichter entschlüsselt werden konnte. Das Verfahren ist im Januar 1996 ergebnislos eingestellt worden.

PGP wurde von mehreren Personen und Institutionen in Europa und Nordamerika weiterentwickelt, weswegen verschiedene Versionen existieren.

Im Sommer 1996 wurde zur Vermarktung von Produkten, die PGP nutzen, die PGSoftware in San Francisco gegründet.

→ *http://www.pgpi.com/*

→ *PEM*.

PH

Abk. für Packet Handler.

Bezeichnung für den Übergang vom → *ISDN* zum → *X.25*-Netz in einer ISDN-Vermittlungsstelle.

Phantomschaltung

Auch Phantomkreis genannt. Bezeichnung für eine von John Joseph Carty (* 1861, † 1932) erfundene Schaltung von insgesamt vier Drähten (zwei unabhängige Stromkreise mit je einem Hin- und Rückleiter), über die ein dritter Stromkreis gebildet werden kann, so dass über diese zwei Doppeladern insgesamt drei Gespräche laufen können.

Eingesetzt z.B. beim → *Rheinlandkabel*.

Phase

Begriff aus der Schwingungslehre. Eine Phase kann nur beim Vergleich zweier Schwingungen oder beim Vergleich einer Schwingung mit einem Referenzzeitpunkt benutzt werden und definiert neben den anderen Kenngrößen → *Frequenz* und → *Amplitude* den eindeutigen Schwingungszustand eines schwingenden Systems. Die Phase wird durch den Phasenwinkel φ beschrieben, der üblicherweise nicht in Grad, sondern in einer dimensionslosen Größe zwischen 0 und 2π angegeben wird.

Während eine herkömmliche Sinusschwingung bei einer → *Periode* von 2π einen Phasenwinkel von $\varphi = 0$ (= 0°)

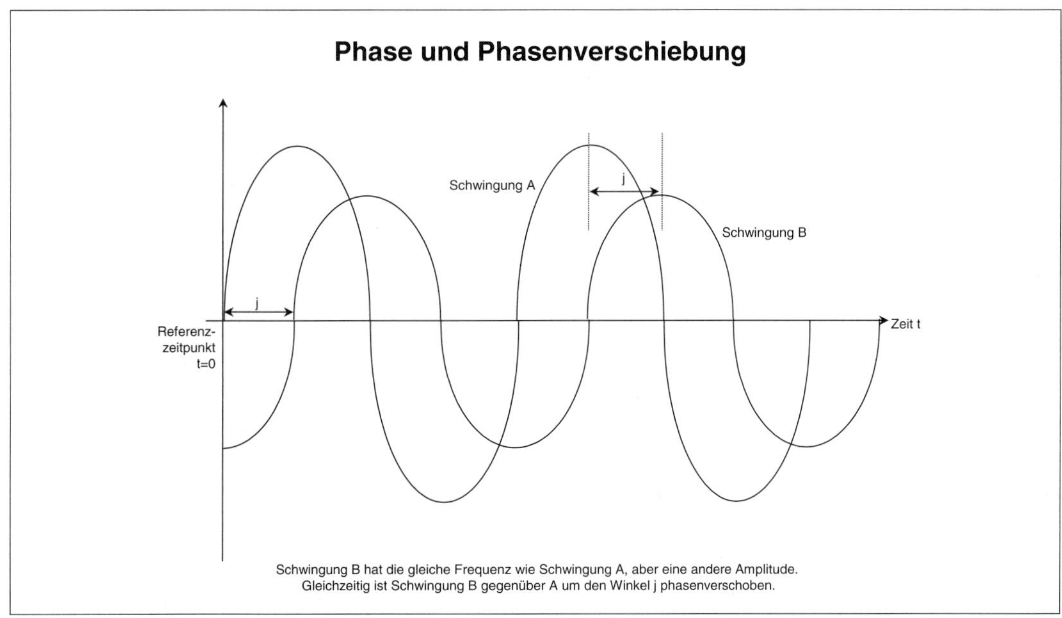

Schwingung B hat die gleiche Frequenz wie Schwingung A, aber eine andere Amplitude.
Gleichzeitig ist Schwingung B gegenüber A um den Winkel j phasenverschoben.

hat, hat die Cosinusschwingung relativ zu dieser Sinusschwingung eine Phasenverschiebung von $\varphi = 1/2\pi$ (= 90°).

Phasendifferenzmodulation

→ *PSK.*

Phasenjitter

→ *Jitter.*

Phasenkohärenz

Der Begriff bezeichnet bei einer in → *Amplitude* und → *Frequenz* variablen Schwingung den Umstand, dass die → *Phase* konstant bleibt.

Phasenmodulation

→ *PSK.*

Phasenumtastung

→ *PSK.*

Phasenverschiebung

→ *Phase.*

Phasenwinkel

→ *Phase.*

PHB

Abk. für Per Hop Behaviour.
→ *Diffserv.*

PHIGS

Abk. für Programmer's Hierarchical Interactive Graphics System.

Phoenix

→ *Global One.*

Phonem

Deutsche Bezeichnung: Wortuntereinheit. Begriff aus der Sprachverarbeitung (Sprachanalyse und -synthese, → *Sprachsystem*). Bezeichnung für die nicht weiter zerlegbaren und damit kleinsten Lautelemente einer Sprache oder eines Dialektes, aus denen sich die Wörter dieser Sprache zusammensetzen.
Die meisten Sprachen bestehen aus ca. 40 Phonemen. So besteht z.B. die englische Sprache aus 44 Phonemen.
→ *Allophon.*

Phone Phreaks

→ *Hacker.*

Photo-CD

→ *CD-ROM-XA.*

Photonik

Bezeichnung für die mehrere natur- und ingenieurwissenschaftliche Disziplinen vereinigende Systemtechnik, die optische, optoelektronische und festkörperphysikalische Technologien zu Anwendungen im Bereich der Energietechnik oder Kommunikationstechnik vereint. Diese wissenschaftliche Disziplin und Technologie nutzt Photonen, d.h. masselose Energiequanten des Lichtes, zur Nachrichtenübertragung, -vermittlung und -verarbeitung.
Die Technologie beinhaltet folgende Teilgebiete:

- →*Optoelektronik* (Beeinflussung elektronischer Bauelemente durch optische Signale)
- Elektrooptik (Beeinflussung optischer Signale durch elektronische Bauelemente)
- → *Glasfasertechnik*
- Lasertechnik (→ *Laser*)

Praktisches Anwendungsbeispiel ist ein Sonnenkollektor.
Fernziele sind der Bau eines nicht mehr auf verlustbehafteter Leitung und Schaltung von Strömen und Spannungen basierenden Computers und der Bau von optoelektronischen Schaltelementen zur schnelleren Vermittlung von optischen Datenströmen.
1990 bereits stellten die → *Bell Labs* einen Prozessor vor, der nur aus optischen Komponenten bestand.

PHP

1. Abk. für Pacific Home Phone System oder auch Pacific Handy Phone System sowie Personal Handy Phone System.

   Ursprüngliche Bezeichnung des japanischen Standards für digitale Schnurlostelefonie. Jetzt → *PHS*, da PHP der Name eines renommierten Verlagshauses in Japan ist.
2. Abk. für Personal Home Page (Tool).

   Bezeichnung für ein → *Tool*, das im Herbst 1994 von Rasmus Lerdorf zur statistischen Auswertung der Besuche auf seiner Homepage fertig entwickelt war und der Öffentlichkeit vorgestellt wurde. Das Tool stellte er der Öffentlichkeit über seine Homepage zur Verfügung, so dass sich (ähnlich wie bei → *Linux*) zahlreiche andere Nutzer an der Entwicklung beteiligten.

   Nach dem 2. Release (Mitte 1995) entwickelte sich zur Jahresmitte 1997 ein fester Kern von Entwicklern, so dass Kontinuität in die Entwicklung kam.

   Die Funktionalität hat sich mittlerweile in Richtung von → *Perl* entwickelt.

   → *http://www.php.net/*

PHS

Abk. für Personal Handyphone System oder auch Pacific Home (Handy) Phone System.
Eine andere Bezeichnung war ursprünglich auch → *PHP.* Bezeichnet einen digitalen japanischen Standard für Schnurlostelefonie.
Sendet im 1,9-GHz-Bereich (1 895 bis 1 918,1 MHz) mit → *TDMA* und → *TDD* als Duplexverfahren, 300 kHz Kanalabstand (77 Trägerfrequenzen insgesamt), vier Duplexkanäle auf einer Frequenz (5 ms Rahmenlänge), Pi/4-QPSK (→ *PSK*) und einem 32 kbit/s → *ADPCM*-Sprachcodec. Je Frequenz gehen 384 kbit/s über die Luftschnittstelle.
In das System integriert ist eine automatische Kanalauswahl, so dass immer der Kanal mit der geringsten Störung

ausgewählt und auf ihn gewechselt wird, sofern er verfügbar ist.

Das zur Verfügung stehende Frequenzspektrum ist aufgeteilt in 40 Frequenzen von 1906,1 bis 1918,1 MHz exklusiv für den öffentlichen Gebrauch (→ *Telepoint*) und 37 Frequenzen von 1895 bis 1906,1 MHz für Büro- und Heimanwendungen. Von diesen 37 Frequenzen sind wiederum die unteren zehn für kombinierte Anwendungen (privat und öffentlich, MS-zu-MS-Kommunikation) vorgesehen. Die Kanäle Nr. 12 und 18 werden für Kontroll- und Managementfunktionen in privaten Systemen (→ *Nebenstellenanlagen*) bereitgehalten.

Die Kanäle werden im Falle eines Verbindungsaufbaus dynamisch zugeteilt.

→ *Handover* zur Errichtung zellularer Systeme wird unterstützt, dauert aber verhältnismäßig lange (bis zu 2,2 s!). Die durchschnittliche Sendeleistung der Mobilstation (→ *MS*) ist 10 mW (80 mW Spitzenleistung), der Durchmesser der Zellen liegt bei max. 200 m. Die Sendeleistung der Basisstation (→ *BS*) liegt im Durchschnitt bei 500 mW und 4 W als Spitzenleistung. Die Endgeräte gelten als extrem klein und leicht (ca. 60 bis 100 g) und erreichen wegen der geringen Sendeleistung eine hohe → *Stand-by-Zeit* von einigen hundert Stunden. Sie sind in Japan weit verbreitet. Im Dezember 1997 wurde von NTT das Modell eines in eine Armbanduhr integrierten Telefons vorgestellt.

Neben Sprachübertragung ist → *Fax* für Gruppe 3 mit 4,2 und 7,8 kbit/s und Datenübertragung mit 2,4, 4,8, 9,6, 14,4 und sogar 32 kbit/s (Einführung Jahresende 1997) möglich. Ein Standard für 64 und auch für 144 kbit/s befindet sich in der Entwicklung. Eine generische Luftschnittstelle für → *Telepoint*-Anwendungen ist vorgesehen. Ferner ist PHP in der Diskussion für → *RLL*-Anwendungen.

Eine Erweiterung des Standards wird mit PHS Internet Access Forum Standard (PIAFS) bezeichnet und erlaubt den Zugang von mobilen Terminals aus zum → *Internet* über ein PHS-Netz.

PHS unterstützt nur eine langsame Bewegung seiner Teilnehmer (Schrittgeschwindigkeit), da bei den kleinzelligen Netzen (so erfordert der Großraum Tokio rund 120 000 Basisstationen) sonst eine hohe Folge von Handovern zu großen Belastungen durch reine Managementfunktionalität führen würde.

Der Standard wurde von der → *TTC* Studiengruppe No. 52 auf Initiative des japanischen Handelsministeriums aus dem Jahr 1989 entwickelt. Erste vorläufige Standards lagen im März 1993 vor, gefolgt von einem ersten kompletten Standard seit Anfang 1994. Das TTC definierte die Netzschnittstelle, das → *RCR* hingegen das Common Air Interface.

PHS wurde erstmals erfolgreich 1994 in Telepointversuchen in Saporro und Tokio getestet. Im Februar 1995 wurden 21 lokale PHS-Lizenzen vergeben. Derartige ‚Cityphone' genannte Systeme sind dann am 1. Juli 1995 (Großraum Tokio) und am 1. Oktober 1995 (restliche Landesteile) in Betrieb gegangen und konnten in 1 ½ Jahren mehr Kunden gewinnen als alle anderen japanischen Mobilfunksysteme in den 10 Jahren zuvor.

International hatten sich bis Mitte 1997 nur rund ein Dutzend Länder für den PHS-Standard entschieden (u.a. Australien, Hongkong, Singapur), was in Japan zu einer Enttäuschung geführt hat. Insbesondere die fehlenden internationalen Roaming-Möglichkeiten haben zu einer Verärgerung von PHS-Kunden geführt, weswegen die Entwicklung von Dual-Mode-Geräten für PHS und GSM mit staatlicher Hilfe forciert werden soll.

Da jedoch auch in Japan die Preise für ‚echte' Mobilfunkendgeräte (→ *Handys*) mittlerweile fielen und die Endgerätepreise weniger subventioniert wurden, wendeten sich ab Beginn 1998 immer mehr potenzielle PHS-Kunden direkt den japanischen, zellularen und digitalen Mobilfunknetzen zu, so dass das PHS-Geschäft zusätzlich schwieriger wurde. Verstärkt wurde dies durch steigende Kündigungsraten (→ *Churn*) bestehender Kunden.

→ *http://www.phsmou.or.jp/*

Physische Einrichtung

→ *Reale Einrichtung*.

PIAFS

Abk. für PHS Internet Access Forum Standard.

→ *PHS*.

Pica

→ *Point*.

Pickup

Auch Anrufübernahme, Übernahme oder international Call Pickup (CP) genannt. Bezeichnet ein → *Leistungsmerkmal* von → *Nebenstellenanlagen* oder auch von → *Centrex*, das die Annahme eines eingehenden Rufes für eine bestimmte Nebenstelle von einer anderen Nebenstelle aus erlaubt. Man unterscheidet:

- Gezielter Pickup: Von jeder Nebenstelle kann ein Gespräch jeder anderen Nebenstelle angenommen werden. Dafür sind am Endgerät eine Tastenkombination zur Aktivierung des Leistungsmerkmals und die Nummer der betreffenden Nebenstelle einzugeben.
- Gruppen-Pickup: Die einzelnen Nebenstellen werden zu Gruppen zusammengefasst. Von einer Nebenstelle aus können dann nur eingehende Verbindungen zu einer anderen Nebenstelle der gleichen Gruppe angenommen werden. Dafür ist nur die Tastenkombination zu drücken, die den Pickup aktiviert. Die zu übernehmende Nebenstelle ist nicht näher zu spezifizieren.

Sinnvoll ist der Gruppen-Pickup z.B. in mit mehreren Personen besetzten Büros oder beim Annehmen eines Gesprächs, das schon zum → *Anrufbeantworter* weitergeschaltet wurde.

PicoJava

→ *Java*.

Piconet

→ *Bluetooth*.

Picopayment

Im Zusammenhang mit → *Electronic Money* die Bezeichnung für Zahlungen mit sehr kleinen Beträgen unter 1 DM bis in den Bereich von Bruchteilen von Pfennigen.

Derartige Zahlungen werden im Zusammenhang mit → *E-Business* Bedeutung erlangen. Das zentrale Problem bei der Abwicklung von Picopayments ist, dass der administrative Aufwand zur Abwicklung derartiger Zahlungen (Transaktionskosten) den Zahlungsbetrag bei üblichen Zahlungsmechanismen übersteigt und dadurch derartige Zahlungen unattraktiv machen. Andererseits werden derartig geringe Zahlungen bei Informationsabrufen fällig, die ein Massengeschäft darstellen.

Es werden insbesondere Modelle diskutiert, in denen für den Abruf von Informationen über das → *WWW* im → *Internet* Beträge im Pfennigbereich fällig werden. Beispiele hierfür sind Programme, die der → *NC* benötigt und die er sich von zentralen → *Servern* herunterlädt oder der einfache Abruf von elektronischen Telefonbüchern oder Adressverzeichnissen.

→ *Macropayment*, → *Micropayment*.

PICMG

Abk. für PCI Industrial Computer Manufacturers Group.

→ *PCI*.

Picozellen

Bezeichnung einer Zellengröße in zellularen Mobilfunknetzen und bei digitalen schnurlosen Systemen, die auch an → *Nebenstellenanlagen* angeschlossen werden können (→ *DECT*, → *CT3*).

Picozellen verfügen über einen Radius von ca. 20 m und sind für Indoor-Anwendungen gedacht.

→ *Microzellen*, → *Makrozellen*, → *Umbrellacells*, → *Ruralcells*, → *Zellulare Systeme*.

PICS

1. Abk. für Protocol Implementations Conformance Statement.

   Bezeichnung für die Erklärung eines Herstellers, dass ein von ihm implementiertes Protokoll auf Basis des → *OSI-Referenzmodells* einem Standard entspricht bzw. welche Teile des Standards umgesetzt wurden und welche nicht.

2. Abk. für Platform for Internet Content Selection.

   Bezeichnung für ein vom → *W3C* vorgeschlagenes Verfahren zur Kontrolle der Darstellung von gewünschten und unerwünschten Inhalten des → *WWW* in einem Browser.

   Primär gedacht zum Einsatz beim Schutz von Kindern und Jugendlichen.

   → *http://www.w3.org/pics/*

PICT

Abk. für Picture (Format).

Bei Computern aus dem Hause → *Apple* die Bezeichnung für ein Dateiformat, das Grafikdaten enthält, die sowohl als → *Pixelgrafik* als auch als → *Vektorgrafik* oder beides gemischt definiert sein können.

PID

Abk. für Process Identification (Number).

Bezeichnung für eine Nummer, die einem → *Prozess* vom → *Betriebssystem* zugeteilt wird und anhand derer der Prozess eindeutig identifiziert werden kann.

Piezoeffekt

Von griech. Piezo = drücken. Auch piezoelektrischer Effekt genannt. Bezeichnung für den elektromechanischen Effekt bei kristallin aufgebauten Isolatoren, dass unter dem Anlegen einer äußeren mechanischen Belastung (Druck, Zug, Torsion), die zu einer Verformung des Kristalls führt, eine elektrische Spannung zwischen gegenüberliegenden Flächen festgestellt werden kann.

Beispiele für Materialien mit diesem Effekt sind Turmalin, Seignettesalz, Zinkblende und insbesondere Quarz.

Umgekehrt können sich unter dem Anlegen eines äußeren elektrischen Feldes die Ionen innerhalb des Kristalls verschieben, was zu einer mechanischen Verformung des gesamten Kristalls führt.

Dieser umgekehrte Fall wird mit Elektrostriktion bezeichnet und in der Technik zum Aufbau von Schwingkreisen genutzt. Durch Anlegen eines elektrischen Wechselfeldes mit einer Frequenz gleich der Resonanzfrequenz des Kristalls (die von der Größe und geometrischen Beschaffenheit des Kristalls abhängt) kann ein geeigneter Kristall, üblicherweise Quarz, zu andauernden mechanischen Schwingungen einer nahezu konstanten Frequenz angeregt werden. Über diese konstante Frequenz können z.B. genau gehende Uhrwerke (‚Quarzuhr') oder Referenzschwingkreise zur Taktgeneration in Computern aufgebaut werden.

Entdeckt wurde der Piezoeffekt von dem französischen Physiker Pierre Curie (* 15. Mai 1859, † 19. April 1906) im Jahre 1880.

PIF

Abk. für Program Information File.

Piggy-Backing

Engl. für → *Huckepackverfahren*.

Pigtail

Begriff aus der → *Glasfasertechnik*. Bezeichnet spezielle standardisierte Anschlussfasern von nur wenigen Metern Länge. Dabei ist die eine Seite mit einem Glasfaserstecker versehen, wohingegen die andere Seite ein ‚rohes' Stück Glasfaser ist, das durch → *Spleißen* an die Faser eines Glasfaserkabels angefügt wird. Somit können die Fasern über den Pigtail mit Stecker an elektrooptische Bausteine angeschlossen werden.

Piktogramm

→ *Icon*.

PIM, PIM-DM, PIM-SM

Abk. für Protocol Independent Multicasting.

Bezeichnung eines Protokolls zum → *Multicasting* im → *Internet*, das von einigen Herstellern von → *Routern* unterstützt wird.

Es ist kompatibel zu einigen Protokollen, die zum Unicasting eingesetzt werden.

Bei PIM werden zwei Arten von Multicast unterschieden: Dense Mode (DM) und Sparse Mode (SM). Dense Mode wird genutzt, wenn Sender und Empfänger nicht weit voneinander entfernt sind (sich etwa im gleichen Subnetz befinden), wenn die zu übertragende Datenmenge groß ist oder wenn es wenige Sender und viele Empfänger gibt.

Sparse Mode wird verwendet, wenn Sender und Empfänger sehr weit voneinander entfernt sind (globale Verteilung). Er setzt voraus, dass Empfänger ihre Bereitschaft zum Empfang von Multicast-Nachrichten explizit signalisieren.

→ *DVMRP*.

PiMf

Abk. für Paare in Metallfolie.

Offizielle Bezeichnung des → *VDE* für einen Kabeltyp, bei dem eine verdrillte Zweidrahtleitung mit einer Metallfolie geschirmt ist.

International üblich ist die Bezeichnung STP (Shielded Twisted Pair). Der Schirm kann dabei tatsächlich aus einer Folie (F/STP) oder aus einem Geflecht von Metallfasern bestehen (S/STP).

→ *ViMf*.

PIMS

Abk. für Personal Information Management Services.

Auch dynamisches Informationsmanagement genannt.

Bezeichnung für einen Mehrwertdienst (→ *VAS*) in Mobilfunknetzen, der im Umfeld von → *M-Commerce* diskutiert wird.

Im Gegensatz zu personalisierten Diensten, die aus einem großen allgemein zugänglichen Inhaltepool anhand von Parametern eine Inhalteauswahl treffen, stellen diese persönlichen Dienste lediglich eine von Groupware-Lösungen her bekannte Funktionalität zur Verwaltung von persönlichen Inhalten/Informationen (prinzipiell eine Art Datenbank) zur Verfügung. Die Inhalte/Informationen müssen hingegen vom Nutzer selbst in das System eingegeben werden und dienen der persönlichen Verwaltung.

Beispiele für derartige Dienste können sein:

- Terminkalender mit Alarm-/Erinnerungsfunktion
- Telefonbuch-, Postadress- und E-Mailadressverwaltung
- Verwaltung von Task-Listen
- Eine Kombination mit einem System für → *Unified Messaging* ermöglicht z.B. eine automatische E-Mail-Generierung (Geburtstage etc.)

Üblicherweise wird diese Funktionalität sowohl über eine klassische stationäre Internet-Schnittstelle (Browser) als auch eine → *WAP*-Schnittstelle (Microbrowser im Handy) angeboten.

Der Vorteil aus Nutzersicht ist, dass auf die Daten in derartigen Systemen jederzeit mobil zugegriffen werden kann und dass ein hoher Nutzen entsteht (Erinnerung an Termine, keine Backup-Sorgen, keine Software-Updates, keine Notwendigkeit, eine eigene Software zu kaufen).

Derartige Dienste können mit den in letzter Zeit diskutierten Konzepten für Application Service Providing (→ *ASP*) als neue Umsatzquelle für herkömmliche Internet-Service-Provider (→ *ISP*) angesehen werden, nur dass die hier betrachteten Anwendungen relativ einfacher Natur sind (gemessen an Größe und Funktionalität der Programme) und sich an ein Massenpublikum wenden.

PIN, Pin

1. Abk. für Personal Identification Number.

   Auch Zugangscode oder -nummer genannt. Allgemeine Bezeichnung einer persönlichen (meistens vier- oder fünfstelligen) Geheimzahl, die jemand zur Authentifizierung eingeben muss. Der Einsatz erfolgt meistens in Verbindung mit einer Karte, z.B. einer → *Smart Card*. Beispiele: Kreditkarten, Scheckkarten, Firmenausweise.

2. Bei Steckern zur Verbindung von Kabeln mit einer Buchse die Bezeichnung für das die Verbindung mit dem Gegenstück herstellende leitende Endstück in Form eines Stiftes. Der Pin wird in dem Gegenstück des Steckers (Buchse) in eine Hülse geführt und stellt so den Kontakt in der Steckverbindung her. Oft werden die Stecker mit Pin auch als männlicher Stecker und diejenigen mit Hülse als weiblicher Stecker bezeichnet.

ping

Abk. für Packet Internet Groper.

Bezeichnung eines Programms, das dazu dient, → *IP*-Verbindungen zwischen zwei IP-Adressen zu testen. Es wird dabei festgestellt, ob ein bestimmter Rechner (spezifiziert durch seinen → *Host*-Namen) im Netz überhaupt noch aktiv ist und wie gut die Verbindung zu ihm ist. Um dies zu ermöglichen, nutzt ping → *ICMP*. Damit können Fehler in Verbindungen festgestellt werden.

Ping sendet jede Sekunde ein 64 Byte langes Datenpaket mit Echo-Request und stellt fest, wie lange es dauert (und ob überhaupt), bis der angerufene Rechner antwortet. Diese Zeit wird mit Round-Trip-Delay bezeichnet. Darüber hinaus gibt ping meistens mehrere weitere Daten zur Auswertung aus. So werden bei mehreren mit ping gesendeten Paketen die Veränderungen des Round-Trip-Delays und mögliche Paketverluste ersichtlich. Alle drei Angaben lassen Rückschlüsse auf die Qualität der Verbindung zu, wobei in den meisten Fällen nur die Information gefragt ist, ob überhaupt eine Verbindung besteht bzw. der angesprochene („angepingte“) Server aktiv ist.

Bei der Verwendung von ping ist darauf zu achten, dass bei Verbindungen über mehrere Netze hinweg (z.B. von einem LAN über ein X.25-Netz in ein zweites LAN) ping für jedes

Netz einzeln angewendet werden muss, um dessen Übertragungsqualität feststellen zu können.

Die → *Utility* ping ist bei den meisten → *TCP*- und → *IP*-Softwarepaketen im Preis enthalten.

Ping wurde maßgeblich von Michael ‚Mike' Muuss entwickelt († 20. November 2000).

Ping-Pong-Verfahren

→ *Halbduplex*, → *TDD*.

PINT

Abk. für PSTN/Internet Interworking (Group).

→ *Internet-Telefonie*.

PIO-Mode

Abk. für Programmed Input/Output-Mode.

Bezeichnung für eine spezielle Technik der Verarbeitung von Ein- und Ausgabedaten in einem Computer. Dabei legt der → *Mikroprozessor* des Computers die z.B. zur Ausgabe vorgesehenen Daten in einem speziellen Speicherbereich im Hauptspeicher ab bzw. holt eingegebene Daten von einem anderen Speicherbereich ab. Der Speicher fungiert damit als Zwischenspeicher zwischen dem schnellen Prozessor und einem langsameren angeschlossenen → *Controller*.

Man unterscheidet verschiedene Modes, die sich in ihren Zykluszeiten unterscheiden und damit die Datenübertragungsrate beeinflussen:

Mode	Datenrate in MByte/s
1	3,33
2	8,3
3	11,1
4	16,6

PIP

Abk. für Picture-in-Picture.

Bezeichnung für ein → *Leistungsmerkmal* von → *Videokonferenzsystemen*. Dabei wird bei einem Rollabout-Videokonferenzsystem das von der eigenen Kamera aufgenommene Bild (zur Kontrolle des eigenen Eindrucks) in das große Bild des Verbindungspartners kleinformatig in einer Ecke eingeblendet.

Pipe

Begriff aus der Interprozesskommunikation. Bezeichnet einen verbindungsorientierten Kanal (auch Stream genannt) zwischen zwei Prozessen auf einem Rechner.

Named Pipes verbinden dabei untereinander unabhängige Prozesse, wohingegen Anonymous Pipes Prozesse verbinden, die in einer Beziehung zueinander stehen (Vater-Sohn-Prozesse etc.).

→ *Socket*.

Pipelining

→ *Vektorrechner*.

Pits

Bezeichnung für kleine Vertiefungen auf dem metallischen Trägermaterial einer → *CD*, die letztlich den auf sie treffenden Laserstrahl durch unterschiedliche Länge und Abstände zeitabhängig streuen und dadurch Information enthalten, die gelesen werden kann.

Pixel

Kunstwort, Kurzform für Picture Element, Bildpunkt oder -element. Die kleinste unzerlegbare Einheit eines Bildes auf einem Bildschirm, die allein adressierbar ist.

Pixelfrequenz

Bezeichnung für die Anzahl der pro Sekunde von einem Monitor neu gezeichneten → *Pixel*. Angegeben in MHz.

Pixelgrafik

Auch Rastergrafik genannt. Im Gegensatz zur → *Vektorgrafik* die Beschreibung geometrischer Figuren durch die Anordnung von kleinen Punkten, die in geordneter und systematischer Darstellung für das menschliche Auge geometrische Figuren ergeben.

Vorteil ist die Möglichkeit der photorealistischen Darstellung von Objekten. Nachteilig ist ein Qualitätsverlust bei der Vergrößerung der Darstellung durch → *Rastern*.

PKI

1. Abk. für Public Key Infrastructure.

   → *Public Key*.

2. Abk. für Philips Kommunikations Industrie.

   Bezeichnete den vermittlungs- und informationstechnischen Zweig von Philips. Sitz: Nürnberg. Hervorgegangen 1982 aus der → *TeKaDe*. Teile wurden 1995 an Ericsson und AT&T verkauft (dort in → *Lucent* aufgegangen), andere Teile wurden Philips direkt zugeschlagen, wodurch die PKI aufgelöst wurde.

PL

Abk. für Padding Length.

PL/1

Abk. für Programming Language (No.) 1.

Bezeichnung einer im Hause IBM entwickelten problemorientierten → *Programmiersprache* für Großrechner. Sehr reichhaltige Funktionen. Sowohl für technisch-wissenschaftliche als auch für kaufmännische Aufgaben geeignet, da sie Elemente von → *Fortran* und → *Cobol* gleichermaßen in sich vereinigt. Auch von → *Algol 60* beeinflusst. Daher aber auch schwer überschaubar und schwer erlernbar.

PL/1 wurde von George Radin mitentwickelt und 1964 der Öffentlichkeit vorgestellt, fand aber keine besonders große Verbreitung. Es entwickelten sich aus PL/1 heraus die Dialekte → *PL/M* und PL/S, von denen PL/S bis zur Ablösung durch → *C* die Standardsprache im Hause IBM zur systemnahen Entwicklung von Programmen und → *Betriebssystemen* für Großrechner war.

→ *http://www.users.bigpond.com/robin_v/resource.htm/*

Plan 9

Bezeichnung eines verteilten → *Betriebssystems* für → *Computer* verschiedener Leistungsstufen (vom → *Laptop* über → *PCs* bis hin zu → *Workstations*) in vernetzten Umgebungen aus dem Hause AT&T bzw. → *Lucent* Technologies.

Plan 9 ist in großen Teilen in → *C* geschrieben und stellt ein mächtiges → *GUI* sowie viele → *Utilities* zur Verfügung.

Vorgestellt von Lucent Technologies im Frühjahr 1996. Entwickelt wurde es von Technikern, die sonst an → *Unix* arbeiten, von dem es viele Konzepte geerbt hat. Mit beteiligt war auch Kenneth L. Thompson.

→ *http://netlib.bell-labs.com/plan9/*

→ *http://www.fywss.com/plan9/*

Plankalkül

Bezeichnung für ein von Konrad Zuse (* 22. Juni 1910, † 1995; → *Zuse Z1*) erstmals im Jahre 1945 angedachtes und in der Folgezeit weiterentwickeltes und rein akademisches Konzept, das gemeinhin als die erste → *Programmiersprache* angesehen wird, wenngleich es keine → *Compiler* und Programme im herkömmlichen Sinne gab.

Sie war praktisch nie von Bedeutung und erlangte lediglich akademisches und insbesondere historisches Interesse.

Zuse versuchte, ausgehend von der Art der elektromechanischen Schaltungen in seinen Rechnern, eine allgemeine Theorie des Rechnens zu formulieren, um damit einen universellen Ansatz zur Formulierung der mathematischen Bearbeitung verschiedenster Probleme zu finden. Seine Gedanken fasste er in dem erst später veröffentlichten Papier „Über den allgemeinen Plankalkül als Mittel zur Formulierung schematisch-kombinativer Aufgaben" zusammen.

Plasmatechnik

Bezeichnung einer Technologie für → *Flachbildschirme*. Grundlage der Technik ist, dass sich mit Neon- und Xenon-Gasen unter dem Einfluss elektrischer Felder UV-Strahlung bildet, die wahrnehmbares Licht erzeugt, wenn sie auf entsprechende Leuchtstoffe fällt. Dieser Effekt wird auch bei der bekannten Neonröhre als Beleuchtungskörper eingesetzt.

Plastic Roaming

→ *Roaming.*

Platzgruppen

→ *Call Center.*

Platzhalter

→ *Wildcard.*

PLC

Abk. für → *Powerline-Communication.*

PLCF

Abk. für Physical Layer Convergence Function.

→ *DQDB.*

PLCP

Abk. für Physical Layer Convergence Protocol.

Bezeichnung einer Teilschicht auf Schicht 1 des → *OSI-Referenzmodells.* Aufgabe ist die Anpassung von Daten an die Übertragungsgeschwindigkeit und → *Slots* auf dem physikalischen Medium.

Plenipot

→ *ITU.*

Plesiochron

Andere Bezeichnung für ‚fast' synchron, d.h., Abweichungen von einem gemeinsamen Takt sind innerhalb eines klar definierten kleinen Rahmens erlaubt, somit weichen die Bitraten von Signalen von den im Standard vorgesehenen Nennwerten (leicht) ab.

Diese Differenzen werden z.B. durch Bitstopfverfahren (→ *Bitstopfen*) ausgeglichen. Für verschiedene Bitratenhierarchien (→ *PDH*) werden dabei erlaubte maximale Abweichungen in Bit definiert.

PLEX

Abk. für Programming Language for Exchanges.

Bezeichnung einer proprietären Programmiersprache aus dem Hause Ericsson zur Programmierung von Vermittlungsstellen der Baureihe → *AXE 10.*

PL/M

Abk. für Programming Language (for) Microprocessors.

Bezeichnung für eine 1974 vom Hause Intel vorgestellte Programmiersprache für → *Mikroprozessoren*, die von → *PL/1* abgeleitet ist.

PLM

Abk. für Payload Label Mismatch.

PLMN

Abk. für Public Land Mobile Network.

Allgemeiner Oberbegriff für (im Gegensatz zum → *Satellitenmobilfunk*) landgestützte Systeme des → *Mobilfunks.* Beispiele sind Netze nach den technischen Standards → *GSM*, → *NMT 450*, → *NMT 900* oder → *AMPS.*

Plotter

Bezeichnung für computergesteuerte Geräte zur exakten Ausgabe von Zeichnungen und Bildern, bei denen, im Gegensatz zu herkömmlichen → *Druckern*, keine Symbole oder einzelne Bildpunkte, sondern Linienzüge und Flächen dargestellt werden.

Dabei wurde zunächst bei ersten Plottern ein an einer Halterung befestigter Stift, durch zwei Elektromotoren (X- und Y-Koordinaten) gesteuert, über das Papier geführt. Heutige Plotter arbeiten nach dem Prinzip des → *Tintenstrahldruckers* und können verschiedene Farben darstellen, mit denen große Flächen bei großer Auflösung eingefärbt werden können.

Als Standard für die Ansteuerung von Plottern gilt → *HP-GL.* Impulse zur Entwicklung derartiger Geräte kamen noch aus der Fertigungstechnik, wo bereits vorher numerisch gesteuerte Systeme (CNC-Systeme) entwickelt worden waren. Erste Modelle kamen noch lochstreifengesteuert Anfang der 60er Jahre auf den Markt.

Haupteinsatzgebiete waren Konstruktionsbüros des Maschinenbaus, Entwicklungsabteilungen der Elektroindustrie, Architekturbüros, Küchenstudios und die Werbebranche.

Heute dienen Plotter hauptsächlich zur hochqualitativen Herstellung großformatiger Ausdrucke.

PLP

Abk. für Packet Level Protocol.

→ *X.25.*

PLT

Abk. für Payload Type.

→ *ATM.*

PLU

Abk. für Primary Logical Unit.

Plug-In

Der Begriff bezeichnet bei Software einzelne Softwaremodule, die eine bestehende und funktionsfähige Software um zusätzliche Features erweitern und zu ihr kompatibel sind.

In der Regel wird die Plug-In-Software zeitlich getrennt und unabhängig von der anderen Software nachinstalliert und ist oft hardwareabhängig.

Beispiele sind einzelne Viewer zum Betrachten von Stand-, Bewegt- oder 3D-Bildern, zum Abspielen von Audioclips oder zum Aufnehmen von Tönen, die z.B. zusätzlich zu einer → *Groupware* oder einem → *Browser* für das → *WWW* angeboten werden. Dort führte das Unternehmen Netscape mit einer speziellen Programmierschnittstelle zu seinem Browser Navigator die Plug-Ins ein.

Der Vorteil der Plug-In-Software besteht darin, dass der Nutzer sich die Software gezielt auf seine Bedürfnisse zuschneiden kann, was u.U. Speicherplatz und Ladezeit spart. Darüber hinaus kann ein Hersteller gezielt auf den technischen Fortschritt reagieren, ohne eine komplett neue Version der ursprünglichen Software auf den Markt bringen zu müssen.

Plug-In-Chip (-Card)

Bezeichnung einer speziellen Form des → *SIM* mit besonders kompakter Größe zum Festeinbau des SIM im Mobiltelefon. Vorteil ist, dass die scheckkartengroße → *Smart Card* nicht vor jeder Inbetriebnahme eingeschoben werden muss.

In der Regel kann der Plug-In-Chip in eine scheckkartengroße Plastikschablone eingesetzt werden und steht so bei Bedarf portierbar als Smart Card zur Verfügung.

PM

1. Abk. für Phasenmodulation.

   → *PSK.*

2. Abk. für Performance Management, Leistungsmanagement.

   Bezeichnung für einen Teil des → *Netzmanagements.*

3. Abk. für Presentation Manager.

   Bezeichnet beim → *Betriebssystem* → *OS/2* die grafische Nutzeroberfläche.

PMBS

Abk. für → *Packet Mode Bearer Service.*

PMD

Abk. für → *Polarisationsmodendispersion.*

PMD-Layer

Abk. für Physical Media Dependent Layer.

1. Bezeichnung der untersten Schicht des Protokollstapels von → *FDDI.*
2. Allgemeine Bezeichnung für die unterste Schicht von Protokollstapeln, die verschiedene physikalische Medien zulassen und wo verschiedene Protokolle für die unterste Schicht existieren, die den Datentransport an das im Einzelfall konkret vorliegende Medium (z.B. Koaxialkabel, Glasfaser, verdrillte Zweidrahtleitung) anpassen.

PMMU

Abk. für Paged Memory Management Unit.

PMR

1. Abk. für Private Mobile Radio.

   Auch Professional Mobile Radio genannt. Englischer Oberbegriff für → *Bündelfunk* oder → *Betriebsfunk.*

2. Abk. für Public Mobile Radio.

   Bezeichnet den öffentlichen → *Mobilfunk* mit allen Ausprägungen.

PMS

Abk. für Projektmanagement System.

Bezeichnung für Computerprogramme, die Funktionen des Projektmanagements unterstützen.

Zu den Standardfunktionen gehören die Verarbeitung und insbesondere grafische Darstellung von Struktur-, Netz- und Zeitplänen von Aufgaben (Task-Listen), Soll-Ist-Vergleiche, Risikoanalyse, Aufwandsabschätzung, Verwaltung von Mitarbeitern und Teams sowie Möglichkeiten zur Budgetverwaltung und Meilensteinkontrolle.

PMXA, PMxAs

Abk. für Primärmultiplexanschluss, d.h. 30 Nutzkanäle (B-Kanäle) zu je 64 kbit/s, ein Steuerkanal zur Übertragung von Signalisierungsinformationen mit 64 kbit/s und ein Synchronisationskanal mit 64 kbit/s.

→ *ISDN.*

PMxFAs

Abk. für Primärmultiplex-Festanschluss.

PN

1. Abk. für Personal Number oder Personal Numbering.

   Bezeichnet ein Konzept, bei dem ein Teilnehmer lediglich eine einzige Nummer für Privatanschluss, Büroanschluss, Handy etc. hat. Angestrebter Standard ist → *UPT.*

2. Abk. für Pseudo-random Noise.
   Engl. Bezeichnung für störendes Rauschen.

PNC

1. Abk. für Paging Network Controller.
   Teil der Netzinfrastruktur bei → *ERMES*.
2. Abk. für Personal Number Calling.
   → *PN*.

P-Net

Bezeichnung für einen in Dänemark entwickelten → *Feldbus*.
→ *Profibus*, → *WorldFIP*.

PNG

Abk. für Portable Networks Graphics (Format).
Gesprochen: ping. Bezeichnung eines Dateiformates und gleichzeitig des bei der Dateierzeugung verwendeten verlustlosen Kompressionsverfahrens für Grafiken mit einer Farbtiefe von 24 Bit.
Gilt als Nachfolger des ehemals weit verbreiteten Dateiformates → *GIF* und setzt sich wegen seiner Lizenzfreiheit schnell durch.
→ *http://www.quest.jpl.nasa.gov/PNG/*

PNNI

Abk. für Private Network to Network Interface.
Bezeichnung der Schnittstelle zwischen privaten und öffentlichen Netzen mit → *ATM*-Technik.

PNO

Abk. für Public Network Operator.
Der Betreiber eines öffentlich zugänglichen Netzes (unabhängig von den Diensten, die darüber angeboten werden).

PnP

Abk. für Plug and Play.
Das ‚and' wird dabei zum amerikanisch-breiten gekürzten ‚n'. Bezeichnet im Computerbereich insbesondere Erweiterungen des → *PC* mit Peripheriegeräten und Erweiterungskarten, die von jedermann gekauft und ohne komplizierte Installation von Hard- oder Software durch Einstecken des Steckers für die Spannungsversorgung in Betrieb genommen werden können.

PNS

Abk. für Primary Name Server.
→ *NIC*.

POCSAG (-Code)

Abk. für Post Office Codes Standardisation Advisory Group.
Es handelt sich um ein Signalisierungsverfahren bzw. ein Funkprotokoll für Systeme zum → *Paging*, wie z.B. Cityruf in Deutschland.
Die auf POCSAG basierenden Systeme übertragen mit 512 bit/s, neuere Systeme auch mit 1 200 oder 2 400 bit/s.
Die von der Funkrufzentrale gesammelten Funkrufe werden ausgesendet. Jeder Funkruf besteht dabei aus der Adresse des Empfängers und der eigentlichen Nachricht. Die Empfänger nehmen alle Nachrichten an und analysieren die Adresse. Wenn die eigene Adresse gefunden ist, meldet sich der Pager akustisch beim Besitzer und zeigt die Nachricht an. Dieses Verfahren setzt voraus, dass der Pager permanent aktiv ist und den Funkkanal abhört, was die Nutzungsdauer von Batterien verringert.
Es existiert keine Rückverbindung vom Pager zur Funkrufzentrale.
POCSAG ist nicht ein Standard für ein komplettes Paging-System, sondern deckt nur die unteren Layer ab, ist also ein Baustein von mehreren für ein Paging-System. Wird auch für mobile Datenkommunikation (z.B. beim Standard → *Mobitex*) genutzt.
POCSAG ist frei von Patenten und wurde daher auch Grundlage von diversen Firmenstandards weltweit, die allerdings nicht immer kompatibel mit POCSAG sind.
Entwickelt Ende der 70er Jahre von einer Gruppe von Herstellern und → *Carriern* mit Sitz in London auf Betreiben der British Telecom (→ *BT*). Ursprüngliches Ziel war die Aufhebung der Grenzen der bis dahin bestehenden Paging-Verfahren (z.B. begrenzte Adressierung) und die Ermöglichung eines weltweiten Standards. Das Protokoll wurde von der → *CCIR* 1982 als CCIR Radiopagingcode No. 1 genormt und 1983 und 1984 um die Möglichkeit zur Übertragung numerischer und alphanumerischer Zeichen erweitert.

POF

Abk. für Plastic Optical Fiber.
Begriff aus der → *Glasfasertechnik*.

POH

Abk. für Path Overhead.
Bezeichnung für Daten, die in → *SDH*-Netzen zusätzlich zu den Nutzdaten auf einem virtuellen Pfad transportiert werden. Dienen der Qualitätskontrolle und der Überwachung von Alarmen.

POI

1. Abk. für Point of Information.
   Bezeichnet offen zugängliche Terminals, über die Informationen angeboten werden, die von einem → *Server* über das Telekommunikationsnetz zu diesem Terminal transportiert werden. Wird z.B. in Flughäfen und Bahnhöfen oder in Supermärkten aufgestellt. Über Auswahlmenüs kann der Benutzer die gewünschte Information anfordern.
   → *POS*.
2. Abk. für Point of Interconnection.
   → *Interconnection*, → *ODZ*.

Point

1. Bei → *Mailboxen* die Bezeichnung für Teilnehmer, die nicht das gesamte Angebot der Mailbox, sondern nur bestimmte thematisch eingegrenzte und ausgewählte Bereiche nutzen.
2. Auch Didotpoint genannt. Bezeichnung für die 1785 von dem französischen Drucker Françoise Ambroise Didot

(* 1730, † 1804) auf Basis von Vorarbeiten von Fournier eingeführte Maßeinheit für Schriften und alle anderen Satzmaterialen (Linien, Zeichen, Regletten etc.). Üblicherweise wird die Größe einer Schrift in Point angegeben. Korrekt abgekürzt mit p (selten: pt) oder einem kleinen hochgestellten Punkt hinter einer Zahl, z.B. 8 • bei dieser Schrift.

1 Punkt entspricht im Didot-System ursprünglich 1/2660 eines Meters. Diese Distanz ist mittlerweile auf exakt 0,375 mm genormt worden. Der klassische englische Punkt hingegen ist als 1/72 eines Zolls bzw. inch (= 2,54 cm) definiert und entspricht damit im metrischen System 0,352 mm. Diese Größe ist auch Grundlage der Kaliberangabe bei Schusswaffen. Eine „38er" hat damit ein Kaliber von 38/72 eines Zolls.

Die nächstgrößere Dimension entspricht 12 Punkt und wird im Didot-System mit Cicero und im englischen System mit Pica bezeichnet.

Die Angabe in Punkt hat sich bis heute als vorteilhaft erwiesen, weshalb sie noch sehr weit verbreitet ist.

→ *Auflösung*, → *dpi*.

Pointcast

→ *Push-Dienste*.

Pointer

→ *Zeiger*.

Poissonverteilung, Poissonverkehr

Bezeichnung für eine in der → *Verkehrstheorie* häufig zugrunde gelegte Verteilung von Zufallsgrößen. Abgeleitet von der → *Exponentialverteilung* ist sie Fundament von → *Erlang B*.

Voraussetzung für ein Vorliegen der Poissonverteilung ist neben der Unabhängigkeit der Ereignisse, dass die → *Zufallsvariable* X, welche die Ereignisse beschreibt, abzählbar unendlich viele Werte annehmen kann.

Die Poissonverteilung sagt Folgendes aus: Wenn ein durch die Zufallsvariable X beschriebenes Ereignis im Durchschnitt mit der Häufigkeit $\lambda * t$ in einem Zeitintervall t auftritt, dann ergibt sich die Wahrscheinlichkeit $P(X = n)$ dafür, dass es in einem Zeitintervall t insgesamt n-mal auftritt, aus der Beziehung:

$$P(X = n) = ((\lambda * t)^n e^{-(\lambda * t)})/n!$$

Der → *Erwartungswert* dieser Funktion ist:

$$E[n] = \lambda * t$$

Für den → *Variationskoeffizienten* c gilt:

$$c^2 = 1/(\lambda * t)$$

Für die → *Varianz* σ^2 ergibt sich:

$$\sigma^2 = \lambda * t$$

Unter Poissonverkehr wird in der Verkehrstheorie ein Ankunftsprozess für Belegungswünsche verstanden, bei dem die Abstände zwischen den einzelnen Ankünften (Zwischenankunftszeiten) der Belegungswünsche und deren benötigte Bearbeitungsdauern negativ exponentiell verteilt sind. Ferner stehen unendlich viele Quellen für die Belegungswünsche, aber nur endlich viele Ressourcen (Belegungsmöglichkeiten) zur Verfügung.

Ferner ist für die Verkehrstheorie von Bedeutung, dass die Zusammenfassung von n poissonverteilten Ankunftsprozessen mit den verschiedenen Raten λ_1, λ_2 etc. λ_n einen neuen Ankunftsprozess mit der Rate $\lambda_{neu} = \lambda_1 + \lambda_2 + ... + \lambda_n$ ergibt. Analoges gilt für das Aufteilen eines poissonverteilten Prozesses in n Prozesse.

→ *Engsetverkehr*.

POL

Abk. für Problem-Oriented Language.

Polarisation, Polarisationsfilter, Polarisationsrichtung

Während elektromagnetische Schwingungen üblicherweise in mehrere Richtungen schwingen, gibt es technische Systeme, bei denen elektromagnetische Schwingungen dann besonders vorteilhaft sind, wenn sie nur in einer bestimmten (bevorzugten) Richtung schwingen.

Die ausschließliche Auslenkungsrichtung der Schwingung elektromagnetischer Wellen innerhalb eines Frequenzgemisches wird Polarisationsrichtung genannt. Der Vorgang, diese zu erzeugen, wird mit Polarisation bezeichnet. Das dazu notwendige Bauteil ist ein Polarisationsfilter.

Polarisierte Wellenausbreitung wird bei der Satellitenfunkübertragung und beim → *Richtfunk* eingesetzt zur Mehrfachausnutzung einer Trägerfrequenz, die horizontal und vertikal (um 90° phasenverschoben) polarisiert wird. Mit der gleichen Antenne lassen sich beide Signale empfangen und trennen.

Polarisationsmodendispersion

Abgekürzt mit PMD. Bezeichnung für eine Variante der → *Dispersion* bei optischer Signalübertragung über Glasfasern.

Ein monomoder Lichtimpuls spaltet sich dabei in zwei Impulse mit unterschiedlichen, zueinander senkrecht stehenden Polarisationsebenen auf. Beide Impulse durchlaufen gleichzeitig und gleichberechtigt die Glasfaser, besitzen jedoch in Abhängigkeit von der Wellenlänge und dem Fasermaterial unterschiedliche optische Eigenschaften, was zu unterschiedlichen Ausbreitungsgeschwindigkeiten und damit zu einem zeitlichen Zerlaufen des Impulses führt. Dieses Zerlaufen wird durch die Größe des PMD-Delays beschrieben und in Picosekunden (ps) angegeben. Die PMD beschreibt den zeitlichen Abstand der beiden polarisierten Lichtimpulse am Ende einer Faser. PMD begrenzt die maximal mögliche Bitrate der Faser.

Das Aufspalten des Lichtimpulses ist eine Folge von Doppelbrechungseigenschaften der Glasfaser, die durch innere mechanische Spannungen (Biegung, Stauchung, Torsion) oder lokale Materialverunreinigungen den Brechungsindex des optischen Materials über den Querschnitt, also in Abhängigkeit des Radius, verändert. Zusätzlich kommt es nicht nur zu einer Veränderung des Brechungsindexes an einer Stelle der Faser in Abhängigkeit des Radius, sondern auch im Verlauf der Glasfaser über die gesamte Länge hinweg. Daraus folgt, dass eine perfekt hergestellte Faser (ohne Verunreinigungen, ohne mechanische Belastungen, ohne mechanische Fertigungstoleranzen) keine PMD hat.

Eine weitere Kenngröße der PMD ist die Länge der Glasfaser, über die sich die Polarisationsrichtung einmal komplett dreht (um 360 Grad). Diese Länge wird Rotationslänge oder auch Beat Length genannt.

Die PMD ist erst in den vergangenen Jahren richtig erforscht worden. Es wurde mittlerweile erkannt, dass es sich um ein grundlegendes physikalisches Phänomen handelt, das die Bandbreite einer Glasfaser begrenzt. In die Spezifikation von Glasfaserkabeln geht daher mittlerweile ein PMD-Wert ein.

Bereits in den frühen 80er Jahren verlegte Glasfasern mit hohen PMD-Werten können, entgegen allgemeinen Erwartungen, nicht unbegrenzt in ihrer Bandbreite ausgebaut werden. Es wird erwartet, dass derartige Systeme eine Grenze von 10 bzw., bei der Nutzung von → *WDM*, 40 Gbit/s haben.

Polarstart

Bezeichnung für den Start eines → *Satelliten* durch Einschuss in eine Erdumlaufbahn (Orbit), die über beide Pole führt. Diese Art der Erdumlaufbahn ist ideal für Satelliten, die zu Zwecken der Erdoberflächenbeobachtung eingesetzt werden.

Policy

Bezeichnung für die Statuten bzw. die Philosophie eines selbstverwalteten Netzes, das → *Online-Services* anbietet, wie z.B. das → *Fidonet*. Sie legt fest, wie mit Werbung, kommerziellen Teilnehmern, sensitiven Inhalten und Verstößen gegen die Regeln verfahren wird.

Polling

1. Der Aufruf von einer Leit- oder Kontrollstation an eine Unterstation (Sendestation), Daten zu senden. Im Gegensatz zum Handshake-Betrieb kann beim Polling nur einer der Verbindungspartner einen Transfer starten. Er fragt meist periodisch den potenziellen Sender, ob er etwas senden will, weswegen zwischen den beteiligten Stationen meistens ein hierarchisches Verhältnis besteht. Eingesetzt häufig zwischen → *Mainframe* und → *Terminal*. Bekannte Polling-Protokolle sind BISYNC (→ *BSC*) oder auch → *MSV1* und *2*.
2. Oft gemeint ist auch → *Fax-Polling*.

Polyamid

→ *PA*.

Polyethylen

→ *PE*.

Polygon

Ein nichtverzweigter Linienzug, der aus mehreren, unmittelbar anschließenden, geraden Linien besteht.

Polymorphe Viren

Bezeichnung für eine spezielle Art von → *Viren*. Gilt als neue Generation. Kennzeichen ist, dass sie sich bei jeder Infektion eines neuen Trägers durch Verschlüsselung wandeln und daher durch Erkennung bestimmter Muster durch Virenschutzprogramme (Scanner) nicht erkannt werden können.

Eine eigene Klasse bilden dabei polymorphe Viren, die nicht nur sich selbst, sondern zusätzlich auch den Wandlungsalgorithmus modifizieren.

Polymorphie

→ *OO*.

PON

Abk. für Passive Optical Network.

Optische Netze werden als passiv bezeichnet, wenn es außer den optoelektronischen Wandlern an den Enden keine weiteren Elemente (Verstärker) gibt, die eine eigene Spannungsversorgung benötigen. Dies führt dazu, dass PONs von ihrer Ausdehnung her so bemessen werden müssen, dass ein eingespeistes Signal, das an mehreren Stellen geteilt/abgezweigt wird, für jeden einzelnen dieser abgezweigten Anschlüsse noch stark genug sein muss, um dort genutzt zu werden. PONs werden daher in dicht besiedelten Gebieten mit Anschlusslängen von max. 10 km eingesetzt.

Üblich ist heute die Versorgung von 32 einzelnen Haushalten mit einem eingespeisten Signal.

Ein PON spart gegenüber Kupferkabeln Kosten bei der Verlegung und beim Unterhalt der Netze, da wesentlich weniger Elemente benötigt werden und Glasfaser eine wesentlich geringere Bitfehlerrate aufweist.

PONs werden insbesondere im Anschlussbereich (→ *FITL*) eingesetzt. Man unterscheidet Sterntopologien, bei denen jeder Teilnehmer eine eigene Faser ins Haus erhält (teuer), Doppelstern-Strukturen, in denen mit → *Splittern* in eine zweite Ebene verzweigt wird, und Bus- sowie Ringtopologien. Ferner unterscheidet man, inwieweit Glasfaser tatsächlich bis an das Endgerät des Teilnehmers herangeführt wird (→ *FTTH*, → *FTTC*, → *FTTB*).

Bei den letzten drei Topologien teilen sich jeweils mehrere Teilnehmer die zur Verfügung stehende Bandbreite. Diese Systeme sind zwar günstiger in der Installation, bedürfen aber einer exakten Dimensionierung, um zukünftigen Bandbreitenbedarf integrieren zu können.

→ *AON*, → *BONT*, → *Glasfasertechnik*, → *HFC*, → *OLT*, → *ONU*, → *OPAL*.

pong

Bezeichnung des ersten kommerziellen Videospiels. Entwickelt von Nolan Bushnell auf Basis des → *Intel 8008* im Jahre 1972. Es handelte sich um ein Tischtennis-Computerspiel für Fernsehgeräte, bei dem zwei Balken am linken und rechten Spielfeldrand in der Höhe verstellt werden können. Zwischen den Balken wird ein Ball hin- und hergespielt. Das Bild ist nur in schwarzweiß zu sehen.

Das erste Gerät stellte Bushnell in der Kneipe eines Freundes („Andy Capp's Tavern") in Sunnyvale/Kalifornien auf. Bereits am ersten Tag musste das Gerät nach einigen Stunden wegen überfülltem Münzbehälter abgeschaltet werden. Der Überlieferung nach hatte sich der Wirt zunächst über das Spiel beschwert, das schon am ersten Tag kaputtgeht, bis festgestellt wurde, dass die Münzbehälter voll waren.

Da das Spiel seinerzeit so erfolgreich war, gründete Bushnell im November 1972 das Unternehmen Atari (→ *Atari 400*) und vertrieb pong in einer professionellen Version für Spielhallen zusammen mit Ted Dabney und Larry Brayn. Im Laufe von 1973 wurden weitere Versionen für zwei (Pong Doubles) und vier (Super Pong) Mitspieler entwickelt. Im gleichen Jahr wurden die Rechte für das Spiel – nach über 6 000 verkauften Installationen zu gut 1 000 $ – an „Bally's Midway" verkauft.

Nächster Schritt war im Weihnachtsgeschäft 1975 die Markteinführung einer Spielekonsole (→ *Console*) für den privaten Nutzer, die an das Fernsehgerät angeschlossen werden konnte.

→ *Doom*, → *Pac-Man*, → *Tetris*.

POO

Abk. für Point of Offer.

Im Gegensatz zum → *POS* wird nicht der Ort des Verkaufs, sondern der des Angebots bezeichnet, d.h., ein Anbieter oder → *Service-Provider* bietet einen Dienst in einer Filiale an. Dies wäre der POO. Von diesem Ort aus werden Terminals beim Kunden am POS betreut, d.h., die konkreten Angebote werden aktualisiert und Buchungen werden von den POS entgegengenommen.

POP

1. Abk. für Point of Presence.

   Bezeichnet in der Datenkommunikation die Orte (in der Regel Großstädte) von → *Online-Diensten*, an denen Einwahlknoten (→ *Mailboxen*, Netzzugänge anderer Art) von Teilnehmern zum Ortstarif angewählt werden können. POPs sind, im Gegensatz zu → *VPOPs*, mit eigenem Gerät der Dienstanbieter ausgestattet.

   An den POPs wird Technik mit Einwahlmöglichkeiten in Gestalt von Ports bereitgehalten. Je POP können dabei sehr hohe Zahlen von Ports in Abhängigkeit von der Zahl der im Umfeld des POPs vorhandenen Kunden installiert sein.

   Internet-Service-Provider (→ *ISP*) gehen von einem Verhältnis von 20:1 für Kundenzahl zu Portzahl aus, sie können diese Zahl jedoch auch variieren, etwa zu 80:1 (schlechte Erreichbarkeit) oder 10:1 (gute Erreichbarkeit).

   → *POI*, → *POS*.

2. Abk. für Point of Presence.

   Als Erweiterung dieser ersten Definition die Bezeichnung für jeden möglichen Zugang zu den Netzressourcen eines Anbieters von Telekommunikationsdienstleistungen. Dabei kann es sich auch um einen Schaltkasten als Kabelendpunkt handeln. Es muss sich also nicht zwangsläufig um eine Vermittlungsstelle oder einen → *Router* handeln.

3. Abk. für Point of Presence.

   In den USA die Bezeichnung für den Ort in einer → *LATA* (Local Access Transport Area), an der bei dem Netz eines → *LECs* (Local Exchange Carrier) der Übergang zum Fernnetz eines → *IXCs* (Inter Exchange Carrier) erfolgt.

4. Abk. für Point of Purchase.

   Eine andere Bezeichnung für den → *POS*.

POP3

Abk. für Post Office Protocol Version 3.

POP bezeichnet ein erstmals in RFC 1725 definiertes Protokoll zum Transfer von → *E-Mails*, die mit → *SMTP* zu einem Mailhost (→ *MTA*) gebracht wurden und von dort zu einem ansonsten offline befindlichen Rechner (→ *UA*) transportiert werden sollen.

POP setzte sich seit seiner ersten Version, 1984, gegen das verbindungslose → *DMSP* durch. POP3 als mittlerweile 3. Version ist im RFC 1939 definiert.

Eine Obermenge von POP3 ist → *IMAP4*.

Popup

Bezeichnet bei grafischen Benutzerschnittstellen (→ *GUI*) solche kleinformatigen Fenster, die eine Nachricht für den Nutzer enthalten und bei bestimmten Ereignissen über anderen Fenstern angezeigt werden. Üblicherweise hat man nicht viele Optionen, sondern kann dieses Fenster nur durch Drücken eines ‚OK'-Buttons schließen.

Port

Von engl. port = Pforte, Eingang, Zugang, Tor oder Hafen. Allgemeiner Oberbegriff für einen Anschluss (Eingang, Ausgang) von mehreren, die möglich wären, über den Daten und Steuerinformationen in ein Gerät ein- oder ausgegeben werden.

Oft ist in der IT-Welt die Portnummer eines → *Sockets* unter dem → *Betriebssystem* → *Unix* gemeint.

Portabilität

Begriff, der üblicherweise die (leichte) Überführbarkeit von → *Software* beschreibt, die auf verschiedenen Computersystemen eingesetzt werden kann.

1. Codeportabilität liegt vor, wenn der in einer Hochsprache vorliegende → *Code* von verschiedenen → *Compilern* für verschiedene Rechnerplattformen oder von Compilern für verschiedene → *Dialekte* einer Programmiersprache verarbeitet werden kann.
2. Eine andere Form von Portabilität liegt vor, wenn der bereits compilierte → *Code* auf verschiedenen Computerplattformen eingesetzt werden kann.

Portable

1. Bezeichnung des ersten Produktes aus dem Hause → *Compaq* für einen tragbaren, IBM-kompatiblen Computer.

   Er verfügte über einen monochromen 9-Zoll-Bildschirm, 128 KByte RAM, zwei 320 KByte-Floppys, einen → *Intel 8088* und lief unter → *MS-DOS* 2.0. Im Januar 1983 kam er für 4 995 $ auf den Markt und wurde – trotz seines immer noch großen Gewichtes – ein riesiger Hit: Im ersten Jahr wurden 53 000 Stück verkauft. Im Alleingang schuf er die Klasse der IBM-Clones.

2. Bezeichnung für nicht fest eingebaute Mobiltelefone größeren Formats. Prinzipiell eine Verkürzung des längeren Ausdrucks „Portable Phone“. Erste Bezeichnung für aktenkoffergroße Geräte zum Mitnehmen (Tragen, Umhängen) von Mitte bis Ende der 80er Jahre. Für handtellergroße Geräte hat sich später die Bezeichnung → *Handy* eingebürgert.

   → *VSAT.*

Portal

1. Bezeichnung für die Schnittstelle zwischen einem kabelgestützten → *LAN* und einem Funk-LAN (→ *Wireless LAN*). Die Einheit aus Hard- und Software sorgt dafür, dass die Benutzer des WLANs Ressourcen des LANs nutzen können und umgekehrt.

   → *IEEE 802.11.*

2. Im → *WWW* des → *Internets* die Bezeichnung für allgemeine Einstiegspunkte für Nutzer des WWW, die nach bestimmten Inhalten suchen und dafür auf vorsortierte Suchkataloge zurückgreifen möchten.

   Portale entwickelten sich im Laufe von 1997 und 1998 aus den traditionellen → *Suchmaschinen* (Yahoo, Lycos etc.) heraus, als sich herausstellte, dass viele Nutzer durch die Bedienung der Suchmaschinen überfordert sind bzw. dass selbst die korrekte Bedienung keine zufriedenstellenden Ergebnisse lieferte. Die Suchmaschinen ergänzten daher ihr Angebot durch redaktionell bearbeitete, zusammengestellte und vorsortierte Kataloge (Linklisten) mit den wichtigsten bzw. besten Angeboten zu einem Thema im Web. Ferner verfügen Portale über Standardangebote (Nachrichten, Börsenkurse etc.), von denen die Anbieter annehmen, dass sie zum zielgruppenunspezifischen Standardangebot gehören.

   → *Portal Page.*

Portal Page

Im → *WWW* des → *Internet* die Bezeichnung für eine spezielle Seite, zu der ein Benutzer nur geleitet wird, wenn er zuvor auf ein → *Banner* auf einer fremden Web-Site geklickt hat.

Die Portal Page ist speziell auf den Werbezweck und den Inhalt des Banners abgestimmt und dient als Eingang (Portal) zum restlichen Informationsangebot des Werbetreibenden, d.h., von der Portal Page gelangt man zur → *Homepage* oder zu anderen Seiten der → *Site.*

Oft wird auch von Microsite gesprochen, wenn die Portal Page einen Auszug aus der eigentlichen Site darstellt und alle Informationen für das auf dem Banner beworbene Produkt enthält.

Portierungskennung

→ *Nummernportabilität.*

Port Mirroring

→ *Switch.*

POS

1. Abk. für Packet over SONET (SDH).

   Bezeichnung für eine im Hause Cisco entwickelte Technik, mit der → *IP*-Pakete mit einer in → *Router* integrierten Grundfunktionalität von → *SONET* oder → *SDH* direkt über ein optisches Übertragungsmedium übertragen werden können.

2. Abk. für Programmable Option Set.
3. Abk. für Point of Sale.

   Der Begriff bezeichnet im betriebswirtschaftlichen Sinne tatsächlich nur die Kasse mit allen sie direkt umgebenden Angeboten. Hier ist jedoch der elektronische POS gemeint, an dem man mittels einer u.U. universellen Karte (ec-Karte, Kreditkarte etc., → *Smart Card*) seine gekauften Waren bezahlen kann.

   Moderne POS-Terminals verfügen über → *X.25*- oder → *ISDN*-Verbindungen, bei denen X.25-Daten über den D-Kanal geschickt werden (geht nur bei → *Euro-ISDN*), zu → *Servern*, wo z.B. die → *PIN* geprüft wird. Die übertragenen Datenmengen liegen dabei im Bereich von ca. 500 Byte pro Transaktion. Entscheidendes Kriterium für diese Dialoganwendung ist der schnelle Verbindungsaufbau.

   → *POI*, → *POP.*

Positivdarstellung

Bezeichnung für die Darstellung von Zeichen auf einem Bildschirm, bei der, wie beim herkömmlichen Buchdruck auch, eine dunkle Schrift auf hellem Untergrund zu sehen ist.

→ *Negativdarstellung.*

Posix

Abk. für Portable Operating System Interface (for Computer Environments).

Offizielle Bezeichnung des Normenentwurfs des → *IEEE* (Standardisierungsgruppe 1003) für einen einheitlichen Standard des Betriebssystems → *Unix.* Hervorgegangen sind die Standardisierungsbemühungen der IEEE aus Aktivitäten einer, im Gegensatz zu AT&T, kommerziell orientierten Gruppe der Vereinigung der nordamerikanischen Unix-Nutzer, die sich /usr/group nannte.

Erste Konzepte wurden 1984 noch sehr unstrukturiert veröffentlicht. Es folgten, nach Auflösung der /usr/group, Arbeiten der IEEE, die 1986 zu einem ersten Gesamtpapier und 1988 zu einem endgültigen stabilen Standard führten.

Prinzipiell ist Posix aus den Unix-Varianten AT&T System V und BSD 4.2 hervorgegangen.

Definiert wurden neun Gruppen, wobei oft auch nur IEEE 1003.1 als Posix definiert wird:

Gruppe	Inhalt
1003.0	Grundlagen, Architekturmodell
1003.1	Systemschnittstelle in → *C*
1003.2	Shell und Dienstprogramme
1003.3	Testverfahren
1003.4	Echtzeiterweiterungen (Management von → *Threads*)
1003.5	Tools für → *ADA*
1003.6	Systemerweiterungen
1003.7	Erweiterungen zur Systemerweiterung
1003.8	Netzwerkerweiterungen

Häufig wird auch nur von Posix.1, Posix.2 usw. gesprochen.

Die zwei Gruppen 1 und 2 wurden durch die → *X/Open* mittlerweile zum Programming Guide 4.2 zusammengefasst und werden manchmal als Single Unix Specification oder Unix 95 bezeichnet.

POST

Abk. für Power-On Self Test.

Bezeichnung für einen automatisch durchgeführten Selbsttest eines Geräts nach dem Einschalten der Spannungsversorgung.

Postdeutsch

Jargon für die Gesamtheit der in der Deutschen Bundespost entwickelten amtlichen, jedoch nicht in der Umgangssprache verwendeten und von verschiedenen Institutionen (Industrie, → *Mailbox*-Szene) abgelehnten bis parodierten Begriffe für verschiedene Dinge aus dem Telekommunikations- und Postwesen. Dies gilt auch für die gleichzeitig entwickelten Abkürzungen, die zu einer erheblichen Länge neigen.

Beispiele sind das Postwertzeichen (= Briefmarke), der öffentliche Münzfernsprecher (= Telefonzelle) oder der Fernsprecher (= Telefon).

Post Dial Delay

→ *Setup-Time.*

Posting

Auch (in manchen → *Mailboxen*) mit Artikel/Article bezeichnet. Bezeichnung für eine → *E-Mail*, die nicht an einen einzelnen Empfänger gerichtet ist, sondern öffentlich zugänglich in Foren, in Newsgroups des → *Usenets* etc. erscheint.

Der Vorgang, das Posting zu schreiben und abzusenden, wird mit posten bezeichnet.

→ *Crossposting*, → *Follow Up.*

Postmaster

Bezeichnung der Person, die in einem Unternehmen oder einem Teil davon für das Funktionieren des → *E-Mail*-Systems zuständig ist.

→ *LSA.*

Postneuordnungsgesetz

Abgekürzt mit PTNeuOG. Bezeichnung für die 2. Stufe der → *Deregulierung* des Post- und Telekommunikationswesens in Deutschland nach dem → *Poststrukturgesetz*. Verabschiedet nach der nötigen Grundgesetzänderung des § 87 im Jahre 1994 und in Kraft getreten am 1. Januar 1995.

Als Folge wurden die bis dahin unter einem Dach befindlichen Unternehmen Telekom, Postbank und Postdienst in unabhängige Aktiengesellschaften umgewandelt.

Auf das Postneuordnungsgesetz folgte die 3. Stufe der Deregulierung, nämlich die Verabschiedung des → *Telekommunikationsgesetzes.*

Postreform

Andere Bezeichnung für die → *Deregulierung* des Post- und Telekommunikationssektors in Deutschland in zwei Stufen: → *Poststrukturgesetz* und → *Postneuordnungsgesetz.*

PostScript

Name einer vektororientierten Seitenbeschreibungssprache für Drucker (auch: Druckerkontrollsprache). Die Information über die auf einer Seite vorhandenen Bilder und Texte wird dabei in einem editierbaren → *ASCII*-File (Textdatei) abgelegt, wo die Bestandteile eines Bildes (z.B. ein Quadrat) mit Koordinaten und geometrischen Abmessungen (Vektoren) angegeben werden (z.B. Position der linken oberen Ecke und Seitenlänge).

Vorteil: Durch Verändern dieses Files per Hand wird das Bild auch verändert, d.h., es ist kein Grafikprogramm zum Malen eines Bildes oder keine Textverarbeitung zum Schreiben und Gestalten eines Textes erforderlich. Außerdem können mit dieser Methode Zeichnungen von hoher Präzision einfach erstellt werden.

1978 entwickelten zwei Mitarbeiter des Xerox-Entwicklungslabors PARC, John Warnock und Charles Geschke, eine erste Variante einer Seitenbeschreibungssprache. Sie verließen mit ihrem Know-how Xerox und gründeten in den frühen 80er Jahren Adobe Systems. Apple bot ihnen eine Zusammenarbeit bei der Entwicklung einer Seitenbeschreibungssprache nach dem Xerox-Vorbild an, die unabhängig von der Hardwareplattform ist. Wenig später kamen die ersten dazu passenden Geräte auf den Markt.

Die Zusammenarbeit währte nicht lange. Man trennte sich im Streit. Apple entwickelte daraufhin → *TrueType*. 1987 wurde PostScript dank des Erwerbs der Lizenz von Adobe durch IBM zum Industriestandard. 1990 wurde PostScript Level 2 vorgestellt. Vorteile gegenüber Level 1: höhere Geschwindigkeit, bessere Speicherökonomie, Dateikomprimierung und Speichern von Formularen.

→ *ESC/P2*, → *PCL.*

Poststrukturgesetz

Auch Postverfassungsgesetz genannt. Bezeichnung eines am 8. Juni 1989 verabschiedeten Gesetzes (in Kraft seit 1. Juli 1989), auch als 1. Stufe der Postreform bezeichnet. Mit ihm startete die → *Deregulierung* des deutschen Telekommunikationsmarktes. Es folgte als 2. Stufe das → *Postneuordnungsgesetz*.

Das Poststrukturgesetz basiert auf den Empfehlungen einer zwei Jahre vorher eingesetzten Kommission und brachte folgende Änderungen:

- Aufteilung der Deutschen Bundespost in die drei Unternehmen Postdienst, Postbank und Telekom unter einem Dach
- Beschränkung des Monopols der Telekom auf den Telefondienst und die Übertragungswege im Festnetz, ausschließlich der Vermittlung. Ansonsten Einführung von Wettbewerb im Festnetz.
- Freier Wettbewerb im Bereich des Mobilfunks
- Komplette Freigabe der Märkte für Endgeräte und Zulassung der Telekom als Geräteanbieter
- Hoheitliche Aufgaben verbleiben beim zuständigen Ministerium (→ *BMPT*)

Postverband

Andere Bezeichnung für den → *Verband für Post und Telekommunikation*.

PostVerfG

Abk. für Postverfassungsgesetz.
Eine andere Bezeichnung für → *Poststrukturgesetz*.

POTS

Abk. für Plain Old Telephone Service.
Bezeichnet den herkömmlichen analogen Telefondienst aus der Zeit vor der Digitalisierung der → *Vermittlungsstellen* und der Einführung von Mehrwertdiensten (→ *VAS*) oder des → *IN*.
Es handelt sich dabei um Telefonieren ohne alle weiteren Dienstmerkmale (ohne z.B. → *Advanced Call Routing*). POTS bezeichnet im Gegensatz zu → *PSTN* einen Dienst.

Power Dialer

→ *Dialer*.

Powerline-Communication, Powerline-Transmission

Oft abgekürzt mit PLC bzw. PLT. In Deutschland selten auch Lichtnetzkommunikation genannt. Oberbegriff für verschiedene Verfahren zur Nutzung des Niederspannungsversorgungsnetzes (230 V bis 400 V; 50 Hz) zur Datenübertragung. Auch das Mittelspannungsnetz (20 kV, 50 Hz) kann für innerbetriebliche Anwendungen in Energieversorgungsunternehmen (EVU) und für den Anschluss von industriellen Großkunden dafür genutzt werden.

Die Nutzung des Niederspannungsversorgungsnetzes ist technisch keine Neuerung und den meisten privaten Anwendern bereits durch die Verwendung eines sog. Baby-Phones geläufig, dessen zwei Endgeräte in Steckdosen verschiedener Räume eines Hauses gesteckt werden, wodurch die Geräusche aus einem Zimmer über das hausinterne Niederspannungsversorgungsnetz in einen zweiten Raum übertragen werden. Dieses Prinzip funktioniert jedoch nur innerhalb eines Gebäudes über kurze Distanzen und in geringer Übertragungsqualität (Rauschen). Außerdem wird in diesem Fall nur eine unidirektionale, nicht vermittelte Verbindung ermöglicht. Eine Erweiterung für die bidirektionale, analoge Übertragung stellen einige Gegensprechanlagen dar.

Auch Systeme wie der Europäische Installationsbus (→ *EIB*, → *LON*) lassen sich über Adapter an das Inhouse-Niederspannungsnetz anschließen. Damit ist heute eine digitale Datenübertragung mit 300 bit/s bis 4,8 kbit/s für Mess-, Steuer- und Regelzwecke möglich.

Andere Verfahren werden von EVUs bereits seit langer Zeit in größerem Umfang angewendet, etwa zur Fernsteuerung von Stromzählern bei der Umschaltung aller Zähler für Großkunden (Industrie) in einem bestimmten Versorgungszweig auf einen günstigen Nachttarif (sog. Rundsenden; angewendet seit 1901). Auch hierbei handelt es sich um eine unidirektionale Verbindung.

In letzter Zeit gewinnen derartige Verfahren und insbesondere ihre Weiterentwicklungen dadurch an Bedeutung, dass im Zuge der → *Deregulierung* der Markt für Telekommunikationsdienstleistungen neuen Anbietern geöffnet wird, die in der Regel aber nicht über ein eigenes, bereits existierendes → *Zugangsnetz* zum privaten oder geschäftlichen Endkunden verfügen. Für diese neuen Anbieter ist es von Bedeutung, möglichst rasch Zugang zu einem derartigen Zugangsnetz zu erhalten.

Benötigt werden für die Nutzung der Powerline-Technik zu Telekommunikationszwecken eine Einspeisestelle am letzten Transformator auf der Nutzerseite im Niederspannungsnetz, auf der bis zu 250 Haushalte (im Durchschnitt in Deutschland zwischen 100 bis 200) angeschlossen sein können, und technische Anlagen in jedem einzelnen angeschlossenen Haushalt vor dem Stromzähler zur Auskoppelung des Datensignals. Vom Transformator-Anschluss aus werden die Daten (wie in einem → *BK-Netz* auch) an alle im Niederspannungsversorgungsnetz angeschlossenen Teilnehmer gleichzeitig ausgesendet.

Die Einspeisestelle moduliert der 50-Hz-Wechselspannung ein Trägersignal als eigentliches, nachrichtenübertragendes Informationssignal auf. Dieses Trägersignal hat üblicherweise eine Frequenz im oberen kHz-Bereich bis hin zu 1 MHz, obwohl es auch Lösungen im Bereich von 1 MHz bis 5 MHz gibt. Die technische Entwicklung geht an dieser Stelle in Richtung höhere Frequenzen, da dort weniger Störsignale zu finden sind.

In Deutschland ist für solche Anwendungen der Frequenzbereich von 9 kHz bis 95 kHz für die Nutzung durch Powerline-Communication freigegeben. Ob im Zuge der Deregulierung weitere Frequenzen in Deutschland zur Nutzung freigegeben werden, ist fraglich, da der Trend bei den Zugangsnetzen für neue Wettbewerber eher in Richtung → *Entbündelung* im Zugangsnetz der Deutschen Telekom geht.

Als Nachteile der Powerline-Communication gelten:

- Die geringe Bandbreite erlaubt im Vergleich zu → *ADSL* oder anderen Zugangstechnologien nur eine relativ schmalbandige Nutzung.
- Die Übertragungsqualität gilt als unterdurchschnittlich, da für die Niederspannungsversorgungsnetze und die Hausinstallation üblicherweise nicht geschirmte Kabel verwendet werden, die für herkömmliche Störimpulse (Einschalten einer Waschmaschine oder des TV-Gerätes) und zusätzlich für hochspannungsnetzinterne Störimpulse (Schaltvorgänge im Netz mit Spitzen bis zu 100 µs Länge) empfindlich sind und eine hohe Dämpfung besitzen, die in Abhängigkeit von der Netzlast im Energieversorgungsnetz im Verlaufe eines Tages schwankt (dies berührt auch die dadurch variierende → *Impedanz*).
- Die Entstörung ist schwierig, da die ungeschirmten Niederspannungsversorgungsnetze und die Hausinstallation als Antenne wirken und hochfrequente Trägersignale zur Datenübertragung über diese Antenne abstrahlen und andere Geräte/Dienste stören könnten.
- Fehlende technische Standards, obwohl mit ANSI 709 ein Standard für niedrige Bitraten bis 5 kbit/s zur Verfügung steht
- Aktuell fehlende Erfahrung mit großflächiger Anwendung
- Hohe Investitionen in den Transformatoren (Einspeisestellen), in die Zuleitungen je Einspeisestelle (→ *Glasfaser* oder → *Koaxialkabel*) und bei den Teilnehmern (Auskoppelungsbox und Inhouse-Netz)
- Keine Adressierung einzelner Teilnehmer möglich, da keine Vermittlungsfunktion im Netz (→ *Shared Medium*)

Das Problem der fehlenden Einzeladressierung der Teilnehmer (→ *Leitungsvermittlung*) kann durch die Nutzung der → *Paketvermittlungstechnik* umgangen werden, bei der die zu übertragenden Datenmengen in einzelne Pakete aufgeteilt werden, die an einen bestimmten Empfänger adressiert sind.

Das Problem der schlechten Übertragungsqualität kann durch geeignete fehlerkompensierende Übertragungsverfahren ausgeglichen werden. Dabei muss allerdings Bandbreite für die Fehlererkennung und Fehlerkorrektur geopfert werden, bzw. mit Hilfe aufwendiger und langsamerer Verfahren wie → *CDMA* oder → *Frequency Hopping* werden Fehlereinwirkungen gering gehalten. Auch hier kann der negative Einfluss durch die Nutzung der Paketvermittlungstechnik bei bestimmten, nicht zeitsensitiven Anwendungen (z.B. burstartige Datenübertragung, → *Burst*) gering gehalten werden, indem gestörte Bursts wiederholt werden, notfalls sogar mehrmals hintereinander, bis die Übertragung korrekt erfolgt. Ferner besteht die Möglichkeit, die Datenpakete klein zu halten, da dann im Fehlerfall nur eine geringe Datenmenge von der Störung betroffen ist und wiederholt werden muss.

Eine andere Technik besteht darin, die zu übertragenden Daten nur in der Nähe des Nulldurchgangs der Spannungskurve zu übertragen, da dort die Interferenzen durch andere Geräte am wenigsten stören. Dies führt zwar zu einfachen, robusten Verfahren, jedoch auch zu einer erheblichen Beschneidung der nutzbaren Übertragungskapazität auf einige 10 bit/s.

Eine weitere Möglichkeit, das Problem der einstrahlenden Störimpulse zu lösen, besteht darin, im öffentlichen Spannungsversorgungsnetz bis zum einstelligen MHz-Bereich und im Inhouse-Netz (d.h. ab dem Stromzähler) im Bereich von 20 MHz zu übertragen, um den hochfrequenten Störungen der Haushaltsgeräte ‚auszuweichen'.

Das Problem der Abstrahlung kann durch einen hinreichend niedrigen Signalpegel im mV-Bereich gelöst werden, was allerdings die Empfindlichkeit dieses Signals gegenüber externen Störungen erheblich steigert und ebenfalls bandbreitenreduzierende Fehlererkennungs- bzw. Fehlerkorrekturverfahren nötig macht. Die → *CENELEC* hat bereits in der EN 50065 den Sendepegel auf max. 5 mW festgelegt.

Die Vorteile von Powerline-Communication sind:

- Das Zugangsnetz steht sofort zur Verfügung.
- Mehrere Haushalte können bei Bedarf gleichzeitig angesprochen werden (→ *Broadcast*).
- Das Netz reicht nicht nur in die Haushalte, sondern dort üblicherweise in jedes Zimmer, wodurch eine zusätzliche, neue Inhouse-Verkabelung entfällt

Insgesamt wird in der Powerline-Technik gegenwärtig eine Möglichkeit gesehen, schmalbandige → *Telemetrie*-Dienste durch EVUs anzubieten und Funktionen des → *Facility Managements* hausintern ohne Verlegen einer neuen Kabelinfrastruktur abzuwickeln, wodurch sich EVUs in ihrem liberalisierten Markt von Wettbewerbern differenzieren können. Auch die Steuerung von Automaten zur Selbstbedienung (Zigaretten, Getränke, Fahrkarten, Parkhauszugang) ist möglich.

Durch die Entwicklung neuer Übertragungstechniken, insbesondere auf dem Gebiet der → *digitalen Modulation* und der → *Kanalcodierung* kann mit Fortschritten hinsichtlich der Übertragungsqualität und nutzbarer Bandbreite (erwartet wird eine Grenze bei ca. 2 Mbit/s) gerechnet werden. Hierdurch wird die Technik jedoch nicht unbedingt für neue Anbieter von Telekommunikationsdienstleistungen interessanter, die heute bzw. in den nächsten fünf Jahren eine zuverlässige, qualitativ hochwertige und flexible Zugangstechnik wünschen.

Powerline-Communication wurde mit verschiedenen Verfahren erfolgreich mehrfach in Feldversuchen getestet, z.B. in Manchester (GB), wo 24 angeschlossene Haushalte mit Technik von Nortel (Norweb genannt) über das Netz des lokalen Energieversorgers United Utilities telefonierten. Der Test wurde im September 1999 beendet und mit nicht besonders großem Erfolg eingestellt, da die Technik zu teuer war und das Kundeninteresse zu gering. Nortel löste seine eigens gegründete Tochter Norweb auf und erklärte, dass die in Aussicht gestellten Marktanteile und errechnete Profitabilität für breitbandige Internet-Zugänge via Powerline-Communication die weiteren Investitionen in die Entwicklung nicht rechtfertigen würden.

Ab Februar 2000 führte der italienische Energieversorger Enel zwei Feldversuche in Bologna und Florenz durch. Dabei wurden neben dem Internet-Zugang auch Videokonferenzen als Dienst angeboten. Herkömmliche, versorgertypische Anwendungen wurden ebenfalls genutzt.

In Deutschland testen seit April 1998 der regionale, baden-württembergische Telekommunikationsanbieter Tesion zusammen mit EnBW und der Nortel-Dasa in Herrenberg und seit November 1999 an zwei weiteren Standorten mit dann 150 Anschlüssen ein ähnliches Verfahren mit Datenraten bis zu 1 Mbit/s. Darüber hinaus haben die schweizerische Ascom und der Energieversorger RWE zur CeBIT im Frühjahr 1999 einen Feldversuch in Leichlingen gestartet und nach sechs Monaten abgeschlossen. Dort wurde eine Datenrate von 1,3 Mbit/s erzielt.

Im Juli 1998 erhielt die Bewag AG aus Berlin (dortiger Energieversorger) ein Patent auf ein Powerline-Communications-Verfahren, das sie gemeinsam mit HEW (Hamburg) und GEW (Köln) in einem Feldversuch zusammen mit Herstellern zu erproben plant. Ziel sind Übertragungsraten im zweistelligen Mbit/s-Bereich. Ein kommerziell einsetzbares Verfahren sollte daraus im Jahre 2000 hervorgehen.

PreussenElektra stellte in Barleben bei Magdeburg zur → *CeBIT* 2000 ein Verfahren für Telefonie und Internet-Zugang vor, das jedoch erst im April 2001 für sechs Monate startete.

Die Mannheimer MVV Energie startete im Juli 2000 einen Feldversuch mit 100 angeschlossenen Haushalten, nachdem bereits im Mai 2000 Industriebetriebe angeschlossen wurden. Ab Juli 2001 wurde im Mannheimer Süden ein Regelbetrieb mit volumenabhängiger Tarifierung und max. 2 Mbit/s (Shared-Medium für bis zu 35 Teilnehmer) gestartet.

RWE testete in 2000 in Essen seine Technologie mit 100 Haushalten und einer Schule.

RWE kündigte auf der CeBIT 2001 sein Produktangebot für die Städte Essen und Mühlheim (Ruhr) an. Es basiert auf volumenabhängiger Tarifierung und 2 Mbit/s.

Im Mai 2001 stellte Siemens wegen fehlender Marktreife und regulatorischer Unsicherheiten seine Aktivitäten auf dem Powerline-Sektor ein. Es zog sich damit aus einem gemeinsamen Projekt mit der EnBW zurück. Die EnBW kündigte jedoch den Start ihres Powerline-Projekts mit 7 500 angeschlossenen Haushalten in Ellwangen für den Sommer 2001 an und wollte auf Technik von Ascom umschwenken.

→ *http://www.powerlinenet.de/*

→ *http://www.etsi.org/plt/*

→ *http://www.polytrax.com/*

PowerPC

Bezeichnung einer Serie von → *Mikroprozessoren* für leistungsstarke → *PCs*, die von Apple, IBM und Motorola (AIM) zunächst gemeinsam als Reaktion auf leistungsstarke PCs mit Prozessoren von Intel und → *Software* von Microsoft (→ *Wintel*) entwickelt worden sind. Die Idee dazu kam vom seinerzeitigen Apple-CEO Michael Spindler.

Im Oktober 1991 kündigten die beteiligten Unternehmen die Kooperation an und starteten die Entwicklung von leistungsstarken PCs. Allen PowerPCs liegt die einheitliche Hardwarekonfiguration → *CHRP* zugrunde. Sie basiert auf → *RISC*-Technologie (genannt IBM Power) aus dem Hause IBM, wie sie z.B. in den → *IBM RS/6000*-Workstations (→ *Workstation*) eingesetzt werden, und den → *Bus*- und → *Cache*-Systemen der M8800-Serie aus dem Hause Motorola.

Das Entwicklungszentrum für PowerPCs ist Somerset in Austin (Texas), das dort bis zum Juni 1998 von IBM und Motorola gemeinsam unterhalten wurde. Seither führt Motorola, welche die PowerPC-Technologie am intensivsten gepusht hat, nach der Übernahme der IBM-Anteile die Entwicklung allein durch.

Mittlerweile gibt es vier Prozessoren, alle in → *CMOS*-Technik. Der Einsatzzweck des 601 und des 604 sind leistungsstarke → *Desktop*-PCs, des 603 leistungsstarke Notebooks und des 620 leistungsstarke → *Server* und → *Workstations*. Auch im → *iMac* kommt ein PowerPC-Chip zum Einsatz.

Prozessortyp	**601**	**603**	**604**	**620**
Hergestellt seit	1993	1994	1995	1996
Cache in KByte	32	16	32	64
Datenbusbreite	64	–	64	144
Adressbusbreite	32	–	32	43
Transistoren in Mio.	2,8	1,2	–	7
Chipfläche in mm^2	121	85	–	–
Takt in MHz	66/ 100	75	100	133/ 155
Spannung in V	3,6	3,3	3,3	3,3
SPECInt	60	64	160	–
SPECFp	80	105	165	–

Als → *Betriebssystem* stehen seit Januar 1996 u.a. → *OS/2*, → *Windows NT* und seit Ende 1996 → *MacOS* zur Verfügung.

Im Mai 1998 erklärten IBM und Motorola das Ende ihrer Partnerschaft und verfolgten bei der Weiterentwicklung eigene Wege.

→ *http://www.chips.ibm.com/products/powerpc/*

Power-Shopping

Auch Co-Shopping genannt. Bezeichnung für ein neues Geschäftsmodell der → *New Economy* bei der Anbahnung geschäftlicher Transaktionen. Bezeichnet das temporäre Zusammenschließen von Kaufinteressenten zu einer Einkaufsgemeinschaft mit dem Ziel, über die größere Menge an Einkäufern Mengenrabatte vom Verkäufer zugebilligt zu bekommen und damit für jeden Einzelnen einen niedrigeren Preis zu erzielen.

Prominentester Vertreter dieser Geschäftsidee war das schwedische Unternehmen Letsbuyit.com.

→ *Reverse Auctioning*.

PP

Abk. für Plenipotentiary (Conference).

→ *ITU*.

PPA

Abk. für Passiver Prüfanschluss.

Bezeichnung für ein elektronisches Bauelement in der → *TAE*, das eine Messung der elektrischen Eigenschaften der Anschlussleitung ermöglicht, selbst wenn kein Endgerät in die TAE-Buchse eingesteckt ist.

PPAU

Abk. für Packet Processor Access Unit.

PPC

1. Abk. für → *PowerPC*.
2. Abk. für Pay-per-Channel.

   → *Pay-TV*.

PPCS

Abk. für Prepaid Card Service.

→ *Prepaid Card*.

PPD

Abk. für PostScript Printer Description.

Bezeichnung für eine Datei, in der gerätespezifische Funktionen eines Druckers beschrieben sind, der → *PostScript*-Dateien verarbeitet.

PPF

Abk. für Print Production Format.

Bezeichnung für ein 1995 vorgestelltes Dateiformat, das beim → *Digitaldruck* zum Einsatz kommt.

Mit PPF können Standardparameter für Druckvorgänge, die in der Druckvorstufe definiert werden, in die Druckstufe übertragen und dort weiter verwendet werden.

PPF weist jedoch einige Handicaps auf, so dass es zu → *JDF* weiterentwickelt wurde. Als Nachteil von PPF gilt, dass betriebswirtschaftliche Prozesse innerhalb einer Druckerei (z.B. Abrechnung, Auftragsverfolgung) nicht abgebildet werden konnten. Außerdem war ein Datenfluss nur in eine Richtung vorgesehen, so dass es beispielsweise nicht möglich war, eine Nachkalkulation auf der Basis des tatsächlichen Druckvorgangs durchzuführen.

PPF wurde gemeinsam von Heidelberger Druck und anderen Druckmaschinenherstellern entwickelt. Als Nachfolger gilt → *JDF*.

PPI

1. Abk. für Programmable Peripheral Interface.
2. Abk. für Points per Inch.

   Bezeichnung für das Auflösungsvermögen grafischer Geräte. Z.B. hat Fax-Gruppe 3 ein Auflösungsvermögen von 100 bis 200 ppi und Gruppe 4 von 200 bis 400 ppi.

   → *Point*.

PPM

1. Abk. für Parts per Million.
2. Abk. für Pulse Position Modulation.

   Bezeichnung eines Modulationsverfahrens, bei dem sich die Position der Impulse (Variation durch die Zeit) in Abhängigkeit von den charakteristischen Größen des zu modulierenden Eingangssignals verändert und so zum Träger der Information wird.
3. Abk. für Pages per Minute.

   Bezeichnung für ein (theoretisches) Leistungsmaß für Drucker. Gibt an, wie viele Seiten der Drucker pro Minute vollständig drucken kann. Dabei handelt es sich um eine theoretische Größe, die oft im Labor der Hersteller mit Standarddruckvorlagen (Geschäftsbrief ohne Grafiken) erzielt wurde. Tatsächlich ist diese Größe abhängig von der gewählten Druckauflösung der Seite (→ *dpi*), der Seitengröße und dem Inhalt (viel/wenig Text mit großen/kleinen Buchstaben, Vektorgrafiken, Pixelgrafiken etc.) der Seite.
4. Abk. für Portable Pixel-Map (File Format)

   Bezeichnung eines Dateiformates für Grafiken, die als → *Bitmap* abgespeichert sind.

   → *http://www.daubnet.com/formats/PBM.html/*

PPP, PPP-Compression-Protocol

Abk. für Point-to-Point-Protocol.

Ähnlich wie das ältere → *SLIP* ein Protokoll der → *TCP*- und → *IP*-Familie für seriellen Datentransfer über Wählverbindungen. Entwickelt 1992 und definiert in RFC 1661. Im Gegensatz zu SLIP gilt PPP als das allgemeinere und leichter zu konfigurierende Protokoll, weswegen viele Produkte nur PPP und nicht SLIP unterstützen. Es besteht aus einer Sammlung von mehreren anderen Protokollen, die während verschiedener Phasen der PPP-Verbindung genutzt werden.

In einer ersten Phase wird LCP (Link Control Protocol) genutzt, mit dem die an der Verbindung beteiligten Instanzen Details der Verbindung aushandeln und sie testen. Beispiele hierfür sind die maximale Paketlänge, die Leitungsqualität, und die Frage, ob Kompressionsverfahren verwendet werden sollen oder ob ein Rückruf erfolgen soll.

Authentifizierungsprotokolle wie → *CHAP* und → *PAP* in der zweiten Phase ermöglichen ein gewisses Maß an Sicherheit.

Eine Vielzahl von Network Control Protocols (NCP) in der dritten Phase regelt die Modalitäten, welche Netzprotokolle (z.B. → *IP* oder → *IPX*) der Schicht 3 des → *OSI-Referenzmodells* wie über die serielle Verbindung abgewickelt werden. Ferner verfügt es durch die Verwendung des Rahmenformats von → *HDLC*, in dem eine Prüfsumme enthalten ist, über eine eigene Fehlererkennung.

Weiterentwicklung in RFC 1717 ist das Multilink-PPP (MPPP, ML-PPP, auch Multichannel Protocol oder MP genannt), das mehrere virtuelle Verbindungen zwischen den beteiligten Stationen u.U. über verschiedene PPP-Verbindungen und über unterschiedliche physikalische Medien (z.B. → *Frame Relay* und → *ISDN*) aufbaut und zu einer ML-PPP-Verbindung zusammenfasst, wodurch die genutzte Bandbreite skaliert werden kann. Hierbei wird ML-PPP durch → *BACP* unterstützt, was die Eingriffe des Nutzers minimiert. Dieses Protokoll unterstützt auch die Sprach-Daten-Integration, indem z.B. große Datenpakete im Rahmen von Anwendungen wie → *FTP* oder → *SMTP* in viele kleinere fragmentiert werden, wodurch sich zwischen

die kleineren, fragmentierten Pakete leichter Sprachpakete einfügen lassen, so dass im Falle einer Sprachübertragung der → *Delay* verringert wird. Ein Beispiel für die Nutzung von ML-PPP ist → *AO/DI*.
Das PPP-Compression-Protocol wird dazu genutzt, dass sich Router, die PPP über Wählverbindungen nutzen, untereinander auf ein verwendetes Datenkompressionsverfahren verständigen. Angewendet wird es z.B. bei der Vernetzung von Filialen mit dem Unternehmenssitz, in dessen Host sich die Rechner aus den Filialen über ISDN-Router einwählen. Dann kann die Bandbreitennutzung der Verbindung mit einem Kompressionsverfahren optimiert werden.
Weitere Fortentwicklungen von PPP sind auch → *PPTP* oder → *MP+*.

PPS

1. Abk. für Pulse per Second.
   → *IWV*.
2. Abk. für Precision Positioning System.
   → *GPS*.
3. Abk. für Produktions-Planungs-System.
   Bezeichnung für eine EDV-Software, die produktionstechnische Vorgänge optimiert (Maschinen-, Personaleinsatz, Losgrößen).

PPTP

Abk. für Point-to-Point Tunneling Protocol.
Bezeichnung für ein im → *Internet* eingesetztes Protokoll zum → *Tunneling* von Datenpaketen im → *PPP*-Format auf der Schicht 2 des → *OSI-Referenzmodells* durch IP-Netze hindurch zwischen einem PPP-Client und einem Router. Im Gegensatz herkömmlichen PPP wird dabei die Protokollinformation des PPP nicht mehr entfernt. Dadurch ist es z.B. möglich, die in PPP enthaltenen Sicherheitsmerkmale durchgängig durch das Internet zu nutzen und z.B. sichere → *VPNs* (→ *Extranet*) aufzubauen.
Bei PPTP können PPP-Clients individuelle Tunnel zu PPTP-Servern aufbauen und diese Tunnel selbst nach der Einwahl mit PPP ändern. Dies ist bei → *L2TP* nicht möglich.
Üblicherweise kommunizieren dabei ein → *Windows-NT*-Server auf der Server-Seite und ein PPTP-fähiger Client miteinander, da PPTP ein fester Bestandteil von Windows NT ist.
Ein typisches Anwendungsszenario ist ein Außendienstmitarbeiter, der sich temporär und von einem beliebigen Ort mit einem PPTP-Client auf seinem Laptop über einen → *Internet-Service-Provider* und das Internet in das Firmennetz einwählt.
→ *L2F*, → *IPSec*.

PPV

Abk. für Pay-per-View.
Bezahlt wird in einem → *Pay-TV*-System nur das, was man sieht (nach Zeit), im Gegensatz zum klassischen Pay-TV, bei dem man einen festen Monatsbetrag für einen Kanal zahlt und den Schlüssel für einen Decoder (→ *Set-Top-Box*) bekommt, so dass man den Kanal empfangen kann.

PQET

Abk. für Print Quality Enhancement Technology.
Bezeichnung für ein Verfahren aus dem Hause → *HP*, das durch die Glättung der Kanten von Zeichen und anderer typografischer und grafischer Elemente optisch bessere Ausdrucke von → *Druckern* ermöglicht.

PQFP

Abk. für Plastic Quat Flat Pack.
Bezeichnung für ein flaches, quadratisches Kunststoffgehäuse, häufig mit vielen hundert Anschlüssen (Metallbeinchen) zur Aufnahme eines → *IC* als Schutz vor äußeren Einflüssen.

PRA

Abk. für Primary Rate Access.
International eine oft gebrauchte Abkürzung für den Primärmultiplexanschluss des → *ISDN*.

Präambel

Andere Bezeichnung für → *Flag*.

Prädiktor

Begriff aus der Quellcodierung und -decodierung. Ein Prädiktor ermittelt aus vorangegangenen Signalen nach einer festgelegten Vorschrift einen Schätzwert für das nächste erwartete Signal. Bei einem adaptiven Prädiktor ist diese Vorschrift variabel und hängt z.B. von den vorangegangenen Werten und anderen kurzzeitigen Charakteristika des Signals ab.

Präferenzrecht, -position

Begriff aus der → *Deregulierung*. Bezeichnung für eine bevorzugte Position aufgrund rechtlich begründeter Kriterien bei der Zuteilung knapper Ressourcen, z.B. hinsichtlich Frequenzen oder Wegerechten.

Präsentationsschicht

→ *OSI-Referenzmodell*.

PRC

Abk. für Primary Reference Clock.

Pre-Dialer

Von engl. pre-dialer = Vorwähler. Kurzform für das Gerät (Predictive Dialer) für → *Predictive Dialing*.

Predictive Dialing

Von engl. predictive dialing = voraussehendes Wählen. Bezeichnung für ein → *Leistungsmerkmal* von → *CTI*- bzw. → *ACD*-Anlagen (Hard- oder Software) oder eines eigenständigen technischen Moduls mit der Bezeichnung → *Dialer*.
Die Funktionalität eines Predictive Dialers ist folgende: Während ein Mitarbeiter eines → *Call Centers*, genannt → *Agent*, noch im Gespräch ist, startet der Predictive Dialer bereits automatisch die Anwahl des nächsten Gesprächspartners aus einer Datenbank heraus, so dass der Agent bei einer erfolgreichen Verbindung und unter der Voraussetzung

zung, dass er sein anderes Gespräch mittlerweile beendet hat, mit diesem ohne eigenes Zutun verbunden wird. Gleichzeitig erscheint mit Hilfe von CTI auf einem Bildschirm des Agenten der Datensatz des angewählten Kunden.

Der Predictive Dialer entlastet den Agenten bei hinausgehenden Gesprächen vom Auswählen eines Anrufers, permanenten Wählen, Prüfen auf Freizeichen und Anrufbeantworter und Auflegen. Damit lässt sich die Leistungsfähigkeit und Motivation der Agenten eines Call Centers erheblich steigern. Die Zahl der Falschverbindungen durch falsche, manuelle Rufnummerneingabe kann ebenfalls erheblich reduziert werden.

Der Zeitpunkt des Wählstarts kann oft eingestellt werden, z.B. aufgrund von Erfahrungen mit durchschnittlichen Gesprächsdauern im Rahmen einer Werbekampagne.

Üblicherweise ermittelt das Predictive-Dialing-System selbständig mit Hilfe verschiedener statistischer Auswertungen (durchschnittliche Gesprächsdauer in einem Call Center, durchschnittliche Wählzeit, durchschnittliche Zeit zur Gesprächsentgegennahme des Anrufers, durchschnittliche Pausenzeiten der Agenten, aktuelle belegte und freie Agentenanzahl etc.), wann ungefähr der nächste Agent frei werden müsste und startet entsprechend die Anwahl. Dabei kommt es vor, dass zu einem bestimmten Zeitpunkt mehr Kunden angerufen werden, als gerade Agenten frei sind. Dieses Verhalten des Predictive Dialers kann üblicherweise durch Vorgabe einer Overdial-Rate gesteuert werden.

Agenten können den gesamten Mechanismus des Predictive Dialing umgehen, indem sie einen speziellen Button in der Maske ihres PCs drücken, der anzeigt, dass ein Gespräch ungewöhnlich lange dauert. In diesem Fall berücksichtigt der Predictive Dialer den Agenten nicht mehr, bis er eine entsprechende Rückmeldung des Agenten erhält. Ebenfalls denkbar ist, dass der Agent per Mausklick für eine Weile komplett aus der Menge der zur Verfügung stehenden Agenten austritt.

Ferner besteht die Möglichkeit, dass der Predictive Dialer bereits begonnene Wählvorgänge abbricht, wenn bestimmte Konstellationen (z.B. viele Agenten haben plötzlich ihr aktuelles Gespräch beendet und fangen ein neues an) dazu führen, dass die Wahrscheinlichkeit, dass ein Agent frei ist, abrupt sinkt.

Wenn der Predictive Dialer ein Besetztzeichen erhält, niemand den Verbindungswunsch entgegennimmt, der Anschluss nicht mehr existiert oder der Anrufbeantworter das Gespräch entgegennimmt, vermerkt der Predictive Dialer das in der Datenbank und versucht gegebenenfalls, den gewünschten Verbindungspartner zu einem späteren Zeitpunkt erneut anzuwählen. Ob und wann dies erfolgt, ist Teil einer Redial-Strategie und kann bei den meisten Predictive Dialern frei definiert werden.

Wenn der angewählte Gesprächspartner das Gespräch entgegennimmt und entgegen der errechneten Erwartung des Predictive Dialers kein Agent frei ist, so kann eine Ansage eingespielt werden, dass der Anrufer sich einen Augenblick gedulden möge und er sofort mit jemandem verbunden wird. Eine weitere, zusätzliche Möglichkeit ist das Einspielen von Musik (→ *Music-on-Hold*) oder auch das sofortige Auflegen.

Ähnliche Verfahren zur Steigerung der Produktivität von Call Centern sind → *Progressive Dialing* und → *Preview Dialing*.

Preisregulierung

→ *Deregulierung*.

Premium Rate (Service)

Bezeichnung für eine spezielle Art des → *Charging*, bei dem zumeist für spezielle Mehrwertdienste (→ *VAS*, → *Audiotext*) hohe Gebühren durch einen kurzen Zeittakt anfallen. Dienste, die diese Gebühren erfordern, werden als Premium Rate Services bezeichnet. In Deutschland wegen der Vorwahl auch 0190er-Dienste genannt. International setzt sich die Vorwahl 0900 durch, weswegen oft auch von 900er-Diensten gesprochen wird.

Technisch gesehen werden derartige Dienste auf einer Plattform des Intelligenten Netzes realisiert (Intelligent Network, → *IN*).

Die Höhe der Entgelte wird durch die Anzahl der Sekunden je Gebührentaktimpuls festgelegt und kann in Deutschland der ersten Ziffer nach der Dienstkennzahl 190 entnommen werden. Dabei gelten folgende Daten:

Ziffer	Sekunden/Gebührentaktimpuls
1	6
2	6
3	6
4	9
5	6
6	9
7	3
8	2
9	3

In Deutschland müssen 0190er Nummern bei der Regulierungsbehörde von Betreibern einer entsprechenden IN-Plattform beantragt werden, die sie dann an ihre Kunden weitergeben können. Die 0190 konnte bis zum 30. September 2000 beantragt werden und wurde von der Regulierungsbehörde bis zum 31. Dezember 2000 zugeteilt. Anschließend wurden nur noch Nummern mit dem international üblichen Präfix 0900 vergeben

Prepaid Card

Manchmal auch Prepaid Card Service (PPCS) oder in Deutschland Guthabenkarte genannt. Selten als Vorwegeinkauf bezeichnet.

Ursprünglich die Bezeichnung für die Möglichkeit des Erwerbs einer → *SIM*-Card mit einem daran gekoppelten maximalen Gebührenbetrag als Guthaben gegen Vorkasse. Es kann dann nur so lange telefoniert werden, wie es das Guthaben auf der Karte zulässt. Ist das Guthaben der Karte abtelefoniert, muss eine neue Karte gekauft und in das Gerät eingesteckt werden. Die Prepaid-Angebote dieser ersten

Version (ab ca. 1995) waren allerdings nicht so erfolgreich wie die späteren (ab 1997), bei denen Einheiten nachgekauft werden konnten (= Karte konnte wieder aufgeladen werden), ohne eine neue Karte kaufen zu müssen.

Üblicherweise werden für den Käufer eine einmalige Gebühr (Anschlusspreis; Freischaltepreis für die Karte) und evtl. Kosten für ein → *Handy* fällig. Die Karten können üblicherweise mit einer Granularität von 50 DM erworben werden.

Vorteile aus Nutzersicht sind:

- Keine feste, monatliche Grundgebühr
- Keine längeren Vertragslaufzeiten
- Anonymität
- Geeignet auch zum Verschenken (Käufer muss nicht Nutzer sein)
- Im Gegensatz zur → *Calling Card* ist ein Erwerb auch durch Personen unter 18 Jahren möglich
- Volle Kostenkontrolle

Als nachteilig gelten die leicht bis deutlich erhöhten nutzungsabhängigen Kosten für die Gespräche und das drohende Verfallen des Kartenguthabens, falls über einen bestimmten Zeitraum nicht telefoniert wird (je nach Anbieter zwei bis drei Monate).

Vorteile aus Betreibersicht:

- Kein Rechnungsrisiko
- Wegfall der Bonitätsprüfung spart Kosten
- Vorkasse erlaubt Nutzung eines Zinseffekts

Das System der Prepaid Card für Mobilfunkanwendungen wurde als erste Version von der → *swisscom* in der Schweiz entwickelt und mit großem Erfolg dort eingeführt. Erster Anbieter in Deutschland war im Februar 1997 die Deutsche Telekom mit ihrem Mobilfunknetz → *D1*, gefolgt von e-plus (→ *E-Netz*) im Juli 1997 und → *D2* im Oktober 1997.

Später entwickelte Varianten sind Prepaid Cards für das Festnetz und international gültige Prepaid Cards, die üblicherweise hinsichtlich ihrer Bepreisung etwas höher liegen als Calling Cards, aber immer noch günstiger sind als internationale Tarife für die Nutzung von Mobilfunk.

Derartige int. Prepaid Cards eignen sich auch als individuell gestaltetes Werbeobjekt für Unternehmen (Werbegeschenk). Ferner kann eine derartige Karte als Vorstufe zur Calling Card einen Einstieg für potenzielle Nutzer schmackhaft machen.

Als international gültiger Rahmen für ein internationales Prepaid-Card-Angebot gilt Home Country Direct (→ *HCD*).

→ *Smart Card*, → *Telefonkarte*.

Preselection, Preselection-Override

Auch Carrier Preselection genannt. In einem liberalisierten Telekommunikationsmarkt mit mehreren Anbietern für internationale Verbindungen oder Fernverbindungen die Bezeichnung für die Voreinstellung eines bevorzugten Anbieters für diese Dienstleistungen am Anschluss eines bestimmten Nutzers. Möchte dieser Nutzer ein Ferngespräch führen, dann wird es ohne weiteres Zutun des Nutzers, d.h. ohne z.B. Wahl einer → *Verbindungsnetzbetreiberkennzahl*, automatisch über das Netz des voreingestellten Anbieters (= Verbindungsnetzbetreiber) geführt.

Üblicherweise bindet sich ein Nutzer von Preselection für eine Mindestdauer von 24 Monaten an einen Netzbetreiber.

Aus Sicht eines Netzbetreibers ist Preselection vorteilhafter, weil die Kundenbindung größer und die Einnahmen sicherer sind.

Aus Sicht des Nutzers hat Preselection den Vorteil, dass möglicherweise Mengenrabatte bei einem Netzbetreiber genutzt werden können. Außerdem besteht keine Notwendigkeit, sich immer wieder über die günstigsten Tarife zu informieren.

Um dennoch die Möglichkeit zu haben, in Einzelfällen (z.B. bei Auslandsgesprächen) besonders günstige Konkurrenzangebote nutzen zu können, kann es das Preselection-Override geben, bei dem durch die Eingabe einer Netzbetreiberkennzahl vor der eigentlichen Rufnummer der Preselection-Anbieter einmalig für eine Verbindung übergangen wird. Ob diese Möglichkeit besteht, ist von regulatorischen Vorgaben und dem Produktangebot des Preselection-Anbieters abhängig.

In Deutschland ist Preselection zum 1. Januar 1998 eingeführt worden. Damit lag Deutschland 2 Jahre vor dem offiziellen Zeitplan der EU, die Preselection erst zum 1. Januar 2000 gefordert hatte. Zu diesem Termin wurde beispielsweise in Frankreich Preselection eingeführt.

Das Gegenteil dieser festen Voreinstellung ist das Verfahren → *Call-by-Call*, wobei Preselection i.d.R. noch mal einen Preisvorteil pro Gespräch bietet.

PRESTEL

Abk. für Press Telephone (Button).

Bezeichnung des ersten Systems für → *Videotex* überhaupt. Mitte der 70er Jahre in GB erdacht von Sam Fedida, noch unter dem Namen Viewdata. Nach einem Feldversuch mit 1 500 Teilnehmern (18. September 1978 bis 26. März 1979) am 27. März 1979 in Betrieb genommen. Immer noch in Betrieb in GB, NL, Finnland und Australien.

→ *Btx*.

Preview Dialing

Von engl. preview dialing = Vorschau wählen. Bezeichnung für ein → *Leistungsmerkmal* von → *CTI*-Anlagen (Hard- oder Software). Dabei wählt die CTI-Anlage für das nächste hinausgehende Gespräch, z.B. im Rahmen einer Werbekampagne, einen potenziellen Gesprächspartner für den Mitarbeiter eines → *Call Centers* (genannt → *Agent*) aus einer Datenbank aus und zeigt die zu diesem gehörenden Daten dem Agenten auf einem Bildschirm an. Der Agent hat dann drei Möglichkeiten:

- Bestätigung der Auswahl (Approve and Dial): In diesem Fall wird der angezeigte Kunde automatisch durch CTI angewählt.
- Verschiebung der Auswahl (Reschedule): Der Agent lehnt den Kontakt im Augenblick ab und kann eine Zeit angeben, zu der der Kunde erneut zum Anruf vorgeschlagen werden soll.

- Ablehnung der Auswahl (Reject): Der aktuell angezeigte Gesprächspartner wird zurückgewiesen, woraufhin ein anderer potenzieller Gesprächspartner bestimmt und dem Agenten vorgeschlagen wird.

→ *Progressive Dialing*, → *Predictive Dialing*.

Price-Cap, Price-Cap-Regulierung

Begriff aus der → *Deregulierung* und Liberalisierung von Märkten. Bezeichnet ein Verfahren der Preisregulierung. Das Verfahren wird nicht nur für Märkte von Telekommunikationsdienstleistungen angewendet, sondern ebenso z.B. bei Märkten von Postdienstleistungen.

Dabei werden mehrere Dienste zu einem Korb (Cap) zusammengefasst. Ihre zugelassenen Preise und Preisentwicklungen werden durch eine Formel (RPI-X) reguliert, die sich aus der durchschnittlichen jährlichen Inflationsrate (RPI, Retail Price Index) und einem Faktor X zusammensetzt, der wiederum aus der durchschnittlichen Produktivitätssteigerung der regulierten Unternehmen ermittelt wird. Die Formel bzw. der in einer bestimmten Periode aus ihr resultierende Wert wird auch Maßgröße genannt.

RPI wird dabei üblicherweise von der jeweiligen statistischen Oberbehörde eines Landes ermittelt. Anstelle des RPI können auch der NPI (Net Price Index) oder andere Preisindizes verwendet werden.

Der Faktor X wird durch einen nationalen Regulierer sinnvoll festgelegt.

Die Dienste im Korb müssen sich in ihrer Gesamtheit preislich gemäß der Formel entwickeln, können aber innerhalb des Korbes durchaus verschiedene Entwicklungen, auch in gegensätzliche Richtungen (→ *Rebalancing*), nehmen.

Dadurch ist das regulierte Unternehmen, üblicherweise der marktbeherrschende Anbieter von Telekommunikationsdienstleistungen, einerseits gezwungen, eine globale Preiskorrektur gemäß seiner Leistungskraft in eine vom Regulierer gewünschte Richtung vorzunehmen, hat aber andererseits noch die Freiheit, im Rahmen der Menge der Produkte im Korb frei zu entscheiden, wie die Produkte bepreist werden. Insgesamt ergibt sich für das regulierte Unternehmen trotz Regulierung ein Anreiz zur weiteren Einführung innovativer Technologien (Steigerung der Innovationseffizienz) und zur Steigerung der eigenen Effizienz bei der Bereitstellung (Steigerung der Produktionseffizienz).

Die Definition der Telekommunikationsdienstleistungen, die sinnvoll zu einem Korb zusammengefasst werden können (Korbbildung), ist Gegenstand der Arbeit der → *Regulierungsbehörde*. Grundsätzlich dürfen zur Vermeidung von Quersubventionen nur solche Telekommunikationsdienstleistungen in einem Korb zusammengefasst werden, bei denen die Wettbewerbsintensität nicht erheblich voneinander abweicht. Es ist daher nicht sinnvoll, z.B. den Sprachtelefondienst und die Bereitstellung von Standleitungen (Übertragungswege) zusammen in einen Korb zu packen.

Die Bestimmung der Maßgröße hat ebenfalls durch den Regulierer zu erfolgen. Dabei hat er eine Reihe von Faktoren zu berücksichtigen, z.B. das Ausgangsniveau der Regulierung und die Produktivitätssteigerungen anderer Unternehmen in vergleichbaren Märkten (auch international). Die Regulierungsbehörde kann hierzu die Vorlage von detaillierten Daten aus der Kostenrechnung des zu regulierenden Unternehmens verlangen. Ein anderer Weg ist die Entwicklung eines analytischen Modells für die realisierbare Produktivitätssteigerung des regulierten Unternehmens.

Ein weiterer Parameter beim Price-Cap-Verfahren ist die Gültigkeitsdauer (Laufzeit) der Parameter RPI und X. International üblich sind Laufzeiten im Bereich von einem oder zwei Jahren.

Schließlich kann auch definiert werden, wie häufig in dieser Laufzeit ein betroffenes Unternehmen seine Preise für die Dienstleistungen des Caps neu festlegen darf. Hier kann eine Anzahl limitiert werden (z.B. max. zwei Neufestsetzungen/Jahr) oder sie orientiert sich am Bedarf, so dass das regulierte Unternehmen ein permanentes Initiativrecht dazu hat.

Ein Wert von X=0 führt dazu, dass – unter der üblichen Annahme einer positiven Inflationsrate – der Ausdruck (RPI-X) ebenfalls einen positiven Wert annimmt. Dies ist gut für neue Wettbewerber des marktbeherrschenden Anbieters, da dieser dann seine Preise steigern muss und für Kunden eher unattraktiv wird.

Ein Wert von X etwas über RPI führt dazu, dass (RPI-X) einen negativen Wert annimmt und der Preis leicht sinken kann.

Ein Wert von X deutlich über RPI führt dazu, dass (RPI-X) einen deutlich negativen Wert annimmt und der Preis beträchtlich sinken kann, weshalb der bestehende, marktbeherrschende Anbieter für Kunden attraktiv wird. Dies ist daher für neue Wettbewerber weniger gut.

Das Verfahren hat in Deutschland Eingang in die Entgeltregulierungsverordnung (→ *EV*) gefunden und ist auch im § 27 Abs. 1 des → *Telekommunikationsgesetzes* definiert.

Pricing

Bezeichnung für die Definition von Tarifen für Telekommunikationsdienstleistungen während der Produktentwicklung und insbesondere die Festlegung der Preise unter Berücksichtigung der Bepreisung anderer Produkte.

→ *Billing*, → *Charging*.

PRIDE

Abk. für Policy based Routing, Implementation and Deployment in Europe.

Primärer Nutzer

Bezeichnung für die Gruppe von Nutzern eines → *Bandes* von Funkfrequenzen, zu deren Gunsten alle anderen Nutzer (sekundäre Nutzer) des Bandes ihre Nutzung derart einschränken müssen, dass die erste Gruppe das Band für ihre Zwecke ungestört nutzen kann. Ein sekundärer Nutzer eines Bandes muss seine Anlagen derart gestalten, dass der primäre Nutzer nicht gestört wird, hat aber umgekehrt keinen Anspruch darauf, dass der primäre Nutzer ihn nicht stört.

Es kommt auch vor, dass es mehrere gleichberechtigte primäre Nutzer gibt. Gibt es nur einen primären Nutzer, spricht man auch vom exklusiven primären Nutzer.

Wer primärer und sekundärer Nutzer ist, wird von der → *WARC* festgelegt.

Primärmultiplexanschluss

→ *ISDN*.

Primärradar

→ *Radar*.

Primärspeicher

Andere Bezeichnung für → *Arbeitsspeicher*.

Primärverkabelung

Auch Campusverkabelung genannt und Teil einer → *strukturierten Verkabelung*. Bezeichnung für die Verkabelung ähnlich eines → *Backbone* im → *LAN*-Bereich. Dabei versorgt die Primärverkabelung auf einem Betriebsgelände die → *Sekundärverkabelung* in mehreren Gebäuden. Üblicherweise verbindet sie die in den Gebäuden befindlichen Verteilerräume über das Betriebsgelände miteinander. In den Verteilerräumen wird die Verbindung zur Sekundärverkabelung hergestellt.

Heutzutage wird fast ausschließlich auf die zukunftssichere Glasfaser als Medium für eine Primärverkabelung gesetzt. Als Übertragungstechnik wird üblicherweise → *ATM* oder auch → *Gigabit Ethernet* eingesetzt. In der Vergangenheit wurden auch → *Fast Ethernet* oder → *FDDI* genutzt.

Primärzelle

Anderes Wort für eine nicht wiederaufladbare Batterie. Sie werden bei Telekommunikationsendgeräten nur noch sehr selten, meistens als temporäre Notlösung oder aus Versehen, z.B. als Ersatz für einen defekten → *Akku*, verwendet.

Primary Nameserver

→ *NIC*.

Print-Server

→ *Server*.

Private Key, Private-Key-Algorithmus, Private-Key-Verfahren

Bezeichnung für eine Klasse von kryptografischen Verfahren (→ *Kryptologie*) zur Verschlüsselung und Entschlüsselung von Daten zum Schutz vor unbefugtem Zugriff. Dabei wird, im Gegensatz zu → *Public-Key*-Verfahren, nur ein Schlüssel für beide Vorgänge genutzt. Daher auch symmetrisches Verfahren genannt.

Für das Verfahren ist es notwendig, dass der Sender mit dem Schlüssel seine Nachricht verschlüsselt und der Empfänger sie mit dem gleichen Schlüssel entschlüsselt. Daher müssen beide sich zuvor auf eine sichere Art über den Schlüssel verständigt haben. Die Sicherheit des Verfahrens hängt damit von der Geheimhaltung des Schlüssels ab. Vorteil des Verfahrens ist, dass die Algorithmen zur Ver- und Entschlüsselung sehr schnell ablaufen und direkt in Form von Hardwarebausteinen implementiert werden können.

Üblicherweise unterscheidet man zwei mögliche Verfahren:

- Blockchiffren: Die zu verschlüsselnde Nachricht wird in Blöcke konstanter Länge (z.B. 64 Bit) zerlegt. Auf jeden Block wird die Verschlüsselungsoperation angewendet.
- Stromchiffren: Die zu verschlüsselnde Nachricht wird als kontinuierlicher, serieller Datenstrom aufgefasst und Bit für Bit in eine Verschlüsselungsvorrichtung eingegeben, die nach einer Vorlaufzeit (Tiefe) die verschlüsselte Nachricht Bit für Bit ausgibt. Innerhalb der Verschlüsselungsvorrichtung befindet sich eine Schieberegisterschaltung, in welcher mehrere einzelne Bit zwischengespeichert und nach Regeln der → *Booleschen Algebra* miteinander verknüpft werden. Das Ergebnis dieser Verknüpfungen ist der verschlüsselte Datenstrom. Die Anzahl der zwischengespeicherten Bit (meist im einstelligen Bereich) gibt die sog. Tiefe des Schieberegisters an. Üblicherweise werden mehrere derartige Schieberegister miteinander verknüpft, da eine einfache Schieberegisterschaltung leicht zu knacken ist.

Bekanntestes Private-Key-Verfahren ist → *DES* (gehört zu den Blockchiffren).

Private Network

→ *Corporate Network*.

PRMA

Abk. für Packet Reservation Multiple Access.

PRMD

Abk. für Private Management Domain.

Bezeichnet in → *X.400*-Systemen die Domänen der Kunden von Betreibern eines X.400-Systems.

→ *ADMD*.

Probing

→ *Hacker*.

Prodigy

Name eines → *Online-Service*-Anbieters in den USA. Angeboten von einem 1984 gegründeten Joint Venture mit Sitz in White Plains/New York, an dem IBM, Roebuck, CBS und Sears beteiligt waren. Zwischenzeitlich stiegen einige Gründer aus (z.B. IBM 1996) und andere ein.

Der Anbieter ist seit 1989 unter dem Namen Prodigy aktiv im Markt. Zuvor wurde er unter dem Projektnamen Trintex geführt und im Rahmen eines Feldversuchs getestet.

Der gesamte Dienst basiert auf den Erfahrungen, die IBM als Techniklieferant beim Aufbau des Btx-Systems (→ *T-Online*) in Deutschland gesammelt hat.

Das System galt daher als einfach und bot seinen Kunden viel Unterhaltung, Spiele, Chats und Nachrichten.

Seine Hochzeit hatte das Unternehmen 1996 mit rund 2 Mio. Kunden. Im November 1998 hatte es jedoch nur noch rund 400 000. Zwischenzeitlich wurde die alte Technikplattform unter dem Namen „Prodigy Classic" vermarktet und eine neue, Internet-basierte Plattform als „Prodigy Internet" eröffnet.

Im Januar 1999 kündigte Prodigy an, „Prodigy Classic" wegen des nicht gelösten Jahr-2000-Problems einzustellen.

Den seinerzeitigen rund 208 000 verbliebenen Nutzern wurde geraten, auf „Prodigy Internet" zu wechseln.

Profibus

Abk. für Process Field Bus.

Bezeichnung für einen industriell eingesetzten → *Feldbus* zur Datenübertragung. Genormt durch das → *DIN* als DIN 19245 Teil 1 und 2 und als EN 50170.

Entwickelt wurde er durch 14 Hersteller und 5 Forschungsinstitute.

Als Übertragungsmedium werden entweder eine geschirmte Zweidrahtleitung oder eine Glasfaser verwendet. Die max. Leitungslänge hängt dabei von der gewählten Übertragungsrate ab, kann aber auch durch → *Repeater* bis auf max. 4,8 km verlängert werden.

Um Echtzeitverhalten zu erreichen, dürfen max. 32 aktive Stationen an den Bus angeschlossen werden, ansonsten bis zu 122 (inkl. Repeater).

Auf der Schicht 1 des → *OSI-Referenzmodells* wird dabei → *NRZ* als Modulationsverfahren eingesetzt.

Auf der Schicht 2 wird ein → *Token*-Protokoll zwischen den aktiven Stationen (Steuerungselemente) angewendet, wobei eine max. Token-Umlaufzeit um den logischen Ring der aktiven Elemente zur Erzielung eines vorhersagbaren Echtzeitverhaltens nicht überschritten werden darf. Eine Station mit Token misst von Token zu Token die aktuelle Umlaufzeit und darf dann so lange senden, bis die max. zulässige Token-Umlaufzeit erreicht ist. Auf jeden Fall darf sie aber eine hochpriore Nachricht absetzen, d.h., die zu sendenden Nachrichten sind vor dem Senden entsprechend ihrer Priorität in zwei Klassen unterteilt (hoch und normal).

Eine aktive Station, die das Token erhalten hat, darf mit allen anderen passiven Stationen (→ *Aktorik* und → *Sensorik*) kommunizieren.

Die Datenübertragung erfolgt bitorientiert in Paketen zu je 11 Bit (8 Nutzdatenbit, 3 Steuerbit), von denen mehrere Pakete (bis zu 249) je Übertragung hintereinander gesendet werden können.

Wegen des hohen Overheads für einzelne Anwendungen wurden verschiedene Versionen des Profibus entwickelt.

Der Profibus-DP (Dezentrale Peripherie) ist seit 1993 als DIN 19245 Teil 3 in Deutschland genormt und basiert in Teilen auf dem SINEC-l2-DP aus dem Hause Siemens. Er eignet sich insbesondere für zeitkritische Anwendungen.

Die andere Variante ist der Profibus-FMS.

Der Profibus wird sowohl in der Industrie als auch in der Gebäudeleittechnik (→ *Facility Management*) eingesetzt und ist in Deutschland, Italien und Großbritannien weit verbreitet.

→ *P-Net*, → *WorldFIP*.

Programm

Eine Folge von Anweisungen zur Erfüllung einer Aufgabe, die von einer technischen Einrichtung abgearbeitet werden kann.

Das Programm steuert die Arbeit einer oder mehrerer Funktionseinheiten.

Die Form, in welcher die Folge definiert wird, hängt von der verwendeten → *Programmiersprache* ab.

→ *Algorithmus*.

Programmierfehler

→ *Bug*.

Programmiersprache

Bezeichnung für eine Reihe von künstlichen Werkzeugen zur Programmierung von → *Computern*. Nach DIN 44300 eine zum Abfassen von Programmen geschaffene Sprache.

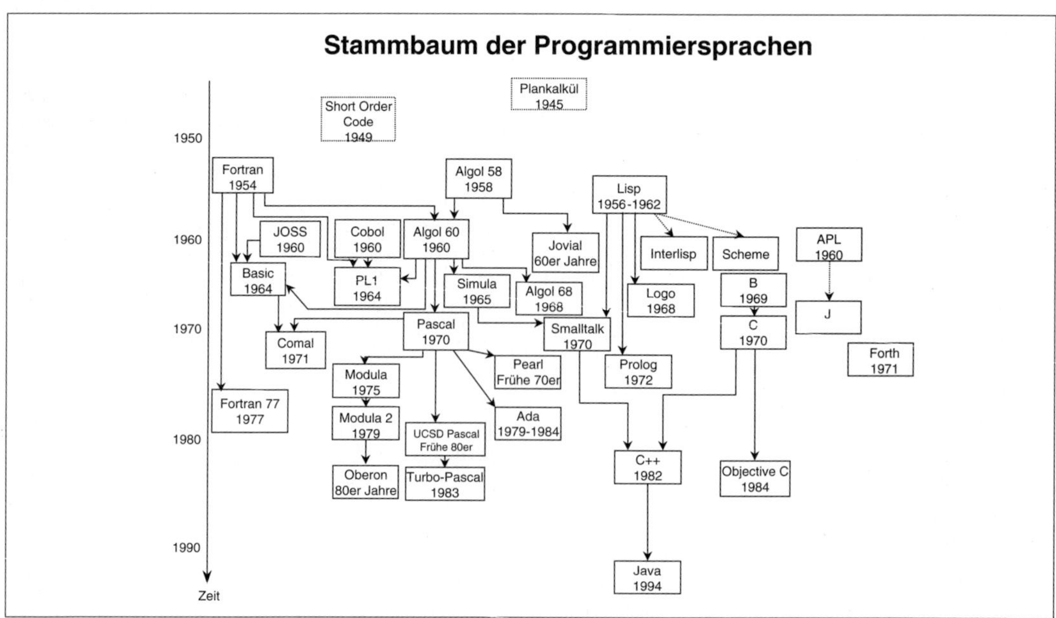

Stammbaum der Programmiersprachen

Computer können auf mehrere Arten programmiert werden, die sich im Laufe der technischen Entwicklung des Computers herausgebildet haben. Daher unterscheidet man verschiedene Stufen von Programmiersprachen, die den Programmierer verschieden stark bei der Programmierung unterstützen. Man spricht üblicherweise von verschiedenen Generationen von Programmiersprachen. Allgemein sollte eine Programmiersprache folgende Forderungen erfüllen:

- Universalität: Sie sollte auf verschiedenste Problemstellungen anwendbar sein.
- Strukturierbarkeit: Sie sollte zu einer → *strukturierten Programmierung* führen.
- Einfachheit und Lesbarkeit: Ihre → *Syntax* sollte durch → *Compiler* leicht zu überprüfen sein, ebenso wie ein Programm leicht von jemandem gelesen und verstanden werden sollte.
- Portierbarkeit: Die fertig gestellten Programme sollten auf verschiedenen Plattformen (div. Betriebssystemen) lauffähig sein.
- Erlernbarkeit: Sie sollte leicht zu erlernen sein.

Diese Forderungen werden durch die unterschiedlichen Generationen und durch die unterschiedlichen Sprachen innerhalb der Generationen sehr unterschiedlich erfüllt. Eine Sprache, bei der allgemein anerkannt wird, dass sie den besten Kompromiss dieser Punkte darstellt, ist → *Pascal.*

Neben den Sprachen spielen heute umfangreiche → *Tools* eine Rolle, die den Programmierer bei seiner Arbeit unterstützen. Ein systematisches Vorgehen bei der Programmierung wird durch → *Software-Engineering* erreicht.

Die verschiedenen Programmiersprachen haben sich bei ihrer Entwicklung gegenseitig beeinflusst. Obwohl es weltweit über 1 000 Programmiersprachen gibt, haben nur ca. 25 von ihnen eine größere Bedeutung erlangt. Kaum eine Programmiersprache wird dabei universell verwendet. Vielmehr sind bestimmte Sprachen in bestimmten Branchen zu finden, andere wiederum eignen sich nur zu Lehrzwecken.

Als eine Art erste Programmiersprache gilt gemeinhin → *Plankalkül.* Es werden seither fünf verschiedene Generationen unterschieden.

- 1. Generation (seit 1945, 1GL):

  Pure → *Maschinensprache,* sehr hardwareorientiert. Die Befehle müssen binär am Computer, häufig durch umfangreiche Kaskaden von Kipp- und Drehschaltern, eingestellt werden.

- 2. Generation (seit 1955, 2GL):

  → *Assemblersprachen.* Die Programmierung erfolgt sehr maschinennah durch Eingabe mnemonischer Codes. Programme dürfen wegen des noch sehr beschränkten Speicherplatzes nicht besonders groß sein.

- 3. Generation (seit 1960, 3GL):

  Höhere Programmiersprachen mit → *Compilern* für unterschiedliche Hardwareplattformen entstehen (→ *Algol,* → *APL,* → *ELAN,* → *Euler,* → *Forth,* → *Fortran,* → *Cobol,* → *Basic,* → *Comal,* → *C,* → *J,* → *JOVIAL,* → *UNCOL*).

  Ein leicht merkbarer und lesbarer Programmcode, zusammengesetzt aus Schlüsselwörtern der Umgangssprache, wird von einem Compiler in Maschinencode umgesetzt. Die Programmierung löst sich dadurch von der darunter liegenden Hardware. Ein Befehl einer Programmiersprache der 3. Generation beinhaltet in der Regel mehrere Maschinenbefehle. Kenntnisse der darunter liegenden Hardware (CPU-Aufbau, Anzahl und Art der Register etc.) sind zum Programmieren nicht mehr erforderlich.

- 4. Generation (seit 1970, 4GL):

  Auch Hochsprache genannt. Tools (z.B. im Rahmen von → *CASE*) und Beschreibungssprachen (z.B. → *SDL*) zur automatischen Generierung von Programmcode einer höheren Programmiersprache, z.B. zur Umsetzung von technischen Standards in Programmcode. Vielfältige Werkzeuge für Programmierer und Benutzer von Software werden entwickelt und eingesetzt.

  Sprachen der 4. Generation gewinnen an Bedeutung, da sie Entwicklungszeiten verkürzen (Software Development Lifecycle, → *SDLC*) und es erlauben, dass Programme modular aufgebaut werden und von mehreren 100 Entwicklern gleichzeitig entwickelt werden.

- 5. Generation (seit 1980, 5GL):

  Objektorientierte Sprachen (→ *Actor,* → *Eiffel,* → *Objective C,* → *OO,* → *Smalltalk,* → *C++,* → *Java,* → *Lisp,* → *Prolog*). Die Ähnlichkeit zu Sprachen der 3. Generation ist groß. Für viele ist der Unterschied nur eine Frage der → *Syntax.*

Eine andere, in Teilen ähnliche Einteilung differenziert zwischen:

- Imperative Programmiersprachen:

  Ein in einer Sprache dieser Art geschriebenes Programm besteht aus einer Folge von Befehlen, die den Computer steuern.

- Funktionale Programmiersprachen:

  Die Programme sind primär in Form mathematischer Funktionen definiert, die Eingabewerte des Programms in Ausgabewerte abbilden.

- Prädiktive Programmiersprachen:

  Eingesetzt insbesondere auf dem Feld der künstlichen Intelligenz (→ *KI*). Dabei enthält das Programm eine Menge von Fakten und Regeln. Ein Computer, auf dem das Programm läuft, kann dadurch ihm gestellte Probleme lösen, z.B. Fragen beantworten.

- Objektorientierte Programmiersprachen:

  Die bearbeiteten Daten und die auf sie anwendbaren Funktionen und Operationen werden zu einem Objekt zusammengefasst. Objekte können dann Nachrichten austauschen und dadurch Informationen übertragen. Beispiele sind → *Actor,* → *C++,* → *Eiffel,* → *Objective C* oder → *Smalltalk.*

→ *http://www.heuse.com/coding.htm/*

Programmviren

→ *Viren.*

Progressive Dialing

In einem → *Call Center* die Bezeichnung für eine technische Anlage, die das abgehende Telefonieren zu Marketing- und Verkaufszwecken (Outbound Dialing) automatisiert und dadurch die Produktivität des Call Centers steigert.

Im Gegensatz zum → *Preview Dialing* hat der Mitarbeiter im Call Center (→ *Agent*) nicht die Möglichkeit, sich den Anzurufenden auszusuchen und ihn u.U. abzulehnen, sondern der Anzurufende wird einem Agenten zugeteilt, der den Anruf, sofern er erfolgreich durchgestellt wird, auch bearbeiten muss.

Die Anruferdaten und ggf. weitere Marketing- und/oder Produktinformationen werden dem Agenten, im Gegensatz zum → *Predictive Dialing*, bereits während des Wählvorgangs angezeigt, so dass dieser sich darauf eine längere Zeit einstellen kann.

Progressive Dialing kann als Vorstufe zum Predictive Dialing bei einem neu eingerichteten Call Center oder bei neu eingestellten Agenten eingesetzt werden.

Progressive Codierung

Ein Begriff aus dem Bereich der → *Kompression* von grafischen Inhalten. Prinzipiell eine Eigenschaft von Kompressionsverfahren, so z.B. von → *JPEG*.

Dabei werden bei einer Übertragung einer Datei (z.B. über das → *Internet*), die eine komprimierte Grafik enthält, zunächst die wichtigsten Bildinformationen und anschließend nach und nach weitere Informationen übertragen. Dies erlaubt es, dass sich das Bild für den Betrachter schon aufbaut, wenn es noch geladen und dekomprimiert wird.

Project 21

→ *ICO*.

Project PX

→ *ENIAC*.

Prolog

Abk. für Programming in Logic.

Bezeichnung einer höheren objektorientierten Programmiersprache der fünften Generation. Wird neben → *Lisp*, von der es abgeleitet ist, hauptsächlich zur Erforschung der künstlichen Intelligenz (→ *KI*) beim Bau von → *Expertensystemen* oder natürlichsprachigen Anwendungen eingesetzt und hat ansonsten keine herausragende Bedeutung erreicht.

Prolog wurde 1972 in Marseille vorgestellt. Alain Colmerauer dort und Kowalski in Edinburgh haben sie entwickelt. Prolog wurde später insbesondere in Japan gefördert.

Bis in die 80er Jahre existierten nur → *Interpreter*, die im Vergleich mit → *Compilern* anderer Sprachen sehr langsam waren.

1983 entwickelte David H. D. Warren die nach ihm benannte Warren Abstract Machine (WAM), die ein Prolog-Programm in spezielle WAM-Instruktionen übersetzt, die dann rund zehnmal schneller ausgeführt werden können als Programme mit Hilfe von Prolog-Interpretern. Seither ist WAM Grundlage jeder modernen Prolog-Plattform.

Für bestimmte Hardwareplattformen existieren seit jüngster Zeit auch echte Compiler, die in umfangreiche Entwicklungstools mit Programmbibliotheken integriert sind.

→ *http://www.csupomona.edu/~jrfisher/www/prolog_tutorial/contents.html/*

PROM

Abk. für Programmable Read Only Memory.

Bezeichnet einen als Halbleiterbaustein realisierten → *Speicher*, der einmal beschrieben und vielfach gelesen werden kann.

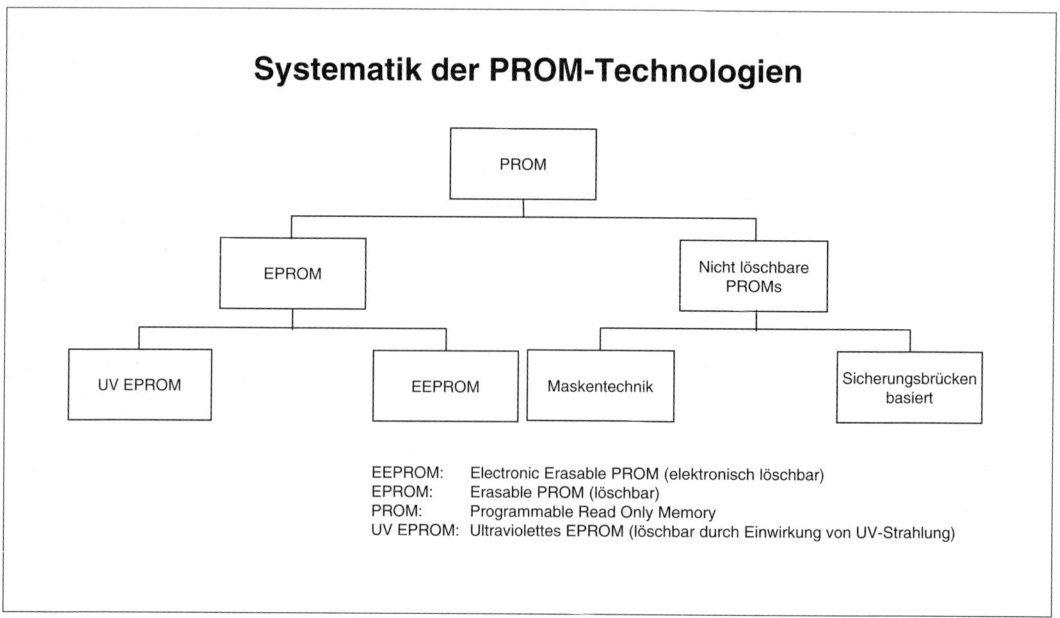

Dabei wird eine im Produktionsprozess eingebaute Schwachstelle (z.B. eine kurze leitende Verbindung, sog. Sicherungsbrücke oder engl. fuse) in den leitenden Elementen verändert, wodurch die Struktur des PROMs und damit sein Inhalt dauerhaft verändert werden. Die Veränderung erfolgt durch das Anlegen einer kurzfristig höheren Spannung als im Normalbetrieb, wodurch die Fuses, die aus einem anderen Material (z.B. Nickel-Chrom-Legierung) als die anderen Leiterstrukturen bestehen, gezielt und dauerhaft zerstört (= geschmolzen) werden können.
Die Höhen dieser Programmierspannung und die Dauer der Einwirkung variieren von Hersteller zu Hersteller.
Löschbare und wiederbeschreibbare PROMs sind → *EPROMs* (mit UV-Licht, dann auch UV EPROM genannt) oder → *EEPROMs* (elektrisch löschbar). Im Gegensatz hierzu verwendet man auch die Bezeichnung OTPROM (One-Time-PROM) für den herkömmlichen PROM zur Betonung des einmaligen Beschreibens.

Prompt, Prompt Character

Deutsche Bezeichnung ist Eingabeaufforderung. Ein spezielles Zeichen auf dem Bildschirm, das dem Benutzer anzeigt, dass von ihm eine Eingabe erwartet wird. Oft ein spezielles Zeichen (Buchstabe, Sonderzeichen), manchmal auch nur der → *Cursor*.

Proportionalschrift

Begriff aus der → *Typografie*. Bezeichnung für eine Schriftart, bei der den einzelnen Buchstaben verschieden breiter Raum zur Verfügung steht. Dies verhindert optisch störenden, nicht bedruckten Freiraum zwischen sehr schmalen und anderen Buchstaben.
Bei Proportionalschriften benötigt z.B. der Buchstabe ‚I' in der Breite weniger Platz als der Buchstabe ‚B'.
Ein weiter den Buchstabenproportionen angepasstes Schriftbild erhält man durch → *Kerning*.

Prosumer

Abk. für Professional Consumer.
Begriff aus dem Marketing, der private Käufer beschreibt, die aber die gleichen Ansprüche an das zu nutzende Produkt stellen wie professionelle Käufer. In der Telekommunikation findet man derartige Nutzer von Telekommunikationsdienstleistungen im → *SOHO*-Markt.

Protokoll

International auch Protocol genannt. Bezeichnet die Gesamtheit von Steuerungsverfahren und Betriebsvorschriften, nach denen die Datenübermittlung zwischen zwei oder auch mehreren zusammenarbeitenden Funktionseinheiten oder Partnern erfolgt.
Gemäß der → *ISO* und ihrem → *OSI-Referenzmodell* können die Funktionen bei der Datenkommunikation in Dienste und dazugehörige Protokolle unterteilt werden. Wo ein Protokoll auftaucht, ist auch eine Schnittstelle.
Ein einzelnes Protokoll ist üblicherweise nur für einen klar bestimmten Teil der gesamten Kommunikationsbeziehung zuständig. Alle möglichen zusammenwirkenden und aufeinander abgestimmten Protokolle, die eine gesamte Kommunikationsbeziehung abdecken und erst ermöglichen, bezeichnet man als Protokollstapel, international auch Protocol Stack genannt (→ *Architektur*).
→ *Algorithmus*.

Protokollanalysator

Bezeichnung für Kommunikationsmessgeräte, die auf logischer Ebene Protokolle in Netzwerken testen.

Protokollstapel, -stack

→ *Protokoll*.

Prototyping

→ *RAD*, → *Rapid Prototyping*.

Provider

Von engl. to provide = liefern, bereitstellen, besorgen bzw. Provider = Lieferant, Dienstleister.
Generischer Oberbegriff für die Anbieter von Waren und Dienstleistern. In der Telekommunikation wird häufig zwischen dem → *Network-Provider* und dem → *Service-Provider* unterschieden, die aber auch identisch sein können. Ferner gibt es den Internet-Service-Provider (→ *ISP*).

Provisioning

Begriff aus dem Betrieb eines Unternehmens, das Telekommunikationsdienstleistungen an Endkunden verkauft.
Selten auch Provisionierung oder Bereitstellung genannt. Bezeichnet alle Dinge, die notwendig sind, um einem Kunden die Inanspruchnahme des von ihm gewünschten Dienstes auf Basis eines Telekommunikationsnetzes zu ermöglichen. Insofern ist es eine kundenindividuelle Einstellung von verschiedenen Parametern des Netzmanagements. Bei hoch standardisierten Diensten ohne Varianten, wie etwa dem Telefondienst, ist das Provisioning kaum vorhanden, wohingegen in anderen Fällen (z.B. dem Einrichten eines → *IP*-basierten → *VPNs*) das Provisioning sehr nahe am Projektgeschäft ist.
Der letzte Schritt ist die → *Aktivierung*.
Gemäß des Modells der → *ITU* vom → *Netzmanagement* ist das Provisioning ein Teil des → *Konfigurationsmanagements*.
→ *Accounting*, → *Billing*, → *Charging*, → *Commissioning*.

Proway

Abk. für Process Data Highway.
Bezeichnung für einen → *Feldbus*.

Proxy-Agent, Proxy-Server, Proxy-Service

Von lat. Proximus (sup. von prope) = nächster, sehr nahe (bei).
Bezeichnung für Dienste, die ‚vertretungshalber' für andere Netzelemente ausgeführt werden. Damit ist es möglich, Sicherheitsfeatures zu realisieren. Proxy-Agents, die Proxy-Services ermöglichen, werden oft an Schnittstellen

zwischen Netzen eingesetzt und erlauben nur eine definierte Menge von Operationen. Für den Nutzer erscheinen sie → *transparent*. Ein Proxy-Server ist ein → *Server*, der sich nahe bei dem Client befindet und vertretungshalber die Bereitstellung von Daten, Programmen etc. für weiter entfernte Server übernimmt. Erst wenn die auf dem Proxy-Server befindlichen Daten nicht die vom Client angeforderten Daten erhalten, ist es nötig, auf den ‚echten', weit entfernten Server zuzugreifen.

Ein Anwendungsbeispiel sind → *WWW*-Server von → *ISPs*, welche die am häufigsten angefragten WWW-Seiten enthalten und somit eine Netzlast auf den → *Backbones* des → *Internets* vermeiden sowie mit schnellen Antwortzeiten für die Kunden des ISPs eine zufriedenstellende Dienstqualität ermöglichen. Während in der Frühzeit des Internet bis zu 80% der Anfragen über Proxy-Server abgewickelt werden konnten, liegt diese Zahl mittlerweile einigermaßen stabil bei 30%.

Derartige Server werden auch als → *Cache* bezeichnet. Werden aus mehreren solchen Servern hierarchische Cache-Systeme aufgebaut (z.B. Abteilungs- und dann Unternehmens-Proxy-Server), kommunizieren sie mit dem → *ICP* untereinander.

Prozedur

Bezeichnung für die Festlegung der Abläufe an der Schnittstelle der Datenendeinrichtung zur Datenübertragungseinrichtung zum Aufbauen, Halten und Trennen einer Verbindung.

Der Begriff der Prozedur wird in der Praxis synonym zum Begriff Leitungsprotokoll benutzt.

→ *Protokoll.*

Prozess

1. Begriff aus der Rechentechnik. Bezeichnet den Teil eines sich in der Abarbeitung befindlichen Programms, der gerade in einem Rechner vom → *Mikroprozessor* aktiv bearbeitet wird. In einem → *Vektorrechner* wird ein Prozess von mehreren speziellen Mikroprozessoren bearbeitet.

   Oft wird mit Prozess auch der zulässige Speicherbereich bezeichnet, der einem Nutzer vom → *Betriebssystem* exklusiv zugeteilt wurde und den er frei, z.B. für Programme, benutzen darf.

2. In der Verfahrenstechnik die Umformung und/oder der Transport von Materie, Energie und/oder Information. Einen Rechner, der in diesen Prozess mit Messungen und bei Bedarf mit einer Steuerung in Echtzeit (→ *Echtzeitsystem*) eingreift, bezeichnet man als Prozessrechner.

Prozessrechner

→ *Prozess.*

Prozessor

→ *Mikroprozessor.*

PRS

Abk. für → *Premium Rate Services.*

Prüftext

→ *Testtext.*

PRX, PRX/D

PRX ist ein analoges Vermittlungssystem der Firma Philips aus den 70er Jahren, das zum digitalen System PRX/D weiterentwickelt wurde.

→ *DIV 200, 400.*

PS

1. Abk. für Proposed Standard.

   Bezeichnung eines Status von in der Diskussion befindlichen → *RFCs.*

2. Abk. für → *Proportionalschrift.*
3. Abk. für Paging Systems.

   → *Paging.*

4. Abk. für → PostScript

PS/2

Abk. für Personal System (Series) 2.

Bezeichnung der nach dem → *PC*, dem → *XT* und dem → *AT* vierten Baureihe von Arbeitsplatzrechnern aus dem Hause IBM. 1987 auf den Markt gebracht. War seinerzeit das erste Modell mit einem → *Intel 80386* Prozessor.

1989 kostete z.B. ein PS/2 Modell 70 offiziell 33 453 DM.

Der PS/2 war mit dem neuen → *Betriebssystem* → *OS/2* Version 1.0 ausgestattet. Die Rechner unterstützten 16 MByte RAM und → *Multitasking*. Die Forderung nach einer Mindestausrüstung von 2 MB RAM erschien seinerzeit als utopisch. Das Bussystem des Mikrokanals (→ *MCA*) war eine Eigenentwicklung von IBM, mit dem man sich gegen Wettbewerber abschotten wollte. Die Offenlegung der Spezifikation wurde sehr restriktiv gehandhabt. Dies und der späte Start dieser Rechnerlinie mit 80386-Prozessor (nach Compaq und anderen Herstellern) führte dazu, dass die PS/2-Linie nicht gerade das wurde, was man einen großen Erfolg nennt.

PS/2-Modul

Bezeichnung für eine neben → *DIMM* und → *SIMM* weitere, spezielle Bauform von → *RAM*-Bausteinen. Dabei sind die eigentlichen RAMs auf einer kleinen Platine mit einer 72-poligen Kontaktschiene untergebracht, die in einen speziellen Sockel des → *Motherboards* eingesteckt werden kann.

Derartige RAMs werden mit einer Adressbreite von 32 Bit angesteuert.

Der Name leitet sich von der Tatsache ab, dass diese Bauform erstmalig in der PC-Linie → *PS/2* aus dem Hause IBM eingesetzt wurde.

PSA

1. Abk. für Personensuchanlage.

   → *Paging.*

2. Abk. für Parkscheinautomat.

   Bezeichnung für automatische, fest an einem Standort installierte Systeme zur Parkraumbewirtschaftung. Derartige Automaten verfügen oft über Mobilfunkanschlüsse (in Mitteleuropa üblicherweise nach → *GSM*), die es erlauben, bestimmte Daten (Zahlungsdaten, Kassenbestände an verschiedenen Münzen zum Wechselgeld, eigener Betriebszustand) an eine Zentrale zu übertragen, die ggf. Aktionen einleiten kann. An modernen PSA kann bargeldlos mit Hilfe von → *Smart Cards* gezahlt werden.

PSCF

Bezeichnung für eine von der → *ITU* in G.654 definierte → *Glasfaser* zur Verwendung in → *Unterwasserkabeln.*

PSD

Abk. für Power Spectral Density.

PSE

Abk. für Personal Security Environment.

Bezeichnung für den an eine Person gebundenen, individuellen, privaten Sicherheitsbereich und alle damit verbundenen Sicherheitsmechanismen wie → *PIN*, → *Smart Card*, → *TAN*.

Pseudocode

Bezeichnung für einen Ablaufplan eines Programms, das in Form eines Struktogramms bereits vorliegt und das in einem zweiten Schritt mit einer → *Programmiersprache* in ein lauffähiges Programm umgesetzt werden kann. Die Erzeugung von Pseudocode ist ein Schritt der → *strukturierten Programmierung*. Es liegt zwar noch kein reiner Programmcode in einer Programmiersprache vor, aber zumindest ein in späteren Strukturen ähnlicher Code, eben ein Pseudocode.

Pseudoternärverfahren

Wie → *Bipolarverfahren*, jedoch dauern die Impulse nicht T, sondern nur T/2.

PSI

1. Abk. für Protocol Service Information.

   → *PDU*.

2. Abk. für Packetnet System Interface.

   Bezeichnung für eine Schnittstelle gemäß → *X.25* an Computern der Modellreihe → *VAX* aus dem Hause Digital Equipment.

PSK

Abk. für Phase Shift Keying.

Deutsche Bezeichnung ist Phasenumtastung oder auch Phasenmodulation. Bezeichnung für ein Verfahren für → *digitale Modulation*, bei dem die binären Nullen und Einsen durch analoge Schwingungen konstanter Amplitude und Frequenz, aber unterschiedlicher → *Phase* codiert werden, so dass die Phase Träger der zu übertragenden Information wird. Problem der PSK ist die genaue phasensynchrone Abstimmung des Empfängers, weswegen diese Modulation nicht gut geeignet ist für Anwendungen beim → *Mobilfunk* und für andere Übertragungsarten mit starken Phasenfehlern.

Einfachste Form der PSK ist die Binary PSK (BPSK, 2-PSK), bei der die Zustände 0 und 1 durch zwei verschiedene, um 180° (= 360°/2) differierende Phasen dargestellt werden. Weil in der Amplitude keine Information liegt, ist BPSK gegen Amplitudenstörungen nur gering empfindlich. Gegen Phasenstörungen ist sie wegen der großen Phasendifferenz von 180° zwischen den beiden möglichen, erlaubten Phasen ebenfalls nur gering empfindlich. Wegen der Bandbreiteneffizienz von 1 werden allerdings eher höherwertige Verfahren mit geringerer Phasendifferenz und mehr Zuständen angewendet.

Bei der Quadrature PSK (QPSK, 4-PSK) werden vier Zustände zur Codierung von je 2 Bit dargestellt. Dies ist das Standardmodulationsverfahren für Satellitenübertragungen. Es stehen dabei vier verschiedene Phasen zur Verfügung (+/- 45° und +/- 135°), die um je 90° (= 360°/4) differieren und bei denen die Amplitude konstant ist, weswegen sie bei der Demodulation vernachlässigt werden kann. Ferner ist die Phasendifferenz von 90° immer noch sehr hoch. QPSK wird daher bei Übertragungsstrecken verwendet, die empfindlich für Amplitudenschwankungen sind, z.B. Satellitenstrecken (lange Übertragungsstrecke durch die Atmosphäre, Dämpfung). Der Übertragungskanal muss dann u.U. sehr breitbandig ausgelegt sein, z.B. 33 MHz bei Fernsehübertragung über den Satelliten Astra 1 E. Die 4-PSK ist ein Sonderfall der → *4-QAM*, bei der die zu modulierenden Signale nur aus +1 und -1 bestehen.

Bei der Offset-QPSK erfolgt der Übergang zwischen verschiedenen Phasenlagen zeitlich versetzt. Es ergeben sich geringere Schwankungen der Signalamplitude als bei QPSK und sie ist deshalb unempfindlicher gegen Verzerrungen, verfügt dafür aber über eine geringere Bandbreiteneffizienz.

Bei der differentiellen PSK (DPSK, auch Phasendifferenzmodulation (PDM) genannt) ist die Information nicht mehr in der absoluten Phasenlage, sondern in deren Änderung enthalten. Vorteil ist, dass kein kohärenter Empfänger wie bei der ‚reinen' PSK benötigt wird. Es wird also lediglich Taktsynchronisation zwischen Sender und Empfänger gefordert.

Bei der DPSK unterscheidet man DPSK 0 und DPSK 1. Bei einer binären 0 wird bei DPSK 0 die Phase um 180° geändert, bei einer binären 1 bei DPSK 1.

Auch bei der Differentiellen QPSK (DQPSK) ist die Information nicht mehr in der absoluten Phasenlage, sondern in deren Änderung enthalten. Auch DQPSK ist unempfindlicher gegen Verzerrungen als QPSK und wird im Mobilfunk bei → *D-AMPS* und → *JPC* als Pi/4-DQPSK angewendet. Ebenso bei → *V.26*.

Ferner sind auch höherwertige DQPSK möglich, bei der nicht einzelne Bit, sondern Dibits verschlüsselt werden. Die Phasendrehung beträgt dann jeweils das Vielfache von 90°, ggf. mit einem Offset von 45°. Auch hierfür werden zwei Verfahren A und B unterschieden:

Dibit	Variante A	Variante B
00	0°	45°
01	90°	135°
10	180°	225°
11	270°	315°

PSM

Abk. für Precision Synchronization Monitor.

PSN

Abk. für Packet Switch Node.

Bezeichnung für die Netzknoten im → *Internet*.

→ *IMP*.

PSO

1. Abk. für Protocol Supporting Organization.
   → *ICANN*.
2. Abk. für Private Service Operator.
   Der Begriff wurde für neue private Dienstanbieter von Telekommunikationsdiensten als Gegensatz zu → *PTO* geschaffen.

PSP

Abk. für Program Segment Prefix.

PSPDN

Abk. für Packet Switched Public Data Network.

Ein öffentliches, paketvermittelndes Datennetz, üblicherweise ein → *X.25*-Netz, z.B. → *Datex-P*.

→ *CSPDN*.

PSR

Abk. für Previous Slot Reuse Bit.

PSS1

Abk. für Private Signalling System (No.) 1.

→ *QSIG*.

PSTN

Abk. für Public Switched Telephone Network.

Offizielle Bezeichnung der → *ITU* für ein öffentliches, leitungsvermittelndes Telefonnetz, also die Infrastruktur (im Gegensatz zu → *POTS*).

→ *GSTN*.

PSU

Abk. für Power Supplying Unit.

Bezeichnung für die Spannungsversorgung in Vermittlungsstellen und sonstigen technischen Einrichtungen aller Art, nicht nur in der Telekommunikation.

PSW

Abk. für Programmstatuswort.

Psychoakustik

Die Lehre von der Wahrnehmung und der Verarbeitung von Schallwellen durch das menschliche Gehör und Gehirn. Sie vereinigt die Grundlagenfächer Medizin, Psychologie und Physik miteinander.

Die Bedeutung der Psychoakustik im Bereich der Kommunikations- und Informationstechnik liegt in der Bereitstellung von Erkenntnissen, die im Wesentlichen in zwei Bereichen genutzt werden:

- Bei der Entwicklung von Kompressionsverfahren werden psychoakustische Effekte wie z.B. die → *Hörschwelle*, die → *Mithörschwelle*, die → *Ruhehörschwelle* oder der → *Maskierungseffekt* ausgenutzt. Die Verwendung dieser Erkenntnisse in Kompressionsverfahren wird international als Perceptual Audio Coding (PAC) bezeichnet.

  Beispiele für praktische Anwendungen aus diesem Bereich sind → *AC-3*, → *ATRAC*, → *MP3* oder auch → *Musicam*.
- Bei der Definition von Qualitätsparametern insbesondere bei der → *Sprachübertragung* werden Messverfahren entwickelt, die psychoakustische Erkenntnisse entweder beim Messverfahren selbst oder bei der Auswertung der Ergebnisse ausnutzen.

  Beispiele für praktische Anwendungen aus diesem Bereich sind das → *E-Modell* oder der → *MOS*.

P-System

Bezeichnung für eine von der University of Southern California entwickelte Umgebung aus → *Betriebssystem* und Programmiersprache (→ *Pascal*) für die erste Generation von PCs in den frühen 80er Jahren.

Pt, PT

1. Klein geschrieben die Abk. für → *Point*.
2. Groß geschrieben die Abk. für Payload Type.

PT 724

Bezeichnung für einen proprietären Sprachcodec aus dem Hause PictureTel, der eine Sprachbandbreite von 7 kHz mit 24 kbit/s überträgt.

Eingesetzt bei den → *Videokonferenzsystemen* aus dem gleichen Unternehmen.

PTAT

Abk. für Private Trans Atlantic Cable.

Bezeichnung für ein Glasfaserkabel (→ *Glasfasertechnik*) zwischen Europa und Nordamerika (→ *Unterwasserkabel*), das nicht, wie die anderen → *TATs*, von den nationalen (staatlichen) → *PTTs* finanziert wurde, sondern von privaten Investoren (Cable & Wireless, Sprint und Mercury).

Verlegt ab 1988 und in Betrieb genommen 1990. Es verläuft über 7 552 km von Manasquan/New Jersey (USA) über Devonshire auf den Bermudas nach Ballinspittle (Irland) und hat eine Kapazität von 420 Mbit/s.

PTB

Abk. für Physikalisch-Technische Bundesanstalt.
Sitz ist Braunschweig.

PTC

Abk. für Pacific Telecommunications Council.
Bezeichnung einer internationalen, nichtkommerziellen Vereinigung von Herstellern, Dienstanbietern, Wissenschaftlern etc. aus dem pazifischen Raum mit dem Ziel, dort das Angebot von Telekommunikationsdienstleistungen wirtschaftlich zu fördern.
Adresse:

Pacific Telecommunications Council
2454 S. Beretania Street, Suite 302
Honolulu, HI 96826-1596 USA
Tel.: (+1) 80 89 41 37 89
Fax: (+1) 80 89 44 48 74

→ *http://www.ptc.org/*

PTI

Abk. für Payload Type Identifier.
→ *ATM*.

PTN

Abk. für Private Telecommunication Network.
→ *Centrex*.

PTNeuOG

Abk. für → *Postneuordnungsgesetz*.

PTO

Abk. für Public Telephone Operator.
Ein Begriff aus der → *Deregulierung* des britischen Telekommunikationsmarktes. Eingeführt durch das dortige Telekommunikationsgesetz in 1980.
Eine PTO ist dabei ein von einer regulativen Behörde lizenzierter Wettbewerber, der Dienste öffentlich anbieten kann.
→ *PSO*.

PTRegG

Abk. für das Gesetz über die Regulierung der Telekommunikation und des Postwesens.

PTSG

Abk. für Post- und Telekommunikationssicherstellungsgesetz.
Bezeichnung für die rechtliche Grundlage für die Aufrechterhaltung von Mindeststandards beim Angebot von Dienstleistungen im Bereich der Postbeförderung und des Telekommunikationswesens unter besonderen Bedingungen wie z.B. bei Naturkatastrophen oder im Verteidigungsfall.
Die konkrete Ausgestaltung im Telekommunikationswesen übernimmt die Telekommunikations-Sicherstellungs-Verordnung (→ *TKSiV*).

PTT

1. Abk. für engl. Post, Telephone and Telegraph.

   Bezeichnet, int. allgemein üblich, die (bisher meistens) staatlichen Monopolverwaltungen für das Post- und Fernmeldewesen, in Deutschland also bis 1989 das Bundesministerium für Post und Telekommunikation (→ *BMPT*) mitsamt der Bundespost.

   In letzter Zeit aufgrund fortschreitender Deregulierung keine einheitliche Abgrenzung mehr möglich. Manchmal ist auch von → *Telcos* oder nur von → *Carriern* die Rede. PTT taucht als Abk. häufig im Namen einer Telekom auf, auch wenn diese keine Postdienste mehr anbietet.

2. Abk. für Push-to-talk.

   Bezeichnung für die Taste an Funkgeräten, die den Empfänger und den Lautsprecher ausschaltet und den Sender sowie das Mikrophon anschaltet. Ermöglicht → *Halbduplex*-Verbindungen.

PU

Abk. für Physical Unit.
→ *reale Einrichtung*.

Public Domain (Software)

Streng genommen die Bezeichnung des öffentlichen Raumes, bzw. für alles, was dort öffentlich ersichtlich vorgeht. Im Bereich der Softwaretechnik Bezeichnung für Programme, die der Öffentlichkeit gehören, d.h. die im Gegensatz zur → *Freeware* ohne Rücksicht auf Urheberrechte gebührenfrei weitergegeben und kopiert werden können. In Deutschland genau genommen rechtlich nicht möglich, da nach dem Urheberrechtsgesetz zwangsläufig jedes Werk geistiger Aktivität geschützt ist.
→ *Crippleware*, → *Dongleware*, → *Shareware*.
→ *http://www.pdsl.com/*

Public Key (-Algorithm, -Cryptography, -Verfahren)

Bezeichnung für eine Klasse von kryptografischen Verfahren (→ *Kryptologie*) zur Ver- und Entschlüsselung von Daten zum Schutz vor unbefugtem Zugriff. Dabei werden, im Gegensatz zu → *Private-Key*-Verfahren, zwei verschiedene Schlüssel genutzt. Daher auch asymmetrisches Verfahren genannt. Dabei kann einer der Schlüssel, auch im Gegensatz zu Private-Key-Verfahren, öffentlich zugänglich gemacht werden.
Grundidee ist, dass die Verschlüsselung auf einer mathematischen Funktion basiert, deren inverse Funktion nur schwer und mit hohem Aufwand (für einfache Entschlüsselung durch Ausprobieren) zu berechnen ist. Die Verschlüsselung wird mit Hilfe eines bekannten Schlüssels (Public Key) und eines bekannten Algorithmus durchgeführt, die ein Empfänger einem Sender über u.U. öffentlich zugängliche Kanäle zur Verfügung stellt.
Die Entschlüsselung der mit dieser Funktion vom Sender verschlüsselten Nachricht erfolgt durch den Empfänger mit einem zu seinem Public Key passenden Secret Key, den nur er kennt und der aus dem Public Key nicht einfach und nicht ohne größeren Aufwand herzuleiten ist.
Durch Umkehrung des Verfahrens in Fällen, in denen es nicht um vertrauliche Daten, sondern um → *Authentifizierung* geht, kann er als digitale Unterschrift benutzt werden.

In diesem Fall wird die Nachricht mit dem Secret Key verschlüsselt und über die Entschlüsselung mit dem allen anderen zugänglichen und nur einem Sender zugeordneten Public Key geprüft, ob die Quelle der Nachricht mit dem vermuteten Sender übereinstimmt.

Im Herbst 1975 veröffentlichten zwei Forscher der Stanford University, Whitfield Diffie und Martin Hellman, in einem Text „Multiuser Cryptographic Techniques" die Idee eines Systems, in dem Daten mit einem ersten Schlüssel beim Sender verschlüsselt und mit einem anderen, vom ersten Schlüssel abgeleiteten zweiten Schlüssel beim Empfänger dechiffriert werden können. Das Papier gelangte zu anderen Forschern, die an dem gleichen Thema arbeiteten und eine konkrete Umsetzung des Konzeptes zustande brachten, z.B. → *RSA*.

Seit 1977 erlangten die Verschlüsselungsmethoden nur langsam ihre heutige Bedeutung, da die begrenzte Rechenkapazität von → *PCs* bis Anfang der 90er Jahre den Prozess der Ver- und Entschlüsselung genügend langer Schlüssel noch nicht in ausreichend kurzer Zeit bewältigen konnte. Zusätzlich gab es Patentstreitigkeiten zwischen den Entwicklern verschiedener Verfahren und eine sehr restriktive Exportpolitik der US-Behörden bezüglich Informationen über die Verschlüsselungsmethoden, da ihrer Meinung nach Verschlüsselungsalgorithmen kriegswichtige Güter darstellten, die unter entsprechende Exportbeschränkungen fallen (→ *PGP*). Mit dem Aufkommen des → *WWW* und damit der Nutzung des → *Internet* zu Beginn der 90er Jahre wuchs der Bedarf an sicherer Datenübertragung und damit an Verschlüsselungsverfahren rapide an. Viele sehen in wirksamen Verschlüsselungsverfahren einen Hauptfaktor für die zukünftige Etablierung des Internet als allgemein anerkanntes Kommunikations- und Handelsmedium.

Mit → *X.509* verabschiedete die ITU im Frühjahr 2000 einen Standard zum Aufbau einer Public-Key-Infrastruktur.

→ *http://www.cesg.gov.uk/about/nsecret/ possnse.htm/*

Publifon

In der Schweiz die gängige Bezeichnung für eine Telefonzelle. Eine eingetragene Schutzmarke der → *Swisscom*.

PUC

Abk. für Public Utilities Commission.

Ein aus der Regulierung des Telekommunikationsmarktes der USA stammender Begriff. Bezeichnet dort → *Regulierungsbehörden* der einzelnen Bundesstaaten, die für alle regulatorischen Maßnahmen, die den Markt innerhalb der einzelnen Bundesstaaten betreffen, zuständig sind.

→ *FCC*.

Puffer, Puffer-Speicher

Auch, insbesondere international, Buffer genannt. Bezeichnung für einen → *Speicher* mit geringer Größe, der nur zur vorübergehenden Speicherung von Daten benötigt wird.

Oft in der Datenübertragung zur Geschwindigkeitsanpassung zwischen verschieden schnellen Ein- und Ausgabeeinheiten oder Sende- und Empfangsanlagen genutzt.

→ *Cache*.

Pulsformungsfilter

Bezeichnung für eine elektronische Schaltung, die dazu dient, ein Eingangssignal in Form eines elektrischen Impulses derart zu verändern, dass am Ausgang der Schaltung ein Impuls mit gewünschter Eigenschaft geformt wird.

Ein Anwendungsbeispiel ist die digitale Funktechnik. Dort werden steilflankige Eingangsimpulse (die ein großes Frequenzspektrum benötigen), welche die zu übertragenden Nutzdaten enthalten, durch geeignete Pulsformungsfilter derart verändert, dass sie nicht mehr so steilflankig sind, wodurch sie nicht mehr so hohe Frequenzanteile enthalten. Der Frequenzbedarf zur Übertragung eines Impulses benötigt dann weniger Bandbreite.

Bekannte Pulsformungsfilter sind ein Gauß-Filter oder auch ein Cosinus-Filter.

Puma

→ *MPT*.

Punctured Code

→ *TCH*.

Punkt

Deutsche Bezeichnung für → *Point*.

Pupin-Spule

Bezeichnung für eine Spule, die in Kupferkabel zu Telefoniezwecken eingebaut wird und die mit einer gegebenen Sendeleistung überbrückbare Distanz erhöht.

Ausgenutzt wird dabei der Effekt der Selbstinduktion, durch den die Leitungsdämpfung vermindert werden kann.

Den Einbau derartiger Spulen in regelmäßigen Abständen im Bereich einiger km in eine Leitung bezeichnet man als Pupinisierung oder Bespulung.

Die Pupin-Spule war bis zur Einführung aktiver Bauelemente (Verstärker) die einzige Möglichkeit, signifikante Distanzen im Bereich einiger 100 km zu wirtschaftlichen Konditionen zu überbrücken.

Problematisch bei der Nutzung von Pupin-Spulen ist, dass das Verfahren nur bis zu einer bestimmten Frequenz funktioniert (Grenzfrequenz), so dass es nach der Erfindung der Frequenzmultiplextechnik nicht mehr genutzt wurde.

Die längste mit Pupin-Spulen ausgerüstete Leitung verlief über 1 350 km von Berlin nach Mailand und war oberirdisch an Masten verlegt. Sie ging 1914 in Betrieb und der Abstand der Pupin-Spulen betrug 10 km.

Das Verfahren ist benannt nach seinem Erfinder, dem jugoslawischen Elektroingenieur Michael Idvosky Pupin (* 4. Oktober 1858, † 1935), der sie 1901 erfand.

Das gleiche Ziel verfolgte das technisch jedoch unterlegene → *Krarup-Verfahren*.

Pushbutton Dialing

Genau übersetzt: Tastenwahl. Andere Bezeichnung für das Tonwahlverfahren.

→ *DTMF*.

Push-Dienst, Push-Service, Push-Technology

Bezeichnung für eine bestimmte Art, Informationen über das → *Internet* oder das → *Intranet* von Informationsquellen zu Informationsnutzern zu transportieren. Der Nutzer braucht sich dabei nur mit einem bestimmten Nutzungs- bzw. Interessenprofil bei einem → *Server*, der Informationen bereithält und die Push-Technologie unterstützt, registrieren. Er erhält dann regelmäßig die Informationsteilmenge aus dem gesamten Informationsangebot des Servers zugesendet, die zu seinem Nutzungs- bzw. Interessenprofil passt. Diese Informationen werden ihm über eine grafische Benutzerschnittstelle präsentiert, die ihm auch die Konfiguration (Management des Nutzungs- und Interessenprofils) des Push-Dienstes ermöglicht.

Der Server schiebt (= push) damit die vom Nutzer benötigten Informationen zu ihm, ohne dass dieser sie suchen und zu sich heranziehen (= pull) muss.

Anwendungsfelder können sein:

- Im Internet:
  - Aufbau von kostenlosen oder kostenpflichtigen Informationsdiensten mit oder ohne Werbung (Nachrichten, Börsenkurse, Wettervorhersagen, Sportergebnisse, Buch- oder CD-Neuerscheinungen, Filmkritiken, Veranstaltungshinweise, Kleinanzeigen verschiedener Rubriken etc.)
- Im Intranet:
  - Aufbau eines firmeninternen Informationsdienstes (Seminare, Essenspläne, Veranstaltungen, organisatorische Änderungen, neue Produkte/Preise etc.)
  - Verteilung und vollautomatische Installation von Software-Updates

Im Gegensatz zu → *Mailing-Lists* können mit den Push-Technologien die Informationsinhalte wesentlich stärker an Nutzerpräferenzen angepasst und von den Nutzern auch geändert werden. Ferner ist es auch möglich, Informationsinhalte mit automatischen Funktionen, z.B. zur Installation von Software, zu versenden, so dass der Nutzer u.U. gar nicht merkt, dass er durch eine Push-Nachricht neue Informationen bzw. Daten oder Programme erhalten hat.

Es gibt gegenwärtig keinen fest definierten Standard, so dass sich die unterschiedlichen Produkte von Herstellern unterscheiden. Erste Ansätze zu einer Standardisierung sind jedoch zu erkennen, etwa bei der Entwicklung des Distribution and Replication Protocols (→ *DRP*).

Folgende Funktionalitäten können bei Push-Diensten enthalten sein:

- Der Nutzer kann verschiedene Arten von Informationen wählen, die er erhalten möchte, und bekommt sie alle zusammen in einer Einheit zugestellt.
- Der Nutzer kann zwischen verschiedenen, vorbereiteten Informationspaketen (‚Channels' in Anlehnung an das Fernsehgewerbe genannt) wählen, z.B. Sport, Politik, Wetter, Kunst & Kultur oder Wirtschaft.
- Der Nutzer kann die Periodizität, in der er die Informationen erhalten möchte, wählen.
- Die Informationen erscheinen nicht in dem Moment auf dem Bildschirm, in denen sie eintreffen, sondern in einer Arbeitspause anstelle eines Bildschirmschoners (→ *Screensaver*).
- Der Server aktualisiert die auf dem Client enthaltenen Daten nur dann, wenn sie noch nicht aktualisiert worden sind (vermeidet unnötigen Verkehr auf dem Netz).
- Das Serversystem kann mehrstufig aufgebaut sein, so dass Nutzer, die alle gemeinsam ähnliche Informationen erhalten, ihre Informationen von einem geografisch weit entfernten Server nur einmal zu einem lokalen Server übertragen bekommen und erst dieser die Informationen dupliziert (vermeidet unnötigen Verkehr auf dem Netz).

Erster Anbieter im Frühjahr 1996 war das von Chris Hassett gegründete und als Marktführer geltende Unternehmen Pointcast Inc. Mittlerweile haben Unternehmen wie Backweb, Marimba oder Wayfarer nachgezogen.

Darüber hinaus haben mit Microsoft und Netscape die Anbieter der wichtigsten → *Browser* ab Mitte 1997 jeweils eine Push-Technologie in ihre Produkte, den Internet Explorer und den Navigator, integriert.

Nach einer Anfangseuphorie 1996 und 1997 kam es im Jahre 1998 zu einer Ernüchterung, da viele Nutzer Push-Dienste wieder abbestellten. Ihre kostenlose Nutzung war häufig durch zu viel und dadurch störende Werbung finanziert oder die erhaltenen Informationen waren zu dürftig. Ferner sind die über derartige Dienste verteilten Informationen immer noch für viele Benutzer zu umfangreich und zu wenig auf ihre teilweise sehr individuellen Bedürfnisse zugeschnitten.

Ein weiterer Schritt in Richtung echter Push-Dienste ist → *Intercast*.

→ *http://www.marimba.com/*

→ *http://www.backweb.com/*

→ *http://www.novadigm.com/*

Push-to-Talk

→ *PTT*.

PVC

1. Abk. für Polyvinylchlorid.

   Bezeichnung für einen weit verbreiteten thermoplastischen Kunststoff, der wegen seiner hohen Dielektrizitätskonstante (2,4 bis 4,5) in der Telekommunikation häufig als Isolationsmittel in Kabeln verwendet wird. Gilt als schwer entflammbar.

   → *ABS*, → *PA*, → *PBTP*, → *PE*, → *PF*, → *SAN*.

2. Abk. für Permanent Virtual Circuit.

   Bezeichnung für eine fest geschaltete → *virtuelle Verbindung*. Sie ist zwar für eine dauerhafte Nutzung ausgelegt (z.B. regelmäßige Nutzung durch ein Unternehmen dreimal täglich zur Datensicherung), dennoch (im Gegensatz zu einer → *Standleitung*) nicht fest physikalisch durchgeschaltet. Sie existiert nur in den → *Routing*tabellen innerhalb der Netzknoten und wird bei Bedarf aktiviert.

Die Netzknoten sind zusätzlich mit Reroutingtabellen ausgestattet, die bei Ausfall der in den Routingtabellen eigentlich vorgesehenen Weiterleitungspfade alternative Weiterleitungspfade enthalten. Die Begründung für den Einsatz von PVCs ist, dass bei vielen Anwendungen (z.B. → *LAN*-LAN-Kopplung) sowieso immer nur die gleichen Partnersysteme miteinander in Verbindung treten (z.B. Hersteller und Zulieferer oder Zentrale und Filiale). In diesen Fällen gibt es keine Notwendigkeit, frei wählbare Verbindungen (→ *SVC*) zur Verfügung zu stellen. Eine Auswahl einiger weniger Verbindungen, die dann aber in den Routingtabellen fest geschaltet (= fest eingetragen) sind, reicht für derartige Anwendungen aus.

Angewendet werden PVCs z.B. bei → *Frame Relay*.

PVXC

Abk. für Pulse Vector Exciting Coding.

PWA

Abk. für Predicted Wordlength Assignment.

Python

Bezeichnung für eine objektorientierte (→ *OO*) → *Skriptsprache*. Wird oft verwendet, um → *CGI*-Skripte zu schreiben.

Q

Q2

Bezeichnung einer Schnittstelle zwischen einfachen Netzelementen eines Übertragungsnetzes und dem diese steuernden Managementsystem. Definiert im Rahmen des → *TMN*.

Q3

Bezeichnung einer Schnittstelle zwischen Vermittlungseinrichtungen und dem diese steuernden Managementsystem. Ferner die einzige Schnittstelle des Operation Systems (OS) des → *TMN* zum Data Communication Network (DCN), über das die Vermittlungen angesprochen werden. Definiert im Rahmen des TMN von der → *ITU*. Die relevanten Standards sind:

Standard	Inhalt
Q.811	Lower Layer Protocol Profiles
Q.812	Upper Layer Protocol Profiles
Q.822	Performance Management

→ *QD2*.

Q.931

Bezeichnung für den Standard der → *ITU*, der das Signalisierungsprotokoll (→ *Zeichengabe*) im → *D-Kanal* des → *Euro-ISDN* spezifiziert.

QAAs

Abk. für Quality Assurance Activities.

QAF

Abk. für Q Adaptor Function.

Bezeichnung einer Funktion im → *TMN*, die an der → *Q-Schnittstelle* Informationsströme zu → *NEF* und/oder → *OSF* an die Außenwelt (u.U. nicht konforme TMN-Systeme) anpasst.

QAM

1. Abk. für Quadrature Amplitude Modulation.

   Bezeichnet ein Verfahren für → *digitale Modulation*, das sich insbesondere für die Übertragung hoher Datenraten eignet und dabei die → *ASK* und → *PSK* kombiniert, d.h., der Träger wird in Amplitude und Phase moduliert.

   Der Name rührt daher, dass im Zustandsdiagramm die erlaubten Zustände zur Codierung der zu übertragenden, digitalen Daten in Form von imaginären Quadraten vorliegen.

   Bei der QAM sind verschiedene Varianten möglich. Die 64-QAM z.B. codiert 6 Bit/Symbol. Sie wird zur Fernsehübertragung über Kabelnetze oder auch bei → *V.22*, → *V.29* oder → *V.32* eingesetzt. Ferner ist sie bei digitalem → *Richtfunk* seit Jahren im Einsatz und wird dort auch hauptsächlich angewendet. Sie ist robust gegen Phasenfehler.

   Mit steigender Wertigkeit (16-, 64-, 256-, 1 024-QAM) steigt die Bandbreiteneffizienz (4, 6, 8, 10 bit/s/Hz), aber auch das für eine sichere Übertragung erforderliche Signal-zu-Rauschverhältnis. Üblich sind die Wertigkeiten 16, 64 und 256.
2. Abk. für Queued Access Method.

QAPSK

Abk. für Quadrature Amplitude Phase Shift Keying.

Eine Sonderform der → *PSK* und → *ASK*.

Prinzip der QAM

Am Beispiel einer 8 QAM mit zwei möglichen Amplituden und vier möglichen Phasen

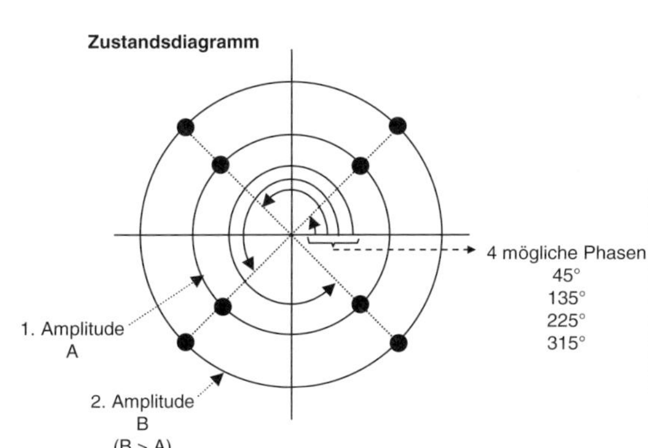

Zuordnungstabelle

Durch die Kombination von vier Phasen mit zwei Amplituden ergeben sich acht mögliche Zustände. Jeder der acht möglichen Zustände kann drei zu übertragende Nutzdatenbits codieren ($2^3 = 8$).

Zustand Nr.	Amplitude	Phase	Codierte Bits
1	A	45°	000
2	A	135°	001
3	A	225°	010
4	A	315°	011
5	B	45°	100
6	B	135°	101
7	B	225°	110
8	B	315°	111

Q-Band

Bezeichnung eines Frequenzbereichs von 36 bis 46 GHz. Nachbarbereiche: → *V-Band* und → *K-Band*.

QBE

Abk. für → *Query by Example*.

Q-Bus

Bezeichnung eines Busses zur Datenübertragung zu Peripheriegeräten bei den Rechnern der → *PDP*-Serie und der MicroVAX (→ *VAX*, beide aus dem Hause → *DEC*).

→ *http://www.telnet.hu/hamster/dr/toc.html/*

QCIF

Abk. für Quarter Common Intermediate Format.

Bezeichnung eines Standardbildformats bei der Echtzeitübertragung digitaler einzelner Bilder innerhalb eines Videodatenstroms nach → *H.261* als Teil von → *H.320*. Auflösung 144 * 176 Pixel bei 30 Bildern/s und einer Übertragungsrate von 9,115 Mbit/s.

→ *CIF*.

Q-Code

Bezeichnung für einen von der → *CCIR* festgelegten Code zur Übertragung standardisierter Nachrichten, benannt nach dem Anfangsbuchstaben Q.

Für verschiedene Anwendungsgruppen werden verschiedene sog. Q-Gruppen von Q-Codes unterschieden:

Q-Gruppe	Anwendung
QAA bis QNZ	Funk im Flugbetrieb
QOA bis QQZ	Seefunk
QRA bis QUZ	Funk zu Telekommunikationszwecken (Telegrafie)
QZA bis QZZ	Alle anderen Zwecke

Die zweiten und dritten Buchstaben codieren dabei jeweils eine standardisierte Anfrage bzw. Antwort.

→ *http://www.kloth.net/qcodes.htm/*

QD2

Bezeichnung einer proprietären und nicht genormten → *Netzmanagement*-Schnittstelle der Deutschen Telekom, die dem Informationsmodell von G.733 ähnelt. Das D steht dabei für Deutschland und die 2 deutet die Versionsnummer an. QD2 wird auch von anderen Carriern in Europa übernommen.

→ *Q3*.

QDOS

Abk. für Quick and Dirty Operating System.

→ *MS-DOS*.

QFC

Abk. für Quantum Flow Control.

Bezeichnung für ein Verfahren zur Steuerung eines Datenflusses bei burstartig (→ *Burst*) auftretendem Verkehr.

Mehrere Unternehmen, die dieses Verfahren unterstützen, haben es bei der → *ITU* eingereicht und sich zum QFC-Forum zusammengeschlossen.

→ *http://www.qfc.org/*

Q-Gruppe

→ *Q-Code*.

QIC

Abk. für Quarter Inch Cartridge.

Bezeichnung eines weit verbreiteten, linearen und digitalen Aufzeichnungsverfahrens für Daten auf magnetischen Bandmedien. Entwickelt im Hause 3M im Jahre 1972 und weitgehend standardisiert durch eine Herstellervereinigung im Jahre 1987. Hat wegen begrenzter Kapazität (5 GByte) Mitte der 90er Jahre gegenüber → *DAT* an Boden verloren.

Das Band befindet sich im → *Streamer* fest eingebaut und hat eine Lebensdauer von ca. 10 000 Durchläufen. QIC kann mechanische Fehler (Kratzer, Knicke im Band) bis zu 2 cm Länge alle 20 cm korrigieren. Die Daten werden in parallelen Spuren übereinander auf dem Band aufgezeichnet, wobei Spur für Spur beschrieben wird (Serpentinenverfahren). Der Schreib-/Lesekopf wird daher nach Bandende mit einem Schneckenantrieb in eine neue Position für die nächste Spur bewegt und das Band läuft zurück.

Dies führt zu einer großen Suchzeit, was bei manchen Geräten dadurch ausgeglichen wird, dass eine Spur reserviert ist für Informationen über Inhalt und Position des Inhalts auf dem Band.

Die Laufwerke haben Formate von 3,5“ (Minicartridge, geringe Kapazität von ca. 125 MByte) und 5,25“ (höhere Kapazität, bis in den GByte-Bereich), so dass man sie in den jeweils passenden Schacht des PC-Gehäuses einbauen kann.

Das Band ist 0,25“ (= 6,35 mm) breit. Anfangs hatte es neun Spuren (QIC-24), später erfolgte eine Kapazitätserhöhung über 15 und 18 bis auf 42 Spuren (2,5 GByte). Es gibt auch Weiterentwicklungen mit bis zu 144 Spuren.

Bedingt durch viele Firmenstandards und Weiterentwicklungen existieren viele einzelne Produkte auf dem Markt, die nicht unbedingt alle miteinander harmonieren.

Grob kann man folgende Standards unterscheiden:

Standard	Bit/Zoll	Spuren	Kapazität
QIC 40	10 000	20	40 MB
QIC 80	14 700	28	80 MB
QIC 1350			1350 MB
QIC 2100			2100 MB

→ *DLT*.

→ *http://www.qic.org/*

QL

Abk. für → *Querleitung*.

QLLC

Abk. für Qualified Logical Link Control.

Bezeichnung für eine Möglichkeit aus dem Hause IBM, → *SNA* über → *X.25*-Netze abzuwickeln. Dabei werden SNA-Pakete auf passende X.25-Pakete abgebildet. In den Fällen, in denen es keine passenden X.25-Pakete gibt, wird im X.25-Paket das Q-Bit auf 1 gesetzt, um eine nicht standardkonforme Nutzung des Paketes anzuzeigen.

QMF

1. Abk. für Quadrature Mirror Filter.
2. Abk. für Query Management Facility.

   Bezeichnung für eine → *Programmiersprache* der 4. Generation aus dem Hause IBM für die Ansprache der Datenbank DB2.

QORC

Abk. für Quadrature Overlapped Raised Cosine.

QoS

Abk. für Quality of Service.

Bezeichnet alle Faktoren, welche im weitesten Sinne die Güte eines Dienstes oder einer Dienstleistung beeinflussen, daher auch Dienstgüte oder Dienstqualität genannt.

Der Begriff QoS wird aus zwei unterschiedlichen Blickwinkeln diskutiert:

- Endkundensicht: Der Kunde eines Anbieters von Telekommunikationsdiensten verlangt eine Dienstqualität für die Dienstleistungen, die er vom Dienstleister verlangt. Die Dienstqualität kann durch zahlreiche Qualitätsparameter definiert und in Service Level Agreements (→ *SLA*) definiert werden.
- Netztechnische Sicht: Durch das Entstehen heterogener, aber untereinander verbundener Netze ist in den vergangenen Jahren der Bedarf entstanden, über verschiedene Netzplattformen hinweg eine von mehreren möglichen notwendigen Ende-zu-Ende-Dienstqualitäten für eine bestimmte Anwendung sicherzustellen und gleichzeitig die Netzressourcen optimal auszunutzen. Dies wird umso wichtiger, je mehr unterschiedliche Anwendungen (Sprachübertragung, Filetransfer, E-Mail, Internet-Surfen, Videokonferenz, LAN-to-LAN-Interconnection etc.) mit jeweils unterschiedlichen Anforderungen an technische Qualitätsparameter über die verbundenen Netze realisiert werden sollen.

Für beide Sichtweisen kann die QoS anhand von Qualitätsparametern quantitativ definiert werden. In der Telekommunikation kann man dabei zwei Gruppen von Qualitätsparametern unterscheiden:

- Nutzungsparameter: Sie beschreiben die (technische) Qualität einer Telekommunikationsdienstleistung, die eine tatsächliche Nutzung betrifft.

  Beispiele für derartige Parameter für analoge Übertragungssysteme sind:

  - → *Dämpfung*
  - → *Echo*
  - Beliebige Störungen (Rauschen, Noise).

  Beispiele für derartige Parameter für digitale Übertragungssysteme sind:

  - → *Bitfehlerrate*
  - → *Delay*
  - → *Jitter*
  - → *Blockierungswahrscheinlichkeit*
  - Zur Verfügung stehende Bandbreite (durchschnittliche Bandbreite, minimale und maximale Datenrate)
  - Dauer des Verbindungsaufbaus (→ *Post-Dial-Delay*, nur bei leitungsvermittelnden Netzen)
  - Paketverlustrate (nur bei paketvermittelten Netzen)
  - Paketroutingfehler (falsches Paket wurde an falsche Adresse geroutet; nur bei paketvermittelten Netzen)

  Die Aussage, ein Netz biete die Möglichkeit, eine bestimmte QoS sicherzustellen, bedeutet dann, dass das Netz in der Lage ist, für diese Parameter (oder eine Teilmenge davon) bestimmte von einer Anwendung geforderte Werte zu gewährleisten.

  Die folgende Tabelle gibt einen ersten und nur sehr knappen Überblick über verschiedene Dienste und ihre Anforderungen an QoS:

Dienst	Bitrate	Bit-fehler	Delay	Jitter	Datenver-lust
Telefonie (Sprache)	Konstant und niedrig	*	***	***	*
E-Mail	Variabel	**	–	**	***
File-transfer	Variabel	***	*	**	***
Video-konferenz	Konstant und hoch	*	***	***	**

  ***: Sehr empfindlich
  **: Empfindlich
  *: Kaum empfindlich
  –: Unempfindlich

- Verfügbarkeitsparameter: Sie beschreiben die Parameter, welche die Verfügbarkeit bzw. die Wiederherstellung der Verfügbarkeit einer Telekommunikationsdienstleistung betreffen wie z.B.:

  - Max. Netzausfallzeit pro Tag (z.B. max. 2 Std./Tag beim Telefondienst)
  - Minimale Netzverfügbarkeit (→ *Verfügbarkeit*) pro Jahr
  - → *Interventionszeit.*

QoS kann für verschiedene Dienste und Netze und sogar für verschiedene Dienste innerhalb eines Netzes unterschiedlich definiert sein. Für den Telefondienst z.B. ist ein zentrales Kriterium die Blockierungswahrscheinlichkeit, die in der → *Hauptverkehrsstunde* zwischen 1 % und 5 % liegt. Darüber hinaus ist denkbar, dass für den gleichen Dienst verschiedene Angebote mit unterschiedlichen QoS definiert werden. Dabei werden üblicherweise die Verfügbarkeitsparameter variiert. So ist denkbar, dass → *Standleitungen* als

,Standard'- und als ,Premium'-Variante angeboten werden, wobei die Premium-Variante gegen einen höheren Preis eine höhere jährliche Verfügbarkeit (durch automatische Ersatzwegeschaltung im Fehlerfall und permanente Leitungsüberwachung) und eine kürzere Interventionszeit bietet.

In digitalen, paketvermittelten Netzen (→ *Paketvermittlung*), wie z.B. dem → *Internet*, wird QoS für verschiedene Dienste mit unterschiedlichen Ansprüche an QoS auch durch diverse Mechanismen des → *Traffic Handling* realisiert. Häufig werden dort nicht individuell für jeden möglichen Dienst die QoS-Parameter neu definiert, sondern es werden einige wenige Qualitätsstufen (dann auch oft Class of Service, CoS, genannt) definiert, von denen jede einige Dienste beinhaltet. Im Falle einer Definition der QoS-Parameter pro Nutzung, d.h. pro IP-Flow, spricht man auch von einer Per-Flow-QoS.

Verschiedene Begriffe mit Bezug zu QoS wurden 1988 im → *Blue Book* der → *ITU* unter E.800 definiert. In E.800 ist QoS eines Dienstes auch selbst definiert, und zwar als der gesamte Effekt der Leistung eines Dienstes, der den Grad der Zufriedenheit eines Benutzers bestimmt.

Andere relevante Standards mit Bezug zu QoS-Parametern auf verschiedenen Ebenen und für verschiedene Dienste sind:

Standard	Titel	Bemerkungen
G.107	The E-Model, a Computational Model for Use in Transmission Planning	→ *E-Model*
G.109	Definition of Categories of Speech Transmission Quality	-
G.821 G.826	Error Performance Parameters and Objectives for International Constant Bit Rate Digital Paths at or above Primary Rate	Wichtig für Standleitungen
I.350	General Aspects of QoS and Network Performance in Digital Networks, including ISDN	Von 1993
I.356	B-ISDN ATM Layer Cell Transfer Performance	-
S.1062	Allowable Error Performance for a Hypothetical Reference Digital Path Operating at or above Primary Rate	-
X.140	General Quality of Service Parameters for Communication via Public Data Networks	Von 1992

Daneben gibt es Gütekriterien für den Fernsprechverkehr: → *DM*, → *EFS*, → *ES*, → *MOS*, → *SES*. Auch die → *SQEG* hat Empfehlungen zur Dienstgüte bei Sprachübertragung definiert.

→ *http://www.qosforum.com/*

QPSK

Abk. für Quadrature Phase Shift Keying.

Ein Sonderfall der → *PSK*.

QPSX

Abk. für Queued Packet- and Synchronous-Exchange.

Bezeichnung eines auf dem Standard → *DQDB* basierenden Produktes der gleichnamigen Firma. Wird fälschlicherweise manchmal als Synonym für DQDB verwendet.

Q-Schnittstelle

Häufig benutzter Oberbegriff für Schnittstellen des Netzmanagements (→ *Netzmanagement*, → *TMN*), wie z.B. → *Q2* oder → *Q3*.

QSIG

Auch Unified International Corporate Network Signalling Standard genannt. Ein Signalisierungsstandard zur → *Zeichengabe* zwischen → *Nebenstellenanlagen* verschiedener Hersteller. Benannt nach der mit Q bezeichneten Schnittstelle zwischen Nebenstellenanlagen.

QSIG ist eine Übereinkunft europäischer Nebenstellenanlagen-Hersteller, die eine → *ISDN*-transparente Schnittstelle für die Zeichengabeinformationen im D-Kanal zwischen Nebenstellenanlagen verschiedener Hersteller definiert.

Somit sollen → *Leistungsmerkmale*, die bisher nur in Netzen aus Nebenstellenanlagen eines Herstellers möglich waren, auch in Multi-Vendor-Netzen möglich werden, z.B. → *Forwarding*, → *Screening*, → *Barring*. Diese Leistungsmerkmale werden bei QSIG in Gruppen klassifiziert:

- Basic Telephony (orientiert sich am → *POTS*),
- → *ISDN*,
- Proprietary.

Abgeleitet wurde QSIG von einem erfolgreichen Vorgängerstandard aus GB mit dem Namen → *DPNSS*, der wiederum von ISDN-Protokollen abgeleitet wurde. Daher ist QSIG fast vollständig kompatibel zu DPNSS, aber sonst zu keinem der drei anderen wesentlichen Standards zur Verbindung von PBXen aus Australien, Japan oder den USA.

Lange Zeit lag kein einheitlicher Standard vor, sondern nur ein → *MoU*, das am 1. Februar 1994 von den elf führenden Herstellern von Nebenstellenanlagen unterzeichnet wurde (Siemens, Ascom, Ericsson, Philips, Alcatel, AT&T, Bosch Telecom, GPT, Italtel, Matra, Nortel). Entwicklungsforum war die → *ECMA* auf Anregung der EU.

QSIG wurde dann vom → *ETSI* in folgenden Standards definiert:

Standard	Inhalt
ETS 300.11	Primary Rate Physical Interface
ETS 300.170	Data Link Layer
ETS 300.172	Basic Call
ETS 300.239	Generic Procedures

Hinzu kommen die Standards Q.913 (ISDN User Network Interface) und Q.932 (Generic Procedures) der → *ITU*.

QSIG hat gute Chancen, durch → *ISO* und → *IEC* zum weltweiten Standard in diesem Bereich zu werden, jedoch steckt die Arbeit noch in den Kinderschuhen, zumal die ISO Ergänzungen und Änderungen angekündigt hat. Der ISO-Standard wird vorerst als PSS1 (Private Signalling System No. 1) bezeichnet.

Treibende Kraft hinter der Entwicklung von QSIG ist die Entwicklung im Feld der → *Corporate Networks*. Viele Unternehmen richten seit Anfang der 90er Jahre Corporate Networks ein und sind darauf angewiesen, die Nebenstellenanlagen verschiedener Hersteller an ihren mit dem Corporate Network verknüpften Standorten auch hinsichtlich der Signalisierung zu verbinden, um im gesamten Corporate Network die gleichen Dienstmerkmale anbieten zu können.

Skeptiker befürchten, dass die Standardisierung von QSIG nicht mit der raschen technischen Weiterentwicklung der Nebenstellenanlagen und der Weiterentwicklung proprietärer Protokolle wie → *ABC-F*, → *Cornet* oder → *MCDN* mithalten kann. Darüber hinaus ist fraglich, ob alle Hersteller QSIG in vollem Umfang unterstützen werden.

→ *http://www.qsig.ie/*

QSL-Karte

QSL ist unter Amateurfunkern (→ *Amateurfunk*) die Kurzform für eine Empfangsbestätigung. In diesem Sinne ist eine QSL-Karte eine Karte, die alle wichtigen Daten (Datum, Dauer, Namen der Beteiligten etc.) eines geführten Funkgesprächs enthält und als gegenseitige Bestätigung für beide Gesprächsteilnehmer gilt. Derartige Karten werden üblicherweise nach einem Erstkontakt zwischen zwei Amateurfunkern ausgetauscht. Der Austausch erfolgt dabei auf postalischem Weg und wird kostenlos durch Amateurfunkvereinigungen abgewickelt, weshalb die Mitgliedschaft in einer derartigen Vereinigung Voraussetzung für die Teilnahme an diesem Austauschverfahren ist.

Die Vorderseite enthält üblicherweise das Rufzeichen des Absenders, seinen Namen und seine Adresse (Senderstandort), technische Daten (Frequenz, auf der der Kontakt stattfand, Sendeart), Datum und Uhrzeit gemäß → *UTC* sowie eine Unterschrift.

QSL-Karten sind auf ihrer Rückseite oft kunstvoll oder originell gestaltet und daher auch Grundlage von Wettbewerben. Ferner dienen sie der Bestätigung von Funkkontakten und können zu Auszeichnungen (‚Diplom‘) durch Amateurfunkvereinigungen führen.

qt

Abk. für → *QuickTime*.

Quad

Kurzbezeichnung für ein Kabel, das zwei verdrillte Zweidrahtleitungen beinhaltet, also über vier leitende Adern insgesamt verfügt.

Quadbit

Bezeichnung für eine Gruppe von nur vier Bits. Oft verwendet bei → *QAM*, ein Verfahren für → *digitale Modulation*.

Quadrophonie

Bezeichnung für die vierkanalige Tonwiedergabe. Üblicherweise realisiert durch die Aufstellung von vier Lautsprechern, von denen je zwei vor- und hinter dem Zuhörer aufgestellt werden.

Das Verfahren wurde als konsequente Weiterentwicklung der Stereophonie konzipiert, erlangte aber wegen hoher Kosten und geringer Qualitätsvorteile praktisch keine Bedeutung.

Qualitätsregulierung

→ *Deregulierung*.

Quality of Service

→ *QoS*.

Quantisierung

Bezeichnung eines Prozessschrittes bei der Analog-Digital-Wandlung (→ *A/D*). Ein wertkontinuierliches (analoges) Eingangssignal wird dabei in ein wertdiskretes Ausgangssignal transformiert.

Um ein aus unendlich vielen Werten bestehendes analoges Signal auf eine begrenzte Menge zur Verfügung stehender Signale abzubilden (z.B. durch Abtastung), ist eine Vorschrift nötig, die festlegt, welche Bereiche der analogen Werte gemeinsam auf einen einzigen konkreten und noch zulässigen Wert abgebildet werden. Dieser Vorgang heißt Quantisierung.

Quantisierungsfehler

→ *Quantisierungsrauschen*.

Quantisierungsintervall

Bei der → *Quantisierung* der Abstand zwischen zwei zulässigen, diskreten Werten.

Quantisierungsrauschen

Unerwünschtes Rauschen, das durch den Qualitätsverlust eines Signals bei der → *Quantisierung* und später bei der Digital-Analog-Wandlung (→ *A/D*) entsteht. Das ursprünglich analoge Signal, das jeden beliebigen Wert annehmen kann, lässt sich durch die Abbildung in eine endliche Zahl diskreter Werte später nicht wieder originalgetreu rekonstruieren. Die Differenz zwischen dem Originalsignal und dem rekonstruierten Signal wird als Quantisierungsfehler bezeichnet, der als → *Quantisierungsrauschen* messbar ist.

Quarzkristall

→ *Piezoeffekt.*

Quellcode

Auch Quellprogramm und international Sourcecode genannt. In der Informatik die Bezeichnung für das von einem Programmierer in einer → *Programmiersprache* in Textform geschriebene Programm vor dem Vorgang des Kompilierens durch den → *Compiler.*

Dem Quellcode kommt in vielen Fällen kommerzielle Bedeutung zu, da er – im Gegensatz zu den ausführbaren Codes nach dem Kompilieren – verändert werden und damit an individuelle Bedürfnisse angepasst werden kann.

Quellcodierung

In der Nachrichtentechnik der Oberbegriff für Codierverfahren, die direkt an der Nachrichtenquelle ansetzen und die Daten der Signalquelle codieren. Es wird dabei → *Redundanz* aus den Quelldaten gezielt herausgefiltert, so dass zur Übertragung dieser Daten eine geringere Kapazität in bit/s als vor der Quellcodierung benötigt wird. Dies wird auch Kompression genannt.

Nachteilig dabei ist, dass die zu übertragende Restdatenmenge wesentlich empfindlicher gegen Störungen (Bitfehler oder Datenverlust) ist. Daher wird die → *Kanalcodierung* benötigt, um mit Hilfe von Fehlererkennungs- oder Fehlerkorrekturverfahren für eine gewünschte Übertragungsqualität vom Sender zum Empfänger zu sorgen.

Beispiele sind die → *Huffmann-Codierung* (eingesetzt bei → *Fax* nach Gruppe 3) oder die Codierung nach Fano. Im Bereich der Sprache unterscheidet man Signalformcodierer wie z.B. → *PCM* oder → *ADPCM* und → *Vocoder* wie z.B. → *CELP*, → *LPC* oder auch → *VSELP.*

Quellprogramm

→ *Quellcode.*

Querleitung

Auch Querverbindung genannt. Begriff aus der Zeit vor 1997, als das Telefonnetz der Deutschen Telekom nach streng hierarchischen Regeln aufgebaut war. Der Begriff bezeichnete die Leitungen im hierarchisch aufgebauten Telefonnetz der Deutschen Telekom, die aufgrund von Verkehrsflüssen die Vermittlungsstellen unter Umgehung der echten Hierarchie verbinden. Querleitungen verbanden z.B. nicht unmittelbar aufeinander folgende Hierarchiestufen miteinander (z.B. → *Knotenvermittlungsstelle* mit → *Zentralvermittlungsstelle*) oder untergeordnete Vermittlungsstellen mit der eigentlich nicht für sie zuständigen, aber geografisch nächstgelegenen Vermittlungsstelle der nächsthöheren Ebene.

Querparität

→ *Parität.*

Querstrahler

Begriff aus der Antennentechnik. Bezeichnet eine spezielle Bauform von Richtantennen, bei denen die Hauptrichtung der abgestrahlten Energie senkrecht zur physischen Ausdehnung der Antenne selbst steht.

Querverbindung

→ *Querleitung.*

Query

Allgemein die auch international übliche Bezeichnung für eine Abfrage einer Datenbank.

Dafür gibt es verschiedene Abfragesprachen (sog. Query Language) wie z.B. → *SQL.*

Query by Example

Abgekürzt mit QBE. Bezeichnung für eine leicht zu bedienende Benutzerschnittstelle für relationale Datenbanken, ursprünglich entwickelt im Hause IBM zur Nutzung auf → *Mainframes.*

Dabei wird dem Nutzer ein leerer Datensatz der abzufragenden Datenbank angezeigt, in den er an den passenden, für ihn interessanten Datenfeldern Suchbegriffe einträgt.

Beispielsweise wird bei einer Kundendatenbank ein leerer Kundendatensatz angezeigt, bei dem der Nutzer das Wort ‚Meier' in das Namensfeld einträgt. Nach dem Start dieser Anfrage werden ihm dann alle Meiers vollständig angezeigt.

Dabei setzt QBE diese Anfrage in eine Abfragesprache, z.B. → *SQL*, um, welche dann erst die Datenbank abfragt.

Queue

Englisch für Warteschlange. Übliche Bezeichnung für Warteschlangen aller Art in → *Wartesystemen* oder auf → *Servern.* Warteschlangen sammeln Aufträge/Anfragen etc. und arbeiten sie nach einer bestimmten Strategie ab (→ *FIFO*, → *LIFO*).

QuickTime, QuickTime VR

Bezeichnung eines frei erhältlichen Zusatzes für die → *Betriebssysteme* → *Windows,* → *OS/2* und auch → *MacOS* zur Aufnahme, Bearbeitung und Wiedergabe von digitalen Video-, Audio- und → *MIDI-Daten.*

Eine QuickTime-Datei kann bis zu 32 verschiedene Kanäle verschiedener Medien (Video, Audio, MIDI) enthalten.

Entwickelt im Hause Apple, ursprünglich für die Nutzung unter MacOS Version 7.

QuickTime-Dateien sind an der Dateiendung .qt erkennbar.

QuickTime VR ist eine Weiterentwicklung, die Anwendungen der → *Virtuellen Realität* beinhaltet.

Seit Januar 1998 ist Quicktime 4.0 die aktuelle Version.

→ *http://www.quicktime.com/*

Quittierung

Bestätigung der korrekten (oder fehlerhaften) Übertragung empfangener Daten durch den Empfänger an den Sender.

Eine Quittierung ist oft die Voraussetzung dafür, dass der Sender erneut Daten zum Empfänger übertragen darf.

→ *Fensterprotokoll.*

Quittungsbetrieb

→ *Handshake-Verfahren.*

Quote

Von engl. quote = Zitat. In → *E-Mails* und → *Postings* der betonte Hinweis darauf, dass inhaltlich aus einer anderen Quelle Text unverändert übernommen wurde, häufig noch durch Einrücken optisch kenntlich gemacht.

qwerty, qwertz

→ *Tastatur.*

R

R 1

Abk. für Regional (Signalling System) No. 1.

Bezeichnung für ein altes, heute nicht mehr verwendetes kanal-assoziiertes Signalisierungsverfahren (→ *Zeichengabe*) zwischen analogen Vermittlungsstellen. Es wurde zur Signalisierung im internationalen Bereich in Nordamerika verwendet.

Standardisiert durch die → *CCITT* als Q.320 im Jahre 1968.

R 2

Abk. für Regional (Signalling System) No. 2.

Bezeichnung für ein altes, heute nicht mehr verwendetes kanal-assoziiertes Signalisierungsverfahren (→ *Zeichengabe*) zwischen analogen Vermittlungsstellen. Es wurde zur Signalisierung im internationalen Bereich in Europa verwendet.

Standardisiert durch die → *CCITT* als Q.440 im Jahre 1968.

R 150

→ *Téléphone de Voiture*.

RA

1. Abk. für Routing Arbiter.
2. Abk. für → *Remote Access*.

RAB

Abk. für Raid Advisory Board.

→ *RAID*.

RACE

Abk. für Research on Advanced Communications in Europe.

Bezeichnung für ein zweiphasiges Forschungsprogramm der EU (Definitionsphase RACE I von 1984 bis 1987, Hauptphase RACE II von 1988 bis 1994) zur Förderung der Wettbewerbsfähigkeit und technologischen Stellung Europas auf dem Telekommunikationssektor. RACE war in viele einzelne Projekte unterteilt. Wurde im Juli 1985 von der EU beschlossen.

→ *ACTS*, → *COST*, → *ESPRIT*, → *ITEA*, → *JESSI*.

RACH

Abk. für Random Access Channel.

→ *CCCH*.

Rack

Mechanische Gestelle und Schränke zur Aufnahme von technischen Geräten aller Art. In Breite, Höhe, innerer Unterteilung und Befestigungsmöglichkeiten oft genormt. International auch Cabinet oder Bay genannt.

In der Computer- und Kommunikationstechnikindustrie üblich sind Racks mit einer Breite von 19“ (= 48,3 cm).

RAD

Abk. für Rapid Application Development.

Begriff aus dem → *Software-Engineering*. Bezeichnung für den Vorgang der Softwareentwicklung unter Zuhilfenahme diverser Tools, die Bausteine von Code und das → *GUI* zur Verfügung stellen. Im Idealfall wird programmiert, ohne eine Zeile (neuen) Programmcode selbst zu schreiben.

Ziel von RAD ist, den Anwender der Software möglichst früh mit einzubeziehen, um seine Anforderungen bestmöglich und frühzeitig ohne spätere, langwierige und kostenintensive Änderungen erfüllen zu können. Aus diesem Grund werden die Teile der Software, die den Nutzer betreffen, z.B. das GUI, schnellstmöglich entwickelt und mit dem Nutzer getestet.

RAD wird darüber hinaus unterstützt durch die Wiederverwendung bereits existenter Software, z.B. aus einem → *Repository*, oder durch anpassbare Standardsoftware oder zumindest von einzelnen Modulen.

Radar

Abk. für Radio Detection and Ranging.

Bezeichnung für die Nutzung von gerichteten elektromagnetischen Wellen zur Positionsbestimmung und Entfernungsmessung entfernter Objekte aufgrund des von diesen anvisierten Objekten reflektierten und durch den Sender wieder empfangenen Anteils der gesendeten Wellen (Echo).

Radar ist damit ein Funkmessverfahren für Positionen. Prinzipiell lassen sich durch Radar folgende drei Dinge ermitteln:

- Aus der Differenz zwischen dem Sendezeitpunkt des Ursprungssignals und dem Empfangszeitpunkt des Echos lässt sich die Entfernung des Objektes bestimmen.
- Durch Ausnutzung der Bündlung und Ausrichtung des gesendeten Signals in eine bestimmte Richtung lässt sich aus der Entfernung und der als bekannt vorausgesetzten eigenen Position die Position des Objektes bestimmten.
- Unter Ausnutzung des Dopplereffektes lässt sich die Relativgeschwindigkeit des Objektes bestimmen.

Genutzt werden dafür Frequenzen im Bereich von 500 MHz bis 40 GHz.

Man unterscheidet zwei Radarverfahren:

- Primärradar: Wie oben beschrieben wird nur das Echo des Objektes ausgewertet.
- Sekundärradar: Das Objekt besitzt einen Empfänger, der das ausgesendete Radarsignal empfängt und auf eine bestimmte Art aktiv dem Sender des Radarsignals antwortet (Freund-/Feinerkennung).

Radarsysteme wurden in einem Wettlauf um die jeweils bessere Technik zunächst für militärische Zwecke im Laufe des 2. Weltkrieges in GB (dort vom schottischen Physiker und wissenschaftlichen Berater der Royal Air Force Robert Alexander Watson-Watt (* 1892, † 1937)) und in Deutschland entwickelt.

Radicchio

Bezeichnung eines Industrieforums, gegründet im September 1999 von den Unternehmen EDS, Gemplus, Sonera und Ericsson, um einen weltweiten Verschlüsselungsstandard zu entwickeln und zu fördern.

Es handelt sich dabei um ein → *Public-Key-Verfahren*, das Sicherheit bei kommerziellen Transaktionen über Mobilfunknetze (→ *M-Commerce*) ermöglichen soll. Das Verfahren soll derartig konzipiert sein, dass es einfach in Endgeräte zu integrieren ist und keinen weiteren großen Platz durch zusätzliche elektronische Bausteine erfordert.

Mit dieser Initiative möchte das Forum etwaigen Befürchtungen zuvor kommen, dass die Abwicklung mobiler Transaktionen unsicher sind und die Akzeptanz derartiger Transaktionen negativ beeinflussen.

→ *http://www.radicchio.org/*

Radioastronomie

Bezeichnung für die Wissenschaft der Erforschung des Weltraums mit Hilfe von elektromagnetischen Wellen außerhalb des sichtbaren Spektrums. Dieser Bereich wird als klassische oder optische Astronomie bezeichnet.

Die Wurzeln der Radioastronomie liegen im Jahre 1931, als ein Radiotechniker auf der Suche nach der Ursache des Rauschens in transatlantischen Telegrafenkabeln die erste kosmische Strahlung aus der Milchstraße feststellte.

Während des 2. Weltkrieges wurde dann im Zuge der Entwicklung des → *Radar* entdeckt, dass die Sonne nicht nur sichtbares Licht, sondern auch elektromagnetische Wellen im unsichtbaren Spektrum abstrahlt.

Nach dem 2. Weltkrieg nahm die Radioastronomie rasch zu.

Radiocom 2000

Bezeichnet ein analoges, zellulares, automatisches französisches Mobilfunknetz mit folgenden technischen Eckdaten:

Uplink	194,7 bis 199,5 MHz 215,5 bis 223,5 MHz 414,8 bis 417,8 MHz
Downlink	202,7 bis 207,5 MHz 207,5 bis 215,5 MHz 424,8 bis 427,9 MHz
Anzahl Frequenzkanäle	256
Kanalbandbreite	12,5 kHz
Duplexverfahren	→ *FDD*
Duplexabstand	10 MHz
Anzahl Timeslots je Frequenzkanal	8 zu je 577 ms
Modulations-ver-fahren	→ *FFSK* mit 1,2 kbit/s für die Signalisierung zum Verbindungsauf- und -abbau und Zeichengabe mit 50 bit/s während des Gesprächs unterhalb des Sprachbandes

Die Nutzung von Radiocom 2000 erfolgt in den Bereichen Paris, Lyon und Marseille (192 Kanäle) im 200-MHz-Band. Das 420-MHz-Band wird für den landesweiten Ausbau genutzt.

Die Signalisierung zwischen → *BS* zum → *Handover* erfolgt mittels 300 bit/s über ein Modem und gewählte Amtsleitungen.

Insgesamt ist Radiocom 2000 ein sehr dezentrales System, da alle → *BS* an der nächstgelegenen lokalen Ortsvermittlung und nicht etwa an einem → *MSC* hängen. In strengem Sinne ist es daher eher eine Ergänzung des Festnetzes und weniger ein echtes Mobilfunknetz. Mehrere BS hängen aber an einem → *OMC*. Als Besonderheit ist anzuführen, dass bereits geschlossene Benutzergruppen möglich sind (Bündelfunk-ähnlich).

Entwickelt seit 1981 vom Hause Matra. Es ging im November 1985 technisch und am 21. Januar 1986 offiziell im Großraum Paris in Betrieb und ist für landesweit 500 BS ausgelegt. Handover war bis 1989 nicht möglich, seither, dank Einführung einer Kleinzellentechnik, auch nur im Raum Paris. Nach Kapazitätsproblemen erfolgte seit 1990 die Nutzung vom 900-MHz-Band in den Räumen Paris, Lille und Strasbourg.

Radiohorizont

Bezeichnet die maximale Reichweite von elektromagnetischen Wellen im Bereich bis zu 3 GHz, die an der Ionosphäre reflektiert werden und weiter als an den → *optischen Horizont* reichen.

Radio Link

Engl. für Funkstrecke, Funkverbindung.

Radio Telephone Mobile System

→ *RTMS*.

RADIUS, RADIUS-Server

Abk. für Remote Access (auch: Authentication) Dial-in User Service.

Bezeichnung für ein Protokoll und auch die das Protokoll realisierende Software, das bzw. die auf einem → *Server* läuft und Funktionen der → *Authentifizierung* für temporäre Nutzer wahrnimmt, die sich über eine Wählverbindung in ein → *IP*-basiertes Netz einwählen.

RADIUS erlaubt dabei die Existenz einer zentralen Datenbank mit den zur Authentifizierung notwendigen Daten, auf die alle Einwählserver (Network Access Server, NAS, d.h. → *Router* mit seriellen Einwahlports) zugreifen, was die Verwaltung der Nutzerprofile und der Nutzerrechte erleichtert. Der Einwählserver ist aus Sicht des RADIUS-Modells ein RADIUS-Client, während die zentrale Datenbank für den Authentifizierungsprozess ein RADIUS-Server ist. Die Kommunikation zwischen dem RADIUS-Client und dem RADIUS-Server erfolgt dabei verschlüsselt.

Ferner kann RADIUS in Netzen verschiedener Größen eingesetzt werden, so dass eine Skalierung möglich ist.

RADIUS wurde vom Hause Livingston entwickelt (später von Lucent gekauft) und setzte sich rasch als Industrie-Standard durch, da es von Unternehmen wie Ascend (später ebenfalls von Lucent gekauft) oder Cisco in ihre Produkte aufgenommen wurde.

→ *http://www.livingston.com/marketing/whitepapers/radius_paper.html/*

Radom

Kunstwort aus → *Radar* und Dom. Bezeichnet bei empfindlichen Radarantennen die für elektromagnetische Wellen durchlässige Kunststoffabdeckung zum Schutz vor Witterungseinflüssen.

RAI

Abk. für Remote Alarm Indication.

Begriff aus dem Netzmanagement. Bezeichnet ein Fehlermeldungssignal, das in Gegenrichtung zum Datenfluss an alle dort befindlichen Netzkomponenten weitergegeben wird, um einen entfernten Fehler anzuzeigen.

RAID, RAID-Array, RAID-Level

Abk. für Redundant Array of Inexpensive (auch: Independent) Disks.

Bezeichnung einer Speicherarchitektur für ausfallsichere und hochleistungsfähige Systeme zur Datenspeicherung. Ziel bei der Entwicklung der verschiedenen RAID-Architekturen waren Massenspeichersysteme mit Zugriffen in Echtzeit bei hoher Datensicherheit und Datensicherung, ebenfalls in Echtzeit. Ein RAID-System erhöht die Verfügbarkeit des Speichersystems im täglichen Betrieb durch die Minimierung von Ausfallzeiten, kann jedoch komplett verloren gegangene Daten (z.B. durch unbeabsichtigtes Löschen, Feuer, Wassereinbruch, unbefugtes Entwenden) nicht wiederherstellen, weswegen RAID ein → *Backup* nicht ersetzt.

Das komplexe RAID-Konzept sieht grundsätzlich vor, die Arbeit mehrerer physischer Plattenspeicher durch einen einzigen RAID-Controller zu koordinieren, der diese einzelnen Festplatten zusammenfasst und dadurch nach außen hin als ein einziges, logische Plattenlaufwerk zur Verfügung stellt. Die einzelnen Platten innerhalb der mit Array oder RAID-Array bezeichneten Anordnung teilen sich die Datenlast und das Fehler- bzw. Verlustrisiko. Um dies zu erreichen, werden nicht nur Nutzdaten, sondern zusätzlich (bei einigen RAID-Levels) Informationen zur Fehlererkennung und -korrektur innerhalb eines RAID-Array gespeichert. Die Art, wie diese Informationen zur Fehlererkennung und -korrektur ermittelt bzw. auf den einzelnen Platten abgelegt werden, ist ein wesentliches Unterscheidungsmerkmal zwischen den einzelnen RAID-Levels.

Die eingesetzten Speichermedien sind zwar meistens → *Festplatten*, jedoch kommen auch, allerdings eher selten, Bandlaufwerke oder optische Speicher in Betracht.

Insgesamt werden mittlerweile zehn Basisstrategien verfolgt (RAID 0 bis 7, 10 und 53), um Datensicherheit zu gewährleisten oder den Transfer zwischen externem Speicher und Rechner zu ermöglichen. Diese Level sind für verschiedene Systemgrößen und Anwendungsfälle definiert, d.h., die Datensicherheit oder Performance steigen nicht unbedingt mit dem benutzten Level. Die Basisstrategien und ihre Anforderungen sind ausführlich definiert, nicht standardisiert ist hingegen die technische Realisierung, weswegen es eine Reihe nicht-kompatibler Firmenlösungen auf gleichen Levels gibt.

- Level 0, auch Data-Striping genannt, definiert gleichzeitiges, paralleles Schreiben oder Lesen der Nutzdaten auf mehreren Platten. Die Daten werden in Blöcke (Blockgröße je nach Implementierung von 4 bis 128 KByte) aufgeteilt und von Platte zu Platte abwechselnd in sog. Streifen über mehrere Platten eines Arrays verteilt (Striping), d.h., die Integrität der Daten hängt nicht von einem einzigen Plattenstapel ab.

  Vorteil dieses einfach zu implementierenden Verfahrens ist, dass die Leistungsfähigkeit hinsichtlich der abwickelbaren Zugriffe zwar prinzipiell steigt, insbesondere wenn

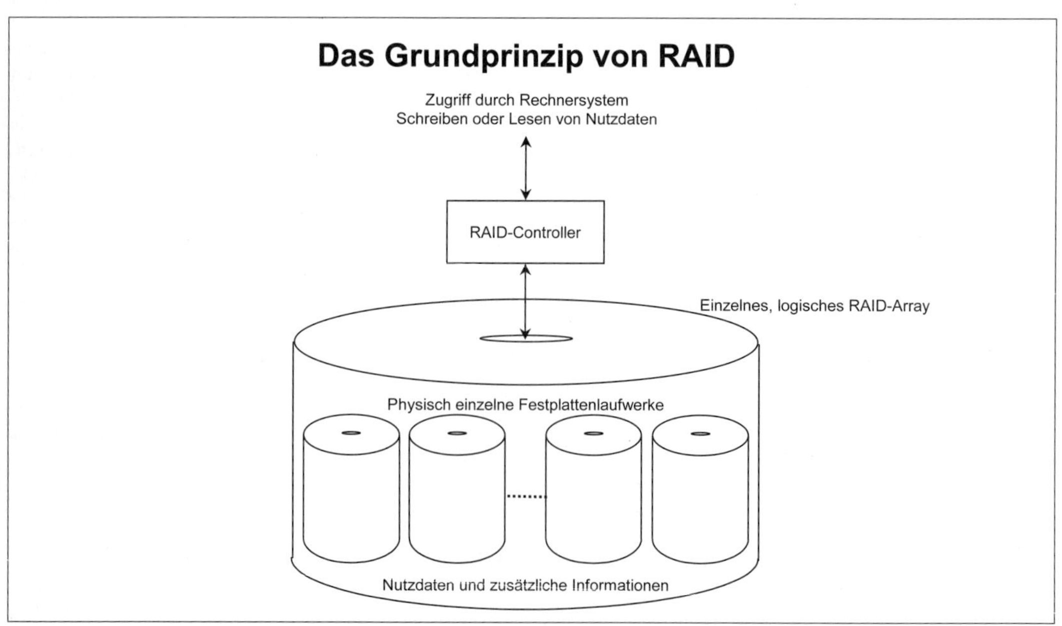

je Platte ein eigener Controller eingesetzt wird, jedoch nimmt die Datensicherheit infolge eines Mangel an redundanter Information (angedeutet durch die Ziffer 0) noch nicht zu, da beim Ausfall einer von N Platten der Anteil 1/N der gesamten Nutzdaten verloren ist.

Daher ist RAID 0 strenggenommen auch noch kein RAID und sollte keinesfalls für kritische Anwendungen eingesetzt werden.

- Auf Level 1, auch Drive Mirroring genannt, werden die Daten eines Plattenstapels zusätzlich zum Striping des Levels 0 zur Sicherung auf einem zweiten Plattenstapel dupliziert (Spiegeln, → *Mirroring*), was zu einer Redundanz von 100 % führt.

  Level 1 gilt als relativ günstig, weil einfach zu implementieren, und wird bei kleinen Netzwerken verwendet. Vorteil ist, dass im Verlustfall einer Kopie der Nutzdaten auf einem Plattenstapel einfach mit dem zweiten Plattenstapel weitergearbeitet werden kann. Die zweite Kopie auf diesem zweiten Plattenstapel wird dann bei Gelegenheit einfach auf den ersten Plattenstapel kopiert.

  Nachteilig ist die hohe Verschwendung von Speicherplatz (höchste Rate von allen RAID-Systemen), was sich insbesondere bei großen Speichersystemen in sehr hohen Kosten bemerkbar macht.

- Auf Level 2, auch Hamming-System genannt, werden zusätzlich zum Striping, allerdings byteweise, automatisch Paritätsbits zur Fehlerkorrektur (genannt Error Correction Code, ECC) einzelner Bitfehler gemäß einem Hamming-Algorithmus auf einer eigenen Festplatte mitgespeichert.

  Werden Daten gelesen, dann werden mit Hilfe der ebenfalls gelesenen Paritätsbits die gelesenen Daten überprüft und können in bestimmten Grenzen ggf. korrigiert werden.

  Level 2 stammt aus den Anfangstagen der Entwicklung des RAID-Konzeptes, als viele Festplatten noch nicht serienmäßig über ECC verfügten und dieses Verfahren zusätzlich implementiert werden musste. Dies ist heute nicht mehr notwendig, weswegen Level 2 mittlerweile nicht mehr angewendet wird.

  Darüber hinaus war dieser Schritt teuer und wurde nur selten, z.B. bei hohen Transferraten, eingesetzt.

- Level 3, auch Byte-Striping mit Parity-Laufwerk genannt, nutzt mehrere Laufwerke (4 oder 5). Schreib- und Lesevorgänge finden dabei gleichzeitig auf identischen Spuren in identischen Sektoren statt. Die Nutzdaten werden byteweise auf mehrere Platten verteilt (Striping). Die Paritätsdaten, je ein Paritätsbyte für jede entsprechende Nutzdatenreihe, werden zur Fehlerkorrektur separat auf einem eigenen Plattenlaufwerk, dem sog. Parity-Laufwerk, gespeichert. Werden Daten gelesen, dann werden mit Hilfe der ebenfalls gelesenen Paritätsbits die gelesenen Daten überprüft und ggf. korrigiert, da beim Ausfall einer Festplatte die fehlenden Daten (ein Byte pro Datenreihe) aus den noch vorhandenen Daten der restlichen, funktionierenden Platten und den Parity-Daten rekonstruiert werden können.

  Vorteile sind eine hohe Leistung und eine hohe Speicherökonomie bei gleichzeitig mittlerem Implementierungsaufwand.

  Level 3 wird empfohlen bei Anwendungen, bei denen große Dateien bearbeitet werden, z.B. bei → *CAD* oder CAM.

- Bei Level 4, auch als Block-Striping mit Parity-Laufwerk bezeichnet, arbeiten zusätzlich zum Striping von Datenblöcken (Größe variiert je nach Implementierung von 8 bis 128 KByte) die Laufwerke unabhängig voneinander, d.h., jedes wird einzeln mit einem Befehl angesteuert. Jedem ist

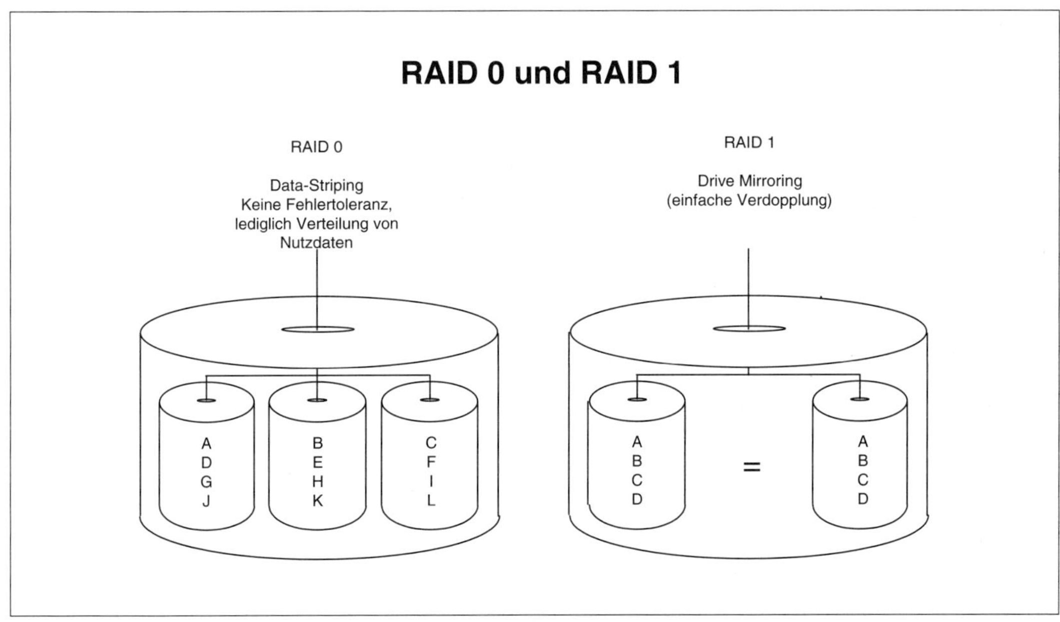

ein eigenes zweites Laufwerk zur Aufnahme der Fehlerkorrekturdaten in Form von Blöcken mit Parity-Daten zugeordnet. Werden Daten gelesen, dann werden mit Hilfe der ebenfalls gelesenen Paritätsbits die gelesenen Daten überprüft.

Da Level 4 aufwendig zu implementieren und langsam beim Recovern im Fehlerfall ist, wird es, wie Level 2 auch, nur selten eingesetzt. Nachteilig ist die Langsamkeit bei Schreiboperationen, da auch bei kleineren Datenänderungen der gesamte Block von Parity-Daten neu bestimmt und gespeichert werden muss, was in der dafür benötigten Zeit andere Zugriffe auf das Parity-Laufwerk verhindert und dadurch die Gesamtperformance verringert.

Ein Vorteil ist seine hohe Speicherökonomie.

- Bei Level 5 (der ähnlich zu Level 4 ist), auch Block-Striping mit verteilter Parity genannt, arbeiten die Platten unabhängig voneinander und es wird Block-Striping genutzt. Die Fehlerkorrekturdaten werden aber verteilt über alle Platten gespeichert, d.h., das Parity-Laufwerk kann nicht blockiert und dadurch zum Performance-Flaschenhals des gesamten Systems werden.

  Die Lesegeschwindigkeit dieses Levels ist mit der von Level 4 vergleichbar.

  Level 5 verfügt über eine hohe Speicherökonomie und ist trotz der komplexen Implementierung am weitesten verbreitet.

- Level 6 wurde erst spät definiert und leitet sich von Level 5 ab. Im Vergleich zu Level 5 werden die Fehlerkorrekturdaten über die Laufwerke verteilt, allerdings doppelt.

  Selbst beim Ausfall von zwei Laufwerken arbeitet das Gesamtsystem weiter. Das verlangsamt die Schreibgeschwindigkeit erheblich und erhöht die Implementierungskomplexität, steigert aber die Datensicherheit.

  Level 6 gilt als extrem sicher für sensible Anwendungen.

- Level 7 wurde von Storage Computer entwickelt und erst 1995 definiert. Das Speichersystem wird dabei durch einen eigenen unabhängigen Rechner mit Echtzeitbetriebssystem verwaltet, an den andere nur noch einen Speicherbefehl inklusive Daten abgeben und entsprechend sofort entlastet werden. Die Ausführung des Befehls übernimmt der Verwaltungsrechner.

  Es wird Striping und Fehlerkorrektur auf einer eigenen Platte angewendet.

  Dieser Level gilt als sicher und leistungsstark, aber auch als proprietäre Lösung und teuer.

- Level 10, auch genannt Mirrored Striping Array oder RAID 0+1, kombiniert Mirroring (Level 1) und Data-Striping (Level 0) und gilt als genauso sicher wie Level 1, in der Abwicklung von Lese- und Schreibvorgängen aber, wegen der fehlenden Fehlerkontrolle, als schneller.

  Level 10 ist besonders geeignet für große Dateien, die häufig geändert und rasch gespeichert werden müssen.

  Nachteilig sind hohe Kosten für die üblicherweise vier Festplatten. Dabei werden je zwei gespiegelte Plattenpaare (entspricht Level 1) zu einem Data-Striping-Plattenpaar zusammengefasst (entspricht Level 0).

- Level 53 kombiniert (entgegen seiner Bezeichnung) die Layer 0 und 3, da zusätzlich zum Level 3 auf einem weiteren Plattenstapel Striping angewendet wird. Level 53 gilt als genauso sicher wie Level 3, aber auch als wesentlich schneller. Nachteilig sind hohe Kosten.

Die Herstellervereinigung von RAID-Systemen definierte anhand von 21 herstellerunabhängigen Parametern drei Hauptklassen von Plattenspeichersystemen:

- Failure Resistant Disk Systems (FRDS): Derartige Systeme bieten bei Ausfall einer Komponente Schutz gegen Da-

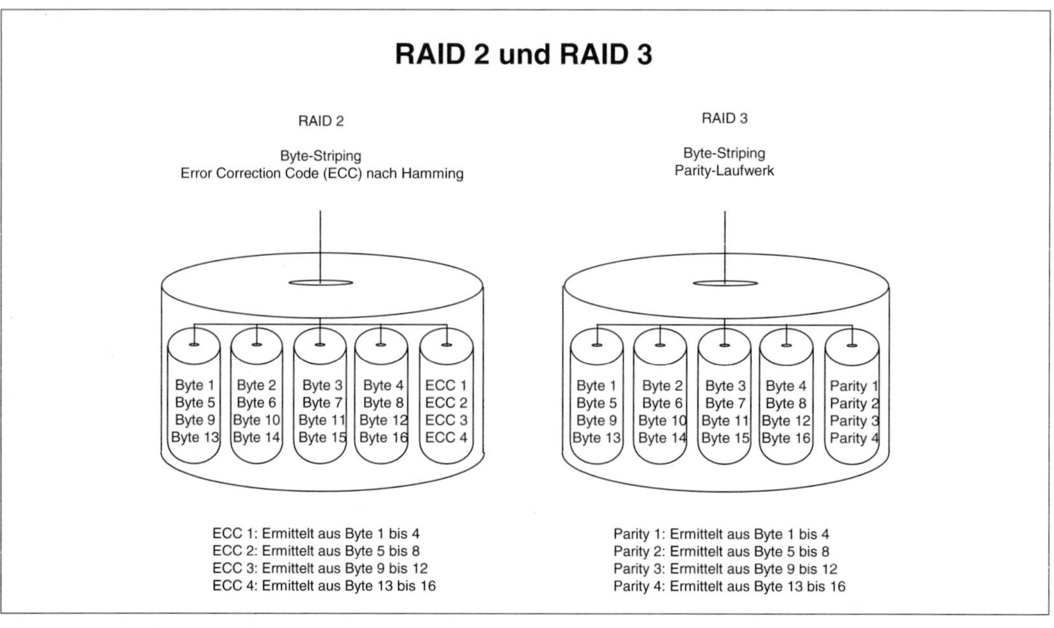

tenverlust. Sie erlauben beim Ausfall einer Platte weiterhin den Zugriff auf Daten, und die defekte Platte kann während des laufenden Betriebes ausgewechselt werden. Ein Stromausfall oder ein Übersteigen der zulässigen Betriebstemperatur in der Umgebung werden ebenso toleriert wie ein Ausfall des Caches. Bei Störungen werden Warnmeldungen generiert.

- Failure Tolerant Disk Systems (FTDS): Diese Systeme bieten zusätzlich zum FRDS-System absoluten Ausfallschutz bei Störungen innerer Systeme und bei schweren Umgebungsstörungen. Mit zwei I/O-Bussen ist der Anschluss an zwei Hostsysteme möglich.
- Disaster Tolerant Disk Systems (DTDS): Sie bieten größtmöglichen Schutz auch im Katastrophenfall, wie z.B. schwerem Vandalismus, Feuer oder Wassereinbruch. Ihre Reparatur muss komplett bei laufendem Betrieb möglich sein.

Jede dieser Stufen ist wiederum in zwei Unterstufen (Basis und Premium) unterteilt.

RAID erreichte zunächst einige Verbreitung im Mainframe-Bereich, wird aber auch zunehmend bei Client/Server-Strukturen (→ *Server*) mit PCs eingesetzt.

Erstmals definiert 1987 von drei Wissenschaftlern der University of California in Berkeley, die das System noch „Redundant Array of Independent Disks" nannten. Maßgeblich beteiligt waren Prof. David A. Patterson, von dem auch die Bezeichnung RAID stammt und der das → *RISC*-Konzept mitentwickelt hat, Randy H. Katz, der die ersten Ideen schon 1986 hatte, und dem damaligen Studenten Garth A. Gibson.

Nach der Marktreife 1988 wurde das Wort Independent durch Intelligent und noch etwas später durch Inexpensive ersetzt.

Die verschiedenen RAID-Level entwickelten sich im Laufe der Zeit. So war bis Mitte 1996 nur von den RAID-Leveln 0 bis 7 die Rede.

Mittlerweile existiert eine aus 50 Herstellern von Plattenspeichersystemen gebildete Vereinigung zur Förderung dieser Technologie.

Rainbow

Bezeichnung eines PC-Modells aus dem Hause DEC. Der Rainbow kam im Jahre 1985 auf den Markt. Er fand seinerzeit nur wenige, wenngleich begeisterte Liebhaber, weswegen man seine Produktion angesichts eines unverkauften Bestands von 100 000 Stück im gleichen Jahr wieder einstellte. Er konnte seine eigenen → *Disketten* nicht formatieren; der User musste (teure) vorformatierte Disketten in Fachgeschäften kaufen. Als weitere technische Besonderheit enthielt er sowohl den Prozessor → *Intel 8088* als auch den → *Zilog Z-80*, so dass wahlweise → *CP/M* oder → *MS-DOS* gebootet werden konnte.

→ *http://www.telnet.hu/hamster/dr/rainbow.html/*

→ *http://www.computingmuseum.com/museum/rainbow.htm/*

Rainbow-Book

→ *MD.*

RAM

Abk. für Random Access Memory, Schreib-Lese-Speicher. Ein flüchtiger → *Speicher* (heute auf Halbleiterbasis, bis Anfang der 70er Jahre: Magnetkernspeicher) mit wahlfreiem, d.h. direkten, Zugriff auf jeden beliebigen Speicherplatz durch Angabe der Adresse des betroffenen Speicherplatzes. Auf ihn kann zum Schreiben und Lesen zugegriffen werden.

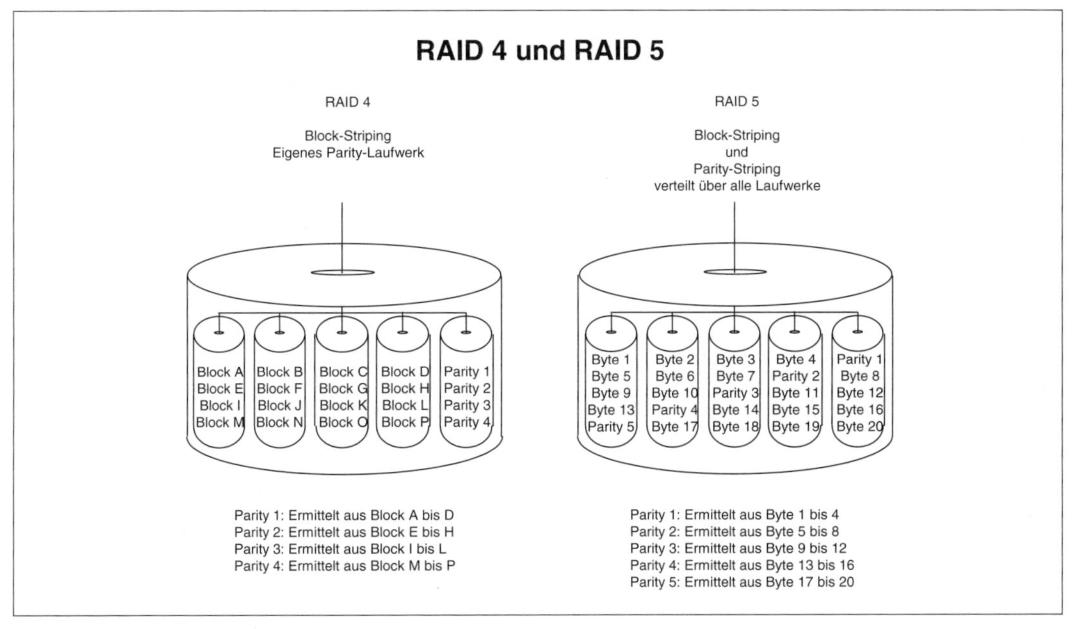

Daten im RAM werden im Gegensatz zu denen im → *ROM* durch Ausschalten des Rechners (Unterbrechen der Stromversorgung) oder durch Booten (Reset) gelöscht.

Man unterscheidet folgende grundsätzlichen Arten von RAMs:

- Dynamische RAMs (→ *DRAM*), bei denen periodisch eine Spannungsversorgung zur Aufrechterhaltung der Speicherfähigkeit benötigt wird.
- Statische RAMs (→ *SRAM*), bei denen dauerhaft eine Spannungsversorgung zur Aufrechterhaltung der Speicherfähigkeit benötigt wird.

Erster statischer RAM-Baustein in → *MOS*-Technologie war der 1101 aus dem Hause Intel im Juli 1969.

Im Laufe der Jahre gab es folgende Entwicklung der Speicherkapazität der Chips (16 Kbit entsprechen ca. 1 DIN-A4-Seite):

Jahr	Serienkapazität	Laborkapazität
1979	64 kbit	
1983	256 kbit	1 Mbit
1986	1 Mbit	4 Mbit
1989	4 Mbit	
1991		64 Mbit
1993	64 Mbit	
1994		256 Mbit

Auf den Kunststoffgehäusen der RAM-Bausteine befindet sich ein Aufdruck der Form ABCDEFG, wobei diese Großbuchstaben für mehrere Buchstaben und Ziffern mit folgender Bedeutung stehen können:

Aufdruckstelle	Bedeutung
A	Hersteller HM: Hitachi HY: Hyundai KM: Samsung M: Oki MCM: Motorola TMM: TI PD: NEC
B	Speichertyp 4: DRAM 5, 6, 7: SRAM 42: VRAM
C	Modul-Aufbau Faktoren von 1 bis 32
D	Herstellungstechnologie C: CMOS
E	Kapazität je Modul in Kbit
F	Gehäusetyp J: SOJ Z: ZIP
G	Zugriffsgeschwindigkeit in ns, angegeben als zweistellige Zahl, z.B. 60 für 60 ns, oder als Faktor für ein Produkt mit 10, z.B. 7 für 70 ns

Hinsichtlich der Bauformen der RAM-Bausteine unterscheidet man → *DIMM*, → *PS/2-Module* und → *SIMM*.

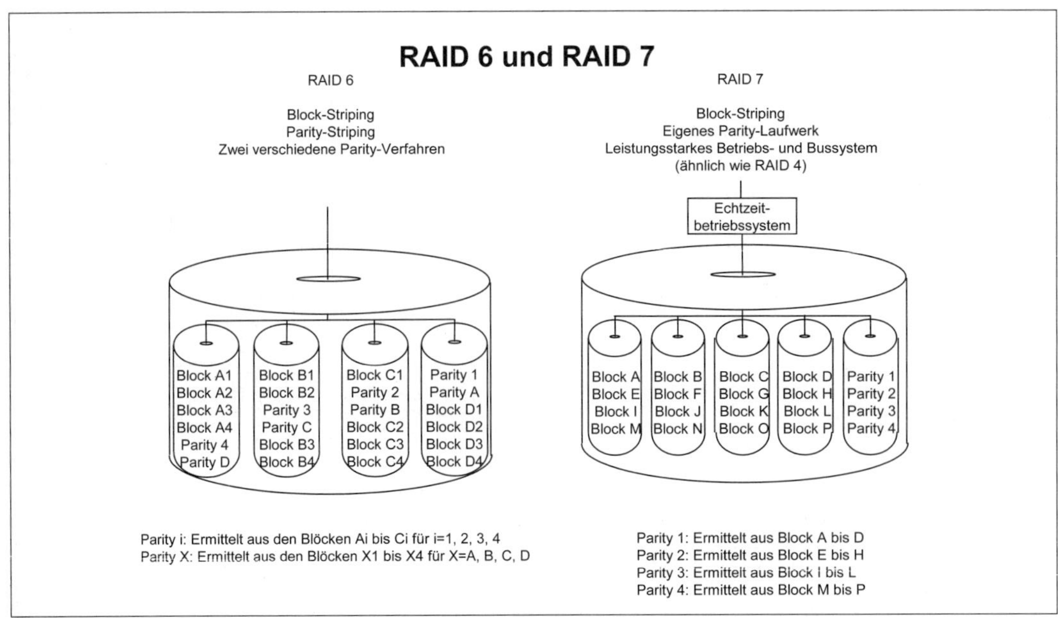

RAMAC

Abk. für Random Access Method of Accounting and Control.

Bezeichnung eines ersten experimentellen Computers aus dem Hause IBM mit einer → *Festplatte* als Speichermedium. Dabei ist auf 50 mit 1 200 U/min rotierenden Platten Platz für 10 Mio. zehnstellige Zahlen. Entwickelt von 1956 bis 1958.

IBM stellte 1958 die kommerzielle Version als RAMAC 305 mit Magnetplattenspeicherung und Drucker mit Druckstab vor, teilweise auch nur mit IBM 305 bezeichnet.

Ramp-Up

Begriff aus der Herstellung von Halbleiterbausteinen. Bezeichnet die erfolgreiche Aufnahme der Großserienfertigung unter Reinstraumbedingungen von in Massen produzierten Halbleiterbausteinen wie z.B. → *DRAMs*.

Üblicherweise ein Zeitraum von 4 bis 6 Monaten.

RAN

Abk. für Remote Access Node.

Generischer Begriff aus der Netzplanung. Bezeichnet in sehr dünn besiedelten Gebieten mit langen Zuleitungen (u.U. im Bereich von 100 km) in → *Zugangsnetzen* abgesetzte Einheiten mit konzentrierender, manchmal auch vermittelnder Funktion.

RangeLAN2

Bezeichnung für einen proprietären Standard für ein funkbasiertes lokales Netz (→ *Wireless LAN*). Gilt als eine Alternative zu → *IEEE 802.11*.

RangeLAN2 nutzt das lizenzfreie → *ISM*-Frequenzband und überträgt mit → *Frequency Hopping*. RangLAN2 gilt insbesondere im professionellen Bereich als allgemein akzeptiert und weit verbreitet (Barcode-Leser im Logistik-Bereich etc.).

Das System wurde im Hause Proxim entwickelt und basiert auf den Vorgaben des Open Air Consortiums.

→ *http://www.proxim.com/*

RAP

1. Abk. für Radio Access Port.

   Generische Bezeichnung für die fest installierten Sende- und Empfangsanlagen in Systemen zur Unterstützung von → *Terminalmobilität*. Beispiel sind die → *BS* in einem Mobilfunknetz gemäß dem Standard → *GSM* oder → *DCS 1800*.

2. Abk. für Radio (Local Loop) Access Profile.

   → *DECT*.

Rapid Application Development

→ *RAD*.

Rapid Prototyping

Begriff aus dem → *Software-Engineering*. Bezeichnet den schnellen Aufbau einfacher Prototypen von Software, die Grundfunktionen durchführen. Ziel ist dabei eine schnelle Überprüfung des Erreichens vorgegebener Ziele, insbesondere bei der Mensch-Maschine-Interaktion, d.h. der einfachen Bedienbarkeit durch Testen der Prototypen durch echte spätere Benutzer, damit beim User-Acceptance-Test (→ *UAT*) nicht zu viele Änderungen anfallen.

Die Software wird dadurch nicht nur von ihren Programmierern (Informatiker) entwickelt, sondern die späteren Benutzer sind früh und dauerhaft in den Entwicklungsprozess eingebunden.

→ *RAD*.

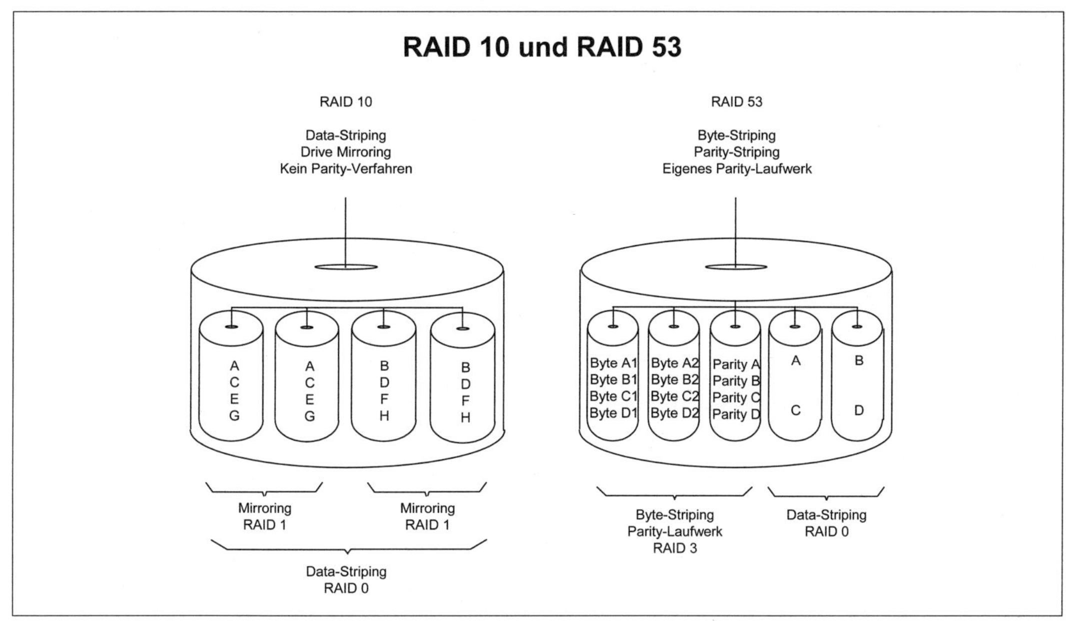

RARC

Abk. für Regional Administrative Radio Conference.
Eine bei Bedarf stattfindende Tagung ähnlich der → *WARC*, die jedoch nur regionalen Charakter hat. Sie kann nicht → *ITU*-Standards ändern, sondern bestenfalls Änderungswünsche an die WARC weiterleiten.

RARE

Abk. für Réseaux Associés (pour la) Recherche Européenne.
Bezeichnung eines lockeren Zusammenschlusses verschiedener Universitäten und Großforschungsanlagen in Europa mit dem Ziel, ein europaweites und breitbandiges Netz zu Forschungszwecken aufzubauen.
Die Organisation ging im Oktober 1994 zusammen mit → *EARN* in → *TERENA* auf.
→ *http://www.rare.nl/*

RARP

Abk. für Reverse Address Resolution Protocol.
→ *ARP*.

RAS

1. Bei einem → *DRAM* die Bezeichnung für ein Signal, das anzeigt, dass eine gültige Adresse zur Adressierung einer Zeile anliegt.
   → *CAS*.
2. Abk. für Registration Access Status.
   → *H.323*.
3. Abk. für Remote Access Service.

Rasterfrequenz

→ *Rastern*.

Rastergrafik

→ *Pixelgrafik*.

Rastern

Bezeichnung für den Vorgang der Umwandlung einer analog vorliegenden Grafik in eine digital auf einzelnen Bildpunkten (→ *Pixel*) basierende Form. Auch das Umwandeln einer bereits digital existierenden Grafik in eine andere (z.B. von einer farbigen Vorlage in eine s/w-Vorlage oder das Umwandeln einer hohen Auflösung in eine niedrige Auflösung) wird als Rastern bezeichnet.
Dabei wird die grafische Vorlage, z.B. durch einen → *Scanner*, abgetastet und gemäß eines speziellen Algorithmus (Rasterverfahren) umgewandelt. Zentrale Kenngröße ist die Rasterfrequenz, welche für die horizontale und die vertikale Abtastrichtung die → *Auflösung* (angegeben in → *dpi*) angibt.

Rasterverfahren

→ *Rastern*.

Rating, Rating-Engine

→ *Billing*.

RAU

Abk. für Remote Access Unit.

Raubkopie

→ *Softwarepiraterie*.

Raum-Diversity

→ *Diversity*.

Raummultiplex

→ *SDM*.

Raumsegment

Bezeichnet bei der Beschreibung von Satellitensystemen alle technischen Systeme, die im Weltraum installiert sind, sowie deren Parameter (Satelliten, Bahnen, → *Inklination* etc.).
→ *Bodensegment*.

Raumüberwachung

→ *Akustische Raumüberwachung*.

Raumvielfach

Begriff aus der Vermittlungstechnik. Jeder bestehenden Verbindung wird dabei eine über fest im Raum angeordnete (mechanische) Koppelpunkte zusammengeschaltete, durchgängige Verbindung zugeordnet. Diese Koppelpunkte sind in der Regel Wählarme von → *EMD*- oder → *Heb-Dreh-Wählern* oder die Kontaktzungen eines → *Crossbar Switch*.
→ *Zeitvielfach*.

Raumwelle

Bezeichnung für elektromagnetische Wellen beim Funk, die sich nicht direkt entlang der Erdoberfläche (→ *Bodenwellen*) zum Empfänger ausbreiten, sondern an der → *Ionosphäre* u.U. mehrfach reflektiert werden und so über lange Distanzen (mehrere 1 000 km) zum Empfänger gelangen.

Rauschen

Allgemeine Bezeichnung für mehrere durch verschiedene Ursachen entstandene, unerwünschte und länger andauernde Störsignale, die sich dem Nutzsignal überlagern.
Als thermisches Rauschen wird das Rauschen bezeichnet, das durch elektrische und elektronische Bauelemente und die durch sie auftretende Leitung von Strom selbst verursacht wird, da sie temperaturabhängig ist.
Als atmosphärisches, galaktisches oder kosmisches Rauschen bezeichnet man das Rauschen bei der Funkübertragung, das durch Ionisierungsvorgänge und Inhomogenitäten der Atmosphäre und durch Strahlungsquellen innerhalb von ihr oder im Weltraum entsteht. Dieses Rauschen ist frequenz-, wetter- und jahreszeitabhängig.

Raute

Gängige Bezeichnung für das Sonderzeichen #. Auch Doppelkreuz oder international Mesh, Pound bzw. auf Deutsch scherzhaft Lattenzaun genannt.

RAWV

Abk. für Read after Write Verification.

Oft auch nur kurz mit Read after Write bezeichnet. Bezeichnung für eine spezielle, sichere Technik beim Speichern von Daten auf einer → *Festplatte* oder auf einem → *Bandlaufwerk.*

Dabei werden die Daten auf das Speichermedium geschrieben und direkt danach wieder gelesen. Die gelesenen Daten werden mit den ursprünglich zu schreibenden Daten, die sich noch im Speicher befinden, verglichen. Werden Differenzen festgestellt, werden die ursprünglich geschriebenen Daten gelöscht, und es erfolgt eine neuer Schreibversuch mit Prüfung. Dieser Prozess wiederholt sich so lange, bis die Daten korrekt geschrieben wurden. Sind die Daten direkt beim ersten Versuch korrekt geschrieben worden, so wird der Speicherinhalt gelöscht, neu zu schreibende Daten werden in ihn geladen und diese dann auf das Speichermedium geschrieben.

Rayleigh-Fading

Andere Bezeichnung für Effekte des → *Fading* infolge von → *Mehrwegeausbreitung.*

RBDS

Abk. für Radio Broadcasting Data System.

RBHC

Abk. für Regional Bell Holding Company.

→ *RBOC.*

RBOC

Abk. für Regional Bell Operating Company.

Bezeichnung für die zunächst sieben in zusammenhängenden Regionen der USA operierenden Unternehmen, die im Zuge der → *Deregulierung* in den USA zum 1. Januar 1984 (→ *Divestiture*) aus dem monolithischen Bell-Konzern AT&T in den USA hervorgegangen sind. Aufgrund eines Gerichtsurteils musste der landesweit operierende Konzern aus wettbewerbsrechtlichen Gründen in viele regionale Einheiten, die als Holding für lokale Gesellschaften wirken, aufgespalten werden. Diese regionalen Gesellschaften waren ursprünglich:

RBOC	WWW-Adresse
Ameritech	www.ameritech.com
US West	www.uswest.com
Bell South	www.bellsouthcorp.com
Bell Atlantic	www.bell-atl.com
SBC	www.sbc.com
Nynex	*
Pacific Telesis	*

Diese Unternehmen werden auch scherzhaft ‚Baby Bells‘ genannt.

Nach mehreren Fusionen, z.B. die Übernahme von Nynex durch Bell Atlantic (April 1996, 25,6 Mrd. $), der Kauf von GTE durch Bell Atlantic (Juli 1998, Aktientausch im Wert von 52,88 Mrd. $; dann in Verizon umbenannt), der Fusion von Pacific Telesis und SBC (April 1996, 16.7 Mrd. $), die Übernahme von Ameritech für 61 Mrd. $ im Sommer 1998 durch SBC und zuletzt die Übernahme von US West durch Qwest zum 1. Juli 2000 existieren nur noch SBC, Bell Atlantic und Verizon.

Die RBOCs und die nachgeordneten, lokalen → *BOCs* erhielten die Monopole für:

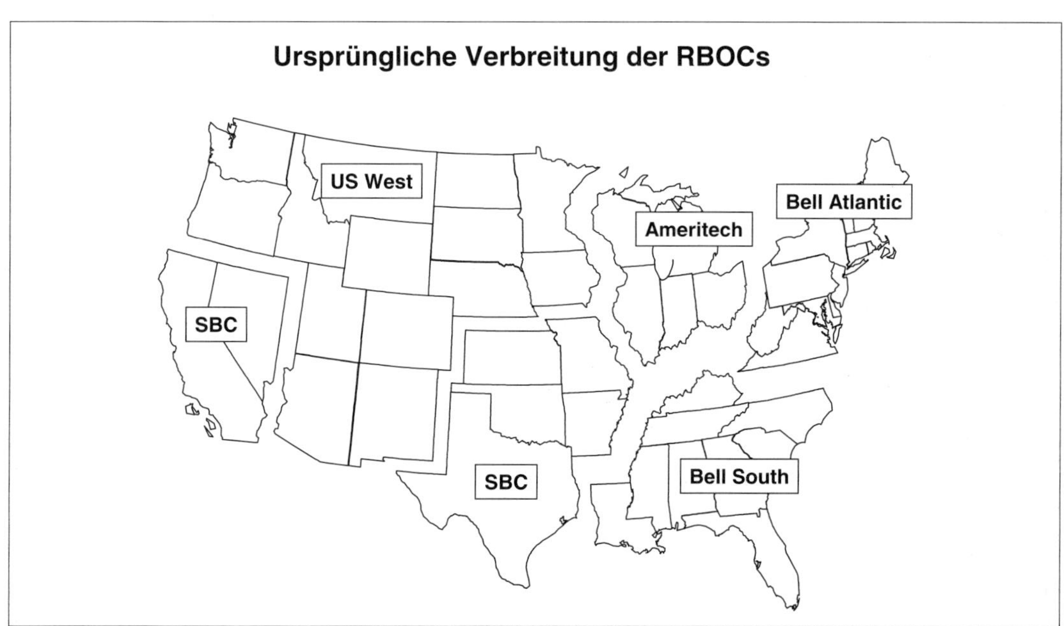

- Telefonanschlüsse (nicht Kabelfernsehen!)
- Telefonie im Ortsnetzbereich
- Telefonie in einem Regionalbereich (→ *LATA*)

Eine weitere, wichtige Aufgabe ist das Durchleiten von Verkehr zu den Fernnetzen der Fernnetzanbieter in den USA, wofür sie von diesen spezielle Durchleitungs- bzw. Zugangsgebühren (→ *Access Charges*) erhalten. Die Aufsicht über die Ausübung des Monopols führen sog. Public Utilities Commissions auf der Ebene der Bundesstaaten aus.

Diese gesamte Konstruktion wurde durch das neue Telekommunikationsgesetz der USA aus dem Jahre 1996 (→ *TCA 1996*) in Frage gestellt, indem es den RBOCS erlaubte, Ferngespräche anzubieten und umgekehrt wurde es auch den Anbietern von Ferngesprächen erlaubt, Ortsgespräche anzubieten. Die bestehenden Strukturen ändern sich jedoch (insbesondere wegen der hohen Kosten für nötige Investitionen) nur allmählich. Die Fusionen und strategischen Allianzen der Jahre 1996 und 1997 in den USA, z.B. von Nynex und Bell Atlantic im Sommer 1997, zeigen daher als Ausweg die Kooperation an.

Die börsennotierten RBOCs sind wiederum Holdings der 22 → *BOC*, daher werden die RBOCs in dieser Funktion auch als RBHC (Regional Bell Holding Company) bezeichnet. Das Kapital der RBOCs wird von privaten Investoren gehalten. Ihre Aktien werden an der Börse gehandelt.

RBS

Abk. für Radio Base Station (System).

Andere Bezeichnung für → *BS*.

RC

1. Abk. für Request Counter.

   Bezeichnung für einen Zähler in jeder Station bei → *DQDB* zur Verwaltung einer verteilten Warteschlange. Der RC zählt die stromaufwärts bereits von anderen Stationen reservierten Übertragungsrahmen.

   → *CC*.

2. Abk. für Reference Configuration.

RC 2, 4 und 5

Bezeichnung von Verfahren für die Verschlüsselung von Daten zur sicheren Übertragung über öffentliche Netze. Wurden von Ronald Rivest entwickelt und sind Eigentum des Unternehmens, das auch den → *RSA* vermarktet.

RC 2 ist ein Verfahren, das einen Block fester Länge verschlüsseln kann. Schlüssellänge zwischen 1 und 2 048 Bit mit einer häufig genutzten Länge von 40 Bit, auf die in vielen Programmen die Schlüssellänge begrenzt ist.

RC 4 ist ein Verfahren zur Verschlüsselung kontinuierlicher Datenströme und gilt als 1 000 bis 10 000 mal schneller als RSA. RC 4 setzt einen geheimen Schlüssel voraus, der Sender und Empfänger bekannt sein muss. Üblicherweise wird eine hohe Primzahl gewählt (z.B. 40 Bit oder 128 Bit lang). Die Schlüssellänge kann aber ebenfalls zwischen 1 und 2 048 Bit variieren.

Die zu verschlüsselnden Daten werden durch eine mathematische Operation mit dem Schlüssel beim Sender verschlüsselt, übertragen und beim Empfänger durch eine inverse Operation entschlüsselt.

Nachteilig ist, dass Sender und Empfänger sich über den zu benutzenden geheimen Schlüssel verständigen müssen.

Die Verschlüsselung ist nicht völlig sicher. Andrew Tyman, ein Student am MIT, brach einen 40-Bit-Code innerhalb von acht Tagen mit einer Workstation.

Die Zeit zum Codebrechen bzw. der Anspruch an die Rechenleistung des codebrechenden Rechners kann durch Nutzung eines längeren Schlüssels ebenfalls verlängert werden.

RC 5 ist ein Verfahren zur Verschlüsselung von Blöcken fester Länge und erlaubt eine durch den Nutzer definierte Schlüssel- und Datenblocklänge.

→ *http://www.rsasecurity.com/*

RC 2000

→ *Radiocom 2000*.

RCDMA

Abk. für Rockwell → *CDMA*.

RCPC

Abk. für Rate Compatible Punctured Code.

RCR

Im Japanischen die Abk. für Development Center for Radio Systems.

Bezeichnung einer japanischen Einrichtung auf dem Gebiet der nationalen Forschung und Standardisierung auf dem Funksektor, ähnlich der → *TTC*. Hat z.B. an → *PHS* mitgearbeitet.

RCU

Abk. für Remote Concentrator Unit.

R&D

Abk. für Research and Development.

International übliche Abkürzung für Forschung und Entwicklung.

→ *F&E*.

RD

Abk. für Receive Data.

Bezeichnung für ein Signal der Schnittstelle gemäß → *V.24*.

RDA

1. Abk. für Rufdatenaufzeichnung.

   → *CRJ*.

2. Abk. für Remote Data Access.

RDF

Abk. für Resource Description Framework.

Bezeichnung für einen vom → *W3C* im Jahre 1999 entwickelten Standard für die Definition von Metadaten. RDF basiert auf → *XML*.

RDI

Abk. für Remote Defect Indication.

Begriff aus dem Netzmanagement. Bezeichnet ein Fehlermeldungssignal, das in Richtung des Datenflusses an alle weiteren Netzkomponenten weitergegeben wird, um diesen einen entfernten Fehler anzuzeigen.

RD-LAP

Abk. für Radio Data Link Access Protocol.

Bezeichnung eines von der Firma Motorola entwickelten Protokolls für die paketorientierte Datenübertragung über Funkschnittstellen. Eingesetzt weltweit, z.B. im → *Modacom*-Netz in Deutschland oder in den USA im dortigen Ardis-Netz.

RD-LAP arbeitet mit 9600 bit/s, einer Vorwärtsfehlercodierung mit Trellis-Codierung und → *Interleaving*. Deckt die Schichten 1 bis 3 im → *OSI-Referenzmodell* ab.

RDN

1. Abk. für Radio Data Network.

   Bezeichnung für Netze für → *Datenfunk*, wie z.B. → *Mobitex*.

2. Abk. für Relative Distinguished Name.

RDP

Abk. für Remote Data Processing.

Bezeichnung für Datenfernverarbeitung, → *DFV*.

RDS

1. Abk. für Radio Data System.

   1987 von der → *EBU* genormter und eingeführter Service, welcher dafür sorgt, dass statische Informationen durch einen UKW-Sender übertragen und vom Empfangsgerät (Radio) empfangen und auf einem Display angezeigt werden können. Beispiele für derart übertragene Daten sind eine Senderkennung, eine Kennung für die Art des Programms (Jazz, Pop, Klassik, Schlager etc.), Programminformationen (Musiktitel, Interpret, CD-Bestellnummer, Moderator) und Verkehrs- oder Wetterhinweise.

   Die Datenrate liegt bei ca. 1 200 bit/s.

   Anlässlich der → *IFA* 1997 wurde ein neuer Verkehrsfunk, genannt RDS/TMC (für Traffic Message Channel), in Deutschland in Betrieb genommen, nachdem das System gegen Anfang 1997 bereits in Spanien startete. Dabei werden Verkehrsnachrichten regional aufbereitet, digital verschlüsselt, im Autoradio zwischengespeichert und dort auch angezeigt.

   → *http://www.rds.org.uk/*

   → *http://www.2-ten.co.uk/about/rds.html/*

2. Abk. für Running Digital Sum.

   Ein Verfahren zur Codeüberwachung, verwendet beim Leistungscode → *4B3T*.

RDSS

Abk. für Radio Determination Satellite Service.

Bezeichnung für Dienste zur Positionsbestimmung mit Hilfe von Satelliten, wie z.B. → *GPS*.

RDS/TMC

→ *RDS*.

RDT

Abk. für Remote Digital Terminal.

RDU

Abk. für Radio Distribution Unit.

RE

Abk. für Rating-Engine.

→ *Billing*.

Read after Write

→ *RAWV*.

Read Ahead

Bezeichnung für eine Strategie beim Zugriff auf eine → *Festplatte*. Dabei werden nicht nur die Daten des angeforderten Sektors von der Festplatte gelesen und in den Speicher transportiert, sondern auf Verdacht, dass diese Daten auch dazugehören und als nächstes benötigt werden, gleich die Daten der benachbarten Sektoren dazu.

Diese Methode ist allerdings nur dann effektiv, wenn die Festplatte dementsprechend organisiert ist, d.h. Programme und Daten kompakt zusammen in benachbarten Sektoren und nicht verstreut auf einer Platte liegen (→ *Fragmentierung*).

READ (-Code)

Abk. für Relative Element Address Destinate.

Bezeichnung eines Codierungsverfahrens zur Quellcodierung. Ist genaugenommen eine Weiterentwicklung der → *Huffmann-Codierung*. Wird z.B. bei → *Fax* der Gruppe 3 angewendet. Dabei wird eine abgetastete Zeile als Referenz im Speicher zurückbehalten. Für die nächste Zeile werden nur die Änderungen gegenüber der Referenzzeile übertragen. Erst nach einer bestimmten Anzahl von Zeilen (K-Faktor) wird, zur Vermeidung von Fehlerfortpflanzung, wieder eine komplette Zeile übertragen.

Der K-Faktor liegt bei Gruppe-3-Faxen bei 2 bis 4 und wird zwischen den beteiligten Faxgeräten vor der Datenübertragung ausgehandelt. Bei Gruppe-4-Faxen kann je Seite nur die erste Zeile komplett übertragen werden. K entspricht dann der Anzahl Zeilen der kompletten Seite.

Readerboard

→ *Wallboard*.

Ready-Busy-Protokoll

Bezeichnung eines zeichenorientierten Übertragungsprotokolls, auch abgekürzt mit RDY/BSY. Auch freilaufende Prozedur genannt.

Eingesetzt bei Übertragung über die Schnittstelle nach → *V.24* im asynchronen Betrieb, üblicherweise zum Anschluss von Peripheriegeräten, wie z.B. → *Druckern.*

Vorteil ist, dass keine zusätzliche Kommunikationssoftware nötig ist, da die einfache Funktionalität bereits in den Schnittstellendefinitionen und damit in der Schnittstellenhardware enthalten ist.

Die sehr einfache Funktionalität besteht darin, dass die Steuerleitung von einem empfangsbereiten Gerät (Status: Ready) auf +12 V gesetzt wird, wohingegen die Steuerleitung bei einem nicht-empfangsbereiten Gerät (Status: Busy, z.B., weil der Druckerspeicher gefüllt ist) auf -12 V gesetzt wird. Der angeschlossene Rechner wartet mit dem Übertragen weiterer Daten so lange, bis die Steuerleitung wieder auf +12 V liegt.

RealAudio

Bezeichnung für eine → *Plug-In*-Software für → *Browser* aus dem 1995 von Ex-Microsoft-Mitarbeiter Robert Glaser (* 1962) gegründeten Hause Progressive Networks Inc. (seit dem Börsengang RealNetworks genannt), die es ermöglicht, in Echtzeit, also ohne Zwischenspeichern auf der eigenen → *Festplatte*, Audiodaten aus dem → *Internet* abzurufen, zu empfangen und zu hören (→ *Streaming*). Voraussetzung ist dabei ein PC mit Soundkarte und Lautsprechern sowie die Plug-In-Software.

Von allen Verfahren zur Übertragung von Audiodaten im Internet ist dieses Verfahren das am weitesten verbreitete.

Ausgangspunkt sind Audiodaten im → *Wave*-Format, die mit zwei speziellen Verfahren auf 14,4 bzw. 28,8 kbit/s komprimiert werden. Die Audio-Bandbreite der Audiosignale liegt bei 4 kHz.

→ *RealVideo.*

→ *http://www.realaudio.com/*

→ *http://www.real.com/*

Real Color

Andere Bezeichnung für → *HiColor.*

Reale Einrichtung

Auch physische Einrichtung oder international Physical Unit (PU) genannt.

Eine Einrichtung, die in ihrer physischen Existenz tatsächlich vorhanden ist und dementsprechende Wirkung zeigt. Faustregel: man sieht sie, und sie ist da.

→ *Transparente Einrichtung*, → *Virtuelle Einrichtung.*

Real Mode

Bezeichnet beim → *Betriebssystem* → *Windows* in der Version Windows 3.0 einen Betriebsmodus, der Kompatibilität zu den Versionen 1.0 und 2.0 sichert und insbesondere für Rechner mit weniger als 1 MByte Hauptspeicher gedacht ist, da keine größeren Speicher unterstützt werden.

→ *Virtual Real Mode.*

RealPlayer

→ *RealVideo.*

RealVideo

Bezeichnung für eine → *Plug-In*-Software für → *Browser* aus dem Hause Progressive Networks Inc., die es ermöglicht, in Echtzeit, also ohne Zwischenspeichern auf der eigenen Festplatte, Videodaten aus dem → *Internet* abzurufen, zu empfangen und zu sehen. Voraussetzung ist dabei ein PC mit der installierten Plug-In-Software, genannt RealPlayer.

RealVideo nutzt das → *RTSP* und stellt kleinformatige Bilder (Bilddiagonale bis zu 10 cm) in niedriger Auflösung dar, bei denen es bei raschen Bildänderungen zu Blockartefakten kommt.

→ *RealAudio.*

→ *http://www.real.com/*

Rebalancing

Begriff aus der → *Deregulierung* von Telekommunikationsmärkten. Bezeichnet dort eine Anpassung der Tarifstrukturen an die tatsächlichen Kostenstrukturen beim bisher monopolistischen Anbieter (→ *Incumbent*). Dies ist üblicherweise durch eine → *Regulierungsbehörde* erzwungen und geht mit der Einführung der Kostenrechnung einher. Ziel ist eine verursachungsgerechte Zuordnung von Kosten zu einzelnen Produkten und die Verhinderung von Quersubventionierung der Produkte des üblicherweise noch marktbeherrschenden Anbieters.

Dieses Rebalancing wird üblicherweise in mehreren Schritten und über mehrere Jahre unmittelbar vor der Freigabe eines Marktes vorgenommen. Es kann durch Maßnahmen der → *Price Cap* Regulierung vom Regulierer gesteuert werden.

Rec

Abk. für Recommendation.

→ *Empfehlung.*

Receiver

1. Von engl. receiver = Empfänger. Ganz allgemein die Bezeichnung für ein elektronisches Bauteil bzw. eine ganze Schaltung mehrerer Einzelbauteile zum Empfang elektromagnetischer Signale (drahtgebunden oder per Funk).
2. Ein Satellitenreceiver in Verteilnetzen zur kabelgestützten Verteilung von per Satellit ausgestrahlten TV-Programmen ist ganz konkret das Endgerät beim Nutzer zum Empfang der hochfrequenten und für die Übertragung modulierten Signale und zur Umsetzung dieser Signale in herkömmliche TV-Ton- und -Bildsignale, die vom TV-Gerät zu verarbeiten sind.

Rechenbrett

Bezeichnung eines Rechenhilfsmittels, das noch vor dem → *Abakus* in Hochkulturen, z.B. bei den Sumerern 4000 bis 1200 v.Chr. genutzt wurde.

Rechenscheibe

→ *Rechenschieber.*

Rechenschieber

Auch, korrekter, Rechenstab genannt. Bezeichnung eines noch bis in die 70er Jahre hinein weit verbreiteten Rechenhilfsmittels im technisch-wissenschaftlichen und kaufmännischen Bereich für die Rechenarten Multiplikation, Division und Potenzrechnung. Obwohl bei geeigneter mechanischer Ausführung und Handhabung eine Genauigkeit von bis zu 1/1 000 erreicht werden kann, wurde der Rechenschieber primär für erste Überschlagsrechnungen genutzt.

Der Rechenschieber beruht auf der Eigenschaft, dass der Logarithmus eines Produktes auf die Addition der Logarithmen der einzelnen Faktoren zurückgeführt werden kann.

Konstruktiv ist der Rechenschieber ein ca. 25 bis 30 cm langes und ca. 3 bis 5 cm breites Lineal aus speziellem Holz oder Kunststoff mit einem schmaleren, in ihm eingelassenen und verschiebbaren zweiten Stab, der sog. Zunge.

Beide werden durch einen ca. 3 bis 4 cm breiten, transparenten und über die gesamte Länge verschiebbaren Aufsatz, den sog. Läufer, ergänzt, der als Ablesehilfe dient. Beide Stäbe sind in der Standardversion mit logarithmischen Teilungen und Winkelfunktionen versehen.

Für kaufmännische und technische Berechnung gab es jeweils verschiedene Rechenschieber mit unterschiedlichen Skalen.

Eine Sonderform des Rechenschiebers ist die Rechenscheibe, bei der verschiedene konzentrische Skalen gegeneinander verschiebbar sind. Gegenüber dem Rechenschieber hat die Rechenscheibe den Vorteil der in sich geschlossenen und damit quasi endlosen Skalen.

Die Entwicklung des Rechenschiebers kann bis ins 17. Jahrhundert zurückverfolgt werden.

1624 erfand der Engländer Edmund Gunter auf der Basis von Erkenntnissen des englischen Lords Napier (→ *Napier-Stäbchen*) den Rechenschieber. Zwei Jahre zuvor entwickelte der englische Mathematiker William Oughtred bereits ein ähnliches Gerät. Der Rechenschieber war damit der erste → *Analogrechner* überhaupt und blieb bis in die 70er Jahre des 20. Jahrhunderts weitverbreitet. Er wurde dann relativ schnell durch Tisch- und Taschenrechner abgelöst. Heute wird er von Liebhabern gesammelt.

→ *Abakus*.

→ *http://www.uni-greifswald.de/fakul/mathematics/RTS/node5a.html/*

Rechenzentrum

Abgekürzt mit Reze oder RZ. In Organisationen mit zentral installierten Systemen der Informationstechnologie, z.B. → *Mainframes*, die übliche Bezeichnung für die Lokalität, an der diese Systeme installiert sind und betrieben werden. Im Rechenzentrum sind Personen tätig, die sich ausschließlich um die Beschaffung, Installation, Wartung und den Ausbau dieser Systeme und die Benutzerunterstützung oder Teile davon kümmern.

Vorteile dieser Zentralisierung sind:

- Bessere Wartung bei zentralen Systemen möglich.
- Hoher Grad von → *Datenschutz*, z.B. durch Zugangskontrollen und bauliche Maßnahmen.
- Hoher Grad von → *Datensicherheit*, z.B. durch zentrale → *Backups* und geeignete, leistungsstarke Techniken.

Nachteilig sind:

- Schlechte Skalierbarkeit, dadurch geringe Flexibilität und schwieriges Anpassen an veränderte Gegebenheiten (Änderung der Organisationsform, andere Anforderungen an Rechenleistung, Umzug etc.).
- Hohe Fix- und Betriebskosten.
- Im Falle von Brand-/Wasserschäden o.ä. fällt u.U. das gesamte System aus, daher erhöhter Bedarf nach → *Contingency Planning*.

Das Rechenzentrum ist das Pendant zur → *Systemadministration* in Organisationen mit dezentraler Informationstechnologie.

Rechenzentren können ihre Dienstleistung jedoch auch frei am Markt anbieten (→ *Outsourcing*).

→ *Application Service Provider*, → *Server-Farm*.

Rechtsgrundlagen

Bezeichnung für die Gesamtheit aller staatlich vorgegebenen Regeln (Gesetze und Verordnungen), die den rechtlichen Raum für Unternehmen auf einem Markt (hier: Telekommunikationsmarkt) bestimmen. Zusammenfassend wird heute vom Telekommunikationsrecht gesprochen. Dieser Begriff hat den zuvor verwendeten Begriff Fernmeldebenutzungsrecht abgelöst.

Dabei ist zu unterscheiden zwischen:

- EU-Recht: Unter diesem Begriff sind Verordnungen (die unmittelbar wirken) und Richtlinien (die binnen einer bestimmten Frist in nationales Recht umgewandelt werden müssen) auf der einen und sog. „Soft Law-Measures“ wie Empfehlungen oder Mitteilungen (die mittelbar wirken, weil sich die Entscheidungsorgane in der Regel danach richten) zu unterscheiden.
- Die EU definiert in ihren Richtlinien häufig langfristige Ziele und überlässt die konkrete Ausgestaltung binnen einer bestimmten Frist den Mitgliedsländern.
- Beispiele für EU-Recht auf dem Gebiet der Telekommunikation sind z.B. diverse Grünbücher (→ *Green Paper*) oder Direktiven, beispielsweise über den freien Netzzugang (→ *ONP*) oder den Universaldienst (→ *USP*).
- Nationales Recht: Es setzt EU-Recht in ein konkretes, nationales Telekommunikationsregime um.

Die Rechtsgrundlagen des Telekommunikationsrechts in Deutschland der letzten Jahre fallen inhaltlich grob in drei Kategorien:

- Rechtsgrundlagen mit Relevanz für den Übergang vom Monopol zu einem wettbewerbsorientierten Markt für Telekommunikationsdienstleistungen, z.B. das → *Poststrukturgesetz* oder das → *Postneuordnungsgesetz*.
- Rechtsgrundlagen für den wettbewerbsorientierten Markt, z.B. das → *Telekommunikationsgesetz*. Eine weitere Rechtsgrundlage ist das Post- und Telekommunikationssicherstellungsgesetz (→ *PTSG*).
- Rechtsgrundlagen für den sicheren Betrieb technischer Anlagen zu Zwecken der Telekommunikation, z.B. das

Gesetz über die elektromagnetische Verträglichkeit von Geräten, EMVG; → *EMV*, oder das Amateurfunkgesetz, → *AFuG*.

Dabei werden die beiden ersten Kategorien oft mit Wettbewerbsregulierung und die letzte Kategorie mit technischer Regulierung bezeichnet. Bei weiter Auslegung des Begriffs technischer Regulierung fallen auch technische Standards darunter (→ *Standard*, → *Standardisierungsgremium*, → *Empfehlung*).

Die Rechtgrundlagen werden laufend im Amtsblatt der → *Regulierungsbehörde* für Telekommunikation und Post veröffentlicht, das dort auch abonniert werden kann.

Rechtsgrundlagen aus der Zeit vor der → *Deregulierung* des Marktes in Deutschland sind z.B. im → *FAG* definiert. Auch das → *Telegrafen-Wegegesetz* gehört zu den Rechtsgrundlagen aus der Zeit vor der Deregulierung. Weitere Beispiele sind die Fernmeldeanlagenordnung (→ *FAO*) oder die Verordnung für den Fernschreib- und Datex-Dienst (→ *VFsDx*).

Grundsätzlich ist es notwendig, zwischen den Gesetzen, die einen langfristigen Rahmen setzen, und den leichter änderbaren Verordnungen, die diese Gesetze konkret ausgestalten, zu unterscheiden.

Beispiele für Verordnungen der letzten Jahre sind:

- Telekommunikationsdienstunternehmen-Datenschutzverordnung (→ *TDSV*)
- Pflichtleistungsverordnung
- Universaldienstverordnung (UDV), → *USO*
- Frequenznutzungsbeitragsverordnung
- Frequenzgebührenverordnung
- Personenzulassungsverordnung
- Beleihungs- und Akkreditierungsverordnung (BAkkrV)
- Verordnung zum Gesetz über den Amateurfunk (AFuV, → *AFuG*)
- Telekommunikations-Kundenschutzverordnung (→ *TKV*)
- Telekommunikations-Lizenzgebührenverordnung (→ *TKLGebV*)
- Telekommunikations-Entgeltregulierungs-Verordnung (TEntgV, → *EV*)
- Telekommunikations-Nummerngebührenverordnung (→ *TNGebV*)
- Verordnung über besondere Netzzugänge (Netzzugangsverordnung, → *NZV*)
- → *Telekommunikations-Verleihungsverordnung*
- Telekommunikationsordnung (→ *TKO*)
- Telekommunikations-Zulassungsverordnung (→ *TKZulV*)
- →*Beleihungs- und Akkreditierungsverordnung* (BAkkrV)
- Telekommunikations-Sicherstellungsverordnung (→ *TKSiV*)

Neben diesen nationalen Rechtsgrundsätzen spielen auch die europäischen Regelungen eine immer wichtigere Rolle, z.B. der → *Bangemann-Bericht* oder die → *Green Paper*. Ferner sind im zwischenstaatlichen Bereich die Regelungen der → *ITU*, historisch z.B. der Welttelegrafenvertrag, und der → *WTO* von Bedeutung.

Einen guten Überblick mit vielen Originaltexten der Gesetze und Verordnungen (auch zum Download) bietet die Homepage der → *Regulierungsbehörde*.

Ferner existieren weitere Gesetze und Verordnungen, welche aus Nachbarbereichen heraus den Telekommunikationssektor tangieren. Beispiele hierfür sind:

- Das Gesetz über elektromagnetische Verträglichkeit (EMVG, → *EMV*)
- Kostenverordnung für Amtshandlungen nach dem EMVG (EMVKostV)
- Verordnung über Beiträge nach dem EMVG (EMVBeitrV)
- → *Signaturgesetz*

→ *http://www.regtp.de/*

→ *http://www.artikel5.de/artikel/semina02.htm/*

Recommendation

→ *Empfehlung*.

Record

→ *Datensatz*.

Record Locking

Begriff aus der Datenbanktechnik. Betrifft eine Methode der Konsistenzsicherung von Daten bei der Durchführung von → *Transaktionen*. Dabei wird, im Gegensatz zum → *File Locking*, nicht eine komplette → *Datei* für den Zugriff gesperrt, sondern nur ein einzelner → *Datensatz* (Record) aus dieser Datei.

Vorteil: Andere → *Prozesse* werden nicht komplett lahmgelegt und können auf den Rest des Files zugreifen, solange sie nicht gerade auf diesen einen Datensatz zugreifen, der von einem anderen Prozess bearbeitet wird.

Recovery

Von engl. to recover = genesen, gesunden, wiederherstellen. Bezeichnet in der EDV die Wiederherstellung von verlorenen (gelöschten) oder beschädigten Datenbeständen.

Dabei helfen → *Backups* und → *Log-Files*.

RED

Abk. für Random Early Detection.

Bezeichnung für einen einfachen Algorithmus für → *Traffic Policing* im → *Internet*. Dabei werden im drohenden Überlastfall, erkennbar am Füllgrad der Eingangswarteschlangen (Pufferspeicher) → *IP*-Datenpakete in einem → *Router* vor dem Einsortieren in eine Warteschlange zufällig ausgewählt und verworfen. Dies führt dazu, dass nur einige wenige und willkürlich ausgewählte Sender durch negative Quittungen von → *TCP* davon erfahren und die Übertragung der verworfenen Pakete neu starten müssen.

Der drohende Überlastfall wird innerhalb des Routers durch das Überschreiten einer voreingestellten Belegung der Warteschlange festgelegt.

Ziel dieses Verfahrens ist, eine kleine durchschnittliche Warteschlangenlänge innerhalb des Routers beizubehalten.

Red Book

1. Bezeichnet den in einem roten Buch veröffentlichten Standard für die von Philips und Sony Ende der 70er Jahre entwickelte Audio-CD mit max. 80 Min. (i.d.R. nur 76 genutzte Min.) Spielzeit. Veröffentlicht 1982.
2. Bezeichnet ferner die in einer Buchserie mit rotem Umschlag erschienenen Empfehlungen der → *CCITT* aus den Jahren 1960 (→ *Koaxialkabel* und → *FDM*-Systeme) und 1984 (→ *MHS*, → *ISDN*, → *SS#7*).

Redundanz

Auch Weitschweifigkeit genannt. Der Begriff wird in unterschiedlichen Zusammenhängen verwendet.

1. Bezeichnet in der Übertragungs- und Netzwerktechnik Netzkapazitäten, die über die angenommene Verkehrslast zusätzlich vorgehalten werden, um sie im Fehlerfall nutzen zu können. Beispiele sind Ersatzwege, zusätzliche Glasfasern in Kabeln oder zusätzliche Funkverbindungen beim Richtfunk. Bezogen auf einzelne Anschlüsse können → *Zweiwegeführung* und → *Doppelabstützung* als Formen der Redundanz angesehen werden.
2. Bezeichnet in der Nachrichtentechnik den Anteil einer Nachricht, der über das eigentlich Notwendige hinausgeht, das zum Erkennen der Nachricht nötig wäre.

   Häufig wird Redundanz gezielt zur Fehlerkorrektur oder Fehlererkennung (→ *Kanalcodierung*) hinzugefügt. Durch Kompressionsverfahren oder → *Normalisieren* bei Datenbanken wird Redundanz gezielt aus Datenmengen herausgeholt.

   → *JPEG*, → *MPEG*.

Reed-Relais

Abgeleitet von engl. reed = Schilfrohr. Die Bezeichnung leitet sich von der Form des → *Relais* und seiner Ähnlichkeit zu einem Schilfrohrkolben ab.

Ein elektromechanisches Bauteil aus der Frühzeit der elektromechanisch gesteuerten Vermittlungstechnik. Es war das erste großindustriell eingesetzte ‚automatische' Vermittlungsschaltelement, das sich durch seine geringe Größe und hohe Robustheit auszeichnete. Aufgebaut aus federnden Kontaktzungen aus einer Eisen-Nickel-Legierung in einem mit einem Schutzgas gefüllten Glaskörper. Die Funktion beruht darauf, dass ein von außen angelegtes Magnetfeld über die Kontaktzungen geschlossen wird. Um den magnetischen Widerstand im Luftspalt zwischen den zunächst offenen Kontaktzungen zu vermindern, wird dieser Luftspalt geschlossen, womit auch Kontakt zwischen den Kontaktzungen hergestellt wird.

Erstmals vorgestellt 1938 in den USA. Weitere Entwicklungen waren das Ferreed-, das nur den halben Platz benötigende Flachreed-Kontakt-Relais (→ *FRK*, 1960 eingeführt) und das aus diesem hervorgegangene Multireed-Relais (1965), bei dem mehrere Relais platzsparend in einem Glaskörper untergebracht waren.

→ *http://www.pickeringrelay.com/german/frames/main/helpdata.html/*

Reed-Solomon-Code

Bezeichnung für ein spezielles Verfahren zur Vorwärtsfehlerkorrektur (→ *FEC*) im Rahmen der → *Kanalcodierung*.

Referenz

→ *Zeiger*.

Referenzmodell

Kurzform für → *OSI-Referenzmodell*.

Reflexion

Ein Effekt, der in der Telekommunikation bei der Funkübertragung zum → *Fading* bei der Ausbreitung elektromagnetischer Wellen führt. Beschreibt dabei den Vorgang, dass Wellen an Oberflächen zum Teil reflektiert werden, was zu unerwünschten Phasensprüngen führt. Ein Teil der Welle durchdringt u.U. die Oberfläche (Transmission). Einfluss haben die Rauheit der Oberfläche, der Einfallswinkel der Welle, die komplexe dielektrische Konstante der Wand, ihre Dicke, die Frequenz der einfallenden Welle und die Polarisationsrichtung. Neben der Reflexion an der Ionosphäre spielen auch Reflexionen an Hindernissen auf dem direkten Weg zum Empfänger (Wände etc.) eine Rolle.

Innerhalb einer Wand kann es zu weiteren Reflexionen (Mehrfachreflexionen) mit Dämpfung kommen. Dies führt dazu, dass die Summe aus reflektierter und hindurchgelassener (transmittierter) Welle weniger als die eingefallene Welle ergibt.

Refresh

1. Bezeichnung des Auffrischens eines Speicherinhaltes eines dynamischen Speichers, z.B. eines → *DRAM*. Der Refresh ist bei dynamischen Speichern zwingend notwendig, um den Speicherinhalt nicht zu verlieren.

   Der Refresh kostet jedoch auch Zeit, da die → *CPU* in dieser Zeit meistens untätig wartet.
2. Bei grafischen Benutzeroberflächen (→ *GUI*) die Bezeichnung für eine Aktualisierung des dem Benutzer optisch präsentierten Bildinhaltes bzw. Teilen davon. Einfaches Beispiel: Ein Fenster zeigt den Inhalt einer Diskette im Diskettenlaufwerk. Diese Diskette wird (wobei das Fenster offen bleibt) entfernt und eine zweite Diskette wird eingeschoben. Durch einen Refresh des Fensters wird der Inhalt der neuen Diskette angezeigt.

Refreshrate

Bei Monitoren eine andere Bezeichnung für die → *Bildwiederholfrequenz*.

Regelanschaltung

→ *Fremdanschaltung*.

Regenerator

Bezeichnung für einen speziellen Verstärker, der ein Signal vollständig wiederherstellt. Im Gegensatz zum → *Repeater* wird dabei nicht nur der Signalpegel angehoben, sondern auch die Signalform korrigiert, z.B. hinsichtlich der Flankensteilheit von Impulsen oder der korrekten → *Phase*.

Regen-Fading

→ *Fading*.

Regenzone

Bezeichnung für geografische Gebiete (annähernd) gleicher Regenintensität. Regenzonen sind in der Telekommunikation wichtig für die Planung von Funksystemen, z.B. von Anlagen für → *Richtfunk*, an die bestimmte Anforderungen hinsichtlich der Verfügbarkeit oder der maximalen Ausfallzeit gestellt werden.

Basis für die Ermittlung von Regenzonen ist häufig die durchschnittliche Regenrate (in mm je m^2) pro einer oder fünf Minuten an einem bestimmten Ort und gemessen über ein Jahr. Punkte gleicher Regenmenge ergeben dann eine Regenzone.

Die → *ITU* hat verschiedene Regenzonen vorgeschlagen, an die sich viele Hersteller von funktechnischen Anlagen halten. Einige verwenden jedoch eigene Klassifikationen, die sich häufig jedoch von den ITU-Zonen ableiten oder ihnen ähnlich sind.

Register

1. Allgemein: ein Speicher zur Aufnahme eines einzelnen Datums.
2. Speziell in der Vermittlungstechnik bei elektromechanischen Wählern ein Speicher (mechanisch oder mit Relais ausgeführt) zur Aufnahme der Wählinformation (Nummer). Bei digitalen Vermittlungen der Speicher zur Aufnahme von Daten aller Art, z.B. bei → *Speichervermittlungen* der Speicher zur Aufnahme der Pakete oder Zellen.
3. In der Computertechnik die Halbleiterspeicher einer → *CPU* und Hilfsspeicher zur Aufnahme von Ergebnissen einer Verknüpfung oder speziellen Anzeigen.

REGTP

→ *Regulierungsbehörde*.

Regulierung

→ *Deregulierung*.

Regulierungsbehörde

1. Allgemeine Bezeichnung für eine nationale Oberbehörde, die als exekutives Organ die Vorgaben der Legislative in einem Land ausführt, dadurch den regulatorischen Rahmen setzt und ihn überwacht. Häufig wird daher diese Behörde, die nicht immer eine eigenständige Institution ist, sondern auch Abteilungscharakter im Rahmen eines Ministeriums haben kann, auch als Aufsichtsgremium bezeichnet.

   Beispiele sind:

Land	Bezeichnung
Australien	→ *AUSTEL* → *ACA*
Brasilien	→ *ANATEL*
Dänemark	→ *NTA*
Deutschland	→ *2.*
Frankreich	→ *ART*
GB	→ *Oftel*
Hongkong	→ *OFTA*
Indien	→ *TRAI*
Irland	→ *ODTR*
Kanada	→ *CRTC*

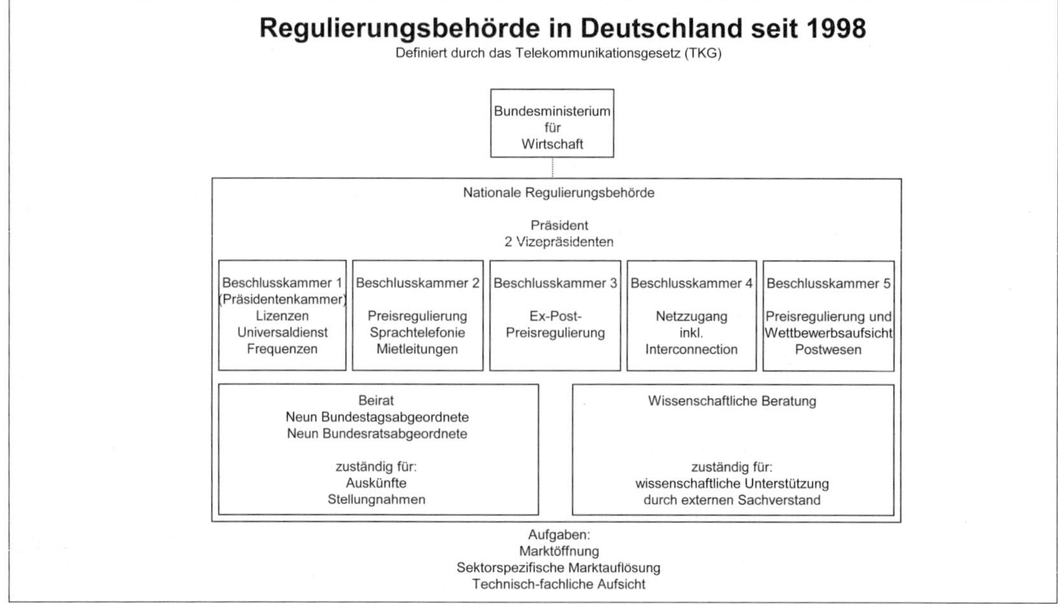

Land	Bezeichnung
Portugal	→ *ICP*
Schweiz	→ *BAKOM*
Singapur	→ *TAS*
Spanien	→ *CMT*
Südafrika	→ *SATRA*
USA	→ *FCC*

Mehrere europäische Regulierungsbehörden sind zusammengeschlossen in der → *ECTRA*.

2. Vollständige Bezeichnung: Regulierungsbehörde für Telekommunikation und Post, daher auch abgekürzt mit RTP oder RegTP.

In Deutschland die Bezeichnung für die gemäß § 66 des → *Telekommunikationsgesetzes* (TKG) seit dem 1. Januar 1998 eingerichtete oberste Bundesbehörde, die dem Bundesministerium für Wirtschaft unterstellt ist und die Regulierungsaufgaben wahrnimmt. Sie ist aus dem → *BAPT* und einigen Abteilungen des → *BMPT* hervorgegangen.

Neben dem TKG ist das → *Telekommunikations-Begleit-Gesetz* eine weitere rechtliche Grundlage für seine Errichtung.

Kurzfristig hatte man zur Jahreswende 1997/98 auch über einen anderen Namen nachgedacht, der insbesondere für Ausländer besser zu merken und auszusprechen war, jedoch entschied man sich dafür, den in Deutschland gängigen und durch das TKG geprägten Begriff ‚Regulierungsbehörde' beizubehalten.

Die Regulierungsbehörde hat ihren Sitz in Bonn, wo ca. 280 Mitarbeiter die Hauptaufgabe der Marktregulierung vornehmen werden. Durch rund 54 Außenstellen mit weiteren 2 520 Mitarbeitern im gesamten Bundesgebiet werden weitere Aufgaben im Rahmen des TKG wahrgenommen.

Innerhalb der Regulierungsbehörde werden Beschlusskammern gebildet, die mit jeweils drei Personen besetzt sind. Diese Beschlusskammern treffen die eigentlichen Entscheidungen, gegen die vor Verwaltungsgerichten geklagt werden kann (keine Ministerentscheidung und kein Widerspruchsverfahren vorgesehen).

Unterstützt wird die Regulierungsbehörde gemäß § 67 Abs. 1 TKG von einem Beirat (18 Personen, jeweils zur Hälfte vom Bundestag und Bundesrat besetzt), der zwar mindestens einmal vierteljährlich zu einer nichtöffentlichen Sitzung zusammenkommt, jedoch gemäß § 69 TKG nur in wenigen Fällen eingeschaltet werden muss. Er wurde insbesondere getroffen um den Ländern ein Mitspracherecht zu geben.

Zusätzliche, insbesondere wissenschaftlich-fachliche Unterstützung erhält die RegTP durch externe Berater, Gutachter und Gremien wie z.B. den → *ATRT*.

Die RegTP ist Mitglied in der → *IRG*.

Zur Entwicklung der Deregulierung allgemein siehe auch die Zeittafel bei →*Deregulierung*. Ansonsten waren bestimmende Ereignisse für die Regulierungsbehörde:

1. August 1996

Das TKG tritt in Kraft und bestimmt, dass eine Regulierungsbehörde zum 1. Januar 1998 zu errichten ist.

2. Juli 1997

Das Bundeskabinett besetzt das Präsidentenamt mit Klaus-Dieter Scheuerle, der bis dahin Ministerialdirektor im BMPT (Leiter Abt. 1, Grundsatzangelegenheiten und int. Angelegenheiten) war. Er wird ab 14. Juli zum Leiter Abt. 2 (Regulierung) ernannt. Auch die Vizepräsidentenämter werden mit Arne Börnsen (MdB, Leiter des Ausschusses für Post und Telekommunikation) und zunächst auch Volker Schlegel (Leiter Wirtschaftsabteilung der Deutschen Botschaft in Washington) besetzt.

8. Oktober 1997

Die Bundesregierung legt die Mitglieder und Stellvertreter des Beirates fest.

Anfang November 1997

Volker Schlegel lehnt in einem Brief seine Berufung ab, da er seiner Meinung nach bei der geplanten Konstruktion der Behörde nicht unabhängig genug von Regierungseinflüssen arbeiten könne.

12. November 1997

Der Beirat der Behörde konstituiert sich und nominiert nach Aufforderung durch den Minister für Post und Telekommunikation am 8. Dezember Gerhard Harms (bisher: Direktor beim Bundeskartellamt) als Vizepräsident nach.

1. Januar 1998

Pünktlich zur Liberalisierung des Marktes nimmt die neue Behörde ihre Arbeit auf.

Frühjahr 1998

Gerhard Harms wird vom Bundeskabinett bestätigt.

März 1998

Für Konsumenten richtet die RegTP einen Verbraucherservice ein.

Postadresse:

Regulierungsbehörde für Telekommunikation und Post
Postfach 8001
53105 Bonn

Hausadresse:

Heinrich-von-Stephan-Straße 1
53175 Bonn
Tel.: 02 28 / 1 40
Fax: 02 28 / 14 89 75

→ *http://www.regtp.de/*

Regulierungsrat

Bezeichnung eines je zur Hälfte von Bundestag und Bundesrat besetzten Gremiums, das den Prozess der → *Deregulierung* bis zum Oktober 1997 in Deutschland mitbegleitet hat.

REI

Abk. für Remote Error Indicator.

Reichstelegrafen-Untergrundnetz

Nach der Entdeckung von → *Guttapercha* als Isolationsmaterial und der Entwicklung verschiedener Maschinen zur industriellen Kabelherstellung wurden ab 1846 verschiedene Kabel in Deutschland erstmals unterirdisch verlegt. Insgesamt bildete sich daraus nach dem systematischen Ausbau von 1877 bis 1881 zwischen den Großstädten das Reichstelegrafen-Untergrundnetz, das 5 460 km lang war. Das erste offizielle Teilstück wurde zwischen Berlin und Kiel am 3. November 1877 in Betrieb genommen. Offiziell wurde die letzte Strecke und damit das gesamte Netz am 26. Juni 1881 in Betrieb genommen.
→ *Rheinlandkabel.*

REL

Abk. für Release (Message).

Relais

Bezeichnung für ein weit verbreitetes, elektromechanisches Bauteil.
Entwickelt um 1840/50. Vom Prinzip her ein elektrisch angesteuerter, magnetisch betriebener mechanischer Schalter zum Ein- und Ausschalten eines Stromkreises.
Man spricht von der Primärseite (Steuerkreis, Relaisantrieb) und vom gesteuerten (geschalteten) Stromkreis auf der Sekundärseite.
Mittlerweile sind Relais in verschiedenen Bauformen entwickelt worden. Beim ursprünglichen Bauprinzip fließt ein Strom auf der Primärseite durch eine Spule, induziert dort ein Magnetfeld und dieses zieht einen beweglich gelagerten Hebel (genannt Anker) an. Dieser ist so gelagert, dass er durch den Anzug um eine Achse kippt und mit seiner anderen Seite auf der Sekundärseite einen mechanischen Druck auf eine Kontaktzunge ausübt, die sich dadurch gegen eine zweite Kontaktzunge presst und über die Berührungsstelle einen zweiten Stromkreis schließt.
Kennzeichnend für das Relais ist, dass der zum Auslösen des Mechanismus benötigte Steuerstrom auf der Primärseite wesentlich geringer ist als der auf der Sekundärseite geschaltete Strom, d.h., mit einem geringen Strom kann ein größerer Strom dauerhaft geschaltet werden.
Nachteil dieser einfachsten aller Bauformen war der dennoch hohe Leistungsbedarf auf der Primärseite und die hohe Zahl mechanischer Teile. Trotzdem ist auch diese Bauform weiterentwickelt worden und hat heute mit volumenmäßig sehr geringen Abmessungen und hoher mechanischer Zuverlässigkeit einen hohen Stand erreicht.
Variationen dieser Bauform betrafen die Anzahl der unterschiedlichen Stromkreise, die mit einem Primärstrom geschaltet werden können (Anker betätigt mehrere, nebeneinanderliegende Kontaktfederpaare), die Zahl der Kontakte pro geschaltetem Stromkreis (zwei Kontaktfederpaare je Sekundärschaltkreis zur Erhöhung der Zuverlässigkeit), den Einbau von Permanentmagneten zur dauerhaften Schaltung ohne permanent fließenden Primärstrom (fließt nur für die Ein- bzw. Ausschaltvorgänge) und verschiedene mechanische Verbesserungen (Miniaturisierung aller Bauteile und Abstände).
Man unterscheidet verschiedenste Bauformen der Relais (→ *Reed-Relais*).
Ein Printrelais ist direkt für die Montage auf einer Leiterplatte als Träger verschiedener anderer Bauteile vorgesehen.
In der Telekommunikation sind Relais mehrere Jahrzehnte die Schaltelemente in elektromechanischen Vermittlungen gewesen. Heute noch werden Relais oft in Endgeräten eingesetzt und sind im Anschlussnetz in vielen, insbesondere analogen Netzelementen zu finden.

Relationale Datenbank

→ *Datenbank.*

Relationenmodell

→ *Datenbank.*

Relay Host

Bezeichnung eines separaten → *Host* zur Trennung von verschiedenen Netzen (→ *LANs* und → *WANs*) aus Sicherheitsgründen.
Es handelt sich um eine mögliche Form des → *Firewalls.*

RELP

Abk. für Residual Excited Linear Prediction.
Deutsche Bezeichnung etwa: linear-prädiktive Restsignalcodierung. Ein digitales Verfahren für die → *Quellcodierung* von Sprache. Es ermöglicht → *Sprachübertragung* mit 9,6 bis 16 kbit/s und führt zu sehr reduzierter Sprachqualität, insbesondere in stimmhaften Sprachabschnitten bei Kinder- und Frauenstimmen sowie bei der Übertragung von Hintergrundgeräuschen.
Die Sprache hört sich allgemein metallisch an. Das Verfahren ist nur auf die Eigenschaften der menschlichen Sprache hin optimiert worden und daher nicht für Musikübertragung und Signale von → *Modems* geeignet.
RELP kann als blockadaptive → *DPCM* mit Vorwärtsprädiktion und Übertragung des Basisbandsignals (tiefpass-gefiltertes Differenzsignal) interpretiert werden.
Ein RELP-Verfahren ist Grundlage der Sprachcodierung für die Vollratenübertragung im → *GSM*-Netz.
→ *CELP*, → *RPE-LTP.*

Remailer

Bezeichnung für ein automatisches Mailprogramm, das eingehende → *E-Mails* automatisch weiterversendet.
Zweck ist z.B. die Anonymisierung von E-Mails. Dabei entfernt der Remailer die Absenderadresse aus dem → *Header*, lässt aber ansonsten den → *Body* der E-Mail unverändert.

Remote Access

Oft abgekürzt mit RA. Bezeichnet den Zugriff auf Ressourcen verschiedener Art über analoge oder heute üblicherweise digitale Wählleitungen aus der Entfernung.
Beispiele sind das Einwählen von einem → *Laptop* aus mit Hilfe eines → *Modems* oder über das → *ISDN* in ein Unternehmensnetz zur Nutzung von → *Groupware* oder die temporäre Verbindung eines Clients mit einem → *Server.*

Funktionalität zur → *Identifizierung* und → *Authentifizierung* wird dabei durch → *RADIUS* ermöglicht.

Remote Bridges

→ *Bridges*.

Remote Network Access

→ *RNA*.

RENATER

Bezeichnung des wissenschaftlichen Forschungsnetzes in Frankreich. Vergleichbar mit dem → *WiN* in Deutschland.

→ *http://www.renater.fr/*

Rendering

Bezeichnung für die Umsetzung einer real dreidimensionalen Szenerie in eine zweidimensionale Darstellung durch Projektion der dreidimensionalen Objektdarstellung in die zweidimensionale Ebene der Bildschirmdarstellung und entsprechende Nachbearbeitung des entstehenden Bildes (Licht, Schatten, Reflexionen, Farbverläufe) unter besonderer Berücksichtigung aller vorhandenen Lichtquellen.

Die beim Rendering anfallenden Datenmengen sind geeignet, die zweidimensionale Darstellung weiter zu verändern, so dass der Betrachter den Eindruck erhält, er bewege sich durch die Szenerie. Eingesetzt bei virtueller Realität (→ *Cyberspace*).

Man unterscheidet verschiedene, grundsätzliche Verfahren (sortiert nach steigender Qualität):

- Flat-Shading: Dabei werden verschiedenen Flächen unterschiedliche Farben zugewiesen, innerhalb einer Flächen bleibt die Farbe jedoch konstant. Beispiel: Die Seiten eines roten Würfels erscheinen in verschiedenen Rottönen.
- Gouroud-Shading: Zusätzlich zum Flat-Shading wird innerhalb einer Fläche ein linearer Schattenverlauf dargestellt.
- Phong-Shading: Zusätzlich zum Gouroud-Shading werden nichtlineare Schattenverläufe dargestellt.
- Ray-Tracing: Von allen vorhandenen Lichtquellen werden die einzelnen Strahlengänge unter Berücksichtigung von Reflexion und Mehrfachreflexion ermittelt. Aus den unterschiedlichen Auftreffpunkten der Lichtstrahlen ergibt sich ein sehr realistischer Licht- und Schattenverlauf.

In Abhängigkeit des verwendeten Verfahrens und der zur Verfügung stehenden Rechenleistung kann es u.U. mehrere Stunden dauern, ein gerendertes Bild auf dem Computer zu erzeugen.

Eine weitere Möglichkeit, künstlich erzeugte Objekte natürlicher erscheinen zu lassen, ist die Verwendung von → *Textures*.

Repeater

Auch seltener noch in Deutschland Aufholverstärker genannt. Bezeichnung eines Signalverstärkers in Kommunikationsnetzwerken mit lokaler Ausdehnung (→ *LAN*) nach dem Zugriffsprinzip → *CSMA/CD*.

Ein Repeater wird wie eine normale Station an das LAN angeschlossen (nicht etwa an ein Ende des Kabels) und arbeitet auf Schicht 1 des → *OSI-Referenzmodells*. Eingehende digitale Signale werden regeneriert (hinsichtlich ihres Signalpegels verstärkt) und auf der abgehenden Leitung weitergesendet. Er dient dazu, die maximale Ausdehnung von LAN aufgrund der Signaldämpfung auf dem physikalischen Medium zu vergrößern.

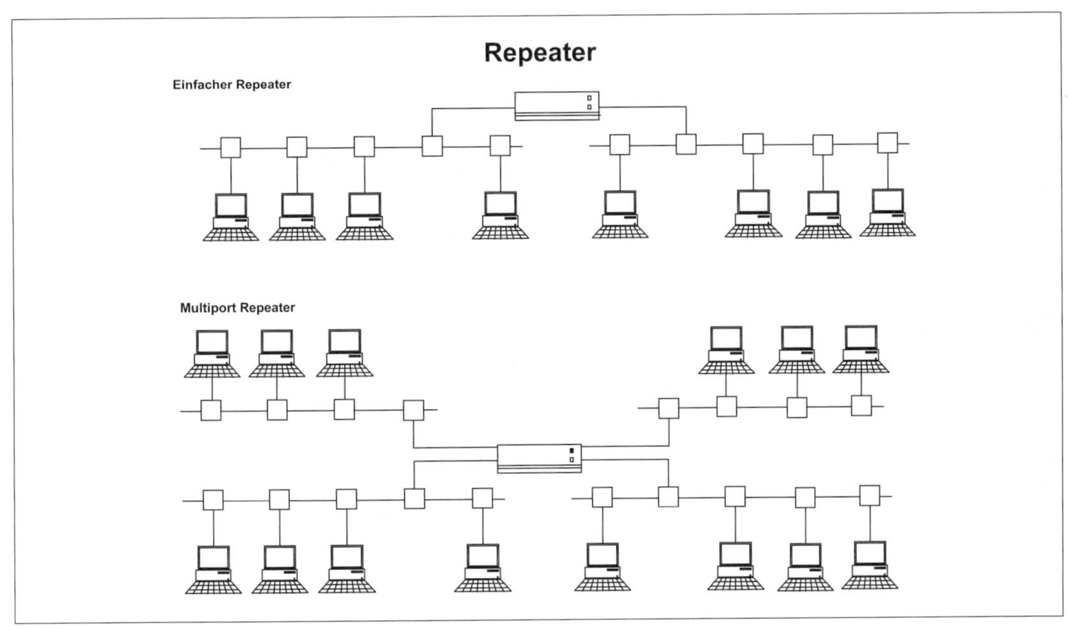

Moderne Repeater können verschiedene physikalische Medien miteinander verbinden, z.B. verdrillte Zweidrahtleitung und Glasfaser.
Als Multiport-Repeater bezeichnet man Repeater, die mehr als zwei Anschlüsse besitzen (üblicherweise acht). Heute werden Multiport-Repeater allerdings kaum noch eingesetzt, da sie funktional einem → *Hub* unterlegen sind.
Ein Repeater verbindet mehrere Segmente eines LANs miteinander und ist völlig → *transparent*. Er erweitert zwar die physische Reichweite des LANs, nicht aber, im Gegensatz zu einem → *Switch* oder → *Router*, die den angeschlossenen Stationen zur Verfügung stehende Bandbreite.
Repeater vereinfachen die Fehlersuche in Bus-Netzen, sofern ein Kabelschaden vermutet wird, da die vermuteten beschädigten Segmente einfach vom Repeater abgekoppelt werden können.
→ *Regenerator*, → *Brücke*, → *Gateway*.

Repeating Hub

Andere Bezeichnung für einen aktiven → *Hub*.

Replik, Replikation, Replizieren

Bezeichnung für den Vorgang des automatischen Abgleichs zwischen zwei Versionen eines Datenbestandes. Dient der Aktualisierung bzw. der Haltung eines konsistenten Datenbestandes.
Beispiel ist eine Datenbank mit Kundendaten, die ein Außendienstmitarbeiter auf seinem → *Laptop* mit sich führt und am Ende der Woche mit der Originaldatenbank in seinem Büro abgleicht. Dabei werden seine Änderungen in der Originaldatenbank durchgeführt und die Änderungen dort, z.B. von anderen zugriffsberechtigten Kollegen, werden in der Kopie der Originaldatenbank auf dem Laptop aktualisiert.
Eine derart gewonnene und laufend aktualisierte Kopie eines Datenbestandes bezeichnet man mit Replik. Das Vorgehen des Nutzers, das zu einer Replikation führt, wird mit Replizieren bezeichnet.

Reply

Von engl. to reply = antworten, erwidern. Bezeichnung für die Beantwortung einer → *E-Mail*. Im Gegensatz zum → *Follow Up* wird ein Reply lediglich einem ausdrücklich benannten Empfänger bekannt.

Repository

Von engl. repository = Lager, Archiv, Vorrat. Auch Data Dictionary genannt. Begriff aus dem → *Software-Engineering*. Keine einheitliche Definition existent. Bezeichnet aber grundsätzlich ein Datenhaltungssystem, in dem sämtliche Informationen über wiederverwendbare Softwarebausteine enthalten sind. Repository-Technologie ist ein wichtiger Faktor bei der Verkürzung von Entwicklungszeiten bei der Programmentwicklung im Software Development Lifecycle (→ *SDLC*), da sie einerseits die Kontrolle des Entwicklungsprozesses erlaubt und andererseits die Wiederverwendbarkeit ermöglicht.

Ziel des Repository-Einsatzes ist damit eine wirksame Unterstützung im Prozess der:

- Softwareentwicklung
- Softwarepflege

Die gespeicherten Daten sind z.B.:

- Schnittstellenbeschreibungen
- Funktionsbeschreibungen
- Software-Dokumentation
- Zugrundeliegende Modelle und Konzepte (Beziehungen zu anderen Software-Bausteinen, Datenbankmodelle und vor allem Modelle von Geschäftsprozessen und Datenobjekte, die in Software abgebildet werden sollen)
- Der Programmcode der Software-Bausteine selbst
- Die bisherige Verwendung der Software-Bausteine

Zusätzlich enthalten Repositories Tools zum effizienten Versions- und Konfigurationsmanagement. Mit dem Repository erhält eine beliebig große Gruppe von Software-Entwicklern ein Tool in die Hand, das die Verteilung von Informationen sicherstellt und den Prozess der Software-Erstellung damit unterstützt. Ein Repository ermöglicht damit Rapid Application Development (→ *RAD*).
Im Gegensatz zu Programmbibliotheken verfügen Repositories nicht nur über einen standardisierten Programmcode, sondern auf einer höheren Ebene über komplette Programme, deren Beschreibungen und die zugehörigen Modelle.

Request for Comments

→ *RFC*.

Request for Waiver

→ *RFW*.

Rerouting

Deutsch auch Alternativ- Umweg-, Ersatzlenkung oder -wegewahl, Ersatzschaltung, Ersatzwegeschaltung oder Ersatzrouting genannt. Manchmal auch mittlerweile mit Backup (-Schaltung) bezeichnet.
Bezeichnung für eine bewusste Wahl eines anderen Weges durch ein Netz, als in den eigentlichen Routingtabellen (→ *Routing*) vorgesehen. Die Gründe für Rerouting können verschieden sein:

- Überlast in Netzteilen
- Teil- oder Totalausfall von Netzelementen, wie z.B. von Übertragungsstrecken oder Netzknoten

Bei bestimmten Telekommunikationsdiensten wird Rerouting als kostenpflichtiger Mehrwertdienst (→ *VAS*) zur Erhöhung der Verfügbarkeit angeboten, z.B. bei Standleitungen.
Es ist zu unterscheiden zwischen einem Rerouting in der Fernebene (ist unverändert fehlerempfindlich bei Störungen im → *Zugangsnetz*) und einem Ende-zu-Ende-Rerouting bzw. einer vollständigen → *Zweiwegeführung*.

RES

1. Abk. für Regional Earth Station.
2. Abk. für Radio Equipment and Systems.

3. Abk. für Reserved.

   In Beschreibungen von technischen Standards der Platzhalter für kommende Weiterentwicklungen des Standards.

Reseller

Deutsche Bezeichnung ist Wiederverkäufer. Bezeichnung für einen Anbieter von Telekommunikationsdienstleistungen, der diese ohne eigenes Telekommunikationsnetz erbringt, sondern auf Netzkapazitäten eines Network-Providers zurückgreift, diese in großen Mengen preisgünstig einkauft und an eigene Kunden mit einem Aufschlag verkauft.

Die genaue, regulatorische Definition des Begriffes ist von Land zu Land unterschiedlich und schwierig. So gilt in Deutschland ein Unternehmen auch dann noch als Reseller, wenn es eigene technische Einrichtung zur Datenübertragung und -vermittlung betreibt, diese aber nicht untereinander vernetzt, sondern nur an einigen, wenigen Punkten mit dem Netz der Telekom verknüpft hat. In Deutschland hat der Reseller gemäß der Netzzugangsverordnung (→ *NZV*) Anspruch auf einen besonderen Netzzugang, nicht aber auf → *Interconnection*.

→ *Telekommunikationsgesetz*.

Reset

→ *Warmstart*.

Restverkehr

→ *Verlustsystem*.

Resumé Routing

→ *EAS*.

RET

Abk. für Resolution Enhancement Technology

Bezeichnung für ein Verfahren zur → *Kantenglättung* aus dem Hause HP.

Retrain

Kurzwort, von Training abgeleitet. Bezeichnet bei → *Modems* das Verfahren, bei sich verändernder Verbindungsgüte durch Senden einer Trainingssequenz dies festzustellen und Übertragungsparameter der beteiligten Modems an die veränderten Bedingungen anzupassen. Es kann dann in Abhängigkeit der Ergebnisse zu einem → *Fallback* oder einem → *Fallforward* kommen.

Die an der Verbindung beteiligten Modems müssen die Durchführung des Retrains zunächst vereinbaren, d.h., jedes an der Verbindung beteiligten Modems muss zum Retrain fähig sein.

Reverse Byte Ordering

→ *Little Endian*.

Reverse Charging

Bezeichnung für eine Sonderform des → *Charging*, bei der der → *B-Teilnehmer* die Gebühren übernimmt. Im Falle der Sprachkommunikation wird i.d.R. von einem → *R-Gespräch* gesprochen. Auch in → *X.25*-Netzen möglich.

REXX

Abk. für Restructured Extended Executor.

Bei REXX handelt es sich um eine → *Skript-Sprache*, entwickelt vom Hause IBM, ursprünglich zum Einsatz auf → *Mainframes* und mit dem Ziel der leichten Erlernbarkeit. Eine Weiterentwicklung ist das objektorientierte (→ *OO*) Object-REXX.

Vergleichbar mit anderen Skriptsprachen wie → *Perl* und → *TCL*.

Entwickelt wurde REXX maßgeblich von Mike Cowlishaw.

→ *http://www2.hursley.ibm.com/rexx/*

→ *http://www.rexswain.com/rexx.html/*

Reze

Abk. für → *Rechenzentrum*.

RF

1. Abk. für Radio Frequency, Funkfrequenz.
2. Abk. für → *Rundfunk*.

RFC

Abk. für Request for Comments.

Ein ursprünglich aus der Internet-Szene stammender Begriff, der mit der Veröffentlichung von Standardvorschlägen des → *IAB* verbunden wird.

Folgende RFCs sind selbst für die Entwicklung von RFCs von Bedeutung:

RFC Nr.	Inhalt
1543, 2026	Prozess
2028	Beteiligte Gremien
2200	Internet Official Protocol Standards
2223	Instructions for Authors

Jeder kann einen RFC an den von der → *ISOC* und dem → *FNC* eingesetzten, aber bei der IAB angesiedelten RFC-Editor des Internet per E-Mail schicken, der ihn prüft und an das IAB weiterleitet, wo der Vorschlag eingehend und im Detail geprüft wird. Somit wird aus dem Request ein Proposed Standard (PS), der (sofern es sich um einen technischen RFC handelt) mindestens zweifach implementiert wird.

Nachdem erste Erfahrungen gesammelt wurden (frühestens aber nach sechs Monaten) wird ggf. aus dem Proposed Standard ein Draft Standard (DS), der wiederum nach angemessener Zeit (frühestens nach vier Monaten) zu einem Internet-Standard werden kann.

Auf die Vorschläge an das IAB soll die Internetgemeinde mit Kommentaren und Anregungen per E-Mail oder in den Newsgroups reagieren.

Die RFCs werden in der Reihenfolge ihres Verabschiedens seit 1969 durchnumeriert und mit Erscheinungsdatum veröffentlicht. Sie werden nicht aktualisiert oder in Teilen verändert, sondern bei Bedarf komplett durch einen neuen RFC mit neuer Nummer ersetzt.

Es ist dabei zu beachten, dass nicht alle RFCs technische Informationen enthalten. Viele beschreiben technische Grundlagen oder fassen bestimmte, häufig gebrauchte Begriffe in einem Glossar zusammen. Ferner gibt es einige RFCs, die am 1. April veröffentlicht wurden und denen jede ernstzunehmende Grundlage fehlt, jedoch ist nicht jeder an einem 1. April veröffentlichte RFC ein Scherz. Ein Beispiel für so einen untypischen RFC ist der eher poetische RFC 2100 über „The Naming of Hosts" von Jay R. Ashworth. Darüber hinaus fassen spätere RFCs diverse frühe RFCs zusammen oder RFCs werden durch neue Entwicklungen obsolet. Man unterscheidet fünf Kategorien der RFCs:

- Standards Track: verbindlicher, technischer Standard
- Prototype: Standards in Vorbereitung, unterschieden nach den Kategorien PS, DS und Standard
- Informell: Glossars, Definitionen, Zusammenfassungen
- Experimental
- Historic

Mittlerweile hat dieser Begriff aber auch Eingang in andere Bereiche der Netzwerktechnik und Telekommunikation gefunden. Ein durch dieses Verfahren zustande gekommener Standard wird auch weiterhin durch das Kürzel RFC und die Nummer identifiziert.

Einen Überblick über den Prozess der Entwicklung von RFCs und alle bis dahin erschienenen RFCs gibt RFC 1920.

Die mittlerweile über 2 400 RFCs sind weltweit als ASCII-Datei auf diversen → *Servern* abgelegt und stehen dadurch jedem kostenlos zur Verfügung.

Einen Überblick über einige RFCs gibt die folgende Tabelle:

RFC Nr.	Inhalt
318	→ *telnet*
354 und 959	→ *FTP*
706	→ *Spam*
761	→ *TCP*
768	→ *UDP*
791 und 794	→ *IP* (Version 4)
792, 950	→ *ICMP*
793	→ *TCP*
821 und 822	→ *SMTP*
826	→ *ARP*
854	→ *telnet*
903	RARP (→ *ARP*)
951	→ *Bootstrap Protocol*
989 1113, 1114, 1115 1421, 1422, 1423	→ *PEM*
1075	→ *DHCP*

RFC Nr.	Inhalt
1058	→ *RIP*
1112	→ *IGMP*
1138 und 1583	→ *OSPF*
1155	→ *SMI*
1156, 1158, 1212 und 1213	→ *MIB*
1157	→ *SNMP* (Version 1)
1160	Gremien des Internet
1195	→ *IS-IS*
1208	→ *KA9Q*
1305	→ *NTP*
1321	→ *MD5*
1332	→ *IPCP*
1436	→ *Gopher*
1441	→ *CSLIP*
1459	→ *IRC*
1519	→ *CIDR*
1521 und 1522	→ *MIME*
1541	→ *DHCP*
1577	IP over ATM
1601	Charta des → *IAB*
1602	RFC-Prozesse
1631 und 1918	→ *NAT*
1633	→ *ISA*
1661	→ *PPP*
1701 und 1702	→ *GRE*
1717	MP (→ *PPP*)
1725	→ *POP3*
1730	→ *IMAP*
1743 und 1757	→ *RMON*
1752	→ *IP* (Version 6)
1755	→ *MARS*
1756	→ *RWP*
1769	→ *SNTP*
1771	→ *BGP*
1777, 1778, 1779	→ *LDAP*
1795	→ *DLS*
1819	→ *ST2*
1825	→ *IPSec*
1866	→ *HTML*
1883	→ *IP* (Version 6)

RFC Nr.	Inhalt
1889, 1890	→ *RTP*
1901 bis 1908	→ *SNMP* (Version 2)
1911	→ *VPIM*
1920	Überblick über RFCs
1939	→ *POP3* (Version 3)
1953	→ *IFMP*
1945	→ *HTTP*
2178	→ *OSPF* (Version 2)
2205, 2208	→ *RSVP*
2283	→ *BGP* (Version 4)
2401	→ *IPSec*
2408	→ *ISAKMP*
2453	→ *RIP* (Version 2)
2475, 2638	→ *Diffserv*
2543	→ *SIP*
2589	→ *LDAP* (Version 3)

Die Idee zu den RFCs kam im Jahre 1969 Stephen D. Crocker, der mit einem anderen Internet-Veteranen, Vinton C. Cerf, schon auf der Van Nuys High School war. Er formte in den ersten Tagen des Internet eine informelle „Network Working Group" und dazugehörige Arbeitsprozeduren, um unkompliziert und unbürokratisch technische Fragen zu diskutieren. Dies prägte den basisdemokratischen, informellen und auf Konsens basierenden Geist des Internet entscheidend und wirkt bis heute. Der Überlieferung nach schrieb er den ersten RFC am 7. April 1969.

→ *http://www.internic.net/*

→ *http://www.rfc-editor.org/*

→ *http://rfc.fh-koeln.de/rfc.html/*

→ *http://info.internet.isi.edu/7c/in-notes/rfc/.cache/*

RFD

Abk. für Request for Discussion.

Bezeichnung für den Aufruf, den Vorschlag zur Einrichtung einer neuen und dauerhaften Diskussionsgruppe im → *Internet* zu kommentieren. Bei entsprechenden Resultaten erfolgt, nach einem → *CFV*, eine Abstimmung.

RFDs und die Diskussionen finden statt in der Diskussionsgruppe news.announce.newsgroups.

→ *Usenet.*

RFI

1. Abk. für Remote Failure Indicator.
2. Abk. für Radio Frequency Interference.

   Bezeichnung für → *Interferenz* von elektromagnetischen Wellen.

RF-ID

Abk. für Radio Frequency Identification.

Bezeichnung für alle Methoden der kontaktlosen Identifikation über Funksignale. Vorteil gegenüber klassischen Verfahren wie → *Barcodes* oder Magnetstreifen (→ *Smart Card*) ist, dass es zu keiner Berührung kommen braucht und der Identifikationsprozess ohne mechanischen Verschleiß und unmittelbare Nähe (ohne Sichtkontakt) erfolgen kann.

Anwendungen beinhalten alle Bereiche der Logistik, etwa die Identifikation von Paketen, Kisten, Palette, Containern oder Gepäckstücken.

Ein Standard ist der ANS NCITS 256-1999.

RFI-Shield

Abk. für Radio Frequency Interference Shield.

Bezeichnung für eine Abschirmung aus Metall (üblicherweise Folie), die um Leiterplatten in kleinen elektrischen Geräten der Haushalts- oder Unterhaltungselektronik gelegt wird, um andere Geräte im Haushalt vor Störsignalen zu schützen.

RFOH

Abk. für Radio Frequency Overhead.

RFS

Abk. für Remote File Sharing.

RFU

1. Abk. für Reserved for Future Use.

   In schriftlichen Dokumenten, Zeichnungen etc. häufig benutzte Abk. zur Deklarierung gegenwärtig ungenutzter, aber fest eingeplanter Kapazitäten bei Kabeln, Formaten von Datenfeldern etc.
2. Abk. für Radio Frequency Unit.

   Bei Funksystemen die Hardware, die elektromagnetische Wellen sendet oder empfängt.

RFW

Abk. für Request for Waiver.

Von engl. request = Verlangen und waiver = Verzicht, Verzichtserklärung. In der IT-Branche die Bezeichnung für den Vorgang, dass ein Lieferant einer Hard- oder Software einen potenziellen Kunden auffordert, auf eine bestimmte Anforderung (ein bestimmtes, gefordertes Feature) in seinem Lastenheft zu verzichten, so dass der Lieferant dennoch Chancen hat, bei der Auftragsvergabe berücksichtigt zu werden.

RG

Abk. für → *Regenerator.*

RG 11, RG 58

Bezeichnung für mit einem Abschlusswiderstand von 50 Ohm abzuschließende Kabel, die bei verschiedenen Versionen von → *Ethernet* für die Inhouse-Verkabelung verwendet werden.

RGB

Abk. für Rot, Grün, Blau (Red, Green, Blue).

Die drei Grundfarben des additiven Farbsystems (→ *Farbsystem*), aus denen sich farbige Monitorbilder (Farbfernseher, Computermonitor) zusammensetzen.

Die Entwicklung dieses Systems lässt sich auf die Entdeckung des britischen Physikers und Arztes Thomas Young zurückführen, der 1801 bei Untersuchungen der menschlichen Retina (die aus Zapfen und Stäbchen besteht) entdeckte, dass dort drei verschiedene Arten von Zapfen für das Sehen von Farben verantwortlich sind und die Zapfen jeweils eine andere spektrale Empfindlichkeit aufwiesen. Die Farben, für die die Zäpfchen jeweils sensitiv waren, waren eben Rot, Grün und Blau.

Ferner entdeckten spätere Forscher, dass die ‚blauen' Zäpfchen im Vergleich wiederum relativ zu den beiden anderen, fast gleich empfindlichen Zäpfchen, am unempfindlichsten waren. Diese Unterschiede des menschlichen Sehsinns führen dazu, dass die Farbe Weiß in technischen Systemen, die auf RGB basieren, durch unterschiedliche Anteile der Grundfarben zustande kommen. Im Farbfernsehstandard → *NTSC* ergibt sich Weiß durch 59% Grün, 30% Rot und 11% Blau (dabei sind zusätzlich auch Leuchteigenschaften der Phosphorschicht auf Fernsehschirmen und technische Eigenschaften des Kamerasystems berücksichtigt).

→ *CMYK*, → *YUV*.

R-Gespräch

Bezeichnung für Gespräche, bei denen der → *B-Teilnehmer* die Gebühren übernimmt. Das R steht dabei für → *Reverse Charging*.

In Deutschland gab es lange Zeit nicht die Möglichkeit der R-Gespräche. Seit 1. Juli 1993 bietet die Deutsche Telekom diese wieder an. Sie müssen unter einer speziellen Nummer bei einem → *Operator* angemeldet werden.

→ *Charging*, → *HCD*.

Rhapsody

Lange Zeit die Bezeichnung eines Projektes für ein neues → *Betriebssystem* aus dem Hause → *Apple*, das sich aus Ergebnissen der Betriebssystementwicklung von → *NeXT* (und damit auch aus dem Projekt → *Mach*) ableitet. Es sollte auf den → *PowerPC*-Chips und evtl. auch auf Intel-Prozessoren basieren. Primär sollte es im Bereich von leistungsstarken Rechnern (High-End) und → *Servern* eingesetzt werden.

Im Mai 1998 wurde jedoch erklärt, dass das Projekt gestoppt worden ist. Grund dafür war die neue Strategie des Unternehmens, neben → *MacOS* doch kein zweites Betriebssystem unterstützen zu wollen. Wichtige Ergebnisse des Rhapsody-Projektes sollten jedoch in die Weiterentwicklung von MacOS einfließen und in MacOS X für Server implementiert werden.

Rheinfunkdienst

Bezeichnung für den 1950, nach Absprachen auf der Rheinfunkkonferenz 1949 in Den Haag, geschaffenen Sprechfunkdienst. Zum Sprech- und Telegrammverkehr sind Schiffe aller Staaten zugelassen, die dem vorläufigen Rheinfunk-Abkommen vom 28. April 1950 von Den Haag beigetreten sind. 1957 wurde dieses ersetzt vom Brüsseler regionalen Abkommen über den internationalen Rheinfunkdienst auf UKW zwischen Belgien, Frankreich, den Niederlanden, der Schweiz und Deutschland. Später wurde das Abkommen durch verschiedene Revisionen ergänzt. Dabei wurden weitere Dienste und geografische Gebiete (andere Binnenwasserstraßen) mit einbezogen.

Den deutschen Teil des Rheins versorgen dabei 10 Funkfeststationen, die im Bereich 1,6 MHz und 3 MHz arbeiten. Gesprächsverbindungen werden zentral in Mannheim handvermittelt. Verbindungen über den Rheinfunkdienst werden dort angemeldet. Bei der Gesprächsanmeldung nennt man die eigene Rufnummer, das Rufzeichen und die Selektivrufnummer der verlangten Schiffsfunkstelle, den Namen des Schiffes, seinen Standort und seine Fahrtrichtung sowie ggf. die gewünschte Gesprächsart.

Insgesamt wird der Rhein von der Mündung bis zu Kilometer 270 versorgt.

Rheinlandkabel

Bezeichnung für eines der ersten unterirdisch verlegten Kabel zu übertragungstechnischen Zwecken. Das Kabel verfügte über 24 Kupferdoppeladern mit 3 mm und 28 Kupferdoppeladern mit 2 mm Durchmesser.

Es wurde von 1912 bis 1914 vom Hause Siemens von Berlin über Hannover nach Köln und eine Gesamtstrecke von 602 km verlegt. Genutzt wurde dabei die → *Pupin-Spule* zu Verringerung der Leitungsdämpfung. Alle 1,7 km wurde eine Spule eingebaut.

Bis zu 78 Gespräche konnten gleichzeitig über die 52 Doppeladern bei Nutzung einer → *Phantomschaltung* geführt werden.

In die Konstruktion des Kabels, seine Verlegung und seinen Betrieb flossen alle seinerzeit vorhandenen nachrichtentechnischen Kenntnisse ein. Die Ergebnisse dieses Projektes wurden weltweit erwartet und mündeten in zahlreiche Kabelprojekte unmittelbar danach ein, so dass insbesondere in Europa der Ausbau von Fernkabelnetzen beschleunigt wurde.

→ *Reichstelegrafen-Untergrundnetz*.

RI

Abk. für Ring Indicator.

Bezeichnung für ein Signal der Schnittstelle gemäß → *V.24*, das einen ankommenden Verbindungswunsch signalisiert.

Richtantenne

Bezeichnung für eine spezielle → *Antenne*, bei der aufgrund ihrer physischen Gestaltung die Sendeenergie bevorzugt in eine Richtung gebündelt ausgestrahlt wird.

Beispiele für Richtantennen sind die → *Parabolantenne* oder die → *Hornparabolantenne*.

Richtfunk, Richtfunksystem, Richtfunkübertragung

Bezeichnung für Übertragungseinrichtung für Kommunikationsdienste zwischen zwei festen Punkten über spezielle

Antennen gebündelten → *Funk*. Der benutzte Frequenzbereich liegt bei 200 MHz bis 40 GHz (typisch: 2 bis 13 GHz mit der Tendenz hin zu höheren Frequenzen). Daher oft auch mit Mikrowellenfunk oder Mikrowellenrichtfunk bezeichnet.

Fernsprechverkehr über längere Distanzen wird üblicherweise im Bereich von 4 bis 6 GHz abgewickelt. Ab 13 GHz treten erhebliche Dämpfungsschwankungen, z.B. durch Regendämpfung, auf, so dass digitale phasenmodulierte Signale übertragen werden, die dämpfungs- und störunempfindlicher sind als analoge Signale.

Die Frequenzen für verschiedene Richtfunkanwendungen und Kanalbandbreiten sind in folgenden Standards der → *ITU* festgelegt, wobei es teilweise länderspezifische Anhänge und Abweichungen – sowohl der Frequenzbereiche als auch der Kanalbandbreiten – gibt:

Standard	Nachbarkanal-abstand	Betroffener Frequenzbereich
F.382	29 MHz	1,703 bis 2,103 GHz
F.283	28 MHz	1,7 bis 2,3 GHz
F.382	29 MHz	1,901 bis 2,301 GHz
F.1098	28 MHz	1,99 bis 2,3 GHz
F.1055	4 MHz	2,308 bis 2,478 MHz
F.497	28 oder 29,65 MHz	3,4 bis 3,9 GHz
OIRT-2	28 MHz	3,4 bis 3,9 GHz
F.382	28 oder 29,65 MHz	3,4 bis 4,2 GHz
F.635	40 MHz	3,4 bis 4,2 GHz
F.635	80 MHz	3,6 bis 4,2 GHz

Standard	Nachbarkanal-abstand	Betroffener Frequenzbereich
F.382 F.389	58 MHz	3,8035 bis 4,2035 GHz
F.746	28 oder 29,65 MHz	4,3 bis 5,0 GHz
F.1099	40 oder 80 MHz	4,3 bis 5,0 GHz
F.497		5,6 bis 6,2 GHz
OIRT-2	56 MHz	5,67 bis 6,17 GHz
F.383	28 oder 29,65 MHz	5,925 bis 6,425 GHz
F.384	80 oder 40 MHz	6,43 bis 7,11 GHz
F.385	28, 29,65 oder 49 MHz	7,125 bis 7,725 GHz
F.636		15 GHz
F.386	28 oder 29,65 MHz	7,725 bis 8,275 GHz
F.934	40,74 MHz	7,725 bis 8,275 GHz
OIRT-2	56 MHz	7,9 bis 8,4 GHz
F.386	46,648 MHz	8,2 bis 8,5 GHz
F.1055	28 MHz	8,275 bis 8,5 GHz
F.387 F.389	40 oder 80 MHz	10,7 bis 11,7 GHz
F.497	28, 29,65 oder 56 MHz	12,75 bis 13,25 GHz
Japan	40 oder 80 MHz	14,4 bis 15,23 GHz
F.595	7 MHz	17,7 bis 19,7 GHz
F.595	7,5 MHz	17,7 bis 19,7 GHz

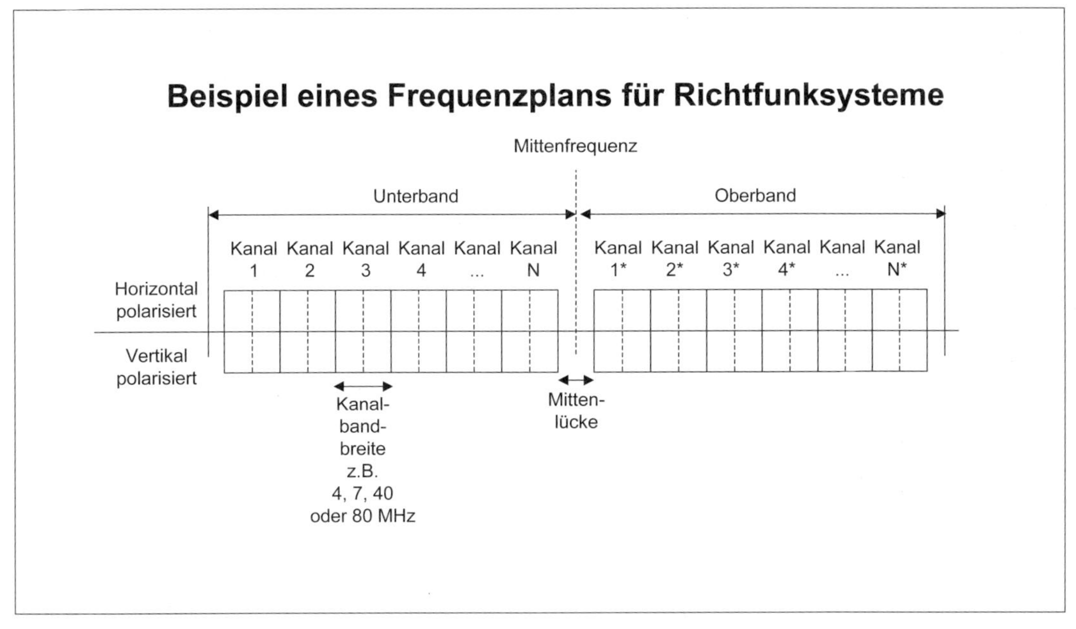

Standard	Nachbarkanal-abstand	Betroffener Frequenzbereich
F.936	3,5 MHz	21,2 bis 23,6 GHz
F.936	3,5 MHz	22,0 bis 23,6 GHz
F.748	7 MHz	24,5 bis 26,5 GHz
F.748	7 MHz	27,5 bis 29,5 GHz
F.749	7 MHz	37 bis 39,44 GHz

Die Standards definieren einen Frequenzbereich, in dem rund um eine Mittenfrequenz und eine Mittenlücke zum Schutz die Kanäle einer bestimmten Kanalbandbreite in einem Ober- und einem Unterband gruppiert sind. Dabei wird ein Kanal aus dem Oberband einem Kanal aus dem Unterband zugewiesen. Beide zusammen bilden ein bestimmtes Frequenzpaar für eine Richtfunkstrecke mit Hin- und Rückrichtung. Eine erhöhte Ausnutzung der Frequenzen lässt sich ferner dadurch erzielen, indem polarisiert übertragen wird (→ *Polarisation*). In diesen Fällen können alle Frequenzkanäle doppelt genutzt werden, da über sie die elektromagnetischen Signale einmal horizontal und einmal vertikal polarisiert gesendet werden.

Prinzipiell lassen sich folgende drei Kategorien von Richtfunktechnik unterscheiden:

- Analoge Richtfunkstrecken: Sie werden in entwickelten Ländern kaum noch verwendet.
- Digitale Richtfunkstrecken in → *PDH*-Technik: Sie werden überwiegend im → *Zugangsnetz* eingesetzt.
- Digitale Richtfunkstrecken in → *SDH*-Technik: Sie werden überwiegend im Fernbereich / im Backbone eingesetzt.

Die maximale Übertragungskapazität digitaler und kommerziell erhältlicher Richtfunksysteme liegt gegenwärtig bei 622 Mbit/s, so dass Richtfunkstrecken auch problemlos in → *SDH*-Systeme eingebunden werden können.

Die Richtfunkwirkung wird durch stark bündelnde Parabolantennen erzielt, wobei mit der → *Hornparabolantenne* und der normalen → *Parabolantenne* zwei verschiedene Bauarten zur Verfügung stehen.

Zwischen den Sende- und Empfangsstationen muss i.d.R. ab 3 GHz Sichtverbindung bestehen, d.h., die überbrückbare Entfernung hängt von der Höhe der Sendeantenne ab. Für eine zu überbrückende Entfernung von 100 km ist bereits ein 100 m hoher Turm erforderlich.

Die Produkte der Hersteller werden oft in zwei Klassen eingeteilt:

- Kurzstrecken-Produkte (Short-Haul, bis ca. 10 km): zum Einsatz im Zugangsnetz oder unter schwierigen topografischen Bedingungen (Überwindung eines Flusses etc.). Verwendet werden Frequenzen höher als 10 oder 12 GHz.
- Langstrecken-Produkte (Long-Haul, über ca. 10 km) zum Einsatz im Fernnetz/Backbone-Netz. Verwendet werden Frequenzen niedriger als 10 oder 12 GHz.

Existiert keine Sichtverbindung, besteht trotzdem die Möglichkeit von Übersichtweiten-Verbindungen (Über-Horizont-Verbindungen) oder → *Scatter-Verbindungen*.

Häufig werden auch zwei grundsätzliche Bauformen für die Langstrecken- und Kurzstrecken-Produkte unterschieden:

- Gestellbauweise: Die Unterbringung aller technischen Komponenten inkl. des Hochfrequenz-Teils erfolgt in einem genormten → *Rack* der → *ETSI*. Dieses Teil ist mit der Antenne über einen → *Hohlleiter* verbunden. Vorteil dieser Konstruktion ist, dass sich alle Komponenten bis auf die Antenne innerhalb eines Gebäudes befinden, was Wartungsarbeiten erleichtert. Als nachteilig gilt der relativ hohe Platzbedarf.
- Indoor-Outdoor-Unit-Bauweise: Alle Komponenten für einen Kanal bis auf den Hochfrequenz-Teil und die Antenne sind in einer einzelnen Einschub-Unit für ein Rack untergebracht (Indoor-Unit), die mit der Outdoor-Unit (Hochfrequenz-Teil mit direkt daran montierter Antenne) über eine Distanz bis zu 300 m über ein einfaches → *Koaxialkabel* verbunden ist. Vorteilhaft ist die kompakte Bauweise, nachteilig erhöhter Wartungsaufwand durch die Aufteilung der Komponenten.
- Insbesondere bei der Nutzung hoher Frequenzen werden Antenne und der Hochfrequenzteil oft unmittelbar benachbart im Freien montiert, da dann die Antennenleitungsdämpfung sehr hoch ist und nur noch geringe Zuleitungslängen erlaubt.

Technischer Fortschritt sorgt mittlerweile für Ausfallzeiten von weniger als 1 Stunde/Jahr. Multi-Hop-Verbindungen mit regenerativen Repeatern (Relaisstellen) ermöglichen auch die zuverlässige Überbrückung größerer Distanzen. Dann besteht eine Richtfunkverbindung aus mehreren Teilstrecken (TS), genannt Hops. Die Zahl der Hops kann in SDH-Netzen jedoch nicht unbegrenzt erhöht werden, da die Verarbeitung der digitalen Signale zu → *Delay* und damit zu Asynchronizität führen kann. Üblich sind dann Strecken mit ca. sechs bis zu acht Hops.

Einen Überblick über die Entfernungen und die normalerweise verwendeten Frequenzen gibt folgende Tabelle:

Frequenz/GHz	Entfernungsbereich in km
2	20 bis 100
4	30 bis 90
7,5	20 bis 70
13	5 bis 30
23	3 bis 12
38	2 bis 4
58	1 bis 3

Grundsätzlich wird die überbrückbare Entfernung durch folgende Faktoren beeinflusst:

- Sendefrequenz
- Sendeleistung
- Gewinn von Sende- und Gewinn von Empfangsantenne
- Höhe der Sende- und Empfangsantenne
- Verwendete → *Diversity*-Verfahren (ab 30 oder 60 km, je nach Frequenz)

- Technische Zusatzelemente wie → *XPIC* oder → *ATPC*

Durch hochentwickelte Verfahren für die → *digitale Modulation* (insbesondere → *QAM* und → *TCM*) und die Nutzung von → *Diversity*-Verfahren kann die Qualität und damit die überbrückbare Distanz erheblich gesteigert werden. Beide Methoden müssen jedoch auf die konkret vorliegenden Bedingungen (Gelände, Klima) abgestimmt sein.

Ein weiteres Verfahren zur Erhöhung der Übertragungsqualität und der Ausfallsicherheit ist die Ausführung einer Richtfunkstrecke mit einem zusätzlichen Kanal, auf den bei Bedarf umgeschaltet werden kann. Derartige Konfigurationen werden als N+1 bezeichnet (mit üblicherweise N von 1 bis 14, ab 8 Nutzkanälen auch N+2). Von den N in Betrieb befindlichen Kanälen kann innerhalb von wenigen Millisekunden und bitfehlerfrei (durch Zwischenspeicherung) auf den redundanten Ersatzkanal umgeschaltet werden.

Vorteile von Richtfunksystemen sind:

- Überwindung geografischer Hindernisse möglich
- Rasche und kostengünstige Installation im Vergleich zu Kabelsystemen
- Installation temporärer Richtfunkstrecken durch Nutzung mobiler Stationen möglich (Sportereignisse, Fernsehübertragungen, Messen ...)
- Schnittstellen sind normiert, dadurch unkomplizierte Installation und Nutzung von Off-the-Shelf-Produkten der Hersteller möglich.

Nachteilig sind:

- Sichtverbindung erforderlich
- Standplatz muss gefunden und Standplatzrechte müssen erkauft/gemietet werden
- Regulatorische Auflagen (Frequenznutzung, Standgebühren etc.) müssen eingehalten werden
- Witterungsabhängigkeit möglich
- Hohe Bandbreiten über 622 Mbit/s nicht möglich

Insbesondere die Frequenznutzung erfordert die Anmeldung beim nationalen Regulierer, die Prüfung auf die Vereinbarkeit mit vorhandenen Richtfunkanlagen am geplanten Standort und üblicherweise eine einmalige sowie eine monatliche Gebühr für die Frequenznutzung. Dies sorgt für einen konstanten, aber u.U. hohen Fixkostenblock, so dass bei der dauerhaften Installation die Abwägung gemacht werden muss, ob langfristig die Verlegung eines Kabels nicht doch wirtschaftlicher ist.

Richtfunksysteme verlieren im Bereich der Fernverbindungen (Backbone-Bereich) an Anteil am Verkehrsaufkommen, da Glasfaserkabel (→ *Glasfasertechnik*) breitbandiger und zuverlässiger sind. Im regionalen und lokalen Bereich nimmt der Anteil jedoch stark zu und geht bis hin zum Anschluss einzelner (geschäftlicher) Nutzer, die schnell einen breitbandigen Anschluss benötigen und bei denen eine Kabelverlegung zu lange dauern würde. Insbesondere durch die Liberalisierung des Telekommunikationsmarktes und dem Eintritt neuer Anbieter in den Markt, die alle rasch eigene Netze aufbauen müssen, ist der Markt wieder größer geworden.

Ein anderer Trend im Richtfunkbereich ist die regulatorisch forcierte Verschiebung zu höheren Frequenzen, um im 900- und 1800-MHz-Bereich Platz für bestehende und neue Mobilfunksysteme zu schaffen.

Die Entwicklung des Richtfunks begann bereits vor dem 2. Weltkrieg. Im März 1931 wurde der Kanal mit einer Richtfunkstrecke von Calais nach Dover überbrückt.

Ab 1935 nutzte man auch in Deutschland den Richtfunk, der im Zuge der militärischen Vorbereitungen des Krieges rasch technische Fortschritte erzielte.

In den USA wurde nach dem Krieg ab 1947 mit dem Bau langer Multihop-Richtfunkstrecken als Alternative zur teuren und zeitraubenden Verlegung von → *Koaxialkabeln* im Telefonfernnetz begonnen.

Nach 1945 baute in Deutschland die damalige Bundespost zunächst mit der vorgefundenen technischen Infrastruktur des Militärs ein Richtfunknetz auf, das nach und nach in kleinen Schritten erweitert und modernisiert wurde. Erst mit der Einführung des Fernsehens, 1952, erhielt der Ausbau einen Schub, da das Kabelnetz dafür nicht ausreichte. Bis 1955 wurde ein bundesweites, analoges Richtfunknetz von der damaligen Bundespost aufgebaut. Mit zunehmender Verkabelung durch → *Koaxialkabel* verringerte sich jedoch die Bedeutung dieses Netzes.

Ab 1954 wurden Richtfunksysteme auch verstärkt zur Übertragung von Fernsprechkanälen aufgebaut.

Da Richtfunk eine Sichtverbindung voraussetzt, wurden überall Fernmeldetürme aufgebaut und sogar baulich standardisiert.

Nachdem 1979 die Entscheidung innerhalb der Bundespost gefallen war, das komplette Netz zu digitalisieren, begann auch die Entwicklung digitaler Richtfunksysteme, die ab 1981 eingesetzt wurden.

Mit der Einführung der Glasfaserkabel (→ *Glasfasertechnik*) ab 1982 und durch deren, im Gegensatz zum Richtfunk, nahezu unbegrenzte Übertragungskapazität verlor der Richtfunk im Telefonnetz zunächst an Bedeutung. Gegen Mitte der 70er Jahre verfügte die damalige Bundespost über ein dichtes Richtfunknetz von 90 000 km Länge. Der prozentuale Längenanteil ging jedoch von einst 35% (vor 1979) auf etwa 5% im Jahre 1990 zurück. Massiv an Bedeutung gewann der Richtfunk ab ca. 1992 wieder, als die Mobilfunkunternehmen Mannesmann Mobilfunk, DeTeMobil und später auch e-plus (→ *E-Netz*) innerhalb weniger Jahre ein eigenes, komplettes Netz aufbauten.

SDH-Richtfunksysteme gibt es seit ca. 1989.

Seit 1995 weltweit die längste, direkt überbrückte Distanz sind 160 km in Mexiko, die den Golf von Kalifornien überbrückt.

Heute sind fast nur noch digitale Richtfunksysteme in Betrieb.

Neue Richtfunksysteme, insbesondere für kurze Distanzen, entstehen durch den Einsatz von Lasern in → *optischen Richtfunksystemen*.

Richtstrahl

In der Schweiz die gängige Bezeichnung für → *Richtfunk*.

Richtungsausscheidung

Bezeichnung für ein → *Leistungsmerkmal* von Nebenstellenanlagen.

Bezeichnet die Möglichkeit, dass bei mehreren vorhandenen Amtsleitungen mit Hilfe der Richtungsausscheidung eine bestimmte Leitung gezielt belegt werden kann, z.B. eine Leitung mit Gebührenerfassung oder eine reservierte Leitung, auf die nur bestimmte Personenkreise im Falle von belegten anderen Leitungen Zugriff haben.

Richtungsbetrieb

Vom → *DIN* geprägter Begriff für → *Simplexbetrieb* als Oberbegriff für Sende- und Empfangsbetrieb.

RIFF

Abk. für Resource Interchange File Format.

Bezeichnung eines Dateiformates zur Speicherung von multimedialen Daten aus dem Hause Microsoft, das 1991 gemeinsam mit IBM entwickelt wurde. RIFF-Dateien können Daten verschiedener, anderer Formate enthalten.

→ *http://www.daubnet.com/formats/RIFF.html/*

RIFU

Abk. für → *Richtfunk.*

Rightsizing

Begriff aus der betrieblichen EDV-Praxis. Bezeichnet, ähnlich wie → *Downsizing*, den Vorgang, allmählich von → *Mainframe*- und → *Midrange*-Architekturen hin zu Client-Server- oder PC-Netz-Strukturen unter Beibehaltung der aktuellen Funktionalität zu migrieren.

Ring

1. Bezeichnung einer möglichen → *Netztopologie*. Eine Netzwerkstruktur mit geschlossener Ringstruktur. Die Informationsübertragung erfolgt nur in eine Richtung. Zur Vermeidung einer völligen Funktionsunfähigkeit bei Beschädigung des Ringes (z.B. Bauarbeiten) wird der Ring meist doppelt ausgeführt (→ *FDDI*), sodass bei Unterbrechung an einer Stelle der Ring ab der letzten Station auf der 2. Leitung in die andere Richtung weiterbetrieben werden kann.
2. → *Webring.*

Ringkernspeicher

Andere Bezeichnung für → *Magnetkernspeicher.*

Ring-Master

→ *Webring.*

RIP, RIPv2

1. Abk. für Raster Image Processor.

   Bezeichnung für Peripheriegeräte zu Computern, welche die Bearbeitung großer Datenmengen zur hochqualitativen Darstellung (z.B. zum Ausdruck) von Bildern übernimmt.
2. Abk. für Remote Imaging Protocol.

   Bezeichnung einer Beschreibungssprache für grafische und mit der → *Maus* gesteuerte Benutzerschnittstellen. Sie ist als → *Skript-Sprache* realisiert und speziell für Oberflächen zur Benutzung von → *Mailboxen* gedacht.
3. Abk. für Routing Information Protocol.

   Das gebräuchlichste Interior Gateway Protocol (→ *IGP*) im → *Internet* und anderen größeren → *IP*-basierten Netzen zum Austausch von Routinginformationen zwischen Netzknoten (→ *Routing*). Es gilt als sehr einfaches, und weil es Bestandteil des → *Betriebssystems* → *Unix* ist, auch weit verbreitetes → *Routingprotokoll*. RIP zählt zu den auf einer Metrik basierenden Routingprotokollen und verwendet sog. → *Hops* (Sprünge zwischen Routern) als Routing-Maß. Die höchste erlaubte Zahl von Hops ist 16, was zu relativ kleinen Netzen führt. Dabei sagt die Anzahl von Hops innerhalb einer Verbindung nichts über die Qualität der Verbindung aus, z.B. kann eine Verbindung mit sechs Hops schneller sein als eine mit nur vier oder fünf Hops.

   Ein Router mit RIP teilt seine komplette Routingtabelle periodisch seinen Nachbarroutern mit.

   Neben der niedrigen Hopzahl zählen auch eine lange Konvergenzzeit (bis optimale Routingtabellen vorliegen; bei RIP je nach Netzlayout durchaus bis zu 10 Minuten), die fehlende Möglichkeit der variablen Subnetzmaskierung und fehlende Authentifizierungsmechanismen zu den Nachteilen.

   Als Nachfolger gilt das komplexere → *OSPF*, das auch für größere Netze geeignet ist, obwohl mit RIPv2 auch eine Weiterentwicklung existiert, die zwar Subnetzmaskierung ermöglicht und Authentifizierungsmechanismen anbietet, allerdings die grundsätzlichen Probleme (Hops auf 16 begrenzt und eine lange Konvergenzzeit) nicht löst.

   Definiert ist RIP im RFC 1058 von Juni 1988, obwohl RIP schon seit einigen Jahren zuvor eingesetzt wurde. Maßgeblich wurde RIP von C.L. Hendrick mitentwickelt.

   RIPv2 stammt aus dem November 1998 und wurde im RFC 2453 definiert. Maßgeblich mitentwickelt wurde es von G. Malkin.

RIPE

Abk. für Réseaux IP Européenne.

Bezeichnung für die in Kontinentaleuropa genutzte Variante des → *IP*, das auf dem → *EUnet* genutzt wird. Gleichzeitig die Bezeichnung des Verbandes europäischer → *ISPs*, insbesondere des akademischen Bereiches, mit Sitz des Network Coordination Centers (NCC) in Amsterdam.

Das NCC nimmt im Auftrag des → *ICANN* die Vergabe von IP-Adressen für Europa, den Nahen und Mittleren Osten sowie für Nordafrika vor.

→ *http://www.ripe.nl/*

Ripper

→ *MP3.*

RIPSO

Abk. für Revised Internet Protocol Security Option.

Bezeichnung für eine Vorschrift des amerikanischen Verteidigungsministeriums, die vier verschiedene Verschlüsselungsstufen („Streng geheim", „Geheim", „Vertraulich" und „Uneingeschränkt") für Datagramme des → *IP*-Formats definiert. Das RIPSO-Protokoll läuft dabei auf den → *Hosts*, welche die IP-Datagramme erzeugen und versenden.

RIR

Abk. für Regional Internet Registry.

→ *ICANN*.

RISC

Abk. für Reduced Instruction Set Computer.

Bezeichnet im Gegensatz zu → *CISC* eine Serie von Rechnern und → *Mikroprozessoren* unterschiedlicher Hersteller, die sich auf einen reduzierten Befehlssatz einfacher Assembleranweisungen begrenzen (→ *Assembler*). Diese können vom Prozessor besonders schnell ausgeführt werden, wodurch die Schnelligkeit des Gesamtsystems steigt und einfach konstruierte Prozessoren möglich sind. Nachteilig ist, dass aufwendigere Operationen durch lange Sequenzen einfacher Befehle simuliert werden, was (u.U.) die Vorteile der schnelleren Bearbeitung der Einzelbefehle überkompensieren kann. RISC-Code ist daher im Schnitt 30% länger als CISC-Code.

Die Idee des RISC rührt daher, dass Untersuchungen gezeigt haben, dass von Compilern erzeugte Programme in 80% aller Fälle nur 20% des Befehlssatzes von CISC-Prozessoren nutzen, so dass der Aufwand von CISC sich nicht lohne. Der Nachteil der CISC-Architekturen ist, dass sie sich historisch aus vielen Vorläufermodellen ableiten und der Kompatibilität wegen und der Einfachheit eines evolutionären Entwicklungspfades viele Befehle und Konzepte beinhalten, die teilweise nicht (mehr) gebraucht werden.

Der genaue Ursprung des RISC-Konzeptes lässt sich nicht mehr exakt feststellen. In den 60er Jahren wurden einige Ideen bereits bei der Konstruktion der ersten → *Supercomputer* im Hause → *CDC* und auch bei IBM, etwa bei der → *Stretch*, aufgegriffen.

Als erste echte RISC-Architektur gilt die 1974 von John Cocke (*25. Mai 1925) bei der IBM im T.J. Watson Research Center in Yorktown im Rahmen des Forschungsprojektes „801" entwickelte Mikroprozessorarchitektur. Cocke war es auch, der die o.a. 80:20-Regel empirisch überprüft hat. Basis dafür waren Auswertungen von Compilerergebnissen, die auf einer → *IBM /360* erzielt wurden. Maßgeblich mitbeeinflusst wurde das 801-Projekt auch von George Radin, der schon → *PL/1* mitentwickelt hatte.

Das 801-Projekt mit ungefähr 30 Leuten startete 1975 und lief bis 1980, wobei nicht nur eine Prozessorarchitektur, sondern ein Compiler für eine an PL/1 angelehnte Programmiersprache entstand, diese Programmiersprache selbst und ein → *Betriebssystem*. Dieser Umfang geht auf den Grundgedanken des Projektes zurück, dass nämlich ein auf einem Prozessor basierendes Gesamtsystem zur Erzielung bestmöglicher Performance aus mehreren, aufeinander abgestimmten Komponenten bestehen sollte, die simultan miteinander zu entwickeln waren.

Die Bezeichnung 801 geht auf die Gebäudenummer zurück, in der das Team um Cocke untergebracht war. Eine andere Bezeichnung für das Projekt war auch „America", so benannt nach dem ersten Gewinnerschiff beim America's Cup Wettsegeln.

Als Folge des 801-Projektes entstand die → *IBM RS/6000*, ebenso wie sich die Prozessoren der → *PowerPC*-Serie auf 801 zurückführen lassen.

Etwa zur gleichen Zeit wurde im Hause RCA der Mikroprozessor RCA 1802 entwickelt, der ebenfalls als eine frühe RISC-Architektur angesehen werden kann. Er lief mit 6,4 MHz und benötigte eine Spannungsversorgung von 10 V.

An den Universitäten von Stanford und Berkeley entstanden im Jahr 1980 weitere RISC-Konzepte. Prof. David A. Patterson in Berkeley erdachte zusammen mit David Ditzel das Konzept, genannt RISC-I, und publizierten es in dem Paper „The Case for the Reduced Instruction Set Computer" in der Oktoberausgabe der Zeitschrift Computer Architecture News. John Hennessy in Stanford arbeitete in der Folgezeit an einer Umsetzung dieses Konzeptes. Patterson und Hennessy waren es auch, die den Begriff ‚RISC' prägten. Aus diesen ersten Arbeiten heraus sollte auch die → *SPARC*-Architektur entstehen.

1988 brachte Motorola die Chipfamilie 68000 (32 Bit) als RISC-Prozessoren heraus und 1990 kündigten IBM und HP kommerzielle RISC-Computer an.

1992 stellte DEC mit dem Alpha Chip eine 64-Bit-RISC-Architektur vor.

→ *Harvard-Architektur*.

RITL

Abk. für Radio in the Loop.

→ *RLL*.

RJ-Stecker

Abk. für Residual Jack (Connector) No. 11, 14, 45 und 48.

Von engl. residual = Privathaushalt und jack = Buchse, Anschluss. Auch Western-Stecker genannt, da von Western Electric (heute: → *Lucent*) entwickelt und eingeführt. Bezeichnung für eine Serie von → *Steckern* für die verdrillte Zweidrahtleitung, die in den USA entwickelt wurden und zunächst nur zum Anschluss von Telefonen an das öffentliche Netz verwendet wurden. Mittlerweile werden die Stecker der Serie in verschiedenen Bereichen weltweit eingesetzt.

Man unterscheidet dabei:

- RJ 11: Ein vierpoliger Western-Stecker, mit dem man das analoge Telefon, ein Modem oder ein Faxgerät an die Anschlussleitung anschließen kann. Eingeführt in den USA von AT&T bzw. dessen Tochter Western Electric gegen Ende der 60er Jahre und von dort aus weltweit verbreitet, lange Zeit nur mit geringer Verbreitung in Deutschland.

  → *TAE*
- RJ 14: Amerikanische, technische Bezeichnung für den vierpoligen Western-Stecker mit zwei Steckverbindungen

rot und grün gekennzeichnet) sind dabei der herkömmliche RJ-11-Stecker, die beiden äußeren Kontakte (schwarz und gelb) bilden zusammen den zweiten Anschluss.

- RJ 45 und 48: Amerikanische, technische Bezeichnung für den achtpoligen Western-Stecker. In Deutschland eingesetzt zum Anschluss von → *ISDN*-Endgeräten an den S_0-Bus. Auch im → *LAN*-Bereich bei → *10BaseT*, → *CDDI* oder → *ATM* sowie bei → *Hubs* verbreitet.

→ *BNC-Stecker*, → *DB-Stecker*, → *SC-Stecker*, → *ST-Stecker*.

RJE

Abk. für Remote Job Entry.

Begriff aus der Frühzeit der Datenkommunikation. Bezeichnet die Technik, dass sich ein Auftrag an ein Rechensystem (ein Job) einer entfernten, über eine Datenleitung angeschlossene Eingabeeinheit zuordnen lässt.

Vorgestellt 1967 als Bestandteil des OS/360-Systems der IBM für die → *IBM /360*.

RKW

Abk. für Rahmenkennungswort.

→ *TDM*.

RL

Abk. für real life.

→ *Chat Slang*.

RLC

Abk. für Reactive Load Control.

rlogin

Kunstwort für Remote Login.

Ein → *Unix*-Terminalemulationsprogramm. Es gehört eigentlich nicht zur Familie der → *TCP* und → *IP*-Protokolle, sondern wurde erst mit dem Berkeley BSD Unix (einer Unix-Variante) eingeführt. Rlogin arbeitet effizienter als → *telnet*, setzt aber eine größere Funktionalität bei den angeschlossenen Terminals voraus.

RLL

Abk. für Radio (in the) Local Loop.

Auch mit RITL abgekürzt. Bezeichnung für die Realisierung des Teilnehmeranschlusses (→ *Endleitung*) für Telekommunikationsdienste mittels Funk. Wird daher auch als drahtloser Teilnehmeranschluss, Wireless Local Loop (WLL) und selten – bei Verwendung entsprechender zellularer Systeme – als Cellular Local Loop (CLL) bezeichnet.

RLL ist überall dort eine Alternative, wo neue Netzbetreiber auftreten, die (noch) nicht über ein teures, kabelgestütztes Ortsnetz verfügen, wenn → *Entbündelung* zu teuer oder vom Regulierer nicht vorgesehen ist oder aber die zu versorgenden Regionen nur dünn besiedelt sind (lange Anschlussleitungen).

An derartige Systeme lassen sich, je nach Konfiguration, nicht nur in Privathaushalten Endgeräte anschließen, sondern ebenso kleine Nebenstellenanlagen oder öffentliche Telefonzellen.

Prinzipiell lassen sich folgende drei Kategorien von RLL unterscheiden:

- Schmalbandige Systeme, die Sprachtelefonie und einige Dienstmerkmale (→ *Dienst*) ermöglichen. Derartige Systeme werden vor allem in solchen Ländern eingesetzt, in denen noch keine drahtgebundene Infrastruktur vorhanden ist. Beispiele für Standards in diesem Bereich sind:
  - Mobilfunkstandards: → *GSM*, → *NMT 450*.
  - Schnurlostelefoniestandards: → *DECT*, → *CT2*, → *PACS*, → *PHS*.
- Flexible, breitbandigere Systeme, die primär für Sprachtelefonie, aber auch für Datentransfers über mehrere Kanäle zu je 64 kbit/s geeignet sind und mehrere bis viele Dienstmerkmale umfassen. Über derartige Systeme können auch Nebenstellenanlagen angeschlossen werden. Eingesetzt werden sie häufig auch in wettbewerbsintensiven, liberalisierten Märkten. Hierfür gibt es mehrere proprietäre Standards, die auf → *Richtfunk* basieren.
- Breitbandige Systeme, die auch Dienste wie z.B. Kabelfernsehen ermöglichen. Ein Beispiel für einen technischen Standard ist → *LMDS*.

Parameter bei der Konzeption eines RLL sind:

- Erwartete Teilnehmer- und Verkehrsdichte (Innenstadt, Vorort, ländliche Gebiete)
- Zu erbringende Dienste (nur Sprache, Sprachübertragung mit → *ISDN*-Funktionalität, volle ISDN-Funktionalität inkl. Datenübertragung mit 64 kbit/s, Breitbanddienste, lokale Mobilität)
- Ausbaumöglichkeiten unter Berücksichtigung der erwarteten Entwicklung
- Blockierungswahrscheinlichkeit

In der Verfügung Nr. 51/1997 (Amtsblatt Nr. 5/1997) gab das → *BMPT* bestimmte Frequenzbereiche für Nutzer der Lizenzklasse 3 (→ *Telekommunikationsgesetz*) zur Nutzung als RLL frei und definierte bestimmte Rahmenbedingungen für ihre Nutzung. Danach stehen zur Nutzung mit → *DECT*-Systemen die Frequenzen 1 880 bis 1 900 MHz sofort zur Verfügung. Darüber hinaus stehen für Punkt-zu-Mehrpunkt-Systeme, die auf Richtfunksystemen basieren (z.B. LMDS), die Frequenzen 2,54 bis 2,67 GHz, 3,4 bis 3,6 GHz und 24,5 bis 26,5 GHz zur Verfügung. Seit dem Jahre 2000 kann, nach Verlegung des lange Zeit in diesem Frequenzbereich abgewickelten Richtfunks, auch der Bereich 1 900 bis 1 920 MHz genutzt werden.

International gesehen ist aus ähnlichen Gründen RLL überall dort eine Alternative, wo die Verlegearbeiten für Kabel zu teuer sind, wo Kabel wegen ihres Kupfers zu häufig gestohlen werden (Südafrika, diverse Nachfolgestaaten der Sowjetunion) und wo ein Anschluss von Teilnehmern besonders schnell zu erfolgen hat.

Neben den hier beschriebenen Systemen für bidirektionale Kommunikationsdienste werden auch drahtlose Systeme für Rundfunkdienste diskutiert, z.B. → *MMDS*.

RM

1. Abk. für Referenzmodell.
   Selten benutzte Abk. für das → *OSI-Referenzmodell.*
2. Abk. für Resource Management.

RMI

Abk. für Remote Method Invocation.
Bezeichnung für eine Kommunikationstechnik zwischen in der Programmiersprache → *Java* definierten Objekten (→ *OO*) bislang auf Basis von → *RPC* als Transportmechanismus, die nun jedoch vermehrt durch → *CORBA* ersetzt wird.

RMON, RMON 2

1. Abk. für Remote Monitoring, Fernüberwachung.
2. Abk. für Remote Network Monitoring.
   Bezeichnung eines in RFC 1757 definierten Protokolls zum Netzmanagement eines → *Ethernet*-Teilnetzes (→ *Token-Ring*: RFC 1743). RMON definiert dabei neun Klassen von Daten, die erfasst werden können. Sie beziehen sich auf Vorgänge in den unteren Schichten des → *OSI-Referenzmodells.* Dabei wird → *SNMP* genutzt, um die erfassten Daten an eine zentrale Stelle zu übertragen, da RMON auf den → *Switches* läuft und dort die auszuwertenden Daten erhebt.
   RMON 2 ist dabei ein Protokoll, das sich auf höhere Schichten des OSI-Referenzmodells erstreckt und auch dort Daten zum Netzmanagement erhebt.

RN

Abk. für Remote Node.

RNA

Abk. für Remote Network Access.
Bezeichnung für die Möglichkeit, über beliebige Übertragungsmedien, z.B. analoges Telefonnetz oder digitales → *ISDN*, transparente Netzverbindungen herzustellen.

RNC

Abk. für Radio Network Controller.
Ein Teil des → *ACC.*

RNG

Abk. für Radio Network Gateway.
Ein Teil des → *ACC.*

RNT

Abk. für Radio Network Termination.
In drahtlosen → *Zugangsnetzen* (Radio in the Local Loop, → *RLL*) die Bezeichnung für den Netzabschluss des funktechnischen Teils des Netzes, d.h. die Anschlusseinheit am Ort des Nutzers.

ROA

Abk. für Recognized Operating Agency.

Road Warrior

→ *Tele-Working.*

Roaming

Von engl. to roam = wandern, umherstreifen, herumstreunen.
Eigenschaft von Mobilfunknetzen (z.B. nach dem → *GSM*-Standard). Bezeichnet die Möglichkeit mobiler Nutzer, permanent unterwegs und erreichbar zu sein, dank der Fähigkeit des Netzes zur automatischen Lokalisierung von Teilnehmern in analogen und digitalen, zellularen Mobilfunknetzen, wenn sich diese durch mehrere Zellen und auch Netze (internationales Roaming) hindurchbewegen.
Netzbetreiber verschiedener Netze müssen sog. Roaming-Abkommen geschlossen haben und Daten zwischen → *HLR* und → *VLR* austauschen, damit internationales Roaming ermöglicht wird. Voraussetzung dafür ist eine Verbindung beider Netze durch ein Netz zum Austausch von Signalisierungsinformationen mit Hilfe von → *SS#7.* Diese Verbindung kann z.B. über eine → *Standleitung* (terrestrisch oder Satellit) oder ein → *X.25*-Netz erfolgen.
Roaming-Abkommen zwischen zwei Netzbetreibern werden im Rahmen von Verhandlungen abgeschlossen und durch spezielle Test verifiziert. Ein Roaming-Abkommen besteht üblicherweise aus drei Teilen:

- Eigentlicher Roaming-Vertrag: Allgemeine Angaben über die Vertragspartner und den Gegenstand des Vertrages.
- Gemeinsamer Anhang (Common Annex): Anhang mit detaillierten Vertragsinhalten, die für beide Vertragsparteien verbindlich sind.
- Individueller Anhang (Individual Annex): Anhang mit detaillierten Vertragsinhalten, die nur für eine Vertragspartei verbindlich sind und auf spezielle, z.B. technische, Gegebenheiten eingeht.

Die technischen Tests folgen nach der Einrichtung einer SS#7-Verbindung zwischen beiden Netzen und müssen den Vorgaben der GSM IREG und der GSM TADIG entsprechen. Die GSM IREG hat verschiedene technische Tests definiert, die in einer bestimmten Reihenfolge durchzuführen sind. Anschließend folgen Tests der GSM TADIG zur Überprüfung der Übermittlung von Gebührendaten.
Im laufenden Betrieb werden praktische Roaming-Tests mit originalen → *SIMs* von den Roamingpartnern durchgeführt. Dafür erhält jeder Roamingpartner einige SIMs des anderen für periodische, automatische Tests.
Da das gesamte Verfahren sehr zeitaufwendig sein kann und üblicherweise nur ein Bruchteil des Verkehrs in einem GSM-Netz durch Roaming entsteht, hat die → *GSM-MoU-Association* ein neues Verfahren vorgeschlagen, bei dem ein Netzbetreiber lediglich einen einzigen Roaming-Vertrag mit einer sog. Roamingplattform abschließt. Über diese Roamingplattform erhalten seine Kunden automatisch Zugang zu allen anderen an der Roamingplattform beteiligten Netzen.
Üblicherweise unterhält ein Netzbetreiber nur Roaming-Abkommen mit Netzbetreibern außerhalb seines geografischen Marktes. Unter National Roaming versteht man hingegen ein Roaming, bei dem Roaming-Abkommen zwischen Netzbetreibern geschlossen werden, die ihre Dienste im gleichen geografischen Gebiet anbieten und deren Netze

sich u.U. sogar überdecken. Der Grund hierfür kann in der besseren Kapazitätsauslastung liegen oder darin, dass ein Netzbetreiber sein Netz erst aufbaut, wohingegen der andere bereits ein landesweites Netz besitzt. Beim Verlassen des Netzes des einen Betreibers und Eintreten in das Netz des anderen Betreibers kommt es jedoch nicht zum → *Handover*, so dass die Verbindung abbricht und (über das neue Netz) erneut gewählt werden muss.
Von Plastic Roaming spricht man in einigen Ländern, z.B. Indien, in denen der nationale Regulator keine landesweiten Lizenzen, sondern nur regionale oder lokale Lizenzen vergeben hat und sich der Nutzer in andere Netze nur mit Hilfe einer weiteren → *SIM*-Card aus Plastik einwählen kann.

Robbie

Bezeichnung für einen fiktiven Computer bzw. mobilen → *Roboter* aus dem Science-Fiction-Film „Forbidden Planet" (USA 1956, Regie: Fred M. Wilcox, deutscher Titel: „Alarm im Weltall"), der menschliche Sprache verstand und selbst distinguierte menschliche Sprache wiedergeben konnte.
→ *HAL 9000*.

Robert's Law

In Anlehnung an → *Moore's Law* entwickelter Ausspruch, der besagt, dass sich die pro Geldeinheit verfügbare Rechenkapazität alle 21 Monate verdoppelt.
Die Aussage wurde von Lawrence ‚Larry' Roberts getroffen. Er ermittelte 1969 (als er mit die Anfänge des → *Internet* beeinflusste) auf der Basis von 59 existierenden oder angekündigten Computern der Jahre 1958 bis 1972 eine Verdopplung der Rechenkapazität einer CPU für alle 18,6 Monate. Ein Review seiner Arbeiten im Jahre 1999 auf der Basis von PC-Technologie führte zu einer Korrektur auf 21 Monate.
→ *Roth's Law*.

Roboter

Zunächst Begriff für menschenähnliche, automatische Maschinen, später nur noch für bewegliche automatische Maschinen (Industrieroboter).
Abgeleitet aus dem ungarischen Begriff für Schwerarbeiter. Der Ausdruck wurde 1922 durch den Tschechen Karel Capek eingeführt, der das Stück „Rossum Universal Robot" schrieb.
1961 ließ sich George C. Devol ein Gerät zur automatischen Abarbeitung von Arbeitsschritten patentieren. Es wurde zuerst in der automatischen Fertigung von Bildröhren für TV-Geräte eingesetzt.
1972 wurde das erste Unternehmen, welches sich ausschließlich mit Robotern beschäftigt, gegründet: die Unimation Inc.
Weiter Einsatz von Industrierobotern erfolgte in der industriellen Produktion seit Anfang der 80er Jahre, insbesondere in der Automobilindustrie.
Trotz aller Euphorie hat sich der Einsatz von Robotern nicht so dramatisch entwickelt wie vorhergesagt. Der weltweite Markt erreichte seine Spitze um 1987 und schrumpft seither langsam. Der Grund dafür ist darin zu suchen, dass bestimmte Tätigkeiten sich nicht in gewünschtem Maße automatisieren lassen (Tief-, Hoch-, Flugzeug- oder Schiffbau) und dass die Programmierung und Wartung von Industrierobotern sehr aufwendig ist. Selbst die ‚Vorstufe' von Robotern, → *CNC*-Maschinen, verbreiteten sich nicht wie erhofft.
→ *http://www.frc.ri.cmu.edu/robotics-faq/*
→ *http://www.tuwien.ac.at/igw/lva/fit00/gr02/*

Rockwell Technology

Auch nur 56K, 56K Flex oder K56 Flex genannt. Bezeichnung für einen proprietären Standard aus dem Hause Rockwell für ein → *Modem*, das mit einer Übertragungsleistung von 56 kbit/s Daten empfangen und mit 33,6 kbit/s senden kann. Dieser Standard wurde gemeinsam mit → *Motorola* und → *Lucent* entwickelt und 1996 vorgestellt.
Voraussetzung für die Nutzung eines derartigen Modems ist, dass der Nutzer an eine digitale Vermittlungsstelle angeschlossen ist.
Im Gegensatz zu herkömmlichen Modems werden die zu übertragenden Daten nicht als digital modulierte Wellenform (Pfeifton) über die analoge Anschlussleitung übertragen, sondern als einer von 256 möglichen Spannungswerten, die vom A/D-Wandler in der Teilnehmervermittlungsstelle erfasst werden können (→ *A/D*). Jeder dieser Werte kann bis zu 8 Bit an Informationen codieren.
Da der Wandler 8 000 mal pro Sekunde die eingehende Leitung auf den Signalpegel hin prüft, können theoretisch 8 000 1/s * 8 bit = 64 000 bit/s übertragen werden. Es werden jedoch nur 7 bit je Signalpegel verwendet, so dass sich 8 000 1/s * 7 bit = 56 000 bit/s ergeben.
Es handelte sich um einen von zwei konkurrierenden Standards. Der andere war der kurz zuvor vorgestellte → *X2*.
Beide wurden im Februar 1998 abgelöst durch → *V.90*.
→ *http://www.rockwell.com/*

Röhrenkabel

Bezeichnung für eine spezielle Verlegungstechnik für Kabel, im Gegensatz zu → *Erdkabeln*.
Dabei werden die Kabel locker in einem Kabelschacht (Kunststoffrohr) verlegt.
Vorteil: leichte Auswechselbarkeit, geringe Wartungskosten, Möglichkeit zur Druckluftüberwachung.
Nachteil: höhere Verlegekosten und höherer Aufwand bei Erstverlegung.

ROLAP

Abk. für Relational Online Analytical Processing.
Bezeichnung für ein Analyseverfahren für große Datenbestände (→ *OLAP*). Es hat im Gegensatz zu → *MOLAP* seine Stärke bei Datenbeständen, die nur lose zueinander in Beziehung stehen oder völlig unabhängig voneinander sind.

ROM

Abk. für Read Only Memory.
Selten auch Festspeicher oder Festwertspeicher genannt. Bezeichnung eines nicht-flüchtigen Nur-Lese-Speichers in Rechenanlagen. Der Inhalt bleibt auch nach Abschalten der Stromversorgung erhalten.

Bei Flash-ROMs (auch genannt Flash-Memory) kann der Inhalt bei Bedarf geändert werden. Bis zu rund 1 000-fach kann der Speicherbaustein neu beschrieben werden.

→ *RAM*, → *PROM*, → *EPROM*.

Root

1. Ganz allgemein in hierarchischen, stern- oder baumstrukturierten Systemen das höchste einzelne Element. Auch Wurzel genannt.
2. Konkret in Dateisystemen die Dateiwurzel.
3. In sternförmig organisierten LANs der zentrale → *Hub*, an den alle anderen angeschlossen sind.

   → *StarLAN*, → *VG-AnyLAN*.

ROP

Abk. für RISC Operations.

→ *RISC*.

ROR

Abk. für Rate of Return.

ROS

Abk. für Relational OLAP System.

→ *OLAP*.

Rosa Riese

Scherzhafte Bezeichnung in manchen Medien für die Deutsche Telekom, die als Unternehmensfarbe den Farbton Magenta (eine Farbe, die einen gleichen Anteil von jeweils Blau und Rot hat) gewählt hat.

ROSE

Abk. für Remote Operations Service Elements.

Ein Serviceelement auf Schicht 7 des → *OSI-Referenzmodells* aus der Gruppe der → *CASE*. ROSE ermöglicht die Ausführung von Aktionen in einem Netzelement, die von der Ferne her initiiert wurden.

RosettaNet

Bezeichnung für ein ursprünglich von Halbleiterherstellern gegründetes Konsortium mit dem Ziel der Definition von Standards für den elektronischen Handel (E-Commerce, → *E-Business*) innerhalb dieser Branche, wodurch ein → *elektronischer Marktplatz* aufgebaut werden kann.

Mittlerweile hat sich RosettaNet allgemein zu einem Konsortium aus dem High-Tech-Bereich gewandelt, dessen Standards auch außerhalb dieser Gruppe weite Verbreitung gefunden hat.

Die Standards von RosettaNet bauen auf → *XML* auf und umfassen mittlerweile den gesamten Prozess:

- Product Introduction
- Marketing Management
- Order Management
- Inventory Management
- Service & Support

→ *http://www.rosettanet.org/*

ROSI

Abk. für Radio Signalling Protocol.

→ *Mobitex*.

Rotary-Wähler

Bezeichnung eines elektromechanischen Wählers, der in seiner Urform im Jahre 1926 entwickelt wurde. Vorgestellt von der Bell Telephone Manufacturing Company (später ITT) in Antwerpen. Er verfügte über ein 10 * 30-teiliges Kontaktfeld.

Auf Basis dieses Wählers wurden bis in die 60er Jahre hinein Vermittlungsstellen gebaut.

Die ITT hat ihre Vermittlungssysteme in der Reihenfolge ihrer Entwicklung durchnumeriert. Dabei war das System Nr. 7 ein System mit Rotary-Wählern.

Als Nachfolgesystem der ITT gilt → *Pentaconta*.

Rotationslänge

→ *Polarisationsmodendispersion*.

Rotbuch

→ *Red Book*.

ROTFL

Abk. für Rolling on the floor, laughing.

→ *Chat Slang*.

Roth's Law

In Anlehnung an → *Moore's Law* entwickelter Ausspruch, der besagt, dass sich die verfügbare Glasfaserbandbreite pro investierter Geldeinheit alle neun bis zwölf Monate verdoppelt.

Eine andere (namenslose) Berechnung ergab, dass sich bei herkömmlicher → *Modem*-Technologie die Datenrate für kommerziell erhältliche Modems alle 1,9 Jahre (ca. 22,8 Monate) verdoppelt.

Die Aussage wird dem Vorstandsvorsitzenden John Roth von → *Nortel Networks* zugesprochen, die dieser gegen Ende der 90er Jahre angesichts aufkommender Technologien wie → *WDM* gemacht hat.

→ *Robert's Law*.

Round Robin

Bezeichnung eines Zuteilungsalgorithmus, im Deutschen auch als zyklische Suche bezeichnet. Ganz allgemein ein Verfahren der Zuteilung begrenzter Ressourcen bei → *Wartesystemen*.

Der Algorithmus wird z.B. bei der Internprogrammierung (→ *Betriebssystem*) von Rechenanlagen als Strategie für die Zuteilung von Betriebsmitteln eingesetzt. Er kommt darüber hinaus im → *LAN*-Bereich als Zugriffsmechanismus (→ *MAC*-Sublayer der Schicht 2) zum Einsatz, z.B. bei → *VG-AnyLAN*.

Das Prinzip beruht auf einer Prüfung „der Reihe nach" aller in Frage kommenden Einheiten. Können z.B. 50 an einen → *Hub* angeschlossene Stationen senden, von denen 15 einen Sendewunsch beim Hub angemeldet haben, dann werden, sobald die Möglichkeit des Sendens besteht, diese Stationen nicht nach der → *FIFO*-Strategie abgearbeitet, sondern es wird mit der Station der niedrigsten Ordnungsnummer angefangen, dann folgt die zweitniedrigste etc.

Bei der Abarbeitung von Aufträgen in Warteschlangen wird jedem Auftrag in der Warteschlange eine bestimmte Zeitspanne *t* zugewiesen. Ist nach dieser Zeit der Auftrag nicht abgearbeitet, wird er zurück in die Warteschlange an seine alte Position eingereiht und der nächste Auftrag wird für die Dauer *t* bedient.

Ursprünglich bezeichnete dies auch das Verfahren bei der Unterzeichnung von Verträgen, die Unterzeichner ihre Unterschriften kreisförmig unter dem Vertrag anordnen zu lassen, so dass alle gleichberechtigt auftreten konnten und niemand als eindeutiger Führer oder Privilegierter erschien.

Eine weitere Bezeichnung ist in GB die des Kinderabzählreims, bei dem im Kreise der Kinder nach einem Spruch abgezählt wird.

Round Trip Delay

Manchmal abgekürzt mit RTD. Auch genannt Round Trip Time (RTT).

1. Englische Bezeichnung für die maximale Umlaufzeit eines Datenpaketes in einem → *LAN*. Viele LANs lassen nur maximale Entfernungen zwischen zwei Stationen zu. Diese ergeben sich aus der Übertragungsgeschwindigkeit des Netzes und der maximalen Zeit, die Stationen das Medium abhören (bei → *CSMA/CD*), um festzustellen, ob eine andere Station bereits sendet.
2. Bezeichnung eines Gütemaßes in der Telekommunikation, angegeben in Millisekunden, ms. Der Round Trip Delay bezeichnet bei paketvermittelten Netzen (→ *Paketvermittlung*) die Zeit, die zwischen der Übergabe des ersten zu sendenden Bits vom Sender an das Übertragungsnetz bis zur Übergabe des letzten gesendeten Bits vom Übertragungsnetz an den Empfänger vergeht.

So definiert durch die → *ETSI* im ETR 138.

Router

Selten auch in Deutschland Datenpaketvermittler genannt. Der Begriff wird in verschiedenen Zusammenhängen leicht unterschiedlich verwendet. Allen Verwendungen gemein ist die Bezeichnung einer technischen Einrichtung mit Vermittlungszwecken (in diesem Fall → *Routing* genannt) in Netzknoten von paketvermittelnden Netzen (→ *Paketvermittlung*).

Der Router wertet in den Datenpaketen enthaltene Adressierungsinformationen aus und ermittelt anhand von Routingtabellen den günstigsten weiteren Weg. Anhand dieser Information wird entschieden, was mit dem Paket weiterhin geschieht, in welche Richtung es also weitergesendet wird.

Die Routingtabellen werden fest vorgegeben (einprogrammiert; eher selten), oder der Router ermittelt sie selbst aus Statistiken. Für die statistischen Daten sorgen → *Routingprotokolle*, die im Netz auf den Routern selbst laufen. Sie sammeln im Netz Informationen über das Netz und seine → *Netztopologie* und stellen diese Daten dem Router zur Auswertung zur Verfügung. Diese Funktionen sind in den Routern selbst enthalten und werden von den Routerherstellern oft mitgeliefert.

Die Router tauschen diese Informationen mit Hilfe bestimmter Protokolle auch untereinander aus, wobei zu beachten ist, ob sie zu dem gleichen autonomen Netz (→ *AS*) oder Teilnetz (Interior Routing Protocol, → *IRP*) oder zu verschiedenen autonomen Teilnetzen gehören (Exterior Routing Protocol, → *ERP*).

Leistungskennzahl eines Routers ist der Durchsatz, der entweder in Paketen/Sekunde (dann legt der Hersteller gerne

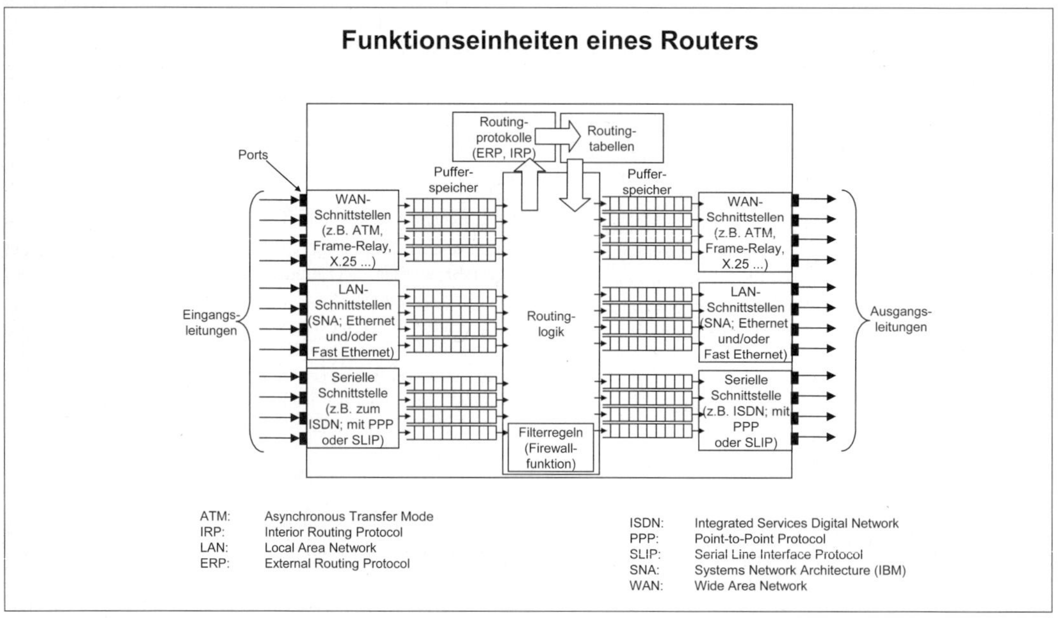

kurze Pakete zugrunde) oder in Byte/Sekunde (dann legt der Hersteller gerne lange Pakete wegen des geringeren Management-Overheads zugrunde) angegeben wird.

Ferner hängt die Leistung eines Routers von der Bearbeitungszeit für ein Paket und die Zeit zwischen den Bearbeitungen zweier Pakete ab. Beides addiert sich zur Verweilzeit der Pakete im Router, die zwischen 250 und 1 800 µs beträgt.

Der Begriff Router kann auf verschiedene Arten weiter konkretisiert werden:

1. Im → *OSI-Referenzmodell* ist der Router ein Vermittlungsrelais, welches mehrere physisch verschiedene und auf Schicht 2 unterschiedliche Netze mit gemeinsamen Schicht-3-Funktionen verbindet. Dabei werden nicht alle Datenpakete eines Segments geprüft und ggf. in das andere angeschlossene Netz übertragen, sondern nur die Pakete, die auch an den Router adressiert (→ *MAC*-Adresse des Routers) sind. Dies unterscheidet den Router von der → *Bridge*. Daraus folgt weiter, dass die sendende Station wissen muss, dass die empfangende Station sich nicht im gleichen Netzsegment befindet.

   → *Gateway*, → *Repeater*, → *Bridge*.

2. Im → *Internet* ist Router die Bezeichnung für die Vermittlungsrechner in Netzknoten, die → *IP*-Adressen auswerten. Die Router kommunizieren mit verschiedenen → *Routingprotokollen* untereinander zum Austausch von Informationen (→ *BGP*, → *ERP*, → *IRP*) über den Netzzustand.

Route Survey

→ *Unterwasserkabel*.

Routine

Auch Subroutine, Subprogramm, Unterprogramm, Prozedur oder Funktion genannt.

Bei → *Programmiersprachen* die Bezeichnung für klar abgegrenzte Funktionseinheiten innerhalb eines Programms, die spezielle Funktionen erfüllen und bei Bedarf aufgerufen werden können.

Routing

1. Eine Funktion der Schicht 3 im → *OSI-Referenzmodell* bei paketvermittelter Datenübertragung durch ein Netz (→ *Paketvermittlung*). Die Geräte, in denen entsprechende Verfahren implementiert sind, werden als → *Router* bezeichnet. Die Verfahren selbst werden als → *Routingprotokoll* bezeichnet. Man unterscheidet dabei grundsätzlich zwei verschiedene Verfahren:

   - Verbindungsloses Routing, auch dynamisches Routing genannt. Jedes zu übertragende Datenpaket wird in jedem Router erneut einzeln geroutet; verlorene Datenpakete werden wiederholt.
   - Pfadorientiertes Routing, auch statisches Routing genannt. Der Weg wird einmal beim Verbindungsaufbau festgelegt, Rahmen werden geordnet übertragen und nicht wiederholt. Eine bestimmte Bandbreite muss dafür reserviert werden.

   Bei Ersterem ist eine hohe Zuverlässigkeit gegeben, wogegen bei Zweitem Datenverluste möglich sind. Die Verzögerung der Daten (→ *Delay*) hängt bei Ersterem von der Güteklasse des gewählten Dienstes (→ *QoS*) und der Anzahl der durchlaufenen Router ab. Bei Letzterem hangt er vom gewählten Pfad ab (Pfadlänge). Die Verzögerungsänderungen (Varianz, → *Jitter*) sind bei Ersterem variabel, beim Zweiten sind ebenfalls geringe Ände-

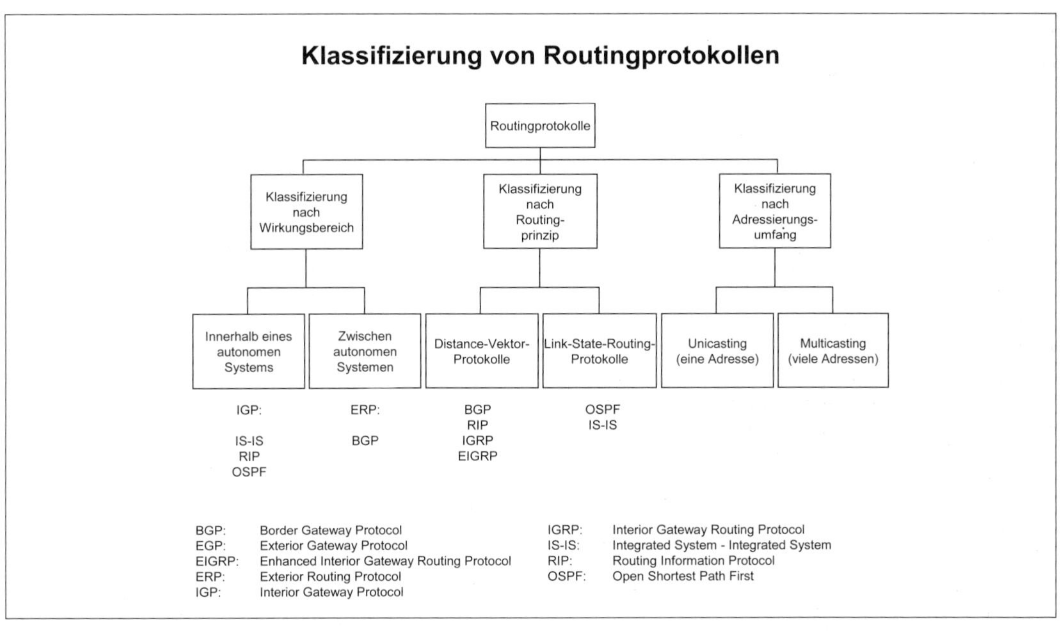

rungen möglich. Verbindungsloses Routing unterstützt Daten optimal, pfadorientiertes Routing hingegen Daten, Sprache und Video gleichermaßen.

→ *RIP*, → *Hop*.

2. In der Nebenstellentechnik das Weiterleiten von eingehenden Anrufen in einem → *Call Center* zu einem → *Agenten* oder zu einem anderen Call Center einer dafür beauftragten Service-Agentur oder einer Filiale. Ziel ist das Vermeiden von Endloswarteschlangen für Kunden.

   Das Routing wird dabei von einer → *ACD*-Anlage vorgenommen.

Routingprotokoll

Bezeichnung für Verfahren, die in einem → *Router* das → *Routing* realisieren. Dabei können von Routingprotokollen verschiedene Aufgaben übernommen werden:

- Das korrekte Weiterleiten eingehender Datenpakete auf abgehenden Verbindungen in Abhängigkeit einer Adressinformation (Zieladresse) und von Wegeleitinformationen, die in sog. Routingtabellen abgelegt sind. Dies ist der eigentliche Routingvorgang, dann auch nur Routing genannt.
- Das Sammeln und Auswerten von statistischen Informationen über Netzauslastung, Fehlermeldungen, Datenverlusten und über die Netztopologie zur Erstellung der Routingtabellen.
- Das gezielte Weiterleiten eigener Informationen über Netzauslastung, Fehlermeldungen, Datenverlusten und über die Netztopologie zu anderen Routern.
- Routingfremde, aber unterstützende Aufgaben, wie z.B. die Identifizierung und Authentifizierung fremder Router oder die Verschlüsselung von sensitiven Daten (Routingtabellen).

Ein Routingprotokoll ist als Software realisiert und läuft auf einem Router. Der Bereich, aus dem Informationen zum Routing ausgewertet werden, ist begrenzt. Innerhalb dieses Bereiches, genannt autonomes System (→ *AS*), wird eine eigene Routingstrategie (auch Routing Policy genannt) angewendet.

Routingprotokolle können nach drei verschiedenen Kriterien klassifiziert werden:

- Klassifizierung nach dem Wirkungsbereich: Nur innerhalb eines autonomen Systems (Interior Routing Protocol, → *IRP*) oder zwischen autonomen Systemen (Exterior Routing Protocol, → *ERP*).
- Klassifizierung nach dem Routingprinzip:
  - Distance-Vektor-Protokolle werten einen optimalen Pfad durch ein Netz anhand einer Metrik aus. Diese kann für einen bestimmten Pfad errechnet werden und sich aus verschiedenen Parametern ableiten. Im einfachsten Fall wird die Anzahl der zu durchlaufenden Router gezählt (Hopcount), bei komplizierteren Anwendungen werden auch Größen wie → *Delay* oder Paketverlustrate ausgewertet.

    Beispiele für derartige Protokolle sind → *BGP*, → *RIP*, IGRP, → *EIGRP* und → *DUAL*.
  - Link-State-Protokolle informieren benachbarte Router über andere benachbarte Router, vorhandene Verbindungen und deren Status. Daraus kann jeder Router eine Link-State-Tabelle generieren, die zusätzlich zur Routingtabelle geführt wird. Mit Hilfe von mathematischen Verfahren (Dijkstra-Algorithmus) kann aus der Link-State-Tabelle eine optimale Routingtabelle generiert werden.

    Bei diesen Verfahren ist die Trennung von Erstellen der für eine Routingentscheidung notwendigen Daten und der Routingentscheidung selbst am deutlichsten zu erkennen.

    Beispiele für derartige Protokolle sind → *IS-IS* und das ähnliche → *OSPF*.
- Klassifizierung nach dem Adressierungsbereich: → *Unicast* oder → *Multicast*.

Routingprotokolle können nach folgenden Kriterien bewertet werden:

- Schnelle Konvergenz: Ändert sich die Netztopologie (z.B. durch Ausfall eines oder mehrerer Router), so sollte diese Änderung schnellstmöglich detektiert werden. Ferner sollte das Routingprotokoll die Information schnellstmöglich über alle betroffenen Router verteilen. Konvergenz ist erreicht, wenn alle Router in ihren Routingtabellen die Änderung der Netztopologie berücksichtigt haben.
- Möglichkeit der Subnetzbildung: Besteht die Möglichkeit der Definition von hierarchischen Teilnetzen erleichtert dies die Lastverteilung und Fehlersuche, insbesondere in sehr großen Netzen.

Bei der Auswahl von Routingprotokollen im Rahmen eines Netzdesigns haben sich einige Regeln als hilfreich herausgestellt. So ist es zweckmäßig, in einem Netz idealerweise nur ein einziges Routingprotokoll zu verwenden. Dies vermeidet unnötigen Mehraufwand bei der Fehlersuche, beim weiteren Ausbau des Netzes und bei anderen Aufgaben im Rahmen des Netzmanagements.

Für kleine und mittlere Netze wird häufig OSPF favorisiert. IS-IS wird bei derartigen Netzen verwendet, wenn es zwingende Gründe gegen die hierarchische Struktur von OSPF gibt.

Bei großen Netzen, die als Backbone-Netz andere Netze verbinden, wird fast ausnahmslos auf BGP gesetzt.

Neben diesen allgemeinen Regeln ist es aber auch wichtig, den Einsatzzweck, die Größe, die bisher existierende Infrastruktur und die Dienstanforderungen an ein Netz im Einzelfall zu analysieren. Insbesondere proprietäre Protokolle von Routerherstellern können dann eine optimale Lösung darstellen.

RP

1. Abk. für Reference Point.
2. Abk. für Remote Programming.

   Bezeichnung für Techniken, bei denen, im Gegensatz zum Einsatz von → *RPC*, zwischen dem Client und dem → *Server* nicht eine permanente Verbindung besteht, sondern nur einmalig Daten und Prozeduren zu deren

Verarbeitung vom Client zum Server transferiert und dort selbständig bearbeitet werden.

3. Abk. für Radio Port.
   → *PACS.*

RPC

1. Abk. für Remote Procedure Call.
   Der Begriff wird in zwei Zusammenhängen ähnlich verwendet.
   - Allgemein die Bezeichnung für einen Kommunikationsmechanismus zwischen einem Client und einem → *Server.*
     Viele Softwarehersteller bieten dafür spezielle Verfahren unter der Bezeichnung RPC an, um die Netzlast in → *LANs* oder → *WANs*, die durch Client/Server-Strukturen generiert wird, zu verringern. Hierzu gehören z.B. Kompressionsverfahren.
     Prinzipiell handelt es sich um eine einfache und frühe Form von → *Middleware.*
   - Speziell ein im → *Internet* verwendetes Protokoll aus der Sitzungsschicht der → *TCP* und → *IP*-Architektur. Es dient zur Kommunikationssteuerung, insbesondere in verteilten Systemen, und nutzt anstelle von TCP → *UDP.*
     → *RP*

2. Abk. für Root Path Costs.
   → *Spanning Tree.*

RPCU

Abk. für Radio Port Controller Unit.
→ *PACS.*

RPE

Abk. für Radio Paging Equipment.

RPE-LTP

Abk. für Regular Pulse Excitation with Long Term Prediction.
Ein digitales → *Quellcodierungs*verfahren für die Übertragung digitalisierter Sprache über Funkkanäle. Genutzt z.B. bei → *GSM*; dort definiert in der Empfehlung 6.10.
Das → *RELP*-Verfahren wird dabei durch adaptive Unterabtastung und Langzeitprädiktion verbessert. Das Verfahren wurde von IBM und Philips entwickelt und 1988 standardisiert. Es gilt als eine Kombination der Verfahren RPE-LPC und MPE/LTP. Es ermöglicht mit 13 kbit/s fast gleichwertige Sprachqualität wie ein 64-kbit/s-PCM-Signal. In einer ersten Stufe (Linear Prediction Code, LPC) wird das Sprachsignal innerhalb von 20 ms 160-mal abgetastet. Jeder Abtastwert wird dabei mit 13 Bit codiert. Mit einem speziellen Verfahren (Schur-Rekursionsalgorithmus) werden acht sog. Reflexionskoeffizienten ermittelt, die in an das menschliche Gehör angepasste logarithmische LAR-Koeffizienten umgerechnet werden (Log-Area-Ratio).
Anschließend wird je Datensatz für 20 ms eine weitere Datenreduktion durch lineare Interpolation zwischen den LAR-Werten vorgenommen. In einem zweiten Schritt (LTP, Long Term Prediction) wird wiederum eine Datenreduktion durchgeführt, indem die Werte benachbarter Blöcke zu je 20 ms miteinander verglichen werden. Eine Umrechnung mit Hilfe einer Kreuzkorrelationsfunktion sorgt für eine Datenreduktion. Die technische Realisierung des gesamten Verfahrens erfolgt durch Signalprozessoren (→ *DSP*), die diesen Prozess in einer Zeit von rund 57,5 ms durchführen.

RPM

1. Abk. für Radio Packet Modem.
   Bezeichnung eines → *Modems* aus dem Hause Motorola, welches das → *RP-LAP* realisiert und in entsprechenden mobilen Datenfunknetzen (z.B. → *DataTAC*) eingesetzt wird.
2. Abk. für Reichspostministerium.
   Der Vorläufer des → *BMPT.*
3. Abk. für Rounds per Minute.
   Englische Bezeichnung für Umdrehungen pro Minute (U/min).

RPOA

Abk. für Recognized Private Operating Agencies.
Ein Begriff aus dem Statut der → *ITU*, der privatwirtschaftliche Betreiber von Telekommunikationsnetzen von öffentlichen Betreibern abgrenzt.

RPU

Abk. für Radio Port Unit.

RPZ

Abk. für Reichspostzentralamt.
Bezeichnung der obersten deutschen post- und fernmeldetechnischen Behörde von 1928 bis 1945. Es ging 1928 aus dem Telegraphentechnischen Reichsamt (TRA) hervor und zählt somit zu den Wurzeln des → *FTZ.*

RQMS

Abk. für Reliability and Quality Measurement System.

RR

Abk. für Radio Regulations, Funkvorschriften.

1. Bezeichnung für das Regelwerk der → *CCIR* bzw. mittlerweile der ITU-R (→ *ITU*), das international für die Unterzeichner des Internationalen Fernmeldevertrages (→ *IFV*) Verfahren zur Frequenzverteilung verbindlich festlegt und bestimmte Frequenzbereiche global bestimmten Diensten/Anwendungen/Betreibern zuweist. Ferner sind grundlegende Maßnahmen zur Vermeidung von Störungen und Regeln zur Abwicklung internationalen Funkverkehrs festlegt.
   Damit liefert die RR Vorgaben, welche die Unterzeichnerstaaten im Rahmen ihrer → *Frequenzzuweisung* in nationales Recht umzusetzen haben. Dies gilt jedoch nur für die Nutzungen des Frequenzspektrums, die Nutzungen in Nachbarländern berühren. Eine Nutzung innerhalb eines Landes, die keine anderen Länder beeinflussen würden, wird hiervon nicht berührt.
   Die RR können nur durch die → *WARC* geändert werden und sind ein Anhang zum IFV.

Die deutschsprachige Version wird mit Vollzugsordnung für den Funkdienst (VO Funk) bezeichnet.
Die ersten RR wurden 1906 auf der 1. Funkkonferenz in Berlin statuiert.

2. Bezeichnung von Arbeitsgruppen in Standardisierungsgremien oder regulatorischen Institutionen (z.B. dem → *ERC*), die sich mit den Radio Regulations beschäftigen.

RRB

Abk. für Radio Regulations Board.
→ *ITU*.

RRC

Abk. für Regional Radiocommunication Conferences.
→ *ITU*.

RS

Abk. für Regenerator Section.
Bezeichnung für den Teil einer Leitung, der zwischen zwei → *Regeneratoren* liegt.

RS 1

Abk. für Radiophone Manual System 1.
→ *System 1*.

RS 3

Abk. für Radiophone System 3.
→ *System 3*.

RS-232

Abk. für Recommended Standard (No.) 232.
Schnittstelle aus dem Jahre 1969, damals von der → *EIA* standardisiert. Die EIA hatte ihn zusammen mit den Bell-Labs und anderen Herstellern standardisiert. Auch nach ihrem ursprünglichen Entwickler Centronics-Schnittstelle genannt. Zwischen Centronics-Standard und Versionen der ITU bestehen dennoch geringfügige Unterschiede, die i.A. für die Praxis irrelevant sind.

Der RS-232-Standard wurde oft leicht verändert. Lange Zeit sehr weit verbreitet war die Version C (RS-232 C). 1984 kam es zu einer größeren Revision, sodass der Standard danach offiziell in TIA/EIA-232 E umbenannt wurde.

RS-232 ist eine sehr weit verbreitete, serielle amerikanische Schnittstelle zur Datenübertragung mit geringen Datenraten über sehr kurze Entfernungen (ursprünglich 20 kbit/s, mittlerweile bis 56 kbit/s, Datenraten von 200 kbit/s wurden auch schon erreicht; bis ca. 15 m, größere Distanzen wurden auch schon überbrückt). Die Datenübertragung kann dabei synchron oder auch asynchron erfolgen. RS-232 dient der Verbindung von Datenendeinrichtung (→ *DEE*) und Datenübertragungseinrichtung (→ *DÜE*). Häufig wird RS-232 C auch für den Anschluss von PC-Peripherie wie → *Modem*, Drucker oder → *Maus* genutzt.

International gesehen ist sie fast identisch in den → *ITU*-Empfehlungen → *V.24* (Funktion) und V.28 (elektrische Eigenschaften) genormt. Das amerikanische Verteidigungsministerium übernahm ebenfalls, fast ohne Änderungen, den Standard als Mil-Std-188C. In Deutschland entspricht DIN 66020 ebenfalls dieser Spezifikation.

Der Standard definiert die Bedeutung und Signalpegel sowie das Signaltiming von elektrischen Signalen auf 25 Verbindungsleitungen. Die eigentlichen Daten werden dabei über die Leitungen 2 und 3 (Send und Receive Data) übertragen.

Signalbelegung eines DB-25 Steckers bei RS-232

Pin #	Signal	Abkürzung
1	Schutzerde	
2	Transmit Data	TxD
3	Receive Data	RxD
4	Request to Send	RTS
5	Clear to Send	CTS
6	Dataset Ready	DSR
7	Signal Ground	
8	Data Carrier Detect	DCD
9	Positive Referenzspannung	
10	Negative Referenzspannung	
11		
12	Zweites Received Line Signal Detector	
13	Zweites Clear to Send	

Pin #	Signal	Abkürzung
14	Zweites Transmit Data	TxD
15	Transmitter Signal Element Timing	
16	Zweites Receive Data	RxD
17	Receiver Signal Element Timing	
18		
19	Zweites Request to Send	RTS
20	Data Terminal Ready	DTR
21	Signal Quality Detector	
22	Ring Indicator	
23	Data Signal Rate Selector	
24	Transmitter Signal Element Timing	
25		

Häufig genutzte Belegungsvarianten:

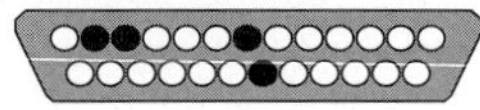
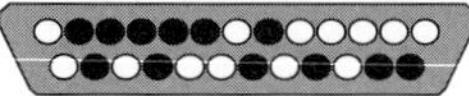

Die logische Bedeutung der elektrischen Signale, die zwischen -12 V und +12 V schwanken, ergeben sich dabei aus folgender Tabelle:

Elektrischer Signalwert	Logischer Signalwert	Bemerkung
-12 V bis -3 V	1	-
-3 V bis +3 V	Nicht definiert	Zur Sicherheit gegen Rauschen
+3 V bis +12 V	0	-

Als Steckverbindung wird dabei üblicherweise ein 25-poliger Stecker (DB-25; → *DB-Stecker*) genommen. Nicht alle 25 Verbindungsleitungen müssen in jedem Anwendungsfall genutzt werden, zumal einige doppelt vorhanden sind. So werden die Clock-Signale z.B. nur für synchrone Datenübertragung verwendet. Es ist daher auch möglich, einen 9-poligen Stecker (DB-9) zu verwenden. Dieser wird insbesondere seit Ende der 80er Jahre und dem Aufkommen von Laptops aus Gründen der Platzersparnis verwendet.

Nachfolgenorm ist die → *RS-422.*

RS-422 und -423

Nachfolgestandard von → *RS-232* für serielle Datenübertragung über relativ kurze Distanzen.

Dieser Standard wurde von der → *EIA* zusammen mit dem dazugehörigen RS-449 genormt. Verwendet wird ein 37-poliger Stecker (→ *DB-Stecker*, es kann auch ein 25-poliger Stecker nach RS-530 verwendet werden) in den 70er Jahren. Er gilt im Vergleich zu RS-232 als robuster und weniger fehleranfällig, da es sich um ein sog. „Balanced Interface" handelt. Bei diesem wird ein Signal nicht mehr über nur einen Kontakt, sondern über zwei übertragen. Dies hat den Vorteil, dass eingestreute Störsignale (Rauschen) eine noch geringere Rolle spielen und auch keine Abhängigkeit von einer Referenzspannung besteht. Das eigentliche Nutzsignal ergibt sich dann aus der Differenz der beiden Signale. Dementsprechend ergibt sich folgende Zuordnung:

Elektrischer Signalwert als Differenz der zwei Kontakte	Logischer Signalwert
< - 0,2 V	0
- 0,2 V bis + 0,2 V	-
> + 0,2 V	1

Sie kann größere Entfernungen (bis zu 1 km) mit einer höheren Datenrate überbrücken und ist mit einigen weiteren Merkmalen ausgestattet.

RS-422 wurde von der Industrie weitgehend ignoriert und in größerem Umfang lediglich bei den → *Macintosh*-Rechnern aus dem Hause Apple eingesetzt.

RS-449

→ *RS-422*

RS/6000

→ *IBM RS/6000.*

RSA

1. Abk. für Rivest-Shamir-Adelman (-Verfahren, -Standard, -Algorithmus).

Bezeichnung eines Firmenstandards zur Datenverschlüsselung (→ *Kryptologie*) im öffentlichen Netz.

Es war das erste Verfahren dieser Art (asymmetrisch) überhaupt und basiert auf der Primzahlenzerlegung und einem öffentlichen Schlüssel (→ *Public-Key-Verfahren*).

Wie → *RC4* wurde auch RSA entwickelt von und benannt nach den Mathematikprofessoren am → *MIT* Ronald L. Rivest, Adi Shamir und Leonard M. Adelman, die anschließend zur Vermarktung des Verfahrens eine gleichnamige Firma (RSA Data Security Inc., mit Sitz in Redwood City/Kalifornien) gründeten. Grundlegender Gedanke ist, dass in einem Zwei-Schlüssel-System eine Seite mit einem (öffentlichen, public) Schlüssel nachweisen kann, dass sie den anderen (geheimen, privatem) Schlüssel ebenfalls besitzt, ohne diesen preisgeben zu müssen.

Vorteil dieses Verfahrens ist, dass mit dem geheimen Schlüssel der Empfänger eine Identifizierung des Senders vornehmen kann. Da das Verfahren rechenintensiv ist, werden große Datenbestände nicht mit RSA gesichert, sondern z.B. nur der über das Netz zu übertragende öffentliche Schlüssel zur eigentlichen Datenverschlüsselung. Dem Kürzel RSA folgt häufig eine Zahl zur Kennzeichnung der Schlüssellänge in Bit, z.B. RSA 129. Es sind aber auch Schlüssel bis zu einer Länge von 1 024 oder 2 048 Bit bekannt.

Die Erzeugung des öffentlichen Schlüssels S_1 und des privaten Schlüssels S_2 erfolgt nach folgenden Regeln, wenn P_1 und P_2 zwei Primzahlen sind:

$$P_1 * P_2 = M$$
$$(P_1 - 1) * (P_2 - 1) = R$$
$$S_1 * S_2 = 1 \ mod \ R$$

S_1 wird zusammen mit M dem Erzeuger der verschlüsselten Nachricht zugänglich gemacht. S_2 kann hieraus nur mit sehr großem Aufwand rekonstruiert werden. Der verschlüsselte Text TV ergibt sich aus dem Klartext TK nach der Vorschrift:

$$TV = (TK)^{S1} \ mod \ M$$

Der Erzeuger sendet TV zum Empfänger, dem S_2 und M zugänglich gemacht wurden. Er kann den Text gemäß folgender Vorschrift entschlüsseln und damit den Klartext TK ermitteln:

$$TK = (TV)^{S2} \ mod \ M$$

In der Praxis erfolgt die Verwaltung der Schlüssel durch eine vertrauenswürdige, frei zugängliche und öffentliche Stelle, z.B. besonders kontrollierte Unternehmen wie Banken, Versicherungen, Kreditkartenunternehmen oder Telekommunikationsunternehmen. Genutzt wird RSA z.B. im Verfahren → *SSH.*

Die Entwicklung startete nach einem Papier über → *Public Key Kryptography*. Erstmals vorgestellt wurde RSA im September 1977 in der Zeitschrift „Scientific American", wo ein 129 Bit langer Schlüssel beschrieben wurde.

Es wurden 100 $ von den Entwicklern ausgesetzt für denjenigen, dem es gelingen würde, den Code zu brechen. Die Entwickler prognostizierten, sie würden das zu ihren Lebzeiten nicht mehr erleben. Im April 1994 erklärten vier Wissenschaftler, sie hätten zusammen mit 600 weiteren Freiwilligen und rund 1 600 weltweit über das → *Internet* verbundenen Computern vom PC mit → *Intel* 80386 Prozessor bis zur → *Cray* C90 (Rechenleistung rd. 5 000 MIPS-Jahre) innerhalb von acht Monaten einen Code mit 426 Bit langem Schlüssel durch Primfaktorzerlegung geknackt. Dies führte dazu, dass Ronald Rivest die 1977 ausgesetzten 100 $ an die Forscher zahlen musste.

→ *DES*, → *Elgamal-Algorithmus*.

→ *http:/www.rsa.com/*

2. Abk. für Rural Service Areas.

   Bezeichnung eines in den USA feststehenden Begriffs für ländliche Gegenden, der durch die → *FCC* definiert wurde. Er wird bei der Lizenzierung von zellularen Mobilfunknetzen in den USA verwendet und bezeichnet, im Gegensatz zu → *MSA*, die dünnbesiedelten Gebiete. Nicht zu verwechseln mit → *BTA* und → *MTA*.

RSDS

Abk. für Reduced Swing Differential Signal.

Bezeichnung für eine von National Semiconductors entwickelte Technik zum energiesparenden Ansteuern von Bildelementen in → *Flachbildschirmen*, die nach der → *TFT*-Technik arbeiten.

RSDS wurde von der LVDS-Technologie (Low Voltage Differential Signal) aus dem gleichen Unternehmen abgeleitet.

RSI

Abk. für Repetitive Strain Injuries.

Von engl. repetitive strain injuries = Schmerzen durch immer wiederkehrende, gleiche Bewegungen. Bezeichnung für alle körperlichen Probleme, die im Handgelenk, in der Hand, den Fingern und im Unterarm durch Tippen oder Mausbedienung entstehen. Mittlerweile werden auch Probleme im Bereich der Schultern und des Rückens dazu gezählt. Durch permanentes Bedienen der → *Maus* in der falschen Haltung kann sich, z.B., ein sog. ‚Mausarm' entwickeln.

Kennzeichen sind Kribbeln, Taubheit oder Schmerzen in diesen Körperteilen, ebenso wie Muskelverspannungen.

Vorbeugemaßnahmen: Leichtes und entspanntes Tippen, Pausen geeigneter Dauer in geeigneten Abständen, ergonomische Sitzposition und leichte gymnastische Übungen sowie Ausgleichssport.

→ *http://www.rsi.about.com/*

→ *http://www.webreference.com/rsi.html/*

RSM

Abk. für Remote Subscriber Multiplexer.

Bezeichnung für einen Multiplexer, der bis zu 60 Leitungen von Teilnehmern in dünnbesiedelten Gebieten bündelt und einer Ortsvermittlung zuführt.

Der RSM verfügt selbst nicht über Vermittlungsfunktionen.

→ *RSS*.

RSOH

Abk. für Regenerator Section Overhead.

RSS

Abk. für Remote Subscriber Switch.

Bezeichnung für die Vermittlungsstellen eingeschränkter Funktionalität für nur wenige Teilnehmeranschlüsse in dünnbesiedelten Gebieten. Üblicherweise hängt der RSS an einer mit voller Funktionalität ausgerüsteten Ortsvermittlungsstelle und wird von dieser gesteuert, d.h., die Vermittlungsfunktionen liegen im RSS, die Steuerfunktionen in der Ortsvermittlung.

→ *RSM*.

RSSI

Abk. für Radio Signal Strength Indicator.

RST

Abk. für Readibility, Signal Strengths, Tone Quality.

Bezeichnung für eine von Funkamateuren angewendete Klassifizierung der Qualität des Nachrichtenempfangs. Die drei Parameter können mit folgenden Graden angegeben werden:

- Readibility (Lesbarkeit): 1 ... 5
- Signal Strengths (Feldstärke): 1 ... 9
- Tone Quality (Verständlichkeit und Reinheit): 1 ... 9

RSU

Abk. für Remote Subscriber Unit.

Bezeichnet in → *Zugangsnetzen* von sehr dünn besiedelten Gebieten, in denen die Entfernung vom Teilnehmer bis zur Teilnehmervermittlungsstelle im Bereich von 100 km oder darüber liegen kann, alle technischen Einheiten, die beim Teilnehmer selbst installiert werden müssen.

RSVP

Abk. für (Resource) Reservation (Setup) Protocol.

Bezeichnung eines von der → *IETF* und dem Hause Cisco unter der Beteiligung von Xerox, MIT und USC entwickeltes End-to-End-Internetwork-Protokoll, das für verschiedene Anwendungen über das → *Internet* verschiedene Netzressourcen (z.B. Bandbreite) reserviert, um eine bestimmte Dienstgüte (→ *QoS*) zu erreichen. Damit ermöglicht RSVP ein applikationsabhängiges Priorisieren von Datenverkehr im Internet. RSVP ist dabei kein Protokoll zur Übertragung von Nutzdaten selber, sondern ein Protokoll zur Übertragung von Signalisierungsinformationen zur Reservierung benötigter Netzressourcen.

RSVP ist zentraler Bestandteil der → *ISA*.

Das Ziel von RSVP ist, das Internet als echte Multiserviceplattform zu nutzen und z.B. Echtzeitdienste (z.B. → *Internet-Telefonie* oder auch Videokonferenzen) über das Internet zu ermöglichen und für andere Dienste die zur Verfügung stehenden begrenzten Ressourcen effektiver zu nutzen. Dies wird durch die Einführung der nächsten Version des → *IP*-Protokolls (IPv6) noch unterstützt.

RSVP überträgt keine Nutzdaten, sondern dient vor der Phase der Nutzdatenübertragung der Reservierung bestimmter Netzkapazitäten und auch während einer Verbindung dem dynamischen Anpassen benötigter Übertragungskapazitäten (z.B. beim Zuschalten eines Videodatenkanals zu einer Sprachübertragung). Es unterstützt → *Unicast* und → *Multicast*. Da RSVP jedoch nur in einer Richtung arbeitet, ist es bei Duplexverbindungen, z.B. Sprachübertragung, notwendig, dass beide an der Verbindung beteiligten Einheiten RSVP zur Ressourcenreservierung nutzen.

Mit RSVP wird zunächst vom Sender zum Empfänger durch Aussenden einer Path-Message des Senders ein Pfad durch das Internet bestimmt. Eine Path-Message enthält Informationen über die ID des Senders, die Art der die Ressourcen anfordernden Anwendungen, die erwartete Verkehrscharakteristik (in Gestalt von benötigter Bandbreite und Burstartigkeit des Verkehrs) sowie die IP-Portnummer und die IP-Zieladresse.

Allen an dem bestimmten Pfad beteiligten → *Routern* (die dafür mit RSVP-Software ausgerüstet sein müssen) teilt RSVP durch die Path-Message mit, dass bestimmte Ressourcen reserviert werden müssen. Diese Reservierung wird durch die Einteilung der Anwendung, die den Datentransport wünscht, in mehrere fest definierte Verkehrsklassen erreicht. Jede Verkehrsklasse wird in den Routern einer eigenen Warteschlange zugeteilt, die vom Router entsprechend den Anforderungen an die Verkehrsklasse abgearbeitet wird. Im Router wird beim Eingang eines Reservierungswunsches geprüft, ob die Ressourcen vorhanden sind (Admission Control) und ob die reservierende Instanz überhaupt dazu berechtigt ist, die Ressourcen zu reservieren (Policy Control). Policy Control kann dabei Parameter wie Tageszeit oder Wochentag sowie gewünschte Verkehrsklasse auswerten.

Theoretisch ist es möglich, jede der Warteschlangen im Router mit einem eigenen Ein- und Ausgangsport zu versehen und an diese eigene Übertragungsstrecken anzuschließen, sodass dadurch eigene Subnetze für die verschiedenen Verkehrsklassen aufgebaut werden. Für diese könnte dann auch separat abgerechnet werden, d.h., es könnte dann verschiedene Qualitäts- und Tarifklassen im Internet geben. Problematisch ist jedoch, dass dies verbindlich über die Grenzen verschiedener Internet-Service-Provider (→ *ISPs*) hinweg erfolgen müsste, d.h., die verschiedenen Netze einzelner ISPs für verschiedene Levels von QoS müssten zusammengeschaltet werden, wofür die ISPs zumindest über ähnliche QoS-Level verfügen müssten.

Nachdem die Path Messages vom Sender an den oder die Empfänger gesendet wurden und so den Übertragungsweg bzw. den Multicast-Tree festlegten, senden die Empfänger eine Reservation Message auf dem umgekehrten Weg zurück, wobei hier die durchlaufenen Router die geforderten Ressourcen für eine bestimmte Zeit reservieren (sog. Soft-States). Beide Messages, Path und Reservation, werden periodisch geschickt, sodass es im Falle einer Änderung der gesamten Sender-Empfänger-Konstellation während des Nutzdatentransports, z.B. Ausscheiden von Multicast-Teilnehmern, nach einer kurzen Zeit zu einer automatischen Freigabe der reservierten Ressourcen kommt. Mit diesem Mechanismus ist es auch möglich, den Weg der Datenübertragung während des Nutzdatentransportes zu ändern, d.h., RSVP erzeugt keine virtuelle Verbindung. Dieser Mechanismus ist insbesondere bei auftretenden Problemen während einer Datenübertragung (Ausfall von Routern oder Netzteilen, Überlast) wichtig, obwohl RSVP in solchen Fällen als nicht optimal gilt.

Es wurde erwartet, dass zunächst der Nutzer bei seinem Internet-Service-Provider (→ *ISP*) telefonisch anruft und sich durch diesen mit RSVP die gewünschten Kapazitäten reservieren lässt. Zu einem späteren Zeitpunkt sollte der Reservierungsmechanismus automatisch aus der Anwendung beim Nutzer heraus gestartet werden. Dazu ist RSVP ab Herbst 1997 z.B. in Browser integriert worden, die im → *WWW* eingesetzt werden. Dies bedeutet jedoch nicht, dass die Router RSVP auch tatsächlich nutzen.

Ein vorläufiger Standard wurde im März 1996 erreicht. Erste Produkte werden seit Ende 1996 mit neuen Routern verbreitet. Die endgültige Verabschiedung des Standards durch die IETF erfolgte im Oktober 1997 als RFC 2205. Im RFC 2208 („RSVP Version 1 Applicability Statement") aus dem September 1997 wird kritisch auf Anwendungen und erste Erfahrungen eingegangen.

Es wird davon ausgegangen, dass zunächst insbesondere große Backbone-Betreiber dieses Verfahren nutzen werden, um leistungsfähige Übertragungsstrecken im Internet für Großkunden anzubieten. Gegen Ende 1997 unterstützten die → *ISPs* MCI, UUNET, Sprint und GTE in ihren Backbones, die jeweils mit Routern eines Herstellers ausgerüstet waren, das RSVP. Es gab jedoch keine ISP-übergreifenden Systeme.

Daneben ist eine Migration aus einzelnen Inseln heraus denkbar, z.B. zwischen Universitäten.

Ein drittes Szenario ist der Einsatz von RSVP in einem → *Intranet*.

Insgesamt verläuft die Verbreitung und Nutzung von RSVP entgegen den Erwartungen, mit denen es 1996 veröffentlicht wurde, wegen des hohen Dezentralisierungsgrades des Internet und der eher ernüchternden Erfahrungen eher schleppend und hat bislang noch nicht zu einer besseren QoS oder einem Ansteigen von echtzeitnahem Verkehr geführt. Problematisch war insbesondere, dass RSVP für die Nutzung echtzeitnahen und bandbreitenhungrigen multimedialen Verkehrs (Internet-Telefonie, Videokonferenzen etc.) entwickelt wurde und nicht für die Nutzung von echtzeitnahen und in der Wirtschaft typischen, aber eher schmalbandigen oder burstartig auftretenden Verkehren (z.B. → *ERP*-Anwendungen im Rahmen von LAN-Interconnections).

→ *RTP*, → *SMIL*, → *ST2*.

R-Taste

→ *Hook Flash*.

RT

Abk. für Radio Termination.

Bezeichnet den Endpunkt einer Funkstrecke in einem Festnetz. Beispiele sind die Übergänge von einem Kabel zu einer Richtfunkstrecke bei der Verbindung zweier Netzknoten.

RTC

Abk. für Real Time Clock.

Auch Echtzeituhr genannt. Bezeichnung für einen speziellen Chip auf dem → *Motherboard* eines → *PCs*, in dem das aktuelle Datum und die aktuelle Uhrzeit gespeichert sind, selbst wenn der PC abgeschaltet wird.

Während des → *Bootens* wird das RTC-Datum auf dem Chip mit Hilfe von BIOS-Calls (→ *BIOS*) aktualisiert.

Eingeführt wurde die RTC beim → *AT* aus dem Hause IBM, womit das bis dahin lästige manuelle Aktualisieren von Zeit und Datum durch den Nutzer bei jedem Booten entfiel. Prinzipiell arbeitet seither die RTC unverändert, wenngleich es zu verschiedenen Chipmodifikationen gekommen ist.

RTCA

Abk. für Radio Technical Commission for Aeronautics.

Bezeichnung einer Non-Profit-Organisation mit Sitz in Washington D.C., die Standards für den Betrieb elektronischer Geräte (insbesondere zur funkgestützten Kommunikation) an Bord von Flugzeugen definiert. Derartige Standards werden von der Industrie zur Entwicklung von entsprechenden Geräten genutzt.

Die Standards beinhalten auch Empfehlungen zum Betrieb elektronischer Geräte durch Passagiere, wie z.B. die Zulassung des Betriebs von → *Handys*, tragbaren CD-Spielern oder eines Walkman.

Die meisten Fluggesellschaften weltweit halten sich freiwillig an die von der RTCA ausgesprochenen Empfehlungen.

→ *http://www.rtca.org/*

RTCP

Abk. für Real Time Control Protocol.

→ *RTP*.

RTD

Abk. für → *Round Trip Delay*.

RTF

Abk. für Rich Text Format.

Bezeichnung für ein → *Dateiformat*, in dem in → *ASCII*-Form codierter Text und zusätzliche, einfache Formatangaben gespeichert sind. Entwickelt vom Hause Microsoft.

RTFM

Abk. für Regarding The Former Message.

→ *Chat Slang*.

RTL

Abk. für Resistor Transistor Logic.

Bezeichnung für eine bestimmte Art, logische Schaltungen aus den Bauelementen des Widerstandes (Resistor) und Transistors aufzubauen. Diese Technik kam in den frühen 60er Jahren auf, wurde jedoch bald schon durch die → *TTL*-Technik abgelöst.

RTMI

Automatisches, analoges italienisches Mobilfunknetz aus der vorzellularen Zeit. Es war von Ende 1972 bis März 1990 in Betrieb und versorgte Wirtschaftszentren und Hauptverkehrsstraßen. Es erreichte Ende der 70er Jahre seine Kapazitätsgrenze in den Ballungsräumen Mailand und Rom. Dies führte zur Weiterentwicklung und damit zu dem Nachfolgesystem → *RTMS*.

RTMI bot im 160-MHz-Bereich 32 Duplexkanäle, wovon vier Rufkanäle waren, die gleichzeitig für Funkruf (→ *Paging*) genutzt werden konnten.

RTMS

Abk. für Radio Telephone Mobile System.

Ein analoger, automatischer, zellularer italienischer Standard für → *Mobilfunk*.

Die technischen Parameter von RTMS sind:

Uplink	460 bis 465 MHz
Downlink	450 bis 455 MHz
Anzahl Frequenzkanäle	200
Kanalbandbreite	25 kHz
Duplexverfahren	→ *FDD*
Duplexabstand	10 MHz

RTMS ermöglicht → *Roaming*, → *Handover* und unterstützt Kleinzellen (→ *Zellulares System*).

Der Handover wird sowohl von Teilen in der → *BS* als auch Teilen des → *MSC* gemanagt. BS ohne Handover-Controller sind bei geringer Auslastung auch möglich, sodass dann in diesen Zellen kein Handover möglich ist.

Der gesamte Versorgungsbereich ist in 10 Rufzonen unterteilt, von denen jede 30 000 Teilnehmer versorgen kann. Eine Rufzone wird dabei von einer bis drei Steuerzentralen, an denen auch die BS hängen, versorgt, von denen eine den Übergang zum öffentlichen Festnetz ermöglicht.

In der Entwicklung war RTMS ab 1980. In Betrieb seit September 1985 (Start im Großraum Rom) mit bescheidenem Erfolg. RTMS hatte lediglich einige 10 000 Nutzer landesweit zu seiner besten Zeit und brachte es zu keiner landesweiten Deckung. Konsequenter Abbau erfolgte ab 1995 mit Schließung 1998.

RTOS

Abk. für Real Time Operating System.

Oberbegriff für ein echtzeitfähiges → *Betriebssystem*.

→ *Echtzeit*.

RTP

1. Abk. für Real Time Protocol.

   Bezeichnung des von der → *IETF* standardisierten und maßgeblich von Henning Schulzrinne entwickelten Protokolls, das Echtzeitanwendungen im → *Internet* auf der Basis von → *UDP* unterstützt, z.B. Videokonferenzen. Definiert im RFC 1889 und RFC 1890. Teil von RTP ist das Real Time Control Protocol (RTCP), das verschiedene Statistiken über die aktuelle Verbindung auswertet (Fehlerrate, Delay etc.) und damit eine Überprüfung von → *QoS* ermöglicht (nicht aber eine hohe QoS ermöglicht!).

   Grundprinzip von RTP ist die Nutzung von Forward Error Control. Dies wird durch einen erweiterten → *Header* ermöglicht, in dem Zusatzinformationen stehen. Diese sind z.B. die Art der übertragenen Nutzdaten (Sprache, Video etc.) oder der Zeitpunkt der Erzeugung der Daten, wodurch die Daten einfacher in eine bestimmte (korrekte) Reihenfolge gebracht oder nach Ablauf einer bestimmten Zeit verworfen werden können.

   Ein anderes Protokoll zur Unterstützung von Echtzeitdiensten im Internet ist das → *RSVP*, wohingegen das → *SMIL* auf Anwendungen im → *WWW* beschränkt ist.

2. Abk. für Regulierungsbehörde für Telekommunikation und Post.

   → *Regulierungsbehörde.*

RTS

Abk. für Ready to Send. Bezeichnung für ein Signal, das der Steuerung des Sende- und Empfangsvorganges bei der Datenübertragung dient.
Im → *LAN*-Bereich die Bezeichnung für Signale, die beim → *CSMA/CA*-Verfahren die Sendebereitschaft einer Station anzeigt.

RTS/CTS

Bei → *Modems* ein Verfahren der hardwaregesteuerten → *Flusskontrolle*. Dabei werden über zwei spezielle Datenleitungen der Schnittstelle gemäß → *RS-232* C die Signale Clear to Send (CTS) und Request to Send (RTS) zwischen dem Modem und dem PC ausgetauscht.
Der PC informiert das Modem mit dem Signal RTS darüber, dass er Daten zum Senden bereitstellen kann. Das Modem informiert den PC mit dem Signal CTS darüber, dass sein Zwischenspeicher (→ *Puffer*) leer ist und die Daten aufnehmen kann, woraufhin die Datenübertragung vom PC zum Modem beginnt. Ist der Speicher zu 90% voll, dann hört das Modem auf, das CTS-Signal zum PC zu senden, woraufhin der PC die Datenübertragung zum Modem stoppt. Erst wenn das Modem seinen Puffer bis unter 50% geleert hat, sendet es das CTS-Signal wieder an den PC, sofern dieser nach wie vor Daten bereit stellen kann und seinerseits das RTS-Signal an das Modem sendet.

RTSE

Abk. für Reliable Transfer Service Element.
Ein Serviceelement auf Schicht 7 des → *OSI-Referenzmodells* aus der Gruppe der → *CASE*.

RTSP

Abk. für Real Time Streaming Protocol.

Bezeichnung eines von Progressive Networks Inc., Netscape Inc. und einigen anderen Unternehmen im → *Internet*-Umfeld entwickeltes Protokoll zur Datenübertragung von Echtzeitdaten auf der Basis des → *IP*-Protokolls im Internet mit Nutzdatenraten von 20 (für → *Modems* mit 28,8 kbit/s) oder 45 kbit/s (für Modems mit 56 kbit/s).

Ein erster Vorschlag für RTSP wurde im November 1996 bei der → *IETF* eingereicht. Nach Tests und Diskussionen wurde ein leicht veränderter Standard im April 1998 verabschiedet.

→ *Streaming*, → *RSVP*, → *RTP*.

→ *http://www.real.com/rtsp/*

RTT

Abk. für Round Trip Time.

→ *Round Trip Delay.*

RTTY

Abk. für Radio Teletype.

→ *AMTOR.*

RU

Abk. für Remote Unit.

Oberbegriff für alle Arten von abgesetzten Einheiten, die sich nicht unmittelbar in einer Vermittlungsstelle oder in einem wie auch immer gearteten Netzknoten befinden, sondern mit diesem über eine eigens gelegte Leitung verbunden sind.

Rückfrage

Andere Bezeichnung für → *Makeln.*

Rückkanal

Bezeichnung eines an einer Kommunikation beteiligten, gerichteten Kanals. Üblicherweise als Abgrenzung zum Begriff des → *Uplink* (oder Upstream) ist der Rückkanal von anderer Struktur als ein Hinkanal. Rückkanäle werden zu Steuerzwecken eingesetzt. Sie sind schmalbandiger als Hinkanäle und über sie fließt nicht permanent ein Datenstrom.

Ferner unterscheidet man integrierte und nicht-integrierte Rückkanäle. Bei integrierten Rückkanälen wird der Rückkanal auf dem gleichen technischen Medium realisiert wie der Hinkanal.

Es wird häufig in Verbindung mit neuen Formen des interaktiven Fernsehens (→ *ITV*) oder mit dem → *Internet* erwähnt.

Eine mögliche Realisierung dieser Strukturen unterschiedlich breiter Hin- und Rückkanäle, allerdings unter Nutzung des gleichen Mediums, ist → *ADSL.*

Rückwärtsauslösen

→ *Verbindungsabbau.*

Rufdatensatz

Andere, selten benutzte deutsche Bezeichnung für → *CDR*.

Rufjournal

→ *CTI*.

Rufnummernblock

→ *Numnerierungsplan*.

Rufnummerngeber

Auch Rufnummernspeicher, Nummerngeber oder Nummernspeicher genannt. Begriff aus der Technik der → *Nebenstellenanlagen*. Bezeichnung für die Bauteile in → *Komforttelefonen*, → *Handys* und Nebenstellenanlagen, die häufig benötigte Rufnummern speichern. Diese Nummern können durch einen vereinfachten Bedienungsvorgang gewählt werden, z.B. durch Drücken einer → *Funktionstaste*.

Das → *Leistungsmerkmal* Rufnummerngeber kann verwirklicht sein in öffentlichen Vermittlungsstellen, Vermittlungseinrichtungen oder Nebenstellenanlagen, in Endgeräten oder in Zusatzeinrichtungen. Es gibt eine Vielzahl unterschiedlicher Ausführungsformen, die auch hinsichtlich der Benutzerverfahren sehr verschieden sind. Man unterscheidet üblicherweise:

- → *Kurzwahl*
- → *Direktruf*
- → *Wahlwiederholung*

Rufnummernmitnahme

→ *Nummernportabilität*.

Rufnummernportabilität

→ *Nummernportabilität*.

Rufnummernspeicher

→ *Rufnummerngeber*.

Rufsequenz

→ *Rufton*.

Rufton

Auch Rufsequenz genannt. Amtliche Bezeichnung des akustischen Signals, das ein Endgerät zur Anzeige eines eingehenden Verbindungswunsches abgibt, also z.B. das Läuten des Telefons (→ *Wecker*).

In Deutschland ist der Rufton des Telefons eine halbe Sekunde lang und wird alle fünf Sekunden wiederholt, bis der → *A-Teilnehmer* auflegt oder der → *B-Teilnehmer* abhebt.

In anderen Teilen der Welt hat der Rufton zwei Sekunden Dauer mit vier Sekunden Pause.

Rufumleitung

Andere Bezeichnung für → *Forwarding*.

Rufunterscheidung

→ *Distinctive Ringing*.

Rufweitermeldung

→ *Leistungsmerkmal* von Anrufbeantwortern. Dabei wird eine zuvor im Anrufbeantworter vom Besitzer einprogrammierte Nummer angerufen, sobald eine eingegangene Nachricht aufgenommen wurde. Die aufgenommene Nachricht wird dann abgespielt, wofür zur Sicherstellung der korrekten Identität der die Nachricht abhörenden Person zunächst eine → *PIN* am angerufenen Anschluss eingegeben werden muss.

Rufzeichen

→ *Rufton*.

Ruhehörschwelle

Begriff aus der Psychoakustik. Sie gibt an, mit welchem Schalldruck (d.h. bei welcher Lautstärke) ein Ton einer bestimmten Frequenz f bei ansonsten absoluter Stille auftreten muss, um vom menschlichen Ohr wahrgenommen zu werden.

Die Ruhehörschwelle ist, im Gegensatz zur → *Mithörschwelle*, alleine von der → *Frequenz* f abhängig und verändert sich bei einem Menschen in Abhängigkeit seines Alters. Sie beeinflusst zusammen mit der Mithörschwelle die allgemeine → *Hörschwelle*.

Ruhe vor dem Telefon

Bezeichnung für ein → *Leistungsmerkmal* von → *Komforttelefonen* oder Nebenstellenanlagen. Auch → *Anrufschutz* genannt.

Rundfunk, Rundfunkdienst

Int. auch Broadcasting (Service) genannt. Bezeichnung für eine praktische Anwendung von Funkübertragung (→ *Funk*), die durch eine → *unidirektionale* Punkt-zu-Mehrpunkt-Verbindung gekennzeichnet ist.

Rundfunk umfasst üblicherweise die Ausstrahlung von TV- und Radioprogrammen, auch genannt Fernsehrundfunk und Hör- oder Tonrundfunk.

Laut → *Rundfunkstaatsvertrag* von 1991 ist der Begriff folgendermaßen definiert (§2): „Die für die Allgemeinheit bestimmte Veranstaltung und Verbreitung von Darbietungen aller Art in Wort, in Ton und in Bild unter Benutzung elektrischer Schwingungen ohne Verbindungsleitungen oder längs oder mittels eines Leiters. Der Begriff schließt Darbietungen ein, die verschlüsselt verbreitet werden oder gegen besonderes Entgelt empfangbar sind, sowie Fernsehtext."

Technisch existieren für vier Rundfunkbereiche I, II, IV und V mit folgenden Eckwerten:

Bereich	Frequenz	Kanal
Bereich I	47 - 68 MHz	Kanal K 2 - 4
Bereich II	174 - 230 MHz	Kanal K 5 - 12
Bereich IV	470 - 606 MHz	Kanal K 21 - 37
Bereich V	606 - 860 MHz	Kanal K 38 - 60

In Deutschland gibt es Tonrundfunk seit ca. 1920 und Fernsehrundfunk seit 1929 (zu Testzwecken) bzw. 1935 (regelmäßiger Betrieb).
→ *LMA.*

Rundfunkstaatsvertrag

Abgekürzt mit RStV. Der Rundfunkstaatsvertrag bzw. vier nachfolgende Rundfunkänderungsstaatsverträge sichern die Meinungsvielfalt bzw. einen diskriminierungsfreien Zugang für Programmanbieter (z.B. Hörrundfunk- und Fernsehsendeanstalten) mit Hilfe definierter, inhaltlicher Anforderungen und Zulassungsbedingungen an die Programme und deren Veranstalter. Der RStV regelt inhaltsbezogene Fragen auf Länderebene, übertragungstechnische Fragen werden nicht berührt.
Ergänzt wird der Rundfunkstaatsvertrag durch die Gesetzgebung auf Landesebene. Jedes Bundesland hat ein → *Landesrundfunkgesetz.*
→ *LMA.*
→ *http://www.artikel5.de/gesetze/rstv.html/*
→ *http://www.jura.uni-sb.de/BIJUS/rundfunk/intro-de-IIF.htm/*

Rundsenden

→ *Leistungsmerkmal* von → *Fax*-Geräten bzw. Fax-Servern (→ *Server*). Dabei können Nachrichten zunächst in einen Speicher des Gerätes eingelesen werden. Anschließend wird der Speicherinhalt an eine zuvor festgelegte Gruppe von Empfängern zu einer zuvor u.U. festgelegten Zeit automatisch verschickt.
Vorteil: Das Einlesen der Nachricht für jeden Empfänger entfällt (Zeitersparnis) und günstige Tarife, z.B. in der Nacht, können ausgenutzt werden (Kostenersparnis). Mit Hilfe derartiger Systeme lassen sich Mehrwertdienste aufbauen (→ *VAS*), bei denen Massenfaxe zu Marketingzwecken versendet werden. Ein Anbieter derartiger Dienste verfügt über leistungsstarke Geräte mit Rundsendefunktion.
Ein Anwendungsbeispiel ist der Anbieter von Last-Minute-Reisen, der in der Nacht viele Reisebüros im ganzen Land über seine aktuellen Angebote informiert und dafür einen Mehrwertdienstanbieter mit Fax-Dienst nutzt.
Ein anderes Beispiel ist der Versender von Computerzubehör und Elektronik, der seine Kundschaft (Wiederverkäufer) täglich über wechselnde Preise informieren muss.

Rundstrahler

Auch isotroper Strahler genannt. Bezeichnung für eine idealtypische Bauart einer → *Antenne*, die – im Gegensatz zur → *Richtantenne* – ihre Strahlungsleistung gleichmäßig in alle Richtungen des Raumes abgibt.

Ruralcells

Bezeichnung einer Zellengröße in zellularen Mobilfunknetzen (→ *zellulare Systeme*) mit einem Radius von ca. 6 bis 30 km.
Gedacht für Großflächen-Anwendungen in dünn besiedelten Gebieten.
→ *Mikrozellen*, → *Makrozellen*, → *Umbrellacells*, → *Picozellen.*

RVP

Abk. für Rendezvous Protocol.
Bezeichnung für ein vom Hause Microsoft entwickeltes Protokoll zum Einsatz im → *Internet.* Das Protokoll ist einem Nutzer dabei behilflich, andere gezielt gesuchte Nutzer, die gerade im Internet aktiv sind, aufzuspüren.
Ziel ist, die Suche nach gerade im Internet aktiven Freunden, Bekannten, Verwandten, Geschäftspartnern etc. zu erleichtern und dabei zu helfen, mit ihnen in Verbindung zu treten. Von besonderer Bedeutung ist dieses Protokoll für die Anwendungen → *Chat* und → *Internet-Telefonie.*
Vorgestellt am 24. November 1997.

RWP

Abk. für Remote Write Protocol.
Bezeichnung eines in RFC 1756 definierten Protokolls zur einfachen Kommunikation zwischen Teilnehmern über das → *Internet.* Dabei wird auf aufwendige → *E-Mail*-Protokolle verzichtet.
Als Transportprotokoll können → *TCP* und → *UDP* genutzt werden.

Rx

Abk. für Receiver.
Engl. Bezeichnung für Empfänger.

RZ

Abk. für → *Rechenzentrum.*

RZ-Code, -Signal, -Verfahren

Abk. für Return-to-Zero.
Bezeichnung für eine Gruppe von nicht selbsttaktenden Verfahren für die → *Leitungscodierung.* Dabei werden die zu übertragenden Binärdaten auf der Leitung durch elektrische Signale mit Nulldurchgang repräsentiert, d.h. die elektrischen Signale gehen – im Gegensatz zu den No-Return-to-Zero-Verfahren (→ *NRZ*) – auf einen Signalpegel von Null zurück.
Man unterscheidet folgende, grundlegende Verfahren:

- Unipolares RZ-Verfahren: Es steht neben einem Signalpegel von Null (repräsentiert eine zu übertragende 0) nur noch ein weiterer Signalpegel (repräsentiert eine zu übertragende 1) zur Verfügung.
- Bipolare Verfahren: Es stehen neben einem Signalpegel von Null zwei weitere Signalpegel zur Verfügung.
  - Bipolar Return-to-Zero (Bipolar-RZ): Eine zu übertragende Information von 1 wird durch einen Wechsel des Signals von einem bestimmten Signalpegel (= Level) auf Null codiert und eine 0 als ein Wechsel von einem zweiten Signalpegel auf Null.
  - RZ-AMI (für Alternate Mark Inversion): Eine zu übertragende Information von 1 wird wechselweise durch einen Wechsel des Signals von Null auf einen bestimmten Signalpegel (= Level) und zurück auf Null oder auf einen zweiten Signalpegel codiert und eine 0 als ein konstanter Spannungspegel von Null. Damit ist es ein Pseudoternärcode, da drei Signalzustände zur Codierung von nur zwei Daten zur Verfügung stehen.

Der Code ist gleichstromfrei, jedoch nicht selbsttaktend, da bei langen Nullfolgen kein Signal übertragen wird.

Eine Abwandlung dieses Codes zur Verhinderung langer Nullfolgen ohne Signalwechsel ist → *HDB3*.

- Dicode oder Duobinäre RZ: Der Wechsel von einer zu übertragenden 1 auf eine 0 wird durch den Wechsel des Pegelsignals von einem Signalpegel auf einen Pegel von Null codiert und der Wechsel von einer zu übertragenden 0 auf eine 1 wird durch den Wechsel des Pegelsignals von einem anderen Signalpegel auf einen Pegel von Null codiert. Ändern sich die zu übertragenden Daten nicht (folgen z.B. mehrere Einsen aufeinander) wird ein Pegel von Null gesendet.

→ *CMI*.

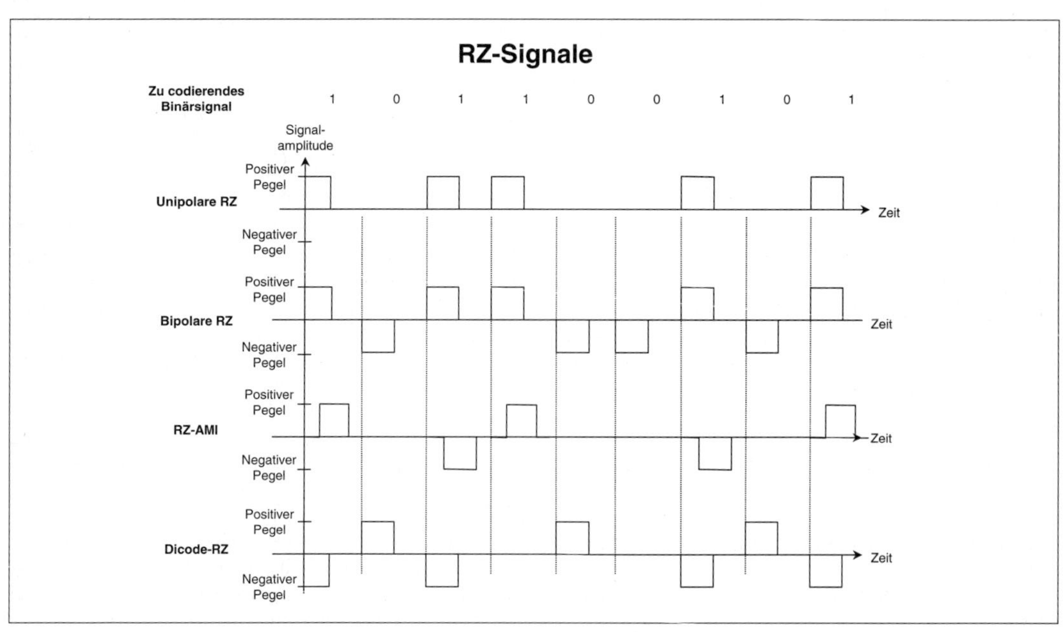

S

S_0

→ *ISDN.*

S_{2M}

→ *ISDN.*

S/3

→ *IBM S/3.*

S12

→ *System 12.*

S/32

→ *IBM S/32.*

S/390

→ *IBM S/390.*

SA

Abk. für Source Address.

S/A

Abk. für Sensor und Aktor.
→ *Aktorik,* → *Sensorik.*

SAA

Abk. für Systems Application Architecture.
Bezeichnung aus dem Hause IBM für seine Architektur von Anwendungsprogrammen für → *Mainframe-* und → *Midrange-*Rechner und deren Fähigkeit, miteinander zu kommunizieren und Daten auszutauschen. Ziel bei der Entwicklung von SAA war, die Grenzen zwischen unterschiedlichen IBM-Systemen zu verwischen und durchlässiger zu machen.
SAA ist somit kein einkaufbares Produkt, sondern vielmehr eine Menge offen einsehbarer und jedermann zugänglicher Regeln und Leitlinien zu den vier Bereichen Hardware und Betriebssystemplattform, einheitliche Benutzerunterstützung, einheitliche Programmierunterstützung und einheitliche Kommunikationsunterstützung.
Trotz starker Proklamierung durch IBM wurde dieses visionäre Konzept nie wirklich umgesetzt.
1985 wurde die Entwicklung von Earl Wheeler initiiert. Das Konzept wurde dann 1987 von IBM angekündigt. Bis 1989 sollte das Konzept zu 70% umgesetzt sein. Dieses Ziel wurde nicht erreicht. Ab 1990 häufte sich Kritik und ab 1993 geriet das System nach und nach in Vergessenheit.

SAAC

Abk. für Syntax-based Adaptive Arithmetic Coding.

SABRE

Abk. für Semi-automatic Business Research Environment.
Bezeichnung des nordamerikanischen Flugreservierungssystems, an dem rund 40 Fluglinien und 75 000 Reisebüros angeschlossen sind.
SABRE war eines der ersten landesweiten Systeme zur Vernetzung von Nutzern und Host über ein → *WAN* und kombinierte in einem bis dahin nicht gekannten Maßstab Datenbanktechnologie, Computertechnologie und Datenkommunikationstechnologie miteinander.
Seine Wurzeln reichen bis 1953 zurück, als es bei American Airlines erste Konzepte für ein Reservierungssystem auf Computerbasis gab. Prinzipiell war es das erste große derartige Vernetzungsprojekt, an dem nicht das Militär, sondern ein ziviler kommerzieller Kunde eines IT-Herstellers beteiligt war.
Vollständig ging SABRE 1964 in Betrieb. Die ersten Terminals waren dabei Fernschreiber.
Maßgeblich konzipiert und aufgebaut wurde es vom Hause IBM in enger Kooperation mit American Airlines.
→ *http://www.sabre.com/*

SAC

1. Abk. für Service Access Code.
2. Abk. für Single Attached Concentrator.
3. Abk. für Subscriber Access Control.
4. Abk. für South-American Crossing.
   Bezeichnung für ein im Februar 1999 angekündigtes, glasfaserbasiertes, 18 000 km langes → *Unterwasserkabel* zur Verbindung mehrerer südamerikanischer Städte mit anderen Teilen des Netzes von → *Flag.* Dazu werden rund 1 Mrd. $ investiert.

SACCH

Abk. für Slow Asscociated Control Channel.

Sackpost

Scherzhafter Jargon in Deutschland von überzeugten Anhängern von → *E-Mail* für die alte herkömmliche und in genormten Jutesäcken transportierte Briefpost, ähnlich dem int. gebräuchlichen Begriff → *Snail Mail.*

SAD

Abk. für Speech Activity Detection.
Eine andere Bezeichnung für → *VOX.*

SADL

Abk. für Synchronous Auto Dial Language.
Bezeichnung für eine Menge von Kommandos, mit deren Hilfe Anwendungsprogramme direkt mit Geräten für synchrone Datenkommunikation auf der Basis von Protokollen wie z.B. → *HDLC* oder → *SDLC* kommunizieren können.
Vom Sinn und Zweck her ist SADL daher mit den AT-Kommandos für herkömmliche serielle Modems vergleichbar.
Entwickelt wurde SADL von Racal Vadic, der verfügte, dass es sich um → *Public Domain* Software handelt.

SAFE

Abk. für South Africa Far East.
Bezeichnung für ein glasfaserbasiertes → *Unterwasserkabel,* das ab dem Jahre 2000 Südafrika mit dem Fernen Osten (Thailand, Malaysia) verbindet.

Sag

Bei Stromversorgungssystemen ein kurzzeitiges Unterschreiten der im Netz zulässigen Minimalspannung.
→ *USV*, → *Spike*.

SAGE

1. Abk. für Security Algorithms Group of Experts.
   → *http://www.etsi.org/SAGE/*
2. Abk. für Semi-automatic Ground Equipment.
   Bezeichnung für einen frühen Computer, der in den 50er Jahren am → *MIT* im Lincoln Laboratory aus dem → *Whirlwind* heraus zusammen mit Radar-Technik aus dem Hause AT&T entwickelt wurde und 1956 in Betrieb ging. Es handelte sich um ein multiuser-fähiges System, das aus mehreren Radarstationen und digitalen Computern bestand, die alle über Modems miteinander verbunden waren. Es konnte Radarsignale in grafische Zeichen zur Darstellung auf Bildschirmen umsetzen.

   Nach Fertigstellung des Prototypen wurde dieser an die IBM zur Serienproduktion gegeben, die zuvor Sperry-Rand aus dem Rennen geworfen hatten.

   Das ganze System war 1958 voll funktionsbereit und wurde militärisch von der US-Luftwaffe zur Luftraumüberwachung genutzt.

SAI

Abk. für Serving Area Interface.

SAID

Abk. für Serving Area Identification (Number).

S-Aloha

Abk. für Slotted Aloha.
→ *Aloha*.

Salutation

Bezeichnung eines umfassenden, herstellerübergreifenden Standards und des diesen Standard definierenden Konsortiums zur Einbindung von Bürogeräten aller Art (Kopierer, → *Faxgeräte*, → *Drucker*, → *PCs*, → *Workstations*, → *PDAs*, Telefone) in eine Umgebung, in der zwischen diesen Geräten plattform- und netzunabhängig Daten ausgetauscht werden können.

Grundgedanke ist, dass sich die Geräte dezentral untereinander verständigen und beim Eintritt in eine Salutation-Umgebung einem Salutation-Manager mitteilen, welche Fähigkeiten sie haben und welche nicht, wodurch sich zentrale Server erübrigen. Davon abgesehen können aber auch herkömmliche Clients und Server über Salutation kommunizieren.

Definiert wird dazu ein Protokoll zum Austausch dieser Daten (Salutation Manager Protocol) zwischen verschiedenen Salutation-Managern und ein Application Programming Interface (API), das bestimmte Funktionen, etwa zur Registrierung in einer Salutation-Umgebung oder zum Anfordern von Diensten und Ressourcen in einer Salutation-Umgebung, bereitstellt. Der Salutation-Manager wirkt dabei als eine Art Vermittler zwischen den an ihn über die API angeschlossenen Geräten und anderen Salutation-Managern, welche Kenntnisse über die an sie angeschlossenen Geräte haben.

Das Konsortium wurde am 13. Juli 1995 von fünf Unternehmen gegründet und umfasst mittlerweile über 35 nordamerikanische und asiatische Mitglieder. Seit 1994 wurde insbesondere bei der japanischen Dependance von IBM in Tokio an Salutation gearbeitet. Erste Bezeichnung war Smart Office. Mittlerweile liegt seit 24. Juni 1996 die Version 2 der Salutation Architecture Specification vor. Das erste Pro-

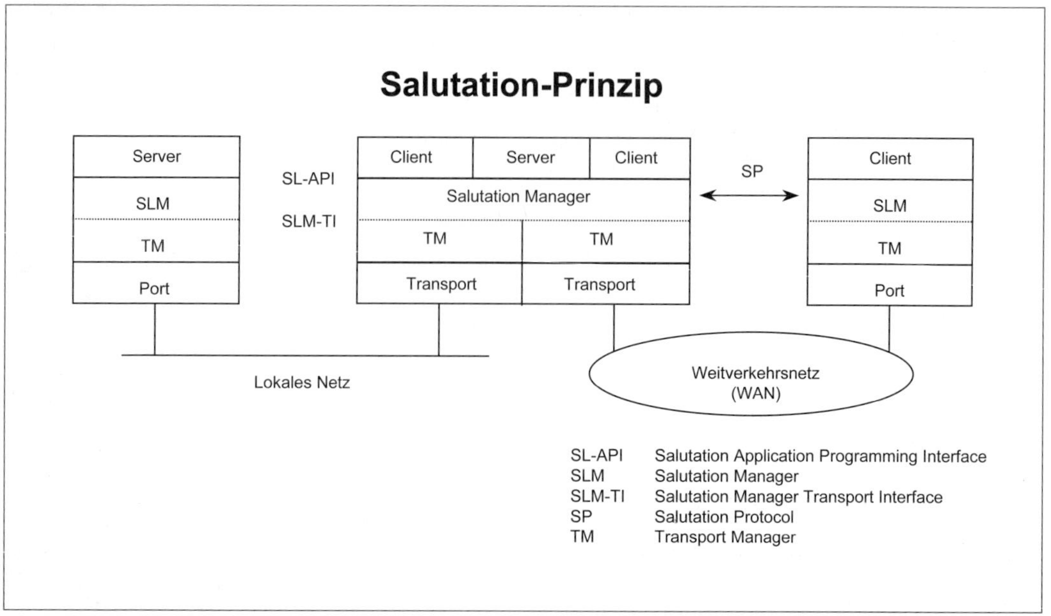

dukt kam am 30. Oktober 1995 aus dem Hause IBM auf den Markt.

→ *http://www.salutation.org/*

SAM

Abk. für Service Access Multiplexer.

Sammelanschluss, Sammelruf

Begriff aus der Nebenstellentechnik. Dabei werden mehrere Telefone einer Anlage zu einem Sammelanschluss zusammengefasst und sind dadurch unter einer Rufnummer erreichbar. Sie werden im Falle eines eingehenden Anrufes entweder alle gleichzeitig gerufen (Gespräch geht an das Telefon, bei dem zuerst abgehoben wird) oder es wird eine freie Nebenstelle gesucht, zu der der Anruf durchgestellt wird. Interessant z.B. bei Kundendienstcentern.

Jede Nebenstelle des Sammelanschlusses kann außerdem gezielt unter ihrer Nebenstellenrufnummer erreicht werden.

Sammelsendebericht

→ *Sendebericht.*

Sampling

Englische Bezeichnung für das → *Abtasten* bei der Analog/Digital-Wandlung (→ *A/D*).

SAN

1. Abk. für Storage Area Network.

   Bezeichnung für lokale Netze (→ *LAN*), die verschiedene Systeme für die Datenspeicherung (→ *Festplatten* in File-Servern, → *Backup*-Systeme, Archiv-Systeme, → *CD-ROM*-Laufwerke etc.) miteinander über eine ausschließlich dafür reservierte Infrastruktur verbinden.

   Die Probleme, die zur Entwicklung des SAN-Konzepts führten, waren:

   - Die Bedeutung von Daten in einem Unternehmen, die entsprechend gesichert werden müssen (Backup).
   - Die Entwicklung der Größe der zu speichernden Inhalte (durch zunehmenden E-Mail-Verkehr, durch multimediale Daten wie Videos oder durch die zunehmende Verwendung z.B. von grafischen Präsentationen).
   - Die Entwicklung der Mengen der zu speichernden Inhalte durch den Bedarf, historische Daten für langfristige Analysen aufzubewahren. Ein Beispiel dafür ist ein → *Data Warehouse* für die Analyse des Kundenverhaltens für Zwecke des → *CRM*.
   - Die mittlerweile fragmentierte Landschaft an Speichermedien für unterschiedliche Zwecke (File Server, Backup, Archiv) und Anforderungen (kurz-, mittel- und langfristiger Zugriff).
   - Die daraus resultierenden Probleme von hochvolumigem Verkehr zur Datenspeicherung über herkömmliche LANs.

   Die Idee des SAN ist, diesen Verkehr nicht über das Standard-LAN, sondern ein eigenes LAN zu führen und daran die verschiedenen Speichersysteme anzuschließen. Das gesamte SAN sollte den Zielen Leistungsfähigkeit (schneller Zugriff auf benötigte Daten), Skalierbarkeit (Ausbau der Speichergröße, Anzahl der Nutzer, deren geografische Verteilung) und Sicherheit (Ausfallsicherheit, Zugriffssicherheit) genügen. Üblicherweise wird dafür eine schnelle LAN-Technologie wie z.B. → *Fast Ethernet*, → *Fibre Channel* oder → *ATM* verwendet und um eine spezielle Netzmanagement-Software ergänzt, die z.B. den Datentransfer in regelmäßigen Intervallen durchführt und überwacht. Neben der breitbandigen Übertragungstechnik wird für die Netzinfrastruktur auch eine Switch-Architektur (→ *Switch*) benötigt, die im Idealfall jeden beliebigen Anwendungsserver mit jedem beliebigen Datenserver verbinden kann.

   Die SAN-Technologie wird weiterentwickelt und gepflegt durch die Storage Network Industry Association (SNIA).

   → *http://www.snia.org/*

2. Abk. für Styrol-Acrylnitril-Copolymer.

   Bezeichnung für einen thermoplastischen Kunststoff, der im Rahmen der Telekommunikation und der Informationstechnik häufig als Material für Gehäuse von Endgeräten (Telefon, Fax etc.) oder von Computern Verwendung findet.

   → *ABS*, → *PA*, → *PBTP*, → *PE*, → *PF*, → *PVC*.

SANC

Abk. für Signalling Area Network Code.

SAP

Die Abk. wird für die gleiche Langform in zwei verschiedenen Zusammenhängen benutzt.

1. Abk. für Service Access Point.

   → *IN*.

2. Abk. für Service Access Point, Dienstzugangspunkt.

   Bezeichnung für die Schnittstelle zweier Schichten im → *OSI-Referenzmodell*, über die eine höhergelegene Schicht Dienste der darunter liegenden Schicht in Anspruch nimmt.

   → *PDU*.

3. Abk. für Segmentation Application Point.
4. Abk. für Service Advertising Protocol.

   Bezeichnung für ein Protokoll, mit dem es einem → *Server* möglich ist, die durch ihn abwickelbaren Dienste in einem lokalen Netz unter dem Netzbetriebssystem Netware aus dem Hause Novell zu kommunizieren.

5. Abk. für Systeme, Anwendungen und Produkte in der Datenverarbeitung.

   Name eines großen deutschen Softwareherstellers mit Sitz in Walldorf, das neben Oracle zum führenden Hersteller von → *ERP*-Software gehört.

   SAP entwickelt eine betriebswirtschaftliche Standardsoftware, die sämtliche betriebswirtschaftliche Bereiche in einem Unternehmen abdeckt und dabei den Benutzern eine einheitliche Struktur und Benutzeroberfläche bietet. Die Software ist branchenneutral und damit in sämtlichen Industriezweigen, Dienstleistungssektoren sowie im öffentlichen Dienst einsetzbar. Dies führt jedoch zu einer komplexen betriebswirtschaftlichen Software hoher Flexibilität, die im Rahmen eines Prozesses, genannt → *Customizing*, an ein gegebenes Unternehmen angepasst werden muss. Je nach Größe des Unternehmens und Umfangs der Einführung der Software kann dieser Prozess Jahre dauern.

Das Hauptprodukt der SAP ist R/3, das modular aufgebaut ist und aus folgenden Modulen besteht:

- SD (Vertrieb)
- MM (Materialmanagement)
- PP (Produktionsplanung)
- QM (Qualitätsmanagement)
- PM (Instandhaltung)
- HR (Personalwirtschaft)
- FI (Finanzwesen)
- CO (Controlling)
- AM (Anlagenwirtschaft)
- PS (Projektsystem)
- WF (Workflow)
- IS (Branchenlösungen)

Die Entwicklung der SAP verlief wie folgt:

1972

Die fünf ehemaligen IBM-Mitarbeiter Hans-Werner Hector, Dietmar Hopp, Hasso Plattner, Klaus Tschira und Claus Wellenreuther gründen die SAP in der Rechtsform einer GbR in Weinheim. Ihre Idee ist die Entwicklung von unternehmens- und branchenunabhängiger Standardanwendersoftware für die Echtzeitverarbeitung, anstelle von Stapelverarbeitung.

Im ersten Jahr werden 620 000 DM umgesetzt.

1973

Als eines der ersten Produkte kommt das Buchhaltungsprogramm RF (R: Realtime, F: Financials) auf den Markt.

1976

Die „SAP GmbH Systeme, Anwendungen und Produkte in der Datenverarbeitung" wird gegründet und mit der GbR verschmolzen.

Es werden 3,81 Mio. DM umgesetzt.

1977

Der Firmensitz wird nach Walldorf verlegt.

Erstmals gibt es Kunden aus dem Ausland (Schweiz und Österreich).

1979

Mit dem System SAP R/2 wird begonnen, eine neue Software für Großrechner zu entwickeln.

1981

Die Entwicklung von R/2 ist abgeschlossen. Erstmals werden damit die bisher einzelnen Funktionalitäten modulartig in einem Programm vereint.

Der erste Messeauftritt findet auf der → *Systems* in München statt.

Ca. 200 Unternehmen nutzen SAP-Software.

1986

Erstmals ist man auf der → *CeBIT* in Hannover dabei.

1987

Die Entwicklung von SAP R/3 als Schritt zur PC-gestützten Client/Server-Welt (→ *Server*) beginnt.

Starke internationale Expansion nach den Niederlanden, Frankreich, Spanien und Großbritannien.

850 Unternehmen nutzen SAP-Software.

1988

Die SAP GmbH wird in eine AG umgewandelt, die im Oktober in Frankfurt an die Börse geht.

Weitere internationale Expansion nach Dänemark, Schweden, Italien und den USA

1991

Auf der CeBIT wird SAP R/3 erstmals öffentlich vorgestellt.

1992

SAP R/3 wird offiziell auf den Markt gebracht.

Um der Nachfrage Herr zu werden, wird die Zusammenarbeit mit Logopartnern (unabhängige Beratungsunternehmen) gestartet, die bei der Einführung von SAP R/3 den Kunden unterstützen.

1994

Erstmals ist SAP in China aktiv.

1997

SAP geht an die New Yorker Börse.

→ *http://www.sap-ag.de/*

SAPI

Abk. für Service Access Point Identifier.

Kennzeichnet im → *ISDN* den gewählten Dienst, z.B. Fax oder Sprachübertragung. Ein Wert von 16 zeigt den → *Packet Mode Bearer Service* an.

SAR

Abk. für Segmentation and Reassembly (Sublayer).

→ *ATM.*

SARA

Abk. für Satellite Radio.

Bezeichnung des für EUTELSAT-Satelliten geplanten digitalen Hörrundfunks.

→ *DAB*, → *ADR*, → *DSR*, → *DVB.*

SARSAT

Abk. für Search and Rescue Satellite Aided Tracking System.

→ *GDSS.*

SAS

1. Abk. für Single Attachment Station.
   → *FDDI.*
2. Abk. für Subscriber Alerting Signal.
3. Abk. für Simple Attachment Scheme.

SASE

Abk. für Specific Application Service Elements.

Bezeichnung eines anwendungsspezifischen Anwendungsdienstelementes auf Schicht 7 des → *OSI-Referenzmodells.*

→ *CASE.*

SAT

Abk. für Subscriber Access Termination.

SAT-1

Abk. für South-Atlantic-Trunk No. 1.

Bezeichnung für ein 10 690 km langes → *Unterwasserkabel* zu Telekommunikationszwecken durch den Südatlantik zwischen Portugal und Südafrika mit Anschluss von den Kanarischen Inseln, den Kapverdischen Inseln und den Ascension-Inseln.

Es basiert auf einem → *Koaxialkabel* und ist seit 1969 in Betrieb.

Satcom

Abk. für Satellite Communications.

International gängige Bezeichnung für alle Arten von Telekommunikation, bei der ein → *Satellit* genutzt wird.

Satellit

Bezeichnung für unbemannte, künstliche Raumflugkörper, die sich auf einer Umlaufbahn um die Erde befinden, auf der sie durch das Gleichgewicht der Erdanziehungskraft und der aus ihrer Umlaufgeschwindigkeit resultierenden Zentrifugalkraft gehalten werden.

Ein komplettes Satellitensystem unterteilt sich in ein → *Raumsegment* und ein → *Bodensegment*. Hinsichtlich des Verwendungszwecks unterscheidet man:

- (Militärische) Aufklärungs- und Spionagesatelliten
- Wettersatelliten
- Navigationssatelliten (z.B. → *GPS*, → *GLONASS*)
- Kommunikationssatelliten (auch: Nachrichtensatelliten, Fernmeldesatelliten)
- Forschungssatelliten zu verschiedenen Zwecken wie z.B. Erdbeobachtung, Vermessung oder Astronomie

Dabei werden die für die Telekommunikation relevanten Kommunikationssatelliten weiter unterteilt in:

- Broadcast-Satelliten (selten auch: Verteil-, TV-, Fernseh- oder Rundfunksatelliten): Sie werden insbesondere zur Verbreitung von Rundfunkprogrammen (Radio und analoges TV, zukünftig auch digitales TV) genutzt. Ihr abgestrahltes Signal kann im Bereich ihres → *Footprints* von jedermann mit entsprechendem Empfangsgerät empfangen werden.
- Telekommunikationssatelliten (Fernmeldesatelliten): Sie übertragen Punkt-zu-Punkt geschaltete Telekommunikationsverbindungen. Ihr Sendesignal kann zwar im Bereich des Footprints von jedermann mit dem entsprechenden technischen Gerät empfangen, nicht jedoch entschlüsselt werden.

Eine weitere Klassifikation der Kommunikationssatelliten bezieht sich auf die Bahnhöhe:

- Satelliten in großer Höhe: Sie laufen auf einer geostationären Bahn in ca. 36 000 km Höhe um die Erde (→ *GEO*), die auch → *Clarke-Orbit* genannt wird. Dies war bislang die bevorzugte Bahnhöhe für Kommunikationssatelliten.
- Satelliten in mittlerer Höhe: Sie laufen auf einer Bahn um die Erde, die mit einer Höhe von um die 10 000 km (→ *MEO*) deutlich niedriger als die geostationäre Bahn ist. Neue Systeme des → *Satellitenmobilfunks* nutzen diese Bahnhöhe.
- Satelliten in geringer Höhe: Sie laufen auf einer Bahn um die Erde, die mit einer Höhe von um die 1 000 km (→ *LEO*) noch niedriger als die MEO-Bahn ist. Neue Systeme des → *Satellitenmobilfunks* nutzen auch diese Bahnhöhe.

Diese drei Gruppen lassen sich auch in nur zwei zusammenfassen:

- Synchronsatelliten: Sie laufen in der geostationären Umlaufbahn um die Erde. Dadurch stehen sie für einen Betrachter auf der Erde über dem Horizont still. Die Antennenanlagen der Bodenstation müssen daher nicht nachgeführt werden. Durch die große Höhe ergeben sich aber lange Signallaufzeiten, d.h. Übertragungsverzögerungen (→ *Delay*), die sich in einer geringeren Übertragungsqualität bei Echtzeitdiensten bemerkbar macht.
- Asynchronsatelliten: Sie laufen nicht in der geostationären Umlaufbahn um die Erde. Antennenanlagen müssen daher laufend nachgeführt werden. Dafür ist die Signallaufzeit und damit die Übertragungsverzögerung geringer.

Zentrale Parameter von Satellitenbahnen sind neben der Bahnhöhe die → *Inklination* und die → *Elevation*. Ein Kommunikationssatellit besteht aus folgenden Hauptbaugruppen:

- Korpus zur Aufnahme der gesamten anderen Baugruppen
- Sende- und Empfangsantennen
- → *Transponder* zum Umsetzen der Empfangssignale in die Sendesignale,
- Treibstofftanks und Düsen zur Steuerung des Satelliten
- Solarzellen und Batterien zur Energieerzeugung und -speicherung
- Kontrollinstrumente und -computer

Man unterscheidet hinsichtlich des Stabilisierungsmechanismus zwei verschiedene Bauarten von Satelliten:

- Spin-stabilisierte Satelliten: Sie werden in eine Umdrehung um die eigene Achse versetzt (60 bis 70 Umdrehungen/Minute) und erhalten damit einen stabilisierenden Drehimpuls um eine ihrer Achsen, der sie an ihrer Position auf der Umlaufbahn hält. Um bei derartigen rotierenden Satelliten die Antennen immer fest auf die Erde auszurichten sind die Antennen auf einem Teil des Satelliten an einem Ende montiert, der sich der Drehbewegung des Satelliten entgegendreht, so dass aus Sicht der Erde die Antennen still zu stehen scheinen.

  Die Solarzellen sind bei diesem Typ rund um die Außenwand des rotierenden und meistens zylindrischen Korpus montiert.
- Gyroskop-stabilisierte Satelliten: Sie enthalten drei Kreiselgeräte (Gyroskop), deren Achsen zueinander orthogonal sind. Die Kreisel rotieren mit sehr hohen Umdrehungszahlen (4 000 bis 6 000 Umdrehungen/Minute), so dass der Satellit durch diese drei Drehimpulse um die drei Achsen stabilisiert wird, weswegen man auch von einem drei-achsen-stabilisierten Satelliten spricht.

  Die Solarzellen sind bei diesem Satellitentyp an Auslegern (Solar-Panel) montiert.

Moderne Satelliten sind heute üblicherweise von diesem Typ.

Die meistgenutzten Frequenzen, auf denen Satelliten senden, liegen im → *C-Band*, im → *K-Band* und in seinen Unterbändern → *Ka-Band* und → *Ku-Band*.

Die Lebensdauer von Telekommunikationssatelliten beträgt (sofern sie nicht schon zuvor durch Kollision mit kleinen Teilchen (Weltraumschrott) beschädigt werden) zwischen acht und zwölf Jahren und wird üblicherweise durch den Brennstoffvorrat für die Steuerdüsen limitiert. Sie verbleiben oft noch wesentlich länger auf der Umlaufbahn, bis sie langsam zur Erde stürzen und beim Übergang in die Athmosphäre durch Reibung mit Luft verglühen. Je tiefer die Satellitenbahnen sind, desto schneller kommt es dazu.

Andere Satelliten, insbesondere Militärsatelliten, können eine wesentlich kürzere Lebensdauer von u.U. nur wenigen Tagen besitzen.

Zunächst wurde auch mit Passivsatelliten experimentiert, die keine eigene Stromversorgung an Bord hatten und lediglich durch ihre Metallhülle elektromagnetische Wellen reflektierten. Dieses Konzept erwies sich jedoch für Kommunikationszwecke als nicht tragbar, so dass schnell Aktivsatelliten entwickelt wurden, die Signale empfingen, verstärkten und auch wieder ausstrahlten.

Die Satellitentechnik entwickelte sich wie folgt:

1945

Arthur C. Clarke (→ *Clarke-Orbit*) veröffentlicht seine Thesen über Satellitenkommunikation auf GEOs mit Hilfe bemannter Vermittlungsstellen in der Fachzeitschrift „Wireless World“. Sie bleiben unbeachtet.

1952

Clarke wiederholt seine Überlegungen in einem weiteren Aufsatz „The Exploration of Space“.

1954 und 1955

John R. Pierce von den Bell Labs macht sich erste systematische Gedanken über die Wirtschaftlichkeit von aktiven (‚Repeater‘) und passiven (‚Mirror‘) geostationären Satelliten im Vergleich zu der Übertragung von Telefongesprächen über Transatlantikkabel (→ *TAT*). Er veröffentlich sie 1954 in einem Vortrag und 1955 in einem Artikel und wirft die Frage auf, ob ein derartiger Satellit mitsamt notwendigen Supportsystemen (Rakete, Bodenstationen etc.) nicht rund 1 Mrd. $ wert sein könnte.

1957

Am 4. Oktober startet die damalige UdSSR den ersten Satelliten ‚Sputnik‘ in eine elliptische Umlaufbahn in einer Höhe von 228 bis 947 km. Er wog 83,5 kg, hatte einen Durchmesser von 58 cm, vier lange Antennen, benötigte für eine Erdumrundung 96 min und sendete 21 Tage lang ein einfaches Piepssignal. Insgesamt blieb er 92 Tage auf der Umlaufbahn.

Am 3. November startet die UdSSR einen Satelliten mit der Hündin ‚Laika‘ an Bord. Sie ist das erste lebende Wesen von der Erde im Weltraum.

1958

Die USA starten am 1. Februar mit dem ‚Explorer I‘ auf der von Wernher v. Braun (* 1912, † 1977) mitentwickelten Jupiter-C-Rakete ihren ersten Satelliten. Er war 14 kg schwer und entdeckte den Van-Allen-Strahlungsgürtel der Erde. Bis 1972 wurden insgesamt 48 Explorer-Satelliten verschiedener Größe zu wissenschaftlichen Zwecken gestartet.

SCORE ist der erste Testsatellit mit der Möglichkeit der Ausstrahlung von TV-Signalen.

1960

Am 12. August starten die USA nach einem Fehlstart am 13. Mai (Echo 1) mit Hilfe einer Delta-001-Rakete den ersten passiven, 81 kg schweren Kommunikationssatelliten Echo 1A. Er bestand aus einem Ballon (Durchmesser: 30 m), dessen Plastikhaut mit Aluminium beschichtet war und elektromagnetische Wellen im → *UKW*-Bereich zur Nachrichtenübertragung reflektieren konnte. Der Ballon entfaltete sich erst im Weltraum (1600 km Bahnhöhe) durch Aufblasen mit wenigen Litern Pressluft. Acht Jahre umkreiste er die Erde und war bei günstigen Witterungsbedingungen und in der Nacht mit bloßem Auge am Himmel zu beobachten.

Die NASA startet mit ‚Explorer 8‘ ihren ersten, eigenen Satelliten.

AT&T tritt an die FCC mit dem Plan heran, einen experimentellen, aktiven Kommunikationssatelliten im All zu platzieren und nach einer Testphase in den kommerziellen Betrieb zu nehmen. Aus diesem Vorgehen heraus sollte zwei Jahre später einerseits die Telstar-Satellitenserie hervorgehen und andererseits ein entsprechendes Gesetzeswerk (Communications Satellite Act).

1961

Zur Jahresmitte gibt die NASA bei RCA einen aktiven Kommunikationssatelliten (RELAY) für mittlere Umlaufbahnen in Auftrag.

Mit OSCAR 1 (Orbiting Satellites Carrying Amateur Radio) wird der erste nicht-staatliche Satellit gestartet. Er wird von Funkamateuren genutzt. In den folgenden 30 Jahren werden 19 derartige Satelliten gestartet.

1962

Erster aktiver Satellit zur Übertragung von TV-Programmen aus dem Hause AT&T und gestartet durch die NASA am 10. Juli ist der → *Telstar 1*.

Die NASA gibt bei Hughes die ersten geostationären, aktiven Kommunikationssatelliten der Syncom-Serie (35 kg) in Auftrag.

Der Communications Satellite Act wird verabschiedet.

1963

Die USA starten am 14. Februar mit dem ‚Syncom 1‘ und einer Delta-Rakete den ersten Satelliten für die geostationäre Umlaufbahn, doch ein Defekt in der dritten Raketenstufe verhindert die erfolgreiche Stationierung des Satelliten im All.

Erst mit Syncom 2 im gleichen Jahr verwirklicht man damit die Ideen von Arthur C. Clarke.

1964

Am 25. Januar wird mit ECHO II ein weiterer passiver Satellit zu Testzwecken durch die NASA gestartet. Er dehnt sich auf 41 m aus und besteht aus drei Schichten Material (‚Sandwichbauweise‘). Er wiegt 258 kg.

Mittlerweile sind zwei Telstars, zwei RELAY-Satelliten und zwei Syncoms im All.

→ *Comsat* und wenig später → *INTELSAT* werden gegründet.
→ *Intersputnik* als vergleichbare Organisation des Ostblocks wird gegründet.
Teile der Olympischen Spiele aus Tokio werden per Satellit über Syncom-Satelliten übertragen.

1965
Am 6. April wird der erste Satellit ‚Early Bird' zu Zwecken der kommerziellen Telekommunikation von → *Intelsat* von Cape Canaveral aus gestartet.
Mit dem IDSCS wird der erste rein militärische Satellit von den USA im Weltraum stationiert.
Der Fernsehsender ABC schlägt Satelliten zur Ausstrahlung von TV-Signalen an Zuschauer vor. Der Vorschlag wird zunächst nur zur Kenntnis genommen.
Es wird allgemein anerkannt, das Kommunikationssatelliten auf geostationären Umlaufbahnen zu positionieren sind.

1969
Mit dem militärischen TacSat der USA wird der seinerzeit schwerste Satellit in den Weltraum gestartet.
Mit dem Intelsat-III-Satelliten wird erstmals ein Satellit über dem Indischen Ozean in Betrieb genommen. Er komplettiert das globale Kommunikationsnetz, das von der NASA für die Mondlandung benötigt wird.
Mit dem Azur wird der erste deutsche Satellit gestartet. Genutzt wird eine US-Rakete vom Typ Scout.

1971
Mit der Serie IV der Satelliten von → *INTELSAT* werden erstmals → *Spotbeams* bei Telekommunikationssatelliten eingesetzt.

1972
Telesat Canada startet mit ANIK den ersten kommerziellen Satelliten für die Ausstrahlung von TV-Signalen an Zuschauer in Kanada.

1974
Am 13. April startet Western Union mit dem Westar 1 den ersten kommerziellen US-Satelliten zur inländischen Nutzung.

19. Dezember 1974
Das deutsch-französische Gemeinschaftsprojekt ‚Symphonie 1' startet von den USA aus einen Forschungssatelliten zur wissenschaftlichen Erforschung der Eigenschaften der Satellitenkommunikation auf einer GEO. Es handelt sich um den ersten, in Europa gebauten Satelliten

1975
Im Dezember startet RCA in den USA mit dem Satcom F-1 das erste Exemplar der Satcom-Serie zur inländischen Nutzung. Es handelt sich um den ersten Gyroskop-stabilisierten Satelliten, eine Bauform, die sich nach und nach durchsetzt.

26. August 1975
‚Symphonie 2' wird von Cape Canaveral aus gestartet.

1976
Mit den Satelliten von → *Marisat* wir erstmals kommerzieller → *Satellitenmobilfunk* ermöglicht.
AT&T und Comsat starten den ersten Satelliten der Comstar-Serie zur inländischen Nutzung.
Mit dem Palapa A01 aus Indonesien wird erstmals ein Satellit eines Schwellenlandes gestartet. Indonesien startet in den folgenden 16 Jahren drei weitere Satelliten, um sein verstreutes Inselreich kommunikationstechnisch besser zu versorgen.
→ *Arabsat* wird gegründet.

1977
Die europäischen Länder gründen die European Space Agency (ESA).

1979
→ *Inmarsat* wird gegründet.

12. April 1981
Die NASA startet das erste Space Shuttle, mit dem fortan auch Satelliten ausgesetzt werden können.

11. November 1982
Die NASA startet die fünfte Mission eines Space Shuttles. Erstmals werden dabei zwei Satelliten im Weltraum ausgesetzt.

1983
Der erste von später insgesamt neun Eutelsat-Satelliten wird gestartet.
Indien startet den ersten Satelliten für sein nationales Satellitennetz ‚Insat'.

18. Juni 1983
Die NASA startet die siebte Mission eines Space Shuttles. Erstmals wird dabei ein Satellit (Forschungssatellit SPAS-01 aus Deutschland) ausgesetzt, wieder eingefangen und mit zur Erde zurückgebracht.

1984
Am 6. April wird erstmals ein defekter Satellit im Weltraum vom Space Shuttle eingefangen, repariert und wieder ausgesetzt.
Am 16. November wird erstmals ein herkömmlich gestarteter Satellit im Weltraum wieder eingefangen und vom Space Shuttle mit zur Erde zurückgebracht.

1985
Die Deutsche Bundespost startet mit → *TV-Sat* einen nicht besonders erfolgreichen TV-Satelliten.
Im Februar startet Arabsat neun Jahre nach seiner Gründung seinen ersten und im Juni seinen zweiten Satelliten.
Am 27. August wird der erste Satellit aus einem Space Shuttle (der ‚Discovery') gestartet.

1988
Mit PanAmSat (PAS) erhält erstmals eine privatwirtschaftlich geführte Organisation (im Gegensatz zu Inmarsat) die Zulassung, einen Satelliten zur Übertragung von internationalem Verkehr im All zu installieren. Der Satellit wird im Frühjahr gestartet.
Im September wird mit dem TDRS-3 (Tracking and Data Relay Satellite) der bis dahin größte Kommunikationssatellit (2,26 Tonnen Gewicht, 15 m Länge) in den Weltraum befördert. Er wird vom Space Shuttle ‚Discovery' ausgesetzt und dient fortan der NASA für die Kommunikation mit anderen Satelliten und den Space Shuttles.
Am 11. Dezember wird mit Astra 1A der erste privat finanzierte europäische Fernsehsatellit gestartet. Genutzt wird eine Ariane-Rakete.

1989
Am 6. Juni wird mit DFS-Kopernikus der erste rein deutsche Nachrichtensatellit (mit einer Ariane-Rakete) gestartet und auf einer geostationären Umlaufbahn positioniert. Er wird am 11. August in Betrieb genommen.

Frühe 90er Jahre
Mit Hughes entscheidet sich schließlich auch der letzte große Satellitenbauer dazu, gyroskop-stabilisierte Satelliten zu verwenden.

Mai 1992
Die Space Shuttle ‚Endeavour' fängt im Weltraum den Satelliten Intelsat VI F3 ein. Dieser war zuvor von einer Titan-Rakete gestartet worden, erreichte jedoch nicht seine Umlaufbahn. Im Frachtraum der Endeavour wird ein kleines Zusatztriebwerk installiert, mit dessen Hilfe der Satellit auf seine endgültige geostationäre Umlaufbahn kommt.

29. November 1994
Orion Atlantic ist die zweite private Firma, die ihren eigenen Satelliten ins All befördert.

November 1998
Mit → *Iridium* geht mit einigen Wochen Verspätung das erste, neue Netz für Satellitenmobilfunk in Betrieb. Es sollte sich innerhalb eines Jahres als kommerzieller Fehlschlag herausstellen.

Satellite Dish

→ *DTH.*

Satelliten-Büro

→ *Tele-Working.*

Satellitenmobilfunk

1. Oberbegriff für eine Reihe von Systemen, die zur Jahrtausendwende globale Erreichbarkeit mittels Handtelefonen unter einer Rufnummer ermöglichen sollen. Infrage kommende Systeme sind → *Aries*, → *AMSC*, → *ASC*, → *Astrolink*, → *Celestri*, → *Courier*, → *ECCO*, → *Ellipso*, → *Globalstar*, → *ICO*, → *Iridium*, → *Obsidian*, → *Odyssey*, → *Orbcom*, → *Skybridge*, → *Spaceway*, → *Teledesic*, → *Thuraya*, → *Tritium* und → *Voice Star*.

   Technische Eckpunkte eines solchen Systems sind die Bahnhöhe, die Satellitenanzahl des Gesamtsystems, die Systemkosten und der Betriebsmodus der Handgeräte, die im Single-Mode-Betrieb nur auf die Satelliten zugreifen oder im Dual-Mode-Betrieb sich in terrestrische Mobilfunknetze einordnen (wo vorhanden) und sich nur dort, wo keine Mobilfunknetze zur Verfügung stehen (Wüste, Katastrophengebiete, Inseln, Hochgebirge etc.), in das Satellitensystem einschalten.

   Die Höhe der Flugbahn hat entscheidenden Einfluss auf die Erreichbarkeit des Satelliten durch Handgeräte mit nur schwacher Leistung und somit auf die Akzeptanz derartiger Systeme durch den Markt. Ferner ergibt sich durch die Höhe der Flugbahn die Anzahl benötigter Satelliten zum Ausleuchten der gesamten Erde und somit die Gesamtkosten des Systems.

   → *Transponder*, → *GEO*, → *LEO*, → *HEO*.

2. Ferner heutige, bereits bestehende Satellitensysteme, die mit großen, fest eingebauten Geräten oder → *VSATs* Mobilfunk ermöglichen.

   → *Inmarsat*, → *Intelsat*, → *Intersputnik*, → *EUTELSAT*.

Satellitennavigation

→ *GPS*, → *GLONASS*.

Satellitentelefonie

→ *Satellitenmobilfunk*.

SatFu

Abk. für Satellitenfunk (-verbindung).
→ *Satellit*.

SatFv

Abk. für Satellitenfestverbindung.
Bezeichnung der Deutschen Telekom für eine → *Standleitung*, die über einen → *Satellit* geschaltet wird.

SATRA

Abk. für South African Telecommunications Regulatory Authority.
Bezeichnung der nationalen Regulierungsbehörde für Telekommunikation in Südafrika mit Sitz in Johannesburg, vergleichbar mit der → *Regulierungsbehörde* in Deutschland oder der → *FCC* in den USA.
→ *http://www.satra.org.za/*

Sat-ZF

Abk. für Satelliten-Zwischenfrequenz (-Anlage).
International auch Intermediate Frequency Distribution genannt. Bezeichnung für ein mögliches Verfahren für den Aufbau von kabelgestützten Verteilinfrastrukturen zur lokalen Verteilung von per Satellit ausgestrahlten TV-Programmen.
Ein Sat-ZF-System besteht aus den folgenden Komponenten:

- Satellitenempfangsantenne
- Einem Low Noise Block mit Low Noise Converter (→ *LNB*), der die im hohen GHz-Bereich empfangenen Satellitensignale in so genannte Zwischenfrequenzen im sehr niedrigen GHz-Bereich von 950 bis 2 150 MHz umsetzt und verstärkt.
- Einer auf dem → *Koaxialkabel* basierenden Infrastruktur, über welche die empfangenen und auf die Zwischenfrequenzen umgesetzten TV-Programme zu den einzelnen Haushalten überträgt und dort an dem Satellitenreceiver (auch nur Receiver genannt) angeschlossen ist.
- Satellitenreceiver (Sat-Receiver, Receiver), der die empfangenen TV-Programme aus den Zwischenfrequenzen in die vom herkömmlichen TV-Gerät (Fernseher) erwarteten TV-Frequenzen umsetzt und an dieses über ein weiteres Koaxialkabel überträgt.

Zentrales funktionales Bestandteil eines derartigen Systems ist auch ein Steuersignal (22 kHz). Der Sat-Receiver kann dieses Signal zur Empfangselektronik der Antenne mit den LNBs oder zu einer Schaltbox schicken. Dadurch kann z.B. ein bestimmter LNB aktiviert oder die Umschaltung in einen höheren Frequenzbereich (vom Low-Band bis 11,7 GHz in das High-Band oberhalb davon) vorgenommen werden. Die Nutzung dieses Signals ist notwendig für den Empfang mehrerer Satelliten.

Mittlerweile haben sich zur Steuerung der Satellitenempfangsanlage wesentlich leistungsfähigere Systeme wie z.B. → *DiSEqC* etabliert.

Satzspiegel

Beim → *Layout* die Bezeichnung für den Teil des Druckerzeugnisses, der mit Fließtext gefüllt ist. Kopf- und Fußzeilen, inkl. der Seitennummerierung (Pagina), liegen üblicherweise außerhalb dieses Bereiches.

Sauger

Im Jargon der → *Mailbox*-Szene Nutzer, die nur Daten aus der Mailbox zu sich herunterladen (→ *Download*), aber selber nichts in die Mailbox einspeisen.
→ *Lurker.*

SAVD

Abk. für Simultaneous or Alternating Voice Data.

SAVE

Abk. für Siemens Anwender-Vereinigung.

S-Band

Bezeichnung für den Frequenzbereich von 1 550 bis 3 900 MHz. Zerfällt intern in die Bereiche S_e-Band (1,55 GHz bis 1,65 GHz) und S_c-Band (2 GHz bis 2,4 GHz). Nachbarbereiche: → *L-Band* und → *C-Band.*
Es wird üblicherweise für interkontinentale TV-Verbindungen genutzt.

SBC

1. Abk. für Sub-Band Coding.
2. Abk. für Southwestern Bell Corporation.
   → *RBOC.*

SBE

Abk. für Single Byte Extension.

SBI

Abk. für Sub-Bitstream Indicator.

SBM

Abk. für Single Bitmap.

SBS

1. Abk. für stimulierte Brillouin-Streuung.
   Ein schmalbandiges, nicht-lineares Rauschen bei → *OFDMA*, das die maximale Sendeleistung von Lasern in Glasfasersystemen begrenzt. Durch den SBS-Effekt wird, insbesondere wenn das Sendespektrum sehr schmalbandig ist, ein Teil der Leistung zum Sender reflektiert.
   Gegenmaßnahme: Frequenz- oder Phasenmodulation des Sendesignals (Dithering).
2. Abk. für Satellite Business System.

SBSD

Abk. für Supplementary and Bearer Service Description.

SBT

Abk. für Sociedade Brasileira de Telecommunicações.
Bezeichnung für einen 1983 in Rio de Janeiro gegründeten technisch orientierten Berufsverband der in der Telekommunikationsindustrie Tätigen. Periodikum ist seit 1986 das „Journal of the Brazilian Telecommunications Society".

SBus

Ein von der Firma Sun entwickelter und 1989 vorgestellter Busstandard. Er ist ein sog. Chip-Bus, d.h., die angeschlossenen Karten sind direkt am → *CPU*-internen Bus angehängt. Auf den Karten ist somit keine zusätzliche Treiberlogik nötig. SBus-Karten sind so groß wie eine Postkarte und besitzen einen 96-poligen Stecker.
Eingesetzt wird der SBus in → *Workstations* der Rechnerlinie → *SPARC*, für den er gezielt entwickelt wurde, weil seinerzeitige Bustechnologien (→ *ISA*, → *EISA*) nicht leistungsstark genug waren.
→ *http://www.sun.com/io_technologies/sbus/index.html/*

SC

1. Abk. für Study Committee (Commission).
   Oft auch SG (Study Group) genannt. Bezeichnung für ein permanentes Standardisierungsgremium innerhalb einer Standardisierungsorganisation, das sich dauerhaft mit einem Arbeitsfeld beschäftigt (im Gegensatz zur → *TG*, Task Group).
2. Abk. für Subcommittee.
   In Normungsgremien ein Unterausschuss.
3. Abk. für Subscriber Confidentiality.
4. Abk. für Service Center.
   → *TFTS.*

SCA

Abk. für Selective Call Acceptance.
→ *Screening.*

Scanner

1. Bezeichnung eines Peripheriegerätes für Computer zur Digitalisierung und zum Einlesen ein- oder mehrfarbiger grafischer Vorlagen aller Art in den Computer zur weiteren Verarbeitung.
   Grundprinzip: Die Vorlage wird zeilenweise beleuchtet und das reflektierte Licht wird mittels → *CCD*-Bausteinen oder Photomultipliern (bei teuren Scannern) detektiert.
   Scanner erlauben in Verbindung mit → *OCR* auch das Einlesen von Texten (zur Weiterverarbeitung).
   Bei Farbscannern werden drei Verfahren unterschieden: die 3-Pass-Methode und zwei 1-Pass-Methoden, wie die Filtermethode und die Prisma- oder Spektralmethode.
   Bei der 3-Pass-Methode wird die Vorlage dreimal mit jeweils einem anderen Farbfilter für jede Grundfarbe gescannt.
   Bei der 1-Pass-Methode wird in einem Arbeitsgang für jeden Farbanteil der Grundfarbe gescannt, indem die

Vorlage mit jeder der drei Farben gleichzeitig belichtet wird.

Bei der Prisma-Methode wird die Vorlage mit weißem Licht gescannt. Das reflektierte Licht wird durch ein Prisma geleitet und in die Spektralfarben zerlegt. Jede der drei Grundfarben wird durch eine eigene Reihe CCD-Elemente detektiert.

Es werden drei Bauformen unterschieden:

- Handscanner
- Flachbettscanner
- Trommelscanner

Der preiswerte kleine Handscanner mit einer Auflösung von 200 bis 400 dpi ist üblicherweise 105 mm breit und muss mit ruhiger Hand in gleichmäßiger Geschwindigkeit über eine Vorlage geführt werden, bei großen Vorlagen entsprechend mehrmals, was eine nicht immer einfache Nachbearbeitung im Computer zur Folge hat. Handscanner werden insbesondere im privaten Bereich eingesetzt.

Der Flachbettscanner mit einer Auflösung ab 200 dpi verfügt über eine Glasplatte, auf die die Vorlage (üblicherweise bis DIN A3 geeignet) gelegt werden muss. Beides wird mit einer Haube abgedeckt. Die Abtastmechanik unter der Glasplatte führt das Scannen aus. Flachbettscanner sind preiswerter als Trommelscanner, kommen in ihrer Qualität nicht ganz an sie heran, reichen aber für den normalen (auch geschäftlichen) Nutzer.

Die teuren Trommelscanner mit einer Auflösung von bis zu einigen 1 000 dpi waren die ersten Scanner überhaupt. Bei ihnen wird die Vorlage auf eine durchsichtige Trommel gespannt und lichtdicht abgedeckt. Die Trommel rotiert, wobei die Vorlage sehr präzise gescannt wird. Trommelscanner werden bei den professionellen, hauptsächlich bildverarbeitenden Dienstleistungsbetrieben (z.B. Design-, Grafik-, Foto- oder Reprostudios) eingesetzt. Sie gelten als teuer und erfordern eine erfahrene Bedienung.

Zur Ansteuerung von Scannern aus Anwendungssoftware heraus hat sich die Schnittstelle → *TWAIN* durchgesetzt.

Zur Erhöhung der Bildqualität der eingescannten Bilder gibt es bei leistungsstarker Scannersoftware zum Nachbearbeiten der eingescannten Bilder oft Funktionen zum sog. Image-Enhancement wie z.B. → *Deskewing* oder → *Despackle*. Bei eingescannten Texten ist es möglich, mit Hilfe von Optical Character Recognition (→ *OCR*) die weitere Bearbeitung zu vereinfachen.

→ *Gamma-Regler*, → *Weiß-Wert*.

2. Auch Funkscanner genannt. Bezeichnung für elektronische Geräte mit einer einstellbaren Empfangsfrequenz innerhalb eines großen Frequenzbereichs zum ausschließlichen Abhören (Empfang) von Funkkanälen ohne die Möglichkeit zum Senden.

   Derartige Geräte eignen sich zum (auch unberechtigten) Abhören des Funkverkehrs, z.B. bei Mobilfunknetzen, beim → *Amateurfunk* oder beim → *CB-Funk*. Die unberechtigte Nutzung (d.h., eine Nutzung nicht zu z.B. technisch-wissenschaftlichen Zwecken) verstößt gegen das → *Fernmeldegeheimnis* und kann entsprechend geahndet werden.

   In Deutschland können derartige Geräte erst seit 1992 vertrieben werden. Im Zuge der Liberalisierung des Binnenhandels innerhalb der EU wurden seinerzeit nationale Vorschriften zur technischen Begrenzung des Frequenzbereichs von Empfangsanlagen als Handelshemmnisse angesehen und abgeschafft. Funkscanner sind damit vom Prinzip her herkömmliche Radiogeräte, werden aber gezielt als Scanner vermarktet. Umgekehrt gibt es keine als Radio vermarktete Geräte auf dem Markt, mit denen man andere als die zulässigen Radiofrequenzen abhören kann.

Scart-Buchse

Auch Euro-AV-Buchse genannt. Bezeichnung einer weitverbreiteten Steckverbindung an Fernsehern und Videorecordern zur Übertragung von Bild- und Tonsignalen. Genormt in DIN EN 50049. Sie verfügt über 21 Pole.

Scatternet

→ *Bluetooth*.

Scatterverbindungen

Bezeichnungen für besondere Funkverbindungen bei → *Richtfunk*systemen, die nicht auf direkter (Sicht-) Verbindung basieren, sondern bei denen die Antennen auf einen gemeinsamen Punkt der → *Troposphäre* ausgerichtet sind (daher auch Troposcatter-Verbindung genannt), der die Signale reflektiert. Diese Punkte sind Unregelmäßigkeiten in der Troposphäre, die imstande sind, eine elektromagnetische Welle zu reflektieren.

Überhorizontverbindungen werden durch diese Scatterverbindungen ermöglicht. Der Einsatz ist allerdings nur bei der Überwindung extrem großer, unzugänglicher Gebiete, wie z.B. Meeren, möglich.

Nachteilig sind hohe Dämpfungsverluste, so dass entsprechende Empfänger rauschfreie Vorverstärker benötigen und Sender große Sendeleistungen.

In Deutschland wurden vor 1989 derartige Verbindungen zwischen einer Sendestation der damaligen Bundespost in Torfhaus (Harz) nach Berlin (West) über 140 km eingesetzt.

Sc-Band

→ *S-Band*.

SCBus

Bezeichnung eines Bussystems, genutzt bei → *CTI*. Gilt als Nachfolger der → *PEB*-Technik. Überträgt mit 512 bis 2 048 Kanälen zu je 64 kbit/s für 256 oder 1 024 Vollduplexkanäle.

SCC

1. Abk. für Specialised Common Carrier.

   Bezeichnung aus den USA für Unternehmen, die nur ein spezielles Produkt auf dem Markt für Telekommunikationsdienstleistungen jedermann zugänglich anbieten, z.B. Festverbindungen, Datenübertragungsdienste, X.400-Dienste etc.

SCCs wurden 1971 von der → *FCC* definiert, um einen begrenzten Wettbewerb durch Dienstangebote neben der AT&T zu ermöglichen. Seither dereguliert und lizenziert die FCC die SCCs.

2. Abk. für Standards Council of Canada.
3. Abk. für Standards Coordinating Committee.
4. Abk. für Supercomputing Center.

   Insbesondere in den USA die Bezeichnung für Standorte von → *Supercomputern* im akademischen Bereich, die von mehreren angeschlossenen, aber geografisch entfernten Instituten genutzt werden können.

SCCH

Abk. für Single Cell Control Channel.

SCCP

Abk. für Signalling Connection Control Part.
→ *SS#7.*

SCCS

Abk. für Source Code Control System.

SCE

Abk. für Service Creation Environment.
→ *IN.*

Scelbi-8H

Bezeichnung eines ersten Bausatzes für einen PC aus dem Jahr 1973, als die Firma Scelbi Computer Consulting den Bausatz Scelbi-8H für 565 $ anbot. Er war mit einem Intel 8008 Prozessor und 1 KByte Speicher ausgerüstet.

SCELP

Abk. für Spike Code Excited Linear Prediction.

SCEP

Abk. für Simple Certificate Enrollment Protocol.
Bezeichnung für ein Protokoll im Umfeld des → *Internet*, das eine sichere Überragung und Zustellung von Zertifikaten an Netzelemente und Endgeräte ermöglicht. Eingesetzt bei Anwendungen im Umfeld von → *E-Commerce* und im → *VPN.*

SCF

1. Abk. für Shared Control (with) Feedback.
2. Abk. für Service Control Function.

   → *IN.*

Schachcomputer

Bezeichnung für Computer, die mit dem speziellen Ziel entwickelt oder programmiert worden sind, gegen einen menschlichen Gegner Schach zu spielen.

Die Wurzeln der Beschäftigung mit diesem Thema reichen weit zurück. Claude Shannon (* 1916) beschäftigte sich bereits 1949 am → *MIT* mit dem Thema des Schach spielenden Computers. Stanislaw Ulam entwickelte 1956 ein Programm zum Schachspielen, allerdings auf einem 6 x 6 Felder großen Spielfeld. Das Programm nennt er MANIAC 1.

1970 findet das erste Schachturnier für speziell programmierte Großcomputer statt. Veranstalter ist die → *ACM.*

Die ersten ‚echten' Schachcomputer wurden Mitte der 70er Jahre entwickelt. 1974 spielte einer in Stockholm.

1980 gewann das Computerprogramm → *Belle* den Weltmeistertitel der World Computer Chess Organisation.

Später wurden Spezialcomputer wie → *Deep Blue* (der erste Computer, der einen menschlichen, amtierenden Schachweltmeister schlug) oder → *Deep Thought* (der erste Computer auf Großmeisterniveau) gebaut.

Schaltalgebra

→ *Boolesche Algebra.*

Schaltkabel

→ *Hauptverteiler.*

Scheduler

→ *Multitasking.*

Scheme

Name einer → *Programmiersprache*, die aus → *Lisp* abgeleitet wurde und hauptsächlich im akademischen Bereich zu Lehrzwecken verwendet wird.

→ *http://www.cis.upenn.edu/~ungar/CIS520/scheme-tutorial.html*

Schicht

Im allgemeinen Kommunikationszusammenhang eine nach der Aufgabe abgegrenzte und zusammengehörige Funktion zur Ermöglichung von Kommunikation. Schnittstellen von und zu einer Schicht können standardisiert sein. Die Art der Erbringung der internen Funktionen hingegen ist es nicht. Anstelle von Schicht wird auch oft von Ebene oder Layer gesprochen.

Seit Definition des → *OSI-Referenzmodells* sind aufgrund neuer Erfordernisse oder Erkenntnisse bereits Schichten in Teilschichten zerlegt worden. Es gilt der Grundsatz, dass bei einem funktionierenden Kommunikationssystem zwar einzelne Teilschichten, nicht jedoch komplette Schichten übersprungen werden dürfen.

Schickardsche Rechenuhr

Auch einfach nur Rechenuhr genannt. Bezeichnung für eine der ersten, frühen mechanischen Rechenmaschinen, benannt nach ihrem Erbauer, den Tübinger Gelehrten und Professor für biblische Sprachen Wilhelm Schickard (* 22. April 1592, † 31. Oktober 1635).

Durch Johannes Keplers (* 27. Dezember 1571, † 15. November 1630) astronomische Berechnungen angeregt entwickelte er 1623 eine mechanische Rechenuhr, die bereits alle vier Grundrechenarten beherrschte und konstruierte damit die erste Rechenmaschine überhaupt. Er führte als erster das dekadische Zählrad ein, das alle folgenden mechanischen Rechenmaschinen auch verwenden. Dieses Zählrad hat zehn Stellungen (0 bis 9) und einen automatischen Übertragsmechanismus, d.h., wenn ein Rad einmal komplett über alle zehn Schritte gedreht wurde, griff ein vorstehender Zahn in das Zählrad der nächst höheren Wertigkeit und drehte es um einen Schritt weiter.

Erst 1957 (!) wurde ein Schriftwechsel zwischen Schickard und Kepler entdeckt, der diese Rechenuhr beschrieb und wodurch man von ihr überhaupt erst erfuhr. Schickard schreibt u.a.: „Ferner habe ich dasselbe, was du rechnerisch gemacht hast, kürzlich auf mechanischem Wege versucht und eine aus elf vollständigen und sechs verstümmelten Rädchen bestehende Maschine konstruiert, welche gegebenen Zahlen augenblicklich automatisch zusammenrechnet: addiert, subtrahiert, multipliziert und dividiert."

Die Originalmaschine wurde im 30-jährigen Krieg zerstört. Erst Nachbauten, z.B. vom Rogowski-Institut der RWTH Aachen, wiesen die volle Funktionsfähigkeit nach.

→ *Analytical Engine*, → *Arithomètre*, → *Jacquard-Webstuhl*, → *Leibnizsche Rechenmaschine*, → *Pascaline*.

Schiebefensterprotokoll

→ *Fensterprotokoll*.

Schlauchausbreitung

→ *Overspill*.

Schleifenunterbrechungsimpuls

→ *IWV*.

Schlitzkabel

Auch Leckkabel oder international Leaky Coax genannt. Bezeichnung für eine spezielle Form des → *Koaxialkabels*, bei dem der äußere Leiter nicht geschlossen ist, sondern ausgefräste oder geschlitzte Stellen ohne Leiter aufweist. Diese Asymmetrie führt dazu, dass das Kabel elektromagnetische Wellen ausstrahlt und damit über seine gesamte Länge als → *Antenne* mit gleichmäßiger Abstrahlung wirkt.

Einsatzfelder liegen in der Versorgung von geschlossenen Räumen (Tunnel, Tiefgaragen, Treppenhäuser, sonstiges Gebäudeinneres) mit Funksystemen.

Schlitzmaske

→ *Lochmaske*.

Schlüssel, Schlüsselwort

→ *Keyword*.

Schmalbandübertragung

Nach Definition der → *ITU* in I.113 der Oberbegriff für alle Übertragungsraten unter 2 Mbit/s. Darüber kommt der Bereich der → *Weitbandübertragung*.

Schnitt

Innerhalb der Familie eines → *Fonts* eine durchgehende Variation wie z.B. Fettsatz oder Kursivsatz. Der einfache Font ohne Variationen wird als Grundschnitt definiert.

Für professionelle Anwendungen im Rahmen des → *DTP* werden vom Typografen (→ *Typografie*) die wichtigsten Schnitte (Fettsatz, Kursivsatz, Kombination von Fett- und Kursivsatz) vollständig mitentworfen und definiert. Sie müssen dann nicht aus dem Grundschnitt berechnet werden, was üblicherweise qualitative Einbußen ergibt.

Schnittstelle

International auch Interface genannt. Logische oder auch physische Trennung einzelner Funktionseinheiten oder → *Systeme*.

Eine Schnittstelle muss nicht immer physisch in Gestalt einer Buchse oder eines Steckers existent sein. Eine Schnittstelle kann auch der Übergang in einem Programm sein, z.B. zwischen Haupt- und Unterprogramm oder eine Art und Weise, wie mehrere verschiedene Programme untereinander Daten austauschen, z.B. mit Hilfe von → *COM*, → *OLE*, → *ActiveX* oder einer → *API*. Dabei müssen nicht alle Programme notwendigerweise auf einem Computer laufen, sondern sie können sich auch auf verschiedenen Computern befinden, so dass die Schnittstelle auch die Vernetzung der Computer betrifft, d.h. mehrere Schichten im → *OSI-Referenzmodell* beinhaltet.

→ *CORBA*, → *DCE*, → *Middleware*, → *Pipe*, → *RPC*, → *Schicht*, → *Server*, → *Socket*.

Schnurlose Telefone

→ *CT*.

Schreibmarke

→ *Cursor*.

Schreibtelegrafie

→ *Telegrafie*.

Schrift, Schriftart, Schriftgrad

→ *Font*.

Schriftstil

→ *Schnitt*.

Schritthaltender Verbindungsaufbau

Andere Bezeichnung für → *indirekte Steuerung* elektromechanischer Vermittlungen, bei denen eine gewählte Ziffer nach der anderen ausgewertet wird und jede einzelne, nach ihrer Eingabe durch den → *A-Teilnehmer*, ein Vermittlungselement steuert, bevor die nächste Ziffer eingegeben werden kann.

Schusterjunge

Jargon aus dem Bereich der Satztechnik oder des → *Layouts*. Bezeichnet bei einem neu zu beginnenden Absatz die erste einzelne Zeile, die unten in einer Spalte oder unten auf einer Seite steht, wohingegen der Rest des Absatztextes schon in die nächste Spalte oder auf die nächste Seite umgebrochen wird. Die englischsprachige Bezeichnung ist Orphan (= Waisenkind).

Abhilfe durch Textänderung (Einfügen von Füllwörtern im Absatz davor) oder Layoutänderung (weniger Absätze, kleinere/größere Schrift, Änderung der Satzbreite).

→ *Hurenkind*.

SCInet

Abk. für Sensitive Compartment Information Network.

Bezeichnung für ein militärisch genutztes Netz in den USA, das dem → *DDN* untergeordnet ist.

SCM

1. Abk. für Station Class Mark.
2. Abk. für Sub Carrier Multiplexing.

   Eine Multiplextechnik um digitale Informationen über analoge Kabelfernsehnetze (→ *Koaxialkabel*) gleichzeitig mit den Fernsehsignalen zu verbreiten. Sie dient der kostengünstigen Einführung von Breitbanddiensten, da zunächst der Bau eines Glasfasernetzes entfällt.

SCMS

Abk. für Serial Copy Management System.

→ *DAT*.

SCP

Abk. für Service Control Point.

→ *IN*.

SCR

Abk. für Sustainable Cell Rate.

→ *ATM*.

Scrambler

Von engl. scrambler = Verwürfeler. Ein Gerät, das ein digitales Signal verschlüsselt, indem es in ein Pseudo-Zufallssignal umgesetzt wird. Die Rückwandlung übernimmt ein Descrambler.

Mit Hilfe eines Scramblers ist es möglich, ein TV-Signal derartig zu verschlüsseln, dass nur bestimmte Nutzer, die den Code kennen (→ *Conditional Access*), das TV-Signal entschlüsseln und auf einem Gerät sichtbar machen können. Damit ist z.B. → *Pay-TV* möglich.

Screenager

In Anlehnung an den Begriff Teenager der Jargonausdruck für die mit dem Computer und neuen elektronischen Medien (→ *Online-Services*) groß werdenden Kinder, die diese beherrschen und aktiv nutzen.

Oft wird auch von der Nintendo-Generation gesprochen.

Screening

Die Bearbeitung eingehender Anrufe oder anderer Nachrichten (Fax, → *SMS*, → *E-Mail*) nach bestimmten Kriterien (z.B. Teilnehmerrufnummer, Status des Angerufenen, Tageszeit, Wochentag) und Entscheidung, ob die Nachricht dann durchgeschaltet, auf die → *Mailbox* gelegt oder an einen anderen Anschluss umgeleitet (→ *Forwarding*) wird.

→ *Unified Messaging*.

Screening Router

→ *Firewall*.

Screenname

Andere Bezeichnung für → *Nickname*.

Screenphone

Auch Webphone oder Smartphone genannt. Bezeichnung für eine Weiterentwicklung des → *Telefons* als Folge der → *Konvergenz*. Derartige Geräte sind nicht mehr, wie z.B. → *ISDN*-taugliche Telefone, mit nur noch einer → *LCD*-Anzeige ausgestattet, sondern verfügen über einen kleinen, farbtauglichen Bildschirm und üblicherweise auch über eine ausziehbare Tastatur sowie ein eingebautes → *Modem*. Häufig ist auch ein → *Smart-Card*-Reader integriert.

Screenphones kamen im Frühjahr 1998 auf den Markt. Ziel ist, den Erwerb eines → *PCs* zur Nutzung neuer Kommunikations- und Informationsdienste, wie z.B. → *E-Mail* oder dem → *Internet* mit dem → *WWW* überflüssig zu machen und gleichzeitig eine leichte Bedienung für diese Dienste anzubieten.

Diesem Vorteil steht der relativ hohe Preis (bis zu 500 Euro) bei gleichzeitig sinkenden PC-Preisen entgegen.

Das Konzept des Screenphones konkurriert dabei mit anderen Konzepten wie z.B. dem → *NC* oder → *WebTV*.

Screensaver

Auch Bildschirmschoner genannt. Bezeichnung für kleine, nützliche Programme (→ *Utility*), die ursprünglich verhindern sollten, dass sich ein Monitorbild in die Leuchtschicht auf dem Glasbildschirm einbrennt, wenn der Computer längere Zeit nicht benutzt wird und permanent das gleiche Standbild zeigt.

Der Screensaver wird vom → *Betriebssystem* automatisch nach einer einstellbaren Zeit gestartet, wenn der Nutzer den Computer nicht benutzte (keine Mausbewegung und keine Tastatureingabe). Er produziert üblicherweise eine aus verschiedenen Mustern und/oder Bildern bestehende, sich permanent ändernde Grafik und zeigt sie auf dem Bildschirm.

Sobald der Nutzer den Computer wieder benutzt, wird er abgeschaltet und der ursprüngliche Bildschirminhalt erscheint.

Mittlerweile haben Screensaver ihre ursprüngliche Bedeutung verloren, da sich bei modernen Monitoren keine Bilder mehr einbrennen. Screensaver dienen heute dem persönlichen Vergnügen oder dem automatischen Sperren durch ein → *Passwort*. Darüber hinaus haben sie sich in Verbindung mit dem ersten neuen Einsatzzweck zu einem Marketinginstrument entwickelt.

Screen Sharing

Bezeichnung für ein mögliches Feature von → *Videokonferenz*systemen, bei dem beide Teilnehmer auf den gleichen Bildschirminhalt blicken, z.B. um gemeinsam ein Dokument zu bearbeiten.

→ *Joint-Editing*.

SCS

Abk. für Signalling Capability Set.

→ *IN*.

SCSA

Abk. für Signalling Computing System Architecture.

Eine Hard- und Softwarearchitektur zur Implementierung von Sprach- und Telekommuni-kationsdiensten des US-Herstellers Dialogic. Sie gilt als eine mögliche technische Lösung für → *CTI*. Prinzipiell geht es darum, die traditionelle Nebenstellenanlage durch einen SCSA-Server, der in ein → *LAN* eingebunden wird, zu ergänzen. Vorgestellt im Frühjahr 1993. Mittlerweile besteht eine Initiative aus 30 aktiven und 100 beratenden Firmen, die von weiteren ca. 260 Firmen unterstützt wird.

SCSA beschreibt ein Hardwaremodell mit einer busgestützten Kommunikation zwischen Netzknoten, die auf dem → *SCBus* basiert. Ferner ist in SCSA ein verteiltes Vermittlungsmodell in den Knoten und Funktionen zur Sprach- und Anrufverarbeitung enthalten. Ein zweiter Teil von SCSA beschreibt als Softwaremodell den Rahmen für Telephony Application Objects (TAO), mit denen für spezielle Anwender eigene Anwendungen maßgeschneidert werden können. Ein weiterer Vorteil von TAO ist, dass damit CTI-Anwendungen plattformunabhängig entwickelt werden können.

SCSA verträgt sich mit → *TSAPI* und → *TAPI*.

Größter Konkurrent ist → *MVIP*.

→ *http://www.scsa.org/*

SCSI

Abk. für Small Computer System Interface, ausgesprochen etwa ‚Scuzzy'.

Ein Bussystem für den → *PC* und vergleichbare Rechner zum Anschluss von Peripheriegeräten. Es werden einige Varianten unterschieden. Erster Standard war SCSI-1. SCSI-2 ist seit 1994 in der Diskussion, wurde jedoch nicht zum Standard; ist aber abwärtskompatibel zu SCSI-1. Am SCSI-3-Standard wird mittlerweile gearbeitet. Vorgesehen sind zwei neue, physikalische Interfaces (serielle Schnittstelle und → *Fibre Channel*) und mehr als acht anschließbare Einheiten.

SCSI ist in der Grundversion ein 8-Bit-paralleler Multimaster-I/O-Bus für Standardschnittstellen zwischen einem Hostadapter und bis zu sieben peripheren Einheiten (acht insgesamt: Hostadapter plus sieben Peripheriegeräte, daher Adressierung mit 3 Bit). Mittlerweile gibt es auch SCSI-Controller, an die 15 Geräte anschließbar sind. Der Bus darf dabei maximal 6 m lang werden (Singleended SCSI, der am weitesten verbreitete Standard) und überträgt 5 MByte/s.

Als Fast-SCSI (manchmal auch Ultra-SCSI genannt, dies aber aus Lizenzgründen nicht zulässig) werden synchron übertragende Systeme mit 10 oder mehr Mbit/s bezeichnet. Dies wird durch Verdoppelung (Fast-10), Vervierfachung (Fast-20) oder Verachtfachung (Fast-40) des Taktes erreicht.

Unter Wide-SCSI versteht man Systeme, die anstatt der üblichen 8 Bit sogar 16 (Wide-16) oder 32 Bit (Wide-32) parallel übertragen, wofür allerdings meistens ein zweites Kabel nötig ist. Alle Befehle und Meldungen des Protokolls werden davon unabhängig nur mit 8 Bit übertragen. Wird ein breiterer Bus eingesetzt, wird dies zu Beginn einer Übertragung mit einer Meldung festgelegt.

Durch Kombination der beiden Parameter Taktrate und Busbreite erreicht man verschiedene Übertragungsraten, die sich aus der folgenden Tabelle ergeben. Einträge in MByte/s.

Taktzeit, Kurzbezeichnung	8 Bit	16 Bit	32 Bit
200 ns, norm. SCSI	5	10	20
100 ns, Fast-10	10	20	40
50 ns, Fast-20 (Ultra-SCSI)	20	40	80
25 ns, Fast-40 (Ultra-2-SCSI)	40	80	160

Durch die Verbreitung des Busses von 8 auf 16 Bit wird oft das Wort ‚Wide' in die Bezeichnung eingefügt. Ultra-Wide-SCSI ist so z.B. die Bezeichnung für eine SCSI-Variante mit einer Taktzeit von 50 ns und einer Datenübertragungsrate von 40 MByte/s.

Nicht alle dieser Kombinationen sind mittlerweile spezifiziert. Die Kombination Fast-20 ist aber bereits festgelegt.

In Abhängigkeit vom Standard und der Art des Busabschlusses (symmetrisch, auch differenziell genannt, oder unsymmetrisch) differiert die max. Buslänge.

Dies ist aus folgender Tabelle ersichtlich (Angabe in Metern).

	Symmetrisch	Unsymmetrisch
Normales SCSI	25	6
Fast-10	25	3
Fast-20	25	1,5

Der Bus besteht physikalisch aus einer Folge von Segmenten (Daisy Chain) mit Leitungsabschluss. Die Segmente werden durch die Geräte getrennt. Die entsprechenden Stecker haben 50 oder 68 Pole.

SCSI ist mittlerweile weit verbreitet, z.B. in PCs zum Anschluss von großen Festplatten, → *CD-ROM*-Laufwerken oder Bandlaufwerken. SCSI eignet sich insbesondere für Anwendungen, bei denen es auf Zuverlässigkeit, Fehlertoleranz, gleichmäßig hohe Datenrate und Flexibilität, z.B. für einen weiteren Ausbau, ankommt. Konkrete Anwendungsfälle sind Datenserver oder Workstations zur Videobearbeitung.

1979 entwickelte die Firma Shugart das Shugart Associates System Interface; ein System, das die ANSI später zu SCSI-I machen sollte. Zuerst wurde es 1984 für den Apple → *Macintosh* entwickelt, von ANSI X3T9.3 dann 1986 als SCSI-1 genormt.

→ *http://www.scsi.org/*

SC-Stecker

Abk. für Subscriber Connector.

Bezeichnung für einen relativ neuen Steckertyp für die Verbindung von Glasfasern (→ *Glasfasertechnik*). Der Stecker hat sehr kompakte Abmessungen und einen quadratischen Querschnitt. Es gibt ihn in verschiedenen Ausführungen zur Verbindung einer oder von zwei parallelen Glasfasern (dann

Dual-SC-Stecker genannt). Die Stecker sind zur Fixierung meistens noch mit einem Schnapphaken ausgestattet.

SC-Stecker sind für die → *Einmoden-Faser* genauso geeignet wie für Multimode-Fasern (→ *Multimode-Stufenindex-Faser*, → *Multimode-Gradientenindex-Faser*).

→ *DB-Stecker*, → *ST-Stecker*.

SCTE

Abk. für Society of Cable Television Engineers.

→ *http://www.scte.org/*

SD

1. Abk. für Start Delimiter.
2. Abk. für Signal Degraded.
3. Abk. für Single Density.

   Bezeichnet, im Gegensatz zu → *DD* und → *HD*, eine → *Diskette* mit einfacher Aufzeichnungsdichte. Von Bedeutung war sie nur bei sehr frühen 8"-Disketten. Die Gesamtkapazität betrug in der Regel 360 KByte.

SD-9

Abk. für Super Density (ROM).

Bezeichnung eines vorgeschlagenen Firmenstandards für Video-Discs, die das → *CD*-Prinzip als Träger für Videoinformationen nutzen. Wurde von der Firma Matsushita entwickelt und baut auf dem System der → *SD-ROM* auf. Im Unterschied zu diesem ist die Trennschicht zwischen den beiden Trägerschichten der Information halbtransparent, weswegen nur ein Lesekopf benötigt wird. Scheibendicke: 1,2 mm. Kapazität: 9 GByte.

Vorgestellt im Frühjahr 1995, obsolet geworden im September 1995 nach Einigung der Industrie auf die → *DVD*.

→ *Video-CD*.

SD-10

→ *SD-ROM*.

SDA

Abk. für Swappable Data Area.

SDAP

Abk. für Session Description (and) Announcement Protocol.

SDB

Abk. für Switched Digital Broadcast.

SDCC

Abk. für Supplementary Digital Colour Code.

SDCCH

Abk. für Stand-alone Dedicated Control Channel.

→ *DCCH*.

SD-CD

Abk. für Super Density Compact Disc.

→ *SD-ROM*.

SDD

Abk. für Software Description Database.

SDDI

Abk. für Shielded Distributed Data Interface.

Bezeichnung für „FDDI über Kupferkabel". Genutzt wird eine Verkabelung in Sternform mit → *STP*-Kabeln, die mit 150 Ohm abgeschlossen werden. Die Codierung auf dem Medium erfolgt nach → *NRZI*.

→ *FDDI*.

SDDS

Abk. für → *Sony* Dynamic Digital System.

Bezeichnung für ein digitales Tonsystem für Kinofilme. SDDS ist seit Herbst 1994 auf dem Markt und ermöglicht acht Tonkanäle (Links, Mitte Links, Mitte, Mitte Rechts, Rechts, Surround Links, Surround Rechts, Tieftonkanal). Die Frontkanäle können allerdings auch zu sechs oder vier Kanälen zusammengefasst werden. Dies hilft Kinos, die nicht genügend große Projektionsfläche zum Unterbringen der Lautsprecher haben.

Die Tonspur ist an den beiden Rändern des 35-mm-Filmmaterials aufgetragen. Da diese oft beschädigt sind, ist die Information verdoppelt, also an jedem Rand ist die gleiche Information untergebracht. Die eine Spur ist allerdings versetzt auf dem Film untergebracht, so dass erst eine Spur gelesen und aufbereitet wird, woraufhin sie mit den Daten der zweiten Spur verglichen wird. Erst nach 1 000 Vorführungen sollen mechanische Beschädigungen zu ersten Ausfällen führen, was zum Zugriff auf die analoge Lichttonspur führt.

Die Datenkompressionsrate liegt bei 1:5. Angewendet wird das von Sonys Mini-Disc (→ *MD*) bekannte → *ATRAC*-Verfahren (Audio Transform Acoustic Coding).

Die Umbaukosten je Kino sind mit ca. 28 000 DM (für einen Projektor) oder 38 500 DM (für zwei Projektoren mit Überblendtechnik) relativ hoch.

SDDS wird von Columbia und TriStar unterstützt, was aber kein Wunder ist, da diese Studios Sony gehören. Jeder Film dieser Studios soll mit SDDS ausgerüstet werden, was angeblich 25% der weltweit vertriebenen Kopien bedeutet.

Erster Film war seinerzeit ‚The Last Action Hero' (USA 1993), dem ‚In the Line of Fire' (USA 1993) und ‚The Age of Innocence' (USA 1993) folgten. Die Serienfertigung startete erst Mitte 1994.

→ *AC-3*, → *Dolby*, → *DTS*, → *THX*.

→ *http://www.sdds.com/*

SDF

1. Abk. für Service Data Function.

   → *IN*.

2. Abk. für Standard Data Format.

   Bezeichnung für ein einfaches, standardisiertes Dateiformat (→ *Datei*), das üblicherweise zum Austausch von Daten zwischen verschiedenen Programmen verwendet wird. Es basiert auf Datenfeldern konstanter Länge.

3. Abk. für System Directory Function.
4. Abk. für Space delimited File.

SDH

Abk. für Synchronous Digital Hierarchy/Synchrone digitale Hierarchie.

Bezeichnet eine spezielle, digitale, transparente und leistungsstarke Multiplex-Übertragungstechnik für Glasfaser-Fernleitungen und hochkapazitive Richtfunkstrecken. Sie ist durch folgende Punkte gekennzeichnet:

- Bereitstellen hoher Datenraten über 155 Mbit/s, primär für eine Glasfaserinfrastruktur.
- Übertragungsratenhierarchie mit der Möglichkeit, kleinere Bandbreiten ohne das Durchlaufen der gesamten Hierarchie (Demultiplexen) zu entnehmen oder einzuspeisen.
- Durch eine SDH-Infrastruktur werden sog. Pfade als feste Verbindungen annähernd dauerhaft geschaltet, die jedoch auch hinsichtlich Bandbreite und Wegeführung von Zeit zu Zeit ohne mechanische Schaltungsvorgänge bequem geändert werden können.
- Redundante Ausführung und schnelles, automatisches Umschalten im Fehlerfall (50 ms).
- Integrierte Netzmanagementfähigkeiten durch reservierte Übertragungskapazitäten für die Überwachung der Bitfehlerhäufigkeit, der Synchronizität und der Funktionsfähigkeit der Netzelemente (Alarmüberwachung).
- Netzweiter, einheitlicher Takt.
- Möglichkeit der Integration bestehender Netztechnologien wie z.B. der Plesiochronen Digitalen Hierarchie (→ *PDH*).

Es werden derzeit folgende Brutto-Datenraten (inkl. Steuer- und Managementkanäle) unterstützt:

SDH-Hierarchiestufe	Datenrate
STM-1	155,52 Mbit/s
STM-2	207,36 Mbit/s
STM-3	466,56 Mbit/s
STM-4	622,08 Mbit/s
STM-6	933,12 Mbit/s
STM-8	1,24416 Gbit/s
STM-16	2,48832 Gbit/s
STM-32	4,976 Gbit/s
STM-64	9,95328 Gbit/s

Von diesen Datenraten werden üblicherweise nur STM-1, STM-4, STM-16 und STM-64 in Netzen eingesetzt. Netzmanagementfunktionen sind in speziellen dafür reservierten Kanälen (ECC, Embedded Control Channel) integriert.

SDH stellt eine Bittransportplattform (auf der Schicht 1 im → *OSI-Referenzmodell*) für die Weitverkehrsübertragung zur Verfügung. Alle höherwertigen Dienste / Protokolle, wie z.B. → *ATM*, → *Frame Relay*, → *ISDN* oder auch → *IP* etc. können ein darunter liegendes SDH-Netz als Übertragungsplattform Nutzen. Dies führt dazu, dass ein Netzbetreiber auf einer einzigen Transportplattform (eben dem SDH-Netz) verschiedene Dienste anbieten kann. Dem

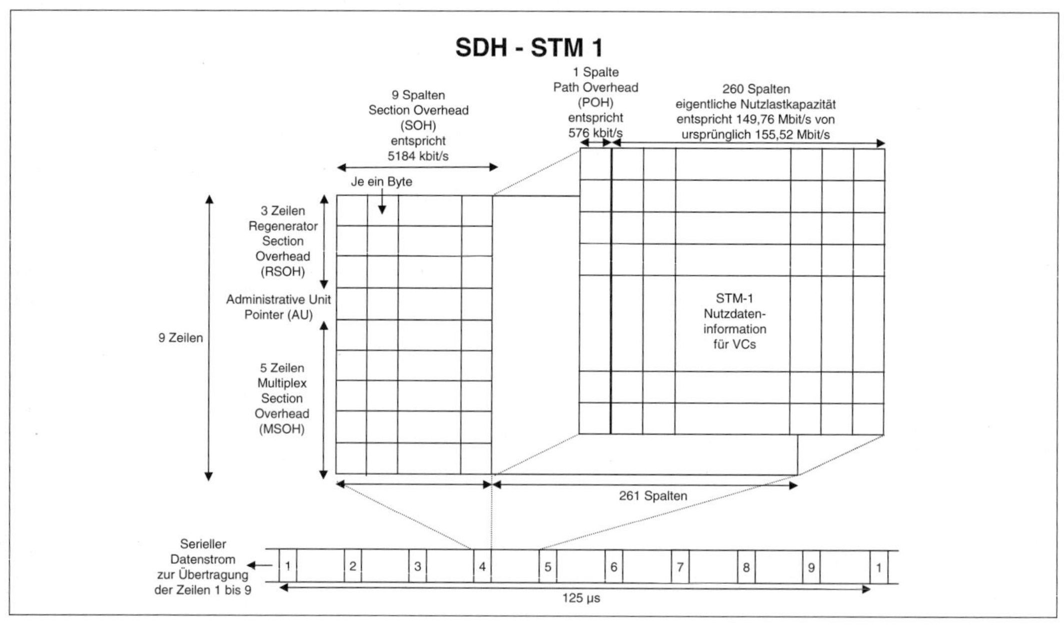

Traum eines einzigen ‚Universalnetzes', das alles kann (Sprache, Daten, Bursty Traffic etc.) ist die Technik damit auf der Ebene des reinen Bittransportes näher gekommen.

Die Unterschiede von SDH zur zuvor eingesetzten und immer noch weit verbreiteten PDH sind:

- Netzweit wird nur eine Quelle für den Takt genutzt (entweder → *GPS*, lokale Atomuhren oder Zeitsender, wie z.B. → *DCF77*).
- Einfacherer Multiplexvorgang, da höherstufige Signale stets ein ganzzahliges Vielfaches der Basisbitrate von 155,52 Mbit/s sind.
- Es wird ein Standard für Glasfaserstrecken im Monomode-Betrieb unterstützt, so dass Geräte verschiedener Hersteller genutzt werden können.
- Kanäle für Netzmanagement sind festgelegt, die ein netzzentrales Management unterstützen.

Zentrale Elemente eines SDH-Netzes können folgende Netzkomponenten sein:

- Terminalmultiplexer (TM; auch Synchrones Multiplex Terminal, SMT, genannt): Sie ermöglichen den Zugang zu SDH-Netzen über standardisierte Schnittstellen wie z.B. → *G.703* und fassen mehrere derartige Zugänge zu einer SDH-Hierarchiestufe zusammen. Prinzipiell arbeiten SDH-Multiplexer wie andere → *Multiplexer* auch.

  Die Strecke zwischen zwei Multiplexern wird als Multiplex-Section bezeichnet.
- Leitungsmultiplexer, auch Synchroner Leitungsmultiplexer (SLX) genannt. Dies sind prinzipiell auch eine Art Terminalmultiplexer mit dem Unterschied, dass nur synchrone Signale der SDH bearbeitet werden. Die Notation erfolgt mit der Bezeichnung SLX nm, wobei ein Leitungsmultiplexer dann in der Lage ist, mehrere Signale vom Typ STM-n in ein Signal vom Typ STM-m zusammenzufassen.
- Add-Drop-Multiplexer (ADM): Sie haben prinzipiell die gleiche Funktionalität wie Terminalmultiplexer, können aber zusätzlich einzelne Kanäle (VCs) aus dem Datenstrom herausfiltern (drop) oder einfügen (add), ohne dass der gesamte Datenstrom bis auf die unterste Ebene zerlegt werden muss. Ein einzelner Kanal mit niedrigerer Bitrate kann so aus einem Kanal mit hoher Bitrate herausgelöst oder in ihn eingefügt werden.

  Der Vorteil des Einsatzes eines ADMs in SDH-Netzen besteht darin, dass es nicht notwendig ist, das gesamte, hochbitratige Signal in einem u.U. mehrstufigen und kostenintensiven Prozess (z.B. durch mehrere hintereinandergeschaltete, herkömmliche Multiplexer) komplett zu zerlegen, sondern mit einem ADM kann gezielt ein gewünschter Kanal aus dem SDH-Strom herausgelöst werden.

  Es wird unterschieden zwischen optischen und elektronischen Add-Drop-Multiplexern (E-ADM, O-ADM).

  Ferner wird bei ADMs zwischen solchen unterschieden, die nur eine einzige Datenrate unterstützen, und solchen, die mehrere verschiedene Datenraten unterstützen.
- Cross-Connect-Systeme (CC; manchmal auch Digital Cross Connects oder in den USA Digital Cross Connect Switches genannt, DXC): Sie können komplette Virtuelle Container (VCs) zwischen verschiedenen, angeschlossenen SDH-STMs schalten.

  Oft angegeben in der Notation ‚DXC n/m'. Dabei bezeichnen die Zahlen n und m die Spannweite über die Schaltebenen der → *SDH*. Die Zahl ‚n' gibt dabei den Hierarchiegrad des Eingangsports an und ‚m' die Datenkapazitä-

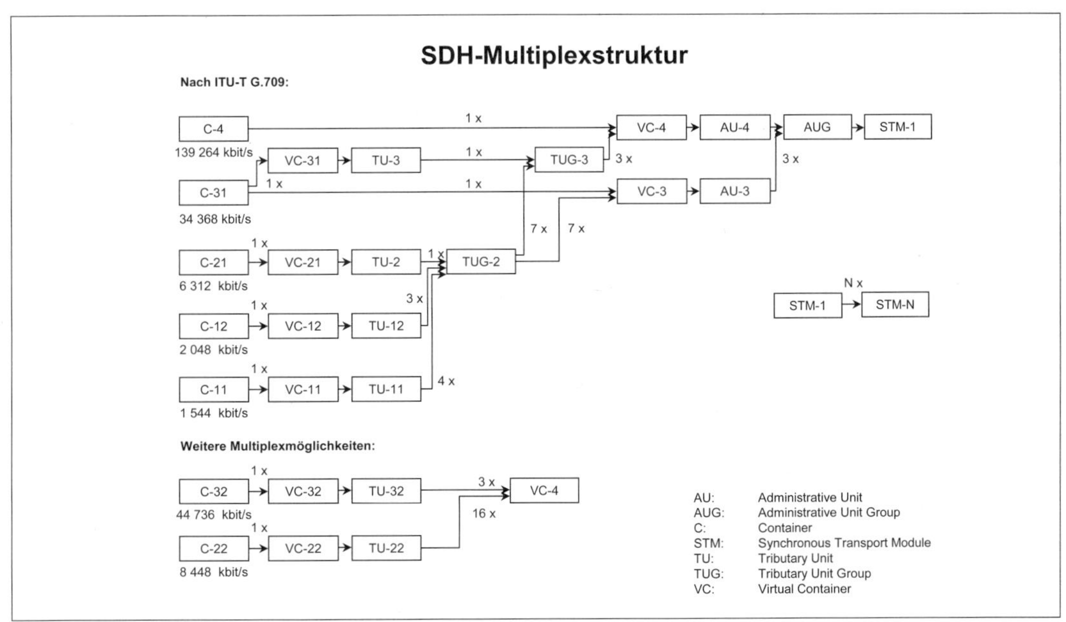

ten der durch den DXC schaltbaren VC. Ein DXC 4/1 kann dabei von einem eingehenden 155-Mbit/s-Signal die in ihm enthaltenen 2 Mbit/s (VC-1) Kanäle schalten.

Der DXC 4/4 hingegen schaltet in einem 155-Mbit/s-Signal lediglich die höchste Ebene VC-4 (140 Mbit/s).

DXCs können klassifiziert werden nach:

- DXCs zum Schalten von Bulk-Traffic in Fehlerfällen oder anderen Lastwechseln: Üblicherweise wird dafür der DXC 4/4 verwendet.
- DXCs zum Schalten niedriger Bitraten oder temporärer Kanäle, z.B. für Mietleitungen: Üblicherweise werden dafür DXC 4/1 oder DXC 1/1 verwendet.

Technisch gesehen besteht ein CC aus dem eigentlichen Koppelfeld (blockierungsfrei), den Schnittstellen zu den angeschlossenen (an- und abgehend) Leitungen und einer Steuerung, die ihrerseits eine Schnittstelle zum → *TMN* hat.

- → *Regeneratoren*: Sie sind Bestandteile des Übertragungssystems.

  Die Strecke zwischen zwei Regeneratoren wird auch als Regenerator Section bezeichnet.
- Optisches Übertragungssystem (Glasfaserkabel mit Beschaltungseinheiten): Das Standardmedium für ein SDH-Netz.
- Funkbasiertes Übertragungssystem (→ *Richtfunk*): Wird überall dort dauerhaft oder temporär genutzt, wo keine Glasfaser verfügbar ist.

Das einfachste SDH-System besteht aus zwei Terminalmultiplexern, die über ein optisches Übertragungssystem (mit oder ohne Regenerator) verbunden sind, d.h., es liegt eine Punkt-zu-Punkt-Verbindung vor.

Die einem Terminalmultiplexer zugeführten und über ein SDH-Netz zu übertragenden und verschieden bitratigen Nutzdaten werden zunächst als Tributary Units (TU; auch nur kurz Tributaries genannt) bezeichnet und in Virtuelle Container (VC) überführt. Ein VC besteht dabei aus dem TU (dann auch als Container bezeichnet) und als Path Overhead (POH) bezeichneten Verwaltungsdaten. Ein VC verfügt ferner auch über eine eindeutige Ende-zu-Ende-Beziehung innerhalb des SDH-Netzes.

Üblicherweise sind die zugeführten Nutzdatensignale von niedriger Bitrate und plesiochroner Natur (1,544 Mbit/s, 2,048 Mbit/s etc.) und müssen erst mit Stopfinformationen versehen und in eine taktsynchrone Blockstruktur überführt werden. Dieser Vorgang wird als Mapping bezeichnet.

Sollte das zugeführte Nutzdatensignal doch breitbandiger Natur sein, so kann es auf mehrere VCs verteilt werden, wenn kein geeigneter VC möglich ist. Umgekehrt können auch kleinere VCs, in die schmalbandigere Nutzdatensignale eingefügt sind, in größere VCs eingepackt werden. VCs werden Ende-zu-Ende übertragen und in Synchrone Transport Module (STM, auch SDH-Rahmen genannt) verpackt, die zwischen Netzknoten transportiert werden. Ein VC muss dabei nicht notwendigerweise exakt in einem STM untergebracht sein, er kann auch in einem STM anfangen und im nächsten aufhören, vergleichbar mit einer Person auf einer Rolltreppe, die auf einer Stufe stehen könnte, aber auch mit einem Bein auf der einen und mit dem anderen Bein auf einer anderen Stufe.

STM und VC werden darüber hinaus noch mit einer Reihe von Verwaltungsdaten versehen.

Einen STM kann man sich als zweidimensionales Gebilde aus Spalten und Zeilen vorstellen.

Ein STM-1 besteht dann aus 270 Spalten mit je einem Byte zu je 9 Zeilen, also insgesamt 2430 Bytes, die in einer Periode von 125 µs seriell Zeile für Zeile von oben nach unten und jeweils in einer Zeile von links nach rechts übertragen

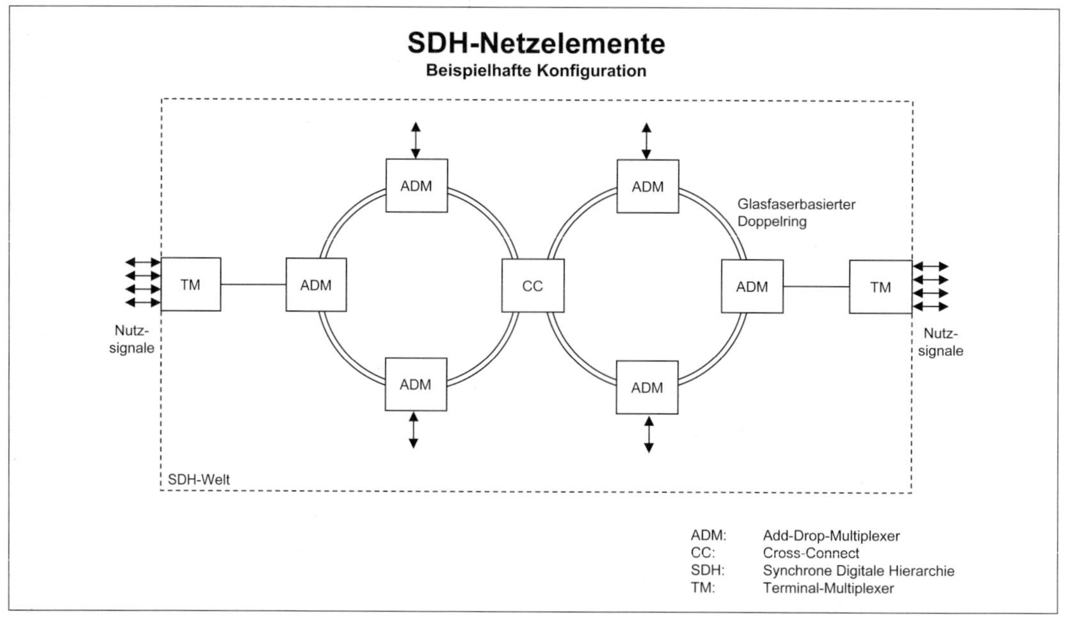

werden. Es ergibt sich somit eine gesamte Transportkapazität von 270 * 8 Bit * 9 * 8000 1/s = 155,52 Mbit/s für STM-1. Unterschiedliche STMs verfügen über eine unterschiedliche Spaltenanzahl, wohingegen die Zeilenanzahl konstant (= 9) bleibt. So besteht der STM-4 aus 1 080 Spalten (= 4 * 270; 622,08 Mbit/s) und ein STM-16 aus 4 320 Spalten (= 16 * 270; 2488,32 Mbit/s). Allgemein gilt, dass ein STM-N-Multiplexsignal durch byteweises Ineinanderverschachteln der einzelnen STM-1-Rahmen erzeugt werden kann. Dabei gilt diese Regel nicht für den gesamten STM-1-Rahmen, sondern auf alle Daten, bis auf den SOH, der neu in den STM-N eingesetzt wird.

Die STM-Rahmen unterteilen sich jeweils in die von den Multiplexern selbst erzeugte Section Overhead (SOH) und mehrere Administrative Unit Groups (AUG). Als Administrative Unit (AU) gilt dabei die Kombination eines VCs mit dem dazugehörigen Pointer aus dem SOH. Auf die VCs wird über den zugehörigen Pointer aus dem SOH heraus zugegriffen. Der Pointer ergibt sich dabei als Offset vom Ende des SOH an gerechnet. Dieser Offset ist daher eine relative Adresse innerhalb des STMs. Mit Hilfe dieses Pointermechanismus ist es möglich, in den Netzelementen die einzelnen Kanäle als transparente Kanäle zu behandeln und ohne aufwendigen Demultiplexvorgang aus dem SDH-Signal herauszuziehen.

Als AUG wird dabei entweder ein AU-4 (mit nur einem Pointer und einem VC-4) oder werden drei AU-3 (mit drei AU-3 und drei VC-3) verstanden.

Der SOH befindet sich in den ersten neun Byte der ersten drei Zeilen (Regenerator Section Overhead, RSOH) und den letzten fünf Zeilen des Rahmens (Multiplex Section Overhead, MSOH), der AU-Pointerbereich (Administrative Unit) in den ersten neun Byte der vierten Zeile und dem Nutzsignal im Rest des Rahmens.

Der RSOH- und der MSOH-Bereich können als eigene Kanäle mit 192 und 576 kbit/s interpretiert werden. Beide werden als Data Communication Channels (DCC) bezeichnet und enthalten die Steuerinformationen für die Elemente Terminalmultiplexer, DXC und Regenerator. In vermaschten SDH-Netzen ändern sich diese Daten zwischen den einzelnen SDH-Knoten, d.h., der RSOH wird an jedem Regenerator ausgewertet, ausgelöst und neu eingefügt, der MSOH an jedem Multiplexer. Die restlichen Daten des STM-Rahmens bleiben hingegen Ende-zu-Ende unverändert.

Die Nutzdaten werden letztlich in die verbleibenden 261 Spalten gepackt, die auch als Payload bezeichnet werden. In der Payload ist ein Path Overhead (POH) im ersten Byte jeder Zeile untergebracht. Der POH ist für die Transportqualität des VC zwischen den Endpunkten zuständig. Als Endpunkte gelten hierbei die technischen Einrichtungen, die das zugelieferte Nutzdatensignal in VCs packen, genannt VC-Assembler.

Die verbleibende Nutzdatenkapazität wird als Container (C) bezeichnet, der zusammen mit dem POH zum Virtuellen Container (VC) wird.

Der C-4 füllt die verbleibende Nutzdatenkapazität eines STM-1 vollständig aus und hat demnach eine Kapazität von neun Zeilen zu 260 Spalten zu je 8 Bit, also 2 340 Byte, entsprechend 149,76 Mbit/s. Dies ist mehr als das eigentliche Nutzdatensignal von 140 Mbit/s. Die Differenz wird beim Mapping durch das Auffüllen mit nicht verwendeter Blindinformation ausgeglichen (sog. Positiv-Stopfen).

Man unterscheidet verschiedene VCs, die in der Notation VC-nm angegeben werden. Dabei gibt n die Hierarchiestufe an und m ist die Zuordnung einer bestimmten Bitrate dieser Hierarchiestufe, sofern es mehr als eine mögliche Bitrate in dieser Hierarchiestufe gibt. Da jedoch in einem gegebenen

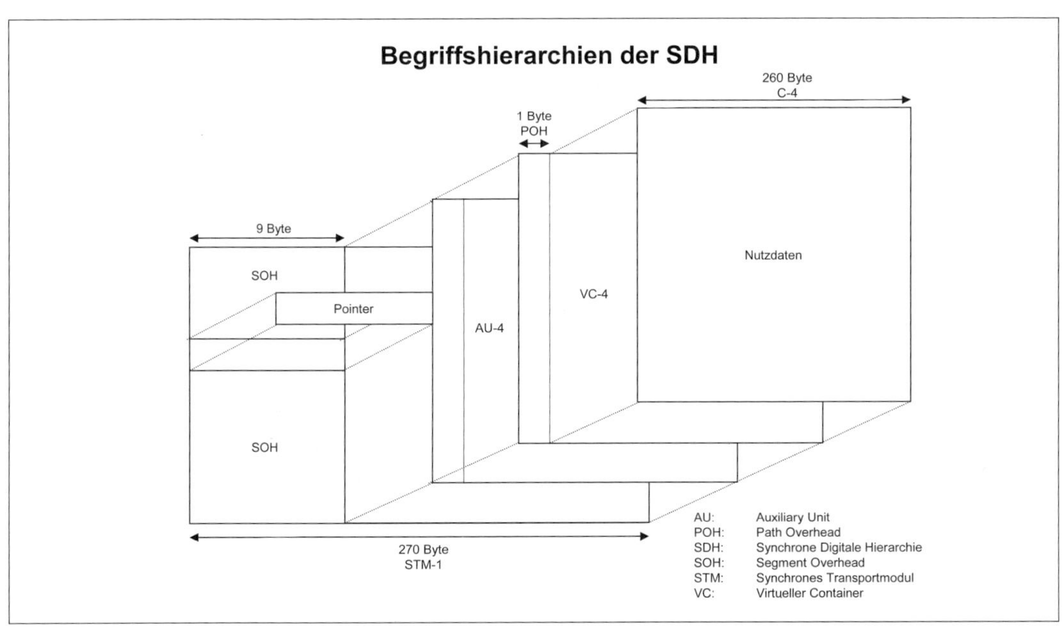

SDH-System jeweils nur eine Datenrate von den zwei Möglichen auf einer Hierarchiestufe angewendet wird, wird häufig das m weggelassen. So bezeichnet VC-3 in Europa eine Kapazität von 34 Mbit/s, wohingegen VC-3 in den USA die 45 Mbit/s bezeichnet.

Beispiele für VCs sind:

Name	Kapazität
VC-11	1,544 Mbit/s
VC-12	2,048 Mbit/s
VC-21	6,312 Mbit/s
VC-22	8,448 Mbit/s
VC-31	34,368 Mbit/s
VC-32	44,736 Mbit/s
VC-4	139,264 Mbit/s

Die Payload wird dann mit den weiteren Steuerinformationen RSOH, MSOH und AU-Pointer versehen auf einer SDH-Leitung einer bestimmten SDH-Stufe übertragen (155 520 kbit/s, 622 080 kbit/s, 2 488 320 kbit/s und 9 953 280 kbit/s). Diese Stufen werden STM-1, STM-4, STM-16 und STM-64 genannt, wobei die Zahl hinter dem STM das Vielfache der Grundbitrate angibt. Grundsätzlich kann diese Zahl jeden ganzzahligen Wert annehmen, die Empfehlung ist jedoch, dass die Werte 1, 4, 16 und 64 genommen werden. Ein STM-N verfügt immer über N AUGs.

Probleme bei der SDH-Technik entstehen durch jahreszeitlich bedingte Laufzeiteffekte auf u.U. verschiedenen, im Netz verwendeten Medien, die durchaus genau getaktete synchrone, hochbitratige Signale zu asynchronen Signalen verzerren (→ *Jitter*). Weiterhin ungelöst ist die Frage, wie man z.B. bei grenzüberschreitendem Verkehr u.U. weltweite Synchronizität herstellen will.

SDH ist von der CCITT 1988 in folgenden Standards definiert worden:

Standard	Inhalt
G.707	Bitratenhierarchie
G.708	Network Node Interface
G.709	Multiplexstruktur der einzelnen Hierarchiestufen
G.803	Architektur von Transportnetzen auf der Basis von SDH

Erstmals wurde SDH-Technik Ende der 80er Jahre eingesetzt. Größere Verbreitung findet sie weltweit seit 1993 mit der Installation breitbandiger Fernnetze auf Glasfaserbasis. In Deutschland setzt die Deutsche Telekom seit 1993 im Neuausbau nur noch SDH ein. Die neuen alternativen → *Carrier* bauen Transportnetze für ihre ATM-Netze ebenfalls mit SDH-Übertragungsnetzen auf.

SDH ist für ein universell genutztes glasfaserbasiertes Fernnetz (Backbone, Trunk Network) der aktuelle Standard für die nächsten 20 Jahre. Für glasfaserbasierte Netze, auf denen ausschließlich → *IP* eingesetzt wird gibt es mit Dynamic Packet Transfer (→ *DPT*) eine Substitutionstechnologie.

SDI

1. Abk. für Subscriber Distribution Interface.

   Internationale Bezeichnung für den → *Endverzweiger*.
2. Abk. für Standard Drive Interface.
3. Abk. für Single Document Interface.
4. Abk. für Serial Data Interface.
5. Abk. für Serial Digital Interface.
6. Abk. für Sound Designer I bzw. II.

   Bezeichnung für ein spezielles Datenformat für digitale mono- und stereophone Audiodaten aus dem Hause Digidesign, das ursprünglich für deren Software für Apple → *Macintosh*-PCs zur Bearbeitung von Audiodaten gedacht war. Mittlerweile hat es sich als Standardformat für den Austausch von digitalen Audiodaten zwischen PC-Anwendungen im Bereich von → *CD-ROM*-Produktion und → *Internet*-Content-Design entwickelt. Dateien mit SDI oder SDII-Inhalt sind an den Dateiendungen *.sd1 und *.sd2 erkennbar.

   Eine Alternative hierzu ist → *AIFF*.

SDK

Abk. für Software Development Kit.

Bezeichnung für Bibliotheken von Softwarefunktionen eines technischen Systems, die bausteinartig von Entwicklern zu individuellen Anwendungen zusammengesetzt werden können, was den Entwicklungsprozess und damit die Marktpenetration einer → *Programmiersprache* oder eines → *Betriebssystems* erleichtert und beschleunigt.

SDKs werden von den Herstellern von Betriebssystemen und/oder Programmiersprachen entwickelt und vertrieben.

SDL

1. Abk. für Signalling Data Link.
2. Abk. für Simple Data Link.
3. Abk. für Specification and Description Language.

   Eine objektorientierte Beschreibungssprache für ereignisorientierte Prozesse und Protokolle in der Telekommunikation. Theoretische Grundlage des Konzeptes sind voneinander unabhängige, parallele Zustandsautomaten mit endlich vielen Zuständen (FSM, Finite State Machine).

   SDL dient zur nicht-sprachlichen Beschreibung dieser Prozesse durch Symbole und soll somit Fehler infolge von Übersetzung und anderen sprachlichen Unzulänglichkeiten (Mehrdeutigkeiten, Interpretations- und Auslegungsprobleme) vermeiden. SDL liegt in einer grafischen Version vor (SDL-GR) und ähnelt dabei Flussdiagrammen sowie einer Art Syntaxnotation und Programmiersprache.

   Grundelement von SDL sind Blöcke, die miteinander mit Hilfe von diskreten Signalen kommunizieren können. Dabei wird davon ausgegangen, dass jeder Kommunikationskanal einem verlustlosen → *FIFO*-Mechanismus gehorcht. Die Kommunikation erfolgt asynchron, d.h., es gibt keinen globalen Takt und ein Prozess muss nicht notwendigerweise auf eine Quittung eines anderen Prozesses warten, wenn er an diesen eine Nachricht gesendet hat.

Blöcke ihrerseits können wiederum Blöcke enthalten, so dass sich eine Art Hierarchie von Blöcken ergibt.

Die Blöcke können verschiedene Zustände annehmen (z.B. Aktiv, Deaktiviert, Wartend etc.) und gehen durch den Empfang von Kommunikationssignalen über einen oder auch mehrere Kanäle von einem Zustand in den anderen über.

SDL wird ergänzt durch Message Sequence Charts (MSC), definiert 1992 durch die ITU in Z.120. Mit Hilfe von MSCs ist es möglich, das dynamische Verhalten von in SDL definierten Systemen besser darzustellen. Auf diese Art und Weise ist ein Test von in SDL spezifizierten Systemen besser durchzuführen. Seit Herbst 1994 existiert zusätzlich zur grafischen Darstellung (MSC-GR) eine textuelle Darstellung (MSC-PR).

Darüber hinaus existieren mittlerweile spezielle SDL-to-C- und SDL-to-TTCN-Compiler, die in SDL grafisch spezifizierte Prozesse in lauffähigen → *C*-Code oder in → *TTCN*-Statements umwandeln. SDL wird daher in der Entwicklung, bei der automatischen Code-Generierung, beim Test und bei der Weiterentwicklung von komplexen und verteilten Softwareprotokollen, die unter Echtzeitbedingungen laufen, eingesetzt.

Trotz der Komplexität und Mächtigkeit gilt SDL wegen seiner grafischen Darstellungen als leicht erlernbar.

SDL wurde von der CCITT nach verschiedenen Vorläuferforschungsprojekten systematisch ab 1972 entwickelt und 1976 zum Standard erhoben. In den Jahren 19080 und 1984 gab es Erweiterungen. 1988 wurde eine erweiterte stabile zweite Version mit formaler → *Syntax* und → *Semantik* als Z.100 vorgelegt.

Eine objektorientierte Version existiert seit 1992. Seither wird SDL auch in anderen CCITT-Standards als Beschreibung anstelle von oder ergänzend zu laufendem englischem Text eingesetzt.

→ *http://www.sdl-forum.org/*

→ *http://www.telelogic.se/*

SDLC

1. Abk. für Synchronous Data Link Control.

   Ein bitsynchrones und verbindungsorientiertes Schicht-2-Protokoll von IBM zum Datentransport in der → *SNA*-Welt. Wird insbesondere in zentral organisierten Netzen mit → *Mainframe* und → *Terminal* eingesetzt. Dabei werden die an den Host angeschlossenen peripheren Einheiten mit → *Polling* angesprochen. Je Datenblock können 256 Byte übertragen werden.

   → *HDLC*.

2. Abk. für System Development Life Cycle.

   Beim → *Software-Engineering* die Bezeichnung für die verschiedenen Phasen, die ein Projekt zur Software-Entwicklung durchläuft. Hierzu gibt es eine Reihe verschiedener Modelle. Häufige Phasen, teilweise auch in abgewandelter Form, die sich in vielen Modellen wiederfinden, sind:

   - Analysis: Analyse der Anforderungen (Business-Requirements) an das Programm, d.h., wofür wird es eingesetzt und was für Funktionalitäten soll es bieten.
   - Systemdesign (→ *Design*): Entwicklung eines Konzepts (Definition der Module, Schnittstellen etc.) zur Umsetzung der Business-Requirements.
   - Implementierung/Construction: Die eigentliche Programmierung.
   - Test (→ *UAT*, → *Software-Testing*).
   - Implementation: Installation, Training, Inbetriebnahme und Abnahme durch den Nutzer.

   Wenn man davon ausgeht, dass sich ein bestehendes System weiterentwickelt, handelt es sich um einen Kreislauf, der nach der Abnahme mit der Anforderungsaufnahme für die nächste Phase/Version/Release fortsetzt.

   Dieser Gedanke hat insbesondere in den letzten Jahren dazu geführt, die Software-Entwicklung insgesamt als einen iterativen Prozess anzusehen. Es stellte sich heraus, dass bei dem o.a. Modell davon ausgegangen wird, dass eine Softwareversion erst komplett entwickelt und abgenommen wurde, woraufhin die Anforderungsaufnahme für die nächste Version begann. In Zeiten raschen technischen Fortschritts und sich schnell verändernden Märkten sehen sich die Nutzer von Software jedoch gezwungen, neue Software bzw. neue Features in immer kürzeren Abständen zu verlangen.

   Dies ist nur möglich, wenn simultan an verschiedenen Software-Versionen gearbeitet wird, die in kurzen Abständen aufeinanderfolgen und eine bestehende Software so um immer mehr Funktionen erweitern.

   Technologien wie objektorientierte Programmiersprachen (→ *OO*), → *Repositories*, Rapid Application Development (→ *RAD*), eine horizontale und vertikale Software-Architektur und der Einsatz effizienter Verfahren des → *Software-Engineering* helfen bei derartigem Vorgehen.

SDLP

Abk. für Standard Device Level Protocol.

SDM

Abk. für Space Division Multiplexing.

Neben → *FDM* und → *TDM* die Bezeichnung für ein weiteres, grundsätzliches Verfahren des → *Multiplexens*.

Auch Raummultiplex (-verfahren, -technik) oder Raumvielfach (-verfahren, -technik) genannt. Bezeichnet allgemein Verfahren, bei denen verwendete Frequenzen an mehreren Orten benutzt werden, z.B. in zellularen Mobilfunksystemen oder Satellitensystemen mit stark bündelnden und entkoppelten Antennen.

SDMA

Abk. für Space Division Multiple Access.

Bezeichnung für Verfahren, bei denen mehrere Übertragungsstrecken zur Verfügung stehen, von denen eine temporär ausgewählt und einer Nachrichtenquelle zur Datenübertragung gemäß dem → *SDM*-Verfahren zur Verfügung gestellt wird.

SDMI

Abk. für Secure Digital Music Initiative.

Bezeichnung für einen lockeren Zusammenschluss mehrerer Unternehmen der Unterhaltungsindustrie mit dem Ziel, sichere Verfahren zur Verbreitung von Musik und anderen Inhalten in digitaler Form über Telekommunikationsnetze und insbesondere das → *Internet* zu entwickeln. Dabei sollen insbesondere Urheberrechte geschützt werden.

Der Grundgedanke von SDMI ist das Einfügen zusätzlicher digitaler Daten in den eigentlichen Nutzdatenstrom, der die Audiodaten enthält. Diese zusätzlichen Daten bilden zusammen eine Art digitales Wasserzeichen. Dabei wird an zwei Arten von Wasserzeichen gedacht, ein stabiles und ein empfindliches (‚robust' und ‚fragile') Wasserzeichen. Das empfindliche verschwindet als Folge eines Datenkompressionsvorgangs, wohingegen das stabile weiter bestehen bleibt. Auf diese Weise kann das Kopieren einer Audio-CD und die Umwandlung der Dateien in ein komprimiertes Format (etwa → *MP3*) detektiert werden. Eine Audiodatei, die nur noch ein Wasserzeichen enthält (das stabile Wasserzeichen), kann als kopiert erkannt werden.

Die Idee ist nun, dass SDMI-fähige Abspielgeräte nur solche Audiodateien abspielen, die entweder beide Wasserzeichen haben (ein schützenswertes Stück, das nicht kopiert wurde) oder gar kein Wasserzeichen mehr (Stücke, die offenbar nicht schützenswert und/oder sowieso frei verfügbar sind).

Für das stabile Wasserzeichen wurde ein Verfahren aus dem Hause Aris Technologies (Cambridge/Massachusetts) gewählt.

Im Juli 1999 wurde der Standard SDMI Version 1.0 veröffentlicht. In ihm sind Anforderungen an die Hardware von Abspielgeräten für in digitaler Form gespeicherter Musik definiert, die zur Erkennung der Wasserzeichen notwendig sind.

Der dazugehörige Softwarestandard wurde zunächst für Ende 1999 angekündigt, erschien aber erheblich später.

Ein weiteres, mögliches derartiges Verfahren ist → *EMMS*.

→ *Music on Demand*, → *MP3*.

→ *http://www.sdmi.org/*

SDP

Abk. für Session Description Protocol.

→ *SGCP*.

SDRAM

→ *DRAM*.

SD-ROM

Abk. für Super Density Read Only Memory.

Auch SD-10 oder SD-CD genannt. Bezeichnung eines vorgeschlagenen Firmenstandards, welcher die → *CD* als Speichermedium für Videoinformationen nutzt. Vorgestellt am 24. Januar 1995, nachdem es im September 1994 der Hollywood Digital Video Disc Advisory Group vorgestellt wurde. Serienreife Geräte wurden seinerzeit für Ende 1996 erwartet. Bis dahin sollten 250 Titel bereitstehen. SD-ROM wurde in dieser initialen Form nicht verwirklicht, beeinflusste jedoch maßgeblich den später realisierten Standard → *DVD*.

Entwickelt von Toshiba, unterstützt ab Ende 1992 vom Mediengiganten Time-Warner und etwas später auch von Thompson, Hitachi, JVC EMI, Matsushita, Pioneer und Mitsubishi. Speicherkapazität: 10 GByte, je 5 GByte in einer Schicht (oben und unten), d.h., es sind zwei Leseköpfe nötig oder die Scheibe muss herumgedreht werden. Daher kann auch kein Label auf der Platte angebracht werden. Scheibendicke: 1,2 mm. Scheibendurchmesser: 12 cm. Spurabstand: 0,725 μm, kleinste Pit-Länge: 0,4 μm, Laserwellenlänge: 650 und 635 nm. Numerische Apertur: 0,6. Jede einzelne 0,6 mm dicke Scheibe wird einzeln hergestellt und dann mit einer zweiten verklebt.

Die Fehlerkorrektur erfolgt mit einem → *Reed-Solomon-Code*.

Die SD-ROM unterstützt acht Audiokanäle. Ton wird nach Dolby AC-3 codiert. Bild nach → *MPEG-2*. Ist für eine Spielzeit von 142 Min. je Seite bei durchschnittlicher Datenrate von 4,69 Gbit/s geeignet. Ferner besteht Speicherplatz für Untertitel in bis zu 32 Sprachen.

Eine Variante ist die → *SD-9*. Konkurrenzvorschlag war die → *Video-CD*.

SDSL

Abk. für Symmetric Digital Subscriber Line.

Bezeichnung für eine mögliche Variante der → x*DSL*-Technologie. Eine Technologie, mit der es möglich ist, breitbandige, bidirektionale Kanäle von 160 kbit/s bis 2,048 Mbit/s auf analogen Anschlussleitungen (verdrillte Zweidrahtleitung) zu realisieren. Es gilt dabei: Je kürzer die Anschlussleitung, desto höher ist die Datenrate.

Im Gegensatz zu → *HDSL* wird dabei der Datenstrom über nur eine Kupfer-Doppelader (Twisted Pair, → *Zweidrahtleitung*) übertragen. Weiterentwicklungen von HDSL zu HDSL2 sehen jedoch ebenfalls nur einpaarige Konfigurationen vor, so dass der wesentliche Unterschied die flexibel wählbare Bandbreite ist, die sich bei manchen SDSL-Implementationen (Multirate SDSL, MSDSL) automatisch und flexibel an die Gegebenheiten im Anschlussnetz (zu überbrückende Distanz, Aderndurchmesser, Nebensprechen und Rauschen etc.) anpasst.

SDSL ist eine Weiterentwicklung von → *ADSL*, vorgestellt von AT&T im Frühjahr 1996.

S-DSMA

Abk. für Slotted Digital Sense Multiple Access.

Bezeichnung eines Zugriffsverfahrens auf ein Übertragungsmedium auf der → *MAC*-Teilschicht von Schicht 2 des → *OSI-Referenzmodells*. Eingesetzt z.B. beim → *Modacom*-System.

SDU

1. Abk. für Service Data Unit.
   → *PDU*.
2. Abk. für Satellite Data Unit.

Bezeichnung für den Teil der Bordelektronik in einem Flugzeug, der für Satellitenfunk zuständig ist.

SDVR

Abk. für Speaker Dependant Voice Recognition.

Bezeichnung für Spracherkennungssysteme, die nur bestimmte Sprecher erkennt. Hierfür muss das System zunächst an den Sprecher herangeführt werden und bestimmte individuelle Charakteristika der Sprache des Sprechers erkennen.

→ *SIVR*.

SE

1. Abk. für → *Simultaneous Engineering*.
2. Abk. für Systems Engineer.
3. Abk. für Spectrum Engineering.
   → *ERC*.

SEAC

Abk. für Standards Electronic (auch: Eastern) Automatic Computer.

Bezeichnung des ersten elektronischen Computers mit internem, fest gespeichertem Programm, der bei einer Behörde der USA eingesetzt wurde.

Der SEAC wurde 1950 fertiggestellt und verfügte über einen Speicher von 1 045 Wörtern zu je 45 Bit. Er war mit 1 MHz getaktet. 1954 wurde der Rechner mit einem weiteren Computer des NBS, dem DYSEAC, verbunden. Der SEAC blieb bis 1963 in Betrieb.

Ergänzt wurde der Rechnerpark des NBS im gleichen Jahr 1950 durch den → *SWAC*.

Erfahrungen mit dem SEAC gingen auch in die Entwicklung des → *TRADIC* ein.

SEACOM

Abk. für South-East-Asia Communications (Cable).

Bezeichnung für ein 1967 in Betrieb genommenes → *Unterwasserkabel* für Telefonie, das Australien mit Hongkong, Kuala Lumpur und Singapur verbindet. Es hat seinerzeit 23,5 Mio. Pfund gekostet.

Sea-Me-We 2, Sea-Me-We 3

Abk. für South East Asia – Middle East – Western Europe.

Bezeichnung verschiedener → *Unterwasserkabel*, die Südost-Asien über den Mittleren Osten mit Westeuropa verbinden.

Sea-Me-We 2 führt von Marseille bis Singapur und war lange Zeit das längste Unterwasserkabel der Welt.

Sea-Me-We 3, betrieben von einem Konsortium mit 34 Netzbetreibern als Anteilseignern, führt von Perth über Djakarta, Singapur, Colombo und über verschiedene Stationen im Mittleren Osten bis nach GB und weiter bis nach Norden in Deutschland (insgesamt 39 Anlandungspunkte). Das Kabel basiert auf → *Glasfasertechnik*. Gesamtlänge: 26 000 km. Kapazität: drei Fasernpaare zu je 2,5 Gbit/s mit einer weiteren geplanten Kapazitätserhöhung auf insgesamt je 10 Gbit/s durch die Nutzung von → *WDM*. Die Inbetriebnahme erfolgte im Sommer 1999; dann löste es Sea-Me-We 2 als längstes Unterwasserkabel ab.

Die Gesamtkosten liegen bei ca. 2 Mrd. DM. Aus Deutschland ist die Deutsche Telekom mit ca. 5% als größter Einzelinvestor beteiligt.

Seamless Handover

→ *Handover*.

SEAS

Abk. für Signalling, Engineering and Administration System.

Bezeichnung eines Systems, entwickelt von Bellcore, zum Management von → *IN* in Telekommunikationsnetzen.

Se-Band

→ *S-Band*.

SECAM

Abk. für Séquentiel Couleur ‡ Mémoire, was ungefähr „Farben hintereinander mit Speicherung“ bedeutet.

Name des 1957 von Henry de France entwickelten Farbfernsehsystems, das u.a. in Frankreich, vielen Staaten Afrikas und des Mittleren Ostens und in modifizierter Form im ehemaligen Ostblock (SECAM-Ost) verbreitet ist.

Basis des Verfahrens ist die Darstellung der Farbsignale in der Form → *YUV*. Bei SECAM werden die U- und V-Signale nicht, wie bei → *NTSC* oder → *PAL*, gleichzeitig durch Quadraturmodulation verschlüsselt, sondern nacheinander mit Frequenzmodulation übertragen, wobei jeweils eine Komponente in einer Verzögerungsleitung beim Empfänger zwischengespeichert wird. Beide Signale (U und V) für eine Zeile können dann im Empfänger nach Empfang des zweiten Teilsignals für eine Zeile in die Farbinformation gemäß → *RGB* umgewandelt und entsprechend auf dem Bildschirm sichtbar gemacht werden.

SECAM arbeitet mit 25 Halbbildern/s, einer → *Zeilenfrequenz* von 15,625 kHz und zeigt 625 Zeilen.

SECAM ist in Grenzen kompatibel zu PAL, was die Darstellung der Bilder, nicht aber der Farben betrifft.

SECE

Abk. für Secure Electronic Commerce Environment (Study Group).

Bezeichnung einer japanischen Interessenvereinigung, die im Jahre 1997 einen zu → *SET* kompatiblen Standard für sichere Transaktionen über das → *Internet* definiert hat, der gegenüber SET spezielle japanische Gegebenheiten berücksichtigt und insbesondere beim Home-Banking eingesetzt werden soll.

Second Level Cache

→ *Cache*.

Second Level Support

→ *Back-Office*.

SEDAS

Abk. für Standardregelung einheitlicher Datensysteme.
Ein in Deutschland angewendeter Standard für → *EDI* in der Handelsbranche.

SEE

Abk. für Société des Electriciens et des Electroniciens.
Bezeichnung des französischen Verbandes von Elektrotechnikern und Elektronikern. Das französische Analogon zum deutschen → *VDE*.

SeeFuDb

Abk. für Seefunkdienstbüro.

Seefunk, Seefunkzeugnis

Auch terrestrischer Seefunk genannt. Seefunk ist der Oberbegriff für verschiedene Arten von Kommunikation mittels → *Funk* von und zu mobilen Sende- und Empfangsstationen auf Schiffen von Küstenfunkstellen aus. Die Küstenfunkstellen vermitteln dabei Sprach- und auch Datenverbindungen in terrestrische Festnetze. Ferner wird Seefunk zur Übertragung von Nachrichten aller Art (Wetter, Positionsmeldungen, Warn- und Notruf etc.) zwischen Schiffen und zwischen Schiffen und Häfen verwendet. Dabei werden folgende Frequenzbereiche genutzt:

- Ultrakurzwellen-Bereich (→ *UKW*): Der Bereich von 156 MHz bis 174 MHz ist im UKW-Band für Seefunk reserviert. UKW-Sender an Bord haben üblicherweise eine Reichweite von 40 km und nutzen Frequenzmodulation (→ *FM*).
- UKW-Seefunk befindet sich auf dem Rückzug. In Küstennähe werden heute häufig andere Verfahren zur Kommunikation, z.B. des → *GSM*-Netzes, verwendet.
- Grenzwellenbereich: Der Bereich von 1,605 MHz bis 3,8 MHz ist für Seefunk reserviert. Obwohl die Reichweite groß ist (400 Seemeilen am Tage, in der Nacht u.U. bis das Doppelte) sinkt die Bedeutung.
- Wegen der besonderen atmosphärischen Bedingungen kann Seefunk im Grenzwellenbereich in tropischen Gewässern nicht genutzt werden.
- Kurzwellen-Bereich (→ *KW*): Der Bereich von 4 MHz bis 27,5 MHz ist u.a. für Seefunk reserviert und hat eine weltweite Reichweite. Wegen der modernen Satellitenkommunikation wird Kurzwelle zur Kommunikation kaum noch im täglichen Betrieb verwendet, wohl aber für Notfälle an Bord jedes Schiffes funktionsfähig gehalten.

Das Betreiben von mobilen Funkstellen auf Schiffen im Bereich UKW und KW ist in Deutschland nur den Inhabern von Seefunkzeugnissen erlaubt. Das Zeugnis wird nach bestandener Prüfung vom → *BAPT* erteilt. Man unterscheidet in Deutschland fünf verschiedene Seefunkklassen, die die Nutzung des Sprechfunkdienstes der deutschen Seefunkstellen und Funkstellen der Binnenschifffahrt regeln. Pro Jahr werden insgesamt zwischen 9 000 und 10 000 derartige Zeugnisse erteilt.
Man unterscheidet:

- UKW-Sprechfunkzeugnis: Anwärter auf das Zeugnis müssen mindestens 16 Jahre alt sein. Nach bestandener Prüfung kann das UKW-Band des Seefunkdienstes genutzt werden. Das Zeugnis berechtigt nicht zur Nutzung des → *GMDSS*.
- UKW-Betriebszeugnis II: Anwärter auf das Zeugnis müssen mindestens 16 Jahre alt sein. Es beinhaltet das UKW-Sprechfunkzeugnis und zusätzlich die Teilnahme am GMDSS. Gilt nur im Bereich der deutschen Seefunkstellen.
- UKW-Betriebszeugnis I: Anwärter auf das Zeugnis müssen mindestens 16 Jahre alt sein. Es beinhaltet das UKW-Sprechfunkzeugnis und zusätzlich die Teilnahme am GMDSS.
- Allgemeines Sprechfunkzeugnis: Anwärter auf das Zeugnis müssen mindestens 18 Jahre alt sein. Das Zeugnis berechtigt zur Nutzung aller Frequenzen des Seefunkdienstes. Das Zeugnis berechtigt nicht zur Nutzung des GMDSS.
- Allgemeines Betriebszeugnis: Anwärter auf das Zeugnis müssen mindestens 18 Jahre alt sein. Beinhaltet das Allgemeine Sprechfunkzeugnis und zusätzlich die Teilnahme am GMDSS.

→ *Amateurfunk*.

Seekabel

→ *Unterwasserkabel*.

Seekabelendstelle

→ *SKE*.

Segment

1. In der → *LAN*-Technik Bezeichnung für ein zusammenhängendes Kabelstück, innerhalb dessen die Signale ohne → *Repeater* transportiert werden können. Die Größe der Segmente ist vom genutzten Medium (Glasfaser, Koaxialkabel etc.) abhängig. Mehrere über → *Bridges* und/oder Repeater verbundene Segmente zusammen bilden das → *LAN*. Falls das LAN dem → *Ethernet*-Standard entspricht, werden alle Segmente, die über einen Repeater verbunden sind, als → *Collision Domain* bezeichnet.
2. Bezeichnung der Übertragungseinheit bei → *TCP*.

Seite

→ *Virtueller Speicher*.

Seitenbeschreibungssprache

→ *Drucker*.

Sektor

Bei magnetischen Speichermedien (→ *Diskette*, → *Festplatte*) ein bestimmter Winkelbereich (Kreisbogenausschnitt) auf einer einzelnen Spur. Stellt die kleinste Einheit dar, auf die zugegriffen werden kann. Im Bereich der PCs sind dies 512 Byte.

Sektorspezifische Regulierung

→ *Deregulierung*.

Sektorversatz

Bei → *Festplatten* die deutsche Bezeichnung für den → *Interleave-Faktor*

Sekundärer Nutzer

→ *Primärer Nutzer.*

Sekundärradar

→ *Radar.*

Sekundärverkabelung

Auch vertikale Verkabelung oder Verkabelung im Steigbereich genannt.

Bei der → *strukturierten Verkabelung* die Bezeichnung für die Verkabelungsstruktur, die in einem Gebäude mehrere Etagen und die diese Etagen versorgende → *Tertiärverkabelung* über Etagenverteiler miteinander verbindet.

Außerdem wird die Verbindung zur → *Primärverkabelung* über einen zentralen Verteiler (üblicherweise einer pro Gebäude) hergestellt.

Als Medium kommt üblicherweise entweder das → *Koaxialkabel* oder die Glasfaser zum Einsatz.

Selbsttätiger Rückruf

Andere Bezeichnung für → *automatischer Rückruf.*

Selbsttätiger Verbindungsaufbau

Andere Bezeichnung für → *Direktruf.*

Selectavision Videodisc

→ *Bildplatte.*

Selektives Abhören

Leistungsmerkmal von Anrufbeantwortern. Dabei kann beim Abhören der Nachrichten zum Beginn der nächsten Nachricht gesprungen werden, um die Zeit zum Abhören aller Nachrichten zu verkürzen.

Semantik

Auch Bedeutungslehre genannt. Bezeichnung für die Lehre von der Sinnhaftigkeit oder Bedeutung sprachlicher Konstruktionen wie Wörtern oder Sätzen.

Der Begriff stammt aus der Linguistik, kann gleichermaßen aber auch auf → *Programmiersprachen* angewendet werden.

→ *Syntax.*

Semaphor

Von griech. Semaphor = Zeichenträger.

1. Oberbegriff für verschiedene Mechanismen, um verschiedene → *Prozesse*, die um die gleichen → *Betriebsmittel* konkurrieren, zu koordinieren und damit ordnend in Abläufe einzugreifen.
2. Andere Bezeichnung für den → *Flügeltelegrafen.*

SEMI

Abk. für Semiconductor Equipment and Materials International.

Bezeichnung eines Verbandes von amerikanischen und japanischen Herstellern von Geräten zur Halbleiterfertigung und der Materiallieferanten. Sitz ist Mountain View/Kalifornien.

→ *http://www.semi.org/*

Sendebericht

Bei Endgeräten für → *Fax* die Bezeichnung für ein → *Leistungsmerkmal*, bei dem detaillierte Angaben über Zeitpunkt einer Verbindung, Verbindungsdauer, angewählte Rufnummer und Ergebnis der Übertragung (OK oder Fehler) ausgedruckt werden.

Oft kann bei einem Faxgerät gewählt werden zwischen einem Einzelsendebericht, d.h., nach jedem Faxversand wird ein derartiger Bericht nur für diese eine Übertragung ausgedruckt, oder einem Sammelsendebericht, bei dem z.B. am Ende eines Tages oder einer Woche über alle seit dem letzten Sammelsendebericht versendeten Faxe eine tabellarische Auflistung der o.a. Angaben ausgedruckt oder, wenn vorhanden, am Display des Gerätes angezeigt wird. Ein derartiger Bericht wird auch Journal genannt.

Sendebetrieb

→ *Richtungsbetrieb.*

Sendungsvermittlung

→ *Nachrichtenvermittlung.*

Seniorenruf

→ *Direktruf.*

Senke

Bezeichnung für den Zielort von Nachrichten oder Informationen. Daher spricht man auch oft von der Nachrichten- oder Informationssenke.

Das Gegenteil ist die Quelle.

Senkrechtgrenzfrequenz

→ *Ionosphäre.*

Sensor, Sensorik

Der Begriff Sensor ist die Bezeichnung für elektronische Bauelemente oder Baugruppen, die physikalische Vorgänge auf nicht-mechanischem Wege erfassen und in ein elektrisches, üblicherweise analoges, neuerdings aber auch digitales Signal umsetzen, das weiter verarbeitet und ausgewertet werden kann. Sensoren werden üblicherweise über einen → *Feldbus* an den Leitstand einer Maschine oder Anlage angeschlossen, wo die vom Sensor kommenden Daten ausgewertet werden.

Sensorik ist der Oberbegriff für den Einsatz von Sensoren der verschiedensten Arten im Maschinen- und Anlagenbau zu Messzwecken.

→ *Aktorik.*

SEP

Abk. für Signalling End Point.

→ *SS#7.*

SER

Abk. für Symbol Error Rate, Symbolfehlerrate.
Bezeichnung für den Anteil fehlerhafter Symbole bei digitaler Modulation in einem Strom von Symbolen. Angegeben in: Ein fehlerhaftes Symbol je bestimmter Symbolmenge.

SERCNet

→ *JANET.*

Sercos, Sercos-Bus

Abk. für Serial Real-Time Communication System.
Bezeichnet eine serielle Schnittstelle zwischen numerischen Steuerungen und Antriebsaggregaten (z.B. Elektromotor oder Getriebe) im Maschinenbau, die bei → *Feldbus*-Systemen verwendet wird. Dann wird auch vom Sercos-Bus gesprochen.
Entwickelt vom Hause Indramat. Seit 1991 als europäische Vornorm standardisiert.
→ *http://www.sercos.org/*

SERES

Abk. für Search and Rescue Satellite.
→ *GDSS.*

Serial Line IP

→ *SLIP.*

Serielle Schnittstelle

→ *COM-Port.*

Serifen

In der → *Typografie* die Bezeichnung für kleine senkrechte oder waagerechte Abschlussstriche an den Enden von Buchstaben. Ihr Vorteil ist, dass sie das Auge beim Lesen führen und damit das Lesen erleichtern, weshalb längere Texte üblicherweise in einer Serifenschrift (z.B. Times New Roman wie diese hier) verfasst sind. Eine bekannte serifenlose Schrift ist z.B. Arial.

Server

Von engl. to serve = dienen, bedienen. Eine Einrichtung, die in einem verteilten System zentrale Dienste für mehrere Nutzer (dann genannt Clients) anbietet, wodurch die Ressourcen des Servers besser ausgenutzt werden können, als wenn jeder Client diese Ressourcen lokal und dauerhaft, jedoch nur für die gelegentliche Nutzung, bei sich selbst vorrätig hält.
Server können mit den Clients über lokale Netze verbunden sein. Der Zugriff kann aber auch über Telekommunikationsnetze der verschiedensten Art erfolgen.
In Unternehmen sind im Allgemeinen Clients (PCs oder Programme auf PCs) und Server über ein → *LAN* miteinander verbunden.
Zentrale Absicht beim sog. Client/Server-Computing (C/S) ist, dass die Nutzer (Clients) gemeinsam Ressourcen (Server) teilen, da nicht immer jeder Client gleichzeitig alle Dienste des Servers in Anspruch nimmt, wodurch sich erheblich Kosten sparen lassen. Zu den positiven Nebeneffekten zählen z.B. eine einfachere Verwaltung bestimmter Ressourcen, z.B. eine zentrale Datensicherung (→ *Backup*) beim File-Server (s.u.).
Beispiele für Anwendungen von Servern sind:

- Ein File-Server in einem Computernetz ist z.B. ein Rechner, der zentral Daten und/oder Dateien verwaltet und anderen zur Verfügung stellt. Üblicherweise ist er auch für die Datensicherheit zuständig und wickelt vollautomatisch → *Backups* ab.

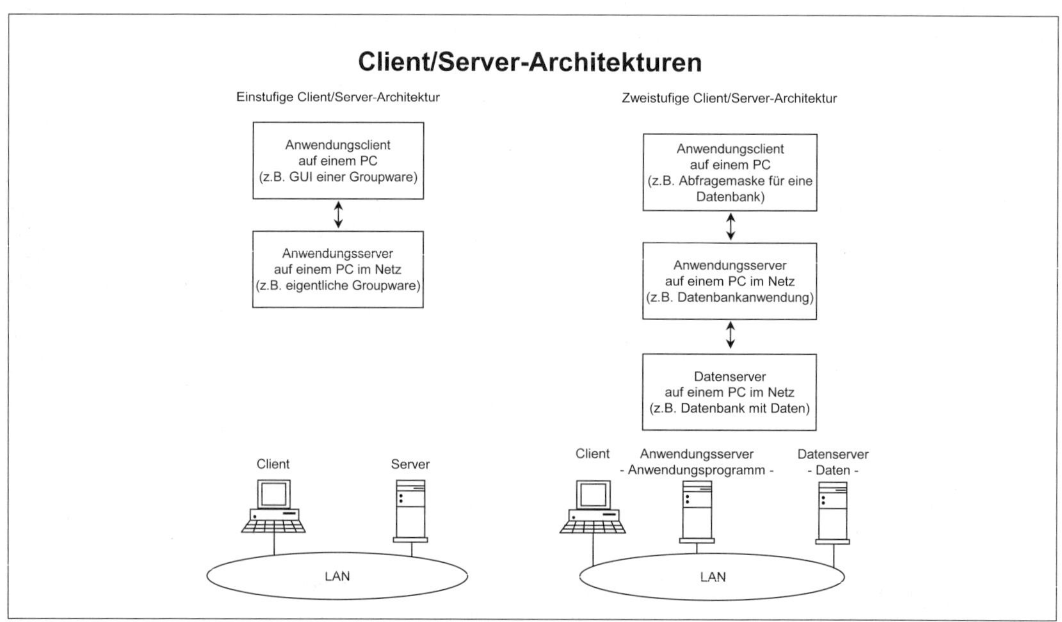

- Ein Software-, Application- oder Anwendungsserver stellt zentral Programme dem Netz oder den Anwendern zur Verfügung.
- Ein Print-Server verwaltet zentral Print-Aufträge aus dem Netz von am Netz angeschlossenen Rechnern und verteilt sie auf entsprechende Drucker. Oft sind verschiedene Drucker für verschiedene Zwecke an einen Print-Server angeschlossen (z.B. ein normaler Laser-Drucker, ein Farb-Laser-Drucker und ein spezieller Foliendrucker).
- Ein CD-ROM-Server ist ein Geräte mit mehreren CD-ROM-Laufwerken, auf die über das LAN zugegriffen werden kann, so dass nicht notwendigerweise jeder PC am LAN über ein eigenes CD-ROM-Laufwerk verfügen muss. Auf diese Art können häufig benutzte, aber stabile Datenbestände mehreren Nutzern zur Verfügung gestellt werden (z.B. Bahnfahrplan, Telefonbuch, Produktkatalog, Fachwörterbuch etc.).
- Ein E-Mail-Server fungiert für alle Teilnehmer am E-Mail-Dienst als → *Mailbox* und verwaltet alle ein- und abgehenden E-Mails. Er stellt oft auch ein Gateway zu externen Mailsystemen her (z.B. → *Internet*).
- Ein Fax-Server nimmt an ihn elektronisch versendete Nachrichten entgegen und versendet sie im Datenformat eines normalen Faxes (→ *Fax*) über ein herkömmliches Telekommunikationsnetz an ein anderes, herkömmliches Faxgerät oder einen anderen Fax-Server. Vorteil dieses Verfahrens ist, dass das am PC erstellte, zu versendende Fax nicht erst ausgedruckt, auf das Faxgerät gelegt und versendet werden muss, sondern dass derartige Vorgänge ohne Papierausdruck vollständig am PC gesteuert werden können. Dabei unterscheidet sich die Client-Software, in der ein Fax am PC kreiert werden und der Adressat ausgewählt werden kann, von Hersteller zu Hersteller. Eine Variante des Fax-Servers wird bei → *Internet-Fax* genutzt.

Die Nutzer greifen eher sporadisch auf die Server zu, da sie mit der nötigen Rechenleistung (im Gegensatz zum → *Host*) selbst ausgestattet sind.

Vorteile der Client/Server-Architektur sind:

- Bessere (= wirtschaftlichere) Nutzung knapper bzw. teurer Ressourcen
- Zentrale Datensicherung möglich
- Zentrale Verwaltung der neuesten Softwareversionen
- Der Nutzer muss selbst nichts über die genaue physikalische Datenhaltung oder andere Dienstleistungen im Netz wissen (das LAN ist transparent)

Als Nachteil gilt, dass, wenn der Server ausfällt, alle am LAN angeschlossenen Stationen ebenfalls davon betroffen sind und den vom Server zur Verfügung gestellten Dienst nicht mehr nutzen können, d.h., es kann nicht auf andere Rechner ausgewichen werden. Dem kann bei genügend großer Nutzerzahl durch eine Verdoppelung der Ressourcen wirtschaftlich begegnet werden.

Server sind üblicherweise hochleistungsfähige PCs, oft unter dem → *Betriebssystem* → *Windows NT*, obwohl je nach Einsatzzweck auch → *PowerPCs* oder Rechner unter → *Unix* gewählt werden können. In Abhängigkeit des Einsatzzwecks sind häufig alle oder zumindest viele der folgenden Kriterien beim Kauf eines Servers von Relevanz:

- Motherboard eines Originalherstellers, idealerweise getestet (nachgewiesen durch ein Zertifikat o.ä.) zusammen mit dem Hersteller der geplanten Betriebssystemsoftware und seinen Treibern.
- Skalierbares Motherboard für das spätere hochrüsten mit weiteren Prozessoren (selten erforderlich) und weiteren Modulen zur Erweiterung des Hauptspeichers (sehr häufig erforderlich).
- Hohe Zahl von Slots für Erweiterungskarten, heute üblicherweise → *PCI*-Slots.
- Idealerweise mehrere Datenbusse, heute entsprechend → *PCI*.
- Integrierte und extern abfragbare Management- und Überwachungsfunktionen, etwa zur Kontrolle der Temperatur im Gehäuse oder der Konstantheit der Versorgungsspannung.
- Gehäuse/Rack, das folgende Anforderungen erfüllt:
  - Platz für Erweiterungen der peripheren Speicher, wie z.B. mit einer → *Festplatte* oder einem → *Bandlaufwerk*
  - Leichter Zugang zu allen wesentlichen und ggf. austauschbaren Modulen zu Wartungs- und Erweiterungszwecken
  - Abschließbare Einzelracks zum Schutz vor unbefügter Nutzung oder Entfernung
- Redundanz bei Spannungsversorgung und Lüftern.

Als Wegbereiter der Client/Server-Architektur gilt Sybase, die 1989 ihre Datenbanksysteme danach ausrichteten. Der Begriff Client/Server Computing wird von einigen George Forrester Colony aus dem Hause Forrester Research zugeschrieben, der ihn 1987 schuf.

→ *Server-Farm*.

Server-Farm

In einer großen Organisation die Bezeichnung für die Ansammlung mehrerer → *Server* an einem zentralen Ort.

Anstelle der ersten Ansätze beim Client/Server-Computing, die Server zur Vermeidung von teurer Netzlast so nah wie möglich bei den Clients aufzustellen, setzte sich Ende der 90er Jahre ein Zentralisierungseffekt ein, da die Netzbandbreite mittlerweile so billig geworden war, dass die Vorteile einer zentralen Server-Farm überwogen:

- Leichtere Gewährleistung von Sicherheit (→ *Datenschutz* und → *Datensicherheit*).
- Leichteres Anfertigen von → *Backups*.
- Leichtere Systemverwaltung im Falle von → *Updates* oder Änderungen in der Konfiguration des Systems.

Server Housing

→ *Housing*.

Service-Bypassing

→ *Bypassing*.

Service Level Agreement

→ *SLA*.

Service Node

→ *Zugangsnetz*.

Service-Provider

Bezeichnung für ein Unternehmen, welches am Markt Telekommunikationsdienste für Endverbraucher anbietet. Dabei muss das Unternehmen nicht unbedingt eigene Netze zur Erbringung dieser Telekommunikationsdienste besitzen bzw. tut dies üblicherweise auch nicht. Entsprechende Kapazitäten (z.B. Gesprächsminuten, Bandbreite, Speicherplatz auf → *Servern*) kauft der Service-Provider bei einem oder mehreren anderen Unternehmen (Network-Provider).

Hinter der Einführung von Service-Providern stehen zwei Konzepte:

- Durch die Trennung der Funktionen Network-Provision und Service-Provision ist es möglich, Wettbewerb in begrenztem Maße einzuführen, auch wenn lediglich ein Netz (und somit nur ein Network-Provider) zur Verfügung steht.
- Durch die Konzentration der technischen Seite beim Network-Provider und der Dienste und aller damit zusammenhängender Marketing- und Kundenbetreuungsaktivitäten erfolgt beim Network-Provider und beim Service-Provider eine Konzentration auf das Kerngeschäft. Ziel ist, dadurch eine Steigerung der Qualität insgesamt zu erreichen.

Service-Provider verfügen heute üblicherweise über keinen Zugang zum Netz des Network-Providers und müssen daher mit den gegebenen technischen Möglichkeiten des Network-Providers auskommen.

Zukünftige Szenarien sehen im Gegensatz zu diesem bisherigen Modell vor, dass ein Service-Provider auf der Netzplattform eines Network-Providers durchaus auch eigene Dienste und/oder Dienstmerkmale sowie Mehrwertdienste (→ *VAS*) realisieren kann, z.B. mittels des → *IN*. Darüber könnte er sich von anderen Service-Providern differenzieren.

Ihren Gewinn erzielen heutige Service-Provider aus der Marge zwischen den Verkaufspreisen des Network-Providers und ihres eigenen Wiederverkaufspreises. Dabei erreichen sie wegen der großen abgenommenen Mengen Preisvorteile beim Einkauf beim Wettbewerber, die z.B. im Mobilfunkmarkt ca. 20 bis 25% betragen.

Aus der Sicht von Netzbetreibern, insbesondere von neuen Wettbewerbern, haben Service-Provider den Vorteile, dass sofort ein großes (flächendeckendes), erfahrenes Vertriebsnetz genutzt werden kann. Somit entfallen Kosten zum zeitraubenden Aufbau eines eigenen Vertriebsnetzes.

Service-Provider wurden in den späten 80er Jahren bei der Liberalisierung des Mobilfunkmarktes in GB eingeführt, wo sie zu hohen Wachstumsraten führten. Diesem Beispiel folgten fast alle anderen europäischen Länder, auch weil die EU in ihrem Green Paper zur Liberalisierung des Mobilfunksektors dies gefordert hatte.

In Deutschland kamen Service-Provider erstmals 1993 mit der Einführung digitalen Mobilfunks (D1/D2-Netze) auf. Nach anfänglichen Erfolgen kam es jedoch ca. 1995 zu einer Konzentration im Markt.

Servlet

Bezeichnung für eine ausschließlich auf einem → *Server* ausgeführte Anwendung, die in der → *Programmiersprache* → *Java* geschrieben wurde.

→ *http://www.servletsource.com/*

SES

1. Abk. für Ship Earth Station.
   → *Inmarsat*.
2. Abk. für Societé Europeénne des Satellites.
   → *Astra*.
3. Abk. für Satellite Earth Station, Satelliten-Bodenstation.
   → Bodensegment.
4. Abk. für Severely Errored Seconds.

   Bezeichnung eines Gütemaßes in der Telekommunikation, angegeben in Prozent. Sie bezeichnet den Anteil der schwer gestörten Sekunden bei der Sprachübertragung mit einer Bitfehlerrate größer als 10^{-3}.

   Das Maß wurde von der → *ITU* in G.821 und durch die → *ETSI* im ETR 138 definiert.

   Um → *Carrier* mit diesem Gütemaß vergleichen zu können, werden die SES gezielt durch von den Carriern selbst durchgeführte Stichproben gemessen und je nationaler, kontinentaler und interkontinentaler Verbindung angegeben. Dafür werden entweder reale Verbindungen ausgewertet oder zu verschiedenen Zeiten verschiedene, repräsentative Verbindungen extra zu Messzwecken generiert.

   → *DM*, → *EFS*, → *ES*, → *MOS*, → *QoS*, → *Sprachübertragung*.

SESAT

Abk. für Siberia-Europe-Satellite.

→ *EUTELSAT*.

SET

Abk. für Secure Electronic Transactions (Protocol).

Bezeichnung eines offenen Standards für sichere Datenübertragung über das → *Internet* zur Realisierung sicherer Übertragung von Kreditkartendaten (Name des Karteninhabers, Kartennummer, Name der Kreditkartengesellschaft, Gültigkeitsdatum), für die Ermöglichung finanzieller Transaktionen, z.B. im Zusammenhang mit → *Electronic Money* bei Electronic Commerce (→ *E-Business*). SET ermöglicht sowohl eine Nutzung unter Echtzeitbedingungen (online) als auch bei Datenübertragung mit langer Nachrichtenlaufzeit, z.B. bei Übertragung von Kreditkartendaten in → *E-Mails*. Die Kosten für die Online-Variante mit sofortigem Kreditwürdigkeits-Check des Händlers bei der Bank gelten jedoch als relativ hoch, weshalb die Transaktionskosten insgesamt höher als bei anderen Verfahren sind. Dies führt dazu, dass SET eher ein Verfahren für ein → *Macropayment* ist.

SET setzt, wenn vollständig implementiert, folgende Komponenten voraus:

- Zertifizierungsinstanz
- Software bei Inhaber/Benutzer einer Kreditkarte
- Software beim Kreditkartenunternehmen
- Zahlungs-Gateway (Payment Gateway, Software bei einer Bank)

Genutzt wird dabei ein → *Public-Key*-Verfahren, das auf einem 1 024 Bit langen Schlüssel und dem → *RSA*-Verfahren zur Verschlüsselung basiert. Dieses Verfahren ist eine Ergänzung der herkömmlichen → *Browser*.

Das System geht davon aus, dass ein Nutzer von SET ein Paar von Schlüsseln (öffentlich und privat) von einer vertrauenswürdigen und dafür autorisierten Stelle (Zertifizierungsstelle, Clearing-Center) zugeteilt bekommt. Die Nutzer müssen sich gegenseitig vor der Nutzung von SET für finanzielle Transaktionen ihre Vertrauenswürdigkeit mit Hinweis auf die Zertifizierung ihrer verwendeten Schlüssel durch eine Zertifizierungsstelle beweisen.

SET berücksichtigt alle drei Parteien, die im Rahmen des Electronic Commerce in Erscheinung treten: den Käufer, den Verkäufer und seine kontoführende Bank sowie zusätzlich das Kreditkartenunternehmen (sog. Payment-Gateway). Jede dieser Parteien kann nur die Daten lesen, die für sie relevant sind, da alle Daten (z.B. die Bestellnummer und die Bestellmenge einerseits und die Kreditkartennummer andererseits) zwar zusammen übertragen werden, aber unabhängig voneinander verschlüsselt sind.

Da es sich um einen offenen Standard handelt, können Banken, Kreditkartenunternehmen und andere Institutionen Anwendungsprogramme auf Basis von SET entwickeln und nutzen.

Als Nachteil von SET wird gesehen, dass es lediglich Kreditkartendaten sicher weitergibt und damit keine eigene Währungseinheit unterstützt. Daher sei es, wie die Zahlung mit Kreditkarte generell, für Beträge unter ca. 10 DM (Micropayment) ungeeignet. Ferner gilt das Verfahren als komplex und daher finanziell als nicht gerade günstig. Die Komplexität verhindert auch die Integration mit vielen in Banken und bei Kreditkartensystemen vorhandenen Altsystemen.

SET wurde von den Kreditkartenunternehmen MasterCard und Visa sowie American Express gemeinsam entwickelt und als Version 1.0 im Februar 1996 vorgestellt sowie im November 1997 offengelegt. Es wird von Netscape, Microsoft und IBM unterstützt.

Am 3. Januar 1997 um 9 Uhr 40 hat nach einer Pressemeldung die erste Zahlung im Internet mit Hilfe von SET stattgefunden: Der IBM-Manager Carl Christian Aegidius aus Dänemark kaufte in der Internet-Buchhandlung Lademanns Forlag das Buch „Rose Madder“ von Stephen King und gab mit Hilfe von SET die Kreditkartendaten seiner Eurocard durch.

Im Laufe von 1997 und 1998 fanden eine Reihe von Tests im Internet statt, sowohl mit der Beteiligung europäischer als auch amerikanischer Banken. Sie wiesen die praktische Anwendbarkeit in größerem Maßstab nach.

In Dänemark war das Danish Payment System (PBS) gemeinsam mit IBM und MasterCard seit Ende 1996 mit ca. 1 000 Kunden und drei Anbietern dabei. In den USA testete Wal-Mart (größte US-Einzelhandelskette) SET.

In Japan startete die dortige größte Kreditkartengesellschaft UC Card Company ein Pilotprojekt mit 10 000 Nutzern.

Die Commerzbank testete in Deutschland mit 1 500 Mitarbeitern SET im Umfeld von ‚MyWorld‘ (Karstadt) im WWW des Internet. Daneben testete auch die „Electronic Mall Bodensee“ seit Herbst 1997 über drei Länder hinweg das Verfahren.

Im Mai 1998 gründeten elf deutsche Geschäftsbanken einen SET-Arbeitskreis.

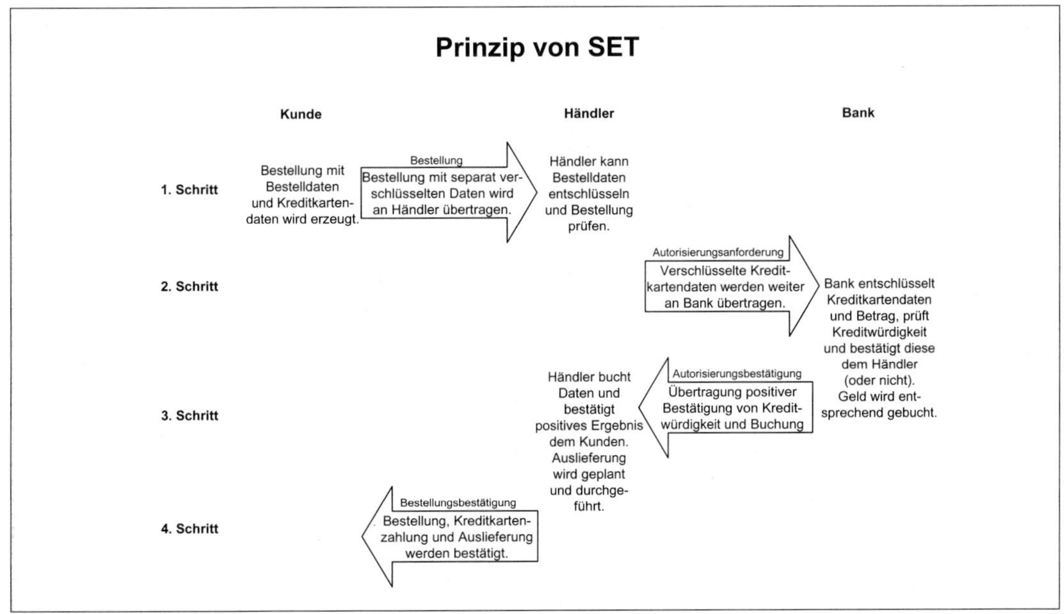

Für die Zeit ab 1999 verbreitete sich SET über das Internet, allerdings unerwartet schleppend.
→ *http://www.setco.org/*
→ *http://www.globeset.com/*
→ *http://www.visa.com/*

Settings

Die aktuellen Einstellungen (Konfiguration) einer Soft- oder Hardware.
→ *Default.*

Settlement Rate

→ *International Accounting Rate.*

Set-Top-Box

Abgekürzt mit STB. Auch Set-top-Terminal (STT) genannt. Bezeichnung eines Gerätes, das auf den Fernseher gestellt wird und in neuen interaktiven und digitalen Video- sowie TV-Dienstsystemen oder bei bestehenden Pay-per-View-Systemen (→ *Pay-TV*) Funktionen wie Dekomprimierung, Decodierung, Digital-Analog-Wandlung, Rückkanalverwaltung, Empfang der Fernbedienung oder die Freischaltung und Abrechnung (→ *Conditional Access*) vornimmt.
Mit dem Auftreten des Unternehmens → *WebTV* hat sich die Bezeichnung Set-Top-Box auch auf Geräte erweitert, die den Zugang zum → *Internet* mit dem Fernseher als Endgerät ermöglichen.
Weltweit sind derzeit Standardisierungsaktivitäten im Gange, um eine Mindestfunktionalität und technische Standards zu ermitteln. Ein Resultat ist nicht absehbar. Dabei wird die Entwicklung von der Frage beeinflusst, ob das TV-Gerät oder der PC als Endgerät für neue multimediale Dienste genutzt werden wird. Als Fortentwicklung der STB ist ein universelles Gerät zur Abwicklung aller im privaten Haushalt anzutreffenden TK-Dienste im Gespräch, der → *HCT.*
→ *Magic Carpet,* → *OS-9,* → *DAVIC,* → *DAVID,* → *Tiger,* → *DVB.*

Setup

1. Auch Call Setup genannt. In der Telekommunikation der internationale Begriff für den Aufbau einer Verbindung zwischen zwei Teilnehmern.
2. In der Datentechnik die erstmalige Installation von → *Software* auf einem → *Computer.*

Setup-Charges

Branchenjargon für Gebühren eines Anbieters von Telekommunikationsdienstleistungen, der je zustande gekommener Verbindung über sein Netz vom Nutzer eine feste Gebühr (unabhängig von anderen Verbindungsparametern wie Gesprächsdauer und überbrückte Distanz) verlangt.
Überwiegend kommen Setup-Charges bei den Anbietern von → *Call by Call* vor, die damit bestimmte Fixkosten, wie z.B. die Rechnungsstellung, decken wollen.

Setup-Time

Verbindungsaufbauzeit. Auch Call Setup-Time oder Post Dial Delay (PDD) genannt.
Im Jargon der Telekommunikationstechniker die Bezeichnung für die Zeit, die zwischen dem Beenden des Wählvorgangs durch den → *A-Teilnehmer* und dem Beginn des Läutens beim → *B-Teilnehmer* bei verbindungsorientierter Übertragung bzw. → *Leitungsvermittlung* vergeht.
Damit ist die Setup-Time ein Qualitätskriterium für den Telefondienst und ist insbesondere dann von Bedeutung, wenn Verbindungen durch mehrere Netze hindurch und unter der Verwendung mehrerer Vermittlungsvorgänge mit u.U. mehrfach neuen Routingvorgängen geschaltet werden müssen. Die Zeiten der einzelnen Vorgänge addieren sich häufig zu mehreren Sekunden und können den A-Teilnehmer vermuten lassen, es täte sich gar nichts und das Netz ist ausgefallen.
Typische Fälle mit einem hohen PDD sind Anrufe zu Mobilfunknutzern, die sich gerade in einem entfernten Ausland aufhalten oder Gespräche in Länder mit einer noch elektromechanischen Vermittlungstechnik.
Definiert durch die → *ETSI* im ETR 138.

SF

Abk. für Service Feature.
→ *IN.*

SFB

Abk. für → *Sonderforschungsbereich.*

SFDR

Abk. für Spurious Free Dynamic Range.

SFMA

Abk. für Specific Functional Area of Management.

SFN

Abk. für Single Frequency Network.
Internationale Bezeichnung für ein → *Gleichwellennetz.*

SFT

Abk. für Simple File Transfer.
Bezeichnung eines einfachen Übertragungsprotokolls zur Übertragung von Dateien zwischen → *Hosts.*

SFTP

Abk. für Shielded Field Twisted Pair.
Auch Common Foil Screen Unshielded Twisted Pair genannt. Bezeichnung für einen Kabeltyp, bei dem eine verdrillte Zweidrahtleitung aus Kupfer mit einer Metallfolie geschirmt ist.
→ *STP.*

SfV

Abk. für → *Standardfestverbindung.*

SG

Abk. für Study Group.
Manchmal auch → *SC* (Study Commission) genannt.
→ *CCITT,* → *ITU.*

SGCP

Abk. für Simple Gateway Control Protocol.

Bezeichnung für ein gemeinsam von den Unternehmen Cisco Systems und → *Bellcore* entwickeltes Protokoll, das in Gateways zwischen dem herkömmlichen Telefonnetz (→ *PSTN*) und dem → *Internet* eingesetzt werden soll. Ziel ist die Erhöhung der Dienstqualität bei der Übertragung von Sprache über das Internet (→ *Internet-Telefonie*).

Dafür definiert SGCP einfache Dienstprimitive zur Kontrolle einer Punkt-zu-Punkt-Verbindung über mehrere u.U. technisch unterschiedliche Netze hinweg. Prinzipiell stellt es damit eine Art Signalisierungsprotokoll dar (→ *Zeichengabe*), das in verschiedenen technischen Welten verstanden wird. Es wird erwartet, dass es auf speziellen, dann ‚Virtual Switch' genannten → *Servern* im Internet laufen wird.

SGCP basiert auf dem Session Description Protocol (SDP), von ihm leitet sich auch → *MGCP* ab.

SGI

Abk. für Silicon Graphics International.

Name eines Herstellers von → *Workstations* mit Sitz in Mountain View/Kalifornien. Die Produkte gelten als extrem leistungsfähig und werden insbesondere dort eingesetzt, wo große Mengen an Stand- und/oder Bewegtbildern am Computer bearbeitet werden müssen, etwa in der Werbe- oder Filmindustrie.

SGI wurde 1981 vom College-Professor für Informatik James ‚Jim' Clark gegründet, der das Unternehmen bis 1994 leitete und anschließend Netscape mit ins Leben rief.

Erstes Produkt war 1983 eine Serie grafischer Terminals, der 1984 die erste Workstation folgte. Schon 1986 ging das Unternehmen an die Börse.

1993 entwickelt SGI im Auftrag von Nintendo die neue Spielekonsole ‚Nintendo 64'.

1996 kaufte SGI den angeschlagenen Hersteller → *Cray*, der → *Supercomputer* produziert, für rund 700 Mio. $. Im August 1999 wurde diese Einheit wieder ausgegründet und im März 2000 für rund 100 Mio. $ an Tera Computer verkauft.

→ *http://www.sgi.com/*

SGM

Abk. für Schutzgas-Metallrelais. Eine besondere Bauform des → *ESK-Relais*.

SGML

Ein Standard der → *ISO*, vorgestellt 1986 als ISO 8879. Basiert auf einer IBM-Entwicklung (GML) und ist der am weitesten verbreitete Standard für die Strukturierung und Kennzeichnung von Inhaltselementen in Form von Text. SGML findet Anwendung beim Dokumentenaustausch im Verlagswesen.

Grundidee von SGML ist der schon 1967 von William Tunnicliffe formulierte Gedanke der Trennung von Inhalt (= Text) und seiner Gestaltung (= Layout), so dass der Austausch von Inhalten zwischen verschiedenen Umgebungen vereinfacht werden kann. Diese Grundidee wird als Generic Coding bezeichnet.

Vorteil ist, dass festgelegte Schlüsselwörter (Markup-Anweisungen, z.B. Title, Chapter, Footnote etc.) in einem Text es dem Autor gestatten, die logische Struktur seines Dokumentes und seine Inhalte (Text, Bilder, Tabellen etc.) zu spezifizieren, ohne auf die Gestaltungsgepflogenheiten (Layout) und das spätere Aussehen des Textes im Verlag Rücksicht nehmen zu müssen.

Eine wichtige Ableitung von SGML ist → *HTML*, das im → *WWW* zum Einsatz kommt.

SGMP

Abk. für Simple Gateway Management Protocol.

Bezeichnung für den Vorläufer von → *SNMP* für das Netzmanagement von Netzen, die auf → *TCP* und → *IP* basieren.

SGSN

Abk. für Serving GPRS Support Node.

→ *GPRS*.

SH 1

Bezeichnung für einen → *Algorithmus* zur Bildung einer Prüfsumme (160 Bit) aus einem gegebenen Datenbestand. Diese Prüfsumme kann dazu dienen, eine spätere Veränderung des Datenbestandes nachzuweisen oder kann als digitale Unterschrift (→ *Digitale Signatur*) verwendet werden.

Prinzipiell handelt es sich um eine → *Hash-Funktion*. Entwickelt wurde sie gemeinsam vom US-Handelsministerium und dem → *NIST* als Teil des Digital Signature Standards (→ *DSS*).

SHA

Abk. für Secure Hash Algorithm.

Im → *Internet* benutzter Algorithmus zur → *Authentisierung*, der → *MD4* sehr ähnlich ist. Er basiert auf einer One-Way-Hashfunktion (→ *Hashen*) mit Schlüssel, d.h., aus dem Ergebnis des Hashens kann nicht umgekehrt auf den verwendeten Schlüssel geschlossen werden.

Aus einer beliebig langen Nachricht wird bei SHA ein 160 Bit langer sog. Message Digest ermittelt. Dieser wird an die unverschlüsselte Nachricht angehängt, wodurch der Keyed Digest entsteht. Der Empfänger ermittelt aus der Nachricht mit dem gleichen Verfahren den Message Digest und vergleicht ihn mit dem übertragenen. Sind beide gleich, weiß der Empfänger, dass die Nachricht authentisch ist.

SHA gilt als sehr sicher.

Shadowing

→ *Mirroring*.

Shannonsche Kanalkapazität

Nach seinem Entdecker Claude E. Shannon (* 1916) bezeichnete Gleichung aus der Nachrichtentechnik.

Ein Kanal der → *Bandbreite* B (in Hz) hat bei der als konstant angenommenen Signalleistung S sowie der ebenfalls als konstant angenommenen Störleistung N die maximale Kanalkapazität C (in Hz) gemäß der folgenden Gleichung:

$$C = B * ld(1 + S/N).$$

Dieser Zusammenhang wurde in den 40er Jahren entdeckt.

Shaped Beam

→ *Beam.*

SHARE

Die internationale Gruppe der Nutzer von IBM Hard- und Software.

→ *http://www.share.org/*

Shared Billing

Bezeichnung für ein spezielles Verfahren des → *Charging*, bei dem sich mehrere Leistungserbringer die vom Anrufer zu zahlenden Gebühren teilen. Üblich ist Shared Billing z.B. bei Mehrwertdiensten im Bereich der Telefonie, z.B. bei Ansagediensten das Aufteilen der Gebühren zwischen dem Netzbetreiber und dem Dienstanbieter.

Shared-Cost-Service

Bezeichnung für spezielle Dienste, bei denen die Gebühren der Verbindung zwischen dem Anrufer und dem Angerufenen geteilt werden. In Deutschland erkennbar an der Vorwahl 0180 (bestehend aus dem Präfix 0 und der Dienstkennzahl 180). Dieser folgt eine siebenstellige Teilnehmerrufnummer.

In der Vergangenheit wurden auch vier- oder sechsstellige Nummern vergeben, die noch bis zum 31. Dezember 2000 weiterverwendet werden durften. Ihre Zuteilung wurde zu diesem Zeitpunkt widerrufen.

Bis zum 31. Dezember 1997 wurden die Nummern von der Deutschen Telekom vergeben, seitdem vergibt die → *Regulierungsbehörde* auf Antrag derartige Nummern.

Wer eine derartige Nummer beantragt und zugeteilt bekommt, muss ihre technische Einrichtung spätestens 90 Tage nach Zuteilung bei einem Netzbetreiber beantragt haben. Weitere 90 Tage später muss sie aus dem öffentlichen Netz tatsächlich erreichbar sein.

Wie die Kosten geteilt werden, hing in Deutschland lange Zeit von der Ziffer ab, die der 0180 folgt. Der Regulierer hatte dafür zunächst Vorgaben gemacht. Diese sind durchaus dynamisch und können sich im Laufe der Jahre ändern. Wie z.B. dann insgesamt die Möglichkeit gegeben wurde, den Tarif frei zu wählen. Am Anfang gab es drei verschiedene Tarifierungsmöglichkeiten, die dann um zwei weitere Varianten (Ziffern 1 und 4) ergänzt wurden.

Ziffer	Kostenverteilung
0180 1	Dem Anrufer wird nur der Ortstarif berechnet.
0180 2	Dem Anrufer wird nur eine Tarifeinheit für das gesamte Gespräch berechnet (Fixed-Rate).
0180 3	Dem Anrufer wird nur der Regionaltarif berechnet, d.h. max. eine Tarifeinheit je angefangene 30 Sekunden (oder äquivalente sekundengenaue Abrechnung).
0180 4	Dem Anrufer wird eine feste Anzahl von mehreren Tarifeinheiten für das gesamte Gespräch berechnet (Fixed-Rate). Diese zweite Fixed-Rate wird aktuell in Deutschland nicht verwendet. In der Diskussion sind vier oder sechs Einheiten.
0180 5	Dem Anrufer wird der Ferntarif berechnet, d.h. max. eine Tarifeinheit je angefangene 15 Sekunden (oder äquivalente sekundengenaue Abrechnung).

Diese Nummern können auch als → *Vanity-Nummern* realisiert werden. Technisch werden derartige Nummern mit Hilfe des → *IN* realisiert.

→ *Toll Free Number.*

Shared Medium

Allgemein die Bezeichnung für das gleichberechtigte Konkurrieren von potenziellen Nutzern um eine Datenübertragungskapazität.

Dies tritt in zwei Bereichen auf:

1. Bezeichnung aus der → *LAN*-Technik. Alle Stationen sind dabei gleichberechtigt an einem Medium angeschlossen, das z.B. Bus- oder Ringtopologie hat. Die Vermittlungsfunktion wird daher von speziellen Daten in den transportierten Paketen (→ *Header*) in Zusammenarbeit mit Zugriffsprotokollen wahrgenommen, so dass das eigentliche LAN-Protokoll nur die Schichten 1 und 2 im → *OSI-Referenzmodell* belegt.

   Problematisch ist, dass es bei der Nutzung als Shared Medium immer mal wieder zu gleichzeitigen Sendevorgängen der angeschlossenen Stationen und Überlagerung der gesendeten Daten kommt. Dies bezeichnet man dann als → *Kollision.*

   → *Buffer-Insertion*, → *CSMA/CD*, → *Token Ring.*

2. Im Bereich des zellularen Mobilfunks (→ *Zellulares System*) die Bezeichnung für Zeitslots (→ *TDMA*) in auf → *GSM* aufbauenden → *GPRS*-Netzen, die vom Nutzer zu einem höherkapazitiven Gesamtkanal gebündelt werden können. Treten mehrere Nutzer in einer Zelle auf, konkurrieren diese Nutzer um die zur Verfügung stehenden Zeitslots.

   Dieser Effekt tritt in gleicher Weise auch bei auf → *UMTS* basierenden Mobilfunknetzen auf.

Shared Memory

Bezeichnung eines Speichers oder Speicherbereichs, auf den mehrere Prozesse ohne spezielle Sicherung zugreifen können. Dient z.B. der Interprozesskommunikation oder der Verwaltung von → *Queues.*

Shared Whiteboard

→ *Whiteboard.*

Shareware

Bezeichnung für einfach zugängliche Software, die man kostenlos erhält, frei kopieren darf oder zu günstigen Konditionen kaufen kann und erst nach einer Weile des Testens (in der Regel ein Monat) vollständig bezahlt bzw. bezahlen sollte, sofern man zufrieden ist und sie weiterhin nutzen möchte. Die Höhe des zu zahlenden Preises liegt überwiegend bei 10 bis 20 $.

Untersuchungen ergaben, dass nur ca. 5% bis 7% aller Nutzer von Shareware der Empfehlung nachkommen, diese zu bezahlen. Eine Kontrolle existiert nicht, obwohl es die „Association of Shareware Professionals“ gibt.

Die genauen Wurzeln der Shareware-Idee liegen im Dunkeln. Als Begründer des Shareware-Gedankens gilt Jim Knopf, der 1981 ein Datenbankprogramm „PC-File“ kostenlos weitergab, verbunden mit der Bitte, Anwender sollten ihm ein Honorar von 10 $ spenden. Seine Idee wurde begeistert aufgenommen, er selbst wurde mit positiven Reaktionen überhäuft.

→ *Freeware*, → *Dongleware*, → *Public Domain Software*, → *Crippleware*.

→ *http://www.shareware.de/*

→ *http://www.shareware.com/*

→ *http://www.asp-shareware.org/*

→ *http://www.freecode.com/*

Shell

Bezeichnung für den Teil eines → *Betriebssystems*, der sich aus Sicht des Benutzers schützend wie eine Muschel (engl. shell) um den → *Kernel* des Betriebssystems legt und eine Benutzerschnittstelle mit Kommandos zur Verfügung stellt. Die Shell nimmt Eingaben über die Maus oder Tastatur entgegen, interpretiert sie und gibt entsprechende Anweisungen an den Kernel weiter.

Oft ist die Shell mit einem → *GUI* zur einfachen Bedienung gekoppelt.

SHF

Abk. für Super High Frequency.

Frequenzband von 3 GHz bis 30 GHz. Es wird in Deutschland Zentimeterwellenbereich genannt. Die Ausbreitung elektromagnetischer Wellen erfolgt in diesem Frequenzbereich fast optisch in direkter Linie. Bei manchen Frequenzen in diesem Band gibt es infolge von Molekülresonanzen der in der Atmosphäre vorkommenden Moleküle eine sehr hohe Dämpfung.

Die Nachbarbereiche sind → *EHF* und → *UHF*.

SHG

Abk. für Segmented Hypergraphics (Format).

Bezeichnung für ein Dateiformat, in dem mehrere → *Hyperlinks* enthalten sind.

Verwendet bei Hilfe-Funktionen unter → *Windows*.

Shockwave

Bezeichnung für eine Art Programmiersprache, mit deren Hilfe interaktive Animationen im → *WWW* erzeugt werden können.

Der Nutzer kann sich die entsprechenden Animationen mit Hilfe eines → *Plug-In* anschauen.

Entwickelt und im Frühjahr 1996 im → *Internet* vorgestellt vom Hause Macromedia. Seither ist es das meistgeladene Plug-In im WWW.

→ *http://www.macromedia.com/*

Shopping Bot

Bezeichnung für eine spezielle Art des → *Netbot*, der selbständig im → *WWW* des → *Internet* die Anbieter von Produkten ermittelt, welche ihm gegenüber durch einen Benutzer spezifiziert wurden. Dabei sortiert der Shopping Bot die gefundenen Angebote nach der Preishöhe und teilt diese dem Benutzer mit, der dadurch von der Suche und dem Preisvergleich entlastet wird.

→ *Electronic Commerce*.

Short Order Code

Bezeichnung für eine erste Art einer frühen und, im Vergleich zum → *Plankalkül*, auch tatsächlich realisierten → *Programmiersprache*. Sie wurde von John Mauchly ab 1949 auf einer → *Univac I* implementiert.

Shortcut

Bei Anwendungssoftware die Bezeichnung für eine kurze Tastaturkombination zum Auslösen einer bestimmten, öfter vorkommenden Aktion, die ansonsten umfangreichere Manipulationen in verschiedenen Auswahlmenüs der Software erfordert hätte.

Shortcuts sind ein mögliches Mittel, Software ergonomisch an professionelle Benutzer anzupassen, die die Software häufig benutzen und für die es lästig ist, sich bei immer wiederkehrenden Operationen durch mehrere gestaffelte und ausführlich erläuterte Auswahlmenüs zu bewegen. Oft können Benutzer Shortcuts in Programmen selbst definieren.

Short Term Fading

Andere Bezeichnung für einen Effekt des → *Fadings*, die → *Mehrwegeausbreitung*.

SHTTP

Abk. für Secure Hypertext Transfer Protocol.

→ *WWW*.

Shuttle-System

Bezeichnung einer einfachen Aufzeichnungsmethode bei einem → *Anrufbeantworter*. Dabei werden Ansage und Nachricht hintereinander auf einem Band gespeichert.

Vorteil ist, dass nur ein Band benötigt wird.

SHV

Abk. für Standard High Volume.

Bezeichnung für ein preisgünstiges Konzept aus dem Hause → *Intel* für → *Motherboards* für → *Multiprocessing* mit bis zu acht Prozessoren.

SI

Abk. für Service Indicator.

Bezeichnung einer vier Bit langen Anzeige im → *SIO* innerhalb einer Nachricht im → *SS#7*-Netz.

SI 2002

Bezeichnung für einen Computer aus dem Hause Siemens, der 1957 vorgestellt wurde. Es handelte sich um den ersten deutschen Universalrechner überhaupt und weltweit den ersten zivilen Rechner mit Transistortechnik. Die ersten

Exemplare wurden an Hochschulen ausgeliefert. Der Stückpreis lag bei 1,2 Mio. DM.

SIA

Abk. für Semiconductor Industry Association.

Bezeichnung des amerikanischen Verbandes der Halbleiterindustrie mit Sitz in San José/Kalifornien im → *Silicon Valley*.

→ *Moore's Law*.

→ *http://www.semichips.org/*

Siamkabel

→ *Hybridkabel*.

SIB

Abk. für Service Independent Building Block.

→ *IN*.

SiC

Abk. für Siliziumkarbid.

Bezeichnung für einen Halbleiterstoff, dem für die Zukunft große Chancen für den Einsatz als neuer Grundstoff der Halbleiterindustrie prognostiziert werden.

SiC kann bei Temperaturen bis zu 500°C eingesetzt werden und verringert Wärmeverluste im Vergleich zu anderen Materialien um die Faktoren 10 bis 100.

Mit kommerziellem Einsatz wird für die Zeit nach 2005 gerechnet.

SICE

Abk. für Society of Instrument and Control Engineers (of Japan).

Bezeichnung eines japanischen Berufsverbandes von Ingenieuren, die sich mit der Mess- und Regelungstechnik beschäftigen.

→ *http://www.sice.or.jp/*

Sicherheitsmanagement

Eine Funktion des → *Netzmanagements*, bei der insbesondere zwei Risiken beachtet werden müssen:

- Schutz vor – unerwünschtem – Eindringen Unbefugter in das Netzmanagementsystem (Manipulation von Daten, unbemerktes Umkonfigurieren etc.). In diesem Zusammenhang wird auch von Fraud-Management gesprochen (→ *Fraud*).
- Schutz vor einem Systemausfall infolge von Überlast oder Fehlern.

Sichtverbindung

→ *LOS*.

Siecor-Technik

Ein Begriff aus der → *Glasfasertechnik*. Er bezeichnet eine spezielle Art des Kabelaufbaus bei Glasfaserkabeln. Eine andere Bezeichnung ist → *Hohladertechnik*.

SIF

1. Abk. für Signalling Information Field.
   Bezeichnung eines variabel langen Feldes innerhalb einer Nachricht im → *SS#7*-Netz.
2. Ähnlich wie → *CIF* die Bezeichnung eines Bildformates für komprimierte Videosignale. Es wird bei → *MPEG-1* genutzt. Es unterscheidet sich von CIF in der zeitlichen Reihenfolge der Bilder.
3. Abk. für Source Input Format.
   Bezeichnung für das unveränderte Bildformat am Eingang eines Monitors.
4. Abk. für SONET Interoperability Forum.
   → *SONET*.

SigG

Abk. für → *Signaturgesetz*.

Signal

Ein Signal im nachrichtentechnischen Sinne ist eine physikalische Größe, deren Parameter geeignet verändert werden können, so dass das Signal Träger von Information werden kann.

Beispiel: Die Sinusschwingung einer Spannung auf einem Kabel, die sich in den Parametern → *Amplitude*, → *Frequenz* oder → *Phase* verändern kann.

Der Begriff ist von der → *ITU* in I.112 definiert.

Signalisierung

Andere Bezeichnung für → *Zeichengabe*.

Signallaufzeit

→ *Delay*.

Signaltaste

→ *Hook Flash*.

Signal-zu-Rausch-Verhältnis

→ *SNR*.

Signatarsmonopol

Bezeichnung für ein Monopol, das einem Unternehmen oder einer anderen Institution für ein Land das exklusive Recht garantiert, anderen multinationalen Institutionen beizutreten und deren Beitrittsvertrag zu unterzeichnen. Derartige Monopole gestatten oft auch nur die Vermarktung durch ein Unternehmen in einem bestimmten Land.

In Deutschland bestand bis zum 29. April 1997 beispielsweise ein Signatarsmonopol für die Deutsche Telekom im Bereich des Satellitenmobilfunks für den Anbieter → *EUTELSAT*.

Signature

Von engl. signature = Unterschrift. Selten auch Origin genannt. Bezeichnung für einige Zeilen, die der Versender einer → *E-Mail* oder eines → *Postings* obligatorisch an jede seiner versendeten Nachrichten anhängt. Diese Zeilen enthalten üblicherweise mindestens seinen Namen, die E-Mail-Adresse, die postalische Adresse sowie seine Fax-

und Telefonnummern. Häufige Ergänzungen sind Scherze, lockere Sprüche und kleine → *ASCII*-Grafiken.

Es empfiehlt sich, die Signature nicht länger als vier Zeilen zu machen, da sonst die Empfänger der E-Mail mit → *Flames* reagieren könnten, da sie für die Zeit, die sie zum → *Download* der E-Mails mit langen Signatures brauchen, bezahlen.

→ *Smiley*, → *Netiquette*, → *Internet*.

Signaturgesetz

Abgekürzt mit SigG. Bezeichnung eines Gesetzes in Deutschland, das die rechtsverbindliche, elektronisch erzeugte und verifizierbare Unterschrift für in elektronischer Form vorliegende Dokumente zum Inhalt hat.

Dieses Signaturgesetz ist Bestandteil des Informations- und Kommunikationsdienste-Gesetzes (→ *IuKDG*, auch Multimedia-Gesetz genannt) und ist durch eine Signaturverordnung (SigV) ergänzt worden.

Der Inhalt der einzelnen Paragrafen fixiert folgende Punkte:

- Lizenzerteilung für Zertifizierungsstellen (auch Trust-Center genannt)
- Vergabe von Signaturschlüssel-Zertifikaten und Zeitstempeln
- Unterrichtungspflicht der Zertifizierungsstellen
- Inhalt und Gültigkeitsdauer von Signaturschlüssel-Zertifikaten
- Gültigkeitsdauer digitaler Signaturen
- Sperrung von Signaturschlüssel-Zertifikaten
- Dokumentationspflicht und -dauer der Zertifizierungsstelle
- Einstellung lizenzierter Tätigkeiten
- Datenschutz
- Kontrolle und Durchsetzung von Verpflichtungen
- Technische Komponenten zur Gewährleistung von Sicherheit
- Behandlung ausländischer Signaturschlüssel-Zertifikate

Die Zertifizierungsstellen sind privatwirtschaftliche Unternehmen und sollen in einen Wettbewerb zueinander treten. Sie werden vom Bund bzw. der Regulierungsbehörde zugelassen, sofern Zuverlässigkeit und Fachkunde nachgewiesen werden, und durch ihn auch überwacht. Sie geben Schlüsselpaare (einen öffentlichen und einen privaten Schlüssel) auf Chipkarten, die durch eine → *PIN* geschützt sind, sowie dazugehörige Signaturschlüssel-Zertifikate mit einem öffentlichem Schlüssel aus und führen öffentlich zugängliche Verzeichnisse der öffentlichen Schlüssel und ihrer Besitzer. Die Signaturschlüssel-Zertifikate bestätigen ebenfalls die Zuordnung eines öffentlichen Schlüssels zu einer Person oder einem Unternehmen und liegen in elektronischer Form vor, können damit also ebenfalls als Anhang an ein elektronisch signiertes Dokument elektronisch verschickt werden. Die Zertifikate enthalten den Namen des Inhabers, den öffentlichen Signaturschlüssel und den Algorithmus, mit dem der Schlüssel benutzt werden kann.

Besitzer von Schlüsseln können diese sperren lassen, z.B. wenn sie den Verdacht haben, dass der Schlüssel gebrochen wurde oder wenn ihr Schlüssel-Zertifikat oder die Chipkarte verloren gegangen sind.

Mit Blick auf den technischen Fortschritt, der mit leistungsfähigeren Computern Signaturen brechen könnte, wurde die Gültigkeit von Schlüsselpaaren auf fünf Jahre festgelegt. Die Zertifizierungsstellen müssen die Daten über die Schlüsselvergabe 30 Jahre lang aufbewahren.

Das Gesetz und die darin definierten Verfahren sind prinzipiell mit Bestrebungen in anderen Ländern vergleichbar, weswegen die internationale Anwendung der Verfahren gewährleistet ist. Ausländische Signaturschlüssel-Zertifikate werden daher in Deutschland anerkannt, soweit in dem ausländischen Staat vergleichbare Verfahren mit vergleichbarer Sicherheit angewendet werden und der andere Staat deutsche Zertifikate ebenfalls anerkennt.

Das Gesetz selbst definiert die Ziele und die grundlegenden Verfahren, ist aber hinsichtlich der Ausführung wenig konkret und verweist auf die Signaturverordnung (SigV).

Ein erster Referentenentwurf durch das Bundesinnenministerium lag am 19. August 1996 vor. In Kraft war das Gesetz in einer ersten Form seit dem 1. August 1997. Am 16. August 2000 wurde vom Bundeskabinett eine Novelle des Signaturgesetzes vorgelegt. Am 15. Februar 2001 wurde das Gesetz in einer verbesserten Form vom Bundestag verabschiedet.

→ *Tele Trust*.

→ *http://www.cert.dfn.de/dfnpca/sigg.html/*

→ *http://www.iid.de/rahmen/iukdg_3.html/*

SigV

Abk. für Signaturverordnung.

→ *Signaturgesetz*.

SII

Abk. für Static Invocation Interface.

→ *CORBA*.

Silicon Valley

Bezeichnung für ein geografisch nicht ganz klar eingegrenztes Gebiet im Osten und Süden der Bucht von San Francisco. Das Gebiet umfasst ungefähr das Areal von San Mateo und Foster City im Norden über Stanford, Los Altos, Menlo Park, Redwood City, Palo Alto, Mountain View, Sunnyvale, Santa Clara bis hin zu Cupertino (→ *Apple*) und Campbell im Süden und San José im Südwesten. Damit durchzieht das Silicon Valley den Norden der Landkreise San Mateo County und den Nordwesten von Santa Clara County und umsäumt den US-Highway 101. Wegen der Erdbebengefahr kann der Landstrich trotz des globalen Hauptsitzes bedeutender Unternehmen nicht anhand von repräsentativen Hochhäusern identifiziert werden.

Seine Wurzeln hat das Silicon Valley als Standort verschiedener High-Tech-Industrien in unterschiedlichen Bereichen. Schon 1909 investierte die Stanford-Universität eine Art Venture-Capital in Höhe von 500 $ in die bereits drei Jahre zuvor getätigte Entwicklung von Lee DeForests Vakuumröhre. In den 30er Jahren ermutigte der Professor für Elektrotechnik Frederick Emmons Terman seine Studenten angesichts mangelnder anderer Beschäftigungsmöglichkeiten an der Westküste zur eigenen Existenzgründung. Den Herren William ‚Bill‘ Hewlett und David Packard (* 1912, † 1996) half er bei der Entwicklung eines Audio-Oszillators, welcher das erste Produkt ihrer gemeinsamen Firma (→ *HP*) wurde. Dann verpachtete die Stanford-University ab 1954 für 99 Jahre wegen chronischen Geldmangels ein größeres Gelände an aufstrebende Unternehmen, genannt den „Stanford Industry Park“. Auch hinter dieser Idee stand Frederick Terman. 1956 verlegte HP ihren Hauptsitz in diesen Park.

Der Stanford Industry Park galt mehrere Jahrzehnte als das Paradebeispiel für Technologieparks, in dem sich Forschung und Wirtschaft treffen sollten, und erlangte Vorbildfunktion.

Den eigentlichen ersten Push gab es Mittte der 50er Jahre mit der Gründung der Shockley Transistor Laboratories in Mountain View durch den Erfinder des → *Transistors*, William Shockley (* 1910, † 1989). Deren Spin-Offs wie Fairchild Semiconductors (1958 gegründet in Mountain View), → *Intel* und → *AMD* ließen sich im Umfeld nieder.

Diesem Beispiel folgten in den späten 70er und frühen 80er Jahren zahlreiche andere Unternehmen aus dem PC-Umfeld, z.B. → *Apple* in Cupertino.

Nach diesen von der Halbleiter- und PC-Industrie getragenen Boom verflachte die Entwicklungskurve in der 2. Hälfte der 80er Jahre zunächst, insbesondere aufgrund der Billigkonkurrenz aus Fernost.

Seit den frühen 90er Jahren boom das Valley jedoch erneut. Die Gründung von Unternehmen aus den Bereichen Computervernetzung, Internet und E-Business – angeführt von dem schon früher gegründeten → *Cisco* – und trägt seither zum dritten und bis Dezember 2000 zunächst ungebrochenen Aufschwung bei.

Die Entwicklung des Silicon Valley wurde generell begünstigt durch folgende Faktoren:

- In der Gegend ansässige, risikofreudige Geldgeber wie z.B. Venture-Capital-Unternehmen
- Nähe zu Elite-Universitäten und Großforschungseinrichtungen wie z.B. Stanford University und Berkeley University oder auch Lawrence Livermore National Laboratory (→ *LLNA*) oder NASA Ames Research Center
- Attraktive Randbedingungen für potenzielle, hochqualifizierte Arbeitnehmer, wie z.B. die ganze Gegend rund um die San Francisco Bay mit den Großstädten San Francisco und Oakland sowie dem Napa Valley im Norden oder das angenehme Klima.
- Gründer- und Unternehmerkultur

Der dritte Boom des Valleys hat jedoch auch zu zahlreichen Problemen geführt. Schon seit längerem hat der Haus- und Wohnungsbau mit dem Anwachsen der Beschäftigtenzahlen nicht Schritt gehalten, so dass ein Großteil der Beschäftigten täglich mangels öffentlicher Verkehrsmittel mit dem privaten PKW in das Valley pendelt, was zu erheblichen Verkehrsproblemen führt. Aus dem gleichen Grund sind die Preise für Häuser und Wohnungen enorm gestiegen. Auch die Büromieten sind sehr hoch, was einige Firmen – insbesondere die ab Sommer 2000 in wirtschaftliche Schwierigkeiten geratenen Neugründungen – dazu bewogen hat, das Valley wieder zu verlassen und nach San Francisco oder Sacramento zu ziehen.

Die Verkehrsprobleme, die hohen Mieten und das fehlende kulturelle Leben im Valley hat dafür gesorgt, dass die Lebens- bzw. Freizeitqualität für die dort wohnenden Menschen nicht annähernd so gewachsen ist wie die wirtschaftliche Prosperität vermuten ließe.

Der Ausdruck Silicon Valley wurde erst in den frühen 70er Jahren geprägt, nachdem der Journalist Donald C. Hoefler eine Artikelserie über die in dem Gebiet florierende Halbleiterindustrie in den „Electronic News“ veröffentlicht hatte. Bis dahin war das Tal wegen seiner Orangen- und Aprikosenplantagen, nach denen man heute suchen muss, eher als das „Valley of the Heart's Delight“ bekannt oder wurde einfach Peninsula oder South Bay genannt.

Seither gibt es weltweit auch verschiedene Abwandlungen der Bezeichnung und der Ausspruch „Dies ist das Silicon Valley des Ostens/Westens/Südens/Nordens/Rheinlands/Rheintals etc.“ gehört zum Standardrepertoire jedes guten Dezernenten für Wirtschaftsförderung einer deutschen Kleinstadt. Bob Metcalf, Erfinder des → *Ethernet* und Mitgründer des Unternehmens 3Com, sagte daher einmal, dass das Valley der einzige Platz weltweit sei, an dem man nicht herauszufinden versuche, wie man denn nun Silicon Valley werde.

Beispiele für Zentren mit vielen High-Tech-Unternehmen, die sich auf Silicon Valley berufen und ähnliche Namen beanspruchen, sind:

Name	Gegend
Isar Valley	Martinsried in der Nähe Münchens
Silicon Alley	New York, Manhattan nähe Wall Street; mit Zentrum in Broadstreet Nr. 55
Silicon Alps	Kärnten in Österreich
Silicon Bog	Gegend um Clare, Irland
Silicon Desert	Nähe von Albuquerque/New Mexico, seit 1981 Standort von Intel-Fabrik
Silicon Ditch	Region westlich von London, UK
Silicon Dominion	Virginia, USA
Silicon Fen	Nähe Cambrindge, UK
Silöicon Fin	Oulu, Finland
Silicon Forest	Region Byron Bay, Ostküste Australien Region Portland/Oregon, USA
Silicon Glacier	Kalispel/Montana, USA
Silicon Glen	Gürtel von Edinburgh nach Glasgow in Schottland, UK
Silicon Hill	Hudson/Massachusetts, USA
Silicon Hollow	Oak Ridge/Tennesee, USA
Silicon Island	Taiwan Malaysia Ort Almedea/Kalifornien, USA

Name	Gegend
Silicon Mesa	Region Albuquerque/Rio Rancho in New Mexico, USA
Silicon Mountain	Colorado Springs/Colorado, USA
Silicon Polder	Niederlande
Silicon Spires	Oxford, UK
Silicon Valais	Schweiz
Silicon Valley North	Kanada
Silicorn Valley	Fairfield/Iowa, USA
Silicon Wadi	Gegend um Tel Aviv, Israel

→ *Sophia Antipolis.*

SIM

Abk. für Subscriber Identity Module.

Bezeichnet allgemein ein Modul, das, in ein Terminal eingeschoben, dem Nutzer die Identifizierung und somit auch die Nutzung des Terminals und diverser Dienste erlaubt.

Heute z.B. im → *GSM*-Netz in Form einer → *Smart Card* im Scheckkartenformat oder in Form eines → *Plug-In-Chips* eingesetzt. In Zukunft werden SIMs auch in → *PCN*-Systemen und/oder → *UPT* genutzt.

Ein SIM-Karte in einem GSM-Netz speichert folgende Daten:

- Temporäre Daten: Aktuelle Informationen über den Aufenthaltsort im Netz (Zellennummer) sowie aktuell verwendete Schlüssel der Verschlüsselungsalgorithmen und temporäre Roamingnummer.
- Permanente Daten: Persönliche Identifikationsdaten wie die → *IMSI* sowie Schlüssel für die Authentifizierung (Ki).

SIMA

Abk. für Swiss Interactive Multimedia Association.

Ein Branchenverband in der Schweiz, in dem sich hauptsächlich Unternehmen aus den Bereichen der → *Online-Services* und der Produktion von → *CD-ROMs* zusammengeschlossen haben.

Adresse:

sima
Utoquai 29/31
CH-8008 Zürich
Tel.: (+ 41) 01 2 51 49 05
Fax: (+ 41) 01 2 51 84 09

→ *http://www.sima.ch/*

SIMD

Abk. für Single Instruction – Multiple Data.

Bezeichnung eines Verarbeitungsprinzips in Computern, das Grundlage der → *Vektorrechner* ist.

Grundidee ist die Ausführung gleicher Befehle auf verschiedenen funktionalen Einheiten (Prozessoren) mit unterschiedlichen Daten.

→ *MIMD.*

SIMM (-Chips, -Modul)

Abk. für Single In Line Memory Modul.

Bezeichnung für eine platzsparende Gehäuseform von Speicherbausteinen und anderen → *ICs*. Die einzelnen Module sind mit einer glatten Kontaktfläche (nicht mit Pins! → *SIP*) mit 32 Polen ausgestattet. Das ganze Modul wird in einen speziellen Sockel auf dem → *Motherboard* gesteckt, der nur diese Bauform aufnehmen kann. Die Ansteuerung erfolgt über einen Adressbus mit einer Breite von 8 Bit.

SIMM-Module werden heute nur noch selten verwendet, sind aber sehr billig. Sie sind in PCs mit einer Ausrüstung bis zum → *Intel 80486* sehr weit verbreitet.

→ *DIMM*, → *DIP*.

SIMO

Bezeichnung für die größte spanische Fachmesse auf dem Gebiet der Informationstechnologie und der Telekommunikation, die alljährlich Anfang November in Madrid stattfindet.

→ *CeBIT*, → *Comdex*, → *Orbit*, → *SMAU*, → *Systems.*

→ *http://www.simo.ifema.es/*

Simplex

Betriebsart einer Leitung, bei welcher nur Übermittlungsbetrieb in einer Richtung möglich ist. Die eine Station sendet also nur, die andere empfängt nur.

Simula

Abk. für Simulation Language.

Name einer höheren Programmiersprache. Wurde aus → *Algol 60* weiterentwickelt und beeinflusste ihrerseits → *Smalltalk*. Gilt als mächtige und erste objektorientierte Sprache (→ *OO*) überhaupt, die auch für komplexe Anwendungen einsetzbar ist, insbesondere für die Durchführung von Simulationen.

Sie wurde in Norwegen in den 60er Jahren von Ole-Johan Dahl und G. Kristen Nygaard am norwegischen Computerzentrum entwickelt.

Simultaneous Engineering

Abgekürzt durch SE. Bezeichnung für gleichzeitige Forschungs-, Entwicklungs- und Konstruktionsarbeiten innerhalb eines Projektes, aber an ggf. geografisch verteilten Standorten und u.U. in verschiedenen Unternehmen, z.B. Hersteller und Zulieferer. Einzelne Teilaufgaben werden dabei parallel in beiden Unternehmen bearbeitet.

Realisierung erfolgt u.U. über → *Tele-Kooperation.*

SINAD

Abk. für Signal to Noise and Distortion.

Bezeichnung für eine Kenngröße aus der Elektronik, die im Gegensatz zum → *SNR* weitere elektronische Einflüsse berücksichtigt.

Mit den Größen Signalleistung S, Rauschleistung N und Verzerrung D gilt für die Größe SINAD (angegeben in dB):

$$SINAD = (S + N + D) / (N + D)$$

Single Bill

→ *Billing.*

Single-end Billing

→ *Billing.*

Single-ended SCSI

→ *SCSI.*

Singlemode Faser

Begriff aus der → *Glasfasertechnik.*
→ *Einmoden-Faser.*

Singleprocessing

Bezeichnung einer Betriebsart beim Rechnerbetrieb, die sich auf den Betrieb der Hardware bezieht. Bezeichnet den Betrieb eines Zentralprozessors, dem ein Arbeitsspeicher zugeordnet ist. Singleprocessing wird meistens zusammen mit → *Singleprogramming* angewendet.
→ *Multiprocessing*, → *Multiprogramming.*

Singleprogramming

Bezeichnung der Betriebsart eines Rechensystems, das sich auf die Bearbeitung von Software bezieht. Dabei werden die im Arbeitsspeicher eines Rechners liegenden Programme nacheinander abgearbeitet. Singleprogramming wird durchweg zusammen mit → *Singleprocessing* angewendet.
→ *Multiprocessing*, → *Multiprogramming.*

Sinnbilder

Selten gebrauchte deutsche Bezeichnung für → *Icon.*

SINP

Abk. für Session Identity Notification Protocol.
Bezeichnung eines Protokolls, das im → *Internet* genutzt wird.

SIO

Abk. für Service Information Octet.
Bezeichnung eines 8 Bit breiten Informationsfeldes innerhalb einer Nachricht im → *SS#7*-Netz.

SIP (-Chips)

1. Abk. für Single Inline Package.

   Bezeichnung einer speziellen Gehäuseform für → *ICs.* Dabei sind die Anschlüsse (Pins) alle auf einer Seite in einer Reihe angeordnet.

   → *SIMM*, → *DIP.*

2. Abk. für SMDS Interface Protocol.

   Bezeichnung eines Zugangsprotokolls mit drei Schichten zu → *SMDS.*

3. Abk. für Session Initiation Protocol.

   Bezeichnung für ein Protokoll auf der Anwendungsschicht, das im Umfeld der → *Internet*-Protokolle für einen Datenaustausch zwischen einem User-Agent (UA) und einem Network-Server sorgt, wodurch multimediale Verbindungen zwischen verschiedenen Endgeräten durch ein insbesondere → *IP*-basiertes Netz aufgebaut, verwaltet (verändert) und beendet werden können. Damit nimmt SIP in IP-basierten Netzen Funktionen wahr, die in herkömmlichen Telekommunikationsnetzen, insbesondere dem Telefonnetz, von Signalisierungsprotokollen (→ *Zeichengabe*) realisiert werden.

   Unterstützt werden dabei sowohl Verbindungen zwischen nur zwei Nutzern als auch zwischen mehreren (vielen) Nutzern. Auch der Ein- und Austritt von Teilnehmern während bestehender Verbindungen ist möglich.

   Obwohl im Einsatz in IP-Netzen der Schwerpunkt gesehen wird, eignet sich SIP grundsätzlich auch für den Einsatz in anderen paketorientierten Netzen wie z.B. in → *ATM-*, → *Frame-Relay-* oder → *IPX*-basierten Netzen

   SIP ist in vielen Punkten ähnlich wie → *HTTP* aufgebaut. Ein Client greift dabei auf einen → *Server* zu und kann dort auf sog. Abläufe zugreifen. Diese sind:

Ablauf	Bedeutung
INVITE	Aufforderung zur Teilnahme an einer Verbindung
BYE	Beenden einer Verbindung zwischen zwei Teilnehmern
OPTIONS	Abfrage von Verbindungsoptionen hinsichtlich der Möglichkeiten des Teilnehmers und seines Endgerätes (mit/ohne Bild etc.)
STATUS	Informationsaustausch zwischen Servern über den aktuellen Stand eines Signalisierungsvorgangs
CANCEL	Beendigung einer Suche
ACK	Positive Bestätigung eines INVITE
REGISTER	Überträgt Informationen den Standort betreffend an einen Server

   SIP dient dabei dem Verbindungsmanagement, aber nicht der Datenübertragung selbst.

   Es wird erwartet, dass SIP sich insbesondere im Umfeld der → *Internet-Telefonie* entwickelt und dort Dienstmerkmale (→ *Dienst*) und → *Leistungsmerkmale* ermöglicht, die ansonsten nur aus dem öffentlichen Telefonnetz oder von einer → *Nebenstellenanlage* her bekannt sind.

   Maßgeblich mitentwickelt durch M. Handley und definiert im RFC 2543 aus dem März 1999.

   → *MGCP.*

   → *http://www.networkmagazine.com/static/tutorial/internetworking/0001tut.htm/*

SIPC

Abk. für Simple Interactive Personal Computer.

Bezeichnung für die von Intel und Microsoft vorgelegte Referenzspezifikation eines einfachen PC, der als universelle Zugangsstation für diverse Kommunikations- und Unterhaltungsdienste dienen soll.

Die Konzeption des SIPC gilt als Reaktion auf das Konzept des → *NC.*

SIR

1. Abk. für Serial Infrared (Interface).
   Bezeichnung einer genormten Schnittstelle für serielle Datenübertragung mit Infrarotverbindungen der → *IrDA*.
2. Abk. für Sustained Information Rate.
   In einem → *ATM*-Netz die Bezeichnung für das, was in einem → *Frame-Relay*-Netz mit Committed Information Rate (CIR) bezeichnet wird.

SITA

Abk. für Société Internationale de Télécommunications Aéronautique.

Bezeichnung einer internationalen nichtkommerziellen Stiftung, die ein internationales Datennetz für Luftlinien betreibt. Dieses Netz ist das am weitesten ausgedehnte, private Netz weltweit und basiert auf 1 200 Knoten in 225 Ländern und verbindet ca. 650 Fluglinien und luftfahrtnahe Unternehmen (Fracht, Catering, Flughäfen, Werften etc.) miteinander.

Der 1949 von 11 Fluglinien gegründete Betreiber ist Sita Telecommunications Holding N.V. (STH) mit Sitz in Amsterdam. Die Leistungen werden kommerziell durch ein Unternehmen mit dem Namen Equant vertrieben, das im November 2000 mit → *GlobalOne* zusammengegangen ist.

→ *http://www.equant.com/*

→ *http://www.sita.int/*

Site, Site-Map

Von engl. site = Standort. Auch Web-Site genannt. Im → *WWW* die Bezeichnung für das gesamte hierarchische System aus → *Homepage* und darunter liegenden Seiten inklusive aller → *Hyperlinks* innerhalb dieser Seiten und der nach außen gehenden Hyperlinks.

Die grafische Darstellung der Hierarchie der einzelnen Seiten und ihrer Verbindungen untereinander wird als Site-Map bezeichnet, die grafisch auch als → *Image-Map* zur leichteren Orientierung des Besuchers realisiert sein kann.

Beim Aufbau einer erfolgreichen verkaufsfördernden Site im Sinne des Electronic Commerce (→ *E-Business*) ist es nötig, bestimmte Punkte zu beachten. Zentrales Ziel sollte es sein, dem Nutzer einen echten Mehrwert gegenüber anderen, aber thematisch ähnlichen Sites und insbesondere anderen Medien (Prospekte, Kataloge, Unternehmensbroschüren etc.) des die Site unterhaltenden Unternehmens zu bieten, um sie immer wieder auf die Site zu holen und eine wünschenswerte, dauerhafte Bindung zu ermöglichen. Einige Punkte, die beachtet werden sollten, sind:

- Zielgruppe des die Site erstellenden Unternehmens
- Zielgruppe der mit der Site adressierten Nutzer,
- Haupt- und Nebenziele, die mit der Site, z.B. im Marketing, im Vertrieb oder in Sachen PR, verfolgt werden
- Erarbeitung eines Konzeptes, das die Vorteile des WWW in dem Angebot der Site richtig nutzt:
  - Periodische Aktualisierung
  - Großer Umfang der präsentierten Informationen
  - E-Mail-Response-Funktion
  - Multimedia-Fähigkeit mit Hilfe von → *Plug-Ins*
  - Fähigkeit zur Darstellung → *virtueller Realität*
  - Passend zur Corporate Identity
- Welcher Aufwand wird in die Entwicklung gesteckt?
- Welcher Aufwand wird in die permanente Pflege oder den weiteren Ausbau gesteckt?
- Wie wird der Erfolg der Maßnahmen gemessen (→ *Hit*)?
- Wie soll die Site dem potentiellen Nutzerkreis kurzfristig und dauerhaft bekannt gemacht werden?
  - Registrierung in → *Suchmaschinen*
  - Pressemitteilung in der Fachpresse
  - Publikation in verschiedenen → *Newslettern*
  - Publikation in den passenden Newsgroups des → *Usenet*
  - → *Crosslinking*
  - Schalten von → *Bannern*
  - Dauerhafte Promotion durch Aufdruck der Site-Adresse (→ *URL*) auf Briefbögen, Visitenkarten, allen Printmedien des Unternehmens und Integration in alle Werbeanzeigen und TV- sowie Radiospots

Hiervon können dann abgeleitet werden:

- Funktionalität
- Grafisches Design
- Text
- Bildschirmaufteilung/Framing
- → *Navigation*
- Make or Buy, sowohl die Software als auch die Hardware betreffend
  - eigene vs. fremde Erstellung
  - eigener vs. fremder Server für das → *Hosting*
  - eigener vs. fremder Support während des Betriebs

Oft sind Sites unterteilt in öffentlich zugängliche Bereiche (kostenlos) und in abgeschirmte Bereiche, zu denen nur bestimmte Personenkreise (Closed User Groups, → *CUG*) Zutritt haben oder kommerzielle Nutzer, die vorher eine Gebühr bezahlt haben und sich mit einem vom Site-Inhaber zugeteilten → *Passwort* identifizieren können.

Um Neulingen eine Site und ihre Funktionalität näher zu bringen, empfiehlt es sich, bei funktional umfangreichen Sites eine → *Guided Tour* anzubieten. Ein anderes Mittel zum raschen Auffinden der gewünschten Informationen ist die Integration einer eigenen Suchmaschine für die Site.

Insgesamt haben sich folgende weitere Grundsätze als sinnvoll erwiesen:

- Klare, einfach zu bedienende Homepage (erste Seite)
- Keine überladenen Seiten, deren Laden länger als 20 bis 30 Sekunden dauert
- Keine Baustellen
- Rücksprungmöglichkeit zur Homepage auf jeder Folgeseite
- Persönliche Gestaltung durch die Verwendung von Personenfotos und Namen

→ *Portal Page*, → *Inlining*.

Site Survey

In der Geräteindustrie für Telekommunikationsausrüstung der international gebräuchliche Standardausdruck für eine von Herstellern zusätzlich angebotene Dienstleistung, welche die Ermittlung und Auswahl von geeigneten Standorten für das verkaufte Gerät beinhaltet (‚Ortsbegehung' und Planung/Bau).

Ein Beispiel ist die Ermittlung von geeigneten Standorten für Anlagen des → *Richtfunk* oder des Mobilfunks (→ *BS*) unter Aspekten von topografischen Gegebenheiten und rechtlichen Möglichkeiten (Miete/Pacht von Standorten für Masten, zur Verfügung stehende Frequenzen an dem Ort, Planung und Bau von Sendemasten, Montage der Antennen etc.).

Sitzung, Sitzungsschicht

→ *OSI-Referenzmodell.*

SIVR

Abk. für Speaker Independent Voice Recognition.

Bezeichnung für Spracherkennungssysteme, die die Sprache jedes Sprechers erkennen können.

→ *SDVR.*

SIW

Abk. für Strategic Information Warfare.

Bezeichnung aller Mittel auf dem Gebiet des unautorisierten Eindringens in militärische Datenverarbeitungs- und Kommunikationssysteme zur Bekämpfung des Gegners. Gängige Methoden reichen vom einfachen Ausspähen bis hin zu gezielter Manipulation von Datenbeständen und dem Einsetzen eines → *Virus.*

SIW wurden in großem Maßstab erstmals während des Golfkriegs durch die Alliierten gegen Einrichtungen des Irak eingesetzt. Nach diesem Erfolg erkannten viele andere Staaten die Wichtigkeit dieses Mittels und starteten ihrerseits derartige Aktivitäten.

SKE

Abk. für Seekabelendstelle.

Eine Begriffsschöpfung der Deutschen Telekom. Bezeichnet die betrieblichen Einrichtungen an den Anlandungspunkten der → *Unterwasserkabel* in Deutschland. Derzeit gibt es vier SKEs:

- Norden
- Westerland auf Sylt
- Ribnitz Damgarten
- Burg auf Fehmarn

Skeleton

→ *Stub.*

Sketchpad

Bezeichnung eines der ersten Grafikprogramme für Computer überhaupt. Entwickelt wurde es von Ivan Sutherland, der wenige Jahre später maßgeblich die frühe Entwicklung rund um das → *Internet* beeinflusste, im Jahre 1962.

→ *Electric Pencil.*

Skew

Bei Empfängern für polarisierte elektromagnetische Wellen die Bezeichnung für die genaue Einstellung des Polarisators. Bei der Skew-Einstellung ändert sich die Spannung für den magnetischen Polarisator oder der Impuls für den mechanischen Polarisator.

Eine derartige Feineinstellung ist insbesondere bei schwenkbaren Antennen unerlässlich. Sie wird Kanal für Kanal durchgeführt, um die bestmögliche Empfangsqualität sicherzustellen.

Skill Based Routing

→ *EAS.*

Skill Mapping

→ *EAS.*

Skript

In mehreren Zusammenhängen wird der Begriff ähnlich gebraucht. Prinzipiell eine vordefinierte Gesprächsfolge und Vorgehensweise.

1. In → *Call Centern* der den Mitarbeitern des Call Centers vorgegebene Ablauf eines Verkaufs- oder Beratungsgespräches. Üblicherweise werden Skripte für Verkaufszwecke unter marketingtechnischen Gesichtspunkten von Spezialisten definiert. Die Strenge, mit der sich die Mitarbeiter im Call Center an diese Skripte halten müssen, ist unterschiedlich.

   Zur Fehlerdiagnose werden üblicherweise nichtlineare, sich verzweigende Skripte mit mehreren Fragen und Entscheidungspunkten verfasst (Branching Script).

2. Bei einem System für Interactive Voice Response (→ *IVR*) die Folge von Fragen und Auswahlmöglichkeiten für den Anrufer.

Skriptsprache

International auch Scripting Language genannt.

Im Gegensatz zu den ursprünglichen → *Programmiersprachen*, bei denen Datenstrukturen und Algorithmen durch den Programmierer auf einer relativ hardwarenahen Ebene (Datentypen wie int oder char) definiert und programmiert werden müssen, erlauben Skriptsprachen die Verwendung vordefinierter Komponenten auf einer höheren Ebene. Sie setzen daher bestimmte Dinge voraus und dienen der Verbindung dieser einzelnen Komponenten und Funktionalitäten auf einer höheren Ebene.

Ein wesentlicher Schritt zur Entfernung von der hardwareorientierten Ebene ist der Verzicht auf die Definition von Typen (Verzicht auf Typisierung). Dabei wird vorausgesetzt, dass die Systemumgebung der Skriptsprache aus dem Kontext heraus eine korrekte Zuordnung der Typen vornehmen kann.

Ein weiterer Unterschied ist, dass Skriptsprachen interpretierte (und nicht compilierte, → *Compiler*) Sprachen sind, die durch einen → *Interpreter* ausgeführt werden.

Ziel ist die Vereinfachung und Beschleunigung des Entwicklungsprozesses von Software.

Skriptsprachen gibt es seit den 60er Jahren. Sie haben durch zahlreiche Anwendungen, in denen immer wieder auf ähnliche Komponenten zugegriffen wird (z.B. die Programmierung grafischer Benutzerschnittstellen, → *GUI* oder Anwendungen im Rahmen des → *WWW* des → *Internet*) erheblich an Bedeutung gewonnen.

Beispiele für Skriptsprachen sind → *HyperCard*, → *JavaScript*, → *JCL*, → *Perl*, → *Python*, → *REXX*, → *RIP* oder → *TCL*.

Auch Weiterentwicklungen bestehender Programmiersprachen wie das auf → *Basic* basierende → *Visual Basic* oder die Funktionalitäten der diversen Shells des → *Betriebssystems* → *Unix* weisen die Charakteristika der Skriptsprachen auf.

SkyBridge

Bezeichnung eines globalen, breitbandigen Systems für → *Satellitenmobilfunk*, betrieben von Skybridge Ltd. mit Sitz in Bethesda / Maryland in den USA. Initiator des Projektes ist die europäische Alcatel, die rund 3,5 Mrd. $ in dieses System investieren wird. Unterstützung erfährt es von Aerospatiale, Toshiba, Mitsubishi und Sharp.

Die Satellitenkonfiguration mit 64 Satelliten (zusätzlich 8 Ersatzsatelliten) auf 16 Umlaufbahnen in einer Höhe von 1 457 km gewährleistet, dass ein Nutzer auf der Erdoberfläche im Bereich von +/- 68° Breite zu jeder Zeit mindestens einen Satelliten empfangen kann. Die → *Inklination* beträgt 55°.

Jeder knapp 800 kg schwere Satellit mit einer geplanten Lebensdauer von 8 Jahren versorgt einen → *Footprint* mit einem Radius von 3 000 km, bestehend aus bis zu 45 → *Spotbeams* mit einem Radius von 350 km, auf einer Frequenz des → *Ku-Bandes*.

Das System stellt ein Anschlussnetz auf Basis von → *ATM* zur Verfügung und positioniert sich damit primär als ein Anbieter eines universell und weltweit nutzbaren, schmal- und breitbandigen Zugangsnetzes.

Weltweit sind ca. 200 Gateways am Boden für die Übergänge in das terrestrische Festnetz geplant.

Geplante Dienste umfassen breitbandige und schmalbandige Verbindungen, wodurch sich als Kunden sowohl Privatkunden als auch Unternehmen und Kapazitätsreseller (andere → *Carrier*) anbieten. Obwohl das System sich von seiner Konstellation dafür anbietet, ist nicht geplant, Handys anzuschließen.

Als Zielgruppenschwerpunkt werden rund vier Mio. Abonnenten eines Zugangs zum → *Internet* in Nordamerika anvisiert.

Das System wurde nach Vorstudien seit 1993 Anfang 1997 der Öffentlichkeit vorgestellt. Am 20. November 1997 erfolgte die Frequenzzuweisung durch die → *WRC*. Mit ersten Satellitenstarts wird für 2001 gerechnet. Die Inbetriebnahme soll mit bereits 32 Satelliten ab 2002 erfolgen.

Das Unternehmen rechnet insgesamt mit 15 bis 20 Mio. Nutzern gegen Ende des Jahres 2010.

Konkurrenten des Systems sind → *Teledesic*, → *Celestri* (beide sind mittlerweile fusioniert) und → *Spaceway*.

→ *http://www.skybridgesatellite.com/*

Skyphone

Bezeichnung eines gemeinsam von British Telecom, Singapore Telecom und Telenor International gegründeten Konsortiums, das kommerziellen Telefondienst an Bord von Interkontinentalflügen verschiedener Fluggesellschaften mit B-747- und Airbus-A-340-Flugzeugen anbietet. Technische Basis ist das → *Inmarsat*-Netz und eine Cabin Telecommunications Unit (CTU) im Flugzeug selbst. Dabei handelt es sich um eine kleine Nebenstellenanlage. Kosten: ca. 16 DM/Min., die über Kreditkarten abgerechnet werden.

→ *TFTS*.

SLA

Abk. für Service Level Agreement.

Ganz allgemein im Wirtschaftsleben ein Rahmenvertrag zwischen einem Leistungserbringer und einem Leistungsempfänger, der die Bedingungen regelt, zu denen zwischen den Vertragspartnern dauerhaft standardisierte Leistungen ausgetauscht werden.

In Telekommunikationsmärkten die Bezeichnung für individuell ausgehandelte Leistungsvereinbarungen über zu erbringende Telekommunikationsdienstleistungen und deren Dienstgüte zwischen dem Betreiber eines Netzes oder einem → *Service-Provider* und seinem Kunden. Derartige Kunden sind üblicherweise Großunternehmen, die Leistungen in erheblichem Wert abnehmen.

Der Schwerpunkt des SLA liegt dabei auf den näheren Umständen, zu denen die Bereitstellung oder Lieferung der vereinbarten Telekommunikationsdienstleistungen erfolgt.

Inhalte eines SLA können z.B. sein:

- Vertragspartner, Vertragsdauer
- Betroffene Dienstleistung
- Installationsfristen (Lieferfristen)
- Definition von verschiedenen, dienstspezifischen Qualitätsparametern (→ *QoS*), z.B.
  - Bitfehlerrate
  - → *Verfügbarkeit* des Netzes
  - → *Interventionszeit*
  - → *MTTR*
- Abwicklung der Zahlung (Rabatte, Zahlungsfristen, Periodizität)
- Leistungsort
- Bedarfsprognosen
- Garantiemengen, die der Kunde mindestens abnehmen muss
- Höchstmengen, die dem Kunden als Bezugsrecht in einer bestimmten Periode garantiert werden
- Schiedsstellen im Streitfall

SLAs können auf verschiedene Arten ausformuliert werden:

- Ein dynamischer Teil: Er enthält alle periodisch (z.B. jährlich) neu zwischen den betroffenen Vertragspartnern auszuhandelnden Teile über die zu liefernden Leistungen und die Bedingungen, unter denen das erfolgt. Die Periodizität hängt dabei vom technischen Entwicklungstempo der betroffenen Leistungen ab.

- Ein statischer Teil: Er enthält alle Angaben, die über längere Zeit hinweg Bestand haben (‚Kleingedrucktes', Vertragsdauer, Zuständigkeiten bei der Abwicklung, Vertragspartner, Organisatorisches, Definitionen etc.).

Slamming

Jargon in der Telekommunikationsbranche in den USA. Bezeichnet das Abwerben von Telefonkunden durch einen alternativen Billiganbieter mit Hilfe aggressiver Methoden des → *Tele-Marketings*, wie z.B. → *Cold Calling*.

Slash

Auch Forward Slash genannt. Englischsprachige Bezeichnung für den von unten links nach oben rechts ansteigenden Schrägstrich (/) im Gegensatz zum fallenden Schrägstrich → *Backslash* (\).

SLDL

Abk. für System Level Design Language.

Sledgehammer

→ *AMD*.

SLEE

Abk. für Service Logic Execution Environment.

→ *IN*.

SLI

Abk. für Service Logic Interpreter.

Bezeichnung für eine neue Komponente im Konzept IN/2 des → *IN*.

SLIC

Abk. für Subscriber Line Interface Circuit (Card).

Bezeichnung für den integrierten Halbleiterbaustein in digitalen Vermittlungen, der die → *BORSCHT*-Funktionen wahrnimmt.

Slideware

In vielen Hochtechnologiebranchen verwendeter Jargon für nur oder erst auf bunten Folien existierende und/oder funktionierende Technologien, die, insbesondere auf Kongressen oder Messen, von Führungspersönlichkeiten oder Produktmanagern eines Unternehmens gezeigt und als Produkt angekündigt werden.

→ *Bloatware*, → *Firmware*, → *Hardware*, → *Paperware*, → *Vapourware*.

Sliding-Window-Protocol

→ *Fensterprotokolle*.

SLIP

Abk. für Serial Line Internet Protocol.

Bezeichnung eines Kommunikationsprotokolls, mit dem sich → *TCP* und → *IP*-Protokolle über serielle Leitungen (z.B. Telefonleitung) nutzen lassen. Dient z.B. zur Anbindung einzelner nicht permanent über → *LANs* vernetzter Rechner an das → *Internet*.

SLIP hat gegenüber dem variableren und jüngeren → *PPP* den Nachteil, dass fehlerbehaftete Daten nicht erkannt werden und es schwerer zu konfigurieren ist. Nicht alle heutigen Produkte zum Internet-Zugang unterstützen daher SLIP.

SLMA

Abk. für Subscriber Line Module Analogue.

Englischsprachige Bezeichnung der Teilnehmerschaltung. Die Funktionen, die diese wahrzunehmen hat, werden mit → *BORSCHT* umschrieben.

SLOC

Abk. für Source Lines of Code.

Begriff aus dem → *Software-Engineering*. Bezeichnung eines Maßstabes für die Länge von Programmen oder Programmteilen (Funktionen, Routinen) in ihrem Quellcode, der häufig bei der Beurteilung der Effektivität von Software herangezogen wird. Dazu wird häufig das Maß SLOC/FP (→ *FP*) gebildet.

Slot

1. Engl. für Zeitschlitz, daher auch Timeslot genannt. Bezeichnet die Zeit, die mit kompletter Bandbreite beim → *TDMA*-Verfahren einer Station zur Verfügung gestellt wird. Dadurch wird ein → *Kanal* zur Datenübertragung realisiert.
2. Im Sinne eines Zeitschlitzes (auch: Zeitscheibe) bei einem → *Betriebssystem* die Zeit, die einem einzelnen → *Task* in einem → *Multitasking*-System zur Verfügung gestellt wird.
3. In PCs ein verfügbarer Steckplatz für Zusatzkarten, wie z.B. → *ISDN*-Karten oder interne → *Modems*.
4. Bei → *DQDB* die Bezeichnung für die freie Kapazität auf dem Übertragungsmedium, in die exakt ein Datenpaket in Form einer → *ATM*-Zelle passt.
5. In der Satellitentechnik die durch einen → *Satelliten* nutzbare Position auf einer geostationären Umlaufbahn.
   → *GEO*.

Slotted Aloha

→ *Aloha*.

SLP

1. Abk. für Service Logic Program.
   Bezeichnung der Programme zur Steuerung eines Dienstes im → *IN*, die neben anderen SLPs im Service Control Point (→ *SCP*) gespeichert sind und aufgerufen werden, sobald vom Service Switching Point (→ *SSP*) her eine entsprechende Aufforderung dazu gekommen ist.
2. Abk. für Single Link Procedure.

SLS

Abk. für Signalling Link Selection.

Bezeichnung für den Identifizierungscode einer Signalisierungsverbindung im → *SS#7*-Netz. SLS ist Bestandteil des → *CIC*.

SLT

Abk. für Subscriber Line Termination.

SLTE

Abk. für Submarine Line Termination Equipment.
Oberbegriff für das gesamte technische Gerät, das zur Verbindung eines → *Unterwasserkabels* mit dem landgestützten Kabelnetz am Anlandepunkt benötigt wird.

SLU

Abk. für Secondary Logical Unit.

SLX

Abk. für Synchroner Leitungsmultiplexer.
→ *SDH*.

SM

Abk. für Security Management, Sicherheitsmanagement.
Ein Teil des → *Netzmanagements*.

Smalltalk

Bezeichnung einer höheren, objektorientierten (→ *OO*) und interpretierten (→ *Interpreter*) Programmiersprache. Durch eine spezielle, ebenfalls objektorientierte und im Kern in Smalltalk geschriebene und für den Verwender einsehbare Programmierumgebung (mitgelieferte Tools, → *Editor*, User-Interface etc.) gilt Smalltalk als sehr benutzerfreundlich. Es ist in seiner Gesamtheit jedoch schwierig zu erlernen und erfordert Routine zur Erstellung effizienter Programme.
Der vorgegebene Befehlssatz kann leicht erweitert und modifiziert werden, wodurch die Sprache sehr flexibel ist.
Zum Erlernen der objektorientierten Programmierung gilt Smalltalk als besser geeignet als → *C++*.
Es wurde ab 1970 von Alan Kay auf Basis seiner Dissertation zum Thema „The Reactive Machine" im Rahmen des Projektes → *Alto* (→ *Ethernet*) in der Learning Research Group im Hause Rank Xerox (→ *PARC*) entwickelt, als es um die Erforschung von grafischen Benutzerschnittstellen ging. Erstes Resultat im Jahre 1972 war ein rund 1 000 Zeilen langes Programm, geschrieben in der Programmiersprache → *Basic*. Dieses Programm stellte einen Smalltalk-Interpreter dar. Er wurde in → *Assembler* umgeschrieben und Smalltalk-72 benannt. Nach seiner Fertigstellung kam es jedoch zunächst nicht zu einer aktiven Vermarktung durch Rank Xerox, die Smalltalk nur behutsam weiterentwickelten (interne Forschungsversionen Smalltalk-74, Smalltalk-76 und Smalltalk-78). Erst mit Smalltalk-80 (ST-80) wurde ein kommerzielles System vorgestellt, dessen Vermarktung zunächst durch Xerox selbst, später dann durch die von Xerox-Mitarbeitern gegründete Firma ParcPlace Systems Ende der 80er Jahre richtig anlief, wobei ST-80 Release 2.2 und später 2.4 vermarktet wurden. Release 3 wurde übersprungen und Release 4.0 war der nächste, größere Entwicklungsschritt. Eine erweiterte Entwicklungsumgebung von ParcPlace für ST-80 trägt die Bezeichnung VisualWorks und wurde 1992 vorgestellt.
Smalltalk wurde von den Sprachen → *Simula* und → *Lisp* beeinflusst. Selbst beeinflusste es die Entwicklung von C++ und auch von → *Java*.
Die Fachzeitschrift „Byte" widmete die Ausgabe 10/1981 der Sprache und weckte die Neugier anderer Unternehmen an der Sprache. Smalltalk liegt daher mittlerweile in mehreren Dialekten vor, etwa Smalltalk/V aus dem Hause Digitalk, IBM-Smalltalk, GNU-Smalltalk (→ *GNU*) oder Smalltalk/X (maßgeblich entwickelt von Claus Gittinger).
→ *KI*.
→ *http://www.objektfabrik.de/smalltalk/smalltalk.html/*

SMART

Abk. für Self Monitoring Analysis and Reporting Technology.
Bei → *Festplatten* die Bezeichnung für eine Diagnosetechnik für Aufzeichnungsfehler beim Betrieb der Festplatte. Ziel der Technik ist das rechtzeitige Erkennen gefährlicher Situationen vor einem Datenverlust.

Smart Agent

→ *Agent*.

Smart Card

Auch einfach nur Chipkarte genannt. Oft benutzter Oberbegriff für eine Reihe von Plastikkarten im Scheckkartenformat. Im strengen Sinne sind nur die Karten mit integriertem → *Mikroprozessor* und Speicherbaustein echte Smart Cards.
Die Karten werden in entsprechende Geräte zum Lesen geschoben (Smart-Card-Reader), die als Stand-alone-Zusatzgeräte oder in andere Geräte integriert erhältlich sind.
Genormt sind diese Karten in vielen Details durch die ISO.
Smart Cards mit Mikrocontroller sind genormt in:

Standard	Inhalt
ISO 7816-1	Abmessungen
ISO 7816-2	Abmessungen und Lage der Kontakte des integrierten Chips
ISO 7816-3	Zur Verfügung stehende elektrische Eigenschaften, Protokolle und deren Auswahl
ISO 7816-4	Internationale Befehle
ISO 7816-5	Nummerierung und Registrierungsprozedur für verschiedene Anwendungen
ISO 7816-6	Internationale Datenstrukturen
ISO 7816-7	Sicherheitsmerkmale
ISO 7816-8	Abfragebefehle

Weitere Standards für einfachere Karten mit Magnetstreifen sind:

Standard	Inhalt
ISO 4909	Belegung und Inhalt der Magnetspur 3
ISO 7810	Abmessungen
ISO 7811-1	Hochprägung von Zeichen
ISO 7811-2	Magnetstreifen

Standard	Inhalt
ISO 7811-3	Lage von hochgeprägten Zeichen auf der Karte
ISO 7811-4	Lage der Magnetspuren 1 und 2
ISO 7811-5	Lage der Magnetspur 3
ISO 7812	Identifikation des Kartenherausgebers
ISO 7813	Belegung und Inhalt der Magnetspuren 1 und 2
ISO 9796	Datensicherheit
ISO 9992	Datenaustausch zwischen Karte und Gerät bei Karten für finanzielle Transaktionen
ISO 10202	Datensicherheit bei Karten für finanzielle Transaktionen
ISO 10373	Testverfahren
ISO 10536	Kontaktlose IC-Karten
ISO 14443	Kontaktlose IC-Karten
ETSI GSM 11.11 + 11.14	→ *SIM*-Card im → *GSM*-System
IATA JPSC 791	Smart Cards für Passagiere von Fluggesellschaften.

Neben der puren Plastikkarte mit erhabenen Buchstaben (Hochprägung zum mechanischen Durchpausen auf Durchschlagpapier) ohne jegliches zusätzliches Speichermedium unterscheidet man fünf weitere grundlegende Kartenkonstruktionen:

- Karte mit → *Barcode*, der von speziellen Lesegeräten erfasst werden kann. Die Bedeutung dieser Karten rührt von der bereits weitverbreiteten Verwendung des Barcodes im Bereich der Logistik her. Derartige Karten werden in Zukunft an Bedeutung verlieren und für Anwendungen im Bereich der Telekommunikation erst gar nicht zum Einsatz kommen.
- Karte mit zwei- oder dreispurigen Magnetstreifen (jede Spur ist ca. 3 mm breit) auf der Rückseite, die entwickelt wurde, um eine Maschinenlesbarkeit zu ermöglichen und den manuellen Übertrag per Hand von Kartendaten zu vermeiden. Ergänzt wird die Karte oft durch eingeprägtes Hologramm und Hochprägung. Beispiel für diesen Kartentyp ist die Kreditkarte oder die Eurocheque-Karte. Gilt als sehr billig (15 bis 60 Cent/Karte), verfügt aber nur über geringe Speichermöglichkeit (wenige Byte je Spur) und ist auch einfach zu fälschen bzw. unbrauchbar zu machen.

  Als Sicherheitsmaßnahmen werden oft → *DES* und → *RSA* verwendet, um die Daten auf den Magnetstreifen zu verschlüsseln.

  Mittlerweile werden überwiegend Karten mit drei Spuren auf dem Magnetstreifen verwendet. Häufig werden diese Spuren bei Kombikarten unter verschiedenen Nutzern aufgeteilt.

  Spur 1 wird meistens von Fluggesellschaften verwendet (IATA-Track, International Air Transport Association) und enthält 79 alphanumerische Zeichen.

  Spur 2 wird oft auch als ABA-Track (American Banking Association) bezeichnet, da dort üblicherweise Informationen für Geldautomaten gespeichert sind (insgesamt max. 40 Byte; z.B. → *PIN* oder Ablaufdatum und Kartennummer bei Kreditkarten).

  Spur 3 kann üblicherweise sowohl gelesen, als auch geschrieben werden und wird selten verwendet.

  Magnetspuren nutzen sich mit der Zeit ab, so dass Karten mit Magnetspuren, bei denen man von häufiger bis sehr häufiger Nutzung (Kreditkarten) ausgehen kann, routinemäßig nach 2 Jahren ausgewechselt werden.
- Karte mit Speicher (→ *ROM*) und u.U. einfacher verdrahteter Logik, die nur bestimmte einfache Sicherheitsfunktionen durchführen kann, die den Zugang zum Speicher kontrollieren. Beispiel für diesen Kartentyp ist die → *Telefonkarte*. Die Kosten liegen zwischen 50 Cent und 5 Euro. Dies ist die Chipkarte im engeren Sinn. Der Speicher ist fast immer zwischen 256 Byte und 8 KByte groß. Wird er zum Teil für Funktionen der verdrahteten Logik genutzt, können max. 4 KByte für die Nutzdaten verwendet werden.

  Diese Karten mit Speicher werden auch Memory Card genannt, wobei zwischen folgenden Subtypen unterschieden wird:

  - Simple Memory Cards können problemlos gelöscht und wieder beschrieben werden.
  - Protected Memory Cards verfügen über eine dem Lösch- und Schreibvorgang vorgelagerte Sicherheitsstufe, bei der die Lösch-/Schreibfunktion durch Codeeingabe ermöglicht wird. Der zuvor einzugebende Code ist dabei eine Funktion der Seriennummer der Karte. Derartige Karten eignen sich z.B. als elektronische Geldbörse.
- Karte mit Mikrocontroller, die eigentliche Smart Card, die zwischen 3 und 15 Euro kosten kann, je nach gewählten Programmen und verwendetem Mikrocontroller, der beliebige kleine Programme ausführen und geringe Datenmengen bis 16 KByte (in Zukunft mehr) sicher speichern kann.

  Es ist möglich, den Speicher in separate und voneinander unabhängige Bereiche zu teilen, z.B. um nur eine Karte von verschiedenen Unternehmen oder Institutionen mit unterschiedlichen Anwendungen (z.B. Kreditkarte, elektronische Geldbörse, Loyalitätskarte in einem Kundenbindungsprogramm) nutzen zu lassen. Dann ist je ein Bereich für eine Anwendung reserviert, und die anderen Bereiche sind geschützt.

  Das → *Betriebssystem* wird oft mit Card Operating System (COS) bezeichnet. Beispiele dafür sind → *MultOS* und auch JavaCard (→ *Java*).

  Ein Sonderfall dieser Karte ist die Kryptocontroller-Karte, die zusätzlich einen Coprozessor hat, der ausschließlich für die Verschlüsselung von Daten zuständig ist.

  Ein weiterer Spezialfall ist die kontaktlose Chipkarte, bei der Speicherinhalte berührungslos durch Vorbeiführen (Abstand < 100 cm) an einem induktiven Lesegerät abgerufen werden können. Vorteil dieser Methode ist die Unempfindlichkeit gegenüber viele Formen des Vandalismus und die bequeme Handhabung der Karte (schnellere Bearbeitungszeit im Vorübergehen). Anwendungsgebiete liegen z.B. im öffentlichen Personennahverkehr und in Zugangskontrollsystemen.

Ein Sonderfall hiervon sind die bislang noch nicht standardisierten Radio Frequency Identification Tags (RF-ID-Tags), mit denen auf funktechnischem Wege größere Entfernungen überbrückt werden können. Anwendungsgebiete liegen in der Verwaltung von Tierbeständen; dann befindet sich die Information nicht auf einer Karte, sondern z.B. auf einer Ohrmarke.

- Karte mit optischem Speicher, die als teuer (zwischen 4 und 10 $) gilt, aber sehr viele Daten (aktuell 2 bis 6 MByte) speichern kann. Die Daten sind ähnlich wie bei einer → *CD* optisch gespeichert und können mit Lasergeräten gelesen werden. Die Daten sind allerdings frei zugänglich gespeichert, weswegen keinerlei Sicherheit für sie besteht. Ferner können die Daten nur einmalig in den Speicher geschrieben werden.

  Derartige Karten sind wegen mangelnder Anwendungsstandards noch nicht weit verbreitet. Ihnen wird aber eine große Zukunft (etwa im medizinischen Bereich) prognostiziert.

  Neben diesen relativ klar abgegrenzten, verschiedenen Kartentypen existieren diverse Karten, die mehrere der genannten Merkmale in sich vereinen. Derartige Karten werden Hybridkarten genannt.

  Man unterscheidet für Smart Cards drei grundlegende Anwendungen:

- Identifizierungskarten (Zugangs- oder Zugriffskarten): Karten, die oft mit Foto einer Person, Name, Unterschrift etc. ausgestattet sind und deren enthaltene Information maschinenlesbar ist. Verwendet für elektronische Zugangssysteme in Gebäuden oder direkt an Geräten.
- Informationskarten: Karten, bei denen Informationen über den Inhaber gespeichert sind: Name, Adresse, Alter, Blutgruppe, Allergien, Versicherungsschutz, Führerscheinklasse, Mitgliedsnummer etc.
- Zahlungskarten: Hier werden weitere drei grundlegende Typen unterschieden:
  - Kreditkarten zum Attestieren einer Kreditwürdigkeit des Karteninhabers.
  - Debit-Cards zum schnellstmöglichen Abbuchen vom Bankkonto des Karteninhabers (Beispiel in Europa: ec-Karte).
  - Cash-Cards (elektronische Geldbörse) zum direkten Bezahlen eines auf der Karte in einer bestimmten Währung gespeicherten Betrages (Beispiel: Telefonkarte). Diese Art Karte kann differenziert werden nach Einwegkarte und wiederaufladbarer Karte.

    Ein weit verbreitetes Beispiel für die Einwegkarte ist die → *Telefonkarte*.

Beispiel für eine Anwendung in Telekommunikationssystemen ist die → *persönliche Mobilität*. Auf der Karte sind Name und Nummer sowie andere Verwaltungsdaten eines Teilnehmers gespeichert. Mit der Karte kann der Teilnehmer sich an einem Terminal registrieren. Dies geschieht z.B. im → *GSM*-Netz. In diesem Fall wird die Karte als Identifizierungskarte verwendet.

Die Entwicklung der Kartentechnologie nahm folgenden Verlauf:

50er Jahre

Die erste Karte aus Plastik überhaupt wird von der Kreditkartenorganisation Diners Club auf den Markt gebracht.

1967

Die erste Idee, einen Mikrochip auf einer Plastikkarte im Scheckkartenformat zu integrieren, hat der Deutsche Jürgen Dethloff. Die Idee galt seinerzeit als exotisch, so dass sie niemand ernsthaft weiterverfolgte. Auch in den USA und Japan gibt es ähnliche Bestrebungen, die aber alle im Sande verlaufen.

1974

Ein erstes Patent auf eine Plastikkarte mit integriertem Speicherchip wurde an den Journalisten und Erfinder Roland Moreno vergeben. Er hatte zuvor seine eigentliche Idee, einen Ring, der um den Finger getragen wird und in den bestimmte abfragbare Informationen integriert sind, dem Bankenkonsortium Le Groupement des Cartes Bancaires (GCB) vorgestellt, welches das Prinzip für gut befand, jedoch als Informationsträger eine Plastikkarte anstelle des Rings vorschlug.

Moreno gründete das Unternehmen Innovatron SA, entwickelte ein Kartenkonzept und viele auch heute noch aktuelle Anwendungen, worauf er weitere Patente erhält.

Ab Mitte der 70er Jahre

Es erfolgt eine verstärkte Entwicklung echter Smart Cards in Frankreich, hervorgerufen durch massive Verluste französischer Banken durch gefälschte Kreditkarten. Dabei arbeiten die französische Regierung, französische Banken und der Computerkonzern Bull zusammen.

Ende der 70er Jahre

Erste Massenanwendung von Karten erfolgt durch Bull als Telefonkarte.

1977

Erste Karten mit (mehreren) Prozessoren und Bausteinen kommen aus dem Hause Motorola in Zusammenarbeit mit Bull für die französische Cartes Bancaires auf den Markt.

1979

Von Motorola kommt auch die erste Karte mit nur einem integrierten Baustein (zunächst genannt CP8, dann SPOM 01), die ab 1980 in der Praxis eingesetzt wird.

1980 bis 1989

Smart Cards entwickeln sich insbesondere in Frankreich.

Frühe 80er Jahre

Optische Speicher werden in Karten implementiert.

Späte 80er Jahre

Bull lizenziert die Technologie und vermarktet sie auch international sehr erfolgreich weiter durch die eigene Tochterfirma CP8 Transac.

Ab 1990

Smart Cards halten in der Telekommunikation Einzug als → *SIM*-Card im → *GSM*-System.

→ *http://www.scard.org/*

→ *http://www.europeancardreview.co.uk/*

→ *http://www.icb-cardex.co.uk/*

→ *http://www.javacardforum.org/*

Smart Hub

→ *Hub.*

Smart Modem

→ *Modem,* → *Hayes-Befehlssatz.*

Smart Office

→ *Salutation.*

Smartphone

→ *Screenphone.*

Smart Switch

Bei → *Druckern* die Bezeichnung für eine Funktion, die einen Drucker automatisch von einer Druckersprache auf eine andere umschaltet, sobald er entsprechende Daten empfängt.

SMAS

Abk. für Services Management Application System.

SMASE

Abk. für Systems Management Applications Service Element.
Ein Protokoll auf Schicht 7 des → *OSI-Referenz-modells.*

SMAU

Bezeichnung für die größte IT- und Telekommunikationsmesse im Mittelmeerraum, die jährlich in Mailand gegen Ende September / Anfang Oktober stattfindet.
→ *CeBIT,* → *Comdex,* → *Orbit,* → *SIMO,* → *Systems.*
→ *http://www.smau.it/*

SMB

Abk. für Server Message Block (Protocol).

SMD

1. Abk. für Surface Mounted Devices.
   Bezeichnet eine Technik bei der Bestückung von Leiterplatten, bei der die Bauteile direkt ‚ohne Beinchen' auf die Leiterplatten gelötet werden. Ermöglicht sehr flache und kompakte Baugruppen.
2. Bezeichnet einen Bus in der Rechnertechnik. Überträgt mit 3 Mbit/s und benötigt einen speziellen SMD-Controller. Gilt als veraltete Technik für 8-Zoll-Disketten-Laufwerke.

SMDS

Abk. für Switched Multibit Data Service.

Ein in den USA zeitweise (1995 bis 1998) relativ weit verbreiteter, zellorientierter, verbindungsloser und öffentlicher Hochgeschwindigkeits-Breitband-Datendienst für anisochrone → *LAN*-LAN-Verbindungen. SMDS ist der einzige international genormte, breitbandige Übertragungsdienst.

In Europa von einigen Carriern ebenfalls angeboten und dort längere Zeit auch CBDS (Connectionless Broadband Data Service) genannt, weil so von der → *ETSI* in folgenden Standards genormt:

Standard	Inhalt
300 211	MAN Prinzipien und Architektur
300 212	MAN MAC-Schicht und physische Schicht
300 217	CBDS-Dienst

SMDS-Netze sind verbindungslos, nutzertransparent und übertragen in Europa im Backbone üblicherweise mit 34 Mbit/s (→ *E3*). Ursprünglich wurden sie für die digitale Hierarchie in Nordamerika definiert: → *T1* und → *T3* (1,5 Mbit/s und 45 Mbit/s).

SMDS definiert einen Dienst und keine Technologie, d.h. keine Transportplattform. Daher kann der Dienst SMDS über technisch verschiedene Netze realisiert werden. Hierfür werden zwei als Basis diskutiert: → *DQDB* und → *ATM.*

SMDS kann variable Paketlängen bis 9 188 Byte von einer Anwendungssoftware mit beliebiger Datenrate entgegennehmen, z.B. 64 kbit/s oder n x 64 kbit/s für Zweigstellen, 2 Mbit/s oder 34 Mbit/s für größere Filialen und 155 Mbit/s für Firmenzentralen mit Zentralrechner. Die entgegengenommenen Datenpakete setzt SMDS automatisch in Datenzellen für DQDB oder ATM mit fester Länge um, d.h., diese Aufgabe wird der Anwendung abgenommen. Es werden z.Zt. alle gängigen Datenübertragungsanwendungen unterstützt: → *TCP* über → *IP,* → *SNA,* → *OSI* u.a. Dies führt dazu, dass Rechner direkt an die standardisierte Schnittstelle (Subscriber Network Interface, SNI) angeschlossen werden können. Bei den 34-Mbit/s-Anschlüssen erfolgt der Zugang über das → *HSSI,* bei 2 Mbit/s, 64 kbit/s und n x 64 kbit/s über → *X.21.* Isochrone Zugänge und → *Frame-Relay*-Zugänge erfolgen nach → *G.703.*

Das SMDS-Protokoll besteht aus drei Ebenen, die den Ebenen 1 und 2 des → *OSI-Referenzmodells* entsprechen. Diese drei Ebenen werden mit SMDS Interface Protocol Layer 1, 2 oder 3 (SIP-L1, 2 oder 3) bezeichnet. SIP-L1 nimmt dabei die Daten von der nutzenden Anwendung entgegen und versieht sie u.a. mit Quell- und Zieladresse. SIP-L3 ist für die Unterteilung der gesamten Daten in die 53 Byte großen ATM- oder DQDB-Zellen verantwortlich.

Für die verschiedenen Zugangsgeschwindigkeiten sind max. zulässige Verzögerungen (→ *Delay*) definiert. Sie betragen z.B. 140 ms bei 2 Mbit/s und 20 ms bei 34 Mbit/s. Die Dienstgüte wird ferner durch eine mittlere Ausfallzeit des Netzes von max. acht Stunden/Jahr gewährleistet. Die Fehlerrate liegt bei $5 * 10^{-8}$ Paketen. Diese Qualitätskriterien werden in erster Linie durch eine großzügige Dimensionierung des zugrundeliegenden Übertragungsnetzes erreicht.

Diskutiert wird insbesondere die Anwendung des SMDS-Dienstes über → *ATM*-Netze. Obwohl ATM als die Vermittlungstechnik für die Integration von Sprache, Bildern und Daten (also Multimedia-Anwendungen allgemein) propagiert wird, standen lange Zeit Datenanwendungen (LAN-Kopplung) über DQDB im Vordergrund. Unter diesen galt der SMDS-Dienst als aussichtsreichster Kandidat. Bis dahin waren derartige Dienste zur LAN-Kopplung über große Distanzen nur als permanente digitale und vor allem teure Mietleitungen zu haben, die nach Entfernung und max. Datenrate berechnet wurden; unabhängig davon, ob sie genutzt wurden oder nicht. Gemietete Standleitungen waren

nicht auf die Charakteristika des LAN-Verkehrs (bursty traffic) optimiert. SMDS wurde auf LAN-Verkehr hin zugeschnitten und stellt eine Art → *Backbone* als Mietleitung zur Verfügung, die sich mehrere Kunden teilen (und daher auch die Kosten). Dieses Prinzip wird auch ‚Shared Bandwidth' genannt. Es wird nur das Datenvolumen in Rechnung gestellt, das tatsächlich über die Leitung geht.
Für den Netzbetreiber bietet SMDS einige → *OAM*-Funktionen zum Verkehrs- und Netzmanagement.
Ferner erlaubten festgeschaltete Punkt-zu-Punkt-Mietleitungen lediglich die Verbindung von zwei Punkten, nicht aber Multicast-Dienste (→ *Multicasting*), wie z.B. Videokonferenzen mit mehreren Teilnehmern. Beim Multicast können einer Multicast-Adresse beliebig viele, einzelne, reale Adressen in Form einer Liste zugeordnet werden. Die Adressierung erfolgt nach → *E.164*.
Daneben bietet SMDS Multipoint-Service, also die Zuordnung mehrerer Nummern zu einem Anschluss zur Unterscheidung verschiedener Endgeräte, garantierte Dienstqualität durch Definition von Parametern wie max. Verzögerung und Verfügbarkeit des Dienstes, Bereitstellung von Sicherheits-Dienstmerkmalen wie Adress-Screening und → *CLI*. Damit können geschlossene Benutzergruppen gebildet werden, d.h., der Datenaustausch erfolgt intrainstitutionell. Ebenso kann aber auch darauf verzichtet werden, so dass der Datenaustausch interinstitutionell erfolgt.
LAN-Kopplungen haben den Vorteil, dass dieselbe Anwendung, die bislang nur lokal zur Verfügung stand, auch entfernt zur Verfügung gestellt werden kann. Derartiger Verkehr ist typischerweise burstartig (→ *Burst*). Mitte der 90er Jahre haben viele Großunternehmen SMDS als Basis für ihre → *Intranets* genutzt.
SMDS wurde in den späten 80er Jahren von → *Bellcore* entwickelt und 1989 in einer Reihe von Technical Advisories (TA) vorgestellt. 1991 und 1992 wurden Feldversuche in den USA durchgeführt. Die ESIG (European SMDS Interest Group) wurde 1991 gegründet, um SMDS in Europa zu fördern (mittlerweile 28 Mitglieder). Erste Feldversuche in Europa gab es im September 1991 (Turin, Italien). Feldversuche in Deutschland durch die Deutsche Telekom gab es ab November 1991 in Stuttgart und München mit insgesamt fünf Unternehmen, nachdem das Netz bereits seit Ende 1990 funktionsfähig war. Ab März 1993 wurde SMDS als Regeldienst der Telekom unter der Produktbezeichnung → *Datex-M* (erster Regeldienst in Europa) angeboten.
Folgende Carrier haben SMDS als Regeldienst angeboten:

- Europa: BT, Telecom Italia, Deutsche Telekom, Telekom Austria.
- Nordamerika: Ameritech, Pacific Bell, Bell Atlantic.
- Sonstige Länder: Telecom Australia, Telkom (Südafrika).

Daneben hatten verschiedene andere Carrier MANs in bestimmten Städten auf der Basis von SMDS angeboten.
Ab 1998 erfolgte weltweit ein merkliches Nachlassen der Vermarktungsaktivitäten, nachdem sich für viele Anwendungen im niedrigen Geschwindigkeitsbereich Frame Relay und für höhere Geschwindigkeiten ATM als Dienstplattformen herausgestellt hatten. Darüber hinaus galten mit dem Aufkommen von → *Tunneling*-Protokollen die Sicherheitsfeatures (wie → *CUGs*) oder auch Adressierungsmechanismen (wie Multicasting) auch mit → *IP* als realisierbar (→ *Extranet*).
→ *http://www.protocols.com/pbook/smds.htm/*

SME

Abk. für Small and Medium Enterprises.
Begriff aus dem Marketing. Englische Bezeichnung für kleine und mittlere Unternehmen, die in der deutschen Sprache mit → *KMU* abgekürzt werden.

SMF

1. Abk. für Singlemode Fibre, oft auch Monomode Fibre genannt.
   → *Einmoden-Faser*.
2. Abk. für Standard MIDI File.
   → *MIDI*.
3. Abk. für Service Management Function.

SMI

1. Abk. für System Management Interrupt.
   → *SMM*.
2. Abk. für Structure and Identification of Management Information.
   Bezeichnung eines möglichen Systems der Strukturierung und Auswahl von Parametern des → *Netzmanagements*, die auch bei → *SNMP* Verwendung finden. Definiert in RFC 1155.

SMIL

Abk. für Synchronized Multimedia Integration Language.
Bezeichnung für eine auf → *XML* basierende Spezifikation des World Wide Web Consortiums (→ *W3*) für eine Skriptsprache, die es erlaubt, verschiedene multimediale Inhalte auf einer Web-Page im → *WWW* zeitlich miteinander zu synchronisieren, z.B. einen Videodatenstrom und einen dazu passenden Audiodatenstrom zusammen mit einem Standbild, das an einer bestimmten Stelle des Videos zusätzlich geöffnet wird.
Ziel ist eine Erhöhung der Eignung des WWW für echtzeitsensitive, multimediale Inhalte, ähnlich denen des Fernsehens.
Vorgestellt als erste Version gegen Ende 1997, die jedoch als komplex und schwer zu handhaben gilt. Maßgeblich mitentwickelt von Philips, Netscape, → *Lucent Technologies* und RealNetworks.
Im August 1999 folgte die Version ‚SMIL Boston', die auch Anregungen aus den Häusern Microsoft, Macromedia und Compaq enthielt und mehr Interaktivität zuließ.
→ *RSVP*, → *RTP*.

Smiley

Begriff aus der Subkultur des → *Internet*. Bezeichnet dort die aus einzelnen → *ASCII*-Zeichen zusammengesetzten Bilder, die als menschliche Gesichter interpretiert werden können und in → *E-Mails* oder in → *Chats* eingesetzt werden, um den Gemütszustand des Senders anzudeuten (daher auch Emoticons oder Happy Faces genannt) oder Ironie zu kennzeichnen.

Der Smiley :-) ist ein auf der Seite liegendes lachendes Gesicht, ;-) ebenso, nur blinzelt es dem Leser freundlich bzw. schelmisch zu. Dieser Smiley :^(hingegen verfügt über eine große Nase und ist unglücklich oder verstimmt und der Schreiber dieses Smileys 8-{) ist Brillen- und Schnurrbartträger.

Darüber hinaus haben sich viele weitere Formen etabliert, deren genaue Bedeutung nirgendwo offiziell spezifiziert ist, sondern in großen Grenzen dem Nutzer oder Leser überlassen bleibt.

Der Ursprung der Smileys lässt sich nicht mehr exakt feststellen. Kevin MacKenzie verwaltete eine sehr frühe → *Mailing-List* (MsgGroup) im Arpanet (→ *ARPA*) um das Jahr 1979 und hat dabei Smileys genutzt. Eine größere Verbreitung in E-Mails hingegen wird allgemein ab 1982 angenommen.

→ *Netiquette*, → *Signature*.

SMIT

Abk. für System Management Interface Tool.

Smith-Chart, Smith-Diagramm

Bezeichnung für ein spezielles Diagramm zum Design von Hochfrequenzschaltkreisen. Eine Skala bildet das Verhältnis von Leitungslänge zur Wellenlänge der betrachteten Frequenz ab. Dieser Skala überlagert ist eine Kurvenschar für den Real- und Imaginärteil des auf den Wellenwiderstand der Leitung bezogenen Eingangswiderstandes. Aus dieser Darstellung lässt sich der Eingangswiderstand einer Leitung bei gegebenem Abschluss mit einem reelen Widerstand und gegebener Frequenz einer elektromagnetischen Schwingung auf der Leitung ablesen.

Entwickelt von Philip Smith im Jahre 1933 in den → *Bell Labs*. Sein wissenschaftlicher Aufsatz, in dem er seine Methode vorstellte, wurde kurioserweise von der → *IRE* zur Veröffentlichung zurückgewiesen.

SML

Abk. für Service Management Layer.

→ *TMN*.

SMM

Abk. für System Management Mode.

Neben dem → *Real Mode*, dem Protected Mode und dem → *Virtual Real Mode* der vierte Betriebszustand eines → *Mikroprozessors* vom Typ → *Intel 80486*.

SMM bietet die Möglichkeit, den Prozessorkern ohne Verlust der in ihm enthaltenen Daten anzuhalten und die Schaltung zur Taktversorgung (PLL) zu deaktivieren.

Vorteil ist, dass in diesem Zustand der Takt des gesamten Prozessors geändert werden kann (z.B., um Strom zu sparen), ohne dass der Prozessor mit Datenverlust vollständig ausgeschaltet werden muss.

SMM wird über einen speziellen → *Interrupt*-Befehl ausgelöst (System Management Interrupt, SMI).

SMP

1. Abk. für Symmetrical Multi Processing.

   Bezeichnet eine mögliche Rechnerarchitektur, die bei einem → *Parallelrechner* eingesetzt werden kann. Wird dort insbesondere für → *Supercomputer* genutzt, migriert aber auch in aufwendige → *Server*. Zunächst waren davon Server mit → *RISC*-Prozessoren unter dem → *Betriebssystem* → *Unix* betroffen, doch werden nun auch leistungsfähige → *PCs* davon berührt.

   Bei SMP wird ein Rechner mit mehreren → *CPUs* ausgestattet, auf die die Last verteilt wird. Beim symmetrischen Multiprocessing kann jede CPU (im Gegensatz zum asymmetrischen Multiprocessing) jede Aufgabe (I/O-Bearbeitung, Berechnungen, Bearbeitung von Videosignalen etc.) leisten. Die einzelnen Prozessoren teilen sich („shared everything") dabei, im Gegensatz zu → *MPP*, die Systemressourcen wie Speicher, Bus, I/O-System und Betriebssystem.

   Dieses Teilen führt jedoch auch dazu, dass ab einer bestimmten Prozessorzahl die Systemressourcen den Flaschenhals des Gesamtsystems darstellen. Daher bringt eine Zunahme an Prozessoren ab einer bestimmten Grenze (je nach konkreter Architektur) keinen nennenswerten Leistungszuwachs mehr.

   Hauptanwendungsgebiet von SMP ist → *OLTP*.

   Bei der Strategie der Lastverteilung zwischen den CPUs wird zwischen zwei Strategien unterschieden:

   - Weak Affinity: Bei dieser Strategie durchläuft der Prozess mehrere CPUs und wechselt von einer CPU so schnell wie möglich zur nächsten. Jeder Wechsel allerdings zieht Verwaltungs- und Update-Zyklen nach sich, was den Overhead steigert.
   - Strong Affinity: Diese Strategie belässt einen Prozess möglichst lange bei einer CPU; idealerweise, bis die dieser CPU zugewiesene Teilaufgabe komplett abgearbeitet ist. Dies führt u.U. bei anderen Prozessen zu längeren Wartezeiten, was das Betriebssystem schon vor kompletter Abarbeitung zu einem CPU-Wechsel veranlassen kann.

   Welche Methode besser ist, hat sich noch nicht herausgestellt.

2. Abk. für Service Management Point.

   → *IN*.

3. Abk. für Simple Management Protocol.

   Eine Zwischenstufe bei der Entwicklung des → *SNMP* von Version 1 zu Version 2.

SMPTE

Abk. für Society of Motion Picture and Television Engineers.

Bezeichnung eines 1916 gegründeten Berufsverbandes in den USA der im Film- und TV-Bereich tätigen Ingenieure.

Der Verband erarbeitet auch aktiv Standards für diese Bereiche. Monatliches Periodikum ist das „SMPTE Journal“.
Adresse:

SMPTE
595 West Hartsdale Avenue
White Plains, N.Y. 10607

→ *http://www.smpte.org/*

SMR

Abk. für Specialized Mobile Radio.
In den USA die Bezeichnung für Anwendungen von → *Bündelfunk*, wie auch Enhanced Specialized Mobile Radio (→ *ESMR*).

SMRSE

Abk. für Short Message Relay Service Element.
Bezeichnung einer Funktionalität im → *SMSC* im → *GSM*-System zur Bearbeitung und Weiterleitung von Kurznachrichten (Short Messages).

SMS

1. Abk. für Service Management System.

   Bezeichnung für das System zur Kontrolle der → *SCPs* (Statistiken, Gebührenverwaltung, Routingtabellen, Programmierung und Transfer von → *SLPs* etc.) im → *IN*. Aktuell werden die Verbindungen über ein → *X.25*-Netz abgewickelt, Ziel ist eine Anpassung an → *Q3* aus dem → *TMN*.
2. Abk. für Short Message Service.

   Selten verwendete deutsche Bezeichnung ist Kurznachrichtendienst. Ein Dienst im → *GSM*-Netz zur Versendung kurzer Textnachrichten (bis zu 160 Zeichen).

   → *SMSC*, → *SMRSE*.

SMSC

Abk. für Short Message Service Center.
In Mobilfunknetzen nach dem → *GSM*-Standard die Bezeichnung für die technische Einheit zur Entgegennahme, Bearbeitung, Zwischenspeicherung und Weiterleitung von Kurznachrichten (Short Messages). Die eingehenden Kurznachrichten werden dabei nach dem → *Store-and-Forward-Prinzip* bearbeitet.
Je Netz existiert ein SMSC.

SMT

1. Abk. für Synchrones Multiplex Terminal.

   → *SDH*.
2. Abk. für Station Management.

   Ein Protokoll aus der → *FDDI*-Familie.

SMTP

Abk. für Simple Mail Transfer Protocol.
Bezeichnet ein 1982 im Dokument RFC 821 (maßgeblich geschrieben durch Jonathan ‚Jon‘ Postel (* 6. August 1943, † 16. Oktober 1998)) und 822 des → *Internet* definiertes → *E-Mail*-System zur transparenten, verbindungsorientierten Übermittlung mehrzeiliger → *ASCII*-codierter Nachrichten.

RFC 821 definiert das Verfahren (eigentliches SMTP), das angibt, wie eine Nachricht durch das Internet transportiert wird. Es setzt auf → *TCP* und → *IP* als Übertragungsprotokoll auf und ist Grundlage des standardmäßigen E-Mail-Dienstes im Internet. Der Message Transfer Agent (→ *MTA*) baut dabei mit TCP/IP eine Verbindung zum Empfänger auf, wobei er sich am Domain Name System (→ *DNS*) orientiert. Ist die Verbindung etabliert, werden Sender und Adressat übertragen. Daraufhin kann der MTA des Empfängers entscheiden, ob er die Nachricht annehmen möchte oder nicht. Anschließend kann die eigentliche Nachricht übertragen werden. Dies funktioniert nur bei permanent erreichbarem Empfänger. Lokale PCs werden jedoch häufig ausgeschaltet. SMTP legt die Post, falls möglich, in einem Mail-Server ab, von wo sie mit → *POP3* von Rechnern mit Mail-Clients abgeholt werden kann, die sonst offline sind. SMTP dient also nur zum Versenden von Nachrichten und nicht zum Empfangen. Dafür werden andere Protokolle wie → *POP*, → *DMSP* oder → *IMAP* genutzt.

Eine Erweiterung dieses Teils von SMTP ist das Enhanced SMTP (ESMTP).

RFC 822 hingegen (in enger Definition schon kein SMTP mehr) definiert das Format der Nachrichten, die verschickt werden können. Es gliedert eine E-Mail in einen Message Header und einen Message Body. Beide sind voneinander durch eine Leerzeile getrennt. Der Message Header enthält mindestens ein Absender-Feld (From:) und ein Empfänger-Feld (To:). Im Message Body befindet sich die eigentliche Nachricht, codiert in 7 Bit US-ASCII und in Zeilen von maximal 1 000 Zeichen Länge. Binärdateien (Bilder etc.) können hiermit nicht ohne weitere Sondermaßnahmen verschickt werden.
Derartige Grenzen werden durch → *MIME* ausgeweitet.

SN

1. Abk. für Service Node.

   Der Begriff wird in der Telekommunikation in zwei leicht unterschiedlichen Bedeutungen verwendet.

   - Bezeichnung für einen Netzknoten, der im Zusammenhang mit der Fortentwicklung des Intelligenten Netzes (→ *IN*) diskutiert wird. Ein SN besteht dabei aus einer intelligenten Peripherieeinheit (→ *IP*), einer Service Control Function (→ *SCF*), einer Vermittlungsfunktionalität und bietet die Möglichkeit, Dienste in einem physischen oder logischen Knoten zu definieren.
   - → *Zugangsnetz*.
2. Abk. für Sequence Number.

SNA

Abk. für Systems Network Architecture.
Eine von IBM schon 1972, dann erneut 1974 angekündigte und schließlich ein Jahr später umgesetzte hierarchische und hardware-unabhängige Architektur ähnlich dem späteren → *OSI-Referenzmodell* zur Rechner-Rechner-Kommunikation in der IBM-Welt. Sie verfügt über acht Schichten. Es wird dabei zwischen der physischen, logischen und funktionalen Struktur eines Netzes unterschieden.

Auch heute noch ist sie relativ weit verbreitet und wird ständig weiterentwickelt, insbesondere in der Großrechnerwelt. Häufig auch scherzhaft mit „So und nicht anders“ bezeichnet.

SNA hatte den Vorteil, dass es für die zu seiner Zeit knappe Bandbreite in lokalen Netzen schonend verwaltete und auch prioritätssteuernde Mechanismen zur Herstellung verschiedener Verkehrsklassen zur Verfügung stellte.

Nach SNA-1 und SNA-2 1975 folgten weitere verbesserte Versionen in den Jahren 1977 (SNA-3), 1978 (SNA-4), 1983 (→ *APPC*) und 1985 (→ *APPN*), die außerhalb der reinen SNA-Welt um Produkte wie Token-Ring-LANs (1985) ergänzt wurden.

Das Schicht-2-Protokoll SDLC (Synchronous Data Link Control) war Vorbild von → *HDLC*, genau wie → *X.25* auf SNA zurückgeht.

Eine geplante universelle Weiterentwicklung sollte auch → *SAA* sein.

Mit an der Entwicklung von SNA war Ed Sassenguth beteiligt.

→ *http://www.networking.ibm.com/app/aiw-conf/ovw/stsovw/stsovwc.htm/*

SNADS

Abk. für Systems Network Architecture Distribution Services.

Bezeichnung einer Schnittstelle zu → *SNA* zur Verteilung von → *E-Mails*.

Snail Mail

Engl. für Schneckenpost. Auch Sackpost genannt.

Jargon für die herkömmliche Briefpost mit Bezugnahme auf deren im Vergleich zur → *E-Mail* sehr niedrigen Geschwindigkeit.

SNAP

Abk. für Sub Network Access Protocol.

Im Paketformat gemäß → *Ethernet* ein zusätzliches Datenfeld.

Sneaker Net

→ *Adidas-Netzwerk.*

SNG

Abk. für Satellite News Gathering.

Bezeichnung für die Überspielung von Beiträgen für Nachrichtensendungen mit kleinen, mobilen Einheiten über Satellit. Häufig sind Live-Einspielungen in Nachrichtensendungen gemeint.

SNI

1. Abk. für Subscriber Network Interface.

   Oberbegriff für Teilnehmerschnittstellen zu Kommunikationsnetzen wie z.B. → *X.21*.

2. Abk. für Siemens-Nixdorf (Informationssysteme AG).

   Bezeichnung für ein Unternehmen, das im September 1990 aus dem Zusammenschluss des Unternehmensbereiches Daten- und Informationssysteme (DI) der Siemens AG und von → *Nixdorf* hervorgegangen ist.

   Die neue SNI warb daraufhin lange Zeit mit dem Slogan „Synergy at Work“, der jedoch über Probleme beim Zusammenwachsen, das auch mit Entlassungen verbundenen war, nicht hinwegtäuschen konnte.

   Im Frühjahr 1998 sollte die eigene PC-Fertigung an Acer verkauft werden, wozu es jedoch durch eine nicht gesicherte Finanzierung des Verkaufs als Folge der Asien-Krise nicht kam.

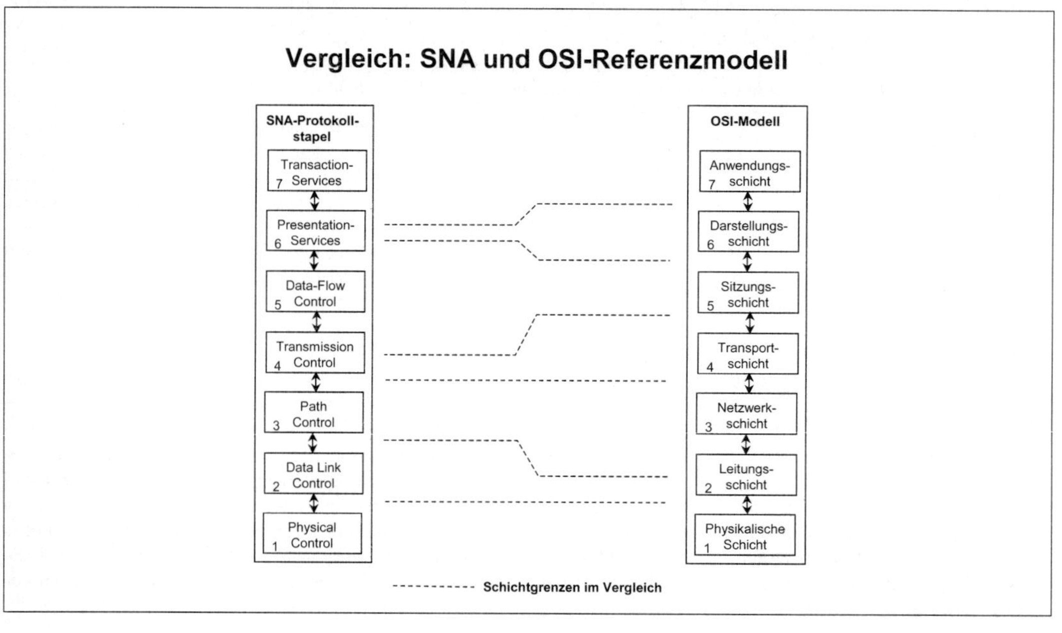

Im Mai 1998 schließlich kam es zwischen Siemens und SNI zur Neuausrichtung der Geschäftsbereiche, bei dem die Bereiche für Registrierkassen und Geldautomaten im Kern bei der bisherigen SNI verblieben, die zur Siemens Nixdorf Retail and Banking Systems GmbH wurden.

Am 22. Oktober 1999 gab Siemens bekannt, dass die Nixdorf Bank- und Kassensysteme für 1,44 Mrd. DM an ein Konsortium aus den Investmentunternehmen Kohlberg Kravis Roberts KKR und GS Capital Partners III verkauft werden. Es entstand daraus ein neues Unternehmen mit dem Namen Wincor Nixdorf.

→ *Datasibirsk.*

→ *http://www.sni.de/*

Sniffing

Begriff aus der Szene der → *Hacker*. Bezeichnung für das unerlaubte Mitlesen und Auswerten von Daten, die in einem Netz übertragen werden.

Eine Gegenmaßnahme ist das Verschlüsseln von Daten, so dass diese nicht im Klartext übertragen werden.

Sniffen wird durchgeführt von kleinen Programmen, Netzwerkmonitor oder → *Watch Dog* genannt.

SNMP

Abk. für Simple Network Management Protocol.

Ein Protokoll für das → *Netzmanagement* (i.d.R. für → *LANs*) aus der → *Internet*-Welt, das der Kommunikation mit Netzwerkelementen dient. Ermöglicht wird so das Management eines heterogenen Netzwerkes von einem zentralen Punkt aus, der Network Management Station (NMS).

SNMP definiert eine Menge von einfachen Kommandos, Formate von Status- und Fehlermeldungen und ein grundsätzliches Modell für das Netzmanagement. Die Elemente dieser Architektur sind:

- → *Agenten*: Die Agenten befinden sich i.d.R. innerhalb der zu verwaltenden Netzelemente, z.B. innerhalb der → *Hosts*, → *Bridges*, → *Router*, → *Switches* oder → *Hubs*. Aufgabe der Agenten ist das Sammeln der für das Netzmanagement relevanten Daten.
- Management Information Base (MIB): Sie dient als Speicher für alle relevanten Daten für das Netzmanagement und erhält ihre Daten von den Agenten, welche die Daten sammeln und jeweils einer MIB zugeordnet sind.

  In ihr ist ein Datenmodell des gesamten, von ihr verwalteten Netzes gespeichert. Die einzelnen Netzelemente werden im Kontext von SNMP

  SNMP definiert einige Regeln für das Format von Managementdaten und ihre Speicherung.

  In dringenden, kritischen Fällen können die Agenten ihre Meldungen direkt an die Network Management Station (NMS) leiten.
- Network Management Station (NMS): Sie ruft Daten zur Auswertung aus der MIB ab bzw. setzt Variablen und wird von einem Systemadministrator (→ *LSA*) bedient. Dazu stellt sie eine Benutzerschnittstelle zur Verfügung (deren Design jedoch nicht Gegenstand von SNMP ist).

  Die NMS wird üblicherweise als ein eigener Rechner am LAN realisiert sein, kann aber auch einfach nur eine Software sein, die auf einem herkömmlichen Rechner läuft, auf dem andere Aufgaben auch noch erledigt werden.

  Häufig werden in einem Netz mindestens zwei NMS eingesetzt, um im Fehlerfall immer über eine funktionsfähige Station verfügen zu können.

Dabei werden die Informationen zwischen dem Manager in Gestalt einer Network Management Station (NMS) und den Agenten mit Hilfe eines Network Management Protocols ausgetauscht. Dieses Protokoll stellt dafür drei verschiedene Grundbefehlsarten zu Verfügung:

- Get: Zum Abruf von Daten aus der MIB durch die NMS.
- Set: Zur Veränderung von Daten in der MIB durch die NMS.
- Trap: Zur direkten Übertragung von Informationen zur NMS durch einen Agenten.

Der Datentransfer selbst erfolgt üblicherweise mit dem verbindungslosen → *UDP*, obwohl → *TCP* ebenfalls genutzt werden kann.

Ohne passende Gateways ist SNMP nicht geeignet zum Netzmanagement von → *SNA*-, → *ISDN*- oder → *X.25*-Systemen. Diese Gateways werden üblicherweise als Proxy-Agents ausgeführt, die einerseits UDP-fähig sind und andererseits derartige Messages in die andere Protokollwelt umsetzen.

Ferner ist eine sorgfältige Konfiguration der Agenten notwendig, da diese sonst bei bestimmten Vorkommnissen automatisch Daten erzeugen (sog. Trap-Funktion) und an die MIB schicken, unabhängig davon, ob sie diese Daten wünscht und ob sie dort sofort weiterverarbeitet oder gespeichert werden.

Dieses unkontrollierte Generieren von Verkehr verschwendet Bandbreite, weswegen ein gezieltes → *Polling* durch die NMS bei Bedarf sinnvoller ist.

Im Vergleich zu → *CMIP* bietet SNMP nur einen eingeschränkten Funktionsumfang.

SNMP wurde von der Internet Engineering Task Force entwickelt und 1988 in der ersten Version SNMPv1 festgeschrieben. Definiert wurde SNMPv1 im RFC 1157 (Mai 1990) mit Verbindungen zur Definition der MIB in den RFCs 1156, 1158 (beide Mai 1990), 1212 und 1213 (beide März 1991).

Erste Produkte gab es ebenfalls ab 1988. Es wurde seit dem Durchbruch 1992 zum De-facto-Industriestandard beim Netzwerkmanagement.

Ursprünglich war es nur als einfache, schnelle Zwischenlösung gedacht, bis eine OSI-Version nach dem → *OSI-Referenzmodell* definiert würde (→ *CMIP*). Da dies nicht geschah, ist seit 1994 die SNMP Version 2 (SNMPv2) auf dem Markt, die einige Begrenzungen, z.B. mangelhafte Kommunikation zwischen verschiedenen NMS, Transfer von größeren Datenmengen und Sicherheitslücken (insbesondere bei globalen öffentlichen Netzen) der ersten Versionen korrigiert. Während die funktionalen Änderungen breite Zustimmung fanden, gilt die Implementierung der Sicherheitsaspekte als zu komplex. Mittlerweile wird daher seit 1997 an Version 3 gearbeitet (RFC 2263, 2264 und 2273,

2274), bei der mit geringen funktionalen Änderungen, aber mit einem anderen Sicherheitskonzept gerechnet wird.

SNMP Version 2 ist in den RFCs 1901 bis 1908 (alle aus dem Januar 1996) definiert.

Rund ein Drittel aller Netzmanagementsysteme nutzt mittlerweile SNMP, mit steigender Tendenz.

→ *http://www.snmp.com/*

→ *http://snmp.cs.utwente.nl/*

→ *http://www.bm-barcode.de/pdf/snmp.htm/*

Snobol

Bezeichnung einer Anfang der 60er Jahre von den Bell Labs entwickelten höheren Programmiersprache.

Insbesondere gedacht zur Bearbeitung von Zeichenketten (Mustervergleich, -erkennung, -austausch, -manipulation). Sie existiert mittlerweile in Version 4 und ist nicht sonderlich verbreitet.

SNR

Abk. für Signal-to-Noise-Ratio, Signal-zu-Rausch-Verhältnis. Auch mit S/N oder C/I (= Carrier-to-Interfer-Signal-Ratio) abgekürzt.

Das SNR ist ein Gütekennzeichen für Übertragungswege und gibt das logarithmische Verhältnis der ursprünglich gesendeten Signalleistung oder der an einem Punkt gemessenen Nutzsignalstärke zur (störenden) Rauschleistung an. Analoge Fernsprechkanäle bieten ein SNR von 40 dB.

Die Signalleistung wird häufig mit S und die Rauschleistung mit N (= Noise) bezeichnet.

SN T&M

Abk. für Signalling Network, Testing and Maintenance.

→ *SS#7.*

SNTP

Abk. für Simple Network Time Protocol.

Bezeichnung eines Protokolls, mit dem im → *Internet* die Uhrzeiten von Rechnern synchronisiert werden können. Definiert im März 1995 unter RFC 1769 als einfache und zu diesem kompatible Variante von → *NTP.*

SOA

Abk. für Semiconductor Optical Amplifiers.

Bezeichnung für optische Verstärker in optischen Übertragungsnetzen (→ *Glasfasertechnik*), die in Halbleitertechnik aufgebaut sind.

SOCC

Abk. für Serial Optical Channel Converter.

Ein IBM-Produkt zur Anbindung von → *Workstations* an optische → *LANs.*

Socket

Bezeichnung einer Möglichkeit der Interprozesskommunikation unter dem → *Betriebssystem* → *Unix*, die mit der Varianten BSD Unix eingeführt wurde und ab System V Release 4 auch in der AT&T-Linie von Unix enthalten war.

Ein Socket ist der logische Endpunkt einer Verbindung, die mittels → *TCP*, → *UDP* oder → *IPX* hergestellt wurde. Sockets verfügen über eine Identifikation, die auch Port bzw. Portnummer genannt wird.

→ *Pipe.*

Social Engineering

→ *Brute Force Attack.*

SoD

Abk. für Service-on-Demand.

Bezeichnung, ähnlich wie → *ITV*, für → *Video-on-Demand* oder → *Information-on-Demand.*

Soft Dialler

→ *Dialler.*

Soft Error, Soft Error Rate

Bezeichnung für Fehler, die nicht immer, sondern nur unter bestimmten statistischen Bedingungen auftauchen und daher nicht vorhersehbar sind. Derartige Fehler entstehen üblicherweise durch nicht weiter beeinflussbare Toleranzen im Herstellungsprozess beteiligter elektronischer Bauelemente oder Baugruppen.

Beispiele sind falsche Daten in einer Datei nach ihrer Übertragung als Folge von nicht detektierten Übertragungsfehlern oder gekippte Bits in einem Speichermodul, das sich über die Zimmertemperatur erhöht hatte.

Die Soft Error Rate gibt empirische Testwerte für elektronische Bauelemente an, üblicherweise in der Einheit „ein Fehler pro Zeiteinheit“, wobei die Zeiteinheit in Betriebsstunde bis Betriebsjahre angegeben werden kann. Diese Zeiteinheit ist auch entwicklungsabhängig und erhöht sich mit dem Reifegrad des Bauteils.

Softkey

Begriff aus der Nebenstellentechnik. Auf Deutsch auch selten Dialogtaste genannt.

Bezeichnet Tasten auf Telefonapparaten an einer Nebenstellenanlage, die nicht beschriftet sind und beim Drücken kontextabhängige Aktionen einleiten. Die Funktionen können unterschiedlich sein, z.B. wird in Abhängigkeit des Status (Gespräch läuft; freier Apparat) unterschieden. In der Regel befinden sich die Tasten direkt unter einem → *LCD*, auf dem ihre aktuelle Funktion angezeigt wird.

Die Verwaltung der unterschiedlichen Funktionen und deren Anzeige wird von der Software (daher der Name) im Endgerät vorgenommen, z.B. im Telefon oder → *Handy.*

Eine Technik, die Softkeys nutzt, ist z.B. → *ADSI.*

Softphone

→ *CTI.*

Software

Oft abgekürzt mit SW. Bezeichnet die Programme, die in einem System laufen und die sich, im Gegensatz zur → *Hardware*, ohne vergleichsweise großen Aufwand ändern lassen.

Software wird oft klassifiziert in:

- Systemsoftware: Hierbei handelt es sich um hardwarenahe Programme, die häufig auf spezielle Fähigkeiten und Eigenschaften der Hardware, auf der sie laufen, eingehen. Oft wird noch unterschieden zwischen:
  - → *Betriebssystem*
  - Datenbanksystem (→ *Datenbank*)
- Anwendungs-Software: Bei ihr handelt es sich um Software, die speziell für einen bestimmten betriebswirtschaftlichen oder technischen Nutzen erstellt wurde und die oft unabhängig von einer technischen Plattform bzw. von der zugrundeliegenden Hardware läuft. Hier wird häufig differenziert nach:
  - Standardsoftware: Fertig erstellte betriebswirtschaftliche oder technische Programme, die von einer Vielzahl Nutzern aus verschiedenen Branchen und Anwendungsbereichen gekauft und ggf. nach Anpassung (→ *Customizing*) eingesetzt werden kann und ihre Bedürfnisse befriedigt. Derartige Software ist öffentlich zugänglich (frei erhältlich).

    Im Bereich der betriebswirtschaftlichen Standardsoftware wird häufig differenziert zwischen:
    - Office-Software: Hierbei handelt es sich um Programme, die so gut wie an jedem Arbeitsplatz benötigt wird. Hierzu zählen eine → *Textverarbeitung* oder eine → *Tabellenkalkulation*. Üblicherweise sind derartige Programme in einem Paket, einer so genannten → *Office-Suite*, zusammengefasst.
    - Business-Software: Hierbei handelt es sich um Programme, die eine bestimmte betriebswirtschaftliche Funktionalität, die nur in einem bestimmten Bereich eines Unternehmens benötigt wird, zur Verfügung stellt. Beispiele hierfür sind ein → *Data Warehouse*, ein → *Dokumentenmanagementsystem*, ein → *Workflow Management System*, die Klasse der → *ERP*-Systeme oder → *MIS*.
  - Individualsoftware: Individuell für einen ganz bestimmten Einsatzzweck und auf Anforderung eines Nutzers neu erstellte Software. Derartige Software ist auf die Bedürfnisse nur eines Nutzers oder eines begrenzten Nutzerkreises zugeschnitten und üblicherweise öffentlich nicht erhältlich.

Das Erstellen von Software ist ein aufwendiger Prozess, für den es mittlerweile eine ganze Reihe von Techniken gibt, die unter der Bezeichnung → *Software-Engineering* zusammengefasst wird.

→ *Bloatware*, → *Escrow-Agent*, → *Firmware*, → *Slideware*, → *Vapourware*.

Software-Development-Lifecycle

→ *SDLC*.

Software-Engineering

Bezeichnung für die systematische Erstellung von lauffähigen Computerprogrammen, die unter bestimmten Gesichtspunkten (Effektivität, Speicherplatzausnutzung, schneller Programmablauf) optimiert ist und sich anerkannter, technisch-wissenschaftlicher Methoden bedient.

Der Begriff wurde erstmals 1968 auf einer von der NATO einberufenen Konferenz über die ‚Software Crisis' eingeführt.

Ziel des Software-Engineerings ist ein sorgfältiges, planvolles Vorgehen beim Programmieren im Gegensatz zu z.B. ‚Bastellösungen', ‚Quick & Dirty'-Vorgehen oder blindem Drauflosshacken (‚Trial & Error'), was u.U. in → *Spaghetti-Code* resultieren könnte. → *Strukturierte Programmierung* ist das Gegenteil davon.

→ *CAST*, → *CASE*, → *Componentware*, → *Escrow-Agent*, → *Flussdiagramm*, → *FP*, → *Jackson-Methode*, → *Patch*, → *Pseudocode*, → *RAD*, → *Repository*, → *SDL*, → *SDLC*, → *SLOC*, → *Software-Testing*, → *SPICE*, → *SR*.

→ *http://www.cs.helsinki.fi/u/aptuovin/swdesign-soar.html/*

Software-Lifecycle

→ *SDLC*.

Softwarepiraterie

Bezeichnung für unautorisiertes Kopieren (Raubkopien) und Inverkehrbringen von Computerprogrammen einerseits und die Nutzung derartiger Software andererseits. Das illegale Kopieren einer Originalsoftware ist ein Verstoß gegen das Urheberrechtsgesetz.

Zu den Nutzern derartiger, illegaler Software gehören oft insbesondere kleine und mittlere Unternehmen, weil sie die Kosten für lizenzierte Originalsoftware oft als zu hoch ansehen und das Bewusstsein für die Illegalität der Softwarenutzung und deren mögliche Folgen nicht vorhanden sind.

Mögliche Folgen für die Nutzung illegaler Software können von Schadenersatzforderungen der Originalhersteller bis hin zu fünf Jahren Freiheitsentzug sein.

Erstmals wurde 1972 in den USA ein Angestellter einer Universität angeklagt und verurteilt, unberechtigterweise Software kopiert zu haben.

Seit 1996 kann es bei dringendem Verdacht eines konkreten Unternehmens auf Nutzung illegaler Software und nach richterlicher Anordnung zu einer unangekündigten, zivilrechtlichen Durchsuchung von Geschäftsräumen des Unternehmens kommen.

Der Branchenverband → *BSA* geht international gegen Software-Piraterie vor. Er schätzt, dass insgesamt 40% der eingesetzten Software illegal kopiert wurde.

Software-Testing

Bezeichnung für eine Phase im Software-Development-Lifecycle (→ *SDLC*). Dabei wird die erstellte Software oder ein ganzes System (bestehend aus Hard- und Software oder aus mehreren Software-Paketen, die über Schnittstellen miteinander verbunden sind) unter bestimmten, zuvor genau festgelegten Gesichtspunkten getestet. Entsprechend dieser Aspekte unterscheidet man dann auch die einzelnen Testphasen oder Testvorgänge:

- Funktions-Testing: Erfüllt das Programm grundsätzlich seine Funktion fehlerfrei?
- Performance-Testing: Erfüllt das Programm seine Funktion in der gewünschten Zeit?

- Load-Testing: Häufig zusammen mit Performance-Testing zusammen durchgeführt, da üblicherweise eine bestimmte Performance an eine bestimmte Last gekoppelt ist. Beispiel: Kann das Reservierungssystem 1 000 Anfragen pro Minute bearbeiten?
- Ressourcen-Testing: Belegt das System die vorausgeplanten Ressource? Beispiel: Belegt der Datensatz eines Kunden nur soviel Speicherplatz, dass die geschätzte Kundenzahl mit dem zur Verfügung stehenden Festplattenspeicher abgedeckt werden kann? In Zeiten sinkender Hardwarepreise nimmt jedoch dieser Aspekt an Bedeutung ab.
- Interoperability-Testing: Erfüllt das Programm seinen Zweck so, dass andere Programme, die z.B. die Ausgabedaten weiterverarbeiten, problemlos laufen?
- User Acceptance Testing (→ *UAT*).

SOGT

Abk. für Senior Officials Group for Telecommunications.

SOH

Abk. für Section Overhead.

Bezeichnung für die ersten neun Bytes in jeder der neun Zeilen eines STM-1-Rahmens bei der → *SDH*. Enthält Verwaltungsdaten zum sicheren Transport von Nutzdaten zwischen Netzknoten in SDH-Netzen.

→ *POH*.

SOHO

Abk. für Small Office – Home Office.

Begriff aus dem Marketingbereich der Telekommunikation. Bezeichnet den Markt für kleine Büros und Büros zu Hause, etwa von leitenden Angestellten oder Freiberuflern (Steuerberater, Ärzte, Ingenieurbüros, Rechtsanwälte, Versicherungsmakler etc.), die sich für Anrufbeantworter, anspruchsvolle Telefone, Schnurlostelefone, PC-Karten oder kleine Nebenstellenanlagen und Telefon-Fax-Kombigeräte sowie Tele-Banking und → *Online-Services* als innovative Dienste interessieren.

Die nächst größere Klasse der Unternehmen sind die → *SME*.

SOI

Abk. für Silicon on Insulator.

Solaris

Bezeichnung für ein → *Betriebssystem* (32 Bit) mit grafischer Benutzeroberfläche aus dem Hause Sun für → *Workstations*. Es ist ein → *Unix*-Derivat.

Soliton-Impuls, Solitonen-Leitung

Unter einem Soliton-Impuls versteht man einen optischen Impuls, dessen Parameter (Wellenlänge, Impulslänge, abgegebene Leistung, Wiederholrate) eine Gleichung erfüllt, welche die Signalausbreitung in einer bestimmten Glasfaser beschreibt. Die → *Dispersion* der Glasfaser und die Eigenphasenmodulation des Solitonen-Impulses heben sich dann gerade gegenseitig auf. Der Soliton-Impuls breitet sich in der Glasfaser daher ungehindert aus.

Solitonen-Leitung ist die Leitung von Soliton-Impulsen durch selbstverstärkende Glasfasern. Dies wird erreicht z.B. durch optische, erbiumdotierte Zwischenverstärker (→ *OFA*), die z.B. alle 25 km in der Glasfaser zwischengeschaltet werden. Solitonen-Leitung eignet sich zur Übertragung extrem hoher Bitraten (20 Gbit/s bis hin zu 160 Gbit/s), was durch die Kombination von → *WDM* mit hoher Einzelkanalbitbreite erreicht wird.

Die Nutzung derartiger Effekte befindet sich aktuell in der Forschung. Mit kommerziellen Systemen ist ab dem Jahr 2002 zu rechnen.

SOM

1.Abk. für Start of Message.

2. Abk. für System Object Model.

→ *DSOM*.

Sonderforschungsbereich

Bezeichnung für ein langfristiges (12 bis 15 Jahre) und interdisziplinäres Forschungsvorhaben einer einzelnen Universität oder Hochschule, die hierzu Mittel der → *DFG* erhält.

SONET

Abk. für Synchron Optical Network.

Bezeichnung für einen nach 1985 auf Vorschlag der → *Bellcore* und AT&T entstandenen Standard zur synchronen Multiplexbildung, um die Aufwendungen für das Stopfen in der synchronen → *PCM*-Multiplexbildung zu vermeiden. Bezeichnet einen → *SDH*-ähnlichen, vorläufigen US-Standard (seit 1987) für die digitale Datenübertragung im Fernnetz über optische Medien mit leicht geringeren Bitraten.

Es werden folgende Hierarchiestufen unterschieden (OC = Optical Carrier; bei der elektrischen Übertragung über elektrische Leiter auch STS für Synchronous Transport Signal Level genannt):

OC-Stufe	STS-Stufe	Datenrate
OC 1	STS 1	51,840 Mbit/s
OC 3	STS 3	155,520 Mbit/s
OC 9	STS 9	466,560 Mbit/s
OC 12	STS 12	622,080 Mbit/s
OC 18	STS 18	933,120 Mbit/s
OC 24	STS 24	1,244 Gbit/s
OC 36	STS 36	1,866 Gbit/s
OC 48	STS 48	2,48832 Gbit/s
OC 96	STS 96	4,976 Gbit/s
OC 192	STS 192	9,95328 Gbit/s
OC 768	STS 768	40,6 Gbit/s

Die SONET-Entwicklung von Bellcore gilt als Vorläufer des SDH-Standards der CCITT, aus der sich dann wiederum der SONET-Standard der ANSI T1.105/106 von 1988 ableitet.

Standard	Inhalt
T1.105	SONET – Basic Description including Multiplex Structure, Rates and Formats
T1.105.01	SONET – Automatic Protection
T1.105.02	SONET – Payload Mapping

Um die Kompatibilität von SONET-Geräten verschiedener Hersteller sicherzustellen, gibt es das SONET Interoperability Forum (SIF).

→ *http://www.sonet.com/*

→ *http://www.geocities.com/CapeCanaveral/Lab/6800/P97_JDSR.HTM/*

Sophia Antipolis

Kunstname, zusammengesetzt aus griech. Sophia = Weisheit und Antipolis = Gegen-Stadt.

Bezeichnung für eine in den 60er Jahren gegründete Region im Süden Frankreichs zwischen Cannes und Nizza, die zu einem wichtigen Zentrum der IT- und Telekommunikationsindustrie geworden ist, am ehesten vergleichbar mit dem → *Silicon Valley*.

Maßgeblich vorangetrieben wurde das Projekt von Pierre Laffitte, in den 60er Jahren Direktor einer Hochschule für Bergbau in Paris mit dem Ziel, zusätzlich zu einer Stimulanz des Technologietransfers durch räumliche Nähe auch eine neue Art des Zusammenlebens von Wissenschaft, Wirtschaft und Kultur zu schaffen. Laffitte entwickelte den Namen selbst (Sophia ist auch der Name seiner Frau).

Das Konzept ging auf. Insbesondere in den 80er Jahren siedelten sich zahlreiche Gründerfirmen in Sophia Antipolis an, und viele Forschungseinrichtungen oder Forschungsabteilungen von Unternehmen eröffneten dort Außenstellen.

→ *http://www.sophia-antipolis.net/*

Sony

Name eines weltumspannenden japanischen Konzerns der Unterhaltungselektronik und der Entertainmentindustrie.

Maßgeblich wurde die Entwicklung technisch wie auch global beeinflusst durch Akio Morita (* Januar 1921, † 3. Oktober 1999), der als charismatische Führungs- und mutige bzw. risikofreudige Unternehmerpersönlichkeit mit Abneigung gegen Marktforschung galt.

Als einer der größten Würfe aus dem Hause Sony gilt der ‚Walkman‘, der maßgeblich von Morita entwickelt und von ihm gegen Widerstände im eigenen Hause durchgesetzt wurde. Der Überlieferung nach entschied Morita persönlich, dass der Walkman mit kleinen Kopfhörern anstelle von zwei kleinen Boxen ausgeliefert wurde. Der Begriff ist von Sony rechtlich geschützt, gleichwohl wurde er zum Gattungsbegriff.

Andere Innovationen, die maßgeblich vom Hause Sony entwickelt oder beeinflusst wurden, sind die → *CD*, das Tonsystem für Kinos → *SDDS*, das Mini-Disc-System (→ *MD*) und die → *Triniton*-Technik für Monitore.

Insgesamt ist es Sony zu verdanken, dass japanische Produkte der Unterhaltungselektronik in den späten 80er und frühen 90er Jahren das Image des billigen und nicht lange haltbaren Produktes ablegten.

1946

Sony wird von dem Physiker und späteren Präsidenten (ab 1971) sowie Vorstandsvorsitzenden (ab 1976) Akio Morita und dem Erfinder Masaru Ibuka als ‚Tokyo Tsushin Denki‘ in einem ausgebombten Warenhaus gegründet. Beide kennen sich aus der Kriegszeit, als sie in Laboratorien militärische Entwicklungen voran trieben. Ibuka betrieb zu diesem Zeitpunkt schon ein Labor für Präzisionsmesstechnik.

1952 und später

Das Unternehmen erwirbt nach rund einjährigen Verhandlungen eine Lizenz von den Bell Laboratories für die Transistorenproduktion. Der Überlieferung nach teilt man ihnen mit, dass der Transistor sowieso nur bei niedrigen Frequenzen arbeitet und lediglich in Hörgeräten einsetzbar ist.

Mit 25 000 $ wird das Unternehmen bei der Weiterentwicklung der Transistortechnik durch den japanischen Staat unterstützt.

In der Folgezeit gelingt es, Transistoren für hohe Frequenzen zu entwickeln, wofür Forscher aus dem Unternehmen später den Nobelpreis erhalten (1973). Ferner legt das Unternehmen damit den Grundstein für die Erfindung des Transistorradios und steigt damit in den Markt der Unterhaltungselektronik ein.

1955

Der Uhrenhersteller Bulova bietet Sony an, rund 100 000 Stück des Transistorradios zu kaufen und unter eigenem Namen zu vertreiben. Es enTsteht ein Konflikt zwischen Morita, der das Re-Branding ablehnt, und dem Aufsichtsrat zusammen mit Ibuka, der diesen Auftrag haben möchte, da sein Wert höher ist als die zu diesem Zeitpunkt geltende Börsenkapitalisierung des Unternehmen. Morita setzt sich durch, da er schon zu diesem Zeitpunkt Sony als globale Marke positionieren möchte und kein Re-Branding zulässt. Jahre später bezeichnet er diese Entscheidung als seine wichtigste.

1958

Der Name wird in Sony geändert, das sich von lat. sonus = der Ton ableitet. Grund für diese Umbenennung war die bessere Einprägsamkeit, Aussprechbarkeit und Kürze der neuen Bezeichnung.

1971

Die erste Fabrik in Übersee wird in den USA eröffnet.

Mitte der 70er Jahre

Bei den Videorecordern (→ *Videorecorder*) setzt sich die Entwicklung Betamax von Sony nicht gegen VHS auf dem Weltmarkt durch, da Betamax nicht konsequent weiterentwickelt wird, wodurch sich VHS als Standard etablieren kann.

Späte 70er Jahre

Zusammen mit Philips entwickelt man die → *CD* und bringt sie 1982 auf den Markt.

1979 bringt Sony den Walkman auf den Markt.

1987

Im Frühjahr übernimmt Sony für 2 Mrd. $ den amerikanischen Plattenproduzenten CBS Records.

1989

Zusammen mit Shintaro Ishihara schreibt Morita das Buch „A Japan that can say No“, das einerseits in Japan als Werk aufgenommen wird, das endlich ausspricht, was alle Japaner empfinden, andererseits aber außerhalb Japans als antiamerikanisches Werk verstanden wird und zu ernsthaften Irritationen zwischen den USA und Japan führt sowie Moritas Reputation beschädigt.

Für mehrere Mrd. $ erwirbt Sony das traditionsreiche Hollywood-Studio Columbia Pictures, hat in den folgenden Jahren aber kein besonderes Glück bei der Filmproduktion. Vier Jahre später kommt es zu desaströsen Verlustabschreibungen in Höhe von 3,4 Mrd. $.

Soundkarte

Bezeichnung für die zusätzliche Steckkarte in → *PCs* zur Verarbeitung externer oder Erzeugung interner Tonsignale (Musik, Geräusche). Enthält analoge und digitale Bausteine auf einer Platine.

Hauptbestandteile: Synthesizer (Klangerzeuger), → *MIDI*-Schnittstelle, AD-DA-Wandler zur Aufnahme externer, analoger Töne oder zum Abliefern intern erzeugter Töne an die analoge Außenwelt und meistens eine → *CD-ROM*-Schnittstelle. Ferner sind häufig folgende Schnittstellen zur Außenwelt integriert: Phone-Out (Kopfhörer), Line-Out (Lautsprecher), Line-In (Mikrofon) und Audio-In/CD-ROM-In.

→ *DSPs* auf Soundkarten sind nur für Sonderfälle bei professionellen Anwendungen zu empfehlen.

Soundkarten gehören seit ca. 1995 zur Serienausstattung von PCs.

→ *Cinch.*

Source Routing

Bezeichnung eines Protokolls zur Verwaltung der → *Bridges* und Teilnetze in größeren Netzen mit mehreren möglichen Wegen von einem Sender zu einem Empfänger. Das Protokoll ist in den Bridges enthalten, die zur Kopplung von Teilnetzen nach dem → *Token-Ring*-Prinzip arbeiten.

Ziel ist die Bestimmung eines optimalen Weges zwischen zwei an das gesamte Netz angeschlossenen Stationen. Im Gegensatz zum → *Spanning Tree Algorithmus* erfolgt das Routing durch die Stationen selbst. Die Stationen ihrerseits können über Broadcast-Messages einen Weg suchen, bei dem sie über max. 13 Bridges (→ *Hop*) gehen dürfen.

Die Stationen senden dabei mehrere Testdatenpakete an den gewünschten Empfänger. Jede Bridge, die von diesen Testpaketen auf ihrem Weg zum Empfänger durchlaufen wird, fügt in diesen Testrahmen ihre Adresse ein. Das beim Empfänger zuerst angekommene Testdatenpaket wird inklusive der Informationen über die durchlaufenen Bridges an den Sender zurückgeschickt, der damit eine Information über den optimalen Pfad erhalten hat, über den in einem zweiten Schritt die eigentlichen Nutzdaten übertragen werden können.

Vorteil dieses Verfahrens ist, dass der bestmögliche Weg gewählt wird. Nachteilig ist der zusätzlich generierte Verkehr auf dem Netz und die dadurch zusätzlich verbrauchte Rechenleistung in den Netzknoten. Darüber hinaus wirken sich Veränderungen in der Netztopologie nicht sofort auf die einmal ermittelten, optimalen Routinginformationen in den Stationen aus, d.h., das Verfahren muss regelmäßig angewendet werden, um nicht nach einiger Zeit nur noch einen suboptimalen Weg zu haben. Entsprechende Token-Ring-Karten für PCs löschen daher durch einfaches Ausschalten des PCs die betreffenden Routinginformationen und ermitteln diese bei jedem Anschalten von neuem. Source Routing empfiehlt sich daher nur für Netze mit einem relativ geringen Anteil an segment-übergreifendem Verkehr und mit nur allmählichen Änderungen an der Topologie.

South Pacific Network

Bezeichnung eines insgesamt 16 500 km langen Systems von → *Unterwasserkabeln* zu Telekommunikationszwecken im südlichen Pazifik. Das System besteht aus drei einzelnen Verbindungen:

- PacRimWest: Eine 7 000 km lange, glasfaserbasierte Verbindung von Australien zur Inselgruppe Guam. Inbetriebnahme 1994.
- PacRimEast: Eine glasfaserbasierte Verbindung von Neuseeland zur Inselgruppe Hawaii. Inbetriebnahme 1993.
- Tasman 2: Eine glasfaserbasierte Verbindung zwischen Australien und Neuseeland über 2 225 km, verlegt 1991/1992 vom Verlegeschiff „Vercors“.

Das gesamte System wurde von Telstra initiiert, die auch der Hauptanteilseigner am Betreiberkonsortium ist.

Southern Cross Cable Network

Bezeichnung eines insgesamt 29 000 km langen → *Unterwasserkabels* zu Telekommunikationszwecken im Pazifik.

Es verbindet die USA mit Hawaii, den Fiji-Inseln, Neuseeland und Australien. Die Träger des rund 800 Mio. $ teuren Projektes sind MCI Worldcom, Optus und Telecom New Zealand.

SOVA

Abk. für Soft Output Viterbi Algorithm.

SP

1. Abk. für Signalling Point.
   → *IN.*
2. Abk. für → *Service-Provider.*
3. Abk. für Switch Port.

SPA

Abk. für Software Publishing Association.

Bezeichnung einer nordamerikanischen Interessenvereinigung der Softwareindustrie zur Vertretung ihrer Interessen, insbesondere zur Etablierung eines wirksamen Schutzes gegen Raubkopien und Softwarepiraterie aus dem Ausland.

→ *http://www.spa.org/*

Space Diversity

→ *Diversity.*

Spaceway

Bezeichnung eines Systems für → *Satellitenmobilfunk*. Es wurde von der amerikanischen Firma Hughes Aircraft initiiert. Zunächst als reines US-Projekt geplant, wird nun weltweite Flächendeckung angestrebt. Das System soll mit neun bis 17 Satelliten in einer Höhe von rund 36 000 km (→ *GEO*) operieren und Bandbreiten von 16 kbit/s bis 6 Mbit/s zur Verfügung stellen. Investitionskosten: 3,2 bis 6 Mrd. $. Das System nutzt eine Bandbreite von rund 500 MHz bei 2,5 GHz im → *Ka-Band*.

Größe der Empfangsantenne der → *MS*: 26 Inches. Die Satelliten haben ein Gewicht von 8,355 t und eine prognostizierte Lebensdauer von 15 Jahren. Geplante Kosten für Nutzer: 6 $ für 30 Minuten Videokonferenz. Seine Inbetriebnahme war für 1998 geplant.

Konkurrenten des Systems sind → *Teledesic*, → *Skybridge* und → *Celestri*.

→ *http://www.spaceway.com/*

SPAG

Abk. für Standards Promotion and Application Group.

Bezeichnung einer europäischen Vereinigung von Herstellern von Computern und Datenkommunikationsgeräten, die sich um die Förderung von Protokollen nach dem → *OSI-Referenzmodell* bemühen.

Spaghetti-Code

Jargon unter Programmierern. Er bezeichnet einen unstrukturierten Programmierstil (→ *Strukturierte Programmierung*), bei dem die einzelnen Module eines Programms (Funktionen, Subroutinen, Prozeduren etc.) kreuz und quer, ohne erkennbare Systematik miteinander verbunden sind, so dass der Programmlauf (wie eine einzelne Nudel in einem Haufen Spaghetti) nicht einfach nachvollzogen und verfolgt werden kann.

→ *Software-Engineering*.

Spam, Spamming

Auch Junk-Mail oder Unsolicited Bulk E-Mail genannt. Jargon für unerwünscht erhaltene → *E-Mail* (Massen-E-Mails, Pressemitteilungen, Werbemails etc.). Grund für die Ablehnung ist, dass die Empfänger (aus ihrer Sicht) mit unnötigen Kosten belastet werden, da sie zum Laden der E-Mail in ihren Rechner die Kosten für die Datenübertragung über das Telefonnetz zahlen.

Spam ist nicht erst eine Erscheinung seit dem Erfolg des → *Internet* Mitte der 90er Jahre. Schon 1975 verfasste Jonathan ‚Jon' Postel (* 6. August 1943, † 16. Oktober 1998) den → *RFC* 706 mit dem Titel „On the Junk Mail Problem".

Im November 1997 verbat mit dem Landgericht Traunstein erstmals ein Gericht in Deutschland einer Werbeagentur für Marketing, im → *Internet* Privatpersonen ohne deren vorherige Einwilligung E-Mails zu Werbezwecken zuzusenden.

Im August 1997 klagte der Internet-Service-Provider (→ *ISP*) Typhoon Inc. aus Tokio gegen den Versender von Massen-E-Mails America Paging.

International hat sich die → *CAUCE* vorgenommen, gegen Spam vorzugehen.

Im Mai 1998 hatte das Landgericht Berlin in zwei einstweiligen Verfügungen das Zusenden unverlangter Werbe-E-Mails für unzulässig erklärt. Für den Fall der Zuwiderhandlung wurde den zwei betroffenen Unternehmen ein Ordnungsgeld von bis zu 500 000 DM angedroht. Neu bei diesem Urteil war, dass auch Privatpersonen ihren Unterlassungsanspruch selbst geltend machen können und so auch Freiberufler oder wie im vorliegenden Fall Gewerbetreibende gegen unverlangte E-Mail-Werbung vorgehen können. In der Urteilsbegründung heißt es unter anderem, dass dem Empfänger (im Gegensatz z.B. zum Empfang eines Werbefaxes) Kosten für den genutzten Onlineservice und die Telefonverbindung entstehen, ohne dass er die E-Mails bereits als Werbung identifizieren kann (Az 16 O 201/98 und 16 O 301/98), d.h., der Empfänger muss Kosten, Zeit und auch Mühe zum Erkennen der unerwünschten E-Mails investieren.

In Kalifornien gilt seit August 1998 ein Gesetz, das es ISPs ermöglicht, Spammer zu verklagen, die ihre Systeme für Spamming missbrauchen. Es kann eine Strafe von wahlweise 50 $ pro einzelner E-Mail oder 15 000 $ täglich verhängt werden.

In Österreich ist Spamming seit August 1999 dank einer Änderung des Telekommunikationsgesetzes verboten, es sei denn, der Empfänger hat zuvor und jederzeit widerruflich seine Zustimmung gegeben.

Mittlerweile bieten große Online-Dienste ihren Mitgliedern an, Massen-E-Mails für ihren persönlichen Account zu sperren. Der Online-Dienst identifiziert derartige Mails anhand der großen Zahl gleichgroßer Mails mit identischem Absender und leitet alle eingehenden Mails dieses Profils nicht weiter. Derartige Filter lassen jedoch auch die Möglichkeit zu, dass jeder Teilnehmer des Online-Dienstes diesen Filter für sich individuell zu- oder abschaltet, so dass er bei Interesse auf die Werbe-E-Mails nicht verzichten muss.

Die Bezeichnung ‚Spam' leitet sich von dem 1937 von der Firma Hormel Foods erstmals entwickelten Konservenfleisch ab. Dieser Produktname wurde in einem populären Sketch der britischen Komikertruppe „Monty Python" über Wikinger extrem häufig erwähnt. Dieser Sketch erreichte angeblich den Höhepunkt seiner Popularität zu einem Zeitpunkt, da sich die Internet-Gemeinde erstmals mit dem Phänomen des Spamming auseinandersetzte.

→ *Flame*, → *Hoax*, → *Netiquette*, → *Mail-Robots*.

→ *http://www.junkemail.org/*

Spanning Tree (Algorithm, Protocol)

Abgekürzt häufig mit STA oder STP. Bezeichnung eines in größeren → *LAN* nach dem → *Ethernet*-Protokoll mit mehreren möglichen Pfaden zwischen zwei Stationen eingesetzten Protokolls auf der Schicht 2 des → *OSI-Referenzmodells* zur Pfadbestimmung (→ *Routing*) zwischen zwei Stationen. Dass es zwischen zwei Stationen mehrere Pfade geben kann hängt mit der Topologie des LANs zusammen. Durch im Laufe der Zeit bei wachsenden LAN eingefügte → *Bridges* oder → *Switches* können sich geschlossene Schleifen gebildet haben.

Das Spanning-Tree-Verfahren verfolgt drei Ziele:

- Verhindern kreisender Datenpakete in einem LAN mit mehreren möglichen Pfaden zwischen zwei Stationen
- Bestimmung eines optimalen Pfades bei mehreren Alternativen
- Bereitstellung eines alternativen Pfades bei Störung oder Ausfall eines präferierten Pfades

Das Protokoll läuft in Bridges oder Switches und entlastet damit die angeschlossenen Stationen davon, optimale Wege selbst bestimmen zu müssen. Dabei kennen die Bridges und Switches die gesamte Topologie des Netzes, was durch Learning Bridges ermöglicht wird, die die Ziel- und Quelladressen der durch sie hindurchgehenden Pakete selbständig analysieren und dadurch Veränderungen des Netzes registrieren. Das gesamte Netz wird bei dem Verfahren als Baum (Tree) aufgefasst, in dem die angeschlossenen Stationen die Blätter und die Bridges und Switches die Wurzeln (Roots) sind.

Alle Bridges tauschen regelmäßig spezielle Rahmen aus, sog. Bridge Protocol Data Units (BPDU). Jede Bridge hat eine Priorität und eine eineindeutige Nummer. Für alle miteinander über Bridges verbundene LANs wird eine Bridge dynamisch zur Root Bridge bestimmt. Dies ist die Bridge mit der höchsten Priorität und der kleinsten Ordnungsnummer. Um das System an Veränderungen der Topologie anzupassen, wird die Root Bridge in regelmäßigen Intervallen bestätigt oder neu bestimmt.

Nachdem die Root Bridge etabliert ist, können die verbrauchten Ressourcen als Aufwände der Pfade zu einer Art „Kosten" aller Pfade von der Root Bridge zu allen anderen Ports anderer Bridges im jeweils der Root Bridge zugeordneten Teil des LANs bestimmt werden. Die Summe dieser Kosten sind die Root Path Costs (RPC). Der Port mit den niedrigsten RPCs einer Bridge bzw. bei gleichen Kosten für mehrere Ports ist der Port mit der niedrigsten Ordnungsnummer der Root Port.

In einem letzten Schritt können so genannte Designated Ports bzw. Designated Bridges bestimmt werden. Dabei handelt es sich um solche Ports/Bridges, über die ein Pfad mit den niedrigsten Kosten von einem beliebigen LAN zur Root Bridge führt. Alle anderen Ports der Bridges bzw. andere Bridges überhaupt werden deaktiviert. Sie können bei Bedarf (z.B. Änderung der Netztopologie) durch den Aufbau eines neuen Spanning Trees wieder aktiviert werden.

Die Zeit, die in einem Netz bis zur Ermittlung von stabilen Pfaden führt, wird als Konvergenzzeit bezeichnet und beträgt bei Verwendung des STPs ca. 40 bis 50 s.

Das Verfahren wurde im Hause DEC entwickelt und ist in → *IEEE* 802.1 D definiert.

→ *Source Routing*.

SPARC

Abk. für Scalable Processor Architecture.

Eine insbesondere von der Firma Sun geförderte und im Juli 1987 vorgestellte sowie hochleistungsfähige Rechnerarchitektur nach dem → *RISC*-Prinzip für → *Workstations*. Erstes Modell mit dieser Rechnerarchitektur war die Sun 4. Hervorgegangen ist diese Architektur aus dem RISC-I-Projekt an der Universität in Berkeley. Maßgeblich mitentwickelt von William ‚Bill' Joy, der dort schon am → *Unix* mitentwickelt hat.

Später nutzten auch Fujitsu und Xerox die Architektur für die Herstellung ihrer Produkte.

Im Laufe der Zeit erfuhr die SPARC-Architektur zahlreiche Verbesserungen und Erweiterungen, die sich in unterschiedlichen Versionen ausdrückten.

→ *http://www.sparc.org/*

SPC

1. Abk. für Stored Program Control.

   Steht für die erste Generation von speicherprogrammierten Vermittlungen. Sie löste die rein mechanischen Koppelfelder, wie z.B. → *Crossbar-Switches* in den 60er Jahren in den USA ab. Anstelle des mechanischen Koppelfeldes trat ein elektronisches, das nach dem → *TDMA*-Verfahren beschaltet wurde.
2. Abk. für Semipermanent Circuits.

SPD

1. Abk. für Security Policy Database.

   → *IPSec*.
2. Abk. für Serial Presence Detect.

   Bezeichnung für spezielle Schaltkreise, die in SDRAM-Bausteinen zum Einsatz kommen.

S/PDIF

Abk. für Sony/Philips Digital Interface.

Bezeichnung für einen Standard zur Übertragung digitaler Audiodaten im semiprofessionellen Bereich. Digitale Audiodaten können über diese Schnittstelle direkt von einer digitalen Quelle zu einem digitalen Endgerät (z.B. einem → *DAT*-Gerät) überspielt werden, ohne das Audiosignal noch einmal unter Inkaufnahme von Qualitätsreduktion in ein analoges Signal zurück zu verwandeln.

Auf der Schicht 1 des → *OSI-Referenzmodells* wird ein herkömmlicher sog. RCA-Stecker verwendet, wie er in Nordamerika oft bei Geräten der Heimelektronik zu finden ist. Es gibt aber auch eine optische Schnittstelle.

Ein alternativer Standard im professionellen Bereich ist → *AES/EBU*.

SPE

Abk. für Synchronous Payload Envelope.

SPEC

Abk. für Systems (Standard) Performance Evaluation Cooperation.

Bezeichnung einer Ende 1988 von HP, Apollo, Mips und Sun gegründeten Initiative. Sie geht auf eine Idee der Zeitschrift ‚Electronic Engineering Times' zurück. Ziel: Definition und Durchführung herstellerunabhängiger, standardisierter und nachvollziehbarer Leistungstests für Prozessoren und Computer unter dem Betriebssystem → *Unix*. Produkte verschiedener Hersteller sollen so leichter zu vergleichen sein.

Das Testverfahren wird mit Specmarks bezeichnet und wurde im Laufe der Zeit verändert.

1989 wurden zehn Programme zum Test definiert (vier in → *C*, sechs in → *Fortran*).

Dabei wurde darauf geachtet, dass es sich um reale, zu lösende Probleme aus Wissenschaft und Technik handelt und nicht um hintergrundlose Belastungs- und Rechentests. Testresultate waren die Kennzahlen SPECint[89] und SPECfp[92] als Integer- und Fließkommazahl. Diese Verfahren und Resultate wurden wegen ihrer zu leichten Manipulierbarkeit teilweise kritisiert.

Daraufhin wurde eine neue Programmsammlung (SPEC92) mit den Teilen CINT92 und CFP92 definiert. Da auch diese Werte wegen einer Fülle von einstellbaren Parametern oft nicht aussagekräftig waren, wurden 1994 abgemagerte Testprozeduren mit nur noch vier Variablen als SPECint92base und SPECfp92base definiert, die neben den unveränderten (Peak-) Prozeduren stehen. Die 92er Testverfahren wurden im Laufe von 1996 ungültig, da die Weiterentwicklung zu SPECint95 (sieben C-Programme) und SPECfp95 (zehn Fortran-Programme) führte.

1996 wurde mit SPECweb96 ein Verfahren zum Test der Leistungsfähigkeit von → *WWW*-Servern spezifiziert.

Dabei rufen mehrere Abfrageprozesse von einem oder mehreren Rechnern eine definierte Menge von HTML-Dateien nach bestimmten Zugriffsmustern ab. Diese wurden aus Log-Dateien von realen, großen WWW-Servern ermittelt, um die Belastung möglichst realistisch simulieren zu können. Die Zahl der Zugriffe pro Sekunde wird während des Tests nach und nach gesteigert. Als Ergebnis des Tests wird die mittlere Antwortzeit in Abhängigkeit von der steigenden Last ermittelt. Diese Ergebnisse werden in der Größe SPECweb96 zusammengefasst, indem die maximale Anzahl an Zugriffen für die jeweiligen Mengen von HTML-Dateien gemittelt werden.

→ *GAMM-Mix*, → *Gibson-Mix*, → *Linpack*.

→ *http://www.specbench.org/*

→ *http://www.spec.org/*

Speicher

1. Allgemein elektronische, magnetische oder optische Medien zur kürzeren oder längeren Aufnahme von digitalen Informationen in Rechenanlagen. Die Information kann in den Speicher eingegeben (eingelesen, eingeschrieben) und aus ihm abgerufen (ausgelesen) werden. Speicher können auf verschiedene Arten klassifiziert werden, z.B. anhand der Flüchtigkeit der Daten:
   - Flüchtiger Speicher: Der Speicherinhalt geht nach Abschalten einer Versorgungsspannung verloren.
   - Nichtflüchtiger Speicher (Permanentspeicher, dauerhafter Speicher): Der Speicherinhalt wird ohne Zuführung externer Energie, wie z.B. einer elektrischen Versorgungsspannung, dauerhaft bzw. zumindest für längere Zeit (gemessen in Jahren) unverändert im Speicher gehalten.

   Eine weitere Unterscheidung differenziert zwischen:
   - Internen Speichern, die zur → *CPU* gehören
   - Externen Speichern

   Ferner kann unterschieden werden zwischen:
   - Nur-Lese-Speichern: Ein einmal eingeschriebener Wert kann nicht mehr geändert, sondern nur noch ausgelesen werden (auch Festwertspeicher oder Festspeicher genannt).
   - Schreib-Lese-Speicher: Eine Information kann in diesen Speicher geschrieben und gelesen werden, zudem kann bei Bedarf auch eine andere Information eingeschrieben werden (Überschreiben), wobei die erste verloren geht.

   Zur technischen Beschreibung eines Speichers werden üblicherweise die folgende technischen Parameter herangezogen:
   - Speicherkapazität (angegeben in Byte bzw. Vielfachen)
   - Zugriffszeit
   - Speichermedium (Halbleiter, magnetische Band- oder Plattenmedien oder optische Plattenmedien)

   In wirtschaftlicher Hinsicht kann ein Speicher auch durch die Größe Kosten pro Bit bzw. Byte beschrieben werden, wobei diese Werte mittlerweile derart klein sind, dass z.B. die Kosten pro MByte angegeben werden.

   → *Cache*, → *CD*, → *DAT*, → *Diskette*, → *DVD*, → *Hi-8*, → *Magnetblasenspeicher*, → *Magnetkernspeicher*, → *MOD*, → *Festplatte*, → *Puffer*, → *QIC*, → *RAM*, → *Register*, → *ROM*, → *Swapping*, → *Video-8*, → *Virtueller Speicher*.
2. Bei der Architektur des → *Von-Neumann-Rechners* die Einheit zur Aufnahme von Daten und Programmen innerhalb eines Rechners. In dieser Funktion auch → *Arbeitsspeicher* genannt.
3. In der Nebenstellentechnik auch → *Rufnummerngeber* genannt.

Speicherbetrieb

Bezeichnung für ein → *Leistungsmerkmal* von Geräten für den → *Fax*-Dienst, bei dem die zu versendende Vorlage abgetastet und in einen Speicher eingelesen wird. Erst nachdem sich die Vorlagedaten komplett im Speicher befinden, wird die zuvor eingegebene Rufnummer gewählt.

Vorteil des Verfahrens ist, dass der Verwender die Vorlage sofort wieder zurückerhält und das Faxgerät alleine den Anruf abwickeln lassen kann.

Ein ähnliches Leistungsmerkmal ist das → *zeitversetzte Senden*.

Speichervermittlung

Sie wird in Deutschland selten auch noch Teilstreckenvermittlung oder Datagramm-Vermittlung genannt. Oberbegriff für ein Vermittlungsprinzip, bei dem nicht physikalische Kanäle für die Dauer einer Verbindung permanent durchgeschaltet werden, sondern bei denen die zu übertragenden Datenmengen in einzelne Teile zergliedert und in Teilmengen durch das Netz geschickt werden, wobei diese Teilmengen in den Vermittlungsknoten zwischengespeichert und (z.B. unter Auslastungsgesichtspunkten) weitergeleitet werden.

Man unterscheidet die → *Zellen-* und die → *Paketvermittlung.*

Speicherwerk

Andere Bezeichnung für → *Arbeitsspeicher.*

Spektrale Effizienz

Bezeichnung für eine Kenngröße, die angibt, wie gut die knappe Ressource der Frequenz bei Verfahren der → *digitalen Modulation* ausgenutzt wird.
Die Spektrale Effizienz η ergibt sich aus der Bitrate R und der zur Übertragung von R benötigten Bandbreite B aus:

$$\eta = R / B$$

und wird angegeben in der Einheit bit/s/Hz.
In digitalen Übertragungssystemen wird die spektrale Effizienz durch zwei Parameter begrenzt:

- → *Intersymbolinterferenz*
- Rauschen, oft modelliert als (additives) Gaussches weißes Rauschen (→ *AWGN*)

Spektrogramm

Bezeichnung für eine Darstellungsmethode zur Analyse von Frequenzgemischen, z.B. zur Sprachanalyse. Dabei zeigen zwei Diagramme den Zusammenhang zwischen Zeit, → *Frequenz* und → *Amplitude* einer Schwingung auf.
Das erste Diagramm trägt über der Zeit die Amplitude des gesamten Frequenzgemisches auf; das zweite Diagramm trägt über der Zeit die verschiedenen diskreten Frequenzanteile auf und markiert zu diskreten Zeitpunkten mit verschiedenen farbigen Intensitäten (z.B. Graustufen) die Amplitude der jeweiligen Frequenz zu einem Zeitpunkt.

Spektrum

Bezeichnung für die übersichtliche Darstellung von sich überlagernden Frequenzen innerhalb eines Frequenzgemischs. Dabei wird auf der X-Achse die → *Frequenz* aufgetragen und auf der Y-Achse die → *Amplitude* der jeweiligen Frequenz.

Sperre

Bezeichnung für ein → *Leistungsmerkmal,* bei dem bestimmte Kategorien von ausgehendem Verkehr für einen Anschluss, z.B. in einer Nebenstellenanlage, nicht zugelassen werden.
Beispiele sind:

- Alle abgehenden Verbindungen (Anschluss kann nur angerufen werden)
- Verbindungen mit einer bestimmten Vorwahl
- Alle Verbindungen exklusive derjenigen mit einer bestimmten Vorwahl
- Fernverbindungen
- Auslandsverbindungen
- Interkontinentale Verbindungen

→ *Berechtigungsklasse,* → *Barring.*

Sperry

→ *Unisys.*

SPF

1. Abk. für Short Pass (Optical) Filter.
2. Abk. für Shortest Path First.
   → *OSPF.*

SPI

Abk. für Service Provider Interface.

Spice

1. Abk. für Simulation Program with Integrated Circuits Emphasis.
   Bezeichnung eines weitverbreiteten Simulationsprogramms für die Entwicklung von → *ICs.* Es wurde in den frühen 70er Jahren an der University of California in Berkeley entwickelt und erfuhr seither zahlreiche Verbesserungen und neue Versionen.
2. Abk. für Software Process Improvement and Capability Determination.
   Bezeichnung eines gemeinsam von der → *ISO* und der → *IEC* entwickelten Verfahrens zur Bewertung des Prozesses der Software-Erstellung. Mittlerweile existiert eine Spezifikation 2.0 dieses Bewertungsverfahrens.
   → *http://www-sqi.cit.gu.edu.au/spice/welcome.html/*

Spider

→ *Suchmaschine.*

Spiegeln

→ *Mirroring.*

Spielekonsole

→ *Console.*

Spike

Auch Puls genannt. Bei Spannungsversorgungssystemen ein kurzfristiges Überschreiten der maximal zulässigen Netzspannung mit einer Dauer von 0,5 bis 200 µs.
→ *Fischchen,* → *USV,* → *Sag.*

SPKL

Abk. für Simple Public Key Mechanism.

SPL

Abk. für Self Provision Licence.
Begriff aus der Regulierung. Bezeichnet in Großbritannien sog. Selbstversorger, d.h. Unternehmen, die z.B. ihr eigenes → *Corporate Network* betreiben.

Spleißen

Begriff aus der → *Glasfasertechnik.* Bezeichnet den Vorgang, bei dem zwei Fasern unter einem Lichtbogen bei ca. 2 000°C miteinander verschmolzen werden. Ziel ist eine stoffschlüssige, dämpfungsarme und dauerhafte Verbindung. Notwendig dafür sind eine exakte mechanische Justierung mittels Mikromanipulatoren und eine hohe Präzision.
Die Verbindung wird anschließend mit Spleißschutzvorrichtungen (Spleißschutzhalter, Spleißkassette, Spleißbox, Spleißmuffe) gegen mechanische und Umweltbelastungen geschützt.

Mit mikroprozessorgesteuerten automatischen Spleißgeräten (Aktenkoffergröße oder kleiner) lassen sich Verbindungen mit einer Dämpfung unter 0,2 dB (bei → *Multimode-Gradientenindex-Faser*) oder um 0,3 bis 0,4 dB (bei → *Einmoden-Faser*) herstellen.
Eine niedrige Verbindungsdämpfung wird durch ein sorgfältiges Zuschneiden der zu spleißenden Enden mit einem → *Cleaver* unterstützt.
→ *http://www.subexgroup.com/files/htm/tnote5.htm/*

Splitspeedmodus

Bezeichnet bei einem → *Modem* die Betriebsart mit unterschiedlichen Übertragungsraten für Hin- und Rückkanal.

Splitter

1. Begriff aus der → *Glasfasertechnik*. Er bezeichnet optische Verteiler, die von der → *OLT* kommende Signale von zwei Glasfasern mit Kapazitäten von 140 oder 565 Mbit/s auf bis zu (aktuell) 32 → *ONUs* oder → *ONTs* verteilen. Ziel des Einsatzes ist Bandbreitenoptimierung, um möglichst viele Teilnehmer an Glasfaserübertragungsleitungen anzuschließen.
2. Bezeichnung passiver Verteilkomponenten im → *Breitbandkabelverteilnetz*.

   Dabei wird ein Signal einer Eingangsleitung gleichmäßig auf mehrere gleich starke Signale auf Ausgangsleitungen aufgeteilt. Üblich sind zwei bis acht Ausgangsleitungen. Splitter werden am Ende des Verteilsystems in niedrigen Netzebenen eingesetzt.
3. → *Monitor-Splitter*.

Spoofing

Bezeichnung für ein in mehreren Zusammenhängen gebrauchtes Manipulieren von Datenpaketen.

1. Im Zusammenhang mit → *LANs* die Bezeichnung für ein Vorgehen von → *Bridges* oder → *Routern*, die manipulierte Statusmeldungen von Geräten senden, die sich außerhalb des LANs befinden, aber über die Bridge oder den Router angeschlossen sind. Dies vermeidet unnötigen Verkehr über das LAN, der nur aus Kontroll- und nicht aus Nutzdaten besteht.
2. Begriff aus der Szene der → *Hacker*. Bezeichnet das gezielte Manipulieren von Informationen in → *Headern* von Datenpaketen, insbesondere im → *Internet*, mit dem Ziel, bestimmte Identitäten (Address Spoofing), Paketarten etc. vorzutäuschen, um in z.B. durch einen → *Firewall* in geschützte Systeme eindringen zu können. Dann auch häufig Address-Spoofing genannt. Ein wirksames Gegenmittel ist ein entsprechender Firewall.

   Derartiges Spoofing, auch IP-Spoofing oder DNS-Spoofing genannt, wird z.B. auch bei einem → *SYN-Flooding* verwendet.

Spooling

Begriff aus der Frühzeit der Datenkommunikation. Entstanden Mitte der 60er Jahre. Früher wie heute besteht oft das Problem, dass von langsamen Peripheriegeräten (Drucker, Modem) weiterzuverarbeitende Daten nicht so schnell verarbeitet werden können, wie sie zur Verfügung stehen. Um dies auszugleichen, ist ein Pufferspeicher nötig. Das Ablegen der Daten in diesem Puffer und deren Abarbeiten wird mit Spooling bezeichnet.

Sponsored Calls, Sponsored Minutes

→ *Werbefinanzierte Telefonie*.

Spotbeams

Begriff aus der Satellitentechnik (→ *Satellit*). Bezeichnet die Unterteilung eines → *Footprints* in weitere kleine Einheiten, dann auch Zellen genannt.

SPR

Abk. für Single Path Routing.

Sprachanalyse

→ *Sprachsystem*.

Sprachbox

→ *Mailbox*.

Sprachcodec, Sprachcoder

→ *Sprachübertragung*.

Sprachpausenunterdrückung

→ *Sprachübertragung*.

Sprachqualität

→ *Sprachübertragung*.

Sprachspeichersystem

→ *IVR*.

Sprachsynthese

→ *Sprachsystem*.

Sprachsystem

Oberbegriff für Systeme, die Funktionen aus einem oder beiden der zwei folgenden Bereiche beinhalten:

- Sprachanalyse: Gesprochene Sprache wird in ein System eingegeben und analysiert. Die Analyseergebnisse können gespeichert oder weiterverarbeitet werden. Als Möglichkeiten der Weiterverarbeitung kommen dabei zwei grundsätzliche Möglichkeiten in Frage:
  - Umwandlung des Inhalts in eine andere Form (z.B. in Text oder eine andere natürliche Sprache)
  - Eingabe der erkannten Bedeutung zur Auslösung von Aktionen in ein automatisches System (Maschine, Computer), dann auch genannt Command and Control System. Bei derartigen Anwendungen kommt es darauf an, bestimmte anwendungsspezifische und üblicherweise in der Anzahl wenige Schlüsselwörter (Befehle zur Steuerung) zu erkennen.

  Derartige Systeme werden auch mit ASR (Automatic Speech Recognition) bezeichnet.

  Moderne ASR-Systeme können folgende Leistungsmerkmale besitzen:

- Möglichkeit der gleichzeitigen Eingabe von Sprache, während eine Ausgabe erfolgt (sog. Barge-In oder auch Cut-Through). Die Sprachausgabe wird dabei häufig direkt nach Detektion der Eingabe unterbrochen. Ist dies nicht der Fall, ist eine Echokompensation zur Vermeidung von Rückkopplung notwendig.
- Erkennung von gesprochenen Buchstaben und Zahlen.
- Erkennen einzelner Schlüsselwörter in einem kontinuierlichen Sprachfluss (Einzelworterkennung), entweder auf der Basis von → *Phonemen* oder auf der Basis von ganzen Worten (Word Spotting, Ganzworterkennung). In diesem Bereich hat ASR als sprecherabhängige Spracherkennung seine Wurzeln: Einzelne Worte werden vom Sprecher in einer Trainingsphase in das System eingegeben, das System analysiert das akustische Frequenzspektrum des gesprochenen Wortes und speichert dieses Muster ab. Gesprochene Worte werden durch einen Vergleich der Spektren des gesprochenen Wortes und der abgespeicherter Wörter erkannt. Dieses Verfahren hat jedoch enge Grenzen hinsichtlich der Anzahl unterscheidbarer Worte.
- Erkennung mehrerer, zusammengehörender Worte und deren Bedeutung (feste Redewendungen, Unterscheidung von gleich klingenden Worten aus dem Zusammenhang heraus etc.). Dies wird mit Verbundworterkennung bezeichnet.
- Individuelle adaptive Sprechererkennung, d.h., das System trainiert sich selbst und kann neue Schlüsselwörter bei einer individuellen Person erkennen (z.B. Namen), die es dann geeignet weiterverknüpft (z.B. mit Telefonnummern), um Aktionen einzuleiten (z.B. einen Anruf tätigen). Dieses Leistungsmerkmal wird durch das Erkennen und dauerhaftes Speichern von Sprachmustern ermöglicht. Dabei muss ein Sprecher neue Wörter mehrfach einsprechen, woraufhin sie analysiert werden. Als Ergebnis werden erkannte Referenzmuster gespeichert, auf die dann bei der regulären Spracherkennung zurückgegriffen werden kann.
- Sprecheridentifizierung (auch Sprecherverifizierung genannt) anhand der akustischen Eigenarten des Sprechers (z.B. zu Sicherheitszwecken oder um automatisch auf individuelle Datenbestände zugreifen zu können).

Zentrales Element eines derartigen Systems ist das Modul, das Sprache tatsächlich erkennt, daher auch Erkenner genannt. In ihn wird eingesprochene Sprache nach einer Geräuschreduktion um akustische Hintergrundsignale eingegeben. Seine Qualität wird als Anteil in Prozent der erkannten an den eingesprochenen Worten angegeben. Diese Größe wird als Erkennungsrate bezeichnet. Eine andere Qualitätsgröße ist die Wortschatzgröße, die angibt, wie viele Einzelworte erkannt werden können.

Der Erkenner greift dabei üblicherweise auf ein Vokabular (Wortschatz) zu und vergleicht das analysierte Muster mit den im Vokabular gespeicherten Mustern. Dem Vorteil eines großen Vokabulars steht ihr Nachteil gegenüber, dass dann die Zahl der bestmöglichen Treffer und damit die Anzahl möglicher falscher Treffer steigt. Daher wird ein Vokabular oft in Teilvokabulare zerlegt, von denen in Abhängigkeit des Kontextes nur eines aktiviert ist. Das erhöht die Erkennungsrate.

- Sprachsynthese: Ein System wandelt bestimmte Arten von Eingabedaten (z.B. Text oder Strichcode) in Sprache um und gibt diese aus.

Dabei unterscheidet man zwischen Systemen, die Sätze oder Satzteile aus bestimmten, bereits vorher aufgenommenen vollständigen Wörtern oder Silben (Fragmenten) zusammensetzen und solchen, die selbst die Wörter und Silben aus vorher aufgenommenen → *Phonemen* ermitteln. Im ersten Fall sind sehr umfangreiche und daher Speicherplatz erfordernde Sammlungen (bis zu 100 000 Fragmente) notwendig.

Praktische Anwendungen beinhalten → *IVR*, Auskunftssysteme, Text-zu-Sprache- und Sprache-zu-Text-Konvertierung sowie Steuerungssysteme (Command- and Control-Systems). Es wird erwartet, dass in Zukunft derartige Systeme zur → *Konvergenz* der Netze beitragen, z.B. indem → *E-Mails* als Texte gefaxt oder am Telefon vorgelesen werden können bzw. dass umgekehrt Sprachnachrichten in Faxnachrichten oder E-Mails verwandelt und entsprechend an einen Empfänger versendet werden können (→ *Unified Messaging*). Technische Plattform hierfür könnte → *VPIM* werden.

Technische Systeme, die durch die Eingabe natürlicher Sprache gesteuert werden, sind bereits immer der Traum von Entwicklern gewesen und haben auch Literaten beflügelt (→ *HAL 9000*, → *Robbie*). Bereits im 18. Jahrhundert gab es Bestrebungen, ‚sprechende' (mechanische) Automaten zu bauen. Ernsthafte Bemühungen starteten dann wieder mit der zweiten Generation von Computern in den 50er Jahren dieses Jahrhunderts.

Die konkrete Entwicklung leistungsfähiger Systeme wurde jedoch erst mit der Realisierung von → *DSPs* und der Anwendung spezieller Modelle (Durchbruch mit Hilfe des Hidden-Markov-Modells ab 1986) möglich und läuft seit den späten 70er Jahren. So sagte bereits 1980 Heinz Nixdorf den Durchbruch für Spracherkennung, Sprachsteuerung und Spracheingabe für Textverarbeitungssysteme bis 1990 voraus. Der Fortschritt erfolgte jedoch wesentlich langsamer, als zunächst erwartet. Erste Laborsysteme, die auf → *Mainframes* liefen, gab es im Hause IBM um 1984, gefolgt von speziellen Systemen auf leistungsstarken PCs ab ca. 1987.

Einfachste kommerzielle Systeme, die nur das Vorhandensein von Sprachaktivität erkennen konnten, kamen ab 1987 auf den Markt.

Leistungsfähigere Geräte zum praktischen Einsatz z.B. in → *Call Center*n kamen mit der zweiten Generation ab 1990 und konnten einzelne Schlüsselwörter bei diskretem Sprechen erkennen, waren aber sehr teuer. So kostete ‚Dragon Dictate' aus dem Hause Dragon Systems zu dieser Zeit rund 9 000 $ und stellte dafür ein Standardvokabular von 30 000 Wörtern zur Verfügung.

Die Hersteller stellten zu jener Zeit für verschiedene Branchen und Anwendungsfälle verschiedene Vokabulare zur Verfügung.

In Automobilen erfolgte ein Einsatz ab ca. 1995 in Luxuslimousinen. Sprachsteuerung für Computer kam 1997 mit einer neuen Version von → *OS/2* auf den Markt.

Populärste Beispiele sind Diktier- und Steuerungssysteme für Textverarbeitungen und Betriebssysteme auf → *PCs*. Sie kamen im Laufe von 1997 auf den Markt, z.B. ‚ViaVoice' (99 $) aus dem Hause IBM oder ‚Naturally Speaking' (169 $) aus dem Hause Dragon Systems (mittlerweile 120 000 Wörter im Vokabular), wobei derartige Systeme immer noch einige Stunden lang auf den individuellen Sprecher und/oder ein spezielles Fachvokabular trainiert werden mussten, um annähernd kontinuierlich, d.h. mit 140 bis 160 Wörtern/Minute, einen fehlerfreien Konvertierungsprozess zu ermöglichen. Im Juli 1998 folgte FreeSpeech 98 aus dem Hause Philips für 39 $, gleichzeitig kam die neue Version ViaVoice 98 von IBM heraus.

Alle diese Systeme waren jedoch gegenüber der Vorgängergeneration (z.B. VoiceType aus dem Hause IBM), die → *diskretes Sprechen* erforderte (ca. 100 Wörter/Minute), ein deutlicher Fortschritt.

Obwohl weltweit erheblicher Aufwand betrieben wird, Sprachsysteme weiterzuentwickeln, und es klar ist, dass Sprachsteuerung in vielen Bereichen das nächste Ziel bei der Entwicklung leicht zu bedienender Benutzerschnittstellen sein wird, gilt nach wie vor, dass der Fortschritt mühsamer als erwartet erfolgt. Insbesondere kann angenommen werden, dass als Folge fehlender Standards für Trainingsverfahren und Standardvokabulare einmal angelegte Wörterbücher und Trainingssequenzen eines Nutzers für Folgeversionen oder andere Sprachsysteme nicht übernommen werden können, sondern erneut angelegt werden müssen.

Allgemein wird vermutet, dass im militärischen Bereich der Sprachsysteme (z.B. automatisches Abhören von Funkverkehr/Telefonverbindungen mit Erkennung von Schlüsselwörtern und automatischer Sprache-zu-Text-Konvertierung mit anschließender Volltext-Analyse; → *Echelon*) die Entwicklungen um rund drei bis fünf Jahre weiter fortgeschritten sind.

→ *Allophon.*

Sprachübertragung, Sprachvermittlung

Bei Sprache handelt es sich um sehr redundante Daten, d.h., der Verlust oder die Störung einzelner Daten während der Übertragung kann in großen Grenzen toleriert werden (Knistern, Rauschen), der menschliche Empfänger kann die übertragene Information dennoch verstehen. Bei paketorientierter Sprachübertragung (→ *Paketvermittlung*, → *Internet-Telefonie*) können z.B. 3 bis 5% Paketverlust hingenommen werden. Diese Größe hängt jedoch vom verwendeten Audiocodec ab. Auch die Verzögerung, d.h. der → *Delay* (z.B. bei der Vermittlung über Satellitenstrecken), ist tolerierbar. Sie liegt bei → *Leitungsvermittlung* im → *PSTN* bei 20 bis 30 ms und bei Satellitenverbindungen bei 250 ms.

Ein Delay von 200 ms bis 300 ms (eine Richtung; sog. Transit-Zeit) in einem Dialog zweier Gesprächspartner kann aus psychoakustischer (→ *Psychoakustik*) Sicht toleriert werden, besser sind jedoch nur 150 ms. Es hat sich gezeigt, dass bei längeren Delays das Gespräch nur stockend erfolgt und kein herkömmlicher Gesprächsfluss entstehen kann. Tritt zusätzlich ein → *Echo* auf, können nur 25 ms toleriert werden.

Unempfindlich gegen Delay ist hingegen die Sprachübertragung in eine Richtung, etwa beim → *Download* und anschließendem Abspielen von Audiodateien im → *Internet* oder bei ähnlichen → *Online-Diensten.*

Kritischer ist hingegen eine Änderung der Verzögerung (→ *Jitter*) während einer Verbindung, weil dies i.d.R. dem Hörer unangenehm auffällt und technische Komponenten evtl. durch zu lange Verzögerung die digitalen Sprachdaten nicht mehr korrekt einer Analog-Digital-Wandlung unterziehen können. Dies gilt dann auch für Sprachübertragung in eine Richtung.

Darüber hinaus ist eine menschliche Konversation zwischen zwei Personen dadurch gekennzeichnet, dass nur in 40% der Zeit während dieses Dialoges phonetische Leistung durch einen Sprecher erzeugt wird. Dies bedeutet auch, dass bei einem durchschnittlichen Telefongespräch in 20% der Zeit keiner der beiden Gesprächsteilnehmer spricht.

Derartige Pausen und Lücken können mit modernen Verfahren (→ *VOX*, → *TASI*) der Sprachpausenunterdrückung ausgenutzt werden, um andere Sprachsignale auch noch im gleichen Kanal zu übertragen. Transatlantikkabel konnten in den 50er Jahren durch diese Techniken ihre Kapazitäten erheblich erweitern (→ *TAT*).

Andere Eigenschaften der menschlichen Sprache (z.B. gegenüber Musik), können bei der Kompression ausgenutzt werden, da beispielsweise die Verständlichkeit nur wenig leidet, wenn das berücksichtigte Frequenzspektrum (Sprachhöhe) und der Dynamikbereich (Lautstärke) eingeengt werden.

Während junge Menschen einen Frequenzbereich von 20 Hz bis 20 kHz und ältere Menschen von 30 Hz bis 15 kHz wahrnehmen können, bewegt sich die Bandbreite, die durch normale Sprache genutzt wird, im Bereich zwischen 100 Hz und 10 kHz (noch engerer Kernbereich: 175 Hz bis 4,2 kHz), davon wird für die Übertragung von Sprache über Telekommunikationsnetze üblicherweise nur der Bereich von 300 Hz bis 3,3 kHz genutzt. Der nicht genutzte Bereich auf den Übertragungssystemen, die eine Bandbreite von 4 000 Hz haben, zerfällt in zwei Guard-Bänder (→ *FDMA*) ober- und unterhalb der genutzten Bänder.

Sprachqualität (auch: Sprachgüte) wird allgemein anhand von drei Faktoren gemessen:

- Verständlichkeit (Abwesenheit von Störgeräuschen wie Knistern und Rauschen)
- Natürlichkeit (Vermeidung von Echo)
- Sprecheridentifikation (Abbildung des realen Frequenzgemischs eines Sprechers durch das technische Übertragungssystem)

Die → *ETSI* hat zur Bestimmung eines Maßes für die Sprachqualität ein größeres Projekt durchgeführt. Auch die → *SQEG* führt dazu Untersuchungen durch. Die ITU hat → *MOS* zur subjektiven Qualitätsmessung insbesondere von Vocodern entwickelt.

Technische Verfahren zur Verwandlung menschlicher Sprache in einen digitalen Datenstrom unter Ausnutzung der Spracheigenschaften werden als Sprachcodec und ihre technische Realisierung in Hard- und/oder Software als Sprachcoder bezeichnet.

Viele Sprachcodecs für öffentliche und private Netze sowie Mobilfunk sind international standardisiert (→ *ADPCM*, → *AMR*, → *EFR*, → *G.722*, → *G.723.1*, → *G.729*, → *CELP*, → *LPC*, → *PCM*, → *RELP*), wohingegen andere Codecs für Sonderfälle, wie z.B. → *Videokonferenzen* oder → *Internet-Telefonie*, oder in der Forschung verwendet werden. Beispiele hierfür sind → *ATC*, → *IMBE*, → *MPC-MLQ*, → *PT 724* aus dem Hause Picturetel oder Truespeech aus dem Hause Vocaltec.

→ *Datenvermittlung*, → *Videokonferenz*, → *DS-VD*.

Sprachverschleierung

Ein → *Leistungsmerkmal* analoger, schnurloser Telefone. Sie können im Gegensatz zu digitalen Systemen sehr leicht abgehört werden, weswegen auf Knopfdruck bei wichtigen Gesprächspassagen die Möglichkeit besteht, die Sprache künstlich auf der Funkstrecke vom Mobilteil zur Basisstation zu verschleiern.

Spread

→ *IBM /360, /370.*

Spreadsheet

→ *Tabellenkalkulation.*

Spread Spectrum, Spread-Spectrum-Technologie, Spread-Spectrum-Verfahren

Manchmal abgekürzt mit SS oder SST (-Technologie). Deutsche Bezeichnung: Bandspreiztechnik oder -verfahren.

Bezeichnung für eine Klasse von Verfahren zum → *Multiplexing* mit dem Vorteil der besseren Ressourcenauslastung und der geringeren Störempfindlichkeit als andere Multiplexverfahren.

Grundidee ist, ein Nutzdatensignal nicht nur über einen schmalbandigen Kanal zu übertragen, sondern über einen wesentlich breitbandigeren Kanal, so dass eine Störung, die üblicherweise schmalbandigen Charakter hat, nur einen Teil des Signals beeinflusst. Dies wird deutlich, wenn man sich den Zusammenhang mit der → *Shannonschen Kanalkapazität* gemäß folgender Formel verdeutlicht:

$$C \approx B * ld(1 + S/N).$$

Dabei ist B (in Hz) die Nennbandbreite eines Übertragungskanals, S die als konstant angenommene Signalleistung und N die ebenfalls als konstant angenommene Störleistung N. Daraus ergibt sich die maximale Kanalkapazität C (in Hz).

Hieraus ist ablesbar, dass bei geringer Bandbreite B eine verhältnismäßig hohe Signalleistung S notwendig ist, um ein gegebenes C zu erhalten. Die Spread-Spectrum-Technik nimmt hingegen an, dass B sehr groß ist und dass gilt:

$$S / N << 1$$

Daraus ergibt sich:

$$C ' B * (S / N)$$

Bei ungünstigem Signal-zu-Rausch-Verhältnis S/N kann daher ein gegebenes C erreicht werden, wenn B nur entsprechend groß ist.

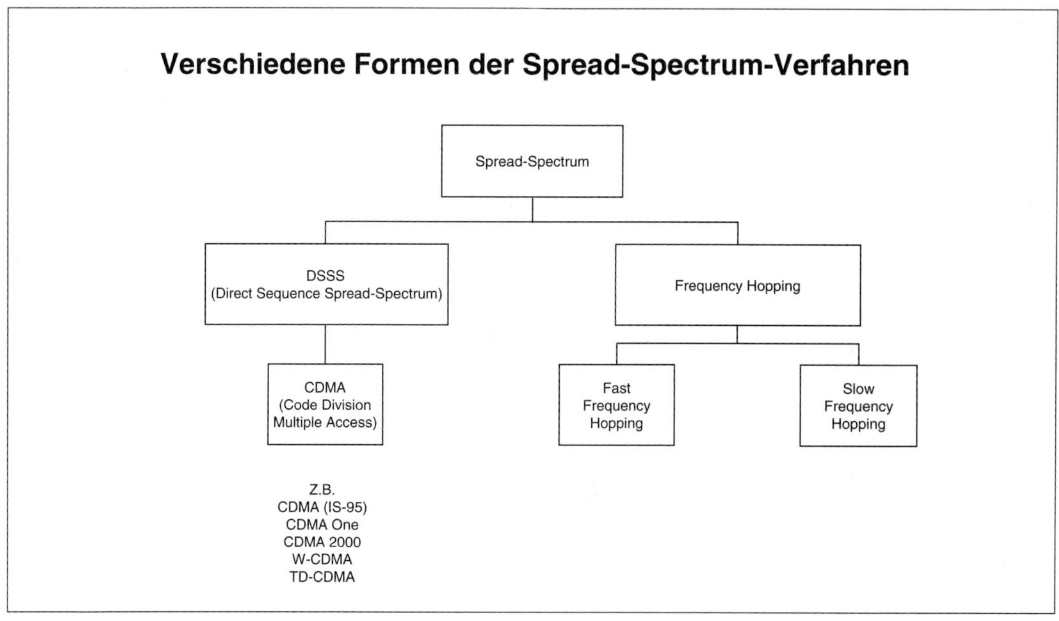

Grundsätzlich unterscheidet man zwei Klassen von Verfahren:

- Frequenzsprungverfahren (→ *Frequency Hopping*)
- Direct Sequence Spread Spectrum (→ *DSSS*)

Spread Spectrum ist insbesondere für Mobilfunksysteme geeignet, da durch die Aufspreizung der zu übertragenden Nutzdaten in die zwei Dimensionen Frequenz und Zeit Störungen durch Interferenzen und Mehrwegeausbreitung gemildert werden.

Es ist schwierig, bei hohen Bandbreiten mit der gegenwärtig verfügbaren Technik den Empfänger auf die breitbandigen Signale zu synchronisieren, die einzelnen empfangenen Signale herauszufiltern und zu decodieren.

Sprechgarnitur

International auch Headphone oder Headset genannt. Bezeichnung einer leichten, aufsetzbaren Garnitur, bestehend aus Haltebügel, Mikrophon, Ohrhörer und Zuleitung. Sie erlaubt das freihändige Telefonieren ohne Nutzung eines Hörers oder einer → *Freisprecheinrichtung*. Bevorzugt eingesetzt von Personen, die besonders viel an einem Platz sind und telefonieren, z.B. → *Agents* in → *Call Centern* oder Börsenmakler.

Es werden verschiedene Bauformen unterschieden:

- Ein-Ohr-Kopfhörer ohne Kopfbügel und mit Sprechröhrchen/Mikrophon (hält nur an der Ohrmuschel)
- Ein-Ohr-Kopfhörer mit Kopfbügel und mit Sprechröhrchen/Mikrophon
- Zwei-Ohr-Kopfhörer mit Sprechröhrchen /Mikrophon

Die letzte Variante gibt es oft für den Einsatz in lauten Umgebungen mit entsprechend ausgeführten Kopfhörern (Schallschutz).

Die Differenzierung zwischen mit und ohne Kopfbügel erfolgte, um einerseits dem Wunsch nach möglichst einfachen, leichten Headsets zu entsprechen (die hinter einem Ohr festgeklemmt werden) und andererseits Brillenträgern auch noch Headsets anbieten zu können (Klemmlösung entfällt).

Spreizfaktor

→ *DSSS*.

Sprint

Bezeichnung für einen im Februar 1986 gegründeten Anbieter von Fernverbindungen in den USA, der aus einer Fusion des Bereiches ‚Long Distance' von GTE und United Telecom hervorgegangen ist. Die frühesten Wurzeln von Sprint liegen in der Gründung der South Pacific Railroad, die entlang ihrer Eisenbahntrassen Glasfaserkabel verlegte.

Lange Jahre war Sprint neben → *AT&T* und → *MCI* der führende Anbieter von Telekommunikationsdiensten in den USA.

Ab Januar 1995 war Sprint Partner der Deutschen Telekom und der France Télécom in der internationalen Allianz → *GlobalOne*.

Zur Jahresmitte 1999 wurde Sprint durch → *Worldcom* gekauft.

SPS

1. Abk. für Standard Positioning Service.

   → *GPS*.

2. Abk. für Stand-by Power Supply.

   Bezeichnung für eine batteriegepufferte Spannungsversorgung von technischen Systemen, bei denen im Falle einer plötzlichen Unterbrechung der Spannungsversorgung durch das Netz sofort eine eingebaute oder angeschlossene Batterie für eine bestimmte Zeit die Spannungsversorgung übernimmt.

   → *USV*.

3. Abk. für Speicherprogrammierbare Steuerung.

   Im Maschinen- und Anlagenbau die Bezeichnung für den programmgesteuerten Betrieb einer Maschine.

   SPS-Systeme waren bisher üblicherweise herstellerspezifische Systeme vom Hersteller einer Maschine oder Anlage und laufen im Leitstand einer Maschine.

   Eine SPS-Steuerung wertet üblicherweise im Rahmen eines Betriebsprogramms die Ergebnisse der → *Sensorik* in/an der Maschine/Anlage aus und regelt den Betrieb durch die Nutzung der → *Aktorik*. Sensorik und Aktorik sind durch einen → *Feldbus* mit dem Leitstand verbunden.

   Der Leitstand bestand lange Zeit aus speziell entwickelten Rechnersystemen, um bestimmte, gewünschte Eigenschaften (Echtzeitfähigkeit) sicherzustellen. Da mittlerweile handelsübliche PC-Systeme mit ggf. einem speziellen → *Betriebssystem* ebenso leistungsstark sind, gibt es jetzt auch SPS-Einsteckkarten.

   SPS-Systeme haben sich seit ca. Ende der 60er Jahre entwickelt. Mittlerweile geht der Trend zu offenen, standardisierten Komponenten.

   Ein Beispiel für einen Standard zur Programmierung ist IEC 1131-3.

Spurdichte

→ *TPI*.

Sputnik

→ *Satellit*.

SPX

→ *IPX*.

SQ

Abk. für Shielded Quart.

Bezeichnung für einen bestimmten Kabeltypen, bei dem zwei verdrillte Zweidrahtleitungen aus Kupfer einfach geschirmt ein Kabel ergeben.

SQAM

Abk. für Staggered Quadrature Amplitude Modulation.

Eine Sonderform der → *QAM*.

SQE

Abk. für Signal Quality Error.

Auch Heartbeat (Herzschlag, Lebenszeichen) genannt. Begriff aus dem → *LAN*-Bereich. Bezeichnet bei einer an ein LAN nach dem → *Ethernet-Standard* angeschlossenen Station ein Signal von der Medium Attachement Unit (→ *MAU*), das angibt, ob die Erkennung einer → *Kollision* noch korrekt arbeitet.

Nicht alle Geräte, die mit einer MAU an ein LAN angeschlossen sind, benötigen dieses Signal. Daher kann es an der MAU ausgeschaltet werden. Üblicherweise sind dafür kleine Schalter vorgesehen (→ *DIP*-Schalter).

SQEG

Abk. für Speech Quality Expert Group.

Bezeichnung einer Expertengruppe von Ingenieuren und anderen Wissenschaftlern im Rahmen der Study Group 12 (SG12) der → *ITU*, die sich mit der Qualität von Verfahren der Sprachcodierung und Sprachübertragung im Rahmen technischer und insbesondere psychoakustischer Tests befassen.

Als Ergebnis veröffentlichten sie in der Empfehlung G.114 der ITU die Ergebnisse von psychoakustischen Laboruntersuchungen und Feldtests und sprachen Empfehlungen für verschiedene technische Parameter, z.B. den → *Delay* (max. 150 ms), von Sprachcodierungssystemen und Sprachübertragungssystemen aus.

→ *Sprachübertragung*.

SQL

Abk. für Structured Query Language.

Ausgesprochen S-Q-L oder auch Sequel (was auch mal der ursprüngliche Name in der Entwicklungsphase war). Bezeichnung für eine im Datenbankbereich (→ *Datenbank*) weitverbreitete, international zum De-facto-Standard gewordene Abfragesprache. Auch von der → *ISO* und der → *ANSI* genormt.

SQL enthält Sprachelemente zur Definition, zur Manipulation (Veränderung) und zur Abfrage von Datenstrukturen in größeren Datenbanken.

Zu den Vorteilen zählen:

- SQL ist weitgehend standardisiert
- Im PC- und Großrechnerbereich anzutreffen
- Sehr weit verbreitet

Die Nachteile sind:

- Für Anfänger schwer zu erlernen, da kryptische Kürzel beherrscht werden müssen.
- Nicht jede Information, die in einer relationalen Datenbank steckt, kann mittels SQL herausgeholt werden.
- Viele Hersteller bieten eigene Dialekte und/oder Erweiterungen an, weswegen es mittlerweile spezielle Testprogramme („Test Suite") gibt, die eine verwendete SQL-Version auf ihre Nähe zu den allgemein anerkannten Standards testen.

Eine wichtige Version von SQL wird mit Z39.50 bezeichnet und wird von → *WAIS* und anderen Diensten des → *Internets* verwendet.

SQL ist eine vom Gründer des relationalen Datenbankmodells Edward F. Codd (der sich allerdings früh wieder zurückzog) ins Rollen gebrachte Sprache. In den 70er Jahren gab es viele verschiedene Ansätze zu einer Abfragesprache, die alle zu einem Modell einer relationalen Datenbank und zu einer Abfragesprache konvergierten.

Bei IBM arbeiteten neben Codd auch Raymond ‚Ray' Boyce († 1974) und Don Chamberlain daran. An der University of California in Berkeley war Michael Stonebraker aktiv, der aufbauend auf seinen Erfahrungen unmittelbar danach → *Ingres* entwickelte.

IBM verwandelte den im Rahmen von → *System R* entwickelten Vorläufer Set Query Language in Structured Query Language, was von vielen Forschern (Codd, Date) als Rückschritt betrachtet wurde.

1979 stellte die vom ehemaligen Amdahl-Mitarbeiter Larry Ellison 1977 gegründete Firma Relational Software Inc. ‚Oracle' vor (heute auch Name des Unternehmens). Es war die erste kommerzielle relationale Datenbank. Im Paket enthalten war SQL. Mittlerweile ist nach der Standardisierung 1985 SQL in Version 2 allgemeiner Standard. An Version 3 wird gearbeitet.

Vom Erfolg von SQL bei der Konkurrenz überrascht zog IBM nach und stellte mit SQL/DS 1980 ein eigenes Produkt für Mainframe-Computer vor.

→ *http://www.jcc.com/sql_stnd.html/*

SQORC

Abk. für Staggered Quadrature Overlapped Raised Cosine.

SQPSK

Abk. für Staggered Quadrature Phase Shift Keying.

Eine Sonderform der → *PSK*.

S&R

Abk. für Segmentation and Reassembly.

S/R

Abk. für Send and Receive, Senden und Empfangen.

SR

Abk. für System Release.

Begriff aus der Softwaretechnik. Bezeichnet mehrere zusammengehörige Versionen einzelner Programme, die jeweils in einer bestimmten Version miteinander getestet wurden und ohne Probleme zusammenarbeiten können.

SRAM

Abk. für Static RAM.

Bezeichnet statische → *RAMs*, bei denen die Information in Form einer bistabilen Kippstufe (Flipflop), realisiert durch zwei rückgekoppelte Inverter, gespeichert wird.

Im Gegensatz zu → *DRAMs* benötigen SRAMS keine Refresh-Zyklen und sind daher schneller, aber auch teurer. Darüber hinaus haben gleichkapazitative Bausteine in SRAM-Technik wegen der hohen Anzahl an Bauelementen je Einzelschaltung ein wesentlich größeres Volumen als DRAM-Bausteine.

Typischer Einsatzzweck für derartige Speicher ist der → *Cache*.

SRC

Abk. für Strategic Review Committee.

Bezeichnung bei der → *ETSI* für Gruppen, die die langfristige technische Entwicklung vor einer eigentlichen Standardisierung beobachten und daraus Empfehlungen für den Standardisierungsprozess erarbeiten (Zeitplan, Zusammenarbeit mit anderen Gremien, Umfang etc.).

SRF

Abk. für Specialized Resource Function.

→ *IN*.

SRP

Abk. für Spatial Reuse Protocol.

Ein Protokoll auf der → *MAC*-Teilschicht der Schicht 2 des → *OSI-Referenzmodells* aus dem Hause Cisco zur Nutzung der in → *SDH*- bzw. → *SONET*-Netzen üblichen glasfaserbasierten Doppelringstruktur zur Übertragung von → *IP*-Verkehr. SRP ist Teil des gesamten Konzeptes, das Dynamic Packet Transfer (→ *DPT*) genannt wird.

Bei SRP werden, im Gegensatz zu SDH oder SONET, beide Ringe gegenläufig zur Datenübertragung genutzt (anstelle der Nutzung eines Rings im Betrieb und des leeren Mitlaufens des zweiten Rings für den Fehlerfall). Dies optimiert die Bandbreitenausnutzung. Ferner können Daten nur über Teilstrecken übertragen werden (Spatial Reuse), z.B. zwischen unmittelbar benachbarten Stationen. Die empfangende Station entfernt die übertragenen und für sie bestimmten Daten vom Medium (Destination Stripping), so dass ab dieser Station die volle Bandbreite erneut für andere Verbindungen genutzt werden kann. Dies steht im Gegensatz zum Source-Stripping der sendenden Station, wie es → *FDDI* oder → *Token Ring* vorsehen.

Beide Verfahren in Kombination (Doppelnutzung und Destination Stripping) erhöhen die Bandbreitenausnutzung insbesondere bei vorwiegend lokalem Verkehr (Datenaustausch unmittelbar benachbarter Stationen).

Im Fehlerfall erlaubt ein Erkennen eines Fehlers und integriertes intelligentes Umschalten (Intelligent Protection Switching, IPS) innerhalb von 50 ms einen Betrieb auf einem Ring oder in Gestalt eines Doppelbusses.

Es werden zwei Prioritätsklassen unterstützt, die auf Basis der drei Bit des ToS-Feldes (Type of Service) aus dem IP-Paket gebildet werden. Dabei kann vom Netzmanagement ein aus den drei Bit ermittelter Schwellwert eingestellt werden. Dies bedeutet, dass für jede Glasfaser in jedem Netzknoten zwei Pufferspeicher zur Verfügung stehen. Nimmt der ToS-Wert einen Wert unterhalb des Schwellwertes an, wird der Puffer niedriger Priorität gefüllt, anderenfalls der andere.

Bestandteil von SRP ist auch ein Fairness-Algorithmus (SRP-fa), der verhindert, dass kein Netzknoten die gesamte Übertragungskapazität für sich reklamieren kann und dass keine Bandbreite unnötig (leerlaufend) reserviert wird. SRP-fa erlaubt Ringe mit bis zu 128 angeschlossenen Stationen.

Als Netzmanagement wird → *SNMP* unterstützt.

SRP ist durch die → *IETF* und das → *OIF* standardisiert.

Prinzipiell basiert SRP auf → *DQDB*, hat aber nicht die Doppelbusstruktur übernommen, sondern schließt den DQDB-Doppelbus zu einem Doppelring.

SRR

Abk. für Short Range Radio.

Funkübertragung über kurze Distanzen.

SS

1. Abk. für Switching System, Vermittlungssystem.
2. Abk. für Single Sided.

   Bezeichnung für magnetische Speicher (→ *Disketten*, → *Festplatten*), die im Gegensatz zu mit → *DS* gekennzeichneten Disketten nur einseitig nutzbar sind. Daher auch mit 1S bezeichnet.
3. Abk. für Spread Spectrum (Techniques), Bandspreizverfahren.

   Bezeichnung für ein spezielles Verfahren zur Verteilung der Ressourcen Zeit und Frequenz in einem Funksystem.

   → *CDMA*, → *SS-CDMA*.
4. Abk. für Service Subscriber.
5. Abk. für Special Service (Services).
6. Abk. für Stack Segment.
7. Abk. für Standard System.
8. Abk. für Sub-System.
9. Abk. für Signalling System.

   Int. Bezeichnung für technische Systeme für die → *Zeichengabe*.

   → *SS#2*, → *SS#3*, → *SS#4*, → *SS#5*, → *SS#6*, → *SS#7*.

SS#2

Abk. für Signalling System No. 2.

Bezeichnet ein Zeichengabesystem der → *CCITT*, das für Fernsprechverbindungen innerhalb Europas eingesetzt wird.

SS#3

Abk. für Signalling System No. 3.

Ursprünglich konzipiert für den End- und Durchgangsverkehr in Europa. Wird nur noch in sehr wenigen Ländern eingesetzt.

SS#4

Abk. für Signalling System No. 4.

Bezeichnet ein Zeichengabesystem der → *CCITT* aus dem Jahre 1954, das für den Transatlantikverkehr und einige internationale Verbindungen im Mittelmeerraum eingesetzt wurde. Es berücksichtigte insbesondere die Eigenschaften von Transatlantikkabeln (→ *Unterwasserkabel*).

Die Zeichen für die Übertragung von Informationen zwischen den zwei Vermittlungsstellen eines Leitungsabschnitts werden dabei auf den Frequenzen 2 040 und 2 400 Hz im Sprachband übertragen. Zu übertragende Zeichen werden durch einen Vorimpuls auf beiden Frequenzen als Präfix angekündigt und bestehen aus langen (350 ms) und kurzen (100 ms) Impulsen.

Die Wählinformationen selbst werden in einem vierstufigen, seriellen 1-aus-2-Code gebildet, ihr korrekter Empfang muss quittiert werden.

SS#5

Abk. für Signalling System No. 5.

Bezeichnet ein Zeichengabesystem der → *CCITT* aus dem Jahre 1964, das insbesondere die auf Transatlantikkabeln (→ *Unterwasserkabel*) eingesetzten Systeme zur optimalen Bandbreitenausnutzung (Time Assignment Speech Interpolation, → *TASI*) berücksichtigt. Definiert in Q.140.

Dabei werden die Zeichengabinformationen zunächst zwischengespeichert und erst dann en bloc übertragen, wenn sicher ist, dass die Zeichengabeinformation komplett ist. Dies stellt sicher, dass der beim Übertragungsvorgang durchgeschaltete Verbindungsweg durch ein Unterwasserkabel bis zum Ende der vollständigen Übertragung der Zeichengabeinformation durchgeschaltet bleibt.

Die Zeichen für die Übertragung von Informationen zwischen den zwei Vermittlungsstellen eines Leitungsabschnitts werden dabei im Sprachband auf den Frequenzen 2 400 und 2 600 Hz übertragen. Ihr korrekter Empfang muss quittiert werden, so dass ein neues Zeichen erst übertragen wird, wenn das vorangegangene Zeichen korrekt empfangen wurde (Zwangslaufverfahren).

Die Wählinformationen selbst werden als 2-aus-6-Code (MFC, Multifrequency Code) der Frequenzen 700, 900, 1 100, 1 300, 1 500 und 1 700 Hz gebildet und werden nicht quittiert.

SS#6

Abk. für Signalling System No. 6.

Bezeichnet ein Zeichengabesystem der → *CCITT*, das für analoge, elektronisch gesteuerte → *SPC*-Systeme entwickelt und 1968 in Q.251 standardisiert wurde. Basiert auf → *CCIS*. Hatte insgesamt keine große Bedeutung, da bald durch → *SS#7* ersetzt. Übertrug die 20-Bit-Signalisierungsdaten (plus jeweils 8 Bit Sicherungsinformation) für eine Verbindung im Signalisierungsnetz entweder mit 2 400 bit/s über eigene Modemverbindungen oder mit 4 kbit/s oder 56 kbit/s über digitale Verbindungen.

Eingesetzt wurde es in den USA ab 1976 (20 Vermittlungen in Madison, Wisconsin; Chicago, Illinois) und einigen Ländern des pazifischen Raumes. Dabei kam in den USA eine von AT&T erarbeitete Variante zum Einsatz.

SS#7

Abk. für Signalling System No. 7.

Auch genannt Common Channel Signalling System 7 (CCS7), Zeichengabesystem Nr. 7 (ZGS 7), Zentralkanalzeichengabe nach Nr. 7 (ZZG7) oder einfach nur kurz Nummer 7.

Bezeichnet ein modulares digitales Signalisierungssystem, standardisiert durch die → *ITU*, das auf der Trennung der Übertragung von Nutzinformationen und Steuerungsinformationen (→ *Zeichengabe*) aufbaut. Das so entstehende Netz nur für Signalisierungsinformationen ist prinzipiell ein → *Overlay-Netz*, das nicht nur logisch, sondern auch physisch von den Leitungen zur Nutzdatenübertragung getrennt ist. Man unterscheidet dafür drei verschiedene mögliche Betriebsarten, von denen in der Praxis eigentlich nur die beiden ersten realisiert werden:

- Assoziierte Betriebsweise: Hierbei wird ein Signalisierungsnetz zum Übertragen der Informationen des SS#7 parallel zum Nutzdatennetz aufgebaut. Beide Netze haben die gleiche Struktur/Topologie.

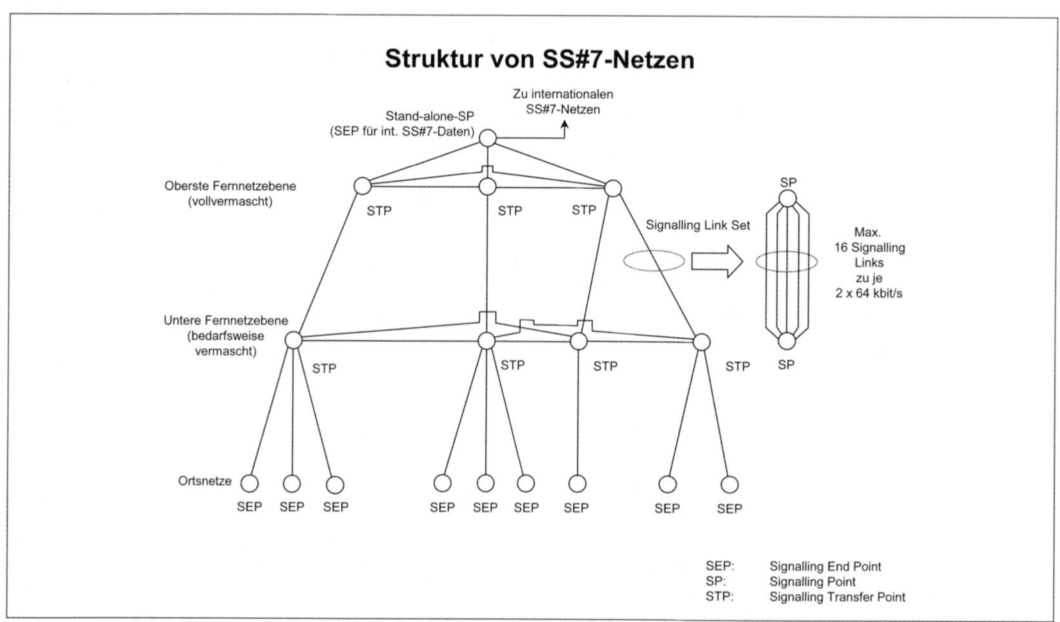

- Quasi-assoziierte Betriebsweise: Hierbei wird ein Signalisierungsnetz zum Übertragen der Informationen des SS#7 nicht immer parallel zum Nutzdatennetz aufgebaut. Beide Netze haben aber eine ähnliche Struktur.
- Nichtassoziierte Betriebsweise: Hierbei wird ein Signalisierungsnetz zum Übertragen der Informationen des SS#7 völlig unabhängig von der Topologie des Nutzdatennetzes aufgebaut. Beide Netze haben eine unterschiedliche Struktur.

SS#7 wird in allen neueren Telekommunikationssystemen eingesetzt (→ *ISDN*, → *GSM*).

Ziel bei der Entwicklung von SS#7 war ein universeller Einsatz in analogen Netzen, im ISDN, in Mobilfunknetzen sowie die Unterstützung sowohl des → *IN* als auch von Netzmanagementaufgaben (→ *TMN*).

Ein solches Zeichengabenetz wird betrachtet als eine Menge von Signalisierungspunkten (Signalling Points, SP), die über Signalisierungsverbindungen (Signalling Links, SL) in Verbindung stehen. SPs sind dabei die digitalen Vermittlungsstellen in dem entsprechenden Netz. Sie sind durch eine eindeutige Identifizierungsnummer im SS#7-Netz eines Betreibers gekennzeichnet. Über diese Nummer kann der SP eindeutig referenziert werden.

Bei den SPs unterscheidet man zwei verschiedene Arten.

- Signalling Transfer Point: Teilweise müssen Strecken von einem SP zu einem zweiten SP über einen dritten geführt werden. Dieser wird dann als Signalling Transfer Point (STP) bezeichnet und ist normalerweise im Fernnetz zu finden.
- Signalling End Point: SPs an denen Verbindungen im SS#7-Netz nur enden oder beginnen, werden mit Signalling End Points (SEP) bezeichnet. In der Praxis wird es sich um kleine Ortsnetze mit nur einer Ortsvermittlungsstelle oder um den zentralen SP eines größeren Ortsnetzes handeln.

Die SLs zwischen den SPs bestehen aus Redundanzgründen zur Erhöhung der Sicherheit aus zwei Vollduplexkanälen mit 64 kbit/s. Von diesen SLs werden, je nach Lastanfall im SP, bis max. 16 parallel betrieben, die ein Signalling Link Set ergeben. Mehrere Signalling Link Sets bilden eine Signalling Link Group.

SPs im Fernnetz bzw. in hohen laststarken Ebenen des Netzes sind überwiegend mit SLs vollständig vermascht. In unteren Netzebenen hängt der Grad der Vermaschung sehr stark von den Nutzkanalkapazitäten zwischen den einzelnen SPs ab. Alle Signalisierungsinformationen zu einer Nutzdatenverbindung nehmen im SS#7-Netz den gleichen Weg.

Das SS#7-Protokoll besteht aus vier Schichten und ist ähnlich wie → *X.25* aufgebaut. SS#7 wird von der ITU noch immer modifiziert mit dem Ziel, es konform zum → *OSI-Referenzmodell* zu machen. Viele sehen in SS#7 die Geburt der → *IN*-Konzepte.

Grundlegendes Konzept ist die Aufteilung von SS#7-Funktionen in für alle Anwendungen gleiche Message Transfer Parts (MTP, untere drei Schichten) und anwendungsspezifische User Parts (UP, obere Schicht), wobei der Term ‚User' sich auf eine SS#7 nutzende Instanz im Netz und nicht auf den Fernsprechteilnehmer bezieht.

MTP stellt dabei ein allgemeines Transportsystem für die Daten der UPs zur Verfügung. UP-Daten dienen der Steuerung von Nutzkanälen und den damit verbundenen, grundlegenden Funktionen der Dienstmerkmale. Die drei Schichten von MTP entsprechen weitgehend den drei unteren Schichten des → *OSI-Referenzmodells* (Schicht 3 nur teilweise).

Daten ohne Nutzkanalbezug können im SS#7-Netz ausgetauscht werden, indem MTP um den Signalling Connection

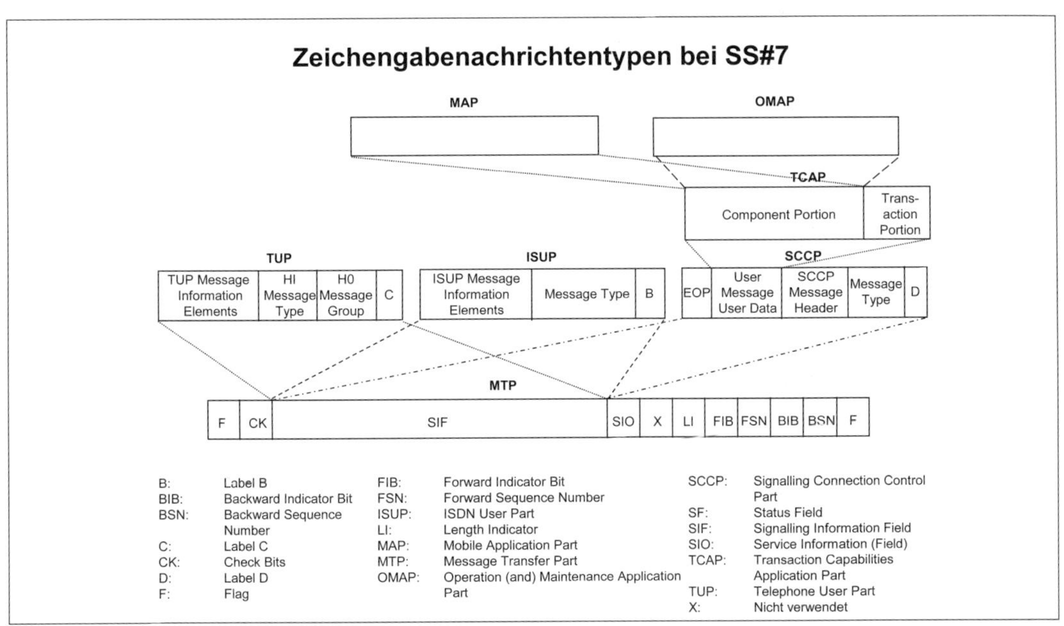

Control Part (SCCP) nach oben ergänzt wird. Mit dem SCCP können Adressen aus anderen Netzen ohne SS#7-Signalisierung und entsprechendes Adressformat transportiert werden. SCCP erlaubt beispielsweise auch eine Ende-zu-Ende-Signalisierung. SCCP entspricht dem oberen Teil von Schicht 3 im OSI-Referenzmodell.

Die unterste Schicht von MTP ist die Signalisierungs-Übertragungsschicht, die einen 64-kbit/s-Kanal zur Verfügung stellt und den Zugriff regelt. Die Signalisierungsdaten für Nutzkanäle werden als Pakete über 64-kbit/s-Links übertragen (in den USA u.U. auch nur 56-kbit/s-Links) und haben einen solchen Umfang, dass mit einem 64-kbit/s-Signalisierungslink ca. 1 600 Nutzkanäle bedient werden können. Diese Zahl schwankt jedoch in Abhängigkeit vom Nutzlastverkehr zwischen 900 und 2 000. Die übertragenen Signalisierungsnachrichten sind unterschiedlich lang. Im Schnitt haben Messungen eine durchschnittliche Länge von 22 Byte bei 100%-Telefonverkehr ergeben.

Es wird erwartet, dass mit mehr → *IN*-Diensten in der Zukunft die Länge auf durchschnittlich 70 Byte anwachsen wird, da bei IN-Diensten die SS#7-Pakete eine Länge von durchschnittlich 150 Byte haben.

Für den SS#7-Kanal kann mit Ausnahme des Zeitschlitzes 0 jeder beliebige andere → *Slot* eines 2,048-Mbit/s-Multiplexsignals (→ *E1*) verwendet werden. Auf der nächsthöheren Schicht werden die Daten HDLC-ähnlich gesichert. Über dieser Sicherungsschicht befindet sich die Nachrichtenlenkung und das Netzmanagement.

Auf dieser Ebene 3 werden die 14 Bit lange Adresse der sendenden Vermittlungsstelle (Origination Point Code, OPC), die 14 Bit lange Adresse der Zielvermittlungsstelle (Destination Point Code, DPC), die vier Bit lange Kennzeichnung der ausgewählten Signalisierungsstrecke (Signalling Link Selection, SLS) und das Dienstinformationsbyte (Service Information Octet, SIO) ausgewertet.

Bestandteil des SIO ist der vier Bit lange Service Indicator (SI) und das ebenfalls vier Bit lange Service Subscriber Field (SSF).

Bestandteil des SSF wiederum ist der zwei Bit lange Network Indicator (NI). Die anderen zwei Bit des SSF sind noch nicht definiert.

Die Nachricht der UPs wird in das Signalling Information Field (SIF) des MTP-Pakets gesteckt.

Der NI zur Kennzeichnung verschiedener Zeichengabenetze (je zwei nationale und internationale) kann folgende Werte annehmen:

NI-Bit-muster	Bedeutung
00	inat0, internat. Zeichengabenetz
01	inat1, internat. Zeichengabenetz
10	nat0, nat. Zeichengabenetz, z.B. im ISDN
11	nat1, nationales Zeichengabenetz, z.B. zweites Anschlussnetz

Die SS#7-Funktionen für die Abwicklung internationalen Verkehrs sind dabei überwiegend in einem eigenen und aus Sicherheitsgründen u.U. gedoppelten SP konzentriert, an den die anderen SPs des Netzes sternförmig angeschlossen sind.

Nur wenn der internationale Verkehr einen geringen Anteil im Netz hat, wird die entsprechende Funktionalität in einem herkömmlichen SP integriert.

Das SI wird analysiert, sofern die Auswertung des DPC ergeben hat, dass die empfangende Vermittlungsstelle auch die Zielvermittlungsstelle (SEP) ist. Anderenfalls handelt es sich um eine Transfervermittlungsstelle (STP) und die Nachricht wird weitergeleitet. Entsprechend dem SI wird der Anwendungsteil der Nachricht interpretiert (ISUP, TUP etc.). Dabei gilt folgende Zuordnung zwischen dem Bitmuster des SI und einem Anwendungsdienst:

SI-Bit-muster	Anwendungsteil
0000	SNM, Signalling Network Management
0001	SN T&M, Signalling Network Testing & Maintenance
0010	OMAP, Operation and Maintenance, Application Part
0011	SCCP, Signalling Connection Control Part
0100	TUP, Telephone User Part
0101	ISUP, ISDN User Part
0110	DUP 1, Data User Part 1
0111	DUP 2, Data User Part 2
1000 bis 1101	Noch frei
1110	FuN C, genutzt in geschlossenen Netzen
1111	TUP+, Telephone User Part in internat. Netzen, IN = inat0

Die Zuordnung der Signalisierungsnachricht zu einem bestimmten Nutzkanal übernimmt ein 12 Bit langer Circuit Identification Code (CIC), zu dem auch das vier Bit lange SLS gehört.

CIC, OPC, DPC zusammen mit einem Message Type Code (MTC) und einem variabel langen Parameterfeld werden als Signalling Information Field (SIF) oder Routing Label bezeichnet.

Werden keine Nutzdaten oder Managementdaten zwischen zwei Netzknoten ausgetauscht, werden Füllzeicheneinheiten (→ *FISU*) übertragen.

Es wurden für verschiedene Zwecke verschiedene UPs und Application Parts (AP) definiert:

- ISUP (ISDN User Part) für die Nutzung im ISDN von Diensten und Dienstmerkmalen, die sich aus der Integration von Telefon- und Datendiensten ergeben. Mit ISUP werden Daten für Auf-, Abbau und Überwachung von leitungsvermittelten B-Kanalverbindungen zwischen den Knoten im ISDN übertragen.
- B-ISUP: Für die Anwendung in → *ATM*-Netzen. Definiert in Q.2761 bis 2764.

- TUP (Telephone UP) für die Nutzung des herkömmlichen Fernsprechdienstes.
- DUP (Data UP) für leitungsvermittelte Datennetze.
- MAP (Mobile AP) für die Anwendung in Mobilfunknetzen, die ein SS#7-konformes Signalisierungsnetz haben (z.B. → *GSM*).
- OMAP (Operation and Maintenance AP) für die Durchführung von Netzmanagement-aufgaben. Es werden Daten zum Auf- und Abbau von Zeichengabeverbindungen übertragen, ebenso Daten für das Routing oder zur Messung des Verkehrs.
- INAP (Intelligent Network AP) für die Anwendung von → *IN*.
- ISS AE (ISDN Supplementary Services Application Entity) für erweiterte ISDN-Dienstmerkmale, wie Rückruf bei besetztem (CCBS, Completion of Call to Busy Subscriber) Teilnehmeranschluss oder Rückruf von nicht antwortendem, angerufenem (CCNR, Completion of Call on no Reply) Teilnehmer.

Alle APs greifen dabei zunächst auf einen TCAP (Transaction Capabilities Application Part) zurück. TCAP setzt auf SCCP auf und stellt Möglichkeiten zur Steuerung von Transaktionen zwischen räumlich verteilten Anwendungen zur Verfügung, die nicht unbedingt an einen bestimmten Nutzkanal gebunden sein müssen.

SCCP (Signalling Connection Control Part) steuert Zeichengabeverbindungen und ist derart flexibel konfiguriert, um nahezu beliebige Daten verbindungslos oder -orientiert übertragen zu können. Hierzu gehört die Ende-zu-Ende-Zeichengabe (z.B. Dienstwechsel während einer bestehenden Verbindung) oder der Austausch von Daten zwischen → *HLR* und → *VLR* im → *GSM*.

SNM (Signalling Network Management) wickelt eine Rekonfiguration des SS#7-Netzes bei Störungen und zur Überlastabwehr ab.

SN T&M (Signalling Network Testing & Maintenance) enthält Funktionen zum Test einer Übertragungsstrecke für Signalisierungszwecke.

TUP+ wird in Deutschland von der Deutschen Telekom für internationale Verbindungen eingesetzt.

Internationale Qualitätsforderungen sehen 10 Minuten Unverfügbarkeitsdauer je Jahr und Signalling Link und Signalling End Point vor (nur Signalisierungsfunktionen der Vermittlungsstelle gehen in diese Forderung ein, nicht andere Probleme der Vermittlung, die auch einen Stillstand des SS#7-Systems bedingen).

Netzbetreiber müssen sich vor dem Einsatz eines SS#7-Netzes entscheiden, welche Dienste sie anbieten möchten. In Abhängigkeit davon werden die UPs ausgewählt. Als minimale Anforderungen an ein SS#7-Netz gelten MTP und TUP, bei Komfortdiensten zusätzlich noch ISUP und SCCP.

Ist ein SS#7-Netz aufgebaut, sind laufende Verkehrsmessungen erforderlich, um rechtzeitig Kapazitätsengpässe zu erkennen. Üblicherweise verändert sich ein SS#7-Netz als Folge des dynamischen Wachstums von Mobilfunk- und IN-Diensten laufend.

SS#7 ging aus dem CCITT System No. 6 hervor (→ *SS#6*), welches wiederum die internationale Version von → *CCIS* war, und wurde von 1973 bis 1976 insbesondere mit dem Blick auf das ISDN standardisiert. Daher ist es für Verbindungen mit einem Raster von 64 kbit/s optimiert, kann aber flexibel anderen Raten angepasst werden. Ursprünglich war geplant, es streng an das → *OSI-Referenzmodell* anzupassen, das seinerzeit jedoch noch in der Entstehung war, so dass z.B. der MTP mehrere Schichten (1, 2 und Teile von 3) umfasst.

Eine erste stabile Version gab es 1980 mit Verbesserungen 1984 und 1987. Die einzelnen Versionen sind untereinander nicht unbedingt kompatibel. Darüber hinaus gibt es Abweichungen zu einer von der → *ANSI* genormten Version für Nordamerika, ebenso zu der vom → *ETSI* für Europa genormten Version. Die Abweichungen zu diesen Versionen sind nicht durch die → *ITU* dokumentiert.

Der Name SS#7 ergab sich aus dem Umstand, dass die ITU und zuvor die CCITT ihre Signalisierungssysteme einfach durchnummerierten, so dass das 1988 im Blue Book als Q.700 bis Q.795 beschriebene Verfahren das siebte war.

Die Standards decken dabei folgende Teile ab:

ITU-Standard	Inhalt
Q.702 bis 704, Q.707	MTP
Q.711 bis 714	SCCP
Q.771 bis 755	TCAP

In Deutschland wurde SS#7 1986 bei einem Betriebsversuch der damaligen Deutschen Bundespost getestet und ab 1987 im ISDN-Feldversuch erstmals eingesetzt. Es ging mit dem ISDN-Wirkbetrieb ebenfalls in den Wirkbetrieb über.

SS#7 ersetzte bei der Deutschen Telekom das analoge Signalisierungsverfahren → *IKZ 50*.

1991 wurden die SS#7-Netze der Mobilfunknetzbetreiber in Deutschland angebunden. Ab 1992 erfolgte der Aufbau des → *IN* der damaligen Deutschen Bundespost Telekom und die Anbindung internationaler SS#7-Netze.

Ab 1996 wurde das SS#7-Netz auch für das ATM-Netz der Deutschen Telekom genutzt.

Das SS#7-Netz der Deutschen Telekom ist mit 2 100 SPs (inkl. 900 STPs) und rund 11 000 Signalling Link Sets eines der größten der Welt.

→ *http://www.microlegend.com/aboutss7.htm/*

SSA

Abk. für Serial Storage Architecture.

Bezeichnung einer Schnittstellendefinition für Massenspeichersysteme von IBM, Micropolis und Conner.

SSA ermöglicht Datentransfers mit 80 MByte/s und den Anschluss von bis zu 126 Geräten, die bis zu 20 m entfernt sein können. Der Stecker verfügt über neun Kontakte.

Als Konkurrenz gelten im unteren Anschlussbereich die schnellen Versionen von → *SCSI* und in der gleichen Leistungsklasse der → *Fibre Channel*.

SSB

Abk. für Single Side Band.

→ *ESB.*

SS-CDMA

Abk. für Spread Spectrum Code Division Multiple Access. Eine Sonderform des → *CDMA.*

SSCOP

Abk. für Service Specific Connection Oriented Protocol. Ein Teil der Signalisierungsprotokolle von → *ATM.*

SSCP

1. Abk. für Service Switching and Control Point.

   Bezeichnung für eine Einheit des → *IN*, die die Funktionen von → *SCP* und → *SSP* vereint.
2. Abk. für System Services Control Point.

SSD

Abk. für Solid State Disk.

SSDA

Abk. für Synchronous Serial Data Adapter.

Bezeichnung für → *IC*s zur seriellen, synchronen Datenübertragung.

SSEC

Abk. für Selective Sequence Electronic Calculator.

Bezeichnung eines elektromechanischen Rechners aus der Frühzeit der Computer. Er war der erste Computer, der vollständig von IBM entwickelt wurde.

Er bestand aus 12 500 Röhren und 21 400 Relais auf einer Fläche von 10 m * 20 m bei 2 m Höhe. Als langsame externe Speicher standen 36 Lochstreifenleser zur Verfügung. Er baute auf Erfahrungen mit dem → *ENIAC* und den Konzepten des Mathematikers von Neumann auf (→ *Von-Neumann-Rechner*). Es war somit die erste Maschine, die Programme wie Daten behandelte, die also die elektronische Verarbeitung mit einem intern gespeicherten Programm verband.

Darüber hinaus war es die erste Anlage, die von einer eigenen Schaltkonsole aus gesteuert werden konnte, von der aus auch die Vorgänge mitverfolgt werden konnten.

Der SSEC war rund 250mal schneller als sein Vorläufer, die ASCC (→ *Mark I*). Zwei vierzehnstellige Zahlen wurden in 0,285 ms addiert und zwei gleich große Zahlen in ca. 20 ms multipliziert.

IBM stellte die SSEC am 27. Januar 1948 in New York in einem Schaufenster Ecke 57. Straße und Madison Avenue vor. Es wurde ein einziges Exemplar unter der Leitung von Robert A. Seeber jr. gebaut, das dort vier Jahre überraschend zuverlässig seinen Dienst verrichtete. Er wurde dann demontiert. Es folgte eine → *IBM 701* an seiner Stelle.

SSEM

Abk. für Small-Scale Experimental Machine.

→ *Manchester Mark I.*

SSF

1. Abk. für Service Switching Function.

   → *IN.*
2. Abk. für Service Subscriber Field.

   Bezeichnet ein vier Bit langes Feld innerhalb einer Nachricht im → *SS#7*-Netz

SSH

Abk. für Secure Shell.

Von engl. secure shell = sichere Muschel. Bezeichnung für ein Protokoll zur verschlüsselten Übertragung (→ *Kryptologie*) von Nutzerdaten von und zu einem → *Server* im → *Internet* bei ihrer → *Authentifizierung*. Dabei wird das Verschlüsselungsverfahren → *RSA* mit einem 1 024 langem Schlüssel verwendet.

SSI

1. Abk. für Service Segment Interpreter.
2. Abk. für Single Scale Integration.

   Bezeichnet bei der Chipherstellung eine Technik aus der Frühzeit der Halbleitertechnik zur integrierten Herstellung von Bauelementen auf einem monolithischen Halbleitersubstrat. In SSI-Technik werden ca. 50 Bauelemente integriert.

   → *LSI*, → *MSI*, → *VLSI.*

SSG

Abk. für Service Segment Generator.

SSK

Abk. für Strahlenschutzkommission.

Bezeichnung eines Gremiums in Deutschland, das die Sendeleistung von Funkanlagen prüft.

→ *http://www.ssk.de/*

SSL

Abk. für Secure Sockets Layer.

Bezeichnet ein von Netscape Communications Inc. entwickeltes Verfahren zur Sicherung von Datenübertragung im Rahmen des → *WWW* im → *Internet*. Dabei wird der Datenstrom nach einem Handshake zu Beginn einer Verbindung zwischen einem Client (dem Web-Browser) und einem → *Server* (dem Web-Server) unmittelbar auf der Bitebene durch Verschlüsselung gesichert. Allerdings kommen dafür häufig als Folge von US-Exportrestriktionen nur kurze Schlüssel (z.B. nur 40 oder 56 Bit) zum Einsatz. Das Verschlüsselungsverfahren für die zu übertragenden Daten selbst basiert auf bekannten Verfahren, die von SSL als Option angeboten werden, z.B. → *DES* oder → *RC* 4, und die im Rahmen des initialen Handshakes bestimmt werden. Am Ende einer Verbindung erfolgt ein zweiter Handshake.

Der unbefugte Zugriff auf dem Übertragungsmedium wird durch SSL verhindert. Es stehen dafür Verfahren zur Geheimhaltung, Authentifizierung (elektronische Unterschrift, sofern sich der Absender zuvor bei einer Zertifizierungsstelle hat registrieren lassen) und Datenintegrität zur Verfügung. SSL ist als Schnittstelle zwischen → *TCP* und dem → *HTTP* oder dem → *SNMP* definiert.

SSL gilt als nicht ganz so sicher wie → *SHTTP*.

Das Verfahren kann auch zur Verschlüsselung des Datentransfers anderer Protokolle, wie etwa → *FTP* oder → *telnet*, genutzt werden.

SSL hatte sich bis Ende 1997 bei vielen elektronischen Marktplätzen (→ *E-Business*) im WWW durchgesetzt. Mittlerweile ist SSL in jeden → *Browser* integriert und dadurch das am weitesten verbreitete Sicherungsverfahren im Internet geworden.

Handicaps sind, dass der initiale Handshake und die permanente Verschlüsselung immer auch rechenintensive Prozesse auf den Web-Servern nach sich ziehen. Die führt zu einem Geschwindigkeitsabfall bei der Bearbeitung einer Transaktion und kann dazu führen, dass der Nutzer unzufrieden wird. Eine saubere Lastkalkulation für Server, auf denen SSL-nutzende Anwendungen laufen, ist daher notwendig. Eine Alternative sind spezielle SSL-Rechner (sogenannte SSL-Accelerators) die im Laufe des Jahres 2000 von verschiedenen Unternehmen auf den Markt gebracht wurden. Dabei handelt es sich um Rechner, die den Web-Servern die Bearbeitung von SSL-Requests abnehmen und auf diese Task spezialisiert sind.

SSM

1. Abk. für Single Segment Message.
2. Abk. für Synchronization Status Message.

SSMA

Abk. für Spread Spectrum Multiple Access.

Eine Sonderform des → *CDMA*.

SSM-F

Abk. für Standard Singlemode-Fibre.

→ *Einmoden-Faser*.

SSO

Abk. für Single Service Operator.

In den USA die Bezeichnung für den Betreiber lediglich eines einzelnen Kabelfernsehnetzes, im Gegensatz zum → *MSO*.

SSP

1. Abk. für Service Switching Point.
   → *IN*.
2. → *Betriebssystem* aus dem Hause IBM für die → *S/36*.

SSPA

Abk. für Solid State Power Amplifier.

SSRP

Abk. für Simple Server Redundancy Protocol.

SSS

Abk. für Switching Sub-System.

→ *GSM*.

SST

Abk. für → *Spread Spectrum* Technology.

SSTV

Abk. für Slow Scan Television.

Beim → *Amateurfunk* die Bezeichnung für die Übertragung von Standbildern in TV-Qualität, die mit Videokameras aufgenommen und auf TV-Geräten sichtbar gemacht werden können.

SSU

Abk. für Synchronization Supply Unit.

ST

1. Abk. für Segment Type.
2. Abk. für Singapore Telecom, der nationale Carrier von Singapur.
3. Abk. für (Internet) Streaming (Protocol).

   Bezeichnung für ein frühes Verfahren, Kommunikation über das → *Internet* unter Echtzeitbedingungen mit entsprechender Qualität, z.B. zur Sprachübertragung, zu ermöglichen.

   Das ST wurde 1979 am MIT entwickelt und in kleinem Maßstab getestet. Es erwies sich jedoch für den Einsatz in größeren Netzen als untauglich.

   Erst später entwickelte Verfahren (→ *Streaming*, → *RTP*, → *RSVP*) ließen erste Schritte in die gewünschte Richtung zu.

ST2

Abk. für Stream (Protocol) Version 2.

Bezeichnung für ein von der → *IETF* zusammen mit dem Hause Bay Networks zur Nutzung im → *Internet* entwickeltes Protokoll zur Unterstützung von Bandbreitenreservierung. Definiert im August 1995 im RFC 1819.

Es unterstützt Punkt-zu-Punkt- und Punkt-zu-Mehrpunkt-Verbindungen. ST2 gilt gegenüber dem neueren und funktional ähnlichen → *RSVP* jedoch als unterlegen und konnte sich gegen dieses nicht durchsetzen.

→ *RTP*, → *Streaming*.

STA

Abk. für → *Spanning Tree Algorithm*.

Stacker

Bezeichnung für Zusatzgeräte zum automatischen Kassettenwechsel, die an Bandlaufwerken (→ *Streamer*) befestigt sind, die als externe Massenspeicher in großen Rechenanlagen genutzt werden. In Abhängigkeit des verwendeten Standards für die Kassetten und ihrer Größe liegt die Kapazität eines Stackers bei bis zu 16 (→ *DAT*) oder 100 (→ *Video-8*) Kassetten.

Der Stacker wechselt Kassetten aus, wenn eine davon vollständig bespielt ist. Das Bandlaufwerk steuert den Stacker selbständig, wodurch es u.U. bei sequentiellen Stackern zu langen Suchzeiten nach einzelnen Files kommt, da die Bänder hintereinander durchsucht werden müssen.

Stand-alone-Betrieb

→ *Inselbetrieb*.

Standard

Der Begriff eines technischen ‚Standards' wurde von der → *ISO* definiert als: „A technical specification or other document available to the public, drawn up with cooperation and consensus or general approval of all interests affected by it, based on the consolidated results of science, technology and experience, aimed at the promotion of optimum community benefits and approved by a body recognised on the national, regional or international level."

Standards werden üblicherweise von einem → *Standardisierungsgremiun* definiert.

Während Standards üblicherweise verbindlichen Charakter haben, ist dies bei einer → *Empfehlung* u.U. anders.

Standardfestverbindungen

Bezeichnung der Deutschen Telekom für deren Produkte, die auf → *Monopolübertragungswegen* basieren. Im Gegensatz zu diesen wird aber ein zusätzlicher → *Mehrwert* in Form von Schnittstellen angeboten.

Es gibt analoge und digitale Standardfestverbindungen. Digitale haben Datenraten von 64 kbit/s, 2, 34 und 149 Mbit/s.

→ *DDV*.

Standardisierungsgremium

Oberbegriff für verschiedene, jeweils unterschiedlich zusammengesetzte, organisierte und kontrollierte Institutionen, die De-jure- und/oder De-facto-Standards festlegen. De-jure-Standards werden, im Gegensatz zu De-facto-Standards, von verschiedenen Organisationen festgelegt, die supranationaler Art, nationaler Art oder branchenspezifischer Art sein können. Man unterscheidet die Standardisierungsgremien anhand der Parameter der Erarbeitung von De-jure- oder De-facto-Standards, nach der regionalen Bedeutung und nach der Beschäftigung mit verschiedenen oder mit einem Fachgebiet.

Es gibt daher mehrere Klassifizierungen für Standards festlegende Gremien, z.B. die folgenden:

- Internationale Gremien mit Bedeutung für verschiedene Fachgebiete: → *ISO*
- Regionale Gremien mit Bedeutung für verschiedene Fachgebiete
- Nationale Gremien mit Bedeutung für verschiedene Fachgebiete: → *AFNOR*, → *ANSI*, → *DIN*, → *BSI*, → *JSA*
- Internationale Gremien mit Bedeutung für ein Fachgebiet:
  - De-jure-Standards: → *CCITT*, → *CCIR*, → *ITU*

    De-facto-Standards: → *DAVIC*, → *IETF*
- Regionale Gremien mit Bedeutung für ein Fachgebiet:
  - De-jure-Standards: → *ATU*, → *CEN*, → *CENELEC*, → *CEPT*
- De-facto-Standards: → *EBU*, → *ECMA*, → *ECSA*, → *ECTEL*, → *ETSI*
- Nationale Gremien mit Bedeutung für ein Fachgebiet: → *ARIB*, → *IEEE*, → *SMPE*, → *ITG*, → *TIA*, → *TTC*
- Nationale, regionale oder internationale Nutzer- oder Herstellervereinigungen: ATM-Forum, Frame Relay Forum (→ *Forum*).

Während bis zu den 90er Jahren insbesondere hoch regulierte Gremien Standards erarbeitet haben, so haben mit dem Vordringen der Internet-Technologien verschiedene andere Gremien und damit auch Standardisierungsprozeduren an Bedeutung gewonnen. Häufig findet die Standardisierungsarbeit in Industrieverbänden oder einem → *Forum* statt.

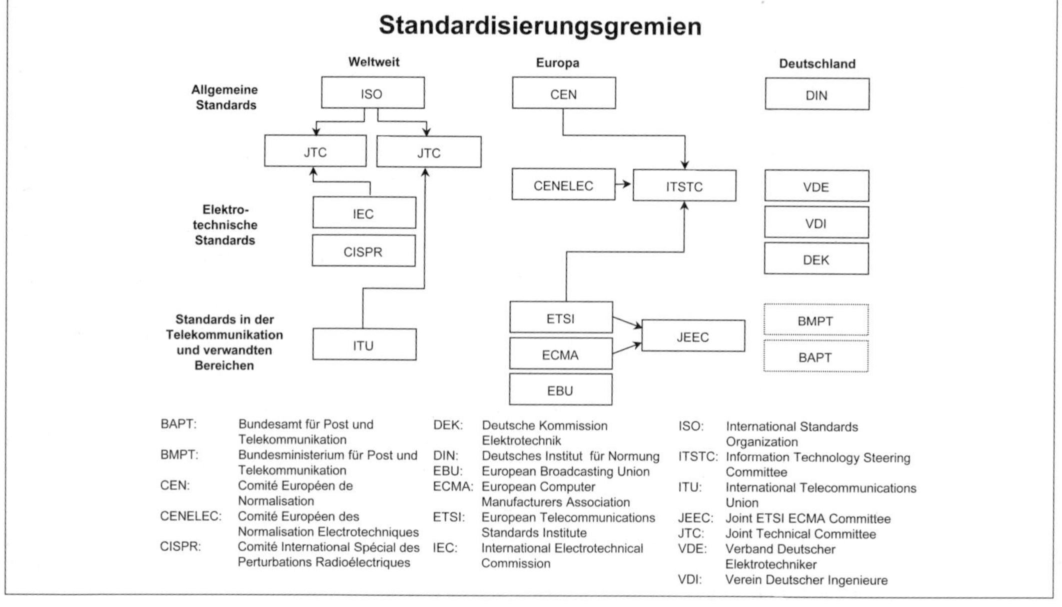

Weitere Gremien: → *CBEMA*, → *EEA*, → *EIA*, → *ERC*, → *ESPA*, → *IEC*, → *IFRB*, → *JEEC*, → *RARC*, → *URSI*, → *WARC*.
→ *Regulierungsbehörde*, → *MoU*.

Standardsoftware

→ *Software*.

Stand-by, Stand-by-Betrieb, Stand-by-Zeit

Stand-by-Betrieb ist ein → *Leistungsmerkmal* von vielen Elektrogeräten. Dabei befinden sie sich in einem Betriebsmodus, aus dem heraus ihre eigentliche, volle Funktionalität jederzeit aktiviert werden kann. Im Stand-by-Betrieb sind nur die mindestnotwendigen Systemteile zur vollen Aktivierung an die Spannungsversorgung angeschlossen.
Bei akkubetriebenen Endgeräten wie → *Handys* etc. gibt die Stand-by-Zeit die Zeit der maximalen Betriebsbereitschaft (üblicherweise die maximale Empfangsbereitschaft) mit einer Akkuladung eines bestimmten Akkutyps.
Die in Prospekten und Datenblättern angegebene Stand-by-Zeit ist allgemein unter optimalen Laborbedingungen ermittelt worden und berücksichtigt keine Belastungen durch in dieser Zeit geführte Gespräche oder extreme Umgebungstemperaturen (z.B. Liegenlassen im Auto bei direkter Sonneneinstrahlung), die den Akku beeinflussen.
Faustregel: Abziehen von 25% der angegebenen Stand-by-Zeit führt zu einem praxisnahen Wert bei herkömmlicher Nutzung.
Ein anderer Kennwert der Belastbarkeit ist die → *Dauergesprächszeit*.

Standleitung

Auch Mietleitung, Festverbindung, selten dedizierte Leitung oder international auch Leased Line (LL, LLS), Permanent (Leased) Line oder Private Line genannt.
Umgangssprachliche, nicht genormte Bezeichnung für eine ganze Reihe von technisch unterschiedlichen gemieteten und permanent zur Verfügung stehenden, nicht vermittelten (= fest geschalteten) Übertragungskapazitäten für die Punkt-zu-Punkt-Datenübertragung. Die Übertragung erfolgt synchron ohne Verbindungsauf- und -abbau. Die Ressource ist permanent für die Nutzung reserviert und gebührenpflichtig (im Gegensatz dazu: → *PVC*, → *SVC*).
Man unterscheidet grob zwei Gruppen:

- Analoge Standleitungen auf der Basis von zwei oder vier Kupferdrähten, die zur Datenübertragung mit einem vorgeschalteten → *Modem* zur Datenübertragung oder ohne Modem zur Sprachübertragung betrieben werden.

  Analoge Standleitungen verschwinden immer mehr und werden von → *Carriern* oft nur noch an den Stellen im Ortsbereich angeboten, wo tatsächlich eine zwei- oder vierdrahtige Kupferaderinfrastruktur zu finden ist.
- Digitale Standleitungen mit Kapazitäten von ehemals auch 2,4 kbit/s bis 9,6 kbit/s, heute eher von 64 kbit/s über n * 64 kbit/s bis hin zu 2 Mbit/s, 34 Mbit/s und 155 Mbit/s. Digitale Standleitungen werden ab 64 kbit/s üblicherweise über eine Glasfaser realisiert, obwohl z.B. mit → *xDSL*-Techniken auch eine Übertragung über Kupferdrähte möglich ist.

Früher waren darüber hinaus noch Standleitungen für Verbindungen von → *Telex*geräten üblich.
Ein Sonderfall der Standleitung ist die → *Dark Fibre*.
Eine andere Unterscheidungsart ist die Permanent Leased Line und die Temporary Leased Line. Letztere wird üblicherweise nur für kurze Zeit zur Verfügung gestellt (Messen, Ausstellungen, Kongresse, Vorträge, TV-Sendungen) und unterliegt daher besonderen Bedingungen hinsichtlich Kosten und Bereitstellungszeiten.
Technische Klassifikationsmerkmale für Standleitungen können sein:

- Art der Datenübertragung: analog oder digital
- Übertragungskapazität
- Verfügbare Schnittstellen
- Garantierte Verfügbarkeit, ermittelt pro Jahr und angegeben in % (Ende-zu-Ende)
- Maximale Ausfallzeit, ermittelt pro Jahr und angegeben in Stunden
- Mittlere Reparaturzeit (→ *MTTR*)
- Übertragungsdistanz: national oder international
- Übertragungsmedium: drahtgebunden oder über Satellit

Weitere, bei der Nutzung von Standleitungen interessierende Punkte sind:

- Termintreue bei der Installation
- Schnelle Verfügbarkeit
- Mindestmietdauer, Vertragslaufzeit, Kündigungsfrist und automatische Vertragsverlängerung
- Dauerhafte Verfügbarkeit einer Annahmestelle für Fehlermeldungen
- Dauerhafte Störungsbehebung (24 Stunden/Tag, 365 Tage/Jahr)
- Bedingungen (Leitungsausfälle für bestimmte Zeiten), unter denen der Carrier Gebühren erstattet, und Höhe der Gebühren
- Einmalige Installationsgebühren, monatliche Grundgebühr (längenunabhängig), monatliche Zusatzgebühr (längenabhängig)
- Rabatte bei Nutzung mehrerer Standleitungen (Großkundenrabatte) oder beim Zukauf weiterer Leistungen

Einige Carrier ergänzen ihr Produktportfolio im Standleitungsbereich durch Mehrwertdienste (→ *VAS*) wie z.B. Ersatzwegeschaltung im Fehlerfall innerhalb einer fest definierten Zeit (→ *Rerouting*) in Verbindung mit permanenter Leitungsüberwachung zur Erhöhung der Verfügbarkeit oder eine → *Zweiwegeführung*. Eine weitere Zusatzdienstleistung ist auch eine garantierte → *Interventionszeit* im Fehlerfall. Weitere Zusatzleistungen können die Bereitstellung von Geräten wie → *Multiplexern* und Geräten zur Sprachkompression oder zur Verschlüsselung sein. Über derartige Leistungen erfolgt dann der Übergang hin zum Aufbau und Betrieb kompletter → *Corporate Networks* oder auch → *Intranets*.

Technisch gesehen werden Standleitungen auf eigenen Netzen mit Hilfe von Multiplexern realisiert, obwohl auch Durchschaltungen digitaler Standleitungen (bis 2 Mbit/s) durch das → *ISDN* möglich sind. Diese eigenen Netze sind heute nicht mehr eine eigene, von anderen Netzen völlig getrennte technische Infrastruktur, sondern eher nur für Standleitungen reservierte Kapazitäten im Rahmen eines → *SDH*-Netzes als Transportplattform.
Alternativen zu Standleitungen aus Nutzersicht können bei bestimmten, datenlastigen Anwendungen zur Vernetzung von Computern → *X.25*-Netze oder → *Frame-Relay*-Netze sein, die allerdings wegen schwankender Netzqualität in der Vergangenheit oft gemieden wurden.
Standleitungen sind von hoher Bedeutung für industriell weit entwickelte Wirtschaftsräume wie in Westeuropa, Nordamerika oder Japan. Daher können sie zur Sicherstellung eines qualitativ und preislich guten Angebots Gegenstand von Maßnahmen der → *Deregulierung* sein, z.B. bei der → *USO*.
→ *Monopolübertragungsweg*, → *DDV*, → *Standardfestverbindungen*, → *HfD*.

Stangenwähler

1. Deutsche Bezeichnung für die Frühform des → *Heb-Dreh-Wählers*, dessen kennzeichnendes, mechanisches Merkmal noch eine große, senkrechte Metallstange war.
2. Bezeichnung eines indirekt gesteuerten elektromechanischen Maschinenwählers. Vorgestellt 1926 durch die Western Electric Co. Er verfügte über fünf auswählbare Richtungen mit je 100 Ausgängen.

Stapel

International auch Heap (= Halde) oder sonst auch Kellerspeicher genannt. Bezeichnung für eine lineare → *Datenstruktur*, bei der immer nur auf ein Element, nämlich das zuletzt eingefügte, zugegriffen werden kann (Last In – First Out).
Die Bezeichnung leitet sich von einem Stapel ab, auf den man oben etwas drauflegen und von ihm auch nur oben etwas abnehmen kann.

Stapeldatei

→ *Batch*.

Stapelverarbeitung

→ *Batch*.

Star 8010

Bezeichnung für einen PC aus dem Hause Xerox, der im Jahre 1981 auf den Markt kam und für die damalige Zeit erstaunlich weit fortgeschritten war. Nach dem Forschungsprojekt des → *Alto* war es die kommerzielle Version. Er kostete 16 000 $ und war bereits mit einer → *Maus* und einer grafischen Benutzeroberfläche ausgestattet.

StarLAN

Bezeichnet einen → *LAN*-Standard. Überträgt mit 1 Mbit/s über Twisted-Pair-Kabel. Ohne → *Repeater* oder → *Hubs* können maximal 500 m überbrückt werden, mit Hubs ist das LAN unbegrenzt ausbaubar.

Start-Stopp-Verfahren

Bezeichnung für ein binäres Asynchronverfahren, bei dem der Empfänger durch einen Startschritt dazu aufgefordert wird, die Daten zu empfangen.
Der Startschritt hat dabei die Dauer, die einem Code-Element dem zum Ruhezustand entgegengesetzten Kennzustand entspricht. Darauf folgt die Gruppe der Code-Schritte und der Stopp-Schritt. Letzterer hat mindestens die Dauer eines Schrittes. Sein Kennzustand bleibt, wenn nicht unmittelbar ein weiteres Zeichen folgt, als Ruhezustand stehen.

Static Scrambling

→ *Conditional Access*.

Statische Mobilität

Oft auch → *lokale Mobilität* genannt. Bezeichnet die Mobilität von Schnurlostelefonen (→ *CT*) im Gegensatz zu der der Mobilfunknetze. In Schnurlostelefonen wird Mobilität nur in einem eng begrenzten Raum bei geringen Geschwindigkeiten erlaubt.

Statisches Routing

→ *Routing*.

StatMux

Kunstwort für statistischer Multiplexer. Bezeichnung eines → *Multiplexers*, der → *STDM* nutzt und dabei den Eingangskanälen nicht feste Zeitschlitze (→ *Slot*) im Ausgangsdatenstrom zuordnet, sondern die Kapazität der Ausgangsleitung besser ausnutzt, indem diese dynamisch nach Bedarf zugeteilt wird.

STB

Abk. für → *Set-Top-Box*.

STC

Abk. für Society of Telecommunications Consultants.
Bezeichnung für einen Berufsverband der unabhängigen Berater auf dem Gebiet der Telekommunikation in den USA.
→ *http://www.stcconsultants.org/*

STDM

1. Abk. für Synchronous Time Division Multiplexing.
   Die Standardform des → *TDM* mit fest zugeteilten Zeitschlitzen, wie sie bei → *PDH* und → *SDH* genutzt wird.
2. Abk. für Statistical Time Division Multiplexing.
   Bezeichnet ein Verfahren beim Zeitmultiplexing (→ *TDM*), das nur aktive (eingeschaltete und sendende) Stationen berücksichtigt und so die verfügbare Bandbreite besser ausnutzt. Es wird dabei jedem aktiven Anschluss nach einer dynamischen Zuteilungsstrategie für eine bestimmte Zeit (Zeitscheibe, Slot) die volle Übertragungsgeschwindigkeit zugeteilt. In dieser Zeit kann bit- oder byteweise übertragen werden.
   → *StatMux*.

Steckbrücke

→ *Jumper*.

Stecker

Oberbegriff für verschiedene mechanische Verbindungsbauteile zur Verbindung von Einzelteilen. In Abhängigkeit der zu verbindenden Medien haben sich verschiedene Stecker entwickelt:

- Verdrillte Zweidrahtleitung: → *RJ-Stecker* und → *DB-Stecker*.
- Koaxialkabel: → *BNC-Stecker*.
- Glasfasern: → *SC-Stecker*, → *ST-Stecker*.

Steganographie

Bezeichnung für eine spezielle Form der → *Kryptologie*. Dabei werden die zu verschlüsselnden Nachrichten nicht direkt verschlüsselt, sondern in (großen) Datenbeständen versteckt. Üblicherweise werden Textnachrichten in Grafikdateien, Audiodateien oder Videodatenbeständen versteckt.

Auf diese Weise ist es z.B. möglich, Urheberrechtsinformationen in Grafiken unterzubringen.

Steganographie selbst ist bereits sehr alt und reicht bis ins Altertum zurück, als Texte verschlüsselt wurde. Beispielsweise erlangte man aus einer überbrachten Nachricht die eigentliche (versteckte) Botschaft, indem man aus jedem Wort der überbrachten Nachricht jeden dritten Buchstaben jedes einzelnen Wortes extrahierte.

→ *http://www.isse.gmu.edu/~johnson/Steganography/*

→ *http://www.stego.com/*

Steigleitung

Andere Bezeichnung für → *Sekundärverkabelung* im → *LAN*-Bereich.

Stentor

Name einer kanadischen Allianz verschiedener regionaler Anbieter von Telekommunikationsdienstleistungen. Die Allianz wurde 1992 von elf Telcos gegründet, um gemeinsam nationale Dienstleistungen erbringen zu können und insbesondere um mit dem Rivalen AT&T Canada besser konkurrieren zu können. Heute sind die folgenden Unternehmen Mitglied der Allianz: AGT, BC, TEL, Bell Canada, Island Tel, PEI, Manitoba Telephone System (MTS), Maritime Tel & Tel, Newfoundland Telephone, NorthwsTel, Quebec-Telephone und SakTel.

Im Oktober 1998 wurde angekündigt, die Allianz zu lockern, um eine größere Flexibilität zu erhalten. Dies wird von vielen Beobachtern jedoch als faktisches Ende der Allianz gesehen.

→ *http://www. stentor.ca/*

STEP/Express

Bezeichnung eines internationalen Standards über ein Format, mit dem Produktionsdaten über Telekommunikationsnetze ausgetauscht werden können, ähnlich → *EDI*/Edifact.

Stern, Sternnetz

Bezeichnet eine Netztopologie, bei der alle anderen Stationen über Leitungen an einer zentralen Station hängen. Die zentrale Station verwaltet alle Verbindungen zwischen den einzelnen angeschlossenen Stationen.

Oft wird die zentrale Station auch Sternkoppler oder → *Hub* genannt.

→ *StarLAN*, → *Doppelstern*, → *Bus*, → *Ring*.

Sternkoppler, Sternkonzentrator

Andere und selten gebrauchte Bezeichnung für → *Hub* oder → *Konzentrator*.

Steuerdaten

Im Gegensatz zu den Nutzdaten eines → *Paketes* die Daten, die Einfluss auf die Wegsteuerung des Paketes durch das Netz haben. Neben anderen Verwaltungsdaten sind sie im → *Header* des Paketes untergebracht.

Stichdose

Bezeichnung einer Antennensteckdose als Abschluss einer Leitung des → *Breitbandkabelverteilnetzes* beim Teilnehmer. Es existieren Stichdosen mit zwei, drei oder vier Ausgängen, an denen die Signale der Leitung, nach Frequenzbereichen aufgeteilt (FM, TV, Satellitenempfang), zur Verfügung stehen.

→ *Durchgangsdose*, → *Filterdose*.

Still

Englische Bezeichnung für ein Standbild oder Foto.

Stinger

→ *BeOS*.

STK

Abk. für → *Sternkoppler*.

Andere Bezeichnung für → *Hub* oder → *Konzentrator*.

STL

Abk. für Standard Template Library.

Bezeichnung einer standardisierten Bibliothek mit → *C++*-Code zur leichteren Erstellung von Programmen. STL wurde von Alexander Stepanov, Meng Lee und weiteren Mitarbeitern von Hewlett Packard (→ *HP*) entwickelt. Wurde im Juli 1994 Teil des neuen C++-Standards der → *ANSI*.

STM

1. Abk. für Synchronous Transport Module.
   → *SDH*.
2. Abk. für Synchronous Transfer Mode.
   Ein Vermittlungsprinzip, bei dem n * 155,25 Mbit/s übertragen werden können. Arbeitet leitungsvermittelnd und ist Grundlage für die → *SDH*. In STM-Systemen werden physikalische Kanäle in mehrere feste, geordnete (z.B. mittels → *TDMA*) logische Kanäle (Slots) unterteilt, die den virtuellen Verbindungen fest zugeordnet sind. Das

→ *Routing* orientiert sich nur nach den Slots; es werden also keine → *Header* von Daten ausgewertet. Ferner lässt sich die Bitrate daher, im Gegensatz zu → *ATM*, nur in sehr groben Stufen unterteilen.

3. Abk. für Statistical Multiplexing.

   Andere Bezeichnung für → *STDM*.

   → *StatMux*.

Störabstand

Andere Bezeichnung für das Signal-zu-Rausch-Verhältnis (→ *SNR*).

Störimpulse

Bezeichnung für nicht weiter klassifizierbare, unerwünschte kurzzeitige Störungen bei der Ausbreitung elektromagnetischer Wellen, deren Ursache in externen Quellen zu suchen ist. Beispiele: Autoanlasser, Generatoren, nicht entstörte Elektrogeräte etc.

Störradius

Auch Störreichweite genannt. Begriff aus der → *Funknetzplanung* bei → *zellularen Systemen*. Er definiert die Entfernung zwischen einem Sender A der Frequenz f in Gestalt einer Basisstation (→ *BS*) und dem Punkt im Gelände, an dem diese Frequenz f durch einen zweiten Sender B wiederverwendet werden kann, wenn das Verhältnis zwischen Nutzsignalstärke zur Störsignalstärke an diesem Punkt einen vorgegebenen Wert unterschreitet.

Störreichweite

→ *Störradius*.

Stop-Word

→ *Suchmaschine*.

Store-and-Forward

Vermittlungsprinzip der → *Speichervermittlung*, bei dem der Datenfluss von der Quelle zur Senke unterbrochen wird, indem die Daten in Vermittlungsknoten komplett zwischengespeichert werden und später (zu geeigneterer Zeit, z.B. bei geringerer Netzauslastung oder zu Zeiten geringer Gebühren) weitergeleitet werden. Das Weiterleiten erfolg dabei erst, wenn die Nachricht – z.B. eine → *E-Mail* – vollständig eingetroffen ist.

→ *Hop-by-Hop*.

STP

1. Abk. für Shielded Twisted Pair.

   In offizieller deutscher Terminologie auch → *PiMf* genannt. Bezeichnung für ein mit einer Metallfolie abgeschirmtes, verdrilltes Kupferdoppeladerkabel. Dabei sind die beiden Doppeladern jeweils mit einem Gewebe aus Kupferfäden umgeben und gegeneinander verdrillt. (Kosten je 100 m: ca. 200 $, gilt als teuer; maximale Datenrate: 500 Mbit/s). Die Verlegung dieser Kabelart erfordert Sorgfalt und Erfahrung.

   → *UTP*, → *Verkabelung*, → *Zweidrahtleitung*.

2. Abk. für Service Transfer Point.

   → *IN*.

3. Abk. für → *Spanning Tree Protocol*.
4. Abk. für Signalling Transfer Point.

   → *SS#7*.

ST-Stecker

Abk. für Straight-Tip-Stecker.

Bezeichnung für einen vom Hause AT&T entwickelten und weit verbreiteten Stecker für die Verbindung von zwei Glasfasern (→ *Glasfasertechnik*). Der Stecker ist prinzipiell eine Weiterentwicklung des → *BNC-Steckers*.

Bei diesem Steckertyp wird die Faser durch eine kleine Hülse (genannt Ferrule) aus Keramik, Metall oder Plastik geführt (Durchmesser 2,5 mm) und dort mit einem Metallstift fixiert und so am Verrutschen gehindert. Die Ferrule ist an der eigentlichen Kontaktfläche konvex geschliffen und sorgt mit einer Feder dafür, dass die Fasern sich permanent an den Stirnflächen berühren. Dadurch verfügt dieser Stecker über ein besseres Dämpfungsverhalten im Vergleich zu anderen optischen Steckern. Die mittlere Einfügungsdämpfung liegt bei 0,5 dB, die maximale bei 1 dB.

Da der ST-Stecker sehr weit verbreitet ist sind viele andere Steckertypen zu ihm kompatibel oder können mit wenigen Änderungen oder einen einfachen Adapter zu ihm kompatibel gemacht werden.

ST-Stecker sind für die → *Einmoden-Faser* genauso geeignet wie für Multimode-Fasern (→ *Multimode-Stufenindex-Faser*, → *Multimode-Gradientenindex-Faser*).

Der Stecker ist leicht zu handhaben und wird daher oft beim Patching (→ *Patchkabel*) im Bereich des → *LAN* verwendet.

→ *BNC-Stecker*, → *DB-Stecker*, → *RJ-Stecker*, → *ST-Stecker*.

Streamer

→ *Bandlaufwerk*.

Streaming

Bezeichnet im → *WWW* des → *Internet* die kontinuierliche Übertragung und Präsentation zum Nutzer von Audio- und Videodaten mit dem Ziel, einer Echtzeitübertragung sehr nahe zu kommen. Dabei werden die Daten kontinuierlich vom Sender zum Empfänger übertragen und dort sofort decodiert und am Endgerät in Form von Bildern bzw. Tönen präsentiert. Es ist dadurch nicht notwendig, die Daten zunächst von einem → *Server* abzurufen (→ *Download*), auf der eigenen → *Festplatte* zwischenzuspeichern und anschließend mit einer speziellen Software zu decodieren und abzuspielen.

Streaming setzt keine Veränderungen am Übertragungsnetz voraus. Spezielle Protokolle wie z.B. → *RSVP* sind daher nicht notwendig. Üblicherweise werden für das Nutzen der Streaming-Technologie jedoch ein spezielles → *Plug-In* im → *Browser* benötigt. Ein Beispiel dafür ist → *RealAudio* aus dem Hause RealNetworks. Ein dazu konkurrierendes Produkt ist das ActiveStreamingFormat aus dem Hause Microsoft.

Durch Streaming werden die speziellen, qualitätsmindernden Eigenschaften des Internet (Paketübertragungstechnik, begrenze Bandbreite, Möglichkeit des totalen Datenverlustes einzelner Pakete etc.) daher nicht überwunden. Vielmehr hat der technische Fortschritt im Bereich der Rechnerkapazität in den Endgeräten (PCs) und der On-the-Fly-Dekompression dazu geführt, dass die qualitätsmindernden Eigenschaften der Endgeräte überwunden wurden.

Die Wurzeln des Streaming liegen in den späten 70er Jahren, als das Streaming Protocol (→ *ST*) am → *MIT* entwickelt wurde. Durch mangelnden Fortschritt tat sich jedoch lange Zeit nichts auf diesem Sektor. Durch die rasche Entwicklung des Streaming ab Mitte der 90er Jahre ist es dann zunächst zu verschiedenen Techniken gekommen. Im Jahre 1997 hat Microsoft die Initiative ergriffen und zusammen mit Progressive Networks, Adobe Systems und Vivo Software den Standard Advanced Streaming Format (ASF) vorgeschlagen.

→ *http://www.ism-alliance.org/*

Stretch

Bezeichnung für einen Vorläufer der → *Supercomputer* aus dem Hause IBM mit der offiziellen Bezeichnung IBM 7030. Die Entwicklung startete 1955 mit dem Ziel, einen Computer zu bauen, der rund 100mal so schnell war, wie das seinerzeit schnellste andere IBM-Modell (die → *IBM 704*). In Betrieb genommen wurde die erste Stretch nach rund einjähriger Verzögerung des Projektes im Jahre 1961. Insgesamt wurden neuen Stück gebaut, davon eine Spezialausführung für den US-Geheimdienst → *NSA* (Projekt ‚Harvest‘).

Die Stretch entstand in enger Kooperation zwischen IBM und dem Los Alamos National Laboratory, wohin auch das erste Exemplar geliefert wurde. Es blieb rund 10 Jahre in Betrieb und galt zu seiner Zeit als der schnellste Computer der Welt.

Auf Seiten der IBM waren unter der Leitung von Steven W. Dunwell insbesondere John Cocke (* 1925), der später die Entwicklung der → *RISC*-Technologie maßgeblich mitgestalten sollte, Jim Pomerene, der schon bei der → *Johnniac* mitgearbeitet hatte, sowie Irv Ziller, Gerry Blaauw, John Fairclough und Fred Brooks dabei. Auch Werner Buchholz war beteiligt, der darüber später ein Buch schreiben sollte („Planning a Computer System – Project Stretch“, McGraw-Hill, 1962).

Die Stretch verwendete bereits fortschrittliche Konzepte wie das Lookahead, bei dem sich bis zu sechs verschiedene Befehle in verschiedenen Stadien der Verarbeitung im Speicher befanden. Dadurch wurde ein bis dahin ungekannter Grad von Parallelisierung erzielt.

Auch bei der Hardware wurden fortschrittliche Konzepte eingesetzt. Waren seinerzeit die meisten Computer noch aus Röhren aufgebaut, so basierte die Stretch vollständig auf Transistoren und gedruckten Schaltungen sowie einfach zu ersetzenden Einsteckkarten.

Speichermedium war eine frühe Form der Festplatte anstelle eines Trommelspeichers. Basis waren 72 Bit lange Worte im Speicher, wovon 8 Bit für automatische Fehlererkennung und -korrektur verwendet wurden.

Der Hauptspeicher war 1 000 Worte groß und konnte bereits partitioniert werden.

Da die Stretch die in sie gesetzten Erwartungen hinsichtlich Geschwindigkeit und Verkaufszahlen (trotz gesenkten Preises) nicht erfüllte, wurde im Hause IBM der Plan fallen gelassen, eine ganze Familie derartiger Rechner zu bauen. Stattdessen konzentrierte man sich auf die Entwicklung der → *IBM /360*, in die jedoch viele Erkenntnisse aus dem Stretch-Projekt einflossen.

Streuspeicherung

→ *Hashen*.

Strichcode

→ *Barcode*.

String

Von engl. string = Kette. In Deutschland auch Zeichenkette genannt. Es bezeichnet eine Menge zusammengehöriger und in einem Programm als eine Einheit betrachteter → *ASCII*-Daten, z.B. ein beliebiges, lexikalisch existierendes Wort oder ein Name in einem Datensatz.

Strowger-Vermittlung

→ *Heb-Dreh-Wähler*.

Strukturierte Programmierung

Begriff aus dem → *Software-Engineering*. Bezeichnung für ein Programmieren, das auf Sprünge innerhalb von Programmen verzichtet und sich lediglich auf die drei Elemente Reihung, Verzweigung und Wiederholung stützt. Ferner zerlegt die strukturierte Programmierung Programme in einzelne Module (Funktionen, Unterprogramme, Routinen) mit klar definierten Schnittstellen (Eingabedaten, Ausgabedaten).

Strukturierte Programme lassen sich unter Rückgriff auf entsprechende Struktogramme (→ *Pseudocode*, → *Flussdiagramm*) leichter erzeugen und dokumentieren sowie verstehen als unstrukturierte, nach dem Bastel- oder Trial-and-Error-Prinzip erzeugte Programme (→ *Workaround*).

Es gibt Programmiersprachen, die strukturierte Programmierung unterstützen (z.B. → *Pascal*), und solche, die dafür weniger geeignet sind (z.B. → *Basic*).

Da Sprünge häufig in höheren Programmiersprachen durch den Befehl GOTO realisiert werden, spricht man auch von GOTO-freier Programmierung. In der Zeitschrift „Communications of the Association of Computing Machinery“ erschien 1968 ein Artikel des niederländischen Professors Edsger Wybe Dijkstra mit dem Titel „GOTO Statement considered harmful“. Durch diesen Artikel wuchs das Interesse an strukturierter Programmierung, er bildete die Basis für die Lehre der GOTO-freien Programmierung.

Auf die Ebene der Assemblerprogrammierung, dort heißt der entsprechende Befehl häufig JUMP, trifft dies nicht so stark zu, da ein Sprungbefehl dort häufig die einzig mögliche Art ist, eine Verzweigung zu realisieren.

Strukturierte Verkabelung

Bezeichnung für die systematische, zukunftssichere und offene Verkabelung von Gebäuden oder Teilen von ihnen zur Unterstützung von Telekommunikationsdiensten und → *LANs*. Der Trend geht dabei weg von dedizierten Netzen hin zu einem diensteneutralen Netz mit Glasfaser im Backbone und Kupferkabeln im Anschlussbereich der Endgeräte.

Berücksichtigung finden dabei Standards aus den folgenden Bereichen:

- Gebäudeverkabelung (→ *Verkabelung*)
- Elektromagnetische Verträglichkeit
- Sicherheit

Eine strukturierte Verkabelung (im Gegensatz zu einem unkontrollierten Wildwuchs verschiedener Kabeltypen, Kabelmedien und Topologien) unterstützt folgende Aspekte:

- Wachsende Anzahl vernetzter Computer in Unternehmen
- Mobilität der Anwender (Umstrukturierung des Unternehmens, Umzüge etc.)
- Immer kürzer werdende Innovationszyklen von Hard- und Software

Ein Kennzeichen der Verkabelung ist die Differenzierung der Bereiche → *Primär-*, → *Sekundär-* und → *Tertiärverkabelung*, sowie die explizite Optimierung der Verkabelungsstrukturen (→ *Topologie* und verwendete Übertragungsmedien, Übertragungsgeschwindigkeiten und Übertragungstechniken) hinsichtlich dieser drei Bereiche mit jeweils unterschiedlichen Anforderungen. Ferner wird die strukturierte Verkabelung durch einheitliche Anschlusstechnik (→ *Stecker*) für alle Endgeräte ergänzt. Meistens wird dafür ein Western-Stecker vom Typ → *RJ* 45 verwendet.

STS 1, 2, 4 etc.

Abk. für Synchronous Transport Signal (Modul).

Bezeichnung für die Grundbitraten der nordamerikanischen → *SONET*-Hierarchie, ein Gegenstück zum europäischen → *STM* der → *SDH*-Hierarchie bei elektrischer Übertragung.

STT

Abk. für Set-Top-Terminal.

→ *Set-Top-Box.*

STU

1. Abk. für Set-Top-Unit, anderes Wort für → *Set-Top-Box.*
2. Abk. für Subscriber Terminal Unit.

   Oberbegriff für Endgeräte beim Teilnehmer eines Multimedia-Dienstes. Hierunter fallen z.B. → *Set-Top-Boxen.*

Stub

Unter Stub und Skeleton bezeichnet man bei der objektorientierten Programmierung (→ *OO*) die Teile der Objekte, die für die Kommunikation mit anderen Objekten verantwortlich sind.

Diese Teile werden bei einer Software, die als Client fungiert, mit Stub und beim → *Server* mit Skeleton bezeichnet.

Stufenfaser, Stufenindexfaser

Kurzbezeichnungen für → *Multimode-Stufenindex-Faser.*

Stummschaltung

1. → *Leistungsmerkmal* von Telefonen. Dabei kann per Knopfdruck das Mikrofon im Hörer ausgeschaltet werden, damit der Teilnehmer mit anderen im Raum anwe-

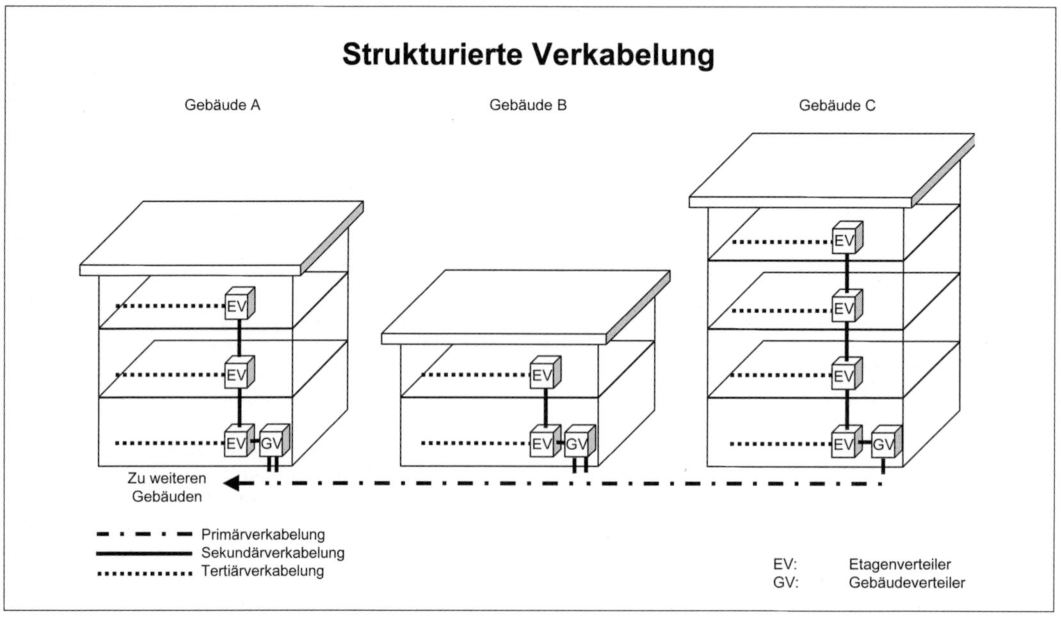

senden Personen vertrauliche Rückfrage vornehmen kann, die der Gesprächspartner nicht mithören soll.

2. Auch Mute genannt. → *Leistungsmerkmal* von Autoradios in Verbindung mit einer → *Freisprecheinrichtung*, das bei einem eingehenden Anruf im Autotelefon automatisch für ein Leisestellen (Mute) des Autoradios sorgt.

SU

1. Abk. für Service Unit.
   → *ONU.*
2. Abk. für Service User.
   → *IN.*

Subject

Bezeichnung für ein Feld im → *Header* einer → *E-Mail*, das eine Kurzbeschreibung des Inhalts der E-Mail enthält (Umfang: einige Worte), so dass der Empfänger ohne Lesen der gesamten E-Mail weiß, um was es geht.

Submission Tool

→ *Suchmaschine.*

Subnetzmaske

Bezeichnung für eine 32 Bit breite Maske, die über eine vorliegende → *IP*-Adresse gelegt wird und alle Bit bis auf diejenigen ausblendet, welche die Adresse eines Subnetzes ergeben.

Subprogramm, Subroutine

→ *Routine.*

Subtraktives Farbsystem

→ *Farbsystem.*

Suchmaschine

Auch international Search Engine genannt. Oberbegriff für verschiedene Systeme, die im → *WWW* des → *Internet* präsentierte Inhalte indizieren und nach denen man dort suchen kann.
Eine Suchmaschine besteht üblicherweise aus den folgenden Komponenten:

- Dem Crawler, auch Spider, Robot oder Softbot genannt: Er ist die Suchmaschine der Suchmaschine, da er selbständig Websites nach bestimmten Schlüsselwörtern und/oder → *Hyperlinks* durchsucht. Ein Crawler kehrt periodisch zu Websites zurück, um eventuelle Veränderungen zu erfassen.
- Welche Websites in welcher Reihenfolge wie häufig besucht werden und welche Informationen dabei ausgewertet werden, gehört zu den bestens gehüteten Geheimnissen der Betreiber der Suchmaschinen.
- Dem Index: Er stellt das Ergebnis des Crawler-Moduls dar und ist eine Zuordnung von Schlüsselwörtern zu Weblinks.
- Die eigentliche vom Nutzer zu bedienende Suchmaschine: Sie stellt die Benutzerschnittstelle dar und legt fest, welche Suchabfragen gestellt werden können, durch welche Parameter die Suche im Index beeinflusst werden kann und wie die Ergebnisse ausgegeben werden.

Üblicherweise kann man Suchmaschinen in zwei Kategorien unterteilen, die anhand der Technik, wie der Index vom Crawler erstellt wird, unterschieden werden können:

- Volltext-indizierende Suchmaschinen: Sie indizieren jedes Wort einer Seite im WWW. Vorteil ist, dass ihnen keine Information entgeht und sie dadurch sehr detaillierte Suchabfragen zulassen. Nachteilig ist, dass sie oft zu viele Suchergebnisse liefern, sofern die Suchanfrage, z.B. mit logischen Operatoren, nicht spezifisch genug ausgearbeitet wurde. Ferner dauert es immer eine gewisse Zeit, bis eine neue Seite erfasst wurde bzw. viele Seiten bleiben grundsätzlich unerfasst. Außerdem ist es notwendig, dass die Benutzer einer derartigen Suchmaschine den exakten Suchbegriff eingeben müssen.

  Ein Beispiel für eine derartige Suchmaschine ist Altavista aus dem Hause Digital (s.u.).
- Stichwort-indizierte Suchabfrage: Sie indizieren nur wesentliche, wichtige Schlüsselwörter einer Seite. Dabei gibt es verschiedene Algorithmen zur Bestimmung dieser Schlüsselwörter, etwa alle Wörter der Überschrift oder die am häufigst vorkommenden Hauptwörter, lateinische Wörter (bei wissenschaftlichen Publikationen bestimmter Bereiche) etc.

  Vorteil ist, dass auch relativ unspezifische Anfragen, bei denen nur ein einziges Stichwort eingegeben wurde, zu relativ guten Suchergebnissen führen. Nachteilig ist, dass nicht alle Informationen einer Seite auf diese Weise erfasst werden. Dürftige Suchmaschinen mit schlechten derartigen Algorithmen wirken dann nicht wie Suchmaschinen mehr, sondern nur noch wie knappe

  Beispiele für stichwort-indizierte Suchmaschinen sind Lycos, Excite oder Yahoo! (s.u.).

Suchmaschinen stehen vor folgenden Herausforderungen:

- Die Größe des Internet: Es gibt Schätzungen, nach denen die einzelnen Suchmaschinen nur rund 15 bis 20% des WWW-Inhaltes und alle zusammen insgesamt nur ca. 40 bis 50% indizieren.
- Die Wachstumsgeschwindigkeit des Internet: Da täglich neue Websites hinzukommen, dauert es eine Weile, bis die Seiten überhaupt erfasst sind. Dem kann in Grenzen durch eine Anmeldung durch den Site-Betreiber bei einer Suchmaschine entgegengewirkt werden.

  Außerdem werden täglich auch Websites zugemacht, so dass nicht alle Links einer Ergebnisliste noch zu validen Sites führen.
- Die Benutzerfreundlichkeit: Benutzer müssen häufig exakt den korrekten Suchbegriff eingeben, um zufriedenstellende Suchergebnisse zu erzielen. Selbst dann sind Ergebnislisten häufig noch lang und unübersichtlich. Für die Präzisierung einer Suchanfrage, die zu kürzeren Ergebnislisten führt, sind jedoch schon Kenntnisse über den fortgeschritteneren Umgang mit der Suchmaschine und der Formulierung von Anfragen (evtl. in Verbindung mit Operatoren der → *Booleschen Algebra*) notwendig.

- Das häufige Vorkommen bestimmter Begriffe: Bestimmte Suchbegriffe kommen derart häufig vor, dass es sich nicht lohnt, nach ihnen zu suchen. Derartige Stop-Words werden daher alleine nicht mehr indiziert (z.B. das Wort ‚Internet') oder nicht mehr in ihrer Relevanz so hoch eingestuft, daher ist es ratsam, derartige Wörter nicht in die speziellen Felder von HTML-Dokumenten (KEYWORDS, DESCRIPTION etc.) aufzunehmen, da dann nur deren begrenzte Kapazität unnütz verschwendet wird.

Beide obigen Verfahren können zur Steigerung der Qualität der Suchergebnisse noch mit weiteren Algorithmen kombiniert werden, um z.B. die üblicherweise hohe Zahl der Suchergebnisse in eine sinnvolle Reihenfolge zu bringen. Die einfache Indizierung des in einer Site enthaltenen Textes wird häufig nicht mehr als alleiniges Kriterium für die Güte von Sites verwendet. So werten einige Suchmaschinen beispielsweise die → *Hyperlinks* auf den gefundenen Seiten aus. Die Seiten, auf die dann besonders häufig von anderen Seiten verwiesen wird (Inlinks), gelten als qualitativ hoch und werden dem Nutzer der Suchmaschine bei der Ausgabe der Ergebnisse als erstes angezeigt. Dies ist eine Art Metrik. Die Anzahl der Inlinks wird dabei als Backlink bezeichnet.

Ein weiteres Verfahren ist die Kombination mit Verzeichnissen (Directory). Gut sortierte und von menschlichen Redakteuren zusammengestellte Linklisten zu bestimmten Themen (Verzeichnisse) sind prinzipiell eine art statische Suchmaschine, da der Benutzer zu vorausgewählten Sites durch einen hierarchischen Entscheidungsbaum (nämlich die Verzeichnisstruktur) geführt wird. Dies kann mit einer dynamischen Suchmaschine kombiniert werden, da die Suchmaschine beispielsweise die Ergebnisse der Index-basierten Suche in einer Reihenfolge ausgeben kann, so dass die Sites, die auch in einem Verzeichnis erfasst sind, ganz oben stehen.

Die Inhalte der Suchmaschinen werden dort auf verschiedene Arten indiziert:

- Auf spezielle Anmeldung der Anbieter von Inhalten hin.
- Automatisch durch die Suchmaschine selbst.

Wenn ein Anbieter eine → *Site* in Betrieb nimmt und sie populär machen möchte, ist es ratsam, sie selbst schnellstmöglich bei möglichst vielen Suchmaschinen anzumelden, da es u.U. mehrere Monate dauern kann, bis die Suchmaschine von sich aus die Site aufnimmt und indiziert. Dieses Anmelden bei mehreren Suchmaschinen unter bestimmten Schlüsselwörtern können Softwareprogramme, sog. Submission Tools, automatisch übernehmen.

Name	WWW-Adresse
AltaVista	→ *http://www.altavista.digital.com*
Big Foot White Pages	→ *http://www.bigfoot.com*
Blitzsuche	→ *http://www.blitzsuche.de*
Excite	→ *http://www.excite.com* → *http://www.excite.de*
Google	→ *http://www.google.com*
Infoseek Guide	→ *http://www.infoseek.com*

Name	WWW-Adresse
Internet Address Finder	→ *http://www.iaf.net*
Lycos	→ *http://www.lycos.com* → *http://www.lycos.de*
Magellan	→ *http://www.mckinley.com*
Net Locator	→ *http://nln.com*
Nettec	→ *http://www.suchen.com*
Open Text Index	→ *http://www.opentext.com*
Search.com	→ *http://www.search.com*
Switchboard	→ *http://www.switchboard.com*
The Electric Library	→ *http://www.elilibrary.com*
WebCrawler	→ *http://webcrawler.com*
Whowhere	→ *http://www.whowhere.com*
Yahoo	→ *http://www.yahoo.com* → *http://www.yahoo.de*

Neben diesen Suchmaschinen für das gesamte Internet gibt es auch die Möglichkeit, Suchmaschinen nur auf eine Site zu begrenzen. Eine Suchmaschine nur für eine Site empfiehlt sich insbesondere dann, wenn die Site besonders umfangreich ist und mit Archiven bestückt ist, z.B. einem Pressemeldungsverzeichnis, einem Katalogverzeichnis o.ä.

Eine Alternative zu Suchmaschinen stellt ein → *Webring* dar.

Unter Meta-Suchmaschinen fallen solche Suchmaschinen, die ihre Eingabe an mehrere herkömmliche Suchmaschinen parallel weitergeben, von diesen die Ergebnisse erhalten und aufbereitet dem Nutzer anzeigen.

Erste Suchmaschinen gab es schon ab 1991, doch erst mit dem raschen Wachstum des WWW ab 1994 bildeten sich die heute bekannten Suchmaschinen wie Yahoo, Lycos, Altavista oder Excite heraus.

→ *http://www.suchfibel.de/*

→ *http://www.hamline.edu/library/bush/handouts/comparisons.html*

SUI

Abk. für Speech User Interface.

Bezeichnung für eine Sprachsteuerung technischer Systeme durch den Menschen, z.B. bei der neuesten Version von → *OS/2*.

SUMR

Abk. für Satellite User Mapping Register.

Bezeichnung für eine Datenbank in satellitengestützten Mobilfunksystemen, deren Aufgabe es ist, eine Zuordnung eines mobilen Teilnehmers zu einem Satelliten vorzunehmen.

Dies wird neben einem → *HLR* und einem → *VLR* nötig sein, da das VLR lediglich geografische Zuordnungen abspeichert, die während eines Gesprächs weitgehend konstant bleiben, wohingegen das SUMR die sich bewegenden

Satelliten berücksichtigt. Durch die fliegenden Satelliten verändert sich die Topologie des Netzes permanent. Darüber hinaus kann der Teilnehmer u.U. Kontakt zu mehreren Satelliten haben. Die Gesprächsverbindung wird aber nur über einen geführt.

Supercarrier

→ *Carrier.*

Supercomputer

Bezeichnung i.d.R. für Großrechner im wissenschaftlich-technischen Bereich, wie z.B. Vektorrechner, Rechner aus dem Hause → *Cray* oder Forschungsprojekte wie der deutsche Rechner → *Suprenum.*

Die Klasse der Supercomputer kam in den späten 60er Jahren auf, als spezielle Rechner zur Bearbeitung technisch-wissenschaftlicher Probleme in kommerziell nennenswertem Maßstab gebaut wurden, die insbesondere viele Gleitkommaoperationen durchführten. Mit dem → *Whirlwind*, dem → *LARC* (Livermore Automatic Research Computer, 1960) aus dem Hause Sperry-Rand (→ *Univac*), der → *Stretch* (1961) aus dem Hause IBM oder der → *Atlas* (1962) existierten einzelne Modelle von Supercomputern allerdings bereits lange Zeit zuvor, wenn auch nur als staatlich geförderte Forschungsprojekte und Einzelexemplare. Ihnen ist gemein, dass sie viele Konzepte anwendeten, lange Zeit bevor sie in serienmäßig produzierten Computern Anwendung fanden.

Erster kommerziell hergestellter Supercomputer war 1964 die CDC 6600 (→ *CDC*). Erster vektororientierter Supercomputer war im Jahre 1976 die → *Cray-1.*

Spezialrechner für das Schachspiel waren → *Deep Blue* und → *Deep Thought* (→ *Schachcomputer*).

Ein heute weit verbreiteter Supercomputer, der in Großserie gebaut wird, ist die → *IBM RS/6000.*

Ein leistungsstarker Rechner als Einzelstück ist z.B. die → *Option Red.* Ein geplanter Supercomputer ist die → *Blue Gene.*

Einsatzbereiche und Anwendungen für Supercomputer sind z.B. rechenintensive Simulationen aller Art (Crash-Tests in der Automobilindustrie) oder Wettervorhersagen.

Da viele Supercomputer insbesondere in der militärischen Forschung eingesetzt wurden (Simulation von Atombombenexplosionen, Flugzeugdesign, Raketendesign), schrumpfte der Markt für derartige Rechner ab 1989 nach Ende des kalten Krieges erheblich, was zu einigen Konkursen in der Branche oder zu Rückzügen aus diesem Marktsegment des Computermarktes führte.

Darüber hinaus sorgten Leistungssteigerungen und die Vernetzung von leistungsstarken → *Mainframes* und insbesondere → *Workstations* zu → *Clustern* für eine zurückgehende Nachfrage.

In Deutschland beschäftigte sich lange Zeit die →*GMD* mit Supercomputern, ebenso wie in den USA das → *LLNL.*

Einen Überblick über die weltweit 500 schnellsten Computer liefert:

→ *http://www.top500.org/*

Supercross

Bezeichnung für ein 1960 gestartetes Entwicklungsprojekt für ein → *Vermittlungssystem* aus dem Hause Hasler (CH, heute Ascom). Dabei sollten bereits Dioden als Koppelelemente auf Halbleiterbasis eingeführt werden. Dieser für seine Zeit sehr fortschrittliche Ansatz stieß jedoch auf verschiedene technische Probleme, weswegen das Vorhaben 1965 gestoppt wurde.

Verschiedene Erfahrungen gingen jedoch in das Vermittlungssystem → *HS 68* und diverse Vermittlungssysteme für Telexsysteme ein.

Superdisk, Superdrive

→ *LS-120.*

Supervisor

1. Andere Bezeichnung für → *LSA.*
2. In einem → *Call Center* die Person, die im operativen Bereich mehrere Agenten betreut, anleitet und überwacht. Oft auch Teamleader oder Teamcoach genannt.

Supplementary Service

→ *Dienst.*

Suprenum

Abk. für Superrechner für numerische Aufgaben.

Bezeichnung eines deutschen Forschungsprojektes ab 1986 bis zum Beginn der 90er Jahre auf dem Feld der → *Supercomputer.*

Maßgeblich mit 160 Mio. DM gefördert vom → *BMBF* und operativ durchgeführt zu großen Teilen von der → *GMD* und der Kernforschungsanlage Jülich.

Ein erster Prototyp mit Multiprozessorarchitektur war 1987 fertig.

Die Suprenum bestand aus bis zu 256 Einzelrechnern, von denen jeder auf einer Hauptplatine mit einem Hauptspeicher von 8 MByte realisiert war und 20 Mio. Operationen pro Sekunde durchführen konnte. Alle 256 Einzelrechner konnten parallel geschaltet werden.

Der 1989 zu Ende entwickelte und betriebsfähige Rechner konnte 5 Mrd. Rechenoperationen pro Sekunde abarbeiten und war damit seinerzeit der leistungsstärkste Rechner außerhalb der USA.

Für die Vermarktung wurde eine eigene Vertriebsgesellschaft gegründet (Suprenum GmbH), an der u.a. auch die Krupp-Atlas Elektronik GmbH Anteile hielt.

Er wurde bis 1993 fünf mal gebaut und verkauft. Ob er ein echter Fehlschlag ist gilt als umstritten. Aus der kommerziellen Sicht ist es nicht zur geplanten weiten Vermarktung gekommen. Aus wissenschaftlicher Sicht wurden verschiedene Konzepte erstmals praktisch angewendet. Aus volkswirtschaftlicher Sicht hat er dafür gesorgt, dass ein bestimmtes Know-how in Deutschland geschaffen wurde.

Surfen, Surfer

Jargon, Bezeichnung für das spielerische, ziellose, stunden- oder nächtelange Benutzen von Online-Diensten, insbesondere des → *Internet* und dort speziell des → *WWW*, wobei man durch die Nutzung von → *Hyperlinks* von Anbieter zu Anbieter weitergeleitet wird.

Die Bezeichnung leitet sich vom Wassersport Surfen (Wellenreiten) ab, bei dem man von Woge zu Woge weitergetragen wird. Der Überlieferung nach wurde der Ausdruck von Jean Armour Polly im Jahre 1992 geprägt.

Seit ca. Anfang 1998 setzt sich langsam die Bezeichnung Campen und Camper durch für diejenigen, die ungewöhnlich lange (z.B. mehr als 150 Std./Monat) surfen und daher sich fast permanent im Internet aufhalten.

→ *Netter*, → *Chat Slang*.

Surround-Sound, Surround-Ton

Oberbegriff für verschiedene Tonsysteme mit mehrere Kanälen, die dem Hörer einen räumlichen Toneindruck vermitteln sollen, d.h. der Hörer soll den Eindruck haben, mitten im Geschehen zu sein.

Die dafür übliche Konfiguration besteht aus fünf Kanälen: Vorne links, Mitte rechts und hinten rechts und links sowie einem Subwoofer für extrem niedrige Frequenzen.

Die Positionierung des Subwoofers ist von untergeordneter Bedeutung, da die Ortung der Quelle für niedrige Frequenzen vom menschlichen Hörsinn nicht möglich ist.

Es gibt verschiedene technische Verfahren zum Surround-Ton, z.B. eine Variante von → *Dolby*, → *DTS* und → *SDDS*.

Suspendierung

Anderes Wort für → *Verbindungsabbau*.

SUT

Abk. für System under Test.

Im → *Software-Engineering* die Bezeichnung für Software, die fertig entwickelt wurde und bereits in ihrer Einsatzumgebung eingesetzt wird, sich aber noch im Teststadium befindet.

→ *UAT*.

SVC

Abk. für Switched Virtual Circuit.

Eine gewählte → *virtuelle Verbindung* in einem paketvermittelnden Netz (→ *Paketvermittlung*). Im Gegensatz zu → *PVC* ist der Weg durch das Netz nicht fest in den Tabellen der Netzknoten mit Informationen für das → *Routing* gespeichert. Es wird aber zu Beginn der Datenübertragung ein Weg vom Sender zum Empfänger bestimmt, den dann alle Datenpakete nehmen, d.h., der Weg ist in den Routingtabellen für die Dauer der Verbindung eindeutig definiert. Alle Pakete nehmen daher den gleichen Weg und kommen in der Reihenfolge des Absendens an.

Bei PVCs stehen dem Nutzer lediglich die langfristig vor einer Verbindung fest definierten und in den Routingtabellen eingegebenen PVCs zur Verfügung, wohingegen er bei den SVCs spontan verschiedene Verbindungspartner auswählen kann.

SVD

Abk. für (Digital) Simultaneous Voice and Data.

Bezeichnung für einen in der Normung befindlichen Industriestandard, der es ermöglicht, Sprache und Daten gleichzeitig über analoge Leitungen zu transportieren. Mit entsprechendem Modem (→ *V.34*) soll dies mit 28,8 kbit/s möglich sein. Gleiche Funktionalität ist sonst nur über → *ISDN* möglich.

Die Initiative ging von Intel aus, die einige Firmen dafür gewinnen konnte, u.a. Hayes Microcomputer, Rockwell und US Robotics.

SVGA

Abk. für Super VGA (Video Graphics Display).

Bezeichnung für eine Weiterentwicklung der → *VGA*-Grafikkarte für PCs.

Auflösung zunächst bis 1 024 * 768 Pixel, später auch 1 280 * 1 024 Pixel, bei 256 aus 262 144 Farben. Mindestgrafikspeicher 1 MByte. Die → *Zeilenfrequenz* beträgt 35 bis 38 kHz und die Bildfrequenz 56 bis 60 Hz.

S-VHS

→ *VHS*.

SVID

Abk. für System V Interface Definition.

Bezeichnung einer speziellen Definition des Betriebssystems → *Unix*.

SVR

Abk. für Super Video Recording.

→ *Videorecorder*.

SVR 4, SVR 5

→ *Unix*.

SVTBF

Abk. für Schweizer Verband Technischer Beamter der Fernmeldebetriebe.

Adresse:

SVTBF
Case Postale 2103
CH - 1002 Lausanne
Schweiz
Tel.: (+ 41) 0 77 / 29 01 74

SW

Abk. für → *Software*.

SWAC

Abk. für Standards Western Automatic Computer.

Bezeichnung für einen frühen Computer, der im Institute for Numerical Analysis an der University of California in Los Angeles (UCLA) unter der Leitung von Harry Douglas Huskey gebaut und am 17. August 1950 für das National Bureau of Standards (→ *NBS*) in Betrieb genommen wurde.

Nach der → *SEAC* war es der zweite Rechner für das NBS. Er nutzte z.B. die Williams-Röhre (→ *Manchester Mark I*) als Speicher.

Swan

Abk. für Sun Wide Area Network.

Bezeichnung einer Netzsoftware für → *WANs* aus dem Hause Sun, die sich dadurch auszeichnet, dass sie auf den Protokollen des → *Internet* basiert. Für Anwendungen im Internet, wie z.B. → *WWW* oder über ein beliebiges anderes WAN, stehen daher gleiche Protokolle und gleiche Benutzeroberflächen zur Verfügung.

SWAP

Abk. für Shared Wireless Access Protocol.

Bezeichnung für ein Verfahren zum Aufbau einer drahtlosen Vernetzung des PCs mit verschiedenen Peripheriegeräten über kurze Entfernungen. Verwendet wird dabei eine Kombination aus bekannten Techniken von Schnurlostelefonie (→ *CT*) und → *Wireless LANs*. Dabei wird insbesondere auf → *DECT* zurückgegriffen. Es sollen Bandbreiten bis 2 Mbit/s im Frequenzbereich um die 2,4 GHz realisiert werden.

Entwickelt seit Ende 1997 von der Home Radio Frequency Working Group (HomeRF), der z.B. → *Compaq*, Ericsson, → *HP*, → *IBM*, → *Microsoft* und → *Motorola* angehören. Ein stabiler Standard kam zum Jahreswechsel 98/99 als Version 1.1 auf den Markt.

Der Konkurrenzstandard ist → *Bluetooth*. Andere, vergleichbare Technologien sind → *WLIF*, → *HAVI*, oder → *HomePNA*.

→ *http://www.homerf.org/*

Swap-File, Swapping

Bezeichnung einer Speicherverwaltungstechnik, bei der sich nicht das komplette Programm, sondern nur aktuell benötigte Teile von ihm im → *Arbeitsspeicher* (→ *RAM*) befinden. Bewegt sich das Programm weiter, werden abgelaufene Teile auf die → *Festplatte* in einem Swap-File (auch: Auslagerungsdatei) ausgelagert und die neuen Bereiche eingelagert.

Vorteil: Der verfügbare Arbeitsspeicher kann mehreren Prozessen zugänglich gemacht werden und das Programm kann größer sein als der zur Verfügung stehende Speicher.

SWEDAC

→ *MPR*.

SWFD

Abk. für Selbstwähl-Ferndienst.

Begriff der von der damaligen Deutschen Bundespost geprägt war. Nach 1945 war die Landesfernwahl des Teilnehmers das Ziel beim Wiederaufbau des Fernsprechnetzes, d.h., jeder Teilnehmer sollte selbst seinen in einem anderen Ortsnetz befindlichen Gesprächspartner anwählen können, und die Verbindung sollte ohne Einschaltung des Fernamtes und ohne Handvermittlung hergestellt werden.

SWIFT

Abk. für Society for Worldwide Interbank Financial Telecommunication.

Bezeichnung für einen internationalen → *EDI*-Standard im Bankenwesen und für den Zusammenschluss international tätiger Banken, die ein eigenes Datennetz zur Abwicklung des weltweiten Zahlungsverkehrs betreiben.

Gegründet 1973 von 239 Banken (mittlerweile rund 5 000) aus 15 Ländern. Sitz der Zentrale ist La Hulbe in der Nähe von Brüssel/Belgien. Das Netz auf Basis von → *X.25* nahm seinen Betrieb 1974 mit Technik von Burroughs (heute → *Unisys*) auf. Mittlerweile basiert das Netz zu einem großen Teil auf Technik von Nortel. Über das Netz werden täglich Transaktionen im Wert von über 2,5 Billionen $ abgewickelt.

Die angeschlossenen Banken profitieren von der entwickelten Standardisierung und damit auch von der erheblichen Beschleunigung bei der Abwicklung des internationalen Zahlungsverkehrs.

→ *http://www.swift.com/*

Swisscable

Bezeichnung der Interessenvereinigung der Betreiber von Breitbandkabelverteilnetzen in der Schweiz. Offizielles Organ ist die vierteljährlich erscheinende Zeitschrift ‚Swisscable'.

Adresse:

Swisscable – Verband für Kabelkommunikation
Schwarztorstr. 56
CH - 3000 Bern 14
Schweiz
Tel.: (+ 41) 31 3 87 37 11
Fax: (+ 41) 31 3 87 37 77

swisscom

Seit dem 1. Oktober 1997 die Bezeichnung für den ehemals nationalen → *Carrier* und Monopolanbieter in der Schweiz. Bezeichnung zuvor war Telecom PTT bzw. Swiss Telecom im internationalen Umfeld.

Die swisscom wurde zum 1. Januar 1998 in eine AG umgewandelt und ging im 2. Halbjahr 1998 an die Börse.

In Deutschland hat die swisscom zusammen mit dem Energieversorger EnBW die Tesion in Stuttgart gegründet und im Juli 1999 die debitel für 3,4 Mrd. DM gekauft.

→ *http://www.swisscom.com/*

Switch

Von engl. switch = Schalter bzw. to switch = schalten, umschalten, vertauschen, verwechseln.

1. Bezeichnet als Kurzform eine technische Baueinheit, in der Vermittlungsfunktionen ausgeführt werden, z.B. ein → *Koppelfeld*, eine → *Nebenstellenanlage* oder eine komplette Vermittlungsstelle.
2. Oft werden international die Vermittlungsstellen des Telefonnetzes als Switch bezeichnet. Dabei unterscheidet man Local Switches (Ortsvermittlungsstellen), Central Switches oder Switch Offices (Fernvermittlungsstellen) und Foreign oder International Switches (Internationale Vermittlungsstellen).
3. Im → *LAN*- und → *WAN*-Bereich werden verschiedene Netzelemente als Switch bezeichnet, denen gemein ist, dass sie nicht wie → *Router* einzelne Pakete individuell

bearbeiten und Netzressourcen (insbesondere Bandbreite) für diese Pakete nutzen, sondern Netzressourcen den mehr oder weniger länger andauernden Kommunikationsbeziehungen (Datenströmen von Sender zum Empfänger) zuweisen. Es hat sich noch keine einheitliche Definition herausgebildet, vielmehr unterscheidet man Switches nach der Schicht, auf der sie aktiv sind, gemäß dem → *OSI-Referenzmodell*:

- Schicht-1-Switch: Er verbindet einfache physikalische Ports und Schnittstellen miteinander. Diese Technik ist mittlerweile in LANs von geringer Relevanz.
- Schicht-2-Switch: Er vermittelt zwischen Hardware-Adressen wie z.B. → *MAC*-Adressen. Z.B. sind Multiport-Bridges in → *Ethernet*-LANs derartige Switches. Prinzipiell handelt es sich um hardwaregestütztes Bridging. Derartige Switches sind sehr weit verbreitet.
- Schicht-3-Switch: Er vermittelt zwischen Adressen auf der Netzwerkschicht, d.h. zwischen z.B. → *IP*-Adressen oder → *IPX*-Adressen. Prinzipiell handelt es sich um hardwaregestütztes → *Routing*. Derartige Switches sind sehr weit verbreitet.
- Schicht-4-Switch: Er vermittelt zwischen Adressen auf der Transportschicht, z.B. zwischen → *TCP*-Ports, und verbindet zwischen gleichartigen Anwendungen.
- Policy-basierte Switches: Das Switching wird sehr variabel anhand von Regeln durchgeführt, die z.B. vom Netzmanagement definiert werden. Parameter können z.B. Prioritäten von Nutzern und/oder von Anwendungen sein. Häufig sind Verzeichnisse nach → *LDAP* oder → *X.400* zentrale Quellen für die Regeln, nach denen das Switching vorgenommen werden soll.

Sehr weit verbreitet sind Schicht-2-Switches, weshalb auf diese hier näher eingegangen wird.

Während Bridges die Bandbreite im Gesamtnetz optimieren helfen, sorgt ein vergleichbarer Switch auf Schicht 2 für die Optimierung der Bandbreite in jedem einzelnen angeschlossenen Segment eines LANs. Switches ermöglichen damit exklusive und nach Bedarf wechselnde Verbindungen zwischen angeschlossenen Segmenten, so dass den über den Switch verbundenen Segmenten exklusiv die gesamte Bandbreite des LANs zur Verfügung steht.

Für das Switching hat sich der → *Spanning Tree* als geeigneter Algorithmus zur Wegefindung in mehrfach miteinander verbundenen LAN-Segmenten durchgesetzt.

Bei Switches werden mehrere Stationen (Rechner mit hohem Kommunikationsbedarf oder auch → *Hubs*) an einen Switch angeschlossen. Stationen können dann, ohne das restliche LAN zu belasten, über den Switch miteinander kommunizieren. Switches sind damit eine einfache Möglichkeit, die zur Verfügung stehende Bandbreite eines LANs durch Teilen des LANs besser auf weniger Nutzer aufzuteilen und dabei bisher genutzte Geräte weiter zu verwenden. Alternativen wären sonst (teurere) High-Speed-Netze. Im Unterschied zu → *Bridges* sind Switches meistens hardwarebasiert und daher schneller (→ *Latenz*: ca. 50 µs). Während in herkömmlichen Bridges die → *CPU* über Software die eingehenden Pakete analysiert und entscheidet, was mit ihnen weiter geschehen soll, wird dieser Prozess in Switches durch intelligente Hardware realisiert, die an jedem einzelnen Port vorhanden ist, an den Stationen angeschlossen sind. Die CPU übernimmt nur noch übergeordnete Management- und Konfigurationsaufgaben.

Zu welchem Port und welcher dort angeschlossenen Station ein eingelesenes Paket weitergeleitet werden muss, wird im Switch anhand von Adresstabellen ermittelt mit einer Zuordnung von → *MAC*-Adressen zu Portnummern. Sie werden je Port (mit üblicherweise 1 024 oder 4 096 Einträgen) oder als Pool für den gesamten Switch verwaltet. Werden mehr Stationen an den Switch angeschlossen als Einträge in der Tabelle verwaltet werden, dann werden die ältesten Adresseinträge gelöscht. Ist ein Paket an eine Station adressiert, die nicht (mehr) in der Adressliste steht, wird das Paket an alle angeschlossenen Ports und Stationen weitergegeben.

Bei den Switches werden drei verschiedene Switch-Techniken unterschieden:

- Store-and-Forward-Switches (SF-Switch)
- Cut-Through- oder On-the-Fly-Switches (CT-Switch)
- Fragment-Free-Switches

Bei normalen Store-and-Forward-Switches wird ein Datenpaket erst komplett eingelesen. Dann folgt die Auswertung der Adresse. Dieses Verfahren ist sicher, aber langsam. Ferner ist eine Geschwindigkeitsanpassung zwischen den einzelnen Segmenten, z.B. zwischen dem herkömmlichen Ethernet und dem Fast Ethernet, möglich. Zusätzlich ist bei diesem Verfahren ein Ausfiltern fehlerhafter (beschädigter) Datenpakete möglich.

Bei Cut-Through-Switches hingegen wird die 14 Byte lange Adresse analysiert und ausgewertet, sobald nur sie komplett im Switch ist, was insbesondere bei großen Paketen einen erheblichen Zeitgewinn bedeutet. Dies reduziert die → *Latenzzeit*. Dadurch ist allerdings keine Geschwindigkeitsanpassung zwischen den einzelnen Segmenten möglich und ein Datenpaket wird u.U. in ein Segment gegeben, in dem sich gerade eine Kollision ausbreitet.

Bei Fragment-Free-Switches wird das Paket bis zum 72. Byte eingelesen und erst dann weitergeleitet. Dies hat den Vorteil, dass die Adresse eingelesen und ausgewertet ist und das Zeitfenster für eine Kollision im betreffenden Segment abgewartet wurde. Dadurch kann sichergestellt werden, dass keine Kollision den Datentransport stört. Fragment-Free-Switches sind damit eine Mischform der beiden anderen Verfahren.

Jedes dieser Verfahren hat spezifische Vor- und Nachteile, weswegen Hersteller von Switches dazu übergegangen sind, alle Verfahren zu implementieren. Der Switch analysiert dann automatisch LAN-Last-Parameter (z.B. Anzahl der → *Kollisionen*) und nimmt eine Wahl des passenden Verfahrens vor (Cut-Through bei wenigen Kollisionen, Store-and-Forward bei vielen Kollisionen).

Dieses Verfahren wird auch Adaptive Cut-Through genannt.

Kenngrößen moderner Switches sind die Filterrate, die angibt, wie viele Pakete pro Sekunde bearbeitet (nicht durchgeleitet!) werden können, und die Forwarding-Rate, die angibt, wie viele Pakete pro Sekunde durch den Switch durchgeleitet (eingelesen, bearbeitet, weitergeleitet) werden können. In beiden Fällen legt man das kleinstmögliche → *Ethernet*-Paket zugrunde. Weitere Kenngrößen sind die Anzahl verwaltbarer MAC-Adressen (von Bedeutung nur in sehr großen LANs), die Latenzzeit (abhängig vom Switch-Verfahren) und der Durchsatz der Backplane. Letzterer Kennwert gibt an, welche Kapazität innerhalb des Switches zwischen den Ports über diverse Busse transportiert werden kann und ist wichtig in wachsenden LANs. Für sie gilt die Faustregel, dass sie mindestens 50% der Summe der Einzelkapazitäten aller Ports des Switches haben soll.

Für größere Switches ab Abteilungsgröße ist es von Vorteil, eine serielle Schnittstelle zu besitzen, da sie dann über ein angeschlossenes Terminal konfiguriert und weiterhin verwaltet werden können, auch wenn das LAN selbst ausfällt. Während des LAN-Betriebes werden Switches üblicherweise mit → *SNMP* verwaltet.

Kleinere Switches, die nicht über einen eigenen Anschluss zum Management verfügen sollten zumindest für jeden Port LED-Anzeigen für Status, Duplexmodus, Geschwindigkeit und Aktivität vorhanden sein. Idealerweise verdeutlicht eine weitere Anzeige für den gesamten Switch die Gesamtauslastung und den Status.

Ein weiteres sinnvolles Feature ist das sog. Backpressure, das bestimmte Eingangsports einfach abschaltet, falls z.B. eine angeschlossene Station andauernd fehlerhafte Daten von sich gibt.

Mit Hilfe von Port Mirroring ist es bei Switches möglich, den Traffic von Ports zu kopieren und auf einen anderen Port umzuleiten. Dies ermöglicht Verkehrsmessungen zu statistischen Zwecken im Rahmen des Netzmanagements.

Bei größeren Systemen muss in Abhängigkeit vom Einsatzzweck darauf geachtet werden, dass bestimmte Teilkomponenten (Lüfter und Spannungsversorgung) doppelt vorhanden sind.

Einsatzmöglichkeiten für Switches sind insbesondere Stationen in Arbeitsgruppen, die häufig miteinander Daten austauschen, z.B. eine Abteilung und ihr → *Server* (File- oder Druckserver). Die Abteilung kann dann nur über den Switch miteinander kommunizieren und belastet nicht den Rest des LAN.

→ *IP-Switching*, → *Tag-Switching*.

Switchboard

→ *Console*.

Switched Hub

→ *Hub*.

Sx

Abk. für → *Simplex*.

Symmetrisches Kabel

Begriff aus dem → *Verkabelungsstandard* EN 50173 der → *CENELEC*.

Ein symmetrisches Kabel ist jedes aus einem oder mehreren metallenen, symmetrischen Verseilelementen bestehendes Kabel, d.h., jedes Kabel, das aus einem oder mehreren Paaren oder Vierern besteht.

Symmetrische Verschlüsselung

→ *Private-Key-Verfahren*.

Synchron

Von griech. synchron = gleichzeitig, -laufend, (zeitlich) zusammenfallend.

1. Im physikalischen Sinn sind zwei (wie auch immer geartete) Signale synchron, wenn ihre korrespondierenden Merkmale genau zum gleichen Zeitpunkt auftreten (Phasengleichheit, → *Phase*).
2. Im Sinne der digitalen Codierung bedeutet Synchronität nicht nur Phasen- oder Taktgleichheit, sondern auch die Korrespondenz von Bits.
3. Im Sinne der digitalen Datenübertragung bedeutet Synchronität die zeitlich periodische Wiederkehr in festen Abständen der Zuteilung von Übertragungskapazität zu einem Kanal auf einem Medium.
4. Im Sinne der Datenkommunikation sind zwei an einer Datenübertragung beteiligte Kommunikationspartner (Sender und Empfänger) synchron, wenn sie sich im gleichen Stadium eines die Kommunikation regelnden → *Algorithmus* (→ *Protokoll*) befinden.

Synchrone Übertragung

Datenübertragung, bei der der Empfänger mittels eines Taktgebers mit dem Sender ständig gleichphasig gehalten wird. Sie ist schneller als asynchrone Übertragungsverfahren, bei denen durch zusätzliche Informationen im normalen Datenstrom Synchronität hergestellt werden muss.

Synchronous C++

→ *C++*.

Synchronsatellit

→ *Satellit*.

Syncom 1, Syncom 2

→ *Satellit*.

Syncordia

Bezeichnung für den aus dem → *Pathfinder*-Bündnis im Herbst 1991 nach dem Ausscheiden der japanischen → *NTT* hervorgegangenen Teil von → *BT* und der damaligen DBP Telekom, mit dem das Outsourcing-Geschäft für internationale Großkunden aufgebaut werden sollte.

Im Frühjahr 1992 stieg auch die DBP Telekom aus, um ihrerseits mit France Telecom → *Eunetcom* zu formen.

Ab diesem Zeitpunkt bemühte sich BT, einen US-Partner für die Allianz zu finden und fand ihn im Spätsommer 1993 mit der damaligen → *MCI*, von der auch gleich 20% gekauft wurden. Die gemeinsame Allianz wurde unter dem Arbeitstitel ‚Newco' entwickelt und als „the telecommunications deal of the century" vom damaligen MCI-Chef Bert Roberts angekündigt.

Syncordia sollte in der Newco aufgehen, für die im Sommer 1994 auch der neue Name → *Concert* feststeht.

SYNET

Abk. für Synchronous Network.

Bezeichnung der Deutschen Telekom für ihr Projekt zum Aufbau eines nationalen synchronen Fernnetzes und zur Überleitung des Netzes von der → *PDH*-Technik zur → *SDH*-Technik. Das Netz besteht aus den Komponenten → *NKÜ 2000* und → *VISYON*.

Gestartet wurde es 1989.

SYN-Flooding

Auch TCP-SYN-Flooding genannt. Bezeichnet eine Möglichkeit, einen → *Denial of Service* in auf → *TCP* und → *IP* basierenden Netzen zu erreichen. Dabei wird der Mechanismus zum Verbindungsaufbau von TCP ausgenutzt, bei dem der Client zunächst ein SYN-Paket an den Server sendet, der mit einem SYN-ACK-Paket an die im SYN-Paket angegebene IP-Adresse antwortet, auf das der Client wiederum mit einem ACK-Paket reagiert. Erst dann gilt eine TCP-Verbindung als aufgebaut.

Zwischen dem Senden des SYN-ACK-Paketes durch den Server und dem Empfang des ACK-Paketes vom Client beim Server wird die sozusagen halb aufgebaute Verbindung in einer Tabelle im Server zwischengespeichert.

Sendet nun ein Client mit einer falschen IP-Adresse (→ *Spoofing*) im SYN-Paket, füllt der Server seine Tabelle, erhält aber vom Client hinter der (nicht existierenden) IP-Adresse kein ACK-Paket zurück. Er wartet damit vergebens, vergibt aber Speicherplatz in seiner Tabelle.

Erhält ein Server eine sehr hohe Anzahl von SYN-Paketen mit jeweils unterschiedlichen und nicht existierenden IP-Adressen, dann füllt er seine Tabelle auf und nimmt dafür u.U. enormen Speicherplatz im Hauptspeicher in Anspruch, was allein schon einen Server zum Absturz bringen kann. Ein weiterer Effekt ist, dass reale Clients hinter echten IP-Adressen u.U. keine Chance haben, die Dienste des Servers in Anspruch zu nehmen.

→ *http://www.cert.org/advisories/CA-1996-21.html/*

Syntax

Bezeichnung für die Lehre vom Satzbau.

→ *Semantik.*

Synthesizer

Bezeichnung für ein elektronisches und primär mit einer Klaviatur zu bedienendes Gerät, das (fast) jeden beliebigen musikalischen Ton nachformen kann.

Der erste Synthesizer wurde 1983 von Ray Kurzweil und Robert Moog entwickelt. Es handelte sich jedoch um ein sehr teures Einzelstück. Erst durch die auf elektronischen Standardkomponenten basierenden und in Großserie produzierten Geräte insbesondere aus dem Hause Yamaha sanken in den späten 80er Jahren rasch die Preise.

Sysad

→ *Systemadministration.*

Sysop

Abk. für System Operator.

1. In Computernetzen der lokale Verwalter einer → *Mailbox* oder eines Netzknotens. Zuständig für Wartung, Zuteilung von → *Passwörtern*, Diensteangebot etc.
2. Andere Bezeichnung für → *LSA*.

System

1. Im Sinne der Informationstechnologie eine für einen bestimmten Zweck einsetzbare Kombination von aufeinander abgestimmter → *Hardware* und → *Software*, also ein Computer mit → *Betriebssystem* und Anwendungsprogrammen.
2. Im Sinne der abstrakten Systemtheorie die Bezeichnung für ein gegliedertes Ganzes, das durch eine Hülle (Systemgrenze) von seiner Umgebung abgeschlossen ist und mit dieser in einer bestimmten Beziehung stehen kann. Ein System zerfällt üblicherweise in einzelne Elemente, die u.U. untereinander auch in einer Beziehung stehen können, die aber selbst wiederum auch als Systeme angesehen werden können (Subsystem). Die Hülle gibt dabei an, welche Elemente zum System gehören und welche nicht (Umsystem).

   Bezüglich der Beziehung zum Umsystem unterscheidet man:

   - Geschlossenes System: Keine Beziehung zum Umsystem.
   - Offenes System: Beziehung zur Umwelt

   Die Beziehung zur Umwelt wird üblicherweise durch bestimmte Inputgrößen beschrieben, die von der Umwelt in das System eingegeben werde und die im Output vom System in seine Umwelt resultieren. Dieses Verhalten des Systems wird durch eine Systemtheorie beschrieben.

System 1

Erstes Mobilfunksystem in GB, handvermittelt und analog. Startete 1956 in South Lancashire und 1965 im Raum London, dort mit 300 Teilnehmern.

System 3

Zweites analoges Mobilfunknetz in GB. Startete 1971 in London. Operierte im 160-MHz-Bereich (→ *Uplink*: 158,53 bis 159,90 MHz, → *Downlink*: 163,03 bis 164,40 MHz) mit 37 Halbduplexkanälen und 25 kHz Kanalbandbreite. Es wurde 1973 um weitere 18 Kanäle erweitert. Dennoch kam es zu Kapazitätsengpässen (insbesondere in London), weswegen 1981 → *System 4* in Betrieb genommen wurde. System 3 wurde 1986 geschlossen.

System 4

1. Erstes automatisches, analoges, landesweites, nicht-zellulares Mobilfunksystem in GB. Es startete 1981 und erreichte landesweite Deckung. Es operierte im 160-MHz-Bereich genau wie → *System 3*, allerdings sank die Bandbreite auf 12,5 kHz, so dass 110 Duplexkanäle zur Verfügung standen. Dennoch kam es bereits Ende 1982 zu Kapazitätsproblemen. Sein Nachfolger wurde → *TACS*. System 4 lief bis zur Schließung 1991 aus.
2. System IV war Bezeichnung für ein elektromechanisches Vermittlungssystem aus dem Hause Siemens.

   → *EWS I*.

System 7

→ *Rotary-Wähler*.

System 8

Bezeichnung eines Vermittlungssystems aus dem Hause ITT aus den 60er Jahren. Als Koppelelement wurden → *Crossbar-Switches* eingesetzt.

System 10

Bezeichnung eines Vermittlungssystems aus dem Hause ITT aus den 60er Jahren. Es enthielt → *Reed-Relais* als Koppelelement und verfügte bereits über eine teilelektronische Steuerung.

System 12

Auch System Alcatel 1000 S12 oder nur S12 genannt. Vermittlungssystem zum Einsatz zur leitungsvermittelten Durchschaltung nach dem → *TDM*-Prinzip in Fest- und Mobilfunknetzen aus dem Hause Alcatel SEL AG. Das System 12 ist hervorgegangen aus dem System 1240 der ITT, das auf dem Labortyp 1230 und dem Pilotsystem 1220 basiert. Das System 12 ist neben dem E10 das zweite Vermittlungssystem aus dem Hause Alcatel. Der Grund dafür liegt in der Geschichte der Alcatel, die aus verschiedenen Vorgängerunternehmen entstanden ist. Die beiden bereits weit fortgeschrittenen Produkte S12 und E10 hat man wegen der großen Kundenbasis parallel weiterentwickelt.

Das System 12 wurde ab 1975 entwickelt. In Deutschland wurden die ersten System-12-Vermittlungsstellen in Stuttgart und Heilbronn (Fernvermittlung) und in Wuppertal sowie Hückeswangen (Ortsvermittlungsstelle) bei der damaligen Bundespost in Betrieb genommen.

System 12 ist das einzige Vermittlungssystem mit vollverteilter Steuerung, d.h., die Steuerung aller einzelnen technischen Komponenten ist nicht zentral in einer Steuereinheit zusammengefasst, sondern dezentral auf die Komponenten selbst aufgeteilt. Es bietet mit Zusatzeinrichtungen auch die Möglichkeit, breitbandige Datenströme zu vermitteln.

Neben dem Vermittlungssystem → *EWSD* ist das System 12 das Standardvermittlungssystem bei der Deutschen Telekom.

Systemadministration, Systemadministrator

Häufig abgekürzt mit Sysad. In Organisationen mit verteilt installierten Systemen der Informationstechnologie die übliche Bezeichnung für die Personen oder organisatorische Instanz, die sich ausschließlich um die Beschaffung, Installation, Wartung, Ausbau und Benutzerunterstützung oder Teile davon kümmern.

Die Personen werden dort häufig als Systemadministrator, Administrator, Admin oder → *LSA* (Local System Administrator) bezeichnet.

Die Systemadministration ist das Pendant zum → *Rechenzentrum* in Organisationen mit zentraler Informationstechnologie.

Systemgeschäft

Bezeichnung für eine Art des Geschäftes im Telekommunikationsmarkt. Dabei beauftrag ein Kunde einen Auftragnehmer mit einer umfassenden, ganzheitlichen Lösung seiner Telekommunikationsprobleme (alles aus einer Hand, One-Stop-Shopping). Kennzeichen sind dabei viele → *Anwendungslösungen* und eine Kombination von Standardprodukten und individuell auf den Kunden zugeschnittenen Lösungen, die seine historisch gewachsenen, u.U. sehr heterogene EDV- und Telekommunikationstechnik berücksichtigen.

Systemintegrator

Im Markt für IT-Lösungen die Bezeichnung für ein Unternehmen, das mehrere Hard- und Softwareplattformen zu einer umfangreichen, einheitlichen Gesamtlösung, unter Umständen für ein gesamtes Unternehmen und nicht nur eine einzelne Abteilung, zusammenführt und in bestehende IT-Landschaften einbettet, so dass die einzubettenden, neuen Komponenten nahtlos mit bestehenden Komponenten zusammenarbeiten.

Beispiel für eine derartige Gesamtlösung ist die Kombination einer Software für → *OCR* und → *OMR* zusammen mit Software für → *Scanner* und ihr Zusammenwirken mit einem → *Dokumentenmanagementsystem* zur automatischen Ablage und Verwaltung der eingescannten und mit OCR und OMR vorbearbeiteten Dokumente.

Systemintegratoren sind häufig große IT-Unternehmen und Unternehmensberatungen.

Systemintegratoren verfügen oft über strategische Allianzen mit Marktführern aus den Bereichen der Hard- und Software und haben dadurch leichten Zugang zu Ressourcen wie z.B. Training oder neuen Produkten. Als Folge davon treten sie häufig als Value Added Reseller (VAR) auf, d.h., sie verkaufen das Produkt zu günstigen Konditionen weiter an einen Kunden unter der Voraussetzung, dass dieser von ihnen Beratung, Training oder eben eine Systemintegration abnimmt.

Ferner verfügen sie oft über Kenntnisse zur Bewältigung von Großprojekten wie z.B. Projektmanagement oder Changemanagement.

System I/O

Bezeichnung eines neuen Busstandards für → *Server*. Gemeinsam entwickelt von Intel, Dell und SUN mit IBM, HP und Compaq.

Kennzeichen ist eine Switch-Architektur, wobei ein spezieller Prozessor mit Routingaufgaben (Switch oder Switch Fabric) den Datentransfer zwischen Speicher, Prozessor und Peripherie übernimmt und so den eigentlichen Prozessor von der Aufgabe der Steuerung des Datentransfers entlastet.

System I/O unterstützt sowohl Ein- als auch Mehrprozessorarchitekturen und überträgt Daten mit 2,5 Gbit/s.

Der Standard ging aus zwei konkurrierenden Vorschlägen im Herbst 1999 hervor. Die Wurzeln liegen daher in einem Vorschlag aus dem Hause Intel (Next Generation I/O, auch NGIO) mit Unterstützung von Sun und Dell sowie in einem Vorschlag aus dem Hause IBM (Future I/O) mit Unterstützung von Compaq und HP.

Systemlösung

→ *Systemgeschäft*.

Systemprogrammierung

Mittlerweile selten verwendete Bezeichnung für die hardwarenahe Programmierung. Bezeichnet daher Softwareprogrammierung z.B. im Bereich der Entwicklung von → *Betriebssystemen*.

System R

Bezeichnung eines Entwicklungsprojektes ab 1973 im Hause IBM im Forschungslabor in San José mit dem Ziel, eine relationale → *Datenbank* bzw. eine datenbankunabhängige Abfragesprache für relationale Datenbanken zu entwickeln.

Das Projekt wurde abgebrochen, da sich das IBM-Management über den kommerziellen Erfolg nicht sicher war und nicht den Erfolg seines bereits existierenden Datenbankproduktes (→ *IMS*) gefährden wollte.

Die erzielten Ergebnisse gingen jedoch in die Entwicklung von → *SQL* ein.

Systems

Bezeichnung für eine alljährliche Messe für Hard- und Software der Computerbranche in München. Sie findet gegen Ende Oktober statt und ist hinter der → *CeBIT* die zweitgrößte Messe ihrer Art in Deutschland.

→ *http://www.systems.de/*

Systems Engineer

Mittlerweile die gängige Bezeichnung in der IT-Industrie für Angestellte von Hard- und Softwareherstellern, welche eng mit deren Kunden zusammenarbeiten und ein auf ihre Bedürfnisse zugeschnittenes Konzept für ein technisches System entwickeln, das nach Akzeptanz durch den Kunden implementiert wird.

Die Bezeichnung wurde 1960 im Hause IBM geschaffen, als IBM den Bedarf nach mehr wirtschaftlich ausgebildeten und anwendungsorientierten Ingenieuren an der Schnittstelle zwischen Technik und praktischer Anwendung im rasch wachsenden Markt erkannte.

Systemtakt

→ *Takt*.

Systemvirus

Bezeichnung für eine bestimmte Art von → *Viren*. Auch BSI für Boot System Interface oder Boot-Sektor-Virus (Bootvirus) genannt.

Sie nisten sich im → *Bootsektor* einer → *Diskette* (meistens) oder → *Festplatte* (seltener) ein, indem sie den originalen Boot-Sektor in einen anderen Sektor kopieren und diesen als defekt markieren. Ferner vermindern sie die Anzahl der auf dem Datenträger belegten Bytes um ihre eigene Größe, damit sie darüber nicht erkannt werden können. Anschließend wandert der Virus ins → *RAM*, um von dort aus auf jeden Boot-Sektor einer neuen Diskette oder Festplatte zu springen.

Derartige Viren haben in der zweiten Hälfte der 90er Jahre an Bedeutung verloren, da kaum noch Betriebssysteme von Disketten gestartet werden und bei modernen Dateisystemen wie z.B. → *VFAT* oder → *NTFS* eine Fehlermeldung das weitere Booten verhindert, wodurch sich der Virus nicht weiter ausbreiten kann. Wesentlich weiter verbreitet sind mittlerweile die → *Makroviren*.

Ein einfaches Gegenmittel gegen den Systemvirus ist bei PCs das Umstellen der Boot-up-Sequenz im → *BIOS* von A:/C: auf umgekehrt C:/A:, d.h. das BIOS sucht nach dem zu startenden Betriebssystem erst auf der Festplatte (C:, dort befindet sich das Betriebssystem heute üblicherweise) und dann erst auf dem angeschlossenen Diskettenlaufwerk (A:).

System X

Bezeichnung für ein gegen Mitte der 70er Jahre gemeinsam von der britischen Industrie und dem British Post Office (ab 1984: → *BT*) entwickeltes digitales → *Vermittlungssystem*, das auf der → *Telecom* im Jahre 1979 erstmals als Prototyp vorgestellt wurde. Seine Entwicklung hin zu einem voll einsetzbaren und weltweit vermarktbaren System verlief jedoch nur zögernd, so dass es fast nur innerhalb von GB eingesetzt wurde.

Systemzoo

In der IT-Branche der scherzhafte Jargon für eine heterogene, historisch gewachsene Hard- und Softwarelandschaft in Unternehmen oder sonstigen Institutionen.

Systimax

Bezeichnung des proprietären Standards für Inhouse-Verkabelung aus dem Hause AT&T. Es wurde in den 80er Jahren auf der Basis von → *UTP*-Kabeln entwickelt. Das gesamte Konzept galt als wegweisend und hat die Standardisierung der → *Verkabelung* durch die → *EIA* bzw. → *TIA* maßgeblich beeinflusst.

Mittlerweile ist die korrekte Bezeichnung Systimax SCS (Structured Connectivity System).

T

T1, 1c, 2, 3, 4

Abkürzende Bezeichnung in den USA und Japan für eine standardisierte Datenverbindung über ein → *PDH*-Netz (Transmission Link, Trunk). Auch oft als → *DS 0, 1, 2, 3, 4* bezeichnet.

Die Hierarchiestufen und ihre Datenraten sind:

Level	Gesamtdatenrate	Bemerkungen
T1	1,544 Mbit/s	Siehe unten
T1c	3,142 Mbit/s	Eine Zwischenstufe , die 1977 mit einer Generation neuer Multiplexer eingeführt wurde, die zwei T1-Leitungen zusammenfassen
T2	6,312 Mbit/s	96 Nutzdatenkanäle
T3	44,736 Mbit/s	27 T1-Kanäle mit insgesamt 672 Nutzkanälen.
T4	274,176 Mbit/s	4 032 Nutzkanäle

Die interne Struktur von T1 schwankt, da T1 bereits von AT&T vor einer Standardisierung durch die ITU eingeführt wurde.

Im System von AT&T werden über einen T1-Link i.d.R. 24 ISDN-Kanäle mit 56 kbit/s (DS 0), 24 Signalisierungskanäle zu je 8 kbit/s und zusätzlich ein 8-kbit/s-Steuerkanal zur Rahmensynchronisation abgewickelt. Die 56 kbit/s resultieren aus der Abtastung mit 8 kHz, wobei die Abtastwerte jedoch nur mit 7 Bit (nicht wie in Europa üblich mit 8 Bit) codiert werden. Ein T1-Rahmen ist 193 Bit lang: (24 * (7 + 1)) + 1 Bit und dauert 125 µs. Das 193. Rahmenbit toggelt von Rahmen zu Rahmen und ergibt das Bitmuster 010101...

Im System der ITU werden 8 Datenbit je Nutzkanal verwendet und das Steuerungsbit ist das 1. (und nicht das 193.) Bit im Rahmen. Ferner toggelt es nur in den ungeraden Rahmen, während es in den geraden Rahmen mit zu Signalisierungszwecken herangezogen wird.

Nicht komplett genutzte T1-Kanäle sind als → *Fractional T1* bekannt.

Die später von der ITU definierten Raten (gültig in Europa) sind → *E0, 1, 2, 3, 4, 5* bzw. → *J0, 1, 2, 3, 4, 5* in Japan.

Diese Hierarchie stammt aus der Anfangszeit digitaler Datenübertragung mit → *PCM* (1961), als noch keine international verbindliche Norm existierte.

T1-Verbindungen wurden ab 1962 in Nordamerika zwischen Fernvermittlungsstellen zur Übertragung von PCM-codierter Sprache eingeführt.

T1-Leitungen im Anschlussbereich zum breitbandigen Datentransfer wurden als Produkt für Großkunden in Nordamerika 1977 eingeführt. Weil es seinerzeit teuer war, errang diese Art des Anschlusses erst Mitte der 80er Jahre eine gewisse Bedeutung. In den 90er Jahren stieg der Bedarf nach Anschlüssen mit Kapazitäten zwischen den offiziellen Bitraten, weswegen es zum Angebot von Bitraten außerhalb der offiziellen Hierarchie kam (→ *Fractional T1*).

→ *http://www.everythingT1.com/*

T.120

Standard der → *ITU* für → *Application Sharing* (auch zwischen mehreren Teilnehmern) bei → *Videokonferenzsystemen*. Als Medium werden → *ISDN*, analoge Telefonnetze (Modem) und → *LANs* unterstützt. Auch als Standard für „Audiographical Conferencing" bezeichnet.

T.120 fasst mehrere Unterstandards zusammen, die sich in zwei Gruppen gliedern. T.120 bis T.125 definieren die technischen Gegebenheiten einer Sitzung, wogegen T.126 bis T.127 Standards für Anwendungen definieren.

T.120 wurde im Dezember 1995 in Santa Clara dank Unterstützung durch das → *IMTC* verabschiedet, nachdem andere proprietäre Standards wie → *PCS* an Boden verloren hatten und es im April 1995 zur Kooperation der Unternehmen Microsoft und Picturetel kam.

→ *www.databeam.com/ccts/t120primer.html/*

→ *http://www.dataconnection.com/conf/t120.htm#t120standard/*

TA

1. Abk. für Terminaladapter.

   Mit ihm können auch nicht ISDN-fähige Endgeräte für 2-Draht-Schnittstellen an das → *ISDN* (mit 4-Draht-Schnittstelle) angeschlossen werden. Standardisiert in mehreren Varianten, wie z.B. → *a/b-Wandler*, → *X.21*, → *X.21bis* und → *X.25* für verschiedene Dienste in I.461 und I.463.

2. Abk. für Technikfolgenabschätzung.

   Interdisziplinäre Analyse aller Folgen in Wirtschaft und Gesellschaft, die Resultate des Einsatzes der Technik betreffend.

Tabellenkalkulation

International auch Spreadsheet oder seltener Worksheet genannt. Bezeichnung einer betriebswirtschaftlichen → *Standardsoftware*, die heute in jedem → *Office-Paket* zu finden ist. Dabei handelt es sich um Programme, die verschiedene Berechnungen in Tabellen und Visualisierung in Diagrammform der Rechenergebnisse oder der Tabelleninhalte erlauben.

Erste Tabellenkalkulation war → *Visicalc*. Eine sehr weit verbreitete Tabellenkalkulation ist heute Excel aus dem Hause Microsoft.

Tabelliermaschine

→ *Lochkarte*.

TAC

1. Abk. für Total Area Coverage.

   Name eines Pagingsystems der späten 60er Jahre in den USA.

2. Abk. für Terminal Access Controller.

TACACS

Abk. für Terminal Access Controller Access Control System.

Bezeichnung für ein Protokoll zur → *Authentifizierung*, das insbesondere für die Verwendung im Falle von → *Remote Access* entwickelt wurde.

TACACS erlaubt das zentrale Verwalten der → *Accounts* von Nutzern und ihrer Passwörter (→ *Passwort*) in einem System, das aus mehreren und damit dezentralen → *Servern* besteht.

TACS

Abk. für Total Access Communication System.

Bezeichnet einen technischen Standard für ein analoges, zellulares, automatisches Mobilfunknetz. In Europa hauptsächlich in GB und Irland, aber auch in Italien und Spanien verbreitet. In insgesamt 10 Ländern eingeführt.

Es basiert in Teilen auf → *AMPS*. Die technischen Parameter von TACS sind:

Uplink	890 bis 915 MHz
Downlink	935 bis 960 MHz
Anzahl Frequenzkanäle	1000
Kanalbandbreite	25 kHz
Duplexverfahren	→ *FDD*
Duplexabstand	45 MHz

TACS wurde zu → *E-TACS* weiterentwickelt, um in Ballungsgebieten (konkret: Großraum London) mehr Kanäle zur Verfügung stellen zu können.

TACS wurde im Vergleich zu AMPS für kleine Länder mit hoher Bevölkerungsdichte entwickelt, was zu einer geringeren Kanalbandbreite (25 kHz vs. 30 kHz) führte. TACS kann bis zu 14,04 Erl/km^2 abwickeln.

In Japan wurden TACS-Systeme mit leichten technischen Änderungen regional betrieben. Die zwei japanischen Systeme J-TACS (Uplink: 915 bis 925 MHz, Downlink: 860 bis 870 MHz, 400 Kanäle mit 25 kHz Bandbreite bei 55 MHz Duplexabstand und einem Signalisierungskanal mit 8 kbit/s) und N-TACS (Signalisierungskanal, Up- und Downlink wie J-TACS, 800 Kanäle mit 12,5 kHz Bandbreite bei 55 MHz Duplexabstand) operieren regional.

TACS wurde 1982 von einem Jointventure der British Telecom sowie den Dienstanbietern Racal bzw. dessen Mobilfunktochter Vodafone und Cellnet Personel genormt. In Betrieb sind TACS-Netze seit 1984.

TAE, TAE-F, TAE-N, TAE-NFF, TAE-NFN

1. Abk. für → *Trans-Asia-Europe-Linie*.
2. Abk. für Telekommunikations-Anschalte-Einrichtung (Begriffsschöpfung der Deutschen Telekom), auch TAE-Steckdose genannt.

   Eine Standard-Steckverbindung zum Anschluss analoger Endgeräte wie Telefon, Telefax, Anrufbeantworter oder entsprechender Kombigeräte und → *Modem* an das analoge Telefonnetz.

   Man unterscheidet verschiedene Bauarten für die sechspoligen, analogen Anschlüsse (TAE-6):

   - TAE-F für Fernsprecheinrichtungen wie Telefone.
   - TAE-N für Nicht-Fernsprechendgeräte, z.B. Anrufbeantworter, → *Modems*, → *Fax*.
   - TAE-NFF mit drei Buchsen für ein Nicht-Fernsprechendgerät (Fax) und zwei Fernsprechendgeräte an zwei verschiedenen Amtsleitungen.
   - TAE-NFN mit drei Buchsen für ein Faxgerät (linke Buchse, N), ein Telefon (mittlere Buchse, F) und einen Anrufbeantworter (rechte Buchse, N). Beim TAE-NFN ist das automatische Umschalten eines Anrufes auf das richtige Endgerät (Telefon oder Fax) nur möglich, wenn eine passive → *Fax-Weiche* vor das Faxgerät geschaltet ist.

   Der Unterschied bei den F- und N-Buchsen in den TAEs liegt in der verschiedenen physischen Steckerausführung, d.h., F-Stecker passen nicht in N-Buchsen und umgekehrt. Da die Kontaktbelegung identisch ist, kann man sich behelfen, indem man die das Einschieben der Stecker in die Buchsen verhindernden und überstehenden Plastikzungen der Stecker mit einer Klinge oder einem Messer entfernt.

   Wenn N- und F-Buchsen jedoch nebeneinander in einer Steckdose montiert sind, werden die Kontakte unterschiedlich durchgeschaltet. Dies bedeutet, dass z.B. ein Telefon in der N-Buchse nur so lange funktioniert, wie kein Modem in einer F-Buchse steckt. Wenn dort ein Nicht-Telefongerät eingesteckt wird, kann (je nach Ausführung) der Kontakt zum Telefon unterbrochen werden.

   TAEs, über die Endgeräte ans → *ISDN* angeschlossen werden, verfügen über achtpolige Buchsen (TAE-8).

   → *TFM*, → *TFU*.

TAG

Abk. für Technical Advisory Group.

Bezeichnung für beratende Gruppen der → *IEEE*, die im Gegensatz zu den Working Groups nicht selber Standards erarbeiten, sondern nur auf Anfrage Informationen den Working Groups zur Verfügung stellen.

Tagesverkehrskurve

→ *TVK*.

Tag-Switching

Bezeichnung für ein spezielles Verfahren des Switching (→ *Switch*), das ursprünglich für → *ATM*-Netze eingeführt wurde. Dabei werden die zu vermittelnden Datenpakete zusätzlich zu ihrer normalen Adressinformation im Header mit einer weiteren Adressinformation (genannt Tag) versehen, die nur innerhalb eines klar abgegrenzten Netzteils von Relevanz ist. Beim Eingang in dieses Netzteil wird das Tag hinzugefügt und beim Ausgang wieder entfernt. Innerhalb des Netzteiles wird das Datenpaket in den Netzknoten (Switches) nur anhand des Tags weitervermittelt, was weniger Zeit kostet als eine Weitervermittlung anhand der herkömmlichen Adressinformation beim → *Routing*. Der

Grund dafür liegt im kleineren Adressraum des Teilnetzes, das eine geringere Adresslänge und weniger Weitervermittlungsmöglichkeiten zur Folge hat.
Diese Technologie ist vom Hause Cisco entwickelt und im Mai 1998 vorgestellt worden. Es wurde Grundlage von → *MPLS.*

Takt, Taktfrequenz, Taktrate

Bei → *Mikroprozessoren* die Bezeichnung für den Systemtakt, der die Geschwindigkeit zur Bearbeitung von Befehlen beeinflusst. Man unterscheidet:

- Externe Taktfrequenz: Es handelt sich um die Taktfrequenz, die ein auf dem → *Motherboard* eingebauter Schwingquarz (→ *Piezoeffekt*) erzeugt und im Computer allen angeschlossenen Einheiten zur Verfügung stellt.
- Interne Taktfrequenz: Es handelt sich um die Taktfrequenz, mit der der Mikroprozessor wirklich betrieben wird. Sie ist höher als die externe Taktfrequenz und wird aus ihr durch eine Multiplikationsschaltung gewonnen.

Taligent

Bezeichnung des gemeinsam von IBM, Apple und Motorola ab Januar 1994 entwickelten objektorientierten → *Betriebssystems.* Apple ist bereits aus der Entwicklung ausgestiegen und die Zukunft von Taligent ist fraglich.
→ *http://hpsalo.cern.ch/TaligentDocs/*

Talk

→ *Chat.*

Tamagotchi

Von jap. Tamago = Ei und chi als einem Ausdruck der Verehrung/Zuneigung, zusammen etwa: „zu verehrendes Ei".
Bezeichnung für ein etwa wallnußgroßes elektronisches Spielzeug mit einem Plastikgehäuse, das nach Testverkauf (3 000 St.) ab 10. Oktober 1996 im November 1996 in seiner Originalform vom Hause Bandai in Japan auf den Markt kam und sich schnell großer Beliebtheit erfreute. Nach fünf Wochen war die gesamte erste Produktion von 80 000 Stück verkauft. Im Frühjahr 1997 erfolgte die Markteinführung in Europa, wo sich aus dem fernöstlichen Siegeszug eine regelrechten Hysterie entwickelte.
Bereits aus Japan wurde von Lieferengpässen und langen, nächtlichen Schlangen vor Geschäften, die eine Lieferung erwarteten, sowie Wartelisten mit bis zu 2 000 Interessenten berichtet. Als Folge dieser Knappheit entwickelte sich auch ein Schwarzmarkt, auf dem erheblich höhere Preise als in Geschäften gezahlt werden mussten.
Es wird geschätzt, dass weltweit ca. 40 Mio. Stück verkauft wurden, davon ca. 27 Mio. in Japan selbst. Als Folge dieser Stückzahlen kam es auch zu Lieferengpässen bei den Knopfzellen zur Energieversorgung.
Nach einer unvermeidlichen Vermarktung durch die Pop-Gruppe „Scooter" mit ihrem Song „Tamagotchi" im August 1997 versiegte gegen Jahresende 1997 jedoch das weitere Interesse.
Prinzipiell handelt es sich beim Tamagotchi um ein Fantasiegeschöpf, dessen Umrisse auf einer kleinen LCD-Anzeige (16 x 32 Pixel) dargestellt werden. Aus dem Gesicht (lachend, schlafend, weinend ...) kann der aktuelle Gemütszustand des virtuellen Haustieres abgelesen werden, auf den durch die Bedienung entsprechender Knöpfe (zum Füttern, Streicheln etc.) richtig reagiert werden muß, um eine maximale Lebensdauer des Tierchens zu erzielen. Verweigert oder vernachlässigt der Benutzer die entsprechende Behandlung oder misshandelt er es sogar, verläuft der Alterungsprozess rascher und das aktuelle Tamagotchi verstirbt. Ein neues Exemplar kann jedoch bei Bedarf auf Knopfdruck erzeugt werden.
Im Kielwasser der Tamagotchi-Welle kam es zu allerlei kuriosen Aktivitäten, etwa Betreuungsdienste, bei denen berufstätige Tamagotchi-Besitzer ihre Tamagotchis tagsüber abgeben konnten und wo auf die vorschriftsmäßigen Knöpfe gedrückt wurde. Eine weitere Einrichtung waren virtuelle Friedhöfe für dahingeschiedene Tamagotchis im → *WWW* des → *Internet* oder Tempeldienste in Japan, bei denen verstorbene Tamagotchis korrekt eingesegnet wurden.
Das Tamagotchi kann, wie z.B. → *Kyoko Date* oder die etwas militantere → *Lara Croft* auch, als gesteigertes Interesse an virtuellen Welten (→ *virtuelle Realität*) und entsprechenden Marketing-Bemühungen im Zuge des allgemein gesteigerten Interesses der durch → *Multimedia* sensibilisierten Öffentlichkeit interpretiert werden.
→ *http://www.urban.co.jp/home/jun/tama/index.html/*

TAN

Abk. für Transaktionsnummer.
Bezeichnung für Nummern, die der Nutzer eines → *Tele-Banking*-Dienstes als Sicherheitsmaßnahme zusätzlich zur → *PIN* zu jeder Buchung (Transaktion) angeben muss. Zulässige und gültige TANs werden dem Nutzer in Form von Listen von Zeit zu Zeit von der Bank zugeschickt. Praktisch angewendet in Deutschland im Rahmen aller Tele-Banking-Anwendungen in → *T-Online*, wo sich das Verfahren außerordentlich gut bewährt hat.

Tandem-Office, Tandem-Switch

Begriff aus der → *Deregulierung* des Telekommunikationswesens der USA. Als Tandem-Office oder auch -Switch bezeichnete man in der Zeit vor der → *Divestiture* eine Vermittlungsstelle an der sich verschiedene lokale Telefongesellschaften zusammengeschlossen haben, um ihre Gespräche in eine bestimmte Richtung zu bündeln und an einen anderen Tandem-Switch (an den andere Telefongesellschaften angeschlossen waren) zu übergeben, so dass Gespräche zwischen Teilnehmern verschiedener Telefongesellschaften geführt werden konnten.

Tandy

→ *TRS 80, TRS 100.*

Tanner

→ *Intel Pentium.*

TAO

Abk. für Telephony Application Objects.

Bezeichnung für die Softwarearchitektur des Systems → *SCSA* für → *CTI*. Entwickelt vom Hause Dialogic.

Tap

1. Engl. für Abzweigung und Abk. für Terminal Access Point.

   Eine technische Einrichtung mit einem Dorn, welcher beim Anschluss eines Gerätes an ein Kabel durch die Isolierung und Abschirmung des Kabels bis auf den Innenleiter durchgedrückt wird und so die leitende Verbindung herstellt. Wurde z.B. bei → *Ethernet* (→ *CSMA/CD*) lange Zeit angewendet.

2. Abk. für Two-Step Approval Process.
3. Abk. für Transfer Account Procedure.

   In Mobilfunknetzen nach dem Standard → *GSM* die Bezeichnung für das Datenformat eines speziellen → *Call Detail Record*, mit dem Daten zur Abrechnung von Telekommunikationsdienstleistungen beschrieben werden, die von Nutzern aus fremden Netzen auf Basis eines Roaming-Agreements (→ *Roaming*) erbracht werden.

   TAPs werden direkt vom Netzbetreiber, in dessen Netz sie anfallen, an den Roaming-Partner oder ein Clearing-House weitergeleitet.

   Definiert wurde das Datenformat und die damit verbundenen Prozesse (wer wertet wann die TAPs aus, wie wird die Rechnung gestellt, wie erfolgt die Zahlung etc.) von dem GSM MoU.

   Aktuell verwendet wird das Format TAP 2+. Es ist aber auch das Format TAP 3 standardisiert, das in den nächsten Jahren eingeführt wird. Es unterscheidet sich von TAP 2+ dadurch, dass mehr Informationen für Customer-Care-Zwecke enthalten sind und auch Dienste wie → *GPRS* oder → *HSCSD* unterstützt werden.

   Ob ein Netzbetreiber TAP-konform ist kann durch ein TAP Testing Toolkit (TTT) herausgefunden werden, der Format und Abläufe testet.

TAPI

Abk. für Telephone Application Programming Interface.

Bezeichnung einer mittlerweile weit verbreiteten Softwareschnittstelle für → *CTI*, die in mehreren Versionen vorliegt:

Version	Plattform	Kommentar
Version 1.0 bis 1.4	16 bit Version für Windows 3.11 und Windows 95	Nur First-Party-Control-Unterstützung
Version 2.0	Windows NT 4.0	Auch Third-Party-Call-Control über Windows-NT-Server
Version 3.0	Windows NT 5.0	Zusätzlich auch Funktionen für IP-Telefonie (Steuerung von Voice-Gateways)

TAPI ist eine gemeinsame Entwicklung von Microsoft und Intel. Es entkoppelt die Anwendung von der Hardware und bietet den Anwendungen zwei Schnittstellen. Die Simple-Schnittstelle verfügt über lediglich vier Funktionen, die Full-Schnittstelle hat über 100, die nach grundlegenden, zusätzlichen und erweiterten Funktionen klassifiziert sind.

TAPI ist unabhängig vom zugrundeliegenden Netz (→ *PSTN*, → *ISDN*, Mobilfunknetz).

TAPI galt, im Gegensatz → *TSAPI*, mit den ersten Versionen lange Zeit als kleine Einzelplatzlösung. Ein Service-Modul in jedem einzelnen Client (PC) übernahm den Austausch zwischen einer Anwendung auf dem PC und der Telekommunikationsanlage. Daher war dies ein Beispiel für sog. First-Party-Control.

→ *http://www.grutzeck.de/service/tapi.htm/*

Tap-Off

Engl. Bezeichnung für Abzweiger.

tar

Abk. für Tape Archive.

Bezeichnung für ein Dateiformat, in dem Dateien auf Bandmedien platzsparend gespeichert werden.

Tarif

→ *Charging*.

Tarifhoheit

Ein Begriff aus der → *Deregulierung* von Telekommunikationsmärkten. Er bezeichnet das Recht eines Anbieters von Telekommunikationsdienstleistungen, einen Tarif für eine von ihm einem Endkunden angebotene Dienstleistung frei unter Beachtung der geltenden Gesetze und Verordnungen für die Preisfestlegung zu definieren.

Für bestimmte Dienstleistungen könnte eine Regulierungsbehörde die Tarifhoheit an sich ziehen und einheitliche Tarife für alle Anbieter derartiger Dienste im von der Regulierungsbehörde kontrollierten Gebiet festsetzen, z.B. für Sondernummern (→ *Shared Cost*, → *Premium Rate*).

Tarifierung

→ *Charging*.

TARM

Abk. für Telephone Answering Recording Machine.

Bezeichnung für → *Anrufbeantworter*, oft gemeint sind solche, die die Sprache digital aufzeichnen (keine Bänder).

TAS

Abk. für Telecommunication Authority of Singapore.

Bezeichnung für die nationale → *Regulierungsbehörde* des Telekommunikationssektors in Singapur.

→ *http://203.127.83.132/tas/*

Taschenrechner

Bezeichnung für kleine, digitale und in einer Hand haltbare Computer mit der ausschließlichen Funktion der Lösung mathematischer Probleme.

Der erste Taschenrechner wurde von Jack St. Clair Kilby (* 1923), John Merryman und James van Tassel im Hause

Texas Instruments (→ *TI*) im Jahre 1967 entwickelt. Er beherrschte seinerzeit die vier Grundrechenarten. Das Modell wurde aber erst ab 1972 aktiv vermarktet, da man sich im Hause TI zunächst nicht sicher genug war, was den Erfolg anging.

Auch das Unternehmen Canon gehörte zu den Pionieren auf diesem Sektor. Es stellte 1968 seinen ersten Taschenrechner vor.

Ein erster Verkaufsschlager als Taschenrechner wird das Modell C108 aus dem Hause → *Commodore*.

Im Laufe der Zeit entwickelte sich die Taschenrechnertechnik derartig, dass eine Abgrenzung zu programmierbaren Computern schwer fiel. Einige Hochschulprofessoren, in deren schriftlichen Prüfungen nur herkömmliche, unprogrammierbare Taschenrechner erlaubt waren, gingen daher dazu über, einen Taschenrechner im besten Sinne des Wortes als ein Gerät zu definieren, das vollständig in eine aufgenähte Brusttasche eines Oberhemdes passt.

TASI

Abk. für Time Assignment Speech Interpolation. Bezeichnung eines Verfahrens, das es ermöglicht, auf einem mehrkanaligen System mehr Sprachkanäle als die Nennzahl zu übertragen. Dies wird durch eine Ausnutzung der Sprechpausen erreicht, die weiteren Kanälen zugeteilt werden können.

Angewendet werden derartige Systeme in Unterseekabeln (dort auch zuerst überhaupt eingesetzt), bei Satellitenstrecken (→ *DSI*) und im Mobilfunk (→ *VOX*).

Task

Bezeichnung für einzelne Aufträge (Prozesse, Programme) an ein System, die unabhängig voneinander bearbeitet werden.

→ *Multitasking*.

Tasman

→ *South Pacific Network*.

Tastatur

Bezeichnung eines Eingabemediums bei verschiedenen Geräten.

International auch Keyboard genannt. Das Layout der Buchstaben und Sonderzeichen auf der Schreibmaschinentastatur ist weitgehend zufällig erfolgt. Es existierten, insbesondere im 19. Jh., verschiedene Layouts. Remington-Rand in den USA ließ sich das heute gebräuchliche Layout 1878 patentieren und hatte die Buchstaben seinerzeit derart verteilt, dass es unmöglich war, so schnell Wörter der englischen Sprache zu schreiben, dass sich die Typenhebel bei mechanischen Schreibmaschinen verhakten. Es handelte sich damit nicht um ein besonders effektives Layout.

Man unterscheidet internationale (amerikanische) Tastaturen, die, im Gegensatz zur deutschen Tastatur, keine Umlaute und kein ß besitzen. Ferner fängt die erste Reihe Buchstaben oben links mit der Tastenkombination ‚qwertz‘ an; im Gegensatz dazu die internationale mit ‚qwerty‘ (z und y sind ausgetauscht). Das Layout mit ‚qwerty‘ wurde von der → *ISO* 1991 zum Standard erhoben.

Tastensperre

Bezeichnung für ein → *Leistungsmerkmal* von → *Telefonen*, insbesondere bei → *Handys* weit verbreitet.

Durch Setzen einer Option des Handys kann die Tastatur gesperrt werden, d.h., ein Druck auf eine beliebige Taste hat keine Folgen. Erst durch Eingabe einer zwei- oder vierstelligen Ziffernkombination wird die Tastatur wieder freigeschaltet.

Zweck der Tastensperre ist das Verhindern des unbefugten Benutzens für den Fall, dass der Besitzer das Handy offen irgendwo hinlegt und sich vorübergehend entfernt.

Tastenwahl

Bei → *Telefonen* und anderen Endgeräten die Bezeichnung für die Wahl einer Ziffer durch Drücken einer entsprechenden Taste anstelle durch das Drehen einer Drehscheibe (Wählscheibe).

Die Bedienung eines Telefons mit Tastenwahl bedeutet nicht zwingend, dass das Telefon mit Tonwahl (→ *MFV*) wählt. Es kann auch über einen Impulsgenerator verfügen und deshalb mit dem Impulswahlverfahren (→ *IWV*) wählen.

TAT

Abk. für Trans Atlantic Trunk.

Bezeichnung der Transatlantikkabel (→ *Unterwasserkabel*) im Nordatlantik, die für Telefonie und andere Telekommunikationsdienste verlegt wurden. Kabel für Telegrafie existierten bereits früher. Die Kabel werden von Gesellschaften betrieben, an denen die großen Carrier Anteile halten und die von ihnen gegründet wurden. Die Lebensdauer analoger Kupferkabel liegt bei 20 bis 30 Jahren. Seit 1988 (8. Kabel) werden nur noch Glasfaserkabel verlegt (→ *Glasfasertechnik*).

Die Kapazitäten galten lange Zeit als nicht komplett genutzt, was ein Grund dafür war, dass die Preise für transatlantische Verbindungen so hoch waren. Erst mit der Liberalisierung von Telekommunikationsmärkten in Europa und dem Erfolg des → *Internet* sowie dem stark ansteigenden Bedarf breitbandiger → *IP*-Netze wurden die vorhandenen Kapazitäten besser genutzt, worauf durch neue Kabel und Konkurrenz die Preise sanken.

Erst relativ spät wurden ab 1956 Transatlantikkabel für Telefonie verlegt und genutzt. Der Grund dafür lag darin, dass es lange Zeit nicht möglich war, die für die Überbrückung einer langen Distanz bei analogen Sprachsignalen notwendigen Verstärker auf dem Meeresboden mit zu verlegen und von den Anlandungsstellen des Kabels fernzuspeisen.

Vor den Transatlantikkabeln wurden interkontinentale Ferngespräche über qualitativ schlechte Kurzwellenfunkverbindungen abgewickelt.

In den 60er Jahren verlangsamte sich als Folge der Euphorie über die → *Satelliten* zunächst der weitere Ausbau.

1966 wurde die erste transatlantische Verbindung über eines der TAT-Kabel dauerhaft an einen privaten Verwender vermietet.

Name	TAT-1
Länge	3 619 km
Inbetriebnahme	Oktober 1956
Kapazität	36 Kanäle ab 1956 (29 nach New York, die restlichen nach Montreal) 87 Kanäle ab 1960
Außerbetriebnahme	27. November 1978
Anlandungspunkte Europa	• Oban (GB)
Anlandungspunkte Nordamerika	• Clarenville/Neufundland (Kanada) • Terrenceville/Neufundland (Kanada) • Sydney Mines/Neuschottland (Kanada)
Bemerkungen	• Hat ca. 50 Mio. $ gekostet • Zwei Koaxialkabel (je eines für Hin- und Rückrichtung) • Kapazitätserhöhung durch TASI und Bandbreitenbegrenzung je Sprechkanal auf 3 kHz (anstelle von ursprünglich 4 kHz) • 512 Repeater • Analoge Kanalbandbreite von je 144 kHz für Hin- und Rückkanal • Verlegt in bis zu 4 000 m Wassertiefe • Betrieben gemeinsam von British Post Office, Canadian Overseas Telecommunications und American Telegraph Company

Name	TAT-2
Länge	8 154 km
Inbetriebnahme	22. September 1959
Kapazität	138 Kanäle
Außerbetriebnahme	1982
Anlandungspunkte Europa	• Penmarch (Frankreich)
Anlandungspunkte Nordamerika	• Clarenville/Neufundland (Kanada) • Sydney Mines/Neuschottland (Kanada)
Bemerkungen	• Baugleich zu TAT-1 • Kapazitätserhöhung durch TASI • Erstes Kabel mit Beteiligung der Deutschen Bundespost • 17 Kanäle für Deutschland reserviert • Analoge Kanalbandbreite von je 144 kHz für Hin- und Rückkanal

Name	TAT-3
Länge	6 515 km
Inbetriebnahme	1963
Kapazität	138 Kanäle
Außerbetriebnahme	1986
Anlandungspunkte Europa	• Widemouth Bay (GB)
Anlandungspunkte Nordamerika	• Tuckerton/New Jersey (USA)
Bemerkungen	• Kapazitätserhöhung durch TASI • Erste Direktverbindung USA nach GB • Analoge Kanalbandbreite von je 414 kHz für Hin- und Rückkanal

Name	TAT-4
Länge	6 665 km
Inbetriebnahme	1965
Kapazität	138 Kanäle
Außerbetriebnahme	1987
Anlandungspunkte Europa	• St. Hilaire-de-Riez (Frankreich)
Anlandungspunkte Nordamerika	• Tuckerton/New Jersey (USA)
Bemerkungen	• Kapazitätserhöhung durch TASI • Analoge Kanalbandbreite von je 384 kHz für Hin- und Rückkanal

Name	TAT-5
Länge	6 410 km
Inbetriebnahme	2. März 1970
Kapazität	720 Kanäle
Außerbetriebnahme	1993
Anlandungspunkte Europa	• Cadiz (Spanien)
Anlandungspunkte Nordamerika	• Green Hill/Rhode Island (USA)
Bemerkungen	• 361 Repeater • Analoge Kanalbandbreite von je 2 160 kHz für Hin- und Rückkanal

Name	TAT-6
Länge	6 289 km
Inbetriebnahme	1976
Kapazität	4 000 Kanäle
Außerbetriebnahme	1994
Anlandungspunkte Europa	• St. Hilaire-de-Riez (Frankreich)
Anlandungspunkte Nordamerika	• Green Hill/Rhode Island (USA)
Bemerkungen	• 684 Repeater in Abständen von 5,1 Seemeilen.

Name	TAT-7
Länge	6 104 km
Inbetriebnahme	1983
Kapazität	4 200 Kanäle
Außerbetriebnahme	1994
Anlandungspunkte Europa	• Lands End (GB)
Anlandungspunkte Nordamerika	• Tuckerton/New Jersey (USA)
Bemerkungen	• 660 Repeater in Abständen von 5,1 Seemeilen.

Name	TAT-8
Länge	6 705 km
Inbetriebnahme	14. Dezember 1988
Kapazität	7560 Kanäle zu je 64 kbit/s
Außerbetrieb-nahme	-
Anlandungs-punkte Europa	• Penmarch (Frankreich) • Widemouth (GB)
Anlandungs-punkte Norda-merika	• Tuckerton/New Jersey (USA)
Bemerkungen	• Erstes Glasfaserkabel. • Besteht aus vier Einmodenfasern und zusätzlich zwei Ersatzfasern. • Verzweigung 300 km vor Europa. • Genutzt wird ein Licht mit einer Wellenlänge von 1 310 nm. • Verdoppelte bei seiner Inbetriebnahme die gesamte transatlantische Kabelkapazität

Name	TAT-9
Länge	8 358 km
Inbetriebnahme	1992
Kapazität	560 Mbit/s
Außerbetriebnahme	-
Anlandungspunkte Europa	• Conil, Cadiz (Spanien) • Goonhilly Downs (GB) • St. Hilaire-de-Riez (Frankreich)
Anlandungspunkte Nordamerika	• Pennant Point/Neuschottland (Kanada) • Manahawking/New Jersey (USA)
Bemerkungen	-

Name	TAT-10
Länge	7 354 km
Inbetriebnahme	1992
Kapazität	560 Mbit/s
Außerbetriebnahme	-
Anlandungspunkte Europa	• Norden (Deutschland) • Terschelling (Niederlande) • Alkmaar (Niederlande)
Anlandungspunkte Nordamerika	• Green Hill/Rhode Island (USA)
Bemerkungen	-

Name	TAT-11
Länge	7 162 km
Inbetriebnahme	1993
Kapazität	560 Mbit/s
Außerbetriebnahme	-
Anlandungspunkte Europa	• Oxwich Bay (GB) • St. Hilaire-de-Riez (Frankreich)
Anlandungspunkte Nordamerika	• Manahawkin/New Jersey (USA)
Bemerkungen	-

Name	TAT-12/13
Länge	Je 6 321 km
Inbetriebnahme	August 1996
Kapazität	2 x 5 Gbit/s
Außerbetriebnahme	-
Anlandungspunkte Europa	• Lands End (GB) • Penmarch (Frankreich)

Anlandungspunkte Nordamerika	• Green Hill/Rhode Island (USA) • Shirley/New York (USA)
Bemerkungen	• Ringstruktur • Optische Verstärker • Je 2 Glasfaserpaare

Name	**TAT-14**
Länge	Ring, 13 500 km
Inbetriebnahme	Ende 2000
Kapazität	Insg. 640 Gbit/s (4 x 160 Gbit/s) bei Ringkonfiguration oder doppelte Kapazität bei Nutzung als zwei separate Kabel
Außerbetriebnahme	-
Anlandungspunkte Europa	• Widemouth (GB) • Katwijk (Niederlande) • Norden (Deutschland) • St. Valéryen Caux (Frankreich) • Blaabjerg (Dänemark)
Anlandungspunkte Nordamerika	• Tuckerton/New Jersey (USA)
Bemerkungen	• Vier Glasfaserpaare mit WDM-Technik • Ring in SDH-Technik • Kosten von 1,4 Mrd. DM • Planung startete 1997 • Deutsche Telekom ist beteiligt (250 Mio. DM) • Über 50 Investoren insgesamt

→ *CANTAT.*

TAV

Spanisches analoges Mobilfunknetz aus der vor-zellularen Zeit. Arbeitet im 160-MHz-Bereich. Es wurde nur in den Städten Madrid und Barcelona zur Mitte der 70er Jahre aufgebaut und 1991 geschlossen.

TAXI

Abk. für Transparent Asynchronous Receive/ Transmit Interface.

Bezeichnung für eine optische Nutzer-Schnittstelle zu einem → *ATM*-Switch mit einer Kapazität von 100 Mbit/s, über die üblicherweise mit → *4B5B* übertragen wird. Verwendet wird eine Multimode-Faser.

Die TAXI-Spezifikation wurde vom ATM-Forum erstellt. Ziel war das Ermöglichen des Anschlusses von → *FDDI*-Netzen an einen ATM-Switch.

TBF, TbF

1. Abk. für Temporary Block Flood.
   → *GPRS.*
2. Abk. für Technische und betriebliche Funktionsbestimmungen.

Bezeichnung eines Regelwerkes, nach dem Unternehmen technisches Gerät an das Netz der Deutschen Telekom anschließen dürfen, um ihrerseits (z.B. als Anbieter von → *Mehrwertdiensten*) Telekommunikationsdienstleistungen anbieten zu können.

TBL

Abk. für Technik der Betriebslenkung.

Seltenere Bezeichnung für Teile des → *Netzmanagements.*

TBR

Abk. für Technical Basis for Regulations.

Bezeichnet die Grundlage von → *CTRs* der → *ETSI.*

TC

1. Abk. für Tandem Connection.
2. Abk. für Telecommunications.
3. Abk. für Technical Committee.

TCA, TCA 1996

Abk. für Telecommunications Act.

In den USA die Bezeichnung für das zentrale gesetzliche Regelwerk zur Regelung des Telekommunikationswesens.

Der aktuell gültige TCA ist der TCA 1996, dessen zentrale Punkte folgende sind:

- →*RBOCs* dürfen Ferngespräche anbieten, sofern sie in ihrem Gebiet auch Konkurrenz bei Ortsgesprächen zulassen. Umgekehrt ist es AT&T und anderen Anbietern von Ferngesprächen (z.B. Sprint, MCI, Worldcom) auch gestattet, Ortsgespräche anzubieten. Neben dieser Regelung, die insbesondere für die bisherigen Player im Markt von Interesse ist, wurde auch neu gegründeten Unternehmen (→ *CLEC*) das Recht eingeräumt, sowohl Fern- als auch Ortsgespräche anzubieten. Um CLECs eine Aufbauphase zu ermöglichen, wurde den RBOCs die Geschäftsausweitung erst ab 1999 genehmigt.
- Die Grenze zwischen Kabelfernsehnetzbetreibern und klassischen Carriern wird aufgehoben. Damit dürfen sich die Carrier im Kabelfernsehmarkt engagieren, ebenso wie Kabelfernsehnetzbetreiber über ihre Netze Telefonie oder den Zugang zum Internet anbieten dürfen.
- Verschärfung der Universaldienstauflagen
- Forderung von → *Nummernportabilität*, sowohl für Fest-, als auch für Mobilfunknetze.

Der TCA 1996 war die größte regulatorische Maßnahme in den USA auf dem Gebiet der Telekommunikation seit der → *Divestiture.* Vorläufer bis dahin war der → *Communications Act* von 1934.

Nach der Verabschiedung durch den US-Kongress am 1. Februar 1996 und seit seiner Unterzeichnung am 8. Februar 1996 durch Präsident Bill Clinton ist das Telekommunikationswesen der USA einen weiteren Schritt dereguliert. Es war die größte Änderung des TK-Rechtes in den USA seit 62 Jahren, die insbesondere viele deregulatorische Hürden beseitigte und mehr Wettbewerb zulässt, insbesondere zwischen Kabelfernsehnetzbetreibern und Telekommunikati-

onsnetzbetreibern sowie zwischen Fernnetzbetreibern und Ortsnetzbetreibern.
→ *Universal Service Fund*.

TCAP

Abk. für Transaction Capability Application Part.
→ *SS#7*.

TCH

Abk. für Traffic Channel.
Bezeichnung für einen Kanal im Mobilfunksystem nach dem → *GSM*-Standard zur Übertragung von Nutzdaten. Man unterscheidet zwei verschiedene Arten von TCHs:

- B-Channel Mobile (Bm): Er erlaubt eine Bruttodatenrate (ohne Overhead für Fehlererkennung- und -korrektur) von 22,8 kbit/s. Diese können mit unterschiedlichem Overhead für diverse Zwecke genutzt werden:

Nettodatenrate	Anwendung
9,6 kbit/s	Datenübertragung nach → *V.32* (Modemverbindung)
13,2 kbit/s	Gesicherte Sprachübertragung mit dem Full-Rate-Codec → *RPE-LTP*
14,4 kbit/s	Datenübertragung nach → *V.17* (Faxübertragung) mit dem Punctured Code durch Verzicht auf Paritätsbits

- Lm: Er besitzt die halbe Übertragungskapazität wie der Bm.

TCIF

Abk. für Telecommunications Industry Forum.
Bezeichnung für ein von der → *ATIS* unterstütztes Gremium in den USA, das Richtlinien für die Einführung neuer Techniken und Dienste für die US-Industrie erarbeitet.
→ *http://www.atis.org/atis/tcif/index.htm/*

TCL

Abk. für Tool Command Language.
Bezeichnung für eine → *Programmiersprache*, die es ermöglicht, dass Programme, die in ihr geschrieben sind, unter verschiedenen → *Betriebssystemen* ohne weitere Änderung laufen. Prinzipiell eine Art → *Skriptsprache*.
Sie wurde im Jahre 1987 von John K. Ousterhout an der Universität von Berkeley/Kalifornien entwickelt. Mittlerweile wird sie vom Hause Sun Microsystems kommerziell vertrieben.
Inzwischen gibt es auch eine objektorientierte Erweiterung (→ *OO*), die mit Incr TCL bezeichnet wird.
TCL ist mit anderen Skriptsprachen wie → *Perl*, → *Python* und → *REXX* vergleichbar.
→ *http://www.demailly.com/tcl/*
→ *http://www.star.spb.ru/~small/tcldev/*

TCM

Abk. für Trellis-codierte Modulation.
Ein aufwendiges Verfahren zur Datenübertragung mit Fehlerkorrekturmechanismus. Prinzipiell ein Verfahren, das → *digitale Modulation* und → *Kanalcodierung* miteinander kombiniert und beide Komponenten derartig aufeinander abstimmt, dass gegenüber herkömmlichen Verfahren die zur Verfügung stehende Bandbreite des Übertragungskanals besser ausgenutzt wird.
Da bei hochwertigen digitalen Modulationsverfahren (z.B. → *ASK* oder → *PSK*) die Signale im Zustandsraum sehr eng beieinander liegen, ist der Vorgang der Decodierung schwierig.
TCM sorgt durch ein auf die digitale Modulation abgestimmtes Verfahren der Kanalcodierung (üblicherweise wird ein spezieller → *Faltungscodierer* dafür verwendet) dafür, dass zwei in Amplitude und Phase ähnliche Zustände im Zustandsraum nicht unmittelbar nebeneinander liegen können, sondern weitestmöglich voneinander entfernt. Somit ist es möglich, selbst bei stark verrauschten Signalen die digitalen Signale zu decodieren.

TCNS

Abk. für Thomas Conrad Network System.
Bezeichnung eines Hochleistungs- → *LANs* der Thomas Conrad Corporation. Übertragungsgeschwindigkeit: 100 Mbit/s. An einen aktiven → *Hub* (Smart Hub) werden sternförmig bis zu acht Stationen über Glasfaserkabel und maximal 1 500 m angeschlossen.
Bei Koaxialkabel als Medium sinkt die Entfernung auf 100 m, bei → *STP* auf 150 m. Bis zu 32 der Hubs lassen sich zusammenschalten.
Andere LAN-Techniken, wie z.B. → *Ethernet*, lassen sich über → *Brücken* anschließen.
Zugrunde liegt ein → *Token*-Verfahren.

TCNZ

Abk. für Telecom New Zealand.
Der nationale → *Carrier* in Neuseeland.
→ *http://www.telecom.co.nz/*

TCO

Abk. für Total Cost of Ownership.
Bezeichnet im Bereich des betriebswirtschaftlichen Einsatzes von IT-Systemen den Ansatz einer umfassenden Abschätzung aller Kosten, die neben den direkten Kosten (initiale Investitionskosten für Hard- und Software, anschließende Kosten für Updates sowie laufende Betriebskosten für Personal etc.) auch indirekte Kosten (Opportunitätskosten im Falle des Systemausfalls oder Training) berücksichtigt.
Ziel dieser TCO-Betrachtung ist die effektive Nutzung der IT-Infrastruktur durch Betrachtung folgender Fragen:

- Welche IT-Systeme sind vorhanden?
- Welche IT-Systeme werden tatsächlich wofür genutzt?
- Welchen Wert haben diese IT-Systeme für das gesamte Unternehmen? (Wichtigkeit, Relevanz für kritische Geschäftsprozesse)

Beispiele für die zu betrachtenden, aber häufig nicht berücksichtigten laufenden Kosten können sein:

- Trainingskosten für Nutzer
- Trainingskosten für Systemadministration

- Ausfallkosten
  - Untätige Nutzer
  - Entgangene Kunden / Aufträge
- Kosten für Systemplanung, -beschaffung, -installation, -wartung, -reparatur und -ausbau
- Kosten für einen Benutzerservice (Hotline)

→ *http://www.jaekel.com/white3.html/*
→ *http://www5.compaq.com/tco/*

TCO 91, 92, 95

Bezeichnung für Normen aus den entsprechenden Jahren der schwedischen Angestelltengewerkschaft TCO für Bildschirmarbeitsplätze.

TCO 91 stellt dabei eine Ergänzung und Verschärfung von → *MPR II* dar, da ein weiterer Messpunkt in 30 cm Entfernung vor dem Bildschirm eingeführt wurde und zusätzlich die Grenzwerte verringert wurden.

TCO 92 ergänzt TCO 91 um Vorschriften aus den Bereichen Energiesparschaltung, Elektrizitäts- und Brandsicherung.

TCO 95 erstreckt sich auch auf Tastatur sowie auf Hitze und Geräuscherzeugung. Ebenfalls soll die globale Umweltverträglichkeit beim Herstellungsprozess berücksichtigt werden.

→ *Bildschirmarbeitsverordnung.*

TCP

Abk. für Transmission Control Protocol.

Bezeichnung für ein weitverbreitetes verbindungsorientiertes Datenübertragungsverfahren für den zuverlässigen Ende-zu-Ende-Transport über paketvermittelte Netze.

Ursprünglich wurde das Protokoll für den Datentransport zwischen DV-Umgebungen unter → *Unix* entwickelt und ist dort zusammen mit dem darunter liegenden → *IP* (Internet Protocol) eine weitverbreitete Protokollkombination. Beide zusammen sind auch die protokolltechnische Grundlage des → *Internet*, weshalb man häufig zusammenfassend von TCP/IP, der TCP/IP-Protokollfamilie, dem TCP/IP-Stapel oder von TCP/IP-Netzen spricht.

TCP und IP arbeiten auf den Schichten drei und vier des → *OSI-Referenzmodells.*

TCP ist dabei ein verbindungsorientiertes Transportprotokoll, das bereits in der 2. Version vorliegt (die erste wird nicht mehr verwendet) und eine logische, sichere Vollduplex-Punkt-zu-Punkt-Verbindung ermöglicht. Dies schließt → *Multicasting* (z.B. für Konferenzschaltungen) oder → *Broadcasting* aus.

Es stellt dabei sicher, dass Datenpakete fehlerfrei und in der gewünschten Reihenfolge über ein darunter liegendes IP-Netz übertragen werden. TCP teilt den von einer höheren Anwendung entgegengenommenen Datenstrom in Bytes ein. Die Bytes werden durchnumeriert und in TCP-Pakete verpackt. Im Header des TCP-Pakets wird angegeben, welche laufende Nummer das erste im Paket enthaltene Byte hat und wie viele Byte insgesamt darin enthalten sind.

TCP erweitert IP um Funktionen zur Datensicherung, Flusskontrolle und Verbindungssteuerung (Verbindungsauf- und -abbau). Fehlerhafte oder verlorengegangene Daten werden beim Sender erneut angefordert, können jedoch vom Sender eine Zeit lang unprotokolliert weitergesendet werden. TCP ist daher ein → *Fensterprotokoll.* Bis zu 64 KByte (maximales Flow-Control-Window) können zwischen zwei Netzknoten durch TCP ohne Quittung des Empfängers übertragen werden. Es arbeitet wegen des Feedback-Mechanismus in Netzen mit hohem Delay im Vergleich zur Bandbreite der Übertragungen (hohes Produkt aus Bandbreite und Delay) wenig effizient. Grundsätzlich kann die Performance von TCP jedoch anhand der Parameter von div. Timern, Paketgröße und Fenstergröße an gegebene Netzverhältnisse angepasst werden.

Darüber hinaus ist es mit Mechanismen zur Vermeidung von Netzüberlast ausgestattet, wie z.B. Slow-Start (die Fenstergröße wird zunächst von Beginn der Verbindung an nach und nach erhöht), selektive Wiederholung bei fehlerhafter Übertragung und selektivem Quittungsbetrieb.

Der Verbindungsauf- und -abbau wird durch einen Drei-Wege-Handshake vorgenommen, bei dem Protokollinformationen für den Auf- und Abbau der logischen Verbindung zwischen Sender und Empfänger ausgetauscht werden.

Fehler werden erkannt und in Grenzen korrigiert, weswegen TCP, im Vergleich zum seltener benutzten → *UDP*, als zuverlässiger, aber auch langsamer gilt. TCP wird daher dort verwendet, wo viele Daten sicher übertragen werden müssen.

Da mehrere Anwendungsprogramme oberhalb von TCP aufsetzen können, ist eine Identifikation dieser Anwendungsprogramme notwendig, damit der empfangende TCP-Prozess die empfangenen IP-Daten an die korrekte Anwendung weitergeben kann. Hierfür sind verschiedene Kennzahlen definiert worden, die Portnummern genannt werden.

Portnummer	Beschreibung
1	TCP-Portmultiplexer
5	Remote Job Entry (→ *RJE*)
20	File Transfer Protocol, Nutzdaten (→ *FTP*)
21	File Transfer Protocol, Overhead (→ *FTP*)
23	→ *telnet*
25	Simple Mail Transport Protocol (→ *SMTP*)
42	Nameserver
49	Login Host Protocol
53	Domain Name System (→ *Domain*)
69	Trivial File Transfer Protocol
70	→ *Gopher*
80	→ *HTTP*
103	→ *X.400*
110	Post Office Protocol (→ *POP3*)
156	SQL-Server
179	Border Gateway Protocol (→ *BGP*)

Portnummer	Beschreibung
6667	Internet Relay Chat (→ *IRC*)
8080	Experimentelle Anwendungen

Über die Portnummern realisiert TCP einen Multiplex-Mechanismus, da es möglich ist, über eine IP-Verbindung mehrere Verbindungen zu anderen Anwendungen zu unterhalten. TCP multiplext die Daten dieser Anwendungen (die anhand der Portnummern identifiziert werden können) in eine IP-Verbindung.

Vinton C. Cerf und Robert Kahn entwickelten 1974 erste Ansätze zu → *TCP* in ihrem Beitrag „A Protocol for Packet Network Intercommunications". Verabschiedet wurde TCP 1982 nach einigen Jahren Arbeit. Genaugenommen ist es aus → *NCP* hervorgegangen. TCP ist definiert im RFC 761 und 793 (maßgeblich erstellt von Jonathan ‚Jon' Postel, * 6. August 1943, † 16. Oktober 1998) und erfuhr im RFC 1323 eine Erweiterung („Van Jacobsen TCP"). Diese Erweiterung wird nicht überall eingesetzt. Sie erlaubt die zuverlässige Datenübertragung auch in Netzen mit einem großen Bandbreiten- und Delay-Produkt.

TCSEC

Abk. für Trusted Computer System Evaluation Criteria.

Bezeichnung eines in einem Dokument des → *NCSA* definierten Katalogs von Kriterien, nach denen Datensicherheit beim Betrieb von Computern erreicht werden soll. Auch → *Orange Book* genannt.

TD

Abk. für Telegrammdienst.

→ *Telegramm.*

T-DAB

Abk. für Terrestrial Digital Audio Broadcasting.

→ *DAB.*

TD-CDMA

Abk. für Time Division Code Division Multiple Access.

Bezeichnung für ein Kanalzugriffsverfahren, das grundsätzlich ein → *CDMA*-Verfahren im → *TDMA*-Raster des → *GSM*-Netzes ist. Ziel ist, derart eine sanfte Migration von GSM hin zu → *UMTS* zu ermöglichen.

TD-CDMA wendet das CDMA-Verfahren innerhalb eines TDMA-Slots des GSM-Zeitrasters an und überträgt innerhalb dieses Slots mit acht speziellen Codes bis zu acht voneinander unabhängige Nutzkanäle.

Dabei kommen Walsh-Hadamard-Codes mit einer Länge von 16 zum Einsatz.

Bei der realen Nutzung von TD-CDMA ist es möglich, durch die Kombination unterschiedlicher Verfahren der → *digitalen Modulation* (konkret QPSK und 16-QAM) mit einer slotorientierten (= zeitlichen) und mit einer codeorientierten Kanalbündelung Datenraten zwischen 8 kbit/s und 2 Mbit/s zu erzielen.

→ *TD-SCDMA.*

TDD

Abk. für Time Division Duplex.

Duplexverfahren, bei dem dieselbe Frequenz für die zwei Kanäle einer Vollduplexverbindung, aber zu verschiedenen Zeiten genutzt wird. Dabei wird periodisch im Ping-Pong-Verfahren zwischen den beiden Kanälen (z.B. → *Uplink* und → *Downlink* bei einer Funkverbindung) hin- und hergeschaltet. TDD wird z.B. bei → *CT2* angewendet.

Vorteil dieser Technik gegenüber einem FDD-System mit verschiedenen Frequenzen für Up- und Downlink ist der Wegfall der teuren Duplexbausteine, die durch einen einfachen Schalter ersetzt werden und die Möglichkeit der Nutzung von Antennen-Diversity beim Senden und Empfangen bieten. Nachteilig ist die erforderliche, aufwendige Synchronisation zwischen Sender und Empfänger. Diese ist sehr schwierig, wenn die Laufzeitunterschiede zwischen dem Sender und verschiedenen Empfängern stark unterschiedlich ausfallen oder wenn starke Störungen durch → *Mehrwegeausbreitung* auftreten.

TDDGS

Abk. für Teledienstedatenschutzgesetz.

→ *IuKDG.*

TDG

Abk. für Teledienstegesetz.

→ *IuKDG.*

TDHS

Abk. für Time Domain Harmonic Scaling.

Bezeichnung für ein bei der Sprachcodierung angewendetes Verfahren. Eingesetzt bei → *ATC.*

TDM

Abk. für Time Division Multiplexing.

Neben → *FDM* und → *SDM* die Bezeichnung für ein weiteres, grundsätzliches Verfahren des → *Multiplexens.*

Auch Zeitmultiplex (-verfahren, -technik) oder Zeitvielfach (-verfahren, -technik) genannt. Dabei wird die Gesamtkapazität eines digitalen Übertragungssystems in einzelne logische Kanäle, sog. Slots oder Zeitschlitze/Zeitlagen, einer bestimmten zeitlichen Länge unterteilt. Alle Slots verschiedener Kanäle bilden einen Pulsrahmen, auch Frame oder Timeframe genannt, in dem jeder eingehende Kanal einen einzigen Slot hat.

Jeder Slot des Übertragungssystems wird dabei einem Kanal geringerer Kapazität, der dem Multiplexer zugeführt wird, dauerhaft zugewiesen. Da diese Zuweisung periodisch und unveränderbar ist, wird häufig auch vom synchronen Zeitmultiplex gesprochen (STDM).

Es ist Aufgabe des Multiplexers, die Daten der eingehenden Kanäle periodisch den Zeitschlitzen des abgehenden Kanals zuzuordnen. Zusätzlich fügt der Multiplexer bestimmte Datenmuster (= Bitkombinationen) in den Datenstrom ein, anhand derer auf der Empfängerseite ein Demultiplexer den Anfang der Pulsrahmen erkennen kann. Diese Datenmuster werden auch als Rahmenkennungswort (RKW) oder Synchronization Byte Pattern (SYN) bezeichnet.

Auf diese Weise kann sich der Demultiplexer mit dem Multiplexer synchronisieren und die auf dem Eingangskanal empfangenen Daten korrekt auf mehrere niederbitratige Ausgangssignale wieder verteilen.

Welche Datenraten die eingehenden Kanäle haben und wie viele von ihnen zu einem abgehenden Kanal welcher Kapazität zusammengefasst werden, ist Gegenstand von Bitratenhierarchien wie z.B. der → *PDH* und der → *SDH*.

Im Gegensatz zum STDM steht das asynchrone Zeitmultiplexverfahren (ATDM). Dabei detektiert der Multiplexer Übertragungsaktivität auf den eingehenden Kanälen und teilt diesen auf dem abgehenden Kanal nur für die Dauer der Aktivität Slots zu, wodurch sich eine erheblich bessere Auslastung ergibt. Das Verfahren wird auch (bedarfsgesteuertes) Ressourcen-Sharing genannt und gilt als Vorläufer der → *ATM*-Technik. Das Verfahren wird auch statistisches Multiplexing (STDM) genannt.

→ *TDMA*.

TDMA

Abk. für Time Division Multiple Access.

Ein Zugriffsverfahren für einen Kanal oder ein Medium, bei dem die volle Bandbreite des Kanals für eine bestimmte Zeit dem Teilnehmer oder der sendenden Station gemäß einem Zeitmultiplexverfahren (→ *TDM*) temporär einer von mehreren Datenquellen zur Verfügung gestellt wird. Die Zeit wird dafür in sog. Slots unterteilt. Zwischen den Slots liegen die nicht für eine Nutzdatenübertragung genutzten Guard-Times als Schutzzeiten, die zur Synchronisation dienen.

Beim TDMA-Verfahren sind beim Zugang zum Medium ein Multiplexer und am Ende beim Empfänger ein Demultiplexer notwendig, die genau zueinander synchronisiert sein müssen.

TDMA ist frequenzökonomischer als → *FDMA*, erfordert aber sehr genaue Synchronisation und damit hochentwickelte Hardwarebausteine.

Viele digitale, zellulare Mobilfunknetze, wie z.B. → *GSM*, wenden heutzutage TDMA in Verbindung mit FDMA an.

→ *CDMA*, → *SDMA*.

TDP

Abk. für Telocator Data Protocol.

Bezeichnung für einen Protokollstapel zum Übertragen auch längerer Nachrichten (bis 64 KByte) und Dateien zu mobilen Empfängern. Möglich ist auch Datenübertragung zu mehreren Empfängern, Speichern und Abrufen von Nachrichten und Sperren von Nachrichtenempfang. TDP ist der Nachfolger eines Protokolls mit dem Namen TAP. Entwickelt von der → *PCIA*. Zwei Jahre wurde es getestet. Eine zweite Version wurde Ende 1995 vorgestellt.

Es wird erwartet, dass dieses Protokoll zur Datenübertragung zu → *PDAs* und für Two-Way- → *Paging* eingesetzt wird und dadurch deren Verbreitung fördern wird.

→ *http://www.pcia.com/wirelesscenter/resources_protocols.htm/*

TDR

Abk. für Time Domain Reflectometer.

Bezeichnet in der → *Ethernet*-Welt einen Kabeltester; ein Gerät zum Testen von Kabeln und Auffinden von Fehlern.

TDS

Abk. für Telegrammdienstsystem.

→ *Telegrafie*.

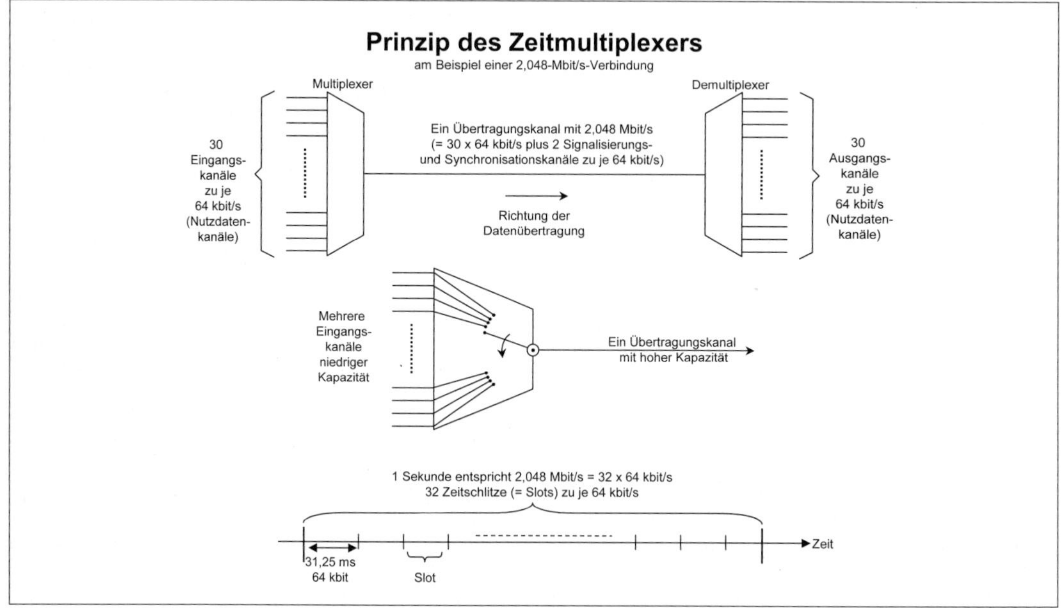

TD-SCDMA

Abk. für Time Division Synchronous Code Division Multiple Access.

Bezeichnung für eine in China entwickelte Sonderform des → *CDMA*-Verfahrens, das ein → *TDMA*-Verfahren mit einem synchronen CDMA-Verfahren innerhalb der TDMA-Kanäle kombiniert.

TD-SCDMA ist als eine von fünf Luftschnittstellen bei → *IMT 2000* standardisiert worden.

Durch ein intelligentes synchrones Antennensystem der Basisstation wird erreicht, dass die Empfangsempfindlichkeit erhöht wird und Effekte wie eine → *Nachbarkanalstörung* oder → *Fading* als Folge von → *Mehrwegeausbreitung* die Empfangsqualität nicht stark beeinträchtigen. Dies führt, zusammen mit der geringeren notwendigen Sendeleistung für die mobilen Endgeräte, zu geringeren technischen Anforderungen an die Endgeräte, die damit einfacher und preiswerter sein können.

Um die Komplexität der elektronischen Bauteile in der Basisstation und in den Endgeräten weiter zu verringern, wird → *TDD* als Duplexverfahren verwendet.

Innerhalb von IMT 2000 wird TD-SCDMA insbesondere als preisgünstige Luftschnittstelle für großflächige schmalbandige Nutzung von IMT 2000, z.B. als drahtloses Zugangsnetz (→ *RLL*) angesehen.

TDSV

Abk. für Telekommunikationsdienstunternehmen-Datenschutzverordnung.

Bezeichnung für eine Verordnung des → *BMPT* vom 12. Juli 1996 über den Umgang der Unternehmen, die Telekommunikationsdienstleistungen anbieten, mit kundenbezogenen Daten.

Veröffentlicht im Bundesgesetzblatt unter BGBl I Nr. 34 vom 18. Juli 1996.

→ *http://www.netlaw.de/gesetze/tdsv.htm/*

TDT

Abk. für Time Domain Transmission.

TE

Abk. für Terminal Equipment.

Generische Bezeichnung für Endgeräte der Telekommunikation der verschiedensten Art.

TE1, TE2

Abk. für Terminal Equipment Type 1 (Type 2).

→ *ISDN.*

Technologie

Bezeichnung für eine grundlegende Verfahrens- oder Vorgehensweise, die mehrere zu ihrer Realisierung mögliche Techniken subsumiert.

Diese Definition leitet sich vom Gebrauch des Begriffes im englischen Sprachraum ab und wird auch so mittlerweile im deutschen Sprachraum verwendet, obwohl hier der Begriff seine Wurzeln in einem anderen Zusammenhang hat.

Das Wort Technologie wurde um 1790 von dem Göttinger Gelehrten Johann Beckmann verwendet, der damit die Herstellverfahren der verschiedenen handwerklichen Gewerbe („die nützlichen Künste") umfassend beschrieb. Unter Technologie verstand er eine übergreifende, Wirtschaft und auch Gesellschaft umfassende Technikforschung und -lehre (Technikkunde). In diesem Zusammenhang wird Technologie heute insbesondere im akademischen Bereich Deutschlands immer noch verstanden.

Tech-Talk

Jargon in der IT- und Internet-Szene. Bezeichnet die Sprache, in der sich erfahrene Programmierer etc. unterhalten und die sich allgemein durch die Verwendung von Abkürzungen (Three Letter Acronym, → *TLA*) und Fachbegriffen auszeichnet, so dass ein Laie sie nicht verstehen kann.

→ *Chat Slang.*

TED

1. Abk. für Teledialog.

   Erster Name des → *Tele-Voting*-Dienstes der Deutschen Telekom.

2. Abk. für Television Disc.

   Bezeichnung eines Aufzeichnungsverfahrens von Bildinformationen auf eine Platte. Entwickelt von Telefunken Anfang der 70er Jahre. Sie war kein besonders großer Erfolg.

   → *LD*, → *VLP*, → *AHD/VHD.*

TEDIS

Abk. für Trade Electronic Data Interchange System.

Bezeichnung eines Programms der EU zur Einführung des elektronischen Datentransfers im Handelssektor über Telekommunikationsnetze.

Erster Beschluss erging im Oktober 1987, Ergänzung um eine zweite Phase erfolgte im Juli 1991.

TEI

1. Abk. für Terminal Endpoint Identifier.

   Identifiziert ein am S_0-Bus eines → *ISDN*-Anschlusses angeschlossenes Endgerät.

2. Abk. für Text Encoding Initiative.

Teilhaberbetrieb, Teilhabersystem

Begriff aus der Welt der Großrechner. Bezeichnet eine Betriebsart, bei der mehrere Teilnehmer über → *Terminals* oder Stand-alone-Rechner und Datenleitung an einen Zentralrechner angeschlossen sind, an diesen aber nur klar definierte Anfragen (→ *Transaktionen*) aus einer streng begrenzten Menge stellen dürfen. Die Benutzer dürfen nicht frei verschiedene Programme aufrufen oder selber programmieren. Klassische Beispiele: Buchungssysteme für Hotels, Fluglinien etc.

→ *Teilnehmerbetrieb.*

Teilnehmerbetrieb

Begriff aus der Welt der Großrechner. Bezeichnet eine Betriebsart, die eine Kombination von → *Multiprogramming* und Dialogverarbeitung ist. Dabei haben mehrere Teilnehmer mittels Terminals unabhängig voneinander Zugriff auf einen zentralen Rechner. Die Zuteilung des Rechners an einen einzelnen individuellen → *Prozess* erfolgt durch die Zuweisung einer festen Zeitscheibe (Zeitschlitz, Timeslot, Slot). Dadurch hat jeder Teilnehmer den Eindruck, der Rechner stehe ihm allein zur Verfügung.

→ *Teilhaberbetrieb.*

Teilnehmerbetriebsklasse

→ *CUG.*

Teilnehmernetz

Andere Bezeichnung für → *Zugangsnetz.*

Teilnehmernetzbetreiber

Abgekürzt mit TNB. Auch Anschlussnetzbetreiber genannt. Begriff aus der Regulierung. Eine Bezeichnung für den Betreiber der Anschlussleitung (‚Last Mile') eines einzelnen Nutzer im → *Zugangsnetz*, der rechtlich gesehen der Vertragspartner des Nutzers ist, d.h., der das → *Billing* für die vom Nutzer in Anspruch genommenen Telekommunikationsdienstleistungen übernimmt und die Telekommunikationsdienstleistungen liefert.

Das bedeutet nicht, dass er identisch ist mit dem Besitzer der dafür notwendigen Infrastruktur. Insbesondere in ehemaligen monopolistischen Märkten wurde die Teilnehmeranschlussleitung teilweise schon vor Jahrzehnten vom ehemaligen Monopolanbieter verlegt und muss von diesem im Zuge der → *Entbündelung* den Wettbewerbern üblicherweise gegen eine Monatsmiete zur Verfügung gestellt werden.

Teilnehmerschaltung

Bezeichnet in der Vermittlung den Teil der → *Ortsvermittlung*, an dem der Teilnehmer mit seiner einzelnen Leitung angeschlossen ist. Die Aufgaben sind (→ *BORSCHT*):

- Erkennen des Gesprächswunsches des Teilnehmers
- Suche nach einer freien Wahlstufe
- Elektrische Versorgung des Anschlusses

Teilnehmervermittlung, Teilnehmervermittlungsstelle

Bezeichnung für Vermittlungsstellen in einem → *Ortsnetz*, an welche die Quellen und Senken für Verbindungswünsche, d.h. die Teilnehmer bzw. die Nutzer eines Telekommunikationsdienstes, über das → *Zugangsnetz* angeschlossen sind.

In einem kabelbasierten Zugangsnetz werden die Kabel zu den Teilnehmern dort an einen → *Hauptverteiler* angeschlossen.

Jede Teilnehmervermittlung ist eine Ortsvermittlungsstelle. Umgekehrt gilt dies nicht.

Teilnehmerverzeichnis

Auch Nummernverzeichnis oder international Directory genannt. Offizielle Bezeichnung für öffentlich zugängliche Verzeichnisse der Teilnehmer an Telekommunikationsdiensten (gedruckt als Telefonbuch wie auch in elektronischer Form als Datenbank vorliegend, z.B. für den Auskunftsdienst). Die damit verbundene Dienstleistung wird als Auskunftsdienst oder Directory Assistance (DA) bezeichnet. Man unterscheidet international üblich:

- White-Pages: Private und geschäftliche Nutzer, alphabetisch sortiert nach Namen von Personen, Unternehmen oder sonstigen Institutionen.
- Yellow-Pages: Geschäftliche Nutzer, sortiert nach Wirtschaftsbranchen (‚Branchenverzeichnis', ‚Gelbe Seiten').

Üblicherweise werden derartige Verzeichnisse zunächst regional sortiert, z.B. nach Vorwahlnummern, und innerhalb dieser Ebene wie oben beschrieben.

Unter Auskunftsdienst (international Directory Assistance Service oder Inquiry-Service genannt) versteht man einen telefonisch oder elektronisch zugänglichen Dienst, der die Informationen in den Teilnehmerverzeichnissen zugänglich macht. Neben der einfachen Telefonauskunft hat sich die Rolle in den letzten Jahren gewandelt:

- Auskunft über Fax-Nummern
- Auskunft über Videokonferenznummern
- Auskunft über E-Mail-Adressen
- Auskunft über postalische Adressen inklusive Postleitzahlen
- Verbindungsservice bei einer Telefonauskunft

Der Auskunftsdienst gilt wegen der hohen Personalkosten als teuer. Andererseits kann mit einer Komfort-Auskunft oder mit weiteren der o.a. Dienstleistungen durchaus Geld verdient werden.

Um einen Auskunftsdienst auch für das Ausland anbieten zu können, werden gegenwärtig die Protokolle X.28 und E.115 der → *ITU* verwendet, die jedoch den Erfordernissen moderner Telekommunikationsanbieter an Auskunftsdienste mit mehreren unterschiedlichen Produkten (Telefon, Fax, Mobilfunk, Onlinedienste, E-Mail, Datendienste etc.) nicht gerecht werden. E.115 ist dabei ein sehr einfaches, eingeschränktes Protokoll, das nur Name, Adresse, Telefonnummer überträgt oder abfragt. Zur Übertragung der Anfragedaten und der Ergebnisdaten werden üblicherweise Verbindungen auf der Basis von → *X.25* eingesetzt.

Die europäischen Anbieter von Nummernverzeichnissen haben sich in der → *EIDQ* zusammengeschlossen und entwickeln derzeit ein neues Verfahren zum Austausch von Informationen, das von der ITU als F.510 (Automated Directory Assistance, White Pages Service Definition) im Dezember 1997 verabschiedet wurde und das auf → *X.500* basiert.

Das erste Telefonbuch in Deutschland wurde 1881 herausgegeben, nachdem am 12. Januar in Deutschland die erste öffentliche Fernsprechzentrale zum Versuchsbetrieb in Berlin (Französische Straße) in Betrieb genommen wurde. Es verzeichnete 8 (in Worten: acht) Anschlüsse in Berlin. Das

Büchlein erhielt im Volksmund die Bezeichnung „Buch der Narren".

Teilnehmerzugangsnetz

Andere Bezeichnung für → *Zugangsnetz.*

Teilschicht

→ *Schicht.*

Teilung

Begriff aus der → *Typografie.* Bei einem bestimmten → *Font* die Einheit der Breite des Schriftbildes. Sie gibt an, wie viele Zeichen eines Fonts nebeneinander innerhalb eines Zolls gedruckt werden können.

TEKADE

Abk. für Telefon-, Kabel- und Drahtwerke.

Ein traditionsreiches Nürnberger Unternehmen. 1896 wurde als Zusammenarbeit des Nürnberger Unternehmers Johann Friedrich Heller (* 1836, † 1911) mit dem Amerikaner Alexander Graham Bell zur Weiterentwicklung des von Bell erfundenen Telefons ein Unternehmen gegründet.

1912 ging daraus offiziell die TEKADE hervor.

Nach dem 2. Weltkrieg gehörte es zu den Amtsbaufirmen der Deutschen Bundespost. So war es maßgeblich an der Entwicklung des → *B-Netz* beteiligt. Nach wirtschaftlichen Schwierigkeiten Anfang der 80er Jahre wurde es von Philips gekauft und ging 1982 in der → *PKI* von Philips auf.

Als sich Philips aus der Vermittlungstechnik zurückzog, wurden 1995 Teile an Ericsson verkauft, andere Teile gingen an die → *Lucent.*

TEL

Abk. für Trans Europe Line.

Bezeichnung für den Zusammenschluss von 14 → *Carriern* aus Ost- und Mitteleuropa sowie Deutschland und Österreich, die gemeinsam ein 14 000 km langes Glasfaserkabel von Deutschland und Österreich über Mittel- bis nach Osteuropa verlegen wollen.

Telco

Abk. für Telecommunication (Telephone) Company.

In den USA sehr beliebte, aber auch mittlerweile international übliche Abkürzung für alle Unternehmen, die Dienstleistungen im Markt für Telekommunikation anbieten (Netz- und Dienstanbieter).

Häufig nur im Sinne von → *PTT* benutzt.

→ *Carrier.*

Telcordia

→ *Bellcore.*

Tele-Arbeit

→ *Tele-Working.*

Tele-Banking

Auch Home-Banking oder Electronic-Banking genannt. Bezeichnung für alle Formen der Abwicklung von Bankgeschäften mit Hilfe von Telekommunikationseinrichtungen.

Hauptsächliche Anwendungsform ist das direkte Zusammenschalten von Bankcomputer und privatem PC mit Hilfe eines Online-Dienstes (in Deutschland bis 1997 → *T-Online*, seither mit → *HBCI* auch auf anderen Plattformen möglich) zur Durchführung von Transaktionen (Überweisungen, Daueraufträge einrichten/ändern) oder dem Abruf von Informationen (Kontostand, letzte Umsätze auf einem Konto oder Depot, Börsenkurse etc.).

Weitere Realisierungsmöglichkeit sind Operatordienste, die über ein → *Call Center* realisiert werden. Dort berät ein Mitarbeiter der Bank und führt ggf. Transaktionen durch.

Eine Variante davon für standardisierte Abfragen, wie z.B. den Kontostand, sind → *IVR*-Systeme.

Telebox

→ *X.400.*

Telecenter

→ *Call Center*, → *Tele-Working.*

Telecom

Bezeichnung der weltweit größten einzelnen Fachmesse, ausschließlich für Vermittlungs-, Übertragungs- und Kommunikationstechnik. Im Gegensatz zur → *CeBIT* ist die Telecom eher eine großer Fachkongress (‚Forum') mit angeschlossener Produkt- und Leistungsschau der Hersteller und Telcos, als weniger eine Kauf- und Ordermesse.

Initiator der Telecom im Jahre 1970 war die → *ITU.* Daraufhin fand die Messe alle vier Jahre seit 1971 immer in Genf statt und entwickelte sich zur größten Messe der Schweiz. Zuletzt fand sie im Oktober 1999 statt.

Mittlerweile gibt es auch regionale Fachmessen, z.B. die Telecom-Asia, die in Singapur stattfindet, oder die Africa Telecom in Johannesburg.

Insgesamt geriet die Messe ab Anfang der 90er Jahre in die Kritik. Zu wenig Platz für die Aussteller, zu volle Hallen und zu hohe Hotelpreise bei zu wenig fachlichen Neuigkeiten und zu viel Marketing-Getöse lautete das Urteil vieler Fachbesucher, die insbesondere die auch schon nicht als Veranstaltung der leisen Töne bekannte CeBIT vorzogen. Bereits 1991 wurde allgemein angenommen, dass die Telecom in ihrer bekannten Form letztmalig in Genf stattfand, da es „so ja nicht weitergehen" könne. Doch getreu dem Sprichwort, dass Totgesagte länger leben, pilgerten auch 1995 und 1999 die Massen nach Genf. Um den Platznöten abzuhelfen, hatten sich Ende der 90er Jahre auch schon andere Messegesellschaften (etwa aus Chicago oder Berlin) um die Ausrichtung beworben, kamen aber nicht zum Zuge.

Für die ITU ist die Messe eine wichtige Einnahmequelle, weswegen sie von ihr als internationaler, weltweiter Branchentreff weiter gepusht wird. Ferner ist sie für die ITU ein wichtiges Ereignis zum Aufpolieren des eigenen Images, da die Telekommunikations-lastige ITU angesichts des Vordringens des aus der IT-Welt stammenden Internet und des in die Kritik geratenen zu langsamen Standardisierungsprozesses an Bedeutung massiv zu verlieren droht.

→ *http://www.itu.ch/TELECOM/*

Telecom Egypt

Seit dem 16. Oktober 1997 die Bezeichnung für den nationalen Anbieter von Telekommunikationsdienstleistungen in Ägypten. Hervorgegangen aus der Vorgängerorganisation Arento.

→ *http://www.telecomegypt.com.eg/*

Telecom e.V.

Kurzbezeichnung für die deutsche Vereinigung von Anwendern der geschäftlichen Telekommunikation e.V. Bezeichnung eines Verbandes von Nutzern der Telekommunikationsdienstleistungen.

Nicht zu verwechseln mit der Telekom (Deutsche Telekom AG).

→ *ECTUA*, → *INTUG*.

Telecommunications Act

→ *TCA*.

Tele-Commuter

→ *Tele-Working*.

Teledesic

Bezeichnung eines geplanten Systems für → *Satellitenmobilfunk*, wegen der anvisierten zur Verfügung gestellten Bandbreite und Anwendungszwecke auch „Internet in the Sky" genannt.

Initiiert von Bill Gates (Microsoft) und Craig McCaw (McCaw Mobile Communications). Die geplanten Investitionen liegen insgesamt bei 9 Mrd. $, die Kosten je Satellit bei 10 bis 20 Mio. $. Kalkuliert wird mit einer Teilnehmerzahl von 10 bis 20 Mio.

Das mittlerweile gegründete Unternehmen Teledesic Corp. hat seinen Sitz in Kirkland/Washington in der Nähe von Seattle.

Das System bestand in seiner Ursprungskonfiguration aus 924 Satelliten (davon 840 aktiv, je vier Reservesatelliten in jeder Umlaufbahn) mit Inter-Satelliten-Links im 60-GHz-Bereich auf 21 polaren Umlaufbahnen in 700 km (435 Meilen) Höhe und 95% Flächendeckung weltweit. Die Inklination soll 98,2° betragen, die minimale Elevation 40°, da Übertragung im → *Ka-Band* (1 GHz Bandbreite) infolge atmosphärischer Störanfälligkeit am besten möglich ist, wenn der Satellit fast direkt über der → *MS* steht. Dies führt zur hohen Zahl von Satelliten. Umlaufzeit eines Satelliten um die Erde: 95 Min. Satellitendurchmesser: 12 m. Satellitengewicht: 1 700 lbs (771 kg). Länge der Empfangsantenne der MS: 10 Inch.

Jeder Satellit kann 1 400 Sprachkanäle (16 kbit/s) und 15 → *T1*-Kanäle gleichzeitig abwickeln.

Es wird mit einer Lebenszeit der Satelliten von 10 Jahren gerechnet.

Zugriffsverfahren sind → *TDMA* und → *FDMA*. Die Vermittlungstechnik ist → *ATM*-basiert.

Die Erde wird in 20 000 Superzellen geteilt (ca. 160 km Kantenlänge), die jede wiederum in neun kleinere Zellen unterteilt sind (ca. 53,3 km Kantenlänge). Der → *Footprint* eines Satelliten mit einem Radius von 706 km versorgt maximal 64 Superzellen. Superzellen sind in Bändern parallel zum Äquator angeordnet.

Multimediale Dienste von normaler Telefonie über Videokonferenzen bis hin zu hochqualitativer Standbildübertragung im medizinischen Bereich werden möglich sein. Hauptanwendungsbereiche sind Datentransfer, Medizin und Gesundheit, Bildung, Wissenschaft.

Im Frühjahr 1997 wurden technische Änderungen durchgesetzt, die die Satellitenzahl auf 288 Stück reduzieren und die Umlaufbahnen in höhere Schichten verschieben. Dies führt auch zu größeren und schwereren Satelliten, die dann nicht mehr sechs, sondern 20 Mio. $ pro Stück kosten.

Es werden Übertragungsraten von 16 kbit/s über 2,048 Mbit/s, 155,52 Mbit/s bis hin zu 1,24416 Gbit/s zur Verfügung gestellt. Terminals sollen 1 000 $ (Sprachkommunikation) und 6 000 bis 8 000 $ (Breitbandkommunikation) kosten. Kosten für Sprachübertragung: 4 Cent/Minute. Es ist aber unklar, ob als Kunden direkt die Endverbraucher oder Netzbetreiber mit temporärem Kapazitätsbedarf anvisiert werden.

Im Februar 1998 wurde zu Testzwecken der erste Satellit T1 gestartet.

Im September 1999, als erst rund 1,5 Mrd. $ an Investorengeldern zusammengekommen war, wurde nach den Pleiten von → *Iridium* und → *ICO* erklärt, man versuche den Termin der Inbetriebnahme vorzuziehen. Hintergrund ist, dass neue Geldgeber erst nach einer Demonstration der technischen Machbarkeit bereit wären, weiteres Geld in Teledesic zu investieren.

Die Idee eines breitbandigen, satellitengestützten Mobilfunksystems hatte der amerikanische Ingenieur Edward Tuck, der 1990 bei dem Vorstandschef und Milliardär McCaw vorsprach und für eine Untersuchung seiner Idee 5 Mio. $ erhielt. Die Studie kam jedoch zu dem Ergebnis, dass das Projekt unrealisierbar sei, weswegen der Rest des Vorstandes im Sommer 1993 das Projekt stoppte. McCaw unterstützte es mit weiteren 5 Mio. $ aus der Privatkasse, um zu untersuchen, ob die Ergebnisse von → *Brilliant Pebbles* nutzbar seien. Im Februar 1994 konnte McCaw als weiteren Partner, angeblich am Rande des „AT&T-Peeble-Beach-Golfturniers", den Microsoft-Chef Bill Gates gewinnen. Das Projekt wurde dann im Sommer 1994 der Öffentlichkeit vorgestellt. Im März 1997 erteilte die → *FCC* eine Lizenz zum Aufbau eines Satellitennetzes.

Im April 1997 konnten die Unternehmen Boeing (Sitz: Seattle/Washington) und AT&T Cellular für das Projekt gewonnen werden. Am 20. November 1997 erfolgte die Frequenzzuweisung durch die → *WRC*. Im Mai 1998 erklärte Motorola den Verzicht auf sein eigenes Satellitenprojekt → *Celestri* und schloss sich dem Teledesic-Projekt an. Dabei übernimmt Motorola 26% und investiert 750 Mio. $. Aus dem Celestri-Projekt wurde auch der europäische Satellitenhersteller Marta Marconi Space mitgebracht.

Die Inbetriebnahme war zunächst für das Jahr 2001 und dann 2004 geplant.

Das Konkurrenzsystem ist → *Spaceway*.

→ *http://www.teledesic.com/*

Tele-Dienste

Oberbegriff für alle Dienste, die eine Form der → *Tele-Präsenz* durch Telekommunikation erzeugen. Meistens auf bestimmte Anwendungsfälle oder -branchen zugeschnitten, wie z.B. → *Tele-Working*, → *Tele-Medizin*, → *Tele-Banking* oder → *Tele-Learning*.

Teledienstegesetz

→ *IuKDG*.

Teledienstedatenschutzgesetz

→ *IuKDG*.

Telefax

→ *Fax*.

Telefon, Telefonie

Telefon ist die Bezeichnung für das Endgerät bei der Sprachkommunikation. Telefonie ist die Abwicklung vermittelter Sprachkommunikation selbst. Oft wurde das Telefon als Endgerät in der Vergangenheit in Deutschland auch, in Abhängigkeit der Bauausführung, → *Fernsprecher*, Fernsprechapparat, Wählapparat oder Tischapparat genannt. Bekannt in Deutschland als Telefon sind der → *W 48* und der → *Tischapparat 61*.

Ab den 80er Jahren des 20. Jahrhunderts setzten sich auch → *Komforttelefone* und Schnurlostelefone (→ *CT*) durch. Mit dem Erfolg des → *Mobilfunks* kamen ab Ende der 80er Jahre auch → *Handys*. Neueste Entwicklung seit 1998 sind → *Screenphones*.

Das Wort Telefon leitet sich ab von griech. tele = fern, weit und griech. phone = Stimme.

Die Fachwelt ist sich einig, dass grundsätzlich zwei Personen die Ehre gebührt, das Telefon erfunden zu haben. Dem Deutschen Philip Reis (* 7. Januar 1834, † 1874) gebührt die Ehre, das Prinzip der Übertragung menschlicher Stimme über Drähte in einer einfachen Anordnung entdeckt zu haben, wohingegen dem seit 1871 in den USA lebenden Schotten und Taubstummenlehrer Alexander Graham Bell (* 1874, † 2. August 1922) die Ehre gebührt, dieses Prinzip unabhängig von Reis ebenfalls entwickelt und vor allem zur Serienreife gebracht zu haben.

Die Entwicklung der Telefonie nahm folgenden Verlauf:

1667

Obwohl die eigentliche Erfindung des Telefons allgemein auf 1861 bzw. 1876 datiert wird, gab es Versuche der Sprachübertragung bereits vorher. Der britische Physiker Robert Hooke (* 18. Juli 1635, † 3. März 1703) beschrieb schon in diesem Jahr ein Experiment, bei dem er Sprache über eine Membran und einen Draht übertrug.

1796

Gottfried Huth, Doktor der Weltweisheit und öffentlicher Lehrer der Mathematik und Physik, denkt an eine Sprachröhre zur akustischen Nachrichtenübertragung und bezeichnete sie mit Telephon oder Fernsprecher.

1809

Der Münchner Physiker Johann Wilhelm Ritter (* 1776, † 1810) äußerte angesichts der Fortschritte der Telegrafentechnik die Einschätzung, dass es schon bald gelingen werde, selbst leise gesprochene Worte über Drähte zu übertragen.

1854

Der französische Telegrafenbeamte Charles Bourseul (* 1829, † 1912) formuliert in der Zeitschrift „L'illustration de Paris" einen Artikel, in dem er die Idee skizziert, eine Platte durch Sprache so in Schwingungen zu versetzen, dass dadurch ein Stromkreis geschlossen und geöffnet wird, der wiederum eine andere Platte in gleiche Schwingungen versetzt. Der Artikel erregt Aufmerksamkeit und wird in einer ganzen Reihe von Zeitschriften in Europa veröffentlicht.

1861

Das grundlegende Prinzip, Sprache auf elektrischem Weg über Drähte zu übertragen, wird durch den Physiklehrer am Knabenpensionat Institut Garnier Philip Reis (* 7. Januar 1834, † 1874) in Friedrichsdorf im Taunus entwickelt. Er wollte ursprünglich den menschlichen Hörapparat nachbauen und überträgt mit seiner Konstruktion 1861 die Melodie „Muss i denn zum Städtele hinaus" von einem Haus zu einem anderen. Schon vorher testete er mit Lehrerkollegen in der Schule seine Apparatur, wobei sinnlose Sätze von einem Raum in den anderen übertragen wurden. Entscheidender erster Satz war „Das Pferd frisst keinen Gurkensalat", von dem jedoch nur die ersten drei Worte wiedererkannt wurden.

Bei seiner Konstruktion bewegt eine schwingende mechanische Membran (zunächst eine Schweinsblase) über einen Hebel einen Kontakt, der einen Strom dämpft oder unterbricht, welcher über eine Stricknadel den Boden einer Zigarrenkiste, später einer Geige, in Resonanz versetzt. Dies war somit gleichzeitig die Premiere des Lautsprechers.

Darüber hinaus gibt Reis dem ganzen einen Namen und greift die Idee Gottfried Huths wieder auf: Telephon.

26. Oktober 1861

Der Frankfurter Physikalische Verein applaudiert und zeigt sich beeindruckt, tut seine Erfindung aber dennoch nach Reis Vortrag „Telefonie durch galvanischen Strom" als einfache Spielerei ab.

1862

Mit Empfehlung von zwei Professoren schickt Reis eine Schrift über das Telefon an Poggendorf, die damalige Autorität auf naturwissenschaftlich-technischem Gebiet, der jedoch einen Abdruck in den „Annalen der Physik" ablehnt.

Reis verbessert sein Telefon beständig weiter und hält eine Reihe von Vorträgen. Er lässt seinen Apparat in Serie produzieren und verkauft ihn in viele Länder.

Reis stellte zum zweiten Mal sein wesentlich verbessertes Telefon dem Frankfurter Physikalischen Verein vor. Noch immer stellte sich keine Begeisterung ein.

Auf einer Präsentation vor der Versammlung Deutscher Naturforscher und Ärzte im gleichen Jahr zeigt Poggendorf jedoch plötzlich Interesse. Dieses Mal lehnt Reis einen Abdruck ab.

1874

Reis erkrankt an TBC und verstirbt zwei Jahre später.

Alexander Graham Bell (* 1874, † 2. August 1922) setzt in den USA eine Metallmembran als Resonator ein. Er überspringt damit den Zwischenschritt, die mechanische

Schwingung über Hebel in mechanische Bewegungen umzuwandeln, die den Stromfluss in einem Draht über Induktion steuern, sondern dachte daran, die Schwingung der Membran direkt den Strom steuern zu lassen. Dies war die entscheidende Innovation durch Bell gegenüber dem Reisschen Apparat. Dennoch fehlten Bell in diesem Jahr die Möglichkeiten, einen derart geringen und somit empfindlichen Strom zur Verfügung zu stellen, der die Membranschwingungen registriert, aber dennoch stark genug ist, diese Schwingungen über eine größere Entfernung zu transportieren.

3. Juni 1875
Bell hat seinen Apparat so weit verbessert, dass es ihm erstmals gelingt, mit seinem Prinzip menschliche Laute zu übertragen.

14. Februar 1876
Bell meldet seinen Apparat zum Patent an. Wie sich zeigte, ein richtiger Schritt, da schon am gleichen Tage nur zwei Stunden später der Amerikaner Elias Grey (* 1836) mit ähnlichen Konstruktionen beim Patentamt aufwartet.

8. März 1876
Bell erhält das Patent mit der Nummer 174 465.

10. März 1876
Bell demonstriert das (verbesserte) Telefon als Endgerät (‚Fernhörer') zur Übertragung kompletter verständlicher Sätze. Er spricht unwillkürlich die bedeutenden Worte „Watson, come here. I want you" zu seinem Mitarbeiter Thomas A. Watson, als er versehentlich einen Becher mit Säure umkippt. Watson befindet sich aber in einem ganz anderen Raum und hört die Worte dort nur durch die experimentelle Fernsprechapparatur, was deren Funktionsfähigkeit erstmals testet.

Oktober 1876
Das Gerät ist bereits derartig verbessert, dass ein Gespräch über 2 Meilen von Boston nach Cambridge gelingt.

1876
Der erste, der in Deutschland die Nützlichkeit dieser Geräte im gleichen Jahre erkennt, ist der Nürnberger Fabrikant Johann Friedrich Heller (* 1836, † 1911). Er hört von der Erfindung und besorgt sich zwei Geräte, die er in seiner Fabrik für elektrotechnische Apparate weiterentwickelt und als Haustelefonanlage einsetzt. Daraus sollte die → *TEKADE* entstehen.
Aus der Anfangszeit der Nutzung sind zahlreiche Anekdoten über Vorführungen des die Welt erstaunenden Apparates überliefert. Auf der Jubiläumsausstellung (Weltausstellung) in Philadelphia anlässlich des 100. Jahrestages der amerikanischen Unabhängigkeitserklärung 1876 ist das Telephon die große Sensation. Der brasilianische Kaiser Dom Pedro II. lässt der Überlieferung nach mit den überraschten Worten „Es spricht!" vor Verblüffung den Hörer fallen.
Im gleichen Jahr wird in einem internen Bericht von Western Union die folgende Feststellung gemacht: „This ‚telephone' has too many shortcomings to be seriously considered as a means of communication. The device is inherently of no value for us." Das Unternehmen ist seinerzeit derart überzeugt von der Überlegenheit der Telegrafie, dass man ein Jahr später auch nicht die Chance nutzt, die Patentrechte für 100 000 $ zu kaufen.

1877
Hughes erfindet das Kohlekörnermikrofon.
Nach Johann Friedrich Heller erkennt auch General-Postmeister Heinrich v. Stephan (* 1831, † 1897) die Bedeutung des Telefons und entwickelte sich zu seinem großen Förderer. Er beschafft sich zwei Bell-Apparate über London, wo sich Bell gerade anlässlich seiner Hochzeitsreise aufhielt, und testet sie in Berlin zwischen dem Generalpostamt (Leipziger Straße) und dem General-Telegrafenamt (Französische Straße) über eine Entfernung von 2 km. Es handelt sich damit um das erste Ortstelefongespräch in Kontinentaleuropa. Als Folge werden die Telegrafenämter untereinander als erstes vernetzt. Darüberhinaus führt von Stephan als ausgesprochener Freund der deutschen Sprache den Begriff → *Fernsprecher* ein, der sich im offiziellen → *Postdeutsch* bis 1980 halten sollte.

17. Mai 1877
Das Gerät ist soweit verbessert, dass Edward Holmes, Besitzer der Holmes Alarm Company in Boston, Washington Street 342, die erste private Vermittlungsstelle mit fünf angeschlossenen Kunden (davon vier Banken) in Betrieb nimmt.

12. Januar 1881
In Deutschland wird die erste öffentliche Fernsprechzentrale zum Versuchsbetrieb in Berlin (Französische Straße) in Betrieb genommen. Siemens zeichnet dabei für die Technik verantwortlich. Gleichzeitig wird dazu das erste Telefonbuch (→ *Teilnehmerverzeichnis*) herausgegeben. Es verzeichnete 8 (in Worten: acht) Anschlüsse in Berlin. Das Büchlein erhält im Volksmund die Bezeichnung „Buch der Narren".

Jahresende 1881
Es werden 458 Telefonanschlüsse in Deutschland verzeichnet.

1892
In den USA wird mit dem von Strowger entwickelten → *Heb-Dreh-Wähler* die erste automatische Vermittlung weltweit in Betrieb genommen.

1896
Der Hersteller von Strowger-Wählern entwickelt das Telefon mit Wählscheibe. Maßgeblichen Einfluss hatten dabei seine Mitarbeiter Alexander E. Keith und die Brüder John und Charles J. Erickson. Zuvor gab es aber schon getrennte Tasten für Einer, Zehner- und Hunderterstellen.

1900
Das Telefon verbreitete sich schnell. Es gibt 160 000 Anschlüsse in Deutschland und 1,4 Mio. Anschlüsse in den USA.

1908
Die erste automatische Vermittlungsstelle mit Heb-Dreh-Wählern in Deutschland und Europa geht in Hildesheim in Betrieb.

1910
Weltweit gibt es rund 11,3 Mio. Telefonanschlüsse.

25. Januar 1915
Von Bell wird die schon am 17. Juni 1914 baulich vollendete erste transkontinentale Telefonverbindung von der Ost- zur Westküste der USA mit einem Gespräch zwischen ihm in New York und seinem Assistenten Watson in San Fran-

cisco in kommerziellen Betrieb genommen. Die Verbindung basiert auf 50 Drähten auf 130 000 Masten und durchquert 13 US-Bundesstaaten auf einer Strecke von insgesamt 3 400 Meilen (rund 5 500 km). Erst 1976 sollte das letzte Teilstück dieser Anlage aus Betrieb genommen werden.

1920
Die Zahl von 1 Mio. Telefonanschlüssen in Deutschland wird überschritten.

6. August 1922
Zwei Tage nach der Beerdigung des Erfinders des Telefons Bell wird das gesamte Fernsprechnetz Nordamerikas zu seinen Ehren für eine Minute unterbrochen.

14. Januar 1928
Mit dem → *Fernmeldeanlagengesetz* wird die erste gesetzliche Grundlage für den Telekommunikationssektor in Deutschland geschaffen.

Jahresende 1940
Es gibt rund 2,5 Mio. Telefonanschlüsse in Deutschland.

1956
In Deutschland wird der → *EMD-Wähler* im Telefonnetz eingeführt.

Jahresende 1960
Es gibt rund 3,3 Mio. Telefonanschlüsse in Deutschland.

Jahresende 1981
Es gibt rund 21 Mio. Telefonanschlüsse in Deutschland.

1986
→ *ISDN* wird in Deutschland eingeführt (Probebetrieb).

Jahresende 1990
Es gibt rund 31,9 Mio. Telefonanschlüsse in Deutschland.

1. Januar 1998
Im Zuge der → *Deregulierung* wird der Markt für öffentliche Telefonie in den freien Wettbewerb gegeben.

Telefonanrufbeantworter

→ *Anrufbeantworter.*

Telefonbuch

→ *Teilnehmerverzeichnis.*

Telefonkabine

In der Schweiz die gängige Bezeichnung für → *Telefonzelle.*

Telefonkarte

International oft auch Prepaid Card (= vorbezahlte Karte), Telephone Card bzw. Telecard (Israel, Malta, Belgien), Taxcard (Schweiz) oder Telefonwertkarte (Österreich) genannt.

Bezeichnung für Karten im Scheckkartenformat vom Typ der Zahlungskarte und dort der Subklasse der Cash-Cards (→ *Smart Card*), die mit einem Speicher ausgerüstet sind, der eine festgelegte, den Wert der Telefonkarte bestimmende Anzahl Gebühren enthält. Derartige Telefonkarten werden in ein Lesegerät eines Telefons des Kartenausgebers geschoben, so dass das Telefon, sofern noch genügend Einheiten enthalten sind, vom Karteninhaber benutzt werden kann. Nachdem das Gespräch beendet ist, wird die noch verbleibende Anzahl Einheiten auf der Karte gespeichert. Einige Carrier runden kleinste Restguthaben automatisch einmalig auf, um eine letzte, kurze Verbindung zu ermöglichen.

Derartige Karten können Einwegkarten sein oder wiederaufladbar.

Die Art des Speichers kann verschieden sein. Weltweit gibt es grob fünf verschiedene Technologien, die dafür verwendet werden, z.B. Magnetstreifen, Induktivspeicher, Chipspeicher, optische und maschinenlesbare Markierungen auf dem Trägermaterial und externer Speicher.

Telefonkarten sind üblicherweise untereinander inkompatibel, d.h., die Karten eines Ausgebers können nicht in den Telefonen eines anderen Ausgebers verwendet werden. Von dieser Regel gibt es jedoch verschiedene Ausnahmen weltweit, z.B. in der Karibik, Skandinavien, zwischen Deutschland, Österreich und den Niederlanden und auch seit 1998 zwischen Deutschland und der Schweiz.

Ziel ist, → *Telefonzellen* aus verschiedenen Gründen langfristig von Bargeld auf Karten (nicht nur Telefonkarten, sondern auch Kreditkarten oder Cash-Karten; → *Smart Card*) umzustellen.

Ein Vorteil der Telefonkarten ist die Vorkasse, die dem Kartenherausgeber die Nutzung eines Zinseffekts ermöglicht. Zudem werden viele Telefonkarten, insbesondere Werbegeschenke und Sammlerkarten, gar nicht abtelefoniert, so dass der Kartenausgeber einen Teil der Erlöse ohne Gegenleistung erhält (bis zu 10 oder 12 % pro Jahr).

Die erste Telefonkarte kam im Jahr 1976 in Italien auf den Markt und wurde von der seinerzeitigen SIP, dem Vorgänger der heutigen Telecom Italia, herausgegeben.

In Deutschland startete die damalige Deutsche Bundespost am 20. Juni 1983 einen ersten Feldversuch, wobei in folgenden Ballungsgebieten vier verschiedene Systeme mit je 30 umgerüsteten Telefonzellen getestet wurden:

Raum	Start	System
Bamberg	12. Februar 1985	Magnetstreifen
Bonn/Aachen	9. Oktober 1984	Mikrochip
Frankfurt	20. Juni 1983	Opt./Hologramm
Goslar	23. Oktober 1984	Magnetstreifen

Noch während der Testphase stellte sich das System mit Mikrochip aus dem Hause Siemens als das leistungsfähigste Konzept heraus, und die Deutsche Bundespost beschloss seine großflächige Einführung. Am 16. Dezember 1986 wurden zunächst 200 entsprechende Telefonzellen an Bahnhöfen und Flughäfen bundesweit und nahezu die gleiche Zahl im Raum Stuttgart in Betrieb genommen. Bereits 1989 standen Kartentelefone in Deutschland flächendeckend zur Verfügung.

Weitere Stationen der Verbreitung waren 1991 die Einführung von Kartentelefonen in Zügen der Deutschen Bahn und 1994 die gegenseitige Anerkennung von Karten zwischen der Deutschen Bundespost Telekom und der Niederländischen PTT sowie 1998 zwischen der → *swisscom* und der Deutschen Telekom.

Weiterentwicklungen des Konzeptes sind die → *Calling Card*, die vorbezahlten Karten (→ *Prepaid Card*) und die wiederaufladbaren Karten.

Die Karte als Werbemedium wurde ab 1987 entdeckt, woraufhin sich um die Karten auch ein Sammlermarkt mit Tauschbörsen und Auktionen gebildet hat. Üblicherweise tragen Werbegeschenke in Form von für Firmen gestalteter Telefonkarten (mit üblicherweise geringen Nennwerten von 6 oder 12 DM) mittlerweile einen großen Anteil am Telefonkartengeschäft.

Im Frühjahr 1990 erschien daher der erste Deutschland-Katalog für Telefonkarten. Die Deutsche Bundespost Telekom gründete am 24. August 1990 einen Telefonkarten-Versandservice, der nach eigenen Angaben Ende 1997 über 110 000 Sammler betreute.

Telefonnetz

Oft gebrauchte Bezeichnung für das Netz, das Sprachkommunikation abwickelt, obwohl der Telefondienst (Sprachvermittlung) mittlerweile nicht mehr der einzige ist, der über dieses Netz abgewickelt wird. Oft auch Fernsprechnetz genannt. Streng genommen existiert daher kein exklusives Telefonnetz.

→ *PSTN*, → *POTS*.

Telefonrundspruch

Abgekürzt mit TR. In der Schweiz ein Dienst zur Aussendung von Radioprogrammen in Monoqualität über das öffentliche Telefonnetz. Der Dienst wurde zum 30. Dezember 1997 eingestellt.

→ *http://www.onlinereports.ch/telefonrundspruch.htm/*

Telefonzelle

Im → *Postdeutsch* lange Zeit auch als öffentlicher Münzfernsprecher oder kurz nur als Münzer bezeichnet. Von der → *Regulierungsbehörde* oft mit öffentlicher Sprechstelle bezeichnet, da die eigentliche Kabine (Zelle) keine Rolle spielt, wenn das Endgerät z.B. in Kneipen etc. aufgestellt ist. International Payphone oder Public Payphone genannt.

Bezeichnung für öffentlich zugängliche Telefone mit Vorkasse, entweder durch Bargeld oder entsprechend andere Zahlungsverfahren (div. Karten).

Gegen Ende 1996 unterhielt die Deutsche Telekom in Deutschland ca. 160 000 Telefonzellen, von denen ca. 50% Kartentelefone und 50% Münzfernsprecher waren. Es wird auch international in entwickelten Ländern erwartet, dass im öffentlichen Bereich Münzfernsprecher nach und nach annähernd vollständig durch Kartentelefone ersetzt werden (→ *Telefonkarte*, → *Prepaid Card*, Kreditkarte, → *Calling Card*). Diese haben den Vorteil, dass sie wegen eines geringeren Anteils an Mechanik weniger störanfällig sind, weniger Wartung bedürfen und dass kein diebstahlgefährdetes Bargeld (Wechselgeld, Gebühreneinnahmen) vorrätig gehalten und abgeholt zu werden braucht. Außerdem können sie kleiner und leichter gebaut werden. Ein indirekter Effekt ist, dass die Nutzer sich die Telefonkarten vor dem Telefonieren kaufen müssen, d.h., es erfolgt Vorkasse, woraus sich ein kleiner Zinseffekt für den Kartenausgeber ergibt.

Umgekehrt wird aber auch erwartet, dass privat aufgestellte und betriebene Telefonzellen in Kneipen, Hotels etc. weiterhin wegen des einfachen Inkassos auf Münzzahlung basieren werden.

Telefonzellen bieten folgende Finanzierungsmöglichkeiten für den Betreiber:

- Verbindungsgebühren
- Telefonzellenzuschlag:
  - pro Verbindung
  - pro Gesprächseinheit
- Werbeflächen in und an der Zelle selbst

Die Bereitstellung von Telefonzellen kann Gegenstand regulatorischer Maßnahmen sein (→ *USO*), da das Aufstellen von Telefonzellen eine Infrastrukturleistung ist.

Ferner besteht die Möglichkeit, dass Besitzer von Liegenschaften von Netzbetreibern eine Miete für die Aufstellung von Telefonzellen verlangen, sofern der Standort lukrativ genug ist. Umgekehrt kann auf diese Gebühr verzichtet bzw. selbst sogar eine erhoben werden, sofern der Standort nicht lukrativ genug ist.

Erste öffentliche Münzfernsprecher gab es in Deutschland ab 1902. Im Frühjahr 1998 fing Mannesmann Arcor als erster neuer Wettbewerber damit an, eigene Telefonzellen aufzustellen (Ludwigshafen).

Die Deutsche Telekom stellte im Juli 1998 in München neue Telefonzellen mit → *Bildtelefon*, Internet-Zugang und E-Mail-Funktionalität vor, von denen im Laufe von 1998 insgesamt 400 Stück aufgestellt wurden.

Telefonzentrale

→ *Console*.

Telegraf

→ *Telegrafie*.

Telegrafenalphabet

→ *Telegrafie*.

Telegrafengesetz

→ *Telegrafie*.

Telegrafen-Wegegesetz

Abgekürzt mit TelwegG oder auch nur TWG.

Bezeichnung für das Gesetz über Wegerechte für Telekommunikationsleitungen. Es bildete lange Zeit eine der entscheidenden Rechtsgrundlagen für den Betrieb der Deutschen Bundespost.

Verabschiedet wurde es schon am 18. Dezember 1899, ergänzt um Ausführungsbestimmungen vom 26. Januar 1900.

Seine Gültigkeit war im Zuge der → *Deregulierung* bis zum 31. Dezember 1997 begrenzt.

Telegrafie

Telegrafie stammt aus dem Griechischen und bedeutet soviel wie „aus der Ferne schreiben". Telegrafie in seiner allgemeinen Definition ist die Übertragung von Nachrichten über größere Distanzen unter Zuhilfenahme künstlicher

Verfahren und eines definierten Zeichenvorrates (→ *Alphabet*). Hierunter fallen in dieser Form auch sehr frühe Verfahren wie z.B. einander Zurufen (bereits beschrieben durch griech. Dichter und Julius Cäsar), Rauchzeichen, Feuersignale (1184 v. Chr.; König Agamemnon unterrichtet derart seine Heimatstadt Mykene über seinen Sieg über Troja) und andere optische Verfahren, wie der → *Flügeltelegraf*.

Telegrafie in strenger Definition ist die Bezeichnung für die älteste Form der elektrischen Nachrichtenübertragung, zunächst über drahtgebundene Medien und später auch über funkbasierte Systeme.

Dabei war die einfachste Möglichkeit der Nachrichtendarstellung zunächst eine Codierung durch die zwei Zustände „Strom fließt" und „Strom fließt nicht", wodurch alle zu übertragenden Informationen in diese zwei Zustände umgesetzt werden mussten. Dies ergab dementsprechend einen Binärcode.

Im Laufe der Zeit haben sich verschiedenste Codiervorschriften für Buchstaben und sonstige Zeichen entwickelt, die allgemein als Telegrafenalphabet bezeichnet werden. Einige von ihnen sind international genormt.

Das Endgerät zur Ein- und Ausgabe der codierten Informationen wird mit Telegraf bezeichnet.

Der technische Fortschritt sorgte dafür, dass die Anzahl der über eine Übertragungsstrecke codiert übertragenen Zeichen immer größer und die Ein- und Ausgabegeräte immer komfortabler wurden. Prinzipiell entwickelte sich dadurch im Laufe der Zeit aus dem Telegrafiedienst der Fernschreibdienst heraus (→ *Telex*).

In Deutschland waren die Telegrafenämter Hamburg und Frankfurt/Main für die internationalen Verbindungen zuständig.

Die frühe Entwicklung nahm folgenden Verlauf:

Um 1600

Der Jesuit Flamianus Strada erfährt von den Forschungen des William Gilbert zum Thema Magnetismus und formuliert seine Idee über ein System, bei dem zwei voneinander entfernte Personen bei der jeweils anderen Person eine Magnetnadel so steuern, das diese auf einen Buchstaben zeigt. Ein Arzt aus Genf, George Louis Lesage, beschäftigt sich eine Zeit lang damit.

1809

Mit Hilfe der voltaischen Säule entwickelt Samuel Thomas von Sömmering (* 28. Januar 1755, † 2. März 1830) den galvano-elektrischen Telegrafen und überbrückt damit eine Strecke von 700 Metern. Das Prinzip ist die elektrolytische Wasserzersetzung.

Ein Kollege von ihm, der Münchner Physiker Johann Wilhelm Ritter (* 1776, † 1810), äußert die Einschätzung, dass es schon bald gelingen werden, selbst leise gesprochene Worte über Drähte zu übertragen. Damit ist er dem technischen Fortschritt rund 50 Jahre voraus (→ *Telefon*).

1811

In München gibt es Versuche, mit Kautschuk isolierte Kupferdrähte durch die Isar zu verlegen und Signale zu übertragen. Die Versuche sind jedoch nicht zufriedenstellend.

1812

Sömmering entwickelt seinen Telegrafen weiter und überbrückt eine Strecke von 3 Kilometern. Dabei werden 35 Drähte (für 26 Buchstaben und die Zahlen 1 bis 9) mit Goldspitzen in eine Flüssigkeit getaucht. Ein gerade Strom leitender Draht zersetzt dabei die Flüssigkeit, so dass sich Blasen bilden und dadurch der entsprechende Draht bzw. Buchstabe ermittelt werden kann. Hierbei handelt es sich um ein wegen seiner Mühseligkeit rein experimentelles System.

1819

Christian Oerstedt (* 1777, † 1851) erkennt einen Zusammenhang zwischen Magnetismus und Elektrizität.

1832

Auf dem Rückweg von einer Europareise erfindet der amerikanische Historienmaler Samuel Finley Breese Morse (* 27. April 1791, † 2. April 1872) den Schreibtelegrafen, bei dem ein Papierstreifen mit konstanter Geschwindigkeit unter einem Stift durchgezogen wird, der sich durch einen Elektromagneten bewegen lässt, sodass eine Zickzacklinie entsteht.

1833

Carl Friedrich Gauß (* 1777, † 1855) und Wilhelm Weber (* 1804, † 1891) übertragen in Göttingen mit ihrem elektrischen Telegrafen sieben Buchstaben pro Minute über 1,5 km. Die Leitung (oberirdische Kupferdoppelader) von der Sternwarte zum physikalischen Kabinett wird erst nachträglich durch die Stadtväter genehmigt.

1836

Carl August Steinheil erfindet 1836 den ersten Drucktelegrafen, bei dem an zwei ablenkbaren Magnetnadeln Zeichenstifte befestigt sind, die Symbole auf einen vorbeibewegten Papierstreifen schreiben können.

Zwei Bankiers aus Bordeaux bestechen einen Telegrafenbeamten, um Börsenkurse aus Paris vor der Postkutschenübermittlung zu erfahren und Vorteile daraus zu ziehen.

1837

Der Engländer Charles Wheatstone entwickelt nach dem Vorbild von Steinheil einen Fünfnadel-Telegrafen und setzt ihn erfolgreich über 50 km an einer Bahnstrecke ein. Er erhält ein Patent für seinen Telegrafen.

Der Amerikaner Charles Graften Page entdeckt, dass ein Hufeisenmagnet mittels Spule und Strom in akustisch hörbare Schwingungen versetzt werden kann. Er veröffentlicht seine Entdeckung in einem Fachorgan unter der Überschrift „Die Erzeugung von galvanischer Musik".

Morse entwickelt sein Morsealphabet.

1838

Morse stellt seine Erfindung dem amerikanischen Präsidenten vor. Der Erfolg ist bescheiden.

1840

Morse lässt sich seinen Telegrafen patentieren

27. Mai 1843

Zwischen Washington und dem 44 Meilen entfernten Baltimore wird eine vom Staat finanzierte Versuchstelegrafenstrecke nach dem Prinzip von Morse in Betrieb genommen. Es werden die Worte „What God hath wrought" (Das hat Gott getan) übertragen. Der Postminister hält jedoch nichts von dieser Einrichtung, so dass Morse aus privaten Mitteln die Strecke bis Philadelphia verlängern muss. Erfolg stellt sich ein, als auch New Jersey und Kunden aus dem Finanzbereich angeschlossen werden. Die Ausgabe wird auf Töne umgestellt, da der Empfänger die Zeichen dann noch schneller wahrnehmen kann.

1848
Der junge Artillerieoffizier im Nachrichtenwesen Werner Siemens richtete auf Geheiß der preußischen Regierung eine Telegrafenstrecke von Berlin nach Frankfurt/Main ein. Sie war die erste Europas und wurde ein Jahr später fertig gestellt.

1850
Am 26. Juli schließen Preußen, Österreich, Bayern und Sachsen einen gemeinsamen Vertrag und gründen damit den Deutsch-Österreichischen Telegraphenverein.
Ein → *Unterwasserkabel* zwischen der britischen Insel und Kontinentaleuropa zu Zwecken der Telegrafie wird verlegt.

1851
Aus dem ursprünglichen Morsecode entwickelt sich der internationale Code (auch: kontinentale Code), der insbesondere in Europa Verbreitung findet. Es gibt jedoch Widerstand, ihn in den USA, wo man am bisherigen Code festhält, zu nutzen.

1852
Das Wort → *Telegramm* wird geboren.
Das Telegrafennetz der USA umfasst mittlerweile 18 000 Meilen und bedeckt rund das östliche Drittel der USA.

1854
Das weltweite Telegrafennetz umfasst rund 37 000 km.

1856
In den USA wird Western Union gegründet.

1857 und Folgejahre
Verschiedene Bemühungen, ein → *Unterwasserkabel* für Telegrafie unter dem Nordatlantik zu verlegen.

1861
Western Union nimmt eine transkontinentales Telegrafenverbindung zwischen der Ost- und der Westküste der USA in Betrieb. Dadurch wird der erst ein Jahr zuvor gegründete „Pony Express" zur Postbeförderung zwischen der Ost- und der Westküste überflüssig und stellt seinen Betrieb wieder ein.

1868
Der Bau der → *Indoeuropäischen-Telegrafenlinie* beginnt.

1875
In St. Petersbug wird der erste internationale Telegrafenvertrag geschlossen, der die grenzüberschreitende Nachrichtenübertragung regelt. Wichtigster Inhalt dieses ersten Vertrages ist die Verpflichtung des annehmenden Netzbetreibers, die angenommene Nachricht an den Empfänger auszuliefern.
In Deutschland werden 14 Mio. Telegramme über ein Leitungsnetz von 170 000 km Länge befördert. Weltweit existiert ein Netz mit 400 000 Kabel- und rund 1,1 Mio. Drahtkilometern.

1892
In Deutschland wird das erste Telegrafengesetz verabschiedet. Es gestattet das Übermitteln von Nachrichten durch technische Einrichtungen (= Telegrafie und später Telefonie) wie zuvor das Übermitteln von Briefen ausschließlich der Deutschen Reichspost.

1904
Der Telegraph Act in Großbritannien ist liberaler als das vergleichbare Gesetz in Deutschland. Es werden auch private Unternehmen zugelassen.

1905
Weltweit existiert ein Telegrafennetz mit 1,2 Mio. Kabel- und 4,5 Mio. Drahtkilometern.

7. März 1908
In Deutschland wird eine Neufassung des Telegrafengesetzes verabschiedet, die verschiedene Regelungen durch Auslegung aus den vorangegangenen Jahren berücksichtigt.

2. Mai 1956
Mit dem → *Gentex*-Netz geht ein europaweites Netz zur automatischen Übertragung von Telegrammen in Betrieb.

1975 / 1976
Es werden bei der Deutschen Bundespost verschiedene Möglichkeiten untersucht, den Telegrammdienst effektiver zu gestalten. Als Ergebnis der Untersuchungen wird eine weitgehende Automatisierung in den Bereichen Leiten und Übermitteln angestrebt. Dies wird durch ein neues Telegrammdienstsystem (TDS) erzielt. Gentex wird als Folge in das Integrierte Datennetz (→ *IDN*) der Deutschen Bundespost integriert.

Jahresende 1990
Es wurden in 1990 von der Deutschen Bundespost rund 1,675 Mio. Telegramme ins Ausland geschickt.

1. Juli 1998
Die Deutsche Post übernimmt von der Deutschen Telekom den Inlandstelegrammdienst.

31. Dezember 2000
Die Deutsche Telekom stellt den Telegrammdienst in das Ausland bei zuletzt noch 70 000 verschickten Auslandstelegrammen in 2000 ein.

Telegramm

Bezeichnung für eine schriftliche, über ein Telekommunikationsnetz übertragene Nachricht mit begrenztem Schriftsatz. Früher auch → *Depesche* genannt. Wird in Deutschland über das → *GENTEX*-Netz der Deutschen Telekom abgewickelt.

1849 wurde in Deutschland der jedermann zugängliche Telegrafiedienst eingeführt, nachdem erste derartige Nachrichten bereits seit 1833 übertragen wurden, teilweise noch in Labors oder mit Hilfe anderer und ähnlicher experimenteller Anordnungen.

In den USA wurde 1852 als Name für telegrafisch übertragene Nachrichten das Wort ‚Telegramm' vorgeschlagen und eingeführt.

Telekom

Kurzform für Deutsche Telekom AG.
→ *DTAG*.

Telekommunikation

Im klassischen Sinne der Nachrichtentechnik die Sprache- und Bewegtbildkommunikation zwischen Menschen über größere Entfernungen mittels analoger elektromagnetisch erzeugter Signale. Heute die elektromagnetische Übertragung digitaler Daten (unerheblich, welche Art Nachrichten damit codiert sind) über Übertragungsnetze (belanglos ob vermittelnd oder nicht) zwischen abstrakten Endpunkten, die Menschen oder aber auch technische Einrichtungen sein können.

Das deutsche → *Telekommunikationsgesetz* definiert den Begriff als „den technischen Vorgang des Aussendens, Übermittelns und Empfangens von Nachrichten jeglicher Art in der Form von Zeichen, Sprache, Bildern oder Tönen mittels Telekommunikationsanlagen". Diese Definition ist eng verbunden mit denen der → *Telekommunikationsanlagen* und der → *Telekommunikationsdienstleistung*.

Das Wort selbst wurde von E. Estaunié geschaffen. Er veröffentlichte 1904 in Paris ein Buch mit dem Titel „Tarif practique de Télécommunication électrique" und vereinigte damit erstmals die Begriffe Telegrafie und Telefonie zu dem Begriff Telekommunikation.

Telekommunikationsanlage

Der Begriff ist im → *Telekommunikationsgesetz* definiert als „technische Einrichtungen und Systeme, die als Nachrichten identifizierbare elektromagnetische oder optische Signale senden, übertragen, vermitteln, empfangen, steuern oder kontrollieren können".

Der Begriff ist eng verbunden mit denen der → *Telekommunikation* und der → *Telekommunikationsdienstleistung*.

→ *FAG*,

Telekommunikations-Begleit-Gesetz

Abgekürzt mit BeglG. Bezeichnung eines am 28. November 1997 vom Bundesrat beschlossenen Begleitgesetzes zum → *Telekommunikationsgesetz* (TKG).

Das Telekommunikations-Begleit-Gesetz ermöglicht die Errichtung der vom TKG geforderten → *Regulierungsbehörde*, indem es den Rahmen für die personalrechtliche Errichtung dieser Behörde schafft sowie den Übergang verschiedener Teile des → *BMPT* und des kompletten → *BAPT* in die Regulierungsbehörde regelt.

Darüber hinaus regelt das Gesetz die Angleichung verschiedener Regelungen aus den Bereichen Baugesetzbuch, Straßenverkehrsordnung und Gesetz gegen Wettbewerbsbeschränkungen, die bislang ausschließlich für den bis dahin staatlichen Monopolanbieter (ehemalige Deutsche Bundespost Telekom bzw. die Deutsche Telekom AG) galten. Hierdurch gleichen sich die Wettbewerbsbedingungen der heutigen Deutschen Telekom AG und deren neuer Wettbewerber an.

Ein weiterer Effekt ist, dass viele Begriffe mit dem Wortanfang ‚Fernmelde-' durch das umfassendere, modernere und internationalere ‚Telekommunikations-' ersetzt wurden.

→ *http://www.artikel5.de/gesetze/tkg-begl.html/*

Telekommunikationsdienstleistung

Der Begriff ist im → *Telekommunikationsgesetz* definiert als „das gewerbliche Angebot von Telekommunikation einschließlich des Angebots von Übertragungswegen". Derartige Dienstleistungen werden mit Hilfe von → *Telekommunikationsanlagen* erbracht.

Der Begriff ist weiterhin eng verbunden mit dem der → *Telekommunikation*.

Aus technischer Sicht wird oft nur von einem → *Dienst* gesprochen.

Telekommunikationsgesetz

Abgekürzt mit TKG. Bezeichnung eines Gesetzes, das die deregulierte Telekommunikationswelt in Deutschland betrifft und im Bundesgesetzblatt, Teil I, Ausgabe 39 vom 31. Juli 1997 veröffentlicht wurde. Es ist das Nachfolgegesetz zum → *Fernmeldeanlagengesetz*.

Es gilt im internationalen Vergleich als sehr wettbewerbsfreundlich.

Das TKG regelt im Detail Fragen zu folgenden Punkten:

- Nummernvergabe durch die → *Regulierungsbehörde*
- Nummernportabilität zwischen Dienstanbietern
- Lizenzklassen für Netze und Dienste
- Interconnection von Netzbetreibern
- Mindestdienstangebot
- Frequenzvergabe und -nutzung
- Entgelte
- Wahrung des Fernmeldegeheimnisses
- Benutzung der Verkehrswege durch Telekommunikationsanbieter

Bestandteil des Gesetzes sind mehrere Verordnungen, die leichter zu ändern sind als das Gesetz selbst:

- Universaldienstverordnung (UDV), → *USO*
- →*Frequenznutzungsbeitragsverordnung*
- →*Frequenzgebührenverordnung*
- Personenzulassungsverordnung
- Beleihungs- und Akkreditierungsverordnung (BAkkrV)
- Telekommunikations-Kundenschutzverordnung (→ *TKV*)
- Telekommunikations-Lizenzgebührenverordnung (→ *TKLGebV*)
- Telekommunikations-Entgelt-Verordnung (→ *TEntgV*)
- Verordnung über besondere Netzzugänge (Netzzugangsverordnung, → *NZV*)
- Telekommunikations-Zulassungsverordnung (→ *TKZulV*)
- Telekommunikations-Sicherstellungsverordnung (→ *TKSiV*)

Ferner gibt es verschiedene Begleitgesetze, wie z.B. das → *Telekommunikations-Begleit-Gesetz*.

Das TKG definiert einige Grundbegriffe, wie z.B. → *Telekommunikation*, → *Telekommunikationsanlage*, → *Telekommunikationsdienstleistung* und → *Telekommunikationsnetz* aus regulatorischer Sicht. Es fasst damit erstmals in Deutschland die bislang durch verschiedene Verordnungen geregelten Sprach- und Datendienste in einem Regelwerk zusammen und unterscheidet diese nicht mehr.

Für bestimmte Telekommunikationsdienstleistungen sieht das TKG Lizenzen vor:

- Lizenzklasse 1: Betrieb von Übertragungswegen für öffentliche Telekommunikationsdienste zum Zwecke des Mobilfunks. Dabei wird noch zwischen verschiedenen Unterarten des Mobilfunks unterschieden, etwa Lizenzen A und B beim → *Bündelfunk*.

- Lizenzklasse 2: Betrieb von Übertragungswegen für öffentliche Telekommunikationsdienste zum Zwecke des Satellitenfunks.
- Lizenzklasse 3: Betrieb von Übertragungswegen für öffentliche Telekommunikationsdienste zum Zwecke des Erbringens von Telekommunikationsdienstleistungen für die Öffentlichkeit, die nicht unter die Lizenzklassen 1 oder 2 fallen.
- Lizenzklasse 4: Anbieten von öffentlichem Sprachtelefondienst.

Der Unterschied zwischen den Lizenzklassen 3 und 4 liegt darin, dass ein Anbieter der Lizenzklasse 4 über keine eigenen Übertragungswege (d.h. Netze) verfügen muss. Es kann sich damit auch um einen → *Reseller* oder → *Service-Provider* handeln.

Lizenzen der Klassen 1 bis 3 konnten bereits vor dem 1. Januar 1998 beantragt werden und waren mit ihrer Erteilung gültig, wogegen Lizenzen der Klasse 4 zwar beantragt werden konnten, aber erst ab dem 1. Januar 1998 wirksam wurden. Ausnahmen für Lizenzklasse 4 bildeten dabei seinerzeit einige innovative und geografisch eng begrenzte Einzelprojekte mit technisch-wissenschaftlichem Hintergrund.

Ziel dieser Lizenzregelung war seinerzeit das Garantieren von Investitionssicherheit.

Die Anzahl der entsprechenden zu vergebenden Lizenzen für jede Lizenzklasse ist prinzipiell unbegrenzt. Jedes Unternehmen, das die Bedingungen für die Lizenzerteilung erfüllt (z.B. Sachkenntnis, finanzielle Mittel, sachlicher und geografischer Umfang der angebotenen Dienstleistungen), hat ein Recht auf die Erteilung der beantragten Lizenz. Grenzen finden sich nur durch z.B. ein begrenztes Frequenzspektrum.

Die Gebühren für die Lizenzerteilung sind in der → *TKLGebV* definiert.

Die Veröffentlichung eines Eckpunktepapiers zum TKG erfolgte am 27. März 1995. Der Referentenentwurf selbst wurde im Juni 1995 durch das → *BMPT* veröffentlicht und nach teilweise sehr kontroversen Diskussionen modifiziert im Januar 1996 vom Bundeskabinett verabschiedet und dem Bundestag zugeleitet, der es auf Ausschussebene im März 1996 diskutierte. Nach Verabschiedung und Veröffentlichung im Bundesgesetzblatt trat es am 2. August 1996 in Kraft.

→ *Deregulierung*.

→ *http://www.regtp.de/gesetze/start/in_04-01-00-00-00_m/index.html/*

Telekommunikationsnetz

Der Begriff ist im § 3 des → *Telekommunikationsgesetz* definiert als „die Gesamtheit der technischen Einrichtungen (Übertragungswege, Vermittlungseinrichtungen und sonstige Einrichtungen, die zur Gewährleistung eines ordnungsgemäßen Betriebs des Telekommunikationsnetzes unerläßlich sind), die zur Erbringung von Telekommunikationsdienstleistungen oder zu nichtgewerblichen Telekommunikationszwecken dient".

→ *Telekommunikation*, → *Telekommunikationsanlage*, → *Telekommunikationsdienstleistung*.

Telekommunikationsordnung

→ *TKO*.

Telekommunikationsrecht

→ *Deregulierung*, → *Rechtsgrundlagen*.

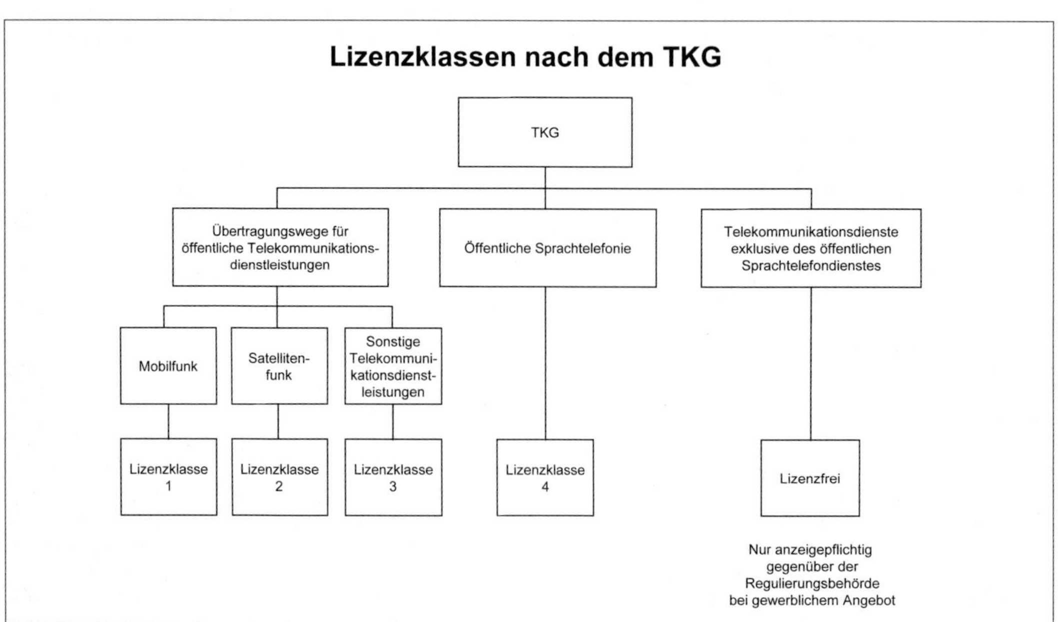

Telekommunikations-Verleihungsverordnung

Bezeichnung einer am 1. November 1995 in Kraft gesetzten und bis 31. Dezember 1997 gültigen Verordnung, die regelte, in welchen Fällen Telekommunikationsdienste auf privater Infrastruktur (z.B. Kabel von Energieversorgern) angeboten werden konnten.

Es durfte kein Durchleitungsverkehr stattfinden, d.h., ein Endpunkt der Verbindung musste sich innerhalb des Anbieternetzes befinden, das maximal eine Ausdehnung von 25 km (Radius) haben durfte. Festverbindungen durften ebenfalls nicht durchgeschaltet werden, d.h., es musste mindestens einen Vermittlungsvorgang innerhalb des Netzes geben.

Telekommunikationszulassungsverordnung

→ *TKZulV.*

Telekom-Online

→ *T-Online.*

Telekonferenz

Andere Bezeichnung für → *Videokonferenz.*

Tele-Kooperation

Bezeichnung für Formen der Zusammenarbeit zwischen verschiedenen selbständigen Unternehmen (im Gegensatz zu → *Tele-Working* zwischen Einzelpersonen und ihrem Arbeitgeber) an geografisch verteilten Standorten mit Hilfe von Tele- und Datenkommunikation. Praktisches Anwendungsbeispiel ist → *Simultaneous Engineering* zwischen Hersteller und Zulieferer.

Tele-Learning

Bezeichnung für alle Formen des Lernens, bei denen Telekommunikationsdienste zum Einsatz kommen und Lehrer und Lernender räumlich getrennt sind. Auch Distant-Learning, seltener Tele-Training oder Tele-Tutoring genannt. Wird sowohl im privaten Bereich, z.B. für Kinder in der Schule, als auch im geschäftlichen Bereich, z.B. bei der beruflichen Fortbildung, eingesetzt.

Grundidee ist, dass die Lerninhalte an zentraler Stelle vorrätig gehalten und von dort unter Einsatz von Telekommunikationsnetzen und -diensten nach Bedarf durch die Lernenden abgerufen werden können. Basis dafür ist meistens der PC und die Datenübertragung mit → *Modem* über das analoge Telefonnetz oder das → *ISDN* für → *Videokonferenzen.* Seit 1998 rückt auch vermehrt das → *Internet,* oder allgemeiner gesagt: eine auf → *IP* und dem → *WWW* basierende Infrastruktur, als Plattform in den Mittelpunkt des Interesses.

Heterogene Zielgruppen bei Lernenden, die insbesondere bei beruflicher Fortbildung auftreten, führten bisher bei herkömmlicher Schulungsmethodik hinsichtlich Themenauswahl, Lerntempo und -niveau zu einem Zwang zu individuellen, aufwendigen und dadurch auch teuren Fortbildungsprogrammen.

Wesentlicher Vorteil von Tele-Learning hingegen ist die Unabhängigkeit von einem organisierten Kursbetrieb. Der Lernende kann sein Lerntempo selbst bestimmen und nach Belieben wieder da einsteigen, wo er zuletzt den Kurs verlassen hat.

Ferner galten Seminare mit Referenten als teuer und führten zu langen Fehlzeiten der Mitarbeiter an ihrem Arbeitsplatz.

Die Einbeziehung multimedialer Elemente führt zu besseren Vermittlungsmöglichkeiten, auch komplizierter Sachverhalte, und kommt der Art der menschlichen Aufnahme von Informationen stärker entgegen als eine rein textbasierte Wissensvermittlung. Insbesondere der Merkeffekt steigt um 15 bis 20 %.

Tele-Learning-Systeme erlauben einen flexiblen Einsatz, da sie häufig Online- und Offline-Systeme miteinander kombinieren. Dabei kommen Offline-Systeme in Form von Lernprogrammen im Computer → *CBT* (Computer Based Training) zum Einsatz, die der Lernende selbst hinsichtlich Lerntempo beeinflussen kann. Nur bei größeren Schwierigkeiten wird ein Tutor online dazugeschaltet.

Grundbaustein für eine multimediale Anbindung des Tutors und auch anderer Lernender ist die Videokonferenz, die mit heutiger Technik auch die Möglichkeit zum gemeinsamen Bearbeiten von Aufgaben und den Austausch von Daten bietet.

Ein wichtiges didaktisches Element sind multimediale Datenbanken, in denen Wissen abrufbar abgelegt ist, entweder in Form von Stichworteintragungen oder als multimediale Lektionen. Daten können heruntergeladen und offline genutzt werden oder es kann online in den Datenbanken gesucht werden.

Tele-Marketing

Bezeichnung für den Einsatz von Telekommunikationssystemen im Rahmen eines Marketing-Mix zur Beeinflussung des Kommunikationsverhaltens der Nachfrager.

Möglichkeiten sind die Einrichtung von → *Call Centern* (→ *Hotline,* → *Helpdesk*) oder ein → *Fax-Polling* sowie → *Fax-on-Demand*-Dienst.

→ *CTI.*

TELEMATICS

Bezeichnung für ein Forschungsprogramm der EU, bei dem Erkenntnisse der Informationstechnologie und der Telekommunikation zu neuen → *Anwendungslösungen* zusammengeführt werden sollen.

→ *http://158.169.50.95:10080/telematics/*

Telematik

Kunstwort, zusammengesetzt aus → *Telekommunikation* und → *Informatik.* Der Begriff deutete noch vor der Debatte Ende der 90er Jahre rund um den Begriff der → *Konvergenz* an, dass sich diese beiden Disziplinen immer mehr annäherten und ist Oberbegriff für die Integration von Sprache-, Daten-, Stand- und Bewegtbildkommunikationstechnik.

Telematik war in den 80er und frühen 90er Jahren einige Zeit ein Modewort und bezog sich seinerzeit nur auf die Anwendung von Nicht-Sprach-Diensten über Telekommunikationsnetze, die aus dem Zusammenwachsen der Computer- und Telekommunikationstechnik entstanden (z.B. → *Telemetrie* beim → *Facility Management*). Wurde diesbezüglich jedoch von → *Multimedia* überrundet und konnte sich nicht in dieser ursprünglichen Form durchsetzen.

An Popularität gewann der Begriff wieder ab 1996, als ihn verschiedene Unternehmen als Kurzform für Verkehrstelematik verwendeten und unter diesem Wort Mehrwertdienste (→ *VAS*) anboten, deren Hauptanwendungsfeld die Bereitstellung von Straßenverkehrsinformation und damit nahe zusammenhängenden Informationen (Wetter etc.) zur Verkehrsbeeinflussung ist. Zusammen mit Navigationssystemen (→ *GPS*) verspricht man sich eine dezentrale Steuerung von Straßenverkehrsflüssen mit dem Ziel der Vermeidung bzw. Umfahrung von Staus.

Die Verkehrstelematik innerhalb der Mehrwertdienstanbieter besteht dann aus folgenden Feldern:

- Globale Sammlung von aktuellen Informationen über die Verkehrssituation des bewegten Verkehrs (temporäre und dauerhafte Baustellen, Unfälle, Staus etc.).
- Bereitstellung und bedarfsgerechte (d.h. regionale) Verteilung dieser Informationen mit Hilfe von Telekommunikationssystemen, z.B. dem → *Mobilfunk*.
- Anbieten von Zusatzinformationen (Fahrtzeiten, Wartezeiten an Grenzübergängen, überfüllte Raststätten, alternative Routen, Parkplatz- und Parkhaussituation, Fahrtzeiten und Verzögerungen im öffentlichen Nahverkehr etc.).
- Geeignete Präsentationen der Zustands- und Zusatzinformationen im Fahrzeug (z.B. mit einem Navigationssystem, kleinen Bildschirmen oder Schriftlaufbändern etc.).

Als ein Standard für derartige Anwendungen wurde im Frühjahr 1998 → *GATS* entwickelt.

In den USA ist die Intelligent Transportation Society of America (ITSA) mit der Förderung von Standards und Implementationen beschäftigt.

Kritiker sehen in der Verkehrstelematik jedoch eine Sackgasse, da durch sie nicht Verkehrsvermeidung, sondern bestenfalls optimierte Verkehrslenkung ermöglicht und dem Autofahrer die Illusion vermittelt werde, dass das Problem der knappen Ressourcen (Verkehrswege, Parkplätze) gelöst werde, was jedoch nicht der Fall sei.

→ *RDS.*

→ *http://www.itsa.org/*

→ *http://www.infoten.com/*

Tele-Medizin

Allgemein die Bezeichnung für den Einsatz von Telekommunikationsdiensten im Bereich des Gesundheitswesens. Dabei gibt es drei Hauptanwendungsbereiche:

- Telepräsenz von Fachärzten bei Diagnosen, Besprechungen, vor oder bei Operationen bis hin zur Fernsteuerung von Operationsrobotern, die exakter als Chirurgen arbeiten können, durch erfahrene, weit entfernt befindliche Ärzte.
- Multimediale Patientenakten, die alle jemals für einen Patienten angefertigten Röntgenbilder, Laborwerte, EKGs, EEGs und seine Krankengeschichte etc. enthalten. → *DICOM*
- Vernetzung von Kliniken, Krankenkassen, externen Datenbanken und niedergelassenen Ärzten zur schnelleren Leistungsabrechnung und Fortbildung (medizinisches Fachwissen verdoppelt sich – statistisch – alle 3,5 Jahre).

Ein bislang weniger beachteter Schwerpunkt ist die Entwicklung multimediafähiger Endgeräte zur Ein- und Ausgabe medizinischer und multimedialer Daten, etwa ein PC mit Anschlüssen für Stethoskop, Blutdruckmessgerät, Mikrofon, Videokamera und evtl. das Mikroskop.

→ *http://www.meb.uni-bonn.de/virtual/telemedicine.de.html/*

Telemetrie

In Deutschland auch Fernwirken und international auch Temex (Telemetry Exchange) genannt, d.h. das ferngesteuerte Messen, Regeln und Überwachen technischer Anlagen über das öffentliche Telekommunikationsnetz. Dieses Netz kann das herkömmliche, analoge Netz sein, das → *ISDN* oder auch eine Form von → *Powerline-Communication.* Bestandteil sind alle Aufgaben der Regelungstechnik, prinzipiell Aufgaben aus den Bereichen Messen und Steuern.

Dabei werden hohe Anforderungen an Echtzeitverhalten und je nach Einsatzfall auch an den Datendurchsatz oder an die Bitfehlerrate gestellt, z.B. beim Download von Software in technische Geräte. Der Bandbreitenbedarf dieser Anwendungen ist eher gering.

Beispiele sind das Fernsteuern von Heizungen, Lüftungen, Klimaanlagen, Feuermeldern, Videoüberwachungs- und Alarmanlagen und anderen Geräten. Ebenfalls möglich ist das Ablesen von Gas-, Wasser- und Stromzählern.

Praktische Anwendung findet daher diese Technik im Gebäudemanagement (→ *Facility Management*) und bei der ferngesteuerten Überwachung von Kühlhäusern, Lagerhäusern, Pumpstationen, Gewächshäusern etc. über das öffentliche Telekommunikationsnetz.

Téléphone de Voiture

Französisches analoges Mobilfunknetz (auch R 150 genannt) aus der vorzellularen Zeit. Zunächst handvermittelt, dann auf automatisches Wählen umgestellt.

Es arbeitete im 160- und in Ballungsgebieten auch im 450-MHz-Bereich (Uplink: 165,2 bis 168,9 MHz, Downlink: 169,8 bis 173,5 MHz).

Das System wurde nur in zehn dichter besiedelten Gebieten angeboten und erreichte daher nur 10 % Flächendeckung.

Das Netz ging 1956 im Großraum Paris in Betrieb und war der Vorgänger von → *RC 2000.* Die ursprüngliche Handvermittlung wurde 1973 auf automatischen Betrieb umgestellt. Nach Inbetriebnahme des → *NMT-450-F*-Systems, 1987, wurden die Frequenzen im 450-MHz-Band an dieses System gegeben.

Telepoint

International gebräuchliche Bezeichnung für öffentliche Schnurlostelefonie, bei der Basisstationen an öffentlich stark frequentierten Plätzen (Bahnhof, Flughafen, Hotels, Einkaufszentren etc.) zur Verfügung gestellt werden und der private Nutzer mit seinem eigenen Schnurlosteil hinaustelefonieren (und somit Gebühren zahlen) kann. Man kann i.d.R. nicht angerufen werden. Der Versuch der Deutschen Telekom wurde im Frühjahr 1993 unter dem Namen ‚Birdie' schon kurz nach Beginn der Testphase in einigen Großstädten (München mit → *CT2* und Münster mit → *CT1+*) wieder eingestellt.

Längere Zeit waren in GB eine Anwendung nach dem CT2-Standard und eine weitere in Frankreich (ebenfalls mit CT2) in Betrieb. Darüber hinaus gibt es andere kommerzielle Dienste in Fernost, wo Telepoint-Dienste, z.B. basierend auf → *PHS* in Japan, durchaus erfolgreich sind. In GB wurden schon im Januar 1989 vier Lizenzen vergeben, von denen im Oktober 1991 noch eine im Markt war (Hutchison). Auch dieser stellte seinen zuletzt ‚Rabbit' genannten Dienst zum Dezember 1993 ein.

Über Anwendungen mittels → *DECT* wurde zwar um 1993 bis 1996 auch immer wieder nachgedacht, allerdings werden den Telepoint-Diensten nach dem Erfolg von → *GSM* in Deutschland und im übrigen Europa kaum Chancen eingeräumt.

Angestrebt wird hingegen die Integration von DECT und GSM in Dual-Mode-Geräten.

Tele-Präsenz

Bezeichnung für die Zuschaltung anderer Personen zu einer Besprechung etc. durch ein → *Videokonferenzsystem*. Sie ist ein Schlüsselelement der → *Tele-Dienste*.

Telescript

Bezeichnung einer Software aus dem Hause General Magic für Datenübertragung und die Ausführung verteilter Programme und Prozesse in Netzwerken. Die Netze können dabei aus Computern, Telefonen, → *PDAs* und den sie verbindenden Übertragungswegen bestehen.

Telescript erlaubt das Design von verteilten Anwendungen in derartigen Netzen, in denen die Netzelemente mit Telescript Engines zum Interpretieren von Programmen ausgerüstet sein müssen, um in den Knoten Telescript-Programme, die zwischen den Knoten hin- und hertransportiert werden und → *Agenten* genannt werden, ausführen zu können.

Mit Telescript ist es möglich, diese mobilen Agenten zu definieren. Der Transfer eines Agenten von einem Netzelement zu einem anderen wird Trip genannt. Für diesen Transfer wird der Agent in eine besondere, besser gesicherte und transportierbare Form gebracht.

Man unterscheidet zwei Formen: High und Low Telescript. High Telescript ist → *C*- oder → *Pascal*-ähnlich und wird üblicherweise zur Formulierung der Anwendung durch den Menschen benutzt. Low Telescript wird von den Telescript Engines direkt verstanden und ausgeführt. Low Telescript nutzt die umgekehrte polnische Notation (→ *UPN*).

→ *Aglets*, → *Magic Cap*.

→ *http://www.generalmagic.com/*

→ *http://www.digtel.com/TeleScript.htm/*

Tele-Service

Abgekürzt mit TS.

1. Die ursprüngliche Definition bezeichnete einen Anwendungsdienst, der nicht nur ein Netz als Transportmedium benötigt, sondern ein spezielles Endgerät, das die übertragenen Daten entsprechend interpretiert und dem Nutzer oder Bediener eine für ihn sinnvolle Anwendung zur Verfügung stellt.

   Beispiel: Telefonie, Fax oder Videokonferenz. Ein Tele-Service umfasst damit alle sieben Schichten des → *OSI-Referenzmodells*.

   Im Gegensatz zu netznahen Diensten (→ *Bearer Service*) werden Tele-Services oft auch als anwendungsnahe Dienste bezeichnet.

   Der Begriff ist von der → *ITU* in I.112 definiert.
2. Mit dem Aufkommen verschiedener anderer Anwendungen von Telekommunikationsnetzen und Endgeräten wird der Begriff auch für die Abwicklung von Interaktionen zwischen Maschinen- und Anlagenherstellern sowie ihren Kunden über Telekommunikationsnetze verwendet. Beispiele hierzu sind Beratung (Einsatzzweck, Belastungsgrenzen, Ergänzung bestehender Anlagen), Wartung, Fehlerdiagnose, u.U. Reparatur und Schulung.

Tele-Shopping

Bezeichnung für unterschiedliche Formen der Produktpräsentation und des Verkaufes mit Hilfe von TV-ähnlichen zu diesem Zweck produzierten Programmen und der Telekommunikation. Der Begriff wurde von 1993 bis 1997 im Umfeld interaktiver TV-Konzepte diskutiert. Mittlerweile hat sich das → *Internet* jedoch als technische Plattform durchgesetzt. Dort werden verwandte Anwendungen im Umfeld von → *E-Business* als normale E-Commerce-Anwendung diskutiert.

Im Allgemeinen werden im weiten Sinne folgende Stufen unterschieden: Einblenden einer Telefonnummer für die Bestellannahme in einen TV-Werbespot (→ *DRTV*), längere Verkaufssendung (mehrere Minuten) mit ausgedehnter Produktpräsentation und eindeutiger Verkaufscharakteristik auf einem normalen Fernsehkanal mit anderen Sendungen, eigener TV-Shopping-Kanal mit ausschließlichen Verkaufssendungen und als letzte Stufe interaktive Formen, bei denen ein elektronischer Katalog auf einem → *Video-Server* abgelegt ist und von dort abgerufen und eingesehen werden kann. Auch hier gibt es verschiedene denkbare Evolutionsstufen. Zunächst kann eine Telefonnummer auf ein Bestellcenter verweisen. In einem weiteren Schritt können die vom Zuschauer ausgesuchten Artikeln per Knopfdruck bestellt werden, indem ein Signal vom Zuschauer (von seiner → *STB* über einen → *Rückkanal*) aus zum Video-Server zurückgeht und von dort zu dem Tele-Shopping-Unternehmen weitergeleitet oder von diesem abgerufen wird.

Tele-Teaching

Bezeichnung für den Einsatz von Telekommunikationsdiensten und Inhouse-Netzen zur Lehre im universitären Bereich.

Dabei wird ein in einem entfernten Hörsaal vortragender Dozent per Videokamera aufgenommen. Über breitbandige Verbindungen (z.B. → *ATM-Netz*) werden die Daten in Echtzeit zu einer anderen Universität übertragen, wo mittels Video-Beam das Bild in einem Hörsaal auf die Leinwand projiziert wird.

Neben dem Video-Beam gehören eine Dozentenkamera und eine Publikumskamera sowie zwei Mikrofone (Dozent,

Publikum) dazu. Sollen Zwischenfragen nicht zugelassen oder Publikumsreaktionen nicht eingefangen werden, kann das System auf eine Simplexverbindung ohne jede Interaktivität reduziert werden.

Auf diese Weise haben nicht nur die Studenten vor Ort die Möglichkeit, den Vorlesungen weltweit anerkannter Experten zu folgen. Das Studienangebot von Universitäten kann so verbessert oder erweitert werden.

Im Inhouse-Bereich ist bei Hörsaalüberfüllung die gleiche Technik denkbar. Die Vorlesung wird über leistungsfähige Backbones (lokal: → *FDDI*, Fernbereich: → *ATM*) in einen anderen Hörsaal am Ort übertragen.

Teletech NRW

Bezeichnung für eine bereits 1987 gestartete Initiative des Bundeslandes Nordrhein-Westfalen. Seither fördert sie gezielt kleine und mittlere Unternehmen (→ *KMU*) des Landes bei der Durchführung innovativer Projekte aus dem Bereich der Kommunikationstechnik.

Télétel

Andere, frühe Bezeichnung für → *Minitel*.

Teletex

Bezeichnung für den ehemaligen Bürofernschreibdienst der damaligen Bundespost. Von PC zu PC oder von Schreibmaschine zu Schreibmaschine wurden dabei Daten mit 1 200 bit/s (später auch 2 400 bit/s) übermittelt. Der Dienst wurde 1981 im Probebetrieb und 1982 im Wirkbetrieb eingeführt und war, bedingt durch den Boom des → *Fax*, nicht sonderlich erfolgreich. Daher wurde er 1993 wieder eingestellt.

International wurde der Dienst mit viel Aufwand von der → *ITU* genormt in den Standards S.60 ff.

Tele Trust

Vollständige Bezeichnung: Tele Trust Deutschland e.V. Bezeichnung für einen 1989 in Erfurt gegründeten Verein zur „Förderung der Vertrauenswürdigkeit von Informations- und Kommunikationstechnik“. Mitglieder sind insbesondere Zertifizierungsstellen (→ *Signaturgesetz*).

Tele-Voting

Bezeichnung für einen Dienst des → *IN*. Dabei werden an einer zentralen Stelle auflaufende Anrufe lediglich gezählt. Somit können telefonisch Abstimmungen realisiert werden. Der Dienst zeichnet sich dadurch aus, dass eine große Anzahl von Anrufen mit nur kurzer Verbindungsdauer (wenige Sekunden) innerhalb eines kurzen Zeitraums (z.B. 10 Minuten) abgewickelt werden müssen.

Anwendungen sind alle Arten von Abstimmungen (z.B. innerhalb von TV- oder Radiosendungen).

Für den Anbieter eines Telekommunikationsnetzes ist dieser Dienst deshalb interessant, weil er ein hohes Volumen von Telefonverkehr und damit Umsatz generiert.

In Deutschland von der Deutschen Telekom angeboten und erkennbar an dem Präfix 0137. Bei ihm wird ein → *Blocktarif* genutzt, da zwei Gebühreneinheiten (=24 Pf.) direkt zu Beginn abgerechnet werden. Anschließend fallen 12 Pf. je 20 s an.

Tele-Working

Auch Telecommuting, Tele-Arbeit, Home-Working oder noch deutlicher Tele-Heimarbeit genannt. Die betroffenen Personen werden als Tele-Arbeiter, Tele-Worker oder Tele-Commuter bezeichnet.

Umfassender Begriff, der die Zusammenarbeit außerhalb der Unternehmensräume verteilter Mitarbeiter eines Unternehmens mit Hilfe der Telekommunikation und entsprechenden Endgeräten (PC) bezeichnet. Folgende Vorteile von Tele-Working werden diskutiert:

- Reduzierung des Pendelverkehrs in die Städte mit Reduzierung von Smog, Umweltbelastung, Verkehrstoten, Flächen für den ruhenden und bewegten Verkehr etc. (1 Mio. Tele-Worker bringen geschätzte 312,5 Mio. Liter Treibstoffersparnis/Jahr).
- Bessere Integration von Behinderten.
- Bessere Vereinbarkeit von Arbeit mit der Familie und besonders den Kindern.
- Höhere Selbstbestimmung der Tele-Worker (freie Zeiteinteilung).
- Höhere Produktivität durch höhere Motivation.
- Es werden weniger Büroflächen in den Unternehmen benötigt.
- Leichtere Expansion des Unternehmens ohne räumliche Ausweitung möglich.
- Erhöhte Reputation eines Arbeitgebers, der seinen Mitarbeitern Tele-Working anbietet.
- Möglichkeit der Einrichtung hochqualifizierter Arbeitsplätze in strukturschwachen Gebieten.

Als Nachteile werden diskutiert:

- Hohe Telekommunikationskosten.
- Hohe (wenn auch sinkende) Investitionen in technisches Gerät (PC, Videokonferenzsysteme, ISDN, E-Mail-Systeme, neue Abrechnungsverfahren). Ein Telearbeitsplatz kostet, je nach Ausstattung, 5 000 bis 10 000 DM.
- Führungsprobleme: Fehlende Kontrolle der Arbeitszeit und der Arbeitsergebnisse.
- Soziale Isolation: Fehlende direkte Kommunikation der Mitarbeiter untereinander, dadurch schlechtere Abstimmung und schlechteres Betriebsklima.
- Ungeklärte versicherungs- und arbeitsrechtliche Fragen, z.B. Unfall am Arbeitsplatz oder wer zahlt für die Geräte.
- Datenschutzprobleme.
- Organisationsprobleme.

Es wird zwischen zwei Tele-Working-Arten unterschieden:

- Alternierendes Tele-Working, bei dem der Mitarbeiter sich zu bestimmten Zeiten (an bestimmten Tagen) im Unternehmen zu Besprechungen oder verwaltungstechnischen Arbeiten einfinden muss, üblich sind 4/1 oder 3/2-Modelle, bei denen der Mitarbeiter einen oder zwei Tage nicht im Büro ist.
- Echtes Tele-Working, bei dem der Mitarbeiter ausschließlich von zu Hause oder mobil vom Kunden aus arbeitet und keinen festen Arbeitsplatz mehr im Unternehmen hat.

Ferner wird scherzhaft von Guerilla-Tele-Working gesprochen, wenn sich Mitarbeiter (dann genannt: Road-Warrior) mit Laptop auf Geschäftsreisen, Kongressen etc. kurzzeitig über Modem und Telefon in das Firmennetz einloggen, um z.B. ihre eigenen E-Mails zu bearbeiten und eigene Anfragen oder Faxe zu versenden. Von der Arbeitsorganisation her unterscheidet man zwei Formen:

- Dezentrales Tele-Working: Sitzen die Mitarbeiter bei sich zu Hause, wird häufig von Home-Working gesprochen. Arbeiten sie mit Multimedia-Diensten (Videokonferenzen) zusammen, ist eine Bezeichnung auch Multimedia-Collaboration (MMC).
- Kollektives Tele-Working: Ferner gibt es die Möglichkeit der Einrichtung von Satelliten-Büros von Unternehmen (auch Telecenter genannt, wenn sich mehrere Unternehmen zusammentun; dies spielt allerdings gegenwärtig kaum eine Rolle), z.B. in Vororten, die den Angestellten das Pendeln in die Städte ersparen. Diese Satelliten-Büros sind über breitbandige Leitungen mit den Einrichtungen (Server, Nebenstellenanlage) der Zentrale in der Stadt verbunden. Dies ist eine Anwendung für → *CN*.

Die nächste Stufe sind virtuelle Unternehmen, die gar keinen expliziten Firmensitz in Gestalt von angemieteten Büroräumen etc. haben, sondern nur aus miteinander vernetzten Home-Workern bestehen.

Insbesondere der Dienstleistungssektor eignet sich gut für die Anwendung aller Formen von Tele-Working. In anderen Unternehmen sind Vertriebs- und (mobile) Servicemitarbeiter ideal für Tele-Working geeignet. Als vorteilhaft hat sich die Freiwilligkeit von Tele-Working zusammen mit einer zugesicherten Rückkehrmöglichkeit ins normale Büro erwiesen. Tele-Worker müssen selbstständig, leistungsstark und diszipliniert sein. Neue Mitarbeiter eignen sich nicht sofort für Telearbeit.

Der Ursprung des Tele-Working liegt in den USA, wo Ende der 70er Jahre mit dem Aufkommen von PCs und Modems das Interesse daran langsam wuchs.

→ *http://www.telecommute.org/*

Telex

Abk. für Teleprinter Exchange.

Immer noch weit verbreiteter, international standardisierter Fernmeldedienst für das Übertragen von Fernschreibzeichen, daher auch Fernschreiben genannt. Die Geräte (Fernschreiber) werden international mit → *TTY* – für Teletype – abgekürzt. Diese Geräte haben üblicherweise eine Tastatur als Eingabe- sowie einen Drucker oder einen 5spurigen Lochstreifen als Ausgabemedium, wobei der Lochstreifenleser auch als Eingabemedium genutzt werden kann. Steht als Eingabemedium nur die Tastatur zur Verfügung spricht man vom KSR (Keyboard Send/Receive only).

International erlaubter Zeichensatz ist im internationalen Telegrafenalphabet Nr. 2 definiert. Bei Einhaltung bestimmter Regeln ist auch das Übertragen anders codierter Informationen im 5-Bit-Code möglich. Die Übertragungsgeschwindigkeit liegt bei 50 bit/s.

In Deutschland werden Telexdaten über das → *ISDN* übertragen.

Ein Telex ist rechtlich gesehen gleichrangig mit einem Einschreiben mit Rückschein und dank dieser sehr hohen Rechtssicherheit heute noch in einzelnen Branchen sehr weit verbreitet, z.B. im Speditionsgewerbe. Dennoch gehen die Teilnehmerzahlen langsam zurück, da der Dienst durch → *Fax*, → *EDI* und zunehmend auch → *E-Mail* substituiert wird.

Wichtiges Merkmal des Dienstes sind geschlossene Benutzergruppen, die es gestatten festzulegen, welche Teilnehmer miteinander korrespondieren dürfen. Externe Teilnehmer können in diese Gruppe nicht eindringen.

Auch elektronische Datenverarbeitungsanlagen wurden in früheren Jahren über Telex-Verbindungen miteinander zum Datentransfer verbunden.

Die frühe Entwicklung der Telex-Technik nahm folgenden Verlauf:

1916

Die Firma Markrum Co. aus Chicago entwickelt das erste Verfahren zum Fernschreiben über Telefonleitungen.

20er Jahre

Telex wird ebenfalls in Deutschland entwickelt.

1928

Telex wird im Probebetrieb zwischen Hamburg und Berlin getestet.

In den USA testen ebenfalls die Bell Labs ein vergleichbares System.

1931

In den USA wird der Fernschreibdienst als Regeldienst unter der Bezeichnung ‚Telex' eingeführt.

Oktober 1933

Telex wird in Deutschland als Dienst für ausgesuchte Kunden angeboten (Start mit 20 Teilnehmern).

Juli 1935

Telex wird in Deutschland offiziell ein Regeldienst.

1987

In Deutschland wird mit 160 000 Anschlüssen der Höchststand an Telexanschlüssen registriert.

1990

Die Sinkrate der Telexanschlüsse nimmt rapide auf 20% zu.

1995

200 Länder weltweit verfügen über insgesamt ca. 2 Mio. Telex-Anschlüsse.

In Deutschland gibt es noch 145 000 Telexanschlüsse.

telnet

Ein Terminalemulationsprogramm (virtueller Terminaldienst) auf den Schichten 5 bis 7 des → *OSI-Referenzmodells*, das dazu dient, sich auf einem anderen (entfernten) Rechner – genannt Host – einzuloggen und dort Prozesse auszuführen, indem die Systemressourcen des anderen Rechners genutzt werden. Der eigene Rechner wird dabei lediglich zum unintelligenten → *Terminal*, der lediglich die Funktion der Ein- und Ausgabeeinheit übernimmt. Der Host, auf dem das Programm ‚telnetd' laufen muss, wird somit quasi ferngesteuert. Die Funktion ist in verschiedenen RFCs definiert, so erstmals durch Jonathan ‚Jon' Postel (* 6. August 1943, † 16. Oktober 1998) im RFC 318 („Ad Hoc Telnet Protocol") und im RFC 854. Maßgeblich mitentwickelt wurde telnet durch David Walden.

Telnet setzt auf → *TCP* und → *IP* auf und nutzt den TCP-Port 23.

Zur Nutzung ist ein telnet-fähiges Programm zusammen mit dem Hostnamen des gewünschten Hosts auf dem Client aufzurufen (das oft auch telnet heißt). Sobald die Verbindung zum Host etabliert ist, erscheint das dortige Login.

Telnet wurde mit Blick auf das Arpanet (später: → *Internet*) von der → *IETF* entwickelt und unterstützt Terminals mit Bilddurchlaufmodus anstatt Seiten- oder Formulardurchlauf. Baut zwei Simplexdatenströme in jede Richtung auf. Telnet erfordert die Anmeldung beim → *Host* und erlaubt damit die Überprüfung der Benutzerberechtigung. Es wird kein bestimmter Terminaltyp vorausgesetzt, dieser wird beim Verbindungsaufbau zwischen den beteiligten Stationen vereinbart. Meistens werden allerdings Terminals nach → *VT100* oder → *VT220* emuliert.

Im Gegensatz zu → *FTP* werden nicht nur Dateisysteme auf dem entfernten Rechner durchsucht, sondern es werden Betriebsmittel von ihm aktiv genutzt (CPU-Zeit etc.). Dies erlaubt z.B. das Nutzen von Programmen, die auf dem eigenen Rechnertyp nicht laufen können, aber auf einem anderen, der mit telnet erreichbar und kontrollierbar ist. Dieses Verfahren erfordert somit eine Zugangsberechtigung für den anderen Rechner, Kenntnisse über dessen Software, die genutzt werden kann und ihre Bedienung sowie die Software auf dem eigenen Rechner, die telnet zur Verfügung stellt.

Beispiele für Anwendungen von telnet sind Datenbankrecherchen. Daher war telnet vor der Einführung von → *Gopher* und → *WWW* das führende Programm, um im Internet Informationen zu suchen.

Es gibt mehrere Softwarepakete, die telnet implementiert haben, aber nicht alle auch telnet heißen oder mit dem Schlüsselwort telnet aufgerufen werden. Quellen für telnet-Clients für PCs oder Macintoshs sind:

→ *http://www.cwsapps.com/term.html/*

→ *ftp://papa.indstate.edu/winsock-l/telnet/*

→ *rlogin.*

Telstar 1

Bezeichnung für den ersten → *Satelliten* mit aktivem → *Transponder*, der von AT&T für ca. 50 Mio. $ entwickelt und 1962 von der NASA im Weltraum stationiert wurde. Der Satellit geht auf ein Proposal aus dem Jahr 1960 zurück, das AT&T seinerzeit bei der → *FCC* einreichte, um die Erlaubnis zum Bau eines Forschungssatelliten zum Test dieser damals noch neuen Technologie zu erhalten.

Der Satellit wog 77 kg und war 87,63 cm im Durchmesser groß (fast kugelrund).

Am 23. Juli 1962 fand über ihn die erste TV-Live-Übertragung zwischen den USA und Europa und auch in umgekehrter Richtung statt. Dabei konnten wegen der niedrigen Umlaufbahn und der dadurch bedingten sehr hohen Umlaufgeschwindigkeit jeweils nur 30 Minuten lange Ereignisse unterbrechungsfrei übertragen werden, da dann der Satellit wieder unter dem Horizont verschwand.

Seine Umlaufbahn war um 45° zur Äquatorialebene geneigt und verlief elliptisch mit einem → *Apogäum* von 5632 km und einem → *Perigäum* von 953 km. Ein Jahr später folgte ein zweiter derartiger Satellit.

TelwegG

Abk. für → *Telegrafen-Wegegesetz.*

TEMEX

1. Abk. für Telemetry Exchange.

   Englische Bezeichnung für → *Telemetrie* ganz allgemein.

2. Oft ist damit in Deutschland das Fernwirken im → *ISDN* der Deutschen Telekom gemeint, z.B. das automatische Ablesen von Stromzählern u.Ä. über die Telefonleitung oder die Überwachung von Sicherheitsdiensten über die Telefonleitung. In Deutschland erprobt 1986 in elf Standorten. Der Dienst wurde wegen zu geringer Nachfrage und nur wenigen Anwendungsmöglichkeiten 1992 eingestellt.

TEN, TEN-34, TEN-155

Abk. für Trans-European Network.

Bezeichnung für ein mehrjähriges Programm, finanziert durch → *ESPRIT* und → *ACTS* der Europäischen Kommission zum Aufbau einer europaweiten, breitbandigen Infrastruktur.

Im Rahmen des TEN-34 wurde im Mai 1997 ein europaweites Netz zur Verbindung von 16 Forschungszentren mit 34 Mbit/s in Betrieb genommen. Dies verbindet derzeit alle breitbandigen Wissenschaftsnetze der EU-Mitgliedsstaaten sowie Norwegens, der Schweiz, Sloveniens, der Tschechischen Republik und Ungarns. Seit April 1999 ist auch Polen angeschlossen.

Die Inbetriebnahme einer Ausbaustufe auf 155 Mbit/s unter der Bezeichnung TEN-155 erfolgte am 11. Dezember 1998 und auf 622 Mbit/s im Jahr 2001.

Seine technologische Basis sind Mietleitungen auf Basis von → *SDH*-Netzen mit → *ATM*-Vermittlungstechnik.

Das Netz ist aus der Initiative → *DANTE* hervorgegangen, die heute als Betreiber fungiert, und gilt als europäisches Gegenstück zum → *Internet* 2. Es löst den Vorgänger → *EURONET* ab.

→ *http://www.ten-34.net/*

TEntgV

Abk. für Telekommunikations-Entgeltregulierungs-Verordnung.

→ *EV.*

TERENA

Abk. für Trans-European Research and Education Networking Association.

Bezeichnung einer multinationalen, europäischen Organisation, die im Oktober 1994 aus den Vorgängern → *EARN* und → *RARE* hervorgegangen ist und die Entwicklung von breitbandigen Hochgeschwindigkeitsnetzen in den Bereichen von Forschung, Wissenschaft und Lehre fördert.

Prinzipiell ist TERENA die Dachorganisation aller europäischen Betreiber von Wissenschaftsnetzen mit Sitz in Amsterdam. Aus Deutschland ist der Verein → *DFN* Mitglied.

→ *http://www.terena.nl/*

Terminal

1. Im Sinne der Netzwerktechnik ein nicht autonom arbeitsfähiges Bildschirmgerät mit Eingabetastatur unterschiedlicher Komplexität an einem → *Hostsystem* (→ *Mikro-*, → *Mini-* oder auch → *Mainframe*-Rechner). Das Anwendungsprogramm selber wird auf dem Host ausgeführt, in welchem auch die wesentlichen Betriebsmittel (z.B. Dateien) verwaltet werden. Das Terminal dient lediglich als Ein- und Ausgabemedium sowie als Steuerungselement. Erste Terminals waren in den 50er und 60er Jahren Fernschreibgeräte (die an die Mainframes angeschlossen wurden). Erst später folgten Video Display Terminals (VDT) mit 80 Zeilen und 40 Zeichen großen monochromen Bildschirmen. Diese entwickelten sich weiter, wodurch sich viele verschiedene Typen mit unterschiedlicher Leistungsfähigkeit ergaben. Weit verbreitet sind die → *VT100* und → *VT200* (später auch VT300) aus dem Hause DEC. Umgangssprachlich wird das Terminal oft Slave, Secondary oder Dump-Terminal genannt; auf deutsch auch selten Datensichtgerät oder Datenendstation.
2. Im Sinne der Telekommunikation das Endgerät (nicht unbedingt auch der Netzendpunkt!), welches ein Teilnehmer nutzt, um einen → *Telekommunikationsdienst* in Anspruch zu nehmen.

Terminaladapter

Abgekürzt mit TA. Im → *ISDN* ein Gerät, das den Anschluss von analogen Endgeräten an das digitale ISDN erlaubt. Vorteil ist, dass der Nutzer seine alten Endgeräte weiter benutzen kann, ohne sich neue (und teure) ISDN-Endgeräte kaufen zu müssen, die es u.U. für ISDN nicht gibt, z.B. Anrufbeantworter.

Terminalemulator

Bezeichnung für ein Programm, das auf einem mit Eigenintelligenz ausgerüsteten Rechner (z.B. einem → *PC*) läuft, von diesem jedoch nur den Bildschirm und die Tastatur nutzt, um das Programm lokal von diesem Rechner aus zu steuern und zu kontrollieren, es aber auf einem anderen Rechner (→ *Host*) ausführen zu lassen. Die Kapazitäten des Rechners werden in diesem Fall nicht voll genutzt.

Die bekanntesten Terminals, die emuliert werden, sind → *VT100* oder → *VT220* von DEC oder 3270 von IBM.

→ *rlogin*, → *telnet*.

Terminalmobilität

Bezeichnet die Eigenschaft eines Endgerätes an einem Telekommunikationsnetz, mitgenommen oder bewegt zu werden. Im Gegensatz zu → *lokaler Mobilität* ist der Bewegungsraum sehr groß. Beispiel: Handy, Autotelefon.

→ *Persönliche Mobilität*.

Terminanruf

Bezeichnung für ein → *Leistungsmerkmal* von Nebenstellenanlagen oder → *Komforttelefonen*.

Dabei kann der Nebenstellenteilnehmer über die Tastatur, nach Wahl eines Bediencodes, eine bestimmte Uhrzeit speichern. Dieser gespeicherte Termin wird dann am gleichen Endgerät durch ein besonderes akustisches Signal gemeldet.

Terminator

→ *Terminierung*.

Terminierung

Bezeichnung für den Abschluss einer Leitung mit Hilfe eines ohmschen Widerstandes, um gewünschte elektrische Eigenschaften innerhalb der Leitung zu erzielen. Das dafür notwendige Hardwareteil wird auch Terminator genannt.

Ein S_0-Bus am → *ISDN*-Anschluss muss z.B. mit je einem 100 Ohm großen Widerstand an jedem Ende terminiert werden. Ein Ethernet-Kabel benötigt einen Terminator mit 50 Ohm.

Tertiärverkabelung

Auch Anschlussverkabelung, Etagenverkabelung oder horizontale Verkabelung genannt.

Im LAN-Bereich bei der → *strukturierten Verkabelung* ist sie die Ebene des Netzes, die einzelne Abteilungen oder Etagen eines Gebäudes versorgt und über einen Etagenverteiler an die → *Sekundärverkabelung* anschließt. Die vernetzten Endgeräte mit ihren Nutzern sind an die Tertiärverkabelung angeschlossen.

Als Medium für die Tertiärverkabelung werden üblicherweise Koaxialkabel oder auch Twisted-Pair-Kabel (geschirmt und ungeschirmt) verwendet (→ *Verkabelung*). Die Glasfaser kommt bei der Tertiärverkabelung (noch) eher selten zum Einsatz, wenn spezielle Hochleistungsanforderungen (z.B. → *ATM* bis zum Arbeitsplatz) vorliegen.

Testtext

Auch Prüftext oder Versuchstext genannt. Bezeichnung für verschiedene, kurze Texte, die zu Testzwecken über eine → *Telex*-Verbindung oder ein anderes System zur → *Telegrafie* übertragen werden kann. Getestet wird dabei insbesondere das empfangende Endgerät.

Kennzeichen des Textes ist, dass er alle Buchstaben des Alphabetes enthält.

Damit man sich den Text gut merken kann, ist er aus real existierenden Wörtern grammatikalisch korrekt zusammengesetzt und ergibt dadurch halbwegs einen Sinn.

Für verschiedene Sprachen sind unterschiedliche Texte entwickelt worden:

- Deutsch: Kaufen Sie jede Woche vier gute bequeme Pelze XY (auch genannt „Kaufen-Schleife“).
- Englisch: The quick brown fox jumps over the lazy dog 123 456 7890 (auch genannt „Foxer“; genormt in X.33 der → *ITU*).
- Französisch: Voyez le brick géant que j'examine près du wharf.

TETRA

Abk. für Trans European Trunked Radio, mit einer wahrscheinlichen Änderung der Bezeichnung zu Terrifically Efficient Trunked Radio Access wegen der Betonung der angestrebten globalen Verbreitung des Standards.

Auch Tetra 25 genannt (wg. 25 kHz Kanalbandbreite). Bis 1991 wurde das System mit MDTRS (für Mobile Digital Trunked Radio System) bezeichnet. Es ist ein digitales pan-europäisches → *Bündelfunksystem*. Als Konkurrent gilt → *Tetrapol*. Als Verfahren für die → *digitale Modulation* wird Pi/4-DQPSK (→ *PSK*) mit 18 kBaud verwendet. Die maximale Nutzdatenrate liegt bei 28,8 kbit/s, die Kanalbandbreite bei 25 kHz, der Duplexkanalabstand bei 10 MHz. Später soll auch eine Kanalbandbreite von 12,5 kHz möglich sein (TETRA 12,5).

Der Kanalzugriff erfolgt mit einem → *TDMA*-Verfahren mit vier Zeitschlitzen zu je 14,166 ms und 432 Bit, in denen 60 ms Sprache komprimiert übertragen werden, wobei Sende- und Empfangszeitschlitze zwei Zeitschlitze versetzt sind.

Innerhalb des Slots werden von den Nutzdaten nach einer Zeit von 1 ms für die Linearisierung des Verstärkers zunächst 216 Bit übertragen, gefolgt von einer Trainings- und Synchronisationssequenz, der wiederum die zweiten 216 Bit und eine Guard-Time (→ *TDMA*) folgen.

Je Kanal wird mit 36 kbit/s (oder 18 kbit/s) über die Luftschnittstelle übertragen. Die Nettobitrate liegt, je nach Sicherungsprotokoll, bei 4,8 bis 7,2 kbit/s. Die Kanäle können zukünftig auch zusammengeschaltet werden, so dass sich Übertragungsraten zwischen 19,2 (geschützt) und 28,8 kbit/s (ungeschützt) ergeben. Insgesamt kann somit bei der geschützten, leitungsvermittelten Datenübertragung zwischen den Raten 2,4; 4,8; 7,2; 9,6; 14,4; 19,2 kbit/s und bei der ungeschützten leitungsvermittelten Datenübertragung zwischen 7,2; 14,4; 21,6 und 28,8 kbit/s gewählt werden.

Neben diesem Standard für Sprache und Daten (TETRA V+D, Voice and Data) sollen zusätzlich in weiteren Entwicklungen des Standards X.25-Schnittstellen zur Verfügung stehen (Tetra PDO, Packet Data Optimized).

Der Radius der Funkzellen beträgt 58 km.

Als Frequenz für Anwendungen von → *BOS* ist der Bereich 380 bis 400 (von der NATO freigegeben) oder 420 bis 470 MHz vorgesehen. Zunächst sollen in Europa je 3 MHz von 380 bis 383 MHz und 390 bis 393 MHz freigegeben werden, die später um 5 MHz erweitert werden sollen. Eine zivile Nutzung könnte im Bereich von 870 bis 890 MHz möglich sein.

Neben zentraler Kommunikationssteuerung über Trunked Site Controller (TSC), die die Rolle von → *BS*, z.B. im → *GSM*-Netz übernehmen, und Leitrechner (wie bei heutigem → *Bündelfunk*) ist auch direkte Kommunikation möglich. Die Geräte fungieren darüber hinaus auch als Relaisstationen, z.B. an Zellgrenzen oder für leistungsschwache andere Geräte. Man spricht vom „Dual Watch Mode". Ferner sind folgende Leistungsmerkmale vorgesehen:

- Einzelrufe
- Gespräche von Gerät zu Gerät (ohne Zentrale oder → *Dispatcher*)
- Gruppenrufe mit und ohne Bestätigung
- Verschlüsselung von Sprache
- Rundspruch
- Vollduplexrufe

Die Zusatzdienste sind:

- Offener Kanal für eine Gruppe (ähnlich Taxiruf; jeder kann mithören)
- Prioritätsruf
- Notruf (in belegten Systemen das zwangsweise Durchschalten eines Rufes)
- Nachträglicher Verbindungseintritt
- Mithören mit zwei Klassen (normales Mithören und Umschalten entfernter Sender auf Sendebetrieb)
- Verschlüsselung mit verschiedenen, frei wählbaren Algorithmen
- Authentifizierung

Schnittstellen zum PSTN und ISDN sind im Standard vorgesehen.

Zielgruppe für Bündelfunk sind → *EVUs*, die Gruppe der → *BOS* und darüber hinaus Betreiber großer Werks- und Industrieanlagen.

In der Entwicklung ist der Standard seit 1990. Ein erster Entwurfsstandard wurde im November 1994 von der ETSI vorgestellt, aber noch nicht verabschiedet. Dieses MoU wurde am 4. November 1994 von Herstellern, Netzbetreibern, Regulierungsbehörden und Geräte-Testinstitutionen unterzeichnet. Dem MoU sind mittlerweile 46 Teilnehmer aus 11 Ländern beigetreten. Erste Feldtests starteten auf der Insel Jersey Ende März 1996 und in Dänemark im Herbst 1996. Weitere Tests folgten 1998 im Bereich Aachen/Lüttich/Maastricht und in Brandenburg. Dort startete im Februar 1998 der zunächst bis Juli 1998 befristete und von der T-Mobil organisierte Test bei der Feuerwehr und Polizei mit zwei verschiedenen TETRA-Systemen von den Herstellern Nokia, Motorola und dem → *Tetracom*-Konsortium. Der Test verlief erfolgreich, jedoch waren einige für die Behörden notwendige Systemfeatures (Verchlüsselung etc.) noch nicht in die Geräte integriert, so dass ein dritter Test in Deutschland (erneut im Dreiländereck um Aachen) ab 2000 über die Einführung in Deutschland entscheiden soll.

Die Verabschiedung des Standards TETRA 25 erfolgte 1998 mit Einführung der ersten Produkte zur Jahreswende 98/99.

Die Zukunft von TETRA galt wegen der schleppenden Standardisierung und dem technisch komplexen Standard lange Zeit als nicht besonders sicher. Ferner wurden mit der Phase 2+ und der Variante → *GSM-R* des → *GSM*-Standards diverse Leistungsmerkmale (geschlossene Benutzergruppe, Gruppenruf etc.) im normalen Mobilfunk bzw. im Mobilfunk für die Bahn eingeführt, die sehr TETRA-ähnlich sind. Darüber hinaus stand mit → *Tetrapol* ein fertiger und in der Praxis schon erprobter Standard bereits zur Verfügung.

In Deutschland startete am 4. April 2001 in Hamburg das erste deutsche TETRA-Netz, betrieben von der RegioCall

GmbH, die dort zuvor auch schon ein analoges regionales Bündelfunknetz betrieben hatte.

Es folgte im Juni 2001 der bundesweite Anbieter Dolphin in vier Regionen (Rhein-Ruhr, Berlin, Hamburg, Frankfurt). Für Ende 2002 ist die bundesweite Abdeckung geplant.

→ *http://www.tetramou.com/*

→ *http://www.etsi.org/tetra/*

→ *http://www.tetra-mobilfunk.de/*

Tetracom

Bezeichnung für ein Herstellerkonsortium der Häuser DeTeWe, R&S Bicc Mobilfunk und Marconi/OTE. Ziel ist die gemeinsame Entwicklung, Produktion und Vermarktung von technischem Gerät (Basisstationen, → *BS*; Vermittlungsstationen; Operation- & Maintenance-Center, → *OMC*; Endgeräte) gemäß dem technischen Standard für → *Bündelfunk* → *TETRA*.

Tetrapol

Proprietärer Standard für → *Bündelfunk* aus dem Hause Matra Communication.

Tetrapol gilt als Konkurrent zu → *TETRA*, hat aber Preisnachteile und technische Handicaps (keine gleichzeitige Übertragung von Sprache und Daten möglich), ist allerdings technisch ausgereift und verfügbar.

Tetrapol kann in bestehende analoge Bündelfunksysteme integriert werden, so dass eine sanfte Migration von einem Standard zum nächsten möglich ist.

Es nutzt → *FDMA* und kann variabel auf Frequenzen von 70 bis 500 MHz mit einem Kanalraster von 10 oder 12,5 kHz eingesetzt werden. Je Nutzdatenkanal können 8 kbit/s übertragen werden. Sprache wird mittels → *CELP* auf 6 kbit/s komprimiert. Daten können in Abhängigkeit der verwendeten Sicherungsprotokolle mit einer Nutzdatenrate von 2,4 bis 7,2 kbit/s übertragen werden.

Von Endgerät zu Endgerät können auch Daten verschlüsselt übertragen werden. Ferner besteht die Möglichkeit, einen Direct Mode zu nutzen, bei dem die Endgeräte direkt miteinander unter Umgehung der Netzinfrastruktur kommunizieren können.

Die Verbindungsaufbauzeit ist kleiner als 500 ms.

Ende der 80er Jahre entschieden sich die französische und etwas später die US-amerikanische Polizei für ein Bündelfunksystem auf Basis von FDMA, wodurch ein Bedarf nach einem neuen, leistungsfähigen, aber analogen System da war. Die Technik selbst wurde 1995 in mehreren europäischen Ländern eingeführt. Bis Ende 1999 waren in 15 europäischen Ländern Tetrapol-Netze in Betrieb.

Mittlerweile haben sich neun Unternehmen weltweit zum Tetrapol-Forum zusammengeschlossen. Die Anwender organisieren sich im Tetrapol User Club.

→ *http://www.tetrapol.com/*

Tetris

Bezeichnung für einen Klassiker der Videospiele, der 1988 vom Hause Spectrum Holobyte vorgestellt wurde und einen Siegeszug zunächst in Spielhallen (Spielautomat von Atari 1989) und parallel dazu auch auf den → *Home-Computern* antrat. Es entwickelten sich zahlreiche Varianten.

Bei Tetris müssen nacheinander in einen Schacht fallende Bausteine unterschiedlicher Geometrie möglichst platzsparend gestapelt werden, wobei eine vollständige horizontale Reihe verschwindet und dadurch Platz für nachfallende Bausteine schafft. Das Spiel ist zu Ende, wenn der Schacht voll ist. Ziel des Spieles ist, bis dahin möglichst viele Bausteine verbauen zu können.

Das Spiel ist ursprünglich Mitte der 80er Jahre in der damaligen UdSSR von Alexey Pajitnov entwickelt worden.

→ *Doom*, → *Pac-Man*, → *pong*.

→ *http://www.tetris.com/*

TEX

1. Abk. für Transit Exchange, Durchgangsvermittlung.
2. → *Latex*.

Texture

In Deutschland auch selten Oberflächenbild genannt. Bezeichnung für eine Möglichkeit (neben → *Rendering*), künstlich erzeugte Objekte in virtuellen Welten (→ *Cyberspace*, → *Virtuelle Realität*) natürlich aussehen zu lassen. Dabei werden den Oberflächen der Objekte ausgewählte Eigenschaften zugewiesen, die sie durch eine bestimmte grafische Darstellung für den Betrachter charakteristisch nach einer bestimmten, natürlichen Eigenschaft aussehen lassen. Beispiele für derartige Textures sind z.B. Leder, Holz, Stoff, Rauhfasertapete oder Metall.

Textverarbeitung

Internationale Bezeichnung: Word Processor. Bezeichnung einer betriebswirtschaftlichen Standardsoftware zum Editieren und typografischen Bearbeiten von Texten. Die Funktionen einer Textverarbeitung gehen dabei über die eines → *Editors* hinaus, erreichen jedoch nicht die eines → *DTP*-Programms zur Gestaltung ganzer Seiten inklusive grafischer Elemente.

Eine Textverarbeitung ist heute Bestandteil von jedem → *Office-Paket*.

Die erste Textverarbeitung aus dem Hause IBM wurde 1964 vorgestellt, als die seinerzeitigen Rechner erstmals genügend Rechnerkapazität dafür hatten. 1972 stellte Wang für seine Computer eine Textverarbeitung vor.

Im Rahmen des Projektes → *Alto* im → *PARC* wurde im Februar 1975 die Textverarbeitung Gypsy vorgestellt. Sie arbeitete schon nach dem → *WYSIWYG*-Prinzip.

Erste Textverarbeitung für PCs war → *Electric Pencil*. Maßstäbe setzen später auch → *Wordmaster* oder → *WordPerfect*.

TF

Abk. für Trägerfrequenz (-verfahren, -technik).

Bezeichnung der Deutschen Telekom und ihrer Vorgängerorganisation für die Bündelung analoger Fernsprechkanäle nach dem → *FDM*-Verfahren. Diese Technik wurde durch → *PCM30*-Systeme bzw. gleich durch PDH abgelöst.

TFE

Abk. für Türfreisprecheinrichtung.

Ein → *Leistungsmerkmal* von Nebenstellenanlagen. Bezeichnung für die Möglichkeit, bei kleinen TK-Anlagen für den privaten Gebrauch (→ *SOHO*) auch die Gegensprechanlage der Haustür und den Öffnungsmechanismus in sie integrieren zu können.

Dabei signalisiert ein spezielles Klingeln (→ *Distinctive Ringing*) des Endgerätes, Türruf genannt, dass jemand die Türklingel benutzt hat. Über das Telefon als Endgerät, die Nebenstellenanlage und die Gegensprechanlage ist es möglich, mit dem Besucher Kontakt aufzunehmen.

Durch das Benutzen einer → *Funktionstaste* kann mit dem Telefon auch der Türöffner gesteuert werden.

→ *Apothekerschaltung*.

TFH

Abk. für Trägerfrequenzanlagen auf Hochspannungsleitungen.

Bezeichnung für (ehemals hauptsächlich) Telefonie und mittlerweile auch digitale Datenübertragung über Hochspannungsleitungen (100 bis 400 kV) zu internen Zwecken der Energieversorgungsunternehmen wie:

- Betriebsführung
- Störungseingrenzung
- Störungsbeseitigung
- Überwachung

Überwiegend wird auf Freileitungen der höchsten Ebene im Hochspannungsnetz der Frequenzbereich von 15 bis 500 kHz genutzt. Mit einer Sendeleistung von 10 W können Entfernungen von 500 bis 1 000 km überbrückt werden.

Erste derartige Systeme wurden in den 20er Jahren entwickelt. Mittlerweile verlieren derartige Systeme an Bedeutung, da seit den 80er Jahren in den Erdungskabeln der Hochspannungsleitungen Glasfasern mitverlegt wurden, über die mittlerweile der Telefon- und Datenverkehr der Energieversorgungsunternehmen abgewickelt wird.

Im Niederspannungsbereich (unter 400 V) wird die → *Powerline-Communication* zur Datenübertragung über Energieversorgungsleitungen verwendet.

Im Mittelspannungsbereich (10 bis 30 kV) wird das Verfahren → *TRT* verwendet.

TFM

1. Abk. für Tamed Frequency Modulation.
2. Abk. für Telefon-Fax-Modem-Umschalter.

   Bezeichnung für einen speziellen Netzabschluss (Wandbuchse) des analogen Telefonnetzes der Deutschen Telekom, ähnlich der → *TAE*.

TFS

Abk. für Tunnelfunksystem.

Bezeichnet ein System der Deutschen Bahn AG, das mobiles Telefonieren aus Hochgeschwindigkeitszügen in Tunneln über das → *C-Netz* ermöglicht. Dazu werden Schleppantennen im Tunnel über Verstärker (max. Entfernung 1 500 m) und Glasfaserkabel verbunden. Diese sind für einen Tunnel an einer Kopfstation angeschlossen, die → *C-Netz*, → *Eurosignal* und UKW-Rundfunk empfängt und einspeist.

Die Antennen basieren auf → *Koaxialkabeln*, deren äußerer Leiter gezielt Löcher aufweist (→ *Schlitzkabel*), so dass das Kabel nicht mehr optimal abgeschirmt ist, sondern elektromagnetische Wellen abstrahlt und dadurch als Antenne wirkt.

TFT

Abk. für Thin Film Transistor.

Bezeichnung für eine spezielle Technik die zum Bau von → *Flachbildschirmen* eingesetzt werden kann.

Dabei wird jedes einzelne → *Pixel* durch einen eigenen oder mehrere (falls Farbbildschirm) eigene → *Transistoren* in besonders kompakter Bauweise dargestellt.

In TFT-Technik gefertigte Displays gelten als State-of-the-Art beim Flachbildschirmbau, sind aber auch teurer als andere Techniken. Darüber hinaus konsumieren sie mehr Energie. Im Gegensatz zu herkömmlichen Bildschirmen (→ *CRT*) entspricht die sichtbare Bildfläche auch der Baufläche des Bildschirms. Sie produzieren ein sehr scharfes Bild mit hoher Auflösung und eine gute Farbdarstellung.

Der aufwendige Herstellungsprozess verhindert nicht, dass bei einem TFT-Bildschirm einzelne Transistoren defekt sind und permanent leuchten, weshalb Hersteller eine Toleranz definiert haben bis zu der TFT-Bildschirme als fehlerfrei gelten. Diese Zahl schwankt von Hersteller zu Hersteller in der Größenordnung von 1/20 000 der Pixelanzahl.

Eine preislich günstigere Alternativtechnologie ist DSTN als Variante der → *LCD*-Technik.

TFTP

Abk. für Trivial File Transfer Protocol.

Nutzt → *UDP* zum schnellen, unkomplizierten Versenden von Dateien mit weniger Aufwand als → *FTP*.

TFTS

Abk. für Terrestrial Flight Telecommunication System.

Bezeichnet ein von der ETSI als ETS 300326 genormtes, terrestrisches, digitales, zellulares Flugtelefonsystem, das Telefonieren und Datenübertragung aus Flugzeugen ohne Satellitenschaltungen ermöglichen soll. Viele technische Basisparameter von → *GSM* wurden übernommen.

Uplink von 1 670 bis 1 675 MHz und Downlink von 1 800 bis 1 805 MHz. Kanalabstand: 30,3 kHz. Es stützt sich auf → *TDMA* und bietet je Flugzeug vier Kanäle zu 9,6 kbit/s (später acht Kanäle zu 4,8 kbit/s) bei einer gesamten Datenrate von 44,2 kbit/s (inkl. Organisationskanal). Insgesamt soll ein TFTS-System 164 Funkkanäle für bis zu 2 000 Sprachkanäle zur Verfügung stellen. Es wird Pi/4-DQPS (→ *PSK*) als Verfahren für die → *digitale Modulation* benutzt. Zwischen den Ground Stations (GS) ist ein mobile controlled → *Handover* möglich, der zur Laufzeitmessung dient.

Die Infrastruktur besteht aus den Elementen Air Station (AS), Ground Station (GS) und Ground Switching Center (GSC). Es wird zwischen drei GS unterschieden, die in ihrer Leistung divergieren. Die GS höchster Leistung (20 W) versorgt Flugzeuge mit einem Abstand von 50 bis 350 km in Höhen zwischen 4 500 bis 13 000 m von der GS. Die GS mittlerer Leistung (2 W) versorgt Flugzeuge mit einer Distanz bis zu 50 km. Die GS schwacher Leistung (AP GS, Airport Groundstation) versorgt Flugzeuge am Boden und in einer Entfernung bis zu einigen Kilometern. Jede GS ist mit Sende- und Empfangsanlagen einer bestimmten Anzahl ausgerüstet, die vom prognostizierten Verkehr im Versorgungsbereich abhängt. Für Europa werden ca. 40 bis 50 GS benötigt.

Die GSC kontrollieren eine oder mehrere GS und sind die Schnittstellen zum Festnetz.

Neben Sprachübertragung auch sind Fax sowie leitungs- und paketvermittelte Datenübertragung geplant. Weiterhin geplant ist eine Erweiterungsstufe, die die Integration geeigneter Datenkompressionsverfahren (Half-Rate-Codecs) und die Aufteilung der Trägerfrequenzen in acht Kanäle zu je 4,8 kbit/s vorsieht.

Service-Provider planen eine feste Tarifierung auf Zeitbasis (Minute zu 2 $) ohne Gesprächsweitenauswertung. TFTS kann wegen der nötigen Bodenstationen (GS) nicht auf interkontinentalen Flügen eingesetzt werden.

Die Frequenzen wurden von der → *WARC* 1992 freigegeben. Genormt wurde es bei der → *ETSI* bis 1994. Danach wurde es in zwei Stufen aufgebaut. Die erste Stufe umfasste einige wenige Flugzeuge und sechs GS in Frankreich, Großbritannien und Nordirland, Schweden und Italien. Die zweite Stufe war der Ausbau des Systems über Europa bis Ende 1997.

In Deutschland betreibt die DeTeMobil seit Frühjahr 1996 fünf GS bei Hannover, Frankfurt/Main, München und Dresden/Leipzig.

Die Lufthansa nutzt diesen Dienst nicht, da die innerdeutschen und innereuropäischen Flüge zu kurz sind, so dass kein Markt für derartige mobile Telefonate vorhanden ist.

Mittlerweile wird es auch im Mittleren Osten, in Asien, Australien, Afrika und Amerika eingesetzt.

→ *Skyphone*.

TFU

Abk. für Telefon-Fax-Umschalter.

Bezeichnung für einen speziellen Umschalter (zusätzliche Wandbuchse) des analogen Telefonnetzes der Deutschen Telekom, ähnlich der → *TAE*. Der TFU wird zusätzlich zu einer TAE-NFN hinter den linken Anschluss der TAE-NFN und vor das Faxgerät geschaltet. Das Faxgerät wird in die eine N-Buchse (Nichtfernsprechen) des TFU gestöpselt.

Die Aufgabe des durch die Telefonleitung ferngespeisten TFU ist das Umschalten eines eingehenden Verbindungswunsches auf das korrekte an die TAE-NFN angeschlossene Endgerät (Fax oder Telefon).

Der TFU hat damit die Funktion einer passiven → *Fax-Weiche*.

→ *TFM*.

Tfx

Abk. für Telefax.

→ *Fax*.

Tg, TG

1. Abk. für → *Telegramm*.
2. Abk. für Task Group.
   Bezeichnung für nur zeitweise existierende Gremien zur Standardisierungsarbeit (im Gegensatz zu → *SCs*, Study Committees), die einen klar abgegrenzten thematischen Bereich eingehend untersuchen sollen. Nach Abschluss der Arbeit wird die TG aufgelöst. TGs unterstehen permanenten Standardisierungsgremien, wie der → *ITU*, → *CCIR* und werden von diesen einberufen.
3. Abk. für Transmission Group.

TGA

Abk. für Truevision Targa.

Bezeichnung für ein Dateiformat für Grafiken. Dabei ist TGA auch die Endung des Dateinamens. Es findet dabei keine Datenkompression statt. Das Bild wird Bildpunkt für Bildpunkt codiert (→ *Pixelgrafik*).

TGMS

Abk. für Third Generation Mobile System.

Bezeichnung für ein System des → *Mobilfunks* der dritten Generation, z.B. → *UMTS*.

Thermal Ink Jet

→ *Tintenstrahldrucker*.

Thermodrucker, Thermotransferdrucker

Bezeichnung eines bestimmten Konstruktionsprinzips für → *Drucker* (→ *Matrixdrucker*). Dabei wird zwischen zwei Verfahren, dem direkten Thermodruck und dem Thermotransferdruck, unterschieden.

Beim direkten Thermodruck wird hitzeempfindliches Spezialpapier durch Heizelemente einer Matrix erhitzt und dauerhaft verfärbt. Dieses Verfahren wird häufig bei Faxgeräten eingesetzt.

Beim Thermotransferdruck (auch Thermodiffusionsdruck genannt) werden einzelne Punkte durch das Aufschmelzen einer wachsartigen Farbe auf das Papier gebracht. Diese Farbe befindet sich als feste, wachsartige Substanz auf einem Farbträger, der zwischen Druckpapier (auch Nehmermaterial genannt) und einer Matrix aus Heizelementen durchgeführt wird. Durch Erhitzen der ca. 25 µm * 25 µm großen und voneinander unabhängig ansteuerbaren Heizelemente auf ca. 100°C kann die Farbe gezielt zum Schmelzen und Übertragen (Diffundieren) auf das Druckpapier gebracht werden. Alle einzelnen Matrixelemente zusammen bilden den Thermokopf, auch Thermoleiste genannt.

Das Trägermaterial für die Farbe besteht aus Polyesterfolie. Als Nehmermaterial kommen herkömmliches Papier oder leichter Karton in Frage.

Derartige einfarbige Drucker finden sich für kleinformatige Ausdrucke an Kassen verschiedener Art und an Waagen.

Durch einen Farbträger, der abwechselnd die Grundfarben Gelb, Magenta und Cyan enthält, lassen sich durch Überlagerung aller drei Farbanteile auf dem gleichen Nehmermaterial auch Ausdrucke in natürlichen Farben herstellen.

Anwendungsgebiete sind in der elektronischen Fotografie zu suchen, bei der ein Bild in einem Fotoapparat zunächst aufgenommen und elektronisch gespeichert wird. In einem zweiten Schritt erfolgt der Ausdruck des Fotos auf einem Stück Papier.

Zu den Nachteilen dieser Druckertechnologie gehören:

- Durchschläge bzw. Kopien sind nur mit teurem Spezialpapier möglich
- Relativ hohe Anschaffungs- und Unterhaltskosten
- Geringe Druckgeschwindigkeit

Zu den Vorteilen zählen:

- Sehr geringe Geräuschentwicklung
- Verschiedene Schrifttypen möglich
- Hohe Auflösung
- Sehr gute Lesbarkeit (hoher Kontrast)

Thick-Ethernet

Eine Variante von → *Ethernet.*

Thin Client

Bezeichnung für einen abgespeckten PC, der vom Konzept des → *NC* abgeleitet wurde.

Grundidee ist auch hier, dass der herkömmliche Nutzer in einer geschäftlichen Client/Server-Umgebung (→ *Server*) zwar mehr Rechenleistung als ein → *Terminal* braucht, aber weniger als einen vollausgerüsteten und u.U. multimedia-fähigen PC. Der Thin Client ist jedoch für professionelle Nutzer konzipiert und soll seine benötigte Software nicht über das → *Internet* laden, sondern über eine lokale Infrastruktur.

Thin Clients verzichten auf Diskettenlaufwerk, CD-ROM-Laufwerk, Festplatte (nicht immer) und Lautsprecher. Sie sind jedoch mit einem leistungsstarken Prozessor, dem Stand der Technik entsprechendem RAM und einer entsprechenden Grafikkarte ausgestattet.

Dies führt einerseits bei den Investitionskosten zu Einsparungen als auch bei den laufenden Betriebskosten, da wegen der fehlenden Festplatte keine Programme und Konfigurationen dezentral auf vielen Thin Clients, sondern nur auf wenigen Servern verwaltet werden müssen.

Thin-Ethernet

Eine Variante von → *Ethernet.*

Thread

1. → *Multithreading.*
2. Im → *Usenet* des → *Internet* oder auch in anderen → *Foren* von → *Online-Diensten* oder → *Mailbox*-Systemen die Bezeichnung für eine Folge von inhaltlich zusammenhängenden und aufeinander eingehenden → *Postings.*

Throtteling

Bezeichnet bei → *Mikroprozessoren* das temporäre und rhythmische Anhalten des Prozessors zu Stromsparzwecken, wenn keine Rechenleistung benötigt wird.

Thuraya

Bezeichnung für ein Projekt für regionalen → *Satellitenmobilfunk*, bei dem zwei Satelliten auf einer geostationären Umlaufbahn (→ *GEO*) auf der Position 44° Ost mit 96 → *Spotbeams* Bereiche in Südeuropa, Nordafrika, auf der arabischen Halbinsel und bis Indien mit Schwerpunkt im Mittleren Osten abdeckt. Die gesamte Kapazität liegt bei 12 000 gleichzeitigen Verbindungen. Geplant ist eine Lebensdauer von 12 bis 15 Jahren.

Vorgesehen ist ein Dual-Mode-Betrieb der Handys, d.h., die Mobilstationen unterstützen den → *GSM*-Standard und Thuraya. Angeboten werden alle GSM-Dienste der Phase 2. Die Verbindung in die terrestrischen Festnetze stellen 10 bis 20 Gateways sicher.

Konzipiert wurde das System von der Alcatel mit Unterstützung der Vereinigten Arabischen Emirate. Die Satelliten werden von Hughes Electronics Corp. gebaut. Betreiber ist die Thuraya Satellite Telecommunications Co. mit Sitz in Abu Dhabi in den Vereinigten Arabischen Emiraten, an der aus Deutschland die → *DeTeCon* beteiligt ist.

→ *http://www.thuraya.com/*

THX

1. Abk. für Tom Holman Experiments.

   Benannt nach dem Entwickler Tom Holman, dem Tonmeister von Lucasfilms. THX ist ein Qualitätsstandard für Tonfilm. Dabei wird kein technisches System vorgeschrieben, sondern lediglich ein optimaler Zustand der Raumakustik, des Bildes und des Tones definiert. Es ist gleichgültig, wie dieser dann erreicht wird.

   Für kleinere Kinos eine ideale Alternative zu den großen, teuren, digitalen Systemen wie → *SDDS*, → *Dolby* oder → *DTS*. Das THX-Prädikat muss durch eine Zertifizierung nach elektroakustischer Prüfung erworben und durch weitere jährliche Prüfungen immer verlängert werden.

   → *http://www.thx.com/*
2. Abk. für Thanks.

   → *Chat Slang.*

TI

Abk. für Texas Instruments.

Ein großer amerikanischer Hersteller von elektronischen Bauteilen, Taschenrechnern sowie Geräten der Messtechnik mit Sitz in Dallas/Texas. In früheren Zeiten auch Hersteller von Computern wie z.B. dem → *Home-Computer* → *TI 99/4.* Gegründet wurde TI ursprünglich im Jahre 1930 unter dem Namen Conrado Corporation mit dem Zweck, Geräte für die Erdölexploration herzustellen und geologische Formationen damit im Auftrag für Ölgesellschaften zu erkunden. Erst 1951 erfolgte die Umbenennung in Texas Instruments.

Der große Erfolg stellte sich schlagartig mit dem Start der Serienfabrikation des → *Transistors* im Jahre 1956 und der Vorstellung des ersten Transistorradios im gleichen Jahr ein. TI war innerhalb kürzester Zeit zum globalen Hauptlieferanten für Transistoren geworden.

Wenig später macht 1958 das Unternehmen mit der Erfindung des integrierten Schaltkreises (→ *IC*) erneut Schlagzeilen.

In den 70er Jahren machte sich das Unternehmen mit der Entwicklung des → *Taschenrechners* einen Namen. Erstes

Produkt war der TI-2500 DatMath, zunächst mit LED-Anzeige. Er kam 1972 auf den Markt.

→ *http://www.ti.com/*

TI 99/4

Bezeichnung für einen frühen → *Home-Computer* aus dem Hause Texas Instruments (→ *TI*). Er kam im Juni 1978 für 1 150 $ mit Farbmonitor auf den Markt. Ausgestattet war er mit dem 16-Bit-Mikroprozessor TI 9940.

1980 brachte TI eine 90 KByte Floppy, bestehend aus einem Controller für 300 $ und Laufwerk für 500 $, ein Modem (300 bit/s) für 225 $, eine RS-232 Schnittstelle für 225 $ sowie einen Thermo-Drucker mit 5 * 7 Matrix für 400 $ auf den Markt.

Wegen schlechter Tastatur, nicht vorhandener Software und seiner Langsamkeit war ihm jedoch kein Erfolg beschieden. So wurde er nach einiger Zeit für nur noch 99 $ angeboten und ausverkauft.

TIA

1. Abk. für Telecommunications Industry Association.

   Ein Verband in den USA, der sich als Vertretung von Herstellern und Dienstleistern im Bereich der Telekommunikation versteht und Standards mitentwickelt.

   Eine nachgegliederte Organisation ist die Multimedia Telecommunications Association.

   → *http//www.tiaonline.org/*

2. Abk. für Thanks in Advance.

   → *Chat Slang*.

TIC

Abk. für Token-Ring Interface-Card.

→ *Token-Ring*.

TIFF

Abk. für Tagged Image File Format.

Bezeichnung eines Dateiformates für gerasterte Bilder (→ *Pixelgrafik*) aus dem Hause Aldus. Die Bilder können verlustlos komprimiert sein oder nicht. Falls Kompression genutzt wird, basiert diese auf → *LZW*.

Mit Hilfe von speziellen Markierungen innerhalb der gespeicherten Grafik, genannt Tags, können Anwendungen, welche die Grafikdatei verarbeiten sollen, verschiedene Teile der Grafik anzeigen. Die Anwendung kann dann, z.B. anhand der Auflösung des vorhandenen Monitors, entscheiden, ob dieser Teil der Grafik angezeigt oder ignoriert wird.

Es gibt verschiedene Formate, die als Gruppen bezeichnet werden, z.B. TIFF Group oder TIFF Group 5.

→ *http://home.earthlink.net/~ritter/tiff/*

→ *http://www.libtiff.org/*

TIGA

Abk. für Texas Instruments Graphic Adapter.

Bezeichnung für einen Standard für Grafikkarten für PCs. Speziell für professionelle Anwendungen (→ *DTP*) geeignet.

Die Auflösung ist größer als 1 280 * 1 025 Pixel mit üblicherweise 256 aus 16 Mio. Farben. Die → *Bildwiederholfrequenz* liegt bei 60 oder 70 Hz.

Vorteil dieses Standards (ähnlich wie auch bei → *XGA*) ist ein eigener Grafikprozessor (34 010 mit 16 Bit oder 34 020 mit 32 Bit) auf der Grafikkarte.

Tiger

Bezeichnung für ein → *Betriebssystem* für Video-Server aus dem Hause Microsoft. Die dazugehörige Oberfläche ist → *MITV*.

TILU

Abk. für Telecommunications Industry Liaison Unit.

Bezeichnung einer Abteilung des FBI in den USA, die für Kontakte zu Standardisierungsgremien zuständig ist und diesen (insbesondere dem → *ECSP*) auf dem Gebiet des zulässigen, kontrollierten Überwachens (Abhören, Fangschaltung etc.) zuarbeitet.

TIM

Abk. für Trace Identifier Mismatched.

TIME

Abk. für Telecommunications, IT, Media and Entertainment.

Insbesondere im angelsächsischen Sprachraum verbreitete Abkürzung, die die vermeintliche industrielle → *Konvergenz* der vier Industriebereiche Telekommunikation, Computerindustrie, Medien und Unterhaltungsindustrie beschreibt.

→ *NII*.

Timeout

Bezeichnung für ein Kontrollsignal, das besagt, dass eine Aktion in einem technischen System abgebrochen werden soll, da die hierfür normalerweise benötigte Zeit abgelaufen ist.

Es dient dazu, unkontrollierte Zustände (Warten, Endlosschleifen) zu verhindern und Systemressourcen zu schonen.

Timesharing (-System)

Bezeichnung für eine Eigenschaft von → *Betriebssystemen*, die Rechenkapazität unter mehreren Nutzern aufzuteilen und sie nur für eine kurze Zeit (Zeitscheibe) einem Nutzer exklusiv zur Verfügung zu stellen. Dadurch können mehrere Nutzer simultan den Computer nutzen und haben dadurch den Eindruck, der Computer stünde ihnen allen gleichzeitig zur Verfügung.

Die Nutzer sind oft über → *Terminals* an die Computer, dann genannt → *Host*, angeschlossen.

Timesharing-Systeme wurden in den 60er Jahren entwickelt und waren die Folgestufe von → *Multiprogramming*-Systemen.

Oft wird Fernando Corbato vom → *MIT* als Entwickler des ersten Timesharing-Systems im Jahre 1961 genannt, als er für eine IBM 7090/94 ein CTSS (Computer Time-Sharing System) entwickelte. Im Jahre 1966 veröffentlichte er seine Erkenntnisse zusammen mit seinem Kollegen Robert Fano in dem Aufsatz „Time-Sharing on Computers“ in der Fachzeitschrift ‚Information‘.

Timeslot

→ *Slot.*

TINA-C

Abk. für Telecommunications Informations Networking Architecture Consortium.

Bezeichnet eine 1992 gegründete weltweite Arbeitsgruppe von 37 Netzbetreibern, Geräte- und Softwareherstellern sowie Dienstanbietern. Das Ziel des Konsortiums ist die Entwicklung einer Architektur auf Basis verteilter Systeme, die als Rahmen für die Spezifikation auf Telekommunikationsnetzen basierter Dienste und Anwendungen dient, damit insbesondere die Software standardisiert werden kann. Es soll so die Diensteentwicklung losgelöst von der darunter liegenden technischen Infrastruktur ermöglicht werden, d.h., die Dienste und die Art und Weise, wie sie konkret zur Verfügung gestellt werden, sind voneinander getrennt. Ein einheitliches Dienstkonzept kann damit auf verschiedenen Netzplattformen realisiert werden und braucht nur einmal entwickelt zu werden.

Die Laufzeit der ersten Phase des Projektes war von 1993 bis 1997. In dieser Zeit wurde das Konzept fertiggestellt und simuliert. Dieser ersten Phase folgte eine zweite Phase von 1998 bis zum Jahre 2000.

Treibende Kraft bei der Gründung von TINA-C war die Erkenntnis der traditionellen Carrier, dass sie in der Zukunft nur dann eine wichtige Rolle bei der Gestaltung des Informationszeitalters spielen können, wenn sie Dienste und Anwendungen anbieten können, die über den traditionellen Datentransport hinausgehen. Dies aber erfordert ein weitaus komplexeres Netzmanagement und viele andere umfangreiche Protokolle als heute. Hieraus entwickelten verschiedene Carrier die Vision von Network- und Service-Providern, die losgelöst von den grundlegenden physischen Netzen Ressourcen verschiedener anderer Network- und Service-Provider zu netzübergreifenden Diensten und Anwendungen zusammenstellen und vermarkten können. Diese Zusammenarbeit über traditionelle Netz-, Unternehmens- und auch Industriegrenzen hinweg sorgte für einen neuen Ansatz, der im TINA-C mündete.

TINA-C beschreibt eine Menge von Prinzipien, Empfehlungen und Regeln für die Definition, Implementierung und Einführung für weite Teile der in TK-Systemen benötigten Software zur Kontrolle von Vermittlungen und zu OA&M-Zwecken (→ *O & M*). Dabei wird TINA-C selbst keine Standards definieren, sondern Standardvorschläge in andere Gremien einbringen. Ebenfalls definiert TINA-C keine Dienste, Dienstmerkmale oder Produkte, sondern nur einen Rahmen zu deren Definition durch Network- oder Service-Provider.

Bei seiner Arbeit greift TINA-C auf einige, bereits bestehende Grundlagen zurück. Diese sind:

- Objektorientierung (→ *OO*)
- Verteilte Systeme (Distributed Processing Environment, DPE; → *ODP*)
- Intelligente Software-Agenten (→ *Agents*)
- Multiservice-Network, z.B. auf der Basis von → *ATM*, das von der Infrastruktur und von der Vermittlungstechnologie her fähig ist, Schmal- und Breitbanddienste zu übertragen und zu vermitteln.

Die Logical Framework Architecture (LFA) und das Distributed Processing Environment (DPE) definieren die allgemeinen Anforderungen, wie z.B. technologische Aspekte, Spezifikation und Aufbau von Diensten, Managementarchitektur und Ressourcenverwaltung. Zur Beschreibung des Konzepts wird z.B. auf → *IDL* zurückgegriffen. Darüber hinaus werden wiederverwendbare Softwareroutinen (ähnlich → *IN*) definiert.

Alle durch TINA-C im Rahmen der Architektur definierten Objekte gehören einer von drei Klassen an:

- Computing Architecture: Sie beschreibt die Definition von Softwareobjekten und ihre Rolle im Rahmen des DPE.
- Service Architecture: Sie definiert einen Rahmen für Dienste, die mehrere Service- oder Network-Provider involvieren, sowie einen Lebenszyklus (Diensteentwicklung, Test, Markteinführung, Nutzung, Außerbetriebnahme).
- Network Resource Architecture: Auf verschiedenen Detaillierungsebenen wird ein Rahmen für die Nutzung von Netzen und Netzelementen unabhängiger Network-Provider durch verschiedene Dienste definiert.

Die am TINA-C beteiligten Unternehmen schickten ihre Wissenschaftler zu den → *Bellcore*-Laboratorien, wo seit dem Frühjahr 1993 die Arbeit läuft. Das Kernteam bestand seinerzeit aus 40 Wissenschaftlern und Entwicklern.

→ *http://www.tinac.com/*

Tintenstrahldrucker

Bezeichnung einer Klasse von → *Druckern*, die zu den → *Matrixdruckern* gehören und die die → *Nadeldrucker* beim Einsatz im privaten Bereich weitgehend ablösten.

Man unterscheidet vom Prinzip her die Bubble-Technik (Bubble-Jet-/Ink-Drucker, auch Thermal Ink Jet genannt) und die Drucktechnik mit Piezo-Elementen:

- Bei der im Hause → *HP* eher zufällig entdeckten Technik mit Piezo-Elementen wird das einen tintengefüllten Kanal umschließende Piezo-Element durch einen elektrischen Impuls zur Kontraktion gebracht, wodurch sich das Volumen des Kanals verringert und an einem Ende des Kanals ein Tintentropfen herausgespritzt wird. Derartige Geräte verfügen über Druckerköpfe mit 9, 12, 18, 24, 48 oder 64 Düsen.
- Bei der vom Hause Canon erfundenen Bubble-Technik wird die Tinte durch ein ringförmig um die Düse (Tintenkanal) angebrachtes Heizelement zum Sieden gebracht und durch den Druck der dabei entstehenden Gase aus einer Düse gepresst. Durch das Abkühlen der Gasblase entsteht ein Unterdruck in der Düse, der für ein Nachfließen des nächsten Tintentropfens sorgt. Es stehen zwischen 64 und 256 Düsen je Druckkopf zur Verfügung. Der Druckkopf wird bei einigen Herstellern zusammen mit den Tintenpatronen ausgewechselt, kann aber auch von denen ge-

trennt sein. Das zweite Verfahren hat den Vorteil, dass im Falle eines nach längerer Nichtbenutzung eingetrockneten Druckkopfes nicht auch der u.U. noch volle Tank mit ausgewechselt werden muss.

Ferner ist der Vorteil der Bubble-Technik, dass überhaupt die Entfernung des Druckkopfes möglich ist. Dies ist bei Druckern mit Piezo-Druckköpfen üblicherweise nicht der Fall.

Mit Feuerfrequenz wird im Zusammenhang des Tintenstrahldrucks die Frequenz bezeichnet, mit der die einzelnen Druckelemente (Düsen) angesteuert werden und einen Tropfen für einen Druckvorgang produzieren können. Sie liegt im einstelligen kHz-Bereich und beeinflusst die Druckgeschwindigkeit (gemessen in Seiten).

Diese Druckgeschwindigkeit liegt bei modernen Tintenstrahldruckern in Abhängigkeit der Vorlage und des gewählten Betriebsmodus (farbig oder s/w; Brief- oder Entwurfsqualität) zwischen 0,2 und 6 ppm (→ *ppm*).

Erster Tintenstrahldrucker, nachdem es den ersten → *Plotter* aus dem Hause Applicom schon 1978 gab, war ein Modell aus dem Hause HP im Jahre 1984.

Vorteile:

- In Anschaffung und Unterhalt günstiger als → *Laserdrucker*
- Höhere Auflösung als → *Nadeldrucker* (bis 1440 dpi)
- Wenige austauschbare Teile im Verbrauch (Tintenpatrone)
- Sehr leise

Nachteile:

- Erfordern etwas teureres Papier als Nadeldrucker
- Nicht ganz so gutes Druckbild wie Laserdrucker
- Ab ca. 20 Seiten Ausdruck pro Tag gelten Laserdrucker als preiswerter im Betrieb
- Ältere Modelle tendieren zum Schmieren

Einige Entwicklungsschritte auf dem Gebiet der Tintendrucktechnik waren:

1984

HP stellt fast parallel zu seinem neuen Laserjet-Drucker auch den neuen Tintenstrahldrucker ‚Thinkjet' vor. Er benötigt jedoch (teures) beschichtetes Spezialpapier.

Sein Nachfolger unter dem Projektnamen ‚Maverick' wird schon im Entwicklungsstadium gestoppt.

1990

HP hat den Deskjet fertig entwickelt und bringt ihn für rund 1 000 $ auf den Markt. Der Preis sinkt rapide, wodurch der Tintenstrahldrucker die bis dahin dominierenden Nadeldrucker vom Markt drängt.

1991

HP bringt den Deskjet 500C für farbigen Tintenstrahldruck auf den Markt.

Tischapparat 61

Bezeichnung für eine Serie von → *Telefonen* mit Wählscheibe, die von der damaligen Bundespost von 1963 bis in die 80er Jahre als Standardtelefon ausgeliefert wurde und sehr weit verbreitet war.

Das Grundmodell war zunächst nur in zwei Grautönen (hell und dunkel) lieferbar, ab 1972 dann aber auch in vier zusätzlichen Farben.

Die Serie beinhaltete auch Varianten zur Wandmontage.

TK

Im deutschen Sprachraum übliche Abk. für → *Telekommunikation.*

TK-Anlage

Anderes Wort für eine kleine → *Nebenstellenanlage* im privaten Bereich oder für kleine und mittlere Unternehmen.

TKG

Abk. für → *Telekommunikationsgesetz.*

TKLGebV

Abk. für Telekommunikations-Lizenzgebührenverordnung.

Bezeichnung für eine das → *Telekommunikationsgesetz* (TKG) ergänzende Verordnung, die die Lizenzgebühren festlegt, die von einem Lizenznehmer von im TKG festgelegten Lizenzen nach der Lizenzerteilung einmalig zu entrichten sind.

Mit den Gebühren sollen die Kosten des Bundes für das Verfahren der Lizenzerteilung und für die Kontrolle der Lizenznehmer durch die → *Regulierungsbehörde* gedeckt werden.

Die Lizenzgebühren für eine Lizenz der jeweiligen Klasse betragen gegenwärtig:

Lizenzklasse	Gebühr in DM
1	15 000 bis 5 000 000
2	15 000 bis 30 000
3	2 000 bis 10 600 000
4	2 000 bis 3 000 000

Die TKLGebV wurde gemeinsam von den Bundesministerien für Post und Telekommunikation, für Finanzen, für Justiz, für Wirtschaft und des Innern erarbeitet, am 23. Juli 1997 im Bundeskabinett verabschiedet und trat rückwirkend zum 1. August 1996 in Kraft. Veröffentlicht wurde es im BGBl, Teil I, Nr. 54 vom 31. Juli 1997.

→ *http://www.regtp.de/gesetze/00997/inhalt/*

TKO

Abk. für Telekommunikationsordnung.

Bezeichnung für die Verordnung über die Bedingungen und Gebühren für die Benutzung der Einrichtungen des Fernmeldewesens, gültig seit 1. Januar 1988 für alle nationalen TK-Dienste der Telekom. Löste seinerzeit die Fernmeldeordnung (→ *FO*), die Direktruf-Verordnung, die Telegramm-Verordnung und die Verordnung über Fernschreib- und Datex-Netze ab und straffte damit das Telekommunikationsrecht erheblich.

Für Telekommunikationsverbindungen mit dem Ausland galt entsprechend die Telekommunikationsordnung für Auslandsverbindungen (TKOAusl).

Die TKO wurde am 1. Juli 1991 selbst durch → *AGB*s abgelöst.

TKSiV

Abk. für Telekommunikations-Sicherstellungs-Verordnung. Bezeichnung einer das → *Telekommunikationsgesetz* (TKG) ergänzenden und auf dem Post- und Telekommunikationssicherstellungsgesetz (→ *PTSG*) basierenden Verordnung. Sie hat das Ziel einer Sicherstellung der Mindestversorgung mit Telekommunikationsdienstleistungen unter besonderen Bedingungen (Katastrophenfall, Verteidigungsfall). Dazu werden einerseits Art und Umfang dieser Telekommunikationsdienstleistungen definiert und andererseits betriebliche und organisatorische Maßnahmen zur Einräumung und Inanspruchnahme von Vorrechten bei der Inanspruchnahme dieser Telekommunikationsdienstleistungen, z.B. durch Behörden, die Bundeswehr, Organe des Zivilschutzes, Krankenhäuser etc. Ebenso wird ein Verfahren definiert zur Bestimmung der Institutionen, die in den besonderen Fällen Anspruch auf eine bevorrechtigte Nutzung haben.

→ *http://www.m-taube.de/tksiv.htm/*

TKV

Abk. für Telekommunikations-Kundenschutzverordnung. Bezeichnung für eine das → *Telekommunikationsgesetz* (TKG) ergänzende Verordnung, die dem Verbraucherschutz im Markt für Telekommunikationsdienstleistungen Rechnung trägt und zulässige Vertragspraktiken zwischen Network.- und Service-Providern, Wiederverkäufern und Endverbrauchern regelt.

Man unterscheidet die fast ausschließlich für die Deutsche Telekom gültige TKV 95 aus dem Jahre 1995 und eine TKV aus dem Herbst 1997, die sich an der TKV 95 orientiert, aber an die Besonderheiten des liberalisierten Marktes ab dem 1. Januar 1998 angepasst ist und dementsprechend für alle Anbieter von Telekommunikationsdienstleistungen gilt. Eine Ausnahme ist § 18, der ab dem 1. Januar 1999 gilt.

Die TKV vom Herbst 1997 wurde am 26. September 1997 durch den Bundesrat auf Vorschlag der Bundesregierung genehmigt und im BGBl, Teil I, Nr. 83 vom 18. Dezember 1997, S. 2910, veröffentlicht.

Sie enthält beispielsweise folgende Regelungen:

- Kunden können bei einem Wechsel von einem Netzbetreiber zum anderen ihre Nummer behalten, sofern sie ihren geografischen Standort nicht wechseln (→ *Nummernportabilität*).
- Die Anbieter von Telekommunikationsdienstleistungen müssen im Rahmen der technischen Möglichkeiten und datenschutzrechtlichen Vorschriften einen Einzelverbindungsnachweis (→ *EVN*) kostenlos anbieten.
- Bei ungewöhnlich hohen Rechnungsbeträgen, bei denen nach technischer Prüfung eine Manipulation und Missbrauch nicht auszuschließen sind, darf der Anbieter nur den unbeanstandeten Monatsdurchschnitt der letzten sechs Monate verlangen.
- Kunden können eine maximale Rechnungshöhe für eine Abrechnungsperiode vorgeben, nach der ein Telekommunikationsunternehmen weitere Dienstleistungen diesem Kunden gegenüber verweigern muss. Diese Regel dient dem Schutz vor Missbrauch. Wegen der damit verbundenen technischen Schwierigkeiten wurde diese Regel mehrfach von der Regulierungsbehörde außer Kraft gesetzt und ein Inkrafttreten verschoben. Zum 1. Januar 2001 wurde diese Regelung jedoch in Kraft gesetzt.
- Von dem Anbieter, der einen Kunden an das öffentliche Telekommunikationsnetz anschließt (in Deutschland in der Regel die Deutsche Telekom), kann der Kunde eine Rechnung erwarten, in welcher auch die Verbindungsentgelte aufgeführt sind, die für Verbindungen über fremde Netze (z.B. Fernverbindungen) anfallen. Für diese ist jeweils der betreffende Anbieter und die Summe der Verbindungsentgelte des Abrechnungszeitraums über dessen Netze anzugeben.
- Die Zahlung an diesen Rechnungssteller hat dann auch befreiende Wirkung für die Leistungen der anderen Anbieter, d.h., der Anbieter des Anschlusses leitet die Gebühren an die anderen Anbieter weiter.
- Kunden können zum Schutz vor Missbrauch Verbindungstypen kostenlos sperren lassen, z.B. internationale Verbindungen oder Verbindungen zu Mehrwertdiensten.
- Das Sperren eines Anschlusses ist erst nach einem Schuldenbetrag von 150 DM und einer Mahnung mit zweiwöchigem Zahlungsziel zulässig.
- Kunden eines Anbieters haben das Recht, über alle über sie gespeicherten Daten Auskunft zu erhalten.
- Kunden haben das Recht, in ein allgemein zugängliches, nicht notwendigerweise anbietereigenes Teilnehmerverzeichnis mit Namen, Adresse und Rufnummer eingetragen zu werden.
- Der Kunde braucht nicht bei seinem aktuellen Anbieter zu kündigen, sondern kann seine Kündigung einem neuen Anbieter mitteilen, der alle weiteren Formalitäten mit dem alten Anbieter abwickelt.

→ *http://www.regtp.de/gesetze/00991/inhalt/*

TKZulV

Abk. für Telekommunikations-Zulassungsverordnung. Bezeichnung für eine am 20. August 1997 beschlossene und am 1. September 1997 in Kraft getretene Verordnung des → *BMPT* für technische Anlagen der Telekommunikation. Veröffentlicht im BGBl, Teil I, vom 28. August 1997. Inhalte der Verordnung sind:

- Zulassungsverfahren
- Konformitätsbewertung
- Kennzeichnung
- Betriebsgrundsätze

Die Zeit von der Beantragung bis zur Erteilung einer Zulassung für Geräte wird auf vier Wochen festgelegt.

In Sonderfällen, z.B. Funkanlagen mit nur geringer Leistung, wird auf ein Zulassungsverfahren verzichtet, sofern die Bestimmungen des Konformitätsbewertungsverfahrens beachtet werden.

Umgekehrt ist für nicht-mobile Sendeanlagen mit einer Sendeleistung von über 10 W zusätzlich eine Standortbescheinigung der → *Regulierungsbehörde* über die Einhaltung der Richtlinien zum → *EMV* nachzuweisen.

→ *http://www.regtp.de/gesetze/00996/inhalt/*

TLA

Abk. für Three-Letter-Acronym.

Scherzhafte Bezeichnung für den Umstand, dass in der Telekommunikations- und IT-Branche sehr viele Abkürzungen existieren, die üblicherweise alle aus drei Buchstaben bestehen.

→ *Chat Slang*, → *Tech-Talk*.

TLC

Abk. für tender loving care.

→ *Chat Slang*.

tld

Abk. für Top-Level-Domain.

Bezeichnung für die oberste → *Domain* einer Adresse im → *Internet* nach dem RFC-822-Format. Die tld besteht entweder aus einer Länderkennung (de für Deutschland, uk für Großbritannien, se für Schweden etc.) oder einer Kennung, die die Art des Nutzers anzeigt, also edu für Teilnehmer aus dem Erziehungs- oder Bildungsbereich, mil für Militär, gov für Behörden, org für Organisationen aller Art usw.

→ *DNS*.

TLI

Abk. für Transfer Layer Interface.

Tln

Abk. für Teilnehmer.

Bezeichnung für den Nutzer eines Telekommunikationsdienstes.

TlnKg

Abk. für Teilnehmerkennung.

T & M

Abk. für Test and Maintenance, Probebetrieb und Wartung.

TM

1. Abk. für Transmission and Multiplexing.
2. Abk. für Traffic Management.

   Bezeichnet eine vom ATM-Forum (→ *ATM)* entwickelte Klassifikation für verschiedene Anwendungen und deren Anforderungen an bestimmte Qualitätsparameter, so dass jede Anwendung ihre Quality-of-Service (→ *QoS*) erhält.

   Grundidee von TM ist, dass es nicht zum Zellenverlust im Netz aufgrund von → *Congestion* kommen darf, sondern dass bereits vorher durch Information des Senders dieser die durch ihn am Rand des Netzes (Edge) generierte Verkehrslast entsprechend regelt, um eine Congestion und damit Zellenverlust innerhalb des Netzes zu vermeiden. TM definiert dafür verschiedene Mechanismen wie z.B. Forward Resource Management, Backward Resource Management und Explicit Rate.

TMA

1. Abk. für Telecommunications Managers Association.

   Bezeichnung eines internationalen Berufsverbandes für Führungskräfte in der Telekommunikation.

   → *http://www.tma.org.uk/*
2. Abk. für The Messaging Alliance.

   Bezeichnung eines Zusammenschlusses der Hersteller von → *Voicemail*-Systemen in den USA.

TMN

Abk. für Telecommunication Management Network.

Bezeichnet allgemein in modernen (digitalen) Telekommunikationsnetzen alle Einrichtungen zur → *QoS*- und Netzkontrolle. Es ist als separates Netz realisiert (i.d.R. nach → *X.25*, im Zusammenhang mit TMN genannt Data Com-

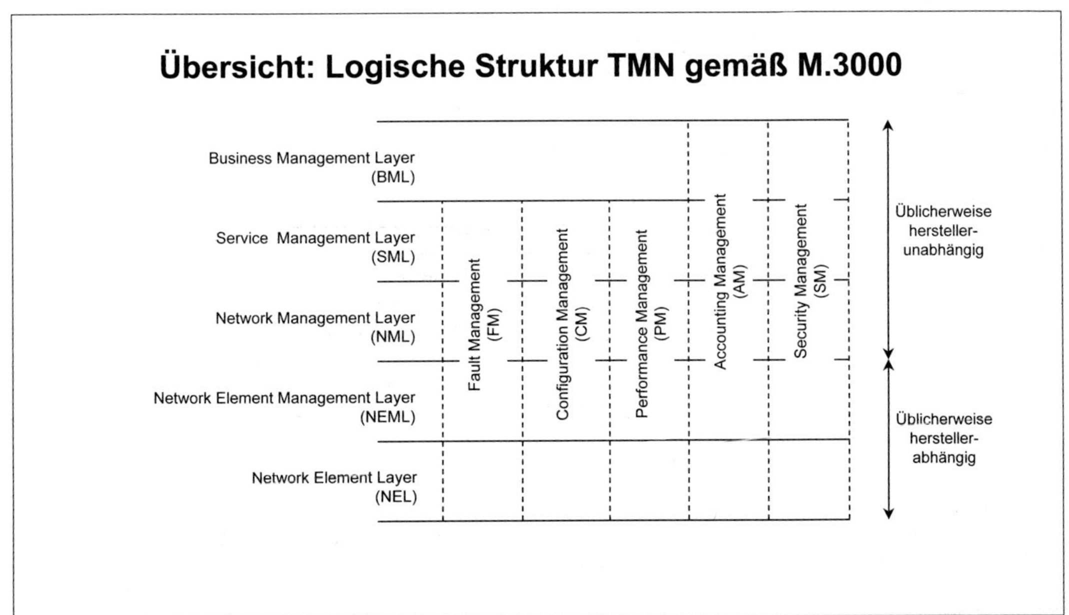

munication Network, DCN), über welches alle relevanten statistischen Daten zur Auswertung, Alarmmeldungen und Steuersignale zu einem → *OMC* geleitet werden. Die Schnittstelle vom Auswertesystem zum DCN wird als → *Q3* bezeichnet.

Darüber hinaus ist beabsichtigt, → *IN* in TMN zu integrieren. Dies soll letztlich zu einem System führen, in dem Service-Definition und Service-Verwaltung (inkl. Qualitätskontrolle und Abrechnung) integriert sind.

Systeme für TMN werden heute von verschiedenen Herstellern als verschiedene → *O & M*-Systeme angeboten. Es gibt aber internationale Bestrebungen bei der → *ITU*-T, TMN auf funktionaler Ebene zu standardisieren. Die relevanten Standards sind:

Standard	Inhalt
M.3010	Grundprinzipien eines TMN
M.3020	Modell für Schnittstellenspezifikation
M.3100	Generisches Informationsmodell eines TMN
M.3200	Überblick über TMN Management Services
M.3300	Bestimmte TMN-Dienste an der F-Schnittstelle
M.3400	Management-Funktionalitäten

Dabei wird das gesamte Geschäft des Anbietens von Telekommunikationsdienstleistungen und Telekommunikationsprodukten in vier Managementschichten abgebildet:

- Business Management Layer (BML): Diese oberste Schicht umfasst alle Funktionen zur betriebswirtschaftlichen und strategischen Führung eines Unternehmens im Markt für Telekommunikation bzw. einer seiner Organisationseinheiten. Das TMN liefert hierzu z.B. statistische Informationen zur weiteren Entwicklung von Diensten und Netzen.
- Service Management Layer (SML): Diese Schicht unterhalb des BML befasst sich mit allen Fragen der Dienstdefinition, -erbringung und Kundenbetreuung, d.h. mit der Sicherstellung der dem Kunden vertraglich zugesicherten → *QoS* (z.B. im Rahmen von Service-Level-Agreements, → *SLA*), der Rechnungsstellung (→ *Billing*) und dem Kundendienst.
- Network Management Layer (NML): Diese Schicht unterhalb der SML beschäftigt sich mit allen Fragen der technischen Infrastruktur, d.h. einem kompletten Netz oder auch einem Sub- oder Teilnetz, über welche die in der SML definierten Dienste dem Kunden zur Verfügung gestellt werden. Ein Beispiel ist die netzweite Überwachung der Lastverteilung, die Definition von Regeln zur Lastverteilung, die Definition von Routingtabellen und die Pflege eines Inventarsystems, in dem alle Netzelemente enthalten sind.
- Network Element Management Layer (NEML): Diese unterste Schicht unterhalb der NML befasst sich mit allen Fragen der Steuerung einzelner Bestandteile der technischen Infrastruktur (Netzelementen, NE), z.B. mit der Steuerung und Überwachung von Multiplexern, Konzentratoren, Vermittlungsstellen, Antennen etc. Die auf dieser Schicht genutzten Dienste sind alle im Netzelement selbst enthalten bzw. hängen direkt von den im Netzelement vorhandenen Ressourcen und Features ab.

Über diese vier Managementschichten werden fünf funktionale Aufgaben eines TMN gelegt, von denen sich aber nur

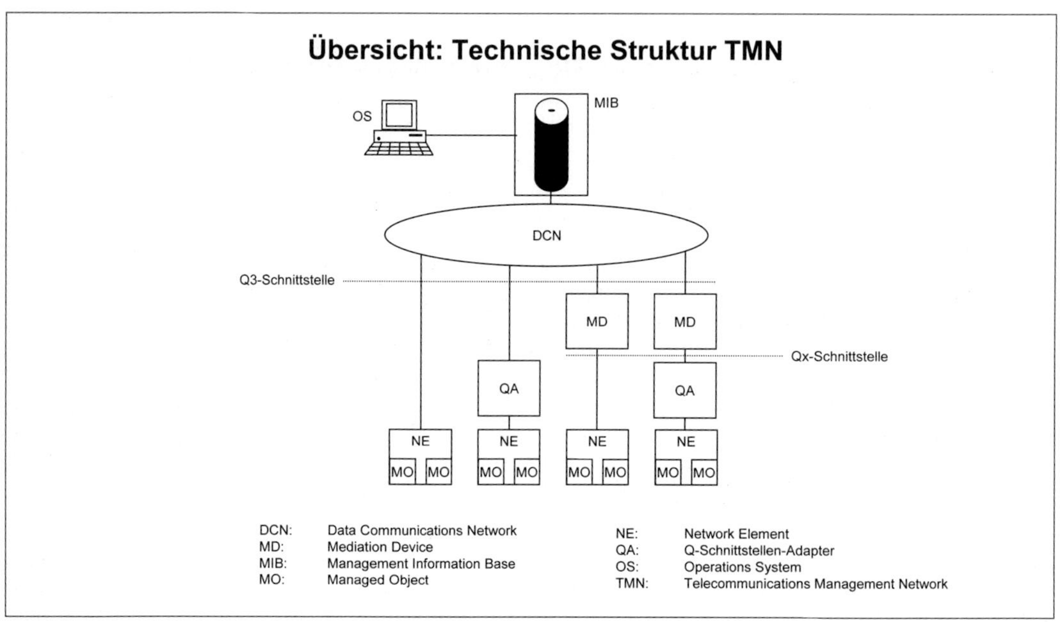

zwei bis in die obersten Schichten des Managementmodells erstrecken. Diese fünf Funktionsbereiche sind:

- Konfigurationsmanagement (Configuration Management, CM)
- Fehlermanagement (Fault Management, FM)
- Kunden- bzw. Gebührenmanagement (Accounting Management, AC): → *Billing*.
- Leistungsmanagement (Performance Management, PM): Mit den drei Bestandteilen:
  - Echtzeitüberwachung
  - Alarmhandhabung
  - Langzeitanalysen (Verkehrsmessungen, Lastmessungen)
- Sicherheitsmanagement (Security-Management, SM): Beobachtung von → *Fraud*.

Bestandteile des TMN sind üblicherweise → *OSF*, → *MF*, → *WSF*, → *NEF* und → *QAF*.

→ *ACSE*, → *CMIP*, → *CMISE*, → *CORBA*, → *NMA*, → *ROSE*, → *SMASE*, → *SEAS*, → *SNMP*.

→ *http://www.tmforum.org/*

TMNV

Abk. für → *TMN* für Vermittlungsstellen.

TMOS

Abk. für Telecommunication Management and Operating System.

Ein Produkt der schwedischen Firma Ericsson zur Steuerung und Verwaltung von Telekommunikationsnetzen. Dient zur → *O & M*.

→ *TMN*.

TNB

Abk. für → *Teilnehmernetzbetreiber*.

TNC

Abk. für Terminal Node Controller.

→ *AX.25*.

T-Netz

Bezeichnung eines → *Mailbox*systems, das aus dem → *Z-Netz* als eigenes Subnetz nach internen Querelen mit dem Anspruch hervorging, unbürokratischer und thematisch offener zu sein. Ende 1995 weitgehend aus dem Z-Netz ausgegliedert als eigene Newsgroup im → *Usenet*, doch gibt es Bestrebungen, die Selbständigkeit wieder herzustellen.

TNGebV

Abk. für Telekommunikations-Nummerngebührenverordnung.

Bezeichnung für eine Verordnung, die am 16. August von der → *Regulierungsbehörde* beschlossen und im Bundesgesetzblatt unter BGBl I Nr. 44 vom 31.08.99 veröffentlicht wurde.

Bei der Privatisierung der Deutschen Telekom ist das Eigentum an den Telefonnummern beim Staat in heutiger Gestalt der Regulierungsbehörde verblieben. Die Regulierungsbehörde übernimmt nach dem → *Telekommunikationsgesetz* von 1996 die Verwaltung (Zuteilung) der Telefonnummern in größeren Blöcken und hat das Recht, dafür eine Verwaltungsgebühr zu erheben.

Diese Gebührenordnung ist die TNGebV.

Die TNGebV traf vor allem die Deutsche Telekom AG, weil sie seinerzeit über fast alle Telefonnummern in den Ortsnetzen verfügte. Auf einmalig 500 Mio. DM wurde zunächst die Höhe der Gebühren für die Telekom geschätzt.

Die neuen Wettbewerber, die überwiegend Ferngespräche vermittelten, hatten seinerzeit nur wenige Rufnummern-Blöcke (je 10 000 Telefonnummern) bei der Regulierungsbehörde bestellt. Ihr Marktanteil bei den Endkunden lag bei deutlich unter 5%, so dass die für sie anfallenden Gebühren für Rufnummern auf weniger als 25 Mio. DM geschätzt wurden.

→ *http://www.regtp.de/gesetze/00971/inhalt/*

TNI

Abk. für Trusted Network Interpretation.

Bezeichnung eines in einem Dokument der → *NCSA* definierten Kataloges von Kriterien und Maßnahmen, mit denen sichere Datenübertragung über Telekommunikationsnetze zwischen Computern erzielt werden soll.

TNIC

Abk. für Telex Network Identification Code.

Bezeichnung für einen Code aus einem oder aus maximal zwei Buchstaben für verschiedene Telexnetze (nationale oder unterschiedlicher internationaler Betreiber). Festgelegt wurde der TNIC von der → *ITU* in der Empfehlung F.69.

→ *http://www.kloth.net/country.htm/*

T-Nova

→ *FTZ*.

tnx

Abk. für Thanks = Danke.

→ *Chat Slang*.

TO

Abk. für Telecommunications Operator.

TOA

Abk. für Time of Arrival.

→ *Location Dependent Service*.

TOG

Abk. für The → *Open Group*.

Toggeln

Regelmäßiges Wechseln zwischen zwei Zuständen. Ein Bitstrom 0101010101 etc. toggelt zwischen dem Zustand 0 und der 1.

Token

Von engl. token = Ticket, Fahrschein (Fahrberechtigung).

Ein spezielles Zeichen in Form eines Bitmusters, welches das Zugangsrecht zu einem physikalischen Medium steuert, das für Datenübertragungszwecke genutzt werden kann.

Eine sendewillige Station wartet, bis sie das Token erhält. Ist sie im Besitz des Tokens, hat sie die momentane Kontrolle über das Übertragungsmedium und somit das Senderecht. Die gesendeten Daten werden an die Nachbarstation weitergereicht, die prüft, ob die Daten für sie bestimmt sind und die Daten ggfs. an die nächste Station weitersendet.

Nach dem Senden wird das Token selbst auf dem Medium an die nächste Station gesendet, welche es bei Bedarf behält und nun ihrerseits ihre Daten senden kann. Bei einem derart organisierten Netzwerk spricht man oft von → *Token-Ring* oder Token-Bus. Es ist spezifiziert z.B. in IEEE 802.4 (Bus) und IEEE 802.5 (Ring). Beim Append-Token-Protokoll wird zwischen einem Frei-Token und einem Belegt-Token zur Anzeige des Status unterschieden. Der Belegt-Token wird an die Nutzdaten angehängt. Der Empfänger entfernt die Nutzdaten und hängt eine positive Quittung (ACK) daran, falls er sie korrekt empfangen hat. Hat er sie nicht korrekt empfangen, hängt er eine negative Quittung (NAK) daran und fordert damit den Sender zum erneuten Senden auf. Vorteile der Token-Strategie sind die Stabilität und der hohe Durchsatz in Hochlastfällen sowie Fairness, da alle Stationen gleich behandelt werden. Es kann eine maximale Zeit vorhergesagt werden, die eine Station bis zum Senden warten muss.

Token-Protokolle sind schon länger bekannt, kamen jedoch erst 1986 zum Durchbruch, als IBM zuvor sein → *Token-Ring*-Protokoll vorstellte.

Token-Verfahren können auch auf anderen Netztopologien als Ringe eingesetzt werden. In diesen Fällen bilden die Stationen jedoch logisch durch ihre Adressen einen Ring und geben in dieser Form über die physische Topologie das Token weiter. Die Reihenfolge ist durch die Adressen in Tabellen festgelegt, die in den Stationen gespeichert sind.

Fällt eine Station aus oder kommt eine Station neu hinzu, werden die Tabelleneinträge in der logisch folgenden und vorhergehenden Station durch gesonderte Verfahren aktualisiert, so dass die neue Station in den Ring eingebunden wird.

Token-Ring

Oberbegriff für ein deterministisches LAN-Übertragungsprotokoll nach dem technischen Standard der → *IEEE* 802.5 mit einer Übertragungsrate von 4 Mbit/s oder, seit 1989 im Standard vorgesehen, 16 Mbit/s. Maßgeblich entwickelt wurde der Standard von der IBM für ursprünglich 4 Mbit/s. Als Medium wird für 4 Mbit/s → *UTP* benutzt, obwohl heute für höhere Geschwindigkeiten → *STP* gebräuchlich ist. Auf dem Medium wird mit → *Manchester-Codierung* übertragen.

Die Stationen werden an das Medium, von dem üblicherweise zwei für Ersatzschaltungen im Fehlerfall verlegt sind, mit Hilfe von Multistation Access Units (MAU) angeschlossen. Dort wird der Ring entsprechend der aktiven und passiven (ausgeschalteten oder gestörten) Stationen physisch durch Relais durchgeschaltet. Im Falle von gestörten Stationen werden diese einfach überbrückt, so dass sich der Ring wieder über sie schließt. Intelligente MAUs verfügen üblicherweise über Funktionen des → *Netzmanagements*.

Die MAUs können bei der Verwendung von verdrillter Zweidrahtleitung und passenden Verstärkern bis zu 750 m voneinander entfernt sein. Werden Glasfaserkabel genutzt, kann diese Entfernung bis auf 2 km steigen.

Der Token-Ring wurde ursprünglich 1985 vom Hause IBM als LAN-Topologie eingeführt.

Als Folge des steigenden Bandbreitenbedarfs wurde im Frühjahr 1998 von einem Konsortium eine Variante mit 100 Mbit/s (High-Speed-Token-Ring) auf den Markt gebracht;

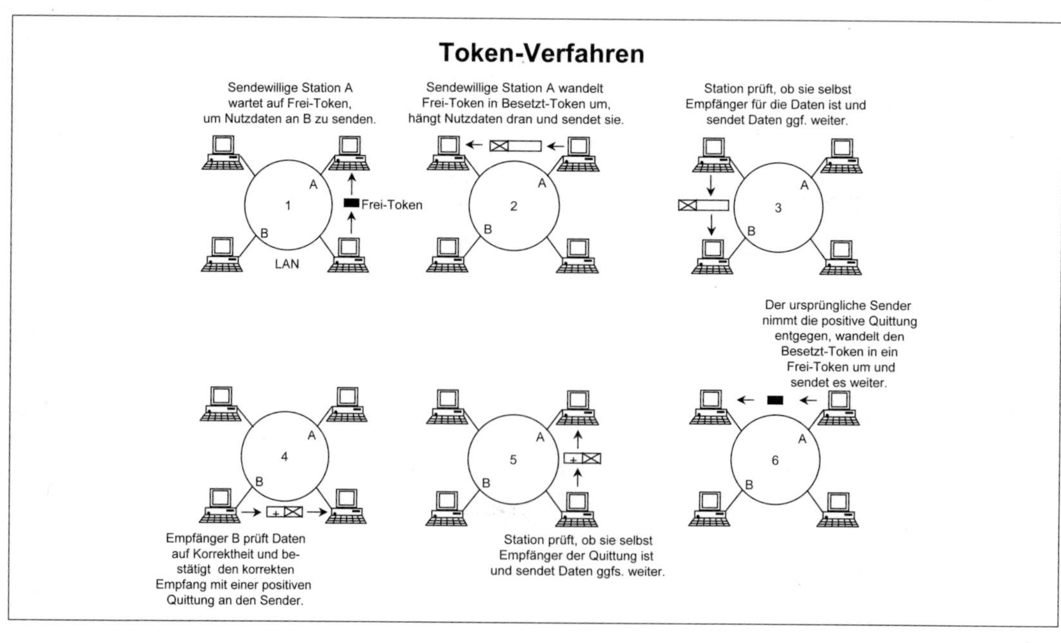
Token-Verfahren
Sendewillige Station A wartet auf Frei-Token, um Nutzdaten an B zu senden.
Sendewillige Station A wandelt Frei-Token in Besetzt-Token um, hängt Nutzdaten dran und sendet sie.
Station prüft, ob sie selbst Empfänger für die Daten ist und sendet Daten ggf. weiter.
A
B
1
2
3
Frei-Token
LAN
Der ursprüngliche Sender nimmt die positive Quittung entgegen, wandelt den Besetzt-Token in ein Frei-Token um und sendet es weiter.
4
5
6
Empfänger B prüft Daten auf Korrektheit und bestätigt den korrekten Empfang mit einer positiven Quittung an den Sender.
Station prüft, ob sie selbst Empfänger der Quittung ist und sendet Daten ggfs. weiter.

für 1999 war auch eine Version mit 1 Gbit/s geplant. Zwar verfügt Token-Ring über eine relativ hohe installierte Basis, für die ein Umstieg auf andere, schnellere Techniken im LAN-Bereich vielleicht wünschenswert wäre, jedoch ist angesichts der weiter fortgeschrittenen Techniken wie → *Gigabit Ethernet* und → *ATM* fraglich, ob Token-Ring-Nutzer auf High-Speed-Token-Ring aufrüsten würden.

Toll Free Number, Toll Free Service

→ *Freephone*.

Toll-Office

In Nordamerika die Bezeichnung für → *Vermittlungsstellen* im Fernverkehr.

Toll Quality

Englischsprachige Bezeichnung für einen Qualitätsmaßstab für Sprachübertragung im öffentlichen Telefonnetz.

Unter Toll Quality versteht man dabei die ganz normale Sprachqualität, die über einen herkömmlichen Anschluss bei einem Ferngespräch über ein leitungsvermittelndes Netz erzielt werden kann. Die Sprachkommunikation erreicht dabei eine Höhe, die eine Sprecheridentifikation und einen natürlichen Sprachfluss sowie nur wenige störende Nebengeräusche (Rauschen, Knistern) zulässt.

Toll Saver

Bezeichnung eines Leistungsmerkmals von Anrufbeantwortern. Dabei wird bei der Fernabfrage dem abfragenden Anrufer mitgeteilt, ob Anrufe abzuhören sind oder nicht, indem im ersten Falle nach zweimaligem Klingeln der Anruf entgegen-genommen wird und sonst (keine Anrufe abzuhören) fünfmal geklingelt wird, d.h. der Anrufer braucht nur den Rufton mitzuzählen und spart, sobald er den Rufton dreimal gehört hat, Gesprächsgebühren.

Tonedialer

Auch Tonsender oder Tongenerator genannt. Bezeichnung für ein ca. zigarettenschachtelgroßes Gerät, das auf Knopfdruck Töne erzeugt, die in den Hörer eines → *Telefons* eingespeist werden können und die gleichen Frequenzen haben wie beim Tonwahlverfahren (→ *MFV*). Dadurch können auch alte Wählscheibentelefone weiter genutzt werden, wenn mit Hilfe eines Tonedialers Mehrwertdienste (→ *VAS*) oder auch → *Anrufbeantworter* ferngesteuert werden sollen.

Um derartige, neue Dienste zu pushen, vergeben in Ländern mit einem höheren Anteil von Wählscheibentelefonen die → *Carrier* oft gratis die Tonedialer.

Toner

Bezeichnung für die in einem → *Laserdrucker* verarbeiteten, thermoplastischen Materialien zur Durchführung des Druckvorganges. Der Toner haftet zunächst am Fotoleiter des Laserdruckers und wird von diesem auf das Druckpapier übertragen.

Tongenerator

→ *Tonedialer*.

T-Online

Bezeichnung für den aus Btx (Bildschirmtext) und schließlich Datex-J hervorgegangenen → *Online-Dienst* mit mittlerweile integriertem Internet-Zugang der Deutschen Telekom AG. Besonderes Kennzeichen ist dabei die Offenheit der Plattform, d.h., die technische Infrastruktur wird von der

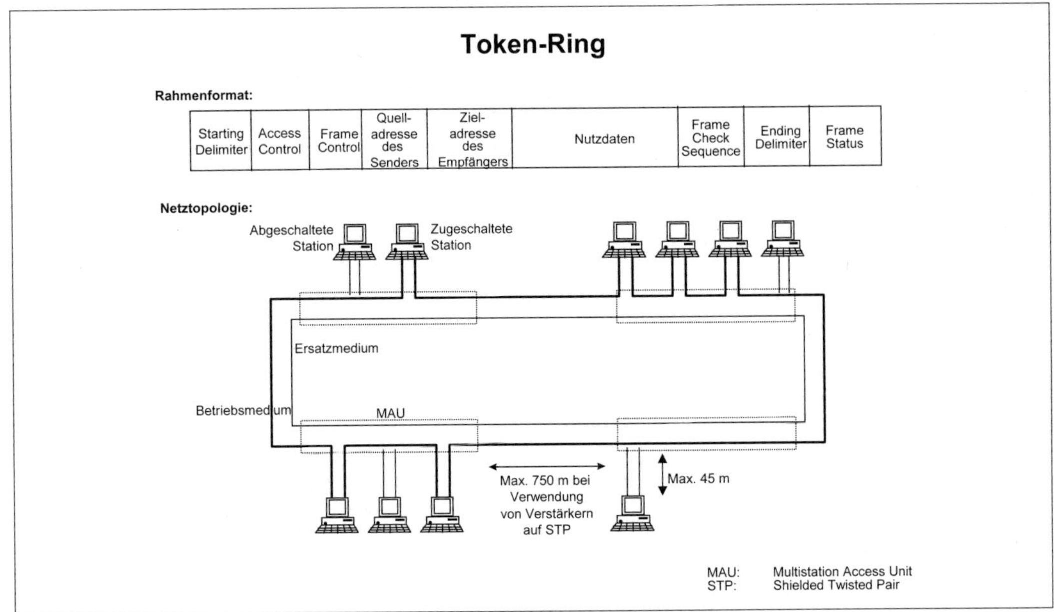

Telekom bereitgestellt, jedoch werden die Inhalte nicht von ihr speziell ausgewählt. Vielmehr kann jeder sich in das System als Anbieter einklinken.

Zugangsnetz ist das ISDN oder das analoge Telefonnetz, welches aber auch über das ISDN zu einer von 79 Btx-Vermittlungsstellen (zentrale Leitstelle in Ulm) mit bundesweiter einheitlicher Rufnummer zum Ortstarif geht.

Als Zugangsgeschwindigkeiten sind 1,2; 2,4; 4,8; 9,6; 14,4; 28,8 oder 64 kbit/s möglich, wobei mittlerweile dem Stand der Technik 14,4 kbit/s oder höher üblich sind. Ein Gateway zu anderen Diensten und externen Rechnern steht über → *Datex-P* zur Verfügung. Externe Rechner kommunizieren über das EHKP oder X.29 mit den Btx-VSt. Eine Umstellung auch auf → *IP* ist geplant. Aktueller Standard zur Darstellung der abrufbaren Informationen ist → *KIT*, der abwärtskompatibel zum CEPT-Standard ist.

Primäre Anwendung ist der Abruf von auf Servern abgelegten Informationen aller Art (Flug- und Bahnpläne etc.). Dies erfolgte zunächst über einen proprietären Standard. Dieses System hieß bis Ende 2000 immer noch Btx und danach „T-Online Classics". Zusätzliche Dienste zu dem Basisdienst des Informationsabrufs sind: Senden und Empfangen von Telexnachrichten, E-Mail an andere T-Online-Nutzer, Internet E-Mail, WWW, Versenden einer Nachricht an Cityruf-Teilnehmer, Senden von Fax.

Zusätzlich stehen Gateways zu allen anderen europäischen Videotex-Systemen mit CEPT-Standard zur Verfügung.

Mit Btx können auch Daten übertragen werden, weswegen Btx lange Zeit ein für kleine Betriebe gut nutzbares System zur Datenübertragung kleinerer Datenmengen war. Es konnte somit eine Alternative zu einem Anschluss an ein → *X.25*-Netz sein. Auch besteht innerhalb von T-Online die Möglichkeit der Bildung von → *CUGs*. Mittlerweile spielen diese Überlegung seit dem Erfolg des Internet und der Einführung von auf IP-basierenden → *VPN*s jedoch keine besonders große Rolle mehr. Vielmehr ist T-Online mittlerweile als Internet-Zugangsdienst im Privatkundenbereich positioniert.

Die Entwicklung war über die Jahre hinweg vom großen Flop und Verlustbringer Btx und dem Erfolg von Datex-J und anschließend T-Online gekennzeichnet. Die Wandlung resultiert primär von einer Änderung des Marketingkonzeptes, das Datex-J nicht mehr als Videotex-System oder als datenorientierten Mehrwegdienst vermarktete, sondern als echten Online-Dienst und später als Internet-Zugang mit einem Nutzenversprechen positionierte.

Die Annahme, dass private Haushalte auf Basis des Fernsehers massenhaft den Dienst nutzen würden, erwies sich für Btx in den 80er Jahren als falsch. Mittlerweile wird dieses Konzept trotzdem international erneut aufgegriffen (→ *WebTV*), wenngleich auch dort die Erfolge bescheiden sind.

Die Nutzung für geschäftliche Anwendungen entwickelte sich hingegen zunächst besser als erwartet. Später kamen die weite Verbreitung des PCs und der generelle Erfolg der Online-Dienste (insbesondere des → *Internet* mit dem → *WWW*) hinzu und gab den privaten Nutzern einen Schub.

Grundlage der Neuausrichtung als Datex-J war eine Fokussierung auf den PC als Endgerät und eine Vielzahl technischer Änderungen: bundesweit einheitliche Nummer, Zugriff zum Ortstarif, Steigerung der Zugriffsgeschwindigkeit (ISDN).

Darüber hinaus wurde die Dienstpalette um den Zugang zum Internet (E-Mail, WWW) erweitert. Eine weitere wichtige Neuerung war auch der neue multimediale Grafikstandard → *KIT*.

Das Ursprungssystem Btx wurde durch die Tastatur gesteuert, wobei den Sonderzeichen * und # in Verbindung mit numerischen Bediencodes besondere Bedeutung zukam.

Die folgende Tabelle gibt einen Überblick über Bediencodes:

Code	Bedeutung
#	Eine Seite weitergehen
*#	Eine Seite zurückgehen
**	Eingabekorrektur
*0#	Gehe zur Startseite von T-Online
*00#	Reload der aktuellen Seite
*029#	Schließe aktuelle Eingabe ab
*03#	Zurück zur nächsthöheren Ebene
*05#	Zeige Inhalte an
*09#	Reload mit aktualisierten Feldern
*103#	Gehe zum Schlagwortverzeichnis
*1038#	Gehe zum Verzeichnis mit Städten, Ländern und Regionen
*12#	Gehe zum Anbieterverzeichnis
*55#	Zeige letzte Liste der Anbieter erneut an
*72#	Ändere persönliches Kennwort
*76#	Gehe zur Mitbenutzerverwaltung
*77#	Ändere Nutzungskennwort
*9#	Wenn auf externem Rechner: Verlasse externen Rechner und Rückkehr ins T-Online-System Wenn in T-Online: T-Online beenden
*90#	Zeige Teilnehmerdaten an
*91#	Erneute Anmeldung beim System mit anderer Kennung
*92#	Zeige Nutzungsdaten an
*93#	Zeige Teilnehmerdaten und Einwahlknoten an
*94#	Zeige Daten des aktuellen T-Online-Anschlusses an.

Die Entwicklung von Btx über Datex-J zu T-Online nahm folgenden Verlauf:

1970 bis 1973

Der Brite Sam Fedida, Ingenieur im British Post Office, stellt fest, dass das Teure bei der Informationsbeschaffung die Kosten für einen professionellen Recherchedienst sind. Der Grund dafür ist, dass man zur Beherrschung von Abfrage- und Suchsprachen für Datenbanken speziell ausgebildet sein muss. Er konzipiert in Gedanken ein einfaches, seitenbasiertes, sachlogisch aufgebautes Katalogsystem, in dem jeder sich seine benötigten Informationen selbst suchen kann. Zur Steuerung des Systems greift er auf die bislang nicht benutzten Sondertasten des Telefons (*, #) zurück und definiert mit ihrer Hilfe die grundlegendsten Funktionen (Vor- und Zurückblättern etc.).

Mitte der 70er Jahre
Fedida entwickelt auf Basis seines Konzeptes ‚Viewdata' in Großbritannien mit der Absicht, einen Informationsdienst zu ermöglichen, der von privaten Teilnehmern mit im Haushalt bereits vorhandenen Geräten (Telefon, Fernseher) genutzt werden kann.

Frühjahr 1976
Fedida besucht das FTZ in Darmstadt und demonstriert das britische → *PRESTEL*-System in einem Lieferwagen über eine Mietleitung nach London.

September 1977
Auf der IFA in Berlin wird ein Videotext-Demonstrator präsentiert. Eine Umfrage unter Messebesuchern beweist starkes Interesse.

1977 und 1978
Nichtöffentliche Tests im Labor des FTZ.

1978
Standardisierung eines Videotext-Systems bei der → *CEPT* beginnt. Der Begriff Videotext wird von der CCITT eingeführt.

März 1978
Das Versandhaus Quelle zeigt erste Tele-Shopping-Anwendungen mit einem Videotext-System im Wembley Conference Center in London.

September 1979
Auf der IFA wird eine nationale Variante des nun Bildschirmtext (Btx) genannten Systems präsentiert, in dem bereits 350 Anbieter vertreten sind.

1980
Eine Unternehmensberatung sagt dem System eine große Zukunft voraus, da es das ideale Kommunikationsinstrument für → *KMUs* darstellt.

2. Juni 1980
In Berlin und Neuss starten zwei Feldversuche mit je 1 000 Geschäfts- und 2 000 Privatkunden, die das britische Alpha-Prestel-System nutzen. Die Feldversuche sollen ca. 46 Mio. DM gekostet haben und wiesen eine hohe Akzeptanz nach, wobei Nachrichten und Warenpräsentationen im Vordergrund standen.

12. November 1980
Der erste externe Rechner wird zugeschaltet.
Erstmals laufen Tele-Banking (Verbraucherbank), Tele-Shopping (Versandhäuser Neckermann, Otto und Quelle) und eine Reisebuchung (TUI) auf dem System.

Mai 1981
CEPT verabschiedet nach langen Verhandlungen den Standard CEPT/T/CD-06-01, der ein Kompromiss zwischen → *PRESTEL*, → *Antiope* und zusätzlichen deutschen Elementen ist.

Juni 1981
Nach ersten Resultaten der Feldversuche fällt die Entscheidung, Btx bundesweit bis 1985 einzuführen.

November 1981
Auftragsvergabe an IBM, eine entsprechende Infrastruktur für bis zu 150 000 Teilnehmer zu konzipieren und aufzubauen.

1982
Das BMPT schätzt den Bedarf an Modems bis 1985 auf 400 000 und bestellt diese bei Atari.
Die Unternehmensberatung Diebold prognostiziert die Zahl der Teilnehmer für 1986 auf 1 Mio. und die Zahl der Anbieter auf 50 000. Für 1987 werden 1,5 Mio. Teilnehmer erwartet.

18. März 1983
Der Btx-Staatsvertrag wird nach langen Verhandlungen über den gläsernen Bürger, Datenschutz und Gefahr für den Rundfunk unterschrieben. Kritiker sahen in Btx die Möglichkeit, dass der Staat den Bürger ausspionieren könnte.

September 1983
Offizieller Start von Btx auf der IFA in Berlin, noch mit einer Zwischenlösung, bedingt durch die Umstellung auf den CEPT-Standard, was die technische Komplexität und damit die Kosten für Anbieter und Decoderhersteller erhöht. Es werden weitere ausgesuchte Teilnehmer in Frankfurt, Hamburg, München und Stuttgart angeschlossen. Noch kein offener Zugang für jedermann.

Ende 1983
10 155 Teilnehmer. 140 Ortsnetze haben Zugang zum System.

Juni 1984
Auf der Telematica in Stuttgart wird Btx mit CEPT-Standard offiziell in Betrieb genommen.
Ein Decoder kostet ca. 2 500 DM.

Ende 1984
Btx hat 21 329 Teilnehmer.
Alle Ortsnetze mit mehr als 3 000 Teilnehmern haben Zugang zu Btx.
Es zeichnet sich ab, dass die Zuwachszahlen nicht so wie erwartet sind.

Frühjahr 1985
Der 100. Dienstanbieter wird angeschlossen.

Juni 1985
Bundesweiter Zugang zum Ortstarif.

Ende 1985
Btx hat 38 894 Teilnehmer.

Frühjahr 1986
Die damalige Bundespost bietet eigene Terminals an: Multitel.

Ende 1986
Btx hat 58 365 Teilnehmer.

1987
Erste PC-Anwendungen. Eine Btx-Karte kostet um die 1 000 bis 1 500 DM. Start einer langfristigen Neukundenbefragung, zunächst nur bei Geschäftskunden.

Frühjahr 1987
Zusätzlicher Dienst: Senden und Empfangen von Telexnachrichten.

Juni 1987
Zusätzlicher Dienst: Alphanumerische Suchfunktion und transparente Datenübertragung.
November 1987
Verbindung zum französischen Videotext-System Télétel.
Ende 1987
Btx hat 95 936 Teilnehmer.
1988
Liberalisierung des Endgerätemarktes in Deutschland. Erste Modems (2,4 kbit/s), die frei käuflich, aber von der damaligen Bundespost lizenziert sind, sind im Handel erhältlich.
März 1988
Btx überschreitet die Zahl von 100 000 Teilnehmern.
April 1988
Festlegung von Spezifikationen für Software-Decoder.
Juni 1988
Zusätzlicher Dienst: Senden von Nachrichten an → *Cityruf*-Empfänger.
Ende 1988
Btx hat 146 929 Teilnehmer.
1989
Zusätzlicher Dienst: Verbindung zum niederländischen Viditel-System.
Erste lizenzierte Software-Decoder ohne 100%ige CEPT-Kompatibilität. Innerhalb von zwei Monaten sind 24 verschiedene, preisgünstige Decoder auf dem Markt.
Siemens bringt das TV-Set (schnurlose, einfach zu bedienende Tastatur als TV-Fernbedienung mit Infrarot-Verbindung) für 298 DM auf den Markt und erschließt dadurch neue Nutzerkreise.
Entwicklung einer neuen und leistungsfähigeren Netzinfrastruktur beginnt.
Ende 1989
Btx hat 194 827 Teilnehmer.
März 1990
Zusätzlicher Dienst: Senden von Fax.
August 1990
Erster neuer Zugangsknoten in den neuen Bundesländern.
November 1990
Definition der neuen Technik (Struktur der Btx-Vermittlungsstellen, Verbindungen zu externen Rechnern (X.29) und Anschluss von ASCII-Terminals).
Ende 1990
Btx hat 260 111 Teilnehmer.
1991
Ende der Zwangslizenzierung von Software-Decodern durch die Telekom.
Mai 1991
Neuer Dienst: Verbindung zum Telebrief-System.
Juni 1991
Erste neue Marketing-Konzepte zum Relaunch des Systems.
Ende 1991
Btx hat 302 274 Teilnehmer.
1992
Nachdem sich abzeichnet, dass Btx die Wachstumsziele nicht erreicht, steigen verschiedene, große und wichtige Anbieter ganz oder teilweise aus (ADAC, Axel-Springer-Verlag, FAZ). Dies veranlasst die Telekom zur Verstärkung ihrer Aktivitäten im Marketingbereich, weshalb die 1&1 Telekommunikation GmbH in Montabaur mitgegründet wird.
Als eine erste Maßnahme werden Qualitätscontainer eingeführt. Erste Anbieter starten mit Cross-Marketing.
Die Zugangsgeschwindigkeit für Modems verdoppelt sich auf 2,4 kbit/s.
Erste ISDN-Zugänge werden eingerichtet.
Zugriff auf X.25-Netze, um internationale Datenbankanbieter anschalten zu können.
Sommer 1992
Punktuelle Inbetriebnahme der neuen Technik.
August 1992
Zusätzlicher Dienst: Über ein Gateway wird auch Telebox-400 zugänglich.
Oktober 1992
Relaunch des Systems unter der Bezeichnung Datex-J anlässlich der Telematica in Stuttgart.
Ende 1992
Btx hat 340 423 Teilnehmer.
Januar 1993
Zusätzliche Möglichkeit für Anbieter: Definition einer ersten Hauptseite (Homepage).
Einführung einer Gastkennung, die es Nicht-Btx-Teilnehmern an öffentlichen Terminals ermöglicht, auf die gebührenfreien Seiten zur Probe zuzugreifen.
Oktober 1993
Zusätzliche Dienste: Verbindungen zu Videotext-Systemen in Österreich, Schweiz und Luxemburg.
Volle Flächendeckung in den neuen Ländern.
Dezember 1993
Etablierung einer Arbeitsgruppe zur Definition eines neuen multimedialen Darstellungsstandards.
Ende 1993
496 671 Teilnehmer.
1994
Einführung einer bundesweit einheitlichen Zugangsnummer.
März 1994
Versuche mit Fotos in Datex-J.
Herbst 1994
Telekom und die Bundesländer einigen sich auf neue Systeme (Suchfunktionen und Übersichten) zur besseren Auffindbarkeit von Qualitätsinhalten.
7. November 1994
Präsentation des ersten multimedialen Decoders gemäß dem neuen KIT-Standard.
Ende 1994
704 000 Teilnehmer.
Januar 1995
Einführung eines neuen Suchsystems.
Zugangsknoten in Berlin und Frankfurt/M. mit 14,4 kbit/s.
März 1995
Zugangsknoten in Bonn, Düsseldorf, Hamburg, Hannover und München mit 14,4 kbit/s.
April 1995
Einrichtung von Verbindungen zu externen Rechnern mit 64 kbit/s.

1. Juli 1995
Änderung des Namens zu Telekom-Online und Verkürzung, kurze Zeit später, zu T-Online.
Einführung der Nutzungsmöglichkeit von Internet-Diensten wie → *telnet* oder → *FTP*.
September 1995
Zur IFA in Berlin Einführung von Internet-E-Mail und WWW.
Mai 1996
Preissenkung für Internet-Zuschlag auf 5 Pfg. pro Minute. Damit liegt der Tarif für die T-Online-Nutzung bei 6 Pfg./Minute (8 bis 18 Uhr) bzw. 2 Pfg./Minute (sonst) und dem Internet-Zuschlag.
August 1996
Ausgründung aller Aktivitäten der Deutschen Telekom bezüglich T-Online in die T-Online Data GmbH & Co. KG mit Sitz in Darmstadt, aus der kurze Zeit später die Online Pro Dienste GmbH & Co KG wird.
September 1996
Eigene Homepage im Internet für jeden T-Online-Nutzer.
70 Einwahlknoten sind mit 28,8-kbit/s-Modemzugängen ausgerüstet.
Weitere Pläne:

- Zugang zu allen T-Online-Inhalten über das Internet ab Frühjahr 1997
- Anbindung externer Server über TCP/IP
- Volumenorientierte Abrechnung des Speicherplatzes für Inhalteanbieter (anstelle von seitenorientierter Abrechnung)

Juni 1997
Einführung der neuen Zugangssoftware Version 2.0. Zusatzgebühren für Internet-Nutzung entfallen damit. Der Preis für Nutzung aller Dienste von T-Online liegt von 8 bis 18 Uhr bei 8 Pf./Min. und sonst bei 5 Pf../Min.
Ende 1997
Es werden rund 1,85 Mio. Teilnehmer gezählt. Von ihnen nutzen rund 50% ISDN-Zugänge.
1. Januar 1998
Die Online Pro Dienste GmbH & Co. KG wird in die Deutsche Telekom Online Service GmbH umgewandelt.
März 1998
Erste Tests mit → *Modems* nach dem neuen → *V.90*-Standard beginnen in den POPs.
Zwei sechzehnjährige Realschüler schreiben unter der Bezeichnung „T-Online-Power-Tools" einige → *Utilities*, die sie über Fachzeitschriften auf CD-ROM und das Internet verbreiten. Inhalt der Tools ist auch ein → *Trojanisches Pferd*, das die bislang unverschlüsselten Nutzerdaten von T-Online-Nutzern, die bei diesen auf dem lokalen PC abgelegt sind, bei der Registrierung der Tools mit überträgt. Den Schülern wäre Missbrauch möglich gewesen, doch offenbaren sie sich und die Sicherheitslücken dem Computermagazin c't.
1. April 1998
Der Zugangspreis wird generell auf 5 Pf./Min. gesenkt.
10. April 1998
Die Telekom stellt eine neue, verbesserte Zugangssoftware vor, die wenige Tage später gleich wieder von einem der Schüler geknackt wird, die bereits im März die Vorversion geknackt hatten. Er hatte nach eigenen Angaben rund 150 Minuten dafür benötigt.
30. Juni 1998
Es werden rund 2,3 Mio. Teilnehmer gezählt.
1. November 1998
Ein neues Tarifschema geht in Betrieb. Im Grundpreis enthalten sind 2 Freistunden im Internet und 10 MByte Speicherplatz für die eigene Homepage.
Im November wird die Zahl von 2,5 Mio. Nutzern überschritten.
Dezember 1998
Ein Feldversuch mit 1 000 Teilnehmern öffnet T-Online der → *Internet-Telefonie*.
Januar 1999
Den Nutzern werden Zugänge in 150 Ländern weltweit freigeschaltet.
1. April 1999
Nachdem der Wettbewerber AOL vor dem Landgericht Hamburg eine entsprechende Entscheidung erwirkt hatte und auch die → *Regulierungsbehörde* dies gefordert hat, wird der neue Kombitarif ‚T-Online eco' von 6 Pf./Min. aufgeteilt in 3 Pf./Min. für die Verbindung und 3 Pf./Min. für die Nutzung.
30. Juni 1999
T-Online hat rund 3,3 Mio. Kunden.
1. September 1999
Die Kunden der Mobilfunktochter DeTeMobil erhalten automatisch einen kostenlosen T-Online-Account.
20 verschiedene Informationsangebote werden für den mobilen Zugriff über → *WAP* in Betrieb genommen. DeTeMobil-Kunden zahlen dafür nur die Verbindungsgebühren.
1. Oktober 1999
Nach einer Tarifänderung kostet das Surfen im Internet beim Tarif ‚T-Online eco' 2 Pf./Min. für die Nutzung. Der Beitrag pro Einwahl (bisher 6 Pf.) entfällt.
1. November 1999
Vielnutzer können gegen einen monatlichen Grundbetrag von 19,90 DM kostenlos ohne Zeitbegrenzung im Internet surfen (Flatrate, Tarif ‚T-Online pro'; Telefongebühren von 3 Pf./Min. fallen dennoch an).
Dezember 1999
Zum Monatsanfang wird die Zahl von 4 Mio. Nutzern überschritten.
21. Dezember 1999
T-Online startet in Kooperation mit der Mobilfunkbeteiligung max.mobil in Österreich.
31. Dezember 1999
Das bisherige Verfahren zur Abrechnung des Aufrufs kostenpflichtiger Inhalte wird eingestellt.
T-Online hat rund 4,2 Mio. Nutzer.
1. Januar 2000
Die Deutsche Telekom Online Service GmbH wird in eine AG umgewandelt. Gleichzeitig gibt es Indizien, dass 30% noch im Frühjahr an die Börse gebracht werden.
Anfang März 2000
Die Zahl von 5 Mio. Kunden wird überschritten.

Die monatlichen Wachstumszahlen liegen bei ca. 200 000, das sind soviele Nutzer, wie Btx als Vorgängersystem insgesamt innerhalb von sieben Jahren anzog.

31. Dezember 2000

Der noch als „T-Online Classics" geführte Btx-Dienst wird bis auf Home-Banking-Angebote eingestellt.

Der Zugang über die altbekannte Nummer 01910 wird für die Zugangssoftware der Version 1.x abgeschaltet.

T-Online hat rund 7,9 Mio. Nutzer.

1. März 2001

Eine neue Trarifstruktur für ISDN- und Analogzugänge wird eingeführt. Die erst im Vorjahr eingeführte pauschale Flatrate für 79 DM entfällt. Die Verluste waren bei Vielsurfern zu hoch gewesen. Das neue Angebot sieht eine Staffelung mit Pauschalpreisen von 29 bis 99 DM für 30 bis 120 Onlinestunden vor. Gleichzeitig sinken die Minutenpreise für die werktägliche Nutzung tagsüber.

→ *http://www.t-online.de/*

Tonruf

Bezeichnung für einen melodischen, elektronisch erzeugten Rufton des Telefons im Gegensatz zum Klingeln einer echten Klingel mit Glocke und Klöppel in alten Telefonapparaten.

Die Melodie kann bei modernen Geräten unter mehreren ausgewählt und in ihrer Lautstärke eingestellt werden.

Bei Nebenstellenanlagen können unterschiedliche Tonfolgen interne oder externe Anrufe anzeigen.

Mittlerweile gängig bei allen modernen Telefonen.

Tonsender

→ *Tonedialer.*

Tontastenwahl, Tontastenwahlverfahren

Andere Bezeichnung für → *MFV.*

Tonwahl, Tonwahlverfahren

Andere Bezeichnung für → *MFV.*

Tool

Von engl. tool = Werkzeug. Bezeichnung für Software, die selbst bei der Erstellung oder Verwaltung anderer Software hilfreich ist, z.B. Programmbibliotheken bereit hält oder leistungsstarke → *Editoren* zur Verfügung stellt.

Nicht mit → *Utilities* zu verwechseln.

TOP

1. Abk. für Technical Office Protocols.

   Bezeichnung für ein auf dem → *OSI-Referenzmodell* basierendes Protokoll für den Einsatz in der Bürokommunikation. TOP ist Ergänzung zu → *MAP* in der Produktion; Übertragungsmedium ist ein nach → *IEEE 802.3* spezifiziertes → *LAN.*
2. Abk. für Transaction Oriented Processing. → *Transaktion.*

Top Level Domain

→ *tld.*

Topologie

→ *Netztopologie.*

ToR

Abk. für Terms of Reference.

Bei Ausschreibungen, z.B. für technisches Gerät wie Netze, Nebenstellenanlagen, Gebäudeverkabelungen etc., die Vorgaben hinsichtlich Terminen, Qualität, Kosten, zu erbringende Leistung und Form der Angebote des Ausschreibenden, an die sich die an der Ausschreibung Teilnehmenden zu halten haben.

TOS

1. Abk. für Type of Service.

   Bezeichnung für ein 8 Bit großes Feld im header eines → *IP*-Paketes.
2. Abk. für The Operating System.

   → *Atari 400.*

Tote Zone

Bei der Ausbreitung elektromagnetischer Wellen die Bezeichnung für den Bereich, innerhalb dessen eine von einem Punkt als → *Bodenwelle* ausgestrahlte Welle nicht mehr empfangen werden kann und diese Welle als → *Raumwelle* ausgestrahlt und an der → *Ionosphäre* reflektiert noch nicht empfangen werden kann.

Touchpanel

→ *Touchscreen.*

Touchscreen

Selten auch bedienungs- oder berührempfindlicher Bildschirm genannt. Bezeichnung für Bildschirme mit integrierter Funktionssteuerung der auf dem Bildschirm dargestellten Inhalte. Dabei werden auf dem Bildschirm grafische Bedienelemente dargestellt, z.B. Tasten und Auswahlmenüs. Durch Berühren des Bildschirms mit dem Finger an der Stelle, wo der Bildschirm das Bedienelement darstellt, wird die Funktion des Bedienelementes aktiviert.

Vorteil des Systems ist, dass keine Zusatzteile (→ *Maus*, Tastatur) zur Bedienung notwendig sind. Ferner können bei einer Änderung der Funktionalität einfach Bedienelemente in der Steuerungssoftware weggenommen oder hinzugefügt werden, ohne dass physische Bedienelemente (Schalter etc.) demontiert oder angebaut werden müssen. Touchscreens kommen daher dort zum Einsatz, wo es um einfache und platzsparende Bedienung geht.

Bestandteile eines Touchscreens sind:

- Ein Berührungssensor (auch Touchpanel genannt), oft ausgeführt als planare oder leicht gekrümmte Glasscheibe als Träger mit dem eigentlichen Sensor darauf angebracht.
- →*Controller*
- →*Treiber*

Der Berührungssensor liefert an den Controller Signale, die dieser auswertet und über eine serielle Schnittstelle an einen

→ *PC* liefert, wo der Treiber die Daten einem Anwendungsprogramm zur Verfügung stellt. Alle drei Elemente werden oft mit einem → *Monitor* in einem Gehäuse integriert, das dann über eine zusätzliche serielle Schnittstelle zum PC verfügt. Untersuchungen haben ergeben, dass ein Berührungssignal nach 30 ms ausgewertet und die Auswertung dem Benutzer angezeigt sein muss, um bei diesem nicht Konfusion zu verursachen.

Für den Berührungssensor haben sich sechs verschiedene Realisierungsformen herausgebildet:

- Oberflächenwellen-Sensor (Surface-Wave): Auf eine Glasscheibe als Träger werden an zwei nicht gegenüberliegenden Kanten Bauteile aufgeklebt, die jeweils auf piezoelektrischem Wege eine Oberflächenwelle im MHz-Bereich erzeugen. Die gegenüberliegenden Kanten werden mit entsprechend vibrationsempfindlichen Sensoren versehen. Eine Berührung der Glasplatte führt im Druckbereich zu einer Dämpfung der Oberflächenwelle, die von den zwei orthogonal angebrachten Sensoren detektiert werden kann. Diese Technik ist am weitesten verbreitet.
- Sensor nach dem 5-Draht-Widerstandsverfahren (5-Wire-Resistive): Eine mit Metall bedampfte Glasscheibe ist auf der bedampften Seite mit einer leitenden zweiten Folie aus einer Nickel-Gold-Legierung überzogen. An den vier Ecken der bedampften Glasscheibe ist sie mit Elektroden versehen, die wechselweise ein vertikales und ein horizontales elektrisches Feld generieren. Beide Folien sind durch kleine Abstandshalter voneinander isoliert. Die zweite Folie ist auf der anderen Seite mit einer widerstandsfähigen Kunststoffoberfläche als Bedienfläche versehen. Durch Druck auf die Kunststoffoberfläche werden beide leitenden Folien miteinander in Kontakt gebracht, wodurch sich auf der Nickel-Gold-Folie ein messbares Potential ergibt, das von der genauen Koordinate abhängt. Das Verfahren gilt als auflösungshoch und kapselbar für Einsätze in staub- und spritzwassergefährdeten Bereichen.
- Sensor nach dem 4-Draht-Widerstandsverfahren (4-Wire-Resistive): Prinzipiell wie das 5-Draht-Widerstandsverfahren mit dem Unterschied, dass die X-Koordinate aus der bei einer Berührung an der äußeren Folie liegenden Spannung und die Y-Koordinate umgekehrt aus der bei einer Berührung an der inneren Folie liegenden Spannung ermittelt wird. Das Verfahren gilt als preisgünstig, jedoch mechanisch empfindlich und nicht sehr präzise.
- Kapazitätssensor: Der Touchsensor besteht aus zwei aufgedampften Metallschichten auf den zwei Seiten einer Glasplatte. Die Berührungsseite ist mit einer sehr dünnen Glasschicht als einfachem mechanischem Schutz überzogen. An den vier Ecken wird über Elektroden eine Spannung angelegt, die abwechselnd ein horizontales und ein vertikales elektrisches Feld erzeugen. Durch Berührung des Touchsensors wirkt die berührende Person als Potential Null und erdet dadurch an der Berührstelle den Bildschirm, wodurch ein Strom von jeder Eckelektrode aus fließt, dessen Stärke von den genauen Koordinaten abhängt. Das Verfahren gilt als bedingt geeignet für staub- und spritzwassergefährdeten Bereiche.
- Infrarotsensor: Eine Leuchtdiodenreihe an einer Seite mit einer Photodiodenreihe an der anderen Seite des Monitors detektiert durch die Lichtstrahlunterbrechung infolge einer Bildschirmberührung die Höhe auf dem Bildschirm. Die waagerechte Position wird durch eine Leuchtdiodenreihe am unteren Rand und eine Photodiodenreihe am oberen Rand ermittelt. Das Auflösungsvermögen dieser Anordnung gilt als niedrig.
- Piezoelektrischer Sensor: Ein herkömmlicher Monitor wird auf ein leicht flexibles Gehäuse gestellt, in dem Piezokristalle die Durchbiegung der bzw. den Druck auf die Gehäuseoberfläche messen. Wird auf den Bildschirm in verschiedenen Höhe ein Druck durch einen Finger oder Stift ausgeübt, wird (je nach Höhe des Druckpunktes) die hintere Oberfläche mehr belastet als die vordere. Über diese Belastung kann auf die Höhenkoordinate geschlossen werden. Das Auflösungsvermögen dieser Anordnung gilt als sehr niedrig, jedoch kann schnell jeder beliebige, freistehende Monitor, auch nur temporär für Messen oder andere Vorführung, mit diesem Verfahren in einen Touchscreen umgewandelt werden.

Alle Verfahren haben ihre Vor- und Nachteile (Auflösungsvermögen, Empfindlichkeit gegen externe Einwirkungen wie Staub, Wasser, Schmutz oder Vibration), weswegen im Einzelfall für jeden Einsatzzweck die optimale Technologie ausgewählt werden muss. Die häufigsten Einsatzmöglichkeiten für Touchscreens sind:

- Am → *POI* und am → *POS* (→ *Kiosk*)
- Medizintechnik
- Interaktive Lernsysteme wie → *CBT*
- Maschinen- und Prozesssteuerung in der Industrie

Den ersten → *PC* mit Touchscreen gab es 1983 aus dem Hause → *HP* (HP 150). Er war mit Intels 8088-Prozessor ausgestattet und kein besonders großer Erfolg.

Touchtone

→ *MFV*.

Tower

Bezeichnung einer Form von Gehäusen für die Aufnahme der Hauptbestandteile des → *PC*s. Das Gehäuse in hochkant stehender Quaderform ist (im Gegensatz zum → *Desktop*) dazu vorgesehen, neben oder unter dem Schreibtisch zu stehen und u.U. mehrere Steckkarten aufzunehmen. Der → *Monitor* wird im Allgemeinen separat auf dem Schreibtisch positioniert.

Kleinere, nur halb so hohe Gehäuse mit wesentlich geringerem Platzbedarf (dafür weniger Einsteckplätzen), werden mit Mini-Tower bezeichnet.

TP

1. Abk. für Transmission Priority.
2. Abk. für Transaction Processing.

   → *Transaktion*.

TPAD

Abk. für Transaction Packet Assembler Disassembler (Protocol).

Ein Protokoll, das in Lesegeräten für Magnetkarten (→ *Smart Card*) eingesetzt wird und dessen Aufgabe es ist, die eingelesenen Daten ggf. zusammen mit weiteren Daten (z.B. Rechnungsbetrag, Datum, Uhrzeit, Verkaufsstellennummer, Belegnummer etc.) zur Versendung über ein paketvermittelndes Netz aufzubereiten.

TPC

Abk. für Trans-Pacific-Cable.

Bezeichnung für Kabel zwischen den USA und Kanada einerseits sowie den pazifischen Inseln (Hawaii, Guam) und Japan/Korea andererseits. Es existieren sechs derartige Kabelsysteme, die sich teilweise vor den Küsten splitten oder auch ringförmig den Nordpazifik umschließen. Beispiel für ein ringförmiges Kabel und gleichzeitig das letzte neu verlegte ist TPC-5, das am 21. Dezember 1995, nach Fertigstellung der südlichen Verbindung von Kanagawa/Japan über Guam und Hawaii nach Kalifornien, in Betrieb genommen wurde.

TPDDI

Abk. für Twisted Pair Distributed Data Interface.

Bezeichnung für eine → *MAN*-Technologie ähnlich der → *FDDI*-Technologie, nur mit → *Twisted Pair* als Medium.

TPI

Abk. für Tracks per Inch.

Bezeichnet die Aufzeichnungsdichte (Spurdichte) bei → *Festplatten* und → *Disketten*. Gibt an, wie viele Spuren pro Inch (= 2,54 cm) genutzt werden können und ist die entscheidende Angabe zur Bestimmung der Kapazität der Festplatte.

Die TPI ist stark vom verwendeten magnetischen Material abhängig.

TP-PMD

Abk. für Twisted Pair – Physical Layer Dependent.

Bezeichnung einer bestimmten Verkabelung bei → *FDDI*. Sie kann 100-Ohm- und 150-Ohm-Kabel unterstützen.

→ *MLT 3*.

TPS

Abk. für Transactions per Second.

Bezeichnung für ein Leistungsmaß für Datenbanken und ähnliche Systeme. Es beschreibt, wie viele korrekt abgeschlossene Transaktionen ein technisches System in einer Sekunde durchführen kann.

→ *Transaktion*.

TR

1. Abk. für → *Telefonrundspruch*.
2. Abk. für → *Token-Ring*.

TRA

1. Abk. für Telegrafentechnisches Reichszentralamt.

   Bis 1928 war es die oberste zentrale Behörde für das Fernsprech- und Telegrafenwesen in Deutschland. Es ging dann im Reichspostzentralamt (RPZ) auf.

   → *FTZ*.
2. Abk. für Telecommunications Resellers Association.

   Bezeichnung eines Verbandes von Großhändlern von Telekommunikationsendgeräten.

Traceroute

Von engl. to trace = etwas aufspüren oder verfolgen. Bezeichnung einer Software zum Testen einer → *IP*-Verbindung. Dabei wird als Ergebnis des Tests der ermittelte Verbindungsweg von Testdaten durch das Netz mittels → *ICMP* ausgegeben.

Trackball

→ *Maus*.

Tracking

Beim → *Layout* die Bezeichnung für das gleichmäßige Verringern oder Vergrößern des Zwischenraumes zwischen einzelnen Textzeilen.

TRADACOMS

Abk. für Trading Data-Communications.

Ein in Großbritannien eingesetzter nationaler Standard für → *EDI* mit den Elementen Bestellung, Lieferung und Zustellung.

Tradic

Abk. für Transistor Digital Computer.

Bezeichnung des ersten praktisch verwendbaren Computers mit Halbleitertechnik aus der Mitte der 50er Jahre nach dem Forschungsrechner → *TX-O*.

Er bestand aus 800 → *Transistoren* sowie 11 000 Germaniumdioden. Er erforderte eine Leistung von knapp unter 100 W, wurde mit 1 MHz getaktet und verfügte über einen → *Magnetkernspeicher* mit 24 Bit Wortbreite. Gewicht: 8 kg. Die Programmierung erfolgte über Steckverbindungen (Befehle) und Schalter (Zahlen in Binärform).

Er wurde seit Frühjahr 1952 unter der Leitung von Jean H. Felker und der maßgeblichen Mitarbeit von James R. Harris in den → *Bell Laboratories* in Whippany entwickelt und am 19. März 1955 vorgestellt. Gebaut war er für die US-Luftwaffe.

Direkt anschließend war geplant, aus ihm einen Computer weiter zu entwickeln, der an Bord von Flugzeugen der US Luftwaffe Navigationsberechnungen für Bombenabwürfe unter verschiedenen Flug- und Wetterbedingungen vornehmen konnte. Der Codename dafür war ‚Flyable TRADIC‘.

Träger

→ *Carrier*.

Trägerfrequenztechnik, Trägerfrequenzverfahren

→ *FDM*.

Trägersignal

→ *Carrier*

Traffic Engineering

→ *Traffic Handling.*

Traffic Handling

Auch Traffic Engineering genannt. Oberbegriff für eine ganze Reihe von Maßnahmen in paketvermittelnden Netzen (→ *Paketvermittlung*) zur Sicherstellung einer gewünschten Quality of Service (→ *QoS*) für eine bestimme Anwendung bzw. einen bestimmten Dienst.

Allen Mechanismen gemein sind üblicherweise zwei Elemente:

- Eine funktionale Einheit zur Klassifikation der QoS-Ansprüche von eingehendem Verkehr. Diese Einheit analysiert eingehenden Verkehr, klassifiziert ihn und teilt ihn in eine Warteschlange seiner QoS-Ansprüche ein.
- Eine funktionale Einheit zur Abarbeitung einer Warteschlangenstrategie für die unterschiedlichen QoS-orientierten Warteschlangen für abgehenden Verkehr.

Diese Mechanismen müssen dabei überall im Netz (und nicht nur in einzelnen Bereichen) eingesetzt werden, um eine optimale Wirkung zu erzielen. Traffic Handling wird durch → *Konfigurationsmanagement* als ein Teilbereich von → *Netzmanagement* realisiert.

Traffic Handling wird üblicherweise in den Netzelementen vorgenommen. Bevorzugt wird dabei auf → *Traffic Shaping* an den Rändern / Kanten des Netzes gesetzt, d.h., es werden Mechanismen zur Vermeidung von Überlast eingesetzt. Erst wenn Überlast eingetreten ist, greifen Mechanismen des → *Traffic Policing* innerhalb des Netzes, um die Überlast wieder abzubauen.

Traffic Policing

Bezeichnung für einen Mechanismus des → *Traffic Handling*. Er kann bei Überlast und → *Congestion* in → *ATM*-Netzen Zellen gemäß fester Regeln aussuchen, verwerfen und dadurch Überlast abbauen. Es gibt jedoch auch Mechanismen, welche auf andere Weise die Quality-of-Service (→ *QoS*), z.B. durch zwangsweise Bandbreitenreduktion, verringern.

Im Gegensatz zu → *Traffic Shaping* wird Traffic Policing vorgenommen, wenn Congestion schon eingetreten ist und wird innerhalb des Netzes, üblicherweise in den Core-Switches, vorgenommen. Beispiele für ein derartige Verfahren sind → *Leaky Bucket*, → *WRED* oder auch → *WFQ*.

Da Daten beim Traffic Policing meistens unwiderruflich verloren gehen, ist Traffic Shaping vorzuziehen.

Traffic Shaping

Bezeichnung für einen Mechanismus des → *Traffic Handling*. Bezeichnung für den Vorgang, burstartig auftretenden Verkehr am Eingang von Weitverkehrsnetzen durch Zwischenpufferung zu glätten, um nicht im Netz selbst Überlast und → *Congestion* zu erzeugen und Zellenverluste zu provozieren. Ist insbesondere bei → *ATM*-Netzen von Bedeutung.

Im Gegensatz zu → *Traffic Policing* wirkt Traffic Shaping am Eingang des Netzes, d.h. in den Access-Switches oder den Edge-Switches und dient der Verhinderung der Überlast.

Traf-O-Data

→ *Microsoft.*

TRAG

Abk. für Technical Regulations Application Committee.

TRAI

Abk. für Telecommunications Regulatory Authority of India.

Bezeichnung für die nationale → *Regulierungsbehörde* in Indien.

Training, Trainingssequenz

Bezeichnung für die vor einer Datenübertragung zwischen → *Modems* und → *Fax*geräten automatisch ablaufende Prozedur, bei der spezielle Datenmuster als Trainingssequenz über die Leitung geschickt werden, um die Übertragungsqualität zu ermitteln und Übertragungsparameter bei den beteiligten Endgeräten optimal einzustellen.

Transaktion

1. Allgemein der kleinste, unteilbare und daher an einem Stück ununterbrochen abzuarbeitende Prozess einer Anwendung. Transaktionen werden daher vollständig oder gar nicht abgearbeitet. Kennzeichen sind die ACID-Merkmale Atomicity, Consistency, Isolation und Durability.

   → *OLTP.*

2. Speziell ist häufig eine logisch zusammenhängende Folge von Operationen in einer Datenbank gemeint, die die Datenbank von einem konsistenten in einen anderen konsistenten Zustand überführt.

Trans-Asia-Europe-Linie

Abgekürzt mit TAE. Bezeichnung für eine insgesamt 27 000 km lange glasfasergestützte Verbindung über Land von Berlin bzw. Frankfurt/Main über Österreich, Ungarn, Bulgarien, das Schwarze Meer, die Türkei, den Iran, Turkmenistan, Usbekistan, Kasachstan nach Shanghai. Zur Zeit ihrer Inbetriebnahme handelte es sich um das längste landgestützte Kabel der Welt.

Dic Idee zur TAE entstand bei einem Treffen verschiedener asiatischer Minister in Peking im Jahre 1992. 20 Netzbetreiber sind an dem Kabel beteiligt.

Die volle Inbetriebnahme mit einer Bandbreite von 622 Mbit/s auf der Basis von → *SDH* erfolgte im Juli 1998.

Transatlantikkabel

→ *Unterwasserkabel.*

Transceiver

Kunstwort, abgeleitet aus Transmitter und Receiver (Sender und Empfänger). Bezeichnet einen Netzanschluss mit Sende- und Empfangseinrichtung.

Transcoder

Bei Farbfernsehern die Einheit zur Umsetzung eines Farbfernsehsignals von einem Standard (z.B. → *SECAM*) auf einen zweiten Standard (z.B. → *PAL* oder → *NTSC*).

Transdata

Bezeichnung eines Konzeptes zur Kommunikation in verteilten Systemen aus dem Hause Siemens, entstanden in den frühen 70er Jahren. Es ist mit → *DECnet* oder → *SNA* vergleichbar.

Trans Europe Line

→ *TEL*.

TransGulf 1

Bezeichnung für ein → *Unterwasserkabel*. Verlegt durch den Golf von Mexiko von Corpus Christie/USA nach Cancun/Mexiko.

Name	TransGulf1	
Länge	3 000 km	
Inbetriebnahme	4. Quartal 2000	
Kapazität	2,5 Gbit/s	
Außerbetriebnahme	-	
Anlandungspunkte USA	• Corpus Christie/Texas	
Anlandungspunkte Mexiko	• Matamoros • La Pesca • Tampico • Tecolutla • Veracruz • Coatzacoalcos • Dos Bocas	• Ciudad del Carmen • Campeche • Celestum • Progreso • Las Colorada • Cancun
Bemerkungen	• Kosten von 200 Mio. $ • 48 Glasfasern im Kabel • Terrestrische Anbindung von Mexico City durch ein Kabel mit 96 Fasern von Veracruz nach Mexico City.	

Transistor

Kunstwort aus transfer oder transforming resistor = regel- oder veränderbarer Widerstand.

Bezeichnung für elektronische Festkörperbauteile, deren Haupteigenschaft ist, dass der durch diesen Festkörper fließende Strom durch das Anlegen und Variieren einer sehr viel geringeren Steuerungsspannung geregelt werden kann. Voraussetzung dafür sind bestimmte Eigenschaften des Festkörpers, dessen Material, üblicherweise Silizium, nicht homogen ist, sondern in bestimmten Teilen gezielt mit anderen Stoffen verunreinigt (dotiert) ist.

Festkörperphysikalisch gesehen werden verschiedene Transistorarten unterschieden, die diesen Effekt durch unterschiedliche physikalische Einflüsse erzielen können. Während üblicherweise der Stromfluss durch den Transistor durch einen zweiten, wesentlich geringeren Steuerstrom geregelt wird, erfolgt beim Feldeffekttransistor (FET) die Steuerung durch Anlegen einer elektrischen Spannung und damit dem Aufbau eines elektrischen Feldes.

Vor der Erfindung des Transistors konnten Effekte der Stromsteuerung nur durch Röhren erzielt werden. Der Transistor produziert wesentlich weniger Abwärme und ist im Vergleich zur Röhre wesentlich kleiner, zuverlässiger, einfacher und dadurch vor allem billiger und benötigte eine wesentlich geringere elektrische Leistung. Er verdrängte dadurch die Röhre in diversen Geräten der Nachrichtentechnik vom Radio bis hin zu Radaranlagen sehr schnell.

Als eine erste Anwendung des Transistors brachte die Firma Sonofon im Jahre 1953 Hörgeräte auf den Markt. Die Lizenz zur Fertigung von Transistoren kostete knapp ein Jahr zuvor, 1952, noch 20 000 $. 1954 kam von Texas Instruments pünktlich zum Weihnachtsgeschäft das erste Transistorradio für 49,95 $ auf den Markt, nachdem TI im Mai als erstes Unternehmen mit der Serienproduktion von Transistoren angefangen hatte.

Während 1958 ein einzelner Transistor ca. 10 DM kostete und 1964 eine Transistorfunktion in einem IC ca. 1 DM, so waren diese Kosten bis 1973 auf ca. 1 Pfg. gesunken. Berechnet man die heutigen Kosten für eine integrierte Transistorfunktion in halbleiterbasierten Speicherbausteinen, so gelangt man zu Transistorpreisen im Bereich von 1/100 000 Pfennigen.

Die Entwicklung des Transistor hat ihre Wurzeln in den 20er und 30er Jahren, als einerseits die Physiker den Gleichrichtereffekt der Materialien Silizium und Germanium entdeckten und andererseits nach einem kleineren und zuverlässigeren Ersatz für die bereits 1915 von Lieben und 1904 von John Ambrose Fleming (* 1849, † 1945) erfundene Röhre gesucht wurde.

Der Physiker William Shockley (* 1910, † 1989) verfolgte 1939 die Idee, den Stromfluss durch einen Festkörper aus Germanium durch Anlegen eines elektrischen Feldes mit Hilfe einer Elektrode am Festkörper zu steuern. Dieser Effekt war jedoch seinerzeit nicht in gewünschter Stärke zu erzielen.

Am 16. Dezember 1947 gelang es den Physikern John Bardeen (* 1908) und Walter F. Brattain (* 1902, † 1987) in einem Team unter der Leitung von William Shockley in den damaligen Bell Telephone Laboratories in Murray Hill/New Jersey (→ *Bell Labs*) den ersten elektronischen Verstärker in Halbleitertechnik nutzbar zu machen, der auf Vorschlag von John Pierce Transistor, bzw. seinerzeit wegen einer speziellen Bauweise, noch Punktkontakttransistor genannt wird. Er basierte nicht auf dem heute verbreiteten Silizium, sondern auf dem damals stärker verbreiteten Germanium. Die Arbeit an diesem Projekt hatten direkt nach dem Krieg angefangen.

Shockley schlug 1948 vor, den Punktkontakt durch einen Flächenkontakt zu ersetzen. Gleichzeitig wurde es möglich, Tranisistoren mit drei unterschiedlich leitfähigen Zonen und zwei Übergangsschichten zu fertigen, wodurch es um 1950 zum Durchbruch kam: Transistoren konnten ab Mitte der 50er Jahre wirtschaftlich in großen Zahlen hergestellt und praktisch genutzt werden.

Am 1. Juli 1948 meldete die New York Times (Seite 46) die Erfindung des Transistors und deutete zaghaft an, dass es „verschiedene Anwendungen im Bereich der Funkübertragung“ gäbe.

Schon 1949 hatte Schockley die richtige Vision, wo Transistoren in Zukunft die wichtigste Rolle spielen sollten: „There has recently been a great deal of thought spent on electronic brains or computing machines. It seems to me that in these robot brains the transistor is the ideal nerve cell.“ Er veröffentlichte seine Erkenntnisse im gleichen Jahr in dem Artikel „The theory of p-n junctions in semiconductors and p-n junction transistor“ im Bell Technical Journal Nr. 28 (S. 435).

Nur sechs Jahre später stellte man mit den → *TX-0* und dem → *Tradic* die ersten transistorbasierten Computer vor. Der Atlas Guidance Computer der NASA war ebenfalls einer der ersten aus Transistoren gefertigten Computer und wurde zur Steuerung und Kontrolle bei Raketen des Typs ‚Atlas‘ eingesetzt. Kommerziell und in Serie gebaute Computer wurden etwa ab 1958 aus Transistoren gebaut.

Das erste Transistorradio wurde bereits ab 1952 im Hause → *Sony* entwickelt. Es kam jedoch erst 1954 unter der Produktbezeichnung TR-55 auf den Markt.

Gordon Teal von Texas Instruments erfand 1954 den höhere Belastungen verkraftenden Silizium-Transistor, woraufhin TI im Mai des gleichen Jahres sofort mit deren Serienfertigung anfing. Das reichlich vorhandene Silizium ersetzte schließlich in den Folgejahren rasch das teurere Germanium.

In Palo Alto/Kalifornien (in der Nähe seines Elternhauses) gründete 1955, als in etwa auch die Großserienfertigung von Transistoren weltweit begann, William Shockley, von den Fortschritten ermutigt, das Shockley Semiconductor Laboratory und fing mit Forschungen und Weiterentwicklungen auf dem Gebiet der Halbleiter an. Nach persönlichen Problemen zwischen dem schwierigen Shockley und seinen Mitarbeitern verließen bereits zwei Jahre später sieben Ingenieure von Shockley Semiconductors das Unternehmen und gründeten in einem zweistöckigen Lagerhaus mit Geld der New Yoker Firma Fairchild Camera and Instruments das Unternehmen Fairchild Semiconductors, ebenfalls im → *Silicon Valley*. Treibende Kraft war seinerzeit Victor Grinich, der den Gründer von Fairchild Camera and Instruments, Sherman Mills Fairchild, von einem Investment in Höhe von 1,5 Mio. $ überzeugen konnte. Geschäftsführer wurde seinerzeit der ebenfalls von Shockley kommende Robert N. Noyce. Fairchild wiederum wurde elf Jahre später von einigen Mitarbeitern verlassen, die im Juli 1968 das Unternehmen → *Intel* gründeten – und wieder war Robert Noyce mit dabei, unterstützt von Gordon Earl Moore. Auch Jerry Sanders verließ Ende der 60er Jahre Fairchild Semiconductors und gründete → *AMD*.

1956 erhielt das ursprüngliche Team von 1947 für seine Entdeckung den Nobelpreis für Physik. Bardeen schaffte es sogar, mit seinen Arbeiten rund um Supraleitung 1972 den Nobelpreis ein weiteres Mal zu gewinnen.

Bis gegen Ende der 50er Jahre schrumpften bereits die Außenmaße eines Transistors von einem Zentimeter auf nur wenige Millimeter.

Im Laufe der Zeit konnten mehrere Transistoren zusammen mit anderen elektronischen Bauelementen in einem Bauteil zusammengefasst werden (→ *IC*). Dies führte letztlich zum → *Mikroprozessor*. Transistoren werden dort mit Maßen von ca. 0,5 µm realisiert.

Stanislaus Teszner entwickelte schließlich 1958 bei einer Tochter der General Electric in Frankreich den Feldeffekttransistor, womit Shockleys ursprüngliche Idee der Steuerung des Stroms durch den Transistor mittels eines elektrischen Feldes umgesetzt wurde. Kommerziell nutzbar wurden derartige Transistoren jedoch erst ab 1960 in Gestalt des → *MOS*-Transistors. Chrystalonics, eine Firma unter dem Dach von Teledyne, produziert in Cambridge/Massachusetts seinerzeit die ersten kommerziellen Junction-Feldeffekttransistoren.

1960 fing auch IBM mit der Serienfertigung von Transistoren an.

Transit Exchange

Bezeichnung einer Vermittlung ohne angeschlossene Teilnehmer. Vermittlung erfolgt dort zwischen Trunks (→ *Trunk*).

Transit-Zeit

→ *Sprachübertragung*.

Transmission

1. Von engl. to transmit = etwas übertragen. Englischsprachige Bezeichnung für Übertragungstechnik.
2. Bezeichnung eines Effektes, der zum → *Fading* bei elektromagnetischen Wellen führt. Beschreibt das Durchdringen der Wellen von Hindernissen, z.B. Wänden, und deren Folgen (Dämpfung).

   → *Reflexion*.

Transmodulator

Bezeichnung für technische Geräte, die ein nach einem bestimmten Modulationsverfahren digital moduliertes Signal in ein anderes moduliertes, digitales Signal umsetzen. Dies kann, z.B. bei einem → *Breitbandkabelverteilnetz* an der Kopfstation, nötig sein, um von Satelliten ausgestrahlte breitbandige → *QPSK*-modulierte Signale in schmalbandige QAM-Signale umzuwandeln und sie in die BK-Netze einzuspeisen.

Transparent, Transparente Einrichtung

Eine Einrichtung, die scheinbar nicht existiert (weil sie vom Nutzer nicht bemerkt wird), tatsächlich aber physisch existent ist. Faustregel: Man sieht sie nicht, sie ist aber da.

→ *Reale Einrichtung*, → *Virtuelle Einrichtung*.

Transponder

Kunstwort aus Transmitter und Responder.

1. In der Satellitentechnik (→ *Satellit*) besteht ein Transponder neben Empfänger und Sender aus einem Umsetzer (auch → *Konverter* genannt) bzw. einem Verstärker. In der Regel besitzen Satelliten zwischen 10 und 40 Transponder. Ihre Ausgangsleistungen liegt zwischen 5 und 10 W bzw. bei neueren Satelliten auch bei 20 oder 50 W.

   Bestandteil des Transponders ist auch ein → *TWTA*.

2. In der optischen Übertragungstechnik bezeichnet der Begriff Transponder in → *WDM*-Systemen ein Bauteil, das ein optisches Signal einer Wellenlänge empfängt und in ein optisches Signal einer zweiten Wellenlänge umsetzt und wieder sendet.

Transportklasse

Bezeichnet im → *OSI-Referenzmodell* fünf Möglichkeiten (Numeriert mit 0 bis 4) der verbindungsorientierten und der verbindungslosen Datenübertragung und dafür benötigter Funktionalitäten.

Transportschicht

→ *OSI-Referenzmodell.*

Transputer

Kunstwort, gebildet aus Transmitter und Computer.

Bezeichnet einen → *Mikroprozessor* mit eigenem Arbeitsspeicher und Datenkanälen zur Kommunikation zwecks Verbindung mit weiteren Transputern zum Datenaustausch.

Mehrere Transputer können derart zu Ketten und Netzen zusammengesetzt werden, dass sie parallel auf der Ebene des Maschinencodes arbeiten und so ihre Leistung maximieren.

Beim Aufbau eines → *Vektorrechners* aus Transputern wird die Leistung des Gesamtsystems entscheidend von der Anordnung der Transputer mit dem Ziel einer Minimierung der Kommunikationsflüsse zwischen den Transputern beeinflusst.

Transputer können als typischer Vertreter des → *MPP*-Konzeptes angesehen werden.

Traps

Bezeichnung für Meldung spontaner Ereignisse von Netzelementen an das → *Netzmanagementsystem.*

TRAU

Abk. für Transcoder and Rate Adaptor Unit.

Bezeichnung eines Teils des Base Station Controllers (→ *BSC*), der wiederum Teil der Netzinfrastruktur bei → *GSM* ist.

Aufgabe ist eine Umsetzung der speziellen Kanalstrukturen für Sprach- und Datenkommunikation des GSM-Standards in gängige Standards der Festnetzkommunikation, also die Herstellung eines herkömmlichen 64-kbit/s-PCM-Sprachsignals für das Festnetz aus dem 16-kbit/s-Nutzsignal (13,2 kbit/s Sprache plus Schutz-Overhead) des GSM-Systems.

Treiber

International üblich auch Driver genannt. Begriff aus der Rechnertechnik. Bezeichnung für Software zur Steuerung von peripherer Hardware, z.B. von Druckern, einer Maus, Floppy-Disk-Laufwerken oder CD-ROM-Laufwerken.

Für jedes Peripheriegerät ist dafür ein spezieller, meistens auch herstellerabhängiger Treiber erforderlich.

Trennen

Bezeichnung für ein → *Leistungsmerkmal* in Nebenstellenanlagen. Bezeichnet dort das Herauslösen einer gewünschten Verbindung aus einer Konferenzschaltung.

Ein Leistungsmerkmal ähnlicher Funktionalität findet sich auch bei vielen anderen herkömmlichen Telefonen. Dort ist mit Trennen auch das Beenden einer Verbindung ohne Auflegen des Hörers zur sofortigen Wahl einer neuen Rufnummer gemeint.

Triniton-Technik

Bei Monitoren aller Art (Fernsehgeräten, Computermonitore) die Bezeichnung dafür, dass die → *Lochmaske* keine kreisrunden Löcher enthält, sondern kleine rechteckige Öffnungen. Entwickelt wurde diese Technik vom Hause Sony.

Dies führt zu einer dichteren Packung der Öffnungen auf der Lochmaske, so dass auch die Bildpunkte auf dem Bildschirm dichter werden. Ferner ist der Bildschirm selbst aus schwarzem oder grauem Glas, so dass die Farben leuchtender erscheinen. Statt eines Lochabstandes von 0,28 mm (runde Löcher) sind Abstände knapp unter 0,26 mm möglich.

Durch die dichte Lochung ist die Maske etwas instabil, was durch eine Fixierung mit dünnen Fäden wieder ausgeglichen wird. Die Maske selbst kann auch durch horizontal und vertikal gespannte Drähte realisiert werden (dann Drahtharfe genannt).

Vorteile: größere Schärfe und Leuchtkraft des Bildes.

Nachteil: höhere Kosten als bei der herkömmlichen Lochmaske, u.U. stärkerer Treppeneffekt bei der Darstellung diagonaler Linien; die Stabilisierungsfäden können bei hellen Flächen auf dem Bildschirm als Schatten sichtbar sein.

Trintex

→ *Prodigy.*

Triple-DES

→ *DES.*

Triple W

Andere Bezeichnung für → *WWW.*

Triple X

Bezeichnet die oft zusammen erwähnten drei Normen → *X.3*, → *X.28* und → *X.29*, die insgesamt die Anbindung von Terminals an → *PAD*s und deren Funktionsweise beschreiben.

Tritium

Ein System für → *Satellitenmobilfunk*, geplant zur Mitte der 90er Jahre von der Firma Hughes. Die Satelliten sollen dabei in → *LEOs* kreisen. Das Projekt wurde nicht verwirklicht.

Triton II

→ *Universal Serial Bus.*

Trojanisches Pferd

Bezeichnung für eine bestimmte Art von → *Virus*, obwohl es wegen der mangelnden Reproduktionsfähigkeit auch strenge Definitionen gibt, die ein trojanisches Pferd nicht als Virus, sondern ‚nur' als eine Form von → *Malicious Code* definieren. Es sind mehrere Interpretationen möglich:

- Trojanisches Pferd als Virus selbst: Kennzeichen ist, dass trojanische Pferde vorgeben, vom Nutzer gewünschte Zwecke zu erfüllen oder dies auch tatsächlich tun. Nebenher führen sie jedoch, unbemerkt vom Nutzer der Software, weitere unerwünschte Operationen durch, z.B. das Ausspähen von privaten Daten (Zugangscodes, Passwörter etc.) und deren unbemerkte Übertragung an jemand anderen.
- Trojanisches Pferd als Trägermedium: Ganz allgemein wird auch die voll funktionstüchtige Trägersoftware, die den Virus von einem Rechner zum nächsten transportiert und dort freisetzt, als trojanisches Pferd bezeichnet. Beliebt als Träger sind weitverbreitete Software für bekannte Computerspiele oder → *Utilities.*

Trommeldrucker

Bezeichnung für eine, heute nur noch selten anzutreffende Bauart mechanischer Zeilendrucker (→ *Drucker*).

Die Typen befinden sich dabei auf einer rotierenden Trommel, wobei für jede Schreibstelle auf der Breite der Trommel über den Umfang der Trommel jedes zulässige Zeichen nur einmal vorhanden ist. Ferner ist für jede Schreibstelle ein eigener Anschlaghammer verfügbar, der das Papier nach der Einstellung der Type durch Rotation der Trommel gegen die Type auf der Trommel drückt. Je Trommeldrehung wird eine vollständige Zeile gedruckt.

Vorteil derartiger Geräte war eine hohe Druckgeschwindigkeit bei standardisierten, einfach zu druckenden Vorlagen (Formulare etc.). Darüber hinaus galten Trommeldrucker als zuverlässig und robust.

Von Nachteil war der begrenzte Zeichenvorrat, die fehlende Darstellungsmöglichkeit von Bildern und Grafiken sowie die hohe Geräuschentwicklung.

Trommelscanner

→ *Scanner.*

Trommelspeicher

→ *Magnettrommelspeicher.*

TRON

Bezeichnung für ein japanisches Forschungsprojekt zur Entwicklung eines universell verwendbaren → *Betriebssystems*, das sowohl in Haushaltsgeräten wie auch in → *PCs* und → *Mainframes* eingesetzt werden kann.

Troposcatter-Verbindung

→ *Scatterverbindung.*

Troposphäre

Bezeichnung der Luftschicht über der Erdoberfläche, die an den Polen bis in eine Höhe von 8 km und am Äquator bis in eine Höhe von 16 km reicht.

Die Ausbreitung elektromagnetischer Wellen wird in der Troposphäre durch die Witterung (Nebel, Regen, Schnee) und verschiedene Temperaturschichten beeinflusst (gedämpft bzw. gebrochen), wodurch es entweder zu einer → *Dämpfung* der Welle (und damit kürzerer Reichweite) oder zu einer Überreichweite (→ *Overspill*) kommt.

Oberhalb der Troposphäre folgt die Stratosphäre.

→ *Ionosphäre.*

Trouble Ticket, Trouble Ticketing

Begriff aus dem → *Netzmanagement* öffentlicher Netze (→ *TMN*). Trouble Ticket bezeichnet dort einen Datensatz, der eine Störung beschreibt. Welche Daten dazu gehören, ist vom Netzmanagementsystem und den konkreten Wünschen des Anwenders/Nutzers abhängig. Üblicherweise enthalten sind:

- Datum und genaue Uhrzeit des Auftretens der Störung
- Datum und genaue Uhrzeit des Meldens der Störung
- An wen die Meldung abgesetzt wurde
- Ort der Störung (Netzelement, NE)
- Grund der Störung (Fehlercode)
- Datum und genaue Uhrzeit der Störungsbehebung

Trouble Tickets dienen der Weiterverfolgung der Störungsbehebung und der nachträglichen, periodischen, statistischen Auswertung. In bestimmten Fällen, z.B. bei der Überwachung von → *Standleitungen*, werden Trouble Tickets auch dem Dienstnutzer zur Dokumentierung der Einhaltung von Verträgen (Service Level Agreements, → *SLA*) übermittelt.

Der gesamte Prozess des Erzeugens, Meldens, Verarbeitens und Weiterverfolgens eines Trouble Tickets wird mit Trouble Ticketing bezeichnet.

TRS

1. Abk. für Telegram Retransmission System. Offizielle standardisierte ITU-Bezeichnung für Speichervermittlungssysteme im internationalen Telegrammnetz.
2. Abk. für Telephone Relay Service.

TRS 80, TRS 100

Abk. für Tandy Radio Shack Model 80 und 100.

Bezeichnung eines der ersten PCs neben dem → *Apple II* und dem → *PET 2000*. Wurde von der Warenhandelskette für Unterhaltungselektronik TRS auf den Markt gebracht.

Der TRS 80 nutzte mit als erster überhaupt den → *Zilog Z-80* als Prozessor und verfügte über 4 KByte ROM (mit eingebautem Basic) und ebensoviel RAM.

Der TRS 100 war mit 32 KByte Speicher, einem eingebauten → *Modem* und ROM-basiertem Basic ausgerüstet; er konnte mit seinen Batterien vier Stunden lang betrieben werden. Ein mehrzeiliger LCD diente als Anzeige. Es handelte sich um einen der ersten portablen Rechner (Laptop).

Der TRS 80 wurde 1977 auf den Markt gebracht. Für die Entwicklung hatte Tandy nur 150 000 $ ausgegeben. Innerhalb eines Monats waren 10 000 Stück verkauft. Bis 1979 wurden 100 000 Stück verkauft.

Der TRS 80 zog das Modell 100 nach sich, einen der ersten echten Portables.

1978 kam der TRS 80 für 1 800 DM auf den deutschen Markt.

1982 brachte Tandy den TRS 80 Modell 16 mit 128 KByte RAM und maximal zwei 8"-Disketten-laufwerken für 5 000 $ auf den Markt.

TRT

Abk. für Tonfrequenz-Rundsteuertechnik.

Wie → *TFH* auch eine Technik zur Sprach- und Datenübertragung über Energieversorgungsleitungen, eingesetzt in der Mittel- und Niederspannungsebene des Energieversorgungsnetzes.

Nachteilig sind die vielen Verzweigungen in den Mittelspannungs- und in den Niederspannungsnetzen (15/20 kV und 230/400 V), die dazu führen, dass in diesen Netzen keine stückweise anpassbaren Wellenleiter vorliegen, deren → *Wellenwiderstand* konstant und → *Dämpfung* gering ist.

Es werden Sendeleistungen von üblicherweise 15 kW verwendet, die unter besonderen Einsatzbedingungen (je nach Netzkonfiguration) auch auf 1 MW (!) ansteigen können.

Eingesetzt werden Signale mit Frequenzen bis max. 3 kHz. Um jedoch von der Mittelspannungsebene aus in tiefere Netzebenen übertragen zu können, ist es notwendig, niederfrequente Signale zu verwenden, da nur diese durch die Transformatoren (die für die im Energieversorgungsnetz verwendeten 50 Hz hin optimiert sind) in niedrigere Netzebenen durchgelassen werden.

Die Datenübertragung ist aus diesen Gründen nur → *unidirektional* und mit nur geringer Datenrate möglich (einfache Schaltkommandos).

Die erste Anwendung dieser Technik gab es ab 1930.

TRU

Abk. für Transceiver Unit, Sendeeinheit.

True Color

Echtfarbdarstellung einer Grafik. Dabei wird jeder Farbwert eines Bildpunktes (→ *Pixel*) mit 24 Bit codiert, was ca. 16,7 Mio. verschiedenen Farben entspricht und einen fotorealistischen Eindruck ermöglicht. Jeder Farbwert von Rot, Grün und Blau eines Pixels wird dabei mit 8 Bit (ermöglicht 256 Stufen) codiert.

→ *HiColor.*

Trueimage

Seitenbeschreibungssprache aus dem Hause Microsoft. Gilt als → *PostScript*-Clone.

TrueType

Bezeichnung einer vom Hause Apple entwickelten Beschreibungssprache für Buchstabensätze (→ *Fonts*, Schriften). Geht auf einen Streit mit Adobe zurück, mit denen zunächst → *PostScript* entwickelt worden war. Apple gab daraufhin an Microsoft das Recht weiter, TrueType-Schriften in Windows zu verwenden und erhielt im Gegenzug das Recht, die Microsoft-Entwicklung einer Seitenbeschreibungssprache → *Trueimage* zu verwenden.

TrueType-Buchstaben werden durch mathematische Beschreibung ihrer Umrisse (nicht als Bitmap) definiert und als normale grafische Objekte behandelt, die, wie alle anderen auch, z.B. skaliert, rotiert, gespiegelt und mit Farbe gefüllt werden können. Da nur eine Darstellung der Objekte gespeichert werden braucht, aus der die skalierten Schriften einfach errechnet werden können, benötigen TrueType-Schriften weniger Speicherplatz als Schriften, von denen die unterschiedlich großen Schriften, jede für sich als Bitmap gespeichert, vorliegt.

TrueType-Schriften benötigen, im Gegensatz zu PostScript, nur eine Datei für Druck und Bildschirmdarstellung.

TrueType-Schriften sind üblicherweise an einem TT hinter dem Schriftnamen erkennbar.

Vorgestellt 1989.

→ *http://www.truetype.demon.co.uk/*

→ *http://www.brockmeiers.de/fonts/*

→ *http://www.warble.com/TrueType/*

Trunk

Von engl. trunk = Stamm, Strang.

Ursprünglich die Bezeichnung für ein Kabelbündel zwischen Netzknoten. Mittlerweile die allgemeine Bezeichnung für hochkapazitive Verbindungen (auch auf Glasfaserbasis) im Fernnetz.

Trust Center

→ *Signaturgesetz.*

TRX

Abk. für Transceiver, Sender.

TS

1. Abk. für Teilstrecke.
   → *Richtfunk.*
2. Abk. für → *Tele-Service.*

TSAC

Abk. für Telephone Service Application Center.

TSAG

Abk. für Telecommunication Standardization Advisory Group.

→ *ITU.*

TSAP

Abk. für Transport Service Access Point.

TSAPI

Abk. für Telephony Service Application Programming Interface.

Bezeichnung einer Anwendungsschnittstelle der Firma Novell zu ihrem Netzmanagementsystem zur Integration von Telefondiensten in Netware-LANs (→ *CTI*). TSAPI definiert dabei verschiedene Befehle und Parameter, mit denen der PC verschiedene Funktionen einer Nebenstellenanlage bzw. eines daran angeschlossenen Telefons steuern kann. Die Nebenstellenanlage fungiert als Anbieter von Telefondienstleistungen, die sie über ein TSAPI Service Provider Interface (TSPI) anbietet.

TSAPI setzt auf → *CSTA* in der Version 1 auf und ist eine Netzwerklösung, weswegen es nur in Verbindung mit einer PBX und einem Netware-Server eingesetzt werden kann.

TSAPI gilt, im Gegensatz zu → *TAPI*, als große CTI-Lösung. Alle einzelnen Clients (PCs) sind über ein → *LAN* mit einem Telephony-Server (Telephony Server Netware Loadable Module, NLM) ausgestattet, der allein mit einer Telekommunikationsanlage kommuniziert. Daher ist dies ein Beispiel für sog. Third-Party-Control, wie sie in → *Call Centern* zum Einsatz kommt.

Die Telephony-Clients gibt es für die Plattformen Windows, OS/2, Unix System 7 und UnixWare.

Neben dem Server-Modul und dem Telephony-client ist der TK-Anlagentreiber für die Nebenstellenanlage das dritte Element in der TSAPI-Architektur. Er wird üblicherweise vom TK-Anlagenhersteller ausgeliefert.

TSAPI wurde Ende der 80er Jahre von Novell und einigen Herstellern (insbesondere AT&T) von Nebenstellenanlagen entwickelt und 1993 vorgestellt. Es hat sich wegen des Drucks auf die Novell-Plattform als Netzwerkbetriebssystem, den zunächst hohen Lizenzkosten und der Anfangs recht geringen Verfügbarkeit von TK-Anlagentreibern nicht wie erwünscht im Markt etablieren können. Mittlerweile gilt TSAPI allerdings als stabil und ausgereift.

→ *http://www.novell.com/*

TSB

1. Abk. für Telecommunication Standardization Bureau.
   → *ITU.*
2. Abk. für Technical Standards Bulletin.

TSC

Abk. für Trunked Site (System) Controller.

Ein Teil der Netzinfrastruktur von → *TETRA*.

TSI QPSK

Abk. für Two Symbol Interval Quadrature Phase Shift Keying.

Eine Sonderform der → *PSK*.

TSL

Abk. für Telephone Service Licence.

Begriff aus der Regulierung. Bezeichnet eine allgemeine → *Lizenz* zum Angebot des Telefondienstes in Großbritannien.

TSM

Abk. für Topology-specific Module.

→ *ODI.*

TSMA/CD

Abk. für Transition Sense Multiple Access Collision Detection.

→ *CSMA/CD.*

TSO

Bezeichnung für ein vom Hause IBM im Jahre 1971 vorgestelltes → *Betriebssystem* für Großrechner, das jedoch nicht sonderlich erfolgreich war.

TSPI

Abk. für TSAPI Service Provider Interface.

→ *TSAPI.*

TSR-Programme

Abk. für Terminate-and-Stay-Resident-Programme.

Bezeichnung für das Laden eines lauffähigen Programms in den Arbeitsspeicher eines Rechners, ohne das Programm zu starten. Es kann dann bei Bedarf jederzeit, üblicherweise ausgelöst durch eine bestimmte Tastenkombination, gestartet werden.

tss

Abk. für Telecommunication Switching System.

Name eines digitalen Vermittlungssystems aus dem Hause → *PKI.*

T-Stecker

Ein T-förmiges Verbindungsstück zum Verbinden mehrerer Koaxialkabel, üblicherweise mit zwei weiblichen Anschlüssen (Hülsen) und einem männlichen Anschluss (Pin). Bei den Anschlüssen handelt es sich um → *BNC*s.

Benutzt bei der Gebäudeverkabelung zum Aufbau von → *LANs*.

TT

Abk. für → *TrueType*.

TTA

Abk. für Telecommunication Technology Association.

International übliche Bezeichnung für ein koreanisches Standardisierungsgremium auf dem Gebiet der Telekommunikation. Ähnlich dem europäischen → *ETSI.*

TT & C

Abk. für Telemetry, Tracking and Command.

Bezeichnung für Kontrollfunktionen eines Satellitenkontrollzentrums in künftigen satellitengestützten Mobilfunksystemen.

TTC

Abk. für Telecommunications Technology Council (Committee).

Ein japanisches Normungsgremium auf dem Telekommunikationssektor, ähnlich dem europäischen → *ETSI*. Es gliedert sich in ein Radio Communication Committee für draht-

lose Übertragung und in einem Telecommunication Standardization Committee für die drahtgebundene Übertragung.
→ *http://www.ttc.or.jp/e/*

TTCN

Abk. für Tree and Tabular Combined Notation.
Bezeichnung einer eindeutigen Beschreibungssprache für Protokolltests.
Für verschiedene zusammenhängende Teile eines Protokolls (Abstract Test Suites genannt, ATS) liegen TTCN-Spezifikationen vor.
In den 80er Jahren startete die Entwicklung durch die → *ISO* und die → *IEC*, die 1990 TTCN in einem Standard ISO/IEC 9646 Teil 3 veröffentlichten.

TTL

1. Abk. für Transistor-Transistor-Logik.

   Bezeichnung für eine bestimmte Technik, logische Schaltungen aus dem Bauelement des → *Transistors* herzustellen, sofern es sich um bipolare Technik handelt (→ *Bipolarer Transistor*). Die logische Verknüpfung mehrerer Eingangssignale erfolgt dabei durch Transistoren, die über mehrere Emitter verfügen.

   Diese Technik gilt als nicht sehr schnell.

2. Abk. für Time to Live.

   Bezeichnung für ein Feld im → *IP*-Paket, das die Zahl der erlaubten → *Hops* angibt. Dabei wird in jedem → *Router*, durch den das IP-Paket geht, die im TTL-Feld enthaltene Zahl um Eins verringert. Erreicht ein Paket mit einem TTL-Wert von Null einen Router, der noch nicht das Ziel ist, löscht dieser das gesamte Paket und schickt an den Absender des Paketes – dessen Adresse dem IP-Paket entnommen werden kann – eine dementsprechende Nachricht („Death Message").

   Auf diese Weise wird verhindert, dass in verbindungslosen IP-Netzen Datenpakete als Folge von technischen Fehlern oder irrtümlich/bewusst falsch eingetragenen IP-Adressen unendlich lange kursieren.

TTML

Abk. für Tagged Text Markup Language.
→ *WAP*.

TTR

Abk. für Time to Repair.
Bezeichnung für die Zeit, die es in einem konkreten Einzelfall dauert, einen Defekt an einem technischen Gerät zu beheben. Aus allen TTRs eines Gerätes kann die → *MTTR* ermittelt werden.

TTS

1. Abk. für Text-to-Speech (Conversion).

   Bezeichnung für die Umwandlung von Text in Sprache mittels Sprachsynthese.

   → *Sprachsystem*.

2. Abk. für Transaction Tracking System.

   Bezeichnung für ein Modul des Netzbetriebssystems Netware aus dem Hause Novell, das Sicherheitsfeatures für die Verwaltung von Zugriffsrechten zur Verfügung stellt.

TTT

Abk. Für TAP Testing Toolkit.
→ *TAP*.

TTU

Abk. für Teletex-Telex-Umsetzer.

TTW

Abk. für Tontastenwahl.
→ *MFV*.

TTX

Abk. für → *Teletex*.

TTY

Abk. für Teletype, Fernschreiber (→ *Telex*).
Abgeleitet von dem ersten großen Hersteller dieser Geräte, der Teletype Corporation.
Wird oft synonym für asynchrone Übertragung und für unintelligente → *Terminals* verwendet.
Fernschreiber waren die ersten Ein- und Ausgabegeräte, die in den 50er Jahren über Datenleitungen an Großrechner angeschlossen wurden. Erste öffentliche Vorführung dieser Möglichkeit war 1940 bei der Jahrestagung der American Mathematical Society am Dartmouth College in Hanover/New Hampshire. In der McNutt Hall führte George R. Stibitz (* 1904) zwei Fernschreiber vor, die über Leitungen mit einem Rechner im 400 km entfernten New York verbunden waren. Dort stand ein Rechner, den Stibitz mit dem Bell-Ingenieur Samuel Williams gebaut hatte. Über einen Fernschreiber wurden Daten eingegeben, in New York durch den Complex Number Computer bearbeitet und wieder zurückgesandt.

TU

1. Abk. für Tributary Unit.

   Bezeichnet in einer Hierarchiestufe der → *SDH* einen virtuellen Container (VC) einer nächstniedrigeren Hierarchiestufe zusammen mit dem auf ihn zeigenden Pointer innerhalb des SDH-Rahmens der höheren Stufe.

2. Abk. für Traffic Unit, Verkehrseinheit.

   Die englischsprachige Maßbezeichnung der Größe → *Erlang*.

Tubenpaar

→ *Koaxialkabel*.

TUDLV

Abk. für Telekommunikations-Universaldienstleistungsverordnung.
Andere Bezeichnung für die Universaldienstverordnung (UDV).
→ *USO*.

Türfreisprecheinrichtung, Türöffner, Türruf

→ *TFE.*

TUG

Abk. für Tributary Unit Group.
→ *TU.*

Tunneling

Der Begriff ist nicht ganz klar definiert und wird manchmal auch nicht exakt zutreffend Encapsulation genannt.

1. Im Zusammenhang mit Encapsulation ist Tunneling eine weite Definition. Dann ist es die Bezeichnung für das Ineinandergreifen zweier verschiedener Protokolle auf der gleichen Schicht des → *OSI-Referenzmodells*. Dabei werden die Daten des einen Protokolls noch einmal in die Datenpakete des anderen Protokolls verpackt, d.h., die gleiche Schicht wird doppelt durchlaufen. Meistens handelt es sich um zwei verschiedene Protokolle, z.B. bei → *IP* over → *ATM*.

   Streng genommen ist unter Encapsulation nur der Vorgang des Ineinanderschachtelns zu verstehen, wohingegen unter dem Tunneling der Vorgang der Übertragung fällt.

   Der Vorgang des Auseinandernehmens der entsprechenden Datenpakete beim Empfänger wird mit Decapsulation bezeichnet.

2. Im strengeren Sinne ist Tunneling in IP-basierten Netzen die Überbrückung einer Teilstrecke durch das öffentliche Internet, indem eine gesicherte Verbindung auf der Schicht 2 oder 3 des → *OSI-Referenzmodells* mit Hilfe eines entsprechenden Protokolls zwischen zwei Routern aufgebaut wird. Getunnelt wird in diesem Fall nicht die gesamte Ende-zu-Ende-Verbindung, sondern nur der schutzbedürftige Teil zwischen den beiden (Gateway-) Routern über eine allgemein zugängliche Infrastruktur. Prinzipiell wird dabei so getan, als ob eine Art Standleitung zwischen den beiden Routern besteht, die allerdings besonders gesichert werden muss.

   Üblicherweise sind in diesem Fall die beiden involvierten Protokolle gleich, z.B. bei → *ATMP* oder → *L2TP*, jedoch können auch beliebige Protokolle (→ *AppleTalk*, → *SNA* etc.) mit Hilfe von → *GRE* über eine IP-basierte Infrastruktur getunnelt werden.

   Gründe für Tunneling können verschieden sein, z.B. der Übergang von einem Protokoll zu einem anderen, wobei die Migration schrittweise in verschiedenen Teilen des Netzes vorgenommen wird. Ein anderer und heute üblicherweise häufig vorkommender Grund kann der Aufbau eines → *Extranet* bzw. → *VPN* sein.

   Im Falle von VPNs kann auf verschiedenen Schichten im → *OSI-Referenzmodell* getunnelt werden:

   - Tunneling auf der Schicht 3: Bei dem Tunneling durch die Vermittlungsschicht wird durch die Router der optimale Weg durch ein Netz bestimmt. Dadurch wird ein Übertragungspfad über mehrere Router bestimmt, deren benachbarte Router einander gleichgestellt sind. Ein Protokoll hierfür ist → *IPSec*
   - Tunneling auf der Schicht 2: In diesem Fall wird über die Sicherungsschicht zwischen dem Netzeingang und dem Netzausgang (Edge-zu-Edge) getunnelt. Nachteilig ist bei diesem Verfahren, dass insbesondere bei komplexem Datenverkehr (Sprach-/Daten-Integration mit höheren Anforderungen an eine Quality of Service; → *QoS*) ein hoher Rechenaufwand auf die Perfor-

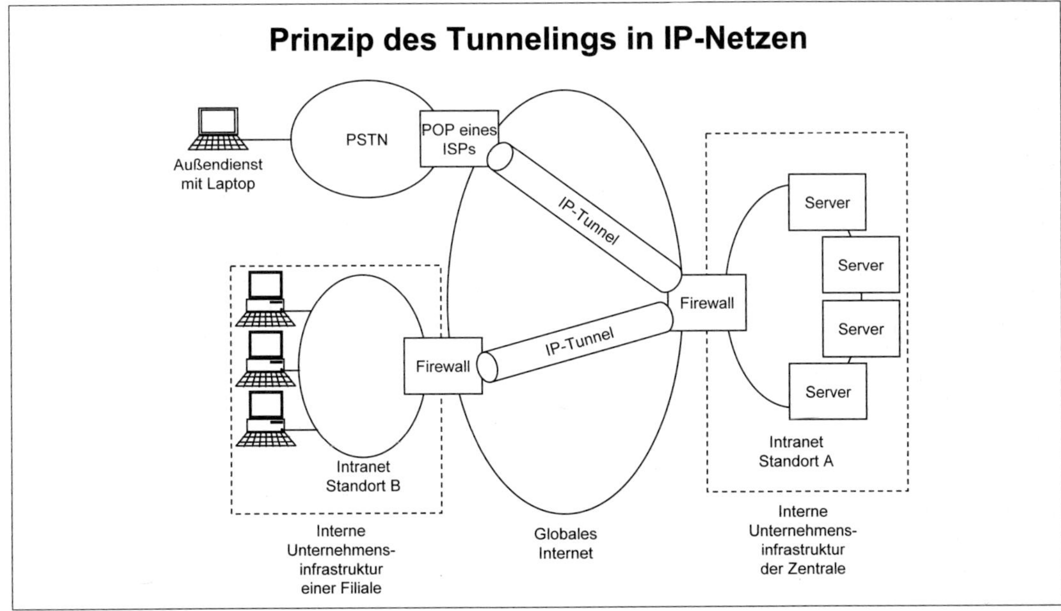

mance drücken kann. Protokolle hierfür sind → *L2F*, → *L2TP* oder → *PPTP*.

Neben diesen Verfahren gibt es auch proprietäre Protokolle, die jedoch nur zwischen Geräten gleicher Hersteller verwendet werden können. Beispiele hierfür sind FWZ1 und CET.

TUP

Abk. für Telephone User Part.

→ *SS#7.*

Turbo-Pascal

Bezeichnung einer höheren Programmiersprache.

→ *Pascal.*

Turing-Maschine

Bezeichnung eines fundamentalen, mathematisch formulierten Modells einer Rechenmaschine zur Beschreibung der Verarbeitung von Zeichen in der → *Informatik* aus den 30er Jahren. Mit dem Modell wurden in der Folgezeit fundamentale Ergebnisse der theoretischen Informatik erzielt sowie weltweit ungezählte Studenten der Informatik in Prüfungen konfrontiert.

Die Turing-Maschine war so gestaltet, dass Funktionen durch endliche Prozesse aus einigen Grundoperationen abgebildet wurden. Dadurch konnte sie zur Bestimmung von endlichen → *Algorithmen* bzw. zur Berechenbarkeit von Problemen eingesetzt werden.

Obwohl von einer Turing-Maschine gesprochen wird, handelt es sich lediglich um ein Gedankenmodell und keine reale Maschine. Es ist nie ein entsprechender Computer nach dem Modell gebaut worden, obwohl einige Überlegungen in einen der ersten britischen Computer der 50er Jahre eingingen.

Erdacht wurde das Konzept im Jahr 1937 in Princeton vom Mathematiker Alan Mathison Turing (* 1912, † 7. Juni 1954), der in jenem Jahr noch als Student ein Papier „On Computable Numbers with an Application to the Entscheidungsproblem" über die „Universelle Maschine" publizierte. 1950 veröffentlichte er einen weiteren Artikel in der Fachzeitschrift ‚Mind' über den Test von Maschinen auf Intelligenz.

Der Beitrag des hochintelligenten Turings zur theoretischen Informatik und zur Entwicklung des codebrechenden → *Colossus* war seinerzeit erheblich, gleichwohl hatte die wissenschaftliche Gemeinschaft Probleme mit ihm. Er wurde wegen homosexueller Aktivitäten im Februar 1952 festgenommen und gezwungen, sich einer Therapie zu unterziehen. Am 7. Juni 1954 nahm er einen mit Zyanid vergifteten Apfel zu sich und nahm sich so das Leben.

→ *http://www.AlanTuring.net/*

Turksat

Bezeichnung eines türkischen Satellitensystems, dessen Besonderheit bei seiner Inbetriebnahme 1989 die Lieferung als schlüsselfertiges, bereits im Weltraum stationiertes System war.

Der spätere Betreiber Turksat JV hat sich nicht um den separaten Bau von Satelliten, Bodenstationen, Raketen usw. kümmern müssen, sondern das komplette System betriebsfertig übernommen.

→ *http:// www.satcom.gov.tr/*

Turnkey System

Ähnlicher Begriff wie beim Hausbau. Bezeichnung für komplett ausgerüstete Systeme (Hard- und Software), die dem Kunden betriebsfertig (‚schlüsselfertig') übergeben und daher sofort eingesetzt werden können.

TVA

Abk. für Teilnehmervermittlungsanlage.

In der Schweiz die gängige Bezeichnung einer Nebenstellenanlage.

→ *PBX.*

TVerleihV

Abk. für → *Telekommunikations-Verleihungsverordnung.*

TVK

Abk. für Tagesverkehrskurve.

Bezeichnung für eine grafische Darstellung des in Netzen generierten Verkehrs. Der Verkehr wird dabei über der Zeit in Stunden über einen Zeitraum von 24 Stunden aufgetragen.

Dies kann in verschiedenen Detaillierungsgraden erfolgen, beispielsweise für einen einzelnen Anschluss oder eine einzelne (u.U. hochbitratige) Leitung.

Das Erstellen der Tagesverkehrskurven ist Aufgabe des → *Netzmanagements.*

In gut organisierten Telcos wird der Vertrieb durch das Netzmanagement informiert, sobald die Tagesverkehrskurve für einen Anschluss eines Kunden bestimmte Werte (z.B. 90% Auslastung) überschreitet, damit dem Kunden zusätzliche Kapazität angeboten werden kann.

TV-Kabelnetz

→ *Breitbandkabelverteilnetz.*

TVMIA

Abk. für thanks very much in advance.

→ *Chat Slang.*

TVRO

Abk. für Television Receive Only (Satellite Dish).

Bezeichnung für Satellitenantennen, die Fernsehsignale nur empfangen können. Die Bezeichnung leitet sich davon ab, dass die ersten Modelle von Geräten abstammten, die bei TV-Sendern sowohl zum Senden als auch zum Empfangen eingesetzt wurden.

TVS

Abk. für Tele-Voting-System.

→ *Tele-Voting.*

TV-Sat

Bezeichnung für einen von der damaligen Deutschen Bundespost im Jahre 1985 gestarteten Fernsehsatelliten.

Sein technisches Konzept (wenige Transponder, die aber mit viel Leistung) galt schon zum Startzeitpunkt als nicht mehr fortschrittlich. Es war mit nur fünf → *Transpondern* ausgestattet. Ein Kanal war ferner für die digitale TV-Norm → *D2-MAC* reserviert, in der nicht ein einziger Fernsehsender auch nur eine einzige Sendeminute ausgestrahlt hat. Lediglich einige Testsendungen wurde ausgesendet. Der ganze Satellit wurde nie in den Regelbetrieb übernommen.

TVSt

Abk. für Teilnehmervermittlungsstelle.

Oberbegriff für Vermittlungsstellen, an denen Endteilnehmer angeschlossen sind.

TVU, TV-Umsetzer

→ *Füllsender.*

TWAIN

Abk. für Technology without an interesting Name.

Bezeichnung für eine weitverbreitete Schnittstelle zur Steuerung von → *Scannern* aus Anwendungsprogrammen heraus.

Ziel bei der Entwicklung von TWAIN war die Vereinheitlichung der Ansteuerung verschiedener Scanner von unterschiedlichen Herstellern, so dass eine Anwendungssoftware mit unterschiedlichen Scannern zusammenarbeiten kann. Außerdem kann bei TWAIN eine Anwendung Grafik- oder Videodaten von Peripheriegeräten importieren, ohne dass die Anwendung verlassen werden muss.

→ *http://www.twain.org/*

TwinVQ

Abk. für Transform-domain Weighted Interleave Vector Quantization.

Ein gemeinsam von Yamaha und den Human Interface Laboratories der japanischen NTT entwickeltes Verfahren zur Kompression digitaler Audioinformationen durch Unterdrückung der vom Menschen nicht hörbaren Anteile (Reduzierung der Irrelevanz). Verwendet wird ein Vektorquantisierung (genauer: Transform-domain Weighted Interleave Vector Quantization) genanntes Verfahren, wodurch Kompressionsraten von 1:18 bis 1:96 und eine hohe Fehlerrobustheit erzielt werden.

Die meist verwendete Datenrate ist 96 kbit/s für die Stereokonfiguration in CD-Qualität (2 Kanäle zu je 48 kbit/s mit einer Abtastfreuenz von 44 kHz).

Es ist neben → *AC-3* eine mögliche Alternative zu → *MP3*, kommt an dessen Qualität bei gleicher Datenrate im Bereich um 80 bis 130 kbit/s jedoch nicht heran und ist nicht so weit verbreitet. Erst bei niedrigen Datenraten (25 kbit/s) ist TwinVQ besser als MP3. Ferner benötigt das Verfahren eine höhere Prozessorleistung, um gleiche Zeiten für das Codieren von Audiodaten zu erzielen.

Dateien mit durch TwinVQ codierten Inhalt sind an der Endung *.vqf erkennbar.

TWG

Abk. für → *Telegrafen-Wegegesetz.*

Twinax (-Stecker)

Bezeichnung für eine spezielle Art der zweipoligen Steckverbindung. Verbreitet im → *LAN*-Bereich zur Verbindung von → *Koaxialkabeln.*

Twinaxialkabel

Bezeichnung für ein Kabel mit drei (nicht zwei!) konzentrischen Leitern. Prinzipiell wie ein → *Koaxialkabel* aufge-

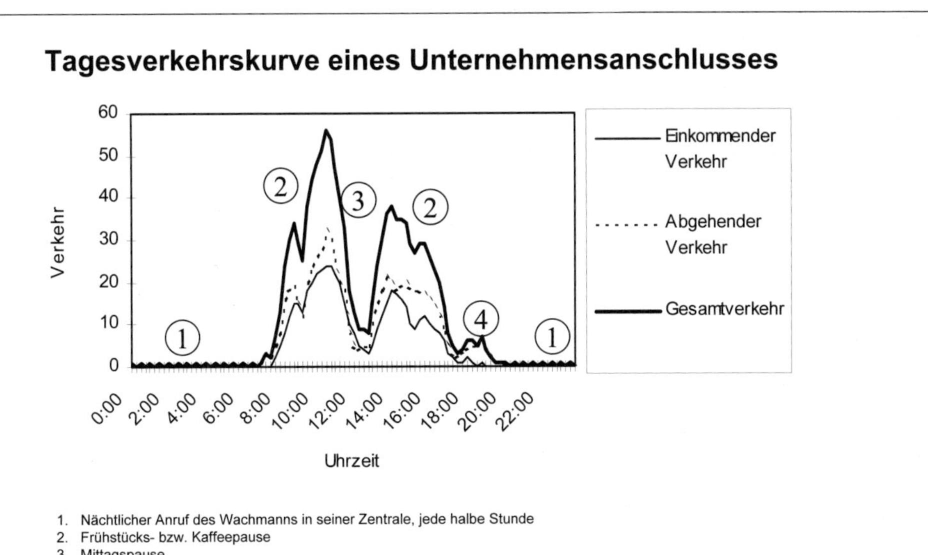

baut, nur mit drei konzentrischen und gegeneinander isolierten Leitern.

Twin-LNB

→ *LNB*.

Twisted Pair

Engl. Bezeichnung für zwei kunststoffisolierte, umeinander verdrillte Kupferleitungen (→ *verdrillte Zweidrahtleitung*). Sie wird seit Jahrzehnten als Hauptanschlussleitung in Telekommunikationsnetzen verwendet und auch in → *LAN*s eingesetzt.

Man unterscheidet verschiedene Bauformen, z.B. → *UTP* oder → *STP*.

Twisted Quad

Engl. Bezeichnung für vier kunststoffisolierte verdrillte Kupferleitungen. Dabei bilden zwei sich gegenüberliegende Leiter ein Leiterpaar.

TWT, TWTA

Abk. für Travelling Wave Tube (Amplifier).

International gebräuchliche Abkürzung für Wanderfeldröhrenverstärker. Ihre Aufgabe ist die Erzeugung hochfrequenter (GHz-Bereich) elektromagnetischer Wellen im Leistungsbereich von einigen W bis in den kW-Bereich hinein. TWTAs sind Bestandteile von → *Transpondern* bei → *Satelliten*.

Die TWT wurde vom Engländer Rudolph Kompfner erfunden und zusammen mit J. R. Pierce bei den → *Bell Labs* weiterentwickelt und perfektioniert.

Tx

Abk. für Transmitter.
Englische Bezeichnung für Sender.

TXNAsl

Abk. für Telexnebenanschlussleitung.

TXNstAnl

Abk. für Telexnebenstellenanlage.

TX-0

Abk: für Transistorized Experimental Computer.
Auch genannt Tixo. Bezeichnung für den ersten 1955 am → *MIT* maßgeblich vom späteren → *DEC*-Gründer Kenneth Olsen und Wesley (‚Wes') Clark für rund 3 Mio. $ gebauten Experimentalcomputer. Er blieb bis in die 60er Jahre in Betrieb und benötigte allein eine 15 Tonnen schwere Klimaanlage. Sein Haupteinsatzgebiet lag auf militärischem Gebiet.
Viele Konzepte, welche später in der → *PDP-1* aus dem Hause DEC umgesetzt wurden, sind bei der TX-0 erstmals angewendet worden, z.B. ein Monitor als bequem abzulesendes Ausgabegerät.
Weitere Modelle (TX-2) folgten.
→ *TRADIC*.

TXVerAnl

Abk. für Telexverteileranlage.

Typenraddrucker

Auch selten Daisy Wheel Printer genannt.
Bezeichnung für einen mechanischen → *Drucker*, bei dem die Typen an flexiblen Hebeln sitzen, die sternförmig von einer rotierbaren Nabe abgehen (Typenrad). Durch Drehen

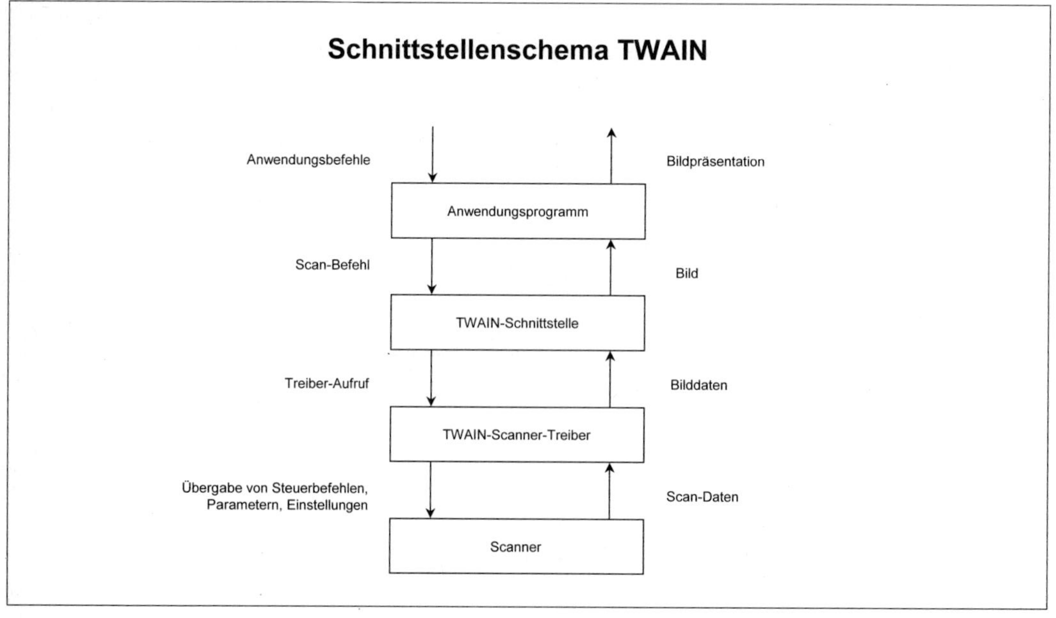

der Nabe kann der gewünschte Hebel mit einer Type in die Druckposition gelangen. Ein Hammer drückt den Hebel gegen ein Farbband und dieses auf das Papier, wodurch das Zeichen gedruckt wird.
Wird als Farbband ein nur einmal verwendbares Karbonband benutzt, ist der Ausdruck sehr sauber und kaum als Computerausdruck erkennbar.
Durch Austausch des Typenrades kann der Schrifttyp variiert werden.
Diese Art Drucker kam 1970 in ersten Modellen auf den Markt und war zu Anfang der 80er Jahre eine Alternative zu → *Nadeldruckern* in Fällen, bei denen es auf Schönschrift ankam. Er kostete seinerzeit um die 3 000 $ und ist heute, bedingt durch den Fortschritt und Preisverfall der → *Laser-* und → *Tintenstrahldrucker*, nur noch selten zu finden. Nachteilig sind die hohe Geräuschentwicklung, der begrenzte Zeichenvorrat an den Typenrädern, die niedrige Druckgeschwindigkeit und die fehlende Grafikfähigkeit. Vorteile sind die im Vergleich zum → *Kettendrucker* gute Druckqualität, die niedrigen Anschaffungs- und Unterhaltungskosten sowie das einfache Austauschen der Typenräder.

Typografie

Die Lehre von der Gestaltung von Schriften (→ *Font*), d.h. von Buchstaben, Ziffern, Satzzeichen und Sonderzeichen. Die Ziele Lesefreundlichkeit, Funktionalität und ästhetischer Gesamteindruck sind dabei passend aufeinander abzustimmen.
→ *Geviert*, → *Kerning*, → *Layout*, → *Ligatur*, → *Overshoot*, → *Proportionalschrift*, → *Schnitt*, → *Serifen*, → *Teilung*.

U

UA

Abk. für User Agent.

Bezeichnet in → *E-Mail*-Systemen die Applikation, innerhalb derer eine Nachricht (E-Mail) erzeugt wird. Üblicherweise bezeichnet der Begriff UA die Frontend-Software, die diverse Funktionen zum Erzeugen, Verwalten, Senden und Empfangen von E-Mails zur Verfügung stellt. Darüber hinaus ist sie mit einer → *GUI* zur einfachen Bedienung ausgestattet.

Die UAs bilden zusammen mit dem Message Transfer System (→ *MTS*) ein Message Handling System (→ *MHS*). Die UAs sind mit den Message Transfer Agents (→ *MTA*) des MHS verbunden, von denen sie periodisch ihre neuen E-Mails abfragen.

→ *X.400*.

UAA

Abk. für Universally Administrated Address.

Bezeichnung für eine 6 Byte lange, weltweit eindeutige Adresse eines Netzwerkadapters, die bei diesem durch den Hersteller fest eingestellt (eingebrannt) wurde.

UADSL

Abk. für Universal Asymmetric Digital Subscriber Line.

→ *UAWG*.

UAE

1. Abk. für universelle Anschlusseinrichtung.

   Bezeichnung für Anschlussbuchsen, an die sowohl analoge als auch digitale Endgeräte angeschlossen werden können.

2. Abk. für Unexpected Application Error.

UAL

Abk. für User Access Line.

→ *X.25*.

UAPT

Abk. für Union Africaine des Postes et Télécommunications.

Bezeichnung für die afrikanische Post- und Fernmeldeunion mit Sitz in Brazzaville, Kongo.

→ *PATU*.

UART, UART Overrun

Abk. für Universal Asynchronous Receiver and Transmitter.

Bezeichnung eines integrierten elektronischen Bausteins zur Abwicklung serieller und bitorientierter Kommunikation zwischen einem Computer und seriellen peripheren Einheiten (z.B. Terminals). Eigentlich ist ein UART ein → *Controller*, der mit Peripheriebausteinen seriell kommuniziert, mit dem Speicher innerhalb des Computers aber über eine parallele Leitung (Datenbus) verbunden ist. UART ist der wichtigste Baustein auf der seriellen Schnittstellenkarte für → *PCs*, kann sich aber auch auf dem → *Motherboard* befinden.

Die wichtigsten Funktionen sind:

- Umsetzung von parallel vom Speicher empfangener Zeichen in bitorientierte Datenströme in einem bestimmten Protokollformat bzw. umgekehrte Vorgehensweise beim Datenempfang.
- Ggf. Einfügen/Entfernen von Start- und Stopp-Bits.
- Ggf. Einfügen/Entfernen von Paritätsbits.

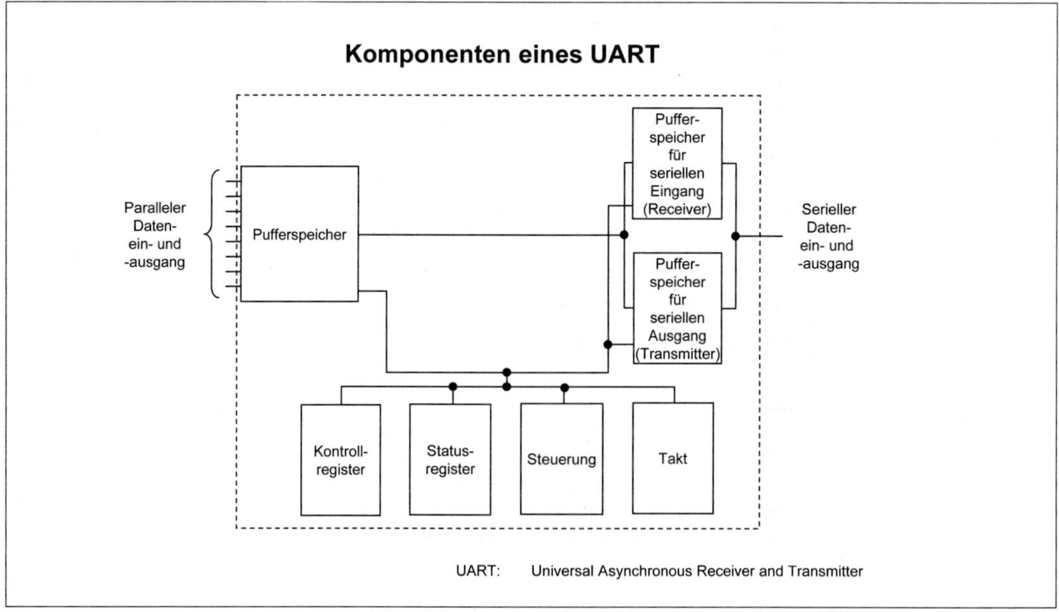

- Kommunikation mit dem seriellen Port des PCs und permanente Abfrage von dessen Status.
- Verwaltung eines eigenen Datenpuffers zum Zwischenspeichern eingehender Daten.
- Abwickeln des Datentransports vom eigenen Puffer zum seriellen Port.

Üblich sind UART-Chips, die eingehende serielle Datenströme bis ca. 38,4 kbit/s unterstützen. Sie können jeweils nur 1 Byte zwischenspeichern. Wenn sie voll sind und dennoch weitere Daten erhalten (sog. UART Overrun), senden sie einen → *Interrupt* an die → *CPU*, was bei hohen Datenraten zu einem hohen Overhead führt. Neuere Bausteine unterstützen dank größerem Puffer bis zu 115,2 kbit/s bzw. 256 kbit/s unter optimalen Bedingungen.

Insbesondere die Puffergröße ist wichtig für den zu erzielenden Durchsatz, da bei einem zu kleinen Puffer der Puffer häufiger überlauft und daher der UART Meldungen an die CPU zur Verlangsamung des weiteren Datentransfers senden muss. Diese zeitintensiven Aktivitäten entfallen, wenn ein größerer Puffer vorhanden ist.

Innerhalb eines UART sind die Pufferspeicher am seriellen Ein- und Ausgang häufig mit jeweils eigenen Taktleitungen versehen (Clock), so dass die empfangende Datenrate sich von der gesendeten unterscheiden kann.

Man unterscheidet Single-Protokoll- und Multi-Protokoll-Chips. Letztere können die Daten in Abhängigkeit von Steuersignalen in verschiedene Rahmenformate umsetzen.

Bekannte UARTs sind die Chips 8250 (1 Byte Puffer), 16450 (2 Byte Puffer), 16450A, 16550 (zwei 16 Byte Puffer) oder 16550A von Western Digital.

UARTs kamen 1972 auf den Markt und wurden seither in ihrer Leistungsfähigkeit (Geschwindigkeit, Kapazität, nicht nur Umsetzung parallel-seriell, sondern Umsetzung in Rahmenformate, Fehlerprüfung) ständig verbessert.

UAT

Abk. für User Acceptance Test.

Im → *Software-Engineering* die Bezeichnung für Software, die fertig entwickelt wurde und bereits in ihrer Einsatzumgebung eingesetzt wird und einwandfrei läuft, jedoch noch Tests mit den Nutzern bestehen muss. Primär wird dabei die Benutzerschnittstelle (Man-Machine-Interface, → *MMI;* grafische Benutzerschnittstelle, → *GUI*, → *Look & Feel*) einem Test auf leichte Bedienbarkeit etc. unterzogen.

Bei der Software-Entwicklung wird versucht, durch → *Rapid Prototyping* die Nutzer bereits sehr früh in die Software-Entwicklung mit einzubeziehen, um die Menge an Änderungen im UAT möglichst gering zu halten.

UAWG

Abk. für Universal ADSL Working Group.

Bezeichnung einer im Frühjahr 1998 gegründeten Gruppe verschiedener Hardwarehersteller (Microsoft, Intel, Compaq, Cisco, Ericsson, Rockwell, Orckit) und einiger US-Carrier (Sprint, MCI; mittlerweile auch Deutsche Telekom, France Telecom und BT) mit dem Ziel, eine einfache, robuste und vor allem kostengünstige → *ADSL*-Technologie (Universal ADSL, UADSL) für den Einsatz im Privatkundensegment zu entwickeln und zu fördern. UADSL wird auch als ADSL-Lite, G-Lite, Plug-and-Play-ADSL oder Splitterless ADSL bezeichnet.

UADSL basiert auf dem Standard T1.413 Version 2 der → *ANSI* und ist als G.992.2 der → *ITU* im Sommer 1999 verabschiedet worden.

Primär wird daran gedacht, ADSL als breitbandige Zugangstechnologie zum → *Internet* zu nutzen. Dabei sollen 1,5 Mbit/s im Downstream und 512 kbit/s im Upstream abgewickelt werden können. Bedingt durch diese geringere Kapazität kommt UADSL mit einer geringeren analogen Bandbreite oberhalb des für Telefonie vorgesehenen Frequenzbereichs aus, wodurch sich die Qualität beeinträchtigenden → *Interferenzen* beider Bereiche verringern und eine einfachere (und damit billigere Technik) genutzt werden kann. Ferner sollen die Splitter-Funktion und die Modem-Funktion in ein Gerät integriert werden, so dass sich die Installation beim Nutzer erheblich vereinfacht und keinen Monteur mehr erfordert.

Einzelne UADSL-Modems sollen rund 200 bis 700 $ kosten.

US West hat im Frühjahr 1998 in Denver bereits einen Test mit UADSL gestartet.

UBIDEP

Abk. für Universal Building Information and Data Exchange Protocol.

Bezeichnung eines Managementprotokolls zum Datenaustausch innerhalb von Gebäuden, zwischen Elementen der Gebäudetechnik (Heizung, Lüftung, Klima, Licht, Sicherheit).

→ *http://www.ubidep.org/*

UBR

Abk. für Unspecified Bit Rate.

→ *ATM.*

UCAID

Abk. für University Corporation for Advanced Internet Development.

Bezeichnung für eine am 1. Oktober 1997 von mehreren US-amerikanischen Universitäten gegründeten Vereinigung mit dem Ziel, die Entwicklung des → *Internet 2* zu fördern.

→ *http://www.ucaid.edu/*

UCC

Abk. für User Communication Channel.

UDA-Antenne

→ *Yagi-Antenne.*

UDC

Abk. für User-Data Collection.

→ *Billing.*

U-DMA

→ *DMA.*

UDP

Abk. für User Datagram Protocol.

Bezeichnung eines verbindungslosen Anwendungsprotokolls zum Transport von → *Datagrammen* der IP-Familie (→ *IP*). Es setzt wie → *TCP* auch auf IP auf.

UDP ist die Basis von → *ping*, → *RIP*, → *WAIS*, → *NFS* über XDR und → *RPC*, → *SNMP* und → *TFTP*.

Im Vergleich zum wesentlich häufiger verwendeten TCP verzichtet UDP auf Fehlererkennung und -korrektur, arbeitet daher aber schneller und verfügt über einen kleineren → *Header*, weshalb der → *Overhead* geringer und das Verhältnis von Anzahl Nutzdaten (in Bit) zu Paketlänge (in Bit) besser ist.

UDP ist besser geeignet bei Anwendungen, die kurze Nachrichten versenden und diese notfalls komplett wiederholen können, oder bei Anwendungen, die in Echtzeit durchgeführt werden müssen (Sprach- oder Videoübertragung). Die gesamte Fehlerkorrektur erfolgt daher innerhalb der Anwendung. Dies betrifft nicht nur Bitfehler, sondern auch den Totalverlust der Datenpakete, da → *Router* bei hoher Netzlast UDP-Datagramme sofort verwerfen. Die Anwendung kann bei speziellen Anwendungen, z.B. im Echtzeit-Bereich, bei der Fehlererkennung und Fehlerkorrektur von weiteren, speziellen Protokollen höherer Schichten unterstützt werden, z.B. dem → *RTP*.

Durch die Notwendigkeit der kompletten Wiederholung von Nachrichten bei Fehlern benötigt die Verwendung von UDP in einem Netz allerdings größere Bandbreiten (als TCP) und erfordert ein komplizierteres Bandbreitenmanagement des Netzbetreibers. Darüber hinaus erhöht sich durch die nötigen Verzögerungen der → *Delay*. Dies kann dadurch ausgeglichen werden, dass die das UDP-Protokoll nutzende Anwendung die gleichen Daten mit verschiedenen UDP-Datagrammen mehrmals hintereinander sendet, in der Hoffnung, eines werde schon ungestört und nur gering verzögert ankommen. Dieses Verfahren wird bei manchen Programmen für Sprachübertragung über das Internet (→ *Internet-Telefonie*, -Videokonferenz) angewendet, erhöht aber wiederum die Bandbreitennutzung (und damit ggf. Auch die Bandbreitenverschwendung) erheblich.

Eine weitere Anwendung von UDP liegt in Netzen, bei denen von vornherein eine hohe Übertragungsqualität gegeben ist, etwa bei lokalen Netzen geringer Ausdehnung (→ *LAN*), bei glasfaserbasierten Netzen oder bei nur niedrig ausgelasteten Netzen.

UDP ist definiert in RFC 768, der von Jonathan ‚Jon' Postel (* 6. August 1943, † 16. Oktober 1998) verfasst wurde.

UDSL

Abk. für Unidirectional Digital Subscriber Line.

Bezeichnung für eine Variante der → *xDSL*-Techniken. Dabei erfolgt der Datentransfer nur in eine Richtung zum Nutzer hin (Downstream).

Die Bezeichnung UDSL wurde vom Hause Sparnex geprägt, die ein auf → *2B1Q* basierendes Produkt auf den Markt gebracht hatte.

UDT

Abk. für Unified Data Transfer.

Bezeichnung für einen zu → *OLE* gehörenden Mechanismus zum Datenaustausch zwischen zwei Anwendungsprogrammen, die auf einem PC unter dem → *Betriebssystem* → *Windows* laufen.

UDV

Abk. für Universaldienstverordnung.

→ *USO*.

UE

Abk. für Unterhaltungselektronik.

Oberbegriff für Fernsehgeräte, Videorecorder, Radios, TV-Satellitenempfänger, Kassettenspieler, Walkman etc. Wird oft auch, wegen der in den 50er und 60er Jahren typischen Gehäusefarbe entsprechender Artikel mit „brauner Ware", im Gegensatz zu Küchen- und Waschgeräten („weiße Ware"), bezeichnet.

Überabtastung

→ *Oversampling*.

Übergabe

→ *Umlegen*.

Übernahme

→ *Pickup*.

Überlaufverkehr

Begriff aus der → *Verkehrstheorie*. Bezeichnung für den Anteil am → *Angebot* von Verkehrslast, der einem Leitungsbündel zugeführt wird, von diesem aber nicht verarbeitet werden kann, sondern einem anderen Leitungsbündel angeboten werden muss.

Kann letztlich kein zur Verfügung stehendes Leitungsbündel den Überlaufverkehr abwickeln, müssen alle entsprechenden Belegungswünsche abgewiesen werden, und es entsteht Verlustverkehr (→ *Verlustsystem*).

Überleiteinrichtung

In älteren Mobilfunknetzen (→ *Mobilophone*, → *B-Netz*) die Bezeichnung des → *MSC*, in dessen Versorgungsbereich sich ein zu rufender mobiler Teilnehmer aufhält. Diese Ortung wird bei modernen Mobilfunknetzen automatisch vorgenommen, z.B. mittels → *HLR* und → *VLR*.

Überreichweite

→ *Overspill*.

Überseekabel

→ *Unterwasserkabel*.

Übertragungsgeschwindigkeit, Übertragungskapazität

→ *Bandbreite*.

Übertragungsprotokoll

→ *Protokoll*.

üBkVrSt

Abk. für überregionale Breitbandkabelverstärkerstelle.
→ *Breitbandkabelverteilnetz.*

ÜP

Abk. für Übergabepunkt.
Begriff der Deutschen Telekom, der den Punkt des öffentlichen Netzes beschreibt, an dem dieses zu Ende ist. Dies ist nicht notwendigerweise der Anschlusspunkt des Teilnehmers, da u.U. noch eine Inhouse-Verkabelung nötig wird (z.B. Ebene 4 beim → *Breitbandkabelverteilnetz*).

UER

Abk. für Union Européenne de Radiodiffusion.
Franz. Abk. für die → *EBU.*

ÜSFu

Abk. für Übersee-Sendefunkstelle.

U_{G2}-Schnittstelle

→ *U-Schnittstelle.*

UGV

Abk. für Universelle Gebäudeverkabelung.
Bezeichnung für eine → *Verkabelung*, die multifunktional innerhalb eines Gebäudes installiert ist. Sie kann für Zwecke der Telekommunikation ebenso verwendet werden wie für Zwecke der Computervernetzung, z.B. durch ein → *LAN.*

UHF

Abk. für Ultra High Frequency.
Frequenzband von 300 MHz bis 3 GHz. In Deutschland auch Dezimeterwellenbereich genannt. Ausbreitung erfolgt fast optisch auf direkter Linie. Überhorizontverbindungen durch Beugung möglich. Empfindlich für Dämpfung. Nachbarbereiche sind → *VHF* und → *SHF.*

Uhrzeit von Zentrale

Bezeichnet ein → *Leistungsmerkmal* von Nebenstellenanlagen. Dabei wird die Uhrzeit und/oder das Datum von der zentralen Nebenstellenanlage an alle angeschlossenen Endgeräte (→ *Komforttelefon*) übertragen und dort auf einer Anzeige angezeigt.
In Kombination damit werden andere Leistungsmerkmale wie → *Weckruf* möglich.

UI

Abk. für → *User Interface.*

UIC

Abk. für User Identification Code.
Bezeichnung für eine Nummer, die vom → *Betriebssystem* einem Nutzer zugeteilt wurde und die ihn eindeutig identifiziert.

UIFN, UIFS

Abk. für Universal International Freephone Number (Service).
Bezeichnung einer international gültigen Nummer, bei der der Angerufene die Gebühren übernimmt (→ *Freephone*, Tollfree, Greenline, gebührenfreie Rufnummer). Hatten viele Länder dafür unterschiedliche Nummern (z.B. 800 in den USA, 0130 in Deutschland), so wird nach der Standardisierung der UIFN durch die → *ITU* in E.152 im Jahre 1996 eine Nummer international gültig und unabhängig von Land und Carrier vergeben, so dass z.B. Werbebriefe oder kontinentweit (über Satellit) ausgestrahlte TV-Werbespots nur noch eine Nummer anzuzeigen brauchen.
Die UIFN besteht aus der nationalen Vorwahl, der Ziffernfolge „800“ und acht weiteren Ziffern, welche die Global Subscriber Number ergeben (GSN).
Der durch eine UIFN ermöglichte Dienst wird als Universal International Freephone Service bezeichnet (UIFS).

UIT

Abk. für Union Internationale de Télécommunications.
Französische Bezeichnung der → *ITU.*

U_{K0}-Schnittstelle, U_{K2}-Schnittstelle

→ *U-Schnittstelle.*

UK-GER, UK-Germany

Bezeichnung für mehrere → *Unterwasserkabel* zwischen GB und Deutschland.

Name	UK-GER 1
Länge	–
Inbetriebnahme	–
Kapazität	5 Kanäle
Außerbetriebnahme	Ja
Anlandungspunkt D	• Borkum
Anlandungspunkt GB	• Lowestoft
Bemerkungen	Analoges Kupferkabel

Name	UK-GER 2 und 3
Inbetriebnahme	1963
Kapazität	Je 120 Kanäle
Außerbetriebnahme	1986
Anlandungspunkt D	• Borkum
Anlandungspunkt GB	• Winterton
Bemerkungen	Analoges Kupferkabel

Name	UK-GER 4
Länge	–
Inbetriebnahme	1971
Kapazität	5 Kanäle

Außerbetriebnahme	1. April 1992
Anlandungspunkt D	• Fedderwarden
Anlandungspunkt GB	• Winterton
Bemerkungen	Analoges Kupferkabel

Name	**UK-GER 5**
Länge	479 km
Inbetriebnahme	1991
Kapazität	3,6 Gbit/s
Außerbetriebnahme	–
Anlandungspunkt D	• Norden
Anlandungspunkt GB	• Winterton
Bemerkungen	• Glasfaserbasiertes Kabel • Zwei Faserpaare • Sechs Repeater

Name	**UK-GER 6**
Länge	560 km
Inbetriebnahme	Herbst 1999
Kapazität	40 Gbit/s (später 80 Gbit/s)
Außerbetriebnahme	–
Anlandungspunkt D	• Norden
Anlandungspunkt GB	• Scarborough
Bemerkungen	• Glasfaserkabel • Unterzeichnung MoU 18. Juni 1997 • Unterzeichnung Vertrag 20. November 1997. • Vertragspartner: Deutsche Telekom, BT, Cable & Wireless sowie o.tel.o communications • Kabel von Alcatel • Verlegung durch C&W • 100 Mio. DM Kosten

UKITO

Abk. für United Kingdom Technology Organization.

Bezeichnung eines Zusammenschlusses von Unternehmen der Hochtechnologie in GB mit dem Ziel (ähnlich → *ESPRIT*), der japanischen Vormachtstellung in den betreffenden Märkten entgegenzutreten.

UKW

Abk. für Ultrakurzwelle.

→ *VHF*.

ULE

Abk. für User Lost Erlangs.

Bezeichnung für eine in den USA übliche → *Leistungskennzahl* zur Beschreibung der Schwere von Störungen im Telefonnetz. Die Größe wird oft dazu verwendet, aus statistischer Sicht die Kapazität von Netzen oder Netzteilen zu definieren, um eine bestimmte Robustheit zu erzielen.

ULL

Abk. für Unbundled Local Loop.

→ *Entbündelung*.

ULSI

Abk. für Ultra Large Scale Integration.

Begriff aus der Halbleitertechnik. Bezeichnet Bausteine mit einem höheren Integrationsgrad als → *VLSI* .

ULSI ist nicht exakt definiert, jedoch fallen nach Branchenmeinung alle Bauelemente mit 100 000 oder mehr integrierten Schaltelementen (Transistoren) darunter.

Ultrakurzwelle

→ *VHF*.

Ultra-SCSI

→ *SCSI*.

Ultrix

→ *Unix*.

UMA

Abk. für Upper Memory Area.

Auch oberer Speicher oder oberer Speicherbereich genannt. Beim → *Betriebssystem* → *MS-DOS* ist UMA die Bezeichnung für den 384 KByte großen Speicherbereich zwischen 640 KByte und 1 MByte (= 1024 KByte) im Hauptspeicher. Ein einzeln ansprechbarer Block innerhalb der UMA wird mit UMB bezeichnet.

Dieser Speicherbereich wird mit Hilfe spezieller Zusatzprogramme, genannt Memory Manager, dazu verwendet, um Treiber, Videodaten oder andere periphere Daten zu speichern, die nicht notwendigerweise von einem Anwendungsprogramm laufend gebraucht werden.

Dies hilft, den wichtigen Speicherbereich bis 640 KByte zu entlasten und ökonomisch zu verwalten.

U-Matic

→ *Videorecorder*.

UMB

Abk. für Upper Memory Block.

→ *UMA*.

Umbrellacells

International übliche Bezeichnung einer Zellengröße und auch -funktion in zellularen Mobilfunknetzen. Umbrellacells bedecken größere räumliche Areale, in denen sich aber durchaus noch mehrere Unterzellen (→ *Mikro-*, → *Makro-* und → *Picozellen*) befinden.

Umbrellacells dienen i.d.R. der Versorgung der zwischen den kleineren Zellen liegenden und nicht von diesen versorgten Gebieten.

UML

Abk. für Unified Modelling Language.

Bezeichnung für eine abstrakte Beschreibungssprache aus dem Hause Rational Software, die mittlerweile von der → *OMG* weiterentwickelt wird. Ein stabiler Standard wurde von ihr 1997 definiert.

UML ist ein Standard für die objektorientierte (→ *OO*) Softwareanalyse und -konzeption. Vorteil ist, dass komplexe Softwarestrukturen (= Softwarearchitektur) visuell dargestellt werden, was insbesondere bei großen, komplexen und objektorientierten Softwareprojekten erhebliche Vorteile bringt.

Mit dem Standard in der Version 1.3 wurde erstmals → *XML* unterstützt, so dass es möglich ist, UML-Daten nach XML zu konvertieren. Auch → *Java* wurde erstmals unterstützt.

Im Frühjahr 2001 kam UML 2.0 heraus. In dieser Version wurden → *CORBA* und → *COM* unterstützt, ebenso wie weitere Anwendungen im Java-Umfeld, etwa JavaBeans.

Von UML aus haben sich mittlerweile mehrere andere Sprache abgespalten, so z.B. die → *OCL*.

Maßgeblich mitentwickelt von Grady Booch und James Rumbaugh, die mit ihrer Object Modeling Technique (OMT) einen Vorläufer entwickelten, der um das Konzept der Verwendungsbereiche von Ivar Jacobsen ergänzt wurde.

→ *http://www.rational.com/uml/*

Umlegen

Auch Weiterverbinden, Anrufübergabe, Übergabe oder international Explicit Call Transfer (ECT) genannt. Bezeichnung für ein Dienstmerkmal (→ *Dienst*) von Nebenstellenanlagen oder auch von → *Centrex*. Dabei kann ein Gespräch von einer Nebenstelle zu einer anderen weitergegeben werden.

Gespräche lassen sich durchweg beliebig oft von Nebenstelle zu Nebenstelle umlegen. Die angerufene Sprechstelle erhält das Gespräch in der Regel nach kurzer Rückfrage, sobald die anrufende Nebenstelle den Hörer auflegt (Übergabe) oder das Gespräch durch, z.B. Drücken der Erdtaste, übernimmt (Übernahme).

Üblicherweise werden beim Umlegen der Umlegende und der Nutzer des Zielanschlusses zunächst alleine miteinander verbunden, so dass sie sich über den umzulegenden Anruf noch unterhalten können. Erst wenn der Umlegende auflegt ist die Verbindung zwischen dem Anrufer und dem neuen Gesprächspartner durchgeschaltet.

Eine weitere Art des Umlegens ist das Umlegen eines Gesprächs ohne jede Rückfrage auf eine andere Nebenstelle. Dies wird auch Blind Transfer oder Blind Call Transfer genannt.

Umsetzer

→ *Konverter.*

UMTS, UMTS-Forum

Abk. für Universal Mobile Telecommunication System.

Bezeichnung eines die Funktionalität von bis dahin mehreren anderen Mobilfunksystemen – wie z.B. → *GSM*, → *DECT* und → *ERMES* – integrierenden Mobilfunksystems der 3. Generation, weshalb oft auch von einem 3G-System gesprochen wird.

Die technischen Standards wurden von der Special Mobile Group (SMG) innerhalb der → *ETSI* auf der Basis mehrerer → *RACE*- und danach auch → *ACTS*-Projekte in Kooperation mit der → *ITU* und deren Projekt → *IMT 2000* entwi-

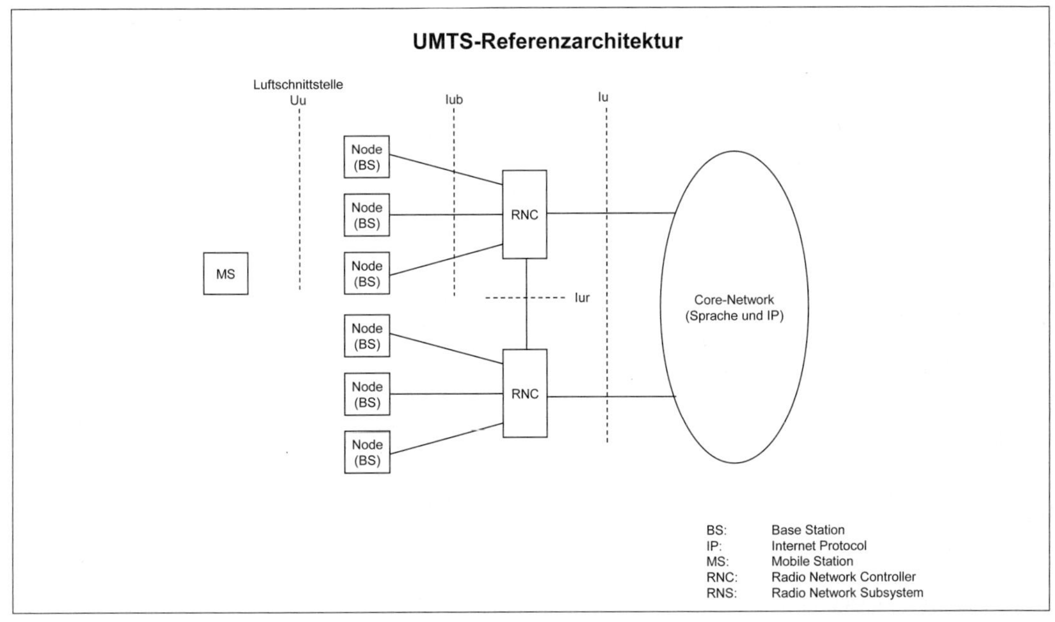

ckelt. Eine erste Version (Release 1999) wurde im Jahre 1999 verabschiedet.

Die Netze selbst werden voraussichtlich nach der Versteigerung der Lizenzen in Deutschland im Sommer 2000 schrittweise ab ca. Frühjahr oder Sommer 2002 in Betrieb gehen, wobei es kleinste Testnetze bereits gegeben hat (z.B. von Ericsson in Düsseldorf).

Zur weiteren, praxisnahen Unterstützung hat die Industrie das UMTS-Forum (→ *Forum*) gebildet. Gegründet wurde es am 16. Dezember 1996 in Zürich als Verein Schweizer Rechts von 56 Carriern, Herstellern aus der TK- und IT-Branche sowie nationalen Regulierungsbehörden. Das UMTS-Forum definiert UMTS als:

„UMTS will be a mobile communications system that can offer significant user benefits including high-quality wireless multimedia services to a convergent network of fixed, cellular and satellite components. It will deliver information directly to users and provide them with access to new and innovative services and applications. It will offer mobile personalised communications to the mass market regardless of location, network or terminal used.“

UMTS wird in Bereichen von 1 885 bis 2 025 MHz und 2 110 bis 2 200 MHz arbeiten und somit die dem IMT 2000 zugewiesenen Frequenzen nutzen. Die ETSI hat seit 1990 die Standardisierung parallel zur ITU (CCIR) in wechselnden Gremien unter dem Aspekt europäischer Interessen aufgegriffen, aber in dem Bewusstsein, dass die Forderung nach weltweitem Roaming nur erreichbar ist, wenn der internationale IMT-2000-Standard und der europäische UMTS-Ansatz weitgehend (im Sinne von Teilmengenkompatibilität) deckungsgleich werden.

UMTS soll über die bisher bekannte Funktionalität der schmalbandigen Mobilfunksysteme hinaus auch Datenraten von bis zu 2 Mbit/s und paketvermittelte Datenübertragung ermöglichen. Dadurch soll ein breitgefächertes Angebot von Diensten für den privaten oder geschäftlichen Endbenutzer inklusive personalisierter Dienste möglich sein:

- Sprachtelefonie
- Fax
- Short Message Service (SMS)
- Breitbandige, paketvermittelte Verbindungen, z.B. zum Zugang in das Internet oder Remote Access eines Intranets:
  - 144 kbit/s aus schnellen mobilen Umgebungen heraus in großen Zellen (Autofahrer auf dem flachen Land).
  - 384 kbit/s aus langsamen mobilen Umgebungen heraus in kleinen Zellen (Fußgänger in Innenstadt)
  - 2,048 Mbit/s aus stationären Umgebungen heraus in dafür speziell eingerichteten Picozellen
- Breitbandige, leitungsvermittelte Verbindungen, z.B. für Videokonferenzen.
- Zusatzfeatures wie z.B.:
  - Always-On-Funktionalität
  - Lokalisierungsfunktionalität (→ *Location Dependent Service*)
  - Bezahlfunktionalität (→ *M-Commerce*)

Da es sich bei der paketvermittelten Datenübertragung jedoch um die Nutzung eines → *Shared Medium* handelt und schlechte Funkbedingungen zu einem Sinken der Nettodatenrate (durch Steigen des Anteils für Fehlererkennung und Fehlerkorrektur an der Bruttodatenrate) führen können, muss für die o.a. Datenraten betont werden, dass sie üblicherweise nur unter idealen Bedingungen erreicht werden können. Das bedeutet, dass ein ungestörtes Funkfeld vorliegt (genügende Feldstärke und kein → *Fading*) und dass nicht zu viele Nutzer in der jeweiligen Zelle um die gleichen Ressourcen konkurrieren, so dass Kanalbündelung zu einer Verknappung der für jeden einzelnen Nutzer bündelbaren Kanäle führt. Trifft dies nicht zu, bietet auch UMTS lediglich einige kbit/s für den einzelnen Nutzer.

Für bestehende GSM-Netze gibt es einen klaren Migrationspfad (GSM, GSM mit → *GPRS* oder → *HSCSD* und ggf. anschließend → *EDGE*). Insbesondere die schmalbandige Infrastruktur der GSM-Netze zur Sprachvermittlung könnte durch den Anschluss von UMTS-Basisstationen weiter verwendet werden.

Ebenso kann, sofern vorhanden, die IP-basierte Overlay-Netzinfrastruktur eines GPRS-Netzes weiterverwendet werden. An neuer UMTS-Infrastruktur wäre demnach lediglich die Luftschnittstelle durch das Aufstellen von mehreren tausend Basisstationen (in Deutschland ca. 10 000 Stück je Netz zur landesweiten Deckung) neu aufzubauen. Es stellt sich jedoch die Frage, ob auch im Falle einer vorhandenen GSM-Infrastruktur nicht in eine neue und komplette UMTS-Infrastruktur zu investieren ist, um bei der Inbetriebnahme keine Kompatibilitätsprobleme und im laufenden Betrieb keine Überlastprobleme zu haben.

Neue Unternehmen, die eine UMTS-Lizenz erhalten haben, jedoch keine GSM-Infrastruktur besitzen, müssen dementsprechend ein komplettes, neues Netz, bestehend aus UMTS-Basisstationen, TDM-basiertem Subnetz zur Sprachvermittlung (mit Gateway ins herkömmliche schmalbandige Telefonnetz) und IP-basiertem Subnetz zur Übertragung des paketvermittelten Datenverkehrs (mit Gateway ins Internet) aufbauen.

Erste Ideen zu UMTS entstanden in den späten 80er Jahren, dann folgte die Formulierung einzelner Konzepte und Untersuchung vieler einzelner Aspekte im Rahmen von RACE I und II. Die Frequenzreservierung erfolgte 1992. Ab 1994 gab es Bestrebungen, UMTS und → *IMT 2000* einander anzunähern.

Ein wichtiger Schritt zum Standard war am 28. Januar 1998 die Abstimmung über das grundlegende Übertragungsverfahren über die Luftschnittstelle (UMTS Terrestrial Radio Access, UTRA) in Paris. Dazu konkurrierten die zwei Verfahren Wideband-CDMA (→ *W-CDMA*, → *CDMA*), das von den Häusern Nokia und Ericsson in einem „Alpha"-Proposal favorisiert wurde, und → *TD-CDMA*, das als eine Mischung aus → *TDMA* und CDMA von Siemens, Alcatel, Sony, Bosch, Nortel und Motorola in einem „Delta"-Proposal bevorzugt wurde. Ebenfalls vorliegende andere Vorschläge, etwa ein Beta-Proposal von Lucent oder Sony, ein Gamma-Proposal von Nokia und Philips (reines, aber breitbandiges TDMA-System) und ein Eta-Proposal von Vodafone (allerdings nur als Erweiterung für die anderen Vorschläge gedacht) fanden keine Zustimmung.

W-CDMA benötigt je Netzbetreiber n x 5 MHz an Kapazität jeweils für Up- and Downlink (die davon jeweils 4,4 MHz nutzen), was jedoch durch verschiedene regulatorische Bedingungen nicht immer erfüllt sein kann. Weitere technische Rahmenbedingungen sind die Ermöglichung eines Soft-Handover, die Nutzung von QPSK (→ *PSK*) als Verfahren für die → *digitale Modulation*, eine Chiprate von 4,096 Mchip/s und eine minimale Datenrate von 1 kbit/s. Es gilt als besser geeignet für die Anforderungen des originären UMTS-Konzeptes an breitbandige Anwendungen, da hohe Datenraten unterstützt werden. Ein weiterer Vorteil ist, dass im Vergleich zum Delta-Proposal eine höhere Reichweite erzielt wird, so dass für die Flächendeckung weniger Basisstationen notwendig sind.

TD-CDMA hat dabei den Vorteil, dass es einigermaßen mit der bekannten GSM-Technik harmonisiert, da es innerhalb einzelner TDMA-Zeitschlitze mit acht speziellen Codes (wie bei CDMA) überträgt. Somit kann aus den GSM-Netzen sehr einfach zu einer UMTS-Plattform migriert werden. TD-CDMA nutzt → *Frequency Hopping*, hat eine Chiprate von 2,167 Mchip/s und unterstützt eine minimale Datenrate von 8 kbit/s.

Die Abstimmung unter den 316 Delegierten ergab jedoch für keines der beiden Verfahren die notwendige Mehrheit von 71%. Resultat war, dass man sich zur Vermeidung weiterer Verzögerungen darauf einigte, beide Verfahren einzusetzen, wobei das erste für die Verwendung herkömmlicher Mobilfunkanwendungen im öffentlichen Bereich mit symmetrischer Bandbreitenverteilung im Up- und Downlink bis zu 384 kbit/s und das zweite für die Schnurlostelefonie im privaten Bereich, auch zum Anschluss an Nebenstellenanlagen, und für asymmetrische Bandbreitenverteilung sowie breitbandige Zugänge bis zu 2 Mbit/s genutzt werden soll. Dabei sollen für das erste Verfahren lizenzierte Frequenzbänder von Netzanbietern und für das zweite Verfahren unlizenzierte Frequenzbereiche verwendet werden.

Auch die japanische → *ARIB* hat sich kurz nach dem ETSI-Votum dem W-CDMA-Verfahren angeschlossen.

Ein erster stabiler Standard, der die technischen Kernparameter definiert, wurde gegen Jahresmitte 1999 (ursprünglich geplant: 1997) fertig, genannt Release 99. Ihm folgte ein Jahr später der Release 2000.

Die EU hat im Frühjahr 1999 die nationalen Regulierungsbehörden dazu verpflichtet, bis zum Jahresende 1999 die Verfahren zur Lizenzierung vorzulegen, damit am 1. Januar 2002 die ersten Netze in Betrieb genommen werden können. Erste UMTS-Lizenzen wurden im März 1999 in Finnland vergeben (je eine Lizenz an die bestehenden Mobilfunkunternehmen Sonera, Telia, Radiolinja und eine Lizenz an das aus 41 regionalen Carriern bestehende Konsortium Suomen Kolmegee).

Finnland wurde gefolgt von GB im März 2000 (mit unerwartet hohen Erlösen im Bereich von insgesamt 40 Mrd. Euro) mit fünf Lizenzen und Deutschland im Juli 2000 (sechs Lizenzen zu je 8,4 Mrd. Euro).

In Deutschland wurde von Mannesmann Mobilfunk und der T-Mobil in Kooperation mit dem Techniklieferanten Ericsson ein aus drei Basisstationen bestehendes Testsystem ab Ende 1998 aufgebaut. Der erste erfolgreiche Telefonanruf darüber konnte im Januar 1999 realisiert werden.

Am 17. April 2001 verkündete Vodafone, dass sie in ihrem UMTS-Testnetz (30 Basisstationen) in einem Themsetal das erste UMTS-Telefonat durchgeführt hat.

Gegen Ende April 2001 nahm auch BT auf der Isle of Man sein UMTS-Netz in Betrieb (Technik von Siemens). Dabei waren 400 Kunden mit neuen Endgeräten im Umlauf.

→ *http://www.3gpp.org/*

→ *http://www.umts-forum.org/*

→ *http://www.umts-dp.com/*

Umwegführung

Bei der → *Zweiwegeführung* ein weiteres Merkmal zu Erhöhung der → *Verfügbarkeit* einer Leitung, z.B. einer → *Standleitung*, in einem Telekommunikationsnetz. Dabei werden in der Nähe des Anschlusses beim Nutzer die zwei identischen Leitungen auf getrennten Wegen an den Nutzer herangeführt, z.B. eine auf der Vorder- und eine auf der Rückseite des Gebäudes oder eine drahtgestützte Zuleitung und eine Anbindung durch → *Richtfunk*.

Eine weitere Erhöhung der Verfügbarkeit erfolgt durch die → *Doppelabstützung*.

UNA

Abk. für Upstream Neighbour's Address.

In einem → *LAN*, das auf einem → *Token*-Verfahren basiert, die Bezeichnung für die logische Adresse der benachbarten Station, von der eine andere Station das Token erhält.

Unärer Operator

Bezeichnung für einen Operator, der nur auf einen Operanden angewendet wird. Beispiele sind das Minus (z.B. -4) oder der in vielen Programmiersprachen verwendete Referenzierungsoperator *, der den Inhalt eines reservierten Speicherbereichs herausgibt (z.B. *Namensspeicher = „Hans Meier").

Unbundling

→ *Entbündelung*.

UNC

Abk. für Universal Naming Convention.

Bezeichnung für verschiedene Konventionen zur Ansprache von Ressourcen, die auf Computern gespeichert oder in Netzen vorhandenen sind.

Seinen Ursprung hat die UNC beim → *Betriebssystem* → *Unix*.

Dabei werden Pfade auf einem Computer, in einem Dateisystem oder innerhalb eines anderen, verteilten Systems durch Schrägstriche gebildet, die diese trennen.

Unter Unix werden dabei einfache oder doppelte Slashes (→ *Slash*) und unter Windows oder MS-DOS einfache oder doppelte Backslashes (→ *Backslash*) verwendet.
Beispiel Unix:

//dateiserver/abteilungA/gruppeX/umsatz.dat

Beispiel Windows/MS-DOS:

\\dateiserver\abteilungA\gruppeX\umsatz.dat

UNCOL

Abk. für Universal Computer Language.
In den frühen 60er Jahren ein in der Informatik diskutiertes Konzept für die einzig wahre, universell nutzbare Programmiersprache. Das Konzept kam jedoch über das akademische Stadium nicht hinaus, daher hat dieser Ansatz eher historisch-akademischen Wert.

UND

International mit AND bezeichnet. Auch Konjunktion genannt. Bezeichnung für eine logische Verknüpfung zweier binärer Werte A und B im Rahmen der → *Booleschen Algebra.* Die Verknüpfung nimmt genau dann den Wert 1 („Wahr") an, wenn die zwei zu verknüpfenden Werte A UND B den Wert 1 haben. Bei der Verknüpfung von mehr als zwei Eingangsvariablen nimmt die eine Ausgangsvariable den Wert 1 an, sofern alle Eingangsvariablen den Wert 1 annehmen.
In Kombination mit der → *NICHT*-Verknüpfung wird das Resultat der UND-Operation noch einmal negiert. Diese Operation wird international üblich mit NAND (Kurzform für NOT AND) bezeichnet.
Die folgende Tabelle zeigt die UND- sowie die NICHT UND Verknüpfung.

A	B	A UND B	NICHT (A UND B)
0	0	0	1
0	1	0	1
1	0	0	1
1	1	1	0

Eine UND-Verknüpfung der Variablen A und B zur Variablen Y wird in Gleichungsform geschrieben als:

$$Y = A \& B$$

oder als:

$$Y = A * B.$$

Ferner gelten folgende grundlegenden Beziehungen:

$$A * 0 = 0$$
$$A * 1 = A$$
$$A * A = A$$

→ *NICHT*, → *ODER*, → *XOR*.

UNEQ

Abk. für Unequipped.

Ungerade Parität

→ *Parität.*

UNI

1. Abk. für User Network Interface.
   Bezeichnung der Schnittstelle zwischen einem Netzknoten und einem Teilnehmer (im Gegensatz zu → *NNI*).
2. International übliche Abk. für Ente Nazionale Italiano di Unificazione. Nationales italienisches Normungsgremium, vergleichbar mit dem deutschen → *DIN.* Es wurde 1921 gegründet.

Unibus

Bezeichnung der ersten Busarchitektur in Rechenanlagen zur Verbindung von → *CPU* mit peripheren und insbesondere vergleichsweise langsamen Einheiten (Drucker etc.). 16 Bit breit. Asynchroner und bidirektionaler Betrieb mit 1,7 Mbit/s. Erstmals eingesetzt 1970 in der → *PDP-11* aus dem Hause DEC.
Durch die Veröffentlichung technischer Spezifikationen konnten andere Hersteller, z.B. von Peripheriegeräten, ihre Produkte darauf abstimmen, was mit zum Erfolg der PDP-11 beitrug.
→ *http://www.miim.com/faq/hardware/unifaq.html/*
→ *http://www.telnet.hu/hamster/dr/unibus.html/*

Unicast, Unicasting

Bezeichnung für eine Punkt-zu-Punkt-Übertragung in → *Shared-Medium*-Netzen zwischen nur zwei angeschlossenen Stationen.
Beim Unicasting werden Daten an exakt einen Empfänger gesendet, der durch eine Adresse eindeutig identifiziert werden kann.
→ *Broadcast*, → *Multicast.*

Unicode

Bezeichnung eines Codierungssystems zur digitalen Codierung von bis zu 65 536 verschiedenen alphanumerischen Zeichen. Basiert, im Gegensatz zum → *ASCII*, nicht auf 7 oder 8 Bit, sondern auf 16 Bit.
Entwickelt vom Unicode Consortium (Gründer: DEC, Microsoft, IBM, HP, Apple) von 1988 bis 1991 und mittlerweile von der → *ISO* als Standard verabschiedet. Weiterhin unterstützt von Aldus, Borland, Lotus, Next, Unisys, Taligent, Sun, Xerox, Wordperfect und Metaphor.
Vorteil ist, dass damit auch die Codierung von Schriftzeichen möglich ist, die nicht dem lateinischen Alphabet entnommen sind. Vorgesehen sind Arabisch, Hebräisch, Griechisch, Kyrillisch, Armenisch, Indisch, Chinesisch, Japanisch, Koreanisch (Einheitszeichen und Symbole wie Bopomofo, Hiragana, Katakana, Hangul etc.) und ferner Sonderzeichen für mathematisch-technische sowie grafische Anwendungen.
Unicode liegt mittlerweile in Version 2.0 vor und wird von → *Windows NT* unterstützt.
→ *http://www.unicode.org/*

Unicom

→ *Unisource.*

Unicos

→ *Cray.*

Unidata

In den 70er Jahren die Bezeichnung für ein geplantes Firmenkonsortium aus der deutschen Siemens, der niederländischen Philips und der französischen CII, das im Computerbau Europa näher an die USA heranbringen sollte und insbesondere die Vormacht von IBM brechen sollte.

Im Jahre 1973 gründeten Siemens, CII und Philips die Unidata. Philips sollte → *Minicomputer*, Siemens → *Midrange* und CII → *Mainframes* bauen. Als erstes Modell wurde 1975 das Modell 450 für das Büro vorgestellt. Der Arbeitsspeicher war 24 KByte groß.

Schon ein Jahr später zerbrach die Unidata-Ehe zu Beginn des Jahres 1976 durch Lösen aller Verträge, nachdem CII mit Honeywell Bull fusionierte und sich auch Philips zurückzog. Siemens führte ihren vorgestellten Rechner der Unidata-Reihe daraufhin als System 7000 weiter.

Unidirektional

Bezeichnung für Kommunikation in nur eine Richtung, z.B. beim → *Paging.*

Gegensatz: → *Bidirektional.*

→ *Halbduplex*, → *Duplex.*

Unified Communications

→ *Unified Messaging.*

Unified Messaging

Manchmal auch Universal Messaging oder Unified Communications genannt. Bezeichnung für das Konzept, verschiedene Nachrichtenformen (Sprachnachricht, Faxnachricht, → *E-Mail*, → *SMS* etc.) unabhängig von der Nachrichtenform in einem System zu integrieren und einem Adressaten zum Abruf in einer von ihm gewünschten Form anzubieten. Dabei kommen → *Sprachsysteme* für die Sprache-zu-Text- und Text-zu-Sprache-Konvertierung zum Einsatz sowie → *OCR* für die Konvertierung von grafischen Vorlagen (Fax) in Texte. Damit ist Unified Messaging ein Mehrwertdienst (→ *VAS*) und auch eine Form der → *Dienstkonvergenz.* Ferner kann durch Unified Messaging und die Nutzung innovativer Dienstmerkmale (→ *Dienst*) wie z.B. → *Forwarding* oder → *Screening* die Erreichbarkeit optimal gesteuert werden.

Prinzipiell handelt es sich um eine Weiterentwicklung der von einer Nebenstellenanlage bekannten → *Voicebox* oder der von öffentlichen Telekommunikationsnetzen her bekannten → *Mailbox*, die Nachrichten verschiedener Quellen speichern können. Idealerweise ist auch eine grafische Benutzeroberfläche (z.B. realisiert durch → *Internet*-Technik) zur individuellen Konfiguration des Systems im Unified-Messaging-System enthalten. Dadurch erhält das System auch Elemente von → *Groupware.*

Der Begriff wurde erstmals 1995 in einem größeren Umfang verwendet.

→ *http://www.jfax.com/*

→ *http://www.smartvia.de/*

→ *http://www.vlf.de/*

→ *http://www.3box.de/*

Unisource

Internationales Konsortium aus PTT Netherlands, → *swisscom* und Schwedens Telia (jeweils einen Anteil von 33,3%), welches Telekommunikationsdienstleistungen für internationale Großkunden betreibt. Hauptsitz war lange Zeit Hoofdorp bei Amsterdam in den Niederlanden. Die Geschichte von Unisource ist durch zahlreiche und Unruhe bringende Änderungen in der Gesellschafterstruktur geprägt.

Angekündigt anlässlich der Messe → *Telecom* im Herbst 1991 und schließlich als „Unicom" gegründet 1992 von Telia und PTT Netherlands.

Ende 1992 kündigte die damalige PTT Telecom (→ *swisscom*) den Eintritt für Anfang 1993 an, womit die gesamte Allianz auch zu Unisource umbenannt wurde.

Im Frühjahr 1994 verband sich Unisource mit → *World-Partners.*

Im Sommer 1994 stieg die spanische Telefonica ein, die jedoch im Mai 1997 wieder ausstieg, um sich → *Concert* anzuschließen.

Zwischenzeitlich formte Unisource zusammen mit AT&T ab 1996 → *Uniworld* bzw. AT&T Unisource. Diesem Bündnis beizutreten kündigte im Sommer 1997 die italienische STET an, die bis dahin keinerlei Interesse an einer der großen Allianzen gezeigt hatte. Sie setzte dies jedoch nicht um.

Durch die Umorientierung des über Uniworld mit Unisource verbundenen Partners AT&T zur BT (→ *Concert*) im Frühjahr 1998 fehlte dem Konsortium der internationale Partner mit globalen Ressourcen, so dass die Unisource im Laufe von 1999 in Teilen verkauft wurde.

So verkaufte sie im August 1999 ihren Teil Unisource Carrier Services an die britische Energis für knapp 100 Mio. $ und Unisource Iberia an die schwedische Telia . Im November 1999 erfolgte der Verkauf der in Frankreich gegründeten Festnetztochter Siris für 700 Mio. Euro an die Deutsche Telekom.

→ *http://www.unisource.com/*

Unisys

Kurzform für Universal Systems. Bezeichnung für den im Jahre 1986 aus den Mainframe-Herstellern Burroughs und Sperry fusionierten amerikanischen Hersteller von Computern mit Sitz in Blue Bell/Pennsylvania.

William Seward Burroughs hatte 1882 seine Arbeit als Bankangestellter gekündigt und sich der Entwicklung einer zuverlässigen, mechanischen Addiermaschine zugewendet, welche die erste in Großserie hergestellte Addiermaschine wurde (→ *Arithmètre*). 1886 gründete er in St. Louis die American Arithmometers Co. Erst nach dem Umzug nach Detroit im Jahre 1904 wurde das Unternehmen in Burroughs Corp. umbenannt.

In der Folgezeit produzierte das Unternehmen ein breites Spektrum von Büromaschinen und brachte einige Innovationen hervor, so z.B. die erste Addiermaschine mit angeschlossenem Druckwerk im Jahre 1892.

Ab den frühen 80er Jahren gab es wirtschaftliche Probleme und das Management versuchte, durch Zukäufe das Profil im Markt zu schärfen. U.a. wurde im November 1986 für seinerzeit 4,8 Mrd. $ die 1933 vom Erfinder des Kreiselkompass (1911) Elmer Sperry und dem Erfinder des Autopiloten Lawrence Sperry gegründete Sperry (Sitz: New York) aufgekauft, die Büromaschinen und Großrechner, aber auch Landmaschinen herstellte. Sperry hatte 1955 mit der 1927 ebenfalls durch eine Fusion entstandenen Remington-Rand zur Sperry Remington Rand fusioniert, den zweiten Teil des Namens aber 1979 aufgegeben.

Ziel der Übernahme war, Marktführer IBM entgegentreten zu können. Das Zusammengehen wurde als Fusion zweier gleichberechtigter Unternehmen dargestellt.

Die Probleme wurden jedoch größer, da man das Geschäft mit PCs und die Client/Server-Welle verpasste. Stattdessen setzte man auf Großrechner, deren Marktanteil jedoch kontinuierlich schrumpfte.

Ab den frühen 90er Jahren setzte ein Umbau des Konzerns vom Produzenten zum IT-Dienstleister, vergleichbar mit z.B. EDS, hin ein.

Der Name Unisys ging aus einem internen Mitarbeiterwettbewerb hervor.

→ *http://www.unisys.com/*

→ *http://www.unisys.de/*

→ *http://www.unispheremag.com/*

→ *http://www.unite.org/*

UNITACS

Abk. für Unified Total Access Communication System.

Name eines Mobilfunksystems in China und Hongkong.

Univac (Univac I, Univac II)

Abk. für Universal Automatic Computer.

Univac bzw. Univac I war die Bezeichnung des ersten serienmäßig hergestellten, digitalen Computers der Welt. Außerdem handelte es sich um den ersten Computer, der Zahlen und Text verarbeiten konnte.

Er kostete 1951 rund 1 Mio. $. Bis 1956 wurden 46 Exemplare der Univac I gebaut. Viele blieben bis weit in die 60er Jahre in Betrieb. Die Programme wurden an Schalttafeln gesteckt. Er nutzte Magnetband mit einer Speicherkapazität von 1 MByte als externen Speicher. Eine Addition dauerte 525 µs.

Erster Anwender war die Zensus-Behörde der USA, an die im März 1951 der erste Rechner ausgeliefert wurde. Die Univac I wurde, wie andere frühe Rechner auch, häufig im militärischen Bereich eingesetzt.

Bei dem fünften gebauten Exemplar der Univac I verzögerte sich die Auslieferung im November 1952, und das Projektteam beim Hersteller Remington-Rand in Norwalk/Connecticut entschied sich dazu, auf Basis von einigen wenigen ausgezählten Stimmbezirken, mit dem noch nicht ausgelieferten Rechner die Ergebnisse hochzurechnen. Wenige Minuten nach Schließung der Wahllokale an der Ostküste der USA sagte das Univac-Team für den Fernsehsender CBS einen Sieg für Dwight D. Eisenhower voraus, den der Sender jedoch bezweifelte. Erst als nach Mitternacht das vorläufige Endergebnis die Vorhersage bestätigte, gab man im Fernsehen die Univac-Ergebnisse auch bekannt. Damit war er der erste Rechner, der Wahlergebnisse auf Basis einer Hochrechnung vorhersagte. Bei der nächsten Präsidentschaftswahl, vier Jahre später 1956, wurde zu Prognosezwecken gezielt eine → *IBM 701* eingesetzt.

Die Wurzeln von Univac reichen bis in die 40er Jahre zurück. Die Väter des → *ENIAC*, Eckert und Mauchly, gründeten nach Streitereien um Patente im ENIAC-Team 1948 ihre eigene Firma, Eckert-Mauchly Computer Corp. (EMCC), und bauten die BINAC (Binary Automatic Computer), die schon mit Germaniumdioden arbeitete. Ursprünglich sollte sie in ein Flugzeug von Northrop Aircraft eingebaut werden und Navigationsberechnungen anhand der Position von Sternen vornehmen, doch hierzu kam es nicht. Der BINAC wurde dennoch an das US-Verteidigungsministerium ausgeliefert. Er gilt als ein großer Schritt vorwärts was die räumliche Verkleinerung des Computers angeht.

1950 wurde die Firma, infolge nicht budgetmäßiger Auftragsabwicklung kurz vor dem Ruin stehend, von der Remington-Rand Corp. übernommen, die ebenfalls in den frühen 50er Jahren die von William Norris mitgegründete Engineering Research Associates (ERA) aus St. Paul/Minneapolis übernommen hatte. Unter diesem Dach entstand die Univac I, die ab 1951 für 1 Mio. $ verkauft wurde.

Im April 1955 erfolgte die Ankündigung der Fusion mit Sperry zur Sperry Rand Corp., die am 1. Juli umgesetzt wurde. Sperry Rand hatte schon 1953 die Patente an der Univac gekauft und den Rechner seither vermarktet.

Das Nachfolgemodell Univac II für kaufmännische Anwendungen wurde 1956/57 entwickelt und kam 1958 auf den Markt. Sie wog noch 1 400 kg. Sie war mit 2 000 Röhren ausgerüstet und beherrschte die vier Grundrechenarten intern mit 22 Stellen bei zehnstelliger Ein- und Ausgabe. Eine Addition dauerte 10 ms, eine Multiplikation ca. 50 ms.

Einige Mitarbeiter aus dem Hause Sperry-Rand, die maßgeblich an diesen ersten beiden Univac-Projekten mitgearbeitet hatten, gingen kurz darauf unter der Führung von William Norris zur → *CDC*.

Universal Asynchronous Receiver/ Transmitter

→ *UART*.

Universaldienst, Universaldienstfonds, Universaldienstverpflichtung

→ *USO*.

Universal Serial Bus

Abgekürzt mit USB. Bezeichnung einer seriellen Busarchitektur für → *PCs*, die flexibler und universeller einsetzbar als bisherige Busarchitekturen sein soll. Er besitzt eine multifunktionale Schnittstelle für anzuschließende Telefone, → *Modems*, Mäuse, Gameports, Tastaturen, → *Drucker*, → *Scanner* und andere periphere Komponenten.

Die Systemarchitektur besteht aus folgenden Elementen:

- Host: Der zentrale Rechner (PC), an den alle anderen Komponenten über nur einen Anschluss des USB angeschlossen werden. Er besteht aus drei Schichten:
  - Der Client ist die höchste Schicht und kommuniziert direkt mit den Anwendungsprogrammen auf dem Host.
  - USB-System-Schicht
  - Bus-Interface, an das der physische Bus (Kabel) angeschlossen ist
- Hubs: Ein Hub stellt verschiedene Ports zur Verfügung, von denen Port 0 immer der Upstream-Port in Richtung Host oder nächsthöheren Hub ist. An die Downstream-Ports können Devices oder nächstniedrigere Hubs angeschlossen werden. Ein Hub besteht aus einem Hub Repeater und einem Hub Controller, der den Hub Repeater steuert.
- Devices: Die an den USB angeschlossenen Peripheriegeräte.

Hubs und Devices können auch miteinander in einem physischen Gehäuse/Gerät integriert sein und werden dann als Compound Devices bezeichnet.

Der USB unterstützt mit diesen drei verschiedenen Elementen Stern-Hub-Konfigurationen mit max. vier Stufen (Host-Hub, Hub-Hub und Hub-Device).

Der Bus kann max. 127 derartige Devices bedienen (ursprünglich waren nur 63 geplant). Es sind zwei Kabeltypen definiert:

- Shielded Twisted Pair (→ *STP*) mit einer max. Entfernung zwischen den Hubs/Devices von 5 m und einer max. Übertragungsrate von 12 Mbit/s.
- Unshielded Twisted Pair (→ *UTP*) mit einer max. Entfernung von 3 m und einer max. Übertragungsrate von 1,5 Mbit/s.

Diese Segmente werden als Daisy Chain behandelt, wodurch alle Devices hintereinander geschaltet werden können und dadurch nur einen einzigen Anschluss an den PC benötigen. Der Zugriff der einzelnen Devices auf den Bus wird über ein → *Token*-Protokoll geregelt, das von der USB-Einheit im PC (genannt Host bzw. Host Controller) gesteuert wird.

Es ist sowohl isochrone als auch asynchrone Datenübertragung möglich.

Der Bus wird über Stecker mit vier Pins angeschlossen und besteht aus einem Paar verdrillter Zweidrahtleitungen. Über zwei Pins (Erde, GND, und + 5 V) läuft dabei die Stromversorgung für periphere Kleingeräte, die keine eigene Stromversorgung haben. Die Datenübertragung auf den zwei anderen Adern erfolgt mit dem → *NRZI*-Verfahren. Es wird → *Bitstopfen* nach jeweils sechs Einsen genutzt. Zur Fehlersicherung wird ein → *CRC* eingesetzt.

Der USB ermöglicht die automatische Erkennung und Konfiguration spezieller USB-geeigneter Peripheriegeräte, die auch während des laufenden Betriebs ein- und ausgesteckt werden können (Hot Plug&Play). Das → *Betriebssystem* des PCs erkennt die jeweiligen neuen Geräte und aktiviert entsprechende → *Treiber*.

Die richtungsweisende Kraft bei der Entwicklung war die Absicht, einen leistungsfähigen Bus für → *CTI* zu erhalten.

Version 2.0 der USB-Spezifikation sieht eine Erhöhung der Datenrate auf bis zu 480 Mbit/s vor. Eine spezielle Schnittstelle (EHCI, Enhanced Host Controller Interface) sorgt dafür, dass zwischen Geräten nach Version 1.1 des Stan-

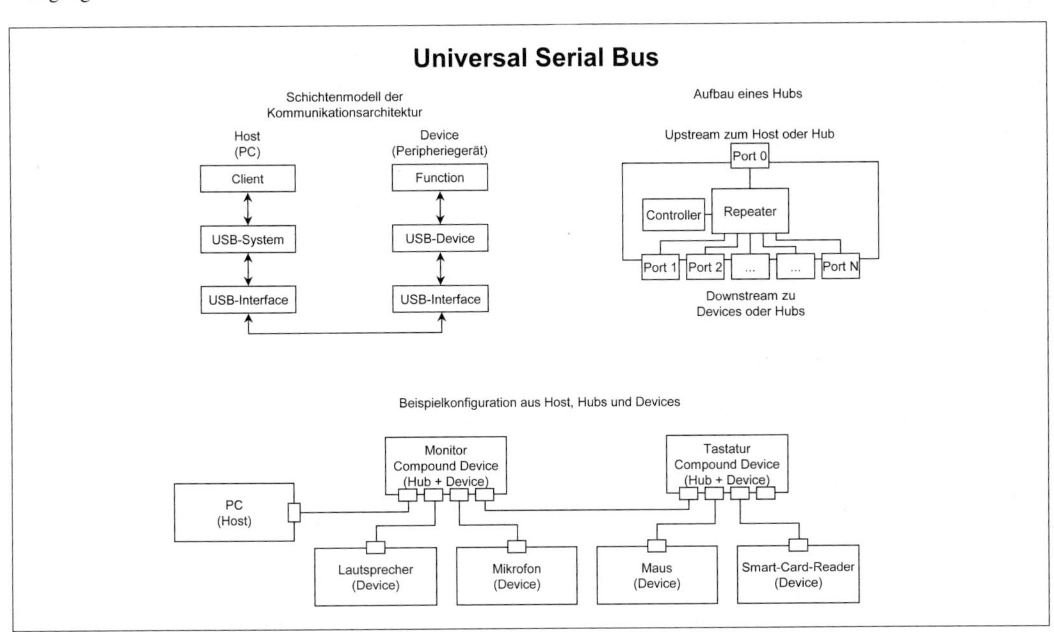

dards und Version 2.0 des Standards volle Kompatibilität herrscht.

Maßgeblich entwickelt wurde der USB vom Hause Intel. Vorgestellt wurde das Konzept im Mai 1995. Veröffentlicht wurde eine erste offizielle Version, genannt Revision, am 15. Januar 1996 (Rev. 1.0 1996). Bis Ende 1996 wurde USB von Microsoft und weiteren ca. 50 Unternehmen unterstützt, zu denen z.B. Compaq, DEC, IBM, NEC und Northern Telecom gehörten. Erste Produkte gab es ebenfalls 1996, seit Intel den Chipsatz THX und TVX fertig entwickelte (in der Entwicklung mit Triton II bezeichnet). Seit Anfang 1999 werden nahezu alle neuen PCs mit einer USB-Schnittstelle ausgerüstet.

Eine Version 2 wurde seit Sommer 2000 diskutiert und sollte im Laufe von 2001 verabschiedet werden.

Als Konkurrenz in bestimmten Einsatzfällen gilt der Standard → *IEEE 1394* (oberer Geschwindigkeitsbereich), ebenso wie der → *Access.bus* (im unteren Geschwindigkeitsbereich).

Die Entwicklung und Förderung des USB wird vom USB Implementors Forum mitbestimmt, in dem sich viele Unternehmen (Hersteller) zusammengeschlossen haben.

→ *http://www.teleport.com/~usb/*

→ *http://www.usb.org/*

Universal LNB

→ *LNB.*

Universal Service Fund

Begriff aus der → *Deregulierung* des Telekommunikationsmarktes der USA im Zusammenhang mit der Erbringung von Universaldiensten (→ *USO*).

Gemäß dem → *TCA 1996* ist von den Anbietern von Telekommunikationsdienstleistungen über eine von der → *FCC* festzulegende Sondersteuer auf bestimmte Telefongespräche, z.B. auf Ferngespräche, Geld in einen Fonds einzubezahlen, aus dem Telekommunikationsdienstleistungen in unattraktiven, d.h. insbesondere ländlichen Gebieten subventioniert werden, damit auch dort Telekommunikationsdienstleistungen angeboten werden.

Ziel ist, dass es nicht zum Rosinenpicken durch neue Wettbewerber kommt.

Gegenwärtig ist dieser Fonds noch nicht definiert.

Universal Service Obligation

→ *USO.*

Uniworld

Bezeichnung für ein mittlerweile nicht mehr existentes Jointventure zwischen dem → *Unisource*-Konsortium und AT&T, angekündigt im Fühjahr 1995 und gegründet 1996.

Unix

Bezeichnung für ein auf verschiedenen Plattformen vom PC bis zum Großrechner hin universell einsetzbares → *Betriebssystem.* Es ist das einzige dieser Art. Es ermöglicht → *Multitasking* und → *Multiuser-Betrieb.* Sehr geringe Lizenzgebühren, frei verfügbar im universitären Bereich.

Unix besitzt einen in → *Assembler* geschriebenen, hardwarenahen, kleinen Kern (genannt Kernel) von ca. 2 000 Zeilen Code (10%) und eine umfangreiche Bibliothek von ca. 150 Funktionen, die in → *C* geschrieben sind (90%). Wegen dieses Konzeptes ist Unix leicht auf nahezu jede technische Plattform portierbar.

Die Hauptbestandteile sind:

- Der o.a. Kernel
- Die o.a. Bibliothek
- Hierarchisches Dateisystem
- Eine Shell als Benutzerschnittstelle, z.B. die Bourne-Shell, die C-Shell oder die Korn-Shell

Das Betriebssystem Unix wird heute üblicherweise zusammen mit einer großen Zahl von Unterstützungsprogrammen im → *Bundling* angeboten. Je nach Hersteller kann Unix zusammen mit → *Compilern*, → *Debuggern*, → *Editoren*, Kommunikationssoftware (→ *rlogin*, → *ftp*, → *telnet*) und grafischen Benutzerschnittstellen ausgeliefert werden. Eine gängige grafische Benutzerschnittstelle für → *Workstations* ist → *X/Windows.*

Seine Weiterentwicklung wird von diversen Konsortien betrieben, auf die Nutzervereinigungen (→ *GUUG*) Einfluss zu nehmen versuchen.

Die Entwicklungsgeschichte von Unix verlief nicht gerade. Die Wurzeln reichen zurück bis 1965, als AT&T Bell Labs, das → *MIT* und General Electric (GE) unter der Bezeichnung MAC ein gemeinsames Projekt zur Entwicklung eines experimentellen Betriebssystems für Großrechner mit mehreren tausend angeschlossenen Nutzern starteten. Das System sollte Multics (Multiplexed Operating and Computing System) heißen. Es gab bei diesem Vorhaben viele Probleme und der Fortschritt war gering, weshalb AT&T 1969 aus dem Projekt ausstieg. GE arbeitete dennoch daran weiter. Maßgeblich beeinflusste John Couleur dort die Softwarearchitektur. Die Computer-Division von GE wurde 1970 an Honeywell verkauft (Honeywell Information Systems), die ein fertiges Multics schließlich auch im Jahre 1973 auf den Markt brachte. Gegen Ende der 70er/Anfang der 80er Jahre war Multics dementsprechend auf einigen Mainframes aus dem Hause Honeywell eingesetzt, die zum Teil ebenfalls noch ihre Wurzeln in der GE-Zeit hatten (z.B. GE 645), oder aber Neuentwicklungen waren (Honeywell 6180). Honeywell jedoch betrieb das Geschäft nur halbherzig, so dass das Vertrauen in Honeywell im Markt schwand und Honeywell wiederum seine IT-Aktivitäten Mitte der 80er Jahre an die französische Bull verkaufte. Im Juli 1985 hörte daher jeglicher offizieller Support für Multics auf. 1988 jedoch shiftete Honeywell die Supportrolle an die Universität von Calgary, die ein eigenes Unternehmen ausgründete. ACTC Technologies Inc. kümmerte sich daher einige Zeit noch um die letzten laufenden Multics-Installationen.

Von GEs Aktivitäten unbeeindruckt, entwickelte Kenneth L. Thompson von AT&T für einen gerade nicht benutzten GE-Computer im Jahre 1969 nach dem AT&T-Ausstieg ein Computerspiel („Space Travel“) für zwei Personen, was jedoch ein leistungsfähigeres Betriebssystem erforderte. Zusammen mit Kollegen, darunter Dennis M. Ritchie (* 1941), entwickelte er aufbauend auf den Kenntnissen des

Multics-Projektes und der dabei entstandenen Programmiersprache BCPL (→ *C*) eine erste Variante, genannt Unics (Uniplexed Operating and Computing System). Primärer Ansatz war dabei die Reduzierung der Komplexität der Multics-Ansätze, um das System auf einer → *PDP-1* in den Bell Laboratories zum Laufen zu kriegen.
Die Bezeichnung Unics hielt sich, wurde jedoch zu jener Zeit zu der Schreibweise Unix verkürzt.
Die erste lauffähige Version lief ca. 1970 auf einer PDP-7, in PDP-7-Assembler geschrieben. Wegen des begrenzten Hauptspeichers dieses Computers wurde Unix bewusst als kleiner, handlicher Kern konzipiert („Kernel"), um den herum sich verschiedene Dienstprogramme gruppierten, zu denen der Nutzer Zugang durch eine spezielle Schnittstelle („Shell") hat.
Um Portierbarkeit auf andere Rechner zu ermöglichen, entwickelte Thompson aus BCPL die Programmiersprache B, aus der Dennis Ritchie später → *C* ableitete. 1971 war Unix in Teilen in C umgeschrieben und lief als Version 1 auf einer PDP-11/20. Diese allererste, offizielle Version wird oft auch Edition 1 genannt, da das Manual dazu diesen Titel trug.
Unix lief bei Bell auf einigen PDP-11, auf denen Applikationen zum → *Trouble Ticketing* und zur Kabel-/Leitungsverwaltung liefen. Die zufriedene Nutzergemeinde verlangte jedoch Unterstützung. Die Bell Labs unterstützten daher den User-Support durch eine „Unix Support Group" (USG) und die Weiterentwicklung für den Hausgebrauch des neuen Systems zunächst moderat, so dass in der Zeit von 1971 bis 1973 Version 2 und 3 entwickelt wurden.
1973 wurde der → *Kernel* neu in C geschrieben und führte damit zu Version 4, die schon 30 Installationen zählen konnte, und kurze Zeit später zu Version 5. 1974 waren es bereits 50 Installationen.
Ab 1974 erfolgte auch die nahezu kostenlose Weitergabe an viele Universitäten (an denen Informatik-Lehrstühle gerade stark am Expandieren waren) und staatliche Einrichtungen, wodurch Unix vielen Studenten bekannt wurde und zu Lehr-, Forschungs- sowie Entwicklungszwecken genutzt wurde. AT&T war durch staatliche Regulierung wegen seines Telefonmonopols seinerzeit nicht in der Lage, mehr als einige hundert Dollar für die Lizenzen zu nehmen. Dies führte zu seiner weiten Verbreitung im akademischen Bereich, was wiederum in vielen weiteren Verbesserungsvorschlägen resultierte, die bei AT&T eingereicht wurden.
Es folgten mehrere Portierungen auf andere Rechner und mehrere Entwicklungsschritte der ab Version 8 an Bedeutung verlierenden Forschungslinie von Unix: Version 6 im Jahre 1976 (große Verbreitung im Universitären Sektor), Version 7 (1978/79), Version 8 (1983), Version 9 (1986) und Version 10 (frühe 90er Jahre).
Mit der Version 6 wurde Unix von der → *Arpa* zum Standardbetriebssystem für das seinerzeitige Arpanet (→ *Internet*) erklärt.
Version 7 war dabei die bedeutendste Version, da bei ihrer Entwicklung ausdrücklich auf die Portierbarkeit Wert gelegt wurde. Ferner galt mit Version 7 das Projekt als nahezu abgeschlossen. Viele Entwickler bei AT&T wurden daher zu neuen Projekten abgezogen.
Mit Version 7 kündigte der Hersteller AT&T außerdem an, in Zukunft höhere Lizenzgebühren zu verlangen. Diese Absicht der Kommerzialisierung wurde durch ein Gerichtsurteil wesentlich später (1984) gestützt.
Da viele Unternehmen und Universitäten nicht bereit waren, diese Lizenzgebühren zu zahlen, entstanden verschiedene andere Initiativen, nicht mehr die jeweils neueste AT&T-Version käuflich zu erwerben, sondern aus der letzten lizenzfreien Version 6 selbst ein eigenes Unix zu entwi-

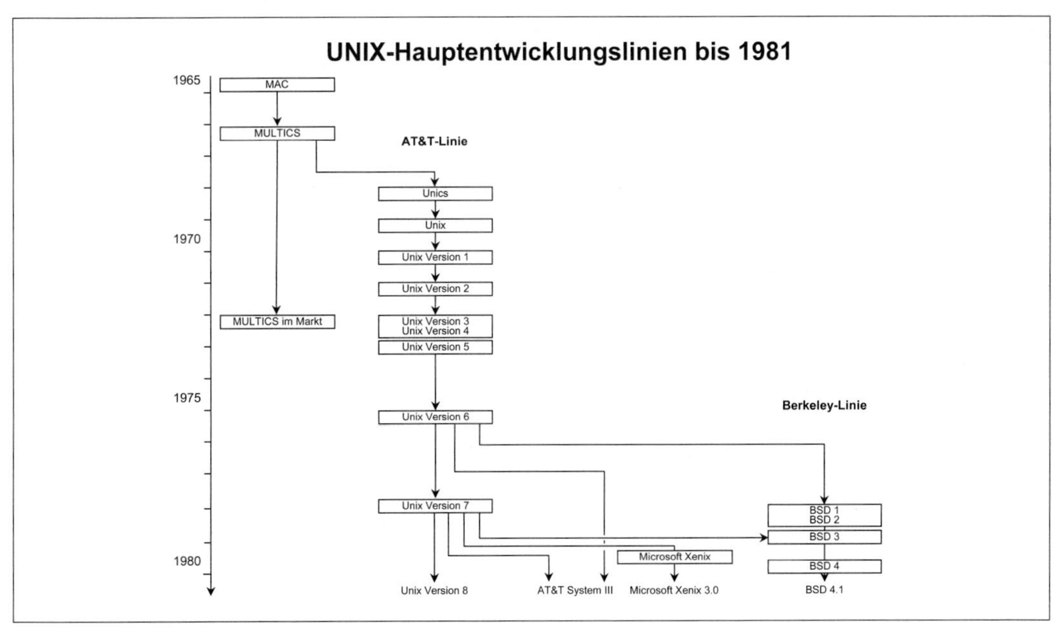

ckeln. Daher entstanden über 20 unterschiedliche Entwicklungslinien und Firmendialekte, die nach AT&T-Regelung nicht Unix heißen dürfen.

Die Tendenz zu den Entwicklungslinien wurde unterstützt durch die Tatsache, dass nur ein kleiner Teil von Unix hardwareabhängig ist und der große Teil des C-Quellcodes selbst auf vielen verschiedenen Plattformen laufen kann.

Die bei AT&T ansässige USG übernahm später auch die kommerzielle Vermarktung und die professionelle Weiterentwicklung. Später wurde sie als Unix System Laboratories (USL) ausgegründet. USG fing auf der Basis von Version 6 und diversen Zwischenergebnissen eigene Entwicklungsarbeiten mit dem Ziel an, ein kommerzielles System zu entwickeln. Diese mündeten 1981/82 im sogenannten System III und schufen damit die kommerziell bedeutsame AT&T-Linie von Unix. System III war das erste, wirklich kommerzielle und entsprechend vermarktete Unix-Produkt von AT&T, zu dem auch noch weiterer After-Sales-Support (Training etc.) geboten wurde. Davon abgeleitet wurden System IV im gleichen Jahr, System V (1983), System V Release 2 (1984) und System V Release 3 (1986/87).

Mit System V Release 4 (1989/90) unternahm AT&T einen ersten ernsthaften Versuch, die bis dahin entstandenen Entwicklungslinien zu vereinen (s.u.). Diese Bemühungen resultierten später im System V Release 5 (SVR 5, 1995).

Die zweite Hauptlinie startete 1977 an der Universität Berkeley. Dort fing die Computer Systems Research Group (CSRG) an, mit einer Lizenz von Version 6 der AT&T zu arbeiten, woraus 1979 BSD 1 (BSD für Berkeley Software Distribution; manche Quellen nennen als Abkürzungsbedeutung auch Berkeley San Diego) für eine → *PDP-11* entstand. Ken Thompson verbrachte seinerzeit ein Jahr für ein weiteres Studium in Berkeley und unterstützte William ‚Bill' Joy, der spätere Mitbegründer von Sun und Mitentwickler der → *SPARC*-Prozessoren, und Richard Haley bei der Entwicklung der ersten BSD-Version.

Zunächst wirkte Berkeley dabei als Subunternehmer der Arpa, um den Protokollstapel rund um → *TCP* und → *IP* sowie eine virtuelle Speicherverwaltung (damit Unix auch auf einer → *VAX* eingesetzt werden konnte) hinzuzufügen. Fernes Ziel der BSD war jedoch, nach und nach den gesamten Quellcode der AT&T-Version durch eigenen Code zu ersetzen. Dies gelang bis zur Schließung des CSRG als Folge von Finanzmangel nicht (ca. 5 bis 10% waren seinerzeit noch unveränderter AT&T-Code).

Über BSD 2 (1979) und die Berücksichtigung von AT&T-Version 7 entstanden BSD 3 (1979/80) und BSD 4 (1980), das schrittweise zu BSD 4.1 (1981), BSD 4.2 (1983), BSD 4.3 (1986) und zuletzt BSD 4.4 (1993) weiterentwickelt wurde. Von diesen sind 4.2 und 4.3 sehr weit verbreitete Versionen.

Kurz vor ihrer Schließung gab die BSD die zweite Sammlung ihres bis dahin AT&T-freien Codes unter der Bezeichnung Net/2 frei. Darauf aufbauend ergaben sich nach Ergänzung der noch fehlenden Teile weitere Entwicklungslinien, darunter auch eine der Berkeley Software Design Inc. (BSDI) und 386BSD (maßgeblich entwickelt von William Jolitz) für PCs.

Insgesamt führte diese Situation ab 1992 zu verschiedenen gerichtlichen Auseinandersetzungen zwischen AT&T, Novell, der Universität in Berkeley und BSDI, die jedoch im Februar 1994 mit einer Einigung endeten. Die resultierte in einem Stopp der Vermarktung von Net/2 und der Ausgabe eines stabileren BSD 4.4-Lite, das bis auf wenige Files mit der letzten Version BSD 4.4 übereinstimmt.

Der nach dem Gerichtsverfahren fehlende Support für das 386BSD führte zu der Geburt zweier Initiativen, die das

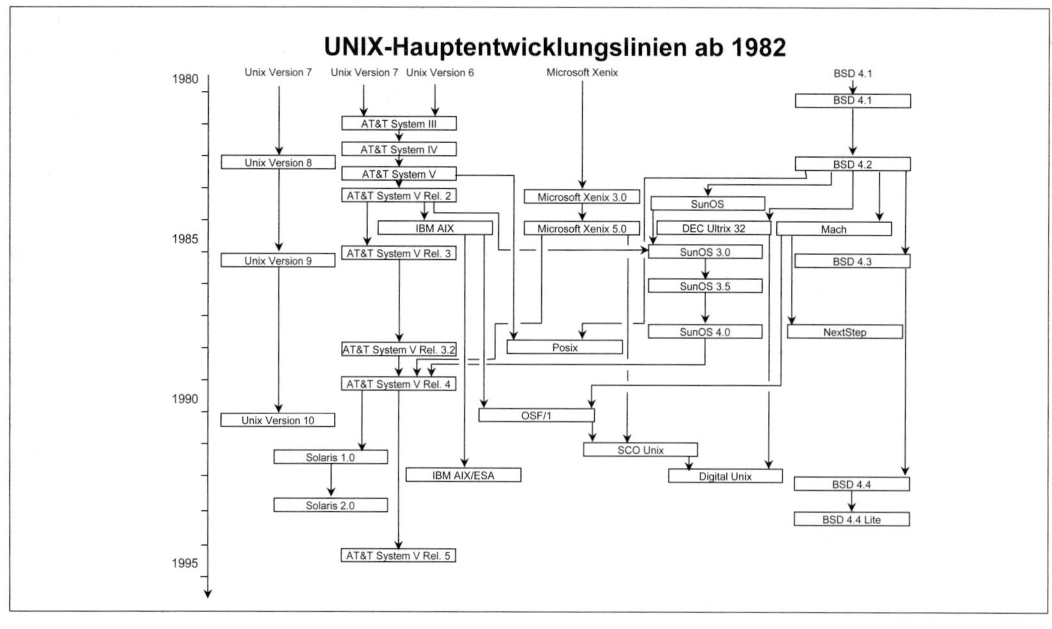

Unix für PCs weiterentwickelten, nämlich FreeBSD und NetBSD.
Aus BSD 4.2 entstanden wiederum Ultrix-32 aus dem Hause DEC, SunOS aus dem Hause Sun und das von BSD ab 1985 abgeleitete Mach von der Carnegie Mellon University.
Ferner existieren weitere Firmenstandards auf der Basis der AT&T-Linie, die sich überwiegend ab Mitte der 80er Jahre entwickelten, als die weite Verbreitung von Unix zu einem Druck des Marktes auf alle Hersteller von Computern führten, ein ‚eigenes' Unix anzubieten. Beispiele für diese Unix-Derivate sind z.B.:

- Sinix aus dem Hause Siemens
- Irix aus dem Hause Silicon Graphics (zunächst sehr nah an der A&T-Linie, dann aber mit immer mehr Ähnlichkeit zur BSD-Linie)
- X/370 und AIX aus dem Hause IBM (1985, abgeleitet von AT&T System V Release 2 und System V Release 3, aber auch mit vielen Erweiterungen aus der Berkeley-Linie)
- Xenix (abgeleitet 1979 von Version 7 der AT&T, Xenix Version 3.0 1984 und Version 5.0 1985) aus dem Hause Microsoft
- SCO Unix, das auf Xenix basiert
- Unicos (1986) für → *Supercomputer* aus dem Hause → *Cray*
- HP-UX (abgeleitet von AT&T System V Release 3) aus dem Hause → *HP*

Davon galt Xenix zu Beginn der 90er Jahre als die Unix-Variante mit der größten installierten Basis.
1998 wurde, basierend auf dem Kernel von SVR 5, UnixWare 7 aus dem Hause SCO vorgestellt.
Ab Mitte der 80er Jahre gab es verschiedene Bestrebungen, die verschiedenen Unix-Linien zu vereinheitlichen.
Das Unix System V Release 4 (1989/90) war hierfür ein erstes Beispiel. Es entwickelte sich 1990 aus System V Release 3, SunOS und Xenix heraus und resultiert aus der Kooperation von Sun und AT&T, in die auch Konzepte der letzten BSD-Variante eingingen.
1992 veröffentlichte Sun das von SVR4 abgeleitete und wesentlich erweiterte Solaris, das in seiner Version 2.0 ebenso wie das SVR4 selbst von vielen als aktueller Standard betrachtet wird. Sun selbst bezeichnet aus Marketinggründen seine ältere Version SunOS bis zur Version 4.x als Solaris 1 bzw. Solaris 1.x. Umgekehrt wird auch SunOS ab der Version 5.x als Solaris 2.x bezeichnet. Seit Oktober 1998 liegt Solaris in Version 7.0 vor.
Im gleichen Jahr verkaufte AT&T sein Unix-Geschäft an Novell, die versuchten, SVR4 als UnixWare zu vermarkten.
Ein anderer Versuch der Vereinheitlichung ging von Europa aus. 1984 schon gründete sich als Vorläufer von → *X/Open* in Europa die → *BISON*, die offiziell die verschiedenen Unix-Linien vereinheitlichen wollte, inoffiziell aber an einem Gegengewicht zur Allianz von AT&T und Sun arbeitete. 1988 folgte die Gründung der → *OSF*, die ein offenes Unix zum Ziel hatte und auf BSD 4.3 aufbaute, ähnlich wie X/Open. Dieser Gruppe traten 1987 auch amerikanische Unternehmen bei.
OSF entwickelte, beeinflusst von AIX und insbesondere von Mach, seine Version OSF/1 und veröffentlichte sie 1991. OSF/1 wiederum beeinflusste zusammen mit Ultrix das Digital Unix von DEC. DEC war damit die einzige Firma, die ihre Unix-Entwicklungslinie zugunsten eines weitgehend standardisierten Unix aufgab, wenngleich dennoch einige Anpassungen vorgenommen wurden.
Auch IBM hat aus dem OSF-Projekt einige Teile in AIX übernommen und diese Version AIX/ESA genannt.
Ebenfalls aus dem Mach-Projekt entwickelte sich → *NextStep*, das damit ein Vertreter der BSD-Linie ist.
Einen weiteren Versuch, die verschiedenen Entwicklungslinien zu vereinen, gab es mit → *Posix*, das im Wesentlichen auf System V und BSD 4.2 basiert.
Ferner existieren → *GNU* und → *Linux* (ab Ende 1991) als Unix-Derivate für PCs. In diese Klasse fällt auch das bereits 1987 vorgestellte und noch von Unix Version 7 abgeleitete → *Minix*.
Alle bisherigen o.a. Versuche, einen einzigen Unix-Standard zu schaffen, müssen heute als gescheitert angesehen werden. Einen erneuten Versuch unternahm die Open-Group im Frühjahr 1998, als sie die Grundzüge von Unix 98 vorstellte. Dabei wurden zunächst die Mechanismen zur Kommunikation mit Hilfe von TCP/IP und alle Funktionalitäten eines Dateisystems näher definiert.
Einen weiteren Schritt unternahmen IBM, Intel, SCO und Sequent, die unter der Projektbezeichnung „Monterey" ein auf AIX, UnixWare und Sequents PTX basierendes Unix entwickeln wollen.
Trotz dieser Bemühungen scheint die Aussicht in die Zukunft auch keine weiteren derartigen Aktivitäten zu zeigen, da mit AT&T und BSD die mächtigen Vertreter der Hauptlinien mittlerweile ausgeschieden sind. Einige Experten sehen jedoch eine (wenn auch geringe) Chance darin, dass Microsoft eines Tages das enorme Potential entdeckt und sich des Themas annimmt. Dies wird von anderen wiederum als ausgeschlossen angesehen, da Microsoft mit seinem Konkurrenzprodukt → *Windows NT* mittlerweile erhebliche Marktanteile gewonnen hat und es von daher für Microsoft gar keine Notwendigkeit gäbe, sich mit Unix zu beschäftigen. Allerdings bedeuteten diese Erfolge von Windows NT auch nicht den Tod von Unix (der von einigen bei der Vorstellung von Windows NT 1993 vorausgesagt wurde), da der Erfolg des → *Internet* ab 1994 und der damit verbundenen gestiegenen Nachfrage nach leistungsstarken und zuverlässigen Servern eher zu einem Erstarken von Unix (insbesondere in der Form von Linux) geführt hat.
Einen detaillierten Überblick über das Werden von Unix hat Dennis M. Ritchie in seinem Aufsatz „The Evolution of the Unix Time-Sharing System" im AT&T Bell Laboratories Technical Journal aus dem Oktober 1984 veröffentlicht.
→ *http://www.ugu.com/*
→ *http://www.stokely.com/*
→ *http://www.usenix.org/*
→ *http://www.bsd.com/*
→ *http://www.freebsd.org/*

UnixWare

→ *Unix.*

UNMA

Abk. für Unified Network Management Architecture.

Bezeichnung für ein universelles, flexibles Konzept zum Netzmanagement (→ *Netzmanagement*, → *TMN*) heterogener Netze aus dem Hause AT&T. Grundlage ist das → *OSI-Referenzmodell*.

UNSM

Abk. für United Nations Standard Message.

Unterabtastung

Bezeichnung für eine nicht genügend häufige Abtastung eines analogen Signals, um dieses digital darzustellen und nach einer Übertragung wieder in das korrekte analoge Ausgangssignal zurückzuwandeln. Die abgetasteten Werte lassen bei der Zurückwandlung auch eine Interpretation als ein anderes Signal zu. Dies wird auch als → *Aliasing* bezeichnet.

Die mindestens benötigte Anzahl an Abtastwerten zur Rekonstruktion des korrekten, analogen Ursprungssignals ergibt sich aus dem → *Nyquistschen Abtasttheorem*.

Unterbrechungsfreie Stromversorgung

→ *USV*.

Unternavigation

→ *Navigation*.

Unternehmenssoftware

→ *ERP*.

Unterprogramm

→ *Routine*.

Unterschneiden

→ *Kerning*.

Unterwasserkabel

Auch Seekabel oder Überseekabel, bzw. international Undersea- oder Submarine-Cable genannt. Bezeichnung für Kabel zu Zwecken der Energieversorgung oder Nachrichtenübertragung, die über längere Strecken in oder unter Gewässern verlegt werden.

Üblicherweise werden Kabel bei einer Wassertiefe bis zu 1 500 m (üblich sind jedoch eher 500 m) zum Schutz vor Ankern, Haien und Schleppnetzen mit einer Stahlarmierung versehen und im Meeresgrund eingepflügt bzw. eingespült verlegt. Haie werden u.U. durch abgestrahlte elektromagnetische Felder angezogen.

Zum Verlegen im Meeresgrund werden sie mit Hilfe von speziellen Pflügen, die das Kabelverlegeschiff (auch: Kabelleger oder Kabelschiff) hinter sich herzieht, zwischen 60 cm und 9 m tief im Meeresgrund eingegraben. Der Pflug kann – je nach Untergrund – auch eine spezielle Spülvorrichtung haben, so dass das Kabel in einem Vorgang eingespült wird. Ohne Kabelpflug sinken insbesondere armierte Kabel durch ihr hohes Eigengewicht bei entsprechendem Meeresboden einge cm in ihn ein. Zusätzlichen Schutz erhält ein Kabel in unmittelbarer Ufernähe u.U. durch die Verlegung innerhalb von Metallrohren.

Werden Kabel in Tiefen von mehr als 2 000 m verlegt, sind die Kabel nicht mehr mit Stahl armiert, da ihr Eigengewicht zu groß und es zu Schäden beim Verlegen kommen würde. In Abhängigkeit der Wassertiefe liegt der Kontaktpunkt eines zu verlegenden Kabels mit dem Meeresgrund bis zu 30 km hinter dem verlegenden Schiff.

Basierten Unterwasserkabel zu Zwecken der Nachrichtenübertragung zunächst auf einadrigen Kupferkabeln oder

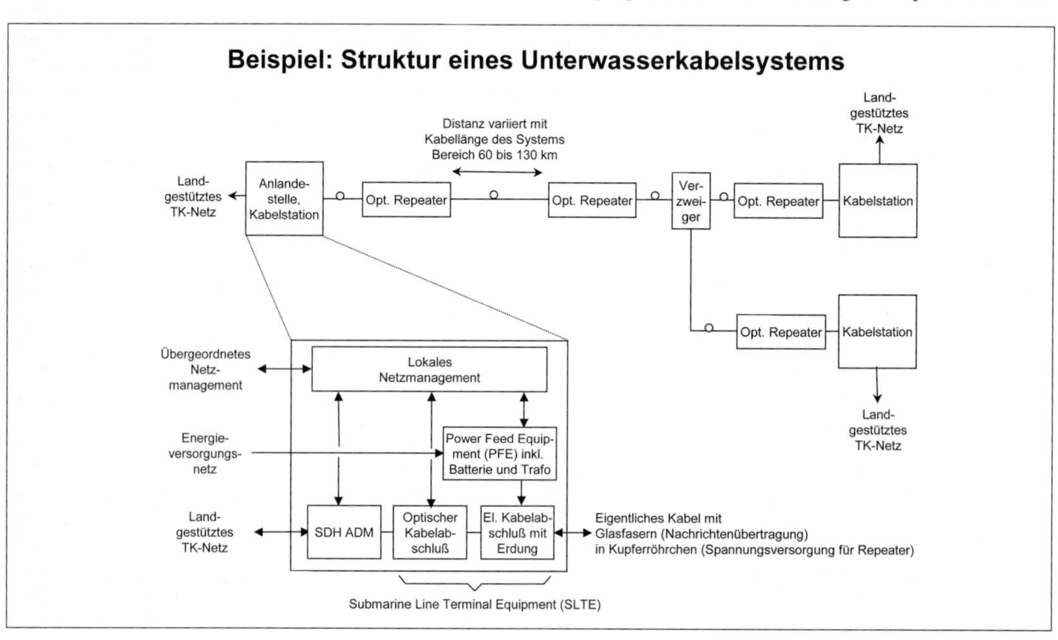

→ *Koaxialkabeln*, so werden mittlerweile nur noch Glasfaserkabel verlegt (→ *Glasfasertechnik*). Derartige Kabel haben eine Lebensdauer von ca. 25 Jahren.

Die Glasfasern werden zusammen mit einem federnden Nylongewebe rund um einen Stahlkern („Kingwire") gewoben, von leichten Stahlseilen zur Aufnahme von Zugbelastung armiert und in einem Kupferröhrchen verlegt. Diese Kupferröhrchen wirken als elektrischer Leiter für die optischen Verstärker (ca. alle 70 km) und als einfacher mechanischer Schutz.

Üblicherweise werden gleich mehrere Glasfasern zusammen und paarweise verlegt, um Raum für künftigen Bandbreitenbedarf und Ersatzschaltungen zu lassen. In vielen Kabeln befinden sich daher ungenutzte Fasern (→ *Dark Fibre*). Waren erste Unterwasserkabel zur Mitte und am Ende der 80er Jahre mit jeweils zwei Faserpaaren ausgestattet, ist diese Zahl bis Ende der 90er Jahre auf z.B. 48 gestiegen.

Die Kupferröhrchen sind durch einen Kunststoffmantel aus Polyäthylen (PE) geschützt und so auch gleichzeitig elektrisch isoliert. Der gesamte Mantel ist teilweise (je nach Verlegetiefe) mit einer Armierung aus galvanisierten Stahlseilen, bei hohen Belastungen in zwei Schichten, gegen diverse Schäden beim Verlegen und beim Betrieb geschützt. Derartige Kabel haben je nach Aufbau (mit/ohne, einfache/doppelte Armierung) und Kapazität (Faseranzahl) einen Durchmesser von insgesamt knapp 1,5 bis 6,5 cm.

Das Gewicht wird in kg/km angegeben und kann zwischen rund 400 bis 2 500 kg/km betragen.

Im Produktionsprozess derartiger Kabel werden bis zu 80 km lange einzelne Kabelsegmente in einem Stück hergestellt.

Die Verstärker (auch Repeater genannt) werden von beiden Anlandungsstellen ferngespeist. Fällt die Spannungsversorgung einer Anlandungsstelle aus, so kann bei kürzeren Kabeln (bis einige 100 km Länge) von einer Seite weiter gespeist werden (sog. Single End Feed Mode).

Auf dem Kabelverleger ist das Kabel auch heute noch wie vor über 150 Jahren in einem → *Kabeltank* genannten Lagerbehälter eingerollt untergebracht. Das benötigte Volumen errechnet sich aus dem Ladefaktor, der in m^3/km angegeben wird und zwischen 0,15 und 0,7 liegen kann. Ein Kabelverleger kann u.U. mehrere 1 000 Tonnen Kabel mit sich führen.

Durch eine Öffnung im Tankdeckel wird das Kabel mit Hilfe einer Winde aus dem Kabeltank und über mehrere Umlenkrollen über das Kabelarbeitsdeck des Kabelverlegers zur sog. Kabelmaschine gezogen. Dabei handelt es sich um eine Anordnung von einer Rolle zum Abrollen des Kabels am Bug oder Heck des Schiffes (dort mittlerweile auch oft durch eine Slipanlage ähnlich wie bei großen Fischereischiffen ersetzt), einer darüber befindlichen Arbeitsbühne und die große Trommelwinde, über die das Kabel komplett einmal rumgezogen ist. Die Trommel hat dabei bremsende Funktion und verhindert bei großen Tiefen und schweren (armierten) Kabeln, dass sich ein Kabel durch das Eigengewicht löst, unkontrolliert aus dem Kabeltank gezogen wird und versinkt.

Ergänzt wird die Kabelmaschine durch Gerätschaften zur Messung des Zuges auf das Kabel, zur Messung der verlegten Länge des Kabels und zur Messung der Verlegegeschwindigkeit, die auf hoher See zwischen fünf bis acht Knoten und in flachen Gewässern einige wenige Knoten betragen kann.

Während der Verlegung ist ein Ende des Kabels bereits mit einer Anlandestelle verbunden, so dass von Bord des Kabelverlegers während der laufenden Verlegearbeiten immer die korrekte Beschaffenheit der bereits verlegten Kabelstrecke getestet werden kann.

Üblicherweise schließen sich mehrere → *Carrier* zu einem Konsortium zusammen, um ein Unterwasserkabel zu planen, zu verlegen und anschließend zu betreiben. Sie gründen dann eine Betreibergesellschaft, welche die Kapazitäten des verlegten Kabels an Carrier vermietet, wobei die Konsortiumsmitglieder bevorzugt werden. Die kleinste Einheit, die ein Teilnehmer am Konsortium vom Kabel nutzen kann, wird mit Minimum Assignable Unit of Ownership (MAUO) bezeichnet. Bei heutigen digitalen, glasfaserbasierten Kabeln ist es oft ein Kanal mit 64 kbit/s plus entsprechender Kapazität auf den Signalisierungslinks.

Die Planung, Finanzierung, Verlegung und der Test eines Unterwasserkabels dauert gegenwärtig ca. 3 Jahre (70er/80er Jahre: knapp 10 Jahre), obwohl es eine Tendenz zur weiteren Verkürzung dieser Zeit gibt, da die Finanziers, Verleger und Betreiber mittlerweile über Erfahrung auf dem Kabelverlegesektor verfügen.

Der eigentlichen Verlegearbeit geht dabei eine exakte Vermessung und Planung der Kabelstrecke auch mit Sonargeräten (genannt Route Survey) voraus, um gefährlichen Stellen auf dem Meeresgrund (Abhänge, Klippen, Schiffswracks, Unterwasservulkane etc.) aus dem Weg zu gehen. Ferner müssen dabei Kreuzungen mit anderen Kabeln oder mit Pipelines berücksichtigt werden. Auch müssen Verzweigungspunkte (Branching Units, BU) exakt zur Vermeidung unnötig langer Zuleitungen geplant werden.

Die Kabelstrecke ist schließlich ein rund 200 m breiter Korridor auf dem Meeresgrund, innerhalb dessen der Kabelleger das Kabel platzieren muss.

Die Angaben aus dem Route Survey dienen schließlich auch dem Kabelhersteller bei der präzisen Herstellung des Kabels unter Berücksichtigung der Armierung oder der eingespleißten Repeater.

Zum Schutz von Unterwasserkabeln hat sich das International Cable Protection Committee (→ *ICPC*) gegründet, das auch eine Datenbank aller verlegten Kabel (in Betrieb und außer Betrieb) pflegt. Davon abgesehen gibt es verschiedene, regionale Organisationen, die z.B. Schiffe für Kabelreparaturen vorhalten, die von Mitgliedern, d.h. Kabelbetreibern, abgerufen werden können. Beispiele hierfür sind:

Bezeichnung	Bedeutung
ACMA	Atlantic Cable Maintenance Agreement
NSCMA	North Sea Cable Maintenance Agreement

Im Störungsfall wird eine passende Ersatzschaltung gesucht. Das international anerkannte Universal Restoration Manual (URM) schreibt hierfür eine maximale Zeit von einer Stunde vor. Entweder ist eine Ersatzschaltung bereits mitverlegt worden (ansonsten ungenutzte Glasfaser im gleichen Kabel), oder es wird auf ein völlig anderes Kabel umgeschaltet. Hierfür haben sich regional verschiedene Organisationen gebildet, innerhalb derer sich die Mitglieder verpflichten, sich gegenseitig Ersatzkapazitäten im Fehlerfall zur Verfügung zu stellen. Beispiele für derartige Organisationen sind:

Bezeichnung	Bedeutung
ARC	Atlantic Restoration (Cable) Committee
ERWG	European Restoration Working Group
NSCC	North Sea Cable Committee
PIRC	Pacific-Indian Restoration Committee

Bei beschädigten Kabeln wird mit verschiedenen elektrischen Messmethoden die Fehlerlokation im Kabel bestimmt, was heute sehr genau gelingt. Ein Kabelleger begibt sich an diese Stelle und wirft einen oder mehrere mehrarmigen Suchanker aus, den er rechtwinklig zum verlegten Kabel über den Meeresgrund zieht in der Hoffnung, dass sich das Kabel in einem Suchanker verfängt. Dieser Vorgang (sog. Grapnel) kann u.U. mehrere Versuche und damit Tage dauern. Ein eingefangenes Kabel wird durch einen erhöhten Zug (gemessen durch ein Dynamometer in der Haltekette des Suchankers) festgestellt. Sodann wird das Kabel gehoben, was bei großen Tiefen bis zu mehreren Stunden dauern kann. Wegen des geringen ‚Spiels' des Kabels kann das Kabel nicht immer vollständig an Bord gezogen werden, sondern muss bereits mit Hilfe eines Schneidankers in einer Zwischenhöhe oder auch noch auf dem Grund liegend gekappt werden.

Das ‚gesunde' Kabelende wird dann eingeklemmt, hochgezogen und an einer Boje befestigt an der Wasseroberfläche gehalten, während der Kabelleger das zurückgesunkene ‚kranke' Kabelende wieder mit einem Suchanker aufspürt und bis zur Störstelle an Bord holt (Zwischenlagerung in Kabeltanks). Ist die Fehlerstelle gefunden, wird dort das Kabel erneut gekappt, wodurch ein Stück Kabel mit der Fehlerstelle aus dem gesamten Kabel entfernt ist. Es wird dann ein neues Stück Kabel angespleißt (→ *Spleißen*), und das Kabel wird wieder bis zur Stelle, an der das andere Ende an der Boje befestigt ist, verlegt. Dort werden beiden verbliebenen Kabelenden miteinander verbunden und abschließend verlegt.

Im Idealfall dauert dieser Vorgang der Kabelreparatur einschließlich Suchen, Bergen, Reparieren und Versenken eine Woche.

Bekannte, teilweise noch in der Planung befindliche Unterwasserkabel sind:

Region	Kabelname
Atlantik	→ *Atlantis 2* → *SAC* → *SAT-1*
Global	→ *Flag* → *Oxygen* → *Sea-Me-We*
Indischer Ozean	→ *SAFE*
Karibik	→ *BUS-1* → *Maya-1* → *Pan American Cable System*
Mittelmeer	→ *Adria 1* → *Cro-Ita 1*
Nord-/ Ostsee	→ *Baltica* → *Denmark-Germany* → *Pangea-1* → *UK-Germany*
Nordatlantik	→ *AC-1* → *Apollo* → *CANTAT* → *CANUS* → *Columbus* → *FLAG Atlantic-1* → *Gemini* → *PTAT* → *TAT*
Pazifik	→ *APCN* → *COMAC* → *JASAC.* → *JASURAUS* → *JIH* → *SEACOM* → *South Pacific Network* → *Southern Cross Cable Network* → *TPC*
Sonstige	→ *Africa ONE*

Die Entwicklung der Unterwasserkabel nahm folgenden Verlauf:

1811
In München gibt es Versuche, mit Kautschuk isolierte Kupferdrähte durch die Isar zu verlegen und telegrafische Signale zu übertragen. Die Versuche sind jedoch nicht zufriedenstellend.

Um 1840
In London gibt es erfolgreiche Versuche, Kabel für Telegrafenverkehr durch die Themse zu legen.

18. Oktober 1842
Samuel F.B. Morse versucht in New York Government Island durch den Hudson mit der Stadt (Südspitze Manhattans) über knapp 2 km zu verbinden. Das Vorhaben scheitert, da das Kabel von Unbekannten gekappt wird und einige

Meter gestohlen werden (andere Version: ein Schiff zerstörte mit seinem Anker das Kabel). Ungeachtet dieses Misserfolges schlägt Morse in den folgenden Jahren dem Kongress ein ähnliches Experiment in Washington D.C. und sogar eine Atlantiküberbrückung vor. Der Kongress ist nicht an einer Unterstützung dieser Projekte interessiert.

1843

Mit → *Guttapercha* kommt das erste wirksame Isolationsmaterial für Unterwasserkabel aus Asien nach Europa.

1845

In New York werden verschiedene Kabel erfolgreich durch den Hudson und den Hafen gelegt. Ihre Übertragungsqualität ist mäßig und sie halten wegen schlechter Isolierung nicht besonders lange.

1848

Siemens verlegt ein erstes Guttaperchakabel durch den Hafen von Kiel.

1850

Der Kanadier Frederic Gisborne, Gründer und Inhaber einer von sechs Telegrafengesellschaften in Kanada, schlägt der kanadischen Regierung die Verlegung eines Transatlantikkabels vor. In den Folgejahren findet er Investoren, wird jedoch von New Yorker Bankern ruiniert.

1850/1851

In den USA werden nach Flutschäden verschiedene oberirdisch über den Ohio und Mississippi verlegte Kabel durch unterirdische Kabel durch die Flüsse ersetzt.

28. August 1850

Das erste echte Unterwasserkabel überhaupt (1,8 mm starker Kupferdraht mit Guttapercha isoliert) für Telegrafenverkehr, wird von den Brüdern Brett durch den Kanal zwischen Calais und Dover gezogen. Damit es am Grund bleibt, wurde es alle 100 m durch eine Bleiplatte beschwert.

Durch einen unvorsichtigen Fischer wird es jedoch einen Tag nach der Verlegung zerstört. Ein einziges Telegramm wurde durch dieses Kabel übertragen.

September 1851

In einem zweiten Versuch wird ein wesentlich sorgfältiger konstruiertes und mit einer Stahlarmierung versehenes Kabel von den Gebrüdern Brett durch den Kanal verlegt, das auch lange funktioniert.

1851 bis 1856

Es gibt erhebliche Probleme beim Verlegen von Unterwasserkabeln, da in tiefen Gewässern das Eigengewicht der Kabel diese unkontrolliert von den Kabeltrommeln an Bord der Verlegeschiffe zieht. Zahlreiche Kabel gehen verloren oder müssen aufwendig gesucht, gehoben und erneut verlegt werden.

4. Mai 1854

Frederic Gisborne steckt mit seinen Visionen Cyrus West Field an, ein Papierfabrikant, der auch die New Yorker Hochbahn erbaute. Er entscheidet sich dazu, das Projekt voran zu treiben. Unter seiner Führung gründen in New York verschiedene, wohlhabende Persönlichkeiten die „New York, Newfoundland and London Telegraph Company".

August 1855

Ein Kabel wird von der „New York, Newfoundland and London Telegraph Company" nach zunächst großen Schwierigkeiten beim Kabelverlegen erfolgreich von Neufundland nach Neuschottland in Kanada verlegt. Die finanziellen Mittel sind jedoch aufgebraucht.

1856

Die Atlantic Telegraph & Co. wird in den USA von Field, den zur Finanzierung angesprochenen Briten Charles Bright, John Brett und Dr. Edward Whitehouse mit dem Ziel gegründet, ein transatlantisches Kabel zu verlegen.

Der Amerikaner Cyrus West Field und der Brite Charles Bright stellen für die Atlantic Telegraph einen Plan zur Verlegung des ersten Transatlantikkabels fertig.

1857

Werner Siemens entwickelt eine Kabeltrommelbremse, mit deren Hilfe die zuvor gescheiterte Verlegung eines Kabels zwischen Sardinien und Algerien glückt.

Juli 1857

Erster Versuch von Cyrus West Field, von Irland nach Neufundland über 3 745 km mit der HMS Agamemnon und der Niagara ein Transatlantikkabel zu verlegen. Nach nur 30 verlegten Meilen Kabel reißt in einem Sturm während der Verlegearbeiten das Kabel durch sein Eigengewicht.

1858

Von Emden wird ein zweiadriges Kabel nach Cromer an der Ostküste von GB verlegt.

10. Juni 1858

Zweiter Versuch, ein Transatlantikabel für Telegrafie zu verlegen. Dabei starten zwei Schiffe mit verbesserter Ausrüstung an beiden Kabelenden von der Mitte des Atlantiks aus. Nach nur wenigen Meilen reißt das Kabel dennoch. Erst im dritten Anlauf gelingt die Kabelverlegung über eine größere Strecke von 118 Meilen, bis in einem Sturm ein Kabeltank Leck schlägt und das Kabel durch eindringendes Seewasser vernichtet wird.

29. Juli 1858

Ein vierter Versuch wird gestartet. Das Kabel wird bis zum 5. August 1858 erfolgreich zwischen Trinity Bay/Neufundland und Valentia in Irland verlegt, woraufhin Bright von Königin Viktoria noch am gleichen Tag in Abwesenheit geadelt wird.

Am 16. August werden Glückwunschtelegramme per Morsezeichen zwischen Königin Victoria und dem US-Präsidenten James Buchanan ausgetauscht.

Direkt nach Verlegung und Installation treten parallel zu den beiderseits des Atlantiks rauschenden Feiern massive Betriebsprobleme auf, da keinerlei Erfahrung mit dem Betrieb derartig langer Kabel vorhanden ist.

Am 26. August wird erstmals eine längere Pressemeldung von London nach New York über das Kabel übertragen.

Ab 1. September kommt es zu einem deutlichen Nachlassen der Übertragungsqualität infolge eines Fehlers der Operatoren, die 2 000 V anstelle der sonst 600 V anlegten, um die Sendesignal besser (d.h. stärker) durch das Kabel zu kriegen. Ab 20. Oktober dann völlige Stille. Bis dahin wurden nur 723 Telegramme übertragen, von denen einige wegen mehrerer Wiederholungen Stunden brauchten. Die Kosten des gesamten Unternehmens wurden auf 10 Mio. Mark geschätzt.

1864

Cyrus West Field bestellt bei seinem favorisierten Kabelhersteller Telegraph Construction and Maintenance (TC&M, hervorgegangen aus ‚Gutta Percha Company‘ und ‚Elliot, Glass‘ in GB) 5 100 km Kabel.

1865

Nach dem Bürgerkrieg in den USA unternimmt Field einen dritten Versuch, im Nordatlantik ein Kabel zu verlegen. Der größte Raddampfer der Welt (die ‚Great Eastern‘, zuvor ‚Leviathan‘) hatte sich als Passagierschiff nicht bewährt und wurde nun zum Kabelverleger mit 500 Mann Besatzung umgebaut. Mit den 5 100 km Kabel, die von Januar bis Juli 1865 in drei Tanks an Bord gebunkert wurden) startet die Verlegung am 23. Juli von Valentia/Irland aus.

Abermals reißt allerdings am 2. August nach 1 186 Meilen das Kabel. Neun Tage lang wird gesucht. Das Kabel wird zweimal gefunden, versinkt aber beim Heben immer wieder. Die Stelle wird mit einer Boje markiert.

1866

Endlich erfolgreicher Versuch mit der Great Eastern, ein neues, verbessertes und insbesondere stärker armiertes Transatlantikkabel von Irland aus nach Neufundland zu verlegen. Ab 27. Juli ist das Kabel in Betrieb mit offizieller Eröffnung am 4. August.

Auf der Rückreise wird von der Great Eastern das zuvor verlorengegangene Kabel wiedergefunden und im 30. Hebeversuch geborgen. Die Verlegung dieses Kabels wird am 9. September beendet, womit auf einen Schlag zwei transatlantische Verbindungen zur Verfügung stehen.

Die Übertragungsgeschwindigkeit lag bei acht Worten/Minute. Bis zu 20 Worten (inkl. Empfänger und Sender) kosteten 150 $, jedes zusätzliche Wort 7,5 $.

Von Emden wird ein vieradriges Kabel nach Lowesoft an der Ostküste von GB verlegt.

23. Juli 1869

Die ‚French Atlantic Telegraph Company‘ nimmt ein Kabel von Brest/Frankreich nach Duxbury/Massachusetts in Betrieb.

1870

Die von den Gebrüdern Siemens in GB gegründete ‚Direct United States Cable Company‘ verlegte von Ballinskelligs Bay/Ireland ein Kabel nach Neufundland, konnte jedoch dort wegen der exklusiven Anlandungsrechte der anderen Kabelbetreiber nicht in Trinity Bay anlanden, sondern musste in Halifax auf Neuschottland anlanden. Ein weiteres Kabel führte von dort nach Rye Beach/New Hampshire.

1871

Von Emden wird ein weiteres, vieradriges Kabel nach Lowesoft an der Ostküste von GB verlegt.

Die Briten verlegen ein erstes Kabel in Hong-Kong.

Duplexing wird eingeführt. Damit ist es möglich, gleichzeitig Nachrichten in beide Richtungen zu übertragen.

1874

Quadruplexing wird von Thomas Alva Edison († 18. Oktober 1931) erfunden und eingeführt. Damit ist es möglich, gleichzeitig zwei Nachrichten in beide Richtungen zu übertragen.

1882

Von Emden wird ein einadriges Kabel nach Valentia in Irland verlegt, womit auch Deutschland an das Transatlantikkabel angeschlossen ist.

Ende des 19. Jahrhunderts

GB verwaltet weltweit insgesamt 300 000 km Unterwasserkabel und ist damit auf diesem Sektor führend.

1900

Die Deutsch-Atlantische Telegrafengesellschaft verlegt ein einadriges Kabel von Emden über Horta/Azoren in die USA.

Die Eastern & Associated Telegraph Company ist zu dieser Zeit die weltgrößte Telegrafenfirma mit dem größten Unterseenetz.

1901

Mit der → *Pupin-Spule* kann die Kabeldämpfung verringert werden.

1902

Das erste Transpazifikkabel von Kanada nach Neuseeland wird verlegt und in Betrieb genommen.

Das → *Krarup-Verfahren* verringert die Kabeldämpfung.

1904

Ein zweites Kabel wird von Emden über Horta/Azoren nach New York in Betrieb genommen, das seit Mai 1903 durch die ‚MS Stephan‘ (erst ein Jahr zuvor auf der Vulcan-Werft in Stettin gebaut) der Norddeutschen Seekabelwerke in Nordenham verlegt wurde.

1914 bis 1918

Während des ersten Weltkrieges kappen die Alliierten die von deutschen Unternehmen betriebenen Kabel und benutzen sie zu eigenen Zwecken.

1921

Das erste Unterwasserkabel, das Telefongespräche übertragen kann, wird zwischen Key West/Florida und Havanna/Kuba über 184 km verlegt.

1926

Mit dem neuesten verlegten Transatlantikkabel kann eine telegrafische Übertragungsgeschwindigkeit von 480 Worten pro Minute realisiert werden.

1928

Mittlerweile sind zwischen Europa und Nordamerika (USA und Kanada) 21 Telegrafenkabel in Betrieb. Der technische Fortschritt hat die Übertragungsrate auf 2 800 Zeichen pro Minute angehoben. Dadurch besteht die Möglichkeit, als Vorläufer zur Faxübertragung auch Fotos abzutasten und über das Kabel zu übertragen. Die Western Union bietet eine derartige Dienstleistung unter dem Namen ‚Cablephoto‘ an, die jedoch nicht sehr erfolgreich im Markt aufgenommen wird.

Ab 1931

Die ersten → *Koaxialkabel* werden als Unterwasserkabel verlegt. Damit wird als Rückleiter nicht mehr das umgebende Seewasser genutzt, sondern ein zweiter, metallischer und mitverlegter Leiter.

1939 bis 1945

Während des zweiten Weltkrieges kappen – wie schon im ersten Weltkrieg – die Alliierten die von deutschen Unternehmen betriebenen Kabel und benutzen sie zu eigenen

Zwecken. Japanische Kabel durch den Pazifik werden ebenfalls gekappt.

1950

Erste Kabel für Telefonie werden als → *Koaxialkabel* ausgeführt.

1956

Mit TAT 1 wird gemeinsam im Auftrag von AT&T und BT (damals das Post Office) das erste transatlantische Unterwasserkabel für Telefonie verlegt und im Oktober 1958 in Betrieb genommen. Erst zu diesem Zeitpunkt war ein Verstärker entwickelt worden, der dem Druck in rund 5 000 m Tiefe standhielt.

Zur Mitte der 50er Jahre verwaltet GB immer noch um die 279 000 km Unterwasserkabel weltweit.

1963

Das erste Kabel für Telefonie, UK-GER No. 1, zwischen Deutschland und GB geht in Betrieb (→ *UK-Germany*).

1970

Das letzte reine transatlantische Telegrafiekabel wird in Porthcurno/Cornwall außer Betrieb genommen.

1982

Die französische Post nimmt zwischen Cagnes-sur-Mer und Juan-les-Pins ein 20 km langes, glasfaserbasiertes Unterwasserkabel in Betrieb.

Oktober 1986

Zwischen GB und Belgien nimmt das erste internationale glasfaserbasierte Unterwasserkabel seinen Betrieb mit 11 500 Sprachkanälen seinen Betrieb auf.

1987

Das erste, von Siemens gelieferte deutsche Unterwasserkabel in Glasfasertechnik mit 16 Fasern wird für die seinerzeitige Deutsche Bundespost Telekom im Bodensee (Friedrichshafen-Konstanz-Meersburg) verlegt.

1988

Mit TAT-8 wird das erste transatlantische Unterwasserkabel in Glasfasertechnik verlegt.

1998

Gemini ist das erste Kabel, das direkt zwei Großstädte verbindet (London und New York).

U_{P0}-Schnittstelle

→ *U-Schnittstelle.*

UPAM

Abk. für User Primary Access Method.

UPC

1. Abk. für Usage Parameter Control.
2. Abk. für Universal Product Code.

   Bezeichnung für das nordamerikanische Artikelnummernsystem im Einzelhandel, ähnlich dem europäischen → *EAN*.

   Ein UPC besteht aus 12 einzelnen Stellen:

   - Ein Buchstabe
   - Fünf Zahlen zur Codierung des Herstellers
   - Fünf vom Hersteller definierte Zahlen zur Codierung des Produktes
   - Eine Prüfziffer, die sich durch eine Modulo-10-Operation aus den anderen Ziffern ergibt.

Update

Begriff aus der Software-Industrie. Bezeichnet dort ganz allgemein die Installation neuer Software, die als → *Upgrade* durchgeführt werden kann.

Oft bezeichnet Update auch die Möglichkeit, sich beim Hersteller der Software zu registrieren, um die neuesten Versionen automatisch zugeschickt zu bekommen. Häufig wird auch die neue Software-Version selbst mit Update bezeichnet.

→ *Vollversion.*

Upgrade

Begriff aus der Software-Industrie. Bezeichnet dort die Installation neuer Software (→ *Update*), bei der nicht eine vollständig neue Version installiert wird, sondern nur die Teile, die sich im Vergleich zur vorangegangenen Version geändert haben oder zusätzlich hinzugekommen sind. Es werden die unveränderten Teile der alten Version weiterverwendet.

Der Begriff bezeichnet sowohl den Vorgang als auch die zusätzliche, neue Software selbst.

Von Delta-Training spricht man, wenn die Änderungen (d.h. das Delta als Differenz zwischen der alten Version und der neuen Version) so groß sind, dass die Nutzer des Programms mit einer speziellen Schulung auf die Änderungen aufmerksam gemacht werden müssen.

Uplink

Bezeichnet in Systemen für → *Mobilfunk* das Frequenzband für das Senden der Mobilstation (MS) zur Basisstation (BS) oder zum Satelliten. In der Regel liegt die Frequenz des Uplinks unter der des → *Downlinks*, da auf dem Uplink von leistungsschwachen mobilen Endgeräten gesendet wird und höhere Frequenzen zur Erzielung einer bestimmten Reichweite eine höhere Sendeleistung als niedrigere Frequenzen benötigen.

Upload, Uploading

Bezeichnung für den Datentransfer von einem Client zu einem → *Server*.

In einem → *Online-Dienst* der Transfer von Software vom Rechner eines Teilnehmers zum Zentralrechner des Online-Services zur Veröffentlichung und zum allgemeinen Zugänglichmachen von Informationen. Das Gegenteil ist der → *Download*.

UPN

Abk. für Umgekehrte Polnische Notation.

Auch genannt Lukaseiwicz Notation. Bezeichnet in der Mathematik eine Schreibweise von Operand und Operator, bei der erst die Operanden und dann der Operator geschrieben wird. Der herkömmlichen Schreibweise 3 + 4 entspricht 3 4 +.

Genutzt in großem Umfang z.B. vom Hause → *HP* bei seinen Taschenrechnern.

UPP

Abk. für Universal Payment Preamble.
→ *JEPI.*

UPS

Abk. für Uninterruptable Power Supply.
→ *USV.*

Upstream

Bezeichnet in Festnetzen den Kanal einer Verbindung vom Teilnehmer zum Netz bzw. zur Teilnehmervermittlung. Die Bezeichnung wird im Allgemeinen für digitale Teilnehmeranschlüsse verwendet, insbesondere bei der Nutzung von → *ADSL.*

UPT

Abk. für Universal Personal Telecommunications.

Ein Telekommunikationskonzept, das → *persönliche Mobilität* und → *Personalisierung* von Diensten und Dienstmerkmalen im Fest- und Mobilfunknetz länder- und betreiberübergreifend ermöglicht.

Es ist von der → *ITU-T* und der → *ETSI* standardisiert.

UPT wird mit → *IN* realisiert und bietet folgende Funktionalitäten:

- Persönliche weltweite Mobilität, d.h., Erreichbarkeit unter einer UPT-Nummer zum Abwickeln von eingehenden und abgehenden Anrufen.
- Netztransparente UPT-Nummer, d.h., die persönliche Mobilität erstreckt sich über Fest- und Mobilfunknetze verschiedener Betreiber in verschiedenen Ländern gleichermaßen.
- → *Charging* seiner Aktivitäten über einen einzigen UPT-Account, d.h., auch wenn der Benutzer mehrere Netze und Dienste innerhalb eines Abrechnungszeitraums in Anspruch genommen hat, so erhält er dennoch nur eine Rechnung von seinem UPT-Service-Provider.
- Standardisierte → *Identifikation* und → *Authentifizierung* weltweit und betreiberunabhängig.
- Persönliches und durch den Teilnehmer selbst konfigurierbares Diensteprofil, bestehend aus Diensten (z.B. Telefonie) und Dienstmerkmalen (z.B. → *Kurzwahl*, → *Forwarding*, → *Dreierkonferenz* etc.).
- Hohe Sicherheit.

Der Dienstnutzer erhält weltweite Mobilität für Dienstzugang und persönliches Dienstprofil (ab UPT-Phase 2 durch eine weltweit standardisierte netz- und endgeräteunabhängige → *Smart Card*, mit der er sich bei Terminals zeitweise registriert).

Einen ersten, einjähriger Feldversuch von Telenor in Zusammenarbeit mit Ericsson gab es ab Ende 1993 in Norwegen.

In Deutschland teilte das → *BAPT* erstmals persönliche Rufnummern auf besonderen Antrag bis 28. November 1997 zu. Derartige Rufnummern beginnen mit der Dienstekennziffer 0700 und bestehen anschließend aus einer achtstelligen Nummer.

Up Time

Bei technischen Systemen die Zeit der fehlerfreien Verfügbarkeit („Up and running") im Gegensatz zur Down Time bei Reparaturen, Wartung etc. Oft angegeben in Prozent von der gesamten, seit Inbetriebnahme vergangenen Zeit.

UPU

Abk. für Universal Postal Union, Weltpostverein. Sitz: Bern.

URI

Abk. für Universal Resource Identifier.
→ *WWW.*

URL

Abk. für Universal Resource Locator.
→ *WWW.*

URM

Abk. für Universal Restoration Manual.
→ *Unterwasserkabel.*

URN

Abk. für Uniform Resource Name.
→ *WWW.*

URSI

Abk. für Union Radio Sciences International.

Eine internationale wissenschaftliche Vereinigung, die sich insbesondere mit der Erforschung der Ausbreitung elektromagnetischer Wellen beschäftigt.

→ *http://www.intec.rug.ac.be/URSI/*

USASCII

Abk. für United States American Standard Code for Information Interchange.

Bezeichnung einer nationalen Sonderform des → *ASCII*-Zeichensatzes für die USA.

USAT

Abk. für Ultra Small Aperture Terminal.
→ *VSAT.*

USB

1. Abk. für → *Universal Serial Bus.*
2. Abk. für unterer Sonderkanalbereich.
   → *Breitbandkabelverteilnetz.*

USBS

Abk. für User Signalling Bearer Service.

Ein Übertragungsdienst für Signale der → *Zeichengabe* von → *SS#7.*

U-Schnittstelle

U-Schnittstelle ist die Bezeichnung einer Zweidrahtschnittstelle zur digitalen Übertragung. Im öffentlichen → *ISDN* wird auf den Anschlussleitungen für einen Basisanschluss in Deutschland die U-Schnittstelle mit Echokompensation als U_{K0}-Schnittstelle bezeichnet. Sie wird zwischen der Ortsvermittlungsstelle und dem → *NTBA* verwendet.

Bei Nebenstellenanlagen gibt es verschiedene, herstellerspezifische U-Schnittstellen, die durch Adapter (private Netzwerk-Terminatoren, private NTs) in vierdrahtige → S_0-Schnittstellen gewandelt werden können.

Die U_{K2}-Schnittstelle ist eine Kupferader-basierte 4-Draht-Schnittstelle für einen Primärmultiplexanschluss zum → *ISDN*.

Die U_{G2}-Schnittstelle ist prinzipiell das gleiche, nur glasfaserbasiert.

Die U_{P0}-Schnittstelle bezeichnet eine Netzschnittstelle innerhalb einer kleinen TK-Anlage.

USDC

Abk. für US Digital Cellular.

Andere, neuere Bezeichnung für → *D-AMPS*.

Usenet

Bezeichnung eines Systems elektronischer Diskussionsforen auf Basis von öffentlich zugänglichen → *E-Mails* (elektronische schwarze Bretter). Das eigentliche Netz wird von den miteinander verbundenen → *Servern* gebildet, die über Leitungen des → *Internet* Informationen austauschen.

Das Usenet (oder auch heute häufig mit NetNews, was eigentlich der Inhalt der vom Netz Usenet angebotenen Dienste ist, oder noch kürzer mit News bezeichnet) ermöglicht ausführliche Diskussionen zu jedem erdenklichen Thema (Newsgroups genannt).

Man unterscheidet zwischen moderierten und unmoderierten Newsgroups. Bei moderierten Newsgroups werden die E-Mails vor ihrer Veröffentlichung von jemandem unter bestimmten Gesichtspunkten (z.B. inhaltliche Qualität und Relevanz) geprüft und ggf. abgelehnt. Bei unmoderierten Newsgroups wird die E-Mail sofort unverändert veröffentlicht.

Es existiert ein umfangreiches Regelwerk für die Einführung neuer Newsgroups, die Bestimmung und Auswechslung von Moderatoren etc.

Das Usenet oder auch in anderer technischer Form realisierte öffentliche Diskussionsgruppen sind heute ein sehr wichtiger → *Internet*-Dienst und in ähnlicher Form auch Bestandteil anderer → *Online-Dienste*.

Technisch gesehen nutzt es das → *NNTP* zum Austausch der Daten zwischen den Servern.

Erdacht wurde das Usenet 1979 von zwei Studenten (Tom Truscott und Jim Ellis) an der Duke University of North Carolina zur Verbindung von zwei Universitäten. Implementiert und dann weiterentwickelt wurde es von den Studenten Steve Bellovin und Steve Daniel an der gleichen Uni. In Betrieb ging es ab 1980 an zwei Universitäten.

1981 wurde es erneut von Mark Horton und Matt Glickman zu einem leistungsfähigeren System an der University of California/Berkeley weiterentwickelt.

Eine erste öffentliche Version gab es 1982. Eine Weiterentwicklung erfolgte ab 1984 durch Rick Adams vom Center for Seismic Studies, der in den späten 80er Jahren das Unternehmen UUNET gründete. Moderierte Newsgroups wurden dabei eingeführt.

Weitere Software-Releases folgten Ende 1986 und im Herbst 1987.

Von → *Suchmaschinen* im → *WWW* leiteten sich nach kurzer Zeit Suchmaschinen für Postings im Usenet ab. Ein Beispiel dafür ist:

→ *http://www.dejanews.com/*

User ID

→ *Account*.

User Interface

Andere Bezeichnung für → *MMI*.

Userlevel

→ *Mailbox*.

USG

Abk. für Unix Support Group.

→ *Unix*.

USL

Abk. für Unix System Laboratories.

→ *Unix*.

USO

Abk. für Universal Service Obligation, sog. Kontrahierungszwang oder Universaldienstverpflichtung.

Begriff aus dem Telekommunikationsrecht (→ *Rechtsgrundlagen*). Ein im geografische n Geltungsgebiet tätiger Anbieter von Telekommunikationsdienstleistungen muss das gesamte Gebiet mit einem Mindestangebot bestimmter gleicher Dienste (Universaldienst) in gleicher Qualität zu gleichen Konditionen für alle Kunden in diesem Gebiet (unabhängig ob ländliche Gegend oder städtischer Ballungsraum) versorgen, sofern dies zumutbar ist, und darf sich nicht nur „die Rosinen rauspicken“.

Der Begriff des Universaldienstes ist dabei dynamisch zu sehen und verändert sich durch den technischen Fortschritt. Er wird daher von der jeweiligen → *Regulierungsbehörde* durch eine leichter als ein Gesetz änderbare Verordnung definiert. Ebenso werden die Begriffe Qualität und Konditionen durch den Regulierer definiert.

In Deutschland ist die Universaldienstverordnung (UDV) vom 30. Januar 1997, veröffentlicht im BGBl, Teil I, Nr. 7 vom 7. Februar 1997, Bestandteil des → *Telekommunikationsgesetzes* (TKG). Je nach Bedarf und technischem Fortschritt kann die Universaldienstverordnung (auch Telekommunikations-Universaldienstleistungsverordnung, TUDLV, genannt) geändert werden.

Darüber hinaus definiert das TKG Ausnahmen vom Universaldienst und Mechanismen, wie es zum Ausgleich zwischen Anbietern kommt, von denen einige nicht in allen Fällen dem Universaldienstzwang unterliegen.

Als Universaldienst werden in Deutschland auf Basis der Voice Telephony Directive der EU (Direktive 95/62/EC vom 13. Dezember 1995, Kapitel II) zur Umsetzung der Open Network Provision (→ *ONP*) angesehen:

- Sprachtelefonie (3,1 kHz Bandbreite) mit Dienstmerkmalen (→ *Dienst*) des → *ISDN*
- Auskunftsdienst

- Herausgabe von Teilnehmerverzeichnissen (Telefonbücher)
- Bereitstellung öffentlicher Telefonzellen
- Bereitstellung eines Festleitungsangebotes gemäß der EU-Direktive 92/44/EWG, Anhang II, vom 5. Juni 1992

Im Zuge der geänderten Verhältnisse wird auf EU-Ebene diskutiert, ob die Leistungen, die Unternehmen, die zur Universaldienstleistung verpflichtet sind, nicht daran angepasst werden sollen. Insbesondere wurde angedacht, in Ländern, in denen die Durchdringung von Mobilfunkbenutzern einen sehr hohen Anteil erreicht, die Verpflichtung nachzulassen, öffentliche Telefonzellen aufzustellen und zu warten. Bis eine Novellierung kommt, kann es bereits als Ausdruck des technischen Fortschritts gewertet werden, dass traditionelle Dienste wie der → *Telex*- und → *Telegrammdienst* nicht mit zum Universaldienst gezählt werden.

In anderen Ländern wird zum Universaldienst z.B. auch noch die Bereitstellung bestimmter, günstiger Tarife für wirtschaftlich schwache Bevölkerungsgruppen („Sozialtarif") gezählt.

Als erschwinglicher Preis (für den Dienst Sprachtelefonie) wird dabei vom Regulierer ein Preis angesehen, der den durchschnittlichen Preis dieses Dienstes für private Haushalte außerhalb von Städten mit mehr als 100 000 Einwohnern am 31. Dezember 1997 nicht überschreitet.

In bestimmten sachlich abgegrenzten oder geografische n Märkten (Beispiel: Telefonverbindungen auf die Halligen im Watt) ist hingegen die Erbringung des Universaldienstes nicht angemessen, weswegen ein Lizenznehmer davon Abstand nehmen kann. Der Regulierer wird in diesem Fall den betreffenden Dienst öffentlich einen Monat lang ausschreiben. Falls sich kein anderer Anbieter freiwillig zur Erbringung meldet, kann der Regulierer einen marktbeherrschenden Lizenznehmer im sachlich und geografisch relevanten Markt zur Erbringung des Dienstes verpflichten. Dieser hat dann jedoch die Möglichkeit, einen finanziellen Ausgleichsanspruch anzumelden, woraufhin der Regulierer weitere Angebote anderer Lizenznehmer einholen kann. Letztendlich erhält derjenige den Zuschlag, der die geringsten Ausgleichsforderungen erhebt.

Für die Begleichung dieser Ausgleichsforderungen können verschiedene Möglichkeiten gewählt werden. Welche gewählt wird, hängt von der jeweiligen Regulierungspolitik ab. Die grundsätzlichen Möglichkeiten sind:

- Sie können aus einem Universaldienstfonds beglichen werden. Alle anderen Lizenznehmer mit einem Marktanteil von mindestens 4% sind verpflichtet, zu diesem Ausgleich im Universaldienstfonds nach einem bestimmten Verteilungsschlüssel beizutragen, sofern der zur Bereitstellung des Universaldienstes verpflichtete Lizenznehmer nachweisen kann, dass seine langfristigen und zusätzlichen Kosten (Long Term Incremental Costs) der Bereitstellung des Dienstes unter Berücksichtigung einer angemessenen Verzinsung des investierten Kapitals die erwarteten Einkünfte des Dienstes übersteigen. Grundlage für diese Berechnung sind wiederum erschwingliche Preise für den Dienst.

  Der Universaldienstfonds wird gegenwärtig als das ideale und am ehesten gerechte Mittel angesehen.
- Andere Anbieter werden durch einen Aufschlag auf die → *Interconnection*-Charges an den Kosten des Universaldienstes beteiligt. Welche anderen Marktteilnehmer davon betroffen sind (Festnetzanbieter oder auch Mobilfunkanbieter), ist ebenfalls Gegenstand der Regulierungspolitik.
- Dem zum Universaldienst verpflichteten Anbieter wird es gestattet, den Universaldienst mit Gewinnen aus anderen Bereichen (evtl. sogar noch Monopolbereiche) querzusubventionieren.

Die Universaldienstleistungsverordnung in Deutschland hat zum 31. Dezember 1997 vollständig die zuvor gültige → *Pflichtleistungsverordnung* ersetzt. Zuvor waren nur die Teile der Universaldienstleistungsverordnung gültig, die sich auf das Angebot von Übertragungsstrecken bezogen haben.

Der → *TCA 1996* in den USA sieht eine prinzipiell ähnliche Konstruktion des Universaldienstes vor. Dort wird ein → *Universal Service Fund* eingerichtet.

Der Begriff Universaldienst wurde bereits 1934 durch den amerikanischen Kongress im ersten Communications Act geschaffen.

USPOC

Abk. für United States Patent Office Classification.

Bezeichnung für die Klassifizierung von → *Patenten* gemäß dem → *USPTO*.

USPTO

Abk. für United States Patent Office.

Bezeichnung für das nationale Patentamt der USA.

→ *EPO*.

→ *http://www.uspto.gov/*

USTA

Abk. für United States Telephone Association.

Bezeichnung für die Vereinigung amerikanischer (lokaler) Telefongesellschaften mit Sitz in Washington D.C. Gegründet bereits 1897.

→ *ALTS*.

→ *http://www.usta.org/*

USV

Abk. für unterbrechungsfreie Stromversorgung.

International auch Uninterruptable Power Supply (UPS) genannt.

Bei Hochleistungsrechnern, speziellen großen Vermittlungen und großen Nebenstellenanlagen ein Merkmal der Grundausstattung. Wird zunehmend auch für → *LANs* und deren → *Server* interessant, z.B. in → *Call Centern* oder in einer → *Server-Farm*, aber auch bei allen Unternehmen, deren Funktionsfähigkeit entscheidend von einer laufenden Kommunikationsinfrastruktur abhängt und wo diese oder die Reaktionszeit auf Kundenanfragen ein kritischer Erfolgsfaktor ist.

In anderen industriellen und oft vollautomatisierten Bereichen (Prozessfertigung, Großanlagen) werden ebenfalls USVs eingesetzt.

USVs werden in Europa durch den Standard EN 50091 genormt und müssen üblicherweise folgende Bedingungen erfüllen:

- Sicherstellung einer konstanten Ausgangsspannung, die unabhängig vom Überschreiten (Spannungsspitze, Puls, Spike) oder Unterschreiten (Spannungseinbruch, Sag) der Netzspannung ist. Derartige Spitzen oder Absenkungen haben eine Länge im ms-Bereich. Sie resultieren aus Schaltvorgängen in den Versorgungsnetzen und treten zwischen 1 000 und 2 000 mal pro Tag auf.
- Sicherstellung einer sinusförmigen Ausgangsspannung.
- Ausfilterung von gefährlich hohen Überspannungen (z.B. durch Blitzschlag).
- Bei Netzausfall genügend große Reservekapazität zur Sicherstellung eines geordneten Herunterfahrens der zu schützenden Systeme bzw. bis zum raschen Zuschalten von dauerhaften Reservesystemen (Notstromgeneratoren; üblicherweise mit Treibstoffvorräten zum Betrieb bis zu 48 oder 72 Stunden).

Aus dieser Übersicht wird deutlich, das USVs nicht nur während eines, in Mitteleuropa mittlerweile sehr seltenen, längeren Stromausfalls eingesetzt werden, sondern vor allem Spannungsspitzen und -senken abfedern.

USVs bestehen üblicherweise aus zwei Teilen: einer Einheit zum Glätten von Spannungsspitzen (z.B. als Folge von Blitzeinschlägen) und Spannungseinbrüchen und einer Einheit zum Umschalten innerhalb von Sekundenbruchteilen auf Batteriebetrieb, die auch mit Stand By Power Supply (→ *SPS*) bezeichnet wird. Der Batteriebetrieb kann üblicherweise 10 bis 15 Minuten laufen, ehe Notstromaggregate oder weitere Batterien (während der laufenden USV als → *Hot Swap* bezeichnet) zugeschaltet werden müssen. Die Zeit, die der Batteriebetrieb mindestens laufen muss, ist eine der Kenngrößen bei der Konzeption der USV. Die Zeit sollte mindestens so bemessen sein, dass im Problemfall die betroffenen Systeme auf der Lastseite automatisch und geordnet heruntergefahren und abgeschaltet werden können.

Man unterscheidet hinsichtlich der Schaltung von USVs folgende Konfigurationen (angeordnet in steigender Sicherheit):

- Offline: Das zu versorgende Gerät wird direkt an die herkömmliche Spannungsversorgung angeschaltet. Ihr Ausfall wird von der Offline-USV detektiert, woraufhin auf eine Batterie umgeschaltet wird. Dieser Vorgang kann einige Sekunden dauern, was u.U. durch eine Kondensatorschaltung im Netzteil des Gerätes ausgeglichen werden kann. Derartige Anlagen sind zwar kostengünstig, aber mittlerweile nicht mehr der Stand der Technik. Sie sind jedoch noch weit verbreitet.
- Netz-Interaktive-Systeme (auch Line-Interaktive Systeme genannt): Bezeichnung für eine USV, die zwischen Netzanschluss und zu versorgendes Gerät geschaltet wird und mit Hilfe einer elektronischen Schaltung Spannungsspitzen herausfiltert. Ferner ist direkt eine Batterie angeschlossen, auf die im Falle des Spannungsausfalls verzögerungsfrei umgeschaltet wird.
- Online (auch als Dauerwandler bezeichnet): Bezeichnung für eine USV, bei der über zwei Wechselrichter die eingehende Wechselspannung des Versorgungsnetzes zunächst in Gleichspannung mit angeschlossener Batterie und dann wieder in Wechselspannung gewandelt wird. Dadurch werden Überspannungen und Spannungseinbrüche herausgefiltert. Ein Umschalten auf die Batterie erfolgt ohne Zeitverzögerung.

Neben diesen drei weit verbreiteten Systemen gibt es noch die Ferroresonanz-USV, bei der ein Transformator mit großem Eisenkern eingeschaltet ist. Fällt die Netzspannung aus, kann dieser Trafo noch die im Eisenkern in Form von magnetischer Energie gespeicherte Energie wieder abgeben. Diese Zeit ist jedoch sehr kurz, weshalb diese Art der USV häufig als Zusatzelement zur Überbrückung der Umschaltzeit verwendet wird. Vorteil dieser Konstruktion ist die starke Filterwirkung des Transformators gegen Spitzen.

Zur weiteren Steigerung der Sicherheit können USV-Anlagen mit zusätzlicher Redundanz versehen und doppelt ausgeführt werden.

Werden auf der Lastseite der USV große Anlagen betrieben, ist meistens sowieso der parallele Einsatz mehrerer USVs geboten. Durch entsprechendes Lastmanagement können einzelne USVs dann zu- oder abgeschaltet werden, um so die zur Verfügung stehende Gesamtleistung der eventuell schwankenden Last anzupassen und Verluste (Wärmeabstrahlung) zu minimieren.

Die USVs haben ihren Ursprung auf Erdölbohrtürmen und wurden dort ab Mitte der 60er Jahre eingesetzt.

UTC

Abk. für Universal Time Coordinated.

Die Weltzeit. Bezeichnet die Zeit, die beim → *Betriebssystem* → *Unix* die Zeitreferenz darstellt. Die UTC wird vom internationalen Büro für Zeit und Gewicht in Paris mathematisch-physikalisch definiert und verbreitet, wobei dort mit 50 Institutionen weltweit kooperiert wird, so z.B. mit der deutschen → *PTB*.

Sie entspricht durch Korrekturen (Schaltsekunden) der aus astrologischen Beobachtungen unter Berücksichtigung der Erdrotation gewonnenen Greenwich Mean Time (GMT), auch Universal Time (UT1) genannt. Es ist die Referenzzeit, auf die sich alle Zeitzonen der Erde beziehen. Die GMT ist die aktuelle Zeit am Ort Greenwich in der Nähe von London, durch den der 0. Längengrad geht.

Utility

Von engl. utility = Nützlichkeit. Auch Dienstprogramm genannt. Bezeichnung für ein Hilfsprogramm. Einfache, kleine Software, die hilfreich ist, indem sie häufig vorzunehmende Operationen durchführt, z.B. Festplatte defragmentieren, komplette Festplatte oder Diskette kopieren, Dateien komprimieren oder dekomprimieren etc.

Ein → *Screensaver* ist beispielsweise eine Utility, ebenso wie → *ping* in den meisten auf → *TCP* und → *IP* basierenden Protokollstapeln.

Nicht mit → *Tool* zu verwechseln.

UTP

Abk. für Unshielded Twisted Pair.

Bezeichnung eines nicht abgeschirmten, verdrillten Kupferdoppeladerkabels, wobei auch mehrere verdrillte Zweidrahtleitungen in einem Kabel enthalten sein können. Kosten je 100 m: ca. 75 $. Die maximale Datenrate hängt von der zu überbrückenden Entfernung ab. Kommerzielle Systeme nutzen heute Bandbreiten bis zu 155 Mbit/s.

Die Verdrillung bietet einen gewissen Schutz gegen äußere Einflüsse, liegt aber deutlich unter dem Schutz des → *Koaxialkabels*. Telefonkabel sind typische UTP-Kabel. Eine bessere Schirmung ergibt sich durch zusätzliche konstruktive Maßnahmen, was zum → *STP* mit höherem Gewicht und geringerer mechanischer Flexibilität führt.

→ *Verkabelung*, → *Zweidrahtleitung*.

UTRA

Abk. für UMTS Terrestrial Radio Access.

→ *UMTS*.

UUCP

Abk. für Unix-to-Unix-Copy.

Bezeichnung für eine Menge einzelner Programme, welche Datenübertragung zwischen miteinander vernetzten Rechnern unter dem → *Betriebssystem* → *Unix* ermöglicht. Im einfachsten Fall werden lediglich Dateien übertragen. In anspruchsvolleren Anwendungen sind diese Daten → *E-Mails*.

UUNET

Bezeichnung eines mittlerweile zu → *Worldcom* gehörenden Unternehmens, das ein weltweites und auf dem → *IP*-Protokoll basierendes Netz betreibt und auf dessen Basis Dienste insbesondere an geschäftliche Kunden vertreibt.

Gegründet wurde UUNET Ende der 80er Jahre vom Miterfinder des → *Usenet*, Rick Adams. Zunächst lief des Geschäft nicht sonderlich erfolgreich, so dass Adams es 1990 verkaufen wollte. Anstelle der geforderten 20 Mio. $ wurden ihm jedoch nur 12 Mio. $ geboten. Zu jener Zeit trat John Sidgmore, der von GE Information Services (GEIS) kam und später Vizepräsident von Worldcom wurde, in das Unternehmen ein und begann einen Sanierungskurs. Hauptstrategie war die Positionierung als Carriers‘ Carrier. So verkaufte John Sidgmore große Teile der Netzkapazität an → *AOL* oder das → *MSN*.

Als Resultat wurde UUNET beim Börsengang 1995 mit 700 Mio. $ bewertet, und MFS gab 2 Mrd. $ für UUNET aus, als es UUNET 1996 kaufte. Beide zusammen wurden 1997 mit 14 Mrd. $ bewertet, als Worldcom MFS kaufte.

→ *http://www.uunet.de/*

UUS

Abk. für User-to-User-Signalling.

Bezeichnung für ein Dienstmerkmal im → *Euro-ISDN*.

UWC 136

→ *D-AMPS*.

UWCC

Abk. für Universal Wireless Communications Consortium.

Bezeichnung für einen Verband in den USA, in dem sich verschiedene Unternehmen zusammengeschlossen haben, um den Standard IS-136 (→ *D-AMPS*) gemäß dem europäischen Projekt → *EDGE* weiter zu entwickeln.

→ *http://www.uwcc.org/*

V

V2M

→ Bezeichnung für eine standardisierte Schnittstelle zum Anschluss von Primärmultiplexanschlüssen des → *ISDN* an eine → *Teilnehmervermittlungsstelle*.

V 5.1

Bezeichnung einer offenen, hersteller- und systemunabhängigen Standardschnittstelle bei Vermittlungsstellen zum → *Zugangsnetz* mit einer Kapazität von 32 * 64 kbit/s = 2,048 Mbit/s, genannt DSV2 (Digitale Signalverbindung). Die Struktur orientiert sich an → *G.703* und → *G.704*. Der Nachfolgestandard ist → *V 5.2*.

Standardisiert wurde V 5.1 selbst durch → *ETSI* in folgenden Standards:

Standard	Inhalt
ETS 300 324-1	Grundlagen, Konzept, Protokolle
ETS 300 324-2	Protocol Implementation Conformance Statement proforma, → *PICS*
ETS 300 324-3	Test Suite Structure and Test Purposes

Die → *ITU* definierte in G.964 eine technisch identische Schnittstelle.

Über die 32 Kanäle werden verschiedene Nutzdatenkanäle und mindestens ein, maximal drei Signalisierungskanäle (Kommunikationskanäle, Communication Channels, CC 1 bis 3) abgewickelt:

- Timeslot 0: Dient der Rahmensynchronisation
- Timeslot 1 bis 14: Nutzdatenkanäle
- Timeslot 15: Kommunikationskanal (CC2) oder Nutzdatenkanal
- Timeslot 16: Kommunikationskanal (CC1)
- Timeslot 17 bis 30: Nutzdatenkanäle
- Timeslot 31: Nutzdatenkanal oder Kommunikationskanal (CC3)

Den Kommunikationskanälen ist ein analoger Teilnehmeranschluss oder ein B-Kanal eines → *ISDN*-Basisanschlusses fest zugeordnet, d.h., über eine V-5.1-Schnittstelle können max. 30 analoge Anschlüsse realisiert werden.

Die D-Kanäle von ISDN-Anschlüssen werden über die Kommunikationskanäle versorgt.

Über den CC1 wird immer ein Kontrollprotokoll abgewickelt. In Abhängigkeit der Anzahl der zu versorgenden ISDN-Kanäle werden zur Übertragung der D-Kanal-Daten noch CC2 und CC3 hinzugenommen.

In Deutschland wurde diese Schnittstelle erstmals durch die Deutsche Telekom im Jahre 1994 zum Anschluss von optischen Zugangsnetzen im Rahmen von → *OPAL* eingesetzt. Dazu hat die Deutsche Telekom die Richtlinie 1TR130 definiert.

V 5.2

Bezeichnung einer offenen, hersteller- und systemunabhängigen Standardschnittstelle bei Vermittlungsstellen zum → *Zugangsnetz*. Definiert durch die → *ETSI* als ETS 300 347-1 und von der → *ITU* als G.965 im Jahre 1994.

Im Vergleich zum Vorgängerstandard → *V 5.1* wird durch eine integrierte Funktionalität eines → *Konzentrators* eine bis zu 16fach höhere Kapazität über die gleiche Anzahl von → *Ports* an der Vermittlungsstelle abgewickelt. Mindestens jedoch werden zwei parallele 2-Mbit/s-Leitungen verwendet, bei denen die zwei Timeslots Nr. 16 als Kommunikationskanäle verwendet werden, von denen einer aktiv ist und der andere im Fehlerfall jederzeit aktiviert werden kann.

Im Gegensatz zur V 5.1 werden auch Primärmultiplexanschlüsse des → *ISDN* unterstützt.

Die Konzentratorfunktion wir realisiert durch eine dynamische Kanalzuweisung der Timeslots zu den angeschlossenen Teilnehmer-Ports. Dies erfolgt durch das sog. Bearer-Channel-Connection-Protocol (BCC).

Der weltweit erste Einsatz dieser Schnittstelle erfolgte durch den Netzbetreiber PT Telkom Indonesia im östlichen Teil der Insel Java an einer Vermittlungsstelle aus dem Hause Siemens im Jahre 1997.

In Deutschland verwendet die Telekom max. acht 2-Mbit/s-Leitungen parallel.

V.10, V.11

Standards der → *ITU* aus dem Jahre 1976, welche die elektrischen Eigenschaften einer unsymmetrischen (V.10, bis zu 100 kbit/s) bzw. symmetrischen (V.11, bis zu 10 Mbit/s) Doppelstromschnittstelle beschreiben.

V.17

Standard der → *ITU* aus dem Jahre 1991 zur Faxübertragung mit 14 400, 12 000, 9 600 oder 7 200 bit/s über einen analogen, herkömmlichen Telefonanschluss. Die Daten werden synchron mit 2 400 → *Baud* übertragen. Gilt als State-of-the-Art.

Dabei wird die digitale Information auf einen Träger mit 1 800 Hz mittels 128-QAM moduliert (in der Mitte des Bandes von 300 bis 3 300 Hz des analogen Fernsprechkanals). Ferner wird → *TCM*, adaptive Entzerrung und → *Fallback* genutzt.

V.21

Standard der → *ITU* zur synchronen und asynchronen (Start-Stopp-) Datenübertragung im Duplexbetrieb mit 300 bit/s über eine herkömmliche, analoge Telefonverbindung. Er war der erste international Standard für → *Modems* überhaupt. Eingeführt 1964 und mittlerweile für die reine Datenübertragung bedeutungslos. Er wird jedoch von einigen Modemtypen, z.B. nach dem Standard → *V.34*, für den Setup der Verbindung verwendet.

V.21 nutzt → *FSK* mit je zwei Frequenzen, 980 Hz für die logische 1 und 1 180 Hz für die logische 0 beim Sender bzw. 1 650 und 1 850 Hz beim Empfänger.

In den USA weit verbreitet ist der ähnliche Standard → *Bell 103*, der jedoch andere Frequenzen verwendet.

V.22

Standard der → *ITU* aus dem Jahre 1980 zur asynchronen und synchronen Datenübertragung im Duplexbetrieb mit 1 200 bit/s oder 600 bit/s über eine herkömmliche, analoge Telefonverbindung. Dabei wird als Verfahren der → *digitalen Modulation* eine QPSK (→ *PSK*) für 1 200 bit/s und eine BPSK für 600 bit/s angewendet.

Je zwei zu übertragende Bits werden zu einem Dibit zusammengefasst. Jedem möglichen Dibit entspricht eine Phasenlage:

Dibit	Phase
00	0 Grad
01	90 Grad
10	270 Grad
11	180 Grad

Das anrufende Modem sendet mit 1 200 Hz, das angerufene Modem mit 2 400 Hz.

V.22 wurde überwiegend in Europa verwendet. Der in den USA gebräuchliche, ähnliche Standard ist → *Bell 212 A*. Viele Modems, die gemäß V.22 arbeiteten, konnten automatisch oder manuell so umgeschaltet werden, dass sie mit Modems gemäß Bell 212 A Daten austauschen konnten.

V.22bis

Standard der → *ITU* aus dem Jahre 1984 zur synchronen Datenübertragung im Duplexbetrieb mit 1 200 bit/s und 2 400 bit/s über eine herkömmliche, analoge Telefonverbindung. Es erfolgt keine Geschwindigkeitsanpassung an die Leitungsqualität. 2 400 bit/s galten lange Zeit als unterster Standard bei der Datenübertragung über analoge Fernmeldenetze.

V.22bis basiert auf → *V.22* und nutzt → *QAM* mit vier unterschiedlichen Signalamplituden, einer Sendefrequenz von 1 200 Hz und einer Empfangsfrequenz von 2 400 Hz. Die Übertragung erfolgt mit 600 → *Baud*.

V.23

Standard der → *ITU* für asynchrone Datenübertragung mit verschiedenen Übertragungsraten im Hin- und Rückkanal (Split-Speed). Dabei wird mit 600 oder 1 200 bit/s im Hin- und mit 75 bit/s im Rückkanal (meist zur Fehlerkontrolle genutzt) übertragen. Bei nur 1 200 bit/s im Duplexbetrieb, sonst Halbduplexbetrieb. Eingeführt 1964. V.23 wurde gezielt zur Nutzung mit billigen → *Modems* für Abruf- und Online-Dienste entwickelt. In Deutschland war der Standard daher für Btx bis 1992 gebräuchlich. Er nutzt → *FSK* mit zwei Frequenzen als Verfahren für die → *digitale Modulation*. V.23 verliert stark an Bedeutung.

V.24

Standard der → *ITU* aus dem Jahre 1964, in dem ein Bündel von Schnittstellenleitungen für die serielle Schnittstelle zwischen einem → *Modem* und einer digitalen Benutzerstation, z.B. einem PC, definiert wird. Die elektrischen Eigenschaften der Schnittstelle sind in → *V.28* definiert.

Die mechanische Ausführung der Schnittstelle ist ein 25-poliger Stecker gemäß einer Norm der → *ISO*. Da üblicherweise aber nur fünf oder sieben Leitungen verwendet werden, gibt es auch Stecker mit nur neun Polen.

Daten können mit V.24 nur über kurze Entfernungen bis ca. 15 m übertragen werden. Für größere Entfernungen kann die Erweiterung → *RS 449* verwendet werden.

Oft ist die V.24-Schnittstelle auch direkt in PCs integriert. Sie wird dort mit → *COM-Port* bezeichnet und zum Anschluss von peripheren Geräten verwendet (Drucker etc.).

V.24 ist sehr weit verbreitet. In Deutschland genormt als DIN 66020 im Teil 1.

V.25, V.25bis, V.25ter

Standard der → *ITU* aus dem Jahre 1968 zum automatischen Verbindungsaufbau durch → *Modems*, der auf dem → *Hayes*-Befehlssatz (AT-Befehlssatz) zur Steuerung von → *Modems* aufbaut und einen analogen Befehlssatz international definiert. Dieser ITU-Standard ist jedoch weniger leistungsfähig als der Hayes-Befehlssatz und daher kaum verbreitet. Lediglich im Bereich der synchronen Datenübertragung bietet V.25bis Vorteile und wird dort eingesetzt.

V.25 unterstützt nur Befehle zum Wählen und Auswerten von Wahlvorgängen, die durch einen 5-Bit-Code spezifiziert werden.

In Deutschland wurde V.25 genormt als DIN 66021 im Teil 4 und genutzt durch die seinerzeitige Bundespost als → *AWD*.

V.25ter ist eine Überarbeitung aus dem Jahre 1995, die mit wesentlich weniger Schnittstellenleitungen auskommt, gleichzeitig aber mehr Befehle des Hayes-Befehlssatzes integriert.

V.26, V.26bis

Standard der → *ITU* aus dem Jahre 1968. V.26 definiert die Nutzung von 2 400-bit/s-Modems mit optionalem Rückkanal mit 75 bit/s auf festgeschalteten Leitungen mit vier Kupferadern.

V.26bis ist ein Standard zur synchronen Datenübertragung im Halbduplexbetrieb mit 1 200 bit/s und 2 400 bit/s auf Wählleitungen und einem optionalen Rückkanal mit 75 bit/s.

Beide Standards nutzen 4-phasige DPSK.

Sie sind dem amerikanischen Standard → *Bell 201* sehr ähnlich.

V.26ter

Standard der → *ITU* aus dem Jahre 1984 und wie → *V.26bis* auch für die synchrone Datenübertragung im Duplexbetrieb mit 1 200 bit/s (Option für → *Fallback*) und 2 400 bit/s auf Wählleitungen. Nutzt DPSK.

V.27, V.27bis, V.27ter

V.27 aus dem Jahre 1972 definiert die Nutzung von 4 800-bit/s-Modems über festgeschaltete Vollduplexleitungen auf der Basis von vier Kupferdrähten mit einem optionalen Rückkanal von 75 bit/s. V.27 verwendet als Verfahren der → *digitalen Modulation* DPSK (→ *PSK*).

V.27bis aus dem Jahre 1976 definiert die Nutzung von kombinierten 1 200-bit/s- und 2 400-bit/s-Modems über festgeschaltete Leitungen auf der Basis von vier Kupferdrähten zur synchronen Datenübertragung. DPSK wird als Verfahren der digitalen Modulation verwendet.

V.27ter ist ein Standard der → *ITU* aus dem Jahre 1976 zur Faxübertragung im Halbduplexbetrieb mit 4 800 und → *Fallback* auf 2 400 bit/s sowie einem optionalen Rückkanal mit 75 bit/s. Er nutzt 8-phasige DPSK (1 600 → *Baud*). Der Kanal wird vor der Verbindung durch Trainingssequenzen getestet. Bei schlechten Kanälen wird automatisch mit 2 400 bit/s und 4-PSK übertragen.

V.28

Bezeichnung für einen Standard der → *ITU* aus dem Jahre 1972. Er beschreibt die physikalischen und elektrischen Eigenschaften der → *V.24*-Schnittstelle, wie Steckerbelegung und Spannungspegel. In Deutschland genormt durch das → *DIN* als DIN 66259 im Teil 1.

V.29

Standard der → *ITU* aus dem Jahre 1976 zur Halbduplex-Faxübertragung mit 9 600 bit/s und → *Fallback* auf 7 200, 4 800 bit/s und 2 400 bit/s, wobei für die letzten beiden genannten Geschwindigkeiten → *V.27ter* genutzt wird.

V.29 nutzt 16-stufige → *QAM* mit 2400 → *Baud* als Verfahren der → *digitalen Modulation* auf 1 700 Hz (9 600 bit/s) bzw. 8-PSK (7 200 bit/s).

V.29 hat mittlerweile an Bedeutung verloren, da leistungsfähigere Verfahren, wie z.B. → *V.33*, eingesetzt werden.

V.32

Ein auf → *V.29*basierender Standard der → *ITU* aus dem Jahr 1984 zur synchronen Datenübertragung im Duplexbetrieb mit 4 800 und 9 600 bit/s (1987). Es erfolgt eine Reduzierung der Übertragungsgeschwindigkeit von 9 600 auf 4 800 bit/s bei schlechter Leitung, jedoch keine Erhöhung, wenn die Qualität wieder zunimmt. V.32 nutzt Fehlerkorrektur und Datenkompression nach V.42bis sowie eine 16-stufige → *QAM* oder 32-stufige → *TCM*- mit Fehlerkorrektur. Die Trägerfrequenz liegt bei 1800 Hz.

Beide Modems senden auf dieser Frequenz, können aber mit Hilfe eines Echoverfahrens ihre eigenen gesendeten Daten aus dem empfangenen Signal extrahieren und dadurch das von der Gegenstelle gesendete Signal herausfiltern.

V.32bis

Standard der → *ITU* zur Datenübertragung mit 14 400 bit/s mit permanenter Anpassung der Übertragungsgeschwindigkeit (→ *Fallback* auf 12 000, 9 600, 7 200 und 4 800 bit/s) an die Leitungsqualität und ist abwärtskompatibel zu V.32. Er nutzt Fehlerkorrektur und Datenkompression nach V.42bis sowie eine bis zu 128stufige → *TCM*.

Der Prozess der Geschwindigkeitsanpassung erfolgt dabei innerhalb von Sekundenbruchteilen.

Die Arbeit an dem Standard war im Januar 1991 abgeschlossen. Erste Produkte kamen im Herbst 1992 auf den Markt.

Zustandsdiagramm bei V.29

Zustandsdiagramm:

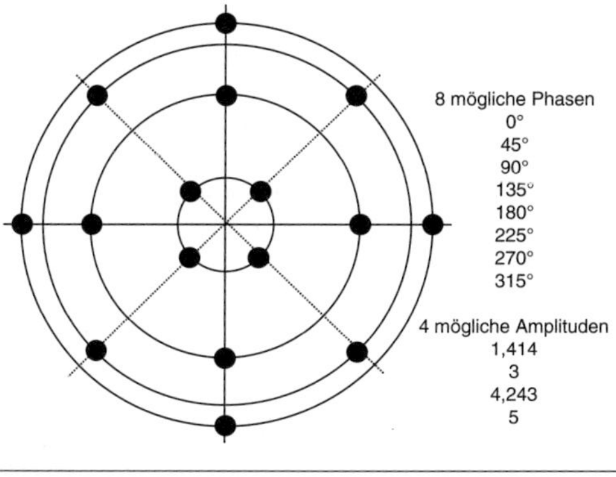

8 mögliche Phasen
0°
45°
90°
135°
180°
225°
270°
315°

4 mögliche Amplituden
1,414
3
4,243
5

Zuordnungstabelle:
Durch die Kombination von acht Phasen mit vier Amplituden ergeben sich 16 mögliche Zustände. Jeder der 16 möglichen Zustände kann vier zu übertragende Nutzdatenbits codieren ($2^4 = 16$).

Zustand Nr.	Amplitude	Phase	Codierte Bits
1	1,414	45°	0000
2	1,414	135°	0011
3	1,414	225°	0110
4	1,414	315°	0101
5	3	0°	0001
6	3	90°	0010
7	3	180°	0111
8	3	270°	0100
9	4,243	45°	1000
10	4,243	135°	1011
11	4,243	225°	1110
12	4,243	315°	1101
13	5	0°	1001
14	5	90°	1010
15	5	180°	1111
16	5	270°	1100

V.32terbo

Festgelegter Firmenstandard von AT&T zur Datenübertragung mit 16 800 oder 19 200 bit/s, der von einem Konsortium von rd. 30 Modemherstellern unterstützt wird. Es erfolgt eine permanente Anpassung der Übertragungsgeschwindigkeit an die Leitungsqualität. Durch spezielle Signalverarbeitung soll V.32terbo dem Standard → *V.FC* bei schlechten Leitungen überlegen sein. Gilt nur als temporärer Zwischenstandard.

V.33

Auf → *V.32bis* aufbauender Standard der → *ITU* aus dem Jahre 1988 zur synchronen Datenübertragung über analoge → *Standleitungen* mit vier Kupferadern und Geschwindigkeiten von 12 kbit/s und 14,4 kbit/s. Verwendet wird QAM als Verfahren der → *digitalen Modulation.*

V.34

Standard der → *ITU* zur Datenübertragung mit 28 800 bit/s, genormt im Herbst 1994. Auch (früher) V.fast genannt. Erste Modems nach diesem Standard waren ab Ende 1994 auf dem Markt.

Es erfolgt keine Anpassung der Datenrate an die Leitungsqualität. Er nutzt 256-QAM und wahlweise eines von drei Verfahren mit 16, 32 oder 64 Zuständen der vierdimensionalen → *TCM* für die → *digitale Modulation* und bietet schnelleren Verbindungsaufbau und bessere Analyse der Leitungsqualität (Precoding, Preemphasis) als ältere Modemstandards. V.34 unterstützt alle Datenraten in einer Granularität von 2,4 kbit/s und erlaubt auch asymmetrische Verbindungen (unterschiedliche Kapazitäten im Hin- und Rückkanal), falls in beiden Kanälen unterschiedliche Übertragungsqualitäten vorliegen.

V.34+

Bezeichnung eines firmenspezifischen Standards aus den Häusern AT&T und US-Robotics (später auch Motorola) zur Datenübertragung von 31,2 oder 33,6 kbit/s mit einem → *Modem* über eine analoge Telefonleitung. In beiden Fällen wird mit einer Schrittgeschwindigkeit von 3 429 → *Baud* gearbeitet. V.34+ wird mit als Grundlage für V.34bis angesehen.

V.34bis

Noch nicht genormt. Diskussionsname für Schnittstellen mit höheren Datenraten als → *V.34*, z.B. 32 000 bit/s, die die 3-kHz-Bandbreite einer analogen Telefonleitung voll ausnutzen würden. Grundlage ist u.a. der Firmenstandard → *V.34+*. Es erfolgt eine permanente Anpassung der Datenrate an die Leitungsqualität.

V.35

Standard der → *ITU* aus dem Jahre 1968 zur digitalen Datenübertragung über analoge Leitungen. Der Standard wurde ursprünglich für Geschwindigkeiten von 48 kbit/s durch das parallele Schalten und Zusammenfassen mehrerer analoger Übertragungsstrecken entwickelt (→ *Inverses Multiplexing*), erlangte jedoch insgesamt dafür keine Relevanz.

Die Nutzdaten führenden Leitungen von V.35 sind als „Balanced Interface“ ausgeführt, d.h., sie basieren auf doppelt ausgeführten Leitungen, bei denen sich der eigentliche Signalwert aus der Spannungsdifferenz dieser beiden Leitungen (und nicht aus deren Absolutwert relativ zu einer Referenzspannung wie etwa dem Erdungspin) ergibt. Dies führt zu einer höheren Unempfindlichkeit gegenüber Rauschen und externen Störeinflüssen. Die Leitungen für Kontroll- und Steuerdaten sind hingegen einfach ausgeführt und

Zustandsdiagramm bei V.32

Zustandsdiagramm:

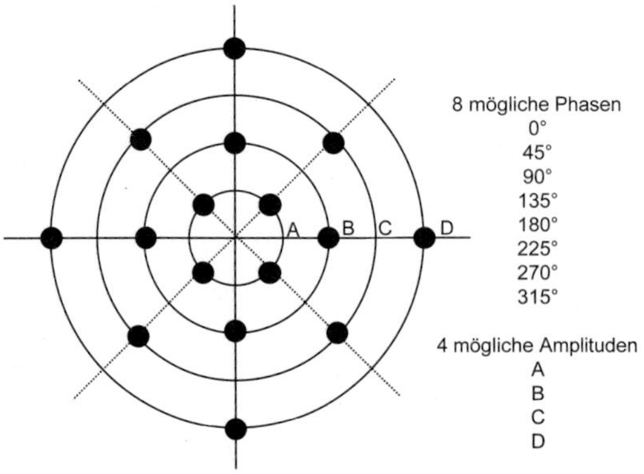

A B C D

8 mögliche Phasen
0°
45°
90°
135°
180°
225°
270°
315°

4 mögliche Amplituden
A
B
C
D

Zuordnungstabelle:
Durch die Kombination von acht Phasen mit vier Amplituden ergeben sich 16 mögliche Zustände. Jeder der 16 möglichen Zustände kann vier zu übertragende Nutzdatenbits codieren ($2^4 = 16$).

Zustand Nr.	Amplitude	Phase	Codierte Bits
1	A	45°	0000
2	A	135°	0011
3	A	225°	0110
4	A	315°	0101
5	B	0°	0001
6	B	90°	0010
7	B	180°	0111
8	B	270°	0100
9	C	45°	1000
10	C	135°	1011
11	C	225°	1110
12	C	315°	1101
13	D	0°	1001
14	D	90°	1010
15	D	180°	1111
16	D	270°	1100

beziehen sich in ihrer Spannungshöhe auf den Erdungspin. Dadurch ergibt sich folgende logische Zuordnungstabelle (mit A und B als die Spannungswerte auf den zwei Verbindungen für die Nutzdaten):

	Nutzdaten		Steuerdaten	
Spannungswerte	B > A	A > B	-25 V bis -3 V	+3 V bis +25 V
Logisches Signal	1	0	1	0

Mittlerweile wird die in V.35 spezifizierte Steckverbindung (Spannungswerte, Steckertyp, Leitungsbedeutung und -belegung etc.) jedoch für verschiedene Geschwindigkeiten von 20 kbit/s bis zu 2 Mbit/s verwendet.

1989 empfahl die ITU eine Ablösung des Standards durch V.11 und V.10, doch erfreut er sich nach wie vor hoher Beliebtheit.

Dabei kommt eine Pinbelegung zum Einsatz, die in V.34 definiert ist.

V.42

Bezeichnung eines von der → *ITU* im Jahre 1989 definierten Fehlerkontrollprotokolls, das in → *Modems* zur Übertragung digitaler Daten über analoge Telefonleitungen genutzt wird. Es enthält auch → *LAP-M* und → *MNP 3* und 4, wobei MNP 4 nur genutzt wird, wenn LAP-M nicht von der Gegenstelle unterstützt wird.

→ *V.42bis*.

V.42bis

Ein Standard der → *ITU* aus dem Jahre 1989 zur Datenkompression. Er wird oft in → *Modems* eingesetzt. Häufig zusammen mit Fehlerkorrekturprotokoll nach → *V.42* verwendet. Kann u.U. den tatsächlichen Datendurchsatz vervierfachen bzw. bei extrem redundanten (und in der Praxis seltenen) Daten verachtfachen. Erkennt (z.B. im Gegensatz zu dem in V.42bis auch enthaltenen → *MNP 5*) bereits komprimierte Daten. V.42bis ist besonders gut für Textdateien.

Das verwendete Kompressionsverfahren basiert auf einer von den Forschungslaboratorien von → *BT* entwickelten Variante eines Algorithmus der Herren Lempel und Ziv, genannt BTLZ.

V.54

Ein Standard der → *ITU*, der verschiedene Tests für → *Modems* beinhaltet.

V.56bis

Ein Standard der → *ITU*, der ein Kanalmodell eines analogen, zweiadrigen und kupferbasierten Übertragungsweges definiert, anhand dessen die Leistung eines → *Modems* getestet und gemessen werden kann.

V.90

Selten auch V.pcm genannt. Bezeichnung für einen Standard der → *ITU* zur Übertragung von Daten mit Datenraten von 56 kbit/s im Downstream (d.h. zum Sender bzw. zum Nutzer) und bis zu 33,6 kbit/s im Upstream (d.h. vom Sender weg) über analoge Leitungen mit Hilfe eines → *Modems*.

Wegen dieser asymmetrischen Konstruktion eignet er sich weniger zum Verbinden zweier herkömmlicher Computer (dann nur maximale Datenrate von 33,6 kbit/s), sondern ist insbesondere zum Surfen im → *Internet* gedacht, wo im Upstream nur einige, wenige Steuerzeichen übertragen werden müssen.

Der Standard wurde nach einer Einigung gegen Ende 1997 am 5. Februar 1998 in Genf und endgültig im September 1998 verabschiedet und löste zwei konkurrierende, proprietäre Modemstandards für die Übertragung mit 56 kbit/s ab (→ *Rockwell Technology*, → *X2*).

Im September 1998 wurde er schriftlich ratifiziert.

→ *http://www.v90.com/*

→ *http://www.56k.com/*

V.110

Bezeichnung für einen Standard der → *ITU* aus dem Jahre 1984 zur Übertragung von Daten mit Datenraten für asynchrone Übertragung von 1 200, 2 400, 4 800, 9 600, 19 200 oder 38 400 bit/s (bei manchen proprietären Versionen von Herstellern derartiger Software oder ISDN-Endgeräte) zwischen einem Anschluss im → *ISDN* und einem herkömmlichen analogen → *Modem* über den B-Kanal oder von synchron 56 oder 64 kbit/s.

Die Kommunikation zwischen einem ISDN-Anschluss und einem langsameren Modem wird durch das Einfügen von inhaltlosen Füllbits ermöglicht.

V.120

Bezeichnung für einen zu → *V.110* ähnlichen Standard der → *ITU* aus dem Jahre 1988, der eine asynchrone Datenübertragung zwischen einem → *Modem* und einem Anschluss des → *ISDN*-Netzes mit 57 600 bit/s im B-Kanal definiert.

Darüber hinaus enthält der Standard die Option des Multiplexens mehrerer Verbindungen über einen B-Kanal.

Der Standard wurde insbesondere mit Blick auf Anwendungen in Nordamerika definiert.

VACC

Abk. für Value Added Common Carrier.

In den USA gebräuchliche Bezeichnung für einen Anbieter, der einen → *Mehrwertdienst* über eigene Netze anbietet.

VAD

1. Abk. für Voice Activated Dialing.

   Bezeichnung für die Möglichkeit, eine Nummer zu wählen, indem der Teilnehmer die Nummer einfach in den Hörer spricht oder einen Namen aus dem persönlichen, im Endgerät oder im Netz (in einer Datenbank) gespeicherten Notizbuch aufruft. Insbesondere interessant für Mobilfunkanwendungen (erhöhte Sicherheit im Auto) und für die → *Personalisierung* von Diensten.

   Bei Anwendungen mit Speicher im Netz wird diese Funktion durch → *IN* ermöglicht.

2. Abk. für Voice Activity Detector oder Detection.

Bezeichnung eines Bausteins für Sprachcodierer oder bei → *VOX*. Der VAD stellt eine menschliche Sprachaktivität fest und schaltet den Codierer ein. Dies hat zur Folge, dass in Gesprächspausen keine unnötigen, durch Hintergrundgeräusche erzeugten Daten codiert werden und dadurch Bandbreite verschwenden. Ein messbarer Erfolg des Einsatzes eines VAD ist nur bei ruhigem Gesprächshintergrund zu ermitteln.

Ein Nachteil des VAD ist, dass zur Detektion der Sprachaktivität Zeit benötigt wird. Dies führt oft dazu, dass die ersten Silben nicht richtig oder gar nicht codiert und übertragen werden (sog. Front-End-Clipping).

→ *Comfort Noise*.

VADS

Abk. für Value Added Data Services.
Bezeichnet → *VAS* auf Datennetzen.

VADSL

Abk. für Very High Bit Rate Asymmetrical Digital Subscriber Line.
→ *VDSL*.

Valid Cell

Von engl. valid = gültig und cell = Zelle. Bei → *ATM* die Bezeichnung für eine Zelle mit einem durch die Fehlerkorrektur fertig bearbeiteten → *Header*, die von der untersten Schicht des ATM-Referenzmodells (physikalische Schicht) an die nächsthöhere Schicht zur weiteren Verarbeitung weitergegeben wird.

VAM

Abk. für Verband der Anbieter von Mobilfunkdiensten.
Bezeichnung eines Verbandes von → *Service-Providern* in Deutschland, die im Mobilfunkmarkt tätig sind. Der Verband hat sich gegründet, um ein Gegengewicht gegen die Network-Provider zu schaffen.
→ *http: //www.mce.de/VAM/*

Van-Allen-Gürtel

→ *LEO*.

Vanity-Nummer

Von engl. vanity = persönliche Eitelkeit, Gefälligkeit. Bezeichnung für meistens gebührenfreie Nummern, die nicht mehr aus Ziffern, sondern aus Buchstaben bestehen und daher einfach zu merken sind, da die Buchstaben ein sinnhaftes und mit dem Nummerninhaber oder der von ihm angebotenen Dienstleistung zusammenhängendes Wort ergeben, so dass die Nummer personifiziert wird.

Allgemein verspricht man sich im Dienstleistungsbereich erhebliche Umsatzzuwächse durch die Nutzung und aktive Bewerbung derartiger Nummern.

Beispiel: Ein Blumendienst in den USA kann erreicht werden über die Vanity-Nummer 1-800-FLOWERS.

Voraussetzung für die Nutzung derartiger Nummern ist die Ausstattung der Endgeräte mit Buchstaben bedruckten Tasten und ein einheitliches Buchstabenschema. Dabei werden einer Taste mehrere Buchstaben zugeordnet, um auf dem Tastenfeld mit zwölf Tasten (Ziffern 0 bis 9, *, #) alle Buchstaben des Alphabets und Sonderzeichen abbilden zu können. Es wird dabei nicht zwischen Groß- und Kleinschreibung unterschieden.

Die ITU hat eine Tastaturbelegung als E.161, Option A, definiert.

Viele ältere Telefone ohne entsprechende Tastenbeschriftung können mit Hilfe von Folien/Schablonen rasch und kostengünstig umgerüstet werden.

In Deutschland können derartige siebenstellige Nummern seit Ende 1997 sowohl als gebührenfreie Rufnummer (→ *Toll Free Number*) als auch für → *Shared-Cost-Services* beantragt werden, zunächst seinerzeit beim → *BAPT*, mittlerweile bei der → *Regulierungsbehörde*.

Erster öffentlicher Nutzer ist ab April 1998 das Haus R.J. Reynolds Tobacco mit der Nummer 01805 / MEDIUM gewesen, die damit eine Promotionaktion für die neue Zigarette Camel Medium durchführten.

VANS

Abk. für Value Added Network Services.
Anderes Wort für → *VAS*.

VAPC

Abk. für Vector Adaptive Predictive Coding.

Vapourware

Von vaporisieren = verdampfen. Scherzhafter Branchenjargon für Hard- oder Software, die schon sehr lange (u.U. seit Jahren) vom Hersteller angekündigt, aber noch nicht auf dem Markt erhältlich ist. Sie liegt quasi wie ein Nebel oder Dampf über der Branche.
→ *Bloatware*, → *Firmware*, → *Hardware*, → *Paperware*, → *Slideware*.

VAR

Abk. für Value Added Reseller.
→ *Systemintegrator*.

Variable

In der Softwaretechnik die Bezeichnung für eine Datenstruktur, die ihren Wert - im Gegensatz zu einer Konstanten - während eines Programmlaufs verändern kann. Für jede in einem Programm durch eine einmalige Deklaration (erfolgt durch Zuweisung eines eindeutigen Namens und Definition des → *Datentyps*) definierte Variable wird dabei dem Typ der Variablen entsprechender Speicherplatz reserviert.

Varianz

Begriff aus der Wahrscheinlichkeitsrechnung. Auch Streuung oder zentrales Moment zweiter Ordnung genannt.

Die Varianz ist der mittlere quadratische Fehler bei Approximation der → *Zufallsvariablen X* durch ihren → *Erwartungswert*. Sie gibt an, wie weit alle anderen Werte durchschnittlich vom Mittelwert entfernt liegen. Da eine alleinige Betrachtung der Differenzen bei um den Mittelwert symmetrisch verteilten Daten eine Streuung von null ergeben würde, wird das Quadrat betrachtet, um negative Vorzeichen aufzuheben.

Variationskoeffizient

Begriff aus der Wahrscheinlichkeitsrechnung. Auch normierte Standardabweichung genannt.

Der Variationskoeffizient$c$ einer negativ-exponentiellen Verteilungsfunktion ist immer 1.

VAS

Abk. für Value Added Services.

Bezeichnung für Mehrwertdienste, wie z.B. → *Audiotext*, → *E-Mail* nach → *X.400* oder → *EDI.*

Die exakte Abgrenzung zu den Grund- oder Basisdiensten (z.B. Telefondienst) fällt manchmal schwer. Prinzipiell wird bei einem VAS jedoch eine zusätzliche Dienstleistung über die reine Übertragungs- und Vermittlungsleistung (→ *Netzdienste*) hinaus erbracht. Diese Dienstleistung benötigt oft (z.B. bei Audiotext) zusätzliche, an das Netz angeschlossene Geräte, die von einem vom Netzbetreiber verschiedenen Dienstleister beschafft, angeschlossen, betrieben und gewartet werden (können). Dieser Mehrwertdienstanbieter nimmt auch das Marketing vor.

Die Abrechnungen der erbrachten Mehrwertdienste kann durch den Dienstleister oder durch den Netzbetreiber (z.B. bei den 0190er Diensten in Deutschland) erfolgen.

VATM

Abk. für Verband der Anbieter von Telekommunikations- und Mehrwertdiensten e.V.

Bezeichnung für eine Interessensvertretung in Deutschland, in der sich 34 private Wettbewerber neben der Deutschen Telekom zusammengeschlossen haben.
Adresse:

VATM e.V.
Oberländer Ufer 180 -182
50968 Köln
Telefon: 0221 / 3 76 77 25
Telefax: 0221 / 3 76 77 26
E-Mail : vatm@vatm.de

→ *http://www.vatm.de/*

VAX

Abk. für Virtual Addressing Experimental oder auch Virtual Address Extension.
Bezeichnung eines 32-Bit-Rechners (Klasse der → *Minicomputer*) aus dem Hause DEC mit dem Betriebssystem → *VMS.*
Die Rechnerlinie wird wegen der großen installierten Basis von DEC immer noch unterstützt und weiterentwickelt. Sie kann als Unternehmenshost bzw. leistungsstarker → *Server* genutzt werden.
Es existiert auch eine kleinere Variante Microvax.
DEC brachte im Oktober 1975 die von Chester Gordon Bell (* 19. August 1934) maßgeblich entwickelte VAX 11/780 mit dem von David Cutler entwickelten Betriebssystem → *VMS* auf den Markt. Neu war vor allem die virtuelle Adresstechnik und eine Luftkühlung. Das System galt als zuverlässig und es gab viel Software für die Rechner. Der Rechner verkaufte sich fast von alleine und beherrschte die von ihm definierte Klasse der (Super-) Minicomputer über ein halbes Jahrzehnt. DEC wurde dadurch für eine Zeit lang hinter der IBM zweitgrößter Rechneranbieter der Welt.

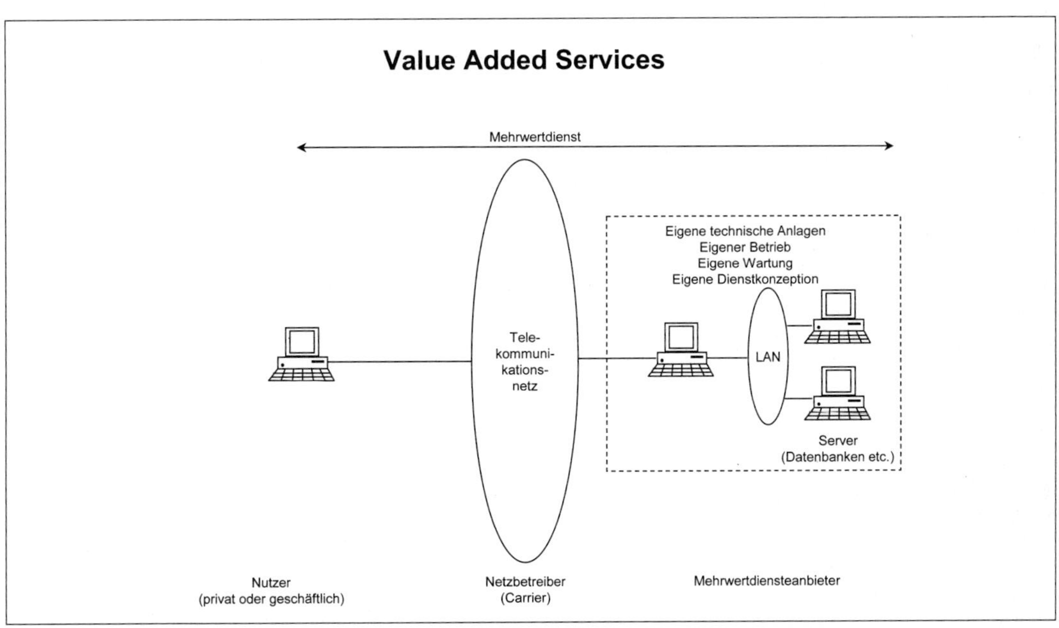

Nach diesen großen Erfolgen im Minirechnersegment mit der VAX wagte sich DEC im Jahre 1983 daran, IBM im → *Mainframe*-Bereich anzugreifen und begann - trotz des sich bereits zu diesem Zeitpunkt abzeichnenden PC-Booms - mit der Entwicklung einer entsprechenden Variante der VAX, genannt VAX 9000. Ihre Entwicklung dauerte sieben Jahre. Als sie schließlich 1990 auf den Markt kam, war der Mainframe-Markt bereits erheblich geschrumpft, so dass sie nicht gerade das wurde, was man gemeinhin als Erfolg bezeichnet.

→ *http://vaxarchive.org/*

VB5

Bezeichnung einer offenen, herstellerunabhängigen Schnittstelle von einer lokalen Vermittlungsstelle aus zum → *Zugangsnetz*, über die Nutzern breitbandige Dienste über das Zugangsnetz angeboten werden können.

Entwickelt wurde VB5 von → *DAVIC*. VB5.1 wurde im Juni 1998 von der → *ITU* akzeptiert und VB5.2 im Februar 1999.

VB5.1 basiert dabei auf einem Cross-Connect in ATM-Technik

Mittlerweile ist es von der → *ITU* im Juni 1998 und Februar 1999 und von → *ETSI* als Standard anerkannt.

Standard	Inhalt
G.967.1	VB5.1 reference point specification
G.967.2	VB5.2 reference point specification

→ *V5.1*, → *V5.2*.

V-Band

Bezeichnung für einen Frequenzbereich von 46 bis 56 GHz. Nachbarbereich ist das → *Q-Band*.

VBN

Abk. für Vermittelndes Breitbandnetz (ab 1989) und zuvor: Vorläufer-Breitbandnetz.

Bezeichnung für ein alle wirtschaftlichen Zentren Deutschlands abdeckendes, selbstwählfähiges digitales Breitbandnetz der Deutschen Telekom für eine begrenzte Anzahl von Teilnehmern. Wegen der restriktiven Anwendungsvorschriften und der später nur noch zurückhaltenden Vermarktung wurde VBN in seiner späten Phase auch scherzhaft ‚Verbotenes Breitbandnetz' genannt.

Basis war ein digitales leitungsvermittelndes Netz auf Glasfaserbasis mit zwei Hierarchieebenen (drei Durchgangsvermittlungsstellen in Düsseldorf, Hannover und Frankfurt sowie dreizehn Breitbandanschlussvermittlungen (BAV) in den Bedarfsschwerpunkten), das mit 140 Mbit/s Daten überträgt. An den Anschlussvermittlungen sind die Teilnehmer über sehr komplexe, aber dadurch auch flexible Schnittstellen angeschlossen. Das zu seiner Zeit weltweit einmalige Netz konnte maximal 1 000 Teilnehmer aufnehmen und versorgte zu besten Zeiten rund 700 Teilnehmer.

Die Technik des VBN wurde von Nixdorf und Bosch/ANT geliefert und zuvor zusammen mit der Deutschen Telekom entwickelt.

Leitungskapazitäten für Videokonferenzen mussten zuvor rechtzeitig bei einem zentralen Reservierungsplatz (ZRP) angemeldet werden.

Selbstwählverkehr war darüber hinaus ebenfalls möglich. Kunden waren hauptsächlich Fernsehsender, deren regionale Studios und Firmen mit eigenen Videokonferenzstudios. Die Deutsche Telekom betrieb 13 eigene Studios. Diese Teilnehmer hatten Gelegenheit, ein extrem schnelles Übertragungsnetz zu nutzen und mit breitbandigen Kommunikationsformen zu experimentieren, um entsprechendes Know-how zu sammeln. Genutzt wurde das VBN zu seinen besten Zeiten (1991) im Schnitt 200 Std./Monat.

Die Wurzeln des VBN reichen zurück bis in die Mitte der 80er Jahre. Ab 1985 wurde ein Videokonferenzversuchsnetz aufgebaut. Der Aufbau war 1989 abgeschlossen, ebenso wie der Versuchsbetrieb. Der Regelbetrieb fing am 23. Februar 1989 im VBN genannten Hochgeschwindigkeitsnetz an. Der technische Fortschritt, insbesondere im Bereich der Bildkompression, sorgte jedoch dafür, dass Videokonferenzen heute zu wesentlich günstigeren Konditionen, aber nur unwesentlich schlechterer Qualität über → *ISDN*-Anschlüsse abgewickelt werden können. Dies und eine starke Anhebung der Preise auf kostendeckendes Niveau führte dazu, dass der größte Teil der Anwender innerhalb von kurzer Zeit auf ISDN-Technik umstieg und heute so gut wie nur noch die Rundfunksender am VBN angeschlossen sind, die Videoübertragung in Studioqualität benötigen. Die Zahl der Anschlüsse lag damit 1995 unter 100. Zusätzlich wurde seit der Mitte der 90er Jahre das Netz nicht mehr aktiv vermarktet und es wurden keine Neuanschlüsse mehr vorgenommen. Schrittweise wurde es daher ab 1995 stillgelegt.

vBNS

Abk. für Very Highspeed Backbone Network Service.

Bezeichnung eines nach dem Testbetrieb ab Ende 1994 offiziell im April 1995 von der → *NFS* gegründeten und von → *MCI* im Rahmen eines fünfjährigen Vertrages betriebenen breitbandigen Netzes, das dem akademischen Bereich, insbesondere der Erforschung breitbandiger multimedialer Kommunikationsdienste, vorbehalten bleibt.

Basis ist ein Netz mit Knoten in → *ATM*-Technik und → *IP* als Übertragungsprotokoll. Grundlage der Verbindungen der Netzknoten sind zunächst → *OC-3* Verbindungen mit 155 Mbit/s. 1997 folgten OC-12-Verbindungen mit 622 Mbit/s im Backbone. 1998 wurde ein OC-48-Backbone mit 2,5 Gbit/s in Betrieb genommen.

Im Frühjahr 1997 waren die fünf Supercomputercenter der USA und einige Universitäten angeschlossen. Es folgten im Laufe von 1998 weitere rund 100 Institutionen aus den Bereichen Forschung und Wissenschaft.

Das vBNS ist auch die technische Infrastruktur des → *Internet 2*.

→ *http://www.internet2.edu/*

VBR

Abk. für Variable Bit Rate, im Gegensatz zur → *CBR*.

Bezeichnet Verbindungen mit nicht-konstanter Bitrate, z.B. komprimierte Videodatenströme in Echtzeitübertragung.

VC

1. Abk. für Virtual Connection.
   → *Virtuelle Verbindung.*
2. Abk. für Virtual Channel, virtueller Kanal. Mehrere VCs können einen virtuellen Pfad (VP) bilden.
   → *ATM.*
3. Abk. für Virtual Container.
   Bezeichnet in → *SDH*-Netzen Nutzdaten (Container), die mit → *POH*-Daten versehen und dadurch zu VCs wurden.

VC 20

Bezeichnung eines ersten Kleincomputers ohne Bildschirm (Anschluss an Fernseher), Diskettenlaufwerk und Festplatte aus dem Hause → *Commodore.* Speichermedium war ein externer Kassettenrecorder. Ein Diskettenlaufwerk (5 1/4 Zoll) wurde später ebenfalls zum externen Anschluss angeboten.

Die Abk. VC steht dabei für Volkscomputer.

Vorgestellt wurde er 1981 für unter 300 $. Maßgeblich war er von Chuck Peddle entwickelt worden. Seine Produktion betrug in Spitzenzeiten 9 000 Stück täglich. Er war der erste Mikrocomputer, von dem 1 Mio. Stück verkauft wurden.

Ausgestattet war er mit einem 6502A-Prozessor und 5 KByte RAM. Er stellte auf dem Fernsehbildschirm 23 Zeilen mit je 23 Zeichen dar.

Nachfolgemodell war der → *C 64.*

Vcard

Abk. für Versit Card.

Bezeichnung für einen proprietären Standard aus dem Hause → *Versit* für eine elektronische Visitenkarte.

Der Standard ist bereits implementiert, z.B. im Rahmen des Navigators aus dem Hause Netscape.

→ *http://www.imc.org/pdi/*

VCC

1. Abk. für Virtual Channel Connection. → *ATM.*
2. Abk. für Virtual Calling Card.
   Bezeichnung für einen neuen Dienst von Telefongesellschaften, mit dem man von fremden Anschlüssen aus auf eigene Rechnung telefonieren kann, indem dieser fremde Anschluss zum eigenen virtuellen Anschluss wird. In Deutschland z.B. die T-Card der Deutschen Telekom.
   → *Calling Card,* → *PAN.*

VCELP

Abk. für Vector Code Excited Linear Prediction.

→ *CELP.*

VCI

Abk. für Virtual Channel Identifier.

→ *ATM.*

VCO

Abk. für Voltage Controlled Oscillator.

Int. gängige Bezeichnung für einen spannungsgesteuerten Oszillator. Bezeichnung für ein elektronisches Bauteil, das in Abhängigkeit einer eingehenden Gleichspannung ein oszillierendes Ausgangssignal erzeugt, dessen Frequenz mit der Höhe (nicht: Polarität, da Gleichspannung) der eingehenden Spannung variiert.

VCR

Abk. für Video Cassette Recorder.

International gängige Abk. für → *Videorecorder.*

VDE

Abk. für Verband Deutscher Elektrotechnik, Elektronik und Informationstechnik e.V. (früher nur: Verband Deutscher Elektrotechniker).

Bezeichnung eines am 22. Januar 1893 in Berlin gegründeten technisch-wissenschaftlichen Verbandes, der aus dem am 20. Dezember 1879 ebenfalls in Berlin gegründeten Elektrotechnischen Verein hervorging.

Adresse:

VDE e.V.
Stresemannallee 15
60596 Frankfurt/Main
Tel.: 0 69 / 6 30 80

→ *http://www.vde.de/*

VDEW

Abk. für Verband der Elektrizitätswirtschaft.

Bis Dezember 2000 war der Name dieses Verbandes „Vereinigung Deutscher Elektrizitätswerke“. Die Bezeichnung wechselte, um dem Marktgeschehen nach der Liberalisierung des Marktes Rechnung zu tragen. Der Sitzt ist in Berlin.

→ *http://www.strom.de/*

VDI

Abk. für Verein Deutscher Ingenieure.

Bezeichnung des größten deutschen und auch europäischen technisch-wissenschaftlichen Vereins von Ingenieuren aller Fachrichtungen mit rund 127 000 Mitgliedern. Gegründet am Pfingstmontag 1856 in Alexisbad.

Adresse:

VDI e.V.
Graf-Recke-Str. 84
Düsseldorf
Tel. 02 11 / 6 21 40
Fax 02 11 / 6 21 45 75

→ *http://www.vdi.de/*

VDIA

Abk. für Verband Deutscher Internet Anbieter.

Der VDIA wurde im Oktober 1997 als Vereinigung verschiedener Unternehmen und Einzelpersonen, die im Umfeld des → *Internet* tätig sind, gegründet.

→ *http://www.vdia.de/*

VDIF

Abk. für VESA Display Identification File.

→ *DDC,* → *VESA.*

VDL

Abk. für Vienna Definition Language.

Bezeichnung für eine Sprache zur Definition syntaktischer und semantischer Regeln (→ *Semantik*, → *Syntax*), so dass dadurch eine neue Sprache definiert werden kann.

Sie wurde um 1965 herum im Hause IBM in Wien entwickelt. Treibende Kraft dabei war H. Zemanek.

VDMA

Abk. für Verband deutscher Maschinen und Anlagenbau e.V.

Der Sitz ist in Frankfurt/Main. Das monatliche Organ sind die „Maschinenbau Nachrichten".

Adresse:

VDMA e.V.
Lyonder Str. 18
60528 Frankfurt/Main

→ *http://www.vdma.de/*

VDo

Abk. für Verbindungsdose.

VDPI

Abk. für Verband deutscher Postingenieure.

1923 gegründet. Rund 15 000 Mitglieder. Größter Berufsverband von Ingenieuren der Kommunikationstechnik in Europa. Ziel ist die Interessenvertretung gegenüber Öffentlichkeit, Politik und Unternehmen. Der Sitz ist Bonn.

Mittlerweile umbenannt in IfKom (Ingenieure für Kommunikation e.V.).

→ *http://www.vdpi.de/*

VDSL

Abk. für Very High Bit Rate Digital Subscriber Line.

Bezeichnung für ein mögliches Verfahren der → *xDSL*-Technik.

Dabei fasst der Begriff VDSL seit Juni 1995 verschiedene Konfigurationen zusammen:

- VHDSL bezeichnet ein Übertragungsverfahren für breitbandige Signale über Kupfertelefonleitungen (→ *Zweidrahtleitung*) im Teilnehmeranschluss- und im Inhouse-Bereich über sehr kurze Entfernungen (10 m bis 1 500 m; typischerweise einige wenige 100 m) mit einer Datenrate von mehr als 2 048 Mbit/s im Hin- und Rückkanal (im Gegensatz zu → *HDSL*). Aufgrund der geringen Entfernung können nur einzelne Abschnitte der Strecke Teilnehmervermittlung – Teilnehmer überbrückt werden bzw. es können nur Nutzer unmittelbar nahe einer Vermittlungsstelle versorgt werden (z.B. Geschäftskunden im Innenstadtbereich). Daher ist VHDSL insbesondere für → *FTTC*- oder → *FTTB*-Anwendungen interessant, über die ein breitbandiger Zugang ins → *Internet* oder zu einem → *ATM*-Netz realisiert werden kann. Eine andere Anwendungsmöglichkeit sind breitbandige Standleitungen.

  VHDSL erfordert richtungsgetrennte Übertragung über zwei Doppeladern und ist für geschäftliche Anwendungen gedacht.

  In Deutschland wurde VHDSL als Feldversuch mit 10 Anschlüssen von der Deutschen Telekom im Oktober 1997 getestet. Ferner getestet von der Deutschen Telekom zusammen mit der Datev und der Universität Erlangen-Nürnberg seit Frühjahr 1998 in Nürnberg.
- VADSL (Very High Bitrate Asymmetric Digital Subscriber Line) bezeichnet ein spezielles Leitungscodierverfahren für kurze Anschlussleitungen auf Basis von verdrillter Zweidrahtleitung. Es ermöglicht noch höhere Datenübertragungsraten zwischen Teilnehmervermittlungsstelle und Teilnehmer als → *ADSL*. Verfügt im Gegensatz zu VHDSL über einen breitbandigen Hin- und einen schmalbandigen Rückkanal auf einem Adernpaar. Bestimmte Konfigurationen erreichen bis zu 52 Mbit/s im Downstream und 13 Mbit/s im Upstream. Es ist daher eher für den privaten Kunden gedacht, der interaktive Videodienste (→ *Video-on-Demand* etc.) oder hochauflösendes Fernsehen (→ *HDTV*) nutzen möchte.

Standardisiert wurde VDSL durch die → *ETSI* in TS 101 270-1.

→ *http://www.adsl.com/vdsl_tutorial.html/*

VDT

Abk. für Video Display Terminal.

Frühe Bezeichnung für → *Terminals*, die (im Gegensatz zu Fernschreibern als Terminals) über Tastatur und Bildschirm verfügen.

VDTA

Abk. für Verband Deutscher Telekommunikationsanwender.

Adresse:

Verband Deutscher Telekommunikations Anwender e.V.
Postfach 1770
59920 Brilon
Tel: 0 29 61 / 97 74 21
Fax: 0 29 61 / 97 74 22

→ *http://www.vdta.de/*

VDU

Abk. für Video Display Unit.

Bezeichnung aus der Frühzeit des Computers für optische Anzeigen.

VE

Abk. für Vermittlungseinheit.

Oberbegriff für Teile von digitalen Vermittlungen.

→ *Vermittlungssystem*, → *Vermittlungstechnik*.

Vektorgrafik

Im Gegensatz zur → *Pixelgrafik* die Darstellung von grafischen Objekten nicht durch eine lokal bestimmte Form einer Ansammlung von Punkten, sondern durch eine Beschreibung geometrischer Charakteristika und Parameter, welche Linienzüge definieren, z.B. Mittelpunktkoordinaten und Radius als Beschreibung der geometrischen Figur des Kreises.

Idealerweise werden Vektorgrafiken über den → *Plotter* ausgegeben.

Vektorrechner

Bezeichnung einer Klasse von → *Computern*, bei der mehrere Prozessoren simultan verschiedenartige oder gleichartige Teile eines Prozesses durchführen. Im Gegensatz zum → *Parallelrechner* stehen den Prozessoren dabei eigene Speicherbereiche zur Verfügung. Die parallele Bearbeitung erfolgt dabei auf der Ebene der Teilprozesse, und nicht auf der Ebene gleichartiger Prozesse selbst.

Man unterscheidet allgemein zwei Varianten der Vektorrechner:

- Pipeline-Rechner: Sie wenden das Prinzip der Fließbandverarbeitung – international Pipelining genannt – an. Dabei wird ein → *Prozess* in mehrere Teilprozesse zerlegt, die alle simultan in einer Reihe spezieller hintereinandergeschalteter Prozessoren – die auf diese Weise ein Fließband bzw. eine Pipeline ergeben – bearbeitet werden, so dass es zu einer überlappenden und vor allem unabhängigen Verarbeitung von Prozessteilen kommt. Wichtig für eine effektive Nutzung dieses Prinzips ist eine in etwa gleich lange Bearbeitungsdauer der einzelnen Teilprozesse.

  Es ergibt sich damit die Situation, dass in einer derartigen Pipeline von Prozessoren mehrere unterschiedliche Prozesse gleichzeitig bearbeitet werden können. Dies ist dann der Fall, wenn der letzte Teilprozess eines Prozesses aus dem ersten Prozessor herausgeschoben und zum zweiten weitergeleitet wird. Dann kann der erste Prozessor bereits den ersten Teilprozess eines zweiten Prozesses ausführen.

- Feldrechner (international Array Processor genannt): Sie wenden das Prinzip der simultanen Ausführung identischer Befehle unter der Kontrolle eines zentralen Kontrollprozessors an. Die ausführenden Prozessoren sind dabei häufig untereinander mit Datenbussen vernetzt und in Form einer Matrix (= eines Feldes von Prozessoren) angeordnet.

  Neben der simultanen Verarbeitung im Rechenwerk selbst verfügen Feldrechner auch über spezielle Mechanismen für den gleichzeitigen Transport von zusammengehörenden Daten, z.B. eines mathematischen Vektors, vom Speicher zum aus den Prozessoren bestehenden Rechenwerk, um sie dort gleichzeitig verarbeiten zu können.

  Durch die spezielle Art der parallelen Übertragung vom Speicher zu den Prozessoren und die dortige parallele Verarbeitung eignen sich Feldrechner insbesondere für die Verarbeitung von Vektoren, Matrizen und Tensoren. Streng genommen ist ein Vektorrechner daher der Sonderfall eines Feldrechners (und nicht umgekehrt), nämlich dann, wenn ein Feldrechner zur Verarbeitung von mathematischen Vektoren eingesetzt wird.

In der Praxis verfügen Vektorrechner über mehrere Prozessoren in der Größenordnung von 16.

Erster Vektorrechner überhaupt war 1973 der Forschungscomputer Star aus dem Hause → *CDC*. Erster kommerzieller und in größeren Stückzahlen gebauter Vektorrechner war die → *Cray-1*.

→ *Mainframe*, → *MIMD*, → *SIMD*, → *Supercomputer*.

Velveeta

→ *Crossposting*.

VEMMI

Abk. für Video Enhanced Man Machine Interface.

Bezeichnung eines multimedialen Standards für → *Videotext*. Ersetzt in Europa den alphanumerischen CEPT-Standard.

Erste Version von VEMMI wurde 1992 von der → *ETSI* erarbeitet. Diese wurde in weiten Teilen Grundlage für den deutschen Standard → *KIT*, der allerdings erheblich erweiterte Funktionen hatte. KIT wurde nach Fertigstellung Ende 1994 an ETSI und → *ITU-T* weitergeleitet. Der ITU-Standard wurde Mitte 1995 als VEMMI 2.0 verabschiedet und unterscheidet sich nur geringfügig von KIT. Der Anfang 1996 vorgelegte ETSI-Standard wiederum verfügt über weitere Features.

→ *http://www.mctel.fr/index_vemmi.html/*

V-Empfehlungen

Oft auch V-Serie genannt. Eine Serie von Empfehlungen der → *ITU*, meistens noch entwickelt von ihrem Vorgänger, der → *CCITT*, für die serielle Datenübertragung digitaler Daten über Telefonnetze mittels analoger Signale. Allgemein wird dafür ein → *Modem* genutzt. V-Protokolle arbeiten auf Schicht 1 des → *OSI-Referenzmodells*.

→ *V.10*, → *V.17*, → *V.21*, → *V.22*, → *V.22bis*, → *V.23*, → *V.24*, → *V.25*, → *V.26*, → *V.26ter*, → *V.27*, → *V.28*, → *V.29*, → *V.32*, → *V.32bis*, → *V.32terbo*, → *V.33*, → *V.34*, → *V.34+*, → *V.34bis*, → *V.35*, → *V.42*, → *V.42bis*, → *V.54*, → *V.56bis*, → *V.90*, → *V.110*, → *V.120*.

VEPC

Abk. für Voice Excited Predictive Coding.

Verarbeitungsschicht

→ *OSI-Referenzmodell*.

Verband für Post und Telekommunikation

Amtliche Bezeichnung: Deutscher Verband für Post und Telekommunikation (DVPT). Auch kurz nur Postverband genannt.

Bezeichnung für einen am 6. März 1968 unter der Bezeichnung Verband der Postbenutzer maßgeblich von Wilhelm Hübner zusammen mit Otto Eberitsch und Wolfgang Süßmann gegründeten Verband von Nutzern des Post- und Telekommunikationswesens in Deutschland.

Der Anlass für die Gründung ist die Verweigerung der damaligen Deutschen Bundespost gewesen, Wilhelm Hübner einen verbindlichen Termin für die Installation eines neuen Telefonanschlusses in seinem neuerbauten Reihenhaus in Neu-Isenburg zu nennen, woraufhin Hübner zusammen mit weiteren 18 Betroffenen dies vor Gericht erwirkte. Nachdem der Fall publik wurde, erhielt Hübner unerwartet viel schriftlichen Zuspruch und Anfragen nach Erfahrungsaustausch und Hilfestellung in ähnlichen Fällen, so dass er zusammen mit sechs anderen (zur Gründung eines Vereins sind in Deutschland gemäß dem Bürgerlichen Gesetzbuch

sieben Personen erforderlich) den Verband der Postbenutzer zur Lobbyarbeit gründete.
→ *http://www.dvpt.de/*

Verband für Telekommunikation und Mehrwertdienste

Abgekürzt mit VTM. Bezeichnung eines Zusammenschlusses von Anbietern im Bereich der Telekommunikation und Mehrwertdienste (→ *VAS*) mit dem Ziel der Interessenvertretung.
Adresse:

VTM e.V.
Welcker Str. 20
53113 Bonn
Tel.: 02 28 / 2 42 02 09
Fax: 02 28 / 2 42 02 09

Verbindung

International auch Connection genannt. Oberbegriff für nutzbare, durchgeschaltete physikalische Leitungen oder auch → *virtuelle Pfade* zwischen fest definierten Zugangspunkten eines Netzes. Eine Verbindung kann dabei aus mehreren, einzelnen Übertragungsstrecken zwischen Netzknoten bestehen.
→ *Verbindungsorientierte Datenübertragung*, → *Verbindungsaufbau*, → *Verbindungsabbau*, → *virtuelle Verbindung*.

Verbindungsabbau

Bezeichnung für die dritte Phase einer → *Verbindung* bei → *verbindungsorientierter Datenübertragung*. Er dient dem geordneten Ende der Verbindung. Andere Bezeichnungen: Suspendierung oder Auslösung.
Dabei unterscheidet man zwischen dem Vorwärtsauslösen einer Verbindung, bei dem der → *A-Teilnehmer* zuerst auflegt und die Verbindung beendet, und dem Rückwärtsauslösen, bei dem der → *B-Teilnehmer* zuerst auflegt und die Verbindung beendet.

Verbindungsaufbau

Bezeichnung für die erste Phase einer Verbindung bei → *verbindungsorientierter Datenübertragung*. Auch Setup genannt. Er zerfällt wiederum in die Teile → *Initiierung*, → *Belegung*, Wahl, → *Einrichten* und → *Eintritt* und dient dem geordneten Aufbau und Beginn der → *Verbindung*.

Verbindungsaufbauzeit

→ *Setup-Time*.

Verbindungslose Datenübertragung

→ *Verbindungsorientierte Datenübertragung*.

Verbindungsnetz

→ *Fernnetz*.

Verbindungsnetzbetreiberkennzahl

Regulatorischer Begriff. Auch Netzbetreiberkennzahl/-nummer, Netzzugangsnummer, Netzvorwahl oder Betreiberkennzahl/-vorwahl genannt. In Deutschland die Bezeichnung für eine fünf- oder sechsstellige Nummernkombination, die gemäß § 43 Abs. 6 des → *Telekommunikationsgesetzes* einen Network-Provider im Fernbereich kennzeichnet. Diese Nummer kann seit dem 1. Januar 1998 vor der Teilnehmernummer (inkl. Ortsvorwahl mit der führenden Null) gewählt werden und dient damit der gezielten Auswahl eines Fernnetzes durch den Anrufer (→ *Call-by-Call*).

Die Nummer hat in Deutschland das Format 010xy, wobei für x nicht die Ziffer 0 gewählt werden kann. Damit stehen Nummernkombinationen der Form 0100xy und dann wieder 01000xy etc. für weitere Zuteilungen zur Verfügung, sollte der zur Verfügung stehende fünfstellige Nummernraum erschöpft werden, was bereits innerhalb von 1998 der Fall war.

In anderen Ländern, die auch das Konzept der Verbindungsnetzbetreiberkennzahl kennen, werden andere Nummernschemata angewendet. So wurden in Frankreich z.B. sieben einstellige Verbindungsnetzbetreiberkennzahlen an neue Wettbewerber von France Télécom vergeben, die bestimmte Auflagen erfüllten.

Die 20 ersten Nummern wurden auf Antrag der Network-Provider bis 15. Mai 1997 am 10. Juni 1997 vom → *BAPT* im Auftrag des → *BMPT* zugelost, da es bei den Anträgen Überschneidungen gab und es daher zu keiner Zuteilung kommen konnte. Es handelte sich um das erste Losverfahren dieser Art in Deutschland.

Das gezogene Los bestimmte nicht die Zuteilung der Nummern, sondern die Reihenfolge der Network-Provider, in der sich diese dann aus dem bei ihrer Ziehung noch vorhandenen Nummernpool eine Nummer aussuchen konnten. Dies hatte zum Ziel, dass einerseits dem Wunsch der Network-Provider nach einer größtmöglichen Auswahlfreiheit Rechnung getragen wurde und andererseits Konfliktfälle diskriminierungsfrei durch Losentscheid aufgelöst wurden.

Network-/Service-Provider	Kennzahl
Colt Telecom GmbH	01028
Deutsche Telekom AG	01033
E-Plus Mobilfunk GmbH	01077
Esprit Telecom Deutschland GmbH	01055
IMS Telecom	01099
Interroute Telecom Deutschland GmbH	01066
ISIS Multimedia Net GmbH (Düsseldorf)	01020
Mannesmann Arcor AG & Co.	01072
Mannesmann Mobilfunk GmbH	01070
NetCologne GmbH (Köln)	01022
o.tel.o communications GmbH	01011
PLUSNET Ges. f. Netzwerk Services mbH	01040
TALKLINE PS Phone Service GmbH	01050
TelDaFax Telefon-, Daten- und Fax-Transfer GmbH & Co. KG	01030

Network-/Service-Provider	Kenn-zahl
Tele Danmark Internetz GmbH	01012
Telecom Info Service GmbH	01060
Telegate AG für telefonische Informationsdienste	01080
Teleglobe GmbH	01010
VIAG INTERKOM GmnH & Co. KG	01090
WorldCom Telecommunication Services GmbH	01088

Seither wurden weitere Nummern vergeben:

Network-/Service-Provider	Kenn-zahl
3U Telekommunikation	01078
ACC	01049
Alpha Telecom	01074
ARCIS	01075
AT&T Unisource	01079
Citykom Münster	01025
CNB (Bremen)	01027
Debitel Kommunikationstechnik GmbH & Co. KG	01018
DeTeMobil	01071
ECN	01026
ETS	01037
EWE Tel (Oldenburg)	01014
First Telecom	01039
Gelsen-Net (Gelsenkirchen)	01096
Global Network	01045
HamCom	01087
HanseNet Telekommunikation GmbH (Hamburg)	01041
Heag	01031
Hutchison	01036
ID-Switch	01051
KDD	01032
Kielnet	01043
KomTel Ges. für Kommunikationsdienste mbH	01046
Lausitz Net	01016
Long Distance International	01052
M'net (München)	01089
Mediaways / Avanti	01038
Mobilcom	01019
NEFkom (Nürnberg, Erlangen, Fürth)	01034
Primetec	01047
Primus	01069
QS Communication	01021
Rapid Link	01065
RSL Communication	01015
SEC	01017
Star	01098
Tele/OS	01095
Tele2	01013
TelePassport GmbH	01024
Telsa	01042
Tesion (Baden-Württemberg; ehem. CNS)	01023
Unisource	01029
VEW TELNET Ges. für Telekommunikation und Netzdienste mbH (Dortmund)	01044
Viatel	01079
WestCom	01085
WOBCom	01053

Bis zur Jahresmitte 1998 wurden von der → *Regulierungsbehörde* insgesamt 113 Verbindungsnetzbetreiberkennzahlen vergeben.

Verbindungsorientierte Datenübertragung

Kennzeichen eines verbindungsorientierten Systems ist, dass sich die Verbindung in die Phasen → *Verbindungsaufbau*, Nutzdatenübertragung und → *Verbindungsabbau* unterteilen lässt. Dies ist bei verbindungsloser Datenübertragung nicht der Fall.

Verbindungsschicht

→ *OSI-Referenzmodell.*

Verdrillte Zweidrahtleitung

→ *Zweidrahtleitung.*

Verfügbarkeit

Bezeichnung eines Gütemaßes (→ *QoS*) für die Betriebszuverlässigkeit von Telekommunikationsnetzen. Die Verfügbarkeit ist ein Maß für die Wahrscheinlichkeit, das Netz leistungsfähig anzutreffen und nutzen zu können. Die Verfügbarkeit V ergibt sich aus der Beobachtungsdauer B und der Störzeit S während der (hinreichend lang gewählten) Beobachtungsdauer:

$$V = (B - S) / B$$

Die Beobachtungsdauer B beträgt dabei üblicherweise ein Jahr. Zuverlässigkeitswerte, welche die Verfügbarkeit mit kürzerer Betrachtungsdauern beschreiben, werden üblicherweise mit Ausfalldauer (pro Tag) oder Ausfallwahrscheinlichkeit angegeben.

Typische Werte für die Verfügbarkeit bei Carriern in Westeuropa sind z.B.:

TK-Dienstleistung	Mindestverfügbarkeit
Telefonie (→ *POTS* und → *ISDN*)	99,9%
→ *Packet Mode Bearer Service* (mit D-Kanal oder B-Kanal als Zugang)	99,5% 99,9%
Standleitung, digital, national, n * 64 kbit/s bis n = 30	98 - 99,5%
Standleitung, digital, international, n * 64 kbit/s bis n = 30	97 - 99%
Standleitung, digital, national, über 2 Mbit/s	96 - 99%
Datendienste: → *X.25*, → *Frame Relay* Datendienste: → *ATM*	99,9% 99,5%
→ *Dark Fibre*	99,8%
Überwachte Netze	99,95% 99,98%

Insbesondere für Standleitungen und Datenübertragungsdienste lässt sich der Wert durch z.B. automatische Ersatzwegeschaltung im Fehlerfall (Backup-Strecken, → *Zweiwegeführung*), redundante Netzauslegung (z.B. → *Umwegführung*, → *Doppelabstützung*), permanente Netzüberwachung (→ *TMN*), periodische Tests und garantierte niedrige → *Interventionszeiten* noch erhöhen.

Um jedoch notwendige Prüf-, Wartungs- oder Reparaturarbeiten durchführen zu können, werden in Verträgen oder Service Level Agreements (→ *SLA*) oft sogenannte Wartungsfenster angegeben, in denen die Verfügbarkeit nicht gewährleistet ist. Diese Wartungsfenster sind Zeiträume, üblicherweise einmal pro Woche in der Nacht für eine Stunde, in denen die notwendigen Arbeiten durch den Netzbetreiber durchgeführt werden können.

In den USA wird mit „Major Network Failure" ein Fehler bezeichnet, bei dem mindestens 30 000 Nutzer mindestens 30 Minuten ihren Anschluss nicht nutzen konnten.

→ *NRSC*.

Vergebührung

→ *Charging*.

Verilog

Bezeichnung einer Beschreibungssprache für Layout von Hardwarebauteilen wie → *ASIC*s, deren Stärke in der Simulation der durch sie beschriebenen Schaltung liegt. Entwickelt in den 80er Jahren von der US-Firma gleichen Namens.

Verkabelung, Verkabelungsstandard

Ein Bestandteil der → *strukturierten Verkabelung* ist die Gebäudeverkabelung. Sie bezeichnet eine universell nutzbare und daher herstellerneutrale Verkabelung eines Gebäudes oder eines Teils davon zu Kommunikationszwecken aller Art (Telekommunikation- oder Datenkommunikation). Die Verkabelung gehört (im Gegensatz zu einem → *Hub*, → *Router* oder → *Switch*) zu den passiven Komponenten eines → *LAN*.

Bestandteile von Standards zur Gebäudeverkabelung sind normalerweise:

- Vorgehen bei der Planung der Verkabelung
- Netzdesign (Topologien)
- Installation
- Elektromagnetische Verträglichkeit, → *EMV*
- Leistungs- und Anwendungsklassen von Kabeltypen

Es existieren verschiedene, wenn auch ähnliche Klassifikationen und Standards für Verkabelungen und die dazu benötigte Hardware. Die Verkabelungsstandards definieren dabei für die Kabel jeder Klasse bestimmte maximal zulässige Dämpfungswerte, die kleinste Nahnebensprechdämpfung (→ *NEXT*) und einen Mindestwert des → *ACRc*.

Für Deutschland verbindlich sind die Standards EN 50173 vom 4. Juli 1995 sowie die DIN 44312-5, die zusammen mit dem Standard der → *ISO* und der → *IEC* 11801, von dem die deutschen und europäischen Standards abgeleitet sind, Steckverbindungen, Kabeltypen und Kabellängen sowie elektrische Eigenschaften definieren.

So definiert EN 50173 auch die Begriffe → *Primär-*, → *Sekundär-* und → *Tertiärkabel*, die zusammen eine strukturierte Verkabelung ergeben.

Auf den amerikanischen Markt zugeschnitten ist die gemeinsame Kategorisierung der → *EIA* und der → *TIA* „Commercial Building Telecommunications Wiring Standard" EIA/TIA-568, die fünf Kabelkategorien definiert. Die Kategorien teilen die verwendeten Einzelkomponenten (Stecker, Buchsen, Verbindungsstücke, Kabel, Anschlussdosen etc.) anhand ihrer Übertragungseigenschaften in verschiedene Qualitätskategorien ein.

In der amerikanischen Norm sind allerdings nur geschirmte und vieradrige Kupferkabel mit einer Impedanz von 100 Ohm erfasst, für die bestimmte Anforderungen hinsichtlich Dämpfung und Nahnebensprechen definiert werden. Die Einteilung der Kabel in Kategorien definiert daher einen möglichen Kabeltypen. Die Kategorisierung wird, obwohl es sich um einen US-Standard handelt, jedoch auch international sehr häufig verwendet.

- Cat-1: Kabel zur Datenübertragung mit geringer Bandbreite. Elektrische Signale im → *NF*-Bereich.
- Cat-2: Kabel zur Datenübertragung mit einer Bandbreite von bis zu 1 MHz.
- Cat-3: Kabel zur Datenübertragung mit einer Bandbreite von bis zu 16 MHz.
- Cat-4: Kabel zur Datenübertragung mit einer Bandbreite von bis zu 20 MHz.

- Cat-5: Kabel zur Datenübertragung mit einer Bandbreite von bis zu 100 MHz.
- Cat-6: In Vorbereitung: Kabel zur Datenübertragung mit einer Bandbreite von bis zu 600 MHz.

Die → *ISO* und die → *IEC* definierten in ISO 11801 folgende prinzipiell ähnliche Klassen für Kabel, die für Inhouse-Verkabelungen für LANs oder MANs benutzt werden. Sie basieren auf dem US-Standard, spezifizieren aber zusätzlich eine maximale Kabellänge von 100 m vom → *Switch* oder → *Hub* bis zum angeschlossenen Rechner. Von diesen 100 m sind 90 m für die reine Inhouse-Verkabelung und 10 m für die Switch-Verkabelung und den Stationsanschluss des Rechners an die Buchse in der Wand vorgesehen. Die Klassen teilen den kompletten Übertragungsweg zwischen Sender und Empfänger anhand seiner Übertragungseigenschaften in verschiedene Qualitätsklassen ein.

- Klasse A: Geeignet für geringe Anforderungen, wie z.B. analoge Sprachübertragung. Geeignet für größere Entfernungen. Maximale Übertragungsfrequenz 100 kHz. Eine Verkabelung dieser Klasse wird kaum eingesetzt.
- Klasse B: Geeignet für mittlere Bitraten, z.B. bei der digitalen Sprachübertragung von Nebenstellenanlagen. Geeignet für mittlere Entfernungen. Übertragungsfrequenz bis 1 MHz. Eine Verkabelung dieser Klasse wird kaum eingesetzt.
- Klasse C: Geeignet für hohe Bitraten bis 16 Mbit/s und Übertragungsfrequenzen bis 20 MHz über kurze Entfernungen, z.B. durch → *10BaseT* oder → *Token-Ring*. Eine Verkabelung dieser Klasse ist wegen ihrer Verwendung in → *LANs* sehr weit verbreitet.
- Klasse D: Geeignet für sehr hohe Datenraten auf kurzen Entfernungen. Übertragungsfrequenz bis 100 MHz. Benutzte Protokolle sind z.B. → *CDDI*. → *Fast Ethernet* oder → *ATM*. Eine Verkabelung dieser Klasse findet sich immer häufiger, insbesondere dort, wo Verkabelung neu und zukunftssicher angelegt wird.
- Klasse E: In Vorbereitung: Kabel zur Datenübertragung mit einer Bandbreite von bis zu 600 MHz.

Der → *VDE* definierte für Glasfaserkabel eine wesentlich detailliertere und 14 Positionen umfassende Kennzeichnung. Die Bedeutung der einzelnen Positionen ist:

Pos.	Bedeutung
1	Kabeltyp A: Außen zu verwendendes Kabel I: Innen zu verwendendes Kabel
2	Adertyp V: Vollader D: Bündelader, gefüllt W: Hohlader, gefüllt
3	Ausführung der Kabelseele F: Füllung S: Metallenes Element
4	Material des 1. Außenmantels H: LSZH Y: PVC 2Y: PE ZN2Y: PE und nichtmetallene Zugentlastung LZN2Y: PE-Schichtenmantel und nichtmetallene Zugentlastung
5	Typ des Außenmantels B: Mit Bewehrung B2Y: Mit Bewehrung und PE-Schutzhülle
6	Adernanzahl (2x, 3x, 4x etc.)
7	Anzahl der Fasern je Ader (1, 2, 3, 4 etc.)
8	Fasertyp E: Einmoden-Faser G: Gradientenindex-Faser
9	Kerndurchmesser in µm
10	Manteldurchmesser in µm
11	D‰mpfungskoeffizient in dB/km
12	Zu benutzende Wellenlänge B: 850 nm F: 1300 nm H: 1550 nm
13	Bandbreite in (MHz * km) und Dispersion in (ps/nm/km)
14	Verseilungstyp Lg: Lagen

Für Kabel aus Kupfer definierte der VDE folgende, elf Positionen umfassende Kategorisierung:

Pos.	Bedeutung
1	Kabeltyp A: Außen zu verwendendes Kabel I: Innen zu verwendendes Kabel
2	Leiterisolation (Adernmantel) 2Y: PE 02Y: Zell PE 02YS: Zell PE mit Skin LZN2Y: PE-Schichtenmantel und nichtmetallene Zugentlastung
3	Gesamtschirmung C: Geflecht aus einzelnen Metallfasern D: Umlegung St: Folie StC: Folie und Geflecht StD: Folie und Umlegung
4	Material des 1. Außenmantels H: LSZH Y: PVC 2Y: PE
5	Material des 2. Außenmantels H: LSZH Y: PVC 2Y: PE

Pos.	Bedeutung
6	Verseilungsart (2x, 3x, 4x etc.)
7	Anzahl der Paare (2 x 2x, 4 x 2x etc.)
8	Leiterabmessungen, angegeben in mm^2 der Querschnittsfläche des Leiters, z.B. 0,14; 0,5; 0,51; 0,55; 0,6; 0,64
9	Typ der Adernschirmung (→ *PiMf*, → *ViMf*)
10	Vierer
11	Verseilungstyp Bd: Bündel Lg: Lagen

Verkehrsausscheidungsziffer

Auch nur Ausscheidungsziffer genannt. Deutsche Bezeichnung für Ziffern oder Ziffernkombinationen, die von der Ortsvermittlung erkennbar sind und die die weitere Rufbearbeitung von der normalen Prozedur abweichen lassen.

Z.B. die 00 als Kennung für Auslandsgespräche oder auch die 0800 oder 0180.

→ *IN*.

Verkehrsmenge

Begriff aus der → *Verkehrstheorie*. Auch als Belastung bezeichnet.

Er bezeichnet die Summe der Belegungsdauer Y der zur Belastung zur Verfügung stehenden Ressourcen und ergibt sich aus dem Produkt von Belegung (c) und mittlerer Belegungsdauer (t_m) während einer Beobachtungsperiode:

$$Y = c * t_m$$

.

→ *Verkehrswert*, → *Angebot*.

Verkehrsspitzenzeit

Andere Bezeichnung für → *Hauptverkehrsstunde*.

Verkehrstelematik

→ *Telematik*.

Verkehrstheorie

Eine Unterdisziplin der Nachrichten- und Vermittlungstechnik, die sich mit den ursprünglichen Eigenschaften von Verkehr auf einem Netz (Wartezeiten, Bedienzeiten, Verlusten, Gesprächsdauer, deren statistische Verteilung etc.) sowie deren Beeinflussung durch vermittlungs- und netztechnische Einrichtungen (= vom Verkehr in Anspruch genommene Ressourcen) beschäftigt. Dabei nutzt sie die Mathematik, insbesondere die Statistik und die Wahrscheinlichkeitsrechnung.

Die Verkehrstheorie geht davon aus, dass endliche Ressourcen zur Bearbeitung von zufällig oder deterministisch auftretenden und die Ressourcen beanspruchenden Belegungswünschen (für die dann eine Zufallsverteilung angegeben werden kann) auftreten. Das System der Zuteilung der Ressourcen auf die Belegungswünsche ist durch Methoden der Verkehrstheorie so zu optimieren, dass entweder der Verlust (= nicht bearbeitete Belegungswünsche) einen bestimmten, zulässigen Wert nicht überschreitet, oder dass die mittlere Wartezeit einen bestimmten, zulässigen Wert nicht überschreitet. Dementsprechend unterscheidet man zwischen einem → *Verlustsystem* und einem → *Wartesystem*.

Als Begründer der Verkehrstheorie und Namenspatron für in der Verkehrstheorie benutzte Einheiten gilt der Däne → *Erlang*.

→ *Angebot*, → *Blockierung*, → *Blockierungswahrscheinlichkeit*, → *Engsetverkehr*, → *Erlang* A, → *Erlang B*, → *Erwartungswert*, → *Exponentialverteilung*, → *Poissonverteilung*, → *Überlaufverkehr*, → *Verfügbarkeit*, → *Verkehrsmenge*, → *Verkehrswert*, → *Verteilungsfunktion*, → *Zufallsvariable*.

Verkehrswert

Begriff aus der → *Verkehrstheorie* und oft auch nur (generierter) Verkehr, Last oder Netzlast genannt. Der Verkehrswert y bezeichnet die auf die Beobachtungsdauer T bezogene → *Verkehrsmenge Y*, die durch ein → *Verlustsystem* oder ein → *Wartesystem* tatsächlich abgearbeitet werden kann:

$$y = Y / T$$

Eine andere Definition setzt die Anzahl der pro Stunden beobachteten Belegungen N und die mittlere Belegungsdauer t zueinander in Beziehung:

$$Y = N * t$$

Die Einheit des Verkehrswerts ist → *Erlang* (Erl).

→ *Angebot*.

Verklemmung

→ *Deadlock*.

Verlustsystem, Verlustverkehr

Begriff aus der → *Verkehrstheorie*. Ein (Vermittlungs-)System, bei dem nach dem Verlustprinzip gearbeitet wird, d.h., Belegungswünsche werden abgewiesen, wenn die gewünschte Verbindung infolge einer Blockierung nicht hergestellt werden kann. Die anrufende Station erhält ein Besetztsignal.

Als Verlustverkehr R_v (auch Restverkehr genannt) definiert sich:

$$R_v = A - y$$

Dabei ist A das dem gesamten System zugeführte → *Angebot* und y der maximal abwickelbare → *Verkehrswert*.

Ferner gilt mit C_a als der Anzahl der pro Zeiteinheit in das System eintretender Belegungswünsche, C_y der Anzahl der pro Zeiteinheit abwickelbarer Belegungswünsche und t_m als mittlerer → *Belegungsdauer*:

$$R_v = (C_a - C_y) * t_m$$

Zu den Kennwerten eines Verlustsystems gehört die Verlustwahrscheinlichkeit (Wahrscheinlichkeit, dass ein eingehender Belegungswunsch abgewiesen wird) und die Mittelwerte und Varianzen des durch ein Verlustsystem verarbeiteten Verkehrs.

Für die Verlustwahrscheinlichkeit B gilt:

$$B = R_v / A$$

→ *Überlaufverkehr*, → *Wartesystem*.

Vermaschte Struktur

Netztopologie, bei der jede Endstation mit mehr als zwei anderen verbunden ist. Eine vollvermaschte Struktur liegt vor, wenn jede Station mit jeder verbunden ist.

Vermittlungsabschluss

→ *ET.*

Vermittlungsstelle

Der Ort in einem Netz, wo Daten in verschiedene Richtungen nach Maßgabe von Steuerinformationen wechseln können. Die Steuerinformation (egal ob z.B. als Header in einem Nutzdatenpaket bei Paketvermittlungstechnik oder auf einem separaten Kanal geliefert wie bei der Leitungsvermittlungstechnik) wird nur in Vermittlungsstellen ausgewertet. Die Vermittlungsstelle muss nicht immer auch ein Netzknoten sein. In ringstrukturierten Netzen sind Vermittlungseinrichtungen Teile der Endgeräte, da in ihnen die Auswertung der Steuerinformation erfolgt.

Die Leistungsfähigkeit einer Vermittlungsstelle bei leitungsvermittelnder Technik lässt sich durch folgende Parameter beschreiben:

- Statische Leistungsparameter: absolute Anzahl angeschlossener Teilnehmer, Anzahl Teilnehmer je Koppelfeld (Ports je Koppelfeld), Raumbedarf und Energieaufnahme
- Dynamische Leistungsparameter: → *BHCA*-Wert und Verkehrswert je Koppelfeld (Erlang je Koppelfeld)

Vermittlungssystem

Bezeichnung für ein konkretes, technisches System der → *Vermittlungstechnik* eines Herstellers. Die großen Hersteller von Vermittlungssystemen sind in Europa Alcatel (ehemals SEL und ITT), Ericsson, Siemens, Nokia und Philips. In Nordamerika sind es → *Lucent Technologies* und Northern Telecom und in Asien Fujitsu.

Daneben gibt es noch eine Reihe von Herstellern von Nebenstellenanlagen, wie z.B. in Deutschland DeTeWe, Bosch Telecom oder Hagenuk.

Ferner kommt es durch das Vordringen von Computertechnik aus dem LAN-Bereich in die Telekommunikation (→ *Shared Medium*, → *DQDB*, → *ATM*) zu Bestrebungen von entsprechenden Herstellern, auch in den Markt für öffentliche Systeme zu gehen.

Alle Hersteller haben unterschiedliche Generationen von Vermittlungssystemen auf den Weg gebracht, wobei sich verschiedene technische Prinzipien bei mehreren Herstellern durchsetzten und andere wiederum keine weitere Verbreitung als bei einem Hersteller fanden.

Zur Technik:

→ *Crossbar Switch*, → *EMD-Wähler*, → *ESK-Relais*, → *Heb-Dreh-Wähler*, → *Herkon-Relais*, → *Klappenschrank*, → *Reed-Relais*, → *SPC*, → *Vermittlungstechnik*, → *Viereckwähler*.

Zu den Vermittlungsprodukten der Hersteller:

→ *EWSD*, → *EWSF*, → *ENSAD*, → *DMS 10*, → *DMS 100*, → *DX 200*, → *AXE 10*, → *ESS1*, → *ESS5*, → *tss*, → *DIV 200 und 400*, → *HS 31*, → *HS 52*, → *HS 68*, → *System 7*, → *System 8*, → *System 12*, → *System X*, → *NEAX 61 E*, → *Metaconta*

Vermittlungstechnik

Abgekürzt mit VT. Bezeichnung für den Oberbegriff für grundsätzliche Verfahren der Datenverarbeitung in Vermittlungsstellen (→ *Vermittlungssystem*).

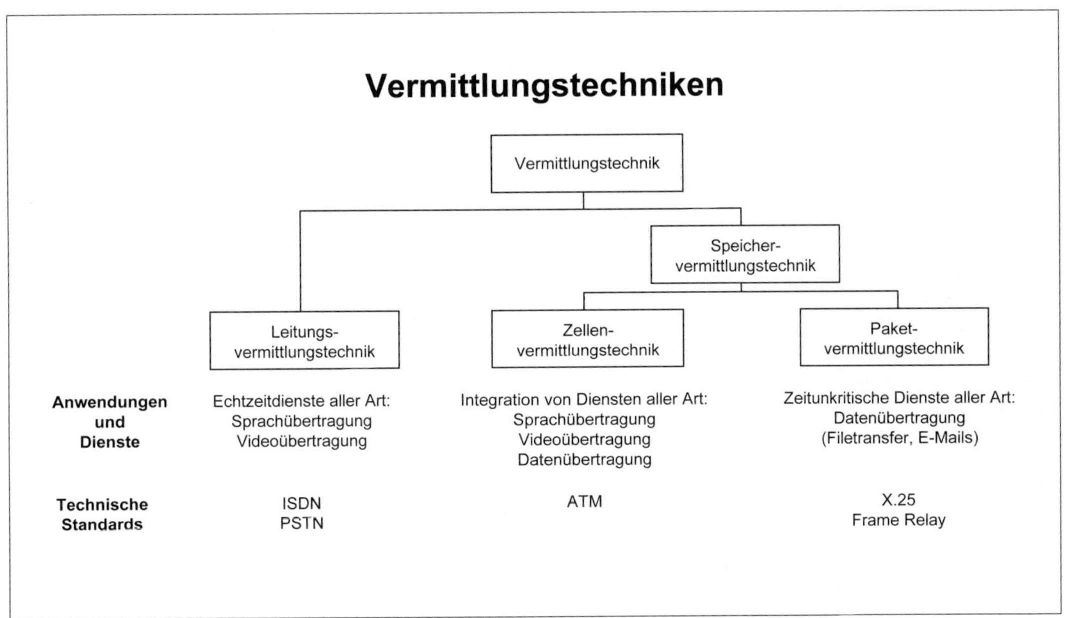

Die Vermittlungstechnik zerfällt prinzipiell in die beiden Bereiche → *Leitungsvermittlung* und → *Speichervermittlung*.

Letztere gliedert sich darüber hinaus in → *Paket-* und → *Zellenvermittlung*, wobei man bei der Zellenvermittlung versucht, die spezifischen Vorteile der Leitungs- und Paketvermittlungstechnik miteinander unter Umgehung der Nachteile zu kombinieren.

→ *Routing*.

Veronica

Abk. für Very Easy Rodent-Oriented Net-wide Index to Computerized Archives.

Bezeichnung eines Informationssystems im → *Internet*, das entwickelt wurde, um in → *Gopher*-Systemen per Stichwortsuche an Informationen zu kommen.

Veronica ist für Gopher das, was → *Archie* für → *FTP* ist.

→ *WAIS*, → *WWW*.

Verschlüsselung, Verschlüsselungssystem

→ *Kryptologie*.

Verseilung

Ganz allgemein die Verdrillung mehrerer einzelner Stränge zu einem einzigen, stabilen und belastbaren Strang. Der Vorgang des Verseilens wird heute maschinell bei der Kabelherstellung durchgeführt.

1. In der Telekommunikation die Bezeichnung für das Verdrillen von einzelnen Kupferadern oder von Adernpaaren innerhalb von Kabeln zur Kompensation der elektromagnetischen Kopplung der einzelnen Adern untereinander.
   - Bei der Sternverseilung werden alle einzelnen Adern miteinander verdrillt.
   - Bei der Dieselhorst-Martin-Verseilung werden erst einzelne Adern paarweise miteinander verdrillt. In einem zweiten Arbeitsgang werden diese verdrillten zwei Adern mit zwei weiteren verdrillten Adern wiederum verdrillt.

   Ferner unterscheidet man:
   - Einheitliche Verseilung: Alle einzelnen, zu einem Strang zu verseilenden Aderkombinationen sind gleich (nur einzelne Adern, nur Paare, nur Vierer etc.).
   - Gemischte Verseilung. Die miteinander zu verseilenden Adernkombinationen sind unterschiedlich.
2. In der Hochspannungstechnik die Bezeichnung für das Verdrillen einzelner Drähte aus → *Aldrey* oder → *Stalum* zu einzelnen Hochspannungsseilen, die als spannungsfreies Erdkabel an den Mastspitzen oder als spannungstragendes Phasenkabel an den Mastauslegern eingesetzt werden.

Versit

Kunstwort, abgeleitet von engl. diversity = Vielfalt.

Bezeichnung eines am 30. November 1994 gegründeten Industriekonsortiums in den USA, bestehend aus den Unternehmen Apple, IBM, Siemens-Rolm und AT&T. Ziel ist die Formulierung offener Standards für → *CTI*, → *Unified Messaging* und für → *Videokonferenzsysteme*. Der Versit-Standard basiert auf dem → *CSTA*-Standard, soll darüber hinaus aber auch → *H.320* oder → *T.120* für Video- oder multimediale Kommunikation enthalten.

Der Ansatz von Versit war eine grundsätzliche Bestandsaufnahme der bis dahin sehr zersplitterten technischen Standards im Bereich von CTI. Resultat war eine in sechs Publikationen veröffentlichte ‚CTI Encyclopedia', die neben → *TAPI*, → *TSAPI* und → *CSTA* auch auf → *CallPath* aus dem Hause IBM einging, von dem der Versit-Standard für die TSAPI viel geerbt hat. Ziel dieser Arbeit war die Entwicklung eines Leitfadens zur Implementierung von Third-Party-Control-basierten CTI-Systemen auf der Basis von Phase 2 von CSTA.

Die beachtliche theoretische Arbeit wird auch als Versit TSAPI bezeichnet. Eine praktische Umsetzung erfolgte jedoch bislang nicht, obwohl diverse Hersteller erklärten, Versit zu beachten. Einzig IBM propagierte die Weiterentwicklung von CallPath im Sinne von Versit.

Im Juli 1995 begann Versit eine Kooperation mit der → *ECTF*. Nach Fertigstellung der ‚CTI Encyclopedia' stellte Versit seine Arbeit auf dem Feld der CTI ein.

Ein anderes Resultat der Arbeit von Versit war → *vCard*.

Versuchstext

→ *Testtext*.

Verteildienste

→ *Broadcast-Medium*.

Verteiler

→ *Splitter*.

Verteilsatellit

→ *Satellit*.

Verteilte Datenbank

→ *Datenbank*.

Verteiltes System

Ein Rechensystem, bei dem eine Reihe einzelner Funktionseinheiten (Komponenten, Objekte), unter denen Zusammenhänge bestehen, an verschiedenen lokalen Standorten in Zusammenarbeit Anwendungen bewältigen. Es gibt verschiedene Grade der Verteilung.

Ein verteiltes System ist gekennzeichnet durch:

- Heterogenität der verschiedenen, verteilten Objekte (verschiedene Hersteller etc.)
- Interoperabilität der einzelnen Objekte
- Erweiterungsfähigkeit
- Fehlertoleranz, d.h., beim Ausfall einzelner Objekte arbeitet das Restsystem unbeeinflusst weiter

Eine Möglichkeit, ein verteiltes System zu realisieren, ist → *CORBA* oder auch → *DCE*.

Verteilungsfunktion

Begriff aus der Statistik. Die Verteilungsfunktion $F(x)$ der → *Zufallsvariablen* X_i gibt an, mit welcher Wahrscheinlichkeit die Zufallsvariable X_i einen bestimmten Wert x oder darunter annimmt:

$$F_{Xi}(x) = P(X_i \leq x)$$

Per Definition gilt für den Wertebereich daher:

$$0 \leq F(X_i) \leq 1)$$

F(x) ist eine nicht abnehmende Funktion. Ist x_i eine diskrete Zufallsvariable, so handelt es sich bei $F(x)$ um eine abschnittsweise definierte Funktion (Treppenfunktion).

→ *Erwartungswert.*

Vertikale Verkabelung

Andere Bezeichnung für → *Sekundärverkabelung.*

Vertikalfrequenz

Andere Bezeichnung für → *Bildwiederholfrequenz.*

Verweilzeit

→ *Wartesystem.*

Verzeichnisdienst

Auch Directory Service genannt. Ein Verzeichnisdienst ist in einem vernetzten Computersystem ein Dienst, der Auskunft darüber gibt, was für Objekte in diesem vernetzten System vorzufinden sind. Darüber hinaus werden diese Objekte näher beschrieben und durch geeignete Funktionen des Dienstes (hinzufügen, löschen, ändern etc.) verwaltet. Aufgaben des Verzeichnisdienstes sind:

- Verzeichnis aller Objekte (Liste in Kontenform)
- Darstellung und Verwaltung aller Objektbeziehungen untereinander
- Autorisierung und Authentifizierung
- Zugriffskontrolle

Die Objekte können z.B. Dateien, Dateiverzeichnisse, Datenbanken, Drucker, CD-ROM-Laufwerke oder Streamer sein, d.h. Hard- und Softwareobjekte (allgemein: Ressourcen) gleichermaßen. Der Verzeichnisdienst verwaltet sie.

Verzeichnisdienste sind Bestandteile von → *NOS*. Beispiele für Verzeichnisdienste sind → *X.500*, → *DEN* und → *LDAP*.

In der Telekommunikation werden Verzeichnisdienste, in denen Informationen über einen Nutzer eines Dienstes und seine Adresse abgelegt sind, auch als → *Teilnehmerverzeichnis* bezeichnet.

Verzonung

→ *Charging.*

Verzweigungskabel

Bezeichnet in einem → *Ortsnetz* das Kabel zwischen dem → *Endverzweiger* und dem → *Kabelverzweiger.*

Im Durchschnitt sind Verzweigungskabel in Deutschland 300 m lang (internationaler Durchschnitt: ca. 1 bis 2 km), 90 % sind unter 500 m lang. Sie enthalten maximal 100 und im Allgemeinen 30 kupferbasierte Doppeladern (international üblich: 40 bis 60 Doppeladern).

Der Leiterdurchmesser liegt bei 0,4 mm, 0,6 mm und neuerdings auch 0,35 mm oder 0,5 mm.

Die Kabel sind mit Petrolat-Gel gefüllt.

VESA

Abk. für Video Electronics Standards Association.

Bezeichnung einer Interessenvereinigung von über 100 Grafikkarten- und Monitorherstellern, die Standards für diese definiert. Definierte als erstes einen Standard für Super-VGA und später noch u.a. → *Local Bus*, → *DDC* und → *DPMS*.

Adresse:

VESA
2150 N. 1st Street
San José, CA 95131

→ *http://www.vesa.org/*

V.fast

→ *V.34*

VFAT

Abk. für Virtual File Allocation Table.

Bezeichnet eine Weiterentwicklung von → *FAT* für das → *Betriebssystem* → *Windows 95*, die wesentlich schneller ist als FAT. Es erlaubt Dateinamen aus bis zu 255 Zeichen.

V.FC

Abk. für V.fast class.

Festgelegter Firmenstandard zur Datenübertragung mit 24 000 bit/s, entwickelt von Rockwell und unterstützt von rd. 130 Modemherstellern. Es erfolgt permanente Anpassung der Übertragung an die Leitungsqualität. Modems nach V.FC können durch Austausch eines Bausteins zu → *V.34* aufgerüstet werden.

VFDB

Abk. für Verband der Funkamateure der Deutschen Bundespost e.V.

→ *DARC.*

VFN

Abk. für Vendor Feature Node.

Bezeichnung eines Hosts, Terminals oder → *Servers* am Fernsprechnetz zur Ermöglichung eines Mehrwertdienstes (→ *VAS*).

VFsDx

Abk. für Verordnung für den Fernschreib- und Datexdienst.

Bezeichnung für eine Verordnung, die vor der → *Postreform* den → *Telex*-Dienst und die Dienste → *Datex-L* und → *Datex-P* regelte. Zunächst durch die → *TKO* und dann durch die → *AGBs* der Deutschen Telekom ersetzt.

VGA

Abk. für Video Graphics Adapter.

Bezeichnung eines heute üblichen Standards für die → *Grafikkarte* in einem PC.

Die Zeilenfrequenz betrug bei diesem Standard 31,5 kHz. Seine höchste Auflösung ist 720 * 400 Pixel im Text- und 640 * 480 Pixel im Grafikmodus mit 16 aus 262 144 Farben oder 320 * 300 Pixel bei 256 Farben (wahlweise 16 aus 64 Graustufen). Weiterentwicklung auch 256 Farben bei 640 * 480 oder 720 * 400 Pixeln. Matrixgröße 9 * 16 im Text- bzw. 8 * 16 im Grafikmodus. 15-poliger Stecker.

VGA wurde 1987 von IBM für die PC-Line PS/2 ab dem Modell 50 auf den Markt gebracht. Die Grafikfunktionen waren auf einem eigenen Chip auf der Hauptplatine realisiert und entwickelten sich durch Nachbauten zu einer eigenen Grafikkarte.

Eine echte Weiterentwicklung war → *SVGA*.

VG-AnyLAN

Kunstwort, zusammengesetzt aus der Abkürzung VG für Voice Grade von engl. any LAN = jegliches LAN. Auch nur 802.12, Demand Priority, 100VGAnyLAN oder 100BaseVG genannt.

Bezeichnung eines schnellen Standards für → *LAN*s, genormt von der Standardisierungsgruppe 802.12 der → *IEEE*.

Der Standard überträgt mit 100 Mbit/s. Dabei werden grundsätzlich die Standards → *IEEE 802.2* und 802.5 unterstützt, was die Bezeichnung AnyLAN erklärt.

Das Netz muss aber für einen dieser Standards ausdrücklich konfiguriert sein. Netze verschiedener Standards können dann nur mit einem speziellen → *Router* miteinander verbunden werden.

Dementsprechend liegt die max. Paketlänge bei entweder 1 500 oder 4 500 Byte. Zugriffsverfahren ist → *Round Robin* mit zwei Prioritäten (Normal Priority und High Priority). Die Datenübertragung mit Paketen hoher Priorität soll Datenverkehr unter Echtzeitbedingungen, z.B. für multimediale Anwendungen inkl. Bewegtbildkommunikation, abwickeln können.

Vorteil des Standards gegenüber z.B. → *Fast Ethernet* ist, dass auch nicht so qualitative Kabel, wie beispielsweise der Klasse UTP 3, (weiter) genutzt werden können.

Topologisch besteht das Netz aus einem zentralen → *Hub* (Kontrollinstanz, genannt Root Hub), an dem weitere Hubs baumförmig angeschlossen sind. Diese nachgeordneten Hubs führen auch die Verwaltung der Übertragungsrechte durch. Eine Station, die dabei übertragen möchte, signalisiert dies mit einer Priorität ihrem Hub, der, sofern er der einzige Hub im Netz ist, auf das Ende der aktuellen Übertragung wartet und dann die folgenden Anforderungen nach Round Robin abarbeitet. Ist diesem Hub ein weiterer überlagert, gibt er den Sendewunsch nach Ende der aktuellen Übertragung an diesen weiter. Der Sendewunsch wandert auf diese Weise bis zur Zentrale hinauf, die festlegt, welcher Hub nun die Anforderung komplett bearbeitet. Dieses Recht wird vergeben, und der betreffende Hub bearbeitet nach Round Robin die vorliegenden Anforderungen.

Die Hubs selbst besitzen Adresstabellen über alle Stationen. Beim Empfang eines Paketes wird dieses gespeichert und die Bestimmungsadresse wird analysiert. Daraufhin wird das Paket an den entsprechenden Port weitergeleitet.

Als Übertragungsmedien werden vier ungeschirmte Kabelpaare der Kategorien 2, 4 oder 5 (max. überbrückbare Distanz von 100 m), zwei geschirmte Kabelpaare oder zwei ungeschirmte Kabelpaare der Kategorie 5 (max. überbrückbare Distanz 150 m) oder ein Glasfaserkabel (max. überbrückbare Distanz 2 000 m) gewählt.

Historisch gesehen entstand diese Norm dadurch, dass HP kein Fast Ethernet anbieten wollte, sondern mit AT&T in den HP Research Labs in Bristol ein eigenes Protokoll entwickelte, das auf hohen Ebenen Ethernet-kompatibel sein sollte, um bestehende Investitionen zu schützen. Erste Bezeichnung war 100BaseVG. Später stieß IBM dazu und erweiterte den Standard um die Token-Ring-Komponente, weswegen der Name in 100VG-AnyLAN geändert wurde.

Es ist umstritten, welchen Erfolg dieser Standard haben wird. Etablierte und mittlerweile auch strauchelnde Standards wie → *FDDI* und → *ATM* oder die nächst schnellere Ethernet-Generation wie → *Gigabit Ethernet* sorgen für eine unsichere Zukunft. Im Vergleich zu Fast Ethernet scheint VG-AnyLAN jedoch das Nachsehen zu haben.

VHD

Abk. für Video High Density.

→ *LD*.

VHDL

Abk. für Very High Speed Hardware Description Language.

Bezeichnung einer objektorientierten Programmiersprache, die speziell zum Beschreiben und Testen (Verhaltenssimulation) im Entwicklungsstadium von Hardwarebausteinen wie → *ASIC*s entwickelt wurde. Es handelt sich gegenwärtig um die am weitesten verbreitete Sprache dieser Art.

VHDL erlaubt die Definition von parallel ablaufenden Programmteilen und die Bildung von kompletten, wiederverwendbaren Programmteilen.

Entwickelt wurde VHDL in den 80er Jahren im Auftrag des US-Verteidigungsministeriums, auf dessen Druck es sich auch schnell verbreitete. Eine Weiterentwicklung sind → *VITAL* und VHDL-A. Die Arbeiten an VHDL-A begannen 1989 mit dem Ziel, VHDL derart zu erweitern, dass analoge und digitale sowie hybride Schaltungen beschrieben und simuliert werden können. Die Arbeiten sind gegenwärtig nicht abgeschlossen. Es werden zwei Varianten (Jade und Opal) näher untersucht.

Von VHDL ausgehend, entwickelten sich Synthesetools, die aus der VHDL-Beschreibung direkt Layoutpläne für ASICs erzeugen können.

→ *MHDL*, → *Verilog*.

→ *http://vhdl.org/*

→ *http://www.vhdl-online.de/*

VHDSL

Abk. für Very High Bitrate Digital Subscriber Line.

→ *VDSL*.

VHDWDM

Abk. für Very High Density Wavelength Division Multiplexing.

→ *WDM*.

VHF

Abk. für Very High Frequency.

Frequenzband von 30 MHz bis 300 MHz. In Deutschland auch UKW, Ultrakurzwelle (-nbereich) oder Meterwellenbereich genannt. Es erfolgt keine Reflexion an der → *Ionosphäre*, d.h., die Wellen breiten sich quasioptisch als → *Bodenwelle* aus. Die Reichweite ist daher gering und von der Montagehöhe der Sendeantenne und ihrer Leistung abhängig. Zur Verbindung in diesem Frequenzbereich ist üblicherweise zwischen Sender und Empfänger Sichtverbindung erforderlich. Überhorizontverbindungen sind dennoch als Folge der → *Beugung* in Grenzen möglich. Es kommt jedoch hinter großen Gebäuden oder insbesondere in Tälern zu Abschattungen.

Im Frequenzbereich von 87,5 MHz bis 108 MHz wird der frequenzmodulierte Tonrundfunk abgewickelt. Die Nutzung dieses Bereiches resultiert aus der unmittelbaren Zeit nach dem 2. Weltkrieg, als bislang für Tonrundfunk genutzte Mittelwellenbereiche noch militärisch genutzt wurden und eine Ausweichmöglichkeit gesucht wurde.

Die Nachbarbereiche sind → *HF* und → *UHF*.

VHLL

Abk. für Very High Level Language.

Andere, scherzhafte Bezeichnung für eine → *Programmiersprache* der 4. Generation.

VHS, VHS-C

Abk. für Video Home System.

Bezeichnung eines ursprünglich von JVC entwickelten Video- und Tonaufnahmeverfahrens. Es ist im Bereich der privaten Nutzer (→ *Videorecorder*) das am weitesten verbreitete Verfahren und setzte sich im Laufe der 80er Jahre gegen konkurrierende Standards wie Betamax aus dem Hause Sony oder Video 2000 von verschiedenen Herstellern aus Deutschland durch, auch wenn z.B. Betamax von Sony weiterentwickelt wurde (Beta Hi-Fi ermöglichte auch Tonaufzeichnung in Stereoqualität und SuperBeta verbesserte die Bildqualität).

Aufzeichnungsmedium ist ein ½-Zoll-breites Magnetband, das in einer Kassette geführt wird. Eine Kassette kann Bandmaterial bis zu acht Stunden Spieldauer aufnehmen.

Für kleinere, tragbare → *Camcorder* existieren kompatible Kassetten (VHS-Compact oder VHS-C) mit einer Spieldauer von max. 20 Minuten.

Eine dazu abwärtskompatible Weiterentwicklung ist Super-VHS (S-VHS), bei dem die Speicherdichte erhöht wurde und die Signale getrennt aufgezeichnet werden. Dies führt zu einem qualitativ besseren (höher auflösenden) Bild- und Tonsignal.

vi

Abk. für Visual Interface.

Bezeichnung für einen einfachen, nur ASCII-fähigen, aber sehr schnellen und mächtigen → *Editor* unter dem → *Betriebssystem* → *Unix*. Er gilt jedoch als nicht besonders intuitiv zu bedienen.

VIA

Abk. für Vendors ISDN Association.

Bezeichnung einer von vorwiegend nordamerikanischen Herstellern von → *ISDN*-Endgeräten (Telefonen, → *Terminaladaptern*, Nebenstellenanlagen, PC-Karten) im Juli 1996 gebildeten Vereinigung mit Sitz in Kalifornien.

Ziele sind die Herstellung weltweiter ISDN-Kompatibilität, Implementation offener Standards, Vereinfachung von Konfigurationsprozeduren und Förderung von Interoperabilitätstests.

Die VIA ist der → *NUIF* und der → *NIC* angeschlossen.

→ *http://www.via-isdn.org/*

Viaccess

→ *Conditional Access.*

Vibrationsalarm

Bezeichnung für ein → *Leistungsmerkmal* von → *Handys*. Ein eingehender Anruf wird dabei nicht durch ein akustisches Signal angezeigt, sondern geräuschlos durch eine Vibration des Gerätes.

Der Vibrationsalarm kann serienmäßig in ein Gerät eingebaut sein oder als Zubehör zusätzlich montiert werden, wodurch das Gehäuse in der Regel klobiger und unhandlicher wird.

Video-8

Bezeichnung eines Magnetband-Kassettenformates, das ursprünglich in Videokameras eingesetzt wurde, sich aber im Laufe der Jahre auch als Speichermedium für Daten durchgesetzt hat, z.B. für → *Backups*. Aufzeichnungsmedium ist ein 8 mm breites Magnetband. Die max. Aufzeichnungsdauer für Videodaten liegt bei 3 Stunden.

Die Kassetten sind klein und vergleichsweise preiswert. Sie fassen beim Einsatz zur Datensicherung bis zu 5 GByte an Daten. Nachteil ist die niedrige Datenübertragungsrate und die geringe Bandlaufgeschwindigkeit, was zu langen Suchzeiten führt, u.U. mehrere Stunden. Bestimmte Laufwerke mit speziellen → *Treibern* laufen jedoch schneller (Exabyte-Laufwerke).

Eine Weiterentwicklung von Video-8 ist → *Hi 8*.

Video-8 wurde gemeinsam von verschiedenen Unternehmen Anfang der 80er Jahre entwickelt und 1982 von 127 Herstellern von Unterhaltungselektronik weltweit anerkannt.

→ *DAT*, → *QIC*, → *Streamer*, → *Videorecorder*.

Video-CD

1. Bezeichnung eines von Sony, Philips und JVC definierten Verfahrens, in → *MPEG 1* codierte Videofilme auf zwei herkömmlichen → *CD-ROMs* zu speichern. Das Verfahren wurde 1993 öffentlich vorgestellt. Einzelne Spielfilme aus amerikanischer Produktion erschienen auf diesem Medium, das insgesamt jedoch kein großer Erfolg war.
2. Bezeichnung eines von Sony und Philips gemeinsam mit 3M entwickelten und vorgeschlagenen → *CD*-Standards zur Speicherung von Videodaten, der sich letztlich nicht vollständig durchsetzen konnte. Er hat sich eng an den

herkömmlichen CD-Standard gehalten, wobei die Aufzeichnungsdichte erheblich erhöht wurde. Das Speichervermögen lag bei 7,4 GByte. Die Informationen wurden in zwei nur 40 µm übereinanderliegenden Schichten zu je 3,7 GByte aufgetragen. Discdurchmesser: 12 cm. Discstärke: 1,2 mm inkl. Schutzüberzug (→ *Cladding*). Die Pits waren nur noch 0,45 µm lang. Der Spurabstand betrug 0,84 µm. Der Laser arbeitete mit einer Wellenlänge von 635 nm und konnte auf eine der zwei Schichten fokussiert werden.

Für die Speicherung von 270 Minuten Film waren Datenraten zwischen 1 und 10 Mbit/s eines mit → *MPEG 2* codierten Datenstroms vorgesehen. Dies führte zu einer Bildqualität besser als VHS, aber unter dem Niveau von Studioqualität. Unterstützt wurden ferner insgesamt sechs Audiokanäle.

Zunächst wurde dieser Standard auch von Mitsumi und Ricoh akzeptiert. Ferner hatten einige Filmfirmen sich zu diesem Standard bekannt.

Oft wurde auch von Multimedia-CD (MMCD), HD-CD (High-Density-CD) oder High Density Multimedia Compact Disc System (HDMM-CD) gesprochen.

Der Standard wurde seit Anfang 1993 bei Sony entwickelt und im Herbst 1994 angekündigt. Vorgestellt wurde er am 25. Januar 1995. Hinfällig wurde er Anfang 1996, als die → *DVD* als Industriekonsens vorgestellt wurde.

→ *SD-ROM*, → *SD-9*.

Video Disc

1. Andere, inoffizielle Bezeichnung für die → *DVD*.
2. Vor der Standardisierung der → *DVD*die Bezeichnung für mehrere miteinander konkurrierende Standards, die die → *CD* als Speichermedium für Videoinformationen nutzen möchten, wie → *Video-CD*, → *SD-ROM*, → *SD-9*, → *SD-10*.

→ *Bildplatte*.

Videokommunikation

Ein selten gebrauchter Oberbegriff für jede Art der Nutzung von Telekommunikationsnetzen und Telekommunikationsdiensten, bei der es neben der Übertragung von Sprache auch zur Übertragung von Bewegtbildinformation (Videos) kommt.

Beispiele sind das → *Bildtelefon*, eine → *Videokonferenz* oder auch → *Business-TV*.

Videokonferenz, Videokonferenzsystem, Videokonferenztechnik

Ein Dienst über Telekommunikationsnetze und auch → *LAN*s. Im Unterschied zum → *Bildtelefon* werden nicht nur Ton und Bild zwischen zwei Personen, sondern es werden auch Daten, für z.B. → *Application Sharing* und dies u.U. zwischen mehreren Personen, übertragen.

International wichtige Standards, die sich auf unterschiedliche Übertragungsnetze beziehen, sind H.310 (Audio- und Videoübertragung über ein → *ATM*-Netz), → *H.320* (Audio- und Videoübertragung über das → *ISDN*), → H.323 (Audio- und Videoübertragung über das LAN oder andere, paketvermittelte Netze oder Netze ohne eine garantierte → *QoS*, → *H.324* (Audio- und Videoübertragung über analoge, schmalbandige Telefonnetze) und → *T.120* (Application Sharing), nachdem proprietäre Standards sich nicht durchsetzen konnten.

Allgemein werden drei Systeme unterschieden:

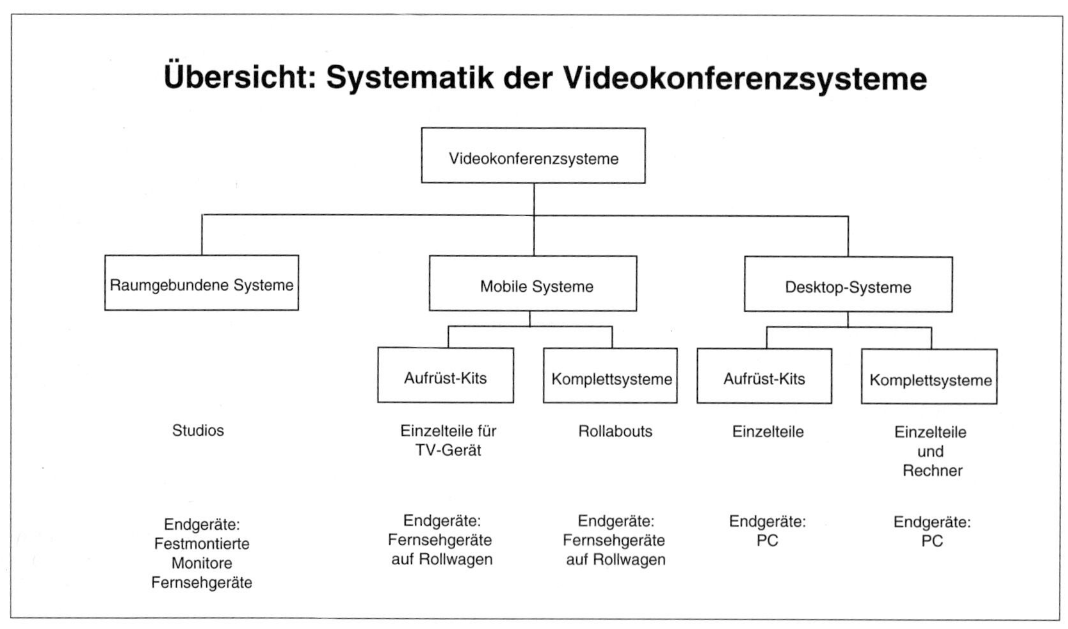

- Studio-Videokonferenzen (allgemein auch raumorientierte Systeme genannt)
- Mobile Videokonferenzsysteme (allgemein auch Rollabouts oder seltener Gruppensysteme genannt):
  - Aufrüst-Kits
  - Komplettsysteme
- Desktop-Videokonferenzen:
  - Aufrüst-Kits
  - Komplettsysteme

Studio-Videokonferenzen in fest eingerichteten Studios verursachten in der Vergangenheit hohe Kosten (500 000 bis 1 Mio. DM für Studiogeräte, Personalkosten für Techniker, Kameraleute, Beleuchter und Regie, Verbindungskosten für Breitbandübertragungen). Sie gelten als schwer in den Arbeitsablauf integrierbar und erfordern lange Vorbereitungen (Anmeldung, Verabredung, Anreise). Ein weiterer Nachteil besteht darin, dass die Gesprächssituation in einem Studio als unnatürlich und steif empfunden wird. Ihr Vorteil ist, dass mehrere Personen an der Videokonferenz teilnehmen können, die selbst nicht mit der Abwicklung der Videokonferenz beschäftigt sind. Darüber hinaus ist dank professioneller Studiotechnik und breitbandiger Verbindungen eine sehr hohe Qualität erreichbar. Zugrundeliegende Netze sind das → *VBN*, → *DDV* und insbesondere das → *ISDN*. Diese Art von Videokonferenzen verliert jedoch an Bedeutung.

Bei den in kompletter Ausstattung mehrere 10 kg schweren Rollabout-Videokonferenzanlagen ist das technische Gerät auf und/oder in einem mobilen, rollbaren Container stationiert und kann zwischen Büros hin- und hertransportiert werden. Die Darstellung des Bildes erfolgt üblicherweise über großformatige Fernseher, evtl. mit einer Bild-in-Bild-Darstellung (→ *PIP*). Im Allgemeinen geschieht die Steuerung des vom Nutzer der Videokonferenz etwas weiter weg befindlichen Rollabouts über eine Fernsteuerung zur Kontrolle der Kamera (Zoom, Kamerarichtung, Bildausschnitt). Rollabouts sind wesentlich billiger als Studiokonferenzen, können aber wegen der nötigen Vorausplanung und nicht permanenter Verfügbarkeit für jeden potentiellen Nutzer ebenfalls nicht uneingeschränkt in den üblichen Arbeitsablauf integriert werden.

Rollabouts gibt es als Komplettsystem und auch als Aufrüst-Kits für Fernseher.

Desktop-Videokonferenzsysteme (DVC, Desktop Videoconference System) sind an den → *PC* anbaubare und in ihn einbaubare Geräte (Kamera, Mikrofon, Karte), die zu günstigen Preisen erhältlich sind, so dass sich eine weite Verbreitung ergeben kann und dadurch Videokonferenzen in den normalen Arbeitsablauf integriert werden können. Hier wird im Handel zwischen Aufrüst-Kits (Kamera, Sound- und Videokarte, Boxen, Mikrofone, Software; ca. 800 bis 10 000 DM, je nach Anspruch) und Komplettsystemen (PC mit Software und installierten Einzelteilen, 3 000 bis 15 000 DM) unterschieden.

Desktop-Videokonferenzen haben ferner den Vorteil, dass das Benutzen der Geräte als leicht erlernbar gilt (Windows-ähnliche Benutzeroberfläche, PC als Endgerät).

Heute werden Videokonferenzen meistens in niedriger, aber zufriedenstellender Qualität über das → *ISDN* abgewickelt. Dazu werden üblicherweise zwei B-Kanäle zu je 64 kbit/s genutzt (128 kbit/s bei 5 Bildern/s). Es ist bei heutigen Videokonferenzsystemen aber auch möglich, nur einen B-Kanal (64 kbit/s) oder mehr als zwei zu nehmen. Werden mehr als zwei gewählt, werden üblicherweise sechs (384 kbit/s, 30 Bilder/s) oder gleich 30 B-Kanäle (2,048 Mbit/s, Primärmultiplexanschluss) gebündelt. Es ist aber auch möglich, analoge Telefonleitungen als Basis zu nehmen.

Neben einer Punkt-zu-Punkt-Videokonferenz mit zwei Teilnehmern ist es mit einer → *MCU* auch möglich, Punkt-zu-Mehrpunkt-Verbindungen abzuwickeln.

Seit 1995 existiert auch Videokonferenzsoftware für Videokonferenzen über das → *Internet*, die allerdings in ihrer Qualität nicht mit denen über das ISDN vergleichbar sind.

Oft können an Videokonferenzsysteme zusätzliche Einheiten angeschlossen werden, die je nach Einsatzzweck (im Maschinen- und Anlagenbau für → *Tele-Service*, in der Medizin) konfiguriert werden:

- Videorekorder zum Zuspielen von vorher aufgenommenen Videos
- Mobile Handvideokamera (→ *Camcorder*)
- Endoskopiekamera
- Mikroskop
- Externe Objektkamera an einem eigenen Tisch zum detaillierteren Betrachten anderer Objekte (Schmuck, Zeichnungen, Skizzen, kleine Werkstücke)

Lange Zeit wurde prognostiziert, dass in fernerer Zukunft über Breitbandanwendungen ‚true' Videoconferences mit 2 Mbit/s und mehr (z.B. über → *ATM*-Netze im Rahmen des → *B-ISDN*) abgewickelt werden würden. Durch die Fortschritte bei den Kompressionstechnologien wird aber mittlerweile davon ausgegangen, dass eine derartige Bandbreite nicht mehr nötig ist.

Bei der Vermittlung von Daten im Rahmen eines Videokonferenzdienstes ist zu beachten, dass der Verlust von Daten in Grenzen (bis zu einer → *BER* von 10^{-11}) toleriert werden kann, ebenso wie eine geringe Verzögerung (→ *Delay*). Eine Veränderung der Verzögerung (→ *Jitter*) wird hingegen vom Nutzer als unangenehm empfunden.

Der Videokonferenztechnologie wird bereits seit längerer Zeit ein Durchbruch vorausgesagt, doch erfolgt die Marktpenetration wesentlich langsamer als erwartet, obwohl durch Desktop-Systeme und die Standards H.320 und T.120 zu Anfang der 90er Jahre ein erheblicher Schub erfolgte.

Folgende Punkte gelten als zentrale Probleme für das Erkennen eines echten, geldwerten Zusatznutzens (im Gegensatz zu „nice to have") für größere Anwenderkreise:

- Die Integration in den Arbeitsablauf: Videokonferenzen können selbst bei Desktop-Systemen nicht so nahtlos in den Arbeitsablauf integriert werden wie ein herkömmliches Telefonat.
- Der Zusatznutzen des Bildes allein ist zu gering, aber nicht bei allen Gelegenheiten muss man im Sinne einer Telekonferenz auch zusammen arbeiten (Joint-Editing, Application Sharing), bzw. nicht alle Gesprächsthemen führen in-

nerhalb eines Gespräches zu einer sozialen Dynamik, so dass das Bild einen Zusatznutzen bringt (Gestik, Mimik).

- Emotionale Gründe: Idealerweise sollten sich die Teilnehmer einer Videokonferenz bereits kennen. Dies ist um so wichtiger, je weniger Personen daran teilnehmen.

Auf eine hohe Akzeptanz stoßen Videokonferenzen vor allem in räumlich verteilten Umgebungen mit einem hohen Koordinationsbedarf bei einem gleichzeitigen hohen Bedarf am Austausch von bereits vorliegenden elektronischen Daten. Konkrete Beispiele finden sich üblicherweise in den Entwicklungsabteilungen großer, multinationaler Konzerne.

→ *Sprachvermittlung*, → *Datenvermittlung*, → *Screen Sharing*, → *Joint-Editing*, → *Joint-Viewing*, → *Indeo*, → *PCS*, → *ABK*, → *Versit*, → *IMTC*, → *PCWG*.

Die Entwicklung der Videokonferenztechnologie nahm folgenden Verlauf:

1880

Alexander Graham Bell (* 1847, † 1922) entwickelt nur vier Jahre nach Erfindung des Telefons ein ‚Photophon'. Es war eine Art optisches Telefon, bei dem Licht mit Spiegeln übertragen wurde. Die Probleme beim Verwenden dieser Einrichtung über längere Strecken außer Haus blieben allerdings ungelöst.

1883

Der französische Romanautor Albert Robida (* 1848, † 1926) beschreibt die Welt des Jahres 1952 und erläutert den Gebrauch des ‚Telefonoskops', mit dem jeder mit jedem Sprech- und vor allem auch Blickkontakt aufnehmen kann und amüsiert sich bereits über voyeuristische Erlebnisse bei Fehlverbindungen.

1912

Der englische Fernsehpionier A.A. Campbell bezeichnet das Bildfernsprechen als eines der Ziele bei der Entwicklung des Fernsehens.

1927

In den Bell Labs gelingt es, Bewegtbilder über eine Telefonleitung von New York nach Washington D.C. zu übertragen.

1936

Zwischen Berlin und Leipzig wird am 1. März ein Fernseh-Sprechdienst eingeführt. Der Ton wird dabei mit herkömmlicher Fernsprechtechnik übertragen – das Bild mit Fernsehtechnik. Die Städte Nürnberg (1937) und München (1938) erhalten in Postämtern ebenfalls Bildtelefonkabinen. Auch Hamburg (1938) ist dabei. Dort werden durchschnittlich 20 Verbindungen/Tag registriert.

1940

Der Fernseh-Sprechdienst wird wieder eingestellt. Die Kabelstrecken werden für schmalbandige Telefonie genutzt.

1948

George Orwell beschreibt eine düstere Vision des Lebens im Jahr „1984" und zeigt, dass optische Telekommunikationssysteme auch die Gefahr des massiven Missbrauchs in sich bergen: „Big Brother is watching you!" wird zum geflügelten Wort.

1964

Auf der Weltausstellung in Osaka zeigt AT&T einen Bildtelefondienst.

1970

In Pittsburgh/Pennsylvania wird der ‚Picturephone' genannte Bildtelefondienst von AT&T in Betrieb genommen. Er wird in 12 über die USA verteilten Videokonferenzstudios angeboten, die von Nutzern gemietet werden können. Je ein Schwarzweiß-Bild wird im Abstand von mehreren Sekunden übertragen.

Frühe 70er Jahre

Prognosen der AT&T, so z.B. Donna Snyder in einem internen Memorandum, sagen voraus, dass dieser Dienst „... in den 80er Jahren zur Standardausstattung eines jeden Haushalts gehören wird" oder dass „... Ende der Dekade 85% aller Meetings elektronisch mittels Bildtelefon oder Videokonferenz stattfinden..." würden.

1979

Die damalige PTT der Schweiz (heute: → *swisscom*) entwickelt zusammen mit Philips ein Bildschirmtelefon, das über 64-kbit/s-Standleitungen betrieben werden kann. Es überträgt Sprache, Fotos, Texte und sogenannte Lichtstiftzeichnungen. Es wird kein großer Erfolg.

1983

Zur → *IFA* präsentiert die Deutsche Bundespost ein Videokonferenzsystem auf der Basis von 2-Mbit/s-Kanälen und dem zu diesem Zeitpunkt noch nicht ganz fertigen Standard H.120.

1984

Viele Experten gehen allgemein davon aus, dass Videokonferenzen im geschäftlichen Bereich mit 140 Mbit/s auf der Basis des B-ISDN abgewickelt werden.

Erster Standard für digitale Bildkompression: H.120 wird veröffentlicht.

1985 bis 1989

In Deutschland wird ein „Vermittelndes Breitbandnetz" (→ *VBN*) genanntes Videokonferenznetz aufgebaut. Das damals weltweit einzigartige Netz ermöglichte High-Quality-Videokonferenzen per Selbstwahl aus speziellen Studios heraus.

Ab 1987

Weltweit werden ISDN-Netze aufgebaut.

1989

Aus dem Hause Panasonic kommt das Videophone mit farbigen Bewegtbildern für den privaten Haushalt. Vorgestellt wird es in Tokio.

1990

Verabschiedung von → *H.320* als Standard für Desktop-Videokonferenzen.

1991

Im Frühjahr sorgt das Zurückgehen von Geschäftsreisen infolge der Angst vor Bombenterror im Kielwasser des Golfkrieges für ein wachsendes Interesse an Videokonferenzsystemen.

1992

In den USA bietet AT&T ein Gerät unter der Bezeichnung ‚VideoPhone 2500' für 1 500 $ an, das farbige Bewegtbilder über eine analoge Telefonverbindung überträgt. Wegen des hohen Preises und der mäßigen Bildqualität wird es sehr zurückhaltend im Markt aufgenommen.

Erste Produkte für PC-Videokonferenzen über das ISDN. Die Deutsche Telekom beschließt im Oktober das Projekt

‚European Videotelephony' mit dem Ziel, bis 1995 einen europaweiten Bildtelefondienst einzuführen.

1993

Die Zahl regelmäßiger Nutzer von Videokonferenzen in Deutschland wird auf 500 Anwender geschätzt.

1994

Erste H.320-konforme Produkte kommen auf den Markt.

Intel pusht mit der → *PCWG* seinen Standard.

Erste Videokonferenzen über das → *Internet* mit Hilfe von ‚CUSeeMe'.

1995

Durchbruch der H.320-basierten Desktop-Videokonferenzen.

Intel passt sich H.320 an.

Erste Bundlings beim Verkauf von PC und Videokonferenzsystemen.

Ein Beitrag in der Fachzeitschrift ‚Net' sagt den Durchbruch für Videokonferenzen am Markt „für die nächsten zwei Jahre" voraus, ein weiterer Beitrag die massenhafte Verbreitung von Videokonferenzen über herkömmliche TV-Geräte und → *Set-Top-Boxen.*

1996

Verabschiedung von T.120.

Erstes Videokonferenz-Telefonbuch der Deutschen Telekom mit rund 1 000 Einträgen.

1997

Die Deutsche Telekom bringt ihr Bildtelefon ‚T-View' auf den Markt.

Das Unternehmen Frost & Sullivan sagt dem in 1996 auf 332,5 Mio. $ geschätzten europäischen Markt im Oktober eine Verzehnfachung im Wert bis zum Jahr 2003 voraus. Als treibende Kräfte gelten der Preisverfall, technischer Fortschritt und einfache Bedienung bei den MCUs, die Einführung von → *Tele-Working* sowie der Zwang zum Einsparen von Geschäftsreisen.

Kyocera stellt für das System → *PHS* eine Armbanduhr mit kleinem Schwarz-Weiß-LCD, kleiner Kamera und 2 Bildern/s vor.

Im November kündigt ein Beitrag in einer Sonderpublikation der Süddeutschen Zeitung den großflächigen Durchbruch der Videokonferenz noch für 1997 an.

1998

Verschiedene Unternehmen der Branche klagen über Umsatzrückgänge und sogar Verluste. Als einer der Gründe wird das Vordringen des → *Internet* und seiner Anwendungen in die Arbeitswelt gesehen, über das ähnliche Funktionalitäten (allerdings ohne Bewegtbild) für zusammenarbeitende Teams erheblich kostengünstiger abgewickelt werden können.

Videokonferenzversuchsnetz

→ *VBN.*

Videokonsole

→ *Console.*

Video-on-Demand

Abgekürzt mit VoD. In Deutschland auch selten mit Video auf Bestellung/auf Abruf, Videofilm/Spielfilm auf Bestellung/auf Abruf, Bestellfernsehen o.Ä. bezeichnet.

Bezeichnung für einen neuen → *On-Demand-Dienst*, bei dem über Kupfer- oder in Zukunft Glasfaser-Breitbandnetze dem Nutzer Videofilme auf Wunsch zugespielt werden, die dieser sich dann auf seinem Fernseher ansehen kann. Die Auswahl erfolgt dabei über das Telefon (z.B. mittels → *DTMF*) oder diverse interaktive Techniken, bei denen z.B. ein Rückkanal in einem Seitenband des Fernsehkanals (Austastlücke) geschaltet wird, über den die Signale an den Dienstanbieter zurückübermittelt werden, die der Nutzer mittels einer speziellen Fernbedienung zur Filmauswahl erzeugt. Eine andere Möglichkeit der Implementierung eines Rückkanals ist eine einfache Modemverbindung über die analoge Telefonleitung oder ein Rückkanal über das → *ISDN.*

Grundsätzlich werden also ein breitbandiger Vorwärtskanal (für das Videosignal) und ein schmalbandiger Rückkanal (für die Steuersignale) benötigt.

Weltweit liefen und laufen mehrere Versuche auf diesem Gebiet, das als Vorstufe zum interaktiven Fernsehen angesehen wird. Die Feldversuche starteten mit vielen Vorschusslorbeeren, erwiesen sich jedoch in ihren Ergebnissen bislang ernüchternd, sowohl was die Leistungsfähigkeit der Technik als auch die Akzeptanz durch den Verbraucher anging. Grundproblem sind die hohen Investitionen auf der Netz- und Serverseite und der im Vergleich zu diesen Kosten (die sich entsprechend in Nutzungsgebühren für die Konsumenten niederschlagen) eher als gering empfundene Nutzen für den Konsumenten.

Video-on-Demand wurde erstmals 1993 als möglicher Massendienst diskutiert und sollte 1995 auch in Deutschland im Rahmen verschiedener geplanter Multimedia-Feldversuche mit zwischen 100 und 10 000 angeschlossenen Haushalten starten. Lediglich der Feldversuch der Deutschen Telekom mit 50 Haushalten in Berlin wurde ab Februar 1995 realisiert.

Mit dem Erfolg des → *WWW* wurde dank der Technik → *RealVideo* (→ *Streaming*) auch Video-on-Demand ab 1997 auf Basis einer Internet-Plattform wieder intensiver diskutiert. Jede ernsthafte Umsetzung und kommerzielle Vermarktung unterblieb bislang jedoch.

→ *PPV*, → *Near-Video-on-Demand.*

Video-RAM

→ *VRAM.*

Videorecorder

Abgekürzt mit VCR. Oberbegriff für technische Systeme zur Aufzeichnung von Bewegtbild- und Toninformation auf Bandmedien, die mit einer magnetisierbaren Schicht überzogen sind.

Im Laufe der Zeit konkurrierten verschiedene technische Systeme, von denen sich im Privatbereich und im professionellen Bereich (TV-Aufzeichnung und Sendebetrieb) einige durchgesetzt haben. Prinzipiell entwickelte sich die Technik wie folgt:

1951
Charles Ginsburgh fängt an, für die Ampex Corp. aus Kalifornien einen Videorecorder zu entwickeln.

1953
Eduard Schüller (* 1904, † 1976) lässt sich ein Aufzeichnungsverfahren für Magnetbänder patentieren, bei dem Daten in schrägen Spuren auf dem Band aufgezeichnet werden. Das Verfahren setzte Maßstäbe und wird auch heute noch verwendet.

14. April 1956
Ampex bringt ein „Ampex VR 1000" genanntes, erstes System für die Aufzeichnung von Videodaten (Schwarzweißbilder) auf Magnetbändern auf den Markt. Vorgestellt wird es auf der Jahrestagung der → *NAB* in Chicago. Der VR 1000 ist so groß wie zwei nebeneinander gestellte Kühlschränke. Das Gerät wird im professionellen TV-Bereich eingesetzt und basiert auf freilaufenden Bändern (keine Kassetten) aus dem Hause Scotch 3M.

Die erste Sendung einer zuvor auf Band aufgezeichneten Sendung wird im gleichen Jahr am 30. November über Kabelfernsehen ausgestrahlt.

Eine erste Allianz mit Sony, das die Röhren in den Geräten durch Transistoren ersetzen sollte und im Gegenzug die Vermarktung im Konsumentenbereich übernehmen sollte, scheitert, woraufhin Ampex mit Toshiba zusammengeht.

1957
Die RCA ist das zweite Unternehmen, das einen Videorecorder auf den Markt bringt.

1958
Ampex stellt mit dem „Ampex VR 1000 B" den ersten Videorecorder zur Aufzeichnung von farbigen Videodaten zur Verfügung.

1959
Der erste Videorecorder, der nach dem Schrägspuraufzeichnungsverfahren funktioniert, kommt aus dem Hause Toshiba auf den Markt.

60er Jahre
Verschiedene Unternehmen kaufen Ampex-Patente und vermarkten ihre eigenen, untereinander inkompatiblen Videorecorder.

1967
Sony bringt einen tragbaren Videorecorder zur Aufzeichnung von Schwarzweißbildern auf den Markt.

1969
Sony entwickelt mit U-Matic ein System, das auf Kassetten und einem 3/4 Zoll breiten Band basiert. Unter dem Eindruck möglicher Konkurrenzentwicklungen werden Matsushita und JVC eingeladen, an U-Matic mitzuarbeiten. Es kommt zu kleineren Änderungen und einer Aufteilung des Marktes.

1971
U-Matic kommt offiziell auf den Markt und wird im professionellen Bereich gut aufgenommen, fällt aber wegen hoher Kosten und zu großen Platzbedarfs der Geräte im Konsumentenmarkt durch.

Philips stellt auf der → *IFA* ein erstes System für den Heimgebrauch vor. Es basiert auf einer Kassette mit zwei aufeinanderliegenden Spulen und einem 1/2 Zoll breiten Band. Es gilt als teuer und noch nicht ausgereift. Grundig fängt jedoch auf Basis dieser Technik an, ein eigenes System zu entwickeln.

In den USA kommt ein Catrivision genanntes System auf den Markt, das verschiedene technische Konzepte von Betamax vorwegnimmt, sich aber wegen anderer Probleme nicht durchsetzen kann.

1972
Das Tochterunternehmen von Matsushita, Kotobuki, stellt mit VX-100 ein weiteres System für den Konsumentenmarkt vor.

April 1975
Sony stellt das qualitativ hochwertige Betamax-System vor. Es können bis zu 60 Min. lange Kassetten mit dem Bandformat 1/2 Zoll verwendet werden. Sony bietet auch Matsushita und JVC die gemeinsame Entwicklung an.

1975
JVC bringt in Japan sein → *VHS*-System mit einer Spieldauer von 2 Stunden für eine Kassette auf den Markt.

April 1976
Sony, Matsushita und JVC treffen sich, um einen Versuch zu unternehmen, ihre Systeme zu standardisieren. Der Versuch scheitert unter gegenseitigen Vorwürfen von Patentverletzungen.

Betamax wird anschließend unter dem Zenith-Label auf dem amerikanischen Markt eingeführt.

1977
Grundig bringt das auf dem Philips-System basierendes System „Super Video Recording" (SVR) auf den Markt. Pro Kassette können vier Stunden aufgezeichnet werden.

Sommer 1977
VHS-Produkte von Matsushita werden unter dem RCA-Label im amerikanischen Markt eingeführt.

1978
Es sind mittlerweile rund 400 000 Betamax-Geräte verkauft. Das System wird auch auf dem deutschen Markt eingeführt.

1979
Grundig und Philips bringen als europäisches Gegengewicht ihr gemeinsam entwickeltes und qualitativ überlegenes Video-2000-System auf den Markt. Es basiert auf einem Magnetband, das ½ Zoll breit ist und je Kassette eine Spieldauer von 480 Minuten ermöglicht.

Es werden rund doppelt so viele VHS-Geräte wie Betamax-Geräte verkauft.

1980
Erste tragbare Kameras für den privaten Gebrauch mit umhängbarem Videorecorder (insgesamt um die 8 kg) kommen für 4 000 bis 6 000 DM auf den Markt.

1982
Die neue Norm → *Video-8* wird geboren.

1983
Die ersten → *Camcorder* kommen für Betamax und VHS auf den Markt.

Aus dem Hause Hitachi wird das erste Aufnahmeverfahren mit → *CCD*-Technik präsentiert.

1984
Sony ist der einzige Produzent, der noch kein VHS-Gerät im Angebot hat.

Die Produktion von Video-2000-Geräten wird eingestellt.

1986

Sony stellt einen ersten Videorecorder für die Aufzeichnung digitaler Signale vor.

Späte 80er Jahre

Das preislich günstige → *VHS*-System beginnt, sich auch gegen Betamax durchzusetzen und eröffnet einen Massenmarkt.

1991

In den USA bringt Gemstar sein System zu leichteren Programmierung von Videorecordern, genannt VCRplus, auf den Markt. Das Eingeben eines Zifferncodes programmiert den Videorecorder dadurch automatisch für eine bestimmte Zeit und einen bestimmten Tag.

1993

VCRplus wird unter der Bezeichnung Showview in Deutschland eingeführt.

1999

Mit der → *DVD* kommt ein neues und substitutives Medium auf den Markt, dass zumindest im Bereich des Abspielens von Videos rasch Marktanteile gewinnt.

Video-Server

Rechnersystem mit hoher Verarbeitungskapazität und angeschlossenen Massenspeichern, um videobasierte Informationen wie Spielfilme, Videoclips, Werbespots, Lerneinheiten etc. zu speichern, zu verwalten und zur Nutzung auf Abruf zur Verfügung zu stellen. Wird als Datenserver (→ *Server*) in neuen multimedialen Netzen und bei neuen multimedialen Diensten, wie z.B. → *Business-TV* oder → *Video-on-Demand*, eingesetzt.

Die z.B. mit → *MPEG 2* komprimierten Filme benötigen (100-Min.-Filme) ca. 1,5 GByte. Ein Server für 1 000 derartige Filme also ungefähr 1,5 TByte.

Videotex

Auf der Welt weit verbreiteter Name für Informationen aller Art, die von einem zentralen → *Server* über Telekommunikationsnetze abrufbar sind, und deren Darstellung auf Bildschirmen (PCs, Fernseher). Weltweit haben derartige Systeme um die 10 Mio. Teilnehmer, davon alleine 5,5 Mio. in Frankreich.

Es existieren verschiedene Standards für die Darstellung von Zeichen und Buchstaben, z.B. → *Antiope* oder das aus dem ersten Videotex-System überhaupt (→ *Viewdata*) hervorgegangene → *PRESTEL*. Deutsches System ist Btx, aus dem Datex-J und schließlich → *T-Online* wurde, das sich an einen europäischen Standard der CEPT bzw. → *KIT* und → *VEMMI* hält.

Prinzipiell handelt es sich um → *Online-Services*, jedoch wurde der Begriff Videotex in der Telekommunikationswelt durch die → *ITU* geprägt.

Videotext

Bezeichnung eines in Deutschland von Rundfunkanstalten angebotenen Dienstes, bei dem in Randbändern des Fernsehkanals (horizontale → *Austastlücke*) mitgelieferte Textinformationen auf dem TV-Bildschirm sichtbar gemacht werden können. Daher auch selten Fernsehtext genannt. Voraussetzung dafür ist, dass das Fernsehgerät mit einem entsprechenden Decoder und evtl. einem Seitenspeicher ausgestattet ist, der die Signale decodiert und speichert.

Entwickelt wurde das erste Videotext-System ab 1970 in GB, parallel von dem Fernsehsender BBC und der Independent Broadcasting Authority (IBA). Am 23. September 1974 startete die BBC ihr System in den Testbetrieb unter der Bezeichnung ‚Ceefax', die IBA folgte ein Jahr später unter der Bezeichnung ‚Oracle'.

Vorgestellt in Deutschland 1977 auf der Int. Funkausstellung (→ *IFA*) in Berlin. Eingeführt in Deutschland zur Jahresmitte 1980 bei ARD und ZDF. Ende 1982 waren ca. 0,6% der Fernseher Videotext-tauglich. Ende 1985 gab es 1 Mio. Videotext-taugliche Fernsehgeräte, 1989 waren es fünf, 1990 sieben, 1991 zehn und 1996 20 Millionen. 1995 waren 45% aller Haushalte und 1996 62% mit einem derartigen Gerät ausgestattet. Durchschnittlich wird es von 6 Mio. Nutzern mindestens einmal täglich genutzt. Mittlerweile sind einige tausend Seiten bei div. TV-Sendern im Angebot. Auch Software wird von TV-Sendern auf diese Weise verbreitet.

International gesehen gab es gegen 1985 ca. 25 verschiedene Videotext-Systeme weltweit.

Vierdrahtleitung

Bezeichnung für eine Leitung, die im Gegensatz zum herkömmlichen Telefonanschluss nicht über zwei Kupferdrähte, sondern über vier verfügt, so dass in Hin- und Rückrichtung jeweils ein Adernpaar für eine Übertragung zur Verfügung stehen.

Vierdraht-Anschlüsse wurden in der Vergangenheit insbesondere für analoge → *Standleitungen*, Nebenstellenanlagen oder sonstige Anwendungen im geschäftlichen Bereich verwendet.

Viereckwähler

Name eines elektromechanischen Wählers aus der Frühzeit der Vermittlungstechnik. Von Siemens 1925 auf den Markt gebracht. Es handelt sich hierbei um eine kleinere und verbesserte Variante des → *Heb-Dreh-Wählers* durch Anordnung des Motors vor der Kontaktbank, Erhöhung der Freiwahlgeschwindigkeit und ein Vielfachbandkabel. Den Namen erhielt der Wähler, da der Auswahlhebel mit seiner Bewegung ein Viereck nachzeichnet.

View

Bezeichnung für eine Sammlung von Objekten, die ein → *Agent* eines → *Netzmanagement*-Systems verwaltet und von dem die entsprechenden Verwaltungsdaten zugänglich (sichtbar) gemacht werden können.

Viewdata

Name des ersten → *Videotex*-Systems überhaupt, das von Samuel Fedida Mitte der 70er Jahre in GB entwickelt wurde. Laborversuch bei der britischen Telecom 1976, gefolgt von einem Feldversuch 1978, bei dem das System der britischen Telecom den Namen → *PRESTEL* erhielt.

VIM

Abk. für Vendor Independent Messaging (Interface).

Bezeichnet einen maßgeblich vom Hause Lotus unter Beteiligung von IBM, Apple, Borland, Novell sowie weiterer Hersteller entwickelten Standard zur Kommunikation von → *E-Mail*-Systemen verschiedener Hersteller. VIM stellte dafür eine Anwendungsprogrammierschnittstelle (→ *API*) zur Verfügung, die Funktionen zum Manipulieren von Nachrichten (Senden, Empfangen, Speichern/Löschen, → *Verzeichnisdienst*) enthält.

VIM wird insbesondere von Produkten aus dem Hause Lotus und von → *OS/2* genutzt.

Als Konkurrenzstandard gelten → *MAPI* und CMC von → *XAPIA*.

ViMf

Abk. für Vierer in Metallfolie.

Offizielle Bezeichnung des → *VDE* für zwei verdrillte Zweidrahtleitungen, die durch eine Metallfolie abgeschirmt sind.

→ *PiMf*.

Virenchecker

Bezeichnung für ein Programm zum Schutz vor einem → *Virus*. Es ist ein permanent auf einem Rechner im Hintergrund laufendes Programm, das die auf dem Rechner ablaufenden Aktionen auf für einen → *Virus* typische Aktionen überwacht und ggfs. den Nutzer des Rechners darüber informiert.

→ *Virencleaner*, → *Virenscanner*.

Virencleaner

Bezeichnung für ein Programm zum Schutz vor einem → *Virus*. Nach dem Erkennen eines Befalls wird die befallene Software mit dem Virencleaner behandelt, der versucht, den korrekten unbefallenen Zustand wiederherzustellen.

→ *Virenchecker*, → *Virenscanner*.

Virenscanner

Bezeichnung für ein Diagnoseprogramm zum Schutz vor einem → *Virus*. Nach dem Aufruf, meistens automatisch nach dem → *Login* eines Nutzers, sucht der Virenscanner die → *Festplatte* und den Hauptspeicher des Rechners nach Viren ab und aktiviert bei detektierten Viren ggf. automatisch den → *Virencleaner*.

Das komplette Durchsuchen (Scannen) der Dateien auf der Festplatte ist die sicherste, aber auch langwierigste Methode. Bei der Quick-Scan-Methode werden hingegen nur der Anfang und das Ende einer Datei geprüft, da sich dort bevorzugt Viren anhängen.

Beim Heuristic-Scannen werden übliche Techniken der Viren ausgenutzt und die Dateien der Festplatte werden nach charakteristischen, gefährlichen Operationen durchsucht, z.B. undokumentierten Befehlen des Betriebssystems, direkte Laufwerkszugriffe, Befehle zum Verändern von Systemeinstellungen etc. Diese Vorgehensweise detektiert Programmaktionen, die allerdings auch (selten) von herkömmlichen, nicht infizierten Programmen durchgeführt werden, weshalb es in diesem Fall zu Fehldiagnosen des Virenscanners kommen kann.

→ *Virenchecker*.

Virtual Group Routing

→ *EAS*.

Virtual Private Network

→ *VPN*.

Virtual Real Mode

Auch V86 Mode, Virtual 86 Mode oder Virtual 8086 Mode genannt.

Bei → *Mikroprozessoren* vom Typ → *Intel 80386* oder höher eine mögliche Betriebsart, die es ihm erlaubt, mehrere Prozessoren vom Typ → *Intel 8086* im Parallelbetrieb zu simulieren. Dafür stellt der Mikroprozessor verschiedene virtuelle Register und Speicherbereiche zur Verfügung, die alle unabhängig voneinander als 8086-Prozessor agieren können.

→ *Real Mode*.

Virtuelle Adresse

Eine → *Adresse*in einem → *virtuellen Speicher*.

Virtuelle Einrichtung

Physisch nicht vorhandene, aber dennoch mit allen Eigenschaften anders realisiert und nutzbare Einrichtung.

Faustregel: Man sieht sie, aber sie ist nicht da.

Eine virtuelle Verbindung ist eine physisch nicht existente Verbindung, welche durch beispielsweise einen Puffer realisiert ist, in welchen der Sender seine Daten gibt. Der Sender hat somit das Gefühl, seine Daten seien tatsächlich über eine Verbindung unterwegs zum Empfänger, der sie vielleicht erst bei geringerer Netzlast aus dem Puffer ausliest.

→ *Reale Einrichtung*, → *Transparente Einrichtung*, → *Logische Einrichtung*.

Virtuelle Realität

Bezeichnung für eine Kombination verschiedener audiovisueller Technologien zur Erzeugung von Sinneseindrücken von künstlichen Welten.

Erste virtuelle Welten gab es bereits in den 60er Jahren in den Bereichen der militärischen Forschung und im Bereich der Raumfahrtprogramme. Die zivilen Projekte der 60er und 70er Jahre wurden oft abgebrochen, da sich herausstellte, dass die Rechenleistungen der damaligen Computer nicht zur praktischen Realisierung ausreichten.

→ *Animation*, → *Avatar*, → *Cyberspace*, → *Kyoko Date*, → *Lara Croft*, → *Tamagotchi*, → *VRML*.

Virtueller Speicher

Bezeichnung für die Simulation von Hauptspeicher eines Computers, der größer als der → *RAM* selbst ist. Dies erlaubt einen größeren Adressraum, als der RAM tatsächlich hat, und das Laufen von Programmen, die größer sind als der RAM. Die Adressen des virtuellen Speichers werden dann auch als virtuelle Adressen bezeichnet. Die Abbildung in reale Adressen des vorhandenen RAMs übernimmt das → *Betriebssystem.*

Zur Nutzung des virtuellen Speichers werden die Programme in einzelne, gleich große Teile aufgeteilt, die als Seiten (Pages) bezeichnet werden. Im RAM werden dann so viele Seiten gehalten, wie in ihn hinein passen, u.U. – je nach Betriebssystem und Computertyp – auch von mehreren Programmen. Die restlichen Seiten werden dann auf andere, periphere Speichermedien, z.B. die → *Festplatte*, ausgelagert und bei Bedarf durch das Betriebssystem wieder in den RAM gelagert.

Es gibt verschiedene Strategien, wie das Ein- und Auslagern von Seiten (auch → *Swapping* genannt) durch das Betriebssystem zu geschehen hat.

Ein virtueller Speicher wird durch das Betriebssystem, also Software, realisiert. Optimale Performance, insbesondere bei hohen Belastungsfällen, kann jedoch üblicherweise nur erreicht werden, wenn der Computer selbst durch spezielle Bausteine diese Art der Speicherverwaltung unterstützt.

Der erster Computer, der einen virtuellen Speicher nutzte, war 1962 der → *Atlas.*

Virtuelles LAN

Abgekürzt mit VLAN. Bezeichnung für LANs, die unabhängig von ihrer realen physikalischen Topologie logisch konfiguriert werden können, d.h., geografisch verteilte Nutzer des VLANs können bei gleichen Bedürfnissen (Arbeit in einem Projekt) oder bei gleichen Anforderungen an die technische Infrastruktur (z.B. leistungsstarker Drucker) zu logischen Gruppen zusammengefasst werden.

In verschiedenen Publikationen werden jedoch im Detail unterschiedliche Dinge unter dem Begriff des VLANs verstanden, weswegen man sorgfältig differenzieren muss.

Grundsätzlich birgt ein VLAN zwei große Vorteile:

- Die Systemverwaltung kann angeschlossene Stationen (User) und periphere Ressourcen (Server, Drucker etc.) nach Belieben zu sinnvollen logischen Gruppen zusammenfassen. Dies erlaubt ein Verändern der informationstechnischen Strukturen gemäß den betrieblichen Erfordernissen (wer arbeitet mit wem zusammen an welchen Projekten und hat Zugriff auf welche Daten?), z.B. im Falle von Umzügen, der Durchführung temporär begrenzter Projekte oder der Änderung von Zuständigkeiten.
- VLANs unterstützen Methoden zur Eindämmung von Broadcast-Meldungen, von denen Netzmanagementprogramme erheblichen Gebrauch machen, und vermeiden damit Bandbreitenverschwendung.

VLANs werden durch Switching (→ *Switch*) und/oder mit virtuellen → *Routern* auf Schicht 2 und/oder Schicht 3 des → *OSI-Referenzmodells* realisiert. Man unterscheidet daher im Allgemeinen zwei Arten von VLANs:

- Statische VLANs: Die Identifizierung eines VLANs geschieht durch die vom Systemverwalter fest eingestellten Portnummern eines → *Switches.* Ein virtuelles Subnetz wird damit durch eine Liste von Portnummern realisiert. Dieses Verfahren gilt als einfach, aber auch nicht besonders sicher.
- Dynamische VLANs: Subnetze werden durch MAC- oder IP-Adressen gebildet, die in einer Datenbank gehalten und zu Subnetzen gruppiert werden. Die Struktur der Subnetze orientiert sich beim Einsatz von IP im Idealfall an der hierarchischen Adressstruktur der IP-Adressen. Die Ports der Switches werden durch die Switches selbst automatisch danach konfiguriert. Vorteil dieser VLANs sind zwar eine erhöhte Sicherheit, aber auch ein höherer Managementaufwand.

Vorteile bringen VLANs bei Unternehmen mit häufig wechselnden Mitarbeitern in einzelnen Unternehmensteilen, sei es ein Wechsel wegen Umzugs, Umstrukturierung oder dominierendem Projektgeschäft.

Aktuell gibt es keinen Standard für VLANs, da es sich um eine relativ junge Technik handelt, die Mitte der 90er Jahre aufgekommen ist. Die Arbeiten für einen Standard im Rahmen der → *IEEE* haben erst begonnen. Einige Hersteller bieten daher vorerst ihre eigenen Lösungen an. Um spätere Inkompatibilitäten zu vermeiden sollte man sich daher genau überlegen, in welchem Umfang und ob überhaupt ein VLAN notwendig ist.

Virtuelles Laufwerk

→ *Partition.*

Virtuelles Netz

→ *Virtuelles LAN.*

Virtuelles Unternehmen

→ *Tele-Working.*

Virtuelle Verbindung

Begriff aus der → *Speichervermittlungstechnik.* Bezeichnung für eine physikalisch nicht permanent durchgeschaltete Verbindung, über die Daten in Form von Datenpaketen übertragen werden. Beim Aufbau einer virtuellen Verbindung wird ein Übertragungsweg für die Dauer der Verbindung zwar fest definiert, aber nicht für die Dauer der Verbindung exklusiv reserviert, wie dies bei der leitungsvermittelnden Technik erfolgt. Es wird somit eine einheitliche logische Verbindung aufgebaut, d.h., alle Daten bzw. Datenpakete, die im Rahmen dieser einen Verbindung gesendet werden, nehmen den gleichen Weg durch das Netz.

Der Vorteil ist, dass die Pakete nicht alle einen → *Header* mit Adresse bekommen müssen, die in jeder Vermittlung von neuem ausgewertet wird, sondern dass die Pakete mit einer Kennung zur Identifizierung des virtuellen Pfades ausgestattet werden. Innerhalb der Vermittlung muss das Paket also nur noch einer virtuellen Verbindung zugeordnet werden.

Der Routing-Overhead wird dadurch stark verringert und die Leitungen werden besser ausgenutzt, da sie auch anderen Nutzern mit anderen virtuellen Verbindungen zur Verfügung gestellt werden können. Man unterscheidet dabei:

- Permanente virtuelle Verbindungen (Permanent Virtual Circuits, → *PVC*)
- Gewählte virtuelle Verbindungen (→ *SVC*, Switched Virtual Circuits)

Angewendet wird diese Technik z.B. bei → *X.25*, → *Frame Relay* oder → *ATM*.

Virus

Häufig wird auch von Malware oder → *Malicious Code* gesprochen, auch wenn streng genommen Viren nur eine mögliche Art von Malicious Code sind.

Virus ist die Bezeichnung für einen Programmzusatz in einer Software, der ohne Wissen und Zutun seiner Anwender einer Software hinzugefügt wurde, mit dem eigentlichen Zweck der Trägersoftware nichts mehr zu tun hat und vom Nutzer unbeabsichtigte Aktionen, die von lustig über störend bis sehr schädlich gehen können, auf einem Computer durchführt.

Viren gliedern sich grundsätzlich in → *Systemviren* und Programmviren, wie z.B. ein → *Makrovirus* oder wie → *Hostile Agents*.

Übertragungswege sind alle üblichen Wege der Softwaredistribution (Diskette, CD-ROM, Internet, sonstige Netze via Modem).

Zum Schutz dienen → *Virenchecker*, → *Virencleaner* und → *Virenscanner* sowie präventive Maßnahmen (Verhaltensmaßregeln für Angestellte in Unternehmen etc.) der IT-Abteilungen oder zuständiger Einrichtungen an Universitäten und Behörden, wie z.B. den → *CERTs*. Die Virenchecker und Virencleaner sollten dabei an zentralen und potenziellen Einfallstellen für Viren installiert sein (und nicht nur auf den einzelnen PCs innerhalb des Unternehmens), d.h., ein Virus sollte in ein Unternehmen erst gar nicht einfallen können. Ideal ist daher eine zentral verwaltbare Installation auf dem E-Mail-Server oder auf dem Internet-Gateway (→ *Firewall*). Zusätzlich sollte aber auf dem File-Server ein Virenchecker und Virencleaner installiert sein.

Alle derartige Vorsichtsmaßnahmen helfen nichts, wenn die Virenchecker und -cleaner nicht regelmäßig aktualisiert werden.

Viren wurden bereits recht früh beschrieben. So erläuterte John v. Neumann (* 28. Dezember 1903, † 8. Februar 1957), Professor in Princeton, bereits 1948 selbstreproduzierende Programme, die er ‚Universal Constructor' nannte. Erst in den 60er Jahren gelang es jedoch, basierend auf den Arbeiten von Neumanns, selbstreplizierende Software zu schreiben. Das „Cookie-Monster" (Krümelmonster) genannte Programm wurde von einigen Studenten am → *MIT* im Zuge des Projektes → *Multics* entwickelt und befiel 1970 das Netz des MIT, von wo es auch auf andere Netze überging. Einige Quellen sehen hierin den ersten Virus, der jemals geschrieben wurde.

Der Begriff Virus für schädliche Software wurde 1981 an der Universität von Süd-Kalifornien geschaffen, als sich Wissenschaftler mit der Entwicklung selbstreproduzierender Software beschäftigten. Im gleichen Jahr gab es erste harmlose Viren, die insbesondere den → *Apple II* befielen, und kurz darauf verbreiteten sie sich über das damalige Arpanet (→ *Internet*).

1982 arbeitete die amerikanische Computerindustrie selber an Viren zum Schutz von unerlaubten Operationen (Kopieren), ließ davon wegen zu vieler unerwünschter Nebenwirkungen aber wieder ab.

Ab Ende der 80er Jahre nahm die Anzahl Viren explosionsartig zu, was durch die Verbreitung des Internet noch unterstützt wurde. Einzelne Viren erlangten dabei eine besondere Popularität, z.B. → *Melissa* oder → *Michelangelo*.

1988 waren nach Angaben von Experten erst fünf Viren bekannt und als solche klassifiziert. Schon 1992 waren es 1 000 und für das Frühjahr 1999 wurden Zahlen von 21 000 Viren angegeben, von denen allerdings jeweils nur ca. 200 im Umlauf und damit aktiv waren.

Die Anzahl der mittlerweile verbreiteten Viren ist schwierig zu bestimmen und hängt von der Definition ab.

Gute Virenchecker suchen nach bis zu 10 000 bis 15 000 verschiedenen Mustern.

Ein Industrieverband, der sich die Bekämpfung von Viren zum Ziel gemacht hat, ist die → *ICSA*. In Deutschland ist das → *BSI* auf diesem Feld aktiv, ebenso wie das auch international renommierte Virus Test Center (VTC) der Fakultät für Informatik der Universität in Hamburg.

→ *Logikbomben*, → *Trojanische Pferde*, → *Würmer*.

→ *http://www.virusbtn.com/*

→ *http://www.symantec.com/avcenter/*

→ *http://agn-www.informatik.uni-hamburg.de/vtc/*

Visicalc

Bezeichnung der ersten → *Tabellenkalkulation* für → *Mikrocomputer*.

Bob Frankston (er schrieb den Code) und Dan Bricklin (er hatte die Idee und detaillierte das Konzept und das Interface), zwei Ökonomiestudenten im ersten Jahr in Harvard, entwickelten 1978 Visicalc nach Vorbildern aus dem Mainframe-Sektor. Sie war ab 11. Mai 1979 nur auf Apple-kompatiblen Disketten für rund 150 $ erhältlich, was den Verkauf des → *Apple II* enorm pushte. Innerhalb des ersten Jahres wurden rund 100 000 Exemplare verkauft. Visicalc wurde damit die erste → *Killer Application* für frühe PCs und zeigte insbesondere Anwendern im geschäftlichen Bereich, dass Mikrocomputer einen echten professionellen Einsatzzweck haben und nicht nur etwas für private Bastler und Programmierer sind.

1985 kauft → *Lotus* die Rechte an Visicalc und macht daraus das Produkt Lotus 1-2-3.

Visit

→ *Hit*.

Visitor Location Register

→ *VLR*.

VISYON

Abk. für Variables Intelligentes Synchrones Optisches Netz.

Bezeichnung eines Pilotversuchs der Deutschen Telekom zur Einführung der → *SDH* in Deutschland. Es basiert auf einer Ringstruktur und Glasfaser als Übertragungsmedium und den Bauteilen → *ADM*, → *FMUX* (für Teilnehmeranschlüsse) und → *Cross-Connects*. Startete 1990 in den Ortsnetzen Aachen, Köln, Düsseldorf und Hannover. Der Endausbau wurde in den späten 90er Jahren erreicht.

VISYON ist neben dem → *NKÜ 2000* Bestandteil des Projektes → *SYNET*.

VITAL

Abk. für VHDL Initiative Towards ASIC Libraries.
Bezeichnung einer Weiterentwicklung von → *VHDL* aufgrund einer Inititative verschiedener Hardwarehersteller von → *ASIC*s.
→ *http://www.vhdl.org/vi/vital/*

Viterbi-Algorithmus

Bezeichnung eines Verfahrens der digitalen → *Kanalcodierung* und -decodierung, das bei allen wichtigen Standards des digitalen, zellularen → *Mobilfunks* und auch beim Satellitenfunk zur Vermeidung von → *Interferenz* eingesetzt wird.
Benannt nach seinem Entwickler Prof. Dr. Andrew J. Viterbi, dem Mitgründer von Qualcomm.
→ *http://www.nesi.e-technik.tu-darmstadt.de/uli/L/node18.html/*

VKS

Selten benutzte Abk. für → *Videokonferenzsystem*.

VL

Abk. für Verbindungsleitung.

VLAN

Abk. für → *Virtuelles LAN*.

VLB

Abk. für VESA Local Bus.
→ *VESA*, → *Local Bus*.

VL-Bus

Abk. für VESA Local Bus.
→ *VESA*, → *Local Bus*.

VLC

Abk. für Variable Length Coding.
Oberbegriff für eine Gruppe von Quellcodierungsverfahren, bei denen Daten fester Länge durch Symbole variabler Länge codiert werden. Dies ermöglicht, dass häufig vorkommende Datenmuster durch kürzere Symbole codiert werden, wohingegen seltenere Datenmuster durch längere Symbole codiert werden. Beispiele sind der Morsecode oder die Huffmann-Codierung, wie sie z.B. beim → *Fax* angewendet wird.

VLDB

Abk. für Very Large Database.
Bezeichnung für sehr große Datenbanken, die spezielle Management- und Hardwareanforderungen haben.
Bedingt durch technischen Fortschritt ist die Grenze, ab wann dies der Fall ist, in permanenter Wandlung begriffen.

VLF

Abk. für Very Low Frequency.
Frequenzband von 3 kHz bis 30 kHz. Breitet sich als Bodenwelle über größte Entfernungen aus. Empfang unter Wasser ebenfalls möglich. Wird von der Ionosphäre reflektiert und weltweit für militärische Zwecke (Kommunikation zu U-Booten) und für die Navigation eingesetzt. Nachbarbereiche: → *ELF*, → *LF*.

VLIW

Abk. für Very Long Instruction Word, sehr langes Befehlswort.
Neben → *CISC* und → *RISC* eine weitere grundsätzliche Möglichkeit, → *CPU*s zu konzipieren.
Grundidee ist, die Leistungsfähigkeit nicht durch ein Erhöhen der Taktrate (und damit durch ein schnelleres Abarbeiten von Befehlen) zu erreichen, sondern die CPU in die Lage zu versetzen, während eines Befehlszyklus mehrere Operationen parallel auszuführen.
Die CPU verfügt dafür über mehrere Funktionsblöcke, die alle mit einem VLIW angesprochen werden können. Es ist Aufgabe des → *Compilers*, den Quellcode nach voneinander unabhängigen (und daher parallel ausführbaren) Operationen zu durchsuchen und diese in einem VLIW so zusammenzufassen, dass bei Ausführung des VLIW möglichst immer alle Funktionsblöcke ausgelastet sind.
Nachteilig ist ein langsamer Prozess beim Compilieren und die extreme Hardwareabhängigkeit des erzeugten Codes, was beim Wechsel des Prozessors (selbst innerhalb einer Prozessorfamilie) eine Recompilierung notwendig macht.
Die Wurzeln der Idee des VLIW-Rechners werden Turing und dem Jahr 1946 zugeschrieben. Erste Ansätze zur Implementierung gab es in den 60er und 70er Jahren zurzeit der ersten → *Supercomputer*, als man über parallele Systeme nachdachte.
Erste echte VLIW-Systeme wurden von den Unternehmen Multiflow, Cydrome und Culler Anfang der 80er Jahre vorgestellt, die jedoch keinen großen Erfolg hatten, so dass bis heute kein kommerziell erfolgreicher VLIW-Rechner hergestellt wurde. Einige Unternehmen (z.B. HP, Intel und Philips) arbeiten an VLIW-Konzepten weiter, z.B. bei der Entwicklung des Prozessors Merced (→ *EPIC*).

VLP

Abk. für Video Long Play.
→ *Bildplatte*, → *LD*.

VLR

1. Abk. für Very Long Reach.

   Eher selten verwendete Bezeichnung für Glasfaserkabel, die über extrem lange Distanzen (> 60 km) ohne Verstärker auskommen.

2. Abk. für Visitor Location Register.

   In Mobilfunknetzen nach dem → GSM-Standard die Datenbank, die für einen bestimmten Bereich, der aus einem oder mehreren Location Areas bestehen kann (→ *LA*), temporär Daten über alle sich in diesem Bereich aufhaltenden → *MS* speichert.

   Jeder dieser Bereiche verfügt über ein eigenes VLR. Das VLR bezieht seine initialen Daten aus dem → *HLR* und tauscht mit diesem während der Aufenthaltsdauer einer MS im LA bei Bedarf Daten aus.

Erfahrungsgemäß besteht eine hohe Wahrscheinlichkeit, dass sich eine MS im gleichen LA nach einem Ausloggen wieder erneut einloggt, so dass nach einem Ausloggen nicht sofort der Datensatz im VLR gelöscht wird. Die Löschung erfolgt entweder auf explizite Anforderung aus dem HLR (wenn der Nutzer sich in einem anderen VLR eingebucht hat und dies dem HLR mitgeteilt wird) oder automatisch nach einer bestimmten Zeit. Verschiedene Netzbetreiber stellen die Zeit bis zum Löschen verschieden ein. Ein häufig gewählter Wert ist 30 min.

VLSI

Abk. für Very Large Scale Integration.

Bezeichnet in der Halbleitertechnik eine seit 1975 entwickelte Technik bei der Chipherstellung, die die Integration von noch ca. 50 000 bis rund 100 000 Transistoren auf einem monolithischen Substrat erlaubt.

→ *SSI*, → *MSI*, → *LSI*.

VM

Abk. für Virtual Machine.

→ *Virtuelle Einrichtung*.

VM / CMS und / SP

Abk. für Virtual Machine/Conversational Monitor System und System Product.

Die Bezeichnung eines → *Betriebssystems* für → *Mainframe* und → *Midrange*-Rechner aus dem Hause IBM.

Es zeichnet sich dadurch aus, dass jeder Benutzer seine individuelle Arbeitsumgebung auf einem Rechner erhält und so den Eindruck bekommt, als ob ihm ein spezieller Rechner exklusiv zur Verfügung stünde (Virtual Machine).

CMS dient dabei als Schnittstelle zur Verwaltung mehrerer Teilnehmer. Unter VM/SP können mehrere Betriebssysteme als untergeordnete Betriebssysteme parallel laufen.

Die Wurzeln reichen zurück bis 1964, als im IBM Cambridge Scientific Center das Control Program-40/Cambridge Monitor System (CP-40/CMS) für Mehrbenutzerbetrieb entwickelt wurde. Erstmals konnten 15 Benutzer gleichzeitig auf einem System arbeiten. Als erstes wurde es auf der → *IBM /360* eingesetzt. Später wurde das Konzept der virtuellen Maschine als VM/370 auf einer /370 vorgestellt.

Ein späteres, aus VM/CMS heraus entwickeltes Betriebssystem aus dem Hause IBM war dann → *MVS*.

VMEbus

Abk. für Versa Module Eurocard Bus.

Ein von einem herstellerunabhängigen Konsortium mit den Unternehmen Motorola, Signetics, Mostek und Thompson CSF entwickelter 32 Bit breiter Bus, der aber auch 16-Bit-Übertragung unterstützt.

Eine Weiterentwicklung ist VMEbus64 mit einer Busbreite von 64 Bit.

VMEbus-Karten gibt es in den Größen 3U, 6U und 9U.

Der VMEbus wird häufig im industriellen und militärischen Umfeld (Maschinen, Anlagen) eingesetzt.

→ *http://www.vita.com/*

VMM

Abk. für Virtual Memory Manager.

Allgemeine Bezeichnung für den Teil eines → *Betriebssystems*, der für die Verwaltung eines → *virtuellen Speichers* zuständig ist.

VMS

1. Abk. für Virtual Memory System.

   Bezeichnung des maßgeblich von David Cutler (der später bei Microsoft → *Windows NT* entwickeln sollte) mitentwickelten multiuser- und → *Multitasking*-fähigen → *Betriebssystems* für → *VAX*-Rechner aus dem Hause DEC. Es unterstützt auch → *virtuelle Speicher*. VMS lief früher auf VAX und heute auf Rechnern mit → *Alpha*-Prozessor. Die neueren und portableren Versionen sind 1992 in Open VMS umbenannt worden.

   Integriert ist die Möglichkeit des Zusammenschaltens mehrerer Rechner zu einem → *Cluster*. Die Kommandosprache gilt, im Vergleich zu → *Unix*, als leicht erlernbar und nachvollziehbar. Das System wird heute, nach einer Zeit der Unsicherheit über die weitere Entwicklung, als leistungsfähiges System für große Server noch oberhalb von Windows NT positioniert.

   → *VUP*.

   → *http://www.openvms.compaq.com/*

2. Abk. für Voicemail System.

   → *Voicemail*.

VMTP

Abk. für Virtual Message Transaction Protocol.

VMX

Abk. für Voice Message Exchange.

→ *Voicemail*.

VMZ

Abk. für Verkehrsmanagementzentrum.

VN1, VN2, VN3, VN3+, VN4-, VN 4, VN5, VN6

Abk. für Version Numeris.

Bezeichnung verschiedener Versionen des nationalen Signalisierungsprotokolls im D-Kanal des → *ISDN* in Frankreich. Die Versionen existieren auf Vermittlungsstellen im französischen ISDN, genannt Numeris. Nicht alle Vermittlungsstellen sind also mit jeweils der neuesten Version ausgerüstet.

VN1 aus dem Jahr 1987. VN6 mit voller Euro-ISDN-Funktionalität wurde nach 1997 eingeführt.

VNET

Name des hausinternen globalen Netzes von IBM.

VNK

Abk. für Vermittelnde Netzknoten.

Oberbegriff für → *WNK* und → *BNK*.

VNN

Abk. für Virtual Network Navigator.

→ *OSPF.*

VoATM

Abk. für Voice-over-ATM.

→ *ATM*, → *Voice-over-Packet.*

Vocoder

Abk. für Voice Coder.

Bezeichnung für einen elektronischen Baustein oder eine mit diesem realisierte Vorschrift zur digitalen Codierung der menschlichen Sprache (→ *Sprachübertragung*). Dabei werden, im Gegensatz zu herkömmlichen Digitalisierungsverfahren wie → *PCM* oder → *ADPCM*, Eigenschaften der menschlichen Sprache ausgenutzt, so dass es möglich ist, je nach gewünschter Qualität Sprache mit sehr niedrigen Datenraten von 2,4 bis 13,2 kbit/s zu übertragen.

Ein Beispiel für einen Vocoder ist → *VSELP*.

Der erste Vocoder war Homer Dudley's Vocoder, der erstmals beim US-Militär im 2. Weltkrieg zu Verschlüsselungszwecken eingesetzt wurde.

Bis 1972 war das Militär auch der einzige Anwendungskreis, in dem Vocoder Sprache digital übertrugen. Erst dann wurde mit dem Standard → *G.711* die Sprachübertragung mit → *PCM* durch die → *ITU* definiert und zivil in großem Maßstab angewendet.

VoD

→ *Video-on-Demand.*

VOFDM

Abk. für Vector Orthogonal Frequency Division Multiplexing.

VoFR

Abk. für Voice over Frame Relay.

Bezeichnung für die Übertragung von Sprache über paketvermittelnde Netze (→ *Paketvermittlung*) nach dem Standard → *Frame Relay.*

VO Funk

Abk. für Vollzugsordnung Funk.

→ *RR.*

VOI

Abk. für Verband Organisations- und Informationssysteme e.V.

Bezeichnung für einen Zusammenschluss in Deutschland von Herstellern, Anbietern und Beratern zum Thema Organisations- und Informationssysteme und den dazugehörigen Anwendungssystemen wie → *Groupware*, → *Dokumentenmanagementsystem*, → *Workflow-Management-System*, → *Intranet* und → *Multimedia.*

Ziel ist die Förderung des Einsatzes entsprechender Systeme.

Adresse:

VOI e.V.
Bismarckstr. 59
64293 Darmstadt
Tel.: 0 61 51 / 6 68 45 20
Fax: 0 61 51 / 6 68 45 71

→ *http://www.voi.de/*

Voice Activated Dialing

→ *VAD.*

Voicebox

→ *Mailbox*, → *Voicemail.*

Voice Form

→ *IVR.*

Voicemail

Andere Bezeichnung für elektronische Briefkästen, in denen Sprachnachrichten in TK-Systemen zwischengespeichert und vom Nutzer abgerufen werden können. Auch Voicebox genannt.

Die Realisierung ist sowohl als → *Leistungsmerkmal* in → *Nebenstellenanlagen* als auch als Dienstleistung in öffentlichen Netzen möglich, dort dann häufig → *Mailbox* genannt.

Die Verbindung von Servern für Voicemail unterschiedlicher technischer Standards ist mit → *VPIM* möglich.

In → *Call Centern* werden Voicemails durch Interactive-Voice-Response-Systeme (→ *IVR*) ermöglicht. Anrufer können dann, wenn z.B. kein Mitarbeiter des Call Centers frei ist, ihren Namen und ihre Telefonnummer für einen späteren Rückruf eines Mitarbeiters des Call Centers hinterlassen.

Erstes Voicemail-System wurde 1979 von Gordon Matthews als Zusatzgerät für Nebenstellenanlagen entwickelt. Er gründete daraufhin unter dem Namen VMX (= Voice Message Exchange) sein eigenes Unternehmen (auch das Produkt wurde so genannt), das später von Octel gekauft wurde.

Voice over IP

Abgekürzt mit VoIP. Oberbegriff für verschiedene technische Möglichkeiten, Sprache über eine exklusiv von einer geschlossenen Benutzergruppe verwendete IP-Plattform (→ *IP*) zu übertragen. Dabei handelt es sich üblicherweise um das → *Intranet* eines Unternehmens. Im Gegensatz zur → *Internet-Telefonie* erfolgt damit die Realisierung nicht auf einem öffentlich zugänglichen IP-Netz. Voice-over-IP stellt ein Substitut für Nebenstellenanlagen und deren Vernetzung im Rahmen eines klassischen → *Corporate Network* dar.

Üblicherweise differenziert man bei der Realisierung von VoIP-Netzen zwischen folgenden Alternativen:

- Kopplung von herkömmlichen Nebenstellenanlagen mit Hilfe spezieller Gateways über das Intranet, so dass von einem herkömmlichen Telefon zu einem anderen herkömmlichen Telefon unter Nutzung der normalen Telefonnummer telefoniert werden kann. Ein derartiges Gateway ist heute üblicherweise in Form einer Einsteckkarte oder eines Zusatzmoduls zu einer existierenden Nebenstellenanlage realisiert.

Dies hat den Vorteil, dass die existierende Infrastruktur (Nebenstellenanlage, Telefonendgeräte, Inhouse-TK-Verkabelung) weiterverwendet werden kann (Investitionsschutz), es aber auf der Weitverkehrsebene zur kostengünstigen Nutzung von VoIP durch Sprach-Daten-Integration auf der IP-Ebene kommt.

- Ende-zu-Ende-VoIP: Hierbei werden spezielle IP-Telefone über eine existierende IP-Infrastruktur (z.B. ein auf → *Ethernet* basierendes LAN) an einen PC-gestützten Voice-Server angeschlossen, der die üblichen → *Leistungsmerkmale* einer Nebenstellenanlage zur Verfügung stellt und von dem oder über einen Voice-Gateway-Server aus der Break-Out in das herkömmliche Festnetz erfolgt. Hierbei handelt es sich um echte Sprach-Daten-Integration von einem Ende einer Verbindung zum anderen Ende. Vorteile dieser Lösung sind:
  - Für die Übertragung von Sprache und von Daten wird nur eine Infrastruktur (= das IP-basierte Intranet) genutzt.
  - Für das Netzmanagement ist nur ein einziges Netzmanagementsystem notwendig.
  - Sprach-Daten-Integration erlaubt neue integrierte Anwendungen (ohne → *CTI*), wie z.B. das Wählen aus Verzeichnissen (elektronisches Directory) heraus, das einfache Einrichten von Telefon- oder Videokonferenzen etc.

  Prinzipiell kann bei dieser puren VoIP-Lösung sogar auf IP-Telefone als Endgerät verzichtet werden, da das Endgerät durch ein Softphone (→ *CTI*) auf einem PC simuliert werden kann, an den ein Nutzer durch eine → *Sprechgarnitur* angeschlossen ist.

Eine VoIP-Infrastruktur besteht dementsprechend aus folgenden Komponenten:

- Dem Voice-Client (auch IP-Phone oder IP-Telephone genannt): Hierbei handelt es sich um das Endgerät, das als eigenständiges Gerät (Telefon mit IP-Netzanschluss) oder Softphone ausgeführt sein kann.
- Dem Voice-Server: Hierbei handelt es sich um ein auf einem leistungsstarken PC lauffähiges Programm, das eine Nebenstellenanlage simuliert. Ein Voice-Server ist heute in der lage einige 100 parallele Sessions zu verwalten. In größeren Netzen sind daher mehrere Voice-Server vorzusehen.
- Dem Voice-Gateway (auch Telephony Gateway oder IP-Telephony-Gateway genannt): Es verbindet die VoIP-Welt mit der herkömmlichen leitungsvermittelten Telekommunikationswelt. Es ist in der Lage, zwischen der IP-Welt und der Telefonie-Welt nicht nur die Sprachdaten umzusetzen, sondern ebenso die Signalisierungsdaten zur Sicherstellung der Funktionsfähigkeit von → *Leistungsmerkmalen* oder Dienstmerkmalen (→ *Dienst*). Dazu müssen sie die entsprechenden Protokolle beherrschen (z.B. E-DSS1 des → *Euro-ISDN*, → *Cornet*, → *QSIG*).
- Das IP-Netz: Alle Komponenten werden durch ein IP-Netz miteinander verbunden. Dabei ist zu bemerken, dass es sich um ein Netz handeln muss, das → *QoS*-fähig sein muss, da nur dann die Qualitätsparameter für Sprachübertragung (geringer → *Delay*, geringer → *Jitter*, genügend hohe Bandbreite).

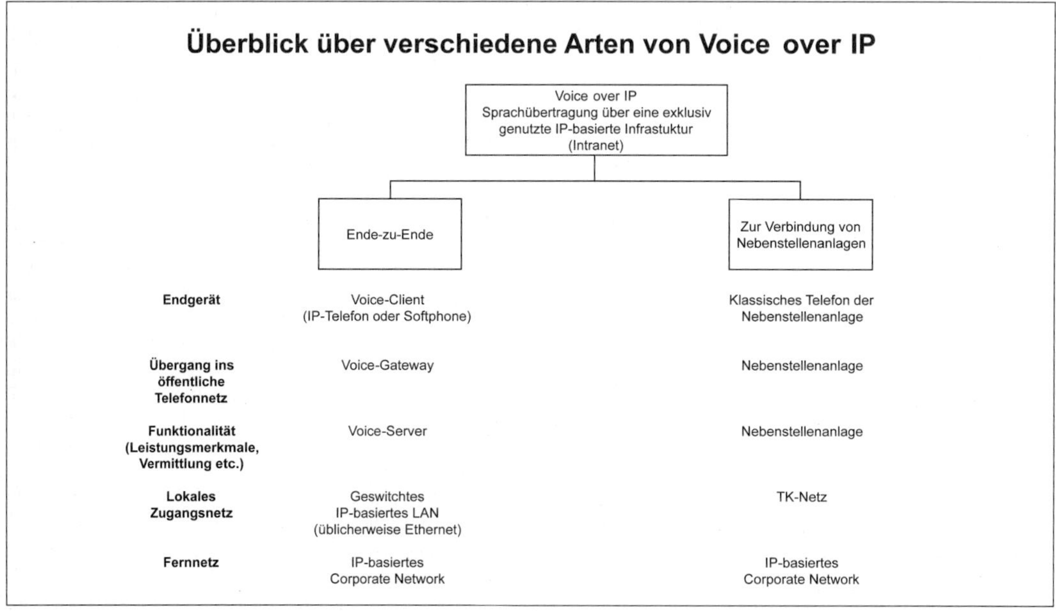

Überblick über verschiedene Arten von Voice over IP
Voice over IP
Sprachübertragung über eine exklusiv genutzte IP-basierte Infrastuktur (Intranet)
Ende-zu-Ende
Zur Verbindung von Nebenstellenanlagen
Endgerät
Voice-Client (IP-Telefon oder Softphone)
Klassisches Telefon der Nebenstellenanlage
Übergang ins öffentliche Telefonnetz
Voice-Gateway
Nebenstellenanlage
Funktionalität (Leistungsmerkmale, Vermittlung etc.)
Voice-Server
Nebenstellenanlage
Lokales Zugangsnetz
Geswitchtes IP-basiertes LAN (üblicherweise Ethernet)
TK-Netz
Fernnetz
IP-basiertes Corporate Network
IP-basiertes Corporate Network

Eine derartige Netzarchitektur wird heute üblicherweise als LAN realisiert, das mit Hilfe von → *Switches* hierarchisch strukturiert ist.

Voice over Packet

Oberbegriff für verschiedene Technologien, Sprache über paketvermittelnde Netze (→ *Paketvermittlung*) zu übertragen. Dabei kommen insbesondere folgende Möglichkeiten in Betracht:

- → *Voice over IP* (VoIP; → *Internet-Telefonie*).
- Voice over ATM (VoATM, → *ATM*)
- Voice over Frame Relay (VoFR, → *Frame Relay*)

Voice-Server

→ *IVR*.

Voice Star

Bezeichnung für ein geplantes breitbandiges System für → *Satellitenmobilfunk* aus dem Hause AT&T.

VoIP

Abk. für → *Voice-over-IP*.

Vollamtsberechtigung

→ *Berechtigungsklasse*.

Voll-Backup

→ *Backup*.

Vollduplex

→ *Duplex*.

Vollständige Erreichbarkeit

→ *Erreichbarkeit*.

Vollvermaschte Struktur

→ *Vermaschte Struktur*.

Vollversion

Bei Software die Bezeichnung für eine Version eines Programms, die alleine lauffähig ist und über alle Leistungsmerkmale (Features) verfügt. Dies steht im Gegensatz zu → *Updates*, die eine frühere Version der gleichen Software zur Erlangung der vollen Funktionsfähigkeit benötigen, und funktional abgespeckten Versionen, die lediglich zu Werbe- oder Vorführzwecke eingesetzt werden (Demoversion).

Vollzugsordnung Funk

→ *RR*.

VON

Abk. für Voice on (the) Net.
→ *Internet-Telefonie*.

Von-Neumann-Rechner

Bezeichnung für Rechner, die bestimmten Gesetzmäßigkeiten und fundamentalen Grundregeln in ihrem Aufbau folgen.

John von Neumann (* 28. Dezember 1903 in Ungarn, † 8. Februar 1957 in den USA), Professor für Mathematik in Princeton, definierte drei Konzepte, die bis heute Gültigkeit haben:

- Die Existenz lediglich eines zentralen Rechenwerkes, der → *CPU* (und nicht von parallel arbeitenden Werken), zur Abarbeitung eines Programms.
- Die Unabhängigkeit der Rechnerstruktur von dem konkret zu lösenden Problem. Dies führt zur Existenz eines (veränderbaren, austauschbaren) Programms mit Sprungbefehlen infolge von bedingten Verzweigungen im Speicher.

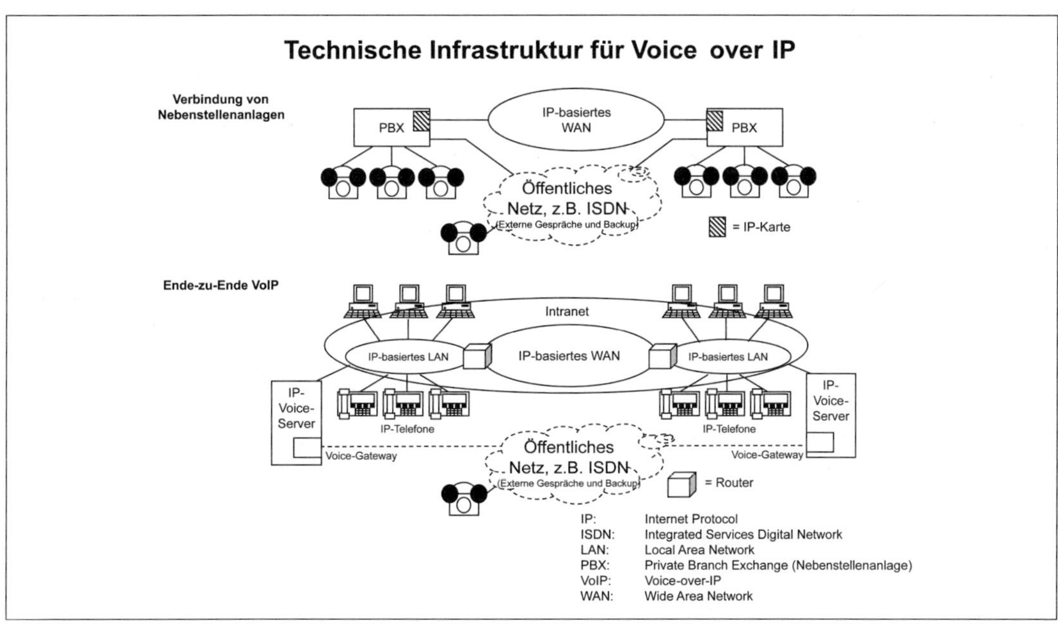

- Das Programm ist eine Folge logischer Entscheidungen als Resultat der Abarbeitung von Befehlen durch das Rechenwerk. Sie werden wie die benötigten oder erzeugten Daten (Zwischenergebnisse etc.) im gleichen Speicher abgelegt, der aus Teilen fester Länge (Speicherplätze, -zellen) besteht, die einzeln adressiert werden können.

Die Unabhängigkeit führte zum Begriff des Universalrechners, der, mit verschiedenen Programmen ausgerüstet, für viele Zwecke eingesetzt werden kann.

Insgesamt ergibt sich damit als Grundstruktur für einen Rechner folgendes Modell:

- Speicher (→ *ROM* und → *RAM*) für Daten und Programme
- Zentrale Recheneinheit CPU
- Ein- und Ausgabeeinheit
- Verbindung von Speicher, CPU und Ein-/ Ausgabeeinheit über den Datenbus
- Verbindung der CPU mit dem Speicher über den Adressbus

Die drei Grundsätze wurden 1946 von John von Neumann formuliert. Sie basieren auf Arbeiten von ihm, die zusammen mit den Amerikanern Burks und Goldstine entstanden sind. 1949 wurde mit dem → *EDSAC* der erste Rechner nach diesem Prinzip gebaut. Es folgten 1952 der EDVAC (Electronic Discrete Variable Computer) und sein Vorläufer MANIAC.

Im gleichen Jahr stellte IBM den Rechner → *IBM 701* vor. Er war der erste serienmäßig von IBM produzierte Computer, dessen Konzept sich an Neumanns Vorstellungen orientierte. Sein Röhrenzentralspeicher umfasste 2 048, später 4 096 36-Bit-Worte.

Vorgabe (-Wert)

→ *Default.*

Vorgruppe

Begriff aus der klassischen analogen Fernsprechübertragungstechnik.

Bezeichnet eine Gruppe aus drei je 4 kHz breiten Fernsprechkanälen (mit den Kanalträgerfrequenzen 12, 16 und 20 kHz).

Vorhaltespeicher

Deutsche Bezeichnung für → *Cache.*

VornöFa

Abk. für Vorschrift für das Erteilen von Genehmigungen zum Errichten und Betreiben von nichtöffentlichen Funkanlagen.

Bezeichnung für eine Vorschrift des → *BMPT* aus dem Jahr 1987.

Vorspann

Selten gebrauchte deutsche Bezeichnung für → *Header.*

Vorwärtsauslösen

→ *Verbindungsabbau.*

Vorwärtsfehlerkorrektur

→ *FEC.*

Vorwahl

→ *ONKz.*

Vorwegeinkauf

→ *Prepaid Card.*

VOS

Bezeichnung für ein → *Betriebssystem* aus dem Hause Stratus.

VOX

Abk. für Voice Operated Transmission.

Bezeichnet in Mobil- und Satellitenfunknetzen, wie z.B. dem → *PDC*, die Fähigkeit des Netzes, Sprachaktivität auf dem Funkkanal zu erkennen und nur dann den Kanal mit Daten zu belegen. In anderen Fällen, z.B. in Gesprächspausen, wird der Kanal anderen zur Verfügung gestellt und u.U. (z.B. im → *GSM*- oder → *D-AMPS*-System, bei beiden Discontinuous Transmission, DTX, genannt) die Mobilstation kurzfristig abgestellt. Vorteile: bessere Kanalausnutzung und längere Batterielebensdauer.

Dem Empfänger wird i.d.R. → *Comfort Noise* eingespielt. Zentrales, elektronisches Bauteil ist der Voice Activity Detector (→ *VAD*).

Voxel

Kunstwort, zusammengesetzt aus Volume und Pixel. Bezeichnet eine Art dreidimensionales → *Pixel*, d.h., genauso, wie ein Pixel eine zweidimensionale Datenmenge definiert (Bildpunkt in der Ebene), definiert ein Voxel eine dreidimensionale Datenmenge.

Das Voxel wird in wissenschaftlich-grafischen Systemen zur Verarbeitung dreidimensionaler Grafiken verwendet.

VP

Abk. für Virtual Path.

Bezeichnet in → *ATM*-Netzen innerhalb der Verbindungshierarchie eine Menge zusammengefasster virtueller Kanäle (VCs). Auf einer physikalischen Leitung wiederum können mehrere VPs realisiert sein. VPs werden mit Cross Connects (CCs) geschaltet. Das Schalten von VPs beinhaltet nicht das Schalten von VCs. Umgekehrt gilt dies nicht!

VPC

1. Abk. für Virtual Path Connection.

   → *ATM.*

2. Abk. für Virtual Processor Complex.

   Bezeichnung aus dem Hause IBM, die das Zusammenschalten mehrerer Rechner unter enger Kontrolle eines zentralen Rechners beschreibt.

V.pcm

→ *V.90.*

VPDN

Abk. für Virtual Private Dial Network.
→ *VPN*.

VPI

Abk. für Virtual Path Identifier.
→ *ATM*.

VPIM

Abk. für Voice Profile for Internet Mail.

Bezeichnung eines Standards zum Austausch von → *E-Mail* zwischen technisch unterschiedlichen Mail-Servern. Vorläufig definiert im RFC 1911 im Jahre 1996. Erarbeitet wurde der Standard durch das VPIM Committee in der Arbeitsgruppe für → *Voicemail* der → *EMA*.

Nicht Bestandteil des Standards ist, wie die Server mit E-Mail-Applikationssoftware oder mit Nutzern der E-Mail-Applikationssoftware kommunizieren.

Mit VPIM ist es möglich, Nachrichtenserver, die zu Netzen verschiedenen technischen Standards gehören, miteinander zu verbinden, und so Nachrichten verschiedener Art (klassische E-Mail nur mit Text, Multimedia-E-Mail, Voicemail, Fax etc.) zwischen verschiedenen Netzen auszutauschen.

VPIM ist prinzipiell eine Erweiterung von → *MIME* und nutzt einen Datenaustausch auf der Basis von → *SMTP* über Netze mit den → *TCP*- und → *IP*-Protokollen. Es wurde insbesondere zur Verbindung von Servern für → *Voicemail* konzipiert, weswegen ein Teil der MIME-Message immer auch Sprache sein muss. Zur Sprachcodierung wird der Codec nach dem Standard G.726 der → *ITU* verwendet (→ *ADPCM*). Die Verwendung anderer Codecs ist jedoch nicht ausgeschlossen und kann von Betreibern zweier Voicemail-Server untereinander verabredet werden. Im Gespräch ist dafür insbesondere der schmalbandige Codec nach → *G.723.1*.

Ferner sieht der Standard vor, dass auch Faxnachrichten über IP-basierte Netze ausgetauscht werden können.

Zusammen mit → *Sprachsystemen* ergeben sich Realisierungsmöglichkeiten für verschiedene Formen der → *Dienstkonvergenz*.

VPN

Abk. für Virtual Private Network.

Es ist für diesen in mehreren Zusammenhängen ähnlich verwendeten Begriff noch keine einheitliche Definition existent. Eine in Frage kommende wäre: Die Möglichkeit, Leitungen oder Kapazitäten öffentlicher Netze derart für die Kommunikation einer geschlossenen Gruppe von Nutzern zu reservieren, dass mehrere private Netze und Netzelemente (z.B. Nebenstellenanlagen oder Handys) derart miteinander verbunden werden, dass sie für die an diese Netzelemente angeschlossenen Nutzer wie ein einziges, privates und sicheres Netz wirken.

Dieses Netz ist aus Sicht der Nutzer virtuell, das öffentliche zwischengeschaltete Netz ist transparent, d.h., die Verbindungen zwischen den einzelnen Netzelementen werden jeweils wieder neu aufgebaut. Dies führt zu kostengünstigem Betrieb, da nur für die tatsächlich genutzte Kapazität bezahlt werden muss (im Gegensatz zur Tarifierung beim Einsatz von Festverbindungen, die bezahlt werden müssen, unabhängig von ihrer Kapazitätsauslastung). Üblich sind daher auch Mischformen, bei denen Festverbindungen die sicher vorhersehbare Grundlast abdecken und statistisch auftretende Überlast über Wählverbindungen abgewickelt wird.

Man unterscheidet in der Telekommunikation verschiedene Arten von VPNs.

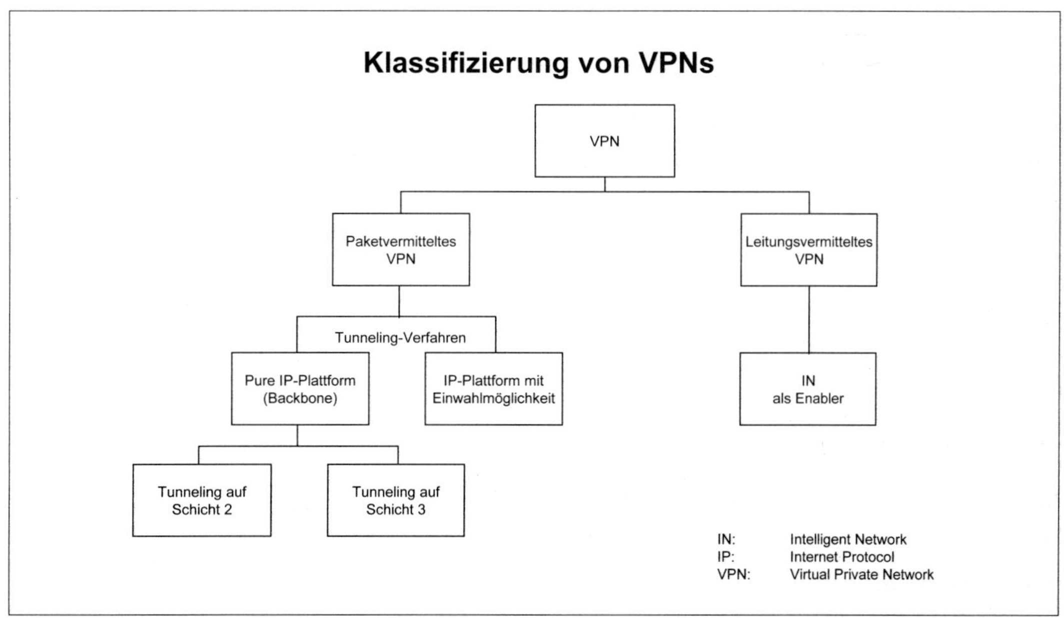

1. Im Zusammenhang mit dem → *Internet* bezeichnet man als VPNs solche Netze, die verschiedene Protokolle und Dienste des Internet nutzen, aber auf einer nicht permanent zusammengeschalteten Infrastruktur basieren. Ein Beispiel dafür ist ein → *Extranet*. Technisch werden derartige Netze mit Hilfe verschiedener Protokolle des → *Tunneling* realisiert. Dabei unterscheidet man üblicherweise VPNs mit permanenten Tunneln über die reine paketvermittelte IP-Infrastruktur (als Backbone) und VPNs mit temporären Tunneln über eine IP-Infrastruktur, z.B. auf der Basis von Einwahlleitungen (Virtual Private Dial Networks, VPDN).
2. Die Realisierung eines VPNs im Rahmen eines Mobilfunknetzes kann auf verschiedene Arten erfolgen:
   - Die einfachste Lösung ist die Realisierung einer geschlossenen Benutzergruppe durch die besonders günstige Tarifierung der Verbindungen untereinander. Dabei ist nur eine Änderung des → *Billing-Systems* notwendig.
   - Als zusätzliches Feature kann den Nutzern ein eigener → *Nummerierungsplan* zur Verfügung gestellt werden. Z.B. können die Nutzer untereinander mit → *Kurzwahl* Verbindungen initialisieren, die den internen Telefonnummern des Nummerierungsplans ihrer Nebenstellenanlage entsprechen.
   - Ein weiteres Feature ist die Realisierung der geschlossenen Benutzergruppe durch die Vergabe spezieller Rechte gemäß unterschiedlicher → *Berechtigungsklassen*.

   Alle diese Möglichkeiten können auch miteinander kombiniert werden.
3. Zur Realisierung von VPNs als eine Variante von → *Corporate Networks* auf der Basis leitungsvermittelter Netze wird das → *IN* genutzt. VPN ist im → *CS1* des IN als ein möglicher, mit Hilfe des IN realisierbarer Dienst definiert. Hierbei entfallen, im Vergleich zu Corporate Networks, die Hardwarekosten für → *Multiplexer* und → *Router*.

   Features aus dem Nebenstellenbereich (z.B. eigene Nummerierungspläne) lassen sich so auch in verteilten, größeren Anlagen realisieren, z.B. bei großen Firmen mit mehreren, weit auseinanderliegenden Fabrikgeländen und Gebäudekomplexen.

   → *Break Out*, → *Least Cost Routing*.

   → *http://www.employees.org:80/~ferguson/vpn.pdf/*

VPOP

Abk. für Virtual Point of Presence.

Bezeichnung für virtuelle Einwahlknoten, die es Providern von Online-Diensten (z.B. → *ISP*) gestatten, an Orten zum Ortstarif eine Einwahlmöglichkeit anzubieten, ohne dort mit eigenem teuren Gerät (→ *POP*) präsent sein zu müssen.

Zielgruppe für diese von Netzbetreibern angebotene Dienstleistung sind vermehrt Anbieter von Online-Diensten, die ihr Netz nach und nach ausdehnen.

Üblicherweise wird ein VPOP über eine Sondernummer realisiert (→ *IN*), mit der nur Ortstarife dem Einwählenden berechnet werden. Die Nummer wird vom Netzbetreiber bereitgestellt.

VPRT

Abk. für Verband privater Rundfunk und Telekommunikation.

Bezeichnung für die Interessenvertretung der privaten Hörfunk- und Fernsehveranstalter sowie von Unternehmen der Telekommunikations- und Multimediaindustrie in Deutschland.

Anfang 2001 hatte der VPRT 160 Unternehmen als Mitglieder.

Adresse:

VPRT e.V.
Burgstraße 69
53177 Bonn-Bad Godesberg
Tel. 02 28 / 93 45 00
Fax. 02 28 / 9 34 5048

→ *http://www.vprt.de/*

VPS

1. Abk. für Video-Programm-System.

   Bezeichnung für ein vom TV-Studio in ein Sendesignal eingespeistes Signal, sog. VPS-Label, das in der vertikalen → *Austastlücke* des Fernsehsignals ausgestrahlt wird und die aktuell ausgestrahlte Sendung kennzeichnet. Ziel ist eine Fernsteuerung von Aufnahmegeräten (Videorecordern), damit von den Sendern geänderte Programmanfänge oder ganze Programmfolgen nicht zwangsläufig zur Verschwendung von Bandmaterial oder unvollständigen Mitschnitten führen. Eine nach VPS-Angabe im Videorecorder programmierte Sendung wird auch dann vom Videorecorder korrekt aufgezeichnet, wenn die Sendung am gleichen Tag zeitverschoben ausgestrahlt wird. Dabei ist unerheblich, ob es sich um eine Verschiebung nach vorne oder hinten handelt.

   Voraussetzung ist, dass der Videorecorder mit einem VPS-Decoder ausgestattet ist, der das VPS-Label erkennt und den Aufnahmevorgang startet und beendet. Dies war ab ca. 1990 bei allen Videorecordern der Fall.

   In Deutschland eingeführt am 30. September 1985.
2. Abk. für Vectors per Second.

   Eine Leistungskenngröße bei → *Vektorrechnern*.

VPU

Abk. für Virtual Physical Unit.

VQ

Abk. für Vector Quantization.

VQL

Abk. für Variable Quantum Level (Coding).

VR

Abk. für Virtual Reality
→ *Virtuelle Realität*, → *Cyberspace*.

VRAM

Abk. für Video Random Access Memory.

Auch Video-RAM genannt. Bezeichnung für einen speziellen Halbleiterspeicher, der die Verarbeitung von Informationen für die Darstellung auf dem Monitor beschleunigt. Üblicherweise als → *DRAM* ausgeführt.

Der VRAM verfügt über zwei Anschlüsse (Ports), so dass über einen in den VRAM eine Information geschrieben werden kann, während gleichzeitig über den zweiten Anschluss der Bildschirminhalt aktualisiert wird.

Ein VRAM kommt üblicherweise nur bei besonders guten Monitoren voll zur Geltung, z.B. bei einer hohen Auflösung, einer hohen Anzahl Farben (z.B. 16 Bit Farbtiefe, → *HiColor*) oder einer hohen → *Bildwiederholfrequenz* (höher als 70 Hz).

VRC

Abk. für Vertical Redundancy Check.

Bezeichnung für einen Mechanismus zur Fehlererkennung. Dabei wird eine Querparitätsprüfung vorgenommen (→ *Parität*). Zumeist zur Erhöhung der Sicherheit in Verbindung mit einem → *LRC*.

VRM

Abk. für Voltage-Regulator Module.

VRML, VRML-NG

Abk. für Virtual Reality Modeling Language.

International ist die Aussprache ‚Wörml' für die Abkürzung üblich.

Bezeichnung einer Sprache aus dem Hause SGI für das → *WWW*, die dreidimensionale Darstellung und interaktive Simulation von Erlebniswelten (→ *Virtuelle Realität*, → *Cyberspace*) in Echtzeit erlaubt. Maßgeblich mitentwickelt von Mark Pesce aus der Notwendigkeit heraus, ein visuell leistungsstarkes → *GUI* für Netzwerkbetriebssysteme zu erstellen. Erste Ideen reichen bis 1990 zurück.

Vorgestellt in Version 1.0 Anfang 1995. Diese unterstützte keine Audioeffekte und Interaktion, sondern beschrieb, wie die statische Darstellung dreidimensionaler Objekte zu erfolgen hat.

Nach Arbeiten an Version 1.1, die von anderen Entwicklungen überholt wurden, wurde Version 2.0 im Frühjahr 1995 aus mehreren Standardvorschlägen ausgewählt und am 4. August 1996 offiziell eingeführt. Sie beschreibt die Echtzeitdarstellung der Bewegung dreidimensionaler Objekte. Eine davon abgeleitete und leicht verbesserte Version ist VRML 97.

Es gab jedoch zahlreiche Probleme mit diesen beiden Versionen, insbesondere wegen der hohen Komplexität, so dass viele Entwickler darauf verzichteten, sie zu verwenden.

An einer Version 3.0 wird gegenwärtig gearbeitet. Sie soll beschreiben, wie eine dreidimensionale künstliche Welt unter mehreren Nutzern geteilt und von diesen benutzt werden kann. Diese Version wird auch VRML-NG (für: Next Generation) oder X3D genannt. X3D ist ein im Februar 1999 vorgestellten Standard für die Definition von dreidimensionalen Komponenten und Effekten zur Nutzung im → *WWW* des → *Internet*. Er leitet sich von → *XML* ab und soll deutlich einfacher als sein Vorgänger sein.

VRML basiert auf einer Sprache, die ursprünglich von Silicon Graphics unter der Bezeichnung MovingWorlds entwickelt wurde. Sie wird gepflegt und weiterentwickelt von der VRML Architecture Group, die im Februar 1999 ihren Namen in Web3D Consortium geändert hat.

Zum Nutzen von WWW-Inhalten, die auf der Basis von VRML erstellt sind, benötigt man spezielle Browser oder aber Zusatzsoftware zu bestehenden Browsern.

→ *http://www.sdsc.edu/vrml/*

→ *http://www.vrml.com/*

→ *http://www.vrml.org/*

→ *http://www.web3d.org/*

→ *http://www.tnt.uni-hannover.de/js/subj/vrml/*

VRU

Abk. für Voice Response Unit.

Bezeichnung für die Module oder Einsteckkarten in Nebenstellenanlagen, die das Feature → *IVR* ermöglichen.

VS

Abk. für Virtual Storage.

→ *Virtueller Speicher.*

VSA

Abk. für Virtual Scheduling Algorithm.

VSAM

Abk. für Virtual Storage Access Method.

Bezeichnung einer weit verbreiteten Datenbank-Zugriffsmethode für Direktzugriffsspeicher (wahlfreier Zugriff), die 1972 von der IBM vorgestellt wurde. Man unterscheidet die zwei Varianten KSDS (Key Sequenced Data Set) und ESDS (Entry Sequenced Data Set), die sich hinsichtlich der Einsortierung der Datensätze in die Datei unterscheiden (Einsortierung nach dem Schlüssel oder der Reihenfolge des Eintrags).

VSAT

Abk. für Very Small Aperture Terminal.

Bezeichnet im Satellitenmobilfunk Endgeräte, die im Vergleich zu festinstallierten Terminals für Satellitennetze keinen Schrank-, sondern nur noch Aktenkoffercharakter haben. Einsetzbar z.B. bei → *Inmarsat M*.

Die Empfangsanlagen hatten ursprünglich Parabolspiegel mit Durchmessern von 1,2 m bis 2,4 m (heute: 0,9 bis 1,2 m) und sind konstruktiv oft so beschaffen, dass sie sich zusammenklappen oder zusammenfalten lassen. Sie verfügen nur über eine geringe → *Apertur* und müssen üblicherweise den Satelliten nachgeführt werden, wenngleich einige moderne Geräte nur eine grobe Ausrichtung der Antenne (die oft keine Parabolantenne mehr ist, sondern im Aktenkofferdeckel integriert ist) benötigen.

Die Antenne muss jedoch freien Sichtkontakt zum Satelliten haben, selbst Bäume stören oft den Empfang.

VSATs mit einem Empfangsantennendurchmesser von unter 0,5 m werden oft als Ultra Small Aperture Terminals (USAT) bezeichnet.

VSATs sind nicht mit → *Handys* zu verwechseln.
Das VSAT-Zeitalter begann mit ersten derartigen Anlagen gegen Jahresende 1975.

VSB

Abk. für Vestigal Side Band.

VSE

Abk. für Virtual Storage Extended, erweiterte virtuelle Speicherung.
Bezeichnung für ein multiuser- und → *Multitasking*-fähiges → *Betriebssystem* aus dem Hause IBM, das 1978 vorgestellt wurde und auf Rechnern der IBM 43xx-Serie zum Einsatz kam.

VSEI

Abk. für Verband Schweizer Elektroinstallateure.

VSELP

Abk. für Vector Sum Excited Linear Prediction.
Bezeichnung eines → *Vocoders*, der z.B. bei → *D-AMPS* eingesetzt wird.

VSI

1. Abk. für Verband der Softwareindustrie.

   Bezeichnung eines Interessenverbandes von Unternehmen in Deutschland, die Software herstellen.

2. Abk. für Virtual Socket Alliance.

   Bezeichnung für eine Organisation mit mehreren 100 Mitgliedsunternehmen aus dem Bereich der Elektronik- und Halbleiterindustrie. Ziel der Allianz ist die Definition von Verfahren für den Aufbau und Test von Systemen aus integrierten, elektronischen Bauteilen.

   → *http://www.vsi.org/*

VSt

Abk. für Vermittlungsstelle.
Oft wird die Abk. in Verbindung mit einem weiteren Präfix verwendet, z.B. OVSt für Ortsvermittlungsstelle.

VSTI

Abk. für Verband Schweizer Telefoninstallateure.

VSTTB

Abk. für Verband schweizerischer Telefon- und Telegrafenbeamtinnen.
Adresse:

VSTTB
Postfach 6
3000 Bern 23
Schweiz
Tel.: (+ 41) 0 31 / 3 79 33 33
Fax: (+ 41) 0 31 / 3 79 33 20

VSWR

Abk. für Voltage Standing Wave Ratio.
Bezeichnung einer Messgröße zur Qualitätsbestimmung von Kabel- und Antennensystemen.

V-Sync

Bezeichnung für die Länge des Synchronisationssignals für das vertikale Bildsignal. Angegeben in µs.

VT

1. Abk. für → *Vermittlungstechnik.*
2. Abk. für Virtual Terminal.

   Ein Protokoll auf Schicht 7 des → *OSI-Referenzmodells.*

VT 52, 100, 200, 220, 300, 320

Bezeichnung von → *Terminals* aus dem Hause DEC. Insbesondere VT100, 200 und 220 sind sehr weit verbreitete und von vielen anderen Herstellern nachgebaute De-facto-Standards.
Das VT52 war ein einfaches, zeilenorientiertes Terminal, das lediglich → *ASCII*-Zeichen darstellen konnte.
Das VT100 war auch das erste Terminal, welches den Standard 3.64 der → *ANSI* für zeichenorientierte Terminals mit Full-Screen-Darstellung verwendete.
Mittlerweile auch weit verbreiteter Standard zur Terminal-Emulation, entweder als Software-Emulation oder bei Geräten der Konkurrenz.
Als Softwareemulation wird VT100, z.B. bei → *T-Online* eingesetzt.

VTAM

Abk. für Virtual Telecommunications Access Method.
Manchmal auch ACF-VTAM (für Advanced Communication Function VTAM) genannt.
Bezeichnung eines Protokolls aus der → *SNA*-Welt, welches die Steuerung von Kommunikationsverbindungen zwischen einem → *Host* (üblicherweise eine → *Mainframe* aus dem Hause IBM) und angeschlossene → *Terminals* übernimmt. Dabei werden die auf dem Host üblicherweise unter den → *Betriebssystemen* → *MVS* oder → *VM* laufenden Anwendungsprogramme der User mit den entsprechenden Terminals oder anderen Peripheriegeräten (Drucker oder Plotter) verbunden, weshalb VTAM viele Netzprotokolle unterstützt, z.B. → *SDLC* oder → *Token-Ring.*

VTC

Abk. für Vertical Transistor Cell.

VTM

Abk. für → *Verband für Telekommunikation und Mehrwertdienste.*

VTOC

Abk. für Volume Table of Contents.
Generischer Begriff aus der Welt der → *Mainframes.* Bezeichnet dort das Inhaltsverzeichnis einer → *Festplatte.* Ist daher das Gegenstück zur → *FAT* aus dem PC-Bereich.

VTP

Abk. für Virtual Terminal Protocol.
Bezeichnung eines Schicht-7-Protokolls, das den terminalunabhängigen Zugriff von Programmen auf entfernte Terminals ermöglicht. Standardisiert als ISO 9040 und 9041.

VTR

Abk. für Video Tape Recorder.
Heute nicht mehr gebräuchliche Bezeichnung, ersetzt durch → *VCR*.

Vtx

Abk. für → *Videotex*.

VUP

Abk. für VAX Unit (of) Performance.
Bezeichnung für eine theoretische Recheneinheit zur Messung der Leistungsfähigkeit von Computern der Rechnerlinie → *VAX* aus dem Hause Digital Equipment.
Zum Vergleich: Die Leistung eines Rechners vom Typ VAX 11/780 (erste gebaute VAX) wird mit 1 VUP angegeben.

VXC

Abk. für Vector Excitation Coding.

VXI-Bus

Bezeichnet eine Weiterentwicklung des → *VME*-Busses für messtechnische Anwendungen. Er wurde durch ein Konsortium von fünf Herstellern 1987 bis 1989 definiert. Besteht aus acht verschiedenen Bussystemen und zusätzlichen Leitungen für diverse Zwecke und kann daher Industriebedürfnissen flexibel angepasst werden.
Nachteilig ist bei der Entwicklung gewesen, dass keine verbindliche Anwendungsprogrammierschnittstelle (→ *API*) mitentwickelt wurde, so dass für jeden Anwendungszweck und jedes Gerät von jedem Hersteller ein eigener Treiber entwickelt wurde. Erst 1998 formten sich zwei Organisationen (IVIF im September und ODAA im November), die mit verschiedenen Ansätzen APIs entwickelten. Im Januar 1999 kam es auf Initiative von HP zu ersten Kontakten zwischen den Gruppen und Überlegungen, dass es wohl Sinn mache, nur eine Menge von APIs zu entwickeln.

VXML

Abk. für Voice Exchange Markup Language.

Bezeichnung für eine von → *XML* abgeleitete Sprache, die mit dem Ziel entwickelt wurde, die Möglichkeiten des → *WWW* um Funktionalitäten zur Sprachkommunikation zu ergänzen.

Beispiele sind die Integration von Dienstmerkmalen (→ *Dienst*) des Telefondienstes und → *Leistungsmerkmalen* von Telefonen oder Nebenstellenanlagen in eine Website, um z.B. mit Hilfe von → *Internet-Telefonie* aus einer Website heraus eine Verbindung zu einem → *Call Center* aufzubauen.

Entwickelt von einem Industriekonsortium ab Sommer 1999.

→ *http://www.vxml.org/*

Vzk

Abk. für → *Verzweigungskabel*.

W

W3, W3C

Abk. für WWW-Consortium.

Bezeichnung eines Zusammenschlusses des Laboratory for Computer Science am → *MIT*, der → *INRIA* und der Keio University Shonan Fujisawa, die das → *WWW* weiterentwickeln und z.B. → *MathML* entwickelt haben.

Es wurde im Jahre 1994 am Laboratory for Computer Science des MIT unter dem Erfinder des WWW, Tim Berners-Lee, gegründet.

Ein deutsches Büro ist im Frühjahr 1998 bei der → *GMD* gegründet worden.

→ *http://www.lcs.mit.edu/*
→ *http://www.inria.fr/*
→ *http://www.keio.ac.jp/*
→ *http://www.w3.org/*

W48

Bezeichnung für ein in den 50er und 60er Jahren in Deutschland weitverbreitetes Telefon (W für Wählapparat, 48 für das offizielle Jahr des Beginns der öffentlichen Verbreitung) mit Wählscheibe. Maßgeblich entwickelt von Siemens und der Firma Reiner aus München. Seit den frühen 50er Jahren in Verwendung bei der damaligen Deutschen Bundespost, obwohl bereits 1936 entwickelt.

Gilt als ‚der' klassische und formschöne Telefonapparat in Deutschland. Das Hörerkabel ist in der Urversion mit Baumwollgarn (‚Eisengarn') umwickelt. Der Korpus ist aus duroplastischem → *Bakelit* hergestellt und war zunächst nur in schwarz, später auch in weiß (Luxusausführung im Farbtyp ‚Elfenbein') erhältlich. Insgesamt, dank einer metallenen Bodenplatte, 1,9 kg schwer. Ausgerüstet mit einem mittlerweile traditionellen → *Wecker* aus zwei Metallklingeln der Firma Eichhoff.

WABI

Abk. für Windows Applications Binary Interface.

Bezeichnung für ein Produkt aus dem Hause SUN, das es Programmen, die unter dem → *Betriebssystem* → *Windows* laufen, ermöglicht, unter → *Unix* zu laufen. Es konvertiert Betriebssystemaufrufe an Windows zu solchen, die → *X/Windows* aufrufen.

Das Verfahren gilt als elegant und funktionstüchtig, aber langsam.

WAC

Abk. für Wide Area Centrex.

Bezeichnung (hauptsächlich in Nordamerika gebräuchlich) für netzweite → *Centrex*-Dienste, die mittels → *IN* realisiert werden.

WACA

Abk. für Write Access Connection Acceptor.

WACIA

Abk. für Write Access Connection Initiator.

WACK

Abk. für Wait (for) Acknowledgement.

WACS

Abk. für Wireless Access Communication System.

Name eines von Bellcore entwickelten Standards (Bellcore TR-INS-001313) für → *RLL*-Anwendungen mit einer → *BS* in Größe eines Schuhkartons und einem Zellendurchmesser von 300 m. WACS nutzt → *FDD* (im Gegensatz zu → *TDD* bei → *CT2*, → *DECT* und → *PHP*) als Duplexverfahren, → *TDMA* für den Kanalzugriff und codiert Sprache mit 32 kbit/s und → *ADPCM*. Der Standard stellt je Timeslot des TDMA-Verfahrens 10 Kanäle zur Verfügung und nutzt → *QPSK* als Verfahren für die → *digitale Modulation*.

Entwickelt wurde das Verfahren Anfang der 90er Jahre. Ein stabiler Standard liegt seit November 1993 vor. Ein Derivat von WACS mit Merkmalen von → *PHP* ist → *PACS*.

WAD

Abk. für Wohnungsanschlussdose.

Bezeichnung für den Anschluss in einer Wohnung für das Kabelfernsehen. Über die → *WAL* ist die WAD an den → *HVV* am → *HÜP* angeschlossen, der innerhalb des Hauses den Endpunkt des → *Breitbandkabelverteilnetzes* darstellt.

WAE

Abk. für Wireless Application Environment.

→ *WAP*.

Wählapparat

Deutsche Amtsbezeichnung in den 50er und 60er Jahren für das → *Telefon*.

Wählton

Bezeichnung für das akustische Signal, das ein Nutzer des Telefons hört, wenn er den Telefonhörer abgehoben und noch nicht angefangen zu wählen hat.

Es handelt sich um einen in der Dauerton, der nach der Wahl der ersten Ziffer abgeschaltet wird.

Wafer

Begriff aus der Halbleitertechnik.

Bezeichnet den Rohling aus Halbleitermaterial, aus dem hundert oder bis zu tausend einzelne integrierte Schaltungen (→ *IC*) hergestellt werden. Ist meistens aus dotiertem Silizium gefertigt und eine runde Scheibe. Die Herstellung gilt als komplizierter Prozess der Reinsträume erfordert.

Wegen der Unvollkommenheit dieses Prozesses ist immer mit einem gewissen Ausschuß (insbesondere in Randbereichen des Wafers) zu rechnen. Der Anteil der funktionsfähigen Chips wird mit Yield bezeichnet (von engl. Yield = Ausbeute).

In den frühen 70er Jahren wurden Wafer mit einem Durchmesser von ca. 5 cm (= 2 Zoll) hergestellt. Intel ging beispielsweise im Juni 1972 von der Fertigung von im Durchmesser 2 Zoll auf die 3 Zoll großen Wafer über. Im Juni 1976 erfolgte der Wechsel auf die 4 Zoll großen Wafer. Ab

Dezember 1983 wurden 6 Zoll und ab April 1992 8 Zoll große Wafer hergestellt. Im Herbst 1999 erfolgte der Übergang auf Wafer mit einem Durchmesser von 12 Zoll (ca. 30 cm).

Die Dicke eines Wafers liegt bei ca. 0,85 mm.

Wahl bei aufgelegtem Hörer

Bezeichnung eines → *Leistungsmerkmals* von → *Komforttelefonen.*

Ohne den Hörer abgehoben zu haben, kann eine Rufnummer angewählt werden, z.B.

- durch Verwendung einer Funktionstaste (→ *Kurzwahl*) oder
- durch Verwendung eines Lautsprechers und eines Displays zur Anzeige der ausgesendeten Rufnummer und zur Signalisierung des Verbindungszustandes (→ *Wähltons*, → *Freiton*, Melden des Angerufenen).

Üblicherweise wird durch erneutes Drücken einer → *Funktionstaste* der eingeleitete Verbindungsaufbau bzw. die Verbindung abgebrochen

Das Abheben des Hörers neutralisiert den gesamten Vorgang und leitet das Gespräch ein.

Wahlfreier Zugriff

Auch Random Access genannt. Bezeichnet bei Speichermedien den freien Zugriff auf jede beliebige und zulässige Speicheradresse, d.h., der Speicher muss nicht sequenziell bis zur gewünschten Speicheradresse durchlaufen werden, wie es z.B. bei Magnetbändern der Fall ist.

Speicher mit wahlfreiem Zugriff sind z.B. die → *Diskette*, eine → *Festplatte* oder der Arbeitsspeicher eines Computers (→ *RAM*).

Wahlkorrektur

Bezeichnung eines → *Leistungsmerkmals* von Telefonen mit Tastenwahl. Dabei kann während des Wählens einer Teilnehmernummer diese Ziffer für Ziffer korrigiert werden. Realisierung durch → *Blockwahl.*

Wahlvorbereitung

→ *Leistungsmerkmal* eines → *Komforttelefons.* Dabei kann eine gewünschte Rufnummer zunächst eingegeben werden, ohne dass eine Verbindung hergestellt wird. Dieses Leistungsmerkmal kann als Notizbuchfunktion genutzt werden, wenn während einer bestehenden Verbindung eine Rufnummer notiert und anschließend angerufen werden soll. Die Rufnummer wird in einem Display angezeigt, kann daraus u.U. direkt gespeichert oder korrigiert werden.

Wahlwiederholung

International auch Redial genannt. Bezeichnet ein → *Leistungsmerkmal* entsprechend ausgestatteter Endgeräte (Telefone, Faxgeräte, Handys etc.), die die zuletzt gewählte Nummer speichern und deren nochmalige Wahl ohne erneute Eingabe der kompletten Rufnummer erlauben. Dazu ist lediglich eine einzige Redial-Taste zu drücken

Eine Variante ist die → *erweiterte Wahlwiederholung*, bei der mehrere Nummern gespeichert werden (auch History-Funktion genannt).

Darüber hinaus gestatten es einige Geräte, selbständig im Besetztfall die Nummern in zeitlich wachsenden Abständen anzurufen, bis eine Verbindung hergestellt wird. Dies wird mit automatischer Wahlwiederholung bezeichnet. Die technische Baugruppe, die das durchführt bezeichnet man mit → *Dialer.*

→ *Rufnummerngeber.*

WAIS

Abk. für Wide Area Information System.

Bezeichnung eines 1991 aus einem Projekt der Firmen Dow Jones Information Service, Thinking Machines und Apple entstandenen Informations-Suchsystems im → *Internet.* Maßgeblich wurde es von Brewster Kahle entwickelt.

WAIS sucht anhand von Stichwörtern in Archiven und Datenbanken, die ihm explizit angegeben werden. Es liefert die Adresse für die gesuchten Informationen (und nicht etwa die Information selbst, wie bei → *WWW*) zurück.

→ *Archie*, → *Gopher.*

WAITS

Abk. für Wide-area Information Transfer System.

Waitstate

Bezeichnung für Wartezyklen eines → *Mikroprozessors*, die dieser machen muß, um sich an einen langsameren Prozessor, langsameren Speicher oder sonstige langsamere Peripheriebausteine anzupassen. Würde er dies nicht machen, wäre ein Datenverlust die Folge, da er z.B. Daten schneller bearbeiten und schneller an die langsamere Einheit abgeben würde, als diese sie verarbeiten könnte.

WAL

Abk. für Wohnungsanschlussleitung.

Bezeichnet die Verbindungsleitung innerhalb eines Hauses von der → *WAD* über den → *HVV* zum → *HÜP* des → *Breitbandkabelverteilnetzes.*

Wallboard

Auch Readerboard, Display-Board, Wall-Display oder Wandanzeige genannt. In → *Call Centern* die großformatigen und von allen → *Agenten* im Call Center einsehbaren Wandanzeigen, die verschiedene Informationen darstellen können. Man unterscheidet üblicherweise folgende Informationsarten auf den Wallboards:

- Call-Center-interne Informationen: Diese angezeigten Informationen werden über ein → *ACD*-System gewonnen und zeigen z.B. Anzahl aktuell eingeloggter Agenten, Anzahl belegter Agenten, Anzahl Anrufer in der Warteschlange etc. an. Diese Art von Anzeigen erfolgt in einem bestimmten, fest vorher definierten Format.
- Call-Center-externe Informationen: Oft ist für sie kein Format vorgesehen, so dass sie in Form einer Laufschrift angezeigt werden, etwa über einen TV-Spot mit eingeblendeter Nummer (→ *DRTV*), technische Probleme oder sonstige, das Call Center beeinflussende Ereignisse.

Wallpaper

Von engl. Wallpaper = Tapete. Bezeichnet bei grafischen Benutzeroberflächen, z.B. von → *Betriebssystemen* wie → *Windows 95* oder → *OS/2*, den standardmäßigen Bildschirmhintergrund, der vom Benutzer oft frei gewählt werden kann.

Walsh-Function

→ *CDMA*.

WAN

Abk. für Wide Area Network.

Ein privates oder öffentliches Netz (Weitverkehrsnetz) zur digitalen, paketorientierten Datenübertragung (→ *Paketvermittlung*) mit einer Ausdehnung von mehr als 10 km.

Im Falle der Sprachübertragung (Telefonie) werden derartig große Netze üblicherweise als Fernnetz, Fernverkehrsnetz oder Long-Distance-Netz bezeichnet.

Es verbindet häufig mehrere → *LANs* als → *Backbone* miteinander.

Beispiele für WAN-Technologien sind → *ATM*, → *Frame Relay*, → *X.25* oder → *SMDS* über → *DQDB*.

→ *MAN*.

Wand

Englischsprachige Bezeichnung für ein optisches Lesegerät (→ *Barcode*, → *OCR*), das in der Hand gehalten werden kann.

Wander

Im engeren Sinne Phasenschwankungen mit Frequenzen von unter 0,01 Hz. Oberhalb dieser Frequenz spricht man von → *Jitter*.

Im weiteren Sinne ist Wander jede länger andauernde Störung eines digitalen Signals, die sich in einer zeitlichen Verschiebung charakteristischer Merkmale des Signals um die Idealposition zeigen.

Der Begriff ist von der → *ITU* in G.701 definiert.

Wanderer

Jargon aus der Szene der → *Online-Dienste* und des → *WWW* des → *Internets*. Bezeichnet Personen, die häufig im Internet → *Surfen*.

→ *Camper*.

WAP

1. Abk. für Wide Area Paging.

   Bezeichnung für → *Paging* mit globaler Versorgung, wie es jetzt durch → *Inmarsat* und in Zukunft durch neue Satellitenmobilfunksysteme ermöglicht werden soll.

2. Abk. für Wireless Application Protocol.

   Bezeichnung für ein gemeinsam von verschiedenen Herstellern von Mobilfunkgeräten (Nokia, Ericsson, Motorola, Unwired Planet) seit Mitte 1997 entwickeltes Protokoll, das es → *Handys* ermöglicht, spezielle Inhalte des → *WWW* auf ihren kleinen Displays und mit der begrenzten Prozessorleistung und Speichergröße eines Handys darzustellen. Streng genommen sorgt WAP dafür, dass die Funktionalität einer Website erhalten und mit dem begrenten Nutzerinterface eines Handys genutzt werden kann.

   WAP ist so flexibel, dass es die Größen verschiedener Displays (von einer Zeile bis hin zu der Größe eines → *Organizers*) berücksichtigt und die darzustellenden Inhalte und Funktionalitäten daran anpasst. Beispiele für derartige Anpassung ist die Darstellung farbiger Inhalte als Schwarzweiß-Bilder, der Verzicht auf Hintergrund-

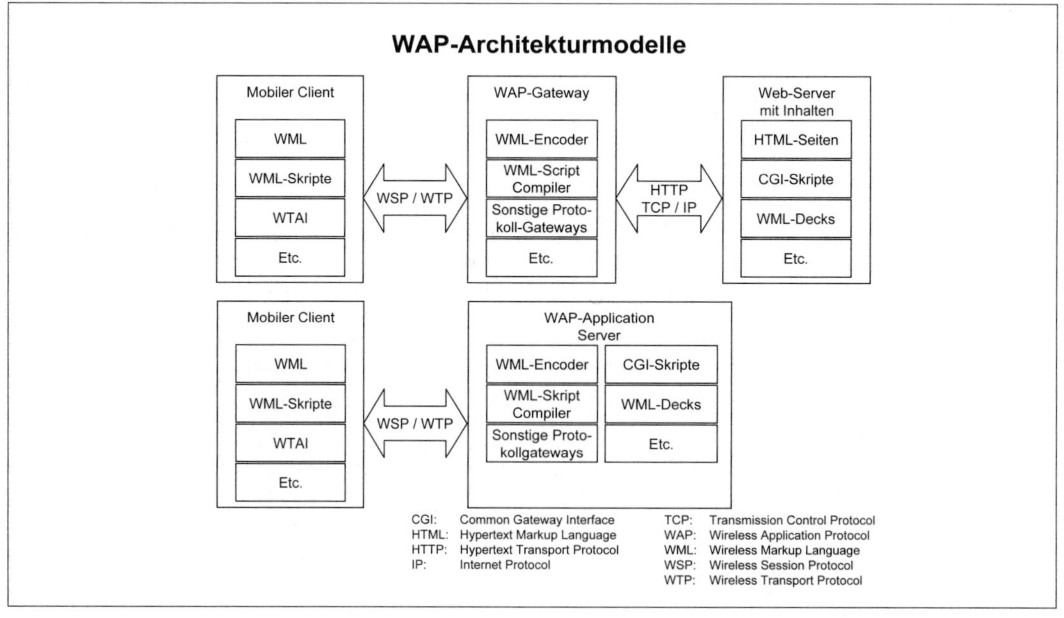

bilder, die Anpassung von Schrifttyp und -größe oder das Löschen von Kommentaren innerhalb der HTML-Seiten vor der Übertragung.

WAP basiert auf dem Client/Server-Modell (→ *Server*) und verbindet einen klassischen Web-Server über → *HTTP* mit einem WAP-Gateway. Dort erfolgt die Umsetzung durch einen WAP-Encoder. Dieses WAP-Gateway ist dann mit einem mobilen Client verbunden, auf dem die vom Web-Server angeforderten Inhalte dargestellt werden. WAP ist dabei nicht an eine bestimmte technische Plattform zur Übertragung zwischen dem WAP-Gateway und dem Client wie z.B. einen speziellen Mobilfunkstandard gebunden, sondern flexibel einsetzbar.

Zusätzlich können (falls nur WAP-Inhalte von einem Server abgerufen werden sollen) die Funktionen des Web-Servers und des WAP-Gateways in einer WAP-Application-Server genannten Einheit zusammengefasst werden.

Zentrale Aufgabe des WAP ist die Formatkonvertierung mit Hilfe eines in → *Java* geschriebenen Programms. Das Verfahren wird Smart Messaging genannt (ursprünglich von Nokia entwickelt) und wandelt in HTML spezifizierte Inhalte in solche um, die in TTML (Tagged Text Markup Language) spezifiziert sind und in einer Short Message (→ *SMS*) verschickt werden können.

Das WAP umfasst dazu die Schichten 4, 5 und 6 im → *OSI-Referenzmodell*, stellt denen aber ein eigenes Schichtenmodell entgegen, das aus den folgenden Schichten besteht:

- Wireless Application Environment (WAE) mit der Wireless Markup Language (WML, aus dem Hause Spyglass) und einer dazugehörigen Scriptsprache (WMLScript) sowie Anwendungunsschnittstelle (→ *API*) für Telefoniedienste, genannt Wireless Telephone API (WTA).

  WML basiert dabei auf → *XML* bzw. auf der zunächst entwickelten Handheld Device Markup Language aus dem Hause Unwired Planet und zerlegt mögliche Aktionen eines Nutzers auf einer Website in miteinander verbundene Cards (= Menüs) von der Größe mehrerer Zeilen zu je 10 bis 14 Zeichen. Ein Stapel möglicher hintereinanderfolgender Cards wird als Deck oder auch WML-Deck bezeichnet.

  Dabei wird ein Deck immer in den Client heruntergeladen, so dass beim Navigieren zwischen den Cards dieses Decks mit Hilfe von Sprungbefehlen keine neue Verbindung aus dem WAP-Client zum WAP-Server notwendig ist. Wird hingegen das Deck gewechselt, ist ein neuer Request für das andere Deck notwendig.
- Wireless Session Layer (WSL) mit dem Wireless Session Protocol (WSP)
- Wireless Transaction Layer mit dem Wireless Transaction Protocol (WTP)
- Wireless Transport Layer Security (WTLS): Hier wird ein Rahmen für sichere, verschlüsselte Verbindungen zwischen Protokollendpunkten des WAP-Protokolls (nicht Ende-zu-Ende) definiert. Dabei wird auf Verschlüsselungsverfahren, Key-Management und Log-Funktionen zurückgegriffen.

  Bestandteile sind das Hanshake Protocol, das Alert Protocol, das Application Protocol, das Change Cipher Spec Protocol und das darunterliegende Record Protocol.

  Es werden dabei drei Sicherheitsklassen unterschieden:

  – Klasse 1: Nur Datenverschlüsselung.

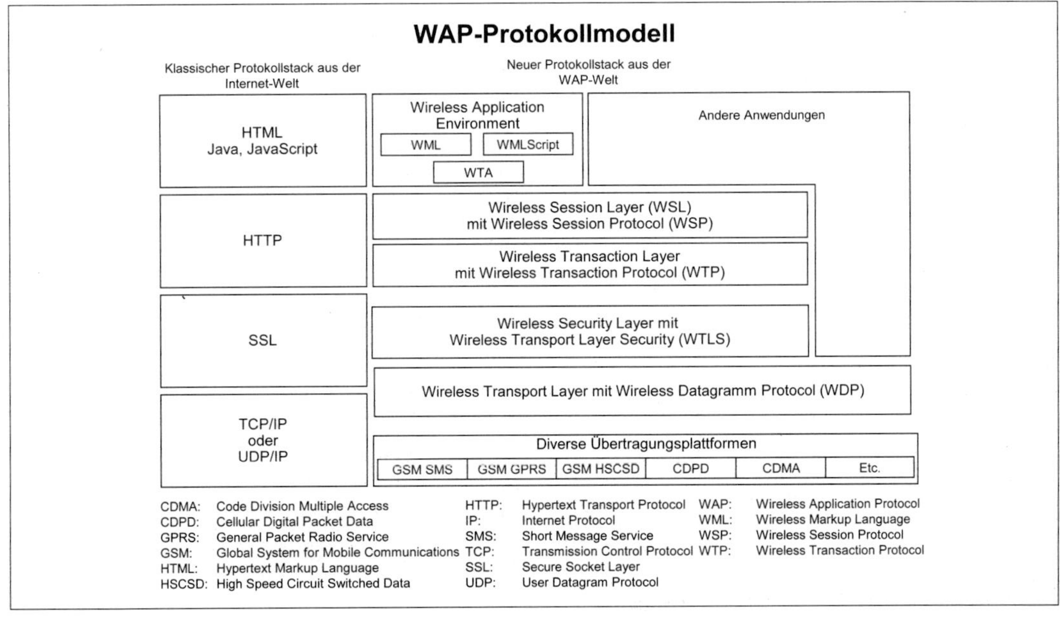

- Klasse 2: Zusätzlich zur Klasse 1 werden Mechanismen zur Serveridentifikation eingesetzt.
- Klasse 3: Zusätzlich zur Klasse 2 werden Mechanismen zur Identifikation des Nutzers eingesetzt.

• Wireless Transport Layer (WTL) mit dem Wireless Datagram Protocol (WDP)

Bestandteil von WAP ist auch ein Mikrobrowser zum Einsatz auf den kleinen Displays.

Zur Förderung von WAP ist im Januar 1998 das WAP-Forum gegründet worden, das im Mai 1998 schon 37 und im September 1998 bereits 60 Mitglieder zählte.

Die erste stabile Fassung von WAP wurde im Februar 1998 als WAP 1.0 vorgestellt. Die erste Fassung mit kommerzieller Bedeutung war WAP 1.1. Mittlerweile ist WAP 1.2 die aktuelle Version.

Erster Mobilfunkanbieter, der mit Hilfe von WAP aus den Zugriff über ein → *GSM*-Netz auf das Internet ermöglichte, war im April 1999 Cegetel aus Frankreich. In Deutschland startete Mannesmann Mobilfunk zur → *IFA* 99 seinen WAP-Dienst, der im gleichen Jahr auf der CeBIT angekündigt worden war.

Erstes Handy mit WAP-fähigem Browser war das Nokia 7110 im Oktober 1999, das jedoch lange Zeit unter Lieferschwierigkeiten litt. Es folgte der Organizer MC 218 aus dem Hause Ericsson nur kurze Zeit später.

→ *Clear Type*, → *HDML*, → *Radicchio*, → *Web Clipping*.

→ *http://www.wapforum.org/*

→ *http://www.wapforum.com/*

→ *http://www.waply.com/*

→ *http://wapmap.com/*

→ *http://www.wap-portal.de/*

→ *http://www.wap-forum.de/*

→ *http://www.wap-magazin.de/*

→ *http://www.wapup.de/*

→ *http://fabianholzer.de/writings/wmltut.html/*

WARC

Abk. für World Administrative Radio Conference.

In Deutschland auch Weltfunkkonferenz genannt. Eine von der → *ITU* einberufene, internationale Konferenz zur Festlegung von Sende- und Empfangsfrequenzen, die seit 1992 nur noch WRC genannt wird.

Nur die WARC darf die Radio Regulations (→ *RR*) ändern.

Letzte große Änderung des gesamten Frequenzspektrums von 9 kHz bis 275 GHz war 1979.

Die erste ‚richtige' WARC fand 1967 statt, nach Vorläufern (‚Int. Radio Conferences') seit 1906. Durch die rasche Einführung von Funkgeräten, insbesondere auf Schiffen, wurde eine systematische Einteilung der Frequenzen nötig, um Interferenzen zu verhindern. Auf der 2. Konferenz 1912 wurde das Spektrum bis 3 MHz zugeteilt. Das regulierte Frequenzspektrum nahm im Lauf der Zeit zu:

Jahr	Regulierter Bereich
1927	bis 30 MHz
1932	bis 60 MHz
1938:	bis 200 MHz
1947	bis 10,5 GHz
1959	bis 40 GHz
1979	bis 275 GHz

Zunächst fanden derartige Konferenzen bei Bedarf statt. In den späten 50er und frühen 60er Jahren entstand aber durch die Zunahme des internationalen Funkverkehrs als Folge der Weltraumprogramme der Bedarf nach regelmäßigen Treffen zur schnelleren Klärung offener Fragen. Dies führte zunächst zur „Space Radio Conference" in Genf (7. Oktober bis 8. November 1963), der ab 1967 regelmäßige Treffen folgten.

Letzte WARC waren 1992 in Torremolinos, Spanien, und dann im November 1995 sowie im Mai 2000 in Istanbul.

Jede WARC erhält einen thematischen Schwerpunkt, der häufig im Namen anklingt: WARC-MOB 87 beschäftigte sich mit den Frequenzen für Satellitenmobilfunk. WARC 88 beschäftigte sich mit den Sendefrequenzen für geostationären Satellitenfunk.

Ward-Christiansen-Protokoll

→ *X-Modem*.

War Dialer

Begriff aus der Szene der → *Hacker*. Bezeichnet dort ein automatisches → *Modem*, das selbständig eine Telefonnummer nach der anderen anruft und festhält, wann sich ein anderes Modem meldet. Ergebnis ist eine Liste von Telefonnummern von Modemanschlüssen, so dass der potentielle Hacker darauf aufbauen kann.

Warmstart

Neustart eines Computers aus dem eingeschalteten Zustand heraus durch Drücken der Reset-Taste. Es erfolgt dabei, im Gegensatz zum → *Kaltstart*, keine Unterbrechung der Stromversorgung. Lediglich die Speicherinhalte werden komplett gelöscht und neu geladen.

Im Gegensatz zum → *Booten* führt das → *BIOS* dabei nicht alle Testroutinen durch, sondern lädt und startet lediglich das → *Betriebssystem*.

WaRP

Abk. für Wavelength Router Protocol.

Wartemusik

→ *Music-on-Hold*.

Wartesystem, Warteverkehr

Begriffe aus der → *Verkehrstheorie*. Ein Wartesystem ist ein Vermittlungssystem, welches ankommenden Verkehr (→ *Angebot*) im Falle der Blockierung der gewünschten weiterführenden Verbindung nicht zum Verlustverkehr macht (ihn abweist), sondern ihn in eine Warteschlange einreiht und ihn nach endlicher Zeit bedient. Bei der Klassifizierung von Vermittlungssystemen wird häufig zwischen Warte- und Verlustsystemen unterschieden, obwohl strenggenommen nur Verlustsysteme existieren. Unendlich lange Warteschlangen gibt es lediglich in der Theorie (dann sind Angebot und → *Verkehrswert* gleich) und mit einer kleinen, dennoch aber endlichen Wahrscheinlichkeit kann eine groß dimensionierte Warteschlange auch voll sein. Der dann ankommende Belegungswunsch (→ *Belegung*) wird letztlich natürlich abgewiesen und so zum Verlustverkehr.

Zu den statistischen Kennwerten eines Wartesystems zählen die mittlere Wartezeit, die Wartewahrscheinlichkeit, die Wahrscheinlichkeit, eine bestimmte Dauer oder länger warten zu müssen, die Verlustwahrscheinlichkeit, die mittlere Verweilzeit (setzt sich aus Warte- und Bedienzeit zusammen) und die Mittelwerte und Varianzen des abgearbeiteten Verkehrs.

Das Wartesystem selbst wird durch die Anzahl der Plätze in der Warteschlange, die Anzahl der zur Abarbeitung zur Verfügung stehenden Ressourcen und die Strategie der Abarbeitung der Warteschlange (z.B. → *FIFO*, → *LIFO*, → *Round Robin*) beschrieben.

Die in einem Wartesystem zu bearbeitenden Aufträge werden durch ihren Ankunftsprozess und ihren Bearbeitungsprozess, d.h. durch die statistische Verteilung der Zwischenankunftszeiten und die statistische Verteilung der Bedienzeiten beschrieben. Für diese beiden Prozesse sind die Größen der mittleren Zwischenankunftszeit t_z und die mittlere Bedienzeit t_b definiert. Aus diesen beiden Größen ergeben sich die mittlere Ankunftsrate λ (Anzahl durchsnittlicher Ankünfte pro Sekunde) und die mittlere Bedienrate μ (durchschnittliche Anzahl abzuarbeitender Aufträge pro Sekunde) folgendermaßen:

$$\lambda = 1 / t_z$$
$$\mu = 1 / t_b$$

Wenn ein eingegangener Belegungswunsch nicht sofort bedient werden kann, ist seine Wartezeit größer als Null. Die Wartewahrscheinlichkeit für diesen Fall wird mit $P(>0)$ bezeichnet und ergibt sich aus:

$$P(>0) = C_w(>0) / C_a$$

Dabei ist $C_w(>0)$ die Anzahl der Belegungswünsche im Beobachtungszeitraum, die warten mussten, und C_a die Anzahl aller Belegungswünsche im Beobachtungszeitraum. → *Verlustsystem*.

Watchdog

Begriff aus der Szene der → *Hacker*. Bezeichnet kleine Programme, die unbemerkt vom Betreiber eines → *Routers* von dritten Parteien in diesen eingeschleust werden und die die durch ihn hindurchgehenden Daten nach bestimmten Merkmalen absuchen und ggf. diverse unerwünschte Aktionen (Datenmanipulation) durchführen.

Watchzone

→ *EISA*.

WATTC

Abk. für World Administrative Telegraph and Telephone Conference.

WAV

→ *Waves*.

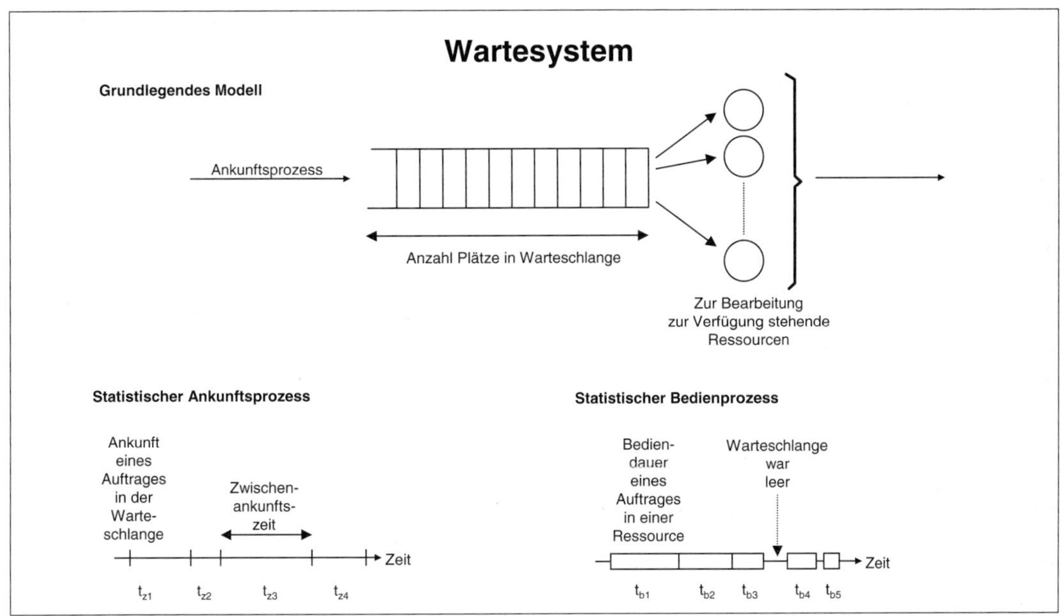

Wave Length Division Multiplexing

→ *WDM*.

Wavelan

Bezeichnet ein Produkt des Hauses NCR für ein drahtloses → *LAN* (→ *Wireless LAN*). Es wird auf den Frequenzen zwischen 902 und 928 MHz eingesetzt und nutzt CSMA/CS für Übertragungen mit 2 Mbit/s über 250 m. Im Rechner selbst kommt ein 16 Bit breiter → *ISA*- oder ein 32 Bit breiter → *MCA*-Bus zum Einsatz.

→ *http://www.wavelan.com/*

Wavelet-Codierung

Von engl. wave = die Welle und wavelet = das Wellchen (kleine Welle). Ein neues Codierverfahren, von dem man sich Fortschritte in der Datenreduktion für Standbild- und Bewegtbilddaten erhofft. Anstelle der Fast Fourier Transformation (FFT) wird ein Wavelet-Transformation genanntes Verfahren genutzt.

Grundidee ist, wie bei der → *Fourier-Transformation*, die Zerlegung eines komplexen Signalverlaufs in mehrere, verschiedene Grundformen einfach zu handhabender Signale. Das ursprüngliche, komplexe Signal ergibt sich aus der Überlagerung der einfachen Grundsignale. Während bei der Fourier-Analyse ein Signal in unendlich lange, periodische Sinusschwingungen zerlegt wird, werden bei der Wavelet-Codierung die komplexen Signale in zeitlich eng begrenzte (= nicht mehr unendliche) und nur sehr wenige Schwingungen umfassende Signalelemente zerlegt, die mit Wavelets bezeichnet werden.

Es gibt verschiedene Mengen von grundlegenden Wavelets, die dann auch als Basis beschrieben werden. Derartige Mengen sind Gegenstand weltweiter Forschungsaktivitäten und werden gezielt für bestimmte, zu codierende Signalformen entwickelt. Mit einer passend definierten Menge von aufeinander abgestimmten Wavelets ist es möglich, beliebige Signalformen zu rekonstruieren.

Ein beliebiges Signal wird dann in eine Menge von Wavelets zu bestimmten Zeitpunkten und mit bestimmten Wavelet-Koeffizienten zerlegt. Die Wavelet-Koeffizienten geben ähnlich der Fourier-Koeffizienten an, wie stark ein Wavelet an dieser Stelle zum ursprünglichen Signal beiträgt.

Neben Wavelets kommen auch Wavelet-Pakete zum Einsatz. Dabei handelt es sich um zeitlich begrenzte Schwingungen mit Sinuscharakter, die jedoch häufiger als die Wavelets, aber ungeordneter als Sinus- oder Cosinuspakete schwingen.

Die gesamte Wavelet-Theorie hat verschiedene Subformen hervorgebracht, wie z.B. die Continuous Wavelet Transformation (CWT), die Diskrete Wavelet Transformation (DWT) und die schnelle Wavelet Transformation (FWT), die 1986 von Stéphane Mallat und Yves Meyer entwickelt wurde und heute insbesondere für die Analyse sehr unstetiger Signale, z.B. von Standbild- oder Bewegtbildsignalen, bei denen in einer Bildzeile starke Kontraste auftauchen können, die Grundlage bildet.

Andere Anwendungsfelder ergeben sich bei der Filterung verrauschter Signale und bei der Berechnung von großen Matrizen.

Verschiedene Grundlagen der Wavelet-Analyse existieren bereits seit Jahrhunderten in der Mathematik und Physik. Die heute praktisch genutzte Wavelet-Analyse wurde in den späten 80er Jahren maßgeblich von I. Daubechies entwickelt und verließ das Experimentierstadium um 1996 mit dem Einzug in diverse PC-gestützte Analysetools.

→ *http://www.amara.com/current/wavelet.html/*

→ *http://www.math.sc.edu/~wavelet/*

Waves

Von engl. Wave = Welle. Begriff aus der digitalen Tontechnik. Dateien mit der Endung WAV beinhalten Abtastwerte eines beliebigen Geräusches, Tons oder Musikstücks, zusammengesetzt im Gegensatz zu → *Wavetables* u.U. auch aus mehreren Instrumenten.

Eine Kenngröße ist die Abtastrate, die sich je nach Anwendung zwischen zwei Extremwerten bewegt:

- 11 kHz für dumpfe Radioqualität
- 44 kHz für CD-Qualität

Eine andere Kenngröße, die ebenfalls von der Anwendung abhängig ist, ist die Bitanzahl der einzelnen Abtastwerte (Datenbreite):

- 4 Bit für Nur-Sprache
- 8 Bit für PC-Anwendungen
- 2 * 16 Bit für Stereo-CD-Qualität

Sehr verbreitet (z.B. bei der → *CD-ROM*) ist eine Abtastrate von 22 kHz mit 8 Bit Datenbreite für einen Monokanal.

Eine Variation der beiden Kenngrößen verändert entscheidend bei gegebener Länge, z.B. eines Musikstückes, seinen Speicherbedarf. Eine Minute Sound in der einfachsten Version benötigt 322 Kbyte und in der qualitativ hochwertigsten Version 10,3 MByte.

Eingeführt wurde das Verfahren und Dateiformat in den frühen 90er Jahren unter dem → *Betriebssystem* → *Windows 3.1*.

Wavetables

Begriff aus der digitalen Tontechnik. Bezeichnung für eine Datei, die eine digitale, originale Aufnahme eines einzelnen Instrumentes (einen Ton oder einige wenige Töne) enthält. Diese einzelnen Audiodaten sind in Speicherbausteinen auf → *Soundkarten* abgelegt und können von dort von entsprechender Software abgerufen werden.

Auf Basis dieser Daten ist es mit der Software (→ *MIDI*) möglich, komplette digitale Arrangements zu erzeugen und zu bearbeiten, die sehr realistisch und wenig synthetisch klingen.

Wavetables sind nicht mit → *Waves* zu verwechseln!

WBC

Abk. für Wideband Channel.

Bezeichnung für eine Form der Datenübertragung auf einem → *MAN* nach dem Standard → *FDDI*. Ein WBC hat eine Kapazität von 6,144 Mbit/s.

WBEM

Abk. für Web based Enterprise Management.

Bezeichnung für einen Ansatz zum → *Netzmanagement*, bei dem Netze (z.B. → *LAN*s und → *MAN*s) über → *Browser* und mit Unterstützung von Protokollen wie insbesondere → *CIM*, aber auch → *HMMP*, → *HMON* und → *HMMS*, verwaltet werden. Angekündigt wurde eine Unterstützung anderer Standards wie → *DMI* und → *SNMP*.

WBEM wurde von Cisco, Compaq, Intel, Microsoft und BMC-Software ins Leben gerufen und erfährt mittlerweile Unterstützung von rund 70 weiteren Unternehmen der Hard- und Softwarebranche. Zu den Vorteilen dieses Ansatzes zählen:

- Direkter und einfacher Zugang zu Daten des Netzmanagements
- Verteiltes Netzmanagement wird unterstützt
- Alarmmeldungen können gefiltert werden

Zu den Nachteilen zählen:

- Sicherheit muss adressiert werden
- Duplexkommunikation erfordert zusätzliche Maßnahmen bei den Endgeräten

Die Standardisierungsbemühungen für die Technologien, die WBEM ermöglichen, werden von der → *DMTF* vorangetrieben.

WCAI

Abk. für Wireless Communications Association International.

Bezeichnung einer technisch-wirtschaftlichen Lobbying-Organisation mit Sitz in Washington D.C.

→ *http://www.wcai.com/*

W-CDMA

Bezeichnung für ein von → *CDMA* abgeleitetes Verfahren, das von der → *ETSI* als zentrales Übertragungsverfahren im System für → *Mobilfunk* der 3. Generation, → *UMTS*, festgelegt wurde.

W-CDMA basiert auf mindestens 2 * 5 MHz (je 5 MHz für Up- und Downlink) und ermöglicht die Nutzung von Bandbreiten zwischen 8 kbit/s und 2,048 Mbit/s. Die Chiprate lag ursprünglich bei 4,096 Mchip/s und unterstützt Spreizfaktoren zwischen 4 und 256. Die Spreizung erfolgt mit Walsh-Haddamard-Codes. W-CDMA kann sowohl → *FDD* als auch → *TDD* nutzen.

Nach mehrjährigen Patentstreitigkeiten zwischen Ericsson und Quallcom kam es zwischen beiden Parteien im Frühjahr 1999 zu einem Agreement zur Harmonisierung von CDMA2000 und W-CDMA, als Ericsson sich bereit erklärte, die Chiprate von 4,096 auf 3,84 Mchip/s zu senken. Im Gegenzug verkaufte Quallcom seinen Mobilfunkbereich an Ericsson, sicherte sich langfristig jedoch Lizenzeinnahmen.

Es wird erwartet, dass ein W-CDMA-System rund die achtfache Kapazität eines vergleichbaren → *TDMA*-Systems, etwa → *GSM*, und die doppelte Kapazität eines vergleichbaren CDMA-Systems abwickeln kann. Zu den weiteren Vorteilen zählen ein einfaches Frequenzmanagement, eine einfache Zellenplanung und eine niedrige erforderliche Sendeleistung.

W-CDMA wurde im Rahmen von → *RACE* in Europa maßgeblich entwickelt. Es wird erwartet, dass das erste kommerzielle W-CDMA-System um 2002 in Japan in Betrieb gehen wird.

WD

Abk. für Working Document oder Working Draft.

Bezeichnung für Dokumente, die sich in einem Standardisierungsprozess befinden und deren Inhalt vorläufigen Charakter haben. Es handelt sich um Entwürfe und Vorschläge.

WDL

Abk. für Windows Driver Library.

Bezeichnung für eine Sammlung von → *Treibern*, die nicht ursprünglich in der Erstinstallation des → *Betriebssystems* → *Windows* enthalten war, sondern nachträglich installiert wurde.

WDM

Abk. für engl. Wave Length Division Multiplexing.

Deutsche Bezeichnung: Wellenlängenmultiplexing. Auch als Optical Frequency Division Multiplexing (OFDM) bezeichnet.

WDM ist eine Möglichkeit, neue logische Kanäle bzw. optische Kanäle bei bestehenden verlegten Glasfasern einzuführen (→ *OSDM*, → *OTDM*), ohne dafür neue Fasern/Kabel verlegen zu müssen. Es müssen auf der Sender- und Empfängerseite lediglich die Beschaltungen der Fasern geändert werden.

WDM ist eine seit den frühen 80er Jahren in der Erforschung befindliche Multiplextechnik, die zu höherer Bandbreiteneffizienz führen soll und deren kommerzielle, großflächige Nutzung seit ca. 1995 anläuft. Parallel zur Forschung gibt es Bestrebungen, derartige Systeme bei → *ETSI* und der → *ITU* zu standardisieren. Erstes Ergebnis ist G.692 (Kanalabstand von 100 GHz, Wellenlängenbereich 1530,33 nm bis 1563,86 nm, 43 Kanäle) aus dem Jahre 1998.

Grundgedanke bei WDM ist, dass verschiedene Kanäle innerhalb einer Glasfaser gleichzeitig durch die Übertragung mehrerer optischer Signale mit jeweils verschiedenen Wellenlängen realisiert werden. Jedes derartige Signal enthält verschiedene Nutzdatenkanäle gemäß einem zeitmultiplexverfahren (→ *TDM*). Genau wie man über einen Kupferdraht verschiedene Verbindungen mit verschiedenen Frequenzen realisiert (Frequenzmultiplex, → *FDM*), ist bei der optischen Übertragungstechnik mit WDM eine bessere Ausnutzung der Kapazität durch die Nutzung von → *Lasern* verschiedener Wellenlängen möglich.

Auf einem Faserpaar sollen z.B. mit vier Wellenlängen gleichzeitig bis zu 10 Gbit/s übertragen werden können. Es ist günstiger, mit vier Wellenlängen jeweils 2,5 Gbit/s und somit insgesamt 10 Gbit/s über eine Faser zu realisieren, als mit einer Wellenlänge über eine Faser 10 Gbit/s, da die chromatische → *Dispersion* die Übertragungsqualität proportional zur Entfernung und zum Quadrat der Bitrate verringert. Bei vier Kanälen zu je 2,5 Gbit/s ist die Dispersion um den Faktor 16 geringer als bei einer Glasfaser mit nur einer Wellenlänge und einer Kapazität von 10 Gbit/s. Bei der Verwendung niedrigerer Bitraten je Wellenlänge wird dieser Effekt gedämpft, wodurch größere Entfernungen ohne zusätzliche und kostentreibende Bauteile (Regeneratoren) überbrückt werden können.

Die technischen Voraussetzungen für die Verwendung von WDM sind steilflankige, bandbegrenzte optische Filter beim Empfänger und stabile Laser auf der Senderseite.

Allgemein unterscheidet man folgende Arten von WDM:

- ‚Normales' oder herkömmliches WDM bei einem Abstand der genutzten Wellenlängen von mehreren nm (z.B. 3 nm bei einigen Produkten im dritten optischen Fenster mit 1 545, 1 548, 1 551 und 1 554 nm). Üblicherweise werden innerhalb einer Faser bis zu vier optische Kanäle realisiert.
- Dense WDM (DWDM) mit einem Abstand von nur 1 nm. Üblicherweise werden innerhalb einer Faser bis zu 16 optische Kanäle realisiert. Oft wird mit 8 optischen Kanälen gestartet und in einem zweiten Schritt auf 16 Kanäle erweitert.
  Derartige Technik wurde ab ca. 1996 erstmals durch den amerikanischen Carrier Sprint in einem kommerziellen Netz großflächig eingesetzt.
- High Dense WDM (HDWDM) mit einem Abstand von nur 0,8 nm. Üblicherweise werden innerhalb einer Faser bis zu 32 optische Kanäle realisiert. Dies entspricht der standardisierten ITU-Version.
- Very High Dense WDM (VHDWDM) mit einem Abstand von nur 0,4 nm. Üblicherweise werden innerhalb einer Faser bis zu 64 optische Kanäle realisiert. Erste kommerzielle Produkte dieser Kapazität wurden 1998 angekündigt.

Wie viele optischen Signale welcher Wellenlänge mit welchem Abstand bei einem WDM-System verwendet werden, wird in einem Kanalwellenlängenplan festgelegt.

Ferner unterscheidet man folgende zwei Betriebsarten:

- Unidirektional: In einer Faser werden alle logischen Kanäle in nur einer Richtung betrieben.
- Bidirektional: In einer Faser werden ein Hin- und ein Rückkanal betrieben. Beide Kanäle werden durch Laser mit verschiedenen Wellenlängen realisiert.

Erste Systeme, die zwei oder vier unterschiedliche Wellenlängen zum Übertragen von je 2,5 Gbit/s nutzen, sind bereits kommerziell auf dem Markt und werden seit ca. 1996 in den USA im Regelbetrieb eingesetzt. Andere Feldversuche und Tests laufen weltweit. Die Deutsche Telekom nutzt WDM seit Juli 1998 (→ *Glasfasertechnik*).

WDM wurde von den Telcos zunächst dort eingesetzt, wo ein rascher Aufbau zusätzlicher Kapazitäten nicht möglich ist, beispielsweise in Unterwasserkabeln. Problem dabei war, dass dort häufig ältere Fasertypen verlegt sind oder andere technische Probleme als Folge überholter Technik auftreten (z.B. Spleißstellen mit hoher Reflexion), die nicht optimal durch WDM genutzt werden können.

Von dort migrierte die Technik in internationale, landgestützte Netze bzw. grenzüberschreitende Verbindungen. Als nächstes zog die Technik in die Fernnetze ein.

In der Forschung befinden sich Techniken, die es erlauben werden, bis zu 800 parallele Kanäle auf einer Glasfaser zu realisieren. Der Abstand der Wellenlängen reduziert sich dann auf nur noch 0,05 nm.

Die Technik WDM wird vom National Transparent Optical Network Consortium (→ *NTONC*) gefördert.

Web

Kurzform für The World Wide Web, kurz: → *WWW*.

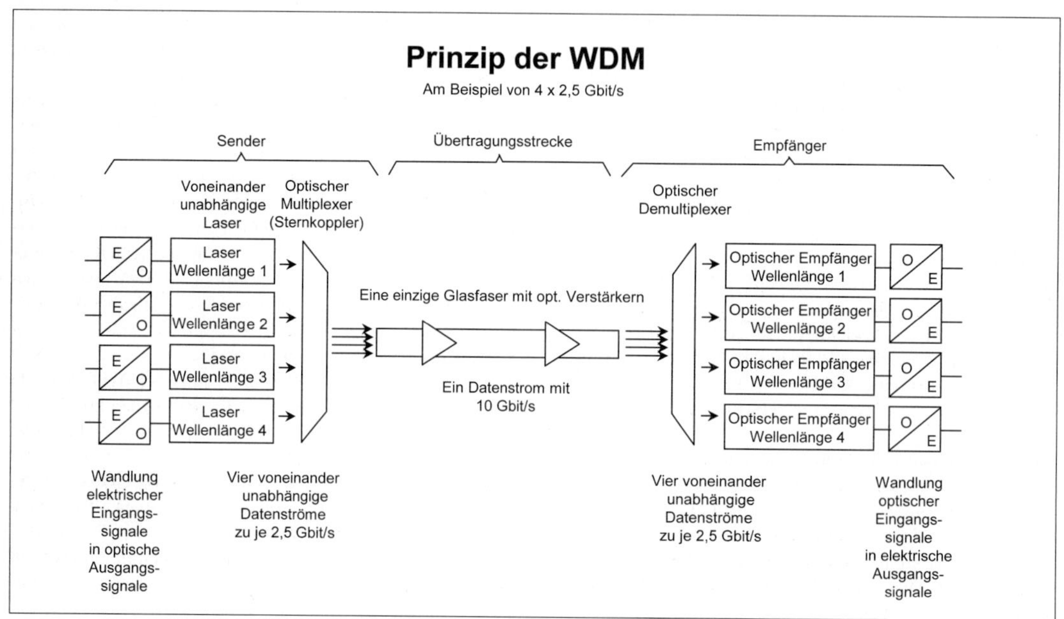

Web3D

→ *VRML*.

Web Advertising

→ *Net Advertising*.

Webcam

Abk. für (World Wide) Web Camera.

Bezeichnung für eine digitalen Kamera, die periodisch Standbilder aufnimmt und diese als Datei unverzüglich auf einem Web-Server ablegt, so dass die Fotos von dort über das Internet abgerufen und angesehen werden können.

Ursprünglich als reiner Scherz mit geringem Nutzwert gedacht (Anzeige des aktuellen Füllstandes einer Kaffeemaschine) hat sich das Webcam-Geschäft mittlerweile zu einem riesigen Markt (Erotik, Tourismus) entwickelt.

Die Ur-Webcam:

→ *http://www.cl.cam.ac.uk/coffee/coffee.html/*

Verzeichnisse:

→ *http://www.earthcam.com/*

→ *http://www.webcamresource.com/*

→ *http://www.camcentral.com/*

→ *http://www.webcam-center.de/*

Webcast, Webcasting

Webcasting ist ein Kunstwort, zusammengesetzt aus Web (für das World Wide Web, → *WWW*) und Broadcasting für das Ausstrahlen von Programmen.

Bezeichnet die kontinuierliche Ausstrahlung von Audioprogrammen über das → *Internet* im Rahmen des WWW, üblicherweise technisch realisiert mit → *Streaming*.

Die Ausstrahlung eines einzelnen, zeitlich begrenzten Ereignisses, etwa einer Pressekonferenz, bezeichnet man als Webcast.

Web Clipping

Bezeichnung für eine Technik, mit der bestimmte Inhalte in → *HTML*-Dokumenten vom Ersteller des Dokumentes als unwichtig deklariert werden können, um so die Darstellung des Dokumentes auf Anzeigen mit nur begrenzten Fähigkeiten (einzeilige Displays bei Telefonen, mehrzeilige Displays in Handys etc.) zu ermöglichen. Dabei werden die unwichtigen Inhalte (Grafiken, Kommentare, Werbebanner etc.) als unwesentlich deklariert.

Web-Form

Im → *WWW* die Bezeichnung für interaktive Seiten eines Informationsangebotes, auf denen der Nutzer fest definierte Optionen auswählen kann. Das Ergebnis der Auswahl wird an den Anbieter der Seite in einem klar definierten Format übertragen.

Der Vorteil dieses Verfahrens, insbesondere im Vergleich mit dem Versenden einer frei formulierbaren → *E-Mail* besteht, dass der Anbieter die Daten in einer vorhersehbaren Form erhält und diese automatisch von einem technischen System, z.B. einem Warenwirtschaftssystem, schnell und kostengünstig ohne menschliche Eingriffe weiterverarbeitet werden können.

Nachteilig ist, dass nur optionale, fest definierbare Parameter auf diese Art abgefragt werden können.

Web-Master

Bezeichnung für eine Person, die für die → *Site* im → *WWW* des → *Internet* einer Organisation zuständig ist.

→ *LSA*.

Web-PC

→ *NC*.

Webphone

→ *Screenphone*.

Webring

Bezeichnung für ein weiteres Mittel, neben → *Suchmaschinen*, in die Informationen, die im → *WWW* des → *Internet* zur Verfügung gestellt werden, eine Struktur hereinzubringen und den Zugriff auf eine bestimmte, gesuchte Information zu erleichtern.

Dabei schließen sich die Betreiber von Web-Sites (→ *Site*), die Informationen zu einem bestimmten Thema zur Verfügung stellen, zusammen und verbinden ihre Sites derart, dass sie einen Ring bilden. Dadurch ist es für Nutzer möglich, den Ring an jeder beliebigen Stelle zu betreten und mit Hilfe der Links von Site zu Site komplett zu durchwandern. Die Ring-Struktur verhindert, dass der Nutzer irgendwann beim Wechsel von Site zu Site den Überblick verliert, da er früher oder später wieder am Ausgangspunkt kommt.

Ferner ist es nicht notwendig, wie bei den Ergebnissen von Suchmaschinen oder anderen, thematisch geordneten Linklisten, immer wieder zu einer bestimmten Site zurückzuspingen, um von dort aus zu einer anderen, thematisch ähnlichen Site zu gelangen.

Technisch wird der Ring nicht durch einfache → *Hyperlinks* von Site zu Site realisiert, sondern durch eine zentrale Datenbank, in der die logische Ringstruktur abgebildet ist und die Informationen (vorangegangene Site, nächste Site) abgelegt ist. Auf diese Datenbank kann über → *CGI*-Skripte zugegriffen werden, die auf den Sites der Ringmitglieder aktiviert werden können. Dadurch braucht jede Site selbst nur noch den Code für z.B. „Gehe zum nächsten Ringmitglied“ enthalten. Das nächste Ringmitglied selbst muss aber nicht weiter spezifiziert werden.

Sollten Ringmitglieder temporär ausfallen, dauerhaft ausscheiden oder hinzukommen, ist daher nur die zentrale Datenbank zu ändern, nicht aber die Sites der Ringmitglieder selbst.

Um zu erfahren, zu welchen Themen es Webringe gibt, stellen die Organisatoren der Webringe thematisch sortierte Listen zusammen, d.h., über die Site eines Webring-Organisators ist es möglich, in einen Webring einzusteigen. Dabei wird der genaue Einstiegspunkt in den Ring durch einen Zufallsgenerator bestimmt, damit kein Ringmitglied bevorzugt oder benachteiligt wird, weil es immer vorne oder immer hinten im Ring liegt.

Webringe können sehr klein sein (einstellige Mitgliederzahl) oder auch sehr groß (dreistellige Mitgliederzahl). Die Organisatoren der Webringe, d.h. die Betreiber der zentralen

Datenbank, gehen beim Aufbau der Ringe unterschiedlich vor, da sie teilweise jedes Thema und jede Site aufnehmen oder aber selektiv vorgehen und nur bestimmte Themen und qualitativ hochwertige Sites aufnehmen.
Jeder Ring wird üblicherweise durch einen sog. Ring-Master verwaltet. Er ist zuständig für:

- Aufnahme neuer Ringmitglieder gemäß festgelegter Regeln
- Technische Funktionsfähigkeit des Systems, d.h. Pflege der zentralen Datenbank
- Statistische Auswertungen über die Ringnutzung
- Pflege der Homepage des Ringes

Die Finanzierung der Webring-Organisatoren erfolgt entweder durch Mitgliedsbeiträge kommerzieller Ringmitglieder (Unternehmen) und/oder durch → *Bannerwerbung* auf ihren eigenen Sites mit den Ringverzeichnissen.
Der erste Webring wurde im August 1995 vom seinerzeit 17jährigen College-Studenten Sage Weil aus Claremont errichtet, der im April 1996 die erste WWW-Adresse webring.org einrichtete. Anfang 1997 waren dort bereits 1 000 Webringe registriert, zum Jahresende waren es bereits 27 000. Im Mai 1998 lag diese Zahl bei 50 000.
→ *http://www.webring.org/*
→ *http://www.webring.de/*

Web-Site

→ *Site.*

WebTV

1. Oberbegriff für verschiedene Verfahren, den Fernseher als Monitor und Zugang zum → *WWW* des → *Internets* zu nutzen.
2. Name eines 1995 u.a. von Phil Goldman gegründeten Unternehmens mit Sitz in Palo Alto/Kalifornien, das im September 1996 erstmals eine → *Set-Top-Box* auf den Markt brachte, mit welcher der Fernseher als Endgerät für den Zugang zum → *WWW* genutzt werden konnte. Das Unternehmen prägte damit den Oberbegriff WebTV für verschiedene derartige Geräte. Dabei wird der Fernseher als Monitor genutzt, während die Set-Top-Box die gesamte Computer- und Modemfunktionalität abwickelt. Teil der Box war ein 56-kbit/s-Modem, mit dem man sich bei einem → *ISP* einwählen konnte.

   Der Erfolg war zunächst mit rund 90 000 weltweit verkauften Geräten von Januar bis September 1997 bescheiden, was nach Expertenmeinung daran lag, dass man mit dem ursprünglichen Gerät entweder im WWW surfen oder das TV-Programm betrachten konnte, nicht aber beides gleichzeitig. Bis zum März 1998 wurden rund 300 000, bis August 1998 rund 500 000 Nutzer der dann auf dem Markt erhältlichen zwei Gerätetypen weltweit geschätzt.

   Im August 1997 wurde das Unternehmen für 425 Mio. $ von → *Microsoft* gekauft.

   Am 16. September 1997 wurde mit dem WebTV-Plus für 299 $ die zweite Generation mit → *Festplatte* vorgestellt (gleichzeitig sank der Preis für das ursprüngliche WebTV Classic auf 99 $), die ein Bild-im-Bild-System enthält, so dass während des Surfens das laufende TV-Programm in einem kleineren Bild weiterverfolgt werden kann. Ferner ist WebTV-Plus auch → *Kabelmodem*-tauglich.

   Die Produkteinführung in Europa ist lange angekündigt worden, verzögerte sich jedoch, so dass es auch genug Zeit für einen Wechsel des zunächst proprietären → *Betriebssystems* zu → *Windows CE* gab.

   Die Idee, den fast in jedem Haushalt vorhandenen Fernseher als Endgerät für einen → *Online-Dienst* zu verwenden und damit auch Haushalte zu erreichen, die ansonsten keinen PC besitzen, ist nicht neu, da bereits zu Anfang der 80er Jahre Btx als Vorläufer von → *T-Online* das Fernsehgerät nutzte.

   → *http://www.webtv.net/*
3. Ein zweiter Anbieter ist das im September 1997 gegründete und ab Anfang 1998 in wirtschaftlichen Schwierigkeiten steckende Unternehmen Netchannel Inc. aus San Francisco/Kalifornien, das im Mai 1998 von → *AOL* gekauft wurde und bis dahin etwas mehr als 10 000 Geräte abgesetzt hat.

   Die von Netchannel verwendete Set-Top-Box basiert auf der Technik des französischen Herstellers Thomson.

Webzine

Auch e-zine genannt. Oberbegriff für die elektronische Version eines ansonsten gedruckten Magazines/einer Zeitschrift. Die elektronische Veröffentlichung erfolgt im → *WWW* des → *Internet.*

Wechselbetrieb

Vom → *DIN* geprägter, selten verwendeter deutscher Begriff für → *Halbduplex.*

Wechselsprechen

→ *Halbduplex.*

Wechselstromtastung

→ *FSK.*

Wecker

Bezeichnung für die mechanische Klingel mit Glocke und einem elektromagnetisch betriebenen Klöppel in alten Telefonen zum Erzeugen des → *Ruftons.*

Weckruf

Ein → *Leistungsmerkmal* einer Nebenstellenanlage. Dabei macht das Endgerät (→ *Komforttelefon*) durch ein spezielles Tonsignal (→ *Distinctive Ringing*) zu einer zuvor eingestellten Uhrzeit auf einen Termin aufmerksam.
Dafür ist auch das Leistungsmerkmal → *Uhrzeit von Zentrale* notwendig.

WEEB

Abk. für Western European → *EDIFACT* Board.

Weißes Rauschen

→ *Gaußsches Rauschen.*

Weiß-Wert

Bei einem → *Scanner* die Bezeichnung für einen vom Verwender einstellbaren Parameter, der angibt, welcher vom Scanner registrierte Helligkeitswert als echtes ‚Weiß' wahrgenommen und dargestellt wird.

→ *Gamma-Regler.*

Weitbandübertragung

Selten benutzter Begriff für Übertragungsraten im Bereich von 2 Mbit/s bis 45 Mbit/s. So definiert von der → *ITU* in I.113.

Im allgemeinen Sprachgebrauch also auch eine Breitbandübertragung (da über 2 Mbit/s).

Weiterverbinden

Andere Bezeichnung für → *Umlegen.*

Weitverkehrsnetz

→ *WAN.*

Weitverkehrsvermittlungsstelle

Bezeichnung für die 23 vollvermaschten Vermittlungsstellen in der seit 1995 höchsten Fernnetzebene der Deutschen Telekom.

Vorher handelte es sich um → *Zentralvermittlungen.*

WELAC

Abk. für Western Europe Laboratory Accreditation Cooperation.

WELL

Abk. für Whole Earth 'Lectronic Link.

Bezeichnung für eine → *Mailbox* in San Francisco mit Kultstatus, die ihre Ursprünge in der Hippie-Bewegung der späten 60er Jahre hat.

Wellenlänge

Bezeichnung für die Distanz, die eine Welle in einem Zeitintervall zurücklegt. Eine andere, gleichwertige Definition definiert die Wellenlänge als den kürzesten Abstand zweier Oszillatoren der Welle, welche die gleiche → *Phase* haben. Der Oszillator kann dabei ein mechanisches Element sein (bei mechanischen Wellen wie z.B. Wasserwellen) oder ein Feldvektor (wie z.B. bei elektromagnetischen Wellen).

Üblicherweise wird die Wellenlänge mit dem griechischen Buchstaben Lambda (λ) bezeichnet. Zusammen mit der Ausbreitungsgeschwindigkeit c der Welle und der → *Frequenz* f ergibt sich der Zusammenhang:

$$\lambda = c / f$$

→ *Amplitude*, → *Periode.*

Wellenlängenmultiplex

Deutsche Bezeichnung für → *WDM.*

Wellenwiderstand

Auch Leitungswellenwiderstand genannt. Bezeichnung für eine Kenngröße elektrischer Leiter. Abgekürzt mit Z. Bezeichnet das Verhältnis von Spannung zur Stromstärke einer elektrischen Welle längs einer homogenen Doppelleitung. Auch definiert über den Eingangswiderstand einer unendlich langen Leitung bzw. der Widerstand, mit dem eine endlich lange Leitung abgeschlossen werden muss.

Physikalisch gesehen ist der Wellenwiderstand vom Dielektrikum (der Leiterisolierung) bzw. dessen relativer Permittivität und den Abmessungen des Kabels abhängig.

Werden Kabel mit unterschiedlichen Wellenwiderständen $Z1$ und $Z2$ verbunden, errechnet sich der Reflexionsfaktor r an der Verbindungsstelle folgendermaßen:

$$r = (Z2 - Z1) / (Z1 + Z2)$$

Der Wellenwiderstand spielt eine um so größere Rolle, je höher die Betriebsfrequenz der Leitung ist. Bei niedrigen Frequenzen (< 1 MHz) ist der Wellenwiderstand stark von der Frequenz abhängig. Bei sehr hohen Frequenzen hingegen nähert sich der Wellenwiderstand einem konstanten Wert, der z.B. bei Kupferkabeln um 150 Ohm und bei Freileitungen um 600 Ohm liegt.

Wellung

Begriff aus der Drucktechnik. Bezeichnung für den unerwünschten Effekt, dass frisch mit stark wasserhaltiger Farbe (Tinte) bedrucktes Papier einen Teil der Feuchtigkeit nach innen leitet und mehrere kleine Wellen wirft oder sich wölbt. Der Effekt kann insbesondere an den Kanten des Papiers beobachtet werden.

Weltfunkkonferenz

Selten gebrauchte deutsche Bezeichnung für die → *WARC.*

Weltnachrichtenvertrag

→ *ITU.*

Welttelegrafenvertrag

→ *ITU.*

WEP

Abk. für Wired Equivalent Privacy Algorithm.

Bezeichnung eines Verschlüsselungsalgorithmus, der Bestandteil von → *IEEE 802.11* ist.

Die Daten werden dabei durch einen Zufallszahlencode, genannt → *RC4*, verschlüsselt.

WER

Abk. für Word Error Rate, Wortfehlerrate.

Werbefinanzierte Telefonie

Auch kostenlose Telefonie, Gratistelefonie oder international Sponsored Call oder Sponsored Minutes genannt.

Bezeichnung für ein Schema zum → *Charging*, bei dem, im Gegensatz zu herkömmlicher Telefonie oder → *Toll Free Services*, nicht der Anrufer oder der Angerufene, sondern eine dritte Partei die Verbindungskosten komplett oder teilweise übernimmt, die dafür als Gegenleistungen gemäß einem festgelegten und dem Anrufer bekannten Schema akustische Werbung in das Gespräch einblenden oder vorschalten kann. Dabei hören beide Gesprächsteilnehmer die Werbeeinblendung

Festzulegende Parameter für diese Form der Telefonie sind:

- Länge der Werbeeinblendungen, z.B. 10 oder 15 Sekunden,
- Zeitpunkt der Werbeeinblendungen:
  - Vor der Verbindung
  - Periodisch in der Verbindung, z.B. erster Werbeblock nach 1 Minute und anschließend regelmäßig alle 120, 150 oder 180 Sekunden.
  - Während des gesamten Gesprächs oder nur in den ersten Minuten.
- Gebührenaufteilung:
  - Komplette Übernahme durch den Werbetreibenden
  - Geteilte Gebühren, z.B. der Werbetreibende übernimmt nur den Fernanteil oder nur die ersten 300 Sekunden des Gesprächs
- Berechnung der gesamten Kosten für den Werbetreibenden, Möglichkeiten sind:
  - Gebührenanteil
  - Einmaliger Bereitstellungsanteil
  - Zusatzbonus für jeden einzelnen Kontakt, z.B. je Werbeblock 0,1 bis 0,2 DM
- Rabatte bei längeren Laufzeiten

Die Funktionalität des Systems lässt sich auch noch erweitern. Am Ende des Gesprächs könnte bei Interesse des Anrufers die Verbindung zu einem → *Call Center* des Werbetreibenden für weitere Informationen/Bestellungen hergestellt werden.

Die technische Realisierung erfolgt üblicherweise mit Hilfe des → *IN*. Nutzer wählen dazu eine bestimmte, gebührenfreie Rufnummer (in Deutschland: 0130er oder 0800er Nummer) als Zugangsnummer und können dann, nach einer Authentifizierung mit Hilfe ihrer eigenen Telefonnummer (→ *CLI*) oder durch die Eingabe einer → *PIN*, die Nummer ihres Gesprächspartners eingeben. Das IN kann in einer ihm zugänglichen Datenbank überprüfen, ob der eingewählte Nutzer berechtigt ist, diesen Dienst zu nutzen. Ist das der Fall, wird die Verbindung hergestellt und gemäß den o.a. Parameter werden von einem Spotserver im IN (ähnlich einem → *IVR*-System) die Werbeeinblendungen in die Verbindung eingespielt.

Vorteil dieser Art der Telefonie für die Werbetreibenden ist die Möglichkeit der genauen Zielgruppenansprache, weil die Nutzer sich u.U. für diese Möglichkeit registrieren lassen müssen und dabei bestimmte Interessengebiete oder Persönlichkeitsprofile (Alter, Geschlecht, Adresse) angeben können. Sie bekommen dann nur dazu passende Werbeeinblendungen zugespielt. Darüber hinaus steht fest, dass sich die Anrufer der Tatsache einer möglichen Werbeeinblendung bewusst sind und daher Werbung nicht negativ gegenüberstehen.

Erfahrungen aus bisherigen Pilotversuchen zeigen ein positives Echo sowohl der Werbetreibenden als auch der Nutzer, da viele Nutzer auf die Werbung reagierten (hohe Responsequote). Während Werbeeinblendungen am Beginn problemlos toleriert wurden, empfinden viele Nutzer die Werbeeinblendungen während der Verbindung jedoch als sehr störend. Als besonders erfolgreich gilt regionale oder lokale Werbung mit direktem Bezug zur Umgebung des Nutzers (Pizzaservice, Autohäuser etc.).

Vorteil aus Sicht der Nutzer ist die Gebührenersparnis und eine auf sie zugeschnittene Werbung, die u.U. nicht als Werbung, sondern als Information empfunden wird. Nachteilig ist das – gegenwärtig – unkomfortable Handling beim Wählvorgang (Zugangsnummer + PIN + Teilnehmernummer).

Werbefinanzierte Telefonie kam 1996 in Norwegen auf. Diesem Pilotprojekt folgten z.B. im November 1996 zwei Pilotprojekte in Schweden unter der Bezeichnung Gratistelefon Svenska (Städte Lund und Norrköpping). Das Unternehmen Gratistel entwickelte sich daraufhin derart, dass zur Jahresmitte 1999 rund 300 000 Kunden gezählt wurden.

BT kooperierte nach diesem Erfolg mit Gratistel und startete einen Feldversuch unter dem Produktnamen ‚BT Freetime' ab Juni 1999, wobei während eines Anrufes der Angerufene und der Anrufer Werbespots hören.

In Deutschland führte o.tel.o communications GmbH ab 1. Oktober 1997 bis zum 5. Dezember 1997 einen Pilottest in Berlin mit rund 5 000 repräsentativ ausgewählten Haushalten durch. 30 Unternehmen waren mit Werbeeinblendungen beteiligt.

Im Frühjahr 1999 startete die Teleflash GmbH aus Berlin einen Dienst, bei dem nach Zahlung einer Grundgebühr von 38 DM jeder Anrufer kostenlose Telefonate führen konnte. Dabei wurde jedoch der Anruf unterbrochen und sowohl Anrufer als auch der Angerufene hörten alle 90 Sekunden einen Werbespot. Das Berliner Landgericht (15. Zivilsenat) entschied daraufhin nach Protesten von Verbraucherschützern, dass ein derartiges Telefonat mit Werbepausen einen Eingriff in die Privatsphäre des Angerufenen darstellt und daher sittenwidrig sei.

Mox Telecom startete im Juni 1999 einen Feldtest und kündigte einen Rollout für die Funkausstellung des gleichen Jahres an. DTMS kündigte ebenfalls einen kostenlosen, werbefinanzierten Telefondienst an.

Im September 1999 bot Mox.com hingegen in einem Pilotversuch (5 000 Teilnehmer) im Raum Köln/Düsseldorf werbefinanzierte Telefonie an, wobei dort nur der registrierte Anrufer Werbeeinblendungen vor einem Anruf zu hören bekam. Je angehörtem 20-sekündigem Werbespot konnte der Anrufer anschließend 3 Minuten kostenlos telefonieren. Bei der ersten Nutzung muss jeder Anrufer zusätzlich soziodemografische Fragen beantworten und bekommt nur entsprechende Werbespots eingespielt.

Im Februar 2000 untersagte ein Berliner Gericht dem Unternehmen At-Commerce aus Berlin kostenlose Telefonate, finanziert durch eingespielte Werbespots. Das Produkt mit dem Namen ‚at-call' wurde im letzten Moment durch eine Unterlassungserklärung von der Konkurrenz gestoppt.

Weltweit gab es ca. sechs praktische Pilottests zu Beginn 1998. Rund 23 weitere Netzbetreiber planten seinerzeit derartige Systeme für die Zukunft. Obwohl die Anbieter dieses Geschäftsmodells vollmundig eine Revolution des Telefoniemarktes vorhersagten, ist die praktische Umsetzung bislang unterblieben.

Werksatz

→ *Mengensatz.*

Western-Stecker

Bezeichnung für einen weltweit in der Telekommunikation und bei sonstigen Computerterminals verbreiteten vierpoligen Stecker (→ *RJ 11*) für Kabel, der erst seit 1991 auch von der Deutschen Telekom in Deutschland in der achtpoligen Variante (→ *RJ45*) für Installationen des → *ISDN* verwendet wird. Offizielle Bezeichnung innerhalb der Telekom ist Fernmelde-Klein-Steckverbindung (FKS). Der Stecker wird auch im → *LAN*-Bereich verwendet.

Seinen Ursprung hat der Stecker in den USA, wo er von Western electric entwickelt wurde (daher der Name). Er wurde durch die → *ISO* als vierpolige Version unter ISO 8877 standardisiert.

WfMC

Abk. für Workflow Management Coalition.

Bezeichnung eines internationalen Zusammenschlusses von Hard- und Softwareunternehmen, Beratungshäusern sowie einigen Endanwendern von → *Workflow-Management-Systemen.*

→ *http://www.wfmc.org/*

WFQ

Abk. für Weighted Fair Queueing.

Bezeichnung für einen flussbasierten Algorithmus zum → *Traffic Policing.* WFQ identifiziert im Netz verschiedene Datenströme und sorgt dafür, dass diese Datenströme die zur Verfügung stehenden Ressourcen, üblicherweise Bandbreite und → *Delay*, untereinander teilen. Dabei werden in einem → *Router* unterschiedliche Warteschlangen (= Queues) zur Verfügung gestellt, in die sich IP-Pakete in Abhängigkeit ihrer Priorität einreihen. Die Warteschlangen werden durch den Router nach → *Round Robin* abgearbeitet. Stellt der Router dabei fest, dass eine Warteschlange die ihr zugeteilten Ressourcen nicht vollständig nutzt, werden sie (temporär) den anderen Warteschlangen zugeteilt.

Ferner kann mit WFQ eine maximal erlaubte Warteschlangenlänge (die den Delay beeinflusst) festgelegt werden.

Entwickelt wurde das Verfahren im Hause Cisco auf der Basis von CBQ (Class Based Queuing). Es gilt mittlerweile als weit verbreitet.

→ *RED.*

WG

Abk. für Working Group.

Bezeichnung aus dem Bereich der Standardisierungsgremien für eine temporär zu einem speziellen Thema eingesetzte Arbeitsgruppe.

Whetstone

Bezeichnung für ein Programm zum Leistungstest von → *Mikroprozessoren.* Genutzt werden dabei insbesondere gleitkommaarithmetische Berechnungen, weshalb es sehr häufig zum Vergleich von mathematischen Co-Prozessoren herangezogen wurde.

Das Programm wurde in dem Ort Whetstone (GB) entwickelt und hat daher seinen Namen. Die Ursprungsversion war in → *Algol* geschrieben, wohingegen die meisten Implementationen später in → *Fortran* geschrieben waren.

Man unterscheidet Whetstone I für 32-Bit-Prozessoren und Whetstone II für 64-Bit-Prozessoren.

Der Whetstone-Test hat in den letzten Jahren massiv an Bedeutung verloren.

→ *Benchmark-Test,* → *Dhrystones,* → *Gibson-Mix,* → *Khornerstones,* → *Linpack,* → *SPEC.*

Whirlwind

Bezeichnung des ersten digitalen Hochleistungsrechners von Anfang der 50er Jahre, der oft als Prototyp diente für Innovationen, die später in Computern zum Standard wurden. Prinzipiell handelte es sich bei ihm um einen ersten → *Supercomputer*, der laufend weiterentwickelt wurde.

Er bestand anfangs aus 3 300 Röhren und 8 900 Germanium-Dioden (später 5 000, dann 12 000 Röhren bzw. 11 000, dann 20 000 Germanium-Dioden). Die Urversion hatte einen Platzbedarf von 232 qm. Speichermedium war zunächst eine Kathodenstrahl-Speicherröhre (Williams-Röhre), wie sie zuvor im → *Manchester Mark I* erfolgreich erprobt worden war. Später wurde er auch, als erster Rechner überhaupt, mit → *Magnetkernspeicher* ausgerüstet. Ein Ausgabegerät war ein Bildschirm, der 5 Zoll groß war.

Der Einsatzzweck war lange nicht festgelegt und wechselte in Abhängigkeit des aktuellen Geldgebers.

Die Wurzeln des Projektes reichen bis in die 40er Jahre zurück. Am Lincoln Laboratory des MIT wurde 1951 nach jahrelanger Arbeit, seit 1944 unter Führung von Jay W. Forrester und unter maßgeblicher Beteiligung von Robert Rivers Everett, ‚Whirlwind‘ als Prototyp der Öffentlichkeit vorgestellt. Er war zunächst als Analogrechner geplant, seit 1945 dann aber, nach Erkennen der Überlegenheit des Konzepts, als Digitalrechner ins Auge gefasst worden. Eine solide Konzeption zu seinem Bau existierte ab 1947.

Ab Ende 1949 war er betriebsbereit. Bis 1955 war er der schnellste Computer der Welt. Er konnte zwei fünfstellige Zahlen in 6 hunderttausendstel Sekunden multiplizieren. Aus ihm heraus wurden viele andere Computersysteme entwickelt, so z.B. das zur militärischen Luftraumüberwachung eingesetzte System → *SAGE.*

Am Projekt des Whirlwind waren viele Leute beteiligt, die später in anderen Unternehmen die Entwicklung der ersten kommerziellen Rechner beeinflussten. Einer von ihnen war Kenneth Olsen, der spätere Gründer von Digital Equipment (→ *DEC*). Erfahrungen mit dem Whirlwind gingen auch in die Entwicklung des → *TRADIC* ein.

Der Whirlwind steht heute im Museum des Hauses DEC im Marlboro Tower in Marlboro/Ma.

Whiteboard

Bezeichnung für ein → *Leistungsmerkmal* von → *Videokonferenzsystemen.* Dabei können verschiedene Teilnehmer an der Konferenzschaltung gemeinsam ein unspezifiziertes Dokument am PC bearbeiten.

→ *Application Sharing*, → *Joint-Editing*, → *Joint-Viewing*.

White Book

1. Bezeichnung für den in einem weißen Buch veröffentlichten → *MPEG-1*-Standard und die Video-CD.
2. Bezeichnung aller Empfehlungen der → *CCITT* und → *ITU-T*-Konferenz von 1968 (FDM-Systeme kleiner und mittlerer Kapazität) resp. 1992 (→ *B-ISDN*), die in einem Buch mit weißem Umschlag veröffentlicht wurden.

White Pages

→ *Teilnehmerverzeichnis*.

White Paper

Allgemeine Bezeichnung für einige wenige Blätter, die einen Überblick über einen technischen Standard verschaffen und Schlüsselwerte und wichtige Anwendungen zusammenfassen. Dieser braucht nicht offiziell standardisiert zu sein, es kann sich auch um einen Firmenstandard handeln.

WIBNI

Abk. für Wouldn't it be nice if.

→ *Chat Slang*.

Wide Area Centrex

→ *Centrex*.

Wide SCSI

→ *SCSI*.

Widget

Bezeichnung für ein Objekt der grafischen Benutzerschnittstelle von → *X/Windows*, das eine Interaktion des Nutzers benötigt. Beispiel ist ein auszufüllendes Textfeld.

Widow

→ *Hurenkind*.

Wiederanlaufplanung

→ *Contingency Planning*.

WIK

Abk. für Wissenschaftliches Institut für Kommunikationsdienste.

Bezeichnung eines 1982 von der damaligen Deutschen Bundespost gegründeten wissenschaftlichen Forschungsinstituts zur Beratung in ordnungs- und wettbewerbspolitischen Fragen. Später war der Bund mit 50% beteiligt und Deutsche Telekom und Deutsche Post AG hielten zusammen ebenfalls 50%. Seit dem 1. Januar 1998 ist der Bund alleiniger Eigentümer. Das WIK untersteht dabei dem Bundeswirtschaftsministerium.

Vergleichbar mit dem → *IDATE* in Frankreich oder dem → *IPTP* in Japan.

Adresse:

Wissenschaftliches Institut für Kommunikationsdienste GmbH
Postfach 2000
Rathausplatz 2 - 4
53588 Bad Honnef
Tel.: 0 22 24 / 9 22 50
Fax: 0 22 24 / 92 25 68

→ *http://www.wik.org/*

Wildcard

Auch Joker oder Platzhalter genannt. Ein Symbol zur Darstellung mehrerer Möglichkeiten unbekannter, aber tatsächlich geforderter Angaben oder Parameter in → *Adressen*, Kommandos oder Dateinamen. Man unterscheidet Wildcards, die genau ein einziges Zeichen an einer bestimmten Stelle repräsentieren, und Wildcards, die mehrere (eine beliebige Menge) Zeichen repräsentieren. In erstem Fall wird oft das Fragezeichen ? verwendet, in zweitem Fall üblicherweise der Stern * (Asterisk).

Williamette

→ *Intel Pentium*.

Williams-Röhre

→ *Manchester Mark I*.

WIMP

Abk. für Windows, Icons, Menues and Pointer.

Selten verwendeter Oberbegriff für alle grafischen Elemente, die eine grafische Benutzeroberfläche ausmachen (→ *GUI*).

WiN

Abk. für Wissenschaftsnetz.

Ein seit Juni 1990 in Deutschland bestehendes Netz mit seinerzeit rund 450 Anschlüssen, die sich jedoch auf rund 700 Ende 1999 erhöhte. Es wird exklusiv Wissenschaft und Forschung zur Verfügung gestellt und von der Deutschen Telekom im Auftrag des → *DFN* betrieben. Es basierte zunächst auf → *X.25*-Technik, so dass Netzübergänge zum → *Datex-P*-Netz vorhanden sind. Zusätzlich existieren Netzübergänge zu anderen internationalen Forschungsnetzen.

Der Ausbau auf 34 bzw. 155 Mbit/s und damit → *ATM* zum B-WiN (Breitband-WiN) erfolgte 1996, wodurch das B-WiN das weltweit größte private ATM-Netz wurde. Es ist mit rund 45 Mbit/s an andere europäische Forschungsnetze und mit 90 Mbit/s an nordamerikanische Forschungsnetze angeschlossen.

Im September 1998 wurde das G-WiN (Gigabit-WiN) in München Betrieb genommen. Es kann mit 2,34 Gbit/s übertragen und ist als Testbed Teil der weiteren Ausbaustufen.

Im Frühjahr 2000 erfolgte schließlich die bundesweite Inbetriebnahme des G-WiN, das auch mit dem → *Internet2* verbunden ist. Ab diesem Zeitpunkt konnten Anschlüsse mit 2,5 Gbit/s zur Verfügung gestellt werden.

Das WiN verbindet auch andere, lokale Wissenschaftsnetze in Deutschland, wie z.B. das → *HHR*.
→ *http://www.dfn.de/win/*

Win95

Abk. für → *Windows 95*.

WINC

Abk. für Worldwide Military Command and Control System.
Bezeichnung für das oberste und geheimste Datennetz des amerikanischen Verteidigungsministeriums. Es basiert auf der → *X.25*-Technik.

Winchesterplatte

→ *Festplatte*.

Windows (MS Windows)

Bezeichnung einer auf dem → *Betriebssystem* → *DOS* aufbauenden grafischen Benutzeroberfläche aus dem Hause → *Microsoft*. Dort wurde seine Entwicklung maßgeblich von Paul Maritz beeinflusst, der daher auch „Mr. Windows" genannt wurde.
Es entwickelte sich wie folgendermaßen beschrieben:

Oktober 1983
Microsoft kündigt Windows als grafische Benutzeroberfläche in Gestalt von Bill Gates in einer Rede auf der → *Comdex* an.

November 1983
Bei einer Präsentation von Microsoft im New Yorker Plaza Hotel wird Windows erneut angekündigt. Als Starttermin wird der April 1984 anvisiert.

1985
Microsoft sichert sich eine Lizenz für das Look & Feel von Apple, das eigentlich Microsoft damit dazu bringen wollte, mehr Programme für die Apple Computer zu entwickeln. Umgekehrt hilft diese Lizenz Microsoft bei späteren Rechtsstreitigkeiten mit Apple, das behauptet, Windows sei zu ähnlich zur Apple-Oberfläche.

November 1985
Nach mehrfachen Terminverschiebungen und einem Aufwand von rund 50 Mannjahren bricht mit der Version 1.03 das Windows-Zeitalter für PC-Nutzer und für 100 $ an. Bis zur Version 3.0 ist diese Benutzeroberfläche nicht unumstritten, da viele sie für hässlich und langsam halten. Es wollte sich daher zunächst kein Erfolg einstellen.

1986
Andere grafische Benutzeroberflächen, wie z.B. DESQ-View, GEM Deskview oder TopView kommen auf den Markt, finden jedoch auch nur wenige Freunde.

1987
Windows 2.0 erscheint und wird kurze Zeit später auch als Windows/286 vermarktet.
Im Dezember verkauft Microsoft das millionste Exemplar von Windows.

1989
Nach einem längeren Rechtsstreit erklärt ein Gericht in den USA, dass Microsoft seine Benutzeroberfläche Windows nicht von → *Apple* kopiert hat.

1990
Windows war komplett neu erstellt worden und wird als Version 3.0 im Mai vorgestellt. Begleitet wird die Vorstellung von einer 10 Mio. $ Werbekampagne. Windows durchbricht erstmals unter MS-DOS die 640-KByte-Speicherbarriere und setzt neue Maßstäbe bei Benutzeroberflächen im PC-Bereich. Es stellt sich ein großer Erfolg ein, zumal die Rechenleistung der PCs mittlerweile keine Probleme mehr mit grafischen Benutzerschnittstellen hat, und binnen weniger Jahre existiert kein PC mehr ohne Windows.

1991
Zusammen mit fallenden Chippreisen infolge von Konkurrenzprozessoren zu der Intel-Chiplinie sorgt Windows 3.0 dafür, dass die Nachfrage nach PCs erheblich steigt.

1992
Windows 3.1 mit → *OLE*, → *TrueType*-Fonts und → *Drag-and-Drop*-Operationen kommt im April auf den Markt. Der → *Real Mode* wird aufgegeben. Innerhalb von 50 Tagen werden eine Mio. Exemplare verkauft.

1995
→ *Windows 95* kommt auf den Markt, wogegen sich Windows 3.11 noch bis Anfang 1997 gut behaupten kann. Innerhlb von vier Tagen werden eine Mio. Exemplare verkauft.

1996
Mit → *Windows CE* erfolgt nach Pen-Windows und Winpad der dritte Anlauf des Hauses Microsoft, sich den Markt für Betriebssysteme für kleine und mobile Computer (→ *PDAs*) zu sichern.

Windows 95, Windows 98

Abgekürzt mit Win95 oder 98. Bezeichnung eines Betriebssystems (32 Bit) mit grafischer Benutzeroberfläche für → *PCs* aus dem Hause Microsoft. Dort maßgeblich mitentwickelt durch Brad Silverberg.
Läuft ab dem Prozessor Intel 80386 mit 4 MByte RAM an aufwärts. Empfohlen werden mindestens 80486 mit 8 oder, noch besser, 16 MByte RAM.
Ursprünglich sollte Windows 95, entwickelt unter dem Codenamen Chicago, gegen Ende 1994 auf den Markt kommen, doch dieser Termin wurde gegen Jahresmitte 1994 auf die erste Jahreshälfte 1995 verschoben, wodurch das System seinen endgültigen Namen erhielt.
Die Markteinführung für Windows 95 wurde dann im Frühjahr 1995 vom April in den August verschoben. Kurz vor August gab es noch Klagen gegen die Verbindung von Betriebssystem und Online-Dienst-Zugang, die mit einer Trennung von beidem durch Microsoft umgangen wurden.
Am 24. August 1995 startete, nach dem größten Beta-Test aller Zeiten (400 000 Tester) unter den Klängen des Rolling-Stones-Songs „Start me Up", der Verkauf in den USA, am 5. September in Deutschland.
Die Entwicklung von Windows 95 hatte angeblich 400 Mio. $ gekostet, wovon alleine 150 Mio. in eine globale Marketing-Kampagne gesteckt wurden. 700 Entwickler hatten drei Jahre daran gearbeitet. Der Verkauf blieb zunächst hinter den Mega-Erwartungen zurück, wurde dennoch aber als ‚zufriedenstellend' bezeichnet.

Nach Schätzungen hat Microsoft 19 Mio. Exemplare alleine im Jahr 1995 verkauft.

Ab Ende 1995 erfolgte die Weiterentwicklung zu Windows 96 unter dem Codenamen Nashville, später ab 1996 auch Memphis. Schnell wurde jedoch klar, dass es kein völlig neues Windows 96, 97 oder 98 geben wird, sondern ein Add-On, das insbesondere die Internet-Integration ermöglicht. Prinzipiell läuft es darauf hinaus, das Bedienungsprinzip eines → *Browsers* als Nutzeroberfläche mit der Bezeichnung Active-Desktop für die Betriebssystemfunktionalität einzusetzen und gleichzeitig auch die Möglichkeit des Internet-Zugangs nahtlos zu integrieren. Ferner werden → *DVD*-Laufwerke und der → *USB* unterstützt.

Das letztlich Windows 98 genannte Produkt kam nach längeren Verhandlungen zwischen Microsoft und dem Justizministerium über die Einbindung des Internet-Browsers Explorer und einem ausführlichen Beta-Test (100 000 Tester) schließlich am 25. Juni 1998 in den USA für 109 $ (Upgrade-Version) auf den Markt, nachdem es schon ab Mitte Mai an Computer-Hersteller zur Vorinstallation auf deren PCs ausgeliefert wurde. Innerhalb von drei Wochen wurden über 1 Mio. Exemplare und innerhalb der ersten zwei Monate nach Erscheinen 2 Mio. verkauft. Bis März 1998 wurden insgesamt 30 Mio. Stück verkauft.

Bei einer groß angekündigten öffentlichen Demonstration vor 4 000 Zuschauern auf der Frühjahrs-Comdex in Chicago Anfang April 1998 stürzte es jedoch ab, als Bill Gates persönlich seine Vorzüge demonstrieren wollte und einen USB-fähigen Scanner an den PC anschloss. Da er zuvor bei seinem Vortrag zugegeben hatte, dass Windows seinen Benutzern Schwierigkeiten macht, mitunter auch schon mal abstürzt oder „kryptische, verwirrende Fehlermeldungen" anzeigt, kam es zu allgemeiner Heiterkeit im hochrangig besetzten Zuschauerraum.

Im November 1998 kündigte Microsoft an, dass das Nachfolgeprodukt unter der Bezeichnung → *Windows 2000* vermarktet wird.

Im September 1999 startete der Beta-Test des Windows-98-Nachfolgers, der unter dem Codenamen Millennium entwickelt wurde und im Sommer 2000 auf den Markt kam.

→ *http://www.win95site.de/*

→ *http://www.windows98.com/*

Windows 2000

Bezeichnung eines → *Betriebssystems* (32 Bit) mit grafischer Benutzeroberfläche für → *PCs* und → *Server* aus dem Hause Microsoft. Es ist der Nachfolger von → *Windows NT* in folgenden Versionen auf dem Markt:

- Windows 2000 Professional: Der Nachfolger von Windows NT Workstation für den geschäftlichen Benutzer (Client auf Desktop-PC oder Laptop).
- Windows 2000 Server: Die kleinste Variante für einen professionell genutzten, aber kleinen Server mit max. zwei Prozessoren.
- Windows 2000 Advanced Server: Zusätzlich zu Windows 2000 Server werden mehrere Prozessoren (bis zu vier bzw. acht in der Upgrade-Version) unterstützt.
- Windows 2000 Datacenter Server: Für große Server bis zu 16 oder 32 Prozessoren.

Mit diesen Versionen ist Windows 2000 sowohl gegen kleinere Server-Betriebssysteme (etwa das an Popularität gewonnene → *Linux*), als auch gegen größere Systeme (wie das seit Jahrzehnten bewährte → *Unix*) positioniert.

Die Entwicklung startete 1995 und sollte ursprünglich zu Windows NT Version 5.0 führen. Zu Spitzenzeiten hatten 5 000 Entwickler an dem System gearbeitet. Sie produzierten ca. 30 Mio. Programmzeilen. Insgesamt wurde rund 1 Mrd. $ investiert.

Dann sollte es erst zum Jahresende 1999 auf den Markt gebracht werden, startete dann jedoch am 15. Februar 2000 (erste drei Versionen) anlässlich der Messe ‚Windows World' in San Francisco mit der Präsenz des Schauspielers Patrick Stewart (Capt. Picard in der Fernsehserie ‚Star Trek') und dem Musiker Carlos Santana.

Erst im Sommer 2000 kam die Version Datacenter Server auf den Markt.

Die deutsche Version erschien pünktlich zum Start der CeBIT 2000 am 24. Februar 2000.

→ *http://www.microsoft.com/windows2000/default.asp/*

Windows CE

Bezeichnung eines → *Betriebssystems* (32 Bit) aus dem Hause Microsoft, das speziell auf die Erfordernisse tragbarer Kleincomputer zugeschnitten ist. Es unterstützt → *Multitasking* und → *Multithreading* und sollte in der Zukunft auch in anderen kleinen Elektrogeräten des Haushalts eingesetzt werden. Sein Speicherbedarf konnte bis zu 2 MByte betragen. Der bahnbrechende Erfolg blieb jedoch aus.

Erstmals vorgestellt im Herbst 1996 auf der Comdex in Las Vegas. Im November 1997 kam Version 2.0 und im Oktober 1998 Version 2.11 auf den Markt.

→ *http://www.winceinfo.de/*

→ *http://www.winceonline.com/*

→ *http://www.wincecity.com/*

Windows Millenium

→ *Windows 95.*

Windows NT

Abk. für Windows New Technology.

Bezeichnung eines → *Betriebssystems* (32 Bit) mit grafischer Oberfläche für Netzwerke von → *PCs* aus dem Hause Microsoft, maßgeblich mitentwickelt von David Cutler, der auch schon → *VMS* mitentwickelte. Auch als Einzelplatz-Betriebssystem ohne Netzwerkunterstützung geeignet. Benötigt mindestens 16 MByte → *RAM*. Ist → *Multitasking*-fähig und unterstützt DOS sowie (unter bestimmten Bedingungen) → *Posix*-Programme.

Windows NT läuft auf folgenden Plattformen:

- PC mit Intel-Prozessoren (Pentium)
- → *PowerPC*
- Mips von HP
- → *Alpha* von Digital

Seine Entwicklung nahm folgenden Verlauf:

Frühe 90er Jahre

Microsoft steigt bei der Weiterentwicklung des Betriebssystems → *OS/2* aus und fängt damit an, ein eigenes Betriebssystem zu entwickeln. Ziel war ein stabiles Betriebssystem für → *Server* mit 32-Bit-Dateisystem, das multitaskingfähig und multiprozessorfähig sein sollte.

1992

Windows NT kommt in einer Beta-Testversion in Umlauf.

1993

Gegen Jahresende bringt Microsoft mit Windows NT nach langen Verzögerungen und Umwidmung vom Betriebssystem für PCs zum Server-Netzwerk-Betriebssystem sein erstes portierbares 32-Bit-Betriebssystem auf den Markt. Der Erfolg ist zunächst bescheiden, da die alten 16-Bit-Anwendungen unter NT nur mit geringerer Geschwindigkeit laufen – und das trotz des erhöhten (kostentreibenden) Hauptspeicherbedarfs.

1994

Microsoft bringt im September Windows NT 3.5 und startet die Entwicklung des Nachfolgesystems unter dem Codenamen Cairo. Die Performanceprobleme legen sich und auch der erforderliche Hauptspeicherbedarf wird gesenkt.

Mit der Version 3.51 stellt sich nach und nach auch der gewünschte Erfolg ein.

1996

Windows NT 4.0 kommt im Juli mit dem → *Look & Feel* des Windows 95 auf den Markt, wodurch sich Windows NT im Vergleich zu anderen Server- und Netzwerkbetriebssystemen einen starken Pluspunkt sichert und sich ab sofort wesentlich besser verkauft. Windows NT 4.0 besteht aus rund 16 Mio. Programmzeilen.

1998

Die Ergebnisse des Entwicklungsprojektes Cairo werden schrittweise durch Upgrades in Windows NT eingebracht.

Der Prototyp Wolfpack Phase I erlaubt die Kopplung von zwei Servern zu einem → *Cluster*.

Zum Jahreswechsel erscheint nach einem ausführlichen Betatest bis Anfang des Jahres und einem zweiten Betatest im Frühjahr und Sommer die Grundversion Windows NT 5.0, das sich in drei Hauptlinien gliedert. Die Grundversion besteht aus rund 31 Mio. Programmzeilen.

1999

Mit Wolfpack Phase II erscheint die zweite Linie für Anwendungen von → *Clustern* mit mehr als zwei Servern.

Zur Mitte des Jahres erscheint die dritte Linie als 64-Bit-Version für den neuen 64-Bit-Prozessor aus dem Hause Intel.

2000

Am 15. Februar wird die Nachfolgeversion → *Windows 2000* vorgestellt.

2001

→ *Windows XP* kommt auf den Markt. Es basiert auf dem Windows-NT-Kernel.

→ *http://www.ntseek.com/*

Windows XP

Bezeichnung eines → *Betriebssystems* (32 Bit) mit grafischer Oberfläche für → *PC*s aus dem Hause Microsoft. Es gilt als Nachfolger der Linie von → *Windows 95* für Privatanwender und Einzelplatzsysteme. Es basiert auf dem Kernel von → *Windows NT* und verlässt damit die Entwicklungslinie von → *MS-DOS*.

Im Mai 2001 wurde sein Erscheinen nach mehrfachen Verschiebungen und Spekulationen, ob es überhaupt noch in 2001 erscheint, für den 25. Oktober 2001 angekündigt.

WinSock

Abk. für Windows Socket.

Bezeichnung für einen Kommunikationsmechanismus im → *Betriebssystem* → *Windows*, → *Windows NT* und → *Windows 95*. Prinzipiell stellt WinSock eine Reihe von Funktionsaufrufen zur Verfügung und ist damit eine Anwendungsprogrammierschnittstelle (→ *API*).

Die Datei WINSOCK.DLL (→ *DLL*) ermöglicht den Anschluss des Betriebssystems an eine Verbindung, welche den Protokollstapel rund um → *TCP* und → *IP* nutzt.

Die Daten eines Anwendungsprogramms unter Windows werden an die WINSOCK.DLL weitergegeben, die dann den eigentlichen Datentransport abwickelt. Die WINSOCK.DLL-Datei ist eine Ursache für viele Probleme, die viele Anwender beim Konfigurieren einer Internet-Verbindung haben, da es mittlerweile diverse und untereinander nicht kompatible Versionen der Datei gibt.

Erste Version von WinSock wurde als WinSock 1.1 im Januar 1993 vorgestellt und basierte auf → *Sockets* der → *Unix*-Version BSD 4.3. Maßgeblich mitentwickelt wurde WinSock von Martin Hall. Mittlerweile existiert WinSock 2.0.

Eine populäre WinSock-Version aus dem Bereich → *Public Domain* ist Trumpet WinSock, entwickelt von Peter Tattam aus Hobart in Tasmanien/Australien.

Wired

Von engl. wired = verdrahtet, verkabelt. Titel der sehr erfolgreichen, ersten Zeitschrift, die sich ausschließlich Themen widmet, die sich mit den wirtschaftlichen und sozialen Folgen des → *Internet* für das Leben der Menschen beschäftigt. Prinzipiell ist „Wired" für die Internet-Gemeinde damit das, was das Magazin „Rolling Stone" für die Szene der Rockmusik war bzw. ist.

Erste Ideen zu einem derartigen Magazin hatte das Paar Jane Metcalfe und Louis Rossetto bereits 1991, nachdem ihr Arbeitgeber in Amsterdam, der Herausgeber der Fachzeitschrift „Electric Word", in Konkurs gegangen war. Mit einer von den Designern John Plunkett und Barbara Kuhr grafisch gestalteten Nullnummer als Demonstrationsobjekt versuchten sie bei verschiedenen Medienunternehmen in New York Unterstützung zu finden – doch niemand interessierte sich für ihr Projekt.

Rossetto und Metcalfe gingen nach San Francisco und fanden mit Nicolas Negroponte, dem Direktor des Media Lab am → *MIT*, und dem Softwareunternehmer Charles Jackson Unterstützer.

Am 26. Januar 1993 erschien die erste Ausgabe 1.1 (1. Ziffer gibt den Jahrgang an, die zweite die laufende Heftnummer innerhalb des Jahrgangs) an den Kiosken, nachdem sie im gleichen Monat schon auf zwei Messen gezeigt wurde.

Louis Rossetto schrieb in seinem Vorwort: „Warum Wired? Weil die digitale Revolution durch unser Leben fegt wie ein bengalischer Taifun – und die Mainstream-Medien immer noch nach dem Schlummerschalter tasten."

Das zunächst alle zwei Monate erscheinende Magazin wurde auf dem Markt sehr gut aufgenommen, weshalb bald die Werbeagenturen das Magazin als Medium zur zielgruppengenauen Ansprache eines bestimmten Personentypus entdeckten und massenweise Anzeigenseiten buchten. Die Auflage stieg bis Jahresende 1993 auf rund 90 000, bis Ende 1995 auf 240 000 und bis Ende 1997 auf rund 350 000 Exemplare.

Nach dem ersten Jahr waren auch Geldgeber, die zuvor dem Projekt ablehnend gegenüber standen, vom Erfolg überzeugt und beteiligten sich an dem Magazin.

Die Erscheinungsfrequenz wurde verdoppelt (12 Ausgaben/Jahr) und Auslandsausgaben wurden geplant, jedoch kam es abgesehen von einer britischen und japanischen Version nicht zu weiteren Ablegern. Die Vereinbarung mit Gruner und Jahr aus Deutschland kam kurz vor Vertragsabschluss doch nicht zustande. Auch die britische Version „Wired UK" wurde wieder eingestellt.

Von Anfang an war das aus der Not der Unerfahrenheit geborene, grelle Design hinsichtlich Layout und Farbe ein Markenzeichen, weshalb andere Zeitschriften versuchten, es zu kopieren. Auch einige Designpreise gewann die Redaktion aufgrund des ungewöhnlichen Layouts.

Im Oktober 1994 wurde mit „HotWired" eine Online-Version im → *WWW* veröffentlicht. Eine der Innovationen war dabei die Einführung des → *Banner*. Es folgte der Branchen-Nachrichtendienst WiredNews und die → *Suchmaschinen* Hotbot und Newbot.

Die Expansion der gesamten Wired-Gruppe (Magazin, Online-Version, Nachrichtendienst, 1996 gegründeter Buchverlag Hardwired) erfolgte in einem hohen Tempo, so dass man im Mai 1996 einen Börsengang plante, der jedoch im Sommer wegen der schlechten Unternehmensdaten misslang. Gleichzeitig machte Konkurrenz ähnlicher Titel, sowohl im Print- wie auch im Online-Bereich, dem Unternehmen zu schaffen.

Auch ein zweiter Versuch zum Börsengang mit korrigierten, realistischeren Zahlen im Oktober 1996 schlug fehl, weshalb man 1997 eine Konsolidierung der bestehenden Geschäfte anstrebte. Gleichzeitig war man seither auf der Suche nach einem Partner, den man im Mai 1998 mit dem Verlag Conde Nast auch gefunden hatte. Er kaufte die Printversion von Wired für rund 75 Mio. $. Im Oktober 1998 schließlich kaufte Lycos für 83 Mio. $ das gesamte Internet-Geschäft (HotWired, Hotbot und WiredNews).

Insgesamt zeigte sich, dass die Entwicklung weitaus schwieriger als erwartet verlief und der Versuch, ein nur auf das Internet gestütztes Medienunternehmen als „Echtzeit-Nervensystem des Planeten" aufzubauen, nicht wie geplant umzusetzen war. Das deutlichste Zeichen hierfür ist, dass von allen Unternehmensteilen ausgerechnet das Magazin „Wired", also eine herkömmlich auf Papier gedruckte Zeitschrift, am profitabelsten arbeitet.

→ *http://www.wired.com/*

→ *http://www.hotwired.com/*

→ *http://www.hotbot.com/*

Wired City

Eine Bezeichnung aus den frühen 70er Jahren, als der US-Präsident Richard M. Nixon in einem Wahlkampf die Idee vernetzter urbaner Räume zur Verbreitung von mehr TV-Programmen propagierte.

Prinzipiell war er damit ein Vorreiter der 90er Jahre (→ *NII*), wenngleich er den Ansatz mehr auf die TV-Medien begrenzte. Nach seiner Wahl startete die großflächige Verkabelung der Städte in den USA (→ *Breitbandkabelverteilnetz*).

→ *Global Village*, → *Information at your Fingertips*.

Wireless Ethernet

Andere Bezeichnung eines Standards für → *Wireless LAN*s der Standardisierungsgruppe → *IEEE 802.11*.

Wireless LAN

Auch kabel-/drahtloses Netz/LAN, Funk-LAN oder WLAN genannt. Bezeichnung für drahtlose → *LAN*s mit Funkübertragung zwischen einer drahtgebundenen Netzinfrastruktur und portablen Rechnern mit → *lokaler Mobilität*.

WLANs sind nur selten ein Ersatz für kabelgestützte LANs, sondern werden eher als deren Ergänzung in bestimmten Arbeitsumgebungen eingesetzt. Ferner wird seit 1999 ein Einsatz als breibandige drahtlose Zugangstechnologie zum → *Internet* im öffentlichen Bereich diskutiert. In diesem Zusammenhang weist ein WLAN den Vorteil der Lizenzfreiheit (→ *ISM*) und schnellen Verfügbarkeit auf, so dass ein breitbandiger Zugang an → *Hotspots* vergleichsweise rasch und – im Vergleich zu einer Lizenz für → *UMTS* – kostengünstig aufgebaut werden kann. In Deutschland stellte auf der CeBIT 2001 die Mobilcom ein derartiges Produkt vor und kündigte einen kommerziellen Produktstart für das gleiche Jahr an.

Die einfachste Form eines WLAN im LAN-Umfeld ist das Basic Service Area (BSA), in dem die anzuschließenden mobilen Einheiten selbst über Sender und Empfänger verfügen und untereinander Daten ohne jede weitere Infrastruktur austauschen. Derartige Systeme werden auch Ad-hoc-LAN genannt.

Das BSA kann erweitert werden, indem ein Access-Point (AP) alleine als Verstärker wirkt, Daten empfängt und verstärkt in Bereiche außerhalb der Reichweite des Senders weitersendet.

Die dritte und am weitesten verbreitete Konfiguration ergibt sich aus verschiedenen APs, die über ein drahtgestütztes LAN miteinander verbunden sind und bei denen der Datentransport von einem mobilen Sender zum mobilen Empfänger über eine Funkstrecke zum AP, dann über das LAN zu einem anderen AP und von dort über eine zweite Funkstrecke zum Empfänger erfolgt. Derartige Systeme werden Extended Service Area (ESA) genannt.

Die einzelnen, von den APs abgedeckten Bereiche (Durchmesser 50 bis 200 m innen und bis zu 600 m außen) sind Zellen, die im Vergleich zum → *Mobilfunk* derart klein sind, dass sie → *Mikrozellen* genannt werden.

Weltweit existieren verschiedene Standards für WLANs, z.B. in Europa → *HiperLAN* und auch → *DECT* sowie in Japan und den USA → *IEEE 802.11*, → *OpenAir* und → *RangeLAN2*. Eine andere Neuentwicklung ist → *SWAP*, ebenso wie → *Bluetooth*. In der Forschung befinden sich darüber hinaus Systeme, die auf ATM basieren (Wireless ATM, WATM).

Allgemein wird für funkgestützte WLANs der Frequenzbereich um die 2,4 GHz (2,4 bis 2,4835 GHz in Nordamerika, → *ISM*, 2,4 bis 2,5 GHz in Europa) genutzt. Es gibt aber auch Systeme, die mit IR arbeiten (→ *Irda*).

Die Kosten für eine an ein WLAN angeschlossene Station sind gegenwärtig ca. fünfmal höher als bei drahtgebundenen LANs. Dieser Faktor variiert jedoch in Abhängigkeit vom verwendeten Standard und Hersteller. Die Datenübertragungsraten liegen – je nach Standard – bei 1 bis 11 Mbit/s.

Gründe für das Einsetzen von WLANs in nicht öffentlichen Umgebungen sind:

- Einrichtung von LANs nur für kurze Zeit (Messen, Konferenzen, Seminare, kurze personelle Überlast, temporäres LAN vor einem bereits feststehenden Umzug)
- Einrichten von LANs innerhalb sehr kurzer Zeit (nach einem plötzlichen Umzug, nach dem Totalverlust des drahtgestützten LANs infolge eines Brandschadens)
- Bauliche Hindernisse für eine kabelgestützte Lösung (volle Kabelkanäle, Denkmalschutz, Unmöglichkeit baulicher Veränderungen aus anderen Gründen)
- Notwendigkeit für mobile oder transportable Arbeitsplätze bzw. mobile Datenerfassungsgeräte (z.B. in der Lagerhaltung, bei Inventuren oder in Krankenhäusern)

Der heutige Einsatz von Wireless LANs wird durch drei Faktoren begünstigt:

- Höhere Datenraten als noch vor einigen Jahren
- Weite Verbreitung von → *Laptops* und anderen mobilen Datenerfassungsgeräten
- Existenz von Standards

Erste WLANs kamen Mitte der 80er Jahre auf und verfolgten den Ansatz, ein vollwertiges drahtgebundenes LAN zu ersetzen. Sie galten als teuer und basierten auf proprietären Lösungen einzelner Hersteller.

Ab Anfang der 90er Jahre gab es erste WLANs mit Anschluss an die kabelgestützte Infrastruktur. Erst mit der weiten Verbreitung von Laptops ab Mitte der 90er Jahre nahm die Dynamik im Markt zu.

Mittlerweile ist die technisch realisierbare Datenrate gestiegen und Standards etablieren sich. Die Technologie gilt dennoch als neu und teuer, weswegen sich der Markt langsamer als zunächst erwartet entwickeln wird.

Zur Förderung von Wireless LANs wurden die Wireless LAN Alliance (→ *WLANA*) und das Wirelsess LAN Interoperability Forum (→ *WLIF*) gegründet.

Wireing Closet

Englisch für Etagenverteiler.

Wirtschaftsinformatik

→ *Informatik*.

Wirtsrechner

Deutsche Bezeichnung für → *Host*.

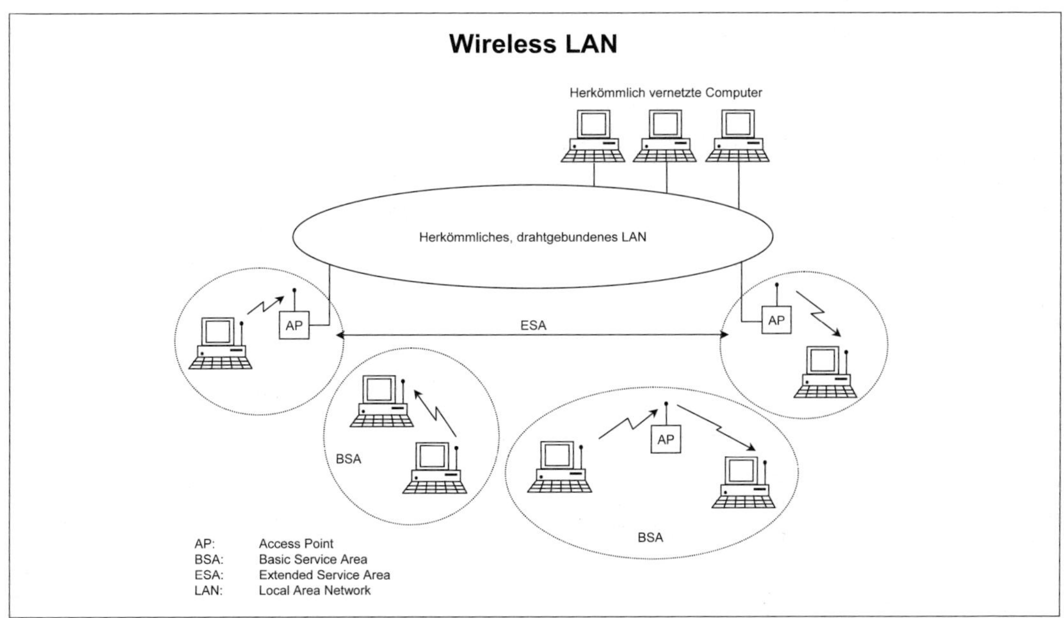

Wissenschaftsrat

Bezeichnung für ein 1957 zur Beratung der Bundesregierung in wissenschafts- und forschungspolitischen Fragen gegründetes Gremium. Es besteht aus 24 Wissenschaftlern und acht weiteren Personen des öffentlichen Lebens, die vom Bundespräsidenten in dieses Gremium berufen werden.

Die Wissenschaftler werden auf Vorschlag diverser wissenschaftlicher Institute und die anderen Personen auf Vorschlag von Bundesregierung und allen Landesregierungen berufen.

Neben dem Wissenschaftsrat steht eine Verwaltungskommission, die aus sechs von der Bundesregierung bestimmten Personen und 16 von den Landesregierungen bestimmten Personen besteht.

WITL

Abk. für Wireless in the (Local) Loop.

→ *RLL.*

WIV

Abk. für Wirtschaftsinformatik Verband für Forschung und Praxis e.V. in Europa.

Ein akademisch orientierter Verband der Wirtschaftsinformatiker (→ *Informatik*). Der WIV hat es sich zur Aufgabe gemacht, der zunehmenden Distanz zwischen Forschung und Lehre an den Hochschulen und der praktischen Informatik in Unternehmen und Behörden entgegenzuwirken.

Wizard

Von engl. wizard = Hexenmeister oder Genie.

1. Jargon für extrem kompetenten und erfahrenen Experten auf einem Gebiet der Hard- und/oder Softwaretechnik, der öffentlich als solcher anerkannt ist. Dann oft auch mit Guru bezeichnet.

   → *Geek*, → *Hacker*, → *Nerd.*

2. Bezeichnung für Prozeduren in Programmen, die einen unerfahrenen Nutzer Schritt für Schritt durch sie hindurchführen und dabei Erläuterungen und Empfehlungen abgeben. Beispiele für Anwendungen sind die Einrichtung eines Druckers, die Installation eines Modems oder die Systemkonfiguration.
3. Bezeichnung für einen Teilnehmer an einem Fantasy-Computerspiel (→ *Multiuser Dungeon*) mit herausgehobenen Rechten zur Einflussnahme auf das Spiel.

WLAN

Abk. für Wireless Local Area Network.

Bezeichnet drahtlose → *LAN*s, auch genannt → *Wireless* LAN.

WLANA

Abk. für Wireless LAN Alliance.

Bezeichnung einer Vereinigung von Hard- und Softwareherstellern zur Förderung der Entwicklung und Verbreitung von drahtlosen lokalen Netzen (→ *Wireless LAN*).

→ *http://www.wlana.com/index.html/*

WLIF

Abk. für Wireless LAN Interoperability Forum.

Bezeichnung für eine vom Hause Proxim gestartete Initiative zur Sicherstellung der Interoperabilität verschiedener Geräte, die im Umfeld drahtloser, lokaler Netze (→ *Wireless LAN*) eingesetzt werden.

Konkurrenztechnologien sind → *HomePNA*, → *HAVI* und → *SWAP.*

WLL

Abk. für Wireless Local Loop.

→ *RLL.*

WMAC

Abk. für Wireless Media Access Control.

→ *IEEE 802.11.*

WMF

Abk. für Windows Meta File.

Bezeichnung für ein universelles Dateiformat aus dem Hause Microsoft. Dabei ist WMF auch die Endung des Dateinamens. Es handelt sich dabei um das Standarddateiformat, das für Daten in der Zwischenablage von Windows oder auch bei dem Textverarbeitungsprogramm MS Word verwendet wird. Es kann ASCII-Zeichen und sowohl → *Vektorgrafiken* als auch Anweisungen zum Anzeigen von → *Pixelgrafiken* enthalten.

Als Enhanced Metafile (Format) bezeichnet man die Variante, die nur unter 32-Bit-Windows-Systemen verarbeitet werden kann. Es ist an der Dateiendung EMF erkennbar.

WMI

Abk. für Windows Management Interface.

WML

Abk. für Wireless Markup Language.

→ *WAP.*

WMS

Abk. für → *Workflow-Management-System.*

WNK

Abk. für Weitverkehrs-Netzknoten.

Seit 1996 ein Begriff für neue Vermittlungsknoten der Deutschen Telekom, die durch die Auflösung der bisherigen Hierarchie von Zentral- und Hauptvermittlungen entstanden. Ziel ist ein Fernnetz mit nur noch zwei Ebenen. Digitale Technik und Zentralkanalzeichengabe (→ *Zeichengabe*) ermöglichen den Wegfall einer kompletten Hierarchieebene. 71 Zentral- und Knotenvermittlungen wurden durch 23 WNK ersetzt, unter denen 500 → *BNK* arbeiten.

→ *Hauptvermittlung*, → *Knotenvermittlung*, → *Ortsvermittlung*, → *Zentralvermittlung.*

Wörterbuch

Begriff aus dem Bereich der Datenkompression. Bezeichnung für die Zuordnungsliste der einzelnen Codesymbole (Worte, Resultat der Komprimierung) und ihre Bedeutung (ursprüngliches Signal).

WoL

Abk. für Wake-on-LAN.

Wolfpack

→ *Windows NT.*

Wordmaster

Bezeichnung einer ersten, sehr frühen → *Textverarbeitung* für → *PCs.*

John Barnaby erhielt im Frühjahr 1978 den Auftrag, ein Textverarbeitungssystem für Profis zu schreiben. Micropro International von Seymour Rubinstein brachte diese Textverarbeitung als Wordmaster im April 1978 heraus, die so erfolgreich wird, dass andere Textverarbeitungen die Tastatur-Shortcuts übernahmen. Wordmaster ist der Vorläufer von Wordstar, das von Micropro 1979 auf den Markt gebracht wurde.

WordPerfect

Bezeichnung für eine auf → *PCs* lauffähige → *Textverarbeitung.*

Satellite Software (später WordPerfect genannt) arbeitete 1980 an einer Textverarbeitung für Data General Mainframes, die auch im März 1980 auf den Markt kam. Jemand entdeckt das Potenzial für PCs und WordPerfect entsteht. Lange Zeit sollte dieses Programm in der Textverarbeitung Maßstäbe setzen. Es wird jedoch gegen Mitte der 90er Jahre an Popularität von Word aus dem Hause → *Microsoft* überholt.

Word Processor

→ *Textverarbeitung.*

Wordstar

→ *Wordmaster.*

Workaround

Nicht klar definierter Jargon mit ähnlichen Bedeutungen in verschiedenen Zusammenhängen.

1. Bei der Entwicklung von → *Software* ein anderes Wort für → *Patch.*
2. Beim → *Contingency Planning* die Bezeichnung für einfache, temporäre technische und auch organisatorische Maßnahmen zur Aufrechterhaltung eines Geschäftsbetriebs.

Workflow-Management-System

Abgekürzt mit WMS. In Deutschland auch Vorgangssteuerung oder Vorgangssteuerungssystem genannt. Bezeichnung für eine Form der Realisierung einer → *CSCW* mit Hilfe einer technischen Infrastruktur zum gesteuerten, automatischen Ablaufen von Geschäftsprozessen. Im Gegensatz zur → *Groupware* eignen sich WMS für stark strukturierte und arbeitsteilige Prozesse, die häufig ablaufen und einen hohen Anteil an formaler Interaktion einzelner Personen und technischer Systeme innerhalb einer Organisation (Unternehmen, Behörde) haben.

Ziel von Workflowsystemen ist ein Computerabbild von Geschäftsprozessen innerhalb eines Unternehmens mit dem Ziel, diese zu unterstützen, zu dokumentieren und dadurch effizienter, weil schneller und zuverlässiger, zu gestalten. Workflowsysteme sind prozessorientiert und lassen es zu, in einem Unternehmen Geschäftsprozesse und Abläufe am Computer zu definieren, zu erfassen, zu verfolgen und zu kontrollieren.

Mehrere Personen an u.U. geographisch verteilten Standorten können mit einem WMS auf alle für sie notwendigen Informationen eines Vorganges im WMS zugreifen und darauf aufbauend ihre Aufgaben abarbeiten.

Grundidee eines WMS ist eine Trennung von zwei Bereichen:

- Administrative Tätigkeiten: Planung, Steuerung und Kontrolle von Prozessen.
- Operative Tätigkeiten: Eigentliche Aufgabendurchführung.

Workflowsysteme werden üblicherweise im Prozess des Business Process Reengineering (→ *BPR*) geschaffen. Im Rahmen dieses Prozesses werden als Ergebnis in einem WMS bestimmte Workflows implementiert, so dass Mitarbeiter eines Unternehmens von Tätigkeiten des oben erwähnten ersten Bereiches (Administration) entlastet werden und sich nur noch dem zweiten Bereich (Aufgabendurchführung) zu widmen brauchen. Teile davon können jedoch auch komplett automatisiert und durch ein WMS wahrgenommen werden.

WMS können sich über einzelne Abteilungen, über ganze Unternehmen und auch über mehrere Unternehmen in einem Unternehmensverbund (z.B. Produzent und Zulieferer) erstrecken.

Beispiele für WMS sind die Bearbeitung von Kundenanfragen aller Art, Aufträgen (Bestellungen), Reklamationen, Urlaubs- und Krankenscheinverwaltung oder Reisekostenabrechnungen etc.

WMS befinden sich heute noch weit am Anfang ihrer allerdings sehr schnell fortschreitenden Entwicklung und ihrer Einsatzmöglichkeiten, da sie bislang nur für sehr stark strukturierte und sehr häufig zu durchlaufende Prozesse existieren.

Ferner kommt hinzu, dass bestimmte andere Systeme, etwa ein → *Dokumentenmanagementsystem* (DMS), ebenfalls Workflowfunktionalitäten anbietet und man daher nicht auf ein echtes WMS zurückzugreifen braucht. Es hat sich jedoch die Regel bewährt, dass WMS immer da sinnvoll eingesetzt werden können, wo nicht nur ein technisches Datenhaltungssystem, z.B. eine Kundendatenbank oder eine Dokumentendatenbank, in Geschäftsprozesse zu integrieren ist, sondern mehrere derartige Systeme ineinandergreifen und zwischen ihnen Daten ausgetauscht werden sollen. Dennoch können neben einem WMS andere Systeme bestehen, da z.B. Dokumentenanzeige und Dokumentenbearbeitung, ihre Langzeitspeicherung und E-Mail-Funktionalität nicht primär Gegenstand von WMS sind, sondern durch andere Systeme wie eben DMS oder Groupware wahrzunehmen sind.

Viele Aktivitäten zur Weiterentwicklung und Förderung von WMS werden durch die → *WfMC* koordiniert.

Worksheet

Eine andere, seltener verwendete Bezeichnung für Spreadsheet (→ *Tabellenkalkulation*).

Workstation

1. Auch mit WS abgekürzt. Keine einheitliche Definition existent. Eine mögliche ist: „Ein sehr leistungsfähiger Arbeitsplatzrechner" mit grafikfähigem, großem (>= 17 Zoll) und hochauflösendem Bildschirm. I.d.R. mit einem Window-System ausgerüstet. Selten im Stand-alone-Betrieb genutzt, meistens vernetzt.

   Eine heute überholte Merkregel aus den 80er Jahren: Eine Workstation zeichnet sich durch die sechs Ms aus:

   - Der Bildschirm hat mehr als eine Million Pixel.
   - Der Hauptspeicher hat mehr als eine Million Byte.
   - Der Netzanschluss überträgt mehr als eine Million Byte je Sekunde.
   - Die Rechenleistung liegt über eine → *MFLOP*.
   - Das System ist multiuserfähig.
   - Der Preis liegt unter einer Million DM.

   Heute definiert sich der Begriff Workstation meistens über die Fähigkeit eines Computers, aufwendige Grafiken und Videos in Echtzeit verarbeiten zu können, was nicht nur hohe Prozessorleistung (über die PCs mittlerweile auch verfügen), sondern ebenfalls einen oder mehrere leistungsfähige interne Bussysteme und spezielle Grafikkarten mit eigenen Prozessoren voraussetzt.

   Der Begriff selbst kam Anfang der 80er Jahre auf, als Firmen wie Sun und Apollo (1998 von HP übernommen) diese neue Rechnerklasse entwarfen.

2. Oft ganz allgemein als Oberbegriff für Bildschirmarbeitsplätze aller Art, d.h. → *PCs* und → *Terminals*, gebraucht. Bezeichnet damit ein Gerät zur Dateneingabe über eine Tastatur und Datenausgabe über einen Bildschirm, an dem eine Person arbeiten und den Computer nutzen kann.

   Diese Definition bezieht sich darauf, dass an der Workstation ein Nutzer arbeitet und sie als Client nutzt, wohingegen an einem → *Server*, der nur Dienste für die Clients zur Verfügung stellt, keine Person arbeitet.

WorldCom

Name eines expansiven und global tätigen Unternehmens der Telekommunikationsbranche mit Sitz in Jackson/Missouri.

Mitgegründet 1983 als LDDS (Long Distance Discount Services) vom ehemaligen Basketball-Trainer und Hotelbesitzer Bernard J. Ebbers zur Vermarktung von Ferngesprächen. LDDS ging dabei aus LDDC (Long Distance Discount Calling, einem Zusammenschluss von Advantage Companies Inc. und Advanced Telecommunications Corp. (ATC)) hervor und fusionierte bei dieser Umwandlung mit IDB Communications Group (IDB), Metromedia Communications Corp. (MCC) und Resurges Communications.

Erst im Mai 1995 wurde LDDS in WorldCom umbenannt.

Das Unternehmen ist insbesondere durch sein aggressives Wachstum als Folge von Ebbers visionärem Unternehmenskonzept durch Zukäufe bekannt geworden, so wurden folgende Akquisitionen getätigt:

Datum	Aufgekauftes Unternehmen	Preis in Mrd. $	Bemerkung
1995	Williams Telecommunications (WillTel)	12,5	
Okt. 1996	UUNet	2	Gekauft durch MFS
Dez. 1996	MFS	14	
Sept. 1997	Compuserve Network Services	1,2	
1997	→ *MCI*	37	Umbenennung in MCI WorldCom
Mai 1999	Skytel Communications	1,3	
Juni 1999	Sprint Corp.	115	Kauf platzte wg. regulatorischer Auflagen

WorldFIP

Abk. für World Standard for Flux Information Processus oder auch Factory Instrumentation Protocol.

Bezeichnung für einen in Frankreich gemeinsam von französischen und italienischen Unternehmen zunächst als FIP entwickelten → *Feldbus* und gleichzeitig auch die Organisation, die ihn fördert und weiterentwickelt.

Als Übertragungsmedium können entweder eine verdrillte Zweidrahtleitung oder eine Glasfaser verwendet werden.

Es können vier Geschwindigkeiten genutzt werden:

- 31,25 kbit/s (schmalbandige Spezialanwendungen)
- 1 Mbit/s (Standardgeschwindigkeit)
- 2,5 Mbit/s (breitbandige Spezialanwendungen)
- 5 Mbit/s (breitbandige Spezialanwendungen auf Glasfaserbasis)

Der Bus darf max. 2 km lang sein, und es können max. 256 Stationen angeschlossen werden.

Als Modulationsverfahren wird → *Manchester-Codierung* angewendet.

Auf der Schicht 2 des → *OSI-Referenzmodells* wird das Zugriffsrecht auf das Medium zentral von einem Master an die angeschlossenen Stationen (Slaves) vergeben.

Das System wurde 1993 einheitlich von der im gleichen Jahr gegründeten WorldFIP standardisiert und gilt als Antwort auf Standardisierungsbemühungen konkurrierender Unternehmen im später gescheiterten → *ISP*.

WorldPartners

Bezeichnung für einen 1993 von den → *Carriern* AT&T (40%), → *KDD* (40%) und Singapore Telecom (20%) gegründeten und eher lockeren Verbund, der im Frühjahr 1994 zunächst durch das europäische Konsortium → *Uni-*

source (Übernahme von 20% von KDD) und 1998 durch die australische Telstra erweitert wurde. Darüber hinaus waren verschiedene andere Unternehmen (insbes. aus dem asiatisch-pazifischen Raum) als Dienstanbieter dem Bündnis beigetreten.
Zuletzt hielten KDD, Singapore Telecom und Telstra je 20% sowie AT&T 40%.
Die Idee eines eher lockeren Verbundes von Carriern – anstelle einer strategischen Allianz mit Kapitalverflechtung – gilt seit der Ankündigung der Verschmelzung der Auslandsgeschäfte von → *AT&T* und → *BT* im Juli 1998 als gescheitert. Konsequenterweise kündigte WorldPartners daher für Ende 1999 seine Auflösung an.
Das Hauptquartier lag am Stammsitz von AT&T in Murray Hill/New Jersey bei New York.
→ *http://www.worldpartners.com/*

World Radio Conference

→ *WARC.*

WorldTel

Bezeichnung einer im Januar 1995 gegründeten Organisation der → *ITU*, die sich insbesondere der Förderung der Verbreitung der Telekommunikation weltweit mit Schwerpunkt in den Entwicklungsländern verschrieben hat.

World Wide Web

→ *WWW.*

WORM

Abk. für Write Once Read Many Times.
Bezeichnet die Eigenschaft von → *CD-ROMs*, beschrieben und danach gelesen zu werden.

Wort, Wortlänge

1. In der Übertragungstechnik die Kombination von Signalen, die eine einzelne Information codiert. Der → *ASCII*-Code z.B. hat eine Wortbreite von 7 bzw. 8 Bit.
2. In der Rechnertechnik das kleinste adressierbare und über rechnerinterne Datenleitungen transportierbare Standarddatenformat eines Rechnertyps. Ein Wort ist die kleinste vom Computer als eine Einheit behandelte Datenmenge.

   Die Größe eines Wortes wird in Bit angegeben und als Wortlänge oder -größe bezeichnet.

WOSA

Abk. für Windows Open Services Architecture.
Bezeichnung für eine Architektur aus dem Hause → *Microsoft*, die unter sich verschiedene Techniken wie z.B. → *MAPI*, → *ODBC*, → *TAPI*, → *LSAPI* und → *WinSock* zum Anbieten von anwendungsorientierten Kommunikationsdiensten und dem verteilten Bearbeiten von Daten vereinigt.
Beispiele für derartige Kommunikationsdienste sind → *Tele-Banking* oder die echtzeitnahe Anzeige von Börsenkursen.

WP

1. Abk. für White Pages.
   → *Teilnehmerverzeichnis.*
2. Abk. für Working Party.
   → *ITU.*

WPABX

Abk. für Wireless Private Automatic Branch Exchange.
Bezeichnet eine Nebenstellenanlage mit schnurlosen Telefonen (→ *CT2*, → *DECT*), z.B. zur Abdeckung von größeren Betriebsgeländen oder Produktionshallen.

WPG

Abk. für WordPerfect Graphic.
Bezeichnung für ein Dateiformat für Grafiken aus dem Hause WordPerfect, das in der gleichnamigen Textverarbeitungssoftware und bei WP Draw verwendet wird. Dabei ist WPG auch die Endung des Dateinamens (*.wpg). Es kann sowohl → *Vektorgrafiken* als auch → *Pixelgrafiken* enthalten.

WQAM

Abk. für Weighted Quadrature Amplitude Modulation.

WRC

Abk. für World Radio Conference.
→ *WARC.*

WRED

Abk. für Weighted Random Early Detection.
Bezeichnung für einen Algorithmus für → *Traffic Policing* aus dem Hause Cisco, der am Eingang von Warteschlangen (Pufferspeichern) im Falle eines drohenden Überlaufs der Warteschlange bestimmte → *IP*-Pakete löscht. Im Gegensatz zu → *RED* wird dabei nicht jeder Datenstrom gleich behandelt, sondern es werden unterschiedliche Datenströme, die zu einer Kommunikationsbeziehung gehören, in Abhängigkeit ihrer geforderten Quality-of-Service (→ *QoS*) unterschiedlich stark betroffen, d.h., in Abhängigkeit der Priorität werden die IP-Pakete gelöscht.

Write Back

→ *Cache.*

WRR

Abk. für Weighted Round Robin.

WS

Abk. für → *Workstation.*

WSF

Abk. für Workstation Function.
Bezeichnet im → *TMN* die Schnittstelle zum Menschen, d.h., wie Informationen an Wartungs- und Betriebspersonal weitergegeben und von diesem empfangen wird.

WSL

Abk. für Wireless Session Layer.
→ *WAP.*

WT

Abk. für Wechselstrom-Telegrafie.

Bezeichnung für das Frequenzmultiplexverfahren (→ *FDM*) im Telexnetz. Manchmal auch Mehrkanal-Datenübertragung mit Frequenzmultiplex (MDF) genannt.

Dabei werden 24 Telexkanäle mit einer Bandbreite von je 40 Hz in einem Fernsprechkanal (Bandbreite 300 Hz bis 3 400 Hz) geführt. Die Mittenfrequenzen liegen dabei jeweils 120 Hz voneinander entfernt.

WTAC

Abk. für World Telecommunications Advisory Council.

Bezeichnung eines Gremiums, das dem Generalsekretariat der → *ITU* zur Seite gestellt ist.

WTDC

Abk. für World Telecommunications Development Conference.

Bezeichnung für eine von der → *ITU* (genauer: ITU-D) alle vier Jahre veranstaltete Konferenz mit dem Ziel, die Entwicklung der Telekommunikationsinfrastruktur in bislang unterentwickelten Gebieten zu fördern.

Die erste WTDC fand 1994 in Buenos Aires statt. Der US-Vizepräsident Al Gore erläuterte seinerzeit seine Vision einer → *GII*. Die zweite WTDC fand 1998 in Malta statt.

→ *http://www.itu.int/wtdc-98/*

WTDM

Abk. für Wavelength Time Division Multiplexing.

→ *WDM*.

WTL

Abk. für Wireless Transport Layer.

→ *WAP*.

WTLS

Abk. für Wireless Transport Layer Security.

→ *WAP*.

WTO

Abk. für World Trade Organisation.

Bezeichnung für die internationale Welthandelsorganisation, deren Ziel es ist, einen freien und ungehinderten Welthandel zu fördern und zu schaffen.

Seine Bedeutung für die Telekommunitation leitet sich von dem am 15. Februar 1997 geschlossenen und am 5. Februar 1998 in Kraft getretenen WTO Basic Telecoms Agreement ab, das Teil des 4. Protokolls des grundsätzlichen Vertrags über freien Handel von Dienstleistungen ist. Dem Basic Telecoms Agreement sind 69 Nationen beigetreten. Dieses Abkommen sichert grundsätzlich die Öffnung der Märkte für die Unterzeichnungsländer zum 1. Januar 1998 zu.

Die beigetretenen Länder deckten über 95% des weltweiten TK-Marktes ab, der zu diesem Zeitpunkt auf rund 650 Mrd. $ jährlich geschätzt wurde und dem ein Wachstum um 50% bis zum Jahr 2000 prognostiziert wurde.

Das Abkommen umfasst zahlreiche Regelungen (auch Ausnahmen) zu Regulierungsfragen, Marktöffnungen für Telekommunikationsdienstleistungen, für Endgeräte, Vermittlungs- und Übertragungstechnik sowie für Schiedsverfahren.

Trotz dieses Abkommens wurden einige Märkte erst zum Jahr 2000 oder werden sogar erst 2010 geöffnet werden.

Von diesem speziellen Vertrag für Telekommunikationsdienstleistungen abgesehen, ist der o.a. grundsätzliche Vertrag der WTO über freien Handel von Gütern und Dienstleistungen (zu denen auch Telekommunikationsdienstleistungen gehören) ebenfalls gültig, der nach Abschluss der sog. Uruguay-Runde 1995 geschlossen wurde.

In Deutschland wurde das Abkommen im Bundesgesetzblatt II 1994, S. 1643 ff., veröffentlicht.

→ *http://www.wto.org/*

WTSC

Abk. für World Telecommunication Standardization Conference.

→ *ITU*

Wurm

Bezeichnung für eine bestimmte Art von → *Virus*. Zentrales Kennzeichen für Würmer ist ihre Verbreitung über das → *LAN*. Die im LAN befindlichen Rechner sind Träger einzelner Würmer, die über das LAN miteinander kommunizieren und auf dem Netz oder auf den einzelnen Rechnern eine hohe Last generieren können, die zum Absturz des kompletten Systems führen kann.

Ihren Namen erhielten sie, weil sie wie die Teile eines Wurmes einzeln lebensfähig sind, aber auch zusammenwirken können.

Der erste Wurm trat im → *PARC* von Xerox auf, als bei einem Experiment in einem LAN mehrere Rechner gemeinsam ein Problem bearbeiten sollten. Eine spezielle Software übernahm dabei die Kontrolle, indem sie ermittelte, welche Rechner gerade aktiv waren und welche nicht. In diesem Fall kopierte sich die Kontrollsoftware selbst auf diesen Rechner, um von dort aus zu kontrollieren. Das Experiment dauerte über Nacht und führte dazu, dass irgendwann alle Rechner nur noch die Kontrollsoftware ausführten und alle anderen Rechner zu kontrollieren versuchten, was zu einem Zusammenbruch des LANs führte.

WUPE

Abk. für Wireless User Premises Equipment.

Bezeichnung für die Geräte eines → *RLL*-Systems, die ein Teilnehmer frei kaufen kann und die dauerhaft in seinen Besitz übergehen. Dies bedeutet auch, dass er sich um Installation, Wartung und Reparatur selber kümmern muss.

Beispiel ist ein schnurloses Telefon als Endgerät.

Wurzel, Wurzelverzeichnis

→ *Root*.

WWANS

Abk. für Wireless Wide Area Network.

Bezeichnung für funkbasierte → *WAN*s.

WWVB

Zeitsender mit Standort in Colorado/USA. Sendet mit 60 kHz.

→ *DCF 77*, → *HBG*, → *JG2AS*, → *M8F*.

WWW

Abk. für World Wide Web.

Auch nur das Web, 3W oder Triple W genannt. Wegen der Überlastung des → *Internet* oft auch scherzhaft mit World Wide Waiting übersetzt.

Bezeichnung für eine leicht zu bedienende Anwendung im Internet, die mittels → *Hyperlinks* den einfachen Zugriff auf u.U. multimediale Informationen entfernter Datenbanken (WWW-Server) ermöglicht, ohne an eine bestimmte genormte Dateistruktur gebunden zu sein. Betrachtet und genutzt (ausdrucken, kopieren) werden die entsprechenden Daten mittels eines → *Browsers* (lokale Frontend-Software), der ggfs. um → *Plug-Ins* ergänzt ist. Es basiert auf dem Client/Server-Prinzip (→ *Server*).

Über eine → *Homepage*, die ein einzelner Anbieter auf einem WWW-Server zur Verfügung stellt, gelangt man zu hierarchisch gesehen darunterliegenden Seiten des Anbieters mit seinen Informationen und über in ihnen enthaltene → *Hyperlinks* zu anderen Informationen, die u.U. auf einem ganz anderen Rechner auf der Welt liegen. Das gesamte hierarchische System aus Homepage und darunterliegenden Seiten inklusive aller Hyperlinks innerhalb dieser Seiten und der nach außen gehenden Hyperlinks wird als → *Site* (oder auch Web-Site) bezeichnet.

Die einzelnen Seiten einer Site können Text, Audiosequenzen, Stand- und Bewegtbilder enthalten. Damit ist das WWW prinzipiell das erste echte multimediale Informationssystem (→ *Multimedia*).

Die Anzahl der WWW-Server hat sich nach Angaben der → *NSFNet* wie folgt entwickelt:

Zeitpunkt	Anzahl WWW-Server
Jahresende 1992	26
Januar 1993	50
Juli 1993	140
Januar 1994	700
Juli 1994	3 000
Januar 1995	12 000
Juni 1995	25 000
Juli 1995	28 000
Januar 1996	100 000
Juli 1996	300 000
Januar 1997	650 000
Juli 1997	1,2 Mio.
Februar 1998	> 2 Mio. (Netcraft Angabe)

Die Zahl wächst weiterhin beträchtlich und hat zum Erfolg des Internets maßgeblich mit beigetragen.

Die statistische Auswertung der Serverzugriffe erfolgt über die Auswertung von → *Hits*.

Die sinnvolle WWW-Nutzung erfordert mindestens ein 14,4-kbit/s-Modem, hängt aber auch extrem von den zu übertragenden Datenmengen einer einzelnen Seite ab. Empfehlenswert sind daher eher 32 kbit/s oder höher.

Einzelne Seiten innerhalb einer Site, die auf den WWW-Servern gespeichert sind, werden über URLs (Universal Resource Locator) angesprochen, die das Format von Internet-Adressen haben und üblicherweise mit dem Kürzel http: (Hypertext Transfer Protocol) anfangen. Das → *HTTP* ist dabei ein spezielles Kommunikationsprotokoll, das mittlerweile für verschiedene Rechner und → *Betriebssysteme* sowohl kommerziell als auch frei verfügbar erhältlich ist.

Die URL-Adresse gibt dabei sowohl das zu benutzende Protokoll (http://, ftp://, gopher://) als auch die Seiten- oder Dateispruktur der gesuchten Ressource an. Im Gegensatz dazu definiert der Uniform Resource Name (URN) nicht, wo die gesuchte Ressouce sich befindet. Dies wird durch einen → *Directory Service* übernommen. Vorteil dieses Verfahrens ist die Möglichkeit, Datenbestände verteilt zu speichern, z.B. auf mehreren, geographisch weit voneinander entfernten Servern. Damit ist ein Zugriff auf die geographisch nächstgelegenen Server möglich. Derartige Methoden erlauben es, den Verkehr im Internet zu verringern.

Oberbegriff für URL und URN ist die Bezeichnung Uniform Resource Identifier (URI).

Zur Erstellung der Hypertext-Dokumente existieren spezielle Autorensysteme, die die Dokumente in einem speziellen Format aufbereiten, indem in den laufenden auf einer WWW-Seite sichtbaren Text später dort unsichtbare Steuerungsbefehle eingebunden werden. Dies ist die Hypertext Markup Language (→ *HTML*), die von → *SGML* abgeleitet worden ist. Aktuell ist Version 3.2.

Ferner ist eine Variante SHTTP (Secure HTTP) im Gespräch, die eine sichere Datenübertragung auf Dokumentenebene mit drei Vertraulichkeitsstufen und Authentifizierung ermöglicht. SHTTP wurde von Enterprise Integrated Technologies Inc. entworfen und mittlerweile von der → *IETF* als Internet-Standard anerkannt. Eine andere Möglichkeit, Verbindungen zu sichern, ist → *SSL*.

Der maßgebliche Browserstandard war zunächst der von der NCSA (National Center for Supercomputing Applications) bis November 1993 entwickelte Standard Mosaic, der zunächst in → *X/Windows* programmiert vorlag und später auf den PC portiert wurde. Mosaic wurde maßgeblich von Marc Andreesen und Eric Bina entwickelt. Nach kostenloser Verbreitung von Mosaic über das WWW selbst nahm Ende 1993 die Entwicklung des WWW an Geschwindigkeit zu.

Daneben existiert der Navigator aus dem Hause Netscape, der im Herbst 1994 zunächst als ‚Mozilla' (von Mosaic Killer) auf den Markt kam. Marc Andreesen sowie andere NCSA-Abtrünnige (auch Eric Bina) entwickelten mit einer 5-Mio.-$-Unterstützung von Silicon Graphics-Gründer (→ *SGI*) James Clark den Netscape-Browser in der am 4. April 1994 neugegründeten Mosaic Corp., die später in Netscape Communications Corporation umbenannt wurde. Der ‚Communicator' genannte Browser wurde am 12. September 1994 der Öffentlichkeit vorgestellt.

Vom Erfolg des Internets völlig überrascht, startete auch Micorosoft eine Produktentwicklung auf dem Gebiet der Browser. Ab 8. Oktober 1994 arbeitete ein Team von sieben Programmierern am Internet Explorer (Microsoft Internet Explorer, MSIE, oder auch nur kurz IE). Um den Vorsprung von Netscape aufzuholen, kaufte man per Lizenz Technologie ein, so z.B. von Spyglass.

Der Netscape-Browser gewann jedoch in den Folgejahren massiv an Bedeutung und gilt heute neben dem Explorer als Standard.

Daneben existieren mittlerweile eine ganze Reihe weiterer Browser mit allerdings wesentlich geringerer Bedeutung. Aufgabe der → *Browser* ist das Laden der angeforderten Daten, das Darstellen derselben auf dem Bildschirm und die Schaffung des Zugangs durch eine leicht zu bedienende Benutzeroberfläche mit Mausbedienung.

Insbesondere die letzte Aufgabe sorgte für den Erfolg des WWW und des Internet in den letzten Jahren.

Entwickelt wurde das WWW ursprünglich 1990 in Genf auf eine Initiative von Physikern am Kernforschungszentrum CERN als weltweite, interaktive, verteilte Datenbank über Hochenergiephysik.

Die erste Version wurde vom britischen Spezialisten für Quantenphysik Tim Berners-Lee geschrieben (Miterfinder war seinerzeit auch Robert Cailliau), wobei multimediale Informationen zunächst keine Rolle spielten, sondern es um das Zugänglichmachen verschiedenformatiger Informationen aus verschiedenen und geographisch verteilten Quellen auf unterschiedlicher technischer Basis ging. Er setzte sich bereits 1989 zum Ziel, dafür ein Programm unter Nutzung von Hyperlinks zu entwickeln. Dieses Projekte benannte er „WorldWideWeb". Er griff dabei auf ein von ihm bereits 1980 entwickeltes Programm zur Datenspeicherung zurück, das er „Enquire" nannte. Die erste Version des WWW war im Dezember 1990 auf einer → *Workstation* unter dem → *Betriebssystem* → *Next* lauffähig und wurde im CERN installiert. Verwendet wurde dabei ein von Nicola Pellow entwickelte, zeilenorientierter ‚Browser' zum Darstellen der Informationen.

Im Sommer 1991 wurde das System erstmals im Usenet des Internet bekannt gemacht.

Der erste echte Browser wurde 1992 vom CERN entwickelt. Zu dieser Zeit publizierte Tim Berners-Lee auch einen Artikel „World-Wide-Web: The Information Universe" in der ‚Electrical Networking' Nr. 2 des Jahrgangs 1992.

Zum Jahresende 1992 gab es bereits 26 WWW-Server weltweit, alle in Forschungseinrichtungen der Hochernergiephysik.

Der erste Macintosh-Browser folgte 1993, ebenfalls vom CERN. Erster kommerzieller Browser wurde dann im November 1993 von der → *NSCA* entwickelt.

Die weltweite Verbreitung erfolgte ab 1994, als einfach zu bedienende Browser populär wurden und eine weitverbreitete Nutzung auch durch Nicht-Techniker ermöglichten. Berners-Lee ging im gleichen Jahr zum → *W3C*.

Die Nutzung des WWW stieg 1994 um 342 000%. Das monatliches Wachstum liegt seither bei 10 bis 30%. 1995 wurde die Weiterentwicklung der → *INRIA* übergeben. Ab 1995 beeinflusst → *Java* die Entwicklung des WWW entscheidend. Gleichzeitig wurde es als Medium für → *E-Business* entdeckt.

→ *Gopher*.

→ *http://www.webreference.com/*

WYSIWIS

Abk. für What You See Is What I See.

Ein von → *WYSIWYG* abgeleiteter Begriff, der bei Videokonferenz- und Joint-Editing-Systemen ausdrückt, dass beide Partner der Verbindung auf dem Bildschirm ihres Rechners (PC) jeweils genau das gleiche sehen, d.h., bearbeitet ein Teilnehmer der Videokonferenz z.B. ein Dokument oder eine Zeichnung, macht sich diese Änderung auch gleich auf dem Bildschirm beim anderen Verbindungsteilnehmer bemerkbar.

WYSIWYG, WYSIWYG MOL

Abk. für What You See Is What You Get.

Bezeichnung bei → *DTP*, Textverarbeitungs- und Grafikprogrammen für die Tatsache, dass das, was man auf dem Bildschirm sieht, tatsächlich auch so aus dem Drucker kommt.

Da dies nicht immer so ganz von den Software- und/oder Druckerherstellern eingehalten wird, erhält der Begriff die zusätzliche Endung MOL für More or Less – mehr oder weniger.

Der Begriff wurde zum ersten Mal in den 60er Jahren in einer US-Fernsehshow in einem Sketch benutzt, in dem eine heiratswillige Dame die Frage eines potenziellen Ehekandidaten, was er denn zu erwarten hätte, mit diesem Kürzel beantwortete.

Als erstes WYSIWYG-Programm gilt Bravo, das von Charles Simonyi im Jahr 1974 im Hause Rank Xerox geschrieben wurde.

X2

Bezeichnung für einen proprietären Standard aus dem Hause US Robotics, gemeinsam entwickelt mit → *Lucent Technologies*, für ein → *Modem*, das mit einer Übertragungsleistung von 56 kbit/s Daten empfangen und mit 33,6 kbit/s senden kann.

Er wurde im Oktober 1996 vorgestellt.

Es handelte sich um einen von zwei konkurrierenden Standards. Der andere war die kurze Zeit später vorgestellte → *Rockwell Technology*.

Beide wurden abgelöst durch → *V.90*, der entscheidend durch X2 beeinflusst wurde.

X.3

Ein Standard der → *ITU*, der die Funktionsweise eines → *PAD* beschreibt. Definiert 1977.

X3D

→ *VRML*.

X 10, X 10 Powerhouse

Bezeichnung für einen Satz von Kommandos zur Fernsteuerung von elektrischer Beleuchtung aus dem Hause X-10 Incorporation über die vorhandene Inhouse-Verkabelung zur Spannungsversorgung. Auf dem Markt seit ca. 1978.

Das System besteht aus in Elektronikgeschäften zu kaufenden kleineren Geräten (ab ca. 9,95 $), die von jedermann erworben und in herkömmliche (nordamerikanische) Steckdosen gesteckt werden können. Das Gerät selbst hat auch eine Steckdose, in die der Stecker des zu steuernden Gerätes gesteckt werden kann. Das Gerät verfügt über zwei Rädchen mit 16 Stellungen, mit denen eine Adresse eingestellt werden kann. Über einen speziellen Kontrollstecker (ab ca. 14,95 $), an den auch ein PC mit einem Steuerungsprogramm angeschlossen werden kann, können von dort (Sender) über die in dem Haus vorhandene Kabelinfrastruktur zur Spannungsversorgung Steuersignale zu den angeschlossenen Geräten (Empfänger) geschickt werden. Die Fähigkeiten der einzelnen Module können variieren und bestimmen deren Preis. Üblicherweise werden Daten nur unidirektional vom Kontrollmodul zu den angeschlossenen Geräten übertragen, doch können einige auch Daten in umgekehrter Richtung übertragen (z.B. zur Übertragung einer gemessenen Raumtemperatur). Sie tun dies jedoch nicht aktiv, sondern werden vom Kontrollmodul gepollt (→ *Polling*).

Die Kommandos wie z.B. ON, OFF, DIM etc. werden dabei als elektrische Signale über das Niederspannungsversorgungsnetz (110 V bzw. 230 V) innerhalb eines Gebäudes übertragen. Dabei werden die Daten in Form sogenannter Envelopes (1 ms lang) übertragen. Eine logische 1 wird dabei durch einen Impuls von 120 kHz dargestellt, eine logische 0 durch die Abwesenheit dieses Signals.

Die Datenübertragung erfolgt nahe des Nulldurchgangs der mit 60 Hz alternierenden Versorgungsspannung in einem Zeitfenster von 200 μs.

X 10 gilt als nicht sonderlich verbreitet, da es einige Schwächen hat und mittlerweile andere Systeme existieren. Ferner wurde der Standard nie vollständig offengelegt, sondern nur Teile von ihm (Spezifikation der Kommandos und unmittelbar zur sendenden Datenübertragung notwendigen Hardwarebausteine). Die Spezifikationen für Empfangselektronik und die gesamte Kontrolllogik wurden nicht veröffentlicht, so dass man auf vorgefertigte Bausteine aus dem Hause X 10 angewiesen ist.

Andere konkurrierende Technologien sind der → *CEbus*, → *EIB*, → *HomePNA* und → *LON*.

→ *Powerline-Communications*.

→ *http://www.hometeam.com/*

X11

→ *X/Windows*.

X.20

Ein Standard der → *ITU*. Schnittstelle zwischen Datenendeinrichtung und Datenübertragungseinrichtung für die asynchrone digitale Datenübertragung über öffentliche Datennetze.

In Deutschland genormt vom → *DIN* als DIN 66244 im Teil 1.

X.21

Allgemeine Schnittstellendefinition der → *ITU* (noch definiert von ihrer Vorgängerorganisation → *CCITT*), die 1976 ausgereift und benutzbar war (in Arbeit seit ca. 1969; 1972 schon einmal von der CCITT-Vollversammlung angenommen). Weitere Verbesserung 1980. Betrifft die Schnittstelle zwischen Endgerät (→ *DEE*) und Übertragungseinrichtung (→ *DÜE*) für synchrone Übertragung in einem öffentlichen digitalen Netz mit Leitungs- und Paketvermittlung sowie über Festverbindungen.

X.21 betrifft größtenteils die Schicht 1 im → *OSI-Referenzmodell*, obwohl auch Komponenten der Schichten 2 und 3 definiert sind. Dies resultiert aus dem seinerzeit noch nicht vollständig definierten OSI-Referenzmodell.

Die mechanische Schnittstelle ist ein 15poliger Stecker, von dem aber nicht alle, sondern nur acht Kontakte genutzt werden. X.21 ist Teil von → *X.25* und definiert diese acht Verbindungsleitungen (plus eine optionale Taktleitung) an der Schnittstelle. Die Funktionen der Leitungen sind in der Empfehlung X.24 definiert. Dabei werden die Nutzdaten über zwei Leitungen (R/Receive und T/Transmit) übertragen. Ferner stehen zwei Leitungen für die Verbindungssteuerung (I/Indicate und C/Control) sowie diverse Erdungsleitungen zum Potentialausgleich zur Verfügung.

Die elektrischen Eigenschaften sind in X.27 definiert. Es bestehen viele Ähnlichkeiten zwischen X.21 und → *V.24*.

X.21 nutzt zeichenorientierte Verbindungssteuerung und verwendet dafür Elemente des → *SS#5* nach der Empfehlung V.2.

In Deutschland ist X.21 z.B. die Schnittstelle auf Schicht 1 zum → *Datex-P*- und → *Datex-L*-Netz der Deutschen Telekom.

X.21bis

Standard der → *ITU*. Eine Version von → *X.21*, mit der vorhandene synchrone Endeinrichtungen mit V-Schnittstellen (→ *Modems*) an digitale Datennetze angeschlossen werden können.

In Deutschland genormt vom → *DIN* als DIN 66021 im Teil 5.

X.24

→ *X.21*.

X.25

Eine sehr wichtige Definition der → *ITU* für die Schnittstelle zwischen der Endeinrichtung und einem digitalen, paketvermittelnden Netz (→ *Paketvermittlung*), d.h., der Standard sagt nichts darüber aus, wie das hinter dem Netzabschluss stehende Netz arbeitet, sondern nur etwas über die Form der Daten, die in dieses Netz gelangen. Dennoch wird einfach auch von ganzen X.25-Netzen gesprochen.

Die Netze bzw. die Geräte verschiedener Hersteller, aus denen sie bestehen, sind daher nicht notwendigerweise alle zueinander kompatibel, da der Standard selbst sich auch weiterentwickelte.

Der korrespondierende Standard daher zur Verbindung mehrerer nationaler X.25-Netze oder Netze mehrerer Betreiber ist → *X.75*.

X.25-Netze dienen der zuverlässigen Datenübertragung (Dateien etc.) und sind ungeeignet für die Übertragung zeitsensitiver Daten (→ *Echtzeit*) wie z.B. Sprache oder Videodaten.

X.25 umfasst die Schichten 1 bis 3 des → *OSI-Referenzmodells*. Standardübertragungsrate von 300 bit/s bis 64 kbit/s oder auch, seit einer Änderung des Standards 1992, bis 2 Mbit/s. Theoretisch kann die Datenrate der Anschlüsse aber auch noch weiter gesteigert werden bis auf 10 Mbit/s. In der Praxis kommen heute Anschlussraten von 9,6 kbit/s bis 64 kbit/s vor.

Die realisierbare Nettodatenrate hängt sehr von der Übertragungsqualität ab. Bei z.B. 2-Mbit/s-Anschlüssen beträgt die Nettodatenrate zwischen 1,4 und 1,5 Mbit/s, je nach Leitungsqualität.

Mit User Access Line (UAL) wird die Anschlussleitung zwischen dem angeschlossenen Rechner (DTE, Data Terminal Equipment) und dem Netz bezeichnet.

Auf Schicht 1 ist → *X.21* Teil von X.25. Es werden aber auch die Protokolle → *V.35* und → *RS 232* C unterstützt.

Auf Schicht 2 (auch Link-Level genannt) ist das → *HDLC*- und von ihm abgeleitete → *LAP-B*-Protokoll definiert. Fehlerhafte Pakete werden in den Netzknoten erkannt und sofort beim vorangegangenen Knoten erneut angefordert.

Auf Schicht 3 können bis zu 16 logische Kanalgruppennummern und 256 logische Kanalnummern (Logic Channel Numbers, LCN) vergeben werden, so dass insgesamt 4 096 logische Kanäle unterstützt werden. Ein Paket ist maximal 128 Byte lang. Das entsprechende Protokoll wird mit Packet Level Protocol (PLP) bezeichnet. Es wird verbindungsorientiert übertragen, d.h., die abgesendeten Pakete nehmen alle den gleichen Weg durch das Netz und kommen in der korrekten Reihenfolge beim Empfänger an.

Typische Anwendung: Reservierungssysteme von Fluggesellschaften etc., die über Zugänge nach X.25 und über ein paketvermittelndes Netz mit Reisebüros verbunden sind, oder auch (moderne) Geldautomaten, obwohl bei diesen der Trend zu → *ISDN* geht.

X.25 entstand, historisch betrachtet, aus Überlegungen Ende der 60er Jahre (das Konzept der Paketvermittlung wurde 1967 erstmals in der Literatur erwähnt), über schlechte bis sehr schlechte analoge Leitungen digitale Daten in Form

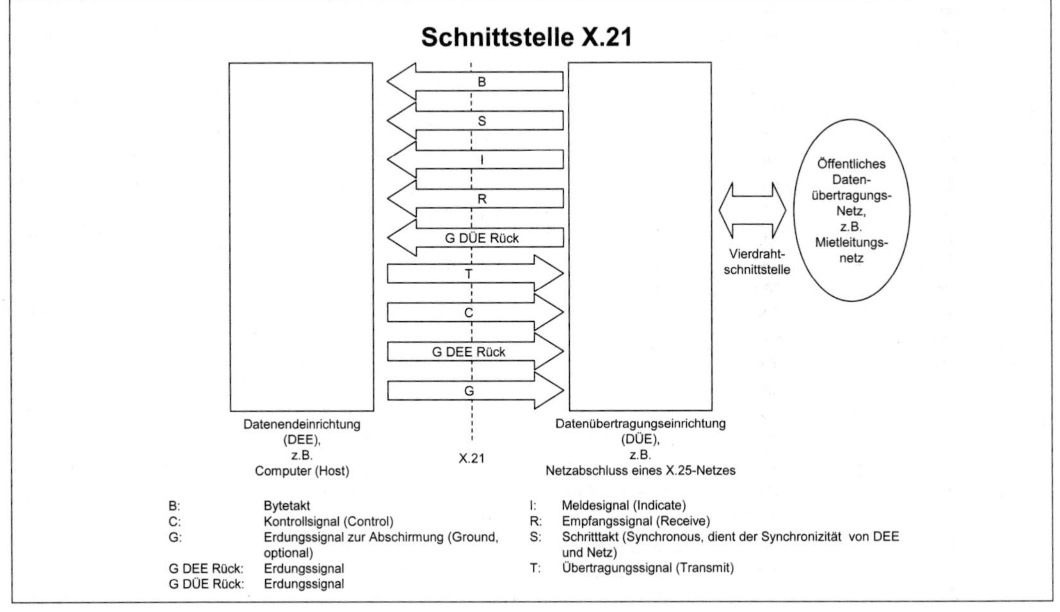

von Paketen zu übertragen, wobei den Endgeräten, die damals zumeist unintelligente Terminals mit nur sehr wenig eigener Prozessorleistung waren, möglichst viel Fehlerkorrektur abzunehmen war. Dies führte zu einem komplexen Protokoll mit hoher Datensicherheit, allerdings auch hohem Overhead.

Erste Standards der ITU gab es im Oktober 1976, einen stabilen Standard ab 1980. Weitere Ergänzungen folgten 1984, 1988 und 1992.

Das entsprechende Produkt der Deutschen Telekom war lange Zeit → *Datex-P*.

Der technische Fortschritt schlägt sich in der Form von → *Frame Relay* nieder, einer speziellen Weiterentwicklung von X.25. Seit Mitte 1998 ist X.25 hinsichtlich seiner Verbreitung durch Frame Relay überholt worden. X.25-Anschlüsse zu entsprechenden Netzen sind trotzdem heute in der Wirtschaft noch sehr weit verbreitet und waren lange Zeit der klassische Anschluss für Datenverkehr. Anwendungen sind z.B.:

- → *EDI*
- Rechenzentrums-Backup
- Anbindung von entfernten Terminals an Hosts (Geldautomaten)
- Datentransfer aller Art

Netze mit X.25-Schnittstellen gibt es weltweit. Der weltweit gültige → *Nummerierungsplan* ergibt sich aus → *X.121*.

X.27

→ *X.21*.

X.28

Ein Standard der → *ITU* für die asynchrone Kommunikation zwischen einer zeichenorientierten Datenendeinrichtung (Terminal) und einem → *PAD* zum Weitertransport in ein Netz nach → *X.25*.

X.29

Ein Standard der → *ITU* für einen einfachen Paketassemblierer-Disassemblierer (→ *PAD*) und das dazugehörige Übertragungsprotokoll. Wird z.B. bei manchen → *T-Online*-Systemen eingesetzt.

X.31

Standard der → *ITU* für den Zugang zu einem paketvermittelnden Netz nach → *X.25* über das leitungsvermittelnde → *ISDN*. Es passt die S_0-Schnittstelle des ISDN an die → *X.25*-Schnittstelle an und stellt Endgeräten, die über das leitungsvermittelnde ISDN an ein paketvermittelndes X.25-Netz angeschlossen sind, eine X.25-Schnittstelle zur Verfügung. X.31 arbeitet auf der Schicht 3 im → *OSI-Referenzmodell*.

Vorteil dadurch ist, dass vorhandene X.25-Endgeräte bei einem Wechsel des X.25-Netzbetreibers zu einem Betreiber ohne lokales X.25-Netz die bisherigen Endgeräte behalten können und mit ihnen sich über das ISDN ins X.25-Netz einwählen können. Dafür sind spezielle Adapter notwendig, die beim Nutzer zwischen die S_0-Schnittstelle und das X.25-Endgerät geschaltet werden.

Dabei kann unterschieden werden, ob die Daten über den B-Kanal oder den D-Kanal der S_0-Schnittstelle übertragen werden sollen.

Die Unterscheidung der Daten im D-Kanal erfolgt auf der Schicht 2 des OSI-Referenzmodells im D-Kanal-Protokollstapel anhand eines Service Access Point Identifiers (SAPI), der anzeigt, ob es sich bei den im D-Kanal übertragenen Daten um X.25-Nutzdaten (SAPI = 16) oder normale Signalisierungsdaten der S_0-Schnittstelle (SAPI = 0) handelt, die

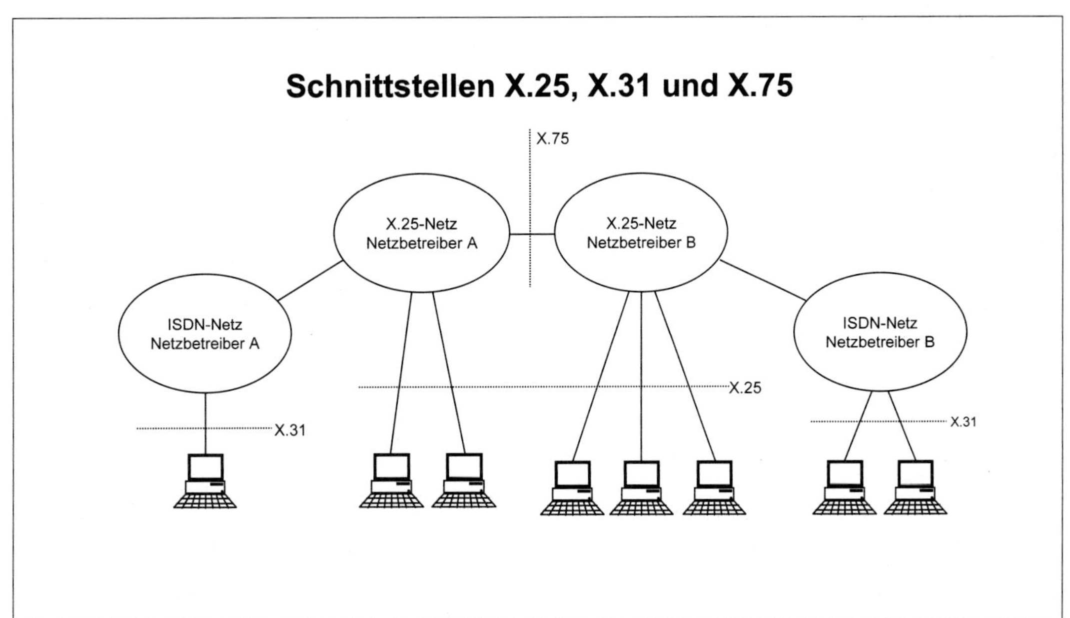

im Zweifelsfall eine höhere Priorität bei der Datenübertragung erhalten.

Die Datenübertragung im D-Kanal wird oft auch mit → *Packet Mode Bearer Service* bezeichnet.

X.32

Standard der → *ITU* über das Protokoll zwischen einer paketorientierten Datenendeinrichtung, die über ein leitungsvermittelndes Netz auf ein Paketnetz, z.B. → *X.25*, zugreift. Oft wird auch von X.32 Dial-in oder Dial-out gesprochen.

X.75

Schnittstellendefinition der → *ITU*, der hauptsächlich für die Schnittstelle zwischen einzelnen (nationalen) digitalen, paketvermittelnden Netzen oder für die Schnittstelle zwischen Netzknoten paketvermittelnder Netze, z.B. nach → *X.25*, genutzt wird. Betrifft die Signalisierung und basiert auf 64 kbit/s.

X.75 wurde von dem Standard ISO 3309 der → *ISO* abgeleitet und basiert auf dem Datenformat, das in → *V.110* definiert wurde.

x86

Sammelbezeichnung für eine Familie von → *Mikroprozessoren* aus dem Hause → *Intel*.

→ *Intel 8086*, → *Intel 80286*, → *Intel 80386*, → *Intel 80486*, → *Intel Pentium*.

X.121

Ein Standard der → *ITU*, der einen → *Nummerierungsplan* für öffentliche, digitale Datennetze definiert.

Dabei wird von einer numerischen Adresse, bestehend aus den Ziffern 0, 1, 2 bis 9 ausgegangen. Der Aufbau der max. vierzehnstelligen Nummer (genannt IDN, International Data Number) ist wie folgt:

- Drei- oder vierstellige Netzkennzahl (DNIC, Data Network Identification Code), bestehend aus:
  - Zwei- oder dreistellige Landeskennzahl (DCC, Data Country Code), wobei die erste Ziffer einen Wert von 2 bis 7 annehmen kann.
  - Einstellige Kennzahl eines Netzes oder Dienstes in einem Land, wobei die Kennzahl alle Werte von 0 bis 9 annehmen kann. Jedes Land kann diese Ziffer frei den jeweiligen Netzbetreibern zuordnen, muss sie jedoch der ITU melden.
- Zehn oder elfstellige Anschlussnummer (NTN, National Terminal Number).

Da der Standard in Zeiten der Monopolmärkte entwickelt wurde, wurde keine Rücksicht auf eine wachsende Anzahl von Netzen (mehr als 10 Netze/Land) in einem Land genommen, so dass es mittlerweile Länder gibt, denen mehr als ein DCC zugewiesen ist.

Die DCCs für einige Länder in Europa sind:

DCC	Land
202	Griechenland
204 bis 205	Niederlande
206	Belgien
208 bis 209	Frankreich
212	Monaco
214	Spanien
216	Ungarn
220	Jugoslawien
222	Italien
226	Rumänien
228	Schweiz
230	Tschechische Republik und Slowakei)
232	Österreich
234 bis 237	GB
238	Dänemark
260	Polen
262 bis 265	Deutschland

X.200

→ *OSI-Referenzmodell*.

X.212

Ein Standard der → *ITU*, der einen → *Nummerierungsplan* für Datennetze definiert.

X.400

Ein Standard der → *ITU* und → *ISO* (dort ISO 10021) für → *E-Mail* (auch Message Handling Service genannt, → *MHS*). Der Standard deckt die Schichten 5 bis 7 des → *OSI-Referenzmodells* ab.

Wegen seines großen Umfangs scherzhaft auch „Standard der 400 Standards" genannt. Entscheidend sind X.401, 402, 408, 410, 411, 420 und 430.

Wegen des großen Umfangs der Funktionalität gilt eine Implementierung als schwierig, aufwendig und teuer.

Definiert wird ein Verbindungsmodell für weltweite Netze zum Austausch von Nachrichten nach dem → *Store-and-Forward*-Prinzip. Es existieren im Standard viele Übergänge zu anderen Netzen wie z.B. zu → *Telex*, → *Fax*, zum → *Internet* oder zu anderen kommerziellen → *Online-Diensten*. Welche Gateways realisiert sind, hängt vom jeweiligen Service-Provider ab.

X.400 definiert ein bestimmtes Architekturschema. User Agents (UA) erzeugen dabei die E-Mails in bestimmten Formen und erlauben den Nutzern den eigentlichen Zugang zum X.400-System. Die UAs sind an Message Transfer Agents (MTA) angeschlossen. Sie transportieren die Nachrichten über andere MTAs zum MTA des Empfängers.

Jedem MTA zugeordnet ist ein Message Storage (MS), in dem die Nachrichten temporär abgelegt werden. Vom MS des MTAs beim Empfänger werden die empfangenen Nachrichten abgerufen. Der Empfänger kann im MS seines MTAs seine persönlichen Nachrichten verwalten (speichern, weitersenden, ordnen etc.). Alle MTAs zusammen bilden das Message Transfer System (MTS).

Gateways zu anderen Transportsystemen werden in X.400-Systemen als Access Units (AU) bezeichnet.

Eine Sonderform der AUs sind PDAUs (Physical Delivery Access Units), bei denen eine Nachricht ausgedruckt und als Hardcopy ausgetragen wird.

Das MTS zusammen mit den AUs, den MS und den UAs ergibt das Message Handling System (MHS).

Bei den Domains wird zwischen Administration Management Domains (ADMD) und Private Management Domains (PRMD) unterschieden. ADMD existiert jeweils eine pro Land, die in der Regel vom ehemaligen nationalen Carrier betrieben wird, in Deutschland z.B. von der Deutschen Telekom. Darunter befinden sich die PRMD von kommerziellen X.400-Dienstanbietern.

X.400 hat mehrere Sicherheitsmerkmale, wie z.B. eine Passwortgeschützte Mailbox mit Verbindungsabbruch bei falschem Passwort oder die garantierte Übertragung von Nachrichten innerhalb des X.400-Systems.

Zugangsnetze können → *ISDN*, analoge Zugänge über → *Modems* oder → *X.25* sein. Mittlerweile können auch Zugänge über Mobilfunknetze (→ *GSM*, → *Modacom*, → *Mobitex*) genutzt werden.

X.400 wird hauptsächlich in der Wirtschaft eingesetzt (im Gegensatz zum Internet, das im akademisch-wissenschaftlichen Bereich verbreitet ist), wo Banken und Versicherungen zunächst die größten Anwender waren. Seit dem Aufschwung des Internet und der → *Groupware* haben es X.400-Systeme jedoch erheblich schwerer, sich zu behaupten.

Grundsätzlich gibt es zwei Möglichkeiten der Nutzung von X.400 durch Anwender. Service-Provider bieten den Zugang zu einem MTA an, üblicherweise über ein P7-Interface, über das alle Dienste zur Verfügung gestellt werden. Benötigt wird lediglich ein X.400-Client. Zweite Möglichkeit ist das Aufstellen eines hausinternen MTAs und Zugang zu einem Service-Provider über ein P1-Interface. Vorteil dieser insbesondere von größeren Unternehmen genutzten Varianten ist die flexible Konfigurierbarkeit des Systems, das sich dann auch ohne Mehrkosten für den hausinternen E-Mail-Versand einsetzen lässt.

Die Betreiber von ADMD verlangen oft Tests zur Konformität der Client-Software mit der eigenen Server-Software. Hersteller von X.400-Software verfügen über Protocol Implementation Conformance Statements (PICS), die die Konformität der betreffenden Software zu den verschiedenen X.400-Standards dokumentieren.

P1 und P7 definieren Befehlssätze zur Verwaltung von E-Mails (Adressverzeichnisse, Mailinglisten, Standardmails, E-Mails erzeugen, abrufen, versenden, weiterleiten etc.).

X.400-Adressen definieren verschiedene Teile einer Adresse, die bestimmten Hierarchieebenen des weltweiten X.400-Systems zugeordnet sind und für die Angaben gemacht werden müssen:

Kürzel	Engl. Entsprechung	Bedeutung
C	Country	Land
P	Private Domain	Private Domäne
A	Administration Domain	Obere Verwaltungsdomäne
S	Surname	Nachname des Nutzers
O	Organization	Unternehmensname
OU	Organizational Unit	Abteilung, Bereich

Ein Beispiel für einen großen X.400-Anwender ist der kommerzielle Online-Dienst CompuServe, der sein E-Mail-System auf X.400 gründet.

Die erste Version von X.400 wurde 1984 verabschiedet und enthielt die grundlegenden Konzepte, jedoch auch einige Schwachstellen. Größere Erweiterungen erfolgten daher 1988 (insbesondere Gateways zu anderen Diensten) und erneut 1992 (insbesondere Erweiterung um ein → *EDI*-Format in X.435 und um → *Voicemail*), weswegen den Software-Versionen für X.400-Systemen oft eine Jahreszahl voran- oder hintenangestellt wird, z.B. X.400/84.

Eine Organisation, die sich um die Weiterentwicklung von X.400 kümmert ist die → *XAPIA*.

In Deutschland hat die damalige Deutsche Bundespost einen X.400-Dienst unter dem Produktnamen „Telebox" ab 1986 angeboten.

X.500

Ein Standard der → *ITU* für die Darstellung, Speicherung und den Zugriff auf hierarchisch in Verzeichnissen gespeicherte Informationen. Auch → *Verzeichnisdienst* oder international Directory-Service genannt. Ermöglicht verteilte Datenbanken.

Die Informationen können dabei sehr unterschiedlich sein. Allgemein wird davon gesprochen, dass es sich um Informationen über Objekte handelt, wobei diese Objekte – je nach Anwendungsfall – verschieden sein können.

Die Grundstruktur von X.500 ist hierarchisch. Elemente der grundsätzlichen Architektur sind der globale Directory Information Tree (DIT), der die logische Struktur der gespeicherten Informationen beschreibt, Directory System Agents (DSA) und Directory User Agents (DUA). Die Verbindung vom DUA zum DSA wird mit dem Directory Access Protocol (DAP) hergestellt, um einen Nutzer der verteilten Datenbank mit ihr zu verbinden und ihm die Nutzung der X.500-Dienste zu ermöglichen. Alle Informationen, die einen X.500-Service ermöglichen, sind in einer Directory Information Base (DIB) gespeichert.

Die Standardisierung von X.500 begann Mitte der 80er Jahre. Erste Standards dann definiert 1988.

X.700

Standard der → *ITU* für ein Agent-Manager Framework.

Xanadu

Generell in der Literatur die Bezeichnung für einen mystischen, paradiesischen und unerreichbaren Ort.

1. → *Hypertext.*
2. Bezeichnung für das vollelektronische und vollvernetzte private Anwesen William (‚Bill') Henry III. Gates (* 1956), dem Mitbegründer von → *Microsoft.*
3. In dem Filmgeschichte schreibenden Film ‚Citizen Kane' (USA 1941, Regie: Orson Welles, ein Oscar) der private Sitz des Medienmoguls Charles Foster Kane. Es handelte sich dabei um ein fantasievolles, schlossähnliches und abgeschirmtes Anwesen, das (wie der gesamte Film) eine Anspielung auf den realen amerikanischen Medientycoon William Randolph Hearst (* 29. April 1863, † 14. August 1951) ist, der sich seinerzeit für rund 30 Mio. $ einen ähnlichen Bau (‚Hearst Castle') mit 165 Zimmern in einem 100 000 Hektar großen Park in der Nähe von San Simeon an der Westküste der USA bauen ließ und von dort aus seinen Konzern dirigierte.
4. Titel eines mäßigen Pop-Hits in den späten 70er Jahren, gesungen von der wellenhaft blondbemähnten Disco-Queen Olivia Newton John.

XAPIA

Abk. für X.400 Application Programming Interface Association.

Bezeichnung für eine Vereinigung, deren Ziel in der Weiterentwicklung der → *X.400*-Standards und dessen Förderung liegt. Darüber hinaus fördert sie eine → *API*, genannt Common Mail Calls (CMC).

XB

Abk. für → *Crossbar-Switch.*

X-Band

Bezeichnung eines Frequenzbandes von 6,2 GHz bis 10,9 GHz. Der Bereich von 7 bis 8,5 GHz wird als Xc-Band bezeichnet. Oft gemeint sind spezielle Frequenzen für Satellitenfunk zwischen 7 und 9 GHz. Genutzt für militärische und staatliche Satelliten. Uplink: 7,925 bis 8,425 GHz; Downlink: 7,250 bis 7,750 GHz.

Die Nachbarbereiche des X-Bandes sind das → *C-Band* und das → *K-Band.*

XBM

Abk. für X-Bitmap.

Bezeichnung für ein Datenformat und die entsprechende Dateiendung für die Speicherung von gerasterten, schwarzweißen Bildern, die als Bitmap unter dem → *Betriebssystem* → *Unix* gespeichert werden.

Xc-Band

→ *X-Band.*

XDCS

Abk. für X/Open Distributed Computed Services. Bezeichnung des Modells der → *X/Open* für verteilte Systeme.

XDM

Abk. für Extended Data Management.

→ *IN.*

XDR

Abk. für External Data Representation.

Bezeichnung eines proprietären Standards für die plattformunabhängige Beschreibung von Datenstrukturen aus dem Hause Sun. Dieses Verfahren wird beim → *NFS* zum Datenaustausch zwischen unterschiedlichen Hardwareplattformen genutzt und ist ähnlich → *ASN.1.*

xDSL

Abk. für x Digital Subscriber Line.

Generischer Oberbegriff für zahlreiche standardisierte und proprietäre Technologien und insbesondere deren Konfigurationen zur digitalen Nutzung der verdrillten Kupferdoppelader (→ *Zweidrahtleitung*) im Teilnehmeranschlussbereich zwischen der Teilnehmervermittlungsstelle und dem angeschlossenen Teilnehmer.

In Abhängigkeit der jeweiligen Konfiguration wird dabei der Buchstabe x in der Abkürzung durch einen anderen ersetzt.

Von den vielen Technologien und Konfigurationen haben gegenwärtig prinzipiell nur → *ADSL*, → *HDSL* und dann mit Abstand auch → *VDSL* an Bedeutung gewonnen, wobei streng genommen auch der bekannte → *ISDN*-Anschluss zur xDSL-Familie zählen muss und daher als → *IDSL* klassifiziert werden kann.

Verschiedene Zwischentechnologien und Standardisierungsvorschläge einzelner Unternehmen, die auch die Endung ‚DSL' vorwiesen, sind hingegen mittlerweile wieder verschwunden.

In einem ersten Schritt kann zwischen uni- und bidirektionaler DSL differenziert werden. Bei → *UDSL* (Unidirektionale DSL) erfolgt der Datenstrom nur in eine Richtung zum Teilnehmer hin (Downstream).

Die bidirektionalen Konfigurationen wird die Richtungstrennung entweder durch Frequenzmultiplexverfahren oder durch Echokompensationsverfahren erreicht. Diese Klasse der xDSL-Verfahren unterteilt sich in symmetrische und asymmetrische Technologien. Bei symmetrischen Technologien sind die Datenraten im Up- und Downstream gleich, wohingegen sie bei asymmetrischen Verfahren unterschiedlich sind (breitbandiger Downstream und schmalbandiger Upstream).

Die symmetrischen Verfahren können schließlich nach der Zahl der Adernpaare weiter differenziert werden. Die HDSL-Technik kann sowohl für ein- als auch für mehrere Adernpaare (zwei oder drei) angewendet werden. Ansonsten werden über ein Adernpaar noch → *SDSL* (Symmetrical DSL), ISDL (ISDN DSL), RADSL (Rate Adaptive DSL) und MDSL (Multi Bit Rate DSL) genutzt.

Bei den asymmetrischen Verfahren unterscheidet man zwischen ADSL (asymmetric DSL), RADSL (Rate Adaptive DSL) und VDSL (Very High Bitrate DSL).

→ *http://www.xdsl.com/*

→ *http://www.dsldigest.com/*

→ *http://www.opendsl.org/*

→ *http://www.dslforum.org/*

X-Empfehlungen

Serie von Empfehlungen der → *ITU* (auch X-Serie genannt) für die Datenübertragung über digitale Datennetze. Dazu gehören z.B. → *X.25*, → *X.400* und → *X.500*.

Xenix

Bezeichnung eines Derivates des → *Betriebssystems* → *Unix* aus dem Hause Microsoft.

Xeon

→ *Intel Pentium*.

xfr

Selten verwendete Abkürzung in englischsprachigen Texten für das Wort ‚transfer'.

XGA

Standard aus dem Hause IBM für die → *Grafikkarte*, wie sie im PC eingesetzt wird. Vorgestellt 1991. Es basiert auf → *VGA* und fügt eine Auflösung von 1024 * 768 Punkten mit 256 Farben im Zeilensprungverfahren (→ *Interlaced*) hinzu.

Die 1992 veröffentlichte Version XGA-2 verzichtete auf das Zeilensprungverfahren.

XGA konnte sich nicht besonders weit verbreiten.

XIE

Abk. für X Image Extension.

Bezeichnung für eine Menge von → *Utilities* für die grafische Benutzerschnittstelle → *X/Windows* für das → *Betriebssystem* → *Unix* zur Bearbeitung von verschiedenformatigen Grafiken.

XIP

Abk. für Execute in Place.

XLISP

→ *Lisp*.

XMI

Bezeichnung für ein Bussystem, das in leistungsstarken Computern vom Typ → *VAX* aus dem Hause DEC eingesetzt wird.

XML

Abk. für Extensible Markup Language.

Bezeichnung für eine Untermenge der Sprache → *SGML* zur Beschreibung von Seiten im → *WWW*. Dabei ist es im Gegensatz zu SGML und → *HTML* möglich, dass der Autor eines XML-Dokumentes im Dokument selbst bestimmte Erweiterungen bzw. die genauen Ausprägungen der XML-Befehle (Tags) von XML im Document-Type-Definition-Teil (→ *DTD*) des Dokumentes definiert und im gleichen Dokument auch nutzt. Der Aufbau von Seiten im WWW und die Behandlung von Daten ist daher erheblich flexibler mit XML zu handhaben.

Der Schwerpunkt der Spezifikation von Dokumenten verlagert sich durch den Einsatz von XML (im Vergleich zu HTML) von der statischen und typografischen Definition weg hin zu einer strukturorientierten Definition. Die Inhalte

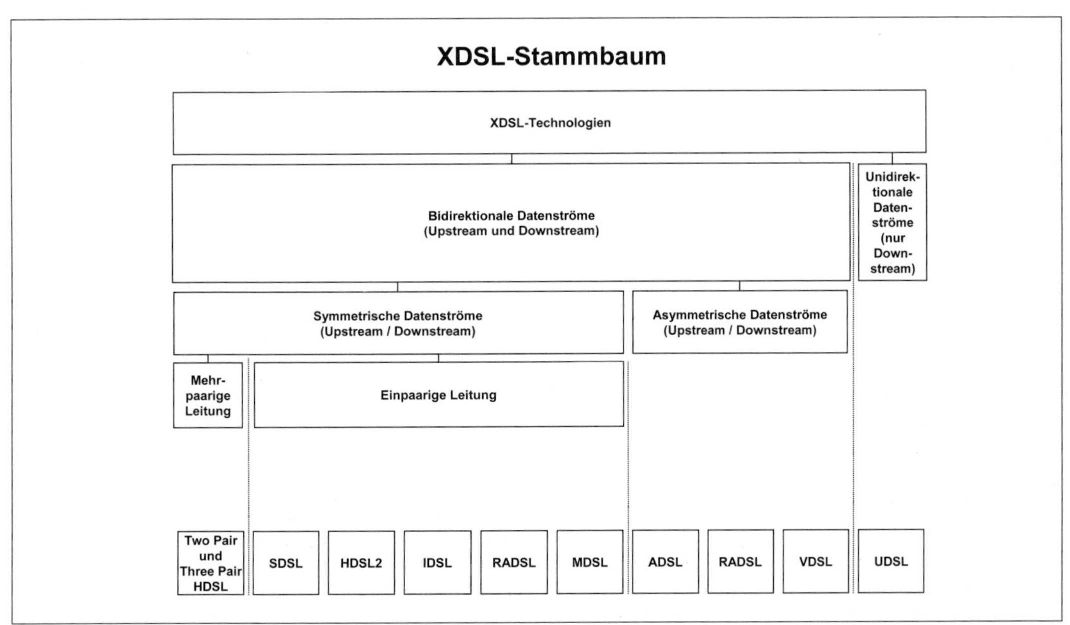

können dadurch erheblich flexibler und unterschiedlicher dargestellt werden, weil Inhalte (z.B. Daten) dokumentenunabhängig vorgehalten werden können. Aus dieser einen Quelle können dann Dokumente durch XML bzw. verschiedene Implementierungen von XML erzeugt werden. Der Inhalt ist vom Layout getrennt, was die Datenpflege der Inhalte vereinfacht.

Streng genommen ist XML damit schon keine Dokumenten- oder Seitenbeschreibungssprache, sondern eine Meta-Sprache zur Entwicklung der eigentlichen Seitenbeschreibungssprache, die auf einen speziellen Einsatzzweck hin optimiert ist.

Die genaue Information, wie in einem bestimmten Fall die XML-Tags im Quelldokument zu interpretieren sind, wird für verschiedene Dokumente in der Document-Type-Definition-Datei festgelegt. Das gleiche Quelldokument kann damit durch die Verwendung verschiedener DTDs, in denen die gleichen, im Quelldokument verwendeten Tags mit verschiedenen Eigenschaften definiert wurden, unterschiedlich dargestellt werden.

Weiterer Vorteil dieses Verfahrens ist, dass sich die Sprache unabhängig von Standardisierungsverfahren und Versionen schnell weiterentwickelt und individuell an die Bedürfnisse der Nutzer angepasst werden können.

Nachteilig ist, dass XML als wesentlich komplizierter zu beherrschen gilt als SGML oder HTML, weswegen es als Werkzeug für den professionellen Einsatz angesehen wird. Ferner gibt es mit XSL (Extensible Style Language) erst Ansätze, Quelldokumente und DTDs getrennt verwalten zu können.

Die gesamte XML-Welt besteht aus folgenden Komponenten:

- XML-Editor: Ein Programm zur Erstellung von XML-Dokumenten gemäß den von einem DTD zur Verfügung gestellten Regeln.
- XML-Parser (→ *Parser*): Überprüft, ob ein XML-Dokument gemäß der DTD-Regeln erstellt worden ist und erlaubt damit eine fehlerfreie Weiterverarbeitung der XML-Dokumente zu späteren Zeitpunkten oder in anderen Umgebungen/durch andere Programme.
- XML-Browser: Ein → *Browser* muss XML beherrschen, um entsprechende, auf XML-Dokumenten basierende WWW-Seiten darstellen zu können. Es kann aber erwartet werden, dass dies innerhalb kurzer Zeit bei allen gängigen Browsern der Fall sein wird und überwiegend bereits geschehen ist.
- XML-Datenbank: Eine Art → *Repository*, die XML-Dokumente und DTDs verwaltet und dadurch die Vorteile von XML erst richtig zum Leben erweckt, da XML-Dokumente aus einer Quelle mit verschiedenen DTDs erzeugt werden können. Ferner erlaubt eine solche Datenbank die Verbindung verschiedener XML-Dokumente zu einer Anwendung.

Entwickelt wurde das Konzept vom Hause Sun. Am 10. Februar 1998 hat das World Wide Web Consortium (→ *W3*) die Sprache in Version 1.0 zum Standard erhoben.

Von XML leitet sich verschiedene andere Beschreibungssprachen ab, so etwa → *RDF*, → *FPML*, → *VXML* und → *X3D*.

→ *http://www.xml.com/*

X-Modem, X-Modem CRC, X-Modem K

Eines der ältesten (und daher auch einfachsten) Dateiübertragungsprotokolle für den Filetransfer. Nach seinem Erfinder auch Ward-Christensen- oder nur Christensen-Protokoll genannt. Maximale Blocklänge 256 Bytes, wobei von der Deutschen Telekom 128 Byte als feste Blocklänge vorgegeben sind. Die übertragenen Blöcke bestehen aus folgenden Elementen:

- Einem Header (genannt SOH)
- Eine fortlaufende Nummer von 0 bis 255. Beim ersten Block wird mit 0 begonnen und bis 255 hochgezählt. Dann wird wieder bei 0 begonnen.
- Dem Komplement der Nummer
- 128 Datenbytes
- Prüfsumme über die 128 Datenbytes modulo 256. Der letzte Block wird bei ungenügend vorhandenen Nutzdaten mit dem Zeichen für → *EOF* aufgefüllt.

Erweiterte Implementationen senden mittlerweile 1024 Datenbytes (X-Modem K oder X-Modem 1K genannt). Andere Varianten, genannt X-Modem CRC, verwenden einen CRC-16 (→ *CRC*) genannten Fehlerschutz statt der Prüfsumme.

Dateien werden dabei einzeln übertragen, da weder Dateiname noch sonstige Attribute (Datum, Uhrzeit) mitgesendet werden. Zur Übertragung mehrerer Dateien ist daher das X-Modem-Protokoll mehrmals aufzurufen.

Die Fehlersicherung erfolgt durch → *Paritätsprüfung*. Dabei werden als fehlerhaft erkannte Blöcke beim Sender erneut angefordert. Erst wenn ein Datenblock korrekt empfangen wurde, erfolgt die Übertragung des nächsten Datenblocks.

Ward Christensen aus Chicago, der den Computer nur als Hobby nutzte, entwickelte das Protokoll 1977, als er mit Freunden Dateien über Modemverbindungen auf bequeme Art und Weise austauschen wollte. Er nannte es zunächst Modem und später X-Modem. Das Protokoll ist sehr erfolgreich und zieht ähnliche Entwicklungen wie z.B. das Y-Modem nach sich. Da es nicht besonders geschützt ist, nutzen es viele Hersteller und entwickeln eigene Versionen.

→ *Y-Modem*, → *Z-Modem*, → *Kermit*.

XMP

Abk. für X/Open Management Protocol.

Bezeichnung für einen Standard für → *Netzmanagement*, der von der → *X/Open*-Gruppe entwickelt wurde. Er setzt in hohen Schichten erst auf → *SNMP* oder → *CMIP* auf und verbirgt dadurch die konkrete Implementierung des Netzmanagements vor den Nutzern seiner Funktionen. XMP ist Bestandteil von → *DME*.

XMS

Abk. für Extended Memory Specification.

Bezeichnung für eine Spezifikation aus dem Hause Microsoft, gemeinsam spezifiziert mit den Unternehmen Lotus, AST und Intel, zur Nutzung des erweiterten Speicherbereichs (genannt Extended Memory) oberhalb von 1 MByte im → *RAM* eines PCs, der unter dem → *Betriebssystem* → *MS-DOS* oder → *Windows* läuft und einen → *Mikroprozessor* vom Typ → *Intel 80286* oder höher verwendet.

Der o.a. Speicherbereich kann von diesen Prozessoren nur genutzt werden, wenn sie im sog. Protected Mode arbeiten.

Die Größe des zusätzlichen Speichers ist von der Breite des im PC verwendeten Adressbusses abhängig und beträgt z.B. bei 32 Bit 4 GByte.

Dabei können Programme und Nutzdaten in den Speicherbereichen abgelegt, zwischengespeichert und wieder abgerufen werden, sie können dort jedoch nicht ausgeführt werden.

Die Spezifikation definiert dafür eine Softwareschnittstelle für spezielle → *Treiber*, die als Expanded Memory Manager (EMM) bezeichnet werden. Ein Beispiel für einen solchen Treiber ist der HIMEM.SYS.

xmt

Selten verwendete Abkürzung in englischsprachigen Texten für das Wort ‚transmit'.

XNS

Abk. für Xerox Network System.

Bezeichnung für eine frühe Netzarchitektur aus dem Hause Xerox, die auf dem → *Ethernet* basiert. XNS besteht aus den fünf Schichten Transmission (0), Internet (1), Transport (2), Control (3) und Application (4), wobei alle sieben Schichten des später entstandenen → *OSI-Referenzmodells* abgebildet werden.

XNS unterstützt lediglich Blockgrößen von 576 Byte.

Auf der Basis von XNS sind später zahlreiche Netzwerkmanagementsysteme für den PC-Bereich, die auf Ethernet basieren, entstanden, z.B. Netware aus dem Hause Novell.

Entwickelt im → *PARC* in den 70er Jahren.

XODIAC

Bezeichnung eines → *LAN*s mit 10 Mbit/s Übertragungsrate und 1,6 km max. Kabellänge, Koaxialkabel als Medium, → *CSMA/CD* als → *MAC*-Protokoll auf Schicht 2 im → *OSI-Referenzmodell* und Busstruktur. Hersteller ist Data General.

XON/XOFF (-Protokoll)

Bezeichnung für ein zeichenorientiertes Protokoll zur Flusssteuerung der Datenübertragung, abgeleitet aus Exchange On und Exchange Off.

Genutzt wird es bei der asynchronen Übertragung von Daten über die → *V.24*-Schnittstelle von Rechnern zu Peripheriegeräten, wie z.B. Druckern.

Die Funktionalität ist sehr einfach. Ein empfangsbereites Peripheriegerät sendet das Zeichen XON (ASCII-Code 19) zum Start einer Datenübertragung an den potentiellen Sender und das Zeichen XOFF (ASCII-Code 17) zum Beenden einer Datenübertragung, z.B. wenn der eigene Speicher voll ist. Die sendewillige Station wartet nun, bis das Zeichen XON gesendet wird und die Datenübertragung erneut beginnen kann.

X/Open, X/Open Group

Bezeichnung für eine im Sommer 1988 von fünf vornehmlich europäischen Firmen aus der → *BISON*-Gruppe in London gegründete Organisation zur Pflege und Weiterentwicklung des → *Betriebssystems* → *Unix* mit dem Ziel, ein offe-

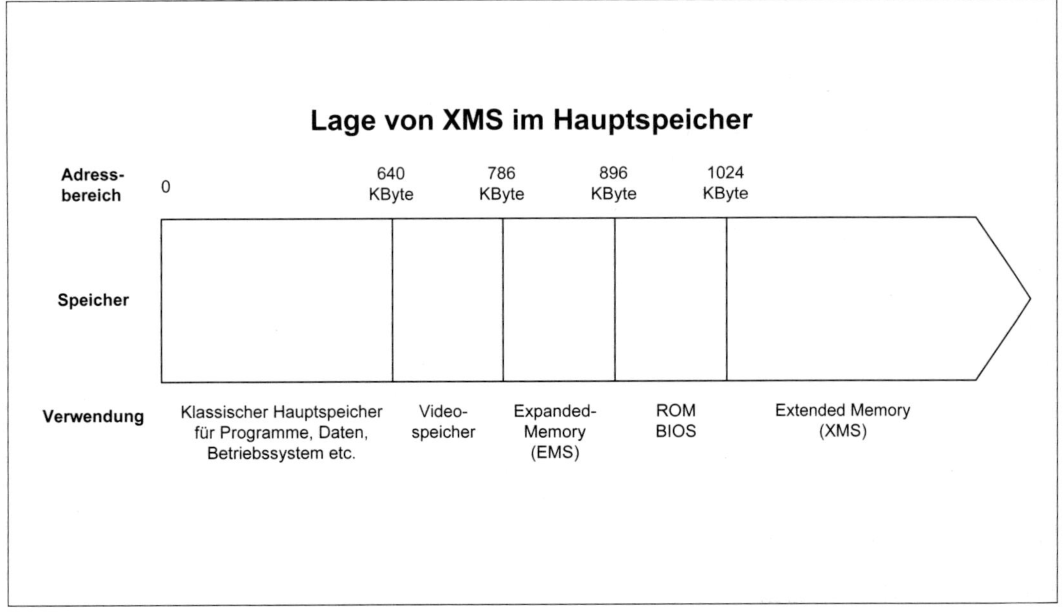

nes portables Unix und daneben weitere offene Systeme und Anwendungen auf dieser Basis zu schaffen, z.B. durch ein Common Applications Environment (→ *CAE*). Mitglieder sind Hard- und Softwarehersteller sowie Anwender. Mächtige Mitglieder sind IBM und AT&T.

Im Mai 1989 traten die → *OSF* und die → *Archer*-Group bei.

Zentrale Leitlinie ist der X/Open Portability Guide (XPG), in dem Standards definiert sind, die hersteller- und plattformunabhängige Kompatibilität sichern sollen.

Durch die Heterogenität der Gruppe verläuft die Arbeit eher schleppend. Strenge Kritiker sprechen von einem ‚Aussitzen bis zur einvernehmlichen Lösung'.

→ *OSF*, → *XMP*.

XOR

Abk. für Exclusive Or.

Auch Antivalenz genannt. Bezeichnung für eine logische Verknüpfung zweier binärer Werte A und B im Rahmen der → *Booleschen Algebra*. Prinzipiell eine ODER-Verknüpfung ohne Berücksichtigung (exklusive) der UND-Verknüpfung. Die folgende Tabelle zeigt das Resultat.

A	B	A XOR B
0	0	0
0	1	1
1	0	1
1	1	0

→ *NICHT*, → *ODER*, → *UND*.

XPG

Abk. für X/Open Portability Guide.

→ *X/Open*.

XPIC

Abk. für Cross-Polarisation Interference Canceller.

Deutsche Bezeichnung: Kreuzpolarisationsentzerrer.

Bei Systemen für digitalen → *Richtfunk* eine mittlerweile bei allen Herstellern verwendete elektronische Schaltung zur Verminderung der störenden → *Interferenz* zwischen unterschiedlich polarisierten Kanälen (→ *Polarisation*) auf der gleichen Frequenz.

Grundprinzip der Schaltung ist, dass jedes empfangene, polarisierte Signal (vertikal oder horizontal polarisiert) mit dem jeweils abgeschwächten, anderen Signal verarbeitet wird, um die störenden Anteile des jeweils anderen Signals herauszufiltern, so dass am Ausgang der XPIC-Schaltung nur noch die ursprünglichen vertikal oder horizontal polarisierten Signale entnommen werden können.

XPM

Abk. für X Pixelmap.

Bezeichnung eines Dateiformates und der entsprechenden Dateiendung zur Speicherung einer Grafik mit 256 Farben unter dem → *Betriebssystem* → *Unix*.

XPS

Abk. für Expert System.

→ *Expertensystem*.

XPSK

Abk. für Cross Correlated Phase Shift Keying.

Eine Sonderform der → *PSK*.

XQL

Abk. für XML Query Language.

Bezeichnung für eine im November 1998 vom → *W3C* vorgestellte Abfragesprache, mit der es möglich ist, Informationen, die in → *XML*-codierten Datenbeständen (Dokumente) enthalten sind, so abzufragen, wie Daten in relationalen Datenbanken mit → *SQL*.

X-Schnittstelle

Bezeichnung für die Schnittstelle zwischen Diensten für das Netz- und Dienstmanagement verschiedener → *PTO*s im Rahmen des → *TMN*. Befindet sich gerade in der Entwicklung, z.B. bei → *Eurescom*.

XSL

Abk. für Extensible Style Language.

→ *XML*.

XSP

Abk. für Extensible Server Pages.

Bezeichnung für ein Verfahren, mit dem es möglich ist, dynamischen Inhalt in eine mit der Seitenbeschreibungssprache → *XML* kreierte Seite im → *WWW* einzubinden.

XT

Abk. für Extended Technology.

Bezeichnung der IBM-PCs nach der ersten großen technologischen Verbesserungswelle des Ur-PCs in den frühen 80er Jahren. Ihm folgte der → *AT*.

Der erste PC aus dem Hause IBM wurde ab 1983 mit dem seinerzeit relativ neuen → *Intel 8086* Prozessor bestückt und somit zum XT. Ferner wurden eine 10 MByte große → *Festplatte* und drei freie Steckplätze eingebaut. Alles zusammen kostete seinerzeit um die 5 000 $.

Die Bezeichnung XT oder XT-Klasse wurde auch auf entsprechende → *Clones* angewendet.

XTA

Abk. für Cross-Talk-Attenuation.

Bezeichnung eines Maßes für das Nahnebensprechen.

→ *ACR*.

XT-Bus

→ *ISA*.

XTG

Abk. für → *XTreeGold*.

XTP

Abk. für Express Transfer Protocol.

Bezeichnung für ein Datenübertragungsprotokoll zur schnellen Datenübertragung auf den Schichten 3 und 4 des → *OSI-Referenzmodells*.

Eine von der → *ANSI* genormte Version wird mit HSTP (High Speed Transfer Protocol) bezeichnet.

Maßgeblich entwickelt von Greg Chesson aus dem Hause → *SGI*.

XTreeGold

Abgekürzt mit XTG. Bezeichnung einer seinerzeit sehr beliebten → *Utility* für PCs unter dem → *Betriebssystem* → *MS-DOS* zur Verwaltung von Dateien und Verzeichnissen. XTreeGold war damals das erste Programm, das es ermöglichte, hierarchische Dateistrukturen mit Hilfe von ASCII-Grafiken auf herkömmlichen, zeilenorientierten Bildschirmen darzustellen.

Zusätzlich verfügte XTreeGold über eine hohe Anzahl von → *Viewern*, mit denen Dateiinhalte auf dem Bildschirm angezeigt werden konnten.

Ursprünglich entwickelt vom Hause Symantec. Vorgestellt 1985 von der Xtree Corporation.

X/Windows, X/Windows System

Auch X11 genannt. Bezeichnung einer grafischen Benutzeroberfläche für Rechner unter dem → *Betriebssystem* → *Unix*, die 1984 vom MIT vorgestellt wurde. Gilt als Richtlinie, von der viele Hersteller abwichen, was zum herstellergeprägten Standard OSF/Motif der Open Software Foundation (→ *OSF*) führte.

Der Standard legt eine Client/Server-Architektur zugrunde (→ *Server*), so dass die auf einem Rechner sichtbaren Fenster über eine → *TCP* und → *IP*-Verbindung und ein Netzwerk auf Daten und Prozesse zugreifen und ihre Ergebnisse darstellen können, die auf anderen Rechnern liegen bzw. laufen.

Die Bezeichnung des jeweiligen Standards erfolgt durch Angabe der Versionsnummer. So bezeichnet X11R5 z.B. die Release Nr. 5 aus dem Jahre 1991. Aktuelle Version ist X11R6.

→ *http://www.x.org/*

Y

Y

1. Abk. für das Signal der → *Luminanz* in Videodatenströmen. Auch Y-Signal genannt.
2. Kurzform für das Übertragungsverfahren → *Y-Modem*.

Y2K

→ *Jahr-2000-Problem*.

Yagi-Antenne

Auch Uda-Antenne oder Yagi-Uda-Antenne genannt. Bezeichnung für eine spezielle Antennenbauart, bei der durch die Anordnung von Dipol, einem oder mehreren → *Direktoren* und einem Reflektor eine höhere Richtwirkung und ein höherer Antennengewinn erzielt wird.

Praktische Anwendung dieses Antennentyps ist die Fernsehempfangsantenne.

Benannt nach dem japanischen Erfinder Hidetsugu Yagi (* 28. Januar 1887, † 19. Januar 1976).

Y-Band

Bezeichnung für den Frequenzbereich von 1,605 bis 3,8 MHz. Genutzt für Funktelegrafie.

YCC-Farbsystem

Bezeichnung für ein Farbsystem, das im Hause Kodak für die Photo-CD (→ *CD-ROM XA*) entwickelt wurde. Dabei werden Farben mit 24 Bit codiert, die sich in 8 Bit für die → *Luminanz* Y und 16 Bit für die → *Chrominanz* C aufteilen.

Yellow Book

1. → *CD-ROM*.
2. → *CCITT*.

Yellow Cable

→ *Ethernet*.

Yellow Pages

→ *Teilnehmerverzeichnis*.

YHBT

Abk. für you have been trolled.

→ *Chat Slang*.

Yield

→ *Wafer*.

Y-Modem

Auch nur kurz mit Y bezeichnet. Ein Dateiübertragungsprotokoll für den Filetransfer mit → *Modem*.

Entwickelt wurde Y-Modem von Chuck Forsberg aus dem Hause Omen Technology. Er orientierte sich dabei am Protokoll → *X-Modem*. Im Gegensatz zu X-Modem werden die Dateinamen dabei mit übertragen.

Die maximale Blocklänge beträgt 1 024 Byte. Die Blocklänge wird automatisch an die Leitungsqualität angepasst und schwankt zwischen den maximalen 1 024 oder 128 Byte.

Y-Modem Batch bezeichnet eine Variante, bei der vor der Übertragung der Nutzdaten ein separater Block mit den Namen, Größen und Erstellungsdaten der zu übertragenden Dateien gesendet wird.

Dies erlaubt die bequeme Übertragung mehrerer Dateien innerhalb einer Sitzung ohne erneutes Aufrufen von Y-Modem.

→ *Z-Modem*, → *Kermit*.

Y-Modem Batch

→ *Y-Modem*.

YP

Abk. für Yellow Pages.

→ *Teilnehmerverzeichnis*.

YPPA

Abk. für Yellow Pages Publishers Association.

Bezeichnung für einen internationalen Verband der Herausgeber der nationalen Gelben Seiten, d.h. des Branchentelefonverzeichnisses.

Die YPPA vergibt jährlich einen Preis, den APPY, für eine besonders gelungene Herausgabe (Benutzerfreundlichkeit, kreatives Layout etc.) der gelben Seiten.

→ *Teilnehmerverzeichnis*.

Y-Signal

→ *Y*.

YUV

Abkürzende Bezeichnung für die Darstellung von in Europa gebräuchlichen Videosignalen durch → *Luminanz* (Helligkeitssignal, Y; prinzipiell ein Grauton) und zwei Signale für die Farbinformation → *Chrominanz* (Farbsignal, U und V).

YUV nutzt den Effekt aus, dass das menschliche Auge auf Farbunterschiede wesentlich unempfindlicher reagiert als auf Helligkeitsänderungen. YUV überträgt daher die Farbinformation in reduzierter Auflösung im Vergleich zur Helligkeitsinformation.

Gegenüber der Farbbilddarstellung mit → *RGB* benötigt YUV ca. 30% weniger Bandbreite bei fast gleicher Bildqualität.

Die YUV-Signale ergeben sich aus den RGB-Signalen, z.B. einer entsprechenden Fernsehkamera, gemäß folgender Regeln:

$$Y = 0{,}299\,R + 0{,}587\,G + 0{,}114\,B$$
$$U = -\,0{,}169\,R - 0{,}331\,G + 0{,}5\,B$$
$$V = 0{,}5\,R - 0{,}419\,G - 0{,}081\,B$$

Im professionellen Bereich (TV-Studios, Videoproduktion) hat sich dieser Standard durchgesetzt.

→ *SECAM*.

Z

Z

1. Kurzform für → *Z-Modem.*
2. Bezeichnung für eine spezielle Beschreibungssprache für die mathematische Spezifikation eines Programms. Entwickelt in den späten 70er Jahren und von nicht besonders großer Bedeutung.

Z1

Erster programmgesteuerter mechanischer, aber nicht ganz funktionstüchtiger Rechner überhaupt.

Zur Vereinfachung lästiger statischer Berechnung dachte der deutsche Bauingenieur Konrad Zuse (* 22. Juni 1910, † 1995) bereits im Jahre 1934 über mechanische programmgesteuerte Rechenwerke nach. Zwei Jahre später verließ er eine Ingenieurfirma, um in der Wohnung seiner Eltern an seiner eigenen Rechenmaschine zu arbeiten. Der 27jährige Zuse baute schließlich 1937 im Wohnzimmer seiner Eltern in Berlin-Tempelhof die mechanische Z1. Eine Geldspritze von 7 000 RM vom zunächst sehr skeptischen Hersteller von Spezialrechenmaschinen, Dr. Ing. Kurt Pannke, erlaubte den Bau.

Die Z1 verwendete bereits die duale Darstellung von Zahlen. Sie verfügte über nur ein fest installiertes (‚eingebautes') Programm, aber schon über die Komponenten Eingabewerk, Rechenwerk, Steuerung und Speicher. Sie war nicht komplett funktionstüchtig, da Bleche mit Laubsägen unpräzise zugeschnitten wurden.

Zuse erkannte bereits früh, das für längere, schnellere und zuverlässigere Rechenmaschinen der Übergang von rein mechanischen Komponenten zu elektromechanischen Bauteilen in Gestalt von Röhren und Relais notwendig war. Daher begann er mit dem Bau des verbesserten Nachfolgemodells → *Z2.*

Ein Nachbau des Rechners Z1 kann im Berliner Museum für Verkehr und Technik besichtigt werden.

→ *http://irb.cs.tu-berlin.de/~zuse/*

Z2

Verbesserter Nachbau einer Z1 von Konrad Zuse (* 22. Juni 1910, † 1995), die sich dadurch auszeichnete, dass sie im Rechenwerk bereits Relais nutzte. Die Z2 nahm 1939 ihren Betrieb auf. Nachfolgemodell wurde die → *Z3.*

→ *http://irb.cs.tu-berlin.de/~zuse/*

Z3

Erster programmierbarer, elektromechanischer Computer der Welt überhaupt. Genutzt während des Krieges zur Berechnung von Tragflächenprofilen.

Vorhanden war ein Speicher für 64 Zahlen mit je 22 Dualstellen, ein Rechenwerk mit 600 Relais, ein Speicher mit gut 1 400 Relais und eine Ergebnisanzeige durch ein Lampenfeld.

Die Z3 beherrschte Grundrechenarten und Quadratwurzelziehen. Die Multiplikation zweier Zahlen dauerte 4 bis 5 Sekunden. Die Addition 1/20 einer Sekunde, das Quadratwurzelziehen erfolgte in 4 Sekunden.

Die Programmeingabe erfolgte durch gelochten 35-mm-Kinofilm. Der Rechner fiel dem Krieg zum Opfer.

Ein Mitarbeiter Konrad Zuses (* 22. Juni 1910, † 1995), Helmut Schreyer, belegte bereits 1940 in seiner Promotionsarbeit den Nutzen von Röhren für Rechner und baute einzelne duale Prototypenschaltungen. Da sich die Regierung im Krieg weigerte, Mittel für den Bau eines leistungsfähigen Rechners mit 1 800 (!) Röhren und einer Taktung mit 1 MHz zur Verfügung zu stellen, wurde das Projekt eingestellt. Schreyer hatte geschätzt, dass der Bau ca. 2 Jahre dauern würde. Die Regierung, insbesondere die Wehrmacht, die den Bau als spätere Nutzer finanzieren sollte, schätzte jedoch, dass in dieser Zeit der Krieg beendet sei und man daher einen derartigen Apparat nicht benötige.

Wäre der Bau verwirklicht worden, wäre ein Rechner entstanden, der bereits wesentlich schneller und leistungsfähiger als der spätere erste Röhrenrechner → *ENIAC* gewesen wäre.

Zuse stellte 1941 mit der Z3 (die noch V3, Versuchsgerät 3, hieß) den ersten programmierbaren und praktisch nutzbaren Rechenautomaten am 12. Mai der Öffentlichkeit in Gestalt einiger abgesandter Herren der Deutschen Versuchsanstalt für Luftfahrt vor. Durch den Übergang auf Telefonrelais war er leistungsfähig und auch zu vertretbaren Kosten zu produzieren. Mittlerweile wurde auch schon an der → *Z4* gebaut.

→ *http:/irb.cs.tu-berlin.de/~zuse/*

Z4

Letzter unter Kriegsbedingungen von Konrad Zuse (* 22. Juni 1910, † 1995) gebauter Rechner. In den letzten Kriegstagen 1944 in Betrieb genommen. Später konnte er eine Z4 aus dem zerstörten Berlin retten und ging ins Allgäu, wo er sich in Hopferau bei Füssen niederließ. Die Z4 war in einem 60 m^2 großen Pferdestall deponiert. Sie war mit Magnetkernspeicher und Lochstreifenleser ausgestattet. Weitere technische Daten: 15 km Draht, 20 000 Lötstellen, 2 000 Relais, Kosten von 250 000 DM, 100 000 Arbeitsstunden. Die Programmeingabe erfolgte über 35-mm-Filmstreifen.

Die Z4 wurde 1950 von der ETH Zürich gekauft, die Rechenkapazität auch an Dritte vermietete, sofern die Z4 nicht gerade durch die ETH selber benötigt wurde. Damit ist die Z4 der erste Rechner, der zu kommerziellen Zwecken genutzt wurde. Die Z4 in Zürich blieb bis 1955 in Betrieb.

Ein Exemplar steht im Deutschen Museum in München.

→ *http://irb.cs.tu-berlin.de/~zuse/*

Z11

Name eines von der Zuse KG von in den 50er Jahren entwickelten und verkauften Computers. Es handelte sich um den letzten elektromechanischen Computer aus dem Hause Zuse, der Relais einsetzte. Einzelne Exemplare blieben bis in die 80er Jahre im Einsatz.

Z23

Name eines von der Zuse KG von 1961 bis 1967 in 98 Exemplaren gebauten und hinsichtlich seiner Anwendungsmöglichkeiten flexiblen Computers.

Er bestand aus 2 700 Transistoren und gut 600 Dioden. Die Z23 war mit → *Magnetkernspeicher* und → *Magnettrommelspeicher* ausgerüstet.
Ein im Laufe von 1999 von 19 Schülern der Konrad Zuse Schule (Hünfeld, Deutschland) restauriertes Exemplar kann im Computer Museum History Center in Mountain View/Kalifornien besichtigt werden.

Z39.50

→ *SQL.*

Z-80

→ *Zilog Z-80.*

Z.100

→ *SDL.*

ZB

1. Abk. für → *Zentralbatterie.*
2. Abk. für Zero Beat.

ZBR

Abk. für Zone Bit Recording.
Auch Zone Constant Angular Velocity (ZCAV) genannt. Bezeichnung für eine spezielle Datenaufzeichnungstechnik bei → *Disketten* und → *Festplatten.* Dabei werden auf äußeren (längeren) Spuren des magnetischen Speichermaterials mehr Bit gespeichert, als auf den konzentrischen, inneren (kürzeren) Spuren.
Die Aufzeichnungsdichte ändert sich jedoch nicht von Spur zu Spur. Vielmehr werden mehrere Spuren zu einer sog. Zone zusammengefasst und in konstanter Dichte beschrieben.
Dieses Verfahren erfordert, dass der Schreib-/Lesetakt der Dichte der jeweiligen Zone angepasst wird, wenn sich der Schreib-/Lesekopf von Zone zu Zone bewegt.
→ *ZCLV.*

ZBT

Abk. für Zero Bus Turnaround.

ZCAV

Abk. für Zone Constant Angular Velocity.
→ *ZBR.*

ZCLV

Abk. für Zone Constant Linear Velocity.
Bezeichnung für eine spezielle Aufzeichnungstechnik von Daten auf der → *DVD*, bzw. auf der Variante DVD-RAM.
Dabei werden die Spuren auf der DVD in Abhängigkeit vom Radius in 24 Gruppen (‚Zones') eingeteilt. Je Zone dreht sich die DVD mit einer von den inneren zu den äußeren Zonen ansteigenden, innerhalb der Zone jedoch konstanten Geschwindigkeit, so dass bei den Spuren innerhalb einer Zone die gelesene Datenrate von inneren zu äußeren Spuren nur in engen Grenzen zunimmt und die innersten Zonen einen annähernd gleichen Datenstrom liefern wie die äußeren Zonen.
→ *ZBR.*

Z-Diode

→ *Zenerdiode.*

Zehnerblock

Auch Ziffernblock oder abgesetzter Zehner-/Ziffernblock genannt. Bezeichnung für den rechts von der restlichen Tastatur physisch abgesetzten Tastenblock mit den Ziffern 0, 1, 2, ..., 8, 9, den mathematischen Grundoperatoren +, -, * und / sowie einer Komma- und Return-Taste (=).
Der Grund für das Absetzen liegt darin, dass eine derartige Tastatur bei vielen kaufmännischen Tischrechnern zu finden ist und viele Nutzer sich an dieses Tastaturlayout für rasche Standardberechnungen (Addition einer Liste) gewöhnt hatten.

Zehnerkomplement

→ *Komplement.*

Zehnertastatur

→ *Zehnerblock.*

Zeichen

→ *Alphabet.*

Zeichenerkennung

→ *E-13B*, → *OCR*, → *OMR.*

Zeichengabe

Auch (abgeleitet von der englischen Bezeichnung Signalling) Signalisierung genannt. Bezeichnung für alle Vorschriften zum Austausch von Informationen, die den Aufbau, Abbau und die Kontrolle einer Verbindung in einem Telekommunikationsnetz betreffen (Call oder Connection Control, CC).
Darüber hinaus kommen in letzter Zeit immer mehr die Funktionen des Netzmanagements hinzu (→ *TMN*).
Der Begriff ist von der → *ITU* in I.112 genormt.
Man kann Zeichengabeverfahren nach dem Netzteil unterscheiden, in denen es angewendet wird:

- Signalisierung im → *Zugangsnetz*, auch Teilnehmersignalisierung genannt (→ *1TR6*, → *DSS1*, → *DTMF*, → *MFV*)
- Signalisierung im Verbindungsnetz (→ *Fernnetz*, → *CCIS*, → *R 1*, → *R 2*, → *SS#2*, → *SS#3*, → *SS#4*, → *SS#5*, → *SS#6*, → *SS#7*)

Daneben unterscheidet man nach dem Kriterium der Integration von Nutz- und Zeichengabedaten:

- → *In-Band-Signalisierung*
- → *Außenband-Signalisierung*

Zeichenkette

→ *String.*

Zeichenstopfen

Um innerhalb eines Datenstroms Nutzdaten von Steuerungsdaten (deren Bitmuster auch mal – zufällig – in den Nutzdaten auftreten) unterscheiden zu können, fügt man vor jedes Steuerungszeichen ein weiteres vorher verabredetes

Zeichen ein, welches der Empfänger vor Weiterverarbeitung der Daten wieder entfernt. Dieses Hinzufügen heißt Zeichenstopfen.

→ *Bitstopfen.*

Zeichenvorrat

→ *Alphabet.*

Zeiger

International Pointer, selten auch Referenz genannt. In einem Computerprogramm eine Variable, die eine Adresse (einer anderen Variablen) im Speicher enthält. Über diese Adresse kann auf den Speicherinhalt, d.h. den Wert (der anderen Variablen), zugegriffen werden.

Es sind auch geschachtelte Konstruktionen möglich, etwa ein Zeiger auf einen Zeiger etc.

Zeilenfrequenz

Auch Horizontalfrequenz genannt. Monitorparameter, der beschreibt, wie viele Zeilen je Sekunde auf dem Bildschirm geschrieben werden, d.h., wie häufig der Elektronenstrahl von links nach rechts läuft. Ergibt sich als Produkt auf Bildwiederholfrequenz und Zeilenzahl des Monitors.

Zeilensprungverfahren

→ *Interlaced.*

Zeilenumbruch

Bezeichnung für die trennende Stelle zwischen dem Ende einer Zeile *N* und dem Anfang der nächsten Zeile *N+1*.

Zeitgetrenntlageverfahren

Andere (deutsche) Bezeichnung für das → *TDD*-Verfahren.

Zeitmultiplex, Zeitmultiplexer, Zeitmultiplexverfahren

→ *TDM.*

Zeitscheibe

→ *Multitasking.*

Zeitsender

→ *Zeitzeichensender.*

Zeitversetztes Senden

Bezeichnung für ein → *Leistungsmerkmal* von → *Fax*geräten. Dabei kann eine Vorlage in den Speicher eingelesen und erst zu einer anderen einprogrammierten Zeit verschickt werden, um z.B. günstige Nachttarife zu nutzen. Oft in Verbindung mit → *Rundsenden.*

Zeitvielfach, Zeitvielfachtechnik, Zeitvielfachverfahren

Anderes Wort für das → *TDM*-Verfahren.

Zeitzeichensender

Manchmal auch nur Zeitsender genannt. Oberbegriff für eine praktische Anwendung einer Funkübertragung (→ *Funk*). Dabei werden durch einen → *unidirektionalen* Kanal Punkt-zu-Mehrpunkt Verbindungen realisiert, über die ein Zeitsignal in einem bestimmten Format übertragen werden. Dies dient der Fernsteuerung von z.B. Funkuhren.

Beispiele für Zeitzeichensender sind → *DCF 77* in Deutschland oder auch → *HBG*, → *JG2AS*, → *M8F* und → *WWVB.*

Zelle

1. Der Versorgungsbereich einer Basisstation (→ *BS*) in zellularen Mobilfunknetzen.

   → *Zellulares System.*

2. Beim → *Satellitenmobilfunk* ein von einer Sendeantenne eines Satelliten versorgter Bereich auf der Erdoberfläche.

3. Bei der Datenübertragung → *Pakete* einer festen Länge.

   → *Zellenvermittlung.*

Zellenverlustwahrscheinlichkeit

Selten verwendete deutsche Bezeichnung für die Cell Loss Ratio (CLR), eine Größe, die in → *ATM*-Netzen die Dienstgüte beschreibt.

Zellenvermittlung

Ein Speichervermittlungsprinzip, bei dem nicht Pakete variabler Größe auf verschiedenen Wegen, sondern Zellen fester Größe auf jeweils demselben Weg nach dem → *Speichervermittlungsprinzip* vermittelt werden.

Prinzipiell gesehen ist die Zellenvermittlung eine Rückentwicklung der → *Paketvermittlung*stechnik, da durch eine Reduzierung des Overheads, z.B. durch Verzicht auf Fehlerkorrekturmechanismen (Schiebefensterprotokolle wie → *HDLC*), der Durchsatz verbessert wird. Die Fehler sollen nicht mehr auf einer unteren Ebene erkannt und korrigiert werden, sondern nur erkannt werden, wobei die Korrektur der Fehler im intelligenten Terminal durch → *FEC*-Maßnahmen erfolgt.

Zellulares System

Oberbegriff für analoge und digitale Mobilfunksysteme, die nach dem zellularen Prinzip aufgebaut sind. Auch für → *Wireless LAN*s und → *Satellitenmobilfunk* genutzt.

Problem analoger und nicht-zellularer Mobilfunksysteme der ersten Generation war, dass jede → *BS* das gesamte, dem Mobilfunksystem zugewiesene Frequenzspektrum nutzte. In den Randbereichen des Sendegebietes einer BS, wo der Sendebereich einer BS mit dem Sendebereich einer zweiten BS sich auf den gleichen Frequenzen überlappten, kam es dadurch zu störenden → *Interferenzen.* Eine mögliche Lösung dieses Problems besteht darin, die gesamte Bandbreite des Mobilfunksystems ein weiteres Mal in einem anderen Frequenzbereich zur Verfügung zu stellen. Dies hätte jedoch einen erheblichen Bandbreitenbedarf zur Folge.

Wesentlich frequenzökonomischer ist ein zweiter Ansatz, bei dem das vorhandene Frequenzspektrum geografisch aufgeteilt wird.

In erster Näherung kann der kreisförmige Sendebereich einer BS als Sechseck (Bienenwabe) angesehen werden. Eine Struktur ähnlicher Geometrie erhält man, indem man aus sieben dieser Waben eine größere Wabe zusammensetzt. Auf diese sieben einzelnen Waben kann der gesamte Frequenzbereich eines Mobilfunksystems so aufgeteilt werden, dass jede Einzelwabe auf verschiedenen Frequenzen sendet und sich in den überlappenden Randbereichen der Waben keine störenden Interferenzen mehr bilden. Die so erhaltene Struktur wird → *Cluster* genannt.

Aus den einzelnen Clustern kann ein landesweites Mobilfunknetz aufgebaut werden.

Die einzelnen Waben werden auch Zellen genannt. Sie werden von einer Basisstation (→ *BS*) funktechnisch versorgt. Dabei kann die BS entweder in der Mitte einer Zelle stehen und durch einen Rundstrahler (omnidirektionale Antenne) die Zelle versorgen oder aber ein Mast verfügt über mehrere Antennen, die eine Zelle von einer Ecke aus versorgen, so dass mit speziellen gerichteten Antennen vom Mast aus in die Zellen hineingestrahlt wird. Dies hat den Vorteil, dass mit einem Maststandort mehrere Zellen (üblicherweise drei) versorgt werden können.

Hauptvorteil der Zellenstruktur ist die Wieder-verwendung gleicher HF-Kanäle und damit die Versorgung beliebig ausgedehnter Gebiete. Durch Verkleinerung der Zellen und Einbau weiterer kleiner Zellen kann das Mobilfunknetz den Teilnehmerzahlen angepasst werden – es wächst mit. Dies ist für Ballungsgebiete, Verkehrsknotenpunkte, Börsen- oder Messebereiche sowie Neubaugebiete von großer Bedeutung.

Zu den einzelnen Zellgrößen und deren Einsatzmöglichkeiten: → *Picozellen*, → *Mikrozellen*, → *Makrozelle*, → *Ruralcells*, → *Umbrellacells*.

Die Zellengröße ist durch systembedingte minimale und maximale Werte vorgegeben. Zellen dürfen nicht so klein werden, dass es zu permanenten → *Handovers* kommt, da dann die Netzlast nur durch Verwaltungsaufgaben und nicht durch Nutzdatenübertragung steigt. Das → *GSM*-System ist für Geschwindigkeiten bis zu 250 km/h ausgelegt, so dass eine Zelle mit einem Durchmesser von nur noch 1 km bereits in 14,4 Sekunden durcheilt ist. Durch übertragungstechnische Parameter dürfen die Zellen im GSM-System maximal einen Radius von 35 km haben.

Grundsätzlich kann gesagt werden, dass in zellularen Mobilfunksystemen die Zellen einen Radius in der Ordnung von 10 km haben, gegenüber Vorgängersystemen mit Zellradien von 50 bis 100 km. Je Zelle befindet sich eine BS mit einem i.d.R. 25 bis 30 m hohen Mast, an dem sich die Antennen befinden, die die Zelle nach Maßgabe der Funknetzplanung ausleuchten. Durch spezielle Randbedingungen (Abschattung durch Hügel, Hochhäuser, Straßenschluchten etc.) muss die Zelle nicht notwendigerweise rund sein, sondern kann sich der Geografie anpassen. Kleine Zellen ermöglichen weiterhin → *MS* mit geringer Sendeleistung, was sich positiv auf die Gerätegröße auswirkt. Durch technische Fortschritte verliert dieser Aspekt jedoch an Bedeutung.

Wichtig bei diesem Prinzip ist, dass eine MS sich aus einer Zelle herausbewegen und in den Einflussbereich einer anderen Zelle geraten kann. Das Gespräch muss dann von einer BS an die andere BS weitergegeben werden. Dies wird → *Handover* genannt. Wenn die BS dabei die Empfangsfeldstärke der MS misst und über den Zeitpunkt der Übergabe entscheidet, spricht man von einem zentralen Handover. Neue Mobilfunksysteme beziehen in ihre Hando-

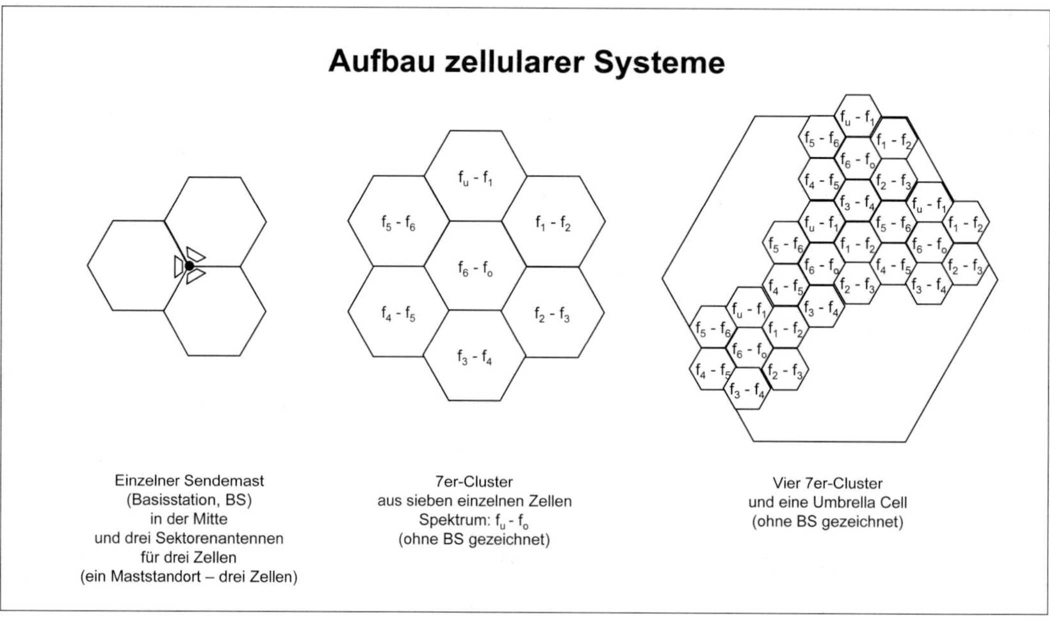

Einzelner Sendemast (Basisstation, BS) in der Mitte und drei Sektorenantennen für drei Zellen (ein Maststandort – drei Zellen)

7er-Cluster aus sieben einzelnen Zellen Spektrum: $f_u - f_o$ (ohne BS gezeichnet)

Vier 7er-Cluster und eine Umbrella Cell (ohne BS gezeichnet)

ver-Entscheidung auch Messungen der MS ein, deren Ergebnisse an die BS per Funk und vom Nutzer unbemerkt übermittelt werden. Man spricht dann von einem Mobile Assisted Handover. Das → *DECT*-System lässt die MS über den Handover entscheiden. In einem solchen Fall liegt ein dezentraler Handover vor. Alle Techniken und Parameter, die die Handover-Technik beeinflussen, werden unter dem Begriff der Handover-Strategie zusammengefasst.

Die genaue Abstimmung der zellularen Struktur ist Aufgabe der → *Funknetzplanung*.

Die Idee zellularer Systeme kam erstmals 1947 in den USA in den Bell Laboratorien auf, wo D. Ring erste Ideen darüber entwickelte. Die Entwicklung funktionsfähiger Systeme für den kommerziellen Einsatz im Bereich des Mobilfunks startete in den frühen 70er Jahren in den USA und wenig später in Skandinavien.

Erstes zellulares (analoges) System war → *AMPS*, gefolgt von → *NMT*. Erstes digitales zellulares System war → *GSM*.

An → *Wireless LAN*s, die ähnlich aufgebaut sein könnten, wird seit Anfang der 90er Jahre gearbeitet.

Zenerdiode, Zenerspannung

Auch nur Z-Diode genannt. Bezeichnung einer speziellen → *Diode*, die grundsätzlich in Sperrrichtung betrieben wird und die beim Erreichen einer bestimmten Sperrspannung, genannt Zenerspannung, sprunghaft leitend werden und einen Stromfluss zulassen.

Um eine Zerstörung der Zenerdiode zu vermeiden, muss dieser Stromfluss begrenzt werden, weshalb eine Zenerdiode immer mit einem herkömmlichen Widerstand zusammen betrieben wird.

Hauptanwendungsgebiet der Zenerdiode ist die Spannungsbegrenzung.

Benannt nach ihrem Erfinder, dem amerikanischen Physiker C. M. Zener (* 1905).

Zentralbatterie

Bezeichnung für die zentrale Speisung des Teilnehmeranschlussbereichs mit Strom von der Teilnehmervermittlung (Ortsvermittlung) aus. Der → *Kurbelinduktor* wurde damit überflüssig.

Erstmals eingesetzt 1892 in den USA in der Bell Company als ‚Common Battery System', wo es von J.J. O'Connell erfunden wurde. Eingeführt in Deutschland ab 1905.

→ *Ortsbatterie*.

Zentrale

→ *Console*.

Zentraleinheit

→ *CPU*.

Zentralkanalzeichengabe

→ *SS#7*.

Zentralvermittlung, Zentralvermittlungsstelle

Höchste hierarchische Ebene des Vermittlungsnetzes der Deutschen Telekom bis 1994 in Deutschland. Dabei konnten an eine Zentralvermittlung bis zu zehn → *Hauptvermittlungen* angeschlossen werden. Mit acht derart aufgebauten Zentralvermittlungen an den Standorten Hamburg, Berlin, Hannover, Frankfurt, Stuttgart, München und Nürnberg wurden die alten Bundesländer versorgt.

→ *BNK*, → *Knotenvermittlung*, → *Ortsvermittlung*, → *WNK*.

Zerberus, Zerberus-Netz

Bezeichnung eines Programms zum Betrieb einer → *Mailbox*, genutzt z.B. im → *Z-Netz* (Zerberus-Netz).

Entwickelt von Wolfgang Mexner und Hartmut Schröder.

Zero Flag

→ *Flag*.

Zero-Slot-LAN

Jargon für eine Technologie zum Aufbau eines → *LANs*, bei dem kein Steckplatz eines PCs für den Aufbau eines LANs genutzt zu werden braucht, da das LAN nicht über eine spezielle Steckkarte und eine gesonderte Infrastruktur, sondern einen serienmäßig am PC vorhandenen Port, wie z.B. die serielle oder parallele Schnittstelle, realisiert wird.

Der Vorteil ist, dass erheblich niedrigere Kosten anfallen, der Nachteil besteht darin, dass nur sehr niedrige Datenraten über sehr kurze Distanzen (einige Meter) zwischen sehr wenigen, angeschlossenen PCs (zwei oder drei) übertragen werden können.

Mit dem Preisverfall der LAN-Technologien verliert eine derartige LAN-Technik auch ihre Berechtigung als eine Art Einstiegstechnologie in die Vernetzung für kleinere, wachsende Unternehmen.

ZF

Abk. für Zwischenfrequenz.

→ *Sat-ZF*.

ZfCh

Abk. für Zentralstelle für das Chiffrierwesen.

→ *ZSI*.

ZfM

Abk. für Zentralamt für Mobilfunk.

Bezeichnung des zentralen Amtes der Telekom für alle Angelegenheiten, die den Mobilfunk betreffen (terrestrisch und satellitengestützt). Gegründet am 1. Januar 1990 mit Sitz in Münster.

ZGS

Abk. für Zeichengabesystem.

Oft gemeint ist → *SS#7*.

ZI

Abk. für Zone Index.

Zielwahl, Zielwahlspeicher, Zielwahltasten

Zielwahl ist ein → *Leistungsmerkmal* von → *Fax*geräten oder → *Komforttelefonen*. Dabei können Nummern (oft auch Namen) eingegeben, in einem Zielwahlspeicher gespeichert, mit einem einzigen Knopfdruck auf eine Zielwahltaste abgerufen und gewählt werden. Üblicherweise wird die gewählte Rufnummer in einer Anzeige (Display, z.B. → *LCD*) angezeigt.

Zielwahl ist nicht mit → *Kurzwahl* zu verwechseln.

→ *Dialer*, → *Rufnummerngeber*.

ZIF

Abk. für Zero Insertion Force (Socket).

Von engl. zero insertion force = keine Einfügekraft (nötig). Bezeichnung für einen speziellen, modernen Sockel, in den → *Mikroprozessoren* ohne größeren Kraftaufwand eingesteckt werden können. ZIF-Sockel unterstützen das einfache und häufige Auswechseln von Prozessoren. Sie nehmen jedoch etwas mehr Platz als herkömmliche Sockel weg (weshalb sie kaum in Laptops verwendet werden) und sind etwas teurer.

Der korrekte Kontakt der Anschlüsse von Prozessor und Sockel wird durch einen kleinen Bügel sichergestellt, der durch ein Umlegen die Kontakte des Sockels an die des Prozessors heranführt und herandrückt.

Ziffernblock

→ *Zehnerblock*.

ZIG

Abk. für Zählimpulsgeber.

Bezeichnung eines Bauteils von → *Knotenvermittlungsstellen*, das Wählinformationen aufnimmt und Aktionen zu deren Speicherung und Verwertung einleitet.

Zilog Z-80

Bezeichnung eines frühen → *Mikroprozessors* aus dem Hause Zilog, vorgestellt im Juli 1976. Entwickelt von ehemaligen Mitarbeitern des Hauses Intel, weswegen der Z-80 eine große Ähnlichkeit mit dem → *Intel 8080* hatte. Er verarbeitete alle Maschinencodes des Intel 8080 und weitere 80 Instruktionen. Die Wortlänge lag bei 8 Bit, die Adressbreite bei 16 Bit.

Der Z-80 wurde ursprünglich mit einer Taktrate von 2,5 MHz betrieben. Spätere Modelle der Z-80-Linie (zunächst genannt Z-80H und dann Z-80C) erreichten 8 MHz.

Erster Rechner mit dem Prozessor war der Cromemco Z-1 im Jahre 1976. Eingesetzt wurde der Prozessor z.B. auch im populären → *ZX 80* aus dem Hause Sinclair Research, gegründet vom Briten Clive Marles Sinclair (*30. Juli 1940), und in fast allen Spielautomaten jener Zeit. Überwiegend lief er unter dem seinerzeit populären → *Betriebssystem* → *CP/M*.

Auf Basis des Z-80 wurden eine Reihe weiterer Bausteine, auch von verschiedenen Herstellern, noch bis weit in die 90er Jahre produziert, z.B. die Nachfolgeprozessoren Z-180 und Z-280 und der relativ selten verwendete Z-8000.

Zilog stellte eine neue, eZ-80 genannte Version im September 1999 vor. Der Befehlssatz war um Befehle erweitert worden, die den Prozessor auch für Einsätze im Umfeld des Internet geeignet machen.

ZIM

Abk. für Zentrum für interaktive Medien.

Bezeichnung eines Zusammenschlusses verschiedener Unternehmen aus den Bereichen der interaktiven Medien und der → *Multimedia*-Branche.

Adresse:

Zentrum für interaktive Medien e.V.
Im Mediapark 5b
50670 Köln
Tel.: 02 21 / 4 54 31 90
Fax: 02 01 / 4 54 31 99

→ *http://www.zim.de/*

ZIP

1. Abk. für Zone Information Protocol.
   → *ZIS*.
2. Bezeichnung für eine proprietäre, aber mittlerweile sehr populäre Technologie aus dem Hause iomega mit Sitz in Roy/Utah zur Speicherung von 100 MByte bzw. 250 MByte (seit Herbst 1999) auf speziellen → *Disketten* im Format von 3,5". Die Einordnung des Speichermediums ist dabei nicht eindeutig, da man sie – wegen ihrer Größe – auch als Wechselplatte klassifizieren könnte.

   Der Vorteil des ZIP-Systems ist die im Vergleich zu herkömmlichen Disketten hohe Kapazität und die leichte Handhabung, sowohl was die Nutzung als auch was die Installation angeht (Anschluss an parallele Schnittstelle).

   Das Hauptsanwendungsgebiet sind dezentrale (d.h. nicht über einen → *Server* im → *LAN* und/oder automatisch erfolgende) → *Backups* von PCs.

   ZIP-Laufwerke kamen 1995 auf den Markt. Eine einzelne Diskette kostet zwischen 15 und 30 DM (100 MByte) bzw. 30 bis 50 DM (250 MByte).

   → *JAZ*.

   → *http:/www.iomega.com/*

ZIS

Abk. für Zone Information Socket.

In der Welt des lokalen Datenübertragungsprotokolls → *AppleTalk* ein → *Socket*, der die Nutzung des Zone Information Protocol (ZIP) ermöglicht.

→ *Zone*.

ZIT

Abk. für Zone Information Table.

In der Welt des lokalen Datenübertragungsprotokolls → *AppleTalk* eine Tabelle, in der die Bezeichnung (Name) einer → *Zone* mit dem zugehörigen Netz, Subnetz oder Verbindungsnetz identifiziert werden kann.

ZMH

Abk. für Zone Mailing Hour.

→ *Fidonet*.

Z-Modem, Z-Modem 90

Oft auch nur kurz mit Z bezeichnet. Dateiübertragungsprotokoll für den Filetransfer. Entwickelt, wie → *Y-Modem* auch, von Richard ‚Chuck' Forsberg aus dem Hause Omen Technology. Die Z-Modem-Spezifikation ist veröffentlicht und kann von jedermann frei genutzt werden, weswegen viele Modemhersteller es als Software den eigenen Produkten beilegen. Dadurch hat es sich sehr weit verbreitet und liegt mittlerweile in einigen Dialekten mit geringen Änderungen vor.

Obwohl der Name es nahe legt, ist Z-Modem kein Protokoll, das die Entwicklungslinie von → *X-Modem* und → *Y-Modem* geradlinig fortsetzt. Während Y-Modem noch relativ nah an X-Modem dran war, gibt es erhebliche Änderungen von Y-Modem zu Z-Modem.

Mit Z-Modem können mehrere Dateien (inkl. Name und Größe) während einer Verbindung und weitere Befehle übertragen werden. Die Blockgröße variiert – je nach Leitungsqualität – während einer Verbindung zwischen 64 Byte und 2 048 Byte. Einige Versionen lassen auch 8 KByte zu. Ein Verbindungsabbruch mitten in der Datenübertragung wird erkannt und die nicht gesendeten Daten werden gespeichert, so dass bei einer neuen Verbindung die Datenübertragung nahtlos fortgesetzt werden kann.

Ferner werden sowohl 2 als auch 4 Byte lange → *CRCs* unterstützt.

Eine Weiterentwicklung von Chuck Forsbergs eigener Firma Omen Technology ist Z-Modem 90, das Datenverschlüsselung und Lauflängencodierung unterstützt.

→ *Kermit.*

Z-Netz

Bezeichnung eines → *Mailbox*-Netzes für PCs in Deutschland. Sein Name leitet sich von der verwendeten Software → *Zerberus* zum Betrieb der Mailboxen ab.

Es ist dezentral organisiert mit ca. 1 000 Mailboxen. Die Bedeutung dieses Mailbox-Systems sinkt aufgrund interner Querelen.

Im Gegensatz zu anderen Netzen für PCs (→ *Fidonet*, → *CL-Netz*) liegt der Schwerpunkt bei den angebotenen Diskussionsforen auf Nachrichten aller Art abseits der reinen Software und Computertechnik wie Umweltschutz, Frauen, linke politische Initiativen, soziale Probleme, Menschenrechte und Technikfolgenabschätzung.

Das Adressformat entspricht dem im → *Internet* gebräuchlichen Format:

Username@Mailboxnummer.ZER

Zone

1. In der Welt des lokalen Datenübertragungsprotokolls → *AppleTalk* eine definierte Menge von Stationen, die innerhalb eines Netzes oder auch über mehrere Netze hinweg eine feste Gruppe bilden. Dabei kann eine Station zu einer oder auch mehreren Zonen gehören. Die Zone kann auch eine Bezeichnung (Zone Name) haben.

   Die Einrichtung der Zone erlaubt es, das Versenden von Daten innerhalb von Netzen und das Adressieren von Stationen zu vereinfachen.

   → *ZIS*, → *ZIT.*
2. Bei → *Festplatten* ist eine Zone eine Menge benachbarter Spuren, die mit konstanter Datendichte beschrieben werden.

   → *ZBR.*

Zone Bit Recording

→ *ZBR.*

Zone Name

→ *Zone.*

ZRP

Abk. für Zentraler Reservierungsplatz.
Bezeichnung der zentralen Stelle zur Reservierung von Netzkapazitäten im → *VBN.*

ZSI

Abk. für Zentralstelle für Sicherheit in der Informationstechnik.
Bezeichnung einer Bundesbehörde mit Sitz in Bonn, die aus der Zentralstelle für das Chiffrierwesen (ZfCH) hervorgegangen ist. Aufgaben sind die Erarbeitung von Bedrohungsanalysen und Schutzkonzepten bei der Datenübertragung und Datenverarbeitung gefährdeter Institutionen sowie die Untersuchung und Bewertung entsprechender Hard- und Softwareprodukte.

ZSL

Abk. für → *Zero-Slot-LAN.*

ZSP

Abk. für Zwischenspeicher.
→ *Cache.*

Zufallsvariable

Begriff aus der Wahrscheinlichkeitsrechnung. Unter Zufallsvariable versteht man eine Größe als Platzhalter für den Ausgang eines Zufallsexperimentes. Eine Zufallsvariable kann einen Wert annehmen. Je nach zulässigem Wertebereich unterscheidet man diskrete Zufallsvariablen (z.B. Ergebnis eines Münzwurfs oder des Würfelns) oder kontinuierliche Zufallsvariablen (z.B. Farbton einer Farbmischung oder Außentemperatur am Morgen um 8 Uhr).
Für diskrete Zufallsvariablen kann eine $P(X=k)$ Wahrscheinlichkeit angegeben werden, mit welcher Wahrscheinlichkeit die Zufallsvariable X einen bestimmten Wert k aus ihrem erlaubten Wertebereich (z.B. beim Würfeln Werte von eins bis sechs) annimmt. Häufig wird $P(X=k)$ auch abgekürzt mit p_k. Dabei gilt:

$$P(X=k) \geq 0$$

Sind im Wertebereich von X insgesamt i verschiedene Werte enthalten, so ergibt die Summe aller i Wahrscheinlichkeiten $P(X=k)$ den Wert eins.
→ *Erwartungswert*, → *Verteilungsfunktion.*

Zugangsberechtigungssystem

→ *Conditional Access.*

Zugangscode

→ *PIN.*

Zugangsnetz

Auch Teilnehmernetz, Teilnehmerzugangsnetz, Anschlussnetz oder international Access Network (AN) genannt.

Bezeichnung für das Netzteil eines Telekommunikationsnetzes, an das Teilnehmer angeschlossen sind und über das sie Zugang zu Diensten haben. Beim Telefondienst ein Teil des Ortsnetzes, bzw. in kleinen Ortsnetzen mit nur einer Vermittlungsstelle das gesamte Ortsnetz.

Technisch gesprochen ist ein Zugangsnetz das Netzteil, über das ein Teilnehmer mit der nächstgelegenen Teilnehmervermittlung oder dem nächstgelegenen Teilnehmerzugangsknoten verbunden ist.

Der Übergang vom Zugangsnetz zur Vermittlungsstelle erfolgt bei modernen Netzen entsprechend den Schnittstellendefinitionen → *V 5.1* oder → *V 5.2.*

Das Zugangsnetz lässt sich weiter unterteilen in zwei Bereiche:

- Anschlussbereich/Anschlussnetz: Der Bereich des Zugangsnetzes, in dem bestimmte Netzressourcen exklusiv den Zugang nur eines Teilnehmers ermöglichen, z.B. bei einem kabelgestützten Anschluss die → *Endstellenleitung* oder bei einem funkgestützten Anschluss die Funkstrecke vom Teilnehmer zur Basisstation (Radio in the Local Loop, → *RLL*).
- Verteilbereich/Verteilnetz: Der Bereich, in dem aus wirtschaftlichen Gründen verschiedene Zugänge mehrerer Teilnehmer auf einer Netzressource gebündelt und dem Teilnehmerzugangsknoten zugeführt werden, z.B. bei einem kabelgestützten Anschluss das Hauptkabel mit dem → *Kabelverzweiger* sowie dem → *Hauptverteiler* oder bei einem funkgestützten Anschluss der Anschluss der Basisstation an den Teilnehmerzugangsknoten über eine Glasfaser oder eine andere breitbandige Kabelverbindung.

In G.902 der → *ITU* ist der Begriff Access Network wie folgt definiert: „An implementation comprising those entities (such as cable plant, transmission facilities, etc.) which provide the required transport bearer capabilities for the provision of telecommunications services between a Service Node Interface (SNI) and each of the associated User-Network Interfaces (UNIs).“

Dabei ist unter einem Service-Node (SN) zu verstehen: „A network element that provides access to various switched and/or permanent telecommunication services. In case of switched services, the SN is providing access call and connection control signalling, and access connection and resource handling.“ SN ist damit ein Oberbegriff für verschiedene Netzelemente wie z.B. eine herkömmliche Vermittlungsstelle bei der Telefonie.

→ *Backbone,* → *Core Network,* → *FSAN.*

Zugangsnummer

→ *PIN.*

Zugriffsgeschwindigkeit, -zeit

→ *Festplatte.*

Zusammenschaltung

→ *Interconnection.*

Zusatzdienst

→ *Dienst.*

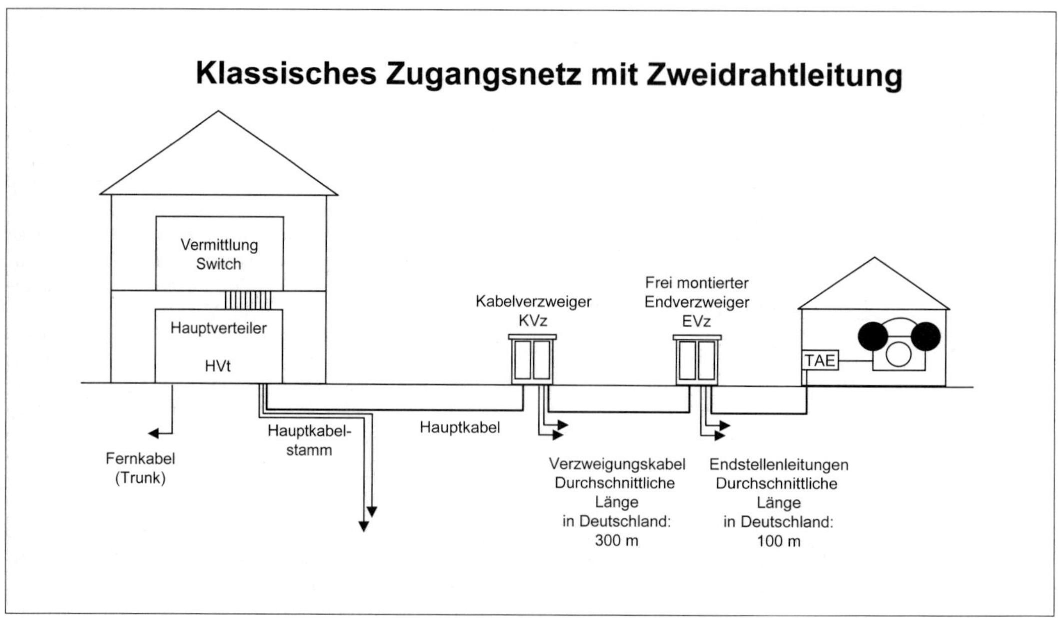

Zuse Z1, Z2, Z3, Z4

→ *Z1*, → *Z2*, → *Z3*, → *Z4*.

Zuteilung

→ *Frequenzzuteilung*.

Zuwachs-Backup

→ *Backup*.

Zuweisung

→ *Frequenzzuweisung*.

ZVEH

Abk. für Zentralverband der deutschen Elektrohandwerke.

Adresse:

ZVEH
Lilienthalallee 4
60487 Frankfurt/Main
Tel.: 0 69 / 2 47 74 70
Fax: 0 69 / 24 77 47 19

ZVEI

Abk. für Zentralverband der Elektrotechnik und Elektroindustrie.

Adresse:

ZVEI
Stresemannallee 19
60569 Frankfurt am Main
Tel.: 069 / 6 30 20

Zwangslaufverfahren

→ *SS#5*.

Zweidrahtleitung

Bezeichnung für die Standardanschlussleitung für das Telefon, auch Twisted Pair, Doppelader, Kupferdoppelader, → *UTP*, 2W oder verdrillte Zweidrahtleitung genannt, da es sich einfach um zwei umeinandergeschlungene, gegeneinander isolierte Kupferadern von ca. 0,4, 0,5 0,6 oder 0,8 mm Durchmesser handelt (→ *Koaxialkabel*). Es gilt dabei: Je näher das Kabel an der Vermittlungsstelle liegen, desto dünner sind die einzelnen Adern. Dies hat zwei Gründe:

- Die Kabel mit oftmals einigen 100 Adern sollen nicht so dick werden (→ *Hauptkabel*).
- Je weiter das Signal von der speisenden Vermittlungsstelle zu übertragen ist, umso mehr wird es durch den elektrischen Widerstand der Adern gedämpft. Dieser Widerstand verhält sich umgekehrt proportional zum Aderndurchmesser und kann daher verringert werden, wenn man den Durchmesser erhöht.

Bei längeren Strecken ab 3 km kommen dabei die Adern mit Durchmesser größer als 0,4 mm, ab ca. 7 km mit 0,6 mm zum Einsatz.

Die beiden Adern werden mit a und b bezeichnet (→ *a/b-Schnittstelle*).

Im → *LAN*-Bereich wird auch → *STP* eingesetzt.

Die über eine Zweidrahtleitung zu übertragenden Signale werden gedämpft. Die Dämpfung einer Zweidrahtleitung ist in erster Näherung linear abhängig von der Länge der Leitung und zur Wurzel der Signalfrequenz sowie umgekehrt proportional zum Aderdurchmesser. Neben der Dämpfung einer Zweidrahtleitung (angegeben in dB/km) sind der Gleichstromschleifenwiderstand (angegeben in Ohm/km), die Wellendämpfung (angegeben in dB/km) und der → *Wellenwiderstand* (angegeben in Ohm) Kennwerte einer Zweidrahtleitung.

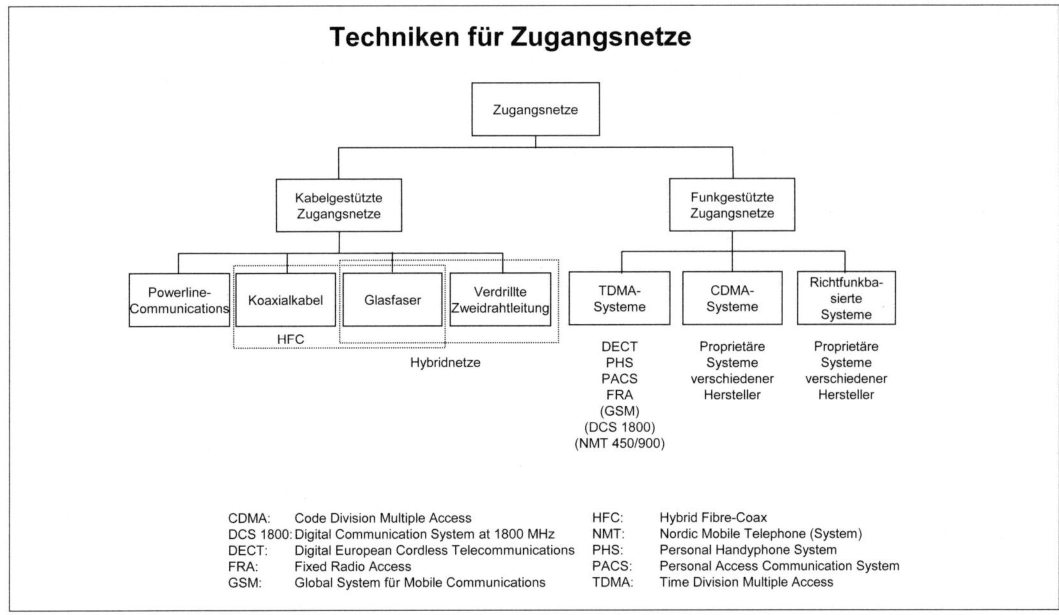

Übertragungstechnisch ist die Zweidrahtleitung ein Tiefpass, da ihr induktiver Widerstand proportional zur Frequenz steigt.
Werden daher Nachrichten mittels → *AM* oder → *PSK* übertragen, darf die Trägerfrequenz eine gewisse obere Grenze nicht übersteigen. Durch technische Maßnahmen kann diese Grenze bis auf 30 MHz heraufgeschoben werden.
Zweidrahtleitungen werden im Ortsnetz eingesetzt im → *Hauptkabel*, im → *Verzweigungskabel* und in der → *Endstellenleitung*.
In den USA wird der Durchmesser durch ein eigenes Kennzeichnungssystem angegeben: → *AWG*.
→ *Hybridkabel*.

Zweierkomplement

→ *Komplement*.

Zweifachleitung

Andere Bezeichnung für → *Zweidrahtleitung*.

Zweiwegeführung

Bezeichnung für ein Standardverfahren zur Erhöhung der → *Verfügbarkeit* von Leitungen in Netzen durch Erhöhung der Redundanz. Dabei werden zwei Leitungen zwischen zwei Punkten parallel geschaltet. Wenn die eine Leitung ausfällt, kann sofort auf die zweite umgeschaltet werden.
Eine weitere Erhöhung der Verfügbarkeit ist mit der → *Umwegführung* und einer → *Doppelabstützung* möglich.

Zwischenwahlzeit

→ *IWV*.

ZWR

Abk. für Zwischengenerator.

ZX 80, ZX 81

Bezeichnung für zwei der ersten → *Home-Computer*.
Der ZX 80 aus dem Hause Sinclair Research des Briten Clive Marles Sinclair (*30. Juli 1940) kam 1980 auf den Markt. Er war der erste Mikrocomputer für unter 200 $. Er verfügte über einen → *Zilog Z-80*-Prozessor aus dem Hause Zilog, 1 KByte RAM, 4 KByte ROM und die Programmiersprache → *Basic*. Die Hauptplatine verfügte über 21 → *IC*s.
Das Nachfolgemodell ZX 81 mit dem Z80A-Mikroprozessor kam im März 1981 für unter 170 $ mit 1 KByte RAM und Folientastatur auf den Markt und konnte Farben darstellen. Seine Hauptplatine bestand nur noch aus vier ICs. In Deutschland wurde er für 248 DM angeboten.
In den Einsteckschacht des ZX 81 konnten Zusatzmodule eingeschoben werden, die einen Port an das andere Ende des Moduls durchreichten, so dass dort ein weiteres Modul eingesteckt werden konnte. Auf diese Art konnten mehrere Module gleichzeitig verwendet werden, weil sich durch den durchgehenden Port eine Art Bussystem ergab. Diese einfache Konstruktion sorgte dafür, dass sich eine Zubehörindustrie herausbildete, die rasch Zusatzmodule wie z.B. Speichererweiterungen oder Softwareprogramme (Videospiele) herstellte.
Im Sommer 1981 schloss Sinclair einen Distributionsvertrag mit dem Einzelhandelsunternehmen W.H. Smith in GB. Dies führte dazu, dass innerhalb eines Jahres rund 250 000 Geräte verkauft wurden.

Zylinder

→ *Festplatte*.

ZZF

Abk. für Zentralamt für Zulassungen im Fernmeldewesen.
Sitz ist in Saarbrücken. Nahm ab dem 1. Juli 1987 die Aufgaben wahr, die vorher vom → *FTZ* durchgeführt wurden: Typprüfung und Vergabe der Zulassungsnummer für den Bereich der Telekom.
Mit dem 1. Januar 1990 wurde es aus der Deutschen Bundespost herausgelöst und als selbständige Behörde dem → *BMPT* zugeordnet und im März 1992 in → *BZT* umbenannt.

ZZG

Abk. für Zentralkanalzeichengabe.
→ *SS#7*.

ZZK#7

Abk. für Zentraler Zeichen(gabe)kanal nach Protokoll Nr. 7.
→ *SS#7*.

Anhang

Register der Computer

Die folgende Liste enthält alle Computer, Computersysteme oder Rechenhilfsmittel, die in ihrer Zeit kommerzielle oder technische Meilensteine waren. In anderen Artikeln (etwa → *PC* oder → *Supercomputer*) werden darüber hinaus noch weitere Computer beschrieben.

→ *Abakus.*
→ *ABC.*
→ *ACE.*
→ *ACS.*
→ *Altair.*
→ *Alto.*
→ *Amdahl.*
→ *Amiga.*
→ *Analytical Engine.*
→ *Apple.*
→ *Apple I.*
→ *Apple II.*
→ *Apple III.*
→ *AS/400.*
→ *AT.*
→ *Atari.*
→ *Atlas.*
→ *C 64.*
→ *CDC.*
→ *Colossus.*
→ *Cray.*
→ *Deep Blue.*
→ *Deep Thought.*
→ *EDSAC.*
→ *EDVAC.*
→ *ENIAC.*
→ *HAL 9000.*
→ *IAS.*
→ *IBM /360, /370.*
→ *IBM 650.*
→ *IBM 701, 702, 704, 705.*
→ *IBM 1401.*
→ *IBM 3270.*
→ *IBM 5100.*
→ *IBM 5250.*
→ *IBM RS/6000.*
→ *IBM S/3.*
→ *IBM S/32, S/34, S/36, S/38.*
→ *IBM S/390.*
→ *iMac.*
→ *IMSAI.*
→ *Jacquard Webstuhl.*
→ *Johnniac.*
→ *Junior.*
→ *Kenback 1.*
→ *Leibnizsche Rechenmaschine.*
→ *LEO.*
→ *LISA.*
→ *Macintosh.*
→ *Manchester Mark I.*
→ *Mark I.*
→ *Mark II.*
→ *Mark III.*
→ *Mark IV.*
→ *Napier Stäbchen.*
→ *Nixdorf 8870.*
→ *Nixdorf 8890.*
→ *NORC.*
→ *Ordvac.*
→ *Osborne.*
→ *Pascaline.*
→ *PC.*
→ *PDP-1, -4, -5, -6, -8, -10, -11, -12, -15.*
→ *PET 2000.*
→ *Portable.*
→ *PS/2.*
→ *PERM.*
→ *Rainbow.*
→ *RAMAC.*
→ *Rechenschieber.*
→ *SABRE.*
→ *SAGE.*
→ *Scelbi 8H.*
→ *Schickardsche Rechenuhr.*
→ *SEAC.*
→ *SI 2002.*
→ *SSEC.*
→ *Suprenum.*
→ *SWAC.*
→ *TI 99/4.*
→ *TRADIC.*
→ *TRS-80.*
→ *Turing-Maschine.*
→ *TX-O.*
→ *Univac.*
→ *VAX.*
→ *VC-20.*
→ *XT.*
→ *Whirlwind.*
→ *Z1.*
→ *Z2.*
→ *Z3.*
→ *Z4.*
→ *Z23.*
→ *ZX 80.*
→ *ZX 81.*

Register der Unternehmen

Der Fokus dieses Buches liegt zwar auf der technischen Seite der Kommunikations- und Informationstechnik, jedoch sind einige Unternehmen mit eigenen, relativ kurzen Erläuterungen vertreten, da an ihnen ein Aspekt oder mehrere Aspekte der folgenden Liste studiert werden können:

- Der rasche technische Fortschritt
- Strategische Ausrichtungen und Entscheidungen
- Wirkungen der Industriepolitik auf nationaler oder internationaler Ebene

Register der Personen

Register der Begriffe der Populärkultur

Mit dem Erfolg des Internet sind viele Begriffe aus der Abgeschiedenheit der Fachsprache oder aus der Subkultur des Internet und/oder der Programmierer in die Alltagssprache gekommen. Umgekehrt entwikkelten andere Industrien, vom Internet und seiner Kultur inspiriert, eigene Produkte oder Ideen, die populär wurden.
Dennoch ist in beiden Fällen häufig unklar, woher die Begriffe eigentlich kommen. Daher hier eine Übersicht über verschiedene derartige Begriffe:

Register der Programmiersprachen und Betriebssysteme

Die folgende Liste enthält alle Programmiersprachen, Skriptsprachen oder Betriebssysteme, die in ihrer Zeit kommerzielle oder technische Meilensteine waren. In anderen Artikeln (etwa → *Betriebssystem*) finden sich darüber hinaus noch weitere Hinweise und Erwähnungen.

→ *NextStep.*
→ *Oberon.*
→ *Objective C.*
→ *OS/2.*
→ *OS/8.*
→ *OS/390.*
→ *OS-9.*
→ *OS/400.*
→ *Pascal.*
→ *PC 9800.*
→ *Pearl.*
→ *PERL.*
→ *PL 1.*
→ *Plan 9.*
→ *Plankalkül.*
→ *PLEX.*
→ *PL/M.*
→ *ProDOS.*
→ *Prolog.*
→ *REXX.*
→ *SDL.*
→ *Smalltalk.*
→ *Solaris.*
→ *SQL.*
→ *Taligent.*
→ *TCL.*
→ *TRON.*
→ *UNCOL.*
→ *Unix.*
→ *VMS.*
→ *VM/SP.*
→ *VSE.*
→ *Windows.*
→ *Windows 95.*
→ *Windows CE.*
→ *Windows NT.*

Register der Fachbegriffe aus dem TK-Recht

Die folgende Liste gibt dem an TK-Recht interessierten Leser einen Überblick über verschiedene Begriffe aus diesem weiten Feld. Dem Überblick suchenden Einsteiger seien insbesondere Beiträge zu folgenden Einträgen als erste Lektüre empfohlen:

→ *Deregulierung.*
→ *Entbündelung.*
→ *Interconnection.*
→ *Rechtsgrundlagen.*
→ *Regulierungsbehörde.*
→ *Telekommunikationsgesetz.*

Weitere Stichwörter mit TK-rechtlichem Bezug unter ganz allgemeinen Aspekten sind:

→ *Ausschreibung.*
→ *Call-by-Call.*
→ *Frequenzbereichzuweisung.*
→ *Frequenzharmonisierung.*
→ *Frequenzzuteilung.*
→ *Frequenzzuweisung.*
→ *Lizenz.*
→ *Netzmonopol.*
→ *Nummernportabilität.*
→ *Preselection.*
→ *Price Cap.*
→ *Rebalancing.*

Weitere Stichwörter mit TK-rechtlichem Bezug unter nationalen (= deutschen) Aspekten sind:

→ *Alternative Infrastruktur.*
→ *ATRT.*
→ *AfuG* (Gesetz über den Amateurfunk).
→ *Beleihungs- und Akkreditierungsverordnung* (BAkkrV).
→ *EMV.*
→ *EV* (Telekommunikations-Entgeltregulierungs-Verordnung (TEntgV).
→ *Fernmeldeanlagengesetz.*
→ *FAO* (Fernmeldeanlagenordnung).
→ *Frequenzgebührenverordnung.*
→ *Frequenznutzung.*
→ *Frequenznutzungsbeitragsverordnung.*
→ *Frequenznutzungsplan.*
→ *IuKDG.*
→ *NZV* (Verordnung über besondere Netzzugänge (Netzzugangsverordnung)).
→ *ODZ.*
→ *Pflichtleistungsverordnung.*
→ *Postneuordnungsgesetz.*
→ *Postreform.*
→ *Poststrukturgesetz.*
→ *Signaturgesetz.*
→ *TDSV*, Telekommunikationsdienstunternehmen-Datenschutzverordnung.
→ *Telegrafen-Wegegesetz.*
→ *Telekommunikations-Verleihungsverordnung.*
→ *TKLGebV* (Telekommunikations-Lizenzgebührenverordnung).
→ *TKO* (Telekommunikationsordnung).
→ *TKSiV*, Telekommunikations-Sicherstellungsverordnung).
→ *TKV* (Telekommunikations-Kundenschutzverordnung).
→ *TKZulV* (Telekommunikations-Zulassungsverordnung).
→ *TNGebV* (Telekommunikations-Nummerngebührenverordnung).
→ *VFsDx* (Verordnung für den Fernschreib- und Datexdienst).

Weitere Stichwörter mit TK-rechtlichem Bezug unter europäischen Aspekten sind:

→ *Bangemann-Bericht.*
→ *CEPT.*
→ *ECTRA.*
→ *ERO.*
→ *ETO.*
→ *Green Paper.*
→ *USO* (Universaldienstverordnung (UDV)).

Weitere Stichwörter mit TK-rechtlichem Bezug unter internationalen und dabei insbesondere amerikanischen Aspekten sind:

→ *Access Charge.*

→ *BOC.*
→ *CAP.*
→ *Carterphone Decision.*
→ *CLEC.*
→ *Divestiture.*
→ *FCC.*
→ *IEC.*
→ *ITU.*
→ *IXC.*
→ *LATA.*
→ *LEC.*
→ *MTA.*
→ *Part 68.*
→ *RBOC.*
→ *TCA.*
→ *WTO.*

Aus medienrechtlicher Sicht sind folgende Stichwörter von Interesse:
→ *Landesmedienanstalt.*
→ *Landesrundfunkgesetz.*
→ *Mediendienstestaatsvertrag.*
→ *Rundfunkstaatsvertrag.*

Register der Zeittafeln

Bestimmte Zusammenhänge werden besonders gut sichtbar, wenn man sich die Entwicklung einer Technologie, einer Institution oder eines Vorganges im Laufe der Jahre verdeutlicht. Daher sind in diesem Buch bei folgenden Stichworten Zeittafeln zu finden:
→ *ADSL.*
→ *Amateurfunk.*
→ *ATM.*
→ *BITNET.*
→ *Breitbandkabelverteilnetz.*
→ *Computer.*
→ *DAB.*
→ *Deregulierung.*
→ *Fax.*
→ *Flügeltelegraf.*
→ *Funk.*
→ *Glasfaser.*
→ *GPS.*
→ *GSM.*
→ *Hypertext.*
→ *Internet.*
→ *Internet-Telefonie.*
→ *Iridium.*
→ *ITU.*
→ *Laptop.*
→ *Laser.*
→ *Laserdrucker.*
→ *Linux.*
→ *Lucent.*
→ *Mobilfunk.*
→ *MS-DOS.*
→ *NC.*
→ *Online-Dienste.*
→ *OO.*
→ *PC.*
→ *PDA.*
→ *Satellit.*
→ *Smart Card.*
→ *Telefon.*
→ *Telegraf.*
→ *Telex.*
→ *T-Online.*
→ *Unix.*
→ *Unterwasserkabel.*
→ *Videokonferenz.*
→ *Videorecorder.*
→ *Windows.*
→ *Windows NT.*